Gusto

DEUTSCHLAND

Der kulinarische Reiseführer

Inhalt

Nicht nur The Singleton 12 Jahre überzeugt mit preisgekröntem Geschmacksprofil: Während The Singleton 15 Jahre mit Aromen von Bratapfel und Nüssen überzeugt, beeindruckt der 18 Jahre gereifte Single Malt Whisky mit weichen Toffeenoten und milder Minze.

WIE SERVIERST DU DEINEN SINGLE MALT WHISKY?

The Singleton 12 of Dufftown lädt dich ein, neue Genusswelten zu entdecken. Jeder Schluck entführt auf eine Reise in außergewöhnliche Aromen-Welten. Er besticht mit köstlichen Noten von gebackenem Apfel, gerösteten Nüssen und braunem Zucker. Dieses weiche, zugängliche Geschmacksprofil lässt sich ganz einfach durch die passenden Gerichte betonen: Klassischer Apfelstrudel oder knusprige Amarettini komplementieren die Aromen des Single Malts ideal.

The Singleton 12 Years Old verwöhnt aber nicht nur pur, sondern macht sich auch in Cocktails ganz ausgezeichnet. Zum The Singelton Orchard setzen Genießer:innen am besten auf Vanilleröllchen mit Früchten, um die fruchtigen und leicht sauren Aromen zu betonen. Wer es lieber herzhaft mag, kombiniert Süßkartoffelpommes mit Trüffelmayo zum Drink. Diese Food-Pairing-Ideen sind schnell umgesetzt und bieten ein einzigartiges Geschmackserlebnis. Damit schafft The Singleton of Dufftown es erneut, zu überraschen und mit seiner Mission zu inspirieren: Wage mehr Genuss.

THE SINGLETON ORCHARD

ZUTATEN:
5 cl The Singleton
50 ml Apfel- und Birnensaft
50 ml Sodawasser

Ein Drink enthält 15,8 g Alkohol.

Single Malt Whisky gekonnt servieren – das ist mit den Food-Pairing-Ideen von The Singleton 12 Jahre ganz einfach.

ALLE, DIE MEHR GENUSS WAGEN WOLLEN, FINDEN HIER PASSENDE COCKTAIL- UND FOOD-INSPIRATIONEN:

Bitte trinken Sie verantwortungsvoll. Besuchen Sie DRINKiQ.com

Liebe Leserinnen und Leser, liebe Gourmets,

haben Sie schon mal Hamachi gegessen? Nein? Dann gehen Sie vermutlich selten in gehobene Restaurants. Oder Sie haben die letzten ein, zwei Jahre auf einem anderen Kontinent verbracht. Ansonsten wären Sie wohl kaum um den auch als Gelbschwanzmakrele oder Hirasama Kingfish bekannten Fisch aus der Familie der Stachelmakrelen herumgekommen, der hierzulande in jüngerer Vergangenheit inflationär die Speisekarten von Oberstdorf bis Flensburg flutet. Neben allgemeinen Strömungen wie den populären „asiatischen“ Geschmackbildern, Umami in allen nur erdenklichen Facetten sowie den Themenfeldern Fermentation und Reifung ist der Hamachi wahrscheinlich das Trendprodukt der zurückliegenden Testsaison 2022/2023 schlechthin.

Wir wollen das gar nicht großartig werten, weil es natürlich daneben auch viele andere Produkte gibt, auf die man sehr häufig stößt, wenn man oft und gern sehr gut essen geht – zumal ja der Trend zu einheitlichen Menüs ohne Auswahlmöglichkeiten ebenfalls ungebremst voranschreitet und man deshalb als Gast derlei Redundanzen auch gar nicht mehr groß umschiffen kann. Viel aufschlussreicher ist aber doch eigentlich die Frage, warum der Hamachi seinen Siegeszug überhaupt angetreten hat und die Nachfrage so hoch ist, dass sie das Angebot bestimmt, obwohl dieser Fisch hierzulande doch bis auf wenige Ausnahmen praktisch nirgends in herausragender Qualität zu bekommen ist? Wir vermuten ehrlich gesagt, weil er ein Fisch ist, der auch Leuten schmeckt, die eigentlich gar keinen Fisch mögen. Und damit ist er ein völlig unproblematisches und massentaugliches Produkt, mit dem ein Koch kaum ein Risiko eingeht.

So lässt sich der Hamachi in seiner überwiegend ausdruckslosen Art völlig unkompliziert mit allerhand unterschiedlichen anderen Stilmitteln bespielen, die ebenfalls im Trend liegen. Und solche weltläufigen, mainstreamhaften Baukasten-Gerichte – etwa roh marinierter Hamachi in Kombination mit verschiedenen Komponenten von der Gurke, Buttermilchsud und Kräuteröl, wahlweise natürlich auch mit fernöstlichen Aromen akzentuiert –, für die es hauptsächlich gutes Gespür für angesagtes „Plating“ braucht und weniger echtes Kochtalent, passen wiederum prima in das aktuelle „Sterneküchen“-Raster. Die einhellige Meinung innerhalb der Branche, es wäre nie leichter als heute gewesen, einen Michelinstern zu erkochen, teilen wir uneingeschränkt. Auch deshalb, weil dafür mittlerweile scheinbar vielmehr das passende Gesamtkonzept gefragt ist als substanzielle Kochkunst.

Das ist aber definitiv nicht unsere Baustelle. Wir haben schon immer versucht, mit unseren Küchenauszeichnungen, den GUSTO-Pfannen, wirklich nur das zu bewerten, was auf dem Teller liegt. Und deshalb findet man in unserem Bewertungsranking, in dem es eben ausschließlich um die Küchenleistung geht, oft ziemlich unterschiedliche Restauranttypen gemeinsam in der gleichen „Pfannen-Kategorie“. Da kann dann das bieder wirkende Hotelrestaurant oder der Gasthof mit prozentual mehr Pflichtprogramm als Kür in der Speisekarte auch auf einem Level mit jenen Fine-Dining-Lokalen stehen, die sich mit Einheitsmenü und durchchoreografiertem Ablauf strikt auf Gourmet-Linie bewegen – natürlich nur, wenn sich deren Küchen qualitativ auf Augenhöhe begegnen. Und da stört es uns dann auch nicht im Geringsten, wenn das eine gegenüber dem anderen vielleicht deutlich tradierter wirken mag.

Es beginnt sich ohnehin schon seit geraumer Zeit ein sehr begrüßenswerter Gegentrend zu entwickeln, der klassisches Handwerk und traditionelle Rezepturen wieder in den Mittelpunkt rücken lässt. Und hier trennt sich dann wirklich schnell die Spreu vom Weizen, denn das ist nichts, was man sich mal eben via Instagram aneignen kann. Da kommt auf, ob der Koch seine Ausbildungszeit damit verbracht hat, Produkte in Texturen zu verwandeln, oder ob er richtig kochen kann. Wir wollen weder die Klassik als das einzig Wahre glorifizieren noch die Moderne verteufeln, ganz im Gegenteil – alles hat seine Berechtigung, aber das eine geht ohne das andere eben nicht. Und nur Köche mit einer substanzstarken Basis, die aus dem Effeff ein breites klassisches Repertoire abrufen können, die das traditionelle Handwerk beherrschen, können auch richtig gut und überzeugend kreativ sein.

Ein weiterer sehr begrüßenswerter Trend in der gehobenen Gastronomie ist der zu mehr Menschlichkeit, Empathie und Teamgedanken in den Küchen. Kluge Gastronomen und Küchenchefs haben die Zeichen der Zeit schon vor Jahren erkannt und einen ganz anderen, neuen Führungsstil mit flacheren Hierarchien und respektvollem Umgangston etabliert. Spätestens seit der Causa Jürgens dürfte nun die Zeit der narzisstischen und cholerischen Halbgötter in Weiß, die ihre Mitarbeiter wie Untertanen behandeln, hoffentlich auch flächendeckend weitgehend vorbei sein – selbst wenn sich in den Kommentarspalten nach wie vor die „ewig Gestrigen" tummeln, die versuchen, Misshandlung und Machtmissbrauch hinter dem Pass mit Sprüchen wie „Wem es in der Küche zu heiß ist…" zu rechtfertigen. Dass in den Restaurantküchen ein etwas anderer Ton herrscht als in einer Finanzbehörde und dass es dort tendenziell rauer zugeht, liegt auf der Hand und ist nicht das Problem. Dort, wo man sich nach der Hitze des Gefechts zum Feierabendbier wieder mit Respekt und gemäßigtem Kammerton gegenübertritt, herrscht sicher kein vergiftetes Klima.

Und gutes Arbeitsklima wird mittelfristig auch wieder zu mehr qualifiziertem und motiviertem Personal in den Restaurantküchen und den Servicebrigaden führen. Das kommt dann nicht nur der Gastrobranche zugute, sondern letztlich natürlich in besonderem Maße auch den Gästen, denn man spürt es im Gastraum und man kann es auch auf den Tellern schmecken.

Mit kulinarischen Grüßen,

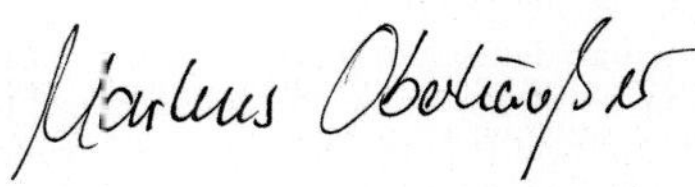

Markus Oberhäußer, Redaktionsleiter

Wer wir sind, wie wir arbeiten und was wir unter guter Restaurantkritik verstehen

Anfang der Nullerjahre als regionaler Restaurantführer in Bayern gegründet, hat sich Gusto binnen kurzer Zeit in der gesamtdeutschen Restaurant- und Feinschmeckerszene einen sehr guten Namen gemacht und ist zum bundesweit viel beachteten Gourmetführer avanciert. Dabei hat der jüngste unter den einschlägigen Guides schnell einige der sogenannten etablierten, alteingesessenen Größen dieses Genres hinter sich gelassen, denn er brachte seinerzeit viel frischen Wind in das seit Jahrzehnten recht statisch von einer Hand voll Publikationen beherrschte Feld der Gourmetkritik – nicht zuletzt durch offene Worte und Transparenz. So war Gusto seinerzeit auch der erste Guide, der seine Bewertungskriterien für die einzelnen Auszeichnungsstufen klar definiert und offengelegt hat.

Von Anfang an stand bei Gusto fachlich versierte, nachvollziehbare, möglichst objektive Restaurantkritik im Mittelpunkt. Basis hierfür sind regelmäßige, unangemeldete Testbesuche, die zugleich den größten Kostenfaktor darstellen. Es liegt auf der Hand, dass sich ein seriös recherchierter, repräsentativer Restaurantführer aufgrund der hohen Testkosten nicht allein durch den Buchhandelsabsatz und ein wenig Anzeigenwerbung finanzieren lässt. Daher generieren mittlerweile ausnahmslos alle Guides auf dem deutschen Markt zusätzliche Einnahmen entweder durch Anzeigenwerbung von den Restaurants, kostenpflichtige Fotos, Internet-Premiumeinträge oder sonstige Promotion-Pakete. Ein legitimes Prozedere, sofern die damit erzielten Umsätze tatsächlich in Restauranttests investiert werden und die redaktionelle Unabhängigkeit nicht darunter leidet. Leider scheint beides nicht immer der Fall zu sein.

Deshalb hat sich Gusto seinerzeit im Austausch mit führenden Gastronomen dazu entschlossen, im Vorfeld eine Art freiwillige „Anmeldegebühr" oder „Kostenpauschale“ (aktuell in Höhe von netto 329 Euro) zu erheben, die allen Restaurants, die sich offiziell für die jeweils neue Testsaison anmelden, nicht nur einen anonymen Testbesuch garantiert, sondern auch eine deutlich umfangreichere Darstellung in der Buchausgabe, im GUSTO Online-Guide und in der GUSTO-App mit ausführlichem Text und Fotos. Aber natürlich nur den Restaurants, die nach Gusto-Kriterien tatsächlich auch zur Aufnahme in den Guide infrage kommen. Und um noch mehr Transparenz zu schaffen, können sich die teilnehmenden Restaurants nach Veröffentlichung der Jahresausgabe die entsprechende Kopie des Rechnungsbelegs per Mail zukommen lassen: der unumstößliche Beweis, dass tatsächlich getestet wurde. Das einzig akzeptable Zeugnis sauberer Recherche, welches in dieser Form derzeit kein anderer Restaurantführer in Deutschland bietet.

Dass vonseiten der Gastronomen mit dem Entrichten der Anmeldegebühr auf Text und Bewertung keinerlei Einfluss genommen werden kann, ist ebenso selbstverständlich wie die Tatsache, dass dem Anspruch auf eine sorgfältige und fachgerechte Herangehensweise durch die Gusto-Tester Rechnung getragen wird. Natürlich werden bei Gusto zugunsten der Vollständigkeit auch Häuser getestet, bewertet und in den Guide aufgenommen, die sich nicht an diesem Prozedere beteiligen möchten. Diese werden ebenso objektiv und unvoreingenommen geprüft, können allerdings nur in Form eines Grundeintrags mit Kurztext und ohne Foto dargestellt werden.

Wie wird getestet und wer sind die Tester?

Die im GUSTO-Führer empfohlenen Restaurants und Landgasthäuser werden von den erfahrenen Testern anonym, ohne vorherige Absprache als ganz normal reservierende und zahlende Gäste besucht. Unsere testenden Mitarbeiter haben allesamt ein fundiertes fachliches Hintergrundwissen und viel Erfahrung mit der Top-Gastronomie im In- und Ausland gesammelt. Manche haben eine gastronomische Ausbildung und haben selbst schon als Koch oder Servicemitarbeiter in guten Häusern gearbeitet, manche sind einfach nur gastroverrückte Quereinsteiger, professionelle Hobbyköche, Weinexperten, Journalisten mit Schwerpunkt Reise und Genuss. Ein Teil des Teams arbeitet Vollzeit und fest angestellt für den Guide, der andere Teil besteht aus freien Mitarbeitern, die aber nicht hauptberuflich in der Gastronomie tätig sein oder geschäftlich mit der Gastronomie verbunden sein dürfen. Alle Tester eint die teils jahrzehntelange Begeisterung für ambitionierte Gastronomie und Kulinarik und die Passion, möglichst objektiv, detailliert und fundiert darüber zu berichten.

Unsere genauen Kriterien beim Bewerten der Restaurants und beim Einstufen der Küchenleistung:

Hier gibt es zwei Kategorien, die getrennt voneinander stehen: zum einen die Küchenleistung und zum anderen die gesamte Ausstattung, das Ambiente, die Servicequalität oder das Wein- und Getränkeangebot des Restaurants. Eine gehobene, auszeichnungswürdige Küchenleistung wird mit unserem Pfannensymbol und Punkteskala von 5 bis 10 Pfannen ausgezeichnet und eingestuft – für alle anderen Kriterien stehen die Bestecksymbole von 1 bis 5, was sinnbildlich vom einfachen Landgasthof bis zum Luxusrestaurant steht.

Die Gusto-Pfannen

Mit den Gusto-Pfannen wird ausschließlich die Küchenleistung des jeweiligen Restaurants bewertet. Die mit Pfannen ausgezeichneten Betriebe bieten eine in ihrer Kategorie besonders erwähnenswerte Küche. Die imaginäre Bewertungsskala von eins bis zehn Pfannen wird von uns ganz bewusst erst ab fünf Pfannen genutzt, denn hier liegt nach unserer Auffassung die Schwelle von einfacher, ordentlicher und solider Küche zu überdurchschnittlicher Küche, also zu einer in ihrer jeweiligen Kategorie beachtenswerten Küchenleistung. Das „Pfannen-Niveau“ soll Auszeichnung und zugleich Ansporn sein – die ausgezeichneten Restaurants sollen sich durch dieses Symbol und eine Bewertung von den anderen Adressen abheben. Zum anderen halten wir es für müßig und eigentlich auch überflüssig, die Küchenleistung im Bereich unter dem 5-Pfannen-Niveau ebenfalls zu differenzieren.

In jedem Fall gilt jedoch: Auch in einem ohne Pfannen aufgeführten Haus lässt sich gut speisen. Je nach Anlass, Erwartungshaltung und unter Berücksichtigung des jeweiligen Preisniveaus sind also auch die nicht mit Pfannen ausgezeichneten Häuser empfehlenswert.

Harmonie der Speisen steht für uns grundsätzlich vor Kreativität, sorgfältige Zubereitung und gute Produkte vor optischer Finesse. Im besten Fall ergeben jedoch all diese Kriterien ein harmonisches Ganzes.

Die genaue Bedeutung der Kategorien

10 10↑

Zehn Gusto-Pfannen

- Perfektion in allen Bereichen, keine Qualitätsschwankungen
- Klarheit und Intensität der Kreationen trenn- und tiefenscharf bis aufs Letzte ausgereizt
- eigener, unverwechselbarer Stil
- entweder virtuose Kreativität, gepaart mit höchstem handwerklich-technischem Niveau, oder eine bis ins letzte Detail perfektionistisch dargebotene, höchst aufwendige klassische Küche in zeitgemäßer Ausführung
- entweder wirken Aromentiefe, Komplexität, Spannung und Ausgewogenheit auf den Tellern eindrucksvoll zusammen, oder man hat es mit ausgefeilt puristischen Kreationen zu tun, bei denen man im Grunde nichts mehr weglassen kann, aber auch absolut nichts hinzufügen möchte
- es kommen hier, im nationalen Vergleich, ausschließlich die allerbesten Produkte zum Einsatz, deren Charakter dann auf den Tellern optimal zur Geltung kommt.

9 9↑

Neun Gusto-Pfannen

- Konstant herausragende Küchenleistung
- erstklassige, sehr harmonische Kreationen
- nur beste, erlesene Produkte, herausragend in Frische und Eigengeschmack
- handwerklich und technisch perfekte Umsetzung
- natürlich intensive (Eigengeschmack, nicht Würze!), klar und trennscharf herausgestellte Aromen in allen Komponenten
- extrem feinfühlig und pointiert abgestimmt
- komplexe, nach klassischen Gesichtspunkten harmonische (balancierte) und ausdifferenzierte Geschmacksbilder oder auch genial umgesetzter Purismus
- eigener Stil erkennbar
- Kochkunst auf Top-Niveau, die sich zur höchstbewerteten Spitze nur durch minimale Schwankungen, nicht immer ganz schlüssige Kompositionen oder auch etwas weniger Originalität auszeichnet.

8 8↑

Acht Gusto-Pfannen

- Handwerklich und geschmacklich hervorragende, oft auch sehr kreative Kochkunst
- konstant ausgezeichnete Produkte ohne größere Qualitätsschwankungen
- handwerklich-technisch tadellose, präzise Umsetzung
- natürlich intensive (Eigengeschmack, nicht Würze!), klare, fein abgestimmte Aromen
- es wird entweder ein hoher Grad an Kreativität geboten, und das Kulinarium überrascht mit viel Esprit und unkonventionellen Ideen (auch bei der Präsentation), oder eine mit Feingespür interpretierte klassische Küche, die durch starke Substanz und Ausdruckskraft beeindruckt.

7 7↑

Sieben Gusto-Pfannen

- Handwerklich und geschmacklich hervorragende, oft auch kreative Küche
- sehr weit über dem Durchschnitt
- sehr gute, seltene oder edle Produkte
- kaum Qualitätsschwankungen
- handwerklich exakte Umsetzung, akkurat gearbeitete Komponenten
- klarer, natürlicher und deutlicher Geschmack
- wenig Schwächen bei geschmacklicher Feinabstimmung
- gute, eigene Ideen, im besten Fall auch Überraschungsmomente
- detailgenaue Küche, die entweder mit kreativen Akzenten aufwartet oder klassische Rezepturen akkurat interpretiert
- es ist nicht alles Gebotene fehlerfrei, aber das Bemühen um Perfektion deutlich erkennbar.

Sechs Gusto-Pfannen

- Sehr gute, handwerklich sorgfältig zubereitete Küche aus überdurchschnittlichen Produkten
- wenig Qualitätsschwankungen, handwerklich exakt (Garzeiten, Saucen …) und pointiert gewürzt
- harmonischer, gut austarierter Geschmack
- ein gewisses Maß an Komplexität
- eine leicht individuelle Note bei der Umsetzung (Stil, Kreativität …)
- es wird klar auf überdurchschnittlichem Niveau gekocht – handwerkliche Unebenheiten sind hier selten
- die Proportionen sind meist stimmig arrangiert.

Fünf Gusto-Pfannen

- Überdurchschnittliche, frische Produkte
- handwerklich sorgfältige Zubereitung (saubere, geschmacklich natürliche Saucen etc.) und ein gewisses Mindestmaß an Feinabstimmung
- klarer, natürlicher Geschmack
- es wird auf sehr solidem Niveau gekocht – handwerkliche Unebenheiten können aber dennoch vorkommen.

Restaurant fast & slow

„Fastfood" in gut. Unabhängig und außer Konkurrenz von unseren Restaurantempfehlungen führen wir unter diesem Label ausgewählte Lokale oder Verkaufsstände auf, die Einfaches und Unkompliziertes in guter Qualität bieten.
Von authentischer Pizza über gute Burger aus frischen, ausgewählten Produkten bis zu asiatischem Streetfood. Ohne Anspruch auf Vollständigkeit und lange Texte, einfach als nützliche Ergänzung zu den normalen Restaurants.

Restaurant ohne Auszeichnung

- Interessante Gasthäuser oder Restaurants, die sich vom Durchschnitt abheben
- Produkte über dem allgemeinen Gasthaus- und Bistrodurchschnitt
- frische, handwerkliche Zubereitung
- natürlicher, ausgewogener Geschmack
- angemessene Preise.

Restaurant Der Bonus-Pfeil

Die Küchenleistung in den zusätzlich mit einem Pfeil gekennzeichneten Restaurants hebt sich unserer Ansicht nach erkennbar von den anderen Restaurants der gleichen Bewertungsstufe ab.

Restaurant aktuell nicht bewertet

ohne Bewertung

Wenn ein Restaurant zum Beispiel wegen eines Küchenchefwechsels oder eines veränderten Konzepts noch nicht getestet werden konnte, führen wir es bis zum nächstmöglichen Testbesuch als Empfehlung „ohne Bewertung".

Die Besteck-Symbole

Die Kategorisierung der Restaurants mit den Besteck-Symbolen hat nichts mit der Küchenleistung zu tun, sondern bezieht sich auf Ambiente, Ausstattung (z. B. Weinangebot), Service und folglich meist auch auf die Preiskategorie des Hauses.

(5 Bestecke) luxuriöses Restaurant mit höchstem Komfort und formvollendetem Service, edler Ausstattung und einer Weinkarte, die höchsten Ansprüchen genügt

(4 Bestecke) elegantes Restaurant mit hohem Komfort und exzellentem Service, sehr gute Ausstattung, hervorragende Weinkarte

(3 Bestecke) gehobenes Restaurant mit gutem Komfort und versiertem Service, umfangreiche Weinkarte

(2 Bestecke) besser ausgestattetes Restaurant mit ordentlichem Service, ausgewählte Weine

(1 Besteck) schlichtes Restaurant, Gasthof oder Bar

Die Hoteleinträge

Da unsere Leserinnen und Leser auf ihren Genussreisen auch immer wieder auf der Suche nach einer adäquaten Übernachtungsmöglichkeit sind oder sogar ganz gezielt den besonderen, ausgedehnten Hotelaufenthalt avisieren, haben wir Gusto um entsprechende Hoteleinträge erweitert. Hier besteht kein Anspruch auf Vollständigkeit, denn der Eintrag ist für die Hotels kostenpflichtig. Die Hotels werden nicht von Gusto getestet und bewertet!

Da wir unsere fachliche und redaktionelle Kompetenz weiterhin ausschließlich den gastro-kulinarischen Bereichen widmen wollen und selbst keine Hotelinspektionen und -bewertungen anstreben, haben wir für diesen Bereich ganz bewusst eine Vereinbarung mit der Deutschen Hotelklassifizierung geschlossen. So nehmen wir für die Hotelsparte innerhalb der jeweiligen Städtekapitel nicht nur ausschließlich die vom DeHoGa inspizierten Häuser auf, sondern führen auch bei jedem eingetragenen Hotel die Deutschen Hotelsterne als Klassifizierungsmerkmal und Anhaltspunkt für unsere Leser.

★★★★★S

Superior

Für die Spitzenbetriebe innerhalb der einzelnen Kategorien, die sich dadurch auszeichnen, dass sie ein besonders hohes Maß an Dienstleistung bieten, wurde der Begriff „Superior“ eingeführt. Betriebe, die neben den Sternen diesen Zusatz führen dürfen, erreichen bei der Gesamtpunktzahl die erforderlichen Punkte der nächsthöheren Kategorie, können aber dort nicht eingestuft werden, da sie die Mindestkriterien der nächsthöheren Kategorie nicht erfüllen. Betriebe, die den Zusatz „Superior“ auf der Urkunde führen und in der Werbung entsprechend herausstellen dürfen, haben also die für die jeweilige Kategorie notwendige Wertungspunktzahl deutlich überschritten.

★★★★★

Unterkunft für höchste Ansprüche

- 24 Stunden besetzte Rezeption, mehrsprachige Mitarbeiter
- Doorman- oder Wagenmeisterservice
- Concierge, Hotelpagen
- Empfangshalle mit Sitzgelegenheiten und Getränkeservice
- Personalisierte Begrüßung mit frischen Blumen oder Präsent auf dem Zimmer
- Minibar und 24 Stunden Speisen und Getränke im Roomservice
- Körperpflegeartikel in Einzelflakons
- Internet-PC auf dem Zimmer
- Safe im Zimmer
- Bügelservice (innerhalb einer Stunde), Schuhputzservice
- Abendlicher Turndownservice
- Mystery-Guesting

★★★★

Unterkunft für hohe Ansprüche

- 18 Stunden besetzte separate Rezeption, 24 Stunden erreichbar
- Lobby mit Sitzgelegenheiten und Getränkeservice, Hotelbar
- Frühstücksbuffet oder Frühstückskarte mit Roomservice
- Minibar oder 24 Stunden Getränke im Roomservice
- Sessel/Couch mit Beistelltisch
- Bademantel, Hausschuhe auf Wunsch
- Kosmetikartikel (z. B. Duschhaube, Nagelfeile, Wattestäbchen), Kosmetikspiegel, großzügige Ablagefläche im Bad
- Internetzugang und Internetterminal
- À-la-carte-Restaurant

★★★

Unterkunft für gehobene Ansprüche

- 14 Stunden besetzte separate Rezeption, 24 Stunden erreichbar, zweisprachige Mitarbeiter (deutsch/englisch)
- Sitzgruppe am Empfang, Gepäckservice
- Getränkeangebot auf dem Zimmer
- Internetzugang auf dem Zimmer oder im öffentlichen Bereich
- Heizmöglichkeit im Bad, Haartrockner, Papiergesichtstücher
- Ankleidespiegel, Kofferablage
- Nähzeug, Schuhputzutensilien, Waschen und Bügeln der Gästewäsche
- Zusatzkissen und -decke auf Wunsch
- Systematischer Umgang mit Gästebeschwerden

★★

Unterkunft für mittlere Ansprüche

- Frühstücksbuffet
- Leselicht am Bett
- Schaumbad oder Duschgel
- Badetücher
- Wäschefächer
- Angebot von Hygieneartikeln (Zahnbürste, Zahncreme, Einmalrasierer etc.)
- Kartenzahlung möglich

★

Unterkunft für einfache Ansprüche

- Alle Zimmer mit Dusche/WC oder Bad/WC
- Tägliche Zimmerreinigung
- Alle Zimmer mit Farb-TV samt Fernbedienung
- Tisch und Stuhl
- Seife oder Waschlotion
- Empfangsdienst
- Telefax am Empfang
- Dem Hotelgast zugängliches Telefon
- Erweitertes Frühstücksangebot
- Getränkeangebot im Betrieb
- Depotmöglichkeit

Unterkunft ohne Sterne-Klassifizierung

- Bei den mit dem Bett-Symbol gekennzeichneten Hotelempfehlungen handelt es sich um Häuser verschiedenster Kategorien, die nicht Mitglied der Deutschen Hotelklassifizierung sind und somit keine Hotelsterne tragen.

Die genauen Definitionen der Fünf-Sterne-Kategorien finden Sie auf der Internetseite der deutschen Hotelklassifizierung unter: www.hotelstars.eu

Preise (in Euro)

Hauptgerichte: minimaler und maximaler Preis für Hauptgerichte in Euro

Menüs: minimaler und maximaler Preis für Menüs in Euro

Einzelzimmer oder Doppelzimmer: minimaler und maximaler Preis für die Zmmer in Euro

Die Symbole

- gute Parkmöglichkeiten
- Hotelgarage
- barrierefreie Hotelzimmer
- klimatisierte Zimmer
- WLAN-Zugang
- Hallen- und/oder Freibad im Haus
- mit Wellnessbereich
- mit Fahrstuhl zu den Hotelzimmern
- Hunde im Hotel nicht erlaubt
- mit Garten oder Terrasse

Bezahlkarten-Symbole

- Mastercard
- EC-Maestro
- Diners
- American Express
- VISA Visa

Foto: Restaurant Lärchenhof

Koch des Jahres

2023

Torben Schuster

Restaurant Gut Lärchenhof in Pulheim

—— Schon im vergangenen Jahr tauchte der 37-Jährige als der breiten Gourmet-Öffentlichkeit noch weitgehend unbekannter Koch unter lauter großen Namen in einer unserer Top-10-Listen auf – jetzt heben wir Torben Schuster für seine aufwendige, nicht nur handwerklich perfekte und qualitativ herausragende, sondern insbesondere auch sehr eigenständige Kochkunst ganz allein aufs Podest. Der ebenso hochtalentierte wie ambitionierte, aber sehr zurückhaltend und bescheiden auftretende Küchenchef, dem man wegen der Unvergleichbarkeit seiner Gerichte sofort abnimmt, dass er nicht allzu viel nach rechts und nach links schaut, was die hochdekorierten Kollegen so machen, legte im Gourmetrestaurant auf dem Gelände des exklusiven Golfplatzes Gut Lärchenhof vom Start weg beeindruckend vor. Schon als er im November 2017 aus dem Team von Jonnie Boers De Librije in den Kölner Westen gekommen war und bereits damals mit hierzulande seltenen Einflüssen viel frischen Wind mitgebracht hatte, waren wir sofort auf ihn aufmerksam geworden und hatten seine Küche hoch bewertet. Seither wurde er immer noch ein bisschen besser und hat sich seine individuelle Handschrift, mit der er Nordseeküsten und mediterrane Gefilde des Mittelmeers lässig miteinander verschmelzen lässt, bewahrt. Ein würdiger Koch des Jahres, von dem man in Zukunft noch sehr viel hören wird.

Foto: Sascha Perrone

Aufsteiger des Jahres

2023

Dirk Grammon

Grammons Restaurant in Dortmund

—— Natürlich spielt es bei der Wahl des jährlichen Aufsteigers des Jahres eine übergeordnete Rolle, dass der Ausgezeichnete in unserem Bewertungsranking einen möglichst großen Sprung nach oben hingelegt hat. Wir achten aber immer auch darauf, dass dieser Aufstieg nicht nur aus höherer Qualität oder mehr Präzision der Küche des Protagonisten resultiert, sondern dass auch sonst eine gewisse Weiterentwicklung stattgefunden hat. Und die konnten wir in diesem Jahr in besonderem Maße auf den Tellern von Dirk Grammon feststellen, der im eigenen Restaurant in Dortmund hohen gastronomischen Anspruch mit Einfamilienhaus-Charme in Einklang bringt. In ihren Grundzügen ist die Küche des kulinarischen Frühstarters, der schon mit Anfang zwanzig an seiner ersten Küchenchefstelle in hohem Maße auf sich aufmerksam machen konnte und heute, nach gut 15 Jahren, fast schon so etwas wie altmeisterliche Souveränität besitzt, weiterhin konsequent klassisch-französisch. Doch es ist ihm in der jüngeren Vergangenheit bravourös gelungen, seine ausdrucksstarken Kreationen von allem Überflüssigen zu befreien, das Relevante auf den Tellern bemerkenswert klar und gestochen scharf zu fokussieren und auf diese Art auch gleich seine große Stärke für tiefe, komplexe und zugleich vibrierend leichte Saucen noch besser herauszustellen.

Foto: Hotel La Maison

Newcomer des Jahres

2023

Sebastian Sandor

Louis in Saarlouis

—— Ob es für einen Koch leichter oder schwieriger ist, in einem neu eröffneten Restaurant sofort auf hohem Niveau durchzustarten oder die Nachfolge am Herd eines bereits sehr erfolgreichen Hauses anzutreten, ist wahrscheinlich eine müßige Frage. Sebastian Sandor jedenfalls hat es in seiner ersten Chefposition in Deutschland auf Anhieb geschafft, die großen Fußstapfen seines Vorgängers im renommierten Gourmetrestaurant des Hotels Maison in Saarlouis nicht nur locker auszufüllen, sondern ihnen außerdem eine ganz neue und spannende Marschrichtung vorzugeben. Der stilistisch frische Wind seiner Küche kommt nicht von ungefähr, hat der ambitionierte Chef mit ungarischen Wurzeln doch nach einer klassischen Schule in besten deutschen Häusern vor allem während mehrerer Stationen in Japan und seiner Zeit mit eigenem Restaurant in Belgien ganz unterschiedliche Einflüsse aufgenommen, die er jetzt in einem sehr eigenständigen Stil bündelt. Seine stark verdichteten und zugleich flirrend leichten Kreationen, die irgendwo zwischen japanisch-puristischer Klarheit und nordisch-belgischen Bezügen pendeln, konnten uns auf Anhieb begeistern und machen neugierig, wohin die Reise geht. Und genau deshalb zeichnen wir Sebastian Sandor als „Newcomer des Jahres" aus!

Foto: Restaurant Brothers

Sommelier des Jahres

2023

Tobias Klaas

Brothers in München

—— Obwohl wir für unsere Sonderauszeichnungen und insbesondere bei der Auswahl für unseren Sommelier des Jahres immer auf der Suche nach Underdogs sind, fällt der Titel in diesem Jahr doch auf einen alten Bekannten. Wenngleich einem noch recht jungen alten Bekannten, der zudem in einem ganz neuen Umfeld wirkt. Denn mit dem Restaurant Brothers machte sich Tobias Klaas gemeinsam mit seinem Zwillingsbruder, dem Restaurantleiter Markus Klaas im Jahr 2023 erstmals selbstständig. Ein feines Händchen für spannende und völlig unkonventionelle Weinbegleitungen zeigte Klaas zuvor unter anderem auch schon als Sommelier bei Tohru Nakamura. Im eigenen und deutlich kleineren und quirligeren Laden hat sich Klaas' Weinservice aber nun ganz automatisch verändert – ein wenig mehr Spontaneität ist gefragt und weniger Servicebrigade und Liturgie. Aber gerade in diesem Umfeld mit seinen neuen Herausforderungen für den Sommelier und natürlich einem ganz anderen mit den Weinen zu begleitenden Küchenstil kommt Klaas' Fingerspitzengefühl für Gäste und Pairings sowie sein beeindruckendes, aus zahlreichen Reisen und Verkostungen geschöpftes Weinwissen fast noch besser zur Geltung.

Foto: Restaurant Bachstelze

Gastgeber des Jahres

2023

Maria Groß und Matthias Steube

Bachstelze in Erfurt

____ Angenehme Atmosphäre und zugewandter Service sind zwar selbst in der gehobenen Gastronomie keineswegs selbstverständlich, aber doch häufig anzutreffen. Deutlich seltener sind jene Gastgeber, die eine ganz besondere Stimmung kreieren, ohne die das Gesamterlebnis kaum denkbar wäre. Die sind eher die Ausnahme. So wie Maria Groß und Matthias Steube, die ihre idyllisch verwunschene Bachstelze in der Peripherie von Erfurt mit einer ansteckenden Begeisterung für das eigene Tun, die Produkte und die passenden Getränke zelebrieren. Während Maria den Bachstelzen-Spirit vor allem auf den Tellern erlebbar macht, transportiert Matthias ihn als geborener Entertainer und passionierter Gastgeber sehr wirkungsvoll ins Restaurant oder in den Garten. Nicht zuletzt durch seine Begrüßungsansprachen oder das obligatorische gemeinsame Anstoßen vor dem Menübeginn gelingt es, dass sich jeder Gast für diesen Abend als Teil einer eingeschworenen Genussgemeinschaft fühlt – und dennoch wird im weiteren Verlauf jeder auf ganz individuelle Art umsorgt. Für die Gaben, Stimmung und Gemeinschaftsgefühl zu schaffen, die eigene Begeisterung auf die Gäste zu übertragen und mit hoher Kompetenz, nicht nur den Füllstand der Gläser, sondern auch sonst jedes Detail im Blick zu behalten, zeichnen wir Maria Groß und Matthias Steube als „Gastgeber des Jahres aus".

Foto: Restaurant Intense

Neueröffnung des Jahres

2023

Restaurant Intense

Wachenheim

—— Der Umzug eines etablierten Restaurants als Neueröffnung des Jahres? Absolut, denn das neue Intense, das vor einigen Jahren in Kallstadt gestartet ist und dann vorübergehend als Pop-up-Konzept in einem Gewächshaus weitergetrieben wurde, ist mit der grundlegend neu errichteten Location in Wachenheim nun viel mehr als nur das Alte an einem anderen Ort. Mit dem Umzug und der Neueröffnung begannen Benjamin Peifer und Bettina Peifer-Tiehl nämlich damit, ein ganzes Haus zu bespielen, das passgenau auf die Bedürfnisse der Gastgeber und des ideenreichen Kochs zugeschnitten ist: mit Bäckerofen, offener Feuerstelle, einem Zen-Garten in dem Sanshō-Pfeffer und Habaneros wachsen und gedeihen, und natürlich sehr viel Platz, um töpfeweise Miso anzusetzen, selbst Schinken herzustellen oder ganze Rinderrücken reifen zu lassen. Und das spiegelt sich logischerweise auch im Essen wider. Begeistert waren wir von der Idee der pfälzisch-japanischen Handschrift schon immer, erlebten sie bei unserem ersten Besuch in unserer Neueröffnung des Jahres aber so ausgereift wie nie zuvor. Es scheint so, als werde im neuen Intense nicht nur ein unvergleichliches Gesamterlebnis für die Gäste geboten, sondern dass die neue Lokalität es Peifer nun auch ermöglicht, endlich alle Register zu ziehen und weiter in die Spitze der deutschen Köche-Elite vorzudringen.

TOP 10

Alkoholfreie Getränkebegleitung

—— Einer der großen Trends der jüngeren Vergangenheit und längst nicht mehr nur in den hippen Casual-Fine-Dining-Restaurants der Metropolen oder bei Vertretern der modernen, gemüselastigen Naturküche ein Thema. Mittlerweile ist eine anspruchsvolle alkoholfreie Getränkebegleitung jenseits der üblichen Verdächtigen nicht mehr wegzudenken aus dem gastronomischen Spitzensegment, und selbst in ganz klassischen Lokalen mit Top-Sommelerie wie der Schwarzwaldstube oder dem Vendôme gibt es neben einer Weinreise auch eine nullprozentige Alternative, für die sich die Verantwortlichen richtig ins Zeug legen. In dieser Liste zeichnen wir die originellsten „rauschfreien Geleitzüge" zum Menü aus der vergangenen Testsaison aus. Überwiegend selbst hergestellte, leichte, bekömmliche und intelligent auf die Speisen abgestimmte Getränkebegleitungen.

Foto: Restaurant Rutz

Sommelière Nancy Großmann vom Rutz

Rutz, Berlin
Cappuccino aus fermentierten und frischen Pilzen mit Rohmilchbutter? Genial! Nancy Großmanns kreative, perfekt korrespondierende Alternativen wirken oft wie ein weiterer Teil des Gerichts.

Votum, Hannover
Beinahe noch lohnender als die Weinbegleitung sind die beispielhaft schlank und pointiert gearbeiteten alkoholfreien Getränke, die viele Gerichte noch um spannende Facetten erweitern.

Horváth, Berlin
Der Vorreiter, aber nicht mehr „Primus inter pares“. Die auf komplex cuvetierter Obst-/Gemüse-Basis kreierten schlanken Drinks im Horváth haben aber nach wie vor das Zeug, Benchmarks zu setzen.

Cœur D'Artichaut, Münster
Mit Pinot-Noir-Traubensaft, Fichtensprosse und Schwarztee oder einem Mandarine-Sour-Cocktail mit Pumpkin Spice zum Dessert auch diesmal wieder unter unseren alkoholfreien Favoriten.

Vendôme, Bergisch-Gladbach
Sommelière Hannah Schmiderer kreiert mit großem Ideenreichtum und leichter Hand Getränke vom zitrisch-säuerlichen Wasserkefir bis zur kaltmazerierten Beeren-, Gewürz- und Kräuter-Cuvée.

Storstad, Regensburg
Rooibusch, Vanilletee, Shisoöl und Salz oder Oolong und Blutorangensaft: Kaum süß und immer sehr straff, sind die meist auf Tee- und/oder Fermentationsbasis hergestellten Getränke ein Highlight.

schanz.restaurant., Piesport
Die aromatisch immer sehr markanten, aber erfreulich leichten Getränke aus der Hand von Sommelier Aleksandar Petrovic passen perfekt zu Thomas Schanz' ebenfalls kraftvoller Küche.

Etz, Nürnberg
Ebenso durchdacht, originell und auf puristische Art sehr komplex wie die Küche des Etz ist auch die alkoholfreie Getränkebegleitung, ebenfalls aus ausschließlich regionalen Produkten.

The NoName, Berlin
Die alkoholfreien Begleitgetränke im NoName, etwa von roter Paprika, Sauerkraut und Olivensalz, sind nicht nur originell, sondern auch aromatisch sehr präzise und überraschend ausdrucksstark.

Ösch Noir, Donaueschingen
Getränkebegleitungen aus der Hand von Souschef Julian Lechner, der unter dem Label „Julians Saftladen“ sehr originelle und markante Getränke wie von Roter Zwiebel, Sellerie und Verjus herstellt und auch vertreibt.

Foto: Storstad

Sommelière Anna Rupprecht

TOP 10

Einzelkämpfer am Herd

—— Die meisten Restaurants, die Küche auf hohem Niveau bieten, benötigen für ihre aufwendigen Kreationen viele Hände. Da stehen mindestens zwei oder drei Leute an den Herden, eher noch mehr, um das Mise-en-place vorzubereiten und später die Kreationen in der nötigen Perfektion anzurichten, ohne die Gäste über Gebühr warten zu lassen oder kalte Teller zu schicken. Es gibt aber auch ein paar unerschrockene Cuisiniers, die Entremetier, Gardemanger, Poissonier, Rôtisseur, Saucier und Pâtissier in Personalunion am eigenen Herd sind und mit entsprechender Organisation und der Konzentration auf eine überschaubare Anzahl an Gerichten und Gängen trotzdem erstaunlich hohes Niveau schicken. Die folgenden zehn Akteure haben uns in der vergangenen Testsaison als kochende Ich-AG in besonderer Weise durch ihre Küchenleistung beeindruckt. Ob da jetzt hier und da doch mal eine Küchenhilfe mit zur Hand geht, können wir nicht in allen Fällen gesichert sagen – grundsätzlich gelten sie aber als Einzelkämpfer in ihrer Restaurantküche.

Foto: Kitchen Library

Einzelkämpfer auf ihrem Posten:
Daniela und Udo Knörlein

Cédric Staudenmeier – Cédric
Neu in unseren Einzelkämpfer-Top-10 ist Cédric Staudenmeier, der mit seinem Restaurant Cédric in Weinstadt als Alleinkoch den Sprung in die Selbstständigkeit gewagt hat und auf Anhieb auf hohem Niveau gelandet ist.

Mathias Luiz – Ambiente
Kein Riesenaufwand auf dem Teller, aber immer viel Präzision. Er hat für seine Küche verinnerlicht, wie man das Maximum auch aus vermeintlich simplen Produkten herausholen kann.

Enrico Dunkel – Altes Haus
Seit vielen Jahren allein auf 7-Pfannen-Niveau! Er bekocht sein Restaurant Altes Haus in Braunschweig ohne Beiköche anspruchsvoll und entwickelt sich und seine Küche stetig weiter.

Dieter Grubert – Titus
Seit rund 30 Jahren mit dem Titus in Hannover als Solist am Herd im Einsatz. Und man kann nur weiter staunen, was er so alles in wohlproportionierter und durchdachter Form auf die Teller zaubert.

Joannis Malathounis – Malathounis
Mit 7+ Pfannen der am höchsten bewertete Alleinkoch und zudem noch einer, mit Alleinstellungsmerkmal, denn seine „Modern Greek Cuisine" hat hierzulande Seltenheitswert.

Udo Knörlein – Kitchen Library
Obwohl wir es seit Jahren wissen, ist es immer wieder kaum zu glauben, dass die aufwendigen Kreationen des Menüs der Kitchen Library in Berlin einzig und alleine von ihm zubereitet werden.

Mona John – Coup de Coeur
Als wir dieses Jahr das winzige Coup de Coeur der Alleinköchin zum ersten Mal besuchten, waren wir spontan begeistert von ihrer herrlich frankophil von der Liebe zur Butter durchzogenen, dabei aber faszinierend feinsinnigen Küche.

Foto: Cédric

Bekocht sein Restaurant alleine:
Cédric Staudenmeier

Andreas Hettinger – Delice
Ein Koch, fünf Gänge, sechs Tische, sieben Pfannen: Unter der Gewölbedecke des Stuttgarter Delice legt er allabendlich ein beachtliches Niveau an Präzision und Qualität vor. Und das seit Jahren!

Klaus Ditz – Hugenhof
Durch die konsequente Beschränkung auf vier, maximal fünf Gänge und eine perfekte Organisation bekocht er seinen Hugenhof in Simonswald allabendlich allein ganz entspannt auf stabilem 7-Pfannen-Niveau.

Pierantonio Maritan – Rauchfang
Er bäckt sogar das Brot selber, obwohl die à la carte offerierte kreative italienische Küche in seinem Restaurant Rauchfang in Bad Orb für ihn als Alleinkoch unheimlich viel Arbeit darstellt.

Foto: Mona John

Meist allein am Herd des
Coup de Coeur: Mona John

TOP 10

Highlights des Jahres

—— **Es ist eigentlich müßig, zehn aus zehntausend Gerichten auszuwählen, die wir zur Recherche dieser Ausgabe binnen der vergangenen zwölf Monate gegessen haben, und von denen uns natürlich mehr als nur ein knappes Dutzend schwer begeistert hat. Wenn man dann allerdings die Testsaison Revue passieren lässt und das kulinarische Langzeitgedächtnis aktiviert, wo sich solche Lieblings- oder Favoritengerichte ja fest verankert haben sollten, sind da doch nicht allzu viele Götterspeisen, an die man sich auch ohne Durchsicht des Fotomaterials sofort erinnert. Nachfolgend also zehn Gerichte, die uns besonders geflasht haben und als Highlights des Jahres in Erinnerung blieben.**

Foto: GUSTO

Haselnuss-Gâteau in der Mühle in Schluchsee

Schulter vom Friesischen Wagyu-Beef, Klassenzimmer in Fürstenhagen
Mit roter Schmorpaprika, eingelegten Tannenwipfeln, gepuffter Rindersehne, nach Salzpflaumenart eingemachtem und von Buttermilch schlotzig gehaltenem Aprikosenkompott, wildem frischem Meerrettich und purem reduziertem Rinder-Schmorsaft.

Gelbschwanzmakrele, Gurke & Auster, Grammons Restaurant in Dortmund
Gelbschwanzmakrele und Gurke, eigentlich der Langweiler schlechthin, hier mit verschiedenen Austern-Komponenten, dickkörnigem Imperial-Kaviar und Eigelbcreme aber ein grandioses Gericht mit überraschend viel Tiefenschärfe.

Hummer, Sonnora in Dreis
Das Krustentier in absoluter Referenzklasse mit mutig kontraststarken Begleitern rund um das Birne-Bohne-Speck-Thema, zartbitterem Chicorée und hauchdünnen knusprigen Zwiebelringen auf einem mit grünem Lauchöl marmorierten Hummerfond.

Gänseleber, schanz.restaurant. in Piesport
Mit einer komplexen Reduktion aus Sherry und gereiftem Saba glasierte Foie gras in unkonventioneller Kombination mit Schafskäse und Madagaskar-Pfeffer, Bucheckern und ausdrucksstarken Kräutern.

Lamm, Zeik in Hamburg
Eine Creme von Rotschmierkäse und Knollensellerie und eine prägnant wacholderwürzige Hollandaise gaben das spielentscheidende ausdrucksstarke Geleit zum mit gewürfelter Lammsalami getoppten und von ihr aromatisierten Lammrücken.

Sangohachi-Zander, Tim Raue in Berlin
Der schneeweiße Fisch mit Topping aus Sauerkraut, Ananas und peruanischer Minze thront auf leicht angeschärftem Erbsenpüree nebst Thaichili-Öl und Sauerkraut-Beurre-blanc: Spannung und Komplexität en masse!

Gänseleber bei schanz.restaurant. in Piesport

Waldorfsalat, Zur Weinsteige in Stuttgart
So originell „neu interpretiert" in präziser Geometrie und zugleich überraschend komplex und wohlschmeckend haben wir einen Waldorfsalat auch noch nicht gesehen.

Strozzapreti, Broeding in München
Für den völlig unitalienischen, aber genialen Pastagang wurde die Pasta aus gemahlenem Heu, Wildkräutern und Hartweizengrieß mit Frischkäse, mit Amalfi-Zitrone milchsauer fermentierten grünen Mandeln, Minze, schwarzem Pfeffer und Dill liiert.

Sparerib vom Karpfen, Rutz in Berlin
Mit einer süßlich-würzigen barbecueartigen Sauce sowie gelber Tomatencreme glasiert und eigentlich nur der zweite Teil eines Gerichts: fett, üppig, nussig und wunderbar reintönig – man wird es nicht leicht haben, in diesem Universum hochwertigeren Süßwasserfisch ausfindig zu machen.

Haselnuss-Gâteau, Mühle in Schluchsee
Das geniale Türmchen aus Haselnuss-Gâteau, einer mit Mirin und heller Sojasauce abgeschmeckten „japanischen Sahne", Eis aus geröstetem Reis und Gel von Bergamotte hat uns im letzten Jahr gleich mehrfach umgehauen.

Foto: GUSTO

TOP 10

Individuellste Handschrift

—— Eine unsere Top-10-Listen, die sich im Laufe der Jahre kaum bis gar nicht oder nur sehr langsam verändern wird. Denn auch im internationalen Vergleich sind die deutschen Spitzenköche meist mehr als Perfektionisten denn als Trendsetter bekannt. Nur wenige haben es bislang mit einem völlig eigenen Stil oder zumindest einer sehr markanten persönlichen Handschrift zu einer Strahlkraft gebracht, die bis weit über die Landesgrenzen hinausreicht. Und doch gibt es in Deutschland einige Protagonisten, die nicht nur ausgesprochen modern und kreativ kochen, sondern sich über die Jahre einen unverkennbaren Stil angeeignet haben. Manche von ihnen haben bereits unzählige Kolleginnen und Kollegen beeinflusst, manche kochen so innovativ, dass sie quasi unkopierbar sind. Hier sind die nach unserem Empfinden derzeit herausragendsten aktiven Köche mit eigener Handschrift.

Foto: GUSTO

Daniel Schmidthaler macht seine Region auf dem Teller schmeckbar

Christian Bau (Victor's Fine Dining by Christian Bau, Perl)
Paris-Tokio, Bau-Stil, franko-japanisch: Er war hierzulande der erste Spitzenkoch, der die Aromen und die Perfektion japanischer Küche und die Grundtugenden der französischen Haute-Cuisine zu einem neuen Stil hat verschmelzen lassen.

Tim Raue (Restaurant Tim Raue, Berlin)
Keiner treibt das Spiel mit Schärfe, Säure, Süße und Frucht so gekonnt und prononciert auf die Spitze wie Tim Raue mit seiner von der asiatischen Küche im Allgemeinen und der chinesischen im Besonderen inspirierten Kochkunst.

Andree Köthe & Yves Ollech (Essigbrätlein, Nürnberg)
Die Pioniere der Gewürz- und Gemüseküche stehen für hintergründige, eher subtile Finessen und bieten in Nürnbergs Altstadt seit Jahrzehnten außergewöhnlichen Gaumenkitzel für erwachsene Gourmets, der gänzlich ohne die typischen Edelprodukte auskommt.

Matteo Ferrantino (bianc Hamburg)
Mit seiner zwar modern interpretierten, im Kern aber nicht kühl konstruierten, sondern den Gast warm umarmenden, Emotionen weckenden mediterranen Küche hat er es in diesem Jahr erstmals in diese Top 10 geschafft.

Benjamin Peifer (Intense, Wachenheim)
Mit der Pfalz im Herzen und Japan im Sinn hat der noch sehr junge, hochtalentierte Koch Benjamin Peifer schon sehr früh zu einer eigenen Handschrift gefunden – und diese im neuen eigenen Restaurant nun perfektioniert.

Marco Müller (Rutz, Berlin)
Spannend unkonventionelle, sehr komplexe Gerichte voller hintergründiger Finessen aus vorwiegend regionalen Produkten führen bei ihm zu originellen Aromenbildern, die neuartig und doch vertraut schmecken.

Sebastian Frank (Horváth, Berlin)
Jenseits aller Normen der traditionellen Haute Cuisine, mit starkem österreichischem und osteuropäischem Einschlag. Sebastian Frank ist einer, der mit seiner unangepassten Art zu kochen ebenso inspiriert wie polarisiert.

Felix Schneider (etz, Nürnberg)
Von Skandinavien inspiriert, von Franken infiziert: Felix Schneiders Kulinarium steht für puristische, in ihrer Konsequenz einzigartige Produktküche aus herausragenden, ausschließlich regionalen Produkten.

Daniel Schmidthaler (Klassenzimmer, Fürstenhagen)
Er bringt den Geschmack der Region und der Saison seiner Wahlheimat auf äußerst kreative Art auf die Teller. Keinen Gang seines Menüs hat man so oder so ähnlich schon mal irgendwo gegessen.

Peter Maria Schnurr (Falco, Leipzig)
Die verrücktesten und spannendsten Aromenkombinationen – immer mutig, immer verblüffend neuartig. Bei „PMS" kommt harmonisch und genial zusammen, was vermeintlich überhaupt nicht zueinanderpasst.

Foto: Tim Raue

Küche mit markanter Handschrift: Tim Raue

TOP 10

Der besondere Ort

—— Während es in vielen anderen Ländern zahlreiche architektonisch geradezu spektakuläre oder besonders exponiert gelegene Spitzenrestaurants gibt, wirken die meisten deutschen Gourmetlokale vergleichsweise gediegen. Doch es gibt auch hierzulande einige Spots, die entweder durch ihr außergewöhnliches Raumdesign oder durch ihre besondere Lage – im besten Fall sogar durch beides – zu einer überdurchschnittlich originellen Location werden. Nachfolgend finden Sie unsere Top 10 der in diesem Guide empfohlenen Restaurants, in denen Gourmets an einem ganz außergewöhnlichen Ort ganz besonders gut essen können. Wo das Gesamtpaket aus Raumgefühl, Umgebung und Essen einzigartig ist.

Foto: Restaurant Pavo

Hoch oben auf dem Falkenstein:
Pavo in Pfronten

Pavo, Pfronten

Mit weitem Ausblick über Berge, Täler und das Allgäuer Voralpenland, nicht nur auf der kleinen Aperitif-Terrasse, sondern auch in den zum Panorama hin ausgerichteten runden Sitzinseln, hat das Pavo auf dem Falkenstein ein Alleinstellungsmerkmal.

Tantris, München

Hummerrot und trüffelschwarz, die Decken und Wände aus orangefarbenem Teppich. Hier trifft auch nach dem Relaunch von vor zwei Jahren der abgenutzte Begriff „Gourmettempel" ausnahmsweise voll zu.

Falco, Leipzig

Nicht nur der spektakuläre Ausblick über die pulsierende Sachsenmetropole durch die durchgängige Fensterfront im 27. Stock, auch das mondäne Interieur macht das Setting im Falco Top-10-würdig.

EssZimmer in der BMW-Welt, München

Ein riesiges und trotzdem heimelig wirkendes Luxus-Wohnzimmer, das als spannender Gegensatz fast wie ein Paralleluniversum über der kühlen und technisierten Hightech-Autowelt von BMW schwebt.

Söl'ring Hof, Rantum

Ein Gesamtkunstwerk. Das stattliche Reetanwesen aus den 50ern lebt längst nicht nur von seiner traumhaft schönen Lage zwischen den Dünen am südlichen Ortsrand von Rantum, sondern von der einzigartigen Gesamtatmosphäre.

SKYKITCHEN, Berlin

Auch beim zehnten Besuch noch spektakulär: Das Breitwand-Panorama durch die bodentiefen Fensterfronten über die Hauptstadt und der behagliche Raum als Kontrast zur unwirtlichen Großstadt.

Ostseelounge, Ostseebad Dierhagen

Mehr Meerblick geht nicht! Die behaglich-elegante Ostseelounge mit sensationellem Blick über kilometerweiten Strand, das Meer und den nach allen Seiten hin unendlichen Horizont.

Foto: Strandhotel Fischland

Horizont wohin das Auge blickt: Ostseelounge

Luce d'Oro, Elmau

Das Ambiente des Restaurants selbst ist schön, aber erst durch die idyllische Anfahrt, die Alleinlage und die behaglich entschleunigte Atmosphäre im monumentalen Schloss wird das Luce d'Oro zum ganz besonderen Genussort.

Dichter, Rottach-Egern

Das Design trägt ländliche Züge, wirkt durch sehr viel Licht und Glas aber auch mondän und urban. Blickfang sind zwei zum Himmel hin offene Glassäulen mit nach Bonsai-Art zurechtgetrimmten Bäumen.

Orania, Berlin

Hier macht die Mischung aus behaglichem Design im Axel-Vervoordt-Stil, der großen offenen Küche mit Pekingentenofen und der Bühne mit allabendlicher Livemusik das besondere Setting aus.

Foto: Parkhotel Egerner Höfe

Nicht nur im Winter ein Traum: Gourmetrestaurant Dichter

TOP 10

Die spannendsten Neuzugänge

—— Egal ob Neueröffnung, Wiedereröffnung oder Neuentdeckung: in dieser Top-10-Liste finden Sie die interessantesten Neuzugänge in diesem Guide, zu denen selbstverständlich auch unsere „Neueröffnung des Jahres", das Intense in Wachenheim, zählt. Einmal mehr war es keine leichte Entscheidung, zehn Restaurants zu definieren, denn auch in diesem Jahr eröffneten wieder überraschend viele spannende neue Lokale, und wir haben etliche Neuzugänge zu verzeichnen. Hier nun also unsere subjektive Auswahl der zehn spannendsten Neuzugänge der zurückliegenden Testsaison.

Foto: Restaurant Jan

Jan Hartwigs neues Restaurant Jan

Jacobi, Freiburg

Inhaber und Küchenchef Christoph Kaiser lässt im Gastraum des alteingesessenen Schwarzwälder Hofs antikes Mobiliar und moderne Akzente stilvoll zusammenwirken. Auf den Tellern gib's sehr gute moderne, regionalbetonte Naturküche.

SAMS, Kirchheim/Teck

Hinter dem Konzept stehen der Koch Adrian Semp und der Sommelier Marc Schnierer, die aus einer Weinbar in der Fußgängerzone das attraktiv mit maritimer Küche und spannenden Weinen bespielte SAMS gemacht.

Cédric, Weinstadt

Mit Mitte zwanzig kehrte Cédric Staudenmayer zurück ins Remstal und eröffnete im November 2022 direkt neben dem von seiner Mutter betriebenen Weinstadt-Hotel sein Restaurant Cédric, das sofort einschlug wie eine Bombe.

Brothers, München

Das Schwabinger Lokal, das die Zwillinge Markus und Tobias Klaas als Gastgeber und Sommelier mit Küchenchef Daniel Bodamer im Schlepptau übernahmen, zog vom ersten Öffnungstag und ist eine der auch überregional spannendsten Neueröffnungen.

JAN, München

Das Warten hat sich gelohnt: Die stilvoll schnörkellos gestalteten und geschickt unterteilten Räume von Jan Hartwigs neuem Restaurant wirken einerseits modern skandinavisch, andererseits haben sie in ihrer Geradlinigkeit auch etwas Asiatisches.

Victor & Victoria, Berlin

Es war von langer Hand geplant, und die stufenweise Eröffnung erfolgte mit Bedacht. Die Macher des neuen zweistöckigen Restaurantkonzepts Victor & Victoria am Gendarmenmarkt mit Barbereich, Edel-Bistro und herausragendem Gourmetrestaurant haben nichts dem Zufall überlassen.

Foto: Kaiserküche

Großstadtflair in Oldenburg: Kaiserküche

Kaiserküche, Oldenburg

Dieses Restaurant könnte auch in Berlin oder London bestehen, doch man findet es seit dem Jahr 2022 in der Kaiserstraße in Oldenburg, und es verblüfft dort Einheimische und Gäste gleichermaßen. Clarissa und Malte Ibbeken haben hier einiges vor!

PULS Restaurant, Köln

Direkt im Schatten des Historischen Rathauses und auf Tuchfühlung mit dessen monumentalen Grundmauern residiert seit Mitte 2022 das „Zweitlokal" von Ox-&-Klee-Macher Daniel Gottschlich als cooles längliches Bar-Restaurant mit ambitionierter Küche.

Ochs & Schwan, Kirchheim

Im Weingut Benzinger in Kirchheim, wo früher einmal ein traditionelles Pfälzer Gasthaus beheimatet war, betreiben die jungen motivierten Gastronomen Swantje Schauss und Daniel Trommer seit Kurzem ein betont junges und inspiriertes Konzept.

Wibbelings Hof, Dortmund

Zwar schon Ende 2021 eröffnet, aber erst 2022 kulinarisch so richtig gestartet: Sandra und Jörn Haumann haben hier einen besonderen Genussort geschaffen, in dem vom Hofcafé über einen Genusshop bis zum großen Menü am Abend ein vielfältiges Programm geboten wird.

TOP 10

Serviceteams

— Gutes Personal zu bekommen ist für die Gastronomie aktuell komplizierter denn je, und die Probleme sind überwiegend hausgemacht. Selbst in besten Restaurants hat die Servicequalität in den vergangenen Jahren nicht selten abgenommen, und es präsentiert sich dort bisweilen ein völlig anderes Bild als noch vor der Corona-Pandemie, als so viele Mitarbeiter die Gastro verlassen haben und in andere Branchen gewechselt sind. Doch es gibt sie natürlich noch, die nicht nur hochmotiviert und souverän, sondern auch geschlossen mit Schwung, Ausstrahlung und Empathie auftretenden Serviceteams, die aus der Menge herausragen. Wo nicht einer Koryphäe zugearbeitet wird, sondern jeder Teil des Ganzen ist. Und sie werden in den kommenden Jahren auch wieder mehr werden, denn herausragender Service wird immer gefragt und geschätzt sein. Einmal mehr, wenn er längst nicht mehr selbstverständlich ist.

Foto: Söl'ring Hof

„Für den Gast und für das Wir!"
im Söl'ring Hof auf Sylt

Schwarzwaldstube, Baiersbronn

Mit Restaurantleiterin Nina Mihilli und Sommelier Stéphane Gass in erster Reihe, aber vielen weiteren, ebenso engagiert, kompetent und verbindlich auftretenden Mitarbeiterinnen und Mitarbeitern setzt die Schwarzwaldstube Service-Maßstäbe.

Sonnora, Dreis

Auch im Sonnora läuft unter der Leitung von Gastgeberin Magdalena Rambichler und Sommelier-Duo Oliver Adler und Sebastian Boucher alles wie geschmiert, und jeder Mitarbeiter repräsentiert das Restaurant, als ob es seines wäre.

Söl'ring Hof, Sylt

Gastgeber und Küchenchef Jan-Philipp Berner, der auch ständig im Gastraum präsent ist, Sommelière Bärbel Ring, die dem Team schon so lange ein Gesicht gibt, aber eben auch viele weitere Mitarbeiter mit viel Ausstrahlung prägen den sehr persönlichen Service dieses besonderen Hauses.

Victor's Fine Dining by Christian Bau, Perl

Das sehr junge Team unter der Leitung von Felix Kress und in der vergangenen Testsaison noch Sommelière Nina Mann steht im Schlossrestaurant nicht nur für formvollendeten Service, sondern auch für eine angenehm lockere und nie nachlässige Art.

Gut Lärchenhof, Pulheim

Auch ohne die typischen Brigade-Hirarchien hat man es hier unter der Leitung der stets präsenten Gastgeber Peter Hesseler und Christoph Barciaga mit einem sehr aufmerksamen und sympathisch humorvollen, aufgeschlossenen und nicht zuletzt bestens informierten Serviceteam zu tun.

Lorenz Adlon Esszimmer, Berlin

Das Serviceteam unter Oliver Kraft straft jedes Adlon-Klischee von Stuck, Staub und Stock als billiges Vorurteil ab. Zwischen Serviette falten, Tisch abkehren und Stuhl anrücken witzelt man hier vom Chef-Sommelier bis zum Commis de rang noch charmant mit den Gästen.

AURA by Alexander Herrmann & Tobias Bätz, Wirsberg

Den ausgeprägten Teamgedanken, der hier nicht nur im Gourmetrestaurant, sondern im gesamten Posthotel von Alexander Herrmann gelebt wird, bekommt jeder Gast deutlich zu spüren. Hier herrscht ein außerordentlich gutes Betriebsklima, das sich sehr auf die Servicequalität auswirkt.

Tulus Lotrek, Berlin

Die ebenso charismatische wie eloquente Gastgeberin Illona Scholl könnte das Tulus Lotrek wahrscheinlich auch mit untalentierten Aushilfen vorbildlich bespielen, hat aber immer empathische und gut informierte Kolleginnen um sich, die es ihr gleichtun.

Lakeside, Hamburg

Mit Michel Buder als Restaurantleiter steht dem großzügigen Gourmetrestaurant im Fontenay an der Außenalster natürlich ein junger Maître vor, wie er im Buche steht, aber auch alle anderen Teammitglieder überzeugen durch Souveränität, Ausstrahlung und ansteckend gute Laune.

Tantris, München

Restaurantleiterin Mona Röthig, die schon seit über zehn Jahren in verschiedenen Positionen im Tantris arbeitet, leitet hier eine große Brigade bestens geschulter Fachleute, von denen offenbar jedem einzelnen das Service-Gen in die Wiege gelegt wurde.

Foto: Hotel Adlon

Das Team im Lorenz Adlon Esszimmer

TOP 10

Gourmet-Lunch

— Der Gourmet-Lunch bekommt zunehmend Seltenheitswert. Leider! Dabei gibt es so viele Feinschmecker, die es lieben, mittags auf hohem Niveau essen zu gehen. Der drastische Rückgang in den letzten Jahren hat zum Teil mit Personalknappheit zu tun, oder generell mit wirtschaftlichen Gründen, natürlich auch mit fehlender Nachfrage an bestimmten Standorten. Zum Teil aber auch nur mit fehlenden Konzepten. Umso mehr Grund zur Freude sind all jene Restaurants, die auch weiterhin am Mittag mit vollem Elan und hohem Anspruch am Start sind und damit viele der eindrücklichsten Genussmomente des Jahres bieten. Mit dieser Liste, die durchaus auch noch um weitere Adressen erweitert werden könnte, prämieren wir die spannendsten Gourmet-Spots für den Lunch – ganz gleich, ob mit clever kalkulierten Angeboten abseits gängiger Edelprodukte oder mit einem dem Abend identischen Programm. Allen gemeinsam ist: Besser wird mit man am Mittag hierzulande kaum irgendwo essen!

Foto: Hotel Bareiss

Große kulinarische Oper auch mittags: Bareiss

Facil, Berlin

Von Montag bis Freitag und immer auch mittags: Einer der atmosphärischsten Genussorte Berlins ist der Klassiker in der Hauptstadt für Lunch auf höchstem Niveau – und deshalb meist ausgebucht!

Tim Raue, Berlin

Zumindest noch am Wochenende kann man die markante asiatisch inspirierte Küche von Tim Raue auch am Mittag erleben – noch dazu mit einem äußerst attraktiven Preis-Genuss-Verhältnis.

JAN, München

Jan Hartwig weiß einfach, was Gourmets lieben. Und so öffnet er sein neues Restaurant JAN von Mittwoch bis Freitag auch mittags. Natürlich mit der ganz normalen Karte und vollem Programm!

Bareiss, Baiersbronn

Zum traditionsreichen „Gourmet-Schlaraffenland Bareiss" gehört der Mittagsservice einfach mit dazu. Und die große kulinarische Oper, denn neben einem Lunch-Menü gilt auch mittags die Abendkarte.

GästeHaus Klaus Erfort, Saarbrücken

Auch bei Klaus Erfort freuen sich Gäste und Angestellte gleichermaßen: geöffnet von Montag bis Freitag, und die klare klassische Perfektion der frankophilen Kreationen gibt's auch mittags in vollem Umfang.

Essigbrätlein, Nürnberg

Yves Ollechs und Andree Köthes kreative Gemüseküche gibt's auch mittags auf identischem Niveau. Zwar mit einem Gang weniger als abends geplant, dafür aber zum günstigen Preis.

Zur Wolfshöhle, Freiburg

Martin Fauster kocht mit seinem Team freitags und samstags auch mittags das volle Programm, was auf Gästeseite immer sehr gut angenommen wird. Wir erlebten die beiden Gasträume zum Lunch stets gut besucht.

Foto: Restaurant Tim Raue

Zu schade, um nur abends zu öffnen: Restaurant Tim Raue

Sonnora, Dreis

Fast zwangsläufig, dass ein Schlaraffenland der großen französischen Küche wie das Gourmetrestaurant von Magdalena und Clemens Rambichler auch hin und wieder am Mittag geöffnet sein muss – von Freitag bis Sonntag!

Victor's Fine Dining by Christian Bau, Perl (Nennig)

Am Mittag nur samstags und sonntags, aber auf höchstem kulinarischem Niveau: Die von Japan infizierte französische Küche von Ausnahmekoch Christian Bau lässt sich auch ausgiebig lunchen.

schanz. restaurant., Piesport

Auch an zwei von vier Öffnungstagen, nämlich donnerstags und samstags, sperrt Familie Schanz ihr modernes Gourmetrestaurant an der Mosel zum Mittagessen auf und macht keinerlei Abstriche.

Foto: Restaurant Wolfshöhle

Auch mittags für die Gäste da: Wolfshöhle

TOP 10

Nächste Generation

—— Auch wenn die Gastrobranche nach wie vor schwer mit Personalsorgen zu kämpfen hat, weil die „Nachwuchspflege" eine ganze Zeit lang sträflich vernachlässigt wurde – um die Zukunft der Spitzenküche in Deutschland muss man sich trotzdem keine Sorgen machen, denn es gibt genügend hochtalentierte und jetzt schon sehr erfolgreiche Köchinnen und Köche der nächsten Generation, die für ihren Beruf brennen und sich deutlich hervortun. Es müssen nicht zwangsläufig die ganz großen Namen von morgen sein, aber man wird ganz sicher noch viel von ihnen hören. Sie stehen alle irgendwie noch relativ am Anfang, sind erst in der jüngeren Vergangenheit in verantwortliche Chefpositionen gerückt und stachen mit dem, was sie machen, von Anfang an aus unterschiedlichen Gründen deutlich aus der Masse heraus. Weil sie es können, und weil sie einfach Bock haben, richtig gut und originell zu kochen.

Foto: Hotel Schwane

Cornelia Fischer vom Weinstock im fränkischen Volkach

Sebastian Ernst
(ESTIMA by Catalana, Erfurt)

Sorgt seit fünf Jahren als ambitionierter Küchenchef im ESTIMA by Catalana in Erfurt nicht nur für ein hohes Niveau auf den Tellern, sondern mit einer stark von iberischen Einflüssen geprägten Küche auch viel Originalität.

Rosa Beutelspacher
(Hallmann & Klee, Berlin)

Nach einem akademischen Studium, anschließender Kochlehre und ein paar inspirierenden Wanderjahren setzt sie nun mit ihrer gekonnt puristisch in Szene gesetzten, ebenso eleganten wie markanten regionalbetonten Küche selbst Akzente.

Tobias Weyers (Hannappel, Essen)

Als kreativer Kopf einer Doppelspitze mit seinem Chef Knut Hannappel hat sich Tobias Weyers von Anfang an deutlich hervorgetan und nicht nur das Gesamtniveau, sondern insbesondere auch die Originalität der Küche maßgeblich geprägt.

Cornelia Fischer (Weinstock, Volkach)

Sie kam aus der Brigade von Andreas Caminada auf Schloss Schauenstein mit einigen Vorschusslorbeeren und lieferte prompt: Im zweiten Jahr als Küchenchefin in Volkach startet Cornelia Fischer richtig durch.

Sascha Kurgan
(SKYKITCHEN, Berlin)

Der Joachim-Wissler-Schüler musste in der SKYKITCHEN in große Fußstapfen treten. Noch ist nicht alles perfekt, aber man sieht und schmeckt auf jedem Teller das große Talent – und dass er noch längst nicht am Ende der Fahnenstange angekommen ist.

Johannes Steingrüber
(Harzfenster, Seesen)

Im Frühjahr 2023 eröffnete er im Hotel seiner Eltern das Restaurant Harzfenster und legte gleich sehr ambitioniert los. Auch er ist noch so etwas wie ein ungeschliffener Rohdiamant, der sich in den kommenden Jahren stark entwickeln wird.

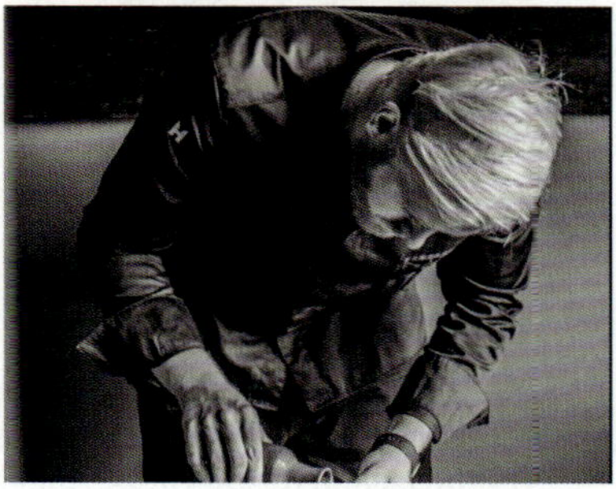

Foto: Seven Swans

Steht für vegane Spitzenküche: Ricky Saward

Vicente Matias, Diaz Silva
(136 Restaurant, Berlin)

Mit seiner sehr ambitionierten, kreativen und elaborierten Küche, die originellerweise Italien und Südamerika auf einen Nenner bringt, machte er die ehemalige Kneipe in Mitte zum casual Gourmetrestaurant. Und die Entwicklung geht weiter…

Lukas Jacobi (ab Ende 2023:
Zwanzig23 bei Lukas Jakobi, Düsseldorf)

Er war im letzten Jahr unser Newcomer des Jahres im Intensiu in Hilden, konnte sich dort aber nicht zu hundert Prozent verwirklichen. Ende 2023 eröffnet er nun sein eigenes „Zwanzig23 bei Lukas Jakobi" und legt richtig los.

Christopher Wecker
(Villa Kellermann, Potsdam)

Schon als ausführender Küchenchef unter der Ägide von Tim Raue ist er uns in Günther Jauchs Villa Kellermann sehr positiv aufgefallen. Nach dem Ausstieg seines ehemaligen Chefs kann er sich jetzt auch als kreativer Kopf voll ausleben.

Ricky Saward (Seven Swans, Frankfurt)

Mit seiner veganen Spitzenküche hat der Mittdreißiger fast noch ein Alleinstellungsmerkmal hierzulande. Sein Menü, dessen sämtliche Produkte inklusive aller Gewürze aus der Region stammen, hat sukzessive an Präzision, Originalität und Komplexität zugenommen.

TOP 10

Vegetarische Spitzenküche

—— Bis auf wenige Ausnahmen sind unsere zehn Highlights des vergangenen Jahres im Bereich vegetarische Spitzenküche keine rein vegetarischen Restaurants. Aber allesamt bieten sie permanent ein vegetarisches Menü oder eine größere Anzahl an solchen Speisen an. Und zwar im bundesweiten Vergleich auf Top-Niveau! Es sind Restaurants, in denen man ständig und auch ausschließlich vegetarisch essen kann und die uns während der vergangenen Testsaison gerade mit ihren vegetarischen Gerichten ganz besonders begeistert haben. Also kein Ranking der ultimativ Besten, sondern die zehn Restaurants, die uns in der vergangenen Testsaison mit ihren vegetarischen Gerichten am meisten überzeugt haben.

Foto: GUSTO

Knollensellerie, Apfel, Haselnuss und Périgord-Trüffel in Schiller's Manufaktur

Schiller's Manufaktur, Koblenz (Mike Schiller)

Nicht nur wegen einer tiefschürfenden Gemüseessenz mit gegrillten oder anderweitig gegarten Gemüsen darin, die überraschend zum Highlight des letzten Besuchs wurde, ist Mike Schiller diesmal wieder in den vegetarischen Top 10 vertreten.

Seven Swans, Frankfurt (Ricky Saward)

Wer wegen des veganen Konzepts karge Gemüseküche befürchtet, kann die unbegründeten Bedenken ad acta legen, denn was hier auf die Tische kommt, befriedigt auch die Lust auf ein im klassischen Sinne hedonistisches Gourmeterlebnis.

Lamm Rosswag, Vaihingen (Steffen Ruggaber)

Mit seinen extrem elaborierten und bis in jedes kleinste Detail aromatisch durchdachten Kreationen beweist Steffen Ruggaber, dass er auch in puncto vegetarische Gerichte ganz weit vorne mitspielen kann.

Heimatjuwel, Hamburg (Marcel Görke)

Der passionierte Chef hat hier einen immer stärker auf die Ressourcen aus Acker, Wald und Wiesen setzenden Stil etabliert und bietet in seinem maximal sechsgängigen Menü wahlweise nur einen einzigen Gang, in dem dann doch Fisch oder Fleisch eine Rolle spielen.

Stadtpfeiffer, Leipzig (Detlef Schlegel)

Dass das vegetarische Menü des Stadtpfeiffers zu den besten und originellsten seiner Art in Deutschland zählt, verdeutlichten auch in diesem Jahr wieder spannende Gerichte wie marinierte Steckrübe mit Zitrusaromen, Huflattich, Erdnusscreme und Piment d'Espelette.

Green Beetle, München (Felix Adebahr)

Im rein vegetarischen Restaurant der Feinkost-Käfer-Gruppe wird nicht nur glaubhaft ein sehr nachhaltiges Konzept gelebt, sondern auch sehr gut und sogar überdurchschnittlich kreativ und raffiniert gekocht.

Foto: GUSTO

Kartoffel, Kohl und Kümmel im Zeik

Lafleur, Frankfurt (Andreas Krolik)

Das fleisch- und fischlose Menü im Lafleur ist sogar konsequent vegan, und man vermisst auch als Omnivore rein gar nichts. Andreas Kroliks „Ethical Vegan Cuisine" hat jede Menge Aromenpower, die Gerichte wirken komplex und dynamisch.

Volt, Berlin (Matthias Gleiß)

Bemerkenswert, dass eines der beiden Menüs vegan ist und dem anderen, das auch Fisch und Fleisch aufbietet, in nichts nachsteht. Eine sehr feine, elegant und natürlich umgesetzte Küche, deren Finesse meist in den geschmacklichen Details liegt und nicht durch Knalleffekte erzeugt wird.

Zeik, Hamburg (Maurizo Oster)

Es ist faszinierend, wie kreativ hier mit diesen vermeintlich simplen regionalen Viktualien umgegangen wird. Maurizio Oster nimmt sich der Karotte an und interpretiert sie ebenso filigran wie facettenreich auf vier Arten – jede originell und keine wie die andere.

Cordo, Berlin (Yannick Stockhausen)

Pilz Chawanmushi mit Morcheln und Schnittlauch oder junger Lauch mit Haselnuss und Bohne: Yannick Stockhausen lässt im Berliner Cordo auch ein weltoffen, kreativ und ausdrucksstark komponiertes vegetarisches Menü kredenzen.

Ranking von 10↑ bis 6

10↑ Gusto-Pfannen

Aqua, Wolfsburg
Jan, München
schanz. restaurant., Piesport
Schwarzwaldstube, Baiersbronn (Tonbach)
Sonnora, Dreis
The Table Kevin Fehling, Hamburg (Hafencity)
Victor's Fine Dining by Christian Bau, Perl (Nennig)

10 Gusto-Pfannen

Courtier, Weissenhaus
Dichter, Rottach-Egern
Facil, Berlin (Tiergarten)
Falco, Leipzig
GästeHaus Klaus Erfort, Saarbrücken
Gourmetrestaurant Bareiss, Baiersbronn (Mitteltal)
Haerlin, Hamburg (Neustadt)
Horváth, Berlin (Kreuzberg)
Meierei Dirk Luther, Glücksburg
Ophelia, Konstanz
Rutz Restaurant, Berlin (Mitte)
Tim Raue, Berlin (Mitte)
Vendôme, Bergisch-Gladbach (Bensberg)

9↑ Gusto-Pfannen

bianc, Hamburg (Hafencity)
Gut Lärchenhof, Pulheim (Stommeln)
L.A. Jordan, Deidesheim
Lafleur, Frankfurt am Main
Luce d'Oro, Elmau
Söl'ring Hof, Sylt (Rantum)
Stadtpfeiffer, Leipzig
Steinheuers Restaurant Zur Alten Post, Bad Neuenahr-Ahrweiler (Heppingen)
Tohru in der Schreiberei, München

9 Gusto-Pfannen

Alois, München
AMMOLITE – The Lighthouse Restaurant, Rust
Atelier, München
August by Christian Grünwald, Augsburg
AURA by Alexander Herrmann & Tobias Bätz, Wirsberg
Eisvogel, Neunburg v. Wald (Hofenstetten)
Ernst, Berlin (Wedding)
Esplanade, Saarbrücken
Essigbrätlein, Nürnberg
EssZimmer, München
etz, Nürnberg
Grammons Restaurant, Dortmund
Hirschen, Sulzburg
Intense, Wachenheim
Jante, Hannover
Klassenzimmer, Fürstenhagen
Lamm Rosswag, Vaihingen/Enz (Rosswag)
Le Pavillon, Bad Peterstal (Griesbach)
Lorenz Adlon Esszimmer, Berlin (Mitte)
Nagaya, Düsseldorf
Opus V, Mannheim
ÖSCH NOIR, Donaueschingen
Ox & Klee, Köln
Speisemeisterei, Stuttgart (Hohenheim)
Tantris, München
Victor & Victoria, Berlin
Zur Wolfshöhle, Freiburg i. Breisgau

8↑ Gusto-Pfannen

100/200 Kitchen, Hamburg (Rothenburgsort)
Apicius, Bad Zwischenahn
Bandol sur mer, Berlin (Mitte)
BODENDORF'S, Sylt (Tinnum)
Brothers, München
Coda Dessert Dining, Berlin
Der Butt, Rostock (Warnemünde)
es:senz, Grassau
Friedrich Franz, Bad Doberan (Heiligendamm)
Gustav, Frankfurt am Main
Hannappel, Essen (Horst)
La Société, Köln
Lakeside, Hamburg (Rotherbaum)
LOUIS restaurant, Saarlouis
MARKOS – Das Restaurant, Weingarten
Mühle, Schluchsee
Nobelhart & Schmutzig, Berlin (Kreuzberg)
Orangerie, Timmendorfer Strand
ÖSCH NOIR, Donaueschingen
Ox & Klee, Köln
Piment, Hamburg (Eppendorf)
Restaurant 360°, Limburg an der Lahn
Roter Hahn, Regensburg
Schlossberg, Baiersbronn (Schwarzenberg)
Sparkling Bistro, München
Sterneck, Cuxhaven (Duhnen)
Tantris DNA, München
The Stage, Dortmund
Tisane, Nürnberg
Tulus Lotrek, Berlin
Votum, Hannover
Werneckhof Sigi Schelling, München
Zeik, Hamburg (Winterhude)

8 Gusto-Pfannen

1789, Baiersbronn (Tonbach)
[maki:'dan] im Ritter, Durbach
1876 Daniel Dal-Ben, Düsseldorf
5 Gourmetrestaurant, Stuttgart
Adler, Lahr
Alte Liebe, Augsburg
Anima, Tuttlingen
Aska, Regensburg
Beckers Restaurant, Trier (Olewig)
Bembergs Häuschen, Euskirchen (Flamersheim)
Carmelo Greco, Frankfurt am Main
Clara, Erfurt
Cœur D'Artichaut, Münster
Cordo, Berlin (Mitte)
Das Grace, Flensburg
Der Zauberlehrling, Stuttgart
Die Brasserie, Pirmasens
Esszimmer, Schwendi
Fine Dining Friedrich, Osnabrück
fine dining RS, Salach
Gutshaus Stolpe, Stolpe
Halbedel's Gasthaus, Bonn (Bad Godesberg)
Haus Stemberg Anno 1864, Velbert (Neviges)
Hofstube Deimann, Schmallenberg (Winkhausen)
Huberwirt, Pleiskirchen
Hugos, Berlin (Tiergarten)
Jellyfish, Hamburg (Eimsbüttel)
Jungborn, Bad Sobernheim
KAI3, Sylt (Hörnum)
Kochzimmer, Potsdam
Kulmeck, Heringsdorf
Le Cerf, Zweiflingen (Friedrichsruhe)
Le Gourmet, Heidelberg
Les Deux, München
Maerz – Das Restaurant, Bietigheim
Merkles Restaurant, Endingen a. K.
Meyers Keller – Jockl Kaiser, Nördlingen
Oben, Heidelberg
Oswalds Gourmetstube, Teisnach (Kaikenried)
Pavo, Pfronten (Meilingen)
Philipp, Sommerhausen
Philipp Soldan, Frankenberg
Pink Pepper, Düsseldorf
Pur, Berchtesgaden
PURS, Andernach
Rebers Pflug, Schwäbisch Hall
Restaurant 1797, Panker
Rüssel's Gourmet Restaurant, Naurath
Schiller's Manufaktur, Koblenz
Schote, Essen (Rüttenscheid)
Schwarzer Adler, Vogtsburg (Oberbergen)
Schwarzer Hahn, Deidesheim
Schwarzreiter, München
Schwingshackl ESSKULTUR, Bad Tölz
Schwitzer's Gourmet-Restaurant, Waldbronn (Reichenbach)

8 Gusto-Pfannen

Seestern, Ulm
sein, Karlsruhe
SEO Küchenhandwerk, Langenargen
Seven Swans, Frankfurt am Main
Storstad, Regensburg
taku, Köln
Traube, Efringen-Kirchen (Blansingen)
Troyka, Erkelenz
Volt, Berlin (Kreuzberg)
Weinstock, Volkach
ZweiSinn Fine Dining, Nürnberg

7↑ Gusto-Pfannen

Agatas Restaurant, Düsseldorf
Alte Baiz, Hamberg
astrein, Köln
bachofer, Waiblingen
Balthasar, Paderborn
BOK – Brust oder Keule, Münster
BRIKZ, Berlin (Charlottenburg)
Camers, Hohenkammer
Cheval Blanc, Illschwang
Eckert, Grenzach-Wyhlen
Eichhalde, Freiburg im Breisgau (Herdern)
Eisenbahn, Schwäbisch Hall (Hessental)
Ente, Wiesbaden
Erbprinz, Ettlingen
ESTIMA by Catalana, Erfurt
Faelt, Berlin
Favorite, Mainz
Freustil, Rügen (Binz)
FRITZ's FRAU FRANZI, Düsseldorf
Gabelspiel, München
Gasthof zum Bad, Langenau
Genießer Stube – Daniel Raub, Friedland
Golvet, Berlin
Gourmetrestaurant Nico Burkhardt, Schorndorf
Hämmerle's Restaurant Barrique, Blieskastel
Jacobs Restaurant, Hamburg (Nienstedten)
Johanns, Waldkirchen
Kesselhaus, Osnabrück
Kettner's Kamota, Essen
L'étable, Bad Hersfeld
Malathounis, Kernen
maximilian lorenz restaurant, Köln
Mural, München
Oettingers Restaurant, Fellbach (Schmiden)
Prism, Berlin (Charlottenburg)
Restaurant auf Schloss Filseck, Uhingen
Rosin, Dorsten (Wulfen)
Sahila – The Restaurant, Köln
Schloss Niederweis, Niederweis
Schnüsch, Büsum
Shiraz, Wuppertal
showroom, München
St. Andreas, Aue
Storchen Restaurant Hotel, Bad Krozingen (Schmidhofen)
THE O'ROOM, Heringsdorf
theNOname, Berlin
ursprung – das Restaurant, Königsbronn-Zang
Villa Kellermann, Potsdam
Villa Villa Mittermeier, Rothenburg o. d. Tauber
Villino, Lindau (Bodolz)
Weinsinn, Frankfurt am Main
Y Wine & Kitchen, Eltville
Yunico – Japanese fine dining, Bonn (Oberkassel)
Zirbelstube, Freiburg i. Breisgau
Zur Post, Odenthal
Zur Weinsteige, Stuttgart

7 Gusto-Pfannen

136 Restaurant, Berlin
Acetaia, München
Acquarello, München
Adriatic Seven, Heidelberg
Alfredo, Köln
Alte Feuerwache Bistro-Restaurant, Würselen
Alte Pfarrey, Neuleiningen
Alte Überfahrt, Werder an der Havel
Atelier Sanssouci, Radebeul
Bachstelze, Erfurt (Bischleben)
Berchtesgadener Esszimmer, Berchtesgaden
Berggasthaus Niedersachsen, Gehrden
Bidlabu, Frankfurt am Main
Bio-Fine-Dining-Restaurant 1950, Ehestetten
BjoernsOx, Dermbach
Bricole, Berlin
Brockel Schlimbach, Nideggen

7 Gusto-Pfannen

Buchner Welchenberg, Niederwinkling (Welchenberg)
C'est la vie, Leipzig
Cédric, Weinstadt
Chairs, Frankfurt am Main
Christian & Friends Tastekitchen, Fulda
Christians Restaurant, Kirchdorf
Clostermanns Le Gourmet, Niederkassel (Uckendorf)
Cornelia Poletto, Hamburg (Eppendorf)
Das Alte Haus, Braunschweig
Das garbo im Löwen, Eggenstein-Leopoldshafen
Das Marktrestaurant, Mittenwald
Délice, Stuttgart
die burg, Donaueschingen (Aasen)
Die Mühle Jork, Jork
Die Mühlenhelle, Gummersbach (Dieringhausen)
Die Reichsstadt, Gengenbach
die.speisekammer, Oberstaufen
Dr. Kosch, Düsseldorf
Elements, Dresden
Entenstuben, Nürnberg (Wöhrd)
erasmus bio fine dining, Karlsruhe
Ernos Bistro, Frankfurt am Main
Ess Atelier Strauss, Oberstdorf
Esszimmer in der Alten Post, Weinheim
Falconera, Öhningen (Schienen)
Fässle le restaurant, Stuttgart (Degerloch)
Field, Lüchow
Fine Dining by Phillip Probst, Bremerhaven
Gasthaus Jakob, Perasdorf
Gasthaus zum Raben, Horben
Gasthof Krone, Waldenbuch
Gasthof zum Kranz, Lottstetten (Nack)
Genuss-Atelier, Dresden
Genussschmiede, Pirk
GenussWerkstatt, Mainz (Finthen)
Goldener Anker, Dorsten
Goldener Hahn, Finsterwalde
Gotthardt's, Koblenz
Gourmet Restaurant im Karner, Frasdorf
Gourmetrestaurant 1751, Schwerin
Gourmetrestaurant Aubergine, Starnberg
Gourmetrestaurant Berlins Krone, Bad Teinach (Zavelstein)
Gourmetrestaurant im Wappensaal, Hohen Demzin
Gruber's Restaurant, Köln
Gute Stube, Herne
Haco, Hamburg (St. Pauli)
Haebel, Hamburg (St. Pauli)
Handwerk, Hannover
Haubentaucher, Rottach-Egern
Haus am See, Nonnenhorn
Hegel Eins, Stuttgart
Heimatjuwel, Hamburg (Eimsbüttel)
Helbigs Gasthaus, Johannesberg
Hugenhof, Simonswald
Hupperts, Stuttgart
Ich weiß ein Haus am See, Krakow am See
Jagstmühle, Mulfingen (Heimhausen)
Jean, Eltville
Johannas, München (Großhadern)
Juwel, Kirschau (Schirgiswalde)
Kaupers Restaurant, Selzen
Keidenzeller Hof, Langenzenn (Keidenzell)
Klosterbräu 1719, Neuburg an der Donau
Koch & Kellner, Nürnberg
KOOK 36, Deggendorf
KOS fine dining, Kiel
KOSTBAR, Weingarten
Kronenschlösschen, Eltville (Hattenheim)
Kucher's Gourmet Restaurant, Darscheid
KUNO 1408, Würzburg
La Becasse, Aachen
La Cuisine Rademacher, Köln
Landgasthof Adler, Rosenberg
Landhaus Feckl, Ehningen
Landhaus Scherrer, Hamburg (Ottensen)
Laudensacks Gourmetrestaurant, Bad Kissingen
Laurentius, Weikersheim
Le Chopin, Boppard
Le Flair, Düsseldorf
Le Jardin de France im Stahlbad, Baden-Baden
Le Temple, Neuhütten
Lodner Genusswerkstatt, Lauingen
Lohninger, Frankfurt am Main
Lou, Cottbus
Masters, Blankenhain
Meisenheimer Hof Restaurant, Meisenheim
Michael's Leitenberg, Frasdorf
Mod by Sven Nöthel, Duisburg
Mural Farmhouse, München
Mountain Hub Gourmet, Freising
NeoBiota, Köln
Nose & Belly, Augsburg
Orania.Berlin, Berlin
Ostseelounge, Ostseebad Dierhagen
OX casual fine dining, Darmstadt
PHOENIX Restaurant & Weinbar, Düsseldorf
PIETSCH, Wernigerode
POTS, Berlin
Pottkind, Köln
Redütchen, Bonn
Restaurant 1831, Essen (Kettwig)
Reuter, Rheda-Wiedenbrück
Ritzi Gourmet, Stuttgart
Rodesand, Malente
Rolin, Pinneberg
Rutz Zollhaus, Berlin (Kreuzberg)

7 Gusto-Pfannen

Sartory Restaurant, Augsburg
Sawito, Falkensee
Scharffs Schlossweinstube, Heidelberg
Schattbuch, Amtzell
Schillingshof, Friedland (Groß Schneen)
Schloss Loersfeld, Kerpen
Seehalde, Uhldingen (Mühlhofen)
Siedepunkt, Ulm
SKYKITCHEN, Berlin (Lichtenberg)
Solo DU, Bischofswiesen
SoulFood, Auerbach i. d. OPf.
Speiseberg, Halle (Saale)
Spielweg, Münstertal (Obermünstertal)
Spitzner, Münster
St. Benedikt, Aachen (Kornelimünster)
Steins Traube, Mainz (Finthen)
Tante Fichte Speiselokal, Berlin
Taverna & Trattoria Palio, Celle
Tawa Yama fine, Karlsruhe
The Izakaya, Celle
Titus im Röhrbein, Wachenheim
Urgestein, Neustadt a. d. Weinstraße
Veles, Nürnberg
Villa Merton Gourmet, Frankfurt am Main
Waidwerk, Nürnberg
Wein- & Tafelhaus, Trittenheim
Werner's Restaurant, Gernsbach
Wibbelings Hof, Dortmund
Wielandshöhe, Stuttgart
Wilde Klosterküche, Neuzelle
Wine & Dine, Reil
Wonka, Nürnberg
Wullenwever, Lübeck
Yoshi by Nagaya, Düsseldorf
Zeit Werk – by Robin Pietsch, Wernigerode

6↑ Gusto-Pfannen

Ambiente, Staufen
Atelier Tian, Ravensburg
Backmulde, Ladenburg
Bastian's Restaurant, Friedberg (Dorheim)
Bieberbau, Berlin (Wilmersdorf)
Bob & Thoms, Berlin
Bonvivant Cocktail Bistro, Berlin
Das kleine Lokal, Bremen
Die Greisslerei, Oberursel (Taunus)
Diergardts Kühler Grund, Hattingen
Dobler's, Mannheim
eins44 Kantine Neukölln, Berlin (Neukölln)
Emma Metzler, Frankfurt am Main
Essence, München
esskunst, Schwarzenfeld
Freihardt, Heroldsberg
Gambero Weinbar, Bad Schwartau
Gams & Gloria, Schwangau
Gasthaus Goldener Stern, Rohrbach
Gasthaus Lege, Burgwedel (Thönse)
Gasthof Alex, Weißenbrunn
Genussapotheke, Bad Säckingen
Gourmetrestaurant Kunz, St. Wendel (Bliesen)
Green Beetle, München
Grill Royal, Berlin (Mitte)
Gude Stub – Casa Antica, Bühl
GUI, Bielefeld
Hallmann & Klee, Berlin
handiɔap., Künzelsau
Harzfenster, Seesen
Hasenklee, Senden
Henne. Weinbar & Restaurant, Köln
Henrich Höers Speisezimmer, Idstein
Heritage Berlin, Berlin
Hirsch – Genusshandwerk, Bad Liebenzell (Monakam)
Holzfellas, Wiesau
HYGGE, Hamburg
ITO Japanese Cuisine, Köln
Jacobi, Freiburg i. Breisgau
JAPATAPA TOSHIBAR, München
Juliette, Potsdam
Julius, Berlin
Kesselhaus, Karlsruhe (Grünwinkel)
Lamm, Maselheim (Sulmingen)
Landgasthaus zur Linde, Pliezhausen (Dörnach)
Landgasthof Hirsch, Remchingen (Wilferdingen)
Landhaus Halferschenke, Dieblich
Landhaus Rössle, Bretzfeld-Brettach
Le Frankenberg, Weigenheim
maiBeck, Köln
Main Tower Restaurant & Lounge, Frankfurt am Main
Maltes „hidden kitchen", Baden-Baden
Meister Lampe, Stuttgart
Morellino la légère, Hamburg
MUN Restaurant, München
Nihonryori KEN, Frankfurt am Main
NIKKEI NINE, Hamburg (Neustadt)
ONTRA, Regensburg
Papageno, Konstanz

6↑ Gusto-Pfannen

Pfälzer Stuben, Herxheim (Hayna)
Plaisir by Hamid Heidarzadeh, Aachen
Poisson, Köln
Ponyhof Stammhaus, Gengenbach
PULS, Köln
Pure White, Köln
Rebstock-Stube, Denzlingen
Restaurant JM, Sylt (Westerland)
Restaurant Kevin Gideon, Oldenburg
restaurant|271, Burghausen
Richard, Berlin (Kreuzberg)
Schatzhauser, Baiersbronn (Tonbach)
Schlossrestaurant Hohenstein, Ahorn
Schloßanger Alp, Pfronten (Meilingen)
Schwabenstube, Asperg
Schwitzer's PUR, Waldbronn (Reichenbach)
STUBN in der Frasdorfer Hütte, Frasdorf
TIM's KITCHEN, Fürth
Trattoria Enoteca,
Bergisch-Gladbach (Bensberg)
Valentin, Lindau
Vecchia Lanterna, München
Weinschänke Schloss Groenesteyn,
Kiedrich
WILDXBERG, Birkenau-Löhrbach
Würzhaus, Nürnberg
Zöllners Weinstube, Forchheim
Zum Dückerstieg, Neuendorf-Sachsenbande
Zum Riesen, Kandel
Zur Malerklause, Bescheid

6 Gusto-Pfannen

1811, Berlin
Abt- & Schäferstube,
Amorbach (Otterbachtal)
Adler Wirtschaft, Eltville (Hattenheim)
AH – Das Bistro, Wirsberg
Aifach Reisers, Würzburg
Almer Schlossmühle, Brilon
Alte Schule, Siek
Am Kai, Düsseldorf
Ambiente Italiano, Kelsterbach
Artischocke, Wilhelmshaven
Atable im Amtshaus, Freinsheim
Augustenstüble, Stuttgart
Bachmaier, Heilbronn
Bachmeier Genussfreuden, München
Bar Mural, München
Bauernstuben, Tiefenbronn
Bernstein, Heringsdorf
Bootshaus, Bingen am Rhein
Bonvivant Cocktail Bistro, Berlin
Brasserie Colette Tim Raue, Berlin
Brasserie Colette Tim Raue, München
Brauereigasthof Aying, Aying
Broeding, München
Büffelhof Beuerbach, Beuerbach
Caroussel Nouvelle, Dresden
Chefs & Butchers, Essen
Christophorus, Stuttgart (Zuffenhausen)
Coup de Coeur, München
Das Maxi, Oberstdorf
Dorfstuben, Baiersbronn (Mitteltal)
Due Fratelli, Bremen
Ederer, München
Egerner Bucht, Rottach-Egern
Einzimmer Küche Bar, Nürnberg
Fährhütte 14, Rottach-Egern
Forsthaus Strelitz, Neustrelitz
Forsts Landhaus, Riedenburg
Fritz & Felix, Baden-Baden
Fürstenhof, Landshut
Garden, München
Gasthaus Egertal, Weißenstadt
Gasthaus Weißenbeck,
Dachau (Unterbachern)
Gasthof Bärwalde, Radeburg
Gasthof Heinzinger, Maisach (Rottbach)
Gasthof Widmann, Maisach (Überacker)
Gasthof zum Hirsch,
Neukirch (Goppertsweiler)
Gasthof Zum Rebstock,
Kappelrodeck (Waldulm)
Gioias Restaurant, Rheinau
Giverny, Münster
Gut Edermann, Teisendorf
Gutsküche Wulksfelde, Tangstedt
Hanse Stube, Köln
Hardy's Restaurant, Sylt (Westerland)
Heimat, Frankfurt am Main
Heldenplatz, Hamburg (Speicherstadt)
Heldmann & Herzhaft, Remscheid
Henri-Philippe, Grainau
Hippocampus, München
Hirsch, Schramberg
Hirsch, Sonnenbühl (Erpfingen)
Hofgut Hohenkarpfen, Hausen ob Verena
Höptners Abendmahl, Bielefeld (Schildesche)
Horizont, Timmendorfer Strand
Huber, München
Il Barcaiolo, Rottach-Egern
Il Teatro^2, Karlsruhe
Irma la Douce, Berlin (Schöneberg)
Jin, München
Käfer-Schänke, München
Kaiserküche, Oldenburg

6 Gusto-Pfannen

Kaminstube, Bad Peterstal (Griesbach)
Kaminstube, Baiersbronn (Mitteltal)
Kandlbinder Küche Salon, Maxhütte-Haidhof
Kin Dee, Berlin
Kings & Queens, Schweinfurt
Kitchen Library, Berlin (Charlottenburg)
Kochemer Bayes, Hemsbach
Kraftwerk, Oberursel
KRasserie, Krefeld
Kräutergarten, Bonn (Wachtberg-Adendorf)
Krone, Schlier
Kuro Mori, Freiburg im Breisgau
La Fenice, Stuttgart
Landersdorfer & Innerhofer, München
Landgasthaus Schuster, Freyung
Landgasthof am Königsweg, Kirchheim unter Teck (Ohmden)
Landgasthof Hittenkirchen, Bernau a. Chiemsee
Landgasthof Löwen, Oberopfingen
Landhaus Köpp, Xanten (Obermörmter)
Landhaus Tanner, Waging am See (Aglassing)
Le Stollberg, München
Lindenhof, Emsdetten
Löwengrube, Freiburg im Breisgau
Marie, Hannover
Matsuhisa Munich, München
max louis, Chemnitz
Max'es, Langenhagen
Menge, Arnsberg
Michaelis, Leipzig
Müllers auf der Burg by Nelson Müller, Geisenheim (Johannisberg)
Mussumer Krug, Bocholt
Nagare, Stuttgart
NIKKEI NINE, Karlsruhe
Nouille, Rosenheim
Oberländer Weinstube, Karlsruhe
Ochs & Schwan, Kirchheim
Pageou, München
Pankratz, Mainz (Hechtsheim)
Poststuben, Bad Neuenahr-Ahrweiler (Heppingen)
Ratsstube, Limbach-Oberfrohna
Ratsstuben, Haltern am See
Rauchfang, Bad Orb
Rebgut – Die Weinherberge, Lauda-Königshofen
Rebstock la petite Provence, Heilbronn (Böckingen)
Restaurant by Thomas Abele im Feinkost Kahn, Augsburg
Restaurant Residenz Heinz Winkler, Aschau i. Chiemgau
Rindenmühle, Villingen-Schwenningen (Villingen)
Rive, Hamburg (Neustadt)
Rubens – Das Östereichische Restaurant, Düsseldorf
SAMS, Kirchheim unter Teck
sansaro, München
Schneider, Dernbach
Schönbuch, Pliezhausen
Schorse im Leineschloss, Hannover
Schranners Waldhorn, Tübingen (Bebenhausen)
Schweizers Restaurant, Stuttgart
Schwögler, Bad Abbach
Seehof, Immenstaad
SIEBZEHN84, Sylt (Tinnum)
Speisemeisterei Burgthalschenke, Vöhringen (Thal)
Spitzer, Au i. d. Hallertau (Osterwaal)
Strandhaus, Bonn
The Duchy, Düsseldorf
Tomatissimo, Bielefeld
Tschebull, Hamburg (Neustadt)
Tupac, Berlin
Turmschänke, Eisenach
Turmstube, Neunburg v. Wald (Hofenstetten)
Ursprung, Presseck (Wartenfels)
VIDA by Dyllong & De Luca, Dortmund
VINCE, Hannover
Vinothek by Geisel, München
Vlet, Hamburg (Hafencity)
Weinbar Weimar, Weimar
Weinhaus Anker, Marktheidenfeld
Weinhaus Neuner, München
Weinzentrale, Dresden
Winzerhaus Rebstock, Vogtsburg (Oberbergen)
Wolfs Junge, Hamburg (Uhlenhorst)
Zauberberg, München
Zeit | Geist, Weingarten
Zirbelstube, Nürnberg (Worzeldorf)
Zucker – Restaurant in der Raffinerie, Braunschweig
Zur Glocke, Höchstädt
Zur Iphöfer Kammer, Iphofen
Zur Neroburg, Neroth
Zur Tant, Köln (Porz)
Zur Waage M.E.B., Leer (Ostfriesland)

Von Aachen bis Zwingenberg

Aachen (Nordrhein-Westfalen)

7

La Becasse

Hanbrucher Str. 1, 52064 Aachen
0241-74444
www.labecasse.de
Di–Sa von 12–14 Uhr u. ab 18 Uhr, So u. Mo RT
Hauptgericht: 32–59 €, Menüs: 42–128 €

Der große Klassiker für kulinarischen Genuss in Aachen bietet seinen Gästen in schlicht-modernem Ambiente beste französische Bistro-Kultur, wie sie im Mutterland der Haute Cuisine in den meisten Großstädten auch den Ansprüchen erfahrener Feinschmecker gerecht wird, hierzulande aber Seltenheitswert hat. Das Team setzt voll auf hohe Produktqualitäten in unkomplizierter klassischer französischer Façon, also mehr aromendicht und harmonisch-rund als filigran oder kreativ. Das gibt es nicht geschenkt, aber mit reichlich guten Edelprodukten als reellem Gegenwert. Und dazu versierten, aufmerksamen Service.

6↑

Plaisir by Hamid Heidarzadeh

Schlossstr. 16, 52066 Aachen
0241-89464514
www.plaisiraachen.de
Küchenchef: Hamid Heidarzahdeh
Mi–Sa ab 18 Uhr, So–Di RT
Menüs: 98–142 €

Das schöne Restaurant mit hohen Räumen und Stuckdecke im Frankenberger Viertel von Inhaber und Küchenchef Hamid Heidarzadeh mit sehenswertem Innenhof ist bewusst reduziert in Weiß und Schwarz gehalten. Einige gestalterische Highlights wie ungewöhnlichen Vasen oder Kissen setzen darin Akzente – den Rest besorgt die Küche, die innerhalb zweier Menüs mit vier bis acht Gängen, von denen eines („Pflanzenfresser") vegetarisch und das andere („Fleischfresser") omnivor ist, ganz schön viel zu bieten hat. Und mit etwas weniger Kleinklein, Einzelkomponenten und Variationen auf den meisten Tellern kommt der Chef mittlerweile auch noch besser auf den Punkt als in der Anfangszeit. So gelingen ihm nun fokussierter wirkende Menüs, deren moderner, gemüsebasierter Ansatz unverkennbar ist und die sich stets als sehr zugänglich und harmonisch erweisen. Und weil zudem auch die Qualitäten der Produkte durchgängig sehr hoch sind, erhöhen wir die Bewertung heuer verdientermaßen um einen Bonuspfeil.

7

St. Benedikt

Benediktusplatz 12, 52076 Aachen
02408-2888
www.stbenedikt.de
Di u. Mi von 11.30–14.30 Uhr, Do–Sa von 11.30–14.30 Uhr u. ab 19 Uhr, So u. Mo RT
Menüs: 28–172 €

Das dunkelrote denkmalgeschützte Haus im historischen Ortskern von Kornelimünster wirkt auf Anhieb einladend. Und auch drinnen, im schmalen, schlicht und modern gestalteten Restaurant, das nach der verheerenden Flutkatastrophe zerstört, aber umso schöner und zeitgemäßer wieder aufgebaut und neugestaltet wurde, fühlt man sich sofort wohl. Der junge, ambitionierte Chef Maximilian Kreus blieb derweil seinem aufgeräumten klassischen Stil treu, kocht leicht, originell und zugänglich. Alles auf seinen hübsch und akkurat, aber nicht allzu verspielt angerichteten Tellern kommt klug auf das Wesentliche reduziert in moderner Optik und mit schmissigen Akzenten daher. Seine beiden Menüs (mittags gibt es nur ein einfaches Lunchprogramm) strotzen vor beherzten Aromen und ausdrucksstarken Akkorden.

Aalen (Baden-Württemberg)

ALTE LINDE

im Landhotel ALTE LINDE
Albstr. 121, 73432 Aalen
07367-2001
www.hotel-altelinde.de
Mo–Mi u. Sa ab 17.30 Uhr, So von 11.30–14 Uhr u. ab 17.30 Uhr, Do u. Fr RT
Hauptgericht: 17–79 €, Menüs: 35–75 €
VISA

Unweit von Aalen in ruhiger idyllischer Umgebung bietet das Landhotel Alte Linde nicht nur komfortable Zimmer für eine entspannte Auszeit, sondern auch eine auf bodenständige Art anspruchsvolle Küche in adrettem Ambiente. Die mit modernen Polstermöbeln rund um blanke Holztische sowie naturverbundenes Dekor ausgesprochen zeitgemäß, hell und freundlich wirkende Raumgestaltung bringt gekonnt Schwung in die ältere Bausubstanz. Und auch wenn es bei vollem Haus mal etwas quirliger wird, herrscht hier eine angenehme Atmosphäre.
In ähnlicher Weise verbindet auch die Küche gutbürgerliche Tradition mit internationalen Einflüssen und punktet dabei mit einer frischen und natürlichen Zubereitung, wie sie heute leider alles andere als selbstverständlich ist. Die Basis stimmt also, auch die weitestgehend regionale Produktpalette kann sich sehen lassen. Nur bei der Ausarbeitung der Gerichte geraten die Details teilweise unnötig grob und verschenken so ein wenig Potenzial.
Etwa bei einem Rindertatar mit dem satten Geschmack hochwertigen Fleischs, pfeffrig und leicht tomatisiert, das gemeinsam mit einer frischkräuterigen Remoulade prinzipiell eine gute Figur machte. Allerdings wurde diese durch ein weniger aufmerksam gestaltetes Drumherum mit einer Garnitur aus rohen Zwiebeln und aufgefächerten Gewürzgurken oder den durchgetrockneten Croûtons zum begleitenden Salatbouqet ein wenig überschattet. Die eigentlich gute Substanz frischer natürlicher Küche wurde so ausgebremst, beziehungsweise hätte mit wenigen Handgriffen noch deutlich besser dargestellt werden können.
Ebenfalls tendenziell eher rustikal, aber insgesamt ausgewogener, erschienen die leicht mehlierten und sanft gebratenen Zanderfilets (anfangs kross, später eher soft), die mit knackigen Garnelen, etwas zu lang und weich gegartem Blattspinat, konzentriertem Süßkartoffelpüree und einer überraschend charakterstarken, mit lebendiger Säure angereicherten Safransauce auf den Teller kamen.
Generell zeigt sich die Küche bei möglichst geradlinig traditionellen Gerichten aus dem gutbürgerlichen Bereich am stärksten, sei es bei einer Rinderroulade oder einer bayerischen Bauernente mit Apfelblaukraut, Kartoffelstampf und Burgundersauce, oder einem Schwäbischen Zwiebelrostbraten vom Ribeye mit geschmelzten Zwiebeln, grünen Bohnen und Spätzle. Hier kommt der Charme von einfach, aber substanzstark zubereiteter Küche ganz automatisch am besten zur Geltung.
Größerem Nachholbedarf gibt's dagegen im süßen Bereich, in dem vor allem eine größere Bandbreite von Mövenpick-Eis mit der einen oder anderen Zubereitung aus eigener Hand kombiniert wird. Aber anstelle der industriellen Eissorten könnte – auch ohne Highend-Geräte wie einem Pacojet – beispielsweise mit Parfaits, pfiffigeren Fruchtzubereitungen oder Cremes & Co. noch deutlich mehr eigene Handschrift und ein höheres Niveau geboten werden.
Ganz genauso bleiben, wie es ist – nämlich aufmerksam und kompetent – sollte dagegen das Serviceteam, das unter anderem auch für stets gut gefüllte Gläser sorgt, sei es aus der eher einfachen glasweisen Auswahl, oder aus der einen oder anderen hochwertigeren Flasche aus der Weinkarte.

Hotelempfehlung

★★★

Landhotel ALTE LINDE

Albstr. 121, 73432 Aalen
07367-2001
www.hotel-altelinde.de
Einzelzimmer: ab 79 €
Doppelzimmer: ab 79 €
EC VISA

Einfach zu erreichen und dennoch idyllisch zurückgezogen inmitten der Natur liegt das Landhotel Alte Linde eingebettet auf dem Härtsfeld im Aalener Ortsteil Waldhausen. Die Zimmer verteilen sich auf das Stamm- sowie das Gästehaus und während im Stammhaus ein gemütlicher Landhausstil gepflegt wird, überwiegt im Gästehaus modernes Design. Alle 27 Zimmer bieten Komfortmatratzen, Flachbild-HD-TV, Highspeed-WLAN sowie vollausgestattete Badezimmer. Einige Zimmer haben einen Balkon oder eine Terrasse, andere haben eine Badewanne. Es gibt Einzelzimmer, Doppelzimmer, Appartements und Wohnungen mit Küchenzeile für einen längeren Aufenthalt oder Suiten mit zwei Schlafzimmern und getrennten Bädern. Die Küche des Hauses setzt ihren Schwerpunkt auf gutbürgerliche und internationale Gerichte mit stets bevorzugten Produkten aus der Region. Zum Frühstück werden ein reichhaltiges Frühstücksbuffet, Kaffeespezialitäten, Eierspeisen und diverse Säfte angeboten. Vor der Türe gibt es ideale Möglichkeiten zum Wandern und Radfahren, ebenso zum Skilanglauf im Winter. Zu den bekannten Ausflugszielen in der Region zählen das Limes Museum, das Besucherbergwerk Tiefer Stollen sowie das Schloss Kapfenburg. Restaurant ALTE LINDE separat erwähnt.

Ahorn (Bayern)

6↑

Schlossrestaurant Hohenstein

im Romantik Hotel Schloss Hohenstein
Hohenstein 1, 96482 Ahorn
09565-9393151
www.schlosshotel-hohenstein.de
Küchenchef: Andreas Rehberger
Mi–Sa ab 18 Uhr, So ab 17.30 Uhr, Mo u. Di RT
Hauptgericht: 27–38 €, Menüs: 72–84 €
EC VISA

Das Restaurant im historischen Gemäuer von Schloss Hohenstein mit seinem Ausblick durch die große Fensterfront in den romantischen Innenhof der Anlage hat ein ganz besonderes Flair. Es lohnt sich aber auch, einfach nur wegen des Essens hierher zu kommen. Denn der gebürtige Österreicher Andreas Rehberger und sein Team bieten hier eine zeitgemäße und einfallsreiche, weltoffen komponierte Regionalküche mit Bezügen aus Franken, aber auch immer wieder mal aufblitzenden alpenländischen Anklängen. Die Karte offeriert ein wahlweise fünfgängiges Menü und zusätzliche Gerichte à la carte, von denen auch einige vegetarisch sind. Es dreht sich mittlerweile überwiegend um heimische Produkte und Aromen, die mit viel Fantasie und Können von leichter Hand zu erfreulich unkonventionellen, gut ausbalancierten und wohlproportionierten Gerichten mit Finesse und Bodenhaftung werden. Unkonventionell ist auch das Stichwort für Alexandra Rehbergers glasweisen Weinvorschlägen zum Menü, mit denen sie oft überrascht und eigentlich immer ins Schwarze trifft.

Bezahlkarten-Symbole

- Mastercard
- EC-Maestro
- Diners
- American Express
- VISA Visa

Hotelempfehlung

Romantik Hotel Schloss Hohenstein

Hohenstein 1, 96482 Ahorn
09565-9393151
www.schlosshotel-hohenstein.de
Einzelzimmer: ab 125 €
Doppelzimmer: ab 155 €
VISA

Zwischen Frankenwald im Norden sowie der Metropolregion Nürnberg im Süden, umgeben von Wiesen und Wäldern und nicht weit von Coburg, liegt das Romantik Hotel Schloss Hohenstein. Dieses gehobene, traditionell anmutende und zugleich modern ausgestattete Hotel residiert in einem romantischen Schloss mit Turm aus dem 13. Jahrhundert. Die 15 historischen Zimmer mit individuellen Grundrissen verfügen über Kabel-TV und kostenfreies WLAN, einige Zimmer bieten eine Pantryküche, eine Minibar und Blick auf den Wald. Apartments mit gehobener Ausstattung haben außerdem ein separates Wohnzimmer. Die Zimmer sind auf das Schloss und auf das Gästehaus „Meierei“ verteilt, zwei sind nur über einen historischen Turm erreichbar. Zum Hotel zählen zwei Restaurants mit unterschiedlicher Küche und eine Bar, ein Wintergarten und eine Terrasse im Innenhof, die von den Schlosswänden umgeben ist. Das Romantik Hotel Schloss Hohenstein ist ein idealer Ausgangspunkt zum Wandern, Radfahren und Reiten. Der Golfclub Coburg und der Wildpark Schloss Tambach sind acht, die historische Domstadt Bamberg 50 km entfernt. Schlossrestaurant Hohenstein separat erwähnt

Alzenau (Bayern)

Krone

im Hotel Krone
Hahnenkammstr. 37, 63755 Alzenau
06023-94720
www.krone-alzenau.de
Küchenchef: Peter Reising
Mo–Mi u. Sa ab 17 Uhr, So von 12–14 Uhr, Do u. Fr RT
Hauptgericht: 19–33 €, Menüs: 45–79 €
VISA

Egal ob man in der urig-holzigen Stube oder im schmucken Kaminzimmer des 1863 gegründeten familiengeführten Haus im nordwestlichsten Zipfel Bayerns Platz nimmt: kulinarisch geht es hier fast immer heimatverbunden und bodenständig zu, aber nicht altbacken. Peter Reising und Ann-Kathrin Baumann verleihen dem gediegenen alteingesessenen Hotel Krone im Alzenauer Ortsteil Wasserlos, dessen gemütlichen Gasträumen man die Historie des Hauses durchaus ansieht und auch ansehen darf, jungen, frischen Spirit. Auf den Tellern zeigt der Chef, dass er sein Handwerk in guten Häusern wie dem Anker in Marktheidenfeld gelernt hat, macht aber keinen Selbstverwirklichungstrip, sondern kocht seinen Gästen nach dem Munde und bleibt damit im gehoben-gutbürgerlichen Bereich.

Amorbach (Otterbachtal) (Bayern)

6

Abt- & Schäferstube

im Hotel Der Schafhof
Schafhof 1, 63916 Amorbach (Otterbachtal)
09373-97330
www.schafhof.de
Mo–Fr ab 18 Uhr, Sa u. So von 12–14 Uhr u. ab 18 Uhr, kein RT
Hauptgericht: 24–42 €, Menüs: 69–79 €
VISA

Auf das grundsolide gehobene Niveau der gediegenen französischen Klassik aus der Schafhof-Küche ist seit vielen Jahren Verlass. Die Gerichte von Küchenmeister Achim Krutsch, der hier auf sorgfältig-fundiertes Handwerk setzt und kühne Experimente meidet, ist hier und da regionalbetont, oft mediterran inspiriert, scheut aber auch nicht gelegentliche Ausflüge in asiatische Gefilde – bleibt aber immer im geschmackssicheren Bereich. So sind dem Gast in den beiden Räumlichkeiten süffige, kraftvolle Geschmacksbilder mit viel Substanz und Tiefe sicher, für die entweder ganz traditionelle Edelprodukte konsequent im Mittelpunkt stehen, aber auch mal eher bodenständige Viktualien aus der Region. Der von Sommelier Hüseyin Ünal kuratierte Weinkeller ist sehr gut sortiert, hat seinen Schwerpunkt bei fränkischen Gewächsen, aber auch genügend internationale Alternativen zu bieten.

Amtzell (Baden-Württemberg)

7

Schattbuch

Schattbucher Str. 10, 88279 Amtzell
07520-953788
schattbuch.de/home
Küchenchef: Sebastian Cihlars
Mi–Fr von 11.30–14 Uhr u. ab 18 Uhr, Sa ab 18 Uhr, So–Di RT
Hauptgericht: 28–69 €, Menüs: 88–118 €

VISA

Bei der Anfahrt in ein Gewerbegebiet nahe Amtzell könnte man zunächst leicht glauben, sich verirrt zu haben, bevor zwischen Werkstätten, Lagerhallen und Firmengebäuden dann doch unvermutet der mit viel Glas stylisch-modern wirkende Bau des Restaurant Schattbuch auftaucht. Nach dem Eintreten spielt die Umgebung dann allerdings überhaupt keine Rolle mehr, sondern es eröffnet sich eine mit sichtbar viel Passion kuratierte Genusswelt mit elegant eingedeckten Tischen zwischen komfortablen Ledersesseln und kleinen Fenstern zur Küche, die den einen oder anderen neugierigen Blick an den Herd erlauben.

Mit Sebastian Cihlars ist hier im mittlerweile dritten Jahr ein Küchenchef am Start, der sich zusammen mit seinem ambitionierten Team hervorragend darauf versteht, ein anspruchsvolles Kulinarium ganz ungezwungen und zugänglich zu präsentieren. Am Mittag geschieht das auf etwas einfacher gestrickte Art mit pfiffigen Bistrogerichten, während am Abend in einem sechsgängigen Tastingmenü ganz klar Fine-Dining auf dem Programm steht.

Eröffnet wurde dieses zuletzt mit einem auffallend luftig krossen Grissini mit hausgeräuchertem Wurzelspeck und Meerrettich als erster verfeinert rustikaler Snack, bevor schon deutlich elaborierter – wenngleich etwas sperrig – ein bissfestes, säuerlich mariniertes Kürbisrondell mit Räucheraal, Topinamburcreme und Laugenchip auf das eigentliche Menü einstimmte. Aromatisch war das, mit dem Aal schön klar im Mittelpunkt, auf zurückhaltende Art stimmig, allerdings ließ sich der Kürbis mit der dazu gereichten Gabel nicht zerteilen und machte so sinnvolle Proportionen kaum möglich…

Der erste offizielle Gang spielte dagegen in einer ganz anderen Liga und eröffnete mit ätherisch frischem, kurz angegrilltem Kohlrabi neben einer hauchzarten laktisch-leichten Ziegenjoghurtmousse, Brunnenkresse und Shiso in konzentrierten Varianten präzise herausgearbeitete Aromen in einer abwechslungsreichen und animierenden Form. Verschiedene Säuregrade, feine Schärfe, sanft eingefangen in einer leicht emulgierten Buttermilch-Vinaigrette.

Erneut Kürbis, diesmal aber in Form eines zarten Flans, gab es als cremiges Zentrum des nächsten Gerichts, das von limonenfrischem Fenchel und Fenchelpollen sowie einem kantig ätherischen Salzzitronenschaum erfrischt wurde. Dazwischen fungierte teils saftiger, teils knusprig aufgekrosster Quinoa noch als nussige Brücke zwischen den verschiedenen Komponenten und fertig war ein weiterer feinfühlig umgesetzter niveauvoller vegetarischer Teller.

Schmeichelnder und dennoch mit sehr feinen Details hinterlegt, geriet das hocharomatische Pfaffenschnittchen von der Pute mit hauchdünnen Geflügelhautchips neben einem stoffigen Champignonschaum, saftig-aromatischem (teils knusprigem) Koshikari-Reis sowie Edamame, die auflockernd grüne Frische beisteuerten. Und auch der im Hauptgang präsentierte Rehrücken in perfekter straff-zarter Konsistenz und mit feiner eigener Würze, die von einem

herb bitteren Topping aus frittiertem Brokkoli kongenial ergänzt wurde, lag auf der gleichen eingängigen und dennoch spannungsreichen Linie. Und für diese Spannung sorgte hier neben dem Brokkoli in knackig grüner und cremiger Version auch noch eine fruchtig-herbe, daneben aber auch unamisatte Wildjus mit Roter Bete und Cranberries.
Nach einer kleinen erfrischend ätherischen Zitronenvariation wurde es dann beim eigentlichen Dessert in Form weißer Schokolade mit herbem Pastinanken-Unterton noch einmal kreativer. Allerdings ebenfalls ohne damit übers Ziel hinauszuschießen, weil die feine Gemüsewürze dezent im Hintergrund blieb und außerdem die hocharomatische Fruchtfülle von Flugmango und den spitz dazwischen aufblitzenden Zitrusnoten für ausreichend Gegenwind sorgten.
Abgerundet wird das insgesamt sehr stimmige Konzept des Schattbuch von einem angenehm lockeren und dennoch sehr professionell agierenden Service und lohnenden Weinempfehlungen zu trinkanimierenden Preisen.

Andechs (Bayern)

Bernhardhof

Andechser Str. 32, 82346 Andechs
0170-4411222
www.bernhardhof.de
Küchenchef: Julian Holzinger
Do–Mo von 11.30–14 Uhr u. ab 17.30 Uhr, Di u. Mi RT
Hauptgericht: 16–37 €, Menüs: 77–109 €
VISA

Eine sehr geschmackvoll hergerichtete Location ist dieser von Familie Holzinger generationsübergreifend geführte alte Bauernhof am Fuße von Kloster Andechs, in dessen modern und schnörkellos gestaltetem Restaurant man überraschend gut essen und in zehn komfortabel ausgestatteten Suiten angenehm nächtigen kann. Die gastronomischen Ambitionen der Familie und insbesondere von Juniorchef Julian Holzinger, der hier für die Küche verantwortlich zeichnet, fangen beim eigenen Geflügelhof an, der Eier, Nudeln und Mastgeflügel aus Freilandhaltung garantiert und enden beim hohen Eigenanspruch des jungen Küchenchefs, der hier in locker-entspannter Atmosphäre durchaus Fine-Dining-Ansprüche anmeldet – ohne deshalb gleich einen auf Gourmetrestaurant zu machen.
Aber insbesondere die viergängige Menüauswahl („Julians Menü"), die mit kleinen Küchengrüßen beginnt, tendiert in Sachen Präsentation und Konzeption der Gerichte schon klar in eine elaborierte Richtung. Wer sich den bisweilen bodenständiger klingenden (und auch so gedachten und gemachten) Gerichten aus der À-la-carte-Auswahl annimmt, bekommt aber in Sachen Produktqualität und Handwerk auch klar überdurchschnittliches Niveau geboten. Das konnte man beim letzten Mal schon sehr schön an der aromatischen Pilzschaumsuppe sehen und vor allem schmecken, die eher Schaum als Suppe war und so das Nest aus Blattspinat mit wachsweichem Eigelb in der Mitte und Olivenbrot-Chips drumherum gerade noch auf seiner Oberfläche halten konnte. Umamiweiches Soulfood!
Auch die geschmorte bayrische Ochsenbacke, die mit geröstetem Wurzelgemüse, Meerrettichschaum, einem mit Apfel- und Kartoffelscheiben geschichteten Gratin und klassischer Portweinjus serviert wurde, ließ eigentlich wenig Wünsche an ein solches Gericht offen – hätte aber problemlos noch etwas ansehnlicher angerichtet und präsentiert werden können. Zum Beispiel, indem man das zart geschmorte Fleisch, das in fast schon übertriebener Menge auf dem Teller lag, komplett und satt mit Jus glasiert und etwas schöner angelegt hätte.
Man würde wetten, im Rahmen des Menüs wäre Julian Holzinger so ein Teller nicht über den Pass gegangen, denn bei dessen Kreationen isst das Auge mit und alles kommt sehr wohlproportioniert und mit Sorgfalt angerichtet daher. Etwa ein Zweierlei vom Stör, der als saftige Tranche und als lockere Mousse zusammen mit Senfsaat, mariniertem Fenchel und kleinen Dublonen einer festkochenden Kartoffelsorte sowie Sorbet und Sud von der Gurke kombiniert war und ein in Sachen Süße, Säure und Würze gut ausgewogenes und ansprechendes Geschmacksbild auf den Teller brachte. Oder handgetauchte Jakobsmuscheln mit Kür-

bis und wildem Brokkoli, umgeben von schmeichlerischer Curryhollandaise und nussig akzentuiert von Mandel.
Dass Julian Holzinger Sinn für stimmige Proportionen und gekonnt reduzierte Kompositionen hat, zeigte sehr schön auch der Rehrücken, der klassisch rosa gebraten und nicht im Wasserbad zu Fleischbrei denaturiert, auf seiner Oberseite mit Gel von Cassis und Splittern von Macadamianuss appliziert, neben Rosenkohl als gebratene Blätter und als Cremefüllung von Petersilienwurzel-Zylindern eine gute Figur machte. Auch die dazu angegossene Wildjus war mit ihrer balancierten Säure im Prinzip eine feine Sache, allerdings trübte hier im Hintergrund eine etwas brandig-fettige Note (wahrscheinlich vom Ansatz) den Gesamteindruck ein klein wenig. Änderte aber nichts daran, dass sich die Küche hier auch schon im oberen 5-Pfannen-Level bewegte.
Und das gelang ihr auch mit dem Dessert um Variationen von der Orange mit Chips und einer Art Chutney von der Urkarotte sowie cremig-schmelzigem Eis von der weißen Schokolade, über dem dank Raz-el-Hanout ein dezenter Hauch von orientalischem Gewürzmarkt wehte, weshalb wir die Bewertung in diesem Jahr um einen Bonuspfeil erhöhen.

Zum Queri

**Georg-Queri-Ring,
82346 Andechs (Frieding)
08152-91830
www.queri.de
Mi–Sa ab 17 Uhr, So u. Fei ab 12 Uhr durchgehend, Mo u. Di RT
Hauptgericht: 12–27 €**

EC VISA P

Das gepflegte bayrische Gasthaus in Frieding nahe Andechs ist ein empfehlenswerter und vor allem sehr zuverlässiger Anlaufpunkt im Fünf-Seen-Land, wenn traditionelle bodenständige bayrische Küche auf gutem Niveau gefragt ist. Hier wird noch richtig gekocht und Wert auf solide Produktqualität gelegt. Dass die Küche auf Hilfsmittel verzichtet, schmeckt man an jeder Zubereitung; dass sie stets gute Rindfleischqualität bietet, dafür garantiert die eigene Angus-Rinderzucht im Nachbardorf. Außerdem: gepflegte Hotelzimmer im modernen ländlichen Stil.

Andernach (Rheinland-Pfalz)

5

Ai Pero

**Schafbachstr. 20–24, 56626 Andernach
02632-9894060
aipero.de
Do–Di von 12–14 Uhr u. ab 18 Uhr, Mi RT
Hauptgericht: 16–28 €**

EC VISA

Die Ai Pero Trattoria mit großem, aber gemütlichem Gastraum mit windgeschütztem Freisitz und offen einsehbarer Pizza-Backstube hinter Glas ist mit seiner eher traditionell gehaltenen Cucina casalinga und Pizzen aus dem holzbefeuerten Steinbackofen weiterhin eine zuverlässige Anlaufstation für gute Küche in gepflegter, stimmungsvoller Atmosphäre. Hier werden klassisch italienische Trattoriagerichte in sehr solider und schmackhafter Machart aufgetischt. In der Weinkarte finden sich dazu zahlreiche gute und vor allem bezahlbare Flaschen aus Deutschland und Italien und selbst glasweise lassen sich brauchbare Tropfen finden.

8

PURS

im PURS Luxury Boutique Hotel
**Steinweg 30–32, 56626 Andernach
02632-9586750
www.purs.com
Küchenchef: Yannick Noack
Mi ab 19.30 Uhr, Do–Sa von 12–14 Uhr u. ab 19.30 Uhr, So–Di RT
Hauptgericht: 70–80 €,
Menüs: 210–260 €**

EC VISA P

Während im vergangenen Jahr mit dem Yoso und dem Ai Pero Restaurant zwei der unter dem Dach der RD Hotel- und Gastronomiegruppe auf Gourmetniveau geführten Restaurants konzeptionell verändert oder geschlossen wurden, ist das PURS in dem vom renommierten Interior-Designer Axel Vervoordt gestalteten Kleinod in den Altstadtgassen Andernachs als Destination für anspruchsvolle Genießer weitgehend unverändert erhalten geblieben. Zwar ohne den bisherigen Küchenchef Christian Eckhardt, der hier seit der Eröffnung ein beachtlich hohes Niveau etabliert hatte, aber mit dessen ehemaligem langjährigem Souschef Yannick Noack, der das großzügig angelegte, einerseits monumentale, andererseits aber auch leicht und beschwingt wirkende Ambiente mit seinem Team weiterhin ambitioniert bekocht.

Das merkt man schon, wenn man seinen Aperitif wie gewohnt wahlweise in der dem Restaurant vorgelagerten Lounge oder im Sommer im lauschigen Innenhof zu sich nimmt und währenddessen immer wieder kleine, elaborierte Kleinigkeiten im Fingerfood-Format gereicht werden. An diesen war allerdings auch schon festzustellen, dass die Kreationen zwar unvermindert aufwendig inszeniert, im geschmacklichen Detail aber etwas weniger genau ausgearbeitet sind und (noch?) nicht ganz das hohe Niveau erreichen, das hier unter der Ägide von Yannick Noacks Vorgänger und ehemaligem Chef geboten wurde.

Zwar hatten wir auch bei dem im vergangenen Jahr schon kritisch angemerkt, dass es den Kreationen oft ein wenig an klaren, scharfen Konturen mangelt und viele Geschmacksbilder deshalb etwas unscharf und in sich verschwommen wirken, dass die Pointen nicht so klar und deutlich herausgearbeitet sind, wie es im besten Fall möglich wäre – allerdings war das seinerzeit Kritik auf einem noch etwas höheren Level. Wenn wir das Fazit des jüngsten Besuchs und die Küche von Yannick Noack betreffend, auf ein oder zwei Sätze herunterbrechen müssten, würden wir es jedoch ähnlich formulieren, zudem aber auch noch anmerken, dass sich die Geschmacksbilder der einzelnen Gerichte für unseren Geschmack zu sehr ähnelten und nur ein, zwei Teller deutlich aus diesem Muster ausscherten.

Fast alle anderen Gerichte waren kompakt und dicht angerichtet und von viel Säure geprägt, was ja prinzipiell sehr zu begrüßen ist, in der hier dargebotenen Art und Weise aber irgendwann etwas anstrengend und redundant gewirkt hat. Bei der mit kleinen krossen Couscous-Perlen applizierten Holzmakrele auf einem Bett aus Couscous und Pimientos de Padrón sowie Passionsfruchtsud präsentierte sich das noch sehr harmonisch und animierend und es stellte außerdem die plakative Frucht einen gewinnbringenden Kontrast zu den Bitteraromen. Und für sich genommen erwies sich auch die fruchtige Begleitung der qualitativ sehr guten gebratenen Jakobsmuschel, deren jodige Aromen noch von einem hauchdünnen Chip aus getrockneter Jakobsmuschel in konzentrierter Form verstärkt wurden, als sehr stimmig: Grüne Bohnen, Blutorange und Mandeln fügten sich da zu einem dynamischen, harmonischen Ganzen.

Im Detail natürlich schon anders, was das Leitmotiv aus grünen Aromen, Zitrusfrucht und Nussigkeit angeht, aber doch recht ähnlich, wirkte der Akkord von Kopfsalat, Kumquats und Cashewnüssen zum folgenden Carabinero. Zu dem gebeizten und in dünnen Scheiben mit verschiedenen Kohlrabi-Zubereitungen, Perlgraupen und Liebstöckelaromen über ein zart fließendes Eigelb drapierten Kalbfleisch waren der obligatorische Säurelieferant prägnante Fermentationsaromen – genau wie übrigens beim fast gleichlautenden vegetarischen Pendant, bei dem im Grunde nur das Fleisch weggelassen wurde. Und auch sonst unterschieden sich viele Gänge des vegetarischen und des omnivoren Menüs nur in ähnlich marginaler Weise, was unserer Ansicht nach schon ein wenig mit dem hohen Eigenanspruch kollidiert.

Mit dem kollidierten dann auch ganz klar die beiden Teilstücke vom Reh im Hauptgang. Weil der kurzgebratene Rücken zwar schön rosa und zart, aber auch recht saft- und kraftlos war und so fast wie ein wenig kaschiert unter seiner Begleitung aus unterschiedlichen Spielarten vom Rotkohl sowie Herbsttrompeten und Piemonteser Haselnüssen auf einer Cranberrysauce lag. Und weil das à part in einem kleinen Schälchen im selben Kontext präsentierte Schmorstück sogar verblüffend trocken und ausgelaugt anmutete.

Desserts wie die Mousserolle von 70%iger „Pure Virunga" Schokolade mit den Aromen von Hagebutte, Sauerteig und rotem Shiso oder die von einer weißen Sojasauce mit Tiefe und harmonisch eingebundener Würze in ihrer Wirkung verlängerten Himbeer-Rhabarber-Komponenten boten indes keinerlei Anlass zu Kritik an der handwerklichen Umsetzung. Und im Grunde bewegt sich auch sonst alles auf einem beachtlichen Niveau, die aufgeführten Kritikpunkte sollen die Leistung des Teams in keiner Weise schmälern, sondern nur aufzeigen, weshalb wir die Bewertung nun etwas niedriger angesetzt haben und wo unserer Ansicht nach das Optimierungspotenzial liegt.

Wenig zu optimieren gibt es sicherlich weiterhin an der beachtlichen internationalen Weinauswahl und auch das engagierte junge Serviceteam, das kleinere Unsicherheiten mit Sympathiepunkten wettmacht, soll am besten so bleiben, wie es ist.

ohne Bewertung

YOSO

Schafbachstr. 14, 56626 Andernach
02632-4998643
yoso-restaurant.de
Mi–Fr ab 18.30 Uhr, Sa von 12–14 Uhr u. ab 18.30 Uhr, So–Di RT
Menüs: 109–145 €

VISA

Eine ganze Zeitlang blieb das Yoso nach Sarah Henkes Ausscheiden geschlossen – kurz vor unserem Redaktionsschluss wurde es verheißungsvoll reaktiviert. Zu kurzfristig zwar für einen ersten Testbesuch, aber spannend genug, um es schon mal anzukündigen. Denn mit dem in Südkorea geborenen und in Schweden aufgewachsenen Peter Fridén steht hier nun wieder ein exzellenter und sehr ambitionierter Küchenchef am Herd, der uns mit seiner Kochkunst zuletzt schon im Tawa Yama in Karlsruhe auf hohem Niveau begeistert hatte. Hier, im warm, wohnlich und originell gestalteten kleinen Restaurants unter dem Dach des angrenzenden Hotels am Ochsentor sollen nun unter seiner Ägide die asiatisch-japanische Küche, die skandinavische Küche und die französische Haute Cuisine auf einen Nenner gebracht werden. Wir sind sehr gespannt und werden im Laufe der kommenden Testsaison im Gusto Online-Guide und in der App ein Update bringen.

Hotelempfehlung

PURS Luxury Boutique Hotel

Steinweg 30–32, 56626 Andernach
02632-9586750
www.purs.com
Einzelzimmer: ab 350 €
Doppelzimmer: ab 350 €

VISA

Das Luxury Boutique Hotel PURS, das seit kurzem auch Mitglied der renommierten internationalen Hotelvereinigung Relais & Châteaux ist, liegt in den teils malerischen Gassen von Andernach am Rhein. Die denkmalgeschützten Mauern der Alten Kanzlei, die 1677 vom Erzbischof von Kur-Köln als Ratsherren- und Gerichtsschreiberhaus errichtet wurde, bilden das Fundament des heutigen Hotels. Die elf Zimmer und Suiten wurden von Star-Designer Axel Vervoordt kreiert und verfügen neben einem sehr individuellen wohnlich-luxuriösen Ambiente und komfortable Bäder über Klimaanlage, schnelles kostenfreies WLAN, Flachbild-Sat-TV, Blueray-Player und Safe. Ausgewählte Zimmer haben einen Balkon oder eine Dachterrasse. Neben dem vielfach ausgezeichneten Restaurant gibt es im PURS eine gut ausgestattete Bar und Smokers-Lounge, eine Bibliothek, einen idyllischen Garten, einen Gewölbekeller und zahlreiche Kunstwerke im gesamten Haus. Kostenlose Parkplätze sind vorhanden. Nach einem À-la-carte-Frühstück kann man Aktivitäten wie Radfahren oder Golfspielen in einem der beiden nahe gelegenen Golfclubs nachgehen. Nicht weit von Andernach befinden sich die Weinregionen Mosel und Ahr. Zu Fuß oder mit dem Rad kann auch das UNESCO-Welterbe Oberes Mittelrheintal mit seiner atemberaubenden Landschaft erkundet werden. Restaurant PURS separat erwähnt.

Annweiler am Trifels (Rheinland-Pfalz)

Zum Alten Kurhaus

Kurhausstr. 25,
76855 Annweiler am Trifels
06346-308860
zumaltenkurhaus.de
Küchenchef: Olaf Beermünder
Mi–Sa ab 12 Uhr durchgehend,
So–Di RT
Hauptgericht: 17–29 €

Mit dem malerischen Blick auf den Trifels hat das am Rande von Annweiler gelegene romantisch verwunschene Jugendstilhotel bereits einen enormen Trumpf im Ärmel und könnte allein durch seine Lage und die besondere Atmosphäre viele Gäste anlocken. Seitdem das im Hotel beheimatete Restaurant „Zum alten Kurhaus" 2023 mit einem neuen Team unter der Leitung von Küchenchef Olaf Beermünder revitalisiert wurde, gibt es aber noch dazu eine ambitionierte, auf Frische, Nachhaltigkeit und hohe Produktqualitäten setzende Küche – und damit einen weiteren guten Grund für einen Besuch!

Mit der großzügigen Gaststube, zwei historischen Sälen mit dem Charme der 1911 erbauten Villa, sowie einer weitläufigen Terrasse mit Trifelsblick, gibt es verschiedene, allesamt einladende Plätze zum Genießen. Die werden mittags mit einer kleinen bodenständigen Vesperkarte und am Abend mit einer umfangreicheren Speisenauswahl bespielt. Das Spektrum reicht dabei von eher traditionellen, schlichteren Gerichten à la carte bis zu einem wechselnden saisonalen Menü, in dem aufwendiger und mit exklusiveren Produkten gearbeitet wird. In beiden Fällen aber kann man sich auf eine handwerklich saubere, auf Frische und Natürlichkeit setzende Handschrift verlassen.

Unser letzter Ausflug in die Saison startete mit einer von gerösteten Mandelsplittern umhüllten Hüttenkäsecreme, die auf kompakte Art mit ihrer laktischen Frische das Zentrum des Tellers bildete. Mit einem üppigen Topping herber Kräuter, die von Schafgarbe über Kerbel bis Schnittlauch reichten, wurde die Frische noch weiter gepusht. Der eigentliche Star auf dem Teller war aber die vielteilige „Gemüse-Straße" am Rand mit unterschiedlichsten eingelegten Gemüsen in verschiedenen Schnittformen und einem aromatischen Spektrum von mild-süßlich bis erdig-herb, das trotz der eigentlich eher einfachen Machart immer wieder neue interessante Eindrücke und Bezüge ermöglichte, in denen auch noch ein ätherisch-feinbitteres Zitrusgel und fruchtig-scharfer Ingwer für Schwung sorgten.

Etwas gröber wirkte dagegen das folgende, üppig cremige Kräutersüppchen, das zwar mit einem Teigchip nebst geschmeidig gebeizten Lachswürfeln, Zitrusgel und Lachskaviar ein akkurates Topping mitbekam, selbst aber (auf harmonische Art) mehr nach einer kräftig salzigen Basis und Rahm schmeckte als nach den sichtbar vielen Kräutern, die sich unzweifelhaft darin befanden.

Dafür hatte der Hauptgang mit rosa gebratenem Kalbsrücken unter salzig-saftiger Kräuterkruste wieder sehr viel Format, auch wenn die beinahe pastöse, wuchtige Kalbsjus dazu fast schon rustikal und sehr mächtig daherkam. Mit auflockernd knackigem wildem Brokkoli und einem Mandelkuchen, der zunächst etwas trocken wirkte, mit seiner leicht süßlichen Knusperkruste aber dann doch einen interessanten und gewinnbringenden Twist einbrachte, wurde die Balance in dem insgesamt nicht eben zierlichen, aber auf handfeste Art reizvollen Teller wieder hergestellt.

Den Abschluss schaffte ein Mandelparfait in knackiger dunkler Schokoladenhülle auf ebenfalls überzeugende Art, das neben dem fruchtigen Kontrast von Orangenscheiben und Amarenakirschen auf weißer Schokoladencreme, etwas Crumble und dem bereits bekannten Zitrusgel, dessen ätherische Herbheit auch hier überraschend gut funktionierte, letztlich aber doch etwas repetitiv daherkam.

Ergänzt von einem engagierten, freundlichen Serviceteam und einer nicht überbordenden, aber spannend individuellen Auswahl eher unbekannter regionaler Weine, ist das „neue" alte Kurhaus definitiv eine große kulinarische Bereicherung für die Region.

Appenweier
(Baden-Württemberg)

Gasthof Engel

im Hotel Gasthof Engel
Dorfstr. 43,
77767 Appenweier (Nesselried)
07805-919181
gasthof-engel.de
Fr–Di von 12–14 Uhr u. ab 17.30 Uhr, Mi u. Do RT
Hauptgericht: 18–30 €, Menüs: 28–33 €
VISA

Der Engel in der ruhig und idyllisch zwischen Weinbergen und Obsthainen bei Appenweier gelegenen Ortschaft Nesselried in der Ortenau ist nicht mehr, aber auch nicht weniger als eines jener immer seltener werdenden Gasthäuser, in denen noch ganz ohne Verfeinerungs- oder gar Gourmetanspruch, eben einfach auf bodenständig-gutbürgerliche Art, pfiffig und frisch gekocht wird.
In der schlichten gepflegten Gaststube mit angrenzendem kleinem Saal oder im Sommer im Gastgarten hinter dem Haus wird eine bis auf ganz wenige Ausnahmen konsequent regionale gutbürgerliche Küche geboten, wie man sie sich öfter wünschen würde. Da gibt es rein gar nichts Kreatives und noch nicht mal sonderlich viele von den für Feinschmecker eigentlich immer sehr attraktiven seltenen Innereien oder in Vergessenheit geratenen Traditionsgerichten.
Da findet man vielmehr von der im Frühjahr unvermeidlichen Bärlauchschaumsuppe über gebratene Kalbsleber mit Äpfeln und Zwiebeln oder verschiedene Lendchen in Pfefferrahmsauce mit Kroketten bis zu überbackenen Schweinemedaillons mit Rahmpilzen und Spätzle hauptsächlich Dinge, die es überall gibt. Nur hier eben überdurchschnittlich gut und fachmännisch zubereitet.
Und so bestellt man sich dann gerne auch mal wieder Dinge, die man sonst vielleicht nicht bestellen würde, etwa ein Cordon bleu oder ein Wiener Schnitzel. Noch viel lieber halten wir uns hier aber solche Sachen wie die in butterzarter Perfektion auf Spätburgundersauce servierte Ochsenzunge mit buntem Begleitgemüse-Allerlei.
Sehr gut gefallen hat uns zuletzt auch das schön durchgezogene aber noch zart bissfeste Ratatouille-Gemüse das sehr aromatisch und harmonisch als von Bärlauchpistou eingefasstes Bett für gratinierten Ziegenfrischkäse herhielt. Oder die in ihrem klaren, deutlichen Aroma und der feincremigen, glatten Konsistenz beeindruckend sauber zubereitete Petersilienwurzel-Schaumsuppe, die ausgewogen zwischen der natürlichen Süße des Wurzelgemüses und der Würze der Suppenbasis lag. Da erkennt man sehr gut die Substanz dieser Küche.
Und die konnte man auch an den saftigen Nüsschen vom Nesselrieder Reh erkennen, die zusammen mit sautierten Waldpilzen, schlotzigen Butterspätzle und dem Wildaroma dienlichen, süßsäuerlichen und nicht marmeladigen Preiselbeeren auf zweierlei Saucen angerichtet waren – einer rahmig gebundenen und einer Jus, beide aromatisch stimmig auf das Wildbret und die Pilze eingestellt.
Weil die Portionen zwar gutbürgerlich, aber nicht übertrieben üppig ausfallen, geht auch immer noch ein Dessert. Zuletzt hatten wir ein zwar etwas splittriges, aber aromatisch ausgesprochen ansprechendes Parfait von der Williamsbirne, das sich den mit Orangenfilets, Kiwischeiben, Sahnetupfen und Beerencoulis bunt und beliebig ausgarnierten Teller mit ebenfalls sehr guter, cremiger Mousse von der Valrhona-Schokolade teilte.
Die Weinkarte listet gute regionale Gewächse von ambitionierten Genossenschaften oder namhaften Winzern, man wird flott und freundlich bedient und bekommt Speis' und Trank zu einem ausgesprochen stimmigen Preis-Leistungsverhältnis. Da kommt man gerne wieder.

Hotelempfehlung

★★★

Hotel Gasthof Engel

Dorfstr. 43,
77767 Appenweier (Nesselried)
07805-919181
gasthof-engel.de
Einzelzimmer: ab 64 €
Doppelzimmer: ab 92 €
VISA

Dieses familiengeführte Fachwerk-Hotel in der Landschaft Ortenau am Rande des Schwarzwalds liegt inmitten von malerischen Weinbergen im Weinbauort Nesselried. Zahlreiche Wanderrouten durch das Rebland und die Ausläufer des Schwarzwalds haben hier ihren Ursprung und auch sonst gibt es hier viel zu entdecken: Das historische Schloss Staufenberg erreichen Sie nach einer 45-minütigen Wanderung, Radfahrer können zwischen bequemen Radwanderwegen in der Rheinebene oder sportlichen Mountainbike-Touren durch den Schwarzwald wählen, und Straßburg ist nur eine halbe Autostunde entfernt. Die hellen, ländlich-gemütlichen Zimmer sind unter anderem mit Flachbildfernseher, Schreibtisch und kostenlosem WLAN ausgestattet. Die Suiten haben zusätzlich ein Wohnzimmer und die mit gehobenerer Ausstattung außerdem ein Ausziehsofa. Das Hotel verfügt über einen Garten mit Spielplatz, eine Terrasse, ein Restaurant und einen Weinkeller mit badischen Spezialitäten. Restaurant Gasthof Engel separat erwähnt.

Arendsee (Sachsen-Anhalt)

5

Gustaf

im Wellness- und Sporthotel Haus am See
Linderstr. 28, 39619 Arendsee
039384-9890
wellnesshotel-arendsee.de/restaurant
Küchenchef: Christian Döpelheuer
Mo–Do ab 15 Uhr, Fr u. Sa ab 12 Uhr durchgehend, So von 12–16 Uhr, kein RT
Hauptgericht: 20–30 €,
Menüs: 40–120 €
VISA

Den allermeisten Besuchern wird der Arendsee vor allem als beliebtes Urlaubs- und Naherholungsziel bekannt sein, weniger als Genussregion. Aber dank dem in unmittelbarer Seenähe gelegenen Wellness- und Sporthotel Haus am See mit seinem Restaurant Gustaf gibt es hier eben neben reizvollen Radwegen und Badestellen auch kulinarisch etwas zu erleben. Das teils renovierte, teils etwas in die Jahre gekommene Hotel hat einen sympathisch altmodischen Charme und bietet mit verschiedenen großen Sälen und einem lichten Wintergarten ein großzügiges, vornehm gestaltetes Ambiente.
In diesem serviert das Team einerseits ein ambitionierteres Menü in drei bis zehn Gängen, aber auch eine kleine Auswahl bodenständigerer Bistrogerichte à la carte. Wählt man das Menü, gibt's dazu dann auch einen Gruß aus der Küche. Und der zeigte in Form eines seidigen und intensiven Kartoffelschaums mit Barbecue-Salz, dass das Team handwerklich und aromatisch sicher unterwegs ist – auch wenn die kleine Einstimmung um ein, zwei Komponenten erweitert, noch mehr hergemacht hätte...
Akkurates Handwerk zeigte dann auch – wenngleich auf eher rustikale Art – das in Panko frit-

tierte Tataki vom Bluefin-Thunfisch. Dieser hatte zwar einen recht exakten Garpunkt mit nur leicht angezogenem Rand, durch die Frittiernoten und eine dickflüssige Teriyaki-Sauce aber ein eher grobes Gewand. Gemeinsam mit einem saftigen Bulgursalat und hellen Mayo-Tupfen stand das dem Tuna aber gar nicht schlecht und ergab ein insgesamt ausgewogenes Gesamtbild.
Noch besser gelang das Verhältnis von Produktcharakter und frittierter Hülle bei den Hechtröllchen, bei denen eine lockere, mit Petersilie akzentuierte Farce vom Arendsee-Hecht eher hell in Panko ausgebacken und auf eine zarte Polentacreme gesetzt wurde. Sautierte Cocktailtomaten, Tomatenchips und gebratene Zucchini drehten das Ganze in eine mediterrane Richtung und brachten auch eine gewisse Frische mit.
Die zwei Stücke vom Lammrücken unter Mandelkruste, die im Zentrum des Hauptgangs standen, hatten etwas zu viel Hitze abbekommen, brachten aber ob ihrer guten Produktqualität dennoch viel Saft und Geschmack mit. Wie die vorherigen Gerichte wirkte auch dieser Teller ein bisschen oldschool – hier mit Speckbohnen, aufgespritzten Kartoffelpüree-Rosetten und einer ziemlich wuchtigen Lammjus – punktete aber zugleich mit deutlichen natürlichen Aromen und wieder sehr stimmigen Proportionen.
Und das galt genauso auch für das Dessert in Form einer üppigen Crème brûlée mit sauber dünn karamellisierter Kruste, die mit verschiedenem Obst von Heidelbeere bis Banane und einem konzentrierten Heidelbeersorbet als frischen Kontrast auch ansprechend bespielt wurde. Ausbaufähig ist vor allem die Weinauswahl, die sich zuletzt auf ein gerade ausreichendes Spektrum einfacher Weine in Weiß, Rosé und Rot beschränkte, die entweder glasweise oder als Flasche geordert werden können.

Die Besteck-Symbole

🍴🍴🍴🍴🍴 luxuriöses Restaurant mit höchstem Komfort und formvollendetem Service, edler Ausstattung und einer Weinkarte, die höchsten Ansprüchen genügt

🍴🍴🍴🍴 elegantes Restaurant mit hohem Komfort und exzellentem Service, sehr gute Ausstattung, hervorragende Weinkarte

🍴🍴🍴 gehobenes Restaurant mit gutem Komfort und versiertem Service, umfangreiche Weinkarte

🍴🍴 besser ausgestattetes Restaurant mit ordentlichem Service, ausgewählte Weine

🍴 schlichtes Restaurant, Gasthof oder Bar

Hotelempfehlung

★★★★

Wellness- und Sporthotel Haus am See

Lindenstr. 28,
39619 Arendsee
039384-9890
wellnesshotel-arendsee.de
Einzelzimmer: ab 79 €
Doppelzimmer: ab 139 €

VISA

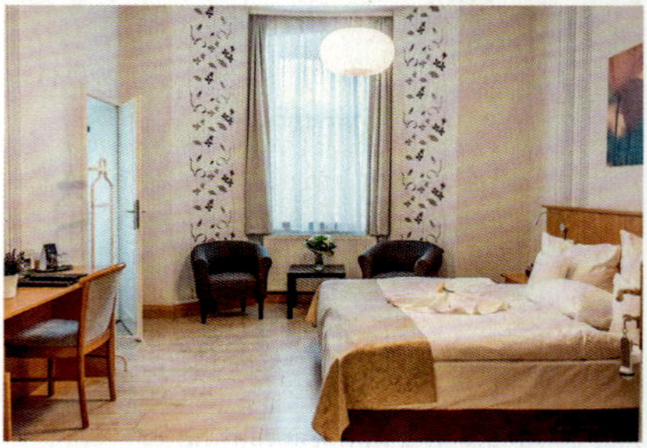

Das Wellness- und Sporthotel „Haus am See“ mit seiner Gesundheitsfarm liegt eingebettet im wildromantischen Mischwald in der unmittelbaren Nähe eines der schönsten Seen Deutschlands. Die Einrichtung der Zimmer ist klassisch-modern und individuell: Warme, wohnliche Farben schaffen eine private und gemütliche Atmosphäre. Jedes Zimmer verfügt über ein Bad mit Dusche und WC, Fön, Bademantel und Handtücher, Flachbildfernseher, Tresor, Radio, Minibar, Telefon und natürlich kostenfreiem WLAN. Alle Etagen sind bequem mit dem Fahrstuhl erreichbar. Das altehrwürdige erste Kurhaus von Arendsee aus dem Jahre 1874 mit seinen großen prächtigen Räumen bietet Angebote für Körper Geist und Seele in einem modernen SPA- und Wellnessbereich. Während des Aufenthalts kann man eine Reihe von kosmetischen Anwendungen und Massagen genießen. Darüber hinaus lädt die Sauna- und Badelandschaft zum Entspannen ein. Im Sommer 2022 wurde ein neuer Pool mit Außenterrasse und Kaltruheraum für die Sauna fertiggestellt. Seit 2012 steht den Gästen ein hochmodernes Gesundheitszentrum mit Fitnessstudio und Physiotherapiepraxis zur Verfügung. Restaurant Gustaf separat erwähnt.

Arnsberg (Nordrhein-Westfalen)

6

Menge

Ruhrstr. 60, 59821 Arnsberg
02931-52520
www.hotel-menge.de
Küchenchef: Christoph Menge
Di–Sa ab 18 Uhr, So u.Mo RT
Hauptgericht: 21–42 €,
Menüs: 45–90 €

VISA P

Das gepflegte und in dezenten warmen Farbtönen gestaltete Lokal am Rande von Arnsberg mit seiner historischen Altstadt lädt seit vielen Jahren zum äußerst genussvollen Aufenthalt. Ganz ohne Gourmetrestaurant-Attitüden, aber eben doch mit einer Küche auf hohem Niveau, garantiert das Team um Familie Menge für entspannte, stilvolle Bewirtung auf allen Ebenen.
Das geht bei der unverkrampften Gangart im Lokal los, reicht über eine gute und vor allem sehr animierend kalkulierte Weinauswahl und endet bei der bei allem Anspruch wohltuend bodenständig geblieben Küche, die lieber durch Substanz und Qualität überzeugt als mit großer Show. Dazu passte auch in diesem Jahr der schlichte Gruß aus der Küche, ein Dreiklang aus Ziegenfrischkäse, milder Wasabi-Espuma und eingelegtem Rhabarber, bei dem Frucht, Säure, Schärfe, Süße und Würze in gute Balance gebracht waren.
So richtig deutlich wurde das Können der Küche aber erst mit dem mustergültig fabrizierten, sauber von Hand geschnittenen und herzhaft aber nicht zu würzig angemachten Rindertatar, das mit einem wachsweichen Eigelb getoppt und attraktiv von kleinen, scharf angerösteten knackigen Brokkoliröschen, marinierten Radieschen sowie verschiedenen Kräutern und einer Schnittlauchvinaigrette umgeben war. Einfach deshalb, weil hier alles unheimlich proper und wohlproportioniert auf den Teller gebracht wurde.
Dasselbe galt ohne jede Einschränkung für eine weitere Vorspeise, die regional produzierter Burrata, grünem Spargel, Avocado und Tomatenchutney gewidmet war. Auch das wieder von verschiedenen markanten Kräutern umspielt und auch das wieder mit tollen Produkten ohne Schnickschnack sehr ansprechend umgesetzt: die rahmig-cremige Burrata, vollreife aromatische Avocado, zart knackiger Spargel, süßlich-fruchtiges Tomatenchutney, und alles in den optimalen Mengen sich gegenseitig gewinnbringend ergänzend.
So ein in jeder Komponente mit Sorgfalt und Bedacht auf den Punkt gebrachtes Gericht war zweifelsohne auch der Fischgang, bei dem saftig-knusprig auf der Haut gebratene Meeräsche im Mittelpunkt stand. Allerdings wollte sich uns hier die Kombination aus karamellisiertem weißem Spargel, säuerlich eingelegten Schalotten, gegrillten Lauchzwiebeln, einem leicht pikanten, als „Oktopus-Gel" annoncierten Tupfen, schaumiger Hollandaise und einem mit Vadouvan-Reis gefüllten dünnen Teigröllchen nicht zwingend erschließen. Das war beileibe nicht abwegig, wirkte aber irgendwie etwas sperrig und wie zusammengewürfelt.
Stringenter war die den folgenden, mit schmelzig-kerniger Haube von Oliven und Piemonteser Haselnüssen überzogenen Tranchen aus der Keule eines Überläufers zugeordnete Begleitung: von sehr aromatischem und würzigem Spinat getoppte Kohlrabispaghetti, gerösteter sowie zur glatten Mousseline verarbeiteter Blumenkohl, Schupfnudeln und eine ausgesprochen gute, elegante, ebenfalls nussig wirkende Jus. Einzig die selbst für Wildschwein ausgesprochen feste, kauintensive Konsistenz des Fleischs trübte den sehr guten Gesamteindruck an dieser Stelle ein klein wenig.
Aber im Grunde war das ebensowenig spielentscheidend wie der für sich genommen recht trockene Bisquit-Savarin, der das ansonsten tadellose Dessert auch nicht entwertete. Waren hier doch unterschiedliche, handwerklich und geschmacklich gut umgesetzte Komponenten aus Himbeeren, Nektarinen und Topfen wie Sorbet, Gel, Mousse, gefüllte Beeren, marinierte Frucht sowie weitere kleine, Schmelz und Crunch spendende Elemente dafür verantwortlich, dass unterm Strich trotzdem ein ansprechender Nachtisch auf dem Teller lag.

Zusammen mit dem zuvorkommenden familiären Service und den mit Sinn und Verstand ausgesprochenen Weinempfehlungen ist und bleibt das Restaurant Menge also weiterhin ein empfehlenswertes Gesamtpaket.

Aschau i. Chiemgau (Bayern)

6

Restaurant Residenz Heinz Winkler

im Hotel Residenz Heinz Winkler
Kirchplatz 1, 83229 Aschau i. Chiemgau
08052-17990
www.residenz-heinz-winkler.de
Mo–Sa ab 18.30 Uhr, So von 12–14 Uhr u. ab 18.30 Uhr, kein RT
Hauptgericht: 42–90 €,
Menüs: 125–205 €

VISA

Nach dem tragischen Tod des großen Heinz Winkler, der als Koch schon zu Lebzeiten Legendenstatus erlangte, führt dessen Familie die Residenz in Aschau ganz in seinem Sinne weiter. Nach einem leider nur kurzen Intermezzo mit Armin Karrer als potenziellem Nachfolger wurde das Team im Frühjahr neu aufgestellt und greift seit Mai 2023 wieder an. Das kommunizierte Ziel ist klar, an die Erfolge der Vergangenheit anzuknüpfen.
Dass das nicht einfach ist, liegt auf der Hand. Wollte man die altmeisterliche Linie als eine Art „Museumsküche" unverändert auf dem hohen Niveau weiterführen, bräuchte man einen versierten Musterschüler von Heinz Winkler vom Format eines Vjekoslav Pavic oder Erich Schwingshackl. Wollte man eine modernere Küchenstilistik einführen, läuft man Gefahr, dass das nicht mehr in den Venezianischen Salon passt und die Stammgäste damit fremdeln.
Aktuell sieht es so aus, als ob das Team einen Mittelweg gehen wolle, sich teils noch an Klassikern orientiert, aber auch mal etwas Neues wagt. Stilistisch könnte das gut funktionieren, einzig an der Ausführung hapert es bisweilen noch, um tatsächlich ein vergleichbar hohes Level zu erreichen, wie es hier noch vor wenigen Jahren Standard war. Wir erlebten die Küchenleistung sehr heterogen. Man konnte einerseits klar erkennen, dass das aktuelle Team es prinzipiell schon draufhätte, auch eine höhere Bewertung zu erkochen, doch schwankte das Niveau schon zwischen den einzelnen Gängen ganz erheblich.
Ein prinzipiell sehr schön leichter und sommerlicher Auftakt ins Menü war die Vorspeise um zart knackige Medaillons vom europäischen Hummer, die auf ein Podest aus kräuterwürzig angemachtem und mit einer Tomatengelee-Banderole eingefassten Hummertatar drapiert und von einer intensiven Basilikumcreme sowie Salicornes und Tupfen von Salicornepüree umgeben waren. Einziger Schönheitsfehler war hier eigentlich, dass der Hummer grenzwertig stark gesalzen war und das Gericht dadurch sehr dicht und fast schon deftig gewirkt hat.
Strengen Purismus und trotzdem überraschend viel Dynamik bot die kräftig abgeflämmte und im Kern schön glasig-schmelzige Tranche von Label-Rouge-Lachs, der auf einem Bett aus Miso-Hollandaise lag, die wiederum von einer mit Kernöl gesprenkelten Dashi-Vinaigrette umsäumt war. Viel Säure und Umami, aber ausgewogen und vibrierend.
Ein wirklich sehr gutes, weil qualitativ anspruchsvolles, handwerklich genaues und zudem kompositorisch ausgewogenes Gericht war der gedämpfte Zander mit Birne, Bohne und Lardo, wobei hier zwar der Lardo nicht dezidiert auszumachen war, stattdessen aber kleine Stücke von Rauchaal den herzhaften Part gaben. Ausgleichend dazu nicht nur die fruchtigen runden Birnenscheiben, sondern insbesondere auch eine säurebetonte Sauce im Stil einer Beurre blanc, die auch die Tupfen vom weißen Bohnenpüree gut ausbalancieren konnte.
Deutlich dröger wirkte schon allein aufgrund des überhaupt nicht überzeugenden Hauptprodukts ein weiterer Zwischengang um ausgelaugt trockenes Kalbsbries mit Karotte und Barbecue-Aromen. Und leider war auch der mit einer Purple-Curry-Semmelbröselkruste gratinierte Maibockrücken nur schön rosa und zart, aber überhaupt nicht saftig, weil er entweder suboptimal sous-vide gegart oder lange warmgehalten wurde. Sowohl die leichte Wildjus als auch der Mangoldspinat ließen keine

Wünsche offen, Creme und weiche gebratenene Taler von Knollensellerie wirkten relativ naturbelassen und die Komposition damit etwas akzentlos.
Unwuchtig und richtiggehend üppig kam im Nachtisch eine als Hauptbestandteil viel große Schokoladenschnitte (Gâteau genannt, aber wie sehr festcremige Ganache anmutend...), die mit einem flüchtigen und aromatisch blassen Nelkenschaum nappiert war und von aromatisch ebenfalls relativ nichtssagendem mildnussig-süßem Pistazieneis begleitet wurde. Ein mächtiges Finale ohne Frische und Finesse.
Das Serviceteam ist sympathisch und engagiert, wirkt aber etwas unsicher und in sich gekehrt, wenn Gastgeber Alexander Winkler als souveräner Ansprechpartner und Leiter mal nicht da ist. Die Weinkarte listet nach wie vor vor allem interessante gereifte Sachen aus ganz Europa; die glasweisen Empfehlungen treffen nach unserem Geschmack nicht immer ins Schwarze. Geradezu unpassend fanden wir beispielsweise den Gewürztraminer von Kieffer aus dem Elsass zum Hummer.

Hotelempfehlung

★★★★★

Hotel Residenz Heinz Winkler

Kirchplatz 1, 83229 Aschau i. Chiemgau
08052-17990
www.residenz-heinz-winkler.de
Einzelzimmer: 225–425 €
Doppelzimmer: 250–450 €

Eingebettet in eine bayerische Bilderbuchlandschaft liegt die stattliche Residenz Heinz Winkler inmitten der Chiemgauer Bergwelt am Fuße der imposanten Kampenwand. Eine wunderbare Mischung aus elegantem Luxus und lokalem Charme, große kulinarische Genüsse und saisonale Arrangements laden hier zum Genießen und Entspannen ein. Mit ganz eigener Handschrift hat sich der Patron persönlich um die Renovierung und Erweiterung des einstigen „Hotel zur Post" bemüht. Die insgesamt 32 Zimmer und Suiten haben teilweise einen Balkon, eine Terrasse oder einen Garten und sind mit jeglichem Komfort ausgestattet. Im Residenz Vital-Resort kann man die Seele baumeln lassen. Restaurant Residenz Heinz Winkler separat erwähnt.

Asperg (Baden-Württemberg)

Schwabenstube

im Hotel Adler
Stuttgarter Str. 2,
71679 Asperg
07141-26600
www.adler-asperg.de
Mi–Sa ab 18 Uhr, So–Di u. Fei RT
Hauptgericht: 38–47 €,
Menüs: 75–130 €

Seit vielen Generationen führt die Familie Ottenbacher den traditionsreichen Gasthof Adler in Asperg und sorgt dafür, dass sowohl der Komfort als auch das Niveau des gesamten Hauses stets auf hohem Niveau bleiben. Dies gilt selbstverständlich auch für die Schwabenstube, die deren kulinarisches Aushängeschild ist. Hier werden sowohl internationale Gourmetgerichte aus ausgesuchten Zutaten mit kreativen Aromen, als auch traditionelle schwäbische Hausklassiker wie der Zwiebelrostbraten vom trockengereiften Rinderrücken serviert. Die Qualität der Produkte ist durchgehend überdurchschnittlich, das handwerkliche Können ist solide und die Präsentation der Gerichte eher schlicht, aber ansprechend. Zudem kann man sich blind auf die Weinempfehlungen von Marco Hünicke, dem langjährigen Restaurantleiter und Sommelier, verlassen. Er empfiehlt gerne Bewährtes und Neues von renommierten Erzeugern aus Württemberg.

Au i. d. Hallertau (Osterwaal) (Bayern)

6

Spitzer

Lohweg 10,
84072 Au i. d. Hallertau (Osterwaal)
08752-7455
www.gasthaus-spitzer.de
Küchenchef: Stefan Spitzer
Do–So ab 11 Uhr durchgehend,
Mo–Mi RT
Hauptgericht: 18–35 €, Menüs: 49–69 €
VISA

Selbst in Bayern, wo die Wirtshauskultur noch lebendiger gehalten wird als in den meisten anderen Regionen des Landes, sind Orte wie das zwischen Hopfenfeldern, Wald und Wiesen sehr abgelegene Gasthaus Spitzer in der Hallertau eine Seltenheit. Im Grunde ist „Gasthaus" sogar deutlich zu kurz gegriffen, denn nach einem aufwendigen Umbau gibt es hier um das traditionelle Stammhaus herum einen hell und modern gestalteten Bereich mit stylischer Bar, Restaurant und weitläufiger Terrasse. Entsprechend beliebt ist das Spitzer bei Gästen aus dem nahen und weiteren Umland – auch für Feiern und Events. Wobei daran neben dem einladenden Ambiente auch die Küche wesentlichen Anteil hat, die von Stefan Spitzer als „Botschafter des guten Geschmacks" sogar zu einer eigenen Marke entwickelt wurde.
Im Sinne einer modernen Wirtshausgastronomie steht die Küche im Spitzer für eine feste Verwurzelung in der Region und Tradition; insbesondere bei der Auswahl der Produkte führt diese aber mit pfiffigen Ideen und einer beschwingten leichteren Art ins Hier und Heute. So finden sich à la carte einerseits einige Klassiker wie ein Zwiebelrostbraten vom Freilandrind mit Zwiebelmarmelade, Lauchpüree und Jus, ein in Merlot geschmortes Böfflamot mit Schupfnudeln und Frühlingsgemüse oder ein Schnitzel vom Naturschwein mit Bratkartoffeln, Preiselbeeren und Blattsalat. In den beiden vorgeschlagenen Menüs (eins davon vegetarisch) wird es dagegen kreativer – allerdings immer auf eine zugängliche und entspannte Art.
Dann wird beispielsweise ein eigenwürzig-intensives Tatar vom Büffel kontrastreich mit knusprigen Wurzelgemüsechips, eingelegten Senfkörnern, zitrisch zugespitzten Fruchtakzenten und einem angekrossten Brioche in Jus serviert. Oder eine samtig schaumige Spargelsuppe mit viel Produktgeschmack bei leichtem Körper pfiffig mit gebackenen Spargelspitzen und Kerbel ergänzt. Und in beiden Fällen zeigt sich die typische Spitzer-Handschrift, die scheinbar vertraute Dinge mit wenigen Handgriffen lebendig und neu erscheinen lässt.
Das gelang zuletzt auch bei den saftig-festfleischigen Tranchen vom Stör aus regionaler Zucht, dessen reinweißes Fleisch neben knallroten Bete-Graupen, einer schneidigen Schaumsauce und knuffigen Hanf-Schupfnudeln nicht nur sehr farbenfroh, sondern auch aromatisch abwechslungsreich inszeniert wurde. Näher an der Tradition, aber auf wohlproportioniert freigestellte Art ebenfalls zeitgemäß interpretiert, wurde das butterzart und dennoch kompakt geschmorte Schulterstück vom Rind, das verführerisch mit einer eleganten Schmorjus glasiert neben knackig grünem Spitzkraut und lockeren, von hellen Bröseln ummantelten Kartoffelknödeln angerichtet war.
Genau wie die herzhaften Gerichte zeichnen sich auch die Desserts durch eine handwerklich absolut sogfältige Zubereitung und clevere kleine Kniffe aus – sei es bei zarten Topfenknödeln in flauschiger Referenzqualität neben verschiedenen Zubereitungen von der Mandarine (Sorbet, mariniert, Gel…) oder einem ebenso mustergültigen Kaiserschmarrn, der von säurefrischen Beeren und Sauerrahmeis begleitet wird.
Der Service hat auch bei vollem Haus inklusive voller Terrasse alles bestens im Griff, agiert schwungvoll herzlich und sorgt nebenbei auch dafür, dass die Gläser mit einer der vielen lohnenden Optionen aus der bestens sortierten Weinkarte stets gut gefüllt bleiben.

Aue (Sachsen)

St. Andreas

im Hotel Blauer Engel

Altmarkt 1, 8280 Aue
03771-5920
www.hotel-blauerengel.de
Küchenchef: Benjamin Unger
Mi–Sa ab 17.30 Uhr, So–Di u. Fei RT
Menüs: 100–150 €

Es ist schon eindrucksvoll, mit wie viel Engagement die Familie Unger sämtliche Bereiche ihres Hotels im Zentrum von Aue, das in jeder Hinsicht als das erste Haus am Platz betitelt werden kann, immer weiter verbessert und voranbringt. Angefangen bei den sukzessive modernisieren Hotelzimmern über das Brauen eigener Biere, das Veranstalten von Bierseminaren oder das Betreiben eines Biermuseums, bis hin zum vielfältigen Gastronomieangebot. Das beginnt mit Rustikalem in Lotters Wirtschaft, reicht über klassisch-traditionelle Küche aus regionalen Spezialitäten in der Tausendgüldenstube und endet mit ambitionierter internationaler Kochkunst auf hohem Niveau im kleinen, feinen Gourmetrestaurant St. Andreas. Dieses erfreut sich auch in der Region großer Beliebtheit und ist meistens ausgebucht, weshalb eine sehr kurzfristige Anfrage für einen Tisch eigentlich immer einem Lotteriespiel gleicht.
Wir haben in dieser Testsaison wieder einen dieser begehrten Tische in dem mit natürlichen Materialien und Farben recht modern gestalteten Gourmet-Separee ergattert. Und können deshalb erfreut verkünden, dass Gastgeber und Sommelier Claudius Unger und sein Bruder Küchenchef Benjamin Unger weiterhin mit größten Ambitionen zu Werke gehen und hohes kulinarisches Niveau garantiert ist. Wie schon in den Vorjahren tendiert manches Gericht schon in Richtung 8 Pfannen – manche Kreationen hingegen erreichen noch nicht ganz dieses Level. Im Grunde müssten die meisten Gerichte nur noch ein wenig prägnanter zugespitzt sein, um unsere nächsthöhere Bewertung zu erlangen. Was ein Ziel sein könnte, aber eigentlich auch gar nicht nötig ist, denn die von Benjamin Unger und seinem Team seit einigen Jahren konstant erkochten 7 Pfannen mit verdientem Bonuspfeil sind höchst respektabel und bilden das Niveau der hier gebotenen Kochkunst weiterhin realistisch ab.
Die ersten drei Kleinigkeiten, eine geflämmte und in Essig eingelegte rohe Garnele unter mildem zitrischen Curryschaum, ein Tatar vom Pommerschen Rind mit Topping von Creme aus gereiftem Balsamico und Parmesan-Knusperbällchen im Markknochen, sowie ein Stück gebeizter Caipirinha-Lachs mit Ragout und Sorbet von Apfel und Gurke (letzteres leider ziemlich süß) gefielen alle durch sehr gute, präsente Produkte und markante Aromen. Das lässt sich auch über die hervorragende, sehr große und pralle gebratene Jakobsmuschel sagen, die mit Krustentierschaum nappiert und mit Amaranth-Popcorn beflockt auf etwas Blumenkohlcreme platziert war. Hier sorgten kleine Würfel aus Essiggelee und eine säuerlich angespitzte Jus für ein ausgewogenes Bild, aber zugleich auch für viel Dynamik – und das hervorragende Hauptprodukt stand dennoch klar im Mittelpunkt.
Deutlich komplexer und noch aufwendiger inszeniert, als solches aber leider auch etwas zergliedert, präsentierte sich die Vorspeise „Waldaromen", bei der auf einem von Steinpilzschaum umgebenen flachen Podest aus Steinpilz-Panna-cotta verschiedene Kleinstkomponenten von Brombeere, Fichtensprosse und Topinambur auf engem Raum arrangiert waren. Ein elaboriertes Gericht, bei dem der Erdigkeit und dem Umami der Waldpilze mit Süße, Rauch und Säure zugearbeitet wurde und von kalt bis warm und von knusprig bis schmelzig auch viele Kontraste untergebracht waren. Allerdings wirkte das Ganze auch etwas unruhig und nicht hundertprozentig stringent. Aber das ist in dem Fall schon Kritik auf sehr hohem Niveau.
Und auf dem präsentierte sich auch eine schön dicke, perfekt kross und saftig auf der Haut gebratene Tranche vom Adlerfisch, die mit eingelegten grünen Tomaten, Kürbis und Karotte – alles aus dem eigenen Garten – in einen herbstlichen Kontext gestellt und mit Hafermilchsud und einer Art Kürbiskernsand auf sehr stimmige Art nussig untermalt wurde. Mit den knusprig-krossen Schuppen des Fischs und etwas Haferkrokant wurde auch hier nicht nur

auf ein vielschichtiges Aromenspiel gesetzt, sondern ebenso auf abwechslungsreiche Eindrücke fürs Mundgefühl.
Absolut rund und wieder sehr komplex präsentierte sich der asiatisch verbrämte „Eintopf", in dessen Mittelpunkt ein auf mit Koriandersaat aromatisierter Karottencreme platzierter und mit einem Lack aus Hoisin-Sauce und Teriyaki glasierter saftig-fleischiger Seeteufel stand. Obenauf eine Art Relish mit Wurzelgemüse, Senfsaat, Erdnuss, Petersilie und Kapern und ein mit Tandoori gewürzter Tapiokachip, darunter eine tiefschürfende und trotzdem schön leichte Sauce mit Erdnuss und Hoisin. Das zeigt, dass der Chef auch für das asiatische Fach ein Händchen hat. Die Interpretation des Klassikers Himmel & Erde gelang mit dem Perlhuhn im Kontext mit Blutwurst, Apfel und Kartoffel respektabel, wobei hier zur mit Blutwurstmousse gefüllten Brust und sanft confierten Keule auch noch mit Sauerkraut, Speck, Ananas und Yuzu weitere Komponenten und Fruchtkontraste im Spiel waren. Ein wieder sehr harmonisch abgerundetes, trotz Frucht und Säure recht klassisches Geschmacksbild.
Ein dichtes, süffiges Vergnügen von ebenfalls ganz klassischer Art war der Hauptgang um gebratene Kalbsbriesmedaillons auf geschmorter Kalbshaxenscheibe mit Sellerie und Birne sowie jeder Menge natürlich aromatischer erdiger schwarzer Trüffel als großzügige Menge kleiner Würfel in entsprechender Jus. Und auch hier einmal mehr harmonischer Wohlgeschmack pur, mit sehr guten und schön präsenten Hauptprodukten, wie man sie sich nur wünschen kann. Für eine höhere Bewertung fehlte eben nur etwas die Tiefenschärfe, wie man sie etwa mit einer noch schärfer zugeschnittenen Sauce mit mehr weinfruchtiger Säure hätte erlangen können. Gerade in Kombination mit dem von Claudius Unger dazu ausgewählten 2017er Barolo Castiglione war das aber dennoch großer ausgewogener Genuss. Überhaupt trifft der Gastgeber seine Weinempfehlungen stets mit Bedacht und stellt die Gewächse mit viel Expertise aber kurzweilig vor.
Und weil die Küche nicht mit Aromen plänkelt, sondern immer sehr deutliche, plastische Geschmacksbilder kreiert, war auch das auf zwei Tellern inszenierte süß-salzige Dessert von Zwetschge, Honig und Salzkaramell ein kurzweiliges Vergnügen. Zwar hätte beispielsweise das etwas sehr feste Zwetschgengelee unter dem Honig-Salzkaramell-Rahmeis etwas schmelziger sein können, aber auch solche geringfügigen handwerklichen Ungenauigkeiten rühren nicht am sehr guten und stimmigen Gesamteindruck, den die Küche ganz uneingeschränkt wieder auf uns gemacht hat.

Auerbach i. d. OPf. (Bayern)

7

SoulFood

**Unterer Markt 35,
91275 Auerbach i. d. OPf.
09643-2052225
www.restaurant-soulfood.com
Küchenchef: Michael Laus
Mi u. Do ab 17.30 Uhr, Fr–So von 12–13.15 Uhr u. ab 17.30 Uhr, Mo u. Di RT
Hauptgericht: 19–36 €, Menüs: 94 €**

VISA

Die Oberpfalz muss irgendetwas Besonderes, Inspirierendes an sich haben, ist hier doch die Anzahl sympathisch individueller Restaurants, in denen man auf hohem Niveau genießen kann, in den letzten Jahren beachtlich angewachsen. Zu einem der Vorreiter der ersten Stunde aus dieser Riege zählt das kleine, von außen unscheinbare SoulFood am Marktplatz von Auerbach. Das Team um Gastgeberin Christine Heß und Küchenchef Michael Laus setzt hier in den schlicht eleganten Räumlichkeiten auf eine pfiffige anspruchsvolle Küche, die ganz ohne Sponsoren im Hintergrund sowohl wirtschaftlich erfolgreich als auch kulinarisch äußerst reizvoll ist.
„Gewusst wie!", könnte man sagen, was in diesem Fall bedeutet, dass die Karte mit zwei Menüs bewusst klein und der Aufwand in den Gerichten überschaubar gehalten ist. Beides wird aber durch die guten Ideen für ungewöhnliche Aromenkombinationen und die exakte handwerkliche Ausarbeitung der gesetzten Akzente

locker kompensiert. Die Tatsache, dass dabei das Preisgefüge auch weiterhin sehr einladend bleibt, ist nur ein weiterer Pluspunkt nebenher. Allerdings ein durchaus erstaunlicher, denn die verwendeten Produkte halten durchwegs ein hohes Niveau, und auch der handwerkliche Aufwand ist am Ende dann doch gar nicht so klein, wie es die fokussierten Teller vielleicht auf den ersten Blick vermuten lassen.
Aber sei's drum – die Ergebnisse jedenfalls sind umso erfreulicher und machen bei jedem Besuch bereits von den ersten kleinen Einstimmungen an viel Lust auf mehr. Etwa bei dem obligatorischen knusprigen Cornetto, das diesmal mit Saiblingstatar und den Akzenten von Limette und Kirsche daherkam. Oder bei der geschmorten Karotte in zitrusfruchtigem Sud, die mit Carbonaraschaum, millimeterkleinem Speckcrunch und geriebenem gebeizten Eigelb süffig unterfüttert wurde.
Einen betont frischen Auftakt schaffte dann beim jüngsten Besuch das reintönige Thunfischtartar mit einem Fond aus Gurken und Jalapeño, verschieden geschnittenen knackigen Stücken vom Apfel, zarten Gurkenstreifen und Amaranth-Knusper. Insbesondere, wie dabei allein mit verschiedenen Schnitttechniken aus einem Produkt abwechslungsreiche Effekte geschaffen wurden, ist ganz typisch für die clevere Art der Soulfood-Küche.
Die gleiche Intensität, diesmal aber auf wohligwarme Art, gab es bei den folgenden Kürbisravioli, mit überraschend intensiv aromatischem Nudelteig und kräftiger Kürbisfüllung. Die zarten Teigtaschen wurden neben ein abwechslungsreich strukturiertes Ensemble aus geschmortem Kürbis und Karotte gestellt, deren Röstaromen von karamellisierten Kürbiskernsplittern unterstützt und von einem warmwürzigen Vadouvan-Joghurt und dessen Säure aufgefrischt – wobei der betörende Vadouvanduft im Hintergrund auf feinsinnige Art den gesamten Teller prägte.
Ein eher seltenes Produkthighlight gab es mit dem dicken feinblättrigen Stück aus dem Rochenflügel, das mit einer dünnschichtigen Schwarzbrot-Staubkruste in ein unkonventionell nordisches Umfeld bewegt wurde. Dabei gab das feine Pulver dem Fisch genügend Kraft mit, um in der weiteren Umgebung aus erdiger roter Bete und einer hellen, eher süßlich gehaltenen Karottencreme immer klar im Mittelpunkt zu stehen. Elegant unterstützt von einer leichten, säurestraffen Beurre blanc mit Dillöl ein weiteres Highlight des letzten Besuchs.
Deutlich kraftvoller und herbstlicher wurde die gleichmäßig rosa gegarte Entenbrust mit straffem Fleisch und perfekt dünner krosser Kruste neben herbsäuerlichen Brombeeren, konzentrierter Selleriecreme, süßwürzigem Kerbel und einer duftig kraftvollen Jus von Purple Curry mit viel Druck und zugleich eleganter Säure inszeniert. Und dank des sensiblen Umgangs mit dem Hauptprodukt und der insgesamt sehr exakt proportionierten Komponenten war auch das ein voller Erfolg.
Weil dann am Ende auch bei den Desserts das Niveau nie abreißt und beispielsweise die neckisch als „süßes Spiegelei“ servierte Kombination aus exotisch säuerlicher Passionsfrucht mit einem duftigem Kokosmilchschaum, geschmeidigem Mangosorbet und Kokoscrunch jedes Mal wieder mit einer feinen Balance zwischen zarter Süße und frischer Säure begeistert, bleibt nur ein „weiter so!“ – was auch für den gleichermaßen lockeren wie professionellen Service und die kleine, aber feine Weinkarte mit ausgesucht individuellen Gewächsen gilt.

Augsburg (Bayern)

8

Alte Liebe

Alpenstr. 21, 86159 Augsburg
0821-65057850
www.alte-liebe-augsburg.de
Küchenchef: Benjamin Mitschele
Mi–Sa ab 18 Uhr, So–Di RT
Hauptgericht: 28–34 €, Menüs: 140 €
EC VISA

Schön mitzuerleben, wie sich ein Koch beziehungsweise ein Restaurant mit den Jahren kontinuierlich weiterentwickelt und wandelt, die Küche immer besser, origineller und ausgefeilter wird und auch der Eigenanspruch stetig steigt, ohne dass es angestrengt und aufgesetzt wirkt. Die Alte Liebe von Benjamin Mitschele

ist heute im Grunde immer noch die lässige Kneipe für Feinschmecker, die sie einst schon am alten Standort war – nur ist mittlerweile eben das Gesamtniveau in allen Belangen deutlich höher.
Das beginnt beim Ambiente, reicht über die Anwesenheit eines hervorragenden und sehr sympathischen Weinfachmanns – unserem letztjährigen Sommelier des Jahres Peter Karl – und endet noch lange nicht auf den Tellern. Denn auch im Hintergrund hat sich eine Menge getan und so baut die Alte Liebe mittlerweile nahezu sämtliches Gemüse selbst an, wofür Benjamin Mitscheles Frau Ines hauptverantwortlich zeichnet. Und ganz egal ob aus Eigenanbau oder qualitätsbewusst zugekauft: Das Produkt ist bei aller Kreativität auch der Star sämtlicher Kreationen des abendlichen Menüs. Das merkt man bereits vom ersten Küchengruß an, bei unserem letzten Besuch eine tiefschürfende, mit Wacholder und Fichtensprosse aromatisierte Wildconsommé zum Trinken, direkt verfolgt von drei Petitessen im Fingerfood-Format, die nicht nur große Lust auf mehr machten, sondern auch schon gleich viel Aufschluss darüber gaben, wie die Küche tickt und was sie draufhat. Nämlich eine ganze Menge, wie deren handwerkliche und aromatische Präzision zeigten. Heimische Produkte gaben hier den Ton an, besonders gut blieben die geräucherte Maronenmousse im fragilen Knusperkörbchen und eine kleine saftig-krosse Toastschnitte mit Rindertatar und roh gehobeltem Champignon in Erinnerung.
Dicke, fleischige Würfel von einem Huchen aus der Aufzucht Kinsauer Mühle kamen zum offiziellen ersten Gang des Menüs mit halbierten enthäuteten Weintrauben und marinierten Rettichscheiben in einer Verjus-Vinaigrette zusammen. Letztere brachte so viel erfrischende Säure mit sich, dass die Süße der Trauben und die der für sich genommen ebenfalls recht süßlichen hauchdünnen runden Platte aus Eis von (bayrischem) Ingwer, die auf einem ebenso dünnen Buchweizencracker on top lag, perfekt ausbalanciert wurde. In Zusammenspiel mit der ätherischen Schärfe des Ingwers entstand so ein spannend dynamisches und im besten Sinne plakatives Geschmacksbild. Und das wurde vom dem dazu empfohlenen 2020er Planetes Blanc vom Weingut Nin-Ortiz perfekt kontrastiert, indem er dem Gericht nicht einfach noch einen obendrauf setzte, sondern mit seiner Salzigkeit, Würze und Mineralität optimal von unten heraus unterstützte.
Ein großartiger produktbezogener Gang mit gut eingebundener oder vielmehr entgegengesteuerter Süße war auch der vom bayrischen Wagyu-Rind mit Lauch und schwarzer Trüffel. Das Fleisch als sekundenkurz über Binchotan-Kohle angegrilltes aber im Grunde rohes „Tatar“, was ihm eine spannende markante Rauchigkeit verlieh, aber noch das Animalische, den rohen, fleischigen Biss ließ. In Verbindung mit den sautierten Lauchjuliennes und schwarzer Trüffel eigentlich eine sehr klassische Angelegenheit, durch den mit Sherry und Sherryessig abgeschmeckten Brathähnchenfond, dessen Süße perfekt mit den Raucharomen korrespondierte, war das allerdings wiederum alles andere als gediegen.
Es ist hier generell so, dass die Gerichte kompositorisch nicht durch übermäßige Kreativität in Form von noch nie dagewesener Produkt- und Geschmackskombinationen auffallen. Aber deren sehr präzise und markante Umsetzung mit perfekt in Szene gesetzten Viktualien und sehr trennscharfen Aromen bewirkt, dass jeder Gang viel aufregender schmeckt, als man es vielleicht zunächst vermuten würde. So auch die optimal confierte Goldforelle von der Fischzucht Birnbaum, butterzart und glasig, aber eben trotzdem noch fest und blättrig und nicht mürbe, die mit knackig gegartem und sehr aromatischem Kohlrabi in säurebetonter Schnittlauch-Beurre-blanc angerichtet war und von den ätherischen Aromen von Dill und Salzzitrone subtil, aber doch entschieden akzentuiert war.
Im ersten warmen Fleischgang des Abends wurde schön kerniger und aromatisch ausdrucksstarker Nacken vom Livar-Klosterschwein neben einem Schichtwerk aus mit hausgemachter Blutwurstcreme gefülltem Wirsingröllchen, knusprigen Croûtons und rascheligem frittiertem Grünkohl auf einer mit Kümmel und Senfsaat aromatisierten Jus zum Besten gegeben. Auch dieses Gericht war bei aller Ausgewogenheit aromatisch mit viel Zug und Tiefenschärfe aufs Porzellan gebracht und stellte ein weit überdurchschnittliches Hauptprodukt in den Mittelpunkt.
Nominell ließ der als Reh, Rote Bete, Wintersalat und Cassis angekündigte Hauptgang auch kein originelles Highlight erwarten, doch genau das war dieses großartige Gericht. Und zwar einerseits wegen äußerst reizvoller Konsistenzen, die von einem richtig schön rösch und kross angegrillten und ansonsten bambihaft zarten, dabei kein bisschen mürben Reh-

rücken über die wie dehydriert anmutende, leicht ledrig wirkende Bete bis hin zu den saftigen eingelegten Johannisbeeren reichten. Andererseits auch wegen der sehr gut herausgearbeiteten Aromen, die von einem warmwürzig-orientalischen, an Quatre Epices erinnernden Gewürzhauch nicht dominiert, sondern subtil akzentuiert wurden.
Und diese Linie zog sich dann auch diesmal wieder konsequent bis in den süßen Bereich durch. Zunächst mit Kürbis als Salat und Eis, Mandarine, Shortbread-Crumbles und eine aus Kürbiskernen und Kürbiskernöl hergestellten cremigen Masse. Dann ganz traditionell, aber perfektionistisch, als buttrig-zimtiger Abschluss mit einer Art Buchtel nebst Zwetschgenröster und Schlagsahne. Und genau solche voll auf Qualität und Geschmack ausgerichteten Dinge sind dann auch der Grund, warum wir uns in diese Alte Liebe jedes Mal neu verlieben.

ANNA Café

Im Annahof 4, 86150 Augsburg
0821-4550780
www.das-anna.de
Mo von 12–18 Uhr, Di–Sa ab 12 Uhr durchgehend, So RT
Hauptgericht: 12–25 €, Menüs: 25–45 €
VISA

Schon seit Jahren empfehlen wir das zentral in Augsburgs Innenstadt im ruhigen Annahof gelegene Lokal, das eigentlich kein Restaurant im klassischen Sinne, sondern eher eine unkomplizierte Mischung aus Café und Bistro ist. Und es gibt hier auch keine klassische Speisekarte mit Vorspeisen, Zwischengängen und Hauptgerichten, sondern nur eine Auswahl kleinerer und größerer Standard-Offerten sowie ein Tagesangebot auf der Schiefertafel, das auch nur wenige klassische Tellergerichte vorsieht. Doch die Qualität ist klar überdurchschnittlich und manche Dinge, zum Beispiel Pasta- oder süffige Schmorgerichte, hatten in der Vergangenheit Küche 5-Pfannen-Niveau. Die Wein- und Getränkekarte listet neben den Gewächsen seriöser Weinerzeuger verschiedene Cocktails und auch ansprechende alkoholfreie Getränke.

9

August by Christian Grünwald

Johannes-Haag-Str. 14, 86153 Augsburg
0821-35279
restaurantaugust.de
Küchenchef: Christian Grünwald
Do–Sa ab 18 Uhr, So–Mi RT
Menüs: 189–229 €
VISA

Christian Grünwald, der schon immer ein kulinarischer Querdenker und Freigeist war, performt seit ein paar Jahren im ersten Stock einer neoklassizistischen Villa in zwei hohen, von großformatiger moderner Kunst geprägten Salons mit seiner eigenwilligen, aber meist genialen avantgardistischen Freistilküche. Er hat noch nie viel nach links und nach rechts geschaut, was die anderen Köche so machen, sondern immer sein eigenes Ding gemacht und sich so eine eigene Handschrift angeeignet und bewahrt. Dass er mit seiner mehrstündigen kunstsinnigen Inszenierung auf und neben den Tellern polarisiert, ist klar. Dass er es damit nicht jedem recht machen kann, liegt in der Natur der Sache – Massimo Botturas Kochkunst beispielsweise wurde auch lange Zeit belächelt. Auch wir finden nicht immer alles genial, können uns aber dennoch regelmäßig für den zwar abendfüllenden, aber äußerst kurzweiligen Reigen rarer Produkte, aufwendiger Zubereitungsverfahren, genialer Kombinationen und abgefahrener Aromenakkorde begeistern. Denn bei aller Experimentierlust sind Grünwalds Kreationen nie bloß experimentell, sondern immer sehr geschmackssicher und nachvollziehbar.

---

fast & SLOW

Beißer Burger

Dominikanergasse 13, 86150 Augsburg
0821 24412582
beisserburger.de
Mo–Sa ab 11.30 Uhr durchgehend, So RT

Abwechslungsreiche handgemachte Brioche Beef-Burger mit frisch gewolftem Fleisch aus artgerechter Haltung und als Vollkorn-Veggie-Burger mit hochwertigen regionalen Zutaten.

5

Die Ecke

Elias-Holl-Platz 2, 86150 Augsburg
0821-510600
www.restaurantdieecke.de
Mi–So von 11.30–14 Uhr u. ab 17.30 Uhr, Mo u. Di RT
Hauptgericht: 39–49 €, Menüs: 90–105 €
VISA

Die„Ecke-Stuben" als Institution zu bezeichnen ist nicht überhöht. Schon seit Jahrzehnten ist das Lokal eines der gastronomischen Aushängeschilder Augsburgs und schon seit damals nicht nur als „Künstler- und Schlemmerlokal" bei Feinschmeckern bekannt, sondern auch und ganz besonders für seine Wildspezialitäten. Patron Ronald Dachs und sein langjähriger Küchenchef Paul Seiler haben immer an dieser Tradition festgehalten und so gilt der charmant verwinkelte Gastraum mit seinem nostalgischen Retro-Flair und wechselnder Kunst an den Wänden nach wie vor als gute Adresse für Reh, Wildschwein und Hase aus heimischer Jagd. Doch nicht nur das, auch alles andere, was hier mal mediterran, mal in klassisch französischer Façon, mal regionalbetont im gutbürgerlichen Stil, entweder als Menü oder à la carte dargeboten wird und eher konservativen Geschmack als die Lust auf Innovationen befriedigt, erfreut sich fundierter und schmackhafter Zubereitung. In der international sortierten Weinkarte findet man für jeden Anlass das Passende zu nach wie vor moderaten Preisen.

5

Gasthaus Settele

Martinistr. 29, 86179 Augsburg
0821-84086
www.gasthaus-settele.de
Küchenchef: Stefan Settele
Mi u. Do von 11.30–14 Uhr u. ab 18 Uhr, Fr ab 18 Uhr, Sa von 11.30–14 Uhr u. ab 18 Uhr. So von 11.30–15 Uhr u. ab 18 Uhr, Mo u. Di RT
Hauptgericht: 15–45 €, Menüs: 25–75 €
VISA P

So kann „Wirtshaus" heute aussehen! Das weitläufige, zeitgemäß gestaltete Gasthaus von Familie Settele in Haunstetten bietet in den modern-gemütlichen Gasträumen und mit den Außenplätzen im Biergarten und auf der Terrasse einen Ort zum Wohlfühlen mit viel Charme und ganz ohne traditionelle Behäbigkeit. Vor allem aber bietet es einen Ort zum niveauvollen Genießen und ist nicht zuletzt deshalb auch unter der Woche stets gut besucht.
Inhaber und Küchenchef Stefan Settele bewegt sich clever und gekonnt zwischen fein ausgeführten Traditionsgerichten und weltoffeneren Ideen, mit denen sowohl alteingesessene Stammgäste als auch ein jüngeres Publikum angesprochen werden. Und egal, welche Richtung man präferiert: dank einer frischen natürlichen Basis, sorgfältigem Handwerk und gekonntem Abschmecken überzeugt alles gleichermaßen. Und so hat die Tatsache, dass kreativere Vorspeisen in letzter Zeit nicht mehr in der Karte zu finden waren und es auch beim letzten Mal neben Suppen als weitere Alternative für ein Voressen nur verschieden bestückte Salatteller gab, keinen negativen Einfluss auf die Bewertung.
Dafür sorgte zuletzt schon die Kohlrabisuppe, die mit schlanker Konsistenz und natürlichem, sehr schön deutlichem Produktgeschmack daherkam, geschmeidig getragen vom Rahm und lebendig erfrischt von einem Spritzer Säure. Und die so gemeinsam mit der nussig-ätherischen Brunnenkresse als Einlage eine ausgezeichnete Figur machte. Alternativ ließe sich genauso gut auch mit einer klassischen von A bis Z selbst zubereiteten Schwäbischen Hochzeitssuppe starten, oder mit einem durch gebratenen Kürbis und Pfifferlinge abwechslungsreich ausgestalteten Wiesenkräutersalat.
Unter den Hauptgängen dürfen natürlich Traditionsklassiker wie der der schwäbische Rostbraten nicht fehlen, der hier mit Schwammerlrahmsauce, Kässpätzle und selbstredend Röstzwiebeln serviert wird, oder auch ein locker-welliges Wiener Schnitzel mit Preiselbeeren und Bratkartoffeln – und das alles kommt in durchwegs souveräner Machart auf die Teller. Aber auch die zuletzt mit prononcierter Senfcreme servierten, wunderbar kross und saftig auf den Punkt gebrachten Saiblingsfilets zeigten, wie sicher das Team am Herd agiert. Ergänzt von knusprigen kleinen Rosmarinkartoffeln und vielleicht etwas grob gehaltenem mediterranem Grillgemüse ergab auch das einen kraftvollen und gut balancierten Eindruck. Und auch zum süßen Abschluss reißt das Niveau nicht ab, sei es bei einem zart schmelzenden Mandelparfait nebst Marillenröster, goldbraunen Butterstreuseln und einer spitz gedrehten knusprigen Hippe oder – als bodenständigere Alternative – bei in Bierteig fluffig

ausgebackenen Apfelküchle mit Vanilleeis und Sauerkirschen, dem nicht von der Karte weichenden Nachtisch-Evergreen der Setteles. Dazu sorgt das gut eingespielte Serviceteam dafür, dass es den Gästen an nichts fehlt. Und in der kleinen Weinkarte mit lohnenden Gewächsen bekannter europäischer Erzeuger findet sich auch immer auch eine passende Flasche oder ein niveauvolles Glas zu den jeweiligen Gerichten – alles zu moderaten, gastfreundlichen Preisen.

Fast & SLOW

Hamburgerei

Ludwigstr. 8, 86152 Augsburg
0821-50824494
www.hamburgerei.de
So–Do von 12–21.30 Uhr, Fr u. Sa von 12–22 Uhr, kein RT

Kreative Burger-Varianten aus hochwertigen Produkten teils regionaler Herkunft mit hausgemachten Saucen sowie diverse Salate und Chili con Carne.

5

Magnolia

Beim Glaspalast 1, 86153 Augsburg
0821-3199999
www.magnolia-restaurant.de
Di–Fr von 11.30–14 Uhr u. ab 18.30 Uhr, Sa ab 18.30 Uhr, So u. Mo RT
Hauptgericht: 24–39 €, Menüs: 64–90 €

VISA P

Das schicke Magnolia könnte als Restaurant auch in jeder Metropole bestehen, denn der denkmalgeschützte Industriecharme des Augsburger Glaspalasts, der auch das Lokal mit seinen hohen, lichtdurchfluteten Räumen nebst moderner Kunst zeichnet, wirkt cool und urban wie kein zweites Restaurant in der Fuggerstadt. Kulinarisch setzt Gastgeber Mario Volanti auf ein breit aufgestelltes Programm für ein heterogenes Publikum vom Museumsbesucher bis zum Feinschmecker und legt eine Karte vor, die zwar von schwäbischen Leibspeisen bis zu asiatisch inspirierten Gerichten reicht, in letzter Zeit aber immer stärker Volantis italienische Wurzeln durchscheinen lässt und viel klassische, hin und wieder aber auch mal einfallsreich variierte Italianità bietet. Und das steht der Küche sehr gut! In der Weinkarte findet man viele fair kalkulierte Tropfen arrivierter Erzeuger aus ganz Europa.

5

maximilian°s

im Hotel Maximilian's

Maximilianstr. 40, 86150 Augsburg
0821-5036650
www.maximilians-augsburg.de
Küchenchef: Simon Lang
Mo–Sa von 12–14 Uhr u. ab 18 Uhr, So von 11.30–14.30 Uhr, kein RT
Hauptgericht: 14–39 €, Menüs: 51–61 €

VISA P

Mit den raumhohen Fenstern zur Maximilianstraße, dem schlicht-stylischen Ambiente und der offen einsehbaren Küche ist das Maximilians als urban-schickes und adäquat anspruchsvolles Hotelrestaurant definitiv eines der lohnendsten Genussziele „für jeden Tag" in Augsburg. Und weniger wäre von dem gleichnamigen Hotel, das seit vielen Jahren klar als erstes Haus am Platz firmiert, auch kaum zu erwarten. In dem weitläufigen Gastraum wird durch Wein-Vitrinen und luftige Raumteiler auf stilvolle Art ein aufgelockertes Raumgefühl erzeugt, so dass in den bequemen Polsterstühlen auch bei dem oft quirligen Treiben keine Spur von Hektik aufkommt.

Das Team rund um Executive Chef Simon Lang bietet ein gut durchdachtes breiteres Spektrum, in dem schlichtere Traditionsgerichte genauso zu finden sind wie ambitioniertere Kreationen und zeitgemäß leichte Zubereitungen. Allem gemein ist der hohe Anspruch an die Produkte und eine fundierte handwerkliche Arbeit. Die Ergebnisse sind so einerseits absolut mehrheitsfähig, andererseits aber pfiffig mit guten Ideen angereichert, dass sich keineswegs nur ein schneller Lunch, sondern auch ein ausgedehnterer Besuch lohnt.
Etwa für ein cremig gebundenes und elegant zwischen erdig und fruchtig gehaltenes Bete-Tatar, das gewinnbringend um einen dickeren krossen Baguette-Chip mit Sauerrahm, feinbittere Frisée-Spitzen, säuerlich eingelegten Perlzwiebeln und etwas Kräuteröl ergänzt wurde und so einen unkompliziert beschwingten Einstieg bot.
Mehr Tiefe und Power lieferte die folgende Hummerschaumsuppe, die zwar insgesamt schlank gehalten war, durch die prägende, eher dunkle Krustentier-Röstaromatik aber dennoch kraftvoll wirkte. Und die mit einer saftig in Kartoffelfäden ausgebackenen Garnele (klugerweise separat gereicht und nicht direkt in der Suppe platziert) zudem eine attraktive auflockernde Ergänzung erhielt.
Beim Kabeljau in kleineren, aber unter dem appetitlich knusprigen Äußeren glasig zart aufblätternden Stücken war es eine mutig herbe Beurre blanc von der Bergamotte, die gemeinsam mit zart gedünstetem Rettich einen gestrafft ätherischen Eindruck erzeugte und für den entscheidenden Kick sorgte, der nur von mild nussigen Linsen dezent abgefedert wurde. Das Ergebnis: einerseits klar winterlich, andererseits aber auch lebendig und leicht.
Nicht ganz so überzeugend wie die herzhaften Kostproben gelang diesmal das Dessert in Gestalt einer üppigen, beinahe fließend cremigen Crème brûlée mit feinem Orangenduft, die vom etwas klobigen knusprigen Eierbiscotti und einem frischen, leider etwas zu warm temperierten und damit blitzschnell wegschmelzenden Mohneis auf Sauerrahmbasis ergänzt wurde. Hier hätten veränderte Proportionen und etwas mehr Fingerspitzengefühl noch mehr aus der aromatisch schlüssigen Idee herausholen können.
Umsorgt werden die Gäste des Maximilians von einem gut organisierten und sehr aufmerksamen Serviceteam. Und begleitend gibt's eine durchaus lohnende Weinauswahl, in der sich bei fairer Kalkulation sogar die eine oder andere spannende Entdeckung machen lässt.

Fast & SLOW

nineOfive

Fuggerplatz 9, 86150 Augsburg
0821-50814365
www.nineofive.de
So–Do von 17–22 Uhr, Fr u. Sa von 12–22 Uhr, kein RT
Hauptgericht: 10–16 €

Original neapolitanische Pizza mit perfektem Teig und qualitativ hochwertigen Toppings aus dem Spezialofen stehen hier im Fokus. Es gibt aber auch Lasagne, das eine oder andere Pasta-Gericht sowie italienische Snacks und Vorspeisen, die sich ebenfalls über die hohe Qualität der Grundprodukte definieren. Nicht zu vergessem eine sensationelle Weinkarte mit Schwerpunkt Riesling!

7

Nose & Belly

Heilig-Kreuz-Str. 10, 86152 Augsburg
0821-50895791
www.noseandbelly.de
Küchenchef: Hendrik Ketter
Mi–Sa ab 18 Uhr, So–Di RT
Menüs: 81–120 €

EC VISA

So wie sich das Ambiente des zeitgemäß schlicht und schnörkellos im Stil eines Casual fine dining Restaurants gestalteten Gastraums mit Schaufensterscheiben zur Straße seit der Eröffnung vor etwa drei Jahren schon wieder etwas veränderte, so hat sich auch der Kochstil von Inhaber und Küchenchef Hendrik Ketter maßvoll weiterentwickelt. Weiterhin modern und weltoffen, aber mit noch mehr Fokus auf Regionalität, Saisonalität und Gemüse erlebten wir sein wahlweise bis zu achtgängiges Menü (es gibt auch eine vegetarische Alternative!),

das uns nach ein paar kleineren Einschränkungen beim Besuch im vergangenen Jahr dieses Mal wieder durchgängig auf sehr souveränem 7-Pfannen-Niveau überzeugen konnte. Und das hier und da sogar andeutete, dass das hier bewertungsmäßig noch lange nicht das Ende der Fahnenstange sein muss.
Nach köstlichem Backwerk nebst originellen Aufstrichen wurde für den Küchengruß die von einem Nördlinger Demeter-Hof kultivierte französische Gemüsezwiebel auf zwei unterschiedliche Arten interpretiert. Zum einen als im Salzteig gegarte Hälfte, die weich und süßlich-würzig mit straff säuerlicher Yuzu-Beurre-blanc und buttrigen Brotcroûtons einen ebenso schmissigen wie harmonischen Akkord aufs Porzellan legte und zum anderen mit Portwein und Cassis dunkel geschmort als Belag einer Linzer Schnitte. Und es ging originell vegetarisch weiter, nämlich mit verschiedenen Spielarten vom Grünkohl, der als naturell gehaltene Baby-Leafs, als frittierte Blätter, zur Panna cotta verarbeitet, in Gestalt von Vinaigrette sowie als Öl im Zusammenspiel mit dem Umami von Shiitake-Pilzen und der erdigen Ätherik von frischem Meerrettich eine abwechslungsreiche Verbindung einging.
Und weil der Chef so ein feines Händchen für Gemüse hat, vermisste man auch im dritten vegetarischen Akt weder Fisch noch Fleisch: der mild nussigen Schwarzwurzel, die als eine Art Béchamelcreme und in Form karamellisierter Scheiben die Basis des Zwischengangs bildete, setzten die markanten Bitteraromen von Kaffee und Piemonteser Haselnüssen (als rahmig-schaumige Buttersauce und grob zerstoßene geröstete Nüsse) sowie die prägnante Säure von fermentierten Moosbeeren und Sauerklee klare, markante Akzente.
Der erste und einzige Fisch des Menüs war ein Hecht und wurde als locker moussige Nocke zusammen mit etwas Schmorgurke und Buttermilchsud ins Rennen geschickt. Für die ansprechende Aromatisierung der für sich genommen sehr milden und nicht besonders ausdrucksstarken Hauptkomponenten war ein aus gerösteter Fenchelsaat und Dill gewonnenes Öl verantwortlich; eine wohlige mineralische Grundwürze brachte die generöse Menge eines in der Rhön produzierten Störkaviars in das elegant vollmundige Gericht.
Ein gutes Gespür auch für verfeinerte Rustikalität bewies das Team sodann mit einem ausgesprochen herzhaften und süffigen Intermezzo: ein cremiger Flan von Blutwurst, saftig-zarte Würfel von gepökeltem Schweinefuß und in dessen Sud gekochte Kartoffelwürfel versteckten sich hier unter einer Haube aus Kartoffelschaum und waren thematisch sehr stimmig von einem effektiven Hauch Majoranstaub gewürzt.
Den hervorragenden Hauptgang des Menüs machten vor allem die hohe Qualität der Produkte und die äußerst präzise Zubereitung aus. Denn recht viel besser als hier kann man sich weder ein Stück klassisch gebratenen Rehrücken noch die Stelze desselben Tieres wünschen. Voller Saft und Eigengeschmack der mustergültig auf den Punkt gebrachte Rücken, sehr zart und ebenfalls kein bisschen mürbe das Schmorstück – beides akkurat gewürzt und auch von der angenehm leichten und transparenten Wildjus nicht dominiert. Umso schöner, dass dazu auch das Begleitprogramm in Gestalt von Portweinbirne, einem außen knusprig ausgebackenen und innen fließend flüssigen Polentawürfel, zweierlei sich ebenfalls sehr smart ins Geschehen einfügenden Knollensellerie-Komponenten und last but not least nussigen Bucheckern mit dem Wild nicht in Konkurrenz traten, sondern es vielmehr zurückhaltend und trotzdem attraktiv in Szene setzten. Damit tendierte die Küche sogar in Richtung 8 Pfannen!
Unter den süßen Sachen war das dezidiert herbstliche Vordessert um Marone, Quitte und Kürbiskernaromen durchaus sehr schmackhaft, wirkte aber vergleichsweise plumper und einfacher gestrickt als der eigentliche Nachtisch. Der handelte schließlich von Mandarine, Blumenkohl, Rauchmandel und Weißmohn und begeisterte durch den raffiniert abgestimmten Akkord aus Bitternoten, Frucht und Rauch, den die sehr schön freigestellten Aromen hier zusammen mit dem zarten süßen Schmelz von weißer Schokolade anklingen ließen.
Was uns noch äußerst gut gefallen hat, war der sympathisch zuvorkommende, dabei aber überhaupt nicht aufgesetzt wirkende Service und die sehr kompetente und doch keineswegs didaktisch wirkende Weinpräsentation durch Elias Gugel. Und das weiterhin sehr gute Preis-Genuss-Verhältnis!

Bezahlkarten-Symbole

- Mastercard
- EC-Maestro
- Diners
- American Express
- VISA Visa

6

Restaurant by Thomas Abele im Feinkost Kahn

Annastr. 16, 86150 Augsburg
0821-312031
www.feinkost-kahn.de
Küchenchef: Thomas Abele
Mo–Sa von 11–15 Uhr, So u. Fei RT
Hauptgericht: 19–29 €,
Menüs: 29–59 €
VISA

Das Restaurant im zweiten Stock des stadtbekannten Feinkostunternehmens, das schon seit Jahren ansprechend und versiert von Küchenchef Thomas Abele bekocht wird, bewegt sich unverständlicherweise nach wie vor etwas unter dem Radar der meisten relevanten Restaurantführer und Gourmetgazetten. Das mag damit zusammenhängen, dass es bis auf Ausnahmen nur tagsüber und nicht am Abend geöffnet hat. An den Fähigkeiten des Teams und am kulinarischen Konzept kann es nicht liegen, denn während im Erdgeschoss aus der Feinkosttheke aufgetischt und im ersten Stock eher bodenständiges serviert wird, liegt in der Beletage der Fokus klar auf Fine Dining. Es gibt zwar auch hier Dinge wie ein (selbstverständlich kälbernes) Wiener Schnitzel, Rehgulasch mit Spätzle oder eine Kalbsleber „Berliner Art" – daneben aber mehrheitlich Ambitionierteres der klassisch französischen Küche, hier und da sogar mit kreativem Twist.

Das kann zum Beispiel eine Vorspeise von der Gänseleber sein, die als Terrine im Baumkuchenmantel und Eis interpretiert wird und mit Aprikosengel und salzigen Schokocrumbles daherkommt, oder Thunfisch-Sashimi mit eingelegtem süßem Ingwer, Avocadocreme und Daikon-Kresse. Auch in ihrer Machart wurden die Gerichte in den vergangenen Jahren immer noch ein wenig präziser – sowohl handwerklich als auch geschmacklich.

Noch nicht so deutlich wurde das zuletzt beim Gruß aus der Küche, einer Art „Backhendl" von der Wachtel, bei dem zwar der schnittlauchwürzige schmelzige Kartoffelstampf ganz hervorragend, das panierte und knusprig ausgebackene Keulchen des Vogels aber sehr penetrant frittierfettig geschmeckt hat. Ganz anders die Wachtel-Vorspeise, bei der die zwei Brüstchen in selten guter Qualität auf ihrem Bett aus rahmigem Schwarzwurzelsalat lagen. Denn so saftig und eigenaromatisch unter pergamentdünner, maximal krosser Haut bekommt man das wirklich nur höchst selten. Eingerahmt von einer mit wenigen Belugalinsen durchzogenen reduzierten Geflügeljus war das eine wunderbare Sache.

Noch besser – und in der hervorragenden Produktqualität des dreifach variierten Hauptdarstellers klar 7 Pfannen wert – präsentierten sich die verschiedenen kalten Zubereitungsarten vom Wildlachs. Als ganz mild gebeiztes und mit Limettenöl mariniertes Medaillon, als taufrisch und klar schmeckender Tatar unter einem Sauerrahmklecks mit Saiblingskaviar und als subtil kaltgeräuchertes Stück im Nori-Algenblatt machte diese attraktiv festfleischige Trilogie nebst wohltuend reduziertem Beiwerk, bestehend nur aus etwas Gurken-Ingwer-Relish und einer mit Curry und Mango abgeschmeckten Mayonnaise, rundum viel Freude. Weil der Lachs in kalter Façon so gut war, probierten wir ihn auch noch gebraten. Und zwar auf einer mit Ingwer behutsam abgeschmeckten seidig-cremigen Kürbismousseline, eingefasst von feinsäuerlicher Weißweinschaumsauce mit Körper und Tiefe. Hier hätte man mit etwas weniger Hitzeeinfluss die Qualität des Fischs allerdings noch besser herausstellen können, denn gerade an den etwas flacheren Stellen war der Lachs schon sehr „durch". Alternativ hätte es zuletzt als Fischgang auch eine an der Gräte gegarte Seezunge mit Muschelsauce gegeben…

Im Grunde hätte man auch die großartigen Reh-Innereien, nämlich Herz und Leber, ruhig noch etwas roséfarbener servieren können, denn deren Qualität und Frische hätten das locker hergegeben. Aber auch so war das in Kombination mit der herben, tiefaromatischen Wildsauce sowie kleinen eingelegten und schön durchgezogenen Gewürzbirnen ein feiner Schmaus, dem nur das etwas zu salzige Selleriepüree eine ganz leichte Unwucht bescherte – am guten Gesamteindruck aber nichts änderte.

Und es blieb auch im Finale mit fluffigem Kaiserschmarrn nebst Zwetschgenröster und schmelzigem Vanilleeis oder einer überraschend zarten und raffinierten Birnen-Karamellschnitte mit nussigem Eis von Kürbiskernöl und einem Chutney von Birne und Kürbis höchst vergnüglich, wenngleich bei letztgenanntem Dessert alle drei Komponenten relativ süß waren. Abgerundet wird ein Besuch von dem aufmerksamen Serviceteam um Priska Kahn, einer gut sortierten Weinkarte und auch glasweise lohnenden Empfehlungen, passend zu den verschiedenen Gerichten.

7

Sartory Restaurant

im Hotel Maximilian's
Maximilianstr. 40, 86150 Augsburg
0821-50360
www.sartory-augsburg.de
Küchenchef: Simon Lang
Mi–Sa ab 18 Uhr, So–Di RT
Menüs: 99–179 €
VISA P

Same same but different: Das seit Jahren unter Executive Chef Simon Lang sehr ambitioniert geführte Gourmetrestaurant im repräsentablen Hotel Maximilians auf Augsburgs Kaisermeile hat ein aufwendiges Facelifting erhalten und – so viel bereits als Spoiler vorab – auch die Küche überrascht mit neuen stilistischen Akzenten. Während schon die Räumlichkeiten mit elegantem Purismus zwischen Naturmaterialien, bequemen flauschigen Polstersesseln an schlichten Tischen mit Leinen-Servietten und einer hellen, luftige „Wellen" schlagenden Installation an der Decke nun deutlich moderner und aufgeräumter wirken, zeigte sich auch das Geschehen auf den Tellern zeitgemäßer, abgeklärter und besser durchdacht.
Die Stellen, an denen sich das Team in den letzten Jahren immer wieder an Details und bei der Feinabstimmung verzettelte, sind offenbar Vergangenheit. Stattdessen gab es zuletzt viele individuelle, überraschend sensibel umgesetzte Ideen. Das zeichnete sich bereits bei den ersten filigranen Miniaturen ab, die mit einer Fülle spannender Einfälle durchweg animierend ausfielen. So etwa bei einem kleinen saftigen Stück vom isländischen Saibling in Beurre blanc aus fermentierten Tomaten nebst Tomatenchutney und frittierten Kapern, einem Briochetaler mit Gänseschinken und Kumquat oder einem Blini mit cremigem Hummertatar. Auch wenn die letzte Trennschärfe in den Details teilweise noch fehlte, machte das schon viel Lust auf das Kommende.
Und mit dem zartfleischigen Hamachi unter einer Geleefolie vom Hokkaidokürbis, der außerdem auch als Sponge und knusprige Chips zum Einsatz kam, zeigte das Team dann auch direkt, dass es nicht zu viel versprochen hatte. Ergänzt von roh mariniertem Butternutkürbis, feinsäuerlich fermentiertem Zierkürbis und einer klaren Kürbisessenz mit einem duftigen Hauch von Curryöl und Kürbiskern-Mayonnaise ergab sich ein feingezeichnetes Bild mit vielen Facetten, bei dem der Kürbis markant und federleicht voll auf seine nussigen Seiten hin inszeniert wurde.
Dagegen voll aufs Wohlfühlzentrum ausgerichtet folgten saftig sanft in Butter kolorierte Würfel vom Saint-Pierre neben zarten Kartoffel-Ricotta-Gnocchi und einer reichlichen Menge vom edlen „Siberian Kaviar". Diese schmeichelnde Kombination wurde von knusprigen Grissinibröseln und einer cremig leichten Schnittlauchvelouté abgerundet und beeindruckte vor allem auch dadurch, dass bei aller Süffigkeit ein erfreulich leichter Charakter erhalten wurde.
Wieder aus der Kategorie „spannend individuell" stammte dagegen die in „Master-Sauce" (auf Soja-Koji-Basis) pochierte Entenbrust neben einem soften Innereien-Parfait, kräftigem Leberparfait und einem die Aromen der Sauce transportierenden leichten Fond, deren differenziert dunkle erdige Würze von der teils herben, teils frischen Säure von Essigzwetschgen und Sauerklee gekontert wurde.
Und mit dem gleichen Esprit wagte sich das Team dann auch an den vegetarischen Hauptgang, in dessen Zentrum in Milch pochierter Knollensellerie mit einem Milchhautchip für subtile Röstnoten stand, begleitet von duftiger schwarzer Trüffel und einer mit Lauchöl abgeschmeckten Sellerieessenz, deren Aromenspektrum sich auch in der Heuasche auf den Chips widerspiegelte.
Und weil auch die Patisserie ganz locker das Niveau hielt – sowohl mit einem herbfruchtigen Rumtopf nebst Tonkabohneneis und Joghurt-Hefe-Espuma (die allerdings vorder-

gründig eher süß schmeckte), als auch mit dem leichten Nyangbo-Schokoladenzubereitungen, die durch blumig frische Mandarinen (besonders markant als Sorbet!) und Yuzu sowie gesalzene Karamellcreme abwechslungsreich dynamisch ergänzt wurde – gibt es in diesem Jahr nochmal eine wohlverdiente Aufwertung.
Die Küche des Sartory ist also nach einer etwas längeren schwächeren Phase nun wieder voll auf der Höhe und hinkt ihrem Eigenanspruch nicht mehr hinterher. Das Kompliment für einen sehr runden und stimmigen Gesamteindruck im neuen Ambiente gilt dabei auch den jungen, hochmotivierten Herren im Service, der gut sortierten Weinkarte und den auch glasweise anspruchsvollen Getränkeempfehlungen.

fast & SLOW

Studio Napoli

Maximilianstr. 67, 86150 Augsburg
0821-81549940
studionapoli.de
Di–So von 12–22, Mo RT
Hauptgericht: 10–17 €

Im originellen Ambiente mit südländischem Hinterhof-Flair oder auf der Terrasse vor dem Lokal wird authentische Pizza nach Art der „Verace Pizza Napoletana“ geboten. Mit Teig aus vernünftigem Mehl, der 72 Stunden lang ruhen darf und dann – mit hochwertigen Zutaten belegt – sekundenkurz im Steinofen in luftiger Perfektion gebacken wird. Außerdem: diverse Kleinigkeiten wie mit ausgesuchten Produkten bestückte Antipasti-Teller oder Fleischküchlein alla Nonna.

Die Hoteleinträge

★★★★★S	Superior
★★★★★	Unterkunft für höchste Ansprüche
★★★★	Unterkunft für hohe Ansprüche
★★★	Unterkunft für gehobene Ansprüche
★★	Unterkunft für mittlere Ansprüche
★	Unterkunft für einfache Ansprüche
	Unterkunft ohne Sterne-Klassifizierung

Aying (Bayern)

6

Brauereigasthof Aying

im Brauereigasthof Hotel Aying
Zornedinger Str. 2, 85653 Aying
08095-90650
www.august-und-maria.de
Küchenchef: Tobias Franz
Mi–So von 12–14 Uhr u. ab 18 Uhr, Mo u. Di RT
Hauptgericht: 29–38 €, Menüs: 72–98 €

VISA

Das Restaurant im Brauereigasthof Aying, das man als Erstbesucher nicht mit dem deutlich rustikaler auftischenden Bräustüberl verwechseln darf, ist für uns so etwas wie der Prototyp eines bayrischen Edel-Gasthauses. Das alpenländische Stuben-Flair wirkt hier alles andere als krachledern oder volkstümlich, sondern sehr stilvoll und festlich, woran auch der zuvorkommende Service seinen Anteil hat. Auch die Küche unter der Leitung von Tobias Franz hat weniger die weißblauen Rustikalitäten als vielmehr ein verfeinertes internationales Tableau im Sinn.
Besonders reizvoll ist die Küche aber immer dann, wenn es mal in eine verfeinert rustikale Richtung geht, so wie zuletzt mit den in knackig-zarter Idealform appetitlich mit Maderia-Trüffeljus glasieren Kalbsnierchen, die wir als attraktiven Zwischengang zusammen mit verschiedenen jungen Rübchen und würziger Schnittlauchmayonnaise auf einem locker-flockigen Bett aus lila Kartoffelschnee serviert bekamen. Da zeigte sich die Küche von ihrer besten Seite und tendiert schon fast in Richtung 7 Pfannen.
Etwas darunter lag die Vorspeise rund um das Tatar vom Stör, das genau wie die ausgestochenen Kugeln vom grünen Apfel zuvor in einer

Rote-Rüben-Beize eingelegt war und auf einem Sud von Gurke und Ingwer angerichtet wurde. Was aber nicht an der Qualität des festfleischigen Fischs aus der renommierten Zucht von Nikolai Birnbaum lag, sondern vielmehr daran, dass man diesen vor lauter Frucht und Säure leider gar nicht gebührend wahrnehmen konnte. So war das eine eher eindimensionale, erfrischende, leichte Vorspeise – schmackhaft, aber nicht sonderlich finessenreich und produktorientiert.
Viel besser kam hingegen die dicke, kross auf der Haut gebratene Schnitte eines einstmals sehr großen Zanders zur Geltung, die sich den Teller mit Scheiben vom gepickelten Kürbis, mit dunkler Pilzfarce gefüllten Nudeltascherln und einer als Zitrus-Sabayon angekündigten Sauce teilten. Letztere schmeckte für uns allerdings viel mehr wie eine aufgeschäumte Krustentiersauce, was genauso wie die erdige Pilzfüllung in der Pasta dazu beitrug, dass das Quartett zwar keinesfalls unharmonisch, aber irgendwie auch nicht wirklich kongenial zusammenspielte. Irgendwie wirkte das ein wenig wie zusammengesampelt und egal wie man es drehte und wendete, irgendwas passte immer nicht so optimal zum anderen.
Was auf den Hauptgang wiederum überhaupt nicht zutraf. Denn der mit einer grünen Farce und einem dünnen Mantel aus Mandelbiskuit um einen Kern aus bemerkenswert zartem, fast schmelzigem Zampone als Roulade gewickelte Kaninchenrücken harmonierte prima mit den noch leicht knackigen gebratenen Topinambur-Stücken und der balancierten Balsamicojus. Wenngleich hier der eigentliche Hauptdarsteller, also das Kaninchen, zwischen der Würze des gefüllten Schweinefußes, den nussigen Erdartischocken, der Süße des Mandelteigs und der feinsäuerlichen Jus freilich nur Einer von Vielen war.
Doch das hat Niveau. Genau wie die Desserts, etwa eine mit Minze akzentuierte Mürbeteig-Tartelette von der Zitrone, die in Kombination mit eingelegten Zitrusfrüchten und einem Sorbet von Gurke und Basilikum ein schlankes, erfrischendes Finale bot. Auch das Weinangebot im Brauereigasthof Aying kann sich sehen lassen. Doch als gastronomisches Aushängeschild der bekannten familiengeführten Ayinger Brauerei spielt hier natürlich auch Bier eine gewichtige Rolle. So gibt es eine eigene Karte, in der auch saisonale Hopfenspezialitäten aufgeführt sind spezielle Empfehlungen zu den einzelnen Gerichten. Den Service erlebten wir zuletzt nicht nur sympathisch, sondern auch wieder sehr aufmerksam bei der Sache.

Hotelempfehlung

★★★★S

Brauereigasthof Hotel Aying

Zornedinger Str. 2, 85653 Aying
☎ 08095-90650
www.brauereigasthof-aying.de
Einzelzimmer: ab 100 €
Doppelzimmer: ab 121 €

VISA

Der historische Brauereigasthof mit einem Haupthaus und einem angrenzenden Herrenhaus wurde erstmals anno 385 als Taverne mit Übernachtungsmöglichkeit erwähnt und blickt mittlerweile auf über 600 Jahre Gasthof-Kultur zurück. Im Haupthaus befinden sich 34 geschmackvoll eingerichtete Zimmer, die keinen modernen Komfort wie schnelles WLAN oder moderne Flat-TVs vermissen lassen. Das denkmalgeschützte Herrenhaus, ehemaliges Zuhause der Familie, verfügt über 14 Hotelzimmer, die größtenteils mit offenem Kamin oder historischem Kachelofen ausgestattet sind. Jedes der 14 Zimmer ist nach einem Familienmitglied aus sieben Generationen benannt und ebenso individuell gestaltet wie deren jeweilige Charaktere. Neben fünf Konferenzzimmern für private Feiern, Firmenfeiern, Tagungen und Seminare bietet der Gasthof auch ein gehobenes Restaurant, eine traditionelle bayerische Gaststätte mit Biergarten, eine Privatbrauerei und eine historische Kegelbahn. Außerdem verfügt das Hotel über einen Fitnessraum und einen Wellnessbereich mit finnischer Sauna. Rund um den Brauereigasthof gibt es zahlreiche Wanderwege, Radwege (Fahrräder können im Hotel geliehen werden) und Langlaufloipen zu entdecken. Skigebiete und Golfklubs erreicht man bereits nach einer kurzen Autofahrt. Restaurant Brauereigasthof Aying separat erwähnt.

Bad Abbach (Bayern)

6

Schwögler

Stinkelbrunnstr. 18, 93077 Bad Abbach
09405-962300
www.schwoegler.de
Küchenchef: Anna Gabelsberger, Helmut Schwögler
Mi–Sa ab 17 Uhr, So von 11–14 Uhr, Mo u. Di RT
Hauptgericht: 19–33 €, Menüs: 44–92 €
VISA P

Seit vielen Jahren ist das nah am Kurgebiet von Bad Abbach gelegene Domizil von Familie Schwögler eine feste Größe für Genießer im Großraum Regensburg. Und insbesondere für all jene, die einfallsreiche, schlagkräftige Küche mit Niveau aber ohne übertriebene Kapriolen schätzen. Denn genau das liefert das bestens eingespielte Team hier in verlässlicher Souveränität für die nicht eben wenigen Plätze in dem weitläufigen, schlicht elegant gestalteten Restaurant, das sich im Sommer noch um eine idyllisch begrünte Terrasse vergrößert.
In dessen Speisekarte finden sich sowohl eher klassisch gehaltene Gerichte als auch moderner und kreativer angelegte Kompositionen, die dann oft und gern auch mit exotischen Aromen und von weiter weg angereisten Produkten spielen. Beiden Seiten gemeinsam ist immer der hohe Anspruch an klassisches, fundiertes Handwerk und die hohe Qualität der verwendeten Viktualien.
Schmeckbar wurde das zuletzt beispielsweise besonders eindrücklich bei einem handgeschnittenen Rindertatar, das mit seiner zwiebelig-pikanten Marinade zwar eine gewisse Rustikalität mitbrachte oder zumindest nicht nur auf den Fleischgeschmack abgestellt war – durch ein dunkelfruchtiges Portweingel, säurefrischen hellem Schaum, etwas krosses Brioche und ein Gänselebereis, das neben einer gewissen Süße auch den typisch nougatartigen Geschmack der Foie gras innehatte, aber wieder feinsinniger eingefasst wurde. Durch Feldsalat und Erbsensprossen gab es noch etwas Frische und durch dunkle Trüffelsplitter verhalten pilzige Nuancen und fertig war ein abwechslungsreicher und animierender Auftakt.
Bei dem folgenden, cremig fließenden Zitrusrisotto, der neben der fruchtigen Ätherik und Säure der Zitrusfrüchte einen satt von Parmesan geprägten Grundgeschmack hatte, zeigte das Team seine Stärken dann besonders eindrücklich und schaffte zugleich eine ebenso wohlige wie aromenintensive Basis für zarte Stücke vom Pulpo und ein saftig gebratenes Rotbarbenfilet. Abgerundet von einem leichten, aber gekonnt gestrafften Krustentierschaum war das ein ganz wunderbares von mediterranem Esprit geprägtes Intermezzo.
Die qualitativ ebenfalls ausgezeichnete Roulade aus Seezunge und Hummer mit Spinat und Krustentierfarce in jeweils glasig klararomatischer Feinheit konnte da am Ende nicht ganz mithalten. Hier wurde mit chilischarfem Ananasragout, fluffigen gebackenen Polentasticks und Krustentierschaum ein zwar typisch knalliges, aber auch überfrachtetes Umfeld geschaffen, in dem die feinen Meeresbewohner leider ein wenig ins Hintertreffen gerieten. Auf ihre bunte abwechslungsreiche Art machen hier aber auch solche Gerichte viel Freude (und halten ein hohes Niveau), bei denen nicht ganz so genau am letzten Feinschliff gearbeitet wird.
Und auch im süßen Bereich finden sich für uns immer lohnende Entdeckungen. Sei es bei einer Variation von Apfel und Vanille mit einer Apfelimitation aus Vanillemousse mit fruchtigem Apfelkern neben konzentrierten süßeren Vanillecremetupfen, Nusscrumbles und säuerlich erfrischendem Apfelsorbet – oder bei „Schwöglers Tohuwabohu“, ein Nachtisch für all jene, die gern einen bunten Querschnitt durch die Patisserie probieren möchten.
Ergänzt von einem bestens organisierten Service und einer offen wie flaschenweise gut aufgestellten Weinkarte mit den arrivierten Erzeugnissen vieler renommierter Winzer, die von guten Basisweinen bis zu höherwertigen und auch gereiften Tropfen aus Deutschland, Österreich und Italien reichen, aber eine eigene Linie vom Chef selbst cuvetierter „Schwögler-Weine“ umfasst, bleibt das sympathische Restaurant am Ortsrand von Bad Abbach eine klare Empfehlung.

Bad Ditzenbach (Gosbach)
(Baden-Württemberg)

5↑ 🍴🍴

Gasthof Restaurant Hirsch

Unterdorfstr. 2,
73342 Bad Ditzenbach (Gosbach)
07335-96300
www.hirsch-badditzenbach.de
Küchenchef: Andreas Kottmann
Do–Sa von 11–13.30 Uhr u. ab 18 Uhr, So ab 11 Uhr durchgehend, Mo–Mi RT
Hauptgericht: 18–32 €
EC MC VISA P

Im Gasthaus Hirsch, das von der Familie Kottmann in Gosbach bei Bad Ditzenbach geführt wird, erwartet man auf den ersten Blick oder beim Betreten der gemütlichen ländlichen Stuben eher traditionelle schwäbische Spezialitäten und einfache, rustikale Gerichte. Doch hier gibt es nicht nur das, sondern auch eine Vielzahl kreativer und einfallsreicher Gerichte aus internationalen Zutaten, die mit ihrer ausgezeichneten Qualität und ihrer gekonnten Zubereitung immer wieder positiv überraschen. Die Besitzer haben zudem eine Vorliebe für hochwertige Spirituosen, was sich in der großen Auswahl an verschiedenen Bränden auf dem Digestif-Tisch widerspiegelt. Auch auf der Weinkarte gibt es einiges zu entdecken. Und das alles noch zu moderaten Preisen, wenn man die gebotene Qualität als Maßstab nimmt.

Bad Doberan
(Mecklenburg-Vorpommern)

8↑ 🍴🍴🍴🍴

Friedrich Franz

im Grandhotel Heiligendamm
Prof.-Dr.-Vogel-Str. 6,
18209 Bad Doberan (Heiligendamm)
038203-7406210
www.grandhotel-heiligendamm.de
Küchenchef: Ronny Siewert
Mi–Sa ab 18 Uhr, So–Di RT
Menüs: 175–225 €
EC MC VISA P

Eigentlich sollte jeder Besucher des aristokratischen Gourmetrestaurants Friedrich Franz sich vorab die Zeit für einen kleinen Spaziergang entlang des Ostseestrands nehmen, der insbesondere nach Westen hin sehr reizvoll zwischen Steilufer, Sand und Steinen wechselt. Ganz nebenbei wirken die in noblem Weiß strahlenden Gebäude des Grandhotel Heiligendamm vom Strand aus noch eindrucksvoller und auch die feine Küche von Ronny Siewert wirkt mit einer frischen Prise Meeresluft in der Nase gleich noch präsenter und intensiver als ohnehin schon. Wenn das Wetter nicht mitspielt, oder die Ostsee einfach nicht interessant genug sein sollte, lohnt sich aber selbstredend auch einfach nur der Besuch der eleganten hohen Räumlichkeiten, in denen das Team um Küchenchef Ronny Siewert seit vielen Jahren beständig ihre zeitgemäß leichte und präzise Version klassischer französischer Küche zelebriert. Hohes Niveau ist hier garantiert!
Und genau das bewiesen dann beim letzten Besuch auch direkt die ersten Miniaturen zum Aperitif, unter anderem eine fluffige kleine Kartoffelkugel mit Matjes und süßsäuerlicher Gurke und die frische Kombination von Lachs mit Apfel und Gurke auf dem Gourmetlöffel, die beide jeweils maximal leichte Konsistenzen mit intensivem Geschmack verknüpften. Dieses Kunststück gelang auch bei der ebenfalls noch als Küchengruß servierten zierlich filigranen Tomatenvariation, die aus einem Mousse-ring, weißem Sorbet und einer gelierten Kuppel sehr fein gewürfeltem Tomatensalat bestand, welche von einer klaren grünen Gazpacho mit feiner Säure erfrischt und von einem hauchdünnen kräutergrünen Knuspergeflecht (für zarten Crunch) bedeckt waren.
In genau der gleichen millimetergenauen Feinarbeit, in der das Team bundesweit sicherlich mit zu den akkuratesten Kunsthandwerkern gehört, kam dann auch der erste eigentliche Gang rund um Gänseleber, Holunderblüte und grünen Pfeffer auf den Tisch: die kraftvoll markant gearbeitete Gänseleber mit deutlicher Pfeffernote wurde dabei flirrend elegant von duftigen Holundernoten in verschiedenen filigranen Akzenten eingerahmt, während ein nussig-süßes Topinambureis unter Gänseleberschaum das Spektrum daneben noch erweiterte. Insgesamt entstand so ein hervorragend präziser, zwischen duftig floral, pfeffrig und nussig eingenordeter Eindruck, mit einem leichten Hang zur Süße, die aber noch im Rahmen war und der von der kraftvollen Gänseleber gut aufgefangen wurde.
Mit dem folgenden dänischen Kaisergranat in bestechender, glasig-zarter Qualität gab es dann einen deutlichen Schwenk weg vom filigranen Basteln zu mehr Gegenständlichkeit.

Für das Premium-Krustentier begnügte sich das Team mit einem konzentriert „grünen“ Kopfsalatsorbet in knackigen Salatblättern und einem Saucenduo aus Krustentierjus sowie einer helleren frischen Schaumsauce als Begleitung. Das war dramaturgisch ein kluger Move, allerdings fehlte dem mit dem Sorbet zusammenschmelzenden Saucen am Ende ein wenig die allerletzte Klarheit und Trennschärfe, so dass es „nur“ bei einem feinsinnig harmonischen Gesamtbild blieb.
Dafür bot dann der sanft glasig temperierte Kabeljau mit dem typisch reinen Geschmack absoluter Frische und glänzend aufblätterndem Fleisch, der unter einem zarten „Raviolo“ aus hauchdünnem Sellerie mit Streifen von Fenchelbrandande und feinwürzig süß-säuerlichen Ingwergurken angerichtet wurde, wieder einen stärkeren Spannungsbogen. Dem markanten Auftritt des Kabeljaus arbeitete dichtcremige Kartoffelespuma samt Speckcrumbles mit etwas Schmelz und Würze zu, während ein fein zwischen Frische, Würze und vollem Körper balanciertes Limonen-Safran-Fumét den alles verbindenden Rahmen und ein straffes Rückgrat schaffte. Stark!
Aber auch der als Menühöhepunkt gesetzte rosazarte Rehrücken unter saftiger Kräuter-Nusskruste bot ein kaum weniger hohes Gesamtniveau. Der Produktcharakter wurde hier von einem Rondell aus gepresstem Schmorfleisch der Rehhaxe verstärkt, das von einer zarten Kohlrabimousse und eingelegter Zwiebel akzentuiert war. Und von einer transparent-tiefschürfenden Wildjus in bester klassischer Machart. Daneben sorgte insbesondere ein kleines Schichttürmchen aus in Sanddorn confierter Aubergine mit nougatartig röstigen Nussnoten für einen spannenden Kontrast, mit dem das sonst insgesamt eher klassische Bild lässig aufgebrochen wurde.
Mit einer ebenfalls kontraststarken Kombination aus intensiv zugespitzter Ananas mit Espresso und Sauerkleesorbet zeigte das Team auch wieder Einfallsreichtum, sorgte danach für wache Geschmacksnerven und leitete adäquat zum süßen Abschluss über. Und der spannte in seiner filigranen Machart dann nochmal den Bogen zum Beginn des Menüs, bot darüber hinaus aber mit verschiedenen konzentrierten Erdbeerzubereitungen neben einer ätherisch duftigen Basilikummousse in weißer Schokolade und einem kleinen Erdbeersalat unter blonder Schokoladenespuma auch noch einmal sehr präzise ausgearbeiteten Geschmack. Und hielt damit eine gute Balance zwischen fruchtiger Süße, cremigem Schmelz und Kräuterfrische.
Mindestens genauso entscheidend für das Gesamterlebnis eines Besuchs wie die Küche ist das von feinem Humor genauso wie hoher Kompetenz geprägte Serviceteam rund um Restaurantleiter Norman Rex, der aus dem Friedrich Franz genauso wenig wegzudenken ist wie Ronny Siewert. Und der in seiner unverwechselbaren Art – ganz im positiven Sinne – zu den markantesten Gastgebern des Landes zählt, inklusive einem hervorragenden Verständnis für korrespondierende Weinbegleiter, für die er oft abseits ausgetretener Pfade wandelt.

5

Jagdhaus Heiligendamm

Seedeichstr. 18 b,
18209 Bad Doberan (Heiligendamm)
038203-735775
www.jagdhaus-heiligendamm.de
Do–Mo ab 17 Uhr, Di u. Mi RT
Hauptgericht: 24–45 €, Menüs: 55–79 €

Das Idyll im Grünen, das nicht weit von der Uferpromenade und dem Grandhotel Heiligendamm entfernt liegt, wird schon seit vielen Jahren von ebenso ambitioniert wie zuverlässig von Alexander Ramm und dessen Team mit überdurchschnittlich guter, meist regionalbetonter weltoffener Küche bekocht. Gleichermaßen bodenständigen wie einfallsreich präsentieren sich die Gerichte auf den hübsch und akkurat, aber nicht allzu detailaufwendig arrangierten Tellern. Große Wirkung mit einfachen Mitteln lautet hier das Motto – und das gelingt immer wieder sehr überzeugend. Man sieht und schmeckt einfach auf jedem Teller, dass hier mit Fingerspitzengefühl, Expertise und Fantasie substanzreich gekocht wird. Dazu gibt es fair kalkulierte Weine deutscher Erzeuger und auch eine angemessene Kalkulation bei den Speisen.

Bad Dürkheim (Rheinland-Pfalz)

5

Savarin … die Gesundheitsküche

„naturreine Gesundheitsküche – Bio-Sattvisch-ayurvedisch"
Weinstraße Nord 12,
67098 Bad Dürkheim
06322-7908925
www.savarin.de
Küchenchef: Netlef Terziyan
Mo u. Di ab 17 Uhr (nur mit Res.), Mi–So u. Fei ab 11 Uhr durchgehend, kein RT (1.12. bis 27.02. geschlossen)
Hauptgericht: 18–49 €

VISA

Das kleine und charmant verwinkelte Restaurant von Familie Terzi im Zentrum von Bad Dürkheim verfolgt ein sehr spezielles Konzept und bietet mit alternativmedizinischer „Wellness- & Beauty-Küche", die auf sattvisch-ayurvedischen Prinzipien aufbaut, quasi den krassen Gegenentwurf zu den traditionellen deftigen Pfälzer Traditionen. Statt jeder Menge Kohlenhydrate, viel Fett und Pökelsalz gibt's viel Gemüse und gesunde Öle oder Kräuter- und Hülsenessenzen auf Basis von über zweihundert verschiedenen Heil- und Gewürzpflanzen sowie diversen Heilölen und natürlich handverlesene Bio-Produkte. Diese Küche setzt selbstredend auch auf Genuss, primär aber auf die umfassende Erholung für Körper, Geist und Seele.

Mit rein kulinarischen Maßstäben, die wir für unsere Bewertungen anlegen und die neben Qualität und Frische der Zubereitungen sowie der Harmonie der Speisen eben in besonderem Maße auch die handwerkliche Perfektion mit einbeziehen, lässt sich dieses Konzept in seiner Gänze sicher nicht adäquat bewerten. Aber wir sind eben nun mal ein Restaurantführer für Feinschmecker und kein Fachmedium für Gesundheitsküche und müssen hier – auch unter Berücksichtigung der Besonderheit – einheitliche Maßstäbe ansetzen. Und unter diesen, die sich an klassischen oder auch modernen Hoch- und Regionalküchen orientieren, lässt sich der Savarin-Küche jene herausragende Sonderstellung, die sie in ihrem Spezialbereich ganz gewiss hat, nicht gleichermaßen attestieren.

Was selbstverständlich nichts damit zu tun hat, dass man hier gewohnte Zubereitungsmethoden und Geschmacksbilder ebenso vergebens sucht wie eine fest definierte Kombination von Elementen auf einem einzelnen Teller. Beim Blick in die detailverliebte und informative Speisekarte wird zwar schnell klar, dass hier nur ausgesuchte Qualität (zu dementsprechenden Preisen) Verwendung findet und vom Wagyu-Beef über tagesfrischen Fisch aus Wildfang sowie edelste Öle und Gewürze nur Top-Ware den eigenen Ansprüchen genügt. Über allem steht das Credo „Verbinde Genuss mit Gesundheit!" aber auch und insbesondere bei unserem jüngsten Besuch hatten wir den Eindruck, dass bei allen Gerichten der gesundheitsfördernde Aspekt vor dem rein genussorientierten Ansatz steht.

Dies zeigte sich schon bei den Black-Tiger-Garnelen aus Wildfang, die zwar als erkennbar hochwertiges Produkt den Auftakt gestalteten, aber gegenüber der gewürz- und aromenmächtigen „Sauce Arvalus" nur wenig Eigendynamik entfalten konnten. Die aus zwanzig (!) Bestandteilen wie etwa Nelkenblüten, Zimt, Ginseng, Lotusblütenöl und Wuchelblumen hergestellte Sauce entzog sich (wie auch viele andere Saucen hier) nicht nur einer sensorisch und aromatisch klaren Einordnung, sondern dominierte das Gericht deutlich. So wie eine sehr ähnliche oder gar identische Sauce, die einen halben Hummerschwanz eskortierte, der leider stark übergart und mit äußerst widerspenstig zähem Biss im Gegensatz zu seinen kleineren Artgenossen als Produkt keine große Freude machte. Auch hier war primär das diffuse und plakative Geschmacksbild der Sauce allgegenwärtig, die dem Charakter des Krustentiers wenig Entfaltungsspielraum bot.

Noch weniger Genuss unter kulinarischen Aspekten bot leider die Barbarie-Entenbrust mit „Bellenusta-Vital-Nudeln", denn das Geflügel war mit grauem, sehr weit über den optimalen Punkt hinaus gegartem und somit sehr trockenem Fleisch unter unschön glibberigem Fettdeckel kein adäquater Hauptdarsteller. Beim deutlich ansprechenderen „Marsch-Beest-Rind" wurde dessen Gemüsebegleitung „Siro-

na Vital" deutlich mehr Raum zuteil als dem zur Randfigur avancierten Beef – was aber wiederum konzeptionell durchaus gewünscht zu sein schien. Heilwurzeln wie Kalmus oder Rosenwurz dominieren hierbei im Verbund mit unzähligen weiteren Heilpflanzen die Mischung von Topinambur, Pak Choi, Fenchel und mehr, die bei 80 Grad in einer Sauce aus Ölen (Arnika, Amla, Babassu…) sanft gegart wird, um den gewünschten gesundheitsfördernden Effekt zu erzielen. Dass ein solch aufgeladenes aromatisches Schwergewicht es dem zudem unter einer opulenten Saucenbeigabe platzierten, schön medium gegarten Fleisch nicht leicht macht, verwundert daher wenig – und es unterstreicht, was die Küche ausmacht und auch konsequent die Linie vorgibt.
Selbstverständlich steht auch in der süßen Abteilung die Gesundheit im Vordergrund, etwa bei der Safran-Aronia-Creme, deren antibakterielle und antioxidative Wirkung schon auf der Karte annonciert wird – aber auch bei den hauseigenen Essenzen wie einem Rosenwasser-Aperitif steht Healthiness an erster Stelle. Die Weinkarte listet erwartungsgemäß viele Bio-Erzeugnisse aus der Pfalz und sorgt für ein wenig Erdung des ansonsten wirklich einzigartigen Konzepts, für das sich aber diesmal aus rein kulinarischen Aspekten die Auszeichnung mit fünf Pfannen kaum noch rechtfertigen ließ. Dass wir die Bewertung dennoch erst mal unangetastet lassen, hat mit den positiveren Eindrücken aus den letzten Jahren zu tun. Und mit der berechtigten Hoffnung, dass das beim nächsten Mal auch wieder so ist.

Bad Herrenalb (Rotensol) (Baden-Württemberg)

Restaurant Lamm

im Hotel Restaurant Vinothek LAMM
Mönchstr. 31,
76332 Bad Herrenalb (Rotensol)
07083-92440
www.lamm-rotensol.de
Mi–So von 12–14 Uhr u. ab 18 Uhr, Mo u. Di RT
Hauptgericht: 15–38 €, Menüs: 38–60 €
VISA

Mit seiner mehr als 200-jährigen Geschichte ist das Lokal von Gastgeber und Küchenchef Karl Schwemmle ein waschechtes Traditionshaus. Dass er und sein Team aber durchaus nicht nur mit Tradition punkten möchten zeigt der Blick in die Speisekarte, die neben drei Menüvorschlägen auch mit einem recht umfangreichen Angebot an Gerichten à la carte aufwartet und damit ganz weltoffen auch in mediterrane oder exotische Aromenregionen schielt. Ganz und gar heimatlich-traditionell geht es dagegen im herrlich urwüchsigen Gastraum mit viel patiniertem Holz und Herrgottswinkel zu. Und wer sich hier an die eher handfesten, traditionellen Gerichte hält, macht keinen Fehler.

Bad Hersfeld (Hessen)

7↑

L'étable

im Romantik-Hotel Zum Stern
Linggplatz 11, 36251 Bad Hersfeld
06621-1890
www.zumsternhersfeld.de
Küchenchef: Constantin Kaiser
Do–Sa ab 18 Uhr, So von 12–13.30 Uhr u. ab 18 Uhr, Mo–Mi RT
Hauptgericht: 45–48 €,
Menüs: 89–139 €
VISA

Das über drei kleine Abteile erstreckende Gourmetrestaurant im sprichwörtlichen ersten Haus am Bad Hersfelder Platz, dessen Architektur neben dem französischen Namen verrät, dass es sich hierbei einstmals um Stallungen in dieser historischen Poststation gehalten hat, wurde unlängst einem dezenten Relaunch unterzogen und präsentiert sich nun noch schicker und zeitgemäßer. Am grundsätzlichen puristischen Gestaltungsstil des L'étable wurde indes nicht gerührt und das ist auch gut so, denn diese aufgeräumte Art der Räume passt sehr gut zur Küche von Konstantin Kaiser, der hier ein hohes Niveau hält, das auch dieses Jahr nur sehr knapp unterhalb der 8-Pfannen-Make lag. Da fehlt tatsächlich nicht mehr viel!

Die Miniatur eines säuerlich-fruchtigen Räucheraalsalats, der als Amuse geschickt wurde, zeigte gleich mal, wie feinsinnig das Team unterwegs ist. Ein seltsam pappiger Langos mit Rote Bete unter den ansonsten gelungenen drei Apero-Snacks, dass nicht immer alles bis ins letzte Detail perfekt ist. Wie nah die Küche aber bisweilen an die Perfektion ihrer Kreationen heranreicht, konnten wir im Anschluss an das Vorprogramm auf dem Teller der Vorspeise sehen: festfleischige, klararomatische Scheiben von der wild gefangenen und mild gebeizten Dorade, die mit einer Kaviarnocke gekrönt auf seidige Blumenkohlcreme drapiert und von einem mit Petersilienöl marmorierten Pata-Negra-Schinkensud umspült ein gelungen produktpuristisches und dabei überhaupt nicht karges Geschmacksbild hinlegten.

Die Tiefseegarnele beim ersten Zwischengang wurde genauso produktbezogen interpretiert, dafür aber auf verschiedene Arten sehr facettenreich durchdekliniert. Ebenfalls glasig, fest und nahezu roh, aber auch als Inhalt einer gebackenen Praline, als fluffig zarter Flan, der als Fundament für alle Komponenten diente, sowie als klarer Krustentiersud, mit dem das Ganze umgossen wurde. Nur im Zusammenspiel mit Tomate (als Tatar und Fruchtfleisch) sowie intensivem, würzigem Basilikumpüree, ein klassisches Geschmacksbild und ebenfalls wieder sehr gelungener Purismus.

Der rohe Produktcharakter, der bei Dorade und Garnele nicht zuletzt auch ob deren beachtlicher Qualität sehr vorteilhaft war, gereichte der Wachtelbrust, die als Zentrum einer sehr akkurat gefertigten Roulade zusammen mit einem Quader vom gebratenen Kalbsbries als Duett aufgefahren wurde, nicht zum Vorteil. Zu bleu, zu fest, zu wenig saftig. Das war aber dann auch schon alles an Kritik und bedeutete nur einen kleinen Schönheitsfehler, denn ansonsten war auch diese Komposition, zu der außerdem eine Spitzkohlroulade, Erdnusscreme- und -crunch sowie ein Thaicurryschaum gehörten, wieder sehr attraktiv: aromatisch ausgewogen und klar, handwerklich bis auf den suboptimalen Garpunkt der Wachtel tadellos.

Es ist ohnehin ganz erstaunlich, wie qualitativ hochwertig eigentlich jedes einzelne Produkt hier ist, wie sorgfältig und präzise die Zubereitungen sind und wie klar und gut die Aromen herausgearbeitet werden. So war auch auf dem folgenden Teller nicht nur der Steinbutt wie aus dem Ei gepellt, sondern auch die kleine Nocke buttriges Kartoffelpüree, die weißen Spargelspitzen mit perfektem zartem Biss und die aromatischen Spitzmorcheln. Aus Letzteren wurde auch eine Schaumsauce gekocht, die den Fisch zusammen mit einer weiteren, aus dessen Karkassen gezogenen Schaumsauce begleitete, welche wiederum mit einer fein eingewobenen Säureader begeistern konnte.

Das ist alles äußerst klassisch und vollkommen schnörkellos zubereitet und glänzt mit der Ausdruckskraft der Produkte. So wie auch der fantastische Rücken vom Salzwiesenlamm mit maximal krossem und darunter noch saftig-schmelzigem Fettdeckel, der das ohnehin schon ausgeprägte Eigenaroma des Fleischs genau wie die reine Lammjus noch gewinnbringend unterstützte. Minimalistisch nur von etwas Ratatouille-Couscous, einer halben geschmorten Mini-Aubergine und einer Nocke unaufdringlich mildem Bärlauchpüree begleitet, bot auch das den absoluten Wohlgeschmack toller Produkte und wäre für sich genommen mit 8 Pfannen zu bewerten gewesen.

Dass die Küche auch unter der Leitung von Konstantin Kaiser dieses Niveau schon fast wieder erreicht hat, verdeutlichte auch der Nachtisch um Rhabarber, Ingwer und Verbene in schön deutlich ausgeprägten Aromen und gefälligen Konsistenzen von knackig Eingelegtem, schmelzig Geeistem, cremiger Mousse, erfrischendem Sud, aufgelockert von nussigen Knusperkontrasten. Da war nichts zu viel und nichts zu wenig und alles an seinem Platz. Zu allem hat Sommelier Enrique Armijo, der für die aufmerksame Umsorgung der Gäste, als auch für gut korrespondierenden Inhalt der Gläser verantwortlich zeichnet, auf Wunsch ein passendes Begleitgetränk in der Hinterhand. Der international gut sortierte Weinkeller des Hauses bietet dafür einen adäquaten Fundus, der für jeden Anlass und Anspruch viel Gutes birgt.

Die Hoteleinträge

★★★★★S	Superior
★★★★★	Unterkunft für höchste Ansprüche
★★★★	Unterkunft für hohe Ansprüche
★★★	Unterkunft für gehobene Ansprüche
★★	Unterkunft für mittlere Ansprüche
★	Unterkunft für einfache Ansprüche
	Unterkunft ohne Sterne-Klassifizierung

Bad Hindelang (Bayern)

5

Obere Mühle

Ostrachstr. 40, 87541 Bad Hindelang
08324-2857
www.obere-muehle.de
Di–Sa ab 17.30 Uhr,
So u. Mo (Fei ausgenommen) RT
Hauptgericht: 19–36 €, Menüs: 60 €
VISA

Die behagliche Atmosphäre in einer der schönen holzvertäfelten Stuben aus dem 17. Jahrhundert hat was! Aber auch der Garten mit Panoramablick auf die umliegende Bergwelt macht dieses nostalgische Gasthaus mit eigener Käserei im beschaulichen Bad Oberdorf bei Hindelang zu einem unserer Lieblingsorte im Allgäu. Liegt aber natürlich genauso an der sehr guten Küche, die hier zwar auch mal mediterrane Töne anstimmt, sich ansonsten aber voll und ganz der herzhaften alpinen Produkt- und Aromenwelt verschrieben hat. Fleisch stammt grundsätzlich von Produzenten aus der Umgebung und wird oft auf offener Flamme über Holzkohle grillt, was ihm dann einen unvergleichlich rauchigen Geschmack verleiht. Und das schöne ist, dass es hier nicht bloß die üblichen Filetstücke gibt, sondern auch Dinge wie Kotelett, Herz und Leber oder Kutteln. Die international gut sortierte Weinkarte (viele halbe Flaschen!) und der angenehm lockere, aber nie nachlässig oder nonchalant wirkende Service komplettierten die Obere Mühle zu einem attraktiven gastronomischen Gesamtpaket.

Die Symbole

- gute Parkmöglichkeiten
- Hotelgarage
- barrierefrei
- klimatisierte Zimmer
- WLAN-Zugang
- Hallen- und/oder Freibad im Haus
- mit Wellness-Bereich
- mit Fahrstuhl zu den Hotelzimmern
- Hunde im Hotel nicht erlaubt
- mit Garten oder Terrasse

Bad Kissingen (Bayern)

7

Laudensacks Gourmetrestaurant

in Laudensacks Parkhotel & Beauty Spa
Kurhausstr. 28, 97688 Bad Kissingen
0971-72240
www.laudensacks.de
Küchenchef: Frederik Desch
Mi–Sa ab 18 Uhr, So–Di RT
Hauptgericht: 38–46 €,
Menüs: 105–165 €
VISA

Das Gourmetrestaurant im ersten Haus am Platz, dem Laudensacks Parkhotel & Beauty Spa an Kurpark und Fränkischer Saale, ist Feinschmeckern seit Jahrzehnten ein Begriff und auch nach dem Ausscheiden von Hermann Laudensack, der sein Hotel vor ein paar Jahren an den Bauunternehmer und heutigen Inhaber Anton Schick verkauft hat, seine Pole Position in der Region nicht eingebüßt. Im Gegenteil: Küchenchef Frederik Desch ist schon seit 2009 hier im Amt und hält das Niveau konstant hoch. In den hell und angenehm schlicht gestalteten Räumen mit Fischgrätparkett wird seit ehedem ein klassischer französischer Stil gepflegt, der unter der Deschs Federführung zeitlos wirkt und sich produktfokussiert präsentiert.

Wir starteten auch zuletzt wieder mit sehr gutem Brot vom überregional bekannten Bäcker Erbel aus dem mittelfränkischen Dachsbach, und als Küchengruß servierte das Team ein mit Entenconfit gefülltes Gyoza-Täschchen nebst mariniertem Rotkohl und Shiitake-Pilz auf einem leichten, kräutrigen Sud. Die erste Vorspeise des Menüs mit Käse sieben Gänge umfassenden omnivoren Menüs, neben dem es auch eine vollkommen eigenständige vegetarische Alternative gibt, handelte von artktischem Saibling, Champignons, gelber Karotte und Rapsölhollandaise und begeisterte vor allem wegen der hervorragenden Qualität des perfekt lauwarm-glasig präsentierten Fischs und der komplexen Buttersauce mit animierender, gut eingebundener Säure. Die effektvoll mit Saiblingskaviar vermengten Karottenbrunoises und die roh und als intensive dunkle Creme dargebotenen Champignons fügten sich da sehr harmonisch und unaufdringlich ins Gesamtbild.

Frederik Desch hat definitiv ein gutes Händchen im Umgang mit hochwertigen Produkten und beherrscht es, ihren jeweiligen Charakter weit nach vorne zu stellen. Das gelang auch äußerst gut bei den norwegischen Jakobsmuscheln, die als goldbraun angebratenes Exemplar und als nur ganz soft temperierte und mit Kaviar aus der Rhön getoppte Stücke im Kreise verschiedener Kleinkomponenten bunter Beten und Queller auf einem kräftigen Muschelsud angerichtet waren. Die Brücke zwischen den nussigen Muscheln und der erdigen Bete schlug sehr schön ein ausdrucksstarkes Walnusspüree.

Und auch die folgende Rotbarbe war mit ihrem festen, blättrig-glasigen Fleisch und reintönigem Geschmack ein Musterbeispiel ihrer Art. Mit dünn gehobeltem Fenchel und Stabmuschelsegmenten in einem von Zitronengel zugespitzten und akzentuierten Bouillabaissesud angerichtet, war dieser Fisch aber auch kompositorisch perfekt platziert. Leicht und transparent, aber doch kraftvoll zupackend. Genau so ein Umfeld wünscht man sich für die charakterstarke Rotbarbe.

Den ersten Fleischgang des Abends stellte eine mit Schwarzwurzelcreme und knusprigem Amaranth überzogene Wachtelbrust, die neben einer mit dem süffigen Schmorfleisch der Wachtel gefüllten Geleepraline ins Rennen geschickt wurde. Begleitet von einer markanten Kapern-Rosinencreme und verschiedenen Schwarzwurzelkomponenten und kraftvoll untermalt von einer relativ intensiven Jus war auch das ein ausgewogenes Gericht – durch die stark reduzierte, für das Geflügel schon fast zu dichte Sauce aber nicht ganz so präzise abgestimmt wie die Gerichte davor.

Und auch nicht wie der Hauptgang danach, ein richtig schön oldschool und kunstvoll mit Farce und Spinat in einen dünnen knusprigen Tramezzinimantel gehülltes Kalbsfilet, umringt von Butternut-Kürbis und Knollensellerie, bei dem auch sonst voll auf Klassik und Opulenz gespielt wurde. Nämlich mit wuchtiger (aber nicht überkonzentrierter) schwarzer Trüffeljus sowie gelatinösem Kalbskopf und schmelziger Foie gras, die als dünne Scheiben auf den Gemüsewürfeln ringsum lagen und das Gericht zu einem unverschämt schlotzigen Vergnügen mit Tiefgang machten. Prädestiniert für einen komplexen, robusten Rotwein mit elegantem Schliff, von denen es in der gut sortierten Karte jede Menge gibt.

Wir würden Frederik Deschs Küche als überaus souverän bezeichnen, was auch auf das fein komponierte Dessert aus Grand Cru Schokolade, Erdnuss und Ananas zutrifft, bei dem Eis und moussige Creme mit saftigen Ananaswürfeln und kernigen Nüssen zu einem wohlproportionierten, aromatisch gut ausgewogenen Finale zusammenfanden. Serviert von aufmerksamen jungen Mitarbeitern und auch glasweise von ansprechenden Weinen begleitet, ein lohnendes Gesamtpaket.

Hotelempfehlung

Laudensacks Parkhotel & Beauty Spa

Kurhausstr. 28,
97688 Bad Kissingen
0971-72240
www.laudensacks.de
Einzelzimmer: ab 110 €
Doppelzimmer: ab 210 €

Die vornehme Gründerzeit-Villa mit großzügigem Park und Seerosenteich liegt ruhig und zentral nur zwei Gehminuten vom Bad Kissinger Bahnhof und einen kleinen Spaziergang von der Burgruine Botenlauben oder der historischen Innenstadt entfernt, die zu gemütlichen Stadtrundgängen oder einer „Genuss-Stadtführung“ mit Gastgeber Hermann Laudensack einlädt. Die freundlich und gemütlich gestalteten Zimmer des Stadthotels sind mit hellen Holzmöbeln im modernen Stil eingerichtet, mit kostenlosem WLAN, Flachbildfernseher, bequemen Sesseln und teilweise mit Balkon ausgestattet und haben Ausblick in den Park oder die Landschaft. Die Suite bietet sogar den Luxus eines separaten Wohnzimmers. Das Frühstück ist im Preis inbegriffen und wird im eleganten Restaurant oder bei schönem Wetter auf einer großen Terrasse unter Bäumen serviert. Zum Entspannen steht den Gästen ein Spa-Bereich mit Sauna und Whirlpool zur Verfügung und zum Aktivsein das nahgelegene Wanderparadies Rhön mit urwüchsiger Landschaft vulkanischen Ursprungs. Laudensacks Gourmetrestaurant separat erwähnt.

Bad Kreuznach (Rheinland-Pfalz)

5

Im Gütchen

Hüffelsheimer Str. 1,
55545 Bad Kreuznach
0671-42626
www.jan-treutle.de
Mo u. Do–Sa ab 18 Uhr,
So von 12–14.30 Uhr u. ab 18 Uhr,
Di u. Mi RT
Hauptgericht: 34–52 €,
Menüs: 82–99 €

Das geradlinig, modern und schön hell gestaltete Restaurant in geschichtsträchtigem Gebäude, einem ehemaligen Rittergut am Rande eines Schlossparks, lädt zu gehobenen Gaumenfreuden in schlicht konzipierter, aber sehr sorgfältiger und substanzreicher Zubereitung. Stilistisch fährt Jan Treutle mehrgleisig, bietet ganz und gar klassische Gourmetküche in deftig-regionaler oder duftig-mediterraner Ausführung, aber auch einfallsreiche Eigenkompositionen, bei denen sich der Chef verschiedenster Einflüsse aus aller Welt bedient. Meist kommen nur drei tonangebende Produkte auf die schnörkellos arrangierten Teller. Der Keller des Hauses ist mit Gewächsen internationaler Provenienzen bestens gefüllt. Gastgeberin Elisabeth Stenger-Treutle leitet engagiert den Service.

Bad Krozingen (Baden-Württemberg)

7

Storchen Restaurant Hotel

Felix-Nabor-Str. 2,
79189 Bad Krozingen (Schmidhofen)
07633-5329
www.storchen-schmidhofen.de
Di–Do u. Sa von 12–14 Uhr u. ab 18 Uhr, Fr ab 18 Uhr, So u. Mo RT
Hauptgericht: 23–56 €,
Menüs: 48–148 €
VISA

Die Küche im familiären Betrieb nahe Bad Krozingen, wenige Kilometer südlich von Freiburg, wird bereits seit Jahren von den Köchen Jochen Helfesrieder und seinem Vater Fritz in Doppelspitze geführt, wodurch das hohe Niveau konstant gehalten wird. Das Kochen erfolgt solide und klassisch, mit Präzision und Liebe zum Detail, jedoch ohne unnötige Spielereien oder halbherzige Experimente. Alles wirkt mühelos und wie von leichter Hand komponiert, dabei aber substanzstark und grundsolide. Das Konzept spiegelt sich sowohl in einer stark regionalen und verfeinert-bodenständigen badischen Traditionsküche wider, als auch in einer internationalen und exklusiven modernen Linie, die den Bogen vom Breisgau über den Mittelmeerraum bis nach Asien spannt, ohne dabei an Offenheit oder Kreativität einzubüßen. Weitere gute Gründe, das Lokal zu besuchen, sind die gut sortierte und angemessen kalkulierte Weinkarte sowie der freundliche und entspannte Service von Annemarie und Liza Helfesrieder.

Bezahlkarten-Symbole

- Mastercard
- EC-Maestro
- Diners
- American Express
- VISA Visa

Bad Langensalza (Thüringen)

Zur Schlemmerei Bad Langensalza

Bürgermeister-Schönau-Platz 2,
99947 Bad Langensalza
0176-56710715
zur-schlemmerei-bad-langensalza-restaurant.metro.rest/?lang=de
Mi–So ab 17 Uhr, Mo u. Di RT
Hauptgericht: 9–45 €,
Menüs: 35–165 €
VISA

Direkt an das Kongress- und Kulturzentrum von Bad Langensalza angegliedert, erwartet die „Schlemmerei" ihre Besucher in einem entgegen den Erwartungen, die der Name weckt, überraschend weitläufigen und eleganten Ambiente, das von der markanten Bar und deren blitzenden Gläsern geprägt wirkt. In weitem Abstand zueinander aufgestellte dunkle Holztische mit modernen Polsterstühlen laden hier auf Anhieb zum Genießen beziehungsweise Schlemmen ein.
Das, was schließlich aus der Küche auf diese Tische kommt, wird der Suggestion des Namens dann schon eher gerecht als das Ambiente, denn die größte Stärke und der Fokus des Teams liegen ganz klar bei traditionell verwurzelten, ganz und gar unkompliziert umgesetzten Gerichten mit hohem Spaßfaktor. Entsprechend nehmen neben Klassikern wie Burgunderbraten mit hausgemachten Semmelknödeln und Rotweinsauce auch eine umfangreiche Auswahl verschiedenster Schnitzel-Varianten und viele Gerichte im Barbecue-Style, die von Spareribs in Honig-Whiskey-Marinade mit Coleslaw und Wedges bis zu unterschiedlichen Burgern reichen, einen großen Teil der Karte ein.
Und so proper und frisch, wie dann beispielsweise ein Pulled-Pork-Burger mit hauseigener Barbecuesauce und fluffigem Sesam-Bun aufgetischt wird, ist ungeniertes „Schlemmen" definitiv nicht das abwegigste! Anders, als an vielen Orten, an denen vergleichbare Dinge angeboten werden, punktet hier jede Komponente mit einem frischen, natürlichen Charakter und sorgt so für überzeugende Ergebnisse. An anderen Stellen und insbesondere dann, wenn die Gerichte eigentlich etwas ambitionierter klingen und feinsinnigere Herangehensweise notwendig wäre, wirken die Ergebnisse dann doch eher rustikal und schlicht.
So beispielsweise bei einem üppig sahnigen Kürbiscremesüppchen, das einerseits mild, andererseits aber vor allem nach seiner salzig konzentrierten Basis schmeckte – insgesamt schon natürlich und ausgewogen, aber eben nicht besonders produkttypisch. Oder wie beim „gratinierten Ziegenkäse", der als große Scheibe einer Art von Feta (also in Salzlake mariniert) zusammen mit Pesto erwärmt und dann gemeinsam mit teils bitter-brutzeligen und teils rohen Zwiebeln, Cocktailtomaten in Honig sowie Rotkohlsalat und hellem Coleslaw serviert wurde. Mit einem beinahe erschlagend rustikalen und rumpeligen Ergebnis…
Dagegen wirkten die zart geschmorten Kalbsbäckchen nebst einer auf bodenständige Art kraftvollen Rotweinsauce, Semmelknödel und geröstetem Gemüse wieder ausgewogener und souveräner, während die „karamellisierten" Kirschen, in einer als „Frischkäse-Sahnecreme mit Mandelkruste" annoncierten Masse dagegen ihrem originellen Titel nicht wirklich gerecht wurden. Letztlich wirkte das im Glas servierte Dessert eher wie ein Vanillepudding mit industrieller Anmutung und sehr viel Süße, gegen die weder die Kirschen noch die dünne Spur Crumbles viele Akzente setzen konnten.
Licht und Schatten also, wobei es sich das Team insgesamt deutlich leichter machen würde, wenn es von ambitioniert klingenden Gerichten Abstand halten und stattdessen noch klarer auf seine Stärken und darauf fokussieren würde, ausschließlich sauber ausgeführte Rustikalitäten (ganz im positiven Sinn!) in höherer Qualität zu servieren, als es sie an vielen anderen Orten gibt. Und zwar ganz ohne Verfeinerungs- und Kreativitätsanspruch. Der präsente und aufmerksame Service und die kleinere Auswahl ausgesuchter Weine und Getränke passen ohnehin gut ins Gesamtkonzept.

Bad Liebenzell (Baden-Württemberg)

Hirsch – Genusshandwerk

Monbachstr. 47,
75378 Bad Liebenzell (Monakam)
07052-2367
www.hirsch-genusshandwerk.de
Küchenchef: Andreas Sondej
Mo u. Fr ab 17.30 Uhr,
Sa u. So von 12–14 Uhr u. ab 17.30 Uhr,
Di–Do RT
Hauptgericht: 20–40 €,
Menüs: 40–99 €

VISA

In dem kleinen und beschaulichen, auf einer Hochebene oberhalb des Neckars gelegenen Monakam, einem Ortsteil von Bad Liebenzell, ist das von Andreas Sondej engagiert geführte Hirsch Genusshandwerk seit vielen Jahren ein Vorzeigebeispiel dafür, wie ein zeitgemäßes Gasthaus heute aussehen und gut funktionieren kann. Mit einem hellen freundlichen Ambiente, vor allem aber einer feinsinnigen saisonalen Küche, die sich konsequent alle drei Wochen in einer neuen Karte ausdrückt, bietet der Hirsch im Grunde ein astreines Fine-Dining-Programm, behält dabei aber den unkomplizierten Charme eines ländlichen Gasthauses.
Die Küche bewegt sich dabei zwischen dem saisonalen Angebot aus den Gärtnerhänden von „Opa Knapp“ und anderen lokalen Produzenten, dem zeitgemäßen Umgang mit Tradition und einer frischen nordischen Brise, die sich Andreas Sondej aus seiner Zeit als Küchenchef im Sölring Hof auf Sylt erhalten hat. Unter anderem ebendiese Einflüsse sorgen dafür, dass die Teller stets angenehm klar und transparent wirken, mit gut durchdachten und wirkungsvollen Akzenten aufgeladen sind.

So wie beim Tatar von der Färse, das mit feinem Schmelz und nobler ätherischer Pfefferschärfe mit im Ganzen geschmorten und geräuchertem Sellerie, sautierten Totentrompetenpilzen und Herbsttrüffel zu einem auf feinsinnige Art erdig-rauchigen Auftakt kombiniert wurde – abgerundet von einem zarten Selleriefond, Schmandtupfen und Brotcrunch. Ein auf den ersten Blick reduziert und schlicht wirkender, mit der ersten Gabel aber deutlich erkennbar sehr genau abgezirkelter Teller.
Einen feinsinnigen Ausflug in traditionelle regionale Gefilde boten die kleinen, außen zart angekrossten und innen flauschig weichen Schupfnudeln. Auf etwas Selleriecreme in einem frischen, hellen Saucenschaum mit elegant rahmigem Sauerkraut, sauber enthäuteten Trauben und einem prononcierten Topping aus in Speck aufgeknusperten Mini-Croûtons als allerbestes Gourmet-Soul-Food mit verfeinert rustikalem Charakter serviert!
Wieder nordischer angehaucht und nicht weniger überzeugend wirkte der kross auf der Haut gebratene Wolfsbarsch. In einer aromatisch dichten Umgebung aus bröselgekröntem Blumenkohl und steifer Blumenkohlcreme sowie aromatischen Bouchotmuscheln in einem konzentrierten Fond, einer stoffig-frischen Weißweinsauce und saftigen Graupen als Unterlage, ein insgesamt süffig verdichteter, aber dennoch fein differenzierter Teller.
Und auch zum süßen Abschluss hielt das Team mit herber geschmorter Quitte neben tiefdunklen, saftigen Browniewürfeln, einer zartbitteren Ganache und etwas aufgestrichener Mousse von Vollmilchschokolade locker das Niveau. Mit karamellisierten Sonnenblumenkernen gab's dazu röstige Auflockerung und mit einem roten Johannisbeersorbet noch einen keck säurefrischen Kontrast, der eine erstaunlich harmonische Verbindung mit der herbstlich herben Quitte einging.
Danach einen oder mehrere von den hervorragenden, in langer Familientradition produzierten Bränden oder noch ein Gläschen aus dem gut sortieren Weinkeller und ein genussvoll entspannter Abend ist perfekt abgerundet.

Bad Mergentheim (Baden-Württemberg)

Landhotel Edelfinger Hof

im Hotel Edelfinger Hof
Landstr. 12, 97980 Bad Mergentheim
07931-9580
www.edelfinger-hof.de
Mo–Fr ab 17 Uhr, Sa von 11.30–14 Uhr u. ab 17 Uhr, So RT

Der Edelfinger Hof bietet in seiner großzügig angelegten Hotelanlage eine beeindruckende Sammlung gereifter Weine, was zweifellos die größte Besonderheit darstellt. Weinliebhaber und Genießer haben hier also die Möglichkeit, zu vergleichsweise erschwinglichen Preisen in den Genuss exquisiter Weine zu kommen. Das kulinarische Angebot tritt im Vergleich dazu etwas in den Hintergrund. Es wird frisch und mit natürlichen Zutaten gekocht, was an sich schon bemerkenswert ist, doch fehlt es manchmal an der nötigen Sorgfalt in einigen Details und es wirkt gelegentlich etwas nachlässig – zumindest in Hinblick auf eine Auszeichnung mit Pfannen. Als Empfehlung ohne Auszeichnung ist die Küche grundsolide.

Bad Neuenahr-Ahrweiler (Rheinland-Pfalz)

6

Poststuben

in Steinheuers Hotel
Landskroner Str. 110,
53474 Bad Neuenahr-Ahrweiler
02641-94860
www.steinheuers.de
Küchenchef: Hans Stefan Steinheuer
Do–Mo von 12–14 Uhr u. 18 Uhr, Di u. Mi RT
Hauptgericht: 28–40 €, Menüs: 66–79 €

Es muss nicht immer die große kulinarische Oper sein, denn bei den Familien Steinheuer und Binder in Heppingen bei Bad Neuenahr-Ahrweiler lohnt auch das Zweitrestaurant als bodenständigeres Pendant zum Gourmetrestaurant den Besuch. Das Angebot profitiert von der Expertise des Küchenteams um Hans Stefan Steinheuer und überhaupt vom gehobenen Anspruch des gesamten Hauses und bietet so seit Jahren kraftvolle Regionalküche und internationale Klassiker auf hohem Niveau. In den gepflegten, ländlich-eleganten Gasträumen oder immer Sommer im lauschigen Garten hinter dem Haus gibt es stets fundierte Zubereitungen nach allen Regeln der Kunst, nur eben etwas gegenständlicher und ohne die ganz exklusive Produktpalette. Ebenfalls erfreulich: die in Relation zu dem Gebotenen sehr bodenständigen Preise und die große Auswahl hochwertiger Weine aus der Region und der weiten Welt.

ohne Bewertung

Sanct Peter – Restaurant Brogsitter

im Historischen Gasthaus Sanct Peter
Walporzheimer Str. 134,
53474 Bad Neuenahr-Ahrweiler
02641-97750
www.sanct-peter.de
Mi–Fr ab 18 Uhr, Sa u. So ab 12 Uhr durchgehend, Mo u. Di RT
Hauptgericht: 39–56 €,
Menüs: 79–149 €

Das nennt man dann wohl Unglück im Unglück: Hatte die schreckliche Flutkatastrophe an der Ahr das Gasthaus Sanct Peter der Familie Brogsitter in Walporzheim nicht ohnehin schon ganz besonders schwer getroffen und musste das Traditionshaus langwierig und aufwendig neu aufgebaut werden, folgte nach Wiedereröffnung zumindest für das auch weiterhin separat und hochambitioniert geführte Gourmetrestaurant Brogsitter die nächste Hiobsbotschaft: Probleme mit der Lüftungsanlage setzten das Fine-Dining-Separee auch in den

Folgemonaten weiter außer Gefecht. Zum Zeitpunkt um unseren Redaktionsschluss der Testsaison 2022/2023 herum und somit der letzten Möglichkeit, das neue Restaurant auch noch frisch getestet in die nächste Buchausgabe zu bringen, waren zumindest schon die Handwerker zugange. Und so sind wir guter Dinge, hier im Gusto Online-Guide und der Gusto-App schon gleich in der Anfangsphase der neuen Testsaison 2023/2024 ein entsprechendes Update mit neuer Kritik und Bewertung bringen zu können.

9↑

Steinheuers Restaurant Zur Alten Post

in Steinheuers Hotel
Landskroner Str. 110,
53474 Bad Neuenahr-Ahrweiler
02641-94860
www.steinheuers.de
Küchenchef: Christian Binder
Do–Sa ab 18.30 Uhr,
So von 12–13.30 Uhr u. ab 18.30 Uhr,
Mo–Mi RT
Hauptgericht: 64–84 €,
Menüs: 185–245 €
VISA P

Dass manches gute Ding Weile haben will, ist ein Allgemeinplatz, der sich aber immer wieder bewahrheitet. Im Falle der Küche des zeitlos elegant gestalteten Gourmetrestaurants von Familie Steinheuer im beschaulichen Heppingen im Ahrtal hat sich das Mitwirken von Hans Stefan Steinheuers Schwiegersohn Christian Binder als zweiter Küchenchef neben seinem Schwiegervater schon bei dessen Antritt vor ein paar Jahren als gewinnbringend für das Kulinarium erwiesen – die anfangs sehr deutlichen Merkmale des frischen Winds, den Binder als ehemals langjährige rechte Hand von Nils Henkel auf Schloss Lerbach und Teil der Brigade von Michael Hoffmann im legendären Berliner Margaux speziell im kreativen Umgang mit Gemüse und generell einer modernen, leichten Umsetzung der Gerichte einbrachte, wirkten in den Folgejahren allerdings wieder etwas unschärfer als in der Anfangsphase.

Jetzt aber, wo Hans Stefan Steinheuer das Küchenzepter offiziell an Christian Binder als alleinigen Küchenchef des Gourmetrestaurants übergeben hat und mit seiner Erfahrung und seinem geschulten Gaumen trotzdem noch als Mentor fungiert, konnte sich dessen Linie in aller Konsequenz durchsetzen. Die Signatur wirkt klar und stringent wie nie zuvor und zieht sich wie ein roter Faden durch die beiden Menüs. Dass die Kleinigkeiten, die vorneweg und hinterher geschickt werden, in einer eigenen Karte aufgeführt sind, die zusammen mit dem Menü auf den Tisch kommt, wirkt keinesfalls übertrieben, denn schon die drei Apero-Snacks waren großartige, perfekt durchkomponierte Petitessen und keine Resteverwertung. Allen voran eine mit Jahrgangssardine angereicherte schmelzig-süffige Kalbstafelspitzsülze, die sich in einem kleinen Schälchen unter einer mit knusprigen Kapern applizierten Haube aus Remouladenschaum versteckte. Aber auch die beiden Fingerfood-Snacks um mit Botarga gewürztes Tatar vom Carabinero mit etwas Kräutermayo auf einem Knusperchip aus Tapioka und das subtil von geräuchertem Ochsenmark und säuerlich eingelegten Zwiebelsegmenten aromatisierte Rindertatar in einem hauchdünnen Knusperpasteten-Förmchen präsentierten sich als attraktive Kleinigkeiten mit viel Produktcharakter.

Richtig stark war diesmal auch der Start im eigentlichen Menü, einer mit den Begleitaromen Macadamia, Milch, Mispeln und dem aufgespriteten Likörwein Rivesaltes eigentlich sehr klassisch angelegten Gänseleber-Variation, die aber weder typisch fruchtsüß noch behäbig opulent daherkam. Besonders die überraschend markante, dabei aber überhaupt nicht plakative alkoholische Note an der Leberterrine sowie an einer in Milchgelee gehüllten und mit knuspriger karamellisierter Milchhaut bestückten Lebermousse, gaben der durch ein Stück gebratene und karamellisierte Leber auf Mispelragout und reduziere Jus komplettierten Trilogie das Besondere. Aber auch die vielen anderen fein differenzierten Nuancen, selbst

bei den unterschiedlichen Texturen, ließen diese Vorspeise überraschend modern und individuell wirken.
Ganz ähnlich verhielt sich das beim Duett von Saint-Pierre und Jakobsmuscheln, die mit Orange, Fenchel und Chicorée ebenfalls einem ganz klassischen Akkord folgten. Weil aber vom herrlich pur und klar auf den Teller gebrachten und außerdem qualitativ ganz hervorragenden festfleischigen Fisch mit den darauf verteilten Jakobsmuschelwürfeln, über die deutlichen ätherischen Bitteraromen des unverfälschten Obstes und Gemüses, bis hin zur grünfrisch mit Fenchelkrautöl marmorierten samtigen Sauce, alles schnörkellos zeitgemäß, puristisch und transparent zubereitet war, verleitete das Gericht zu keinerlei Assoziationen mit behäbiger Klassik.
Und für die schon optisch hinreißende maritime Komposition um herausragenden Rochenflügel, der hier mit gegrillten Calamaretti, geschmorter sowie zur Creme verarbeiteter roter Spitzpaprika und Röllchen sowie Perlen von Zucchini in einem kraftvoll eleganten Bouillabaissesud schwamm, musste man gar nicht erst irgendeine Schublade aufmachen. Denn dieser wieder völlig zeitlos anmutende, in jedem Detail makellos und Ausdrucksstark umgesetzte Gang stand einfach in beeindruckender Perfektion und Qualität für sich.
Das perfekt wachsweiche Eigelb unter sublimem Kartoffelschaum, das als cremig fließende Komponente den grünen Spargel aus dem französischen Pertuis und die frischen Morcheln begleitete, war ebenfalls Teil eines rundum modern und fast schon schwebend leicht interpretierten Klassikers. Dazu belebten verschiedene klug eingesetzte Texturkontraste wie feine Knusperbrösel oder winzige Pommes Soufflés und Kräuter, vor allem aber auch die straffe Säure der Verjus-Sauce, dieses süffige Soulfood ungemein und ließen es frisch, dynamisch und kontrastreich wirken.
Die Brillanz der Küche resultiert aus überdurchschnittlich guten, ausdrucksstarken Produkten, deren perfekter Zubereitung und einer konsequent darauf abgestimmten Kreation, die einerseits problemlos für sich stehen könnte, dem Hauptprodukt aber nie die Show stiehlt. So war im Hauptgang auch das Lamm mit so viel Ausdruckskraft auf den Teller gebracht, wie man es sich nur wünschen kann: der Rücken mit viel Saft und Eigengeschmack, welcher durch den schmelzigen Fettansatz noch effektiv gepusht wurde, eskortiert von einem mit Sorgfalt geschmortem Stück von der Lammschulter, war hier im mediterranen Kreis von kleinen Poveraden-Artischocken, grünen Bohnen und Bohnenkernen, fermentiertem schwarzem Knoblauch und Perlzwiebelsegmenten wieder augenscheinlich sehr gediegen in Szene gesetzt, begeisterte aber durch Kraft, Klarheit und Tiefenschärfe in jeder Facette. Nicht zuletzt auch wegen einer authentischen Lammjus, die tief, aber sehr klar und pur einfach die perfekte Sauce an dieser Stelle war.
Und letztlich war das auch das Erfolgsrezept des Desserts, das sich ganz unaufgeregt und ohne irgendeinen originellen Twist um die Leitaromen von Rhabarber und Himbeere drehte. Die waren hier in verschiedenen Zubereitungen von eingelegtem Rhabarber oder ganzen marinierten Himbeeren über Sorbet, Gel und Sud bis zum Baiser einmal sauber durchdekliniert und wurden von einer mit Himbeer-Rhabarber gefüllten Mandelpraline und einem vollaromatischen Mandel-Rahmeis vollmundig aufgefangen. Auch hier war beeindruckend, wie feinsinnig und harmonisch alle Konsistenzen und Aromen ineinandergriffen und wie gewinnbringend sich das alles ergänzte
Dass im Hause Steinheuer der Käsewagen nach wie vor opulent mit besten Rohmilcherzeugnissen verschiedenster namhafter Provenienzen bestückt ist, muss in der heutigen Zeit ebenso deutlich hervorgehoben werden wie die Tatsache, dass die Weinkarte nicht nur wegen ihres schieren Umfangs beeindruckt, sondern auch, weil sie bei verschiedenen namhaften deutschen Weingütern oder beispielsweise vielen Größen aus dem Burgund mit enormer Breite und Tiefe aufwartet. Wer sich dennoch zurückhalten muss, der bekommt vom zuvorkommenden Serviceteam unter der Leitung der sympathischen Gastgeberin Désirée Steinheuer mit sehr gut auf die Gerichte abgestimmten alkoholfreien Begleitern aus Jörg Geigers anspruchsvoller Inspirations-Linie adäquaten Ersatz – manchmal sogar, wie beispielsweise das bitteraromatische Orangenextrakt mit Thomas Henry Tonic zum St. Pierre, auch aus eigener Produktion.

Bad Orb (Hessen)

6

Rauchfang

Gutenbergstr. 15, 63619 Bad Orb
06052-912376
www.restaurant-rauchfang.de
Küchenchef: Pierantonio Maritan
Do–So ab 18.30 Uhr, Mo–Mi RT
Hauptgericht: 39–49 €,
Menüs: 119 €

Das pittoresk an der historischen Stadtmauer von Bad Orb gelegene Domizil von Joanna Sifaki und Pierantonio Maritan ist ein Paradebeispiel für gelebte gastronomische Leidenschaft und immer mehr zum kulinarischen Aushängeschild der Kurstadt geworden. Das liegt vor allem am hier betriebenen Aufwand, mit dem der gebürtige Venezianer seine Heimat kulinarisch inszeniert. Und wenn wir es nicht besser wüssten, würden wir davon ausgehen, dass ein vielköpfiges Team dem Chef in seiner Küche zuarbeiten muss. Doch der steht als Einzelkämpfer am Herd und auch seine Partnerin bespielt den urigen Gastraum an der historischen Stadtmauer allein. Und auch wenn es heuer punktuell ein wenig reduzierter zuging, ändert das nichts an der anspruchsvollen, arbeitsaufwendigen Grundlinie – ganz im Gegenteil: die vielfach erprobten Hausklassiker wirkten dergestalt sogar noch ein wenig stringenter.
Dass weniger oft mehr sein kann und den Genuss nicht schmälern muss, zeigte sich schon bei der im Vergleich zum letzten Besuch reduzierteren Brotauswahl: luftige hausgebackene Ciabatta und kräftiges Dinkelbrot, die zu exquisiten Olivenöl gereicht wurden. Aus der Amuse-Parade blieb vor allem eine Mini-Lasagne sehr positiv im Gedächtnis, die als vegetarische Variante zubereitet war. Hier lieferten fermentierte Bio-Bananenschalen die fleischlose Grundlage der Sauce, die mit Cremes von Tomaten, roter Bete und Möhre gemüsig eingefasst und mit Parmesancreme finalisiert wurde. Ein erstes Highlight, das man sich durchaus auch als Á-la-carte-Gericht vorstellen könnte…
Apropos: Die Reduzierung auf ein Menü ist für den Küchenchef kein Thema. Vielmehr ist die Auswahl auf der Karte übersichtlich, aber völlig ausreichend – und da ohnehin nicht mehr als zwei Tische pro Servicezeit angenommen werden, ist die punktgenaue Zubereitung der Gänge garantiert. So wie etwa bei unseren diesjährigen Vorspeisen, die zum einen handgetauchte Jakobsmuschel und Wildfang-Garnele und zum anderen hausgemachte Spaghetti und Seeteufel in den Mittelpunkt rückten. Zu den frisch und glasig auf den Teller gebrachten Coquilles Saint-Jacques brauchte es dann nicht mehr als den knackig-zarten Biss der Krustentiere und etwas gehobelte Sommertrüffel, um den Teller geschmacksintensiv zu füllen.
Die frisch gezogene Pasta wiederum lieferte den typischerweise etwas festeren Biss, dem eine safransatte und herrlich cremige Sauce schmeichelte. Jodig abgerundet durch kleine Seeteufelstücke und stilecht mit etwas Parmesan beflockt war das vielleicht der „italienischste“ Gang des letzten Besuchs. Die Konzentration auf wenige hochwertige Elemente entspricht ja nicht nur dem Credo der Cucina Casalinga, sondern ist auch Markenzeichen der Kreationen Maritans, die gerade dann besonders eindrücklich geraten, wenn kein überflüssiges Beiwerk den Blick aufs Wesentliche verstellt.
Noch ein wenig deutlicher wurde das beim Hauptgang rund um Black-Angus-Rind und Madagascar-Pfeffer. Zur rosa-saftigen und üppig portionierten Tranche des Filets lieferte lediglich eine von der aromatischen Komplexität des Urwaldpfeffers sowie Lakritz- und Barbera-Aromen gezeichnete, enorm tiefe Jus den inhaltlichen Counterpart. Dass die zweite „Beilage“ des Hauptgangs, der längst zum Signature-Dish avancierte Gemüsegarten „Giardino di…“ wie gewohnt separat, quasi als Ouvertüre schon vorher serviert wird, hat ebenfalls Tradition. Das vielteilige Arrangement von fermentierten Gemüsen (Brokkoli, Karotte, Radieschen, Möhre, Champignons, rote Bete….) lieferte da vorab säuerliche, süßliche und erdige Noten, die von gepoppter Quinoa texturell erweitert wurden und den anschließenden Hauptteller „solo“ wirken ließ.

Ebenfalls weniger verspielt als in den Jahren zuvor, aber nicht weniger eindrücklich, geriet auch der süße Gang durch den „Zauberwald". Denn auch hier zeigte sich, dass weniger eben meist mehr ist. Die Fokussierung auf drei Zutaten (Marzipan, Fior di latte und Erdnuss) lieferte nämlich hier auch ohne vielfache Variationen ein komplexes Geschmacksbild, das vor allem durch ein schönes Spiel von süßen und salzigen Akzenten gefiel.
Joanna Sifaki ist bei alledem nicht nur Bindeglied zwischen ihrem Mann und den Gästen, sondern versteht es auch, die fast schon dogmatische Fixierung auf Bio-Produkte, zumeist in Demeter-Qualität, charmant näherzubringen. Die zumeist italienischen Weine passen selbstredend bestens zur Küche und werden von ihr stets anekdotenreich und informativ präsentiert.

Bad Peterstal (Baden-Württemberg)

6

Kaminstube

im Hotel Dollenberg
Dollenberg 3,
77740 Bad Peterstal (Griesbach)
07806-780
www.dollenberg.de
Küchenchef: Martin Herrmann
Täglich von 12–14 Uhr u. ab 18.30 Uhr, kein RT
Hauptgericht: 25–36 €, Menüs: 28–59 €
VISA P

Das neben dem nur an fünf Abenden in der Woche geöffneten Gourmetrestaurant Le Pavillon täglich zum Lunch und zum Dinner ladende Lokal mit eleganter Ausstattung und klassischer gehobener Kulinarik bietet zu günstigen Preisen eine hervorragende Küche, die nicht selten sehr deutlich in den Gourmetbereich tendiert. Das Haus selbst nennt das Ganze „Badische Küche mit einem Touch Extravaganz" – und liegt damit nicht unbedingt daneben. Kleinere Ausflüge in die große weite Welt der Kulinarik zeigen, wie up to date das Team um Küchenchef Martin Herrmann ist, aber auch mit ganz klassischen, regionalbetonten Dingen können sie voll überzeugen, weil alles bis ins Detail sehr präzise zubereitet ist und jede Komponente mit Sorgfalt abgeschmeckt wird.

9

Le Pavillon

im Hotel Dollenberg
Dollenberg 3,
77740 Bad Peterstal (Griesbach)
07806-780
www.dollenberg.de
Küchenchef: Martin Herrmann
Do–Mo ab 18.30 Uhr, Di u. Mi RT
Menüs: 145–198 €
VISA P

Imposant thront die weitläufige Ferienhotelanlage hoch über dem Tal, in das man vom verglasten Halbrund deren gastronomischen Aushängeschildes Le Pavillon aus hinunterblicken kann. Das unlängst aufwendig renovierte, unter anderem mit einem neuen Holzboden ausgestattete und nach wie vor gediegen-elegant anmutende Lokal ist noch ein echtes Gourmetrestaurant alter Schule. Drei verschiedene Brote und vier verschieden aromatisierte Bordier-Buttersorten sowie schmeckbar hochwertiges Olivenöl zeugen schon gleich zu Beginn neben drei oder vier aufwendig präsentierten Apero-Snacks den hohen Eigenanspruch dieses Restaurants, der auch eine sagenhafte, durch Sommelier Christophe Meyer bestens kuratierte Weinkarte und formvollendeten Service unter der Leitung von Sabine Ritter einschließt – und natürlich die obligatorischen Honneurs der Gastgeber.
Auch die Küche, für die Martin Herrmann verantwortlich zeichnet, gibt sich seit jeher klassisch, ohne allerdings deshalb auch nur ansatzweise angestaubt zu wirken. Denn dafür ist sie viel zu schlank und puristisch. Sehr mild gebeizte Tranchen von der Gelbflossenmakrele mit Gurke, Creme von grüner Paprika und einem ebenfalls grünfrisch marmorierten Buttermilchsud bildeten bei unserem jüngsten Besuch als leichter, aufgeräumter Gruß aus der Küche den Stil von Martin Herrmann gleich recht gut ab.

Ähnlich reduziert, allerdings auf zwei Schauplätze ausgeweitet, war die Langustine mit Joghurt und Kopfsalat: auf dem Hauptteller ein kapitales gebratenes Exemplar, das mit Joghurt- und Gel-Dots, kleinen Dublonen von Grünem Apfel und knackig-fleischigen Kopfsalatsegmenten appliziert auf einer kräuterwürzig marmorierten Joghurtsauce platziert war. Auf dem Side-Dish-Schälchen ein mit Kaviar getopptes, schmelzig-fleischiges Tatar von dem Krustentier auf einer Vinaigrette mit den Aromen von Limettenschalenabrieb und einem Hauch Piment d'Espelette, der gegenüber der von Joghurtcremigkeit geprägten gebratenen Variante den klaren und mehr transparenten Part gab.

Bei den Variationen von der Gänseleber, die als Parfaitnocke, als Terrinenschnitte und als fester Kern einer wie „Raffaelo" anmutenden Praline auf dem Teller zu finden waren, gelang es sehr gut, eine ausgewogene Balance von Foie gras, Frucht und sehr zurückhaltender Süße hinzubekommen. Und „Raffaelo" ist zugleich auch das Stichwort für die Komposition, denn Kokos war neben Mispel einer der beiden Begleitaromen. Kokos als Flocken um die Praline, Espuma und eine der beiden gelierten Schichten auf der Leberterrine, die Mispel als die zweite, obere Schicht sowie als Stücke und Püree.

Die ganz große Stärke von Küchenchef Martin Herrmann und sein Steckenpferd wurde dann aber erstmals mit dem folgenden Steinbutt offenbar: nämlich klassische, lange und tiefe Saucen! In diesem Fall eine markant ausdrucksstarke Sauce Vin Jaune, die mit langem Nachhall, feinem Säurespiel und natürlich dem typischen Geschmack des oxidativen Juraweins die gebratene Plattfischtranche (in bestechend guter Qualität!) mit frischen gepalten Erbsen und aromatisch-saftigen Morcheln untermalte. Auch zum Kalbsbries in kross-zartem Idealzustand, das neben karamellisiertem und mit Eigelbcreme betupftem weißem Spargel, etwas grünem Spargel und mildem Bärlauchschaum zum Besten gegeben wurde, gab es eine meisterliche Sauce. Diesmal eine reduzierte Rotweinjus auf Kalbsfondbasis mit unaufdringlicher Dichte, eleganter Süße und Rotweinfrucht. Von ähnlicher Machart, aber auf Lammbasis zubereitet, war die mit Shiraz angesetzte Sauce zum Lammrücken. Der war naturell gebraten, vollsaftig und eigenaromatisch und wurde neben gebratener und als Creme verarbeiteter Artischocke, einem Püree von roter Paprika, Auberginenkompott und einem leider seltsam trocken und plump anmutenden, mit viel Basilikum aromatisierten (gebackenen) Polentabällchen als ansonsten begeisternden Hauptgang aufgeboten.

Erdbeere, Haselnuss und Vanille, als marinierte Früchte, knackige Nüsse, Sorbet und Parfait sowie Sauce bildeten das kompositorisch zwar recht zahme, aber handwerklich perfekte und aromatisch ausdrucksstarke Dessert eines Menüs, das unterm Strich auch in diesem Jahr wieder unsere hohe Bewertung für die klassische frankophile Küche von Martin Herrmann bestätigte. Sommelier Christophe Meyer, Herr über den opulent gefüllten Keller des Dollenberg, ist nicht nur ein versierter und mit Empathie beratender Weinexperte – er macht sich auch viele Gedanken zu alkoholfreien Begleitgetränken und hat diesbezüglich ansprechende Produkte wie seriös schmeckende entalkoholisierte Weine oder die Inspirations-Linie von Jörg Geiger in der Hinterhand, die Spaß machen, wenn es mal promillelos sein soll.

Bad Säckingen (Baden-Württemberg)

6↑

Genussapotheke

Schönaugasse 11, 79713 Bad Säckingen
07761-9333767
www.genuss-apotheke.de
Mi–Sa ab 18.30 Uhr, So–Di RT
Menüs: 99–189 €
VISA

Im charmanten Restaurant mitten in der malerischen Altstadt von Bad Säckingen hat Raimar Pilz ein durchdachtes und ansprechendes Konzept geschaffen. Der Fokus liegt einerseits auf hochwertigen Produkten und andererseits auf kreativen Ideen, die zu einem leichten und aromatischen Stil führen. Besonders hervorzuheben ist das geschickte Händchen des Küchenchefs für Gemüse, wodurch auf den hübsch angerichteten Tellern ein unterhaltsames und niveauvolles Gesamterlebnis entsteht. Die Entscheidung, statt einer umfangreichen Auswahl à la carte lediglich ein festes Menü anzubieten, garantiert eine hohe Qualität der Produkte. Die individuelle Weinkarte, in der die Weine nach Rebsorten sortiert sind, beinhaltet viele herausragende Gewächse aus Baden und sorgt auch im Glas für genussvolle Momente.

Bad Saulgau (Baden-Württemberg)

Klebers

im Hotel Kleber Post
Poststr. 1, 88348 Bad Saulgau
07581-5010
www.kleberpost.de
Küchenchef: Walter Varga, Christian Brändle
So, Mo u. Mi–Fr 12–13.30 Uhr u. ab 18 Uhr, Sa ab 18 Uhr, Di RT
Hauptgericht: 25–45 €, Menüs: 62–93 €

Einerseits blickt das zentral in Bad Saulgau gelegene Romantikhotel Kleber Post auf eine beeindruckend lange Historie zurück, andererseits bietet es sehr viel zeitgemäßen Komfort, ein nobles Flair, das geprägt ist von zeitgenössischer Kunst – und im modernen Neubau auch eine angenehme Weitläufigkeit, die im Sommer um einen großzügigen Außenbereich erweitert wird. Genau wie das gesamte Haus bewegt sich auch die Küche unter der Tandemleitung von Walter Varga und Christian Brändle irgendwo zwischen Tradition und Moderne. Wobei mit dem recht umfangreichen Speisenangebot, das neben dem Menü „Klebers" auch eine vegetarische Variante, ein regionales Menü und eine separate Auswahl à la carte listet, die Auswahl je nach individuellen Vorlieben sehr frei getroffen werden kann.

Und auch stilistisch liegen die unterschiedlichen Menüs sehr nah beieinander, gleichermaßen von einem klar gehobenen, dabei aber bodenverhafteten Stil geprägt, der immer wieder gute Ideen parat hält, ohne sich allzu sehr in handwerklichem Kleinklein zu verzetteln. Die postulierten „Interpretationen aus der modernen Avantgarde-Küche" wirken entsprechend etwas weit hergeholt. Tatsächlich liegen die Stärken des Teams nämlich ganz klar weniger in technisch modernen Elementen als vielmehr in der insgesamt aufgeräumt-frischen und natürlichen Art der Gerichte.

Das zeigte zuletzt auch das ohne weitere Einstimmungen oder Brotservice direkt startende Menü im ersten Schritt, nämlich mit einer tomatisierten klaren Fischsuppe, deren konzentrierte aber ausgewogene Aromendichte sorgfältiges und geduldiges Arbeiten verriet. Mit knackig zarten Garnelen, Miesmuscheln und Pulpo gab es darin auch noch eine hochqualitative Einlage, ergänzt von feinstreifigem Fenchel, der für eine gewisse zusätzliche Ätherik sorgte. Im Grunde ganz schlicht in der Machart, aber auf diese Art dennoch feinsinnig und animierend.

Stilistisch ganz anders, nämlich radikal auf modern getupft, wurde dann der folgende Ora-King-Lachs präsentiert. Dessen saftig glasig gegarte Tranche wurde von großen Tupfen eines eher festen Hummus, knallgrünen (aromatisch aber überraschend blassen) Gel-Punkten sowie marinierten Gurkenstreifen präsentiert. Zusammen mit einem filigranen Knusperchip und Lachskaviar ergab das eine optisch akkurate Vorspeise, die allerdings trotz handwerklicher Feinarbeit aromatisch etwas karg wirkte und letztlich vor allem vom hervorragenden Hauptprodukt getragen wurde.

Auch kompositorisch wieder eine ganze Stufe überzeugender gelang der sehr klassisch angelegte Hauptgang rund um perfekt elastisch-zarten Rehrücken auf dem reizvollen erprobten Akkord, mit dem knackiger Rahmkohl, herbe Preiselbeeren und eine voluminöse Wildjus den Teller bespielten. Erweitert um cremigkross ausgebackene Kartoffelkrapfen, zarte Rosenkohlblätter und kleine Kürbiswürfel ergab das unterm Strich ein rundum stimmiges Gesamtbild mit viel Substanz, das auf 6-Pfannen-Niveau lag.

Und auch der abschließende Quader aus Parfait von der Toblerone, der mit aromatisch überraschend tiefer Vollmilch-Schokoladenmousse und kakaoherben Crumbles liiert wurde, überzeugte rundum. Insbesondere deshalb, weil die differenzierte Schokoladenpower von eingelegten Zwetschgen und deren Sud einen wichtigen herb säuerlichen Kontrast zur Seite gestellt bekam und das Ganze nicht bemüht auf originell getrimmt war.

Begleitend gibt es eine reiche Auswahl hochwertiger Weine und auch im offenen Ausschank niveauvolle und spannende Entdeckungen, bei deren Auswahl man sich entspannt auf den diesmal gut eingespielt wirkenden und bemerkenswert aufmerksam agierenden Service verlassen kann.

Hotelempfehlung

★★★★

Hotel Kleber Post

Poststr. 1, 88348 Bad Saulgau
✆ 07581-5010
www.kleberpost.de
Einzelzimmer: 94–114 €
Doppelzimmer: 149–189 €

EC VISA

Das moderne Romantik-Hotel befindet sich im Herzen von Bad Saulgau und verfügt über 49 elegante, komfortable Zimmer. Alle Räume sind ausgestattet mit Dusche oder Badewanne, WC, Telefon, Flatscreen, Fön, Radio und Minibar und verfügen über große Fenster mit Blick auf die Stadt, den Garten oder den Innenhof. Schnelles, kostenfreies WLAN gehört ebenfalls zum Service des Hauses. Auf dem Dach des Hotels entführt ein 250 qm großer Wellness-Kubus aus Glas in die Welt der Entspannung: Ein Refugium mit Finnischer Sauna, Biosauna, Whirlpool, Solarium, Massage, Fitness und Sonnenterrasse – und tollem Ausblick über die Dächer der Altstadt. Das Restaurant mit seinen verschiedenen Räumlichkeiten steht für Interpretationen schwäbischer Traditionsgerichte sowie moderner Avantgarde-Küche und präsentiert sich edel und elegant. Das „Poststüble“ erinnert an die gute alte Zeit, in der sich hier Literaten und Intellektuelle auf ein Stelldichein trafen, die Ausstattung des Esszimmers ist modern, versprüht aber gleichzeitig mit Mobiliar aus Nussbaum, Bezügen aus braunem Leder und schwarzen Lampenschirmen einen gemütlichen Charme und die Lounge ist zentraler Treffpunkt mit ungezwungener, ruhiger Atmosphäre. Restaurant Klebers separat erwähnt.

Bad Schwartau (Schleswig-Holstein)

6↑

Gambero Weinbar

Geibelstr. 3, 23611 Bad Schwartau
✆ 0451-2900050
gambero-weinbar.de
Mi–So von 12–14.30 Uhr u. ab 17 Uhr, Mo u. Di RT
Hauptgericht: 19–36 €, Menüs: 69 €

EC

Die Weinbar Gambero im beschaulichen Bad Schwartau bei Lübeck, die in einem roten Backstein- und Fachwerkhaus mit hellem und freundlichem, kürzlich ansprechend renoviertem Ambiente auf Anhieb sehr einladend wirkt, zählt für uns weiterhin zu den besten kulinarischen Adressen in der Region. Das wurde und beim jüngsten Testbesuch im Rahmen des Feinschmeckermenüs von den Amuses bis zum Dessert wieder bewiesen. Wer die eher klassischen Gerichte à la carte bestellt, wird ebenso überdurchschnittlich bekocht wie die Menü-Esser, vielleicht nur nicht mit vergleichbarem Arbeitsaufwand und bisweilen etwas handfester und bodenständiger.
Unsere Bewertung spiegelt das Level des zuletzt genossenen Menüs wider, das mit einem Macaron mit mildem Rauchaal und Sojagelee, sowie einem Filoteig-Cornetto mit einer kleinen Kugel von schön säuerlichem und karamellisiertem Ziegenfrischkäse attraktiv eingeläutet wurde. Als Küchengruß kam in Vorspeisengröße und beachtlichem Detailaufwand gebeizter Lachs in schön dicken Tranchen mit einer fruchtig abgeschmeckten und geleeummantelten Praline von Kürbismousse und weiteren Kürbiskomponenten im Kreise einer mit Sesam und gepufftem Amaranth eingefassten Kürbiskernvinaigrette – und war ein beeindruckender Auftakt.

Die erste offizielle Vorspeise bescherte uns dann nicht weniger als eines der besten Rindertatare seit langem – was nicht damit zu tun hatte, dass hier besonders viel mit dem Fleisch gemacht wurde, sondern eben nur erfreulich wenig. Das qualitativ sehr gute, penibel von Hand kleingewürfelte und wirklich perfekt nur den Fleischgeschmack unterstützend gewürzte Tatar kam hier mit etwas gebeiztem und gehobeltem Eigelb, säuerlich eingelegten, wie aus dem Ei gepellten Steinpilzen, einer Steinpilzcreme, Kapern, einem Hauch Parmesan und marinierten Radieschenscheiben erfreulich reduziert an den Tisch. Und man vermisste rein gar nichts…

Auch nicht bei den qualitativ hervorragenden Jakobs-, Venus- und Stabmuscheln als Sauté mit Brunoises von Knollensellerie und marinierter Staudensellerie, die in einer elegant schaumig-voluminösen Muschelvelouté mit sublimem Sternanisaroma badeten, das sich hier sehr gut einbrachte. Überraschenderweise wirkte hier auch der Sellerie (und nicht bloß wegen des dezenten Zutuns von grünem Apfel) überhaupt nicht konterkarierend gegenüber den zarten Schalentieren. Im nächsten Zwischengang gab es Kürbisrisotto und Wildgarnele. Und wie schnell kann so ein Kürbisrisotto nicht bloß einem Krustentier, sondern auch sich selbst zur Last fallen! Hier allerdings hatte man es eben nicht mit einem plumpen Reisbrei zu tun, sondern mit einer eleganten, dünncremigen Konsistenz bei vollem Kürbisgeschmack (mit dezenter alkoholischer Note), so dass der perfekt gegarte Rundkornreis sich als Hauptbestandteil behaupten konnte. Und ganz nebenbei natürlich auch das Krustentier, das ebenfalls von überraschend guter Qualität war.

Beim folgenden Kabeljau, der einmal mehr in sehr guter Qualität und Frische auf dem Teller lag, auf den Punkt gegart und behutsam gewürzt war, wirkte der Kürbis, der hier als Ragout-Nocke, Creme und mit Ingwer und Senfsaat aromatisierte Sauce das Bett für den Fisch und etwas wildem Brokkoli bereitete, allerdings dann doch etwas redundant. Was aber an dem an sich sehr gelungenen und wieder sehr ausgewogen komponierten Fischgang natürlich nichts geändert hat.

Und so wohlbeschaffen war dann auch der Hauptgang um ein mit Pankobröselknusper beflocktes Filetstück und saftiges, mit Jus angemachtes geschmortes Keulenfleisch vom Hirschkalb – letzteres unter einer schaumigen Haube aus Orangen-Hollandaise eine köstlich süffige Angelegenheit. Das Filet allerdings war etwas über den optimalen Garpunkt hinaus und tendenziell ein wenig trocken, was jedoch das ansprechende Gesamte, zu dem auch noch ein Stück gebratener Gänseleber, cremige und stückige Topinamburknolle, etwas Romanesco und Brombeere gehörte, nicht maßgeblich beeinträchtigte.

Weil hier sehr exakt, wohlproportioniert und mit feiner Zunge gekocht und arrangiert wird, gelang auch mit dem „Karibik“ getauften Dessert rund um verschiedene Komponenten von Banane, Kokosnuss und Ananas (sowie einiger weiterer mehr oder weniger exotischer Obstsorten wie etwa Kiwi) ein Gaumenkitzel. All das wird von Gastgeber Bilal Dogan und seinem Team mit viel Gentilezza und Aufmerksamkeit sowie auf Wunsch den passenden Weinen serviert. Und zwar zu moderaten Preisen.

Bad Sobernheim (Rheinland-Pfalz)

8

Jungborn

im Hotel BollAnts im Park

Felkestr. 100, 55566 Bad Sobernheim
06751-93390
www.bollants.de
Küchenchef: Philipp Helzle
Di–Sa ab 18.30 Uhr, So u. Mo RT
Menüs: 121–144 €

Die „Zeit des Wohlfühlens“, die das Hotel „BollAnts – Spa im Park“ seinen Gästen verspricht, ist im etwas versteckt am Rande von Bad Sobernheim gelegenen Anwesen gleich doppelt garantiert. Denn neben dem erholsamen Wellness- und Spa-Bereich ist auch das kulinarische Angebot ein Aushängeschild des Hauses. Das liegt nicht zuletzt am langjährigen Küchenchef Philipp Helzle und dessen Team, die neben dem Gourmet-Restaurant im urigen Gewölbekeller-Ambiente, das mit bequemen Sesseln, edlen Lederbänken und dezenter Beleuchtung rustikal und elegant zugleich wirkt, auch den bodenständig und regional ausgerichteten „Hermannshof" im Nebengewölbe bekochen.

Der gebürtige Aachener ist seit jeher nicht auf eine bestimmte kulinarische Linie festgelegt, nutzt sowohl die Region und ihre interessantesten Produkte als Inspiration, setzt aber auch mal orientalische Akzente oder wildert in mediterranen Gefilden. So gesellten sich schon bei den Aperos zu einem frühlingsfrischen Spargelsüppchen mit Bärlauchschaum zwei Tartelettes, die einmal mit Spitzkohl und Soja und einmal mit Karotte, Ingwer und Kokos deutlich asiatisch inspiriert waren. Ebenso ansprechend präsentierte sich der Küchengruß rund um leicht fruchtsüß gehaltenen Dattel-Couscous, der in einer schmelzigen Auberginentranche verpackt war und von einem Spiegel aus Ziegenjoghurt und Minzöl belebende Frische angedient bekam. Dezente Süße, laktische Säure und pfeffrig-grüne Frische in schönstem Einklang.

Sehr akkurat und finessenreich auch die erste Vorspeise, für die Wachtel in drei Varianten aufgeboten wurde. Als pochiertes Wachtelei, als saftige Brusttranchen und als etwas kompaktere Roulade, die neben einem Quader aus nur angenehm dezent knofeliger Bärlauchmousse, knackiger Knollenziest, kurz blanchierten Spargelspitzen und gepufftem Buchweizen mit unterschiedlichen Texturen und Geschmäcken bespielt waren. Schmelz, Fleischigkeit, Frische, Biss und Crunch, von einer auf Basis der Wachtelkarkassen angesetzten und mit Portwein filigran alkoholisch abgeschmeckten Jus warmaromatisch grundiert. Hier wurde bereits angedeutet, was sich im weiteren Verlauf des Menüs bestätigte und uns zu einer weiteren Aufwertung veranlasste: Philipp Helzle und sein Team kommen bei ihren Kreationen mittlerweile mit wenigen, aber markanten Pointen zu immer eindrücklicheren Ergebnissen auf den Tellern.

Besonders auffällig wirkte da heuer der mutige und sehr gekonnte Einsatz von säuerlichen und bitteren Elementen, die vor allem die maritimen Zwischengänge akzentuierten. Der schön zarten, fleischigen Seezunge mit einem Topping von Salicornes und Kräuterpesto verpasste beispielsweise zitrische Säure den nötigen Frischekick, der auch die mit gerösteten Mandelsplittern und süßlichen Gurkenstückchen in ihrer Schale präsentierten Schwertmuschelscheiben konterte. Kraftvoll, aber elegant unterfüttert von Krustentierschaum entstand so ein rundes, variantenreiches Geschmacksbild. Säure in Form eines feinporigen Zitronenschaums prägte dann auch die scharf angebratene Jakobsmuschel mit Süßkartoffel und frittierten Rote-Bete-Sprossen, die von den herrlich ungezügelten Bitternoten verschiedener Chicorée-Komponenten profitierten.

Erdiger und süßlicher, aber nicht minder pointiert wurde es im Hauptgang, der sich um saftig am Knochen gebratenes Lammkarree mit saftigem Biss drehte, das mit verschiedenen Komponenten von Blattpetersilie und Petersilienwurzel (seidige Creme, gebratene Stücke, knusprig frittierter Chip...), Creme von fermentiertem Knoblauch und thymianwürziger Lammjus kombiniert war. Hier stand der ausdrucksstarke Lammgeschmack klar im Mittelpunkt, der gediegen, aber gewinnbringend von der sehr leichten, gemüsigen Entourage ergänzt wurde.

Auch das Dessert stand der bis hierhin gezeigten Küchenleistung in nichts nach. Zur luftigcremigen Mousse von Valrhonas „Hukambi"-Schokolade, Ananas und Cashew als Dreh- und Angelpunkt war es diesmal wieder eine prononcierte Säure im Ananaskompott, die klar hervorstach und dem Nachtisch eine erfrischende Spitze gab. Einen besonderen Akzent gab es durch das Fruchtfleisch von Guanabana, der auch Stachelannone genannten Frucht des Annona-Muricata-Baums, deren feinherber Geschmack irgendwo zwischen Apfel, Zitrone und Ananas liegt.

Neben den besten Gewächsen von der Nahe, die auf der Weinkarte natürlich prominent vertreten ist und Sommelier Julian Berg besonders am Herzen liegt, sind auch aus den großen internationalen Weinnationen genügend Alternativen zu haben. Und apropos Alternative: die bietet sich auch in Gestalt einer alkoholfreien Menübegleitung, wenn es mal promillelos sein soll. Gastgeberin Petra Helzle führt in ihrer unaufgesetzten Art locker und kompetent durch den Abend.

Die Symbole

- gute Parkmöglichkeiten
- Hotelgarage
- barrierefrei
- klimatisierte Zimmer
- WLAN-Zugang
- Hallen- und/oder Freibad im Haus
- mit Wellness-Bereich
- mit Fahrstuhl zu den Hotelzimmern
- Hunde im Hotel nicht erlaubt
- mit Garten oder Terrasse

Bad Staffelstein (Bayern)

v. Scheffel-Restaurant

im Kurhotel an der Obermaintherme
Am Kurpark 7, 96231 Bad Staffelstein
09573-3330
www.v-scheffel.de
Küchenchef: Alexander Hartung
Mi–So ab 17.45 Uhr, Mo u. Di RT
Hauptgericht: 42–98 €,
Menüs: 60–116 €
VISA

Das kleine Gourmet-Separee im Best Western Hotel in Bad Staffelstein hat einen neuen Küchenchef. Nachdem Fabian Wallner hier für viele Jahre neben dem großen Hotelbetrieb auch den kulinarisch ambitionierten Part maßgeblich geprägt hat, steht jetzt mit Alexander Hartung sein ehemaliger Souschef an vorderster Front.
Insofern verwundet es nicht, dass sich grundsätzlich wenig am Konzept und Stil der Küche geändert hat. Nach wie vor startet ein Besuch hier anstelle eines Küchengrußes mit Brot und einer zwar etwas übertrieben inszenierten, aber ansprechend hochwertigen Auswahl ausgesuchter Olivenöle und Salze, bevor es danach direkt ins Menü geht.
Dessen erster Gang blieb beim letzten Besuch noch eher zurückhaltend und wirkte beinahe ein wenig karg angelegt. Und zwar drehte sich hier alles rund um Scheiben von geräuchertem weißem Heilbutt, die aromatisch eher derb und in der Konsistenz eher strohig als schmelzend ausfielen. Begleitet wurden diese von einem Quader aus süß-säuerlichem Bete-Gelee mit kleinen Betewürfelchen darin, einer milden Meerrettichespuma und trocken-knusprigen Pumpernickelbröseln. Auch wenn das gesamte Arrangement eher grob gezeichnet war – das größte Problem war hier tatsächlich das Hauptprodukt. Mit einem zart confierten und dann vielleicht noch sanft angeräucherten Fisch hätte das beispielsweise ganz anders aussehen können.
Besser gelang – auf ebenfalls schlichte Art – die kraftvolle Tomatenessenz, die mit viel natürlichem Umami und Power auftrumpfte und von einem duftigen Basilikumschaum gekrönt war. Ergänzt wurde das Süppchen von einer in Asche knusprig gebackenen Kartoffelpraline mit softem Innerem als rustikaler, aber durchaus gelungener Kontrast.
Und mit Blue Obsidian Garnele in einer tiefen Schale mit tintenschwarzem cremigem Risotto in kraftvoll safrangelbem, geschmacklich allerdings sehr blassem Schaum, präsentierte das Team dann ein wirklich hervorragendes Produkt in punktgenauer Zubereitung. Einziger kleiner Schönheitsfehler: Die Wahl, ob man das Krustentier in der Schale oder ausgelöst serviert haben möchte, endete bei der Entscheidung für Ersteres in einem wenig appetitlichen Massaker in der cremigen schwarzen Umgebung. Da hätte man auf einem etwas flacheren Teller einfacheres Handling gehabt.
Derartige Probleme gab es beim Hauptgang nicht. Das Zweierlei vom Lamm mit saftigem Karree und zartem Filet neben einer üppigen Menge an lockerem (dabei aber eher trockenem) Granatapfel-Couscous und einer pastösen (Kalbs-)Jus kam aufgeräumt und klar auf den Teller. Der heimliche Star waren dabei – neben dem tadellosen Fleisch – allerdings die feinbitteren prononcierten Röllchen aus Aubergine mit cremig geschmolzener Schafskäsefüllung, die neben etwas Auberginencreme den Teller ergänzten und dem Gericht einen charmant rustikalen Touch mitgaben.
Eine Scheibe von aromatisch intensivem Schokoladenkuchen in eher teigiger Konsistenz mit äußerst milden Tupfen weißer Kaffeemousse und einem ebenso milden Limoncello-Parfait schafften danach einen natürlichen und harmonischen Abschluss, dem aber ein bisschen mehr Mut zu deutlichen Aromen gutgestanden hätte.
Insgesamt erlebten wir so eine recht schwankende Performance, die aber auch an vielen Stellen deutlich aufzeigte, dass es durchaus einiges an Potenzial gäbe. Wenn das Team konsequenter auf das Produktniveau achten und ansonsten die handwerkliche Zubereitung möglichst ohne viel Gebastel in den Vordergrund stellen würde, wäre da noch mehr drin!
Ergänzt wird der Abend im Restaurant v. Scheffel von einer kleineren Weinauswahl, die aber

viele Stilistiken abdeckt, sowie einem außergewöhnlich individuellen Sortiment regionaler Biere und einem engagierten Serviceteam.

Hotelempfehlung

★★★★

Best Western Plus Kurhotel an der Obermaintherme

Am Kurpark 7, 96231 Bad Staffelstein
09573-3330
www.kurhotel-staffelstein.de
Einzelzimmer: 75–296 €
Doppelzimmer: 100–467 €

VISA

Das Best Western Plus Kurhotel an der Obermaintherme in der 4-Sterne-Kategorie richtet sich insbesondere an anspruchsvolle gesundheitsliebende Urlauber sowie Tagungs- und Seminargäste. Sie haben hier nach großem Um- und Anbau nun die Wahl zwischen 14 Classic Zimmern mit 21,5 qm, 2 Classic Zimmern mit 31,5 qm, 113 Junior Suiten mit 38 qm, 3 Executive Zimmern von 32–38 qm und 4 Penthouse Suiten mit bis zu 145 qm, welche über Wohn- und Sitzbereich, Flat-TVs (inklusive Sky), Safe, Schreibtisch, Bad mit Kosmetikspiegel und kostenloses WLAN verfügen. Der „VITUS SPA" mit Hallenbad und Saunen sowie die über einen „Bademantelgang" direkt vom Hotel aus erreichbare „Obermain Therme" (3 Stunden ThermenMeer pro Übernachtung sind in den Kategorien Junior Suite, Executive Zimmer und Penthouse Suite inklusive) laden zum Entspannen ein. Im bayrisch-regionalen Restaurant genießen Sie Spezialitäten aus der fränkischen und bayrischen Region und im mediterranen „v. Scheffel-Restaurant" können Sie sich mit anspruchsvoller Mittelmeerküche verwöhnen lassen. Die Restaurants halten kontinuierlich Speisen bereit, die vegan, vegetarisch, laktosefrei, glutenfrei, glutamatfrei, fettarm und salzarm sind. Restaurant v. Scheffel separat erwähnt.
Temporärer Hinweis des Hotels: „Wir möchten vorsorglich darauf hinweisen, dass es mögliche und nicht vorhersehbare Einschränkungen wegen behördlich angeordneter Corona-Maßnahmen geben kann. Bitte beachten Sie, dass das Frühstücksbuffet, der hauseigene VITUS SPA sowie der Tagesaufenthalt ThermenMeer, von Check In bis Check Out, über den Bademantelgang in den Kategorien Junior Suite, Executive Zimmer und Penthouse Suite inklusive sind." (Stand 03.03.2022)

Bad Teinach (Baden-Württemberg)

7

Gourmetrestaurant Berlins Krone

im Hotel Berlins KroneLamm
Marktplatz 1–3,
75385 Bad Teinach (Zavelstein)
07053-92940
www.berlins-hotel.de
Küchenchef: Franz Berlin
Mi–Sa ab 18 Uhr, So–Di RT
Hauptgericht: 39–59 €,
Menüs: 139–179 €

VISA

Malerisch gelegen und nicht von ungefähr als Kurort etabliert, ist das zu Bad Teinach gehörende Zavelstein mit der gleichnamigen Burg ein lohnendes Ausflugsziel. Und noch viel mehr, weil es hier mit dem zentral gelegenen und das Ortsbild entscheidend mitprägenden Hotel Berlins Krone Lamm ein ausgesprochen attraktives Genussziel gibt. Das schmucke Haus unter der gastronomischen Leitung von Küchendirektor und Jeune Restaurateur Franz Berlin legt in jedem Detail einen hohen Anspruch an den Tag, der kulinarisch im Menü des Gourmetrestaurants gipfelt, aber auch einen Besuch im bodenständigeren Lamm und dessen regionalen Traditionsgerichten unbedingt lohnend macht.

Im Gourmetbereich hatte das Team um den ausführenden Küchenchef Ansgar Blatter in den letzten Jahren vor allem mitunter recht gewagte Kreativität geprägt, deren wilde Kombinationen oft spannend, manchmal – und insbesondere, wenn fruchtig-süße Komponenten eine Rolle spielten – aber auch etwas plakativ ausfielen. Davon allerdings, soviel bereits vorab, war beim letzten Besuch gar nicht viel zu spüren. Im Vordergrund standen stattdessen das überaus souveräne Handwerk und die hochwertige Produktpalette, mit nur ganz wenigen etwas überschwänglichen Momenten.

Nach ersten akkuraten Kleinigkeiten wie einem luftigen Macaron mit fermentierten Shiitake-Pilzen (und tatsächlich etwas vordergründiger Süße), schaffte beispielsweise ein kurz und sanft koloriertes Thunfisch-Tataki neben betont nussigem Karotten-Mandel-Salat mit dichter heller Mandelcreme und einem farblich zwar kontraststarken, aromatisch dagegen eher harmonisch-sanften Korianderschaum bereits eine feinsinnige Einstimmung aufs Menü.

Ebenso pur und straight kam auch das folgende Tatar von bayerischen Garnelen daher, die mit ihrer roh beinahe cremigen Textur und feinem Aroma von einem sanft erfrischenden Apfel-Staudensellerie-Sud, kleinen Apfelperlen, subtiler Würze von Ponzu und kleinen, an Miso erinnernden Moussekugeln insgesamt wieder eher sanft und zart und auf diese Art absolut überzeugend präsentiert wurden.

Aromatisch bunter und eher im gewohnten typischen Stil ging es bei den handgetauchten, einseitig markant gerösteten Jakobsmuscheln zur Sache, die mit fruchtig-würzigem, mit Whisky abgeschmecktem Apfelragout, üppig duftig karamellisiertem Vanille-Radicchio und einer schaumigen Beurre blanc kombiniert wurden. Deren annoncierte Meerrettichnote, die hier noch einen schneidigen Akzent hätte setzen können, fiel allerdings sehr zurückhaltend und mild aus.

Beim mit reinweißem saftigem Fleisch und hauchdünn knuspriger Haut aufwartenden Zander sorgte warmwürzige gebratene und dann kurz auf dem Fisch geschmolzene Blutwurst für den gewissen Twist, während ein elegantes Rahmsauerkraut und weitestgehend neutral-stärkehaltige Kochbanane in knusprig gebackener Form eine harmonische, aber weniger spannungsgeladene Umgebung als erwartet stellten. Insbesondere die Banane wirkte in dieser Form eigentlich eher verzichtbar als gewinnbringend.

Den stärksten Eindruck des letzten Besuchs gab es im Hauptgang mit einem absolut klassischen, in seiner kraftvoll-eleganten Art aber bestechend guten Rehrücken unter dünner Pekannusskruste mit einer exzellenten Wildjus mit viel Druck, feinem Säurespiel und luxuriöser Fülle, die durchaus an eine Montage mit Foie gras denken ließ. Ergänzt von fluffigen kleinen Gnocchi, frischgrünem wildem Brokkoli und einem zwiebelig-fruchtigen Feigenchutney entstand so ein lebendiges und fein differenziertes Umfeld mit immer neuen Kombinationsmöglichkeiten.

Einen gekonnten Übergang ins Süße schaffte ein duftig marinierter Weinbergpfirsich mit herbsüßem Sorbet aus Franciacorta und Weinschaum, bevor die abschließenden Variationen von Aprikose, Quark und Tahiti-Vanille mit einem (etwas eilastigen) Mini-Quarksoufflé, kleinen Kugeln aus Quarkcreme mit Aprikosenfüllung, konzentrierter, beinahe an Dörrfrucht erinnernder Aprikosenterrine und Eiscremes von Aprikose und Vanille wieder mehr bunte Vielfalt boten.

Zu alldem hält der gut gefüllte Weinkeller viele lohnende Optionen für eine standesgemäße Getränkebegleitung vor. Und mit Restaurantleiter und Sommelier Holger Klotz steht zudem ein kompetenter Ansprechpartner parat, der mit hochwertigen Empfehlungen aus dem Kraichgau, aus Baden, aber auch anderen deutschen und europäischen Anbaugebieten immer gut ausgewählte Pairings anstellt.

Bezahlkarten-Symbole

- Mastercard
- EC-Maestro
- Diners
- American Express
- VISA Visa

Hotelempfehlung

★★★★S

Hotel Berlins KroneLamm

Marktplatz 1–3,
75385 Bad Teinach (Zavelstein)
07053-92940
www.berlins-hotel.de
Einzelzimmer: 95–169 €
Doppelzimmer: 136–242 €

Haupthaus und Stammhaus („Krone“ und „Lamm“) des familiengeführten Hotels ergänzen sich zu einem gastlichen Gebäudensemble am pittoresken Marktplatz in Zavelstein. Vom günstigen, in hellem Landhausstil eingerichteten Standardzimmer mit Blick zum Marktbrunnen, bis hin zu komfortablen Suiten mit Whirlwanne, Farblichthimmel und Ausblick zur Zavelsteiner Burgruine, bleiben keine Wünsche offen. Der 1600 qm-Wellnessbereich lockt mit Innenpool, beheiztem Außenpool (28 °C), drei Saunen, Dampfbad, Infrarotkabine, einem großen Massage- und Kosmetikangebot sowie einem Fitnessraum mit Fitnesstrainer. Außerdem: drei verschiedene Restaurants (Gourmetrestaurant Berlins Krone, Naturparkrestaurant Lamm und Wanderheim mit Biergarten) sowie Gästeprogramme mit geführten Wanderungen. Gourmetrestaurant Berlins Krone separat erwähnt.

Bad Tölz (Bayern)

8

Schwingshackl ESSKULTUR

im Alten Fährhaus
An der Isarlust 1, 83646 Bad Tölz
08041-6030
www.schwingshackl-esskultur.de
Küchenchef: Erich Schwingshackl
Mi–So ab 18.30 Uhr, Mo u. Di RT
Hauptgericht: 38–48 €,
Menüs: 98–155 €

Das in einem ruhigen Randgebiet idyllisch direkt an der Isar gelegene ehemalige Alte Fährhaus war schon immer die erste Adresse in und um Bad Tölz. So gut wie nach der Übernahme von Katharina und Erich Schwingshackl hat man hier aber vermutlich nie gegessen. Der einstige Küchenchef und Musterschüler von Kochlegende Heinz Winkler, den wir seit seiner Zeit in Aschau über drei Stationen hinweg bis nach Bad Tölz begleitet haben, ist dem puristischen Stil seines einstigen Chefs aus Überzeugung immer treu geblieben. Und so bietet er seit Ende 2018 auch im Gourmetbereich von Schwingshackl Esskultur innerhalb einer siebengängigen Speisefolge französische Klassik par excellence – und zwar vom Menüaufbau über die Produkte bis zu den Kompositionen.
Mit minimalistisch anmutenden Kreationen maximalen Geschmack auf den Teller zu bringen, scheint des Südtirolers Erich Schwinghackls Devise zu sein. Das gelang schon im Rahmen des Küchengrußes mit einer köstlich vollen und dabei schön leichten Erbsenschaumsuppe mit kühlem Minzhauch. Und noch eindrucksvoller gleich in der Vorspeise mit einer warmen, schmeichlerischen Zitronengrasvinaigrette, in der roh als Carpaccio ausgelegtes Langustinenfleisch mit kleinen, zartkross-buttrigen Croûtons und ein paar

Kräutern und Salatspitzen badete – und von ihr stark nach vorne gebracht wurde!
Ein Dreiklang gleichberechtigter Partner war der Akkord von qualitativ selbstverständlich ausgesprochen guter, akkurat gewürzter und gebratener Jakobsmuschel, die sich das Bad in einer zart süßlich-karamelligen Krustentierbisque mit einem Tatar von vollreifer Mango teilte. Klar hätte man das Ganze mit bestimmten Sekundäraromen spannender gestalten, etwa als Kontrast zur fruchtigen, im Zusammenspiel fast honigwürzigen Süße noch etwas Herzhafteres einbauen können – aber erstens war das auch auf die hier gebotene Art wunderbar ausgewogen und harmonisch und außerdem wäre das dann nicht der typisch schmeichlerische Schwingshackl-Stil.
Und von ganz ähnlicher Art, ohne allerdings redundant zu wirken, präsentierte sich der saftige Seeteufel, selbstverständlich aus der Bretagne, der auch nur von drei kleinen confierten Honigtomaten begleitet in einer markant, aber nicht penetrant mit Safran aromatisierten Sauce schwimmen durfte. Wie alles liquide bei Erich Schwingshackl war auch diese Sauce ein Meisterwerk an Balance und Eleganz. Maritime Grundlage, zarte Süße, seidiger Schmelz, eleganter Fluss… Bei so viel Detailsorgfalt wird selbst ein Rhabarbersorbet auf Joghurtespuma als kleines Intermezzo zum Gaumenkitzel, der zudem mit sehr wenig Zucker und feinen Säuren tatsächlich eine echte Erfrischung vor dem Hauptgang darstellte und nicht bloß ein Dessert-Frühchen war.
Auch im Hauptgang konnte man die klassische Winkler-Schule erkennen, denn der Lammrücken mit Kräuterkruste stand auch bei Erich Schwingshackls Landsmann zu dessen Lebzeiten immer hoch im Kurs. Dort war die unaufdringlich dünn und tatsächlich schön kräuterwürzig auf das Fleisch gratinierte Masse genauso akkurat und ausdrucksstark wie hier, auf dem auch sonst herrlich saftig auf den Punkt gebrachten Limousin-Lammrücken. Auch das meisterlich zubereitete Kartoffelgratin, die grünen Bohnen und die kraftvolle produkttypische Lammjus hätten seinerzeit identisch in der Aschauer Residenz auf dem Teller liegen können. Mit sauber enthäuteter und ebenfalls punktgenau gegarter und gewürzter fruchtiger gelber Paprika sowie einer etwas rauchigeren und herberen Creme von roter Paprika setzte Erich Schwingshackl noch weitere mediterrane Akzente und ließ auch hier – wie eigentlich überall – ausschließlich die perfekt herausgearbeiteten natürlichen Aromen sprechen.

Ebenso leicht und frisch wie farblich und aromatisch markant endete unser Menü mit einer feinherb mit Orange aromatisierten Alpenmilchmousse im Zusammenspiel mit Himbeeren, Kiwisauce und Zitronenschaum. Die von Katharina Schwingshackl mit Passion und Sachverstand kuratierte Weinkarte begeistert mit vielen auch gereiften deutschen, österreichischen, italienischen und französischen Gewächsen aller relevanten Anbaugebiete, aber auch zahlreiche Alternativen bis nach Übersee sowie ausreichend halbe Flaschen finden sich in der äußerst trinkfreudig kalkulierten Karte. Und während wir Weinreisen zum Menü generell sehr oft gar nicht als so lohnend empfinden, ist die Sommelier-Selektion mit Dingen wie einer 2011er Riesling-Spätlese vom Weingut Wegeler zur Krustentierbisque oder einem 2010er „Imperial Rot" vom Schloss Halbturn am Neusiedler See gemessen am Preis attraktiv bestückt.

Bad Tölz (Bayern)

5

Hager – Tölzer Schießstätte

Kiefersau 138,
83646 Bad Tölz (Wackersberg)
08041-3545
www.michaela-hager.de
Di, Mi u. Fr, Sa von 11.30–14 Uhr u. ab 18 Uhr, So von 11.30–14 Uhr, Mo u. Do RT
Hauptgericht: 18–38 €,
Menüs: 43 €

EC P

Das Landgasthaus, das etwas außerhalb von Bad Tölz liegt, bietet typisches oberbayrisches Flair und unter der Leitung von Michaela Hager eine sehr ansprechende Frischeküche mit bodenständigem Raffinement. Die Küchenchefin bezieht ihre Produkte, wenn möglich, immer aus der näheren Umgebung und bereitet sie regionalbetont zu, schließt aber internationale Viktualien und Aromen deshalb nicht kategorisch aus, etwa wenn es um Gerichte mit mediterranem Einfluss geht. Ihre Küche basiert grundsätzlich auf handwerklichen und natürlichen Prinzipien, ist ambitioniert, ohne dabei einen zu hohen Anspruch an Kreativität und Exklusivität zu haben. Es gibt außerdem eine kleine, aber ausreichende Auswahl an ausgesuchten europäischen Weinen sowie einen freundlichen und familiären Service. Das Preis-Genuss-Verhältnis ist ausgesprochen günstig.

Bad Wiessee (Bayern)

5

Freihaus Brenner

Freihaus 4, 83707 Bad Wiessee
08022-86560
www.freihaus-brenner.de
Do–Di von 12–14 Uhr u. ab 18.30 Uhr, Mi RT
Hauptgericht: 21–42 €

Die reizvolle Alleinlage hoch überm Tegernsee lässt vor allem im Sommer zahlreiche Gäste auf die Anhöhe bei Bad Wiesse pilgern und sich dort auf der großen Terrasse niederzulassen. Aber auch im Winter hat der Besuch dieser edel-rustikalen Gaststätte ihren Reiz, weil dann so etwas wie Hüttenzauber aufkommt. Zudem wird im Freihaus Brenner auch aus kulinarischer Sicht ein überdurchschnittliches Niveau geboten. Die Küche macht einen souveränen Spagat zwischen leicht verfeinerten heimischen Traditionsgerichten und exklusiveren Kreationen aus internationalen Produkten, wobei wir hier seit jeher klar die alpenländischen Schmankerln vorziehen. Auch der Weinkeller ist bestens gefüllt mit Bezahlbarem und Prestigeträchtigem.

Bad Windsheim (Bayern)

5

Weinstube Drei Kronen

Schüsselmarkt 7, 91438 Bad Windsheim
09841-9199903
www.weinstubedreikronen.de
Küchenchef: Marco Schneider
Do–Mo ab 17.30 Uhr, Di u. Mi RT
Hauptgericht: 16–29 €, Menüs: 44–57 €

Die schlechte Nachricht zuerst: nach einer erfolgreichen Zeit in Bad Windsheim wird Marco Schneider die gemütlich-urigen, von nostalgischem Ambiente mit dunklem Holz und niedriger Decke geprägten Weinstuben, so wie sie es fast nur in Franken gibt, Ende August schließen. Die gute Nachricht: ab Oktober eröffnet er in den Räumen des ehemaligen Restaurants „Kropf – Bamberger Köstlichkeiten", das ebenfalls viele Jahre in unserem Guide empfohlen wurde, sein neues Restaurant „Kuro Neko" und will dort wie am Stil seiner fränkisch-asiatischen Küche festhalten.
Somit verschwinden Bad Windsheim und die Drei Kronen zwar von unserer kulinarischen Landkarte, aber Marco Schneider und sein neues Lokal bleiben definitiv drauf, denn auch bei unserem letzten Besuch im alten Domizil konnte die Küche wieder überzeugen. Der während seiner Wanderjahre unter anderem bei Nobu Matsuhisa in London für die fernöstliche Kulinarik begeisterte Chef fusioniert bereits seit einigen Jahren mutig und munter fränkische Traditionsgerichte mit asiatischen Aromen und kreiert auch sonst betont weltoffene Gerichte. Nachdem das zwar schon immer erfrischend anders, dabei aber auf gutem Niveau oft noch etwas ruppiger und rustikaler umgesetzt wurde, gab es in jüngerer Zeit einen deutlichen Schub hin zu einer genaueren Ausführung. Und eben dieser Trend wurde auch heuer bestätigt.
Zu erleben ist das am besten im „Signature Menü", in dem die insgesamt ambitioniertesten Gerichte – jeweils mit lyrischen Bezeichnungen zu einem saisonal wechselnden Thema – versammelt werden. Aber auch, wer sich an das minimal bravere „Classic Menü" hält, oder an die näher an Tradition und Heimat angelehnten Klassiker und Saisongerichte, kann sich sowohl auf den typischen asiatischen Twist als auch auf markante Kontraste und eine souveräne Performance verlassen.
Genau die bot beim letzten Besuch beispielsweise ein sous-vide zart gegartes Secreto vom Iberico-Schwein, das mit prägnanter (aber erfreulicherweise nicht komplett übertünchender) Barbecuesauce und sojawürzigem Spitzkohlsalat als knackigen Refresher kombiniert wurde. Oder auch eine elastisch hauchdünne Reisteigrolle als fränkische Variante einer „Summerroll", die mit cremig gebunden spicyscharfem Getreidesalat und geschmeidig gebeizter Lachsforelle variiert wurde und von Wasabicreme und Reiscrunch auflockernde Kontraste zur Seite gestellt bekam.
Das größere Feingefühl im Vergleich zu früheren Jahren wurde auch beim vegetarischen Einschub rund um Zweierlei von Romanesco deutlich. Anstelle von wildem „Hau-Drauf"

wurden hier die Röschen vom Romanesco, die einmal warm mit zartem Biss und einmal kühl mit spitzer Säure mariniert auf dem Teller zu finden waren, gut balanciert mit der warmen exotischen Würze einer Vadouvancreme und dem nussigen Duft von Sesam kombiniert.
Ein unkonventionelles Highlight gab es dann noch im Hauptgang, in dessen Zentrum zarte Rollen aus saftigem Lammbauch rund um eine Masse aus Farce und Keulenfleisch standen. Diese wirkten letztlich wie eine Art von Pastete, aromatisch geprägt von abgeflämmter Misopaste. Kontrastiert wurde das kraftvolle Fleisch von eher hellaromatischen Zubereitungen rund um Gurke als Gel, eingelegte Röllchen mit Szechuanpfeffer-Sauerrahm und einen zunächst recht massiv wirkenden, tatsächlich aber schmeichelnd saftigen Gurken-Couscous. Mit schmeckbar vollreifer Ananas, die in malzig-dunkelwürzigem Kastanienhonig karamellisiert wurde und von herbem Kaffee-Granité sowie exotisch frischer Passionsfruchtsauce zwei markante Kontraste an die Seite bekam, hielt das Team auch im Dessert einerseits locker 5-Pfannen-Niveau und blieb andererseits voll seinem Stil treu. Dazu gibt's ebenso sympathischen wie aufmerksamen Service, der kompetent durch die kleine, ausgesuchte fränkische Weinauswahl führt und außerdem auch ein bemerkenswertes Sortiment an deutschem Gin und anderen internationalen Edel-Spirituosen verwaltet. Und wir sind uns recht sicher, dass das alles künftig auch eine gute Stunde nordöstlich in der Innenstadt von Bamberg weiter Bestand haben wird!

Bad Zwischenahn (Niedersachsen)

8↑ 🍴🍴🍴

Apicius

im Hotel Jagdhaus Eiden
Eiden 9, 26160 Bad Zwischenahn
☎ 04403-698416
www.apicius.de
Küchenchef: Tim Extra
Di–Fr ab 18 Uhr, Sa–Mo RT
Menüs: 115–170 €
EC VISA P

Große, traditionelle Gastronomie, verbunden mit stark modernisierter, handwerklich überzeugend zubereiteter Klassik: So könnte man zusammenfassen, was das Fine Dining im weitläufigen gastronomischen Bereich des Hotels Jagdhaus Eiden am See bietet. An alte Zeiten erinnert beispielsweise die Weinkarte, die nicht nur dick ist, sondern auch in Bezug auf reife Spezialitäten aus Frankreich einiges zu bieten hat. Bordeaux-Raritäten aus den Zwanzigern des vergangenen Jahrhunderts? Kein Problem! Der erfrischende, dynamische Service – vor allem die Sommelière Isabelle Hennig ist an diesem Abend hervorzuheben – holt den Gast dann aber schnell wieder zurück in die Gegenwart. Der Moderne entsprechen auch die Kärtchen, die jeden einzelnen Gang erläutern und die zum Schluss als nettes Souvenir mitgenommen werden können.
Weil die Zubereitungen überdurchschnittlich kleinteilig und komplex ausfallen, würde einen die mündliche Erläuterung auch schnell überfordern. Zu entdecken gibt es nämlich einiges auf den Tellern, schon gleich zu Beginn: Yuzu-Buttermilch-Praline und Tartelette mit Räucherlachs, das saftige Matjesbrötchen (ein schön softer Bun), auch Oktopus-Tempura und die filigrane Krabbenwaffel mit Dill. Da wurden von Küchenchef Tim Extra und seinem

motivierten Team viele tolle Kleinigkeiten präpariert. Dann fährt, wieder ganz alte Serviceschule, der Brotwagen vor, und man kann unter etwa fünf Sorten, die frisch vom Brotlaib geschnitten werden, sowie aus mehreren Buttervarianten wählen.
Das Amuse-Bouche ist dramaturgisch gut abgepasst, denn nach den recht fülligen Snacks kommt nun etwas betont Leichtes, namentlich grüner Spargel und Radieschen mit Sauce gribiche, knackig, würzig, optimal! Auch beim folgenden Gang zeigt die Küche, dass sie ein Händchen für Gemüse hat und schickt eine handwerklich tadellose Komposition aus Karottentatar, Karotten-French-Toast sowie einer herben Creme vom Karottengrün mit geeistem Ziegenkäse; separat dann als gelungener Kontrast geschmorte Karotte mit Karottenreduktion, abgeschmeckt mit dem eher mild-fruchtigen Maharaja-Curry. Das wirkt alles zusammen schön komplex und keineswegs, wie es bei Karottenzubereitungen häufig der Fall ist, penetrant gemüsig und zu süß.
Der Hummer als erster offizieller Gang des Menüs wurde gegrillt und glasiert, ist saftig und behutsam gewürzt. Hauptsache bei diesem Gang ist aber dann doch fast der Salat von Hummer und dünnen Karottenscheiben mit Karottencreme und Thai-Curry-Schaum. Schon wieder Karotte, schon wieder Curry? Ja, das ist ein bisschen redundant, aber es unterscheidet sich doch geschmacklich so sehr vom Vorausgegangenen, dass es auch an dieser Stelle kein bisschen langweilig wirkt.
Der Steinbutt mit eingelegtem und rohem Frühlingsgemüse, Kohlrabi-Talern und einer mit Kräutern markant herbal abgeschmeckten Beurre blanc ist dann sowohl von der aromatischen Zusammensetzung als auch von der Produktauswahl her erfreulich verschieden. Wir haben einen qualitativ herausstechend guten, perfekt saftig gegarten Fisch und eine handwerklich gelungene Sauce vor uns. Beim Chawanmushi mit Morcheln, Erbsen, Zwiebeln und dünn geschnittenen Champignons ist es vor allem der Schaum von altem Gouda, der einen schönen Umami-Kontrast zum eher milden Eierstich schafft.
Es ist ein gelungener, erholsamer Übergang zur am Knochen auf dem Holzkohlegrill gegarten Wachtelbrust mit einer Praline aus der – ebenfalls beherzt gegrillten – Wachtelkeule, die in Kombination mit einer Kichererbsencreme, geschmorter Aubergine und einem erfrischenden Gewürzjoghurt als Sphäre dargeboten wurde. Das ist eindeutig und ausladend orientalisch gehalten, aber mitnichten aufdringlich würzig und dicht, sondern überraschend differenziert und aufgefächert. Die Wachtel an sich schön saftig, eine raffinierte Kumquatcreme stellt zudem das fruchtige Tüpfelchen auf dem i dar.
Ein Schwarzteesorbet mit Chai-Schaum und Blutorangensorbet ist im Anschluss daran, wie es sich für das selten gewordene geeiste Menü-Intermezzo gehört, erfrischend fruchtig, insgesamt sehr gut abgeschmeckt und mitnichten zu süß. Es soll erfrischen vor dem Hauptgang, der wenig später Lamm in den Mittelpunkt rückt. Auf dem Hauptteller der Rücken unter einer unauffdringlichen Bärlauchkruste, dazu Dauphine-Kartoffeln, gefüllte Morcheln, Schalottencreme, Wildkräutersalat, Rhabarberchutney und Zwiebeljus. Separat gibt es das Lammragout, das texturell eher ein Kompott ist, und mit Bärlauchgranité (!) kombiniert wird. Mutig, aber gelungen sind hier die Temperaturunterschiede und auch die Texturen wurden prima aufeinander abgestimmt. Die Jus ist schön fruchtig gehalten, das Fleisch ausdrucksstark und akkurat zubereitet.
Als Vordessert schicken Tim Extra und seine Crew Spargelcreme in Form einer Spargelstange samt Rhabarbergel, Zitronenhollandaise und Kartoffeleis als kreativer Clou – alles angenehm verhalten süß und durchaus fordernd mit seinem deutlichen, aber nicht übertriebenen Spargelgeschmack. Das Hauptdessert ist auf Granny Smith aufgebaut und diese Wahl ist der einzige Kritikpunkt, den man der Pâtisserie vorwerfen kann, schließlich besitzen andere Apfelsorten deutlich mehr geschmackliche Tiefe. Handwerklich aber stimmt die Sache: Eis, Mousse, Sorbet, Gel, Schaum (mit Calvados), dazu ein schön kontrastierender Fenchelsalat mit Fenchelkrokant. Und eigentlich nicht überraschend, dass auch zum Schluss noch mal ein Wagen auftaucht, bestückt mit Mandelsablé, sehr guten Macarons, Pralinen und vielem mehr; der selbstgemachte Eierlikör ist eine gute, sämig-fruchtige Idee.
Alles in allem wieder ein sehr überzeugendes, an vielen Stellen durchaus mutig komponiertes Menü mit nur wenigen kleinen Schwachstellen. Vor allem das handwerkliche Können und die enorme Präzision, mit der die vielen Komponenten gefertigt und aufeinander abgestimmt werden, konnten diesmal sehr überzeugen. Wir erhöhen daher die Bewertung guten Gewissens auch wieder um einen verdienten Bonuspfeil.

Baden-Baden (Baden-Württemberg)

6

Fritz & Felix

in Brenners Park-Hotel & Spa
Schillerstr. 4-6, 76530 Baden-Baden
07221-900999
www.fritzxfelix.com
Täglich ab 18 Uhr, kein RT
Hauptgericht: 26–42 €,
Menüs: 39–145 €

VISA

Das sehr großzügige und weitläufige, vom Londoner Designer Robert Angell gestaltete Ambiente, das vom Eingangsbereich über eine klassische Bar in den Restaurantraum mit großen Fenstern in den angrenzenden Park und in die gegenüberliegende Küche führt, könnte auch in jeder Metropole dieser Welt bestehen. Blickfang und absolute Besonderheit ist der gigantische, im spanischen La Coruña gefertigte Charcoa-Grill, der nicht bloß schön anzusehen ist, sondern auch einen Teil des kulinarischen Settings prägt. Doch neben eben ganz typischen klassischen Grillgerichten aus verschiedenen Cuts exklusiver Produkte wie Friesisches Rind oder Wagyu von Dan Morgan aus Nebraska mit traditionellen Beilagen nach Wahl, gibt es hier auch eine kreativere Küchenlinie mit einfallreichen Eigenkreationen, die durchaus anspruchsvoll sind und hohes Niveau bieten, aber nicht angestrengt konstruiert daherkommen, sondern sich einen gewissen Soulfood-Charakter wahren.

Die Symbole

- gute Parkmöglichkeiten
- Hotelgarage
- barrierefrei
- klimatisierte Zimmer
- WLAN-Zugang
- Hallen- und/oder Freibad im Haus
- mit Wellness-Bereich
- mit Fahrstuhl zu den Hotelzimmern
- Hunde im Hotel nicht erlaubt
- mit Garten oder Terrasse

7

Le Jardin de France im Stahlbad

Augustaplatz 2, 76530 Baden-Baden
07221-3007860
www.lejardindefrance.de
Küchenchef: Stéphan Bernhard
Di–Sa von 12–13.45 Uhr u. ab 18.30 Uhr, So u. Mo RT
Hauptgericht: 42–59 €,
Menüs: 48–125 €

VISA

Passender als „Der französische Garten“ könnte der Name auch am neuen Standort des Le Jardin de France kaum sein, denn der großzügige hohe und direkt an einen Park angrenzende Wintergarten versprüht unmittelbar eine heitere Atmosphäre, die in Kombination mit Stéphan Bernhards frankophiler Küche tatsächlich ein wenig an ein stilvolles Picknick in einem Genussgarten irgendwo in Frankreich erinnert. Eine wunderbare Bühne jedenfalls für die klassische Produktküche des im Elsass geborenen Chefs, der sich fernab von irgendwelchen Moden und Trends voll auf die Klarheit und Kraft ausgezeichneter Produkte und die starke handwerkliche Substanz seines Schaffens verlässt und damit in bester Kohärenz zum Ambiente auf unkompliziert beschwingten Genuss abzielt!
Und das seit vielen Jahren mit großem Erfolg! Woran sich – so viel bereits vorab – auch nach unserem letzten Besuch, der eine wahre Trüffel-Party war, rein gar nichts geändert hat. Nach hervorragendem Baguette mit Rohmilchbutter repräsentierte bereits ein Carpaccio von handgetauchter Jakobsmuschel mit deren dicken, fleischigen Scheiben in wunderbar klarem Geschmack, eine ganz typische Vorspeise des Le Jardin de France. Die exzellente Qualität der Coquilles bildete ganz puristisch das Zentrum des Tellers, behutsam ergänzt von einer üppi-

gen Entourage aus (auch im Rohzustand erdig duftiger) Wintertrüffel, Selleriecreme, Olivenöl und etwas Vogelmiere für einen gewissen grünfrischen Oberton.
Beinahe noch puristischer und erneut vor allem durch das hervorragende Produkt begeisternd, das auch in einem noch deutlich höher bewerteten Restaurant eine gute Figur gemacht hätte, wurde es beim folgenden Hummer. Dessen süßlich-nussige Stücke mit zartem Biss ohne jede Fasrigkeit wurden ganz schlicht nur mit sautiertem Blattspinat, meisterlich tiefschürfendem Hummerschaum und diesmal dicker gehobelten Trüffelscheiben kombiniert, die in diesem Fall mehr Biss und weniger duftiges, aber dafür längeres Aroma beisteuerten.
Dass im Hauptgang auch die zart gebratenen Streifen von der Seezunge in einer beeindruckenden Qualität auf den Teller kamen, wie es auch in sehr guten Häusern nicht selbstverständlich ist, verwunderte dann schon gar nicht mehr so sehr. Allerdings geriet deren Umgebung aus gedünstetem Lauch, einer voluminösen Weißweinsauce und Trüffel in diesem Fall ein wenig behäbig und dumpf. Da wäre in jedem Fall noch eine Spur mehr Säure in der Sauce hilfreich gewesen, um mehr Dynamik und Zuspitzung auf den Teller zu bekommen. So wirkte das Gericht auf leicht träge Art relativ oldschool und wurde allein von der Ausdruckskraft der Seezunge getragen.
Aber schon beim Dessert, einem Haselnussparfait auf knusprigem Schokoladenboden, eingerahmt von einer duftigen Vanillesauce und gekrönt von geraspelter schwarzer Trüffel, war dagegen alles wieder im Lot – auch wenn das Aroma der Haselnuss durchaus noch etwas markanter hätte herausgearbeitet sein können. Aber an dem insgesamt wieder sehr souveränen Eindruck, zu dem unbedingt auch der charmante Service rund um Gastgeberin Sophie Bernhard und die (auch glasweise) reiche Auswahl hochwertiger französischer Weine gehören, ändert auch diese konstruktive Feststellung rein gar nichts. Das Le Jardin de France ist und bleibt eine feste Größe für Genießer in der Region!

6

Maltes „hidden kitchen"

Gernsbacher Str. 24,
76530 Baden-Baden
07221-7025020
www.kaffeehausinbadenbaden.com/fine-dining
Küchenchef: Malte Kuhn
Mi–Sa ab 19 Uhr, So–Di RT
Hauptgericht: 58–72 €,
Menüs: 120–150 €
VISA

Wie man auf kleinem Raum möglichst viel unterbringt, zeigt das Restaurant von Inhaber und Küchenchef Malte Kuhn auf originelle Weise. Die am Abend als Gastraum für Maltes Hidden Kitchen genutzte Location wird tagsüber zum einladenden Kaffeehaus, das mit exklusiven Kaffee- und Teemischungen, Schokoladen namhafter Chocolatiers, hausgemachten Pralinen oder ausgesuchten Marmeladenspezialitäten aufwartet. Effizienter lässt sich die Gunstlage in Baden-Badens Fußgängerzone nicht bespielen! Mit einer mehrheitsfähigen Linie und einem jungen, dynamischen Team gelingt das auch kulinarisch überzeugend.
Internationale Edelprodukte wie Jakobsmuscheln, Pulpo, Ikarimi-Lachs oder Wagyu-Beef bestimmen hier derzeit überwiegend das Programm – das publizierte Credo, den Geschmack der Region wiedergeben zu wollen, rückt da in den Hintergrund. Das zeigte sich schon bei den Aperos: Da war neben feinsäuerlichem Rotkohl-Kimchi, das mit Cashewnüssen, Koriander, Joghurt und Zitronenschale abgeschmeckt war, auch ein mit Tatar von der Rotgarnele gefüllter Cornetto, dem die Aromen von Mango, Ingwer und Nori zuarbeiten. Die aufgeschlagene Purple-Curry-Butter, die zum hausgebackenen Weißbrot serviert wurde, passte ebenfalls ins internationale Bild

und komplettierte den asiatisch inspirierten Auftakt schmackhaft.
Regionaler wurde es dann allerdings beim Küchengruß: Zum Kalbfleisch, das von der nahe gelegenen Geroldsauer Mühle bezogen wird und als schmelziges Tatar ganz klassisch mit Senf und Gurke abgeschmeckt war, sorgte lediglich etwas gepickelter weißer Spargel für süßsäuerliche Ergänzung – lokal, saisonal und sehr fein umgesetzt. Ein sehr gutes Produkt war auch die Jakobsmuschel, die als Tatar mit Sojakaviar, Piment und Limettenvinaigrette kombiniert wurde. Variationen von der Erbse und hauchfein geschnittene Radieschen gaben dazu den gemüsig-frischen Part und dazwischen aufploppender Sojakaviar setzte würzige Akzente. Hier fehlte unserer Ansicht nach einzig etwas mehr Säure, was aber nur der zu spärlichen Dosierung der Limettenvinaigrette geschuldet war.
Etwas unausgewogener präsentierte sich da schon der anschließende Zwischengang rund um grünen Spargel und Radicchio. Hätten wir den nach dem Hauptgang serviert bekommen, wäre er höchstwahrscheinlich als kreatives Gemüsedessert durchgegangen. Denn zum Spargel (gratinierte Stange, marinierte Streifen) steuerte ein üppig portioniertes Walnuss-Chutney sehr plakative Süße bei, die leider auch von den Bitteraromen des kräftig abgeflämmten Chicorées und von der Kräuterwürze des Korianders nicht entscheidend ausgekontert werden konnte.
Eher in die Breite als in die Tiefe ging es bei der Kombination von Adlerfisch, Rübe, Krustentier und Sonnenblumenkernen. Ausschlaggebend dafür war vor allem ein übermächtiges Dillöl, das den Geschmack von Navette-Rüben, Kohlrabiröschen und einer allzu dezenten Krustentierbisque nahezu vollständig überdeckte und auch die rösch auf der Haut gebratene und darunter blütenweiß aufblätternde Fischtranche dominierte. Dem Gericht hätte zudem auch wieder etwas zitrische Säure als belebendes Element gutgetan.
Mit allem im Lot präsentierte sich aber der Hauptgang rund um Wagyu-Bavette, Karotte und Schmorjus und erbrachte den Beweis, dass die Küche Aromen und Texturen durchaus stimmig und ausgewogen aufs Porzellan bringen kann. Der über mehrere Stunden im Ofen gegarte und anschließend mit Schmorsud-Lack versiegelte ausdrucksstarke Zwerchfellmuskel, der auch als Flanksteak bekannt ist und hier außerdem mit Kräuterpesto und frittierten Schalottenringen getoppt war, unterstrich dies schon sehr eindrücklich. Die dazu arrangierten Variationen von der Karotte (Püree, geschmorte Mini-Karotte, Esspapier…) wären für sich genommen vielleicht einen Tick zu süß gewesen, im Verbund mit dem reduzierten und mit Senfkörnern knackig texturierten Schmorsud relativierte sich das aber. Und so lieferten sie als Kombination ein ausgewogenes Grundgerüst für das stets präsente, ausdrucksstarke Fleischaroma, das diesen voluminösen Teller nachhaltig und genussreich prägte.
Viel Spaß machte auch das süße Finale: Zum Rhabarber-Ragout, das mit Sauerkleeöl, einer auf Basis von Dulce de leche zubereiteten Panna cotta und einer Buchweizen-Hippe eingefasst war, lieferten spritzig-säuerliches Rhabarber-Sorbet, gepuffter Buchweizen und Sauerklee-Blättchen spiegelbildliche Variationen, die den Genussfaktor verdoppelten. Klasse!
Mit Sommelier Andrés Marti Merina ist das Team auch beim Thema Wein kompetent aufgestellt. Auf die Empfehlungen des gebürtigen Spaniers kann man sich stets verlassen, zumal in der schwerpunktmäßig mit deutschen Gewächsen aus der Pfalz und Baden bestückten Karte ansonsten keine glasweisen Weine gelistet sind. Was er aber tagesaktuell zu den jeweiligen Gerichten ausschenkt und kompetent vorstellt, erweist sich stets als Treffer.

Badenweiler (Baden-Württemberg)

5

KATHARINA

im Park Hotel & Spa KATHARINA
Römerstr. 2, 79410 Badenweiler
07632-2189500
www.parkhotelkatharina.de
Küchenchef: Dirk Gmelin
Mi–So ab 18.30 Uhr, Mo u. Di RT
Hauptgericht: 17–38 €, Menüs: 29–47 €

Das Restaurant in dem Hotel neben dem Kurpark im Herzen der netten Schwarzwaldgemeinde mit römischer Geschichte, in dem der talentierte Küchenchef Dirk Gmelin ambitioniert zugange ist, wirkt als Hotelrestaurant relativ nüchtern und zweckdienlich, wird aber überdurchschnittlich ambitioniert bekocht. Vieles von dem, was hier hübsch angerichtet auf die Tische kommt, hat ein sehr gutes Niveau, und man kann vom Handwerk bis zum

Arrangement sehen, dass hier jemand am Werk ist, der etwas kann und genau weiß, was er macht. Manches ist klar regionalbetont, aber Dirk Gmelin hat auch ein feines Händchen für die mediterranen Aromenwelten.

Baiersbronn (Baden-Württemberg)

6

Dorfstuben

im Hotel Bareiss
Hermine-Bareiss-Weg, 72270 Baiersbronn
07442-470
www.bareiss.com
Küchenchef: Nicolai Biedermann
Mo–Do von 11.30–14 Uhr u. ab 18 Uhr, Fr–So ab 11.30 Uhr durchgehend, kein RT
Hauptgericht: 17–28 €

EC VISA P

Mehr Schwarzwaldromantik als in den beiden historischen und original erhaltenen Gaststuben aus dem 19. Jahrhundert muss man sicher lange suchen. Und selbst wenn es irgendwo vergleichbaren nostalgischen Charme wie in den von verwitterter Holzvertäfelung, heimeligem Kachelofen und allerlei Kuckucksuhren geprägten Ambiente der Bareiss'schen Dorfstuben gibt, dann sicher nicht in Kombination mit solch niveauvoller Traditionsküche, wie sie hier auch nach dem Weggang des langjährigen Küchenchefs Wilhelm Himmler von dessen Nicolai Biedermann in gleicher Art und Weise gepflegt wird.
Und es macht den ganz besonderen Reiz der Dorfstuben aus, dass in dem rustikal urigen und zugleich sehr stilvollen, atmosphärischen Ambiente eine absolut traditionelle bodenständige Regionalküche geboten wird, die an keiner Stelle mit moderner Verfremdung oder Neuinterpretation liebäugelt. Auch bei etwas feinsinnigeren Vorspeisen bleibt das Ergebnis überzeugend klar und schlicht, so dass die Gerichte voll und ganz durch ihren zupackenden, authentisch unverkünstelten Charme überzeugen können.
Nach dem obligatorischen Start mit knusprigem und sauerteigduftigem, direkt am Tresen frisch vom großen Laib geschnittenen Bauernbrot nebst Radieschen, Schnittlauchquark und Schmalz lässt sich das beispielsweise perfekt bei den hausgemachten Maultaschen mit tiefgründiger Brühe, Zwiebelschmelze und obligatorischem Salatteller erleben. Oder auch bei der „Murgtäler Festtagssuppe", bei der die gehaltvolle Rinderbrühe abwechslungsreich und dicht mit Markklößchen, Maultäschle, Flädlestreifen und Schnittlauch bestückt wird. Das alles hat Referenzklasse, was auch unsere seit Jahren hohe Bewertung widerspiegelt.
Und den hohen Qualitätsanspruch zeigte das Team zuletzt auch mit einem Carpaccio vom mild gebeizten Saibling aus dem Buhlbach. Die flächig auf dem Teller ausgelegten Scheiben des schön klararomatischen Süßwasserfischs wurden hier abwechslungsreich und frisch von säuerlich marinierten Kürbiswürfelchen, gerösteten Kernen und einer beinahe nougatartig konzentrierten Kürbiskern-Mayonnaise ergänzt. Dabei dominierte zwar die spitze Essigsäure ein klein wenig zu sehr und forcierte so einen etwas rustikaleren Eindruck als eigentlich nötig – dennoch gelang damit ein animierender Einstieg, der Lust auf mehr machte.
Beispielsweise auf ein löffelzartes, feinwürziges Ragout vom Hirsch mit herben Waldpreiselbeeren und einer tiefdunklen, dichten Wildschmorjus, das ebenso klassisch wie stimmig und handwerklich blitzsauber von sautierten Champignons und zarten kleinen Kräuterschupfnudeln ergänzt wurde. Oder auf andere Hausklassiker wie die Badischen Rahmschnitzel vom Milchkalbsrücken mit frischen Champignons und geschmälzten Nudeln, den Murgtäler Zwiebelrostbraten in ganz traditioneller Begleitung von Maultasche, Spätzle und Salat.
Ein Traditionsgericht, für das allein wir immer wieder gerne hierherkommen, sind auch die Rinderrouladen, die hier wirklich so hausmannsköstlich wie nur denkbar daherkommen: saftig-mürbe geschmort, mit einer bestens ausgewogenen Füllung aus Essiggurke, mildem zartem Speck und glasig-weichen Zwiebeln liegen diese auf einer nach allen Regeln der Kochkunst zubereiteten Jus und werden von saisonalem Gemüse eskortiert.
Zum Abschluss wählen Traditionalisten wahrscheinlich die Schwäbischen Apfelküchle mit

Vanillesauce und Rahmeis und liegen damit genauso auf der sicheren Seite wie jene, die lieber den soften, buttrig-warmen Schokoladekuchen mit einer Schicht nach Florentinerart karamellisierter Mandeln probieren. Der wurde in unserem Fall sehr attraktiv von eingelegten Schattenmorellen und konzentrierterem Kirschgel, etwas herbem Kakaocrumble und hell auffrischendem Joghurteis ergänzt.
Neben herzlichem Service, frisch gezapftem Bier und guten Viertele gibt es auch Zugriff auf eine umfangreiche Auswahl an hochwertigen Flaschenweinen, so dass bei Bedarf niveauvoll gefüllte Gläser ebenso garantiert sind.

8

1789

im Hotel Traube-Tonbach
Tonbachstr. 237, 72270 Baiersbronn
07442-492665
www.traube-tonbach.de
Küchenchef: Florian Stolte
Fr–Di ab 19 Uhr, Mi u. Do RT
Hauptgericht: 28–48 €,
Menüs: 130–180 €
VISA

Im Gegensatz zur Schwarzwaldstube, deren international bestens etablierter Name natürlich auch im Restaurantneubau hochgehalten wird, wenngleich dort nur noch wenig an eine „Stube" erinnert, ist die ehemalige Köhlerstube mit der Neueröffnung umbenannt worden. Der Name 1789 bezieht sich auf das Gründungsjahr des Familienbetriebs der Finkbeiners. Das Ambiente in dem kleinen Raum mit maximal dreißig Plätzen ist puristisch, aber mit Hirnholzparkett, Lehmputzwänden und umlaufenden Sitzbänken aus Eichenholz nicht kühl. Erstaunlich modern zeigt sich auch die musikalische Untermalung des Abends, deren soulige Beats so gar nichts mit Schwarzwaldromantik am Hut haben. Ebenso konsequent modern gibt sich passen dazu die Küche von Florian Stolte, die inzwischen in jedem Gang des Menüs, das es auch als vegetarische Variante gibt, asiatisch inspiriert ist.
Schon bei den drei Einstimmungen, die Lust auf mehr machten, aber noch Luft nach oben ließen. In einer Norialge war zum Beispiel ein Tatar von der Gelbschwanzmakrele versteckt, dessen kühle Frische mit einer Zitruscreme on top akzentuiert wurde. Warme Töne, auch von der Temperatur her, gab es auf einer Tartelette mit einem herzhaften Thai-Salat auf Hackfleischbasis und kleinem Korianderkresse-Kick. Den nachhaltigsten Eindruck hinterließ aber ein schaumiges Tom-Kha-Gai-Süppchen mit seiner typischen Aromatik von Kokos und Zitronengras, die Würfeln einer gebratenen Jakobsmuschel und Shiitakepilze als Einlage intus hatte. Nach Roggenbrot mit aufgeschlagener Zwiebel-Schnittlauch-Butter kam standesgemäß Gänseleber zum Einsatz: als schlanker Terrinenriegel und als Eis mit Mikro-Maisküge.chen. Der süße Schmelz war hier auf eine Geleescheibe mit etwas herberen Fruchttönen der Quitte und dem vanilleartigen Aroma der Pandan-Palme gesetzt.
Als erstes Highlight erwies sich die Vorspeise mit Balfegó-Thunfisch von fanstatischer Qualität. Auf etwas Tatar des Tunas lag noch eine roh marinierte Scheibe, beides behutsam gewürzt und mit einer großen Nocke Imperial-Kaviar zu einem sich sanft ausbreitenden Wohlgeschmack vereint. Für zurückhaltende Schärfe sorgte Gochujang, eine nur dezent eingesetzte koreanische Chili-Paste und durch eine Ponzu-Vinaigrette als verbindendes Element ergab sich ein komplexes Geschmacksbild, das auch kleine knackige Spitzen durch Sellerie und Grünen Apfel zuließ.
Noch viel mehr einheitliches Wohlgefühl vermittelte eine Empfehlung des Küchenchefs, ergänzend zum regulären Menü. Denn wenn schon Alba-Trüffel frisch im Haus eingetroffen ist, dann kann man sie auch stimmig in ein Zwischengericht einbauen, beziehungsweise gut dosiert über Blumenkohlvariationen hobeln. Optisch machte das nicht so viel her, da eine schaumige Nage die gefüllten Teigtäschchen, wilden Blumenkohl und Sot-l'y-laisse unter den Trüffelscheiben komplett bedeckte. Im Verbund aber verdichtete sich das alles zu einem tiefgründigen und säurefreien Genuss de luxe
Für Kontraste war das wiederum das Fischgericht zuständig, allein schon der Heilbutt selbst, der in Thymianbutter gebraten und mit einer Pimientos-de-Padron-Creme versehen war, die für eine leicht stahlige Schärfe sorgte.

Auf den Fisch waren noch gepickelte Perlzwiebeln appliziert, die sich mit ihrem Süße-Säure-Spiel als kleine Muntermacher erwiesen. Den deutlichsten Kontrast aber setzte die unter einer Sauce Hollandaise versteckte pochierte Auster mit all ihrer Jodigkeit; Topinambur als Creme, Ragout und Chips gab den erdigen Teil dazu und für die nötige Frische sorgte ein Dashifond mit der nicht überpräsenten Säure von fermentierter Sudachi-Zitrusfrucht.
Damit waren die Extreme an diesem Abend aber noch nicht ausgereizt und der nächste Gang wurde sogar mit „bis an die Grenze gehend" angekündigt. Und in der Tat war die Schärfe, Säure und Würze des angegossenen Tom-Yam-Suds auf Krustentierbasis so ausgeprägt, dass ein purer Löffel davon schon eine kleine Herausforderung gewesen wäre. Im Zusammenspiel aber ließ sich die Power gut austarieren, so dass dem gebratenen Felsenhummer als Star des Gerichts genügend Raum blieb, sein nussiges Aroma zu entfalten. Er steckte als Farce mit Pak Choi und mit etwas Kaffirlimette aromatisiert auch in Dim-Sum-Täschchen. Frische Saftigkeit durch geschwenkten Pak Choi, gemüsige Erdigkeit durch Süßkartoffel als Creme und „Salat" sowie Koriander und geröstete Erdnüsse komplettierten die asiatischste Ausdrucksstärke des Abends.
Zwar hatte auch die Burgaud-Ente einen Asia-Touch, fiel in der Spannung dann aber doch etwas zurück. Dies lag auch daran, dass durch überproportional viel Fleisch ein gewisser „Abnutzungseffekt" im Geschmacksbild entstand. Gleich sieben Scheiben von der gebratenen Brust lagen auf dem Teller, der an der Flanke ansonsten nur etwas Rosenkohl-Tempura, gepickelten Kürbis, glasierte Kaki und Misocreme zu bieten hatte – nebst einer Entenjus mit Stückchen aus der geschmorten Keule. Aus der fleischlastigen Schwere stach eigentlich nur die Süße der Kakifrucht gelegentlich heraus – und in einem Extraschälchen der Sweet-Chili-Dip, in den man die mit geschmorter Keule gefüllte Frühlingsrolle tunken konnte.
Bei den Desserts öffneten sich die Aromen wieder mehr, erstaunlich gut auch zur per se nicht gerade leichtfüßigen karamellisierten Banane mit einem asiatischen Strudelteigriegel, die aber Dank Kaffirlimettenparfait und -sorbet sowie eines Passionsfruchtschaums mit Frische und Säure beflügelt wurden. Im eigentlichen Dessert wurde clever die Süße von Karotte eingesetzt: als Sud und Creme sowie mit süß-sauer marinierter Urkarotte. Trotz der Vanillecreme wirkte die Kreation aber eben nicht zu süß und breit, was auch durch ein exotisches Kokos-Yuzu-Sorbet, der defensiven Schärfe von rosa Pfeffer und den herben Tönen eines Kerbelöls erzielt wurde. Ein schöner Abschluss, der durch vier sowohl in Form, Textur als auch Geschmack variantenreiche Petits Fours bestätigt wurde.
Die Weinbegleitung – an unserem Abend eine deutsch-französische Koalition – ist sehr durchdacht und kann die asiatischen Aromen gut auffangen. Das ist mit Weißweinen sicherlich etwas leichter, aber zur Ente machte auch der Côte Rôtie von der Domaine Garon eine gute und schlanke Figur. Wie der Service generell einen kenntnisreichen und souveränen Eindruck hinterließ.

---

10 – 5 Bestecke

Gourmetrestaurant Bareiss

im Hotel Bareiss
Hermine-Bareiss-Weg,
72270 Baiersbronn
07442-470
www.bareiss.com
Küchenchef: Claus-Peter Lumpp
Do–So von 12–14 Uhr u. ab 19 Uhr,
Mo–Mi RT
Hauptgericht: 125–160 €,
Menüs: 165–265 €
EC VISA

Na, wer sagt's denn! Was sich in jüngerer Zeit bereits abgezeichnet hatte, wurde bei unserem letzten Besuch im legendären Gourmetrestaurant Bareiss so richtig deutlich: der mittlerweile auch selbst deutlich erschlankte Grand Chef Claus-Peter Lumpp lässt seine große kulinarische Oper, die immer ein opulentes klassisches Spektakel war und das auch noch ist, zunehmend graziler und eleganter wirken. Er baut flirrende Zwischentöne ein, setzt kontrastive Nadelstiche, lässt die enormen Tiefen seiner

Gerichte gestochen scharf wirken und nimmt ihnen damit jeden Anflug von Behäbigkeit, die sie in der Vergangenheit und bei aller Brillanz durchaus mal hatten.
Selbstredend, wir sprechen hier von Nuancen, um die sich eine immer schon herausragende Küche unserer Ansicht nach in jüngerer Zeit verbessert hat. Aber genau die gaben in diesem Jahr nun endlich den entscheidenden Ausschlag, dass wir unsere Bewertung, die aus gutem Grund über viele Jahre im Vergleich immer einen Tick niedriger lag als bei den anderen Guides, wieder auf 10 Pfannen erhöhen. Claus-Peter Lumpp und sein Team sind sich und ihrem Küchenstil dabei vollkommen treu geblieben, aber sie haben erkennbar daran gefeilt und optimiert, so dass nun auch die Menü-Kompositionen mit jenem Facettenreichtum und jener Trennschärfe daherkommen, die sonst oft nur bei den Gerichten à la carte gegeben waren, bei denen sich die verschiedenen Zubereitungsarten des Leitmotivs immer über mehrere Teller erstreckt und die dergestalt auch nach wie vor das Markenzeichen und das Alleinstellungsmerkmal der Küche von Claus-Peter Lumpp sind.
Auf der obligatorischen Étagére, die mit mehr oder weniger bekannten Bareiss-Petitessen zum Aperitif aufgetischt wurde, war noch alles beim Alten. Eine Überraschung folgte aber schon mit der hauchzart gestockten Buttermilch-Panna-cotta mit Granatapfelgel und Hibiskusblütensauce sowie einigen spielentscheidenden Tupfern einer Kerbelmayonnaise, die das tendenziell fruchtig-laktische Geschmacksbild mit relativ viel Umami herzhaft auflud und aus einem potenziellen Dessert einen wunderbar leichten und frischen Menüauftakt machte. Seinen Anteil daran hatte auch der à part dazu servierte Hibiskusblüten-Eistee, der mit einem kräuterwürzigen Oberton ebenfalls kein schnödes Süßgetränk war und bestens korrespondierte. Dem Auftakt folgte mit einem kleinen, sanft colorierten Stück Maischolle, das sehr saftig auf einem süßlich abgeschmeckten Gurkenchutney thronte und von Senfcreme den Schubs in die richtige Richtung bekam, ein weiterer sehr gefälliger Küchengruß.
Die Gänselebervariation mit Joghurt und Rhabarber war tendenziell natürlich schon eine eher traditionelle, süß und fruchtig angelegte Foie-gras-Vorspeise, wie man sie von Claus-Peter Lumpp kennt – aber erstens federleicht und durch die Säuren natürlich recht frisch. Und so passte das in dieser frühlingshaften Saison zum Zeitpunkt unseres Besuchs wirklich sehr gut an diese Stelle des Menüs. Zumal auf zwei von den insgesamt drei Tellern auch wieder herzhaft gegengesteuert wurde: Auf dem Hauptteller, in dessen Zentrum ein hoher Quader Schichtterrine neben einem Riegel auf Joghurtbasis hergestellter Rhabarbermousse (bestückt mit eingelegtem Rhabarber und Rhabarbergel) stand, war das eine leicht würzige Lebermousse und etwas Salzkaramell. In einem der beiden Begleitschälchen erzeugte ein Stück gebratener Leber auf klarem, kräftigem Rhabarbersud für einen raffinierten süß-salzigen Twist. Einzig das zweite Schälchen mit Ragout und Sorbet hätte in der Form auch ein Nachtisch sein können.
Überhaupt war es so, dass Balance und Ausgewogenheit in den Feinheiten und Zwischentönen zuletzt noch einen Tick deutlicher zu spüren waren und zudem auf jedem Teller auch ein subtiler Twist mitschwang. Beim schon allein als Produkt umwerfenden, perfekt confierten Heilbutt, der mit kross angerösteten Poveraden, intensiv gedörrten Tomaten und Passepierre in einem ebenso eleganten wie kraftvollen klaren Tomatensud schwamm, waren zum Beispiel aromatische Mandelstücke und mehr noch eine Mandelcreme für ein reizvolles Spiel aus Süße und Würze verantwortlich.
Auch bei dem in optimaler saftiger Festfleischigkeit auf den Punkt gebrachten und mit einer flockig-krossen, currywürzigen Panko-Bröstelkruste überbackenen Seeteufel in Kombination mit Blumenkohl schwang so viel fein differenzierte Finesse mit, wie wir es bei Claus-Peter Lumpp in der Vergangenheit immer nur punktuell erlebt hatten. Auch hier war Süße und Würze in feinstem Einklang. In der Kurkumasauce zeichnete die Schärfe von grünen Pfefferbeeren für Nadelstiche verantwortlich, eine Currycreme auf Mayobasis setzte ebenfalls wohldosierte markante Akzente und eine Kapsel aus Blumenkohlmousse auf einem dünnen Knusperboden brachte genau die richtige Menge an Umami und natürlicher Süße ins Spiel, dass auch hier wieder alles sehr dynamisch und zugleich harmonisch war.
Süffiges Soulfood in vielschichtiger und differenziert aufs Porzellan gebrachter Vollendung, waren die „Morchelkissen“ mit Lauch, Sherry und Zitronenthymian: eine Art seidenweich-fluffige Morchel-Gnocchi in Rechteckform kamen da mit einem rahmig unterfütterten Morchelragout, sautierten Morcheln, Morchelschaum sowie etwas Lauch und Schnittlauchmayonnaise auf dem Teller zusammen und erhielten zudem von kleinen, punktuell verteilten Dots aus Sherry- und Zitronenthymiangel wieder genau die richtige Dosis an eleganter alkoholischer Süße und Säure mit auf den Weg. Aber eben auch eine gewisse ätherische Aro-

matik, so dass anstatt gefälliger Behäbigkeit wieder ein vibrierendes Geschmacksbild entstehen konnte.
Waren alle bis an diese Stelle beschriebenen Kostproben aus dem großen Degustationsmenü, wechselten wir zum Hauptgang in den À-la-carte-Bereich, denn man muss wissen, dass das Kulinarium des Gourmetrestaurant Bareiss eines der ganz wenigen hierzulande ist, bei dem sich die Menügerichte und die À-la-carte-Offerten grundlegend unterscheiden. Viele davon sind schon so etwas wie Signature Dishes, die nur saisonal um bestimmte Produkte verändert werden. Und alle – egal ob Vorspeisen, Zwischengerichte oder Hauptgänge – breiten sich in verschiedenen Variationen auf mehrere Teller aus. Dafür ist Claus-Peter Lumpps Küche bekannt und für diese vielfältige Opulenz wird sie zurecht geschätzt.
Unser Lamm von der Älbler Wacholderheide war auf dem Hauptteller in Gestalt des maximal saftigen und eigenaromatischen, von seinem hauchdünn kross aufgeknusperten und ansonsten butterzart schmelzenden Fettdeckel diesbezüglich noch geboosterten Rücken zugegen und wurde von Bohnenkernen, kleinen Artischocken, intensiven Dörrtomaten und etwas jungem Knoblauch eskortiert. Der braisierte gezupfte Lammbauch mit leicht orientalischem Hauch von Garam Marsala hatte auf dem zweiten Teller zum einen Falafel-Bällchen und zum anderen knackigen und spielentscheidend säuerlich zugespitzten Krautsalat zur Seite. Teller Nr. 3 war als Innereien-Parade mit Bries, Leber und Zunge des Lamms auf Blattpetersilienpüree und prononcierter weißer Pfeffersauce unser heimlicher Favorit – aber freiwillig verzichtet hätten wir auf keine der drei Variationen. Der starke Höhepunkt eines starken Menüs!
Und das wurde auch im Finale nicht schwächer, denn Stefan Leitner, der langjährige Mann fürs Süße an der Seite von Claus-Peter Lumpp, ist ein begnadeter Patissier, der keinen auch noch so hohen Aufwand scheut, die klassischen Dessertkombinationen in hocheleganter Perfektion erstrahlen zu lassen. So wie in unserem Fall die in verschiedenen Aggregatzuständen durchdeklinierten Komponenten von Bitterschokolade und Himbeere mit Pekannuss und Kakaobohnensaft, deren Aromen ebenfalls mit so viel feiner Differenzierung auf den Teller und in das begleitende Gefäß gebracht waren, dass auch dafür die Höchstbewertung verdient erschien. Und für das, was danach in verschwenderischer Opulenz auf dem Dessertwagen und in der Pralinenkiste folgt, sowieso.
Höchsten Ansprüchen können im barocken Restaurant Bareiss, das mit Louis-Quatorze-Fauteuils an großen runden, mit bodenlangem Damast elegant eingedeckten Tischen und üppigem Blumenschmuck gestalterisch und atmosphärisch ebenfalls das üppige Gourmetrestaurant alter Schule repräsentiert, seit jeher auch Servicequalität, Weinberatung und Weinkarte genügen. Dass es hier etwas distinguierter zugeht als in der Schwarzwaldstube im Nachbartal entspricht dem Konzept und passt bestens ins Gesamtbild. Man fühlt sich bestens aufgehoben, vom Team um Maître Thomas Brandt perfekt umsorgt und von Sommelier Teoman Mezda, der das in Breite und Tiefe beeindruckende internationale Weinsortiment mit Hingabe und Expertise kuratiert, immer gut beraten.

6

Kaminstube

im Hotel Bareiss
Hermine-Bareiss-Weg,
72270 Baiersbronn
07442-470
www.bareiss.com
Küchenchef: Nicolai Biedermann
Mo–Fr ab 18.30 Uhr,
Sa u. So von 12.30–14 Uhr u.
ab 18.30 Uhr, kein RT
Hauptgericht: 25–36 €,
Menüs: 57–108 €

VISA P

Genau zwischen der großen kulinarischen Oper im Restaurant Bareiss und der bodenständigen Regionalküche in den Dorfstuben zielt die im typischen üppig-eleganten Landhausstil des Hotel Bareiss gestaltete Kaminstube als drittes À-la-carte-Restaurant auf all jene Gäste ab, die Fine Dining auf eine unkompliziertere und entspannte Art genießen möchten. Und in der farbenfrohen Atmosphäre mit bequemen Polstersesseln um elegant gedeckte Tische fällt das nicht nur dann sehr leicht,

wenn im namensgebenden Kamin auch noch ein wärmendes Feuer prasselt.
In der Küche orientieren sich Nicolai Biedermann und sein Team einerseits an einem klassischen Fundament und bieten teils ganz traditionelle Gerichte der französischen Haute Cuisine, die auch à la carte bestellbar sind, streuen daneben aber auch weltoffene Einflüsse und den einen oder anderen kreativen Akzent ein – ohne allerdings bei deren Ausarbeitung unbedingt bis ins allerletzte Detail zu gehen. Insgesamt sind die Gerichte stets von leicht zugänglicher und gegenständlicher Art.
Die eher weltoffene Seite zeigte dann zuletzt – simpel, aber schlagkräftig! – zur Einstimmung bereits eine fleischig-zarte geschmorte Aubergine, deren milde Bitternoten als Träger für eine röstig-konzentrierte und als solches in diesem Kontext vielleicht etwas zu plakative Sesamsauce fungierten. Diese wurde von Saiblingskaviar aufgelockert und von Schnittlauch-Mayonnaise gewinnbringend mit etwas Säure und grüner, scharfer Frische ergänzt.
In einem grundsätzlich ähnlichen Stil, nämlich technisch einfach gehalten, aber aromatisch sehr ausdrucks- und kontraststark, eröffnete sanft temperierter Saibling aus dem Buhlbachtal das Menü. Und zwar neben feinsäuerlich marinierten Schwarzwurzel-Juliennes, einer schwarzen Knoblauchsauce mit tiefer dunkler Würze und ebenfalls feiner Säure, einer kräutergrünen Buttermilchcreme und hauchdünnen Croûtons. Optisch wirkte das eher oldschool, geschmacklich aber erstaunlich abwechslungsreich und dynamisch!
Noch puristischer wurde danach der kurz und heiß kolorierte, innen noch zart glasige Färöer Lachs neben nur ein wenig cremig gebundenem Wirsing-Confit mit feinem Biss und einer mit Kräuteröl gesprenkelten milden Weißweinsauce aufs Porzellan gebracht. Der Clou war hier aber ein ätherisch dazwischenfunkendes und für viel Schwung sorgendes Salzzitronengel, das aus diesem auf den ersten Blick eher träge wirkenden Gericht einen frisch und pointiert anmutenden Teller werden ließ.
Licht ganz so überzeugend gelang der Hauptgang rund um rosa gebratenen, aber dennoch etwas trocken und nüchtern wirkenden Lammrücken neben einem dafür umso schmelzigeren Würfel von der (vermutlich sous-vide gegarten) Lammschulter. Beide wurden von einer kräftig-natürlichen Lammjus und einer (etwas stumpfen, leicht oxidierten) Kräutersauce sowie einigen knackigen grünen Bohnen und samtig cremiger Polenta begleitet, was unterm Strich zu einem durchaus soliden, aber wenig schwungvollen Gesamteindruck führte.
Und auch der zwar erfrischend leichte, handwerklich aber etwas rumpelig ausgeführte süße Abschluss rund um Zitronengras, Gurkenfond, ein etwas strohiges Parfait und mit Himbeere bepulverte Chunks aus weißer Schokolade, die leicht verzögert süßen Schmelz beisteuerten, hatte nicht ganz das Niveau der ersten Gänge. Aber: alles in allem wirkte die Performance dann doch wieder etwas überzeugender als noch im letzten Jahr, lag wohlverdient bei den verliehenen 6 Pfannen und teilweise sogar wieder leicht darüber.
Daran, dass dazu sowohl der bestens organisierte und stets präsente Service als auch die glas- und flaschenweise angebotenen Weine ein für das gesamte Haus charakteristisch hohes Niveau bieten, hat sich dagegen rein gar nichts geändert. Und das ist auch gut so!

6↑ 🍴🍴

Schatzhauser

im Hotel Traube Tonbach
Tonbachstr. 237, 72270 Baiersbronn
07442-492665
www.traube-tonbach.de
Küchenchef: Florian Stolte
Mo–Sa ab 12.30 Uhr durchgehend. So von 12.30–17.30 Uhr, kein RT
Hauptgericht: 16–198 €
EC VISA P

Der stilvolle Neubau, in dem die Restaurants der Traube Tonbach mittlerweile beheimatet sind, bietet zwar atmosphärisch eher weniger Schwarzwaldromantik, als es damals noch die Köhlerstube und insbesondere die Bauernstube versprüht haben – das heißt aber nicht, dass Freunde heimatverbundener Köstlichkeiten von nun an zu kurz kommen. Ganz im Gegenteil, denn in dem hellen, eher von stylischer Moderne als von traditioneller Stubengemütlichkeit geprägten Ambiente des nach dem guten Waldgeist aus „Das kalte Herz“ benannten

Schatzhauser, quasi dem Nachfolger der einstigen Bauernstube, gibt es genau das. Und zwar in einer ausgesprochen reizvollen Form!
Zum einen wird durch die raumhohen Fenster mit Blick auf das wildromantische Tonbachtal sehr geschickt eine Nähe zur Umgebung und der Natur hergestellt, während die Einrichtung im Inneren auf schlichte Art luftig entspannt wirkt. Zum anderen sorgt der neben der weltoffenen Gourmetküche im Restaurant 1789 auch für das Schatzhauser verantwortliche Küchenchef Florian Stolte dafür, dass auf den Tellern noch einmal mehr Verbundenheit zur Region und ihren kulinarischen Traditionen spürbar wird. Allerdings von allem angestaubten Muff befreit und in exakter, klarer Form interpretiert, die den Charakter der Gerichte erhält, sie aber zugleich frischer und leichter wirken lässt.
Ein Beispiel dafür war zuletzt das ganze Filet von mild warmgeräucherter Forelle, das mit zart blätterndem festem Fleisch nebst leicht gesäuertem Karotten-Schnittlauch-Concassé, fruchtigem Confit von Bete und Meerrettichcreme auf den Teller kam. Dazwischen sorgten Schnittlauchöl und feingeschnittener Radicchio für pointierte Bitternoten und zusätzliche Frische. Da war nichts verfremdet oder verspielt, aber allein durch die geschickt eingesetzten natürlichen Eigenschaften der Produkte in exakten Proportionen präsentierte sich diese Vorspeise sehr niveauvoll.
Das funktionierte genauso gut bei der ganz klassisch nach „Bauern-Art“ gebackenen Wildterrine mit Pistazien, deren kräftiger, von Innereien akzentuierter Geschmack neben säuerlich marinierten Schnittbohnen, roh marinierten Champignons und cremig angemachtem Feldsalat inszeniert wurde – im Grunde ganz rustikal, dabei aber wieder von klaren, kraftvollen Aromen gekennzeichnet und überhaupt sehr angenehm aufgeräumt arrangiert.
Man kann hier von Schwäbischer Festtagssuppe, über die klassischen Maultäschle in der Kräuterbouillon mit Zwiebelschmelze und Kartoffelsalat oder den Linseneintopf mit Speck, Saitenwürstle und vom Brett geschabten Spätzle, bis hin zu mustergültigen Rindsrouladen die ganze Palette der hausmannsköstlichen Traditionsgerichte auf Gourmetniveau essen. Und bessere Kalbskutteln wie hier, die besonders von der akkuraten Arbeitsweise der Küche profitieren, weil sie sehr viel feiner geschnitten sind als zumeist anderswo und mit nahezu haardünnen, knackigen Wurzelgemüsestreifen effektvolle Mitstreiter haben, wird man schwer bekommen. Ein Kuttelgericht mit Raffinement auf der Mikroebene, weil die flauschig zarten Kutteln vom feinen Biss der Gemüsefäden ganz beiläufig, aber durchaus effektvoll ergänzt werden. Die intensive klare Jus mit ihrem markant weinfruchtigen Geschmack, in der die Kalbsinnereien süffig daherkommen, haben natürlich auch ihren Anteil.
Die zweifingerhohe Zanderschnitte mit hauchdünner knuspriger Haut über zartem Fleisch im Hauptgang hätte locker auch auf dem Teller eines noch deutlich höher bewerteten Restaurants eine gute Figur gemacht. In diesem Fall wurde die Umgebung mit kräftigem dunklem Sauerkraut, krossen Speckstreifen und sautierten Traubenhälften zwar auch wieder eher rustikal gehalten – allerdings erneut in exakt austarierten Proportionen und durch eine cremig-dichte Champagnerschaumsauce mit elegantem Säurespiel dann doch wieder ziemlich edel und vor allem sehr substanzstark.
Zum süßen Ende wurde es dann überraschend deutlich weltoffener, dafür aber auf einem mindestens ebenso hohen Niveau wie bei allen anderen Kostproben. Sowohl ein Exoticsorbet mit Fruchtragout und dichtcremigem Kokosschaum als auch die zartcremige Kokos-Crème-Brûleé mit feinem Vanilleduft und hauchdünner Karamellkruste zeigten intensiv konzentrierte Aromen sowie souveränes Feinhandwerk und sorgten für einen beschwingten Abschluss.
Dass mit Ansgar Fischer als Restaurantleiter ein ebenso erfahrener wie eloquenter Gastgeber wieder den Weg zurück in die Traube Tonbach gefunden hat, ist nur ein weiterer Grund für einen Besuch. Denn auch in der hier etwas lockereren Gangart macht der einstige Maître der Schwarzwaldstube eine hervorragende Figur und vermittelt sowohl die Gerichte als auch bestens dazu passende Weine mit Charme und Kompetenz.

Bezahlkarten-Symbole

- Mastercard
- EC-Maestro
- Diners
- American Express
- VISA Visa

8↑

Schlossberg

im Hotel Sackmann

Murgtalstr. 602, 72270 Baiersbronn
07447-2890
www.hotel-sackmann.de
Küchenchef: Jörg Sackmann
Nico Sackmann
Mi–So ab 18 Uhr, Mo u. Di RT
Hauptgericht: 34–58 €,
Menüs: 145–175 €

VISA

Unter den drei großen Baiersbronner Gourmetdestinationen hat jede ihren ganz eigenen, über die Jahre gewachsenen und verfestigten Charme. Das unlängst umfassend und sehr aufwendig modernisierte und erweitere Hotel der Familie Sackmann steht dabei mit seinem Gourmetrestaurant seit langem vor allem für eine auf klassischer Basis experimentellere und weltoffenere Küche. Geprägt hat diese von kreativen Kombinationen und exotischen Aromen gekennzeichneten Stil bereits Jörg Sackmann, aber auch seitdem dessen Sohn Nico mit an vorderster Front am Herd steht, hat sich daran nicht wesentlich etwas geändert.

Da sind die atmosphärischen Veränderungen seit dem Umzug des Gourmetrestaurants Schlossberg in die neuen Räumlichkeiten, die sich mit modernem Design nahtlos an einen chilligen wohnzimmerähnlichen Bereich anschließen, deutlich gravierender. Und es kann nur erneut betont werden, dass die neue Umgebung viel besser zum Stil der Küche passt und einen Besuch als Gesamterlebnis – ganz unabhängig von der Küchenleistung – entscheidend aufwertet. Wobei sich natürlich auch die Küche in keinem Fall verstecken muss. Ganz im Gegenteil!

Bereits die ersten einstimmenden Kleinigkeiten zeigen regelmäßig die Ambitionen und das Können des Teams auf ebenso unterhaltsame wie animierende Weise. Zuletzt gelang das mit einer gelierten Terrine von Kaisergranat in sanftem Buttermilchsud mit Lachskaviar und ganz mild geräucherten Kartoffelscheibchen aromatisch zunächst noch sehr zurückhaltend, wohingegen ein Cocktailglas mit frech angeschärftem Ingwerschaum, unter dem sich säuerlich fruchtige Ananas mit Kalbsfilet-Streifen und Schwertmuscheln versteckten, schon deutlich mehr vom typischen Sackmann-Spirit vermittelte.

Den gab es dann auch beim Hummer in Gestalt kleinerer Stücke vom Schwanz und von den Scheren auf einem dünnen Avocado-Marbré und zurückhaltend pikant einheizendem Pimento-Confit. Weitere Kontraste lieferte daneben eine kleinteilige „Straße“ teils fruchtiger, teils ätherisch herber Zitrusfrüchte-Komponenten aus Mandarine, Grapefruit und Salzzitrone zwischen Pimento- und Avocadocreme-Dots, die sich in jeweils unterschiedlichen Bezügen zu Hummer und Avocado kombinieren ließen.

Wie souverän das Team die klassische Klaviatur spielt, wurde dann beim jodig und frisch, zugleich aber tief und mit nerviger Säure aufgeladenen Krustentierschaum deutlich, der sanft gegartes Wolfsbarschfilet umspielte und ganz zurecht nur mit Gabel und Löffel serviert wurde. Feinere Details lieferte dazu ein Topping aus Vongolé und Wolfsbarsch-Tatar, jodige Untertöne vermittelte eine konzentrierte Algencreme und filigraner Crunch kam durch einen luftig krossen Algen-Crostino hinzu. Sehr stark!

Da konnte der folgende vegetarische Einschub nicht ganz mithalten. Zwar beeindruckte hier ein monumentaler und dennoch feiner Zwiebelsud mit dunklen Karamelltönen und süßer Schmortiefe, der sich mit halbierten weißen Bohnen und langsam schmelzendem Fourme d'ambert zu einem kraftvollen Ensemble verband, in das sich auch hauchdünne, erdigfruchtige Bete-Lamellen harmonisch einfügten. Ein aufgeweicht zäher Betechip mit Fourme d'Ambert erzeugte dagegen einen unnötig unbeholfenen, groben Eindruck und schwächte die Gesamtwirkung deutlich ab.

Wieder eine absolute Punktlandung gab es dagegen bei der soft-zarten Short Rib mit schmelzendem Fett und hocharomatischem Fleisch neben einem krossen Kartoffelring mit Ochsenmark-Espuma und einer geschmorten Tropea-Zwiebel mit Füllung aus gezupftem Schmorfleisch vom Ochsenschwanz. Und mehr als eine eher wuchtige als elegante Jus, die mit ihrer tiefgründigen Power an dieser

Stelle sehr wirkungsvoll als Katalysator wirkte, braucht es an dieser Stelle auch gar nicht, um diesen pointierten Powergang abzurunden.
Mit einer zart mit Birnenbrand parfümierten Kreation aus Birnenkugeln und -sorbet in einer Meringue-Halbschale und kleinen knusprigen Meringue-Plättchen, die markant kräuterduftig von Eisenkraut akzentuiert waren, endete das Menü ebenso souverän wie mit der hochfein gearbeiteten Auswahl an sehr individuellen Pralinés. Und unterstrich die Feststellung, dass es für eine noch höhere Bewertung aktuell tatsächlich nur eine noch etwas konsistentere Performance und die eine oder andere Optimierung im Detail bräuchte.
Ändert natürlich rein gar nichts an der Tatsache, dass ein Besuch auch so absolut lohnend ist und immer spannende, individuelle Eindrücke auf sehr hohem Niveau bietet. Die werden außerdem von Sommelier Manuel Vogel auf Wunsch mit gut zu den jeweiligen Gerichten ausgewählten, qualitativ anspruchsvollen Weinen ergänzt. Und wer sich lieber selbst eine oder mehrere Flaschen aussucht, findet in der international bestens sortierten Karte für alle Belange viel Gutes.

10

Schwarzwaldstube

im Hotel Traube-Tonbach
Tonbachstr. 237, 72270 Baiersbronn
07442-492665
www.traube-tonbach.de
Küchenchef: Torsten Michel
Mi–Fr ab 19 Uhr, Sa u. So von 12–13 Uhr u. ab 19 Uhr, Mo u. Di RT
Hauptgericht: 84–96 €, Menüs: 215–265 €

In den vergangenen Jahren hatte es die berühmte Traube Tonbach mit Corona-Krise, wiederholten Einbrüchen in den mit unzähligen seltenen Schätzen gefüllten Weinkeller und natürlich dem verheerenden Brand Anfang 2020, der das Stammhaus mit allen Restaurants vollständig in Schutt und Asche legte, gleich in mehrfacher Hinsicht hart getroffen. Umso schöner, dass sich die beliebten À-la-carte-Restaurants, die ja dank des seinerzeit im Eiltempo als Übergangslösung errichteten „Temporaires" nie wirklich weg waren und mit der Fertigstellung des Neubaus nach gut zwei Jahren an alter Stelle wieder wie Phoenix aus der Asche auferstehen konnten, ungebrochen großer Beliebtheit erfreuen. Um im legendären Gourmetrestaurant Schwarzwaldstube einen Tisch zu bekommen, muss man weiterhin längere Wartezeiten in Kauf nehmen oder viel Reservierungsglück haben.
Dort ist die dunkle Balkendecke, die seinerzeit verschnörkelt, wuchtig und tief über den Köpfen der Gäste schwebte, einem bis zum Dach hin offenem Giebel gewichen und die Stirnseite zum grünen Tal hin komplett verglast, so dass die Natur vor der Haustüre als Breitwand-Kulisse wirken kann. Und von dieser lenkt im schnörkellos schlicht designten Raum gestalterisch auch sonst nichts weiter ab. Das mutet nur auf den ersten Blick etwas nüchtern an, denn wenn man erst mal an einem der passenderweise auch ganz puristisch eingedeckten und in großzügigen Abständen zueinander gestellten Tischen Platz genommen hat, merkt man sehr schnell, dass sich die Architekten und Raumgestalter da schon ihre Gedanken gemacht haben. Eben weil hier insbesondere bei Tageslicht eine sehr angenehme Wohlfühlatmosphäre herrscht.
Zu der trägt, wie man es von der Schwarzwaldstube im Grunde seit Jahrzehnten kennt, zu einem ganz wesentlichen Teil auch das Serviceteam bei, das hier in einem hohen Maße wie in nur ganz wenigen anderen Spitzenrestaurants in Deutschland, Perfektion, Leidenschaft und Herzlichkeit vereint und so höchsten Anspruch an professionelles Gastgebertum mit einer entspannten Leichtigkeit verbindet. Geführt wurde dieses Ensemble schon immer von souveränen sympathischen Persönlichkeiten. Und so wundert es überhaupt nicht, dass nach dem Weggang des langjährigen Restaurantleiters David Breuer mit Nina Mihilli wieder eine absolut würdige Nachfolgerin ernannt wurde. Die gebürtige Münchnerin kennt die Traube Tonbach und die Schwarzwaldstube bereits seit etwa acht Jahren und sorgt hier nun in verantwortlicher Position eben nicht bloß für reibungslose Abläufe, sondern auf ihre ganz eigene sehr empathische, zugängliche und unangestrengt natürliche Art auch dafür, dass

jeder Gast individuell abgeholt wird und sich beim Besuch dieser Restaurantikone entspannt zurücklehnen und wohlfühlen kann. Zu diesem Entschluss kann man Gastgeberfamilie Finkbeiner also nur gratulieren.
Am Wohlfühlfaktor hat natürlich in gleichem Maße auch Stéphane Gass seinen Anteil, der hier seit über 30 Jahren als Chef-Sommelier seinen Dienst tut und dem Restaurant nicht nur so lange Zeit schon ein Gesicht gibt, sondern mit seinen Weinempfehlungen – egal ob individuell glasweise oder durch profunde und einfühlsame Beratung für eine mit mehreren Gängen gut korrespondierende Flasche – noch jedem Gericht oder Menü das gewinnbringende i-Tüpfelchen verleihen konnte. Darüber hinaus wird in der Schwarzwaldstube mittlerweile aber auch der verstärkten Nachfrage bezüglich anspruchsvoller alkoholfreier Getränke Rechnung getragen und eine auf jeden Gang abgestimmte Begleitung aus leichten, schlanken Eigenkreationen wie etwa auf Basis von Verjus und Soda mit Holunderblütensirup verfeinert oder beispielsweise in der Kombination Rooibusch, Pfirsich und Fleur de sel angeboten, die als Alternative auch äußerst lohnend ist.
Aber was wäre das alles ohne die Küche von Torsten Michel, der hier längst aus dem Schatten und den großen Fußstapfen seines berühmten Vorgängers Harald Wohlfahrt herausgetreten ist und seinen eigenen Weg eingeschlagen hat. Deutete dieser am Anfang noch darauf hin, dass sich der geborene Dresdener hierzulande als einer der letzten Verfechter der konsequent ultraklassischen französischen Küche auf höchstem Niveau ein Alleinstellungsmerkmal aneignen will, empfindet man sein Kulinarium in jüngster Zeit wieder deutlich weltoffener und kreativer. Auch fernöstliche Einflüsse spielen eine immer größere Rolle, aber ganz ohne dass es so wirken würde, als ob der Chef in diesem Punkt einfach nur nach der Mode geht. Michel und sein Team setzen auch diese Akzente steht mit wohlüberlegter Souveränität – so wie alles, was seine Küche verlässt, konsequent zu Ende gedacht und perfekt ausgereift ist.
Wie die drei filigranen Fingerfood-Happen, die unser letztes Menü mit einer klaren Dramaturgie einläuteten. Beginnend mit einem Entenleber-Profiterol mit Schwarzkirsche, gefolgt von einem aromatisch schon etwas markanteren Krabbenchip mit roh mariniertem Garnelenfleisch, Kokos und Limette, finalisiert mit einem karottencremegefüllten und mit Vadouvan-Mayonnaise akzentuierten Karottenwürfel, der mit seiner mutig eingesetzten Schärfe subtil den Speichelfluss anregte und den Gaumen startklar für alles Kommende machte.
Der Küchengruß machte danach effektiv Werbung für Torsten Michels vegetarisches Menü, mit dem er bundesweit ebenfalls ganz oben mitspielt. Er handelte von Roter Bete, Himbeeressig, Orange und einem in diesem Fall spielentscheidenden, mit feinen Flocken von geräucherter Sauerrahmbutter überhobeltem Meerretticheis und lag trotz des erdigen Meerrettichs tendenziell mehr auf der fruchtigen Seite. Die Komposition wirkte aber nicht zuletzt dank der prägnanten und bestens eingebundenen Säure nicht wie ein verfrühtes Dessert, war leicht und frisch, animierte mit der ätherischen Meerrettichschärfe und machte einfach Lust auf mehr.
Ein opulent schmelziges, auf der einen Seite mineralisch-maritimes, auf der anderen Seite auch herzhaft würziges Vergnügen war die Vorspeise um dicke „Sandwiches“ von mild gebeiztem und mit seinem Schmalz eingelassenem Rücken und Bauch vom Balfegó-Thunfisch. Üppig ausgarniert mit Kaviari Kaviar Kristal, Artischockenspalten und Rucola, fein gewürzt mit Sardelle, Kapern und kleinen Croûtons aus dem Thunfischspeck, umgeben von seidiger Artischockencreme und einer unaufdringlichen Senfcreme war das ein schwelgerischer Auftakt, der keine Zweifel daran ließ, dass man im Schlaraffenland angekommen ist. Erstklassige Luxusprodukte in genussreicher Menge und in klassischer, aber immer auch origineller Zubereitung sind hier einfach auf jedem Teller gesetzt.
So wie der kapitale, mit stark reduzierter Krustentierjus lackierte und mit karamellisierten Erdnüssen und Peperoni beflockte Kaisergranat, der im nächsten Akt auf einem Salat aus Gurke, Apfel und gewürfeltem Gambero-Fleisch thronte und von einem mit Koriander aromatisierten Kokossud auf Krustentierbasis umgeben war. Ein perfekt ausbalanciertes Spiel von Süße, Würze und Schärfe, schwebend leicht und frisch, aber durch die Glace und die Nüsse eben auch mit Tiefgang. Und dieser Tiefgang ist bei Torsten Michel nie wuchtig und stumpf, sondern zeichnet sich durch jenes hohe Maß an trennklarer Tiefenschärfe aus, die sehr gute von herausragender Küche unterscheidet.
Weniger Komposition als vielmehr Produktparade war der zweite Teil unserer Krustentier-Party, der sich um Schere und Schwanzsegmente vom Hummer drehte – ergänzt um eine Jakobsmuschel von ebenfalls beeindruckender Qualität. Lediglich etwas mit Sternanis gewürzten Fenchel und eine Krustentierglace sowie feinsäuerliche, mit frischem Dill aromatisierte Fenchel-Buttersauce brauchte es da, um

diesen wohlgelungen puristischen Gang so zurückgenommen wie möglich, aber so gewinnbringend wie nötig abzurunden.
Und so ein voll auf die Ausdruckskraft und die perfekte Zubereitung der Produkte ausgerichteter Gang war im Endeffekt auch die kross auf der Haut gebratene Wolfsbarschschnitte in Begleitung von Ratatouille-Gemüse mit Oliventapenade, das hier als eine Art aufgefächerte Kuppel mit knusprigem Blätterteigboden dargeboten wurde. Am Tisch kam aus der Hand des Service noch eine reichlich mit getrockneten Tomaten, Pinienkernen, Couscous, Basilikum und etwas Knoblauch sowie weiteren Aromen voll aufgeladene Pistou-Vinaigrette hinzu, deren elegante mostige Süße von gereiftem Balsamicoessig der Kreation die nötige Dynamik und den originellen Dreh gab.
Das markante Aroma von Thymian und Orange prägte im Hauptgang zum Thema Taube nicht nur die klassisch gekochte Taubenjus, sondern auch das ätherisch herbe, nach alter Schule tournierte Mairübchen. Und das war in diesem ansonsten mit attraktiv dunkel colorierter saftiger Taubenbrust, zart confiertem und von Süßholzaromen gekennzeichnetem Keulchen, einem kleinen aromatisch ausdrucksstarken „Köfte" aus den Innereien sowie einem Stück mit hauchdünner Brotknusperfläche gebratener Gänseleber voll auf Fleisch ausgerichteten Gang auch die einzige Gemüsekomponente – allerdings ohne, dass man irgendetwas vermisst hätte oder das Ganze unausgewogen fleischlastig gewesen wäre. Ganz im Gegenteil, ist Michel hier nämlich ein meisterlich pointiert voll auf den facettenreichen Geschmack einer ganzen Taube konzentriertes Gericht gelungen.
Mit Knollensellerie als dünne, noch leicht bissfeste Scheiben und dezent, aber effektiv mit Kokos aromatisiertes Püree sowie gerösteter Krauser Glucke und kleinen Würfelchen von lackiertem Aal war die Begleitung eines mit dem würzigen Kabayaki-Lack eingelassenen Stücks vom Wagyu-Rinderfilet wieder etwas umfang- und facettenreicher. Letztlich stand aber auch hier der Fleischgenuss klar im Mittelpunkt, der in Gestalt des japanischen Edel-Beefs maximal luxuriös daherkam. Und apropos maximal: dass für das klassisch gebratene Stück hier nicht ein Wagyu der höchsten Marmorierungsstufe gewählt wurde, sondern eines mit dem Fettgrad „A4", empfanden wir keinesfalls als Nachteil. Diese etwas fleischigere Variante hat mehr Biss und ist nach unserem Gusto für Fleischstücke in dieser Dicke und Art der Zubereitung eigentlich adäquater und genussreicher als ein allzu dicht marmoriertes großes Stück. Und den Effekt des saftspritzend schmelzigen Fetts hat man auch hier noch zu Genüge. Abgerundet wurde dies von einer Sauce vom Fleischsaft, die mit gereiftem Reisessig abgeschmeckt war und auch diesem Gericht eine frische Dynamik und durch die Säure ein bekömmlich und leicht wirkendes Finish verpassen konnte.
Bei der Interpretation vom Bienenstich wurde schließlich nicht nur der obligatorische Biskuitboden durch Trockenfrüchte ersetzt, sondern auch sonst etwa mit Joghurtschaum statt Sahne alles sehr leicht und frisch gehalten und das Menü im süßen Finale nicht nur leicht, sondern auf gleichbleibend höchstem Niveau abgerundet. So gebührt der Küche der Schwarzwaldstube auch in diesem Jahr unverändert unsere Maximalbewertung, die sich in Kombination mit dem herausragenden Service, der profunden Sommellerie und dem bemerkenswerten Engagement in Sachen individueller alkoholfreier Begleitgetränke weiterhin zum gastronomischen Gesamtkunstwerk summiert.

Hotelempfehlung

★★★★★S

Hotel Bareiss

Hermine-Bareiss-Weg,
72270 Baiersbronn
☏ 07442-470
www.bareiss.com
Einzelzimmer: 214–291 €
Doppelzimmer: 376–500 €

Ein traditionsreiches Ferienhotel mit allem nur erdenklichen Komfort, das immer wieder auf den neuesten Stand gebracht wird, dabei aber seinem Stil treu bleibt. Über ein Drittel der insgesamt 99 Zimmer wurden jüngst wieder umfassend renoviert. Der moderne „Beauty & Spa"-Bereich mit großer Poollandschaft, Saunawelt und Beauty & SPA auf 4500 qm überrascht mit 5 Saunen (finnisch, Dampf und Bio – davon zwei exklusiv für Damen), Solarien, Eisbrunnen, Gymnastik, Fitness und vielem mehr. Im „Kinderdörfle“ gibt es ein 7-Tage-Programm für Kinder und Jugendliche und auch für Erwachsene wird ein umfassendes Ferienprogramm geboten. Außerdem im Hotel Bareiss: ein großzügiger neuer Waldpark, eine Shoppingpassage mit Modeboutique, Geschenk-Boutique „Das Lädle“ und Bareiss Juwelier mit eigener Kollektion sowie eigene Ausflugsziele wie der restaurierte „Morlokhof“ von 1789 oder die „Sattelei“ im Baiersbronner Wanderhimmel. Außerdem verfügt die Inhaberfamilie über eine eigene Jagd. Vielfältiges gastronomisches Angebot; Restaurants Bareiss, Kaminstube und Dorfstuben separat erwähnt.

★★★★★S

Hotel Traube Tonbach

Tonbachstraße 237,
72270 Baiersbronn
☏ 07442-4920
www.traube-tonbach.de
Einzelzimmer: 209–429 €
Doppelzimmer: 289–709 €

EC VISA

Inmitten einer der schönsten Naturlandschaften Europas und umgeben von ursprünglichen Wäldern und ausgedehnten Wanderwegen liegt das Hotel „Traube Tonbach“ im Schwarzwald zentral in einer der ursprünglichsten Naturlandschaften Europas. Das traditionsreiche Fünf-Sterne-Superior-Hotel ist seit über 230 Jahren in Familienbesitz und wird heute von der Inhaberfamilie um Renate und Heiner Finkbeiner in achter Generation geführt. Es verfügt über 151 Zimmer, Appartements und Suiten, vielfach ausgezeichnete Gourmetküche und einen großzügigen SPA und Wellnessbereich auf 4500 qm mit 9 Behandlungsräumen, mehreren Pools, großer Saunalandschaft und Fitnessraum. Damit gehört das Luxusresort zur Spitze der europäischen Hotellerie. Kinder finden sich im Traube Kids Court in ihrer eigenen Welt mit 1000 tollen Ideen, ganztägiger Betreuung und kostenfreiem Kinderessen. Im Frühjahr 2022 wurde das neue Stammhaus eröffnet, in dem alle gastronomischen Betriebe des Hotels ein neues Zuhause gefunden haben, nachdem das historische Stammhaus im Jahr 2020 einem verheerenden Brand zum Opfer gefallen war. Restaurants Schatzhauser, 1798 und Schwarzwaldstube separat erwähnt.

★★★★S

Romantik Hotel Sackmann

Murgtalstr. 602, 72270 Baiersbronn
☏ 07447-2890
www.hotel-sackmann.de
Einzelzimmer: 165–221 €
Doppelzimmer: 151–280 €

EC VISA

Das familiengeführte, ruhig und idyllisch im Murgtal gelegene Vier-Sterne-Superior-Hotel Sackmann wurde im Jahr 2020 umfassend an- und umgebaut und in diesem Zuge fortschrittlich renoviert. Vom sehr großzügigen Eingangs- und Empfangsbereich über viele neue Zimmer und Suiten bis hin zu Kochbuch-, Kamin- und Weinlounge, Kaffee-Bar, „Sackmann-Shop“ und nunmehr vier Restaurants präsentiert sich alles in neuem Glanz. Mit modernem Outfit und dennoch im Einklang mit Natur und Tradition. Alle Räume sind vollklimatisiert, mit Wärmerückgewinnung und Frischluftzufuhr – die 76 Zimmer und Juniorsuiten in verschiedenen Kategorien bieten allesamt zeitgemäßen Komfort. Zum Entspannen und Aktivsein stehen zwei exklusive SPA-Welten mit Indoor und Outdoor Pool, diversen Saunen, Lounge- und Ruhebereichen und Anwendungsmöglichkeiten zur Verfügung. Eines der Highlights ist der neue Sky-Infinity Pool mit Aussicht in die herzerfrischende Naturkulisse des Schwarzwaldes. Die Kulinarik nimmt im Hause Sackmann schon immer einen ganz besonders hohen Stellenwert ein, der vom reichhaltigen Frühstück über das Angebot in den Restaurants Murgstube, Haselbach und Silberberg bis zum Menü im vielfach ausgezeichneten Gourmetrestaurant deutlich wird. Gourmetrestaurant Schlossberg separat erwähnt.

Bamberg (Bayern)

5↑ 🍴🍴

Brasserie La Villa

Geyerswörthstr. 15–21 a,
96047 Bamberg
0951-91740
www.welcome-hotels.com/hotels/villa-geyerswoerth-bamberg/gastronomie/brasserie-la-villa
Küchenchef: Christoph Rutenkolk
Di–Sa ab 17.30 Uhr, So u. Mo RT
Hauptgericht: 28–40 €,
Menüs: 42–134 €

VISA

In dem herrschaftlich imposanten Bau der Villa Geyerswörth im Herzen von Bamberg ist nicht nur komfortable Hotellerie beheimatet, sondern mit dem in einem Seitenflügel untergebrachten und in typisch französischem Brasserie-Stil eingerichteten Restaurant auch ein Ort zum niveauvollen Genießen. An dunklen Holztischen vor roten Lederbänken, markanten goldverbrämten Spiegeln und vielen historischen Postern mit frankophilen Motiven an den Wänden, herrscht hier unmittelbar beim Eintreten eine heitere und genussfreudige Atmosphäre.
Und die wird beim Blick in die Speisekarte noch weiter gefördert. Die versammelt vom Bœuf Tatar mit Kapern und Wachtelei über Bouillabaisse mit Safran, Garnele und Fisch nach Tagesfang (oder Lieferung…) bis zum Coq au vin vom Schwarzfederhuhn mit Schmorgemüse und Kartoffeln viel Soulfood aus der französischen Bistroküche, ergänzt von weiteren saisonal variierten Gerichten.
Dass damit aber nicht nur Emotionen geweckt werden sollen, sondern dahinter ein versiertes Team steht, das unter der Leitung von Küchenchef Christoph Rutenkolk solche Dinge auch ansprechend aufs Porzellan bringen kann, zeigte zuletzt schon die Einstimmung mit einer weißen Tomatenespuma als Basis für ein saftiges Maispoularden-Rondell, das von Tomatenchutney und knusprigen Geflügelhautchips noch konzentrierte, kontrastreiche Akzente mitbekam. Bereits an dieser Stelle wurden auf jeden Fall schon höhere Ambitionen deutlich.
Beim ersten regulären Gang waren diese zwar ebenfalls sichtbar, allerdings auf nicht ganz so überzeugende Art und Weise: Bei dem im Weckglas eindrucksvoll mit eingeleitetem Rauch servierten Thunfischtatar stand die verspielte Anrichteweise stärker im Vordergrund als die aromatische Feinabstimmung. Neben dem anfangs arg präsenten Rauch dominierten hier eingelegte Senfkörner mit sehr viel Süße das ansonsten klararomatisch und frisch wirkende und auf einer sanft stützenden Schnittlauch-Eicreme angerichtete Thunfischtatar viel zu stark. Die Idee war im Ansatz nachvollziehbar und gut, was die Umsetzung angeht aber noch ausbaufähig…
Aromatisch klarer auf die traditionellen Wurzeln abgestellt und damit überzeugender gelang die Bouillabaisse, bei der ein klarer, mit dichtem Meeresgeschmack neben Safranduft und Pfeffrigkeit begeisternder Sud eine akkurat auf den Punkt gebrachte Einlage aus einem gebackenen Hummerbällchen, Garnele, Heilbutt und gezupftem Mikrowellen-Biskuit aus Petersilie und Safran umfasste. Einziges Problem dabei: die verspielte Einlage wirkte vor allem durch die Ei-lastigen und sehr salzigen Biskuits ein bisschen sperrig. Da wäre mehr noch pures Produkt (etwa durch einen weiteren Fisch, Muschel, etc…) hilfreicher gewesen als die technischen Gimmicks.
Das zeigte sich dann als Positivbeispiel bei der straff rosa gebratenen Entenbrust, die neben saftigem Kartoffelkuchen mit knusprigen violetten Kartoffelchips, einer (etwas zu pastös wuchtigen) Jus und kleinen säuerlich-gelbfruchtigen Geltupfen als auflockerndem Kontrast angenehm aufgeräumt und fokussiert auf den Teller kam.
Zum Abschluss bieten – neben einer guten Käseauswahl – beispielsweise ein Schokoladenkuchen mit Joghurt, Kardamom und Apfel als er-

frischende Kontraste, ein Erdbeerparfait mit Karamell und Minze, oder zuletzt auch ein akkurat gearbeitetes, frischfruchtig (inklusive Sorbet) gefülltes Mürbteigtörtchen mit guter Balance zwischen cremiger Süße und fruchtiger Säure ebenfalls ein klar überdurchschnittliches Niveau. Die süßen Sachen stehen hier nicht hinter den herzhaften Offerten zurück!
Und damit ist unter dem Strich klar: Die Brasserie La Villa ist eine echte Bereicherung für die Bamberger Gastronomie und ein angenehmer Kontrast zu „Blaue Zipfel" und „Schäuferla". Wenn das Team noch etwas puristischer und näher an der Tradition arbeiten und auf moderne Spielereien verzichten würde, wäre hier durchaus auch eine noch höhere Bewertung möglich. Aber selbst so macht der aktuelle Eindruck – zuvorkommenden Service und gute Weine mit eingeschlossen – Lust auf den nächsten Besuch.

Barsinghausen (Niedersachsen)

5↑

Gasthaus Müller

Golterner Str. 2,
30890 Barsinghausen (Göxe)
✆ 05108-2163
www.gasthausmueller.de
Küchenchef: Frank Müller, Rolf Müller
Mi–Sa ab 18 Uhr,
So von 11.30–14.30 Uhr u. ab 18 Uhr,
Mo u. Di RT
Hauptgericht: 22–40 €, Menüs: 45–89 €

EC VISA P

Dass es uns ausgerechnet im 300. Jubiläumsjahr des Gasthaus Müller im beschaulichen Göxe bei Hannover im Saisonendspurt verwehrt bleiben würde, noch rechtzeitig vor Redaktionsschluss einen Tisch zu bekommen, ist sehr schade, aber auch verständlich. Denn die vielen Sonderveranstaltungen waren ebenso gefragt wie die Tische im regulären Restaurantbetrieb während der fünf Servicezeiten von nur noch Donnerstag bis Sonntag – unterm Strich hatten wir das von außen eher wie ein gutbürgerlicher Landgasthof mit entsprechend rustikaler Traditionsküche anmutende bodenständige Feinschmeckerlokal aber wohl einfach zu spät angepeilt.
Ein Update muss also leider zu Beginn der neuen Testsaison im Gusto Online-Guide und in der App erfolgen, die erst im letzten Jahr um einen Bonuspfeil erhöhte Bewertung hat aber so lange Bestand, denn Niveau und Konstanz haben Frank und Rolf Müller bereits vielfach bewiesen. Schon ein Blick in deren Speisekarte verrät noch jedes Mal, dass es hier aus kulinarischer Sicht etwas anders zugeht, als es der erste Eindruck suggerieren mag. Statt Bier, Jägerschnitzel und Schweinsbraten fällt da neben zahlreichen guten Weinen namhafter Winzer auf der ersten Seite gleich mal ein kreativ zusammengestelltes vegetarisches Menü in bis zu fünf Gängen ins Auge, das jeweils um Fleisch, Fisch und Krustentier ergänzt werden kann – also im Endeffekt genau umgekehrt, als man es sonst kennt, wenn für die vegetarische Variante einfach nur das Hauptprodukt weggelassen wird…
Was aber nicht heißt, dass hier der fleischlose Genuss besonders propagiert werden würde. Man pflegt auch die Steakkultur mit verschiedenen Cuts unterschiedlicher Rinder- und Schweinerassen nebst klassischen Beilagen nach Wahl, offeriert einen Beeftea mit gebeiztem Roastbeef oder ein Carpaccio mit Crème fraîche und Trüffel und huldigt der heimischen Jagd mit Rehnüsschen nebst eingelegter Birne, heimischem Gemüse und Savoyarde-Kartoffeln. Auch für Fisch hat das Team ein Händchen, wie wir in den vergangenen Jahren immer mal wieder feststellen konnten.
Beim Tatar von Rote Bete und Birne, das bei unsrem Besuch in der Vorsaison mit einem Topping aus vielsortigem herbem Wildkräutersalat und süßen wie pfeffrigen Hippen sowie einer Umrandung aus Birnengel recht abwechslungsreich daherkam, hätten wir das optionale Kalbsbries vielleicht gar nicht unbedingt vermisst – nachdem wir die Vorspeise aber zusammen mit dieser gebackenen Thymusdrüsen-Spezialität probiert haben, hätten wir nur äußerst ungern darauf verzichtet. Beim eher cremigen als flüssigen Rahmsüppchen von Knollensellerie mit Kaffeereduktion und Scheiben von eingelegten schwarzen Walnüssen war der Fall indes ganz klar: Ohne die ausgemacht saftig-aromatischen Wachtelbrüst-

chen wäre uns das Ganze zu eindimensional lieblich gewesen. Zusammen mit dem prononciert gewürzten Fleisch, seinen Röstaromen und dem gut herausgekitzelten Eigengeschmack, war es eine ausgewogene und sehr schmackhafte Sache.
So wie die Gnocchi mit geschmorten Kirschtomaten, eingelegten Artischockenherzen und mildwürzigem Parmesanschaum, denen zwei gebratene argentinische Rotgarnelen mit ihrer charakteristischen Süße eine adäquate Ergänzung bescherten. Überraschenderweise war der Hauptgang das überzeugendste und kompletteste vegetarische Gericht. Zwar ergänzte der optionale Serranoschinken schon ob seiner außergewöhnlichen Qualität diesen Gang, der sich in der fleischlosen Variante um ein gebackenes Pilz-Pflanzerl mit leichten, frisch und aromatisch burgundergetrüffelten Rahmschwarzwurzeln, knackigem Wildbrokkoli, angeröstetem und geschmortem Lauch, Perlzwiebeln und kleinen knusprigen Pommes Savoyardes drehte, ganz vorzüglich – eine runde und überzeugende Sache wäre es aber auch ohne ihn gewesen.
Und weil auch das Thema Wein im Gasthaus Müller immer ein recht großes ist, gibt's außerdem ein Lob für die gepflegte Weinkultur und die anspruchsvollen glasweisen Empfehlungen zu den Menüs. Und nicht zu vergessen für das gute Preis-Leistungs-Verhältnis von Speis' und Trank.

Die Symbole

- Ⓟ gute Parkmöglichkeiten
- Hotelgarage
- barrierefrei
- klimatisierte Zimmer
- WLAN-Zugang
- Hallen- und/oder Freibad im Haus
- mit Wellness-Bereich
- mit Fahrstuhl zu den Hotelzimmern
- Hunde im Hotel nicht erlaubt
- mit Garten oder Terrasse

Bayrischzell (Bayern)

5

Pool

im Naturhotel Tannerhof
Tannerhofstr. 32,
83735 Bayrischzell
08023-810
natur-hotel-tannerhof.de
Küchenchef: Paul Reischl
Do–Sa ab 18 Uhr, So–Mi RT
Menüs: 65–95 €

Während eines Besuchs des am Ortsrand von Bayrischzell direkt in der pittoresken Bergwelt gelegenen Tannerhofs nur auf dessen auch für externe Gäste besuchbares Restaurant zu schauen, wäre deutlich zu kurz gegriffen. Denn das rund um ein traditionell alpenländisch-uriges Gebäude sehr komfortabel modernisierte Hotel ist ein beeindruckendes Gesamtkunstwerk zum Herunterkommen und Entspannen. Ein Haus, das sich ganz dem nachhaltig-ganzheitlichen Wohlbefinden verschrieben hat und dies von diversen Fasten- und Gesundheitsangeboten bis zu den vielfältigen Möglichkeiten der alpinen Umgebung auf anspruchsvolle Art umsetzt.
Aber der Tannerhof ist nicht nur für eine komfortable Auszeit lohnend und beliebt. Im Sinne des ganzheitlichen Konzepts hat auch die Kulinarik einen hohen Stellenwert und verspricht nicht nur „gesunde", sondern auch aus hochwertigen Rohstoffen frisch, natürlich und mit Pfiff zubereitete Genussmomente. Im nach dem auf der Rückseite liegenden (aber zu Servicezeiten geschlossenen) Pool benannten Restaurant oder im Sommer auf dessen idyllischer Terrasse, gibt es dafür ein je nach Wochentag vegetarisches oder mit Fisch und Fleisch zubereitetes Menü in vier bis sechs Gängen. Die

kommen in der Regel relativ schlicht, aber durch die Natürlichkeit der guten Produkte dennoch anspruchsvoll daher.
Das zeigte zuletzt (am eigentlich vegetarischen Donnerstag) bereits ein saftig-knuspriger Rösti mit milder Räucherforelle, reichlich Forellenkaviar und Sauerrahm, als ganz prototypisch geradlinige Einstimmung. Im gleichen Stil blieb auch die folgende Parmiagiana Melanzane, die vor allem durch eine klar und leicht wirkende Zubereitung mit einer fruchtigen Tomatensauce und Salatspitzen gefiel, allerdings – genau wie die spannend erdig-röstige Maissuppe mit einer Spur fruchtiger Tomaten und Kresse – am Ende doch sehr schlicht und einfach gehalten war und somit knapp unter dem aktuellen Bewertungsniveau blieb.
Dass das Team um die Küchenchef Moritz Wagner aber auch ohne explizit in den Mittelpunkt gestellte Protagonisten aus dem Tierreich anspruchsvoller und komplexer arbeiten kann, zeigten im Hauptgang die kleinen zarten Cannelloni mit Ricotta-Kräuterfüllung in einer farbenfrohen Umgebung aus Erbsen und Erbsencreme, schwarzer Oliventapenade und einer samtigen Salbei-Velouté, die nicht nur optisch, sondern auch aromatisch vielfältiger und dabei gut balanciert präsentiert wurden.
Auch das Dessert mit einer Creme Caramel nebst Tonkabohnenmousse, frischer Topfencreme, einem Espressoeis und Kakaocrumble hielt als akkurat proportionierter Abschluss, der munter zwischen Süße, duftiger Würze und zarter Bitterkeit pendelnde, das höhere Niveau – und stützte so die aktuelle Bewertung, die erfahrungsgemäß an „omnivoren Tagen“ ohnehin auf noch solideren Beinen steht.
Ganz gleich ob vegetarisch oder nicht, sorgt das herzlich charmante Serviceteam auch bei regem Betrieb zwischen Hausgästen und externen Besuchern für eine angenehme Atmosphäre und dafür, dass es einem an nichts fehlt – gut gefüllte Gläser aus einem kleinen, aber durchdacht angelegten Weinsortiment eingeschlossen.

Hotelempfehlung

Naturhotel Tannerhof

Tannerhofstr. 32, 83735 Bayrischzell
08023-810
natur-hotel-tannerhof.de
Einzelzimmer: 145–255 €
Doppelzimmer: 145–225 €

VISA

Das Naturhotel Tannerhof, rund 40 km südlich von Rosenheim kurz vor der österreichischen Grenze am Ortsrand von Bayrischzell gelegen, ist eigentlich ein eigenes kleines Dorf in den Bergen. Hier gibt es nicht nur jede Menge Platz und Natur, sondern auch viele Häuser und Räume, in die man sich zurückziehen kann. Herzstück dieses „Hotel-Bergdorfs“ ist ein großes altes Bauernhaus („Die Alte Tann“), das durch die lichtdurchflutete „Orangerie“ mit dem „Badehaus“ verbunden ist, in dem sich Schwimmbad, Wellness- und Anwendungsbereiche befinden. Dann sind da beispielsweise „Die Neue Tann“, ein Jahrhundertwende-Haus mit weiteren unterschiedlichen Hotelzimmern, ein separates Saunahäuschen, das „Waschhaus“ für Seminare, das „Atelier“ mit gigantischem Blick auf Tal und Berge – und viele kleine historische am Berghang gelegene Lufthütten sowie moderne, ein Jahrhundert später erbaute Hüttentürme mit gemütlichen Zimmern und toller Aussicht. Abschalten, entspannen und das Ursprüngliche genießen steht hier im Vordergrund: keine Kulisse, keine Fernsehapparate in den Zimmern, dafür endlich wieder Zeit für ein gutes Buch. Auf zeitgemäßen Komfort muss man im Tannerhof aber ebenso wenig verzichten wie auf anspruchsvolle Küche in Bio-Qualität. Restaurant Pool separat erwähnt.

Berchtesgaden (Bayern)

7

Berchtesgadener Esszimmer

Nonntal 7, 83471 Berchtesgaden
08652-6554301
www.esszimmer-berchtesgaden.com
Küchenchef: Maximilian Kühbeck
Di–Sa ab 18 Uhr, So u. Mo RT
Hauptgericht: 29–49 €,
Menüs: 95–123 €
VISA

Das Berchtesgadener Land mit seinen vielen touristischen Attraktionen rund um die bildschöne Bergwelt wird immer mehr auch ein reizvolles Ziel für Genießer. Daran hat auch Maximilian Kühbeck einen wesentlichen Anteil, denn mit seinem kleinen unabhängig geführten Restaurant, das nahe dem historischen Stadtzentrum von Berchtesgaden liegt, hat sich der engagierte junge Chef vom Start weg viel getraut – vor allem aber kontinuierlich gesteigert!
Und das auf erfreulich unangestrengte Art. Der Stil der Küche bleibt geprägt von Kühbecks österreichischen Stationen wie etwa bei Döllerer in Golling und setzt auf lockerflockig wirkende unkonventionelle Kombinationen, teilweise markanten Einsatz von (Wild-)Kräutern und generell besonders gern charakterstarke Produkte abseits von Filet- und Rückenstücken. Die repräsentieren hier in schnörkelloser und fundierter Zubereitung auf attraktive Art die Fülle hochwertiger Viktualien im Berchtesgadener und Salzburger Land.
Zur Einstimmung zeigte bereits eine kleine Nocke von gezupftem geräuchertem Waller auf feinsäuerlich-würzigem Mangold mit gerösteten Pinienkernen, intensiven getrockneten Cocktailtomaten und einem sanft fruchtigen Tomatensud die Vorliebe für markante natürliche Aromen sehr deutlich und machte uneingeschränkt Lust auf mehr.
Direkt eine klare Steigerung, sowohl in Sachen Intensität als auch Komplexität, gab es mit dem ersten offiziellen Gang, der zarte Tranchen vom Zander als „Tiradito“ mit knackiger Limettensäure und feiner Zwiebelwürze neben ein kompaktcremig ausgleichendes Kartoffel-Eis stellte, das Ganze um markante Röstnoten an einer knackigen Riesengarnele und einem leichten Krustentierschaum erweiterte und mit facettenreichen filigranen Mais-Komponenten (Knusperchip, Popcorn…) abrundete, ohne dabei zu verspielt zu wirken. Abgesehen von der minimal überproportionierten Eis-Dosis ein echter Knaller!
Weniger knallig, aber dafür als eine hervorragende Demonstration bestens Handwerks kam die folgende Wildconsommé daher: eher leicht gehalten, aber dennoch mit mundfüllender Komplexität und feiner warmer Würze, pfiffig ergänzt von der zarten Frucht glasierter Birnenstücke und haardünnen Kohlrabi-Juliennes als „Nest“ für ein zartcremiges Wachtelei. Den stärksten Akzent und Kontrast gab es separat in Form eines kleinen, knusprig ausgebackenen Kohlrabi-Schnitzels mit Schnittlauch-Mayonnaise.
Ein mutig charakterstarkes Produkt folgte mit zarten Streifen vom Rinderherz, deren kräftiger Geschmack und eher feste Konsistenz in einem raffiniert aufgelockerten Umfeld aus Brokkoli (der wie geröstet aussah, tatsächlich aber sanft gegart und in krosse Brokkoli-Bröseln getunkt wurde) und sanft puffendem violettem Kartoffelschaum präsentiert wurde. Prägnante Akzente kamen dazu von einer säuerlich-kräuterigen Salsa Verde, dunkelwürziger schwarzer Knoblauchcreme und gerösteten Sonnenblumenkernen. Das wirkte im ersten Moment typisch lässig und wenig akkurat arrangiert, entpuppte sich aromatisch aber im Detail überraschend feinsinnig und spannungsgeladen.
Auch mit der löffelzarten und zugleich kompakten Kalbsschulter, die mit kräftig-eleganter Jus glasiert neben großen Stücken von knusprig-pfeffrigem Kalbsbries präsentiert wurde, blieb die Küche ansprechend weit von zurechtgeputzter „Filetküche“ entfernt. Verbunden wurden die charakterstarken Kalbsstücke von feinsäuerlich würzigem Sellerieconfit aus hauchdünnen Streifen sowie zarten Sellerielamellen obenauf und belebt wurden sie von einer auffrischenden Tomatenfruchtigkeit. Letztere pushte auch eine Linie von kräftig ge-

rösteten Pfifferlingen, die sich mit ihrer brutzeligen Waldwürze perfekt in das Geschmacksbild einfügten. Nur der violette Kartoffelschaum hätte – ohne wichtige Funktion – nicht zum dritten Mal in Folge integriert werden müssen.
Mit dieser Redundanz versöhnten aber die flaumig zarten Knödel aus Schafsfrischkäse mit cremig fließender Nougatfülle und dem markanten Kontrast von Marillenröster (der noch etwas vollfruchtiger und intensiver hätte sein können…) auf der Stelle. Gemeinsam mit einem schmelzigen Eis von der Tahiti-Vanille mit Pistaziencrumbles und einer üppigen Schmelze aus Butterbröseln ergab das Mehlspeisenspaß auf sehr hohem Niveau, wenn auch, vor allem wegen der vielen verführerischen Butterbrösel, mit leichter Tendenz zu üppiger Fülle.
Im Service sorgt Gastgeberin Roxana Kühbeck auf charmante Art dafür, dass man sich schnell wohlfühlt – und dafür, dass nicht nur die Teller, sondern auch die Gläser korrespondierend stets niveauvoll gefüllt sind

---

5

Lockstein 1

im Biohotel Kurz
Locksteinstr. 1, 83471 Berchtesgaden
08652-9800
www.biohotel-kurz.de
Küchenchef: Christl Kurz
Do–So ab 18.30 Uhr, Mo–Di RT
Menüs: bis 50 €

Neben einem einzigartigen, weil sehr heimeligen Wohnzimmer-Ambiente mit restaurierten historischen Holzmöbeln und vielen Antiquitäten, erwartet die Gäste des Lockstein 1 in dem liebevoll gestalteten Kleinod jeden Abend ein anderes, marktfrisch gekochtes und rein vegetarisches Vier-Gang-Menü in sorgfältiger, durchdachter Zubereitung aus der Feder von Christl und Gabi Kurz. Die Gerichte haben einerseits einen gewissen „Öko-Touch", sind aber andererseits so einfallsreich mit viel natürlichem Geschmack ausgestattet, dass ein rundum stimmiges Gesamterlebnis und nicht bloß qualitativ ein erfreulich hohes Niveau garantiert sind. Eine Auswahl biologisch an- und ausgebauter Weine, Säfte und Biere aber auch originelle selbst hergestellte alkoholfreie Getränke runden das Angebot ab.

8

PUR

im Kempinski Hotel Bertesgaden
Hintereck 1, 83471 Berchtesgaden
08652-97550
www.kempinski.com/berchtesgaden
Küchenchef: Ulrich Heimann
Mi–Sa ab 18.30 Uhr, So–Di RT
Menüs: 115–195 €
VISA

Es gibt nicht viele Orte in Deutschland, an denen man in alpiner Umgebung auf wirklich hohem Niveau genießen kann. Neben dem Pavo in Pfronten und dem Luce d'oro auf Schloss Elmau gehört das Pur im Kempinski Hotel am Obersalzberg in Berchtesgaden damit zu einem sehr kleinen, exklusiven Kreis. Und das bereits seit vielen Jahren. Hier gibt es einerseits mit dem halbrunden Restaurant in seinem naturnahedlem Design und der hohen Fensterfront einen echten Logenplatz – in der Person von Ulrich Heimann zudem einen äußerst fähigen Chef, der mittlerweile nicht nur als begeisterter Bergsportler fest in der Region verwurzelt ist. Nach einer Selbstfindungsphase wurde das Konzept mit nurmehr einem einzigen Menü weiter vom internationalen Mainstream wegbewegt und bietet zwar auch weiterhin keine streng regionale Küche, aber doch – wo möglich und sinnvoll! – viele lokale Ressourcen, die ganz undogmatisch in mal alpenländischere und mal weltoffenere Kontexte eingebunden werden.
Dabei war im vergangenen Testjahr zunächst gar nicht ganz klar, wohin die Reise hier gehen würde. Nach längeren Phasen mit exklusiven Chefstable-Events und ausgedehnten Kreativpausen gab es dann aber, gerade noch pünktlich zur touristischen Hauptsaison und unserem Redaktionsschluss, doch auch wieder „normalen" Restaurantbetrieb. Und das zum großen Glück für alle Gäste, denn ganz offensichtlich wurden die kreativen Auszeiten durchaus pro-

duktiv genutzt. Nicht nur die Ästhetik der Gerichte mit handgefertigten Holzelementen zur Ablage von Besteck und dem Einsetzen der Schüsseln und Teller wurde noch stärker auf die alpine Umgebung abgestimmt – auch die Gerichte selbst zeigten zuletzt eine deutlich kompaktere und verdichtete, weniger verspielte Konzeption.

Nach ersten fein gearbeiteten, aber insgesamt noch zurückhaltenden Kleinigkeiten zum Aperitif und der obligatorischen „Brotzeit" als hochfeine Huldigung bester Basisprodukte, zeigte das direkt der erste Gang sehr deutlich: Im Zentrum stand hier ein hohes, sanft und soft temperiertes Filet vom Saibling neben nicht weniger als perfekten, knackig-jungen Erbsen, hauchdünnen Erbsenschalen und -sprossen, zwischen denen Yuzu als etwas weicher verpackte Creme, spitzeres Gel und luftiger Schaum immer anders wirkende Zitrusnoten einwarf und Bergminze eine würzigen Hauch von Frische hinzufügte. Das war dicht, dennoch fein differenziert und auf diese Art sehr stark!

Eine krasse und an dieser Stelle überraschende Wendung hin zu maximaler Power gab es dann bei den perfekt knusprig-zarten (nicht zu cremig gehaltenen) Kalbsbriesstücken, die ebenfalls stark verdichtet in einer tiefen Schale mit gerösteten Pfifferlingen und einem straff reduzierten Gulaschfond angerichtet waren: mit tiefer Kraft, feiner Paprikapikanterie und animierender hintergründiger Schärfe. Für feine Details sorgten zudem Tupfen einer schmorfruchtigen Paprikacreme, deutliche Kapernwürze und eingelegte Streifen von Zitronenschale auf dem Kalbsbries.

Wieder mehr beschwingte Leichtigkeit – und ein echtes Highlight! – folgte mit einem auf der Oberseite markant knusprig angebratenen und darunter festfleischig zarten Filet vom Steinbutt, dessen kraftvoller Charakter durch einem ätherischen, unter anderem von Anis und Koriandersaat geprägten Würzsalz noch gepusht wurde. Dazu gab es, wie zuvor schon beim Saibling, eine auf engem Raum fein differenzierte Umgebung. In diesem Fall einerseits in Form von Fenchel als kleine karamellisierte Würfel, hauchdünne marinierte Streifen und samtige Creme und andererseits mit grünem Apfel als fruchtig-säuerliches Gel und knackige Juliennes. Sanft verbunden und säurestraff getragen wurde das Ganze von einer schaumigen, mit Fenchelöl marmorierten Beurre blanc. Groß!

Der im Vergleich zu früheren Jahren erkennbar fokussierter vorgetragene Stil führte dann auch beim Hauptgang zum Erfolg. Mit einem homogen feinfaserig-straffen Rehrücken unter geröstetem Haselnusscrunch stand hier ein absolutes Premiumprodukt im Mittelpunkt. Die leichte Süße der teils zart karamellisierten Nüsse wurde dabei von verschiedenen teils angerösteten, teils tiefwürzig geschmorten Zubereitungen von der Roscoffzwiebel und vor allem auch durch die zugespitzt fruchtige Säure dunkler Kirsche kontrastiert. Außerdem konnte der edle Geschmack des Rehs von einer kraftvollen und zugleich elegant-transparenten Wildjus gespiegelt und verstärkt werden, so dass sich auf dem Teller ein sehr pointierter Eindruck und würdiger Menühöhepunkt ereignete.

Der einzige Gang, der nicht der neuen Stilistik folgte, war das eher kleinteilig verspielte Dessert rund um verschiedene Zubereitungen von Himbeere, Pistazie und weißer Schokolade. Und tatsächlich ergab das dann auch einen der schwächeren Momente des Menüs. Zwar waren sämtliche Komponenten – von einer filigranen Schnitte bis zu verschiedenen Cremes und Gels – durchweg akkurat gearbeitet, dabei aber aromatisch nicht bis aufs Letzte ausgereizt und trennscharf, so dass beispielsweise die eingearbeitete Misowürze und ein Rucolaeis in einem kleinen Nebenschälchen letztlich von dem üppig fruchtigen Himbeerragout darin dominiert wurden. Der süße Abschluss lag damit immer noch auf sehr hohem Niveau, konnte aber nicht ganz mit den vorherigen Eindrücken mithalten.

Angesichts der erkennbaren Entwicklung und der vielen starken Momente im Menü gibt es dennoch eine verdiente Aufwertung auf 8 Pfannen. Wenn die Desserts stilistisch noch weiter angepasst werden und die nächste Kreativpause ab dem Herbst nicht schon wieder gänzlich neue Entwicklungen mit sich bringt, wird dieses Niveau sicher noch weiter stabilisiert.

Und apropos neue Entwicklungen: Die gibt es nicht nur in der Küche, sondern auch im Service. Mit dem aus Norwegen stammenden, aber schon länger im deutschen Alpenland ansässigen Christian Sundt-Johannesen sorgt ein neuer charismatischer Restaurantleiter für eine angenehm entspannte Atmosphäre sowie ruhige gut eingespielte Abläufe und kann zudem auch noch mit den vielen skandinavischen Gästen in Muttersprache plaudern. Nichts Wesentliches geändert hat sich dagegen an der Weinauswahl, denn die ist weiterhin repräsentativ hochwertig bestückt und genauso hoch kalkuliert, bietet aber neben vielen großen Namen unter anderem auch spannende halbe Flaschen und eine gut abgestimmte glasweise Begleitung.

Bergisch-Gladbach
(Nordrhein-Westfalen)

6↑

Trattoria Enoteca

Kadettenstr.,
51429 Bergisch-Gladbach (Bensberg)
02204-42915
www.althoffcollection.com/de/althoff-grandhotel-schloss-bensberg/restaurants-und-bars/trattoria-enoteca
Küchenchef: Marcus Graun
Mo–So von 12–14 Uhr u. ab 18.30 Uhr, kein RT
Hauptgericht: 28–34 €,
Menüs: 66–89 €
VISA P

Dass in einem Althoff-Hotel auch ein ambitioniertes italienisches Restaurant installiert ist, kann schon beinahe als Markenzeichen der gourmetaffinen Hotelgruppe gesehen werden, auf jeden Fall aber gehört es zum Konzept. Und so reiht sich die Trattoria Enoteca in einem der Nebengebäude von Schloss Bensberg in diese vom Tegernsee (Il Barcaiolo) über Bonn (Oliveto) bis Celle (Palio) reichende Reihe – dank des rustikal gemauerten Gebäudes und einer weinumrankten Terrasse sogar mit überraschend authentischem Trattoria-Feeling! Das kulinarische Konzept läuft zweigleisig: auf der einen Seite stehen traditionelle und etwas bodenständigere Gerichte, auf der anderen Seite moderner und kreativer angelegte Sachen und beide Richtungen gibt es auch in Form eines dreigängigen Menüs. Egal, zu welcher Richtung man tendiert oder wie man sich seine eigene Speisenauswahl zusammenstellt: auf beiden Seiten kann man sich einem identisch hohen Anspruch ans Produkt und einer frischen, akkuraten Zubereitung sicher sein.

Bezahlkarten-Symbole

- Mastercard
- EC-Maestro
- Diners
- American Express
- VISA Visa

10

Vendôme

im Hotel Schloss Bensberg
Kadettenstr. 2,
51429 Bergisch-Gladbach (Bensberg)
02204-420
www.schlossbensberg.com
Küchenchef: Joachim Wissler
Mi–So ab 19 Uhr, Mo u. Di RT
Menüs: 260–295 €
VISA P

Als wir vor rund 20 Jahren damit begonnen haben, die Restaurantlandschaft dieser Republik zu beackern, war Joachim Wissler ihr unangefochtener Star. Der einzige deutsche Spitzenkoch mit internationaler Strahlkraft und mit einer eigenen Handschrift, Vorbild und Quell der Inspiration einer ganzen Generation junger, ambitionierter Nachwuchsköche. Sein Kulinarium war Benchmark, war State of the Art. Wer hierzulande wissen wollte, was in der Welt der Kulinarik gerade up to date ist, ging zu Wissler. Und vor allem: sein Status als Primus inter pares war vollkommen unumstritten. Das hat sich nicht erst gewandelt, seit die aus Frankreich regierte kulinarische Inquisition zugeschlagen und ihm einen seiner einstmals verliehenen Orden aberkannt hat. Aber das ist auch überhaupt nicht spielentscheidend, denn wer etwas ganz Eigenes, Außergewöhnliches hervorbringen und – vor allem! – sich ständig weiterentwickeln will, muss sich ohnehin von der Vorstellung verabschieden, es jedem recht machten zu wollen. Egal auf welchem Gebiet, egal in welchem Genre.
Und im Grunde muss Joachim Wissler heute ohnehin niemandem mehr etwas beweisen und kann getrost sein eigenes Ding machen, ganz egal, ob das von Guides, Kritikern oder Gästen nun goutiert wird, oder nicht. Dennoch leitete der 1963 im württembergischen Nürtingen geborene Spitzenkoch eine Art kleine Zäsur ein und startete nach einer kreativen Pause mit einem Upgrade seiner Kulinarik, mit der er sich während dieser Zeit auch stärker dem Vegetarischen zugewendet hat. So gibt es jetzt neben dem saisonal wechselnden omnivoren Menü, welches das Beste vom Land und aus dem Meer präsentiert, auch „die vegetarische Innovation zur Ergänzung der kulinarischen Geschichte", nämlich ein in wahlweise sechs oder acht Gängen serviertes vegetarisches Menü – so wie in mittlerweile sehr vielen anderen Spitzenrestaurants hierzulande auch.

„In Joachim Wisslers Küche werden hochwertigste pflanzliche Zutaten zu Hauptdarstellern neben dem Besten vom Land und aus dem Meer und tragen dabei seine ganz persönliche Handschrift – fantasievoll, raffiniert, bisweilen gewagt – dabei zugleich puristisch und auf das Wesentliche reduziert", wird der neue Wissler-Stil auf der Website des Restaurants umschrieben. Wir stellten fest, dass sich viele Teller tatsächlich ein wenig reduzierter als früher präsentierten, dass man Joachim Wisslers bisherige Handschrift aber durchaus noch sehr gut erkennen kann. Allerdings wirkte auf uns manche Komposition in Hinblick auf die Kreativität fast ein klein wenig beschnitten und in den letzten Details, insbesondere was die Ausgewogenheit der Gerichte, aber auch das gesamte Menü angeht, vermissten wir an manchen Stellen die absolute Perfektion.

Die aufwendigen Amuses waren wie gewohnt sehr fein und filigran gearbeitet, jedes einzelne aromatisch originell komponiert, die meisten mit raffinierten Texturen sogar richtig überraschend, und vom Schaumbrot-Sandwich mit Bellota-Schinken über einen dezent meerrettichgeschärften Topinambur-Macaron mit Rauchaal, Sauerrahm und Gurke, bis hin zu einem grandiosen, mit Kürbiskernöl aromatisierten Wollschwein-Rilette im Mini-Taco, auch noch einer klaren Dramaturgie folgend.

Und die war auch im ersten Teil des Menüs selbst unverkennbar, das mit einer sehr klar und transparent komponierten, auf zwei Tellern servierten Vorspeise rund um die Hauptprodukte Bersteinmakrele und Seeigel und die Leitaromen von Tomate, Ponzu und Rettich begann und damit eigentlich eine äußerst populäre Kombination zum Besten gab. Auf dem Hauptteller die mit dem Edelschimmelpilz Koji gebeizten Rückentranchen und die Seeigelzungen mit marinierten Rettich-Varietäten und Passepierre an einer elegant zurückhaltenden Vinaigrette von klarem Tomaten-Abtropfsaft und Ponzu – als Side-Dish eine herzhaftere Variante mit einer kleinen schmelzigen Tranche vom Bauch der Stachelmakrele, die markant, aber nicht dominant mit einer maritimen Barbecuesauce lackiert war. Und die dem Hauptteller in Sachen Originalität die Show stahl.

Mit einer monochromfarben in unterschiedlichen Orangetönen gehaltenen Krustentierparade zog Joachim Wissler das Powerlevel dann deutlich an. Ein wirklich kapitales und auch qualitativ beeindruckendes, von seinem Scherenfleisch flankiertes Exemplar einer überraschend markant geräucherten Langustine Royal, auf ihrem Rücken belegt mit in Amazake säuerlich aromatisierten Schwarzwurzelstreifen und dergestalt auf eine pikante Pimientocreme gebettet, wurde hier von mit Chili angeschärften Karotten-Komponenten eskortiert und einer kraftvollen klaren Krustentierjus auf Basis von Carabinero-Garum untermalt. À part im Tässchen gab es dazu ein Krustentiersüppchen mit zarter Süße, so dass hier voll aufs Produkt gesetzt und das Thema spannend facettenreich und mit viel Tiefe aufs Porzellan gebracht wurde.

Etwas sanfter, softer und lieblicher ging es dann mit einer Tranche von der Seeforelle zu, die zuvor mit der fermentierten Reispaste Sangohachi mariniert war und auf der eine erst am Tisch vom Service obenauf gelegte dünne Scheibe Fichtensprossebutter langsam dahinschmolz und den butterzart confierten Fisch aromatisch voll auflud. Der lag ansonsten auf einer ausdrucksstarken Sauce Vin Jaune gebettet, die ebenfalls final am Tisch noch aus der Pipette mit etwas Fichtensprossenöl akzentuiert wurde. Begleitet von karamellisiertem weißem Spargel, schaumig-zarten „Gnocchi" die dem Gericht auch eine gewinnbringende laktische Säure spendeten, sowie Buchenpilzen für ein wenig Extra-Umami in ganz milder und unaufdringlicher Form, war das trotz subtiler Akzente ein sehr gefälliger, harmonisch-runder Gang.

Viel stärker und intensiver auf die natürliche Umamikraft der Produkte abgestellt, aber als solches auch wieder nicht dicht und dunkel, sondern eher transparent und hell, gestaltete sich der Exkurs ins vegetarische Menü. Mit fermentierten Champignons als Füllung hauchdünner Sellerietaschen, die mit Champignons und Shiitake in einer klaren, aber leider nach unserem Gusto etwas stumpf schmeckenden Sauce von Pfifferlings-Garum schwammen. Eine Parmesancreme, aber auch gehobelte Belper Knolle spendeten dem Gericht ihre Würze und ihren Schmelz, ein Liebstöckelöl seine typische markante, an Maggi erinnernden Kräuternote.

Die gefüllten Morcheln, die sodann ein geröstetes und mit Topinambursalat getopptes Kalbsbries zu begleiten hatten, traten rein größenmäßig erfolgreich mit dem Medaillon aus der Milchdrüse in Konkurrenz – was hier eindeutig nicht gegen die Menge des zarten Bries, sondern vielmehr für die riesenhaften Morcheln spricht. Eine mit Miso aromatisierte Auberginencreme und reduzierte Kalbsjus brachten auch hier wieder jede Menge Tiefe und Umami auf den Teller, allerdings auch wieder, ganz ohne den Bogen zu überspannen, was im Wesentlichen an der zitrisch-herben Frische von Kaffirlimette lag, die das Geschmacksbild erfolgreich auflockerte.

Allerdings stellte sich an dieser Stelle dann schon langsam eine gewisse Übersättigung an Umamipower ein, so dass der nachfolgende Hauptgang und Poltinger Lamm, der ebenfalls ein tendenziell sehr intensives, konzentriertes Gericht war, fast schon etwas anstrengend gewirkt hat. Vor allem mit einer tief dunklen Kräutercreme und der reduzierten Jus ging das Küchenteam bis scharf an die Grenze des Machbaren – aber das mit viel schmelzigem Fettansatz zubereitete und mit einem kräuterwürzigen Sonnenblumenpesto nappierte Rückenstück, etwas vom pikant aromatisierten Lammnacken mit Chorizo und Piment sowie das auf einem Extrateller dargebotene gezupfte und mit Kräutern zum Salat vermengte Fleisch aus der Schulter gaben das für sich genommen durchaus her. Nur in der Abfolge vieler solcher Gänge wirkte die Dramaturgie und Balance in der Gesamtschau nicht ganz hundertprozentig perfekt.

Nicht ganz ausgereift empfanden wir auch den recht opulent und einen Tick zu trocken anmutenden Stilton-Fleuron, der in einem Schälchen von nussigem Radicchiosalat mit Cassismark und einer recht festcremigen Blätterteigcreme begleitet wurde – oder umgekehrt. Währenddessen die süße Pâtisserie zu einhundert Prozent mit perfektem, sehr aufwendigem Handwerk, optimalen Proportionen und Konsistenzen und gestochen scharfen, mit sehr dünnem Pinsel gemalten Aromenbildern begeistern konnte. Zunächst mit einer kreativen, aber keineswegs experimentellen Liaison von Gariguette-Erdbeeren mit weißem Tomateneis, Ricottaschaum, einer Kopfsalatsauce auf Joghurtbasis und zweifach fermentiertem Tomatenkefir. Wobei hier das natürliche Umami der Tomaten im Grunde nur dafür verantwortlich war, dem Dessert fast unsichtbar eine ungeahnte Tiefe und Komplexität zu verleihen und das Erdbeeraroma noch weiter nach vorne zu bringen. Ähnlich wie das Salzzitroneneis bei der zweiten Nachtischkomposition um Himbeerrhabarber und Himbeeren in verschiedenen Zubereitungsarten wie Granité, Gel, Mousse, Schleifen aus eingelegtem Rhabarber und Sud, die sich den Teller und das Cocktailglas à part mit Champagner-Safranbaiser, verschiedenen Blüten und Gels teilten.

Deutlich hervorgehoben werden muss neben der umfassenden Weinkarte und der klassischen Wein-Sommellerie, die von Sommelière Hannah Schmiderer verantwortet wird, auch deren alkoholfreie Getränkebegleitung, die sie mit großem Ideenreichtum und leichter Hand kreiert. Vom zitrisch-säuerlichen Wasserkefir über Kombucha mit Assam-Tee bis hin zu einer kaltmazerierten Beeren-, Gewürz- und Kräuter-Cuvée erlebten wir ausschließlich sehr leichte, erfrischende Pairings, bei denen sich alle Getränke weder aromatisch noch haptisch in den Vordergrund drängten, sondern die Speisen, ganz im Gegenteil, oft kongenial begleiteten.

Die Besteck-Symbole

🍴🍴🍴🍴🍴 luxuriöses Restaurant mit höchstem Komfort und formvollendetem Service, edler Ausstattung und einer Weinkarte, die höchsten Ansprüchen genügt

🍴🍴🍴🍴 elegantes Restaurant mit hohem Komfort und exzellentem Service, sehr gute Ausstattung, hervorragende Weinkarte

🍴🍴🍴 gehobenes Restaurant mit gutem Komfort und versiertem Service, umfangreiche Weinkarte

🍴🍴 besser ausgestattetes Restaurant mit ordentlichem Service, ausgewählte Weine

🍴 schlichtes Restaurant, Gasthof oder Bar

Berlin

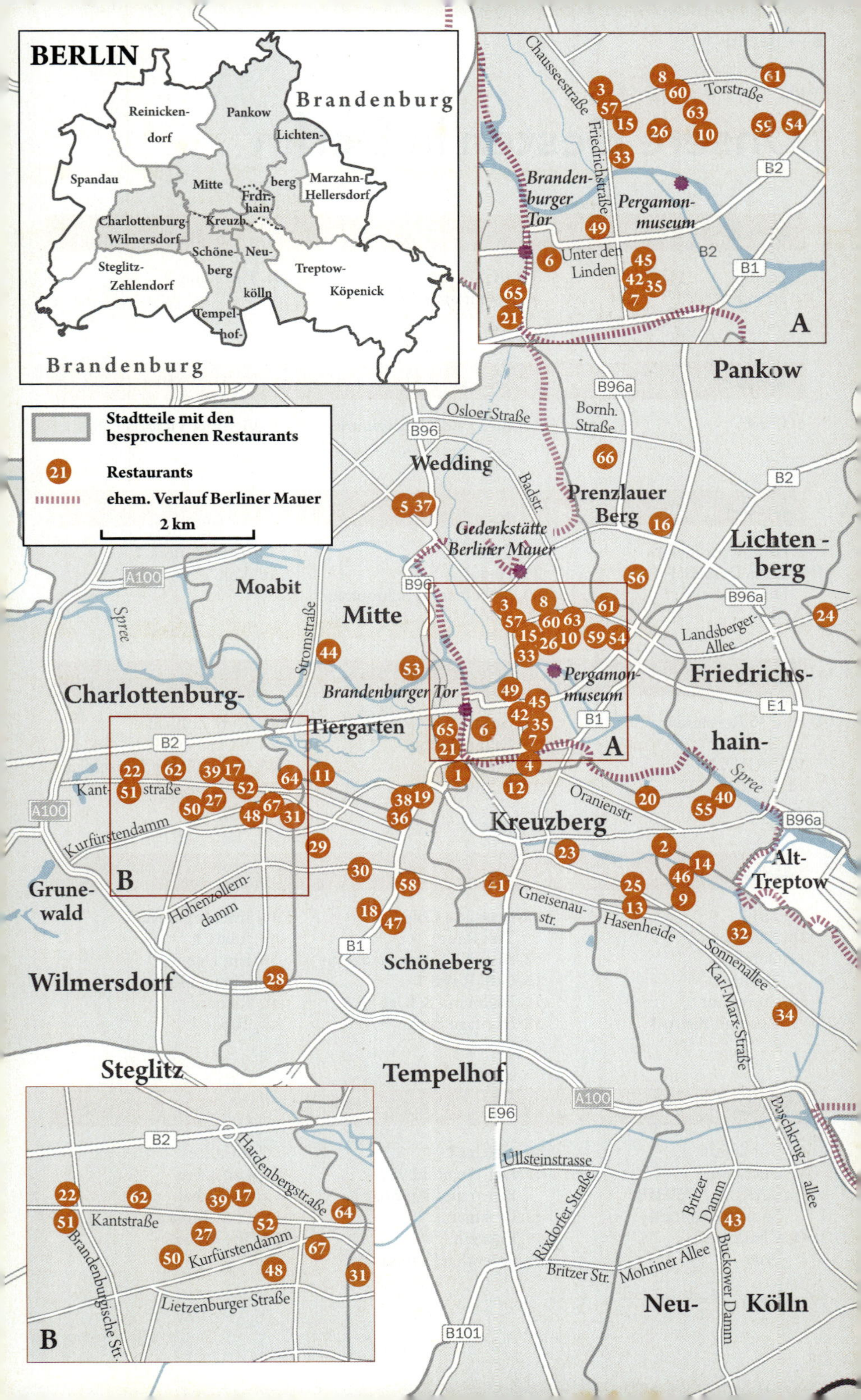

BERLIN
Brandenburg
Reinickendorf
Pankow
Lichtenberg
Marzahn-Hellersdorf
Spandau
Mitte
Frdr.hain
Charlottenburg-Wilmersdorf
Kreuzb.
Schöneberg
Neukölln
Steglitz-Zehlendorf
Treptow-Köpenick
Tempelhof
Brandenburg
Stadtteile mit den besprochenen Restaurants
Restaurants
ehem. Verlauf Berliner Mauer
2 km
Chausseestraße
Friedrichstraße
Torstraße
Brandenburger Tor
Pergamonmuseum
Unter den Linden
B1
B2
A
Pankow
B96a
Osloer Straße
Bornh. Straße
B96
Wedding
Badstr.
Prenzlauer Berg
Gedenkstätte Berliner Mauer
Lichtenberg
Moabit
Mitte
Stromstraße
Spree
Landsberger-Allee
Friedrichshain-
Charlottenburg-
Tiergarten
E1
A100
Kantstraße
Kurfürstendamm
Oranienstr.
Kreuzberg
Alt-Treptow
Grunewald
Hohenzollerndamm
Gneisenaustr.
Hasenheide
Sonnenallee
Karl-Marx-Straße
Wilmersdorf
Schöneberg
Steglitz
Tempelhof
E96
Ullsteinstrasse
Rixdorfer Straße
Britzer Damm
Buschkrugallee
Britzer Str.
Mohriner Allee
Buckower Damm
Neukölln
B101
Hardenbergstraße
Brandenburgische Str.
Lietzenburger Straße
B

Unsere Besten in Berlin

10 Gusto-Pfannen

1. Facil
2. Horváth
3. Rutz Restaurant
4. Tim Raue

9 Gusto-Pfannen

5. Ernst
6. Lorenz Adlon Esszimmer
7. Victor & Victoria

8 Gusto-Pfannen

8. Bandol sur mer ↑
9. Coda Dessert ↑ Dining
10. Cordo
11. Hugos
12. Nobelhart & Schmutzig ↑
13. Tulus Lotrek ↑
14. Volt

7 Gusto-Pfannen

15. 136 Restaurant
16. Bricole
17. BRIKZ ↑
18. Faelt ↑
19. Golvet ↑
20. Orania.Berlin
21. POTS
22. Prism ↑
23. Rutz Zollhaus
24. SKYKITCHEN
25. Tante Fichte Speiselokal
26. theNOname ↑

6 Gusto-Pfannen

27. 1811
28. Bieberbau ↑
29. Bob & Thoms ↑
30. Bonvivant Cocktail Bistro ↑
31. Brasserie Colette Tim Raue
32. eins44 Kantine Neukölln
33. Grill Royal ↑
34. Hallmann & Klee ↑
35. Heritage Berlin ↑
36. Irma la Douce
37. Julius ↑
38. Kin Dee
39. Kitchen Library
40. Richard
41. Tupac ↑

5 Gusto-Pfannen

42. Borchardt
43. Buchholz
44. CARL & SOPHIE Spree Restaurant
45. Charlotte & Fritz
46. Chicha ↑
47. Der Weinlobbyist – Bistro und Weinbar ↑
48. Diekmann
49. Einstein unter den Linden
50. Il Calice
51. Lamazère
52. Ottenthal
53. Paris-Moskau
54. The Grand

Unsere Besten in Berlin

Weitere Restaurants

55. Big Stuff Smoked BBQ
56. Grindhouse
57. Momos
58. Prometeo – Pizza & Comfort food
59. Quà Phê
60. Royals & Rice
61. Ryong
62. Shiso Burger, Kantstr. 51
63. Shiso Burger, Auguststr. 29 c
64. Sons of Mana
65. The Big Dog Berlin
66. UNSER CAFÉ
67. Upper Burger Grill

Berlin (Berlin)

6

1811

Schlüterstr. 55, 10629 Berlin
030-8813440
www.1811.berlin
Küchenchef: Richard Reichelt
Di ab 18 Uhr Mi von 12–14.30 Uhr u. ab 18 Uhr, Do–Sa ab 18 Uhr, So u. Mo RT
Hauptgericht: 12–38 €, Menüs: 81–109 €

In den Räumen des einstigen „Lutter & Wegener von 1811“ weht seit etwa einem Jahr ein frischer Wind. Der Ostwestfale Richard Reichelt übernahm das Charlottenburger Traditionslokal und etabliert hier nun im dunkel holzvertäfelten Ambiente mit dezentem Jugendstil-Touch eine gehobene, aber nicht abgehobene zeitlose Küche auf Basis französischer Klassik zu moderaten Preisen. Sein Handwerk hat Reichelt einst bei Bernhard Grubmüller im Bielefelder Tomatissimo gelernt, von wo er offenbar auch ein Faible für mediterrane Produkte und Aromen mitgebracht hat. Eine weitere Station in seiner Vita war Michael Hoffmanns legendäres Margaux, wo er den kreativen Umgang mit Gemüse kennenlernen konnte.

Die beiden hausgebackenen Sauerteigbrote aus Roggen bzw. Weizen ließen gleich mal den eigenen Anspruch ans ehrbare Handwerk erkennen. Die mit Kräuteröl aromatisierte rahmige Spargelsuppe mit glasig-knackigen Stücken von der Rotschwanzgarnele und Spargelstreifen als Einlage zeigte in ihrer Beschaffenheit und mit der ausgewogenen Säureader, dass der Chef auch geschmackliche Feinabstimmung draufhat und weiß, worauf es ankommt.

Dass es auch ein Händchen für vegetarische Gerichte und für schmissige Geschmacksbilder hat, bewies der junge geschmorte und dann mit Mimolette überbackene Spitzkohl, der mit knackig frischen, zweifach gepulten Erbsen und einer Erbsencreme kombiniert wurde. Effektiv auffrischende, wenngleich recht forsche und plakative fruchtige Säure spendeten dem Gemüse ein Gel von Waldbeeren und reduziertem Balsamicoessig sowie roh eingelegte rote Zwiebelringe.

Noch ein ganzes Stück feingeschliffener und eigentlich schon fast 7 Pfannen wert war der Fischgang von mit Pankobröseln beflocktem, perfekt glasig-fest auf den Punkt gebrachtem Kabeljau und Blumenkohl. Letzterer als dünne knackige Scheiben unter stoffigem Blumenkohlschaum, der mit Schnittlauchblüten aromatisiert war und von einem aromatischen Estragonöl eine duftig-elegante Kräuternote mitbekam. Der besondere Dreh waren hier aber die halbgetrockneten Physalis-Beeren, die im Stil von confierten Cherrytomaten mit einem ähnlichen fruchtig-konzentrierten Punch für lebhafte Kontraste zuständig waren.

Ähnlich stark präsentierte sich das auf der Haut perfekt kross gebratene Filet von der Fjordforelle. Mit wieder optimal getroffenem Garpunkt und subtiler, den Eigengeschmack unterstützender Würzung, lag es auf einem Bett aus grünem Spargel und Zuckerschoten mit noch genau dem richtigen Knack, aber ohne roh und naturbelassen zu wirken. Eine nicht zu dominante Grundwürze und Süffigkeit kam durch einen milden Bouillabaissesud in den Teller, unterschwellige Originalität durch getrocknete Aprikosen.

Der Reigen sehr guter Produkte riss auch beim Hauptgang nicht ab, in dessen Mittelpunkt Waliser Lammrücken stand. Naturbelassen blank aber sehr schön aromatisch teilten sich die beiden Tranchen den Teller mit Confit und Creme von Karotten, sautiertem Pak Choi, breiten Bohnen und Saubohnenkernen, die ebenfalls sehr gegenständlich und unverfälscht zubereitet waren und dergestalt zwar viel authentischen Produktgeschmack, aber wenig Raffinement beisteuerten. Nicht nur für das feine Lammfleisch etwas zu intensiv, grenzwertig salzig und einen Tick zu säuerlich empfanden wir die kraftvoll mit Thymian aromatisierte Sauce auf Kalbsjus-Basis. Hier tendierte die Bewertung nach zwei Ausreißern nach oben dann eher in Richtung 5 Pfannen-Niveau.

Genau wie bei der Mousse-Schnitte von Joghurt und Blaubeere, die mit dunklem Rhabarberkompott und etwas sulzig-kristallinem und außerdem recht süßem Himbeersorbet nicht ganz am starken Level der beiden Fischgänge anknüpfen konnte. Summa summarum reicht das trotzdem für einen beachtlichen Einstand mit knappen 6 Pfannen, die mit etwas mehr durchgehender Detailsorgfalt auch locker noch ausgebaut werden könnten. Wir sind gespannt auf die weitere Entwicklung.

7 Pfannen

136 Restaurant

Linienstr. 136, 10115 Berlin
030-27909683
www.sagrantino136.com
Küchenchef: Vicente Matias, Diaz Silva
Di-Sa ab 18 Uhr, So u. Mo RT
Menüs: 89–110 €

VISA

Seit die ehemalige Sagrantino Wine Bar sich Restaurant 136 nennt und nur noch ein einziges Degustationsmenü anbietet, wird es von den einschlägigen Blogs und Medien als Neuentdeckung gefeiert – tatsächlich wird in dem unscheinbaren, tatsächlich eher wie eine mediterrane Weinstube als ein Restaurant mit ambitionierter Küche anmutenden Lokal unter der Ägide des langjährigen Küchenchef Vicente Matias Diaz Silva aber nicht erst seit gestern auf hohem Niveau gekocht. Die hier offerierte Mischung aus einfallsreicher Italianità und starken südamerikanischen, speziell peruanischen Einflüssen, die einerseits aus der Heimat der italienischen Inhaber und andererseits aus den peruanischen Wurzeln des Küchenchefs resultiert, bewerten wir auch in diesem Jahr wieder mit verdienten 7 Pfannen. Das bis zu siebengängige Degustationsmenü punktet weiterhin mit kreativen Ideen und eben jenem Brückenschlag zwischen mediterranen und südamerikanischen Produkten und Aromen, die das Lokal seit Jahren so besonders macht.

8↑ Pfannen

Bandol sur mer

Torstr. 167,
10115 Berlin
030-67302051
www.bandolsurmer.de
Küchenchef: Andreas Saul
Mo-Fr ab 18.30 Uhr, Sa u. So RT
Menüs: 120–159 €

VISA

In der lebhaften Torstraße in Berlin Mitte findet man mit Andreas Sauls Bandol sur mer das vermutlich kleinste Gourmetrestaurant der Hauptstadt. Die sechs relativ dicht beieinanderstehenden schlichten Tische teilen sich den Raum mit einer Theke und der offenen Küche. Selbst bei optimaler Auslastung dürften hier höchstens 16 Gäste Platz finden. Und in diesem charmant runtergerockten Ambiente ein kulinarisch äußerst anspruchsvolles Gourmetrestaurant anzutreffen, erfüllt das Berlin-Klischee auf bestmögliche Art – die geschätzt 7,5 qm Küche versprühen aber auch Pariser Flair in Mitte.

Champagner von Lucien Dagonet bot dazu einen exzellenten Auftakt – weil weltmännisch und trotzdem modern-rustikal, mit intensiver Sauerteigaromatik, die perfekt zur Tartelette mit Roter Bete und Steinpilzen passte. Auf diese perfekt verarbeitete, jedoch eher generische und stilistisch flexible Tartelette folgte ein Gang, der das Bandol sur mer stilistisch treffender vorstellt. Eine Mischung aus „Altem und Neuem": verschiedenste frische, eingelegte oder fermentierte Zutaten, Judasohren aus diesem Pilz mit Stachelbeeren von letztem Jahr, fermentierter Spitzkohl, wie Kapern eingelegte unreife Holunderbeeren und grüner Spargel. Eine Clotted Cream rundete das herrliche Potpourri aus frischen und fermentierten Aromen kongenial ab.

Weiter ging es mit einer maximal ausgereizten, fettigen, fast triefenden Auberginenpaté, in die Haselnussmousse und Leinsamen eingearbeitet waren. Eine kecke Säure von grünen Erdbeeren stellte dazu den perfekten Gegenpol dar, Crunch lieferte ein luftig leichter, fast an Tempura erinnernder Brotchip aus Sauerteig, der magisch über dem Teller zu schweben schien. Selten haben wir zuletzt so extrem, frivol, schlau und schmackhaft gleichzeitig gegessen. Die fettige Leichtigkeit setzte sich im folgenden Gang fort, in dem gegarte Möhren mit Algen, begleitet von einer dichten, süßsauren Sauce zu einem herrlich zupackenden Moment auf dem Teller wurden. Der Mut zu Extreme lohnt sich!

Auch der folgende Zander bewegte sich auf sehr hohem Niveau, war geräuchert, aber größtenteils roh und wurde mit geräuchertem Aal, Herbsttrompeten und knackigem Rettich liiert. Die Raucharomen waren präsent und die dunkle Jus aus beiden Fischen sorgte wieder mal für Dichte, Tiefe und Eindringlichkeit, ohne die Balance zu verlieren. So weit so hervorragend. Dennoch fragen wir uns, ob man sich für den einzigen Fischgang des Menüs nicht mehr Fisch-Charakter wünschen darf. Zumal der Zander, soweit wir das im molligen Ensemble bewerten können, auch für sich hätte

strahlen könnte. Am Ende aber wohl eher eine Stil- als eine Qualitätsfrage.
Der Yakatori-Spieß von der Schwarzwurzel – süßlich, salzig, gegrillt und geräuchert – bot viel Aroma auf kleinem Raum. Dazu gesellten sich auf dem Teller milchsauer fermentierte Zwiebel, Sauerkraut-Hollandaise und Quittencreme. Und mit etwas Geschick konnte man sich aus allen Komponenten den perfekten Akkord bauen, wenn man die Schwarzwurzeln jeweils mit der richtigen Menge der Beigaben in Verbindung gebracht hat – unterm Strich waren hier aber die Proportionen nicht optimal gewählt oder vielmehr das Gericht nicht optimal arrangiert, weil die herb-sauren Bestandteile dominierten und das Ganze etwas unrund wirken ließen. Das Potenzial zu Großartigem hatte aber auch dieses Gericht, vor allem dank des à part gereichten dicht-fleischigen Zwiebeltees. Nicht ganz zu Ende gedachte Kompositionen wie diese sind der Grund, weshalb wir die Küche des Bandol sur Mer nicht noch höher bewerten, als wir es ohnehin schon tun. Auch bei einem weiteren vegetarischen Gang rund um fermentierten Knollensellerie, Deichkäse und Mohnapfel galoppierte die forsche Säure etwas ungestüm davon.
Deutlich ausgewogener präsentierte sich wiederum das im Sichuan-Stil abgeschmeckte Iberico-Hackfleisch mit gebackenem Tofu und frittiertem Lauchstroh, das einen perfekten Teaser für den Hauptgang bot. So luxuriös und delikat kann ein fettiges Hack-Gericht wirken! Der Hauptgang selbstdrehte sich dann um ein Rückenstück vom Ibericoschwein, das perfekt rosa und kein bisschen mürbe serviert wurde und mit Morcheln, Petersilie, Stachelbeeren und klassischer Jus liiert war. Dass das Schwein ganz subtil, aber deutlich wahrnehmbar, mit Sichuan-Pfeffer abgeschmeckt wurde, kann man als menüdramaturgische Meisterleistung bezeichnen. Große Küche mit großer Emotion! Sehr gut passte hier – zum Konzept des Restaurants im Allgemeinen und zu diesem Gericht im Besonderen – ein 2014er Pinot Noir des 2,5-Hektar Winzers Mario Burkhart aus dem Breisgau. Überhaupt agiert Sommelière und Gastgeberin Lisa Karsten sehr souverän und vor allem angenehm nahbar. Auch die sonstigen Weinempfehlungen, die vor allem die Gewächse kleiner, sehr individueller Winzer umfassen, bereichern einen Besuch im Bandol sur mer ungemein.
Die Desserts folgten der Maxime, mit herben, säurehaltigen und bitteren Aromen zu spielen, konnten diesmal in unseren Augen aber nicht ganz an der Strahlkraft der herzhaften Gerichte anknüpfen. Ein Bergamotte-Sorbet mit Verbene und Champagner kommt zwar angenehm bittersüß daher, wirkte aber aromatisch etwas diffus; ähnlich ein Milcheis mit Birkenwasserreduktion und Streuseln. Am besten gefiel uns der Nachtisch mit geflämmtem Eischnee, Boskop-Apfel, Fichtennadelgranité und einer säurereichen Cassisreduktion, aber auch hier wäre für eine noch höhere Bewertung mehr Tiefenschärfe wünschenswert gewesen.
Um abschließend noch mal Missverständnissen vorzubeugen: Unsere konstruktiven Anmerkungen sind Kritik auf sehr hohem Niveau, auf dem sich die Küche zweifellos bewegt. Die Messlatte hat sich das Bandol sur mer bei unserem jüngsten Besuch selbst so hoch angelegt wie nie. Eines der kleinsten Restaurants der Stadt wird mehr und mehr zu einem der besten…

6↑

Bieberbau

Durlacher Str. 15, 10175 Berlin
030-8532390
www.bieberbau-berlin.de
Mo, Di u. Do, Fr ab 17.30 Uhr, Mi, Sa u. So RT
Menüs: 64–101 €

In den historischen Räumlichkeiten mit Stuckdekor, dunklem Fachwerk und antikem Mobiliar wird eine moderne, kreative und stark naturverbundene Regionalküche im Spiegel der Jahreszeiten kredenzt, wie man sie sich öfter wünschen würde. Sehr klar, sehr konzentriert und sehr ausdrucksstark wird hier gekocht. Gemüse, Kräuter, Früchte und generell viel Frische spielt auf den hübsch angerichteten Teller, die auch viel fürs Auge bieten, eine große Rolle. Dafür richtet das Team, das im Brandenburgischen auch einen eigenen Gemüsegarten bewirtschaftet, seinen Fokus immer stärker auf beste Produkte aus heimischen Gefilden, kocht zeitgemäß leicht und originell, mit bodenständiger Raffinesse, gutem Gespür für akkurate Optik und dem Instinkt, überflüssiges einfach wegzulassen. Gut sortierte und individuell bestückte Weinkarte; kompetenter Service.

Big Stuff Smoked BBQ

Eisenbahnstr. 42/43, 10997 Berlin
markthalleneun.de
Di–Do von 12–16 Uhr,
Fr u. Sa von 11–18 Uhr, So u. Mo RT

Langsam und schonend im Smoker gegartes Fleisch vom Bio-Rind und vom Duroc-Schwein in der Markthalle 9.

Bob & Thoms

Welserstr. 10–12, 10777 Berlin
030-20929492
www.bobthoms.berlin
Küchenchef: Felix Thoms
Mi–Sa ab 18 Uhr, So–Di RT
Menüs: 90 €

In dem hellen, puristischen Altbau-Ambiente mit Holzdielenboden, in dem man als Gast in modernen olivefarbenen Stühlen an schlichten blanken Holztischen sitzt und von in Taupe abgesetzten Wänden mit diverser Fotokunst umgeben ist, kann man sehr gut und individuell essen und wird ebenso zuvorkommend wie unprätentiös bewirtet. Die beiden Inhaber sind jeweils Einzelkämpfer auf ihrem Posten, und mit der Fokussierung auf nur noch ein Menü und wenige Alternativen à la carte konnte Felix Thoms das Niveau seines modern-kreativen und mittlerweile noch etwas weltoffener anmutenden Kochstils auf klassischer Basis wieder ein wenig steigern. Seine Küche überzeugt in den drei ineinander übergehenden Räumen wie immer durch Feingespür, gute Ideen und viel handwerkliche Präzision. Die ausgesucht zusammengestellte Weinkarte listet dazu in guter Auswahl flüssige Begleiter. Oliver Körber ist ein sympathischer und aufmerksamer Gastgeber.

Bonvivant Cocktail Bistro

Goltzstr. 32, 10781 Berlin
0176-61722602
bonvivant.berlin
Di–Sa ab 18 Uhr
(Sa u. So Brunch von 10–15 Uhr), Mo RT
Menüs: 99–110 €

Das Bonvivant, das sich selbst als Cocktail-Bistro bezeichnet, zelebriert in seinen geschmackvoll individuell in markanter kräftiger Farbgebung gestalteten Räumlichkeiten die Verbindung von locker-ungezwungener Atmosphäre bei gleichzeitig hohem Anspruch, was die Bewertung angeht. Einem kreativen Getränkeprogramm im individuellen Cocktailstil steht eine vegetarische, auf Wunsch sogar vegane Küche gegenüber, die nicht bloß ob ihres Einfallsreichtums, sondern auch wegen ihrer Detailgenauigkeit und der starken Substanz in den Einzelzubereitungen überrascht. Für die beiden Bereiche zeichnen jeweils Küchenchef Nikodemus Berger und Barchef Elias Heintz verantwortlich, denen es zudem auch noch bravourös gelingt, ihre Erzeugnisse stimmig und spannend zu kombinieren – als bis zu sechsgängiges Menü mit Begleitgetränken, das einen hohen Fun- und Genussfaktor bietet.

Borchardt

Französische Str. 47, 10117 Berlin
030-81886262
www.borchardt-restaurant.de
Täglich ab 12 Uhr durchgehend, kein RT

Wer bei dieser Berliner Institution, die es schon seit über 150 Jahren gibt, nur an Promi- und Szenetreff denkt, der könnte ob der Küche dieses immer etwas lärmig-hallenden Lokals mit hemdsärmeligem Service positiv überrascht werden. Denn die handwerklich fachgerecht zubereiteten internationalen Küchenklassiker von gutbürgerlich bis edel sind nämlich eigentlich besser, als man es hier vielleicht erwarten würde. Für sein Wiener Schnitzel beispielsweise ist das Borchardt zu Recht berühmt und auch die anderen Klassiker sind ebenso fundiert wie schmackhaft aus frischen, höherwertigen Produkten zubereitet. Wer also die Atmosphäre eines bei Politikern und Showbiz-Leuten gleichermaßen populären Lokals genießen und dabei einfach nur was „Leckeres“ essen will, ist hier an der richtigen Adresse.

6

Brasserie Colette Tim Raue

Passauer Str. 5–7, 10789 Berlin
030-21992174
www.brasseriecolette.de
Küchenchef: Dominik Obermeier
Täglich von 12–14.30 Uhr u. ab 18 Uhr, kein RT
Hauptgericht: 18–38 €,
Menüs: 37–70 €

Die von Tim Raue kuratierten Colette-Brasserien gibt es in Berlin, München und Konstanz – und sie residieren dort jeweils unter dem Dach der Tertianum-Seniorenresidenzen, mit denen der durch TV-Formate wie Kitchen Impossible einem breiten Publikum bekannte und auch sonst sehr umtriebige Koch und Unternehmer dieses Joint Venture nun schon seit Jahren sehr erfolgreich betreibt. Die übers Jahr in Teilen immer mal wieder wechselnde Speisekarte ist in allen drei Outlets dieselbe – Unterschiede gibt es nur im Detail und auch der Qualitätsstandard ist über die Standorte und die Jahre hinweg erfreulich homogen.
Ausnahmen bestätigen dabei die Regel, trüben aber nie den sehr guten Gesamteindruck, den die Küchen vor allem in München und eben auch hier in Berlin seit Anbeginn abgeben. So auch dieses Mal nicht die Tatsache, dass das Baguette, das grundsätzlich mit leicht gesalzener französischer Butter und den etwas säuerlicher und etwas schärfer als allgemein üblich eingelegten Cornichons serviert wird, ausnahmsweise mal nicht dem hier seit Jahren gewohnten Standard entsprach.

Säure und Schärfe sind auch zwei der Eckpfeiler, die für die Tim Raues Küche bekannt ist, und die auch hier den Interpretationen meist traditioneller französischer Bistro-Klassiker den besonderen Twist verleihen. Eines der wenigen Gerichte, die bei Colette dauerhaft unverändert in der Karte zu finden sind und nicht diesem Konzept der kreativ adaptierten französischen Bistroküche entsprechen, eröffnete unser letztes Menü als Vorspeise: die „Garnele Marocain“ mit Litschi und Rose: ein zunächst in Tempurateig knusprig ausgebackenes, dann mit einer pikant gewürzten Mayonnaise (Tabasco, Vadouvan, Kreuzkümmel…) eingelassenes und final mit grob gemahlenen Pistazien beflocktes Krustentier, begleitet von mit Rosenwasser marinierten Litschis, gekrönt mit etwas Korianderkresse. Dieser Evergreen aus Tim Raues Gourmetrestaurant lebt natürlich von der Qualität und Größe der Garnele und der Detailperfektion der Zubereitung und war in unserem Fall in jeder Hinsicht eine deutlich abgespeckte Variante.
Viel besser ins Gesamtbild passte da irgendwie die französische Zwiebelsuppe, die sich vom typischen Original dadurch unterschied, dass ihre intensive, komplexe Basis aus Entenfond gekocht und säuerlich-spicy abgeschmeckt war. In Kombination mit einer mit Comté überbackenen knusprigen Scheibe Brioche war das eine sehr schmackhafte und aromatische Angelegenheit – deftig, handfest, aber doch mit feinen Nuancen. Sehr gut!
Den gegrillten Oktopus mit Kalbskopfjus, Topinambur und Birne haben wir in der vergangen Testsaison auch in der Münchener Filiale gegessen, wo er uns ehrlich gesagt eine ganze Ecke besser gefallen hat. In der Berliner Version kam der Pulpo selbst zwar auch in nahezu perfekter Konsistenz, außen knusprig und innen sehr zart, aber eben nicht windelweich auf den Teller, doch die sehr spärlich portionierte Kalbskopfsauce, auf die der Tentakel gebettet war, wurde hier nicht von Topinamburcreme, sondern von einer Art Mayo begleitet. Außerdem war das begleitende, mit Birnenscheiben gespickte Salatherz völlig unmariniert und entsprechend ausdruckslos – in München war es sehr saftig mit einer aromatischen, fruchtig-säuerlichen Estragonvinaigrette nappiert. Unterm Strich also schon ein Klassenunterschied…
Keinem Direktvergleich musste sich bei uns das im Hauptgang servierte Bœuf bourguignon unterziehen. Es schmeckte in seiner vollkommen gegenständlichen und süffigen Art mit butterzarten Ochsenbäckchenwürfeln, Champignons, Schmorkarotten und Schalotten auf

Kartoffelstampf in sehr tiefer, kraftvoller, rotweinschwangerer Schmorjus mit eleganter Süße aber auch einfach nur umwerfend gut. Ein unkompliziertes, bodenständiges Löffelgericht mit Niveau. Und definitiv auch das traditionellste Gericht unserer letzten Visite.
Natürlich darf hier als Nachtisch neben Klassikern wie Mousse au Chocolat oder Tarte au Citron auch eine Crème brûlée nicht fehlen. In unserem Fall kam die Creme als eine in den Teller gestürzte Kuppel daher, deren halbrunde Seite etwas dick karamellisiert und die von einer mit Mandeln angereicherten Pflaumensauce sowie herbem Kaffeeschaum umgeben war. Stimmig, schmackhaft, aber auch etwas gröber in der Ausführung. So kommen wir dieses Mal unterm Strich auf nur sehr knappe 6 Pfannen, was aber wirklich der Momentaufnahme geschuldet gewesen sein und beim nächsten Mal schon wieder anders aussehen kann. Wie gewohnt locker, lässig, aber nicht nachlässig der Service unter der Leitung von Michael Hollweck.

7

Bricole

Senefelderstr. 30, 10437 Berlin
030-84421362
www.bricole.de
Küchenchef: Steven Zeidler
Mo–Fr ab 19 Uhr, Sa u. So RT
Menüs: 118 €
VISA

Mit dem kleinen, stilvoll modern und gemütlich gestalteten Restaurant von Fabian Fischer in Prenzlauer Berg ging es in den vergangenen Jahren kontinuierlich bergauf, was nicht nur die sukzessive verbesserte Bewertung in unserem Guide auch in Zählbarem vermitteln konnte. Es wurde zudem zuletzt immer schwieriger, kurzfristig einen Tisch zu bekommen, und selbst unter der Woche ist nahezu jeder Tisch belegt – nicht selten von internationalem Publikum.
Die für die Berliner Gourmetszene typische Mischung aus unkomplizierter Lässigkeit und hohem kulinarischem Anspruch kommt gut an. Zumal hier von Küchenchef Steven Zeidler ein recht weltoffener und unverkrampft kreativer Stil favorisiert wird, der weder strenge Regionalität noch allzu minimalistische Präsentation vorsieht und somit sehr zugänglich und kompatibel ist, ohne deshalb beliebig zu wirken.
Es gibt selbstverständlich auch hier mittlerweile nur noch ein für alle Gäste einheitliches Menü, das sechs Gänge hat, die im Prinzip gesetzt sind, und noch um einen Käsegang erweitert werden können. Ein mit Tatar und Kaviar vom Saibling sowie einem Gel von geschmorten Tomaten beladener Wasabicracker nebst kaltem Gemüseauszug à la Gazpacho zum Schlürfen sowie in einem weiteren Aufzug eine kleine, in Miso eingelegte Gurke mit Algenkaviar und kräuterfrischer Joghurtsauce machten zuletzt als Küchengrüße den Auftakt – und blieben noch etwas verhalten.
Die eher zarte, transparente und natürliche Seite der Küche wurde auch mit der Vorspeise um weißen, ganz dünn in Tempura ausgebackenen und mit verschiedenen Blüten ausdekorierten Spargel ausgedrückt. Auf einer Spur von milder Schnittlauchcreme angerichtet und von einer klaren Spargelvinaigrette mit einem Hauch Piment d'Espelette umspielt, war das ein aus dramaturgischen Erwägungen in dieser zurückhaltenden Art durchaus nachvollziehbarer, aber auch einigermaßen akzentfreier Auftakt.
Ausdrucksstärker kam der auch qualitativ sehr gute sous-vide gegarte Hummer auf seinem aromatischen Podest aus einer Art Panna cotta von Hummerbisque daher, der von Produktseite auch noch von einem überraschend intensiven und eindeutigen Chip aus Hummerjus verstärkt wurde. Diese geballte Krustentierpower konnte es gut mit der flankierenden Curryespuma aufnehmen und dieser Akkord wurde von Birnenkugeln nicht nur effektiv aufgelockert, sondern mit deren milder, saftig-fruchtiger Süße überhaupt erst vollendet. Als alkoholfreier Begleiter im Glas gab es dazu ein auf Basis von weißem Jasmintee und alkoholfreiem Mescal bereitetes und mit Kardamom gewürztes, leichtes aufgeschäumtes Getränk, das in seiner ausgewogenen Art Werbung für die nullprozentige und ausschließlich hausgemachte Begleitung machen konnte, die als Alternative zur (ebenfalls lohnenden) Weinreise angeboten wird.
Die Tranchen vom Rücken eines original japanischen (Kagoshima-)Wagyus, die nur ganz

kurz angeröstet oder geflämmt und ansonsten ihr schmelziges A5-Bindegewebe in roher, zarter Façon zum Besten gaben, waren Mittelpunkt und Highlight einer vermeintlich unauffälligen, tatsächlich aber großartigen und sehr präsenten Kreation. Ein fast klarer und sehr purer Zwiebelsud und eine mit Amalfizitrone und Miso abgeschmeckte und mit Pilzerde getoppte Dattelcreme waren dem herausragenden Fleisch ebenso markante wie leichte Begleiter, die um den nur von etwas Fleur de Sel herausgekitzelten Fleischgeschmack einen raffinierten, süß-salzigen Twist aufs Porzellan legten.
Mit Blick auf den dramaturgischen Menüverlauf und die Intensität der vorausgegangenen Gerichte hätte der anschließende Skrei ruhig tatsächlich die Power haben können, die mit Dijonsenf abgeschmeckte frisch aufgeschlagene Mayonnaise und ein mit Jalapeño und Senfsaat angemachter Apfelsalat sowie Apfel-Kräutersud suggerieren. Tatsächlich war das Arrangement aber verhältnismäßig mild und schmeckte deutlich zurückhaltender als gedacht.
Etwas mehr Kraft und Schwung kam sodann wieder mit dem Hauptgang um Perlhuhnbrust und leider etwas spärlich mit Keulenfleisch gefülltem knusprig ausgebackenem Wan-Tan im Kreise von knackigen und cremigen Erbsen sowie Morchel auf den Teller. Und das lag nicht unwesentlich an der fantastischen, mit Creme de Bresse rahmig abgerundeten Geflügeljus, dererwegen wir dankbar waren, dass noch etwas vom Brot übrig war.
Und so kam es dann nicht ungelegen, dass die als Dessert aufgebotene Île Flottante nicht dem Original entsprach, sondern eine moderne und sehr abgewandelte Version des französischen Nachtischklassikers war. Mit nur ganz kleinen schaumigen Eischnee-Inseln neben Ananassorbet, Mandelhippe, Zitrusfruchtkapilaren, einem Hauch weißer Schokolade und einer leichten Ayransauce statt üppiger Vanillecreme.
Wer sich zuvor nicht schon am Brot schadlos gehalten hat, kann jetzt auch noch ein paar unterschiedliche Rohmilchkäse kredenzen lassen. Neben den sehr guten alkoholfreien Begleitgetränken müssen unbedingt auch Fabian Fischers unkonventionelle glasweise Weinempfehlungen hervorgehoben werden, die der sympathische Gastgeber mit viel Gespür auf die zu begleitenden Gänge auswählt und mit Expertise vorstellt.

BRIKZ

Grolmanstr. 53/54, 10623 Berlin
030-31803780
restaurantbrikz.com
Küchenchef: Arne Anker
Di–Sa ab 18 Uhr, So u. Mo RT
Hauptgericht: 24–49 €,
Menüs: 85–147 €

Nach einer erfolgreichen Zeit im mittlerweile verblichenen Pauly Saal hat sich unser einstiger Koch des Jahres Arne Anker schon vor geraumer Zeit mit diesem shabby-schicken Restaurant in Charlottenburg selbstständig gemacht und kommt damit nun immer besser in die Spur. Zwischen den unverputzten Backsteinmauern, denen das Lokal seinen Namen zu verdanken hat, gibt es ein festes sechsgängiges Menü und eine kleine Auswahl an Gerichten à la carte zum Kennenlernen. Ankers Stil ist auch im eigenen Restaurant weiterhin sehr weltoffen und kreativ, auch wenn der Fokus mittlerweile schon sehr stark bei regionalen Produkten liegt. Aber das Schönste ist, dass sich das alles, wie auch schon in der Vergangenheit, stilistisch äußerst eigenständig präsentiert. Und diese Individualität auf Arne Ankers Tellern reicht von originellen Kompositionen bis zu speziellen Produkten wie der Fischblutwurst aus eigener Fabrikation.
Jede Menge souverän gereifte Kreativität also im BRIKZ – und das übrigens zu einem äußerst moderaten Preis. Vor allem wer das Menü nimmt, bekommt vergleichsweise sehr viel für sein Geld geboten. Während dessen Amuses bzw. Apero-Snacks die ganze Klasse der Küche noch nicht so durchscheinen ließen, verdeutlichte die Vorspeise, die sich im Wesentlichen um Thunfischtatar, eingelegten Kohlrabi und Kohlrabiblätter, eine pikant mit Sambal aromatisierte Mayonnaise und einen laktisch-frischen Molkesud drehte, umso mehr den hohen

Grad der Kochkunst, für den wir Arne Anker einst als Koch des Jahres ausgezeichnet hatten. Vor allem, wie hier sehr gekonnt mit unterschiedlichen Säuregraden gespielt wurde, machte wieder Eindruck. Das kann längst nicht jeder…

Etwas ruhiger und einfacher gestrickt wirkte dagegen im Zwischengang der als Komposition sehr gegenständlich umgesetzte Dreiklang von Fenchel, Pfirsich und Liebstöckel. Wobei der von geschmort und weich über roh mariniert und knackig bis zu seinen gerösteten Samen durchdeklinierte Fenchel hier schon eine gewisse Bandbreite auf den Teller brachte und man sich das Ganze optional auch noch mit einer Nocke Aki-Kaviar hat aufpimpen können. Ob letzterer ausgerechnet diesem Gericht tatsächlich erheblichen kulinarischen Mehrwert brachte, kann diskutiert werden – mehr Komplexität verlieh er der Komposition aber durchaus und gestört hat er mitnichten.

Nach hervorragendem selbstgebackenem Sauerteigbrot mit dunkler, würziger Kruste und milder, saftig-schwerer Krume, das im BRIKZ zusammen mit leicht gesalzener aufgeschlagener Butter als eigener Gang erst in der Mitte des Menüs serviert wird, folgte mit der Fisch-Blutwurst ein sehr originelles Schmankerl. Denn die einer herkömmlichen Blutwurst aus Schweineblut grundsätzlich sehr ähnliche, allerdings etwas rauchiger und auf angenehme Art schon auch irgendwie „fischiger" schmeckende Blutwurst eigener Fabrikation, die außenherum kross angebraten und innen wunderbar fluffig war, ist eine echte Rarität. Sie wurde mit Portobello-Pilz, süßlich-fruchtig eingelegten Radieschen, den von Arne Anker gerne verwendeten Farnköpfen und einer klassischen, gehaltvollen Beurre blanc wieder sehr animierend säuerlich begleitet, was das Ganze bei aller Deftigkeit dennoch leicht und animierend schmecken ließ. Großartig!

Nichts als Freude bereite aber auch im Anschluss das bei Niedertemperatur lang und sanft zur zart schmelzigen Perfektion gebrachte Zwischenrippenstück vom Rind. Das war zwar mit verschiedenen Zubereitungen von Steinpilzen und Knollensellerie auf dem Papier vermeintlich brav und bieder, zumindest nicht außergewöhnlich kombiniert, präsentierte sich dann auf dem Porzellan aber trotzdem als besonderer Gaumenkitzel. Weil wirklich jede Komponente inklusive der perfekt reduzierten Sauce toll auf den Punkt gebracht, sämtliche Aromen schön herausgearbeitet und freigestellt, und die Proportionen perfekt bemessen waren. Das sind eben genau jene Gerichte, die viel mehr Sein als Schein bieten, die deutlich raffinierter schmecken als sie klingen und die schon von daher überraschen.

So ein Wolf im Schafspelz war das Dessert nicht. Denn die Kreation aus Granité vom Johannisbeergehölz mit seinem markanten Aroma, das zusammen mit Blaubeeren unter dichtcremigem Cheesecake-Schaum versteckt auf einem saftig-knusprigen Keksboden platziert war und von Sauerklee zusätzliche erfrischende Akzentuierung erfuhr, suggerierte schon in der Karte kreativen Nachtisch – und blieb diesen auch auf dem Teller nicht schuldig. Doch dieses Dessert war nicht nur kreativ, es war, wie im Grunde alles bei Arne Anker, auch sehr rund und harmonisch. Da wird nicht zu Lasten des guten Geschmacks möglichst originell herumkombiniert, da hat alles Hand und Fuß, wirkt durchdacht und ausgereift.

Der Service unter der Leitung von Sabine Panzer wird tatkräftig von den Köchen selbst unterstützt, die meist die Teller einsetzen, Wissenswertes zur Entstehung den einzelnen Kompositionen zu berichten haben und gerne auch gleich Detailfragen beantworten. Weinkarte und glasweise Empfehlungen konzentrieren sich überwiegend auf die Erzeugnisse biodynamisch arbeitender Weingüter aus ganz Europa. Es gibt aber auch einfallsreiche alkoholfreie Begleitgetränke aus eigener Produktion, etwa auf Basis von Tee, hausgemachten Shrubs oder Sirupen, Kefir oder Kombucha.

5

Buchholz

Alt-Britz 81, 12359 Berlin
030-60034607
www.matthias-buchholz.de
Mo u. Do–So ab 12 Uhr durchgehend, Di u. Mi RT
Hauptgericht: 16–31 €, Menüs: 35–76 €

Das denkmalgeschützte Refugium des Routiniers Matthias Buchholz befindet sich in einem beschaulich anmutenden Teil von Britz und ist in ein altes Gutshofgebäude integriert: geschmackvoll, ländlich-modern, auf zwei Ebenen. Was die angenehm knapp gehaltene Karte offeriert, könnte man als gehobene Regionalküche mit vereinzelten Aromenakzenten aus anderen Breitengraden bezeichnen – im Grunde bleiben die sehr sorgfältig und geschmackvoll ganz ohne überflüssigen Ballast und preistreibendem Plunder zubereiteten Gerichte aber auf heimischem Terrain. Auch wenn sich alles einen Tick bodenständiger und schlichter präsentiert als in der Anfangszeit, lässt Buchholz trotzdem weiterhin die Handschrift des Könners aufblitzen und offeriert hier eine Küche für jeden Tag zu einem ausgesprochen günstigen Preis-Leistungs-Verhältnis!

5

CARL & SOPHIE Spree Restaurant

im Ameron Hotel Abion
Alt-Moabit 99,
10559 Berlin
030-39920798
carlundsophie.de
Küchenchef: Martin Höse
Mo–Fr ab 12 Uhr durchgehend, Sa ab 14 Uhr durchgehend, So RT
Hauptgericht: 18–56 €,
Menüs: 46–56 €
VISA

Stilvoll und lässig präsentiert sich das Restaurant im Ameron Hotel Abion am Geschäftszentrum Spreebogen, das direkt am Fluss liegt, auf den man durch die vollverglaste Front sowie auf der Terrasse einen schönen Ausblick genießt. Die Küche von Martin Höse geht deutlich über das Niveau schnöder Hotelküche hinaus, präsentiert sich mit einer Handvoll massentauglicher Klassikergerichte, in der Hauptsache aber eher unkonventionelleren Eigenkreationen aus überwiegend regionalen Produkten, ansprechend und zeitgemäß. Und auch in ihrer schnörkellos schlichten, handwerklich eher einfach gehaltenen, aber als solches meist recht gut auf den Punkt gebrachten Ausführung, können seine Gerichte eigentlich immer überzeugen. Die Weinkarte ist auf große deutsche, auch gereifte Rieslinge spezialisiert, hat aber auch jenseits von Riesling und grenzüberschreitend viel Attraktives zu bieten.

Bezahlkarten-Symbole

- Mastercard
- EC-Maestro
- Diners
- American Express
- VISA Visa

5

Charlotte & Fritz

im Hotel Regent Berlin
Charlottenstr. 49, 10117 Berlin
030-20336363
www.charlotteundfritz.com
Di–Sa von 12–15 Uhr u. ab 18 Uhr, So von 12–15 Uhr, kein RT
Hauptgericht: 1–44 €, Menüs: 65–130 €
VISA

Küchenchef Daniel Müller hat in den Räumlichkeiten des klassisch-eleganten Lokals mit auflockernden modernen Akzenten in Teilen einen deutlich stärker regionalbetonten Stil eingeführt und legt seinen Fokus auch auf Nachhaltigkeit bei Produkten und Arbeitsweise. Viele der regionalen Erzeuger und Lieferanten werden transparent in der Speisekarte genannt und wo immer in guter Qualität und entsprechender Menge möglich, verlässt sich das Team aus gutem Grund auf die heimische Produktvielfalt. Die schmeckt man ebenso wie das grundsolide Handwerk der Gerichte, die sich im Bereich der Vorspeisen- und Zwischengerichte was die Produkte und Aromen angeht sehr weltoffen-international präsentieren und bei den Hauptgängen regionalbetonter und traditioneller.

5↑

Chicha

Friedelstr. 34, 12047 Berlin
030-62731010
www.chicha-berlin.de
Mi–So ab 18 Uhr, Mo u. Di RT
Hauptgericht: 15–19 €
VISA

Dieses in vielerlei Hinsicht bunte und auf sehr charmante Art kiezige Lokal am Neuköllner Maybachufer macht auf den ersten Blick nicht unbedingt einen kulinarisch seriösen Eindruck, doch das, was hier unter Küchenchef Simón Amaru Castro Mendoza auf Basis sehr guter Produkte (Fisch wird beispielsweise nur im Ganzen gekauft...) kredenzt wird, bietet sogar überraschend hohes Niveau. Eine peruanische Küche mit Blick über den Tellerrand auch in andere Regionen des Kontinents und mit kreativem Twist, die erfrischend anders ist als vieles, was derzeit auf der südamerikanischen Modewelle vielerorts angeschwemmt wird.

Der Chef hat richtig gute Ideen, komponiert originell und setzt das auch noch sehr ansprechend um. Zu moderaten Preisen kann man sich hier in spartanischem Ambiente an blanken Tischen aus etwa acht Gerichten selbst ein Menü zusammenbasteln, dessen Teller hübsch und kunstfertig angerichtet sind.

8↑

Coda Dessert Dining

Friedelstr. 47, 12047 Berlin
030-91496396
www.coda-berlin.com
Küchenchef: René Frank, Julia Leitner
Mi–Sa ab 19 Uhr, So–Di RT
Menüs: 118–238 €
VISA

Dass manche Gourmets, die noch nie im Berliner Coda oder einem der wenigen ähnlichen Dessert-Dining-Konzepte in Europa wie beispielsweise dem Espaisucre in Barcelona waren, ein wenig mit dem Gedanken fremdeln, den ganzen Abend über Nachtisch zu essen, kann man nachvollziehen – ihnen aber zugleich auch die Bedenken nehmen! Denn obwohl die mittlerweile etwa 15 Gänge (darunter auch sehr kleine Kleinigkeiten) des Tasting-Menüs bei Top-Patissier René Frank und seiner Küchenchefin Julia Leitner natürlich schon alle irgendwie eine Art Dessertcharakter haben, kommen sie erstens generell mit sehr wenig Süße aus und umfassen zweitens auch herzhafte Dinge zum Beispiel mit würzigem Käse, so dass man keinesfalls Angst haben muss, hier mit einer Süßspeisenorgie konfrontiert zu werden, von der man schnell genug hat.
Man muss noch nicht mal ein großer Nachtischfan sein, um das Kulinarium im Coda gut zu finden. Mit nur ein klein wenig Faible für kreative Desserts kann man sich schnell für all das begeistern, was da in diesem kleinen und puristisch dunkel gestalteten Lokal in Kreuzberg mit Thekenplätzen und fünf bis sechs Tischen von innovativem Umgang mit Gemüse und Kräutern in der Pâtisserie bis hin zur selbst hergestellten Schokolade alles geboten wird. Das zuletzt nochmal geschärfte Profil, das jetzt für alle Gäste ein einheitliches und deutlich umfangreicheres Menü vorsieht, bescherte uns diesmal einen Mix aus Altem und Neuem, etwa dem bereits bekannten Gummibärchen von Gelber Bete oder dem mit Ochsenmark statt Butter gebackenen „Beefcake“ auf Basis von Mandel und Süßkartoffel, der herzhaft-umami-würzig auf das weitere Menü einstimmte. Neu war für uns der Brioche-Donut von Gouda und Steckrübe, der in seiner herben erdigen Art überraschend an den Geschmack von schwarzer Trüffel erinnerte und schon von daher als ein sehr origineller und wohlschmeckender Appetizer in Erinnerung blieb.
Das Programm der größeren Kompositionen startete mit einem alten Bekannten, einer flächig in den Tellerrand ausgestrichenen Mascarponecreme, die mit knusprigen Wirsingpartikeln und rohen Kakaobröseln beflockt war. Und die sich in Kombination mit der in den Teller angegossenen, mit Tapioka vermengten und mit Thymian aromatisierten Grapefruitvinaigrette zu einem spannenden Akkord verband. Ein eher frisches, fruchtiges und helles, transparentes Dessert. Dem folgte ein immer wieder leicht variierter Klassiker aus dem Coda-Programm, den wir aber bis dato noch nie gegessen hatten: Ein zum Törtchen geschichtetes Zweierlei von Aubergine mit Pekannussparfait, Apfelbalsamessig und Lakitzsalz – ein eher feinwürziges, tiefaromatisches Dessert, das durch seine Konsistenzen und die Aromenfarben dichter und dunkler wirkte.
Dass das Menü grundsätzlich mit einer entweder alkoholischen oder alkoholfreien Getränkebegleitung offeriert wird, macht viel Sinn, denn nicht selten spielt tatsächlich die Paarung mit den stets sehr schlank gehaltenen Begleitgetränken eine nicht unwesentliche Rolle. Vor allem im Zusammenspiel mit den deutlich markanteren alkoholischen Getränken entstehen nochmal ganz neue Akkorde, die für einen Aha-Effekt sorgen können. So wie beim Pairing von Raclette-Waffel, Joghurt und Kimchi-Pulver mit einem Drink, der aus Berliner Weiße, Dill-Aquavit und Birnengeist kreiert war. Denn das würzige Aroma im Glas erzeugte in Kombination mit dem herzhaften Käse einen sehr wohlschmeckenden und originellen Twist. Da konnte der Apfel-Quitten-Secco aus der alkoholfreien Begleitung nicht mithalten.
Ähnlich bei der mit sahnig-moussigem Tofu gefüllten geeisten Rote-Bete-Schale, die von

weiteren Bete-Komponenten wie einer dünnen Karamellhippe und von Moosbeere umspielt wurde und deren erdig-süßlicher Grundcharakter von einem Gel aus Verjus mit hellfruchtigen, straff säuerlichen Kontrastpunkten aufgespaltet wurde: Das aus Himbeere, Molke und Verjus gemischte nullprozentige Getränk konnte dem Dessert bei weitem nicht denselben Spannungsbogen und Mehrwert liefern wie der Mix aus Kirschbrand, Waldhimbeerbrand und Wermut.

Ein kleines Intermezzo aus knusprigem Kopfsalat, der als hauchdünne Schale etwas mit Salzgurkenpulver aromatisierten Frischkäse transportierte und so fragil war, dass er vorsichtig mit einem Happs verspeist werden musste, zauberte einen süß-sauer-salzigen Akkord an den Gaumen, der von einem eher herzhaften Gang, dem kurz und heiß gebackenen und deshalb außen knusprigen und innen noch fließenden „Cheesecake“ aus würzigem Cironé-Käse weitergeführt wurde. In dessen mit kleinen fleischigen Selleriekomponenten bestückten knusprigen Deckel aus Knollensellerie darf der Gast mit dem Löffel ein Loch stechen, in das dann direkt am Platz noch eine herbe Kaffeejus gegossen wird, die diesen Dreiklang aus würzigem Käse, erdigen Komponenten und eben süßlichem Kaffee-Flavour erst komplettiert.

Ein sehr starker Gang und ähnlich vielschichtig und vollmundig wie das originell arrangierte Miteinander von Süßkartoffel, Schmand, Apfel und Shiitake-Pilzen in unterschiedlichen Zubereitungen von knackig über cremig bis knusprig, der zwar tendenziell wieder etwas süßer war, aber auch mit einem salzigen Wechselspiel den Gaumen triggerte. Oder der mit einer Ganache aus der eigenen, herrlich tiefgründig, komplex und fruchtig schmeckenden Schokolade hergestellte Gang, bei dem eine in einer Schleife aus dünner karamellisierter Sojamilch versteckte, cremige Schokoladenpraline mit reduziertem Kirschsaft liiert wird.

Nochmal recht abgefahren wurde es im Finale mit den Aromen von Petersilienwurzel, schwarzem Knoblauch, Pistazie, wobei der süßlich-würzige, immer ein wenig an Lakritz oder ganz alten Balsamico erinnernde fermentierte Knoblauch als Creme, die Petersilienwurzel als Parfait und Chips und die Pistazien geröstet aufeinandergeschichtet lagen – das Ganze sich aber erst durch die gar nicht annoncierte, aber durchaus spielentscheidende Vinaigrette von Limette und Blattpetersilie mit ihrer forschen Säure und den herben zitrischen und kräuterwürzigen Noten zum fulminanten Abschluss formierte.

Originelle Schokoladenkombinationen gab es mit den zum Kaffee gereichten „Dragées“, etwa von Olive oder Rote Bete. Und final noch mal Schokolade sehr pur, nämlich einen dünnen Stick von der hauseigenen 76%igen, dessen Kern ausschließlich mit Dattel gesüßt und mit etwas Butter zur cremigen Füllung gearbeitet war. So stellt man abschließend einmal mehr erfreut fest, dass man zwar den ganzen Abend über Desserts, aber kaum Zucker zu sich genommen hat. Leicht und beschwingt verlässt man das Coda sowieso.

8

Cordo

Große Hamburger Str. 32,
10115 Berlin
030-27581215
cordo.berlin
Di–Sa ab 18.30 Uhr, So u. Mo RT
Menüs: 135–165 €
VISA

Yannick Stockhausen steht am Herd des Cordo für eine weltoffene, kreativ und kontrastreich komponierte Küche ganz nach unserem Geschmack. Sein vegetarisches Menü „Gartenrundgang“ setzt Maßstäbe, sein bis zu achtgängiges Menü „Hafenrundfahrt“ widmet sich bei gleichsam kraftvollen Aromenbildern mit schmissigen Akzenten und viel kompositorischem Feingespür auch Krustentier, Fisch und Fleisch. Der gebürtige Hamburger glänzt mit guten eigenen Ideen und einem sehr eigenständigen Stil, behält dabei immer den guten Geschmack im Blick und dass seine zugänglich bleiben. Dafür setzt er gerne auf herzhaft zupackende, bisweilen rustikale Motive, balanciert die handwerklich feinsinnig und aufwendig arrangierten Teller aber immer gekonnt aus. Sein unkonventioneller Küchenstil ist fast schon so etwas wie ein Gegenentwurf zur puristischen, stark regionalbetonten Naturküche.

Der Weinlobbyist – Bistro und Weinbar

Kolonnenstr. 62, 10827 Berlin
030-30640772
www.derweinlobbyist.de
Küchenchef: Ronny Marx
Do–Mo ab 17 Uhr, Di u. Mi RT
Hauptgericht: 21–25 €, Menüs: 49–69 €
VISA

Das schlichte, schlauchartige Lokal mit den in einer Reihe formierten blanken Holztischen und dem lauschigen Freisitz im Hinterhof ist nicht einfach nur eine Weinbar, in der man auch ein paar nette Kleinigkeiten zu seinen Getränken bekommt – es hat sich binnen kurzer Zeit zu einer veritablen Feinschmeckeradresse entwickelt, die auch der Küche wegen angesteuert wird. Der smarte „Weinlobbyist" Serhat Aktas bietet hier also nicht nur eine spannende, mit viel Expertise und persönlichem Profil zusammengestellte Weinkarte, sondern dazu auch attraktive Gerichte à la carte und sogar ein viergängiges Menü, das wahlweise vegetarisch geordert werden kann.

Einerseits gibt es mit hochwertigen Produkten bestücke Flammkuchen sowie Antipastiplatten mit ausgesucht hochwertigen Käse-, Wurst- und Schinkenspezialitäten zum auffällig guten Brot, die traditionellerweise unkompliziert zum Wein passen. Andererseits aber auch originellere, bisweilen recht kreative Sachen, die mit präsenter Schärfe und Säure anspruchsvoll zu begleiten sind. Und genau darin sieht der kommunikative Gastgeber und Sommelier eine Herausforderung, der er sich nur allzu gerne stellt und mit seinen ausgereiften Pairing-Ideen dann auch wirklich punkten kann.

In den Genuss einer kleinen Auswahl der herzhaften kalten Spezereien kommt man unter Umständen auch, wenn man das Menü nimmt. Zumindest in unserem Fall gab es beim letzten Besuch neben dem guten Sauerteigbrot auch ein bisschen Vulkanschinken und Bergkäse vorweg. Danach überraschte die Küche mit einer in einer Glasbowl angerichteten Vorspeise, in deren Mittelpunkt ein auf seiner Oberseite wie eine Crème brûlée gebrannter riegelförmiger, locker-saftiger Flan von Kräuterseitlingen stand. Dazu gab's säuerlich eingelegte Champignons und rote Zwiebeln sowie als gelungene Kreativleistung ein dezent aber klar erkennbar mit Red Bull abgeschmecktes Apfelgel, das weit weniger künstlich und penetrant geschmeckt hat, als zunächst befürchtet. Dazu fluffig warme buttrige Brioche, und fertig war ein sehr ansprechender, kulinarisch seriöser Auftakt.

Dem folgte im Menü eine ähnlich wie thailändische Tom Kha Gai abgeschmeckte Artischockensuppe, die aber ansonsten nicht fernöstlich inspiriert war, sondern mit Petersilien-Kürbiskernpesto im Boden des Schälchens sowie säuerlich mariniertem Fenchel als Einlage und der gewinnbringenden Süße schwarzer eingelegter Johanni-Walnüsse gekonnt gecrossovert. Nicht unser Lieblingsgericht des letzten Besuchs, aber durchaus stimmig und schmackhaft. Auch sonst hat Küchenchef Ronny Marx im vegetarischen Bereich einiges drauf, wie die mit einer raffinierten Sauce von Verjus und weißer Schokolade dynamisch aufgefrischten Rote-Bete-Komponenten als spannendes Intermezzo eindrucksvoll unter Beweis stellten.

Ein nicht mehr aus dem Angebot wegzudenkender Signature-Dish des Weinlobbyisten ist verständlicherweise die Kombination von saftspritzend zartem sous-vide gegartem Schweinebauch und säuerlich-knackigem Rettich-Kimchi mit Sesam auf einer Mayonnaise von fermentiertem schwarzem Knoblauch. Das ist markant, leicht zugänglich und eingängig, aber trotzdem anspruchsvoll. Dank straffer Säure und Schärfe nicht ganz so leicht zu begleiten, aber der schon etwas gereiftere 2017er Chardonnay Kalkmergel vom Pfälzer Weingut Münzberg erweist sich hier als kongenialer Partner und untereicht einmal mehr, wie treffsicher Serhat Aktas seine Pairings zusammenstellt.

So wie auch der 2019er Blaufränkisch vom bekannten burgenländischen Weingut Umathum ein perfekter Begleitwein zur zarten Gänsebrust mit fermentiertem Rotkraut und ebenso knusprigem wie zart fluffigem Croûton-Semmelknödel war: nicht zu tanninstreng und säurebetont und deshalb auch mit der Säure des Krauts nicht auf Konfrontationskurs. Hier gelang es Ronny Marx, ein gutes klassisches Traditionsgericht mit ein paar wohldosierten

Ecken und Kanten der Behäbigkeit zu entrücken und es trotzdem nicht bemüht kreativ wirken zu lassen.
Wie sicher der Küchenchef aber trotzdem auch im kreativen Fach unterwegs ist, zeigte abschließend das Dessert, bei dem er eine Art Cheesecake von roter Paprika und Hummuscreme mit Sesam mithilfe von Himbeere (gefriergetrocknete Segmente und Coulis) und Vanille (als Eis) zu einem spannenden Nachtisch werden ließ. Experimentierfreudig, aber nicht experimentell, weil die ungewöhnlichen Aromen hier einmal mehr zu einem harmonischen Ergebnis führen. Wer also in entspannter und völlig ungezwungener Atmosphäre ein paar genussreiche und kurzweilige Stunden mit anspruchsvollen bezahlbaren Weinen und spannender Küche verbringen will, ist beim Weinlobbyisten in Schöneberg an der richtigen Adresse.

5

Diekmann

Meinekestr. 7,
10719 Berlin
030-8833321
www.diekmann-restaurants.de
Di–Sa ab 12 Uhr durchgehend,
Fei ab 18 Uhr, So u. Mo RT
Hauptgericht: 19–31 €,
Menüs: 70–95 €
EC VISA

In einer Seitenstraße des Kurfürstendamms befindet sich hinter einer mit Efeu eingewachsenen Fassade diese ehemalige Kolonialwarenhandlung, in der heute ein geschmackvolles Restaurant residiert, das mehr als nur schnörkellose französische Bistroküche kredenzt. Dank der markanten originalen Ladeneinrichtung hat das Diekmann viel Flair, und auch die Küche, die in jüngerer Zeit an Attraktivität und Originalität zugelegt hat, längst nicht bloß Austern knackt und Traditionsgerichte schickt, sondern durchaus ein Gespür für attraktive, nicht alltägliche Produktkombinationen auf klassischer Basis hat, macht viel Spaß. Die Weinkarte offeriert ein nicht zu umfangreiches Programm mit französischem Schwerpunkt.

6↑

eins44 Kantine Neukölln

Elbestr. 28 u. 29, 12045 Berlin
030-62981212
www.eins44.com
Di–Sa ab 18.30 Uhr, Mo u. Di RT
Hauptgericht: 29–37 €, Menüs: 95–110 €
EC VISA

Auch nach dem Ausscheiden von Daniel Achilles als Küchenchef wird in dem originellen, auf zwei Ebenen angelegten Restaurant mit nostalgischem Industriecharme, schönem Holzboden, dekorativ gefliesten Decken und Wänden und hohen Rundbogenfenstern, einer ehemaligen Destillerie in einem Hinterhof an der Elbestraße, ambitioniert und auf hohem Niveau weitergekocht. Was hier nun unter der Ägide von Küchenchef Julius Nowak in Form einer kleinen Auswahl an Gerichten à la carte und eines daraus entlehnten fünfgängigen Menüs auf die massiven Holztische kommt, ist weiterhin eine zeitgemäße, ebenso kreative wie bodenständige Küche, für die sich das Team vorwiegend, aber nicht ausschließlich der regionalen Produktpalette bedient und diese raffiniert und undogmatisch weltoffen in Szene setzt. Auf den Tellern geht es immer gegenständlich und klar strukturiert zu, die Finessen liegen in den cleveren Kombinationen und im geschmacklichen Detail. Sehr gute Weinkarte mit Affinität für deutschen Riesling, aber auch vielen spannenden Sachen aus den Nachbarländern Österreich und Frankreich.

5

Einstein unter den Linden

Unter den Linden 42,
10117 Berlin
030-2043632
www.einstein-udl.com
Täglich ab 11.30 Uhr durchgehend,
So nur bis 18 Uhr, kein RT
EC VISA

Das relativ große, täglich durchgehend geöffnete Lokal in der Nähe des Brandenburger Tors und damit direkt im touristischen Zentrum ist zwar am Abend mehr Restaurant als tagsüber – grundsätzlich entspricht das Konzept aber dennoch ganz grundsätzlich einer unkomplizierten Mischung aus Café, Bar und Speiselokal. Entsprechend quirlig und bodenständig geht es in dem aufgeräumt schlicht gestalteten langen Gastraum zu – entsprechend überraschend ist aber auch das Niveau der Küche. Neben traditionellen, stark von der österreichischen Küche geprägten Klassikern finden nun auch regionale Produkte in leichter, moderner Fassung immer öfter und ansprechender den Weg ins Kulinarium. Manches Gericht liegt in seiner blitzsauberen, mit einfachen Mitteln raffiniert gestalteten Art sogar über den als Durchschnittswert vergebenen 5 Pfannen.

9

Ernst

Gerichtstr. 54,
13347 Berlin
0355-676111600
www.ernstberlin.de
Mi–Sa ab 18 Uhr, So–Di RT
Menüs: 250 €

Das kleine, ultraschlichte Lokal des Kanadiers Dylan Watson-Brawn und Compagnon Spencer Christenson im Berliner Wedding, das an seinem Tresen pro Seating nur Platz für maximal acht Gäste bietet, steht für eine im höchsten Maße spannende, weil hierzulande einzigartige Produktküche, die in ihrem Purismus eine Präzision und Kompromisslosigkeit an den Tag legt, wie man es sonst tatsächlich nur aus Japan kennt. Für aufgeschlossene Esser sind die mittlerweile fast 30 kleinen Kostproben dieses auf jedem Teller maximal minimalistisch inszenierten, in ganzer Breite aber dafür umso facettenreicheren Kulinariums definitiv ein außergewöhnliches Erlebnis. Man bekommt es mit herausragenden Produktqualitäten und neuartigen Geschmäckern zu tun, die in fast schon japanischer Klarheit und Transparenz inszeniert sind. Es wird deutlich weniger „kreiert", dafür sehr viel über die Produkte und die Zubereitungen erzählt, so dass der Abend hier fast schon wie ein kurzweiliger Vortrag mit zahlreichen Geschmacksproben wirkt – im Glas ergänzt um individuelle Gewächse, überwiegend aus dem Naturwein-Segment.

10

Facil

im Hotel The Mandala
Potsdamer Str. 3, 10785 Berlin
030-590051234
www.facil.de
Küchenchef: Michael Kempf, Joachim Gerner
Mo., Di u. Do, Fr von 12–14 Uhr u. ab 19 Uhr, Mi ab 19 Uhr, Sa u. So RT
Hauptgericht: 22–68 €,
Menüs: 78–295 €

VISA

Das von den mittäglichen Servicezeiten von Montag bis Freitag über die Ruhetage am Samstag und Sonntag bis zu dem seit weit über einem Jahrzehnt fest zusammengeschweißten Team um Küchendirektor Michael Kempf, Küchenchef Joachim Gerner, Chef-Pâtissier Thomas Yoshida und weitere enge Mitarbeiter gleich mit vielen Alleinstellungsmerkmalen aufwartende Facil ist auch sonst ein Unikat unter den vielen Berliner Top-Restaurants.
Allein das schnörkellos schlicht und sehr elegant gestaltete Ambiente auf dem Dach des Hotel The Mandala, das dort in einem bambusumwachsenen und trotzdem lichtdurchfluteten Glaskubus wie eine entschleunigte grüne Oase über dem hektischen Treiben rund um den Potsdamer Platz anmutet, ist vielen Gourmets ein guter Grund, hier einzukehren. Aber was wäre das alles ohne die Kochkunstwerke auf den bildhübsch angerichteten Facil-Tellern, die sich neben beachtlichen Produktqualitäten durch ein Höchstmaß an handwerklicher und kompositorischer Präzision auszeichnet.
Ausgefeilt perfektionistisch und zugleich unangestrengt kommen die weltoffen und stilübergreifend komponierten Teller des bis zu achtgängigen Abendmenüs daher, das nicht etwa so heißt, weil es ausschließlich am Abend verfügbar ist. Auch mittags kann man in den Genuss dessen originellen Facettenreichtums kom-

men, sofern man sich frühzeitig im Restaurant einfindet und Zeit mitbringt. Ansonsten bieten aber auch die speziellen Lunchofferten ein beachtlich hohes Niveau zum erstaunlich niedrigen Preis – nur eben etwas weniger exklusive, deshalb aber keineswegs uninteressantere Produkte. Wie gewohnt grüßte die Küche im großen Menü klein und unaufgeregt schlicht, diesmal mit einem ebenso unkomplizierten wie köstlichen Löffelgericht aus Kartoffelwürfeln, Forellenkaviar und Schmand in Frankfurter Grüner Sauce, gekrönt mit etwas Frisée und einem Hauch frisch geriebenem Meerrettich.
Und auch die erste Vorspeise des Gourmetmenüs, die sich um Balfegó-Thunfischbäckchen mit Sellerie, Williamsbirne und Alge drehte, wirkte optisch nahezu unspektakulär. Geschmacklich war das aber schon sehr ansprechend, denn die dünnen gegarten Scheiben des Tunas boten Schmelz und Produktcharakter, standen hier neben einem mit Thunfisch und Rührei gefüllten, knusprig gebackenen Dim-Sum-Täschchen und kleinen, mit der natürlichen jodigen Umamiwürze von Algen gewürzten Zylindern aus Knollensellerie und Birne auf einer Umebudo-Algenvinaigrette und brachten harmonischen Wohlgeschmack an den Gaumen. Nicht weniger, aber auch nicht viel mehr. Von einem kompositorischen Spannungsbogen oder starker Produktpräsenz konnte man hier noch nicht sprechen.
Ganz anders sah das dann schon bei der wunderbar klar und schmelzig schmeckenden, zuvor in Koji gebeizten und dann sanft temperierten Tranche sowie dem mit Schnittlauch aromatisierten Tatar vom Huchen aus der Zucht von Niki Birnbaum aus, der vom Facil-Team ungewöhnlich und originell mit Mais kombiniert wurde. Neben zwei Körnerreihen vom gegarten Mais auf dem Fisch war hier auch noch eine täuschend echt als angegrillte Maiskörner imitierte Maismousse zu finden. Sehr gut korrespondierte die Maissüße nicht nur mit der Vogelmiere, sondern insbesondere auch mit der eleganten Anisnote, die eine auf Basis von Fischfond zubereitete Beurre blanc kennzeichnete – und die zudem belebende Säure in das grandiose Gericht trug.
Dieselbe Aufgabe hatte sodann ein weißer Schaum von klarem Tomaten-Abtropfsaft und Olive, der Säurespender für die folgende gebratene norwegische Jakobsmuschel war. Dieses Top-Produkt von Norwegens einzigem Muscheltaucher Roderick Sloan thronte auf einem mit klarem, kraftvollem Fond untermalten knackigen Ragout von Pastinake und zerstoßenen Pistazien, subtil und doch sehr prononciert gewürzt wurde dieses Gericht von wildem Salbei, der ihm eine spannend ätherisch-würzige Kopfnote und damit auch den besonderen Twist verlieh, der hier sehr viele Kreationen auszeichnet und so eigenständig wirken lässt.
Ein zwar deutlich klassischer komponiertes, als solches aber ganz herausragendes mediterranes Gericht folgte mit der beherzt angegrillten, rauchig-röstaromatischen Rotbarbe, die sich mit säuerlichen provenzalischen Barigoule-Artischocken und einer pikanten Chorizocreme auf einer kraftstrotzenden Bouillabaissesauce tummeln durfte. An dieser Stelle bewiesen sich einmal mehr die von Sommelier Felix Voges erdachten Weinbegleiter als kongenial – hier ein sehr limitiertes Großes Gewächs vom Grauburgunder des Weinguts Schnaittmann, der mit komplexer exotischer Frucht, Kraft, Struktur und Eleganz ein perfekter Partner war.
Im Anschluss verlieh dem knackigen Linsensalat auf einem Bett von angeschmolzenem Vacherin Mont d'Or, unterlegt mit einer Geleefolie von Machatee und flankiert von Rettich und Trauben, ein gut eingebundener Hauch Kardamom, der sich erst nach und nach langsam durchsetzte, einen ganz besonderen kreativen Akzent. Etwas gediegener wirkten dieses Mal ausnahmsweise die Hauptgänge, was weniger mit der Art der Zubereitung zu tun hatte als mehr mit der Art und der Zusammenstellung der Produkte. Während zum Beispiel der Rücken vom galizischen Kalb selbst überraschend mehr hermachte, als man von einem Kalbsrücken gemeinhin erwartet, blieb dessen Entourage aus Schwarzwurzel, Lauch, Totentrompetenpilz und Trüffel weitgehend harmlos. Die mit gebratener Gänseleber angereicherte Sauce Albufeira indes hatte von ihrem straffen Säuregerüst bis zur tiefschürfenden Komplexität alles, was man sich von einer meisterlichen klassischen Sauce erhofft.
Überhaupt stechen die Saucen im Facil immer deutlich heraus und zählen zu den besten ihrer klassischen Art, nicht nur in Berlin. Und so konnte auch die hervorragende Lammjus, mit der im Folgenden eine Schulter vom Poltinger Lamm satt glasiert war, weitestgehend kompensieren, dass das geschmorte Fleisch selbst ein klein wenig zu mürbe und trocken war und unter der fürs Facil ganz oben angelegten Messlatte knapp durchrutschte. Dazu liierte das Team pikante Letscho-Creme, mit Liebstöckel aromatisierte Perlgraupen und marinierten sowie knusprigen Wirsing als intelligent reduzierte und aromatisch pointierte Eskorte. Und dass erst gar keine Missverständnisse aufkommen: das hatte auch als Gesamtkomposition sehr hohes Niveau – nur begeistern eben zum Beispiel

Produkte wie die in Perfektion geschmorte Short Rib vom besten Nebraska-Beef oder die grandios zubereitete Brust von der Challans-Ente, die im letzten Jahr im Facil auf unseren Tellern lagen, ganz automatisch noch ein Quäntchen mehr als „nur“ sehr guter Kalbsrücken und eine fast perfekte Lammschulter.

Damit ist aber auch klar, dass der im Vergleich zu den Vorjahren ein wenig schwächere Eindruck beim jüngsten Besuch weitgehend nur der Momentaufnahme und der Art, nicht der der Qualität einzelner Produkte geschuldet war das beim nächsten Mal schon wieder ganz anders aussehen kann. Ganz uneingeschränkt beeindruckend war auch dieses Mal wieder die Pâtisserie von Thomas Yoshida allen voran das Dessert um die winterlichen Hauptprodukte Quitte und Marone, kreativ kombiniert mit Bucheckern und fermentiertem Pfeffer, die als Quittenragout, Quittensorbet auf Maronencrumbles und einer mit fermentiertem Pfeffersirup glasierten Bucheckernmousse sowie allerhand nussigen Knusperfacetten einen grandiosen Schlusspunkt setzte.

Und so wie in der Küche ein seit weit über einem Jahrzehnt unverändertes Kernteam am Werk ist, so stehen mit Restaurantleiter Manuel Finster und Sommelier Felix Voges auch dem ansonsten sehr jungen Serviceteam zwei langjährige Facil-Urgesteine vor, die ihre beiden Fachbereiche mit souveräner Gelassenheit bespielen.

Faelt

Vorbergstr. 15 a,
10823 Berlin
0160-93277462
www.faelt.de
Küchenchef: Björn Swanson
Täglich ab 18 Uhr, kein RT
Menüs: 126 €

EC VISA

Eine sehr kleine offene Küche, ein Naturholz-Tresen, eine unverputzte Backsteinwand und ein großer Wandspiegel mit silbernem Rahmen – mehr gibt es eigentlich nicht zu sehen in Björn Swansons winzigem Schöneberger Ecklokal. Das Wichtigste findet hier aber ohnehin an und auf den blanken Holztischen statt, die den kurzweiligen Abend über von den gut informierten Leuten im Service und auch von den Köchen selbst mit den kleinen, originellen Gerichten des dem Vernehmen nach alle paar Wochen wechselnden Menüs und mit bestens zu korrespondierenden Getränken bestückt werden.

Die Küche liegt mit vielen kleinen gemüselastig konzipierten und sehr leicht gekochten Gängen sowie dem klaren, aber undogmatischen Fokus auf Nachhaltigkeit und Regionalität, voll im Trend, ist aber alles andere als Mainstream. Man bekommt es den ganzen Abend über mit vielen guten, kreativen Kombinationsideen und markanten Aromenakkorden zu tun, die nie bloß originell, sondern immer auch im klassischen Sinne sehr schmackhaft sind. Keine halbgaren Experimente und auch keine karge Naturküche also.

Bei der in einer Austernschale servierten Erbsen-Panna-cotta mit Radieschenschaum, insbesondere aber bei dem Schmorgemüse-Eis mit Wurzelgemüsechips und Gelben Linsen in intensiv zugespitztem Röstzwiebelsud, konnte man schon im Vorprogramm sehr schön schmecken, wie gut sich das Team auf das Spiel mit Säure versteht und so sehr lebhafte, schmissige Geschmacksbilder kreiert. Selbst dann, wenn nur Brot, Butter und Bier im Spiel sind! Denn der Dreiklang, der gleich zu Beginn durch kräftig geräucherte Schnittlauchbutter, warmes Laugenbrötchen und ein karamelliges Bier erzeugt wurde, hatte was! Aromatisch ähnlich gestrickt – mit rauchig-würzigen Aromen von geräuchertem und geflämmtem Aal, der dezenten Süße von Petersilienwurzel (als Creme und als Salat zusammen mit grünem Apfel) und der erdig-ätherischen Schärfe einer Meerrettich-Schaumsauce – war dann auch der erste gekochte Menügang, der ebenfalls ein Ausrufezeichen setzte.

Dass es mit kraftvollen Aromen und deutlichen Kontrasten weitergehen würde, signalisierte dann auch der stark angeröstete, mit Cockies-Crumbles und Senffrucht-Marmelade bearbeitete Spitzkohl nebst rauchiger Kümmel-Espuma, die ebenfalls sehr originell und spannend zusammenspielten. Manchmal würde man sich etwas mehr Material auf dem Teller wünschen, so wie bei der kleinen Topinambur-Majoran-Tortilla, die sich nach eineinhalb Bissen schon wieder verabschiedet hatte. Zumal im Anschluss daran, nach einem sehr coolen Refresher mit salzig-scharfer Note, der sich aus Sauerampfersorbet, Sauerrahm, eingelegter Gurke und säuerlich-scharfen Jalapeños rekrutierte, auch schon der letzte herzhafte Gang des Menüs anstand.

Der handelte von geröstetem Pulpo und als schmelzig zarte Würfel einer Terrine in das Gericht integriertes Schweinekinn, die in Begleitung einer mit geschmortem Lauch gefüllten

Gyoza-Tasche und etwas Lauchzwiebel von der gut eingebundenen Säure einer Rhabarbersauce getragen und miteinander verbunden wurden. Auch hier hätten wir uns eine etwas größere Portion gewünscht – und zwar gar nicht der Sättigung, sondern der Wirkung wegen.
Der Übergang in den süßen Bereich des Menüs in Gestalt einer knusprig karamellisierten Kürbis-Focaccia mit Stilton-Schnee und Kürbiskernöl-Sud, war an sich eine coole Idee, nach unserem Geschmack schon etwas zu weit in ebendiesem verortet, sprich: zu süß! Da hätten wir uns noch etwas mehr von der Würze und dem Schmelz des Blauschimmelkäses und ein markanteres Wechselspiel gewünscht.
Überzeugender brachte den Twist zwischen süß und salzig eigentlich das nachfolgende Gemüsedessert aus eingelegtem Kohlrabi, einem cremigen Kohlrabiflan, einem aus dem Kohlrabigrün hergestellten Granitée und Rhabarber in einem klaren Rhabarbersüppchen aufs Porzellan. Auch hier wieder mit einem gut eingebundenen, harmonischen Säurespiel, das unter anderem auch mithilfe der nussigen Süße eines Weißmohncrackers eingefangen werden konnte. Und einen richtig starken Schlussakkord gabs noch obendrauf: Kümmel-Rahmeis mit Löwenzahnhonig und Leinsamen-Hippe!
Bei so viel unkonventioneller Kreativität fehlte in der Gesamtschau unterm Strich ehrlich gesagt gar nicht mehr so viel für eine weitere Aufwertung auf 8 Pfannen. Mit einer noch etwas stringenteren Menüdramaturgie, die in einen vor allem produktmäßig noch präsenteren „Hauptgang“ mündet, hier und da vielleicht eine etwas optimalere Proportionierung – da könnte ganz leicht mit einfachsten Mitteln noch ein klein wenig justiert werden, so dass die Gesamtwirkung noch eindrucksvoller ist. Wir sind deshalb sehr gespannt auf die weitere Entwicklung des Faelt und freuen uns bereits auf den nächsten Besuch dieses sympathisch entspannten Restaurants.

7↑

Golvet

Potsdamer Str. 58,
10785 Berlin
030-89064222
www.golvet.de
Küchenchef: Jonas Zörner
Mi–Sa ab 18 Uhr,
So–Di RT
Menüs: 160–185 €

VISA

Das auf einer sehr großzügigen Fläche im achten Stock mit Blick auf den Potsdamer Platz als lässige Loft-Location angelegte Golvet ist nicht nur das vielleicht unkonventionellste aller Berliner Gourmetrestaurants, es ist mit Sicherheit auch das Größte, also das mit den meisten Plätzen. Und vor diesem Hintergrund ist es mehr als respektabel, wie souverän Küchenchef Jonas Zörner und sein Team in ihrer offenen Kochwerkstatt für so viele Gäste, wie sie sich hier allabendlich in lichtgedämpfter Clubatmosphäre mit treibenden Elektrobeats im Hintergrund einfinden, seit Jahren das hohe Niveau ihres Kulinariums halten.
Dabei nehmen sogar regelmäßig einige Gerichte aus dem siebengängigen Menü, das es auch in einer starken vegetarischen Variante gibt, die 8-Pfannen-Hürde. Und rein vom Präsentationsaufwand her werden im Grunde sogar fast alle Gänge diesem hohen Anspruch gerecht – hier und da fehlt nach unserer Definition nur beim geschmacklichen Feintuning noch ein klein wenig die letzte Konsequenz, um die nächsthöhere Bewertungsstufe zu erreichen.
Eine Komposition, der wir zuletzt wieder klares 8-Pfannen-Niveau attestieren konnten, kam im Anschluss an einen eher süßen und zwei betont herzhafte kleine Küchengrüße im Fingerfoodformat und sie drehte sich um nach Ike-Jime-Art geschlachteten Hecht in einem stark nordisch geprägten Kontext. Der aus der Mü-

ritzregion stammende Süßwasserfisch durfte die Vorzüge seines hervorragenden reintönigfesten Fleischs mit feinem Schmelz in roher beziehungsweise sehr mild gebeizter Form voll ausspielen. Und zwar als flaches kreisrundes Schichtwerk, mit grünem Wacholder und Wacholdertrieben gewürzt, von Sanddorn als geeiste Perlen säuerlich erfrischt und von einer Vinaigrette aus Gurke, Hechtfond und Sanddorn leicht und transparent untermalt. Ein frischer, klararomatischer Start mit subtil feinwürzigem Oberton vom Wacholder, der perfekt proportioniert und balanciert war.

Beim vegetarischen Gang rund um Kohlrabi gelang es mit augenscheinlich relativ einfachen Mitteln, den Hauptdarsteller facettenreich in Szene zu setzen. Als seidige Creme, kleine knackige in Soja eingelegte Würfel und hauchdünne, säuerlich marinierte oder fermentierte Scheiben on top – herb säuerlich und fruchtig akzentuiert von Blutorange als kleine Püreetupfen und Zesten. Die Aromen des ebenfalls annoncierten Estragons blieben leider arg im Ungefähren, was etwas schade war, weil hier gerade so ein duftig-anishafter Oberton dem Ganzen noch ein Plus an Finesse hätte verleihen können. Aber auch so war das eine rundum gelungene und sehr ansprechende Sache.

So wie die von indischem Chicken-Curry inspirierte und als unkompliziertes Löffelgericht mit Soulfoodfaktor inszenierte Melange aus gezupftem Keulenfleisch (vom Odefey-Huhn), Blumenkohl, Mango und Sonnenblumenkernen. Das Ganze kam unter einer pikanten Schaumhaube von grünem Curry und Thaibasilikumöl daher, wurde à part von einem mit Blumenkohl und Mango gefüllten, mit Mangomayonnaise lasierten und der krossen zerbröselten Haut des Hühnchens beflockten Nanbrot eskortiert, und war mit wohldosierter Schärfe, angenehmer Fettigkeit und mundfüllender Süffigkeit ein ebenso leicht zugänglicher wie anspruchsvoller Gang.

Handwerklich elaborierter präsentierte sich eine kleine Tranche vom Rinderrücken, mild eingebeizt, gut gereift und kurz scharf angebraten, flankiert von einem schmelzig geeisten und moussigen Gebilde aus „Happy Foie gras" (einer angeblich tierschonend erzeugten Fettleber) mit Périgord-Trüffel, angerichtet auf einer stark reduzierten, intensiven Trüffeljus. Die allerdings dominierte die Komposition mit ihrer zähen Viskosität und Dichte leider etwas zu stark, so dass man sich an dieser Stelle etwas mehr Transparenz und Leichtigkeit gewünscht hätte.

Trüffel aus dem Burgund hatten wir im Anschluss (selbst ausgewählt) nochmals, nämlich mit einem weiteren Exkurs ins vegetarische Menü, der uns ein wieder recht aufwendiges Gericht von Kartoffel, Lauch und eben Périgord-Trüffel bescherte. Den Lauch als cremige Sphäre und als nicht minder cremige Füllung des knusprigen Kartoffel-Cannellono, der obenauf thronte und die Kartoffel nochmal in Form von Spaghetti à la Chitarra als Zwischenlage, das Ganze auf einer herzhaft mit Liebstöckelöl abgeschmeckten samtigen Eigelbcreme platziert. Alle drei Player fanden sich auch als kleiner luftiger Auflauf in einem Schälchen à part serviert. Da vermisste man weder Fleisch noch Fisch!

Bereut allerdings auch nicht, wenn doch einer angeschwommen kommt: So wie die perfekt auf den Punkt gebrachte Tranche eines ebenfalls nach Ike-Jime-Art geschlachteten Störs aus der in Gourmetkreisen mittlerweile bundesweit bekannten Fischzucht 25 Teiche aus Gräben in Brandenburg. Die war mit allerhand Knusperpartikeln von krosser Fischhaut bis zu zerstoßenen Kernen beflockt und mit Rosenkohlblättern und Quittenwürfeln bestückt auf einer umamiwürzigen und mit Holzkohleöl marmorierten Sauce auf Basis von Stör-Dashi und Garum angerichtet. Ein kraftvoller, aromatisch dichter Fischgang, für den wir uns nur noch etwas mehr Frische und Säure gewünscht hätten, als es die Quitte einbringen konnte. Denn so überwog auch hier eine deftige Würze, was nicht bloß nach den beiden vorausgegangenen Power-Gängen etwas anstrengend wirkte.

Was aber von dem dazu begleitend ausgeschenkten mineralisch-frischen Chablis wiederum sehr gut abgefedert werden konnte. Und schon davor bewies Sommelier José Vinagre sein feines Händchen für unkonventionelle Pairings beispielsweise zum Hühnchen-Curry mit einem gereifteren Rioja Riserva von Gómez Cruzado, der ein attraktives Mittelding aus altem und neuem Rioja-Stil repräsentierte.

Beeindruckend balanciert waren schlussendlich sowohl haptisch als auch aromatisch die beiden Desserts, zunächst ein nussig-waldiger Nachtisch aus einem Sorbet von Fichtensprossen und mutmaßlich Birkenwasser, das von einem knusprig-fluffigen Gebilde aus Topinambur und Pistazie flankiert wurde, dann eine sehr erfrischende und komplexe Komposition von Bergamotte, Marone, Dill und Vanille. Beides kompositorisch erfreulich unkonventionell und dabei trotzdem sehr harmonisch in klassischem Sinne.

Grill Royal

Friedrichstr. 105, 10117 Berlin
030-28879288
www.grillroyal.com
Täglich ab 17 Uhr, kein RT
Hauptgericht: 24–135 €
VISA

Unter der Ägide von Küchenchef Roel Lintermans ist das bei Prominenten aller Couleur extrem beliebte Restaurant im Souterrain an der Weidendammer Brücke aus kulinarischer Sicht über den Status eines angesagten Szene-Hotspots hinauswachsen. Denn im geschmackvoll reduzierten Ambiente, das zwischen gediegenem 70er-Chic und zeitlos-avantgardistischem Charme changiert und damit das ideale Setting für einen Ort zum sehen und gesehen werden stellt, wird unter seiner Ägide weit mehr getan als Austern geknackt, Hummer gekocht, Steaks edelster Rinderrassen wunschgemäß gebraten und mit Kaviar und Trüffel geworfen. Natürlich präsentiert sich der Stil der Küche weitgehend klassisch französisch mit ein paar asiatischen oder sonstigen harmlosen exotischen Akzenten, aber eben nicht altbacken und behäbig, sondern in zeitgemäßer und leichtfüßiger Façon. In der international exzellent sortierten Weinkarte gibt's jede Menge Stoff für Etikettentrinker und alle Wein-Connaisseure, aber auch genügend preiswertere Alternativen.

Fast & SLOW

Grindhouse

Kollwitzstr. 50, 10405 Berlin
030-44308353
grindhouseburgers.de
Di–Do von 12–15 Uhr u. von 17.30–22 Uhr, Fr von 12–23 Uhr, Sa von 13–23 Uhr, So von 13–22 Uhr, Mo RT

Qualitativ hochwertige Burger aus regionalen Zutaten, die man sich nach Lust und Laune selbst zusammenstellen kann.

Hallmann & Klee

Böhmische Str. 13, 12055 Berlin
030-23938186
www.hallmann-klee.de
Küchenchef: Rosa Beutelspacher
Mi–Sa ab 18 Uhr, So–Di RT
Menüs: 95–110 €
VISA

Das Lokal von Gastgeberin Sarah Hallmann, die hier zwar nicht selbst in der Küche steht, aber trotzdem gelernte Köchin ist und unter anderem eine ganze Zeitlang bei Michael Hoffmann im ehemaligen Margaux gearbeitet hat, gibt es schon seit fünf oder sechs Jahren. Für uns war ihr geschmackvoll minimalistisch gestaltetes Restaurant am Neuköllner Reuterpark allerdings in dieser Testsaison eine Neuentdeckung. Und zwar eine sehr interessante! Denn das Hallmann & Klee bietet neben stylischem Kantinenflair nicht nur eine angenehme, zwar charmant kiezige, aber überhaupt nicht nonchalante Atmosphäre, sondern auch eine sehr gute, überraschend anspruchsvolle Küche.
Der gibt Frau Hallmann mit ihrem Background sicher auch Input – ausführende Küchenchefin ist aber seit 2017 Rosa Beutelspacher, die hier an ihrem vom Lokal aus gut sichtbarem Arbeitsplatz zusammen mit dem kleinen Team einen sehr guten Job macht. Es gibt zwei Menüs, davon eines rein vegetarisch, und es wird dabei keine bestimmte Richtung verfolgt. Gekocht wird sehr leicht, modern naturbezogen, die Gerichte sind bisweilen so reduziert wie das Ambiente, aber voll und tief im Geschmack. Klar gibt es überwiegend regionale Produkte, aber eben nicht nur – zum Beispiel auch hervorragende kleine fleischige Austern aus der Normandie nebst gegrillter Zitrone, die wir mit größtem Genuss erst mal vorneweg zum Aperitif genossen haben.
Danach kam die Küche im Rahmen ihrer kleinen Grüße gleich mal mit Seelenfutter ums

Eck, nämlich mit einem heißen, fluffigen Lángos. Durchaus expressiv, aber als solches gut ausbalanciert, war dann etwas später das Miteinander von Würze, Süße, Schärfe und Säure zur geschmorten und gegrillten Aubergine, abmildernd eingefangen mit etwas Crème fraîche – da konnte man schon erahnen, dass hier nicht bloß geköchelt, sondern mit Sinn und Verstand gekocht wird.

Die zum Carpaccio vom Holsteinischen Wagyu-Rind annoncierte „Sonnenblume" war in Gestalt der auch als Topinambur bekannten Sonnenblumenwurzel in cremiger Form unter dem roh marinierten Fleisch und als raschelig dünne Chips obenauf zugegen. Eine mild nussige Entourage, die punktuell von einer auf Dashi-Basis zubereiteten und mit Chili-Koji angeschärften Vinaigrette akzentuiert wurde. Wieder sehr intensiv und effektvoll, aber eben nicht too much. Einziger kleiner Schönheitsfehler war in unseren Augen, dass das Fleisch selbst hier proportional gegenüber dem Sonnenblumen-Zweierlei etwas unterging, sich zumindest nicht so hervortun konnte, wie es ihm gebührt hätte. Da wäre nur mit etwas verschobenen Proportionen noch einiges mehr herauszuholen gewesen. Dazu schenkte die Gastgeberin sehr treffend einen noch jungen Vouvray aus, der das Gericht perfekt ergänzen konnte.

Spätestens bei den Miesmuscheln mit Spinat, Champagner und Gochujang-Sauce war klar, dass die Küche nicht nur den Umgang mit starken „exotischen" Aromen bravourös beherrscht, sondern auch das klassische Fach: die Champagner-Beurre-blanc, die hier die Muscheln, den recht oxalsäurehaltigen Blattspinat und die wieder nur punktuell eingesetzte, nicht zu plakative würzig-pikante koreanische Würzsauce ebenso sanft wie selbstbewusst einfing, war in Sachen Säure, Geschmeidigkeit und Tiefe mustergültig zubereitet. Und damit auch ein ebenso elegantes wie ausdrucksstarkes Rückgrat dieses hervorragenden Gerichts.

Der von uns selbstgewählte Exkurs ins vegetarische Menü bescherte uns an dieser Stelle nochmal Blattspinat, diesmal als etwas geringfügigerer Bestandteil eines originellen „Spätzle"-Gerichts, bei dem kurz geschnittene Pici, jene typisch toskanische Pastasorte, mit einer sündhaft buttrigen Zitronensauce im Mittelpunkt standen. Jede Menge Butter war auch das Erfolgsrezept beim denkbar simplen, aber durch die exakte Zubereitung überhaupt nicht profanen Dreierlei aus cremigem Kartoffelpüree, Molkeschaum und Liebstöckelöl, das im Rahmen der glasweisen Getränkebegleitung, die hier nicht ausschließlich Wein umfassen muss, von einem Wermut Tonic kongenial eskortiert wurde.

Bei der mit einem reduzierten Lack aus ihrer selbst würzig bepinselten Makrele, die ganz puristisch nur in Begleitung eines roten Shisoblatts daherkam, welches mit einem warmen, koriandergewürzten Salat aus sautiertem Spitzkohl und karamellisierten sowie geschmorten Schalotten gefüllt war, gab wieder astreines Saucenhandwerk den Ausschlag – und dem Gang das gewisse Etwas! Hier war das eine auf Basis des Suds von gegrillten Fischköpfen und Hühnerfond hergestellte dunkle Jus, der Ponzu und Vin Jaune auf sehr komplexe, aber eben überhaupt nicht plakative Art gewinnbringend zuspielten.

Mit cleveren unkonventionellen Akkorden gelingt es dann auch der Pâtisserie zu punkten. Dinge wie der ebenso kreativ erdachte wie feinfühlig aufs Porzellan gebrachte Dreiklang aus Basilikumsorbet, Jasminreiscreme und dem Granité aus einem spanischen Milchgetränk machen einfach Spaß. Und man hat sie allenfalls ähnlich schon mal irgendwo gegessen, sicher nicht genau so. Gilt ebenfalls für den Dreiklang aus Bananeneis, Sahne und Dulce de leche, dem die japanische Gewürzmischung Togarashi und die süßlich Umamiwürze von Miso den besonderen Twist verliehen.

Ein starker Einstand also für das Hallmann & Klee in unserem Guide. Und wir sind sehr gespannt auf den nächsten Besuch in der kommenden Testsaison, denn man hat das Gefühl, dass hier noch einiges in der Entwicklung steckt und noch vieles zu erwarten ist.

6↑

Heritage Berlin

im Hotel Luc

Charlottenstr. 52, 10117 Berlin
0172-8881435
www.heritage-restaurants.com/berlin
Küchenchef: Florian Glauert
Di–Sa ab 18 Uhr, So u. Mo RT
Hauptgericht: 28–109 €, Menüs: 79 €

VISA

Die Lage direkt am Gendarmenmarkt ist ideal und die weitläufige Location mit ihren offen ineinander übergehenden Gasträumen im Hochparterre für ein Hotelrestaurant sehr mondän. Doch das elegant und sehr zeitgemäß designte Luc der Autograph Collection ist nicht irgendein Hotel, und der verantwortliche Küchenchef Florian Glauert, der uns mit seiner unkonven-

tionellen Küche auch zuvor schon im Duke immer begeistert hat, nicht irgendein Küchenchef. Und so wird im Heritage eine ebenso anspruchsvolle wie entspannte Genusskultur gepflegt und ein zwar zugängliches und für ein breites Publikum mit unterschiedlichsten Vorlieben und Bedürfnissen zugeschnittenes, aber als solches sehr hochklassig umgesetztes Kulinarium geboten, das auch für Nicht-Hotelgäste den Besuch in jedem Fall lohnt.
Die Gerichte klingen in der Karte überwiegend gar nicht unbedingt nach übermäßigem Raffinement, überraschen dann aber bisweilen umso mehr, wenn sie auf dem Tisch stehen. So wie zuletzt auch unser „Tuna Heritage", der als „Tatiki à la niçoise" angekündigt war und schon gleich beim Einsetzen des Tellers durch seine markante und sehr akkurate Optik beeindruckte. Aber auch geschmacklich und qualitativ machten die präzise sekundenkurz ringsum angebratenen und mit großer Sorgfalt identisch geschnittenen Tranchen vom Thunfischrücken Spaß, die da zusammen mit einem raffiniert süßsauer abgeschmeckten Bohnensalat mit eingelegten roten Zwiebeln, Tomaten und Mayotupfen kreisrund um eine ausgesprochen aromatische, fruchtige klare Tomatenvinaigrette mit Basilikumöl angerichtet waren. Das schmeckte nuancenreich, das hatte Balance, da stimmten die Proportionen…
Einfach, aber markant und originell präsentierte sich die „knusprige Aubergine" eine längs von der Aubergine geschnittene gegrillte Scheibe, die mit einer Shiitake-Pilzcreme bestrichen und mit knusprigen Pankoflocken überhäuft, ihren aromatischen Ausdruck insbesondere aus der Kraft zweier unterschiedlicher Saucen schöpfte. Nämlich einer vegetarischen dunklen Jus auf Basis von Aubergine und Pilzen sowie einer weißen herbfrisch-zitrischen cremigen Toufusauce, die im Zusammenspiel einen reizvollen Kontrast aus hell und dunkel, aus viel Umami und laktisch anmutender, an Joghurt erinnernder Frische aufs Porzellan legten.
Wer zu mehreren Personen zum Essen kommt, kann sich im Rahmen des „Family Style Floating Menu" den Tisch in mehreren Aufzügen mit nahezu allem vollstellen lassen, was die Küche zu bieten hat und es mit seinen Mitessern teilen. Wer allein isst, oder sich nicht auf gemeinsame Gerichte einigen kann, wählt munter à la carte. Und wer zwischendrin oder danach noch Appetit hat oder nur eine Kleinigkeit möchte, findet unter den Menüpunkt „Add on to share" einfallsreich belegte Focaccia, etwa mit Büffelmozzarella, Parmaschinken, Crème fraîche, Zitrone, Himbeeren und Rucola, eine Schale Pommes mit geriebenem Parmesan und Trüffelcreme oder Fried Chicken im herzhaft-pikanten Barbeque-Style mit Kimchi.
Wer großen Appetit hat, legt sich mit den regulären Hauptgängen wie der Rinderbacke mit Spinatsalat, krosser Pancetta, cremiger Polenta und Balsamico an. Oder mit einem amtlichen Stück Kabeljau, das soft gegart, mit Miso lackiert und kurz abgeflämmt neben Grünkohlsalat und zweierlei von der Mango zumindest nominell ein leichtes Vergnügen suggerierte. An diesem Gericht lässt sich beispielhaft gut erklären, warum wir hier noch zögern, eine höhere Bewertung zu geben, obwohl diese von den Ideen und auch von der Qualität her durchaus möglich wäre. Denn während hier der perfekt glasige Fisch selbst auch ein Hauptprodukt für ein 7- oder 8-Pfannen-Gericht hätte geben können, war einerseits die neben einer glasierten Schnitte als weitere Mango-Komponente aufgetragene Sauce zu ähnlich und zu süß, hätte durchaus mit mehr Umami und Säure dagegenhalten können – und es entpuppte sich andererseits der originelle kugelrunde Grünkohl-Ball mit seiner zwar schön frischen, aber opulent cremigen Sauce schnell als Schwerlast-Beilage. Sehr schmackhaft, aber in der Gesamtbetrachtung auch etwas plump. Da wäre mit veränderten Proportionen und etwas mehr Tiefenschärfe beim Abschmecken noch mehr drin gewesen.
Dass das Team durchaus weiß, wie man sehr ausgewogene, geschmeidig ineinanderlaufende Arrangements komponiert, bewies einmal mehr das Schokoladendessert „I love Chocolate" mit Crêpe, Eis, Schaum und Knusper, insbesondere aber der als Gegenstück dazu entworfene Nachtisch „I hate Chocolate", bei dem Rhabarber und Erdbeere sich mit schmelzigen Komponenten von Reis und Milch, gesüßt mit „Koji-Honig", zu einem sehr schön schlanken und doch vollmundigen Abschluss auf 7-Pfannen-Niveau formierten.

10

Horváth

Paul-Lincke-Ufer 44 a, 10999 Berlin
030-61289992
www.restaurant-horvath.de
Küchenchef: Sebastian Frank
Mi–Sa ab 18.30 Uhr, So–Di RT
Menüs: 160–205 €

VISA

Seit der Renovierung und Umgestaltung des langen, schlauchartig schmalen Restaurants am Kreuzberger Paul-Linke-Ufer hat das einst von Jeannine Kesslers und Sebastian Franks Vorgängern als recht klassisches österreichisches Lokal mit traditioneller Küche ins Leben gerufene Horváth nochmal viel Flair dazugewonnen. Es wirkt jetzt insgesamt deutlich stilvoller und hat mit dem über zehn Meter langen knallig bunten Wandgemälde des Berliner Künstlers Jim Avignon, das ein wenig wie Picasso in Pop Art anmutet, sogar ein markantes Alleinstellungsmerkmal. Und damit passt das Ambiente nun perfekt zur hochkreativen Küche des nördlich des Neusiedler Sees an der Grenze von Burgenland und Niederösterreich geborenen und aufgewachsenen Kochkünstlers Sebastian Frank, denn die ist nicht nur in Berlin und Deutschland, sondern auch auf internationaler Bühne ein Unikat. Und damit gehört er zu den ganz wenigen hierzulande praktizierenden Köchen, von denen man behaupten kann, eine ganz eigene, persönliche Handschrift zu haben. Nur auf den ersten allerersten Blick sieht es nämlich so aus, als ob unser Koch des Jahres aus dem Jahr 2015 im Mainstream der neuen radikal regionalen Naturküche mitschwimmen würde. Wir würden das, was im Horváth innerhalb eines achtgängigen Menüs geboten wird, als moderne, gemüselastige Avantgardeküche mit südosteuropäischem Einschlag bezeichnen, könnten damit aber auch nur ganz grob umreißen, was hier wirklich geboten wird. Und das zählt für uns nicht erst seit gestern zu den spannendsten, kreativsten und vor allem eigenständigsten Küchenstilen in der deutschen Top-Gastronomie und hat mit diesem Originalitätsbonus auch in diesem Jahr unsere Höchstbewertung wieder zweifelsfrei verdient.
Das Kulinarium weicht in fast jeder Beziehung von den Normen der traditionellen Haute Cuisine ab und bietet den Gästen geniale, immer sehr neuartige und doch irgendwie vertraute Geschmackserlebnisse. Die entstehen durch Sebastian Franks unkonventionelle Kreativität, seinen wild sprudelnden Quell an originellen Ideen, seine ungebändigte Experimentierlust und vor allem sehr viel gutes Gespür für Produkte und Aromenkombinationen. Und mit seiner unangepassten Art zu kochen wirkt der Chef auf seine Gäste ebenso inspirierend wie polarisierend, wenngleich man bei ihm keine schräg schmeckenden Experimente fürchten muss. Im Gegenteil: Sebastian Franks Küche ist trotz ihrer Andersartigkeit ausgesprochen geschmackssicher, und auch wenn sie bisweilen Irritationen provozieren mag, ist sie mehr auf Harmonien getrimmt als auf Dissonanzen.
Obgleich das Horváth kein vegetarisches Restaurant ist und es außer der Reihe sogar immer wieder mal einen „Schnitzel-Sonntag" gibt, kommt das normale abendliche Menü mittlerweile nahezu ohne tierische Produkte aus. Bei unserem jüngsten Besuch hätten Vegetarier lediglich bei einer zu maritimer Karamellsauce verarbeiteten Krustentierbisque und bei einem anderen Gericht wegen einer Art Schinkensud gezuckt. Ansonsten war die ganze Speisefolge ohne Fleisch und Fisch komponiert. Sie begann zuletzt mit viel Vertrautem. Zum Beispiel dem legendären Lángos mit Knoblauchöl, diesmal mit Sauerrahm und fein gehobeltem Bergkäse akzentuiert, oder einer Amuse-Portion der auch schon fast zum Signature Dish avancierten „Gemüsesuppe", die sich aus dem Zusammenfluss von kalter Gemüsecreme, reduzierter Sahne und Zitronenöl generiert. Solche maximal minimalistischen, meist in subtile Geschmacksexplosionen mündende Gerichte sind typisch fürs Horváth. Man fragt sich erst, was das jetzt soll – die Antwort folgt aber umgehend mit dem ersten Löffel. Und zwar eindrucksvoll!
Als Klassiker der Horvath-Küche lässt sich mittlerweile auch die mit der Zeit texturell und aromatisch perfektionierte, in der Hauptsache aus Kräuterseitling hergestellte und mit einer Reduktion aus Apfel-Balsamessig von Gölles glasierte falsche Leberpraline bezeichnen. Cremig, schmelzig und doch fest ist die Konsistenz des aus den festfleischigen Pilzen hergestellten Geflügelleber-Imitats, das von der karamelli-

gen Essiglasur die entsprechende Süße, Säure und aromatische Akzentuierung verliehen bekommt. Und, ja: für die à part dazu servierte Scheibe Butterstriezel mit Marillenkernöl-Butter würden wir nach wie vor jede noch so gute Brioche links liegen lassen.
So richtig neu war für uns diesmal erst der profan „Spargelkaltschale" genannte nächste Gang, der in zwei Aufzügen serviert wurde und für den tatsächlich erstmal eine weiße Schale mit kaltem weißem Inhalt in Gestalt von gekühlter Spargelsuppe mit etwas Knollensellerie-Auszug auf den Tisch kam, in die dann nur noch ein paar Tropfen Kirschkernöl gegeben wurde. Allein das war auf wundersame Weise wieder so ein Horvath-typischer, profan puristisch anmutender aber originell wohlschmeckender Gang, der allerdings noch um ein weiteres kleineres Schälchen ergänzt wurde, in dem gebeizter und gegrillter weißer Spargel mit in Korn eingelegten Kirschblüten auf einem würzigen Schinken-Gewürzauszug lagen. Auch das wieder sehr originell, einerseits vertraut, anderseits neuartig und unvergleichlich.
Originell und unvergleichlich sind auch die eigens von der Küche hergestellten alkoholfreien Begleitgetränke, die als ersthafte Alternative zum Wein ausschließlich sehr leichte und kaum Süße flüssige Kompositionen ins Glas bringen. Ein Gemisch aus entsaftetem Radicchio, Holunderblütensirup, Chardonnay-Essig und Zitronenöl zu besagtem Spargel-Gericht zum Beispiel. Kreativ, unvergleichlich und sehr wohlschmeckend ging es aber auch mit dem Gericht „Bittersalate" auf den beiden nächsten Tellern weiter. Auf dem einen ein von Radicchio ummanteltes Parfait aus salzigem Sauerrahm, in dem vor dem Einfrieren das Weiße der Bittersalate und kandierte Zitronenzesten eingelegt waren, kombiniert mit der bereits eingangs erwähnten Flusskrebsbisque-Karamellsauce. Auf dem anderen Teller eine mit geschmortem Radicchio getoppte Kartoffelbisquit-Schnitte auf Zitronen-Buttercreme. Die Bitteraromen beider Teller wurden vom alkoholfreien Begleitgetränk, einem eigentlich zufällig als Unfall entstandenen Gemüsebieressig, kongenial aufgegriffen und potenziert.
Das ein auf opulente, elaborierte klassisch französische Gourmetküche konditionierter Feinschmecker unter Umständen mit einem Gericht wie dem um mithilfe von Joghurtkulturen gestockte Sahne, die man zunächst mit intensiver Paprika-Minz-Reduktion und dann mit einem Sirup aus Knoblauch und Kümmelessig aromatisieren darf, fremdeln könnte, liegt auf der Hand. Aufgeschlossene, in erster Linie an Geschmack interessierte Esser werden an solch spannendem Gaumenkitzel aber ihre wahre Freude haben. Begleitend dazu bescherte die alkoholfreie Getränkebegleitung ein auf Molke basierendes Getränk mit Meerrettich, Leindotteröl und Honig, das nicht weniger aufregend war.
Und selbst wer im Anschluss bei „Kruste, Rauch und Sliwowitz" dem Storytelling vom verrauchten Wiener Wirtshaus unter Umständen nicht ganz folgen kann, wird ganz sicher mit dem Gericht dahinter, das sich aus einer Creme aus gestocktem Eigelb mit dem slawischen Pflaumenbrand Sliwowitz und Estragon, einer geräucherter Blumenkohlcreme, krosser gerösteter Hefe und mit rohen Topinamburwürfelchen und Leindotteröl vermengtem Felchenkaviar etwas anfangen können, es vielleicht sogar genial finden. Denn auch hier gab es unterm Strich wieder viel Originalität und herzhaft rustikalen Wohlgeschmack, der einmal mehr im krassen Widerspruch zur abstrakten Optik stand.
Schon deshalb verharrten wir auch für den folgenden Hauptgang noch allzu gerne ein wenig länger in dem Wiener Beisl, denn es folgte mit „Schwammerl im Wirtshaus" eine ähnliche Konnotation, für die vom typischen österreichischen Schweinsbratengeschmack bis zum Beilagen-Salatteller verschiedene Geschmäcker imitiert und dekonstruiert wurden: die Fleischkonsistenz von in Mandelöl getränktem und gedämpftem Seitling, die Kruste die Würze und die Sauce durch eine Reduktion und knusprig Geröstetes von Knoblauch, Kümmel und Champignons, der Salat von marinierten Trieben verschiedener Wurzelgemüse und das Gelee von weißen Johannisbeeren sollte vermutlich die Salatsauce darstellen. Das ist natürlich in gewisser Weise sehr verspielt und avantgardistisch, aber genau darin liegt gerade der Reiz, weil der Geschmack eben gar nichts Abwegiges an sich hat.
Auch nicht der von Desserts wie „Marzipanaromen", bei dem mithilfe von mit Amaretto und Marillenkernöl abgeschmeckter Kürbiscreme, geeister Marillenkerncreme, Haselnusscreme mit Zwetschgenkernöl und einer Vinaigrette aus den Aromen von Marillenkernen, Zitrone und Fichtensprossen der Geschmack von Marzipan erzeugt wird, ohne dass Marzipan im Spiel ist. Oder „Omas Apotheke", ein aus Maiwipferlhonig, Nussbutter und mit Thymian und Kümmel abgeschmecktem gefrorenem Zitronenwasser kreierter erfrischender Abschluss.
Einzig bei der traditionell zum Abschluss als kleine köstliche Provokation gereichten „Praline" aus Schweineblut und Karamell, deren

schmelzige Melange in eine hauchdünne Reispapierfolie gepfropft ist, scheiden sich offenbar ein wenig die Geister. „Man liebt sie, oder man hasst sie", schmunzelt der neue Sommelier Michael Stiel bei der Übergabe. Wir lieben sie. Und wir würden jede Wette eingehen, dass das jedem Gast so gehen würde, wenn er nicht wüsste, um was es sich dabei genau handelt.

8

Hugos

im Hotel InterContinental
Budapester Str. 2, 10787 Berlin
030-26021145
www.hugos-restaurant.de
Küchenchef: Eberhard Lange
Do–Sa ab 18.30 Uhr, So–Mi RT
Menüs: 165–195 €
VISA P

In dem längs entlang der Glasfront mit spektakulärem Ausblick auf sehr viele Wahrzeichen und Attraktionen der Hauptstadt irgendwie sehr zeitlos und geradlinig gestalteten Gourmetrestaurant Hugos im 14. Stock des Interconti-Hotels an der Budapester Straße hat man eigentlich schon immer gut gegessen. Seit der Wiedereröffnung nach der Corona-Pause aber irgendwie noch besser. Schon bei unserem letzten Testbesuch hatten wir das angemerkt und die Bewertung entsprechend nach oben korrigiert – eine Entscheidung, die sich auch nach der jüngsten Visite in der aktuellen Testsaison wieder als richtig und wichtig erwiesen hat.
Wie mittlerweile in sehr vielen anderen ambitionierten Restaurants steht auch in dem unter der Ägide des langjährigen Küchenchefs Eberhard Lange bekochten Hugos nur ein einziges Menü zur Disposition, das wahlweise in sechs oder acht Gängen genossen werden kann. Die sind so portioniert, dass man alle acht problemlos schafft, sofern man sich nicht an dem sehr guten Sauerteig-Holzofenbrot allzu schadlos hält, das mit röscher aromatischer Kruste und duftig-intensiver Kräuterbutter ohne jede Penetranz schnell süchtig machen kann.
Das Menü selbst startete ebenso aromatisch kraftvoll wie handwerklich feingliedrig mit einem marinierten und mit Steinpilzcreme sowie Mandelcrumbles applizierten Herz vom Romanasalat, einer filigranen Tartelette mit Rindertatar unter einem fächerartigen Zucchinideckel mit Anchovimayo-Topping sowie einer Art herzhaftem Käsewindbeutel. Der eigentliche Gruß aus der Küche, ein Stück mild gebeizter und lauwarm temperierter Fjordlachs, der mit etwas Roter Bete auf einer Meerrettich-Beurre-blanc angerichtet war, schmeckte in seiner klassisch-gediegenen Art sehr fein, wurde in unserem Fall aber überraschend unambitioniert präsentiert und für Hugos-Verhältnisse schludrig angerichtet – war als solches aber nur die sprichwörtliche Ausnahme von der Regel...
Denn schon die Vorspeise des achtgängigen Menüs war wieder genauso akkurat elaboriert und fotogen aufs Porzellan gebracht, dabei aromatisch feingezeichnet und scharfgestellt wie wir es seit geraumer Zeit von dieser Küche kennen. In deren Mittelpunkt stand eine perfektionistisch gefertigte Nocke aus Sashimi (außen) und Tatar (innen) vom Hamachi, die begleitet von Gurkentatar und diversen Algen-Komponenten (knusprig, cremig, staubig...) auf einer mit Jalapeño-Öl aufgepeitschten Buttermilchvinaigrette angerichtet war. Dezente zitrische Aromen, natürliches Umami von den Algen, laktische Säure von der Buttermilch und die pikante grüne Schärfe der Jalapeño in schönstem Einklang.
Aromatisch war auch beim Duett von betont cremigem (chinesischem) Imperial-Kaviar und typisch festfleischigem (französischen) Stör alles perfekt in der Balance: behutsam gewürzter Fisch, aromatische Kartoffel samt einer Pomme soufflé on top, milder Blattspinat... Nur die recht flüchtige, mutmaßlich mit Heu aromatisierte Schaumsauce und das leider nicht mehr flüssige und auch nicht wachsweiche, sondern schon relativ fest gestockte gebackene Eigelb trübten ein klein wenig den ansonsten auch hier sehr guten Gesamteindruck.
Dafür waren beim bretonischen Langostino mit Tomate, roter Paprika und Togarashi wieder sämtliche Parameter im Lot: von der herausragenden Qualität des Tatars und des geflämmten Schwanzes des Krustentiers, das aromatisch auch noch von einem dünnen Krustentierflan ergänzt wurde, über die perfekten Proportionen von Paprikagelee, weißem Tomatenschaum und weiteren Mikro-Kompo-

nenten von beidem, bis hin zur aromatischen Ausdruckskraft mit Spannungsbogen und Komplexität war hier alles dabei. Wir kannten dieses vielschichtige Gericht schon vom letzten Besuch und lobten es damals als sehr komplett und voll schmeckend, als schwebend leicht, aber dennoch mit Tiefgang. Und all diese Attribute fanden sich auch diesmal wieder kompakt auf engem Raum.
Vergleichsweise gediegener folgten die mit einer Farce von Ricotta, Parmigiano und Pinienkernen gefüllten Agnolotti, die zusammen mit zartem Lauch in einem mildwürzigen Knollenselleriesschaum badeten und von frisch darüber gehobelter weißer Albatrüffel einen luxuriösen erdigen Hauch verliehen bekamen: zeitlose Klassik par excellence mit weicher, molliger Aromatik ohne Ecken und Kanten. Von einem eher kontrastreichen Wechselspiel lieblicher Fruchtsüße und herber Aromen profitierten dagegen die nächsten beiden Gänge. Im Falle des hervorragenden nussbruttrig colorierten Steinbutts mit Nordseekrabben und Holunderkapern waren das auf der süßen Seite konzentrierte Trauben und auf der herben Seite Rübchen – beim Kalbsbries, das an sich hervorragend, aber proportional einfach etwas zu wenig war, erzeugten Mais und fermentierter Rettich diese Dynamik. Und zusammen mit Perlzwiebelsegmenten und etwas Mizuna on top ergab das ebenfalls ein sehr ausgewogenes Geschmacksbild.
Und diesbezüglich ließ auch der Hauptgang um ein sehr schön saftiges und knackig-zartes, nicht etwa weich und mürbes Stück Rehrücken aus Brandenburger Jagd keine Wünsche offen. Der lag auf sautiertem Limonenseitling und wurde von einem mit verschiedensortigem Pilzduxelles gefüllten Buchweizencrêpe, Quittenragout und Romaescoröschen begleitet. Nicht zu vergessen die formidable Wildjus, die sich kongenial mit dem dazu empfohlenen 2016er Chinon L'Husserie von der Loire vermählte, einem attraktiv kantigen Charakterwein, überwiegend aus Cabernet Franc.
Attraktiv war auch das süße Finale: zunächst eine erfrischend leichte Liaison von Sauerampfer und Joghurt, dann das eigentliche Dessert aus Espressomousse, Pekannusskuchen, Tonkabohneneis und Abate-Birne, das dank Miso-Karamellcreme und herben Kaffeearomen schön vollmundig, tief und herb-würzig daherkam, dabei aber ebenfalls leichtfüßig und elegant wirkte. Und so dieses rundum gelungene Menü der modern interpretierten Klassik auf ebenbürtig hohem Niveau wie alle vorausgegangenen Gerichte abschloss.

5

Il Calice

Walter-Benjamin-Platz 4,
10629 Berlin
030-3242308
www.enoiteca-il-calice.de
Mo–Sa ab 12 Uhr durchgehend,
So RT
Hauptgericht: 26–42 €,
Menüs: 49 €
VISA

Das kulinarische Angebot in dem lebhaften hohen Gastraum am Walter-Benjamin-Platz kann als authentische italienische Küche beschrieben werden, klassisch, aber nicht tradiert. Man nimmt zwischen einem langen Tresen und gut gefüllten Weinregalen Platz, die tagsüber von Licht durchflutet sind und am Abend stimmungsvoll illuminiert werden. Natürlich gibt es hier die üblichen Gerichte, die man quasi bei jedem gehobenen Italiener um die Ecke findet, aber auch interessante und unkonventionellere Produkte und Kombinationen, die zu einer moderat kreativen Linie führen und in einem mehrteiligen Empfehlungsmenü gipfeln. Im Allgemeinen gefällt uns die gute Qualität der Produkte, ihre sorgfältige Zubereitung und das Gespür für pfiffige Akzente ohne viel Schnickschnack. Im Vergleich gelingt die raffiniert-bodenständige Küche besser als exklusivere Experimente. Der immer gut informierte Service führt durch die aktuellen Inspirationen der Küche und empfiehlt mit erkennbarem Faible auch die passende, auf Wunsch glasweise Weinbegleitung.

6

Irma la Douce

Potsdamer Str. 102,
10785 Berlin
030-23000555
irmaladouce.de
Di–Sa ab 18 Uhr, So u. Mo RT
Hauptgericht: 31–64 €
VISA

In dem geschmackvoll schlicht in Grün-, Gold- und Naturtönen gehaltenen Restaurant sitzen die Gäste an kleinen, sorgfältig eingedeckten Tischen, auf die eine zeitlose Version klassisch französischer Küche kommt. Nicht als mehrgängiges Menü, sondern ausschließlich à la carte aus einer gestrafften Auswahl, die aber genügend Variationsmöglichkeiten und somit viel Freiheiten für die Gäste bietet. Das Repertoire reicht von weitgehend traditionellen Klassikern wie der reichhaltig und hochwertig bestückten Bouillabaisse oder dem immer anzutreffenden Bœuf Bourguignon, daneben aber auch maßvoll kreativ variierte und originell präsentierte Eigenkompositionen von Küchenchef Michael Schulz. Alle Zubereitungen eint die gute Qualität der verwendeten Produkte, das sehr sorgfältige und fundierte Handwerk, aber auch ein Faible für ausdrucksstarke Aromen und dichte, süffige Geschmacksbilder. Hervorzuheben ist zudem die Weinauswahl, die ihren Schwerpunkt ebenfalls in Frankreich hat und von Klassikern bis zu den Gewächsen junger, aufstrebender Winzer reicht.

6↑

Julius

Gerichtstr. 31,
13347 Berlin
juliusberlin.de
Do–So ab 10 Uhr, Mo–Mi RT
Menüs: 65–85 €

Das Zweitrestaurant des Ernst tut es seinem großen Bruder in vielem nach und in einigem nicht. Die größte Gemeinsamkeit ist der Minimalismus und der große Stellenwert, den die Beschaffung außergewöhnlich guter Produkte einnimmt. Einige Lieferanten sind sogar dieselben wie im Hauptrestaurant direkt gegenüber. Wie das Ernst rührt das Julius nichts an, wovon es nicht überzeugt ist, es in perfekter Form auf den Teller zu bringen – von der Ölsardine bis zum Pistazien-Cookie. Völlig anders ist dabei das gastronomische Konzept, das neben dem Abendmenü auch ein Café und eine Tagesbar beinhaltet. Abends kommen einzelne Gänge stilistisch und qualitativ nah an das Ernst ran, vor allem wenn es sich um rohen Fisch dreht, den das größtenteils japanische Küchenteam mit viel Akribie zubereitet. Tagsüber sind die Gerichte deutlich simpler, wie etwa Schwertmuscheln aus der Dose, French Toast oder auch Kuchen mit Filterkaffee. Eine wunderbar alltagstaugliche Variante des Ernst.

6

Kin Dee

Lützowstr. 81, 10785 Berlin
030-2155294
kindeeberlin.com/de
Di–Sa ab 18 Uhr, So u. Mo RT
Menüs: 79 €

Das Kin Dee, was auf thailändisch einfach „gut essen“ heißt, ist ein wohltuend schlicht und schnörkellos eingerichtetes patiniertes Lokal, in dem das kleine Team um die in Bangkok aufgewachsene Küchenchefin Dalad Kambhu eine einerseits sehr authentische, aber auch recht individuell interpretierte Version der thailändischen Küche kredenzt. Während man diese Landesküche hierzulande meist in Form sehr bunter und manchmal auch etwas beliebiger Mischgerichte serviert bekommt, sind Dalad Kambhus Teller vergleichsweise pointierter und reduzierter. Sämtliche Saucen und auch alle Pasten, mit denen sie würzt, sind ausgemacht – vieles schmeckt transparenter, frischer, klarer als bei der Konkurrenz. Und auch Gemüse, Fisch und Fleisch stammen meist nicht von irgendeinem Großhändler, sondern von ausgesuchten oft regionalen Erzeugern. Qualität und Natürlichkeit, die man einfach schmeckt und die den Unterschied ausmacht.

6

Kitchen Library

Bleibtreustr. 55, 10623 Berlin
030-3125449
www.kitchen-library.de
Küchenchef: Udo Knörlein
Mi–Sa ab 17.30 Uhr, So–Di RT
Menüs: 61–114 €

Das sympathisch unkompliziert bespielte und gemütlich gestaltete Lokal von Daniela und Udo Knörlein hat seinen Namen wegen der Vielzahl an Küchen- und Weinbibliographie, mit der hier einige Bücheregale ebenso heimelig wie dekorativ aufgefüllt sind. Dass die nicht bloß Dekoration, sondern auch Inspirationsquelle für den ambitionierten Alleinkoch sind, erkennt man nicht bloß an der Aktualität mancher Werke aus der Feder der internationalen Kochelite, sondern auch an Udo Knörleins eigenen Gerichten, die zwar auf solider klassischer Küche beruhen, aber alles andere als konventionell daherkommen. Was Udo Knörlein macht, wirkt sehr eigenständig. Der Koch holt sich in seiner Kitchen Library zwar Anregungen, macht sich aber seine eigenen Gedanken.
Was hier, in der Nähe des Savignyplatzes, schon seit einigen Jahren auf die blanken Holztische kommt, ist aller Ehren wert und hebt sich wohltuend vom Gourmeteinerlei ab, ohne eine bestimmte markante Stilrichtung einzuschlagen. Geboten wird ein für alle Gäste einheitliches Menü, das bis zu sieben Gänge umfasst, die hier „kleine Dinger" heißen und je nach Appetit vom Gast selbst zusammengestellt werden können. Wer zu zweit kommt, alles probieren, aber mengenmäßig nicht so viel essen möchte, kann sich auch alle Gänge teilen, von denen dann jeweils zwei zeitgleich serviert werden. Alles ganz entspannt hier.
Als erste Kleinigkeit aus der Küche erreichte uns diesmal ein wie Kroepoek anmutender, allerdings aus Buchweizen gefertigter Knusperchip, der mit säuerlich abgeschmecktem Forellentatar samt einem Klecks Sauerrahm und etwas Portulak beladen war. Und das schmeckte ebenso klar und produktfokussiert wie die erste Vorspeise, die sich ganz vegetarisch um verschiedene Rote-Bete-Komponenten und Kürbis drehte, die mit Kürbiskerncreme und Mascarpone auf einem grünfrischen Spiegel aus Schnittlauchöl angerichtet waren und durch die ausgewogene Proportionierung aller Komponenten ein balanciertes Geschmacksbild ohne bestimmte Dominanzen auf den Teller brachten. Die à part dazu gereichte Kürbis-Mascarpone-Espuma mit Schnittlauchöl blieb zwar aromatisch bloß im Ungefähren und war eher ein rahmig-sahniges Schäumchen, brachte sich als Löffel-Intermezzo zwischenrein aber auch als solches gut ein.
Die Küche von Udo Knörlein macht auf ihre unkomplizierte und doch aufwendige Art einfach Spaß. Auch wenn es, wie beispielsweise bei der Forelle mit Wildkräutern, verschiedenen Komponenten von der Gurke und gepickelten Shiitake-Pilzen, mal etwas plakativer und ruppiger zugeht – weil die auf der Tellerfahne mit Kräuterpuder drapierte Tranche des Fischs doch etwas zu salzig ist und die süßsauer eingelegten Pilze zumindest in diesem Kontext etwas zu sauer und süß ausfallen. Dass der Chef aber prinzipiell ein sehr feines Gespür für Aromen hat, konnte man gleich anschließend beim Carpaccio von der Wagyu-Rinderzunge mit Zwiebelkomponenten, Holunderbeere-Kaviarperlen und Senfsaat sehr schön schmecken, weil hier inklusive der am Tisch angegossenen Vinaigrette alles zu einem sehr ausgewogenen Geschmacksbild zusammenfand. Wozu auch der mit Schmorfleisch vom Wagyu-Beef gefüllte Tortellono à part mit seinem natürlichen Umami-Faktor hohen Anteil hatte.
Auch der Knollensellerie, der im Ganzen geschmort und als Sauce den nächsten vegetarischen Gang dominierte, kam als sehr ausgewogenes und dynamisches Gericht daher. Dazu trug nicht nur die kräuterfrische Chimichurri bei, sondern auch in fruchtig tomatiger Sauce geschmorte Würfel vom Kräuterseitling und sautierte Buchenpilze. Und die gerösteten Getreidekerne dazwischen sorgten nicht bloß wegen ihrer Knusprigkeit noch für eine weitere gut harmonierende Facette.
Als Alleinkoch hat Udo Knörlein bei gut besuchtem Lokal alle Hände voll zu tun und muss perfekt organisiert und vorbereitet in den Abendservice gehen. Dass da dann auch mal etwas nicht ganz so perfekt gelingt, liegt in der Natur der Sache und kann im Eifer des Gefechts passieren. So dominierte beispielsweise sehr viel Salz am Fleisch, aber auch in der stark konzentrierten Sauce, den Hauptgang um rosa Hirschrücken, der aber ansonsten mit angenehm bissfest geschmortem Rotkohl, säuerlichen eingelegten Zwetschgen (auch als Coulis) und mild geräuchertem Kartoffelpüree auch wieder einen sehr guten Eindruck machte.
Genau wie das Dessert. Und zwar wieder ganz ohne Abstriche! Denn obwohl die recht deutliche, fast schon etwas medizinal wirkende Salbeinote am Mandarinensorbet wahrscheinlich nicht jedermanns Sache wäre, fügte sich genau dieses mit einer saftig getränkten und mit Mandarinenfilets bestückten Dinkelbisquit-Schnitte und einer pulverbeschichteten Schokoladenmousse-Praline geschmacklich und auch haptisch zu einer sehr reizvollen Angelegenheit. Zusammen mit dem sehr persönlichen und sympathischen Service, den Daniela Knörlein selbst bei vollem Haus in einer Seelenruhe und mit professioneller Souveränität im Alleingang meistert, ist und bleibt die Kitchen Library ein tolles Gesamtpaket für den unkomplizierten und doch anspruchsvollen Genuss.

5

Lamazère

Stuttgarter Platz 18, 10627 Berlin
030-31800712
www.lamazere.de
Di–So ab 18 Uhr, Mo RT
Hauptgericht: ab 28 €, Menüs: 48–56 €
VISA

Das kleine längliche Restaurant im Bistro-Stil von Patron Régis Lamazère am Stuttgarter Platz ist schon seit einigen Jahren ein sicherer Hafen für unaufgeregt gute französische Küche und attraktive Weine. Das Repertoire reicht von ganz bodenständigen Produkt-Tellern wie der französischen Aufschnitt-Platte oder dem Käseteller, auf dem gut gereifte aromatische Exemplare liegen, bis hin zu handwerklich und qualitativ äußerst soliden traditionellen Klassikern à la française, die aber mitunter auch mal mit moderat kreativem Twist daherkommen. Im Sommer sitzt man sehr nett auch vor dem Lokal an der nicht sehr stark befahrenen Straße.

9

Lorenz Adlon Esszimmer

im Hotel Adlon
Unter den Linden 77,
10117 Berlin
030-22611960
www.lorenzadlon-esszimmer.de
Küchenchef: Reto Brändli
Mi–Sa ab 19 Uhr, So–Di RT
Hauptgericht: 65–85 €,
Menüs: 170–250 €
VISA P

„Nun also läutet er mit seinen gerade mal 31 Jahren eine neue Ära im Gourmetrestaurant des legendären Hotels am Brandenburger Tor ein", schrieben wir vergangene Ausgabe über Reto Brändli, der erst 2022 die Nachfolge von Hendrik Otto im Lorenz Adlon antrat. Der charmante und gelassene Brändli mit seinem typisch schweizerischen Vor- und Nachnamen kam direkt aus dem Schwesterhotel des Kempinski in St. Moritz, dem Grand Hotel des Bains, nach Berlin. Dort war er als federführender Koch im renommierten Restaurant Cà d'Or tätig, bevor ihm quasi hausintern die vakante Stelle in der deutschen Hauptstadt angeboten wurde.
Nachdem wir hier bereits im vergangenen Jahr, kurz nach Brändlis Einstieg, auf sehr hohem Niveau gegessen hatten, an manchen Stellen aber noch etwas die Strahlkraft und Konsequenz vermissten und die 9 Pfannen nicht ohne ein wenig Vorschusslorbeer vergeben hatten, waren wir sehr gespannt, wie sich der junge motivierte Koch nun in Berlin eingelebt hat. Scheinbar bestens! Denn durch die Bank wurden die Gerichte diesmal der Auszeichnung zu hundert Prozent gerecht, konnten an Tiefenschärfe und Charakter zulegen, wirkten hochklassisch, aber federleicht, akzentuiert, aber lässig, royal, aber nicht protzig.
Das gilt auch für den Service, der jedes Adlon-Klischee von Stuck, Staub und Stock als billiges Vorurteil abstraft und unter der Leitung von Maître Oliver Kraft jedem Gast von der Grande Dame über die Top-Managerin bis zum interessierten Gourmet-Neuling einen angenehmen Abend zu bereiten weiß. Selbst in Top-Häusern fällt uns in jüngster Zeit immer öfter eine schleichende Unsouveränität auf, die natürlich noch trüber wirkt, wo an klassischem Grand-Hotel-Service festgeklammert wird, ohne das perfekt geschulte Personal dafür zu haben. Nichts davon im Adlon: zwischen Serviette falten, Tisch abkehren und Stuhl anrücken witzelt man hier vom Chef-Sommelier bis zum Commis de Rang noch charmant mit den Gästen.
Doch jetzt zu Tisch: Den Auftakt machten eine pochierte Auster „Basil Smash", ein Cornetto mit Rindertatar, Kaviar und Paprika-Relish, das leicht geräuchert schmeckte und amüsanterweise an Schaschlik-Steak erinnerte, sowie eine Tartelette mit Erbsen und Wagyu-Sülze. Alle drei überzeugten mit feinen Aromen, wirkten nicht überambitioniert, aber distinguiert verarbeitet. Lediglich die Tartelette geriet etwas dickteigig und trocken. In der zweiten Runde wurden die Apéros süffiger: frittierte Froschschenkelpraline mit schwarzer Knoblauchcreme sowie im Ei servierter Spinat mit Eigelb, Jus, Spinat und Pilzen. Beide Gerichte unterstrichen eindrucksvoll, dass Reto Brändli in Sachen klassisches Handwerk niemand so schnell etwas vormacht.

Die Vorspeise bestand aus rohem Saibling im Ceviche-Stil, mit Koriander, roter Zwiebel und Limette und bot ein herrliches Süße-Säure-Spiel. Der Clou war hier ein Ceviche-Saft, für den das Team Limettensaft mit roten Zwiebeln, Salz und Fischparüren mixt, einen Tag ziehen lässt und anschließend passiert. Lose auf dem Teller mit Korianderöl vermengt entfaltet das Gericht eine betörende Dichte und changiert am Gaumen sekündlich zwischen kräutrig, ölig, sauer und süß. Ein Vibrato zum Essen.
Wie sicher Sommelier Hans-Martin Konrad im Sattel sitzt, zeigte ein wunderbarer und alles andere als alltäglicher Einzellagen-Veltliner von Veyder Mahlberg aus dem Jahr 2017, der mit seiner druckvollen, herb-hefigen, aber säurereichen Art perfekt zur konzentrierten Leichtigkeit des Essens passte. Wer das wandelnde Wein-Lexikon Konrad in Bestform erleben möchte, muss ihm lediglich ein paar Stichworte zur Lagenkarte der Côte d'Or zuwerfen, um spontan druckreife Burgund-Exegese zu hören – sowohl auf Deutsch als auch auf Englisch.
Die folgende Entenleber aus den französischen Landes wurde als Terrine, Eis und Crème brûlée serviert, begleitet von verschiedenen Komponenten von Roter Bete sowie Brioche. Die befürchtete Süße erwies sich als unbegründet, das Gericht war angenehm ausgewogen und der Sichuan-Pfeffer sorgte für eine herzhafte Note. Sogar die herrlich buttrige Brioche war mit Salz besprenkelt, um das Gericht klar im herzhaften Bereich zu verorten und die Leber fungierte eher als gleichberechtigter Partner, denn als klare Hauptkomponente. Spätestens jetzt kristallisiert sich für uns Brändlis Stil heraus, in dem die Komposition für uns an erster Stelle, noch vor dem Hauptprodukt, steht.
Das soll nicht heißen, dass man im Adlon am Produkt spart. Ganz im Gegenteil, die Seezunge gehörte zu den besten Produkten, die man hierzulande aus dem Meer verspeisen kann. Das Doppelfilet mit Petersilienfüllung überzeugte durch erstklassige Qualität: fleischig, rein und rösch – wir konnten noch beim Essen förmlich die Butter beim Schäumen in der Pfanne hören. Auch die klassische, mit Kräuteröl verfeinerte Beurre blanc war perfekt zubereitet und abgeschmeckt. Nicht unterschätzen darf man an dieser Stelle den auf den Fisch platzierten Kräutersalat, der sich sehr weit vorwagt und auch hier fast eine dem Fisch ebenbürtige Rolle auf dem Teller einnimmt. Und das ist gut so, denn durch die jodig-grasig-nussige Melange aus Kräutern, Salat, Blüten, kleinen Artischocken, Zuckerschoten und knuspriger Senfsaat versprühte dieser Teller große distinguierte Lebensfreude, wie sonst nur ein Kandinsky-Aquarell.
Der bretonische Hummer wurde mit Schweinebauch, knackigem Spargel, Zitrone und Morcheln serviert und punktete vor allem dank der herrlichen Frühlingsstimmung auf dem Teller und der dichten, aber nicht übersättigten Bisque. Die Balance war wieder ausgezeichnet, auch wenn das Hauptprodukt hier noch weiter zurück ins Ensemble trat. Am Ende eine Stilfrage…
Weiter ging es mit Ballotine von der Wachtel aus saftig-nussiger Brust und Farce mit Estragon. Dazu wurden zwei Saucen serviert: eine Sauce Albufera aus Geflügelfond, gebunden mit Leber, und eine grüne, grasig-ätherische Estragonsauce. Haselnuss und Karotte setzten kleine Akzente, aber im Vordergrund standen die phänomenale Wachtel und herrlich ausgereiztes Estragonaroma als Hauptdarsteller. Der Service erwähnte, dass dieses Gericht auf dem Weg zum Signature Dish ist und bereits im Winter mit anderen Kräutern und schwarzer Trüffel auf der Karte stand. Unserseits keine Einwände!
Der Hauptgang bestand aus Lammrücken, Brokkoli-Stielen, Brokkoli-Couscous aus separat gegarten Blüten, Rauchmandel und einer mit Salzzitrone aromatisierten Jus. Fast schon logisch erscheint, dass Brändli hier ein sehr zartes, graziles Lamm ohne kräftigen Eigengeschmack wählt, ihm dafür aussagekräftige Komponenten entgegenstellt. Lediglich der Brokkoli-Couscous brachte gemeinsam mit der gehackten Mandel etwas viel „grieselige" Texturen auf den Teller. So konnte die Kreation für uns nicht ganz die Spannung entfalten und fiel etwas hinter den Vorspeisen und Zwischengängen zurück. Sprich: nur noch hervorragend.
Das erste Dessert präsentierte Johannisbeere als eine Art Eistorte, verarbeitet mit fudge-artigem Teig, einer Schmandcreme und eiskalter roter Johannisbeermousse. Großartig war, dass Miso und Macadamia dem anfangs gefälligen Arrangement Tiefe sowie Ecken und Kanten verliehen. Noch besser war das zweite Dessert: Bananeneis, napfiger Bananenkuchen und eine mit Grapefruit gefüllte Eiskugel aus Kakaobohnen. Hier sorgte eingearbeitetes Malz für enorme Spannung und rundete das köstliche Menü perfekt ab.
Das Menü endete, wie es begann: mit einem Reigen herrlicher Petitessen, Pralinen, Keksen, Canapés. Alle unterstrichen bis zuletzt, dass mit Reto Brändli hier endgültig jemand angekommen ist, der die Kulinarik hierzulande noch auf beste Art prägen wird. Puristen mö-

gen Reto Brändli vielleicht vorwerfen, produktfern zu kochen, aber das wäre zu simpel. Richtig ist, dass Brändli keine gnadenlose Produktschau betreibt – wer also erkunden und erforschen will, wird anderswo in Berlin eher fündig, im Ernst, im Rutz oder im Nobelhart & Schmutzig.
Auf eine ganz eigene und bestmögliche Art erscheint Produktgüte im Adlon als Mittel zu Zweck. Wenn Brändli Seezunge kocht, ist die Seezunge nur ein Teil des Ganzen, kein Egoist im Mittelpunkt. Brändli benötigt beste Produkte auf dem Weg zur perfekten Kombination, das perfekte Produkt ist aber nie Selbstzweck. Mit schwächeren Produkten würden seine Kreationen schlicht nicht aufgehen.

fast & SLOW

Momos

Chausseestr. 2, 10115 Berlin
0160-2688177
momos-berlin.de
Mo–Sa von 12–21.30 Uhr, So RT
Hauptgericht: 7–36 €

Hausgemachte, bio-zertifizierte Dumplings, klassich gedäpft oder angebraten und mit kreativen vegetarischen und veganen Füllungen.

8↑

Nobelhart & Schmutzig

Friedrichstr. 218, 10969 Berlin
030-25940610
www.nobelhartundschmutzig.com
Küchenchef: Micha Schäfer
Di–Sa ab 18.30 Uhr, So u. Mo RT
Menüs: 135–170 €

VISA

Authentizität ist das imaginäre Stichwort, das über diesem ebenso unscheinbaren wie eigenwilligen Thekenrestaurant mit freundschaftlich-lockerer Gangart und analoger Hintergrundmucke vom Plattenspieler steht. Denn authentisch sind die Köpfe, die hinter diesem puristischen und wahrscheinlich politischsten Fine-Dining-Lokals Deutschlands stehen und es trifft insbesondere auch auf die Küche von Micha Schäfer zu, die als zehngängige „Mahlzeit“ dargeboten wird und sich essenziell um den unverfälschten Geschmack regionaler, oder um es mit den Worten des Nobelhart & Schmutzig zu sagen, brutal lokaler Viktualien aus den Händen engagierter Erzeuger aus Berlin und dem Umland dreht. Diese sehr puristische, gemüselastige, aber nicht rein vegetarischen Küche, die sich pro Teller meist auf nicht mehr als zwei oder drei tonangebende Elemente beschränkt, wirkt natürlich polarisierend. Aufgeschlossene Gourmets werden hier aber großen Gefallen am Erschmecken eben maximal authentischer, durchaus originell und mit viel Fingerspitzengefühl in Szene gesetzter und kombinierter Produkte haben. Billy Wagner kuratiert zudem eine der besten und spannendsten Weinkarten Berlins.

7

Orania.Berlin

im Hotel Orania.Berlin
Oranienplatz 17,
10999 Berlin
030-6953968780
orania.berlin
Küchenchef: Philipp Vogel
Täglich ab 18.30 Uhr, kein RT
Hauptgericht: 40 €,
Menüs: 64 €

VISA

Mittlerweile hat es sich herumgesprochen, dass es in dem wohnlich gestalteten, weitläufig in Bar und Lobby übergehenden Restaurant im Erdgeschoss des gleichnamigen Hotels am Kreuzberger Oranienplatz Pekingente auf Weltniveau gibt. Und so ist es keine Seltenheit mehr, wenn wie am Abend unseres letzten Besuchs mal eben gut 25 dieser aufwendig präparierten und zubereiteten Vögel, die in der renommierten irischen Silver Hill Farm gezüchtet werden, aus dem speziellen Edelstahlofen geholt und tischweise in insgesamt vier Aufzügen serviert werden. Man darf die Orania-Küche natürlich nicht auf dieses eine Gericht reduzieren, aber eigentlich sollte es diese Fokussierung auf eine ganz besondere Speziali-

tät, die es in dieser Art und Qualität anderswo kaum gibt, viel öfter geben.
Wir müssen die grandiose Pekingente auch nicht bei jedem Testbesuch essen, um sie wärmstens zu empfehlen, denn sie gelingt hier Dank minutiöser Arbeitsweise immer gleich gut, auch wenn Küchenchef Philipp Vogel mal selbst nicht im Haus ist: Nach dem aufwendigen Vorbereitungs-Prozedere wie dem präzisen Aufblasen (damit sich die Haut von der Fettschicht trennt), dem sekundenkurzen Abbrühen in einem Tauchbad aus Wasser, Reisessig, Zucker und einigen anderen Ingredienzien, sowie dem obligatorischen mehrtägigen Trocken- und Reifeprozess, gart die Ente zunächst in einem speziellen großen Stahlkessel, bevor sie verlockend goldbraun an den Tisch gebracht wird.
Dort säbelt ihr der Service vor den Augen der Gäste zunächst rundum sehr sorgfältig die krosse Haut ab, mit der man sich anschließend ganz klassisch mit intensiv süßlich-würziger Hoisin-Sauce, Ingwer, eingelegten Gurkenstreifen, Lauch und wahlweise etwas braunem Zucker kleine Pfannkuchen füllt. Schon davor gibt es eine tiefwürzige Entenconsommé mit eleganter Süße, in der ein satt mit etwas Schmorfleisch und den Innereien der Ente gefüllter Dim-Sum-Dumpling schwimmt, Scheiben von der tranchierte Entenbrust auf pfeffrigpikanter Entenjus mit raffiniertem Säurespiel, die ganz puristisch von säuerlich-scharfem Pak-Choi begleitet wird, sowie das von den Keulen gelöste Fleisch mit gebratenem Reis, Wasserkastanie, Sprossen und cremigem Eigelb.
Doch es gibt auch andere sehr schöne Gerichte in der Karte. Als eine attraktive Vorspeise, die allenfalls durch eine etwas optimalere Proportionierung und Temperierung der einzelnen Komponenten noch hätte gewinnen können, erwies sich der Pulpo mit Lauch und Bauernbrot. Über vier Stunden zu angenehmer Zartheit sous-vide gegart und final angegrillt, zusammen mit dem schmelzigen Innenleben von verbranntem Lauch, etwas mariniertem Lauch, würziger Brotcreme und knusprigen Brotchips sowie einer Chorizosauce auf Krustentierbasis serviert. Vor allem durch lebhafte Säure, insbesondere mittels Zitronensaft an den Tentakeln und auch in der Sauce, war das eine dynamische Vorspeise und ließ die große Menge an üppiger Brotcreme nicht ganz so sattsam wirken.
Ähnlich funktionierte das bei den Kalbsklöpsen mit Pilzen und Zitrone, ein süffiges „Wohlfühlgericht“ und milder Umami-Schmeichler, bei dem die äußerst zart und saftig gelungenen Kalbfleischklöpse nebst überwiegend Kräuterseitlingen (gebraten und als Pilzpüree) und reichlich fein gehobelter Wintertrüffel von einer feinsäuerlichen schaumigen Zitronensauce untermalt waren. Frittierte Kapern, aber auch jede Menge Korianderkresse lockerten das Ganze zudem auch haptisch auf.
Mit wieviel Blick für die Details und Feinheiten hier auch diese unkomplizierten Löffelgerichte gemacht sind, zeigten exemplarisch einmal mehr die Parmesanravioli mit Blattsalatsud und Eigelb. Die Ravioli aus hauchdünnem Teig hatten fast keinen Saum und waren prall gefüllt mit fließender Parmesancreme. Geschmorter, prononciert säuerlich abgeschmeckter Salat, Brotkrusteln und gebeiztes gehobeltes Eigelb vermählten sich auf leichter herb-säuerlicher Kopfsalatsauce zu einer köstlichen, kontrastreichen Melange.
Und es muss auch im Hauptgang nicht immer Ente sein – auch Brust und Keule vom Maishuhn gelingt dem Team ansprechend. In unserem Fall mit Tandoori gewürzt und zusammen mit verschiedenen Kürbiskomponenten (Püree, Ragout, Gnocchi...) in ein ebenfalls exotisch angehauchtes Umfeld gestellt: mit Mango, würziger Erdnusscreme, einem pikanten Öl aus Piri-Piri und der rahmigen aufgeschäumten Tandoorisauce.
Und während der Hauptgang, so wie alle anderen vorausgegangenen Gerichte auch, mit etwas dickerem Pinselstrich geführt waren, überraschte das Dessert um Kirsche, Malz, Guanaja-Schokolade und rote Shiso-Kresse in recht filigraner Machart. Mit etwas mehr geschmacklicher Abstufung, etwa durch Säure, harmonisch eingebundene Salzigkeit und/oder ätherische Frische hätte es zum unangefochtenen Highlight des Menüs werden können. So fügte es sich mit nur etwas zu viel Süße und Dichte nahtlos in die Reihe sehr guter Gerichte ein.
Die Weinkarte ist nicht überbordend umfangreich bestückt, aber genau das, was man klug gestrafft nennen kann – und bei guten Basisqualitäten und eigentlich sehr moderater Kalkulation macht auch das viel Spaß. Genau wie die ungezwungene und doch stilvolle Gesamtatmosphäre des Restaurants, die durch allabendliche Livemusik meist regionaler Bands unterschiedlichster Genres etwas ganz Besonderes hat und sich auch dadurch deutlich abhebt.

5

Ottenthal

Kantstr. 153, 10623 Berlin
030-3133162
www.ottenthal.com
Mo–Sa ab 17 Uhr, So RT
Hauptgericht: 25–36 €

VISA

Das länglich-schmale, eher schlicht eingerichteten, aber mit allerhand humorvollen Details dekorierte Ottenthal auf der Kantstraße ist zweifelsohne eine der besten Adresse für traditionelle herzhafte österreichische Schmankerl in ganz Berlin. In dem beleibten Charlottenburger Lokal werden mit gesottenem Tafelspitz, Wiener Schnitzel oder Debreziner Gulyas einerseits die Küchentraditionen aus dem Heimatland der Gastgeber und der K.u.K-Monarchie gepflegt, aber auch mit Blick über den rot-weiß-roten Tellerrand hinaus gekocht. Bis weit in die Region (viele gute heimische Produkte!) und bisweilen auch über die Landesgrenzen hinaus, was mitunter zu einfallsreichen und pfiffigen Eigenkreationen führt. In der Weinkarte finden sich unzählige großartige Gewächse aus Österreich, bisweilen auch in gereifteren Stadien und stets zu fairen Kursen.

5

Paris-Moskau

Alt-Moabit 141, 10557 Berlin
030-3942081
www.paris-moskau.de
Mo–Fr von 12–15 Uhr u. ab 18 Uhr, Sa ab 18 Uhr, So RT
Hauptgericht: 16–38 €, Menüs: 45–62 €

VISA P

Auf Gastgeber Wolfram Ritschls kultiges Fachwerkhaus, das von hohen Sicherheitszäunen umgeben ganz surreal am Berliner Innenministerium steht, ist stets Verlass. Denn auch wenn es auf dem Küchenchefposten in den vergangenen Jahren auch immer wieder mal einen Wechsel gab, war stets gewährleistet, dass der Eigenanspruch des Lokals, der deutlich über dem gastronomischen Durchschnitt liegt, aber bewusst nicht in allzu exklusive Gourmet-Sphären hineinreicht, adäquat zu Porzellan gebracht wird. Der Stil tendiert dabei immer zwischen verfeinerter Regionalküche und französisch-mediterraner Klassik, kann aber auch mal einen leicht exotischen Touch haben. Es geht ohnehin weniger um die Frage des Stils als vielmehr um Qualitäts- und Geschmacksfragen. Und um das Konzept, ein möglichst breites Publikum anzusprechen, ohne beliebig zu sein. Auch die Weinauswahl kann hohen Ansprüchen genügen und das Preis-Leistungs-Verhältnis ist gastfreundlich.

7

POTS

Potsdamer Platz 3, 10785 Berlin
030-337775402
www.potsrestaurant.com
Küchenchef: Christopher Kujanski
Mo von 12–14.30 Uhr, Di–Fr von 12–14.30 Uhr u. ab 18 Uhr, Sa ab 18 Uhr, So RT
Hauptgericht: 28–36 €, Menüs: 89–109 €

VISA P

Auch wenn sich die Wege des Restaurant POTS und Dieter Müller Anfang 2023 getrennt haben, blieb das Konzept unangetastet. Typisch deutsche Gerichte oder zumindest regionale Produkte und Zubereitungsarten auf zeitgemäße und bisweilen auch kreative Art zu interpretieren hatten sich die Kochlegende und die Verantwortlichen des Ritz-Carlton Hotels am Potsdamer Platz seinerzeit auf die Fahnen geschrieben, als sie dieses äußerst großzügig und geschmackvoll gestaltete, dabei aber nicht zu luxuriös anmutende Restaurant mit offener, kupferverkleideter Küche ins Leben gerufen haben. Dass der Grand Chef hier nicht selbst am Herd stehen, sondern mehr als Ideen- und Namensgeber fungieren und in Zusammenarbeit mit dem Team vor Ort Gerichte entwickelten würde, war dabei von Anfang an ebenso gesetzt wie das populäre Sharing-Konzept.
Letzteres wurde schon während der Coronazeit unter der Ägide von Küchenchef Christo-

pher Kujanski eingestellt – zunächst, weil pandemiebedingt meist nicht mehr so viele Leute an einer Tafel sitzen konnten und wollten, mittlerweile aber aus Überzeugung. Denn nachdem die Gerichte in kleinere Einzelportionen umgedacht und eleganter und elaborierter angerichtet werden konnten, sah das Kulinarium plötzlich viel mehr nach Fine Dining aus und im Rahmen des mittlerweile fest gesetzten sechsgängigen Abendmenüs lassen sich natürlich die Abläufe in der Küche besser koordinieren und so letztlich die Gerichte perfektionieren. Logisches Resultat war bereits im letzten Jahr die erneute Aufwertung auf mittlerweile 7 Pfannen.

Die waren auch nach unserem jüngsten Besuch wieder gerechtfertigt, wenngleich aber diesmal nur sehr knapp, denn im Direktvergleich mit den Gerichten aus der vorausgegangenen Testsaison wirkten manche Teller etwas schlichter konzipiert und insbesondere handwerklich etwas gröber ausgeführt. Nach wie vor aber alles professionell zubereitete Dinge klassischer Machart aus heimischen Produkten, ohne viel Firlefanz, ohne Experimente, aber auch nicht ohne Raffinesse und Feinsinn erdacht und umgesetzt. Los ging es auch diesmal mit dampfend heiß, knusprig und saftig aufgetragenen Brot nebst Kräuterquark, Malzbutter und sauer eingelegtem Gemüse…

…und mit rasantem Tempo, denn bereits wenige Augenblicke, nachdem der Aperitif serviert war, stand auch schon die Vorspeise auf dem Tisch: eine wunderbar mild gebeizte, klararomatisch schmeckende, festfleischige Tranche von der Forelle, auf der Hautseite rauchig abgeflämmt und zusammen mit ihrem eigenen Kaviar und ein paar Nordseekrabben im Kreise verschiedener bunter Bete-Komponenten angerichtet. Frisch, sauber, klar, transparent, unverfälschter und freigestellter Eigengeschmack, sanft von der nussigen Erdigkeit der Topinamburknolle untermalt. Ein animierender Start also.

In eine ähnlich frische, vegetabile Richtung, aber mit etwas mehr Würze, ging es mit den gegrillten Kohlrabi-Lamellen, die das Team – ergänzt um eine Kohlrabicreme und knackige marinierte Kohlrabischeiben sowie etwas Kresse on top – in einer mit geräuchertem Schwarzwälder Schinken aromatisierten Beurre blanc schwimmen ließ. Auch das war eine äußerst gelungene Sache, weil der Kohlrabi hier in seinen unterschiedlichen Facetten eine gewisse Bandbreite auf den Teller brachte, und von der Sauce markant unterstützt auf ein höheres Level gehievt wurde. Durch den Schinken natürlich keine vegetarische Angelegenheit, aber durchaus ein Beweis, dass das Team auch sehr gut mit Gemüse kann.

Noch weiter von vegetarischer Kost entfernt lag freilich die reizvolle Kombination von schneeweiß glänzendem saftigem Kabeljau und kross angebratener Blutwurst, die auf einem Podest aus gelben Linsen aus ihrem See aus buttrig hinterlegter Sauce von Spreewaldgurken und viel Dill ragten. Auch das war ein schön ausdrucksstarkes und lebhaftes Geschmacksbild von guter Balance zwischen Säure und Würze. Und ein ebenso gelungenes schnörkelloses Vier-Komponenten-Gericht wie die in längliche Tranchen geschnittene rosa Entenbrust auf einem Rosenkohlpüree, fruchtig-säuerlich angespitzt von Ragout und Püree der Zwetschge und umarmt von kräftiger Entenjus.

Und während insbesondere noch die Vorspeise und die beiden ersten Zwischengänge etwas elaborierter daherkamen, repräsentierte Brandenburger Gans aus dem Ofen mit Rotkohl und Kartoffelkloß dann tatsächlich ein gänzlich uneitles und gutbürgerliches Tellerbild. Was aber keinesfalls über Geschmack und die Qualität dieses urdeutschen Traditionsgerichts hinwegtäuschen konnte, die nämlich vom saftigen Fleisch über das perfekt bissfeste Kraut und den schmelzigen Knödel bis zur komplexen Sauce bei aller Unkompliziertheit und Gegenständlichkeit schon gourmetmäßig anspruchsvoll waren.

Voll auf Fine-Dining-Linie – und zwar auch optisch und kompositorisch – lag dann wieder das anspruchsvoll gefertigte Dessert von Kirsche, Mandel und Petersilie, das die Speisefolge leicht, modern und kreativ auf hohem Niveau abschloss. Dass es der Service hier überwiegend mit einer sehr internationalen Klientel und weniger mit heimischem Publikum zu tun hat, merkt man sofort, wenn er beharrlich beim Englisch bleibt, obwohl man bequem in die gemeinsame Muttersprache wechseln könnte. Und während sich die Speisen, gemessen an der gebotenen Qualität, nach wie vor sehr moderat kalkuliert wirken, haben die Preise der mit deutschen Gewächsen gut sortierten Weinkarte auch eher internationales Niveau. Alles in allem bleibt aber dennoch immer der Eindruck eines stimmigen Preis-Genuss-Verhältnisses.

Prism

Fritschestr. 48,
10627 Berlin
030-54710861
www.prismberlin.de
Di–Sa ab 18 Uhr, So u. Mo RT
Menüs: 195 €

„Europäische Spitzenküche trifft levantinische Inspiration“ steht auf der Website des Charlottenburger Restaurants. Oder wie wir es sagen würden: Expressive Vollgas-Küche mit schmissigen Ideen und starken Aromen in minimalistischem Ambiente. Sicher ist jedoch: in den schlicht und dunkel gehaltenen Gasträumen ihres Restaurants kredenzen Jacqueline Lorenz und der in Tel Aviv aufgewachsene Küchenchef Gal Ben Moshe ein weltoffenes, insbesondere von den Küchen des Nahen Ostens inspiriertes Kulinarium mit Alleinstellungsmerkmal! Sein sechsgängiges Menü, das der Chef selbst mit „Modern Levantine Cuisine“ überschreibt, liest sich immer wie ein Spaziergang über einen orientalischen Viktualienmarkt, präsentiert sich auf jedem Teller ausdrucksstark und kontrastreich, mit Mut für plakative Geschmäcker, aber immer auch schön klar pointiert, sehr überlegt und wohldosiert. Die Weine, die die sympathische Gastgeberin glasweise empfiehlt, sind meist ebenso charakterstark und unkonventionell wie die zu begleitenden Gerichte; auch die Weinkarte selbst wirkt sehr individuell und persönlich zusammengestellt.

Fast & SLOW

Prometeo – Pizza & Comfort food

Goebenstr. 3,
10783 Berlin
030-23638837
www.prometeo.pizza
Di–So von 16–22.30 Uhr, Mo RT
Hauptgericht: 7–20 €

Authenthische neapolitanische Pizza aus dem Holzofen und eine kleine Auswahl einfacher, ebenfalls sehr authentischer italienischer Gerichte aus guten, frischen Produkten.

Fast & SLOW

Quà Phê

Max-Beer-Str. 37,
10119 Berlin
030-97005479
menu.happz.de/l/qua-phe
Mo–Sa von 12–20.30 Uhr, So RT
Hauptgericht: 5–10 €

Authentische und hochqualitative vietnamesiche Gerichte und Snacks in stylischem Ambiente.

Richard

Köpenicker Str. 174,
10997 Berlin
030-49207242
www.restaurant-richard.de
Do–Sa ab 19 Uhr, So–Mi RT
Menüs: 90–120 €

In Hans Richards sehr schönem, schlicht-eleganten Lokal, in dem die markante, schwere geschnitzte Holzdecke mit dem strahlenden Weiß der Wände, zarten Farbtupfern, großformatigen Gemälden, diversen anderen Kunstobjekten und modernen Gestaltungselementen aufs Harmonischste kontrastiert, wird eine weitgehend klassisch französische Küche mit starkem mediterranem Einschlag geboten. Letzteres muss nicht verwundern, denn mit dem jungen Küchenchef Francesco Contiero steht ein gebürtiger Italiener am Herd. Und der interpretiert die beiden Menüs, von denen eines vegetarisch ist, sehr schön leicht und zeitgemäß. Wer das bis zu sechs Gänge umfassende Menü mit Fisch und Fleisch wählt, bekommt es ebenfalls mit inspirierten, von leichter Hand gekochten und produktfokussiert komponierten sechs Gängen zu tun, die sich stark saisonal präsentieren und stilistisch vom Atlantik bis zum Mittelmeer reichen.

Fast & SLOW

Royals & Rice

Torstr. 164, 10787 Berlin
030-66405111
royalsandriceberlin.de
Täglich von 11–23 Uhr, kein RT
Hauptgericht: 5–17 €

Frisch und natürlich zubereitete asiatisch-vietnamesische Küche im Streetfood-Style wie etwa Sommerrollen, Banh Bao & Co.

10

Rutz Restaurant

Chausseestr. 8, 10115 Berlin
030-24628760
www.rutz-restaurant.de
Küchenchef: Marco Müller
Mo–Fr ab 18.00 Uhr, Sa u. So RT
Menüs: 300–320 €

VISA

Könnte man in der Zeit zurückreisen, man würde das Rutz nicht wiedererkennen. Kaum ein anderes deutsches Restaurant hat sich in den vergangenen zehn Jahren so beeindruckend weiterentwickelt wie die ehemalige Rutz Weinbar in der Chausseestraße in Berlin Mitte. Mittlerweile ist aus der Weinbar ein mehr als stattliches Restaurant geworden, das sich als eine der kulinarischen Top-Adressen in Deutschland etabliert hat. Ein Baustein des Erfolgs ist, dass Küchenchef Marco Müller Stück für Stück immer weiter an den Ursprung seiner Produkte vorgedrungen ist. In der Regel arbeitet er direkt mit den Produzenten ohne Zwischenhändler zusammen. Oder wird mit seinem Team gleich selbst zum Produzenten, wenn er einen ganzen Teich beim Brandenburger Fischfarmer 25 Teiche pachtet und selbst über Aufzucht, Ernährung und Schlachtung entscheidet.

Ein weiteres tragendes Element ist das Fermentieren, Einlegen, Reifen und Konservieren. Müller und sein zweiter Küchenchef Dennis Quetsch arbeiten mit Lactofermenten, eigenen Ölen, hausgemachten Essigen oder Garum, einer Saucentechnik römischen Ursprungs, für die Fisch- oder Fleischabschnitte bei hohen Temperaturen mit Salz fermentiert werden. Nahezu jeder Gang enthält irgendetwas Konserviertes – und oft auch Unbekanntes, was die Gerichte auf eine magische Art rätselhaft wirken lässt. An mehreren Stellen fragen wir uns, was genau, da gerade so gut schmeckt. Ist es das Öl vom Rhabarberstrunk oder doch der lactofermentierte Saft? Meist hat man als Esser keine Möglichkeit, das herauszufinden, und muss sich damit begnügen, dass es im Ensemble einfach schmeckt. Und genau das ist stets der Fall, denn obwohl man das Menü um Rutz auch ausführlich zerdenken kann, lässt es sich auch einfach vernaschen. Kopf an, oder Kopf aus? Diese Frage darf hier jeder für sich selbst entscheiden. Gleich zu Beginn lässt das Rutz keine Zeit verstreichen, um zu zeigen, welch hohen Stellenwert die Menüdramaturgie einnimmt. Statt einer üppigen Auswahl luxuriöser Speisen gelangte zum Auftakt einen kleines Schälchen Blüten (unter anderem Rosen und Rubinen aus Berlin) auf den Tisch, dass à la Minute mit einem Sud aus milchsauer fermentierten Quitten und milchsauer fermentiertem Honig aufgegossen wird. „Um den Zucker herauszuziehen, aber das Aroma zu behalten", wie der charmante und eloquente Restaurantleiter Falco Mühlichen erläutert. Auch wenn Marco Müller vorwiegend (aber nicht kategorisch) mit regionalen Zutaten operiert, mutete dieser Gang in seiner Einfachheit japanisch an und erinnert an den magischen Hauch von Nichts, der auch die Kaiseki-Küche Japans prägt. Ein fulminant unfulminanter Start!
Die folgenden Speisen traten zwar allesamt intensiver, dichter, und gehaltvoller auf, was aber bleibt, ist der punktgenaue Einsatz feiner Aromen, die sich nur andeuten müssen, um ein hochkomplexes Geschmacksbild in uns hervorzurufen. Das macht die Rutz-Küche auf magische Art einerseits sehr ausgefeilt und denkintensiv, lässt sie aber eben auch unverschämt lecker auftreten. Ganz in diesem Sinn präsentierte sich ein kleiner mit Koji verfeinerter und mit Barsch-Tatar belegter Berliner. Nicht unterschätzen darf man hier den Berliner selbst, der weit mehr war als nur ein Träger für Hochwertigeres. Viel eher stand das perfekte Frittierhandwerk im Mittelpunkt: fettig, aber nicht tranig, üppig, aber fragil, mundfüllend, aber nicht pappig. Kleine Sauerkleeblätter und eine

feine Rauchnote sorgten zudem auf aromatischer Ebene für Komplexität.
Noch besser gefiel uns der dritte Fingerfood-Gang aus einer hauchdünnen Tartelette mit schaumiger Zwiebel-Wacholder-Füllung und Wunderlauch, ein etwas weniger scharfer Bärlauch-Verwandter. Begeistert waren wir hier neben dem Aroma auch vom Mundgefühl, denn der luftige, fast schwerelose Schaum verkam hier nicht zum Selbstzweck, sondern schaffte es, den gesamten Gaumen würzig-süßlich zu benebeln, ohne ein Völlegefühl im Mund zu verursachen. Eine Demonstration von fortschrittlichem Handwerk und ein Gang, der verdeutlicht, wie präzise Müller und sein Team arbeiten, um einfache und eben nicht verkopfte Gerichte zu kreieren.
Mit dem ersten Tellergericht aus roher Forelle, Rhabarber und Garum zog die Küche das Komplexitätsniveau dann deutlich an. Typisch für das Rutz ist, dass Komponenten mehrfach auf dem Teller zu finden sind, meist in Form verschiedener Teilstücke oder Zubereitungsarten. Die Forelle findet sich hier in gleich dreifacher Ausführung auf dem wieder: einmal das rohe Filet, einmal die kross frittierte Haut, einmal als Garum. Ausschlaggebend war außerdem ein hauchzarter Sud aus Rhabarber und Öl aus dem Rhabarberstrunk; Spannung gewann der Gang dank einer Garum-Rauchöl-Emulsion, die einen perfekten Gegenpol zum zarten Rhabarber darstellte.
Auch beim nächsten Gang ging es um rohen Fisch und Rauch. Im Zentrum stand dabei ein Tatar vom trocken gereiften Karpfen mit Buttermilch-Vinaigrette, sowie gefrorene Perlen auf Basis von eigenem Holunderblütenessig. Eine Lanze brechen wollen wir hier für den Karpfen, der kein bisschen dieser für ihn sonst typischen schlammigen Noten aufwies. Ein ohnehin schon kritisches Produkt gereift roh zu servieren: Dieser Mut ist es, der das Rutz zu einem der besten Restaurants des Landes macht. Spannend ist auch, dass sich die Rauchnote hier ganz anders präsentiert als im vorigen Gang. Denn die Forelle erinnerte an gerösteten grünen Tee oder Sesam, der Karpfen wirkt dagegen deutlich speckiger. Die Unterscheidung in kalten Rauch und warmen Rauch ergibt hier in unseren Augen Sinn.
Noch besser wurde es mit der kurz nach dem Hauptteller servierten gegrillten Sparerib vom Karpfen, die wir, mit einer süßlich-würzigen barbecueartigen Sauce sowie gelber Tomatencreme glasiert, vom Kochen knabbern durften. Textur und Aroma erinnerten hier an durchwachsenen Thunfischbauch: fett, üppig, nussig und wunderbar reintönig. Man wird es nicht leicht haben, in diesem Universum hochwertigeren Süßwasserfisch ausfindig zu machen.
Kalmar aus der Nordsee stand im Mittelpunkt des nächsten Gangs und war gleich zweimal auf dem Teller vertreten, einmal in Form leicht gegarter Tranchen in eigener Tinte, einmal als Tatar. Subnoten steuerten Muscheln und Senfgurke bei; ersterer in Form eines kühlen Muschelsuds, letztere durch einen Gurkensud, frische Gurkenstücke und Eisperlen aus Senfgurken. Beeindruckend war hier – anders als zuvor beim Karpfen – weniger das Produkt selbst als vielmehr das Finetuning. Mit rohem, adstringierendem Tatar, Kalmar-Tinte und kaltem Muschelfond fanden sich extreme Zutaten auf dem Teller wieder und trotzdem wirkte das Gericht wunderbar zart und transparent, kam ohne viel Würze, viel Salz oder viel Säure aus. Sogar der Senf entfaltete seine ätherische Wirkung und stieg subtil in die Nase, ohne sich aber dort festzusetzen. Irritiert waren wir nur von den Senfgurkenperlen aus dem Stickstoffbad, die zwar aromatisch viel beisteuern konnten, aber deutlich zu kalt wirkten. Grundsätzlich lässt sich mit Temperaturkontrasten natürlich spielen, unvorteilhaft erwies er sich hier aber, da die eisigen Perlen beim Kauen der recht großen Kalmar-Stücke fast schon an den Zähnen schmerzten.
Das Wollschwein mit Kohl und gelben Tomaten leitete die warmen Zwischengänge ein. Im Mittelpunkt stand dabei eine confierte, gepresste und dann gebratene Kinntranche. Umspielt wurde das Fleisch von einer sehr lockeren Brokkoli-Sorte mit großen losen Blüten und einer Creme aus im Ofen verbranntem Spitzkohl. Als verbindendes Glied zwischen dem deftig-aromatischen Schwein und dem herben Kohl diente eine wunderbar tiefe Sauce aus konservierten gelben Tomaten aus dem vergangenen Jahr. Dass Müller und sein Team hier dem Kohl mit viel direkter Hitze begegnen, könnte die Gemüter spalten: einerseits gibt es dem Gericht eine herrliche Lagerfeuerromantik, macht es betörend wohlschmeckend. Anderseits ist das nun schon der vierte Rauchton im siebten Gericht. Auch die oben angesprochene Unterscheidung verschiedener Rauchtöne erschöpft sich einmal, so dass der Rauch bei diesem Gang anfängt, redundant zu wirken.
Der folgende Gang steht als Wagyu-Rind, Garum und Kohlrabi auf der Karte und liest sich wie ein Hauptgang, auch wenn man sich von solchen Kategorien im Rutz verabschiedet hat. Das Rind stammt aus Norddeutschland und weist wie fast alle nicht-japanischen Rinder eine vergleichsweise niedrigere Fettmarmorie-

rung auf. Das erscheint uns in diesem Fall aber nicht als Nachteil, da das Fleisch eine deutliche Heu- und weiße Champignonnote mitbringt, die sich perfekt ins Arrangement eingliedert. Für Säure sorgt ein Kohlrabisauerkraut sowie eine leichte Vinaigrette aus Kohlrabiblatt und Molke. Tragend für das Gericht ist eine sehr schaumige Emulsion aus Garum und Knochenmark, deren fermentierte Tiefe aus dem Gericht einen typischen Rutz-Teller machte, die nicht selten auf verblüffende Weise nach Dingen schmecken, die gar nicht da sind. Fast wie ein guter Wein, der viele seiner Aromen ja auch erst aus der Gärung bezieht. In diesem Fall schmeckten wir Zimt, Zedernholz, Kakao, Malz, Ovomaltine, Brotkruste und frischen Speck. Großes Kopfkino!

Ein ähnlicher Phantomgeschmack – diesmal Schawarma, Sesam, Karamell und Tempeh – schwebt über dem folgenden Gang aus Laubporling, Topinambur, Salatspargel, Erbsen und weißen Johannisbeeren. Der im Berliner Umland gezüchtete und in japanischen Küchen als Maitake bekannte Pilz bestach durch eine wunderbar fleischige Note, die durch die nussige Topinamburcreme noch verstärkt wurde. Frische steuerten dezente Kleckse weißer Johannisbeercreme, gepulte Erbsen und Salatspargel (ein dickblättriger, wulstiger Kopfsalat-Verwandter) bei. Wieder einmal ist die Sauce die Seele des Tellers, die in diesem Fall im Wesentlichen aus gebräunter Heumilchbutter besteht.

An dieser Stelle muss auch unbedingt die alkoholfreie Getränkebegleitung erwähnt werden, die im Rutz eher als eine Art flüssiges á Part auftritt. Den zum Laubporling gereichten heißen Cappuccino aus fermentierten und frischen Pilzen mit Rohmilchbutter hätten wir uns auch glatt als Teil des Gerichts vorstellen können. Eines muss man dabei wissen: Die alkoholfreie Getränkebegleitung ersetzt die Weinbegleitung nicht wirklich. Mehrmals wirkten die Getränke vor und nach den Gängen sehr extrem, wie etwa eine Gersten-Amazake mit Kohlrabiblattöl zum Wagyu. Wer alle Register ziehen will, dürfte vermutlich an der alkoholfreien Begleitung zusätzlich zum Wein die meiste Freude haben.

Die Weinkarte im Rutz setzt primär auf große Namen neuen Typs. Teure Burgunder im Kleinwagenformat findet man nicht auf der Karte, dafür eine breite Auswahl der besten deutschen Winzer, viele in beachtlicher Jahrgangstiefe, wie etwa das Weingut Aldinger. Dessen Chardonnay, der auch Teil der Weinbegleitung ist, gehört derzeit zu den schärfsten Burgund-Konkurrenten.

Der letzte salzige Gang beinhaltet französische Taube – eine der wenigen Ausnahmen von der Regionalität, auf die sich Marco Müller immer dann einlässt, wenn Spitzenqualität in der Umgebung nicht zu finden ist. Spannenderweise ist ausgerechnet das der Gang mit den wenigsten Röstaromen, was die leicht lebrige Eigenaromatik der Taube optimal zum Vorschein brachte und deren herausragende Qualität unterstrich. Dennoch haben wir gleich zwei kleinere Probleme mit diesem Gang, denn erstens waren die Chips aus Geflügelhaut sowie einer Kohlmasse zu scharfkantig und piksten im Mund, so dass wir uns uns an die Stickstoffperlen zum Kalmar erinnert fühlten, die ebenfalls wie ein Fremdkörper wirkten. Zweitens erinnert uns der Phantomgeschmack von Kakao und Malz an den Wagyu-Gang. Diskutieren kann man natürlich, ob das Handschrift oder Redundanz ist. Schließlich schmeckt in der klassisch französischen Haute-Cuisine auch fast jeder Gang nach Butter, und die größten Sushi-Meister servieren jahrzehntelang denselben Essig in jedem ihrer Gerichte. Wir optieren hier für Redundanz, da die Küche des Rutz ihren Reiz – anders als die Werke des Sushi-Meisters – gerade aus diesen Überraschungsmomenten zieht. Überrascht waren wir als Esser jedenfalls beim zweiten Mal weniger als beim ersten Mal.

Die Nachspeisen begannen wie die Vorspeisen mit einem sehr konzeptuellen Gang aus Waldmeistergranité, Joghurtsorbet, Eisenkraut, verbrannter weißer Schokolade und Salatstrunk. Wir fassen diese kleine Speise als Reinigungstuch für den Gaumen auf und fühlen uns danach tatsächlich wie kurz frischgemacht. Denn danach wurde es spürbar komplexer, mit einem Waldboden aus Fichtensprossen, winzigen herb-süßen Wildquitten, Buttermilcheis und allerhand Kräutern und Aromen, die wir kaum alle herausschmeckten, die dadurch aber eine herrlich komplexe dunkelgrüne Basslinie unter das Gericht legten. Jedoch tritt auch hier wieder ein „Chips-Problem" auf, diesmal noch gravierender als bei der Taube. Problematisch wird das, da man beim Eis nicht um das Lutschen und Zerdrücken mit der Zunge herumkommt. Da wir den Chip zuvor zerschlagen mussten, um an das darunterliegende Eis zu kommen, haben wir nun auch nicht mehr die Möglichkeit, um die unzähligen Splitter auf dem Teller herumzulöffeln, was das Essvergnügen dann doch ein wenig trübt.

Man kann uns solche Kritikpunkte als Erbsenzählerei ankreiden, aber es sind eben jene winzigen Unstimmigkeiten, die für uns derzeit noch den Ausschlag geben, hier bei glatten

10 Pfannen zu bleiben, obwohl die Küche schon allein aus Originalitätsgründen auch den Bonuspfeil dazuverdient hätte. Was uns von der Vergabe der Maximalbewertung aktuell noch abhält, sind tatsächlich nur die angesprochen Textur- und Redundanz-Probleme. Gleichwohl ändert das nichts an der Tatsache, dass das Rutz für uns schon jetzt eines der eigenständigsten, kompromisslosesten, versiertesten und schlicht besten Restaurants des Landes ist.

7

Rutz Zollhaus

Carl-Herz-Ufer 30, 10961 Berlin
030-233276670
rutz-zollhaus.de
Küchenchef: Florian Mennicken
Di–Sa ab 16 Uhr, So u. Mo RT
Hauptgericht: 18–33 €, Menüs: 53–89 €
EC VISA

Man kann zwar auch nach drei Jahren noch darüber traurig sein, dass es die Rutz Weinbar im Erdgeschoss des Mutterschiffs in der Chausseestraße in Mitte nicht mehr gibt – man muss die einst nach Corona aus der Not heraus geborene Idee, das Rutz-Weinbar-Konzept in das damals gerade frisch übernommene Rutz-Zollhaus umzusiedeln und das kulinarische Profil weiter zu schärfen, im Nachhinein aber eigentlich als Glücksgriff werten.
Denn zum einen bietet das Rutz Gourmetrestaurant mittlerweile auf zwei Ebenen noch mehr Gästen Platz, der aufgrund der hohen Nachfrage auch nötig ist – zum anderen ist das Rutz Zollhaus eine tolle Location. Ein hübsches altes Fachwerkhaus direkt am Landwehrkanal, das zwar mitten in der Stadt, aber gefühlt fast schon irgendwo draußen im Grünen steht. Und in den beiden geschmackvoll modernisierten Gasträumen auf zwei Ebenen konnte sich die bodenständig-kreative Heimatküche unter der Regie von Küchenchef Florian Mennicken nochmals weiterentwickeln und verfeinern.
Viele der schon zu Zeiten der Rutz Weinbar verwendeten Produkte und einige der Rezepturen gehören auch hier zum Inventar. So gibt es die Rubrik „Wurstwaren" mit der Pfälzer „Leberworscht" vom Metzger Hambel, dem Schorfheider Hirschschinken oder der legendären Blutwurst und den Knackern aus der Blutwurstmanufaktur von Marcus Benser aus Neukölln, Aber auch gepflegtes Beef hervorragender Provenienzen, etwa vom Atterox oder von der Holsteiner Färse, das weiterhin kompromisslos nur mit 50 Grad Kerntemperatur serviert wird. Auch die famosen Königsberger Klopse oder die nicht minder süchtig machende kross gebratene Benser-Blutwurst mit „Jemüse", die zuletzt im Kreise von knackigen Zuckerschoten und Perlzwiebelhälften auf ihrem Bett aus sündhaft nussbuttrigem Kartoffelpüree lag und von wunderbar transparenter und doch kraftvoller pfeffrig-säuerlicher Jus umgeben war, kennen wir in ähnlicher Façon schon von früher.
Grundsätzlich ist es aber schon so, dass das Niveau der „kleinen" Rutz-Küche im Zollhaus nochmal gesteigert werden konnte und die Gerichte detaillierter und feinsinniger daherkommen. Zuletzt beispielsweise ein Tatar von der Forelle der eigenen (gepachteten) brandenburgischen Teiche, das in hervorragender klarfrischer Qualität zusammen mit hauchdünn-knackigen und säuerlich marinierten Beten sowie der dezenten Würze und dem Schmelz einer mit Speck aromatisierten Eicreme liiert und auf einer erfrischenden geschäumten Vinaigrette aus Kefir und Dillöl platziert war. Erfrischend und leicht, trotzdem vollmundig und herzhaft. Ein toller Start!
Sehr gut auch die knusprig ausgebackenen Pralinen von der Erbse, die mit gebratenem Salatherz, Sauerrahm und Leisamen-Knusperchips auf einer Vinaigrette von der grünen Paprika angerichtet wurden und ein in jeder Hinsicht vielschichtiges grünaromatisches vegetarisches Gericht auf den Teller brachten. Ein feines Händchen für originelle fleisch- und fischlose Kompositionen bewies das Team auch mit dem raffiniert in dünnen Scheiben als großes Stück geschichteten, in Heu gegarten Knollensellerie unter süßsaurer Senfsaatvinaigrette mit Dillspitzen, flankiert von einem mit Miso feinwürzig abgerundeten Nussbutterschaum. Das wirkt auf den ersten Blick recht simpel, ist aber sehr gut durchdacht, überraschend fein abgestimmt und enorm vielschichtig.
So vermisst man hier eigentlich weder Fisch noch Fleisch, freut sich aber, wenn es trotzdem

kommt. Zum Beispiel in Form einer perfekt kross auf der Haut gebratenen und darunter herrlich saftigen Tranche eines einstmals offensichtlich sehr großen Saiblings, der mit einem süffigen Bett aus mit Schwarzkohl vermengtem Haferrisotto, geröstetem Wilden Rosenkohl alias Flower Sprouts sowie hervorragender Beurre blanc mit ebenso viel Schmelz wie Säure ein spannend herbes Geleit hatte. Oder in Gestalt eines naturell gebratenen, perfekt saftigen und kein bisschen mürben Stücks vom Rehrücken, der ebenso untypisch wie stimmig im Kreise verschiedener Topinambur-Zubereitungen und Sonnenblumenkerne auf einer fruchtig-straffen Wildsauce daherkam.
Das ist ebenso unkonventionell wie unser jüngstes Dessert, eine mit Selleriechips getoppten Nocke Muckefuckeis auf Haselnussbisquit und Creme von karamellisierter Kondensmilch, fruchtig-säuerlich akzentuiert von Essigzwetschgen. Ein Nachtisch, der genau wie eigentlich alle anderen Kreationen der Küche einerseits alles andere als gewöhnlich ist, an dessen Geschmack man sich aber nicht erst gewöhnen muss. Sprich: alles, was hier serviert wird, ist unmittelbar eingängig und im klassischen Sinne wohlschmeckend. Und alles kann mit attraktiven Weinen zu fairen Preisen begleitet werden, ganz gleich ob glasweise oder als ganze Flasche, ob von arrivierten Erzeugern aus Deutschland oder spannenden Entdeckungen aus dem europäischen Ausland.

---

fast & SLOW

Ryong

Torstr. 59, 10119 Berlin
030-30307047
ryong.de
Mo–Fr von 12–22 Uhr, Sa von 17–22.30 Uhr, So RT
Hauptgericht: 5–18 €

Frische, kreative vietnamesische Küche: Bao Burger, Bowls & Rolls, Wraps & Bento-Boxen mit Niveau.

fast & SLOW

Shiso Burger

Kantstr. 51, 10625 Berlin
030-39710233
shisoburger.de
Täglich von 12–22.30 Uhr, kein RT

Kreativ zusammengestellte, meist asiatisch inspirierte Burger, zum Beispiel auch vom Wagyu-Rind oder mit gebackenen Garnelen. Alles frisch und homemade!

---

fast & SLOW

Shiso Burger

Auguststr. 29c, 10119 Berlin
030-88944687
shisoburger.de
Täglich von 12–22.30 Uhr, kein RT

Kreativ zusammengestellte, meist asiatisch inspirierte Burger, zum Beispiel auch vom Wagyu-Rind oder mit gebackenen Garnelen. Alles frisch und homemade!

7

SKYKITCHEN

Vienna House Andel's Berlin
Landsberger Allee 106, 10369 Berlin
030-4530532620
www.skykitchen.berlin
Küchenchef: Sascha Kurgan
Di–Sa ab 18 Uhr, So u. Mo RT
Menüs: 149–227 €

VISA

Nach rund einer Dekade personeller Kontinuität und einem in diesen zehn Jahren sukzessive gesteigerten Niveau der Küchenleistung mit Alexander Koppe hat die Skykitchen im zwölften Stock des Vienna House Andel's Berlin seit dem Frühjahr 2023 einen neuen Küchenchef. Und obwohl Sascha Kurgan, der neue Mann am Herd, in dieser ebenso stylischen wie wohnlichen Location mit imposantem Ausblick über die Stadt, die nach wie vor charmant und kompetent von Restaurantleiterin Barbara Merll geleitet wird, zuvor auch schon eine Zeitlang unter Koppe als Souschef gearbeitet hatte, ist es aus kulinarischer Sicht ein richtiger Neuanfang – mit allen Tücken, aber auch mit allen Chancen für den noch jungen neuen Küchenchef, der nun das erste Mal in eigenverantwortlicher Position tätig ist.

Dass unsere Einstiegsbewertung für die Skykitchen in der ersten Testsaison unter der Ägide von Sascha Kurgan im Vergleich zu den zuletzt federführend von seinem Vorgänger erkochten 8 Pfannen mit Bonuspfeil etwas niedriger ausfällt, ist also keinesfalls als Rückschritt zu sehen, sondern vielmehr als Neuanfang. Denn der aus der Kaderschmiede von Joachim Wissler an die Landsberger Allee zurückgekehrte Cuisinier, der den Vendôme-Chef auch als sein großes Vorbild nennt, kocht im Grunde ganz anders als sein Vorgänger. Obwohl auch dieser zuletzt schon wieder deutlich vom Regionalthema abgerückt war, wirkt die Küche nun noch internationaler und die Gerichte sind auch ganz anders konzipiert. Nicht selten lässt sich übrigens auch an bestimmten Details und Stilmitteln die Wissler-Schule erkennen.

Die kleinen Grüße im Fingerfood-Format wie eine etwas mampfige gebackene Kalbskopfpraline mit Senfcreme oder ein rustikal zwiebelig abgeschmecktes Saiblingstatar mit Saiblingskaviar in einem eher pappigen als knusprigen Teigschälchen zeigten in ihrer etwas eindimensionalen und texturell nicht ganz ausgereiften Art aber noch nicht das tatsächliche hohe Niveau, das die Küche zweifelsohne bietet. Schon viel mehr zeigte das die Vorspeise, in deren Mittelpunkt mit der fermentierten Reispaste Sangohachi gebeizter Rücken und mit einer sojawürzigen Misocreme lasierter Bauch von der Bernsteinmakrele standen, die im erfreulich transparent gehaltenen Umfeld aus Topinamburcreme, winziger gegrillter Frühkartoffel, Gel von gegrillten Tomaten, Senfsaat sowie Passepierre und untermalt von einem klaren Gazpachosud präsentiert wurden. Ein sehr lebhaftes und markantes, aber nicht plakatives Geschmacksbild, bei dem alles harmonisch zusammenspielte, ohne dass jedoch ein deutlicher roter Faden erkennbar war.

Im Grunde aber ist das, was zählt, genau das, was unterm Strich dabei rauskommt. Und das war auch beim perfekt homogen cremig gegarten Onsensei, das sich den tiefen Teller mit Blumenkohl als Couscous und als kleiner Flan mit Apfelgelee-Deckel sowie Jamón-Ibérico-Schinken als Schaumsauce teilte, sehr stimmig und rund. So richtig interessant wurde es allerdings erst durch die ebenfalls aus dem spanischen Schinken hergestellten Cremetupfen auf der Tellerfahne, die mit verschiedenen markanten Wildkräutern wie Giersch oder Gundermann akzentuiert waren. Und durch das aus all diesen Kräutern hergestellte Öl, welches das Ei und den Flan ätherisch umspielte. Dies war auch der in unseren Augen ausgereifteste und beste Gang, was durch das kongeniale alkoholfreie Begleitgetränk aus der Feder der ebenfalls neuen Sommelière Sharin Polte, die jüngst Jakub Kościelniak abgelöst hat, noch unterstrichen wurde: auf Basis von Minztee mit Holunderblütensirup und Estragon ein ebenfalls vibrierend ätherischer, leichter Drink, der optimal an den Leitaromen auf dem Teller anknüpfen könnte.

Überhaupt gelingt es ihr hervorragend, unaufdringliche und doch charakterstarke nullprozentige Getränke zu kreieren, die sich niemals dem zu begleitenden Gang aufdrängen, sondern sich elegant unterordnen. So wie der alkoholfrei nachgebastelte Wermut zur hervorragenden gebratenen norwegischen Jakobsmuschel, die mit Kaviar, gehobeltem Meerrettich (sehr mild!) und Meerfenchel getoppt neben ihrem pochierten Corail, einem Blattpetersilienpüree und Salzzitronengel auf mit Chorizoöl aromatisierter Fenchelsauce angerichtet war. Ein ziemlich kontrastives Miteinander, das aber wieder erstaunlich harmonisch zusammenfand.

Qualitativ sehr gutes Perlhuhn mit festem, aromatischem Fleisch und perfekt kross und dünn ausgebratener Haut kam im Anschluss zusammen mit angeröstetem weißem Spargel, einem Spargelragout in klarem, leicht gebundenem Spargelsud mit Kapern, frischen sautierten Morcheln und einer cremigen Morchelsphäre, als saisonal limitierte Spezialität daher, die diesmal einem gänzlich klassischen Akkord folgte. Nur die für sich genommen zwar sehr gute, kraftvoll reduzierte Jus mit fast schon karamelliger, sehr gut eingebundener Süße in perfekter Balance mit der Würze, war für das Geflügel etwas zu intensiv und dicht. Da hätte man sich an dieser Stelle mehr Eleganz und Transparenz gewünscht.

Dass die sehr ähnliche oder sogar gleiche Sauce auch für das wunderbare Salzwiesenlamm, welches im Anschluss als naturell gebratener Rücken und als aromatisch geschmortes Schulterstück den Hauptgang markierte, etwas too much war, liegt auf der Hand. Zumal dessen

begleitendes Gemüse in Gestalt von Artischocke, Artischockencreme, Edamame und Buchenpilzen auch eher natürlich und ohne Röstaromen oder sonstige kraftvolle Aromen aufs Porzellan geschickt wurden. So blieb die Jus der mit Abstand intensivste Part auf dem Teller und aufgrund ihrer Viskosität selbst bei vorsichtiger Dosierung eigentlich zu dicht und dominant. Sehr gut zurecht kam mit der Sauce allerdings der hervorragende alkoholfreie Begleiter im Glas, der mit Morellenkirsche, Paprika und Cheyenne-Pfeffer einem würzigen, tanninstraffen Rotwein nachempfunden war.
Prinzipiell sehr interessant, aber aromatisch nicht ganz ausgereift wirkte auf uns auch das Dessert um ein recht sahnig-mildes Miteinander aus sehr viel schockgefrostetem Schaum von weißer Schokolade, Rahm und Ziegenmilch-Frischkäse, Reis-Eis und Jasminteesud, dem veränderte Proportionierungen und ein paar markantere Nadelstiche als geschmacklicher Kontrast gutgetan hätten. Aber auch hier war das große Potenzial der Küche nochmal deutlich zu sehen. Und wir sind uns sehr sicher, dass Sascha Kurgan das schon in der kommenden Saison noch besser wird ausschöpfen können.

Fast & SLOW

Sons of Mana

Budapester Str. 38–50, 10787 Berlin
bikiniberlin.de
Mo–Sa von 10–20 Uhr, So RT
Hauptgericht: 9–15 €

Kreative hawaiianische Poké-Bowls mit hochwertigen, abwechslungsreichen Toppings, die man sich vor Ort auch ganz nach Lust und Laune selbst zusammenstellen kann.

7

Tante Fichte Speiselokal

Fichtestr. 31, 10967 Berlin
030-69001522
tantefichte.berlin
Küchenchef: Dominik Matokanovic
Mi–Sa ab 18 Uhr, So–Di RT
Menüs: 85–125 €

EC VISA

Das schicke und entspannte Souterrain-Restaurant unter der Leitung von Sommelier und Gastgeber Michael Köhle, das erst während der Corona-Ära vom ehemaligen Herz & Niere zur Tante Fichte transformierte, hat in der kurzen Zeit seit der Neueröffnung erkennbar sein Profil geschärft und verfeinert. Der spannende Touch von Balkan-Küche, den das ansonsten von der modernen europäischen Hochküche geprägte Kulinarium unter der Leitung von Küchenchef Dominik Matokanovic ausmacht, gibt dem Lokal schon ein gewisses Alleinstellungsmerkmal und macht es so zu etwas Besonderem. Und während eben diese Karte im letzten Jahr nach unserem Empfinden noch etwas zu verhalten ausgespielt wurde, zog sich der südosteuropäische Touch diesmal in Akzenten wie ein roter Faden durchs Menü.
Schon im Aufwärmprogramm ließ Matokanovic seine kroatischen Wurzeln auch auf dem Teller aufblitzen. Weniger bei der gebratenen Krausen Glucke in einer feinsäuerlich abgeschmeckten Pilzbrühe, umso mehr aber in Gestalt einer Art Cevapcici-Wrap zum Selberbasteln – mit der typischen gegrillten Fleischkrokette, eingelegter roter Zwiebel, Ajvar und fetter saurer Sahne. Und im Anschluss auch der erste offizielle Gang, der unkompliziert und bodenständig, trotzdem aber sehr fein gemacht war: „Pohani Kruh", eine Art salziger French Toast kroatischer Herkunft, also eine Schnitte aus in Ei gebackenem Milchbrötchen, in diesem Fall mit einer Zwiebelsoubise bestrichen und mit essigsauer eingelegten Sardellen, Kaviar von Stör und Saibling sowie Schnittlauch bestückt. Das schmeckte herzhaft, säuerlich und mineralisch, war cremig, knusprig und saftig – ein animierender Start!
Feingespür für das Spiel mit Aromen und Texturen bewies die Küche dann auch bei einem differenziert angelegten Schichtwerk aus Rote-Bete-Tatar, gebeiztem Eigelb und kleinen krossen Croûtons unter einer mit Fichtensprossenstaub bepuderten Haube aus Eiweißschaum, umgeben von einer Joghurtsauce mit Fichtensprossenaromen. Letztere gaben dem Gericht mit seinen unterschiedlichen zarten, schmelzig eingebundenen Säuren nur einen dezenten Hauch mit und ließen es nicht etwa nach Erkältungsbad schmecken. Auch das – etwas überraschend – ein recht vielschichtiges und dabei sehr volles, rundes Geschmacksbild.
Für den nächsten Gang stand die kroatische Fischsuppe Brodet als Inspirationsquelle Pate, war hier allerdings nicht flüssige Grundlage, sondern diente in drei Varianten sowohl als Einlegefond für roh marinierten Wolfsbarsch, als Aromengeber einer Mayonnaise und für den Kürbis, der hier als Püree und knackige marinierte Streifen zugegen war. Eine kompakte und dichte Komposition, bei der der festflei-

schig-schmelzige Fisch sich aber tatsächlich als der Star auf dem Teller durchsetzen konnte – aufgrund seiner durch die tolle Qualität hervorgerufenen Ausdruckskraft und dank kluger Proportionierung aller Komponenten.
Mittlerweile hat wirklich fast jedes Gericht in Tante Fichtes Speisefolge einen gewissen Balkan-Swag und verleiht dem Kulinarium im Kreise von Berlins Feinschmeckeradressen Individualität. Wie weit die Interpretationen dabei bisweilen vom Heimatküchen-Original entfernt liegen können, zeigte auch das Gericht, für das die in ihrer traditionellen Form unter anderem mit Reis und Hackfleisch gefüllte Kohlroulade „Sarma" als Ideengeber fungierte. Hier waren der fermentierte Weißkohl und sein Saft der tonangebende Link – unter anderem wurde aus letzterem ein konzentrierter Lack hergestellt, mit dem der zwar etwas ungleichmäßig gegarte aber trotzdem schön homogen knackig-straffe Rehrücken eingelassen wurde. Dazu gab's den säuerlichen Kohl selbst, eine schmelzige Nocke Kartoffelpüree und eine ziemlich intensive reduzierte Rehjus. Manchmal geht der Chef bis an die Grenze – könnte dies nach unserem Gusto sogar noch ein bisschen öfter machen und gerne auch noch etwas mehr balkantypische Rustikalität ins Spiel bringen, etwa Rauch und pikante Schärfe. Elegant eingebunden würde das auch nicht die sensibel abgestimmten Weinempfehlungen von Michael Köhle torpedieren.
Und auch nicht die alkoholfreien Begleitgetränke, für die das Team nicht etwa Fertiges kredenzt, sondern Selbstgemachtes ins Glas bringt. Zum Beispiel einen mit Muskatblüte verfeinerten sehr schön milden Auszug von Milky Oolong Tee zu einem aus Perlgraupen gekochten istrischen Rizot (Risotto) mit reichlich auf der Microplane fein darüber gehobelter istrischer Wintertrüffel. Tendenziell nahe dem italienischen Risotto, nur eben mit Graupen gemacht. Und die auch mit perfektem elastischem Biss, dazu der cremige Schmelz der vom Parmesan umamiwürzen Basis, nicht zu dick, aber auch nicht zu flüssig.
Beim letzten herzhaften Gang vor dem Dessert bekamen wir es mit hervorragendem Zander zu tun, nicht nur optimal frisch, festfleischig im Biss und rein im Geschmack, sondern auch perfekt kross und zart auf der Haut gebraten. Und der brauchte zur Begleitung nicht mehr als ein wenig mit Nussbutter montierten Topinamburstampf, kurz ansautierte Rosenkohlblätter und eine balanciert süßsäuerliche, mit Honig abgeschmeckte Weißweinvelouté, um voll zu überzeugen. Im Glas dazu als promilleloses Begleitgetränk kalt entsaftete Petersilienwurzel, angereichert mit etwas Karotte und Apfel und dazu mit einem Öl vom Petersilienwurzelgrün herbal akzentuiert.
Ein wohlgelungener Dreiklang war auch das Dessert: aus Zwetschge (Sorbet), weihnachtlich abgeschmeckter Milchschokolade (Mousse) und Kaffee (Gel) – alkoholfrei begleitet von einer dicht aufgeschäumten Melange aus Zwetschge, Thymian und Malzbier. Da liegt dann in der Gesamtschau die Aufwertung auf 7 Pfannen diesmal klar auf der Hand.
Sehr originell und individuell ist auch Gastgeber Michael Köhles Weinkarte mit viel Deutschland (insbesondere Riesling) und Österreich, tollen Burgundern und sogar Gewächsen aus Rumänien, Kroatien und Serbien – was geografisch natürlich auch wieder sehr gut zum Einschlag der Küche passt. Tante Fichte ist und bleibt vielseitig, zeigt aber mittlerweile auch ein klares Profil.

---

fast & SLOW

The Big Dog Berlin

Ebertstr. 3, 10117 Berlin
030-220005440
thebigdog.de
Täglich von 12–23 Uhr, kein RT
Hauptgericht: 6–10 €

Hochwertige Hot-Dogs und Pommes in kreativen Kombinationen, etwa mit Rindswurst, Pulled Beef, Bier-BBQ-Sauce, Romanasalat, Jalapeño und Crispy Cheddar im Brioche-Bun.

5

The Grand

Hirtenstr. 4, 10178 Berlin
030-2789099555
www.the-grand-berlin.com
Di–Sa ab 18 Uhr, So u. Mo RT
Hauptgericht: 27–138 €

Ein stilvolles Szenerestaurant in shabby-schickem Stil nebst angeschlossenem Club mit Bar und lauschiger Innenhofterrasse ist das doppelstöckige The Grand – eine stylische Mischung aus Altbau mit morbidem Charme und modernen, klaren Linien, das auch noch gute Küche bietet! Und zwar genau das, wonach das heterogene Publikum verlangt: eine ziemlich breit gefächerte Auswahl internationaler Klassiker. Vorspeisen wie Bœuf Tatar vom Rinderfilet, Gänseleberterrine oder Caesars Salad, Hauptgerichte wie Filet Rossini oder Meeresfrüchteplatte und verschiedene Steak-Cuts exklusiver Provenienzen mit klassischen Beilagen nach Wahl. Und dazu eine sensationell gut bestückte Weinkarte mit sehr vielem, was Rang und Namen hat.

7↑

theNOname

Oranienburgerstr. 32, 10117 Berlin
030-279099027
www.the-noname.de
Küchenchef: Tim Tanneberger
Di–Sa ab 17.30 Uhr, So u. Mo RT
Menüs: 59–125 €

Der lange und ebenso schmale wie hohe Gastraum dieses halbwegs namenlosen Restaurants auf der Oranienburger Straße in Mitte, an dessen Stirnseite als Eyecatcher eine überlebensgroße, am Abend effektvoll illuminierte Bondage-Lady in Lack und Leder prangt, der aber ansonsten zwischen seinen von weißen Stoffbahnen verhüllten Wänden sehr puristisch gestaltet ist, zählt längst zu den festen Größen Berlins dynamischer Gourmetszene. Seit Frühjahr 2019 ist hier mit Tim Tanneberger ein Küchenchef am Herd, der seinen Vorgängern in puncto Ambitionen und Können in nichts nachsteht, aber einen anderen Stil verfolgt, den man am ehesten als moderne, gemüselastige Naturküche mit stark regionalen Bezügen bezeichnen könnte.

Die wird als sechs- oder achtgängiges Menü dargeboten, das es auch in einer rein vegetarischen Variante gibt. Und dass der Küchenchef ein Händchen für ausgereifte vegetarische Gerichte hat, konnten wir schon bei unserem letztjährigen Besuch schmecken. Diesmal startete die Speisefolge mit Topinambur und Kombu-Alge in unterschiedlichen Zubereitungen: die Sonnenblumenwurzel als gegarte aber noch knackige Scheiben, als vermutlich zusammen mit Sonnenblumenkernen hergestellte Creme und als Chips, die Algen in feinen Streifen und als Sud, welchem ein Kaffeeöl einen sehr originellen herben Twist verlieh.

Da dem Brot in der Speisenfolge des NoName ein eigener Gang gewidmet ist, kommt an dieser Stelle ein besonderes Malz-Pilz-Brot mit einer auf Molkesud und Lauchöl platzierten aufgeschlagenen Butter zum Dippen. Der im Anschluss daran servierte, mit einer selbst hergestellten Würzsauce auf Basis von Soja und Roggenferment lackierte und dann angegrillte Stör erinnerte in dieser Art der Zubereitung ein wenig an Unagi-Aal und harmonierte super mit der Säure der fermentierten Steckrübe, den in Leindotteröl confierten Radieschen und dem nussigen Schmelz von Kürbiskercreme, die ihn begleiten durften – feinwürzig vermählt in einem etwas dunkleren Fischsud. Der dazu im Rahmen der alkoholfreien Getränkebegleitung kombinierte Drink aus Gurke und Zitrone erwies sich bereits als sehr attraktive Alternative zum Wein.

Noch mehr das auf Basis entsafteter Staudensellerie, Zitronenmelisse und Minze gemixte Getränk, mit dem die originelle Variante von „Kaspressknödel" begleitet wurde. Das alpenländische Traditionsgericht war hier selbstredend nicht als zupackend opulente Schmankerlküche interpretiert, sondern kam als gratinierte Espuma mit gegrillten Schalotten und einer Pilz-Schnittlauch-Vinaigrette für ausgleichende Säure denkbar leichtfüßig und elegant daher – bei vollem, herzhaftem Geschmack wohlgemerkt.

Dass Tim Tannenberger das Spiel mit Säure sehr gut beherrscht, konnte man auch bei einem weiteren spannenden Zwischengang sehen und schmecken, bei dem geflämmte, mit Entenfett eingelassene und mit Entenschinken und Entenchips gekrönte Knollensellerie in einem intensiven Knollenselleriesud angerichtet war und von einer mit Entenfett vermengten Espuma im Stil einer straffen Hollandaise den nötigen Säurekick sowie von einer Holunderbeerenkonfitüre einen Hauch herber Frucht und Süße mitbekam. Dazwischen schwang noch die Würze von Petersilienkresse mit. Sehr stark!

Den wahrscheinlich klassischsten und gegenständlichsten Gang des Menüs gab es als Hauptgericht, das sich um zweierlei vom Iberico-Schwein drehte. Der Nacken war leider relativ randtrocken und wirkte dadurch unnötig rustikal; saftiger die reizvolle Melange aus geschmortem Zupffleisch und Sauerkraut, die sich in einem Wirsingtäschchen verbarg. Bis auf das nicht ganz perfekte Fleisch war der Gang aber mit sehr buttrigem Kartoffelpüree, intensivem Dillpesto und einer konsistenten Senfsaatjus eine ansprechende Sache. Woran auch das wieder äußerst spannende alkoholfreie Begleitgetränk von roter Paprika, Sauerkraut und Olivensalz einen nicht ganz unwesentlichen Anteil hatte. Spätestens an dieser Stelle stand fest, dass die immer unaufdringlich schlanken und aromatisch präzisen, überraschend ausdrucksstarken, sich aber nicht den zu begleitenden Gerichten aufdrängenden Drinks derzeit zu den besten ihrer Art hierzulande gezählt werden dürfen.

Auf sehr unaufgeregte Weise spannend war auch das Finale, das mit einer herzhaften, mit Gouda-Parfait gefüllten Doppelkeks-Käsewaffel eingeläutet wurde, der Thymian und vor allem die säuerliche Süße von gereiftem Balsamicoessig einen originellen Akzent verlieh. Und dem stand der Nachtisch um ein Eis von Büffelmilchjoghurt nebst unterschiedlichen Komponenten von der Karotte und der würzigen Süße von fermentiertem Knoblauch in nichts nach. Das schmeckte weitaus harmonischer und war kompositorisch ausgereifter, als es bei voreingenommen kritischer Betrachtung vielleicht klingen mag. Überhaupt handelt es sich hierbei nicht um schräge Experimentalküche, sondern man bekommt es den Abend über mit auch unter klassischen Gesichtspunkten sehr runden und wohlschmeckenden Gerichten zu tun.

10

Tim Raue

Rudi-Dutschke-Str. 26, 10969 Berlin
030-25937930
www.tim-raue.com
Küchenchef: Tim Raue, Philipp Bendel
Di–Do ab 19 Uhr,
Fr u. Sa von 12–15 Uhr u. ab 19 Uhr,
So u. Mo RT
Menüs: 228–312 €
VISA

Nicht zuletzt durch seine stetig zunehmenden TV-Auftritte ist der Koch, Gastronom und vielseitige Unternehmer Tim Raue in den vergangenen Jahren auch außerhalb der Gourmet-Zielgruppe zu hohem Bekanntheitsgrad gekommen, so dass er mittlerweile ganz automatisch immer seltener in dem nach ihm benannten Hauptsitz in der Rudi-Dutschke-Straße in Berlin-Mitte anzutreffen ist, den seine ehemalige Frau Marie-Anne Wild als Eigentümerin und zugewandte Gastgeberin leitet. Doch das ist hier überhaupt nicht spielentscheidend, denn Raue ist nicht nur ein großartiger Koch mit einer ganz eigenen individuellen Handschrift, sondern war schon immer auch ein guter Teamplayer und Coach. So hat er sich als Mastermind hinter der Marke „Tim Raue“ für die verschiedenen Restaurants, die seinen Namen tragen, frühzeitig fähige Mitarbeiter herangezogen, die seine Art zu kochen perfekt aufs Porzellan bringen können. Und manchen ist die kulinarische DNA Tim Raues so sehr in Fleisch und Blut übergangen, dass sie zwischenzeitlich selbst kreativen Output liefern können.

In dem passend zur Küche elegant schlicht und schnörkellos, aber trotzdem sehr markant gestalteten Restaurant Tim Raue, wo seit Jahren präzise und kreativ umgesetzte, vor allem aber spannend unkonventionelle Gerichte erdacht und gekocht werden, deren Dreh- und Angelpunkt fernöstliche, insbesondere chinesische

Aromen und Produkte sind, ist das Küchenchef Phillip Bendel. Der bringt zusammen mit seinem eingespielten Team das spezialisierteste und elaborierteste Kulinarium aller Tim-Raue-Destinationen in angenehm zügiger Taktung und trotzdem in Perfektion aufs edle Porzellan. Und hat sicher seinen maßgeblichen Anteil daran, dass wir die Küche in diesem Jahr nun erstmals mit unserer Höchstnote von 10 Pfannen bewerten. Denn den Ausschlag dafür gab neben wie immer jeder Menge Originalitätsbonus für den eigenständigen Stil und die mutig unangepassten Ideen eben auch die in unseren Augen gestiegene handwerkliche Perfektion und vor allem die aromatische Feinabstimmung der Kompositionen.

So erlebten wir beim jüngsten Besuch nur ein einziges Gericht, das nach unserem Gusto in Sachen Intensität – insbesondere was Säure und Frucht angeht – etwas drüber war und sich deshalb zwar sehr spannend, aber nach wenigen Löffeln auch leicht anstrengend präsentierte. Ansonsten waren Schärfe, Säure, Süße und Frucht, die seit jeher die vier Grundpfeiler der Küche darstellen, auf denen fast jede Komposition aufgebaut ist, immer perfekt in der Balance und verliehen den Kompositionen eine gestochene Tiefenschärfe, die sie bei aller Plakativität und Kraft immer auch sehr elegant und feingezeichnet anmuten ließ. Und obwohl wir diesmal erstmals nicht eines der beiden Abendmenüs „Kolibri" oder „Koi" geordert, sondern uns der gesamten Palette an Gerichten angenommen haben, die zum Lunch offeriert wurden, hatte unsere achtgängige Speisefolge sogar eine sehr stimmige Dramaturgie.

Zu dieser Dramaturgie gehörte einerseits, dass die vielen synchron aufgetragenen Kleinigkeiten von karamellisierten Cashewkernen und mit Süßkartoffel und Butter geschmeidig und füllig aufmontiertem Krustentiersud über den Szechuan-Schweinebauch bis zur hochinteressanten geräucherten Saiblingsleber mit Saiblingscreme und Basilikumaromen wie gewohnt sehr schlicht und klararomatisch daherkamen. Da spielte aber auch eine Rolle, dass die mit Matcha aromatisierte und mit dem sogenannten Unsterblichkeitskraut Jiaogulan, halbgedörrten Trauben und einem fruchtig-säuerlichen Gel daraus umspielte Gänseleber zwar durchaus spannend und ungewöhnlich, aber für Tim-Raue-Verhältnisse überraschend gezügelt wirkte, also nicht gleich mit Vollgas ums Eck kam.

Danach folgte mit dem Zander, der einen halben Tag lang in Sangohachi (einer Würzpaste aus fermentiertem Reis) mariniert wird und als sehr festfleischige und reintönige Tranche schon als reines Produkt herausragend war, nicht weniger als eines der besten Gerichte, die wir in so vielen Jahren aus der Feder von Tim Raue genießen durften: hochspannend, auf elegante, aber eben nicht plakative Art sehr komplex und auch in seiner handwerklichen Umsetzung perfekt. Der schneeweiße Fisch wurde mitsamt seines Toppings aus Sauerkraut, Ananas und peruanischer Minze direkt am Tisch aus seinem Dampfbad auf den mit leicht angeschärftem Erbsenpüree und einem ebenfalls grünfrischen Thaichili-Öl vorbereiteten Teller gesetzt und final mit Sauerkraut-Beurre-blanc angegossen. So entstand ein großartiges, markantes Geschmacksbild mit vielen feinen Nuancen und immer wieder neuen Eindrücken, das sich hier durch perfekt miteinander verwobene Süße, Säure, Schärfe und Würze und sich kongenial ergänzende Strukturen entwickeln konnte.

Als im Grunde recht unkompliziertes Soulfood, mit dem sich wahrscheinlich 99 von 100 Gästen abgeholt fühlen, trotzdem aber sehr anspruchsvoll und differenziert, präsentierten sich die mit fermentiertem Kürbis und Kumquat getoppten Enten-Dim-Sum, die auf einem Saucentrio aus kräftiger Entenjus, fruchtig-pikanter Vinaigrette und einem milden, rahmigen Steinpilzschaum platziert waren. Und die trotz ihrer simplen Anmutung – eben gefüllte Pasta mit Sauce – auch wieder so viel am Gaumen passieren ließen, so vielschichtig, dynamisch und tiefgründig schmeckten, dass man hier schon von großer Küche sprechen darf.

Mit mehr angewandter Technik wie den geeisten Stickstoffperlen und insgesamt komplexer und vielteiliger angelegt, wirkte der Zwischengang mit weißem, in Blütenform aus den Kohlstielen ausgestochenem Kimchi, thailändischem Wasserspinat und den floralen und zitrischen Noten von Holunderblüte und Grapefruit deutlich elaborierter – war aber in Sachen Säure und Plakativität dann aber doch ein klein wenig too much. Auch wenn die Tofu-Mousse, die sich hier in Gestalt kleiner Kuppeln im Geschehen tummelte, schon einiges von der Intensität abfedern konnte…

Extrem viel Zug und Säure gab es auch beim Saté-Huhn mit Mango und Erdnuss, hier aber wieder in einem deutlich harmonischeren Kontext. Zum herrlich saftig gegrillten Keulenfleisch, das auf einem dünnen Ast gespießt in einer auf Hühnerfond basierenden Erdnuss-Limetten-Sauce lag und nach unserem Geschmack durchaus sogar noch etwas kräftigere Röstaromen hätte haben dürfen, um einen noch markanteren Eindruck zu hinterlassen, gab es auf einem weiteren Teller Gurke, Mango,

Erdnuss, Koriandercreme sowie eingelegte rote Zwiebel und eine sehr säuerliche leicht gelierte Vinaigrette. Im Zusammenspiel einmal mehr ein maximal dynamisches, aufregendes und sehr rundes Gericht, das schon länger nahezu unverändert im Repertoire ist und längst zu den Klassikern gezählt werden darf.
An der geschmorten Wange vom Wagyu-Beef, die mit extra viel schmelzigem und nicht bloß gelatinösem, sondern richtig aromatischem Fett durchzogen war und offenbar vor dem Glasieren mit einer spannungsgeladen säuerlich abgeschmeckten Jus von fermentierten Sojabohnen nochmal kurz und knackig angeröstet wurde, machte genau dieser Kontrast von butterzartem Fleisch und knuspriger Bratfläche den Unterschied. Befeuert wurde dieser Kontrast noch von Reisknusper und aromatisch in Szene gesetzt von roter und grüner Paprika, etwas Süßkartoffel, Zwergorange und Sauerrahm. So entstand auch hier mit viel Frucht und Säure gegenüber viel Umami – aber eben alles in perfekter Balance – ein kontrastreicher Power-Gang der Extraklasse.
Und in dieser Klasse spielt auch die längst zum Signature-Dish avancierte und nur im Detail immer wieder mal etwas veränderte Pekingente, die freilich in ihrer Art der Präsentation und der Zusammenstellung mit einer traditionellen Pekingente sehr wenig zu tun hat, aber eben auch den typischen Tim-Raue-Swag hat. Auf dem Hauptteller die Entenbrust mit perfekter dünner krosser Haut auf schmelzig zarter Fettschicht und eine Raue-typisch mit sehr viel Wucht und Tiefe, aber eben auch jeder Menge Tiefenschärfe gesegnete Sauce sowie gegrillter Lauch mit Apfel und eine Briochecreme. Auf dem ersten Nebenteller findet man Zupffleisch von der Entenkeule auf einem Leberparfait mit den intensiv verdichteten Aromen von Lauch und Ingwer, und Side-Dish Nummer zwei präsentiert einen süßlich-würzigen Umami-Schmeichler, nämlich die kraftvolle Entenbrühe, in der die Innereien wie Entenmägen, -zungen und -herzen sowie etwas Eierstich schwimmen.
Zum Dessert vermählte sich schließlich das solo eigentlich viel zu intensive, saure und sogar recht salzige Limettensorbet mit der Süße von Mango und Milcheis sowie dem Schmelz einer Creme von Sticky Rice zu einer facettenreich spannungsgeladenen, aber unterm Strich eben auch wieder sehr harmonischen Verbindung, an die man sich immer wieder gerne erinnert. Wie diese Küche überhaupt nicht nur einen hohen Wiedererkennungswert hat, sondern sich eben auch mit äußerst einprägsamen, markanten Geschmacksbildern unweigerlich ins kulinarische Langzeitgedächtnis einbrennt.

8↑

Tulus Lotrek

Fichtestr. 24, 10967 Berlin
030-41956687
tuluslotrek.de
Küchenchef: Maximilian Strohe
Do–Mo ab 18 Uhr, Di u. Mi RT
Menüs: 197 €
EC VISA

Max Strohe, der nie in den Brigaden irgendwelcher berühmter Chefs gearbeitet hat und in der Küche seines schönen, in Altbauräumen der ruhigen Kreuzberger Fichtestraße installierten Restaurant wahrscheinlich gerade deshalb so freigeistig und undogmatisch ans Werk geht, ist einer von Berlins kreativsten Köchen. Was an diesem ungezwungenen Wohlfühlort in so eigenständiger Fassung im Rahmen des allabendlich einheitlichen Menüs vom ebenso entspannten wie eloquenten Service unter der Leitung von Ilona Scholl aufgetragen wird, begeistert stets mit einer erfrischend zeitlosen Mischung aus Innovation und Tradition. Mit originellen Ideen abseits des Mainstreams auf dem sattelfesten Fundament französischer Klassik. Strohe kommt dabei auf seinen durchaus ambitioniert gestalteten Tellern ohne manierierte Basteleien aus und es geht ihm letztlich glaubhaft immer nur um guten Geschmack. Kraftvoll, zupackend, tief, süffig, aber immer sehr elegant umgesetzt. Dazu passt eine Weinkarte mit vielen originelle Abfüllungen eigenwilliger Winzer, auch aus der Naturweinszene, in der aber auch genügend Platz für traditionelle Weinstile ist.

6

Tupac

Hagelberger Str. 9, 10965 Berlin
030-78891980
tupac-berlin.com
Mi–Sa ab 18 Uhr, So–Di RT
Menüs: 85–95 €
EC VISA P

Der Name dieses wirklich netten und auch aus kulinarischer Sicht sehr empfehlenswerten lateinamerikanischen Lokals nahe dem Kreuzberger Viktoriapark bezieht sich auf Túpac Amaru II., einen Freiheitskämpfer gegen die spanischen Eroberer. Das kleine kreative Team des zwar recht spartanisch, als solches aber geschmackvoll eingerichteten Lokals mit lauschigem Freisitz stammt aus verschiedenen Ecken Südamerikas und zelebriert hier eine originell abgewandelte Version verschiedener Länderküchen ihres Heimatkontinents, insbesondere der peruanischen Küche, die bereits der große Auguste Escoffier als eine der spannendsten und besten Küchen dieser Erde bezeichnet hat. Hier kommt das mittlerweile in sehr moderner und ambitionierter Ausführung mehr gourmet-like als native auf die Tische und ist trotzdem sehr schnörkellos und ausdrucksstark.

Fast & SLOW

UNSER CAFÉ

Dänenstr. 14,
10439 Berlin
030-34394518
www.unser-cafe-berlin.de
Täglich von 7–16 Uhr,
kein RT
Hauptgericht: 7–16 €

EC VISA

Wer handgemachtes frisches Gebäck mag, eventuell eine Vorliebe für portugiesische Spezialitäten mitbringt oder gern auch bis zum späten Nachmittag frühstückt, der ist in „Unser Café" im Prenzlauer Berg genau richtig. Das kleine, liebevoll chaotisch gestaltete Eckcafé hat von verschiedenen Frühstücksvariationen über die Gebäcke bis zu kleinen Lunchgerichten ein breites, unkompliziertes Angebot.

Fast & SLOW

Upper Burger Grill

Rankestr. 3,
10789 Berlin
030-55221733
upperburgergrill.com
Täglich von 12–23 Uhr,
kein RT
Hauptgericht: 9–12 €

Handwerkliche, frische Burger und exklusive Steak-Cuts.

9

Victor & Victoria

Charlottenstr. 59, 10117 Berlin
030-992115611
victorvictoriaberlin.com
Küchenchef: Stephan Krogmann
Di–Sa ab 19 Uhr, So u. Mo RT
Hauptgericht: 35–48 €,
Menüs: 125–155 €

EC VISA

Es war von langer Hand geplant, und die stufenweise Eröffnung erfolgte mit Bedacht. Schon im Vorfeld war zu erkennen, dass die Macher des neuen, zweistöckigen Restaurantkonzepts Victor & Victoria am Gendarmenmarkt mit Barbereich, Edel-Bistro und Gourmetrestaurant nichts dem Zufall überlassen würden. Mit Stephan Krogmann, den wir seinerzeit in Stolpe zu unserem „Newcomer des Jahres" 2020 ausgezeichnet hatten, wurde für dieses Projekt außerdem ein Küchenchef verpflichtet, der nicht nur extrem viel Talent und Know-how besitzt, sondern auch das ist, was man in der Kochszene gerne anerkennend als „Maschine" bezeichnet: Kein Aufwand ist ihm zu groß, keine Technik zu kompliziert, kein Zusammenhang zu komplex und keine Zubereitung gut genug, bis sie in seinen Augen nicht weniger als perfekt ist. Außerdem ist er ein absoluter Qualitätsfanatiker, was die Produkte angeht und er legt auch bei der Präsentation seiner Gerichte sehr viel Wert auf Stil und Ästhetik. Kurzum: Er setzt für sich und seine Kreationen die Messlatte selbst ganz oben an.
Hier scheint er nun tatsächlich alle Voraussetzungen gefunden zu haben, um so eine höchst anspruchsvolle Luxusküche genau nach seinen Vorstellungen realisieren zu können, die es in dieser Art in Berlin nicht allzu oft gibt – schon gar nicht in dieser bemerkenswert hohen Qualität und Perfektion. Aber auch das Setting stimmt, denn der überaus großzügig und weitläufig anmutende Gourmetbereich im ersten

Stock wirkt mit viel Schwarz, großflächigen aquamarinfarbenen Velourspolstern und jeder Menge Kristallfunkeln an der Decke auf fast schon zurückhaltend puristische Art pompös, was sich zwar etwas widersprüchlich anhören mag, aber irgendwie genauso ist. Und das passt perfekt zu Krogmanns Kulinarik, denn auch er kleckert nicht, sondern klotzt, macht das aber auf ausgesprochen stilvoll zurückhaltende Art. Man erkennt auf jedem Teller sofort die große Exzellenz dieser Küche, aber sie wird nicht angeberisch zur Schau gestellt.
Die drei Kleinigkeiten zum Aperitif zeigten schon gleich eindrücklich, wo der Hammer hängt, wie die Küche tickt, wo ihre Stärken liegen. Denn sowohl das mit Schnittlauch und Sardelle getoppte Rindertatar im Knusperzylinder, als auch das „Umami-Sandwich" mit Dashi-Baiser und Pilz-Sphäre und erst recht das mit Auster, Salicornes, Saiblingskaviar und Crème fraîche angereicherte Lachstatar waren zwar Dinge, die man als Gourmet so oder so ähnlich schon in vielen mehr oder weniger klassisch französisch geprägten Restaurants gegessen hat, aber wahrscheinlich nur selten so gut, so filigran und so bis ins Detail ausgefuchst wir hier. Ein großartiger Start, dem das Amuse um Rauchaal von den mittlerweile in Gourmetkreisen wohlbekannten brandenburgischen 25 Teichen mit Gurkenkomponenten, Dill und Senfmayonnaise in nichts nachstand. Auch das war kompositorisch keine Novität, aber handwerklich und geschmacklich hochfein, ausdrucksstark und schon von daher ein weiterer Gaumenkitzel auf beachtlichem Niveau.
Dass es auch auf Produktseite nur exzeptionell weitergehen würde, ließen das herausragende Sauerteigbrot, die französische Rohmilchbutter und ein mit Kürbiskernen, Schnittlauch und krossen Speckpartikeln bedeckter Kräuterfrischkäse erahnen. Insbesondere aber die obszön buttrige hausgebackene Brioche, die für uns zu den besten ihrer Art seit Langem zählte. Und auch sonst ist hier vom Limoges-Porzellan von der Manufaktur Coquet bis zu den hauchdünnen Zalto-Gläsern alles vom Feinsten. So wie bei der Vorspeise, wo fleischige Limfjord-Makrele, Aki-Kaviar „Pure" und zweierlei Daikon-Rettich, millimetergenau akzentuiert von Genmai-Miso, einer Creme aus Edamame und einem Hauch Bergamotte auf einem klaren Makrelen-Dashifond angerichtet waren und ein fantastisches mineralisches Ensemble darstellten. So klar und pur wie möglich und so interessant aromatisiert wie nötig, war das als erster offizieller Gang des Menüs schon ein ganz dickes Ausrufezeichen.
Und dem stand auch die handgetauchte Jakobsmuschel aus Norwegen in nichts nach, die über Holzkohle gebraten und als mit japanischem Kujyo Negi-Lauchöl roh marinierte Scheiben viel Produktcharakter auf den Teller brachten. Zusammen mit gegrilltem japanischem Lauch, einer Schnittlauchemulsion und einem Zitrusgel in perfekter Dosierung war da nichts als Wohlgeschmack und vielschichtiger Spannung am Gaumen zu spüren. Für glasklaren Geschmack hervorragender Produkte und exzellent herausgearbeitete Aromen stand auch der geangelte Black Cod, der in Perfektion in einem Pastissud auf den Punkt pochiert und in diesem Kontext stimmig mit Fenchelkraut gekrönt und von Fenchelcreme flankiert auf einem Ragout von dreierlei Muschelsorten in einer prägnant mit Estragon aromatisierten Beurre blanc badete.
Da erkennt man Krogmanns Liebe für die französische Klassik ebenso wie beim nicht weniger als perfekt zubereiteten Kalbsbries aus der Auvergne, das weder zu gummiartig zäh noch wie sehr oft zu pastös in genau der richtigen zart-saftigen Konsistenz und aromatischen Klarheit auf Kartoffelschaum sowie einer mit Kalbszungenwürfeln angereicherten und nur so von Kalbsjus, Madeira und erdiger Périgord-Trüffel strotzender Sauce Périgueux präsentiert wurde. Den Extrakick an Schmelz und Umami und zudem ein raffiniertes Mundgefühl steuerte das lockere Geflecht auf dem Bries bei, das aus fragilen knusprigen Kartoffelstreifen und Flocken aus Mimolette-Käse bestand.
Und im Grunde wäre der Maibockrücken aus brandenburgischer Jagd, der mit aufwendig und akkurat drumherum arrangierten Komponenten von Knollensellerie, Piemonteser Haselnuss und Foie gras auf einer meisterlichen, ebenso dicht und komplex wie elegant und durchdringend gehaltenen Sauce Rouennaise angerichtet war, ein sehr klassisch-gediegener Hauptgang gewesen – hätte da nicht die markant mit Kampot-Pfeffer aromatisierte Gratinage auf dem straff-zarten und herrlich eigenaromatischen Fleisch für einen spannenden Akzent gesorgt. Und mit diesem Twist wurde die ganze Angelegenheit fast beiläufig wieder in eine unkonventionelle Richtung gedreht und blieb als Menühöhepunkt unter vielen weiteren Highlights im Gedächtnis.
Und im Gedächtnis blieben definitiv auch die beiden kreativen Desserts, zunächst das optisch unscheinbare, aromatisch durch Fenchelpollen aber umso spannendere Miteinander von Original Beans' weißer „Yuna" Schokolade und Maracuja und erst recht das ebenso üppige geschichtete wie filigrane Türmchen von sizi-

lianischen Moro-Blutorangen, karamellisiertem Rahm, Roggen und Lakritz. Aber auch die mit sehr viel Einfühlungsvermögen ausgesuchten Weinempfehlungen des Sommeliers. Kurzum: Berlin hat mit dem Victor & Victoria definitiv ein neues Spitzenrestaurant!

8

Volt

Paul-Lincke-Ufer 21, 10999 Berlin
030-338402320
www.restaurant-volt.de
Küchenchef: Matthias Gleiß
Di–Sa ab 19 Uhr, So u. Mo RT
Menüs: 75–94 €

VISA

An originellen, unkonventionellen Locations mangelt es der Berliner Restaurantszene nicht. Originelle Restaurants mit sehr guter, kreativer Küche muss man schon etwas genauer suchen. Im ehemaligen Umspannwerk von Kreuzberg gibt es schon seit vielen Jahren beides: ein hoher, von industrieller Architektur mit Backstein und Stahl, aber auch markanten stylischen Gestaltungselementen wie den kupferfarbenen Leuchten über den Tischen geprägter Raum mit ganz besonderem Flair und eine anspruchsvolle, einfallsreiche Küche aus der Feder von Gastgeber Matthias Gleiß.
Gleiß kocht im Grunde sehr puristisch, sehr leicht und überwiegend mit heimischen Viktualien jenseits der einschlägigen Luxusprodukte, macht daraus aber keine Religion. Bemerkenswert ist in jedem Fall, dass eines der beiden Menüs vegan ist und dem anderen, das auch Fisch und Fleisch aufbietet, in nichts nachsteht. Man bekommt es stets mit einer sehr feinen, sehr elegant und natürlich umgesetzten Küche zu tun, deren Finesse meist in den geschmacklichen Details liegt und nicht durch Knalleffekte erzeugt wird.
Wie schon in den Jahren davor ging es auch diesmal sehr schlicht und reduziert los. Sowohl die Lángos mit mild geräucherter Pilzcreme und gepickelter Zwiebel als auch der Kürbissalat mit gerösteten Kürbiskernen und etwas Frisée waren einerseits sehr schmackhafte Kleinigkeiten, ließen aber noch nicht wirklich erkennen, zu was die Küche fähig ist. Das zeigte dann schon viel mehr die Vorspeise des veganen Menüs, bei der unterschiedliche Spielarten von Blumenkohl (geröstet, säuerlich mariniert, als Creme…) mit viel frischem Schnittlauch auf einer Vinaigrette von Senfsaat und Hanföl angerichtet waren. Insbesondere das Spiel zwischen sehr deutlichen Bitteraromen, den nussigen Noten und der Schnittlauchschärfe erzeugte hier mit den unterschiedlichen Facetten des Blumenkohls ein überraschend vielschichtiges Geschmacksbild.
Etwas puristischer und vollmundiger ging es bei der omnivoren Speisefolge mit einer Art kleingewürfeltem Ragout vom Kikok-Huhn zu, das mit fermentiertem Knollensellerie unter einer Schicht aus dünn geschnittenen Scheiben von Kräuterseitlingen versteckt war und von einem komplexen Hühnersud zum Schlürfen begleitet wurde. Dem folgte mit einer punktgenau gegarten und auch sonst sehr properen, mit Mönchsbart und Saiblingskaviar beladenen Tranche vom Lofoten-Kabeljau, die auf einer Creme aus gelben Linsen thronte und von Beurre blanc umgeben war, der einzige Ausreißer des letzten Besuchs – was aber nur damit zu tun hatte, dass der Fisch viel zu salzig daherkam. Im veganen Menü war bei der mit glasigen süßen Zwiebeln gefüllten gelben Paprika auf einer markanten Sauce von roter Paprika wieder alles im Lot. Hier beeindruckten insbesondere die gestochen scharf herausgearbeiteten Aromen, auch die von Kümmel und Majoran, mit denen diese fruchtig-bittersüße Melange reizvoll akzentuiert wurde. Und wenn jemand aus solchen, im Grunde völlig simplen Produkten so etwas Finessenreiches herausholt, dann zeugt das schon von einem äußerst feinsinnigen Gespür und einer gehörigen Portion Talent, gerade im Umgang mit Gemüse.
Vor allem dann, wenn dies mit nur zwei Komponenten gelingt, so wie bei den aus hundert Prozent Semola gefertigen Tagliolini, die nur in Begleitung einer sehr geschmeidigen, aus Knollenselleriesaft, Traubenkernöl und Distelöl emulgierten Sauce begleitet wurden, der ein paar Spritzer weißer Balsamicoessig eine ganz dezente elegante Säurestruktur und ein dunkles Sellerie-Gewürzpulver noch mehr Tiefe verliehen.

Und während es im Hauptgang des veganen Menüs überraschenderweise mit verschiedenen Möhren (sowie dem Zuspiel von Kartoffel, Liebstöckel und Schwarzkümmel) gelang, ein volles und nuancenreiches Geschmacksbild zu erzeugen, das auch leidenschaftliche Fleischesser nichts vermissen lässt, hätten wir nur sehr ungern auf den Fleischhauptgang des anderen Menüs verzichtet. Denn die hier in den Mittelpunkt gestellte Rinderbacke, die von süßsäuerlich eingelegtem Igelstachelbart-Pilz, einer aus zweierlei Petersilienwurzel und Blattpetersilie hergestellten Komponente sowie einem sündhaft buttrigen Kartoffelpüree begleitet wurde, war mal nicht ein von dichter, hochkonzentrierter Jus übertöntes Faserbündel, sondern ein sehr zartes Stück Fleisch mit einer noch schön glatten Struktur auf einer herrlich transparenten und trotzdem sehr tiefgründigen und komplexen Sauce. Mit jedem Bissen ein großer Genuss und von einem reinsortigen Garnacha mit viel Trinkfluss, gut eingebundener Säure und einer animierend dropsigen Frucht auch im Glas kongenial begleitet.
Das machte ebenso großen Spaß wie die beiden Desserts, von denen das nicht-vegane in Gestalt von Preiselbeersorbet unter einer Haube von Vanilleespuma und umgeben von kleinen fettig-knusprigen Partikeln Ausbackteig als sehr eingängiges Soulfood direkt alle schwelgerischen Genusssinne stimulierte, während sich die vegane Alternative noch facettenreicher und überraschender präsentierte. Nämlich in Gestalt einer obwohl veganen überaus köstlich, voll und buttrig schmeckenden Brioche, auf der ein saftig-fruchtiges Mandarinensorbet und verschiedene Topinambur-Komponenten angerichtet waren.
Die ansprechende Weinkarte behandelt als Schwerpunkt Deutschland, gefolgt von Österreich, Frankreich und Iberischer Halbinsel, ergänzt um ein paar spannende osteuropäische Gewächse. Hier ist es aber immer sehr lohnend, sich auf die glasweisen Empfehlungen zum Menü einzulassen, die nicht bloß sehr gut auf die einzelnen Gänge abgestimmt sind, sondern auch ein gutes Preis-Genuss-Verhältnis bieten.

Bezahlkarten-Symbole

- Mastercard
- EC-Maestro
- Diners
- American Express
- VISA Visa

Bernau a. Chiemsee (Bayern)

6

Landgasthof Hittenkirchen

Hittostr. 8, 83233 Bernau a. Chiemsee
08051-2391
www.der-landgasthof.bayern
Küchenchef: Moritz Preiss
Do–So ab 18 Uhr, Mo–Mi RT
Hauptgericht: 25–45 €,
Menüs: 75–120 €
VISA P

Im Chiemgau tut sich wieder was! Während der Großraum um den Chiemsee aus kulinarischer Sicht eine ganze Zeitlang völlig unattraktiv war, kamen in den vergangenen Jahren wieder einige interessante Adressen für Feinschmecker hinzu. Unsere jüngste Entdeckung liegt in einem kleinen Ortsteil zwischen Bernau und Prien. Und anders als in diesen Hauptorten geht es in Hittenkirchen eher ruhig und beschaulich zu. Umso überraschender und erfreulicher ist es, dass ausgerechnet hier engagierte junge Gastronomen den von außen etwas in die Jahre gekommenen Landgasthof des Ortsteils mit neuem Leben füllen – und das mit erstaunlich großen Ambitionen und mit jeder Menge Schwung!
Schon beim Eintreten zeigen die verjüngte und immer noch sehr gemütliche Atmosphäre und lässige Hip-Hop- und Jazz-Sounds aus den Lautsprechern, dass hier alles auf positive Art ein bisschen anders ist als in normalen Gasthäusern. Das bestätigt sich dann auch direkt beim Blick in die liebevoll und augenzwinkernd mit kleinen Skizzen verschönerte Speisekarte, in der zwei Menüs (davon eins vegetarisch) mit jeweils auch à la carte bestellbaren Gerichten nicht nur eine kluge Beschränkung auf einige wenige an Region und Saison ausgerichtete Optionen, sondern auch viele kreative Ideen aufzeigen. Programm ist genau das, wo-

von die sichtbar begeisterten Gastgeber selbst überzeugt sind. Und das macht auf lässig-entspannte und zugleich anspruchsvolle Art viel Spaß!

So beispielsweise bei der vegetarischen Vorspeise, einer Tarte, bei der ein etwas rustikaler Mürbteig mit dunkel geschmorter Apfel-Zwiebelfüllung, Basilikumöl und jeweils einer Nocke von geräucherter Crème fraîche und süßsäuerlich pikantem Traubenchutney einen zwar eher grob proportionierten, aromatisch aber wunderbar exakt angestimmten Auftakt ergab. Genau das Gleiche, nämlich einen Hauch von Rustikalität mit cleverem Feingespür, lieferte auch die fleischliche Alternative in Form von zartem Hirschragout in einem leichten Schmorfond, das mit fluffigen Kartoffelkrapfen und einem tomatenfrischen Petersiliensalat in eine ungewohnt sommerliche, beinahe mediterrane Richtung bewegt wurde.

Wobei der vegetarische Hauptgang mit seinem vielschichtigen Umami-Feuerwerk danach sogar noch eins drauf setzte und überraschend zum Highlight des Abends avancierte: geschmeidig-röstwürzige Steinpilze wurden hierbei mit einer tiefdunklen konzentrierten Herbsttrompetencreme und Kartoffelstampf mit schwarzem Knoblauch kombiniert und von einem faszinierend feinbitteren Eichenlaub-Schaum abgerundet. Tolle Idee, tolle Umsetzung!

Da konnte das kross gebratene Saiblingsfilet trotz tadelloser Frische und exakter Zubereitung nicht ganz mithalten, weil sein Umfeld aus einem auf eher dumpfe Art intensivem Steckrübenstampf, sautiertem Spinat und Chorizo-Crumbles etwas zu behäbig wirkte. Wäre die pikante spanische Paprikawurst beispielsweise mit etwas mehr Power eingesetzt worden und ein weiteres frisches Element im Spiel gewesen, hätte man da noch einiges mehr rausholen können. Am guten Gesamteindruck hat das aber auch so nicht gerührt.

Genau wie das Dessert aus einem dunklen, mit regionalem Whisky getränkten Schokoladenkuchen, der mit salzkaramelligem Popcorneis und Kaffeearomen liiert war. Da passte alles bestens zusammen, das hatte sowohl individuellen Charakter als auch Pfiff und schaffte so einen gelungenen Abschluss. Und individuellen Charakter haben im Landgasthof Hittenkirchen auch die empfohlenen Weine auf der kleinen Getränkekarte, bei denen unter anderem mit Raritäten aus Georgien, Ungarn und Österreich viele spannende Entdeckungen gemacht werden können – und das beileibe nicht nur für Naturweinliebhaber.

Bernkastel-Kues (Andel)
(Rheinland-Pfalz)

5

La Bonne Adresse

Am Ring 37,
54470 Bernkastel-Kues (Andel)
06531-97260
www.roussel.de/restaurant
Küchenchef: Thierry Roussel
Mi–So ab 17 Uhr, Mo u. Di RT
Hauptgericht: 25–35 €,
Menüs: 36–97 €

VISA

Das kleine und feine Restaurant in dem etwas außerhalb von Bernkastel-Kues unscheinbar und ruhig in einem Wohngebiet am Hang gelegen Hotel mit Weingut, wirkte diesmal noch ein wenig eleganter als beim letzten Besuch, was mit neuen ockergelben Stühlen und Bankbezügen zu tun haben könnte. Man fühlt sich jedenfalls schnell wohl, woran auch der freundliche Service seinen Anteil hat, der flugs mit drei Sorten hausgebackenem Brot und wenig später mit zwei sehr ansprechenden Aperitif-Snacks am Tisch war. Der eine davon war ein mit harmonisch säuerlich abgeschmecktem Auberginentatar beladener Cracker aus Wan-tan-Teig und der andere eine mundgerechte Mini-Quiche mit Edamame.

Einen weiteren kleinen Küchengruß, eine vegetarische, nämlich auf Basis von Cashewkernen zubereitete Foie-gras-Imitation, die mit Rotweinschalotten und etwas Amarenakirsch-Konfitüre auf einem Briochetaler thronte, kannten wir schon vom letzten Besuch. Und er war auch dieses Mal ausgewogen proportioniert und gut zwischen Süße und Würze ausgemittelt.

Etwas zu sehr auf der süßlich-fruchtigen Seite lag die ansonsten ebenfalls sehr attraktive Vorspeise um ein Thunfischtatar auf einem Spiegel

von Kalamansi-Mango-Sud, der mit Schnittlauchöl-Tupfen und Atsinakresse durchaus interessante Akzentuierungen hatte. Die markanteste Pointe kam hier aber von einer schön schneidigen Wasabieis-Nocke auf dem Tatar, die aber ob ihres sehr stimmigen und schmissigen Mitwirkens ruhig noch etwas größer hätte sein dürfen. Mit ein wenig mehr Würze wäre auch der Sud noch balancierter gewesen, aber auch so war das schon eine sehr ansprechende, puristische Sache.
Überhaupt wird hier sehr minimalistisch und pointiert komponiert. So wie auch beim sanft gegarten Skrei, der lediglich mit einer tatsächlich schön deutlich schmeckbar herb mit Pernod aromatisierten Bröselkruste und Mandel-Crumbles getoppt auf einem klaren Safransud schwamm. Dass dieser ebenfalls relativ süßlich und fruchtig war, wirkte ebenso redundant wie die auch hier wieder verwendete Atsinakresse.
Keine aromatischen Wiederholungen gab es beim auch sehr saftig auf den Punkt gebrachten Seeteufel, der mit einer Nocke akkurat kleingewürfeltem Ratatouille und Frisée beladen auf einer feinsäuerlich-fruchtigen (aber nicht zu süßen) Tomatenvinaigrette angerichtet war. Wieder souverän aufs Wesentliche beschränkt, wieder sehr schlank und aromatisch zugespitzt – diesmal gut ausgewogen zwischen Säure, Süße und Umami.
Und auch nicht beim Hauptgang um eine dezent getrüffelte Ballotine vom Perlhuhn, die mit kleinen Kartoffelkugeln, weißem Spargel und Morcheln als süffiges Mischgericht mit zwei Saucen angerichtet war: einer dunklen Jus und einer hellen Velouté, in der die Spargel und Morchelstücke auf den Teller kamen. Der einzige Schwachpunkt war hier, dass diese Velouté durch ihre Basis von einer recht starken, fast deftigen, diffusen Grundwürze dominiert war, in der der feine Geschmack von Spargel und Morchel kaum eine Chance hatte. Da wäre eine rein auf Spargel- oder Morchelaroma abgestellte und weniger auf Würze basierende Velouté die überzeugendere Wahl gewesen.
Viel Licht und nur wenig Schatten auch beim süßen Abschluss, ein wunderbar natürlich aromatisches Erdbeer-Rhabarberdessert mit Sorbet, marinierten Erdbeeren, Rhabarbergel, einer Erdbeer-Rhabarbersauce und Creme Chantilly. Hier war nur der als eine Art Baba au Rhum annoncierte Kuchen kaum merklich getränkt, eigentlich eher seltsam trocken, was zwar teilweise durch die Erdbeersauce behoben werden konnte, aber im Grunde völlig unnötig einen etwas unrunden Eindruck machte. Wenn an solchen genannten Kleinigkeiten noch gefeilt wird, könnte die Bewertung noch höher ausfallen. Thierry Roussel hat definitiv das Zeug, um auf 6 Pfannen zu kommen und viel hat auch diesmal nicht gefehlt!

Bescheid (Rheinland-Pfalz)

6↑

Zur Malerklause

im Hofecken 2,
54413 Bescheid
06509-558
www.malerklause.de
Küchenchef: Hans Georg Lorscheider
Fr u. Sa ab 18 Uhr,
So von 12–13.30 Uhr,
Mo–Do RT
Hauptgericht: 32–46 €,
Menüs: 89–134 €

VISA P

Was für viele der touristisch beliebten Orte an der Mosel gilt, lässt sich auch von der gar nicht weit entfernt gelegenen Malerklause in Bescheid sagen: Hier gibt es viel Charme, vielleicht ein bisschen altmodisch, aber mit unverwechselbarem Charakter. Und vor allem mit einem besonderen Faible für Genuss. Von letzterem getragen, hat die Gastgeberfamilie Lorscheider sich in ihrem beschaulichen Domizil über viele Jahre hinweg mit substanzstarker klassischer Küche und zuvorkommendem Service einen festen Stand erarbeitet.
Wer hierher nach Bescheid in das mit gemusterter Tapete und verspielter Dekoration wie ein vornehmes nostalgisches Wohnzimmer wirkende Restaurant kommt, weiß in der Regel, dass ihn keine Innovationen und Trends erwarten. Dafür aber all das, womit sich eine von A bis Z frisch, natürlich und aromenstark zubereitete Küche auszeichnet! Was umso beachtlicher ist, angesichts der Tatsache, dass Hans-Georg Lorscheider konsequent allein am

Herd steht, während Beate Lorscheider und Sohn Mario im Service immerhin vierhändig unterwegs sind.
Wenn zum Auftakt nach ofenfrischem Gebäck traditionell augenzwinkernde Rustikalitäten wie eine feinsäuerliche Sülze mit Kartoffelsalat und Remoulade in einer Akkuratesse auf den Tisch kommen, von denen man in den meisten Wirtshäusern nicht einmal träumen kann, weiß man genau, woran man ist. Dass sich die Karte über die Jahre hinweg nur in den Details und bei saisonalen Produkten verändert und viele der Gerichte bereits Hausklassiker-Status haben, stört dabei nicht im Geringsten.
Einer dieser auch in unserem Guide in der Vergangenheit schon des Öfteren beschriebenen und gelobten Evergreens sind die Variationen von der Gänsestopfleber, die zuletzt fein gearbeitete Terrinen-Stücke in vier unterschiedlichen Akzentuierungen rund um ein kraftvoll ausdrucksstarkes Grundprodukt boten. Ergänzt unter anderem mit Rhabarber, Süßweingelee, Portwein und Trüffel ergab das klassischen, substanzstarken Genuss auf hohem Niveau, der erfreulicherweise nicht in die desserthaft süße Richtung tendierte.
Ohnehin ganz weit weg von Desserthaftigkeit lag dann von Haus aus der mit viel gerösteter Schalenpower punktende, tiefdunkle Krustentierschaum, der mit jeder Menge Volumen und Kraft eine glasig gebratene Jakobsmuschel samt Rogen und eine knackige Garnele auf etwas Zucchini-Confit umspielte. Und auf seine zupackende Art einen stark verdichteten und dabei sehr harmonischen maritimen Eindruck schaffte.
Dicht und harmonisch wirkte dann auch der aus Wildfang stammende Zander mit krosser Haut und zartblättrigem Fleisch neben seinen Begleitern aus jeweils akkurat und eigenaromatisch gegartem Frühlingsgemüse, allen voran kapitale Stücke weißen Spargels, die von einer stoffig konzentrierten Rieslingsektsauce und kräuterduftigem Pesto eingefasst waren. Dabei wurde einmal mehr deutlich, dass Hans-Georg Lorscheider gern bis zum Anschlag würzt und intensiviert – ohne aber dabei je übers Ziel hinauszuschießen.
Den einzigen handwerklichen Wackler gab es zuletzt bei der Dessertvariation, die neben einem saftigen dunklen Schokoladenkuchen, geschmeidigem Grand-Marnier-Parfait und vollaromatischen Erdbeeren auch eine zwar verführerisch duftende, aber leider nicht wirklich knusprig karamellisierte Crème brûlée aufbot. Letztlich aber wirklich nur eine Kleinigkeit, die auch diesmal rein gar nichts am rundum positiven Gesamteindruck änderte.

Zu diesem gehören dagegen ganz klar der aufmerksame familiäre Service und die von Sohn Mario Lorscheider gepflegte Weinauswahl, die viele bekannte und weniger bekannte Gewächse aus der Region beinhaltet, darunter auch viele gereifte Flaschen und die eine oder andere Rarität zu ausgesprochen einladenden Preisen.

Beuerbach (Bayern)

6

Büffelhof Beuerbach

Benediktstr. 4, 86947 Beuerbach
08195-1533
www.bueffelhof-beuerbach.de
Küchenchef: Valentin Schwencke, Amelie Schweisfurth, Vuong Pham Huu
Mo u. Fr. ab 17 Uhr, Sa u. So ab 11 Uhr durchgehend, Di–Do RT
Hauptgericht: 14–32 €, Menüs: 44–98 €
VISA

Allmählich scheint sich der Büffelhof in Beuerbach bei Landsberg am Lech zur festen Größe für Feinschmecker in der Region zu etablieren, denn von Jahr zu Jahr erleben wir den großen Gastraum immer noch ein bisschen besser besucht. Kein Wunder, denn nicht nur die originelle Location in dem stattlichen Gehöft ist einen Besuch wert, auch die Küche macht großen Spaß und bietet neben viel Originalität ein hohes qualitatives Niveau. Seit zwei Jahren werden hier sogar wieder Büffel und Wollschweine gezüchtet und vor allem das Fleisch und die Milchprodukte der zotteligen Langhörner sind auch auf den Tellern omnipräsent.
Mit viel Können und Fantasie feilt das junge und kreative Team um Amelie Schweisfurth, Valentin Schwencke und Vuong Pham Huu in den ehemaligen Stallungen an einem eigenständigen Stil und stellt dafür das Thema „Büffel" ganz weit nach vorne. So dreht sich in dem

großen, geschmackvoll renovierten und unkompliziert aber dennoch anspruchsvoll bewirteten Saal, in dem trotz der Größe eine sehr behagliche Atmosphäre herrscht, kulinarisch sehr viel um die namensgebenden zotteligen Rinder: Mozzarella aus Büffelmilch, verschiedene Würste oder Schinkenspezialitäten vom Büffel, die kreativ in verschiedene Gerichte integriert werden, aber natürlich auch das Fleisch selbst, von dem nicht selten auch unpopulärere Stücke und Innereien zu haben sind, machen einen großen Teil des Kulinariums aus.
Auf der Klassikerkarte gibt es beispielsweise eine originelle, dem „Carne Salada“ entlehnte Vorspeise mit einer Tomaten-Lauch-Vinaigrette, Lauchcreme, Zitronengel und Pane Carasau, ein tadelloses Büffelschnitzel mit luftig soufflierter Panierung nebst Bratkartoffeln, eine „Büffel-Brotzeit“ oder eine Crème brûlée aus Büffelmilch mit Zitronengras, Vanille und Kardamom. Im bis zu sieben Gänge umfassenden Menü begeistern Gerichte wie die glasierte Büffelkeule mit Topinamburcreme, Schwarzkohl und bunten Johannisbeeren.
Es gibt aber auch jenseits der Büffelprodukte attraktive Dinge auf den mit Fingerspitzengefühl angerichteten Tellern. Sogar im vegetarischen Bereich! Zuletzt zum Beispiel eine überraschend feinsinnige Vorspeise um Zuckermais und Tomate, bei der die Süße und Opulenz der Maiskomponenten durch die Säure und schlanke Frische der Tomatenzubereitungen und -varietäten gekonnt ausbalanciert wurden und sich so beides gewinnbringend ergänzen konnte. Aufgelockert mit etwas Inkagurke, Kapuzinerkresse und kleine Cracker aus Polenta entstand da ein spannendes und ausgewogenes Miteinander, bei dem alle Bestandteile gut ineinandergriffen.
Auch bei der kraftvollen Champignonessenz, die mit „Rosso di Napoli“-Aubergine, einer Hippe mit Petersilienstaub und gepickelten Kapern bestückt war, blieb das Team fast vegetarisch – lediglich etwas Büffelmark gab dem tiefen klaren Süppchen noch mehr Schmelz und Power. Es muss aber nicht partout Büffel sein, wie die köstliche Vorspeise um dünne Scheiben vom gebeizten Wollschweinfleisch eindrucksvoll unter Beweis stellte, die mit fermentiertem Fenchel, Radieschen, gepufftem Schweineschwarten-Popcorn und Honigknoblauch ein fast schon ätherisch-frisches Vergnügen war.
Einen Tick mehr Leichtigkeit, Transparenz und Frische hätten wir auch dem Fischgang um ein sehr schönes, saftig auf den Punkt pochiertes Stück Seeforelle gewünscht, das allerdings nicht nur etwas überladen, sondern auch recht massiv begleitet wurde. Die dünne Schicht aus Lupinen-Miso auf dem Filet ging dabei voll in Ordnung, auch wenn sie dem Fisch neben etwas Umami auch eine gewisse „Getreidigkeit“ mit auf den Weg gab – aber das war sehr dezent und ließ ihm genügend Raum zur Entfaltung. Neben dem Räucherfischsud waren da aber unter anderem auch noch bunte Bete-Kügelchen, ein Korianderpüree und mit Fischleber angereicherte Nockerl, die eine Konsistenz wie (gute) Gnocchi hatten und somit am Gaumen präsenter als das zarte Fischfleisch waren.
Derlei Probleme gab es bei den als kleine runde Medaillons präsentierten Saltimbocca von der Büffelleber nicht, weil deren Begleiter in Gestalt von Emmer-Urkorn, Blumenkohl (als knackige Röschen und Creme), geschmorten roten Schalotten und einer mutmaßlich mit Blumenkohlgrün aromatisierten Beurre blanc das Fleisch weder aromatisch oder haptisch dominierten. Und auch die Desserts blieben – wie schon im Vorjahr – als rundum gelungen in Erinnerung. Egal ob beim mit Curry und Tagetes unkonventionell aromatisierten Nachtisch um weiße Schokolade, Apfelvariationen und Holunderbeeren oder der Schokoladen-Zitronentarte mit karamellisierten Beeren, Schokoerde und Eis von Salzkaramell: alles bot Spannung und Wohlgeschmack!

Biberach a. d. Riß (Baden-Württemberg)

5

Ente

Gymnasiumstr. 17,
88400 Biberach a. d. Riß
07351-13394
www.restaurant-ente.de
Küchenchef: Benjamin Gebhart
Mo ab 17.30 Uhr,
Di–Sa von 11.30–14 Uhr u. ab 17.30 Uhr,
So u. Fei. RT
Hauptgericht: 14–26 €, Menüs: 34–48 €
VISA

Das familiäre Gasthaus der Familie Gebhart ist bekannt für seine angenehme Atmosphäre in den zwei gemütlichen Gasträumen oder auf der großzügigen Terrasse. Und für seine abwechslungsreiche Küche, die verschiedene Stile bedient. So ist die Ente längst zu einem beliebten Ort für unkomplizierten Genuss in der Region geworden. Gastgeberin Claudia Gebhart sorgt auf charmante und herzliche Weise dafür, dass sich die Gäste sofort wohlfühlen, während ihr Sohn Benjamin in der Küche mit traditionellem Handwerk und hochwertigen Zutaten für kulinarische Freuden sorgt. Das Angebot umfasst schwäbische Klassiker, mediterrane Einflüsse und auch Ausflüge in die internationale Küche. Gemeinsam ist allen Gerichten die sorgfältige Zubereitung und der Anspruch an Qualität und Frische der Produkte. Die Weinkarte bietet eine gute Auswahl an empfehlenswerten Weinen aus der Region und auch hochwertigere Flaschen internationaler Erzeuger, zu fairen Preisen.

Bielefeld (Nordrhein-Westfalen)

6↑

GUI

Gehrenberg 8, 33602 Bielefeld
0521-5222119
gui-restaurant.de
Küchenchef: Georgeos Karras
Di–Sa von 12–15 Uhr u. ab 18 Uhr, So u. Mo RT
Hauptgericht: 35–45 €, Menüs: 70–100 €

VISA

Um möglichem Rätselraten gleich zuvorzukommen: „GUI" stammt aus der Kunstsprache Esperanto und bedeutet dort „Genuss". Und genau das ist das Leitthema in dem kleinen versteckten Restaurant in Bielefeld, das in ein ansprechend schlichtes Ambiente mit dunklen Tischen und Ledersesseln, einem markanten beleuchteten Weinregal und der offenen Küche als pulsierendes Zentrum lädt. Hier kann unmittelbar zugeschaut werden, wie am schicken Molteni-Herd und am Pass die fertigen Teller entstehen.

Dieses Raumdesign schafft nicht nur eine besondere Atmosphäre, in der die Düfte und der Sound aus der Küche maximal appetitanregend wirken, sondern verdeutlicht auch den Stellenwert, den eine traditionell handwerkliche Zubereitung für das Team hat. Um diese zu gewährleisten, gibt es für alle Gäste einheitlich auch nur ein einziges Menü, das aus klug aufs Wesentliche reduzierten und mit guten originellen Ideen spannend gestalteten Gerichten besteht.

So wie beispielsweise das gröber geschnittene Thunfischtatar, das in dieser Form sehr schön die Qualität des Fischs zeigte und diesem mit Gurke, Koriander und Chili als deutlich akzentuierende Aromen beherzt zuspielte. Eine eher sanfte Wasabi-Mayonnaise schaffte dafür eine cremige Basis, (etwas strohige) Radieschenscheiben sorgten für auflockernde Frische und ein konzentrierter, prononciert mit Zitrusfrische und Sojawürze spielender Ponzu-Sud pushte die Komposition mit einem belebenden Umami-Boost.

Wie beim Thunfisch war auch bei der confierten Regenbogenforelle die Kombination der verwendeten Aromen keineswegs neu, wohl aber die durchdachte Art, in der diese interpretiert und umgesetzt wurden. Im Fall des Süßwasserfisches sorgten kleine, aus Kohlrabilamellen geformte Taschen, die als Füllung ein sanft gegartes Apfelconfit enthielten, für ätherische fruchtige Kicks, während daneben roher grüner Apfel und Petersilie für weitere Frische sorgten und eine markante, das gesamte Gericht durchziehende Schärfe für einen ausgeprägten Spannungsbogen. Fein!

Demgegenüber wirkte die im Hauptgang servierte Perlhuhnbrust mit knuspriger, ein bisschen rustikal gebratener Haut und einem klassisch schmeichelnden Frikassee zwar insgesamt etwas bodenständiger und traditioneller, machte gemeinsam mit einer eleganten Geflügeljus und verschiedenem zartem Frühlingsgemüse von Spargel bis Brokkoli aber auf genau diese Art dennoch viel Freude.

Und auch das Dessert mit einer säuerlich frischen Rhabarbermousse und zart gegartem Rhabarber neben herbem Matcha-Eis, Lemoncurd und gezupftem Zitronenbiskuit dazwischen, präsentierte in dieser Form gelungene Drei-Komponenten-Küche und deutete an, dass die aktuelle Bewertung hier noch keineswegs das Ende der Fahnenstange sein muss.

Dazu gibt es eine zwar nicht überbordende, aber spannend individuelle Weinauswahl, aus der auch glasweise lohnende Sachen ausgeschenkt werden. Das ungezwungen, aber stets aufmerksam agierende Serviceteam tut das Übrige dafür, dass man hier gerne verweilt.

Historisches Gasthaus Buschkamp

Buschkampstr. 75, 33659 Bielefeld
0521-492800
www.museumshof-senne.de
Küchenchef: Silvio Eberlein
Mi–Fr ab 17.30 Uhr, Sa u. So ab 12 Uhr durchgehend, Mo u. Di RT
Hauptgericht: 14–45 €, Menüs: 56–98 €
VISA

Allein die Location lohnt schon den Besuch, denn der Museumshof mitten im Grünen, in dem Gastgeber und Küchenchef Silvio Eberlein in sein Gasthaus Buschkamp lädt, ist ein sehr pittoreskes Ensemble aus wunderschönen historischen Fachwerkhäusern, einige Kilometer außerhalb von Bielefeld. Seit dem Jahr 1654 werden hier Gäste bewirtet, denn einst diente der Hof den Reisenden, die den „Teuto-Pass" passierten, als Raststation und den Kutschern zum Pferdewechsel. Tatsächlich fühlt man sich auf dem Gelände mit viel Fachwerk, Bauerngarten und einem alten Backspeicher, der nach wie vor regelmäßig zum Brotbacken genutzt wird, auch heute noch wie in die gute alte Zeit zurückversetzt.
Und das Gefühl hält auch im authentisch nostalgischen Gastraum mit viel Holz und antikem Mobiliar noch an. Ein Teil der Speisekarte widmet sich ostwestfälischen Traditionsgerichten, etwa Heringsstipp nach Hausfrauenart mit Bratkartoffeln, einem hausgebackenen „Kastenpickert" mit Leberwurst und Pflaumenmus oder „allerfeinstem Wurstebrei" von Schwein und Rind mit Roter Bete, eingelegten Gurken und Salzkartoffeln – Dinge, die hier im Grunde seit Jahren auf der Karte stehen und unter den eher bodenständigen Essern unter der großen Fangemeinde sehr beliebt sind. Nicht wegzudenken also, genau wie das Wiener Schnitzel, das zum Zeitpunkt unseres jüngsten Besuchs das an den anderen Tischen am meisten servierte Gericht war.
Daneben gibt es aber auch eine deutlich exklusivere und bisweilen auch kreativere Linie, die auf umfänglicheren und abwechslungsreicheren Genuss abzielt und ergo auch in einer sechsgängigen Speisefolge zu haben ist, die folgerichtig „Lust-am-Genuss-Menü" heißt. Und während dessen Gruß aus der Küche in Gestalt von etwas mild geräuchertem Hamachi mit Orangenvinaigrette auf säuerlichem Linsensalat und einer sämigen Steinpilzcremesuppe, in der ein bisschen Getreide als Einlage schwamm, noch verhalten daherkam, ging es mit der Vorspeise gleich in die Vollen: da bekam man es nämlich mit einer mustergültigen, sehr schön festen gebratenen Gänseleberscheibe zu tun, die umamiwürzig glasiert auf einer saftigen gebratenen Gewürzbrotschnitte angerichtet war und von karamellisierten Apfelwürfeln, sautiertem Blattspinat und Trüffeljus mit alkoholisch eingelegter Wintertrüffel begleitet wurde. Ein ausgewogen zwischen fruchtiger Süße und Herzhaftigkeit eingestellter Auftakt.
Dem folgten drei mit Sauerampferbutter gratinierte und mit Desietra-Kaviar gekrönte Austern französischer Provenienz, die nicht nur wegen ihres Kaviartoppings noch genug jodigmineralische Präsenz hatten, weil sie nur kurze Zeit unter der Oberhitze verbringen mussten. Dafür sorgte ferner auch der Sud, der sich aus Austernwasser und Sauerampferbutter vermählte. Etwas breit und eindimensional präsentierte sich leider der Zwischengang um die mit einer eher ausdruckslosen Trüffelfüllung auf Ricottabasis gefüllten Ravioli, die zusammen mit knackig sautiertem grünem Spargel, Trüffelpecorino und Piemonteser Haselnüssen in einer cremig-rahmigen hellen Sauce befanden. Auch das im Grunde ein sehr schmackhaftes und harmonisches Gericht, als solches aber etwas akzentlos.
Im Hauptgang erfreute ein sehr schön saftig und mit zartem Biss auf den Punkt gebrachtes Stück Hirschrücken aus heimischer Jagd, der nebst gebratenen und teils mit Amaranth beflockten Haferwurzeln, Wildem Brokkoli und einem Blini-Türmchen auf einem mit Dattelcreme eingefassten Saucenspiegel aus reduzierter Jus und einer rahmig gebundenen grünen Kräutersauce platziert war. Auch das ein sehr harmonisches und ausgewogenes Gericht, das sich auf 6-Pfannen-Niveau präsentierte.
In den süßen Teil des Menüs leitete eine Nocke Eis von Frankfurter-Grüne-Sauce oder zumindest deren typischer Kräutermischung geschmackssicher über, ehe zum Finale ein kleiner Blumentopf mit einem Schichtwerk aus

Caramelia-Schokoladenmousse, Rotwein-Feigensorbet pochierter Portweinfeige und Mozzarella-Espuma einen animierenden Schlussakkord anstimmte und die im letzten Jahr erhöhte Bewertung untermauerte. In der schwerpunktmäßig mit deutschen Weinen ausstaffierten Weinauswahl finden sich viele gute Tropfen zu moderaten Preisen, die es teilweise auch zum Mitnehmen gibt. So wie viele hausgemachte Spezialitäten aus dem Sortiment, die vom Brot über Knochenschinken, Bauernspeck und Leberwurst bis zu verschiedenen Pasteten, Suppen und Saucen sowie Konfitüren und Kompotts reichen.

6

Höptners Abendmahl

Johannisstr. 11 a, 33611 Bielefeld
0521-86105
www.abendmahl-restaurant.de
Küchenchef: Sebastian Höptner
Mi–Sa ab 18 Uhr, So–Di RT
Menüs: 115–145 €
VISA

Seit vielen Jahren schon verfolgen wir das erfolgreiche Schaffen von Sebastian Höptner in seinem gemütlichen Lokal in einem beschaulichen Eck von Bielefeld mit vielen alten Fachwerkhäusern, haben die Verwandlung von der einstigen „Wein-Taverne" in „Höptners Abendmahl" ebenso miterlebt wie die Eröffnung des Zweitlokals Erbsenkrug unter gleichem Dach – und in dieser Zeit von Jahr zu Jahr immer eine dezente aber stetige Steigerung der Küchenleistung feststellen dürfen. Da ist es auch nicht weiter schlimm, wenn die Kurve zwischendurch auf hohem Niveau mal wieder etwas nach unten zeigt und wir schweren Herzens die Bewertung entsprechend anpassen müssen.
Sehr gut gekocht wird hier ohnehin auch weiterhin. Aber schon im letzten Jahr hatte sich abgezeichnet, dass der hohe Grad an Aufwand und Präzision, der vor allem in den Jahren 2019 und 2020 geboten wurde und seinerzeit zu einer verdienten Aufstufung auf 7 Pfannen geführt hat, etwas abgeflaut hat. Damals hatten wir noch abgewartet und die Bewertung unangetastet gelassen, nachdem sich aber dieses Bild beim letzten Besuch verfestigt hat, sahen wir uns nun zur Korrektur veranlasst – nicht zuletzt, um damit vielleicht einen positiven Effekt zu erzielen und den Chef zu motivieren, wieder mehr Gas zu geben.
Am deutlichsten werden die Unterschiede natürlich immer dann, wenn man direkte Vergleiche ziehen kann. So wie bei dem traditionell im Vorprogramm offerierten „Möpkenbrot"-Macaron, der sich diesmal etwas pappiger, süßer und folglich eindimensionaler präsentierte als in der Vergangenheit. Eine gute Idee, aber etwas spröde umgesetzt, war das recht fest gelierte Krustentiergelee mit mariniertem Fenchel on top, dem eine schmelzige Komponente als Bindeglied nicht schlecht gestanden hätte. Ansonsten gab es wie gewohnt sehr gutes Brot mit Nussbutter und hoher Suchtgefahr, an denen man sich aber nicht zu schadlos halten sollte.
Zumal zuletzt die vegetarische Vorspeise um verschiedene Bete, Feldsalat, Pumpernickel und karamellisierte Walnüsse trotz ihrer naturgegebenen Leichtigkeit ein überraschend üppiges und sattsames Gericht war, was nicht zuletzt natürlich an den schieren Mengen und den Proportionen lag. Um die in sehr dünnen Scheiben zu einer relativ großen Rose aufgedrehte und mit verschiedenen Cremes glasierte gegarte, aromatisch eher erdige Rote Bete tummelten sich da säuerlich eingelegte und wiederum eher fruchtige Gelbe Bete, viel fleischiger Feldsalat, Nüsse, Crumbles und ergaben in Summe einen durchaus sehr schmackhaften, aber auch überraschend bodenständigen Start.
Eine ganz andere Sache war ein weiterer vegetarischer Gang, der sich in der Hauptsache um Blumenkohl drehte: Kleine, in Tempurateig knusprig ausgebackene Röschen, die locker mit Creme von fermentiertem schwarzem Knoblauch, einer mit Miso abgeschmeckten Mayo, kleinen Stücken von fermentiertem weißem Spargel und Korianderkresse bestückt auf etwas Blumenkohlcreme angehäuft und von zitrus- und kokosduftigem grünem Currysud umgeben waren. Das war deutlich feiner gezeichnet, das hatte Konturen und Nuancen, das war einer der anspruchsvollsten Kostproben des jüngsten Testbesuchs.
Ein an dieser Stelle des Menüs etwas ungewöhnlich wirkender und außerdem komposi-

torisch unausgereifter Gang war das Sashimi von der Gelbschwanzmakrele, das von einer etwas pappigen, mit Shiitake-Pilzen gefüllten Frühlingsrolle begleitet wurde. Hier war es aber von allem die Mousse aus geräuchertem Kürbis nebst Kürbiskernen, die als eine Art Savarin auf den roh marinierten Hamachi-Tranchen angerichtet war und diese sowohl aromatisch als auch haptisch dominierten. Die ebenfalls annoncierte Limette war leider kaum auszumachen und auch sonst fehlte es dem Fisch hier an Frischemomenten und Leichtigkeit. Hätte man die durchaus sublime Kürbismousse und das Pilzröllchen zum Beispiel mit etwas robusterem hellem Fleisch, etwa Geflügel oder Kaninchen kombiniert, hätte das schon wieder anders ausgesehen.
Die bereits aus der Vergangenheit bekannte Hummerschaumsuppe überzeugte durch Natürlichkeit und Ausgewogenheit, war aber vergleichsweise etwas dünner und flacher als zuletzt und hatte neben knusprigem Wildreis und ein oder zwei knackigen Hummerstücken leider auch ein paar uncharmant mehlige Exemplare intus. Ähnlich das Champagnersorbet vor dem Hauptgang, das seinen schaumweinherben Charakter diesmal nur zurückhaltend andeutete.
Das ist wie gesagt alles durchaus schmackhaft, handwerklich seriös zubereitet und hat Qualität – nur für eine höhere Bewertung derzeit zu wenig Struktur. Das wurde auch beim Hauptgang deutlich, einem zarten Filet vom irischen Rind nebst Rotkohlröllchen und gebratenem Semmelknödelriegel auf reduzierter Jus, bei dem alles etwas gröber gefasst und insgesamt eindimensionaler war, als wir das in den letzten Jahren schon erlebt hatten.
Dass diese Zeiten aber beileibe nicht unwiederbringlich vorbei sind, zeigte nach einem ebenfalls gut erdachten, aber etwas zu plump geratenen Vordessert, nämlich in einem ziemlich süßen und fast medizinal strengen Salbeifond platzierte Vanillemousse-Kugeln, der eigentliche süße Abschluss. Denn dieser mit fließend cremig gefülltem Tonkabohnenpudding gefüllte flache weiße besprenkelte Schokoladen-Baustein, in Kombination mit duftigem Orangenblütensorbet, Erdnussmousse und gegrillter Ananas, hatte all das, was den Kostproben bis dahin gefehlt hatte: feine Konturen, Tiefenschärfe, Kontraste, Dynamik… All das, was wir vielleicht schon beim nächsten Mal wieder durchgehender erleben werden und dann nichts lieber täten, als die Bewertung wieder in die andere Richtung anzugleichen.

6

Tomatissimo

Am Tie 15,
33619 Bielefeld
0521-163333
www.tomatissimo.de
Küchenchef: Bernhard Grubmüller
Mi–Sa ab 18 Uhr, So von 12–14 Uhr u. ab 18 Uhr, Mo u. Di RT
Hauptgericht: 22–56 €,
Menüs: 75–98 €

Die Fahrt aus Bielefeld raus aufs Land, um dort die substanzstarke italophile Küche des Tomatissimo zu erleben, lohnt sich immer wieder. Bereits seit vielen Jahren ist das Team um den ursprünglich aus Bayern stammenden Patron und Küchenchef Bernhard Grubmüller eine verlässliche Größe, wenn anspruchsvolle, aber schnörkellos zubereitete mediterrane Kochkunst in ungezwungener Atmosphäre gefragt ist. Dabei beschränkt sich das Angebot – anders als es der Name des Restaurants vermuten ließe – gar nicht unbedingt auf italienische Küche, sondern zeigt darüber hinaus den sehr erfahrenen und gut vernetzten Blick des Chefs auf die Gastronomiewelt. Und so gibt es hier neben vielen italienisch geprägten Gerichten immer auch Schwenker in andere Länderküchen oder Inspiration aus traditionell deutschen Gerichten.
Aber so oder so kann man nicht nur sicher sein, dass alles profund und aromenstark zubereitet ist, sondern sich auch stets auf die eine oder andere originelle Idee freuen. So wie zuletzt gleich zum Einstieg bei einem ebenso schlanken wie intensiven Spargelsüppchen, das durch geräuchertes Eiweiß und Petersilienöl mit ganz einfachen Mitteln solche spannenden Akzente mitbekam. Nicht ganz so gut funktionierte das bei den folgenden Jakobsmuscheln mit leicht artifiziell wirkendem Trüffelkaviar, einem runden, tiefen Sud sowie einigen, die jodig mariti-

me Seite des Gerichts betonenden Oysterleafs – und zwar vor allem deshalb, weil deutlich zu viel Salz auf den Jakobsmuscheln die ansonsten harmonisch-dichte Kombination eher anstrengend wirken ließ.
Umso überzeugender präsentierte das Team dafür den folgenden Skrei, der mit zart aufblätterndem Fleisch und pfeffriger Würze neben heller Blumenkohlcreme, röstigen Blumenkohl-Crumbles und einer verführerisch zwischen Röstwürze, dichtem Geschmack und feiner Säure balancierten Krustentiersauce angerichtet wurde. Zusammen mit dem intensiven, fast an braune Butter erinnernden Krustentierschaum – ganz weit weg von lieblich-rosaroten Versionen – und einem mit zartem Biss gegarten Raviolo mit üppiger Taschenkrebsfüllung, ergab das einen wunderbar komplexen maritimen Eindruck.
Wieder etwas rustikaler, aber auf die charmante Art, gab es im Hauptgang ein saftstrotzend und aromatisch am Knochen gebratenes Lammkarree mit Rosmarin. Dieses wurde von einem weiß-grünen Bohnenragout mit mildem Speck sowie in Rote-Bete-Saft gegarter Birne von einer überraschend harmonischen deutsch-italienischen Fusion begleitet, die den kraftvollen Auftritt gut balanciert abrundete. Nur die etwas überreichlich angegossene Lammsauce vergröberte den Gesamteindruck minimal.
Den Abschluss schaffte sehr ansprechend ein cremiges Rhabarbereis, das gemeinsam mit tiefrot gegarten Rhabarberstücken, einer üppigen weißen Schokoladencreme und einer etwas leichteren Mascarponecreme gegenübergestellt wurde. Der eigentliche Clou waren hier aber ein malzig-dunkle Roggencrumble und das die entscheidende bittere Frische einbringende Weizengras-Granité. Insbesondere in der Alles-mit-Allem-Variante probiert, ergab das in seiner kompakt angerichteten Form ein perfekt austariertes Finale. Und einen der stärksten Momente des letzten Besuchs.
Unter dem Strich zeigte dieser damit einmal mehr, dass auf Bernhard Grubmüller und das Tomatissimo auch weiterhin (und hoffentlich noch lang) Verlass ist. Ins positive Fazit eingeschlossen ist die attraktive, kunterbunt aus der Weinwelt selektierte Weinkarte, in der sich immer spannende Entdeckungen finden, die sich übrigens zum halben Restaurantpreis auch mit nach Hause nehmen lassen.

Bietigheim (Baden-Württemberg)

8

Maerz – Das Restaurant

im Hotel Rose
Kronenbergstr. 14, 74321 Bietigheim
07142-42004
www.hotel-rose.de
Küchenchef: Benjamin Maerz
Mi–Sa ab 18 Uhr, So–Di RT
Menüs: 129–149 €

Tradition und Moderne sind etwas abgenutzte Gegensatzbegriffe, aber im Betrieb der Brüder Benjamin und Christian Maerz werden sie mit neuem Leben gefüllt. Sichtbar ist das in den Räumlichkeiten des Restaurants mit seiner Holzvertäfelung, Sitzbänken und Butzenscheiben, die eine große Behaglichkeit ausstrahlen, aber mit Designerstühlen und Deko-Objekten zeitgemäße Impulse erfahren. Schmeckbar ist das in den Menüs mit der Philosophie „Heimweh & Fernweh“, in denen mitunter bodenständige Produkte in eine neue Dimension überführt werden.
Mit seinem Küchenstil hat Benjamin Maerz, der nach dem frühen Tod des Vaters plötzlich in der Verantwortung des Familienbetriebs stand und sich nicht wie viele andere Köche auf Wanderjahren in der Spitzengastronomie Inspirationen holte, zu großer Souveränität gefunden. Das lässt sich auch zum Service von Christian Maerz sagen, der den manchmal scharfen Gerichten seines Bruders mit passenden Weinen gut Paroli bieten kann.
Die Apéros zum Auftakt unseres jüngsten Besuchs zeigten vielfältige Geschmackserlebnisse mit steigender Intensität: ein „Cornetto-Hörnchen“ mit zweierlei Blumenkohl noch sanft und mild, schon etwas stärker die eingelegte Kerbelwurzel mit Trüffel, mit nachhaltiger Power und Säurefaktor die Kimchi-Kohlroulade, da-

nach ein sich warm ausbreitender Kartoffel-Trüffel-Würfel und zu guter Letzt als frischer Abschluss eine Tartelette mit Rindertatar. Auch das hausgemachte Sauerteigbrot, einmal mit Speck und Zwiebel, einmal mit Nuss und Feige zu Salzbutter mit Fichtensprossen sowie einem mit Kornblüten und Zitrus getuntem Meersalz, setzte einen eigenen Maßstab. Das folgende Amuse-Bouche in einem Schälchen mit Mais, Miso und Hanfbutter war ein recht liebliches Erlebnis, weil die Süße des Mais, gegrillt und püriert, dominierte.
Der erste Gang des Menüs zeigte dann aber gleich wieder, wie höchstpräzise verschiedene Aromen aneinandergesetzt werden können, ohne sich dabei zu einem Einerlei zu vermischen. Hier steckte eigentlich alles drin: Süße, Säure, Würze, Schärfe, aber wortwörtlich scharf voneinander abgegrenzt und mit genügend Raum fürs Hauptprodukt. Drei runde Scheiben von gebeizter Dorade im Kräutermantel waren mit viel Frischegefühl und hohem Schmelzfaktor präsent. Optisch machte das ohnehin was her, denn auf zwei der Scheiben waren geschnittene „Rote-Bete-Blumen" auf eingelegten Radieschenkugeln, geschmacklich abgerundet mit Schnittlauchcreme. Auf der dritten thronte ein ungemein intensives Rote-Bete-Sorbet und eine Vinaigrette mit weißer Sojasoße gab zu jodigen Noten von Forellenkaviar noch einmal extra viel Frische und Schärfe dazu.
Eine ähnlich gelungene Kombination von Power und Eleganz zugleich, mit der mutig die Grenzen ausgelotet wurden, gab es im zweiten Gang mit der „Faux Gras". Diese „falsche Gänseleber" war auf Basis von Pilzen, Linsen, gebrannten Nüssen und brauner Butter zu einem cremigen Halbkreis verdichtet und grub sich tief in die Geschmacksknospen ein. Geschlossen war der Ring mit wachsfermentierter Melone, deren Säure durch daneben platzierte Joghurtperlen etwas abgesoftet wurde. Da „Melone & Pfeffer" zur Faux Gras auf der Karte stand, hinterließ die Melonenvinaigrette tatsächlich einen bleibenden Eindruck von auch: fruchtiger Schärfe!
Nach dieser fordernden Konzentriertheit konnte man sich zum nächsten Gang mit einem eher Ton-in-Ton-Gericht etwas zurücklehnen. Im Zentrum stand die nussige Süße eines leicht angegrillten Kaisergranats, drumherum war ein Dreierlei vom Spargel angerichtet: eine knackige Stange mit Puffreis und Schnittlauch garniert, noch mehr Spargelgeschmack gab es durch eine falsche Stange aus Gel. Dazu war noch ein Spargelragout zu einer Nocke geformt, mit Wildkräutersalat on top und zitrischer Frische im Inneren. Für sich genommen blieb da ein kompakter Bärlauchbratling ohne allzu viel Penetranz etwas blass zurück, aber eine angegossene Krustentier-Bisque fing das wunderbar auf.
Nach einer Erfrischung mit Apfelragout, kandierten Zitrusfrüchten und einem herben Begonienblatt wurde im Fleischgericht noch einmal kräftig Gas gegeben. Beim über Kohle gegrillten Roastbeef von der Memminger Färse überraschte, wie viel Biss das Fleisch trotz vorausgegangener Sous-vide-Garung hatte. Mit der Jus dazu wurden mehr fruchtige Noten gespielt, anstatt wie bei manchen Fleischgerichten die Würze zu sehr zu verdichten. Die Wiederholung mit Puffreis und Schnittlauch verzeihen wir, da mit Petersilienwurzel ein neues Ausrufezeichen gesetzt wurde. Im geschmorten Stück mit Gel, vor allem aber als Salat in einer knusprigen Dim-Sum-Tasche, die mit einer süß-scharfen Sauce einen deutlich asiatischen Touch hatte. Schade nur, dass sich das Aroma einer etwas wässerigen Morchel nicht voll entfalten konnte.
Das Dessert war eher klassisch mit einer Variation von Mara-des-Bois-Erdbeeren als Eis, Praline und im angegossenen Sud zu Crunch und Creme von der weißen Schokolade und dunklen Original Beans. Vielleicht hätte hier noch etwas Schärfe oder Säure (von der trotz Rhabarber wenig zu spüren war), womit so mutig in den ersten Gängen aufgetrumpft wurde, einen zusätzlichen Kick gegeben. Unter den Petits Fours war als Reprise ein „Cornetto-Hörnchen", diesmal als eine Art Piña Colada mit Ananas, Kokos und Schokolade gefüllt. Und somit schloss sich der Kreis eines Abends, der trotz bewusster Ecken und Kanten auch oder gerade deshalb eine sehr runde Angelegenheit war.

Hotelempfehlung

★★★S

Hotel Rose

Kronenbergstr. 14, 74321 Bietigheim
07142-42004
www.hotel-rose.de
Einzelzimmer: 79–109 €
Doppelzimmer: 89–149 €

Das Business-Hotel der Gebrüder Maerz in Bietigheim-Bissingen (Raum Stuttgart) überzeugt mit einer gelungenen Mischung aus modernem Stil und traditionellem Flair, bietet hohen Komfort, verbunden mit gemütlicher Leichtigkeit und überzeugt mit der typisch schwäbischen Authentizität und Gastfreundlichkeit. Die insgesamt 33 geschmackvoll eingerichteten Zimmer und Appartements sind gemütliche Rückzugsorte unterschiedlichster Kategorien und reichen vom praktischen Einzelzimmer über Doppelzimmer mit romantischem Flair, bis hin zu den modernen Superior- und Deluxe-Zimmer mit sehr viel Platz und hohem Komfort. Das perfekte Hotel für Geschäftsreisen sowie genussvolle Kurzurlaube und Entdeckungsreisen mit der ganzen Familie: Business-Gäste finden ruhige Einzelzimmer mit schnellem kostenfreiem WLAN, die ausreichend Platz zum Arbeiten und Ausruhen haben, die Doppelzimmer bieten romantischen Charme für Paare, und Familien können in den großzügigen Räumen und Appartements die gemeinsame Zeit genießen. Mit gemütlicher Weinbar und vielfach ausgezeichnetem Restaurant. Maerz – Das Restaurant separat erwähnt.

Billerbeck (Nordrhein-Westfalen)

5↑

Domschenke

im Hotel Domschenke
Markt 6, 48727 Billerbeck
02543-93200
www.domschenke-billerbeck.de
Küchenchef: Frank Groll
Täglich von 12–14 Uhr u. ab 18 Uhr, kein RT
Hauptgericht: 16–45 €, Menüs: 61–85 €
VISA P

Wo andernorts über Personalmangel geklagt wird und Servicezeiten eher gestrichen als erweitert werden, steht die Domschenke von Familie Groll in Billerbeck mit ihren von Montag bis Sonntag sowohl mittags als auch abends verfügbaren Angebot wie ein Fels in der Brandung. Aber nicht nur deshalb ist das vis à vis zum namensgebenden Dom gelegene Restaurant mit angegliedertem Hotel seit vielen Jahren eine gastronomische Institution in der weiteren Region. Das resultiert in erster Linie aus der klar überdurchschnittlichen Qualität, die hier geboten wird. Und an dem klug mehrheitsfähig gehaltenen Angebot, das sich substanzstarken Traditionsgerichten mit der gleichen Aufmerksamkeit widmet wie klar im Gourmetbereich angesiedelten Gerichten.
Mit knusprig und zart gebratener Wachtelbrust neben dunkel glasierten hochintensiven Spitzmorcheln und einem mit hellen und frischen Aromen sowie Knackigkeit dagegenhaltenden Salat aus Apfel und Staudensellerie eröffnete das Team den letzten Besuch ganz typisch: Mit viel Geschmack, einer guten Idee und eher etwas gröberer und charmant rustikaler als feingeschliffener Ausführung.
Wobei rustikal hier in keinem Fall nachlässig bedeutet, sondern immer alles auf dem Boden souveränen und sorgfältigen Handwerks beruht. Genau das zeigte dann auch eine Hummerschaumsuppe mit viel Tiefe, Dichte und klar auf Röstwürze ausgerichteten Charakter, die mit ihren Einlagen aus Jakobsmuschel-Tempura und einer zarten Garnele außerdem hochwertig bestückt war. Einzige Schwachstelle: Das in die Suppe eingelegte Tempura weichte dort in Sekundenschnelle zu einem labbrigen Teig auf. Da wäre die sehr gute Jakobsmuschel ohne Hülle oder zumindest à part serviert deutlich besser dran gewesen!
Mit einer mächtigen, knusprig auf der Haut gebratene Tranche vom weißen Heilbutt mit knuspriger Haut und buttrig aufblätterndem Fleisch präsentierte das Team einen würdigen Hauptdarsteller für den Menühöhepunkt und ergänzte ihn mit leicht gesäuerten Linsen, geschmolzenen Tomaten und einer sehr präsenten kräuterduftigen Note der drumherum angegossenen Sauce Pistou zudem auf bodenständig-feinsinnige Art. Den separat servierten Kartoffelstampf hätte es da gar nicht unbedingt gebraucht, mit seinem satten buttrigen Geschmack machte er aber ebenfalls viel Freude.
Die bereiten dann zuverlässig ganz am Ende auch die süßen Sachen, die – genau wie das gesamte Angebot – sowohl schlichtere und bodenständigere Optionen wie eine klassische Herrencreme oder ein Passionsfrucht-Tiramisu als auch Aufwendigeres wie eine luftige Topfenmousse mit Rhabarber oder saftig-schmelzi-

gen Schokoladenkuchen mit duftigem Vanilleeis bietet. Und in allen Fällen mit akkurater Machart und natürlichen Aromen punktet. Damit ist auch in diesem Jahr sicher: auf die Domschenke ist Verlass. Und dieses Fazit schließt auch das Angebot lohnender internationaler Weine und den aufmerksamen Service mit ein.

Hotelempfehlung

★★★★

Hotel Domschenke

Markt 6,
48727 Billerbeck
02543-93200
www.domschenke-billerbeck.de
Einzelzimmer: 70–120 €
Doppelzimmer: 85–150 €
VISA

Seit über 125 Jahren ist das Hotel gegenüber des imposanten Billerbecker Doms in Familienbesitz. Eine elegante Suite, 23 Doppel- und 6 Einzelzimmer sind hinter der schmucken Klinkerfassade untergebracht und bieten nicht nur den zeitgemäßen Komfort eines 4-Sterne-Hotels, sondern sind sind auch stilsicher, zeitlos modern und mit viel Liebe zum Detail eingerichtet. Anspruchsvolles Design und funktionale Eleganz bestimmen Interieur und Wohlfühlfaktor. Radio, Telefon, Kabel-TV und WLAN sind in jedem Zimmer Standard. Restaurant Domschenke separat erwähnt.

Bindlach (Bayern)

Landhaus Gräfenthal

Obergräfenthal 7, 95463 Bindlach
09208-289
landhaus-graefenthal.de
Mo u. Mi–Fr ab 18 Uhr, Sa u. So von 11.30–14 Uhr u. ab 18 Uhr, Di RT
Hauptgericht: 24–39 €, Menüs: 68 €
VISA P

Mit Peter Lauterbach in vierter Generation bekam das seit 1914 in Familienbesitz geführte gediegene Landhaus nahe Bayreuth eine unerwartete Frischzellenkur. Gut gekocht wurde auch schon unter der Ägide dessen Vater Helmut, aber Sohn Peter sorgt nun mit neuen kreativen Ideen nicht für eine deutlich modernere Präsentation und Optik der Gerichte, sondern auch für zeitgemäße Kombinationen und Rezepturen und mehr Leichtigkeit auf den Tellern. Dass er dabei äußerst behutsam vorgeht und den Bogen nicht überspannt, wirkt souverän und betriebswirtschaftlich klug. Auch, dass der Sonntag nach wie vor den traditionellen Braten wie einer im Ganzen zubereiteten Bauernente aus dem Rohr oder einem klassischen Sauerbraten gehört. Auch der natürlich-herzliche und sehr aufmerksame Service sowie die kompetente Beratung sind unverändert geblieben. Ebenso die moderaten Preise.

Die Hoteleinträge

★★★★★S	Superior
★★★★★	Unterkunft für höchste Ansprüche
★★★★	Unterkunft für hohe Ansprüche
★★★	Unterkunft für gehobene Ansprüche
★★	Unterkunft für mittlere Ansprüche
★	Unterkunft für einfache Ansprüche
	Unterkunft ohne Sterne-Klassifizierung

Bingen am Rhein (Rheinland-Pfalz)

6

Bootshaus

im Hotel Papa Rhein

Hafenstr. 47,
55411 Bingen am Rhein
06721-35010
www.paparheinhotel.de/hotel/wohnen/kulinarik/das-bootshaus
Küchenchef: Nils Henkel
Mi–Sa von 12.30–13.30 Uhr u. ab 18 Uhr, So von 12.30–13.30 Uhr, Mo u. Di RT
Hauptgericht: 18–32 €, Menüs: 59 €

VISA

Mit der modernen Architektur, der exponierten Lage direkt am Rheinufer und dem Ausblick auf die gegenüberliegenden Rüdesheimer Weinhänge ist der Hotelkomplex „Papa Rhein" Anziehungspunkt und Eyecatcher zugleich. Was die Gestaltung angeht, zieht sich das Thema Sand und Wasser stilprägend durchs ganze Haus: angefangen bei echten Strandsand-Böden über nautische Dekor-Akzente bis hin zur Kreuzfahrtschiff-Architektur des gesamten Hotel- und Spa-Bereichs ist das Konzept stimmig durchgestylt.

Auf dieses Setting hat sich auch das Bootshaus-Team mit einem ganz eigenen Konzept eingestellt, das weiterhin von keinem Geringeren als Nils Henkel verantwortet wird. Die eher bodenständige und sehr zugänglich gehaltene Mischung aus Hotelrestaurant und Feinschmeckerbistro darf natürlich nicht mit den exklusiven Gourmetrestaurants wie in Schloss Lerbach oder auf Burg Schwarzenstein verglichen werden, an denen der renommierte Küchenchef in der Vergangenheit reüssierte. Doch stellen die hier im Bootshaus gebotenen, deutlich vereinfachten Kreationen einen Weg dar, um eine größere Anzahl an Gäste, gerade auch Gruppen und Veranstaltungen, problemlos zu stemmen – was erkennbar zum Kerngeschäft zählt.

Das gelingt sicher auch deshalb so gut, weil neben effizienter Arbeit am Herd ein Angebot offeriert wird, das gerade am Abend mit einem täglich wechselnden 3-Gang-Menü recht übersichtlich ist. Deutlich mehr Auswahl findet sich auf der Mittagskarte im À-la-Carte-Bereich, allerdings dann ohne Menüvariante. Ein eher ungewöhnlicher, aber wohl der unterschiedlichen Auslastung des Hauses geschuldeter Umstand. Und um das Fazit ausnahmsweise gleich vorwegzunehmen: Wir haben auch in dieser Testsaison im Bootshaus wieder sehr gut gegessen – wenngleich sich die Gesamtperformance während zweier Besuche doch etwas schlichter und weniger detailgenau präsentierte, weshalb wir uns dazu veranlasst sahen, die hohe Bewertung der Anfangsjahre diesmal etwas anzupassen. Was aber nichts am kulinarischen Reiz dieser angenehm unkomplizierten Location ändert.

Dass vegetarische Gerichte, gerne auch mit asiatischem Twist, bei Nils Henkel und seinem Team oft die Hauptrolle spielen und auch ohne Luxusprodukte viel Geschmack und Raffinement auf den Tellern landen kann, versteht sich bei dessen Expertise von selbst. So stimmte zum Beispiel heuer zu Beginn ein schön säurespitz mariniertes Ceviche von der Dorade authentisch und überzeugend ein – akzentuiert von geflämmten Avocadospalten, Grapefruitgel und Korianderöl ergab das in Summe eine Einstimmung ganz im Sinne der hier gebotenen zugänglichen Linie des Chefs, der selbstverständlich immer noch mit wenigen Pinselstrichen überzeugend auf den Punkt kommen kann.

Das Thema Säure prägte auch die beiden rein vegetarischen Vorspeisen, die allerdings ein wenig den Spirit vermissen ließen, der beim Besuch im Vorjahr noch fast alle Teller auszeichnete. Denn sowohl der „Bootshaus-Salat" als auch die Kombination von Avocado, Taboulé, Grapefruit und Joghurt wirkten nicht nur auf den ersten Blick ein wenig zu reduziert, um unsere zuletzt hohe Einschätzung der Küchenleistung auch heuer wieder zu unterstreichen. Zum Salatbouquet mit prägnant säuerlicher Vinaigrette sorgten lediglich Buschbohnen, Rettich und Tomaten für ein eher bodenständiges Umfeld und auch der krosse Akzent von Croûtons und Sonnenblumenkernen war hier erwartungsgemäß nicht spielentscheidend. Ähnlich zurückhaltend arrangiert war

auch ein feinkörniges Taboulé-Türmchen, das mit Avocado, Grapefruitgel und Gewürzjoghurtsud zudem nicht nur optisch fast als Kopie des Menüauftakts durchging.
Und genau diese wahrscheinlich der Effizienz in den Küchenabläufen geschuldete Linie setzte sich auch bei den beiden Hauptgängen um Kabeljau und Kalb fort. Denn neben dem tadellos auf den Punkt gegarten und herrlich blättrig-saftigen Fisch fand sich da ein sattgrünes Lauchpüree, das auch als Begleitung zum rosa gegarten Kalbsfilet sowie als Sockel für eine Tranche von der geschmorten Backe aufgelegt wurde. Für Abwechslung sorgte hier einerseits zwar die asiatische Akzentuierung durch einen Miso-Lack und Teriyaki-Gemüse zum Fisch sowie durch Butterspargel, gebackene Blutwurst und Liebstöckeljus zum Fleisch, jedoch wirkten beide Teller im Vergleich zu den Besuchen in den Jahren zuvor etwas uninspiriert und nicht so detailgenau zubereitet.
Als Menühighlight sorgte letztlich das rund um eine süß-salzige Cheesecake-Kugel drapierte Ensemble von Rhabarber (stückig und als Gel), Erdnusscreme und Estragonsorbet für jene ausbalancierte Finesse, wie wir sie aus den Vorjahren kannten und zu der das Küchenteam offenbar weiterhin in der Lage ist – die wir heuer aber in Summe doch etwas vermissten.
Restaurantleiterin Tanja Mutschler, die auch die ansprechende Weinkarte mit deutlich regionalem Schwerpunkt pflegt, setzt in dem betont lässig im Vintage-Style gehaltenen Restaurants oder auf dem sonnigen Terrassendeck zusammen mit ihrem Team die lockere Attitüde des Hauses im Umgang mit den Gästen auf sehr sympathische Art um.

Hotelempfehlung

Hotel Papa Rhein

Hafenstr. 47,
55411 Bingen am Rhein
06721-35010
www.paparheinhotel.de
Einzelzimmer: 99–189 €
Doppelzimmer: 129–259 €

VISA

Das neue Designhotel von Familie Bolland-Anton, die auch noch das Hotel Das Marienhöh in Langweiler betreibt, liegt im Binger Hafenpark, wo am Tor zum Weltkulturerbe Mittelrheintal urbaner Chic auf Lifestyle trifft. Die Einrichtung des schicken Neubaus folgt den Impulsen der Designhotellerie europäischer Metropolen. Die 114 Zimmer und Suiten unterschiedlicher Größe bieten einen außergewöhnlichen Rundumblick auf Rhein, Weinberge und das gegenüberliegende Niederwalddenkmal. In ruhigem, handfestem und modernem Design begleiten hier echte Hölzer, helle und sanfte Farben den Ausblick aufs Wasser und in die Rebhänge. Einige Zimmer sind zum Winterhafen hin ausgerichtet, einige zum legendären Binger Mäuseturm oder in die weiten Rüdesheimer Rheinauen. Im „Hafen-Spa" laden verschiedene Pools, Saunen, Ruheräume, Beauty-Zonen, aber auch ein Fitnessbereich zum Entspannen und Aktivsein ein. Im Restaurant Bootshaus sorgt das Team um Spitzenkoch Nils Henkel für anspruchsvollen, aber entspannten Genuss. Eine große Bar mit Afterwork- und Weekend-DJ-Sets, die Rooftop-Bar „Lido Deck" und der eigene Beach Club unterstreichen den Lifestyle-Anspruch des Hauses.

Die Besteck-Symbole

luxuriöses Restaurant mit höchstem Komfort und formvollendetem Service, edler Ausstattung und einer Weinkarte, die höchsten Ansprüchen genügt

elegantes Restaurant mit hohem Komfort und exzellentem Service, sehr gute Ausstattung, hervorragende Weinkarte

gehobenes Restaurant mit gutem Komfort und versiertem Service, umfangreiche Weinkarte

besser ausgestattetes Restaurant mit ordentlichem Service, ausgewählte Weine

schlichtes Restaurant, Gasthof oder Bar

Birkenau-Löhrbach (Hessen)

6 Pfannen, 4 Bestecke

WILDXBERG

Abtsteinacher Str. 2,
69488 Birkenau-Löhrbach
06201-845030
www.lammershof.de/wildberg
Küchenchef: Philip Thier
Mi–Sa ab 18 Uhr, So–Di RT
Menüs: 90–145 €
EC MC VISA P

Mit dem idyllisch gelegenen Lammershof, der sich umgeben von Hügeln und Weiden an einer wenig befahrenen Landstraße befindet, hat sich Inhaber Dr. Matthias Berg einen lang gehegten Traum erfüllt. Nach der aufwendigen Restaurierung, die auch an der hochwertigen Ausstattung des gesamten Hotel- und Gastronomiebereichs auf den ersten Blick zu erkennen ist, spielt das patinierte Fachwerk-Ensemble atmosphärisch weiterhin ganz klar die Hauptrolle. Und so sitzt man auf bequemen Lederstühlen an weiß eingedeckten Tischen und genießt die mehr als dreihundertjährige Geschichte des Hauses, die sich auch im Gastraum eindrucksvoll im wuchtigen Holzgebälk widerspiegelt.
Die Lammershof-Bisonherde, die gleich gegenüber auf einer großflächigen Außenweide gehalten wird, verweist derweil schon auf eine kulinarische Besonderheit, die die Stilistik der Küche mit beeinflusst. Denn auch wenn in der Speisekarte auch Fisch oder Krustentier und viele fleischlose Kreationen zu finden sind, auf Anfrage sogar ein rein vegetarisches Menü geboten wird, spielt hier das Fleisch der eigenen Zuchttiere, das mit seinem kraftvoll eigenständigen Charakter besticht, schon eine besondere Rolle.
Mit Küchenchef Philip Thier, der das gewachsene kulinarische Konzept des Hauses geschickt mit seinen eigenen Ideen kombiniert, steht dazu ein Koch am Herd, dem man anmerkt, dass er sich mit diesem Ansatz identifiziert. Feinsinnige edelprodukte wie Hummer und Kaviar kommen bei ihm aber ebenso zum Einsatz, während es auf der anderen Seite beispielsweise mit einem archaisch wirkenden Emmer-Risotto als Begleitung zum diesjährigen Hauptgang auch mal rustikaler zugehen darf. Das Ergebnis ist jedenfalls immer sehr stimmig.
Ganz in diesem Sinne starteten wir heuer mit einer Bisonfleischpraline, die den lokalen Part gab und dabei genauso gut auf den Punkt gebracht war wie ein mit Hummertatar gefülltes und mit Estragon-Mayonnaise getopptes Cornetto, das den weltläufigeren Gegensatz abbildete. Die zuvor auf einer echten Knochenschaufel servierte Brötchenauswahl, zu der eine luftige Zitronenbutter gereicht wurde, passte wiederum nicht nur optisch zum Setting, sondern stimmte auch geschmacklich passgenau ein.
Den eigentlichen Start in das in bis zu sechs Gängen angebotene Menü lieferte ein Teller, bei dem Romanasalat-Viertel im Mittelpunkt standen, die mit einem Seeigel-Buttermilch-Dressing aromatisch nappiert, von einer Nocke Osietra-Kaviar mineralisch geadelt und zudem von etwas Eigelbcreme und Brotchips gewinnbringend mit weiteren Texturen ergänzt wurde. Während hier alle Elemente fein austariert waren, gelang dies beim anschließenden Ceviche von Hummer und Jakobsmuschel nicht ganz so überzeugend, weil die Säure zu prägnant herausgestellt wurde. Denn den qualitativ überdurchschnittlichen Hauptdarstellern gaben die aufgelegten Yuzu-Perlen, ein Deckel aus Limettengel und ein ebenfalls recht säuerlicher Sud zu viel Gegenwind, der erwartungsgemäß auch von Wassermelone (Sud, Stücke…) und Tapioka-Cracker nicht abgeflaut werden konnte.
Dass das Team ein sehr gutes Händchen für jedwede Fleischzubereitung hat, zeigte sich im Anschluss schon bei der saftig gebratenen Brust vom Freiland-Perlhuhn. Die tiergerechte Haltung des Geflügels sorgte für festes Fleisch und satten Eigengeschmack, der in dem Fall mit Pastinakencreme, kleinen Pfifferlingen, grünem Spargel und etwas Hafercrumbles erdig unterfüttert und von einer perfekt reduzierten Perlhuhnjus adäquat unterstützt und abgerundet wurde. Schnörkellos und sehr exakt umgesetzte „Wohlfühlküche"!
Ähnlich war auch das Bisonfilet im Hauptgang konzipiert, das mit Selleriecreme, dem eingangs erwähnten Emmer-Risotto, einer fulminanten Bisonjus und einigen, das Geschmacksbild mit ihrer Frische und Ätherik geschickt

auflockernden gebratenen Radieschen flankiert wurde. Gerade diese rusktikale, aber eben gar nicht grob-poltrige Umgebung lieferte die Bühne für das perfekt auf den Punkt gebrachte Fleisch, auf der sein sowohl etwas an Wild als auch an Rind erinnerndes Aroma voll zur Geltung kam.

Nach diesem zupackenden Menühöhepunkt wirkte dessen Abschluss umso filigraner und feinsinniger – namentlich die Kombination von Aprikosen (als Sorbet, Gel, Sauce und marinierte Stücke) und Mandelcreme, deren Spiel von fruchtiger Säure und cremigem Schmelz hervorragend abgestimmt war. Mit einer zusätzlich eingezogenen Ebene, sorgten Meersalzcrumbles und Olivenhippe für mehr Komplexität und Tiefe, was von getrockneten schwarzen Oliven noch mit einem weiteren Akzent unterstrichen wurde.

Dass das Thema Wein im Lammershof ebenfalls eine wichtige Rolle spielt, lässt sich nicht nur an den „Wine-&-Dine-Events" festmachen, die hier regelmäßig auf dem Programm stehen, sondern auch an der gut strukturierten Weinauswahl.

Bischofswiesen (Bayern)

7

Solo Du

im Kulturhof Stanggass

Berchtesgadener Str. 111,
83483 Bischofswiesen
08652-958510
www.kulturhof.bayern/solo-du
Küchenchef: Zsolt Fodor
Mi–Sa ab 18.30 Uhr, So–Di RT
Menüs: 85–105 €

VISA

Mittlerweile ist der mit seinem hellen Holz und den klaren Linien gleichermaßen modern wie naturverbunden wirkende imposante Bau des Kulturhofs Stangass nicht mehr wirklich neu in Berchtesgaden, sondern hat sich dort vielmehr schon fest als Wellnesshotel, kulinarisch reizvolles Ziel und Veranstaltungsort etabliert. Neu ist allerdings der Küchenchef in der an den Schließtagen mit Schafskopfkarten und von Mittwoch bis Samstag mit anspruchsvoller Küche bespielten Gourmetstube des Solo Du. Mit Zsolt Fodor wurde ein ebenso erfahrener wie fähiger Nachfolger für Norman Beitz gefunden, der das Haus nach relativ kurzer Zeit recht überraschend schon wieder verlassen hat.

Am Konzept hat sich dadurch nicht wesentlich etwas verändert. Nach wie vor steht das Solo Du für eine zeitgemäße Spielart von Fine Dining in einem einzigen Menü in maximal sieben Gängen, die bei aller Raffinesse immer zugänglich bleiben sollen. Die stilistische Ausrichtung und auch die Produktpalette sind nach unserer Auffassung mittlerweile etwas weltoffener und weniger regional geworden, was das Profil zwar nicht unbedingt schärft, andererseits aber auch nichts am Reiz der Küche ändert.

Denn dass diese auch unter neuer Leitung allerhand zu bieten hat, zeigte bereits zur Einstimmung bei unserem letzten Besuch beispielsweise ein markant von Rauch geprägtes Tatar vom regionalen Rind, das mit kraftvollem Fleischgeschmack und seiner einhüllenden Lagerfeuernote auf einem (etwas dicken) Pumpernickeltaler angerichtet war und dabei sowohl den Eigengeschmack des Fleischs als auch die wilde Begleitaromatik zur Geltung kommen ließ. Mehr ein weiterer Küchengruß als ein erster Gang – aber davon abgesehen eine feine Petitesse – war das „Goldene Ei", in dem ein leichter Kartoffelschaum mit knusprigen Kartoffelsegmenten, dezentem (natürlich wirkendem) Trüffelduft und Kaviar gemeinsam mit einer filigranen Waffel und einigen getrockneten Blüten viel Lust auf mehr machte.

Und die wurde beim sanft temperierten Saibling mit reichlich eigenem Kaviar dann auch vollauf zufrieden gestellt, weil mit einer zierlichen Tasche aus Bete und Crème fraîche neben Wildkräutersalat einem säuerlich feinbitteren Grünteegel und Lauchasche viele feine und spannungsreiche Details auf engem Raum dazugesellt wurden. Abgefedert und getragen wurden diese von einer cremigen Beurre blanc mit straffem Säurekern und kleinen mineralischen Aromakicks durch den Forellenkaviar.

In eine ganz andere, im besten Sinne kraftvoll-klassische Richtung ging es dann bei der kross karamellisierten Entenstopfleber in hervorragender fester Qualität. Auf dunkler Schmor-

zwiebelcreme und unter nussbuttrig sautierter Birne und Zwiebelchip in einem milchig-leichten Kartoffelschaum angerichtet, ergab das auf diese Art einen luxuriös schwelgerischen Gesamteindruck.
Das individuellste Gericht und am eigenständigsten wirkende Gericht folgte in Form eines sich gewitzt auf die ungarische Herkunft des Chefs beziehenden Trios vom Mangalica-Schwein: Zum einen das zartrosa gebratene Filet, zum andern ein knusprig karamellisierter und scheinbar aus purem schmelzendem (und köstlichstem!) Fett bestehender Bauchwürfel und eine spicy Wurstscheibe mit grobem Senf und krossen Mangalitza-Speckkrusteln. Daneben sorgten ein krosser Hühnerhautchip in klarfruchtig zarter Bananencreme (!) für ebenso markante wie ungewöhnliche Akzente, während und eine milde „Fake-Kartoffel“ aus lockerem Kartoffelstampf unter einer hauchzarten roséfarbenen Geleehülle eher beruhigend wirkte. Insgesamt entstand so ein Eindruck von maximaler Power und zugleich eleganter Finesse. Mutig und sehr gut!
Dagegen war der folgende Hauptgang rund um saftig (und etwas üppig) überkrusteten Rehrücken neben einem kleinteiligen Arrangement verschiedener Wintergemüse und Früchte, dunklen Noten von schwarzer Walnuss und kleinen aufhellenden Frischekicks von Himbeere deutlich mehr im modernen Mainstream verortet – auf diese Art aber bis hin zur elegant glänzenden Wildjus ebenfalls souverän umgesetzt und wie die bisherigen Gerichte auf (teils knappem, aber verdientem) 7-Pfannen-Niveau angesiedelt.
Den einzigen wirklichen Ausrutscher gab es beim Dessert, das in einer Schale mit von Erdbeerblättern bis Grünkohl ungenießbarem Deko-Grün eine dunkle Schokoladenkugel mit Füllung aus Maronenmousse präsentierte. Diese selbst konnte mit ihren nussig-schokoladigen Aromen durchaus punkten, wirkte in der Ergänzung mit filigranem Blättergebäck aber insgesamt seltsam karg und war noch zudem schwer handzuhaben…
In der Gesamtschau geben wir diesem eher unglücklichen Abschluss aber nicht sonderlich viel Gewicht, sondern loben lieber die kompetente und herzlich-souveräne Art von Restaurantleiter und Sommelier Martin Bielik, der aus seinem individuell und hochwertig zusammengestellten Sortiment immer spannende und gut ausgewählte Weine in die Gläser bringt und auch sonst dafür sorgt, dass man sich schnell wohlfühlt.

Hotelempfehlung

Kulturhof Stanggass

Berchtesgadener Str. 111,
83483 Bischofswiesen
08652-95850
www.kulturhof.bayern
Einzelzimmer: ab 191 €
Doppelzimmer: ab 213 €

Der Kulturhof Stanggass liegt inmitten der schönen oberbayerischen Bergwelt zwischen Berchtesgaden und Bischofswiesen. Er ist ein Ort der Begegnung und in die fünf Säulenbereiche Hotel, Kulinarik, Veranstaltung, Bewegung und Kreativität eingeteilt. Die Zimmer sind barrierefrei, kinderfreundlich mit Galerie und mit Balkon oder eigener Terrasse ausgestattet. Nachhaltig gefertigt aus Naturmaterialien wie Lehm und Mondholz aus der Region bieten die Zimmer zudem allesamt einen freien Blick über die unbeschreiblich Bergkulisse. Die kann man auch von der Liegefläche am Natur-Schwimmteich oder ganz entspannt aus dem separaten Saunabereich mit Panoramafenstern bestaunen. Die Individualität des Kulturhofs spiegelt sich auch in dessen besonderer Architektur wider, die die passende Balance zwischen Tradition und Moderne findet. Neben den 22 Hotel- und 10 „Stadlhütten“-Zimmern gehören auch ein bayerisch-österreichisches Gasthaus, ein traditioneller Biergarten sowie ein Gourmet-Stüberl mit internationalen Einflüssen zum Repertoire. Der Bankettbereich mit Festsaal bietet Platz für bis zu 250 Gäste und ist individuell sowie multifunktional nutzbar. Es gibt zudem die Möglichkeit, freie sowie standesamtliche Trauungen in idyllischer und familiärer Atmosphäre durchzuführen. Seminarräume für Kreativschaffende, Geschäftsmeetings und kleinere Veranstaltungen mit passendem Catering sind ebenfalls Teil des Hauses. Restaurant Solo Du separat erwähnt.

Blaichach (Bayern)

Wirtshaus zum Dorfwirt

Burgberger Str. 48, 87544 Blaichach
08321-88822
www.dorfwirt-blaichach.de
Küchenchef: Guido Ritzinger
Do–Di von 11.30–13.45 Uhr u. ab 17.15 Uhr, Mi RT
Hauptgericht: 16–29 €

Seit zehn Jahren bietet Familie Ritzinger in dem traditionsreichen Gasthaus nun schon eine fundiert zubereitete Alpenküche, wie man sie sich in einem vergleichbar urig-rustikalen Ambiente erhofft, aber an den meisten eher touristisch geprägten Adressen nur selten findet. Dass Guido Ritzinger eine sichere Hand und durchaus auch Begeisterung für alpenländische Schmankerl hat, liegt nicht nur an seiner österreichischen Herkunft, sondern auch an seiner Expertise als Koch. Auf seiner Karte finden sich größtenteils allseits bekannte und beliebte Evergreens vom Zwiebelrostbraten auf Allgäuer Kässpätzle mit Röstzwiebeln und Zwiebelsauce über gekochtes Rindfleisch mit Meerrettichsauce, frischem Kren und Kräuterkartoffeln bis zum Backhendl mit Rucola-Kartoffelsalat. Neben frisch gezapften Bier, das hier natürlich immer gut passt, gibt es auch eine sehr ansprechende Weinauswahl.

Blankenhain (Thüringen)

7

Masters

im Spa & Golf Resort Weimarer Land
Weimarer Str. 60,
99444 Blankenhain
036459-61644000
www.golfresort-weimarerland.de
Küchenchef: Danny Schwabe
Do–Mo ab 18 Uhr, Di u. Mi RT
Menüs: 95–160 €

VISA

Wer in die kleine Straße zum Golfresort Weimarer Land abbiegt, noch bevor er das südlich von Weimar gelegene Blankenhain erreicht, findet sich ganz schnell in einer eigenen idyllischen Welt wieder. Zwischen dem weitläufigen kupierten Golfgelände, Wiesen und Wald, bietet hier ein edel herausgeputztes Ensemble von Fachwerkhäusern einen äußerst komfortablen Ort für entspannte Auszeiten, an dem neben vielen gemütlichen Lounges und Terrassenplätzen gleich mehrere Restaurants sicherstellen, dass man auch kulinarisch auf hohem Niveau umsorgt wird.

An der Spitze der gastronomischen Angebote steht dabei das frankophil geprägte Restaurant Masters, in dem seit drei Jahren ein engagiertes Team rund um Küchenchef Danny Schwabe ausgedehnt genussvolle Abende zelebriert. Die Karte beschränkt sich dabei klug auf ein einziges Menü in vier bis sechs Gängen mit verschiedenen Auswahlmöglichkeiten, mit der individuelle Vorlieben abgedeckt werden können, ohne das Team vom Fokus auf hohe Produktqualität und die Umsetzung der einzelnen Gerichte abzubringen.

Und bereits bei den einstimmenden Kleinigkeiten wie einem kleinen Crostini mit Mangochutney und Lammpastrami, der hauchdünnen knusprigen Teigkugel mit intensiver Auberginencreme oder der weiß-grünen Spargel-Miniatur mit Shisosorbet und Studentenblume wurde klar, dass sich das auszahlt. Schon diese teils noch einfacher gehaltenen Küchengrüße zeigten sowohl eine deutliche und klare Aromensprache als auch originelle Ideen wie etwa die Studentenblume (Gewürztagetes), auch wenn diese mit ihrem intensiv würzigen, beinahe lakritzartigen Geschmack zum Spargel ein bisschen vorlaut daherkam.

Den kreativsten Eindruck des letzten Besuchs gab es direkt zu Beginn mit dem vegetarischen Arrangement rund um Paprika, Gurke, Olive und Röstzwiebel, bei dem rund um eine filigrane Tartelette mit einem pikanten Paprikasorbet auf marinierten Gurkenstreifen und Olivencrumbles neben schmorfruchtiger Paprikacreme einer helleren Käsecreme und darüber gebröseltem Röstzwiebelbaiser, die Aromen eines sommerlichen Salates auf intensivierte Art präsentiert wurden.

Ganz anders, nämlich verdichtet-harmonisch, als solches aber nicht weniger überzeugend, wirkte der leicht angebeizte und sanft erwärmte Kaisergranat, der – festfleischig und in ausgezeichneter Qualität – mit zitrusfrischen Geltupfen, mariniertem Fenchel und Topinamburchips in einer aufgeschäumten Krustentiersuppe badete. Diese zeigte auf bis zum Anschlag konzentrierte und mit viel Zug hinterlegte Art das handwerkliche Können des Teams und akzentuierte die süßlich-röstigen

Krustentieraromen außerdem feinsinnig mit Tonkabohne.
Bereits fix im Menü verankert ist ein Zwischengang mit gefüllter Pasta, diesmal knallrot und mit einer eher sanften Füllung aus Brillat-Savarin und etwas Belperknolle. Kombiniert wurden die zarten, aber dennoch leicht bissfesten Teigtaschen mit in Cassis eingelegter Feige, einer Saucenreduktion aus Cassis und Feige, sowie einem komplexen hellen Pfefferschaum. Dabei ergaben alle Komponenten gemeinsam – inklusive würziger Belper Knolle und einem Knusperchip obenauf – ein abwechslungsreich zwischen rotfruchtig und pfeffrig-pikant balancierendes Bild, das sich nur zum Ende etwas zu sehr in die lieblich-fruchtige Richtung drehte.
Es sind aber letztlich nur derartige Kleinigkeiten, oft bei der Feinjustierung der Proportionen, die den guten Ideen teils noch etwas im Weg stehen. Beim folgenden, als schmale hohe Tranche servierten Steinbutt beispielsweise, konnte sowohl dessen Qualität als auch die Verbindung mit dessen Topping aus verschiedenen Lauchzubereitungen (von cremig bis knusprig), Brunnenkresse, Oregano und zitronigen Geltupfen mit einer voluminösen duftigen Café-de-Paris-Sauce überzeugen. Nur die Sauce selbst mit ihrem kraftvollem Curryduft und einer etwas stumpfen Kurkuma-Note wirkte am Ende zu dominant – war aber dafür, wie vom Sommelier versprochen, ein sehr guter Partner zu den würzigen Barriquenoten im dazu im Weinglas servierten Chablis.
Einer der stärksten Gänge folgte mit dem dreierlei Kalb, bei dem mit knusprig-zartem Bries, einem kleinwürfeligen Herzragout und rosazartem Filet in Fichtennadel-Beize ein breites Produktspektrum gezeigt und zudem von einem knuffigen kleinen Kartoffelteig-Ring mit verschiedenen abwechslungsreich auf engem Raum verdichteten Pilzzubereitungen pointiert begleitet wurde. Mit den von einer dunkelwürzigen Creme über kleine helle Buchenpilze bis zu knuspriger Krauser Glucke reichenden Potpourri ging das sonst insgesamt eher hell gehaltene Fleischgericht in eine duftig-waldwürzige Richtung, in der die Qualität und Zubereitung der einzelnen Kalbskomponenten hervorragend zur Geltung kam.
Danach erfrischte ein rund um grünen Apfel in verschiedenen Varianten mit Dill und knusprigem Blätterteig aufgebautes erstes Dessert beinahe ein bisschen zu sehr, weil die forcierte, teils beinahe kratzige Säure nur bedingt von hellen kleinen Cremestreifen abgepuffert werden konnte. Umso balancierter und überzeugender gelang dafür eine längliche Tarte-Schale mit einem durch Muscovadozucker und Malz dunkelwürzigen Teig und heller Füllung aus Joghurt, Limetten-Cremeaux und einem erfrischend würzigen, originellen Topping aus Limettensorbet und -gel sowie Pinienkernen.
Viele der Gerichte werden vom Küchenteam selbst mit eingesetzt und erläutert, was eine angenehme Auflockerung mit sich bringt und gemeinsam mit den gut ausgewählten Getränkepairings, die sowohl beim Wein als auch alkoholfrei hohes Niveau halten, für einen entspannt genussvollen Abend sorgt.

Hotelempfehlung

★★★★★S

Spa & Golf Resort Weimarer Land

Weimarer Str. 60, 99444 Blankenhain
036459-61640
www.golfresort-weimarerland.de
Einzelzimmer: 246–239 €
Doppelzimmer: 286–489 €

Das Spa & Golf Hotel liegt, umgeben von einer in die natürliche Umgebung stilvoll eingebetteten 45-Loch Golfanlage, inklusive Königin Luise 9-Loch Course, mitten im Weimarer Land. Der luxuriöse Landhausstil zieht sich wie ein roter Faden durch das Fachwerk-Gebäudeensemble des ehemaligen Gutshofes, dem, unter

Berücksichtigung denkmalpflegerischer Vorgaben, neues Leben eingehaucht wurde. Ein idealer Rückzugsort, um Ruhe zu finden und Kraft zu tanken. Die insgesamt 94 Zimmer und Suiten bieten allesamt ein geschmackvolles, individuell und sehr wohnlich gestaltetes Ambiente. Im Spa-Bereich der 2500 qm großen Lindentherme mit verschiedenen Pools, Saunen und gemütlichen Ruheräumen kann man unter anderem Massagen, Gesichtsbehandlungen oder Körperpeelings genießen. Außerdem: Professionelle Betreuung der Kinder im Kidsclub (140 qm) sowie Kinder- und Jugend Golftraining. Für das kulinarische Verwöhnprogramm wird in verschiedenen Restaurants gesorgt. Gourmetrestaurant Masters separat erwähnt.

Blieskastel (Saarland)

7↑ 🍴🍴🍴

Hämmerle's Restaurant Barrique

Bliestalstr. 110a, 66440 Blieskastel
06842-52142
www.haemmerles-restaurant.de
Küchenchef: Cliff Hämmerle
Di–Fr ab 18.30 Uhr, Sa–Mo RT
Menüs: 105–125 €
EC VISA P

Das Barrique im kleinen beschaulichen Blieskastel ist nicht nur im Saarland ein Phänomen: Meist bereits über Monate im Voraus ausgebucht, braucht es langfristige Planung und eine gewisse Geduld, um überhaupt in den Genuss von Cliff Hämmerles Küche zu kommen. Das würde man in dieser Art eher in den medial gehypten hippen Hotspots der Großstädte vermuten – und weder das eine noch das andere trifft auf das Barrique zu. Wer aber einmal da war, wird vermutlich weniger darüber erstaunt sein. Denn in dem adretten Domizil von Stéphanie und Cliff Hämmerle, das neben dem Gourmetprogramm im Barrique auch die bodenständigere Küche des Zweitlokals Landgenuss und komfortable Zimmer beheimatet, wird einfach sehr vieles sehr richtig gemacht.
Das Ambiente ist großzügig, hell und entspannt, der Chef tritt gemeinsam mit dem gesamten Team als charismatischer und begeisterter Gastgeber in Erscheinung, und auch die Küche verbindet auf sehr angenehme Art eine gewisse Unkompliziertheit mit hohem Anspruch. Dazu kommen dann noch eine insgesamt genussaffine Region, die begrenzte Kapazität von gerade einmal fünf Tischen und last but not least das bestechend gute Preis-Genuss-Verhältnis. Sicher ist jedenfalls, dass sich jede Wartezeit für einen Besuch lohnt, denn es steht dann nicht nur ein entspannter Abend mit viel Genuss an, sondern es gibt dazu auch eine durchaus individuelle Handschrift, die sich auf originelle Art insbesondere ausgesuchten Produkten aus der Region widmet.
Entsprechend ist auch das sechsgängige, aber noch um eine umfangreiche Parade von Küchengrüßen erweiterte Menü mittlerweile grundsätzlich um ein vegetarisches Kernthema angelegt, seien es originell inszenierte Gemüse, Wildpflanzen oder Kräuter. Zu diesen lassen sich dann jeweils Fisch, Fleisch oder eine weitere vegetarische Komponente als Ergänzung des Basisgerichts wählen. Und die Einstimmungen sind ohnehin allesamt rein vegetarisch angelegt, was gleich zu Beginn die Philosophie der Küche ganz ausgezeichnet sicht- und schmeckbar macht. Sei es bei einer erdig-ätherischen Tartelette mit Linsen und sieben Kräutern als Sorbet und naturbelassene Spitzen, oder geschmorter Löwenzahn unter Kartoffelschaum mit Orangengelee, geraspeltem Guanciale-Speck und Trüffel.
Die vegetarische Variante des ersten Gangs mit einem Tatar von der Bete unter einem zartknusprig gebackenen, cremig ausfließenden Eigelb, umkränzt von verschiedenen akkurat arrangierten Gurken- und Rettich-Texturen, die abgesehen von einer leicht süß-säuerlichen Marinade natürlich und schlicht gehalten wurden, zeigte dann allerdings einen der Schwachpunkte des Konzepts. Der Teller wirkte dergestalt zwar durchaus stimmig, aber insgesamt ein wenig zu karg, beziehungsweise hätte er mit Saibling anstelle der Bete vermutlich ein ausdrucksstärkeres und kontrastreicheres Zentrum gehabt und noch besser funktioniert. Ohnehin saftig und kontraststark kam dagegen der Satellitenteller mit einem Confit aus Avocado und Mango, karamellisiertem Ziegenfrischkäse

mit feiner Würze und Säure sowie einer von Senfsaat geprägten dunklen Vinaigrette daher. Der folgende Spargel als knackig blanchierte Spitzen, feinsäuerliche Creme und stoffiger Saucenschaum wurde von roten Johannisbeeren mit kecker Säure und von einer Vinaigrette aus Verbene, Zitrone und Bärlauch mit ätherischer Würze kontrastiert und bot in dieser Form ein in sich spannendes und dennoch nicht zu lautes Ensemble, in dem auch ein sanft gegarter, mit nobler jodiger Süße begeisternder Kaisergranat bestens zur Geltung kam.

Wie sehr auf hohe Produktqualität beim Einkauf geachtet wird, zeigte neben den größtenteils namentlich genannten regionalen Erzeugern auch der folgende festfleischig-klararomatische Steinbutt neben einem filigranen Arrangement aus Artischocke und Zwiebel. Mit teils röstwürzigen, teils schmorsüßen und teils feinbitteren Nuancen, ergänzt von halbgetrockneter Tomate und einem kleinen Parmesan-Raviolo. Den verbindenden Rahmen für alle Komponenten schaffte eine spürbar mit höherem Gemüseanteil inklusive Tomate angesetzte Hummersauce, die mit sanfter Harmonie das ausglich, was ihr an konzentrierter Stoffigkeit fehlte.

Und nach einer beeindruckend komplex aufgebauten Pilzessenz mit Markklößchen und Kräuterseitling, der mit seinem fleischigen Biss auch eine feine Säure transportierte, interpretierte das Team im Hauptgang das Thema „Ratatouille" auf sehr eigenständige Weise: mit einem knallgrünen Zucchiniflan, Tomatenconfit und Auberginencreme mit geräucherter roter Paprika, die wahlweise mit einer vegetarischen, oder eben auf Basis von Kalbsfond gekochten Portweinjus ergänzt werden konnten. Und entweder mit Rehrücken, Lamm oder Rinderrücken bestellt werden konnten, was im ersten Moment vielleicht ungewohnt beliebig wirkt, sich aber spätestens dann als pure Freude am Genuss erweist, wenn das Team zwischendurch an den Tischen die jeweils anderen Varianten zum munteren „Nachprobieren" anbietet.

Zum Abschluss gab es die bereits als Klassiker gesetzten „Rostigen Ritter", eine als kleine Kugeln umgesetzte Variante des Armen Ritters, die es erwähnenswerterweise sogar als Astronautennahrung bis ins All geschafft haben, die aber auch in der heimischen Erdatmosphäre auf saftig-knusprige Art und in der Kombination mit Vanilleeis nebst Knallbrause-Schokokügelchen sehr viel Freude machten. Dazu erwartet die Gäste es eine gut sortierte und genau wie die Küche sehr fair kalkulierte Weinauswahl, die auch in den Gläsern einen genussvollen Abend garantiert und den insgesamt sehr stimmigen und sympathischen Eindruck abrundet.

Böbing (Bayern)

5 Pfannen

Bromberg Alm

Bromberg 10, 82389 Böbing
08867-92045
www.bromberg-alm.de
Küchenchef: Jakob Erhard
Mi–Mo von 11–14 Uhr u. ab 17.30 Uhr, Di RT
Hauptgericht: 14–32 €, Menüs: 20–60 €
EC VISA P

Eine Almgaststätte am Fuße eines kleinen Skilifts ist nicht unbedingt der Ort, an dem man ambitionierte Küche erwartet. Und auch die im oberbayrischen Hügelland zwischen Hohenpeißenberg und Staffelsee ganz unauffällig auf halber Höhe des namensgebenden Bromberg gelegene Bromberg Alm ist natürlich kein Gourmetrestaurant. Gleichwohl wird hier auf Basis eines bodenständigen Angebots so überdurchschnittlich gekocht, dass wir das, was in den beiden ländlich-schlichten Stuben seit vielen Jahren unter der Ägide von Inhaber und Küchenchef Jakob Erhard aufgetischt wird, regelmäßig nicht nur guten Gewissens empfehlen, sondern auch mit 5 Pfannen auszeichnen.

Dass das gerechtfertigt ist, konnten wir auch beim diesjährigen Besuch wieder feststellen. Wie immer etwas deutlicher bei den Vorspeisen und etwas weniger deutlich bei den Hauptgerichten und Desserts, die immer solide sind, denen es aber bisweilen etwas an Finesse und Feinschliff mangelt. Allerdings werden eben auch ganz „handelsüblich" zubereitete und nicht weiter verfeinerte Dinge so natürlich, solide und schmackhaft zubereitet, dass die Aus-

zeichnung in der Gesamtschau eigentlich nie wirklich in Frage steht.
Ein wichtiger Punkt sind da natürlich auch die guten Produkte, deren Erzeuger und Lieferanten in der Karte namentlich aufgelistet werden. So gibt es beispielsweise die Forellen von Keller aus dem nahegelegenen Kirnberg, das Lamm von Beckenhof in Schöffau und Pirchmoser in Böbing oder das frisch geschossene Wild aus den Jagdrevieren vor der Haustüre, Murnau-Werdenfelser Weiderinder in Bio-Qualität. Lammfleisch bezieht der Chef direkt aus Böbing und Schweinefleisch von der Metzgerei Haslacher.
Die alles in allem recht umfangreiche Speisekarte mit Standardangebot und abweichender Wochenkarte darf also nicht über die tatsächliche Qualität der Gerichte hinwegtäuschen. Und genauso wenig stören wir uns an der Tatsache, dass das Angebot – abgesehen von saisonalen Produktabweichungen, etwa wenn Spargelzeit ist, der Bärlauch sprießt, oder die Wälder ringsum frische Steinpilze hervorbringen – seit Jahren recht statisch ist.
Jedenfalls freuen wir uns beispielsweise, wenn es mal wieder die hausgemachten Blutwurst-Ravioli gibt, die grundsätzlich mit Sauerkraut und karamellisierten Calvados-Äpfeln liiert werden. Denn die in eine dünne Nudelteighüllte verpackte Blutwurst, die zwar keine cremigfeine Variante im Stil einer Boudin noir, sondern eine etwas gröbere und feste deutsche Schwarzwurst-Version ist, aber trotzdem einen sehr guten, nicht überwürzten Geschmack hat, erweist sich in Kombination mit dem herzhaften Kraut und den von der karamellig-alkoholischen Süße und ausgleichenden Säure der Sauce umgebenen Apfelspalten noch jedes Mal als eine sehr ansprechende Vorspeise.
Neu, zumindest für uns, war beim letzten Mal das Rindertatar, das handgeschnitten, aber eher feiner gehackt, auf angenehme Art fruchtig-säuerlich angemacht und mit Frisée und Radieschen getoppt, neben einer Pinienkernvinaigrette und einem nussig-grasigen Öl angerichtet war. Auch das eine leichte, zeitgemäße und nicht zuletzt durch die pointierte Zubereitung und Aromatisierung auch durchaus raffinierte Vorspeise auf starkem 5-Pfannen-Niveau.
Eher knapp, aber dennoch erreichte dieses Niveau auch das „Böfflamott" vom Böbinger Weiderind aus dem „Holzackerhof", das mit Mini-Semmelknödeln, Blumenkohl, Brokkoli und Karotte angerichtet war. Wenngleich wir auch nicht verschweigen wollen, dass wir das Fleisch dieses vom „Bœuf à la mode" abgeleiteten Schmorgerichts schon bedeutend saftiger, zarter, ansprechender serviert bekommen haben, als es die sehr dünnen Bratenscheiben diesmal waren, die in einer an sich sehr guten, aber aromatisch und würztechnisch eher an Wildbret erinnernden Sauce lagen. Von ähnlich solider, aber nicht begeisternder Art war der Zwiebelrostbraten mit ausschließlich frittierten Zwiebeln on top, eher transparenter gehaltener Sauce, identischer Gemüsegarnitur wie das geschmorte Rind und recht kompakt zusammengebackenen Kässpatzen. Auch das war schmackhaft und natürlich, aber nur äußerst knapp an der „5-Pfannen-Grenze".
Der Nachtisch reicht noch jedes Mal vom weißen Schokoladen-Mohnparfait über Mousse au (Valrhona-)Chocolat bis zum Eis von Batida de Coco, ist immer mit diversen Fruchtspiegeln umspielt und immer gleich gut. Manchmal schleicht sich außer der Reihe auch beispielsweise mal ein Nougatparfait ins Nachtischprogramm ein. Eine kleine Weinauswahl, diverse Craft-Biere von der Brauerei Riegele, sowie einige höherwertige Whisky-Sorten, runden das sympathische und sehr moderat kalkulierte Angebot ab.

Böblingen (Baden-Württemberg)

5 Pfannen

Da Signora

Graf-Zeppelin-Platz 4, 71034 Böblingen
07031-3069509
www.dasignora.de
Di–So von 12–14 Uhr u. ab 17 Uhr, Mo RT
Hauptgericht: 21–34 €, Menüs: 45–89 €
VISA

In den beeindruckenden Räumlichkeiten der denkmalgeschützten Hallen des ehemaligen Landesflughafens von Württemberg befindet sich ein stilvoll gestaltetes Restaurant mit einem wunderschönen Wintergarten-Anbau, der viel natürliches Licht hereinlässt. Hier wird an sechs Tagen in der Woche sowohl mittags als auch abends eine gehobene italienische Küche serviert. Die Preise mögen etwas höher sein als bei einem gewöhnlichen „Italiener um die Ecke", dafür wird jedoch auch eine höhere Qualität und Substanz geboten. Obwohl die Namensgeberin Signora Heiderose Kielwein selbst nicht aus Italien stammt, gelingt es ihr von leichter Hand, authentisch italienische Geschmacksbilder zu kreieren und damit zu überzeugen. Gemeinsam mit ihrem Ehemann Antonio, der die Gäste stets mit Gentilezza umsorgt und zudem mit einer umfangreichen Auswahl an italienischen Weinen dienlich ist, ein unschlagbares Team.

Bocholt (Nordrhein-Westfalen)

6 🍳 🍴🍴

Mussumer Krug

Mussumer Kirchweg 143, 46395 Bocholt
☏ 02871-13678
www.mussumerkrug.de
Küchenchef: Lars Kathage, Fabian Kracht
Mi–Sa ab 17.30 Uhr, So–Di RT
Hauptgericht: 24–31 €, Menüs: 41–45 €
EC VISA P

Aufgrund verschiedener länger andauernder Pop-up-Veranstaltungen im ersten Halbjahr 2023, während derer das Stammhaus geschlossen blieb, war es uns in der vergangenen Testsaison leider bis zum Redaktionsschluss der Buchausgabe nicht möglich, einen Besuch im Mussumer Krug zu terminieren. Was umso bedauerlicher ist, weil wir hier seit vielen Jahren immer so gerne einkehren und die Vorfreude auch einen Besuch immer hoch ist. Deshalb werden wir natürlich gleich in der Anfangsphase der neuen Testsaison im Gusto Online-Guide und der Gusto-App ein entsprechendes Update bringen.
Schon seit über 25 Jahren sorgt Familie Kathage hier generationsübergreifend für das leibliche Wohl der Gäste und mit dem Motto „Weil wir lieben, was wir tun" für viele positive Vibes. Das etwas versteckt in einem Wohngebiet gelegene Wirtshaus bietet in den geschmackvollen Gasträumen und einem großzügigen Außenbereich eine attraktive Mischung aus Wohlfühlambiente und guter Küche – ganz ohne unnötigen Firlefanz, aber dennoch reiz- und niveauvoll, allein durch die überraschend hohe Qualität der verwendenden Produkte.
Man sieht und schmeckt auf jedem Teller, dass die Jungs und Mädels hier nicht nur tatsächlich mit Freude am Start sind, sondern auch ganz genau wissen, was sie machen. Daran hatte im letzten Jahr auch durch das leicht modifizierte Konzept nichts geändert. Im Gegenteil: Mit den für Sharing konzipierten kleineren Vorspeisen und Desserts sowie gewohnt substanzstarken Hauptgängen erhöht sich der Spaßfaktor sogar noch, ohne dass sich am Niveau viel ändert.
Die clever aufgebaute Karte macht es einfach sehr leicht, in eine heiter-ausgelassene Genussstimmung zu kommen: Die Vorspeisen sind allesamt so konzipiert (und kalkuliert), dass man am besten mit einer bunten Mischung den Tisch vollstellt und sich dann zum obligatorischen fluffig-warmen Sauerteigbrot aus der Bäckertüte munter durchprobiert. Das funktioniert auch als einzelner Gast, macht aber zu mehreren natürlich noch einmal mehr Spaß.
Beispielsweise bei einem klararomatisch frischen Ceviche von der Gelbflossenmakrele, bei dem die dicken fleischigen Würfel noch genügend Charakter mitbringen, um sich gegen die forcierte Attacke von Limetten und Koriander zu behaupten. Unterstützung kommt dabei von laktisch abpuffernder Crème fraîche und eingelegter Bete.
Oder auch bei den knackigen Chicoréeblättern in einer auf reduziertem Saft und Zestenabrieb aufgebauten Orangensauce, die mit ihrer Füllung aus spicy Walnuss, Croûtons und zarten Manchego-Flocken ein unkompliziert pfiffiges Fingerfood ergeben und damit dem immer wieder überzeugend herzhaft-fruchtigen Beef Tatar mit Brotcroûtons, Crème fraîche und Kräutern durchaus Konkurrenz machten.
Für den Hauptgang listet die Karte unter anderem verschiedene Cuts von gut gereiften Premiumfleisch nebst hausgemachten Fritten, Salat und klassischer reduzierter Jus, oder auch mal nur mit kräuterfrischem Chimichurri. Aber auch das beeindruckend hohe Filet von der Goldbrasse mit (etwas rustikal) kross gebratener Haut und saftigem Fleisch überzeugt in einer knackig-frischen Umgebung aus süßsauren Gurkenstreifen, zarten Kohlrabilamellen und Dill, die von einer milden Krustentiersauce einen gelungenen Kontrast bekommen. Allein durch die Produktqualitäten sind solche Gerichte hier immer ein Vergnügen, aber die ganz ungekünstelt schlichten Begleiter sorgen dazu noch für einen angenehm lebendigen Background.

Die Auswahl an Desserts eignet sich ebenfalls besonders gut zum Teilen und Kombinieren und hält dabei locker das Niveau, sei es bei einem intensiven Cassisorbet in Ruby-Schokoladenschaum, Cassiscrunch und Joghurt, Espresso-Crème-brûlée oder Pavlova mit Beeren und Vanillecreme.
Dazu sorgen animierende Weine von trendigen Erzeugern wie Christian Stahl und Emil Bauer für unkompliziert-niveauvollen Spaß in den Gläsern und das fröhliche Serviceteam dafür, dass es einem auch sonst an nichts fehlt.

Bodman (Baden-Württemberg)

Hotelempfehlung

Seehotel Villa Linde

Kaiserpfalzstr. 50,
78351 Bodman
07773-959930
www.seehotelvillalinde.de
Einzelzimmer: ab 115 €
Doppelzimmer: ab 135 €

VISA

Das Seehotel Villa Linde ist ein wahres Kleinod mit einzigartiger Lage oberhalb des Hafens in Bodman-Ludwigshafen und bietet einen herrlichen Blick auf den Bodensee. Die Unterkunft befindet sich auf dem Gelände einer Poststation aus mittelalterlichen Zeiten und verfügt über 12 komfortable Doppelzimmer mit Seeblick und zwei luxuriöse Suiten mit Weitsicht über den See und Terrasse. Alle Zimmer bieten SAT-TV und kostenfreies WLAN, eine direkt begehbare, ebenerdige Dusche, Föhn, Kosmetikspiegel und extra große Betten. Die Suiten verfügen außerdem über eine komfortable Kippcouch, Kühlschrank und eine freistehende Badewanne. Das maritime Flair und das besondere Ambiente der Einrichtung spiegeln die Leidenschaft für das Segeln wider. Die besondere „Plankentechnik“ der Einrichtung erinnert an den Charme luxuriöser Boote aus vergangener Zeit. Die Materialien sind alle handgefertigt und zeugen von hoher Handwerkskunst. Außerdem gibt es mit dem „s'Äpfle“ ein renommiertes Restaurant, von dessen Terrasse man einen einzigartigen „Logenblick“ auf den Bodensee genießt, eine Bar sowie einen Wellnessbereich mit Saunas und Dampfbad.

Bonn (Nordrhein-Westfalen)

8

Halbedel's Gasthaus

Rheinallee 47,
53173 Bonn
0228-354253
www.halbedels-gasthaus.de
Küchenchef: Rainer-Maria Halbedel
Di–So ab 18 Uhr, Mo RT
Menüs: 95–140 €

VISA

Ein Blick auf die Homepage dieser Bonner Institution reicht, um zu verstehen, wie aus der Zeit gefallen hier alles scheint: Reserviert werden kann ausschließlich per Telefon sowie Fax (!). Und Rainer-Maria Halbedel steht im Impressum noch mit dem Zusatz „Küchenmeister“. Die Gründerzeitvilla im Bonner Stadtteil Bad Godesberg wirkt tatsächlich seit Jahrzehnten unverändert, das Gleiche gilt für die Herzlichkeit von Gastgeberin Irmgard Halbedel. Patron und Küchenchef Rainer-Maria Halbedel mag vielleicht etwas gebeugter gehen als früher, aber wer denkt, dass hier jemand in all der Zeitlosigkeit den Draht zur kulinarischen Moderne verloren hat, der täuscht sich gewaltig!
Wobei ein Teil der Moderne zu Halbedel gekommen ist, denn schon seit Jahrzehnten ver-

wendet dieser – ganz „Nova Regio" – Obst und Gemüse vom eigenen Bauernhof in der Eifel. Einen anderen Teil der Moderne, vor allem den, der asiatische Elemente beinhaltet, hat Halbedel harmonisch in seine klassisch französisch grundierte Kochkunst einfließen lassen, deren Ansatz es immer war, eine größtmögliche, aber niemals spannungslose Harmonie zu erzeugen.
Auch die aktuelle, wie immer handgeschriebene Speisekarte, erklärt Halbedel persönlich am Tisch und empfiehlt auch einen Aperitif – in unserem Fall einen angenehm trockenen Pinot Meunier Rosé vom Pfälzer Spitzenweingut Bernhard Koch. Die Weinkarte bietet viel fein Gereiftes und Rares, das gerade im Spitzenbereich aufgrund der ausgesprochen fairen Kalkulation fast schon allein den Besuch hier rechtfertigt. Die Speisekarte offeriert ein Monats- sowie ein Überraschungsmenü.
Der Gruß aus der Küche vereint halbierte Kirschtomaten und Dümmer Aal („Aus meiner Heimat", erläutert Halbedel) in Basilikumöl. Verspielt zeigt sich der Bonner Altmeister bei der Tomate in der Mitte, denn es ist keine in ihrer natürlichen Form, sondern mit cremig-tomatigem Inneren „nachgebaut". Ein frischer, belebender Start, der den stark fetthaltigen Aal geradezu charmant wirken lässt und in ein Menü einführt, das konsequent saisonal-sommerlich gedacht ist.
Das zeigt sich auch beim ringförmig angerichteten gesulzten Yellow Fin Thunfisch, auf dem sich viele farbenprächtige Elemente finden: Scheiben von Radieschen aus Halbedels Garten, eingekapselte Kokosmilch-Kugeln, Kugeln von der Wassermelone, essbare Blüten und in der Mitte Petersiliensud von geradezu strahlendem Grün. Die süßen Akzente sind fein austariert und die vegetalen addieren viel Frische, nichts übertönt den Geschmack des Thunfischs.
Als „In Wan Tan gebackene Jakobsmuschel" annonciert Halbedel den nächsten Gang, allerdings findet sich der Wan-Tan-Teig nur als knusprige Streifen auf der Meeresfrucht, die festfleischig und glasig gegart ist. Flankiert wird sie einerseits von einem Klecks Erbsenpüree mit Minze, das von einigen knackigen Erbsen gekrönt wird, andererseits auch von Zuckerschoten. Am Rand – mehr Deko als Wirkungstreffer: gefriergetrocknetes Erbsenpulver. Obwohl der Fokus des Gerichts auf der Jakobsmuschel liegt, entfalten auch die anderen Zutaten ihre Wirkung und es ergibt sich ein charmantes Spiel mit der Süße der Meeresfrucht, die von Zuckerschoten und Erbsen balanciert aufgenommen wird.
Auch bei der betont salzigen Rotbarbe arbeitet Halbedel gekonnt mit einem fruchtigen Element, diesmal in Form des Traubenkernöls, das mit Madras Curry und Vanilleschote aromatisiert wurde, und auf dem der Fisch angerichtet ist. Starke Komponenten, doch Halbedel gelingt es, sie harmonisch auszubalancieren. Bei einem so klassisch geschulten Koch wie ihm würde man ein Sorbet vor dem zentralen Fleischgang erwarten, aber er überrascht stattdessen mit einer Kaltschale aus Limettenkefir und Tropfen von Basilikumöl. Auf dem Tellerrand ein „Knusper mit Ochsentatar", das den leichten und dank seiner Säure erfrischenden Gang angenehm erdet und in Sachen Textur für Kontraste sorgt.
Ganz klassisch wird es dann aber mit dem nächsten Gericht, einem dunkelrosa gegarten Rücken vom Rehbock mit feiner, an Leber erinnernder Wildnote. Die dunkle Jus wurde mit Wacholderbeeren, Portwein und Johannisbeeren zubereitet, wieder sind Fruchtnoten gleichermaßen präsent wie subtil. Der in einer Riegelform angerichtete Spitzkohl stammt natürlich aus Halbedels Garten, die Mairübchen vermutlich auch, ihr hervorragender Eigengeschmack wird nicht kaschiert. Auf jedes kleine Türmchen – oben und unten Rübchenscheiben, dazwischen cremiges Rübchenragout – drapiert Halbedel einen kleinen, karamellisierten Aprikosenschnitz. Und schon wieder gelingt ihm das Kunststück, Frucht einzubauen, ohne dass sein Gericht dadurch ins Süße abdriftet, sondern vielmehr an Schwung gewinnt.
Umso spannender wurde die Frage, wie Halbedel das fruchtige Dessert gestaltet, das er augenzwinkernd als „Schmackofatz & Co. KG" ankündigt. Aber der Gang ist weit entfernt von einem geradlinigen, massenkompatiblen Nachtisch, denn die Erdbeere, die hier als Nocke Eis auf Erdbeermousse angerichtet ist und auch als marinierte Erdbeerstücke vorkommt, wird neben einer Psassionsfruchtsauce auch mit Wermutkraut als Kügelchen und einigen wenigen dünnen Streifen Staudensellerie kombiniert. Das ist auf erfrischende Art kontrastierend, das ist bei manchen Löffeln betont bitter, und das ist niemals zu süß.
Die Küche erscheint unangestrengt modern in ihrer Vereinigung von Frucht und Gemüse, die sich fast wie ein roter Faden durch das Menü zieht. Aspekte wie Schärfe oder Säure setzt Halbedel kaum, und wenn, dann nur sehr dezent sein, wodurch er mit seinem Stil auch weniger aufgeschlossene Feinschmecker nicht irritieren wird. Und würde diese Küche in einem hippen Berliner Kiez-Restaurant gekocht und

ein junger Wilder am Herd stehen – auch ihm würde man die Türen einrennen!

K. u. K. im Weinhäuschen am Rhein

Fährstr. 26, 53179 Bonn
0228-362756
www.kuk-weinhaus.de
Di–So ab 12 Uhr durchgehend, Mo RT
Hauptgericht: 15–28 €

EC VISA

Das Weinhäuschen in Mehlem mit seiner unmittelbaren Uferlage und der großen Terrasse mit Blick auf den Rhein und das Siebengebirge ist und bleibt der Hort für gute, traditionelle K.u.K.-Spezialitäten. Auf den ersten Blick ein ganz normales unscheinbares Ausflugslokal – aber eben eines mit sehr guter, bodenständiger österreichischer Schmankerlküche! Hier werden die alpenländischen Klassiker vom Tafelspitz bis zu Backhendl in tadelloser, frischer und properer Umsetzung geboten. Schlicht und schnörkellos, ohne Verfeinerungsexzesse, dafür zu günstigen Preisen. Und auf der Weinkarte, passend dazu: preiswerte österreichische Gewächse namhafter Erzeuger.

6

Kräutergarten

Töpferstr. 30,
53343 Bonn
02225-7578
www.gasthaus-kraeutergarten.de
Mo, Fr u. Sa ab 18 Uhr,
So von 12–18 Uhr, Di–Do RT
Hauptgericht: 36 €, Menüs: 55 €

EC P

Im geschmackvoll gediegenen Landgasthaus-Ambiente, das mit Liebe zum Detail gestaltet wurde, aber auch auf der Terrasse im namensgebenden Garten kredenzen die Gastgeber Astrid und Herbert Jungbluth seit vielen Jahren unverändert in sehr sorgfältiger Manier zubereite Küche von klassisch-französischer Art, die aber sehr weltoffen auch mit mediterranen oder asiatischen Aromen spielt und ebenso viel Bodenhaftung wie Esprit auf die Teller bringt. Gemeinsam mit dem herzlichen Service der Gastgeberin ein entspannter Ort zum Wohlfühlen und Genießen.

7

Redüttchen

Kurfürstenallee 1,
53177 Bonn
0228-68898840
www.reduettchen.de
Küchenchef: Matthias Pietsch
Di–Sa ab 18 Uhr, So u. Mo RT
Hauptgericht: 42–48 €,
Menüs: 63–105 €

EC VISA P

Das verniedlicht Redüttchen genannte ehemalige Gärtnerhaus ist so etwas wie das Kavaliershäuschen des großen Ball- und Konzerthauses La Redoute gleich nebenan, einem repräsentativen Prachtbau aus dem 18. Jahrhundert, in dem noch heute regelmäßige Veranstaltungen und Bankette abgehalten werden. In dem als Weinbar und Restaurant betriebenen Redüttchen geht's gemütlicher und bodenständiger zu – der allgemeine gastronomische und kulinarische Anspruch ist aber hoch. Das erahnt man schon beim Anblick der vielen illustren Weinflaschen, die teils ausgetrunken und teils in Weinklimaschränken lagernd dekorativ das Ambiente zieren. Aber auch beim Blick in die Speisekarte, die zwei originell klingende sechsgängige Menüs (davon ein vegetarisches) und eine entsprechende Auswahl an Gerichten à la carte offeriert.
Und dafür, dass es nicht nur bei mundwässernden Ankündigungen bleibt, sondern dass das Ganze auch mit Substanz unterfüttert wird, sorgt seit Jahren Küchenchef Matthias Pietsch, der hier noch jedes Mal zweifelsfrei bewiesen hat, dass er viel auf der Pfanne hat. Er und sein Team kochen weltoffen und kreativ, schon ganz klar auf klassischer französischer Basis, aber keiner bestimmten Stilrichtung folgend. Was

vielleicht manchmal etwas bunt und beliebig anmutet, erweist sich stets als stimmig und durchdacht. Dass wir dennoch der Ansicht sind, dass etwas mehr Purismus hier und da auch nicht schaden und manches Gericht etwas reduzierter sogar noch eindrucksvoller wirken würde, ist diesbezüglich auch überhaupt kein Widerspruch.
Nach einem bodenständigen und zupackenden Küchengruß in Gestalt eines kleinen knusprigen Flammkuchens, der mit dünnen Kartoffelscheiben und einer säuerlich-kräuterwürzigen Salsa Verde belegt war, startete das eigentliche Menü vergleichsweise elaborierter. Nämlich mit geflämmten Jakobsmuschelscheiben in ungewöhnlicher Begleitung von unterschiedlichen Rosenkohlzubereitungen, eingelegten Gurken, Senfsaat und Brunnenkresse. Eine saftig-knusprige gebackene Praline von geschmortem Schweinekinn passte da auf den ersten Blick fast besser ins herzhafte Bild wie die qualitativ sehr ordentlichen Cocquilles, doch eine säuerlich abgeschmeckte Seeigelcreme spannte wieder den Bogen ins Maritime. Auch wegen verschiedenen sehr gut eingebundenen Säuren, unter anderem in einer mit reduzierter Schweinejus montierten Verjus-Vinaigrette, ergab sich ein sehr rundes, ausgewogen lebhaftes Geschmacksbild. Das hätte zwar den vermeintlichen Hauptdarsteller Jakobsmuscheln gar nicht zwangsläufig gebraucht und auch ohne sie sehr gut funktioniert – gestört haben sie aber mitnichten, vielmehr noch eine weitere, zart fleischige Struktur ins Spiel gegeben.
Ein ähnlich komplexes, dichtes „Mischgericht" und als solches sogar noch feiner abgestimmt, folgte mit den saftigen Tranchen vom kurz und scharf angebratenen Wagyu-Roastbeef, die mit säuerlich angemachten geschmorten Schalotten, Brotcroûtons und Trüffelsaft-Kaviarperlen angehäuft sowie mit Gruyère-Käse gratiniert waren. Ebenso würzig wie feinsäuerlich untermalt von einem dunklen Zwiebelsud war das herzwärmendes Seelenfutter in anspruchsvoller Façon.
Etwas flächiger und transparenter arrangiert, aber ebenfalls von sehr markanten Aromen gezeichnet, kam der zarte glasierte Pulpo im Kreise cremiger (Knolle) und knackiger (Staude) Sellerie-Kompnenten, geschmortem Chicorée und Blutorange (als Filetstückchen und Sud) daher. Und auch hier war von den wohlüberlegten Proportionen bis zu den Leinsamenkernen auf dem Sellerie nichts zufällig. Ein Gericht, das vom Spiel fruchtiger Säure und Bitteraromen lebte – aber nur, weil diese perfekt aufeinander eingestellt und kontrolliert abgepuffert waren.
Seine kompositorischen Stärken, auch und gerade bei ungewöhnlicheren Kombinationen, bewies das Team um Matthias Pietsch dann insbesondere mit einer Saucenallianz zwischen einer dezent mit weißer Schokolade abgerundeten Beurre blanc, feurig roter Chilisauce und einer mit Ducca gewürzten grünen Joghurtsauce zur nussbuttrigen Seezunge. Die war mit Wildem Brokkoli, Salicornes, Brunnenkresse, aber auch roh mariniertem dünn gehobeltem Fenchel und einem (recht mampfigen und trockenem) Falafelbällchen kombiniert, was auf dem Papier vielleicht wie ein heilloses Durcheinander klingt, sich auf dem Teller aber als durchaus sehr stimmig erwies. Das eine oder andere hätte man zwar auch hier problemlos wieder weglassen können und so ein pointierteres Ergebnis erzielt – gestört hat, vielleicht mal abgesehen von dem im Grunde recht überflüssigen Kichererbsen-Bällchen, aber auch hier wieder rein gar nichts.
Und erst recht nicht bei der Taube mit Artischocke, Birne und Wintertrüffel: die Tranchen der rosa gegrillten, saftig-aromatischen Brust des Vogels waren hier mit den gebratenen Artischockenherzen, gewinnbringende Süße spendenden Birnenstückchen und belebende fruchtige Säure liefernden Perlzwiebeln auf einer Art süffigem Hachée von der Taubenkeule angerichtet und mit reichlich dichter, aber nicht überkonzentrierter Taubenjus umgeben. Und nicht nur die Sauce zeugte auch hier wieder von äußerst fundiertem und souveränem Handwerk.
Das reicht auch locker bis in den Patisseriebereich hinein, der uns diesmal einen Nachtisch bescherte, der in Anlehnung an einen Pflaumenkuchen mit verschiedenen Pflaumenkomponenten (zum Beispiel als Eisfüllung in Pralinen aus karamellisierter weißer Schokolade), Hefeeis und Crumbles daherkam. Und sogar mit einem originellen Twist, den markantes Lorbeer-Gel mit würzig-säuerlicher Note einbrachte und dem Abschluss damit sowohl Auflockerung als auch Tiefe verlieh. Stark!

Bezahlkarten-Symbole

- Mastercard
- EC-Maestro
- Diners
- American Express
- VISA Visa

Ristorante Oliveto

im AMERON Bonn Hotel Königshof
Adenauerallee 9, 53111 Bonn
0228-26010
www.hotel-koenigshof-bonn.de
Küchenchef: Florian Weidlich
Täglich von 12–14 Uhr u. ab 18 Uhr, kein RT
Hauptgericht: 22–42 €,
Menüs: 45–95 €

VISA

Wie es in den Hotels der Althoff-Gruppe bundesweit schöne Tradition ist, hat sich auch das Restaurant Oliveto in deren Haus in Bonn, dem unter der Ameron-Flagge geführten Königshof zwischen Adenauerallee und Rhein, ganz der authentischen italienischen Küche verschrieben. Unter wechselnden Küchenchefs, aber auf relativ gleichbleibendem Niveau, gibt es in den gediegenen Gasträumen mit großer vorgelagerter Hochterrasse, von der aus man einen schönen Ausblick auf Rhein und Siebengebirge genießt, mal ganz traditionelle, mal maßvoll kreativ interpretierte Italianita. Und für die zeichnet aktuell und wie schon im letzten Jahr Florian Weidlich als Chef de Cuisine verantwortlich.

Im direkten Vergleich mit unserem Besuch im letzten Jahr hat uns das Gebotene zuletzt sogar noch ein klein wenig besser gefallen. Los ging es wie schon in der Vergangenheit mit fluffiger hausgebackener Foccacia, italienischer Salami im Salsiccia-Stil und Oliven, diesmal ergänzt um eine Kürbis-Mascarpone-Butter und hausgebackenes Körner-Knäckebrot. Eine Vitello-Tonnato-Interpretation haben wir hier in der Vergangenheit sicher auch schon mal gegessen, können uns aber nicht daran erinnern, diese als dünn geleeummantelten, mit knusprigen frittierten Kapern, Kapernapfel und Anchovi bestückten Canellono mit einer Füllung von Kalbsfilet-Tatar serviert bekommen zu haben, der in einem luftig leichten und trotzdem sehr ausdrucksstarken Thunfischschaum platziert war. Das hatte was!

Als sehr schmackhaft erwiesen sich fraglos auch die Cavatelli mit gebratenen Wildfanggarnelen, die zusammen mit Staudensellerie und glasig gedünsteten roten Zwiebeln in einer Tomatensugo eingelullt und zudem mit reichlich Krustentierschaum nappiert waren. Allerdings hätte man sich hier beispielsweise auch noch etwas mehr Kräuteraromen und moderate Schärfe vorstellen können, denn insgesamt war das Geschmacksbild schon recht mild und weich, da fehlte ein wenig der markante Akzent.

Etwa ein solcher, wie ihn die pikant kräuterwürzig-zitrische Gremolata dem Ossobuco mit Risotto Milanese verlieh. Und auch sonst war dieser Klassiker wirklich ganz klasse umgesetzt: vorbildlich zart und saftig geschmorte Beinscheibe mit reichlich schmelzigem Mark, geschmackspushend glasiert mit reduzierter Barbera-Schmorjus und platziert auf einem punktgenau gegarten, perfekt cremig gehaltenen und ausgewogen mit Safran abgeschmeckten Risotto. Ein klassisches Drei-Komponenten-Gericht, das nichts vermissen ließ. Und das von dem dazu empfohlenen Barbera aus dem Piemont gewinnend begleitet wurde.

Wer gerne mit einem süßen Dessert abschließt, kann das hier zum Beispiel mit der hauseigenen Version eines Tiramisù machen. Ebenfalls originell präsentierte sich das Käse-Dessert, für das Pecorino und Taleggio zum Duett vereint waren: der aromatische Schafsmilchkäse als süßlich-würzige Crème brûlée und der Kuhmilch-Weichkäse mit einer knusprigen Panko-Bröselkruste ausgebacken. Dazu ein Kräutersalat und die adäquate Süße und Frucht von eingelegter Birne und fertig war ein einfallsreicher und nicht alltäglicher Abschluss, der den Stil der Küche gut repräsentierte. Wer sich also in der einstigen Bundeshauptstadt in gepflegtem Rahmen gute italienische Kulinarik gönnen will, ist im Oliveto weiterhin an der richtigen Adresse.

6

Strandhaus

Georgstr. 28, 53111 Bonn
0228-3694949
www.strandhaus-bonn.de
Küchenchef: Astrid Kuth
Mo–Fr ab 18 Uhr, Sa u. So RT
Hauptgericht: 28–48 €,
Menüs: 50–90 €

VISA P

Als ob wir nicht vorgewarnt gewesen wären – hatten wir doch vor ein paar Jahren schon mal das Problem, in dem mitten in einem Wohnviertel in der Bonner Nordstadt gelegenen Strandhaus, das sich mit seiner durch ein Sonnensegel überdachten Terrasse auf einladende Art von den umliegenden Häusern abhebt, lange vor Redaktionsschluss noch einen Tisch zu bekommen! Und auch in diesem Jahr fielen wir aus allen Wolken, als wir in dem mit hellblau gestrichenen Blanken, Schwemmholz und Muscheln auf den Tischen tatsächlich sehr maritim anmutenden Lokal einen Tisch reservieren wollten und bereits bis in den Sommer hinein alles ausgebucht war.
Die lange gehegte Hoffnung, über die Warteliste vielleicht doch noch rechtzeitig einen der begehrten Plätze bei Astrid Kuth und Günter Grote-Valleé zu bekommen, starb mit unserer Deadline bzw. dem Beginn des Betriebsurlaubs des Strandhauses. Und so müssen wir die neue Kritik und aktuelle Bewertung nach der Sommerpause im Gusto Online-Guide und der App nachreichen, aber die Vorjahresbewertung kann wegen der vielen guten Erfahrungen und des sehr gleichbleibenden Niveaus in den letzten Jahren problemlos erst mal fortgeschrieben werden.
Beim letzten Mal war bereits eine Tranche von knusprigem Strudel mit kompakt-intensiver Pilzfüllung neben zartem Spitzkohlsalat, Kerbel-Chimichurri, Misoschaum und Backerbsen mit viel ausgewogenem Umami, abwechslungsreichen und auf erfrischend „untechnische" Art aufgebotenen Texturen und einem Hauch von Kräuterfrische ein gelungener Auftakt. Und auch das erfreulich grob gewürfelte Tatar vom Thunfisch auf nussigen kleinen Berglinsen, dessen klare besonders gut zur Geltung kam, blieb als sehr gut in Erinnerung. Begleitet wurde der Tuna von überraschend feinsinnigen zitrisch duftigen Noten aus Mandarinen-Ponzu, Currycreme und Kräuteröl.
Eher etwas rustikaler angelegt, aber als solches ebenfalls überzeugend, präsentierte sich das auf der Haut gebratene Saiblingsfilet neben sautierten Endivienstreifen sowie als Schaum, sautierte Würfelchen und knuspriges Stroh abwechslungsreich leicht präsentierten Kartoffelkomponenten. Für etwas zusätzliche Frische zwischen den grünen Bitternoten, dem Schmelz und der Röstwürze waren einige Salatspitzen und herbe Wildkräuter verantwortlich.
Gerne erinnern wir uns auch an saftstrotzend zartes Rinderfilet neben Kürbiscreme und -würfeln, nussig-süßlichen Pastinakenscheiben, cremig-knusprigen Gnocchi und einem erdig-zwiebeligen Confit aus Totentrompetenpilzen. Insbesondere wegen die eher hellen, eleganten, mit Blattpetersilie aufgefrischten Jus ergab das einen mehr als souveränen Hauptgang ganz ohne aufwendiges Kleinklein. Und auch bei den Desserts bleibt das Team dem Stil treu und serviert statt technisch verfremdeter Detailkunst lieber herzerwärmendes Soulfood wie ein warmes Gratin aus saftig glasierten Äpfeln mit karamellisierten Walnüssen, Zimtschaum und herbem Apfel-Quittensorbet.
Das alles serviert ein ausgesproch en natürlich und freundlich agierendes Serviceteam, das auch ein Wein-iPad mit spannender Auswahl überwiegend deutscher Erzeuger zu frappierend günstigen Kursen parat hält. Wir freuen uns auf den nächsten Besuch!

Bezahlkarten-Symbole

- Mastercard
- EC-Maestro
- Diners
- American Express
- VISA Visa

Yunico – Japanese fine dining

im Hotel Kameha Grand
Am Bonner Bogen 1,
53227 Bonn
0228-43345500
www.yunico-kameha.de
Küchenchef: Christian Sturm-Willms
Mi–Sa ab 19 Uhr, So–Di RT
Hauptgericht: 22–170 €,
Menüs: 89–149 €
VISA

Imposant und futuristisch wirkt das direkt am Rheinufer gelegene Kameha Grand, das mit seinem modernen puristischen Design und der elliptischen Form genauso ein Ausrufezeichen setzt wie mit seinem exklusiven Angebot von Lifestyle und Wellness bis zu Tagungen und Events. Ein Ausrufezeichen setzt das Kameha aber insbesondere auch gastronomisch, beherbergt es mit dem Yunico in seiner obersten Etage doch seit vielen Jahren eines der besten von japanischer Küche inspirierten Restaurants des Landes.

Mit einem reduziert-stylischen Ambiente in den markanten Kontrasten aus Weiß, Rot und Schwarz sowie dem weiten Blick über den Rhein ist das Yunico allein atmosphärisch ein besonderer Ort. Mit Christian Sturm-Wilms steht aber außerdem ein echter Könner am Herd, der hier einen ganz eigenen Stil aus japanischer Aromatik und moderner mediterraner Leichtigkeit etabliert hat. Den besten Einblick in diese Küche bekommt man im maximal sechsgängigen „Omakase-Menü", das sich ganz in der japanischen Tradition an der aktuellen Marktlage orientiert und entsprechend ständig leicht verändert. Daneben bietet ein kleineres dreigängiges und eher traditionell japanisch gehaltenes Menü einen etwas softeren Einstieg in die Yunico-Welt.

Der Einstieg ins „Omakase-Menü" wird dagegen stets mit zwei Grüßen aus der Küche bereitet, die – wie auch viele andere Gänge – vom Team eingesetzt und erläutert werden. Bei unserem letzten Besuch gab zunächst eine federleichte Shiso-Sushirolle die Richtung vor, gefüllt mit Süßgarnele sowie hauchdünnen Gemüsejuliennes aus Gurke und Rettich, die für Biss und Luftigkeit sorgten, während eine von der Konsistenz her leichte, aromatisch aber umso druckvollere Sauce aus (unter anderem) Erdnuss, Ingwer Knoblauch und Reisessig mit dunklem Umami und viel Power als Katalysator wirkte.

Die Nähe zum mediterranen Raum spiegelte dann der zweite (warme) Gruß aus der Küche wieder, in dem ein in Umami und Säure konzentrierter Safranschaum die prägende Wohlfühlumgebung für den mit Miso unterlegten Blattspinat nebst sautierten Shiitake-Pilzen und straff-zarten Pulpostücken bildete. Auf diesem sorgte etwas Senfkresse und hauchdünne Knoblauchchips noch für feine würzige Kopfnoten.

Im ersten regulären Gang drehte sich dann alles um qualitativ hervorragende festfleischige Gelbschwanzmakrele. Die wurde in einer größeren Schale als kurz angegrilltes Tataki mit knackig säuerlich eingelegtem Gemüse serviert und von einer üppigen Nocke aus cremig-jodigem Kaviar gekrönt. Der eigentliche Boost kam aber auch hier durch die Sauce, in diesem Fall geprägt von dunkleren Röstnoten, einer leichten Sojawürze, ätherisch-eukalyptischen Shisoaromen und markanter Yuzusäure.

Tatsächlich werden die oft bis zum Anschlag konzentrierten Saucen und Aromen auch vom Team selbst als Markenzeichen propagiert und prägen entsprechend viele Gerichte. Was einerseits für viel Power und Spannung sorgen kann, teilweise aber auch in der enormen Konzentration (auch an Salz!) übers Ziel hinausschießt. So wie in einer zweiten kleineren Schale beim ersten Gang, in der ein Tatar von der Gelbschwanzmakrele zwar an sich die gleiche Klarheit und Frische des Produkts zeigte, aber von einer hellen Sashimisauce und kraftvollem Senfeis mit üppigem Schmelz und lauter Aromatik dominiert wurde.

Pures Japan, wenngleich nicht die reine Lehre und mit einer gewissen zeitgemäßen internationalen Öffnung, folgte dann in Form einer Inside-Out-Roll mit roher Garnele und Avocado im Inneren und geschmeidig schmelzigem Label-Rouge-Lachs als äußere Schicht. Daneben eine mildere Misocreme als Dip neben salzig marinierten Gemüsen, mit Mirin unterlegter Sojasauce, chilischarfer Eicreme, frischem

Wasabi und krosser Lachshaut. Abgesehen von letzterer, die aromatisch recht derb wirkte, bot das viele unterschiedliche Kombinationsmöglichkeiten für die Stücke der Sushi-Rolle und zeichnete auf etwas gröbere Art ein abwechslungsreiches Bild.
Wieder stärker mediterran, aber selbstredend auch mit japanischen Aromen hinterlegt, wirkte der folgende Canellono mit glasig-klarem Tatar vom Langostino, der in seiner puren Frische neben der üppig-dichten Umgebung aus Perigordtrüffel und einer schaumigen Misobutter besonders eindrücklich hervorstach. Neben den waldig-pilzig würzintensiven Aromen in der Begleitung sorgte ein knackiges Ensemble aus wildem Spargel, gelbem Romanesco und Blumenkohlcreme für eine gewisse Auflockerung und Frische und schaffte so einen der stärksten, weil fein ausbalancierten Eindrücke des Abends.
Der Hauptgang rund um eine rosa gebratene Rücken-Tranche vom spanischen Hirsch konnte da trotz insgesamt akkurater Zubereitung nicht ganz mithalten. Zum einen überdeckte die bis zum Anschlag in Salz und Kraft konzentrierte und zudem mit Knoblauch und Wagyu-Fett getunte Soja-Jus viele feinere Akzente. Zum anderen verstärkten die kleinen Türmchen aus frittierter Kochbanane mit Pastinakencreme trotz auflockerndem Kressebouqet einen eher süßlich-breiten Grundton, während ein konzentriertes Pesto aus Kapern und Petersilie mit säuerlich-bitterer Intensität ziemlich krass dazwischen grätschte. Insgesamt entstand so ein vielgestaltiger Eindruck mit jeweils akkuraten Komponenten, die aber im Zusammenspiel ein wenig zergliedert und sperrig wirkten und den Hirsch als Hauptprodukt nicht klar nach vorn stellten – nicht zuletzt auch deshalb, weil dieser gerade noch eben lauwarm eingesetzt wurde…
Dafür zeigte die Pâtisserie sowohl mit einem Matcha-Eis nebst Granatapfel, Cassis-Espuma, dezent proportionierten Kakaocrumbles sowie etwas neckisch prickelndem Brausepulver als Prè-Dessert, als auch mit dem eigentlichen Finale wieder hohes Niveau. Im Zentrum des Hauptdesserts stand ein technisch perfekter Karamell-Moelleux (dünner knuspriger Teig, homogen fließende Füllung) neben einem Pandaneis, das mit seiner an Popcorn und geröstete Mandeln erinnernden Aromatik bestens an die Karamelltöne anschloss. Und von einer filigranen Schnitte aus mit Yuzu zugespitzter Vanillecreme, gebrannten Mangowürfeln und Apfelperlen auf hauchdünnem Mürbteig mit Leichtigkeit und Frische ergänzt wurde.

Genauso wie die Küche mit ihrer klaren Handschrift, sorgt auch das Serviceteam rund um Gastgeberin Melanie Hetzel auf ebenso charmante wie kompetente Art für den besonderen Reiz des Yunico. Insbesondere auch die gut sortierte Wein- und Sakeauswahl und die korrespondierend angebotenen Getränke runden einen Besuch niveauvoll ab.

Hotelempfehlung

★★★★

AMERON Bonn Hotel Königshof

Adenauerallee 9,
53111 Bonn
☏ 0228-26010
www.hotel-koenigshof-bonn.de
Einzelzimmer: 79–199 €
Doppelzimmer: 99–229 €

Wer die Beethovenstadt Bonn auf komfortable Art erleben möchte, findet dort wohl kaum einen geeigneteren Ausgangspunkt als das direkt am Rhein gelegene, geschichtsträchtige AMERON Hotel Königshof. Hier, wo im 19. Jahrhundert der Adel verweilte und in den 1950er- und 70er-Jahren die politische Elite ein und ausging, erwartet heute die Gäste ein zeitgemäßes Interieur, das gekonnt klassisches Design und moderne Elemente vereint. Die 129 großzügig ausgestatteten Zimmer bieten viel Komfort, ein Großteil der Bonner Sehenswürdigkeiten ist fußläufig erreichbar. Dabei ist das Hotel aber nicht nur für Städtereisende reizvoll, sondern bietet mit unterschiedlichen Räumen und Blick auf den Rhein auch beste Voraussetzungen für Events und Tagungen, vom Business-Meeting bis zur Hochzeit. Zur Entspannung stehen den Gästen zwei Saunen und ein Fitnessbereich zur Verfügung. Und wenig verwunderlich prägt der hohe Anspruch auch das kulinarische Programm im Restaurant Oliveto, das mit seiner originellen Interpretation der Cucina casalinga seit Jahren landesweit mit zu den spannendsten italienischen Restaurantkonzepten zählt. Restaurant Oliveto separat erwähnt.

Bonndorf (Baden-Württemberg)

Gasthof Sommerau

Sommerau 5,
79848 Bonndorf
07703-670
www.sommerau.de
Mi ab 18 Uhr, Do–So von 12–14 Uhr u. ab 18 Uhr, Mo u. Di RT
Menüs: 45–98 €

Inmitten der malerischen Natur des ruhigen Steinatals befindet sich das charakteristisches Gebäude des stattlichen Gasthofs Sommerau mit seinem markanten Vollwalmdach. Trotz der abgeschiedenen Lage lohnt sich ein gezielter Besuch dieses Ortes auch aus kulinarischer Perspektive, denn unter der Leitung von Wolfram Heger bietet die Küche eine beeindruckende Liaison aus gutem, natürlichem Geschmack ausgesucher Produkte von hoher Qualität und einer gewissen bodenständigen Raffinesse. Dabei werden sowohl verfeinerte Heimatgerichte aus regionalen Produkten angeboten als auch mutige Ausflüge in mediterrane oder sogar asiatische Gefilde unternommen. Das sorgfältige Handwerk und das ausgeprägte Gespür für Aromen spiegeln sich nicht nur in den liebevoll angerichteten Tellern wider, sondern auch in einem fairen Preis-Leistungs-Verhältnis.

Boppard (Rheinland-Pfalz)

Le Chopin

im Bellevue Rheinhotel
Rheinallee 41, 56154 Boppard
06742-1020
www.lechopin-boppard.de
Küchenchef: Sebastian Messinger
Do–Sa ab 18 Uhr, So–Mi RT
Menüs: 65–115 €

Besser könnte ein Gourmetrestaurant gar nicht in die sagenumwobene und touristisch seit Jahrzehnten beliebte Mittelrhein-Region passen als das im Bellevue Hotel in Boppard angesiedelte Le Chopin. Bereits der Name suggeriert vornehme Klassik und die gibt es dann insbesondere in dem aristokratisch gestalteten Salon mit antikem Mobiliar, Kronleuchtern und Flügel in der Mitte auch in geballter Ladung. Die Küche des hier bereits seit 2014 am Herd stehenden Sebastian Messinger und auch der engagierte Service um Sarah Hortian und Dana Doru geben sich dagegen weniger behäbig, sondern kontern die Umgebung mit einer durchaus zeitgemäßen Interpretation von „Grande Cuisine".
So gefielen zuletzt bereits eine Mürbteig-Tartelette mit Matjestatar und Sauerrahm, ein Schälchen mit säuerlich zugespitzten Karottenzubereitungen in einem leichten Kokosschaum und ein Waffelhörnchen mit rohem Blumenkohl nebst Haselnuss und Trüffel als aromatisch feinsinnige und ausdrucksstarke Miniaturen in einer zeitgemäßen Stilistik. Und machten erfolgreich Lust auf mehr!
Die wurde dann mit dem sanft temperierten Saibling neben pikant fruchtig mit eingelegten Senfkörnern abgeschmeckten Bete-Zubereitungen, Crème fraîche und einem frischen Kräutersud auch prompt gestillt. Der aroma-

tisch zugespitzte Teller war direkt eines der Highlights des letzten Besuchs – nicht zuletzt aufgrund des als Ergänzung und aromatischer Kontrast dienenden Satellitentellers mit einem aus rohem Kohlrabi geformten Raviolo nebst Saiblingstatar und -kaviar, der eher in eine ätherisch-helle Richtung ging.
Beim knusprig gebackenen Hühnerei ging die Idee dagegen nicht ganz so gut auf, was vor allem an kleineren handwerklichen Holprigkeiten lag. So hatte das Ei zwar einen cremig fließenden Kern, drumherum aber komplett fest gegartes Eiweiß, von dem sich die Panierung schnell ablöste, was insgesamt einen nicht ganz so charmanten Eindruck innerhalb des ansonsten mutig kontrastreichen Ensembles aus grünem Spargel, Tomatenconfit, Pinienkernschmelze, einer salzig hochkonzentrierten Miso-Espuma und säurefrischem Fruchtgel ergab.
Dafür konnte der saftig rosa gegarte Kalbstafelspitz wieder höher punkten. Ergänzt wurde das überraschend charakterstarke Fleisch von geschmeidigen Kartoffeltaschen mit saftiger Kalbsfarce-Füllung und einer erneut mit einfachen natürlichen Mitteln für Kontraste sorgenden Begleitung: zarter weißer Spargel, dir ersten (rustikal-brutzelig) gebratenen Pfifferlinge und ein dunkles säuerlich zugespitztes Kirschgel. Gemeinsam mit dem Saibling war das der Gang, der am souveränsten die aktuelle Bewertung rechtfertigte.
Das Dessert konnte demgegenüber wieder nicht ganz mithalten. Auch wenn die Kombination von Rhabarberconfit als dünn aufgetragenes Quadrat, auf dem ein Würfel aus konzentriertem Erdbeer-Pudding, klarfruchtigen (leider deutlich zu festen) Geleestücken, knackigem Rhabarber und einem Eis von der Brunnenkresse grundsätzlich schlüssig daherkam, gab es dabei deutlich zu viele gelierte, cremige Konsistenzen und zu starke Verfremdung. Und das deshalb aromatisch eher verschwommene Bild wurde auch von dem geschmacklich eher dumpfen als ätherisch frischem Kresse-Eis nicht wesentlich aufgebrochen.
Da derartige Irritationen aber nach den Erfahrungen der letzten Jahre ganz klar eher die Ausnahme als die Regel sind und das Team mit einigen Gerichten das gewohnte Niveau zeigte, bleibt die Bewertung noch unangetastet, in der Erwartung, dass sich beim nächsten Mal wieder ein ausgewogeneres Bild ergibt. Ganz klar davon ausgenommen, sind allerdings der engagierte und gut eingespielte Service, die hervorragend die Region repräsentierende Weinkarte und die vorgeschlagenen Pairings – die nämlich sollten ganz genau so bleiben, wie sie sind.

Hotelempfehlung

★★★★S

Bellevue Rheinhotel

Rheinallee 41,
56154 Boppard
✆ 06742-1020
www.bellevue-boppard.de
Einzelzimmer: 59–105 €
Doppelzimmer: 77–155 €

Das traditionsreiche Bellevue Rheinhotel mit drei Restaurants, Hotelbar, Weinkeller und eigenem Weinberg feiert 2017 sein 130-jähriges Jubiläum und wird auch schon genau so lange als Familienbetrieb geführt. Hier spiegeln sich die Eleganz der Belle Epoque und die Fantasie des Jugendstils wieder, doch es wird auch ständig investiert und renoviert. So wurden erst jüngst 20 Zimmer neu gestaltet. Die insgesamt 93 Einzel-, Doppelzimmer und Suiten verfügen alle über Farb-TV, Verdunkelungsmöglichkeit, Telefon, Schreibtisch, Sitzgelegenheit, Minibar, Safe, Satelliten-TV, Kosmetikspiegel und Haartrockner im Bad, Bademantel, analogen Telefonanschluss und CD-Player – einige auch über eine Klimaanlage und einen Balkon oder eine Terrasse mit Rheinblick. Im Wellnessbereich stehen den Gästen Hallenbad, Dampfbad, Sauna, Erlebnisduschen, Ruhe- sowie Fitnessraum kostenlos zur Verfügung. Gourmetrestaurant Le Chopin separat erwähnt.

★★★★S

Résidence Bellevue

Rheinallee 32, 56154 Boppard
06742-1020
www.residence-boppard.de
Einzelzimmer: 123–195 €

In direkter Rheinlage eröffnet das Bellevue Rheinhotel im Mai 2014 eine Dependance. Von jedem der mit 55–70 qm sehr großzügigen Apartements aus genießt man einen unverstellten Blick auf den Rhein und die gegenüberliegende Kurfürstliche Burg Boppard. Alle Zimmer verfügen über ein Schlafzimmer mit Bad en suite, einen komfortablen Wohnbereich und einen „Coffeeplace". Außerdem: kostenfreies Wlan und Samsung Smart-TV. Frühstück und Halbpension können im Bellevue Rheinhotel eingenommen werden. Auch die Nutzung des dortigen Wellnessbereichs ist für Gäste der Résidence Bellevue kostenlos.

Brandenburg/Havel (Brandenburg)

5

Am Humboldthain

Plauer Str. 1, 14770 Brandenburg/Havel
03381-334767
www.am-humboldthain.de
Mi–Fr ab 17 Uhr, Sa u. So von 12–15 Uhr u. ab 18 Uhr, Mo u. Di RT
Hauptgericht: 23–29 €, Menüs: 49–89 €

Egal ob in den beiden stilvoll-schlichten Gasträumen oder bei warmem Wetter auf der Terrasse mit Blick in den Park: stets bekommt man es hier mit einer unaufgeregten Küche auf zuverlässig solidem 5-Pfannen-Niveau zu tun. Verantwortlich dafür ist mit bewundernswerter Konstanz Jasper Krombholz, der hier in einer ansonsten kulinarisch unattraktiven Gegend als einziger Gastronom und Koch die Fahne des guten Geschmacks weit hochhält. Sein Kochstil ist klassisch französisch basiert, insbesondere bei den Vorspeisen, aber auch bei Fischgerichten tendiert das dann auch gerne in eine mediterrane oder klar italienische Richtung. Auf der Weinkarte finden sich gepflegte europäische Tropfen zu moderaten Preisen. Und auch sticht das äußerst günstige Preis-Leistungs-Verhältnis hervor.

Braubach (Rheinland-Pfalz)

Zum Weissen Schwanen

im Hotel Zum Weissen Schwanen
Brunnenstr. 4, 56338 Braubach
02627-9820
zum-weissen-schwanen.de
Do–So ab 17 Uhr, Uhr, Fei von 12–14 Uhr u. ab 17 Uhr, Mo–Mi RT
Hauptgericht: 17–26 €, Menüs: 38–69 €

Das Ensemble aus mehreren alten Fachwerkgebäuden rund um eine historische Mühle mit ihrem idyllischen großen Kräutergarten ist allein schon sehenswert. Zusätzlich wird hier aber auch noch bodenständig, klassisch und gediegen gekocht, ohne übertriebe Ambitionen oder aufgesetzte Kreativität. Stattdessen sind die Zubereitungen frisch und natürlich, und machen – auch wenn manche Zubereitung recht schlicht daherkommt – auf diese Art durchaus Freude. Für eine höhere Bewertung bräuchte es etwas mehr Arbeit am Detail, stimmig ist der Gesamteindruck aber auch so. Freundlicher, zügiger Service, ausreichende Weinauswahl von Mittelrhein bis Frankreich.

Braunschweig (Niedersachsen)

7

Das Alte Haus

Alte Knochenhauer Str. 11, 38100 Braunschweig
0531-6180100
www.altehaus.de
Küchenchef: Enrico Dunkel
Di–Sa ab 18 Uhr, So u. Mo RT
Menüs: 105–130 €

Seit über zehn Jahren beeindruckt Enrico Dunkel in seinem stylisch-elegant und behaglich gestalteten Restaurant mit einer niveauvollen Performance als Alleinkoch und ist aus der Braunschweiger Gastroszene längst nicht mehr

wegzudenken. Das „alt" im Namen bezieht sich dabei allerdings nur auf die Historie des Gebäudes, in dem das Restaurant beheimatet ist. Denn sowohl das Interieur als auch die Küche spielen ganz klar eher in die Moderne – allerdings in einer Spielart, die vor allem anderen auf entspanntes Wohlfühlen und entspanntes Genießen ausgerichtet ist.
Dafür bietet der Chef, der den ganzen Betrieb tatsächlich nur mit einer Küchenhilfe und Restaurantleiter Nico Spalding auf beeindruckend hohem Niveau am Laufen hält, allabendlich ein Menü in fünf bis sieben Gängen, was zwar einerseits den Vorbereitungsaufwand klug beschränkt und die Qualität hochhält, den Chef aber andererseits nicht daran hindert, die einzelnen Gerichte selbst durchaus detailreich und komplex auszugestalten.
Das zeigten dann auch dieses Mal bereits die ersten Einstimmungen in Gestalt einer knusprigen Bete-Waffel mit Räucherlachscreme, einem intensiv fleischwürzigen Rindertatar mit Bärlauchkapern auf einem krossen Briochetaler und vor allem ein samtiger Kartoffelschaum, in dem mit süßsauer eingelegter Kartoffel und Kartoffelcrunch, geschmeidigen Würfeln aus Schinkengelee für Extra-Umami sowie geräuchertem schottischem Lachs und Lachskaviar ein ganzes Füllhorn intensiver Details versteckt war.
Dass dabei aber der rote aromatische Faden nie aus dem Auge verloren wird, illustrierte auch die folgende Entenleberterrine. Deren kraftvoller Geschmack wurde durch ein sanftes Rauchaalgelee und einige Entenbrustwürfelchen in der Spitze der Terrine erweitert und von Räucheraal, einem gelbfruchtig-duftigen Apfelgel sowie zarte dünne Scheiben von geräucherter Entenbrust auf einem vanilleduftigen Apfelragout fein angestimmte Begleiter zur Seite gestellt. Die verschiedenen Rauchnoten und charakterstarken Aromen erfuhren durch die milder gehaltenen Fruchtkomponenten eine elegante Harmonisierung und waren so perfekt eingebunden.
Die konzentrierte Blumenkohlschaumsuppe mit elegantem Säurekern, säuerlich eingelegtem Blumenkohl, Würfel vom Saibling und einem beinah fließend zarten Dill-Eierstich zeigte dann neben der aromatischen Kombinationssicherheit auch die handwerklichen Skills des Chefs, der das feine Süppchen noch mit einer fluffig zart ausgebackenen Saiblingspraline (aus Farce in Panko gewendet) mit Dillmayo und eigenem Kaviar ergänzte.
Kaviar, diesmal aber in der Imperial-Gold-Version vom Stör, krönte dann auch den sanft confierten und kurz abgeflämmten Kabeljau. Vermutlich wurde dieser etwas in Salzlake verfestigt – gut für die Struktur, allerdings hatte der Fisch so auch eine recht intensive salzige Grundwürze, die es angesichts des Kaviars gar nicht gebraucht hätte. Gemeinsam mit mildem Lauch in einem stoffigen hellen Kartoffel-Lauch-Schaum ergab das dennoch ein klassisch-elegantes Gericht von Format.
Von gleichem beeindruckendem Format wie das folgende rosazarte Rinderfilet in Begleitung von Selleriecreme, confierten Champignons, süßsauer eingelegten Zwiebelstreifen, Flower Sprouts und last but not least einer satten Trüffeljus, das sowohl Kraft als auch pointierte Akzente auf dem Teller vereinte. Und à part noch von einem rahmigen Ragout aus Rinderbäckchen und Champignons ergänzt wurde, das entfernt an eine sehr noble Version von „Würzfleisch" erinnerte und auf diese Art noch mehr Produktcharakter und Süffigkeit ins Spiel brachte.
Überzeugend war am Ende auch das süße Finale in Form einer Bienenstich-Interpretation mit einer hervorragenden Auffächerung heller und dunklerer Mandelnoten, die durch einen logischen Übergang zu Nuancen von Brauner Butter und Karamell erweitert wurden und durch Orange eine ätherisch-frische Auflockerung erhielten. Super! Und der gelungene Abschluss einer einmal mehr rundum überzeugenden Performance, zu der auch die individuellen und niveauvollen Weinempfehlungen von Nico Spalding einen nicht unwesentlichen Beitrag leisten.

Monkey Rosé

Altstadtmarkt 1,
38100 Braunschweig
0531-28793388
www.monkey-rose.de
Küchenchef: Noël Gallinat
Mi–Sa ab 18 Uhr, So u. Mo RT
Hauptgericht: 19–33 €,
Menüs: 45–75 €

VISA

Mit einem gewissen roughen Underground-Flair und insgesamt viel stylischer Coolness, gepaart mit einer gastronomisch und kulinarisch anspruchsvollen Grundhaltung, hat sich das Monkeys Rosé fest in die Herzen von Braunschweigs Weinliebhabern und Genießern gespielt. Wer durch den etwas schummrigen Eingang mit Rohbau-Atmosphäre im Gastraum angekommen ist, findet dort zwischen groben historischen Steinmauern eine modern-elegante Einrichtung in warmem Licht, lässige Musik und eine junge, sichtbar motivierte Crew, die aus über 300 engagiert ausgewählten Flaschen und einem spannend individuellen Offenausschank gut gefüllte Gläser garantiert, darüber hinaus aber auch sehr engagiert aufkocht.
Prototypisch eröffnete bei unserem letzten Besuch des Monkey Rosé eine lockere, kräuterfrische und kross ausgebackene Fischpraline mit Kresseschmand und Frühlingszwiebel auf unkompliziert pfiffige Art den Abend. Und im gleichen Stil, aber mit erhöhter Komplexität, überzeugten auch die zarten rosa Tranchen von der Entenbrust, die von knackiger Petersilienwurzel feine Würze, von eingelegten Rosinen pointierte Süße und von Bergamotte-Gel ausgleichend ätherisch herbe Frische mitbekamen. Dazu sorgte noch etwas Feldsalat für frischgrüne Akzente und – unkonventionell, aber harmonisierend angestimmt – eine feinsäuerliche leichte Tonnato-Sauce für verbindende Cremigkeit.
Nicht ganz so eine eindrucksvolle Punktlandung war die folgende Süßkartoffelsuppe, die mit exotischer Thai-Würze, vor allem aber brennend intensiver Schärfe aufwartete. Mit einem deutlicheren Säurespiel und vielleicht sogar noch mehr einfangender Süße hätte das in dem gleichen Stil nicht nur noch spannender, sondern auch harmonischer gestaltet werden können. Denn so blieb das Süppchen trotz seiner facettenreichen Einlage aus Erdnuss, gebratenen Pilzen und eingelegter Zwiebel zu vordergründig und forsch von der dominierenden Schärfe geprägt.
Aber schon beim folgenden, zart aufblätternden Skrei in einem ebenso schmeichelnd harmonischen wie tiefaromatischen Umfeld aus saftigen Graupen und einem eleganten, weil nicht zu krass röstaromatischen Hummerfond, zeigte sich das Team dann wieder von seiner besten Seite. Und mehr als den natürlichen Frischekick von grünen Bohnen brauchte es hier auch gar nicht für einen überzeugenden, schlichten und dennoch feinsinnigen Eindruck. Die Küchenmannschaft weiß offensichtlich, auf was es ankommt und was man nicht braucht. Da wird nicht viel Brimborium gemacht und man verlässt sich auf gute Grundprodukte und sorgfältige, natürliche Zubereitung.
Und auch das Dessert konnte sich nicht nur sehen, sondern auch schmecken lassen: In dessen Zentrum stand eine Nougatmousse auf Mürbteig und softem Baiser obenauf. Eine weitere knusprige Baiser-Variante sorgte daneben für luftigen Crunch, während ein intensiv nussiges Nougatparfait, karamellisierte Walnüsse und warme glasierte Birnenkugeln sowie ein mildfruchtiges Birnengel für das differenziert nussig-fruchtige Umfeld des Nachtischs verantwortlich waren. Sowohl handwerklich als auch aromatisch ein rundum gelungener Abschluss!
Und so fehlte diesmal tatsächlich nur noch ein ganz klein wenig mehr Feintuning für eine noch höhere Bewertung. Das lockere Gesamtkonzept, das günstige Preis-Leistungs-Verhältnis und der hohe Genussfaktor lohnen aber auch so jederzeit den Besuch. Und apropos locker: Die entspannte Atmosphäre in Kombination mit der fachlich fundierten Art der Gastgeber kommt auch bei den regelmäßig stattfindenden Weinseminaren und Tastings zu unterschiedlichsten Themenschwerpunkten sehr gut an.

6

Zucker – Restaurant in der Raffinerie

Frankfurter Str. 2, 38122 Braunschweig
0531-281980
www.zucker-restaurant.de
Küchenchef: Alexander Riehl
Mo–Sa von 12–14 Uhr u. ab 18 Uhr, So RT
Hauptgericht: 32–44 €, Menüs: 74–92 €
VISA

In den hohen Backsteinhallen einer ehemaligen Zuckerraffinerie hat sich das vom Industrial-Flair des gesamten Gebäudes geprägte modern-elegante und durch raumhohe Fenster sehr hell wirkende Restaurant von Gesche Sonntag und Alexander Riehl in den vergangenen Jahren als feste Größe etabliert. Nicht nur als Hochzeits- und Veranstaltungslocation mit gastronomischem Rundumservice, sondern auch als entspanntes aber anspruchsvolles Feinschmeckerlokal.
Am klassisch-modernen Stil der Küche hat sich auch in diesem Jahr nichts grundlegend geändert. Wie schon beim letzten Mal festgestellt, werden die von guten individuellen Ideen geprägten Gerichte mittlerweile durchweg sehr akkurat und feinfühlig umgesetzt. Bei unserem jüngsten Besuch illustrierte das schon die mediterran angehauchte vegetarische Vorspeise rund um knackige gelb-grüne, mit saftigem Paprika-Quinoa gefüllte Zucchini-Cannelloni. Angerichtet auf einem Ayransud mit charakteristischer salzig-laktischer Frische, dem von Schnittlauchöl feine pikante Schärfe zugespielt und von Mayo-Tupfen mit knuspriger Quinoa ein weiteres feines Detail zur Seite gestellt wurde, war das ein animierender Start.
Beim Hummerschaumsüppchen mit hellem tomatigem Einschlag, der das röstwürzige Krustentieraroma auf frische Art und mit feiner Säure stützte, wurde insbesondere die sehr gute handwerkliche Basis deutlich, auf der das Team hier arbeitet. Ein zartes Wan-Tan-Täschchen, in dem sich eine glasig gargezogene Jakobsmuschel versteckte, war dem ausdrucksstarken Süppchen zudem eine attraktive noble Ergänzung.
Der Hauptgang entführte dann mit seinem Duft schon beim Einsetzen ganz unmittelbar in südländische Gefilde. In Gestalt einer locker zweifingerhohen Tranche vom Adlerfisch mit saftigem Fleisch unter markant gerösteter Haut in passend kraftvollem Umfeld eines fruchtigen rotgelben Paprikaragouts (leider nicht enthäutet), knuffiger Olivengnocchi und einem blumig-dichten, mit Safran aromatisierten Paprikafond wurden hier durchweg zupackende Aromen aufgeboten. Und allein die fantastische Produktqualität des Fischs machte daraus einen Erfolg, aber auch das Gesamtbild konnte auf seine leicht rustikale mediterrane Art überzeugen.
Überzeugend sind im Zucker immer auch die Desserts, etwa wenn eine mustergültige, fein mit Tonkabohne parfümierte Crème brûlée mit Haselnusseis kombiniert wird oder eine gebrannte Lemontarte mit Baiser und Mascarponeeis als angenehm geradliniger Nachtisch auf den Tisch kommt. Das zuvorkommende und gut eingespielte Serviceteam sorgt für reibungslose Abläufe und entspannte Atmosphäre. Die Weinkarte listet viele gute, schwerpunktmäßig deutsche und österreichische Gewächse zu moderaten Preisen.

Bremen (Bremen)

Atrium Bistro

Vor dem Steintor 34, 28203 Bremen
0421-702323
www.atrium-bremen.de
Do–Sa ab 18 Uhr, So–Mi RT
Hauptgericht: 17–31 €

Ein stets zuverlässiges Ess-Ziel in Bremens Innenstadt ist das zum gleichnamigen Feinkostgeschäft gehörende Bistro Atrium, das auf der Rückseite des Ladengeschäfts an einen kleinen Innenhof anschließt. Hier sitzt man in einem charmant verwinkelten und patinierten Lokal zwischen allerhand Weinregalen und wählt aus einer Speisekarte, die sowohl Hausklassiker, als auch variable Tagesgerichte offeriert. Die Chefin und ihr Team, die in einer halboffenen Küche oberhalb des Gastraums am Werk sind, kochen in jedem Fall stark mediterran angehaucht, haben aber auch französische oder asiatische Akzente im Programm. Gekocht wird schmackhaft und handwerklich fundiert, ohne die letzte Konsequenz was die handwerklichen Details betrifft und nicht in Premium-Produktqualität, aber durchaus solide in jeder Hinsicht. Erwähnenswert ist auch die individuell zusammengestellte europäische Weinauswahl.

6↑

Das kleine Lokal

Besselstr. 40, 28203 Bremen
0421-7949084
www.das-kleine-lokal.de
Do–Sa ab 18 Uhr, So–Mi RT
Menüs: 90–130 €

An mittlerweile nur noch drei Abenden in der Woche sind in dem kleinen Lokal von Nina und Stefan Ladenberger ein sehr gepflegtes Ambiente und aufmerksamer, persönlich-zugewandter Service garantiert, und man wird ambitioniert auf seit vielen Jahren verlässlich hohem Niveau bekocht. Der Chef und sein Team kredenzen hier eine schnörkellose, handwerklich fundiert und sorgfältig, geschmacklich ausdrucksstark zubereitete Küche aus sehr guten Produkten, die immer auch was fürs Auge bietet. Und die es auch in einer vegetarischen Menüvariante gibt: ebenfalls in drei bis fünf, mit Käse sogar sechs Gängen und mit denselben positiven Eigenschaften, von denen auch die Speisefolge mit Fisch und Fleisch profitiert. Der Fokus liegt hier wie dort klar auf wenigen, gut aufeinander abgestimmten und individuell auf den Punkt gebrachten Komponenten. Dazu gibt es eine umfangreiche, fair kalkulierte europäische Weinauswahl.

Fast & SLOW

DUE – Italian Street Food

Pieper Str. 5, 28195 Bremen
0421-67304275
due-streetfood.de
Mo–Sa von 10–17 Uhr, So RT

Der von den Brüdern Elvis und Denis Behljuljevic (Restaurant Due Fratelli, Bremen) engagiert betriebene Streetfood-Imbiss profitiert von ausgesuchten Produkten hoher Qualität und dem Know-how der beiden Vollblut-Gastronomen. Das Angebot reicht von attraktiv gefüllten Piadine oder Panini über frisch gekochte Suppen und Salate bis hin zu tollen Pasta-Gerichten, etwa mit der legendären Due-Fratelli-Bolognesesauce, für die das Fleisch 16 Stunden lang sanft schmoren darf. Viele Produkte gibt's auch zum Mitnehmen.

6

Due Fratelli

Am Markt 13, 28195 Bremen
0421-67352817
due-fratelli-bremen.de
Küchenchef: Denis Behljuljevic
Mo–Sa ab 11.30 Uhr durchgehend, So RT
Hauptgericht: 14–43 €, Menüs: 49–115 €

Nach ihrem Umzug aus der Hamburgerstraße begrüßen die beiden Fratelli Elvis und Denis Behljuljevic ihre Gäste nun in Top-Innenstadtlage, nämlich direkt am Marktplatz beim Roland im Souterrain eines der historischen Stadthäuser, die den Marktplatz säumen. Dort schreitet man ein paar Stufen in ein schönes, geschmackvolles helles Gewölbelokal hinunter, wo uns bei unserem ersten Besuch gleich als erstes der große geöffnete Parmesanlaib begrüßte, in dem die entsprechende Pasta finalisiert wird.
Doch auf die populären Spaghetti aus dem Parmesanlaib sollte man die Due-Fratelli-Cucina nicht reduzieren, denn wenngleich hier durchaus klassisch und traditionell gekocht wird, gibt es überwiegend Gerichte, die mehr kochtechnisches Know-how bedürfen. Etwa die authentischen Spaghetti Bolognese, deren Sauce nicht aus Hackfleisch, sondern aus geschmortem Rindfleisch zubereitet wird und die als kleines feines Gimmick auf einer Parmesan-

creme angerichtet sind. Oder als perfekte Carbonara, mit hauchdünnem krossem Guanciale-Speck und flüssigem Eigelb, ganz ohne Sahne. Man sollte dieses Lokal jedenfalls nicht verlassen, ohne zuvor ein Pastagericht probiert zu haben.
Weil der kochende Chef sich zwar nicht immer, aber doch meist auf die Grundtugenden der italienischen Küche besinnt, ist auch eine Vorspeise wie das Duett aus Carpaccio und Tatar vom Rinderfilet ein großer Genuss: maximal puristisch, nur mit etwas Kaperncreme und Parmigiano verfeinert, darf das qualitativ überzeugende Rohfleisch hier – nur behutsam unterstützend gewürzt – klar für sich selbst stehen. Auf die Extraportion Rauch, die mit den unter einer Glascloche verborgenen Komponenten an Tisch transportiert wurde, hätte man zwar gut verzichten können – geschmacklich gestört hat es aber nicht.
Als sehr gelungen empfanden wir auch die zarten gegrillten Tentakel vom Pulpo, die zusammen mit cremiger Polenta, Oliven, Dörrtomaten und Safranschaum als warmer Zwischengang ein stimmiges und sehr pointiertes Geschmacksbild abgaben. Da war nichts zu viel und nichts zu wenig, alle Aromen klar präsent, alles harmonisch aufeinander abgestimmt.
Nur selten schießt die Küche auch mal etwas übers Ziel hinaus, so wie bei der überladenen Komposition von Seeteufel und Seezunge, die mit ihrer Armada an begleitendem Material aber gut und gern zwei verschiedene Gerichte hätten abgeben können. Nicht dass Spinat, Senf-Safranschaum, Süßkartoffelcreme, Rote Bete, Trüffel (auf der Seezunge), grüner Spargel und eine exotische Mango-Passionsfrucht-Cremesauce nicht irgendwie harmonisch zusammengespielt hätten – ein stringentes Gericht ergaben sie aber nicht.
Da war die moussige Tonkabohnencreme mit Sorbet von Himbeere und Erdbeere sowie etwas Beistand verschiedener Beeren dann kompositorisch schon wieder deutlich überzeugender. Ein schöner Abschluss eines bis auf den etwas überladenen Hauptgang sehr souverän umgesetzten Menüs, das deutlich zeigte, dass auf die Due Fratelli auch am neuen Standort zu hundert Prozent Verlass ist. Und das schließt auch gute italienische Weine aus fast allen Regionen des Landes und aufmerksamen Service mit ein.

Bremerhaven (Bremen)

7

Fine Dining by Phillip Probst

im THE LIBERTY Hotel Bremerhaven
Columbusstr. 67, 27568 Bremerhaven
0471-902240
www.liberty-bremerhaven.com
Küchenchef: Philipp Probst
Mi–Sa ab 18 Uhr, So–Di RT
Menüs: 99–157 €
VISA

Mit sehr großen Ambitionen, aber zum Zeitpunkt unseres Testbesuchs noch überschaubarer Nachfrage auf Gästeseite, hat das noch recht neue Liberty-Hotel im touristischen Hafenviertel direkt bei den Havenwelten ein Fine-Dining-Konzept vom Stapel gelassen. So war unser Tisch in dem lichtdurchfluteten und nicht unelegant gestalteten Gastrobereich, der am Morgen auch als Frühstücksraum genutzt wird, an einem Samstagabend der Einzige, der vom Team um Philipp Probst mit dem Gourmetmenü beschickt wurde. Alle anderen Gäste hatten aus der Karte des Hotelrestaurants Mulberry Street bestellt.
Das könnte sich aber mittelfristig ändern, denn dass der in der Gourmetszene eigentlich noch relativ unbekannte Chef, der dem Restaurant gleich selbstbewusst seinen Namen gegeben hat, kochtechnisch einiges auf der Pfanne hat, konnten wir vor ein paar Jahren schon mal im rheinland-pfälzischen Daun feststellen, wo er eine Zeitlang im Schlosshotel Kurfürstliches Amtshaus reüssierte. Und schon während der Amuses, die nun in Bremerhaven im Rahmen des bis zu achtgängigen Menüs aufgetischt werden, kann man deutlich sehen, dass er auch hier vom Start weg Gas gibt und viel erreichen will. Denn da war jedes einzelne sehr aufwendig ge-

staltet und ansehnlich inszeniert. Besonders der in einem filigranen sepiagefärbten Ornament-Tacoschälchen präsentierte asiatische Hummersalat machte auch geschmacklich Eindruck, während die kunstvoll gewickelte „Rose“ von Roter Bete und Apfel mit Fichtensprossensud am Gaumen etwas eindimensional fruchtig und recht simpel blieb.
Dass der Chef aber durchaus das Talent hat, aromatisch ausdrucksvolle und fein differenzierte, zudem sogar recht unkonventionelle Gerichte zu kreieren, bewies er gleich im Anschluss mit dem „Smørrebrød Wald & Meer“: Tranchen vom gebeizten und geflämmten Hamachi auf einem flachen Podest aus Topinambur und Schwarzbrot, aufgelockert durch vereinzelt wohldosiert eingesetzte zitrische Perlen, von verschiedenen Zuchtpilzen mit etwas Umami und weiteren Texturen ergänzt – ein zwar sehr „leises“, aber durchaus interessantes, facettenreiches und vor allem geschmacklich wie auch haptisch sehr ausgewogenes Gericht.
In eine vergleichsweise klassischere Richtung tendierte die Komposition um eine sehr zart und saftig auf den Punkt gebrachte isländische Scholle, die mit verschiedenen Muschelsegmenten und Meeresalgen wie Quellern sowie etwas Fenchel, roter Paprika und Kartoffel auf einer milden Safransauce auf Fenchelbasis schwamm. Auch hier sehr elegant und sensibel aufeinander abgestimmte Aromen, die ein anspruchsvolles harmonisches Gericht ergaben.
Und elegant und sensibel umgesetzt das war in besonderer Art und Weise auch der nächste Gang, der sich um schmelzig zarte, sehr eigenaromatische Scheiben vom sous-vide gegarten und final angebratenen Kinn eines fetten Wollschweinferkels drehte. Mit verschiedenen Zwiebelkomponenten und Umeboshi-Salzpflaume – alles sehr dezent und minimalistisch arrangiert und proportioniert – stand das Fleisch im Mittelpunkt eines feinwürzigen, zart säuerlich untermalten produktfokussierten Gerichts, das von einem transparenten, mit Umeboshi säuerlich abgerundeten Ferkelsud getragen wurde.
Zurück zur Klassik führte dann das Kalbsbries „Rumohr“, bei dem die Milchdrüsenspezialität, die traditionellerweise mit Gänseleber und Lauch liiert als Filoteig-Pastete zubereitet wird, etwas anders, aber mit den gleichen Grundzutaten aufs Porzellan geschickt wurde. Hier, in Einzelkomponenten aufgefächert und statt des Filoteigs von einer Pomme Soufflé flankiert, war das natürlich ein deutlich weniger vollmundiges und süffiges Gericht als das einst von Eckart Witzigmann erdachte Original – aber auch nicht unattraktiv, zumal das Bries tadellos zubereitet war und auch alle Aromen und Proportionen eigentlich wieder gut aufeinander abgestimmt wurden.
Nahezu makellos präsentierte sich dann im Hauptgang auch die Taube mit Kirsche und Pistazie, begleitet von etwas Kürbis, die wie auch fast alle anderen Gerichte rein von der Machart her auch eine noch höhere Bewertung hätte bekommen können – aber als Komposition noch nicht jene brillante aromatische Strahlkraft hatte, die dafür nötig wäre. Auch die mit entsprechendem Geleeüberzug einer Riesenkirsche nachempfundene und mit dem Schmorfleisch der Taubenkeule sowie mutmaßlich ein wenig von den Innereien gefüllte Praline blieb mit ihrer etwas stumpfen, mehligen Konsistenz hinter den Erwartungen zurück. Jedoch ohne den guten Gesamteindruck trüben zu können.
Und das tat auch nicht das Dessert um Blutorange und Rooibos (mit Haselnuss und Kapuzinerkresse liiert), das mit proportional sehr viel Geeistem und Fruchtigem ein wenig simpler und geringfügig unausgewogener wirkte als die anderen Kostproben, sich aber trotzdem noch auf einem hohen Niveau präsentierte und gut ins Gesamtbild passte. Und apropos Gesamtbild: dass hier jenseits der Speisen vieles, was von der Weinauswahl bis zum Service mit dem Fine-Dining-Konzept zu tun hat, noch etwas improvisiert wirkt, tut dem Reiz auch keinen Abbruch. Im Gegenteil, so machte zum Beispiel der Service manche kleine Unsicherheit mit Sympathiepunkten locker wett.

5

Natusch – Fischereihafen Restaurant

Am Fischbahnhof 1, 27572 Bremerhaven
0471-71021
www.natusch.de
Küchenchef: Richard Apel
Mi–So von 11.30–15 Uhr u. ab 17.30 Uhr, Mo u. Di RT
Hauptgericht: 25–35 €, Menüs: 49–63 €
VISA

Es ist der große gastronomische Klassiker in der Region. Ein Restaurant, das jeder kennt und das man frequentiert, wenn man in gepflegter bodenständiger Atmosphäre einfach gut essen will. Vorwiegend Fisch natürlich, wie der Name und der Standort im Fischereihafen

schon suggerieren. Denn auch wenn die Speisekarte ein paar Fleischgerichte als Alternative listet, so ist die Küche doch voll und ganz auf Maritimes gepolt und spezialisiert, bietet Fisch, Schalen- und Krustentier stilistisch auf alle möglichen Arten.
Das Repertoire reicht von gutbürgerlichen Traditionsgerichten norddeutscher Façon, die Hausklassiker wie die Krabben- oder Rauchaalsuppe, eine im Ganzen zubereitete um am Tisch filetierte Seezunge mit Küstenkartoffeln oder Scholle „Finkenwerder Art“ umfassen, bis hin zu moderat exotischen Zubereitungen. Letzteres gab's zuletzt schon beim kleinen Gruß aus der Küche, im Rahmen dessen neben zweierlei Brot und Butter wie immer eine Kleinigkeit auf dem gebogenen Silberlöffel kredenzt wurde – diesmal ein mit milder fruchtiger Currysauce exotisch verbrämtes Matjesfilet. Und exotisch blieb es dann auch zur Vorspeise, die fast ebenso puristisch daherkam wie das Amuse: nämlich mit Passionsfruchtvinaigrette mariniertes, im Ceviche-Stil kurz und frisch säuregebeiztes rohes Fleisch vom Kutter-Dorsch in toller Qualität mit festem Biss und klarem Geschmack. Statt auf einem Löffel war das in einer Jakobsmuschelschale serviert und abgesehen von etwas Korianderkresse und Lauchzwiebel maximal minimalistisch, also ohne weitere Beigaben. Das in der Karte annoncierte „Sprossensalat-Bett“ war nämlich nicht ins Geschehen integriert, sondern lag in Gestalt unmarinierter, also trockener Sprossen eigentlich nur als Deko unter der Muschelschale. So reduzierte sich das Ganze auf sehr guten, schmackhaft marinierten Fisch, war aber als Komposition kein großer Wurf.
Etwas zusammenhanglos wirkten Exotik und Heimatgefühle dann beim Zwischengang, bei dem eine ebenfalls überdurchschnittliche gebratene Jakobsmuschel auf Relish von Mango und Papaya gebettet war und dergestalt gegenüber zwei relativ rustikal wirkender (weil sehr weicher und im unteren Bereich etwas holziger) gebratener grüner Spargelstangen nebst Wachtelspiegelei und Rohschinken tatsächlich ein bisschen wie aus einer anderen Welt anmutete.
Kompositorisch plausibel und auch ansonsten sehr stimmig und schmackhaft war die saftig gegarte und mit einer kräutrigen Weißbrotbröselkruste gratinierte Filet eines Seewolfs aus der Nordsee, das neben jungem und entsprechend mildem Blattspinat mit gerösteten Pinienkernen, etwas Süßkartoffelpüree und einer mit Saiblingskaviar vermengten rahmigen Beurre blanc einen sehr klassischen und harmonischen Eindruck machte und dieses Mal quasi den „Rettungsanker“ für die 5 Pfannen gab.
Denn auch für den Nachtisch hätten wir uns diesmal für sich genommen wieder etwas schwergetan damit. Zwar war das mit Buttercrumbles überbackene Rhabarberkompott als solches durchaus schmackhaft, aber die noch recht unreifen und nicht wirklich aromatischen Erdbeeren im Schälchen daneben und auch das handelsübliche Vanilleeis ließen die Komposition nicht eben außergewöhnlich anmuten. Da haben wir die Küche in den vielen vergangenen Jahren, in denen wir das Fischereihafenrestaurant Natusch nun schon besuchen, schon um einiges inspirierter und feinsinniger erlebt.
Aber wir sind guter Dinge, dass das schon beim nächsten Mal wieder durchgängig so ist, und lassen die Bewertung unangetastet. Die Weinkarte ist weiterhin schwerpunktmäßig mit deutschen Gewächsen namhafter Erzeuger bestückt und der Service agierte auch beim jüngsten Besuch wie gewohnt sehr freundlich, routiniert und flink.

5

PIER 6

Barkhausenstr. 6, 27568 Bremerhaven
0471-48364080
pier6.eu
Küchenchef: Michael Uphoff
Mo–Sa von 11.30–14 Uhr u. ab 18 Uhr, So RT
Hauptgericht: 12–32 €,
Menüs: 25–39 €

Nicht nur im Sommer, wenn man auf der Terrasse direkt an der belebten Hafenmeile im Zentrum von Bremerhaven sitzen kann, lohnt

sich der Besuch des im schlicht-modernen Bistrostil gestalteten Lokals. Denn was hier im hellen, lichtdurchfluteten Gastraum bei ganz unkomplizierter Atmosphäre zwischen Attraktionen wie dem Museumshafen des Deutschen Schifffahrtsmuseum, dem Deutschen Auswandererhaus, dem Klimahaus 8° Ost oder dem Zoo am Meer serviert wird, ist eine handwerklich sehr solide und ansprechend umgesetzte Küche mit gehobenem Anspruch.
Der langjährige Küchenchef Michael Uphoff setzt hier auf ein weitgehend internationales Repertoire und überdurchschnittliche Qualität der Produkte – sein Arbeitgeber Steffen Heumann hegt und pflegt dazu das individuell bestückte Weinsortiment, das bei genauerer Betrachtung durchaus erkennen lässt, wo der Gastronom ursprünglich herkommt. Denn mit den guten Gewächsen seiner fränkischen Heimat hält der Gastgeber hier um hohen Norden natürlich nicht hinterm Berg.
Kulinarisch wird selbstredend an diesem touristischen Ort ein breites Publikum angesprochen, allerdings ohne sich diesem anzubiedern. Das Angebot reicht von einfacheren und eher bodenständig ausgerichteten Lunch-Gerichten bis zur Hummer-Bisque mit Flusskrebsschwänzen und Brioche oder Kabeljau mit Fenchel, Wasabiespuma und Limonen-Pfeffer-Sud und schließt auch einfallsreiche vegetarische Gerichte mit ein – zuletzt etwa eine gefüllte Kohlroulade mit Hirserisotto, Hummus, griechischem Joghurt und den Aromen von Kreuzkümmel und Koriander.
Wir begannen zunächst mit einem sehr dünn von einer Roulade aus beiden Produkten geschnittenem Carpaccio von Seeteufel und Rotgarnele, das mit Baby-Leafs (Hauptsächlich roter Mangold, Rucola und Kresse) überhäuft und von Safranmayonnaise und Forellenkaviar umrundet wurde. Geröstete Cashewnüsse fügten sich da gut ins Bild, das mit etwas mehr Präsenz des Hauptprodukts (dickerer Schnitt!) und der Mayonnaise (deutlicheres Safranaroma!) hätte noch gewinnen können. Letztlich zeigte dieser Gang schon beispielhaft, was wir beim letzten Mal als Hauptkritikpunkt ausmachten: es fehlte nämlich hier und da an Ausdruckskraft und entschlossener Aromengebung.
So auch beim ebenfalls aus Rauke und rotem Mangold, in dem Fall aber auch Granatapfelkernen und geröstetem Hafer bestehenden Salatbouquet, das hausgebeizte Lachsforelle nebst milder Senfcreme begleitete. Das war alles frisch und proper, aber eben auch recht verhalten. Mehr Pep, aber auch mehr Süffigkeit hätte dem unter einer recht massiven Kartoffelkruste versteckten und darunter schön saftig und zart gebliebenen Zander mitsamt seiner Miesmuschel-Eskorte (ebenfalls von sehr guter Qualität!) nicht geschadet. Die wurden von recht festem und sehr mildwürzigem Safranrisotto, fast wie naturbelassen wirkenden Stängeln von Wildem Brokkoli und ungehäuteten sautierten Cocktailtomaten begleitet, aber auch von einem als „Schaum" annoncierten Rote-Bete-Püree, das sich nach unserem Gusto hier in diesem Kontext nicht gerade als alternativlos erwies.
Alles sehr stimmig war in unseren Augen hingegen auf dem Teller des saftig gebratenen und zudem gut gewürzten Iberico-Schweinekarrees, das sich mit Rahmspitzkohl, in Butter geschwenkten Karotten, klassischem Kartoffelgratin (schön durchgezogen, aber etwas dunkel...) und kräftiger rotweinschwangerer Schalottenjus im absolut geschmackssicheren Bereich präsentierte.
Und in dem bewegen sich auch Desserts wie die Schokoladen-Brombeer-Tarteletts mit Tonkabohneneis, griechischem Joghurt und Mango-Salsa oder, bei nur noch sehr begrenzten Kapazitäten, etwas kleines Süßes im Glas wie Crème brûlée, Panna cotta oder weiße Schokoladenmousse. Und wer lieber mit Käse abschließt, dem stehen die Rohmilchprodukte aus der hohenlohischen Käserei Geifertshofen mit Feigensenf, Traubengelee, Walnüssen und Früchtebrot zur Wahl, mit denen man auch nie etwas falsch macht.

Bretzfeld-Brettach (Baden-Württemberg)

6↑ ‖‖

Landhaus Rössle

**Mainhardter Str. 26,
74626 Bretzfeld-Brettach
07945-91110
www.roessle-brettach.de
Mi von 12–15 Uhr u. ab 18 Uhr, Do, Fr u. Sa ab 18 Uhr, So von 12–15 Uhr u. ab 18 Uhr, Mo u. Di RT
Hauptgericht: 34–37 €, Menüs: 63–83 €**

In ihrem Landhaus im Hohenlohischen bieten Inka Thomßen-Pils und Bernd Pils in geschmackvoll gestalteten Räumlichkeiten zu erschwinglichen Preisen eine anspruchsvolle und doch unkomplizierte Feinschmeckerküche. Hier werden hauptsächlich südländisch-französische Klassiker sowie verfeinerte regionale Gerichte serviert. Diese zeugen deutlich von der Expertise eines Meisterkochs, der seinen Gästen nichts mehr beweisen muss und daher weniger auf extremes Raffinement und übertriebene Kreativität setzt, sondern vielmehr auf die Qualität und den unverfälschten Geschmack hochwertiger Produkte, die oft aus der Region stammen, abgesehen von Fisch und Krustentieren natürlich. Der Service von Inka Thomßen-Pils ist souverän, und im Weinglas landen gute Tropfen aus dem deutschen Südwesten und anderen europäischen Ländern, ebenfalls zu moderaten Preisen.

Die Besteck-Symbole

‖‖‖‖‖ luxuriöses Restaurant mit höchstem Komfort und formvollendetem Service, edler Ausstattung und einer Weinkarte, die höchsten Ansprüchen genügt

‖‖‖‖ elegantes Restaurant mit hohem Komfort und exzellentem Service, sehr gute Ausstattung, hervorragende Weinkarte

‖‖‖ gehobenes Restaurant mit gutem Komfort und versiertem Service, umfangreiche Weinkarte

‖‖ besser ausgestattetes Restaurant mit ordentlichem Service, ausgewählte Weine

‖ schlichtes Restaurant, Gasthof oder Bar

Brilon (Nordrhein-Westfalen)

6 ‖‖

Almer Schlossmühle

**Schloßstr. 13, 59929 Brilon
02964-9451430
www.almer-schlossmuehle.de
Küchenchef: Martin Steiner
Mi–Fr ab 17.30 Uhr, Sa von 12–14 Uhr u. ab 17.30 Uhr, So ab 12 Uhr durchgehend (14.30–16.30 kleine Karte), Mo u. Di RT
Hauptgericht: 18–45 €,
Menüs: 37–45 €**

VISA

Die Almer Schlossmühle bei Brilon am nördlichen Tor zum Sauerland und in unmittelbarer Nähe des Gräflich von Spee'schen Wasserschlosses am Ortsrand von Alme ist ein ganz besonderes Kleinod, in dem auf zwei Etagen mit rustikaler, dunkelholziger Balkendecke zwischen dekorativer historischer Mühlentechnik eine sehr feine Küche geboten wird. Für die zeichnet der gebürtige Österreicher Martin Steiner verantwortlich, der hier schon seit einigen Jahren einen attraktiven Spagat zwischen alpenländischen Schmankerln, verfeinerter Regionalküche und leichten Gerichten aus internationalen Produkten macht. So gibt es in bodenständiger und doch besonderer Atmosphäre mit gehobenem Anspruch gekochte, aber nicht übertrieben exklusive Gerichte, mit denen ein breites Gästeklientel angesprochen werden kann. Dazu aufmerksamen Service, eine ansprechende kleine Weinkarte, eine gute Auswahl verschiedener Biere und insgesamt ein sehr gutes Preis-Leistungs-Verhältnis.

Die Hoteleinträge

★★★★★S	Superior
★★★★★	Unterkunft für höchste Ansprüche
★★★★	Unterkunft für hohe Ansprüche
★★★	Unterkunft für gehobene Ansprüche
★★	Unterkunft für mittlere Ansprüche
★	Unterkunft für einfache Ansprüche
	Unterkunft ohne Sterne-Klassifizierung

Buchholz (Niedersachsen)

5

Henry's

**Steinbecker Str. 111,
21244 Buchholz
04181-20000
www.restauranthenrys.de
Küchenchef: Jan Philip Stöver
Mi–So ab 17 Uhr, Mo u. Di RT
Hauptgericht: 22–33 €**

Das Lokal der Geschwister Christine Buchholz und Jan Philip Stöver im Flair Hotel Zur Eiche in Buchholz in der Nordheide ist ein Paradebeispiel für einen zeitgemäßen Landgasthof. Das beginnt beim freundlichen Ambiente und reicht bis zur pfiffigen Küche, die sich auch nicht in Exklusivität und übertriebener Inszenierung übt, sondern auf die solide und pfiffige Zubereitung guter regionaler Produkte fokussiert. Man bekommt nicht das, was es überall gibt, das Team macht aber auch nur Dinge, die hierher passen.
Wer Glück hat und gerade zur Wildzeit da ist, lernt gleich mal eines der Steckenpferde des Chefs kennen. Denn dann ist die Karte voll gespickt mit Dingen aus Wild von der Lüneburger Heide, etwa einem Hirsch-Carpaccio mit Trüffelmayonnaise, einer Hirschroulade mit Pilzfüllung auf gebratenem Wirsing oder Rehschnitzel mit Püree vom gerösteten Blumenkohl, Pilzen und Kartoffelgratin – und überall steht das gute Produkt im Mittelpunkt.
Insbesondere auch bei unserer Wildvorspeise, die eine fünffach variierte Auswahl im Tapas-Format war und von der wunderbar natürlich schmeckenden Wildkraftbrühe mit Kräuterflädle, über ein mit Röstbrotstücken, gebratenen Austernpilz und Trüffelmayo ansprechend aufgepimptes Hirschcarpaccio, bis zu den panierten und knusprig ausgebackenen Würfeln vom Hirschragout auf Rahmwirsing viel Produktcharakter zu bieten hatte. Unter anderem auch noch in Gestalt eines gefüllten Keulenstücks vom Hirsch mit Preiselbeeren und einer Wildfrikadelle auf einem mit Johannisbeeren und Meerrettich aufgepeppten Rote-Bete-Salat.
Das ist eine Küche für jeden Tag, die aber pfiffig und in ansprechender Machart und guter Qualität auf den Tisch kommt. Man merkt hier sehr schnell, dass da jemand am Herd steht, der sehr genau weiß, was er macht und seinen Gästen keine halbgaren Experimente verkauft. Das ist auch nicht die getrüffelte und mit Kräuteröl marmorierte sowie mit gebackenem Eigelb angereicherte Sellerie-Schaumsuppe und auch nicht das mit Apfel erfrischte und zu Meerrettichmousse, Zwiebelchutney und Röstzwiebelringen gereichte Rote-Bete-Tatar.
Und schon gar nicht das Mordstrumm Zanderfilet, das zwar auf der Haut gebraten war, nur leider nicht mehr wirklich kross am Tisch ankam. Und das zusammen mit einer konsistenten, aber nach unserem Gusto etwas zu verhalten zahmen Meerrettichschaumsauce auf einer rustikalen Menge an grobem Stampf aus Bunter Bete und Kartoffeln angerichtet war. Für Freunde des gepflegten Fleischgenusses hält die Küche beispielsweise Original Wiener Kalbsschnitzel, ein Rumpsteak von der in Norddeutschland aufgewachsenen Färse oder geschmorte Ochsenbacke mit gegrillten Jungmöhren und französischem Bohneneintopf bereit.
Schon zu Beginn ließ das hausgebackene Brot den hohen Eigenanspruch an Produkte und Handwerk erkennen und im Anschluss zeigte eine perfekt gestockte und sauber karamellisierte fruchtige Orangen-Crème-Brûlée mit glatt schmelzigem und sehr schön aromatischem Tonkabohen-Rahmeis, dass sie auch das süße Fach gut beherrscht. Eine kleine Weinauswahl und verschiedene interessante Biere runden das sympathisch preiswerte Angebot im Henrys ab.

Bezahlkarten-Symbole

- Mastercard
- EC-Maestro
- Diners
- American Express
- VISA Visa

Bühl (Baden-Württemberg)

Gude Stub – Casa Antica

Dreherstr. 9, 77815 Bühl
07223-30606
www.gudestub-casa-antica.de
Küchenchef: Andrea Alesi
So,Mo u. Mi–Fr von 11.45–14 Uhr u. ab 17.30 Uhr, Sa ab 17.30 Uhr, Di RT
Hauptgericht: 17–29 €, Menüs: 54–69 €
EC VISA P

Das historische Fachwerkhaus im Ortskern von Bühl und der traditionelle Name „Gude Stub" lassen auf ein badisches Wirtshaus schließen, aber der Zusatz „Casa Antica" verrät schon, dass der Schein auch trügen könnte. Und tatsächlich: spätestens der Blick in die Speisekarte offenbart, dass es hier statt Maultäschle und Brägele eher um Agnolotti und Gattò di Patate geht, denn Gastgeberfamilie Alesi zelebriert in den stilvollen Gasträumen authentische italienische Küche jenseits aller Klischees – und das auf einem beeindruckend hohen Niveau, wie man es hierzulande leider nur sehr selten findet. Dass sich dieses hohe Niveau nicht über Hochküchen-Attitüden und sonderliche Kreativitätsoffensiven definiert, sondern über Handwerk, Sorgfalt und Authentizität, ist dabei nur logisch.
Vom hausgebackenen Sauerteigbrot über die verschiedenen, in jeweiliger Perfektion selbstgemachten Pastasorten bis zu Wurst und Schinken aus eigener Produktion beweist Küchenchef und Patron Andrea Alesi, dass er die italienischen Küchentraditionen aus dem Effeff beherrscht und auch vor großem Aufwand nicht zurückschreckt. Vieles davon lässt sich schon im Rahmen der Antipasti-Selezione di Casa bestaunen und genießen, die hier ein wahres Schlaraffenland auf einem einzigen Teller bedeutet und die meisten ähnlich genannten Darbietungen italienischer Ristoranti auf deutschem Boden äußerst alt aussehen lässt. Die Casa Antica ist ohnehin eines der ganz wenigen Lokale hierzulande, deren Küche problemlos auch in Italien vor kundigem heimischem Publikum bestehen könnte.
Hier bekommt man Dinge serviert, die es im Carpaccio-und-Scallopini-Einerlei der meisten deutschen „Italiener" eben vergeblich sucht. Ein feinwürziges und unaufdringlich zart mit Knoblauch abgeschmecktes Süppchen von Cime di Rapa zum Beispiel, ein zartes Omelett mit aromatischer Wintertrüffel oder perfekte kross-zarte Arancini in saisonalem Gewand – zur rechten Zeit etwa mit frischer Trüffel und Maronen gefüllt und auf ein Parmesanfondue platziert. Die „Capunatina di milinciane", ganz hervorragendes, fruchtig-tomatig eingelulltes Caponata-Gemüse aus Auberginen, Staudensellerie, Zwiebel, Kapern und Giraffa-Oliven, war zuletzt etwa mit reichlich frischen und sehr aromatischen Artischocken angereichert. Das schmeckt dann, ebenso wie das besonders hierzulande stark populäre und damit für jedermann vergleichbare Vitello tonnato, einfach ein ganzes Stück besser als anderswo. Weil die Qualität der Produkte höher ist, weil auf die Details geachtet und kein Aufwand gescheut wird.
Oder man nehme nur mal die „Reginette con Gamberetti e Pistacchio", eine Art breite, mit Zickzack-Rand geschnittene pappardelleartige Bandnudeln mit Garnele und Pistazie, bei denen allein die elastisch-festteigige Pasta selbst eine kleine Offenbarung ist, weshalb man die Nudeln theoretisch auch nur mit etwas Olivenöl und Parmigiano mit größtem Genuss essen könnte. Aber auch die Krustentierchen machen in ihrer Qualität viel Spaß. Und die mit viel aromatischer Pistazie und vollreifen Datteltomaten angereicherte Krustentiersauce, deren cremige Opulenz selbstredend nicht von Sahne, Crème fraîche oder Ähnlichem herrührt, sondern das Ergebnis geduldigen Einkochens und Reduzierens und die Melange mit den nussigen Pistazien ist, hebt das Ganze ohnehin auf eine ganz andere Stufe.
Auf der bewegte sich zuletzt auch der beeindruckend große, in seiner Gänze zubereiteten Tintenfisch, dessen Frische und saisonal optimalen Fangzeitpunkt man zwischen rauchigen Grillaromen und Kräuterwürze klar erkennen konnte. Das mit optimalem zartem Biss ausgestattete Fleisch des Kalmars wurde wunderbar leicht und pointiert von nichts als verschiedenen kleinen charakterstarken Gemüsen eskortiert, etwa von aromatischem buntem Mangold, dunkler roter Karotte, Steckrübe oder lila

Kartoffel – alles ganz apart portioniert als Degustation angereiht und damit voll auf den bewussten Genuss und das Erschmecken unverfälschter, nicht weggezüchteter Aromen ausgerichtet.
Wem im Hauptgang nach Fleisch ist, der findet neben den Offerten der Tageskarte Klassiker wie die Porchetta alla Romana ai Sapori Forti, also die mediterrane Antwort auf den Schweinebraten in Dunkelbiersauce, eine köstliche Variante des Bollito Misto mit gesottenem Rind-, Kalb- und Hühnchenfleisch auf eingelegten kandierten Senffrüchten. Und wer beim Nachtisch normalerweise den in der Gastronomie inflationären halbflüssigen Schokoladenkuchen verschmäht, sollte unbedingt mal Andrea Alesis wunderbare mit Pistaziencreme gefüllte und mit gerösteten Mandeln getoppte Variante probieren, die uns seine Frau Rita zuletzt mit Zwergorange, Maronencrumble und dezenten Süßholzaromen kredenzt hat.
Die aufmerksame Gastgeberin ist bestens über sämtliche Zubereitungen ihres Mannes informiert und kann auf Wunsch auch immer mit stimmigen Empfehlungen aus der gut bestückten Weinkarte dienen. Und auch sonst fühlen wir uns hier immer bestens umsorgt.

Bullay (Rheinland-Pfalz)

Moselgarten

im Boutique Hotel Moselgarten
Alte Poststr. 10, 56859 Bullay
06542-9639880
www.das-moselgarten.de
Küchenchef: Jan Abbruzzino
Täglich von 12–14 Uhr u. ab 17 Uhr, kein RT
Hauptgericht: 18–60 €, Menüs: 49–55 €
VISA P

Im regionaltypischen Ortsbild des Moselstädtchens Bullay wirkt das moderne Antlitz des Boutique Hotels fast schon revolutionär. Der lichtdurchflutete Restaurantbereich, in den es relativ nahtlos von Rezeption und Lobby aus übergeht, hat eine lange Fensterfront in Richtung der Mosel, die nicht nur den Blick auf den Flusslauf und den örtlichen Fußballplatz, sondern auch auf den namensgebenden Moselgarten freigibt. Das ist ein neu angelegter, von Backsteinmauern und Pflanzen umgebener Freisitz, auf dem man im Sommer auch sitzen und essen kann.
Die Küche bewegt sich in klassischen Gefilden und hat sich als eines ihrer Aushängeschilder dem trockengereiften Rindfleisch verschrieben, von dem immer verschiedene Teilstücke im Dry-Ager hängen und dort je nach Cut etwa 30 Tage reifen darf, um dann wunschgemäß gebraten und mit besonders eigenaromatischem Geschmack in traditioneller Begleitung serviert zu werden.
Und das Team lehrte uns zunächst, dass man sich nicht auf den ersten Eindruck verlassen sollte. Denn die als Vorspeise servierte hausgemachte Schweinefilet-Terrine mutete nicht nur optisch etwas traurig an, sondern wirkte in ihrer seltsam trockenen Art und dem ausdruckslosen Geschmack auch sonst nicht sehr proper. Proper präsentierte sich zumindest der Salat, der aber mit einer arg milden Senfvinaigrette auch nur stellenweise mariniert war – und mit einem Klecks Kräuterschmand, links sowie einer kunstvoll roh aufgeschnittenen Tomate rechts war das Ganze auch nicht sonderlich substanziell.
Aber wie gesagt: das war nur der erste Eindruck. Denn der darauffolgende Zander, der auf seiner Hautseite mit kross-fluffiger gerösteter Blutwurst beladen war, auf „Gräwes", einer Liaison aus Rahmsauerkraut mit Kartoffel thronte, und von gehaltvoller Schaumsauce aus Moselriesling mit feiner Weinsäure umspielt wurde, hätte bewertungstechnisch durchaus 5 Pfannen verdient.
Und die hätte man theoretisch auch für den Hauptgang geben können, bei dem in Riesling gegarte und goldgelb nachgebratene (oder umgekehrt) Perlhuhnbrust zusammen mit Wurzelgemüse in Weißweinrahm und perfekt al dente gekochten Bandnudeln als Coq au Riesling zusammenkamen – wenn nicht das Geflügel so verblüffend übergart und arg trocken und die bunte Hippe kein hartes und zähes (und nicht nur deshalb völlig überflüssiges) Add-On gewesen wäre.
Souveränität und Können bewies die Küche dann wieder beim Dessert, das nicht nur sehr

hübsch und akkurat angerichtet war, sondern auch handwerklich ansprechend umgesetzt und ganz nebenbei richtig gut geschmeckt hat. Da gab es auf einem mit ornamentverzierter Vanillesauce und Rhabarbergel umkränzten Rhabarberragout mit präsenter, aber gut gebändigter Säure eine auf Basis weißer Schokolade zubereitete cremige Rhabarbermousse, ein Rhabarbersorbet, ergänzt um knusprige Strudelblätter und etwas Baiser, die sinnvollen Knusperkontrast beisteuerten.
Man sah also sehr gut, was die Küche prinzipiell draufhat. Und wenn es dem Team künftig gelingt, das Ganze durchgängig dieser Sorgfalt und Substanz aufs Porzellan zu bringen, könnte man hier durchaus 5 Pfannen vergeben. Um auch gebührend mit einem guten regionalen Gewächs darauf anstoßen zu können, hat der Keller genügend zu bieten.

Hotelempfehlung

★★★★

Boutique Hotel Moselgarten

Alte Poststr. 10, 56859 Bullay
06542-9639880
www.das-moselgarten.de
Einzelzimmer: ab 69 €
Doppelzimmer: ab 92 €

EC VISA

Eingebunden in die malerische Landschaft der Mittelmosel liegt das modern gestaltete und gehoben ausgestattete Boutique Hotel Moselgarten in Bullay tatsächlich auf einem grünen Grundstück mit Blick auf die Mosel. Die freundlichen und zeitgemäßen Zimmer mit Wandbildern im Retrostil sind allesamt standardmäßig mit einem Tablet, einem Flachbildfernseher, einer Minibar und einem Safe ausgestattet und verfügen selbstverständlich über kostenfreies WLAN. Ausgewählte Zimmer haben einen Balkon, andere bieten Bergblick. In den Suiten gibt es ein Schlafsofa und eine Nespresso-Kaffeemaschine, in den Suiten mit gehobener Ausstattung ist zusätzlich eine freistehende Badewanne in den Raum integriert. Im ebenfalls modern gestalteten Restaurant mit bodentiefen Fenstern, Terrasse und Flussblick wird engagierte Küche geboten. Bei einer Zimmerbuchung besteht die Möglichkeit, ein Wellnesspaket in der Vulkaneifeltherme und der Sauna in Bad Bertrich zu reservieren. Ansonsten hat die Umgebung des Hotels von Ruhe und Entspannung bis zu sportlichen Aktivitäten viel zu bieten. Die Region ist prädestiniert für kleine oder auch größere Radtouren (E-Bike Verleih möglich), weitere Highlights sind z. B. eine Planwagenfahrt an der Mosel entlang mit Weinverkostung, ein Besuch der 25 km entfernten Reichsburg Cochem oder des Museums für Oldtimer & Technik in Bernkastel-Kues. Restaurant Moselgarten separat erwähnt.

Bünde (Nordrhein-Westfalen)

5

Zum Adler

Moltkestr. 1,
32257 Bünde
05223-4926453
www.adler-restaurant.de
Küchenchef: René Schmidt, Marian Matthe
Täglich von 12–14.30 Uhr u. ab 17.30 Uhr, kein RT
Hauptgericht: 24–99 €,
Menüs: 36–83 €

EC VISA

Obwohl die Geschichte des Adlers in Bünde bis ins Jahr 1896 zurückreicht, erinnert aktuell nur noch sehr wenig daran. Das historische Gebäude wurde 2013 abgerissen und durch einen modernen Bau ersetzt, in dem sich heute auch das Restaurant befindet. Eher zeitgemäß als traditionell wirkt dann auch der mit dunklem Leder, hellem Holz und Silber gestaltete Gastraum und bietet damit letztlich auch einen passenderen Rahmen für die Küche, als es eine traditionelle Gaststube wäre. Denn auch die Speisekarte gibt sich eher weltoffen und zeitgemäß – mittags schlichter und bodenständiger, abends ambitionierter und aufwendiger – und verdeutlicht schon beim ersten Blick einen klar überdurchschnittlichen Anspruch.
Ein Schwerpunkt liegt dabei auf hochwertigem Fleisch, das sowohl in einigen Vorspeisen wie beispielsweise einem mit Whisky marinierten Beef Tatar nebst Onsenei und Senf, als auch in verschiedensten Premium-Cuts mit akkuraten Beilagen und kraftvollen Saucen nach Wahl als eigener Teil der Karte präsentiert wird. Für alle weniger fleischhungrigen Gäste gibt es aber auch ein quartalsweise wechselndes Degustationsmenü, das neben größerer Vielfalt auch die ambitioniertesten Gerichte versammelt.
Als Einstimmung auf diese gab es beim letzten Besuch eine kleine Lachsterrine aus luftiger Farce in einem fruchtig-pikanten Paprikacoulis nebst kleinem Kartoffelchip, die zwar eher schlicht daherkam, das aber auf charmante Art. Der folgende asiatisch angehauchte Thunfisch-Gang zeigte dann schon deutlicher den Stil und die Stärken – aber auch die Grenzen der Küche: Letztere lagen hier in dem etwas metallisch wirkenden Geschmack des Thunfischs, der damit solo als reines Produkt nicht ganz so überzeugend war. Dafür wirkte aber dessen knallig in eine salzig-süße Richtung gedrehtes Umfeld aus eingelegter und frischer Gurke, Ponzu-Gel und einem mildsüß schmelzenden Eis aus Miso umso stärker und schaffte unterm Strich doch ein sehr ansprechendes Niveau.
Kleine Produktschwächen gab es auch beim Pulpo und dessen beinahe cremig weicher Konsistenz, von der man sich etwas mehr Spannung und Saft erhofft hatte. Auch hier sorgten aber die erneut exotisch fruchtige Begleitung durch ein Papaya-Confit mit sanft wärmender Schärfe, einer kräutergrünen asiatischen Gremolata (eigentlich eher eine Creme), sowie hauchdünnen Knusperchips für eine kontrastreiche, gut balancierte Umgebung, mit der auf unkomplizierte Art für Abwechslung und einen gewissen Spannungsbogen gesorgt wurde.
Dass sich das gleiche Spiel im Umgang mit maritimen Produkten dann auch beim Adlerfisch mit nahezu verbrannt bitter gebratener Haut fortsetzte, legte beinahe die Vermutung nahe, dass die Wahl eines der akkurat gebratenen Premium-Cuts die sicherere Wahl gewesen wäre. Andererseits zeigte das Fleisch des Fischs selbst eine ausgezeichnete Qualität und auch das zart fließende Dashi-Risotto mit knackigen Zuckerschoten-Juliennes und kontraststarkem Zitrusgel bewies ein weiteres Mal, dass hier schon jemand zugange ist, der grundsätzlich weiß, was er macht. Es bräuchte eben einfach nur etwas mehr Sorgfalt und Feintuning am Herd.
Das Dessert beendete dann in aufgeräumt klarer Art als stärkster Eindruck den Abend. In dessen Zentrum stand ein Ring aus Joghurt-Schokoladencreme mit gut eingebundener Säure, bedeckt von einem (etwas dicken) Mürbteigkreis mit Basilikumsorbet obenauf, dessen ätherische Frische sich aufs Beste mit einer konzentrierten Erdbeersauce in der Mitte des Schokoladenzentrums ergänzte. Wenn alle Gerichte mit dem gleichen Fingerspitzengefühl in den Details zubereitet würden, wäre ganz klar noch eine höhere Bewertung möglich. Aber stimmig und einladend ist das Konzept ganz unabhängig von der Bewertung, was nicht zuletzt auch am freundlich zuvorkommend agierenden Serviceteam und an der ausgewogenen Weinauswahl liegt.

Die Besteck-Symbole

🍴🍴🍴🍴🍴 luxuriöses Restaurant mit höchstem Komfort und formvollendetem Service, edler Ausstattung und einer Weinkarte, die höchsten Ansprüchen genügt

🍴🍴🍴🍴 elegantes Restaurant mit hohem Komfort und exzellentem Service, sehr gute Ausstattung, hervorragende Weinkarte

🍴🍴🍴 gehobenes Restaurant mit gutem Komfort und versiertem Service, umfangreiche Weinkarte

🍴🍴 besser ausgestattetes Restaurant mit ordentlichem Service, ausgewählte Weine

🍴 schlichtes Restaurant, Gasthof oder Bar

Burghausen (Bayern)

restaurant|271

im Hotel restaurant|271
Mautnerstr. 271,
84489 Burghausen
08677-9179949
www.restaurant271.de
Küchenchef: Dominik Lobentanzer
Di–Fr ab 17.30 Uhr,
Sa von 11.30–14 Uhr u. ab 17.30 Uhr,
So u. Mo RT
Hauptgericht: 17–35 €,
Menüs: 55–85 €
EC VISA

Für die meisten Besucher wird Burghausen wohl entweder als Zwischenstation auf dem Weg von oder nach Salzburg oder wegen der eindrucksvollen Burg hoch über der pittoresken kleinen Altstadt interessant sein. Dabei gibt es für Feinschmecker noch einen weiteren, sehr schlagkräftigen Grund für einen Besuch. Und der versteckt sich im ganz simpel nach der Hausnummer benannten Restaurant 271, einem von außen unscheinbaren, von innen aber stilvoll puristischen Lokal, das mit einfallsreicher und niveauvoller Küche zu einladenden Preisen lockt und zudem auch einige adrette Gästezimmer bietet.
Das junge Team, das hinter dem Ganzen steht, hat es hier auf beeindruckende Art und Weise geschafft, scheinbare Gegensätze zu einem ganz schlüssigen Konzept zu verbinden: Das moderne, mit viel Holz und warmem Licht gestaltete Ambiente passt ganz selbstverständlich in das historische Gebäude, der Umgangston ist locker und dennoch von Kompetenz geprägt, und auch die Küche stellt regionale Produkte und Traditionen mit pfiffigen modernen Ideen in ein ganz neues Licht. Dabei lässt sich sehr flexibel sowohl à la carte als auch das vorgeschlagene Menü bestellen (oder kombinieren), so dass für eine breite Zielgruppe und viele Anlässe ein attraktives Angebot geschaffen wird.
Der Anspruch an die verwendeten Produkte und eine exakte handwerkliche Zubereitung mit wenigen markanten Komponenten ist in beiden Fällen gleich hoch und führt zu überzeugenden Ergebnissen. So zuletzt beispielsweise – nach kleinen knusprigen japanischen Blütenwaffeln mit Saiblingskaviar und ausgezeichnetem Sauerteigbrot mit Salzbutter – mit einem typisch puristischen Arrangement aus wunderbar klararomatischem Tatar von der Bayerischen Garnele, auf dem fleischig-zarte Streifen gebeizter Forelle platziert waren, die damit auch gleich als Würze dienten. Unterstützt wurde dieses markante Zentrum von ätherischen Fenchelstreifen, säuerlich dazwischenfunkenden Fingerlimes und einer daneben dünn aufgepinselten roten Paprikacreme, die feine pikante Fruchtigkeit beisteuerte.
Mehr in die Tiefe, aber auf gleichem hohem Niveau, ging es mit einem sanft glasig gegarten Saiblingsfilet auf einem Confit aus gewürfelten Steinpilzen, die in einem klaren, umamistarken Fond platziert waren. Hier sorgten knusprige Crumbles aus Hühnerhaut nicht nur für Crunch, sondern auch für zusätzliche aromatische Power, während fermentiertes Spitzkraut und eine hellgrüne Petersiliencreme die nötige Frische lieferten. Auch dieser Teller war schlicht und natürlich angerichtet, geschmacklich aber überraschend facettenreich und gut durchdacht.
In diesem Stil überzeugte dann auch ein großes, saftig in Salbei-Nussbutter koloriertes Störfilet, auch wenn dieses als Hauptgericht à la carte ein klein wenig breiter und gediegener daherkam als die vorherigen Gerichte. Allein die Qualität und Zubereitung des Fischs hatte Klasse! Und zusammen mit einem handwerklich ebenfalls perfekt cremig fließenden Risotto mit feiner Weinsäure und knackig-würzigem buntem Mangold ergab sich ein einnehmend feines Wohlfühlgericht.
Generell zielen die Zubereitungen sehr gekonnt aufs Genießerherz und bleiben auch bei kreativeren Ideen leicht zugänglich. Das wurde ganz besonders beim tipptopp rosazart gebratenen Rehrücken deutlich, der im Hauptgang neben waldig herben Blaubeeren, kleinen festen aromatischen Pfifferlingen und sowohl im Ganzen gerösteten als auch seidig cremig auf

den Teller gebrachtem Knollensellerie seinen Auftritt hatte – effektiv unterstützt von luftig buttrig angekrossten Briochetalern und einer elegant transparent gehaltenen Wildjus war das ein leichtes, beschwingtes Wildgericht.
Weil am Ende auch das Dessert aus cremiger Valrhona-Vollmilchschokolade, zitrusfrisch unterstützten Himbeeren (vor allem als cremiges Sorbet) sowie einerseits karamellisierten und andererseits lockerflockig geraspelten Haselnüssen wie aus dem Handgelenk geschüttelt makellos auf den Punkt kam, gibt es den verdienten Bonuspfeil – verbunden mit der Feststellung, dass man hier die ausgereifteste und konsistenteste Küchenleistung mit dem Menü bekommt. Das bewegt sich fast schon auf 7-Pfannen-Level, und auf einem hohen Niveau bewegen sich auch das charmante Serviceteam und die kleine individuelle Weinauswahl.

Hotelempfehlung

Hotel restaurant|271

Mautnerstr. 271,
84489 Burghausen
08677-9179949
www.restaurant271.de
Einzelzimmer: ab 95 €
Doppelzimmer: ab 95 €

In Burghausen an der Salzach, die hier die Grenze zu Österreich bildet, lädt das Hotel restaurant|271 nicht nur zu moderner Naturküche, sondern auch in vier wunderschöne elegant minimalistische Hotelzimmer. Die sind individuell und mit liebevollen Details eingerichtet, haben ein eigenes Badezimmer/WC und beispielsweise mit großen Flachbild-TVs und schnellem WLAN modernen Standard. Zwei Zimmer verfügen sogar über wunderschönen Balkon mit Blick in den Innenhof. Außerdem gibt es eine Bar, einen Garten und eine Terrasse. Von dem im Zentrum gelegenen Standort aus lässt sich die bayerische „Salzachperle" Burghausen (100 km östlich von München und 50 km nördlich von Salzburg) bestens erkunden. Hauptattraktion ist sicher die längste Burg der Welt, aber es gibt auch eine malerische Altstadt und ein vielseitiges Freizeit-, Sport- und Kulturangebot. Eindrucksvolle Perspektiven auf Burg, Altstadt und Flussidylle erhalten Besucher auch bei einer Fahrt mit der Plätte, den früheren Salzkähnen, auf der glitzernden Salzach – oder bei einem aktiven Radurlaub in und um Burghausen. Restaurant|271 separat erwähnt.

Burgwedel (Niedersachsen)

6↑

Gasthaus Lege

Engenser Str. 2,
30938 Burgwedel (Thönse)
05139-8233
www.gasthaus-lege.de
Küchenchef: Hinrich Schulze
Do–Sa ab 18 Uhr,
So von 12–14 Uhr u. ab 18 Uhr,
Mo–Mi RT
Menüs: 54–100 €

Wenn in einem Werbespot das Bild eines idealen, tipptopp gepflegten und feinen Landgasthauses gezeichnet würde, könnte dieser ganz genauso aussehen wie das einladend in warmen Farben gestaltete Gasthaus Lege in Thönse bei Burgwedel. Hier gibt es ein behagliches und zugleich stilvolles Ambiente und die zugewandte Herzlichkeit von Menschen, die sichtbar gern

Gastgeber sind. Noch dazu aber auch anspruchsvolle Küche, die weit über dem Niveau liegt, das man gemeinhin in einem Landgasthaus erwartet.
Verantwortlich dafür sind seit vielen Jahren Claudia und Hinrich Schulze als Gastgeberin und Chefkoch, die hier trotz krisenhafter Zeiten in der Gastronomie mit unverändert hohem Anspruch am Werk sind. Wer in den Genuss der durchgängig frisch und natürlich zubereiteten, mit pfiffigen Details verfeinerten Gerichte kommen möchte, hat die Wahl zwischen zwei Menüs (eins davon vegetarisch) in drei bis sieben Gängen, die beide gleichermaßen lohnend sind – auch wenn die Stärken der Küche rund um Fisch und Fleisch stets noch ein bisschen besser zur Geltung kommen als im vegetarischen Fach.
Dass die omnivore Wahl in jedem Fall eine gute Entscheidung ist, zeigten zuletzt auch die schmalen hohe Tranchen von der gebeizten Lachsforelle, die neben einer optisch frischgrünen, aromatisch aber etwas zu stärkehaltigbreiten Erbsencreme aus frischen Erbsen angerichtet wurden. Deutlich mehr Frische brachten dazu hauchdünne marinierte Gurkenscheiben, eingelegte Salzgurke und ein sanfter Buttermilchsud, der dem Fisch gemeinsam mit dessen Kaviar eine feine Würze mitgab und zugleich einen verbindenden Rahmen schaffte.
Auch der folgende weiße Heilbutt als goldknusprig gebratenes (nur minimal trockenes) Filet wurde in einem frühlingshaft frischen Umfeld aus weißem und grünem Spargel sowie Kohlrabi in einem leichten Sud präsentiert. Dabei gerieten zwar die Gemüse einen Hauch zu weich und salzig, schafften aber dennoch den erwarteten frischen Charakter, der von einem salzig-säuerlichen Rhabarber-Miso-Confit als härteren Kontrast noch effektiv verstärkt wurde.
Im Hauptgang des Menüs bot ein rosa gebratenes Bürgermeisterstück mit perfekt geschmolzener Fettmarmorierung und straff-kernigem Fleisch durch seinen ausgeprägten Eigengeschmack eine weitere Steigerung in Sachen Charakterstärke und Kraft. Eine transparent und mit Estragon anisduftig gehaltene Jus unterstützte dabei feinfühlig und verlieh dem Fleisch dennoch zusätzlich Tiefgang. Einzig das „Frühlingsgemüse“ aus (unter anderem) Brokkoli, Zuckerschote und Karotte wirkte auf eher weich gegarte und mit einem salzigen Sud nappierte Art etwas oldschool und vergleichsweise grob.
Dafür schaffte, wie bereits im letzten Jahr, der süße Abschluss ganz uneingeschränkt noch ein Highlight. Diesmal mit Mousse aus weißer Schokolade und leicht salzigem Karamell neben einem üppig schmelzigen Eis von Dulce de leche, was einerseits viel differenzierte cremige Süße mitbrachte, diese aber andererseits mit konzentriertem Himbeercoulis und einer duftigen Kerbelsauce schwungvoll ergänzte und aufbrechen konnte.
Dazu sorgt Claudia Schulze für stets anspruchsvoll und gut korrespondierend gefüllte Gläser, am besten lässt man ihr dabei einfach freie Hand. Auch dann bleibt das hervorragende Preis-Genuss-Verhältnis, dass das gesamte Angebot auszeichnet, garantiert gewährleistet.

Burrweiler (Rheinland-Pfalz)

5

Ritterhof Zur Rose

Weinstr. 6 a, 76835 Burrweiler
06345-407328
www.ritterhofzurrose.de
Do u. Fr ab 18 Uhr, Sa–Mo von 12–14 Uhr u. ab 18 Uhr, Di u. Mi RT
Hauptgericht: 24–35 €, Menüs: 44–78 €
VISA P

Das ländlich-elegant gestaltete Restaurant im Obergeschoss des Ritterhofs bietet nicht bloß einen schönen Ausblick auf die umliegenden Rebzeilen Burrweilers und die Rheinebene, sondern auch ambitionierte, anspruchsvolle bodenständige Küche. Florian Winter, der sich einst im Schloss Reinhartshausen, auf der Stuttgarter Wielandshöhe bei Vincent Klink und bei Claus-Peter Lumpp im Bareiss gestählt hat, weiß wie's geht und realisiert hier nun eine gepflegte modernisierte Pfälzer Regionalküche, die auch mal einen leicht mediterranen Einschlag haben kann, aber immer dann am besten ist, wenn sie sich der Verfeinerung herzhafter, gerne auch rustikaler Viktualien annimmt. So wie dem Produktklassiker des Hauses, dem Donnersberger Wollschwein, einer Mangalica-Kreuzung, die mit wunderbarem Eigengeschmack und herrlicher Fett-Textur begeistert. Ob Innereien, Saumagen oder Kotelett: garantiert höchster Fleischgenuss! Ein Highlight ist die Weinkarte, die vor allem bei den Weißweinen die komplette Bandbreite der Region abbildet. Vom Nachwuchswinzer bis zum Top-Erzeuger, vom frischen bis zum gereiften Wein.

Busdorf (Schleswig-Holstein)

Fast & SLOW

Odins Haithabu

Haddebyer Chaussee 13, 24866 Busdorf
04621-850500
www.odins-haddeby.de
Täglich von 8–21 Uhr, kein RT
Hauptgericht: 11–34 €

Ein großes, täglich von früh morgens an durchgehend geöffnetes Lokal mit Hofladen, eigener Backstube und Räucherkammer. Ganz im Sinne der Feinheimisch-Bewegung wird hier viel Wert auf regionale Frische und Qualität gelegt. Das breite Angebot reicht von Frühstück und Kaffee und Kuchen über Wikinger-Pizza aus dem Steinbackofen bis zu einer kleinen Auswahl bodenständiger Gerichte mit Pfiff. Viele Delikatessen wie das eingemachte Sauerfleisch, Galloway-Schinken und natürlich frisch gebackenes Brot gibt's auch zum Mitnehmen.

Büsum (Schleswig-Holstein)

7↑

Schnüsch

Am Museumshafen 11, 25761 Büsum
04834-98420
schnuesch.de
Küchenchef: Florian Prelog
Do–Sa ab 18.30 Uhr, So–Mi RT
Menüs: 110–170 €

VISA

Als noch relativ neuer und moderner Hotspot direkt im touristischen Hafengelände zwischen „Meerzeit"-Therme und Leuchtturm gelegen, hebt sich das Lighthouse Hotel & Spa unter all den relativ traditionellen Büsumer Hotels deutlich ab. Auch die Lage direkt an der Deichpromenade mit unverstelltem Blick aufs Wattenmeer hat was. Und diesen Ausblick genießt man – mit ein bisschen Glück inklusive atemberaubendem Sonnenuntergang am Horizont – auch von den besten Plätzen des Gourmetrestaurants Schnüsch aus. Das ist ansonsten sehr dunkel, schlicht und mit einzelnen modernen Akzenten gestaltet, die genau wie die fotografischen Portraits der regionalen Produzenten und Lieferanten wie Fischer, Schafzüchter oder Gemüsebäuerin die Verbundenheit mit Natur und Region visualisieren.

Das Menü, das zuletzt auch am Wochenende auf nur vier Gänge plus Amuses reduziert war, startete mit Büsumer Krabben auf Frankfurter Grüner Sauce, einer Sylter Royal Auster mit Kaviar und einem Klecks Sauerrahm in lauwarmer Beurre blanc sowie einem knusprigen Luftbrot mit Vulkanschinken und mariniertem Kraut. Dem folgte mit einer Miniatur von Backhendl mit Kartoffelsalat eine kleine und leicht verfeinerte Reminiszenz an die österreichische Heimat von Küchenchef Florian Prelog.

Die Vorspeise widmete sich dann wieder einem Produkt aus Schleswig-Holstein, nämlich der aus der Nähe von Kiel stammenden Förde-Garnele, auch White-Tiger-Shrimps. Die waren sehr pur, naturbelassen und glasig mit festem Biss und reinem, süßlich-jodigem Geschmack nebst einem schmissigen, aber proportional nicht übermächtig dazu arrangierten Akkord von Erdnusscreme, Safranmayonnaise und Grünem Apfel auf einem Buttermilch-Dashifond angerichtet. Ein starker Auftakt!

Handfester, auch aromatisch, war die kross auf der Haut gebratene und noch sehr effektiv um seine crunchig frittierten Schuppen ergänzte Tranche vom Loup de Mer, der quasi als Postillon des Frühlings mit Spitzmorcheln und Bärlauch im Gepäck vor der Tür stand. Genauer: mit Bärlauchfarce gefüllte Spitzmorcheln, glatte Morchelcreme, eingelegte Bärlauchknospen und eine dezente Bärlauchsauce, geschmeidig aufgeplustert vom Schmelz einer Eigelbcreme, die nochmal eine innigere Verbindung zwischen allen Komponenten herstellen konnte. Wie überlegt, handwerklich gekonnt und unterm Strich auch nachhaltig das Team um Florian Prelog arbeitet, zeigte nach einem an dieser Stelle zwar ungewohnten, aber gar nicht unklug positionierten Brotgang mit zwei Sorten nebst Aufstrichen und Olivenöl dann auch der Hauptgang.

Der drehte sich um aromatisches Salzwiesenlamm aus der Region, von dem eben nicht nur der rosazarte Rücken unter geschmacksspen-

dendem Fettdeckel aufgeboten war, sondern auch ein kleines Stück vom gebackenen Bries sowie à part ein kräftiges Lammbeuscherl mit den weiteren Innereien wie Herz, Leber und Niere unter einer Haube aus Kartoffelschaum. Allein das, aber auch die hervorragende Lammjus, die geschmackssatt und dabei leicht und transparent den Charakter des Fleischs unterstrich, statt ihn zu dominieren, zeugten von viel Produktverständnis. Und auch die zurückhaltend und sehr fein umgesetzten Komponenten von Kartoffel, Kohlrabi und Zwiebelgewächsen fügten sich sehr elegant ins Gesamtbild. Keine kühnen Akzente, kein origineller Twist, aber sehr ausgewogen und ausgereift.
Und als das ließ sich auch das Dessert um Karotte, Holunder, Sauerrahm und Buchweizen charakterisieren, weshalb wir die Bewertung in diesem Jahr voller Überzeugung um einen Bonuspfeil erhöhen und schon sehr gespannt sind, wie sich die Küche in der kommenden Testsaison präsentieren wird. Noch lieber säßen wir dann an einem der Tische mit Blick aufs Wattenmeer, wenn sich die Wartezeiten, bis erst mal etwas auf dem Tisch steht, aber insbesondere auch zwischen den Gängen, nicht so übertrieben in die Länge ziehen würden, wie bei unserem letzten Besuch. Mit einem für alle Gäste einheitlichen Menü ohne Variationsmöglichkeiten sollte es auch für eine zweiköpfige Küchenmannschaft ohne weiteres machbar sein, vier oder fünf Gänge in weniger als vier Stunden zu schicken. So lange will auch der entspannteste Urlauber für die Anzahl an Gängen nicht sitzen. Ansonsten: unbedingt weiter so!

Castell (Bayern)

Weinstall

Schlossplatz 3, 97355 Castell
09325-60110
castell.de
Küchenchef: Dave Metz
Do ab 17.30 Uhr,
Fr–Mo von 11.30–14 Uhr u. ab 17.30 Uhr,
Di u. Mi RT
Hauptgericht: 12–32 €, Menüs: 30–69 €

Der direkt in den imposanten Bau des Schloss Castell integrierte „Weinstall“ hat gastronomisch gesehen bereits eine weit zurückreichende Tradition, wird aber nach langjähriger Verpachtung erst seit kurzem wieder unter der Regie des Fürstlich Castell'schen Domänenamt selbst betrieben. Das historische Ambiente mit seinen dicken Mauern und verwitterten Holzbalken wurde gekonnt um puristisch-moderne Elemente ergänzt, so dass eine insgesamt sehr einladende Atmosphäre entstanden ist. Im Sommer lockt außerdem eine idyllische Terrasse und das junge charmante Serviceteam sorgt ebenfalls dafür, dass man sich schnell wohlfühlt.
Beste Voraussetzungen also für eine genussvolle Auszeit vor oder nach einem Besuch des Weinguts – oder auch einfach so. Das Team um Gastgeber und Sommelier Matthias Schäfer und Küchenchef Dave Metz bietet dafür eine klug reduzierte Karte und konzentriert sich anstelle eines breiten Angebots auf eine punktgenau frische, zeitgemäße Zubereitung der Gerichte. Die sind eher puristisch gehalten, dafür aber überraschend akkurat und wirkungsvoll angerichtet. Insbesondere die Vorspeisen kommen so mit im Grunde recht einfachen Mitteln sehr pfiffig und pointiert daher.
So zuletzt beispielsweise die prächtigen weißen Spargelstangen, die mit zartem Biss gegart und feinsäuerlich mariniert, von einem auflockernden Topping aus hauchdünnen Radieschenscheiben und Kräutern ergänzt wurden. Daneben standen ein pikant-kraftvolles Rindertatar aus schmeckbar hochwertigem gereiftem Fleisch und Tupfen einer milder Schmandcreme als weitere Komponenten, die insgesamt einen aufgeräumt klaren und in jedem Bestandteil auf natürliche Art intensiven Auftakt ergaben.
Die gleichen Attribute verdiente auch das das zart und hell wirkende Arrangement aus säuerlich-würziger Blumenkohlcreme, knackigen Blumenkohlstücken, einem luftigen Gurkenschaum und süß-sauer marinierten Gurkenstreifen. Dazwischen setzten knusprig-zart gebratene Brust und Keule einer Wachtel einen röstwürzigen Akzent und hatten dergestalt zwischen den unterschiedlichen feinen Säuren und vegetabilen Noten einen starken, frischen Auftritt.
Die drei angebotenen Hauptgänge sind demgegenüber etwas bodenständiger und gegenständlicher angelegt, punkten aber genauso mit der sehr hohen Qualität der regionalen Produkte und einer klaren Tellersprache. Sei es bei röstig-würzigen, mit Fleisch aus eigener Jagd fabrizierten Wildbratwürsten, die mit Sauerkraut und Landbrot serviert werden, oder bei einer knusprig zart gebratenen Hähnchenbrust mit Kartoffelgratin und geschmortem Gemüse.

Dagegen wird bei den Desserts der Gestaltungsaufwand wieder etwas weiter hochgedreht, so dass die zuletzt probierte Käsekuchen-Variation aus Crème brûlée, ausgestochenen Cheesecake-Kreisen und einem üppig-geschmeidigen Eis neben Minzpesto und sowohl frischen als auch herbfruchtig eingekochten Heidelbeeren ebenso abwechslungsreich und schmissig wie schlüssig rüberkam und in der Form locker auch eine noch höhere Bewertung gerechtfertigt hätte.
Dazu gibt's selbstredend vor allem die Weine aus dem eigenen Haus und damit eine gute Möglichkeit, sich munter durchs Sortiment zu probieren, bevor vielleicht die eine oder andere Flasche zu Ab-Hof-Preisen mit nach Hause kommen darf.

Celle (Niedersachsen)

7

Taverna & Trattoria Palio

im Hotel Fürstenhof
Hannoversche Str. 55–56, 29221 Celle
05141-2010
www.althoffcollection.com/de/althoff-hotel-fuerstenhof-celle/restaurant
Küchenchef: Holger Lutz
Mo–Mi ab 18 Uhr,
Do–So von 12–14 Uhr u. ab 18 Uhr,
kein RT
Hauptgericht: 26–42 €, Menüs: 65–79 €
VISA

In einem Seitenflügel des noblen Fürstenhofs in der Residenzstadt Celle, der von der Althoff-Gruppe als exklusives Hotel geführt wird, gibt es seit vielen Jahren die Möglichkeit, atmosphärisch und kulinarisch den flachen Norden gegen die blühende Toskana einzutauschen. Denn hier wurde in der „Taverna und Trattoria Palio" mit viel Aufwand und Liebe zum Detail ein mit authentisch italienischem Flair aufwartender Genussort geschaffen, der allein durch das Ambiente – sei es drinnen im Gastraum oder draußen unter alten Kastanien – unmittelbar in eine andere Welt entführt.
Genau das gleiche gelingt aber auch auf den Tellern. Mal mit traditionell bodenständiger Cucina Casalinga, mal kreativer angelegt, aber immer mit sehr viel klassischer Substanz und auf einem beachtlichen Niveau, dass sogar noch einmal gesteigert werden konnte, seit Küchenchef Holger Lutz, der einst auch das ehemalige Gourmetrestaurant Endtenfang verantwortete, seine ganze Kraft dem Palio widmet.
Eröffnet wird ein Besuch stets mit ausgezeichnetem Gaues-Brot und zuletzt außerdem mit einem fluffig-flaumigen Arancini in knusprigem Panko, der genauso wunderbar locker aus dem Handgelenk geschüttelt wirkte wie die ebenfalls im Rahmen des Küchengrußes aufgetragenen zwei Degustationslöffel: Einmal mit Thunfischtatar nebst Gremolata und einmal mit Kalbstatar und aromatischer Wintertrüffel, brachten beide ein ausgezeichnetes Produkt und die begleitenden Aromenakzente klar und intensiv an den Gaumen.
Erfrischend puristisch und damit genau auf einer authentisch italienischen Linie, startete das zuletzt der Region Piemont gewidmete Menü mit dünnen zarten Scheiben von der Kalbszunge, deren markanter Eigengeschmack von einer ebenfalls markanten „Bagna Cauda" akzentuiert wurde, also einer zwischen Kräuter- und Sardellenwürze angesiedelten Sauce, hier natürlich in einer sehr eleganten Version. Gemeinsam mit Petersilienaromen, einem ätherisch herben Gel von der Bergamotte und abgeflämmter Grapefruit ergab das ein kontrastreiches und animierend frisches Ensemble aus der italienischen Aromenwelt.
Noch mehr Italien, auch rein technisch, gab es dann bei den saftig mit Kalbfleisch gefüllten Agnolotti, die in einer kraftvollen, durch Olivenöl aber dennoch leicht wirkenden Trüffeljus mit frischer und selbst roh hocharomatischer Wintertrüffel und zarten Rosenkohlblättern als Musterbeispiel für niveauvolles Soulfood hätten dienen können!
Dagegen wirkte der im Hauptgang servierte, gleichmäßig rosa gebratene Hirschrücken mit zum Rondell aufgestellten Schwarzwurzeln, feinbitteren Cime di Rapa, sautierten Buchenpilzen, Piemonteser Haselnüssen und einer tiefgründig eleganten Wildjus mehr wie klassische Haute Cuisine. Das aber in sehr exakten Proportionen und sensibel zwischen nussigen, cremig-milden und bittergrün changierenden

Aromen und Texturen auf ebenfalls sehr hohem Niveau dargeboten.
Und weil dieses hohe Niveau auch beim Dessert rund um eine dünn aufgestrichene helle Nougatcreme mit Kumquat, erfrischendem Joghurteis, Atsinakresse und Amarettini-Crumbles locker gehalten wurde, bleibt es dabei: In Celle wird nicht nur die beste italienische Küche aller Althoff-Outlets geboten – auch bundesweit spielt die „Taverna und Trattoria Palio“ in diesem Genre sehr weit vorne mit. Dass auch der Service das kulinarische Urlaubsfeeling auf zuvorkommende Art unterstützt und ein längst nicht nur mit Gewächsen aus Italien gut gefüllter Weinkeller viel Spaß im Glas garantiert, braucht dabei kaum gesondert erwähnt zu werden.

Chemnitz (Sachsen)

6

max louis

Schönherrstr. 8, 9113 Chemnitz
0371-46402433
max-louis.de
Küchenchef: Alexander Kasten
Di–Sa ab 17 Uhr, So u. Mo RT
Hauptgericht: 20–42 €, Menüs: 39–72 €

VISA P

Auch wenn Chemnitz als Kulturhauptstadt Europas 2025 firmiert und sich alle Mühe gibt, dies mit Projekten und Leben zu füllen – kulinarisch ist die Stadt alles andere als ein Hotspot. Umso erfreulicher sind die wenigen lohnenden Ziele, an denen inspiriert und mit gewissen Ambitionen aufgekocht wird. Ein genau solches Ziel befindet sich mit dem Max Louis in der ehemaligen Schönherrfabrik, in deren historisch industriellem Ambiente sehr erfolgreich ein urbaner Mix aus Handel- und Dienstleistungsunternehmen angesiedelt wurde.
Darunter mit dem Max Louis auch ein stylisches Restaurant, das die hohen Fabrikräume mit freigelegten Rohren und augenzwinkernd auf die ehemalige Weberei anspielenden Details geschickt zu einem besonderen Genussort umgestaltet hat. Ein Besuch lohnt sich damit schon allein wegen der lässigen Atmosphäre. Aber auch die Küche bietet deutlich mehr als nur ein Allerweltsprogramm. Das gilt sowohl für die gut gereiften Steaks vom Grill mit akkuraten, frei wählbaren Beilagen, als auch für die einfallsreichen anderen Gerichte, die entweder in einem saisonalen Menü oder ganz flexibel à la carte bestellt werden können.
Diese wirken durchweg zeitgemäß inspiriert und punkten neben klaren natürlichen Aromen oft auch durch mit einfachen Mitteln erzielte, aber dennoch wirkungsvolle Akzente. Damit bleibt die Küche einerseits leicht zugänglich, andererseits aber auch für neugierige Genießer interessant. Dieser Balanceakt gelang zuletzt beispielsweise – nach einer mutigen kleinen Einstimmung aus kraftvoll rauchiger Wurst mit Kartoffelcreme und knusprigem Grünkohl auf dem Gourmetlöffel – mit einer schaumigen Kürbiscremesuppe ganz ausgezeichnet. Die punktete nicht nur mit ihrer schlanken eleganten Art, sondern bekam mit einem kühl in der Suppe schmelzenden Quitten-Thymiansorbet und gerösteten Kürbiskernen auch noch eine sehr pfiffige Einlage.
Aber auch die zarten Scheiben vom Räucherlachs mit würzigen Wacholdernoten aus sächsischem Gin, die neben einer zarten Kräuter-Panna-cotta und knackig auffrischenden Rettichscheiben angerichtet waren, hatten einen wirkungsvollen Auftritt, der eher von einer guten Idee als von extremem Aufwand lebte. Ein Stil, durch den hier im Übrigen nicht nur überzeugende Ergebnisse auf den Tellern, sondern auch moderate Preise gewährleistet werden…
Beim beeindruckend hohen, tadellos knusprig auf der Haut gebratenen Filet von der Eismeerforelle, zeigte sich dann außerdem, dass trotz

einladender Kalkulation keineswegs am Produkt gespart wird. Und dass das Team auch die größer dimensionierten Gerichte akkurat proportioniert. Denn sowohl der geschmeidige lilafarbene Kartoffelrisotto als auch die feinen, mit Yuzu angespitzten Fenchelstreifen und nicht zuletzt der duftige Safran-Muschelschaum unterstützten den Fisch auf gut balancierte, elegante Art.
Genauso gut gelang das auch beim im „Waldorf Style" arrangierten Hirschrücken, der mit gleichmäßig rosazartem Fleisch unter einer knusprigen Nusskruste zusammen mit verschiedenen Selleriezubereitungen, angekrossten Buchenpilzen, saftig akkurat geschichtetem Kartoffelbaumkuchen und einer dunkelfruchtigen Holunderbeerenjus auf den Teller kam – und auf diese Art rundum überzeugte.
Weil am Ende auch eine spannend dunkel-herb gehaltene Crème brûlée von der Pflaume mit feinfühlig zwischen Zitrusduft und Kakaotiefe balanciertem Sorbet von Schokolade, Kalamansi und Haselnuss eine sehr originelle Version dieses klassischen Desserts darstellte und wir die seltsam lange Wartezeit zu Beginn und den leicht überforderten Service eher als Ausnahme als Regel einordnen, ergibt sich ein äußerst positives Gesamtbild. Und nicht zuletzt für die Küche die hohe Einstiegsbewertung mit 6 Pfannen.

5↑

Villa Esche

Parkstr. 58, 9120 Chemnitz
0371-2361363
www.restaurant-villaesche.de
Di–Do von 11.30–15 Uhr,
Fr u. Sa 11.30–15 Uhr u. ab 16.30 Uhr,
So u. Mo RT
Hauptgericht: 25–34 €,
Menüs: 66 €
VISA P

Das in der ehemaligen Remise der Jugendstil-Villa untergebrachte Restaurant bleibt einer der wenigen Lichtblicke für Genießer im unlängst zur Kulturhauptstadt Europas 2025 gekürten Chemnitz, das trotz kultureller Highlights kulinarisch ein eher schwieriges Pflaster ist. Das Team um Inhaber und Küchenchef Falk Heinrich geht damit aber seit Jahren souverän um und balanciert gekonnt zwischen mehrheitsfähig-bodenständigen und exklusiveren Gerichten. Letztere können teils locker auch einer höheren Bewertung gerecht werden, besonders an Suppen und Saucen zeigt sich immer wieder beste klassische Schule. Auch die Weinkarte mit Schwerpunkt Deutschland, Österreich und Frankreich und der Service werden höheren Ansprüchen gerecht.

Chieming (Bayern)

5

Goldener Pflug

im Hotel Gut Ising Chiemsee
Kirchberg 3, 83339 Chieming (Ising)
08667-790
www.gut-ising.de
Täglich von 12–14 Uhr u. ab 18 Uhr.
kein RT
Hauptgericht: 18–36 €, Menüs: 74 €
VISA P

Der Goldene Pflug ist und bleibt das traditionelle kulinarische Herzstück von Gut Ising und mit seiner blitzsauberen Regionalküche immer wieder ein lohnendes Ziel für Genießer. Hier werden die Gäste in ebenso elegantem wie behaglichem Stuben-Ambiente mit alpenländischen Schmankerln in fundierter Zubereitung verwöhnt. Vieles kommt ganz traditionell daher, manches aber auch mit einem kleinen kreativen Dreh. Die Qualität der Produkte und eine frische, natürliche und geschmacksstarke Zubereitung sind in beiden Fällen gesetzt, und größere Feinheiten werden zu keinem Zeitpunkt vermisst, weil sie konzeptionell auch gar nicht avisiert werden. Stattdessen gibt es frisch gezapftes Bier, charmanten Service und eine auch glasweise eine attraktive Weinauswahl.

Die Symbole

- P gute Parkmöglichkeiten
- Hotelgarage
- barrierefrei
- klimatisierte Zimmer
- WLAN-Zugang
- Hallen- und/oder Freibad im Haus
- mit Wellness-Bereich
- mit Fahrstuhl zu den Hotelzimmern
- Hunde im Hotel nicht erlaubt
- mit Garten oder Terrasse

Cottbus (Brandenburg)

Lou

im Cavalierhaus Branitz
Zum Kavalierhaus 9, 3042 Cottbus
0355-49397030
cavalierhaus-branitz.de
Küchenchef: Tim Sillack
Do–So ab 18 Uhr, Mo–Mi RT
Hauptgericht: 30–50 €,
Menüs: 70–130 €

Malerischer als das eigentlich nur mit einem kleinen Spaziergang durch den Branitzer Park (oder einer Sondergenehmigung für Hotelgäste) erreichbare Lou kann ein Restaurant kaum gelegen sein: Nach dem Schlendern durch die weitläufige wildromantische Parklandschaft taucht irgendwann ein imposantes Schloss auf, in dem in einem Nebengebäude das Restaurant Lou beheimatet ist – benannt nach dem Kosenamen des exzentrischen Gartengestalters Hermann Fürst von Pückler, dessen Lebens-, Alters- und Meisterwerk man eben durchschritten hat. Und dort gibt es, von schlichterem Lunch, über Kaffee und Kuchen am Nachmittag, bis zum Fine Dining am Abend, durchweg lohnendes Genussprogramm, ganz im Geiste des auch als bekennender Feinschmecker bekannten Fürsten.
In dem elegant und großzügig gestalteten, eher zeitgemäß-modern als historisch-aristokratisch anmutenden Restaurant, hat das junge Team um Küchenchef Tim Sillack ein leicht zugängliches, mit flexiblen Angeboten à la carte oder als Menü aufwartendes Konzept etabliert. Das bietet auf angenehm unangestrengte Art hohes Niveau. Keine übertriebenen Spielereien, sondern eher aufs Wesentliche konzentrierte Teller mit kraftvollen Aromen und mit der Adaption historischer Rezepte unter anderem des Fürsten von Pückler zudem auch noch eine gewisse eigene Handschrift.
Und dass diese von sicherer Federführung gekennzeichnet ist, illustrierten zuletzt bereits ein knuspriges Blumenkohlröschen mit säurefrischer Mayo, ein kleines Törtchen aus Räucheraal, Pumpernickel und Topinambur, sowie ein Strudelteighörnchen mit cremigem Gemüsesalat als zunächst noch zurückhaltende, aber erfreulich klar und natürlich wirkende Appetizer. Noch deutlicher zeigte das allerdings ein kleines, glasig gegartes Stück von der Dorade in der schmeichelnd und samtig gehaltenen Begleitung von einem leichten Kartoffelschaum mit Zitronenabrieb und knackig mariniertem Romanasalat als weitere Einstimmung.
Der erste reguläre Gang stellte eine Kalbsterrine in den Mittelpunkt, die sich unter der weißen Airbrush-Hülle eigentlich eher als lockere Mousse mit markanter Leberwürze entpuppte. Deren kraftvoller Charakter wurde in ein eher beschwingt und leicht kontrastierendes Umfeld aus marinierten rohen Champignons, Erdbeeren, weißem Portweingelee und salzigem Briocheeis mit grünem Pfeffer gestellt. Und dieses Spiel aus hefig-pilzigem, zartfruchtigen und pikanten Noten stand der Terrine ganz ausgezeichnet!
Als Hommage an Eckart Witzigmann servierte das Team danach – in aller Demut! – eine luftig zarte Hechtnocke auf Kartoffelpüree mit jodig salzigem Osietra-Kaviar obenauf, der sich verführerisch zart mit einer kräuterduftig marmorierten Rieslingsauce sowie sautiert und roh angelegtem Blattspinat verband – und sich damit sicherlich keineswegs hinter dem Original verstecken musste. Denn sowohl die handwerkliche Akkuratesse als auch die genauen geschmacklichen Proportionen machten aus diesem reduzierten, scheinbar schlichten Gang ein echtes Highlight.
Nicht ganz so pointiert, aber ebenfalls auf hohem Niveau, stand im Hauptgang Lammrücken aus Brandenburg im Mittelpunkt: Straff rosa gegart und mit markanter Eigenwürze, die von einer kleinen gebackenen Schmorfleischpraline noch stärker hervorgehoben wurde, bekam das Lamm ein abwechslungsreiches Gemüse-Umfeld zur Seite gestellt: mit zarten Karottenstücken neben eher dunkel und spicy gehaltener Karottencreme, grünen und weißen Abschnitten vom Lauch sowie einem filigran geschichteten und aufgeknusperten Millefeuilles von Sellerie wurde auf verfeinert rustikale Art quasi über die Gemüseseite der Schmorcharakter des Gerichts verstärkt.
Als passend frühlingshafter Kontrast kam das Dessert dann betont frisch und leicht daher,

mit Rhabarber als knackige Stücke, hauchdünnes Baiser und säuerlicher Frischepart eines Jasminteefonds im Zentrum, ergänzt durch zarte Panna cotta sowie ein duftiges Tonkabohneneis, die beide mit milchigem Schmelz den Rhabarber abpufferten und so einen beschwingten, mit Eleganz und Finesse punktenden Abschluss schafften.
Dazu gibt es nicht nur seltene Weine aus Brandenburg, sondern auch sonst viele lohnende Optionen in der kleinen, aber gut strukturieren Weinkarte, die von dem dynamisch charmanten Serviceteam genauso kompetent moderiert wird wie alles andere.

Crimmitschau (Sachsen)

Neubert's – Das Restaurant

Jakobsgasse 25 a, 8451 Crimmitschau
03762-941806
www.neuberts-restaurant.de
Küchenchef: Volker Neubert
Di–So ab 17.30 Uhr, Mo RT
Hauptgericht: 16–47 €
VISA P

Bereits seit vielen Jahren hat sich das in einer historischen Villa in Crimmitschau beheimatete und von Volker Neubert und seinem Team bekochte Lokal mit seiner pfiffigen Frischeküche und besonderem Faible für hochwertige Fleischzubereitungen einen Namen gemacht, verdient aber durchaus auch überregional mehr Aufmerksamkeit. Denn die Verbindung von einem mit antikem Mobiliar und viel Holz behaglich gestaltetem Ambiente, unkompliziert schwungvoller Gangart und klar überdurchschnittlicher Küche zu fairen Preisen ergibt einfach ein reizvolles Gesamtbild.
Zu diesem gehört dann auch, dass es bei vollem Haus durchaus etwas quirliger und turbulenter zugeht und dass viele Gerichte eher mit rustikalem Charme als mit forcierter Finesse und Detailgenauigkeit punkten – das fällt aber nicht wirklich ins Gewicht, sondern passt einfach zum Gesamtkonzept. Eine gewisse Sonderstellung haben tatsächlich die Steak-Cuts mit abwechslungsreich wählbaren, allesamt frisch und natürlich zubereiteten Ergänzungen inne: hier entsteht bei einer geschickten Kombination von Beilagen allein durch die Qualität und präzise Zubereitung des Fleischs leicht ein Ergebnis, für das auch locker eine Auszeichnung mit 5 Pfannen drin wäre.
Etwas darunter, auf rustikal-schlichte Art aber ebenfalls erfreulich, lag beim letzten Besuch beispielsweise ein mit natürlicher Gemüsebindung dickcremig gehaltenes Kürbissüppchen. Dessen Geschmack lag, abgesehen von etwas viel Salz, erfreulicherweise eher auf der nussigen als auf der süßlich-breiten Seite und wurde darin von Kürbiskernsplittern und Kernöl noch verstärkt. Auch das sanft und zart gegarte Lachsfilet unter einer üppigen knusprigen Butter-Mandelkruste überzeugte mit schmeckbar Frischen und natürlichen Aromen. Ergänzt von einem etwas massig wirkenden Potpourri verschiedener röstig-zarter Ofengemüse von Kürbis und Karotte bis Zwiebel sowie frischen Babyspinatblättern ergab das als Ganzes ebenfalls ein ansprechendes bodenständiges Gericht mit Niveau.
Unter den verschiedenen Rindfleisch-Cuts überzeugte beispielsweise ein irisches Roastbeef mit gleichmäßiger rosa Garung unter einem schön dünnen Bratrand und sattem, feinwürzigem Geschmack, in diesem Fall ergänzt von etwas Kräuterbutter und geduldig abgeschmelzten Zwiebeln, einem dezent fruchtig angemachten Beilagensalat mit rohem Kürbis und marinierter Bete sowie knallgrünen, hintergründig speckwürzigen Bohnen.
Desserts sind offenbar nicht das größte Steckenpferd der Küche, halten aber beispielsweise mit einer Panna cotta nebst Himbeeren und Karamell oder luftig leichter Löffelschokolade ebenfalls locker das sonstige Niveau. Das hält im Übrigen auch das flotte und stets präsente Serviceteam, das nicht nur zu den Speisen, sondern auch zu Getränken kompetent berät. Neben einem Schwerpunkt auf Cocktails gibt es auch eine kleinere Weinauswahl, die verschiedenen Stile und Regionen repräsentiert, ohne preislich und qualitativ allzu sehr abzuheben. Ein sympathisches Lokal ohne Allüren!

Cuxhaven (Niedersachsen)

8↑

Sterneck

im Badhotel Sternhagen
Cuxhavener Str. 86,
27476 Cuxhaven (Duhnen)
04721-4340
www.badhotel-sternhagen.de
Küchenchef: Marc Rennhack
Mi–Fr ab 18 Uhr, Sa von 13–14 Uhr u. ab 18 Uhr, So–Di RT
Menüs: 95–205 €

VISA

Aufgrund des zwar durchaus sehr touristischen, den vielfrequentierten Gourmetrouten aber doch etwas entlegenen Standorts, haben das Restaurant Sterneck im Badhotel Sternhagen und sein hervorragender, mittlerweile schon fast als langjährig zu bezeichnender Küchenchef Marc Rennhack in der Szene vielleicht nicht ganz jenen Grad an überregionaler Aufmerksamkeit, den die Küche eigentlich verdient hätte. Eine Hausnummer sind sie trotzdem! Und den 1974 im westfälischen Kamen geborenen, unter anderem als Souschef und Küchenchef von Juan Amador kulinarisch geprägten Cuisinier hält das auch nicht davon ab, hier unvermindert Vollgas zu geben und seinen Stil immer weiter zu verfeinern und zu präzisieren.

So erlebten wir die Küche nach unserem Gefühl in diesem Jahr auf einem neuen Allzeit-Hoch, was sich durch noch mehr Feinschliff und noch mehr Detailarbeit auszeichnete. Seinem Stil oder vielmehr Konzept, nahezu alle Kreationen beiden Menüs, von denen eines vegetarisch ist, mit einer fruchtigen Komponente auszustatten und damit zu beleben, ist er ebenso treu geblieben wie manchem Stilmittel oder mancher Art der Präsentation. Zum Beispiel dem zum Aperitif entsendeten Dreierlei, das diesmal mit geflämmter Makrele auf Quinoasalat unter Mandelschaum oder einem von Parmaschinken umwickelten Mini-Kalbsfiletmedaillon nebst Barolo-Schalotten schon gut den Stil der Küche mit sehr guten, sehr präsenten Produkten und Aromen in origineller aber nicht überkreativer Zusammenstellung abbildete, ohne gleich in die Vollen zu gehen.

Ein enorm starker Auftakt auf 9-Pfannen-Niveau war dann aber die von sehr markanten ätherischen Kräutern wie Minze oder Salbei akzentuierte Vorspeise um weißen Spargel und Nordseekrabben. Die nämlich brachten – im Umfeld von subtil, aber durchaus effektiv mit Brombeere und Ingwer aromatisierter Roter Bete angerichtet – ein nicht nur farbenfrohes und aromareiches, sondern als solches gestochen scharf gezeichnetes Geschmacksbild auf den Teller.

Etwas ruhiger und nicht ganz so kontraststark wirkte dagegen das Duett von norwegischem Lachstatar und gebratener Garnele: Das Krustentier mit etwas Safran gebraten und der Tatar vom Lachs in einem aromatisch fast schon schüchtern zurückhaltend mit Safran aromatisierten Geleemantel gehüllt, tummelten sich die beiden maritimen Vertreter mit Verschiedenem von Karotte und Steckrübe zwar als hochwertige Vertreter ihrer selbst auf dem Teller, blieben nach dem fulminanten Start als Komposition aber etwas in der Defensive.

Deutlich markanter präsentierte sich dann aber schon wieder die gebratene Jakobsmuschel, die von einem straff säuerlichen, aber als solches eben auch perfekt ausgewogenen Passionsfruchtsößchen mit wieder subtiler, diesmal aber effektiver Safrannote den entscheidenden Kick besorgt bekam. Und dass der Chef das Spiel mit Säure richtig gut beherrscht, war auch an der Blumenkohlcreme sehr schön zu schmecken, die die Jakobsmuschel zusammen mit Blumenkohlchips und Pak Choi ebenfalls mehr schlank als breit begleitete.

Marc Rennhack beherrscht zudem auch den Umgang mit exotischen Gewürzen bravourös. Denn Raz el Hanout und Szechuanpfeffer machten der Kürbiseskorte zum dänischen Kaisergranat auf sehr präzise und überhaupt nicht plakative oder gar dominante Art Feuer unterm Hintern. Tiefe und Breite brachte dazu ein Gulaschsud ins Spiel, der sich mit einer helleren und milderen Kürbissauce zu einem ausdrucksstarken Background vermählte, der dem feinen Krustentier aber nicht die Show stahl.

Genau wie die rauchige Pimientos-Sauce, die ebenso markant wie elegant ein in toller Qualität und perfektem Garzustand auf dünnen Scheiben vom Pulpo gebettetes Filet von der Rotbarbe umspielte. Kongenial dazu der vermutlich mit seiner eigenen Saat aromatisierte dünn gehobelte und marinierte sowie des Weiteren als Püree und Chips interpretierte Fenchel sowie der mit Radieschen verwandte Eiszapfen, die das herzhaft Würzige mit ihren ätherischen Aromen konterten und so wiederum die Brücke zum Fisch schlugen. Auch damit bewegte sich der Chef nach unserer Einschätzung schon im oberen 8-Pfannen-Bereich, weshalb wir die Bewertung diesmal um den Bonuspfeil anheben.

Und daran hatte auch der Steinbutt seinen Anteil, der nach unserem Geschmack zwar einen Tick zu lang in der Hitze verbracht hatte, aber wie eigentlich alle Produkte hier qualitativ weit überdurchschnittlich und sehr präsent auf dem Teller lag. Und zwar im Kreise ausdrucksstarker kontrastreicher Begleiter, die wieder ähnlich wie beim Küchengruß beeindruckend trenn- und tiefenscharf zusammenspielten: mit fruchtig süßer Rotweinsäure in der Beurre rouge, pikanter Würze in einer Chorizocreme und Bitternoten in geschmortem Treviso und Stängelkohl. Großartig!

Zum Abschluss bewies das Team dann zum Dessert in wie gewohnt zwei Aufzügen, dass Rhabarber durchaus auch mit dunkler Schokolade gut kann, sofern Sorte und Menge so gewählt sind, dass die Oxalsäure zwar von genügend Schmelz und Süße eingefangen wird, die Schokowucht aber eben nicht so dominant ausfällt. Denn in beiden Fällen ist das auf handwerklich vielgestaltig und sehr souverän ausgeführten Tellern mit einem einmal mehr äußerst ansprechenden Farbenspiel wirklich sehr gut aufgegangen. Beide Male stand der Rhabarber klar und unverstellt im Mittelpunkt und beide Male war er so weit gezähmt, dass er harmonisch runden Genuss bieten konnte.

Zusammen mit dem aufmerksamen Service und der im Weißweinbereich besonders bei den deutschen Gewächsen sehr breit aufgestellten und im Rotweinbereich international ausgewogen gut durchstrukturierten Weinauswahl, die auch erfreulich viele halbe Flaschen umfasst, ist das Kulinarium im Sterneck wirklich jeden Abstecher an die Nordseeküste wert.

Hotelempfehlung

★★★★★S

Badhotel Sternhagen

Das Haus am Strand

Cuxhavener Str. 86,
27476 Cuxhaven (Duhnen)
☏ 04721-4340
www.badhotel-sternhagen.de
Einzelzimmer: 164–220 €
Doppelzimmer: 214–285 €

VISA

Das Original Thalasso-Hotel im zeitlosen hanseatischen Stil liegt direkt am Nordseestrand und stellt eine Symbiose aus Kunst und Genuss dar. Neben insgesamt 48 komfortabel ausgestatteten Zimmern stehen auch geräumige Suiten und Appartements von 50–80qm zur Auswahl. Eine bedeutende Säule des familiengeführten Hauses ist die Meerwasser-Badelandschaft, die stetig mit frischem Nordseewasser gespeist wird. Außerdem erwartet die Gäste ein großer SPA-, Thalasso- u. Physiotherapie-Bereich. Zu den jüngsten umfassenden Renovierungs- und Verschönerungsarbeiten gehörten unter anderem die Gestaltung neuer Suiten, z. B. einer großzügigen Familiensuite mit zwei geräumigen Schlafzimmern sowie eine neue luxuriöse Private SPA-Suite mit Seesicht-Sauna und Doppel-Whirlwanne. Auch in Verschönerungsarbeiten in den öffentlichen Bereichen sowie in zukunftsweisende technische Neuerungen, welche die Nachhaltigkeit des Hauses betreffen, wurde investiert. In drei verschiedenen Restaurants sorgt das Team vielseitig für das kulinarische Wohl. Gourmet-Restaurant Sterneck separat erwähnt.

Dachau (Bayern)

6

Gasthaus Weißenbeck

Ludwig-Thoma-Str. 56,
85232 Dachau (Unterbachern)
08131-72546
www.weissenbeck.de
Küchenchef: Elisabeth Weißenbeck
Mi–Fr ab 17.30 Uhr, Sa u. So von 11.30–14 Uhr u. ab 17.30 Uhr, Mo u. Di RT
Hauptgericht: 19–35 €, Menüs: 50–55 €
VISA

Das alteingesessene Gasthaus im kleinen Örtchen Unterbachern in der Nähe von Dachau ist für uns so etwas wie der Prototyp des anspruchsvollen Landgasthofs. Und das gilt sowohl atmosphärisch als auch kulinarisch. In den unterschiedlichen Gasträumen, die vorne etwas rustikaler und hinten etwas gediegener anmuten, wird man ebenso entspannt und unkompliziert wie aufmerksam umsorgt. Und von Elisabeth Weißenbecks Herd gibt es seit vielen Jahren in schöner Zuverlässigkeit blitzsaubere Gerichte, die von bayrischer Traditionsküche (halbe Freilandente aus dem Ofen mit Blaukraut und Kartoffelknödeln) oder internationalen Klassikern (Wiener Schnitzel mit Kartoffelsalat) über mediterrane Kompositionen bis hin zu originell interpretierter verfeinerter Rustikalität reichen.
Zu letzterem Genre würden wir ganz klar die Vorspeise von der Kalbszunge zählen, die ein ganz wunderbares Schmankerl für Fans dieser auf den Speisekarten hierzulande leider viel zu selten gewordenen Spezialität ist. Denn die Zunge war hier nicht in winzigen Würfeln oder dünnen Scheiben auf dem Teller zugegen, sondern in Gestalt zweier fingerdicker Medaillons, mit süßsauer eingelegten Kürbisstreifen, Lauchzwiebel, Brunnenkresse und Kürbiskernen beladen, auf einer animierenden Melange aus cremiger Senfvinaigrette und Kürbiskernöl angerichtet. Eine Idee von frisch geriebenem Meerrettich gab dieser gut zwischen Süße, Säure, Schärfe und Würze ausbalancierten Angelegenheit zum nussigen Grundton noch etwas Ätherisches mit auf den Weg. Stark!
Dass Küchenchefin Elisabeth Weißenbeck und ihr Team mit viel Fingerspitzengefühl am Werk sind, merkt man nicht nur an den meist optimal getroffenen Garpunkten, wie bei den schön saftig und gerade noch einen Hauch glasigen auf der Haut gebratenen Saiblingsfilets, sondern wie in deren Fall auch am feinfühlig umgesetzten Drumherum. So ein Kartoffel-Porree-Gemüse kann nämlich schnell zur drögen Angelegenheit werden – hier allerdings ist das warme, sublim rahmig unterfütterte Ragout überraschend finessenreich und wird von einem duftigen Dillpesto zusätzlich ätherisch aufgelockert und zugespitzt.
Unter den Gerichten aus südländischen Gefilden ist immer der lauwarme Oktopussalat auf Kartoffel-Kräuterstampf zu empfehlen, der sich ähnlich zum Speisekartenklassiker der Gastgeberin entwickelt hat wie beispielsweise die Föhrer Muscheln in ihrem gehaltvoll-eleganten Weißweinsud mit Gemüse oder die fantastische gefüllte Pasta, zuletzt mit Kürbis und Scamorza, auf einem Saucenmix aus Salbeibutter und Parmesanschaum.
Weil das Team ein gutes Händchen für Innereien hat, sind hier auch Dinge wie die in einer ebenso kraftvollen wie eleganten, mit grobem Senf und Thymian abgeschmeckten Balsamicosauce servierten Kalbsnierchen eine sichere Bank und ein großer Genuss. Begleitet von einem mit Petersilienwurzel angereicherten und dadurch erdig-süßlichen Kartoffelpüree sowie geschmorten und glasierten Schalotten und Pak-Choi, beides schön knackig und naturbelassen, aber eben nicht ungehobelt oder unbehandelt, sondern in Sachen Garpunkt und Geschmack optimal auf den Punkt gebracht.
Man kann aber auch einen amtlichen Zwiebelrostbraten mit Gemüsevariation und aromatischen Kässpatzen essen oder rosa gebratenes Filet und sorgfältig geschmortes Ragout vom Reh aus eigener Jagd, das im Herbst mit einem Gröstl aus heimischen Schwammerln und Gemüse, Spätzle und Preiselbeeren aufgetischt wurde. Platz für ein Dessert sollte man aber in jedem Fall noch lassen, denn einen saftigeren und zugleich lockereren Schokoladenkuchen wie jene Tarte-Schnitte, die uns mit einer Nocke Schokoladenmousse gekrönt und von erfrischendem Sauerrahmeis flankiert auf einem Ragout aus Mango und Passionsfrucht kre-

denzt wurde, bekommt man selten. Dazu gibt's auch im Offenausschank sehr gute internationale Weine und das alles zu durchwegs moderaten Preisen. Im Sommer sitzt man herrlich auf der begrünten und üppig blühenden Terrasse vor dem Haus.

Darmstadt (Hessen)

7

OX casual fine dining

Mauerstr. 6, 64289 Darmstadt
06151-9615333
ox-restaurant.de
Küchenchef: David Rink
Mi–Sa ab 18 Uhr, So–Di RT
Menüs: 125–200 €

VISA

Die beiden Brüder David (Küche) und Norman (Service) Rink geben in ihrem modern-puristisch gestalteten Casual-Fine-Dining-Restaurant in Darmstadt weiter Gas und lassen die Südhessen-Metropole im Alleingang auf der kulinarischen Landkarte immer heller leuchten. Mit einer grundsätzlich frankophilen, aber stilistisch stark von vielen anderen Strömungen, insbesondere aus dem gesamten Mittelmeerraum inspirierten Küche in Form dreier einfallsreich und modern interpretierter Menüs, von denen eines auch vegetarisch ist. Die Kompositionen selbst sind durchaus kreativ, aber nie überdreht – hier und da vielleicht etwas zu verspielt und selten auch mal leicht verzettelt, aber immer schmackhaft und fundiert und aus weit überdurchschnittlichen internationalen Produkten zubereitet. Der hohe handwerkliche und qualitative Anspruch ist vom selbstgebackenen Brot bis zum süßen Abschluss deutlich sicht- und schmeckbar. Und so weltoffen und individuell wie die Küche ist auch die neben Gewächsen aus klassischen Anbaugebieten auch mit Exoten bestückte Weinauswahl. Die glasweise Weinreise garantiert Entdeckungen!

Darscheid (Rheinland-Pfalz)

7

Kucher's Gourmet Restaurant

in Kucher's Genuss- und Businesshotel
Karl-Kaufmann Str. 2, 54552 Darscheid
06592-629
www.kucherslandhotel.de
Küchenchef: Florian Kucher
Mi–Sa ab 17.30 Uhr, So–Di RT
Hauptgericht: 48–52 €,
Menüs: 92–122 €

VISA

Stefanie Becker und ihr Bruder Florian Kucher schreiben mittlerweile in zweiter Generation die Geschichte des seit 1988 in Familienbesitz befindlichen Hotel- und Gastronomiebetriebs in der Eifel engagiert fort und haben das umfassend renovierte und um einen modernen Anbau erweiterte Haus gut im Griff. Neben zeitgemäß eingerichteten Zimmern, Frühstücksraum, Saunabereich mit Freiluftterrasse, Weinlounge sowie Tagungs- und Veranstaltungsräumen gibt es hier neben der bodenständigeren Weinwirtschaft ein waschechtes Gourmet-Restaurant, welches das Steckenpferd von Florian Kucher ist.
In diesem gediegen elegant eingerichteten und mit Weinflaschen- und Weinetiketten-Deko verzierten Abteil mit Glasfront zur Terrasse sitzt man als Gast auf sehr bequemen Stühlen an sorgfältig eingedeckten Tischen und bekommt es mit einer weitgehend klassisch französisch orientierten Küche zu tun, die in Gestalt zweier viergängiger Menüs offeriert wird, die auch miteinander kombiniert werden dürfen und von denen eines als klassisch und eines als modern betitelt ist. Irgendwie wirkte es auf uns aber mittlerweile wiederholt so, als ob weder das eine besonders klassisch noch das an-

dere besonders modern ist – ein Eindruck, der von der Tatsache untermauert wird, dass zuletzt die Vorspeise und das Dessert beider Menüs identisch waren.
Unterm Strich empfanden wir diesmal das Niveau der Küche noch etwas höher als im Vorjahr. Nicht so toll war das recht penetrante künstliche Trüffelaroma in einem der Apero-Snacks, viel besser das Spiel von natürlicher Süße und herzhaft rauchiger Würze bei der Mürbteigtarte mit Mais, geräuchertem Entenschinken und milder fermentierter Knoblauchcreme. Und nochmal besser die Vorspeise, die sich um sauber von Hand geschnittenes Rindertatar drehte, das akkurat abgeschmeckt als kreisrunde flache Scheibe auf dem Teller angerichtet und mit seinen gut zusammenspielenden Begleitern appliziert war: Spitzen von weißem und grünem Spargel, Parmesanmousse, einem würzigen Eis aus Anchovi, Eiweiß- und Eigelbperlen, verschiedene herbe Kräuter, winzige Croûtons und eine „Caesars-Salad-Vinaigrette".
Die à la meunier zubereitete, also leicht mehlierte und dann in schäumender Butter langsam gebratene Seezunge kam mit Zitrone und Nussbutter auch in Sachen Garnitur „nach Müllerin Art" daher. Die Zitrone als kleine Filetstücke und Kaviaperlen auf dem Fisch und die Nussbutter als cremige Sauce daneben. Und diese Sauce war hier absolut spielentscheidend, denn sie schaffte die Verbindung zwischen der Säure der Zitrone und den verschiedenen Lauchzubereitungen, von denen die Seezunge begleitet wurde. Und bis auf das ab und an etwas zu keck hervorstechende Zitronengel, das sich zwischen dem Lauch versteckte, gelang das auch sehr gut. Nur der nicht mehr ganz taufrische Geschmack und die seltsam schwammige Konsistenz des im Optimalzustand sehr festfleischigen Fischs trübte ein bisschen den Gesamteindruck.
Mit sehr guter Produktqualität und attraktiver Konsistenz überzeugte hingegen das knusprig gebratene Kalbsbries. Und auch dessen Begleiter, mit Tabouleh gefüllte Mangoldpralinen, süßsäuerlich marinierte Mangoldstiele – ein wenig Topinamburcreme, Granatapfelkerne und eine Granatapfelemulsion – spielten nicht nur geschmacklich sehr harmonisch, sondern auch proportional gut zusammen. Zwar eher gediegen unauffällig als aufregend, was der Sache aber keinen Abbruch tat.
Zumal auch die mit schwarzer Trüffel gefüllte und gespickte Brust vom trockengereiften Schwarzfederhuhn, die von Petersilienwurzel (als Stücke, Creme und mit Blaquette vom Huhn gefüllte Hülle), Blattpetersilie (als Sud und Sponges) und etwas Radicchio begleitet wurde, auch eher auf feinwürzige Harmonien als auf Spannung setzte. Wenngleich die zarte Säurestruktur in der Trüffelsauce schon auch dafür sorgte, dass das Geschmacksbild nicht zu eindimensional auf die süßlich-erdige Breitseite tendierte. Etwas seltsam diffus schmeckten die Trüffel-Kaviarperlen, die sich ebenfalls auf dem Teller befanden.
Und auch dem Dessert, das den Leitaromen von Schokolade, Kirsche und Kaffee folgte und in Gestalt dreier unterschiedlicher Puzzleteile auf dem Teller angerichtet war, konnte man in Sachen Handwerk und Harmonie nicht das Geringste nachsagen. Allenfalls, dass die drei Komponenten sinnbildlich tatsächlich eher die Summe ihrer Teile ergaben, als kongenial zusammenzuspielen. So wirkte dieser Nachtisch ein wenig so wie drei sehr gute, von der Art her sehr ähnliche Petits fours.
Lob gebührt in jedem Fall nicht nur dem kochenden Juniorchef, sondern auch dem mundschenkenden Seniorchef, der mit sehr viel Sachverstand und Erfahrung das beachtliche Weinsortiment verwaltet und es empathisch näherbringt. Aber auch mit eigens kreierten, immer sehr leichten und wenig süßen alkoholfreien Getränken wie beispielsweise gute selbstgemischte Fruchtseccos, nullprozentiger Gin-Tonic aus der Region oder ein auf Basis von Earl-Grey-Tee mit Zitronengras und Pfirsich zusammengestellter Begleiter, den es in unserem Fall zur Seezunge gab, ist er dienlich.

Hotelempfehlung

★★★★

Kucher's Genuss- und Businesshotel

Karl-Kaufmann Str. 2, 54552 Darscheid
☎ 06592-629
www.kucherslandhotel.de
Einzelzimmer: ab 65 €
Doppelzimmer: ab 109 €

Das familiengeführte Genuss- und Businesshotel der Kuchers liegt ruhig und trotzdem verkehrsgünstig in Darscheid, im Herzen einer der schönsten Gegenden der Vulkaneifel. Es ist von viel Natur umgeben und ein guter Ausgangspunkt für Ausflüge in die Eifel. Die Gegend kann zu Fuß auf malerischen Fußwegen oder auch mit dem Rad erkundet werden. Im Winter werden außerdem Skitouren angeboten. Das durch einen modernen Anbau erweiterte Haus wird sehr persönlich, familiär und liebenswert geführt, bietet viel Atmosphäre und einen Hauch Exklusivität. Die 28 hellen, komfortabel eingerichteten Landhauszimmer haben kostenfreies WLAN, einen Safe, einen modernen Flachbild-TV und ein eigenes Bad mit Haartrockner. Einige Zimmer sind mit geschnitztem Holz- und/oder Himmelbett oder auch Balkon ausgestattet. Im Saunabereich mit Dachterrasse lässt es sich mit Eifelblick relaxen. Zum Hotel gehören außerdem moderne Tagungsräume, zwei Restaurants mit Gartenblick, ein Weinkeller mit Gewölbedecke und eine Weinlounge. In regelmäßigen Abständen finden Weinseminare und Kochkurse statt. Kucher's Gourmet Restaurant separat erwähnt.

Deggendorf (Bayern)

7

KOOK 36

Oberer Stadtplatz 18,
94469 Deggendorf
0991-99599913
kook36.de
Küchenchef: Daniel Klein
Mi–So ab 18.30 Uhr, Mo u. Di RT
Menüs: 109–133 €

VISA

Vom Dorf in die Stadt: Nach der sehr erfolgreichen Zeit mit dem Kook 36 in kleinen Ortschaft Moos, während der sich Josefine Noke und Daniel Klein mit ihrer einfallsreichen und ambitionierten Küche bereits eine feste Fangemeinde in der Region erarbeiten konnten, haben die jungen Gastronomen mittlerweile mitten im Zentrum von Deggendorf ein neues Domizil gefunden. Durch einen etwas versteckten Eingang in einem direkt am Marktplatz gelegenen Gebäude geht es rauf ins oberste Stockwerk, in dem mit viel Holz und klaren Linien ein ebenso einladender wie stylisch-moderner Genussort geschaffen wurde, in dem die kreative Küche des Chefs nicht nur durch bessere Erreichbarkeit, sondern auch durch die unmittelbare Umgebung noch besser glänzen kann.

Und das tut sie! Mit sichtbar viel Passion und einem Faible für moderne Techniken und eine markante Optik seiner Gerichte garantiert Daniel Klein bei einem Besuch, dass in seinem angebotenen Menü in maximal sieben Gängen und verschiedenen Optionen im Hauptgang nicht nur intensiver, ausdrucksstarker Geschmack hochwertiger Produkte, sondern auch immer wieder überraschende Momente auf die Besucher warten.

Schon ein kleines Wan-Tan-Täschchen mit Kalbsragout und einer süßwürzigen Glasur neben mild gebeiztem Lachs mit Mango, Wasabi und Erbsenkresse zeigte zuletzt außerdem den insgesamt recht weltoffenen Stil der Küche, in dem asiatische Einflüsse genauso ihren Platz finden wie neu interpretierte Klassik oder der eine oder andere Schwenk ins Mediterrane.

Für Stammgäste dürfte das genauso wenig neu sein, wie die mit von Moos nach Deggendorf umgezogene und bereits zum Signature Dish avancierte Kombination aus roh mariniertem Thunfisch mit Kalamansigel, Erbsencreme und crunchy gefriergetrockneten Erbsen sowie milder Miso-Mayonnaise und einem mit feinnerviger Säure hinterlegten, ebenfalls mit Miso verstärktem Hühnerfond. Und die dürfte sicher auch Erstbesucher begeistern, denn diese gekonnt zwischen zitrischer Frische, viel Umami und vegetabilen Noten eingependelte Vorspeise kommt einfach sehr fein zugespitzt auf den Punkt.

Drei ebenso markante Komponenten gab es bei der leicht cremigen Manchego-Suppe, deren feine Käsewürze gerade so kräftig austariert war, dass gemeinsam mit den Aromen von Aprikose und Kerbel auch der sanft gegarte Saibling im Zentrum noch ausreichend zur Geltung kam. Einzig die saftige gedörrte Aprikose wirkte hier in diesem Kontext mit ihrer konzentrierten Süße ein bisschen zu krass, konnte den guten Gesamteindruck aber auch nicht trüben.

Und apropos krass: Das war schon rein optisch auch die hoch aufgetürmte Wolke aus forsch säuerlichem Verjusschaum, die einen grünen Raviolo mit kraftvoller Füllung aus geröstetem Spitzkohl, einem sanft zerfließenden Eigelb und Gruyère versteckte. Auch aromatisch wirkte der stark stabilisierte Schaum ein bisschen zu dominant für das ansonsten schmei-

chelnd kraftvolle Arrangement. Da wäre bei gleichem Geschmack ausnahmsweise mal eine flüchtigere Variante passender gewesen.
Rundum stimmig fiel dagegen der Hauptgang aus, bei dem ein Filet vom Stör mit festem Fleisch und markanten Röstnoten gemeinsam mit reichlich Kaviar zwischen den Kontrast aus Pastinakensüße und Passionsfruchtsäure gestellt und zudem von einer leichten Schnittlauch-Beurre-blanc ebenso harmonisch wie akzentuierend abgerundet wurde. Sowohl die Produktqualität des Störs als auch die das aromatische Feintunings konnten dabei voll überzeugen, nur die extrem minimalistische Portionierung des Fischs trübte das Gesamtbild etwas. Denn mal ganz abgesehen von eigentlich längst überholten Gourmet-Klischees hätte das gesamte Gericht mit einem größeren und höheren Stück nochmal um ein Vielfaches besser wirken können.
Genau wie alle anderen leiden Kritikpunkte sind das aber nur Kleinigkeiten, die nichts am insgesamt hohen Niveau ändern. Denn dieses wird an jeder Stelle klar sicht- und schmeckbar – bis hin zu den süßen Sachen zum Abschluss. Ganz gleich ob nun der süße Schmelz von weißer Schokolade als zarter Riegel pointiert von ätherischen Zitrusnoten aufgebrochen wird, die klassisch exotische Kombination von Passionsfrucht und Kokos durch Curry einen spannenden spicy Twist mitbekommt, oder ob die karamellisierten Noten von Popcorn ganz selbstverständlich mit Schokolade und Mais kombiniert werden.
Ebenfalls ganz selbstverständlich charmant und souverän geleitet Josefine Noke weiterhin als Gastgeberin durch den Abend, sorgt für eine angenehme Atmosphäre, stets für anspruchsvoll gefüllte Gläser, und achtet auch sonst darauf, dass es den Gästen an nichts fehlt.

Deggenhausertal
(Baden-Württemberg)

5

Mohren

Kirchgasse 1,
88693 Deggenhausertal (Limpach)
07555-9300
www.mohren.bio/bio-restaurant
Mo–Fr ab 17.30 Uhr, Sa u. So von 12–14 Uhr u. ab 17.30 Uhr, kein RT
Hauptgericht: 12–23 €, Menüs: 25–45 €
EC VISA P

Im charmanten Naturhotel der Familie Waizenegger hat die Qualität der Produkte höchste Priorität. Wenn möglich stammen die Zutaten sogar vom eigenen Biolandhof oder von anderen engagierten Erzeugern und Produzenten aus der Bodensee-Region. In der gemütlichen und naturnah gestalteten Mohren-Stube mit den massiven Eichenholztischen werden sie als handwerklich solide zubereitete Gerichte serviert, die bodenständig und ohne großen kreativen Anspruch dennoch anspruchsvoll daherkommen. Hier steht das gute Produkt im Mittelpunkt und verspricht unverfälschten Genuss. Das kleine, aber feine Weinangebot umfasst hochwertige Tropfen vom Bodensee sowie eine Auswahl an ausgewählten Bio-Weinen.

Deidesheim (Rheinland-Pfalz)

9↑

L.A. Jordan

im Hotel Ketschauer Hof
Ketschauerhofstr. 1, 67146 Deidesheim
06326-70000
www.ketschauer-hof.com
Küchenchef: Daniel Schimkowitsch
Di–Sa ab 18.30 Uhr, So u. Mo RT
Menüs: 135–245 €
EC VISA P

Markanten Purismus attestierten wir unserem Koch des Jahres 2023 nicht nur in der letzten Ausgabe unseres Guides. Seit Jahren verfolgen wir die Entwicklung von Daniel Schimkowitsch nun schon, am Anfang noch im Münchner Tramin, seit einigen Jahren am Herd des L.A. Jordan im prestigeträchtigen Pfälzer

Weinbauort Deidesheim. Mit den Jahren entwickelte sich Schimkowitschs Küche immer weiter und erreichte mit ihrer klaren, transparenten und charakterstarken Ausprägung in der jüngsten Zeit ihren Höhepunkt.
Daran anknüpfend überzeugten bei unserem letzten Testbesuch bereits die Apéro-Snacks. Neben einer wunderbar schlotzigen mit Entenkeule gefüllten Croqueta verdeutlichte vor allem ein kleiner handlicher Garnelen-Shiso-Taco den Stil des Hauses: Luxus und „lecker" schließen sich nicht aus. Denn obwohl, wir uns ohne Probleme an Schimkowitschs Taco-Handwerk sattessen könnten, wirkt dieser kleine Happen faszinierend komplex, spielt mit Hitze, Schärfe, Kühle und setzt mit halbroher bissfester Garnele ein perfekt kuratiertes Luxusprodukt in Szene.
Die stilechteste Aperitif-Variante war dazu ausgerechnet ein vorzüglich gereifter 2015er Riesling-Sekt vom Weingut von Buhl, das zur selben Unternehmensgruppe gehört wie das Restaurant. Nicht verwunderlich ist, dass die Weinkarte vor allem pfälzisch spricht und neben von Buhl auch zahlreiche Positionen mit Bassermann-Jordan und von Winning füllt – den weiteren Gütern der Gruppe. Vor allem die Riesling-Tiefe ist mit Weinen bis zurück ins 19. Jahrhundert beeindruckend.
Der von Sommelier Stephan Nietzsche empfohlene 2014er Pechstein von Bassermann-Jordan passt mir seiner kühlen Steinfrucht perfekt zu den ersten Gängen, in denen Schimkowitsch regelmäßig mit exotischer Würze spielt. Dass die Küche hier niemals ins plakativ „asiatisch" Umami-Süß-Saure abdriftet, hebt das L.A. Jordan deutlich von den mittlerweile unzähligen anderen franco-asiatisch kochenden Restaurants ab. Bestes Beispiel: das Amuse-Gueule mit rohem abgeflämmtem Balfegó-Tunfisch, Ponzu und Stachys, einer roh essbaren kartoffelähnlichen Knolle, das ohne aufdringliche Säurespitzen auskommt und stattdessen den Hauptdarsteller perfekt strahlen lässt.
Dieser Telleraufbau – starkes Hauptprodukt plus aromenintensive aber wohldosierte Condiments – ist typisch für Schimkowitsch und zieht sich seit Jahren durch fast alle Gänge. Eindrucksvoll auf den Punkt gebracht wurde das auch bei diesem Besuch wieder durch ein Arrangement aus wachsigem Eigelb und großzügiger Kaviarnocke, das mit einem zarten Klecks Blumenkohlpüree und der Würzsauce Colatura di Alici umspielt wurde. Die Sauce, die als Resteverwertung der süditalienischen Sardellenproduktion entstanden ist und wörtlich übersetzt „abgetropfte Sardelle" heißt, setzte hier genau die richtigen Akzente, um aus der gewohnten Kombination aus Fisch- und Hühnerei eine spannungsgeladene Kreation mit Signature-Dish-Potenzial zu machen.
Ähnlich konzipiert war ein Zwischengang mit Kaisergranat, schaumigem Jus aus den Köpfen und einem „koreanischen" Sud mit Ingwer und Senfsaat, der eine herrlich dichte Aromatik aus Schärfe und Umami beisteuerte, ohne den phänomenal bissfesten, fleischigen Kaisergranat zu überlagern. Man sollte sich angewöhnen, zu solchen Prachtexemplaren ein Steakmesser einzudecken. Auch hier macht der Sommelier eine gute Figur, indem er einen Albariño vom galizischen Weingut Attis einschenkt, der eine ähnlich dichte, voluminöse aber kein bisschen vordergründig aromatische Prägung mitbrachte wie das Gericht.
Ein wenig anders konzipiert, aber ähnlich genial, präsentierte sich ein Gang mit Steinbutt, Petersilie, Stabmuscheln, Pinienkernen, Rosinen und Sauternes. Zwar haben wir es auch hier mit zwei Meerestieren in Perfektion zu tun, das tragende Element machen wir aber in der Kombination aus Jodigkeit, in Sauternes marinierten Rosinen und einer geraumen Menge gerösteter Pinienkerne aus, die hier als heimliche Luxuszutat eine wunderbar präsente komplexe Röstigkeit auf den Teller brachte. Mit Gerichten wie diesem beweist Daniel Schimkowitsch einmal mehr, dass er zu viel mehr in der Lage ist, als mit teuren Produkten um sich zu werfen.
Nur einmal fremdelten wir beim letzten Besuch ein klein wenig mit einem Gang. Denn zwar konnte die norwegische Jakobsmuschel mit Wagyu-Zunge, Brunnenkresse, Topinambur und weißer Trüffel erneut mit fulminanter Produktgüte punkten, jedoch stand der für uns deutlich zu süßlich abgeschmeckte Fond der vollen Entfaltung der Aromen etwas im Weg.
Großes Kopf- und Küchenkino bot dann aber wieder der Hauptgang. Beziehungsweise die Hauptgänge, denn das L.A. Jordan servierte Taube in zwei Aufzügen. Während Hauptgang Nummer eins mit saftiger Brust, süß-säuerlicher roter Zwiebel, Radicchio Tardivo und oxidativem Vin Jaune mehr oder weniger klassische Perfektion bot, brach Hauptgang Nummer zwei mit den meisten Regeln der klassischen Haute Cuisine. Erstens stand die Taube gar nicht auf der Karte, sondern nur das thailändische Pfefferblatt „La Lot", in das Teile der Keule und Innereien der Taube eingearbeitet waren. Und zweitens traute sich Daniel Schimkowitsch die mutige Kombination von Fischsauce und Geflügelinnereien zu. Auch wenn der Service die genaue Zusammensetzung der „Mu Shi-Sauce" nicht ganz erläutern mochte,

erinnerte uns der Geschmack im positiven Sinn an den Duft strenger Fisch- und Austernsaucen, die man in Asialäden kaufen kann. Die Frage, ob Daniel Schimkowitsch – wie einige seiner Kollegen und zum Beispiel Tim Raue ganz offen und ehrlich – nun punktuell mit fertigen Würzsaucen arbeitet, blieb letztlich unbeantwortet. Offensichtlich ist aber ganz unabhängig davon das großartige einprägende Niveau dieser Pfefferblatt-Tauben-Roulade. Ein Hauptgang zum Abspeichern im kulinarischen Langzeitgedächtnis.
Der Pâtisserie gelang zum Abschluss ein eindrucksvoller Spagat. Zwar hat man sich von den Zucker-Orgien der klassischen Haute Cuisine längst losgesagt, spielt mit Bittertönen und Getreidenoten, lässt die Finger aber von zu verkopften herben Gemüsedesserts. Dementsprechend klar als Süßspeise zu identifizieren war ein Dessert mir wachsig gegarter Quitte, Mandelmilch, Zitrone und sogenanntem Fujisanbread, einer Art Brioche feuilletée. Noch eine Spur besser gefiel uns aber das zweite Dessert aus Toffee, Trüffel, Kumquat und Whiskey, das vor allem aus einem wunderbar speckigen Küchlein besteht, das als napfiges Gericht dargeboten und von bittersüßen Kumquats, frischespenden Basilikum-Sorbetkugeln und einem nussig-getreidigen Keks begleitet wurde. Ob sich hinter dem Trüffel ein Schokotrüffel oder eine Tuber-Sorte versteckt, ließen Service und Karte offen. Beides schmeckten wir zwar nicht wirklich heraus, vermissten aber auch nichts in diesem herrlich malzig-getreidig-süßen Potpourri. So spannungsgeladen können süße Desserts sein!
Daniel Schimkowitsch knüpft nahtlos an die Leistung der vergangenen Jahre an und beweist mit Charakterstärke, Klarheit und Präzision, dass er sich mindestens im erweiterten Kreis der großen Köche Deutschlands etabliert hat – was wir mit der verdienten Erhöhung auf 9 Pfannen mit Bonuspfeil auch in der Bewertung ausdrücken möchten.

8

Schwarzer Hahn

im Hotel Deidesheimer Hof
Am Marktplatz 1, 67146 Deidesheim
06326-96870
www.deidesheimerhof.de
Do–Sa ab 18 Uhr, So–Mi RT
Hauptgericht: 42–55 €,
Menüs: 140–185 €
VISA

Im modern und farbenfroh gestalteten Gewölberestaurant des legendären Gourmetrestaurant Schwarzer Hahns im Souterrain des Deidesheimer Hofs kochen die beiden langjährigen Küchenchefs und Herdpartner Stefan Neugebauer und Felix Jarzina inspiriert auf. Ihr Kulinarium, das es mittlerweile leider nur noch an drei Abenden in der Woche, aber nicht nur in Form eines bis zu sieben Gänge umfassenden Menüs, sondern auch als relativ umfangreiche Auswahl à la carte bestellbarer Einzelgerichte gibt, präsentiert eine äußerst weltläufige Linie, die von gourmetlike verfeinerten Traditionsgerichten mit Lokalkolorit über französische Klassik im modernen Gewandt bis zu kreativen Eigenkompositionen mit exotischem Touch reicht. Und die nicht nur mit erfrischender Originalität, sondern auch in jedem Detail mit viel Substanz und Qualität punktet. Im Offenausschank kann man sich dazu auf hochwertige glasweise Empfehlungen verlassen, die Weinkarte selbst ist sowieso umfangreich und attraktiv bestückt und der Service agiert sympathisch und zuvorkommend.

Denzlingen (Baden-Württemberg)

6↑

Rebstock-Stube

Hauptstr. 74, 79211 Denzlingen
07666-900990
www.rebstockstube.de
Di–Sa ab 18 Uhr, So u. Mo RT
Hauptgericht: 27–38 €, Menüs: 26–55 €
VISA

Die nostalgische Rebstock-Stube, wo mit Vater Adolf und Sohn Axel Frey nun schon seit Jahren zwei Generationen gewinnbringend zusammen am Herd stehen und den Gästen eine hervorragende badisch-französische Küche garantieren, die so akkurat und von leichter Hand zubereitet ist, dass sie kein bisschen altmodisch wirkt, wird bis Herbst 2023 umfassend renoviert. Grundsätzlich soll alles so bleiben wie es ist, so das Versprechen – nur eben in neu. Ähnlich hat das vor ein paar Jahren schon mit der Küche geklappt, als der ins heimische Denzlingen heimgekehrte Filius dem schon immer sehr reizvollen Rebstockstuben-Kulinarium zu einer maßvollen Verjüngungskur verholfen hat, die man nicht unbedingt gesehen, aber durchaus geschmeckt hat. Und so wie die Küche einerseits von der starken klassischen Substanz des Vaters und andererseits vom frischen Wind durch den Sohn profitiert hat, könnte auch das Drumherum nun noch dazugewinnen. Wir sind gespannt und halten die Bewertung aus dem Herbst 2022 aufrecht, weil die Freys ja in den paar Monaten das Kochen nicht verlernen werden…

Dermbach (Thüringen)

7

BjoernsOx

in der Rhöner Botschaft

Bahnhofstr. 2, 36466 Dermbach
036964-869230
www.rhoener-botschaft.de
Küchenchef: Bjoern Leist
Mi–Sa ab 18.30 Uhr, So–Di RT
Menüs: 139 €

VISA

Selten führen in der mitteldeutschen Gastronomielandschaft Tradition und Heimatverbundenheit zu einer so zeitgemäßen und weltoffenen Kulinarik wie in der Rhöner Botschaft, respektive deren Gourmetrestaurant BjoernsOx, in dem Gastgeber und Küchenchef Bjoern Leist seit Jahren einen sehr eigenständigen und originellen Küchenstil jenseits gängiger Moden und Trends pflegt. Die mit ihrer dunklen Balkendecke heimelig und nostalgisch anmutende gute Stube des mit modernen Anbauten erweiterten Traditionshauses im Herzen des Rhön-Städtchens wird an mehreren Abenden in der Woche zum Treffpunkt für Gourmets, die hier ein einheitliches achtgängiges Menü kredenzt bekommen. Das fällt gemäß der Metzgerei-Historie von Familie Leist und des Gesamtkonzepts bewusst recht fleischlastig aus, kommt deshalb aber keineswegs einseitig daher.

Zumal bei allem Faible für gutes Fleisch und ehrenwerte handwerkliche Metzgereiprodukte aus eigener Fabrikation schon auch heimischer Fisch und manchmal auch Meerestier eine Rolle im Menü spielen. Was sich jedoch konsequent wie ein roter Faden durchs Kulinarium zieht, ist ein Hang für kraftvolle, gern sehr deftige Geschmacksbilder. Für stark verfeinerte, aber nicht verfremdete Rustikalität.

Schon die fünf Kleinigkeiten zum Aperitif spiegeln den Charakter der Küche deutlich wider. Auf der Fleischseite mit herzhaft abgeschmecktem Rindertatar auf Sauerteigchip, einem aparten Mini-Gericht von Thüringer Bratwurst mit Senf, Käsecreme und geflämmten Brotwürfeln oder der mit Bitterschokoladenkaramell umhüllten Leberwurst – auf der maritimen Seite in Gestalt von Russischem Ei mit Störkaviar und einer Amuse-Version der bereits aus dem Vorjahr so ähnlich als Zwischengericht bekannten Jakobsmuschel à la „Flurgönder", inspiriert von einem hessischen Traditionsgericht aus Schwartenmagen. Das kommt alles ebenso authentisch wie fein daher, denn es ist wie gesagt Bjoern Leists Spezialität, herzhafte Rustikalität auf sehr elegante und trotzdem ursprüngliche, unverkünstelte Art zu interpretieren.

Dazu passt auch die klassische Kalbs-Paté „en croûte" zur Vorspeise, die auf drei Tellerchen à part von einer Art Relish aus Kürbis und Zwetschgen mit Früchtebrot, einer etwas seltsam moussig-geleehaften Remoulade und vielsortigem Wildkräutersalat eskortiert wurde. Letzterer war à la minute unter einer Glascloche geräuchert, was überraschenderweise tatsächlich sehr originell geschmeckt und wiederum perfekt zum zupackenden Stil von Bjoern Leist gepasst hat.

Der folgende Gang war dann der Sachsenhof-Forelle und der Zwiebel gewidmet und erstreckte sich ebenfalls über mehrere Teller: auf dem Hauptteller eine Ceviche-Interpretation mit etwas Forellenkaviar und Mädesüß-Gelee, daneben ein lauwarmer Zwiebelsalat mit hausgebackenem Weißbrot und als panierte Praline gebackenes Forellentatar mit Zwiebelcreme. Alles in allem durch die vielen teils recht rohen

Zwiebeln und relativ viel Salz an manchen Komponenten eine ziemlich deftige Angelegenheit, als solches aber durchaus delikat – zumal die Süße der Geleewürfel der herzhaften Würze entscheidend etwas entgegensetzen konnte.
Zurück zur Fleischeslust und zu zarten Schweinebäckchen, die als gepökelte Variante und als Sülze zum Besten gegeben wurden. Ersteres auf einem Kartoffel-Kohlrabi-Stampf mit frischen Erbsen, umgeben von einem Sud aus Schnittlauchöl und Wurstbrühe, letzteres mit Kohlrabi-Dim-Sum getoppt auf einer leichten geräucherten Kartoffelcreme. Beides wieder relativ deftig und was den Salzgehalt angeht im Grenzbereich, aber ebenfalls gerade noch vertretbar, in Summe aber an dieser Stelle dann schon langsam etwas anstrengend…
Und aufgrund der nicht gerade zierlichen Portionsgrößen und der generellen Intensität der Gerichte wirkte diesmal der fast schon obligatorische „Kloß mit Soß“ – ein kleiner, mit kraftvoller dunkler Sauce gefüllter Kartoffelknödel mit schwarzer Trüffel – fast schon etwas zu mächtig. Grundsätzlich ist dieser Signature-Dish von Bjoern Leist aber eine feine Sache, der in der diesjährigen Version eine Art Brot-Gitter, mit der der Kloß im tiefen Teller abgedeckt war (und für das mutmaßlich die sonst obligatorische Brotwürfel-Füllung Pate stand), einen reizvollen Kontrast zum weichen Knödel entgegensetzen durfte.
Vom Rhöner Weideochsen gab es im Hauptgang nicht nur das kernige Flank-Steak, sondern auch eine dünne Scheibe von der zarten Zunge sowie à part unter Kartoffelschaum ein süffiges Ragout, auf einem weiteren Tellerchen sogar noch dünnen, schmelzigen Schinken, mit dem zwei fantastische hausgemachte Pommes frites umwickelt waren. Und apropos Pommes: Kartoffel auch auf dem Hauptteller, nämlich als kleines klassisches Gratin, daneben Pfifferlinge und Kräuterseitling sowie eine tiefe, torfige Creme. Alles in allem für uns das beste weil ausgefeilteste Gericht des Menüs.
Sehr gut auch diesmal wieder die Desserts, unter denen das erste mit wirklich hauchdünnen Schinkenchips ebenfalls etwas Fleischiges an Bord hatte – aber dergestalt tatsächlich als ganz harmlose feine Würze zu Mini-Cheesecake mit Basilikumsorbet, Melonenkügelchen und süßen reifen Mini-Tomaten. Der zweite süße Abschluss war überwiegend dem Akkord aus Kirsche und Bitterschokolade gewidmet, mit erfreulich wenig Süße und geschmeidig ineinandergreifenden Konsistenzen.

Bleibt als Fazit wieder ein sehr guter Gesamteindruck, geprägt von jeder Menge Originalität. Aber auch die Feststellung, dass dem Menü hier und da noch etwas mehr Leichtigkeit und weniger Deftigkeit guttun würde, damit ein noch ausgewogeneres Bild entstehen kann. So oder so zählt Bjoerns Ox aber weiterhin zu den besten und lohnenswertesten Genusszielen in Thüringen. Auch wegen der individuellen und auffallend fair kalkulierten Weinkarte sowie dem versierten und entspannten Service unter der Leitung von Gastgeberin Michelle Bremer.

Hotelempfehlung

★★★★

Hotel SaxenHof der Rhöner Botschaft

Bahnhofstr. 2,
36466 Dermbach
036964-869230
www.rhoener-botschaft.de
Einzelzimmer: 75–130 €
Doppelzimmer: 100–180 €

EC VISA

Familie Leist hat nach dem Aus der Rhöner Botschaft in Hilders rund 25 Kilometer nördlich im thüringischen Dermbach ein neues Zuhause für ihren Hotel- und Gastronomiebetrieb gefunden. Inmitten der Hochrhön führen sie nun den traditionsreichen Sächsischen Hof, ein renoviertes Fachwerkgebäude mit insgesamt 31 Hotelzimmern, Wellnessbereich und zwei unterschiedlichen Restaurants, dem „Wohnzimmer“ und dem Gourmetrestaurant „BjoernsOx“. Zimmer gibt es in verschiedenen Kategorien, alle sind sie modern, harmonisch, hell und freundlich eingerichtet. Im SPA- und Wellness-Breich „Eden“ können die Gäste entspannen und aktiv sein.

Dernbach (Rheinland-Pfalz)

6

Schneider

Hauptstr. 88, 76857 Dernbach
06345-8348
www.schneider-dernbachtal.de
Küchenchef: Stefan Püngeler
Mi u. Do ab 18 Uhr,
Fr–So von 11.30–13.30 Uhr u. ab 18 Uhr,
Mo u. Di RT
Hauptgericht: 24–33 €, Menüs: 75 €

VISA

Das direkt an der schmalen Durchfahrtsstraße gelegene Lokal von Familie Schneider wirkt nicht nur von außen eher wie ein Landgasthof im typischen Fachwerk-Look, die es in der Pfalz ja zuhauf gibt. Auch die helle holzgetäfelte Gaststube präsentiert sich regionaltypisch und so würde man auf den Tellern eher rustikale Pfälzer Traditionsgerichte erwarten als weltoffene Kulinarik. Doch genau für die steht Juniorchef Stefan Püngeler, der den Familienbetrieb mittlerweile von seinen Eltern übernommen hat und das Programm mit der tatkräftigen Unterstützung seiner Frau Michela De Munno, die für die Patisserie verantwortlich zeichnet, mit neuen, frischen Ideen bereichert.

Neben regionalbetonten oder von der französischen Küche inspirierten Gerichten lässt der Küchenchef gerne auch mediterrane oder exotische Einflüsse zu, ohne sich damit zu verzetteln. An der übersichtlichen Speisekarte, die neben einem viergängigen Feinschmeckermenü noch eine kleine À-la-carte-Auswahl offeriert, lässt sich die Konzentration aufs Wesentliche bereits festmachen. Ein erstes positives Beispiel für die stimmige Linie lieferte schon gleich zu Beginn ein Zweierlei vom Thunfisch, der einmal als etwas gröber geschnittenes reintöniges Tatar und einmal als kurz und knapp angebratene Tranchen auf dem Teller lag. Ergänzt von schmelziger Avocadocreme, knackigen Erbsen und Rauchmandel-Stückchen ein stimmiger Auftakt mit viel Substanz und ohne Schnickschnack.

Als eine Art Surf-&-Turf-Gericht interpretierte die Küche dann Kaisergranat und Kalbfleisch. Das knackig-zarte Krustentier kurz abgeflämmt, das gekochte Kalbfleisch als zarte Röllchen, ergänzt von luftigem, aber aromendichtem Lauchschaum, Artischockenvierteln und Perlzwiebelhälften, markant akzentuiert von Chilimayonnaise und herb-säuerlichem Zitrusgel. Die rauchigen Röstaromen von Kaisergranat und Artischocke wurden von etwas Lauchasche verstärkt, wirkten wohldosiert und nicht plakativ.

Im Vergleich dazu konnte der Fischgang nicht ganz mithalten. Die drei opulent portionierten Tranchen vom gebratenen Lofoten-Skrei lagen auf einem nicht optimal zubereiteten, weil noch sehr körnigen Tomatenrisotto, der in Kombination mit knackigen Zuckerschoten und einer säurestraffen Beurre blanc einen etwas unrunden Eindruck machte. Viel stimmiger war das süffige Hauptgericht um zart geschmortes Schaufelstück vom Kalb, das auf schlotzigem Kartoffelstampf thronte und von konzentriert-dichter Kalbjus aromatisch kraftvollen Tiefgang verliehen bekam. Karotte, Brokkoli, Röstzwiebeln und Stockschwämmchen komplettierten dieses Gericht, das unter Beweis stellte, dass die Küche auch die „Alte Schule" draufhat.

Eine Hommage an den britischen Street-Art-Künstler Banksy sorgte zum Schluss noch einmal für einen doppelten Paukenschlag. Die Interpretation des „Girl with Balloon" war nämlich nicht nur ein optisches, sondern auch ein kulinarisches Highlight. Die stilgerecht mit Schablone aufgebrachte Silhouette und der täuschend echt nachgebildete Ballon aus Haselnuss-Eis in einer knallroten Himbeerhülle samt täuschend echt aus Kakaobutter imitiertem Ballonknoten waren an sich schon ein „Kunstwerk". Die prallen Aromen wurden mit Variationen von Himbeere, Haselnuss und weißer Schokolade auf dem Tellerrand sowie auf einem Satellitenteller noch zwei weitere Male gespiegelt – in jeweils anderer, abwechslungsreicher Façon. Stark!

In der Weinkarte spielen erwartungsgemäß die besten Gewächse der Pfalz die Hauptrolle – und zwar nicht nur die üblichen Verdächtigen, sondern auch interessante Newcomer und der eine oder andere Geheimtipp.

Detmold (Nordrhein-Westfalen)

6↑ Pfannen

Jan's Restaurant

im Hotel Detmolder Hof
Lange Straße 19, 32756 Detmold
05231-980990
www.hotel-detmolderhof.de/restaurant
Küchenchef: Jan Diekjobst
Di, Mi u. Fr ab 18.30 Uhr,
Do u. Sa von 12–14 Uhr u. ab 18.30 Uhr
So u. Mo RT
Hauptgericht: 26–34 €,
Menüs: 54–89 €
VISA

Als Rückkehrer an seinen Heimatort hat Jan Diekjobst viel frischen Wind in die traditionsreichen, altehrwürdigen Räumlichkeiten des Detmolder Hofs gebracht und insbesondere in dem nach ihm benannten Restaurant eine ebenso publikumswirksame wie niveauvolle Küche etabliert. Durch die neuen raumhohen Fenster und die modernen Sessel und Polsterbänke hat das ursprünglich mit Holztäfelung und Kronleuchter eher traditionell wirkende Restaurant eine zeitgemäße Verjüngung erfahren, die aufgrund der eher eng gestellten Tische von einer quirligen Bistroatmosphäre beseelt wird, wenn der Raum – wie meist – gut besucht ist. Deutlich mehr als nur „Bistro" ist allerdings sowohl dem Anspruch als auch dem Ergebnis nach all das, was auf die Tische kommt.
Obwohl die Karte sowohl à la carte als auch in einem vier- oder sechsgängigen Menü den Gästen viele Freiheiten lässt, bewegt sich das gesamte Angebot ganz klar im Gourmet-Genre. Und das unterstrichen dann bei unserem jüngsten Besuch auch die ersten akkuraten Kleinigkeiten, die neben fluffigem Brot und aufgeschlagener Butter im Handumdrehen auf dem Tisch landeten. Aromatisch hatten die Tomate-Mozzarella-Praline, ein rustikal gebackenes Bratkartoffelbällchen und ein Stückchen gebeizte Makrele mit Betepowder auf einer leicht zähen und sehr süßlichen Fischgräte aus Hippenteig zwar noch Luft nach oben, sie zeigten aber in jedem Fall schonmal den handwerklichen Anspruch und das Können des Teams.
Beides wurde dann auch bei dem mild und geschmeidig gebeizten Lachs in großen, zu einem Mosaik zusammengesetzten Stücken im Zentrum des nächsten Tellers deutlich. Dies wurde umspielt von einem marmorierten, mit Kräuterduft und Säure spielenden Fond sowie verschiedenen akkurat geschnittenen Karotten- und Radieschen-Variationen. Obenauf eröffnete ein rotes Thai-Curry-Eis auf sensible Art einen kühlen, sich langsam öffnenden Gewürzraum im Hintergrund. Abgesehen von den mehr durch unterschiedliche Texturen als durch zugespitzte Aromen beeindruckenden Gemüse-Spielereien lag das locker schon bei 7 Pfannen.
Da konnten die folgenden Gnocchi nicht ganz mithalten. Zum einen, weil sie eher an in Panko gewendete Kartoffelklößchen mit leicht zäher „chewy" Konsistenz erinnerten und zum anderen, weil sie zwar gemeinsam mit Kräuteröl und einer mit Schafskäse montierten Sauce ein harmonisch-dichtes Bild ergaben, dabei aber von abgeflämmt warmen Fetastückchen einen sehr rustikalen Anstrich mitbekamen. Die dünnen Bete-Scheiben auf den Gnocchi konnten demgegenüber kaum einen Akzent setzen und insgesamt verstärkte das den Eindruck, dass hier mit den gleichen Zutaten in modifizierter Ausführung noch mehr möglich gewesen wäre.
Alles im Lot war dagegen bei dem in rosazarter Perfektion gebratenen Kalbsfilet mit überraschend viel Eigengeschmack, das auf fein geraspelten Brokkoli, zarter Brokkolicreme und frech dazwischenfunkendem Limonengel platziert war. In einem mehr auf Tiefe und Harmonie ausgerichteten „Nebenschälchen" gab es dazu noch saftig-zart geschmorte Kalbsbacke unter einer luftigen, aber leider dezent mit Trüffelöl malträtierten Kartoffelespuma.
Und auch die Tiramisu-Interpretation im Dessert, die in Gestalt von Mascarponemousse auf Biskuit mit Kaffeeeis, sowie einem herben Kaffee-Milchsud und Amaretto-Geleewürfelchen die typischen Aromen des Nachtischklassikers tatsächlich deutlich feiner und raffinierter als im Original auffächerte, konnte sich nicht nur sehen, sondern auch schmecken lassen. Und es unterstrich, dass im Grunde nur ein bisschen mehr Genauigkeit im Detail noch zu einer höheren Aufwertung fehlt.
Das alles gibt's auch bei vollem Haus von einem gut organisierten Service aufgetischt, der

auch mit einem mehr als ausreichenden Angebot lohnender Weine renommierter Winzer zu fairen Preisen dienlich ist.

Hotelempfehlung

★★★★

Detmolder Hof

Lange Str. 19,
32756 Detmold
05231-980990
www.hotel-detmolderhof.de
Einzelzimmer: 99–139 €
Doppelzimmer: 149–189 €
VISA

Die Fachwerkfassade mit ihren markanten Türmchen macht das Hotel im historischen Stadtkern von Detmold zum Hingucker. Und auch drinnen gibt es viel zu sehen, denn im Jahr 2008 wurden die 13 stilvollen Doppelzimmer und Suiten von der renommierten Innenarchitektin Anne Maria Jagdfeld umgestaltet und jeder Raum schon aufgrund der baulichen Gegebenheiten zu einem Unikat. Die Zimmer sind unter anderem mit schönen Holzböden, hochwertigen Stoffen und anderen wertigen Materialien ausgestattet, haben Bäder mit Whirlpool-Wanne, einen modernen Flachbildfernseher und verfügen über kostenloses WLAN. Das reichhaltige Frühstücksbuffet ist im Preis inbegriffen. Zudem gibt es ein gehobenes Restaurant mit kreativer Küche und ein Bistro. Die Umgebung bietet zahlreiche Möglichkeiten der Freizeitgestaltung, etwa eine Besichtigung des fürstlichen Residenzschlosses Detmold oder der Privatbrauerei Strate, auf Natur- und Kulturbegeisterte warten die Externsteine Holzhausen, eine mittelalterliche sakrale Stätte mit faszinierender Felsenformation, und Greifvogelfreunde sind in der Adlerwarte Berlebeck willkommen. Jan's Restaurant separat erwähnt.

Dieblich (Rheinland-Pfalz)

6↑

Landhaus Halferschenke

im Hotel Landhaus Halferschenke
Hauptstr. 63, 56337 Dieblich
02607-7499154
halferschenke-dieblich.de
Küchenchef: Christoph Schmah
Mo u. Do–Sa ab 17.30 Uhr,
So ab 12 Uhr durchgehend, Di u. Mi RT
Hauptgericht: 18–42 €,
Menüs: 49–89 €
VISA

Es hat für Feinschmecker oft etwas sehr Reizvolles, wenn sich ein ambitionierter und talentierter Koch aus dem Fine-Dining-Sektor zurückzieht, um mit seiner Expertise und seinem hohen Qualitätsanspruch ein etwas bodenständigeres Restaurantkonzept umzusetzen. So wie im Fall von Christoph Schmah, der seit der Übernahme der historischen Halferschänke im Ortskern von Dieblich zwar weniger elaboriert kocht wie einst im Kurfürstlichen Amtshaus in Daun oder im alten Da Vinci in Koblenz, aber dennoch auf jedem Teller den Könner erkennen lässt. So bekommt man in den beiden behaglichen Gasträumen des schönen weinberankten Natursteinhauses eine sehr feine gehobene klassische Küche geboten, die sich nicht über Kreativität und aufwendiges Kunsthandwerk definiert, sondern mit Qualität und Geschmack punktet.

Ganz gegenständlich und gediegen präsentieren sich die Gerichte, die hier à la carte und als ein viergängiger Menüvorschlag auf der Karte stehen. Am exklusivsten und gourmetmäßigsten war beim letzten Testbesuch vielleicht die Vorspeise um ein Parfait von der Entenleber mit Orange und Quatre Epices, der orientalisch warmwürzigen Vier-Gewürze-Mischung aus Muskat, Ingwer, Gewürznelke und Pfeffer, die

dem Orangenconfit ihr verwegenes Aroma verlieh. Das knusprige Kataifistroh, das obenauf lag, hatte freilich nur eine haptische Wirkung – den besonderen Reiz machte hier die Tatsache aus, dass das Leberparfait mit ausgelöstem Fleisch von geschmorten Entenkeulen durchzogen war und so viel mehr Geschmack und Textur auf den Teller brachte als ein reines Leberparfait. Zusammen mit der Salzbutterbrioche fügte sich das zu einem sehr ansprechenden Auftakt.
Und auch die Hummerschaumsuppe, in der ein mit Hummerfarce gefüllter Raviolo nebst zartem Lauch schwamm, überzeugte mit allen Parametern: kraftvoller natürlicher Krustentiergeschmack, rahmig, aber nicht zu sahnig, dünner Teig und präsente Füllung beim Raviolo – was will man mehr? Weiches harmonisches Soulfood brachte auch das cremig pochierte Landei auf Blattspinat in süffigem Kartoffelschaum aufs Porzellan, wobei die erdige Herbsttrüffel dem Ganzen auch noch einen unaufdringlichen luxuriösen Touch verlieh.
Die vielfach erprobte Kombination von Zander, Blutwurst, Rahmsauerkraut und Kartoffelpüree gefiel mit properem, punktgenau gebratenem Fisch, schön mildem Kraut und cremigem Stampf, litt aber ein wenig unter der deftigen Penetranz der nach unserem Gusto stark überwürzten und sehr salzigen Blutwurst, die hier den geschmacklichen Grobian gab und insbesondere den Zander lauthals übertönte. Derlei Probleme gab es beim Seeteufel, der ebenfalls perfekt gegart – im Kern einen Tick glasig, ohne zäh oder lauwarm zu sein – mit Gemüsejuliennes in einem milden Safranfumet baden durfte, mitnichten. Hier hätte man sich eher noch etwas mehr Pep gewünscht, denn das von einem à part gereichten Schälchen mild nussigem Naturreis komplettierte Geschmacksbild wirkte alles in allem doch ein bisschen sehr brav.
Wer zum Hauptgang Fleisch und kraftvollere Aromen bevorzugt, könnte mit einem Kotelett vom Duroc-Schwein glücklich werden, das „nach Art der Winzerin“ zubereitet und deshalb mit Spitzkohl, Speck und Trauben (sowie Kartoffelpüree) liiert ist. Eine tiefe Burgunderjus zeugt da einmal mehr von Christoph Schmahs klassischem Fundament und der starken Substanz seiner Zubereitungen. Und auch zum Nachtisch wird nicht von der unaufgeregten schnörkellosen Linie abgewichen, wenn zum Beispiel eine gratinierte Mohntarte mit eingelegten Sauerkirschen und Sauerrahmeis kombiniert wird oder eine mit Zimtblüte aromatisierte Crème brûlée mit Marillenragout und Rahmeis aus Rumrosinen einen reizvollen Akkord anstimmt.
Das Serviceteam um Gastgeberin Carina Schmah hat auch bei vollem Haus alles gut im Blick und lässt es an nichts fehlen. In der Weinkarte findet man längst nicht bloß Moselweine oder Gewächse der anderen nahegelegenen Anbaugebiete. Das Preisniveau von Speis und Trank ist angemessen.

Dießen a. A. (Bayern)

5

Seehaus

Seeweg Süd 22,
86919 Dießen a. A. (Riederau)
08807-7300
www.seehaus.de
Mi ab 18 Uhr,
Do u. Fr von 12–14 Uhr u. ab 18 Uhr,
Sa u. So ab 12 Uhr durchgehend,
Mo u. Di RT
Hauptgericht: 19–37 €
EC VISA P

Das Seehaus in Riederau mit seiner von Schilf umsäumten Terrasse und eigenem Bootssteg dürfte nach wie vor der mit Abstand schönste Ort sein, um direkt am Ammersee gediegen zu speisen. Das Restaurant selbst ist eine stilvolle Mischung aus ländlich-rustikal und elegant und die Küche ist auch unter der Leitung von Küchenchef Gabriel Riml ein geschmackvoller Mix aus französisch-mediterranen Gourmandisen und moderat gehobener Heimatküche. Hier und da gibt's weiterhin auch mal asiatische Exkurse und in jedem Fall überzeugen die gute Qualität der Produkte und das sorgfältige Handwerk. Auf überflüssiges Beiwerk wird auf den unverkünstelt angerichteten Tellern ebenso verzichtet wie auf allzu aufwendige Spielereien und technische Effekte. Im Mittelpunkt steht stets der natürliche und harmonische Geschmack der Produkte und gekocht wird grundsätzlich klassisch. Die Weinkarte offeriert dazu gute Tropfen aus Deutschland und den europäischen Nachbarländern zu moderaten Preisen.

Dillingen (Bayern)

5

Storchennest

**Demleitnerstr. 6,
89407 Dillingen (Fristingen)
09071-4569
www.storchen-nest.de
Mi–So von 12–14 Uhr u. ab 18 Uhr, Mo u. Di RT
Hauptgericht: 25–35 €**

Wer auf gute, gediegene klassische Landküche aus ist, wird in Elmar Schneiders Storchennest nie enttäuscht. Seit vielen Jahren erwarten den Gast in diesen gepflegten Gaststuben zuverlässig und fachmännisch zubereitete Klassiker, für die der routinierte Chef nicht nur die Region und ihre Produkte im Auge hat, sondern sich auch von mediterranen und fernöstlichen Produkten und Aromen inspirieren lässt. Weil Elmar Schneider während seiner Lehr- und Wanderjahre genug Erfahrung in besten Häusern gesammelt hat, er also sein Handwerk beherrscht und überdies einen gewissen Eigenanspruch hegt, ist hier alles sehr ansprechend und gibt zusammen mit dem günstigen Preis-Leistungs-Verhältnis ein sehr stimmiges Bild ab. Der sehr freundliche, zuvorkommende Service durch die Gastgeberin ist ein weiterer Grund, hierherzukommen.

Donaueschingen (Baden-Württemberg)

7

die burg

**Burgring 6, 78166 Donaueschingen
0771-17510050
www.burg-aasen.de
Küchenchef: Jason Grom
Mi–Sa ab 18 Uhr, So von 12–13.30 Uhr u. ab 18 Uhr, Mo u. Di RT
Hauptgericht: 24–45 €,
Menüs: 70–140 €**

VISA P

Um Missverständnissen gleich vorzubeugen: Ritterromantik, Türme und dicke Mauern gibt es in der „Burg" in Aasen nicht. Deren Name leitet sich mundartlich von den ursprünglichen Betreibern des Wirtshauses ab, die den Ort über viele Jahre bekannt gemacht haben, bevor später mit den Brüdern Jason und Niklas Grom ein neues Zeitalter der „Burg" eingeläutet wurde. Die beiden in der europäischen Spitze bestens geschulten Gastronomen haben aus dem ehemals eher gediegen traditionellen badischen Gasthaus einen ebenso zeitgemäßen wie charmanten Ort zum Wohlfühlen und Genießen geschaffen.

Neben komfortablen Hotelzimmern, einer bestens bestückten Weinbar und vielfältigen Möglichkeiten für Tagungen und Events gehört dazu vor allem auch das hochambitioniert und zugleich erfreulich entspannt bespielte Restaurant, in dem Jason in der Küche und Niklas als Gastgeber ihre Erfahrungen in eine heimatverbundene Spielart modernen Fine Dinings einfließen lassen.

Wie niveauvoll das geschieht, zeigten beim letzten Besuch bereits ein cremig heißes, aromatisch konzentriertes Karottensüppchen mit kühler Joghurt-Ingwer-Schaumkrone als herzerwärmender und zugleich raffinierter Starter. Und auch die Sauerrahmmousse mit hauchzarter Rauchnote als Basis für verschiedene rohe, eingelegte und fermentierte Wintergemüse, die eine hochfeine Interpretation eines „Salats" ergaben – mit eingelegten Holunderbeeren als herbfruchtige Kicks und ganz jungem Feldsalat mit Haselnuss als frischgrünes und röstig-nussiges Topping.

Aufgeräumt, klar und dennoch sehr eindrücklich gelang dann der folgende Gang, in dessen Mittelpunkt ein Saiblingstatar mit feinem Schmelz stand, das durch Würfel von mildem Räucheraal und Saiblingskaviar zusätzlich aromatisch gepusht wurde. Daneben sorgten helle Schnittlauchcreme und ein lauwarmer, mit Schnittlauchöl marmorierter Rauchaalfond für einen eleganten Rahmen, dem mit Friséespitzen und Topinamburchips weitere haptisch auflockernde Elemente angedient waren.

Den klaren Fokus hielt das Team auch beim Kabeljau, der mit kräutergrüner Farce in einem Algenmantel glasig gegart und so in eine fokussiert voluminöse Muschel-Velouté gesetzt wurde. Ergänzt von knackig frischer Gurke, mildem Störkaviar und unterschiedlichen allesamt exzellenten Schalentieren wie Venusmuscheln, Austern und Stabmuscheln, ergab das einen betörend frischen und irgendwie sehr „nordisch" anmutenden maritimen Eindruck.

Dagegen lieferte die um ein kleines Leberstück ergänzte Entenbrust maximale Power – vor allem mit einer fast brachial wuchtigen Trüffeljus

– und blieb dabei dennoch elegant, weil daneben durch ein geflämmtes Lauchherz mit Traubengel und eine hellgrüne Lauchcreme auch deutlich frischere, dynamische Kontraste gesetzt wurden. Auch hier punktete die Küche vor allem durch die sehr exakten und gut durchdachten Proportionen, die den Teller angenehm aufgeräumt und fokussiert erscheinen ließen.
Und diesen Trumpf spielte das Team auch im Dessert souverän aus, indem ein pacojetcremiges Quarkeis mit Grapefruit und Honig als begleitende Leitaromen, sowie nussigen Hirsecrumbles und feinen Akzenten von Estragon und Kardamom ergänzt wurde. Und so einen gleichermaßen leichten wie ausdrucksstarken Abschluss schaffte!
Mindestens genauso sehr wie die Küche tragen auch die stets spannenden und niveauvollen Weinempfehlungen von Niklas Grom und das auch bei voller Auslastung angenehm entspannt und souverän agierende Serviceteam zum positiven Gesamteindruck bei.

Die Besteck-Symbole

5 Bestecke: luxuriöses Restaurant mit höchstem Komfort und formvollendetem Service, edler Ausstattung und einer Weinkarte, die höchsten Ansprüchen genügt

4 Bestecke: elegantes Restaurant mit hohem Komfort und exzellentem Service, sehr gute Ausstattung, hervorragende Weinkarte

3 Bestecke: gehobenes Restaurant mit gutem Komfort und versiertem Service, umfangreiche Weinkarte

2 Bestecke: besser ausgestattetes Restaurant mit ordentlichem Service, ausgewählte Weine

1 Besteck: schlichtes Restaurant, Gasthof oder Bar

9 – 4 Bestecke

ÖSCH NOIR

im Hotel Der Öschberghof
Golfplatz 1,
78166 Donaueschingen
0771-840
www.oeschberghof.com/restaurants-bars/oesch-noir
Küchenchef: Manuel Ulrich
Mi–So ab 19 Uhr, Mo u. Di RT
Menüs: 180–225 €
VISA

Mit dem Geheimtippcharakter, den wir diesem kulinarischen Aushängeschild des äußerst großzügigen und luxuriösen, von einer 45-Loch-Golfanlage umgebenen Hotelresorts Öschberghof nach unserem ersten Besuch noch andichten konnten, war es schnell dahin, nachdem auch andere Guides mit hohen Bewertungen folgten. Längst zählt das Ösch Noir zu den Flaggschiffen im Südwesten der Republik und sein Küchenchef Manuel Ulrich damit zu den aufstrebenden Chefs des Landes. Was umso erstaunlicher ist, wenn man bedenkt, dass dieser – abgesehen von einem Jahr Mitarbeit bei Christoph Rüffer im Hamburger Haerlin und ein paar Wochen Praktikum in der Schwarzwaldstube bei Torsten Michel – keinerlei namhaften Stationen in seiner Vita vorzuweisen hat.
Aber vielleicht ist das mittelfristig auch ein großer Vorteil, weil es ihm dadurch gelingen könnte, sich noch schneller einen ganz eigenen unverkennbaren Stil anzueignen. Von Christoph Rüffers Einflüssen aus dem Haerlin, die am Anfang noch sehr deutlich waren, hat sich der Mittdreißiger jedenfalls schon relativ freigeschwommen. Und auch sonst empfanden wir das, was uns heuer in dem weitläufigen Gourmetrestaurant mit seinem originellen schnörkellosen Raumdesign, den runden Sitzinseln und Raumteilern aus Glaskugeln, im Rahmen der beiden unterschiedlichen Menüs geboten

wurde, noch ein Stückchen ausgefeilter und perfektionierter als noch zuletzt.
Unter den Apero-Snacks stach der Klassischste am deutlichsten hervor: namentlich ein mit Rindertatar, Kaviar und Blattpetersiliencreme beladener Mini-Lángos. Und wie souverän sich eine kalte Foie-gras-Vorspeise zwischen Fruchtsüße und herzhaften Aromen ausmitteln lässt, zeigte das Team eindrucksvoll mit dem von unterschiedlichen Zwiebel- und Estragon-Komponenten sowie Sanddorngel bespielten Entenleberparfait als Amuse. Das war mal eben nicht wie so oft ein verkapptes Dessert, sondern ein gekonnt subtil mit Süße spielendes Arrangement, das verdeutlichte, warum Fettleber und liebliche Frucht prinzipiell so gute Partner sind, wenn man sie mit dem nötigen Feingespür zu verbinden vermag.
Sehr viel Feingespür für perfekt ausbalancierte vielteilige Gerichte bewiesen Manuel Ulrich und seine Mannen dann auch mit der Vorspeise um Tranchen vom mild gebeizten und geflämmten Saibling aus der Fischzucht Birnbaum, die wiederum im höchsten Maße balanciert von würzigen und frischen säuerlichen Aromen umgeben waren. Die herzhafte Seite stellten eine alles grundierende cremige Räucherfischmousse, eine Dashibrühe von Räucherfischen mit etwas heller Sojasauce und die Tupfen einer Creme von fermentiertem Knoblauch – die Frische wiederum kam von Ingwer, Zitrone und gepickelten Radieschen. Die vielen unterschiedlichen Strukturen, die zusätzlich noch durch knackigen Saiblingskaviar und schmelzige Eigelbcreme ergänzt wurden, griffen auch haptisch perfekt ineinander. Da war nichts zu viel und nichts zu wenig, dominierte nichts und fiel nichts hinten runter.
Optisch etwas weniger elaboriert und vielteilig, von der Wirkung her aber ähnlich dynamisch und balanciert, präsentierten sich die beiden Exkurse ins vegetarische Menü. Zunächst mit gepickeltem und cremigem Kohlrabi, der kunstvoll zusammen mit Yuzu-Gel als Blüte arrangiert war und am Tisch mit einem Kohlrabischaum geflutet wurde. Neben der Yuzu-Säure spielte hier auch Sauerampfer im Schaumsüppchen auf viel Frische und tat seinen Teil zu einem ausgewogenen Gesamtbild bei. Für den zweiten vegetarischen Gang diente die verkohlte Hülle einer Lauchstange als originelle Präsentationsplattform für deren schmelzig zartes Innenleben, das ausgelöst zusammen mit frischen saftigen Morcheln, einer Champignoncreme, Frühlingslauch und roh gehobelten Champignons darauf arrangiert war. Die omnipräsente natürliche Umamiwürze wurde hier geschickt von einer Vinaigrette unterbrochen, die dem Gericht genau die richtige Dosis an auflockernder Süße und Säure spendierte.
Zurück im omnivoren Menü bescherte die Küche uns eine saftige Seezunge, die in dünnen Fäden mit einer fließenden Pilzcreme lasiert auf einem Bett aus Nordseekrabben thronte. Und man ahnt es schon: sie war von „Finkenwerder Art“. Denn auch der obligatorische Speck, respektive Schwarzwälder Schinken, der hier einer Pilzessenz sein würzig-rauchiges Aroma verlieh, komplettierte die drei wichtigsten Leitaromen dieses norddeutschen Traditionsgerichts. Und das bekam in der Ösch-Noir-Version mit frischen Morcheln und doppelt gepalten Erbsen nicht nur auf Produktseite ein etwas luxuriöseres, sondern auch ein saisonales Antlitz. Ebenfalls einem bekannten Klassiker nahm sich das Team zur Begleitung eines dünn mit Parmesan beflockten und damit angebratenen Kalbsbries an: dem Caesars Salad. Der Romanasalat selbst als geschmorte und mit Parmesan aromatisierte kleine Herzen, marinierte Spitzen und als Creme, die obligatorischen Sardellenfilets als kleine Stücke edelster spanischer Provenienz („Don Bocarte“) und die Kapern gebacken und zusammen mit Parmesan als Würze für eine helle Schaumsauce, die zusammen mit dunkler Kalbsjus für die vielschichte süffige Untermalung sorgte.
Lammfleisch von der Münsinger Wacholderheide auf der Schwäbischen Alb, wo Familie Stotz ihre Zucht betreibt, ist immer ein Garant für großen Genuss. Und so war auch der Hauptgang, für den ein saftig-eigenaromatisches Stück mitsamt seines perfekt schmelzigkrossen Fettdeckels gebratener Rücken, ein geschmortes Gulasch von der Schulter und die pure reduzierte Lammjus aufgeboten wurden, eine begeisternde Sache. Daran hatte auch das recht klassische Arrangement auf dem Hauptteller mit karamellisiertem und mariniertem weißem Spargel und einem rauchig-fruchtigen Kompott aus roter Schmorpaprika und das von Sauerrahm, Buchweizennocken, gepickelter gelber Paprika und Bärlauchcoulis aufgelockerte Schmorgulasch im begleitenden Schälchen seinen Anteil. Nur die nach unserem Geschmack zu derbe Bärlauchhollandaise irritierte ein wenig das ansonsten sehr ebenmäßige Bild.
Völlig makellos hingegen präsentierte sich das in luftig-cremiger Perfektion gebackene klassische Soufflé mit Tonkabohnenaroma, das in Kombination mit Guanaja-Schokoladenmousse, einem Mandelküchlein und verschiedenen Zitrusfrüchte-Komponenten wie Zitronensorbet, Bergamottengel, einer Art Lemoncurd, fri-

schen Zitrusfilets und einem mit Bergamotte aromatisierten Earl-Grey-Sud, einen hervorragenden süßen Abschluss auf sehr hohem Niveau bescherte.
Wer sich aus der beeindruckend umfangreich sortierten, von Sommelier Michael Häni fundiert kuratierten Weinkarte nicht selbst das eine oder andere Fläschchen aussuchen möchte, hat die Möglichkeit, sich auf eine seiner Weinreisen zu begeben. Die eine widmet sich tendenziell eher modernen, jedenfalls sehr individuellen (Natur-)Weinstilen, die andere ausschließlich exklusiven Gewächsen von klassischem Format, was dann auch mal glasweise ausgeschenkter 2003er Château Margaux oder 2016er La Tâche von DRC sein kann.
Interessant ist aber in jedem Fall auch die alkoholfreie Getränkebegleitung aus der Hand von Souschef Julian Lechner, der unter dem Label „Julians Saftladen" sehr originelle und markante Getränke wie von Roter Zwiebel, Sellerie und Verjus oder die Kombination aus klarem Tomatensaft und Ingwer herstellt und auch vertreibt, mit denen sich gute Pairings machen lassen. Und die uns dieses Jahr noch ansprechender, weil etwas zurückhaltender und weniger plakativ vorkamen als in den Vorjahren.

ohne Bewertung

Schützen

Josefstr. 2, 78166 Donaueschingen
0771-17510677
schuetzen-donaueschingen.de
Küchenchef: Marco Garofalo
Mi–Fr u. So von 12–14.30 Uhr u. ab 18 Uhr, Sa ab 18 Uhr, Mo u. Di RT
Hauptgericht: 16–31 €,
Menüs: 50–60 €
EC VISA P

Drei Jahre lang haben die Brüder Garofalo – Marco in der Küche und Antonio im Service – mit einem engagierten kleinen Team mit dem Löwen in Villingen ihre ganz aufs Wesentliche fokussierte Vision eines zeitgemäßen Gasthauses mit Leben erfüllt und sich dabei eine treue Fangemeinde erarbeitet. Jetzt sind sie trotz großen Erfolgs zu neuen Ufern aufgebrochen und haben am 1. Juli in Donaueschingen den Schützen eröffnet. Und wir sind sehr gespannt, was uns dort in der kommenden Testsaison erwartet und ob im neuen Domizil direkt an dem hohen Niveau angeknüpft werden kann, welches wir zuletzt noch auf den Tellern am alten Standort erlebten.
Denn weil sich Marco Garofalo mit seiner Küche ganz dem ehrlichen Handwerk verschrieben hat und dieses sehr gekonnt auf ausgesprochen klare und freigestellte Art präsentiert, zählte der Besuch dort ganz klar zu den erfreulichen Neuentdeckungen der letzten Testsaison im Gasthaus-Genre. Es ist vor allem die Kunst des Weglassens, durch die sich sonst in dieser Form eigentlich eher nur einige wenige Köche im Gourmetbereich auszeichnen, mit der er wohlbekannte Ideen und traditionelle Gerichte in einem ganz neuen Licht erscheinen lässt.
Das gelang zuletzt beispielsweise bei zarten Tranchen vom hausgebeizten Lachs in ausgezeichneter, mager-festfleischiger Qualität und einer eher auf der pikanten Seite gehaltenen Aromatik – also nicht in der klassischen Senf-Honig-Dill-Aromenwelt. Puristisch und angenehm klar ergänzt wurde der Lachs nur von knackigen Bete- und Apfelwürfeln sowie einem fruchtig-erdigen Bete-Sud mit Estragonöl. Und wo andere vielleicht schnell noch irgendeine Mousse oder Creme dazugegeben hätten, brachte hier genau diese reduzierte Linie ein besonders überzeugendes Ergebnis.
In diesem Sinne lohnen sich bei Marco Garofalo ganz ausdrücklich auch alle traditionell-rustikalen Gerichte, seien es schlichte Kässpätzle mit Schwarzwälder Bergkäse und behutsam geschmolzenen Zwiebeln oder ein mit Susländer Krustenschinken und Bergkäse gefülltes Cordon Bleu mit frisch geschnitzten Pommes, die in äußerst akkurater Machart ebenfalls gekonnt von jeder Behäbigkeit befreit werden, die ihnen sonst schnell anhaftet. Das Team macht keinen Unterschied zwischen scheinbar simplen oder exklusiveren Gerichten und widmet sich allen, auch rustikalen Details mit gleicher Sorgfalt.
Dennoch hätten wir zuletzt ungern auf den Hirschrücken im Hauptgang verzichtet, der in seiner feinfaserig zarten Art ohne Weiteres auch als auch Reh hätte durchgehen können und sich von diesem allein durch seinen etwas kräftigeren Geschmack unterschied. Eingefasst wurde das edle und perfekt zubereitete Wild erneut angenehm aufgeräumt und geradlinig von zartfließender Petersilienwurzelcreme und einer Melange aus eleganter Wildjus und Kräuteröl auf dem Hauptteller sowie beeindruckend lockeren und fluffigen Gnocchi zum Selbstdosieren in einer separaten Schüssel.
Wir werden in der neuen Testsaison jedenfalls sehr bald schon im neuen Restaurant der Brüder Garofalo vorbeischauen, um in unserem Online-Guide und der App ein Update mit aktueller Bewertung bringen zu können. Und wir werden sicher auch dort das Dessert nicht aus-

lassen, denn auch die süßen Sachen bekommen die gleiche Aufmerksamkeit wie alles andere, ganz egal ob es nur ein schlicht und pointiert von Schokoladencreme, intensiv reduziertem Coulis und einem Knusperblatt ergänztes Brombeersorbet ist, oder ein etwas aufwendigerer Abschluss, etwa in Gestalt einer ätherisch mit Zitrone gefüllten Vanillemousse nebst Rhabarber als Sorbet, Schaum und marinierte Stücke.
Sicherlich ist auch der Weinkeller, der von Antonio Garofalo als charmanter Gastgeber fachkundig verwaltet wird, mit nach Donaueschingen umgezogen. Ob auch das zuletzt sehr souverän dargebotene 6-Pfannen-Niveau der Küche, die sogar Potenzial zu einer noch höheren Bewertung hat aufblitzen lassen, im Schützen Bestand hat? Wir sind gespannt!

Hotelempfehlung

★★★★★ S

Der Öschberghof

Golfplatz 1, 78166 Donaueschingen
0771-840
www.oeschberghof.com
Einzelzimmer: ab 325 €
Doppelzimmer: ab 477 €

Der Öschberghof begrüßt seine Gäste inmitten einer 45-Loch-Golfanlage bei Donaueschingen am südöstlichen Rande des Schwarzwalds in einem ebenso großzügigen wie luxuriösen Resort, das sicherlich kaum Wünsche offenlässt. In den 127 Zimmern und Suiten trifft modernes Design auf innovative Raumgestaltung. Alle Räume zeichnen sich durch klare Linien, komfortable Wohlfühlatmosphäre und wirkungsvolle Ästhetik aus. Der „SPA & GYM" bietet Ruhe und Entspannung in den vier unterschiedlichen Bereichen „Harmony", „Energy", „Asia" und „Relax SPA". Einen 25 m langen Innenpool, einen 20 m langen, ganzjährig beheizten Infinity-Außenpool, verschiedene Saunen und Dampfbäder, warme Quellen, eine Duschlandschaft mit Eisbrunnen, Massage- und Kosmetikbehandlungen und noch vieles mehr findet man hier auf über 5000qm. Sportbegeisterte trainieren mit den modernsten Geräten auf über 550 qm Indoor- und Outdoor-Trainingsfläche. Fünf Restaurants mit alpenländischer, italienischer und internationaler Küche, darunter ein neues Sushi Popup-Restaurant sowie Fine Dining im ÖSCH NOIR. Außerdem: ein modernes Tagungszentrum mit sechs Räumen und einem Festsaal. Restaurant ÖSCH NOIR separat erwähnt.

★★★ S

Hotel die burg

Burgring 6, 78166 Donaueschingen
0771-17510050
www.burg-aasen.de
Einzelzimmer: 61–107 €
Doppelzimmer: 115–131 €

Zwischen Schwarzwald und Schwäbischer Alb, im beschaulich von Wiesen und Wäldern umgebenen Örtchen Aasen unweit von Donaueschingen, betreiben die Brüder Jason und Niklas Grom ihr kleines, feines Hotel mit zwölf Zimmern und ambitionierter Gastronomie. Die modern-rustikal und sehr behaglich gestalteten Räume (4 Einzelzimmer, 5 Doppelzimmer und 3 Superior-Doppelzimmer für bis zu 4 Personen) sind mit Interieur aus natürlichen, hochwertigen Materialien der Region ausgestattet. Heimisches Holz für eine warme Atmosphäre, alle Zimmer verfügen über einen Sitzbereich, einen Schreibtisch, einen Wasserkocher, einen Flachbild-Sat-TV und ein modernes Bad mit Haartrockner und Dusche. Von schnellem kostenfreiem WLAN im gesamten Gebäude bis zum Zimmerservice und von der Sonnenterrasse bis zum Kinderspielplatz fehlt es hier an nichts. Anspruchsvolle Kulinarik unter der Leitung von Küchenchef Jason Grom gibt es im großzügigen Restaurant; die gepflegte Weinkultur unter der Federführung von Sommelier Niklas Grom auch in der separaten Bar. Für private und geschäftliche Veranstaltungen (bis zu 110 Personen) bietet „die burg" ebenfalls das passende Ambiente. Restaurant die burg separat erwähnt.

Dornum (Niedersachsen)

Fährhaus

Dorfstraße 42,
26553 Dornum (Neßmersiel)
04933-303
www.faehrhaus-nessmersiel.de
Küchenchef: Gerold Janssen, Maximilian Eberleh
Do–Di ab 17 Uhr, Mi RT
Hauptgericht: 24–40 €

Vor dem Fährhaus im Dornumer Ortsteil Neßmersiel befinden sich nur Deich, Wiesen und – ein Stück weiter weg – Hafen, dann die Nordsee. Ein Paradies, um zu wandern und die Natur zu genießen. Das genügt vielen Gästen zum Glücklichsein, zumal auch noch ländlich-gemütliche Hotelzimmer und ein verblüffend reichhaltiges Frühstücksbuffet hinzukommen. Manche scheinen allerdings vor allem des Essens wegen anzureisen und tun gut daran, denn die Küche des von Maximilian Eberleh und seiner Familie geführten Hauses gibt sich überdurchschnittlich viel Mühe. Und das seit vielen Jahren sehr konstant.
Man merkt es bei der Zusammenstellung der Speisekarte, die zwar groß ist, aber Produktbewusstsein und Kreativität durschimmern lässt, man merkt es auch beim tagesfrischen Zusatzangebot. Seezunge oder Steinbutt lassen sich im Ganzen bestellen. Solche Delikatessen werden vom Fischer angeliefert und sind nur in geringer Stückzahl verfügbar. Verfügbar sind aber auch gute Weine – und das zu Preisen, wie sie in der deutschen Gastronomie selten sind. Der niedrige Aufschlag, mit dem hier kalkuliert wird, lädt zur Bestellung einer ganzen Flasche ein. Wir nahmen einen südafrikanischen Spitzenwein des Weinguts Luddite und bekamen ausgezeichnetes Brot sowie einen würzigen Dip mit dezentem Honigaroma.
Danach folgten die gebratenen Accumersieler Tintenfische: frisch vom Kutter sollten sie sein! Und das schien zu stimmen, so schön saftig, fest und klararomatisch, wie sie waren. Dazu kombinierte die Küche Feldsalat und hausgemachte Aioli mit Schnittlauch – so einfach, so gut! Die Küstenfisch-Bouillabaisse umfasste saftige Stücke von Meeräsche und Knurrhahn sowie Nordseekrabben, viel Gemüse, zum Beispiel Paprika, und eine kräftige, aber nicht dominierende Brühe; außerdem wurde separat noch stilecht Knoblauchbrot serviert. Dass auch die erbetene kleine Portion eine gewisse Größe aufwies, verwunderte nicht: im ländlichen Norden wollen die Menschen schließlich satt werden, wenn sie ins Restaurant gehen.
Und so war dann auch der Neßmersieler Deichlammrücken unter der Gewürzkruste ein durchaus üppiger Teller und im besten Sinne altmodisch gestaltet. Das Fleisch war wie auf der Speisekarte angekündigt medium rare gebraten, die Kruste noch ein bisschen weich, aber würzig und aromatisch sehr gut zum kraftvollen Lammfleisch passend. Grüner und weißer angebratener Spargel gerieten knackig, Kirschtomaten und Queller setzten fruchtige wie herbe Akzente und die Lammjus war eine handwerklich tadellos zubereitete Sauce. Für alle, die damit nicht satt geworden wären, gab es auch noch Fregola sarda, auf den Punkt gegart. Für einen solchen Gang würden wir, ohne zu zögern, sechs Pfannen vergeben.
Auch die Nougat-Pralinen-Mousse auf Juister Insel-Rosinenstuten ragte über das übliche Fünf-Pfannen-Niveau hinaus. Geschmacklich erstklassig war sie, allerdings für eine Mousse recht kompakt; sie lag auf einem saftigen süßen Weißbrot mit Rosinen, war mit Kokosraspeln, Himbeere und Physalis verziert und mengenmäßig als Portion zu beschreiben, die für einen allein kaum zu schaffen war. Danach könnte man sich noch an authentischen Bränden versuchen: Das Angebot ist, wie könnte es anders sein, beachtlich.

Hotelempfehlung

Hotel Fährhaus

Dorfstr. 42,
26553 Dornum (Neßmersiel)
04933-303
www.fährhaus.eu
Einzelzimmer: 75–90 €
Doppelzimmer: 120–160 €

„Schlemmen und Schlummern am Deich“ lautet das Motto dieses familiär geführten Ferienhotels, das tatsächlich direkt am Deich der Ortschaft Neßmersiel an der ostfriesischen Küste liegt. Es befindet sich seit mittlerweile 40 Jahren im Besitz der Familie Eberleh und liegt verkehrsgünstig zwischen der historischen Hafenstadt Emden und Wilhelmshaven. Das Weltnaturerbe Wattenmeer ist nur ca. 600 m entfernt. Perfekte Inliner-Strecken zu den benachbarten Küstenorten und ein komplett ausgebautes Rad-Wegenetz macht hier den Weg auch ohne Auto in alle Himmelsrichtungen frei. Die insgesamt 19 Zimmer sind behaglich und komfortabel ausgestattet und bieten alle Dusche, WC, Fön, Radio, Safe, TV und WLAN. Die Zimmerpreise umfassen auch das individuelle Schlemmer-Frühstücksbüffet. Im Restaurant des Hauses wird eine sehr gute, vielfach ausgezeichnete regionale Frischeküche geboten. Restaurant Fährhaus separat erwähnt.

Dorsten (Nordrhein-Westfalen)

7

Goldener Anker

Lippetor 4,
46284 Dorsten
02362-22553
www.goldeneranker.info
Küchenchef: Mick Verheijen, Björn Freitag
Mo–Fr ab 18 Uhr, Sa u. So RT
Menüs: 130–170 €
VISA

Schon seit rund 25 Jahren führt der medienpräsente Koch Björn Freitag den einstmals gutbürgerlichen Stadtgasthof seiner Eltern in Dorsten und hat ihn in dieser Zeit zum beliebten Gourmetrestaurant gemacht – und gehalten. Dank guter Mitarbeiter wie dem aktuellen Küchenchef Mick Verheijen, der in dem mit farbenfroher Lichtgestaltung und Bildern ebenso modern wie behaglich anmutenden Restaurant mit dem Team für die Umsetzung des recht weltläufigen bis zu 7 Gänge umfassenden Menüs verantwortlich zeichnet. Das bewegt sich stilistisch im Bereich der modernen Klassik und ist handwerklich sehr akkurat aus qualitativ tadellosen Produkten zubereitet. Nicht selten werden dessen herzhafte Kreationen durch verschiedene fruchtige Pointen und gut eingebundene Säure aufgelockert, ganz gleich, ob es auf den Tellern nun etwas regionalbetonter zugeht, oder es beschwingt in die mediterrane oder asiatische Richtung geht. Basis ist in jedem Fall immer die gute klassische Schule. Sehr sympathischer und aufmerksamer Service, entspannte Atmosphäre.

Bezahlkarten-Symbole

- Mastercard
- EC-Maestro
- Diners
- American Express
- VISA Visa

Rosin

Hervester Str. 18,
46286 Dorsten (Wulfen)
02369-4322
www.frankrosin.de
Küchenchef: Oliver Engelke,
Frank Rosin
Di–Sa ab 18 Uhr, So u. Mo RT
Menüs: 112–229 €
VISA

Frank Rosin ist den meisten Menschen aus seinen vielen TV-Formaten bekannt, die wenigsten davon kennen sein Restaurant im Dorstener Ortsteil Wulfen, welches er schon seit über 30 Jahren betreibt und das von Mitarbeitern geleitet wird, die schon sehr lang in dieser Konstellation zusammenwirken und das Niveau auch in der häufigen Abwesenheit des Chefs hochhalten. Denn obwohl der umtriebige Chef hier selbstredend nicht persönlich am Herd steht, allenfalls die Grundlinien vorgibt, kann man sich immer darauf verlassen, in dem gleichermaßen schick wie wohnlich gestalteten Restaurant vom Team um Jochen Bauer und Sommelière Susanne Spies kompetent und liebevoll umsorgt und von den Damen und Herren rund um Küchenchef Oliver Engelke attraktiv bekocht zu werden. Zehn Gänge stehen zur Auswahl, drei sind als Minimum gesetzt, viele davon kennt man so oder so ähnlich, wenn man öfter da ist. Gekocht wird – stets eingeleitet von einigen markanten „Schmackofatzen" – klassisch fundiert und immer fantasievoll kreativ. Ab und an geht es auf den Tellern auch mal sehr produktfokussiert zu, meist aber eher „catchy" um Idee und Optik, was dann bisweilen etwas verspielt wirken kann, aber immer sorgfältiges klassisches Handwerk, hohe Qualität und guten Geschmack garantiert. Und so ist und bleibt bei jedem Besuch garantiert, dass dieser beileibe nicht nur vom Star-Glamour des Patrons getragen wird.

Dortmund (Nordrhein-Westfalen)

Grammons Restaurant

Wieckesweg 29, 44309 Dortmund
0231-93144465
grammons.de
Küchenchef: Dirk Grammon
Mi, Fr u. Sa ab 18.30 Uhr,
Do von 12–15 Uhr u. ab 18.30 Uhr,
So–Di RT
Menüs: 149–210 €
VISA

Jetzt geht er ab! Auch wenn Dirk Grammon weder hinsichtlich seines Alters noch seiner Berufslaufbahn ein Rookie ist und vor der Selbstständigkeit im eigenen Lokal vor über einem Jahrzehnt schon als Küchenchef der einstigen Villa Suplie in Werne für viel Aufmerksamt erregt hat, so ist er zumindest in Dortmund noch fast ein Newcomer und mit seiner in jüngster Zeit extrem präzisierten, modern interpretierten klassischen Küche in jedem Fall ein steiler Aufsteiger. Erst im Herbst 2019, also kurz bevor das mit Corona losging, hat er in dem vielmehr Wohn- als Geschäftsgebiet direkt am Dortmunder Knappschaftskrankenhaus das eigene Restaurant eröffnet, das auch auf den ersten Blick eher wie ein privates Einfamilienhaus aussieht, wenngleich die unübersehbare Beschilderung klar das Gegenteil aussagt.
Das Lokal selbst ist ziemlich groß und erstreckt sich über eine legere Weinbar und den offenen Küchenpass in der Mitte bis in den etwas eleganter anmutenden Restaurantbereich im hinteren Teil des Hauses. Und es passt in der ebenso schnörkellosen wie geschmackvollen zeitlosen Ausgestaltung perfekt zur Küche des souveränen Chefs, der hier mittlerweile wirklich groß aufkocht. Schon mit einem umamiwürzig-cremigen Amuse um Parmesan und

Olive startete das Menü nicht nur sehr gefällig, sondern auch äußerst ausdrucksstark, was die Aromen der beiden Produkte angeht. Doch das kannten wir fast identisch schon aus dem letzten Jahr.
Aber auch alle weiteren, äußerst fein und filigran gearbeiteten Grüße aus der Küche waren sehr starke Vertreter ihrer jeweiligen Leitmotive: ein auf eine Stabmuschelschale drapierter jodig-maritimer Salat von verschiedenen Muscheln, Austern und Kaviar mit unaufdringlichen, aber sehr effektiven Nadelstichen von Säure und Frucht zum Beispiel. Oder ein delikater Fingerfood-Snack auf Blätterteigboden, bestückt mit Tatar von der Gamba Blanca, verstärkt von einer Mayo aus Jus von den Garnelenköpfen und schmelzig getoppt von einigen Flocken Lardo. Auch der Topinky von Forellentatar mit eigenem Kaviar und Estragoncreme und ein Waffelhörnchen, das mit Haselnuss und Schokolade zum authentischen Gänseleber-Cornetto wurde, überraschten als sehr starke und delikate Petitessen auf hohem handwerklichem Niveau.
Und das wurde dann auch mit der ersten Vorspeise, die sich um roh marinierte Gelbschwanzmakrele, pochierte Auster, verschiedene weitere aromatische Austern-Komponenten wie geeiste Perlen oder Espuma und dickkörnigen Imperial-Kaviar drehte, keinen Deut schwächer. Ganz im Gegenteil: Zusammen mit verblüffend intensiv und klar schmeckendem Gurkensorbet, marinierten Gurken-Spiralen und wieder einem sehr effektiven Schmelzspender, hier in Form von Eigelbcreme, lieferten sie einen beeindruckenden Start auf 9-Pfannen-Niveau.
Puristischer und noch klarer, aber kein bisschen uninteressanter präsentierte sich im Anschluss daran das glasig gegarte, mit einem Topping aus dem eigenen Kaviar, winzigen Brioche-Croûtons und Schnittlauch aufs Porzellan geschickte Filet von der Forelle aus dem Spessart. Und das profitierte insbesondere von der extrem säurebetonten, aber auf spannungsgeladene Art vollkommen harmonischen, mit Schnittlauchöl marmorierten Beurre blanc aus den geräucherten Karkassen des Fischs. Stark!
Genauso stark, klar reduziert und meisterlich pointiert, wie der schon als Produkt ganz hervorragende, perfekt auf den Punkt gebrachte blaue bretonische Hummer, dessen mundgerecht portionierte Segmente, jeweils von einer Scheibe Champignon getrennt, zusammen mit Artischocke als geröstete Stücke, Creme und Sauce Barrigoule liiert waren. Sublim angestachelt von einer Vin-Jaune-Sauce, bei der das unverkennbare Aroma dieses oxidativen „Gelbweins“ aus dem Jura großartig klar und prägnant herausgearbeitet war, erwies sich auch das ein denkwürdiges Gericht auf hohem kulinarischem Level.
Was hat der anschließenden Rotbarbe aus der Vendée gefehlt, außer ihrer markanten pinken Haut, die durch eine wirklich hauchdünne und völlig unaufdringliche Kruste Brotknusper ersetzt wurde? Richtig: nichts! Das Fleisch selbst wurde von Dirk Grammons und seinem Team in absoluter Perfektion ganz fest, zart und reinaromatisch auf eine intensive Sauce aus den Rotbarbenkarkassen und Muscheln gebettet und nur von drei Tupfen eskortiert, die es aber in sich hatten: Fenchelcreme, eine safranwürzige Sauce Rouille und ein Gel von der Victoria-Ananas, die hier eine wohldosierte Menge an fruchtiger Exotik ins Spiel brachte, ohne das mediterrane Geschmacksbild zu sprengen.
Denn das sähe Dirk Grammon, der hier mit traumwandlerischer Souveränität die große französische Klassik zeitlos interpretiert und auf jedem Teller nicht nur ein hervorragendes Gespür für Produkte, sondern auch für Aromen beweist, auch gar nicht ähnlich. Vielmehr beeindruckt er mit optisch ganz gediegen anmutenden Arrangements wie dem Hauptgang um Poltinger Lamm nebst breiten Bohnen, frischen gepulten Erbsen und Morcheln. Hier standen dank viel schmelzigem Fett hocharomatisches Karree sowie ein kleinwürfeliges Ragout von Zunge und Bries neben dem frühlingshaften Gemüse, von dem vor allem die mit einer fast erfrischenden kräuterwürzigen grünen Sauce umgebenen Bohnen viel Dynamik ins Geschehen einbrachten. Zusammen mit einer maßvoll reduzierten Lammjus voller produkttypischer Aromatik und einer schaumigen Sauce Béarnaise, die auch noch erfrischende Säure spendierte, ein komplexes süffiges Fest!
Und der überraschend hochklassige Eindruck, den die Küche machte, konnte auch vom Dessert mitnichten eingetrübt werden. Im Gegenteil, vielmehr begeisterte das Team mit einem bravourösen Topfensoufflé nebst Rhabarber als Sorbet und Ragout sowie genügend die Oxalsäure puffernden Schmelz und Süße liefernde weiße Schokolade als Eis und Crumbles. Nicht zu vergessen den cleveren Akzent durch intensive geeiste Estragonperlen, die dem nahezu formvollendeten Nachtisch auch noch einen besonderen Twist verliehen.
In Kombination mit den gut überlegten und von Sommelier Peter Jakob versiert vorgestellten Weinempfehlungen bekommt man es bei Dirk Grammon also mit einem mittlerweile wirklich hochklassigen Kulinarium voll jugendfrischer Altmeisterlichkeit zu tun. Eine

Küche, bei der Qualität und Geschmack vor allem anderen steht – die von allem anderen aber auch noch genug bietet!

5

La cuisine Mario Kalweit

Lübkestr. 21, 44141 Dortmund
0231-5316198
www.mariokalweit.de
Küchenchef: Mario Kalweit
Mi–Sa ab 18 Uhr, So–Di RT
Hauptgericht: 26–42 €, Menüs: 67–76 €

In der ehemaligen Clubvilla eines Tennisvereins lädt Mario Kalweit in sein sehr schönes, puristisch-modern gestaltetes Restaurant mit altem Holzparkett, hoher Decke und zeitgenössischen Kunstobjekten. Gegenständlicher sind die handwerklich mit Sorgfalt zubereiteten Gerichte, die sich grundlegend als französisch basierte Klassik präsentieren, gerne mit mediterranem Touch, teilweile mit pfiffigen Akzenten garniert. Auf hohe Produktqualitäten kann man sich hier verlassen, kraftvoll zupackende Aromen auf den Tellern sind ebenfalls seit Jahren gesetzt. So wie das gute Preis-Leistungs-Verhältnis und der zuvorkommende Service von Gastgeberin Susanne Thoenes, die sich hier immer sehr aufmerksam und kompetent um die Gäste kümmert und mit guten Empfehlungen für adäquat gefüllte Gläser dienlich ist.

8↑

The Stage

Karlsbader Str. 1 a, 44225 Dortmund
0231-7100111
thestage-dortmund.com
Küchenchef: Michael Dyllong
Di–Sa ab 18 Uhr, So u. Mo RT
Hauptgericht: 22–42 €,
Menüs: 89–125 €

In das im siebten Stock eines Geschäftshauses residierende Gourmetrestaurant The Stage mit Ausblick über die grünen hügeligen Randbezirke von Dortmund erhält man am Abend durch Klingeln Einlass. Von der Empfangshalle aus fährt man mit dem Fahrstuhl hinauf in das schicke, hell und großzügig gestaltete und vom sympathischen Gastgeber Ciro De Luca und seinem Team kompetent bespielte Restaurant, dessen recht schnörkelloses Ambiente von zeitgenössischer Kunst und Lichtspielen geprägt wird. Das Interessanteste hier liegt aber zweifellos auf den Tellern, denn Michael Dyllong und sein bestens eingespieltes Team begeistern mit handwerklich sehr aufwendig und präzise umgesetzter Kochkunst auf hohem Niveau.
Und man muss auch gar nicht groß drumherum reden: Was die reine Performance angeht, könnte man die Küchenleistung auch problemlos mit 9 Pfannen einstufen. Das Team arbeitet nämlich so elaboriert, feingliedrig und exakt, wie das teilweise nicht mal in höchstbewerteten Restaurants geschieht. Aber genau diese Perfektion und Ebenmäßigkeit ist – es mag absurd klingen – in unseren Augen irgendwie auch der Grund, warum derzeit noch der letzte Ruck an Entschiedenheit, an Ausdruckskraft, an Prägnanz fehlt. Man wünscht sich fast schon ein bisschen mehr Rustikalität an mancher Stelle, noch ein gewisses Maß an aromatischer Emotionalität, Feuer und Rauch, eine markante Ecke oder Kante… Diese Feststellung soll aber die grundsätzlich großartige Leistung nicht schmälern, sondern nur verdeutlichen, warum wir noch mit einer weiteren Aufwertung zögern.
Sehr animierend war jedenfalls gleich zu Beginn der feinwürzige „Oreo-Keks" mit mürber Parmesanwaffel, festcremiger Tomatenfüllung und einem Hauch Passionsfrucht für zusätzliche Frische. Und was dann auch die drei aufwendigen und geschmacklich ausdrucksstarken Appetizer im Fingerfoodformat zu den Leitmotiven „Krabbencoctail", „Schwarzwald-Miso" und „Peking-Ente" andeuteten, wurde spätestens bei der zum Signature Dish avancierten Foie gras „The Stage" mit den Aromen von Pflaume, Mandel und Anis überdeutlich: das Team hat ein ausgesprochen gutes Gespür für perfekt ausgewogene Aromenspiele. Parfait, Eis und Crème brûlée von der Gänseleber waren hier alles andere als (wie leider so oft) ein verkapptes Dessert, sondern kamen mit balancierter Säure, Salzigkeit und schlanker Fruchtnote als elegante Variation mit eindeutigem Vorspeisencharakter daher. Außerdem mit beeindruckender Trennschärfe zwischen allen Aromen und Komponenten und einem echten Spannungsbogen.
Es gibt ausschließlich ausgesuchte, aber mitnichten bloß einschlägige Gourmetprodukte. Der „Alten Friesen-Kuh" beispielsweise wurde eine weitere Vorspeise gewidmet, die sogar noch etwas detailaufwendiger und facettenreicher war und zusätzlich zu Säure, Umami und Frucht mit einer belebenden Schärfe aufwarten

konnte. Auf dem Hauptteller ein mit Kopfsalatstaub bepudertes Tatar, eine Moussenocke vom Tafelspitz und Geleewürfel aus Beeftea, zusammen mit Mikrokomponenten von Grüner Bohne, Roter Zwiebel, Kopfsalat und Passionsfrucht und in einem Cocktailglas à part gab's noch einen thailändisch inspirierten Fleischsalat unter Fenchelgranité und zitrusfrisch-ingwerscharfem Schaum, getoppt mit Rinderfett-Perlen – einige weitere Bestandteile auf beiden Schauplätzen noch nicht mal erwähnt! Auch hier wieder sehr viel Kleinklein und Perfektion auf der Mikroebene, wieder alles in absolutem Einklang, nicht schmeckt vor, nichts eckt an, nichts steckt zurück. Und wie schon erwähnt vielleicht sogar etwas zu ebenmäßig und elegant – hätten wir uns von der Alten Kuh doch ein klein wenig mehr rustikale Präsenz vorstellen können, um noch mehr Ausdruckskraft und Alleinstellungsmerkmal aufs Porzellan zu bringen.

Diese fast schon beängstigende Präzision, mit der das Team hier arbeitet, machte auch vor dem Wildlachs schottischer Provenienz nicht Halt, dessen marinierte dünne Tranche in der Form einer Gyoza-Tasche mit Füllung aus Lachstatar auf dem Teller zu finden war – belegt mit Scheiben von confiertem Shiitake-Pilz, flankiert von verschiedenen Spielarten des Blumenkohls und unterfüttert von einem Sud aus Yuzu, Wasabi und Yuzukoshō. Parallel eingeleitet von einem Schluck klarer süßsaurer Suppe von und mit Shiitake und kleinen Würfeln Shawanmushi.

Vergleichsweise einfacher und minimal gröber gezeichnet präsentierte sich da der in dünnen Streifen zum Nest drapierte weiße Waltroper Spargel, der auch als Creme mit Kokos, Sud, Perlen und Schaum dekliniert wurde. Mit Creme, Öl und zitrusfrischem Gel von der Brunnenkresse, knusprigen Walnussflips und in die Mitte des Nests eingegossenem, mit Spargelsud und Butter aufmontiertem Eigelbsud ein sehr eingängiges, klar auf das Aroma des Spargels abgestelltes Gericht. Und auch das wurde wieder von einem Satelliten eskortiert: eine in einem Knusperröllchen versteckte, mit geröstetem Kaffeeöl, Ponzu, Kokosnusswasser und weiteren Zitrusaromen marinierte Spargelspitze. Klarer, deutlicher und weniger verspielt kam der mit Lardo überschmolzene Kabeljau in glasig-fester Idealform neben einem markant geräucherten moussigen Flan von seiner Leber daher – dynamisch begleitet von einer Art Bärlauchterrine, mit Schnittlauchöl mariniertem Apfel und einer mit Saiblingskaviar angereicherten und mit Apfel und Bärlauch aromatisierten Beurre blanc.

Und an dieser Stelle bewegte sich die Küche schon genauso nah an der Grenze zu 9 Pfannen wie mit dem überraschend ausdrucksstarken Wischelamm, das nicht nur seinen mit einer Sonnenblumenkernkruste gratinierten perfekt gleichmäßig rosasaftig gegarten Rücken, sondern auch ein properes (aber leider winziges) Stück Bries und einen in Riegelform präsentierten, mit Estragoncreme und Sonnenblumenkerncreme applizierten „falschen Haggis" aus dem Schulterfleisch zum Besten gab. Pointiert ergänzt nur um ein pikantes Chutney von roter Paprika, Sonnenblumenkern-Couscous und einer Art Salsa von Sonnenblumenkernen und Estragon. Sehr stark! Nur die Sauce war hier nach unserem Geschmack etwas zu dunkel und intensiv, da wäre eine leichtere, hellere Lammjus das i-Tüpfelchen gewesen. Von daher könnte man die dazu ausgesprochene Weinempfehlung, ein ebenfalls sehr dunkler und kraftvoller, reinsortig ausgebauter Touriga Nacional, als perfekt zur Sauce ausgewählt beschreiben, für das feine Lammfleisch und die anderen Aromen war er uns allerdings auch etwas zu robust.

Ebenfalls sehr gut, wenngleich nicht ganz auf dem Niveau der vorausgegangenen Kompositionen, bewegte sich anschließend der süße Abschluss, der sich um die Leitaromen von Rhabarber, Blattpetersilie, Himbeere und Vanille drehte – auch wieder in vielen unterschiedlichen Aggregatzuständen, aber eher als unkompliziertes und sehr harmonisches Löffelgericht konzipiert. Die Petersilie war sicherheitshalber nur sehr dezent angedeutet und nicht markant nach vorne gestellt, womit die Chance verpasst wurde, ein finales Ausrufezeichen zu setzen. Klar kann so etwas natürlich nach hinten losgehen, andererseits dem Finale aber auch einen schmissigen Akzent geben. Mit noch etwas mehr Mut zur Kante könnte das Team definitiv den nächsten Schritt gehen. Wir sind gespannt, wie sich die Küche weiterentwickelt…

6

VIDA by Dyllong & De Luca

Hagenerstr. 231,
44229 Dortmund
0231-95009940
www.vida-dortmund.com
Küchenchef: Sascha Kosslers
Di–Sa ab 17 Uhr, So u. Mo RT
Hauptgericht: 24–49 €,
Menüs: 69–89 €
VISA

Das trendig-urbane VIDA mit seiner coolen Mischung aus stylischer Bar und ambitionierter Weltküche hat einen festen Platz in der Dortmunder Restaurantszene und ist nicht mehr daraus wegzudenken. Der rund um die markante Bar angelegte Gastraum hat von der lässigen Atmosphäre inklusive treibender Elektrobeats über die hochwertigen Getränke bis zu den schlagkräftigen Gerichten aus der Feder von Küchenchef Sascha Kosslers allerhand zu bieten. Stilistisch steht das VIDA für eine lockere ungezwungene Gangart von Casual Fine Dining, die programmatisch Einflüsse aus aller Welt verbindet und in den meisten Gerichte eine gewisse Exotik verankert. Generell setzt die Küche eher auf wenige markante Komponenten und eine klare Linie ohne allzu aufwendige Detailarbeit, aber mit hohem Unterhaltungs- und Genusswert. Neben den gekonnt und individuell gemixten Cocktails bietet die kleine Weinkarte eine abwechslungsreiche Auswahl hochwertiger Flaschen größtenteils renommierter Erzeuger.

7

Wibbelings Hof

Wittichstr. 23,
44339 Dortmund
01522-2501188
www.wibbelings-hof.de
Küchenchef: Sandra Haumann,
Joans Friedhoff
Do–Sa ab 19 Uhr, So von 12–15 Uhr,
Mo–Mi RT
Menüs: 75–100 €
VISA

In der idyllisch ländlichen Lage, umgeben von Wiesen und Feldern, erscheinen die hier sonst allgegenwärtigen Großstädte ganz weit weg – wenngleich das modern und hell gestaltete Gebäudeensemble des Wibbeling Hofs offiziell noch direkt zu Dortmund zählt. Das engagierte Team um Sandra und Jörn Haumann hat hier einen besonderen Genussort geschaffen, in dem vom Hofcafé über einen Abstecher in den kleinen Genusshop mit allerhand ausgesuchten Viktualien bis zum großen Menü am Abend vielfältige Angebote für einen Besuch sprechen.
Wie der gesamte, von einem Urgroßvater des Gastgebers 1899 erbaute Hof, ist auch das Restaurant um die alte Bausubstanz herum erfrischend hell und modern gestaltet und bietet mit fein gedeckten blanken Holztischen und großformatiger abstrakter Kunst zwischen altem Fachwerk einen adäquaten Rahmen für anspruchsvolle Küche – eher Bistro als Gourmettempel, aber das auf sehr ansprechende Art. Die Küche schließt daran direkt an und setzt mit einem einzigen Menü in wahlweise vier oder sechs Gängen ein klares Statement für Produktqualität und einen Fokus auf das Wesentliche, der sich auch auf den Tellern in oft geradezu puristisch-klarer Klassik widerspiegelt.
Mit einer Mini-Quiche-Lorraine und saftigkross gebackener Rinderschulter mit Sojagel und Karottenblüte startete der letzte Besuch auf jeweils sehr kraftbetont klare Art. In beiden Fällen hätte auch ein frischerer Akzent gut gepasst, aber ein wohliges Ankommen war auch so in jedem Fall gegeben. Außerdem wurde bereits an dieser Stelle deutlich, dass handwerklich ebenso exakt wie substanziell gearbeitet wird.
Und genau das zeigte dann auch der erste Gang mit einem handgeschnittenen Tatar aus gut marmoriertem Rinderfilet, das von einer fleischig pochierten Auster in zupackend säuerlich-würziger Schalottenvinaigrette gekrönt und von einer samtigen Vichysoisse umspielt wurde. In diesem wunderbar aufgeräumt klaren Auftakt sorgten außerdem ein filigraner Korallenchip für etwas Crunch und Estragonöl für intensive aniswürzige Noten. Und mehr brauchte es dann auch nicht, um zu einem eindrücklichen und runden Ergebnis zu kommen.
Der gleiche aufs Wesentliche reduzierte Stil prägte auch die folgende Interpretation von „Coq au vin“: Den ursprünglichen Schmorcharakter transportierte hier eine rotweinwürzige, von feiner Säure aufgeladene Sauce. Alle anderen Komponenten von den dunklen Duxelles über ein fruchtiges Rotwein-Zwiebelconfit bis zum säuerlichen Kirschgel und geflämmten Lardo aus eigener Produktion waren dagegen

eher konzentrierte Zitate des Originals. Damit unterstützten sie aber umso wirkungsvoller die in Rotwein eingelegte, dann straff (nicht zerkocht!) sous-vide gegarte und abschließend geflämmte Hühnerbrust im Zentrum, so dass ein ganz neues Coq au vin entstand, in dem das Original jedoch aromatisch klar wiederzufinden war.
Etwas weniger kontrastreich, aber mit ebenso viel Substanz, kam der im knusprigen Briochemantel mit getrüffelter Kalbsfarce gegarte Kalbsrücken daher. Dessen gleichmäßig rosa gegartes Fleisch wurde von einem weißen Bohnencassoulet mit knackigem grünem Spargel, Wildspargel und einer erdigen Bohnencreme auf eher gegenständliche Art begleitet. Wobei hierbei insbesondere die punktgenaue Zubereitung jedes einzelnen Gemüses sehr viel aus dem scheinbar Simplen herausholte. Und gemeinsam mit einer elegant-tiefgründigen Kalbsjus war das ein würdiger, harmonisch-kraftvoller Hauptgang.
Der Abschluss rund um Heidelbeere, Crème fraîche und Lavendel blieb dann ebenfalls dem typisch puristisch-klaren Stil treu und fächerte vor allem das herb dunkelfruchtige Aroma der Heidelbeere als Sorbet, Crème patissière und gelierte Kaviarperlen sehr differenziert auf, mit dem Lavendel nur als dezenten Hauch im Hintergrund. In dem kleinen individuellen Weinsortiment gibt es dazu ein klug aufgebautes Spektrum unterschiedlicher Weinstile und daraus auch korrespondierend zu den Gerichten hochwertige Empfehlungen. Gemeinsam mit dem entspannt souverän agierenden Service eine adäquate Ergänzung der ambitionierten Küche.

Dreis (Rheinland-Pfalz)

Sonnora

im Waldhotel Sonnora
Auf'm Eichelfeld 1, 54518 Dreis
06578-98220
www.hotel-sonnora.de
Küchenchef: Clemens Rambichler
Do ab 19 Uhr, Fr–So von 12–13.30 Uhr u. ab 19 Uhr, Mo–Mi RT
Hauptgericht: 95–168 €,
Menüs: 288–298 €

Viele Worte braucht das Waldhotel Sonnora zur Einführung eigentlich nicht, handelt es sich doch fraglos um eine der ganz großen Gourmetinstitutionen des Landes, die einst von Ulrike und Helmut Thieltges und deren Passion für klassische französische Hochküche geprägt wurde und mit Magdalena und Clemens Rambichler mehr als würdige Nachfolger gefunden hat. Der Bayer Rambichler hat während seiner langen Zeit als Sous- bzw. Küchenchef von Helmut Thieltges nicht nur dessen Stil tief verinnerlicht, sondern besitzt darüber hinaus die Fähigkeit, ihn mit einer eigenen Handschrift zeitgemäß und erfrischend inspiriert zu halten. Dass Magdalena und Clemens Rambichler sich als neue Inhaber längerfristig dem Waldhotel verpflichtet haben, ist deshalb ganz klar ein großes Glück für alle treuen Stammgäste, aber genauso auch für alle Gourmets, die zum ersten Mal ins Waldhotel pilgern und die hier eben keine „Museumsküche“ erwartet.
Und alle Gäste können sich mittlerweile auch über das renovierte, weniger plüschig und dafür zeitlos-elegant anmutende Interieur in den großzügig angelegten Räumlichkeiten freuen. Vor allem aber natürlich auf eine Küche, die auf wunderbare Art die schwelgerische Kraft und Tiefe klassischer Kochkunst mit höchster Prä-

zision und größtmöglicher Eleganz verbindet. Dass dabei auch die Produkte höchsten Ansprüchen genügen, braucht kaum gesondert erwähnt zu werden. Wohl aber, wie klar und ausdrucksstark sie in Szene gesetzt werden, ganz ohne irgendwelche Spielereien, aber mit feinen Akzenten in wohldosierter Kraft, insbesondere gebündelt in grandiosen Saucen.
Für die Erfahrung und Klasse des Teams um Clemens Rambichler spricht außerdem, dass auch die Menüdramaturgie genauestens durchdacht ist und so trotz der vielen intensiven Eindrücke am Ende ein beschwingtes und dynamisches Gesamterlebnis steht. Entsprechend leicht und frisch wurde dieses zuletzt mit den ersten Kleinigkeiten eröffnet. Von einer Tomatengazpacho mit Melisse und Melone auf weißer Tomatenmousse über Auster mit beinahe kitschig intensiven Gurken-Zubereitungen und Imperial Kaviar bis zum Taschenkrebs unter filigranem Knuspergitter mit fein differenzierten Zitrusnoten von Grapefruit, Orange und Limone neben Dill und Alge mit jeweils laserscharf und fein gesetzten Aromen.
Den Übergang zum eigentlichen Menü schaffte – mit etwas mehr Volumen und Kraft – ein wolkenzarter Eierstich, der gemeinsam mit kleinen geflämmten Wagyu-Rinderwürfeln und deren fettem Schmelz enorme Umami-Konzentration auf ganz seidig-helle Art transportierte, dabei von knackigem weißem Spargel und Erbsen mit frühlingshafter Frische aufgelockert wurde und auf diese Art beinahe schon als erster Gang hätte durchgehen können.
Wirklich los ging es dann aber in Gestalt einer in ähnlicher Form bereits aus dem letzten Jahr bekannten Gänseleberterrine mit eingearbeiteter Walnuss unter einem filigranen frischen Topping aus grünem Apfel, Sellerie, Estragon und Friséespitzen, die neben einer konzentriert aufgeladenen Vinaigrette aus Apfel, Sellerie und Muskateller sowie einem duftig grünen Staudenselleriesorbet mit lockerflockig geraspelter Walnuss angerichtet wurde, die in dieser Form ganz zart nussige, fast grünlich wirkende Nuancen einbrachte. Insgesamt entstand so ein kaum süßer, eher feinherber und wunderbar transparenter Eindruck.
Den gleichen klaren Fokus gab es auch beim folgenden Premium-Langustino mit reintönig zartem Fleisch, der von verschiedenen klar differenzierten und sich gleichzeitig gegenseitig potenzierenden Tomatenzubereitungen ergänzt wurde: Einmal als Sauce Vierge, dann als sanft geschmolzene Würfelchen und schließlich als fruchtiges gelbes Gelee auf dem Krustentier. Daneben brachte eine frisch aufgeschlagene Hollandaise sowohl Schmelz als auch eine weitere belebende Säurespur, während duftiges Basilikum und kleine Crumbles von karamellisiertem Kampotpfeffer zusätzliche feine Akzente setzten.
Dass danach der Hummer seinem engen Verwandten direkt die Show stehlen konnte, ist eher selten, gelang hier aber dank erneut absoluter Referenzklasse mit bestechend klarem, nussig-süßlichem Geschmack und knackig-zarter Konsistenz. Daneben gab es mutig kontraststarke Begleiter rund um das Birne-Bohne-Speck-Thema in Form eingelegter Birnenscheiben für eine feine milde Süße neben verschiedenen grünen Bohnen, zartbitterem Chicorée und hauchdünnen knusprigen Zwiebelringen, die hier anstelle von Speck für einen kleinen rustikalen Twist sorgten. Und für die Untermalung sorgte ein spannungsgeladen straffer, insgesamt aber eher lieblich gehaltener (nicht auf braune Röstwürze abgestellter) Hummerfond mit grünem Lauchöl marmoriert.
Nach diesem kreativen kraftvollen Einschub wurde es beim folgenden Steinbutt auf gleichem hohem Niveau etwas entspannter, weil der exakt auf den Punkt gegarte (nicht zu glasige und dennoch saftig-zarte) Plattfisch sehr reduziert unter buttrig schmeichelnden Avocadoscheiben nur von einem duftig-eleganten Limonen-Thymiansud begleitet wurde. In dem fanden sich außerdem heiße Orangenstücke, knackig grüne Segmente und Estragonöl, was eine betörend dynamische Melange ergab, die ein weiteres Mal die große Klasse sämtlicher Saucen und Essenzen im Waldhotel unter Beweis stellte.
Dass die für den Hauptgang auf Binchotan zu saftiger tiefrosa Perfektion gegrillte und unter einer satten Schicht eingelegten Trüffels schwelgerisch angerichtete Taubenbrust dann nicht von einer klassischen Jus, sondern einer losen Vinaigrette aus Haselnussöl, Akazienhonig und Pinienkernen begleitet wurde, ändert daran ebenfalls nichts. Im Gegenteil: Auf diese Art wurde die Taube besonders elegant nach vorn gestellt und außerdem von eingelegter Feige, einem von subtiler Salzigkeit durchzogenen Feigenpüree sowie einem gebackenen Würfel aus Sellerie und einer an Sechuan- oder Kampotpfeffer erinnernden, leicht betäubenden Schärfe ebenso kontrastreich wie feinsinnig harmonisch begleitet. Ein weiteres Highlight!
Den wieder frühlingshafteren Abschluss stellte ein Törtchen aus dunkelkross gebackenem Blätterteig rund um duftige Erdbeeren und Walderdbeeren neben limonenfrischem Eis von Fromage blanc, ergänzt um kleine feine

Details aus Erdbeere und Limone und schwelgerisch abgerundet von einer heißen Basilikum-Sabayone, die auf feinsinnige Art ätherischen Kräuterduft mit Weinwürze und üppigem Schmelz verband – und die dankenswerterweise zum großzügigen Nachportionieren am Tisch belassen wurde.
Ganz dem großen Namen und dem Anspruch des gesamten Hauses angemessen agiert das Serviceteam rund um Magdalena Brandstätter mit beinahe schwebend eingespielten Abläufen, ist immer präsent, humorvoll an den passenden Stellen, und sorgt für eine wunderbar entspannte Atmosphäre auf höchstem Niveau. Und auf dem liegt zweifelsohne auch die stattliche Weinauswahl in beachtlicher Breite und Tiefe, die aber nicht nur teure Hochkarätiger, sondern adäquate Begleiter für nahezu jeden Anlass und jedes Budget listet.

Hotelempfehlung

Waldhotel Sonnora

Auf'm Eichelfeld 1, 54518 Dreis
06578-98220
www.hotel-sonnora.de
Einzelzimmer: 210–310 €
Doppelzimmer: 260–360 €
VISA

Das von einem wunderschönen Park umgebene, Anfang 2021 umfassend renovierte Waldhotel Sonnora liegt etwas versteckt und romantisch verwunschen in einem Wäldchen am Ortsrand von Dreis. Der perfekte Ort für Entspannung und Erholung rund um ein kulinarisches Erlebnis in einem der besten Restaurants Deutschlands. Die 15 zeitlos elegant gestalteten, mit bequemen Boxspringbetten und hochwertigen Materialien komfortabel ausgestatteten Zimmer bestechen durch individuelles Design, Farbkonzept und unterschiedliche Raumaufteilung. Sie verfügen unter anderem über schnelles kostenloses WLAN und moderne Flat-TVs. Die Zimmer mit gehobener Ausstattung bieten zusätzlich einen Balkon oder eine Terrasse und teilweise einen Wohnbereich. Im Zimmerpreis enthalten ist nicht nur die Minibar und das opulente „Genießer-Frühstück Sonnora", sondern auch diverse Hotelkosmetik auf biologischer, nachhaltiger Basis. Das Waldhotel ist der ideale Ausgangspunkt für Freizeitaktivitäten und Unternehmungen in der Eifel. Es ist 12 Gehminuten vom Ortszentrum sowie 14 km vom Golf Club Trier und der Salm entfernt. Man kann eine Schifffahrt entlang der Mosel machen, durch die Weinberge wandern oder auch Deutschlands älteste Stadt Trier besuchen. Gourmetrestaurant Sonnora separat erwähnt.

Dresden (Sachsen)

6

Caroussel Nouvelle

im Hotel Bülow-Palais
Königstr. 14, 1097 Dresden
0351-8003140
www.buelow-palais.de/restaurants-bar/#caroussel
Küchenchef: Sven Vogel
Täglich von 12–14 Uhr u. ab 18 Uhr, kein RT
Hauptgericht: 28–38 €,
Menüs: 94–124 €
VISA

Über viele Jahre hat das mitten im Dresdner Barockviertel gelegene Hotel Bülow Palais die Restaurantszene der sächsischen Landeshauptstadt mit einem expliziten Gourmetrestaurant entscheidend geprägt. Dann kam Corona, der Weggang des langjährigen Küchenchefs und ein neues Konzept. Aus dem Caroussel wurde das Caroussel Nouvelle, das (zumindest am

Abend) die gehobene Küche mit bodenständigen Klassikern als gleichberechtigte Teile des Angebots verbindet und zugleich auch räumlich eine Trennung zwischen Gourmet und Bistro aufgelöst hat.
In den Räumlichkeiten des Wintergartens und der Galerie (oder im Sommer draußen auf der Terrasse) bieten das exklusiv designte Ambiente, elegante Tischkultur und feines Meißner Porzellan sowohl für ein Wiener Schnitzel mit Kartoffel-Gurken-Salat oder ein US-Flanksteak mit gebackener Aubergine und Kartoffelgratin einen ansprechenden Rahmen, also auch für das wahlweise vegetarische Gourmetmenü in bis zu fünf Gängen.
Für die niveauvolle Umsetzung beider Seiten der Küche steht mit Sven Vogel ein dem Haus bereits seit vielen Jahren verbundener und erfahrener Chef am Herd, der einerseits die Feinheiten ambitionierter Küche noch aus Carousel-Zeiten kennt, sich andererseits bewusst zurückzunehmen weiß und so auch die Gerichte der Gourmetkarte eher auf das Wesentliche konzentriert, als sie allzu aufwendig auszugestalten.
Derartige Zurückhaltung und der Fokus auf wenige Komponenten sind grundsätzlich Tugenden, von der viele hochmotivierte Chefs profitieren könnten – setzen aber voraus, dass die gesetzten Akzente auch wirklich zünden und exakt ausgearbeitet werden. Und genau das gelang beim letzten Besuch mal besser und mal weniger gut, in jedem Fall aber nicht ganz schwankungsfrei.
So wurde beispielsweise ein mit Rote Bete gebeizter und sanft temperierter Saibling mit zartem (allerdings etwas zerpflückt wirkendem) Fleisch neben eine recht sperrige Entourage aus einer Blattsalat-Vinaigrette mit Senfkörnern, Rote Bete als Creme und zarte Lamellen, einem pastös gebundenen Salat-Gel sowie erdig-malziges Eis von Pumpernickel gestellt. Geschmacklich ging die Idee vor allem durch die dunklen malzigen Noten als Ergänzung zur Bete durchaus sehr gut auf, handwerklich blieb aber ein holpriger Eindruck, bei dem tatsächlich noch weniger Komponenten vermutlich besser gewesen wären.
Deutlich harmonischer und generell mehr auf einen weichen, runden Eindruck hin angelegt, wirkten die folgenden, von Bonitoflocken umwehten Streifen eines festfleischig-zarten, aber aromatisch nicht ganz klaren, sondern minimal derben Steinbutts in einer milden grünen Petersiliensauce, die von jungem Spitzkohl mit leichten Röstnoten und ansonsten zarter Süße begleitet wurden. Und apropos Süße: der Teller war zwar einerseits weit davon entfernt, dezidiert süß zu wirken, andererseits fehlten aber auch zugespitzt straffe Akzente und präsente Säure, die hier noch für zusätzliche Dynamik hätten sorgen können.
Im Hauptgang stand der sauber zurechtgeputzte, aber dank viel typischem würzigem Eigengeschmack dennoch charakterstarke Rücken vom Salzwiesenlamm mit exakt getroffenem optimalem Garpunkt und einer ebenfalls produkttypischen, kraftvollen Lammjus im Mittelpunkt. Gemeinsam mit röstigen (dafür aber extrem weich gegarten) Topinamburspalten, geflämmten süßwürzigen Lauchherzen sowie einer konzentrierten Erbsen-Espuma mit Erbsensprossen ergab das einen vor allem auf Kraft und Intensität ausgerichteten Teller. Der wirkte eingängig und ausdrucksstark, allerdings wie auch der Steinbutt vorab auf eher gediegene, breite Art, die durchaus zugespitzter Akzente vertragen hätte.
Das Dessert rund um Skyr, Grapefruit und Cashewnüsse mit einem ätherisch-bitteren Kumquatsorbet und Granatapfel als markante Kontraste, bot danach willkommen viel Leichtigkeit und Frische und schaffte so einen auf aufgeräumte Art einen gelungenen Abschluss. Im grundsätzlich mit einer dem Anspruch des Hauses entsprechenden Zuvorkommenheit agierenden Service sorgten zuletzt teils etwas wirre Abläufe für Irritationen, ohne aber den Wohlfühlfaktor deutlich zu beeinträchtigen. Und auch der Weinkeller ist weiterhin stattlich bestückt, mit sowohl glas- als auch flaschenweise vielen lohnenden Gewächsen aus Sachsen und der großen Weinwelt.

7

Elements

Königsbrücker Str. 96, 1099 Dresden
0351-2721696
www.restaurant-elements.de
Mi–Sa ab 18 Uhr, So–Di RT
Hauptgericht: 45–50 €, Menüs: 95 €
VISA P

Mittags konzeptionell einfacheres, aber gutes Lunchkonzept, abends von Mittwoch bis Samstag gehobenes Fine Dining, für das auch unsere Bewertung steht: Stephan und Martina Mießner betreiben auf dem ehemaligen Industriegelände der Zeitenströmung seit Jahren ein erfolgreiches und stimmiges Konzept, das in beiden Bereichen vom Können des Teams und einer unaufgeregt souveränen Gangart profitiert. Wer abends das Gourmetprogramm wählt, kann sich in dem Restaurant mit in kraftvollem Lila gestrichenen Wänden und kontrastierenden weißen Balken auf größtenteils klassisch französische Cuisine freuen, die zwar den einen oder anderen Blick ins Mediterrane oder Asiatische wagt, ihre Basis dabei aber nie verlässt. Und das ist gut so, denn die erfreulich uneitlen Gerichte leben gerade von ihrem kraftvollen und harmonischen Charakter mit wenigen, elegant eingebundenen Komponenten. Das macht dank der hohen Produktqualität durchweg Freude und wird von charmantem Service und einer attraktiven Weinkarte begleitet.

7

Genuss-Atelier

Bautzner Str. 149, 1099 Dresden
0351-25028337
www.genuss-atelier.net
Küchenchef: Marcus Blonkowski
Di–Fr ab 17 Uhr, Sa von 12–15 Uhr u. ab 17 Uhr, So u. Mo RT
Hauptgericht: 18–38 €,
Menüs: 60–100 €

VISA

Das kleine, von Nicole Blonkowski und ihrem Bruder Marcus Blonkowski engagiert geführte Genuss-Atelier nahe der Elbe ist aus der Gourmetszene der sächsischen Landeshauptstadt längst nicht mehr wegzudenken. Über mittlerweile fast zehn Jahre ist das adrette Kellerrestaurant mit seinen wechselnden Exponaten regionaler Künstler und den urigen Steingewölben souveräner und etablierter geworden, hat aber immer noch den charmant ungezwungenen Charakter einer sehr „casual" gehaltenen Spielart von Fine Dining.

Das Ambiente in den vier unterschiedlichen Räumen wirkt durch die Gewölbe unmittelbar behaglich, dank stylischer Designermöbel aber gleichzeitig elegant und ermöglicht gemeinsam mit der ungezwungenen Art des Teams sehr schnell ein entspanntes Wohlfühlen und Einlassen auf die Küche. Wobei auch die Küche selbst das nicht allzu schwer macht mit ihren zwar teils kreativeren Kombinationen, aber insgesamt doch sehr eingängig und klar konzipierten Gerichten, die eigentlich immer von deutlich herausgearbeiteten, schlüssigen Aromenakkorden geprägt sind.

Die vormals handwerklich und aromatisch teils etwas gröber gefassten Details finden sich kaum noch. Stattdessen präsentiert das Team sowohl die Hauptprodukte als auch die begleitenden Komponenten und Gemüsezubereitungen mittlerweile wohlproportioniert und durchdacht. Tatsächlich gab es den einzigen wirklichen Ausrutscher zuletzt direkt beim ersten Gruß aus der Küche, bei dem Tomate und Olive als Miniatur-Zubereitungen präsentiert, aber ihre typischen fruchtigen und feinbitteren Aromen allzu stark von den darübergestreuten gerösteten Semmelbröseln dominiert wurden. Bereits der darauffolgende dünne Knusperchip mit hauchzart geräuchertem Kaninchenrücken in Teriyakisauce mit Senfkörnern wirkte dagegen deutlich stimmiger mit seinen auf engem Raum gebündelten Kontrasten.

So richtig gut los ging es beim ersten offiziellen Gang, der in feinhandwerklicher Akkuratesse eine festfleischige Rolle gebeizter Forelle in Petersilie mit einem kleinen Kartoffelbaumkuchen, Pommes Soufflé und einer knusprigen „Blüte" aus hauchdünnen Kartoffelblättern kombinierte – erfrischend zusammengehalten von einem knallgrünen Kräutersud und einem eher fruchtig wirkenden Kontrast durch eine violette Nocke, vermutlich ebenfalls auf Kartoffelbasis.

Begeisterte hier schon der feinfühlige Umgang mit Kartoffel und Kräutern, setzte das Team mit der folgenden Präsentation von Kohlrabi und Stangensellerie noch eins drauf. Die beiden charakterstarken Gemüse wurden mit viel Fingerspitzengefühl von Blatt bis Knolle verarbeitet und zeigten so enorm viele Facetten auf: Ein geschmorter Quader wirkte eher erdig, knackige Kugeln mehr ätherisch, genau wie die zarten Blätter und Stielstücke, die zudem eine gewisse grüne Frische einbrachten. Gerösteter Buchweizen und sandig-knusprige Buchweizenstreusel sowie eine leicht gebundene warme Yuzu-Vinaigrette mit der typischen blumigen Säure rundeten das Ganze originell ab und sorgten für einen Gesamteindruck auf starkem 7-Pfannen-Niveau.

Beim folgenden Kalbsfilet wurde es dann im direkten Vergleich wieder etwas ruhiger und gediegener: Neben dem saftig-straffen Fleisch

unter einem hochintensiven, an Liebstöckelsalz erinnernden Kräutercrunch stand ein recht üppiges softes Ei Royale mit Artischocke, Erbsencreme und Erbsensprossen, was einerseits eine gewisse schmeichelnde Fülle erzeugte, dazwischen aber auch auflockernde Frische. Abgerundet von einer eleganten Kalbsjus mit viel Power, ohne zu fett und dominant zu wirken. Ein substanzstarker Hauptgang!
Und auch bei den Desserts gibt sich das Team keine Blöße. Sei es bei einem kompakt angerichteten Arrangement rund um cremig-frisches Joghurteis mit dunkler Beerenfrucht als Baiser und Coulis sowie nussig-röstigem Crunch als eher regionaler Abschluss oder bei einem Ausflug in die weite Welt zwischen dem hellen Schmelz weißer Schokolade, üppiger Mango-Fruchtigkeit und duftigem Kokos.
Dazu sorgt der Service rund um Gastgeberin Nicole Blonkowski dafür, dass auch die Gläser stets adäquat gefüllt sind. Der Keller hält dafür viele spannende regionale Optionen parat, die es anderswo kaum zu entdecken gibt – zu den gleichen fairen Preisen, die das gesamte Konzept des Genuss-Ateliers auszeichnen.

5

Moritz

**An der Frauenkirche 13,
1067 Dresden
0351-41727152
www.moritz-dresden.de
Täglich ab 17.30 Uhr, kein RT
Hauptgericht: 39–42 €**

VISA

Der Wintergarten im fünften Stock des Suitess-Hotel direkt gegenüber der Frauenkirche bietet seinen Gästen den Ausblick auf die imposante Kuppel und zudem auch noch die Möglichkeit, hier auf überdurchschnittlichem Niveau zu speisen. Dafür zeichnet ein junges engagiertes Küchenteam verantwortlich, das mit einer munteren weltläufigen Mischung aus kreativ interpretierter Regionalküche und internationalen, insbesondere mediterranen Gerichten für Abwechslung und Niveau auf den Tellern sorgt. Bisweilen mit originellen Ideen und schmissigen Akzenten garniert, in der Ausführung nicht immer ganz detailgenau bis ins Letzte ausgefeilt, aber durchgängig auf einer soliden handwerklichen und qualitativen Basis. Außerdem gibt's ausgesuchte Weine aus Sachsen und darüber hinaus sowie aufmerksamen, authentischen Service.

5

VEN

**Rampische Str. 9, 1067 Dresden
0351-795151021
www.ven-dresden.de
Küchenchef: Marcel Spahn
Di–Sa ab 18 Uhr, So u. Mo RT
Hauptgericht: 15–33 €, Menüs: 49–69 €**

VISA P

Unmittelbar im historischen Zentrum Dresdens zwischen Frauenkirche und Coselpalais bietet das Hotel Innside by Melia eine stylische und komfortable Fluchtmöglichkeit vor dem touristischen Treiben und mit dem VEN im Innenhof oder der angrenzenden Galerie außerdem ein ambitioniertes Restaurant. Konzeptionell bewegt sich das von Küchenchef Marcel Spahn und seinem Team bekochte VEN mit seinem hohen, lichtdurchfluteten Gastraum clever zwischen unkompliziertem Bistro und Fine Dining, aus der bewusst klein gehaltenen Karte kann durchweg à la carte gewählt, genauso aber frei ein äußerst einladend kalkuliertes Menü in drei bis fünf Gängen zusammengestellt werden.
Letzteres startet dann beispielsweise mit einer Interpretation von Vitello tonnato in Form zarter rosa Kalbfleischscheiben, die erfreulich gut temperiert und somit schön eigenaromatisch rund um ein zupackend würziges Thunfischeis angerichtet waren. Mit unterschiedlichen Akzenten von frittierten Kapern, Kresse und Tomate erhielt das Arrangement eine gewisse Auflockerung und spielte die klassischen Ingredienzen gekonnt auf neue Art aus, ohne sie zu sehr zu verfremden.
Generell wirken die Teller akkurat und optisch markant, sind aber letztlich nicht übertrieben aufwendig inszeniert, sondern eher geradlinig gehalten. So wie auch die prononcierte, in salzig-säuerlicher Art konzentrierte kühle Apfel-Staudensellerie-Suppe, die zwischen harmonisch abpuffernder, nur etwas trocken-fester Frischkäsecreme in geschwungener Form den

Teller füllte und so die Basis für saftige Flusskrebsschwänze von guter Qualität bildete. Austernkraut und Petersilie sorgten dazwischen zusätzlich für herbale Akzente und einen gewissen Biss.
Im gleichen unkompliziert pfiffigen Stil überzeugte ein krosses Doradenfilet mit einer vollaromatischen Scheibe von der Ochsenherztomate, mildbitterer Auberginencreme und frischgrün knackigen Zucchinikügelchen – eine insgesamt relativ schlicht und naturbelassene, aber in jeder Komponente intensive Kombination. Für Süffigkeit sorgte hier das separat servierte Fregola-Risotto mit seiner leichten cremigen Käsebindung. Das funktionierte auf diese aufgeräumte Art insgesamt ganz gut, hätte aber von einer pointierten Sauce oder Vinaigrette sicherlich noch profitieren können.
Dafür gab's im Dessert wieder deutlichere Kontraste in Geschmack und Textur, nämlich mit einer sommerlich frischen Kombination aus einem kleinen fluffig-warmen Donut neben vollreifen Himbeeren und Himbeergel, einem erfrischend schlanken Zitroneneis auf Joghurtbasis und einer üppigen dottergelben Creme, die neben deutlicher Süße auch eine dezente Rosmarinwürze einbrachte.
Unterm Strich könnte das Team noch fokussierter an aromatischen Details arbeiten, um durchgängig das 5-Pfannen-Niveau zu untermauern, oder sogar noch auszubauen, was aufgrund der soliden Basis durchaus im Bereich den Möglichen wäre. Gerechtfertigt ist die aktuelle Bewertung aber auch so. Und obendrein gibt es das zu fairen Preisen, inklusive aufmerksamem Service und einer ansprechenden Auswahl guter Weine aus Sachsen und anderen Anbaugebieten.

6

Weinzentrale

Hoyerswerdaer Str. 26, 1099 Dresden
0351-89966747
www.weinzentrale.com
Küchenchef: Sebastian Roisch
Mo–Fr ab 18 Uhr, Sa u. So RT
Hauptgericht: 18–23 €, Menüs: 39–59 €
VISA

Die von Jens Pietzonka bereits 2015 in der Dresdner Neustadt eröffnete Weinzentrale ist alles andere als eine Neuentdeckung – von der ersten Stunde an hat der ehemalige Sommelier des (mittlerweile geschlossenen) Bean&Beluga hier mit einer in Breite, Tiefe und Individualität herausragenden Weinkarte für Furore gesorgt und so zurecht zahlreiche Auszeichnungen eingesammelt. Neu ist allerdings, dass es in der schlichten, von vielen hochwertigen Flaschen dekorierten Weinbar neben unkomplizierten Snacks auch eine kleine, aber feine Auswahl aufwendiger gestalteter Gerichte gibt – selbstredend mit punktgenauer und stets spannender Weinbegleitung.
Wobei „aufwendig" die Sache gar nicht so genau trifft, denn die von Küchenchef Sebastian Roisch in einer beeindruckenden One-Man-Show in der Küche in Form eines maximal fünfgängigen Menüs plus einiger einfacherer Barfood-Snacks gebotenen Gerichte, bleiben im Kern eigentlich schlicht und leben ganz wesentlich von ausgesucht hoher Produktqualität und cleveren Ideen. Und so passen die leicht zugänglichen und doch jeweils mit einer kreativen Pointe versehenen Teller auch ganz prima zum insgesamt lockeren und positiv genussbetonten Konzept.
Die geflämmten Jakobsmuscheln beispielsweise, die zuletzt das Menü mit wunderbar geschmeidig zarter Konsistenz eröffneten, zeigten die angesprochene Produktqualität bereits aufs Allerbeste und spielten diese neben Zuckerrübengemüse (Würfel und Kraut) sowie Lotuswurzel voll aus. Der leichte Biss der Gemüse setzte dabei einen gelungenen Kontrast zu den fleischigen Muscheln, während aromatisch eine dunkel süß-saure Emulsion einen harmonischen Rahmen mit fernöstlichem Flair schaffte. Unkompliziert, aber stimmig arrangiert und allein durch die beachtliche Produktqualität ein reines Vergnügen. Genau wie der dazu servierte, kraftvoll schmelzige Rosé von Roc d'Anglade!
Dieser begleitete dann auch die folgende „Crunchy Tuna Pizza" ganz prima, die mit einer klassischen Pizza nur das Prinzip von Boden mit Belag gemeinsam hatte, sich ansonsten aber gelungen in eine ganz individuelle Richtung bewegte. Auf einem krossen Quader aus Reisnudeln (geschmacklich entfernt an Reiswaffeln erinnernd) wurde hier nur ganz kurz kolorierter Thunfisch in erneut hervorragender Qualität mit einem wilden Saucen-Trio aus dunkelsüßer Sojasauce, säurebetont hellen und prägnant scharfen roten Spritzern angerichtet, ergänzt von korianderduftiger Avocadocreme, Gurke und tatsächlich auch kleinen kühlen Mozzarella-Stücken, die für einen gewissen Schmelz sorgten. Coole Idee, souverän ausgeführt!
Der sich durch das Menü ziehende Bezug zu asiatischen Aromen – der Chef stand zuletzt im asiatischen Szene-Restaurant Zenzakan in

Frankfurt am Main am Herd – wurde auch im Hauptgang subtil sichtbar. Hier wurde ein Wachtelspieß mit zartem Fleisch von einer elegant süßwürzigen Geflügeljus unterstrichen – kraftvoll und doch leicht genug, um im Zusammenspiel mit einem nach Risotto-Art mit Spinat zubereiteten japanischen Reis und kräftig gerösteten Pfifferlingen das Gesamtbild nicht zu dominieren. Ein cremiges Wachtelspiegelei brachte noch etwas Fülle und Schmelz mit und insgesamt war das so erneut ein Musterbeispiel für den lockerflockig wirkenden, aber klug durchdachten, aromenstarken und dennoch fein balancierten Stil.
Dieser prägte dann auch das Dessert mit einer zart gestockten und intensiv fruchtigen Himbeercreme mit dunkelfruchtigem Himbeerragout, kräutergrünem Eis und crunchy Baiser. Auch hier gab's viel Geschmack ohne übertriebenes Drumherum und damit einen absolut gelungenen Abschluss. Dafür, dass auch sonst kein Wunsch unerfüllt bleibt, die Gläser stets gut gefüllt sind und sich jeder Gast gleichermaßen wohlfühlt, sorgt das bei aller Ungezwungenheit hochkompetente Team.

---

fast & SLOW

Wein | Kultur | Bar

Wittenberger Str. 86,
1277 Dresden
0351-3157917
silvionitzsche.wixsite.com/weinkulturbardresden
Di–Sa von 15–23 Uhr,
So, Mo u. Fei RT

Affineur-Käse und kleine, unkomplizierte Tagesgerichte zu spannenden Weinen aus einer sensationell bestückten Weinkarte, die nicht nur zu den umfangreichsten, sondern auch zu den qualitativ besten in Deutschland zählt.

Duisburg (Nordrhein-Westfalen)

5

Küppersmühle

Philosophenweg 49–51,
47051 Duisburg
0203-5188880
kueppersmuehle-restaurant.de
Küchenchef: Thomas Tramp
Mi–Sa von 12–14.30 Uhr u. ab 17.30 Uhr, So von 12–14.30 Uhr, Mo u. Di RT
Hauptgericht: 28–42 €,
Menüs: 48–99 €

VISA

Ein modernes, großzügig gestaltete Lokal im legeren Bistro-Stil in einem ehemaligen Mühlen- und Speichergebäude direkt am Duisburger Innenhafen. Im Sommer sitzt es sich sehr nett auf der leicht erhöhten Terrasse mit Blick auf die Hafenszenerie und das junge Küchenteam schickt unter dem Motto „Moderne Genusskultur heißt Vielfalt, ohne zu überfrachten" ein abwechslungsreiches Programm, das von der mittäglichen Klassikerkarte bis zum weltoffenen mehrgängigen Menü am Abend, das zwischen der mediterranen und der asiatischen Aromenwelt wandelt, ein breites Spektrum an Wünschen abdecken kann. Die internationale Weinkarte mit deutschem Schwerpunkt setzt voll auf das mittlere Preissegment und auf arrivierte Erzeuger. Das Preisniveau von Speis' und Trank ist gemessen am Gebotenen moderat.

Die Hoteleinträge

★★★★★S	Superior
★★★★★	Unterkunft für höchste Ansprüche
★★★★	Unterkunft für hohe Ansprüche
★★★	Unterkunft für gehobene Ansprüche
★★	Unterkunft für mittlere Ansprüche
★	Unterkunft für einfache Ansprüche
	Unterkunft ohne Sterne-Klassifizierung

7

Mod by Sven Nöthel

Grafschafter Str. 197 a, 47199 Duisburg
0176-23557864
www.mod-dining.com
Küchenchef: Sven Nöthel
Di–Sa ab 18 Uhr, So von 12–14 Uhr, Mo RT
Hauptgericht: 38–40 €,
Menüs: 85–129 €

VISA

Eine gehörige Portion Mut (schwedisch: „Mod") hat sicher dazugehört, in der ländlichen Umgebung des Renzihofs ausgerechnet in dessen ehemaligem Kuhstall eine neue Fine-Dining-Location zu eröffnen. Was das Team um Sven Nöthel daraus gemacht hat, kann sich aber absolut sehen lassen: Ein puristisch „industriell" wirkendes Ambiente mit teils freigelegtem Backstein, das durch geschmackvolles Dekor mit hellem Holz und getrocknetem Getreide einen wohnlich einladenden Charakter mit nordischen Flair erhält. Prominent einsehbar wird eine Ecke des Gastraums von der offenen Küche eingenommen, in der man dem dort werkelnden Dreierteam direkt in die Töpfe und Pfannen schauen kann.
Und auch was dort entsteht, wird dem Namen des Restaurants durchaus gerecht. Ausgehend von einer französisch geprägten Basis bringt das Team individuelle Ideen und eine nordische Prägung in die Gerichte ein, die mit eher kantigen Kontrasten oder dem Spiel mit Raucharomen für Spannung sorgen. Dabei fallen die Ergebnisse teils eher kompakt und pur aus, teils aber auch aufwendig und detailreich. Letzteres sorgt dann zwar für abwechslungsreiche Eindrücke, geht aber mitunter auf Kosten der aromatischen Tiefenschärfe.
Insofern gehörte die regionale vegetarische Sushi-Interpretation mit ihren drei Miniaturen in Form einer Karotten-Nuss-Rolle, Tomatengelee und einem Kohlrabitatar mit Kirschgel im Kohlrabiblatt, die jeweils gemeinsam mit einer selbst aus reduziertem Weißbier, Malz und Cassis fabrizierten „Sojasauce" sowie eingelegtem und geriebenem Meerrettich verkostet werden konnten, in ihrer pointierten Klarheit direkt mit zu den stärksten Eindrücken unseres ersten Besuchs.
Der erste reguläre Gang des Menüs „Beete und Bauer", das neben einem vegetarischen Alternativmenü die jeweilige Saison repräsentiert, kombinierte Kürbis als weich geschmorte und geflämmte Tranche, knusprige Kerne, einem crunchy getrockneten Kürbiskern-Biskuit und einer Emulsion aus Kürbiskern, mit denen die nussige Seite des Gemüses gekonnt nach vorn gestellt wurde. Diese verband sich auch ausgezeichnet mit den zarten Raucharomen eines kleineren Stücks geräucherter Forelle und zarter Räucherfischmousse, während die fruchtigen Bitternoten von Kumquat dazu einen markanten Kontrast lieferten. So entstand insgesamt eine spannend flirrende Melange aus nussigen, rauchigen und bitterfruchtigen Aromen, in der die Forelle eher als gleichberechtigter Player und gar nicht unbedingt in der Hauptrolle zu finden war. Was am animierenden Eindruck aber überhaupt nichts änderte – ganz im Gegenteil…
Als eigenständiger zweiter Gang folgte eine höchst vergnügliche und abwechslungsreiche „Brotzeit" mit Stuten und Knäckebrot und vielen Beigaben zum munteren Durchprobieren: von über Kirschholz geräuchertem Öl, spicy Kirschmarmelade, Kalbsleberwurst und hausgemachtem Krustenschinken bis zu gepickeltem Rettich war das eine köstliche Auswahl hochwertiger bodenständiger Produkte.
Aber apropos Rauch: Nach Räucherfisch und Rauchöl setzte das Team direkt wieder auf rauchige Aromen, die diesmal markant im Vordergrund standen und ein knackig gehaltenes Tatar von der Karotte mit Karottencreme und Onsen-Eigelb hinterlegten. Zusammengehalten wurde diese kraftvolle Kombination von einer tiefaromatischen Schalottenessenz, in die dunkle Akzente von schwarzem Knoblauch hineinspielten. Das Ergebnis: süffig, wild und intensiv – auf harmonische Art! Nur das Thema „Rauch" war an dieser Stelle des Menüs tatsächlich ein wenig überstrapaziert – spätestens aber bei dem kokelig im Glas mit Rauch infusionierten alkoholfreien Birnendrink zum folgenden Hauptgang…
Dabei gelingen, abgesehen von diesem nur für ausgesprochene Lagerfeuerromantiker geeigneten Drink, die individuellen alkoholfreien Alternativen genauso spannend wie die hochwertigen, teils gut gereiften Weinempfehlun-

gen. Zur vermutlich sous-vide geschmorten, kompakt zarten und mit wuchtig tiefer Jus glasierten Rinderbrust wäre allerdings ein charakterstarker Rotwein die bessere Wahl gewesen. Aber das nur am Rande. Das Gericht selbst gehörte ohne Frage mit zu den Highlights des Menüs, weil dem kraftvollen fleischigen Pol ein filigran zwischen heller Gemüsewürze und herbaler Frische angesiedeltes Ensemble aus Petersilienwurzel, Birne, Blattpetersilie und Buchenpilzen gegenüberstand, das für viel spannende Dynamik sorgte.
Auch das eher sanfte und ruhige Dessert rund um ein softes Aprikosenkerneis mit mildem marzipanähnlichem Aroma neben Vanillecreme, Pumpernickelcrumbles und Thymianbaiser hielt das Niveau souverän und unterstrich den individuellen Ideenreichtum des Teams.
Neben dem lohnenden „betreuten Trinken", passend zum Menü, lohnt sich unbedingt auch ein Blick in die von spannenden Einstiegsweinen bis zu Großen Gewächsen attraktiv bestückte und fair kalkulierte Weinkarte. Und bei Fragen stehen die Damen im Service genauso schwungvoll und kompetent parat, wie sie auch sonst einen genussvollen Besuch positiv mitprägen.

5

Villa Patrizia

Mülheimer Str. 213, 47058 Duisburg
0203-330480
www.villa-patrizia-online.de
Küchenchef: Mimo Trichi
Mo–Fr von 12–14.30 Uhr u. ab 18 Uhr, Sa ab 18 Uhr, So RT
Hauptgericht: 34–49 €,
Menüs: 39–109 €
VISA

Der Restaurantbetrieb der aristokratisch schmucken Villa Patrizia, der nach unseren Erfahrungen der letzten Jahre überwiegend in einem großen, hellen, mit weißen Korbsesseln und elegant gedeckten Tischen überraschend edel und einladend gestalteten Außenzelt stattfindet, in dem sogar im Winter dank Luftaustauscher und flackerndem Ofenfeuer eine ausgesprochen angenehme Atmosphäre herrscht, ist ausnahmslos heiter italienisch. Das fängt beim charmanten Service um die Gastgeber Patrizia und Nico Bodean und reicht bis in die Küche, wo mit Mimoun Trichi ein ebenso erfahrener wie neugierig gebliebener Könner am Herd steht, der uns seit Jahren mit verlässlich guter Küche überzeugt. Mit Gerichten, die für eine mediterrane Aromenwelt mit gehobenem Anspruch stehen, die bisweilen raffiniert, aber nicht übertrieben kompliziert daherkommen. Eine lohnende Adresse für italienisches Lebensgefühl und Genuss auf gehobenem Niveau, was auch von der großen Weinauswahl quer durch die italienischen Anbaugebiete getragen wird.

Durbach (Baden-Württemberg)

8

[maki:'dan] im Ritter

im Hotel Ritter
Tal 1,
77770 Durbach
0781-93230
www.wilder-ritter.de
Küchenchef: André Tienelt
Täglich ab 18 Uhr, kein RT
Hauptgericht: 19–34 €,
Menüs: 65–105 €
VISA

Hier können wir uns nur begeistert wiederholen. Denn was Küchenchef André Tienelt und sein Team in der so herrlich nostalgisch anmutenden, jedoch mit vereinzelten modernen Akzenten aufgelockerten Ritter-Stube des zeitgemäß modernisierten Traditionshotels im Weinort Durbach unter dem recht sperrigen Namen [maki:'dan] bieten, ist der höchst willkommene Gegenentwurf zu den oft nur noch an zwei oder drei Abenden in der Woche geöffneten Fine-Dining-Adressen mit einem einzigen Menü ohne Auswahlmöglichkeiten gemeinsamem Beginn für alle Gäste. In Zeiten solcher und ähnlicher restriktiver Spielregeln vieler Gourmetrestaurants weiß man es umso mehr zu schätzen, wenn man sich wie hier an

sieben Abenden in der Woche aus einer verhältnismäßig umfangreichen Auswahl verschiedener kreativer Gerichte, die allesamt apart in Zwischengerichtsgröße dimensioniert sind, nach Herzenslust selbst ein Menü zusammenstellen darf.
Und im [maki:'dan] geht es mit den nahezu grenzenlosen Freiheiten für die Gäste sogar noch weiter, denn man muss sich zu Beginn des Abends noch nicht mal auf eine feste Anzahl an Gängen festlegen, sondern darf ausdrücklich während des Abends mehrfach nachbestellen. Umso erstaunlicher, wenn man bedenkt, auf welch hohem Niveau sich die Küche bewegt und wie aufwendig manche der Kreationen konzipiert sind. Die kommen zwar oft mit einem asiatischen Touch daher, tendieren aber in der Gesamtbetrachtung nicht dezidiert in eine bestimmte Stilrichtung. Vielmehr hat man es hier mit einer kreativen Weltküche zu tun, die auf den Tugenden der französischen Klassik basiert.
Man könnte sich also theoretisch ganz rebellisch die Freiheit nehmen, die Speisekarte von hinten nach vorne aufzurollen, tut sich aber selbst einen Gefallen, mit den „Kleinen Köstlichkeiten" zu beginnen. Das sind dann synchron aufgetragene Kleinigkeiten im Amuse-Bouche-Format, zuletzt beispielsweise mit Quitte und Zitronenöl aufgefrischter zarter Rosenkohl auf knusprigem Buchweizen-Puffer oder mit Pulpo, Avocado und Finger-Limes gefüllte Mini-Tacos, die immer ein bestimmtes Hauptprodukt mit einem kleinen kreativen Twist in Szene setzen. So auch die mit Thunfischtatar, Gel von Bergamotte, Perlen von Sudachi und Sorbet von grünem Shiso gefüllten Knuspertartelettes oder der auf eine krosse Reiswaffel drapierte und neben der typischen komplexen Kabayaki-Würzglasur auch mit Sternanis-Mayo und Korianderkresse aromatisierte Unagi-Aal.
Nach diesen allesamt raffinierten und sehr feinen Kleinigkeiten, die am ehesten mit den Apero-Snacks einer konventionellen Menüfolge vergleichbar sind, bestellten wir uns mit einem Gänselebereis auf Brioche, das in fruchtigem rotem Shiso-Sorbet einen reizvollen Konterpart hatte, eine Art Amuse-Buche. Komplexer und vielgestaltiger ging es sodann mit gebeizter und ringsum geflämmter Gelbschwanzmakrele und einem Tatar desselben Fisches weiter, die mit einem schneidigen Sorbet von Apfel und Wasbi, weiteren viel grüne säuerliche Frische spendenden Apfel-Komponenten und einer leichten Dashi-Vinaigrette mit intensivem Dillaroma ein sehr dynamisches und spannend zugespitztes Begleitprogramm zur Seite hatte.
Einen ähnlich hohen Spannungsbogen, bei noch mehr Komplexität und Intensität, hatte das Gericht mit Zweierlei vom Hummer zu bieten, bei dem ebenfalls grüner Apfel im Spiel war. Daneben aber auch ein Bananenketchup, Papaya, Yuzu und last but not least eine rote Currymischung, die wohldosiert eine kraftvolle Krustentiersauce mit hohem Suchtfaktor aromatisierte. Im Endeffekt haben alle Gerichte gemeinsam, dass sie bei aller Originalität und Kreativität in erster Linie immer sehr rund, süffig und harmonisch nach mehr schmecken.
So auch das mit einer von warmwürzigen orientalischen Gewürzen geprägten Jus glasierte geschmorte Iberico-Bäckchen, bei dem der intensiven Würze ein auflockerndes saftiges Arrangement aus gegrillter Ananas, Kokoschips und einer mit Urwaldpfeffer aromatisierten grünen Creme entgegenstand. Hier allerdings schoss die Küche das einzige Mal deutlich übers Ziel hinaus, weil die zu stark reduzierte, auf dem Teller gelierende Jus einfach viel zu salzig konzentriert war.
Das puristische Arrangement um die sehr zarte und saftige Tranche von einer über eineinhalb Tage bei 60 Grad niedertemperaturgegarten Short Rib vom US-Beef, die neben säuerlich eingelegten roten Zwiebeln, Buchenpilzen und Lime Pickles mit knusprig gepufftem Wildreis beladen war und außerdem eine feinsäuerliche, luftig aufgeschäumte Hollandaise zur Seite hatte, kannten wir schon vom letzten Besuch – was ihre Reize nicht minderte. Da wurden mit unterschiedlichen Strukturen viele Sinne angesprochen und im Schmelz einer gleichsam opulenten wie elegant ausgewogenen Sauce verwoben.
André Tienelts Talent für unkonventionell-kreative Akkorde durften wir diesmal auch im süßen Bereich wieder nachschmecken. Diesmal bei der Kombination von Kokosmousse, einem Eis von Duftreis, Thaimango als geliertes Ragout und Coulis, salziger Avocadocreme und einem prägnanten zitrisch-herben Sud von Kaffirlimette und Moscato d'Asti. Ein Nachtisch auf hohem Niveau, ebenso leicht und frisch wie rahmig und vollmundig. Und gleichsam spannend wie das „Käse-Dessert", bei dem die eher klassische Verbindung von Fourme d'Ambert, Birne und Haselnuss durch ein Eis aus Birne und Senf den entscheidenden kreativen Pep verliehen bekam.
Und weil es zu jeder der insgesamt knapp zwanzig Gerichte eine eigene attraktive Weinempfehlung gibt – etwa den famosen Grauburgunder Großes Gewächs aus 2015 vom Weingut Heitlinger zum Hummer oder die Cuvée ‚C3" von Axel Bauer zur Zwischenrippe vom US-

Beef – darf man sich auch im Glas immer eines genussreichen und gut korrespondierenden Inhalts sicher sein.

Hotelempfehlung

★★★★S

Hotel Ritter Durbach

Tal 1,
77770 Durbach
0781-93230
www.ritter-durbach.de
Einzelzimmer: 100–250 €
Doppelzimmer: 170–290 €

VISA

Hier verbinden sich Tradition und Moderne auf äußerst geschmackvolle Weise. Das Hotel Ritter Durbach steht für zeitgemäße Wohnkultur, gepaart mit Design und Funktion. Mit der jüngsten Hotelerweiterung ist die Anzahl der modern und komfortabel eingerichteten Zimmer auf 87 gestiegen, und der SPA-Bereich lädt nun auf 1200 qm zum Entspannen ein. Hinzugekommen sind erweiterte Ruhezonen und Behandlungsräume, sowie Pool und ein Sonnendach mit Blick in die Weinberge, ebenso eine zusätzliche große finnische Sauna mit Außenbereich. Außerdem im „Ritter": WLAN in der Lobby, Oldtimervermietung, Veranstaltungsräume, zwei moderne Tagungsräume, begehbarer Weinkeller. Gourmetrestaurant [maki:'dan] im Ritter separat erwähnt.

Düsseldorf (Nordrhein-Westfalen)

8

1876 Daniel Dal-Ben

Grunerstr. 42 a, 40239 Düsseldorf
0211-1717361
www.tafelspitz1876.de
Mi–Sa ab 18.30 Uhr, So–Di RT
Menüs: 170–210 €

Daniel Dal-Bens zeitlos-schlicht gestaltetes Restaurant am Rande des Zooparks im Düsseldorfer Nordwesten ist eines der interessantesten Restaurants im Rheinland, was in erster Linie an der undogmatisch-kreativen Küche des Chefs liegt, der sich in der Gourmet-Öffentlichkeit eher unter dem Radar bewegt und in seiner Vita keine namhaften Stationen vorzuführen hat. Vermutlich genau deshalb komponiert er seine handwerklich sehr elaboriert inszenierten Teller so erfrischend originell und wenig vergleichbar mit dem, was andere ambitionierte Köche derzeit so machen. Der Chef kocht jedenfalls schon immer sehr weltoffen und modern, seine Menüs stecken immer voller lebhafter, kontrastreich dynamischer Geschmacksbilder mit Spannungsbogen und tendieren meist in eine mediterrane Richtung, wenngleich auch immer wieder Anleihen aus anderen Weltküchen durchblitzen. Seit wir das Restaurant in regelmäßigen Abständen besuchen, schlugen die italienischen Wurzeln des Düsseldorfer Urgesteins, das den Service immer wieder im Gastraum unterstützt, jedenfalls noch nie so deutlich durch wie in der jüngeren Vergangenheit.

7↑

Agatas Restaurant

Kirchfeldstr. 59, 40217 Düsseldorf
0211-20030616
www.agatas.de
Mi–Sa ab 18 Uhr, So–Di RT
Menüs: 150–190 €

VISA

Marcel Förster und sein Team kochen in Agata Reuls modern in warmen Naturfarben gestalteten Restaurant in Oberbilk, das von der Chefin ebenso charmant wie persönlich geführt wird, inspiriert und mit asiatischem Oberton auf.

Die Art der Küche, die Produkte, die Aromen, die Präsentation, liegen klar im Trend – so wie die vegetarische Menüvariante, die sich hier aus den Leitaromen des omnivoren Menüs zusammensetzt und statt Fisch, Fleisch oder Krustentier jeweils ein Gemüse oder anderes pflanzliches Produkt in den Mittelpunkt stellt. Die modern und leicht gekochten, handwerklich aufwendig und genau aufs Porzellan gebrachten, sehr weltläufig komponierten Gerichte überzeugen trotz ihrer recht bunten Art durch klar herausgestellte Aromen und schmissige Pointen. Zu allem hat die sympathische Gastgeberin immer gute glasweise Weinempfehlungen parat; die Weinkarte zeigt ihre Stärken besonders bei deutschen Rieslingen.

6

Am Kai

Kaistr. 16, 40211 Düsseldorf
0211-3006750
www.amkai-duesseldorf.de
Mo–Sa ab 16 Uhr, So RT
Hauptgericht: 30–46 €

Nach der Neugestaltung der Räume und dem Stabwechsel am Herd von Holger Berens zu Michal Slawik wurde nun konsequenterweise auch der Name des lichtdurchfluteten modernen Lokals mit stylischen sandfarbenen Schalensesseln, Naturfarben, Holz und am Abend warmen Lichtquellen geändert. Und auch das Konzept der Küche wurde neu ausgerichtet. Gar nicht unbedingt der Küchenstil an sich, aber doch die grundsätzliche Linie, die von Fine Dining etwas mehr in Richtung einer gehobenen frankophilen Bistroküche gedreht wurde. Also noch etwas weniger Kleinklein und Gefrickel auf den Tellern und mit gegenständliche, voll auf Produkt und Geschmack ausgelegte Kochkunst. Und da passen auch verschiedene Steak-Cuts anspruchsvoller Provenienzen und internationale Klassiker wie das Wiener Schnitzel gut ins Bild. Besondere Beachtung verdient weiterhin auch die international recht gut bestückte Weinkarte.

7

Dr. Kosch

Roßstr. 39, 40476 Düsseldorf
0176-80487779
www.breadroses.de
Do–Sa ab 18.30 Uhr, So–Mi RT
Menüs: 122–144 €

Einstmals etwas niedrigschwelliger und vielseitiger gestartet, mittlerweile an nur noch drei Abenden auf eine gesetzte Speisefolge in maximal sieben Gängen reduziert, aber im Verhältnis für das Gebotene immer noch günstig, präsentiert sich das Angebot innerhalb Volker Drkosch entspanntem Casual Fine Dining Konzept. Der in Franken geborene und zuletzt in Frankfurt und Düsseldorf zum Routinier gereifte Koch arbeitet hier sehr nah am Gast und kredenzt in lockerem Rahmen und in legerer Gangart spannende, modern und eigenständig interpretierte Gerichte, die einerseits sehr schnörkellos und produktbezogen sind, sich andererseits aber auch immer facettenreich und kraftvoll akzentuiert präsentieren. Mal etwas regionalbetonter, meist aber sehr weltläufig in den Aromen und Zusammenstellungen, die die Gäste oft und gern in den Mittelmeerraum entführen. Was aus Drkoschs „Glückslabor" kommt, garantiert jedenfalls auf unkompliziert zugängliche Art sehr kreatives Essvergnügen. Mit viel Feinschliff, aber nicht übertrieben artifiziell – und immer mit originellem Twist.

5

Fleher Hof

Fleher Str. 254, 40223 Düsseldorf
0211-31195711
www.fleherhof.de/home.html
Küchenchef: Dennis Schürmann
Mi–Sa (Nov. u. Dez. auch Mo) ab 17.30 Uhr, So von 12–14.30 Uhr u. ab 17.30 Uhr, Mo u. Di RT
Hauptgericht: 19–37 €, Menüs: 53–73 €

Die etwas entlegene Traditionsgaststätte in einem Wohngebiet im Düsseldorfer Südwesten mit ihren äußerst sympathischen jungen Gastgebern Melanie Lorbach und Dennis Schürmann lädt in ein gemütliches dunkel holzvertäfeltes

Ambiente mit dezenten zeitgemäßen Details und einer sehr attraktiven Speisekarte. Die zeugt von einem für uns äußerst erfreulichen Faible für markante Produkte wie verschiedene Innereien und ausdrucksstarke Gerichte der klassischen französischen Küche wie Froschschenkel mit Pernod und Estragon oder einen Coq au vin – keine ungewöhnlichen oder sonderlich kreativen Dinge, aber leider in der Gastrolandschaft mittlerweile trotzdem recht selten.
Und dass das Team sie das auch handwerklich gut und substanziell umzusetzen vermag, zeigte beim letzten Mal sogleich schon mal die hausgemachte Entenstopfleberterrine, die nebst einer schön glatten und schmelzigen, außerdem adäquate Süße spendenden Nocke Entenlebereis, Apfel als marinierte ausgestochene Kugeln, Gelee und Gel, sowie geraspelter, kerniger und flockiger Haselnuss einen sehr guten und stimmigen Eindruck machte. Eine kleine Rosinenbrioche dazu, und fertig war ein ansprechender Auftakt des sogenannten „Hof-Menüs".
Das „Coq au Vin"-Menü, das im Hauptgang mit eben einem klassischen, hier aber mit Rotwein angesetzten „Coq au Vin Rouge" vom französischen Bauernhuhn nebst Pommes Dauphines und Wurzelgemüse, Schalotten, Speck und Macadamianuss aufwartete, schickte als Vorspeise einen Strudel von selbigem Geflügel. Das waren mit einer cremigen milden Schmorfarce des Poulets gefüllte knusprige Strudelteigröllchen, auf einer Melange aus zitrisch marinierten Kartoffelwürfeln, grünen Bohnen, Kalamata-Oliven, Apfel und Haselnüssen angerichtet und mit kleinblättrigem, knackig-frischem Feldsalat gekrönt.
Im anderen Menü ging es an dieser Stelle mit einem ähnlichen, aber etwas differenzierter und feingezeichneter anmutenden Gericht um milden, saftigen Rauchaal und einem mit Prunier-Kaviar gekrönten perfekt wachsweichem Eigelb weiter. Die waren zusammen mit einem schön lockeren, von gegrillter Zitrone und Macadamianuss durchzogenen und mit Schwarzbrotknusper und Schnittlauch bedeckten Blumenkohlstampf angerichtet und in ihrer durchaus eleganten und prägnanten Art gute 6 Pfannen wert.
Das Zeug zu dieser Bewertung hätte theoretisch auch die „Variation vom Kalb" mit Backe, Herz, Leber, Filet und Bries nebst Spinat und Dibbekuchen gehabt. Ein wunderbares Gericht, allerdings mit drei kleinen Schönheitsfehlern: erstens das in Soja eingelegte Bries, das eine zu feste, unschön gummihafte Konsistenz hatte, zweitens die bis zum Anschlag reduzierte Jus, die leider viel zu intensiv mit unter anderem Wacholder und Pfeffer gewürzt war, und drittens der mit seinen viel zu vielen Speckwürfeln übertrieben deftige Dibbekuchen. Und das konnte auch das sehr harmonische Ragout blanc von Herz, Leber und Filet des Kalbs nicht abmildernd ausgleichen.
Nichts auszugleichen gab es bei der Interpretation der „Birne Helene" mit sehr guter, dunkler, festcremiger Schokoladenmousse, hausgemachtem Vanilleeis der besseren Sorte und Gel sowie Sud von der Nashi-Birne. Hier hätten wir uns allenfalls etwas mehr Frische, etwa durch Säure vorstellen können, oder auch einen andersartigen Kontrast zum vorherrschenden lieblichen Geschmacksbild. Ein sehr guter, schmackhafter Abschluss war das aber auch so allemal.
Wer lieber à la carte wählt und kein Menü essen möchte, bekommt beispielsweise mit sautierten Kalbsnieren mit Pommery Senf, Kartoffelstampf und Kräutersalat, einer geschmorten Ochsenbacke mit Kalbsherz, Wirsing, Chorizo, Haselnuss und Schupfnudeln oder sogar einfallsreichen vegetarischen Gerichten wie geschmorter Aubergine mit Feta, Erdnuss und Minze ansprechende Alternativen. Und all diese Gerichte kann man sich auf Wunsch von der sehr zuvorkommenden Gastgeberin auch mit glasweisen Weinempfehlungen ergänzen lassen, die nicht nur sehr stimmig ausgesucht sind, sondern auch mit erkennbarem Sachverstand vorgestellt werden.

Bezahlkarten-Symbole

- Mastercard
- EC-Maestro
- Diners
- American Express
- VISA Visa

FRITZ's FRAU FRANZI

im Hotel THE FRITZ

Adersstr. 8,
40215 Düsseldorf
0211-370750
fritzs-frau-franzi.de
Küchenchef: Tobias Rocholl
Mi–Sa ab 19 Uhr, So–Di RT
Hauptgericht: 35–49 €,
Menüs: 115–163 €

Stylish, modern und mit einem gewissen Glamour gibt sich das Fritz's Frau Franzi im Hotel The Fritz in der Düsseldorfer Innenstadt. Und wer sich schon immer gefragt hat: „Welcher Fritz und welche Franzi?!" – das bleibt zumindest teilweise leider ungeklärt. Denn während der Name des schicken Boutique-Hotels als humorvolle Anspielung an die Hotel-Legende Ritz leicht nachvollziehbar ist, verbirgt sich hinter „Frau Franzi" wohl tatsächlich nicht mehr als ein irgendwie jugendlich frech klingendes Mysterium.
Aber entscheidender ist ohnehin, dass man sich in dem rund um die gut bestückte Bar und den offen einsehbaren Küchenpass angelegten Restaurant sehr schnell wohlfühlt. Und dass an eben diesem Pass mit Tobias Rocholl mittlerweile wieder ein echter Könner steht, der den seit der Eröffnung von seinem Vorgänger Benjamin Kriegel verfolgten hohen kulinarischen Anspruch weiterführt und sogar nochmal nach vorne pusht. Der zuletzt in Brogsitters Restaurant an der Ahr auf hohem Niveau erfolgreiche Chef verfolgt hier in Düsseldorf eine passend zeitgemäße, schwungvolle Linie – traditionelle Ideen und bestes klassisches Handwerk werden dank leichterer Fonds, hochwertigen Ölen und viel Fingerspitzengefühl zu gleichermaßen markanten wie dynamischen Eindrücken transformiert. Und das – so viel schon vorab – funktioniert ganz ausgezeichnet!

Angedeutet wurde das bereits bei den ersten Snacks mit einem „Neuen Toast Hawaii" aus einem Brandteigkrapfen mit Tofu, Ananas und Haselnuss, fruchtig gehaltenem Bete-Tatar mit erfrischend grünem Apfelsorbet und schneidig dazwischenfunkendem Meerrettich sowie einer mit herbem Kaffeegelee überzogene Kugel aus falscher Gänseleberrmousse. Die ging mit pilzartigem Umami und nussigen Noten tatsächlich klar erkennbar in Richtung des Originals und wurde klassisch fruchtig von einem konzentrierten Aprikosenchutney und eher fruchtig frischem Aprikosengel ergänzt.
Nochmal eine Steigerung gab es dann bei der kompakt in einer tiefen Schale angerichteten Melange aus einem karamellisierten Ragout aus Nüssen und Samen sowie taufrischen Nordseekrabben, die in ihrer jodigen Süße von edlem Baeri-Kaviar gepusht und von Gartengurke als Sorbet, Sud und hauchdünne Scheiben mit grüner Frische unterlegt wurde – alles zart abgefedert von feiner Säure. Sehr geschmeidig und feinsinnig.
Das galt genauso auch für die festfleischige, knapp lauwarm temperierte Forelle mit fleischig fruchtiger Ochsenherztomate, konzentriertem Tomatengelee, kühl auffrischender Wassermelone, kleinen Pfifferlingen wie aus dem Bilderbuch und einer erneut durch hauchzarte Süße und feine Säure geprägten Vinaigrette. Feine Details kamen dabei von gebackenen Kapern, Pinienkernen und Forellenkaviar. Und spätestens an dieser Stelle wurde auch der typische Stil der Küche sehr gut sichtbar, der ganz ohne klassische Butter- und Sahneschwere für aromenstarke und tiefe Geschmackseindrücke sorgt.
Das gelang auch bei der hohen knusprig glasigen Zandertranche ganz prima, die von eigentlich mild rauchigem, durch die angeflämmte Oberseite aber doch markant kokeligem Aal ergänzt wurde. Dazu gab's einen klar herausgestellten Kontrast zwischen süßem Mais (als Creme und knackiger Babymais) und edlere Balsamicosäure, eingerahmt von frischgrünem Frühlingslauch und damit ein auf geradlinige Art mit kraftvollen Aromen gut auf den Punkt gebrachtes Ergebnis. Nur das frittierte Wurzelgeflecht des Lauchs wirkte ein bisschen zu krass zwiebelig in diesem Kontext…
Eines der besten Schmorgerichte seit Langem schickte das Team dann im Hauptgang mit saftig tiefaromatischer Rinderschulter auf Roscoff-Zwiebelcreme und eleganter kraftvoller Schmorjus, weil dieses Powerzentrum ebenso markant wie kontraststark von einem halbierten kühlen Salatherz gekrönt wurde, auf dem mit einer milden Limonenemulsion, zarten Mi-

ni-Radieschen, ätherischen Kräutern und fruchtig-scharf zerplatzenden Ingwertomaten viele auffrischend feine Details versammelt wurden. Sehr stark und bereits klar in Richtung 8 Pfannen zeigend!
Auch der süße Abschluss rund um ein softes Buttermilcheis mit Zwetschge als purer herbfruchtiger Saft, konzentriertes Gel und (nur minimal zu feste) Geleefolie mit teils knusprigem, teils cremigem Buchweizen zeigte auf spätsommerliche, feinsinnig-herbe Art, dass die Entwicklung hier noch lange nicht abgeschlossen ist und sich das Team auf der verfolgten Linie sicherlich noch weiter steigern kann und wird. An dem durch ein gut eingespieltes Serviceteam garantierten Komfort inklusive spannender Weinempfehlungen aus einem reichhaltigen Sortiment und lohnenden alkoholfreien Alternativen wird das jedenfalls nicht scheitern. Die garantieren bereits jetzt eine entspannt genussvolle Auszeit!

Fast & SLOW

Grindhouse

Bankstr. 83, 40476 Düsseldorf
0211-51344606
grindhouseburgers.de
Di–Fr von 12–15 Uhr u. von 17–22 Uhr (Fr bis 23 Uhr), Sa von 12–23 Uhr, So von 14–22 Uhr, Mo RT

Qualitativ hochwertige Burger aus regionalen Zutaten, die man sich nach Lust und Laune selbst zusammenstellen kann.

7

Le Flair

Marc-Chagall-Str. 108,
40477 Düsseldorf
0211-51455688
restaurant-leflair.de
Mi–So ab 19 Uhr, Mo, Di u. Fei RT
Menüs: 96–144 €

VISA

Wer den Gastraum des Restaurants mit dem französischen Namen betritt, das passenderweise in der Marc-Chagall-Straße am Maurice-Ravel-Park liegt und von dem aus der französischen Schweiz stammenden jungen Chef Dany Cerf geführt und bekocht wird, könnte ob des vorherrschenden Purismus glauben, dass er es hier mit nordischer Naturküche zu tun bekommt und nicht mit französischer Klassik. Doch der Schein trügt nur kurz und außerdem passt dieser aufgeräumte, modern und casual wirkende Rahmen sehr gut zu den zeitgemäß puristisch anmutenden Gerichten des sechsgängigen Menüs, mit denen der Chef eben sehr wohl auf die positiven Eigenschaften der französischen Klassik setzt und diese in all ihrer geschmackvollen Opulenz auf die Teller bringt – aber eben mit maximaler Leichtigkeit und mit Mut zum Purismus. Aber auch mit einem Faible für exotische Aromen und verwegene Gewürzakzente. Kein Wunder, dass auch die Weinkarte ihren Schwerpunkt neben attraktiven deutschen Gewächsen in der französischen Weinwelt hat.

9

Nagaya

Klosterstr. 42,
40211 Düsseldorf
0211-8639636
www.nagaya.de
Di u. Do–Sa von 12–14 Uhr u. ab 19 Uhr, Mi ab 19 Uhr, So u. Mo RT
Menüs: 179–218 €

VISA

Die Eleganz des japanischen Purismus prägt das längliche, hell, modern und stilvoll gestaltete Restaurant von Yoshizumi Nagaya, der in unseren Augen die beste japanische Küche auf deutschem Boden bietet, wenngleich sein Omakase-Menü keinesfalls die reine Lehre repräsentiert. Vielmehr spannt Nagaya-San virtuos den Bogen zwischen der produktfokussierten Hochküche seiner Heimat und der von Frankreich geprägten mitteleuropäischen Kochkultur und begeistert so in seinen Menüs mit mehr Fülle und Facettenreichtum sowie überraschend kreativen Akzenten. Das gute Gespür des Chefs für kulinarische Moderne bis hin zur Avantgarde sorgt hier nämlich für eine reizvolle Liaison aus japanischer Präzision, Transparenz und Klarheit sowie der typischen Komplexität und Tiefe europäischer Spitzenküche. So muss man, um sich für die kunstvoll und detailgenau arrangierten neun Gänge seines Menüs zu begeistern, noch nicht mal eine ausgeprägte Affinität für maximalen Purismus haben.

Fast & SLOW

nineOfive

Ackerstr. 181, 40233 Düsseldorf
0211-94218181
www.nineofive.de
Mo–Do von 17–22 Uhr, Fr–So von 12–22.30 Uhr, kein RT
Hauptgericht: 10–16 €

Original neapolitanische Pizza mit perfektem Teig und qualitativ hochwertigen Toppings aus dem Spezialofen stehen hier im Fokus. Es gibt aber auch Lasagne, das eine oder andere Pasta-Gericht sowie italienische Snacks und Vorspeisen, die sich ebenfalls über die hohe Qualität der Grundprodukte definieren. Nicht zu vergessem eine sensationelle Weinkarte mit Schwerpunkt Riesling!

7

PHOENIX Restaurant & Weinbar

Dreischeibenhaus, 40211 Düsseldorf
0211-30206030
www.phoenix-restaurant.de
Küchenchef: Philipp Wolter
Di–Fr von 12–14 Uhr u. ab 18 Uhr, Sa ab 18 Uhr, So u. Mo RT
Hauptgericht: 58–70 €, Menüs: 109–156 €

VISA

Das Restaurant im Erdgeschoss des fast hundert Meter hohen Dreischeibenhauses in Düsseldorfs Zentrum, einem Büro- und Verwaltungsgebäude am Hofgarten, das seit Anfang der 60er-Jahre die Silhouette der Stadt entscheidend mitprägt, zählt seit nunmehr acht Jahren zu den Fine-Dining-Adressen der Stadt und wird auch fast so lange vom Team um Jeune Restaurateur Philipp Wolter als verantwortlichem Küchenchef und seiner Frau Tanja Wolter als Gastgeberin bespielt.

In dem lichtdurchfluteten, von viel Marmor, Glas und gesetzten Farben in Grün-, Blau- und Grautönen geprägten sehr großzügigen Gastraum mit einsehbarer Küche wird eine zeitgemäße internationale Küche auf klassischer Basis geboten, die sich mittags und abends zwar nicht konzeptionell, aber in Sachen Produktauswahl und Zusammenstellung ein wenig unterscheidet. Am Abend jedenfalls gibt es ausschließlich zwei fünfgängige Menüs, von denen eines rein vegetarisch ist.

Egal für welchen Weg man sich entscheidet – die Küche grüßt aus nachvollziehbaren Gründen in beiden Fällen grundsätzlich vegetarisch, zunächst mit drei verschiedenen Fingerfood-Petitessen, unter denen in unserem Fall vor allem eine Umamibombe mit Parmesanschaum herausstach. Dann mit einem Amuse von Gemüsecurry unter einer mit knusprigen Brotcroûtons und Kresse getoppten Schaumhaube von Frankfurter Grüne Kräutersauce, bei dem die Proportionen zwischen sehr viel Schaum und sehr wenig Gemüsecurry irgendwie etwas unausgewogen wirkten.

Alles andere als unausgewogen, nämlich gut zwischen Würze und Süße, zwischen der Fleischigkeit von Brust und Keule der Wachtel sowie dem Schmelz der Foie gras ausgemittelt, präsentierte sich sodann in der Vorspeise des omnivoren „Fauna“-Menüs die Terrinen-Schnitte von Wachtel und ungestopfter Gänseleber mit Kürbiskernbisquit-Boden. Die hatte nicht nur einen eher milden, mit Topinamburcreme gefüllten Mini-Windbeutel an ihrer Seite, sondern auch eine aus reduziertem Balsamicoessig, Portwein, Rübensirup und gerösteten Pinienkernen vermengte, leicht zähe Masse, die allerdings – vorsichtig dosiert – der Terrine durchaus gewinnbringend zuarbeiten konnte.

Das traditionelle bodenständige Backfisch-Thema wurde mit einem in kräutergrünem Bierteig ausgebackenen und mit kleinen Perlzwiebelsegmenten sowie Remouladetupfen applizierten Stück vom Saibling nebst einer Rosette aus säuerlich eingelegten Gurkenscheiben auf einer Dillsauce auf Buttermilchbasis zeitgemäß und schlank interpretiert. Dass nach dem Fisch in seiner Bierteighülle mit einem mit Kräuterkruste gratinierten Zander ein weiterer Fisch mit stärkehaltigem Mantel kredenzt wurde, wirkte etwas redundant – wenngleich der Zander mit Miesmuscheln und zitronig säuerlich-frischen Sellerie-Gemüsezylindern und Karottenkaviarperlen auf einer schön weinsäurebetonten rahmigen Muschelsauce natürlich ein völlig anderes und ebenfalls sehr

ansprechendes Geschmacksbild auf den Teller brachte.
Dafür kam dann wie als Ausgleich der Rehrücken im Hauptgang, der aus einem Topf mit Gewürzrauch (Aromen von Nelke, Sternanis etc.) direkt am Tisch auf den Teller gesetzt wurde, im Adamskleid daher. Bereits auf dem Teller angerichtet waren neben verschiedener Roter Bete eine mit Backpflaume eingelassene Haferschnitte und ein Cassissorbet auf karamellisiertem und geschmortem Radicchio, was zum Wild zwar grundsätzlich etwas ungewöhnlich, aber nicht unpassend war. Einzig der naturgemäß etwas muffige Geschmack der Haferschnitte wirkte in diesem Kontext nach unserem Gusto ein wenig gewöhnungsbedürftig.
Dafür war das Dessert wieder deutlich weniger experimentell und brachte eine in spaghettiartigen Strängen durchgepresste Ganache von dunkler 70%iger „Original Beans"-Schokolade und eine flache Tarte-Schnitte aus weißer „Virunga"-Schokolade mit Kardamom neben erfrischendem Mandarinensorbet und Kumquats einen attraktiven und ausgewogenen Abschluss aufs Porzellan. Die Weinkarte des Phoenix hat dazu sehr viele gute klassische Gewächse arrivierter europäischer Erzeuger zu bieten. Wer sich aber zum Beispiel auf die glasweisen Empfehlungen des aus Österreich stammenden Sommeliers verlässt, kann sich auch auf moderne unkonventionelle Weine junger aufstrebender Winzer freuen.

8

Pink Pepper

im Steigenberger Parkhotel Düsseldorf
Königsallee 1 a,
40212 Düsseldorf
0211-1381611
www.steigenberger.com/hotels/alle-hotels/deutschland/duesseldorf/steigenberger-parkhotel-duesseldorf/restaurants-bars/restaurant-pink-pepper
Küchenchef: Benjamin Kriegel
Di–Sa ab 19 Uhr, So u. Mo RT
Menüs: 139–174 €
VISA

Das Düsseldorfer „Pink Pepper" wartet gleich mit mehreren Paradoxa auf. So extravagant und flamboyant das farbenfrohe Interieur des komplett durchgestylten 30-Plätze-Restaurants mit loungigen Sesseln, Fußbodenfliesen nach einem Hermès-Muster, und goldfarbenem Besteck ist, so klassisch fällt die Küche aus. Und in keinem Hotelrestaurant, erst recht nicht eines so luxuriösen Hauses wie dem Steigenberger Parkhotel auf der Königsallee, erwartet man so einen herzlichen, ja fast familiären Service. Aber genau diese Wärme und Nähe bringt Gastgeberin und Sommelière Ramona Kriegel, die Ehefrau von Chefkoch Benjamin Kriegel, zusammen mit ihrem engagierten und sympathischen Team in den Gastraum. Gekleidet ist dieses – passend zum Interieur – in fliederfarbene Anzüge und weiße Turnschuhe. In ihrer Weinbegleitung setzt Ramona Kriegel gerne Magnum-Flaschen ein, die Weinkarte selbst ist insgesamt allerdings sehr hoch kalkuliert.
Namensgeber für das Restaurant ist der brasilianische Pfefferbaum, der für die Würze des Lebens und neue Sinneswelten steht. Wer nun aber eine exotische Weltküche erwartet, der wird schon bei den Grüßen aus der Küche eines Besseren belehrt: Eine kleine Rinderroulade – klassisch mit Gurken und Senf gefüllt – wird auf einem heißen Stein serviert. Oben ist das Fleisch roh, unten gegart, ein spannungsvoller Temperaturunterschied! Auch eine Weinbergschnecke aus dem nahe gelegen Moers, die in einem Pilzkopf untergebracht ist und auf einem durchsichtigen Teller liegt, in dem sich Blätter und Zweige wie auf einem Waldboden befinden, signalisiert, dass sich hier jemand der Kochtraditionen und Produkte der heimatlichen Scholle bewusst ist.
Für den Räucherfisch-Gang teilt Kriegel den Teller mit Senfkörnern, welche zuvor in Apfelhonig gekocht wurden, in zwei Hälften. Auf einer Seite findet sich ein Stück gebeizte Lachsforelle mit Forellenkaviar in einer Räucherfischvinaigrette, auf der anderen ein Türmchen aus weißer Rübe und Kimchi mit Räucherfisch in einem erfrischenden Buttermilch-Sud. Das Spiel der beiden Hälften ist faszinierend, die Aromen sind intensiv und dennoch überraschend sublim aufeinander abgestimmt.
Ein wenig Spektakel dann beim Gang, der mit „Bretagne" überschrieben ist. Auf einem Servierwagen wird die zuvor in der Küche kurz angeflämmte Jakobsmuschel in ihrer Schale auf den Punkt gegart – eine Digitaluhr zählt gut sichtbar zwei Minuten herunter. Angerichtet wird die Muschel dann in einem leicht süßlichen Sud von der Roscoff-Zwiebel. À part – und mindestens gleichwertig bei diesem Gang – gibt es dünn geschnittenen, roh marinierten Wolfsbarsch, auf dem sich roh marinierter Brokkoli und fermentierte Chili finden. Obenauf im Mittelpunkt: ein Artischockenherz. Und wieder gelingt Kriegel das diffizile Spiel mit kontrastierenden Temperaturen perfekt, wobei

die Tellerinhalte unbedingt gemeinsam genossen werden sollten, weil dadurch nicht nur die unterschiedlichen Temperaturen, sondern eben auch Süße und Schärfe aufeinandertreffen und sich gegenseitig akzentuieren.
Mediterran wird es beim hervorragenden Schulterstück vom Kaninchen das in hauchdünnen Pancetta eingerollt auf einem großen runden Pastablatt liegt. Leicht al dente ist dieses, mit eingearbeiteten Salbeiblättern. Darunter ein leicht säuerlich abgeschmecktes Frikassee mit vielen Pilzelementen. Das ist schlotzig, in der Temperatur wiederum sehr exakt und als Wohlfühlgang konzipiert wohlgelungen.
Ungewöhnlicher zeigt sich das Gericht „Meer und Küste", bei dem Kriegel zwei kurz und goldbraun angebratene Stücke von der eingerollten Seezunge auf einer Dashi-Beurre-blanc mit Würfeln von würziger Ochsenbacke servieren lässt, unter denen sich noch salzige Nordseekrabben finden. Dazu gibt es halbierte Kartoffeln, ganz rustikal noch mit Schale, sowie Blattspinat und ein wenig Algen. Wieder so ein Gang, der mit starken Aromen und Geschmacksnoten arbeitet, aber diese ungewöhnliche Surf-&-Turf-Variante schafft es, all das so auszubalancieren, dass auf dem Teller Eleganz entsteht.
Der auf einem Rösti liegende Lammrücken gerät Kriegel zwar einen Hauch zu weit gegart, bei dessen Beilagen indes beweist er nicht nur Präzision, sondern auch große Kreativität: scharfes Sauerkraut erbringt Säure, grüne Traubenhälften addieren Fruchtigkeit, kleine weiße Bohnen angenehmen Biss, Bacon-Knusper und eine Weinbrandjus faszinieren mit aromatischer Tiefe und dank der Schulter vom Lamm kommt auch noch feine Schmorwürze hinzu. Einen enormen Effekt haben hier die an Minze und Lakritz erinnernden Gundermann-Blätter, von denen Kriegel einige appliziert hat. Ein Hauptgang mit enorm viel Wumms und originellen Ideen, der trotzdem auch konservative Gäste überzeugen wird. Und was dessen Zutaten betrifft, wird nicht erst hier deutlich: Edel-Viktualien werden von Benjamin Kriegel zwar ausgesprochen gern eingesetzt, genauso gern dürfen die Produkte aber auch aus Gefilden stammen, die der Heimat naheliegen.
Bei „Müsli" kombiniert der Düsseldorfer Koch frischen Brillat-Savarin, der als Creme die unterste Schicht des Gerichts bildet, auf der verschiedene knusprige Getreideflocken, Honiggel und Thymian liegen, wodurch insgesamt ein sehr süßes Geschmacksbild entsteht. Kontrastiert wird dieses aber gekonnt durch die in Asche gerollten Stücke von sehr reifem und intensiven Brillat-Savarin on top.
„Grüne Wiese" nennt Kriegel ein Dessert, bei dem er dem klassischen Käsekuchen gehörig Dampf verleiht. Im Zentrum des Tellers findet sich ein rundes Stück des Kuchens, darauf Kerbelmousse und eine Nocke Erdbeersorbet, drum herum Rhabarberstücke, knackige große Erbsen mit feiner Süße und Holunderkapern. Das schmeckt viel weniger angestrengt als es klingt, stattdessen sehr schlüssig, kräuterig-fruchtig-cremig, und was die Süße angeht, angenehm reduziert.
Was in der Retrospektive auffällt: das Plating aller Teller ist ausgesprochen schön. Kriegel ist ein Koch, der auch farblich ausgesprochen klug denkt, das Geschirr ist edel, und auf diese Weise fügt sich im Pink Pepper das Kulinarische kongenial in das stylishe Ambiente ein.

Ristorante L'Arte in Cucina

Gerricus Platz 6, 40625 Düsseldorf
0211-52039590
www.arteincucina.de
Di–Sa ab 18 Uhr, So u. Mo RT
Hauptgericht: 30–45 €

Im Herzen des Düsseldorfer Stadtteils Gerresheim betreibt die Familie Casini ihr hübsches kleines, sehr individuell gestaltetes Ristorante. Teils offeriert die Karte traditionelle Gerichte aus Gianluca Casinis toskanischer Heimat – vieles sind aber auch Eigenkompositionen oder Variationen. Am überzeugendsten ist die Küche immer dann, wenn sie sich auf die Tugenden der klassischen Cucina casalinga beruft und ganz schlicht, schnörkellos und ohne bemüht kreative Ansätze kocht. Mit der italienischen Weinauswahl kann man sich ebenfalls ganz mühelos anfreunden und schöne Weingläser gehören hier ebenso zum Standard wie die herzliche Betreuung durch die sympathische Chefin.

5

Rossini

Kaiserstr. 5, 40479 Düsseldorf
0211-494994
www.rossini-gruppe.de
Mo–Sa von 12–15 Uhr u. ab 18 Uhr, So u. Fei RT
Hauptgericht: 27–32 €

Seit Jahrzehnten ist dieses schicke Ristorante der Vorzeige-„Italiener" Düsseldorfs. Und obwohl das Rossini auch schon etwas Patina angesetzt hat, so ist es auch heute noch ein sehr elegantes, geschmackvolles Lokal, in dem klassische italienische Feinschmeckerküche auf sehr solidem Niveau kredenzt wird. Das Produkt steht, wie man es von einer guten Cucina italiana auch erwartet, meist deutlich im Mittelpunkt. Die Weinkarte listet sehr viel Gutes aus allen Regionen Italiens, vom preiswerten Einstiegswein bis zu den Granden aus der Toskana und dem Piemont.

6

Rubens – Das Östereichische Restaurant

Kaiserstr. 5, 40479 Düsseldorf
0211-15859800
www.rubens-restaurant.de
Küchenchef: Ruben Baumgart
Di–Sa ab 17 Uhr, So u. Mo RT
Hauptgericht: 25–37 €, Menüs: 64–95 €

Das trotz seiner Größe und der tendenziell eher schlichten hellen Gestaltung überhaupt nicht ungemütlich wirkende Lokal an der belebten Kaiserstraße hat sich in Düsseldorf binnen relativ kurzer Zeit zum beliebten Treffpunkt für Freunde der austriakischen Schmankerlküche etabliert. Und das wundert uns eigentlich überhaupt nicht, denn mal ganz abgesehen von der Tatsache, dass Cornelia Baumgart eine charmante Gastgeberin und ihr Mann Ruben Baumgart ein sehr guter Koch ist, bieten die beiden hier eine stilistisch äußerst breitgefächerte österreichische Küche, die für fast jeden Geschmack etwas bereithält.
Für die Traditionalisten etwa Klassiker wie gesottenen Tafelspitz, luftiges Wiener Schnitzel, fluffigen Kaiserschmarrn oder saftiges Backhendl und für experimentierfreudigere Feinschmecker weltoffen und kreativ gedachte Gerichte, die aber ihre Wurzeln dennoch nicht verleugnen. Und das Beste: man kann nach Belieben zwischen den vier unterschiedlichen Menüs hin und her switchen.
Nach würzaromatischem Vielkornbrot aus „Rubens Brotsackerl" mit Bärlauchcreme und einer saftig-fluffigen, vom Salzgehalt allerdings sehr weit oben angesiedelten Gemüsequiche mit Currymayo zeigte der erste Gang gleich mal, wie das Miteinander von österreichischer Tradition und Moderne funktionieren kann. Hier in Gestalt von dünn aufgeschnitten Scheiben eines 18 Stunden bei Niedertemperatur gegarten Duroc-Schweinebratens, die locker mit gebratenen Schwammerln, Radieschenstreifen, Croûtons und Kresse bedeckt auf einer sehr würzigen Speckmayonnaise mit Kernöl ausgelegt waren. Yuzu-Geltupfen setzten dazwischen einen moderneren, weltoffenen Akzent und brachten die nötige Auflockerung ins herzhafte Geschmacksbild.
Als eine Vermählung von Tradition und Moderne konnte man auch den an sich schön fluffigen, mit gezupftem süffigem Schmorfleisch vom Kalb gefüllten Germknödel bezeichnen, denn der lag mit einem Topping aus Frühlingszwiebel-Kräuter-Tapioka auf einem voluminösen Schaumteppich, der die stark verdichteten Aromen von Brathendl in sich trug. Auch das ein sehr würziges, umamisattes Gericht mit hohem Suchtfaktor.
Und als solches kann man zweifellos auch die helle Kalbsbolognese bezeichnen, die in unserem Falle die mit etwas Bärlauch unaufdringlich in eine kräuterwürzige Richtung gedrehte Rigatoni-Pasta aromatisierte. Eine intensive Creme von roter Ofenpaprika und Eigelbcreme sowie am Tisch darüber gehobelte Belper Knolle verdichten auch dieses herzhafte Geschmacksbild zusätzlich – aber auf sehr behutsame Weise.

Ein Gericht aus dem betont weltoffenen Menü war zuletzt beispielsweise die kross auf der Haut gebratene Adlerfisch-Tranche, die mit ihren Begleitern den gelben Linsen, einigen Dattelstreifen und einer mildnussigen Hummuscreme orientalisch bespielt wurde und mit würzigen Estragon-Gnocchi kombiniert auch wieder ein einigermaßen zupackendes Gericht darstellte. Aber mit dieser Eigenschaft verbindet man ja die österreichische Küche grundsätzlich und so ist es auch absolut legitim, wenn in einem österreichischen Lokal Gänge herzhaft und zupackend sind, die nicht explizit landestypisch daherkommen.
Beim Hauptgang des „Signature"-Menüs sind die Wurzeln indes völlig zweifelsfrei – und zwar die, beider hier zum Besten gegebenen Traditionsgerichte, denn da werden Wiener Schnitzel vom Kalbsrücken und Alt Wiener Tafelspitz gleich als Duett aufgeboten. Ersteres saftig und dünn mit einer mustergültig aufgeblähten soufflierten Panierung umschlossen und Letzterer butterzart mit Wurzelgemüse in der Brühe gesotten, gemeinsam stilecht mit schlotzigem Erdäpfel-Vogerlsalat und Preiselbeeren beziehungsweise Schnittlauchsauce und Apfelkren zum selbst portionieren aufgetischt und beides respektable Vertreter ihrer Spezies.
Die Portionen sind generell nicht zu klein, aber auch nicht zu groß, so dass am Ende problemlos immer auch noch ein Dessert mit Genuss Platz hat. Und wenn es schon nichts aus dem K.u.K.-Mehlspeisenhimmel wie der Kaiserschmarrn mit Zwetschgen- und Apfelkompott oder die Marillenknödel sein kann, dann doch zumindest etwas Federleichtes wie die marinierten Erdbeeren mit hausgemachtem Granola und Mandelkuchen unter Joghurtschaum. Zu allem offeriert die nach Regionen und Rebsorten sortierte Weinkarte, die ausschließlich auf Österreich fokussiert ist und ein fair kalkuliertes Sammelsurium spannender Gewächse namhafter Erzeuger des Landes listet, auch die passenden Begleiter fürs Glas.

5

Stappen

Luegallee 50, 40545 Düsseldorf
0211-93077600
gasthaus-stappen.de
Mi–Sa ab 17 Uhr,
So 12 Uhr durchgehend, Mo u. Di RT
Hauptgericht: 21–38 €, Menüs: 49 €

Die Düsseldorfer Dependance des Korschenbroicher Mutterhauses von Carmen und Franjo Stappen wird von deren Mitgesellschafter David Büchner und seinem Team geführt und bekocht. Das Stappen ist ein gehobener Stadtgasthof wie er im Buche steht: bodenständig und trotzdem ambitioniert, schlicht, aber geschmackvoll eingerichtet. Das trifft nicht nur auf das Ambiente und die Gangart zu, sondern auch auf die Küche, die von populären und im besten Sinne gutbürgerlichen Gerichten wie Wiener Schnitzel, Düsseldorfer Senfrostbraten oder verschiedenen Steaks vom Grill mit Pommes und Caesars Salad bis zu asiatisch oder mediterran inspirierten Gerichten ein breites Spektrum souverän abdeckt. Weil auf Produktqualität geachtet und mit Sorgfalt gekocht wird, macht das zu moderaten Preisen durchaus Spaß.

6

The Duchy

im Hotel Breidenbacher Hof
Heinrich-Heine-Allee 36,
40212 Düsseldorf
0211-16090154
theduchy-restaurant.com
Di–Fr von 12–15 Uhr u.
ab 17.30 Uhr,
Sa u. Fei von 12.30–15 Uhr u.
ab 17.30 Uhr, So u. Mo RT
Hauptgericht: 24–85 €
VISA

Nicht mehr, aber auch nicht weniger als eine moderne europäische Brasserie will das The Dutchy im aristokratischen Breidenbacher Hof sein. Und das gelingt vorzüglich, nicht nur mit dem schicken, ebenso stilvoll und edel wie heimelig anmutenden Ambiente, sondern auch mit dem von Philipp Ferber und seinem Team kultivierten Küchenstil. Die bekochen die Edel-Brasserie mit einer sehr guten, gehobenen klassischen Küche von internationalem Format, die sich nicht nur durch beachtlich gute Produkte und deren sehr sorgfältige Zubereitung auszeichnet, sondern auch durch Nachhaltigkeitsanspruch. Klar gibt's hier von Kaviar und Trüffel über Gillardeau-Austern und Gänseleber bis zu Hummer und Steinbutt alles was gut und teuer ist – und das in stilistisch weitestgehend traditioneller Umsetzung. Doch die Herkunft auch dieser Importe (etwa von kleinen Booten) und der Blick auf das gesamte Repertoire lassen schon erkennen, dass man sich hier Gedanken macht. Und stilistisch ist auch längst nicht alles gediegene Klassik. Nicht nur von der „Raw Bar“ kommen viele Dinge mit asiatischem Touch, die etwas kreativer zusammengestellt sind.

Weinhaus Tante Anna

Andreas Str. 2, 40213 Düsseldorf
0211-131163
www.tanteanna.de
Di–Sa ab 18 Uhr, So u. Mo RT

Das Traditionshaus in Düsseldorfs quirliger Altstadt existiert seit 1593 und ist gut 200 Jahre in Familienbesitz. Ein herrlich nostalgischer Ort, an dem man viel Geschichte atmet, es aber mit durchaus zeitgemäßer Kulinarik zu tun bekommt. Küchenchef Simon Nauels hat schlanke Nouvellen im Sinn und blickt über den heimischen Tellerrand, hat aber trotzdem auch ein Herz für regionale Produkte und Aromen. Und diese Mischung präsentiert sich auf den mit Sinn für Optik und Proportionen angerichteten Tellern als durchaus reizvoll. Dazu kredenzt der Gastgeber aus einer stattlichen Weinkarte mit einer ganzen Litanei an (auch gereiften) deutschen Gewächsen und ähnlich vielen französischen Pretiosen, aber auch jeder Menge veritabler Alternativen aus Italien, Österreich, Übersee.

Yoshi by Nagaya

Kreuzstr. 17,
40210 Düsseldorf
0211-86043060
nagaya.de
Di–Do ab 18.30 Uhr, Fr u. Sa 12–13 Uhr u. ab 18.30 Uhr, So u. Mo RT
Menüs: 85–189 €

In Yoshizumi Nagayas „Ableger“, der gar nicht weit von dessen „Stammhaus“ Nagaya entfernt ist, konzentriert sich der Gastgeber und federführende Küchenchef auf eine eher traditionell ausgerichtete japanische Küche, die hier im Kaiseki-Stil präsentiert wird (inklusive Sushi und Sashimi). Während es auf den Tellern des Nagaya europäischer und etwas avantgardistischer zugeht, weil dort immer auch Einflüsse der europäischen Haute Cuisine eine große Rolle spielen, wirkt die Küche im ebenfalls länglichen und ebenfalls geschmackvoll puristisch eingerichteten Yoshi nicht nur optisch etwas ursprünglicher und klarer. Spartanisch oder karg geht es auf den kleinen, ästhetisch und apart in Szene gesetzten Schälchen, Tellerchen und Platten aber nicht zu und man darf sich bisweilen auf ausdrucksstarke und dabei wunderbar klare, transparente Geschmacksbilder mit aromatischen Finessen freuen. Hervorragende Produkte sind im Hause Nagaya ohnehin gesetzt!

Hotelempfehlung

THE FRITZ

Adersstr. 8,
40215 Düsseldorf
0211-370750
the-fritz-hotel.de
Einzelzimmer: ab 92 €
Doppelzimmer: ab 103 €

Ein modernes, ruhig gelegenes Stadthotel mitten im Herzen Düsseldorfs, in unmittelbare Nähe zur Königsallee mit ihren internationalen Boutiquen, den verschiedenen Sehenswürdigkeiten der Altstadt und ihren zahlreichen Museen: chic und lässig, zentral und beschaulich zugleich. Das kosmopolitische Motto des privat geführten Hotels lautet: „THE FRITZ lässt internationale Gäste nach Hause kommen und heimische Besucher Kosmopoliten werden“. Die 31 Zimmer auf sechs Etagen sowie das gesamte Interieur sind im Design von fantasievollen Gegensätzen charakterisiert: Wertvoller Marmor und luxuriöse Farben wie Gold und Schwarz treffen auf zurückhaltendes, freundlich warmes Holz, zeitgemäße Töne und inspirierende Muster. Alle Zimmer sind modern und harmonisch eingerichtet, unter anderem mit Klimaanlage, Hitze- und schallisolierten

Fenstern, Minibar, Safe, modernen Bädern, Samsung Smart TVs mit Screen Mirroring sowie schnellem und kostenfreiem WLAN ausgestattet. Das Triple-Konzept aus Hotel, Restaurant und Bar erinnert an den Charme legendärer Grandhotels internationaler Metropolen. Das integrierte Restaurant FRITZ's FRAU FRANZI bietet dabei eine innovative Form von Kulinarik. Dieser Kontrast macht das THE FRITZ zum idealen Standort für Besucher der Rheinmetropole, die das Individuelle lieben. Restaurant FRITZ's FRAU FRANZI separat erwähnt.

★★★★★S

Steigenberger Parkhotel Düsseldorf

Königsallee 1 a,
40212 Düsseldorf
0211-13810
www.steigenberger.com/hotels/alle-hotels/deutschland/duesseldorf/steigenberger-parkhotel-duesseldorf
Einzelzimmer: ab 280 €
Doppelzimmer: ab 280 €

Die berühmte Königsallee in Düsseldorf, kurz „Kö", beginnt mit dem noblen Steigenberger Parkhotel, das sich in einem historischen Gebäude neben der Deutschen Oper am Rhein befindet. Die 130 schallisolierten eleganten Zimmer und Suiten haben hohe Decken und bieten zeitgemäßen Komfort wie kostenloses schnelles WLAN, ISDN-Anschluss und einen modernen Flachbildfernseher. Wertvolle Antiquitäten verleihen den Räumen ein besonderes Ambiente. In Zimmern mit gehobener Ausstattung gibt es eine Kaffeemaschine und in den Suiten einen separaten Wohnbereich. Zum Hotel gehören ein Gourmetrestaurant mit Wintergarten, eine Zigarrenlounge, sowie zwei Bars, von denen eine über eine Terrasse verfügt und die andere Live-Klaviermusik bietet. Aktiv sein und entspannen können die Gäste in einem Fitnessbereich mit modernsten Geräten, verschiedenen Saunen oder dem Dampfbad – Obst und Getränke werden hier kostenfrei angeboten. Dank der prominenten Lage ist das Parkhotel der ideale Ausgangspunkt für Shoppingtouren, Opern- und Museumsbesuche oder einen Spaziergang durch die Altstadt und entlang der nahgelegenen Rheinuferpromenade. Restaurant Pink Pepper separat erwähnt.

Efringen-Kirchen
(Baden-Württemberg)

8

Traube

Alemannenstr. 19,
79588 Efringen-Kirchen (Blansingen)
07628-9423780
www.traube-blansingen.de
Mi–So ab 18 Uhr, Mo u. Di RT
Menüs: 150 €

Um das, was in den geschmackvoll gestalteten ländlich-eleganten Gasträumen der von Brian Wawryk ambitioniert bekochten Traube geboten wird, gut zu finden, muss man nicht zwangsläufig ein großer Fan von moderner, kreativer Naturküche nach nordischem Vorbild sein. Aber man sollte zumindest eine gewisse Offenheit für neue Geschmackserlebnisse mitbringen, denn das, was der Chef respektive seine Lebensgefährtin und Gastgeberin Daniela Hasse auf die schlicht eingedeckten Holztische serviert, unterscheidet sich deutlich von der üblichen französischen Klassik, die sonst in dieser Region überweigend vorherrscht. Statt schwelgerischer Opulenz zeichnen sich die geschmackssicher komponierten und gekonnt pointierten Gerichte aus Wawryks Menü durch Leichtigkeit, viele vegetabile Elemente und Transparenz aus. Und durch ein recht hohes Maß an Individualität. Es wird Wert auf saisonale und regionale Produkte gelegt, die vielfach gesammelt, eingeweckt, fermentiert, mariniert werden. Seltene Gemüsesorten, Kräuter und Blüten spielen eine Schlüsselrolle und alles wird ästhetisch ansprechend und präzise in Szene gesetzt. Herauszustellen sind auch der kompetente und sehr persönliche Service und die spannende Getränkebegleitung, egal ob mit Wein oder alkoholfreien Alternativen.

Eggenstein-Leopoldshafen
(Baden-Württemberg)

7

Das garbo im Löwen

im Hotel Löwen
Hauptstr. 51,
76344 Eggenstein-Leopoldshafen
0721-780070
www.garbo-loewen.de
Küchenchef: Marcel Kazda
Mi–Fr von 12–14 Uhr u. ab 18 Uhr,
Sa ab 18 Uhr, So–Di RT
Hauptgericht: 35–49 €,
Menüs: 119–149 €
EC VISA P

Es nötigt uns größten Respekt ab, wie ambitioniert und konstant das Team um Dorrit Gulden und Marcel Kazda nun schon seit über zehn Jahren auf gehobenem Niveau Gäste bewirtet und dabei eben nicht nur die „Performance“ im Auge hat, sondern auch den „Wohlfühlfaktor“ für die Gäste hochhält. Das beginnt bei der trotz aller Professionalität sympathisch bodenständigen und entspannten Gangart, reicht über eine Auswahl an Gerichten, die deutlich über ein festes Menü hinausgeht, und endet noch nicht beim stets sehr süffigen und zugänglichen Kochstil von Marcel Kazda.
Auch wenn manche Komposition in der Speisekarte etwas wild oder zumindest nicht auf Anhieb schlüssig klingt – auf dem Teller löst sich eventuelle Skepsis dann schnell in Wohlgefallen auf, denn der Chef macht keine halbgaren Experimente, sondern weiß sehr genau, was zusammenpasst und was man machen kann. Und um bei aller Soulfoodigkeit auch den Spannungsbogen aufrecht zu halten, setzt er eben gerne auf Gegensätze und bringt diese gekonnt in harmonischen Einklang.
So hielt bei unserem letzten Besuch schon die Vorspeise souverän die Balance zwischen herzhafter Deftigkeit und eleganter Leichtigkeit und Frische. Namentlich ein Duett vom Tatar eines Balik-Lachses und Nordseekrabben, die sich um eine ringförmige Speckmilch-Pannacotta tummelten, in deren Mitte vom Service am Tisch noch eine Vinaigrette von Joghurt und Dillöl angegossen wurde. Hauchdünne krosse Speckpartikel, Sauerteig in Form von Brotchips und Bröseln sowie ein Zitronengel als markanter Säurespender führten das kontrastreiche Aromen- und Texturenspiel auch in den Details fort.
Eine ähnlich hohe Vielschichtigkeit und Dynamik, die diesmal in asiatische Aromenwelten führte, brachte das Duett von kross angeröstetem Pulpo und schmelzig zartem Schweinebauch aufs Porzellan – letzterer war nicht nur als Würfel, sondern auch als Füllung eines wachsig-zarten Dim-Sim-Täschchens zugegen. Ein ausdrucksstarker Schaum von Curry und Kokos, pikantes Kimchi-Kraut mit Papaya und knusprige Schweineschwartenpops ergänzten das kompakt und süffig im tiefen Schälchen angerichtete Gericht um weitere Röstaromen, Schärfe und Textur, so dass man es auch hier wieder mit einem ganzen Füllhorn an Eindrücken zu tun bekam, die rund und harmonisch zusammenspielten.
Noch höhere Dichte und Süffigkeit kam in Gestalt eines geschichteten Löffelgerichts um Cremespinat, Puy-Linsen, ein bei konstanten 64 °C zur schmelzigen Perfektion gegartes Stundenei, Nussbutterschaum und italienische Wintertrüffel an den Tisch, das mit gebratener Jakobsmuschel und knusprig ausgebackenen Kalbsbries-Nuggets attraktiv getoppt war. Das möchte man am liebsten noch mal bestellen, auch wenn das Ganze mit seinem recht hohen Salzgehalt und fehlender Frischekomponente irgendwann auch etwas anstrengend werden kann.
Hatte man es bis hierhin in jedem Gang jeweils mit zwei unterschiedlichen Produkten wie Lachs und Krabben, Schweinebauch und Pulpo oder Jakobsmuschel und Kalbsbries zu tun, gehörte der Hauptgang allein dem Elsässer Stubenküken. Allerdings wurde dessen saftig-eigenaromatische Brust neben dem als Praline gefertigten und knusprig ausgebackenen Keulenfleisch zum Besten gegeben – in Kombination mit mild geräucherter Süßkartoffelcreme und einem mit gepufftem Amaranth beflockten Stängel vom Wilden Brokkoli. Für den unkonventionellen Twist waren hier nicht nur Salzzitrone und Estragon in der kraftvollen reduzierten Jus verantwortlich, sondern auch ein

markanter Cassis-Butterschaum, der eine sehr auflockernde und akzentuierende Wirkung hatte.

Ein solcher fehlte dem Dessert leider ein wenig, denn der „Cube" aus Ivoire- und Caribe-Schokolade nebst Baiser und Himbeeren (auch als Sorbet), Vanille und kaum wahrnehmbarem Tonkabohnenaroma war zwar rund und harmonisch, aber ohne gewisse Ecken und Kanten auch sehr gediegen. Da erwies sich dann einmal mehr die Weinempfehlung des ebenso sympathischen wie kompetenten Restaurantleiters Philipp Spielmann als äußerst gewinnbringend, weil die hier angedachte und eingeschenkte 2003er Riesling-Auslese vom Weingut Wambsganß noch erstaunlich viel Frische mitbrachte. Schon davor bewies er etwa zum Stubenküken mit einem sehr attraktiven reinsortigen Garnacha mit viel Trinkfluss, oder auch mit dem 2018er Pinot blanc „Eichelberg" GG vom Weingut Heitlinger zum Landei mit Bries und Jakobsmuschel, ein sicheres Händchen für gelungene Pairings.

5↑

Zum Goldenen Anker

Landgasthof „Zum Goldenen Anker"
Hauptstr. 16–20,
76344 Eggenstein-Leopoldshafen
0721-706029
www.hotel-anker-eggenstein.de
Küchenchef: Armin Radtke
So–Fr von 12–13.30 Uhr u. ab 18 Uhr, Sa RT
Hauptgericht: 18–40 €, Menüs: 40–55 €
VISA

Der Goldene Anker, der in dezentem, aber trotzdem auffälligem Grün an der Ortsdurchfahrtsstraße in Eggenstein-Leopoldshafen steht und sowohl Gastronomie als auch Hotellerie bietet, ist für uns das Paradebeispiel für ein zeitgemäßes Landgasthaus. Vom liebevoll modernisierten ländlichen Ambiente oder der Außenwirkung über den Internetauftritt, über die zwar bodenständige, aber durchaus anspruchsvolle Gangart im Lokal, bis hin zur Küche, die einen Mittelweg zwischen regionalen Traditionsgerichten und gehobenerer weltläufigerer Küche macht.

So stehen hier Dinge wie eine Rinderkraftbrühe in der Flädleschnecken, Grießnocken und Maultäschle schwimmen, ein mit „Luftikus-Schinken" und Bergkäse aromatisch gefülltes Cordon Bleu nebst Bratkartoffeln und Burgundersauce, oder mit Camembert und Apfel überbackene Schweinefilet-Medaillons mit Brokkoli und Kartoffelkrapfen, beispielsweise neben einer asiatisch inspirierten Vorspeise von Schweinebauch und Garnelen, die mit Mie-Nudeln, Chinakohl und Cashewnüssen in einem Tom-Kha-Gai-Sud schwimmen.

Oder neben einer Variation vom Lachs, der hier in sehr ansprechender Qualität als gebeizte und mit einem sojawürzigen Lack bestrichene Tranche sowie als mild gewürztes Tatar und als zart cremige Mousse auf dem hübsch angerichteten Teller zugegen war – neben Mini-Reinekuchen, eingelegten Gurken und Cocktailtomaten sowie einem zitrisch schmeckenden Gel, das mit seiner herbsäuerlichen Frische ruhig noch etwas reichhaltiger hätte portioniert sein dürfen.

Wie grundsolide die Küche arbeitet war auch dem Zander anzumerken, der zwar etwas über dem optimalen Garpunkt und nicht in absoluter Spitzenqualität, aber dennoch sehr schmackhaft, frisch und kross auf der Haut gebraten mit einem dezent speckigen Lauch-Topping auf seinem Bett aus Alblinsengemüse thronte. Dem eher dunklen, dumpf-würzigen Grundton wirkte eine weinfruchtig-spritzige Beurre blanc entgegen, die adäquat zwischen Fisch und Linsen vermitteln konnte.

Beim ebenfalls als Produkt sehr guten, gleichmäßig rosa gebratenen und dann mit einer Kräuter-Semmelbrösel-Haube gratinierte Lammrücken nebst mustergültigem, à part gereichtem Kartoffelgratin störte nach unserem Gusto das noch viel zu roh und grob wirkende Paprika-Zwiebel-Gemüse den Gesamteindruck. Dazu – aber eben leider weniger zum feinen Lammfleisch – passte auch die Jus, die wie eine gute, natürliche, schmorwürzige Bratensauce schmeckte und in dem Kontext eben auch etwas zu handfest und kraftvoll daherkam.

Rein gar nichts zu kritisieren gab es an der perfekt beschaffenen und ohne auch nur ein einziges ungeschmolzenes Zuckerkorn dünn karamellisierten Crème brûlée, die nicht nur von hervorragendem vollaromatisch-fruchtfleischi-

gem Mangosorbet, sondern auch von einer überraschend attraktiven Fruchtsalatgarnitur begleitet wurde, die nichts mit den meist nur alibihaften Deko-Obst gemein hatte, dem man an dieser Stelle allzu oft begegnet.
Ein sehr zuvorkommender und informierter Service, der auch hinsichtlich der gut strukturierten Weinauswahl mit bezahlbaren Flaschen von Baden und Pfalz bis ins europäische Ausland behilflich sein kann, macht das Ganze rund.

Hotelempfehlung

Hotel Löwen

Hauptstr. 51,
76344 Eggenstein-Leopoldshafen
0721-780070
www.garbo-loewen.de
Einzelzimmer: 60–70 €
Doppelzimmer: 80–90 €

Dieses gemütliche Gasthaus in Eggenstein-Leopoldshafen, knapp zehn Kilometer nördlich von Karlsruhe, bietet nicht nur eine hervorragende, vielfach ausgezeichnete und überregional bekannte Küche, sondern mit seinen 11 gepflegten Nichtraucher-Zimmern (Einzel-, Doppel- bzw. Twin-Zimmer) auch eine angenehme Bleibe. Jedes der Zimmer ist mit eigenem Bad, Schreibtisch, Flachbild-TV und kostenlosem WLAN ausgestattet. Sehenswürdigkeiten wie die Staatliche Kunsthalle Karlsruhe und das im 18. Jahrhundert erbaute barocke Schloss liegen nicht weit vom Hotel entfernt und auch sonst sind die Möglichkeiten der Freizeitgestaltung in der näheren Umgebung vielfältig: Es gibt zahlreiche Biergärten, Straßencafés, Museen, Konzerte und Festivals. Auch wer aktiv sein möchte kommt hier auf seine Kosten. Ein gut ausgebautes Radwegenetz in und um Karlsruhe lädt zum Radeln ein, „The Rock", ein 1180 qm großes Areal mit Kletterhalle zum Klettern und benachbarte Seen zum Baden und Sonne genießen. Restaurant Das garbo im Löwen separat erwähnt.

Zum Goldenen Anker

Hauptstr. 16–20,
76344 Eggenstein-Leopoldshafen
0721-706029
www.hotel-anker-eggenstein.de
Einzelzimmer: 65–70 €
Doppelzimmer: 96–155 €

Der familiär geführte Generationsbetrieb in Eggenstein befindet sich nur etwa 15 Minunten von der Stadt Karlsruhe entfernt. Von hier aus können Gäste die Stadt und die Umgebung ganz bequem per Straßenbahn und Auto erreichen. Die insgesamt 34 Hotelzimmer unterschiedlicher Kategorien befinden sich im Stammhaus, im Neubau und im Gästehaus am Ankerberg, sind selbstverständlich allesamt mit Dusche/WC, TV und Telefon ausgestattet; WLAN steht in den meisten Zimmern zur Verfügung. Auch das Kulinarische hat hier einen hohen Stellenwert: im schlicht, zurückhaltend und schnörkellos in den Farben Vanille, Bordeauxrot und Schokoladenbraun eingerichteten Restaurant wird von Küchenchef Armin Radtke und seinem Team zeitgemäße Regionalküche geboten. Restaurant Zum Goldenen Anker separat erwähnt.

Ehestetten (Baden-Württemberg)

7

Bio-Fine-Dining-Restaurant 1950

Aichelauerstr. 6, 72534 Ehestetten
07383-94980
www.tressbrueder.de/bio-fine-dining-restaurant-1950
Küchenchef: Simon Tress
Do–So ab 18 Uhr, Mo–Mi RT
Menüs: 99–149 €

Der Beiname „Bio-Fine-Dining-Restaurant" signalisiert die Ausrichtung, aber nicht die Konsequenz, mit der Simon Tress die naturnahe Küche verfolgt. Die Zutaten in seinem „1950" stammen einerseits aus Anbau nach Demeter- oder Bioland-Richtlinien, aber sie kommen andererseits auch nicht von weiter her als aus einem Umkreis von 25 Kilometern in die Töpfe und auf die Teller. Somit steht auf der Karte des Restaurants ein „CO_2-Menü", dessen Entstehung zwar nicht frei von Kohlendioxid ist, aber die Werte doch auf ein Minimum reduziert.

Mit diesem Prinzip setzt der Küchenmeister das fort, was sein Großvater Johannes Tress mit seiner ökologischen Landwirtschaft bereits 1950 – daher der Name des Restaurants – begonnen hatte. Das Basismenü, das man mit der Reservierung gleich ordert, ist vegetarisch, lässt sich aber vor Ort bis zu dreimal mit „Fleischbeilagen" upgraden. Passend zu dieser Ausrichtung stammen die Weine aus biodynamischem Anbau in Baden-Württemberg und es gibt alternativ auch eine alkoholfreie Begleitung mit selbstgemixten Essenzen.

Das Restaurant mit Platz für regulär nur zwölf Gäste steht im Hof hinter dem Familienbetrieb der Rose anstelle der ehemaligen Kochschule von Simon Tress und strahlt unter einem hohen Giebel mit seinen Naturmaterialen eine große Behaglichkeit aus. Prägend für den Raum ist die offene Küche, in der Simon Tress, meist unterstützt von nur einem Azubi, seine Gerichte mit viel Akribie finisht. Großer Aufwand wird schon im Vorfeld betrieben, denn um die Palette an Komponenten trotz der regionalen und saisonalen Einschränkungen möglichst vielfältig zu halten, wird eingemacht, fermentiert, getrocknet und schockgefrostet, was das Zeug hält.

Auch die Apéros, mit denen nach und nach die sechs Gänge des Menüs en miniature vorgestellt werden, sind sehr aufwendig in verschiedenste Texturen verarbeitet. Richtig los ging es dann in unserem Falle mit „Rucola & Topinambur" als ersten Gang, zu dem sich Hähnchen hinzuaddieren ließ. Dessen Teile waren in einer von drei Schalen interpretiert: als cremiger Salat aus der Keule, dazu zarte Stücke von der Brust sowie als Teigtasche mit Leber und obenauf einem würzigen Hühnerhautchip. So viel intensiven Hähnchengeschmack hat man selten, und mit der nussig-süßen Grundausrichtung von Topinambur – als Suppe, Püree und fermentiert, dazu aus den Schalen eine Hollandaise – und den herben Noten von Rucola als Crème, Öl, Eis, Crumble und hauchdünnen Chips, ergab das eine Kombination, die mit all ihren einzelnen Nuancen sehr gut harmonierte. Noch extremer wurden aus Schnittlauch und Rote Bete die Aromen potenziert. Variationen von der Bete begegnen einem häufiger, aber in so vielen Texturen? Hier als Creme und Püree aus geräuchter Roter Bete, als Tatar mit Knoblauch und Chiliöl, Crumble aus der Schale, Weiße und Rote Bete fermentiert, dazu Stroh und Staub, angegossen mit einer Umami-Reduktion. Ein guter Kontrast zu diesen süßen und auch schweren Noten waren die Schnittlauchinterpretationen mit ihrer leichten Schärfe. Beim heißen Schaumsüppchen hatte man das Gefühl, eine Wiese zu trinken, in einem Öl kam die grasige und bittere Note noch einmal zur Geltung, darauf ein Biskuit-Sockel aus getrocknetem und eingelegtem Schnittlauch mit Creme, final bestückt mit Schnittlauchblüten zu einem „Schnittlauchigel".

Durch das Upgrade um Lamm erhöhte sich die Zahl der Schälchen im nächsten Gang auf vier. Eine Steinschale mit Spinat und Rettich war der „Spachtelgang", wie es hieß, bei dem man alles auf einen Löffel nehmen konnte: schwarzer Rettich als Püree, fermentiert und eingelegt in einem Sud aus Honig und Chili, in einer herzhaften Rettichrahmsauce aus den Schalen ein ausgestochenes Stück, darauf Spinat als

Creme, angebraten und mariniert. Am Tisch wurde dann eine große Portion qietschgrüner Schaum darübergesprüht, so dass vom Aufbau nicht mehr viel zu sehen war. Adäquat zum Leaf-to-Root-Prinzip wurde das Lamm Nose-to-Tail verwertet: mit einem strengen Innereienragout (Herz, Niere, Zunge), einer knusprig ausgebackenen Praline aus der Haxe, und als dritte Beigabe wurden Scheiben vom Rücken wie kaltes Roastbeef serviert.
Der eigentliche Hauptgang war rein vegetarisch, hatte aber durch Variationen von der Kartoffel (gebacken, als Zwiebel-Kartoffel-Püree mit Schaum und Chips) und Karotte (Tatar, Chutney, Salat, Püree und Crumbles) erdige Tiefe mit süßen Spitzen. Hier kämpften gleich drei Emulsionen um den Platz auf dem Teller, denn zum Kartoffelschaum kam noch eine Karottenreduktion mit Olivenkraut und eine Rahmsauce aus Karottenschalen hinzu. Vergleichsweise schlicht war im Anschluss daran das Pré-Dessert mit Apfel als Eis und Püree in einem Dinkelmilch-Estragon-Süppchen mit sehr knusprig gepufftem Dinkel darin und einer Hippe on top. Wieder sehr viel mehr wurde zum Finale aus Rhabarber gemacht – und dennoch ergab dies nicht sehr viel mehr an Aromenvielfalt, weil Küchlein, Creme, Staub, Halbgefrorenes und Fermentiertes mit Rahmeis, Chip und Sud aus Milch doch eher Ton in Ton mit erstaunlich geringem Säurefaktor waren.
Und das ist vielleicht auch ein zentraler Punkt in der Gesamtbetrachtung der Gerichte, die schon säurehaltige Momente haben, denen es aber manchmal, auch durch den konzeptionellen Verzicht auf Zitrusfrüchte, an frischer Leichtigkeit fehlt. Zudem stellt sich die Frage, ob jedes Gemüse in so vielen verschiedenen Formen interpretiert werden muss, um den Geschmack im Einzelnen zweifelsohne hervorragend herauszuarbeiten. Man muss sich auch als Gast mit den Gerichten tiefergehend beschäftigen und kann dies hinterher ebenso, denn am Ende hat man eine hübsche Sammlung an Memorykärtchen mit Fotos und Infos zu den Produkten und ihren Herstellern. Wir sind beeindruckt von diesem bis ins Kleinste durchdachten Konzept, bei dem etwas weniger vielleicht doch mehr sein könnte.

Ehningen (Baden-Württemberg)

7

Landhaus Feckl

im Hotel Landhaus Feckl
Keltenweg 1,
71139 Ehningen
07034-23770
www.landhausfeckl.de
Küchenchef: Franz Feckl
Mi–Sa von 12–13.30 Uhr u. ab 18 Uhr, So, Mo, Di u. Fei RT
Hauptgericht: 39–48 €,
Menüs: 96–128 €
VISA

Das großzügige Landhaus der Familie Feckl in Ehningen, am Rande von Stuttgart im Südwesten gelegen, hat sich über die Jahre hinweg eine treue Anhängerschaft aufgebaut. Und das ist kein Wunder, denn das Restaurant, das sowohl mittags als auch abends in bester schwäbischer Tradition geöffnet hat, bietet sowohl für traditionelle Genießer als auch für experimentierfreudige Feinschmecker viele lohnende kulinarische Erlebnisse. Das Team um Franz Feckl überzeugt mit hervorragendem handwerklichen Können, ausgewogenen Proportionen und kräftigen Aromen sowohl bei Klassikern wie dem Zwiebelrostbraten deluxe als auch bei exklusiveren Dingen aus internationalen Gourmetprodukten. Doch selbst wenn es im Menü mal etwas komplexer und aufwendiger wird oder die regionalen Geschmacksgrenzen in Richtung mediterraner Küche überschritten werden, bleiben die Speisen stets zugänglich und für ein breites Publikum ansprechend. Ein kompetenter Service und eine gut sortierte, gastfreundlich kalkulierte Karte sind weitere Gründe für den hohen Beliebtheitsgrad dieser Institution.

Bezahlkarten-Symbole

- Mastercard
- EC-Maestro
- Diners
- American Express
- VISA Visa

Eisenach (Thüringen)

6

Turmschänke

im Hotel Kaiserhof
Karlsplatz 28, 99817 Eisenach
03691-213533
www.turmschaenke-eisenach.de
Küchenchef: Ulrich Rösch
Di–Sa ab 18 Uhr, So u. Mo RT
Hauptgericht: 19–32 €, Menüs: 42–65 €

Wer in Eisenach auf hohem Niveau genießen möchte, kommt an der im Hotel Kaiserhof beheimateten Turmstube nicht vorbei. Seit über 15 Jahren verwirklicht hier mit Ulrich Rösch ein ebenso erfahrener wie engagierter Chef seinen Traum von gehobener Gastronomie. Mit dem von einer charmanten Patina und viel historischem Flair geprägten Restaurant, das sich mit seiner verzierten Holztäfelung, den kleinen Butzenglasfenstern und fein gedeckten Tischen über zwei Etagen und mehrere Bereiche erstreckt, hat er dafür eine äußerst stimmungsvolle Bühne, die eine vornehm behagliche Atmosphäre bietet.
Und in dieser setzt der Chef auf eine geradlinig substanzstarke Küche, die unnötigen Aufwand und mögliche Fehlerquellen klug vermeidet und in ihren besten Momenten mit wenigen Kniffen trotzdem gute Akzente setzt. An anderen Stellen wirkt die Umsetzung teils auch mal etwas rumpelig und gröber – jedoch dank der grundsätzlich hochwertigen, natürlich-frischen Zubereitung und der sorgfältigen Auswahl der Produkte immer auf einem respektablen Niveau.
Genau dieses zeigte zuletzt beispielsweise auch ein sanft und saftig confiertes Forellenfilet mit süßsauer marinierten Rettichstreifen, die einen wesentlichen Teil ihrer Säure von zartem Rhabarber erhielten. Das Arrangement wurde zudem von jungen Gierschblättern mit deren typischem Aroma nach Petersilie und Karottengrün akzentuiert und von kleinen Croûtons mit einem auflockernden Knuspereffekt versehen.
Beim folgenden Kohlrabisüppchen gefielen insbesondere dessen schaumig leichte Eleganz und der deutliche Produktgeschmack, mit dem in erster Linie die frische Süße ganz junger Kohlrabiknollen hergestellt wurde. Es hatte aber auch genug Tiefe, Substanz und einen Säurehauch, sodass es nicht zu sehr ins milchigmilde tendierte. Ergänzt von knackigen Kohlrabischeiben, zarten Brätklößchen mit Trüffel und Croûtons ergab sich auch hier ein harmonischer, zugleich mit einfachen Mitteln abwechslungsreich gestalteter Eindruck.
Im Hauptgang legte der Chef mit dem straff und rosa in einer hauchdünnen Farcehülle gegarten Lammrücken sogar noch eine Schippe drauf. Dessen Produktcharakter wurde von einer spicy Crêpinette aus Lammhack effektiv und gewinnbringend verstärkt, deren betörender Cumin- und Koriander-Duft außerdem von einer handwerklich blitzsauberen Lammjus fortgeführt wurde. Letztere brachte neben viel Kraft und Konzentration auch ganz entscheidende lebendige Säure mit und fügte sich mit zarten Mini-Artischocken und einer Artischockencreme ganz geschmeidig und fein ins von intensiven Aromen und viel Tiefe geprägte Gesamtbild ein.
Da hatte es die zum Abschluss servierte Topfen-Panna-cotta nebst gebackenem (etwas trockenem) Käsekuchen, einer zarten Schokoladencreme und tiefaromatischem Schokoladeneis nicht gerade leicht und wirkte weniger schlüssig. Gemeinsam mit gebackenen Kataififäden für filigranen Crunch und einem Hauch von dunkler roter Frucht als Bindeglied zwischen Topfen und Schokolade hielt aber letztlich auch das Dessert das bisherige Niveau.
Der charmante Service unter der Leitung von Martina Rösch und die insbesondere regional gut aufgestellte – und genau wie das gesamte Angebot sehr einladend kalkulierte – Weinkarte halten da ebenfalls locker mit und verstärken die Vorfreude auf den nächsten Besuch.

Ellwangen (Baden-Württemberg)

Hirsch – Das Ellwanger Landhotel

Maierstr. 2,
73479 Ellwangen (Neunheim)
07961-91980
www.hirsch-ellwangen.de
Di–Sa ab 18 Uhr,
So von 11.30–13.30 Uhr u. ab 18 Uhr,
Mo RT
Hauptgericht: 22–39 €,
Menüs: 39–69 €

VISA

Das stilvolle Lokal mit Holzverkleidung und einem gemütlichen Kachelofen ist Teil eines modernisierten Landhotels in der Nähe von Ellwangen, in verkehrsgünstiger Lage zur Autobahn A7. Es verkörpert das klassische Beispiel eines vornehmen schwäbischen Landgasthofs und ist ein beliebtes Ziel für Gäste, nicht nur für diejenigen, die im Hotel übernachten. Und das überrascht nicht, denn obwohl das Ambiente auf den ersten Blick nicht unbedingt auf eine außergewöhnliche Küche hindeutet, wird genau das geboten: Sorgfältig zubereitete Gerichte aus erstklassigen, überwiegend regionalen Zutaten, deren Hersteller alle namentlich in der Speisekarte erwähnt werden. Der Weinkeller hält eine Auswahl an guten, internationalen Weinen zu moderaten Preisen bereit, die über einfache Hausweine hinausgehen. Der herzliche und familiäre Service erledigt seine Aufgaben mit Bedacht, was das Gesamtpaket komplett macht.

Elmau (Bayern)

Luce d'Oro

im Schloss Elmau Luxury Spa & Cultural Hideaway
In Elmau 2,
82493 Elmau
08823-18973
www.schloss-elmau.de
Küchenchef: Christoph Rainer
Mi–Sa ab 19 Uhr, So–Di RT
Menüs: 229–249 €

VISA

Wenn nach der Fahrt durch den Bergwald auf einer weitläufigen Alm wie aus dem Nichts plötzlich die Silhouette von Schloss Elmau auftaucht, hat das jedes Mal wieder einen ganz besonderen Reiz. Es gibt nur wenige Orte, die maximalen Komfort und Luxus mit einer so ruhigen und malerisch abgeschiedenen Lage verbinden, wie das mitten in der alpinen Bergwelt gelegene Schloss von Hotelier Dieter Müller-Elmau. Wer hier eine gewisse Zeit verbringen und zwischen dem vielfältigen hochkarätigen Kulturprogramm, dem umfassenden Wellnessangebot, den entschleunigenden Bereichen wie der Bibliothek oder den abwechslungsreichen gastronomischen Optionen hin und her pendeln kann, darf sich zweifelsohne sehr glücklich schätzen.
Aber auch für kulinarisch interessierte Kurzbesucher lohnt sich der Trip hierher in jedem Fall, weil sich mit dem Luce d'Oro in den Tiefen von Schloss Elmau seit vielen Jahren ein auch bundesweit in der Spitze absolut konkurrenzfähiges Gourmetrestaurant versteckt. In dem zwischen japanischer Schlichtheit und behaglicher Wärme designten Restaurant hat mit Christoph Rainer ein ebenso erfahrener wie talentierter Küchenchef seine Bühne gefunden und bespielt diese mit einem sehr eigenständigen

Stil, der Ideen und Aromen aus Fernost auf zugespitzt feinsinnige Art mit klassisch französischer Hochküche verbindet.

In dem sich unmittelbar aufdrängenden Vergleich mit Christian Bau, der wie kaum ein anderer genau diese Verbindung auf allerhöchstem Niveau geprägt hat, sind die Kreationen in Elmau zum einen weniger auf die japanische Küche fokussiert und bedienen sich auch anderer asiatischer Einflüsse. Und zum anderen prägt die meisten der Gerichte ein auf harmonische Eleganz ausgerichteter Charakter, bei dem feine Akzente zwar vorhanden, aber selten bis ins Extreme ausgereizt werden.

Am knalligsten sind ungewöhnlicherweise oft ausgerechnet die ersten Kleinigkeiten und Küchengrüße. So wie zuletzt beispielsweise bei einer Knuspertartelette mit rohem Carabinero, roter Chilipaste und cremig-säuerlichem Kimizu. Oder bei einem „Hot Shot" in Form eines schillernd tiefgründigen Krustentiertees mit ätherischem Kaffirlimettenaroma und der weichen süßlichen Würze von Miso.

Aber auch auf den Tellern breiter aufgefächerter Kreationen wie dem ersten Gang rund um (ungestopfte) Bio-Gänseleber gibt es sowohl herausragende Produkte als auch Facettenreichtum. In diesem Fall wurde eine ausdrucksstarke Terrine von der Leber im Hauptteller in kühlfruchtig-duftiger Eleganz durch die Ergänzung mit Zuckermelone als hauchzarte Scheiben, Gelee und kleine Kugeln sowie ein Sorbet von Verveine und Melisse eingefasst. Beinahe noch eindrucksvoller, weil auf verdichtete Art zudem noch mit prickelnder Säure angereichert, war aber das begleitende kleine Schälchen mit Gänselebercreme unter Verveine-Granité und einem zugespitzt säuerlichen Melonenschaum.

Ebenfalls noch im Kreise der kühlen und beschwingten Gerichte beeindruckten dicke, fleischige und aromatisch bestechend klare Tranchen vom Kingfish unter einem filigranen Arrangement aus knackigen Mini-Radieschen, cremigem großkörnigem N25-Kaviar, kleinen Tupfen japanischer Eiercreme und Myoga als duftiges, süß-säuerliches Sorbet – umgeben von einer zitrisch frischen Ponzu-Vinaigrette mit Lauchöl. Dabei entstand durch die gewählten Proportionen – was ganz charakteristisch für den Stil der Küche ist – eher ein verdichtet harmonischer Geschmack zwischen den begleitenden Komponenten und dem Kingfish, als ein bis ins letzte Detail freigestelltes Bild.

Das galt genauso für den in ähnlicher Form bereits aus einem der vorausgegangenen Besuche bekannten Roten Carabinero auf knackigem grünem Papayasalat und einem straff verdichteten Tom-Yam-Sud, der mit feiner Säure, komplexem Körper und verzögert nachhallender Schärfe das Gericht maßgeblich prägt, während eine grüne Lotuswurzelcreme und knusprige Chips von der Lotuswurzel für feine Kopfnoten und Auflockerung sorgten.

Gleichermaßen dicht und kraftvoll-elegant kam auch das zart gebratene Doppelfilet von der Seezunge auf den Teller. Schon rein qualitativ war der edle Plattfisch eine Wucht, aber noch einmal mehr (ganz im Wortsinn!) in der Verbindung mit einer dichten Dashi-Beurre-blanc, zartem weißem Spargel und Spargelcreme sowie der zusätzlichen Power durch ein glasiertes Stück Unagi-Aal. Wobei die typischen süßlich-würzigen Barbecue-Aromen des japanischen Aals hier angemessen dezent gehalten waren und sich wohlbalanciert in das Gesamtbild einfügten.

Dass auch im Hauptgang in Gestalt des bayerischen Wagyu-Rinds mit hauchdünner krosser Bratkruste über knapp temperiertem Kern und zart schmelzender Fettmarmorierung ein sensationelles Produkt in den Mittelpunkt gestellt wurde, überraschte dann schon nicht mehr. Allerdings war dies auch der Moment, an dem ein bisschen mehr japanischer Purismus dem Produkt am deutlichsten zu einem noch stärkeren Auftritt verholfen hätte. Zwar wurden der begleitende Shiitakeschaum und ein Türmchen aus Shiitakecreme, Stücken von Pilzen sowie Erbsen (ebenfalls als Creme und Stücke) meisterhaft akkurat gearbeitet und feinsinnig abgeschmeckt, in Summe ergaben sie aber dennoch eine etwas zu weich und üppig anmutende Umgebung für das sensationelle Fleisch. Dieses wirkte solo und nur mit ein bisschen von der transparent eleganten, durch lange gereifte Sojasauce gewürzten Jus eigentlich fast noch eindrucksvoller als mit seinen Begleitern gemeinsam.

Das allerdings ist tatsächlich Kritik auf allerhöchstem Niveau und erklärt letztlich nur, warum wir die Küche des Luce d'Oro nicht mit einer noch höheren Bewertung auszeichnen. Die Rahmenbedingungen und das Potenzial wären dafür durchaus vorhanden, und einzelne Gerichte kratzen auch jetzt immer wieder bereits an der zehnten Pfanne. So auch zuletzt wieder der süße Abschluss rund um helle schmelzende Original Beans „Edelweiß" Schokolade, die in einem kompakt angerichteten Arrangement äußerst gewinnbringend von einem fruchtig-würzigen Sake-Granité, verschiedenen duftigen Erdbeerzubereitungen und der feinen Säure von Kombucha und Oxalis ergänzt wurde – und sich so mit jedem Löffel immer wieder in neuen spannenden Facetten zeigte.

Das Serviceteam rund Marie-Helen Krebs als Restaurantleiterin und passionierte Sommelière garantiert nicht nur einen perfekt choreografierten Ablauf des Abends, sondern sorgt auch für eine gelöste, heitere Atmosphäre und eine bemerkenswert spannende Getränkebegleitung, wahlweise mit treffsicher ausgewähltem Wein und Sake auf hohem Niveau oder auch alkoholfrei, was insbesondere bei den feinen Tees zu erstaunlich schlüssigen Pairings führt.

Eltville (Hessen)

7

Jean

im Hotel Frankenbach
Wilhelmstr. 13, 65343 Eltville
06123-9040
www.hotel-frankenbach.de
Do–Sa ab 18 Uhr, So von 12–14 Uhr u. ab 18 Uhr, Mo–Mi RT
Hauptgericht: 29–48 €,
Menüs: 79–149 €
EC VISA P

Der Koch Johannes Frankenbach hat während seiner Lehr- und Wanderjahre bei Heinz Winkler die traditionelle französische Klassik verinnerlicht und bei Christian Bau deren moderne, weltoffene Spielart kennengelernt. In seinem eigenen Restaurant im elterlichen Hotel, wo statt heimeliger Winzerromantik in Weiß und Bordeaux abgesetzte Wände den holzvertäfelten Gastraum auffrischen und veredeln und im Verbund mit dunklem Bistro-Mobiliar für französischen Charme sorgen. Den findet man hier als gediegen klassisch interpretierte, oft und gerne mediterran inspirierte und hin und wieder auch mit einer Prise asiatischer Exotik hinterlegte Küchenstilistik auch auf den Tellern wieder – in den besten Momenten ausgesprochen klar und präzise auf handwerklich und qualitativ hohem Niveau auf die Teller gebracht. Und weil sich diese Momente zuletzt gehäuft haben, erhöhen wir die Bewertung in diesem Jahr abermals. Anstoßen lässt sich darauf mit einem der vielen guten Tropfen aus dem Weinkeller des Hauses, der neben den besten Gewächsen aus dem Rheingau besonders viel aus Bordeaux und Burgund zu bieten hat.

6

Adler Wirtschaft

Hauptstr. 31, 65347 Eltville
06723-7982
www.franzkeller.de
Mi–Fr ab 18 Uhr, Sa ab 16 Uhr, Mo–Mi RT
Menüs: 54–86 €
EC

Das Gasthaus von Familie Keller beziehungsweise dessen Kulinarium verkörpert schlichte, bodenständige, gegenständliche Küche aus Meisterhand. Das Motto ist seit jeher „Einfaches in Bestform" und man legt sehr viel Wert auf Substanz und wenig Wert auf Schnickschnack. „Man" ist seit einigen Jahren Franz Keller junior, der hier wie schon sein Vater die Ansicht vertritt, dass übertriebene Verfeinerungen für großen Genuss nicht notwendig sind. Und dennoch bereitet er seine verhältnismäßig einfach und schlicht gehaltenen Teller mit viel Feinsinn und Präzision zu, um außergewöhnlichen Genuss zu bieten. Im „Adler-Essen", sei es das kleine oder große Menü, das der Gast selbst zusammenstellen kann, steht das pure Geschmackserlebnis im Vordergrund. Ein beträchtlicher Teil der Zutaten stammt dabei aus dem eigenen Bio-Hofgut Falkenhof.

7

Kronenschlösschen

im Hotel Kronenschlösschen
Rheinallee, 65347 Eltville
06723-640
www.kronenschloesschen.de
Küchenchef: Roland Gorgosilich
Do–Sa ab 18 Uhr, So–Mi RT
Menüs: 110–148 €
EC VISA P

Das gepflegte traditionsreiche Anwesen, dem man seine über 150-jährige Historie in jedem Winkel ansieht, ist nicht umsonst Schauplatz des alljährlichen „Rheingau-Gourmet&Wein-Festivals". Denn sowohl im eleganten Hotelkomplex, im lauschigen Park, oder eben im Gastraum des Gourmet-Restaurants herrscht eine individuelle nostalgische Atmosphäre, die den passenden Rahmen für Entspannung und Genuss liefert. In letzterem sitzt man bei dezenter Beleuchtung zwischen Brokatvorhängen, Ledermobiliar und mit filigranen Ornamenten verzierten Deckenbögen. Kulinarisch wird dieser Rahmen von Küchenchef Roland Gorgosilich seit 2020 mit einer Interpretation der zeitgenössischen Klassik bespielt, die einerseits auf Edelprodukte und Tradition setzt, mit Frucht-, Säure- und Gewürzspitzen aber auch kreativere und sogar exotische Akzente setzt und damit den Spielraum erweitert.
Letztere wurden dann schon gleich zu Beginn deutlich. Bei gebeizter und dadurch schön fleischig-kompakter Gelbflossenmakrele, die als akkurat rechteckig geschnittene Tranche mit Verschiedenem von der Karotte und säurespitzen Passionsfrucht-Dots den Auftakt bildete. Als weiteres Element brachte ein Tandoori-Sud würzige und leicht schärfende Noten ins Spiel, der dem filigraneren Fischcharakter noch genügend Raum ließ. Ein nicht zu üppiger Start ins große Menü, das uns – so viel vorweg – auch dieses Mal wieder überzeugte.
Auch das Arrangement von Kalb, Topinambur und Wintersalaten machte da keine Ausnahme. Das lag vor allem daran, dass die Backe vom Tiroler Milchkalb perfekt schmelzig-zart war und auch die anderen Elemente auf dem Punkt waren. Den erdigen Charakter der Topinambur band Gorgosilich in Form eines schön sämigen Ragouts und als krosser Chip ins Geschehen ein. Den Clou brachten die herben Noten eines Bittersalats und die erdigen Aromen der auf der Microplane fein geraspelten schwarzen Wintertrüffel, zusätzliche Tiefe und Substanz eine exakt reduzierte, stoffig-dichte Jus. In Summe ein herrlich „klassischer" Teller, der zudem auch handwerklich makellos umgesetzt war.
Etwas weniger eindrücklich wirkte der anschließende Fischgang, bei dem sanft auf Temperatur gebrachter, ätherisch-schmelziger Seesaibling ins Zentrum gerückt wurde. Dessen subtiler Charakter wurde nämlich schon durch ein mit Butterflöckchen getopptes Eigelb plakativ fettig angegangen. Und auch der gleich dreifache Einsatz von Parmaschinken (knusprig gebraten, geraspelte Flocken und als Raviolifüllung) wirkte insgesamt recht poltrig und war zu salzig. Diese Wucht konnte letztlich auch vom mit Korianderöl schön kräuterfrisch akzentuierten Sud nicht wirklich abgefedert werden.
Ein klassisches, harmonisch-rundes Geschmacksbild mit aromatischer Tiefe und samtig weichen Texturen brachte im Hauptgang die Taube mit Spitzmorcheln, Champignons, Topinambur und Trevisiano aufs Porzellan. Vielleicht im Detail etwas zu weich, denn die sous-vide gegarte Taubenbrust ließ in ihrer leicht denaturierten Textur den zarten, knackigen Biss, den man sich von einem perfekt zubereiteten Täubchen wünscht, vermissen. Zumal auch die rösch angebratene, im Kern schmelzig-cremige Scheibe von der Foie gras, die den Vogel begleitete, naturgemäß eine sehr weiche Konsistenz hat und so letztlich nur die kross ausgebackene Praline vom Keulenfleisch der Taube für etwas texturellen Kontrast verantwortlich war. Geschmacklich aber ein großartiges Gericht, das von einer perfekt reduzierten, weil nicht überkonzentrierten und trotzdem dichten Jus mit Glanz und Eleganz getragen wurde.
Mit Süße, Säure, Frucht und Schmelz in perfektem Einklang präsentierte sich das Dessert zeitgemäß und komplex. Das markante Aroma von rosa Pfeffer in kleinen Baiser-Makronen war sehr behutsam eingesetzt – hätte nach unserem Geschmack zwischen dem seidigen Schmelz der Opalys-Schokoladencreme und der herben Säure von als Ragout, Chip und Gel zubereiteter Fluganans sogar noch etwas deutlichere Nadelstiche setzen können. So wie das rote Shiso-Eis, das mit seinen charakteristischen Bitternoten eine Kante und somit einen interessanten Aspekt in den souverän umgesetzten Geschmacksbogen einbrachte.
Den Weinkeller des Hauses, für dessen Pflege seit Jahren Head-Sommelier Florian Richter verantwortlich ist, zeichnet eine legendäre Jahrgangstiefe aus, die sicher auch anspruchsvollste Gourmets zufrieden stellt. Darunter befinden sich Flaschen, die oftmals nur noch hier zu finden sind. Die fast 100-seitige Weinkarte listet aber auch lohnende preisgünstige Alternativen aus aller Welt, deren Schwerpunkt bei deutschen Weißweinen liegt, die insgesamt fast ein Drittel ausmachen. Den Service erlebten wir wie immer aufmerksam, sympathisch und kompetent.

Y Wine & Kitchen

Rheingauerstr. 22, 65343 Eltville
06123-7096563
y-wineandkitchen.com
Küchenchef: Karsten Fricke
Do–Sa ab 17.30 Uhr, So–Mi RT
Menüs: 69–169 €

Ein wirklich außergewöhnliches Projekt haben Simone Schiller-Yildirim und Ahmet Yildirim – beide diplomierte Sommeliers – da auf die Beine gestellt. Im Grunde umfasst ihr bei der Namensgebung an die junge Generation angelehntes Label „Y" eine ganze Genusswelt: Eine zentrale Rolle spielen dabei natürlich die nach ihrem Charakter in einem Farbschema geordneten Weine der eigenen Kollektion, mittlerweile aber auch das kleine und im pittoresken Eltville mutig avantgardistisch anmutende Restaurant mit seinem stylisch farbenfrohen Interieur. Hier verbinden sich die Idee von anspruchsvoller Küche in unkomplizierter Umgebung und viel Spaß im Glas.

Wer sich einfach nur durch die attraktive Auswahl eigener und fremder Weine probieren möchte, ist im Übrigen ebenfalls willkommen – freie Plätze vorausgesetzt. Ansonsten steht ein einziges kreativ angelegtes Menü auf dem Programm, dessen Gänge dem gleichen Farbkonzept wie die Weine folgen. Verantwortlich ist dafür mit Karsten Fricke ein in vielen ausgezeichneten Häusern geschulter Chef, der in seinen obligatorischen Lehr- und Wanderjahren unter anderem bei Dirk Schröer, Christian Jürgens und Thomas Bühner sowohl klassische als auch kreative und moderne Spielarten gehobener Küche verinnerlichen konnte.

Und dieser Erfahrungsschatz wird bei seinen eigenen Gerichten dann auch auf sehr ansprechende Art sichtbar. Bereits die ersten Appetizer wie etwa eine hauchdünne Tartelette mit Störtatar und Kaviar zeigten beim letzten Besuch sowohl akkurates Handwerk als auch aromatischen Feinschliff. Beides hatte dann auch der aufwendigere Küchengruß, der sanft confierte Lachsforelle und eine reinaromatische Miesmuschel mit gerösteten Kürbiskernen kombinierte und mit nussiger Kürbiskern-Mayo, einem (minimal überdosierten) Johannisbeer-Cevichesud und eingelegten Buchenpilzen zu einem schwungvoll abwechslungsreichen Ensemble mit feinem Süße- und Säurespiel erweiterte. Und das machte dank der wilden Pinselstriche aus Johannisbeer- und Karottencreme auch optisch viel her.

Beim ersten offiziellen Gang gaben hauchdünner Haselnussteig, geröstete und dünn gehobelte Nüsse sowie eine konzentrierte Haselnusscreme gemeinsam mit eingelegter und geschmorter Zwiebel den Ton auf einer ganz anderen Frequenz an – mit einem filigranen Wechselspiel zwischen nussigen und feinwürzigen Nuancen. Die namensgebende „Happy Foie gras" fungierte als Mousse im Zentrum der Tartelette im Grunde eher als Puffer und hätte mehr Power und markanter herausgearbeitete Nougatnoten gebraucht, um selbst im Mittelpunkt zu stehen. Aber auch so, war das ein optisch extrem markanter und aromatisch fein austarierter Einstieg.

Der erfreuliche Mut zu markanten Aromen prägte auch die Roulade aus Spitzkohl, die mit gebratenen Spitzkohl- und Paprika-Juliennes und geflämmter Rotgarnele gefüllt und mit einem röstig-süßlichen Krustentierlack glasiert war. Ein Topping aus Chorizo-Crunch und einer gemüsefruchtig-pikanten Paprika-Gazpacho in optisch prägendem Rot, eine Paprika-Mayonnaise mit feinen Säurespitzen und Schmelz sowie etwas Thai-Basilikum mit seiner typischen leicht aniswürzigen Ätherik sorgten für abwechslungsreiche Kopfnoten und in Summe eine kraftvolle Melange, bei der trotz allem der Krustentiergeschmack im Mittelpunkt stand.

Ebenfalls klar im Fokus stand die folgende in Soja gebeizte und geflämmte Makrele mit einer fruchtigen, blumig und spicy duftenden Velouté von Mais und Curry neben verschiedenen Maiszubereitungen, teils mit eher mildsüßer und teils eher knackig grüner Aromatik. Letztere wurde von marinierten Gurkenstreifen und dem gebeizten Gurkengehäuse noch weiter gepusht, während ein klares Salzzitronengel einen eher harten ätherischen Kontrast setzte.

Und auch die Taubenbrust mit rosazartem Fleisch unter sanft röstwürziger Haut (die allerdings nicht komplett ausgebraten und damit etwas fest wirkte) überzeugte in ihrem lila schillernden Umfeld aus lila Kartoffelcreme

und Streifen, die als blütenartige Formen den Rahmen für eine schwebend frische Taubenjus mit Tamarinde dienten – und hinterließ einen starken Eindruck! Insbesondere das Spiel aus der nach vorn gestellten Tamarindensäure mit Shisowürze und einer kraftvoll tiefen Melange aus geschmorter Taubenkeule und Blutwurst sorgte hier für viel Dynamik auf dem einmal mehr sehr fotogen angerichteten Teller.
Beim Abschluss wurde klar sichtbar, dass sich die Jahre als Chef-Pâtissier für Karsten Fricke definitiv ausgezahlt haben, denn auch der süße Teil des Menüs stand mit der erfrischenden, an eine Kindheitserinnerung angelehnten Kombination aus Kopfsalat mit Zucker und Zitrone, ergänzt von milchig frischem Eis und teils naturbelassenen, teils konzentriert zugespitzten Komponenten in keiner Weise hinter dem Rest des Menüs zurück.
Mithalten konnten aber auch die jeweils empfohlenen Weine, die in der vorgeschlagenen Begleitung allesamt aus dem eigenen Sortiment stammen, wobei die Karte flaschenweise auch noch viele lohnende Alternativen aus der Region und darüber hinaus listet und es sich in jedem Fall lohnt, den Dialog mit der Gastgeberin zu suchen.

5

Zum Krug

Hauptstr. 34, 65347 Eltville
06723-99680
www.hotel-zum-krug.de
Mi ab 18 Uhr, Do–Sa von 12–14 Uhr u. ab 18 Uhr, So–Di RT
Hauptgericht: 28–38 €

VISA P

Viel Traditionsbewusstsein, aber auch ein wacher Blick nach vorne sorgen auf den Tellern an den sauber eingedeckten Holztischen in den nostalgischen Gaststuben hinter der malerischen Fachwerkfassade des Hattenheimer Krugs für eine attraktive Mischung. Wir können uns schon seit vielen Jahren für die zeigemäße (nicht modische!) Interpretation traditioneller klassischer, oft und gerne auch kraftvoll deftiger Küche begeistern, mögen es besonders gerne, wenn sich das Team um Josef Laufer ausdrucksstarker Produkte wie Blutwurst, Kalbsbries oder Nierchen annimmt, können ihm aber auch attestieren, gut mit Fisch umzugehen. Oft kann das zu ausgesprochen niveauvollen und substanzstarken Gerichten führen, für die unsere Bewertung zu niedrig erscheint, wir haben es aber auch immer wieder mal erlebt, dass sich die Küche in Ungenauigkeit und Belanglosigkeit verliert – dabei aber trotzdem nie vom grundsätzlich soliden Niveau abdriftet. Bei einem ausgesprochen guten Preis-Leistungs-Verhältnis!

Hotelempfehlung

★★★★

Hotel Kronenschlösschen

Rheinallee, 65347 Eltville
06723-640
www.kronenschloesschen.de
Einzelzimmer: 90–250 €
Doppelzimmer: 120–390 €

VISA P

Im romantischen Örtchen Hattenheim und dort nur wenige Meter vom Rheinufer entfernt, liegt inmitten eines Privatparks das familiengeführte Genießer-Hotel Kronenschlösschen mit seinen 29 Zimmern und Suiten. Die Räume sind individuell und liebevoll eingerichtet – gemütlich und komfortabel, mit Marmor- oder Natursteinbädern und Eichenholz-Dielenfußböden. Das gesamte Gebäude zeichnet sich durch eine gelungene Mischung aus liebevoll restaurierter historischer Bausubstanz und modernem Komfort aus. Die „Turmsuite" hat sogar einen historischen Hintergrund: Hier haben Konrad Adenauer, Theodor Heuss und Carlo Schmidt nach dem Krieg das Deutsche Grundgesetz konzipiert. Die idyllische Lage des Ortes mit seinen Fachwerkhäusern, alten Straßen und Gassen sowie den historischen Gebäuden, aber auch die Nähe (nur 30 Minuten) zu Frankfurt machen das Kronenschlösschen sowohl zum beliebten „Hochzeitshotel" als auch zu einem Ort der Ruhe und Entspannung mit kurzer Anbindung an die Mainmetropole. Seit Jahren ist das von Hans-B. Ullrich und seine Tochter Johanna Bächstädt geführte Haus auch als Veranstalter des „Rheingau

Gourmet- & Wein-Festival" überregional bekannt und die vielfach prämierte Weinkarte zählt zu den besten des Landes. Zeitgemäß zubereitete traditionelle Küche wird im Bistro serviert. Gourmetrestaurant Kronenschlösschen separat erwähnt.

Emsdetten (Nordrhein-Westfalen)

6

Lindenhof

Alte Emsstr. 7, 48282 Emsdetten
02572-9260
www.lindenhof-emsdetten.de
Küchenchef: Udo Hankh
Di–Sa ab 18 Uhr, So u. Mo RT
Hauptgericht: 21–38 €,
Menüs: 32–75 €
VISA P

Das sich über mehrere Räume erstreckende Restaurant im Hotelensemble des Lindenhofs von Familie Hankh, das wiederum über mehrere Gebäude eines ganzen Straßenzugs reicht, ist seit vielen Jahren eine sichere Bank, wenn überdurchschnittlich gute regionale und internationale Küche jenseits von Fine Dining gefragt ist. Küchenchef Udo Hankh ist ein souveräner Koch ohne Allüren, der nicht auf die übermäßige Inszenierung seines Schaffens setzt und nicht nur Gourmets ansprechen möchte. Und das gelingt mit einem homogenen Mix aus gutbürgerlichen und maßvoll gehobenen Gerichten ganz ausgezeichnet.
Man kann hier eine Vorspeise mit mild kaltgeräuchertem Lachs auf Reibeplätzchen mit Crème fraîche und Salatbukett oder eine Spargelcremesuppe mit süßlich-herzhaftem Twist bestellen und zum Hauptgang originales Wiener Schnitzel mit Bratkartoffeln und Rahmgurkensalat essen – oder man widmet sich gleich dem „Lindenhof Menü", das beispielsweise mit karamellisierten Jakobsmuscheln starten könnte. Die waren in unserem Fall mit einem säuerlich angemachten Salat von grünem Spargel angerichtet und bekamen nicht nur von gepickelten Radieschen, sondern insbesondere von frischer und zu Schaum verarbeiteter Brunnenkresse einen herben, frischen Akzent zur Seite gestellt.
Ein animierender Auftakt, dem im Menü ein mit Lachsforelle, Wachtelei und Strauchtomate facettenreich aufgewertetes Schaumsüppchen vom Bärlauch folgte. In der vegetarischen Menüvariante fand der Bärlauch im Frühjahr in einem Risotto seine aromatische Verwendung, kombiniert mit Parmesanschaum, saisonal erweitert um weißen und grünen Spargel, Pfifferlinge und frische Erbsen und süffig angereichert um ein pochiertes Landei.
Ein gutes Händchen im Umgang mit Fisch und Krustentier bewies das Team mit dem punktgenau gegarten, nicht mehr glasigen (bei Steinbutt nämlich eher ungünstig…), aber noch prächtig glänzenden Steinbutt nebst ebenfalls perfekt knapp gebratenen Black Tiger Garnelen, die von Produktseite her durch eine kraftvolle, dunkle, natürliche, Krustentierjus Verstärkung erhielten. Und zusammen mit mildem Blattspinat, ätherischen Mairübchen und Risolée-Kartoffeln auch als Gericht sehr schön präsentiert wurden.
Und das ist gut, denn die Portionen sind nicht unbedingt zierlich, selbst beim Menü nicht. Dessen Hauptgang, der sich um akkurat gebratenen und sehr saftigen Lammrücken sowie mit Lammbrät gefüllte Ravioli drehte, war mit sautierten Keniabohnen, weißem Bohnenpüree, intensiver roter Paprikacreme mit Fetawürfelchen, Karottenstücken, Perlzwiebeln, confierten Cocktailtomaten und zweierlei sehr guten natürlichen Saucen, nämlich Lammjus und einer leicht gebundenen Variante, bunt und reichhaltig bestückt. Was natürlich nicht unharmonisch zusammenspielte, aber etwas überladen gewirkt hat. Da hätte man zugunsten eines pointierteren Eindrucks ruhig noch das eine oder andere weglassen können.
Auf dem Teller des ebenfalls relativ vielteilig anmutenden Desserts hingegen hatte alles seine sinnvolle Aufgabe. Um eine Topfenmousse im Baumkuchenmantel und ein (relativ kristallines) Rhabarbersorbet gesellten sich eingelegter sowie als Gel und Chips verarbeiteter Rhabarber, geeister Sauerampfer, Limonen-Baiser, eine puffernde Eierlikörcreme und mit ihrer buttrigen Süße ebenfalls gut die Säure auffangende Crumbles. Alles in allem und trotz viel Säure und Frische ein sehr runder und harmonischer Abschluss.

Zu alldem gibt es eine offen ausgeschenkt eher einfache (aber ebenfalls lohnende) und flaschenweise höherwertige Weinauswahl sowie flotten, aufmerksamen Service. Und das, bei einem weiterhin sehr günstigen Preis-Leistungs-Verhältnis.

Hotelempfehlung

★★★★

Hotel Lindenhof

Alte Emsstr. 7, 48282 Emsdetten
02572-9260
www.lindenhof-emsdetten.de
Mo–Sa ab 18 Uhr, So u. Fei RT
Einzelzimmer: 75–95 €
Doppelzimmer: 99–130 €
VISA

Das familiengeführte 4-Sterne-Hotel im Herzen von Emsdetten erstreckt sich über vier historische Wohnhäuser, die aufwendig und geschmackvoll erneuert wurden, einen charmant in das Backstein-Ensemble integrierten Hotelneubau sowie die erst 2017 dazugekommene „Villa Hankh". Insgesamt stehen den Gästen 51 individuell eingerichtete Gästezimmer zur Auswahl, von denen jedes anders gestaltet ist. Alle sind wohnlich eingerichtet und zeitgemäß ausgestattet, so dass in den Komfort- und Superior-Zimmern und den Suiten selbst die Arbeit zum Vergnügen wird. Wie wäre es mit einem 200 Jahre alten Himmelbett, oder doch lieber italienische Designermöbel? Mal romantisch, mal modern, mal rustikal – keines ist wie das andere, aber alle verfügen über Dusche, WC, Fön, Telefon, Schreibtisch, Flat-TV und WLAN/DSL. Im hauseigenen Saunabereich mit finnischer Sauna, Infrarotkabine mit Farbtherapie und Ruheraum mit Wärmeliege lässt es sich angenehm entspannen und bei gutem Wetter lädt der idyllische Garten mit Seerosenteich zum Verweilen ein. Restaurant Lindenhof separat erwähnt.

Endingen a. K. (Baden-Württemberg)

8

Merkles Restaurant

Hauptstraße 2, 79346 Endingen a. K.
07642-7900
www.merkles-restaurant.de
Küchenchef: Thomas Merkle
Mi–Sa ab 18 Uhr, So–Di RT
Hauptgericht: 42–49 €,
Menüs: 73–149 €
VISA

Wie wir schon im vergangenen Jahr bestaunen durften, haben die Merkles und ihr Team die Coronazeit genutzt, um die Terrasse neu zu gestalten. Und wie attraktiv sie gestaltet wurde! Es gibt seitdem zwei Bereiche, einen fürs Zweitrestaurant namens Pfarrwirtschaft, einen fürs Gourmet-Outlet. Und da sitzt man nun in der warmen Jahreszeit wohl schöner als in fast jedem anderen gastronomischen Betrieb Badens. Geschützt, ruhig, loungeartig. Sogar die ersten Snacks werden in einem improvisierten Bereich in einer Ecke der Terrasse fertiggestellt und von dort aus an die Tische gebracht. Das hat Stil. Selbigen hat auch der Empfang durch Gastgeberin Simone Merkle-Dinger und ihr Mann Thomas ist ebenfalls immer auf der Terrasse oder bei schlechter Witterung bzw. in der kälteren Jahreszeit im hübsch gestalteten Restaurant unterwegs, um den Kontakt zu den Gästen zu pflegen.
Als erste Kleinigkeiten vorab, die von jungen Köchen am Tisch erläutert werden, kamen diesmal ein Rote-Bete-Baiser mit geeister Foie gras, eine erfrischende Gurkensphäre auf einem dünnen Brotchip sowie ein Spargel-Ceviche, also angenehm kraftvoll-säuerlich marinierter Spargel. Nicht zu unterschätzen waren auch die hausgebackenen Mini-Sablés und die pikant gewürzten Nüsse, die zum Knabbern den Aperitif begleiten. Diese Form der unkom-

plizierten Untermalung zu Beginn eines Essens ist vielen Köchen zu belanglos, weshalb sie auf sie verzichten und derlei Knabbereien den Bistros überlassen. Ein Fehler, wenn man das hier Servierte zum Maßstab nimmt…

Unser erster offizieller Menügang des jüngsten Testbesuchs bestand aus ausgelöstem Fleisch vom Taschenkrebs, das mit den Aromen von Estragon, einem Sorbet von grünem Apfel und Ingwer in einem kraftvollen Sud platziert war. Ein durchaus überzeugender Gang, der allerdings im Gesamtbild merklich süß ausfiel. Kein Fehler, denn der süßlich-salzige Taschenkrebs verträgt ja durchaus eine gewisse Süße als Kontrast – man kann sich aber schon fragen, ob ein Menü gleich zum Anfang so viel Süße in den Vordergrund stellen sollte. Leinsamenchips vermittelten dazu Knusprigkeit, aber ihr Sinn erschloss sich in dem Kontext nicht zur Gänze. Dennoch ein ansprechender Auftakt!

Heimische Pilze wurden für den folgenden Gang gebraten und dann eingelegt, mit Sellerie, einem Pastinaken-Pilz-Extrakt und Zwiebeln sowie Schnittlauchöl liiert, und so zu einem gelungenen, süffigen und kein bisschen süßen, sondern vielmehr erdig-säuerlichen Kontrast zum ersten Gang aufgeboten. Ein erfreulich komplexes, vielschichtiges Gericht. Dass hier beim Einkauf nicht gespart und sehr auf Produktqualität geachtet wird, bewies sodann auch der perfekt auf den Punkt gebrachte Seeteufel, der auf eine sehr frische Weise umrahmt war: von aromatischen grünen Bohnen, einem von vielen Köchen unterschätzten Gemüse, einer nicht zu stark gelierten und schön würzigen Geleeschicht, die aus Kopfsalat und Bohnen gefertigt war, sowie einer mit Wasabi und Verjus markant angespitzten Beurre blanc, die Schärfe, Fülle und Frische auf überzeugende Weise in Einklang brachte.

Zum Zwischengang rund um die Leitprodukte Spargel, Morcheln, Eigelbcreme und Schnittlauch konnte man als Supplement Kalbsbries bestellen, was wir natürlich nicht entgehen lassen konnten. Schließlich ist diese früher selbstverständliche Innerei heute nur noch in wenigen Lokalen zu finden – und wenn, dann oft nicht optimal zubereitet – zu klein, zu pastös, zu trocken, ohne Röstaromen… Hier war es perfekt: Optimal gegart, außen richtiggehend knusprig, innen noch saftig und weder zäh noch breiig. Stark! Das Brot kam erst nach diesem Gang als eigene Attraktion, also deutlich später als in den meisten Restaurants. Doch die Gäste würden diese Form des Brotservice gut annehmen, berichtet Thomas Merkle. Und trotz beginnender Sättigung fiel es uns schwer, auf die knusprigen Scheiben des Dinkel-Sauerteigbrotes und die begleitende Misobutter zu verzichten.

Reh aus heimischer Jagd war dann einer der Höhepunkte des Menüs. Ein herrlich komplexer, überraschender Gang, der abwechslungsreiche Texturen und Aromen beinhaltete, aber kein bisschen beliebig wirkte. Der Rehrücken, eine saftige, wunderschön gegarte und bezüglich der Fleischtextur erfreulich feste Tranche, war mit Douglasienpulver deutlich, aber nicht den Fleischgeschmack überdeckend gewürzt und auf einem Ragout angerichtet, das wiederum mit Purple Curry aromatisiert war. Dazu gesellte sich eine Gyoza vom Maibock mit dünner Teighülle und saftiger Füllung und intensive, aber nicht überkonzentrierte Zitronengras-Gewürz-Jus brachte eine eher helle, erfrischend wirkende Note mit und unterstützte den bereits von Douglasie und Curry angedeuteten Ton. Und apropos Frische: auch gepickelte Radieschen trugen dazu bei, während Karotte und Cashewkerne diesen sehr spannenden, ausgetüftelten Gang mit einer gewisse Fülle ergänzten.

Im Dessert wurde unter anderem geflämmter Rhabarber auf überzeugende Weise mit Petersilie (als Eis und Chip) und einem Schaum aus Kaiserstühler Sekt vereint: Das war aromatisch auch wieder sehr spannend und gleichzeitig balanciert bezüglich Süße und Säure und Texturen. Die Mignardises danach lagen eher auf der süßen Seite, waren aber ebenfalls präzise abgestimmt, wie nicht nur der Macaron von Schokolade und Orange bewies.

Vor allem die Selbstverständlichkeit, mit der hier die Kreationen kreativ aufgepeppt werden, ist Hochachtung wert – langweilig wird es nicht, aber um Effekthascherei geht es auch nie. Zu den Attraktionen des Restaurants gehören neben der Küche und der Terrasse aber auch der Service und die Weinauswahl. Die flüssige Begleitung zum Menü ist überdurchschnittlich spannend und nicht übertrieben hoch kalkuliert. Natürlich legen Kaiserstühler Weine die Basis, auch auf der Flaschenweinkarte, doch ein fränkischer Silvaner Eigenart von Max Müller I (zu Bries und Spargel), der sogenannte Brottrunk aus Cidre und Madeira (zum Brotgang) oder ein Cocktail aus Gin, Rhabarbersud, Sekt und weiteren Zutaten (zum Dessert) gehen doch weit über das Angebot in vergleichbar hoch bewerteten Restaurants hinaus.

Erfurt (Thüringen)

Bachstelze

Hamburger Berg 5, 99094 Erfurt
0361-7968386
www.bachstelze-erfurt.de
Küchenchef: Maria Groß
Mi–Sa ab 18.30 Uhr, So–Di RT
Menüs: 95–145 €

Wer noch nie in der Bachstelze war, kann sich – ganz im positiven Sinne – auf etwas gefasst machen! Denn das, was die medial durchaus einem breiteren Publikum bekannte Maria Groß hier gemeinsam mit ihrem Partner Matthias Steube entwickelt hat, ist mit seinem individuellen Charme als Gesamterlebnis absolut einzigartig. Von dem wildromantischen Garten mit lauschigen Terrassenplätzen unter einer alten Kastanie über den heimeligen Gastraum bis zur radikal auf Frische und Natürlichkeit setzenden Küche ist alles vom gleichen, authentisch gastfreundlichen Spirit geprägt.
Zu diesem gehört dann auch der immer ähnliche Ablauf eines Abends in der Bachstelze, mit ersten Kleinigkeiten und Aperitif im Garten (wenn es das Wetter zulässt), dann Absprache der Getränkewünsche, laute (!) Eröffnungsmusik vor einer Ansprache von Gastgeber Matthias – und ein gemeinsamer Toast auf den Weltfrieden und die Liebe. Und was an anderer Stelle leicht völlig übertrieben wirken könnte, unterstreicht hier einfach nur glaubhaft, mit wie viel Freude die Gastgeber auf ein gemeinsames genussvolles Erlebnis hinarbeiten.
Der Spaß am Genuss und eine insgesamt heitere Atmosphäre sollten andererseits aber nicht davon ablenken, dass auch die Küche selbst mit einem ganz eigenen Stil und einem Perfektionismus am Start ist, der auf den ersten Blick mitunter gar nicht so auffällt, wohl aber beim genauen Hinschmecken. Nicht nur der täglich (!) frische Wareneinsatz, sondern auch ein besonderes Verständnis für den Umgang mit der natürlichen Intensität der Produkte sorgen dafür, dass auch ganz locker, lässig und überhaupt nicht forciert wirkende Sachen am Gaumen ein differenziertes spannendes Erlebnis bieten.
Einen Vorgeschmack darauf boten zuletzt schon der kleine Würfel aus Geflügelterrine und bitterer Schokolade mit einer kecken Salzflocke, das Schüsselchen mit hocharomatischem Hähnchen nebst Bittersalat, Paprikacreme und ätherischen Kräuterblüten sowie ein pikanter „Käsekeks" mit regionaler Blutwurst und jeweils fein zugespitzten Aromen. Aber auch die weiteren einstimmenden Kleinigkeiten wie eine neckisch im kleinen Mini-Pflanztopf angerichtete Spargelmousse mit Rauchforellenscheibe, Kräutercrumbles und Gänseblümchen oder ein kraftvoll pures Rindertatar mit Korianderkresse in einer filigranen Knuspertartelette machten uneingeschränkt Lust auf mehr.
Die wurde dann auf bereits komplexere Art mit karamellisierter Aubergine in der kontrastreichen Umgebung aus einer hellen Creme mit käseartiger Würze und rundem Knoblauchduft, einer fruchtigen kühlen Tomatensauce und säurefrischen gelben Tomaten neben knuspriger Hanfsaat, Kapuzinerkresse und Knusperchip mit floral duftigem Staubzucker auch direkt gestillt. Und bei dieser optisch eher wild und lässig aussehenden Kombination wurde dann auch das Talent der Chefin, in genau diesem Stil für aromatische Spannung sorgen, sehr gut sichtbar.
Klugerweise kam das folgende Erbsensüppchen in hell knallgrüner Farbe dann ruhiger daher, brachte mit wärmender Schärfe, feiner Minzfrische und einer ganz zarten Säure, unterstützt von Burrata und knusprigen Speckpartikeln, aber dennoch viel Geschmack mit, bevor es bei zwei rund um Spargel angelegten Tellern wieder komplexer wurde: Zunächst mit im Tramezzinimantel gebackenem grünem Spargel neben knackigen Röllchen desselben mit einer mayonnaiseartigen kühlen Creme und luftig aufgeschäumter Hollandaise, zartfruchtigen Erdbeeren, einem dunkelfruchtigeren Erdbeergel und ätherisch pfeffrigen Obertönen. Und dann mit der „hellen Seite des Spargels" in Form von leicht bissfest gegarten Stangen mit betörend intensiv bittersüßem Geschmack, die mit einem geschmeidigen Spargelsud, aufgeschäumter Haselnussmilch und lockerem Haselnusskuchen serviert wurden. Geröstete Piemonteser Haselnüsse und ein cremiger Frischkäse am Schüsselrand setzten weitere

gelungene Akzente und schufen im Verein einen der stärksten Eindrücke des Abends.
Zu den guten Traditionen der Bachstelze gehört es auch, dass irgendwo im Menü eines der „Lieblingsgerichte von Maria" eingebaut wird, die in der Regel besonders stark an wohlige Emotionen anknüpfen. Genau das gelang dann auch bei einem (etwas dickteigigen) Raviolo mit Ricotta und cremigem Eigelb ganz wunderbar – insbesondere durch die sämig-dunkelduftige Morchelsauce, in der die Teigtasche angerichtet war.
Wobei auch der in gewohnter Weise zum Teilen an jeweils einem Tisch servierte Hauptgang in ähnlicher Art den Spaß am Genuss und Schlemmen in den Vordergrund stellt. Was beim zuletzt servierten rosastraffen Rehrücken mit Wildspargel, Steinpilzen und gebratener Aprikose auf einem Holzbrett sowie einer voluminös-eleganten Wildsauce und cremig fließender weißer Polenta – jeweils separat in einem kleinen Gusseisentopf serviert – nicht nur ausgesprochen viel Spaß machte, sondern in jeder einzelnen Komponente exakt auf den Punkt kam. Nur der betont würzige Kräutersalat in einem weiteren Schälchen brachte neben zusätzlicher Frische und appetitanregender Bitterkeit mit seinen hochintensiven puren Kräutern ein bisschen zu krasse Aromen mit, um ihn direkt mit dem eigentlichen Gericht zu kombinieren.
Mit dem Dessert rund um hocharomatische Erdbeeren neben Kirsche und Rhabarber-Zubereitungen, die mit cremig aufgeschlagener Meringue, üppiger Vanillesauce und einem filigranen Knusperkeks serviert und daneben durch ein kompakteres Schälchen mit Erdbeer-Milcheis, Buttermilch, Rhabarber und Basilikum erfrischend erweitert wurde, gab es einen ebenso wohligen wie feinsinnigen Abschluss, der endgültig die diesmal hochverdiente Aufwertung bestätigte.
Mindestens genauso entscheidend für das Gesamterlebnis wie das Essen und die besondere Atmosphäre sind natürlich auch die begleitenden Getränke. Und hier halten sowohl das von den Gastgebern individuell aufgebaute Weinsortiment als auch die vielen selbst kreierten alkoholfreien Optionen aus Obstwiesen und Kräutergarten und natürlich die von Matthias mit seinem Bauchladen präsentierten hochprozentigeren Sachen locker mit allem anderen mit.

8

Clara

im Kaisersaal Erfurt
Futterstr. 15–16,
99084 Erfurt
0361-5688207
www.restaurant-clara.de
Küchenchef: Christopher Weigel
Mi–Sa ab 18.30 Uhr, So–Di RT
Menüs: 119–163 €
VISA

Das elegant modern in warmen Farben designte und nach Clara Schumann benannte Gourmetrestaurant mitten in der Erfurter Innenstadt war mit seiner vor Motivation und originellen Ideen beinahe übersprudelnden Performance eine der ganz großen Überraschungen des letzten Jahres. Diesmal wussten wir zwar bereits, dass das Team um den jungen Küchenchef Christopher Weigel nicht nur bis in die Haarspitzen motiviert, sondern auch äußerst fähig ist, aber was dann von spürbarer Begeisterung getragen auf die Teller kam, setzte der Erwartung tatsächlich wieder eins drauf und konnte erneut voll mitreißen.
Das Angebot beschränkt sich auf ein einziges Menü in maximal acht Gängen, ergänzt von einem ganzen Füllhorn zusätzlicher Kleinigkeiten, und zeigt mit den humorvollen Titeln der einzigen Gänge wie „der duftende Hafen" oder „Malle ist nur einmal im Jahr" bereits den positiven Spirit, von dem die gesamte Performance getragen wird. Wem das vielleicht aufgesetzt erscheint, der sei beruhigt: Alles, was aus der Küche kommt, ist weit entfernt von Klamauk, sondern voll auf zugespitzt feinsinnigen Geschmack ausgerichtet.
Das demonstrierten bereits die vielen kleinen Appetizer zur Einstimmung auf das Menü, unter denen zuletzt unter anderem zwei geschmeidige Pralinen – einmal aus Grünkohl mit Pancetta und einmal aus Taubenkeule mit Cassis – jeweils klar und deutlich mit genau

dem richtigen Säurekick und höchst akkuratem Handwerk herausstachen. Aber auch der vegetarische „Crabcake“ mit Misomayo, Teriyaki und einer betäubend prickelnden Parakressen-Blüte neben der essentiellen Erfrischung in Form eines Himbeere-Kombucha auf Schwarzteebasis begeisterte; auch und die folgenden Miniaturen, angefangen beim karibisch angehauchten Hühnerragout unter Holzkohleschaum, über griechischen Joghurt unter Birnen-Senfchutney und geliertem Ahorn-Soja-Kaviar bis hin zum hauchdünnen Paprikateig-Cannellono mit Pilzcreme und zupackend konzentrierter Bigos-Füllung zeigten nicht nur viele individuelle Ideen, sondern stets auch bestechend klaren Geschmack.
So wie auch ein rund um „grüne“ Sommeraromen aus Apfelgel, eingelegter Gurke, Mixed-Pickels-Gel und Gurkenschaum angelegtes Arrangement mit seinen differenzierten Säuregraden und pointierter Fruchtigkeit, die eine abwechslungsreiche Bühne für eine Produkt-Rarität in Form von Entenmuschel mit Seeigel-Mayonnaise boten. Oder wie die in leuchtendem Orange servierte Kombination aus Physalis, Kürbis und Kaki nebst Kaviar, Krustentier-Dashi, die beinahe anstrengend konzentrierte aber hoch spannende Kontraste zwischen harter Säure, milderem Süß-Sauer-Spiel und jodiger Salzigkeit aufs Porzellan brachten.
Ein eher ruhiger und feinsinniger Gang war die Hansegarnele mit Haselnuss, Kohlrabilamellen, einer leicht überdimensionierten malzigdunklen Brotcreme und auf Joghurt- und Molkebasis montierter Sauce. Während bei der Karotte mit Ingwer und Kalamansi, die eingelegt und in Dashi geschmort serviert und von einem dank Kaffirlimette ätherisch schwebend wirkenden Kalbskopfragout inklusive viel Power und Schmelz ergänzt wurde, die Aromenregler wieder stärker aufgedreht wurden.
Das durchgängig hohe Produktniveau wurde beim folgenden Wolfsbarsch mit seinem reinweißen und vor allem auch aromatisch reintönigen Fleisch unter krosser Haut mit appetitlichen Röstnoten besonders deutlich. Präsentiert wurde der feine Fisch in einer eher klassischen aromatischen Umgebung aus ätherischer Fenchelcreme, einem stoffigen Safranschaum und einem Muschel-Sandwich aus dünnem krossem Tramezzinimantel, in dem sich eine Muschelcreme mit Jakobsmuschel, Miesmuschel und Tomate versteckte. Und auch auf dieser Linie konnte das Team voll überzeugen. Nicht zuletzt durch den dazu servierten Moselriesling aus großer Lage, der das Gericht mit dunklen Reifenoten, aber auch noch viel feinnerviger Frische ergänzte.

Und auch mit dem Dessert rund um eine nussig duftige Mohncreme und einen dunkelwürzigen Malzchip neben Sorbet aus rotfleischigen Äpfeln, Birne und einem leicht geräucherten Birnenfond, das feinsinnig zwischen herber und milderer Frucht, den unverwechselbar nussigen Noten des Mohns und cremigem Schmelz ausbalanciert wurde, hielt das Team das hohe Niveau souverän.
Wenn die teils noch ein klein wenig ungestüme Ideenvielfalt noch abgeklärter und an manchen Stellen reduzierter ausgelebt wird, hat das Team definitiv auch das Potenzial für eine noch höhere Bewertung. Und der ebenfalls hochmotivierte Service und die gut bestückte Weinkarte würden auch da locker mitgehen.

Das Ballenberger

Gotthardtstr. 25/26, 99084 Erfurt
0361-64456088
www.das-ballenberger.de
Mo–Sa ab 9 Uhr durchgehend, So RT
Hauptgericht: 26–32 €, Menüs: 40–76 €

Welches Lokal könnte besser in die adrette Erfurter Innenstadt mit ihren historischen Fachwerkhäusern, kleinen Geschäften und hübschen Plätzen passen, als das charmante, in liebevollem Vintage-Style eingerichtete Ballenberger. Mitten im Zentrum hat das kleine Team um Christin Ballenberger hier quasi den lebendigen Traum vom „netten Lokal um die Ecke“ geschaffen: mit einem einladenden Mix aus Feinkostgeschäft und unkompliziertem Restaurant mit einer guten Küche für jeden Tag.
Und ein Besuch lohnt sich im Grunde tatsächlich zu jeder Tages- und Nachtzeit, wahlweise zum abwechslungsreichen Frühstück von acht bis zwölf, für das mit einladenden Preisen lockende Lunch-Angebot, einfach zwischendurch, um in den Feinkost-Spezialitäten zu

stöbern – oder natürlich auch zum ausgedehnteren Genuss am Abend. Was dabei immer gleich bleibt, ist der klar überdurchschnittliche Anspruch an die verwendeten Viktualien und deren klare, natürlich-frische Präsentation, wenngleich aber natürlich am Abend konzeptionell insgesamt schon am exklusivsten aufgetischt wird…
Dann kommt beispielsweise feinwürzig säuerlicher Ziegenfrischkäse in der ebenso abwechslungsreichen wie frischen Begleitung von Apfel, Gurke und Dill auf den Tisch und wird pfiffig akzentuiert von bitterscharfem rosa Pfeffer und geliertem Seetang-Kaviar. Und ganz charakteristischerweise genügt da die clevere Zusammenstellung einfach und natürlich gehaltener Komponenten, um auf dem Teller für einen gewissen Pfiff zu sorgen.
Das gelang genauso gut auch zum Beispiel auch bei originell mit Birne, Bohne und Kokos liierten Garnelen, einer gelungenen, gut zwischen grünlicher Frische und nussiger Exotik pendelnden Idee, bei der die (sehr ordentlichen, aber vom Optimum schon noch ein Stückchen entfernten) Garnelen außerdem durch zarten Parmaschinken dabei unterstützt wurden, Paroli zu bieten.
Mit manchen Gerichten erreicht das Team auch bereits auf die gleiche lässige Art durchaus 5-Pfannen-Niveau. Bestes Beispiel dafür war zuletzt der krachend knusprig auf der Haut gebratene, dabei aber trotzdem noch schön saftig gehaltene Seesaibling, der mit zarten Drillingskartoffeln und mit Kreuzkümmel gewürztem Spitzkohl auf einer geschmeidig-dichten Beurre blanc angerichtet war und durch die herbe Frucht von Zwetschgen mit erneut eigentlich einfachen Mitteln aus der allzu behaglichen Richtung gekickt wurde.
Nicht ganz so originell, aber ebenfalls ein würdiger Hauptgang, war das zartrosa auf den Punkt gebratene Rinderfilet nebst erdig-nussigen bunten Linsen, der feinen anisartigen Würze von Estragon und dem frischen Kontrast von Zucchini und grünem Spargel. Und auch das Dessert musste sich nicht verstecken, sondern punktete zum Abschluss noch mit einer weiteren pfiffigen Eingebung, die in diesem Fall in der Kombination eines zarten Salzkaramell-Eises mit glasierten Trauben, Espresso und Pinienkernen bestand und überraschend spannend zwischen Süße, Salzigkeit, Bitternoten und Röstwürze jonglierte.
Das alles trägt ein beinahe familiärer, herzlicher Service auf, und eine kleine Auswahl guter Weine, die genauso wie das gesamte Konzept sympathisch individuell daherkommt, gibt es hier auch.

7↑

ESTIMA by Catalana

Allerheiligenstr. 3, 99084 Erfurt
0361-5506335
www.estima-erfurt.de
Küchenchef: Sebastian Ernst
Mi–Sa ab 17.30 Uhr, So–Di RT
Menüs: 120–135 €

VISA

Nur noch an vier Abenden in der Woche, aber mit unvermindertem Engagement, steht das versteckt in einer kleinen Gasse mitten in Erfurts Altstadt gelegene Estima mit seinem schlicht eleganten Interieur und charmanter alter Bausubstanz mit freigestelltem Fachwerk für ein stilvolles Ambiente und mit seiner stark von den kulinarischen Traditionen der iberischen Halbinsel geprägten Küche für ein hoch attraktives Kulinarium. Was hier unter der Ägide von Küchenchef Sebastian Ernst ambitioniert umgesetzt und von der spanisch-mediterranen Aromenwelt inspiriert wird, zeichnet sich nicht nur durch eine bestechend moderne und klare Optik aus, sondern besticht vor allem geschmacklich mit kreativen und präzisen Details rund um hervorragende Hauptprodukte. Auch die glasweise zum Menü empfohlenen Weine versprechen immer spannende Entdeckungen abseits des Mainstreams.

Erkelenz (Nordrhein-Westfalen)

8

Troyka

Rurstr. 19, 41812 Erkelenz
02431-9455355
troyka.de
Küchenchef: Alexander Wulf, Marcel Kokot
Do–Sa ab 18 Uhr, So von 12–13.30 Uhr u. ab 18 Uhr, Mo–Mi RT
Hauptgericht: 69 €, Menüs: 159 €

VISA P

Wäre der Standort inmitten des Rheinischen Braunkohlereviers für ein ambitioniertes modernes Gourmetrestaurant nicht schon ungewöhnlich genug, haben die drei Troykaner Alexander Wulf, Marcel Kokot (beide Küche) und Ronny Schreiber (Restaurantleiter und Sommelier) ihr Domizil auch noch in ein großes, aus dem Boden gestampftes Neubau-Wohngebiet, der südlich von Erkelenz gelegenen Ortschaft Neu-Immenrath gestellt. Noch erstaunter ist man als Erstbesucher aber, wenn man das moderne stylische Lokal betritt, das von einer ungewöhnlich großen jungen Servicemannschaft bespielt wird und in jeder Großstadt bestehen könnte.

Dunkles Interieur, viel Licht und Glas, eine große einsehbare Weinklimakammer und ein langer „Chefstable-Tresen" vor der sich zu den Servicezeiten unvermittelt dem Gastraum öffnenden Küche, über dem auf einem großen Flatscreen den ganzen Abend lang eine Liveübertragung vom Pass gesendet wird, prägen das Bild. Und was da unter den Augen der Kamera angerichtet wird, hat zunehmend eine eigene Handschrift. Schon in der alten Location in Heinsberg hatte Alexander Wulf damit begonnen, seine russischen Wurzeln auch auf den Tellern seines Menüs zum Ausdruck zu bringen und sie zum Leitmotiv seiner Küche zu machen. In Form von einzelnen, für die russische Küche typischen Produkten und Aromen, aber auch, indem er bestimmte Geschmacksbilder neu zu interpretieren versuchte, die ihn an seine Kindheit in Sibirien erinnerten.

Das wirkte in der Anfangszeit noch etwas aufgesetzt und bemüht, hat sich aber mit den Jahren und vor allem jetzt im neuen eigenen Lokal zu einer viel ausgeprägteren und stringenteren Stilistik entwickelt. Diese Tatsache, aber auch die generell schlüssigeren Kompositionen und die mittlerweile noch ein ganzes Stück ausgefeilter, aufwendiger und filigraner ausgearbeitete handwerkliche Seite der Kreationen, haben uns in diesem Jahr zur wohlverdienten Aufwertung der Küchenleistung auf 8 Pfannen veranlasst.

Das zeichnete sich schon im Vorspann ab, der zunächst mit sehr schön klar und deutlich herausgearbeiteten „russischen" Aromenmotiven im Fingerfoodformat begeisterte und dann mit einem Amuse von Karotte (als Alexander Wulfs kindheitlicher Süßigkeitenersatz…) und schwarzer Trüffel gleich mal eindrucksvoll unter Beweis stellte, wie gut das Team mittlerweile das Spiel mit Säure draufhat. Und diese gut eingebundenen Säuren ziehen sich dann auch im weiteren Programm wie ein roter Faden durch die Speisefolge, was bewirkt, dass alle Gerichte sehr lebhaft, leicht und schlank zugespitzt schmecken.

Bei der von Honiggurke, Apfeltatar, Ketakaviar und Smetana umgebenen, roh marinierten Makrelka (Makrele) waren der Link zu Russland die Ingredienzen des Cocktails Moscow Mule (Wodka, Ingwerbier, Limette…), der hier als Marinade für den Fisch und als Grundstock für die Vinaigrette diente, welche auch eine angenehm straffe Säure in das Gericht brachte. Bei den sehr fein und filigran gearbeiteten warmen und kalten Gänseleberrvariationen (z. B. mit Bitterschokolade und floralen Tönen) war Hagebutte für die Erfrischung und Verschlankung der gebratenen, als Terrine und Marmor sowie als Creme aufs Porzellan gebrachten Fettleber zuständig. In Kombination mit dem spannenden feinherben Junmai-Ginjo-Sake von Katsuyama ein äußerst ansprechendes und dynamisches Gänselebergericht – recht klassisch, mit Süße und Frucht, aber auch genügend herben und säuerlichen Konterparts. Stark!

Die Kreation von in der Salzkruste gegarter Roter Bete und Schalotte in verschiedenen Strukturen war ein vorwiegend weiches Gericht, wirkte aber nicht zuletzt durch gut voneinander abgestufte Aromen und wieder sehr präsente Säuren überraschend lebendig und facettenreich. Da war von fruchtig und frisch bis röstwürzig eine große Bandbreite auf dem Teller, die vom milden Umami einer aufgeschäumten Bete-Hollandaise mit Miso sanft würzig eingefangen wurde.

Den folgenden Hummer gab es dann als zwei verschiedene recht unterschiedliche, parallel aufgetragene Gerichte: das wirklich hervorragende zart knackig confierte Schwanzfleisch in Medaillons geschnitten und auf einer Art Buchweizenblini drapiert, mit Sesam, Korianderkresse und Sumach gewürzt und von Sanddorn säuerlich akzentuiert. À part dazu auf dem anderen Teller eine mit Kokosmilch abgebundene kraftvolle Bisque, in der ein perfekt wachsiges, mit herzhaft gewürztem Hummerklein gefülltes Dim-Sum-Täschchen schwamm. Und überraschend funktionierte zu beiden sehr unterschiedlichen Gerichten der von Ronny Schreiber dazu empfohlene „Fontanasanta" von Elisabetta Foradori ganz ausgezeichnet, der den Hummerschwanz auf Blini mit seiner Salzigkeit und die Bisque mit Dim Sum mit seiner Frucht becircte.

Überhaupt hat der Sommelier ein gutes Gespür für anspruchsvolle Pairings – und das Team in der Küche ein feines Händchen für komplexe, leichte Saucen! So wie die Madeirajus zur folgenden Kalbsterrine, die durch ihren gelatinösen Schmelz und die Cremigkeit der darüber geschäumten Kartoffelespuma zur äußerst süffigen und vollmundigen Angelegenheit wurde. Viel Charakter vom sehr guten Paulliac-Lamm brachten danach im Hauptgang rosa gebratener Rücken, geschmorte Schulter als Füllung eines Brickteig-Cannellono und Rilette zwischen Weißbrotschichten als Knuspersandwich auf

den Teller und wurden von Rosenkohl und Grünkohlstrukturen ebenso puristisch wie stimmig begleitet. Der Satellitenteller à part hatte nochmal Lamm und auch den obligatorischen osteuropäischen Akzent zu bieten: Chinkali, eine georgische Teigtasche, gefüllt mit Lammhackfleisch und umgeben von einer Art Bortsch-Sauce, die dem Ganzen noch einen fruchtigen Touch gab.
Überraschend gut funktionierte auch das salzig-süße Dessert mit Mors, einem russischen Fruchtsaftgetränk auf Basis von roten Beeren, Smetana, Schinken und Kaviar. Denn während der „Stamm“ und Mittelbau des Türmchens aus Baiser und Smetana solo eigentlich viel zu süß wirkte, fügte sich das im Zusammenspiel mit den salzig-mineralischen Komponenten und dem säuerlichen Sud zu einem sehr ausgewogenen dynamischen Geschmacksbild. Zusammenfassend also ein kulinarisch sehr kurzweiliger Abend am Ortsrand von Neu-Immenrath, der Lust auf den nächsten Besuch und neugierig auf die weitere Entwicklung der Küche gemacht hat!

Essen (Nordrhein-Westfalen)

5↑

Casa Lodato da Giovanni

Hauptstr. 132, 45219 Essen
02054-971097
www.casa-lodato.de
Küchenchef: Giovanni Mungiello
Mo–Sa ab 17.30 Uhr, So RT
Hauptgericht: 24–38 €, Menüs: 64–79 €
VISA

Das im beschaulichen Essener Stadtteil Kettwig gelegene Ristorante in einem markanten Altstadthaus mit rot-gelber Fassade erfreut auch in seinem Inneren durch geschmackvolles Ambiente in warmen Farbtönen und mit einem schönen alten Ornament-Fliesenboden toskanischer Art. Ein wunderbarer Ort also für Cucina italiana in anspruchsvollerer Fassung, die hier von Inhaber Giovanni Mungiello und seinem Team in authentisch unverkünstelter Art präsentiert wird.
Ein Spinatschaumsüppchen im Glas ließ in seiner Natürlichkeit und Schlichtheit gleich mal ganz deutlich die Grundtugenden der echten italienischen Küche aufblitzen. Wobei es „die italienische Küche“ ja ohnehin nicht gibt und sich Giovanni Mungiello natürlich auch für sein Kettwiger Nachbarschaftslokal in den verschiedenen Landesküchen seiner Heimat Inspiration holt.
Und das muss dann auch gar nicht streng traditionell sein, wie etwa das Thunfischtatar mit Wildem Spargel, oder auch die Vorspeise von handwerklich hergestellter sehr guter, rahmig und voll schmeckender Burrata in Kombination mit einem Salat von weißem und grünem Spargel, knusprigem Parmaschinken und einer langen, mit Oliventapenade gefüllten Tramezzini-Schnitte zeigte. Da geht es nur um Produkt und Geschmack.
Die sehr viel auch sehr flüssige Sauce aufnehmende Pastasorte Foglie d'Ulivo, benannt nach der Form getrockneter seitlich aufgerollter Olivenbaumblätter, waren eine sehr gute Wahl für den buttrigen Fond, der zusammen mit dem Anbraten von Pfifferlingen und Fenchel-Salsiccia als kurze Jus gezogen wurde. Final nur noch mit einem Hauch Parmesan abgerundet, ergab auch dieses ein sehr schmackhaftes Gericht der Cucina casalinga.
Beim Fisch lohnt es sich immer, den Tagesempfehlungen des mit Gentilezza agierenden Serviceteam zu folgen – was einem dann auch mal einen beherzt, aber nicht zu lange in Nussbutter colorierten Rochenflügel bescheren kann. Der lag in unserem Fall in aromatisch-saftiger Façon auf seinem Bett aus Fregola sarda, die mit ein paar Pfifferlingen und etwas Fond in der Art eines leichten, eher suppig als cremig-opulent zubereiteten Risotto angerichtet war.
Wer im Hauptgang Fleisch bevorzugt, könnte es neben allerhand Klassikern wie etwa einem rosa gebratenen Rücken vom Fassone-Kalb mit Stängelkohl und Trüffelpolenta beispielsweise mit einem ausdrucksstarken Bavette-Steak vom australischen Rind zu tun bekommen, das im Frühjahr mit Blasttspinat, Kartoffelpüree, frischen Morcheln und Morchelsauce zum Besten gegeben wurde.
Neben Standards wie Tiramisu, Panna cotta und Crème brûlée, die hier allerdings zumeist in einer besonderen Variante dargeboten werden, etwa als Haselnuss-Crème-brûlée in Kom-

bination mit Kirschsorbet, gibt es auch Regionaltypisches wie das nach der Insel Capri benannte Caprese-Törtchen mit saftig und satt schokoladigem Mandelteig neben Vanilleeis mit viel rahmigem Schmelz auf einer fruchtigen Orangensauce.
Zu allem hat die Weinkarte viel Gutes aus den meisten relevanten Regionen Italiens zu bieten und auch glasweise geht das weit über die teils fragwürdigen Qualitäten dessen hinaus, was hierzulande in vielen italienischen Restaurants als „Vini di Casa“ offen ausgeschenkt wird. Kurzum: hier wird die kulinarische Kultur Italiens mit Würde vertreten.

5

Casino Zollverein

Gelsenkirchener Str. 181, 45309 Essen
0201-830240
www.casino-zollverein.de
Di–Fr ab 17 Uhr, Sa u. So ab 12 Uhr durchgehend, Mo RT
Hauptgericht: 22–40 €, Menüs: 65 €

VISA

Das noch bis 1986 aktive Steinkohlebergwerk in Essen, das heute Architektur- und Industriedenkmal ist und zusammen mit der unmittelbar benachbarten Kokerei Zollverein zum Welterbe der UNESCO gehört, ist unbedingt besuchenswert. Hier untergebracht, zwischen wuchtigen Holz- und Stahl-Konstruktionen, ist seit nunmehr zwanzig Jahren auch das Casino Zeche Zollverein mit Restaurant, Cateringbetrieb und Bankettbereich. Es lohnt sich schon alleine ob der einzigartigen historischen Atmosphäre der Zeche, hier einzukehren – aber auch die Küche der von außen wie von innen monumental anmutenden Industrie-Location hat ihren Reiz. Weltläufig-kreativ und modern wird hier gekocht, aber nicht zu aufwendig und kleinteilig. Die aus soliden Grundprodukten sorgfältig zubereiteten Gerichte, für die sich ganz undogmatisch verschiedenster Aromenwelten bedient wird, präsentieren sich auf den Tellern in Form unkomplizierter Bistroküche ohne ausgeprägten Originalitätsdrang, aber mit einer gesunden, fundierten Basis.

6

Chefs & Butchers

Im Löwental 64, 45239 Essen
0201-40870000
www.chefsandbutchers.de
Küchenchef: Matthäus Brol
Mi–Sa ab 17.30 Uhr, So ab 16.30 Uhr, Mo u. Di RT
Hauptgericht: 26–42 €, Menüs: 65–89 €

VISA

Am Ortsrand von Werden im beschaulich-ländlichen Süden von Essen in Ruhrnähe gelegen, betreiben „Chef“ Michael Scheil und „Butcher“ Stefan Burchhardt im ersten Stock einer umfunktionierten Lagerhalle dieses moderne, schicke Lokal im dunklen Industriedesign. Scheil war einstmals rechte Hand von Knut Hannappel in dessen gleichnamigen Essener Lokal und Burchhardt führt in der Werdener Altstadt die Traditionsfleischerei Bremen – offenbar eine durchaus lohnende Allianz, wie wir bei unserem ersten Besuch erleben durften.
Das Chefs & Butchers bewegt sich geschickt in der Nische zwischen bodenständig-anspruchsvoller Gastronomie und Fine Dining, gibt sich locker und nicht zu exklusiv und fährt auch kulinarisch einen dualen Kurs zwischen Traditionsgerichten à la carte wie Wiener Schnitzel mit Kartoffel-Gurken-Salat oder Kalbsleber Berliner Art und stilistisch etwas ambitionierteren Gerichten, die dann auch in zwei verschiedenen Menüs zusammengefasst werden, von denen eines vegetarisch ist. Es handelt sich also weder um ein modernes Steakhouse noch

um einen Edel-Burgerladen, wie der Name vielleicht suggerieren mag – und hier wird auch sonst nicht übermäßig fleischlastig gekocht. Eine im Ofen gegarte Karotte mit Chorizo-Marmelade, Ahornsirup und abgehangenem Joghurt sowie ein Grünkohl-Macaron mit Creme von geräucherten Mandeln ließen das als pfiffige Apero-Snacks bereits erahnen und auch das vegetarische Amuse verdeutlichte es unmissverständlich. Das bestand aus mit Miso abgeschmeckten Linsen, mariniertem gehobeltem Fenchel, säuerlich eingelegter roter Zwiebel und Creme von schwarzem fermentiertem Knoblauch und war wohlschmeckend unauffällig.

Alles andere als unauffällig, vielmehr auf positive Art recht „knallig", kam als Vorspeise der beherzt abgeflämmte schottische Glen-Douglas-Lachs mit mariniertem Senfkohl daher. Der hatte nämlich mit Chilimayonnaise, einer expressiven Ponzusauce und Korianderöl drei markante Player an seiner Seite, die einen schmissig plakativen Akkord auf dem Teller anklingen ließen. Ähnlich pfiffig und mit einfachen Mitteln auf Touren gebracht, war der bei Niedrigtemperatur von 65 Grad über 30 Stunden langzeitgegarte, dann rösch angekrosste und mit süßlich-würziger Teriyakisauce lackierte Schweinebauch, der einen asiatischen Papayasalat (Lauchzwiebeln, Cashewnüsse, Radieschen, Thai-Fischsauce…) an seiner Seite hatte.

Das war beides zwar sehr herzhaft und kraftvoll, aber leicht und frisch und auf wenige markante tonangebende Elemente reduziert. Im Grunde folgen alle Gerichte diesem Drei-Komponenten-Prinzip, so auch der Skrei, der in saftig-zarter Idealform mit schneeweißem, soft aufblätterndem festem Fleisch auf einem Bett aus knackigen Senfgurken und jungen Spinatblättern thronte und von einer mit Dill aromatisierten Passionsfruchtvinaigrette angenehm puristisch und wieder sehr leicht umspielt war. Und damit in der Gesamtschau die Butcher-Komponente nicht zu kurz kommt, präsentierte sich im Hauptgang ein amtlich dickes, durchgehend sehr schön medium gegartes Rinderfilet mit toller Fleischqualität, das eine mit geschmortem Wurzelgemüse gefüllte und mit Schalottenmayo sowie Trüffelspänen getoppte Spitzkohlroulade an seiner Seite hatte. Auch hier wurde konsequent mit Kohlehydraten gespart – nicht aber an kraftvoll wuchtiger Sauce, die uns in dem Fall jedoch etwas zu salzig-konzentriert war, also weit weniger stark reduziert hätte sein können. Schön natürlich geschmeckt hat sie trotzdem und man konnte sie ja selbst nur spärlich dosieren…

Dass solche kleinen Unebenheiten aber eher die Ausnahme als die Regel sind, bewies dann gleich wieder das Dessert, bei dem blonde Orelys-Schokolade, Topinambur, Haselnuss und Yuzu als Creme, Eis, Espuma, Baiser, Gel und Crumbles sehr balanciert zusammenspielten und geschmacklich wie haptisch ein ausgewogenes Ganzes ergaben. Ausgewogen sind auch die Weinempfehlungen zu den einzelnen Gängen, wie etwa ein 2015er Bordeaux aus dem Saint-Emilion zum Rinderfilet. Und wer selbst lieber ein Fläschchen auswählt, findet attraktive und fair kalkulierte Offerten wie etwa einen 2016er Barolo von Ceretto oder einen Crozes-Hermitage „Les Clos" von Delas aus 2017. Auffällig war auch das sehr zuvorkommende und entspannte Serviceteam.

8↑

Hannappel

Dahlhauser Str. 173,
45279 Essen
0201-534506
www.restaurant-hannappel.de
Küchenchef: Knut Hannappel,
Tobias Weyers
Mi–Sa ab 17.30 Uhr, So von 12–14 Uhr u. ab 17.30 Uhr, Mo u. Di RT
Hauptgericht: 35–45 €,
Menüs: 89–138 €
EC VISA

Keine Frage: Die Entwicklung des unscheinbar im beschaulichen Essener Stadtteil Horst gelegenen und einstmals als zünftige Eckkneipe gestarteten Lokals ist eine der bemerkenswertesten der letzten Jahre – auch weit über die Region hinaus. Unter der Leitung von Gastgeber und Küchenchef Knut Hannappel hat sich das Lokal über drei Jahrzehnte hinweg zu einem veritablen Gourmetrestaurant entwickelt, das sich in jüngster Zeit langsam und kontinuierlich immer weiter steigern konnte. Einen

besonderen Schub gab es mit dem vorausschauenden Engagement des jungen Tobias Weyers als Küchenchef, der das Kulinarium des Restaurant Hannappel mit dem Patron gemeinsam am Herd in eine noch zeitgemäßere und vor allem individuellere Richtung öffnen konnte.
Damit aber bei weitem nicht genug. Die neuesten Neuigkeiten aus dem Hause Hannappel zeigen, wie weit entfernt das gesamte Team hier von Stillstand ist: Neben einem moderner und stilvoller neugestalten Gastraum wurde mit René Sampaio ein ebenso hochmotiviertet wie begabter Sommelier und Gastgeber mit an Bord geholt, der zudem – gemeinsam mit Tobias Weyers – auch wirtschaftlich in den Betrieb einsteigt und damit längerfristig in die Zukunft plant. Ein ganz unmittelbarer Effekt dieser Entwicklungen ist eine ansteckende Begeisterung und der positive Spirit, die eine sehr beschwingte Atmosphäre schaffen.
Und dass davon auch die Küche nicht ausgenommen ist, zeigten zuletzt bereits die ersten sehr fein und elegant gestalteten Kleinigkeiten zum Ankommen, darunter mit leichter Schärfe und kühlem Frischkäseschmelz unterlegter Fenchel mit Kapuzinerkresse, eine dunkelwürzige Tartelette mit Vadouvan-Creme, deren üppig exotisches Aroma von Bittersalate obenauf ergänzt wurde, sowie ein Taco mit rohem Fenchel und eingelegtem Ingwer in fantastisch leichter, freigestellter Klarheit.
Eine beinahe japanisch puristische Feinheit zeichnete dann auch den ersten Gang aus, in dessen Zentrum als Kreis ausgelegte Scheiben von mit Kombualge gebeizter Gelbschwanzmakrele standen. Diese begeisterten mit schmelzender Fleischigkeit, klarem Geschmack und einer subtilen Umami-Grundierung, auf der dann die feinsinnigen Toppings aus fermentiertem Rhabarber mit abgemilderter, weniger spitzer Säure und subtil erdiger Bete in dünnen ausgestochenen Blättern sowie als Molkesud und Pulver ein sehr zart gezeichnetes und dennoch dynamisches Aromenspiel anklingen ließen.
Ein überraschendes Produkthighlight folgte mit den drei Stücken glasig gegrillter und mit Apfel-Whiskey-Lack subtil glasierter Garnele, die in ihrer knackigen Fleischigkeit und der feinen Aromatisierung sicher zu den besten Garnelen des Jahres zählte! Für feingestrickte Spannung sorgten in diesem Fall grünes Apfelgel, würzig aufploppende Senfsamen und herbe Kräuter neben einer leichten Meerrettich-Sahnesauce, deren ätherische Schärfe feinsinnig um Zitronenmelisse erweitert wurde.
Deutlich mehr Power bei gleicher Sensibilität lieferte das Team mit einem akkuraten Millesfeuilles aus Cremes von geschmorter Schalotte und gebratenem Huhn zwischen knusperdünnen Hühnerhautchips und ebenso dünnen und zartfruchtigen Birnenlamellen. Neben der feinen Schmorsüße und den salzig konzentrierten Brathuhnaromen blitzte von irgendwoher auch noch pointiertere Säure auf, vermutlich von eingelegten Zwiebeltrieben – auf jeden Fall aber mit dem Effekt, ein vollkommen neuartiges und höchst eindrückliches Gericht perfekt abzurunden. Mit derartigen Kompositionen, die weitab von bekannten Vorlagen konzipiert und mit enorm viel Fingerspitzengefühl umgesetzt werden, spielt das Team tatsächlich auch bundesweit schon sehr weit vorne mit…
Dass die gleiche Individualität auch ganz ohne Fisch oder Fleisch ganz prima funktioniert, zeigte außen angebrannter und innen homogen weich geschmorter Spitzkohl mit entsprechend kokeligen Bitternoten neben einer noch frisch wirkenden Süße, die das Plateau für einen leichten Kümmelsauerrahm, bitter-scharfe grüne Pfefferkörner und ätherisch Salzzitronenscheiben lieferte. Daneben sorgte eine kräutergrüne Petersilienhollandaise mit leicht „dirty" und üppig wirkendem Brühenfett für den verbindenden Rahmen.
Den einzigen nicht ganz so überzeugenden Eindruck gab es im Hauptgang mit einem kernigen Stück von der Milchkuh mit kräftigem Eigengeschmack, viel Saft und hohem Fettanteil, das neben einer lose marmorierten leichten Jus, gelierten Pilz-Duxelles und roh gehobelten Champignons präsentiert wurde. Denn obwohl auch das handwerklich und geschmacklich tadellos zubereitet war, fehlte hier der zugespitzte, freche Twist der bisherigen Gänge.
Bereits das Dessert rund um eine konzentrierte (nicht zu sahnemilde) Espuma von weißer Schokolade mit einer gefrorenen Spirale aus Sauerampfereis und knusprigen kleinen Kräuter-Schokokugeln, crunchigen Chips aus Karamell und Sauerteigbrot, sowie den frischgrünen Akzenten von Sauerklee, brachte dagegen wieder eher unkonventionelle Komponenten mit viel Finesse und federnder Leichtigkeit auf den Teller – und bekräftige damit letztlich die weitere Aufwertung.
Locker mithalten können auch die abseits ausgetretener Pfade gewählten Weine, mit denen René Sampaio die unterschiedlichen Gerichte begleitet. Aber auch wer sich lieber eine gute Flasche aussucht, finden ein individuelles, gut strukturiertes Sortiment – und kompetente Beratung. Spannend sind übrigens auch die alkoholfreien Begleitgetränke, die immer sehr

leicht und belebend daherkommen und ähnlich individuell wie die Küche sind.

Kettner's Kamota

Hufergasse 23, 45239 Essen
0201-72044700
kettnerskamota.de
Küchenchef: Jürgen Kettner
Mi–Sa ab 18 Uhr, So–Di RT
Menüs: 98–132 €

Um das Namen-Rätsel direkt zu lüften: „Kamota" ist steirisch für „kommod", was wiederum so viel wie „gemütlich" heißt und damit einen absolut passenden Namen für das heimelig und zugleich modern und mit hohem Coolness-Faktor eingerichtete Restaurant von Wiebke Meier und Jürgen Kettner abgibt. Dass der Klang dabei eher japanisch anmutet, spielt dem aus Österreich stammenden Chef noch zusätzlich in die Karten, nehmen japanische Akzente doch eine nicht unwesentliche Rolle in seinen Gerichten ein. In der Einrichtung allerdings zeigen sich eher weniger fernöstliche Einflüsse, dafür wirken alpenländische Dekorelemente wie Hirschfiguren, Keramik-Zapfen oder rustikale alte Holzskier an der Wand einerseits stilvoll und bringen andererseits immer ein kleines Augenzwinkern mit sich.
Genauso ist auch die gesamte Gangart im Restaurant einerseits genussbetont locker und herzlich, andererseits aber zuvorkommend aufmerksam und professionell. Was alles letztlich vor allem auch der Küche zuspielt, in der Jürgen Kettner den Charakter herzerwärmender Schmankerl sehr gekonnt mit einem japanischen Twist versieht. So bekommen viele traditionell eher rustikale Zubereitungen viel Leichtigkeit und Finesse und werden in eine spannende neue Perspektive gestellt.
Bereits der hausgeräucherte Mangalitza-Speck zum warmen flaumigen Weizensauerteigbrot ist eine wahre Freude und eine sehr gelungene Reminiszenz an die Herkunft des Chefs, der aus einer Metzgerfamilie stammt. Einen klaren Fingerzeig darauf, wie feinsinnig das Team aber eigentlich in der Küche arbeitet, brachten die zwei kleinen Grüße aus der Küche mit einem zarten Kartoffelespuma und Petersilienschaum auf flüssigem Eigelb, der als elegant-süffiger Löffelspaß mit keck kitzelnder Säure sehr animierend daherkam. Genau wie das hauchdünne knusprige, aus Käferbohnen gefertigte Tartelette mit Füllung von knackig-klaren Eismeergarnelen und „japanisch-steirisch" eingelegtem Gemüse, das feine Säure und Knackigkeit beisteuerte.
Noch knalliger kam dann die Kombination von geflämmten dünnen Mangalitza-Speckstreifen und roher Langoustine Royal daher, die unter einem grünen Peperonischaum mit prickelnd zugespitzter Säure und Schärfe, hauchdünnen Gurkenscheiben und etwas Amaranth als nächster Löffelspaß vorweg geschickt wurde. Das zeigte auf beeindruckend niveauvolle Weise die Einflüsse Christian Baus, nur mit minimal rustikalerem Einschlag. Super!
Auch der folgende Hamachi kam in einer derart hohen Qualität, dass er beinahe mit Referenzeindrücken aus Perl gleichziehen konnte: hauchfein und dicht marmoriert, dazu fest und geschmeidig und mit glasklarem Geschmack. Dieser hatte es dann allerdings in einer süß-sauren Vinaigrette mit sehr forscher spitzer Essigsäure nicht ganz leicht. Zwar steuerte ein mildfruchtiges Gel da teilweise dagegen, die aromatische Prägung – auch durch eingelegte Gartengurke und gepickelten Rettich – blieb aber dennoch auf markante und kontrastreiche Art eher etwas zu säurehaltig und gröber. Ein cleverer Einfall war dazu aber das kleine kontrastierende Schälchen mit erdig-fruchtigem Eis von Bete, ätherisch frischem Zitrusschaum und Sesam.
Als Reminiszenz an „Backhendl" setzte das Team dann Sulmtaler Hähnchenkeulen, in dünner luftiger Maismehl-Panier ausgebacken, in einen Verein aus duftig frischem Safranschaum, eher milden Marchfelder Artischocken und eine mit feiner Süße und Kraft punktende Vinaigrette aus gereiftem Apfelbalsamessig, Lauchzwiebel, Tomaten und Pinienkernen – und spielte damit auf locker-flockig wirkende, aber genau durchdachte Art voll seine Stärken aus.
Genau wie bei der sanft gegarten und abgeflämmten Forelle, die mit glasigem Kern zu Doppelfilets geformt wurde, verbunden von

Dill und Leinsamen, mit einem Hauch von Yuzu. Diese kreative und feinsinnige Produktpräsentation wurde von einem luftigen körperreichen Weißweinschaum mit Dillöl charmant untermalt, während der eigentliche Clou auf dem Teller aber das helle „Reisfleisch" auf Basis von Zwetschge und Reis mit seinem spannenden Umami-Eintrag bildete.
Im Hauptgang setzte das Team mit kernig-zartem Nierenzapfen neben ätherischem Zitrusgel und confierten Zesten, einer nussig-würzigen Hollandaise, confierter Aubergine mit Sesam und teils fruchtigen, teils pikant scharfen Paprika-Komponenten auf markante Kontraste, die von einer Zweigelt-Jus mit viel Druck und feiner Säure unterstrichen und von einem mild ausgleichenden Perlgraupenrisotto mit Blattpetersilienschaum sanft ergänzt wurde. Eine absolute Punktlandung!
Eine weinherbe Schilchercreme mit Vanille als Basis für eine mit Sauerrahm gepufferte Schilchermousse, Haselnusscrumble und ätherisch blumigen Zitrusduft aus regionaler Produktion leitete schließlich ebenso markant wie erfrischend zum Dessert über. Und auch dieses konnte in Form von mit Kalamansi und Limette zugespitzter Himbeere (als Fond und Sorbet) auf einem zarten Vanilleparfait in herber Kakaohülle (sowie etwas Crunch durch knusprige Frittatensplitter) das Niveau locker halten – sorgte durch die dunkleren tiefen Noten von schwarzen Walnüssen sogar für einen unkonventionellen spannenden Twist. Toller Abschluss mit viel Leichtigkeit, trotz kraftvoller und tiefer Aromen. Keine Frage: Kettners Kamota ist eine absolute kulinarische Bereicherung für die Region!

5↑

La Grappa

Rellinghauser Str. 4, 45128 Essen
0201-231766
www.la-grappa.de
Mo–Fr von 11.30–14.30 Uhr u. ab 17.30 Uhr, Sa ab 17.30 Uhr, So RT
Hauptgericht: 35–48 €, Menüs: 49–88 €
VISA

Mit jeder Menge Patina, viel Nippes und folkloristischer Dekoration wirkt das Ristorante von Rino Frattesi charmant altmodisch und irgendwie sehr originell. Das authentische Italien-Feeling wird durch die klassische Küche von Alessandro D'Amico und seinem Team komplettiert, denn die bringen hier maximal puristische und schnörkellose Italianità auf die schmucklos angerichteten Teller. Sehr traditionell und ohne kreative Verrenkungen stehen Produktqualität, Frische und unverfälschter Geschmack im Vordergrund, wovon wir uns vom Rindercarpaccio „Rossini" mit sehr gutem Olivenöl und dick gehobelter schmelziger Gänseleber über perfekt beschaffenen Steinpilzrisotto bis zur saftig-festfleischigen Branzino-Tranche auf cremiger Fenchelsauce mit einem Hauch Safran auch in diesem Jahr wieder überzeugen konnten. Und nicht zuletzt durch die umfangreiche Weinauswahl kommt hier ohnehin jeder Italien-Connaisseur voll auf seine Kosten.

7

Restaurant 1831

im Schlosshotel Hugenpoet
August-Thyssen-Str. 51, 45219 Essen
02054-12040
www.hugenpoet.de
Küchenchef: Dominik Schab
Mi–Sa ab 18 Uhr, So–Di RT
Hauptgericht: 36–48 €,
Menüs: 98–140 €
VISA

Die Gastronomie von Schloss Hugenpoet, ein dreiteiliges, von Gräften umgebenes Wasserschloss, das in den Ruhrauen Nahe des Essener Stadtteil Kettwigs mitten im Grünen liegt, war in den letzten zehn Jahren in stetigem Wandel. Seit Kurzem wurde im Wintergarten mit dem 1831 ein neues ambitioniertes Restaurantkonzept ins Leben gerufen, in dem laut Eigendefinition „Fine Dining neu gedacht" wird, wo es „ungezwungen und ungewöhnlich" zugeht. Das dunkle Interieur wirkt zeitlos, die Corporate Identity modern, ohne modisch zu sein, was auch auf die Küche unter der Leitung von Dominik Schab zutrifft. Der hatte vorher schon seit geraumer Zeit das ehemalige „Hugenpött-

chen" federführend bekocht, kann sich und seine Ideen hier nun aber offenbar noch ambitionierter einbringen.
Es gibt ein omnivores und ein vegetarisches Menü sowie alle darin enthaltenen Gerichte plus ein paar weitere Offerten auch à la carte, wobei das stilistisch alles recht klar in der moderneren französischen Klassik beheimatet ist – wenngleich dies bei den vegetarischen Kompositionen mit weniger einschlägigen Produkten natürlich nicht so deutlich auffällt wie etwa bei den Jakobsmuscheln mit Prunier Caviar, Petersilienwurzel, Apfel, Sellerie und Haselnuss oder der gebundenen Fischsuppe von Seehecht, Garnele und Oktopus mit Paprika und grünen Oliven.
Die Apero-Snacks, unter denen besonders ein Salsiccia-Arancinibällchen mit Salzzitrone herausstach, ließen schon gleich zu Beginn keinerlei Zweifel aufkommen, dass hier mit Expertise und Feingespür gekocht wird. Noch viel deutlicher wurde das bei der Vorspeise um wirklich nur ganz zart angeräucherten rohen Hamachi. Der war appliziert mit säuerlich eingelegten roten Zwiebeln, umsäumt von etwas Friséesalat und verschiedenen aromatischen Kressen wie Brunnenkresse oder Kapuzinerkresse sowie einem intensiven Kressepüree, einer mildwürzigen Misocreme, geflämmten Perlzwiebeln und kleinen Krustentierchips und nappiert mit einem eleganten, transparenten Röstzwiebelsud. Ein überraschend vielschichtiges und sehr elegant abgestimmtes Gericht und ein starker Menüauftakt.
Und dass das Team auch für moderne und kreative vegetarische Gerichte ein Händchen hat, konnte man nach der Vorspeise um Topinambur, Haferwurzel, Weizengras, Sanddorn und Granola gesichert sagen: knusprig, cremig, knackig, fleischig, dazu die säuerlichen Sidekicks des Sanddorns, der als Creme und Öltropfen im Weizengrassud für lebhafte Auflockerung verantwortlich war. Nochmal vegetarisch, wieder äußerst gelungen und ausgewogen: die mit Maronencreme gefüllten Ravioli, deren natürliche Süße nicht nur von den Bitteraromen eines „Kompotts" aus geschmortem Radicchio gewinnbringend konterkariert wurde, sondern auch von der feinen Würze und Erdigkeit eines angenehm natürlichen Trüffelschaums ohne jede künstliche Penetranz.
Saftig-zart zerlegte sich der mit einer ausdrucksstarken Creme von Petersilie, Kapern und Salzzitrone lasierte und zudem auch noch mit kleinen Partikeln aller drei Produkte applizierte Rochenflügel unter dem Druck des Fischbestecks in seine schmalen Lamellen – und sowohl die fluffige Kartoffelespuma als auch ein transparenter Sud drumherum ließen das Gericht mit ihrer säuerlichen Frische leicht und schlank zugespitzt wirken. Dominik Schab weiß definitiv, wie man mit wenig Aktionismus auf dem Teller attraktive Gerichte kreiert!
Und er weiß auch, wie die französische Klassik funktioniert, was man sehr gut an der Taube im Hauptgang sehen und schmecken konnte, die – inklusive akkurat tourniertem Gemüse – konsequent das traditionelle Fach bediente. Die schön gleichmäßig und saftig auf den Punkt gebrachte Brust und eine aus Keule und Innereien fabrizierte Crépinette-artige Praline sorgten da zusammen mit kraftvoll dichter Taubenjus für viel Produktcharakter. Und gaben im Kreise von Gelber und Roter Bete, einem mit rahmig angemachter Melange seiner selbst gefüllten Rosenkohlkopf, knackigen blanchierten Rosenkohlblättern und säuerlichen Preiselbeeren sowie à part einer fluffig-buttrigen Kartoffelbuchtel ein handwerklich wie geschmacklich blitzsauberes Bild ab.
Auch nicht schlecht, in jedem Fall originell und wohlschmeckend, nur vergleichsweise ein klein wenig gröber in der Ausführung, präsentierte sich das Dessert von Karotte und Zwergorange als eine Art Mousse-Sandwich mit etwas zu dicken Teigplatten, marinierten Schleifen und Stücken sowie einem Sorbet – behutsam durch Muskatnuss und Gelbwurz mit einem warmwürzigen Unterton versehen und durch Hüttenkäse mit ein wenig laktischem Schmelz abgefedert. Das war ebenso stimmig und rund wie die glasweisen Weinempfehlungen zum Menü, etwa einem fruchtbetonten Sauvignon blanc aus der Pfalz zum Hamachi oder dem robusten, aber weichen Côtes du Rhône vom Château Mont Redon zum Täubchen.

Hotelempfehlung

★★★★★S

Schlosshotel Hugenpoet

August-Thyssen-Str. 51,
45219 Essen
02054-12040
www.hugenpoet.de
Einzelzimmer: 160–440 €
Doppelzimmer: 160–820 €

VISA

Das Wasserschloss aus dem 17. Jahrhundert mit großem Park steht für Exklusivität, exzellenten Service, privaten Charme und einzigartiges Ambiente – und ist dabei keine 20 Fahrminuten von den Messestädten Düsseldorf, Essen und vom Flughafen Düsseldorf entfernt. Dieses prachtvolle Erbstück des Freiherrn von Fürstenberg ist mit seinen 36 individuellen Zimmern, die vom Classic Einzelzimmer über großzügig geschnittene Suiten bis zur 100 qm großen separaten „Villa Türmchen" mit Terrasse und Innenhof reichen, ein elegantes und sehr anspruchsvolles Refugium für Privatgäste und Geschäftsleute. Jedes dieser Zimmer und Suiten, die sich auf das Schloss selbst und auf die beiden Remisen verteilen, ist anders gestaltet und keines gleicht dem anderen. Acht Veranstaltungsräume, Festsäle und Salons stehen für Tagungen, Workshops und private Feiern zur Verfügung. Hochzeiten können mit einer freien Trauung im Park gefeiert werden. Mit dem Schlossrestaurant „1831", in dem Fine Dining neu gedacht wird, sowie einer gepflegten Bar, hat auch das Kulinarische auf Schloss Hugenpoet weiterhin einen hohen Stellenwert. Restaurant 1831 separat erwähnt.

8 ||| ||| |||

Schote

Rüttenscheider Str. 62, 45130 Essen
0201-7780107
www.restaurant-schote.de
Küchenchef: Nelson Müller, Kris Kokoszka
Di–Sa ab 18 Uhr, So u. Mo RT
Menüs: 159–179 €
VISA

Nelson Müller weiß um den Spagat, den jeder Spitzenkoch mit Fernsehpräsenz in Deutschland hinlegen muss. Einerseits gilt es die Erwartungshaltung von Fans zu befriedigen, die es sich erstmals gönnen, bei einem Fernsehstar essen zu gehen und daher keine Erfahrung mit Gourmetküche haben. Das erfordert ein gewisses Maß an „Pomp & Circumstance", an Effekten, und vor allem dürfen die Speisen nicht zu modern und „abgehoben" wirken. Andererseits gibt es aber auch das kulinarisch „geschulte" Publikum, das gespannt ist, ob der Fernsehkoch seinen Ruhm wirklich verdient hat.
Müller geht diesen Balanceakt an, in dem er sich ein sehr klares und individuelles Profil verpasst, das auf der Homepage folgendermaßen kommuniziert wird: Geschmäcker, die man aus der Kindheit kennt, klassische, bodenständige Zutaten, ideenreich verarbeitet. Es ist eine deutsche Heimatküche, die Erinnerungen wecken soll, und vor allem Soulfood, oder passender: Seelenessen.
Schon bevor man den von dunklem Grün beherrschten Speiseraum betritt, gibt es den ersten Aha-Effekt. Durch die Eingangstür kommend, tritt man durch einen engen Gang – rechterhand der Servicetresen, linkerhand ein Tresen der offenen Küche. Dort serviert die Küchencrew einen optisch spektakulären Gin-Cocktail sowie eine angenehm knusprige Tartelette mit Tatar von der Königskrabbe und zitrisch akzentuiert aufpoppendem Yuzu-Kaviar. „BeGINning" nennt Müller diesen Auftakt des jahreszeitlichen Menüs, das er mit „Erinnerungen – Reisen – Emotionen" untertitelt und das mit sechs oder acht Gängen bestellt werden kann.
Jedes Gericht trägt einen Namen, der sich nicht nur in der Speisekarte wiederfindet, sondern auch auf Fotos, die oftmals Nelson Müller zeigen. Sie werden in einen kleinen Holzständer gesteckt, bevor der entsprechende Gang serviert wird. Auch das erste Gericht am Platz ist ein Hingucker – wenn auch in Form einer optischen Täuschung. „Leberwurschtbrot" heißt es. Und was so aussieht wie ein rechteckiges Stück Leberterrine ist überraschend luftig in der Konsistenz und besteht aus Soja und Champignons. Darauf ist eine Scheibe Zwiebelgelee drapiert, eine leicht süßliche Nocke rote Zwiebelmarmelade, ein Klecks Aprikosengel und ein Gebäckstück in Form eines Zweiges mit Micro-Greens. Außerdem auf dem Teller: eine kleine Brioche-Kugel. Der Service weist darauf hin, dass das Rezept aus Nelson Müllers Kochbuch stammt. Ist das ein freundlicher Hinweis oder ein kleiner Werbeblock? Auf jeden Fall balanciert der Gang seine süßen und würzigen Komponenten gekonnt aus, ohne da-

bei jedoch die Höhen einer echten Leberterrine zu erreichen.
Edelzutaten sind für Müller kein Muss in seinen Speisen, aber im Gericht „Das beste Stück" verwendet er Balik-Lachs in einer Terrine, die auf einem Buttermilchsud angerichtet ist. Umschlossen wird sie von im Kreis angeordneten Begleitern, darunter Brunnenkresse, Radieschen, Kartoffelscheiben und Gurkenkugeln, woraus sich ein sehr klassisches Geschmacksbild ergibt, das durch seine Produktqualität punktet. À part dazu gesellt sich ein aromatisch eher flaches Brunnenkressesüppchen sowie ein Taco mit Lachstartar und St. James Kaviar, das einen deutlich moderneren kulinarischen Ansatz verfolgt. So schlägt Müller spielerisch den Bogen von Großmutters Küche zu jener der Gegenwart.
Das Gericht „Die Senfeier von Oma", welches mit einem Foto von Nelson Müller im Kindesalter eingeleitet wird, stapelt vom Namen her tief. Denn neben drei auf den Punkt pochierten, innen flüssigen Wachteleiern, die von einer fein austarierten Senfsauce begleitet werden, ist der Hauptdarsteller des Tellers ein auf der Haut gebratenes und enorm saftiges Stück von auf Ike-Jime-Art geschlachtetem Zander.
Mit „Frühling in der Lüneburger Heide" geht die Tour auf Müllers Memory Lane weiter. Sous-vide gegart gelingt die zentral auf dem Teller angerichtete Brustscheibe vom Odefey-Hähnchen ausgesprochen zart, leicht aufgeschäumt die mit viel Champagner und Butter zubereitete Sauce darunter, in der sich nach Art eines klassischen Hühner-Frikassees weitere Hähnchenstücke und Champignonscheiben finden. Im Kreis darum sind Spargelköpfe angeordnet, weiße Erbsen, aufgerollte Karotten-Scheiben. À part – Müller liebt es mit einem Extrateller zu arbeiten – wird noch ein knuspriger Hühnerhautchip serviert. Und wiederum transportiert Nelson Müller einen deutschen Klassiker mit vorsichtiger Dekonstruktion in die Neuzeit. Mit jedem Gang wird deutlicher, dass er keine Kontraste anstrebt, keine Ecken und Kanten, sondern eine verhalten moderne Wohlfühlküche, die zwar auf Edelprodukte aufgebaut ist, aber nicht nur auf die sonst in der Spitzenküche üblichen. Hähnchen statt Taube, Zander statt Steinbutt.
Hinter „Schwabenpower" verbirgt sich ein dunkler und sehr intensiver Beef Tea, der erst zu Tisch beim Gast angegossen wird. Als Einlage gibt es zwei Gyozas, die mit Ochsenschwanzragout gefüllt sind und deren Teig leider sehr dick gearbeitet ist. Außerdem wird dazu eine äußerst schlotzige frittierte Ochsenschwanzpraline mit präzisem Fleischgeschmack serviert.
Vor dem Hauptgang erlaubt sich Nelson Müller einen Gag und spendiert das Himbeersorbet in Form eines Lippenstifts, der sich wie ein Original aufdrehen lässt. Allerdings mangelt es diesem an erfrischender Säure, und auch die Himbeerfrucht wirkt aromatisch flach.
„Salzwiese" stellt sich als zwei Scheiben rosa gegarter Lammrücken heraus, von denen die eine mit einer Nocke Tomatentartar versehen ist. Zwischen beiden findet sich eine dünne Scheibe knuspriges Gebäck, darunter ein Cassoulet von grünen Bohnen. Akzentuiert wird dieses deftig-mediterrane Gericht durch à part servierte Schafsmilch-Gnocchi von angenehm fluffiger Konsistenz. Wie unnötiger modischer Schnickschnack wirken dagegen die halbkugelförmigen Tomatensphären, die geschmacklich zu wenig komplexes Tomatenaroma bieten.
Auch beim Dessert „La vie en rose" setzt Nelson Müller Effekte ein, die vermutlich vor allem Gäste, die nur sporadisch in der Spitzengastronomie unterwegs sind, beeindrucken. Aus einem Parfumflakon werden die „Aromen des Frühlings" versprüht und der weiße Schokoladenring des Desserts ist mit etwas Blattgold gekrönt. Es besteht aus einem Rhabarber-Estragon-Süppchen, in dem sich ein Türmchen mit Himbeerrhabarber-Tiramisu befindet. Ein optisch – farblich wie formal – beeindruckender Abschluss. Allzu brav interagieren jedoch die Aromen von Rhabarber und Himbeere, nur der Estragon sorgt für etwas Schwung.
So stylisch, dunkel und distanziert das Ambiente mit der jazzigen Lounge-Musik, so nahbar ist Nelson Müllers Küche, die an viele kulinarische Erfahrungen seiner Gäste andockt, sich trotzdem sehr persönlich anfühlt, niemals verkopft. Und die von ihm selbst ebenso freundlich wie augenzwinkernd am Tisch erläutert wird. So wird ein Besuch der „Schote" tatsächlich zu einer Begegnung mit einem von Deutschlands erfolgreichsten Fernsehköchen.

Ettenheim (Baden-Württemberg)

5

Pasquale's Fine Dining

im Hotel Adler Ettenheim
Friedrichstraße 44, 77955 Ettenheim
07822-3590
www.adlerettenheim.de
Küchenchef: Pasquale Farina
Do–Di ab 18 Uhr, Mi RT
Menüs: 47–49 €

VISA

Das Pasquales Fine Dining von Lucia Fabiny und Pasquale Farina haben wir in der vergangenen Testsaison gleich zwei Mal besucht – allerdings an unterschiedlichen Standorten. Denn nachdem die beiden aus Sardinien stammenden Gastronomen ihr Lokal im schwäbischen Ellwangen kurz nach unserem ersten Testbesuch verlassen hatten, eröffneten sie unter gleichem Namen, aber mit etwas verändertem Konzept, wenig später im badischen Ettenheim im südlichen Ortenaukreis, nur wenige Minuten vom Europapark entfernt, ein neues Restaurant mit Hotelbetrieb.
In den behaglich warmfarbigen Gasträumen wird an sauber eingedeckten Tischen nun nicht mehr nur ein starres Gourmetmenü-Konzept verfolgt, sondern neben den beiden lediglich dreigängigen Menüs „Terra" und „Mare" auch eine Auswahl an verschiedenen Gerichten à la carte geboten. Also weg von separatem, als dezidiertes Fine Dining zelebriertem Essen und hin zu einer noch zugänglicher und unkomplizierter dargebotenen italienischen Küche. Eine Entscheidung, die wir als sehr begrüßenswert erachten, weil das irgendwie viel besser zu Pasquale Farinas schnörkellosem Küchenstil passt und sicher auch deutlich mehr Gäste anspricht.
Das Menü „Mare" könnte beispielsweise mit gebratenem Pulpo auf ganz mild geräucherter Kartoffelcreme beginnen, wobei der Krake in unserem Fall gar nicht so kross war wie in der Karte angekündigt und gerne auch noch etwas länger hätte gegart sein dürfen, denn dessen Biss war doch etwas widerspenstig. Bis auf das filigrane Hippengebäck in Blattform und Affillakresse, die im weiteren Verlauf des Abends eigentlich auf jedem Teller zu finden waren, blieb dieser Gang mit den beiden Komponenten auch maximal schlicht.
Sorgfältiges Pasta-Handwerk repräsentierten sodann die kleinen hausgemachten „Plin", die mit einer getrüffelten Farce gefüllt waren und sich den Teller mit einer milden, zart fließenden und nicht plumpen Grana-Padano-Sauce teilten – am Tisch kam frisch gehobelt noch etwas Wintertrüffel hinzu. In solchen Momenten zeigt die Küche ihre Stärken unserer Ansicht nach am deutlichsten.
Optisch sehr attraktiv kam auch die mit einer Rotweinreduktion glasierte und dann in dünnen Streifen von derselben Käsesauce wie bei der Pasta lasierte Scheibe vom sous-vide gegarten Tafelspitz daher. Wobei das Fleisch zwar sehr schön rosa und zart, aber leider auch etwas trocken war und die Jus grenzwertig intensiv und salzig ausfiel. Geröstete Kartoffeln und gegrilltes Gemüse begleiteten das Fleisch schmackhaft und bodenständig schlicht.
Dass der Chef seine Saucen gerne bis zum Anschlag einreduziert und damit dann leider etwas übers Ziel hinausschießt, hatten wir bei unserem Besuch an der alten Wirkungsstätte auch schon bei der Sauce zur Entenbrust festgestellt, die mit kräftig krosser, aber leider nicht langsam genug ausgebratener und deshalb ziemlich zäher Haut auf den Teller kam. Gemeinsam mit einem Klecks geräucherter Kartoffelcreme und Punkten von grobem Senf mit Honig war auch das ein zwar gelungen puristischer, aber auch eher rustikaler Eindruck.
Dem eigenen Anspruch hinkte auch das Dessert ein wenig hinterher, bei dem es sich um ein nur im flüssigen Kern schön schokoladig und im gebackenen Bereich eher nach Mehl und Ei schmeckendes Schokoladentörtchen gehandelt hat – angerichtet auf einer Vanillesauce, die zwar erfreulicherweise kaum süß war, aber auch nicht wirklich nach Vanille schmeckte. Besser hat uns das Dessert rund um ein üppiges salziges Karamelleis mit (etwas zu viel) Erdnusscrumbles gefallen, bei dem die reduziert kontraststarke Linie besser aufgegangen ist, wofür in diesem Fall auch die frischsäuerliche Würze einer Ziegenmilchcreme als unkonventionelle Ergänzung sorgte.
Zusammen mit dem zuvorkommenden Service der Gastgeberin und einer im Flaschenwein-Bereich ansprechenden Auswahl verschiedener

Gewächse aus ganz Italien ist der Adler in Ettenheim in jedem Fall eine Bereicherung für die gastronomische Landschaft der Ortenau.

Hotelempfehlung

Hotel Adler Ettenheim

Friedrichstr. 44,
77955 Ettenheim
07822-3590
www.adlerettenheim.de
Einzelzimmer: ab 90 €
Doppelzimmer: ab 120 €

Direkt vor den Toren des Altstadtkerns von Ettenheim und nur wenige Kilometer vom Europapark entfernt liegt das modern und sehr geschmackvoll eingerichtete Hotel Gasthaus zum Adler mit seinen insgesamt 9 gemütlichen Einzel-, Doppel- und Dreibettzimmern. Diese sind allesamt mit bequemen großen Betten, modernen Flachbild-TVs und eigenen Bädern ausgestattet. Für Geschäftsreisende sind auch Business-Zimmer mit Schreibtisch vorhanden. Ab Frühling 2023 gibt es auch eine große Ferienwohnung für Großfamilien oder zwei Familien (max. 8 Personen) inklusive Küche und Balkon, für die alle Services dazugebucht werden können. Die Unterkunft bietet außerdem freies WLAN im ganzen Haus sowie ein reichhaltiges Frühstück. Auf der ruhig gelegenen Gartenterrasse kann man saisonale Gerichte der internationalen Küche genießen. Alle wichtigen Einkaufsmöglichkeiten können mit nur wenigen Schritten in der Altstadt erreicht werden. Die Ortenau und Südbaden bieten viele Ausflugsziele vom turbulenten Freizeitpark bis hin zur ruhigen Wanderung durch den Schwarzwald. Der Europa-Park, Deutschlands größter Freizeitpark, und die ganzjährig geöffnete Wasserwelt Rulantica sind nur 5–10 Fahrminuten entfernt. Die malerische Stadt Freiburg erreicht man mit dem Auto in 25 Minuten, Straßburg in 40 Minuten. Restaurant Pasquale's Fine Dining separat erwähnt.

Ettlingen (Baden-Württemberg)

7↑

Erbprinz

im Hotel Erbprinz

Rheinstr. 1,
76275 Ettlingen
07243-3220
www.erbprinz.de
Küchenchef: Ralph Knebel
Mi–Sa ab 18 Uhr, So–Di RT
Hauptgericht: 59–69 €,
Menüs: 155–185 €

Im Hotel Erbprinz von und zu Ettlingen, einem historischen Haus vor den Toren von Karlsruhe, kann man eine Menge Geschichte erleben, da es bis ins Jahr 1788 zurückreicht. Dennoch ist hier nichts angestaubt. Das Gourmetrestaurant ist zeitlos-elegant eingerichtet, und mit seinen dunkel gerahmten Bildern und den Stehlampen wirkt es fast wie ein gemütliches Wohnzimmer. Hier wird die Kochkunst des kulinarisch ambitionierten Hauses in ihrer höchsten Form zelebriert, und zwar unter der Leitung seines souveränen langjährigen Küchenchefs Ralf Knebel. Besonders zu empfehlen ist dessen Menü, das zwar auf klassischen und französischen Grundlagen basiert, aber durchaus einfallsreich und originell interpretiert wird: hin und wieder frankophil oder als verfeinerte gehobene Regionalküche, oft und gern aber mit mediterranen Akzenten, was besonders im Sommer auf der wunderschönen Terrasse im Innenhof ein stimmiges und stimmungsvolles Erlebnis ist. Denn dieser Innenhof erinnert mit seinen hohen Mauern, Hecken, einem Springbrunnen, einer prächtigen alten Straßenlaterne und gepflegten Pflanzen an einen kleinen südländischen Park oder eine gemütliche, lauschige Plaza.

Euskirchen
(Nordrhein-Westfalen)

8 Pfannen

Bembergs Häuschen

Burg Flamersheim 1,
53881 Euskirchen (Flamersheim)
02255-945752
www.burgflamersheim.de
Küchenchef: Oliver Röder,
Filip Czmok
Mi–Sa ab 18 Uhr, So–Di RT
Menüs: 139–205 €
VISA P

Ein Déjà-vu, das keiner braucht: Wir hatten im Zusammenhang mit der schlossartigen, an einem kleinen Weiher gelegenen Burg Flamersheim in der jüngeren Vergangenheit schon einmal das Pech, dieses in dessen ehemaligen Gutshaus angesiedelte Gourmetrestaurant mit schlicht elegantem Ambiente, in dem wenig von den Kreationen auf den elegant gedeckten Tischen ablenkt und zugleich eine angenehm entspannte Atmosphäre herrscht, während einer Testsaison nicht besuchen zu können. Dieses Mal machte uns die umfassende Sanierung der Restaurantküche einen Strich durch die Rechnung, denn Bembergs Häuschen blieb deshalb schon lange vor und eben leider auch noch bis nach dem Redaktionsschluss der Testsaison 2022/2023 über mehrere Monate geschlossen.
Hätten wir dies vorher gewusst, wären wir natürlich schon frühzeitig, am besten schon 2022 zu einem Wiederbesuch hierhergekommen – so müssen wir diesen leider auf den Beginn der neuen Testsaison verlegen, wenn das Restaurant wieder geöffnet hat, und bringen dann selbstverständlich umgehend ein Update im Gusto Online-Guide und in der Gusto-App. Dass wir die 8 Pfannen trotz dieser Umstände bis zum nächstmöglichen Testbesuch fortschreiben, liegt in dem großen Vertrauen, das wir in die Arbeit von Katharina und Oliver Röder sowie Filip Czmok haben, denn die beiden Letztgenannten haben jetzt schon einige Jahre lang bewiesen, dass sie dieses Niveau nicht nur ganz locker halten können, sondern dass in ihrem Können sogar noch Potenzial für mehr schlummert.
Zuletzt zeigte das bereits die einleitende Variation von der Steckrübe in Form eines mit festem Säurekern aufgeladenen Süppchens, das mit ätherischem Dillöl marmoriert war, einer hauchzarten Sphäre mit Erdnusscrumbles und ganz feiner Schärfe, sowie eines nussig ätherischen „Sandwichs“ aus Rübenscheiben und -creme. Charakteristisch sind für den hier gepflegten Stil vor allem ein feinfühliger und kreativer Umgang mit Gemüse, teils unkonventionelle Aromenkombinationen und enorme Leichtigkeit bei gleichzeitig viel Power und Ausdruckskraft.
Genau das brachte beim letzten Besuch in der vorausgegangenen Testsaison dann auch die dezent fermentierte gelbe Bete als Juliennes, Stücke und Creme mit, die vibrierend frisch von Sanddorn (als Schaum und Beeren) ergänzt wurde und gemeinsam mit salzigen Kicks von Saiblingskaviar und dem Hauch einer rauchigen Note einen komplexen und dynamischen Eindruck ergab. Dagegen setzte das Team bei der folgenden gebeizten Makrele mit festem Fleisch und glasklarem Aroma den Fokus zurecht deutlicher auf das Hauptprodukt und ergänzte dieses durch Meerrettichtupfen, ein Granité von Senfgurken und einen Brunnenkressesud, der trotz klarer und leichter Konsistenz von einer frischen laktische Note wie von Molke oder Buttermilch getragen wurde – und der damit einen perfekten Rahmen schaffte.
Etwas weiter hoch drehte das Team seinerzeit die Intensitätsregler bei dem mit perfekt krosser Haut und saftigem Fleisch präsentierten Knurrhahn in einer umamistarken, kraftvollen Umgebung aus Pilzconfit mit Hühnerhaut-Crumble, Venusmuscheln und Blattpetersilie – alles in zierlich akkuraten Proportionen. Das verbindende Element bildete hier eine ebenfalls gekonnt zwischen röstiger Power und lebendiger Säure balancierte Schalottenvelouté.
Oft gibt es vor dem Hauptgang des Menüs noch einen weiteren und besonders süffigen Powergang rund um Blutwurst. Zuletzt in der erdig-saftigen Kombination mit im Ganzen geschmortem Wirsing, zarten Rosenkohlblättern und einer üppigen Haube aus schwarzer Trüffel. Deren dunkelwürzig-duftige Aromen prägten auch den umgebenden Saucenschaum, der zudem aber – wie alle liquiden Zubereitungen

hier – bei aller Kraft und Tiefe auch viel Eleganz und Frische beisteuerte.
Unser letzter in Bembergs Häuschen genossener Hauptgang rückte dann Eifeler Hirsch mit straff-zartem Rücken und löffelzart geschmorten Keulenwürfeln ins Zentrum und ergänzte diese, puristisch und perfekt freigestellt, mit den zwischen bittergrün und knackig-frisch angesiedelten Noten von Stengelkohl, die als Creme, Öl und in Kakao röstig geschmorten Blättern zugegen waren. Im Zusammenspiel ergab das ein spannend individuelles und komplexes Wildgericht völlig abseits ausgetretener Pfade. Nur die in Summe etwas zu hoch dosierte Salzmenge verhinderte hier einen Eindruck, der ansonsten durchaus noch höher als auf 8-Pfannen-Niveau hätte liegen können!
Dass die aktuelle Bewertung in jedem Fall hochverdient ist, zeigte seinerzeit auch das Dessert mit einem Kräutersorbet aus (unter anderem) Kerbel und Gundermann mit seiner feinen Balance aus anisduftigen, herben und frischen Nuancen. Dazu gab es die ebenfalls eher herbe Frucht von Quitte, laktische Frische durch körnigen Frischkäse und damit einen auch am Ende unkonventionell spannenden Eindruck.
Für die nötigen Hintergrundinformationen und die mit ebenso viel Finesse und Charakter punktenden Weine in den Gläsern ist hier Katharina Röder als charmante und souveräne Ansprechpartnerin zuständig und trägt damit ganz wesentlich mit zum rundum stimmigen und positiven Gesamteindruck bei. So steigt bei uns bereits die Vorfreude auf einen Wiederbesuch zu Beginn der Testsaison 2023/2024 – und wer weiß, vielleicht setzt das bis dahin neu gestaltete Arbeitsumfeld von Oliver Röder und Filip Czmok bei den beiden ja weiteren kreativen Output und schlummernde Ressourcen frei? Wir sind jedenfalls gespannt!

Hotelempfehlung

Nachtquartier

Burg Flamersheim,
53881 Euskirchen (Flamersheim)
02255-945752
www.burgflamersheim.de
Einzelzimmer: 100–200 €
Doppelzimmer: 100–200 €
VISA

Beim Anblick des malerischen Weihers vor der Kulisse der imposanten Burg Flamersheim ist es leicht, sich vorzustellen, wie einst die Burgherren und ihre Besucher mit einer Kutsche vorfuhren. Dieses Bild vor Augen, wurde das kleine, feine Hotel in dem ehemaligen Gutshof „Nachtquartier“ getauft. Heute nächtigen die Gäste hier natürlich nicht mehr auf Strohmatratzen und haben lediglich einen Waschtisch für Ihre Morgentoilette – vielmehr verfügen die vier komfortablen Zimmer sowie eine geräumige Suite über moderne Boxspring-Betten sowie hochwertige Bäder und sind auch sonst äußerst wohnlich und apart eingerichtet. Auch für attraktive Kulinarik ist gesorgt, denn die benachbarte Landlust Burg Flamersheim mit dem Gourmetrestaurant Bembergs Häuschen und dem Gasthaus Eiflers Zeiten steht für Kochkunst auf hohem Niveau. Im ehemaligen Rinderlaufstall mit seinem klaren Designkonzept finden bis zu 140 Personen Platz und mit der angrenzenden Remise sind Hochzeiten, Tagungen, Seminare oder Konferenzen mit bis zu 200 Gästen möglich. Gourmetrestaurant Bembergs Häuschen separat erwähnt.

Falkensee (Brandenburg)

7

Sawito

Spandauer Str. 14, 14612 Falkensee
03322-1218566
restaurant-sawito.com
Küchenchef: Marco Wahl
Di–Sa ab 18 Uhr, So u. Mo RT
Hauptgericht: 20–48 €, Menüs: 79–89 €
VISA

Seit ein paar Jahren besuchen wir dieses vor den westlichen Toren Berlins direkt an der Ortsdurchfahrtsstraße von Falkensee nahe des Falkenhagener Sees gelegene Lokal im modernen Bistrostil von Sabrina und Thomas Wruck nun schon und haben hier immer gut gegessen

– allerdings noch nie so gut wie zuletzt. Das Team um Küchenchef Marco Wahl konnte in jüngster Zeit nochmal einen draufsetzen und so präsentieren sich die Gerichte mittlerweile deutlich ausgefeilter und auch qualitativ überzeugender, was wir mit einer verdienten starken Aufwertung auch entsprechend honorieren möchten.

Am deutlichsten wird das sicherlich innerhalb der fünfgängigen Menüempfehlung, aber auch die à la carte angebotenen Gerichte weichen da im Grunde nicht sonderlich davon ab, wenn man sich an die unter der Rubrik „Rénovation" gelisteten Offerten hält. Die Gerichte der Klassiker-Sparte sind bisweilen etwas einfacher konzipiert, bieten aber ebenfalls hohes Grundniveau.

Mit einer von Schnittlauchöl akzentuierten Spargelschaumsuppe im Espressotässchen und einer im hauchdünnen Knusperzylinder untergebrachten Melange aus säuerlich eingelegtem Rettich, sublimem Kartoffelschaum und darüber gehobelter Belper Knolle, bewies das Team gleich schon mal Fingerspitzengefühl beim Abschmecken – mit gutem Sauerteigbrot und Körnerknäcke nebst einer mit grobem Senf und Kräuteröl aromatisierten Frischkäsecreme Qualitätsbewusstsein auch im Einfachen.

Dass das Küchenteam ein gutes Auge für Proportionen und ein Verständnis für stimmigen Aufbau von anspruchsvollen Gerichten hat, zeigte klar und deutlich die Vorspeise um Spargel und Erbsen: dünn unterfüttert von einer mayonnaiseartigen Creme waren da auf einer kreisrunden Fläche angegrillte Stücke und dünne Streifen roh marinierter und zu kleinen Röllchen aufgedrehter weißer Spargel arrangiert, deren Zwischenräume von Erbsen, Erbsencreme und Saiblingskaviar aufgefüllt wurden. Unterfüttert von stoffigem Dillsud und akzentuiert von (hier mal gut passender!) Affilakresse war das eine feinsinnige Sache. Erbsenzähler hätten allenfalls bemängeln können, dass die Erbsen nur einfach gepult waren.

Überraschend gut war auch der Pulpo mit Chicorée und Mais. Und zwar nicht nur wegen dem in perfekter Konsistenz zwischen bissfest und butterzart gegarten und attraktiv rauchig-röstwürzig angegrillten Tentakel des Kraken selbst, sondern auch wegen dessen Begleitung: ein von korianderwürziger Maiscreme mit genau der richtigen Dosis an Süße lasierter sowie mit Maischips und Maispulper ausdekorierter geschmorter Chicorée und eine alles miteinander verbindende Krustentierjus fügten sich sehr gut in das Gesamtbild. Das hatte was. Das war ausdrucksstark und balanciert, war leicht und hatte Tiefe.

So wie das als Löffelgericht konzipierte Miteinander von saftig-knusprigen gebackenen Kalbsbrieswürfeln, die in einem tiefen Schälchen mit seidiger Selleriecreme und angenehm mildem Bärlauchschaum liiert waren. Die angerösteten Sonnenblumenkerne sowie flockig gehobeltes gebeiztes Eigelb machten sich hier nicht bloß als Texturgeber gut, sondern fügten sich auch geschmacklich gewinnend ein.

Von rauchigen Grillaromen profitierte wie zuvor der Pulpo auch in hohem Maße das Filet vom Blonde d'Aquitaine Rind, das mit erstaunlich viel intramuskulärem Fett jede Menge köstliches Aroma und saftigen Schmelz zu bieten hatte. Ansprechend war aber auch dessen Entourage ohne jeden Anflug von Sättigungsbeilagencharakter: eine helle milde Zwiebelcreme, sautierte frische Morcheln, Morchelcreme und Morchelschaum sowie eine mit Pedro-Ximenez-Essig abgeschmeckte Jus waren dem ausdrucksstarken Fleisch ein maßgenau angedientes, sanft ineinandergreifendes und trotzdem klar differenziertes Begleitprogramm.

Das beim Dessert die Regler in Sachen Süße und Intensität sehr weit aufgedreht wurden, änderte nichts an dessen Attraktivität, denn im Zusammenspiel aller Komponenten war das gerade noch im Rahmen. Vor allem das solo doch recht plakative Estragonsorbet wurde von dem milden Moussering aus Schafsmilchjoghurt, in dessen Mitte ein mit japanischem Salzpflaumenessig abgeschmeckter Rhabarbersud für Frische sorgte, gut aufgefangen und abgemildert. Genau wie die Oxalsäure des eingelegten Rhabarbers drumherum.

Dass man sich im Sawito auch dem Thema Wein mit Anspruch widmet, zeigt nicht nur der dekorative gläserne Weinschrank und sein Inhalt – auch in der Weinkarte findet man ein ausgesucht zusammengestelltes europäisches Sortiment mit den Gewächsen namhafter Erzeuger. Und als alkoholfreie Alternativen stehen die Erzeugnisse von Jörg Geiger aus Württemberg zur Verfügung.

Faßberg (Niedersachsen)

5

Schäferstuben

in Niemeyers Romantik Posthotel
Hauptstr. 7,
29328 Faßberg (Müden/Örtze)
05053-98900
www.niemeyers-posthotel.de
Küchenchef: Alexander Niemeyer
Di–Fr ab 17.30 Uhr, Sa u. So von 12–13.45 Uhr u. ab 17.30 Uhr, Mo RT
Hauptgericht: 17–42 €,
Menüs: 38–75 €
VISA

Die Gastronomie in Niemeyers Posthotel mit ihren verwinkelten, ländlich eleganten Stuben, die mit der noblen Holztäfelung gegenüber hell-mintgrünen Tapeten und klassischen Gemälden ein vornehmes Flair vergangener Zeiten versprüht, letztlich aber ganz zeitlos wirken, bietet auch kulinarisch sehr solides Niveau. Die Küche in den Schäferstuben lebt in allererster Linie von fundiertem klassischem Handwerk, das fest in der Tradition verwurzelt ist und viele emotionale Anknüpfungspunkte an vertraute Eindrücke bietet, die in ihren besten Momenten darauf aber noch eine Spur mehr Tiefe und Substanz oder den einen oder anderen inspirierten Akzent setzt. Immer handwerklich frisch und fundiert zubereitet und in etwas gröberer Fassung. Der Service agiert souverän und der individuellen Weinkarte finden sich spannende, oft auch gereifte Flaschen.

Die Hoteleinträge

★★★★★S	Superior
★★★★★	Unterkunft für höchste Ansprüche
★★★★	Unterkunft für hohe Ansprüche
★★★	Unterkunft für gehobene Ansprüche
★★	Unterkunft für mittlere Ansprüche
★	Unterkunft für einfache Ansprüche
	Unterkunft ohne Sterne-Klassifizierung

Feldkirchen-Westerham (Bayern)

5

Aschbacher Hof

Aschbach 3,
83620 Feldkirchen-Westerham
08063-80660
www.aschbacher-hof.de
Küchenchef: Heiko Obermaier
Täglich ab 12 Uhr durchgehend, kein RT
Hauptgericht: 18–35 €,
Menüs: 25–42 €
VISA

Der Aschbacher Hof, der verkehrsgünstig nahe der A8 und trotzdem in voralpenländischer Idylle etwa auf halbem Weg zwischen München und Rosenheim liegt, ist ein bayrischer Vorzeige-Landgasthof mit gediegenem Hotelbetrieb. Schon die herrliche Aussicht ins Chiemgau, die man von der großen Terrasse aus hat, lohnt den Besuch. Aber auch drinnen, in den teils sehr behaglichen ländlichen Gaststuben, sitzt es sich äußerst kommod. Im Grunde kommen wir aber hauptsächlich wegen dem Essen seit vielen Jahren mit Freude hierher, denn die Küche unter der Leitung von Heiko Obermaier garantiert blitzsaubere Gerichte der gehoben gutbürgerlichen Art.
Klassiker der traditionellen heimischen Küche wie etwa der „Aschbacher Zwiebelrostbraten" aus der Rinderlende, rosa gebraten und mit selbstverständlich hausgemachten Röstzwiebeln und handgeriebenen Käsespätzle serviert. Medaillons vom bayerischen Schweinefilet mit Rahmschwammerln, Saisongemüse und Topfenspätzle sowie ein buttrig-welliges Wiener Schnitzel vom Kalb mit Bratkartoffeln und Wildpreiselbeeren stehen eigentlich auch immer zur Disposition. Neben diesen Evergreens der Standardkarte gibt es hier aber immer auch

unterschiedliche Themenwochen, die sich zuletzt ganz der mediterranen Küche widmeten. So bekamen wir es beispielsweise zur Vorspeise mit einem Oktopus-Brotsalat zu tun, der mit zarten, fleischigen Tentakel-Segmenten und leider etwas altbacken wirkenden Brotwürfeln sowie Tomaten, viel Rucola und etwas grob geriebenem Parmesan zusammengestellt war. Insbesondere durch sehr gute kleine aromatische Taggiasca-Oliven und schmelzige Avocadowürfel war das Ganze aber auf simple Art dennoch eine ansprechende Sache. Genau wie die schön natürlich und voll schmeckende Tomatencremesuppe, die von aromatischem Pesto in eine südliche Richtung gedreht wurde, oder die gebackenen Ziegenfrischkäsetaler mit karamellisierten Feigen, Feldsalat und gerösteten Pinienkernen.
Kreativarbeit oder filigranes Basteln ist nicht die Sache des Küchenteams – umso mehr aber beweist es solides Handwerk und gutes Gespür für schlichte harmonische Zusammenstellungen. So wie beim kross und saftig gebratenen Filet von der Mittelmeer-Dorade auf mediterranem Gemüse, das erfreulicherweise aus sehr vielen sehr guten Stücken aus dem Artischockenboden und Taggiasca-Oliven bestand, sowie kleinen Rosmarin-Drillingskartoffeln in der Schale und einer ebenso ausdrucksvollen wie ausgewogenen Safran-Schaumsauce.
Das ließ als solches ebenso wenige Wünsche übrig wie der Ossobuco-Hauptgang, geduldig geschmorte Scheiben von der Kalbshaxe mit viel schmelzigem Mark, die nebst geschmortem Wurzelgemüse und einer fluffig-cremigen Polenta mit sanft ihren feinen, runden Eigengeschmack unterstützender Würze serviert wurde. Das war dann tatsächlich Cucina casalinga, genau wie man sie sich wünscht.
Und weil die verantwortlichen am Herd und an den Schüsseln genau wissen, worauf es ankommt, gelingen auch so schlichte Nachtische wie die Crème caramel mit Zitrusfrüchtesalat überraschend gut. Hier in Gestalt einer schön geschmeidig und locker gestockten Creme-Timbale, die mit sauber filetierten Orangen, Mandarinen und Zitronen auf einer gut zwischen karamelliger Süße und fruchtiger Säure ausgewogenen Sauce angerichtet war. Auch das keine originelle Zauberei, aber ein grundsolides und sehr schmackhaftes Dessert.
Und dank des gut organisierten Serviceteams fühlt man sich auch bei vollem Haus immer gut umsorgt. Die Weinkarte listet viele gute Flaschen renommierter Produzenten aus Deutschland, Österreich, Frankreich und Italien und ist, genau wie die Gerichte, erfreulich moderat durchkalkuliert.

Fellbach (Baden-Württemberg)

7

Oettingers Restaurant

im Hotel Hirsch
Fellbacher Str. 2–6,
70736 Fellbach (Schmiden)
0711-95130
www.hirsch-fellbach.de
Küchenchef: Michael Oettinger
Mi–Sa ab 18 Uhr, So–Di RT
Hauptgericht: 28–42 €,
Menüs: 99–124 €
VISA

Das in der Peripherie Stuttgarts im Fellbacher Ortsteil Schmiden gelegene Hotel Hirsch von Familie Oettinger zeigt, wie eine lange Tradition ganz zeitgemäß weitergelebt werden kann. Mit dem behutsam modernisierten Interieur, authentischer Gastfreundlichkeit und – vor allem! – ausgezeichneter Küche ist der ehemalige Gasthof mit Metzgerei seit vielen Jahren eine zurecht sehr beliebte Adresse für Genießer. Mit dem nach Stationen unter anderem in der Traube Tonbach in Baiersbronn und im Hamburger Louis C. Jakob im Jahr 2005 in den Familienbetrieb zurückgekehrten Jeune Restaurateur Michael Oettinger steht dafür ein ebenso erfahrener wie ambitionierter Chef am Herd, der insbesondere im Gourmetrestaurant, dem kulinarischen Herzstück des Hauses, eine auf bester klassischer Basis sehr einfallsreiche und inspirierte Form von Fine Dining bietet.
In den behaglich eleganten Stuben, die traditionelle Holztäfelung mit großzügiger Raumaufteilung an fein gedeckten Tischen kombiniert, herrscht dafür eine ungezwungen genussfreudige Atmosphäre und auch die Gerichte selbst sorgen mit pfiffigen Ideen und oft mit einem kleinen Augenzwinkern dafür, dass der Spaß am Genuss im Vordergrund steht. Das allerdings auf erfreulich hohem Niveau, wie zuletzt

bereits die neckischen kleinen Appetitmacher zeigten, zum Beispiel eine knusprig leichte Kombination von Apfel, gebackenem Kartoffelknödel und Rotkohlgel oder ein Cracker mit gebranntem Lauch und feinwürziger Käsecreme als Reminiszenz an eine Lauchquiche. Aber auch ein mit rotem Paprikasud pikant unterfütterter Rindertatar oder eine tiefschürfende Hirschessenz mit Hirschschinken stellten eindrucksvoll unter Beweis, wie wieviel Substanz und Können hier gearbeitet wird.
Auch der magere und sehr reintönige Balfegó-Thunfisch zeigte neben der hohen Produktqualität mit einem exotischen, balanciert fruchtig-salzigen Umfeld aus geflämmter und confierter Tomate, deren eigenes Umami noch ganz dezent von dunkler Sojawürze gepusht wurde, die sichere Hand des Teams beim Komponieren, indem der kräftigen Tomatenkomponente ein nussig-duftiger Kokosschaum als heller und leichter Pol gegenüberstellt und so für einen balancierten Gesamteindruck gesorgt war.
Ein echtes Ausrufezeichen folgte dann mit der knallig kontrastreichen, dabei aber dennoch präzise ausgeführten Interpretation von „Martinsgans", die als saftige Dim Sum unter Spänen von geräuchertem und getrocknetem Gänseherz neben confierter Kumquat, fleischigen Shiitake-Pilzen und einem straffen grünen Thaicurry-Fond mit forscher Schärfe äußerst originell ausfiel. Für Traditionalisten vielleicht irritierend, für alle aufgeschlossenen Gourmets aber ein ebenso mutiger wie schlagkräftiger Einfall mit hohem Genusswert.
Fast wie eine besänftigende Geste schickte das Team danach mit dem unter einer duftigen Haube aus Périgord-Trüffel versteckten Steinbutt mit Trüffeljus und Beurre blanc als kraftvoll-straffes Saucenduo einen umso klassischeren Hauptgang. Und der überzeugte auf diese Art nicht weniger. Ergänzt von einer Nocke feinbitteren Grünkohls, eher mild und süßlich gehaltener Schwarzwurzel und separat servierten, beinah cremig zarten Kartoffelblini, die den wohlig schmeichelnden Charakter des Gerichts noch verstärkten, hatte der Plattfisch auch noch ein sehr attraktives Geleitprogramm zur Seite.
Und weil auch der süße Abschluss mit „Bratbirne" als geschmorte Spalte und vanilleduftiges Confit neben einem warmen, fluffigen Mandelkuchen mit Karamell durch ein frischgrünes Sauerampfereis als wichtigen Kontrast genauso geschmackssicher konzipiert und ausgeführt war, wie alle anderen Kostproben, bleibt es bei einem uneingeschränkt stimmigen Gesamteindruck, der schon wieder Vorfreude auf den nächsten Besuch schürte. Und auch bei diesem werden der herzlich-kompetente Service und die regional wie international gut aufgestellte Weinkarte das Erlebnis garantiert niveauvoll abrunden.

Finning (Bayern)

5

Zum Staudenwirt

Staudenweg 6, 86923 Finning
08806-92000
www.staudenwirt.de
Küchenchef: Veronika Wolfmiller, Konrad Wolfmiller
Mo u. Do–Sa von 11.30–14 Uhr u. ab 17.30 Uhr, So von 11.30–14 Uhr, Di u. Mi RT
Hauptgericht: 7–28 €, Menüs: 20–59 €
EC VISA P

Weiterhin macht der Staudenwirt von Veronika und Konrad Wolfmiller am ruhigen Ortsrand von Finning, rund zehn Autominuten von Landsberg am Lech und vom Ammersee entfernt, einen lohnenden Spagat zwischen bodenständiger Gasthausküche und gehobenem Anspruch. Das spiegelt auch die zweigleisige Speisekarte des weitläufigen Lokals mit verschiedenen Stuben wider, in der einerseits traditionelle gutbürgerliche Gerichte wie etwa Schweineschnitzel „Wiener Art" mit Pommes, gebratene Filetspitzen in Champignonrahm mit Spätzle oder ein halbes gegrilltes Hähnchen angeboten werden, andererseits aber immer auch etwas originellere oder zumindest weltläufigere Dinge. Die sind dann auch Basis für unsere Bewertung, wenngleich alles mit dem gleichen Anspruch zubereitet wird.
Das obligatorische kleine Süppchen zum Schlürfen vorneweg war diesmal von Tomate und Kürbis, gut zwischen beiden balanciert und von angenehmer Beschaffenheit, also nicht

zu dick und nicht zu dünn. Ebenso klar und natürlich schmeckte trotz ziemlich viel Würze auch das Tatar vom Rind, das nicht zu Brei gewolft, sondern vorbildlich von Hand geschnitten und entsprechend gröber und fester war – und das mit Schalotten, Parmesan, Kapern, Pfeffer etc. eben sehr herzhaft daherkam. Geschmeidig umspielt vom fließenden Dotter eines klassisch pochierten Eies und einer umamistarken Mayonnaise, aufgefrischt von eingelegter Gartengurke und verschiedener Kresse war das ein schöner Einstieg.
Wie akkurat hier mit guten Produkten gearbeitet wird, verdeutlichte einmal mehr das Duett von Lachs und Renke – beide sehr schön auf den Punkt gebracht, akkurat gewürzt und von einer recht kräftigen schaumigen Sauce umspielt, die allerdings nicht genau offenbarte, auf welcher Basis sie nun genau zubereitet war. Fisch, Krustentier, Gemüse? Vielleicht von allem ein bisschen, jedenfalls auch das mit viel Körper und Ausgewogenheit. Nicht ganz so akkurat war hingegen der mit Kürbis und anderen Gemüsen durchzogene Tomatenrisotto, der wegen der arg weichen und spröden Reiskörner eher wie ein grober Brei angemutet hatte. Geschmacklich war daran nicht das Geringste auszusetzen, einem stolzen Norditaliener hätte das unter dem Label „Risotto" allerdings die Zornesröte ins Gesicht getrieben...
Die Lugeder-Entenbrust im Hauptgang hätte im Grunde das Zeug zum Highlight gehabt, allerdings hatten die verantwortlichen Köche nur darauf geachtet, dass das Fleisch schön gleichmäßig auf den Punkt gebracht ist (was es auch war), dabei aber die Haut ganz außer Acht gelassen. Denn statt diese attraktiv aufzukrossen und das darunterliegende Fett schmelzen zu lassen, lag sie als dicker zäher Lappen darauf und war dergestalt im Grunde nahezu ungenießbar. Ganz im Gegensatz zur begleitenden Melange aus Spitzkohl und Graupen, unaufdringlich getrüffelt, herzhaft von Jus unterfüttert und stimmig von knackigem sowie cremigem Kürbis eskortiert.
Bei der Dessertvariation – naturgemäß natürlich keine pointierte Kreation, sondern ein buntes Sammelsurium – konnte man in all den wohlgelungenen Einzelkomponenten von Schokoumhüllten Mousses über gebackenen Brownie, Cremes und Hippen bis zum Eis einmal mehr gut erkennen, wie solide hier bis in den Nachtischbereich gearbeitet wird. Und das zu einem günstigen Preis-Leistungs-Verhältnis, was auch auf die mit bezahlbaren Gewächsen namhafter europäischer Erzeuger zusammengestellte Weinkarte zutrifft.

Finsterwalde (Brandenburg)

7

Goldener Hahn

Bahnhofstr. 3,
3238 Finsterwalde
03531-2214
www.goldenerhahn.com
Mi–Sa ab 17.30 Uhr, So–Di RT
Menüs: 55–140 €

VISA

Finsterwalde ist als provinzielles Kleinstädtchen weder Tourismusmagnet noch Kulturbrennpunkt, und doch bieten Frank Schreiber und sein Team hier hinter den unscheinbaren Mauern ihres heiteren zentrumsnahen Gasthauses ein beeindruckend ambitioniertes kulinarisches Portfolio in Gestalt derer Menüs, das sich von Vitalküche über mustergültig sorgfältig umgesetzte Regionalküche bis zu überraschend feingliedrig und kreativ interpretierter klassischer Moderne auf durchgängig hohem Niveau bewegt. Kombiniert mit der authentischen Gastgeberkultur von Iris Schreiber und ihren Mitarbeiterinnen macht das aus dem Goldenen Hahn seit vielen Jahren einen geographisch entlegenen Genussort, der ein buntgemischtes Publikum nicht nur aus dem nahen Umfeld, sondern wegen des ausgesprochen günstigen Preis-Leistungs-Verhältnisses auch von weiter weg anzieht. Neben attraktiver Küche und zuvorkommender Gästebetreuung gibt es hier eine kleine, völlig ausreichende Weinauswahl mit den sonst eher raren sächsischen Gewächsen, aber auch Erzeugnissen anderer deutscher und europäischer Winzer.

Die Symbole

- gute Parkmöglichkeiten
- Hotelgarage
- barrierefrei
- klimatisierte Zimmer
- WLAN-Zugang
- Hallen- und/oder Freibad im Haus
- mit Wellness-Bereich
- mit Fahrstuhl zu den Hotelzimmern
- Hunde im Hotel nicht erlaubt
- mit Garten oder Terrasse

Flensburg (Schleswig-Holstein)

8

Das Grace

im Hotel Das James
Fördepromenade 30,
24944 Flensburg
0461-1762360
www.dasjames.com/genusswelt/das-grace
Küchenchef: Quirin Brundobler
Do–So ab 18 Uhr, Mo–Mi RT
Menüs: 130–160 €

Das von seinem ursprünglich aus dem tiefen Bayern stammenden, allerdings im hohen Norden kulinarisch gereiften Küchenchef Quirin Brundobler auf hohem Niveau bekochte Gourmetrestaurant im Hotel Das James zählt seit der Eröffnung für uns klar zu den Top 10 in Schleswig-Holstein. Und an dieser Einschätzung hat sich auch in der diesjährigen Testsaison nichts geändert. Was der unter anderem auf Sylt als rechte Hand von Jens Rittmeyer im Kai3 und später als Sous Chef von Jan-Philipp Berner und Johannes King im Söl'ring Hof zu Souveränität gelangte Cuisinier seinen Gästen hier im Restaurant Das Grace auftischt, hat sowohl handwerklich als auch qualitativ beachtliches Niveau, ist wenig auf Spektakel und dafür voll auf Geschmack ausgelegt – und sogar Nachhaltigkeit spielt bei der Philosophie des Hauses eine große Rolle.

Von daher automatisch auch Regionalität. Und so sind die ersten kleinen Grüße in dem sehr hohen Gastraum, wo man an dunklen runden Holztischen mit feiner Tischkultur und Blick auf den Yachthafen unter dramatisch großen zylindrischen Lampenschirmen speist, allesamt heimischen Produkten gewidmet. Zuletzt etwa ein warmer fluffiger Mini-Lángos mit würzigem Deichkäse gefüllt, Rhabarber-Macaron mit Friesisch Blue oder Blumenkohl „Polnisch" als Fingerfood. Wie nebenan im Restaurant Farmhouse stammen auch im Fine-Dining-Bereich nicht wenige der verwendeten Produkte von der hauseigenen landwirtschaftlichen Farm (James Farm in Hörup), so auch die Rohmilchbutter, die es zu dreierlei sehr gutem Brot gibt.

Wie mediterran der hohe Norden schmecken kann, zeigte als Küchengruß die fast roh servierte Hanse-Garnele in bestechender Klarheit und Frische, die mit verschiedenen Tomatenminiaturen und Fenchel auf kräftiger Garnelensauce angerichtet war. Die Klasse der Küche und unsere hohe Bewertung sind schnell anhand der Vorspeise erklärt, die von Saibling mit Gurke, Kräutern und Buttermilch handelte – einer Kombination nämlich, die in der Saison 2022/2023 gefühlt in 99 von 100 ambitionierteren Restaurants geboten wurde, die aber wahrscheinlich die wenigsten davon auf einem ähnlichen Niveau hinbekommen haben. Der Fisch bestechend gut und fest, nur ganz mild in einer niedrigprozentigen Salz-und-Kräuter-Lake eingelegt und dann sehr kurz und knackig auf dem Big Green Egg gegrillt, die Gurkenkomponenten von verschiedentlich eingelegt über Blüte bis Gel sehr facettenreich und zudem mit Saiblingskaviar, kleinen Stücken von krosser Saiblingshaut und verschiedenen Kräutern vielschichtig ergänzt, der Buttermilchsud mit Kräuterwürze und Buttermilchsäure, daneben aber außerdem einer runden, harmonischen Tiefe.

Sehr gut hat uns auch die norwegische Königskrabbe gefallen, und zwar nicht nur wegen der großartigen Qualität des Krustentiers, sondern auch wegen der sehr frischen, leichten Inszenierung mit verschiedenen Radieschen-Spielarten und Sanddorn – maßgeblich in einer mit Roibuschtee angesetzten Sauce, was dem Sanddorn seine Kanten nahm, ihn geschmeidiger machte, ohne ihm die Zähne zu ziehen, und sich generell als eine originelle Kombination erwies. Weil der Chef ein sehr gutes Händchen für Aromen und überdurchschnittlich viel Produktgespür hat, führt das auch dazu, dass er unheimlich viel aus vermeintlich simplen Viktualien herausholen kann. So wie aus den unterschiedlichen grünen Bohnen-Varietäten, die mit hauchfeinem Knusperspeck und einer konsistenten Beurre blanc eine fantastische fleischig-saftige Seezunge eskortierten. Das klingt nach wenig und schmeckt nach sehr viel! Und aus eben diesen Gründen war auch die geschmorte, mit einem Chip von der Lammzunge getoppte Backe vom Höruper Schwein, respektive deren Zubereitung mit den Leitpro-

dukten Petersilienwurzel, Apfel und Meerrettich, nicht behäbig und breit, sondern überraschend transparent und differenziert. Was schon allein aufgrund des Zusammenspiels gleich dreier Saucen (klassisch reduzierte Jus, eine Art Apfel-Meerrettich-Vinaigrette und ein Petersilienöl) erstaunlich war, die hier zu einer herzhaften und doch sehr frischen, aufgelockerten Liaison zusammenflossen und dem geduldig geschmorten, nicht zerfaserten Fleisch ein dynamisches Bett bereiteten.
Wenig erstaunlich, dass auch der goldgelb colorierte Steinbutt in beachtlicher Qualität und perfekter Zubereitung auf dem Teller lag. Und dass auch die begleitenden Stauden- und Knollenselleriekomponenten, die von Gel aus Verveine und Tupfen Crème fraîche zusätzlich erfrischt und aufgelockert wurden, deutlich raffinierter und differenzierter geschmeckt haben als gedacht. Was auch an der Selleriesauce lag, die mit eleganter Säureader hinterlegt und mit Steinbuttöl montiert auf maritim gedreht war und so geschickt aus der erdigen Ecke herausgeholt wurde.
Nichts klingt auf der Speisekarte besonders originell, aber alles schmeckt viel interessanter, als es sich liest. Wie auch das Vordessert um Erdbeeren mit Vanillesahne und Basilikumsorbet oder auch der als raffiniertes knusprig-cremiges Türmchen geschichtete eigentliche Abschluss zum Thema Himbeere, Frischkäse, Jivara-Schokolade und dezente Rosmarinaromen. So steht unsere hohe Bewertung auch nach dem jüngsten Testbesuch völlig außer Frage. Und wer sich die beiden Menüs „Farm" (fleischlastig) und „Förde" (fischlastig), die auch gerne frei miteinander kombiniert werden dürfen, von passenden Weinen glasweise begleiten lassen will, hat in Sommelière und Restaurantleiterin Morlin Jochimsen eine kompetente Ansprechpartnerin.

Die Hoteleinträge

★★★★★S	Superior
★★★★★	Unterkunft für höchste Ansprüche
★★★★	Unterkunft für hohe Ansprüche
★★★	Unterkunft für gehobene Ansprüche
★★	Unterkunft für mittlere Ansprüche
★	Unterkunft für einfache Ansprüche
	Unterkunft ohne Sterne-Klassifizierung

Hotelempfehlung

Das James

Fördepromenade 30,
24944 Flensburg
0461-1672360
www.dasjames.com
Einzelzimmer: ab 170 €
Doppelzimmer: ab 230 €

VISA

Das James residiert in den ehemaligen Marinegebäuden direkt gegenüber dem Yachthafen im Flensburger Hafenviertel Sonwik und empfängt seine Gäste mit einem sehr geschmackvollen Ambiente. Die Liaison aus dem rohen Industrieflair der Anlage und elegantem britischem Charme zieht sich wie ein roter Faden durch das Haus. Die trendigen, individuell gestalteten Zimmer und Suiten sind teilweise zweistöckig und viele davon haben einen Balkon. Ausgestattet sind sie mit Boxspring-Betten, schnellem WLAN, einem modernen Flachbildfernseher, Minikühlschrank und Kaffeekocher sowie Klimaanlage und verfügen über ein geräumiges Badezimmer. Der 2000 qm große Wellnessbereich mit Innen- und Außenpools, vier Saunen und einem separaten Spa für Kinder bietet jede Menge Platz und Gelegenheiten zum Ausspannen und Aktivsein. Und mit drei unterschiedlichen Restaurants und zwei Bars ist auch gastronomisch große Vielfalt und Abwechslung geboten. Zu den beliebten Aktivitäten in der Umgebung zählen Wassersport und Radfahren; die Flensburger Innenstadt und der Flensburger Hafen liegen nur rund drei Kilometer vom Hotel entfernt. Restaurant Das Grace separat erwähnt.

Flintsbach (Bayern)

Gasthof Dannerwirt

im Hotel Dannerwirt
Kirchplatz 4, 83126 Flintsbach
08034-90600
www.dannerwirt.de
Mo–Mi u. Fr ab 16 Uhr, Sa, So u. Fei ab 11.30 Uhr durchgehend, Do RT
Hauptgericht: 13–25 €
EC VISA P

Unter den vielen reizvollen Gasthäusern in Bayern ist der am Fuße des Wendelsteins gelegene Dannerwirt in Flintsbach ein besonderes schmuckes Exemplar. Das fein herausgeputzte Wirtshaus macht aber nicht nur innen und außen rein optisch viel her, sondern bietet – neben authentischem Stammtisch und idyllischer Terrasse – noch dazu auch richtig gutes bodenständiges Essen. Und das ist auch in Bayern deutlich seltener als ein stimmungsvoll rustikales Ambiente! Nicht von ungefähr herrscht hier deshalb meistens reger Betrieb, im Sommer vor allem draußen mit Biergarten-Flair und ansonsten drinnen in den unterschiedlichen gepflegten urigen Gaststuben.
Dort gibt es dann all das, was man an einem der Tradition und Region verbundenen Ort erwarten könnte, die Palette reicht vom knusprig-saftigen Schweinsbraten mit Knödeln bis zum fluffigen Kaiserschmarrn aus der Pfanne. Den Unterschied macht das klare Bekenntnis zu einer handwerklichen und frischen Zubereitung und guten regionalen Produkten, für welche die Gastgeberfamilie Schweinsteiger bereits in der vierten Generation einsteht. Und dieser Unterschied ist tatsächlich schmeckbar.
Zum Start beispielsweise macht das mild rauchige Lachstatar mit kräuterwürzigem Schmand und Avocado auf einem knusprigen Kartoffelrösti auf genauso geradlinige und gegenständlich unverkünstelte Art viel Freude wie eine Grießnockerlsuppe mit natürlich-kraftvoller Brühe und darin als Einlage einmal nicht gummihaft-zähen, sondern erfreulich lockeren Nockerl.
Noch schwieriger ist die Entscheidung allerdings bei den Hauptspeisen mit Klassikern wie einem luftig soufflierten Wiener Schnitzel vom Kalb mit Kartoffel-Feldsalat, Biozitrone und Preiselbeeren oder dem Altbayerischen Zwiebelrostbraten (nobel aus der Lende geschnitten…) mit geschmolzenen Zwiebeln und geduldig aufgeknusperten Bratkartoffeln, die hier allesamt in besserer Qualität erwartet werden können, als es landläufig der Fall ist.
Aber auch mit vegetarischen Gerichten wie den jedes Mal wieder mit ihrer zarten lockeren Konsistenz erfreuenden Spinatknödeln nebst brauner Butter und frisch gehobeltem Parmesan liegt man im Dannerwirt genauso auf der sicheren Seite. Nicht erwarten sollte man allerdings größere Finesse und Komplexität – die Gerichte sind durchgehend schnörkellos und einfach gehalten, auf diese Art aber einfach gut. Und das trübt das Gesamtbild kein bisschen, sondern steht im Gegenteil in einem stimmigen Verhältnis zu den einladend günstigen Preisen und wirkt authentischer als irgendwie bemühte Experimente. Auf diese verzichtet das Team auch bei den Desserts und fährt damit auch bei Mehlspeisen wie knusprigen hausgemachten Strudel-Varianten mit (nicht hausgemachtem) Rahmeis, knusprig zarten Apfelraderl oder dem mit Apfelmus servierten locker-fluffigen Kaiserschmarrn sehr gut.
Dazu gibt es selbstredend gutes frisch gezapftes Bier, aber auch einige ordentliche Schoppenweine und ein Serviceteam, das selbst großem Ansturm souverän gewachsen ist.

Hotelempfehlung

★★★

Hotel Dannerwirt

Kirchplatz 4, 83126 Flintsbach
08034-90600
www.dannerwirt.de
Einzelzimmer: 59–65 €
Doppelzimmer: 82–120 €
EC VISA P P

Der Gasthof mit Hotelbetrieb liegt in einer der schönsten Regionen Bayerns, der Gegend rund um den Wendelstein, zwischen München und Salzburg. Zum Chiemsee ist es nicht weit, man kann Golfen oder Radfahren, Wandern und

Bergsteigen und im Winter natürlich Skifahren. Die Gäste erwarten hier mittlerweile 27 geschmackvolle, teils sehr moderne, teils traditionelle und mit viel Holz im gemütlich-ländlichen Stil eingerichtete Zimmer, die alle mit Dusche/Bad, Telefon, WLAN-Hotspot und Flachbild-TV ausgestattet sind. Auch der Genuss kommt im Dannerwirt nicht zu kurz: Ob kulinarische Schmankerl, in Ruhe geschmorte Braten, fangfrische Fische aus heimischen Gewässern oder einfach nur eine Brotzeit mit frisch gezapftem Bier im Wirtsgarten. Hier wird aufgetischt, was Oberbayern zu bieten hat. Restaurant Gasthof Dannerwirt separat erwähnt.

Forchheim (Bayern)

6↑

Zöllners Weinstube

Sigritzau 1,
91301 Forchheim
09191-13886
www.zoellners-weinstube.de
Mi–So ab 17 Uhr, Mo u. Di RT
Hauptgericht: 33–39 €

Das wunderschöne regionaltypische Fachwerkhaus im beschaulichen Weiler Sigritzau nahe Forchheim ist ein seit langem bei bodenverhafteten Feinschmeckern beliebter und geschätzter Treffpunkt. Eine unkomplizierte und trotzdem anspruchsvolle Küche ohne unnötigen Schnickschnack bietet der einst bei renommierten Köchen wie Dieter Müller und Heinz Winkler klassisch fundiert ausgebildete Johannes Zöllner zu noch moderaten Preisen in seinem urigen, stimmungsvollen Gewölbe. Und zwar ganz egal ob verfeinerte Gerichte aus regionalen Produkten oder etwas exklusivere Dinge: Seine Gerichte zeichnen sich stets durch die hervorragende Qualität der Zutaten, die sorgfältige Zubereitung, ausgewogene Saucen und eine ansprechende Präsentation aus. In der Regel präsentiert sich das Ganze immer in harmonisch-klassischer Art, jedoch sorgen gelegentliche raffinierte Akzente auch mal für einen gewissen Spannungsbogen auf den hübsch angerichteten Tellern. Zusammen mit dem herzlich-familiären Service und der ansprechenden Auswahl an Weinen mit Schwerpunkt Franken eine runde Sache.

5

Zum Alten Zollhaus

Hauptstr. 4,
91301 Forchheim
09191-970990
www.zollhaus-forchheim.de
Küchenchef: Christopher Kraus
Mi–Sa ab 17.30 Uhr,
So von 11.30–14 Uhr,
Mo u. Di RT
Hauptgericht: 19–29 €
VISA

Mitten in der Forchheimer Altstadt lockt das Restaurant Zum Alten Zollhaus seit vielen Jahren mit einem gemütlichen Ambiente, das sich entspannt irgendwo zwischen gehobenem Bistro und gepflegtem Wirtshaus bewegt. In dieser lebhaften Atmosphäre wird aus der Hand von Inhaber Küchenchef Christopher Kraus uns seinem kleinen Team eine zwar durchaus ambitionierte, aber nicht übertrieben exklusive oder elaborierte Küche geboten, die die bodenständigen Wurzeln des Alten Zollhauses nicht verleugnet, sich aber sowohl von der Produktauswahl als auch bei der sorgfältigen natürlichen Zubereitung und den vielen pfiffigen Ideen klar vom regionalüblichen Durchschnitt abhebt. Ins Glas gibt es dazu auf Wunsch gut korrespondierende Begleiter aus einem deutsch-italienischen Sortiment.

Bezahlkarten-Symbole

- Mastercard
- EC-Maestro
- Diners
- American Express
- VISA Visa

Forstinning (Bayern)

5↑ 🍴🍴

Zum Vaas

Münchner Str. 88,
85661 Forstinning
08121-43091
www.zum-vaas.de
Mi–So von 11.30–14 Uhr u. ab 17.30 Uhr, Mo u. Di RT
Hauptgericht: 14–33 €

Ein Lieblingsort für Weinkenner und Genussmenschen ist dieses traditionelle Gasthaus im Osten von München, dessen Geschichte über 150 Jahre reicht und das heute von den Geschwistern Veronika und Johannes Bauer mit Herz, Elan und Kompetenz geführt wird. Mit Veronika Bauers Lebensgefährten Philipp Schneider steht zudem ein souveräner Koch am Herd, der hier seit Jahren das Niveau hochhält, viel Wert auf Qualität, Frische und fundiertes Handwerk legt und die grundsätzlich bodenständige Küche mit achtsam gesetzten Akzenten verfeinert. Ganz ohne unnötige kreative Schlenker, aber immer mit dem gewissen Etwas und der Handschrift des Könners. Außerdem sehr positiv: die ausgezeichnete Weinkarte, die nicht nur bei deutschen Rieslingen top ist.

Frammersbach (Bayern)

5 🍴🍴

Schwarzkopf

im Hotel Schwarzkopf
Lohrer Str. 80, 97833 Frammersbach
09355-307
www.schwarzkopf-spessart.de
Do–Sa ab 18 Uhr, So–Mi RT
Hauptgericht: 18–35 €,
Menüs: 39–72 €
VISA

Als kulinarischer Leuchtturm im Spessart hat sich das geschmackvoll und gemütlich eingerichtete Lokal von Anja und Stefan Pumm über die Jahre einen ausgezeichneten Ruf und viele Stammgäste erarbeitet. Leicht verständlich, denn die feine bodenständige Regionalküche, die stets um einige etwas ambitionierte Dinge für Gourmets ergänzt wird, spricht ein breites Publikum an. Vor allem aber wird diese aus hochwertigen frischen Produkten mit dem erkennbaren Know-how eines souveränen Kochs zubereitet, so dass man hier aus kulinarischer Sicht mit einem gediegeneren Hauptgericht genauso auf der sicheren Seite liegt wie mit dem fünfgängigen Menü. Ebenfalls lobenswert ist die fair kalkulierte Weinkarte mit einem schönen Querschnitt aus deutschen Anbaugebieten und darüber hinaus – alles übrigens auch zum günstigen Mitnehm-Tarif!

Frankenberg (Hessen)

8 🍴🍴🍴

Philipp Soldan

im Hotel Die Sonne Frankenberg
Marktplatz 2–4, 35066 Frankenberg
06451-7500
www.philipp-soldan.de
Küchenchef: Erik Arnecke
Do ab 18.30 Uhr, Fr u. Sa ab 19 Uhr, So von 12–14 Uhr, Mo–Mi RT
Hauptgericht: 38–52 €,
Menüs: 69–129 €
VISA

Das mit seinen großen gläsernen Weinklimakammern auf der Längsseite geschmackvoll vinoresk gestaltete Gewölbe im Souterrain des Hotel Sonne Frankenberg ist ein wunderbarer Ort für kulinarischen Genuss. Es ist hat einerseits Stil und wirkt modern, es hat aber auch etwas sehr Gemütliches. An dessen Stirnseite wirkt – ebenfalls gläsern und vom Gastraum aus einsehbar – das Team um den langjährigen Küchenchef Erik Arnecke, der das nach dem aus Frankenberg stammenden spätgotischen Steinmetz, Baumeister und Maler benannte Restaurant seit Jahren federführend mit sehr

souverän dargebotener frankophiler Klassik in zeitlosem Gewand bespielt.
Das Menü begann zuletzt nach drei animierenden Apero-Snacks mit einer Tranche vom gebeizten und geflämmten Färöer Lachs, die mit akkurat gegrillter sowie zu Creme verarbeiteter Avocado, Tamarindencreme, eingelegten Mini-Schalottenringen, Jalapeño und Mescal-Vinaigrette ausgesprochen markant und dynamisch eskortiert wurde. Säure, Schärfe, leicht süßliche, pikante komplexe Würze: alles in harmonischem Einklang und doch nicht zu brav. Das sah ansprechend, aber auf den ersten Blick belangloser aus, als es tatsächlich geschmeckt hat.
Dass Erik Arneke ein hervorragender Koch ist und unsere Bewertung keinesfalls zu hoch gegriffen, war auch in diesem Jahr spätestens mit der Vorspeise wieder klar, bei der Tatar vom Kalbsfilet in einen sehr jodig-maritimen Kontext gebracht wurde: In einer Kuppel aus Austernmousse versteckt und von pochierten Austern sowie verschiedenen mineralischen Kräutern wie Austernblatt, Salty Fingers oder Salicornes umringt, thronte das Rohfleisch auf einer intensiv grünen Blattpetersilienvinaigrette. Das hätte auch ohne den als zusätzliche Option bestellbaren Störkaviar funktioniert, doch dieses Upgrade machte hier richtig Sinn und Spaß und war mit moderatem Aufschlag gut angelegtes Geld.
Wie souverän der Chef das traditionelle französische Fach beherrscht und wie locker-flockig und zeitlos er es präsentiert, war auch an der äußerst akkurat mit Nordseekrabbenfarce und Spinatmatte gerollten Seezungenroulade zu sehen und zu schmecken. Auf ein Bett aus Pinienkernspinat und cremig-voluminöse Sauce Choron gebettet, von fluffigen Gnocchi und Wildspargel eingefasst, war das in dieser Form nämlich ein Musterbeispiel für elegant umgesetzte Klassik. Die Seezungenroulade perfekt saftig, auch die Farce nicht zu trocken, alles gleichmäßig gegart, alle anderen Komponenten ebenfalls auf dem Punkt und perfekt abgeschmeckt, die Aromen deutlich und natürlich, die Sauce mit belebender Frische…
Der frühsommerliche Akkord von Erbsen, Morcheln, Pfifferlingen und grünem Spargel, den man ja gemeinhin eher mit hellem Fleisch oder festen weißfleischigem Fisch in Verbindung bringt, funktionierte hier auch mit dem Inbegriff für dunkles Fleisch sehr gut: nämlich mit geschmortem Rinderbäckchen. Und zwar deshalb, weil zum einen das Fleisch selbst eine zarte, nicht so sehr faserige Struktur hatte und auch nicht intensiv gewürzt war, zum anderen wegen der beiden Saucen. Eine meisterlich zubereitete Sauce Albufeira und eine dunkle Jus – letztere aber nicht schmorwürzig und breit, sondern weinfruchtig zugespitzt.
Die sehr gute Balance und die teilweise spannende Dynamik der Gerichte kommt zumeist durch eine hohe Trennschärfe sämtlicher Produkte und Aromen auf einem Teller zustande. So wie auch bei dem sommerlichen Wildgericht, bei dem ein perfekt klassisch saftig-aromatisch auf den Punkt gebratener und mit einer dünnen unaufdringlichen Bröselkruste gratinierter Rehrücken aus regionaler Jagd neben Polenta und zweierlei geschmortem Treviso aufs Porzellan gebracht wurde. Hier waren es die markanten Bitteraromen des Radicchio, die im Zusammenspiel mit nussigem Bucheckern-Crunch und der ausgeprägten Säure und Frucht einer Kirschessigjus so eindrucksvoll spannungsreich und zugleich harmonisch wirkten. Im Weinglas perfekt ergänzt durch die Cuvée „Opus Eximium No. 32" vom burgenländischen Weingut Gsellmann, in der die Rebsorten Blaufränkisch, Zweigelt und St. Laurent einen robusten und doch schmeichlerischen Begleiter zum Wild abgaben.
Und die Küche hält den Spannungsbogen bis in den süßen Bereich hoch. Die Liaison von Erdbeere und Avocado, die beide als Eis bzw. Sorbet und in Gestalt marinierter Früchte um eine mit Granola, Minze und Honigsüße bespielte Joghurt-Limetten-Mousse drapiert waren, überraschte nämlich auch wieder als eine Art Wolf im Schafspelz und schmeckte wieder deutlich origineller und kreativer, als es den Anschein machte.

5

SonneStuben

im Hotel Die Sonne Frankenberg
Marktplatz 2–4, 35066 Frankenberg
06451-7500
www.sonne-frankenberg.de
Küchenchef: Timo Schröder
Täglich von 12–14 Uhr u. ab 18 Uhr, kein RT
Hauptgericht: 19 €, Menüs: 49 €
VISA

Mitten im Herzen des mit seinen pittoresken Fachwerkhäusern ebenso typisch hessischen wie überhaupt sehr reizvollen Frankenbergs ist das Hotel Sonne ganz klar das erste Haus am Platz. Und das nicht nur wegen des allgemein hohen Komforts dieses geschmackvoll Alt und Modern verbindenden Hauses, sondern ganz

besonders auch wegen der kulinarischen Erlebnisse, die hier auf die Besucher warten. Während im Philipp Soldan an wenigen Abenden das große Gourmetprogramm zelebriert wird, sind die SonneStuben das bodenständigere gastronomische Herz der Sonne und auch am Mittag ein attraktives Ziel für all jene, die unverstellt geschmacksstarke Küche schätzen.
Wie oft in ähnlichen Konstellationen profitieren auch die SonneStuben ganz klar von der elaborierten Arbeit im Gourmetrestaurant. Auch wenn das, was in den behaglich eleganten Gasträumen auf die blanken dunklen Holztische kommt, deutlich simpler und traditioneller gehalten ist, wird allein durch die hohe Qualität der verwendeten Produkte und eine auch im Einfachen exakte Ausführung ein viel höheres Niveau erreicht als an vielen vergleichbaren Orten.
So machen zum Start beispielsweise ein cremig marinierter Salat aus grünem Spargel mit duftigen Kräuternoten, wachsweichem Wachtelei und säuerlich-würzigem Ziegenfrischkäse in verschiedenen Ummantelungen – mal mit Mandel, mal mit Kräutern – genau so viel Spaß wie ein schaumiges und sehr schön natürlichdicht schmeckendes Bärlauchsüppchen mit Lachs-Croustillant. Und bei Letzterem kann man sich im Übrigen blind darauf verlassen, dass unter der Knusperhülle ein exakt gegarter und schmeckbar frischer Fisch versteckt ist.
Das belegte dann auch das üppig mit einer saftigen Bärlauchkruste gratinierte Zanderfilet, das in dieser Form zwar sicher nicht den unverstelltesten Auftritt hatte, dank seines schmeckbar frischen und glasig gegarten Fleischs aber dennoch viel Freude bereitete. Und dieser Auftritt wurde von einer beherzt abgeschmeckten Umgebung aus dunklem Venere-Reis, einem zwischen knackig-grün und üppig-fruchtig angelegten Ragout von Zuckerschote und Mango sowie einem säurefrischen hellen Saucenschaum ergänzt und noch weiter verstärkt.
Alternativ lohnt sich aber auch jederzeit das luftig soufflierte Wiener Schnitzel in der klassisch schlichten Begleitung von Kartoffel-Gurken-Salat und kaltgerührten Preiselbeeren oder eines der auf den Punkt gebratenen Steak-Cut aus hochwertigem Fleisch, die ebenso schlicht wie gut mit knusprigen Pommes, hausgemachter Steaksauce und Salat serviert werden. Eben, weil auch hier das entscheidende bisschen Mehr an Qualität geboten wird.
Diese ist dann auch im süßen Bereich garantiert, wie zuletzt ein rund um duftiges Tonkabohnen-Parfait angelegtes Dessert mit dunkelfruchtigem Blaubeerespuma, Frische spendendem eingelegtem Rhabarber, Erdbeeren und knusprigem Waldmeisterbaiser auf handwerklich akkurate Art belegte. Dazu gibt es sehr zuvorkommenden und aufmerksamen Service, eine gute Auswahl trinkfreudiger offener Weine und eine noch bessere Auswahl hochwertiger Flaschen internationaler Provenienzen.

Hotelempfehlung

Hotel Die Sonne Frankenberg

Marktplatz 2–4,
35066 Frankenberg
06451-7500
www.sonne-frankenberg.de
Einzelzimmer: 129–470 €
Doppelzimmer: 179–520 €

VISA

Das schmucke Hotel liegt direkt in der pittoresken Altstadt von Frankenberg in der größten Urlaubsregion Hessens, dem Ederbergland. In einem Ensemble aus historischen Gebäuden aus dem 16. Jahrhundert erwartet Sie am schönsten Platz der Stadt gemütliches Ambiente, viel Ruhe und ein einzigartiger Service. 60 Zimmer und Suiten laden mit vielen liebevollen Details zum Wohlfühlen ein. Zum Relaxen steht ein 1000 qm großer, in orientalischem Stil gestalteter SPA-Bereich mit Solebecken zur Verfügung (SPA-Suite mit direktem Zugang!). Für das kulinarische Wohl der Gäste wird in zwei Restaurants (u.a. dem vielfach ausgezeichneten Gourmetrestaurant Philipp Soldan) und einem Café gesorgt. Außerdem: Tagungs- und Veranstaltungsräume für bis zu 130 Personen, Standesamt im 500 Jahre alten 10-türmigen Rathaus gleich nebenan. Restaurant Sonne Stuben und Gourmetrestaurant Philipp Soldan separat erwähnt.

Frankfurt am Main (Hessen)

7

Bidlabu

Kleine Bockenheimer Str. 14,
60313 Frankfurt am Main
069-95648784
www.bidlabu.de
Mo–Do u. So ab 18 Uhr,
Fr u. Sa von 12–14.30 Uhr u. ab 18 Uhr,
kein RT
Menüs: 45–105 €
VISA

Vor ein paar Jahren war das Bidlabu in Frankfurt noch eine Art Geheimtipp, doch inzwischen ist das sympathische Restaurant aus der Gastroszene der Stadt nicht mehr wegzudenken, hat aber trotz des großen Zuspruchs und aller Lorbeeren sowohl den unprätentiösen Bistro-Charme, als auch die faire Preisgestaltung bewahrt. Das Publikum an den blanken Holztischen vor der halboffenen Küche ist bunt gemischt, und im Sommer fühlt man sich an den Außentischen der kleinen Gasse fast wie in einer südländischen Metropole. Der skurrile Name des Restaurants ist einem Lied des anarchischen Wiener Poeten Georg Kreisler entlehnt, doch die Menüs von Küchenchef und Co-Inhaber André Rickert sind keineswegs abgehoben, sondern ganz auf unverkopften Wohlgeschmack ausgerichtet. Dabei überraschen sie stets mit originellen Details, zeugen von souveränem Handwerk und changieren stilistisch zwischen weltoffener Regionalität und deutlich mediterranen Einflüssen. Der Service agiert mit entspannter Professionalität, Sommelier und Restaurantleiter Dietmar Fritz hat bei Bedarf immer eine spannende Empfehlung parat.

Brighella

Eschersheimer Landstr. 442,
60433 Frankfurt am Main
069-533992
www.brighella.de
Di–Sa von 12–14 Uhr u. ab 18 Uhr,
So von 12–14 Uhr, Mo RT
Hauptgericht: 28–34 €, Menüs: 88 €
VISA

Hier wird in italienisch-schlichtem, geschmackvollem Rahmen eine unkomplizierte, aber dennoch bei jedem Besuch sehr ansprechende, schmackhafte italienische Küche geboten, die stets schnörkellos und leicht daherkommt, aber auch mit einigen pfiffigen Ideen aufwartet. So unterscheidet sich das hiesige Programm vom sprichwörtlichen Italiener um die Ecke. Die Weinauswahl bewegt sich innerhalb der klassischen Regionen, weiß aber auch mit Tropfen jenseits des Mainstreams zu überzeugen.

8

Carmelo Greco

Ziegelhüttenweg 1–3,
60598 Frankfurt am Main
069-60608967
www.carmelo-greco.de
Küchenchef: Carmelo Greco
Mo–Fr von 12–13.30 Uhr u.
ab 18.30 Uhr, Sa ab 18.30 Uhr, So RT
Hauptgericht: 42–48 €,
Menüs: 105–135 €
VISA

Im wenig glamourösen Frankfurter Süden in einem noch weniger glamourösen kleinen Einkaufseck versteckt sich seit vielen Jahren eines der reizvollsten Genussziele der Stadt. Und ei-

nes der besten italienischen Gourmetrestaurants der gesamten Republik. Tatsächlich betritt man durch die Tür zu Carmelo Grecos Refugium unmittelbar eine andere Welt – stilvoll elegant, mit modernem Dekor, dunkleren gemaserten Holztischen und bequemen dunklen Sesseln. Vor allem aber mit einer Küche, die auf sehr spannende Art authentisch italienische Aromenwelten mit exklusiven Gourmetprodukten verbindet. Das geschieht zum Teil – und meist in den stärksten Momenten der Küche! – mit ebenfalls typisch italienischem Purismus. An anderen Stellen aber auch auf eine stärker von klassisch französischer Kochkunst geprägten Art.
Wobei es auch gegen Letztere kaum etwas einzuwenden gibt, wenn dabei so ausdrucksstarke Ergebnisse entstehen wie zuletzt gleich zu Beginn der zart angekrosste Briochestreifen mit Gänselebermousse, Portweinreduktion, gereiftem Balsamico und Birnengel, der gemeinsam mit einer kühlen Caprese-Interpretation in einem filigranen Knuspertartelette sowie einem samtigen Kartoffelschaum mit erdiger schwarzer Trüffel und weißer Schokolade (für extra Schmelz und sehr gut eingebundene zarte Süße) als einstimmendes Trio auf den Tisch kam.
Schon allein durch seine Produktgüte begeisterte im Anschluss der bretonische Hummer in knackiger, süßlich-nussiger Qualität in einem passend dazu aromatisch eher zart gehaltenen Umfeld verschiedener Bete-Zubereitungen, gebratener Artischocke und einer konzentriert erdig-würzigen Trüffel-Panna-cotta. Dabei waren die erdigen Aromen der Bete und der Trüffel zwar deutlich und klar, blieben aber elegant eingebunden, nicht zuletzt durch die Kombination mit einer duftigen Velouté von Fenchel und Curry und einer fruchtig zugespitzten Reduktion.
Nachdem erste Gang irgendwo zwischen Frankreich und Italien angesiedelt war, mit leicht frankophilen Tendenzen, stand die folgende Parmesan-Royale entschieden fest auf italienischem Boden und begeisterte mit konzentriertem Umami in wolkenzarter Gestalt sowie der kreativ kontrastreichen Begleitung durch eine Orangen-Espresso-Reduktion und einen luftigen Espressoschaum, in welchen neben den typischen Kaffeearomen auch eine feine flüchtige Säure eingewoben wurde. Nicht von ungefähr einer der großen Hausklassiker von Carmelo Greco.
Ein feines Säurespiel belebte auch die durch Trüffelfarce verbundenen Filets von Steinbutt und Rotbarbe – beide saftig zart auf den Punkt gegart – in einem frischen, luftigen Weißweinschaum, der die edlen Meeresbewohner unter Zutun von zarter Polenta und kleinen fruchtigen Details von Mangogel attraktiv begleitete. Zwar wirken hier die Details und insbesondere die fruchtigen Akzente nicht ganz so exakt und tiefenscharf eingebunden, wie bei manch anderem, moderner orientierten Kollegen von Carmelo Greco – aromatisch gehen die Ideen dann aber in den allermeisten Fällen doch sehr gut auf.
Und weil hier die eher ungewöhnliche Produktkombination so gut funktioniert hatte, gab es im Hauptgang mit der Verbindung von butterzart und zugleich saftig-kompakter Kalbsbacke und rosa gebratenem Rehrücken gleich noch eine unkonventionelle Paarung. Ergänzt von einer üppigen Portion duftigen Wintertrüffels, frischgrüner Gemüsecreme, einer elegant zugespitzten Portweinjus und einer alkoholisch süßwürzigen Redaktion wurde dabei auf feinsinnig klassische Art überraschend wirkungsvoll das Beste aus tiefgründiger Schmorpower und ausdrucksstarkem kurzgebratenem Fleisch liiert.
Weil auch der süße Abschluss mit einer hellen Haselnuss-Schokoladenmousse, auf dünnem Mürbteig und einem Topping aus grünem Apfel in Kombination mit Mandarinensorbet sowie einem mit differenzierten Säuregraden auffrischendem Ensemble exotischer Früchte viel Fingerspitzengefühl bei der aromatischen Feinabstimmung zeigte, bleibt es auch in diesem Jahr bei verdienten 8 Pfannen für die Küche von Carmelo Greco.

7

Chairs

Gronauer Str. 1,
60385 Frankfurt am Main
069-48446922
www.chairsffm.de
Do–So ab 18 Uhr, Mo–Mi RT
Hauptgericht: 27–38 €, Menüs: 69–79 €
EC VISA

Das äußerlich eher unscheinbare Eckrestaurant mit Nachbarschaftsflair überrascht uns bei jedem Besuch aufs Neue mit einer Küche, die das Konzept radikaler Regionalität in sehr originellen Gerichten jenseits aller Hipster-Klischees auf die Teller bringt. Von den Vorspeisen bis zu den Desserts klingt manches vertraut, schmeckt aber immer ein bisschen anders, als man es von konzeptionell verwandten Restaurants kennt. Die Kreativität der Gerichte von

Küchenchef und Co-Inhaber Dennis Aukili wirkt dabei nie forciert, alles steht im Zeichen intensiven Wohlgeschmacks und einer bodenständigen, manchmal fast schon rustikalen Zugänglichkeit. Hier und da schießt die Küche auch mal übers kreative Ziel hinaus, was jedoch angesichts des eigenständigen Charakters und der relativ moderaten Preise den sehr erfreulichen Gesamteindruck nicht trübt. Das Interieur ist unverändert cool-gemütlich, mit dunklem Parkett, eng stehenden Holztischen, unterschiedlichen Designerstühlen (daher der Name!) und hochwertigen Weingläsern. Zu letzteren passt die immer besser werdende (und nicht ganz günstige) Weinkarte, wobei der smarte Sommelier Jacopo Cinetto auf Nachfrage stets auch ein paar nicht gelistete Empfehlungen parat hat.

6↑

Emma Metzler

Schaumainkai 17,
60594 Frankfurt am Main
069-83040094
emmametzler.de
Di–Sa von 12–14 Uhr u. ab 18 Uhr, So von 12–15 Uhr, Mo RT
Hauptgericht: 25–35 €
VISA

Das cool gestaltete, atmosphärisch aber sehr entspannte Restaurant punktet dieses Jahr gleich in mehrfacher Hinsicht. Neben der idyllischen Lage im Museum für angewandte Kunst, mit herrlicher Terrasse zum Metzlerpark, ist damit vor allem die Küche gemeint, die einen Grad an Verfeinerung und Konstanz erreicht hat, der das Emma Metzler zu einem Hoffnungsträger für 7 Pfannen macht. Inhaber und Küchenchef Anton de Bruyn setzt nach wie vor konsequent auf regionale Produkte und Züchter, wobei Fisch und vegetarische Optionen eine bedeutende Rolle spielen, während Fleisch gerne auch nose-to-tail verarbeitet wird. Stilistisch bleibt man einer sanft mediterran angehauchten Regionalküche treu, die mit raffinierter Simplizität umgesetzt wird, wobei die Betonung immer stärker auf „raffiniert" liegt. Man spürt und schmeckt die Ambitionen zu Höherem, bei noch immer moderatem Preisgefüge. Davon zeugt auch die von Sommelier Patrick Strähle bemerkenswert ausgebaute und an vielen Stellen reizvoll kalkulierte Weinkarte, was man in Frankfurt nicht allzu oft findet.

7

Ernos Bistro

Liebigstr. 15, 60323 Frankfurt am Main
069-721997
www.ernosbistro.de
Mo–Fr von 12–14 Uhr u. ab 19 Uhr, Sa, So u. Fei RT
Hauptgericht: 69–79 €,
Menüs: 65–185 €
VISA

Patron Eric Huber und sein bei Größen der klassischen französischen Kochkunst wie Marc Haeberlin oder Michel Troisgros mit allen Wassern der Grande Cuisine gewaschene Küchenchef Valéry Mathis bieten in dem traditionellen Bistro im Frankfurter Westend jene Art von Gastronomie, für die Frankreich von der ganzen Welt beneidet wird, die aber außerhalb des Mutterlandes unverständlicherweise nur allzu selten auf diesem Niveau geboten wird. Seit über 40 Jahren wird hier in etwas düsterem Ambiente, in dem die markanten weiß-roten Tischdecken längst zum Markenzeichen geworden sind, am Erfolgsrezept bester traditioneller Küche à la française mit Klasse, Tiefe und Substanz festgehalten. Aus gutem Grund, wie der Blick in den stets gut besuchten und nicht selten ausgebuchten Gastraum immer wieder zeigt. Die eher handfesten als filigranen, aber in ihrer präzisen und hochqualitativen Art gerade deshalb so attraktiven Traditionsgerichte zeichnen sich durch eine angenehme Süffigkeit und viel Opulenz im besten Sinne aus, repräsentieren mal Luxusküche à la Hummer, Gänseleber, Steinbutt und mal verfeinerte Rustikalität, wenn beispielsweise Innereien oder ausdrucksstarke Fleischstücke im Spiel sind. Dazu kredenzt Patron Eric Huber erstklassige französische Tropfen aus allen Provenienzen und in allen Preisklassen.

fast & SLOW

Exenberger

Bruchstr. 14, 60594 Frankfurt am Main
069-63390790
exenberger-frankfurt.de
Mo–Sa von 11–23 Uhr, So RT
Hauptgericht: 7–14 €

In modernem, puristischen Ambiente werden hessische Traditionsgerichte serviert, leicht modernisiert, frisch und regional, zum vor Ort Essen, aber auch zum Mitnehmen.

8 ↑

Gustav

Reuterweg 57, 60323 Frankfurt am Main
069-74745252
www.restaurant-gustav.de
Küchenchef: Jochim Busch
Di–Sa ab 19 Uhr, So, Mo u. Fei RT
Menüs: 175–195 €

VISA

Das modern, schlicht und geschmackvoll kunstsinnig gestaltete Restaurant von Milica Trajkovska-Scheiber und Matthias Scheiber ist die perfekte Bühne für die sehr zeitgemäße, kompromisslos lokale Naturküche von Jochim Busch, der hier sein allabendlich einheitliches und mit Kleinigkeiten vorweg und Brotgang in neun Aufzügen serviertes Menü mit ebenso viel Feingespür wie Originalität auf die Teller bringt. Die aromatisch meist sehr klar und straight, konzeptionell sehr aufgeräumt und markant inszenierten Teller würden schon ausschließlich wegen der hohen Qualität der heimischen Produkte herausstechen – mit teils enormem Aufwand bei Vorbereitung und Präsentation und viel Gespür für Aromen und Zusammenhänge gelingt es dem Team oft bekannte Kombinationen aufzugreifen und in ein neues Licht zu rücken. In jedem Fall hat man es hier nicht bloß mit einer puristischen Produktschau, sondern mit einer ausgereiften und kreativen Art der modernen Heimatküche zu tun, für die unterschiedlichste, mitunter rare Gemüsesorten und Kräuter eine ebenso große Rolle spielen wie Getreide, Öle, Essige oder Essenzen sowie das Fermentieren und Reifen bestimmter Viktualien.

6

Heimat

Berliner Str. 70,
60311 Frankfurt am Main
069-29725994
www.heimat-frankfurt.com
Mo–Sa ab 18 Uhr, So RT
Hauptgericht: 25–35 €

VISA

Küchenchef Gregor Nowak sorgt in dem unweit des Frankfurter Römers gelegenen Lokal von Sabine Fey und Oliver Donnecker für eine ansprechende unkomplizierte Feinschmeckerküche, die sehr gegenständlich, klassisch und leicht zugänglich daherkommt, gerne schön süffig arrangiert und nicht selten mit pfiffigen Ideen kreativ aufpeppt ist. Die Qualität und der natürliche Charakter der Produkte stehen für Gregor Nowak und sein Team klar im Mittelpunkt ihres Schaffens, nicht deren aufwendig verspielte Verfeinerung. Ein Konzept, das bei einem breiten, heterogenen Publikum, das es im Restaurant atmosphärisch gern locker und leger und auf dem Teller anspruchsvoll, aber unkompliziert hat, schon seit Jahren sehr gut ankommt. Hinzu kommt eine beachtliche Auswahl internationaler Gewächse zu moderaten Preisen und geballte Weinkompetenz.

9 ↑

Lafleur

Palmengartenstr. 11,
60325 Frankfurt am Main
069-90029100
www.restaurant-lafleur.de
Küchenchef: Andreas Krolik
Mi–Sa ab 18 Uhr, So–Di RT
Menüs: 205–225 €

VISA P

Das an sich eigentlich gar nicht so große, durch seinen Schnitt und die fast durchgehende Fensterfront mit Blick ins Grün des Parks aber dennoch äußerst großzügig anmutende Ambiente mit Fischgrätparkett, elegant eingedeckten runden Tischen und geschmackvoll zeitlosem Interieur ist das Zuhause von Frankfurts besten Restaurants. Das betrifft nicht nur das gesamte Setting, sondern insbesondere auch die Küche von Andreas Krolik. Und das sehen auch nicht nur wir so, sondern auch die meisten anderen Institutionen, die sich mit der Gastro-Kulinarik beschäftigen.

Das Alleinstellungsmerkmal von Andreas Kroliks Kulinarium und einer der Gründe seiner überregionalen Popularität ist die Tatsache, dass er sich mit veganer Spitzenküche einen

Namen gemacht hat. Doch er kocht daneben auch leidenschaftlich und ausgesprochen gut mit Fisch und Fleisch und sein „Menü Grands Produits“ steht der Speisefolge „Ethical Vegan Cuisine“ in rein gar nichts nach. Denn Krolik beherrscht das klassische französische Küchenhandwerk par excellence und denkt seine Küche immer vom Produkt und vom Geschmack her und nicht von der Kreation – das Prinzip „form follows function“ in der Kulinarik. Stilistisch bewegt sich der Chef munter und ohne Scheuklappen durch die Küchen dieser Welt.

Während die ersten Kleinigkeiten aus der Küche, ein als Shot im Glas serviertes grünes kaltes Gemüsesüppchen mit einem auf Basis eines reinsortig aus Ananasrenette gewonnenen Apfelwein und Paprika zubereiteten Schaum obenauf, sowie ein mit Gewürzmayo getopptes, saftig-aromatisches Kalbfleischbällchen mit hohem Suchtfaktor sehr bodenständig und gegenständlich gehalten waren, wurde es mit dem Küchengruß gleich elaborierter, feingezeichneter und facettenreicher. Es blieb in Gestalt eines mit Piquillogelee und einer Nocke Eis von Gänseleber und Don-Bocarte-Anchovi getoppten Tatars vom Vogelsberger Rind nebst Gurkenrelish, Senfkornvinaigrette und Senfcreme aber vergleichsweise herzhaft und zupackend.

Mit der Vorspeise um Hamachi, Osietra-Kaviar aus der Rhön, Avocado, Gurke, Tomate und einem Eis aus den sieben Frankfurter Kräutern wurde es dann zum offiziellen Auftakt der nicht-veganen Speisefolge aromatisch um einiges subtiler. Das jeweils roh marinierte, aber in verschiedenen Teilstücken und Darreichungsformen einmal als magerer Rücken, als fetter Bauch sowie als Tatar interpretierte Fleisch der Stachelmakrele wurde hier von den Gemüsen sehr natürlich und zurückhaltend umspielt, so dass der Kaviar nicht bloß mithalten konnte, sondern vielmehr als das Salz in der Suppe fungierte.

Mehr Würzpowerlevel gab es dann im Rahmen eines der veganen Gänge, für den zweierlei mit Korianderkresse bedeckte Gewürzkarotte in einem mit Curry aromatisierten geschäumten Kimchisud angerichtet waren. Insbesondere zwei Dots eines intensiven, zitrisch-umamiwürzigen Gels machten in der Sauce mächtig Alarm. Ein weiterer Exkurs ins vegane Menü brachte ebenfalls ein kraftvolles, von dunkler Umamiwürze geprägtes Geschmacksbild hervor, das aber bei aller Intensität auch erstaunlich transparent und dynamisch war: Zweierlei Aubergine – einmal geschmort, gepresst und mit einer Knusperbeflockung aus Reis und Macadamianuss, einmal als Confit mit dem deutlichen Aroma von Nori-Algen – auf einer mit Shiso aromatisierten Röstgemüsejus platziert, die dieselbe Tiefe, Komplexität und fruchtsäurebetonte Spannung wie eine meisterliche Sauce auf Basis von Kalbsknochen auf den Teller brachte.

Im omnivoren Menü begeisterte ein mit Salzmandelcrunch überflockter Kaisergranat, der im Geleit von einer milden, seidigen Blumenkohlmousseline, fruchtigem rotem Paprikakompott und langen, dünnen, geschmorten Romanasalatherzen in einer wieder eher druckvollen, aber trotzdem noch eleganten Bisque schwamm. Und auch das Kalbsbries war genau so, wie man sich diese Milchdrüsenspezialität im Idealfall wünscht: Saftig, mit zartem Biss, also nicht wie oft pastös, aber eben auch nicht zu elastisch, lag sie mit fein geraspelter, elegant süßlich-alkoholisch eingelegter schwarzer Trüffel auf einem Bett aus mit Sellerie vermengtem Blattspinat, umringt von Pfifferlingen und Sellerieminiaturen, unterlegt mit satter Trüffeljus.

Wenn man sich jetzt fragt, was uns an Andreas Kroliks Küche zur Höchstbewertung fehlt, dann ist das die mitunter nicht ganz ausgereizte Tiefenschärfe der Gerichte, der vergleichsweise etwas dickere Pinselstrich, die bisweilen doch sehr dichte Art und manchmal sogar zum Anschlag ausgereizte Intensität ohne den entsprechenden Gegenpol – auch wenn wir hier natürlich nur über Millimeter und nicht über Zentimeter reden. Und so ein zwar vollkommen harmonisches, ausdrucksstarkes und qualitativ hervorragendes, nur eben nicht ganz so dynamisch nuanciertes Bild zeichnete auch der Hauptgang rund um zwei kleine, kernig-saftige Medaillons vom Onglet eines Black Angus Prime Beefs. Da waren nämlich mit gerösteter Artischocke, Olivenpolenta und Olivenjus, weißer Bohnencreme und grünen Bohnen nur Komponenten zugegen, die in eine relativ würzige oder breite gemüsige Richtung tendierten. Wenngleich Salzzitrone an den grünen Bohnen zumindest auf dem Papier einen säuerlichen Twist suggerierten – geschmeckt hat man davon hier genauso wenig wie zuvor beim Kalbsbries von den annoncierten Mispeln, die dem Gericht theoretisch auch den entscheidenden Schubser in die andere Richtung hätten geben können.

Dass das Verständnis für kontrastives Aromenspiel natürlich da ist, zeigte im süßen Bereich das Pfirsichkompott im Roséchampagnersud unter rahmig-schmelzigem Fichtensprossenschaumteppich mit der Prise irgendeines schokoladig-malzigen Toppings. Und dass es für schlanke Linienführung mit Tiefenschärfe

nicht partout schneidige Säure und scharfe Kontraste braucht, bewies das großartige Dessert um Bio-Grand-Cru-Schokolade und Herzkirschen mit umwerfend gutem Joghurteis, Kirschkaramell und Sauerkirschsauce.
Und weil mit Gastgeber Boris Häbel sowie Sommelière Alexandra Himmel hier schon seit einigen Jahren zwei Koryphäen auf ihrem jeweiligen Gebiet Dienst tun, ist das Lafleur auch in dieser Hinsicht bestmöglich aufgestellt. Das Weinkonzept wurde mittlerweile auch jenseits des Flaschenweinangebots sehr bestimmt in Richtung high-end ausgerichtet, mit ausschließlich kostspieligen glasweisen Offerten ab etwa 30 Euro steil aufwärts für 0,1l. Im Rahmen des Schatzkammer-Menüs, das mit in sechs Gängen plus Wein für 765 Euro pro Person zu haben ist, gibt's aber dann zum Beispiel auch einen 2013er Romanée-Saint-Vivant Marey-Monge von der Domaine Romanée-Conti ins Glas. Und so ein Paket von einem Grünen Veltliner wie der 2017er „Unendlich" von F.X. Pichler schafft auch problemlos eine dunkle intensive Power-Sauce wie die Shisojus zur Aubergine. Grandios!

5

Le Petit Royal Frankfurt

Neckarstr. 13, 60329 Frankfurt am Main
069-75666250
www.lepetitroyal-frankfurt.de
Küchenchef: Udo Grigas
Di–Fr von 12–14.30 Uhr u. ab 19 Uhr, Sa ab 19 Uhr, So u. Mo RT
Hauptgericht: 35–150 €
VISA

In der Hauptstadt längst eine Legende – nun gibt's das Grill Royal auch mit einem Ableger in Frankfurt: Die Betreiber des exklusiven und glamourösen Szenerestaurants in Berlin Mitte haben mitten in der Innenstadt der Bankenmetropole eine Dependance mit einem eng an das Original angelegten Konzept eröffnet. Das heißt: maximal luxuriöse Produkte zu entsprechenden Preisen in einer in lockerem Bistro-Style zwar eher unkomplizierten, im Umgang mit den edlen Viktualien aber durchaus sehr sorgfältigen und fundierten Zubereitung.
Es gibt wild gefangene Sylter Royal Austern, Kaviar verschiedener Aquakulturen, Vorspeisen wie Rindertatar mit Bio-Eigelb von Eiern vom Hof des Küchenchefs, aus denen zum Beispiel auch ein Onsen-Ei in getrüffeltem Rahmspinat zubereitet wird, eine Krustentierbisque, die man sich wahlweise mit einem halben, selbstverständlich bretonischen Hummer aufwerten kann, oder Hauptgänge wie ein amtliches Rinderfilet Rossini.
Der größte Schwerpunkt liegt bei besonderen Fleisch-Cuts von verschiedenen Dry-Aged-Varianten bis zu hochgradiertem Wagyu Beef, aber auch handgeangelter Fisch und ausgesuchte Krustentiere finden sich zum Selberkombinieren mit klassischen Beilagen wie hausgemachte Pommes Frites, Kartoffelgratin mit Gruyère, Trüffelrisotto, grünen Bohnen oder gegrilltem Romanesco in der reichhaltig bestückten Karte.
Das Ambiente des am Rande des Bahnhofsviertels im Souterrain einer Gründerzeitvilla beheimateten Restaurants bietet mit seiner vornehm zurückhaltenden, sichtbar edlen und großzügig weitläufigen Gestaltung eine passende Umgebung, sowohl für ein schnelleres Business-Essen als auch für den besonderen Anlass. In beiden Fällen startet ein Besuch für alle Gäste mit erfreulich gutem Brot nebst Butter und Olivenöl – schon hier zahlt sich das Augenmerk auf Grundprodukte aus – sowie wahlweise einem Glas Champagner, bevor es direkt zu einer der Vorspeise geht.
Ein ausgezeichnetes Beispiel für den Stil der Küche war zuletzt ein maximal simpel gehaltener Pulposalat, bei dem die elastisch-zarten Scheiben des Kraken-Tentakel mit saftigen schwarzen Oliven, Kirschtomaten, Staudensellerie, Petersilie und gutem Olivenöl zu einer abwechslungsreichen, von den hervorragenden Produkten getragenen Melange wurden. Frisch und aromenstark auf ganz unkomplizierte und unverkünstelte Art und gerade deshalb als solches auch sehr überzeugend.
Die vielfältigen Optionen bei exklusivem Fleisch sind hier wie gesagt immer eine sichere Bank. Dass aber tatsächlich auch maritime Produkte dem gleichen hohen Anspruch genügen, bewies zuletzt ein sanft koloriertes hohes Steinbuttfilet in einer beachtlichen Qualität, die allein auch eine deutlich höhere Bewertung rechtfertigen würde. Mit leicht knusprigem

Äußeren, festem, zart aufblätterndem Fleisch sowie sehr „sauberem", glasklaren Geschmack, wurde dieser Prachtfisch in einer Kasserolle am Tisch serviert – gemeinsam mit buntem Mangoldgemüse, das eine feine pikante Schärfe und die typische grüne Würze beisteuerte, ergänzt von der fruchtigen Säure abgegrillter Zitrone. Auch das war kochtechnisch eigentlich sehr simpel umgesetzt, aber auf diese Art und durch das gekonnt herausgestellte Premiumprodukt lag das Gesamtergebnis hier locker auf 6-Pfannen-Niveau.
Die Desserts reichen von Baba au Rhum mit gebratener Ananas und Gewürzsabayon bis zur Crème brûlée mit Honigkuchen und Quittensorbet – wer sich aber schon vorher schadlos gehalten hat, kann das Mahl aber auch ganz schlank mit hausgemachten Sorbets nach Wahl abschließen. Die sind aromatisch schön prägnant, von der Konsistenz her dagegen eher wässrig-kristallin und rufen so in Erinnerung, was auf diesem Feld mit Geräten wie einem Pacojet möglich wäre.
Beim grundsätzlich gut geschulten und sehr aufmerksamen Service hakten zuletzt einige kleinere Abläufe, was aber nur den Besuch etwas verzögerte und nicht die Freude daran trübte. Außerdem lässt sich mit der hochwertigen internationalen Weinauswahl, in der konzeptgemäß große Namen und hohe Preise ebenso zu finden sind wie spannende Entdeckungen zu fairen Kursen, die Zeit sehr vergnüglich vertreiben.

7

Lohninger

Schweizer Str. 1,
60594 Frankfurt am Main
069-247557860
lohninger.de
Di–Sa von 12–14 Uhr u. ab 18 Uhr, So u. Mo RT
Hauptgericht: 24–86 €,
Menüs: 58–125 €
VISA

Im Zusammenhang mit dem äußerst entspannten und an fünf Tagen in der Woche mittags und abends geöffneten Restaurant von Familie Lohninger, das schon allein wegen seiner im Gourmet-Genre nicht nur in Frankfurt ungewöhnlichen Öffnungszeiten eine gewisse Ausnahmestellung hat, ist immer wieder von dessen Wiener Schnitzel die Rede, welches das beste weit und breit sein soll. Und in der Tat: Es ist großartig! Aber das seit jeher sehr weltoffene, von verfeinerter Alpenküche bis nach Japan reichende und mit Mario Lohningers kosmopolitischer Expertise zubereitete Kulinarium auf dieses eine Schmankerl zu reduzieren, wird ihr nicht gerecht. Denn in dem zeitgemäßen Stadtgasthaus mit dem österreichischen Schmäh gehen hoher kulinarischer Anspruch und Bodenständigkeit wie selbstverständlich miteinander einher, steht die in Referenzklasse dargebotene Alpenkulinarik in Referenzklasse neben Kreativgerichten von großer Leichtigkeit und Komplexität.

6↑

Main Tower Restaurant & Lounge

Neue Mainzer Str. 52–58,
60311 Frankfurt am Main
069-36504777
www.maintower-restaurant.de
Küchenchef: Martin Weghofer
Di–Sa ab 18 Uhr, So u. Mo RT
Menüs: 138–179 €
VISA

Als Teil der Frankfurter Skyline ist der vierthöchste Wolkenkratzer Deutschlands eine feste architektonische Größe, die auch von der mittlerweile wieder zugänglichen Aussichtsplattform im 54. Stock aus nicht minder eindrucksvoll wirkt. Das eine Etage tiefer gelegene Gourmetrestaurant Main Tower erreicht man nach vorherigem Body-Scan und nur mit personalisiertem Liftticket, so dass das Abenteuer Main-Tower beginnt, noch bevor man die minimalistisch eingerichtete urbane 360-Grad-Location mit angeschlossener Lounge überhaupt betreten hat.
Dort angekommen, überfordert Küchenchef Martin Weghofer mit seinen überwiegend asiatisch inspirierten Kreationen indes niemanden.

Vielmehr generiert er in dem überwiegend von exklusiven internationalen Zutaten geadelten, bis zu siebengängigen „Tasting-Menü“ eine stimmige exotische Mischung mit Einsprengseln aus der klassischen Hochküche (Trüffel, Kaviar...), die punktuell und zielgenau zum Einsatz kommen. Und so viel vorweg: beim diesjährigen Besuch hat das auf uns deutlich ausgereifter gewirkt als noch in der Vorsaison.
Wie schon beim letzten Mal wurde diese Linie gleich zu Beginn mit reintönigen, fein abgestimmten Küchengrüßen aufs Porzellan gebracht. Den geflämmten Fjordlachs konterte da zum Beispiel ein dillkräutriger Sud im Verbund mit Senfkörnern und Heringskaviar mit seiner knackigen Textur und dem typischen jodigen Unterton und eine schmelzige Auster wurde von etwas Buttermilch-Espuma und leicht angeschärftem süßsäuerlichem Muschel-Sud in Szene gesetzt.
Etwas geerdeter, aber durch die gut eingebundene Schärfe gar nicht so behäbig und breit wie befürchtet, präsentierte sich danach ein Sud vom Kabocha-Kürbis als Saucenspiegel für drei Sashimi-Tranchen und ein Tatar von der Gelbflossenmakrele in Sushi-Qualität, die von einigen Tropfen Papaya-Sud und einem gewürzigen Galgant-Eis markant akzentuiert wurden. Eine stimmig und durchdacht komponierte, gekonnt umgesetzte Vorspeise, deren verschiedene Texturen durch die unter dem Hamachi versteckten Erdnüsse noch um ein gewinnbringendes crunchiges Element ergänzt waren.
Und auch im weiteren Verlauf des Menüs hat das Team diesen kontrastreichen und lebhaften, im besten Sinne bunten Stil stringent und ausgewogen weitergeführt. Lediglich Kleinigkeiten wie die ein wenig zu plakative Süße eines Mandarinensuds zum exquisiten Balfegó-Thunfisch wirkten noch etwas unrund, während sich in diesem Fall die anderen Komponenten wie Kaviar, schwarzer Rettich und Kapuzinerkresse sehr harmonisch einfügten. Ein geschmackssicher inszeniertes Aromenspiel, das sich dann auch beim Zwischengang rund um Kalbsbries, Buchenpilze, Aubergine, Miso und Sauerkirsche fortsetzte, mit dem das Team um Martin Weghofer stilistisch ebenfalls gekonnt zwischen Fernost und Mitteleuropa vermittelte.
Und auch der Hauptgang um Taube, Rote Bete und Trüffel hatte mit einer unterschwellig schärfenden Purple-Curry-Jus einen Link nach Fernost und war moderat exotisch angehaucht, was der erprobten Verbindung von perfekt auf den Punkt gebrachter Taubenbrust, Roter Bete in verschiedenen Texturen und einer reichlichen Menge gehobelter schwarzer Trüffel letztlich auch das gewisse Etwas verlieh. Schon davor begeisterte ein roter Carabinero mit zartmürbem Biss, der von Verbene, Mango und Kaffirlimette spannend kräuterwürzig-fruchtig, transparent und leicht umspielt wurde.
Die ausgewogenste East-West-Connection unseres Menüs bescherte schließlich das Dessert, das Gianduja-Nougat kongenial mit den Aromen der indischen Sauerdattel Tamarinde, Physalis und Banane zusammenführte und so ein diesmal deutlich prägnanteres und stringenteres Menü sehr ansprechend abschloss. Und weil die vom sympathischen Serviceteam präsentierte Getränkeauswahl neben einem erweiterten Angebot an deutschen Weinen zum Beispiel auch Erzeugnisse der Frankfurter Apfelweinkelterei Nöll offeriert, kommt jenseits der klassischen Weinbegleiter ebenfalls keine Langeweile auf. Der Apfelschaumwein „Pfirsé“ mit seiner feinen Weinbergpfirsichnote erwies sich hier etwa als lohnende Entdeckung.

6↑

Nihonryori KEN

Wallstr. 22, 60594 Frankfurt am Main
069-97694660
ken-japan.de
Küchenchef: Kentaro Fujita
Di–Sa ab 18 Uhr, So u. Mo RT
Menüs: 95–124 €
VISA

Als eines der wenigen und ersten Restaurants in Europa, die ihr Angebot konsequent nach den Prinzipien des traditionellen Kaiseki ausrichten, bietet das kleine, in typisch puristisch schlichter Eleganz gestaltete Restaurant einerseits einen hohen Erlebniswert, andererseits aber auch spannende und anspruchsvolle Eindrücke für den Gaumen. Das im Grunde sehr nüchtern gehaltene Lokal strahlt durch indirekte Beleuchtung und punktuell eingesetztes helles Holz dennoch eine gewisse Wärme aus, vor allem aber sorgt die zuvorkommende Art des Service von traditionell japanisch gekleideten Damen dafür, dass man sich bestens aufgehoben und sehr schnell wohl fühlt. Das hier gebotene traditionelle Kaiseki-Menü beeindruckt das Auge mit seinen kunstvollen Garnituren die als solche teils eher ästhetischen als aromatischen Gesichtspunkten folgen, und den Gaumen mit den hohen und sehr puren, nur dezent und subtil ergänzten Produktqualitäten sowie den authentisch traditionellen Zubereitungsformen.

5

Schönemann

Opernplatz 16, 60313 Frankfurt am Main
069-256695936
www.restaurant-schoenemann.de
Täglich von 12–15 Uhr u. ab 17 Uhr, kein RT
Hauptgericht: 32–58 €, Menüs: 39–45 €
VISA

Das schicke Bistronomic-Restaurant im Sofitel Frankfurt Opera gegenüber der Alten Oper bietet seinen Gästen nicht nur ein äußerst stilvolles Ambiente mit legerer Atmosphäre, sondern auch ambitionierte Küche, deren Angebot in Teilen über das hinausgeht, was man für gewöhnlich in einem mittags und abends geöffneten Hotelrestaurant mit internationalem Publikum erwartet. Die Karte umfasst eine Auswahl an Klassikern und internationalen Evergreens, dazwischen aber auch ein paar zeitgemäße weltläufige Interpretationen, asiatisch inspiriert oder mit eigenen Ideen garniert. Zum Lunch gibt es zwar eine etwas kleinere Auswahl, konzeptionell ist das Angebot aber mittlerweile mittags wie abends identisch. Die Preise haben gehobenes Niveau, doch insgesamt kann man an diesem Ort mit gehobenem Standard, aufmerksamem Service und Ausblick auf die Alte Oper von einem moderaten Preis-Leistungs-Verhältnis sprechen, denn die Grundqualität der Küche ist sehr solide.

8

Seven Swans

Mainkai 4, 60311 Frankfurt am Main
069-21996226
www.sevenswans.de
Küchenchef: Ricky Saward
Mi–Sa ab 18.30 Uhr, So–Di RT
Menüs: 129 €
VISA

Mit seiner kreativen veganen Gourmetküche ist Ricky Saward hierzulande zwar nicht mehr allein auf weiter Flur, aber kaum jemand schafft es, dem Chef des Seven Swans damit auf einem ähnlich hohen Niveau zu begegnen. Das auf zwei Ebenen im schmalsten Haus Frankfurts direkt am Mainufer servierte und für alle Gäste einheitliche Menü, dessen sämtliche Produkte inklusive aller Gewürze aus der Region stammen, hat in seinen Gerichten mit den Jahren sukzessive an handwerklicher Präzision, kompositorischer Originalität und Komplexität zugenommen. Und wer wegen des veganen Konzepts karge Gemüseküche befürchtet, kann diese unbegründeten Bedenken ad acta legen, denn was hier auf die Tische kommt ist nicht nur alles sehr wohlschmeckend, sondern befriedigt auch die Lust auf ein im klassischen Sinne hedonistisches Gourmeterlebnis. Und so verwundert es eigentlich auch nicht, dass man für einen Tisch mittlerweile Monate im Voraus reservieren muss.

The Blasky

im The Blasky Hotel
Ziegelhüttenweg 43,
60598 Frankfurt am Main
0171-7644111
www.theblasky.com
Di–Sa ab 18.30 Uhr, So u. Mo RT
Hauptgericht: 18–32 €
VISA

Eines steht außer Frage: Das hippe, hell und farbenfroh gestaltete Hotel „The Blasky" bietet nicht nur viel positiven Spirit und hohen Komfort in den cozy gestalteten und heimelig begrünten Zimmern, sondern hat mit der in der obersten Etage beheimateten Rooftop-Gastronomie einen weiteren großen Trumpf im Ärmel. Dort wartet nämlich neben einer umlaufenden Terrasse mit Blick auf die Frankfurter Skyline sowohl eine bestens bestückte Bar als auch ein ambitioniertes Restaurant auf die Gäste.
Zwar wurden die zunächst gehegten höheren Fine-Dining-Ambitionen erst im Mai 2023 wieder zurückgeschraubt, aber auch das aktuelle Konzept bietet mit einer auf Frische, Natürlichkeit und hohe Produktqualität setzenden Küche eine überdurchschnittliche Performance, die nur eben knapp unterhalb unseres

„Pfannen-Levels" liegt – aufgrund des günstigen Preis-Leistungs-Verhältnisses aber trotzdem empfehlenswert ist.
Am besten lässt sich diese tatsächlich zu mehreren genießen, weil der größere Teil der Karte auf Foodsharing ausgerichtet ist und die unkompliziert pfiffigen Gerichte in bunter Mischung auf dem Tisch zum gemeinsamen Durchprobieren sicher am meisten Freude bereiten. Alternativ lassen sich aber auch allein einzelne Vorspeisen und Hauptgerichte zu einem kleinen Menü kombinieren. Oder man setzt von vornherein auf die à la carte angebotenen Optionen wie die knusprigen Apfelwein-Wings vom hessischen Biohuhn mit Apfelweinmarmelade und Coleslaw oder ein auf den Punkt gebratenes Entrecôte vom Vogelsberer Wagyu mit „overloaded Pommes" und Salzzitronen-Kräuterbutter.
Es sind kleine Kniffe wie die ätherische Salzzitrone in der Kräuterbutter, die in vielen der ansonsten eher einfach und rustikal gehaltenen Gerichte den Unterschied machen. Beim schön grob geschnittenen und aromatisch sehr pur gehaltenen Tatar vom Weideochsen war das beispielsweise die Ergänzung mit rohem Blumenkohl, Sonnenblumenkernen und Nussbutter, was für verschiedene nussige Akzente sorgte, die wiederum von grüner Schnittlauchfrische wieder aufgelockert wurden. Dafür wären durchaus auch fünf Pfannen wohlverdient gewesen.
Beinahe eine Überdosis grüner Frische bot dagegen die Kräuter-Gazpacho, deren grob aus Gurke und ätherisch-säuerlichen Kräutern pürierter Körper von mild geräucherter Forelle, Forellenkaviar und einem röstwürzigen Brotchip ergänzt wurde. Das war simpel fabriziert und sowohl handwerklich als auch aromatisch (viel vordergründige Säure!) wirkte das eher ruppig als fein – auch was die Proportionen angeht, gingen die Einlagen in der Gazpacho wortwörtlich ziemlich unter. Schmackhaft und natürlich das Ganze aber dennoch.
Als vegetarische Option im Hauptgang servierte das Team perfekt in dünner heller Pankohülle ausgebackene Bio-Onseneier mit soft gestocktem Eiweiß und cremig fließendem Eigelb. Deren Umgebung aus sehr viel leider recht strunkig-grobem Chinakohl in oxidiert mattem Petersilienöl wirkte dagegen weniger feinsinnig und elaboriert, dafür setzte das warm und verzögert schärfende Chiliöl dazu einen spannenden Akzent.
Zum Abschluss steht die Wahl zwischen eher geradlinigen Kleinigkeiten wie einem Millefeuille mit Erdbeeren, Erdbeersorbet und Valrhona-Schokolade, oder etwas kreativeren Sachen wie einem saftigen Karottenkuchen mit Muskatblüteneis, Urkarotte, Mohn und Kerbel in der gleichen geradlinig-schlichten Art wie bei den anderen Gerichten der Karte.
Diese listet außerdem eine kleine Auswahl trinkfreudiger Weine als Ergänzung zu den Kreationen von der Bar. Und bei der Entscheidung steht das betont lockere, dabei aber stets zuvorkommende Serviceteam hilfreich zur Seite.

5↑

Villa Merton Bistro

Am Leonhardsbrunn 12,
60487 Frankfurt am Main
069-703033
www.restaurant-villa-merton.de
Mo–Fr von 12–14 Uhr u. ab 18 Uhr,
Sa ab 18 Uhr, So RT
Hauptgericht: 25–32 €,
Menüs: 42–49 €
VISA

Im hochherrschaftlichen ehemaligen „Colonial Room" der Villa Merton, der heute als Bistro des Hauses unter der Regie André Großfelds fungiert, gibt's an sieben Tagen in der Woche mittags und abends eine unkomplizierte, aber dennoch mit gehobenem Anspruch dargebotene Küche. Und die profitiert klar und deutlich vom Einkauf und der Expertise des nur am Abend geöffneten Gourmetrestaurants, was man an der Qualität vieler Produkte, aber auch an der Beschaffenheit von Suppen, Fonds und Saucen erkennen und schmecken kann. Tendenziell präsentiert sich das Bistro-Programm etwas weniger aufwendig in den Details und natürlich vergleichsweise bodenständiger, denn an dem Repertoire muss ein möglichst breites Publikum Gefallen finden und es darf deshalb keinesfalls zu exklusiv, aber auch nicht bloß „gutbürgerlich" sein. Eben diesen Spagat meistert das Team seit Jahren respektabel, und so lässt sich hier vor allem auch zur Mittagszeit und im Sommer auf der schönen Terrasse zu moderaten Preisen vollkommen untadelig auf überdurchschnittlichem Niveau speisen.

7

Villa Merton Gourmet

Am Leonhardsbrunn 12,
60487 Frankfurt am Main
069-703033
www.restaurant-villa-merton.de
Küchenchef: Philippe Giar
Mo–Sa ab 18 Uhr, So RT
Menüs: 105–180 €
VISA

Mit der 1927 für den Industriellen Robert Merton gebauten Villa hat sich nicht nur der gastgebende Union International Club ein ansprechendes Domizil im noblen Frankfurter Diplomatenviertel geschaffen. Auch Patron André Großfeld, der das kulinarische Konzept zusammen mit Küchenchef Philippe Giar verantwortet, bespielt diese Bühne mit seinen meist klassisch-französisch oder mediterran inspirierten Kreationen schon seit Längerem souverän und überzeugend. Diese Linie passt erwartungsgemäß nicht nur zum herrschaftlichen Gastraum, der mit Holzparkettböden, elegantem Mobiliar und dezenter Beleuchtung aufwartet, sondern auch zur schattigen Terrasse, die in den Sommermonaten zum Genuss einlädt.
Schon der Küchengruß kündigte bei unserem jüngsten Besuch an, sich am gehobenen kulinarischen Anspruch seit dem vergangenen Jahr nichts geändert hat. Vor allem des gebraten Sushireis-Nigiri, das mit marinierter Mango-Tranche und etwas Chipotle-Mayonaise elegant süß-säuerlich und crunchy zugleich daherkam, konnte nicht nur geschmacklich überzeugen, sondern gefiel auch insgesamt als klug proportionierter, leichter Auftakt.
Ähnlich leichtfüßig ging es auch beim Tatar vom Hamachi zu, bei dem Variationen von der Gurke, Avocado und Balsamico den frisch säuerlichen Teil des Tellers bildeten, während ein on top platziertes Limettensorbet für gut ausbalancierte säuerliche Erfrischung sorgte. Dass es das Team ohne Spielereien oder überfrachtete Arrangements schafft, viel Geschmack auf den Teller zu bringen, zeigte sich auch beim Dreiklang von Sankt-Petersfisch, Sellerie und Paprika. Zu der saftig-blättrigen Tranche des hierzulande leider immer seltener auf den Tellern anzutreffenden Fisches sorgte obenauf platzierter zitrisch angespitzter Pistazien-Crunch für einen originellen Kontrast und der als Püree und bissfest gegarte Scheibe ins Gericht integrierte Sellerie lieferte den erdigen Unterbau, der von süß-säuerlicher Paprika (als Streifen und Schaum) gemüsig eingefasst wurde.
Aromensatter und auch gehaltvoller zeigte sich wiederum der Hauptgang der sous-vide gegartes und anschließend kurz nachgebratenes Rinderfilet in den Mittelpunkt rückte. Und auch wenn das Fleisch durch diese Zubereitungsart erwartungsgemäß sehr zart und saftig geraten war, lieferte den geschmackspushenden Kick eher die aufgelegte Markkruste, die den authentischen Rindfleischgeschmack eigentlich besser transportierte als das in der Form aromatisch eher etwas blasse Filet. Ganz und gar nicht zurückhaltend war indes das Begleitprogramm aus Fingermöhren, Lauch und Kartoffel-Mandel-Püree, das seinen jeweiligen Charakter gewinnbringend ins Gesamtbild einbrachte. Von einer dicht-stoffigen Rinderjus finalisiert war das nicht nur der „klassischste" und gediegenste Gang des letzten Besuchs, sondern auch der aus kulinarischer Sicht überzeugendste.
Dass dieses grundsolide Niveau von der süßen Abteilung nicht ganz gehalten werden konnte, lag vor allem an einem schon optisch etwas merkwürdig anmutenden Mandel-Johannisbeer-Küchlein, das nicht nur wegen seines gräulichen Teigs, sondern auch wegen seiner sehr speckigen Konsistenz eher weniger Spaß machte, während dessen Begleitprogramm in Form von aromatischem Basilikumeis, dunkler Schokolade und Johannisbeercreme eine eigentlich sehr ansprechende und passende Umgebung abgegeben hätten.
Dem flinken Serviceteam kann man sich nicht nur bei der Weinauswahl anvertrauen, sondern auch bei der separaten Champagnerkarte freie Hand lassen. Der Schwerpunkt auf den klassischen europäischen Schwergewichten Deutschland, Frankreich und Italien passt zur Küche und auch die Auswahl lädt zum Entdecken ein – Altbekanntes und Renommiertes steht aber selbstverständlich ebenfalls aus nahezu jeder Preisregion bereit.

7 Pfannen

Weinsinn

Weserstr. 4, 60329 Frankfurt am Main
069-56998080
www.weinsinn-frankfurt.de
Küchenchef: Daniel Pletsch
Di–Sa ab 18.30 Uhr, So u. Mo RT
Menüs: 100–140 €
EC VISA

Daniel Pletsch, der vor wenigen Jahren als Sous-Chef aus dem Schwesterrestaurant Gustav zur Küchenchefstelle im Weinsinn gekommen war, hält das Niveau der in ihren Grundzügen ähnlich konzipierten, tatsächlich aber deutlich internationaler inspirierten Küche im Weinsinn weiterhin hoch. Gekocht und arrangiert wird in dem mit sehr viel Geschmack individuell gestalteten Restaurant mit seinem fast schon internationalen, jedenfalls sehr urbanen Flair klar und fokussiert. Hohe Produktqualitäten der Viktualien jenseits des preistreibenden Luxussegments und überdurchschnittlich präzises Handwerk sind ebenso gesetzt wie gute, schmissige Ideen, die den grundsätzlich modern und leicht anmutenden Gerichten oft sogar einen originellen Twist mitgeben. Oft entwickeln sich so aus Tellern von scheinbarer Einfachheit Gerichte mit klarer Struktur von großer Finesse – und daraus in Summe wiederum unverkrampft kreative, zwischen originellen Ideen und schierer Köstlichkeit ausbalancierte Menüs.

Frankweiler (Rheinland-Pfalz)

5 Pfannen

Weinstube Brandt

Weinstr. 19, 76833 Frankweiler
06345-959490
Di ab 17 Uhr, Mi–Sa von 12–14 Uhr u. ab 18 Uhr, So u. Mo RT
EC VISA P

Auch wenn in dem seit Jahren in solider Beständigkeit geführten Gasthaus von Eva-Maria und Christian Knefler mit Natursteinwänden und blanken Holztischen in einer völlig ungezwungenen Wohlfühlatmosphäre auch schon mal konzeptionell ambitionierter und im Detail präziser gekocht wurde, ist es uns nach wie vor eine Empfehlung auf knappem 5-Pfannen-Niveau wert. Im Sommer sitzt man hier lauschig und kühl auf der kleinen Innenhofterrasse und die Küche überrascht mit fundiert und frisch zubereiteten Gerichte, die über das hinausgehen, was man in Pfälzer Weinstuben für gewöhnlich serviert bekommt. Die sympathische Gastgeberin schenkt zur Küche ihres Mannes gute Pfälzer Gewächse aus.

Frasdorf (Bayern)

7 Pfannen

Gourmet Restaurant im Karner

im Hotel Landgasthof Karner
Nußbaumstr. 6, 83112 Frasdorf
08052-17970
www.landgasthof-karner.com
Küchenchef: Manuel Wimmer
Do u. Fr ab 18 Uhr,
Sa von 12–14 Uhr u. ab 18 Uhr, So–Mi RT
Menüs: 100–145 €
EC VISA P

Mit seiner mittlerweile über 550 Jahre langen Geschichte hat der Landgasthof Karner in Frasdorf viel historischen Charme, kombiniert allerdings mit ebenso viel modernem Komfort und – vor allem – niveauvoller Küche. Das alles macht das charmante Haus seit vielen Jahren zu einem beliebten Anlaufpunkt für Genießer, die sich zwischen der fein ausgeführten traditionellen Küche in den Westerndorfer Stuben oder den ambitionierteren, im Rahmen eines einzigen Menüs angebotenen Kreationen im Gourmetrestaurant entscheiden können. Für letztere wurde nach einer eher unsteten Phase jetzt mit Manuel Wimmer ein talentierter, aus der Region stammender Chef verpflichtet, der mit seiner eng der Heimat verbundenen Küche schon beim letzten Besuch auf Anhieb mit ei-

ner klaren Handschrift und hohem Niveau überzeugen konnte.
Das aromatisch klar alpenländisch geprägte Kulinarium aus größtenteils Produkten von lokalen Erzeugern passt einfach hervorragend in den schmucken Landgasthof. Und genau das machen auch die ersten, als „Kulinarischer Spaziergang durchs Chiemgau“ inszenierten Kleinigkeiten deutlich. Zuletzt legte das Team hier mit einem pikant paprikawürzigem Schweinsbraten-Taco, gebeiztem Saibling mit Gurke als filigrane und sehr frische Miniatur in einer Knuspertartelette, einem Waldpilz-Cannellono sowie einem cremig-krossen Bergkäse-Kartoffelbällchen mit frech zugespitztem Hagebuttengel die Messlatte bereits richtig hoch und führte gleichzeitig auf wunderbar kurzweilige Art in die Stilistik der Küche ein.
Fortgesetzt wurde das dann mit einem Rindertatar mit klarer und kräftiger Fleischwürze unter einer zarten Haube aus Kartoffelespuma, der in eine mit nerviger Säure aufgeladene Schnittlauch-Vinaigrette gesetzt war, wärmend tiefgründig von einer handwerklich meisterhaften Ochsenschwanzessenz untermalt. Ehe dann als erster offizieller Gang eine sanft gegarte und mit Kaviar-Farce gefüllt Tranche von der Lachsforelle auf den Teller kam: Die war süßwürzig von Kerbelwurzelcreme unterfüttert und wurde sanft von einer knallgrünen Kräuter-Beurre-blanc mit feinem Säurekern kontrastiert, während knuspriges Kerbelwurzel-Gebäck außerdem für lockeren Crunch sorgte.
Beide Teller zeigten auch: Handwerklich arbeitet das Team auf einer absolut sicheren klassisch französischen Basis, was den Gerichten insbesondere über die Saucen eine harmonisch-tiefe Grundstimmung mitgibt. Die alpinen Bezüge und eine zeitgemäß leichte Ausführung geben ihnen dann noch den besonderen Twist. Und das gelang auch bei den kurz angebratenen und innen festfleischig-rohen Scheibchen vom Stör ganz prima, die auf cremiger und im Ganzen mit Honig geschmorter Topinambur angerichtet und von einem kräutergrün marmorierten Buttermilchsud umgeben waren. Insgesamt vermittelte das einen gekonnt zwischen dem edlen Fisch, nussig-süßen und frischen Aromen pendelnden Eindruck, bei dem nur die Buttermilch mit ihrer üppigeren Cremigkeit und prickelnden Säure rein proportional ein bisschen zu dominant auftrat.
Im Hauptgand stand ein sous-vide gegartes Rückenstück vom Hirschkalb im Mittelpunkt, dass aufgrund der Garmethode zwar superzart, aber auch etwas schwammig wirkte. Dafür punktete das aromatische Reh aromatisch durch eine zarte Rauchigkeit, ein gewinnbringendes Topping aus filigranem Pastinaken-Crunch sowie eine gut austarierte Umgebung aus herbsäuerlich eingelegten Heidelbeeren, mildsüßer Pastinakencreme und einer eleganten, mit Thymian aromatisierten Wildjus, die zusätzliche Tiefe brachte, ohne sich überkonzentriert in den Vordergrund zu drängen. Stark!
Und auch das nussig-herbe Dessert rund um ein kleines lockeres Haselnussküchlein, Quitteneis, einen duftigen Quittenfond und eine mit Quitte gefüllte Sauerrahmmousse-Halbkugel überzeugte mit seiner feinen Balance zwischen Süße und Säure und handwerklich durchweg exakten Komponenten.
So konnte das Team bis auf ganz wenige Kleinigkeiten mit seiner regionalbezogenen Gourmetküche erneut voll überzeugen und schaffte es tatsächlich, den Chiemgau auf sehr feine Art schmeckbar zu machen. In Kombination mit hochwertigen empfohlenen Weinen aus einem gut strukturierten Sortiment und zuvorkommendem Service ergibt das ein absolut lohnendes und stimmiges Genusserlebnis.

7

Michael's Leitenberg

Weiherweg 3, 83112 Frasdorf
08052-2224
michaels-leitenberg.de
Küchenchef: Michael Schlaipfer
Mo, Di u. Fr, Sa ab 17.30 Uhr, So von 11.30–14 Uhr u. ab 17.30 Uhr, Mi u. Do RT
Menüs: 119–165 €

Längst kein Geheimtipp mehr, aber dennoch ohne größere mediale Aufmerksamkeit erfolgreich: Das unweit des Chiemsees versteckt in einem kleinen Ortsteil von Frasdorf gelegene Restaurant von Michael Schlaipfer zeigt, wie tragfähig ein gutes Konzept mit entsprechen-

dem Know-how sein kann, und hat den eigenen Anspruch und das Niveau im Laufe der letzten Jahre dabei sogar langsam, aber stetig weiter gesteigert. Was in den elegant modernisierten Stuben auf die Tische kommt, ist ganz klar Fine Dining in einer absolut zeitgemäßen und inspirierten Art. Und nachdem für noch höhere Qualität und bessere Planbarkeit auf ein Angebot à la carte verzichtet und der Fokus allein auf ein Menü in fünf bis acht Gängen gelegt wurde, wird das auch konzeptionell noch stärker sichtbar.
Ein gewisser familiärer Charme und eine eher lockere Gangart bleiben aber weiterhin typisch für das Lokal und machen hier das Wohlfühlen leicht, wenn gleich mit den ersten akkuraten Kleinigkeiten schon die Aufmerksamkeit gefordert wird. Mit einer filigranen Mandeltartelette nebst Lachsforelle und Jalapeño-Gel, einer Gänseleberpraline, zugespitzt mit Sauerkirsche und Brombeeren, sowie einem Brezen-Macaron mit Kalbshaxe, feinstreifigem Sauerkraut und einem ätherischen Meerrettichhauch, zeigte das Team zuletzt bereits eindrücklich, wohin die Reise im weiteren Verlauf gehen könnte. Und ein klararomatisches Garnelentatar, das mit Karottenjuliennes in einem süßsauren Ananasfond mit eleganter Säurespitze und belebender Ingwerschärfe angerichtet war, unterstrich das auf markante Art noch weiter.
Der erste offizielle Gang inszenierte Balfegó-Thunfisch als zart schmelzendes Bauchstück und Tatar aus dem Rücken in einer hauchdünnen Rettichscheibe mit eingelegter Gurke, einem Sorbet von Gurke und Wasabi sowie einer von feiner Essigsäure geprägten Vinaigrette mit Koriandergrün und Zitronengras in einer bewährten Kombination. Das Ergebnis war ein knackig-frisches und duftiges Geschmackbild, bei dem nur die Essigsäure ein kleines bisschen zu forsch vorschmeckte.
Ausgewogener präsentierte sich der soft confierte Saibling, fotogen unter orangenfruchtigem Kürbisgelee versteckt und von einem prägnant scharfen Kürbisfond mit nussigen Kernöl-Kopfnoten ergänzt. Die typische Süße des Kürbisses fand sich eigentlich nur in ein wenig Kürbiscreme am Tellerboden und erwies sich in dieser Dosierung als durchaus gewinnbringend. Kleine Streifen krosser Saiblingshaut sorgten außerdem für etwas Crunch und zarte Röstnoten in diesem feinfühlig differenzierten Arrangement.
Die Überschrift für den nächsten Gang hätte „Umami" lauten können, denn davon lieferten die verschiedenen, auf einem zartcremigen Chawanmushi (japanischer Eierstich) angerichteten und von kraftvoller Dashibrühe umspülten Pilze eine geballte Ladung – allerdings fein abgestuft und mit klarem Eigengeschmack der unterschiedlichen Pilze und Komponenten, darunter auch knusprige Hühnerhautchips. Das war fürs Genießerherz genauso schön wie für den analytischen Gaumen!
Im Hauptgang stand eine rosa Tranche vom Kalbsfilet – knapp gegart und entsprechend straff-zart mit viel Spannung – neben einer eleganten Kalbsjus, subtiler Ingwerschärfe und dem Kontrast von Blumenkohl (cremig, zarte Stücke) und Apfel (als frische, wenn auch sehr flüchtige Air). Daneben präsentierte eine spinatwürzige Maultasche mit kräutergrüner Kalbsbriesfüllung noch eine weitere Facette des Hauptprodukts. Das war als feine geschmeidige Ergänzung gelungen, brachte das Kalbsbries als Produkt aber leider überhaupt nicht zur Geltung. Da hätte auch ein gebratenes Briesstück sicher eine noch bessere Figur gemacht und den Produktcharakter adäquat verstärken können.
Für einen originellen Abschluss sorgten schließlich die sanften Bitternoten von Aubergine, die elegant und subtil in nussige Nougatnoten in einem Lila eingesprühten Cremering eingebunden wurden. Ergänzt von einem Eis von Aubergine und Pekannuss und kontrastiert von markant herbsäuerlichen Brombeer-Zubereitungen und einer dunklen Hippe für etwas Crunch, ergab das nicht weniger als einen der stärksten Eindrücke des Abends.
Mit den Offerten aus der Küche können locker auch die korrespondierend angebotenen Weinempfehlungen mithalten, unter denen sich auf hohem Niveau immer spannende Entdeckungen und oft auch gereifte Tropfen finden.

6↑

STUBN in der Frasdorfer Hütte

Zellboden 2, 83112 Frasdorf
keine Telefonnummer
www.stubn.co
Do–So ab 17.30 Uhr, Mo–Mi RT
Hauptgericht: 23–33 €, Menüs: 57–81 €
EC VISA

Die Stubn in der Frasdorfer Hütte liegt auf einer knapp 1000 Meter hohen Alm in den Chiemgauer Alpen und war bis vor zwei Jahren eine ganz klassische Berghütte, bis sie von Küchenchef und Co-Inhaber Maximilian Müller übernommen wurde, der zuvor als Sous-Chef im Berliner Nobelhart & Schmutzig gearbeitet hatte. Die Stubn vereint eine ganze Reihe an Gastronomie-Konzepten in sich und ist irgendwas zwischen modernem Gourmet-Restaurant, Boutique-Hotel und Wanderhütte. Mittags und nachmittags kehren vor allem Wanderer für kleinere Speisen, Brotzeit, Bier oder Kaffee und Kuchen ein – alles einfach, alles hochwertig, alles handgemacht von kleinen Produzenten aus der Umgebung. Das minimalistische, naturnahe Abendmenü zieht das Komplexitätsniveau deutlich nach oben, bewegt sich dank erstklassiger Produktqualität von Gemüse und regionalem Chiemsee-Fisch beinahe schon auf 7-Pfannen-Niveau. Die Hütte ist nur zu Fuß zu erreichen, für Abendgäste steht ein Shuttle ins Tal bereit. Hervorragend ist das reichhaltige Frühstück mit frischem Alpenkäse, Sauerteigbrot, Eiern, Joghurt und hausgemachten Marmeladen.

Hotelempfehlung

Landgasthof Karner

Nussbaumstr. 6, 83112 Frasdorf
08052-17970
www.landgasthof-karner.com
Einzelzimmer: 69–199 €
Doppelzimmer: 89–219 €

VISA

Zwischen Chiemsee und den bayerischen Alpen, in einer der landschaftlich schönsten Urlaubsregionen die Bayern zu bieten hat, begrüßt der traditionsreiche Landgasthof Karner seine Gäste als kleines, denkmalgeschütztes Hideaway, in dem ländliche Behaglichkeit mit einem Hauch von Luxus einhergeht. Unweit entfernt von den Städten München und Salzburg findet man hier inmitten der sanften Hügel des Voralpenlandes Ruhe, unverfälschte Natur und klare Luft zum Durchatmen. Die insgesamt 36 Zimmer und Suiten in vier Kategorien wurden erst kürzlich renoviert, sind geschmackvoll ländlich gestaltet und verfügen alle über Bad oder Dusche/WC, Föhn, Kosmetikspiegel, Telefon, Flat-TV inklusive Sky sowie kostenfreies WLAN. Ein kleiner Wellnessbereich mit Schwimmbad in bayerischem Ambiente, Osmanischem Dampfbad, Finnischer Sauna, Banja Sauna, Wärmebank, Ruheraum und Fitness-Geräten lädt wahlweise zum Entspannen oder Aktivsein ein. Die Outdoor-Freizeitmöglichkeiten im Sommer sind mit Wandern, Schwimmen, Segeln und Golfen ebenso vielfältig wie im Winter, wenn beispielsweise zahlreiche Skiabfahrten und Langlaufloipen locken. Auch die Kulinarik hat einen hohen Stellenwert: In der Westerndorfer Stube gibt's regionale und saisonale Spezialitäten der traditionellen bayerischen Küche und im Gourmet Restaurant im Karner präsentiert das Team um Küchenchef Manuel Wimmer eine kreative und gehobene Variante. Gourmet Restaurant im Karner separat erwähnt.

Freiburg i. Breisgau
(Baden-Württemberg)

5

Drexlers

Rosastraße 9, 79098 Freiburg i. Breisgau
0761-5957203
www.drexlers-restaurant.de
Mo–Sa ab 18 Uhr, So u. Fei RT
Hauptgericht: 39–41 €, Menüs: 75–102 €

Ein Menü gibt es im gemütlichen Drexlers mit seinen eng stehenden Tischen und Glasfront zur Straße nur noch an den Wochenenden, und unter der Woche ist auch nur noch am Abend geöffnet, dann mit einer „Wein und Brot" überschriebenen Karte, die Kleinigkeiten wie hausgemachte Charcuterie und ein paar Tellergerichte klassischer Art vorsieht. Die ebenso pragmatische wie anspruchsvolle Arbeitsweise des Teams um Küchenchef Mario Fuchs sorgt in dem modernen Bistro mit unkomplizierter, meist quirliger Atmosphäre sowohl im schlichteren Wochenprogramm als auch im bis zu sechsgängigen Wochenendmenü, das ebenfalls klassisch und mit franko-mediterraner Färbung daherkommt, für ein zuverlässig gutes Niveau der ansprechend puristischen Gerichte. Deren Rückgrat sind überdurchschnittliche Produkte wie Fische von Birnbaum oder

Fleisch in Bio-Qualität. An guten Weinen besteht hier dank angeschlossener Weinhandlung ohnehin kein Mangel.

7↑

Eichhalde

Stadtstr. 91, 79104 Freiburg i. Breisgau
0761-58992920
www.eichhalde-freiburg.de
Küchenchef: Federico Campolattano
So–Di u. Fr von 12–13.30 Uhr u. ab 18 Uhr, Sa ab 18 Uhr, Mi u. Do RT
Hauptgericht: 44–47 €,
Menüs: 130–175 €

In der von hübschen Jugendstilvillen umringten Eichhalde zelebrieren Valentina Tito und Federico Campolattano in wohltuend aufgeräumtem und geradlinig gestaltetem Ambiente mit großformatiger moderner Kunst an den hellen Wänden, eleganten Lederstühlen und Bänken, Tischen aus blankem Nussbaum, auf denen hauchzarte Riedel-Gläser und filigranes Besteck von Cutipol liegt, eine kulinarische Italianità von bemerkenswerter Klarheit und Ambition. Die kulinarische Klassik und die Moderne sind dem Koch, der auf seinen Tellern mit einem puristischen Perfektionismus aufwartet, wie man ihn hierzulande leider viel zu selten antrifft, gleichermaßen geläufig. Und das führt zu ausgereiften, klug reduzierten Kompositionen, die Campolattanos feines Gespür für Aromen und geschmackliche Zusammenhänge aufs Köstlichste deutlich machen. Wohlüberlegt wirken dazu die glasweisen Weinempfehlungen, die mit Expertise vorgestellt werden und nicht nur aus Italien, sondern auch aus der Region oder dem benachbarten Frankreich stammen können.

Bezahlkarten-Symbole

- Mastercard
- EC-Maestro
- Diners
- American Express
- VISA Visa

5↑

Hirschen Lehen

im Clarion-Hotel Hirschen
Breisgauer Str. 47,
79110 Freiburg i. Breisgau
0761-8977690
www.clarion-hotel-freiburg.de
Do ab 18 Uhr, Fr–Di von 12–14 Uhr u. ab 18 Uhr, Mi RT
Hauptgericht: 28–45 €,
Menüs: 42–140 €

Der Hirschen in Lehen, ein Gebäudekomplex aus historischem Stammhaus von 1740 und modernem Hotel-Anbau von 2005, liegt am beschaulichen Stadtrand von Freiburg und steht auch nach einem Küchenchefwechsel weiterhin für einen substanzstarken Küchenstil ohne artifizielle Ader, der sich nicht über filigrane Anrichtkunst oder besonders kreative Kombinationen definiert, sondern über gute Grundprodukte in fundierter und schnörkelloser Zubereitungsart. So ist das von Gastgeberfamilie Baumgartner geführte Haus eine sichere Bank für anspruchsvolle und doch bodenständige Küche. Und die gibt's entweder in den sehr gepflegten und trotz hohem Nostalgiewert irgendwie sehr zeitlos wirkenden alten Stuben mit Ihren gemütlichen „Holzabteilen" im Stammhaus oder auf der lauschigen Sonnenterasse unter alten Bäumen hinterm Haus.

6↑

Jacobi

Herrenstr. 43,
79098 Freiburg i. Breisgau
0761-38030
jacobi-freiburg.de
Küchenchef: Christoph Kaiser
Mi–Sa ab 18 Uhr, So–Di RT
Menüs: 138–177 €

Mit Fischgrätparkett, dunkler Holzvertäfelung und antikem Mobiliar auf der einen Seite, aber auch modernen Tischen und Polsterstühlen sowie dem einen oder anderen Designobjekt und elektronischer Musik im Hintergrund auf der anderen, wirkt der Gastraum des recht neu er-

öffneten Jacobi im alteingesessenen Schwarzwälder Hof aufgelockert originell und geschmackvoll, erinnert in diesem schnörkellosen Stilmix ein klein wenig an die benachbarte Wolfshöhle.
Gekocht wird allerdings ganz anders. Das ließen Inhaber und Küchenchef Christoph Kaiser und sein Team schon mit den ersten kleinen Küchengrüßen anklingen, die hier dem Menüpunkt „Ankommen" entsprechen und sich in unserem Fall rein vegetarisch um Kaiserstühler Gemüse drehten. Eine ins fruchtige verdrehte Rote-Bete-Suppe mit Meerrettichschaum und eine kleine mit Karottentatar und einer Praline aus Kopfsalatmousse beladene Tartelette wiesen eher in Richtung Naturküche als in die französische Klassik – wie sich im weiteren Verlauf zeigen sollte, versteht sich das Team aber gut darauf, beides irgendwie miteinander zu verbinden.
Wie souverän es das Team außerdem draufhat, aus einfachsten Produkten überraschend guten Geschmack herauszukitzeln, zeigte der zweite Gruß, der von rauchig angegrilltem sowie entsaftetem Salat mit geschmorter eingelegter Paprika, kleinen Pilzcroûtons und Schnittlauchblüten handelte. Bestechend gute Lachsforelle gab es dann im Rahmen der Vorspeise, für die der Fisch aus einer Zucht bei Offenburg mild gebeizt und ganz dezent kaltgeräuchert wurde und so einerseits seinen naturbelassenen Charakter voll ausspielen konnte, aber eben auch nicht ganz unbehandelt geschmeckt hat. In einer sehr leichten und frischen Umgebung aus Eiszapfen und dreierlei Staudensellerie, die als Sorbet, Blätter und als Öl in einem Sud aus Buttermilchmolke vertreten waren, entstand daraus ein sehr ansprechender Start.
Diesem federleichten und frischen Auftakt folgten erst mal herzhafte Kohlenhydrate. Nämlich in Form einer kleinen Brotzeit, wo es zum Roggen-Sauerteigbrot von der Bäckerei Brotbruder einen kleinen Wurstsalat aus Kalbslyoner vom Kaiserstühler Metzger Dirr sowie „Bibbeleskäs", gepickelte Radieschen und gute Butter gab. Der anschließende Fischgang mit Wels, Spargel und Grüner Sauce las sich auf dem Papier deutlich uninteressanter, als er sich dann auf dem Teller präsentierte. Denn der schon qualitativ sehr gute Fisch war herrlich saftig und wurde zuvor beherzt offenbar über offener Flamme angegrillt, der Spargel noch perfekt zart knackig und sehr eigenaromatisch und die Grüne Sauce nach Frankfurter Art gefiel neben ihrer Kräuterwürze mit animierendem Säurespiel und Schärfe.
Voll auf Umami und mitten ins Soulfood-Herz zielte der nächste Zwischengang: Im Stile eines japanischen Shawanmushi diente da nämlich ein cremig gestockter Pilz-Eierstich im Boden eines Schälchens als Plattform für ein rahmiges Morchelragout nebst schmelzigem Spinatknödel und etwas auflockerndem und säurespendenden Zwiebelchutney.
Für den ersten Teil des Lamm-Hauptgangs wurde aus Hals und Haxen ein kleingewürfeltes Ragout gekocht, das unter unaufdringlich mildem, säurebetonten Kartoffel-Bärlauchschaum mit winzigen Kartoffelcroûtons als süffiges Löffelgericht den Vorspann machte. Und in einer etwas zarteren Façon wäre auch der nachfolgende Rücken des Lamms, der unter einer senfwürzigen Bärlauchkruste in Begleitung eines gebackenen panierten Stücks vom Bries und reduzierter Lammjus aufgeboten wurde, rundum begeisternd gewesen. Das recht feste, vermutlich nicht lange genug ausgereifte Fleisch und eine um ehrlich zu sein etwas strange schmeckende dunkle Creme auf dem ansonsten mit Mangoldspinat, Bärlauchgnocchi und Kräuterseitling bestückten Teller, ließen dieses Gericht allerdings ein klein wenig unrund wirken.
Dem grundsätzlich sehr guten Gesamteindruck, den die Küche hinterließ, konnte das allerdings nicht trüben. Denn den manifestierte auch das wohlgelungene Dessert, eine handwerklich und geschmacklich balanciert umgesetzte, leichte und frische Kreation von hauchdünn mit weißer Schokolade besprenkelter Joghurtmousse mit Sauerampfersorbet und verschiedenen Rhabarberzubereitungen wie Eis, Gel, Sud und eingelegten Stücken.
Die auf deutsche und französische Weine spezialisierte Weinkarte listet auch Gewächse arrivierter, traditioneller Erzeuger, zeigt aber ein deutliches Faible für junge, aufstrebende Winzer mit individueller Handschrift, deren Weine von dem jungen Team mit Passion und Sachverstand empfohlen und kommentiert werden.

6

Kuro Mori

Grünwälderstr. 2,
79289 Freiburg i. Breisgau
0761-38848226
kuro-mori.de
Di–Sa von 12–13.30 Uhr u. ab 18 Uhr, So u. Mo RT
Hauptgericht: 26–36 €, Menüs: 26–95 €
VISA

Wenn der Raben in Horben demnächst schließt, wird Steffen Dischs zweites Standbein, das Kuro Mori, erst mal umso stärker in den Fokus rücken. Es ist ein lässiges, stark asiatisch inspiriertes Konzept in Innenstadtlage. Nicht nur wegen des durchgängigen Kopfsteinpflasters, der zentralen einsehbaren Küche und dem glasüberdachten Hinterhof wirkt das Lokal sehr offen. Geboten wird hier ein attraktiver Brückenschlag zwischen unkompliziertem asiatischem Streetfood und Anleihen der europäischen Gourmetküche, der von Dingen wie Sushi und Sashimi mit kraftvollem Aromenkick über euro-asiatisches Crossover bis zu mit einem gewissen Twist aufgemöbelten und modern interpretierten Klassikern reicht. Das ist in der Ausführung auf eine souveräne und gewollte Art plakativ und knallig und damit zwar vielleicht nicht immer minutiös ausbalanciert, aber gerade das macht den Reiz der Kuro-Mori-Küche in unseren Augen auch aus.

6

Löwengrube

Konviktstr. 12,
79098 Freiburg i. Breisgau
0761-76991188
www.restaurant-loewengrube.de
Küchenchef: Amadeus Kura
Mo–Sa 12–14 Uhr u. ab 17.30 Uhr, So RT
Hauptgericht: 17–38 €, Menüs: 94 €

Man sollte sich von außen nicht täuschen lassen, denn die Löwengrube zeichnet sich erst mal durch den klassischen Charme einer traditionellen Wirtschaft aus. Drinnen wurden jedoch mit einfachen Mitteln einige effektive Modernisierungen vorgenommen: schöne Holztische, elegante schwarze Zylinder als Lichtspots und graue Wände in Wischtechnik schaffen ein schlichtes und geschmackvolles Ambiente. Die Speisekarte von Amadeus Kura ist gut strukturiert und übersichtlich gehalten. Es werden am Abend ein fünfgängiges Menü, drei Vorspeisen, vier Hauptgerichte und drei Desserts angeboten, und das zu fairen Preisen. Mittags etwa der gleiche Umfang, nur ohne Menü, teilweise etwas schlichter gehalten, aber noch günstiger – bei unverändert hohem Qualitätsanspruch wohlgemerkt. Die Gerichte auf den Tellern sind grundsätzlich schön aufgeräumt komponiert, und der Chef konzentriert sich auf jeweils drei Hauptprodukte und Aromen, die zeitgemäß und leicht zu Porzellan gebracht werden. Und er überzeugt darauf durch Ausdruckskraft, klare Aromen und Ausgewogenheit der oft mediterranen Geschmacksbilder.

7↑

Zirbelstube

im Hotel Colombi

Rotteckring 16,
79098 Freiburg i. Breisgau
0761-21060
www.colombi.de
Mi–Sa ab 19 Uhr, So–Di RT
Hauptgericht: 48–56 €,
Menüs: 118–160 €
VISA

Henrik Weiser, den wir schon seit vielen Jahren und über mehrere Stationen hinweg als Küchenchef begleiten und seine Küche sehr schätzen, ist wieder ins Breisgau zurückgekehrt, wo er nun zusammen mit Sven Usinger als Doppelspitze die Küche im sprichwörtlichen ersten Haus am Platz verantwortet. In den erznoblen, auch nach ihrer Verjüngungskur noch altvorderen Charme versprühenden Zirbelstuben, respektive in deren Küche herrschte in den vergangenen Jahren ein reges Treiben und fast im Jahreswechsel waren hier alte Bekannte zu begrüßen. Hoffen wir also, dass nun endlich etwas Ruhe einkehrt und das Duo Weiser und Usinger langfristig zeigen können, was sie können. Denn das ist eine ganze Menge und kommt hier sowohl als Menü in bis zu sechs Gängen sowie einer davon kaum abweichenden Auswahl an Einzelgerichten à la carte als hochklassige, zeitlos interpretierte klassisch französische Küche mit starker Substanz daher. Und wie wir es zumindest von Weiser aus der Vergangenheit gewohnt sind: sehr schnörkellos und pointiert.

9

Zur Wolfshöhle

Konviktstraße 8,
79098 Freiburg i. Breisgau
0761-30303
www.wolfshoehle-freiburg.de
Küchenchef: Martin Fauster
Di–Do ab 18 Uhr,
Fr u. Sa von 12–13.30 Uhr u. ab 18 Uhr,
So u. Mo RT
Hauptgericht: 24–52 €,
Menüs: 58–160 €

VISA

So überaus traurig der Ausstieg von Manuela und Sascha Weiß aus der Wolfshöhle und die Hintergründe des Abschieds, so erfreulich auf der anderen Seite die dortige Nachfolgesituation. Denn mit keinem Geringeren als Martin Fauster bekam das auf stilvolle Art modernisierte Traditionslokal im Februar 2022 einen echten Hochkaräter als neuen Pächter und Küchenchef, der während seiner langen erfolgreichen Zeit im Münchener Königshof hinlänglich bewiesen hat, dass er zu den besten Köchen hierzulande zählt und theoretisch das Zeug dazu hat, sogar ganz oben mitzuspielen.
Bereits bei unserem Antrittsbesuch im Sommer des vergangenen Jahres zeigte er an seiner neuen Wirkungsstätte und erstmals in unternehmerischer Selbstständigkeit, dass er das Kochen während seiner etwas längeren Schaffenspause freilich nicht verlernt hat. Und bei unserer jüngsten Visite ein paar Monate später hatte er sehr überraschend bereits nochmal eine ganze Schippe draufgelegt und knüpfte in unseren Augen schon wieder exakt da an, wo er einst im Königshof aufgehört hatte. Mancher Teller wirkte sogar – ebenfalls sehr überraschend! – noch elaborierter und handwerklich aufwendiger. Keine Frage: da gibt jemand gerade richtig Gas!
Als Musterschüler und ehemalige rechte Hand von Hans Haas ist Fauster seit jeher mit allen Kochwassern gewaschen, hat sich aber schon sehr früh freigeschwommen und seiner grundsätzlich klassischen französischen Linie eine eigene Prägung gegeben. Er kocht mit altmeisterlicher Souveränität und seine Gerichte wirken dennoch jugendfrisch, er komponiert sie völlig uneitel und hält Abstand von sämtlichen Moden und Marotten der Kulinarik, ist aber dennoch am Puls der Zeit. Der gebürtige Österreicher lässt konsequent die Produkte für sich sprechen und verzichtet auf alles Überflüssige, seine Teller wirken bisweilen puristisch, schmecken aber alles andere als minimalistisch. Die Kompositionen bestechen durch sehr viel Leichtigkeit und Subtilität und wirken trotzdem komplex und voll.
Und wie ließe sich als erster kleiner Appetizer besser Lust auf diese Art von Küche machen als mit einer Miniatur von schmelzigem wie bissfestem Rindertatar nebst wachweichem Wachtelei und prononciert würzig-scharfer Senfcreme, die als unkomplizierter Akkord gleichsam Eleganz und Bodenständigkeit ins Schälchen bringen? Die starke klassische Substanz von Martin Fausters Zubereitungen verdeutlichte stellvertretend im Vorprogramm ein Shot von vollmundig vielschichtiger, vornehm hintergründig, aber als solches durchaus effektvoll mit Kaffee aromatisierter Krustentiersuppe.
Dass Martin Fauster nicht nur ein Meister der französischen Klassik mit komplexen Fonds und Saucen ist, sondern seit jeher auch für federleichte, transparente Zubereitungen mit roh mariniertem oder gebeiztem Fisch ein besonderes Händchen hat, das verdeutlichte zuletzt eine Vorspeise von fast schon japanischem Purismus und Klarheit: Tranchen von der Gelbflossenmakrele mit Zwiebel-Komponenten und einer Creme von Sesam und Pinienkernen. Trotz der Zwiebeln ein sehr zartes und elegantes Gericht, bei dem der roh marinierte Fisch in bestechend guter, reintöniger Qualität klar die erste und auch noch die zweite und dritte Geige spielen durfte, trotzdem aber nicht für sich alleine stehen musste, sondern von seinen Begleitern spannend und kongenial bespielt wurde.
Wie hochsensibel Martin Fauster seine Kompositionen abstimmt, war sehr schön auch bei den Jakobsmuscheln mit Brokkoli und Pomelo zu schmecken und zu fühlen – einer mit dicken Muschelwürfeln, ganz feinen Stengelkohlscheiben und Zitrusfruchtpartikeln in optimalem Verhältnis zusammengebrachten und behutsam mit Sumach gewürzten Timbale, die von säurestraffer Beurre blanc den entscheidenden Kick verliehen bekam. Da ist von der Schnitt-

dicke aller Bestandteile bis zu den genauen Mengen und Proportionen alles exakt kalkuliert, da wird nichts dem Zufall überlassen.
Mit leichter Hand und Feingespür bringt Martin Fauster Dinge gekonnt zusammen, die man nicht zwangsläufig miteinander verbindet. Etwa sensiblen Langostino und den schnell mal plump und dumpf anmutenden Kürbis, der hier allerdings in all seinen elegant umgesetzten Variationen so schlank, fruchtig und nussig gehalten war, dass er weder den glasig-knackigen, mit mikrofeinem Kürbistatar und Kürbiskernsplitter dekorierten Schwanz des Krustentiers, noch das gratinierte Taschenkrebstatar in Pflanzerl-Form torpedierte. Ein Hauch von Ananas und Szechuanpfeffer verlieh diesem Gang überdies gewinnbringend auch noch etwas dezent Exotisches.
Ein sehr typisches Martin-Fauster-Gericht, wie es sicher auch zu seiner Zeit im Münchener Königshof so oder so ähnlich oft auf der Karte stand, repräsentierte der glasig temperierte Saibling, der mit kleinen Graupen und seinem knackigen Kaviar beladen in einer von Meerrettich und Rauchfischaromen geprägten Beurre blanc schwimmen durfte. Das ist kraftvoll, fast schon deftig, dennoch filigran und fein. Und wie nah die Küche mit all ihren Gerichten stets am Produkt bleibt, bewiesen aufs Schönste die pochierten Belon-Austern, die trotz Käferbohnencreme, Speckschaum und Blattspinat primär und auch sekundär ein puristisches maritimes jodiges Vergnügen blieben.
Wenn in der Karte etwas von Kalbskopf und Kalbsbries zu lesen ist, haben wir einen heißen Tipp: Schlagen Sie zu! Denn dann erwartet Sie wahrscheinlich ein süffiges Schlaraffenland auf Porzellan, das in Gestalt gebackener Bries-Röschen mit Trüffelmayo auf einem flächig ausgebreiteten Schichtwerk aus lauwarmen Kalbskopfscheiben, Krautflecken und dünnem, bissfesten Nudelteig besteht und von den erdig-alkoholischen Verführungskünsten einer Jus aus mit viel Portwein und Madeira eingekochter Périgord-Trüffel umgarnt wird. Das hat hohes Suchtpotenzial und lässt sich als solches wirklich kaum besser machen.
So wie unser Hauptgang, der sich um butterzart geschmorte Backe, feingewürfeltes und unter anderem mit Senfkorn angemachtes Zungentatar sowie schmelziges Mark vom Ochsen drehte, die von einem Röstzwiebelcrêpe sowie den Bitteraromen violetten Rosenkohls und Puntarella eskortiert wurden. Das war von den Produkten und den Aromen her auch wieder eher zupackend, aber eben hochelegant umgesetzt, denn hier wurde handwerklich fast schon auf der Mikroebene gearbeitet.
So wie auch das wirklich ganz hervorragende Dessert, das mit Mohn, Cassis und Sauerrahm einerseits auf einen einfachen, eingängigen Dreiklang abgestellt war, für den Gaumen aber so viel raffinierte differenzierte Haptik zu bieten hatte, dass es unterm Strich viel komplexer und elaborierter wirkte, als es zunächst den Anschein machte. Die Weinkarte hat ihren Schwerpunkt im deutschsprachigen Raum mit Gewächsen aus Deutschland, Österreich, Schweiz, aber natürlich auch aus dem Nachbarland Frankreich viel Gutes zu bieten. Dafür, dass es zu den Gerichten auf Wunsch auch glasweise sehr gut korrespondierende hochwertige Gewächse gibt, zeichnet kompetent der gebürtig aus Südtirol stammende Sommelier Christian Mittermair verantwortlich.

Freinsheim (Rheinland-Pfalz)

Atable im Amtshaus

im Hotel Amtshaus
Hauptstr. 29, 67251 Freinsheim
06353-5019355
www.amtshaus-freinsheim.de
Küchenchef: Swen Bultmann
Di ab 18.30 Uhr, Mi–Sa von 12–14 Uhr u. ab 18.30 Uhr, So u. Mo RT
Hauptgericht: 39–45 €,
Menüs: 39–105 €

Das Amtshaus im Herzen von Freinsheim bietet nicht bloß nostalgische Fachwerkromantik, sondern auch ein sehr großzügiges und repräsentativeres, helles und modernes Restaurant. Hier sitzt man an sauber eingedeckten Tischen auf bequemen, sesselartigen Polsterstühlen unter historischem Kreuzgewölbe und bekommt aus der Küche von Swen Bultmann anspruchsvoll aufgetischt. Der und sein Team kochen hier durchaus ambitioniert, aber nicht zu exklusiv und damit sehr zugänglich. Man konzentriert sich hier auf klassisches Handwerk und auf gute Produkte, die auf den Tellern schnörkellos und unaufgeregt in Szene gesetzt werden. An allen Gerichten sieht und schmeckt man, wie gut Swen Bultmann das klassische Fach beherrscht. All das gibt es erfreulicherweise mittags wie abends und zu moderaten Preisen – auf Wunsch immer auch ergänzt von einer Weinempfehlung der Gastgeberin und Sommelière Sybille Bultmann.

Freising (Bayern)

7

Mountain Hub Gourmet

im Hotel Hilton Munich Airport
Terminalstr. Mitte 20, 85356 Freising
089-97824510
mountainhub.de
Di ab 18.30 Uhr,
Mi–Fr von 12–13.30 Uhr u. ab 18.30 Uhr,
Sa–Mo RT
Menüs: 169–280 €
VISA

Knapp drei Jahre hat das Gourmetrestaurant im direkt an die Terminalstraßen des Münchener Flughafens angrenzenden Hilton-Hotel unter der Ägide von Küchenchef Stefan Barnhusen einen ausgesprochen weltläufigen und sehr elaborierten, kleinteiligen Küchenstil verfolgt. Mit dem Wechsel von Barnhusen zum jetzigen Küchenchef Marcel Tauschek, der zuvor Sous-Chef war, wurde das Konzept stark auf Regionalität und Nachhaltigkeit gedreht. Mit einer klaren Ausrichtung auf heimische Viktualien aus dem Voralpenland und vor allem eben den Produkten besonders nachhaltig produzierender Zulieferbetriebe in den Bereichen Gemüseanbau, Fisch- und Tierzucht.
Das Mountain Hub selbst ist ein sehr großzügig angelegtes Restaurant, das zwei Konzepte mit unterschiedlichen Speisekarten verfolgt. Während im „Mountain Hub Social Dining" moderne bayerische Gastlichkeit auf eine alpin inspirierte internationale Küche trifft und es dort kulinarisch auch durchaus gehoben, aber doch etwas bodenständiger zugeht, stehen im Gourmetbereich die Zeichen ganz klar auf Fine Dining und ambitionierte Kochkunst. Es gibt weiterhin nur ein festes sechsgängiges Menü, dessen Gänge man jedoch auch verringern kann. Und es gibt anspruchsvollen, aber angenehm entspannten Service. Für letzteren zeichnet auch weiterhin federführend der Österreicher Johannes Gahberger verantwortlich.
Der neue regionalbetonte Stil wurde schon mit den drei Apero-Snacks unterstrichen – jeweils Fingerfood mit Knuspercharakter, mal mit Rindertatar und Petersilie, mal mit roh mariniertem Saibling, Erbse und Mascarpone und mal von Knollensellerie und Apfel. Allen dreien gemeinsam waren kraftvolle Aromen und grenzwertig viel Salz. Sehr intensiv abgeschmeckt war auch ein mit Tomatenconcassée getoppter, fruchtig-süßlicher Fenchelsalat, aber hier wurde das von einer milden Schaumhaube aus Burrata geschluckt.
Dass das Team beim Würzen und Aromatisierten nicht grundsätzlich bis hart an die Grenze geht, bewies sodann die Vorspeise des Gourmetmenüs, die ganz im Zeichen der Karotte stand – in Kombination mit Ziegenjoghurtcreme und einem mit Liebstöckel abgeschmeckten Molkesud. Hier war besonders bemerkenswert, dass die Karotte von süß bis säuerlich und von erdig bis fruchtig sehr facettenreich abgebildet wurde und so in Kombination mit dem laktischen Schmelz und der subtilen Kräuterwürze ein kurzweiliges Geschmacksbild entstand.
Dass zwar auch weiterhin auf eine smarte Optik der Gerichte wertgelegt, aber deutlich weniger verspielt angerichtet wird, zeigte im Anschluss der Zwischengang um beherzt angeröstete und mit Limettenschalenabrieb zitrisch-herb akzentuierte Bayrische Garnelen, die zusammen mit cremiger und knuspriger Artischocke sowie einem herzhaften Spitzkohlröllchen in einem transparenten Krustentiersud platziert waren und einen recht gegenständlichen Eindruck machten.
Und meist sind es nicht mehr als drei tonangebende Leitprodukte auf den Tellern. So wie auch beim Zwischengang rund um Stubenküken, Rettich und Kirsche, wobei das Stubenküken hier in Gestalt der schön festen gebratenen Brust sowie als würziges geschmortes Hachée in zwei unterschiedlichen Zubereitungen zugegen war und natürlich auch noch die Basis der reduzierten Sauce stellte. Der sehr milde Rettich, der auch als Kohlrabi hätte durchgehen können, sowie einige fruchtige Kirschen, die auf dem Teller verteilt waren, lockerten das Geschmacksbild harmonisch auf.
So ein typisches Drei-Komponenten-Gericht mit wieder mehrfach variierten Leitprodukten, so dass ganz automatisch ein facettenreicherer Eindruck entstand, war auch der Hauptgang um Kalb, Mais und Zwiebel. Das Fleisch nicht nur als mit schnittlauchwürzigem Zwiebelknusper beflocktes Filet, sondern und als dün-

ne zarte Scheiben von der Zunge, die zusammen mit geflämmten Perlzwiebeln und Lauchzwiebelstreifen auf eine fluffige gebratene Polentaschnitte drapiert wurden. Als weitere Spielarten von Zwiebel und Mais waren leicht säuerliche geschmorte Schalotte und ein mit Kalbsjus montierter Maisschaum auf dem Teller zugegen – in Summe entstand daraus ein sehr ausgewogenes Geschmacksbild mit einem überzeugenden Hauptprodukt im Mittelpunkt. Apropos: sehr überzeugend war auch diesmal wieder die Pâtisserie. Insbesondere das aus den Produkten Birne, Dinkel, Honig und Whiskey in unterschiedlichen, sehr gut ineinandergreifenden Kleinkomponenten und Texturkontrasten flächig auf den Teller drapierte Hauptdessert, aber auch die kreativ und aufwendig arrangierten Petits-Fours, etwa von Rotkohl, weißer Schokolade und Buchweizen. Auch die von Deutschland über Österreich nach Mallorca recht international gehaltene glasweise Weinbegleitung bewegte sich mit der Küche qualitativ auf Augenhöhe.

Schuhbauers Oberwirt

Sternstr. 20,
85414 Freising
08166-7366
www.oberwirt-kirchdorf.com
Mi–Fr ab 17 Uhr,
Sa u. So ab 11.30–14 Uhr u. ab 17 Uhr,
Mo u. Di RT
Hauptgericht: 18–23 €

Wenn doch jedes Wirtshaus so wäre: in dem ländlich-rustikalen gepflegten Familienbetrieb der Schuhbauers gibt's herzlichen Service und pfiffige, frisch und natürlich zubereitete Regionalküche. Für letztere sorgt am Herd der Junior-Chef Benedikt Schuhbauer, alles drumherum managen dessen beiden Schwestern. Und was auf die Tische kommt, kann sich auf seine traditionelle, aber zugleich behutsam verfeinerte Art jederzeit sehen und schmecken lassen. Weiterer Pluspunkt: der idyllische Wirtsgarten im Sommer.

Freital (Sachsen)

5

Brasserie Ehrlich

Wiesenweg 1,
1705 Freital
0351-30934232
brasserie-ehrlich.de
Küchenchef: Stephan Fröhlich
Do–Sa ab 17.30 Uhr, So von 12–15 Uhr,
Mo–Mi RT
Hauptgericht: 29–35 €,
Menüs: 55–75 €

VISA

Versteckter und wildromantischer als die am Hang in einem kleinen Dorf nahe Dresden gelegene Brasserie von Sommelière Nadine Fröhlich-Butter und Küchenchef Stephan Fröhlich kann ein Restaurant kaum gelegen sein. Dazu passt auch das verwinkelte historische Gebäude mit den kleinen liebevoll-elegant gestalteten Räumen und der weinumrankten Terrasse perfekt, das die Gäste mit einem gewissen Zauber unmittelbar in seinen Bann zieht und zeigt, wie viel Herzblut und Begeisterung die engagierten Gastgeber in ihr gastronomisches Projekt stecken. Bereits seit 2013 sind die beiden hier am Start und haben sich über die Jahre eine treue lokale Fangemeinde aufgebaut.
Und das verwundert kein bisschen, denn die Gerichte der zwei Menüs in jeweils drei bis fünf Gängen zeigen auf unkompliziert frische Art durchweg viel Esprit, setzen größtenteils auf hochwertige lokale Produkte und bieten viel natürlich-intensiven Geschmack. So startete der Abend auf ganz typische Art unkompliziert pfiffig mit einem frischgrünen Arrangement aus zarter Kaninchensülze und einer schmelzig-knusprig gebackenen (nur minimal frittierdefti-

gen) Kaninchenpraline auf sattgrüner Mangoldcreme und -sauté unter einem üppigen Bouquet aus Erbsensprossen. Die kleinen helleren Fleischkomponenten brachten dabei eine gewisse Saftigkeit und milde Würze, tonangebend war hier aber der „grüne“ Eindruck, gepusht noch von einer prägnanten Estragon-Mayonnaise.
Noch mehr Produktcharakter brachte dann der homogen zart gegarte und beherzt angeröstete Pulpo im mediterranen Verbund mit knusprigen Croûtons (aus dunklerem Brot), Pinienkernen, Kapern und Oliven sowie vollaromatischen sautierten Kirschtomaten aufs Porzellan. Dieses warm temperierte Zentrum des Tellers wurde kontrastiert und eingerahmt von einer kühlen, klassisch von Paprika und Gurke geprägten Gazpacho und schaffte so auf niveauvolle Art sogar ein bisschen Urlaubsfeeling.
Im Hauptgang erfreute ein Rehrücken in so guter Qualität, dass er trotz seiner etwas zu langen Garung noch viel Saft und Spannung hatte und unterlegt von einem stumpf-ätherischen Pfefferhauch auch sonst eine ausgesprochen gute Figur machte. Gemeinsam mit milder Selleriecreme, frischen sautierten Pfifferlingen und herben Wildbrombeeren für einen kecken Säurekick machte das auf rustikalere Art erneut sehr viel Freude. Dafür sorgten vor allem die gut abgestimmten Proportionen, aber auch die natürlich wildwürzige Schmorjus, mit der auch (etwas zu feste) Stücke vom Keulenragout angegossen wurden.
Und auch der Ultraklassiker eines Schokoküchleins mit flüssigem Kern hat seine volle Berechtigung, wenn er so saftig, zart und tiefdunkel daherkommt, wie hier und zudem mit herbem Rotwein-Buttereis, röstwürzigen Nüssen und Eierlikör eine ebenso markante wie harmonische Umgebung an seiner Seite hat. Wer auf Nummer sicher gehen will und die lohnende und kompetent moderierte Weinbegleitung voll auskosten möchte, kann direkt vor Ort in einem der komfortablen Landhaus-Gästezimmer einchecken. Aber auch sonst findet sich in der spannenden individuellen Weinkarte mit vielen lokalen Raritäten unter der Hilfe von Nadine Fröhlich-Butter ganz sicher die passende Option für ein qualitativ gut gefülltes Glas.

Freyung (Bayern)

6

Landgasthaus Schuster

Ort 19,
94078 Freyung
08551-7184
www.landgasthaus-schuster.de
Küchenchef: Leopold Schuster
Do–Sa von 11.30–13.45 Uhr u. ab 18 Uhr, So von 11.30–13.45 Uhr, Mo–Mi RT
Hauptgericht: 27–40 €,
Menüs: 64–100 €

Eines der lohnendsten und zudem am längsten etablierten kulinarischen Ziele im Bayrischen Wald ist zweifelsohne das schmucke Domizil von Bärbel und Leopold Schuster, die hier in der Nähe von Freyung-Grafenau, also in einer der entlegensten südöstlichsten Ecken der Republik, in ein einladend heimeliges Ambiente lädt und eine großartige regional verwurzelte Küche bietet. Handwerkliche Substanz nach klassischem Verständnis und hohe Produktqualität sind hier seit jeher die wesentlichen Grundpfeiler der Küche. Und dass dabei dann viele Viktualien aus dem nahen Umfeld und zu einem nicht unwesentlichen Anteil sogar aus eigenem Anbau stammen, ist nur eine logische Konsequenz. Nicht zuletzt, weil die Küche von Leopold Schuster gänzlich uneitel und aufs Wesentliche beschränkt daherkommt, entsteht gemeinsam mit dem behaglich vornehmen Wohnzimmer-Ambiente, in dem antikes Mobiliar geschmackvoll mit modernerer Kunst kombiniert wird, und natürlich der feinsinnig herzlichen Art von Gastgeberin Bärbel Schuster, ein besonderer Ort, an dem wir immer wieder gern zu Gast sind.

Frickingen (Baden-Württemberg)

5↑

Löwen Altheim

Hauptstraße 41,
88699 Frickingen (Altheim)
07554-8631
www.loewen-altheim.de
Küchenchef: Roman Pfaff
Di–Sa ab 17.30 Uhr, So u. Mo RT
Hauptgericht: 14–30 €, Menüs: 35–45 €
EC VISA P

Diese äußerlich eher unscheinbar anmutende Gastwirtschaft in der zu Frickingen gehörenden Ortschaft Altheim, die etwas erhöht im Bodensee-Hinterland versteckt liegt, offenbart sich drinnen in den gemütlich und mit vielen handwerklichen Holzarbeiten sowie Sammel- und Kunstobjekten individuell eingerichteten Gasträumen als richtiges Kleinod. Inhaber und Küchenchef Roman Pfaff, der nach seiner Kochausbildung auch ein Studium in Wirtschaftswissenschaften absolvierte und erst dann seine Mutter Isolde am Herd des heimischen Lokals ablöste, macht hier einen attraktiven Spagat zwischen lässiger Bodenständigkeit und gehobenen kulinarischen Ambitionen. Der gelingt ganz ohne exklusive Produktpalette oder aufwendiger Kleinkunst auf den Tellern, einfach nur mit Frischeanspruch, sorgfältigem Handwerk und guten Ideen.
So liest sich schon die Speisekarte recht individuell, denn da sind zwischen einigen wenigen ganz traditionellen Dingen wie einem panierten Schweineschnitzel mit Pommes und Zitronen-Kapern-Mayo oder Lammfilets mit Blattspinat und Kartoffelgratin hauptsächlich recht originell und ideenreich zusammengestellte Gerichte zu finden. Zur Vorspeise zum Beispiel mexikanisch inspiriertes „Pulled Beef" mit Mais, Koriander, Paprika, Limette und „Crema Mexicana" oder ein Salat von verschiedenen Bohnensorten und Erbsen, angereichert mit Radicchio und Frischkäse, ätherisch aromatisiert von Minze und Estragon. Und das Beste: alles sehr schmackhaft und gekonnt auf schnörkellose Art zubereitet!
Eine andere Vorspeise drehte sich um à la Brathering sauer eingelegte Wolfsbarschfilets, die sich lockerflockig mit gepickeltem Fenchel, Radieschen und Rettich auf einem dünn über den Teller ausgestrichenen Bett aus Linsenpüree tummelten. Durch die verschiedenen harmonischen Säuren und die knackig-saftigen Strukturen als Kontrast zur sämigen Linsencreme ergab sich da summa summarum ein sehr ausgewogenes Geschmacksbild, das durch verschiedene knusprige Saaten wie beispielsweise Korianderkörner noch interessante aromatische und haptische Akzente verliehen bekam.
Ein gutes Gespür für das Spiel mit natürlichen Kontrasten und das Talent, mit ganz einfachen Mitteln für Raffinesse auf dem Teller zu sorgen, bewies der Chef auch im vegetarischen Bereich. Nämlich mit geschmorter Aubergine, die mit einer Art Gremolata aus Mandel, Rosinen und Kräutern aromatisiert auf ein Püree von weißen Bohnen drapiert und von einem halbierten marinierten und mit Blauschimmelkäse gratinierten Romanasalatherz flankiert wurde. Während die eine Seite eher in die weiche, süßliche Richtung ging, setzte dem die andere Seite etwas Knackiges, Säuerliches und sehr Würziges entgegen, so dass auch hier wieder ein lebhaftes und ausgewogenes Ganzes entstand.
Von der Grundidee her sehr ähnlich und auch stimmig, allerdings nicht konsequent zu Ende gedacht, wirkte das Miteinander aus saftigen Stücken vom Zander, Granatapfelkernen, gerösteten Mandeln und Mandelcreme, welches à part in einem kleinen Schälchen noch von einem orientalisch-warmwürzig aromatisierten Ofengemüse (Karotte, Stauden- und Knollensellerie) begleitet wurde. Hier reichte die von den Granatapfelkernen in das Gericht gebrachte Süße, Saftigkeit und Säure nämlich nicht ganz aus, um gegenüber einer relativ großen Menge Mandelpüree und dem recht deftig gewürzten Gemüse einen genügenden Ausgleich zu schaffen. So wurde es schnell etwas anstrengend.
Das traf auch auf den Nachtisch um mallorquinischen Mandelkuchen mit Ziegenquark, Honig und Krokantmandeln zu. Eine sehr gute Idee, ein reizvoller Aromenakkord, dem es aber eindeutig an Saftigkeit und Frische fehlte. Hätte man beispielsweise den Ziegenquark als säuerliches und schmelziges Eis eingebracht oder mit einer entsprechenden Fruchtkomponente für die nötige Balance gesorgt wären

auch hier 6 Pfannen drin gewesen. Eine Bewertung, die für diese Küche auch in der Gesamtschau einmal mehr nicht unerreichbar scheint, wenn künftig nur noch etwas an den Proportionen und an der Balance der Gerichte optimiert werden würde. Aber auch so ist die Löwen-Küche rundum empfehlenswert und bietet nicht nur Spaß, sondern darüber hinaus ein hervorragendes Preis-Genuss-Verhältnis.

Friedberg (Hessen)

6↑

Bastian's Restaurant

Erbsengasse 16,
61169 Friedberg (Dorheim)
06031-6726551
bastians-restaurant.de
Küchenchef: Chris Bastian Draisbach
Di–Sa ab 18 Uhr, So u. Mo RT
Hauptgericht: 28–40 €, Menüs: 55–99 €

VISA P

In einem kleineren Nebenort von Friedberg, versteckt in einem noch kleineren Gässchen, liegt das Schmuck herausgeputzte Fachwerkhaus, in dem seit nunmehr sechs Jahren Bastians Restaurant beheimatet ist. Mit Chris Bastian Draisbach als namensgebendem Chef steht hier ein erfahrener Könner am Herd, der aus dem charmanten Lokal mit seinem hellen entspannt-eleganten Ambiente, einer unkomplizierten Gangart und attraktiver Küche einen erfolgreichen Genussort geschaffen hat.
Zur Wahl stehen ein vegetarisches und ein omnivores Menü mit jeweils komplett eigenständigen Gerichten in minimal vier und maximal sieben Gängen, deren Auswahl nicht nur aufgrund der einladend moderaten Kalkulation einigermaßen schwerfällt. Dass sich auch ein rein vegetarischer Versuch durchaus lohnen könnte, zeigten die ersten Kleinigkeiten zur Einstimmung, etwa eine nussig-voluminöse Käseespuma mit (nur etwas zu süßem) Röstzwiebeleis als pfiffige, elegant-rustikale Miniatur neben einem fluffigen Parmesan-Churro mit schwarzem Knoblauch und einem etwas karg wirkenden Tartelette, befüllt mit lauwarmem Kartoffel-Majoran-Salat.
Damit legte das Team zwar noch nicht alle Karten auf den Tisch, weckte aber gekonnt Lust auf mehr. Und bereits der Gruß aus der Küche, der das Thema „Kürbis" als Panna cotta, marinierte Rondelle und Kürbiskerncreme gekonnt zwischen süß-säuerlich und nussig inszenierte, zusätzlich aufgefrischt durch ein flirrendes Passionsfruchtsorbet, wirkte dann deutlich filigraner und zudem fein abgestimmt.
Ebenso viel Fingerspitzengefühl zeigte das Team beim ersten Gang, der einen mit kraftvoll eigenaromatischem Fleisch punktenden Rindertatar in einem filigranen Parmasan-Teiggitter präsentierte, das von frittierten Kapern, Eigelbcreme, Röstzwiebelchips und einem diesmal angenehm moderat süß wirkenden Senfeis um feine Details erweitert wurde. Eigentlich voll im klassischen Aromenspektrum beheimatet, aber durch die betont frische Inszenierung von leichter Hand irgendwie sehr originell.
Das Gleiche galt im Prinzip auch für den auf der Haut kross gebratenen Adlerfisch, dessen glasig klares Fleisch neben einem charakterstarken Umfeld aus milder Rosenkohlcreme, einer saftigen Feigenscheibe und Feigenchutney sowie einer schaumigen Haselnuss-Beurre-blanc unkonventionell inszeniert wurde. Einziges Manko: Die krosse Haut war deutlich zu dunkel geraten und störte mit ihren kokelig-rustikalen Aromen das ansonsten locker bei 7 Pfannen liegende Gesamtbild deutlich.
Von vornherein etwas rustikaler angelegt folgte ein sous-vide zart gegarter Würfel vom Schweinebauch, der allerdings trotz der Garmethode etwas unregelmäßige Konsistenzen aufwies – von trockenen Randstücken bis zu schmelzendem Fett. Und der mit kleinen Stücken von Steckrübe und Karotte, frischem Meerrettich und einer erdig-fruchtig konzentrierten Karottenjus begleitet wurde. Die als hauchdünne Chips separat aufgeknusperte Schwarte gab dem Ganzen noch einen zupackenden Extrakick und insgesamt entstand so ein harmonischer, aber etwas gröberer Eindruck als bei den vorherigen Gängen.
Gleich beim mutig tiefroten, aber mit straffem, saftigem Biss voll überzeugenden Hirschrücken neben löffelzartem Osso Buco vom Hirsch sah das aber schon wieder anders aus. In der Kombination mit Wirsingpüree, einer zar-

ten Roulade aus Kartoffelcrêpe und Wirsing, feinbitter-krossen Wirsingblättern und süßsauer eingelegten Vogelbeeren in der typisch kraftvollen Art, erhielt das Wild eine genau abgestimmte Begleitung und insbesondere die herbe Säure und die hier pointiert eingesetzte rustikale Bitterkeit standen dem Hirsch, der zudem von einer kraftvoll natürlichen Wildjus unterstützt wurde, ganz ausgezeichnet.
Weil dann auch ein flaumig zarter Topfenknödel mit dunkelnussiger Macadamiafüllung, deren cremiger Schmelz gekonnt von Mandarine als Sorbet und Gel kontrastiert und von einer kleineren gelierten Topfenmousse-Kugel in Macadamiaraspel ergänzt wurde, einerseits voll ins Genießerherz traf und andererseits eine feinfühlige Modernisierung der klassischen Mehlspeise darstellte, gibt es eine kleine Aufwertung und ein weiteres Mal ein rundum positives Resümee.
Und davon eingeschlossen sind ganz ausdrücklich auch das lockere und zugleich professionelle Serviceteam und die nicht überbordende, aber im offenen wie flaschenweisen Bereich gut strukturierte Weinkarte.

Friedland (Niedersachsen)

7↑

Genießer Stube – Daniel Raub

im Landhaus Biewald
Weghausstr. 20,
37133 Friedland
05504-93500
www.biewald-friedland.de
Küchenchef: Daniel Raub
Di–Sa von 12–13.30 Uhr u. ab 18 Uhr, So u. Mo RT
Hauptgericht: 49–65 €,
Menüs: 125–175 €

VISA

Das historisch charmante Fachwerkhaus der Familie Raub ist seit vielen Jahren ein verlässlicher Anlaufpunkt für Gourmets mit einem Faible für substanzstarke klassische Küche. Und das trotz verschiedener Krisen – von Corona bis zum allgegenwärtigen Personalmangel – sogar auch weiterhin am Mittag, an dem neben einem (auch preislich) attraktiven „Tassenmenü" in kleineren Portionen auch repräsentative Gerichte à la carte geboten werden. Am Abend kommt dazu noch ein ausgedehnteres Menü, und wer dieses ganz besonders entspannt genießen möchte, kann in einem der komfortablen Zimmer des genauso engagiert wie die Küche geführten Landhotels einchecken.
Aber auch das freundlich und hell wirkende, in Weiß und Grüntönen gestaltete Restaurant selbst macht es einem sehr leicht anzukommen und sich ganz auf die Offerten der Küche von Daniel Raub einzulassen. Diese punkten an erster Stelle mit durchgängig hoher Produktqualität und kommen ansonsten erfreulich unaufgeregt mit wenigen markanten Komponenten aus, die nach allen Regeln klassischer Handwerkskunst viel intensiven natürlichen Geschmack mitbringen. Wer also die neusten gastronomischen Trends und Moden erleben möchte, ist in der Genießerstube vermutlich am falschen Ort. Alle anderen erwartet ein rundum genussvoller Besuch.
Dass bei unserer letzten Visite eine mit Lardo gratinierte und in dieser Form deutlich zu salzige Auster ausnahmsweise nicht überzeugen konnte, war die Ausnahme von der Regel. Ansonsten gelang es Daniel Raub nämlich auch diesmal ganz ausgezeichnet, mit wenigen Komponenten für zugespitzt intensiven ausgewogenen Geschmack zu sorgen. Und das zeigte – in typisch pointierter Schlichtheit – dann auch direkt der erste Gang mit einem pfeffrig-gemüsefruchtig akzentuierten Kalbstatar unter einer üppigen Schicht mildem Kaviar und etwas Schnittlauchschmand, was im ersten Moment beinahe frappierend simpel erschien, dann aber allein durch die Aromatisierung des Tatars und die jodige Fülle des Kaviars überraschend eindrücklich wirkte.
Wie bei vielen handwerklich versierten Köchen sind auch bei Daniel Raub alle liquiden Zubereitungen ein wesentlicher Pfeiler der Küche und eine sichere Bank. Und so begeisterte zuletzt auch ein stoffig tiefer, von gut eingebundener Säure getragener Cappuccino von Kürbis und Kokos mit seiner Komplexität, in der hervorragende nussig-süßen Jakobsmuscheln einen gelungenen Auftritt hatten.
Den hatte auch der in Nussbutter gebratene und glasierte Skrei mit entsprechend kraftvollen Brataromen rund um das glasig aufblätternde Fleisch. Der in dieser Form sehr charakterstarke Fisch wurde auf ein in bester klassischer Manier mit Safran aromatisierten und mit Kalbsmark gebundenen Risotto Milanese platziert, der mit perfektem Biss und viel aromatischer Power begeisterte. Dazu sorgte ein leichterer Safranschaum mit Limonenöl für den nötigen Schwung und rundete ein weiteres pointiertes Gericht harmonisch ab.

Genau wie die herzhaften Dinge punkten auch die Desserts nicht unbedingt mit perfekt gestylter Optik, dafür aber mit viel Geschmack in jeder einzelnen Komponente. Sei es bei einer Terrine aus karamellisierter Ananas, einem knusprigen Millesfeuilles mit zwischen heller schmelzender Süße und zugespitzter Fruchtsäure balancierter Füllung, oder auch – ganz schlicht – mit einem hochintensiv- geschmeidigen Brombeersorbet in angegossenem Champagner.
Hohe Getränkequalität gibt's allerdings nicht zur zum Sorbet, sondern auch sonst. Dafür sorgt Gastgeberin Anne Raub, die ebenso passioniert wie kompetent stets lohnende Gewächse zu den verschiedenen Gerichten in die Gläser bringt.

7

Schillingshof

Lappstr. 14,
37133 Friedland
05504-228
www.schillingshof.de
Küchenchef: Enrico Hirschfeld
Mi–Fr ab 17.30 Uhr, Sa von 12–14 Uhr u. ab 17.30 Uhr, So–Di RT
Hauptgericht: 29–49 €,
Menüs: 60–149 €
EC VISA P

In den sehr gemütlichen, charmant patinierten Gasträumen des stattlichen Fachwerkhauses oder im Sommer auf der lauschigen Terrasse unter altem hohem Baumbestand neben dem Haus lässt sich seit sehr vielen Jahren sehr gut essen. Und daran hat sich auch nicht im Geringsten etwas verändert, seit sich Seniorchef Stephan Schilling vor kurzem in den wohlverdienten Unruhestand verabschiedet hat, denn sein Sohn Felix, der schon seit einigen Jahren an der Servicefront das Gesicht des Schillingshof und der kompetente Ansprechpartner in Sachen Wein ist, hat sich als neuen Küchenchef einen sehr guten Mann ins Team geholt: Enrico Hirschfeld, der jahrelang die rechte Hand von Maximilian Lorenz in dessen gleichnamigen Gourmetrestaurant in Köln war und zuletzt das Prunier Cologne federführend bekochte, ist der neue Hauptverantwortliche an den Töpfen – und legt gleich gut los!
Ein mit Bärlauch-Kernöl-Vinaigrette nappiertes, mit Scheiben von kleinen grünen Tomaten belegtes und mit milden, säuerlich eingelegten Zwiebeln und Rauke gefülltes Tafelspitzröllchen sowie zwei Tortellini mit sehr schön aromatischer Erbsencremefüllung auf Frühlingszwiebel-Sauté und Holunderblütenschaum machten diesmal den äußerst attraktiven Auftakt. Und auch die Vorspeise des Menüs stand dem in rein gar nichts nach. Weder in Sachen Qualität und Frische, noch in Sachen Geschmack, und erst recht nicht in Sachen Originalität, denn die mit Büffelmozzarella gefüllte und mit roh mariniertem Fleisch von der Garnele umhüllte Praline, die da dezent zitrisch angespitzt auf einem Sockel aus einem mit grünem Apfel lebhaft frisch gestaltetem Avocadotatar thronte, hatte was – und zwar nicht nur einen knusprigen, mit Garnelentatar und Avocadoschaum gefüllten Zylinder an seiner Seite…
Das war qualitativ und geschmacklich ebenso smart wie die mit Räucheröl sous-vide gegarte und dann auf der Plancha kurz angeröstete Tristan-Languste, die mit knusprigen Quinoa-Pops und lila Karottencreme appliziert auf einem Bett aus jungem knackigem Sommergemüse (Bohnen, Erbsen, Zucchini, Karotte…) angerichtet war. Dem verlieh Basilikum sein duftiges Aroma – prägend für das Gericht war aber eher ein mit Zitronengras und weiteren fernöstlichen Aromen akzentuierter leichter Krustentiersud.
Etwas herzhafter ging es mit dem „Paprika-Gulasch" alias hell geschmortem und ebenfalls noch leicht knackigem Gemüse (rote Paprika, Staudensellerie, Kartoffel…) zum zart pochierten, glasig-festfleischigen Kabeljau zu, der

auch noch mild fermentierte Radieschen und Pfifferlinge an seiner Seite hatte. Hier war der gewinnbringende Zusammenfluss von etwas dunklerer aber keinesfalls dominanter Schmorjus von dem Gulaschgemüse und ein heller, duftiger Estragonschaum für die süffige aromatische Untermalung verantwortlich. Nicht ganz so pointiert und ausdrucksstark, aber in jedem Fall sehr harmonisch und elegant.
Sehr gelungen war auch der Hauptgang, was nicht nur an der tollen Qualität und Aromatik eines rauchig angegrillten, äußerst saftigen und schmelzigen, weil fett marmorierten Presa (Nackenstück spanischen Zuschnitts) vom Iberico-Schwein lag, sondern auch an dessen Begleitern. Insbesondere den ebenfalls von der Flamme geküssten sowie zu Chutney verarbeiteten Aprikosen, die daraus in Kombination mit fluffig-knuspriger Polenta, grünem Spargel und Karotte ein sommerliches Grillgericht ohne den in den vergangenen Jahren Land auf Land ab inflationär bemühten Barbecue-Charakter machte. An der perfekt beschaffenen goldbraun glänzenden Jus mit herzhafter Tiefe, ausgewogener karamelliger Süße und einem Hauch Säure konnte man ebenfalls sehr gut sehen schmecken, dass Enrico Hirschfeld ein Koch mit souveränen Skills ist.
Und daran ließ schlussendlich auch das Dessert keinerlei Zweifel, denn was hier aus Erdbeere, Sauerrahm und einem Hauch von Valrhonas Guanaja-Schokolade gezaubert wurde, war mehr als bloß das Kunsthandwerk, das die hauptsächlich aus Sauerrahmmousse imitierte Jumbo-Erdbeere auf den Teller brachte. Hier war das Erdbeeraroma in verschiedenen Spielarten sehr gut herausgearbeitet, waren alle Konsistenzen fein abgestimmt und die Proportionen stimmten. Im Zusammenspiel mit den spannenden Weinempfehlungen von Felix Schilling, der gerne die ausdrucksstark gereifte Charakterweine von Erzeugern wie Holger Koch oder Hans-Peter Ziereisen in die Gläser seiner Gäste gibt, in seinem Keller aber auch sonst für nahezu jeden Geschmack und Anlass etwas Passendes in der Hinterhand hat, sind hier genussvolle Stunden auf hohem Niveau garantiert.

Hotelempfehlung

Hotel Schillingshof

Lappstr. 14,
37133 Friedland
05504-228
www.schillingshof.de
Einzelzimmer: 65 €
Doppelzimmer: 119 €

VISA

Das familiengeführte Hotel und Restaurant Schillingshof liegt ruhig und beschaulich in der kleinen Ortschaft Groß Schneen bei Friedland, nur gut zehn Autominuten südlich von Göttingen. Die sechs Hotelzimmer im dem gemütlichen Fachwerkhaus sind allesamt modern renoviert, hell und zeitlos gestaltet, mit klaren Formen und dezenten, natürlichen Farben. Die Zimmer sind mit Flachbild-Fernsehgeräten und einem Sitzbereich ausgestattet; in den Bädern stehen kostenfreie Pflegeprodukte und ein Haartrockner zur Verfügung. Außerdem nutzen die Gäste überall im Haus kostenloses WLAN. Das Kulinarische wird im Schillingshof nicht nur beim Frühstück (kontinental und à la carte) großgeschrieben, sondern insbesondere auch im mehrfach ausgezeichneten Restaurant mit seiner leichten, kreativen Küche. Restaurant Schillingshof separat erwähnt.

Bezahlkarten-Symbole

- Mastercard
- EC-Maestro
- Diners
- American Express
- VISA Visa

Landhaus Biewald

Weghaust. 20,
37133 Friedland
05504-93500
www.biewald-friedland.de
Einzelzimmer: 99–120 €
Doppelzimmer: 129–490 €
EC VISA

Im Dezember 2019 hat das Landhaus Biewald in Friedland bei Göttingen sein komplett neu errichtetes Hotelgebäude eröffnet, mit dem der Familienbetrieb nun um 12 Komfort-Doppelzimmer, 6 Komfort-Plus-Doppelzimmer, ein behindertengerechtes Komfort-Plus-Doppelzimmer sowie eine 74 qm große Wellness-Suite mit eigener Sauna erweitert wurde. Die Zimmer sind alle als Einzel- und Doppelzimmer buchbar – außerdem besteht bei sechs Zimmern mit Verbindungstür die Möglichkeit, diese auch als Familienzimmer zu nutzen. Die exklusive Wellness-Suite verfügt über zwei getrennte, mit modernen Boxspring-Doppelbetten ausgestattete Schlafzimmer, Safe, Minibar, zwei Flachbildfernseher sowie viele weitere Annehmlichkeiten eines modernen 4-Sterne-Hotels. Auch alle anderen Zimmer sind komfortabel und allergikergerecht ausgestattet (teilweise mit Balkon) und verfügen über schnelles WLAN. Auch eine E-Zapfsäule und moderne Tagungstechnik stehen zur Verfügung. Für das kulinarische Wohl ist in den Restaurants „Im Wintergarten“ mit regionaler und mediterraner Küche (à la carte) und dem vielfach ausgezeichneten Gourmetrestaurant „Genießer Stube“ (ein täglich in Auszügen wechselndes Menü) gesorgt. Restaurant Genießer Stube separat erwähnt.

Friedrichshafen (Baden-Württemberg)

5

Die Speiserei

im Hotel Maier

Poststr. 1–3, 88048 Friedrichshafen
07541-4040
www.hotel-maier.de
Täglich von 12–14 Uhr u. ab 18 Uhr, kein RT
Hauptgericht: 18–36 €, Menüs: 40–74 €
EC VISA

Mit neuem Namen, neuem Konzept und neuem Küchenchef geht das Restaurant im alteingesessenen, aber sukzessive modernisierten Hotel Maier gewissermaßen in eine neue Ära. Im vorderen Bereich moderner gestaltet und im hinteren traditioneller, spricht die Speiserei schon atmosphärisch ein breites Publikum an, tut dies mit einer vielseitigen Speisekarte aber auch kulinarisch. Um das Konzept einer zeitgemäßen und nachhaltigen Regionalküche mit Leben zu füllen und mit Substanz zu hinterlegen, wurde in der Person von Philipp Heid ein sehr erfahrener und talentierter Küchenchef engagiert, der nicht nur unter Harald Wohlfahrt und als langjährige rechte Hand von Dirk Hoberg im Konstanzer Ophelia viel Gourmeterfahrung gesammelt hat, sondern sich in der Schweiz auch schon selbst erfolgreich als Küchenchef eines exklusiven Feinschmeckerlokals beweisen konnte.
Und so gern wir die Gourmetküche grundsätzlich auch haben – für uns ist es immer ganz besonders reizvoll, wenn sich ein mit allen Kochwassern gewaschener Chef dem expliziten Fine Dining abwendet und stattdessen mit seiner Expertise einer bürgerlicheren Küche zuwendet, die nicht als zeitaufwendige Experience an wenigen Abenden in der Woche inszeniert wird, sondern wie hier an sieben Tagen in der Woche mittags und abends zu haben ist. Und zwar in Form dreier unterschiedlicher Menüs, von denen eines vegetarisch ist und alle den Slowfood-Grundgedanken widerspiegeln.
Der unverfälschte Geschmack guter, handwerklich hergestellter bzw. artgerecht aufgezogener Lebensmittel aus der Region steht hier also auf dem Programm – was Philipp Heid aber nicht davon abhält, sie mit Pfiff und Raffinesse in Szene zu setzen. So wie beispielsweise den wunderbar mild geräucherten, mageren Bodensee-Aal, dessen dünne saftige Streifen mit süßsäuerlichen schwarzen Rettich- und Ra-

dieschenscheiben, roten Zwiebeln sowie Kräuterspitzen auf einem fruchtigen, mit Senfsaat-Vinaigrette angemachten Salat von Alblinsen angerichtet waren. Und dergestalt einen sehr ausgewogenen und dynamischen Eindruck machten.
Der Chef weiß einfach, wie es geht, und muss für raffinierte bodenständige Gerichte kein Hokuspokus veranstalten. Dem Schaumsüppchen vom „Alten Fränkischen Satz" gibt er mit Topinambur und Walnussöl eine erdig-nussige Richtung, die mit Apfel und Verjus ebenfalls fruchtbetonte Suppe des anderen Menüs bekommt mit Kalbsbries eine attraktive Einlage und die gefüllten Kartoffeltaschen werden mit Nussbutter, jungem Spinat und Alpkäseschaum zum originellen vegetarischen Hauptgang.
Sorgfältiges Handwerk und souveränes Aromengespür ließen auch die traditionell gefalteten, mit harmonisch gewürzter Zanderfarce gefüllten Maultaschen erkennen, die auf zart knackigem (und nicht etwa ledrig-zähem) Lauch à la Creme und mildwürzigem Pfefferschaum angerichtet waren und von verschiedenen Kräutern und Kressen einen grünfrischen Oberton verliehen bekamen. Das panierte gebackene Kotelett vom Schwäbisch-Hällischen Landschwein kam mit rösch ansautierten Flower Sprouts und Bärlauch-Schupfnudeln ganz gediegen und gutbürgerlich daher, zog aber genug Raffinement aus der weit überdurchschnittlichen Fleischqualität, die das zupackende Gericht zum Gaumenkitzel werden ließ.
Farina Bona, das rare Mehl aus geröstetem Mais, das nur im Schweizer Valle Onsernone produziert wird, hat Heid vermutlich während seiner Zeit im Parkhotel Vitznau kennen und schätzen gelernt. In seiner neuen Arbeitsstätte am Bodensee macht er daraus eine schmelzige süßliche Mousse und liiert sie mit Kompott und Sorbet von Birnen, die auf Fischbacher Boden zu vollem Aroma gewachsen sind. Zusammen mit dem zarten, luftigen Biss einer Art Baiser-Hippe und auch sonst sehr aparten Konsistenzen und Proportionen tendiert das schon wieder fast in den Gourmetbereich.

Hotelempfehlung

★★★★

Naturresort Gerbehof

Gerbehof,
88048 Friedrichshafen (Ailingen)
✆ 07541-50020
www.gerbehof.de
Doppelzimmer: 140–230 €

Der familiengeführte Gerbehof ist eine ländliche Oase in Bodensee-Nähe, umgeben von Wäldern und Obstplantagen. Bei der Einrichtung wurde größter Wert auf die Verwendung von natürlichen Materialien gelegt. So ist zum Beispiel ein Teil des Interieurs aus eigenem Holz in liebevoller Handarbeit geschreinert worden. Mit vielen kleinen und großen Details wurden Appartements und Suiten in Vollholz gebaut. Der neue Wellnessbereich lockt mit Privat-Spa, Blockhaus-Außensauna mit Ruheraum, einem Natur-Innen-Spa-Bereich mit verschiedenen Saunen, Liegewiese, Massagen, Körperbehandlung auch auf energetischer Basis- und Natur-Kosmetikanwendungen. Es gibt eine eigene Reithalle (Ponyreiten, Reitunterricht…) und auch ein eigener Wald-Spielplatz befindet sich auf dem Gelände. Bio-Frühstücksbuffet (100 % biozertifiziert) mit zum Teil eigenen Produkten!

Fulda (Hessen)

7

Christian & Friends Tastekitchen

Nonnengasse 7, 36037 Fulda
✆ 0162-4139588
www.christianandfriends.de
Küchenchef: Christian Steska
Mi–Sa ab 19 Uhr, So–Di RT
Menüs: 129 €

Mit jetzt mehr Platz und weniger Servicezeiten hat sich die einst als legeres Wohnzimmerlokal mit Mittagsservice und buntem Programm gestartete Tastekitchen in Fuldas sehenswerter barocker Altstadt mit ihren hübschen kleinen Gassen zum veritablen Gourmetrestaurant gewandelt, das wie fast alle an vier Abenden in der Woche ein einheitliches Menü ohne Auswahlmöglichkeiten bietet. Und damit auch ein bisschen vom unkonventionellen Geheimtipp zum Renommierobjekt. Sie sieben einfallsreich komponierten und mit viel Fingerspitzengefühl aufs Porzellan gebrachten Gänge kommen ohne übertriebenen Detailaufwand aus, punkten dafür aber umso mehr mit schmissigen, markanten Ideen und hohen Produktqualität. In Kombination mit den von Jens Diegelmann flexibel und feinfühlig auf Gast und Anlass angestimmten Weinempfehlungen aus einem bemerkenswerten individuellen Fundus ergibt sich daraus ein lohnendes Genuss-Gesamtpaket.

Fürstenhagen
(Mecklenburg-Vorpommern)

9

Klassenzimmer

im Hotel & Restaurant Alte Schule

Zur Alten Schule 5,
17258 Fürstenhagen
039831-22023
www.hotelalteschule.de
Küchenchef: Daniel Schmidthaler
Mi–So ab 18.30 Uhr, Mo u. Di RT
Menüs: 160 €

VISA

Einerseits ist es sehr erstaunlich, dass so tief im Off der Mecklenburgischen Seenplatte ein Restaurant mit einer derart kreativen und anspruchsvollen Küche existiert und sich seit Jahren kontinuierlich auf hohem Niveau weiterentwickelt. Andererseits aber auch wieder nicht, denn Nicole und Daniel Schmidthaler müssen sich hier draußen in der dörflichen Idylle an der Grenze zwischen Brandenburg und Mecklenburg-Vorpommern deutlich mehr anstrengen, um das Gourmetpublikum zu einer ausgedehnten Landpartie zu bewegen. Und das gelingt ihnen eben nicht nur atmosphärisch mit ihrem Kleinod in der ehemaligen Dorfschule von Fürstenhagen samt komfortabler Hotelzimmer in Alt- und Neubau, sondern auch mit einer äußerst spannenden und individuellen Naturküche, die ihren Fokus sehr klar und deutlich aber ohne Dogma auf die besten Produkte der Region richtet.

Was in dem ehemaligen Klassenzimmer – daher auch der Name des Gourmetrestaurants – im Rahmen eines siebengängigen Menüs den Abend über geboten wird, ist schon seit Jahren ein sehr eigenständiger Stil, der jedem Gast garantiert sehr viele neue Eindrücke bescheren wird. Und zwar ganz egal, wie weit man bereits in der kulinarischen Welt schon herumgekommen ist. Denn es gelingt Daniel Schmidthaler immer wieder aufs Neue, den Geschmack der Region und der jeweiligen Saison seiner Wahlheimat auf die Teller zu bringen, diese aber nicht allzu nordisch und spröde anmuten zu lassen, indem er nämlich nach wie vor immer auch ein bisschen seine österreichischen Wurzeln durchschlagen lässt. Und das ließ hier in den vergangenen zehn Jahren doch eine relativ unvergleichliche Handschrift reifen, die offenbar mit dem Umbau der Küche und den damit entstandenen neuen Möglichkeiten zu noch mehr Präzision gefunden hat.

Und zu einer ausgefuchsteren Dramaturgie des Menüs, das zuletzt in Gestalt einer grünfrisch-säuerlich mit Spargel, fermentierten Himbeeren und Wildkräutern befüllten Mürbteig-Tartelette und etwa gegrilltem mariniertem Fenchel mit Linsen und Rapssaat als sehr natürlich belassene und dennoch sehr ausdrucksstarke aromatische Einstimmung begann. Ebenfalls sehr natürlich, nämlich eine natürliche Umami-Bombe, war der darauffolgende intensive Pilztee, der in Liaison mit geräuchertem Rapsöl zum seidenweichen aromendichten Gaumenschmeichler wurde. Eine besondere Freude ist im Klassenzimmer, wo an vielen Stellen mit humorvollen Details an die schulische Vergangenheit des Gebäudes angeknüpft wird, immer auch das frisch gebackene Brot. Zuletzt Kartoffelbrot und ein etwas dunkleres, vermutlich auf Roggenbasis hergestelltes Sauerteigbrot, die mit aufgeschlagener Salzbutter, einem typisch österreischichen „Kartoffelkäs“ und köstlich schmelzigem Schinken aufgetischt wurden.

Mit herben grünen Aromen und Bitternoten spielte der erste Gang, der bewusst sehr knackig gehaltenen weißen Spargel – mit Postelein belegt und einer Vinaigrette aus feingewürfeltem Spargel, Bärlauch und Waldmeister nappiert – neben ein säuerliches Schmorgemüsepüree mit geröstetem Mohn stellte. Kein unkomplizierter harmonischer Schmeichler, aber ein sehr animierender und spannender Auftakt, der zugleich ein sehr erkenntnisreicher Teaser für Daniel Schmidthalers avantgardistische Naturküche war und verdeutlichte, wie der Chef und sein Kulinarium ticken.

Dem dezent säuregebeizten und nur sehr soft temperierten Saibling, der sich in zarten Filetsträngen unter einem kleingewürfelten Gurkensalat, großen Blättern von Knoblauchrauke und eingelegten Holunderkapern versteckte, hatte eine innen schmelzige und außenherum knusprig angeröstete halbierte und mit reichlich Hechtkaviar gekrönte Kartoffel der Sorte Bamberger Hörnla zur Seite. Vermählt wurde alles sehr subtil von einem geschmeidig rahmig gebundenen Kartoffelsud, der ein bisschen wie eine Art Röstkartoffel-Beurre-blanc geschmeckt hat.

Die typische vegetabile Süße eines Erbsenpürees und die Säure einer Sauce von fermentierten Karotten formatierten sich beim nächsten Zwischengang als aromatischer Unterbau für gebratenes und mit Jus glasiertes Lammbries und waren ein durchaus spannendes Fundament. Wieder von verschiedenen Wildkräutern aber auch von Quellern mit herbfrischen und mineralisch-salzigen Obertönen angereichert, von Backerbsen knusprig akzentuiert und mit getrocknetem Lammherz überflockt, war auch das ein originelles Zwischengericht mit viel unkonventionellem Wohlgeschmack.

Und genau das ist es, worum es hier geht: mit den nicht alltäglichen Aromen seltener oft wilder Gewächse, vergessener Gemüsesorten und in der Gourmetwelt weniger populärer Produkte oder sogar unbeliebter Teilstücke ein außergewöhnliches, im besten Falle durch geniale Kombinationen auch unvergessliches Geschmackserlebnis zu kreieren. Das gelang auch mit einem ausdrucksstarken Gemüsespinat aus Roter Heinrich, Huflattich, Radieschenblättern und Estragon in Kombination mit dessen laktisch-rahmigem Bett aus Mandelcreme, die im Akkord mit intensiver reduzierter Rauchfischjus die kraftvolle Grundlage für festfleischigen Hecht stellten. Der war wiederum mit einer würzig-fruchtigen Glasur aus Waldstauden-Shoyu mit Johannisbeeren eingelassen sowie mit der ätherischen Frische und Schärfe einiger Radieschenscheiben belegt und ebenfalls ein starker Player in diesem dynamischen und kontrastreichen Zusammenspiel, in dem trotzdem alles sehr harmonisch ineinandergriff.

Dass das auch auf vegetarischer Ebene super funktionieren kann, zeigte das entsprechende Intermezzo aus geschmortem Kopfsalat mit jungen Brennnesselblättern, frittierten Lindenblättern und Sprossen auf einer milden buttrigen Sauce von fermentierten Pilzen. Auch und vor allem im Zusammenspiel mit dem à part auf einem Schälchen zum wechselseitigen Degustieren und Erfrischen mitgelieferten Rhabarbersorbet, das seinerseits mit Himbeere, Pilzstaub und Petersilie in einen spannenden Kontext gestellt war und mit dem Grünzeug kongenial interagierte.

Auch zum Hauptgang blieb es bei dem ereignisreichen, kontrastiven Stil aus kreativen Kombinationen, diesmal wieder mit einem großartigen, charakterstarken Hauptprodukt im Mittelpunkt, nämlich ein gegrilltes, kernigschmelziges Schulterstück vom friesischen Wagyu-Beef. Mit roter Schmorpaprika, eingelegten Tannenwipfeln und der knusprig gepufften Rindersehne getoppt und begleitet von einem seinerseits spannenden Dreiklang aus nach Salzpflaumenart eingemachtem und von Buttermilch schlotzig gehaltenem Aprikosenkompott, wildem frischem Meerrettich und einem daraus hergestellten Gel sowie einem puren reduzierten Rinder-Schmorsaft. Das auch haptisch facettenreiche Bild komplettierten knusprige Bucheckern, die ihrerseits auch noch eine nussige Nuance zur Entstehung dieses vielseitigen und originellen Geschmacksbilds beisteuerten.

Außergewöhnlich und trotzdem unter klassischen Gesichtspunkten vollkommen harmonisch war auch das Dessert, das sich aus einem Schichtwerk von nussbuttrig-karamelligem Sauerteigbrot, mandeligem Mispelkern-Rahmeis und einem dichten Schaum von Zwetschge und Mispelkernöl mit Sauerteigcroutons darin, dem markanten kräuterwürzigen Aroma eines Gierschsorbets und Mispelkompott zusammensetzte. Und allein für die ofenwarmen, mit einer süchtig machenden Rum-Vanillesauce getränkten Marillenbuchteln nebst Douglasien-Granité würden wir jeden noch so umständlichen Umweg nach Fürstenhagen in Kauf nehmen.

Auch Wein spielt hier eine große Rolle. In der nach verschiedenen Charakteristika gegliederten Weinkarte gibt es viele österreichische Gewächse, aber auch Frankreich, Italien und natürlich Deutschland sind gebührend vertreten – mit Gewächsen von Erzeugern wie Holger Koch oder Wasenhaus charaktervoll und individuell wie die Küche selbst. Die glasweisen Empfehlungen von Gastgeberin Nicole Schmidthaler erweisen sich immer wieder als gewinnbringende Begleiter für die einzelnen Gänge aus dem Menü ihres Mannes.

Hotelempfehlung

Hotel Alte Schule

Zur Alten Schule 5, 17258 Fürstenhagen
039831-22023
www.hotelalteschule.de
Einzelzimmer: ab 90 €
Doppelzimmer: ab 110 €
VISA

Im kleinen Ortsteil Fürstenhagen der Gemeinde Feldberger Seenlandschaft im südlichen Mecklenburg-Vorpommern liegt das Hotel Alte Schule in abgeschiedener ländlicher Idylle. Das ehemalige Schulgebäude bildet das heutige Haupthaus, was einst ein Klassenzimmer war, ist heute ein von Gastgeberfamilie Schmidthaler ambitioniert und individuell geführtes Gourmetrestaurant und in dem erst vor kurzer Zeit renovierten Wintergarten befindet sich das vegetarische Restaurant Schulgarten. Die übrigen Räume wurden mit viel Liebe zum Detail zu acht hellen und gemütlichen Doppelzimmern im Landhausstil umgestaltet. Das später erbaute Gästehaus gegenüber der Alten Schule ist mit seinen zehn Maisonettzimmern das Highlight für Paare, Familien oder all die, die es sich auf zwei Etagen und zwei separaten Schlafräumen gemütlich machen möchten. Alle Räume bieten einen Balkon mit Blick über endlose Felder und Wiesen. Zum pittoresken Anwesen gehören auch die alte Dorfkirche, das Standesamt und ein Festsaal. Alles kann hier in kurzer Zeit zu Fuß erreicht werden. In unmittelbarer Nähe befinden sich der Wootzensee sowie viele andere Schmelzwasserseen, zahlreiche Moore und die einzigartigen „Heiligen Hallen", die ältesten geschützten Buchenwälder Deutschlands. Ruhe und Natur pur sind zu Fuß, mit dem Boot oder dem Fahrrad erlebbar. Restaurant Klassenzimmer separat erwähnt.

Fürth (Bayern)

5

Kupferpfanne

Königstr. 85, 90762 Fürth
0911-771277
www.ew-kupferpfanne.de
Mo–Sa von 11.30–13.30 Uhr u. ab 18 Uhr, So u. Fei RT
Hauptgericht: 30–38 €, Menüs: 36–78 €
VISA

Wer beim Essengehen Überraschungen nicht mag, sondern sich lieber genau dessen sicher sein will, was er bekommt, ist in Erwin Weidenhillers Kupferpanne genau richtig. Keine Variationen von irgendwas, keine kreativen Eigeninterpretationen und keine verwegenen Produktkombinationen: Alles, was der Chef auf seiner Karte in schöner geschwungener Schreibschrift zu recht stolzen Preisen offeriert, präsentiert sich auf dem Teller exakt so, wie es angekündigt war. Hier wird eine klassische 3-Komponenten-Küche geboten, bei der kaum mehr als jene drei tonangebenden Produkte auf den Teller kommen, die auch auf der Karte stehen. Und es wird nichts großartig verkünstelt, verpackt oder verändert. Und weil die Produkte von guter Qualität sind, die Saucen Klasse haben und auch sonst mit viel Fingerspitzengefühl gekocht wird, funktioniert das hier schon seit so langer Zeit so überzeugend.

6↑

TIM's KITCHEN

Friedrichstr. 22, 90762 Fürth
0911-740560
www.timskitchenfuerth.com
Küchenchef: Tim Reinwald
Do–Sa ab 18 Uhr, So–Mi RT
Menüs: 90–140 €
VISA

Im stylischen Werners Boutique Hotel direkt in der Fürther Innenstadt hat sich mit Tim's Kitchen ein ebenso schick designter Genussort

etabliert, der mit seinem dunklen, warm illuminierten Interieur und einem lebendig grünen Innenhof einen sehr angenehmen Rahmen für eine genussvolle Auszeit bietet. Schon seit der Eröffnung wurde hier sehr engagiert aufgekocht und nach den zwar ambitionierten, aber teils noch etwas holprigen und überspannten ersten Jahren zuletzt ein zunehmend höheres Niveau etabliert.
Typisch für Tim Reinwalds Küche sind dabei markante, auf wenige knallige Komponenten fokussierte Teller, deren pfiffige Ideen zwar nicht in jedem Detail bis aufs Letzte ausgefeilt sind, aber mit ihrer klaren und kraftvollen Sprache dennoch viel Spaß machen und hohes Niveau bieten. Die perfekte Einstimmung darauf waren zuletzt eine knusprige Tartelette mit Crème fraîche und Saiblingskaviar genauso wie die von nerviger Säure belebte Variation von Roter Bete in eingelegter, gelierter, schaumiger und knuspriger Form.
Den ersten regulären Eindruck schaffte der trendige und von Garmisch bis Flensburg kaum noch umgehbare Hamachi, allerdings in überraschend guter Qualität, der hier als Tatar und Sashimi präsentiert wurde. Zusammen mit dunklen jodigen Algenstreifen, einem forsch schärfenden Wasabieis und knackigen marinierten Gurkenkugeln auf einem mit Schnittlauch aromatisierten Gurkenfond angerichtet, wirkte diese Vorspeise auch als Komposition angenehm klar und präzise.
Einen echten Knaller schickte das Team im letzten Menü mit der Kombination von fleischigen gebratenen sowie cremig confierten Maitake-Pilzen, die in luftig aufgeschäumter Sherry-Beurre-blanc mit feiner Würze und dem typischen Sherryaroma eine gleichermaßen süffige wie fein strukturierte Umgebung für dünne Scheiben von nach Pastramiart zubereitetem Wagyu schafften, die hier mit ihrem Schmelz und pikanter Pfeffrigkeit im Zentrum standen. Das war so wunderbar dicht und auf engem Raum dennoch differenziert, dass wir dafür 7 Pfannen notiert haben.
Ebenfalls überzeugend gelang der Seeteufel, der in festfleischig-zarten Scheiben von guter Qualität und Frische in einem erdig-maritimen Umfeld präsentiert wurde. Während ein konzentrierter Sud aus seinen Karkassen, der mit enormem Druck und feinem Safranduft zusammen mit einer üppigen Kaviarnocke das Maritime unterstrich, stand cremiger und gebackener Sellerie für die erdige Seite dieses Hauptgangs, mit dem die Küche ein weiteres Mal ganz ohne unnötige Schlenker genau auf den Punkt kam.
Und weil auch der süße Abschluss mit einem Mangoeis mit Bananenchips neben einer weißen Schokoladenkuppel mit Kokosschaum und Mangostücken zwar insgesamt ein bisschen zu sehr auf der weichen und süßen Seite angelegt war, aber durch die luftig leichten Konsistenzen dennoch einen beschwingten Abschluss bot, gibt's in diesem Jahr eine weitere verdiente Aufwertung, verbunden mit der Feststellung, dass hier durchaus auch ein noch höheres Level in Reichweite ist. An der gut sortierten und fair kalkulierten Weinauswahl und dem charmanten Serviceteam würde das jedenfalls sicher nicht scheitern.

Hotelempfehlung

Werners Boutique Hotel

Friedrichstr. 20–22,
90762 Fürth
0911-740560
www.werners-hotel.de
Einzelzimmer: 75–99 €
Doppelzimmer: 109–160 €

In dem familiengeführten Boutique-Designhotel mit zwei Restaurants in der Fürther Innenstadt laden die Reinwalds Business- und Städtereisende in 34 gepflegte, individuell gestaltete Zimmer. Je nach Anspruch und Bedürfnis gibt es sowohl die funktionell ausgestattete, kostengünstige „regular“-Kategorie, als auch Einzel- und Doppelzimmer der gehobenen Klasse. Diese „comfort“-Einzel- und Doppelzimmer gibt es vom mediterran-spanischen bis hin zum geradlinig-modernen Ambiente, allesamt großzügig ausgestattet und ruhig gelegen, mit großen Betten, großem Schreibtisch, teilweise seperaten Sitzmöglichkeiten, Flat-TV, Telefon, Minibar, Dusche, WC und einer Auswahl an Kosmetikprodukten. Auch ein Studio-Zimmer mit eigenem Whirlpool und eine Suite mit zwei Schlafzimmern stehen für einen entspannten Aufenthalt bereit. Das Frühstück besticht durch frische und größtenteils regionale Produkte (auf Wunsch auch frisch zubereitete Eierspeisen). Restaurant TIM's KITCHEN separat erwähnt.

Gehrden (Niedersachsen)

7

Berggasthaus Niedersachsen

Köthnerberg 4,
30989 Gehrden
05108-3101
www.berggasthaus-niedersachsen.de
Küchenchef: Oliver Gerasch
Do u.Fr ab 15 Uhr, Sa u. So ab 12 Uhr durchgehend, Mo–Mi RT
Hauptgericht: 18–32 €,
Menüs: 39–89 €

Der Hybrid aus Ausflugslokal und Fine-Dining-Adresse auf dem Gehrdener Berg bietet einerseits eine besondere Lage, viel Waldidylle und drinnen wie draußen ein angenehmes Wohlfühlambiente – und damit ganz unabhängig von der Küche viele Anreize für einen Besuch. Und das, was aus Oliver Geraschs Küche kommt, würden wir andererseits auch in einer wenig reizvolleren Umgebung noch sehr gut finden. Somit ist das hier gebotene Gesamtpaket aus schönem Ambiente, guter Atmosphäre und einer attraktiven Mischung aus bodenständigen traditionellen Gerichten, einem veganen und einem puristisch-substanzstarken Gourmetmenü mit Fisch, Fleich und Krustengetier umso attraktiver. Die Teller, die immer leicht verständlich und unaufgeregt schlicht, in den Details aber überraschend raffiniert daherkommen, sind absolut typisch für die Berggasthausküche, die wir aber nicht zuletzt auch wegen der erfreulich hohen Produktqualität so hoch bewerten. Auch die kleine, aber sehr individuell bestückte Weinauswahl kann sich sehen lassen.

Geisenheim (Hessen)

6

Müllers auf der Burg by Nelson Müller

im Relais & Châteaux Hotel Burg Schwarzenstein
Rosengasse 32,
65366 Geisenheim (Johannisberg)
06722-99500
www.burg-schwarzenstein.de
Mi–So 12.30–14 Uhr u. ab 18 Uhr, Mo u. Di RT
Hauptgericht: 18–59 €

Entgegen dem allgemeinen Trend in der gehobenen Gastronomie, Servicezeiten zu reduzieren und nur noch ein einheitliches Menü anzubieten, hat das federführend von Nelson Müller unter seinem Namen geführte Restaurant auf Burg Schwarzenstein nun an allen fünf Öffnungstagen mittags und abends die Türen geöffnet und bietet ohnehin schon immer hauptsächlich Gerichte à la carte. In dem stilvollen Gastraum mit Blick auf Rhein und Wein gibt es ein populäreres, für ein breites Publikum konzipiertes Programm im gehobenen französischen Brasserie-Stil. Beste Voraussetzungen für entspannten unkomplizierten Genuss, der hier von sehr gute Produktqualitäten subtanzreich untermauert wird. Auch für gepflegten Fleischgenuss ist im „Müllers auf der Burg“ gesorgt und so bleiben kaum Wünsche unerfüllt, die man an französische Brasserieküche haben kann.

Gengenbach (Baden-Württemberg)

7

Die Reichsstadt

im Designhotel „Die Reichsstadt"

Engelgasse 33,
77723 Gengenbach
07803-96630
www.die-reichsstadt.de
Küchenchef: Gerhard Hummel
Di–Sa ab 18.30 Uhr, So u. Mo RT
Hauptgericht: 26–48 €,
Menüs: 65–145 €

VISA

Das Domizil von Familie Hummel in den pittoresken Gengenbacher Altstadtgassen mit komfortablem Boutique Hotel und engagierter Gastronomie ist schon rein atmosphärisch ein tolles Ziel. Und nach der Neugestaltung des Restaurantbereichs präsentiert sich auch dieser nun noch zeitgemäßer, wirkt alles mehr wie aus einem Guss. Getoppt wird das aber ganz locker von dem geschmackvoll mit sehr Liebe zum Detail angelegten Freisitz hinter dem Haus, wo man auf unterschiedlichen üppig grün bepflanzten Ebenen die Sommerabende so genießen kann, wie wohl an keinem zweiten Platz in der Gegend.

Zumindest nicht mit einer vergleichbaren kulinarischen Untermalung, denn das Team um Patron und Küchenchef Gerhard Hummel bietet hier eine fundiert und schmackhaft zubereitete klassische Küche, die in ihrer Zweigleisigkeit ein sehr breites Publikum anspricht. Zweigleisig will hier heißen: Es wird recht klar und unmissverständlich zwischen der „Gourmet-Küche" und den „normalen" Speisekartenofferten à la carte unterschieden. Das drückt sich einerseits durch die Auswahl der verwendeten Produkte und die im Gourmetmenü bisweilen spezielleren Kombinationen aus, wird aber beispielsweise auch dadurch deutlich, dass ein Küchengruß nur jenen Gästen vorbehalten ist, die eben diese Gourmet-Offerte bestellt haben.

Stilistisch sind die Grenzen allerdings gar nicht mal so deutlich umrissen. Natürlich gibt es à la carte auch recht bodenständige Sachen wie im Vorspeisenbereich beispielsweise eine Suppe von Bärlauch und Kartoffel sowie ein Frühlingssalat mit eingelegten Zwergorangen und Sprossen, oder unter den Hauptgängen so etwas wie ein Steak vom US-Prime-Beef mit Kräuterbutter und Pommes, bei denen die Zugehörigkeit klar ist. Der gebratene Pulpo auf einem Salat von weißem und grünem Spargel mit Erdbeer-Olivenölvinaigrette oder die Terrine von der Gänseleber mit Feige, Chili und Brioche hätten aber – zumindest auf dem Papier – auch im Gourmetmenü vorkommen können.

Auf dem Teller werden die Unterschiede dann schon wieder deutlicher, denn beispielsweise der gebratene norwegische Lachs, der zwar mit einigem Eiweißaustritt, aber dennoch schön soft, glasig und blättrig neben feinsäuerlich gepickeltem Gemüse und kompakten Kartoffel-Blinis angerichtet war, wirkte deutlich üppiger portioniert und etwas gröber arrangiert als die Vorspeise des Gourmetmenüs. Die drehte sich um einen Riegel vom mageren Rückenfleisch eines Gelbflossenthunfischs von gar nicht schlechter Qualität, die tatakimäßig wirklich sehr akkurat kurz und knapp auf beiden Seiten angebraten und deshalb auch kaum randtrocken war. Außerdem nur erfreulich defensiv gewürzt, so dass das Gericht ausschließlich von den flankierenden Komponenten eingelegter Gurke nebst Wasabimayo, Creme von fermentiertem schwarzem Knoblauch und Sesam sowie roter Shisokresse akzentuiert wurde. Das ist natürlich eine Kombination, wie sie aktuell in jedem zweiten Fine-Dining-Lokal auf der Karte stehen könnte – als solches aber durchaus ansprechend umgesetzt.

Individueller präsentierte sich zum Beispiel das hauchdünn panierte und ausgebackene Kalbsbries von ebenfalls sehr guter Qualität, das mit schmelzigen Flocken von gebeiztem Eigelb überschneit auf geschmortem und mit einer Chimichurri überzogenem Romanasalat angerichtet wurde. Ein dunkler aber leichter Sud spendete dem kräuterwürzig-knackigen Fundament des zarten Bries zusätzliche Tiefe, so dass bei aller Leichtigkeit ein geschmackssatter Eindruck entstand.

Und der herrschte auch in der direkten Nachbarschaft einer in jederlei Hinsicht wirklich absolut properen saftig-krossen Tranche vom bretonischen Wolfsbarsch vor, wenngleich dieses

Schichtwerk von geschmorter Aubergine und Tomate nicht bloß durch die beigefügten Kapern grenzwertig salzig ausfiel. Abgesehen davor war aber auch das im Zusammenspiel mit einer rahmigen, zitronengrasduftigen Tom-Kha-Gai-Schaumsauce ein attraktives Gericht, eine schmackhafte Verbindung mediterraner und fernöstlicher Einflüsse.
Wer den herzhaften Teil seines Essens lieber mit Fleischgenuss beendet, wird mit Ortenauer Kalbsfilet in der Kombination mit Erbse, Kartoffel und Wassermelone etwas kreativer oder wahlweise mit einem überdurchschnittlichen Rumpsteak nebst weißem Spargel, Krazede und Hollandaise etwas handfester und traditioneller bedient. Da ist für jeden etwas dabei.
Dass sich das diesmal unterm Strich alles nur äußerst knapp auf 7-Pfannen-Level halten konnte wollen wir ebensowenig verschweigen wie die positive Tatsache, dass sich weiße Opalys-Schokolade von Valrhona zum süßen Abschluss mit den Kontrast und Dynamik spendenden Komponenten von Maracuja und Kokos zu einem lebhaft erfrischenden Dessert liierte. Und dass das ganz hervorragend mit dem im Rahmen einer alkoholfreien Getränkebegleitung servierten, milchig-nussig angereicherten und so etwas an Reis erinnernden Jasmintee-Variante korrespondierte. Überhaupt präsentierten sich die allesamt auf Tees basierenden und selbst zusammengestellten Getränke nicht nur aromatisch überraschend gut zu den Gerichten abgestimmt, sondern auch schön schlank und zurückhaltend. Bei Bedarf eine veritable Alternative zur gut sortierten Weinkarte.

5

Pfeffermühle

Victor-Kretz-Str. 17,
77723 Gengenbach
07803-93350
www.pfeffermuehle-gengenbach.de
Fr–Mi von 11.45–14.15 Uhr u. ab 17.30 Uhr, Do RT
Hauptgericht: 14–36 €,
Menüs: 34–68 €
VISA

Die Pfeffermühle ist ein gemütliches Restaurant in einem wunderschönen Fachwerkhaus am historischen Marktplatz von Gengenbach. Hier steht Familie Armbruster seit vielen Jahren für eine konstant hohe Qualität der Küche. Die umfangreiche Speisekarte bietet neben den beliebten badischen Klassikern auch mediterrane und exotische Gerichte an. Egal ob zum Mittagessen oder zum Abendessen, Inhaber und Küchenchef Axel Armbruster beherrscht sein Handwerk und bereitet Gerichte wie Maultäschle und Schmorbraten genauso leidenschaftlich zu wie anspruchsvollere Kreationen aus internationalen Zutaten. Im Keller des Restaurants werden neben den bekannten badischen Weinen auch einige Flaschen aus dem nahegelegenen Frankreich gelagert.

6↑

Ponyhof Stammhaus

Mattenhofweg 6,
77723 Gengenbach
07803-1469
www.ponyhof.co
Mi–Fr ab 17 Uhr, Sa, So u. Fei von 11.30–13.30 Uhr u. ab 17 Uhr, Mo u. Di RT
Hauptgericht: 28–45 €,
Menüs: 72–96 €
VISA P

„New Black Forest Cuisine“ lautet die Devise, mit der die Familie Wussler das Stammhaus am Ortsrand von Gengenbach mit modernem Spirit und ebenso viel Traditionsbewusstsein führt. Die Lehr- und Wanderjahre bei international bekannten Chefs im In- und Ausland haben Küchenchef Tobias Wussler den Schliff und den Input gegeben, der es ihm nun ermöglicht, hier einen Spagat zwischen Tradition und Innovation zu machen, der alte Stammgäste mitnimmt und auf neue Gäste interessant wirkt. So finden sich auf der Karte traditionellere Heimatgerichte oder internationale Klassiker wie Wiener Schnitzel, Cordon Bleu oder besondere Steak-Cuts vom Holzkohlegrill mit klassischen Beilagen ebenso wie eine moderne Küchenlinie, die als fünfgängige Speisefolge mit ausreichend Auswahlmöglichkeiten zur Variation ganz nach Gusto, Produkte und Aromen aus aller Welt gekonnt einfallsreich und kreativ miteinander verbindet. Und zwar nicht bloß originelle Ideen und viel fürs Auge oder für Instagram, sondern auch klassische Substanz für den Gaumen.

Hotelempfehlung

★★★★

Designhotel Die Reichsstadt

Engelgasse 33,
77723 Gengenbach
✆ 07803-96630
www.die-reichsstadt.de
Einzelzimmer: 85–115 €
Doppelzimmer: 130–285 €

In dem familiär geführten Designhotel inmitten der pittoresken Gengenbacher Altstadt warten nach dem Um- und Neubau im vergangenen Jahr insgesamt 17 Zimmer und 4 individuell geschnittene und ausgestattete Suiten auf die Gäste. Ausgewählte Materialien, modernes Interieur und die komfortabel ausgestatteten Badezimmer untermalen das Bild von stilvoller Behaglichkeit. Auf der Dachterrasse oder im lauschigen, hübsch angelegten Gastgarten kann man auch an der frischen Luft die Seele baumeln lassen; an der neuen Lobby-Bar gepflegte Drinks genießen. Restaurant Die Reichsstadt separat erwähnt.

Bezahlkarten-Symbole

- Mastercard
- EC-Maestro
- Diners
- American Express
- VISA Visa

Gera (Thüringen)

5

Küche im Keller

Lutherstr. 20,
7546 Gera
✆ 0365-77308995
www.marco-brauch.de
Küchenchef: Marco Brauch
Di–Sa ab 17 Uhr, So u. Mo RT
Menüs: 39–59 €

In der zugegebenermaßen sonst nicht besonders attraktiven Straße, an deren Eck sich Marco Brauchs „Küche im Keller“ versteckt, weist zuerst ein begrüntes Weinfass den Weg zum Eingang. Und einmal angekommen, öffnet sich in dem Souterrain schnell eine ganz andere Welt: Das liebevoll mit historischen Küchenutensilien ausgestaltete und mit stylischer Stühlen an schlichten Holztischen ergänzte Restaurant ist ein Ort zum Wohlfühlen – und natürlich zum Genießen! Denn das klug auf zwei viergängige Menüs beschränkte Angebot bietet durchweg sehr zugängliche und dennoch anspruchsvolle Gerichte, die auch aus kulinarischer Sicht ein entspanntes Zurücklehnen leicht machen.
Das Konzept ermöglicht dem als Einzelkämpfer am Herd stehenden Chef eine erfreulich hohe Qualität, sowohl bei den Produkten als auch in der Zubereitung, bei der sich Marco Brauch nicht in überaufwendigen Details verliert, sondern erfreulich klar und fokussiert mit wenigen Komponenten auf den Punkt kommt. Daran hat sich eigentlich seit dem ersten Besuch nichts grundlegend geändert. Die klare Ausdruckskraft, eine gewisse Finesse im Detail und auch eine bei aller Schlichtheit akkuratere Optik wurden allerdings von Jahr zu Jahr immer noch weiter gesteigert. Deshalb lässt sich

– mit kleinem „Spoiler“ vorab – eindeutig sagen, dass man in der Küche im Keller schon immer sehr gut, aber noch nie auf so hohem Niveau wie aktuell gegessen hat.
Unter Beweis stellten das beim letzten Besuch fleischig zarte Flusskrebse von spürbar guter Qualität, die zwar von einer blumigen Vinaigrette mit Curryflavour, Dill und einer dunklen warmen Schärfe relativ stark dominiert wurden, gemeinsam mit dem malzig würzigen Pumpernickel darunter und einem konzentrierten Gurken-Minzshot als separatem Kontrast aber dennoch einen animierenden Auftakt ergaben.
Übrigens: Die einzelnen Gänge beider Menüs lassen sich munter austauschen oder kombinieren, so dass trotz kleiner Karte eine gewisse Flexibilität gegeben ist und. Wer also als folgenden Gang nicht den vorgesehenen Beeftea mag, kann beispielsweise auf Blumenkohl mit Haselnuss und Nussbutter umschwenken. Allerdings würde dann der klare, tiefgründige und komplexe Geschmack der Rinderessenz (eine Hommage an bestes traditionelles Handwerk!) verpasst werden, genauso wie die pfiffige Ergänzung durch ein angekrosstes Toastrondell mit Tatar von gut gereiftem Rindertatar und Kaviar.
Genauso uneingeschränkt lohnend war der Hirschrücken im Hauptgang, der zwar etwas zu lang koloriert wurde und deshalb mit einem unnötig breiten Bratrand rund um das rosa Zentrum auf den Teller kam, aber dennoch mit zartem Biss und viel Saft punkten konnte. Ergänzt wurde der Hirsch mit knackigen festen Pfifferlingen in Petersilie, einem duftig-würzigen Selleriepüree mit Vanille sowie zartem Romanesco für eine gewisse grüne Frische, die auch der voluminösen, beinahe pastös gehaltenen Wildjus einen willkommenen Kontrast bot. Dank der exakten Proportionen wirkte das kraftvoll klassische Arrangement zudem erfreulich schlank und dynamisch.
Und auch beim Dessert gelang es mit der „Birne Helene 2.0“ die eher üppigen Komponenten aus Birne und Schokolade in Form einer „Fake-Birne“ aus gefrorener weißer Schokoladenmousse, neben cremigem Vanilleeis, dunkler Schokoladenmousse sowie betont kakaoherben Schokocrumbles auf zeitgemäß lebendige und zugleich schwelgerische Art zu interpretieren. Ergänzt werden die Gerichte von einer kleinen, aber feinen Weinauswahl, deren Spektrum von Sachsen und Thüringen bis Übersee reicht und aus der sich sowohl glas- als auch flaschenweise gute Begleiter zu den Gerichten finden lassen.

Gernsbach (Baden-Württemberg)

7

Werner's Restaurant

im Hotel Schloss Eberstein
Schloss Eberstein 1, 76593 Gernsbach
07224-995950
www.schlosseberstein.com
Küchenchef: Edmund Schmidt
Mi–Sa ab 18.30 Uhr, So von 12–14 Uhr u. ab 18.30 Uhr, Mo u. Di RT
Hauptgericht: 19–47 €,
Menüs: 98–120 €
VISA

Das ist Pech, kommt aber immer wieder mal vor: Kurz nach unserem letzten Testbesuch in diesem durchaus eleganten, für den Fine-Dining-Bereich eines Schlosses aber erfreulicherweise gar nicht mal so vornehm und feudal anmutenden Restaurant hat dessen langjähriger Küchenchef Andreas Laux, der die Küche in den letzten Jahren maßgeblich geprägt hatte, das Haus leider verlassen. Umso gespannter waren wir, wie dessen Nachfolger Edmund Schmidt sich oder vielmehr seine Küche hier nun präsentieren würde. Und um die Pointe gleich vorwegzunehmen: Der neue Chef de Cuisine, der in der Vergangenheit unter anderem in Rebers Pflug in Schwäbisch-Hall und bei Joachim Kaiser in Nördlingen gearbeitet hat, garantiert hier weiterhin ein hohes kulinarisches Niveau.
Die Karte ist klein, stellt nur ein sechsgängiges Menü und zusätzlich drei oder vier Offerten à la carte zur Auswahl. Auf den ersten Blick ist auch nicht auszumachen, welcher Stil verfolgt wird. Die Produkte und Aromen sind international und kompositorisch wirkt das Ganze eher klassisch als modern – passt also in jedem Fall gut an diesen Ort. Zu den beiden kleinen Küchengrüßen, einer aromatischen und schmelzigen Schweinebauchsülze mit eingear-

beiteten Gemüsen und Meerrettichcreme als Fingerfoodsnack sowie einer Kürbis-Gyozatasche mit Pilzen gesellten sich im Vorprogramm noch dreierlei Brötchen und eine erfreulich natürliche Trüffelbutter ohne künstliches Aroma. Bei der Vorspeise um Gänseleber, Birne und schwarzer eingelegter Walnuss gelang es trotz klarem Überhang an Frucht, das Ganze nicht desserthaft süß wirken zu lassen. Einerseits durch Säure und Frische, andererseits auch durch das mutig forsche, aber gut eingebundene Mitwirken von Ingwer in dem Birnensud, der diesen Verein aus drei geleeüberzogenen „Steinen" aus Gänseleberparfait, Birnenchutney und Nusspüree untermalte. À part eine Scheibe saftiges Früchtebrot mit Haselnüssen und mehr brauchte es dann auch nicht für einen gelungenen Auftakt, der in der Gesamtschau aber vielleicht sogar den schwächsten Gang des Menüs darstellte.

Denn es ging zwar völlig unspektakulär, aber sehr ansprechend weiter, nämlich mit einem süffigen und unkomplizierten Gemisch aus perfekt homogenem Onsenei, sautiertem fleischigem Feldsalat und verschiedenem Blumenkohl, der von säuerlich-fruchtig marinierten Stücken über etwas wilden Blumenkohl bis zur mit Vadouvan aromatisierten Blumenkohl-Espuma reichte. Das schmeckte raffinierter als es in der Karte klang und auf dem Teller aussah – und dieser Umstand zog sich wie ein roter Faden durch die Speisefolge. Das Kulinarium von Edmund Schmidt ist also erfreulicherweise mehr Sein als Schein.

Der sanft confierte und leicht abgeflämmte Kaisergranat, ein kapitales und qualitativ sehr gutes Exemplar, wurde von Apfel, Sellerie und Yuzu eskortiert und von einem intensiven Krustentierschaum auf der Produktseite effektiv verstärkt. Vor allem die mildnussige, fast saucenhafte Knollenselleriecreme mit Öl von grünem Apfel, aber auch die mit Yuzugel aufgefrischten Sellerieschreiben harmonierten dergestalt erstaunlich gut mit dem zartfleischigen Langustino.

Fast schon in Richtung 8 Pfannen tendierte ob seiner außergewöhnlich guten Qualität und perfekten Zubereitung der mit einer aromatischen Schmelze aus Ochsenmark und Haselnuss gratinierte Rehrücken im Verbund mit Topinambur, Rotkohl, Blattpetersiliengnocchi und schön markant herausgestellter Cassis – nicht zu vergessen einer richtig guten, kraftvoll und doch sehr elegant anmutenden Wildjus. Wie schon auf den vorausgegangenen Tellern wird da vollkommen gegenständlich und effektfrei arrangiert und ganz uneitel nur mit Qualität, Geschmack und sorgfältigem Handwerk gepunktet. Und es fällt einmal mehr auf, dass die maßgeblichen Aromen sehr schön klar und ausdrucksstark herausgestellt sind.

Auch das Dessert um Fenchel- und Blutorangensorbet, Zitrus-Ricotta-Mousse, Zitrusfrüchtefilets und angenehm rauchig-bittere geröstete Mandeln kam erfreulich markant und schmissig, aber zu hundert Prozent harmonisch ums Eck. Da schmeckt man intensiv den Fenchel, die Mandel, die Zitrusaromen sowieso – und jede Komponente ist auf dem Punkt und aromatisch gut auf die anderen abgestimmt.

Gut abgestimmt und bisweilen originell ausgewählt sind auch die begleitenden Weine, die Restaurantleiter und Sommelier in Personalunion Sami Mandou im Rahmen seiner glasweisen Weinbegleitung ohne weitere Vorabinformation einschenkt. Er will, dass man die Gewächse unvoreingenommen verkostet und sich ein objektives Urteil bildet. Wem das zu geheimnisvoll ist, der findet in der gut strukturierten und auffallend fair kalkulierten europäische digitalen Weinkarte (als Tablet) genügend Alternativen zum Selbstauswählen.

Hotelempfehlung

★★★★S

Hotel Schloss Eberstein

Schloss Eberstein 1, 76593 Gernsbach
07224-995950
www.hotel-schloss-eberstein.de
Einzelzimmer: 115–195 €
Doppelzimmer: 158–248 €

Ein kleines und feines Hotel in einer mittelalterlichen Burg mit 17 Zimmern in traumhafter Lage, hoch über den Dächern von Gernsbach, mit sagenhaftem Ausblick ins malerische Murgtal. Die gemütlich und mit hochwertigen Möbeln und Materialien eingerichteten Zimmer bieten zeitgemäße Annehmlichkeiten wie moderne Flachbildfernseher, schnelles, kostenloses WLAN und eine Minibar. In den drei Juniorsuiten in warmen, freundlichen Farben erwartet die Gäste ein Ambiente in urigen Holzbalken. Die beiden großen Suiten (33 bzw. 45 qm) haben zusätzlich einen separaten Wohnbereich, eine freistehende Badewanne und/oder einen Kamin. Das umfangreiche Frühstück ist immer im Zimmerpreis inbegriffen. Badische Spezialitäten gibt es in der rustikalen Schloss-Schänke (täglich durchgehend geöffnet) und gehobene internationale Gourmetküche im eleganten Werners Restaurant. Zum kulinarischen Portfolio gehören auch Kochkurse und andere Veranstaltungen. Wanderfreunde finden die schönsten Wege direkt vor der Tür und auch der „Katz'sche Garten", ein Barock- und Skulpturengarten, befindet sich in Laufweite. Weitere Ziele im Umland sind der „Merkurturm" und das Fabergé-Museum. Werner's Restaurant separat erwähnt.

Glottertal (Baden-Württemberg)

5

Zum Goldenen Engel

Friedhofweg 2,
79286 Glottertal
07684-250
www.goldener-engel-glottertal.de
Do–Di von 12–14 Uhr u. ab 18 Uhr, Mi RT
Hauptgericht: 18–34 €, Menüs: 42–60 €
EC VISA P

Der Goldene Engel ist ein traditionsreiches Lokal, das bereits seit über 500 Jahren besteht. Das historische Gebäude strahlt eine einladende Atmosphäre aus und lädt dazu ein, sich in einem der nostalgischen Gasträume zum ausgiebigen Schlemmen einzufinden. Die Küche von Michael Mannel die sich überwiegend in klassischen, badisch-französischen Bahnen bewegt, folgt einer zuverlässigen Linie, die zwischen gehobenen Gerichten aus entsprechend exklusiveren Viktualien und bodenständigen Spezialitäten aus Regionalprodukten pendelt. Egal zu was man tendiert, zu leicht und akkurat oder zu deftig und hausmannsköstlich: Die Küche arbeitet mit frischen Produkten und legt großen Wert auf handwerkliche Qualität. Die Weinkarte bietet eine Auswahl an preisgünstigen Weinen aus Baden sowie aus anderen Regionen und Ländern.

Glücksburg (Schleswig-Holstein)

5

Felix

im Strandhotel Glücksburg
Kirstenstr. 6, 24960 Glücksburg
04631-6141500
www.strandhotel-gluecksburg.de
Mo–Fr ab 17 Uhr, Sa u. So ab 12 Uhr durchgehend, kein RT
Hauptgericht: 25–42 €, Menüs: 73–99 €
EC VISA P

Im weitläufigen Restaurant des Strandhotels Glücksburg mit seinem hellen, nordischen Flair und Ausblick auf Strandkiosk und Segelschiffe wird das Team um Küchenchef André Schneider täglich mittags und abends verschiedensten kulinarischen Vorlieben und Ansprüchen gerecht. Umso schöner, dass hier trotzdem auf Qualität geachtet wird und neben Traditions-Klassikern sowie verschiedenen Steaks, Lamm oder Thunfisch vom Lavasteingrill mit Beilagen nach Wahl auch noch mehrgängige Menüs im Angebot stehen. Die garantieren gute, frische Produkte und harmonischen Geschmack und konnten uns in ihrer durchaus ambitionierten, wenngleich nicht immer ganz schwankungsfreien Art in den letzten Jahren immer überzeugen. Zumal die Preise moderat sind.

10

Meierei Dirk Luther

im Hotel Alter Meierhof
Uferstr. 1, 24960 Glücksburg
04631-6199411
www.alter-meierhof.de
Küchenchef: Dirk Luther
Mi–Sa ab 18.30 Uhr, So–Di RT
Menüs: 215–240 €
EC VISA P

Die Meierei Dirk Luther ist – abgesehen von Destinationen auf Sylt – nicht nur das wahrscheinlich nördlichste Spitzenrestaurant des Landes, sondern auch eine der wenigen Orte bundesweit, an denen mit konsequent klassischer französischer Haute-Cuisine höchstes Niveau erreicht wird. In dem großzügigen Gastraum mit Blick auf die Flensburger Förde zelebriert das Team um Dirk Luther seit vielen

Jahren eine von Moden und Trends sympathisch unabhängige, in ihrer fokussierten Klarheit und handwerklichen Genauigkeit aber dennoch absolut zeitgemäße Küche. Passend zum Standort steht dabei vor allem das Beste aus dem Meer im Vordergrund, oft auch aus heimischen Fanggründen in Nord- und Ostsee – entscheidend ist die Qualität. Und entsprechend stammt dann beispielsweise Geflügel eher aus der Bresse als vom Bauernhof um die Ecke.

Neben der Tatsache, dass einen bei einem Besuch durchgängig exzellente Qualitäten erwarten, gibt es noch ein weiteres entscheidendes Plus: Hochkomplexe klassische Saucen, immer getragen von einem straffen Säurekern und aromatisch feinsinnig variiert. Dass hier außerdem natürlich auch sonst alles ausgesprochen fein abgezirkelt und gut durchdacht auf die Teller kommt, braucht dabei kaum mehr gesondert erwähnt zu werden. Das wird ohnehin spätestens bei den ersten einstimmenden Kleinigkeiten klar, die zuletzt unter anderem mit einem charakterstarken Tatar von der Makrele mit Brunnenkresse, einem geschmeidigen Lachs-Mosaik mit Nori und soft-zartem Tandoori-Chicken mit Mangogel jeweils sehr pointiert und animierend wirkten. Genau wie das ganz leicht angezogene Eigelb mit klebrig-tiefem Kalbskopfragout unter straff-säuerlichem Sherryschaum, das hier zur Eröffnung bereits obligatorisch ist und dennoch jedes Mal wieder direkt in die Genießerseele trifft.

Den ersten Eindruck, wie sehr das Team auch mit komplexeren Arrangements zu beeindrucken vermag, bot als letzter Küchengruß das süßlich klare, fein gezupfte Fleisch von Taschenkrebs in einer papierdünnen Gurkenscheibe, gekrönt von roher Auster, einem etwas dicker geschnittenen, geschmeidig zarten Sashimi von der Gelbflossenmakrele, sowie etwas Kaviar. Die edlen Meerestiere wirkten in dieser Form beeindruckend präsent, als vielfache jodige Woge, was von einer leichten Melange aus einem klaren Tomaten-Miso-Fond und Schnittlauchöl mit mildem Umami, zarter Frucht und feiner Säure ideal unterstützt wurde.

Genauso elegant ging es dann auch weiter mit rohen halbierten Jakobsmuscheln, deren fleischig-zarter Biss und reintöniger Geschmack in dieser Form sehr stark zur Geltung kamen, noch weiter gepusht von einem Topping aus kleinen Schwertmuschelscheiben, Kaviar und Vogelmiere als hellgrüne Creme und Spitzen. Aufgefangen wurden die Cocquilles von einer dunkleren, fließend zarten Spinatcreme und einer leichten Krustentiersahne, die den schwebend schwerelosen Charakter des Tellers weiter verstärkte.

In eine ganz andere Aromenwelt ging es mit dem zarten dänischen Kaisergranat – und zwar nach Fernost. Mit Blumenkohl als seidige Creme und filigraner Crunch sowie einer fein schärfenden grünen Currypaste wurden dabei exakte und markante Akzente auf dem Kaisergranat appliziert, während darunter eine dunkelfruchtige Creme aus konzentrierten Tomaten und eine schaumig-dichte Kokos-Zitronengrassauce eine zugleich komplexe und süffig-harmonische Basis bildeten.

Obwohl es bei dem durchgängig hohen Niveau schwer ist, einzelne Gänge gesondert hervorzuheben, verdient der folgende gebratene Nordsee-Steinbutt genau das. Mit den feinen Röstaromen bekam der edle Plattfisch einen besonders kraftvollen Auftritt und wurde in einer straff-duftigen Holunderblüten-Beurre-blanc platziert, deren üppigerer Körper von eingelegten Stachelbeeren mit markanter Aromatik und Säure aufgebrochen wurde und die wiederum – im Thema „grüne Aromen" – ganz wunderbar an das filigrane Topping aus Jalapeñocreme, Kopfsalat und Limonengel auf dem Fisch anschlossen. Ein echtes Highlight und unter den besten Fischgerichten des Jahres!

Entsprechend hatte es das hauchdünn knusprig ummantelte und innen geschmeidig zarte Kalbsbries trotz seiner perfekten Präsentation nicht eben leicht mitzuhalten. Dank der kraftbetont würzigen Unterfütterung mit einem dezent mit Kartoffel verfeinerten Chorizo-Confit neben üppig portionierter Brunnenkressesauce, die mit gewohnt vollem Körper neben einem feinnervigen Säurekern begeisterte, gelang das aber doch ganz hervorragend. Das einzige kleine Manko dabei war, dass sich an dieser Stelle – nicht zuletzt durch die reichliche Portionierung – ein gewisser Saucen-Overkill einstellte, der die Überlegung nahelegte, ob die Gesamtdramaturgie im Menü nicht noch gesteigert werden könnte, wenn neben den perfekten buttrig-komplexen Saucen noch mehr transparente und leicht gehaltene Varianten eingestreut würden.

Auf jeden Fall war die kraftvoll-elegante Wildjus zum folgenden Reh im Hauptgang eine willkommene Abwechslung und verhalf dem perfekt gebratenen Fleisch (hauchdünner Bratrand um einen homogen rosazarten Kern) gemeinsam mit kleinen Pfifferlingen, filigranen Selleriezubereitungen und säuerlich fruchtiger Aprikose zu einem rundum gelungenen Auftritt, der insbesondere durch die punktuelle dunkle Würze schwarzer Oliven aromatische Spannung erhielt.

Und nach einem eleganten Refresher in Form von verschiedenen Zubereitungen von der Schwarzen Johannisbeere (als Sorbet, Confit und Gel) unter einem herbfrischen Champagnerschaum wurden auch beim abschließenden Dessert noch einmal alle Register gezogen: Dieses versammelte duftige Erdbeer- und Walderdbeerkomponenten rund um eine zarte Tonkabohnenmousse und ein intensives Pistazieneis, ergänzt von weiteren konzentrierten Pistazien-Akzenten. In einem separaten Cocktailglas wurden die Leitprodukte dann durch ein leicht geliertes Champagnersüppchen noch einmal frischer variiert und schafften so ein ebenso abwechslungsreiches wie fein zugespitztes Finale.
Nicht nur dazu, sondern auch zu allen anderen Gerichten, findet Restaurantleiter und Sommelier Martin Kamman bestens abgestimmte, oft rare Weine und führt auch sonst gemeinsam mit seinem Team im Service auf zugleich entspannte und zuvorkommende Art durch den Abend – spannende Anekdoten von Winzern und aus der Weinwelt inklusive.

Grainau (Bayern)

6

Henri-Philippe

im Romantik Alpenhotel Waxenstein
Höhenrainweg 3, 82491 Grainau
08821-9840
www.waxenstein.de
Küchenchef: Holger Rösch
Täglich von 12–14 Uhr (kleine Karte) u. ab 18 Uhr, kein RT
Hauptgericht: 25–45 €,
Menüs: 42–128 €
EC VISA P

Die allgemein in der Hotel- und Gastronomielandschaft grassierenden Personalprobleme führten in dem weitläufigen Restaurant des nach seinem imposanten Hausberg benannten Hotel Waxenstein, welches in den letzten Jahren eine erfreuliche Entwicklung hingelegt hatte, heuer leider dazu, dass es in den Monaten vor unserem Redaktionsschluss vorübergehend kein normales Angebot à la carte gab und nur ein einheitliches Halbpensionsmenü offeriert wurde. Aus der Vergangenheit wissen wir zwar, dass im Rahmen des Verwöhnprogramms, das die Küche allabendlich für die Hausgäste auffährt, auch ein gutes Niveau geboten wird, aber nicht an das der beiden Gourmetmenüs (eines weltoffen-international, eines pfiffig-regional) oder kleineren Auswahl einzelner Gerichte herankommt.
Wie man uns telefonisch beim letzten Reservierungsversuch kurz vor Redaktionsschluss mitgeteilt hatte, hofft man aber, schon in Kürze personell wieder gut aufgestellt zu sein und zum regulären Restaurantbetrieb zurückkehren zu können. Das hoffen wir auch, führen die Bewertung aus der vergangenen Testsaison vorübergehend noch ein wenig weiter und werden gleich zu Beginn der neuen Testsaison ein Update im Gusto Online-Guide und der Gusto-App bringen. Bis dahin erinnern wir uns noch ein wenig zurück, zum Beispiel an einen in hauchdünnen, saftig-krossen Tramezzinimantel gehüllten Kaninchenrücken, der von einem erdig-feinsäuerlichen Linsensalat und eleganter Jus mit genügend Power und von Sauerkirsche und Aprikose mit herbfruchtigem Kontrast bespielt wurde.
Und daran, dass die einzelnen Zubereitungen nicht immer übermäßig akkurat und filigran sind, aber die Proportionen stimmen und die Ergebnisse auf eingängige Art damit auch. Das galt im vergangenen Jahr gleichermaßen für den sanft pochierten Kabeljau, der in einer Schüssel auf konzentriert würziger Grünkohlcreme angerichtet wurde, die sich harmonisch mit einer schaumig-feinsäuerlichen Fisch-Velouté ergänzte und von etwas Gemüse-Crunch aufgelockert wurde.
Mit dem akkurat rosa gebratenen Hirschrücken (der Rand einen Tick länger koloriert als notwendig) zeigte das Team schließlich, wie gekonnt und substanzstark hier mit klassischen Ideen umgegangen wird. Das feinwürzige Fleisch bekam mit herben Wildpreiselbeeren, kleinen festen Steinpilzen und einem cremig gefüllten Steinpilz-/Crêpe-Törtchen ganz typische Begleiter. Da die Preiselbeeren aber mit viel herbsäuerlicher Power und die Steinpilze mit exzellenter Qualität glänzten, außerdem auch noch etwas Kürbis- und Selleriecreme für ausgleichende Süße sorgten und sich ein subs-

tanzreicher Wacholderschaum als Sauce ebenfalls harmonisch einfügte, war das Gesamtergebnis einfach richtig gut und niveauvoll.
Das galt im Grunde auch für das Dessert rund um Thymian und Aprikose, bei dem beide Aromen abwechslungsreich und prägnant dargestellt wurden, vor allem aber sämtliche Konsistenzen von Mousse und Gelee (in einem Törtchen-Riegel) bis zum Eis von bestem Pâtisserie-Handwerk zeugten. Mit einer dritten kontrastierenden Komponente hätte das Dessert zwar vielleicht noch weiter belebt und komplexer ausgestaltet werden können, aber auch so war es ein sehr vergnüglicher Abschluss.
Aufgetragen und erklärt wurde das zuletzt noch von einem emsigen und zuvorkommenden Herrenteam im Service und auch an korrespondierenden Weinen zu fairen Kursen bestand kein Mangel. Die ganz großen Namen und Qualitäten fehlen zwar und bei der Auswahl hilft eine gewisse eigene Expertise, dann aber steht gut gefüllten Gläsern wenig im Weg. Und das wird sicher auch beim nächsten Mal wieder so sein.

Hotelempfehlung

★★★★★

Romantik Alpenhotel Waxenstein

Höhenrainweg 3, 82491 Grainau
08821-9840
www.waxenstein.de
Einzelzimmer: 80–130 €
Doppelzimmer: 150–290 €
VISA

Eine über 100-jährige Tradition liegt hinter ihm und das großartige Panorama der Zugspitze direkt vor der Haustür: Das komplett modernisierte Romantik Hotel Waxenstein in Grainau bei Garmisch-Partenkirchen bietet stilvolles Ambiente, familiäre Atmosphäre, einen schönen Wellnessbereich und vielfältige Freizeitmöglichkeiten. Die 41 Zimmer reichen von komfortabel ausgestatteten Standard Einzel- und Doppelzimmern bis zur luxuriösen Suite; der Wellnessbereich lädt zum Entspannen in Sauna, Dampfbad und einem schönen, neu renovierten Pool. Ganz nah um das Hotel in Grainau liegen die kristallklaren Bergseen Eibsee und Badersee, zahlreiche Wander- und Mountainbike-Routen, Golf-, Kletter- und Wassersport-Möglichkeiten sowie wunderschöne Skigebiete auf deutscher und österreichischer Seite. Restaurant Henri-Philippe separat erwähnt.

Grassau (Bayern)

8↑

es:senz

im Hotel Das Achental
Mietenkamer Str. 65, 83224 Grassau
08641-401609
www.das-achental.com/de/es-senz.html
Küchenchef: Edip Sigl
Mi–Sa ab 18.30 Uhr, So–Di RT
Hauptgericht: 55–85 €,
Menüs: 175–255 €
VISA

Unweit des Chiemsees gelegen und malerisch von Bergen umgeben, verbindet das Golfresort Das Achental typisch alpinen Charme auf äußerst komfortable Art mit einem gewissen Luxus. Vor allem aber bietet es – neben Wellness, Golf und reizvoller Natur – mit seinem exklusiven Gourmetrestaurant auch ein äußerst attraktives Ziel für kulinarischen Genuss. Das im Sommer 2021 mit Edip Sigl als Chefkoch eröffnete Restaurant hat sich mittlerweile fest in die

Gourmetlandkarte des Chiemgaus eingeschrieben und lockt auch viele Münchner an den Chiemsee, die Edip Sigl noch aus seiner Zeit im Les Deux kennen.

Und solche gezielten Ausflüge, auch nur des Essens wegen, lohnen sich in jedem Fall, denn auch in diesem Jahr zeigte sich, dass der ebenso talentierte wie ehrgeizige Chef hier in Grassau ganz offensichtlich auf beste Voraussetzungen, ein ideales Umfeld und ein gut eingespieltes Team zurückgreifen kann. Denn was in der – rekurrierend auf den Fokus aufs Wesentliche benannten – „Essenz" aufgetischt wird, stellt Edip Sigls Performance während seiner Münchener Zeit mittlerweile klar in den Schatten. Dazu bietet das großzügig angelegte und stilvoll elegant ausgestattete Restaurant mit dezent rustikalen Akzenten gemeinsam mit dem gut choreografierten Serviceteam einen ebenso entspannten wie passenden Rahmen.

Im Grunde bleibt nur die Wahl, ob es das rund um ausgesuchte lokale Produkte aufgebaute Menü „Chiemgau Pur" oder doch die weltoffene Alternative rund um Hamachi, Carabinero und Wagyu Beef sein soll. Der Eigenanspruch ist in beiden Fällen gleichermaßen hoch und das zeigten mit beeindruckender Präzision und Tiefenschärfe bei zugleich hochintensiven Aromen zuletzt bereits die ersten Kleinigkeiten, die sich auf einem Qualitätsniveau bewegten, das auch mit den allerbesten hierzulande mithalten kann. Sei es bei der bereits als Klassiker etablierten „Wolke" aus Zuckerwatte mit Essig, Wurzelspeck und Brotcrumble, einem duftigem Kräuter-Taco mit Saibling und Meerrettich oder einer knusprigen Tartelette mit Chiemsee-Aal, Sellerie und Apfel…

Beim rauchumwehten Rehcarpaccio auf Pilz-Duxelles, geräucherter Crème fraîche mit Bärlauchkapern, Roter Bete, rohem Champignon und Kräuterstaub fehlte dann etwas die Trennschärfe der ersten Kleinigkeiten. Zumindest kam das Reh gegenüber der intensiven Umgebung mit erdig-rauchigem Gesamteindruck eher ins Hintertreffen. Bereits beim nächsten Gang wurde mit wolkig zarten, raffiniert mit Estragonöl gefüllten Hechtklößchen ein echtes Highlight präsentiert. Ergänzt von einer straff konzentrierten, ebenfalls mit Estragon aromatisierten Beurre blanc, N25-Kaviar und einem kleinen Kartoffel-Luftkissen für filigranem Crunch ergab das wunderbar pointierte und modernisierte Klassik.

Dramaturgisch klug ausgedacht, wurde es beim folgenden Kalbstatar wieder etwas filigraner, aber mit der gleichen reduzierten Klarheit. Angerichtet war das Tatar auf einem soft gelierten, raffiniert mit Anis aromatisierten Kalbsfond, dessen duftige Würze die Kombination mit einer üppigen Menge Kaviar, Sauerrahm und Croûtons erneut durch einen kleinen Dreh aus der Tradition herausbewegte und zu einem überraschend neuartigen Erlebnis machte.

Der gleiche souverän aufs Wesentliche reduzierte und dabei aromatisch klar ausgerichtete Stil prägte dann sowohl ein perfektes, geschmeidig zartes Kalbsbries mit genügend Röstnoten, das auf einen Hauch zarte Topinamburcreme gesetzt wurde und mit sauber enthäuteten und warm glasierten Trauben sowie einem weißen Pfefferschaum mit mutig mundfüllender Schärfe einen spannenden Akkord anstimmte, als auch den anschließenden, glasig temperierten Saibling unter einer verblüffend krachend krossen, hochelegant-rustikalen Haut. Der allein handwerklich und technisch beeindruckend zubereitete Saibling wurde mit Steckrübe, Schalotte, eigenem Kaviar und frischen knackigen Erbsen vegetabil-würzig ergänzt und von einer sämig unterfütternden, raffiniert mit nussig duftendem Kernöl eingefassten Vinaigrette abgerundet.

Als Abstecher in die große weite Welt gab es knusprig gebratene Rotbarbe mit einer Art tomatisierter Fischjus, mit der die Reminiszenz an den portugiesischen Fischeintopf „Cataplana" in konzentrierter Form auf den Teller gebracht wurde – ergänzt von einem üppig duftigem Safranschaum und confierter Tomate. Und auch hier erreichten sowohl die Produktqualität als auch der einerseits harmonisch runde, andererseits um feine Details kontrastreich ergänzte Stil ein beeindruckend hohes Niveau.

Dass genau das dann auch genauso beeindruckend bei der an der Karkasse gebratenen, wunderbar saftigen und eigenaromatischen Wachtel gelang, die im Zusammenspiel mit einer mit Wachtelfarce gefüllten Spitzmorchel, grüner Brokkolicreme, knackigem Wildbrokkoli und einem Saucenduo aus Sherryschaum und Geflügeljus begeisterte, überraschte schon nicht mehr so sehr. Separat erweiterten noch die zweite Hälfte der Wachtelbrust und eine dezent im Barbecue-Style servierte Wachtelkeule den Charakter des Hauptprodukts und brachten noch mehr Ausdruckskraft ins Spiel.

Am Ende konnte auch die Rhabarber-Essenz mit mohngefülltem Topfenschaum, einem kompaktcremigen Rhabarbereis auf Topfenbasis in bester Pacojet-Manier, kleinen knackigeren Rhabarberstücken und etwas lockerem Baiser-Crunch mit Mohn als zierlicher erfrischender Abschluss voll überzeugen. Und unterstützte die verdiente Aufwertung, die mit Sicherheit noch nicht das Ende der Fahnenstange ist. Das Potenzial für eine noch höhere

Bewertung haben wir an vielen Stellen gesehen! Ganz unabhängig davon stehen der kompetent und aufmerksam agierende Service und eine stattliche, auch glasweise hochwertige Weinauswahl als sichere Bank für einen rundum erfreulichen Abend auf hohem kulinarischem und gastlichem Niveau.

Hotelempfehlung

Das Achental

Mietenkamer Str. 51,
83224 Grassau
08641-4010
www.das-achental.com
Einzelzimmer: 247–363 €
Doppelzimmer: 289–425 €
VISA

Das im luxuriösem alpenländischem Stil designte Achental Resort liegt in Grassau im Herzen des Chiemgau, zwischen Chiemsee und Kampenwand, umgeben von einer beeindruckenden Naturlandschaft. Alle 195 Zimmer sind mit schönen Holzböden, Altholzmöbeln und edlem Natursteinbad gestaltet und mit zeitgemäßem Komfort wie Flatscreen-TV mit Sky, Minikühlschrank und kostenlosem WLAN ausgestattet. Zimmer mit gehobener Ausstattung haben außerdem einen Balkon, die Suiten ein separates Wohnzimmer, manche auch eine möblierte Terrasse und/oder eine freistehende Badewanne. Eines der Highlights ist der 2000 qm große Wellness-Bereich, der eine Saunalandschaft, einen großen Indoor-Infinity-Pool, einen Außenpool und einen geräumigen Fitnessraum zu bieten hat. Außerdem gibt's hier ein vielseitiges Angebot an Spa-Behandlungen. Für aktive Gäste gibt es ideale Möglichkeiten zum Joggen, Wandern oder Nordic Walking in reizvoller Umgebung – schon von den Terrassen und Balkonen aus genießt man eine herrliche Aussicht auf die Chiemgauer Berge. Außerdem erwartet die Gäste hier mit vier verschiedenen Restaurants und zwei Bars ein sehr anspruchsvolles und vielseitiges gastronomisches Angebot. Gourmetrestaurant es:senz separat erwähnt.

Greifswald
(Mecklenburg-Vorpommern)

Tischlerei

Salinenstr. 22,
17489 Greifswald
03834-884848
www.facebook.com/restaurant.tischlerei
Di–Sa 12–14.30 Uhr u. ab 17.30 Uhr, So u. Mo RT
Hauptgericht: 23–35 €
VISA

Etwas versteckt in einer der Werkshallen im Greifswalder Yachthafen um Museumswerft und Marina Yachtzentrum residiert das Lokal tatsächlich in einer kleinen Werkshalle mit Rolltor und rotem PVC-Boden, was ihm ein gewisses hallenartiges Industrie-Flair verleiht, das durch die spartanische Einrichtung auch nicht kaschiert wird. Das Lokal ist meist gut besucht und die Atmosphäre quirlig. Die Küche versteht sich auf schlicht und pragmatisch, aber handwerklich sehr seriös aus guten frischen Produkten zubereitete Gerichte, die oft auch eine pfiffige Note haben können. Mal regionalbetont, mal asiatisch inspiriert, mal ganz bodenständig, mal exklusiv – womit automatisch ein breites Publikum angesprochen wird.

Grenzach-Wyhlen (Baden-Württemberg)

7↑

Eckert

Baslerstr. 20,
79639 Grenzach-Wyhlen
07624-91720
www.eckert-grenzach.de
Küchenchef: Nicolai P. Wiedmer
Mi–Fr u. So von 12–13.30 Uhr u. ab 18.30 Uhr, Sa ab 18.30 Uhr, Mo u. Di RT
Hauptgericht: 28–54 €,
Menüs: 105–140 €

VISA P

In seinem lichtdurchfluteten, modern, freundlich und angenehm aufgeräumt gestalteten Restaurant oder auf der hübschen kleinen, mit Hecken eingewachsenen Terrasse bietet Gastgeber und Küchenchef Nicolai P. Wiedmer eine zeitgemäße Version von französisch geprägter Gourmetküche. Und die bewegt sich gekonnt zwischen heimatlicher Tradition und fernöstlicher Inspiration, ist entweder als bis zu siebengängiges Fisch-Fleisch-Menü oder als vegane Variante zu haben. Gekocht ist das grundsätzlich sehr leicht, sehr frisch und sehr produktnah und zu allem findet man in der sehr ansprechenden, kenntnisreich kuratierten, vor allem bei süddeutschen und französischen Gewächsen ausgiebig und interessant gestalteten Weinkarte die passende Begleitung zum fairen Preis.

Die Symbole

- P gute Parkmöglichkeiten
- Hotelgarage
- barrierefrei
- klimatisierte Zimmer
- WLAN-Zugang
- Hallen- und/oder Freibad im Haus
- mit Wellness-Bereich
- mit Fahrstuhl zu den Hotelzimmern
- Hunde im Hotel nicht erlaubt
- mit Garten oder Terrasse

Groß Nemerow (Mecklenburg-Vorpommern)

5

The View

im Hotel Bornmühle
Bornmühle 35,
17094 Groß Nemerow
039605-600
www.bornmuehle.de
Küchenchef: Torsten Räth
Täglich ab 12 Uhr durchgehend, kein RT
Hauptgericht: 18–30 €,
Menüs: 41–69 €

VISA P

Nachdem das Experiment mit einem separaten Gourmetrestaurant im schicken Hotel Bornmühle am beschaulichen Tollensesee bei Neubrandenburg aus kulinarischer Sicht zwar sehr erfolgreich verlief, aber offenbar nicht genug Anklang fand, konzentriert sich das Team um Küchenchef Torsten Räth seit vergangenem Jahr wieder auf das niedrigschwelliger angesiedelte Hauptrestaurant. Das bekam im Zuge des Neubaus ebenfalls ein neues Zuhause und heißt jetzt „The View", benannt nach der Aussicht auf den See vor der Haustür.
Ähnlich wie einst im Restaurant Lisette wird hier ein breites Publikum angesprochen und mit einem Repertoire, das von der klassischen Antipasti-Variation über Waldpilzravioli bis zur originellen „Steak-Stulle" oder zum Lammbraten mit Ratatouille und Rucola-Kartoffelpüree reicht, auch adäquat verköstigt. Und weil das alles von überdurchschnittlicher Qualität und souveräner Machart ist, findet es auch wieder seinen verdienten Platz in unserem Guide.
Dass man hier Unkompliziertes und Bodenständiges mit Fingerspitzengefühl und Expertise zubereitet bekommt, verdeutlichte bei unse-

rem letzten Besuch schon eine Kleinigkeit als Küchengruß, nämlich Hummus mit Lauchzwiebelöl und Dörrtomaten, was ebenso gegenständlich wie schmackhaft war. Auch das Carpaccio vom schön dunkelfleischigen und satt marmorierten Uckermärker Rind, das mit Parmesan und Rucola zwar relativ klassisch, zudem mit Oliventapenade und Cashewnüssen aber auch nicht wirklich ganz konventionell begleitet wurde, entpuppte sich auf dem Teller als eine ansprechende Sache.

Noch mehr kochtechnisches Know-how und Feingespür offenbarte dann die mit einer gleichmäßig dünn aufgestrichenen, mit Meerrettich und Limettenschale aromatisierten Masse gratinierte Kabeljau-Schnitte. Die lag saftig, zart und festfleischig auf einem Bett aus zart knackigem Spitzkohl, wurde von wie aus dem Ei gepellten, ganz mild geräucherten Drillingskartoffeln begleitet und von einer fein ausbalancierten Senfsauce untermalt, die dem Gericht ebenso druckvoll wie elegant ihren Stempel aufdrückte, ohne sich in den Vordergrund zu spielen.

Dass Räth & Co. ein gutes Händchen für Saucen jedweder Art haben, verdeutlichte auch die maßgenau reduzierte Madeirajus, die intensiv, aber nicht zu konzentriert ein Zweierlei vom Duroc-Schwein in Gestalt von grobnussig gratinierten Filetmedaillons und satt glasierten, zart geschmorten Bäckchen eskortierte. Auch die in Butter geschwenkten Wachsbohnen passten hier gut ins Bild, während das zwar aromatisch mit grünem Pesto getoppte, an sich aber erstaunlich ausdruckslose Oliven-Kartoffelpüree nur brave Sättigungsbeilage blieb.

Und weil auch ein warmes, fluffiges Stück Schokoladenkuchen mit eingelegten Amaretto-Kirschen und einem glattcremigen Kirscheis auf Joghurtbasis einen untadeligen Nachtisch abgab, sind die 5 Pfannen hier wohlverdient. Dazu gibt es eine kleine, dem Konzept gemäß aber völlig ausreichende Weinauswahl mit einer Handvoll sehr ordentlicher Schoppen und einer Flaschenweinauswahl, die vom gereifteren Dreißigacker-Weißburgunder oder Spätburgunder von Martin Wassmer bis zu Global-Playern wie Louis Jadot oder Antinori reicht.

Hotelempfehlung

★★★★

Hotel Bornmühle

Bornmühle 35,
17094 Groß Nemerow
039505-600
www.bornmuehle.de
Einzelzimmer: 89–99 €
Doppelzimmer: 126–180 €

VISA

Das Wellness- und Gesundheitshotel liegt ruhig und idyllisch am Tollensee, inmitten der Mecklenburgischen Seenplatte. Die 66 komfortablen Hotelzimmer sind alle mit SuitePad (Infotainment-System) und Betten mit Samina-Schlafkonzept ausgestattet; außerdem verfügen sie über Dusche/WC, Fön, Kosmetikspiegel, Leihbademantel, Flatscreen-TV, Radio, Telefon, kosetenloses WLAN, Minibar, Safe, Sitzecke und Schreibtisch. In der Spa-Landschaft erwarten die Gäste verschiedenen Sauna-Varianten, ein großes Indoor-Salzwasser-Schwimmbad wowie wirksame Bäder, Packungen, Massagen, Beauty-Anwendungen und Mei-Rituale (Phytomassopodia). Außerdem: effektive Trainingsprogramme rund um Revitalisierung und Leistungssteigerung und das erste Höhentrainingszentrum in der deutschen Hotellerie. Restaurant The View separat erwähnt.

Grünwald (Bayern)

5

Chang Restaurant

Marktplatz 9,
82031 Grünwald
089-64958801
chang-restaurant.de
Mo u. Mi–So von 12–14.30 Uhr u. ab 17.30 Uhr, Di RT

VISA

Das bei allerlei Prominenz heißbeliebte Restaurant, das sich hinter einer hohen Hecke am Marktplatz von Grünwald verbirgt, unterscheidet sich auf den ersten Blick kaum von anderen ähnlichen Lokalen mit einer umfassend fernöstlichen Küchenphilosophie. Es werden eine Vielzahl von einfachen Vorspeisen-Snacks wie Edamame oder gebackene Garnelen, kreative Eigenkompositionen, klassische thailändische Gerichte wie Satay-Spieße, verschiedene Thai-Currys und Grillgerichte mit Fleisch und Fisch sowie eine große Auswahl an Sushi-Variationen angeboten, ohne dass eine offensichtliche Spezialisierung erkennbar ist. Der große Unterschied liegt jedoch eindeutig in der Verwendung von überdurchschnittlich hochwertigen Produkten, wie N25-Kaviar, Wildfang-Garnelen, Spezialitäten wie Thunfischbauch und Hamachi, Atlantik-Seezunge und US-Prime-Beef. Diese haben uns in der Vergangenheit bereits viele Genussmomente beschert. Bei den Zubereitungen, die manchmal etwas auffälliger ausfallen können, würde man sich hin und wieder noch etwas mehr japanische Klarheit und Purismus wünschen.

Die Symbole

- P gute Parkmöglichkeiten
- Hotelgarage
- barrierefrei
- klimatisierte Zimmer
- WLAN-Zugang
- Hallen- und/oder Freibad im Haus
- mit Wellness-Bereich
- mit Fahrstuhl zu den Hotelzimmern
- Hunde im Hotel nicht erlaubt
- mit Garten oder Terrasse

Güby (Schleswig-Holstein)

5

Schlei-Liesel

im Hotel Schlei-Liesel
Dorfstr. 2,
24357 Güby
04354-99770
www.hotel-schlei.de
Küchenchef: Frank Jebe-Öhlerich
Mo, Di u. Fr, Sa ab 17.30 Uhr, So von 12–14 Uhr u. ab 17.30 Uhr, Mi u. Do RT
Hauptgericht: 19–35 €,
Menüs: 36–55 €

VISA P

Das von außen unscheinbare und ein wenig in die Jahre gekommene Hotel und Restaurant Schlei-Liesel, direkt an der Bundesstraße zwischen Schleswig und Eckernförde gelegen, ist seit Jahren eine sympathisch bodenständige und verlässliche Adresse, wenn eine geradlinige handwerkliche Küche aus regionalen Zutaten gefragt ist. Denn Chefkoch Frank Jebe-Öhlerich legt an diese einen deutlich überdurchschnittlichen Anspruch und setzt zudem auf eine ganz natürliche und frische, fachmännische Zubereitung. Und das wissen auch all die vielen Besucher zu schätzen, die nur schnell ein Fischbrötchen „to go" abholen und sich sicher sein können, damit eine deutlich bessere Variante zu bekommen als an den meisten anderen Orten.

Aber auch wer ein bisschen mehr Zeit mitbringt und durch die bewusst klein gehaltene Karte stöbert, findet darin viele attraktive Gerichte, die ohne allzu großen Detailaufwand viel intensiven Wohlgeschmack bieten. Ein Muss beim Erstbesuch ist beispielsweise die „Gübyer Bouillabaise" als tomatisierte, kraftvoll klare Essenz mit spürbar frischer Einlage aus verschiedenen Fischfilets und Meerestieren, Röstbrot und Sauce Rouille. Oder auch die hausgemachte Bratwurst vom Galloway-Rind, die eher mager gehalten dessen würzigen Eigengeschmack schön deutlich rüberbringt und zuletzt von feinsäuerlichem Balsamico-Linsengemüse und Kartoffelgratin stimmig ergänzt wurde.

Fein gelang aber auch das akkurat geschichtete Tatar von mildem Matjes mit der Frische hauchfeiner Gurken- und Apfelwürfelchen, das auf einem saftig knusprigem Kartoffelrösti angerichtet war, von eingelegten Radieschen einen zusätzlichen Frischeschub erhielt, und von einer hellen, unaufdringlich feinwürzigen Bärlauchcreme einen weiteren harmonisch eingebundenen Akzent.

Beim als Hauptgang gewählten Skrei überzeugte vor allem die Qualität des hohen, knusprig auf der Haut gebratenen und darunter saftig aufblätternden Filets. Angerichtet wurde dieses auf sautiertem Blattspinat mit herber grüner Würze (der aber etwas zu viel Hitze abbekommen hatte und entsprechend matt wirkte...) sowie einem milden Hummerschaum, der sich natürlich und ausgewogen einfügte, aber auch noch etwas mehr prägnanten Krustentiergeschmack hätte mitbringen können. Dafür hatten die buttrigen Petersilienkartoffeln dazu umso mehr satten Eigengeschmack und so war auch das ein souverän umgesetztes und sehr schmackhaftes Gericht.

Diese Souveränität hält auch bis zu den Desserts, unter denen insbesondere die hausgemachten Eissorten mit cremiger Textur und deutlichen natürlichen Aromen jedes Mal wieder erfreuen. Und zu denen es dann für einen überzeugenden Abschluss gar nicht viel mehr braucht als beispielsweise die gewürzigen, selbst angesetzten Rumtopf-Beeren zu einem Mokkaeis oder – in der lieblicheren Version zur rechten Jahreszeit – vollreife Erdbeeren mit duftigem Vanilleeis.

Dazu gibt's hier eine kleine Auswahl ordentlicher Weine eher unbekannter Winzer, die aus dem „Hofladen" am Tresen auch mit nach Hause genommen werden können. Genau wie übrigens auch viele andere Köstlichkeiten aus eigener Produktion.

Gummersbach
(Nordrhein-Westfalen)

7

Die Mühlenhelle

im Hotel Die Mühlenhelle

Hohlerstr. 1,
51645 Gummersbach (Dieringhausen)
02261-290000
www.muehlenhelle.de
Küchenchef: Michael Quendler
Do–Sa ab 18 Uhr,
So von 12–15 Uhr u. ab 18 Uhr,
Mo–Mi RT
Hauptgericht: 26–48 €,
Menüs: 52–169 €

VISA

Die Kombination aus bodenständigem Bistro und ambitioniertem Gourmetrestaurant ist ein bewährtes Konzept, gelingt aber nur selten in beiden Bereichen so reizvoll wie in der adretten, in einem kleineren Nebenort von Gummersbach gelegenen Mühlenhelle. Ganz gleich ob draußen auf der idyllischen Terrasse, im eleganten Fine-Dining-Bereich oder dem unkomplizierten Bistro – das Team um Jeune Restaurateur Michael Quendler garantiert überall viel Genuss in niveauvoller Umgebung.

Im Gourmetrestaurant stehen zwei Menüs zur Wahl, davon eins vegetarisch, die aber auch munter miteinander kombiniert werden können. Und in beiden Fällen gibt's klassisch fundierte, zeitgemäß ausgeführte und durchgängig mit erfreulich viel Mut zu deutlichen Aromen komponierte Gerichte. Bei den ersten Snacks zur Einstimmung wird das bereits deutlich, allerdings auf eher schlichtere Art, was damit zu tun hat, dass die Amuses im Bistro und im Gourmetrestaurant identisch gehalten werden. Aber mit einer kleinen Bruschetta mit markant pikanter Schärfe, einem Lachscrèpe-Röllchen mit Dill-Senf-Sauce und einem eher saftigen als harten Parmesanstein mit rauchig-scharfer Tomatenkonfitüre startete der Abend zuletzt genauso animierend wie anschließend mit einem kräftig würzig abgeschmeckten Rindertatar mit pfeffrigen Aromen und deutlichem Fleischgeschmack neben einer feinwürzigen Eigelbcreme, leider recht kräftig und dunkel angebrutzelten Pfifferlingen und einem dünnen Roggenbrotchip…

In eine ganz andere Richtung ging es dann beim ersten offiziellen Gang des Gourmetmenüs, nämlich in eine deutlich feingliedrigere und akkuratere! Schön klararomatische und typisch feste Tranchen der Königsmakrele wurde hier abwechslungsreich und subtil abgestimmt von Gurke und Dill (als Sorbet und Relish) mit feinem Süße-Säure-Spiel, dunkel in Soja eingelegten knackigen Gurkenröllchen und zarten Algenstreifen für etwas Umami, was auch von kleinen Tupfen einer hellen Misocreme verstärkt und wiederum von einem betont frischen Gurkenfond inklusive hintergründig wirkender Wasabischärfe aufgebrochen wurde. Super!

Hohe Produktqualität wurde auch beim ebenfalls beeindruckend klararomatischen Steinbutt mit einem fruchtig scharfen kühlen Gel und knackigen Zuckerschoten-Juliennes als Topping deutlich, der von einem sanften Kokossud mit frischgrüner Einlage aus Edamame, Erbsen und enthäuteten Trauben unterfüttert wurde. Insbesondere die milde Traubenfrucht schuf hier eine elegante Brücke zum Gel auf dem Premiumfisch, während ein knusprige, stückig gefüllte Erbsennocke etwas mehr Fülle und Röstnoten in das Gericht einbrachte.

Im Vergleich überraschend – zumindest angesichts der annoncierten Produktkombination – wirkte der fleischige (beinah ein bisschen zu weiche) Pulpo mit deutlichen Röstnoten neben gegrillter roter Paprika und deren reduziertem Sud im Anschluss sogar noch sanfter, vor allem durch den saftigen, sepiaschwarzen Aroz Negro als Fundament. Den entscheidenden Schub Finesse brachte in das ansonsten sehr ruhige Ensemble eine hauchdünne Scheibe eingelegter Gewürzananas mit ihrer spicy Fruchtsäure.

Im Hauptgang demonstrierte das Team mit klassisch und auf diese Art perfekt geschmorter Kalbshaxe zunächst einmal bestes Handwerk: das Fleisch gelang löffelzart und zugleich kompakt mit vollem tiefem Geschmack und einer eleganten Schmorjus glasiert. Dazu sorgten eine auf der würzigen Seite gehaltene Karottencreme und knusprige Karottenspäne sowie ein leicht mit Kartoffel gebundener Liebstöckelschaum und geschmorte Kartoffelquader für adäquate herbale Würze und markante Röstnoten. Insgesamt kam dabei eine gewisse Frische zwar eher kurz, auf kräftig-harmonisch Art überzeugte aber auch dieser Teller auf hohem Niveau.

Dem süßen Abschluss rund um ein mit gedörrter Aprikosencreme gefülltes Lemoncurd-Törtchen auf Pistazien-Mohnbiskuit fehlte zwischen hochintensiven geschmorten und von Sanddorn säuerlich zugespitzten Aprikosen, mild-herben Blaubeeren und einem cremig-säuerlichen Buttermilcheis zwar ein wenig der rote Faden – letztlich sorgten die unterschiedlichen Süße- und Säuregrade trotz der vielen Player für ein gelungenes Finale auf souveränem 7-Pfannen-Niveau.

Und diesem Niveau mehr als angemessen sind auch die Empfehlungen aus der individuellen und von der Gastgeberin mit sichtbar ebenso viel Begeisterung wie Expertise gepflegten Weinkarte, die von der erfahrenen Sommelière gekonnt auf die Gerichte und auf individuelle Vorlieben der Gäste abgestimmt werden.

Hotelempfehlung

★★★★

Hotel Die Mühlenhelle

Hohlerstr. 1,
51645 Gummersbach (Dieringhausen)
02261-290000
www.muehlenhelle.de
Einzelzimmer: 80–115 €
Doppelzimmer: 100–140 €

VISA

Das durch die Familie Quendler sehr persönlich und engagiert geführte Haus verfügt über acht sehr modern und komfortabel ausgestattete Zimmer. Vier davon befinden sich im Haupthaus, einem komplett sanierten Gutshaus aus dem 18. Jahrhundert und die anderen in einem an der Felswand angebauten, erst vor wenigen Jahren eröffneten Gästehaus. Alle Zimmer sind

Nichtrauerzimmer und verfügen über Dusche und WC, zum Teil auch Badewanne; sind mit Treca-Betten, Fön, Kosmetikspiegel, Telefon, TV und WLAN ausgestattet. Sehr familienfreundlich: Kinder bis zum 7. Lebensjahr übernachten kostenfrei im Baby- oder Beistellbett. Für das kulinarische Wohl wird in Bistro, Vinothek und Gourmetrestaurant gesorgt. Restaurant Die Mühlenhelle separat erwähnt.

Halle (Sachsen-Anhalt)

7

Speiseberg

Kröllwitzer Str. 45,
6120 Halle (Saale)
0152-56029306
www.speiseberg.com
Küchenchef: Konstantin Kuntzsch
Mi–Fr ab 17 Uhr, Sa u. So ab 12 Uhr durchgehend, Mo u. Di RT
Menüs: 85–125 €

EC VISA P

Die Kreativität und Gestaltungsfreude des Teams um Küchenchef Konstantin Kuntzsch und seiner rechten Hand Christoph Baumgartner springen einem auf jedem der augenfällig angerichteten Teller förmlich entgegen. Dabei würde man von außen gar nicht meinen, dass sich in dem Gebäude neben dem steil am Flussufer exponiert gelegenen Biergarten, sowohl ein so geschmackvoll aufgehübschtes kleines Fine-Dining-Abteil zu finden ist, geschweige denn eine so ambitionierte Küche geboten wird. Nach dem ersten Überraschungseffekt gehen die Surprisen dann auf den Tellern des einheitlichen Menüs, dessen Kreationen durch die Bank handwerklich sehr aufwendig mit viel Sinn für Proportionen und Ästhetik arrangiert sind, nahtlos weiter. Charakteristisch für die Küche ist eine moderne, mutige Herangehensweise mit kreativen und markanten Akzenten, so dass es auf durchgängig hohem Niveau nie langweilig wird. In jedem Fall eine actionreiche Küche mit Ecken und Kanten, nicht immer bis ins letzte Detail präzise, aber immer spannend.

Haltern am See (Nordrhein-Westfalen)

6

Ratsstuben

im Ratshotel
Mühlenstr. 3–5,
45721 Haltern am See
02364-3465
hotel-haltern.de
Küchenchef: Daniel Georgiev
Di–Sa von 12–14 Uhr u. ab 18 Uhr, So u. Mo RT
Hauptgericht: 25–39 €,
Menüs: 59–150 €

EC VISA P

Das unlängst aufwendig umgebaute und neu gestaltete, jetzt deutlich edler und moderner anmutende Restaurant des Ratshotels, passt nun viel besser zur ambitionierten Küche von Gastgeber und Küchenchef Daniel Georgiev. Das am Abend für den Gourmetbereich inzwischen auf reines Menüprogramm umgestellte Kulinarium mit fünf- bis siebengängigen „Ratsstuben-Menü“ und einer Chefs-Choice Überraschungsvariante in vier Gängen für unter der Woche bewegt sich weiterhin im Bereich der zeitlos interpretierten, weltläufigen Klassik. Die Produkte schnörkellos umspielt in den Mittelpunkt gerückt, die Arrangements recht gegenständlich und mit etwas breiterem Pinsel ausgeführt, geschmacklich immer harmonisch und natürlich, handwerklich mit Sorgfalt ausgeführt. Aufmerksamer und charmanter Service; ansprechende Weinauswahl mit vielen attraktiven Offerten im mittleren Qualitätssegment zu moderaten Preisen.

Die Symbole

- P gute Parkmöglichkeiten
- Hotelgarage
- barrierefrei
- klimatisierte Zimmer
- WLAN-Zugang
- Hallen- und/oder Freibad im Haus
- mit Wellness-Bereich
- mit Fahrstuhl zu den Hotelzimmern
- Hunde im Hotel nicht erlaubt
- mit Garten oder Terrasse

Hamberg (Baden-Württemberg)

Alte Baiz

Hauptstr. 2,
75242 Hamberg
07234-9473899
www.gruenerwald.de/w56gft
Küchenchef: Claudio Urru
Do–Sa ab 17.30 Uhr,
So von 11.30–13.30 Uhr u. ab 17.30 Uhr,
Mo–Di RT
Hauptgericht: 27–58 €,
Menüs: 110–129 €
VISA

Im Jahr 2018 wurde der wunderschön sanierte Landgasthof Grüner Wald wiedereröffnet und so zur Anlaufstelle nicht nur für Gäste aus dem kleinen Hamberg, einem Ortsteil von Neuhausen im Enzkreis, sondern auch von weiter in den Nordschwarzwald hinein oder aus den Städten Pforzheim, Karlsruhe und Stuttgart. Bei unserem jüngsten Besuch war der Betrieb in nur noch zwei Bereiche aufgeteilt: ins traditionelle Braustüble samt Biergarten und ins Gourmetrestaurant Alte Baiz. Hier stand auch Geschäftsführer Claudio Urru wieder selbst in der Küche. Viele Feinschmecker kennen ihn noch von seinen langjährigen Stationen in Speisemeisterei, Top Air und Gourmetrestaurant 5 in Stuttgart.
Die Alte Baiz nun ist ein echtes und edles Kleinod mit warmen Holzelementen, weiß gegipsten Wänden mit teils offenem Mauerwerk und einer einerseits lässigen (blanke Holztische mit Läufern aus Wildleder), andererseits hochwertigen Tischkultur mit Silberbesteck und mundgeblasenen Weingläsern. Die Kulinarik ist im steten Wandel, so gab es außer dem Menü in vier oder fünf Gängen zuletzt auch À-la-carte-Gerichte teilweise für zwei Personen. Zum Empfehlungsmenü, in dem einige Produkte tagesaktuell ausgetauscht waren, gab es vorneweg als spaßigen Auftakt die „virtuelle Auster". Auf einem transparenten Crackerquader waren drei Gels – von der Auster, Apfel-Wasabi, Gin Tonic – und darunter ein Oysterleaf, so dass sich in der Summe tatsächlich feines Austernaroma ausbreitete. Allerdings war der Gruß nicht leicht in den Griff zu bekommen, da der Würfel zu groß für einen Happs war und beim Zerkleinern zersprang.
Nach dampfendem Holzofenbrot mit Griebenschmalz, gesalzener Butter und Kartoffel-Paprika-Creme folgte zügig der erste Gang. Aus der geschriebenen Jakobsmuschel war eine Gelbflossenmakrele geworden, was dem Genuss nicht abträglich war, im Gegenteil: Die zwei sanft marinierten Filets waren von hervorragender Qualität und passten genauso gut in das stimmige Arrangement. In einem Molkesud gaben Dillölaugen einen kräuterigen Kick, mit einem darin übergehenden Bergamotte-Gel kam eine ätherische Frische dazu. Erdige Elemente gab es durch Edamame und insbesondere gebackene Palmherzen mit ihrem an Artischocken erinnernden Geschmack. Tapiokachips sorgten für einen würzigen bis leicht bitteren Nachhall.
Der war beim folgenden Sommergericht recht säuregeprägt, was es der kurz abgeflämmten bretonischen Langustine ein bisschen schwer machte, sich zu behaupten. Dennoch verdichtete sich das Süße-Säure-Spiel insgesamt zu einer schönen Sommerfrische, dank in Ingwersirup marinierten und geschmorten Kirschtomaten und einer Tomatenessenz, verstärkt durch einen Escabeche-Sud. Etwas aufgefangen wurde die Säure durch eine Jalapeño-Mayonnaise mit ihrer herben Note, ein kleines Naan-Brot gab zusätzlichen Halt.
Als perfekt ausbalanciertes Wohlfühlgericht erwies sich ein Kartoffel-Raviolo mit flüssiger Füllung, umspielt von einer nicht zu säurebetonten Champagner-Beurre-blanc. Für im positiven Sinne holzige Akzente sorgten Sprossen und grüner Spargel, eine feine Süße kam durch geschmorte Schalotten hinzu, und eine Menge Umami gab es durch Spitzmorcheln. Die manchmal durchschlagende Note von Bärlauch wurde in einer dunkelgrünen Creme gut durch unter anderem fermentierten Kartoffelsaft, Ahornsirup und Balsamico gebändigt.
Das folgende „sanft", also sous-vide gegarte Schulterscherzel, drei schlanke Scheiben vom US-Beef, hatte zwar noch Reststruktur, aber

auch einen leicht lebrigen Touch, der durch eine elegante Kalbsjus ausgeglichen wurde. Drumherum war allerhand geboten, um nicht zu sagen allerlei: eine kräftig marinierte Lotuswurzel, aber recht blasse Radieschen, Mini-Pak-Choi und knusprig gebackener wilder Brokkoli, Sojasprossen und Passepierre, geschmorte Aubergine mit Miso, dazu Yuzu, Wasabi und im Gegensatz zu den vorhergehenden Morcheln relativ neutrale Shiitake... Diese Vielfalt auf dem Teller verlor sich für unseren Geschmack zu sehr in Beliebigkeit, der die zentrale Aussage fehlte.
Ein „Überraschungssei“ überzeugte mit sehr viel weniger Komponenten: gefüllt mit Ricottacreme und Passionsfrucht, bedeckt von einem Mürbgebäck, aromatisiert mit Orangenblütenwasser und Marsala. Gewagt war das eigentliche Dessert „Frischkäse trifft weiße Schokolade“ mit einem Ornament aus Cheesecake-Creme rund um Basilikum- und Ananasgel-Tupfer. Gewürzananas mit Sud gab exotische Frische zur Cremigkeit, gepuffter Buchweizen lieferte auch etwas Würze und diente zugleich als Sockel für den mutigsten Player im Dessert: ein streng-herbes Eis aus roter Shisokresse, das sich gegen die Süße stemmte. Gut mit Aromen und Texturen wurde auch bei den drei finalen Petits Fours gespielt: Schoko-Macaron, Passionsfruchtpraline und direkt aus dem Ofen ein Canelé.
Restaurantleiter und Sommelier Marcus Stich ist mit seiner profunden Kenntnis ein echter Gewinn fürs Haus. Seine Weinkarte ist mit an die 150 Positionen nicht übermäßig breit, aber punktuell gut sortiert, seine Begleitung wohldosiert. Wer's richtig krachen lassen möchte, ohne an die Rückfahrt denken zu müssen – zum Grünen Wald wird sich bald noch ein Hotel gesellen.

Die Besteck-Symbole

luxuriöses Restaurant mit höchstem Komfort und formvollendetem Service, edler Ausstattung und einer Weinkarte, die höchsten Ansprüchen genügt

elegantes Restaurant mit hohem Komfort und exzellentem Service, sehr gute Ausstattung, hervorragende Weinkarte

gehobenes Restaurant mit gutem Komfort und versiertem Service, umfangreiche Weinkarte

besser ausgestattetes Restaurant mit ordentlichem Service, ausgewählte Weine

schlichtes Restaurant, Gasthof oder Bar

Die Hoteleinträge

★★★★★S	Superior
★★★★★	Unterkunft für höchste Ansprüche
★★★★	Unterkunft für hohe Ansprüche
★★★	Unterkunft für gehobene Ansprüche
★★	Unterkunft für mittlere Ansprüche
★	Unterkunft für einfache Ansprüche
	Unterkunft ohne Sterne-Klassifizierung

Hamburg

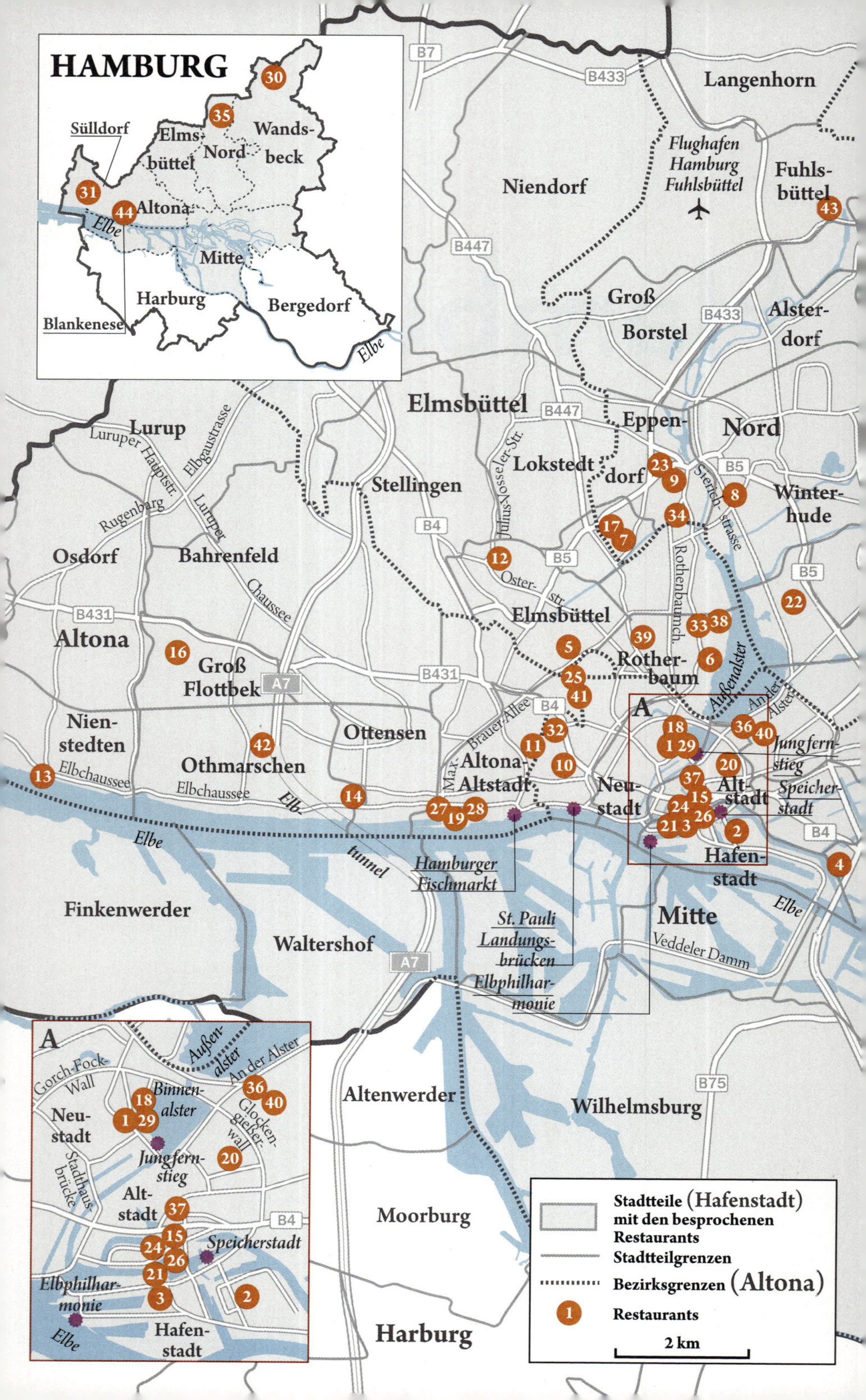

HAMBURG
Sülldorf
Elms-
büttel
Nord
Wands-
beck
Altona
Elbe
Mitte
Harburg
Bergedorf
Blankenese
Langenhorn
Flughafen
Hamburg
Fuhlsbüttel
Niendorf
Fuhls-
büttel
Groß
Borstel
Alster-
dorf
Elmsbüttel
Eppen-
dorf
Nord
Lurup
Luruper Hauptstr.
Elbgaustrasse
Stellingen
Lokstedt
Julius-Vosseler-Str.
Sierich-
strasse
Winter-
hude
Rugenbarg
Luruper
Chaussee
Osdorf
Bahrenfeld
Oster-
str.
Rothenbaumch.
Elmsbüttel
Rother-
baum
Außenalster
An der Alster
Altona
Groß
Flottbek
Nien-
stedten
Ottensen
Max-Brauer-Allee
Altona-
Altstadt
Othmarschen
Elbchaussee
Elbchaussee
Elb-
tunnel
Neu-
stadt
Alt-
stadt
Jungfern-
stieg
Speicher-
stadt
Hafen-
stadt
Hamburger
Fischmarkt
St. Pauli
Landungs-
brücken
Elbphilhar-
monie
Finkenwerder
Waltershof
Mitte
Veddeler Damm
Altenwerder
Wilhelmsburg
Moorburg
Harburg
A
Gorch-Fock-
Wall
Binnen-
alster
Außen-
alster
An der Alster
Glocken-
gießer-
wall
Neu-
stadt
Stadthaus-
brücke
Jungfern-
stieg
Alt-
stadt
Speicherstadt
Elbphilhar-
monie
Elbe
Hafen-
stadt
B7
B433
B447
B433
B447
B5
B4
B5
B5
B431
A7
B431
B4
B4
A7
B75
B4
Stadtteile (Hafenstadt)
mit den besprochenen
Restaurants
Stadtteilgrenzen
Bezirksgrenzen (Altona)
Restaurants
2 km

Unsere Besten in Hamburg

10t – 10 – 10 Gusto-Pfannen

1. Haerlin
2. The Table Kevin Fehling ↑

9t – 9 – 9 Gusto-Pfannen

3. bianc ↑

8t – 8 – 8 Gusto-Pfannen

4. 100/200 Kitchen ↑
5. Jellyfish
6. Lakeside ↑
7. Piment ↑
8. Zeik ↑

7t – 7 – 7 Gusto-Pfannen

9. Cornelia Poletto
10. Haco
11. Haebel
12. Heimatjuwel
13. Jacobs Restaurant ↑
14. Landhaus Scherrer

6t – 6 – 6 Gusto-Pfannen

15. Heldenplatz
16. HYGGE ↑
17. Morellino la légère ↑
18. NIKKEI NINE
19. Rive
20. Tschebull
21. Vlet
22. Wolfs Junge

5t – 5 – 5 Gusto-Pfannen

23. Brechtmanns Bistro
24. Brook
25. Bullerei ↑
26. cantinetta ristorante & bar ↑
27. Fischereihafen-Restaurant ↑
28. Henssler & Henssler
29. Jahreszeiten Grill
30. Lenz
31. Memory ↑
32. Nil
33. Osteria da Francesco ↑
34. Stüffel ↑
35. Zum Wattkorn

Unsere Besten in Hamburg

Weitere Restaurants

36. Atlantic Restaurant
37. Brooklyn Burger Bar
38. Butcher's american steakhouse
39. Otto's Burger, Grindelhof 33
40. Otto's Burger, Lange Reihe 40
41. Otto's Burger, Schanzenstr. 58
42. Röperhof
43. Spaccaforno
44. Witthüs

Hamburg (Hamburg)

5

Brechtmanns Bistro

Erikastr. 43, 20251 Hamburg
040-41305888
www.brechtmann-bistro.de
Mi–Sa ab 17 Uhr, So–Di RT
Hauptgericht: 19–48 €, Menüs: 39 €

In dem verwinkelten Restaurant im lässig-modernen Bistrostil in Hamburg-Eppendorf haben die Brechtmanns ein entspanntes Bistronomy-Konzept etabliert, das sich zahlreicher Stammgäste erfreut. Der unkomplizierte Stilmix aus ein klein wenig Heimatküche und sehr viel asiatischem Flavour kommt bei einem breiteren Publikum ohnehin sehr gut an. Und weil das beim Fernost-erfahrenen Sven Brechtmann alles sehr fundiert und frisch zubereitet und zudem moderat bepreist wird, ist hier immer gut was los. Das fernöstliche Repertoire reicht von diversen Salaten und Bowls mit verschiedenen Add-Ons, über Klassiker wie Thunfisch-Sashimi, Thai Fish Cakes, Tom Kha Gai oder Satay-Spießchen vom Huhn, bis hin zu unterschiedlichen Curry-Varianten. Im heimischen Angebot steht beispielsweise seit Jahren eine klassische, mit Apfel und Rosine gefüllte Oldenburger Ente mit Spitzkohl und Kartoffelklößen hoch im Kurs. Eine sehr entspannte und vielseitige Art der Gastronomie auf ansprechendem Niveau zu sehr moderaten Preisen.

8↑

100/200 Kitchen

Brandshofer Deich 68, 20539 Hamburg
040-30925191
www.100200.kitchen
Küchenchef: Thomas Imbusch
Mo–Sa ab 18 Uhr, So RT,
ÖZ je nach Saison variabel
Menüs: 230 €

Mit verschiedenen zusätzlichen Angeboten wie etwa einem separaten Service à la carte auf der Empore und je nach Saison auch Menüprogramm zum Lunch halten Sophie Lehmann und Thomas Imbusch ihr sehr individuelles, zeitgemäßes und nachhaltiges Restaurantkonzept, das sich nicht leicht in eine Schublade stecken lässt, für ein möglichst breites Publikum attraktiv. Im regulären Jahreszeitenmenü orientiert sich das Team weiterhin an den saisonalen Themen wie „Feuer & Rauch“, „Wasser & Salz“ oder „Feld & Flur“ und es kommt auch vor, dass es mal nur ein bestimmtes Tier „from nose to tail“ gibt. Wir kennen nur wenige Köche, die ein derart tiefgründiges und fundiertes Fachwissen über Produkte und Küchenhandwerk haben, wie Imbusch. Und noch weniger, die so konsequent und präzise arbeiten wie er. Man könnte sein Kulinarium als minimalistische, produktpuristische Regionalküche bezeichnen, aber dafür ist der Stil einfach zu weltoffen und die Kompositionen wirken bisweilen zu komplex. Und er hat definitiv ein gutes Gespür für kreative Kombinationen. Wer in den Genuss dieses anspruchsvollen kulinarischen Gesamterlebnisses kommen möchte, muss vorab im Internet ein Ticket erwerben.

ohne Bewertung

Atlantic Restaurant

im Hotel Atlantic Kempinski
An der Alster 72–79, 20099 Hamburg
040-2888860
www.kempinski.com/de/hamburg/hotel-atlantic
Küchenchef: Peer Sturm
Di–Sa ab 18.30 Uhr, So u. Mo RT
Hauptgericht: 36–74 €,
Menüs: 99–159 €

Leider zu spät für einen Testbesuch vor Redaktionsschluss, in jedem Fall aber schon mal eine Ankündigung wert ist die lang herbeigesehnte Wiedereröffnung des Atlantic-Restaurants in der Hotelikone an der Alster. Zumal in den zuletzt erst sehr aufwendig und dem luxuriösen Stil des Hauses angemessenen renovierten Salons nun ein Küchenchef zugange ist, der uns mit seiner Kochkunst zuletzt schon im Wintergarten-Restaurant von Brenners Parkhotel in Baden-Baden eine hohe Bewertung entlockt hatte. Und wenn Alexander Mayer hier genau an dem klassisch-französisch fundierten Stil anknüpft, den er an seiner letzten Wirkungsstätte so anspruchsvoll interpretiert hatte, würde das nicht nur sehr gut auch in diesen Rahmen passen, es wäre durchaus auch eine Bereicherung für die Hamburger Restaurantlandschaft. Wir sind gespannt und freuen uns auf einen Besuch in der kommenden Testsaison.

bianc

Am Sandtorkai 50, 20457 Hamburg
01520-4378861
www.bianc.de
Küchenchef: Matteo Ferrantino
Mi–Sa ab 18.30 Uhr, So–Di RT
Menüs: 230 €

VISA

Das großzügig angelegte, wohltuend puristisch und dennoch sehr atmosphärisch gestaltete Restaurant in einem äußerlich eher nüchtern anmutenden Gebäude in der Hafencity, mit seinem schönen hellen Steinfliesenboden und der dunklen Holzdecke, in dessen Mittelpunkt als Eycatcher ein Olivenbaum aus der Heimat von Küchenchef-Patron Matteo Ferrantino steht, ist einerseits ursprünglich und rustikal und andererseits höchst elegant. Und damit ist es eine perfekte Bühne für die hier gebotene Küche. Denn auch die ist bei aller Modernität, Elaboriertheit und Präzision herrlich ursprünglich und authentisch, transportiert und weckt Emotionen wie kaum eine andere Gourmetküche hierzulande.
Nichts auf Ferrantinos Tellern wirkt kühl konstruiert, nichts angestrengt zusammengebastelt, nichts bloß irgendwelchen Trends folgend. Die Gerichte erzählen allesamt Geschichten, etwa aus seiner Kindheit in Italien oder von seinen prägendsten Stationen wie der Vila Joya an der Algarve. Die Aromenbilder leuchten jedenfalls immer in warmen, mediterranen Farben, sind herzhaft, südländisch, leicht, aber kraftvoll zupackend. Das zeigt bereits jedes Mal aufs Schönste die Parade an kleinen Einstimmungen, mit denen der Tisch zu Beginn des Abends vollgestellt wird. Meist vom Chef höchstselbst und begleitet mit großem Hallo.
Viele der diesmal acht Kleinigkeiten, die hier immer einer gewissen Dramaturgie folgen, kannten wir bereits von den vorausgegangenen Besuchen. Sie reichten von leicht, frisch und säuerlich komponierten Dingen wie der flüssig gefüllten Praline aus Gazpacho von grünem Apfel oder einem Snack mit Gurke, Dill und Boquerones über würzig-pikanten Oktopus „Gallega“ mit Knusperboden oder Bacalhau-Creme mit Kichererbse im Knuspercornetto, bis zu frisch-säuerlich angemachtem Rindertatar mit schwarzem Knoblauch. Neu waren Chicken-Piri-Piri und die Entenleber mit Cassis und Feige – das Highlight aber wieder die „Gambastortilla“ genannte hauchdünne Knusperhippe, die herrlich fettig und frittig nach Meer und mehr schmeckt.
Jede Menge Fernweh nach dem Süden weckte auch diesmal wieder der separat aufgezogene Brotgang mit einem mit Lardo und Majoran aromatisierten Grissino, einer Scheibe köstlichster Focaccia nach dem Originalrezept von Mama Ferrantino mit Büffelbutter und Mortadellaflocken sowie zwei sehr modern interpretierte hocharomatische Oliven-Snacks: Crostini mit Oliventapenade und flüssige grüne Olive mit Wermut und Salzzitrone. Obwohl die meisten Sachen eigentlich sehr gegenständlich und unverkünstelt daherkommen – hier und da greifen der Chef und sein Team auch mal zu modernen Hilfsmitteln. So wie bei den roh marinierten roten Garnelen, die mit ihrem herrlich rein, süßlich und jodig schmeckenden schmelzig-knackigen Fleisch zunächst unter einer eigentlich verzichtbaren, weil auch aromatisch äußerst flüchtigen grobporigen Zitronenschaumhaube versteckt waren. Sie korrespondierten wunderbar mit einer von Papaya fruchtig angeführten säuerlichen Gemüsevinaigrette und einer mit Basilikum duftig-würzig aromatisierten Avocadocreme.
Noch markanter und reichlich Assoziationen an Sonne und Meer weckend war die pochierte Auster nebst Austernwasserperle und einer maritimen, mit Bergamotte zitrisch herb aromatisierten Beurre blanc. Die brachten zusammen so viel Mineralität und Jodigkeit ins Schälchen, dass selbst die Tomatencreme unter der Auster wie Corail schmeckte. Schwer zu sagen, ob es den Caciocavallo, der dünn und fein über die Auster gehobelt und mutmaßlich auch Bestandteil der filigranen Hippe war, die hier als Gitter über dem Gericht lag, tatsächlich gebraucht hat – spielentscheidend empfanden wir ihn in diesem Falle nicht, er hat aber auch in keiner Weise gestört.
Beim qualitativ herausragend guten Drachenkopf, der in zart glasiger und sehr festfleischiger Form zusammen mit Passepierre in einer vom Traditionsgericht Souquet inspirierten Sauce schwamm, war jedenfalls rein gar nichts zu viel oder zu wenig. Der iberische Meereseintopf

Suquet de peix, wie ihn ursprünglich die Fischer direkt auf den Kuttern mit allerhand Frischfang und Meerwasser gekocht haben, steckte hier in all seiner maritimen Kraft und Würze in einer eleganten roten Sauce. Und in einem zweiten Schälchen wurde das Ganze von raffiniert kross-zarter Artischocke mit Olivenölperlen auf Aiolicreme begleitet. Zusammen ein fantastisches, vollaromatisches Gericht, so klar und pur und doch so herzhaft pikant und komplex, wie es typisch für Matteo Ferrantinos Küche ist.
Schlichtweg großartig empfanden wir auch die mit herzhaft würzig geschmortem Lammfleisch gefüllten Ravioli, die zusammen mit Cremespinat, Rotweinschalotten und etwas Lammjus sehr süffig in Champagnerschaum badeten. Und die à part von einem mit Romanasalat und Anchovi belegten, von den Flammen geküssten Streifen Focaccia begleitet wurden. Auch hier ist es dem bianc-Team wieder vortrefflich gelungen, Leichtigkeit und Eleganz mit einer gewissen zupackenden Rustikalität zu vereinen.
Ebenfalls sehr süffig, allerdings auf eine noch etwas cremigere und schmelzigere Art, war der Hauptgang, auf dessen Hauptteller dünne Tranchen von der Brust eines Miéral-Perlhuhns unter einem gelben „Spiegelei" aus flüssigem Eidotter auf Maiscreme in einer intensiven, tiefen, sehr viel Umami transportierenden und doch sehr transparenten Geflügeljus badeten. Auch dieser schmeichlerische Hauptdarsteller wurde von einem (ebenfalls schmeichlerischen) Side-Dish eskortiert, auf dem in ähnlich süffiger Art ein kleines Medaillon von der Languste unter einer großen Nocke Störkaviar auf einem Bett aus sublimer Kartoffelcreme und mit Schnittlauch versetzter Champagner-Beurre-blanc zu finden waren. Und obwohl beide Teller sehr dicht und weich daherkamen, wirkten sie erstaunlich differenziert und trennscharf. Nur hätten wir uns, rein der Ausdruckskraft und Wirkung wegen, etwas dickere Tranchen vom Perlhuhn gewünscht.
Beschwert und übersättigt wird ob der sehr schlanken und leichten Art der Küche sowieso niemand das bianc verlassen. Auch nicht nach dem großartigen vollmundigen Dessert von verschiedenen elegant umgesetzten Spielarten der aromatisch reifen Azoren-Ananas, die mit Olive bzw. Olivenöl und Safran in einem ebenso saftigen wie cremigen mediterranen Umfeld präsentiert wurden. Selbst um sich für die originellen Petits fours zum Kaffee zu begeistern, muss man noch nicht mal ein ausgesprochener Nachtischfan sein. Die stimmungsvolle, zumindest deutschlandweit sehr eigenständige Küche, der atmosphärische Ort, der zuvorkommende Service, und nicht zuletzt die umfassende Weinauswahl, machen aus dem bianc ein ganz besonderes Ganzes.

---

5 🍴🍴

Brook

Bei den Mühren 91, 20457 Hamburg
040-37503128
www.restaurant-brook.de
Küchenchef: Lars Schablinski
Di–Sa von 12–15 Uhr u. ab 18 Uhr, So u. Mo RT
Hauptgericht: 13–32 €, Menüs: 18–49 €

Mittags wie abends und zu teils sehr günstigen Preisen bietet das relativ große und zeitlos schicke Bistro in der HafenCity, von dessen Fenster- und Terrassenplätzen man direkt auf die Kontore der historischen Speicherstadt blickt, unkomplizierte, frisch und schmackhaft zubereitete Küche. Man kann hier also problemlos nur auf einen Teller Pasta und ein Glas Wein vorbeikommen, aber die Küche ist auch für den ausgedehnteren Lunch oder ein mehrgängiges Menü am Abend gewappnet. Egal was, egal wie: Die Küche verkünstelt sich nicht, kocht immer ganz gegenständlich, schnörkellos, zupackend und immer mit viel handwerklicher Sorgfalt! Manches kommt ganz klassisch und gediegen daher und überzeugt einfach durch Qualität und Geschmack, manches hat sogar kreativen Pfiff. Die weltläufige Mischung aus mediterranen, asiatischen und regionalen Bezügen lässt keine bestimmte Richtung erkennen, derlei Profilierung ist hier aber auch nicht nötig. Man kocht seit jeher für ein breites Publikum ein mehrheitsfähiges Programm – und das richtig gut!

---

fast & SLOW

Brooklyn Burger Bar

Alter Fischmarkt 3, 20457 Hamburg
040-34994866
brooklynburgerbar.de
Di–Fr von 17–23 Uhr, Sa u. So ab 17 Uhr – open end, Mo RT
Hauptgericht: 11–19 €
Kreative Burger aus hochwertigen Zutaten, Barbecue-Gerichte wie gesmokte Rippchen, Craftbeer und Cocktails.

Bullerei

Lagerstr. 34b, 20357 Hamburg
040-33442110
bullerei.com
Täglich 12–16 Uhr u. ab 17 Uhr, kein RT
Hauptgericht: 19–49 €, Menüs: 49–72 €
VISA P

Mittags im Deli etwas handfester, bodenständiger und mit gröberem Pinsel gemalt, abends im Restaurantbereich teilweise aufwendiger, präziser, feiner, aber überall mit dem gleichen hohen Fun- und Genussfaktor: Die Küche in Tim Mälzers Bullerei ist eine warme Umarmung aller Weltküchen, wirkt aber nie beliebig. Einerseits gibt es ganz Unkompliziertes in ansprechender Machart und Qualität wie Burger, Salate, süffige Soulfood-Mischgerichte oder diverse Steaks mit klassischen und sogar unkonventionellen Beilagen, daneben aber auch Vorspeisen, Zwischengeriche, Hauptgänge und ein viergängiges Menü, die schon aufwendiger, differenzierter arrangiert und auch noch finessenreicher daherkommen. Egal was, alles immer mit viel Wumms und einer positiven Plakativität, salopp gesagt auf sehr „lecker" und zugänglich gemachte, unverkopfte, aber sehr fundiert zubereitete Gerichte, die einfach Spaß machen.

Butcher's american steakhouse

Milchstraße 19, 20148 Hamburg
040-446082
www.butchers-steakhouse.de
Mo–Sa ab 18 Uhr, So RT
Hauptgericht: 74–86 €
VISA

Wer in gepflegter Umgebung ein erstklassiges Steak genießen will, der ist im gediegenem Steakhaus der Wieschendahls in unmittelbarer Nähe des Alsterparks genau richtig. Hier wird mit dem U.S.-Prime-Beef aus Nebraska (in allen Cuts erhältlich) nicht gekleckert, sondern geklotzt. Dazu klassische Beilagen nach Wahl in guter Qualität, sowie eine gute Auswahl an Vorspeisen mit vorwiegend Fisch und Krustengetier – mit einer ebenfalls sehr hohen Produktgüte. Und wer sich auch vor dem 700g-Ribeye schon der Fleischeslust hingeben will, der nimmt das erstklassige Tatar zum Selberanmachen.

cantinetta ristorante & bar

im AMERON Hamburg Hotel Speicherstadt

Pickhuben 3,
20457 Hamburg
040-638589900
ristorante-cantinetta.de/de/hamburg
Küchenchef: Christopher Gieritz
Do–Mo ab 18 Uhr, Di u. Mi RT
Hauptgericht: 28–45 €
VISA P

Mit seinem geschmackvoll und elegant gestalteten hohen Gastraum und der tollen Lage direkt an einem der Fleete, die das Bild der Speicherstadt prägen, wäre das Restaurant im dort angesiedelten Ameron Hotel schon alleine einen Besuch wert. Doch hier wird darüber hinaus auch noch richtig gute italienische Küche geboten, die einerseits lohnenswerte Klassiker pflegt, andererseits auch recht originell variiert – alles im Sinne der typischen Cucina casalinga, also authentisch auf Geschmack und Qualität fokussiert und ohne den eingedeutschen Firlefanz, den man in so vielen anderen italienischen Ristoranti hierzulande vorgesetzt bekommt. Mit jeweils vier oder fünf verschiedenen Vorspeisen, Pasta- oder Risottogerichten und Hauptgängen sowie drei zur Auswahl stehenden Dolci ist eine gute Auswahl gegeben, aber die Karte nicht zu umfangreich aufgebläht, so dass auf allen Positionen gute Qualität gewährleistet werden kann.
Und hier gibt es eben genau nicht die immer gleichen Langweiler, wie man sie aus jedem „Italiener um die Ecke" hierzulande kennt, sondern Originelles wie etwa den „Insalata di Pollo", einen saftigen Salat von der Poularde, bei dem das zarte getupfte Geflügelfleisch zusam-

men mit gepickelter Paprika und roter Zwiebel in einem erfrischenden Zitrusrahm gebettet war, von zusätzlich etwas Geflügeljus Tiefe verliehen bekam, und mit Pane Carasau, dem hauchdünnen sardischen Hartweizengrieß-Fladenbrot, auch noch etwas Knuspriges an Bord hatte. Da bewies das Team um Küchenchef Christopher Gieritz dann gleich mal, dass es auf den Tellern mit einfachen Mitteln für Finesse sorgen kann.
Einen solchen Knusper-Zusatz gab es auch bei der „Cacciucco alle Livornese", dem der Bouillabaisse ähnliche toskanische Fischeintopf mit Meeresfrüchten und verschiedenem mediterranem Gemüse als Einlage. Und dieser erwies sich auch sonst mit kraftvoller maritim schmeckender Suppenbasis und qualitativ respektabler Einlage als ein sehr properer Vertreter seiner Art, wie man ihn sich in dieser traditionellen, bodenständigen Form eigentlich kaum besser wünschen kann. Und das traf dann auch ganz uneingeschränkt auf die „Tagliarini alla Puttanesca" zu, die in toller, festteigiger Qualität mit perfektem Biss zusammen mit Anchivi, Kapern, getrockneten Tomaten, Peperoni, jeder Menge guter Taggiasca-Oliven und einem Hauch Parmigiano in fruchtig-pikante Tomatensauce gehüllt einen sehr guten Eindruck machten. Und die dergestalt auch in Süditalien vor heimischem Publikum bestanden hätten.
Das hätte sicher auch dem zartmürbe geschmorten Brasato di Manzo applaudiert, der hier vom Schaufelbug stammte und mit Zucchini, sautierten Datterini-Tomaten und agro-Dolce eingelegten Schalotten sowie reichlich eigener Schmorjus angenehm leicht und unbeschwert an den Tisch kam. Keine Verlegenheitsbeigaben, kein Balsamicogekleckse, keine plumpen Sattmacher – und trotzdem ein kraftvoller Hauptgang, der nach einem kraftvollen Rotwein verlangt, den man in der nicht überbordenden, aber völlig ausreichenden Weinkarte auch ohne Probleme findet.
An die „Costiera Amalfitana" führte dann zum Abschluss der Nachtisch, der von allen Kostproben vielleicht am weitesten von Cucina casalinga entfernt lag. Die in Gestalt einer Zitrone nachgebildete Zitronen-Cheesecake-Mousse nebst geleeumschlossener Lemon-curd-Praline, angerichtet auf einer Spur von Biskuit und Schokocrumbles sowie Zitronengel konnte man nämlich, zumindest in dieser aufwendigen Präsentation, nicht mehr wirklich als Hausmannskost bezeichnen – mag die Nonna noch so ambitioniert am Werk sein. Im geschmacklichen Ergebnis hatte man es trotzdem mit einem authentischen Amalfizitronen-Dessert zu tun, wie man es auch entlang Italiens vielleicht schönster Küste immer wieder serviert bekommen kann.

7

Cornelia Poletto

Eppendorfer Landstr. 80, 20249 Hamburg
040-4802159
www.cornelia-poletto.de
Di–Sa von 12–15 Uhr u. ab 18 Uhr, So u. Mo RT
Hauptgericht: 29–46 €, Menüs: 79–170 €
VISA

In Cornelia Polettos charmantem Ecklokal, einem legeren Bistro im Stil einer Weinbar mit angeschlossenem Feinkostladen, wird an fünf Tagen in der Woche mittags und abends ebenso zugänglich wie anspruchsvoll gekocht. Was hier in entspannter Atmosphäre und schlichtem, schickem Ambiente unter der Leitung von Polettos langjährigem Küchenchef Robert Stechmann auf die kleinen Tische kommt, teilt sich in eher bodenständige Klassiker der mediterranen Küche auf der einen und ein preislich und konzeptionell deutlich ambitionierteres, bis zu neungängiges Degustationsmenü auf der anderen Seite. Letzteres ebenfalls von der Italianità inspiriert, aber insgesamt deutlich weltläufiger. Das Team interpretiert beide Sparten mit dem gleichen hohen Anspruch, wobei sich die Gerichte des Menüs oft raffinierter und feinsinniger präsentieren, als mancher Teller aus dem Angebot à la carte – und damit eher unserer hohen Bewertung entspricht. Reizvoll sind aber alle Offerten, auch wenn sie bewusst mal etwas traditioneller und einfacher gestrickt sind.

5↑

Fischereihafen-Restaurant

Große Elbstr. 143, 22767 Hamburg
040-381816
www.fischereihafenrestaurant.de
Täglich ab 11.30 Uhr durchgehend, kein RT
Hauptgericht: 15–65 €, Menüs: 45–84 €
VISA P

Der große Klassiker in Hamburgs gehobener Restaurantlandschaft ist das Fischereihafen-Restaurant direkt auf dem Fischmarkt, wo von

Gastgeberfamilie Kowalke seit über sechzig Jahren generationsübergreifend für gehoben-gutbürgerliche Gastronomie und eine sehr gute, durch und durch klassische maritime Küche steht. Fisch, Krusten- und Schalentiere kommen im gepflegten, im besten Sinne konservativen Restaurant oder auf der kleinen Aussichtsterrasse unter der Ägide von Küchenchef Jens Klunker in sorgfältiger, fachmännischer Zubereitung auf die Tische. Hier geht's nicht um kreative Kombinationen, Innovationen oder moderne Kochtechniken, sondern um frische, hochwertige Produkte und guten Geschmack. Das gefällt seit jeher auch allerhand Promis aus Sport, Wirtschaft und Showgeschäft, die hier gerne ein und aus gehen und natürlich wiederum viele andere anziehen, denen es auf Sehen und gesehen werden ankommt. Ein Szenetreff mit hanseatischem Understatement und sehr guter Küche!

7

Haco

Clemens-Schultz Str. 18,
20359 Hamburg
040-74203939
www.restaurant-haco.com
Küchenchef: David Danek
Mi–Sa ab 18 Uhr,
So–Di RT
Menüs: 119 €

Das modern und schnörkellos, dabei aber durchaus behaglich gestaltete Hamburger Ecklokal Haco (steht für Hamburg Corner) von Inhaber und Küchenchef Björn Juhnke hat sich seit seiner Eröffnung im Jahr 2017 ganz der zeitgemäßen norddeutschen Küche nach skandinavischem Vorbild verschrieben. Dass der Gastgeber und sein Team nicht bloß auf irgendeiner Welle mitschwimmen, sondern dass das Konzept der Nachhaltigkeit, Natürlichkeit, Saisonalität und Authentizität hier wirklich gelebt wird, kommt auf Anhieb sehr klar und glaubhaft rüber. Genau wie die Aromen in der zehngängigen Speisefolge, von der in der fächerartigen Karte immer nur das Hauptprodukt des jeweiligen Ganges verraten wird.

Locker-knuspriges und würziges Körnerknäckebrot mit Hirsecreme als erster Snack entsprachen zwar auf den ersten Blick noch voll und ganz dem Klischee der spröden nordischen Naturküche, widerlegten das Vorurteil aber zumindest geschmacklich schon mit dem ersten Bissen. Das war beides richtig gut! Und so viel schon als Spoiler vorweg: Es blieb – bis auf eine Ausnahme – alles absolut rund und auf vollmundigen, harmonischen Wohlgeschmack ausgerichtet.

Mit einem sehr akkurat gefertigten Schichttörtchen aus dreierlei Kürbis (gebacken, als Creme und süßsauer eingelegt) ging es sogar gleich sehr interessant weiter. Dessen Sud aus Sanddorn und Kürbiskernöl wirkte anfangs und pur genossen zwar etwas sperrig, vermählte sich aber mit der Süße des Kürbis und dem Schmelz der aufgetupften Thymian-Crème-fraîche dann doch zu einer nicht bloß spannenden, sondern auch harmonisch ausgewogenen Angelegenheit.

Deutlich schlichter, aber nicht minder effektvoll und schmackhaft, war der Dreiklang aus fermentiertem Blumenkohlstrunk und Felchenkaviar in köstlich vollmundigem, mildwürzigem Blumenkohlschaum. Durch die starken Kontraste der beiden Kohlkomponenten hatte das in all seiner Schlichtheit auch wieder einen gewissen Spannungsbogen. Vergleichsweise ruhiger wirkte dagegen das mit kraftvoll natürlichem Steinpilztee angegossene Steinpilztatar, das je zur Hälfte mit Creme von Blattpetersilie bzw. fermentiertem schwarzem Knoblauch betüpfelt war: Starke natürliche erdige und herbale Aromen, weich und umamirund zusammenspielend.

Was bis hierhin super funktionierte, ging beim im Salzteig gegarten und anschließend noch auf dem Grill angerösteten Spitzkohl mit Holunderkapern, Portulak und Kartoffelknusper nicht ganz auf. Hier fehlte nämlich das Runde, Vollmundige, denn der Kohl wirkte ohne ein harmonisierendes Element dann doch recht spröde und das gestrüppige Beiwerk unterstrich diesen Eindruck noch mehr. Ganz im Gegensatz zum folgenden Aal, der als Tatar in leichter Mayonnaise als süffige Füllung einer Knuspertartelette ein Maul voll harmonischem Wohlgefühl an den Gaumen tapezierte. Aufgelockert durch Stachelbeere und akzentuiert von Bronzefenchel war auch das wieder nicht

bloß rund, sondern ein sehr dynamischer Gaumenkitzel.
Juhnkes Faible für Raucharomen wurden einmal mehr bei den klassisch in Weißwein gekochten, dann aber als Spieß kräftig angegrillten bzw. geflämmten Miesmuscheln deutlich, die zusammen mit einem von Dillmayonnaise betupften Muschelchip aufgefahren wurde. Ein sehr herzhaftes und aromatisch zupackendes maritimes Vergnügen. Maximal puristisch und doch nichts für Puristen, denn das Mineralische, Jodige war den Muscheln hier natürlich fast gänzlich ausgetrieben. Geschmeckt hat es dergestalt trotzdem sehr gut…
So wie auch der langzeitgeschmorte und dann beherzt angegrillte Duroc-Schweinebauch, der im Dreiklang mit Hagebuttengel, geflämmter Spitzkohlroulade und sehr schön klar und natürlich intensiv schmeckender reduzierter Jus auch als minimalistische Komposition einen äußerst guten, kompletten Gesamteindruck machte.
So reduziert auf wenige Geschmackskomponenten wie die vorausgegangenen Gerichte präsentierte sich dann konsequenterweise auch das Finale. Zunächst mit einem grünfrischen Staudensellerie-Apfelsorbet mit einem aus einer hauchdünnen Apfelscheibe gefertigten „Dim Sum"-Täschchen, das mit einer Füllung aus geräucherter Apfelcreme noch eine weitere Facette des Obstes ins Spiel brachte. Dann mit einem flachen Schichttörtchen aus jeweils zwei Spielarten von Pflaume und Buttermilch, akzentuiert vom Aroma der Zitronenmelisse. Und auch der Käsegang blieb mit zwei Sorten (Ziege mit Asche und zehn Monate gereifter Kuhmilchkäse) aus dem Hause Kober nebst einem Klecks Bete-Marmelade minimalistisch. Lohnend sind im Haco in jedem Fall auch die zu den einzelnen Gängen glasweise ausgeschenkten Weine mit Individualstil. Und wer mal abstinent bleiben muss oder möchte, bekommt mit verschiedenen alkoholfreien Getränken, zum Beispiel von Jörg Geiger, seriöse Alternativen geboten.

7

Haebel

Paul-Roosen-Str. 31, 22767 Hamburg
040-... ✆ 0151-72423046
haebel.hamburg
Küchenchef: Kevin Bürmann
Di–Sa ab 18.30 Uhr, So u. Mo RT
Menüs: 109–129 €
EC VISA

Mit Kevin Bürmann als Küchenchef in der Kombüse und Jule-Fee Poll im charmant winzigen Gastraum ist das sehr auf Nachhaltigkeit bedachte „Flora & Fauna"-Konzept mit omnivorer und vegetarischer Menüfolge in Fabio Haebels Casual-Fine-Dining-Lokal auf St. Pauli in guten Händen. Das Konzept setzt dabei auf einen gewissen Überraschungseffekt und das Vertrauen der Gäste, denn vorab wird nicht groß bekanntgemacht, wie viele Gänge und was es genau gibt, muss sich nur für „Flora" oder „Fauna" entscheiden, also ob man vegetarisch oder eben nicht-vegetarisch essen möchte, und entrichtet über das Reservierungssystem eine Anzahlung, die dann am Besuchstag beim Bezahlen wieder verrechnet wird. Auf den Tellern präsentiert sich das dann modern, schnörkellos und puristisch, das Team lässt die guten Produkte für sich sprechen – der originelle Twist kommt meist von cleveren Aromen- und Produktakkorden. Ein recht eigenständiges und stimmiges Gesamtkonzept.

10

Haerlin

im Hotel Vier Jahreszeiten
Neuer Jungfernstieg 9–14, 20354 Hamburg
✆ 040-34940
www.restaurant-haerlin.de
Küchenchef: Christoph Rüffer
Di–Sa ab 18.30 Uhr, So u. Mo RT
Menüs: 295 €
EC VISA P

Im sehr luxuriös und für hanseatische Verhältnisse sogar auch schon fast ein klein wenig pompös gestalteten Gourmetrestaurant der Hamburger Hotel-Ikone Vier Jahreszeiten an der Binnenalster versteht man es in jeder Hinsicht, Tradition und Moderne geschmackvoll und unverkrampft auf einen Nenner zu bringen. Das trifft schon auf den einstmals altvorderen Speisesaal zu, der mit seiner Neugestaltung vor einigen Jahren aufwendig und kostspielig modernisiert wurde und sich seither zwar weiterhin höchst klassisch und elegant, aber eben trotzdem auch sehr zeitgemäß präsentiert. Es wird auch von der jungen Servicebrigade unterstrichen, die hier bei aller angebrachter Distinguiertheit auch jungen Schwung in die Bude bringt und es entspricht der modern und bisweilen sogar (mal mehr und mal weniger) kreativ interpretierten klassischen Küche von Christoph Rüffer.

Aus der Vergangenheit wissen wir, dass sich das Kreativitätslevel im Haerlin über die Jahre wellenartig fortbewegt und auf eine progressivere Phase mit vielen mutigen, originellen Kompositionen irgendwann auch mal wieder eine eher klassische Phase mit gediegeneren Ideen folgt. Bei unserem letzten Testbesuch erlebten wir Christoph Rüffers Küche zur Abwechslung mal wieder etwas gemächlicher und die Geschmacksbilder der Kreationen wirkten erwartbarer. Auf den allesamt akkurat angerichteten und bildschön präsentierten Tellern ging es also etwas weniger dynamisch und originell zu – qualitativ gesehen aber kein bisschen schwächer als in der Vergangenheit. Christoph Rüffer achtet auch weiterhin auf eine sinnvolle Dramaturgie, beginnt zunächst etwas leiser und zurückhaltender und fährt im Laufe seines sechsgängigen Menüs mit Auswahlmöglichkeit bei Vorspeise, Hauptgang und Dessert erst ganz allmählich die Regler weiter hoch.
Mit den drei Apero-Petitessen wurde also klugerweise aromatisch noch sehr zurückhaltend performt und das Amuse-Bouche um schmelzig zarten warmgeräucherten Fjordlachs mit Gurken-Senfkorn-Vinaigrette und Zwergradieschen bediente trotz Tamarindenaroma an der Hollandaise ein sehr klassisches Geschmacksbild. Was für ein feinsinniger Komponist Christoph Rüffer ist und mit welch traumwandlerischer Sicherheit er eigentlich markante Aromen bisweilen zu eleganten Symphonien werden lässt, bewies die Vorspeise mit Kleingezupftem und Medaillons von der Königskrabbe sowie sehr mild gesalzenem hellem Imperial-Kaviar, die in schönstem Einklang von Verveine und einem subtil mit Safran aromatisierten klaren Krustentierensud bespielt wurden.
Die gerade zum perfekten Zeitpunkt aus der Pfanne oder der entsprechenden Hitzequelle auf den Teller überführte Seezunge teilte sich diesen in optimalem Garzustand zwischen Festfleischigkeit und Zartheit mit ebenfalls exakt gegartem Lauch, gegrillten sowie zur Creme verarbeiteten Artischockenherzen und etwas Kresse. Der Clou waren hier aber die Limonenvinaigrette und der durchaus markant mit Wacholder aromatisierte Nussbutterschaum, respektive der Zusammenfluss aus beiden, die eine kongeniale Saucenallianz bildeten und so etwas wie unser Menühighlight waren.
Die schönsten Frühlingsboten überhaupt, nämlich Spitzmorcheln, frische Erbsen und weißer Spargel, kamen samt kleiner, mit einer Farce aus Spargel und Erbsen gefüllter Tortelli in einem mit Sherry abgeschmeckten Morchelsud daher. Ein weiterer Frühlingsbote, den wir normalerweise nicht ganz so heiß herbeisehnen, weil er vielerorts, sobald er wuchert, inflationär und meist penetrant verwurstet wird, war hier in Form eines Öls nur sehr zart und elegant zugegen und gab dem Ganzen mehr einen Hauch von grasiger Hintergrundwürze, als sich vorlaut aufzudrängen. Und anders hätten wir das bei Christoph Rüffer ehrlich gesagt auch gar nicht erwartet.
Und weil wir dessen Kochkünste nun schon so lange kennen und schätzen, hätten wir uns von der Taube im Hauptgang wiederum etwas mehr erhofft. Einerseits was das Produkt selbst angeht, andererseits aber auch die Komposition betreffend, blieb das Ganze nämlich – Achtung: Kritik auf sehr hohem Niveau! – etwas ausdruckslos. Angefangen vom nicht ganz optimalen und ungleichmäßigen Garzustand und der leicht zähen Haut der Brust, über das nach unserem Geschmack einen Tick zu mürbe und trockene (glasierte und mit gepufftem Amaranth beflockte) Keulenfleisch, bis hin zur etwas leimigen Taubenjus mit dezenter Madeiranote, deren Geschmack auch nicht ganz so klar und gestochen scharf war, wie man es in einem mit 10 Pfannen ausgezeichneten Restaurant erwartet. Dass das alles trotzdem noch ausgesprochen gut geschmeckt hat, muss man eigentlich ebensowenig unterstreichen wie die Tatsache, dass natürlich auch der Perlgraupenrisotto, die Gelbe-Rüben-Creme und die kleinen Stücke von der Puntarelle ein sehr harmonisches und schmackhaftes Beiwerk abgaben, obwohl wir kritisieren, dass das sehr brav und akzentfrei war. Da ist man von Christoph Rüffer im Normalfall nämlich mehr Mut gewöhnt.
Und um das Unangenehme nun endlich hinter uns bringen zu können, wollen wir auch noch ganz schnell anmerken, dass das österliche Vordessert um ein mit Passionsfrucht gefülles Osterei aus Kakaobutter nebst Eierliköreis, Kumquats, Mango-Passionsfruchtragout und knusprigem Kokosmark auch kein großer Wurf und schlichtweg etwas langweilig war. Was noch nicht mal an der Zusammenstellung selbst, sondern an ihrer aromatischen Blässe lag. Was dann aber mit dem richtigen Dessert um Dreierlei vom Rhabarber schnell wieder vergessen war. Denn insbesondere die mit einem wirklich originellen Rahmeis aus den Aromen von Zedernholz und Whiskey getoppte Rhabarber-Rosette auf Griesflammeri, aber auch das Schichtwerk von Rhabarbersorbet, Quarkmousse und Weizengras-Granité, waren schon eine ganz andere Nummer.
Aber wie wir es aus der Vergangenheit ja schon kennen, wird sich das Kulinarium beim nächsten Mal höchstwahrscheinlich wieder inspi-

riert und voll auf der Höhe präsentieren. Und auf der ist auch der Weinservice von Christian Scholz, der hier nicht einfach auf Nummer Sicher geht und auf die massenhaft in der Weinkarte vorhandenen großen Klassiker zurückgreift, sondern für seine glasweisen Empfehlungen mit Vorliebe unkonventionelleren Tropfen aus unbekannteren Regionen den Vorzug gibt. Das Schöne an der von ihm kuratierten Weinkarte ist ohnehin, dass man sich auf der einen Seite mit den Montragets und Romanées dieser Welt verausgaben kann, sofern man das möchte und sich das leisten kann, dass man auf der anderen Seite aber auch jede Menge reeller und für ein Haus dieser Klasse sogar ausgesprochen moderat kalkulierter Gewächse findet.

7

Heimatjuwel

Stellinger Weg 47, 20255 Hamburg
040-42106989
www.heimatjuwel.de
Küchenchef: Marcel Görke
Di–Sa ab 18 Uhr, So u. Mo RT
Menüs: 79–89 €
VISA

All jenen Feinschmeckern, die glauben, Gemüse sei ein überwerteter Trend in der Küche und zu einem anspruchsvollen Essen gehöre zwangs-läufig auch erstklassiges Fleisch und edler Fisch, dem sei ganz dringend ein Besuch im Heimatjuwel empfohlen. Denn authentischer und undogmatischer lässt sich selten erleben, wie viel aus heimischem Gemüse herauszuholen ist – ganz, ohne auf hedonistischen Genuss und spannende Geschmackseindrücke verzichten zu müssen. Und all jene, die vegetarische Küche ohnehin super finden, sollte es umso mehr in das kleine, sympathisch kiezige (weil eng, quirlig und schlicht eingerichtete) Restaurant von Marcel Görke ziehen.

Der passionierte Chef hat hier mit seinem kleinen Team in Küche und Service einen im Laufe der letzten Jahre immer stärker auf die Ressourcen aus Acker, Wald und Wiesen setzenden Stil etabliert und bietet in seinem maximal sechsgängigen Menü meist nur einen einzigen Gang, in dem dann doch Fisch oder Fleisch eine Rolle spielen. Dank der intensiven Bemühungen um die – alles andere als trivial! – saisonal bestmögliche Qualität der Gemüse und vielen guten individuellen Ideen entstehen aber gerade deshalb viele Gerichte, die mit neuartigen und spannenden Eindrücken abseits gewohnter Bahnen aufwarten.

Angst vor Überforderung oder Irritationen muss aber niemand haben, denn der eher lässige Stil der Küche sorgt dafür, dass die Gerichte auch bei der einen oder anderen ungewöhnlicheren Kombination stets leicht zugänglich bleiben. Außerdem wird der Einstieg in den Abend mit ausgezeichnetem Sauerteigbrot nebst einem kreativen Aufstrich (zuletzt Kohlrabi mit Schnittlauchöl und Sonnenblumenkernen) erst einmal betont unkompliziert einladend gestaltet. Gemeinsam mit den mitten im quirligen Treiben mit ebenso viel guter Laune wie Kompetenz agierenden Damen im Service sorgt das dafür, dass man sehr schnell ankommt und sich wohl fühlt.

Die ersten kleinen Einstimmungen benötigen dann schon etwas mehr Aufmerksamkeit, weil neben dem feinen Knusperspaß in der Kombination aus Sellerie mit Zitrone und Kaffee, einem Pilzmürbteig mit Pfifferlingen und gelierten Petersilienkaviar, oder der Tartelette mit knackigen frischen Erbsen, zarter Erbsencreme und Roggencroûtons, bereits die ersten typisch schlagkräftigen Aromenkombinationen geboten werden. Und zwar in einer ebenfalls typischen, natürlich geradlinigen Art, in der nicht jedes Detail bis aufs Letzte ausgereizt wird, aber dafür die Produkte schön klar und präsent dargestellt werden.

Genau das führte dann auch beim ersten Gang zum Erfolg, in dem unterschiedlichste sommerliche Gemüse und Kräuter in verschiede-

nen Verarbeitungsarten – als Creme, roh mariniert, leicht gegart, als zarte Blätter und duftiges Öl – zu einem abwechslungsreichen und immer wieder neue Facetten zeigenden „Salat“ der Extraklasse assembliert wurden. Ein wunderbar frischer und nur scheinbar simpler Auftakt!
Deutlich fordernder wurde es dann beim markant rauchig gegrillten Fenchel, der mit seinen bitteren Röstnoten und dem typisch ätherisch-feinen Anisduft mit zartem Maiscrunch und einem einerseits subtil rauchigen und andererseits mit spitzer Säure fokussierten Jalapeño-Fond auf Gurkenbasis ergänzt wurde. Das verband Rauch, Säure und leichte Schärfe auf fein balancierte Art in einem „grünen Gewand“ und bot dem Fenchel eine ungewohnte, aber profitable Bühne.
Dass danach mit den wunderbar flaumigen, zart angekrossten Bärlauchgnocchi, die unter knackigen Radieschenscheiben und Kressekeimen in einer cremigen und säurefrischen Radieschen-Joghurtsauce in kontraststarkem Pink angerichtet wurden, ein ausgesprochener Wohlfühlgang auf den Tisch kam, war ein dramaturgisch cleverer Kniff, ganz ohne damit das bisherige Niveau zu verlassen. Im Gegenteil: Auch hier sorgten die natürlichen Eigenschaften der Produkte für Dynamik und eine angenehme Frische und Leichtigkeit.
Im Hauptgang blieb das Team schließlich auch in der Kombination mit perfekt rosazart zubereitetem Hirschrücken dem typischen eigenen Stil treu, indem dieser durch eine braune, erdig-säuerliche Creme aus fermentiertem Gemüse unter roh gehobelten Champignons sowie einem aufgekrossten Brotstreifen mit Hirschtatar und hauchfeinen Röstzwiebeln sehr erdverbunden und mutig markant in Szene gesetzt wurde. Abgerundet war der Teller durch eine kraftvolle, aber nicht überreduzierte Pfefferjus, deren ätherische Schärfe punktgenau an die insgesamt dunklere Aromatik des Gerichts anschloss.
Um nicht vorzeitig allzu herbstliche Stimmung zu verbreiten, wurde es dann beim Dessert ganz besonders farbenfroh und sommerlich: mit verschiedenen Erdbeerzubereitungen zwischen dem frischen Aroma vollreifer Früchte und den dunkleren Tönen gegarter Erdbeeren, ergänzt von einem zartgrünen Fichtensprosseneis, nussig-kernigem Granola-Crunch und kleinen knuffigen Grießknödeln ein abwechslungsreicher erfrischender Abschluss.
Passend zum Stil und der Philosophie der Küche liegt der Fokus der Weinkarte auf „Naturweinen“, allerdings ohne sich auf allzu kantige und extreme Varianten zu versteifen. Stattdessen gibt es – auch glasweise! – viele charakterstarke und zugleich trinkfreudige Tropfen, die man sonst nicht alle Tage ins Glas bekommt.

6

Heldenplatz

Brandstwiete 46, 20457 Hamburg
040-30372250
www.heldenplatz-restaurant.de
Do–So ab 18 Uhr, Mo–Mi RT
Hauptgericht: 32–42 €,
Menüs: 85–99 €
EC VISA

Dieses legere Restaurant in einem denkmalgeschützten Haus in der HafenCity ist ein lohnender und sehr entspannter Genussort, an dem man es zu moderaten Preisen mit überraschend guter schnörkellos interpretierter zeitgemäßer Küche zu tun bekommt. Das Team ist mit Qualitätsbewusstsein, Fingerspitzengefühl und guten Ideen am Start und so wird hier seit Jahren fundiert, originell und substanzreich mit Sinn für Optik, Proportionen und geschmackliche Details, aber mit erfreulich wenig Show auf den Tellern gearbeitet. Die schnörkellos und oft mit kreativem Twist aufs Porzellan gebrachten Gerichte überzeugen durch stimmige Komposition und ausdrucksstarke Aromen. Die Weinkarte listet sehr viele auch höherwertigere Gewächse internationaler Provenienzen im Offenausschank.

5

Henssler & Henssler

Große Elbstr. 160, 22767 Hamburg
040-38699000
www.hensslerhenssler.de
Di–Sa von 12–15 Uhr u. ab 17.30 Uhr, So u. Mo RT
Hauptgericht: 30–43 €, Menüs: 39–84 €
EC

Im durch die vielen Tische und Menschen immer recht quirligen, in Schwarz-Weiß-Rot gehaltenen Lokal von Fernsehkoch Steffen Henssler und seinem Vater Werner herrscht eine unkomplizierte Atmosphäre. Und es wird eine durchaus schmackhafte, asiatisch inspirierte Crossoverküche aus soliden Produkten geboten, die oft mit pfiffigen Akzenten aufwartet und immer eher etwas plakativer daherkommt als feingezeichnet. Auch Sushi, Sashimi & Co. stehen hier immer hoch im Kurs – nicht auf höchstem Niveau, mehr California-Style als reine japanische Lehre, aber doch um Klassen besser als das, was in den allermeisten Sushiläden landauf landab unter diesem Namen verkauft wird. Tempura & Co. oder gute, am Knochen trockengereifte Steaks sind im Angebot. Die Preise sind gehoben, aber in Relation zum Gebotenen auch nicht überzogen.

6

HYGGE

im Hotel Landhaus Flottbek
Baron-Voght-Str. 179, 22607 Hamburg
040-82274160
www.hygge-hamburg.de
Küchenchef: Thomas Nerlich
Täglich ab 16 Uhr, kein RT
Hauptgericht: 21–39 €, Menüs: 39–85 €
VISA

Das zum Hotel Landhaus Flottbeck gehörende lässige Restaurantkonzept mit Bar ist in den ehemaligen Stallungen dieses einstigen landwirtschaftlichen Gehöfts untergebracht und trotz seiner Größe und der dunklen Wand- und Deckengestaltung in verschiedenen Grautönen nicht zuletzt wegen des Holzgebälks, des offenen Kamins und der Beleuchtung tatsächlich sehr „hyggelig“, also gemütlich, wohnlich, stimmungsvoll. Man fühlt sich hier also sofort sehr wohl, wozu auch das entspannt, aber engagiert auftretende junge Serviceteam beiträgt. Und man kann, wenn man will, auch ganz unkompliziert nur auf einen Drink an der Bar oder an dem langen Hochtisch hierherkommen, verpasst dann aber etwas ganz Entscheidendes, denn die Küche bewegt sich mittlerweile auf einem beachtlichen Niveau.
Was Küchenchef Thomas Nerlich und sein Team hier kochen, sind zeitlos interpretierte klassische Gerichte auf französischer Basis. Das Kulinarium hat uns vom ersten Besuch an sehr gut gefallen, deutete damals aber nur immer wieder in Details an, was alles möglich ist. Zwischenzeitlich bringt man die PS deutlich besser auf die Straße beziehungsweise das Pfund aufs Porzellan. Nach sehr gutem Brot mit gesalzener Butter stiegen wir beim letzten Mal im Rahmen des fünfgängigen Menüs mit einer wunderbar leichten und frischen Vorspeise ein, die auch zeigte, wie gut sich das Hygge-Team auch auf einfallsreiche vegetarische Gerichte versteht. In diesem Fall eine schön lockere Frischkäseterrine, die von knackigen Erbsen, Holunderblütenkapern und Quinoasalat ausgewogen süß-säuerlich mit grünen und floralen Aromen umspielt wurde.
Wie viel Wert auf überdurchschnittliche Produktqualität gelegt wird, bewiesen zuvorderst die gebratenen bretonischen Jakobsmuscheln, die festfleischig und klararomatisch mit ihrem typischen süßlich-jodigen Geschmack zusammen mit ein paar Quellern und einer elegant abgestimmten Herzmuschelvinaigrette auf schmelzig dünnen Kalbskopfscheiben angerichtet waren. Alles perfekt temperiert und proportioniert, so dass mit jeder Gabel ein sehr harmonisches, eher leises und sehr natürliches Geschmacksbild mit sich fein ergänzenden Texturen entstehen konnte.
Dass man hier aber auch mit kraftvollen Aromen und Gewürzen gekonnt umgeht und obendrein das Spiel mit Süße und Säure beherrscht, zeigte ein weiteres Duett, nämlich das von Seeteufel und Pulpo. Beide von Qualität und Frische über den Garpunkt bis hin zur Würzung in sehr ansprechender Façon auf dem kompakt angerichteten Teller zugegen – und als robuste Produkte kamen sie mit dem kraftvollen Akkord aus herzhaft süßer Karottencreme, würziger Vadouvan-Sauce und säuerlich abgeschmecktem Rübstiel auch sehr gut klar, konnten sich als gleichberechtigter Part behaupten.
Beim Zweierlei vom Salzwiesenlamm war dann wieder das Lamm selbst der unangefochtene Star auf dem Teller. Nicht nur die butterzart geschmorte Schulter und der rosa gebratene Rücken, sondern insbesondere auch eine großartige Lammjus, die mit Transparenz und dennoch sehr viel Tiefe und Produktcharakter eine weitere ausdrucksstake Facette des Lamms beisteuerte. Elegant umspielt von Blumenkohl als feinsäuerliche Creme und dezent röstwürzige gebratene Röschen, der frischgrünen Schärfe von Brunnenkresse und einem cremig-krossen Pommes-Anna-Riegel, war auch das ein in jeder Hinsicht wohlgelungenes Gericht, dessen Niveau näher bei 7 als bei 6 Pfannen lag.

Und weil auch der Nachtisch in Gestalt eines schön saftig aufgesogenen, aber eben nicht matschigen „Baba au Amaretto" in Begleitung von herb säuerlichem Sorbet und Ragout von der Zwetschge und einer ebendiese Säure wieder sanft einfangender Mousse von Vollmilchkuvertüre als harmonischer Dreiklang präsentierte, erhöhen wir die Bewertung guten Gewissens um einen Bonuspfeil. Nicht vergessen wollen wir aber, auch Sommelier Lennart Wenk und seine individuellen Weinempfehlungen zu den einzelnen Gerichten positiv herauszustellen. Etwa den Muscadet von der Domaine Luneau-Papin zu den Jakobsmuscheln mit Kalbskopf oder den schon etwas gereifteren reinsortigen Cabernet Franc „Le Fondis" von Amirault der zum Lamm neben seiner saftigen roten Frucht auch wilde Würze und sogar eine an Salzkräuter erinnernde Mineralität ins Glas brachte.

7↑

Jacobs Restaurant

im Hotel Louis C. Jacob
Elbchaussee 401–403, 22609 Hamburg
040-822550
www.jacobs-restaurant.de
Küchenchef: Thomas Martin
Di–Sa ab 18 Uhr, So u. Mo RT
Hauptgericht: 29–64 €,
Menüs: 98–149 €
VISA P

In dem gediegen-eleganten Restaurant des geschichtsträchtigen Traditionshauses an der Elbchaussee mit seiner legendären Lindenterrasse kann man sich nun schon seit einem Vierteljahrhundert auf Küchenchef Thomas Martin und seine klassische Gourmetküche auf französischer Basis verlassen. Der beweist seit einigen Jahren, dass es für große Geschmackerlebnisse zwar immer großen Aufwand, aber nicht unbedingt kompliziert aufgebaute und vielteilig bestückte Teller braucht. Und noch nicht mal Fleisch und Fisch, denn seine vegetarische Menüvariante steht dem omnivoren sechsgängigen „Chefmenü" in nichts nach. Für was man sich auch entscheidet, kann man sich in jedem Fall auf eine konsequent um alles Überflüssige entschlackte klassische Küche freuen, deren Kreationen von der überdurchschnittlichen Qualität aller Viktualien und von ihrer besonders präzisen Zubereitung profitieren, von tadellos auf den Punkt gebrachten Produkten inmitten reduzierter, auf die natürlichen Aromen abzielender Kompositionen, die meist von einer aufwendig zubereiteten und meisterlich abgerundeten Sauce begleitet werden.

5

Jahreszeiten Grill

Neuer Jungfernstieg 9–14,
20354 Hamburg
040-34943312
www.hvj.de
Täglich von 12–14.30 Uhr u. ab 18 Uhr, kein RT
Hauptgericht: 20 €
VISA P

Im noblen altvorderen Speisesalon des Fairmont Vier Jahreszeiten mit seinem Schachbrettmuster-Parkett, den holzvertäfelten Wänden, elegant eingedeckten Tischen und dem Ausblick auf die Binnenalster, den man nicht nur von der besonders bei den zahlreichen Stammgästen beliebten Empore aus genießt, wird eine luxuriöse Klassikerküche geboten. Hier stehen in erster Linie die einschlägigen Edelprodukte im Fokus. Und zwar von Austern, Kaviar, Krustentieren aus dem Atlantik und arktischem Lachs im Vorspeisenbereich bis zu Fleisch bester Provenienzen für den Hauptgang, das auf dem 800 Grad heißen Infrarot-Grill zur Vollendung gebracht wird. Dazwischen ist noch etwas Platz für eine beherzt mit Cognac abgeschmeckte Hummercremesuppe oder mit reichlich Trüffelrahm im Parmesanlaib aromatisch eingelullte Tagliatelle.

Diese Art von traditioneller internationaler Feinschmeckerküche erfordert viel Produktqualität und wenig kreatives Zutun und wird von den Herdverantwortlichen auch so beherzigt. Das tendenziell eher konservativ gepolte hanseatische Publikum dankt es mit permanenter Treue, braucht aber auch nicht ständig den Luxus exklusiver Viktualien, liebt genauso auch seine bodenständigen Klassiker wie das

Zürcher Kalbsfiletgeschnetzelte mit Champignons und Rösti, das Wiener Schnitzel mit Petersilienkartoffeln und Rahmgurken oder die Kalbsleber „Berliner Art" und kommt seit jeher donnerstags zum traditionellen Tafelspitz vorbei.
Von der Hardware her würde diese Küche auf ihre gediegene Art auch eine noch höhere Bewertung verdienen, aufgrund der hier und da fehlenden Feinabstimmung gehen die 5 Pfannen für den Jahreszeiten Grill in unserem Ranking aber durchaus in Ordnung. So bestand der Hummercocktail beispielsweise zwar aus einer beachtlichen Menge des ausgelösten Fleischs eines bretonischen Krustentiers und war von der typischen süßlich-feinwürzigen rahmigen Cocktailsauce sehr schmackhaft und angenehm leichtfüßig umgeben – dieses war aber größtenteils stark zerfleddert und auch die unbehandelten, mit einem stumpfen Messer geschnittenen rohen Champignons und die erkalteten blanchierten grünen Spargelstangen ohne jedwede Marinade zeugten nicht unbedingt von jenem Feinschliff, den man in dieser Kategorie erwarten dürfte.
So war im Prinzip auch an der auf der Haut gebratenen Tranche vom Wolfsbarsch, die mit punktgenau gegarten bunten Karotten, Wildem Brokkoli und Selleriemousseline angeschwommen kam, kaum etwas auszusetzen – auch wenn wir uns das Ganze etwas prononcierter gewürzt, die Haut des ansonsten sehr guten Fischs etwas krosser und die dazu gereichte Beurre blanc etwas säuerlich zugespitzter und ausdrucksstärker gewünscht hätten. Zumal das Restaurant die Messlatte ja höchstselbst sehr weit oben anlegt. Da ist es dann auch keine kleinkarierte Mäkelei, wenn man etwas genauer hinschmeckt…
Aber grundsätzlich geben die Produkte das stolze Preisniveau ja fraglos her. So auch unser am Knochen gebratenes trockengereiftes Kalbskotelett, das wir mit Prinzessbohnen, Kartoffelgratin und Sauce Bèarnaise geordert haben. Leider hatte das Fleisch auf einer Seite zu lang Kontakt mit dem brüllheißen Spezialgrill, was zur Folge hatte, dass der Knochen partiell angeschwärzt und das Fleisch stellenweise leicht bitter war. Aber auch bei den Beilagen lief nicht alles rund: die Bohnen hatten nicht nur zu viel Biss, sondern auch recht viel Salz abbekommen und das an sich gute Gratin kam an den Seiten auch schon recht dunkel und zumindest dort dann auch etwas zu trocken daher. Ein bisschen Kritik auf hohem Niveau muss sich auch die an sich sehr gute, leicht karamellig wirkende Sauce Bèarnaise mit feinem Säurespiel gefallen lassen, weil ihr das markante duftig-ätherische Estragonaroma doch weitgehend abging.
Wer nach ausgiebigem Mahl noch einen süßen Abschluss möchte, bekommt in Gestalt von Hamburger Roter Grütze mit Vanillesauce, einer Crème brûlée mit Beeren und Rahmeis, einem New York Cheese Cake mit Blaubeerkompott und Mascarponecreme, oder nach alter Schule am Tisch flambierten Crêpes Suzettes mit Vanilleeis eine veritable Auswahl geboten. Und der Nachtisch passt in seiner gediegenen Art perfekt zum sonstigen kulinarischen Angebot des Traditionshauses. Genau wie die hervorragend sortierte internationale Weinauswahl und der engagierte, heitere Service.

8

Jellyfish

Weidenallee 12, 20357 Hamburg
040-4105414
www.jellyfish-restaurant.de
Küchenchef: Stefan Fäth
Mo, Do u. Fr ab 18 Uhr, Sa u. So von 12–14 Uhr u. ab 18 Uhr, Di u. Mi RT, (Mittagskarte abweichend)
Hauptgericht: 32–55 €,
Menüs: 118–198 €
VISA

Den negativen Vorzeichen zum Trotz, die das Restaurant Jellyfish im Schanzenviertel nach wiederholten Einbrüchen mit Vandalismus während der Ägide der Vorbesitzer hatte, übernahm Stefan Fäth das kleine, individuelle Lokal vor wenigen Jahren mit Mut und Ambitionen und konnte es mittlerweile ganz ohne weiterer solcher Zwischenfälle erfolgreich etablieren. Dabei ist er keinesfalls vom hohen gastronomischen Anspruch abgerückt, der offenbar einigen Leuten in dem Kiez etwas zu „elitär" und deshalb ein Dorn im Auge war – ganz im Gegenteil: Während seiner Zeit ist das Level noch ein wenig gestiegen und es wird auch auf den Tellern deutlich mehr Spektakel veranstaltet.
In letzter Zeit vielleicht sogar etwas zu viel. Denn während sich uns in den Vorjahren die allermeisten Kreationen trotz ihrer elaborierten Art immer sehr stimmig, durchdacht und auf den Punkt gebracht präsentierten, hatten wir zuletzt das Gefühl, dass da mittlerweile etwas zu viel gewollt wird und sich Stefan Fäth bisweilen mit mancher Idee ein wenig verzettelt. Dieser Eindruck entstand bereits erstmals bei den drei sehr präzise und elaboriert arrangierten Aperos, von denen der Couscoussalat

mit Falafelbällchen unter Blumenkohlschaum und die als schwarzer Stein interpretierte Austernmousse mit Algenkraut im Dashigelee eigentlich recht fokussiert präsentierten, ein üppig hoch geschichteter Baiser-„Burger" mit verschiedenem Tatar und mehreren intensiven Aromenkomponenten allerdings schon leicht drüber war.
Dagegen wirkte das als eine Art Cocktail im Glas servierte „Garnelen-Gyros", das mit Garnelentatar auf kümmelwürzigem Krautsalat unter einem Schaum von Joghurt und Kefir mit Gurke tatsächlich ein wenig das Geschmacksbild des griechischen Klassikers transportierte, schön leicht und frisch. Dem folgte sodann als erster offizieller Menügang mit dem Titel „Wok-Gemüse-Salat" eine ziemliche Wuchtbrumme in Sachen Säure und Umami, die an dieser Stelle fast etwas anstrengend war. Das feinstreifig geschnittene und als flache, mit einer Geleefolie aus fermentiertem Knoblauch abgedeckte Ronde auf den Teller gebrachte Wok-Gemüse war auf einem aus heller Sojasauce hergestellten und dezent mit Chiliöl befeuerten Ponzusud angerichtet. Obenauf verschiedene süßsauer eingelegte Gemüse-Miniaturen, ausgestochene Avocadokugeln und eine Nocke Avocadoeis. Und im Prinzip ein ansprechender vegetarischer Gang, aber eben ziemlich ruppig und unruhig aromatisiert.
Und es blieb auch im zweiten Akt eher lärmig auf dem Teller, denn das nicht nur optisch sehr bunt und vielgestaltig anmutende Zwischengericht von geräucherter Oldenburger Forelle, die zu einem mit Kakaobutter in Form gehaltenen Mousse-Ring verarbeitet war, wurde ebenso facettenreich wie kraftvoll bespielt: Zwiebelmarmelade als Sphäre, eingelegte Senfsaat, verschiedene gepicktelte Gemüse und ein transparenter Sud von Apfel, Staudensellerie und Dill – dazu à part noch eine mit gehobeltem Meerrettich und frisch geschnittenem Schnittlauch überhäufte geröstete Kartoffelschnitte. Nicht, dass das nicht zusammengepasst hätte, aber weniger wäre da nach unserer Auffassung deutlich mehr gewesen.
In seiner Art war der nächste Zwischengang mit Jakobsmuschel auf geschmorter Schweinehaxe und Sauerkraut in Sauerkrautschaum auch eher zupackend, aber viel feiner und transparenter umgesetzt. Einzig das knusprige Teigplättchen, auf dem eine in diesem herzhaften Kontext gar nicht so uninteressante Salzmandelcreme appliziert war, wirkte überflüssig massig. Allen Kreationen gemein ist, dass sie handwerklich sehr aufwendig, kleinteilig und vielgestaltig aufs Porzellan gebracht werden. Manchmal auf die Spitze getrieben, so wie bei der geflämmten saftigen Meeräsche, die auf einem Couscous-Bett und drei verschiedenen Saucen (Joghurt-Minze, ein Korianderöl und Tandoori) angerichtet war, von Granatapfelkernen, Gelee und Creme, Aubergine und einer Harissa-Sphäre bespielt war.
Während bis hierhin alle Gänge recht kompakt und dicht waren, präsentierte sich der Hauptgang um eine Roulade und ein Stück Rücken vom Kaninchen, die nebst Komponenten von Birne und Wirsing sowie Buchenpilzen auf gleich zwei kraftvollen Saucen angerichtet waren, nämlich Pilzschaum und Périgord-Trüffeljus, deutlich flächiger und damit auch klarer. Hier war es eigentlich nur das sehr (!) weiche und etwas ausgelaugt wirkende Kaninchenfleisch, das den grundsätzlich sehr guten Gesamteindruck ein klein wenig schmälerte.
Das gute Gespür beim Komponieren lebhafter, ausgewogener Geschmacksbilder zeigte sich auch beim Dessert, für das die einer Babybanane nachempfundene Bananenmousse mit einem Hauch Macis-Flavour von einem straff säuerlichen Passionsfruchteis und einem mutig die Kräuterwürze ausspielenden Blattpetersiliensud sowie ausgestochenem Fruchtfleisch der Drachenfrucht originell erfrischt und akzentuiert wurde. Und die so einen nicht nur optisch sehr markanten, attraktiven Abschluss auf hohem Niveau hinlegten.
Auf hohem Niveau bewegen sich auch die glasweisen Weinempfehlungen, die hier vom entspannt aber nie nachlässig agierenden Serviceteam mit Begeisterung vorgestellt werden. Und wenn es Stefan Fäth künftig wieder etwas besser gelingt, das große Potenzial nicht verschwenderisch mit der großen Gießkanne zu verteilen, sondern die Ressourcen noch überlegter und hier und da auch reduzierter einzusetzen, könnte sich das ohnehin schon hohe Niveau seiner Küche sogar auf ein noch höheres Level bewegen.

8

Lakeside

im Hotel The Fontenay Hamburg
Fontenay 10, 20354 Hamburg
040-6056605740
www.thefontenay.de
Küchenchef: Julian Stowasser
Di–Sa ab 19 Uhr, So u. Mo RT
Menüs: 169–189 €

VISA

Es gibt tatsächlich gar nicht wenige Orte, an denen man sich in Hamburg auf sehr hohem Niveau kulinarisch verwöhnen lassen kann, aber kaum einer hat ein so besonderes Ambiente wie das im futuristisch modernen Bau des Hotel Fontenay hoch über der Alster gelegene Restaurant Lakeside. In einem großzügigen Halbrund mit bodentiefer Glasfront und eleganten hellen Designermöbeln bietet sich einerseits ein spektakulärer Blick über die Stadt und die wimmelnden Seegelboote auf der Alster, andererseits fühlt man sich auf erhabene Art in eine andere Welt entrückt.
Dass es in dieser, dank der perfektionistischen Arbeit des Teams um Julian Stowasser, auch noch exzellentes Essen gibt, macht noch attraktiver. Und die elegante Klarheit des Raums passt sogar ganz ausgezeichnet zur Küche – ganz ohne Parallelen allzu angestrengt konstruieren zu müssen. Denn auch die auf klassischer Basis betont modern und weltoffen gestalteten Kreationen des jungen Chefs zeichnen sich vor allem durch ihren fein zugespitzten Fokus auf das Wesentliche und viel Leichtigkeit bei maximaler Intensität aus. Dass diese Intensität an der einen oder anderen Stelle an perfekter Balance vorbeigeht (und dass über die Jahre viele Gerichte nur minimal variiert werden), macht dann auch beinahe die einzige klitzekleine Schwachstelle der Küche aus – sowohl die Qualität der Produkte als auch die handwerkliche Präzision würden schon jetzt auch eine noch höhere Bewertung hergeben.
Genau das zeigten in gewohnter Akkuratesse auch die ersten drei Miniaturen zum Aperitif: Mit einem flüssig zerplatzenden Gurkendrop auf Crème fraîche, hauchdünnem Umeboshi-Baiser mit salzig feinsäuerlichem Geschmack und dunkler Pilzfüllung sowie einer zart cremigen Praline von der Gänseleber mit Piemonteser Haselnuss wurde die Messlatte gleich direkt zum Einstieg ganz weit oben angelegt. Vielleicht auch deshalb konnte die überraschende Wendung zu einem deutlich derberen Eindruck beim folgenden Gruß aus der Küche mit jodiger Auster in konzentrierter Austerncreme mit Kaviar sowie Schalotte und Staudensellerie nicht ganz so überzeugen – deren voll auf Würze ausgerichteter, dabei aber nicht ganz klarer Geschmack wirkte nämlich beinahe ein bisschen anstrengend…
Bereits beim quasi mit sich selbst verstärkten Hamachi in Form einer Rolle aus fleischigen Sashimi-Scheiben mit leicht gereift wirkender Konsistenz und einem klararomatischen Tatar im Inneren war das aber schon wieder vergessen. Hier glänzte der Fisch in absoluter Reinheit und wurde von einem forciert säurefrischen Buttermilchsud und knackigen Würfeln von Kohlrabi zudem betont leicht und lebendig inszeniert. Ein hauchzarter „Raviolo" aus Kohlrabi, filigraner Crunch und konzentriert grüne Würze von Schnittlauch gaben dazu dann noch weitere feine Details und verstärkten den animierenden Charakter.
Beim bretonischen Hummer in exzellenter, süßlich-nussiger Qualität machte die Küche erneut einen kleinen Schwenk, diesmal nach Fernost – und hin zu mehr Power und noch mehr Kontrastreichtum. Die zarten Stücke des edlen Krustentiers wurden von einem ätherischen Zitronengrasfond sanft umspült, der von Ananascreme pointiert fruchtige Süße und von einer Sesam-Mayonnaise nussige Würze erhielt, während kleine Türmchen aus säuerlich-scharf eingelegter Karotte mit Fingerlimes und korianderwürziger Ghoakresse für sehr markante Kontraste am Tellerrand sorgten. In dieser spannungsgeladenen Form war das ein Teller, der schon deutlich in Richtung 9 Pfannen tendierte.
Der als saftig gegarte Tranche servierte Loup de Mer wurde ebenfalls in einem ebenso komplexen wie (leicht über-) konzentrierten Fond angerichtet, der diesmal mit ätherischem Fenchel neben einem feinen Süße-Säure-Spiel und üppigem Safranduft direkt ans Mittelmeer entführte. Und mehr als gegrillte Mini-Artischocke, ein wenig Fenchelcreme und kleine Knusperschalen mit Sauce Rouille brauchte es hier

auch nicht, um dem Premium-Wolfsbarsch zu einem eindrucksvollen Auftritt zu verhelfen.

Während an dieser Stelle im Menü zuletzt die Tandoori-Wachtel mit Panko-Pistazien-Crunch schon beinahe ein obligatorischer Klassiker war, gab es diesmal in knusprigen Quinoa-Keimen gebratene Miéral-Taube als ersten Fleischgang. Und die hinterließ mit deutlichen, dezent bitteren Röstnoten und einer gewissen Spicyness, unter anderem durch ein duftig-würziges Shisogel obenauf, einen kaum weniger markanten Eindruck. Mit einer durch Miso und Yuzu akzentuierte üppig cremige Sauce Hollandaise gab es dazu eine feinsinnig schmeichelnde Ergänzung und mit säuerlich eingelegter Perlzwiebel nebst Buchenpilzen und Rettich einen kontrastierenden Frischepol.

Obwohl das bereits zeigte, wie gut das Team auch kraftvollere Fleischgerichte handeln kann, wurde mit dem orientalisch angehauchten Lammrücken im Hauptgang sogar noch eins drauf gesetzt: Kernig-straff, mit dünnem knusprigem Fettdeckel und extrem viel Geschmack, war hier allein das Produkt eine Wucht, wurde aber durch eine mit Gelee überglänzte Nocke aus Auberginenconfit, ein kleines Rondell frischwürzigen Minzspinats sowie einem separat erfrischenden Miniatur-Naanbrot mit Joghurt-Dots auch noch sehr pointiert ergänzt und schaffte einen der stärksten Eindrücke des Menüs.

Wobei auch die Pâtisserie demgegenüber kaum weniger überzeugte. Schon das an „Joghurette" angelehnte Prè-Dessert, das mit einem Vollmilch-Schokoladeneis mehr die zarte Schokoladenseite betonte als das Original, gekontert von zugespitzt konzentrierten Erdbeerzubereitungen und einem leichten Joghurtschaum, schaffte eine niveauvolle Erfrischung. Und auch das ebenfalls ganz auf der frischen Seite gehaltene Hauptdessert rund um weiße Schokolade, Passionsfrucht, Gurke und Thaibasilikum war ein Volltreffer: die zartcremige weiße Schokolade brachte hier genau die richtige Dosis an Schmelz und Süße mit, um den in einem Sorbet prominent nach vorn gestellten Thaibasilikum, die exotische Fruchtsäure der Passionsfrucht (als mit einem Basilikumöl marmorierter Fond) und die frischgrünen Gurkennoten abzufedern.

Ein ganz besonderes Lob verdienen außerdem sowohl das Serviceteam, das mit authentisch strahlendem Lächeln, perfekt eingespielten Abläufen und kompetentem Rat für eine angenehme Atmosphäre sorgt, als auch die von Master-Sommelière Stefanie Hehn kuratierte Weinkarte und die ebenso individuellen wie hochkarätigen Weinempfehlungen zu den einzelnen Gerichten. Beide bewegen sich auch bundesweit auf höchstem Niveau und runden einen Besuch perfekt ab.

Landhaus Scherrer

**Elbchaussee 130,
22763 Hamburg
040-883070030
www.landhausscherrer.de
Mo–Sa von 12–14.30 Uhr u. ab 18 Uhr, So RT
Hauptgericht: 22–54 €,
Menüs: 111–153 €**

Auf der einen Seite die gediegenen, kochtechnisch durchaus verfeinerten, aber niemals verfremdeten gutbürgerlichen norddeutschen oder internationalen Gerichte und auf der anderen die ebenfalls gediegenen, stärker in den Gourmetbereich spielenden Kreationen aus exklusiveren Viktualien in teilweise etwas aufwendigerer Präsentation – der Klassiker auf der Elbchaussee mit seinem hellgrün-holzvertäfelten Gourmetrestaurant ist und bleibt Hamburgs Hort der ultraklassischen französischen und gehoben-norddeutschen Küche. Innovationen finden woanders statt, hier werden völlig zurecht die hauseigenen Evergreens gehegt und gepflegt, was nicht nur die zahlreichen Stammgäste erfreut goutieren, die man hier an jedem zweiten Tisch erkennen kann, sondern auch gelegentliche Besucher wie uns.

Lenz

**Poppenbütteler Chaussee 3,
22397 Hamburg
040-60558887
www.restaurant-lenz.de
Küchenchef: Dennis Kerber
Do–Mo von 12–14.45 Uhr u. ab 17.30 Uhr, Di u. Mi RT
Hauptgericht: 18–37 €**

In der fast schon ländlichen Peripherie am äußersten nördlichen Stadtrand von Hamburg ist das Restaurant von Lenz Leslie Himmelheber schon seit vielen Jahren eine sichere Bank, wenn bodenständige und trotzdem anspruchsvolle Küche gefragt ist. Wobei sich das „anspruchsvoll" in dem gepflegten legeren Lokal im Bistrostil, das etwa zur Hälfte mit massiven Hochtischen ausgestattet ist, weniger über besonders luxuriöse Produkte und aufwendige Präsentation definiert, sondern vielmehr über Produktqualität, Sorgfalt und seriöses Handwerk im Einfachen. In der Weinkarte finden sich die Gewächse namhafter Erzeuger wie Lageder, Klumpp, Molitor oder Bassermann-Jordan.

5

Memory

Sülldorfer Landstr. 222,
22589 Hamburg
040-86626938
memory.metro.bar
Di–Sa ab 18 Uhr, So u. Mo RT
Menüs: 59–89 €

VISA

Inga Büttner-Hagemann und Heiko Hagemann kredenzen in ihrem von außen recht unscheinbar anmutenden und drinnen mit warmfarbig-dunkelroter Wandgestaltung, Terracottafliesenboden und hübsch eingedeckten Tischen einladend schlicht-modern wirkenden Restaurant eine gute klassische Küche für gehobene Ansprüche zu moderaten Preisen. An fünf Abenden in der Woche zeigt der in namhaften Restaurants zum Chef gereifte Gastgeber in Menüform auf sorgfältig und wohltuend aufgeräumt arrangierten Tellern grundsätzlich klassische, mal eher traditionelle, mitunter aber auch ideenreich eigeninterpretierte Gerichte, oft und gern mit mediterranem Oberton. Immer handwerklich fundiert, immer sehr schmackhaft und aus guten, frischen Produkten zubereitet. Die Weinkarte hat ihren Schwerpunkt bei europäischen Gewächsen und ist ebenso moderat kalkuliert wie die Speisen.

Bezahlkarten-Symbole

- Mastercard
- EC-Maestro
- Diners
- American Express
- VISA Visa

6

Morellino la légère

Falkenried 54, 20251 Hamburg
040-4206295
morellino-hamburg.eu
Küchenchef: Silvia Theiss
Di–Sa ab 19 Uhr, So u. Mo RT
Menüs: 115–178 €

VISA

Unter den vielen ausgezeichneten Restaurants hierzulande gibt es nur wenige, die – über Details in der jeweiligen Handschrift hinaus – mit ihrem Profil wirklich deutlich herausstechen. Zu ihnen gehört ganz ohne Zweifel das Morellino la legérè in Hamburg-Eppendorf. Hier haben Peter Theiss als eloquenter Gastgeber mit tschechisch-italienischen Wurzeln und seine Frau Silvia in der Küche als echte Produkt- und Geschmacksfanatiker ihre ganz eigene Vision von Fine Dining verwirklicht und dafür mit dem großzügigen naturfarbenen Restaurant mit warmem indirektem Licht und verschiedenfarbigen stylischen Polstersesseln eine sehr einladende Plattform geschaffen.
Das ganze Konzept beruht darauf, mit einer seltenen Konsequenz ausnahmslos Produkte in Referenzqualität zu besorgen und ihnen dann die Zeit und Bühne zu geben, um ihren Geschmack möglichst deutlich erlebbar zu machen. Die Wege dahin unterscheiden sich oft deutlich von gängigen Herangehensweisen der Gourmetküche, es wird viel fermentiert und kaum gesalzen, oft flächig angerichtet und darauf akzentuiert, oder mit dem markanten Geschmack von Kräutern gearbeitet.
Entsprechend schwer sind die Ergebnisse oft einzuordnen. Das Spektrum reicht von Tellern, die aufwühlend gut daherkommen, insbesondere dann, wenn mehr auf Tiefe und Dichte hingearbeitet wird, und es reicht bis hin zu Kombinationen, die eher spröde und simpel wirken, oder die Eigenschaften der Produkte irgendwie doch nicht bestmöglich darstellen.

Da über allem aber eine ansteckende Begeisterung für das eigene Tun und die präsentierten Viktualien liegt, darunter auch hervorragende selbst angesetzte Aperitifs von Wermut bis Negroni zum Verkosten zwischendurch, spielen diese Schwankungen letztlich keine allzu große Rolle für das Gesamterlebnis. Denn das bleibt von Anfang bis Ende spannend.
Zu entscheiden bleibt nur zu Beginn, in wie vielen Etappen man die Ideen der Küche erleben möchte. Zwar gibt es daneben auch die Möglichkeit, à la carte zu bestellen – aber um wirklich in die Morellino-Welt einzutauchen, empfiehlt sich schon eher das Menü. Und dieses wurde zuletzt ganz typisch mit hauchzarter und laktisch würziger Stracciatella di Bufala eröffnet, auf der gelbe und rote Punkte ausgesuchter Tomatenvarietäten, nussiges Basilikumpesto und gereifter Balsamico appliziert wurden, die gemeinsam einen schlichten, aber dennoch intensiven Sommergruß ergaben.
Zu den Gerichten, bei denen die Ideen nicht ganz so gut aufgingen, gehörten danach beispielsweise die leicht temperierten und dann abgeflämmten Lamellen von der Rotbarbe, die gemeinsam mit Bouchotmuscheln, kleinen Rucolablättern, Linsen und fermentierter Gurke neben einem auflockernden Gelee von Waldbeeren angerichtet wurden. Zwar ergab die von wilden würzigen Aromen einer ätherischen Pfeffrigkeit durchzogene Kombination ein spannendes, lang nachhallendes Geschmacksbild, aber der Fisch selbst wirkte darin ein klein wenig trocken und ausgelaugt.
Ein ähnliches Problem ergab sich bei den sous-vide gegarten und dann gegrillten Streifen von der Miéral-Poularde mit Tupfen von Mango- und Cassiscoulis, einer würzigen Praline aus dichtwürzig eingekochtem Huhn, sowie kleinen knusprigen Polenta-Quadern. Hier gaben die kalten und eher trockenen Scheiben des edlen Label-Rouge-Huhns zwar durchaus sehr pur deren Eigengeschmack wieder, wirkten aber dennoch deutlich weniger attraktiv als ein saftstrotzend mit knuspriger Haut serviertes Stück. Und auch die begleitenden aromatischen Pinselstriche wirkten zwar harmonisch, aber eher weichgezeichnet.
Umso gelungener waren dafür wiederum unter den Vorspeisen die Kombination einer dunkelsüßwürzigen, kompakt geschichtetem Gemüseterrine neben ebenfalls dunkler, beinahe an Balsamico erinnernder Waldbeerencreme, zartem luftgetrocknetem Schinken und einer flach ausgebreiteten und mit Haselnuss und Parmesan kross gratinierten Zucchiniblüte. Ebenfalls als ein echtes Highlight, und für sich genommen schon eher im 8-Pfannen-Bereich angesiedelt, kam ein kraftvoll eigenaromatisches Tatar vom Charolais-Rind daher, das auf gebackene Kapern sowie fermentierten und dann geröstetem Dinkel gebettet war und auf der Oberseite kurz abgeflämmt zusammen mit einer waldwürzigen Pilzcreme, gebratenen Brokkolitrieben und intensiv duftenden gerösteten Mandeln angerichtet wurde. Das ergab auf diese Art eine üppig tiefe, aber zugleich elegante und packende Kombination!
Kaum weniger überzeugend war auch ein irreführenderweise als „Fischsuppe" betitelter Gang, der eigentlich sehr pur Kaisergranat, Seezunge und Miesmuscheln in einer Qualität in den Vordergrund stellte, die auch höchste Bewertungen gerechtfertigt hätte. In diesem Fall wurde den edlen Meerestieren mit einer schlanken Karotten-Orangen-Suppe inklusive deutlicher feuriger Schärfe, kleinen Scheiben vom wilden Spargel und einer subtilen Anisnote ein Umfeld geschaffen, das so eine Höchstbewertung auf seine etwas flachere Art zwar doch nicht ganz hergab, die Meeresfrüchte aber insgesamt dennoch wirkungsvoll unterstützte.
Und auch der süße Abschluss mit einer raren hocharomatischen Erdbeersorte neben frisch abgedrehtem, cremig fließendem Vanilleeis und einer aromatischen Schokoladensauce blieb in seiner aufs Produkt fokussierten Art einerseits ganz auf der bisherigen Linie und wirkte andererseits herzerwärmend gut. Neben den durchwegs lohnenden selbst angesetzten Drinks und Elixieren verwaltet der Gastgeber auch viele spannende Weine und findet garantiert eine bestens auf individuelle Vorlieben und die Gerichte abgestimmte Begleitung.

6

NIKKEI NINE

Neuer Jungfernstieg 9,
20354 Hamburg
040-34943399
www.nikkei-nine.de
Küchenchef: Kai Weigand
Täglich ab 18 Uhr, kein RT
Hauptgericht: 38–140 €
EC VISA P

Küchenchefwechsel im Nikkei Nine, dem coolen kosmopolitischen Kellerrestaurant im gediegenen Hotel Vier Jahreszeiten an der Binnenalster. Song R. Lee, der hier seit der Eröffnung verantwortlich zeichnete, hat das

Haus zwischenzeitlich verlassen. Der neue erste Mann am Herd ist Kai Weigand, den wir an seiner letzten Küchenchefstelle, dem Gutshaus Stolpe in der Nähe von Anklam, nur knapp verpasst hatten. Nun also führt er das Team des sehr schick in Braun- und Goldtönen gestalteten Restaurants mit offener Küche, Barbereich und Lounge im Keller des Grand Hotels an und dessen Konzept der Nikkei-Cuisine, jener populären Fusion aus japanischen Küchentraditionen und Einflüssen aus Südamerika im Allgemeinen und Peru im Besonderen, unverändert weiter.

Die Karte präsentierte sich exakt so wie bei unseren vorausgegangenen Besuchen, reicht von verschiedensten Sushi-Varianten über Tempura-Spezialitäten, Nudel- und Reisgerichte oder Hauptgerichte mit Seafood, Fisch und Fleisch vom Robata-Grill bis hin zum Omakase-Menü – und bietet den Gästen damit maximale Auswahl. Einen schönen Querschnitt durch die Küche bekommt man im Rahmen jenes fünfgängigen Überraschungsmenüs nach Auswahl des Chefs geboten, das sich weitgehend auf Signature-Dishes konzentriert, aber dem Gast auch mal etwas beschert, was nicht in der Karte steht. Auf Wunsch kann man dieses Menü auch upgraden und bekommt es dann bei einem der Gänge mit japanischem Wagyu-Beef der Fettstufe A5 zu tun. Wer zum ersten Mal hier ist, sollte die Möglichkeit nutzen und macht damit sicher keinen Fehler.

Als erste Kostprobe ebendieser Speisefolge erreichte uns beim letzten Mal roh marinierter schottischer Wildlachs, der im typischen Ceviche-Stil mit roten Zwiebeln, Limette und Chili an einer sehr pur und straight gehaltenen Koriandercreme angerichtet wurde. Ein klarer, frischer, puristischer Auftakt, der dem gewohnten Stil des Nikkei Nine entsprach. Ein pikantes, interessant fruchtig-säuerlich gestaltetes Maispüree war beim folgenden Zwischengang die Grundlage für attraktiv rauchig und röstwürzig angegrillte Jakobsmuscheln, die sich darauf mit buttrigen Schmelz lieferndem Avocadotatar und knusprig auflockernden Tempura-Shisoblättern tummelten.

Die fünf unterschiedlichen Nigiri-Variationen – von selbstverständlich frisch geriebenem Wasabi und eingelegtem Ingwer flankiert – zeichneten sich durch gute Fischqualitäten, sehr locker geformten, gut aromatisierten Reis, angenehme Temperierung und gekonnt subtile Aromatisierung aus. Und was zuvor mit Mais sehr gut funktionierte, klappte im Anschluss an das Sushi-Intermezzo schließlich auch mit Kartoffel: So war das im Stil des Causa Limeña aromatisierte Kartoffelpüree ein adäquater Begleiter für Tempura-Garnelen und mit Garnelenfarce gefüllte, ebenfalls in Tempurateig ausgebackene Röllchen aus Nori-Alge. Auch hier wieder viel belebende Säure, etwas Schärfe und eine zurückhaltende Fruchtigkeit, so dass Erdapfel und Seafood harmonisch zusammenfinden konnten.

Was sich bis hierhin schon dezent andeutete, brachte der Hauptgang umso deutlicher hervor: im Vergleich zu den Testbesuchen davor wirkten die Gerichte beim letzten Mal in der Ausführung ein ganz klein wenig gröber – der hier präsentierte asiatische „Rollbraten" vom Schweinebauch in seiner recht festen, trockenen Art sogar fast schon rustikal. Wenngleich ihm mit Aji-Amarillo-Karotte, sehr mild geräuchertem und wieder eher fruchtigem Auberginenpüree sowie einer feinen Teriyakisauce mit Transparenz und natürlicher, unaufdringlicher Intensität, durchaus interessante und auflockernde Partner zur Seite standen. Da waren die saftig-schmelzigen Tranchen vom Secreto eines Iberico-Schweins beim letzten Mal schon eine andere Hausnummer. Die identischen Side-Dishes in Gestalt von japanischem Reis und mit Katsuobushi gewürzten Pimientos de Padrón blieben auch diesmal schmackhafte, aber aus kulinarischer Sicht eigentlich verzichtbare Sättigungsbeilage.

Nur äußerst ungern verzichtet hätten wir indes auf das großartige Dessert, namentlich eine Art fluffig ausgebackener Süßkartoffel-Donut mit Sauerrahmeis und säuerlichem Passionsfruchtsalat sowie süchtig machender Dulce de Leche – ein vollmundig opulenter und doch schlanker süßer Abschluss, der alles hatte, was man sich von einem köstlichen Nachtisch erhofft. Nichts zu wünschen ließ auch diesmal wieder der smart und liebenswürdig agierende Service um Restaurantleiter Matthias Förster übrig, der dem hohen Eigenanspruch des Hauses ebenso hundertprozentig gerecht wird wie die Wein- und Sakeauswahl.

Nil

Neuer Pferdemarkt 5, 20359 Hamburg
040-4397823
www.restaurant-nil.de
Mo u. Mi–Do ab 18 Uhr,
Fr–So ab 17 Uhr, kein RT
Hauptgericht: 20–30 €,
Menüs: 42–52 €

In dem originellen Restaurant mit geschwungener Galerie auf St. Pauli geht es stets heiter und locker zu. Alles mutet nach Szenerestaurant an, doch sollte man davon nicht auf das Niveau der Küche schließen, denn die ist hier deutlich besser, als man es vielleicht auf den ersten Blick vermuten würde. Gekocht wird nämlich frisch, schnörkellos und fundiert, stilistisch munter querweltein, mal herzhaft-regional, öfter aber mit mediterranem Oberton und immer ausdrucksstark auf wenige, gut in den Mittelpunkt gestellte Produkte und Aromen. Und auch an guten, bezahlbaren Weinen besteht hier kein Mangel.

Osteria da Francesco

Milchstr. 3–4, 20148 Hamburg
040-25304380
www.osteria-da-francesco.de
Küchenchef: Jochen Kempf
Täglich ab 12 Uhr durchgehend,
kein RT
Hauptgericht: 16–54 €,
Menüs: 45–180 €

Mit Küchenchef Jochen Kempf an den Töpfen ist und bleibt die schlicht-elegante Osteria da Francesco von Padrone Francesco Delvecchio, der nicht nur jahrzehntelanger gastronomischer Wegbegleiter für viele Hamburger Kaufmannsfamilien, sondern auch für manch Prominenz aus Funk und Fernsehen ist, ein lohnendes Ziel. Seine Küche tendiert undogmatisch zwischen traditionellen italienischen Klassikern und originellen Eigeninterpretationen mit mediterranem Oberton und alles wird von ihm gleichermaßen locker flockig wie unaufgeregt auf die Teller gebracht. Und weil man hier immer auch zuvorkommend bedient wird und das Weinangebot (selbst glasweise) genügend gute Tropfen aus ganz Italien bereithält, ist der große Klassiker unter den italienischen Ristoranti der Hansestadt mittags wie abends eine sichere Bank.

Otto's Burger

Grindelhof 33, 20146 Hamburg
040-38046525
ottosburger.com
Mo–Do von 12–22.30 Uhr,
Fr u. Sa von 12–23 Uhr,
So von 12–22 Uhr, kein RT

Hauptgericht: 9–12 €Lange Reihe 40,
20099 Hamburg
040-23953382
ottosburger.com
Mo–Do von 12–22.30 Uhr,
Fr u. Sa von 12–23 Uhr,
So von 12–22- Uhr, kein RT
Hauptgericht: 9–12 €

Schanzenstr. 58,
22765 Hamburg
040-33458270
ottosburger.com
Mo–Do von 12–22.30 Uhr,
Fr u. Sa von 12–23 Uhr,
So von 12–22 Uhr, kein RT
Hauptgericht: 9–12 €
Klassische Craft-Burger aus erlesenen Zutaten, frisch und natürlich zubereitet, immer wieder originell variiert und garantiert so richtig schön chunky.

Piment

Lehmweg 29,
20251 Hamburg
040-42937788
www.restaurant-piment.de
Küchenchef: Wahabi Nouri
Mo–Di u. Do–Sa ab 19 Uhr, Mi u. So RT
Hauptgericht: ab 45 €,
Menüs: 178 €
VISA

Hinter einer eher unscheinbaren Fassade verbirgt sich das Restaurant des in Casablanca geborenen Gastgeber und Küchenchefs Wahabi Nouri Restaurant in stilvoller Eleganz. Mit einem wohltuend schlicht und reduziert in Schlamm- und Sandtönen gestalteten Ambiente, mit Stuckarbeiten an der Decke, moderner Kunst an den Wänden, bequemen, drehbaren Ledersesseln an blanken Holztischen stellt es eine geschmackvolle Umgebung für die sehr eigenständige Küche, die deutlich Nouris marokkanische Wurzeln erkennen lässt, auch wenn der nordafrikanische Touch auf den Tellern eher subtil eingebunden ist. Oft wirken die Gerichte eher wie französische Klassik mit einem moderaten orientalischen Twist, sind nie besonders plakativ, scharfkantig und kontrastreich, sondern immer sehr harmonisch, weich und rund, führen aber dennoch zu einem spenden und kreativen Ergebnis auf den Tellern. Als sehr angenehm und zuvorkommend bleibt nach einem Besuch im Piment immer auch der Service in Erinnerung.

Rive

Van-der-Smissen-Str. 1,
22767 Hamburg
040-3805919
www.rive.de
Di–Fr ab 12 Uhr durchgehend,
Sa u. So ab 13 Uhr durchgehend, Mo RT
Hauptgericht: 18–58 €, Menüs: 26–33 €

Das Rive ist eine seit vielen Jahren eine sehr zuverlässige Adresse, wenn anspruchsvolle, aber nicht überbemühte maritime Küche gefragt ist. Konzeptionell ganz bewusst ein wenig unterhalb des Fine-Dining-Sektors positioniert und dennoch so aufgestellt und ambitioniert, dass man hier aufmerksam bewirtet und überdurchschnittlich bekocht wird. Und zwar mit internationalen Gerichten, die mal mediterran, mal fernöstlich und auch mal lateinamerikanisch inspiriert sein können und in Sachen Produktqualität und Handwerk eigentlich immer höheren Ansprüchen gerecht werden. Neben den eher traditionellen Fischen, Krustentieren und Meeresfrüchten vom Grill nebst gängigen Side-Dishes offeriert die Karte eben auch etwas kreativere Kreationen mit mutigen Aromenakzenten. All das lässt sich am besten an einem lauen Sommertag auf der Balkonterrasse genießen, denn nirgendwo im Innenstadtbereich kann man so nah an der Elbe sitzen und zugleich auf vergleichbarem Niveau lunchen oder dinieren wie hier, wo die großen Schiffe fast schon bedrohlich nah an den Fenstern vorbeiziehen.

Röperhof

Agathe-Lasch-Weg 2,
22605 Hamburg
040-8811200
www.roeperhof-restaurant.de
Mi–Sa von 12–14.30 Uhr u. ab 18 Uhr,
So ab 18 Uhr, Mo u. Di RT
Hauptgericht: 29–32 €,
Menüs: 67–98 €
VISA

Ein Lieblingslokal vieler Hamburger Köche! Was in dem backsteinernen, reetgedeckten Bauernhaus, das malerisch in einem Gärtchen steht und so etwas wie ländliche Idylle vermittelt, so alles auf die sauber eingedeckten Tische kommt, begeistert mit seinem besonders guten Preis-Leistungs-Verhältnis und der soliden, unaufgeregten Machart das „Fachpublikum" und kann sich über viele treue Stammgäste der kochenden Zunft freuen, die sich in den authentischen Bauernstuben sehr wohl fühlen. Und das wundert uns nicht im Geringsten, denn hier wird klassisch und herzhaft gekocht, stets fundiert und mit Sorgfalt, aber auch mit dem Blick für Proportionen und gewisse Feinheiten, die auch Hausklassiker wie die provenzalische Fischsuppe oder das Wiener Schnitzel attraktiv machen und dafür sorgen, dass diese nie von der Karte verschwinden.

Spaccaforno

Erdkampsweg 4–6, 22335 Hamburg
040-42101301
www.spaccaforno.de
Di–So ab 12 Uhr durchgehend, Mo RT
Hauptgericht: 9–17 €

Eine attraktive Mischung aus Trattoria, Backstube und Spezialitätenladen! Hier gibt's wirklich hervorragende neapolitanische Pizza aus ausgesucht guten Produkten und täglich frisches Sauerteigbrot. Aber auch à la minute gebackene und verschieden belegte Crostoni, diverse Salate, Suppen und Aufschnitt italienischer Wurst- und Schinkenspezialitäten. Tolle Qualitäten, vieles auch zum Mitnehmen.

Stüffel

Isekai 1,
20249 Hamburg
040-60902050
www.restaurantstueffel.de
Mi–So ab 17.30 Uhr, Mo u. Di RT
Hauptgericht: 15–36 €

VISA

Andrej Kovars am Eppendorfer Isekai gelegener Hybrid aus klassischem Restaurant, modernem Bistro und Weinbar, in dem zu einer spannenden, vom Gastgeber mit Leidenschaft und Expertise sehr persönlich zusammengestellten Weinauswahl unkomplizierte und doch anspruchsvolle Gerichte aufgetischt werden, die immer sehr zugänglich und mehrheitsfähig sind, ist das erste Konzept, das an diesem Standort offenbar richtig gut funktioniert. So konnte er sich hier innerhalb einiger Jahre schon eine treue Fanbase erarbeiten, die die hier gebotene Mischung aus lockerer Atmosphäre bei zugleich hohem Anspruch schätzen. Auf die Teller kommen zumeist eher traditionelle, bodenständige und zum Teil auch etwas gehobenere Sachen aus internationalen Edelprodukten, was aber nier abgehoben oder exklusiv wirkt und auch bei der Umsetzung eher schlicht gehalten ist und auf Akzente mit einfachen Mitteln setzt. Dank der soliden Produktbasis und gutem Handwerk ist dieser Kurs so erfolgreich.

The Table Kevin Fehling

Shanghaiallee 15,
20457 Hamburg
040-22867422
www.the-table-hamburg.de
Küchenchef: Kevin Fehling
Di–Sa ab 19 Uhr, So u. Mo RT
Menüs: 275 €

VISA

Eines steht nach unserem jüngsten Besuch in Deutschlands bestem und bekanntestem „Tresenrestaurant" außer Frage: Wenngleich die Küche von Kevin Fehling auf den ersten Blick bisweilen etwas statisch wirkt und es bei flüchtiger Betrachtung so aussehen mag, als ob sich manche Gerichte über die Jahre nur marginal verändern, nur bestimmte Produkte ausgetauscht oder hin- und hergeschoben werden – wer sich genauer mit dem Kulinarium beschäftigt, kann nicht nur immer wieder neue Kreationen entdecken, sondern auch eine stetige Entwicklung feststellen.
So erlebten wir an dem langen geschlängelten Thekentisch des zwar sehr technisch, industriell und clean designten, während des Restaurantbetriebs und in entsprechender Illuminierung aber überhaupt nicht ungemütlich wirkenden Raum diesmal auf manchen Tellern einerseits noch mehr genialen Produktpurismus sowie eine perfektionierte Menüdramaturgie. Andererseits auch jenes Feuer, jene Hitze und aromatische Glut, die wir zuletzt als Zünglein an der Waage vermisst hatten. Jene Eigenschaften, die einer an sich perfekten Küchenleistung noch das entscheidende i-Tüpfelchen an Emotionalität verleihen können.
Kühl konstruiert und lau wirkte diesmal nichts mehr. Allenfalls Dinge, die davon profitieren, wie etwa der Macaron „Green Cevice" oder der mit zarten Akzenten von Himbeere und Kokos beeindruckend perfekt in die Balance gebrach-

te Tatar von Hamachi und Auster im Aufwärmprogramm – letzterer mit wunderbar purem, jodigem Wohlgeschmack der beiden maritimen Hauptprodukte. Direkt ins Genießerherz trafen dann mit herzhafter Aromatik und vollmundiger Art sowohl das Krabbenrührei mit Krabbengelee unter cremig pochiertem Wachtelei und feinwürziger Espuma sowie der mit gezupftem geschmortem Rinderbraten süffig gefüllte Bao-Bun „Marokko", thematisch stimmig akzentuiert von Salzzitrone, Dattelcreme und Auberginenpüree.

So war das Tor zur kulinarischen Welt schon vor dem eigentlichen ersten Gang sehr weit aufgestoßen und mit dem Amuse-Bouche ging es dann erst mal an „Die See". Damit gelang Kevin Fehling kompakt auf engem Raum eine grandios facettenreiche Melange wieder ausschließlich jodiger Aromen, die ganz ohne die sehr oft bei ähnlichen Kompositionen allgegenwärtige Frucht und Säure auskam und sich trotzdem ausgesprochen lebhaft und vibrierend dem Geschmack von Seeigelmousse, Thunfischtatar, Vongole-Schaum und verschiedenen Algenvarietäten wie Umebudo oder Rotalge widmete. Besser und klarer auf die Produkte zugeschnitten kann man das nicht machen.

Ähnlich produktfokussiert und als solches ebenfalls wieder sehr facettenreich aufgefächert präsentierte sich das Dreierlei der Jakobsmuschel: Die schön dicken, roh marinierten Scheiben waren auf einem mit Dillöl gesprenkelten Buttermilchsud angerichtet und wurden von Staudensellerie und Apfel so dezent wie möglich, aber auch so ausdrücklich wie nötig bespielt. Auf einem weiteren Teller fand sich eine etwas kräftigere Komposition aus Jakobsmuschelgelee, einer schmelzigen Creme und Tatar in Kombination mit Aki-Kaviar, bei der von den etwas dicker gewürfelten Muscheln über die sonstigen Proportionen und Konsistenzen bis hin zu den wirklich nur den natürlichen Geschmack der Produkte unterstützend eingebrachten Aromen alles millimetergenau zusammenpasste. Und zwischendurch verstärkte immer noch ein kleiner Schluck des intensiven, aber auch sehr natürlich und pur schmeckenden Jakobsmuschelsuds, den es in einem kleinen Shotglas als dritte Variante dazugab, dieses brillant fokussierte Geschmacksbild.

Auch Aal und (ungestopfte) Gänseleber waren als Produkt optimal präsentiert und darüber hinaus originell in Szene gesetzt, allerdings etwas kraftvoller und mit mehr Sekundäraromen, was zugunsten einer optimalen Menüdramaturgie die Spannung an der richtigen Stelle erhöhte und die beiden fettigen Viktualien natürlich durchaus sehr gut vertragen. Der Aal war im Unagi-Style süßlich-umamiwürzig lackiert, als mild geräucherte Variante und als Gelee im Spiel, die Leber roh mariniert mit einem Überzug aus rotem Shiso-Gelee und als Parfait mit einem Hauch von Algenaroma und Umami. Adäquate Frische und wohldosierte Schärfe steuerten in perfekter Balance und wieder so deutlich wie möglich und so zurückgekommen wie nötig grüner Apfel und Wasabi bei, die als Mousse in Gestalt eines Mini-Apfels die letzte von fünf etwa gleich groß dimensionierten und wieder optimal proportionierten Komponenten auf dem Teller zugegen war.

Verfeinerte Rustikalität par excellence repräsentierte die längst zum Kevin-Fehling-Klassiker avancierte Kombination von Kabeljau und Jungschweinehaxe, tatsächlich ein herzhaftes Gericht und nicht nur als solches angedeutet, aber trotzdem natürlich höchst elegant und mit viel Tiefenschärfe aufs Porzellan gebracht. Ebenso transparent wie tiefgründig untermalt von einem klaren Schweinehaxensud, würzig flankiert von einer Nocke des norddeutschen Traditionseintopfs Grünkohl und Pinkel sowie der Senfespuma auf dem perfekt glasigen Fisch. Dazu ein Klecks buttriges Kartoffelpüree für den Soulfood-Faktor und herb säuerliche Zitronenperlen als erfrischendes, das Geschmacksbild balancierendes Detail auf der Haxe – ein repräsentatives Aushängeschild für moderne deutsche Küche auf höchstem Niveau!

In eher internationale Gefilde tendierte dann wieder die als Crépinette und confierte Keule interpretierte Wachtel, eines jener Gerichte, die auch immer wieder mal ganz ähnlich konzipiert, aber in neuem Aromengewand präsentiert wird. Diesmal kam das Duett in Begleitung eines saftigen Ratatouille-Kuchens, einer mit den typischen Gremolata-Aromen aufgeladenen Espuma sowie einem kleinen, aber sehr effektiven Detail in Gestalt eines Geltupfens aus dem puren konzentrierten Abtropfsafts von Sardinen stark mediterran gefärbt daher. Und jenes letztgenannte würzig-säuerliche Konzentrat, das zur individuellen Würzung des Fleischs vorgesehen war, gab diesem Gericht nicht nur einen originellen Twist, sondern auch wieder jene aromatische Wärme, die wir hier zuletzt immer wieder mal vermisst hatten.

Beim Hauptgang, der sich um einen wunderbar kernigen Roastbeef-Cut vom Jack's Creek Wagyu mit aromaspendendem Fettansatz sowie süffigem geschmortem „Schaufelbraten"

des Rindes drehte, kam Kevin Fehling dann nochmal mit eben jenem Maß an hoch verfeinerter Rustikalität ums Eck, die einen nicht nur ehrfürchtig staunen, sondern auch schwelgen lässt. Ein weiteres spielentscheidendes Detail waren hier neben dem zupackenden Fleischgenuss die intensiv nach rauchiger Paprika schmeckenden Flocken einer in Sachen Schärfe sehr milden, aber aromatisch sehr ausdrucksstarken Chilisorte, mit denen der Kürbisschaum über dem Schmorkompott effektvoll appliziert war. Einen spannend exotischen Dreh bekam das Gericht von der klar und direkt nach Shiso schmeckenden Jus sowie ein wenig Erdnussmousse als nachgebildete Erdnussschale, opulenten Schmelz und erfrischende Säure wiederum durch die fast schon obligatorische schaumige Hollandaise. Ein Hauptgang, der wirklich alles hatte, was man sich von ihm erhoffen konnte.
Und schlussendlich erfüllte auch der süße Part alle Wünsche, die man an einen ebenso spannenden wie köstlichen Menüabschluss haben kann. Zunächst mit einem vielgestaltigen Dreierlei von Guanaja Schokolade, Sauerkirsche, Petersilienwurzel, Yuzu und Haselnuss und dann mit drei erfrischenden Kleinkunstwerken, die jeweils einem originellen Cocktail aus Kevin Fehlings zweitem Standbein, der ums Eck gelegenen „Puzzle Bar" nachempfunden waren.
In Kombination mit den sehr gut auf die einzelnen Gerichte abgestimmten Empfehlungen von Sommelier David Eitel, die von einem grünfrischen 2021er Albariño „Turonia" der Bodega Quinta de Couselo zur Jakobsmuschel über den südafrikanischen Chenin blanc „Hope Marguerite" zum Duett von Kabeljau und Schweinehaxe bis zum noch recht jugendlichen 2019er Châteauneuf du Pape „Urgonien" von Clos Bellane zum Wagyu-Beef ebenfalls auf Weltreise einladen, erlebten wir wieder mal ein perfekt durchkomponiertes Mahl – diesmal mit dem kleinen, feinen Unterschied, dass wir auf den Tellern auch die emotionale Komponente wieder deutlich gespürt haben.

6

Tschebull

Mönckebergstr. 7, 20095 Hamburg
040-3296476
www.tschebull.de
Di–Fr von 12–15 Uhr u. ab 17 Uhr, Sa ab 13-16 Uhr u. ab 17 Uhr, So u. Mo RT
Hauptgericht: 28–39 €

Das moderne österreichische Gasthaus mitten in Hamburg, wo die Tschebulls nun schon seit einer gefühlten Ewigkeit in beeindruckender Beständigkeit ihre Gäste bewirten, ist eine erfreuliche seltene Konstante in der sonst oft so schnelllebigen Gastronomieszene. Ebenfalls sehr erfreulich, dass das hier, genauso wie im Schwesterrestaurant Rive, auch noch zur Mittagszeit auf vergleichbar hohem Niveau geschieht. Die austriakischen Wurzeln des Gastgebers finden sich hier nicht nur im stylisch-alpinen Ambiente des sehenswerten Restaurants im ersten Stock des Levantenhauses wieder, sondern auch im Kulinarium. Denn der Chef und sein Team kochen in der vom Gastraum einsehbaren Küche mit sehr viel Sorgfalt und Können ein zeitgemäß, aber nie modisch interpretiertes alpenländisches Speisenprogramm, das zwar immer auch ein paar weltläufigere Dinge offeriert, die großen Stärken aber definitiv im Bereich der verfeinert-rustikalen Schmankerlküche ausspielen kann.

6

Vlet

Am Sandtorkai 23 / 24, 20457 Hamburg
040-334753700
www.vlet.de
Di–Sa ab 17 Uhr, Mo RT
Hauptgericht: 29–45 €, Menüs: 69–98 €

Als eine „modern interpretierte Hamburger Küche" beschreibt das Vlet sein Kulinarium selbst ganz pragmatisch. Und damit liegt schicke, großzügig geschnittene Restaurant in einem der markanten Backsteingebäude in der Speicherstadt, das seinen Fokus seit der Eröffnung vor vielen Jahren kompromisslos auf besondere Produkte heimischer Erzeuger legt, die vom Team kreativ in der Geschmacksrichtung „nordisch" interpretiert werden, sicher nicht daneben. Dies geschieht mal eher klassisch und gediegen, mal eher neuartig-kreativ und mit einem gewissen Aha-Effekt. Und mit diesem zeitgemäß interpretierten, konsequent heimatlichen Kulinarium steht der einstige Vorreiter dieses Genres in der Hansestadt zwar zwischenzeitlich nicht mehr allein da, sorgt aber weiterhin für attraktive Farbtupfer und teils außergewöhnliche, meist erfreulich pure Geschmackserlebnisse, bei denen stets das Produkt und sein natürlicher, unverfälschter Geschmack im Fokus stehen, nicht die möglichst originelle Kreation.

Witthüs

Elbchaussee 499 a, 22587 Hamburg
040-860173
www.witthues.de
Mo–Fr ab 18 Uhr,
Sa u. So von 12–15 Uhr u. ab 18 Uhr,
kein RT
Hauptgericht: 16–34 €, Menüs: 38–48 €

Dass das charmant patinierte Lokal in dem über 250 Jahre alten Reetdachhaus, das in einem der größten Englischen Gärten der Elbvororte zwischen Nienstedten und Blankenese steht, eine echte Institution im Südwesten Hamburgs ist, beweist die hohe Auslastung der drei Gasträume. Die zahlreichen, recht eng gestellten Tische sind nämlich auch unter der Woche oft gut belegt mit Stammgästen, die in diesem ehemaligen Kavaliershaus eine frisch und schmackhaft zubereitete und im besten Wortsinn preiswerte Küche genießen. Die beruht auf Basis klassischen Handwerks und kommt mal ganz traditionell, mal mit pfiffigen Kombinationsideen daher.

6

Wolfs Junge

Zimmerstr. 30,
22085 Hamburg
040-20965157
www.wolfs-junge.de
Küchenchef: Sebastian Junge
Mi–Sa von 12–14.30 Uhr u. ab 18 Uhr,
So–Di RT
Menüs: 79–99 €

Nur sehr wenige Restaurants hierzulande dürfen sich Bioland-zertifiziert nennen, so wie das charmant verwinkelte, sich über zwei Ebenen erstreckende Casual-Fine-Dining-Lokal von Sebastian Junge mit dem ungewöhnlichen Namen. Denn das zählt nachweisbar zu den absoluten Vorreitern einer glaubhaft nachhaltigen, grünen Küche auf Feinschmeckerniveau. Was in dem eher schlichten, aber geschmackvollen Ambiente mit unkompliziertem, aber versiertem Service auf die Tische kommt – mittags in einer etwas einfacheren und abends aufwendigeren fünfgängigen und wahlweise vegetarischen Menüform – ist eine kreative und ambitionierte, aber eben nicht zu exklusiven Luxusprodukten und preistreibendem Kunsthandwerk neigende Küche. Mit gestalterischem Anspruch, aber eher pragmatisch angerichteten Tellern, mit saisonalen und nachhaltig erzeugten Viktualien aus der Region statt teurer Edelprodukte. Und in der Weinkarte ein klug gestrafftes und mit Präferenz für Naturweine und Individualstile zusammengestelltes Sortiment.

Zeik

Sierichstr. 112, 22299 Hamburg
040-46653531
zeik.de
Küchenchef: Maurizio Oster
Di–Sa ab 18.30 Uhr, So u. Mo RT
Menüs: 119–136 €
VISA

Schon vor fünf Jahren, als Maurizio Oster das kleine Restaurant in dem relativ ruhigen Wohngebiet im Hamburger Stadtteil Harvestehude übernommen hat und wir ihn zu unserem Newcomer des Jahres ausgezeichnet haben, war auf jedem seiner Teller klar und deutlich zu erkennen, dass dieser junge ambitionierte Koch nicht zu den mittlerweile zahllosen technisch versierten Kopisten zählt, sondern sich eigene Gedanken macht. Mehr noch: dass er ein sehr talentierter und kreativer Koch mit einem besonderen Gespür für Aromen und Produkte ist.
Was sich wie ein Allgemeinplatz anhört, weil so etwas meist unreflektiert über viel zu viele Köche leichtfertig geschrieben wird, ist eigentlich schon etwas ganz Besonderes. Denn in wie vielen Gourmetrestaurants bekommt man heutzutage zwar sehr gut umgesetzte Gerichte, wie man sie aber identisch oder zumindest sehr ähnlich auch in sehr vielen anderen Feinschmeckerlokalen serviert bekommt. Gerichte, wie sie jeder handwerklich gut ausgebildete Koch auch ohne besondere Gaben in Geschmacksfragen oder Gespür für Zusammenhänge jederzeit reproduzieren kann.
In Maurizio Osters mittlerweile sehr schick gestaltetem, schlicht modernem Restaurant bekommt man es als Gast mit außergewöhnlichen Kompositionen aus oftmals gar nicht außergewöhnlichen, also alltäglichen Produkten zu tun. Und allein die Tatsache, wie kreativ hier mit diesen vermeintlich simplen regionalen Viktualien umgegangen wird, ist bemerkenswert. So nahm sich das Team beispielsweise beim letzten Mal der Karotte an und interpretierte sie ebenso filigran wie facettenreich auf vier Arten – jede originell und keine wie die andere. Das ist nicht bloß ungleich schwieriger und zudem nachhaltiger, als mit Hummer, Gänseleber und Kaviar zu brillieren, es ist auch spannender. Das Beste ist aber, dass solche Dinge im Zeik nicht karg und naturbelassen nach Gemüsekiste schmecken, sondern immer richtig komplex und vor allem sehr wohlschmeckend sind.
Auch das kleine Amuse, bei dem Rettich auf drei unterschiedliche Arten mit Nussbutterschaum und Schnittlauchöl vermählt wurde und daraus ein faszinierend vielschichtiges und rundes Geschmacksbild entstand, machte unmissverständlich klar, dass hier mit besonderem kompositorischem Talent und überdurchschnittlichem Feingespür gekocht wird. Und das zeigte auch der erste vegetarische Gang um Sauerampfer, Radieschen und Frischkäse, bei dem sehr gekonnt mit Süße, Säure und Ätherik, aber auch mit den natürlichen unterschiedlichen Konsistenzen gespielt wurde. Und der unterm Strich bei allem Raffinement einfach äußerst „lecker" war. An dieser Stelle brillierte das Team auch mit der alkoholfreien Getränkebegleitung: ein angenehm schlanker Saft von Rettich und Radieschen mit Radieschenessig und aufgeschäumter Molke, der mit ganz ähnlichen Aromen kongenial an dem zu begleitenden Gericht andockte, sich diesem aber nicht aufdrängte, sondern elegant unterordnete.
Maurizio Oster hat zudem ein feines Händchen für Saucen. So beeindruckte auch das Fluidum bei einem weiteren vegetarischen Gang um Kartoffel, Kohl und Kümmel mit viel Tiefe, einem Spannungsbogen und wohligem Schmelz, war aber ebenfalls sehr leicht und überwiegend von den Aromen von Kümmel und Sauerkraut gezeichnet. Sie drückte einem mit saurem Kartoffelsalat gefüllten Wirsing-„Taco", der mit Kümmelcreme und knusprigem Wirsingstroh getoppt war und zusammen mit einer in Schmalz ausgebackenen Schichtkartoffel serviert wurde, ihren Stempel auf.
Und wenn dann doch mal einschlägige „Gourmetprodukte" im Spiel sind, so wie beim nächsten Gang die Jakobsmuschel, dann beeindrucken auch die mit überdurchschnittlicher Qualität. Die goldbraun angeröstete festflei-

schige Cocquille-Saint-Jacques mit ihrem klaren, jodig-nussigen Aroma bekam es mit dreierlei Kohlrabi-Zubereitungen zu tun, mit denen sie durch den Schmelz von Eigelbcreme, gebeiztem und in feinsten Flocken darübergehobeltem Eigelb, sowie eine süßlich-rauchig-würzige Kohlrabisauce mit Tiefgang harmonisch vermählt wurde. Auch das ein außergewöhnlich voller, runder Genuss, der durch das optionale alkoholfreie feinsalzige Begleitgetränk von Gurke, Petersilie und Dill gewinnbringend erfrischende Ergänzung erfuhr.
Was sich als „Huhn, Schnittlauch, Kartoffel" profan ankündigte, entpuppte sich als ein Soulfood-Löffelgericht, das nicht nur viel Umami und Tiefgang auf den Teller brachte, sondern auch überraschend vielschichtig war. Mit einem Ragout aus confiertem Keulenfleisch in kraftvoller Jus, einem Eis von der Leber und einer aus der knusprigen Hühnerhaut und Hühnerfett hergestellten Espuma war hier allein das Geflügel in drei Geschmacks-, Temperatur- und Konsistenz-Varianten zugegen – dazu der grasig-scharfe Akzent von Schnittlauchöl sowie knusprige Kartoffelcroûtons und frisch geschnittener Schnittlauch on top. An dieser Stelle hat uns die Weinbegleitung, eine Riesling-Auslese von der Nahe, eindeutig besser gefallen als die nach unserem Gusto als Begleitgetränk zu intensive Zitronenlimo.
Ähnlich ruppig, von der Idee her einleuchtend, aber im Endeffekt zu adstringierend säuerlich, war das auf Basis von Preiselbeere und Estragon hergestellte Getränk zum Zwischengang „Pilz, Knoblauch, Spinat", der ebenfalls in unterschiedlichen Aggregatzuständen und Temperaturen auf dem Teller zu finden war: sautierte Champignons, Blattspinat, sowie ein paar Knoblauchchips als ganz gegenständliche Vertreter, darauf eine Geleematte vom Spinat mit weißer und dunkler fermentierter Knoblauchcreme, dazwischen ein Eis von Zwiebelgewächsen und darunter ein intensiv, aber sehr klar schmeckender Pilzsud. Und auch hier wieder ein überraschend vielseitiges und lebhaftes Geschmacksbild.
Eine Creme von Rotschmierkäse und Knollensellerie sowie eine weitere feinsinnige Selleriekomponente aus unterschiedlichen Zubereitungen, aber auch eine prägnant wacholderwürzige Hollandaise, gaben das ausdrucksstarke Geleit zum mit gewürfelter Lammsalami getoppten und von ihr aromatisierten Lammrücken. Das Fleisch selbst präsentierte sich gegenüber beispielsweise Salzwiesenlamm sehr mild und zurückhaltend und hätte nach unserem Gusto sogar ein klein wenig weiter gegart sein können, um noch mehr Eigenaromatik zu entfalten. Was aber im Grunde nicht spielentscheidend war, denn das Gericht lebte mehr vom spannenden Akkord der kraftvollen Komponenten, zu denen auch die reichlich angegossene reduzierte Lammjus zählte.
Und genauso unkonventionell und zugleich wohlschmeckend wie alles andere waren natürlich auch die Desserts, insbesondere das von einer mit Quittengelee gefüllten weißen Schokoladenmousse-Terrine, die nebst einer Nocke Kaffee-Rahmeis auf einem Kombuchasud mit Tee- und Kaffeearomen plaziert wurde. Getragen von einem fetten Originalitätsbonus, aber auch wegen der ausgesprochen feinsinnigen und komplexen Ausführung aller Gerichte, erhöhen die Bewertung in diesem Jahr mit bestem Gefühl um einen Bonuspfeil und sind sehr gespannt, wie sich das hier weiterentwickelt. Schon jetzt und nicht erst seit gestern eine der mutigsten und spannendsten Küchen Hamburgs!

5

Zum Wattkorn

**Tangstedter Landstr. 230,
22417 Hamburg
040-5203797
www.wattkorn.de
Di–So ab 11.30 Uhr durchgehend,
Mo RT
Hauptgericht: 18–46 €,
Menüs: 39–69 €**

Die rustikalen Gaststuben in Michael Wollenbergs sympathischer Speisewirtschaft im ruhigen Hamburger Norden sind mit allerhand Weinflaschen, Jagdtrophäen und anderen Accessoires dekoriert und wirken sehr einladend und gemütlich. Am schönsten sitzt es sich aber im Sommer im gepflegten Garten hinter dem Haus. Der nicht nur sehr umfangreiche, sondern auch stilistisch wild durcheinandergewürfelte Speisenzettel, auf dem die Wurstspezialitäten aus der eigenen Metzgerei neben Sushi und Sashimi und Vierländer Ente stehen, sollte niemanden davon abhalten, hier einzukehren. Der Chef und sein Team wissen nämlich sehr genau, was sie hier machen und hegen trotz einfach gehaltener Zubereitungen einen hohen Anspruch an Produkt und Handwerk. Ob rustikale Regional-Schmankerl, gehobene internationale Klassiker oder die für zwei oder mehr

Personen im Ganzen oder Großformat zubereiteten und am Tisch tranchierten Produkte – stets kann man sich hier tadellosen Gerichten zu moderaten Preisen sicher sein.

Hotelempfehlung

AMERON Hamburg Hotel Speicherstadt

Am Sandtorkai 4, 20457 Hamburg
040-6385890
ameroncollection.com/de/hamburg-hotel-speicherstadt
Einzelzimmer: ab 119 €
Doppelzimmer: ab 119 €

Inmitten des historischen und weltgrößten zusammenhängenden Lagerhauskomplexes zwischen Deichtorhallen und Baumwall residiert das Hotel AMERON Hamburg Speicherstadt. Es ist das erste und einzige Hotel in den denkmalgeschützten Speichern der Stadt. Alle 192 Zimmer sind geschmackvoll im Stil der 50er- und 60er-Jahre gestaltet, bieten aber modernsten Komfort. Mit Ausblick wahlweise auf HafenCity oder Speicherstadt und mit warmen Farbtönen und Materialien wie Holz, Glas, Granit und Leder entsteht hier ein gemütliches, harmonisches Ambiente. Es gibt Flachbildfernseher und kostenloses WLAN, in Zimmern mit gehobener Ausstattung zusätzlich eine Minibar. Die Suiten haben eine Sitzecke und einen Balkon. Die Bäder sind offen gestaltet und wirken durch die harmonisch aufeinander abgestimmten Elemente wie Travertin, Holz, Chrom und Glas modern. In den öffentlichen Bereichen gibt es einen Minimarkt, einen Fitnessraum, eine Sauna und einen Ruhebereich mit Stadtblick. Frühstück wird gegen Aufpreis angeboten. Restaurant cantinetta ristorante & bar separat erwähnt.

★★★★

Landhaus Flottbek

Baron-Voght-Str. 179, 22607 Hamburg
040-8227410
www.landhaus-flottbek.de/de
Einzelzimmer: ab 79 €
Doppelzimmer: ab 101 €

Umgeben von Parks und kleinen Straßen mit prächtigen Häusern liegt das stilvolle Landhaus Flottbek sehr ruhig und dennoch gut angebunden im Hamburger Westen. Das Hotel vereint zeitgemäßen Komfort mit dem Charme eines über 200 Jahre alten denkmalgeschützten Gutshofs. Die 26 Zimmer in dem reetgedeckten roten Backsteingebäude zeichnen sich durch Klarheit im Design, hochwertige Materialien und lässigen Komfort aus. Jedes Zimmer besitzt seine individuelle Note und einen ganz besonderen Charme etwa im „Skandi-Style", mit Landhausflair, in rustikalem Scheunen-Stil oder im Strandhaus-Look. Alle Zimmer sind mit hochwertigen Boxspring-Betten und luxuriösen Extras wie Rituals-Pflegeprodukten ausgestattet, haben kostenloses WLAN und einen modernen Flachbildfernseher. Einige haben zudem ein ausziehbares Sofa, einen Balkon und eine Minibar. Auch für Seminare, Workshops und Tagungen bietet das Hotel den passenden Rahmen. Im HYGGE, dem ehemaligen Stall, das nun Restaurant und Herzstück des Landhauses ist, speist man in einem gemütlichen Saal mit 200 Jahre alte Deckenbalken, rustikalen Eichendielen und offenem Kamin. Hier werden saisonale, frisch zubereitete Speisen serviert. Restaurant HYGGE separat erwähnt.

Hannover (Niedersachsen)

7

Handwerk

Altenbekener Damm 17, 30173 Hannover
0511-26267588
handwerk-hannover.com
Küchenchef: Thomas Wohlfeld
Mi–So ab 18 Uhr, Mo u. Di RT
Menüs: 125–135 €

Dass Hannover für Gourmets mittlerweile viel zu bieten hat, sollte sich herumgesprochen haben. Und unter der wachsenden Anzahl attraktiver Adressen mischt das von den jungen Gastgebern Ann-Kristin und Thomas Wohlfeld ebenso engagiert wie lässig geführte Restaurant Handwerk seit mehreren Jahren ganz weit vorn mit. Mit einem betont „casual" gehaltenen Stil, der vom lockeren „Du" in der Ansprache, über das modern reduzierte Ambiente, bis hin zur klar und puristisch performenden Küche reicht, bietet das Handwerk ein rundum stimmiges Gesamtes und hat sich damit verständlicherweise eine feste Fanbase erarbeitet.
Allerdings sollte das ganze lässig-urbane Drumherum nicht davon ablenken, dass die Küche vor allem anderen mit vielen guten individuellen Ideen, exakter Ausführung und intensiven (weil gekonnt freigestellten) Aromen punktet – und auf dieser Ebene absolut seriös daherkommt. Das machten beim letzten Besuch bereits die ersten Kleinigkeiten klar, darunter ein luftiges Sauerkraut-Baiser mit Traubenkernöl und Kümmelchip, ein Rindertatar mit Rhönkaviar im Cornetto und süß-sauer eingelegte Gurke mit Bärlauchkapern nebst cremig frischem Kimizu und knusprigen Tapioka.
Ein weiteres, sehr wohliges Willkommen gab es in Form eines Ragouts aus geschmorter Hühnerkeule mit fermentiertem (und damit feinsäuerlich lebendigem) weißem Spargel unter samtigem Kartoffelschaum und einer auflockernden Mixtur aus Kartoffelcrunch, frittierten Kapern und Schnittlauch. Schmeichelnder und dennoch differenziert spannender Löffelspaß!
Ganz typisch für den insbesondere auch auf Gemüse besonderes Augenmerk legenden Stil von Thomas Wohlfeld war dann der erste Gang rund um langsam in Salzteig geschmorte, dann zwei Tage luftgetrocknete und anschließend in einem Shisosud rehydrierte Bete. Das aufwendige Verfahren führte zu fleischig-konzentriertem Biss und einer betonteren Fruchtigkeit neben der typischen Erdigkeit, und wurde von Haselnusscreme und gerösteten Haselnüssen sowie einem leichten, mit Haselnussöl montierten Shiso-Fond feinsinnig ergänzt.
Nicht weniger glänzen konnten auch die folgenden Morcheln, die saftig, mit leichten Röstnoten und der typischen dunklen waldigen Würze auf den Tisch kamen. Ergänzt wurden die Frühjahrspilze von einem Pulver aus karamellisierter Molke, die das „Braune-Butter-Thema" eröffnete, von dem das gesamte Gericht geprägt war. Denn braune Butter gab auch einer weißen Bohnencreme am Tellergrund eine wohlige Tiefe, die von einem mit weißem Pfeffer angeschärften Morchelsud fortgeführt wurde. Etwas Frische kam noch von einer feinen integrierten Säurespur in der Sauce sowie grünen Bohnenkernen und fertig war ein weiterer bestens gelungener vegetarischer Teller.
Dass auch abseits vom Gemüse der Qualitätsanspruch hoch gehalten wird, zeigten die handgetauchten Jakobsmuscheln aus der Bretagne mit kräftigen Röstnoten und glasigem Fleisch, die ganz geradlinig und klar mit knackig mariniertem Staudensellerie in Dillöl und einer cremig montierten Sauce auf Basis von reduziertem Knollenselleriesaft (für eine gewisse vegetabile Grundwürze) präsentiert wurden.
Und auch das im Hauptgang servierte glückliche Apfelplantagen-Schwein war mit seinem trockengereiften Rücken und dessen kernigzarter und feinwürzigen Qualität ein seltenes Produkthighlight. Das wurde mit fermentierten Topinamburscheiben, einer Topinamburcreme und einer elegant-kraftvollen Kalbsjus mit schwarzem Knoblauch in eine zwar dynamisch hell-dunkel aromatische, zugleich aber klug zurückhaltende Umgebung gestellt – und blieb somit klar der Mittelpunkt des Gerichts.
Am Ende gelang das Feinjustieren auch im süßen Bereich souverän: mit einem intensiven Eis aus reduziertem Boskop-Saft in wunderbar cremiger Konsistenz. Darauf wurde in einer kleinen Mulde feinbitteres Walnussöl angegossen, während rohe Elstar-Kreise mit knackigem Biss

und frischer Säure einen Kontrast dazu setzten – effektiv unterstützt von Crumble aus gerösteten Walnüssen und karamellisierter weißer Schokolade.
Damit bot das sichtbar motivierte Team eine der rundesten und stärksten Performances der letzten Jahre auf durchgängig starkem 7-Pfannen-Niveau und ohne die teils etwas spröde und holprig wirkenden Details, die noch im letzten Jahr den Gesamteindruck trübten.
Ganz unverändert und damit unverändert empfehlenswert sind die treffsicher ausgesuchten glasweisen Weinempfehlungen und auch die alkoholfreien Alternativen bieten immer wieder spannende Eindrücke. Das Serviceteam sorgt bei aller heiterer Gelassenheit dafür, dass es zu keiner Zeit an irgendetwas fehlt.

9

Jante

**Marienstr. 116,
30171 Hannover
0511-54555606
www.jante-restaurant.de
Küchenchef: Tony Hohlfeld
Mi–Sa ab 18 Uhr,
So–Di RT
Menüs: 190 €**

VISA

Ganz zweifellos zählt das Jante zu den originellsten Restaurants in Norddeutschland. Das fängt schon bei der für ein Gourmetlokal charmant unkonventionellen Location an, ein ausgefallenes Domizil in einem um- und angebauten ehemaligen Toiletten- und Kioskhäuschen neben einer Bahnbrückenunterführung, die drinnen modern und geschmackvoll eingerichtet ist und für die Sommermonate auch einen schönen schattigen Freisitz hat. Und es hört bei der sehr eigenständigen Küche von Tony Hohlfeld und seinem jungen, engagierten Team noch längst nicht auf. Doch die ist sicher der lohnendste Grund für aufgeschlossene Feinschmecker, auch von weiter weg hierher zu kommen.
Stilistisch mag das, was im Jante im Rahmen des siebengängigen Menüs plus optionalen Erweiterungen geboten wird, auf den ersten Blick exakt in die Schublade der stark regionalfokussierten, ausgesprochen leichten, gemüse- und kräuterbetonten Küche passen. Doch schon die ersten Grüße aus dem Reich von Tony Hohlfeld und seinem engagierten jungen Team verdeutlichen, dass man es hier mit einer sehr eigenständigen Spielart moderner nordischer Regionalküche zu tun bekommt, die keine Klischees bedient und die bei aller Produktbezogenheit nie naturbelassen und karg daherkommt, sondern sehr auf Vollmundigkeit, auf starke Aromen, auf originelle Kombinationen, eben auf Kreation setzt.
Tony Hohlfeld verfügt nämlich in großem Maße über zwei Eigenschaften, von denen hierzulande viel zu viele Köche viel zu wenig haben: Einfallsreichtum und Aromengespür. Gepaart mit dem Mut, auf die eigenen Ideen zu vertrauen, sind das die besten Voraussetzungen für eine wirklich spannende und selbstbewusst eigenständige Küche, wie sie hier über die vergangenen Jahre hinweg entstanden und gereift ist. So begeistert das Jante-Kulinarium jedes Jahr aufs Neue mit spannend neuartigen Geschmackserlebnissen, die oft auf vermeintlich simplen Produkten basieren und auf vertrauten Aromenbildern aufbauen, diese aber eben auf neue und aufregende Art interpretieren.
Das kann im Aufwärmprogramm ein filigraner Cracker von Walnuss, Reneklode und fermentiertem Knoblauch sein, oder aber die geballte Pilz-Power in knusprig und schmelzig als kleiner Doppelkeks, wie wir ihn hier in ganz unterschiedlichen Geschmacksrichtungen schon öfter mal als Apero-Snack bekommen haben. Und apropos Aperitif: Nicht nur da lohnt es sich im Jante sehr, auch das alkoholfreie Angebot in Augenschein zu nehmen. Aufmerksame Leser unseres Guides wissen, dass wir die promillelose Getränkebegleitung, die ausschließlich aus selbst hergestellten, exakt auf die jeweiligen Gänge abgestimmten Kompositionen zusammengestellt ist, seit Jahren zu den Top 10 ihrer Art in Deutschland zählen.
Der erste Gang des Menüs drehte sich bei unserem letzten Besuch um das roh marinierte, glasig-knackige Fleisch von Garnelen aus einer regionalen Zucht die südlich von Hannover liegt. Die zart jodig und süßlich, ansonsten herrlich klar und „sauber" schmeckenden Krustentiersegmente, die jeweils mit fermentiertem Rhabarber und Rhabarberpapier appli-

ziert in einem von Krustentieröl aromatisierten Molkesud schwammen, bekamen von Grapefruit und Ingwer noch weitere fruchtige, frische Aromen angedient und von Peperoni eine ganz dezente hintergründige grüne Schärfe, was das Ganze zu einer frischen, leichten und sehr vielschichtigen Vorspeise werden ließ. Im Glas dockte die Küche im Rahmen der alkoholfreien Getränkebegleitung kongenial mit denselben Aromen (Rhabarber, Ingwer, Molke) an, gepaart jedoch mit einer animierenden Salzigkeit. Überhaupt zeichnet sich diese Getränkebegleitung dadurch aus, dass sie kaum süß und federleicht ist.

Pulver von geräucherter Molke, eingelegter feinstreifig geschnittener Sauerampfer und eine aufgeschäumte Sauce aus fermentiertem Spargel stellten das Geleit zur lauwarm temperierten Saiblingstranche – ein überraschend vollmundiges, von Schmelz und wohldosierter rahmiger Süße getragenes Gericht. Von daher auch ein perfekter Partner für ein Match mit dem Orange-Wein „Graue Freyheit" vom österreichischen Weingut Heinrich aus Grauburgunder und Weißburgunder, den uns Gastgeberin Mona Schrader in ihrer ebenso begeisterten wie begeisternden Art diesmal im Rahmen der Weinbegleitung nähergebracht hat.

Und apropos Begeisterung: wie zuvor schon der Saibling, präsentierte sich im Anschluss auch der Müritz-Zander als ein mustergültiger Vertreter seiner Art. Festes, schneeweißes Fleisch, blättrig, glänzend, perfekt auf den Punkt gebracht und auf seinem Rücken neben weiteren Blättchen und Blüten maßgeblich mit rotem Chicorée appliziert. Der Bittersalat befand sich dann auch spielentscheidend als Kimchi unter dem Fisch und eine ebenso kraftvolle wie schmeichlerische Muschel-Hollandaise mit Peperoniöl stellte zwischen allem die Verbindung her, so dass ein im Grunde sogar überraschend klassisches, harmonisches Geschmacksbild mit einer herausragenden Fischqualität im Mittelpunkt entstand. Der wieder kongeniale alkoholfreie Begleiter war eine Cuvée aus Tomaten-Abtropfsaft, Erdbeersaft und Pistazienöl und setzte dem zu begleitenden Gericht diesmal eher gewinnbringend etwas entgegen, als sich nah an dem Geschmacksbild zu orientieren.

Ähnlich wie der Saft von leicht oxidierten Äpfeln und Pilzpulver zu den dünnen Streifen von roh mariniertem Herz und sous-vide gegarter Zunge vom Wagyu-Rind, ebenfalls aus heimischer Zucht, die auf butterzart geschmorten und mit einer Eigelbcreme eingelassenen Lauchherzen gebettet in einem sehr intensiven Ochsenschwanzsud angerichtet waren. Wobei in diesem Sud auch eine Prise von dem Pilz-Powder untergebracht war, die das Gericht nicht nur zu einer wahren Umami-Bombe werden ließ, sondern gewissermaßen auch der verbindende Link zum Getränk war.

Für den eigentlichen Hauptgang des Menüs beschäftigte sich das Team um Tony Hohlfeld diesmal intensiv mit der Wachtel und deklinierten das Geflügel in all seinen essbaren Bestandteilen und Facetten auf sehr produktpointierte Art und Weise. Die an der Karkasse gebratene Wachtelbrust war in Gel von eingelegten und gedörrten Stachelbeeren, eine cremige Topinambur-Schmorreduktion und dünnstreifig geschnittene sautierte Topinambur-„Fäden" gehüllt, die zart confierte Keule mit Topinambur-Chips paniert, und auf einem dritten Teller gab es noch einen mit geeister Hühnerlebercreme gefüllten „Doppelkeks" aus knusprigen Geflügelhaut-Hippen. Sehr stark, weil obwohl im Grunde sehr puristisch, eben auch äußerst vielseitig.

Da wir uns zu Beginn für einen von drei optionalen Zusatz-Gängen entschieden hatten, war unser Hauptgang dann allerdings ein für etwa einen Monat trockengereiftes, dann 24 Stunden sous-vide gegartes und final noch kross angegrilltes und satt mit schwarzer gehobelter Trüffel tapeziertes Kotelett vom Duroc-Schwein. Ebenfalls ganz puristisch nur von einer komplexen, dichten Jus begleitet und den verdichteten Aromen von Apfel, Honig, Meerrettich und Whisky. Purer, herzhafter Fleischgenuss in kraftvoller Barbecue-Manier!

Das Menü endete mit zwei grundverschiedenen Desserts. Zunächst die frische, ätherische Variante mit einem in vielen Strukturen aufgebauten Nachtisch von eingelegten und zum Granitée verarbeiteten Fichtensprossen mit knusprig und cremig interpretierten Cerealien sowie einer Art Knollensellerie-Karamell. Dann ein eher dunkler und tiefaromatischer Nachtisch von kompakter Machart mit Eis von Piemonteser Haselnüssen, Holunderbeere und Karamell, bei dem ein an Süßholz erinnernder Akzent mitschwang, der dem Ganzen einen originellen Twist verlieh.

Und so blieb auch nach unserem jüngsten Besuch der Eindruck, dass im Jante eine der auch im bundesweiten Vergleich originellsten und eigenständigsten Küchen auf hohem Niveau geboten wird. Eine Küche, für die man jedoch als Gast noch nicht mal ein hohes Maß an Aufgeschlossenheit mitbringen muss, weil nicht schräg oder experimentell komponiert wird, sondern immer sehr harmonisch im klassischen Sinne.

5

La Rock Wohlfühlrestaurant

Voßstr. 51, 30163 Hannover
0511-666322
www.la-rock.com
Küchenchef: Jan Peinemann
Di–Sa ab 17 Uhr, So u. Mo RT
Hauptgericht: 23–35 €,
Menüs: 55–99 €
EC VISA

Was das Setting dieses bei aller Entspanntheit durchaus anspruchsvollen Nachbarschaftslokals angeht, zitieren wir uns ausnahmsweise mal selber. Denn treffender, als dass dieses individuell gestaltete, leicht alternativ angehauchte La Rock zu jener Art von Lokalen gehört, wo in ganz lässiger, entspannter Atmosphäre ohne irgendwelche konzeptionellen Zwänge oder Gourmet-Attitüden überdurchschnittliche Qualität auf den Tellern geboten wird, kann man es eigentlich nicht umschreiben. Stimmungsvolle, gerne etwas lautere Musik – bei unserem jüngsten Besuch italienische Schlager und Balladen – sorgen dazu für gute Vibes und die kleine Karte mit je drei oder vier Vorspeisen, Zwischengerichten und Hauptgängen offeriert die kulinarische Grundlage.
Nach sehr gutem Brot von den Backgeschwistern mit aufgeschlagener Butter ging es für uns beim letzten Mal mit drei qualitativ ordentlichen, etwas zaghaft angebratenen Jakobsmuscheln los. Jede thronte auf einem mit aromatischer Safranmayonnaise bestrichenen Röstbrottaler und der wiederum auf etwas Wakame-Algensalat – am Tisch kam noch eine kraftvolle, röstwürzige Krustentiersauce hinzu. Für solche unkomplizierten und doch raffinierten Bistrogerichte steht die Küche des La Rock und das macht in dieser Form großen Spaß, woran auch die Tatsache nichts ändert, dass alle Kostproben diesmal ein ganzes Stück gröber gefasst und einfacher gestrickt waren als noch beim letzten Besuch.
Auch mit Salz und Würze ging das Team diesmal teilweise bis hart an die Grenze. So wie bei der Bouillabaisse, in deren intensiven (aber nicht überkonzentrierten) Fluten nicht nur ein kleiner Zweig mit weitgehend unbehandelten Cherrytomaten schwamm, sondern auch zwei recht offensiv gewürzte, sehr kross und etwas lang auf der Haut gebratene Tranchen weißfleischiger Fische (wir vermuten Wolfsbarsch). Dass auch hier Röstbrot und Safranmayo im Spiel waren, passte thematisch natürlich sehr gut. Wer auch im Hauptgang gerne Fisch isst, kann sich einen Saibling braten lassen, der auf Olivenrisotto gesetzt und mit Krustentierbisque umgossen wird. Und auch für Vegetarier hält die vertrauenerweckend kleine Karte immer etwas bereit – zur Vorspeise beispielsweise Burrata mit Tomate, Blätterteig und fermentiertem schwarzem Knoblauch und als Hauptgang Bärlauchgnocchi mit wildem Brokkoli und Erdnuss.
Für Freunde des gepflegten Fleischgenusses gab es zuletzt ein schön kernig-saftiges Flanksteak vom US-Beef, das viel Produktcharakter und Schmackes auf den Teller brachte und an sich als Hauptprodukt auch eine höhere Bewertung gerechtfertigt hätte. Die riesenhafte angeröstete und schon etwas trockene Foccacia-Schnitte, ein halbiertes mariniertes und mit sehr groben, dicken Stücken von Hartkäse und knusprig getrocknetem Schinken bestücktes Romanasalatherz sowie die salzintensiv konzentrierte Jus, mit der das Fleisch nappiert war, hielten das Niveau allerdings überschaubar. Schade fanden wir, dass das, was als „Béarnaise" annonciert war, sich als eine plumpe weiße Mayonnaise herausstellte – also zum herzhaften Fleischgenuss nicht das erhoffte auflockernd straff-säuerliche und ätherisch estragonduftige Begleitvergnügen bot.
Auch der Nachtisch in Gestalt dreier mit sahniger Mousse und Passionsfruchtcoulis befüllter Mürbteigförmchen neben sehr süßem, sulzigkristallinem Mangosorbet war zwar schmackhaft, aber kochtechnisch kein großer Wurf. Um die 5 Pfannen zu halten, oder sich künftig sogar wieder zu steigern, müsste auch den Details wieder mehr Beachtung geschenkt werden und man darf natürlich auch die Balance der Gerichte nicht aus dem Auge verlieren. In diesen Punkten lag das Gebotene im letzten Jahr noch sehr deutlich über dem aktuellen Niveau.
Spaß macht der Besuch des La Rock aber auch so uneingeschränkt, was nicht zuletzt natürlich mit der sympathisch lockeren Gangart und der der mit Kennerschaft zusammengestellten

Weinkarte zu tun hat, die noch weit mehr als die im Gastraum besonders gefeatureten Gewächse von Ludi Neiss, Oliver Zeter und Niels und Penny Verburg zu bieten hat und mit viel Passion kuratiert wird.

Fast & SLOW

Lindenblatt Burger-Bar

Nikolaistr. 1, 30159 Hannover
01522-3076591
lindenblatt-hannover.de
Mi u. Do von 16–20 Uhr, Fr u. Sa von 15–21 Uhr, So von 15–20 Uhr, Mo u. Di RT
Hauptgericht: 9–15 €

Einfallsreiche Burger mit hohem Anspruch und Qualität und Nachhaltigkeit. Das Fleisch stammt von Blonde-d'Aquitaine-Rindern, Salat und Gemüse von Bauernhöfen aus der Region, die Buns liefert ein heimischer Bäcker.

6

Marie

Wedekindplatz 1, 30161 Hannover
0511-65399074
www.restaurantmarie.de
Küchenchef: Sven Holthaus
Di–Sa ab 18 Uhr, So u. Mo RT
Menüs: 40–80 €

VISA

In dem behaglich wie ein zeitloses Stadtbistro gestalteten Lokal mit Holzdielenboden, das sich selbst als französisches Restaurant definiert, wird unter der Ägide von Inhaber und Küchenchef Sven Holthaus sehr engagiert und versiert gekocht. Die auf unterschiedlichen Ebenen angelegten, nahtlos ineinander übergehenden Räume wirken gleichfalls retro wie modern und haben durch dunkle Farbgebung und warme Beleuchtung ein behagliches Flair – dazu schicken der Chef und sein Team aus der Küche frankophil orientierte Freistilgerichte in Gestalt eines Auswahlmenüs, also einer Abfolge von einigen Vorspeisen, Zwischengängen, Hauptgerichten, Käse und Desserts plus weiteren vegetarischen Alternativen, aus denen sich die Gäste nach Belieben ein mehrgängiges Menü zusammenbasteln können.
In einem ambitionierten authentisch französischen Bistro dürfen natürlich frische Austern nicht fehlen. Die hier kredenzten Exemplare waren sehr große, festfleischige Fines de Claires von Züchter David Hervé. Schon davor gab's vegetarisches Fingerfood in Gestalt eines mit Süßkartoffelcreme gefüllten Knuspercannelloно und eines mit Ziegenfrischkäsecreme und Salzkirschen beladenen Brickteig-Schälchens. Eine Mini-Tranche vom Kabeljau mit Birnen-Pastinaken-Ragout, einer süßlichen Vinaigrette von Petersilie und Birne sowie Mandeln zeigte als weiterer Küchengruß, dass es hier nichts Traditionelles von der Stange gibt, sondern sich die Küche überwiegend eigene Gedanken macht.
Unsere Kritik aus der letzten Testsaison, dass manche Kompositionen etwas zusammenhanglos wirken, so als ob die Komponenten eher nebeneinanderstehen würden, als sich kongenial miteinander zu verbinden, führte der Chef mit seinem Muschel-Pot-au-feu gleich selbst ad absurdum. Denn bei diesem hervorragenden Gericht spielte alles perfekt zusammen und zugleich stand jede Komponente klar und ausdrücklich für sich. Verschiedensortige und allesamt sehr gute Muschelvarietäten tummelten sich hier mit Perlzwiebeln, bunten Cocktailtomaten, Feves und reichlich Forellenkaviar auf einem Bett aus weißer Bohnencreme und wurden von schaumiger Hummervelouté mit milder maritimer Würze vermählt.
Und ein ganz ähnliches rundes, vollmundiges und komplettes Geschmacksbild brachte erwartungsgemäß auch die Bouillabaisse aufs Porzellan, wenngleich der südfranzösische Klassiker in der Marie-Spezialausführung etwas unkonventioneller daherkam. Die Edelfische waren hier nämlich in einer mit Algenstaub bepuderten Roulade vereint und wurden zusammen mit einer gebratenen Garnele und Wurzelgemüse-Brunoises am Tisch von einer eher milden Bouillabaisse-Basis geflutet.
Süffiges, mildwürziges Soulfood mit reizvollem Texturenspiel bot im Anschluss überraschenderweise das Fasanenragout, das sich zusammen mit wachsweichem Eigelb unter einer Haube aus Kartoffelschaum versteckte und von knackigen Schwarzwurzelstücken und knus-

prigen Kartoffelcroûtons kontrastreich aufgelockert wurde. Der einzige Gang, bei dem unserer letztjähriger Kritikpunkt diesmal ansatzweise noch hätte greifen können, war der kross auf der Haut gebratene Adlerfisch mit Blumenkohl und Roter Bete, Brunnenkresse und Senfsaat, weil sich hier die verschiedenen Komponenten tatsächlich etwas sperrig zueinander verhielten.
Doch schon beim knusprigen Himbeer-Baiser mit Szechuanpfeffer-Mousse, vor allem aber beim eigentlichen süßen Abschluss, einer „Zwetschgentarte 2.0", war alles wieder rund und geschmeidig: Mousse, Ragout und Gel von der Zwetschge in lockerem Zusammenspiel mit Sablé Breton, Sauerrahm und Baiser – der Klassiker in dekonstruierter Form und auf klarem 6-Pfannen-Niveau. Da spricht in diesem Jahr rein gar nichts gegen eine Aufwertung, auf die man hier mit allerhand spannenden Weinen teils unkonventioneller Winzer gebührend anstoßen kann. Und das Schönste: In dem sympathischen jungen Lokal gibt es das alles zu nach wie vor moderaten Preisen.

6

Schorse im Leineschloss

Hannah-Arendt-Platz 1,
30159 Hannover
0511-30302411
schorse-im-leineschloss.de/
Küchenchef: Maik Neumann
Di–Sa 12–14.30 Uhr u. ab 17.30 Uhr,
So u. Mo RT
Hauptgericht: 12–38 €, Menüs: 29–65 €
EC VISA

Eine bessere Ergänzung des kreativen Gourmetprogramms im Votum könnte es kaum geben als das ganz der hedonistischsten Form von Bistronomie verschriebene Konzept des Schorse, mit dem sich das Votum die Räumlichkeiten im Leineschloss teilt. Mittags gibt es im Schorse an den gleichen Tischen, an denen abends Fine Dining angesagt ist, eine leicht reduzierte Auswahl schlagkräftiger Bistro-Klassiker, während abends im eigentlichen, „more casual" eingerichteten Bereich des Schorse, der mittags als Landtagskantine dient, munter die Servierwagen mit klassisch französischen Köstlichkeiten angerollt kommen. Darunter auch dezidiert für zwei Personen ausgerichtete Gerichte, die man in dieser Form nur noch höchst selten zelebriert bekommt.
Aber auch wer nicht das „Poulet" in zwei Gängen oder das „Vegetarische Wellington" mit Urkarotte, Pilzduxelles und Belper Knolle versucht, kommt hier garantiert auf seine Kosten. Etwa mit einem aromatisch eher zart gehaltenen, mit feiner Säure, Schnittlauchfrische und präsenter pfeffriger Schärfe abgeschmeckten Kalbstatar in einer duftig kräutergrünen, aromatisch unter anderem von Estragon geprägten Emulsion. Ergänzend sorgten dazu Frisée- und Kräuterspitzen sowie hauchdünne geröstete Brotchips für Frische und Auflockerung. Ganz unkompliziert, aber in seiner aromatischen Klarheit und Präzision dennoch anspruchsvoll umgesetzt.
Genau das galt dann auch für die brutzelnd heißen Schnecken, die unter reichlich Schnittlauch mit einer pikanten Kräuterbutter in einer kleinen Kupferpfanne auf den Tisch kamen und neben diesem rustikalen Charme vor allem eine betörende nussbuttrig-salzige Intensität mitbrachten, anstatt die Schnecken, wie sonst so oft, mit Knoblauch zu penetrieren. Ganz im Gegenteil, stand deren Geschmack auf kraftvoll inszenierte Art klar im Zentrum.
Die im Hauptgang servierte gegrillte Makrele war auf eine safranduftige Kartoffelmousseline gebettet und wild mit einer Creme aus gegrillter Paprika besprenkelt, die bestens mit den Röstaromen harmonierte. Frischer Dill und ein leichtes Kräuteröl sorgten daneben für willkommene auflockernde Kontraste auf einem erneut eigentlich ganz schlicht gehaltenen, dank der exakten Ausführung und der hohen Qualität des Hauptdarstellers aber dennoch sehr feinen und anspruchsvollen Teller.
Und auch im süßen Bereich bleibt das Schorse-Team voll auf Linie und hält das Niveau, ganz gleich ob bei einer erfrischend geschmeidigen Tarte au Citron mit dunkelfruchtigem Blaubeereis oder den luftigen Oeufs à la neige mit üppig duftender Vanillesauce und Erdbeersorbet. Um den rundum positiven Gesamteindruck abzurunden, gibt es dazu noch zuvorkommenden und bestens geschulten Service und eine nicht überbordende, aber gut strukturierte Weinauswahl.

7

Titus im Röhrbein

Joachimstr. 6, 30159 Hannover
0511-835524
restaurant-titus.com
Küchenchef: Dieter Grubert
Di–Sa ab 18 Uhr, So u. Mo RT
Hauptgericht: 26 €,
Menüs: 78–108 €

Es ist jetzt mittlerweile zwar schon zwei Jahre her, dass Dieter Grubert mit seinem Restaurant Titus in die zentral gelegene Galerie Luise umgezogen ist – angesichts der vielen Jahre, die er am alten Standort in Döhren verbracht hat, wirkt das versteckt gelegene, aber mit großzügigem modernem Ambiente sehr komfortabel einladende Restaurant jedoch noch immer irgendwie sehr neu.

Das Wichtigste aber ist: An der Attraktivität der Küche des nach wie vor weitestgehend als Einzelkämpfer arbeitenden Chefs hat sich mit dem Umzug rein gar nichts geändert. Weiterhin gibt es zu sehr fairen Preisen zwei unterschiedliche, sich teils etwas überschneidende Menüs und darin Gerichte, die dank guter Ideen und souveräner Ausführung mit überschaubarem Aufwand jedes Mal wieder zu überraschend spannenden Ergebnissen auf den Tellern führen.

So wie zuletzt auch bei der kleinen Einstimmung in Gestalt einer soft gelierten Krabbensülze in fruchtig-scharfer, sehr leicht gehaltener Mangovinaigrette, die im Zusammenspiel mit sensibel süßsauer mariniertem weißem Spargel, schmelziger Burrata und knusprigen Kartoffelchips mit vielen natürlichen Kontrasten auf engem Raum dargeboten wurde.

Wie individuell Dieter Grubert seine Gerichte anlegt, zeigte dann eine aromatisch wuchtig und pur gehaltene Gänseleberterrine unter einer üppigen Haube roh geschnittenen, fein marmorierten Rindfleischs und dünn gehobelten Parmesans, die in einer Vinaigrette aus reduziertem Orangensaft und Estragonöl angerichtet und von grünem Spargel mit zarter Säure und einem originellen Hauch weißer Schokolade sowie mild puffernder Avocadocreme ergänzt wurde. In dieser unkonventionellen Präsentation von Gänseleber-Idee preschte nur die konzentrierte Orangenfrucht ein klein wenig zu forsch nach vorn – ansonsten war das auch in der kreativen Kombination eine volle Punktlandung.

Das ließ sich auch dem sanft confierten Lachs unter einer üppigen Haube aus knusprigen Tandoori-Bröseln attestieren. Auch und vor allem deshalb, weil der viele Crunch überraschenderweise nicht erschlagend, sondern auf dem insgesamt kompakt und dicht angelegten Teller mit knackigen Schnippelbohnen, etwas Fregola Sarda und einem duftigen Tom-Kha-Gai-Sud mehr wie feine knusprige Würze als wie Bröselkruste wirkte.

Mit dem saftig-zart und ganz gleichmäßig rosa gebratenen Kalbsfilet nebst intensiven Morcheln, einem vollaromatischen Kartoffelpüree, knackigem weißem Spargel sowie einer angemessen leichten Untermalung durch eine elegante Kalbsjus und Kräuteröl bewegte sich der Chef dagegen in sehr sicheren und gediegenen Bahnen. Was aber an der schwelgerischen Klasse dieses Hauptgangs und an seiner tadellosen Qualität rein nichts änderte.

Und apropos „schwelgerisch“: Auch beim Dessert rund um eine zarte warme Schmandtarte mit verführerisch buttriger Mandelschmelze wurden alle Register in diese Richtung gezogen und zudem mit einem duftigem Veilcheneis und vollreifen Erdbeeren auf Vanille-Pannacotta eine aromatisch zarte Ergänzung mit genau der nötigen öffnenden Frischewirkung geschaffen. Unkompliziert, aber sehr gut. Dieter Grubert weiß einfach, wie es geht!

Als Gesamtkonzept mit dem entspannt-kompetenten Service von Pascalé Pietruschka und dessen stets treffsicher ausgewählten und für spannende Entdeckungen guten Weinempfehlungen ist also im Titus – ganz im positiven Sinne – alles beim Alten. Und das wird hoffentlich auch noch lange weiter so bleiben.

5

Tropeano Di Vino

Kleiner Hillen 4, 30559 Hannover
0511-3533138
www.restaurant-tropeano.de
Di–So von 12–14.30 Uhr u. ab 18 Uhr, Mo RT
Hauptgericht: 26–38 €

In diesem hübschen alten kernsanierten Gebäude, das von modernen architektonischen Akzenten aufgelockert wird, kredenzt man eine unkonventionell-kreative, aber im Grunde sehr authentische italienische Küche. Für die zeichnet seit vielen Jahren ein Deutscher verantwortlich: Kai Bachmann beherrscht die klassische Italianità souveräner als ein Großteil der italienischen Köche hierzulande und er bereichert seine von starken natürlichen Aromen und kraftvollen Geschmacksbildern getragenen Gerichte bisweilen sogar um raffinierte unkonventionelle Pointen. Dazu schenkt der smarte Patron und Sommelier Biagio Tropeano spannende Weinentdeckungen aus seinem Heimatland aus.

6

VINCE

An der Börse 4, 30159 Hannover
0511-89734420
vince-hannover.de
Küchenchef: Marcel Elbruda
Mo–Sa 12–15 Uhr u. ab 18 Uhr, So RT
Hauptgericht: 19–38 €, Menüs: 59–69 €

Küchenchef Marcel Elbruda hält im Souterrain des ehemaligen Banken-Gebäudes direkt gegenüber der Staatsoper das kulinarische Niveau weiter hoch. In dem weitläufigen, mit hellen Grautönen und Holz freundlich gestalteten Restaurant herrscht eine unkompliziert lockere Atmosphäre, in der entspannter Italo-Pop aus den Lautsprechern schon darauf hindeutet, wo der Schwerpunkt liegt. Patron Vassilios Vassiliou hat hier einen Hotspot geschaffen, der sich genauso zum Sehen und gesehen werden, wie für niveauvolle Lunches und Diners eignet. Die Ausrichtung der Küche ist klar „gehoben Italienisch" und grundsätzlich klassisch, doch immer wieder sorgen aus der Hand des Könners auch kleine kreative Ideen für Spannung und generell liegt hinter allem ein hoher Anspruch an die Produkte und die handwerkliche Umsetzung. Sommelier Sebastian Wilkens hat dazu eine Fundgrube für Enthusiasten zusammengestellt und dank „Coravin"-System können auch glasweise Weltklasse-Weine probiert werden.

8↑

Votum

Hannah-Arendt-Platz 1, 30159 Hannover
0511-30302412
vo-tum.de
Küchenchef: Benjamin Gallein
Di–Sa ab 18.30 Uhr, So u. Mo RT
Menüs: 140–200 €

Schon bei unserem letzten Besuch des im Herbst 2021 unter der Ägide von Küchenchef Benjamin Gallein neu eröffneten Gourmetrestaurant Votum im Leineschloss hatte es sich bereits angedeutet: Hier wurde nicht nur ein weiteres attraktives Genussziel in Hannover geschaffen, sondern es zeichnet sich auch überregional Großes ab. Das hochmotivierte Team rund um Benjamin Gallein in der Küche und Jonas Golke im Service lebt hier eine einerseits sehr lässige, andererseits aber bis in die Details um Perfektion bemühte Version von Fine Dining aus, die auch höchst individuelle und kreative Ideen nachvollziehbar und wie selbstverständlich erscheinen lässt. Das schaffen nicht viele!

Los geht das schon bei den ersten kleinen Einstimmungen, die enorm viele kreative Einfälle bündeln, daneben aber vor allem durch klar herausgestellte intensive Aromen ausgesprochen animierend wirken. Das gelang mit einem fluffig leichten Krapfen mit flüssiger Käsefüllung, einem herb auffrischenden Sanddornchutney und roh gehobelten Champignons mit Sandornpulver genauso wie bei einem knuspri-

gen Röllchen aus Norialge, dessen dunkle jodige Hülle betont frisch mit eingelegten grünen Erdbeeren, Algen und Austernsegmenten gefüllt war. Und ganz besonders beim gelierten Garnelen-Ceviche, das mit einem karamellisierten Kümmelchip und einer Krustentiersphäre so brillant verdichtet und zugleich bestechend klar daherkam, dass wir für diese Miniatur selbst ohne Weiteres auch die Höchstbewertung gegeben hätten.
Dass hier hohes Niveau aber auch in größerem Format geboten wird, zeigte die klassische Terrine von (ungestopfter) Gänseleber, deren kraftvoller Schmelz allerdings in eine überhaupt nicht klassische, sondern federleichte moderne Umgebung gestellt wurde: Mit den duftigen Aromen von Wiesenkräutern (Kerbel, Petersilie), eingelegten Buchenpilzen, einem mit Fichtensprossen herb angespitzten Ziegenjoghurteis sowie einem kräuterfrisch marmorierten Sud aus Pilzessenz und Pilzessig, der den waldigen Charakter mit subtiler Würze und feiner Säure erweiterte, wurde dieser Gänseleber-Gang so zu einer sehr duftigen und frühlingshaften Angelegenheit.
Eine gleichermaßen feingezeichnete Aromatik gab es auch bei dem ganz leicht von Rauch und Zedernholz geküssten, ansonsten klar und zart confierten Saibling unter einem filigranen Topping verschiedener bitterer Akzente, die von fermentiertem und frischem Chicorée über Puntarelle bis zu Pomelo-Segmenten ein fein differenziertes, lebendiges Aromenspiel schafften. Den harmonisierenden Rahmen dazu stellte eine üppige Beurre blanc mit leicht asiatischem Einschlag durch Ponzu, Yuzu und Saiblingskaviar.
Viel Druck und Power prägte dagegen die folgende Schüssel mit Grünkohl-Chawanmushi unter Kalbszungenragout, einem Mosaik von Kalbszunge und Stör, Imperial-Kaviar und einem beinahe wuchtig intensiven Oxtailsud. Irgendwo blitze dazwischen allerdings die feine Säure fermentierter Stachelbeeren auf und bewahrte das Ganze erfolgreich vor dem Power-Overkill. Ein Fest für Freunde ausgereizt kraftvoller Aromen, dem man allenfalls vorhalten könnte, dass der Stör selbst in diesem Kontext fast nur als fleischiger Texturgeber wahrnehmbar wurde…
Viel Kraft gab es auch bei dem folgenden trockengereiften Stubenküken mit Farce aus Trüffel und Gänseleber sowie krachend krosser Haut – so weit, so klassisch. Alles andere als klassisch war dagegen das üppige Topping, unter dem das Stubenkücken versteckt war: Mit karamellisiertem, eingelegtem und frischem Radicchio neben schwarzer Trüffel, Pistazien und eingelegter Aprikose als Sphäre und dünne Scheiben wurde hier eine ebenso dichte wie fein differenzierte Umgebung geschaffen, in der ein leicht orientalischer Einschlag zu der mit Kraft und festem Säurekern begeisternden Cumin-Geflügelsauce überleitete.
Einen der eigenständigsten und kreativsten Gänge des Jahres gab es dann mit den dünnen rauchig-saftigen Scheiben vom Schweinebauch, die als Rolle gemeinsam mit Lardo von einer langsam schmelzenden „Sülze“ gewürzt und von einem Schaum von gegrilltem Rhabarber, rohem und knusprigem Blumenkohl sowie „Umami-Kaviar“ mutig kontraststark ergänzt wurden. Der Mut zahlte sich in diesem Fall aber ganz und gar aus, denn das Ergebnis wirkte zwischen Würze, Säure, Röstnoten und Schmelz vibrierend klar und absolut schlüssig.
Genau wie auch der süße Teil des Abends, in dem ein Stück dunkel karamellisierter Tarte-Tatin-Äpfel neben ein hochintensiv aus ganzen Schoten fabriziertes Vanilleeis und den duftig grünen Kontrast von Romanasalat als marmorierter Sud, marinierte Streifen und kleine Blattspitzen gestellt wurde und damit der Dessertklassiker sehr erfolgreich in ein ganz neues Licht rückte.
Die dazu begleitend empfohlenen Weine sind durchweg hochwertige Punktlandungen – beinahe noch lohnender (weil wirklich selten so gut) sind allerdings die beispielhaft schlank und pointiert gearbeiteten alkoholfreien Getränkeempfehlungen, die viele Gerichte noch um spannende Facetten erweitern.

Hanstedt (Niedersachsen)

Sellhorn

im Hotel Sellhorn
Winsener Str. 23, 21271 Hanstedt
04184-8010
www.hotel-sellhorn.de
Mo–Fr ab 17.30 Uhr, Sa u. So u. Fei ab 12 Uhr durchgehend, kein RT
Hauptgericht: 18–37 €, Menüs: 46 €
VISA

In den weitläufigen, wohnlich-elegant gestalteten Gasträumen, in denen durch geschickte Raumunterteilung und behaglicher Beleuchtung trotz der Größe keine ungemütliche Atmosphäre herrscht, wird ansprechend gekocht. Die Küche präsentiert sich seit Jahren sehr solide und erfreut durch handwerklich sauber zubereitete Gerichte aus regionalen Produkten engagierter Erzeuger, die durch natürliche und unverfälschte Aromen überzeugen. Neben einer kleinen Auswahl an offen ausgeschenkten Weinen gibt es eine ausreichende Anzahl an Flaschen internationaler Provenienz zu vernünftigen Preisen.

Harrislee (Schleswig-Holstein)

Wassersleben4

Wassersleben 4, 24955 Harrislee
0461-77420
hotel-wassersleben.de/wassersleben4
Küchenchef: Eicke Steinort
Mo u. Di ab 17.30 Uhr,
Mi–So von 12–14.30 Uhr u. ab 17.30 Uhr,
kein RT
Hauptgericht: 23–32 €

VISA

Ganz kurz vor der dänischen Grenze und unmittelbar am Yachthafen lockt das kleine hübsche Boutique-Hotel Wassersleben nicht nur mit seiner Lage und dem Blick aufs Meer, sondern legt seit jeher auch viel Wert auf sein kulinarisches Angebot. Daran hat sich auch dadurch nichts geändert, dass es mittlerweile kein separates Gourmetrestaurant mehr im Haus gibt und der Aufwand in der Küche insgesamt heruntergefahren wurde. Denn auch die ganz unkompliziert frisch gekochten Gerichte des im lockeren Bistrostil gestalteten Restaurants lohnen einen Besuch, ganz gleich, ob man gerade mit dem Boot im Hafen angelegt hat, oder sonst irgendwie nach Wassersleben gelangt ist. Geboten wird eine schlichte, dabei aber durchweg natürlich und frisch wirkende Küche, die mal nordisch und mal eher weltoffen daherkommt, aus guten Produkten (nicht high-end, aber überdurchschnittlich) zubereitet und in den besten Momenten so zusammengestellt ist, dass mit ganz einfachen Mitteln eine gewisse Finesse erzeugt wird.

Das Spektrum bewegt sich entsprechend zwischen sehr einfach und rustikal gehaltenen Sachen wie der „Küstenschüssel“ als Salat mit verschiedenen frei wählbaren Toppings und etwas pfiffigeren Gerichten wie zuletzt dem hausgeräucherten Lachs in dicken, schmelzigen Scheiben, der mit einem herb-würzigen Salatbouqet und der kontrastreichen Mischung aus Gurke, Mango und Kräuterdressing in jeweils maximal einfacher natürlicher Art angerichtet war. Dadurch, dass die beinahe gefroren kalte Mango leicht faserig und nicht optimal reif war, funktionierte das nicht ganz so, wie bei vorherigen Besuchen. Die Idee ist aber unverändert gut.

Unter den Hauptgängen bleibt es ebenfalls betont schlicht, mal rustikal-traditionell, wie bei einer im Ganzen gebratenen Kutterscholle mit Petersilienbutter und Salzkartoffeln, mal moderner, wie beim fancy „Haus Burger“ aus Black Angus Rindfleisch mit Tomatensalsa, Bacon, Rucola, Mayo und Pommes Frites. Zu den pfiffigeren Gerichten gehörte zuletzt die ebenfalls im Ganzen zartknusprig und saftig gegarte Dorade – zwar ein kleines Exemplar, aber in guter Qualität und Zubereitung – mit einer reichlichen Menge nussig-frischem Kürbiskernpesto obenauf, das dem Fisch gemeinsam mit frischer Zitrone eine zwar grobe, aber effektvolle Würzung mitgab. Nebenan stellte gegrilltes Rosmaringemüse eine gut zum mediterranen Produkt passende Beilage. Für eine höhere Bewertung bräuchte es aber auch an solchen Stellen etwas mehr Feingefühl beim Anrichten und beispielsweise den Verzicht auf gröberes Dekor wie die naturbelassenen Rucolablätter, auf denen die Dorade platziert war.

Das galt genauso auch für die zarte Crème brûlée mit darin verstecktem Rhabarber. Die war zwar an sich proper gemacht, mit gleichmäßig karamellisierter Kruste, hätte aber noch ein Eis obenauf oder irgendeinen anderen Kontrast benötigt, um nicht ganz so simpel zu wirken und auch noch mehr zu zünden. Der Service liegt in der Hand eines sehr jungen und teils etwas unbedarften, aber durchaus engagierten Teams. Und als Ergänzung zu den Speisen finden sich in der Getränkekarte neben den üblichen Softdrinks und Aperitif-Klassikern auch je eine Handvoll weißer und roter Weine mit guter Basisqualität zu fairen Preisen.

Hartenstein (Sachsen)

Feengarten

im Jagdhaus Waldidyll
Talstr. 1,
8118 Hartenstein
037605-840
www.romantikhotel-waldidyll.de
Di–Fr ab 17 Uhr, Sa, So u. Fei ab 12 Uhr durchgehend, Mo RT
Hauptgericht: 19–32 €, Menüs: 56–90 €
VISA

Im Romantik Hotel Waldidyll erwartet die Besucher eine vornehme, ein bisschen aristokratische Atmosphäre. Ein Ort für den besonderen Anlass. Und damit ein solcher auch kulinarisch erfreulich wird, steht hier das Team des Restaurant Feengarten mit einem ambitionierten, aber nicht zu abgehobenen Programm parat. Die Karte setzt einerseits auf klassische Gourmetküche inklusive der einschlägigen Edelprodukte, andererseits aber auch auf verfeinerte regionale Traditionsgerichte, die hier dank der handwerklich fundierten Zubereitung besser sind, als an den meisten anderen Orten. Auf beiden Linien gibt es keine größeren Finessen, aber auch in Relation zu den aufgerufenen Preisen einen lohnenden Gegenwert in eleganter Umgebung.

Hattingen (Nordrhein-Westfalen)

6↑

Diergardts Kühler Grund

Am Büchsenschütz 15,
45527 Hattingen
02324-96030
www.diergardt-hattingen.de
Mi–Fr ab 18 Uhr, Sa u. So ab 12 Uhr durchgehend, Mo u. Di RT
VISA

Das imposante Gebäude am Ortsrand von Hattingen symbolisiert schon rein äußerlich gehobene Gastlichkeit und lässt daran auch drinnen, in den weitläufigen, liebevoll gestalteten Räumlichkeiten mit vielen sichtbaren Weinflaschen in Klimaschränken, Rüttelpulten oder Vitrinen, keine Zweifel. Die Küche macht einen in unseren Augen äußerst attraktiven Spagat zwischen verfeinerten bodenständigen Gerichten wie der von unten kross angebratenen und von oben mit einer Senf-Zwiebel-Schmelze gratinierten Blutwurst vom Juvenilferkel auf Kartoffelsalat und Malzessigjus und leichten, internationalen Gerichten, zum Beispiel dem vom Leng und Calamaretti mit Cime di Rapa, Risotto und Salzzitronenschaum.
Wie effektiv man im Grunde völlig rustikale Gerichte verfeinern kann, wenn man weiß, worauf es ankommt und wie es geht, zeigte auf beeindruckende Weise die Blutwurst auf Kartoffelsalat: von unten sehr kross angebratene und von oben mit einer Senf-Zwiebel-Schmelze samt kleinen knusprigen Croûtons und Schnittlauch gratinierte Blutwurst vom Juvenilferkel, die auf einem schlotzigen Salat aus festkochenden Kartoffeln angerichtet war und von einer Malzessigjus genau die richtige Dosis von herzhafter Tiefe und verschlankender Säure zugespielt bekam.
Auch optisch noch stärker in Richtung Gourmetküche tendierte ein weiteres Gericht, das sich um dünn mit Panko panierte und knusprig ausgebackene Kalbsbriesnuggets sowie unter ihrem hauchdünnen Teig saftig und prall mit Fleisch von der geschmorten Kalbshaxe gefüllte Ravioli drehte. Die waren zusammen mit größeren und mit Jus glasierten Kalbshaxenwürfeln, angerösteten Artischockenstücken und Selleriewürfeln sowie Bucheckernkresse auf etwas Selleriecreme angerichtet und großzügig mit aromatischer Périgordtrüffel überhobelt. Ein ganz wunderbares, ebenmäßiges Gericht, bei dem alle Details stimmten.
So wie auch beim goldgelb colorierten Medaillon vom Leng, ein vom Fleisch her dem Seeteufel ähnlicher Knochenfisch, das zusammen mit zarten angegrillten Calamaretti auf einem Bett von Cime di Rapa angerichtet wurde und von einer hellen, schaumigen Salzzitronensauce genügend herbsäuerliche Zuspitzung erfuhr. Auch der à part im Schälchen dazu gereichte Risotto, neben seiner Parmesanwürze ebenfalls mit dezent zitrischer Note, ließ in seiner nahezu perfekten Beschaffenheit eigentlich keine Wünsche offen.

Hausen ob Verena (Baden-Württemberg)

6

Hofgut Hohenkarpfen

im Hotel Hofgut Hohenkarpfen

Hohenkarpfen 1,
78595 Hausen ob Verena
07424-9450
www.hohenkarpfen.de
Küchenchef: Stefan Schäfer
So–Fr von 11.30–13.30 Uhr u. ab 18 Uhr, Sa ab 18 Uhr, kein RT
Hauptgericht: 26–52 €,
Menüs: 52–108 €

VISA P

Wegen der Gunstlage des Hofguts auf einem markanten Hügel mitten in der Baar-Hochebene, von dem aus man eine herrliche Aussicht in das Donaubergland genießt, könnte man meinen, es würde sich um ein Ausflugslokal handeln. Doch in den zwei schönen großen historischen Fachwerkgebäuden, in denen neben Hotel- und Gastronomiebetrieb auch noch ein kleines, aber feines Kunstmuseum die Besucher anlockt, wird äußerst ambitioniert bewirtet. Das Team um Gastgeberin Susanne Ritzi-Mathé und Küchenchef Stefan Schäfer verlässt sich also nicht auf den exponierten Platz und auch nicht auf das einladende Flair der behaglichen Gasträume mit ihrem ländlich-eleganten Touch, der alten Bausubstanz mit freigelegtem Fachwerkgebälk und moderneren Gestaltungselementen, sondern es bietet auch zuvorkommenden Service und eine sehr gute gehobene Küche.

Weiterhin bestreitet die Küche einen Mittelweg zwischen Pflicht und Kür, zwischen Tradition und Moderne, setzt ein paar bodenständigere Gerichte auf die Karte wie eine im Ganzen zubereitete Forelle mit Neuen Kartoffeln oder einen Salat mit Rumpsteak und Kräuterbutter – bedient aber mittlerweile deutlich mehr die Bedürfnisse von Feinschmeckern. Unter anderem mit zwei saisonalen Menüs mit Auswahlmöglichkeit, von denen eines rein vegetarisch zu haben ist. Und während sich in der Vergangenheit manche der kreativeren Gerichte hin und wieder etwas unausgegoren experimentell präsentierten und wir auch schon mal ein Auge zudrücken mussten, um die Bewertung unangetastet lassen zu können, präsentierte sich bei unserem jüngsten Besuch alles auf sehr souveränem 6-Pfannen-Niveau.

Bei der Vorspeise des „Wintermenüs", das sich um nach Tataki-Art ringsum ganz kurz angebratene Tranchen vom Thunfisch mit Avocado, Buchenpilzen und Blutorangenvinaigrette drehte, überzeugte vor allem die sehr gute Qualität des dunkelfleischigen und sehr fein strukturierten, klar schmeckenden Fischs sowie die Ausgwogenheit der zwischen straffer fruchtiger Zitrussäure und sattem Umami-Grundton schon sehr expressiv daherkommenden Sauce. Aus der etwas stumpfen und ausdruckslosen Avocadocreme hätte man indes noch mehr herausholen können – auch, um der sehr raumgreifenden Blutorangensauce noch etwas entgegenzusetzen. Denn Radieschen, Buchenpilze und Algen-Sponge blieben daneben auch eher unauffällig.

Ein wenig überraschend war insbesondere auch der Zwischengang, der sich um Chawanmushi drehte, äußerst gelungen. Denn der japanische Eierstich, der da in seidenzarter homogener Konsistenz als Timbale zusammen mit Blattspinat, Pinienkernen, süßsäuerlich eingelegten Shimeji-Pilzen und einer fragilen knusprigen Röstzwiebelhippe in einem harmonischen Pilzsud angerichtet war, gehörte eindeutig zu den besseren Exemplaren seiner Art. Und mit seinem zarten Schmelz und subtilen Umamigeschmack ergänzte er sich prima mit den anderen Komponenten zu einem vielseitigen Geschmacksbild mit Soulfood-Charakter.

Und im Grunde war auch der glasig-blättrige Winterkabeljau, der zusammen mit knackigen Passepierre-Quellern und Forellenkaviar in ein dynamisches Umfeld aus Bitternoten von geschmortem Chicorée, deutlichen Zitrusaromen im Kartoffelpüree und Räuchergeschmack in der Beurre blanc gestellt wurde, nichts als Freude. Da stimmte alles, da waren Aromen, Garzeiten und Konsistenzen auf dem Punkt, da bewegte sich die Küche eigentlich fast schon auf 7-Pfannen-Niveau.

Nicht ganz dieses Level konnte das Dessert um eine sehr solide, homogen gestockte und etwas dick karamellisierte Crème brûlée mit Pistazieneis und Zwetschgenkompott unter Zwetschgenespuma erreichen. Was aber ausdrücklich nicht daran lag, dass die Zwetschgen mit einer dezenten Salzigkeit etwas fordernd wirkten. Vielmehr konnte so gegenüber der recht süßen gebrannten Vanillecreme und dem zwar schön aromatischen, aber auch relativ süßen Eis ein spannender Kontrastpunkt gesetzt werden. Insgesamt also wieder ein sehr positives Fazit zur Küche, aber auch zum zuvorkommenden Serviceteam und der Weinauswahl, die sich in den vergangenen Jahren verbessert hat und nun von den eigenen „Hausweinen" aus der Mache des sehr guten Weinguts Clauß aus Lottstetten bis zu namhaften Gewächsen aus dem benachbarten Ausland viel Adäquates bietet.

Hotelempfehlung

Hotel Hofgut Hohenkarpfen

Hohenkarpfen 1,
78595 Hausen ob Verena
07424-9450
www.hohenkarpfen.de
Einzelzimmer: 94–104 €
Doppelzimmer: 122–138 €

VISA

Seit dem gelungenen Umbau der ehemaligen Scheune des denkmalgeschützten Anwesen im Jahre 1989 können die Gäste in einem zauberhaften Ambiente herrliche Momente erleben – stets begleitet von dem fastzinierenden, kilometerweiten Panoramablick über die Schwäbische Alb, das Donaubergland und bei guter Fernsicht bis hin zu den Schweizer Alpen des Säntis-Bereichs. Das Hotel verfügt über 21 Hotelzimmer, in welchen durch die Kombination von stilvollem Interieur mit rustikalen Holzbalken ein ganz besonderer Charme geschaffen wurde. Das Unterhaltungsangebot ist vielfältig und reicht von kulinarischem Hochgenuss im Restaurant über Kunst und Kultur (Kunststiftung mit eigenem Museum im Haus) bis hin zu zahlreichen Wandermöglichkeiten rund um das Hotel. Restaurant Hofgut Hohenkarpfen separat erwähnt.

Hechenberg (Bayern)

5

Moarwirt

Sonnenlängstr. 26,
83623 Hechenberg (Dietramszell)
08027-1008
www.moarwirt.de
Küchenchef: Sebastian Miller
Do–So von 12–14.30 Uhr u. ab 18 Uhr, Mo–Mi RT
Hauptgericht: 19–28 €, Menüs: 49–64 €

So viel bayerische Gemütlichkeit mit Style wie im ländlich einsam gelegenen Moarwirt in Hechenberg bei Dietramszell gibt es auch in Bayern nur selten. Das biozertifizierte Hotel bietet mit seinen in hellem Holz, vielen humorvoll-rustikalen Dekordetails und wärmenden Fellen auf den Sitzplätzen cozy gestalteten Gasträumen eine unmittelbar heimelige Atmosphäre und zeigt zugleich, dass hier mit gehobenem Anspruch und Sinn für das Wesentliche gearbeitet wird.
Und genau diese Eigenschaften prägen auch die Küche von Sebastian Miller. Auf der Karte stehen, mit augenzwinkernd schmissigen Titeln überschrieben, einerseits blitzsauber und pfiffig zubereitete Traditionsgerichte wie die „HeimatLiebe blau-weiß" in Form eines saftigknusprigen Cordon Bleus vom Bio-Kalb mit feinem hochwertigem Schinken und Käse, Rahmgurken, Kartoffelsalat und Preiselbeeren, aber auch kreativere Sachen wie das Gericht

„Lammfromm", bei dem das Besten vom Hallertauer Lamm nebst Petersilienwurzelcreme, Petersilienpesto und Dattel-Speck-Marmelade pfiffig aufgeboten wird.
Allem gemeinsam sind zupackende und klare Aromen, ohne unnötigen Schnickschnack, aber doch meist mit einem gewissen originellen Twist. Das zeigte zuletzt auch eine Vorspeisenvariation mit verschiedenen Miniatur-Gerichten, darunter ein locker-knuspriges Schnitzel mit satt aromatischem Kartoffelpüree, eine leichte, fruchtig zugespitzte Kürbissuppe sowie knackiger Karottensalat, der in Gestalt von dunkelfruchtig herber Pflaume und säuerlich würzigem Ziegenfrischkäse mit ganz einfachen Mitteln spannende Kontraste mitbekam. Sorgfältiges Handwerk zeigte auch der saftig-lockere Zwiebelkuchen mit dünnem Hefeteig und geschmeidigem feinwürzigem Topping.
Wem das zu viel Durcheinander ist, der wählt einfach eine schlichte, klassische Vorspeise wie die tiefgründige Rinderkraftbrühe mit Einlage aus zartem Tafelspitz, Ei, Meerrettich und Wurzelgemüse und dann beispielsweise die selbstredend aus regionaler Zucht stammende Lachsforelle mit knuspriger Haut und saftigem Fleisch neben verschiedenen Zubereitungen von der Schwarzwurzel: als rohe knackige Lamellen, herbfruchtig gegarten Stücke, als zarte Creme und lockere, mit Preiselbeeren gefüllte Krapfen. Das ergab eine eher ungewöhnliche Umgebung für den Fisch, der aber mit den zwischen nussig und mildsüß changierenden Facetten der Wurzel, der herben Frucht und den eingelegten Zwiebeln überraschend gut zurechtkam.
Eine mutige Idee gab es auch zum Abschluss mit „Spaghetti Carbonara" in Dessertform. Umgesetzt wurde das in Form von als Spaghetti durchgedrücktes Parmesan-Eis nebst karamellisiertem Thymian, Roggencrunch und Speckchip. Die Kombination aus salzig-pikant und cremig-süß gelang dabei harmonisch, insgesamt ging das Ganze dann aber doch eher in die Breite und hätte vielleicht von einem fruchtig zugespitzten „Ketchup" profitieren können. Als Alternative gibt es für alle weniger experimentierfreudigen Gäste aber unter anderem auch einen geduldig fluffig ausgebackenen Kaiserschmarrn mit zweierlei säuerlich auflockerndem Kompott.
Und es gibt viele gute Weine zu fairen Preisen, vorwiegend aus Deutschland, Österreich und Italien. Aber auch einen ebenso flotten und gut organisierten wie herzlichen Service, der das Wohlfühlen und Genießen noch einmal angenehmer macht.

Hotelempfehlung

Bio Landhotel Moarwirt

Sonnenlängstr. 26,
83623 Hechenberg (Dietramszell)
08027-1008
moarwirt.de
Einzelzimmer: ab 85 €
Doppelzimmer: ab 110 €

Das gemütliche Dorfhotel in einem traditionellen bayerischen Gebäude mit bemalten Fensterläden liegt auf dem malerischen Hechenberg, wenige Kilometer nördlich von Bad Tölz. Die 18 gemütlich und stilvoll eingerichteten Gästezimmer bieten teilweise einen einzigartigen Blick über das Tölzer Voralpenland und alle sind mit TV und Bad mit Dusche und WC ausgestattet. Die frisch renovierten Räume sind hell und freundlich und verbinden altes Holzgebälk mit modernem Zeitgeschmack. Das Hotel bietet außerdem ein Restaurant mit lokaler Küche sowie kostenloses Frühstück mit natürlichen hausgemachten Produkten, welches man je nach Jahreszeit und Witterung auf der idyllischen Sonnenterrasse oder am wärmenden Kachelofen genießen kann. Außerdem gibt es einen Kinderspielbereich und kostenfreie Parkplätze. Auch für Veranstaltungen jedweder Art wie Hochzeiten, Tagungen oder Workshops bietet das Hotel eine idyllische Kulisse. Man kann aber auch die Umgebung zu Fuß oder mit dem Fahrrad erkunden und Ausflüge zu historischen Stätten unternehmen. Restaurant Moarwirt separat erwähnt.

Heidelberg (Baden-Württemberg)

7

Adriatic Seven

Karlsruher Str. 82, 69117 Heidelberg
0176-70261795
www.adriatic-seven.de/de
Küchenchef: Drazen Postek
Mi–Sa ab 18 Uhr, So–Di RT
Hauptgericht: 18–32 €,
Menüs: 67–155 €

Unter der allen Krisen der letzten Jahre zum Trotz wachsenden Vielzahl ambitionierter Restaurants hierzulande sind neue völlig eigenständige Konzepte eher die Ausnahme als die Regel – und gerade deshalb besonders erfreulich! Insofern waren wir besonders gespannt auf den Besuch des etwas abseits des historischen Ortskerns gelegenen Adriatic7 in Heidelberg. Denn in dem kleinen, von außen eher unscheinbar in einem Reihenhaus gelegenen Restaurant, verbindet das Team um Drazen Postek anspruchsvolle moderne Küche und unkomplizierte Gastfreundschaft allabendlich zu einer Art von Gemeinschaftserlebnis rund um den im Gastraum integrierten und mit Induktionsplatten aufgerüsteten Pass.
Der Abend bewegt sich also auf unkonventionelle Art zwischen einem „normalen" Restaurantbesuch mit einem Menü an fein gedeckten Tischen und einer Art von Kochshow, bei der durchaus auch schon mal selbst beim Anrichten mit Hand angelegt werden kann. Über allem steht die ansteckende Begeisterung des Chefs für zeitgemäße Kochkunst und außergewöhnliche Produktqualitäten, so dass an den stilvoll elegant gestalteten Tischen zwischen gut gefüllten Weinregalen schnell eine offene und genussfreudige Atmosphäre entsteht. Wer diese erst einmal vorsichtig schnuppern möchte, kann übrigens im vorderen Bereich des Restaurants auch einfach auf ein oder zwei gute Gläser Wein vorbeischauen und ein anderes Mal das wochentags in vier und am Freitag und Samstag in bis zu sieben Gängen zubereitete Menü erleben…
Ebenfalls eine Besonderheit: Der aus Kroatien stammende und als Autodidakt in die ambitionierte Gastroszene hineingewachsene Chef erfindet sich mit jedem Menü wieder völlig neu und widmet sich einem anderen Thema – oft mediterran inspiriert, aber eben keineswegs ausschließlich. Bei unserem Besuch war das Menü inspiriert von „Bella Italia" und damit ganz besonders geprägt von einem gewissen Wohlfühlcharakter in modernem Gewand.
So etwa bei den zarten Ricottagnocchi, die in einer samtigen Butteremulsion neben kühl schmelzender Kakaobutter mit Olivenöl, spicy Auberginencreme, einem dunkel-feinbitteren Auberginentatar sowie einem dezent mit roter Paprika aufgefrischten Ragout präsentiert wurden. Alles zusammen ergab ein harmonisch feines Ganzes, wirkte durch die pointiert eingesetzte Würze von Raz El Hanout und Baharat sowie die unterschiedlichen schmelzigen Konsistenzen zugleich raffiniert und komplex. Stark.
Das galt genauso für die Interpretation von Trüffelpasta, in deren Zentrum selbstredend hausgemachte zarte Tagliatelle in einer üppig geschmeidigen Emulsion aus Parmesan und Trüffel standen. Allerdings noch ergänzt durch eine effektvoll aufgeschäumte Parmesan-Air, frische Trüffel und ein filigranes Teiggitter mit Trüffel, das hier vor allem mit seinem zarten Crunch für zusätzliche Struktur sorgte.
Nicht ganz auf dem Niveau der ersten beiden Gänge lag die topfrische und klassisch in Butter ausgebratene Seezunge nebst einer konzentrierten Tomatenreduktion mit Ingwer und Zitronengras. Die Schwachstelle war hierbei die aufwendig auf der Tellerfahne installierte Vielfalt verschiedener (teils knuspriger) Gemüse, die jeweils auf einem Tupfen hochintensivem Selleriecreme leider durchweg kalt und ein klein wenig karg und verloren wirkten.
Dafür gelang zum Abschluss bei der von Massimo Bottura thematisch inspirierten, aber ganz eigenständig dekonstruierten Lemon Tarte nochmal ein großer Wurf, der durch teils schneidige, teils fruchtige Zitrusnoten und abwechslungsreiche Texturen „verkehrt herum" angerichtet das Menü beendete und die Einstiegsbewertung mit 7 Pfannen souverän sicherte. Ebenfalls gesichert sind bei einem Besuch stets gut gefüllte Gläser, die der Chef aus mit sichtbarer Leidenschaft gepflegten Sortiment individuell mit den Gästen abstimmt.

Herrenmühle

Hauptstr. 239, 69117 Heidelberg
06221-602909
www.herrenmuehle.net
Küchenchef: Joachim Hess
Mo–Sa ab 18 Uhr, So von 12–13.30 Uhr u. ab 18 Uhr, kein RT
Hauptgericht: 33–37 €,
Menüs: 66–98 €

Die Herrenmühle ist bekannt für ihr pittoreskes historisches Gebäude mit urigen Innenräumen und einem gemütlichen Garten, was allein schon einen Besuch lohnt. Gastgeber Joachim Heß kümmert sich hier seit einigen Jahren um eine gehobene, aber nicht übertrieben exzentrische Küche, die sowohl traditionelle regionale Gerichte als auch kreative internationale Kreationen mit asiatischen Einflüssen bietet. Mit dieser ausgewogenen Auswahl trifft das Team den Geschmack einer breiten Mehrheit und knüpft dennoch an die Reputation an, die der Chef dereinst mit dem Goldenen Pflug erworben hat. Die Weinkarte kann auch den Ansprüchen anspruchsvoller Genießer gerecht werden.

Le Gourmet

im Hotel Die Hirschgasse
Hirschgasse 3, 69120 Heidelberg
06221-4540
www.hirschgasse.de/le-gourmet
Küchenchef: Mario Sauer
Di–Sa ab 18 Uhr, So u. Mo RT
Menüs: 120–175 €

Zu den vielen geschichtsträchtigen Orten in Heidelberg, das an beinahe jedem Eck die Faszination vergangener Zeiten ausstrahlt, gehört auch die bereits im Jahr 1472 dokumentierte Hotel Hirschgasse mit seinem historischen Ambiente und viel Komfort. Hier laden Alison und Ernest Kraft in das in einem üppig-glanzvollen und herrlich nostalgisch anmutenden Salon beheimatete „Le Gourmet", eines der reizvollsten Genussziele der Stadt. Ganz im Sinne eines kultivierten Traditionsbewusstseins steht dessen Küchenchef Mario Sauer hier ebenfalls bereits seit über 15 Jahren am Herd. Das, was der erfahrene Chef, der zuvor unter anderem als Sous-Chef unter Helmut Thieltges im Waldhotel Sonnora tätig war, hier auf die Teller zaubert, ist allerdings alles andere als altbacken oder antiquiert. Im Gegenteil: Die auf bester französischer Klassik aufbauenden Gerichte wirken in ihrer fokussierten Strahlkraft sogar ziemlich modern und verbinden auf reizvolle Art viel Geschmackstiefe mit spielerischer Leichtigkeit.
Das illustrierten zuletzt dann auch bereits die ersten fein gearbeiteten Miniaturen zum Aperitif, darunter eine hauchdünne Knuspertartelette mit Lachstatar, Gurkensphäre und Kaviar als jodiger schneidig-frischer Happen sowie getrocknete Krause Glucke mit Szechuan-Pfeffer als individueller, waldig-lebendiger Eindruck. Noch deutlicher wurden die Fähigkeiten des Teams dann bei der unter zartem Ochsenschwanzgelee und einer üppigen Kaviarhaube versteckten Räucherfischmousse in bestechender Klarheit und Eleganz: dezente Rauchnote, verstärkendes Umami und jodiges Finish bei zugleich federleichten Konsistenzen!
Etwas salziger und betont kraftvoller wurde danach Königsmakrele ebenfalls mit Kaviar kombiniert, allerdings weniger mit dem Fokus auf die pure Klarheit des Fischs (obwohl dessen Qualität das durchaus hergegeben hätte!), sondern mehr auf Power – wozu es passenderweise ein besonders erfrischendes Umfeld aus grünem Apfel (Tatar, Blüten, Sorbet…) sowie einem mit Schnittlauchöl montierten Joghurtsud als belebenden Kontrast gab.
Eine kreative Überraschung folgte mit dem wirklich exzellenten, spannungsgeladen zarten und im Geschmack nussig-süßen Hummer in einem röstwürzig dunklen Krustentierschaum, der durch Kaffeeöl eine faszinierende weitere Duftnote erhielt. Diese geballte Krustentierpower wurde durch knackige Ananas und marinierten Staudensellerie gekonnt aufgebrochen und schaffte so nicht weniger als eines der besten Hummergerichte der letzten Monate. Richtig stark!

Der zart aufblätternde, strahlend weiße Kohlenfisch mit röstig braisierten Fenchelstreifen und duftigem Safranfenchel, hochintensiven Bouchotmuscheln und einem straffen, bis an den Anschlag konzentrierten und doch leicht wirkenden Muschel-Safran-Schaum, hatte es danach nicht leicht, hielt sich aber wacker. Gewinnbringend ergänzt wurde der grundsätzlich eher kompakt angelegte Teller noch von einem kleinen Satelliten in Form einer in Croûtons gebackenen, heißen Muschelpraline auf kühler Crème fraîche.
Einen Satelliten gab es dann auch im Hauptgang. Und zwar mit perfekt geschmortem Rehragout in absoluter Perfektion, von einem angekrossten Grießwürfel nebst Macadamia und Birnengel pointiert ergänzt. Tatsächlich stahl dieser Side-Dish dem Rehrücken auf dem Hauptteller beinahe die Show, weil der mit einer frischgrünen Timbale aus Spitzkohl und Schnittlauch, einem zarten Grießknödel in Macadamiaschmelze sowie sautierten Totentrompeten zwar ebenfalls wunderbar pointiert inszeniert wurde, aber unter seiner raffiniert zwischen salzig, süß und nussig ausbalancierten Macadamiakruste ein wenig zu mürbe und derb im Aroma war. Handwerklich auf hohem Niveau, aber auf der Produktseite ausnahmsweise mal nicht ganz optimal…
Dafür stimmte beim auf engem Raum konzentrierten süßen Abschluss aus dunkler Schokolade mit Rum, Traube und Tahiti-Vanille aufgrund spannender Kontraste in Temperatur und Konsistenz durch beispielsweise gefrorene Schokoladensahne oder geeiste Vanillekugeln wieder alles. Trotz der verdichteten Anrichteweise wurden die drei Leitaromen hier dank präziser Detailarbeit in verschiedenen Facetten präsentiert und bestätigten, dass die aktuelle Bewertung auch weiterhin vollauf gerechtfertigt bleibt.
Und auch an der kompetenten und zuvorkommenden Art von Sommelier Erik Himpel hat sich nichts geändert, genauso wenig wie an der Tatsache, dass seine aus dem reich und hochwertig gefüllten Weinkeller ausgewählten Empfehlungen bestens auf die Gerichte abgestimmt werden und das Gesamterlebnis noch einmal aufwerten.

8

Oben

Kohlhof 5,
69117 Heidelberg
0172-9171744
www.restaurant-oben.de
Küchenchef: Robert Rädel
Mi–Sa ab 18.30 Uhr, So–Di RT
Menüs: 150 €

Noch im letzten Jahr schrieben wir: „Einen Tisch im Restaurant Oben zu bekommen, ist nur mit Glück möglich. Reguläre Reservierungen werden bis Ende 2023 nicht mehr angenommen, weil alles ausgebucht ist. Und ab 2024 soll das System so umgestellt werden, dass Buchungsfenster nur für einen bestimmten Zeitraum geöffnet werden". Schon in diesem Jahr hat es uns leider erwischt, und wir haben eine ganze Testsaison lang vergeblich auf eine Möglichkeit gehofft und gewartet, dem hoch über Heidelberg gelegenen Hof mit seinem rustikalen Charme und der modernen, individuellen Kreativküche von Robert Rädel und Mona Schmid anonym einen Besuch abstatten zu können.
Zwar gibt es eine WhatsApp-Gruppe, in der immer wieder mal spontan frei gewordene Tische angeboten werden, doch die hat mittlerweile mehrere hundert Mitglieder, und bereits nach wenigen Sekunden ist so ein offerierter Tisch dann nach dem First-come-first-served-Prinzip schon wieder vergeben. Worauf genau der enorme, in Deutschland sehr ungewöhnliche hohe Zuspruch zurückzuführen ist, lässt sich wirklich nur spekulieren, aber es ist wohl eine Mischung aus dem ungewöhnlichen Ort, der Atmosphäre, der unangepassten und durchaus hochklassigen Küche und natürlich dem Hype, der durch die Verknappung automatisch entstanden ist.
So können wir aktuell nur noch ein bisschen weiter hoffen, hier in Bälde doch noch Glück zu

haben und dann im Gusto Online-Guide und in der App ein Update bringen zu können. Die Bewertung, die jetzt schon über einen längeren Zeitraum völlig unzweifelhaft war, schreiben wir zunächst mal noch fort – müssten das Oben aber tatsächlich irgendwann aus der Wertung nehmen, wenn wir hier nicht in Bälde doch noch Reservierungsglück haben oder ein weiterer Servicetag hinzukommt, um der hohen Nachfrage gerecht zu werden.
Wer genau dieses große Glück hatte und pünktlich zum gemeinsamen Start um 18.30 Uhr da ist, kommt in den Genuss eines originellen Gesamtpakets, zu dem auch gehört, dass Schmid und Rädel den Gästen ihre Gerichte selbst servieren und am Tisch genau erläutern, oder sie gleich für einen Gang zu sich in die Küche bitten. Und zu erläutern gibt es immer viel, wie wir von unseren Besuchen in den Vorjahren wissen. Beim letzten Mal beispielsweise einen Prolog, der aus warmem Petersiliensüppchen und kaltem Petersilienröllchen, einem tollen Sandwich mit Rehfleisch und Eberesche sowie einem filigranen Körbchen aus gebackener Hühnerhaut mit Erbsenflan und schwarzer Walnuss bestand. Auch eine angetoastete Tranche Sauerteigbrot mit Tupfern sogenannter Kraut- und Rübencreme zum Dippen war Teil des Ganzen.
Der Rheinhecht von einem baden-württembergischen Fischer kam seinerzeit mit einem Sud von Staudensellerie und einem Eis selbigen Gemüses daher. Dill akzentuierte das Ganze und auch Säure war klug eingesetzt. Während es hier frisch und animierend zuging, wirkte der nächste Gang durchaus füllig: Geschmorte, zu einer Creme verarbeitete, mit Maisgries und Mark verfeinerte Zwiebel, obenauf Croûtons, Zwiebelsaat, eingelegte Zwiebeln gab es da. Und was sättigend anmutete und soll es wohl auch sein sollte, war ein ansprechendes Wintergericht.
Den „Blumenkohl polnisch“ mit brauner Butter erinnern wir trotz der eingelegten Magnolie als einen eher rustikalen Gang: kraftvoll, zupackend, mit einem dezent säuerlichen Touch. Ein Klassiker des Hauses ist der Landschweinwedel, also der ausgelöste, gepresste und gebratene, außen knusprige und innen schön saftige Schweineschwanz mit einem herrlich frisch wirkenden Sud, der fein gewürfelte Boskoop-Äpfel und Schnittlauch enthält; obendrüber reibt der Chef am Tisch frischen Meerrettich und verleiht ihm damit eine animierende ätherische Schärfe.
Typisch für die Küche im Oben ist aber auch ein Gericht wie der Bodensee-Aal mit Kartoffeln und Rettich, der Aal saftig und angenehm fettig, der Rettich bringt adäquate Frische mit, die Kartoffeln sorgen für cremige Fülle und alles zusammen ergibt ein schönes Spiel der Kontraste! Mit Freude denken wir auch zurück an die Ente von Jean-Claude Miéral: sorgsam gereiftes, ganz leicht mürbes Fleisch in Form von Keule, Brust, Herz und Leber, der Rotkohl als warmes Gel, geschmort und als Schaum, die Jus fein und elegant, der getrocknete, übers Essen gestreute Steinklee mit einem passenden Cumarin-Touch, der ganz entfernt an Waldmeister erinnert. Das waren seinerzeit schon eher neun als acht Pfannen!
Der Weinkeller ist übrigens mit viel Gutem vor allem aus der Pfalz und aus Baden bestückt. Es gibt eine Weinreise zum Menü, aber auch sehr empfehlenswerte alkoholfreie Alternativen wie selbst hergestellte Säfte, Tees und Essenzen. Hoffen wir also, bald wieder in den Genuss kommen zu dürfen.

7

Scharffs Schlossweinstube

Schlosshof 1,
69117 Heidelberg
06221-8727010
www.heidelberger-schloss-gastronomie.de
Do–Sa ab 18 Uhr, So–Mi RT
Menüs: 69–125 €

VISA P

Was an diesem geschichtsträchtigen Ort hinter monumental dicken Mauern im schlicht-eleganten Schlossrestaurant mit Parkettfußboden und Kachelofen in Form zweier Menüvarianten, von denen eine vegetarisch ist, auf die hübsch eingedeckten Tische kommt, ist schnörkellose, handwerklich präzise ausgearbeitete und geschmacklich gut auf den Punkt gebrachte gehobene Kochkunst. Stilistisch bewegt sich das auf Basis einer zeitlosen frankophilen Klassik, die oft und gern auch regionale Produkte einbezieht. Bei den glasweisen Weinempfehlungen konzentriert sich das Team schwerpunktmäßig auf die Gewächse deutscher Erzeuger.

5 (Pfannen) – 2 Bestecke

Wirtshaus zum Nepomuk

im Stadthotel Zur Alten Brücke

Obere Neckarstr. 2,
69117 Heidelberg
06221-739130
www.altebruecke.com
Täglich ab 18 Uhr (im Sommer auch Sa u. So Mittag), kein RT
Hauptgericht: 19–39 €
EC Mastercard VISA

Ein geschichtsträchtiges, gemütliches Ambiente mit lauschigem Innenhof, unmittelbare Nähe zur historischen Alten Brücke mit dem berühmten goldenen Affen und eine reizvolle bodenständige Küche vereint das Wirtshaus zum Nepomuk in der an sehenswerten Attraktionen, pittoresken Orten und gemütlichen Ecken reichen Heidelberger Altstadt. Das Team vor allem auf unverfälscht traditionelle Gerichte, die aber mit fundierter Zubereitung und guten Produkten punkten können, wagt hin und wieder auch mal den einen oder anderen kleinen Schwenk ins Mediterrane und bietet damit genau das, was man oft sucht und nur selten findet: Ehrliche, frisch fabrizierte Küche zu fairen Preisen. In die Gläser gibt es dazu eine kleine Auswahl guter Weine überwiegend aus Deutschland, offen auf attraktivem Ortsweinniveau, während sich unter den Flaschen auch höherwertige Optionen finden.

Heilbad Heiligenstad (Thüringen)

Norddeutscher Bund

Göttinger Str. 25,
37308 Heilbad Heiligenstad
03606-55300
www.hotel-norddeutscher-bund.de
Mo u. Fr ab 17.30 Uhr, Di–Do u. Sa 12–14.30 Uhr u. ab 17.30 Uhr, So RT
EC Mastercard VISA

Die Sonne der Kulinarik steht in dem nordthüringischen Heilbad und im weiteren Umland eher tief, doch das Restaurant in dem einladenden Fachwerkhaus im Zentrum des Ortes ist ein Lichtblick. Das Team um Gastgeber und Küchenchef Stephen Kaufhold gibt sich große Mühe, den Gästen auf den Tellern deutlich mehr als das Alltägliche zu bieten und trotz gutbürgerlicher Grundausrichtung der Küche gehobenen Anspruch durchzusetzen. Dass hier frisch und seriös gekocht wird, schmeckt man schon an der Natürlichkeit der Produkte und Aromen. Dass zudem nicht einfach bloß traditionell, sondern hier und da auch einfallsreich kombiniert wird, belegt die eine oder andere pfiffige Idee, die gut aufgeht. Kleine, durchaus brauchbare Weinkarte; moderate Preisgestaltung.

Heilbronn (Baden-Württemberg)

6 (Pfannen) – 2 Bestecke

Bachmaier

Untere Neckarstr. 40,
74072 Heilbronn
07131-6420560
www.restaurant-bachmaier.de
Di–Sa ab 18.30 Uhr, So, Mo u. Fei RT
EC Mastercard VISA

Was in dem kleinen, schnörkellos schlicht eingerichteten Restaurant mit Freisitz in der beliebten Gastromeile „Untere Neckarstraße" aus Ottobert Bachmaiers offener Küche kommt, sind raffinierte bodenständige Gerichte mit viel klassischer Substanz. Das Besondere an seinen Kreationen ist, dass sie meist nur aus drei Hauptkomponenten bestehen. Die Gerichte variieren je nach Verfügbarkeit der Zutaten und sind oft mediterran inspiriert, aber auch mit regionalen und rustikalen Einflüssen oder sogar exotischen Geschmacksnoten verfeinert. Sie sind immer leicht, auch wenn die aromatisch mal etwas kräftiger ausfallen. Der Chef setzt vor allem auf die Vielfalt heimischer Produkte und arbeitet dabei sehr sorgfältig. Ulrike Bachmaier zeichnet sich durch ihre aufmerksame und unaufdringliche Art als angenehme Gastgeberin aus.

Bezahlkarten-Symbole

- Mastercard
- EC-Maestro
- Diners
- American Express
- VISA Visa

Heilbronn (Baden-Württemberg)

6

Rebstock la petite Provence

Eppingerstr. 43,
74080 Heilbronn (Böckingen)
07131-4054351
www.rebstock-provence.de
Küchenchef: Dominique Champroux
Do–Sa ab 18 Uhr, So–Mi RT
Menüs: 62–95 €

„Gastro-Paare" mit der in Deutschland klassischen Arbeitsteilung – er in der Küche, sie im Service (in italienischen Häusern ist es häufig andersherum…) – sind gewiss keine Seltenheit. Mit welcher Konsequenz dies aber in dem kleinen Backsteinhaus in einem der ältesten Stadtteile Heilbronns umgesetzt wird, das ist schon eine Besonderheit. Denn im Prinzip stemmen der aus der Provence stammende Dominique Champroux und seine Frau Beate den Betrieb seit vielen Jahren, mittlerweile leider nur noch an drei Abenden in der Woche, ganz allein, beziehungsweise: zu zweit. Das ist umso beachtlicher, weil die Kreationen, die der Küchenchef auch noch selbst am Tisch erklärt, recht aufwendig und kleinteilig sind.
Drei bis fünf Gänge inklusive Käse bietet das „Menue Provencal", das auf Vorbestellung auch vegetarisch variiert werden kann. Pittoresken Aufwand gab es zuletzt schon zum Aperitif in einem Moosgesteck: Paprikacracker, zwei Pralinen – einmal mit Ziegenkäse und Lavendelbutter, einmal Wirsing gefüllt mit Kräuterfrischkäse –, dazu „Rosenkohl royal" mit Mandeln. Und auch das folgende Amuse-Bouche war hübsch arrangiert: auf einem heißen Tannenzapfen zwei kleine Rehmedaillons, flankiert von einem winterlichen Gemüsegarten mit Kräutersponges, Meerrettichcreme und Chutneytupfern.
Die Vorspeise, erneut als längliche Spur auf den Teller gelegt, wurde vom Chef als Sellerieroulade mit Waldorfsalat und „dreimal S: süß, sauer, scharf" annonciert. Sowohl von der Portionierung als auch mit seiner Intensität stach aus der Vielfalt des attraktiven Gerichts am meisten das Estragon-Senf-Eis mit nachhallender Schärfe hervor. Knackige Kugeln und eine Creme von Sellerie lieferten eine herb-würzige Note, ein fein-fruchtiges Apfelpüree die Süße dazu. Prägnante Akzente gab es noch durch Viertel von eingelegten schwarzen Nüssen, gegen deren weihnachtliches Aroma sich die Wintertrüffel nur schwer behaupten konnte, zumal wie gesagt auch das Eis ein starker Gegenspieler war.
Aber die Wintertrüffel hatte im Mottomenü noch weitere Gelegenheiten, auf sich aufmerksam zu machen. Dezent eingesetzt war sie zur Haselnusskruste auf saftigem Skrei, der erneut einen starken Konkurrenten auf dem Teller hatte, mit dem Champroux wie so häufig seine Vorliebe für kräftige, kontrastreiche Aromen und auch mal ungewöhnliche Kombinationen demonstrierte. Denn der Fisch lag auf einem Piquillo-Auflauf mit der rauchig-süßen Note von eingelegter roter Paprika als Hauptbestandteil. Weitere kleine Kicks gab es durch eine Balsamicoreduktion. Einen moderaten Ausgleich bot eine Kartoffelkomposition in Streifen, Creme und Schaum mit Olivenöl.
Generell ist Champroux ein Fan von intensiven Reduktionen, die im nächsten Gericht mehr oder weniger gleich viermal auftauchten: mit starkem Tomatenaroma in der Kalbsjus, einem Kürbiscurrypüree mit Piment, einem Parmesanschaum und einer neutralisierenden Joghurtsauce. Vielleicht war dies ein bisschen zu viel des Guten, zumal sich in Fleischbrühe gekochte Belugalinsen und Trüffel rund um den Kalbsrücken auch noch durchsetzen mussten – es aber in diesem Fall auch konnten. Dennoch hinterließ der kleine Gemüsegarten aus Kürbisquadern, Navettenspalten und Rettichröllchen im Einzelnen klarer erkennbare Geschmackserlebnisse. Als vegetarische Variante machten sich mit Sesam bestückte und mit Waldpilzragout gefüllte Strudelröllchen auf Estragonpistou gut dazu.
Das Dessert wirkte optisch als kreisrundes Gebilde auf dem – wie so manches Mal überladenen – Teller sehr kompakt, konnte aber mit einer Vielzahl herauszulöffelnder Aromen überzeugen. Nur die gelben und grünen Sponges gingen geschmacklich unter. Ansonsten aber bildete ein intensives Basilikumeis einen

frischen Konterpart zur im Arrangement versteckten, aber wuchtigen Mousse au Chocolat. Ein Chutney von der Babyananas und Quark mit Wintertrüffel ergaben in der Summe ein schon etwas mächtig cremiges Erlebnis, das aber durch Mandel-Crumbles auch eine schöne Texturbereicherung erfuhr.
Beate Champroux bietet dazu Weine überwiegend aus der Provence, die sich in Weiß, Rosé und Rot als stimmige Begleiter erwiesen und auch so manche Wartezeit zwischen den Gängen gut überbrücken konnten. Noch schöner wäre es allerdings, wenn man die Flaschen sehen würde, um sich persönliche Favoriten besser merken zu können, denn zumeist werden die Weine im Glas an den Tisch gebracht.

Hemsbach (Baden-Württemberg)

6

Kochemer Bayes

Mittelgasse 15,
69502 Hemsbach
06201-4895258
www.kochemerbayes-restaurant.de
Küchenchef: Mathias Kitzmann
Do–Mo ab 17.30 Uhr,
Di u. Mi RT
Hauptgericht: 16–38 €
EC VISA

In einem der wenigen Häuser an der badischen Bergstraße, die den Dreißigjährigen Krieg nahezu unbeschadet überstanden haben, genießt man im Gastraum Fachwerkcharme mit viel Patina und auch im rebenüberwachsenen Innenhof des über 400 Jahre alten Anwesens lässt es sich in der warmen Jahreszeit in nostalgischer Atmosphäre entspannt genießen. Dass Küchenchef Mathias Kitzmann das traditionsreiche Haus nun mit einer zwischen regionaler, mediterraner und asiatischer Küche verorteten Küche bespielt, ist dabei aber wahrlich kein Stilbruch – vielmehr ist es gerade der gelungene Kontrast von historisch-rustikalem Ambiente und der zugänglich-zeitgemäßen Kulinarik, die das Gesamtkonzept im Kochemer Bayes ausmacht.
Mit einem ausgewogenen Spiel von Säure, Süße und Umami eröffnete das asiatisch inspirierte Tatar schon vielversprechend das Tableau, das ausschließlich Gerichte à la carte umfasst und kein Menü. Zum unter anderem mit Sojasauce marinierten, schön fleischig-süffigen Rohfleisch setzte Kitzmann mit süßlich eingelegten Enoki-Pilzen und Radieschen einen Akzent, erfrischte das Ganze zudem mit Gurke und grünen Kräutern und sorgte mit frittierten Zwiebelringen und Wildreisknusper noch für ein wenig krossen Crunch. Ein genussreicher Auftakt, der bereits andeutete, auf welchem Niveau hier gekocht wird.
Fast noch einen Tick besser gefiel uns die Kombination von herrlich rösch-schwartigem Schweinebauch und nur ganz kurz gegarten und somit ätherisch-glasigen Jakobsmuscheln. Nicht nur, dass die beiden Hauptdarsteller exakt auf dem jeweiligen optimalen Punkt gebracht waren – auch der als laktisch-würziges Element angegossene mit Safran aromatisierte Buttermilchsud oder die fruchtig-frischen Pfirsichbrunoises fügten sich passgenau ins Bild und vervollständigten eine durchdachte Komposition. Glasklar definierte Aromen, Texturen und Akzente, handwerklich souverän in Szene gesetzt.
Viele Argumente für unsere hohe Bewertung lieferten auch die Hauptgänge, die in unserem Fall einmal in Richtung Mittelmeer und einmal in den fernen Osten lockten. So durfte das blütenweiße, saftig aufblätternde Zanderfilet auf einem Sockel von mit Chorizo angeschärftem Risotto Platz nehmen, das von waldigen Pfifferlingen und grün-gemüsigem Spargelbrokkoli flankiert wurde. Und auch die mit schmorwürzig-tiefgründigem Ossobucco gefüllten Dim Sum waren eine gelungene Sache: Die nur von noch leicht bissfesten und dabei schön aromatischen Möhrenwürfeln und Staudenselleriestückchen akzentuierten Teigtaschen profitierten außerdem von der Unterstützung eines ungemein dichten reduzierten Schmorsuds, der den Akkord perfekt abrundete. Wenn es an den beiden Gerichten überhaupt etwas zu kritisieren gab, dann dass das üppig bemessene Fischfilet nur partiell eine krosse Haut hatte und dass die Dim Sum punktuell etwas festteigig und spröde waren, was aber den überzeugenden Gesamteindruck nicht wirklich schmälerte.

Ganz ohne jeden Makel beschloss unser selbst zusammengestelltes Testmenü letztlich das Dessert in Form einer kakaoherben und unverschämt schmelzigen Schokoladentarte, die nicht mehr brauchte als nelkenwürzig eingemachte Pflaumen und ein mit Salzkaramell getopptes Joghurteis, um den guten Eindruck abzurunden. Dem Gastgeber und Küchenchef liegt übrigens auch die derzeit noch ausbaufähige Weinkarte am Herzen. Dass hier auch Events mit Weingrößen wie dem Pfälzer Top-Winzer Philipp Kuhn stattfinden, zeigt deutlich, dass auch in diesem Bereich künftig sicher noch einiges zu erwarten ist.

Heringsdorf (Mecklenburg-Vorpommern)

ohne Bewertung

Belvedere

im Hotel Travel Charme Strandidyll

Delbrückstr. 10,
17424 Heringsdorf
038378-476547
www.travelcharme.com/hotels/strandidyll-heringsdorf/restaurant-belvedere
Küchenchef: Jan Kruse
Di–Sa ab 18 Uhr, So u. Mo RT
Hauptgericht: 49 €, Menüs: 85–140 €
VISA

Er war für das Restaurant mit der schönen Aussicht im obersten Stock des Travel Charme Strandidyll Heringsdorf eigentlich schon etwas länger als Nachfolger des Mitte 2022 nach Stolpe gewechselten Christian Somann angekündigt, nahm aber tatsächlich erst Mitte Juni 2023 seinen Dienst an: Jan Kruse, neuer Küchenchef des Restaurant Belvedere, der hier künftig mit seiner Lebensgefährtin und Sous-Chefin Elisabeth Schulze und dem längjährigen Restaurantleiter Steffen Berger für das neue kulinarisches Konzept verantwortlich sein wird. Vor dem Redaktionsschluss der Testsaison 2022/2023 haben wir es nicht nochmal kurzfristig auf die Ostseeinsel geschafft und wollten dem neuen Team natürlich auch noch etwas Einarbeitungszeit zugestehen – sobald wir das Belvedere in der neuen Testsaison aber wieder besucht haben, folgt natürlich im Gusto Online-Guide und der Gusto-App ein Update.

6

Bernstein

im Strandhotel Ostseeblick

Kulmstr. 28, 17424 Heringsdorf
038378-54297
www.strandhotel-ostseeblick.de/de/restaurant-bernstein-usedom
Küchenchef: Arjan Mensies
Täglich von 12–14 Uhr u. ab 18 Uhr, kein RT
Hauptgericht: 33–39 €, Menüs: 39–89 €
VISA

Im Gegensatz zu Kulmeck, O'Room oder Belvedere nicht als explizites Gourmetrestaurant geführt und trotzdem seit vielen Jahren mit einer (etwas niedrigschwelligeren) Küche auf hohem Niveau am Start, haben es sich das Restaurant Bernstein und sein langjähriger Küchenchef Arjan Mensies in der durchaus interessanten Nische zwischen Fine Dining und Hotelrestaurant bequem gemacht. Und überzeugten darin auch diesmal wieder. Außerdem hat das geradlinig und zeitlos gestaltete Lokal am Hang über der Heringsdorfer Promenade durch seine vollverglaste halbrunde Front den schönsten und direktesten Ausblick über Strand und Meer.

Ob der Küchengruß im Gegensatz zu den anderen Gängen deshalb so relativ einfach und gediegen gehalten ist, weil es derselbe ist, den auch die Halbpension-Gäste bekommen, können wir nur vermuten. Jedenfalls schmeckte

das mit Würfeln von Roter Bete vermengte Matjestatar mit Röstbrotchip und Meerrettich-Mayo auf seine schlichte Art nicht schlecht. Wer à la carte isst, hat die Wahl zwischen ebensolchen einzelnen Offerten oder einem „Robin-Food-Menü" (mit gemeinnützigem Spendenanteil an die gleichnamige Organisation) sowie einem Überraschungsmenü, das dann wahrscheinlich in etwa identisch ausfällt und auch den gleichen Preis hat. Gekocht wird grundsätzlich eher kreativ als brav, mit mutigen Kombinationen und markanten Aromen. Und immer sehr international.
Ein auf den ersten Blick ebenfalls eher international wirkender, tatsächlich aber eher regionaler Gang kam mit der Vorspeise um in einer Zucht im nahen Anklam aufgewachsene gebratene Garnelen nebst ebenfalls mecklenburgischem weißem Spargel und Bärlauch, letzterer bot als zart süßliches Eis auch einen gut passenden Temperaturkontrast. Süffigkeit und Background gab es nicht nur von einem klaren kühlen Tomatensud, sondern auch von Soja-Espuma, die diese Vorspeise mit jeder Menge unaufdringlicher Umamiwürze versorgten.
Da der mit Togarashi und feinen Flocken von gepuffter Schwarte gewürzte bzw. beflockte Schweinebauch nur eine sehr dünne kalte Scheibe auf einem wesentlich dickeren Podest aus Quinoa und Edamame war, hatte er freilich nicht annähernd die Präsenz eines dicken warmen Stücks mit Saft, Schmelz und Biss – machte als solches zusammen mit einer süßlichen Weizengrasemulsion aber auch Spaß. Mehr Produktcharakter brachte da aber der akkurat gewürzte und auch gartechnisch fein auf den Punkt gebrachte Seeteufel auf den Teller, der in Begleitung eines sehr akkurat gefertigten vegetarischen Maki-Sushi, aromatischen Mangowürfeln und einer Art Beurre blanc aufgetischt wurde. Ein kompositorisch zwar nicht ganz so stringentes und markantes, aber durchaus ansprechendes Zwischengericht, das auch handwerklich im Detail mit Sorgfalt umgesetzt war.
Noch etwas schlüssiger präsentierte sich auf den ersten Blick das frühlingshafte Lammkarree nebst seinem Bries mit Mairübchen und Erbsen sowie dem an Fregola erinnernden Perlcouscous. Doch diesem Gericht musste erstens angekreidet werden, dass das Lamm schon ziemlich weit durchgebraten war, was aufgrund der guten Qualität des immer noch schön saftig-zarten Fleischs aber nicht allzu stark ins Gewicht fiel. Und zweitens, dass die dazu liierte Jus viel zu intensiv, dunkel und mit Vadouvan außerdem ausgemacht stark gewürzt war – für das Lamm sowieso und für den Kontext ebenfalls. Da wäre eine leichte transparente natürliche Lammjus eindeutig die bessere Wahl gewesen.
Nichts zu kritisieren gab es aber ebenso eindeutig dann wieder am Nachtisch, einer Liaison von Rhabarber, Himbeersorbet und frischer Minze im Umfeld von gratinierter Baisercreme, die für das hier nötige Maß an Süße und Schmelz sorgte und die Säure sanft einfing.
Den Service erlebten wir beim letzten Mal abgesehen vom Restauranteiter, der auch glasweise sehr ansprechende Weinempfehlungen zu einzelnen Gerichten in der Hinterhand hat, zwar durchaus engagiert, aber irgendwie etwas ungestüm und jovial.

8

Kulmeck

Kulmstr. 17, 17424 Heringsdorf
038378-488040
www.kulmeck.de
Küchenchef: Tom Wickboldt
Mi–Sa ab 18 Uhr, So–Di RT
Menüs: 150 €

EC VISA P

Das kleine Traditionslokal auf dem Heringsdorfer Kulm, das sich nach der Kernsanierung und Neugestaltung unter der Ägide von Tom Wickboldt mit Naturholzboden, in Grautönen abgesetzten Wänden und wirkungsvollen großen modernen Gemälden ansprechender denn je präsentiert, konnte seine Pole-Position als bestes Restaurant auf der Insel festigen. Das zuletzt nochmal gesteigerte Niveau der Küche, das im letzten Jahr zu einer erneuten Höherstufung unserer Bewertung führte, hatte auch beim jüngsten Besuch Bestand. Der Chef ist ohnehin schon fast so etwas wie ein kulinarisches Urgestein auf Usedom, wirkt hier seit sehr vielen Jahren in unterschiedlichen Locations und kann sich nun auch in seinem ersten eigenen Restaurant vollkommen zurecht vieler Fans erfreuen.

Neben der verlässlich guten und auf ungekünstelte Art feinsinnigen Küche von Tom Wickboldt ist es sicher auch die angenehm unaufgeregte und sehr sympathische Art von Gastgeberin Manja Wulf, die zum großen Beliebtheitsgrad des Kulmeck beiträgt. Zusammen mit der vollkommen entspannten Atmosphäre, die hier herrscht, sowie den gemessen am gebotenen Niveau moderaten Preisen, was auch die fair kalkulierte Weinkarte mit Schwerpunkt Deutschland, Spanien und Frankreich einschließt, ist das Kulmeck ein sehr attraktives gastronomisches Gesamtpaket.

Geboten wird, wie in mittlerweile so vielen Fine-Dining-Lokalen, ausschließlich ein Menü, das um drei zusätzliche Optionen erweitert werden kann. Eine davon ist hausgebackenes Sauerteigbrot mit französischer Salzbutter und spanischem Olivenöl, die es nicht automatisch gibt. Dafür grüßt die Küche aber gleich mit einer Probierportion davon, denn das wunderbare „Ei Royal“ mit Rauchaal, Kaviar und Apfelschmand wird von einer mit Schnittlauch bestreuten Butterstulle begleitet. Ein weiteres Gaumen-Amusement im Vorprogramm war eine kleine knusprige Tartelette mit Ceasars-Salad-Sphäre und knackigem echtem Salat sowie Anchovis bestückt, sowie ein eher lieblich abgeschmecktes Spargelsüppchen in der Tasse.

Der erste richtige Gang des Menüs handelte von Gebflossen- oder Stachelmakrele, also dem derzeit in nahezu allen Gourmetrestaurants der westlichen Hemisphäre unumgänglichen Hamachi. Und entgegen den allermeisten Hamachi-Vorspeisen hierzulande, die mit viel Säure, Frische und Transparenz aufwarten, setzte Tom Wickboldt die roh marinierten und handwarm temperierten Tranchen in ein von milden natürlichen Umami-Noten geprägtes Umfeld. Eine Vinaigrette à la chinoise, die das Aroma der ebenfalls zahlreich vertretene Buchenpilze in sich trug, aber auch Soja, Lauch, Senfsaat oder Chili, kleidete den Teller mit einem sanften würzigen Background aus. Ein mit Zitronenmayo lasiertes, in Tempurateig kross ausgebackenes Choy-Sum-Blatt und ein Thaibasilikumöl spendeten zwar eine dezente grüne Frische, insgesamt war das Geschmacksbild aber definitiv umami: weich, würzig, warm.

Auch in der Folge zeichnete sich sehr deutlich ab, dass Tom Wickboldt derzeit sehr wenig auf Kontraste, Säure und Frische setzt und seine Gerichte eher mollig und rund komponiert. So auch beim weißen Spargel mit sautierten Morcheln und frischen Erbsen: der Spargel selbst war mit einer Parmesan-Gratinage überbacken, mit Erbsencreme appliziert und mit den Morcheln bestückt, schwamm mit den knackigen naturbelassenen Erbsen in einem mildwürzigen klaren Sud von Pata-Negra-Schinken, der alles mit seiner auf angenehme Art öligen Textur kleidete.

Ein Tatar vom dänischen Kaisergranat, das mit Avocadocreme, Imperial Gold Kaviar und Kalamansigel zum schmelzigen kleinen Schichttörtchen fabriziert wurde, kam danach als optionaler Zusatzgang mit Beeftea-Aufguss ebenfalls eher würzig und warmaromatisch daher. Und zwar ganz ohne, dass dies in der Menüdramaturgie redundant gewirkt hätte. Vielmehr gelingt es Tom Wickboldt mit seinem gegenwärtigen Stil der harmonischen, feinwürzigen Akkorde sogar, einen willkommenen Gegenentwurf zu den derzeit gängigen Geschmacksbildern in die Restaurantlandschaft zu setzen.

Und das klappte auch bei den schön rösch angebratenen und qualitativ sehr guten Jakobsmuscheln vorzüglich, deren Brathähnchensud nicht nur vom darin eingebundenen Limettenblätter-Aroma, sondern auch von einer grundsätzlich milden, aber schöne Hintergrundschärfe liefernden Jalapeñocreme und pikant abgeschmecktem Karottenpüree mit genügend Dynamik aufgeladen war. Geröstete Piemonteser Haselnüsse knüpften wiederum am nussigen Charakter der Cocquilles an und geben dem Gericht zudem einen effektiven Texturkontrast.

Einen solchen hätte prinzipiell auch der Hauptgang gebrauchen können, in dessen Mittelpunkt eine Entenbrust stand, die mit Moghrabieh-Perlen, einer mit Curry abgeschmeckten Linsencreme, Kokos-Espuma und mit orientalischem Würzflavour eingelegten halbgetrockneten Trauben zwar aromatisch spannende und facettenreiche, aber ausschließlich sehr weiche Partner um sich hatte. Der Star auf dem Teller war eindeutig die Ente, weil man sich die Tranche mit perfekt kross und dünn ausgebratener Haut- und Fettseite über saftig-spannkräftigem zartem Fleisch mit tollem Eigengeschmack nicht besser hätte wünschen können.

Und der unaufgeregt originelle Stil zieht sich durch bis zum Schluss. Zunächst mit einer von Sauerampfersorbet erfrischten Ziegenfrischkäsecreme mit gebrannten Mandeln und provenzalischem Olivenöl – dann mit einem Nachtisch, der nicht durch die Komposition an sich, sondern durch die speziellen verwendeten Produkte zum besonderen Gaumenkitzel wurde. Denn bei dem „Ab durch die Hecke“ betitelten Dessert gesellten sich zu eingelegtem Rhabarber und Blaubeermousse unter anderem ein aromatisches Eis von Walderdbeeren, verschiedene markante Wildkräuter von der Insel, ein Basilikum-Limettengel und ein frischer, kräuterwürziger Sud, die im Verein äußerst vielschichtig und dynamisch zusammenwirkten.

Und selbst die Petits fours zum Schluss, wie beispielsweise eine leicht gesalzene Mais-Praline, sind nicht von der Stange.

5

O'NE

Kulmstr. 33, 17424 Heringsdorf
038378-183912
strandcasino-marc-o-polo.com/de/one
Täglich ab 14 Uhr, kein RT
Hauptgericht: 23–45 €

Auf der Galerie des „Marc O'Polo"-Stores in Heringsdorf bietet das Team um Küchenchef André Kähler, das aus derselben Küche auch das Gourmetrestaurant O´Room bekocht, eine ebenfalls gehobene, aber etwas preiswertere und unkompliziertere Kulinarik in à-la-carte-Form. Dafür finden überwiegend aber nicht ausschließlich heimische, norddeutsche Produkte Verwendung, die zu manchmal eher klassisch-traditionellen, in der Mehrheit aber doch überraschend originell und eigenständig anmutenden Gerichten werden. Der Anspruch an die Produkte ist erfreulich hoch und das Handwerkliche grundsätzlich fundiert und auch die guten Ideen sind nicht nur der Gourmetküche vorbehalten. Für eine höhere Bewertung, die hier für einzelne Gerichte sogar durchaus denkbar wäre, ist das Gesamtniveau aber zu heterogen. Was dem grundsätzlichen Reiz der Küche aber natürlich keinen Abbruch tut.

7↑

THE O'ROOM

Kulmstr. 33, 17424 Heringsdorf
038378-183912
www.strandcasino-marc-o-polo.com/de/oroom
So–Do ab 18 Uhr, Fr u. Sa RT
Menüs: 125–165 €

Während das kleine, mittlerweile schon fast langjährig von Küchenchef André Kähler federführend bekochte Gourmet-Abteil des „Marc O'Polo"-Stores in Heringsdorf vor geraumer Zeit noch mit einem klaren Bekenntnis zur norddeutschen Kulinarik im Allgemeinen und den Traditionen und Produkten der Ostseeküste im Besonderen ein ziemlich klares Profil hatte, präsentierte sie sich aktuell zumindest in einigen Gängen des siebengängigen Degustationsmenüs wieder deutlich weltläufiger. Was durchgängig blieb war das hohe Niveau der Zubereitungen mit vollmundigem, herzerwärmendem Charakter, die allesamt in eine schlanke, technisch moderne Richtung tendieren und sich ganz auf der Höhe der Zeit präsentieren. Hoher Fun- und Genussfaktor sind also weiterhin garantiert, denn die Küche schafft es nicht bloß besonders gut, rational auf hohem Niveau zu Kochen, sondern die Gäste – von „Kaninchenbrühe" über „Schwarzer Kabeljau" bis „Stürmische See" – auch emotional abzuholen. Was im Übrigen auch dem Service gut gelingt und von einem kleinen Sortiment attraktiver Weine passend ergänzt wird.

Herleshausen (Hessen)

ohne Bewertung

La Vallée Verte

im Hotel Hohenhaus
Hohenhaus 1, 37293 Herleshausen
05654-9870
www.hohenhaus.de
Küchenchef: Peter Niemann, Luca Allevato
Mi–Sa ab 19 Uhr, So–Di RT
Hauptgericht: 94–145 €, Menüs: 175–255 €

Man darf gespannt sein, was sich in dem idyllisch in einsamer ländlicher Lage versteckten Schloss Hohenhaus, das aus vielen Gründen ein besonderer Ort ist, kurz- mittelfristig alles tut, denn sind gerade viele Dinge in der Entstehungsphase. Unmittelbar bevor stand zum Zeitpunkt unseres Redaktionsschlusses ein Küchenchefwechsel im Gourmetrestaurant, denn Denis Jahn, der erst im Vorjahr nach 15 Jahren als Souschef von Joachim Wissler im Vendôme ins La Vallée Verte gekommen war, hat das Haus im Sommer wieder verlassen. Doch am hohen Anspruch wird unvermindert festgehalten und Gastgeber und Direktor Peter Niemann hat mit Luca Allevato bereits einen sehr vielversprechenden Nachfolger gefunden, der hier im Juli loslegen wird. Der gebürtige Schweizer hat viele gute Stationen wie das Gästehaus Klaus Erfort, die Schwarzwaldstube unter Harald Wohlfahrt und das Restaurant Bareiss in seiner Vita, war Sous-Chef von Benjamin Chmura im Tantris Stein und zuletzt für ein halbes Jahr in der Steinhalle Bern. Im Gourmetrestaurant auf Schloss Hohenhaus, das zu einem späteren Zeitpunkt auch in neue Räumlichkeiten umziehen wird, tritt er nun seine erste Küchenchefstelle an. Wir sind sehr gespannt auf sein Wirken und werden möglichst schnell in der neuen Testsaison ein Update im Gusto Online-Guide und in der Gusto-App bringen.

Herne (Nordrhein-Westfalen)

7

Gute Stube

im Parkhotel Herne

Schaeferstr. 109,
44623 Herne
02323-955100
www.parkhotel-herne.de/de/kulinarik/stube.html
Küchenchef: Thorsten Brodal
Mi–So ab 18 Uhr, Mo u. Di RT
Hauptgericht: 29–59 €,
Menüs: 59–129 €

VISA P

Das im Stadtgarten von Herne gelegene Parkhotel wirkt nicht nur aufgrund der idyllischen Umgebung sehr einladend. Nach umfangreicher Renovierung vor einigen Jahren ist es hier gelungen, den Charme des Stammhauses zu erhalten und die neue Bausubstanz geschmackvoll ins Konzept zu integrieren. So sitzt man in der „Guten Stube", die sich über mehrere Ebenen bis in den hellen Wintergarten erstreckt, bei gedämpfter Beleuchtung auf bequemen Lederstühlen an rustikalen Holztischen, die das elegante Ambiente auflockern.
Eine gelungene Mischung aus Eleganz und Lockerheit zeichnet auch den Stil von Küchenchef Thorsten Brodal aus. Ausgehend von klassischer frankophiler Küche, die hier zum Beispiel mit Wachteln und Trüffeln zitiert wird, zeigt sich das Team auch offen für mediterrane Ansätze oder integriert asiatische Produkte ins Tableau. Dass das alles sehr stimmig wirkt, liegt vor allem daran, dass Brodal hier nicht das Rad neu erfinden will, sondern sich auf eine ausgereifte geschmackliche Wirkung seiner Gänge konzentriert, die im großen Menü heuer noch ein wenig besser auf den Punkt gebracht waren als beim Besuch in der vorigen Saison.
Dass viel Geschmack nur wenig Raum braucht, wurde schon beim regional inspirierten Küchengruß rund um Kartoffel, Buttermilch und Räucheraal klar. Im Martiniglas angerichtet, lieferte prägnantes Rauchfischaroma den passenden Unterbau zur mit Buttermilch angespitzten Kartoffelmousse, die den herzhaft würzigen Grundton säuerlich-luftig einfasste. Ausdrucksstark und fein abgestimmt war auch die zweite kleine Aufmerksamkeit, bei der Seidentofu, Pulpo und Wildkräuter mit einer Walnussvinaigrette umspült wurden.
Im besten Sinne traditionell wurde es bei den Variationen von der Wachtel, die fein nuanciert aufs Porzellan kamen. Denn die mit Trüffelstückchen garnierte Terrine, die von einer Hülle aus Madeiragel außerdem eine süßlich-alkoholische Note mitbekam, und die saftigen Brusttranchen, die zusammen mit einer schmelzigen Keulenfleischpraline und einem akkurat gebratenen Spiegelei aufgelegt waren, dürften nicht nur Traditionalisten überzeugen. Derart souverän umgesetzt, steht die klassische Haute Cuisine für großen Genuss.
Ebenfalls nur wenige Pinselstriche benötigte der Zwischengang, bei dem Seeteufel und Fenchel den Ton angaben. Zur kompakten, saftigen Tranche des Fischs, von Samtmuscheln auf maritimer Seite verstärkt, steuerte gehobelter Fenchel knackige Frische bei, die von einem mit Safran abgeschmeckten Fenchelpüree und einer Bärlauchsauce würzig erweitert wurde.
Dass gerade die perfekte Balance von Aromen und Texturen eine Stärke der Küche ist, zeigte auch die Kombination von Kalmar, Erbsen und Paprika, bei der die Hülsenfrucht der eigentliche Star war. Deren süßliche Erdigkeit prägte in Form von sämiger Creme und knackigen Schoten aromatisch den gesamten Gang, der von Paprikacreme und einem Chorizochip auch noch eine animierende Schärfe mitbekam.
Rein optisch wirkte der Hauptgang, bei dem mit der Hüfte vom Eifeler Ur-Lamm ein überdurchschnittliches heimisches Produkt den Vorzug erhielt, im Vergleich zum restlichen Programm vielleicht ein wenig rustikaler. Ge-

schmacklich konnte das satte Aroma des kernigen Fleischs, das nicht nur von einer reduzierten Naturjus, sondern auch von kleinen gebratenen Briesstücken facettenreich erweitert und von feinsäuerlichen Rotwein-Schalotten stimmig ergänzt wurde, rundum begeistern. Auch in Kombination mit geschmortem Chicorée und Paprikasalsa ein überzeugender Gang mit sehr viel Tiefgang und Substanz.
Die diesjährige Aufwertung bestätigte auch das gelungene Dessert, bei dem Verschiedenes vom Rhabarber den fruchtig-säuerlichen Dreh- und Angelpunkt bildete. Mal süßlicher als Gelee, mal satt säuerlich in Form eines seidigen Sorbets, kontrastierte dieser die süßen Dots von weißer Schokolade, die von einer Nocke Oliven-Estragon-Eis originell kräuterwürzig ergänzt wurde, ohne experimentell zu wirken.
Auch der angenehm entspannte Service und die ansprechende Weinauswahl sind Bestandteil des rundum souveränen Gesamtauftritts – die gastfreundliche Kalkulation ein angenehmer Nebeneffekt.

Hotelempfehlung

★★★★

Parkhotel Herne

Schaeferstr. 109, 44623 Herne
02323-9550
www.parkhotel-herne.de
Einzelzimmer: 63–103 €
Doppelzimmer: 75–121 €

Das umfangreich renovierte Hotel liegt ruhig und idyllisch direkt im Herner Stadtgarten. Die insgesamt 71 zeitgemäß und komfortabel eingerichteten Zimmer und Suiten unterschiedlicher Kategorien sind allesamt mit bequemen Boxspringbetten, modernen Flat-TVs sowie kostenlosem WLAN-Zugang ausgestattet und die Nutzung der hauseigenen Sauna ist ebenfalls im Zimmerpreis inbegriffen. Die Umgebung bietet zahlreiche Möglichkeiten zur Freizeitgestaltung: Eine Besonderheit ist die Route der Industriekultur, die Museen wie das Deutsche Bergbau-Museum, verschiedene Ausstellungen, Panorama-Aussichtspunkte und historisch bedeutsame Siedlungen miteinander verbindet. Für Kinder mit Familien gibt es vor Ort ein tolles Freizeitbad, ein Kinderspielhaus, eine Kartbahn, eine Minigolfanlage, eine Kletteranlage mit zehn Meter hohem Turm, einen Streichelzoo und vieles mehr. Dank exklusivem Tagungs- und Veranstaltungsräumen mit modernster Technik ist das Parkhotel Herne zudem sowohl für Seminare und Tagungen als auch für Hochzeiten und Familienfeiern eine attraktive Location. Und in den beiden Restaurantkonzepten „Stübchen“ und „Gute Stube“ ist auch für das kulinarische Wohl gesorgt.

Heroldsberg (Bayern)

6

Freihardt

Hauptstr. 81, 90562 Heroldsberg
0911-5180805
www.freihardt.com
Küchenchef: Hans-Jürgen Freihardt
Mi–Fr ab 18 Uhr, Sa u. So von 12–14 Uhr u. ab 18 Uhr, Mo u. Di RT
Hauptgericht: 20–40 €,
Menüs: 45–80 €

Als eine gastronomische Traditionsadresse mit zugehöriger Metzgerei hat das Freihardt in Heroldsberg seit langem viele treue Stammgäste und einen festen Stand in der Region. Dabei ist das geschmackvoll modernisierte Lokal von und mit Patron und Küchenchef Hans-Jürgen Freihardt weit mehr als nur ein traditionsreiches Wirtshaus, denn der hat das Niveau der Küche in den vergangenen zehn Jahren sukzessive gesteigert und ganz ohne Anbiederung an den Zeitgeist oder irgendwelche effekthaschende Sperenzchen ein beachtliches Level erreicht.

Zwar bilden die selbst produzierten Fleisch- und Wurstwaren neben bestem klassischem Handwerk nach wie vor das Herz und die Basis der Küche – darüber hinaus sind aber sowohl die klassischen Traditionsgerichte als auch die etwas kreativeren Offerten von der Tageskarte so pfiffig und niveauvoll gekocht, dass sie mancher waschechten Fine-Dining-Adresse ernsthaft Konkurrenz machen. Auch und insbesondere deshalb, weil hier sämtliche Komponenten auf den Tellern bis hin zu vermeintlich nebensächlichen Kleinigkeiten stets auf den Punkt gebracht und gut abgeschmeckt sind.

Und genau das zeigte zuletzt nach einem ausgezeichneten Brotgedeck auch ein Carpaccio von geräucherter Gänsebrust mit feiner Marmorierung und wunderbarem Schmelz, das durch sein Topping aus frischgrün-säuerlicher Feldsalatcreme, kandiertem Meerrettich und gepickeltem Kürbis abwechslungsreich aufgelockert wurde. Wobei insbesondere letzterer nochmal andere Säuregrade und eine gewisse fruchtige Süße einbrachte und hier so mit scheinbar einfachen Mitteln ein überraschend dynamischer und facettenreicher Eindruck entstand.

Bestes Handwerk mit pfiffiger Erweiterung repräsentierte dann ein Kürbissüppchen in zartcremiger Konsistenz mit blumig exotischem Duft und markanter Chilischärfe unter einem luftigen, zart süßlichen Kokosschaum. Begleitet von einer knackigen Garnele mit kräftigen Röstnoten und einem kleinen Arrangement aus Kürbiscreme und marinierten Kürbislamellen, die das Süppchen gekonnt aus den üblichen Bahnen herausbewegten, war auch das weit mehr, als man es ob der unaufgeregten Offerte zunächst vielleicht erwarten würde.

Bei den Hauptgängen fällt uns die Wahl dann immer besonders schwer, stehen doch neben perfekt zubereiteten Klassikern wie dem Zwiebelrostbraten à la Freihardt mit Demi Glace, Röstwiebeln, Bratkartoffeln und Blattsalaten oder einer gebratenen Kalbsleber mit Vanille, Petersilie, Butter und Ingwer nebst Topinambur und Petersilienwurzel auch stets viele trockengereifte Cuts von Premium-Rindfleisch im Angebot. Ganz bewusst fiel die Wahl deshalb das letzte Mal aber auf einen Fisch. Und mit dem goldknusprig colorierten, innen schön glasigen Rotbarsch mit seinem üppigem Topping aus frischen Nordseekrabben, ergänzt von knackig limonenfrisch aromatisiertem Spitzkohl, einer luftigen Wermutsauce sowie Gelber und Roter Bete, zeigte auch der die große Klasse der Küche – bis hin zum separat servierten, mit getrockneten Blüten gewürzten Graupenrisotto.

Das Süße ist zwar nicht unbedingt das allergrößte Steckenpferd der Küche, mit Dessertklassikern wie einer mustergültig zarten Crème brûlée oder einer Kombination aus mit Mohn geschmorter Pflaume nebst kaffeeherber Portweinsauce und Vanilleeis gibt sich das Team allerdings auch hier keine Blöße. Abgerundet wird ein Besuch durch ein angenehm souverän entspanntes Serviceteam und viele, auch selbst im Offenausschank durchaus lohnende europäische Weine.

Die Besteck-Symbole

5 Bestecke: luxuriöses Restaurant mit höchstem Komfort und formvollendetem Service, edler Ausstattung und einer Weinkarte, die höchsten Ansprüchen genügt

4 Bestecke: elegantes Restaurant mit hohem Komfort und exzellentem Service, sehr gute Ausstattung, hervorragende Weinkarte

3 Bestecke: gehobenes Restaurant mit gutem Komfort und versiertem Service, umfangreiche Weinkarte

2 Bestecke: besser ausgestattetes Restaurant mit ordentlichem Service, ausgewählte Weine

1 Besteck: schlichtes Restaurant, Gasthof oder Bar

Herrenberg (Baden-Württemberg)

5

Gasthof Hasen

im Hotel Hasen
Hasenplatz 6, 71083 Herrenberg
07032-2040
www.hasen.de
Küchenchef: Gerhard Nölly, Mario Kunic
Mo u. Di ab 18 Uhr, Mi–So von 11.45–14 Uhr u. ab 18 Uhr, kein RT
Hauptgericht: 16–36 €, Menüs: 31–70 €
VISA

Das schmucke und überraschend weitläufige Hotel Hasen in Herrenberg vermittelt vom ersten Moment an einen hohen Anspruch mit gediegener traditioneller Eleganz, die gekonnt durch moderne Akzente aufgelockert wird. In den verschiedenen Gasträumen herrscht selbst mittags unter der Woche meist ein lebendiges Treiben in angenehmer Atmosphäre. Und das wundert letztlich wenig, denn der gute Ruf des Hauses basiert ganz wesentlich auf dem Niveau der Küche und einem günstigen Preis-Genuss-Verhältnis.
Deutlich wurde das zuletzt beispielsweise bei einem gröber geschnittenen, gut gereiften und klassisch prononciert mit Kapern, Zwiebel, Cornichons und dunkler Pfeffrigkeit gewürzten Rindertatar. Dieses wurde von einem kühl und verzögert mit leichter Süße und deutlicher Schärfe vibrierend auflockernden Senfeis, einer viel geschmeidigen Schmelz liefernden Eigelbcreme und einer salzig-buttrigen Briochescheibe ergänzt. Auf diese Art bekam der traditionelle Klassiker einen spannenden Twist und wirkte animierend abwechslungsreich.
Handwerklich ebenfalls souverän umgesetzt, aber nicht ganz auf dem Niveau der Vorspeise, wirkte im Hauptgang die rustikal-brutzelige Wachtelbrust nebst einer knusprigen Praline mit geschmortem und in Jus glasiertem Keulenfleisch. Hier schoss das Team mit dem Abwechslungreichtum deutlich übers Ziel hinaus und schaffte auf engem Raum mit gedünstetem Kraut, sautierten Weintrauben und Waldpilzen sowie Creme, Schupfnudeln und Chips von Pastinake einen eher überladenen als fokussierten Eindruck, der – trotz allesamt gekonnt umgesetzter Komponenten – von einer diffusen röstwürzigen Süße geprägt war.
Zum Abschluss sorgte ein knuspriger Armer Ritter mit flaumigem Inneren und feinem Zimtduft neben üppig aromatisiertem Tonkabohneneis für anspruchsvolles Schwelgen. Ein frischfruchtiges Apfelgel, ein paar Apfelchips, kleine Tupfen von Schokoladencreme und gebrannte Mandeln sorgten dazwischen für feinere abwechslungsreiche Akzente, ohne den insgesamt wieder deutlich aufgeräumteren und klarer strukturierten Charakter dieses Desserts zu schmälern.
Gemeinsam mit dem herzlich aufmerksamen Serviceteam und vielen guten Weinen entsteht so ein insgesamt rundum positiver Gesamteindruck, in dem sogar immer wieder aufscheint, dass die Küche mit etwas mehr Raum und Zeit für die ambitionierten Gerichte auch Potenzial für eine noch höhere Bewertung hätte. Das Können hierfür ist definitiv vorhanden. Doch auch so ist und bleibt der Hasen eine äußerst lohnenswerte Adresse „für jeden Tag".

Herrsching (Bayern)

5

Chalet am Kiental

im Romantik Hotel Chalet am Kiental
Andechsstr. 4,
82211 Herrsching
08152-982570
www.gourmetchalet.de
Küchenchef: André Günther
Do–Di ab 18 Uhr, Mi RT
Hauptgericht: 25–54 €,
Menüs: 69–132 €
VISA

Seit vielen Jahren zählt das schicke kleine Gourmetrestaurant im gleichnamigen familiengeführten Hotel in Herrsching am Ammersee zu den besten kulinarischen Adressen rund um den See. Umso mehr, seit mit André Günther nun ein neuer Küchenchef am Herd steht, der das Gesamtniveau schon zu Beginn seiner Amtszeit merklich nach oben korrigieren konnte. Waren die Testbesuche in den letzten beiden Jahren unter der Ägide seines Vorgängers solide, aber nicht auszeichnungswürdig, bewegte sich bei unserem letzten Besuch in der aktuellen Testsaison das Dargebotene klar auf einem höheren Level als noch in der Vergangenheit. Es war alles kompositorisch irgendwie souveräner, handwerklich sorgfältiger umgesetzt und letztendlich harmonischer in der Gesamtwirkung.

Geboten werden weiterhin zwei Menüs, von denen das Chalet-Menü mit „weltoffen, eigenwillig und kreativ" überschrieben ist und das Kiental-Menü dem Credo „regional, nachhaltig und bodenständig" folgt. Der erste Happen auf dem Porzellanlöffel, etwas marinierter Pulpo, leicht säuerlich mariniert, von Sauce Rouille gerundet und mit Saiblingskaviar getoppt, machte da gleich schon mal einen guten Eindruck. Und auch das separat gereichte Baguette mit Peperoni schmeckte nicht schlecht.

Und dem stand auch der mit einer Umhüllung aus weißem und schwarzem Sesam ganz kurz ringsum angebratene Thunfisch, welcher in Begleitung von Mangochutney und Avocadocreme auf einer mit Avocadoöl eingefassten Limettenmarinade angerichtet war, in nichts nach. Weil die Qualität des dunkelfleischigen Tuna sehr in Ordnung war, weil die Proportionen stimmten, weil das recht forsch mit frischem Chili abgeschmeckte Chutney ordentlich Pep hatte. Und weil das als Ganzes auf leicht rumpelige Art durchaus harmonisch schmeckte.

Auf sehr natürliche Art harmonisch war die gut zwischen fleischiger Extraktwürze und Süße ausbalancierte, dabei nicht zu wuchtige Ochsenschwanz-Consommé, in der neben (etwas schlampig geschnittenen) Gemüsejuliennes auch schön dünnteigige, mit eigenaromatischer Steinpilzfarce gefüllte Ravioli schwammen. Sehr solide kam die schon als Produkt nicht schlechte und auch recht punktgenau gebratene Tranche vom Steinbutt auf ihrem Bett aus wohlbeschaffenem Graupenrisotto daher – von gebratenem wildem Brokkoli flankiert und von einer milden, aber schön konkret nach Safran schmeckenden aufgeschäumten Velouté eingerahmt. Da gab es nichts zu kritisieren, auch wenn der Gesamteindruck etwas flach war. Da fehlte es für eine höhere Bewertung schlicht etwas an Tiefe und Komplexität.

Das Sorbet von Birnen aus dem eigenen Garten war zwar grenzwertig süß, hatte aber eine schön homogen geschmeidige Konsistenz und wartete hinter der Süße mit einem angenehm natürlichen Birnengeschmack auf. Absolut solide auch der darauffolgende Hauptgang um Filet und Bries vom Kalb, wenngleich die dunklen trockenen Bratkrusten der beiden Medaillons, die von kleinen zarten Bries-Röschen, Karotte, Babymais und einem beherzt (aber nicht übertrieben) mit Knoblauch abgeschmeckten Kartoffelgratin umgeben waren, das Fleisch etwas sehr grob und rustikal wirken ließen. Zusammen mit dem süffigen Bett aus Steinpilzen à la Creme war das dennoch eine schmackhafte Sache. Mit etwas Säure hätte die rahmig-breite Steinpilz-Cremesauce allerdings noch finessenreicher gestaltet werden können.

Weil schlussendlich auch die mit Tonkabohne parfümierte Crème brûlee mit schön natürlich und voll schmeckendem Feigensorbet und ein paar Blau- und Himbeeren als solches keine Wünsche offenließ, können wir diesmal mit gutem Gewissen die Bewertung auf verdiente 5 Pfannen anheben. Und zudem den jungen, engagierten Service loben, der zu den einzelnen Gerichten mit guten glasweisen Empfehlungen wie etwa einem Pinot Noir von Louis Jadot zum Hauptgang dienlich ist.

Hotelempfehlung

★★★★

Romantik Hotel Chalet am Kiental

Andechsstr. 4, 82211 Herrsching
📞 08152-982570
www.gourmetchalet.de
Einzelzimmer: 125–175 €
Doppelzimmer: 155–220 €

Das historische Kleinod, ein sorgsam renovierter Bauernhof, der ruhig und idyllisch im Herzen des Ammersee-Städchens und direkt am Pilgerweg nach Andechs liegt, verbindet charmant Nostalgie und Zeitgeist. Die neun geschmackvoll mit edlen Naturmaterialien gestalteten Design-Hotelzimmer haben eine individuelle Handschrift und bieten dem Gast hochwertige Ausstattung und behagliche Wohnatmosphäre. Zur Ausstattung gehören Minibar, Direktwahltelefon, Flat Screen-TV mit SAT-Fernsehen und kostenlosem Sky-TV, Schreibtisch und Highspeed-WLAN. In den Bädern sorgen beheizbare Handtuchhalter, Fön und Kosmetikspiegel, Kosmetikprodukte, Bademantel und Hausschuhe für angenehmen Komfort. Außerdem: „Private SPA" mit Saunabereich, Massagen sowie Spa- und Kosmetik-Behandlungen im kleinen Gartenhäuschen mit Blick in den romantischen Garten. Restaurant Chalet am Kiental separat erwähnt.

Herxheim (Rheinland-Pfalz)

6↑

Pfälzer Stuben

im Hotel Krone
Hauptstr. 62–64,
76863 Herxheim (Hayna)
07276-5080
www.hotelkrone.de
Küchenchef: Fabio Daneluzzi
Mo–Sa ab 17.30 Uhr,
So von 12–13.30 Uhr u. ab 17.30 Uhr,
kein RT
Hauptgericht: 20–49 €, Menüs: 49–99 €
VISA P

Bis ins Jahr 1701 lässt sich die Geschichte der Krone zurückverfolgen. So steht es im Wappen der Familie Kuntz und man merkt auch als Gast sehr schnell, dass Tradition hier nicht nur ein Schlagwort für die Werbebroschüre ist. Seit wenigen Jahren ist hier mit Erika Kuntz und ihrem Mann Fabio Daneluzzi auch schon die nächste Generation im Amt. Und auch Daneluzzi, der Küchenchef der Pfälzer Stube ist und schon unter Erika Kuntz' Vater Karl-Emil in der Krone gearbeitet hat, kennt die kulinarische DNA des Hauses bestens und lässt hier weiterhin die Region, ihre Produkte und die typischen herzhaft-handfesten Geschmackbilder hochleben. Er integriert sie in verfeinerter Form in sein ansonsten sehr weltoffenes Programm, in dem man zum Zeitpunkt unseres letzten Testbesuchs neben mediterranen auch noch frankophile oder dezent asiatisch angehauchte Gerichte gefunden hat. Mittlerweile hat der Chef sein Profil noch weiter geschärft und kocht nun dezidiert pfälzisch-italienisch.
Und apropos Tradition: auch wenn das ehemalige separate Gourmetrestaurant weiterhin geschlossen bleibt – die „Köstlichkeiten aus der Kronenküche", die auch in den Pfälzer Stuben als opulentes und aufwendiges Amuse-Gueule serviert werden, erinnerten auch heuer wieder an jene Zeiten, in denen nebenan das große Menü in ganz ähnlicher Form eröffnet wurde. Diesmal mit einem cremig-schlotzigen Gemüseschaumsüppchen, das wie aus der Vergangenheit gewohnt von der legendären Saumagen-Praline auf Rahmsauerkraut sowie einer kross frittierten Entenpraline pfälzisch-asiatisch begleitet wurde. Nicht nur eine charmante Verbeugung vor der Historie des Hauses, sondern auch ein Intro, das für viele Stammgäste einfach dazugehört und schmerzlich vermisst werden würde, wäre es plötzlich nicht mehr da.
Aber auch eine Vorspeise wie das Carpaccio vom Pfälzer Weiderind passt hervorragend in den mit hellem Holz gemütlich-urig gestalteten Gastraum, der alle Moden zu überdauern scheint – und das nicht nur, weil der italienische Klassiker mit einem regionalen Produkt zubereitet wird. Daneluzzi spendiert dem zur Roulade gerollten und anschließend dünn aufgeschnittenen heimischen Rindfleisch eine grünfrisch auflockernde Schicht Pesto, die zusammen mit dem Schmelz einer Trüffelmayonnaise und einer Eigelbcreme viel Geschmack transportiert. Abgerundet durch Rucola, Pinienkerne, Parmesan und Cocktailtomaten ein authentischer Auftakt.
Die schon erwähnte dezente asiatische Exotik lieferte bei unserem jüngsten Besuch zumindest im Detail das zwar schön kross auf der Haut gebratene, insgesamt aber etwas zu lang gegarte und einen Tick zu trocken geratene Filet von der Dorade Royale. Doch auch wenn der optimale Garpunkt knapp verpasst war, tat es dem Gesamteindruck keinen Abbruch. Zum subtil exotisch gewürzten Zuckerschoten-Quinoa-Curry lieferte hier eine auf Basis von Rieslingsekt zubereitete und mit Zitrone aromatisierte Beurre blanc zitrische Frische und

weinige Säure, was den insgesamt schön texturierten Gang (knusprige Haut, knackige Zuckerschoten, weiche Quinoa…) dynamisch abrundete. Auch das ein schlüssig komponiertes und mit Fingerspitzengefühl umgesetztes Gericht.
Einen ultraklassischen Hauptgang wie das rosasaftige, großzügig bemessene Mignon vom Pfälzer Weiderind mit Café-de-Paris-Häubchen, Schnippelbohnen und Pfefferrahmsauce würde man sich in dieser Form auch öfter wünschen. Denn Fabio Daneluzzi widerstand hier jeglichen Verfremdungs- und Modernisierungsversuchen und lieferte einfach das, was zählt: Produkt und Geschmack pur! Im Verbund entstand nämlich ein fast schon süchtig machendes Zusammenspiel zwischen dem exquisiten Hauptdarsteller und den tradierten Begleitern, die man einfach bis zum letzten Tropfen mithilfe des luftigen Grießstrudeltalers vom Teller wischen musste. Fleischig, buttrig, gemüsig, pfeffrig – einfach Soulfood!
Ein ähnliches Wohlfühlgericht kam zum Abschluss in Gestalt der „Birne Helene 2.0", wobei sich hier die mit der Chiffre 2.0 suggerierte Neuinterpretation nur auf die Präsentationsform und nicht auf die Rezeptur bezog. So entsprach die in ein Schokoförmchen verpackte fruchtig-frische Birnenterrine in Kombination mit Vanilleparfait und Schokocremetupfen klar den Erwartungen an den Dessertklassiker und konnte uns dergestalt auch ohne jede Modernisierung oder Innovation voll überzeugen.
Das junge Serviceteam rund um die souveräne Gastgeberin Erika Kuntz macht manche kleine Unsicherheit locker durch Sympathiepunkte wett. Die weiterhin sehr repräsentative Weinkarte, die natürlich alles beinhaltet, was in der Pfalz Rang und Namen hat, lässt sowieso keine Wünsche offen und lädt, gastfreundlich kalkuliert, zum Probieren ein.

Hotelempfehlung

★★★★S

Hotel Krone

Hauptstr. 62–64,
76863 Herxheim (Hayna)
✆ 07276-5080
www.hotelkrone.de
Einzelzimmer: ab 89 €
Doppelzimmer: ab 120 €

VISA

Unweit von Karlsruhe liegt im Landkreis Südliche Weinstraße das traditionsreiche Hotel Krone, das sich aus mehreren Gebäuden wie dem Stammhaus und Neubauten als Ensemble zusammenfügt. Die Hotelgebäude verlaufen parallel und sind durch einen unterirdischen Gang verbunden. Die elegant, gemütlich und komfortabel ausgestatteten Zimmer verfügen über einen Sitzbereich, einen Flachbild-Sat-TV, größtenteils Balkon und einen Safe, das Mobiliar ist geschmackvoll in harmonisch abgestimmten Farben zusammengestellt. WLAN und Parkplätze sind im Zimmerpreis inbegriffen. Ein Spa- und Wellnesscenter mit Außen- und Innenpool, eine Saunalandschaft mit Finnischer Kelo-Holzsauna, Himalaya-Salzsteingrotte, Aromadampfbad, Kräuterdampfbad und Eisbrunnen sowie ein kleines Fitnesscenter laden zum Entspannen und Aktivsein ein. Es besteht im Hotel die Möglichkeit, Tennis und Tischtennis zu spielen, und da die Gegend sehr beliebt zum Wandern und Radfahren ist, gibt es auch einen Fahrradverleih. Zum Hotel gehören außerdem eine Bar, ein Restaurant und ein schöner Garten. Restaurant Pfälzer Stuben separat erwähnt.

Hilden (Nordrhein-Westfalen)

ohne Bewertung

intensiū

Poststr. 42, 40721 Hilden
02103-54745
www.monopol-intensiu.de
Mi–Sa ab 19 Uhr, So–Di RT
Menüs: 74–94 €

VISA

Das von außen eher unscheinbar vis-à-vis zum örtlichen Bahnhof gelegene Intensiù mit seinem stylisch-modernen Ambiente war in Kombination mit der spannenden Küche von Lukas Jakobi eine unserer reizvollsten Neuentdeckungen des letzten Jahres. Leider wird der letztjährige „Newcomer des Jahres" zum Zeitpunkt unseres Redaktionsschlusses schon nicht mehr am Herd des Restaurants stehen, denn er plant bereits sein erstes eigenes Ding in Düsseldorf und will gegen Ende des Jahres eröffnen. Wie es aus kulinarischer Sicht im Intensiù weitergeht, wissen wir nicht, sind aber gespannt. Sofern am anspruchsvollen Konzept festgehalten wird und sobald ein Nachfolger bekannt ist, werden wir natürlich berichten und im Online-Guide und in der App ein Update bringen.

Hinterzarten (Baden-Württemberg)

5↑

Adler Stuben

im Parkhotel Adler

Am Adlerplatz 3, 79856 Hinterzarten
07652-1270
www.parkhoteladler.de/oscars
Küchenchef: Bernhard König
Täglich ab 18 Uhr, kein RT
Hauptgericht: 20–30 €, Menüs: 42–58 €

VISA

Das Parkhotel Adler in Hinterzarten ist nicht nur ob seiner Größe eines der ersten Häuser im südlichen Schwarzwald und als solches auch nicht nur für komfortables Wohnen, aufmerksamen Service und umfangreiches Wellnessangebot bekannt, sondern auch für gute Küche. Die wird in einem großen länglichen Teilgebäude des in traditioneller regionaltypischer Architektur errichteten Hotelkomplexes geboten, das in ebenso gemütliche wie elegante holzvertäfelte Stuben mit niedrigen Decken und behaglicher Beleuchtung lädt und dort an hübsch eingedeckten Tischen Lust auf ausgiebigen Genuss gemacht.

Die Küche unter der Leitung von Küchendirektor und „Gewürz-Sommelier" Bernhard König, der 2023 bereits seit 15-jähriges Dienstjubiläum im Adler feiert, wird aktuell in Gestalt dreier verschiedener Menüs und einer vom Wiener Schnitzel bis zum badischen Rostbraten reichenden Klassiker-Auswahl à la carte offeriert. Die Speisefolgen repräsentieren ein eher international gehaltenes „Tagesmenü", eine individuelle vegetarische Variante und das regionalbetonte „Naturpark-Menü" – letzteres beispielsweise mit einem Salat aus heimischen Gemüsesorten als Vorspeise und einem Filet vom Waller mit Alblinsen und Schwarzwurzeln in Speckschaum als Hauptgang.

Das weltläufige Menü könnte etwa mit einem klassischen Caesars Salad beginnen – aber selbst für Nicht-Vegetarier lohnt sich hier auch der Blick ins fleischlose Programm, weil das Team nämlich durchaus ein Händchen dafür hat, wie sich bei der lauwarm servierten Kartoffel-Tortilla nach spanischem Vorbild zeigte. Das von einem properen Salatbouquet sowie einer Art Avocado-Relish flankierte und mit drei verschiedenen Cremes (Tomate, Avocado und Limonen-Mayo) sowie winzigen krossen Kartoffelcroûtons getoppte saftige Kartoffel-Schichttörtchen offenbarte zuletzt nämlich, was auch bei den anderen Kostproben gesetzt ist: Hier wird immer auch auf die Details geachtet, stimmig proportioniert und jede Komponente akkurat abgeschmeckt.

Deshalb erwies sich auch das dem Naturpark-Menü entlehnte Maronensüppchen als überdurchschnittlicher Genuss, denn die Konsistenz war zwar geschmeidig cremig, aber nicht plump und opulent, sondern eben schön schlank gehalten, der Geschmack produkttypisch nussig-süßlich, aber mit feiner Säure prononciert zugespitzt. In ganz dünne Streifen geschnittener Wildschweinschinken brachte zudem einen unaufdringlichen rauchig-herzhaften Akzent ins Spiel und frischer Dill eine ätherische Note. Das war dann letzten Endes feiner als erwartet.

So wie der Hauptgang um vorbildlich kross auf der Haut gebratenes Wolfsbarschfilet mit Venere-Reis, Lauchgemüse und Karotte. Denn der lebhaft abgeschmeckte Lauch war zart und hatte doch Biss, der schwarze Reis wie ein sehr guter, komplex-fruchtiger Rotweinrisotto zubereitet und die kleinen Karottenröllchen spendeten dem Ganzen wohldosierte Säure.

Seidig eingefasst und unterfüttert wurde das Ganze von einer Kartoffelmousseline, die leicht wie eine Espuma und ebenso geschmackssatt und buttrig wie ein Püree nach Robuchon war. Und selbst der weiße aufgeschäumte Saucenschaum schmeckte nicht rahmig und leer, sondern hatte aromatische Tiefe und Struktur.
Wem es im Hauptgang nach Fleisch ist, der könnte es beispielsweise mit gebratener Lammkeule zu tun bekommen, die in ihrem mediterran kräuterwürzigen Stil mit Aubergine, Kartoffelgulasch und Olivensauce serviert wird. Und weil das alles mit Augenmaß portioniert ist, schafft man auch nach mehreren Gängen spielend noch ein Dessert. Etwa eine schön säuerlich und frisch schmeckende Cheesecake-Schnitte, die von schlankem Joghurtsorbet, erfreulich wenig süßem Blaubeerkompott und einigen Zitrusfruchtfilets noch zusätzlich zugespitzt und sublimiert wurde.
Das alles wird in den weitläufigen gemütlichen Stuben von sehr zuvorkommendem Servicepersonal aufgetischt, das auch mit einer gut sortierten Weinkarte dienlich sein kann. Und weil am Schluss selbst die Rechnung moderat ist, kommt man jederzeit gerne wieder.

Hotelempfehlung

Parkhotel Adler

Adlerplatz 3, 79856 Hinterzarten
76521270
www.parkhoteladler.de/de
Einzelzimmer: 199–229 €
Doppelzimmer: 358–738 €

In der 16. Generation führt Katja Newman das Hotel ihrer Familie, das inmitten eines 7-Hektar-Grundstücks am Rande des idyllischen Urlaubsortes Hinterzarten im Herzen des Naturparks Südschwarzwald liegt. Ein behagliches Wohnerlebnis mit einem gewissen Luxus erfahren die Gäste in den 64 komfortabel ausgestatteten Zimmern und Suiten – acht davon sind 2020 neu dazugekommen, ebenso wie ein eleganter Sitzbereich im Restaurant „Adler Stuben". Im Übernachtungspreis ist eine Genusspension mit umfangreichen kulinarischen Leistungen enthalten. Neues Herzstück des Hotels: die komplett umgebaute Lobby mit integrierter Hotelbar und Blick in den Park. Hier findet am Nachmittag bei Live-Musik die Original Tea Time statt. Der SPA-Bereich mit frischem Farb- und Interieurkonzept umfasst 1800 Wohlfühl-qm. Zum Draußensein animiert der Privatpark mit Wäldchen, Wildgehege und Spielplatz. Indoor begeistert Kinder ein neu eingerichteter Spielbereich. Outdoorsport ab Haus möglich, 18-Loch-Golfplatz nebenan! Restaurant Adler Stuben separat erwähnt.

Höchst (Hetschbach) (Hessen)

Zur Krone

Rondellstr. 20,
64739 Höchst (Hetschbach)
06163-931000
www.krone-hetschbach.de
Di u. Mi ab 17.30 Uhr,
Fr u. Sa von 11.30–13 Uhr u. ab 17.30 Uhr,
So von 11.30–13 Uhr, Mo u. Do RT
Menüs: 58–150 €

Von außen würde man nicht vermuten, dass drinnen ein so modernes Restaurant auf die Gäste wartet. Die gemütliche Stube, in der einfachere Regionalküche geboten wird, wirkt noch so, wie man es hier erwarten würde – das aufgeräumte Ambiente mit schlicht-elegantem

Interieur und sauber eingedeckten Tischen überrascht jedoch. Genauso wie die Küche von Karl-Ludwig Wölfelschneider, die sich sowohl mit dem günstigen vegetarischen Menü als auch mit einer auch preislich ambitionierten Speisefolge aus internationalen Produkten einfallsreich und facettenreich zeigt und beweist, dass sie auch handwerklich gut drauf ist. Und dafür veranstaltet sie gar nicht viel Zirkus auf den Tellern, sondern konzentriert sich auf wenige, aber schön auf den Punkt gebrachte Komponenten. Dass nicht alles minutiös abgezirkelt ist und vielleicht auch nicht jede Komponente mit der erwünschten Ausdruckskraft aufwartet, kann das positive Bild nicht trüben. Die Grundqualität stimmt und rechtfertigt auch die gehobenen Preise. Sehr gute Weinauswahl und kompetente Beratung durch Gastgeberin Iris Wölfelschneider-Daab.

Höchstädt (Bayern)

6

Zur Glocke

Friedrich-von-Teck-Str. 12,
89420 Höchstädt
09074-957885
www.restaurant-zur-glocke.de
Di–Fr ab 18 Uhr,
Sa von 11.30–13.30 Uhr u. ab 18 Uhr,
So u. Mo RT

EC VISA P

In dem engagiert geführten Haus gehen Tradition und Moderne eine schon auf den ersten Blick auf den modernen Anbau am historischen Gasthaus sichtbar gelungene Verbindung ein. Und diese setzt sich dann sowohl im Restaurant selbst als auch in den Offerten auf den Tellern fort. Im Gastraum wurde mit klaren, puristischen Linien zwischen Sichtbeton, Holz, Glas und Filz ein ebenso warmes wie elegantes Ambiente geschaffen, in dem man sich nicht nur wegen der kuschligen Schaffelle an den Sitzplätzen sehr schnell wohlfühlt. Und die Küche bewegt sich gekonnt zwischen eher klassisch gehaltenen Gerichten und moderneren, mit einfachen Mitteln kreativ gestalteten Kompositionen. Beiden Seiten gemeinsam ist eine technisch und geschmacklich fein ausgeführte Performance, so dass es Wahl letztlich den persönlichen Vorlieben überlassen bleibt und nichts am Niveau der servierten Speisen ändert.

Hofheim (Hessen)

5

Die Scheuer

Burgstr. 12,
65719 Hofheim
06192-27774
www.diescheuer.de
Mi–So von 12–14.30 Uhr u. ab 18 Uhr
Mo–Mi RT
Hauptgericht: 19–36 €,
Menüs: 60–112 €

EC VISA

Das romantische Fachwerkhaus liegt direkt im historischen Stadtkern von Hofheim und begeistert auch drinnen mit einem geschmackvollen, zum äußeren Erscheinungsbild passenden Ambiente in sehr gepflegtem, ländlichem Outfit. Was da seit vielen Jahren in sehr sorgfältiger und gegenständlicher Machart aus Ralph Stöckles Küche kommt, überzeugt mit viel Substanz und Qualität. Der erfahrene Chef setzt auf engagierte Erzeuger wie etwa Lars Odefey, die Bäuerliche Erzeugergemeinschaft Schwäbisch-Hall oder die Wagyu-Rinderzucht Marquardt und ist überzeugter Nose-To-Tail-Verfechter. Als stolzer Schwabe bringt er natürlich immer wieder gerne ein paar Klassiker aus seiner Heimat auf die Karte, kocht aber ansonsten sehr weltoffen und einfallsreich mit den Jahreszeiten.

Die Besteck-Symbole

(5 Bestecke) luxuriöses Restaurant mit höchstem Komfort und formvollendetem Service, edler Ausstattung und einer Weinkarte, die höchsten Ansprüchen genügt

(4 Bestecke) elegantes Restaurant mit hohem Komfort und exzellentem Service, sehr gute Ausstattung, hervorragende Weinkarte

(3 Bestecke) gehobenes Restaurant mit gutem Komfort und versiertem Service, umfangreiche Weinkarte

(2 Bestecke) besser ausgestattetes Restaurant mit ordentlichem Service, ausgewählte Weine

(1 Besteck) schlichtes Restaurant, Gasthof oder Bar

Hohen Demzin
(Mecklenburg-Vorpommern)

7

Gourmetrestaurant im Wappensaal

im Hotel Burg Schlitz
Burg Schlitz 2, 17166 Hohen Demzin
03996-12700
www.burg-schlitz.de
Küchenchef: Maik Albrecht
Di–Sa ab 19 Uhr, So u. Mo RT
Menüs: 135–175 €
VISA

Passend zu dem hochherrschaftlichen Anwesen, das viel mehr Schloss als Burg ist, stellt auch der hohe Wappensaal, im dem sich das Restaurant des Hotels befindet, einen sehr aristokratischen Rahmen. Vornehm und distinguiert, was auch durch die getragene Musik und eine vornehm zurückhaltende, aber überhaupt nicht distanziert wirkende Gangart des Serviceteams unterstrichen wird. Die Vorzeichen sind jedenfalls offensichtlich: man sitzt an elegant mit hochwertiger Hardware eingedeckten Tischen in einem wachechten Gourmetrestaurant und es geht auch bei der Software ganz klar um Fine Dining.
Für deren Umsetzung ist seit zwei Jahren als Küchenchef Maik Albrecht verantwortlich, der einige Jahre Küchenchef der beiden Restaurants Köhlerstube und Bauernstube im Hotel Traube Tonbach und von Harald Wohlfahrts „Palazzo" war und 12 Jahre lang kochenderweise als Executive Chef für die SeaCloud auf den sieben Weltmeeren umherschipperte. Mittlerweile beschickt der den Wappensaal mit klassisch fundierter Küche und grüßte zuletzt vor dem Menü zum Aperitif mit Kleinigkeiten, die allesamt ebenfalls äußerst wohlschmeckende und feine klassische Momente waren – und zwar ganz egal ob in bodenständig-rustikaler Art wie bei dem kleinen Stück Lauch-Quiche oder luxuriös wie beim cremigen Eigelb unter Blumenkohlschaum mit generösem Kaviar-Topping. Das präsentierte sich alles sehr ausdrucksstark und verbindlich in der Aromengebung, war außerdem handwerklich tadellos umgesetzt.
Mut für starke Produkte und für starke Aromen bewies das Team um Maik Albrecht dann mit dem Amuse-Bouche, bei dem zarte Scheiben von der Lammzunge mit Topinambur, Ziegenfrischkäse und Meerrettichschaum zu einer lebhaften und sehr markanten Einleitung ins Menü liiert wurden, die viel Lust auf mehr machte. Die wieder sehr klassische Foie gras mit Aprikose und Tropea-Zwiebel nebst Brioche erwies sich erfreulicherweise als alles andere als eine fruchtsüße Angelegenheit. Von der Aromatisierung der Leberterrine selbst über das herzhafte Zwiebelconfit und Gel bis hin zur herben Frucht mit viel mehr Säure als Süße, die durch die Aprikose ins Spiel gebracht wurde, war das eine ausgewogene Vorspeise ohne jede Dessert-Assoziation – was ja bei Gänseleberovorspeisen beileibe nicht immer der Fall ist.
Ähnlich puristisch wie die Vorspeise war auch der erste Zwischengang, für den sich das Team ebenfalls sehr souverän auf überdurchschnittlich gute Produkte und fundiertes Handwerk verlassen konnte: Tadellose, glasig gebratene norwegische Jakobsmuschel, rohe Champignons, knackiger weißer Spargel und viel kraftvolle dunkle Hummerbisque, die in ihrer klaren, konzentrierten Art eigentlich fast schon mehr eine Hummerjus war.
Als eine vollkommen regionale norddeutsche Geschichte – produktmäßig wie auch kompositorisch – präsentierte sich der Zwischengang um soft geschmorten Bauch vom Havelländer Apfelschwein in Kombination mit Birne, Bohne Speck. Wobei die Komponente „Speck" fast schon durch den Schweinebauch selbst abgedeckt war, zu dem sich noch ein Ring aus festcremiger Bohnenmousse, ein paar Edamame-Bohnen und ausgestochene eingelegte Birnenkugeln gesellten. Eine kraftvolle reduzierte Jus sowie frisch geriebener Meerrettich waren für Tiefe beziehungsweise ätherische Akzentuierung verantwortlich und gestalteten die Komposition dynamisch.
Wären bis hierhin noch Zweifel an einer Aufwertung auf 7 Pfannen bestanden, der Haupt-

gang hätte sie zerstreut. Denn allein schon der hervorragend auf den Punkt gebrachte Rehrücken aus heimischer Jagd mit saftigem, straffem Fleisch – was im Zeitalter des allzu oft unnötig oder falsch angewandten Sous-Vide-Garens beileibe keine Selbstverständlichkeit mehr ist und deshalb hervorgehoben werden muss – überzeugte voll und ganz. Aber auch dessen begleitende gebackene Praline aus dem geschmorten Nackenfleisch, die mit Haselnusskernen gefüllten Kirschen, die Petersilienwurzelcreme, vor allem aber die nach Vorbild einer Sauce Albufeira zubereitete Wildsauce, waren tadelloses Handwerk mit verdichtetem natürlichem Geschmack.
Auch die vom Aroma der Pandan-Blätter gezeichnete Mousse in Gestalt einer überdimensionalen Erdbeere, die zum Dessert zusammen mit echter Erdbeere, Rhabarber und sehr intensivem, fast schon grenzwertig ätherisch schmeckendem Sorbet von Thaibasilikum liiert wurde, blieb sehr positiv in Erinnerung. Und schloss eine Speisefolge ab, deren Niveau gerade wegen den Details nochmal ein klein wenig höher lag als beim letzten Mal. Die Aufwertung auf 7 Pfannen ist also die logische Konsequenz. Einen sehr guten Job macht übrigens auch Sommelière Franziska Pauli, die mit Weinempfehlungen wie dem elsässischen Amphoren-Chasselas „Outrevin" zur Jakobsmuschel oder dem in Rumänien an- und ausgebauten Blaufränkisch „Codru" von Winzer Edgar Brutler jenseits ausgetrampelter Weinpfade ins Schwarze trifft.

Hohenkammer (Bayern)

7↑

Camers

im Hotel Schloss Hohenkammer
Schlosstr. 20,
85411 Hohenkammer
08137-934443
www.camers.de
Küchenchef: Florian Vogel
Mi–Sa ab 18 Uhr, So–Di RT
Hauptgericht: 50 €, Menüs: 135–155 €
VISA P

Das monumentale Wasserschloss etwa auf halber Strecke zwischen München und Ingolstadt, das ebenso ländlich-ruhig wie verkehrsgünstig nah an der A9 gelegen ist, wird nun schon seit einigen Jahren nicht nur sehr erfolgreich, sondern auch erstaunlich beständig von Küchenchef Florian Vogel bekocht. Der kommt gebürtig eigentlich aus dem hohen Norden, hat aber seine gesamte Laufbahn, die nach der Ausbildung im Jahr 2002 bei Alfons Schuhbeck in München begann und ihn nach renommierten Stationen 2015 als Nachfolger von Fritz Schilling ins Gourmetrestaurant auf Schloss Hohenkammer führte, im Süden verbracht.
Unter seiner Ägide wird nicht nur sehr konstant auf einem Niveau zwischen Sieben- und Acht-Pfannen-Niveau gekocht, es wurde auch der Nachhaltigkeitsgedanke in den Gastrobereichen des gesamten Unternehmens zunehmend präzisiert und intensiviert. Saisonal und regional sind im Camers nicht nur schöne PR-Schlagworte, denn das jeweilige Menü orientiert sich mittlerweile überwiegend an der Ernte des nahegelegenen Gut Eichethof, auf dem in enger Absprache und Planung mit den Köchinnen und Köchen produziert und kultiviert wird, was das Schloss und damit auch das Gourmetrestaurant braucht. Das sind nicht nur jährlich etwa dreißig Sorten Gemüse und Kräuter, das sind auch Rinder, Schweine, verschiedenes Geflügel und Bienen, die den eigenen Honig liefern – alles in Naturland-Qualität. Was es hier nicht gibt, kommt oft von ebenfalls sehr engagierten Betrieben wie beispielsweise dem niederbayrischen Gutshof Polting.
Was aber nicht heißt, dass Florian Vogel und sein Team nicht auch Produkte und Aromen von weiter weg in ihrem Kulinarium zulassen würden. Im Gegenteil. Und wie weltoffen die Camers-Küche ist, bekamen wir beim letzten Besuch mit einem an vielen Stellen asiatisch inspirierten Menü vermittelt, das von einem Kartoffeltaco mit Fleisch, Creme und Chips von der Garnele, einer klassischen Phở zum Schlürfen und einem kleinen Würfel mit Hoisin-Sauce glasiertem und mit etwas mariniertem Weißkraut getopptem Schweinebauch eingeläutet wurde. Texturelle Reize versprühte das Blumenkohl-Chawanmushi, bedeckt mit viel Imperialkaviar, winzigen knackigen Blumenkohlröschen, Schnittlauch und krossen Kartoffelcroûtons.
Dem typischen buttrigen Schmelz einer im Ofen glasig gegarten Tranche vom Ora King Lachs und der rahmigen Milde von Buttermilchmousse (als Pralinenkugel) und Knollensellerie entgegnete das Team mit der prägnanten, tatsächlich auch etwas „grün", aber nicht unreif schmeckenden fruchtigen Frische von

grüner Mandarine, die das ganze Gericht sehr dynamisch auf Spannung hielt.
Ähnlich lebhaft und kontrastreich, aber auch noch ein ganzes Stück vielschichtiger, präsentierte sich im Anschluss die saftig-fleischige Seezunge, die mit winzigen Würfelchen von Brokkolistielen und etwas wildem Brokkoli getoppt auf zwei verschiedenen, in Streifen auf den Teller gebrachten Cremes von Brokkoli und Mandel angerichtet war. Hier erzeugten unterschiedliche zitrische Aromen und Säuren die Spannung, nämlich als Salzzitronenzesten, als Aroma in der Brokkolicreme und in Gestalt von Ponzusud. In Kombination mit der Salzigkeit und Süße der Mandel sowie dem Umami der Ponzusauce und von etwas Miso entstand da ein sehr facettenreiches Geschmacksbild.
Wieder etwas ruhiger und puristischer aber nicht minder attraktiv präsentierte sich das wieder sehr schön saftige und fleischige Keulenstück mit krosser Haut vom Bauernhuhn. Zweierlei Spitzkohl, nämlich sautiert und als Kimchi in einem Spitzkohlröllchen, sowie eine pikant abgeschmeckte Velouté vom Huhn genügten da auch vollauf, um ein attraktives Intermezzo zu kreieren.
Dem Poltinger Reh, das hier als akkurat gewürzte Farcefüllung eines Wan-Tan-Täschchens und als Consommé zubereitet war, brachten Sanddorn als eingelegte Beeren und als Gel auf dem Teigtäschchen den gewissen Kick, um es der Eindimensionalität zu entrücken. Und ein Hauch von Erdnuss fügte sich als ein Klecks buttrige Creme auf dem Tellerboden ebenfalls thematisch stimmig ins Geschehen ein.
Der Hauptgang des sechsgängigen Menüs drehe sich um ein langzeitgeschmortes Rippenstück vom Hereford Rind, das mit Amaranth-Popcorn beflockt war und mit tollem, purem Fleischgeschmack begeistern konnte, welcher von einer ebenfalls recht pur, transparent und produktnah zubereiteten Jus unterstrichen wurde. Im Kreise von grünen Spargelspitzen, Jasminreis und etwas als geleeverkapselte Moussepraline unter dem Decknamen Eierfrucht getarnter Aubergine bleib das Fleisch und sein Eigengeschmack auch klar der Star im Game.
Schwarznessel und rote Traube in Verbindung mit Nashibirne und Limettengel läuteten schließlich als Prädessert das süße Finale ein, das mit einer vielgestaltigen Variation kleiner Komponenten von Valrhonas weißer Schokolade „Inspiration Yuzu", Jackfruit und Thaitee rund um eine Kokos-Praline sehr attraktiv endete. Begleitet von gut zu den einzelnen Gängen ausgewählten Weinen, die auch als halbe Weinreise angeboten werden, sowie einem sehr sympathischen und zuvorkommenden Service machte der Besuch im Camers auch in diesem Jahr wieder sehr viel Freude.

Hohentengen (Baden-Württemberg)

Landgasthof Hirschen

Rheintalstr. 13,
79801 Hohentengen (Lienheim)
07742-7635
www.hirschen-lienheim.de
Mo–Fr ab 17 Uhr, Sa u. So RT
Hauptgericht: 18–35 €,
Menüs: 49–72 €
VISA

Ein blitzsauberer Gasthof an der Durchfahrtsstraße von Lienheim, der über die Jahre immer schöner herausgeputzt wurde. Das Kulinarium ist überwiegend klassisch und traditionell, manche Gerichte werden von Küchenchef Freddy Kuno aber auch durch pfiffige Akzente aufpeppt. So gibt es eine eher regionale Linie mit preiswerten Traditionsgerichten, aber eben auch eine etwas gehobenere, internationale Küche mit weiter gereisten Produkten. Beides wird mit der gleichen Sorgfalt und gehobenem Anspruch bei Qualität und Frische zubereitet.

Bezahlkarten-Symbole

- Mastercard
- EC-Maestro
- Diners
- American Express
- VISA Visa

Hohnstein (Sachsen)

Landgasthaus Schwarzbachtal

Niederdorfstr. 3,
1848 Hohnstein (Lohsdorf)
035975-80345
www.schwarzbachtal.de
Mo–Mi u. Fr ab 17 Uhr,
Sa, So u. Fei von 11.30–14 Uhr u. ab 17 Uhr, Do RT
Hauptgericht: 14–29 €,
Menüs: 32–53 €

Slow-Food-Küche at it's best: In Barbara Sieberts über die Jahre liebevoll individuell gestaltetem Gasthaus am Rande der Sächsischen Schweiz dreht sich alles um charaktervolle, nachhaltig produzierte Produkte aus dem nahen Umland, Gemüse und Kräuter aus dem Garten oder aus Wald und Wiesen. Dass dabei nicht um jeden Preis absolute Premiumqualität gefragt ist, gehört zum Konzept – und gerät ohnehin schnell in Vergessenheit, weil die servierten Viktualien dennoch durchweg außergewöhnlich und selten sind. Verarbeitet werden sie zu schlicht-pfiffigen Gerichten, die zwar in manchen Details vergleichsweise etwas grob ausfallen können, dadurch aber auch sympathisch bodenständig wirken und trotzdem überdurchschnittlich sind. Abgerundet wird das Ganze durch eine kleine ansprechende Weinauswahl, vor allem aber regelmäßige kulturelle Veranstaltungen von Lesungen bis Schauspiel.

Die Hoteleinträge

- ★★★★★S Superior
- ★★★★★ Unterkunft für höchste Ansprüche
- ★★★★ Unterkunft für hohe Ansprüche
- ★★★ Unterkunft für gehobene Ansprüche
- ★★ Unterkunft für mittlere Ansprüche
- ★ Unterkunft für einfache Ansprüche
- Unterkunft ohne Sterne-Klassifizierung

Homburg (Saarland)

Schlossberg

im Schlossberg Hotel Homburg
Schlossberg-Höhen-Str. 1,
66424 Homburg
06841-6660
schlossberghotelhomburg.de
Küchenchef: Mirko Bunk
Mo u. Mi–Fr ab 18 Uhr,
Sa u. So von 12–14 Uhr u. ab 18 Uhr,
Di RT
Hauptgericht: 18–49 €, Menüs: 69–89 €

VISA

Mit der „besten Aussicht des Saarlands“ wirbt der weithin sichtbare Hotelkomplex nicht allzu vollmundig für seinen Standort. Denn der unverstellte Blick in die Ebene wäre neben den größten Buntsandsteinhöhlen Europas tatsächlich schon Grund genug für den Trip auf den Homburger Schlossberg. Dass sich der Aufstieg auch kulinarisch lohnt, liegt an Küchenchef Mirko Bunk und seinen Kreationen, die hier im rundum verglasten Gastraum des Restaurants aufgetragen werden. Stilistisch legt sich der ehemalige Mitarbeiter von Klaus Erfort dabei zwar nicht fest, setzt aber durchweg auf gute Produktqualitäten, die aromatisch abwechslungsreich und handwerklich gekonnt umspielt werden.

So kitzelte zum Auftakt beispielsweise süß-säuerlicher Kräutersud ein gebeiztes Lachsröllchen, das zudem von Wasabischaum leicht angeschärft wurde. In Richtung Mittelmeer ging es im Anschluss mit einer süffigen Bouillabaisse, die mit dezenter Krustentiernote als aromatische Basis daherkam. Als Einlage mit kleinen Tranchen von Loup de mer und Lachs sowie einer knackig-zarten Riesengarnele ansprechend bestückt, profitierte der Gang letztlich auch noch von blanchiertem Wurzelgemü-

se, das erdigen Unterbau und zarten Biss spendierte – und von paprikawürziger Rouille noch einen peppigen Akzent bekam.
Zu schön glasigen sautierten Jakobsmuscheln wiederum lieferte vor allem eine geschmeidige Thaicurrysauce den entscheidenden Twist, der auch die Variationen vom Blumenkohl (als Creme und als Röschen) pushte und mit etwas Crunch von Cashewkernen stimmig ergänzt wurde. Von ausgewogenem Süße-Säure-Spiel begleitet, kam das rösch auf der Haut gebratene Filet vom Winterkabeljau, das saftig aufblätternd in einer leicht säuerlichen Beurre rouge badete, zu seinem Auftritt. Da brauchte es dann auch nicht mehr als ein von Sauerkraut getopptes Petersilienrisotto und süßliches Traubenragout, um diesen überzeugend zu komplettieren.
Prägnante Begleiter lieferten anschließend auch Tomatenconfit, Pak Choi und Salbei-Kartoffelstampf zu gleich zwei saftig rosa gebratenen Roastbeef-Tranchen. Deren säuerliche, gemüsige und kräutrige Noten wurden von kleinen Chorizo-Würfelchen noch pikant angeschärft, während sehr weit reduzierte Jus auf Basis von Portwein jede Menge Tiefe und Grundwürze auf den Teller brachte. Ein Hauptgang, der ganz ähnlich wie das Pendant im Vorjahr die Kategorie „bestbürgerlich“ bediente, ohne in irgendeiner Form poltrig zu wirken.
Den positiven Gesamteindruck bestätigte zuletzt auch das Dessert, wenngleich das knusprige Mille-feuille mit Joghurt, Birne und Rosine nach unserem Geschmack einen Tick zu süßlich umspielt wurde und zum Beispiel der Joghurt ruhig noch säuerlicher hätte herausgestellt werden können. Das junge Serviceteam erlebten wir als aufmerksame Begleiter, und auch die Weinauswahl ist durchaus ansprechend und für den Rahmen passend gestaltet, so dass ein Besuch auch in dieser Hinsicht lohnt.

Horb a. N. (Baden-Württemberg)

5

Quartier77

Am Garnisonsplatz 4,
72160 Horb a. N.
07451-6230977
www.quartier77.de
Di von 11.30.13.30 Uhr,
Mi–Fr von 11.30–13.30 Uhr u. ab 17.30 Uhr, Sa–Mo RT
Hauptgericht: 18–35 €

In den ehemaligen Kasernengebäuden, in denen das Quartier 77 in Horb am Neckar beheimatet ist, hat das engagierte Team eine außergewöhnliche Location gefunden. Durch die monumentale Architektur der Kaserne mit ihren großen Räumen und massiven Mauern, deren Wirkung unter anderem durch freiliegende Rohre an der Decke und gekonnt genutztes warmes Licht, Naturholz und fein gedeckte Tische atmosphärisch belebt wird, ist ein besonderer Ort entstanden. Wie gemacht, um auch kulinarisch mehr als das Gewöhnliche zu bieten. Und genau das versucht man hier dann auch mit einem cleveren Mittelweg zwischen schlicht-pfiffigen und etwas ambitionierteren Gerichten, mit dem einerseits der unkompliziert coole Charakter erhalten wird, andererseits aber auch anspruchsvolle Genießer nicht enttäuscht werden.
Nachdem bei unserem letztjährigen Besuch die Umsetzung dieses Konzepts trotz erkennbar guter Ideen und auch schmeckbarem Potenzial noch etwas holprig wirkte, präsentierte sich die Küche diesmal merklich souveräner. Bereits der fluffig-spicy Falafel mit Avocado-Minzdip und einer halbgetrockneten Tomate zur Einstimmung bot auf rustikale Art viel Intensität

auf engem Raum und machte damit erfolgreich Lust auf mehr…
Ziemlich stylisch und farbenfroh startete der letzte Besuch dann kulinarisch so richtig mit einer Schieferplatte, auf der knackige Edamame in Strudelteig-Körbchen, knallroter Glasnudelsalat mit feiner Schärfe und fleischig-röstwürzig gegrillte Kräuterseitlinge angerichtet waren. Zwischen den grünen und umamistarken Noten setzte ein klarfruchtiges Gel von Nashi-Birne frische Akzente und rundete den abwechslungsreichen Einstieg ab, der nur von der Handhabung her mit den losen und knusprigen Elementen auf dem gröberen Schiefer etwas unglücklich gestaltet war.
Deutlich besser gelang die Präsentation bei dem locker dreifingerhohen Kabeljaufilet, das mit goldknuspriger Haut und glasig aufblätterndem Fleisch schon allein qualitativ eine große Freude war. Aber auch dessen Kombination mit saftigem grobem Kartoffel-Oliven-Stampf, beherzt angerösteten Mini-Artischocken und einem lebendig frischem Weißweinschaum funktionierte prima. Dass die Proportionen dabei etwas gröber ausfallen und die Gerichte voll darauf ausgerichtet sind, dass man von einem Hauptgericht in jedem Fall auch satt wird, fällt dabei natürlich nicht weiter ins Gewicht, weil bis zum Ende jeder Bissen ausgewogen harmonisch schmeckt.
In jedem Fall lohnen sich hier auch klassische Gerichte wie der grundsolide Zwiebelrostbraten vom Weiderind nebst Spätzle und Lembergersößle oder ein zartes Bœuf Bourguignon mit Speck, Schalotte und Kartoffelstampf, bei denen sich die überdurchschnittliche Produktqualität und eine fundierte handwerkliche Zubereitung bezahlt machen.
Und auch im süßen Bereich bleibt das Team auf unkomplizierte Art souverän, etwa wenn es ein Heidelbeereis mit intensiver, säuerlich zugespitzter Frucht neben naturell gehaltenen Beeren, einem eher weich und mild (beinahe etwas leer) schmeckenden Heidelbeerragout, Vanilleschaum und etwas Kekscrumble kombiniert. Oder wenn eine mustergültige Crème brûlée von verschiedenen Beeren und frischsäuerlichem Sorbet kontrastiert wird.
Dazu gibt's hier eine kleinere, aber ein ausreichendes Spektrum abdeckende Weinauswahl zu fairen Preisen und einen flotten und charmanten Service, der zudem kompetent berät.

Horben (Baden-Württemberg)

7

Gasthaus zum Raben

Dorfstr. 8,
79289 Horben
0761-556520
www.raben-horben.de
Do–Sa ab 17.30 Uhr,
So von 12–13.45 Uhr u. ab 17.30 Uhr,
Mo–Mi RT
Hauptgericht: 32–46 €,
Menüs: 54–118 €

Die schlechte Nachricht zuerst: Ende 2023 ist Schluss und die Dischs verlassen nach achtzehn erfolgreichen Jahren den Horbener Raben. Doch bis dahin lohnen sich die gerade mal zehn bis fünfzehn Minuten aus der Freiburger Innenstadt bis hierher hinauf, wo in den weitläufigen Gasträumen des sorgsam restaurierten Hauses unter der Ägide von Jeune Restaurateur Steffen Disch eine ebenso bodenständige wie elegant verfeinerte Produkt- und Regionalküche geboten wird, die weniger auf moderne technische Spielereien und innovative Kombinationen, als vielmehr auf Handwerk, Authentizität und Frische setzt. Das Repertoire beschränkt sich aber längst nicht bloß auf die heimischen Viktualien, vielmehr sucht und findet der Chef Inspiration in aller Welt. Mal kocht er herzhaft mit alpenländischem Einschlag, mal mediterran leicht, dann wieder pflegt er behutsam und gekonnt asiatische Akzente mit ein, bleibt aber auf seinen attraktiv angerichteten Tellern stets sehr gegenständlich, verliert sich nicht in artifiziellem Kunsthandwerk und konzentriert sich bei aller Gestaltungsfreude wirklich auf den Geschmack seiner Kompositionen.

Bezahlkarten-Symbole

- Mastercard
- EC-Maestro
- Diners
- American Express
- VISA Visa

Horn-Bad Meinberg
(Nordrhein-Westfalen)

Die Windmühle Fissenknick

**Windmühlenweg 10,
32805 Horn-Bad Meinberg (Fissenknick)
05234-919602
www.diewindmühle.de
Mi–Fr ab 18 Uhr,
Sa u. So von 12–14.15 Uhr u. ab 18 Uhr,
Mo u. Di RT
Hauptgericht: 21–29 €, Menüs: 49–65 €**

Die historische Windmühle aus dem 14. Jahrhundert hat trotz des eher hell modernisierten Hauptgastraumes einiges an Windmühlenromantik zu bieten und ist – auf einem kleinen Hügel und mit idyllischen Außenplätzen – überhaupt ein sehr ansprechender Ort. Hier wird eine fundiert und frisch zubereitete Küche geboten, die überwiegend regionalbetont daherkommt, teils aber auch etwas exklusivere internationale Produkte bietet. Holger Lemkes Kulinarium steht in jedem Fall für natürliche und handwerklich zubereitete Speisen und lohnt aus unserer Sicht gerade für die eher etwas rustikaleren und handfesten Gerichte aus heimischen Viktualien den Besuch. Neben einfachen offenen Weinen gibt es auch eine gute Auswahl hochwertigerer Flaschen und herzlichen, sehr aufmerksamen Service unter der Leitung von Gastgeberin Birgit Lemke.

Hüfingen (Baden-Württemberg)

Landgasthof Hirschen

**Wutachstr. 19, 78183 Hüfingen
07707-99050
www.hirschen-mundelfingen.de
Mo, Di u. Fr, Sa von 11.30–13.30 Uhr u. ab 17.30 Uhr, So von 11–14.30 Uhr u. ab 17.30 Uhr, Mi u. Do RT
Hauptgericht: 26–38 €, Menüs: 42–89 €**

Im Hüfinger Hirschen erwartet die Gäste ein helles, farbenfrohes und freundliches rustikal-elegantes Ambiente. Seit vielen Jahren bietet Inhaberin Verena Martin-Hofmaier hier eine verlässliche Mischung aus regionaler, bodenständiger Küche und leicht gehobener internationaler Kochkunst. Die Gerichte werden aromatisch und kräftig zubereitet, jedoch von leichter Hand, was sowohl für die anspruchsvolleren Speisen mit internationalem Touch als auch für traditionelle Gerichte wie die hervorragenden Rindsrouladen gilt. Wer also herzhaftes, ländliches Essen auf gehobenem Niveau schätzt, ist hier genau richtig, denn die passionierte Köchin weiß genau worauf es ankommt und kreiert fachlich fundierte Gerichte mit Substanz. Die Weinkarte bietet passende regionale Tropfen zu moderaten Preisen, die dem gebotenen Niveau gerecht werden.

Idstein (Hessen)

Henrich Höers Speisezimmer

im Hotel Höerhof

**Obergasse 26,
65510 Idstein
06126-50026
www.hoerhof.de
Küchenchef: Günter Rönner
Di–Sa von 12–13.30 Uhr u. ab 18 Uhr,
So u. Mo RT
Hauptgericht: 27–48 €,
Menüs: 46–98 €**

Die schlechte Nachricht zuerst: kurz nach unserem Testbesuch Anfang August erreichte uns die Nachricht, dass Sebastian Straub, der sich hier in den vergangenen Jahren als Küchenchef mit einem Kulinarium auf konstant hohem Niveau etablieren konnte, den Höerhof verlassen wird. Doch die positive Nachricht folgte schon wenig später, denn als Nachfolger konnte Günter Rönner verpflichtet werden, ein sehr guter und erfahrener Koch, der nach seiner erfolgreichen Zeit im Duisburger Akazienhof zwar immer wieder mal auf der kulinarischen Bildfläche aufgetaucht ist, sein Können hier und dort aber nie lange unter Beweis stellen konnte. Im bestens etablierten Höerhof könnte das nun anders werden, denn das von Gastgeberin Sabine Kogge kulinarisch ambitioniert geführte Haus bietet optimale Voraussetzungen für ihn und – so viel gleich vorweg – Günter Rönners Küche passt sehr gut hierher.

Der Platz ist malerisch und bietet ein tolles Setting für anspruchsvollen Genuss. Egal ob man im Sommer ein Plätzchen im lauschigen Innenhof dieses wunderschönen Fachwerkensembles ergattert, oder im ganz besonders reizvollen nostalgischen Ambiente des Restaurant Henrich Höers Speisezimmer mit Nischen, Erkern, altehrwürdigem Gebälk und auflockerndem Floral-Dekor speist: die bewegte Geschichte des 1621 erbauten Höerhofs kann man hier wie dort förmlich atmen, denn das Haus ist von außen wie von innen ein echtes Kleinod. Und mittendrin zeigte der neue Chef mit Röstzwiebelbutter zu zwei Sorten sehr gutem Bio-Brot und einem Amuse in Gestalt einer mit Panko-Panierung knusprig ausgebackenen Kalbsbäckchen-Praline, die von Blattpetersiliencreme, pikanter „Serbischer Butter" und etwas aufgeschäumter Jus kraftvoll untermalt war, gleich mal sein Faible für herzhafte Aromen.

Das gelang beim Kaisergranat mit Blumenkohl, Curry und Dashi auch mit etwas exotischeren Aromen, wobei Günter Rönner hier dennoch so behutsam und überlegt vorging, dass dem zarten geflämmten Krustentier von seinen Begleitern nicht die Show gestohlen wurde. Insbesondere die elegante Proportionierung von Blumenkohl (Creme und geröstete „Brösel"), Dashigelee und Krustentierschaum, die außerdem von Kumquat sehr stimmig mit herben Orangenaroma akzentuiert wurden, erwirkte hier einen sehr souveränen Gesamteindruck.

Vor diesem Hintergrund war es etwas erstaunlich, dass bei einem der beiden vegetarischen Zwischengänge („Pilzboden") des Gourmetmenüs – Günter Rönners Steckenpferd ist die Gemüseküche – ausgerechnet die suboptimalen Proportionen der einzelnen Komponenten das kleine Manko darstellten. Denn bei der Melange aus verschiedenen rohen, gebratenen, getrockneten und als Creme sowie „Erde" zubereiteten Pilzen (Champignons, Kräutersaitling, Buchenpilze…), Lauchzwiebel (geröstet und als Öl), Preiselbeeren und Karottengrün, war es in erster Linie die viel zu üppige Menge an Ofenselleriepüree, die das Gericht nicht ganz so perfektioniert erscheinen ließ, wie die ersten Eindrücke. Ein partiell etwas sandigknirschiges Mouthfeeling hier und da sorgte zwar für eine authentische Waldboden-Illusion, aber nicht unbedingt für gesteigerten Genussfaktor. Geschmacklich war das absolut stimmig, wenngleich das Gericht nach unserem Gusto hauptsächlich aus aromatischen Mitten bestand und ihm etwas die Tiefen und Höhen fehlten. Spaß hat das trotzdem gemacht.

Überraschend vielschichtig präsentierte sich danach ein ebenfalls vegetarischer Zwischengang, auch wenn der überwiegend aus Roter und Gelber Bete bestand. Denn es war beeindruckend, wie viele unterschiedliche Facetten Günter Rönner da aus der in ihrer Urform primär erdig-dumpfen Rübe rauszuholen vermochte. Und zwar nicht bloß wegen des markanten Rauchs, von dem die geschmeidige Suppe mit knackigen, cremigen und schmelzigen Komponenten als Einlage zunächst stark geprägt war. Auch Säure, Süße und Fruchtigkeit spielten hier eine entscheidende Rolle.

Dass der Chef nicht nur ein Händchen für Gemüse, sondern auch für Fleisch hat, bewies sodann der qualitativ sehr gute Rehrücken, der klassisch gebraten und mit perfekt gleichmäßigem Garpunkt, ganz ohne trockenen Rand, zusammen mit Schwarzwurzel (cremig, knusprig und knackig), Holunderbeeren und Kaffeearomen zum Besten gegeben wurde. Die hervorragend umgesetzte reduzierte Jus zeugte von blitzsauberem Handwerk, die balanciert aufeinander abgestimmten Aromen und Strukturen für überdurchschnittliches Kompositionsgeschick.

Und das bewies in besonderem Maße auch der Nachtisch, bei dem Birne und karamellisierte Schokolade von Verjus und fermentiertem schwarzem Knoblauch den entscheidenden Kniff bekamen, ohne sich dadurch von einem klassischen Dessert zu entfernen. Da spielte alles harmonisch und rund zusammen, hatte aber eben auch einen gewissen Spannungsbogen.

Ergänzt von den ausschließlich deutschen Weinempfehlungen, die Gastgeberin Sabine Kogge mit Kennerschaft und gutem Gespür zu den einzelnen Gängen auswählt, ist und bleibt das Kulinarium des Höerhofs also auch unter neuer Küchenleitung lohnend. Und das zu einem weiterhin günstigen Preis-Leistungs-Verhältnis.

Hotelempfehlung

★★★★

Höerhof

Obergasse 26,
65510 Idstein
06126-50026
www.hoerhof.de
Einzelzimmer: 98–128 €
Doppelzimmer: 126–156 €

„Inmitten der grüner Taunushügel, nahe der Großstädte Frankfurt und Wiesbaden, liegt die alte Nassauische Residenz Idstein. Hier, am Ende der Obergasse, über den Dächern der liebevoll restaurierten autofreien Altstadt, steht seit jetzt fast 400 Jahren unser Kulturdenkmal, die letzte so erhaltene Renaissance-Hofreite Hessens", heißt es auf der Internetseite des Vier-Sterne-Hotels. Und tatsächlich ist das im Jahr 1992 aufwendig restauriert neueröffnete Anwesen ein echtes Kleinod mit sehr viel Charme und Tradition, wie man es nicht allzu häufig findet. In den Zimmern und Suiten des kleinen, familiengeführten Hotels mit gehobenem Restaurant, Veranstaltungs- und Tagungsräumen, gelang es mit einem feinen Gespür für Stil, klassische Eleganz und modernes Design, eine private, gemütliche Wohlfühlatmosphäre zu schaffen. Jedes Zimmer hat sein ganz eigenes, individuelles Ambiente und wurde mit viel Liebe zum Detail eingerichtet. Alle verfügen über schönen Parkettboden und sind auch sonst nur mit hochwertigen Materialien und komfortablen „Treca"-Betten ausgestattet. Restaurant Henrich Höers Speisezimmer separat erwähnt.

Illertissen (Bayern)

5↑

Vier Jahreszeiten Restaurant Imhof

Dietenheimer Str. 63, 89257 Illertissen
07303-9059600
www.vier-jahreszeiten-illertissen.de
Küchenchef: Andreas Imhof
So–Di u. Do, Fr von 11.30–13.30 Uhr u. ab 17.30 Uhr, Sa ab 17.30 Uhr, Mi RT
Hauptgericht: 15–38 €, Menüs: 58 €

Susanne Maier und Andreas Imhof gehen in ihrem hell, modern und geradlinig gestalteten Restaurant aus kulinarischer Sicht einen klugen Mittelweg, der auf der einen Seite bodenständig und traditionell gehaltene, aber durchaus überdurchschnittlich zubereitete Regionalküche für ein breites Publikum vorsieht, auf der anderen Seite aber auch ein etwas internationaleres und exklusiveres Menü sowie ein entsprechendes À-la-carte-Programm für Gäste mit anspruchsvolleren Vorlieben. Gekocht und arrangiert wird mit Fingerspitzengefühl und immer auf fundierter klassischer Basis. Aufmerksamer Service und eine mit seriösen Tropfen durchaus lohnend ausstaffierte Weinauswahl sind ebenfalls gesetzt.

Illschwang (Bayern)

7↑

Cheval Blanc

Am Kichberg 1, 92278 Illschwang
09666-188050
www.weisses-ross.de/de/restaurant.html
Küchenchef: Hans-Jürgen Nägerl
Mi–Sa ab 18 Uhr, So–Di RT
Hauptgericht: 32–48 €,
Menüs: 82–193 €

Das vielzitierte Gasthaussterben auf dem Land – im oberpfälzischen Illschwang jedenfalls nicht! Denn während insbesondere in ländlichen Regionen viele Hotel- und Gastronomiebetriebe stark zu kämpfen haben oder die Türen für immer schließen, ist Familie Nägele mit

ihrem Weißen Ross in Illschwang mutig genau den entgegensetzten Weg gegangen und hat das traditionsreiche Hotel und Wirtshaus rund um seine historische Bausubstanz umfassend modernisiert und beeindruckend erweitert. Das Ergebnis aus heutiger Sicht ist ein ebenso schmuckes wie komfortables Landhotel, das schon bei der Anfahrt eindrucksvoll aus dem Ortsbild heraussticht und in allen Bereichen mit hohem Anspruch geführt wird.
Das gilt ganz besonders auch für die kulinarischen Angebote, an deren Spitze das von Tochter Katharina Fleischmann und Schwiegersohn Christian Fleischmann geführte „Cheval Blanc" steht. In diesem stilvoll elegant eingerichteten Gourmetbereich zelebrieren die beiden eine von ebenso hohem Einfallsreichtum wie Aufwand geprägte Küche, in deren Gerichten von den ersten Kleinigkeiten bis zu den Petits Fours unzählige kleine und präzise Handgriffe stecken.
Dass sich dieser Aufwand durchaus auszahlt, zeigten zuletzt die Starter mit filigran gearbeiteten Petitessen wie einem Sauerkraut-Macaron mit Blutwurst, feinbitterer Puntarelle mit zupackender Sardellencreme und Hühnerhautchip oder dem mit roher Jakobsmuschel und confierter Orange gefüllten Rosenkohlblatt. Damit startete der letzte Abend schon ziemlich fulminant und machte sehr neugierig auf das, was noch kommen würde.
Der folgende „Winter-Eisbecher" mit Kugeln aus geschmortem Apfel, Blattpetersilienmousse und Petersilienwurzel auf in Eiswein glasierten Chicoréestreifen kam dann allerdings doch ziemlich überraschend. Weil das zwischen herber Frucht, kräutriger Frische und gemüsiger Würze changierende Ensemble kongenial von einem intensiven schwarzen Trüffeleis und einer Vinaigrette aus Petersilie, Haselnuss und Trüffel abgerundet wurde, handelte es sich allerdings um eine sehr gelungene Überraschung... Coole Idee und perfekt umgesetzt!
Der typische Stil der Küche, die ihre Gerichte meist auf mehrere Teller oder Schälchen aufteilt, wurde dann beim ersten offiziellen Gang rund um Hummer und Blumenkohl so richtig deutlich. Aufgeteilt auf drei Schauplätze, um den Hummer möglichst vielseitig zu präsentieren, gab es hier beispielsweise ein nussig-mildes Tatar nebst Blumenkohl in einem komplexen Krustentier-Muskatblütenfond oder den Hummerschwanz (minimal faserig) in recht knalliger Begleitung aus Senfkornchutney, Blumenkohlcreme und schwarzer Walnuss. Letzteres funktionierte als dynamische vegetarische Kombination hervorragend, stahl in diesem Fall dem Hummer aber ein wenig die Show.
Besser gelang wiederum eine dichte Blumenkohl-Panna-cotta unter Krustentiergelee, die mit einem Salat aus roh gehobeltem Blumenkohl und Petersilie gemeinsam mit der Hummerschere serviert wurde.
Der nächste Akt drehte sich um Saibling, Kürbis und Mango: Einmal als soft temperiertes Saiblingsfilet neben verschiedenen isolierten Kürbiszubereitungen, gebratenen Mangowürfeln und einer Vinaigrette auf Kernölbasis – einmal als Kürbissüppchen-Shot mit Mango und Kokos nebst einem klararomatischen Saiblingstatar unter Mangosorbet und Blumenkohlschaum. Eine Kombination, die nach unserem Gusto ein bisschen zu üppig und süßlich für den feinen Fisch ausfiel.
Spätestens bei der folgenden Wachtel mit Gänseleber und Rote Bete, die ebenfalls auf drei einzelne Miniaturen aufgeteilt war, wurde deutlich, dass es sich das Team mit dem enormen Aufwand trotz der Fülle an Eindrücken selbst ein wenig schwer macht, weil meist nicht alle Einzelzubereitungen gleichermaßen gut auf den Punkt gebracht werden können. In diesem Fall gab es in der Hauptschale knusprig zart gebratene Wachtelbrust in Kombination mit glasierter roter Bete und Bete-Ravioli mit (sehr kompakter) Gänseleberfüllung, Radicchio und Wachteljus. Daneben wurden diese Leitaromen in einer tiefgründigen Essenz von Geflügelfond und Bete mit je einem Stück gebratener Foie gras und Wachtel etwas schwebender und eleganter transportiert und in Gestalt von Gänselebereis mit feinsäuerlich marinierter und etwas erdig wirkender glasierter Bete als frischester und pointiertester Eindruck der Trilogie noch einmal variiert.
Im Hauptgang blieb das Team ebenfalls dem Konzept der maximalen Vielfalt treu und präsentierte rosa Rehrücken neben im Ganzen geschmortem und in Maronenbröseln sautiertem Sellerie, dunkel-säuerlich mariniertem Oberpfälzer Trüffel, konzentriertem Preiselbeergel und Marone als schön freigestellte Interpretation dieser eher klassischen Aromenkombination. Erweitert wurde diese von einem löffelzarten Rehragout mit Maronengnocchi und gehobelter Trüffel sowie einem für den frischen Ausgleich zuständigen Salat aus zarten Selleriejuliennes mit Preiselbeere, Rehschinken und Marone. Und damit gelang im Hauptgang die Aufteilung auf drei Schauplätze insgesamt am überzeugendsten.
Aber auch der süße Abschluss mit glasierter Physalis in Nougatsauce neben einer mit buntem Schalenabrieb von Zitrusfrüchten aromatisierten Frischkäsecreme konnte rundum überzeugen. Pfiffig ergänzt von einem mit Zitrusgel

und Zesten pointiert zugespitzten Zitronenkuchen zum genüsslichen Eintunken und einem cremigen Physaliseis mit getrockneter Orange als frischer kühler Kontrast.
Rein von den Ideen und der handwerklichen Ausführung her wäre definitiv auch eine noch höhere Bewertung denkbar. Dafür müsste aber entweder das Prinzip der vielen Nebenteller überdacht oder noch länger an den einzelnen Gerichten getüftelt werden. Wir sind jedenfalls schon gespannt auf den nächsten Eindruck, zu dem hier auch immer der zuvorkommende Service und die gut korrespondierenden und qualitativ durchwegs niveauvollen Weine gehören.

Hotelempfehlung

★★★★

Weißes Roß

Am Kichberg 1,
92278 Illschwang
09666-1334
www.weisses-ross.de
Einzelzimmer: 89–360 €
Doppelzimmer: 164–420 €

Das modern designte und sehr komfortabel ausgestattete Genuss- und Wellnesshotel von Familie Nägerl mutet inmitten der kleinen Gemeinde Illschwang im Herzen der ländlichen Oberpfalz nahezu spektakulär an. Das ursprüngliche Wirtshaus stammt aus dem 15. Jahrhundert, wurde in jüngerer Zeit sukzessive an- und umgebaut und die heutigen Gastgeber führen es bereits in sechster Generation. Neben zehn unterschiedlichen Zimmerkategorien, die von zweitgemäß ausgestatteten Klassik-Zimmern bis zur 70 qm-„SkySuite" mit eigener Dachterrasse, privater finnischer Sauna und freistehender Whirlpool-Wanne reichen, verfügt das 4-Sterne-Haus über einen attraktiven 1000 qm großen Wellnessbereich mit Pool, verschiedenen Saunen und fünf Behandlungsräumen für verschiedenste Anwendungen von Massage bis Beauty. Aber auch die Kulinarik hat im Weißen Roß einen sehr hohen Stellenwert: Im Restaurant mit moderner, raffinierter, aber auch klassischer bayerischer Küche werden vorwiegend heimische Produkte verwendet und die hauseigene Metzgerei garantiert Qualität und Frische. Im separaten Gourmetrestaurant Cheval Blanc wird an vier Abenden in der Woche stark verfeinerte Kochkunst zelebriert.

Immenstaad (Baden-Württemberg)

6

Seehof

im Hotel Seehof
Am Yachthafen (für GPS: Bachstr.15),
88090 Immenstaad
07545-9360
www.seehof-hotel.de
Küchenchef: Jürgen Hallerbach
Täglich von 12–14 Uhr u. ab 18 Uhr, kein RT
Hauptgericht: 16–40 €,
Menüs: 49–75 €

Es gibt fraglos viele attraktive und idyllische Orte rund um den schönen Bodensee. Und auch solche, an denen es nicht nur entspannt sein, sondern auch kulinarisch genießen lässt. Aber so reizvoll wie in dem in absoluter Premiumlage direkt am Ufer gelegenen Seehof in Immenstaad kommt beides dann doch nur selten zusammen. Das mit den Jahren aufwendig umgebaute und modernisierte Hotel bietet von den teils gemütlich traditionellen, teils luftig eleganten Räumlichkeiten bis zum liebevoll gestalteten Garten und Seezugang nämlich auch eine ambitionierte, stark regional verwurzelte Küche, die sehr erfolgreich den Spagat zwischen leichter Zugänglichkeit und hohem Anspruch meistert.

Das Team um Jürgen Hallerbach wählt die größtenteils aus dem nahen Umfeld stammenden Lieferanten und Produzenten sehr sorgfältig aus und bringt deren Erzeugnisse in unkomplizierten, zugleich aber schmissigen Gerichten auf die Teller. Teils konsequent bodenständig und traditionell, so wie bei den Käsespätzle mit regionalem Bergkäse, Zwiebelschmelze und Blattsalaten, teils aber auch exklusiver, so wie bei der saftig rosa gebratenen Rehkeule mit Pfifferlingen, grünen Bohnen und Kartoffelknöpfle. Wobei – und gerade das macht die Seehof-Küche auch aus – eine sympathische Bodenständigkeit auch im ambitionierteren Fach stets erhalten bleibt.

Zuletzt eröffnete beispielsweise ein in Strudelteig knusprig gebackener Ziegenfrischkäse mit feinsäuerlicher Würze auf einem von eingelegten Kürbiswürfelchen und Radieschen effektiv aufgelockertem Feldsalat auf typische Art das Menü – und bekam dabei von einem prononciert süß-säuerlichen Zwetschgenchutney einen kecken Kontrast zur Seite gestellt. Vollkommen unkompliziert und auf pfiffige Art sehr ansprechend.

Auch die topfrischen und knusprig-saftig gebratenen Wolfsbarschfilets mit Steinpilznudeln und einer nach unserem Geschmack etwas zahmen Beurre blanc überzeugten mit einem harmonischen, akkurat ausgeführten Gesamtbild. Vom leichten Biss und feinen Aroma der Pasta bis zu den sauber enthäuteten und geschmorten Paprika im begleitenden mediterranen Gemüse war das alles sehr akkurat, allerdings wirkte die Paprika in diesem Kontext und vor allem in Kombination mit dem Steinpilzgeschmack nicht ganz schlüssig – dieser hätte nämlich gut auch einfach für sich stehen können. Letztlich ist aber auch dies nur ein kleiner Kritikpunkt, der den Gesamteindruck nicht trübt, sondern eher noch weiteres Potenzial aufzeigt…

Insgesamt sind sowohl die bodenständig-traditionellen als auch die ambitionierten Gerichte von viel Substanz und hoher Produktqualität geprägt und auch im süßen Bereich wird das Niveau gehalten, sei es bei cremig-duftigem Rahmeis, das keck von Granatapfel aufgefrischt und mit Baiser und einer Hippe mit Crunch versehen wird, oder bei der Kombination eines fruchtig-säurefrischen Rhabarberstrudels mit Vanillesauce und Pistazieneiscreme.

Dazu kommen ein ausgesprochen zuvorkommend aufmerksamer Service und eine attraktive Weinauswahl, die sowohl in hochwertigen Viertele wie auch in den vielen guten Flaschen einen ausgezeichneten Querschnitt durch den Weinbau rund um den Bodensee bietet – darüber hinaus aber auch aus anderen Weinregionen einiges im Köcher hat.

Iphofen (Bayern)

5

Zehntkeller

im Romantik Hotel Zehntkeller
Bahnhofstr. 12,
97346 Iphofen
09323-8440
www.zehntkeller.de
Di–So von 12–14 Uhr u. ab 18 Uhr,
Mo (Fei ausgenommen) RT
Hauptgericht: 22–48 €,
Menüs: 80 €
VISA

Die Gastronomie im Zehntkeller steht seit langem und küchenchefübergreifend für gehobenen Anspruch und Qualität. Und auch für Regionalität, denn selbst wenn sich mal Meeresfisch, bzw. Schalen- oder Krustentier ins Repertoire einschleichen, konzentriert sich die Küche des gehoben-rustikalen und sehr nostalgisch anmutenden Restaurants im einstigen Amtssitz der Würzburger Fürstbischöfe ganz überwiegend auf regionale Produkte. Die werden klassisch und fundiert zubereitet – mit gehobenem Anspruch, aber nicht überzogen exklusiv. So finden sich zwischen Kalbstafelspitz, fränkischem Schweinekotelett, Rinderconsommé, Rehragout und Schäufele immer auch weltläufigere Kompositionen, etwa mit mediterranem Oberton.

Zur Iphöfer Kammer

Marktplatz 24,
97346 Iphofen
09323-8772677
kammer-iphofen.de
Mi–Sa ab 18 Uhr, So von 11.30–15 Uhr, Mo u. Di RT
Hauptgericht: 25–29 €

Mit viel Passion betreiben Heidrun Kaufmann und Markus Lösch dieses nette kleine Lokal mit fünf Tischen plus Freisitz am Marktplatz von Iphofen, welches sie als Einzelkämpfer auf ihrem jeweiligen Posten bewirten. Das Kleinod gehört zum bekannten Weingut Wirsching, ist schlicht, aber geschmackvoll eingerichtet – mit Holzbänken und -stühlen, hellgrünen Holzvertäfelungen und rotbraunem Fliesenboden. An den Wänden hängt farbenfrohe moderne Kunst und aus der Küche von Markus Lösch kommt eine überschaubare Auswahl an feinen, oft regionalbetonten Gerichten, die schnörkellos, sorgfältig und fundiert mit einer gehörigen Portion Understatement zubereitet werden. Denn auf den Tellern gibt's dann meist doch deutlich mehr Finesse zu schmecken, als man erwarten würde. Neben den Erzeugnissen aus dem Weingut Wirsching gibt es eine kleine Auswahl alternativer Getränke, etwa die sehr guten Biere der Biermanufaktur Engel aus Crailsheim. Und das alles zu einem attraktiven Preis-Genuss-Verhältnis.

Irschenberg (Bayern)

Dinzler

Wendling 15,
83737 Irschenberg
08025-99225100
www.dinzler.de
Küchenchef: Ben Diomande
Täglich ab 9 Uhr durchgehend, kein RT
Hauptgericht: 14–34 €,
Menüs: 35–70 €

Das direkt neben der Autobahnraststätte an der A8 gelegene und mittlerweile zu einem regelrechten Genusskomplex aus Rösterei, Café, Restaurant und Vinothek gewachsene „Dinzler am Irschenberg" ist aufgrund der Lage ein beliebtes und meist gut besuchtes Ziel für Reisende oder Bergsportler, die sich nach Autofahrt oder Abenteuer hier genussvoll stärken. Und die dabei zweifelsohne auch zu schätzen wissen, dass dafür trotz der Größe des weitläufigen Restaurants und der Terrasse eine deutlich höhere Qualität geboten wird, als man es an einem solchen Standort erwarten würde.
Denn was das emsige Dinzler-Team hier tagtäglich stemmt, ist beachtlich. Nicht nur die schiere Anzahl der Plätze, sondern auch die Öffnungszeiten lassen den durchgehend hohen Anspruch an eine natürlich-frische und handwerkliche Zubereitung der Gerichte umso bemerkenswerter erscheinen. Ganz gleich, ob man eine der klassisch neapolitanischen Pizza-Varianten mit ihrem lockeren, sekundenkurz und brüllheiß im Steinofen gebackenen Teig und hochwertigen Toppings entscheidet, nur einen abwechslungsreichen Salat genießt, oder sich mit mehr Zeit und Neugier durch die Karte probiert – sicher sein darf man sich hier stets einer fachmännischen Zubereitung aus guten Produkten und immer wieder auch guten Ideen, die mit ganz einfachen Mitteln für einen gewissen Pfiff sorgen.
Das kann die fruchtige Ergänzung mit Pfirsich zu einer walddduftigen Pfifferlingssuppe sein, der asiatische Twist in einem mit Piment d'Espelette und Koriander abgeschmeckten Avocado-Mango-Tatar als Basis für knackige Garnelen und Bonitoflocken, oder auch die ätherische Orangennote in einem Risotto mit Pinienkernen und Pfifferlingen, das sowohl solo als auch als Grundlage für knusprig gebratenen Zander eine gute Figur macht. Dass die Umsetzung dabei oft etwas gröber ausfällt und eher auf die natürlichen Eigenschaften der Produkte als auf Finesse im Detail ausgerichtet ist, sorgt zwar für gewisse Schwankungen, je nachdem wie gut die Grundidee aufgeht – die Ergebnisse bewegen sich aber dennoch immer auf einem soliden Grundniveau.
Zu den weniger gelungenen Kostproben in diesem Sinne zählte bei unserem letzten Testbesuch der mit Hähnchenbrust kombinierte und mit karamellisierten Walnüssen angereicherte Blumenkohl-Mangosalat, was weniger an der Idee als vielmehr an der Ausführung lag. Denn die war einerseits durch das bereits vorgebratene und sehr lange warm gehaltene, folglich also recht matte und trockene Fleisch nicht sonderlich attraktiv, verlor aber auch wegen dem seltsam diffusen, beinahe muffigen und so recht unharmonischen Geschmack des Salats an Reiz.

Dass solche Dinge aber nur die Ausnahme und nicht die Regel sind, bewies postwendend unter anderem ein Fischgang rund um knusprig auf der Haut gebratenes Saiblingsfilet, das nicht nur mit einem zarten Kartoffel-Kohlrabi-Gratin, sondern auch mit einer Art Erbsenpesto liiert war, dem mit frischer Minze ein ätherischer Akzent verliehen wurde, der sich hier sehr gut machte und das Geschmacksbild noch etwas zuspitzen konnte. So entstand ein runder, harmonischer Gang, dem nur ein wenig mehr Süffigkeit, etwa durch eine Sauce oder einen Sud, nicht geschadet hätte.
Und auch das locker panierte und luftig ausgebackene Wiener Schnitzel, das frisch aus der Pfanne mit Preiselbeeren auf den Teller kommt, ist genauso eine sichere Bank wie die im Big Green Egg punktgenau gegrillten Steaks vom Simmenthaler Rind – beides mit frei wählbaren, frisch zubereiteten Beilagen von Bratkartoffel über Trüffel-Parmesan-Pommes bis Grillgemüse.
Schmackhaft und solide fiel zuletzt auch die etwas kompakte, mit Marzipan, Bisquit und Bitterschokolade umhüllte und im Kern mit Pistazienparfait gefüllte Roulade aus der eigenen Patisserie aus, die zusammen mit saftig-säuerlichem Kirschragout und Schlagsahne einen schmackhaften süßen Abschluss bescherte. Wem das am Ende zu mächtig erscheint, der findet beispielsweise in einem zarten Schokomousse-Törtchen mit säuerlich-fruchtiger Roter Grütze eine etwas leichtere Alternative – oder durchstöbert einfach die Vitrine der Pâtisserie nach feinen Torten und Gebäck zum Mitnehmen.
Dank der hauseigenen Vinothek mit einem vor allem aus Deutschland, Österreich und Italien gut bestückten Sortiment mangelt es hier auch nicht an lohnenden Getränkeoptionen. Das glasweise Angebot hält sich dabei eher an einfachere Gewächse, bietet aber ebenfalls ein gutes Spektrum lohnender Alternativen.

Johannesberg (Bayern)

7

Helbigs Gasthaus

im Hotel Auberge de Temple
Hauptstr. 2, 63867 Johannesberg
06021-4548300
www.auberge-de-temple.de
Küchenchef: Ludger Helbig
Di–Sa von 12–13.30 Uhr u. ab 18 Uhr, So u. Mo RT
Hauptgericht: 27–46 €, Menüs: 48–127 €

VISA

Die im beschaulichen kleinen Johannesberg im Spessart gelegene Auberge de Temple ist ein besonderer Ort. Mit der nach Patron Günther de Temple verwirklichten Kombination aus „Genuss, Kunst und Kultur", die in den eleganten Gasträumen mit großformatigen Kunstwerken und im Jahresverlauf mit vielen spannenden Events die Besucher anlockt, hat die Auberge ein Alleinstellungsmerkmal, das nicht viele Restaurants vorweisen können. Dafür, dass aber auch der Genuss voll und ganz im Mittelpunkt steht, sorgen seit nunmehr 10 Jahren mit Nicole und Ludger Helbig zwei hochengagierte Gastgeber in Service und Küche.
Kein Wunder, dass die Auberge de Temple mit Helbigs Gasthaus weit über die engere Region hinaus als Genussort fest etabliert und immer gut besucht ist. Wobei dazu sicherlich auch beiträgt, dass schon seit einiger Zeit die klarere Trennung zwischen Fine Dining und bodenständigerem Gasthaus aufgehoben ist und sich ganz flexibel zwischen substanzstark und präzise zubereiteten Klassikern wie einem Wiener Schnitzel mit Bratkartoffeln und Gurkensalat und Offerten aus dem Genussmenü kombinieren lässt.

Letzteres zeigt einerseits mit dem markanten und kreativen Einsatz hochwertiger Gewürze unverkennbar die Einflüsse des für Ludger Helbig prägenden, leider viel zu früh verstorbenen Mentors Ingo Holland, andererseits aber auch die Erfahrung eines langjährigen Küchenchefs mit feinfühlig umgesetzten eigenen Ideen. Auf diese Art überzeugen sowohl zunächst eher unaufgeregt wirkende Gerichte wie die zarten, dank guter Reife und Marmorierung kräftig eigenaromatische Scheiben vom Rinderrücken neben einem aufgelockert abwechslungsreichen Arrangement verschiedener knackiger Beten, ätherisch frischem Kräutersalat und zugespitzt limettenfrischem Sauerrahm – einfach schon deshalb, weil die Proportionen und aromatischen Details stimmen.
Ebenso klar und aromenstark kamen auch die festfleischigen Tranchen von der Gelbschwanzmakrele daher, die auf saftigem Blumenkohlbulgur neben den duftigen Aromen von Garam Marsala, Raz el Hanout und Kreuzkümmel angerichtet wurden. Sanft ergänzt von eher frisch gehaltener Avocadocreme sowie gerösteten Salzmandeln spiegelte das Gericht beinahe prototypisch den charakteristischen Helbig-Stil wider.
Wieder etwas unaufgeregter und bodenständiger wirkten die auf einem Sockel aus typisch gemüsefruchtig-kräutrigem, daneben aber auch durch präsente Säure belebtem Ratatouille angerichteten feinwürzig-zarten Lammfilets. Die wurden von einer kraftvollen und doch sehr eleganten Lammjus, einem säurefrischen hellen Saucenschaum und saftigem Rosmarin-Kartoffelstrudel ergänzt und auch hier zeigten die aromatische Substanz und Genauigkeit bei den Einzelzubereitungen hohes Niveau.
Genau wie auch der saftig-fluffige Mandelkuchen auf betäubend ätherischer Sanshopfeffercreme, der mit vollreifen Himbeeren, hochintensivem Himbeergel und duftigem Verveine-Eis zu einem unkompliziert anmutenden, aber überraschend vielschichtigen und dynamischen Abschluss kombiniert wurde. Super!
Letztlich bestätigte sich auch diesmal wieder der Eindruck aus dem letzten Jahr, dass zwar einige und insbesondere die einfacheren Gerichte aus dem Gasthaus-Genre die aktuelle Bewertung nur eher knapp erreichen, diese unter dem Strich aber weiterhin voll gerechtfertigt bleibt. Ein Besuch lohnt sich! Auch wegen der charmanten Art von Gastgeberin Nicole Helbig und ihrem Serviceteam, die aus der überwiegend mit hochwertigen deutschen Weinen bestückten Karte den Genuss auf den Tellern immer wieder mit spannenden persönlichen Empfehlungen im Glas bereichert.

Hotelempfehlung

Auberge de Temple

Hauptstr. 2, 63867 Johannesberg
06021-4548300
www.auberge-de-temple.de
Einzelzimmer: 114–154 €
Doppelzimmer: 154–194 €

VISA

In der Idylle des Vorspessarts, wo Natur und fränkische Herzlichkeit schon lange Inspirationsquelle für Künstler und Genießer bietet, begrüßt auf rund 365 Metern Höhe das 2013 nach aufwendigen Sanierungsarbeiten neu eröffnete Anwesen, das seit vielen Jahrzehnten für traditionsreiche Gastlichkeit steht. Heute erwartet den Gast in der Auberge de Temple authentische, traditionelle Gastlichkeit in idyllischem, sehr geschmackvollem Ambiente mit kunstsinnig gestalteten, komfortabel ausgestatteten Zimmern und Suiten. Die individuellen Räume, die kleine, aber feine Galerie, die moderne Kochschule sowie nicht zuletzt das Kulinarium von Helbigs Gasthaus, verwandeln dieses Ambiente zu einem Haus, wo sich Weltreisende, Heimatverbundene, Anspruchsvolle, Gesellige, Ruhesuchende, Kulturfreunde, Naturliebhaber, Weinkenner und Gourmets willkommen und wohl fühlen. Mit der „Remise" steht zudem für Tagungen und Konferenzen ein bestens ausgestatteter, inspirierender Kreativraum für bis zu 14 Personen zur Verfügung. Restaurant Helbigs Gasthaus separat erwähnt.

Jork (Niedersachsen)

7

Die Mühle Jork

Am Elbdeich 1, 21635 Jork
04162-6395
www.diemuehlejork.de
Küchenchef: Danny Riewoldt
Do u. Fr ab 18 Uhr, Sa u. So von 12–14.30 Uhr u. ab 18 Uhr, Mo–Mi RT
Hauptgericht: 27–40 €,
Menüs: 74–140 €

Die traurige Nachricht zuerst: Ab Oktober 2023 wird die Mühle in Jork für immer ihre Türen schließen. Aus gesundheitlichen Gründen verabschieden sich Kerstin und Danny Riewold von ihrem über viele Jahre mit so viel Herzblut aufgebauten gastronomischen Kleinod. Das Gute aber ist: Bis dahin sind die beiden noch mit dem gleichen Engagement am Start wie eh und je. Wer irgendwie kann und sowieso schon immer mal wollte, sollte sich also unbedingt sputen, noch einen Tisch in dem einzigartigen Ambiente der Mühle sichern und dort – zwischen massiven Backsteinmauern und freigestelltem dunklem Holzgebälk – in den stylischen Ledersesseln Platz nehmen. Und das natürlich nicht nur wegen des besonderen, zugleich heimeligen und zeitgemäß stilvollen Ambientes, sondern ganz besonders auch wegen der ebenso individuellen wie niveauvollen Küche von Danny Riewold.

Diese bietet mittags etwas bodenständigere, aber blitzsauber und auf hohem Niveau zubereitete Gerichte wie die Lammbratwurst mit Altländer Apfel und Zwiebel oder ein Lachsforellenfilet mit Safranrisotto, grünem Spargel und Tomaten. Für neugierige Genießer noch spannender ist aber ganz klar das in maximal neun Gängen frei zusammenstellbare Degustationsmenü am Abend, in dem die Kreativität und die eigenständige Handschrift besonders deutlich sichtbar werden.

Wie nur wenige schafft es der (übrigens unverändert komplett allein in der Küche werkelnde) Chef auch ungewöhnliche Kombinationen ganz lässig und wie selbstverständlich wirken zu lassen, zeigt dabei ein hervorragendes aromatisches Feingespür und kommt dank diesem komplett ohne das typisch akkurate Styling moderner Küche aus – obwohl auch beim ihm teils beachtlich viele, fein angestimmte Komponenten auf den Tellern zusammenkommen. Getragen von einer beschwingten Leichtigkeit und einem klaren Bezug zur Region und ihren charakteristischen Produkten und Aromen ergibt das eine individuelle Küche, die einerseits viel Überraschendes bietet, andererseits aber auch auf unkomplizierte Art viel Freude bereitet.

Einen Fingerzeig darauf bot zuletzt schon eine fordernde erste Kleinigkeit in Form gegrillter Makrele nebst knackigen Rhabarberwürfelchen, Saiblingskaviar, Rauchmandel und einem harmonischen Makrelenfond mit Holunderblütenessig – maritim, jodig, rauchig und säurefrisch, ganz in dem wie locker aus dem Handgelenk geschüttelt wirkenden Stil...

Noch komplexer ausgeführt wurde dieser Stil dann bei den leicht colorierten und minimal temperierten Jakobsmuscheln mit strahlend klarem Geschmack, die in ein auf engem Raum mit vielen feinen Kontrasten gespicktes Umfeld gestellt wurden. Auf der einen Seite gab es da verschiedenste „grüne" Aromen unterschiedlicher, fermentierter und marinierter Bohnen, Algen und Frühlingslauch. Auf der anderen Seite stand die feine fruchtige Säure von eingelegten weißen Erdbeeren und dunkel konzentrierten roten Walderdbeeren. Eine Creme aus dem Rogen der Jakobsmuschel verstärkte deren Präsenz gemeinsam mit der zarten noblen Süße von Honig abgeschmeckten Jakobsmuschelfond. Ein Highlight!

In eine ganz andere, dunklere Aromenwelt entführten die in Blaubeermiso würzig gegarten Karotten neben einer milderen Orangen-Karottencreme und intensiv purer Pistaziencreme. Obenauf sorgten Chrysanthemenblätter für kräutrige Würze und gebrannte Pistazien für Crunch. Der auf spannende Art mehr in die Breite gehende Eindruck wurde von einem herben Kaffeesud ausbalanciert und vor allem durch die natürliche leicht herbe Säure angewärmter Blaubeeren partiell aufgebrochen.

Der nächste Streich: soft und elastisch gegarte, dann aber scharf und knusprig angegrillte Kalbszunge (eine Zubereitung, die dieser ausgesprochen gut steht) als süffig kraftvolles In-

termezzo, das mit sanft gebratenen kleinen Pfifferlingen, würzig grünem Mangold und einem sämigen, mit Fichtensprossen verfeinerten Sud aus der Kalbszunge einmal mehr zeigte, wie gekonnt der Chef transparente Leichtigkeit mit viel Kraft und Tiefe zu verbinden vermag.
Entsprechend überraschte es wenig, dass genau das auch zu der sanft gegarten Rotbarbe im Hauptgang bestens funktionierte: Mit einem dicht gestrickten eigenen Fond hatte der (qualitativ erneut hervorragende!) Fisch eine perfekte Verbindung zu den ätherisch frischen Kräuternoten von unter anderem Petersilie und Meeresfenchel, die gemeinsam mit dünn gehobeltem Fenchel und gebratenen Artischockenstücken eine fein differenzierte vegetabil-würzige Aromatik schafften. Im Vergleich zu den Vorspeisen gab es hier zwar etwas weniger pointierte Details, aber ein kaum weniger überzeugendes Ergebnis.
Und wie bereits im Vorjahr wurden dann beim Dessert ohnehin noch einmal alle Register gezogen und mit einer rund um Kirsche, Pistazie, Zitronenmelisse und Schokolade ein auf engstem Raum mit enormer Detailfülle verdichtetes Highlight geschaffen. Dank vollreifer halbierter Herzkirschen, die neben einem kleinen Kirschsorbet ganz natürlich im Dessert versteckt waren, hatte das Kirschthema dauerhaft eine starke Präsenz und wurde von immer neuen Facetten der Pistazie (als Creme, Gelee, in Kataifi gebackene Praline…), punktuell dunklere Schokoladennoten und die duftige Frische eines Melisse-Eises begleitet.
Dazu gab es, mit passender Frische, Würze und Frucht, einen Rosé-Sekt von Franz Keller, der genau wie alle anderen von Kerstin Riewold ausgewählten Weine ein passgenaues Pairing ergab. Das Weinsortiment ist überhaupt, so wie die gesamte Mühle, sympathisch individuell, vom persönlichen Kontakt zu Winzern geprägt, und birgt viele spannende Entdeckungen, die man sonst nur selten (oder nicht mehr) findet. Das Ende der Mühle ist in jedem Fall ein großer kulinarischer Verlust für die Region.

Ollanner Buurhuus

im Hotel Altes Land
Schützenhofstr. 16,
21635 Jork
04162-91460
www.hotel-altes-land.de
Mo–Fr von 11.30–14.30 Uhr u. ab 17.30 Uhr, Sa u. So von 11.30–15 Uhr u. ab 17.30 Uhr, kein RT
Hauptgericht: 14–23 €
VISA P

Im Ollanner Buurhuus, dem Restaurant im Hotel Altes Land, hat man sich den vergessenen Genüssen Norddeutschlands im Allgemeinen und des Alten Landes im Speziellen verschrieben. Und auch sonst versetzt der stattliche Backsteinhof im Altländer Fachwerkstil den Gast für die Dauer des Besuchs unweigerlich in die gute alte Zeit: Das Hotel mit seinen verschiedenen authentisch-nostalgischen Stuben ist seit etwa 175 Jahren in Familienbesitz und man besinnt sich hier unter der Ägide von Küchenchef Frank Müller eben auch kulinarisch auf alte Traditionen. So findet man auf der Speisekarte des Olaaner Buurhus alte Gemüsesorten, das Fleisch der Bunten Bentenheimer Schweine oder vom Auerochsen, die authentischen, „unverzüchteten" Produktcharakter bieten und hier handwerklich sehr solide und schmackhaft zubereitet werden.

Kahl am Main (Bayern)

Zeller Restaurant

im Zeller – Hotel + Restaurant
Aschaffenburger Str. 2,
63796 Kahl am Main
06188-9180
www.hotel-zeller.de
Küchenchef: Harald Wiedenhöft
Täglich von 12–13.45 Uhr u. ab 18 Uhr, kein RT
Hauptgericht: 24–52 €, Menüs: 64–84 €
VISA P

Im ländlich-eleganten Restaurant des an der Hauptdurchfahrtsstraße von Kahl am Main gelegenen Hotels, dessen weitläufiger Gebäudekomplex sich auf der Rückseite entlang eines

Flusslaufs überraschend weit ausdehnt, lässt sich seit Jahren auf zuverlässig gutem Niveau speisen. Das Team macht dafür keinerlei kreative Verrenkungen und steht für äußerst sorgfältig, frisch und natürlich zubereitete Gerichte, die gegenständlich und im allerbesten Wortsinn gutbürgerlich sind, also bei durchaus hohem Eigenanspruch nicht zu exklusiv und exaltiert daherkommen. Das lässt die Küche absolut mehrheitsfähig sein und so findet hier garantiert jeder Gast etwas im Repertoire – ganz egal ob für den unkomplizierten Bedarf des Hotelgastes, der am Mittag oder Abend nur schnell eine vernünftig zubereitete Kleinigkeit essen will, oder für den ausgedehnten Genuss.
Das Repertoire des Teams reicht von handfesten traditionellen Klassikern wie Feldsalat mit Kartoffel-Speck-Vinaigrette, einem Zwiebelrostbraten mit Röstkartoffeln, Wiener Schnitzel vom Kalb oder „Kahler Topf“ mit Schweinelendchen, Pilzen, Buttererbsen und Röstkartoffeln bis hin zu Dingen wie confierten Garnelen mit eingelegtem Kürbis und Kräuterschmand oder Tournedos vom Rind mit Spitzkohl, Perlzwiebeln und Kartoffel-Kürbis-Gratin. Ganz gleich in welche Richtung man tendiert – alle Gerichte zeichnen gute, frische Produkte und eine fachmännische und vor allem sorgfältige Zubereitung aus.
So auch die Vorspeise von zarter, mild geräucherter Entenbrust, die in dünnen Scheiben mit süßsäuerlich ausgewogenem Apfelrelish und aromatischen, grob zerstoßenen Haselnüssen um einen zart knackigen Spitzkohlsalat arrangiert waren. Alles vorbildlich auf dem Punkt, alles schön eigenaromatisch und behutsam gewürzt. Tadelloses Handwerk und mit subtiler Würze gut unterstützten natürlichen Geschmack bot auch die Geflügelkraftbrühe, in der neben zarten hausgemachten Pilzravioli, die eher kleine Tortellini waren, auch jede Menge natürliches Umami spendende Shiitake-Pilze als weitere Einlage schwammen.
Etwas zu sehr auf den natürlichen Geschmack der Viktualien hatte man sich beim Zander auf Graupenrisotto verlassen. Zwar spendete das feinsäuerliche Kürbischutney, das mit Verstärkung von etwas Kürbiskernöl und gerösteten Kürbiskernen auf dem Teller zugegen war, dem Ganzen etwas Pep, allerdings ließen der qualitativ ordentliche aber sehr zaghaft gewürzte Fisch (auf der Haut gebraten, aber nicht kross) und die ebenfalls eher ausdruckslosen Graupen das Ganze dann doch verhältnismäßig blass wirken. Da hätte man sich beispielsweise noch die Eigenschaften einer guten Beurre blanc oder etwas ähnliches gewünscht.

Keine Wünsche offen blieben indes beim Dessert, auch wenn hier nur zwei Komponenten auf dem Teller zu finden waren. Aber sowohl die mustergültig lockere, mit einer hauchdünnen, perfekt abgebrannten Karamellkruste überzogene Zimtblüten-Crème-brûlée als auch das cremige, vollaromatische Zwetschensorbet präsentierten sich bestens und harmonierten auch erwartungsgemäß gut miteinander. Die Weinkarte listet ein gutes Sortiment europäischer Gewächse mit Schwerpunkt Deutschland, dessen Bandbreite vom fränkischen Silvaner bis zu internationalen Spitzen wie Sassicaia oder Solaia reicht und für jeden Anlass das Passende bereithält. Den Service erlebten wir wie immer engagiert und flink.

Hotelempfehlung

★★★★

Zeller – Hotel + Restaurant

Aschaffenburger Str. 2,
63796 Kahl am Main
06188-9180
www.hotel-zeller.de
Einzelzimmer: 100–198 €
Doppelzimmer: 130–238 €

Das sehr persönlich geführte Hotel in Kahl am Main, direkt an der bayrischen Grenze zu Hessen, präsentiert sich in allen Bereichen modern und geschmackvoll. Die Kategorien der insgesamt 82 Zimmer und Suiten unterscheiden sich in Einrichtung, Ausstattung, Größe und Lage und reichen vom „Small Economy"-Einzelzimmer bis zur Business-Suite mit großem King Size Bett, zwei Bädern sowie einen Wohnraum mit Terrasse und direktem Zugang zum ruhigen Garten. Im Wellness- und Fitnessbereich laden Schwimmad, Sauna, Dampfbad, Kraftraum und Massageanwendungen zum Entspannen oder Aktivsein ein. Im gemütlichen Restaurant im historischen Teil des Hauses wird eine ambitionierte Küche mit regionalen und internationalen Spezialitäten geboten. Außerdem: vier helle und freundliche, modern ausgestattete Tagungsräume. Zeller Restaurant separat erwähnt.

Kandel (Rheinland-Pfalz)

6↑

Zum Riesen

im Hotel Zum Riesen
Rheinstr. 54, 76870 Kandel
07275-3437
www.hotelzumriesen.de
Küchenchef: Andreas Wenz
Mi–Sa ab 17.30 Uhr, So–Di RT
Hauptgericht: 23–45 €,
Menüs: 42–105 €

Wer kurzfristig einen Besuch plant, braucht schon ein wenig Glück, um tatsächlich in dem angenehm unaufgeregt gestalteten Gastraum von Familie Wenz Platz nehmen zu dürfen, denn nicht nur die vielen Stammgäste des Restaurants im südlichsten Zipfel der Pfalz sorgen stets für ein volles Reservierungsbuch. Der Grund hierfür liegt auf der Hand, denn Küche liefert seit Jahren ein sehr zuverlässig umgesetztes und zugänglich komponiertes Programm, das in erster Linie auf den guten Produkten der Region aufbaut, grundsätzlich klassisch gekocht ist, oft aber auch mit einem originellen Twist daherkommt – was zum Beispiel Anleihen aus der asiatischen Kochkultur sein können. Und um die Pointe gleich vorwegzunehmen: Das alles wirkte bei unserem jüngsten Besuch sogar noch ein wenig ausbalancierter und prägnanter als in den Jahren zuvor, so dass wir die Bewertung heuer um einen verdienten Bonuspfeil erhöhen können.

Dass hier eine Aufwertung in der Luft liegt, ließ uns gleich zum Auftakt bereits die schaumige, geschmacklich erdig-vollmundige Petersilienwurzelsuppe erahnen, die mit einer taufrischen und schön glasig präsentierten Jakobsmuschel nebst fruchtig-crunchigem Orangenkaramell on top und cremigem Tonkabohnenschaum als sehr stimmige Kreation daherkam. Vielleicht so etwas wie die Visitenkarte der Küche: überdurchschnittlich gute Grundprodukte, die ohne Brimborium, aber auch nie beliebig oder uninspiriert in Szene gesetzt sind.

Von hoher Produktqualität und sehr sorgfältigem Handwerk profitierte im Anschluss auch die ätherisch zarte Skrei-Tranche, die in blütenweißer und saftiger Idealform auf dem Teller lag und von einem Lardo-„Gürtel" mit herzhaftem Schmelz gepusht wurde. Und auch das restliche Tableau war bestens auf den Fisch abgestimmt. So sorgte zum Beispiel ein feinkörniges, von Bete tiefrot gefärbtes und aromatisiertes Graupenrisotto nicht bloß einen farblichen Akzent, sondern lieferte als Sockel des zarten Eismeerkabeljaus auch den erwarteten kontrastspendenden Biss und war im Verbund mit jodigem Krustentierschaum und erfrischend süß-säuerlich mariniertem Fenchelsalat bereits ein erstes Highlight des Menüs.

Und auch wenn Filet und Rücken vom Reh nach unserem Geschmack etwas zu viel Hitze abbekommen hatten, konnte das den Genuss nicht wirklich schmälern, denn das Fleisch war aufgrund seiner tollen Qualität immer noch saftig und durfte – klassisch in der Pfanne gebraten und nicht im Plastikbeutel sous-vide zu matschigem Brei denaturiert – seinen Charakter voll ausspielen. Seidiges Selleriepüree und sahniger Rahmwirsing unterfütterte das Wildbret gemüsig und die exakt dosierte Fruchtsüße der ebenfalls aufgelegten Dörraprikose rundete den traditionellsten Gang des letzten Besuchs adäquat ab.

Sogar noch einen Tick besser, weil handwerklich perfekt, hat uns das beherzt angebratene

Kalbsfilet gefallen, das außenherum röschkrustig und im Kern gleichmäßig rosasaftig den Hauptgang bestimmte. Und das neben hauchdünn gehobeltem und zum Türmchen geschichteten Kartoffelgratin, rahmiger Kartoffelcreme, punktgenau reduzierter Jus sowie einem Kügelchen Trüffelbutter das Händchen der Küche für perfekt getroffene Garpunkte und souveräne klassische Arrangements unterstrich. Das Rad wird hier nicht neu erfunden, aber das will Küchenchef Andreas Wenz auch gar nicht.

Wenig verwunderlich war folglich auch das süße Finale eine souverän in sich ruhende Angelegenheit. Zur süß-säuerlich abgeschmeckten geschmorten Feige gesellte sich da eine weinige Sabayone und ein säurestraffes Kalamansisorbet – und mehr brauchte es dann auch nicht, um das bis zum Hauptgang gezeigte Level auch mit dem Dessert locker zu halten. Dass man sich in der Pfalz befindet, merkt man als Gast spätestens beim Blick in die Weinkarte, die fast ausschließlich die Region featured und vor allem auf bekannte Szenegranden setzt. Mit dem aufmerksamen Serviceteam um Bärbel Wenz darf man sich aber auch abseits bekannter Namen umtun, um vielleicht noch den ein oder anderen persönlichen Tipp der Gastgeberin als Neuentdeckung in die Menübegleitung integrieren zu lassen.

Kappelrodeck (Baden-Württemberg)

6

Gasthof Zum Rebstock

Kutzendorf 1,
77876 Kappelrodeck (Waldulm)
07842-9480
www.rebstock-waldulm.de
Küchenchef: Karl Hodapp
Mi–Fr ab 17.30 Uhr,
Sa u. So von 12–13.30 Uhr u.
ab 17.30 Uhr, Mo u. Di RT
Hauptgericht: 26–32 €, Menüs: 42–78 €
EC VISA P

Solche wunderbaren Gasthäuser wie den Rebstock im Kappelrodecker Ortsteil Waldulm, die hinter ihrer prachtvollen Fachwerkfassade nicht nur mit einem ebenso behaglichen wie gepflegten, authentisch nostalgischen Ambiente aufwarten, sondern auch mit einer attraktiven Regionalküche auf Feinschmeckerniveau und einer sensationellen Weinkarte, findet man selbst im gastronomisch-kulinarisch verwöhnten Südwesten der Republik nicht in jedem zweiten Dorf. Dementsprechend hoch steht das Lokal von Witzigmann-Schüler Karl Hodapp bei uns seit jeher im Kurs, denn die Küche, die in den holzvertäfelten Stuben mit niedrigen Decken oder im Sommer auf der erhöhten Terrasse mit Blick in die umherliegenden Weinberge serviert wird, macht einfach Spaß und hat in dieser Form Seltenheitswert.

Wo gibt's denn heutzutage noch ein Wachtelbrüstchen im Blutwurstmantel als Terrine, eine ganze gefüllte Wachtel aus dem Ofen oder ein in geschmorten Ochsenschwanz gehülltes Rinderfilet, außer im Gourmetrestaurant? Hier werden solche und andere Dinge zu moderaten Preisen in entspannter Atmosphäre serviert – die Vorspeisen sogar allesamt wahlweise auch in „Versucherle"-Portionen, was regelmäßig dazu einlädt, sich einmal quer durchs Repertoire durchzufuttern.

Da erwartet einen dann zum Beispiel die bereits erwähnte mild geräucherte Wachtelbrust, die mit etwas Farce zum Zylinder geformt und von einer dünnen Blutwurstschicht ummantelt sowie von Zwetschgensenf begleitet wird. Oder ein schön lauwarm serviertes schmelziges Kalbskopfsülzen-Carpaccio auf schlotzigem Kartoffelsalat mit feinsäuerlich-fruchtigen Tomatenconcassée. Schon davor konnte man bei der kleinen Terrine von zart cremiger Meerrettichmousse und schmelzigem Apfelgelee nicht nur gut erkennen, dass das Team auf optimale Serviertemperaturen und Konsistenzen wert legt, sondern dass es auch die Aromen gut herausarbeitet. Und aus ebendiesen Gründen war auch die Mousse von Gorgonzola und Rahmkäse nebst Preiselbeerchutney so gelungen.

Weil wir die Rebstock-Küche seit so vielen Jahren loben und das auch in den kommenden Jahren wieder möglichst uneingeschränkt tun wollen, müssen wir heuer auch mal ein, zwei kritische Anmerkungen machen. Denn sowohl dem Rahmsüppchen von dreierlei winterlichen Wurzelgemüsen als auch der rahmigen Sauce zum Zander fehlte es an Eleganz und Prägnanz. Beide waren nicht nur geschmacklich sehr seicht, sondern auch in ihrer Konsistenz recht plump und dick. Das kann das Team normalerweise besser! Beim Zander (nebst Zwiebelkompott und Grieß-Bubenspitzle) konnte immerhin eine sehr schneidige Meerrettichschärfe am Wirsing erfolgreich davon ablenken.

Bei besagtem Rinderfilet im Ochsenschwanzmantel handelte es sich nicht, wie man vielleicht hätte denken können, um ein mithilfe eines Schweinenetzes von reinem, ausgelöstem, saftigem Ochsenschwanzfleisch umhülltes

Filet – hier waren vielmehr kleine Stücke vom Ochsenschwanz Bestandteil einer Farce, die mit luftgetrocknetem Rohschinken als dünne Schicht um das kurzgebratene Rindfleisch angelegt wurde. Angerichtet auf einer Wirsing-Matte und eskortiert von Rosenkohl sowie schmorwürziger Jus ein Klassiker der Küche, den wir hier in der Vergangenheit auch schon hin und wieder auf dem Teller hatten.
Während unter den süßen „Versucherle" das dezent mit Orange parfümierte Rahmkäseparfait im Baumkuchenmantel recht splittrig-kristallin und aromatisch seltsam ausdruckslos daherkam, begeisterte das Sorbet vom Mösbacher Herbstapfel umso mehr durch volles Aroma und eine tolle, cremig-glatte Konsistenz. Auch die mit eigenem Kirschwasser aromatisierte Vanillemousse mit eingelegten Gewürz-Sauerkirschen überzeugte dieses Mal wieder in ihrer gefälligen Schlichtheit.
Und wie schon eingangs erwähnt, ist die Weinkarte sensationell bestückt und zudem äußerst fair kalkuliert. Alles, was in Baden Rang und Namen hat findet man darin, außerdem große gereifte Bordeaux und Burgunder, aber auch viele andere spannende Sachen.

Die Hoteleinträge

★★★★★S	Superior
★★★★★	Unterkunft für höchste Ansprüche
★★★★	Unterkunft für hohe Ansprüche
★★★	Unterkunft für gehobene Ansprüche
★★	Unterkunft für mittlere Ansprüche
★	Unterkunft für einfache Ansprüche
	Unterkunft ohne Sterne-Klassifizierung

Hotelempfehlung

Hotel Gasthof Zum Rebstock

Kutzendorf 1,
77876 Kappelrodeck (Waldulm)
07842-9480
www.rebstock-waldulm.de
Einzelzimmer: 62–74 €
Doppelzimmer: 112–134 €

VISA

Das denkmalgeschützte Fachwerkhaus im beschaulichen Kappelrodecker Ortsteil Waldulm, mitten im Herzen der Ortenau, ist stolzer Familienbetrieb seit 1750. Zahlreiche Fotos, Ansichtskarten und das liebevoll geführte Gästebuch illustrieren die 260-jährige Tradition des Rebstock als beliebtes Ausflugsziel, Ort der Gastlichkeit und Erholung. Doch Familie Hodapp bietet weit mehr als eine sehr gute, traditionell verwurzelte und gleichzeitig überraschend kreative Küche, sie betreibt auch erfolgreich Weinbau und führt eine eigene Brennerei. Zudem kann man hier preiswert und komfortabel übernachten: die insgesamt 11 wohnlich und detailverliebt eingerichteten Einzel- und Doppelzimmer sind gepflegte Nichtraucherzimmer und verfügen alle über einen Balkon. Ideal für ruhesuchende Schwarzwaldurlauber mit Faible für alles Kulinarische. Restaurant Gasthof Zum Rebstock separat erwähnt.

Karlsruhe (Baden-x)

7

erasmus bio fine dining

Nürnberger Str. 1,
76199 Karlsruhe
0721-40242391
www.erasmus-karlsruhe.de
Küchenchef: Marcello Gallotti
Di u. Mi ab 18.30 Uhr, Do u. Fr von 12–13.15 Uhr u. ab 18.30 Uhr, Sa ab 18.30 Uhr, So u. Mo RT
Hauptgericht: 28–42 €,
Menüs: 104–139 €

EC VISA

In Zeiten, in denen unterschiedlichste Bio-Label und ökologisches Bewusstsein geradezu zum gefühlt allgegenwärtigen Trend geworden sind – allerdings mit ganz unterschiedlichen Realitäten hinter den Kulissen – ist es ein wohltuendes Gefühl, wenn wie im Erasmus in Karlsruhe nicht bloß Lippenbekenntnisse, sondern tatsächlich ein ganzheitlich nachhaltiges Konzept geboten wird. Mit transparent hohem Anspruch an die biologisch erzeugten Produkte, Wertschöpfungskreisläufe und die Arbeitskultur ist das von Andrea und Marcello Gallotti geführte „erste Bio Fine Dining Restaurant des Landes“ ein echter Leuchtturm in diesem Bereich.
Das Beste aber ist: Bei all den bemerkenswerten Details hinsichtlich der ehrenwerten Philosophie der Gastgeber steht mit Marcello Gallotti vor allem auch ein echter Könner am Herd, der mit seiner modernen italienischen Gourmetküche nicht nur ethisch korrekt, sondern begeisternd anspruchsvoll kocht. Dabei profitieren die Gerichte vor allem auch von der für eigentlich alle italienischen Landesküchen typischen Reduktion auf das Wesentliche, was auf den Tellern dieses ebenfalls klar und schnörkellos gestalteten Restaurants die guten Produktqualitäten und Ideen besonders klar und eindrücklich erlebbar macht.
So bereits bei einer auf ganz natürliche Art intensiven, mit viel Pilz und wenig Sahne konzentrierten Steinpilzcreme mit Quellern und Quelleröl, ergänzt von paniert ausgebackenen Mangoldstielen als auflockernd crunchiges Element. Das war ein unscheinbar daherkommender Wachmacher, der den letzten Besuch eindrucksvoll einläutete und gleich einen guten Eindruck davon vermitteln konnte, wie die Küche tickt.
Auch beim Tatar von der Dorade Rosé in gewinnbringend größeren Stücken, die ganz pur belassen mit beeindruckender Frische und Klarheit glänzten und nur von einem mildwürzigen Öl getragen wurden, zahlte sich das bewusste Understatement aus. Für salzige Würze und zusätzliches Umami sorgten hier ebenfalls roh marinierte Kaiserlingscheiben und weißer Rettich mit Fleur de Sel, zusätzliche Auflockerung und Akzentuierung gab es von Brunnenkresse und knuspriger Doradenhaut, während dazwischen ein geheimnisvoller Kräuterhauch von Wermutgeist diesen wunderbar puristischen und doch vielseitigen Auftakt belebte.
Die potenzierte maritime Power gab es dann bei den kompakt gefüllten Tortellini mit Steinbuttrogen, dessen intensiv jodige Würze gemeinsam mit taufrischen Bouchot-Muscheln, nussig-milden Kaviar und speckigen Muschelröllchen für enormen Druck am Gaumen sorgten. Balance in Gestalt gemüsefruchtiger Leichtigkeit kam durch ein vollaromatisches Tomatenkompott, während eine buttrig gebundene Sauce einen verbindenden Rahmen schaffte und einen Hauch französisches Flair versprühte.
Der Hauptgang spielte diesmal herbstlich herb vor allem mit erdigen und feinbitteren Aromen in den nach „römischer Art“ mit hervorragenden schwarzen Oliven zubereiteten Radicchioblättern und Zuckerschoten. Diese bildeten die Basis für eher robust zubereitetes kernig-festes Kalbfleisch mit kräftigem Eigengeschmack und eine satte, erdig-elegante Trüffeljus. Als aromatischen Puffer und leichten Knuspereffekt steuerte das Team dem Ganzen noch ein (etwas dumpfes) Steckrübengelee und eine angekrosste Kartoffelhälfte bei.
Mit mildfruchtiger Birne als Granité, Ragout und gelierte Basis neben einer hauchzart gelierten Honig-Panna-cotta, knusprigem Crumble mit Nuss- oder auch Vollkornanteil und duftigen Fenchelpollen wurde letztlich auch am Ende sowohl stilistisch als auch qualitativ auf hohem Niveau an den Rest des Programms angeschlossen und ein absolut stimmiges Ge-

samtbild abgerundet. Und zu dem zählen für uns unbedingt auch der zuvorkommende Service und die hochwertigen, meist italienischen Weinempfehlungen der Gastgeberin.

6

Il Teatro[2]

Ettlingerstr. 2 c, 76137 Karlsruhe
0721-356566
www.ilteatro.de
Küchenchef: Daniele Di Sario
Do–Mo von 12–13.30 Uhr u. ab 18 Uhr, Di u. Mi RT
Hauptgericht: 30–45 €,
Menüs: 85–105 €
VISA

Es gibt hierzulande nicht viele davon, aber es gibt sie: die italienischen Ristoranti, die über diverse Folklore-Klassiker hinaus tatsächlich ebenso authentische wie niveauvolle Landesküche bieten, bei denen der typische Purismus auch von entsprechenden Produktqualitäten getragen wird und die Zubereitungen mit handwerklichem Feingefühl erfolgen. Eins von diesen in Deutschland seltenen Fundstücken ist das in der Karlsruher Innenstadt vor über 30 Jahren von Giovanni Di Sario eröffnete Il Teatro, in dem im Jahr 2019 dessen Sohn Daniele Di Sario die Regie übernommen hat und dem Angebot nochmal einen enormen Qualitätsschub geben konnte.

Dank weitreichender Erfahrungen in guten Häusern, von der Villa Hammerschmiede bis zum Posten als Souschef im Gourmetrestaurant Le Cerf des Wald- und Schlosshotel in Friedrichsruhe, arbeitet Daniele Di Sario auf einer ausgezeichneten Basis und schafft es sehr souverän, diese in seiner eigenen Handschrift zum Ausdruck zu bringen. Dabei geht das Team einen klugen Mittelweg zwischen fein ausgeführten traditionellen Zubereitungen, mit denen auch langjährige Stammgäste rundum glücklich sind, und etwas exklusiveren Sachen, die aber ebenfalls meist sehr straight und produktfokussiert auf die Teller kommen. Diese beiden Welten werden auch in der Karte als „I Classici" und „Stagionale" unterschieden.

Ein erfreulich hohes Grundniveau wird aber in beiden Fällen geboten, ganz gleich ob zum Start ein Vitello tonnato mit eigenaromatischen rosa gebratenen Kalbsfleischscheiben an fein prononcierter Thunfischsauce, Kapernäpfeln und Frisée auf den Tisch kommt, oder doch von einer Blutorangen-Vinaigrette erfrischte rohe Thunfischscheiben mit zartem Fenchelsalat. Ebenfalls rundum überzeugend waren beim letzten Besuch die zarten, beherzt angerösteten und mit warmaromatisch geschärfter Kartoffelmasse gefüllte Calamaretti und zarte Tentakel-Stücke mit Kimchi, frech dazwischenfunkendem Limettengel, buttrigen Schmelz liefernder gegrillter Avocado und einem lässig naturbelassenen Bratjus. Das wirkte wie locker hingeworfen, wobei aber – zufällig oder nicht – jede Komponente ziemlich genau an der richtigen Stelle landete.

Genauso locker aus dem Handgelenk kombinierte das Team auch klassisch saftig-kross geschmorte Würfel vom Schweinebauch mit glasigen Jakobsmuscheln (leider ein klein wenig derb im Geschmack…) und einer in Jackson-Pollock-Style hingeklecksten Umgebung aus Kräuteröl, gebratenem Blumenkohl mit Bröselschmelze und Eigelbcreme. Und dass bei Daniele Di Sario auf der anderen Seite jederzeit auch die klassischen Gerichte viel Freude bereiten, insbesondere weil sie an anderer Stelle allzu oft bestenfalls mittelmäßig angeboten werden, braucht kaum extra erwähnt zu werden. Sei es bei „Spaghetti Carbonara", die hier selbstredend à la minute mit Eigelb, Guanciale-Speck und Pecorino Romano zubereitet werden, oder bei „Pappardelle al Cinghiale" mit tiefaromatischer Wildschweinkeule aus der eigenen Jagd.

Auch bei den Desserts steht auf der einen Seite ein mit intensiven Aromen punktendes, ansonsten aber eher schlicht belassenes Tiramisù im Glas – auf der anderen Seite dagegen wurden bei der winterlichen Kombination von Apfel, Rum und Marzipan in optisch aufwendiger, aromatisch aber nicht ganz so trennscharfer Ausführung noch einmal viele Register gezogen: vom „Fake-Apfel" bis zur grünen „Wiese" darunter war das sogar ein wenig zu verspielt, aber nichtsdestotrotz ein harmonisch herbstlicher Abschluss, der zudem von einem sanft pochierten Apfel mit hintergründigen Rumnoten und einem duftigem Vanilleeis separat noch schmeichelnd fein ergänzt wurde.

Feine Ergänzungen bietet hier übrigens auch die Weinkarte, mit guten offenen Angeboten und einem umfangreichen Sortiment an Flaschen von spannenden Entdeckungen zu fairen Preisen bis zu exklusiven Super-Toskanern.

5

Ivy

Karlstr. 34,
76133 Karlsruhe
0721-47004539
ivy.restaurant
Küchenchef: Mario Aliberti
Mo–Sa ab 18 Uhr, So RT
Hauptgericht: 23–42 €
VISA

Das Ivy im Zentrum von Karlsruhe ist im Grunde so etwas wie der Prototyp eines lässiges Szenerestaurants. Mit coolem, dunkel gehaltenem Ambiente, Barbereich und Lounge, entspannter Atmosphäre, sehr gemischtem, tendenziell aber eher jungem Publikum. Und mit einer, was das Niveau der verwendeten Produkte und das Preisniveau angeht, teilweise durchaus anspruchsvollen Küche.
Es gibt hier auch ganz unkomplizierte Dinge zum Teilen wie besondere Tacos, dreierlei unterschiedlich belegte Mini-Burger und Veggie-Tempura, daneben gepflegte Steakkultur mit Cuts etwa vom irischen Züchter John Stone, vom US-Prime-Beef oder vom Kagoshima-Wagyu in A5-Fettmarmorierung, serviert mit klassischen Beilagen nach Wahl. Und darüber hinaus eine Auswahl solcher Vorspeisen, Zwischengerichte, Hauptgänge, die man sich noch am ehesten zu einem Menü zusammenstellen kann – wobei die Portionen teilweise schon sehr üppig ausfallen können.
Um nicht lange um den heißen Brei herumzureden: wir haben auch in diesem Jahr schmackhaftes Essen bekommen. Allerdings lag das in der Ausführung schon ein ganzes Stück unter dem Niveau, was uns im letzten Jahr noch dazu veranlasst hatte, hier 6 Pfannen zu vergeben. In der Summe waren es diesmal nur knappe 5.
Am besten präsentierte sich sicherlich die Vorspeise „Vitello Otoro", bei der schön schmelziger, mit einer Sesamvinaigrette marinierter Thunfischbauch neben dünn aufgeschnittenes und zur Rolle geformtes Kalbfleisch drapiert wurde, welches wiederum mit Thunfisch- und Kaperncreme nappiert sowie mit ein paar knusprig frittierten Kapern bestückt auf Kräuteröl angerichtet war. Sehr einfach und unkompliziert umgesetzt, qualitativ und geschmacklich aber ansprechend und absolut solide.
Noch viel einfacher hat es sich die Küche mit den beiden in der Schale gebratenen und dann zum Selbstauslösen im Ganzen (und überhaupt nicht vorpräpariert) servierten großen spanischen Carabineros gemacht, die neben Avocadopüree von einer stattlichen Anzahl „Yuzu-Tomatensalsa" genannten, aber im Grunde nur kurz durch die Pfanne gehuschten Cocktailtomatenvierteln begleitet wurden. Das Krustentier an sich war sehr gut. Und auch der Sud, der sich aus Ponzu sowie dem Saft aus den Garnelenköpfen und den vielen Tomaten vermengte, forderte geradezu dazu auf, alles mit dem Brot aufzutunken. Kochtechnisch war das aber ein äußerst simpler Teller.
Ziemlich rumpelig ging es auch beim unschön grob zerfledderten und abseits von schmelzigem Fett auch recht trockenen Schweinebauch zu, der als Melange mit Bohnenkernen, kleinen angebratenen Würfeln von einer Art Kartoffelterrine, Selleriepüree, Miso und Jus zusammengewürfelt wurde. Auch das war grundsätzlich ein schmackhafter, von viel Umami aufgeladener Teller – aber eben schon einer der rustikalen Art.
Etwas mehr Akuratesse gab es dann wieder beim Dessert, einem Carpaccio von der karamellisierten Baby-Ananas mit Ananassalat, kleinen karamelligen Crumbles aus Muscovado, nussigem Macadamianusseis und einem Pesto von Zitronenmelisse – letzteres allerdings mit wenig markantem Geschmack, jedenfalls ohne deren typisches Aroma. Dennoch ein sehr solider Nachtisch. Wer also in Karlsruhe in der lockeren Atmosphäre eines schicken Hotspots unkomplizierte und dennoch anspruchsvolle Gerichte, gepflegte Cocktails und seriöse Weine genießen möchte, is(s)t hier trotz unserer unumgänglichen Bewertungskorrektur weiterhin genau richtig.

Kesselhaus

Griesbachstr. 10 c,
76185 Karlsruhe (Grünwinkel)
0721-6699269
www.kesselhaus-ka.de
Küchenchef: Rouven Bischoff
Di–Fr von 12–14 Uhr u. ab 18 Uhr,
Sa ab 18 Uhr, So u. Mo RT
Hauptgericht: 29–45 €,
Menüs: 68–92 €

Aller guten Dinge sind drei, kann man in dem Karlsruher Industriedenkmal sagen, das inzwischen als Kesselhaus[3] mit den Bereichen Casual Fine Dining, Winelounge und Eventlocation gut vermarktet wird. Der Industrial-Chic mit stylishen Elementen auf zwei Etagen bietet sich bestens für eine flexible Bespielung an, hinter der als H3 das geschäftsführende Trio mit Küchenchef Sven Hemmann, seiner Frau Lisa Hemmann und seinem Bruder Chris Hemmann steht. Und auch draußen auf der Terrasse des Backsteingebäudes, dem ehemaligen Kesselhaus einer Textilfabrik, sitzt man schön und gut geschützt vom nahen Puls der Stadtautobahn. In der Winelounge werden Tapas angeboten, mittags gibt es eine kleine Karte mit Klassikern wie Nizzasalat und Clubsandwich. Wie hoch der Anspruch aber insgesamt ist, zeigt sich auf der Abendkarte, auf der neben einer guten Auswahl an À-la-carte-Gerichten, darunter Spezialitäten aus dem Dryager bis hin zum Porterhouse-Steak für zwei Personen, auch ein Menü in drei oder vier Gängen steht.
Standesgemäß wurde vor dem der ersten Gang des Menüs mit Aperos auf alles Weitere eingestimmt: mit einem herzhaften Bierteighörnchen gefüllt mit Ratatouille, Paprikaschaum und Pinienkernen, das allerdings wegen seiner Opulenz nur schwer unfallfrei mit einem Happs zu bewältigen war; dazu eine erfrischende Tartelette mit Apfel-Fenchel-Salat und Yuzucreme, ein mit Gemüse gefülltes Dim Sum in einer kräftigen Sojasauce sowie Ciabatta mit aufgeschlagener Misobutter. Als Amuse-Bouche wurde noch einmal auf warme mediterrane Töne gesetzt: mit einem frittierten Polentabällchen auf angeschmolzenem Ziegenfrischkäse mit einem Hut aus Roter Bete und gehobeltem Pecorino.
Der erste Gang hatte als Headliner Chawanmushi und nicht etwa Jakobsmuschel, obwohl davon gleich zwei Exemplare kross abgeflämmt oder angegrillt ihre Nussigkeit mit innen noch zartem Schmelz ausspielen konnten. Beim Probieren des japanischen Eierstichs war allerdings klar: Vom Würzgrad her war dieser so stark, dass er das Gericht dominierte. Etwas abgefedert wurde der Chawanmushi durch eine darüber gegossene Spinatsauce, und auch sehr schlanke, weiße Spargelstangen sowie Erbsen samt Kresse gaben etwas Frische in die Schüssel. Zwei großzügig portionierte Nocken Imperial Kaviar wiederum spendeten dem Ganzen zusätzliche jodige Power.
Überraschend sanft im Vergleich zum etwas überdrehten Auftakt folgte hernach die Krustentier-Bisque (analog zum ersten Gang stand nicht etwa „Edelfische" als Hauptprodukt geschrieben), die durch Orange einen fruchtigen Frischeeffekt mitbekommen hatte. Elegant war auch die Sauce Rouille, aus der keine Knoblauchfaust hervorragte und die sich schaumig und nicht zu fettig in das Ensemble in der Schale fügte. Im Prinzip war das Gericht eine Art Bouillabaisse, nur ohne Suppe, denn dafür war die Bisque zu reduziert. Zu den Edelfischen gehörten Filets von Steinbutt, Seezunge und Seeteufel, leicht angeflämmt und noch schön saftig, begleitet von einer Garnele, Passepierre und geschmortem Fenchel. Komplettiert wurde das stimmige Arrangement durch zwei hauchdünne Focaccia-Scheiben, belegt mit Fenchel, dessen Grün und getrockneter Tomate.
Beim Fleischgang stand nun wirklich der Star als Headliner auf der Karte: „Variation vom Iberico-Schein", genauer ein Dreierlei mit Filet, Bauch und Backe, letztere in einer Panko-Amaranth-Kugel. Trotz des hohen Fleischanteils wurde das Gericht erstaunlich leicht transportiert, was vor allem an der frisch-säuerlichen Beigabe von Rhabarber als Chutney und Blutorange in der Jus lag. Aber auch das Dreierlei an Spinat mit jungen Blättern, blanchiert und als Sud machte sich so gut dazu, dass man die kleine Wiederholung zur Vorspeise gerne verzeiht.

Das Dessert überzeugte als pointierte Landschaft in italienischen Farben mit Variationen von der Himbeere als Gel, Sud, Crumble, Staub sowie zwei kleinen Sorbets in der Fruchtform. Schön herbe Akzente kamen durch Salzzitrone und ein Zitronen-Basilikum-Sorbet hinzu, geschmeidige und knackige Momente durch Ziegenfrischkäse als Creme, Röllchen und Baiser. Auch die Auswahl an hausgemachten Pralinen danach zum Kaffee war sehr beachtlich.
Apropos Auswahl: Es bereitet Vergnügen, durch die Weinkarte zu blättern, die starke Schwerpunkte in Baden, Pfalz und Frankreich, aber auch darüber hinaus nicht nur die üblichen Verdächtigen zu dementsprechenden Preisen zu bieten hat. Auch hier taucht H3 auf – als recht hochwertiger Hauswein, zum Beispiel ein 2009er Spätburgunder vom Weingut Wambsganss. Noch vergnüglicher aber ist es, sich ganz in die Hände des erfahrenen Sommeliers Christophe Gamblin zu begeben. Der Franzose kann seine Kenntnisse mit Witz und Charme ganz individuell auf seine Gäste anwenden.

6

Oberländer Weinstube

Akademiestr. 7,
76133 Karlsruhe
0721-25066
www.oberlaender-weinstube.de
Küchenchef: Jörg Hammer
Di–Sa von 12–13.30 Uhr u. ab 18 Uhr,
So u. Mo RT
Hauptgericht: 24–33 €,
Menüs: 69–109 €
EC VISA

In ihren knarzigen historischen Stuben mit dem ganz eigenen nostalgischen Charme oder im Sommer auf der idyllisch-romantischen Hinterhofterrasse bietet die Oberländer Weinstube nicht nur jede Menge Flair, sondern auch eine sehr gute Küche, für die sein einigen Jahren Jörg Hammer verantwortlich zeichnet. Während seine Frau Diana als herzliche Gastgeberin den Reiz der Location weiterhin sehr hochhält, tut er es mit aromatisch sehr natürlichen und klaren, konzeptionell zugänglichen Gerichten, die eine hohe Grundqualität bieten und mit einfachen Mitteln gekonnt auf Spannung gehalten werden. Der Stil ist auf klassisch französischer Basis sehr weltoffen und gourmetlike, absolut zugänglich und das Preisgefüge einladend – so fällt es insgesamt sehr leicht, sich hier unmittelbar wohlzufühlen. Dazu gibt es offen ausgeschenkt eher einfache Schoppenweine, aber viele spannende Alternativen in der Flaschenweinkarte.

8

sein

Scheffelstr. 57,
76135 Karlsruhe
0721-40244776
www.restaurant-sein.de
Küchenchef: Thorsten Bender
Mi–Fr von 12–13.30 Uhr u. ab 18.30 Uhr, Sa u. So ab 18.30 Uhr,
Mo u. Di RT
Menüs: 50–200 €
EC VISA

Über die letzten Jahre hinweg betrachtet ist es schon eine beachtliche Entwicklung, die das kleine Lokal von Thorsten Bender seit der Eröffnung genommen hat. Auch wenn wir bewertungsmäßig nicht ganz so hoch pokern wie mancher unserer Mitbewerber, wurde auch der Pfannen-Score seit der Eröffnung merklich gesteigert. Im Grunde genommen hat sich aber in dieser Zeit auch der Küchenstil relativ radikal gewandelt, ist heute viel geradliniger, die Teller wirken aufgeräumter, bisweilen sogar sehr minimalistisch.
Eine klare Ausrichtung in eine bestimmte Richtung gibt es nicht, die Produkte kommen aus Nah und Fern, wir finden immer wieder fernöstliche Aromen, es wird fermentiert und viel mit Gemüse und Kräutern gemacht, es gibt aber auch Beurre blanc, Gänseleber und Kaviar. Alles in allem auf jeden Fall eine sehr zeitgemäße, weil schnörkellose und natürliche Küche in der Art, wie sie gerade im Fine-Dining-Bereich stark im Trend liegt – nicht nur, weil es neben dem Menü „Querbeet" mit „Grünzeug" auch eine rein vegetarische Speisefolge gibt.
Und auch sonst entspricht die gesamte Corporate Identity des mittlerweile sehr geschmackvoll in dunklen Schlamm-, Grau-, Beige- und Holztönen gestalteten Lokals einem ganz bestimmten Konzept, das momentan einfach sehr gut ankommt. Nicht unwesentlich ist dabei natürlich, dass die Küche nicht bloß stilistisch, sondern auch qualitativ und handwerklich auf einem bemerkenswerten Niveau spielt. Zwar wirken die Kreationen in der Ausführung bisweilen vergleichsweise simpel und haben in

dieser Einfachheit auch nicht jenes hohe Maß an Komplexität und Tiefenschärfe, das wir für eine noch höhere Bewertung voraussetzen würden – aber die Qualitäten stimmen und die Pointen sitzen.

Die sogenannten „Lustmacher", wie die Apero-Snacks hier heißen, waren allesamt sehr schön aromenklar und schmissig markant gestaltet. Jeweils entweder von Säure, Schärfe, Süße oder Bitteraromen gekennzeichnet, machen sie mit eingängigen Akkorden, meist aus drei harmonisch kontrastreich zusammenspielenden Aromen, auf unkomplizierte Art viel Spaß. So auch im Anschluss das mit Kräuterseitling und Rettich gefüllte gebackene Takoyaki-Bällchen und ein effektvoll, aber nicht effekthaschend mit Orange und Kokos abgeschmecktes Misosüppchen, die zusammen mit Bockshornkleebrot, Oxaliscreme und hervorragendem norditalienischem Olivenöl als weiterer Küchengruß daherkam.

Die puristische Vorspeise um roh marinierte Fjord-Shrimps auf einem mit Korianderöl marmorierten Buttermilchsud aus dem „Querbeet"-Menü, die wir ganz ähnlich schon aus dem Vorjahr kannten, war dieses Mal noch minimalistischer und erinnerte damit nun noch stärker an ein Gericht von Eric Vildgaard aus dem Kopenhagener Jordnær. Denn das Team ließ kurzum auch den Kaviar weg, der zuletzt als Topping eines jeden Krustentierchens zur jodigen Süße auch noch eine gewinnbringende Mineralität beigesteuert hatte. In der neuen Version war das Hauptprodukt eben noch klarer und unverstellter in den Mittelpunkt gerückt und sein Eigengeschmack wurde nur von der laktischen Frische und der Korianderwürze des samtigen Buttermilchsuds untermalt. Aufgrund der unzweifelhaft tollen Qualität und des sauberen, klaren Geschmacks der Shrimps kann man das durchaus machen – die Frage, ob ein Gericht erst dann perfekt ist, wenn man wirklich rein gar nichts mehr weglassen kann, muss jeder für sich selber entscheiden. Wir fanden die Version des Vorjahres jedenfalls kompletter.

Ein Exkurs ins vegetarische Menü bescherte uns hervorragenden weißen Spargel, dessen Aroma durch die noch sehr knackig belassene Konsistenz und das kräftige Anrösten in jedem Fall perfekt herausgestellt war. Zusammen mit dem Schmelz von homogen wachsweichem (und nicht etwa fließendem) Eigelb, den Bitteraromen von Senfkohl und Senfsaat, sowie der ätherischen Schärfe und Würze von Schnittlauch und Radieschen, getragen und eingefangen vom unaufdringlichen Umami-Background einer milden Miso-Vinaigrette, war das ein sehr typisches „sein-Gericht", das ganz ohne Hokuspokus, vollkommen gegenständlich und leicht zu durchblicken, zu einem überraschend finessenreichen Ergebnis führt.

Fleischige, zart röstige Tristan-Languste, mit Yuzgel-Tupfen, Salzzitronenzeste und Imperial-Kaviar von Aki aus der hauseigenen Selektion gekrönt, lag im nächsten Gang auf einer minimalen Menge milder Wurzelcreme (wir vermuteten Petersilienwurzel), die in einer sehr guten, auf Basis von Krustentierfond zubereiteten und ebenfalls mit Yuzu aromatisierten Beurre blanc mit feinnervigem Säurespiel eingefangen und geschluckt wurde. Ein sehr süffiger und wieder in allererster Linie auf Hauptprodukt und Sauce abgestelltes Gericht, das dergestalt auch sehr gut funktioniert hat.

Etwas komplexer präsentierte sich eine mit krosser Haut und sehr saftigem feinfaserigen Fleisch mit klarem, purem Eigengeschmack perfekt auf den Punkt gebrachte Tranche vom Wolfsbarsch, der nach der schonenden Ike-Jime-Art geschlachtet wurde. Auf seiner Oberseite mit fermentiertem Rotkraut, gerösteter Koriandersaat, Passionsfruchtgel und Jalapeño beladen, schwamm der Fisch auf einem sehr effektiv mit Krustentieröl aromatisierten Rotkohlsud und zeichnete ein spannend individuelles, im positiven Sinne plakatives Geschmacksbild.

Ein trotz der fetten Marmorierung angenehm kerniges Stück Fleisch war der Rücken vom Astralischen Wagyu, der mit einem guten Verhältnis von saftigem Schmelz und bissfester Struktur auf dem Teller des Hauptgangs lag. Flankiert von einer Stange karamellisiertem und mit Estragonstaub bepudertem Spargel und ansonsten nur noch begleitet von drei Zwiebelkomponenten, von denen das weiße Püree klar auf der mildwürzigen, erdigen Seite lag und das Kompott und die Creme von der roten Zwiebel stark in die fruchtig-säuerliche Richtung tendierten. Unterstützt von der dezenten Umamisüße der reduzierten Jus war auch das wieder ein dynamisches, in sich geschlossenes, rundes Gericht.

Wie simpel manche Gerichte im Grunde gestrickt sind, zeigte final auch das Dessert rund um marinierte Erdbeeren der Sorte Mara de Bois mit ihren an Walderdbeeren erinnernden Aroma, die mit etwas Schafsjoghurt und Waldmeister quasi als kleiner „Erdbeerbecher" dargeboten wurden. Sehr schön schlank und transparent, meist auf Tee-, Wasserkefir- oder auch mal Kombucha-Basis, kreiert Restaurantleiterin Franziska Dufner auf Wunsch zum gesam-

ten Menü absolut empfehlenswerte individuelle alkoholfreie Begleitgetränke, die sich niemals über die Speisen erheben, sondern sich immer auf elegante Art gewinnbringend den Gängen unterordnen.
Die Weinkarte ist bei den deutschen Weißweinen, die am umfangreichsten vertreten sind, nach Rebsorten sortiert. Die Rotweine und alle anderen Länder sind zusammengefasst und ebenso individuell und ausgesucht hochwertig zusammengestellt wie der Rest – bei angenehm moderater Preiskalkulation.

7

Tawa Yama fine

Amalienbadstr. 41 b Bau B,
76227 Karlsruhe
0721-9098950
tawayama.de
Küchenchef: Igor Yakushchenko
Di–Sa ab 18 Uhr, So u. Mo RT
Hauptgericht: 44–49 €,
Menüs: 115–155 €

VISA

Bei uns gerade erst so richtig durchgestartet und schon wieder unter neuer kulinarischer Leitung: Das zwischen den modernen Glas-Stahlfassaden und begrünten Dächern als ausgesprochen stylische Genuss-Oase konzipierte Tawa Yama hat seit Anfang 2023 einen neuen Küchenchef. Auf den in Schweden aufgewachsenen und dort auch kulinarisch geprägten Peter Fridén, der mit seinem kosmopolitisch-nordischen Stil einen beeindruckenden Einstand geschaffen hatte, folgt mit Igor Yakushchenko ein ebenfalls erfahrener und vielversprechender Chef, der uns zuletzt schon im Le Corange in Mannheim gezeigt hatte, dass er auf hohem Niveau kochen kann.
Am grundsätzlichen Konzept des Tawa Yama hat sich durch diesen Wechsel allerdings nichts geändert. Nach wie vor gibt es im weitläufigeren „Easy" unkompliziert pfiffige Frischeküche, während das „Fine" mit seinem puristisch-eleganten Ambiente zwischen edlem Silbergrau, grünen Marmor, Dschungelmotiven und reduziertem Dekor klar auf ein ambitioniertes Gourmet-Erlebnis ausgerichtet bleibt. Durchaus ein wenig verändert hat sich allerdings die stilistische Ausrichtung des Gourmetprogramms, das zwar nach wie vor mit exotisch-asiatischen Aromen spielt, diese aber in eine mehr von der französischen Klassik geprägte Basis einbindet und weniger in nordischen Purismus.
Und als Teil dieser Veränderung sorgte bei den einstimmenden Kleinigkeiten die Trüffel(öl)-Kartoffelcreme zu einem kleinen Knäckebrot durch seine anstrengend artifizielle Note mit zusätzlicher Säure leider auch gleich zum irritierendsten Moment des gesamten Abends. Deutlich animierender gelang eine filigrane Knuspertartelette mit Auberginentatar und Granatapfel sowie das „Löffelei" mit Füllung aus marinierten Pilzen, einem vegetarischen Kokos-Zitronengras-Schaum und knuspriger Quinoa. Gemeinsam mit klararomatischen rohen Zanderscheiben in einem in Schärfe und Säure mutig zugespitzten Ceviche-Sud, ergänzt von gepickelten Radieschen, Gurke, Kerbelöl und Korianderkresse als pointiert erfrischendem Wachmacher, wurde so die Vorfreude auf das Kommende letztlich doch sehr erfolgreich geweckt.
Und das nicht umsonst, denn auch der in Salzlake verfestigte und dann sanft glasig gegarte Kaisergranat wurde mit seinem eher zarten Spiel aus leichter fruchtiger Süße in Mango und Karotte mit einem zarten Karotten-Dashi und feiner Schärfe in Jalapeño-Mayonnaise ausdrucksstark und niveauvoll präsentiert. Die absolute Trennschärfe ging durch mehrheitlich cremige Konsistenzen im tiefen Teller zwar verloren, aber die dafür entstehende abwechslungsreich schillernde Melange verschiedener teils frischer, teils umamisatter und teils schar-

fer Noten stand dem edlen Krustentier ebenfalls prima.
Noch besseren Fokus gab es dann beim Seeteufel in einer samtig-harmonischen Miso-Beurre-blanc nebst einer kräuterduftigen Creme aus Edamame und Kerbel, knackigen Juliennes von Zuckerschoten und einem Topping aus schwarzer Knoblauchcreme, Kimizu und getreidig-luftigem Crunch. In dem insgesamt – und trotz fernöstlicher Ingredienzen – klassisch harmonisch aufgebauten Gang sorgten differenzierte Umamiwürze und ein ätherischer Hauch für Dynamik. Ohne eine vergleichbare Klarheit und Brillanz zu erreichen, erinnerte das stilistisch doch ein wenig an Christian Bau. Und das ist in diesem Zusammenhang ganz klar als Kompliment zu verstehen!
Komplimente verdiente aber auch der schön straffe, dunkelrosa gegarte Rehrücken mit subtil herbsäuerlichem Heidelbeerlack und Buchweizen, der neben dem Kontrast eines kühlen weißen Bete-Röllchens mit Gänseleberereme als einer der stärksten Momente des letzten Besuchs in Erinnerung blieb. Erweitert wurde das aromatische Spektrum des kreativen Wildbrets noch durch einen schmeichelnd saftigen Steinpilzdumpling, eine Beurre blanc mit Steinpilz (die allerdings etwas mehr Zug und Säure vertragen hätte…) sowie einer elegant transparenten, mit Gänseleber unterfütterten Wildjus – und lag damit schon beinahe auf 8-Pfannen-Niveau.
Nicht ganz auf diesem hohen Level, aber dennoch souverän umgesetzt und trotz intensiver Aromen sehr leichtfüßig, beendete die Pâtisserie den Abend mit einem Arrangement rund um fein abgestufte Zitrusnoten, in deren Zentrum der blumig-duftige, mandarinenähnliche Geschmack von Satsuma als Sorbet stand, abgefedert von weißer Valrhona-Schokolade und ergänzt von säuerlich herben Kaffeenoten.
Unverändert ebenfalls auf hohem Niveau bewegen sich das gesamte, bestens eingespielte Serviceteam und die korrespondierend empfohlenen Getränke mit teils raren oder gereiften, in jedem Fall aber treffsicher und niveauvoll ausgewählten Weinen oder auch Sake.

Kelsterbach (Hessen)

6

Ambiente Italiano

In der Alten Oberförsterei
Staufenstr. 16, 65451 Kelsterbach
06107-9896840
www.ambienteitaliano.de
Küchenchef: Pedro Fernandes
Mo–Fr von 12–15 Uhr u. ab 18 Uhr, Sa ab 18 Uhr, So RT
Hauptgericht: 19–39 €, Menüs: 59–105 €
VISA P

Mit Gastgeber Riccardo Re und Küchenchef Pedro Fernandes zeichnen in der hübschen historischen Villa, die in Kelsterbach am Ende eines ruhigen Wohngebiets direkt am Hang mit Ausblick auf Maintal und Taunus liegt, zwei Hauptprotagonisten verantwortlich, denen gehobene Gastronomie und verfeinerte Küche am Herzen liegen und die hier seit Jahren sehr engagiert am Gast und an den Töpfen zugange sind. Pedro Fernandes beherrscht die klassische italienische Küche aus dem Effeff, hat aber auch die Gabe, sie nach seinen eigenen Vorstellungen gekonnt zu variieren. Vor dem Hintergrund, dass das Ambiente Italiano kein kleines Restaurant mit vier oder fünf Tischen, drei oder vier Servicezeiten und nur einem Menü ist, mutet das hohe Niveau der Küchenleistung umso respektabler an. Und auch die Weinempfehlungen von Gastgeber Riccardo Re, der hier eine beachtliche Weinauswahl mit deutlichem Schwerpunkt bei den Gewächsen aus seiner Heimat Italien hegt und pflegt, sind jederzeit eine separate Würdigung wert.

Kernen (Baden-Württemberg)

7↑

Malathounis

Gartenstr. 5,
71394 Kernen
07151-45252
www.malathounis.de
Di–Sa ab 18 Uhr, So u. Mo RT
Hauptgericht: 39–42 €, Menüs: 76–99 €
P

Das in seinen Grundzügen traditionelle, aber mit modernen Möbeln und Accessoires behutsam modernisierte Restaurant von Anna und Joannis Malathounis ist ein Kleinod mit Alleinstellungsmerkmal. Das liegt vor allem an der originellen „Modern Greek Cuisine" des allein kochenden Chefs, der hier die Produkte und Aromen seiner griechischen Heimat und des gesamten Mittelmeerraums zu originellen und abwechslungsreichen Gerichten formt. Denn so markant zugespitzt, originell und zugleich leicht zugänglich wird Griechenland hierzulande sonst nirgendwo schmeckbar. Durch den gekonnten Einsatz unterschiedlicher Säuren, Zitrusnoten, leichter Fonds und Kräutern wirkt alles zudem immer sehr beschwingt und leicht und stellt bekannte Produkte in ganz neuen Kontext. Abgerundet wird das Ganze durch eine individuelle Weinkarte und eine einfallsreiche alkoholfreie Menübegleitung aus Gemüse-Auszügen, Säften und besonderen Ingredienzen. Und den sehr zuvorkommenden Service durch die Gastgeberin.

Kerpen (Nordrhein-Westfalen)

7

Schloss Loersfeld

Schloss Loersfeld, 50171 Kerpen
02273-57755
www.schlossloersfeld.de
Küchenchef: Benjamin Schöneich
Mi–Sa von 12–14 Uhr u. ab 19 Uhr, So–Di RT
Hauptgericht: 48 €, Menüs: 49–145 €

VISA

Schloss Loersfeld mit seinem repräsentativen Park im englischen Landschaftsstil und den beiden kleinen hochherrschaftlichen Sälen mit ihren sauber eingedeckten Tischen ist und bleibt eine feste Kontante und Größe in der gehobenen rheinländischen Restaurantszene. Die Beständigkeit drückt sich hier nicht nur in den nach wie vor gegebenen und auf Gästeseite offensichtlich immer gut angenommen Servicezeiten am Mittag aus, sondern auch am gleichbleibend hohen Niveau der Küche, auch wenn es hin und wieder mal zu einem Wechsel auf der Position des Küchenchefs kommt. Mit Benjamin Schöneich steht nun schon im dritten Jahr wieder ein sehr guter junger Koch am Herd, der hier eine extrem klassische, französisch orientierte Küche präsentiert, die nicht nur ganz wunderbar an diesen aristokratischen Ort passt, sondern auch sehr überzeugend auf hohem handwerklichem und qualitativem Niveau umgesetzt wird. In Kombination mit dem kompetent, zugewandt und sympathisch agierenden Service und den Weinempfehlungen von Ulrich Ternierßen, der hier aus einer sehr gut strukturierten Auswahl zwischen traditionellen Klassikern und Gewächsen moderneren Zuschnitts aus aller Welt schöpfen kann, ist das ein attraktives Gesamtpaket – und das zu nach wie vor moderaten Preisen.

Kiedrich (Hessen)

5

Kiedricher Hof

Oberstr. 22, 65399 Kiedrich
06123-9349777
www.kiedricher-hof.de
Küchenchef: Felix Kuckein
Mo, Di u. Fr ab 17 Uhr, Sa u. So ab 12 Uhr durchgehend, Mi u. Do RT
Hauptgericht: 16–30 €, Menüs: 42–75 €

Inmitten namhafter und aufstrebender Weingüter haben Rita und Felix Kuckein mit dem ehemaligen Adelshof in Kiedrich einen ebenso geschichtsträchtigen wie pittoresken Ort für die Selbstständigkeit gefunden und etablieren hier bereits seit einiger Zeit einen beispielhaft heiter-unkomplizierten und doch anspruchsvollen Ort zum Genießen. Ganz gleich, ob man in dem hübschen Fachwerkbau oder auf der romantischen Hofterrasse nur eine kurze Auszeit bei einem guten Glas Wein oder ein ausgedehnteres Menü nehmen möchte – hier ist jeder gleichermaßen willkommen und genau am richtigen Ort.

Kulinarisch setzt Felix Kuckein auf einen unverkünstelten schlichten Stil mit souveränem Handwerk, der vor allem die Frische und Natürlichkeit der Produkte in den Vordergrund stellt und dabei mit verhältnismäßig einfachen, aber cleveren Kniffen für Spannung sorgt. Die Ergebnisse sind so zumeist auf kraftvolle und gegenständliche Art leicht zugänglich und wirken doch immer irgendwie interessant.
Wie etwa zuletzt die lauwarme Scheibe von säuerlich-würzigem Ziegenkäse mit feinem Schmelz, die zum Auftakt von süß-säuerlichem Feigenchutney, der kantigeren Säure von Preiselbeeren und einer kräuterfrischen und würzigen Walnuss-Gremolata ergänzt wurde, die eigentlich eher ein herber Kräutersalat mit Walnüssen war, als solcher aber einen wichtigen Kontrast setzte. So entstand ein zwar eher gröber gezeichneter, aber dennoch gekonnt abgestimmter Auftakt.
Alternativ ist die bereits zum Hausklassiker avancierte Version von „Himmel un Äd“ immer eine gute Wahl, bei der kleine Kartoffelrösti-Taler mit Blutwurst und einem Apfel-Zwiebel-Chutney belegt werden. Oder auch ein samtiges Maronensüppchen, dessen nussige Süße in der uns servierten Variante clever von ätherisch frischem Orangenduft aufgebrochen wurde.
Im Mittelpunkt unseres Hauptgangs standen zuletzt saftig zarte Scheiben von der Lammkeule, die etwas gediegener präsentiert waren. Das Lammfleisch mit seinem zarten Biss und pfeffriger Würze ergab mit Speckbohnen, beherzt angekrossten Drillingskartoffeln und einer kraftvollen dunklen Jus eine sehr klassische, zupackende, aber fein ausgeführte Kombination, die von Bohnenkraut und Petersilie etwas frischen kräuterwürzigen Schwung erhielt.
Im Dessert rund um eine mustergültige Crème brûlée in perfekt zarter Konsistenz und mit hauchdünner, vorbildlich gleichmäßiger Karamellkruste erfüllte diese Funktion ein herbes Waldheidelbeerragout als frischerer Kontrast. Dennoch blieb der Abschluss in dieser Form recht schlicht und hätte durch eine weitere Komponente nicht nur noch mehr Struktur, sondern auch mehr Raffinesse erhalten können.
Für die passenden Getränke zu den Gerichten listet die kleine Weinkarte eine spannende Auswahl junger aufstrebender Winzer aus dem Rheingau, bei deren Auswahl das Serviceteam rund um die Gastgeberin Rita Kuckein bei Bedarf ebenso freundlich wie kompetent behilflich ist.

6↑

Weinschänke Schloss Groenesteyn

Oberstr. 36, 65399 Kiedrich
06123-1533
www.groenesteyn.net
Mo u. Do–Sa ab 17 Uhr, So u. Fei ab 12 Uhr durchgehend, Di u. Mi RT
Hauptgericht: 42–48 €,
Menüs: 79–155 €
VISA

In der liebevoll renovierten Weinschänke verbinden sich urig-elegantes Ambiente im Gastraum oder ein herrlicher Ausblick über die alten Dächer auf die umliegenden Rebflächen auf der Terrasse mit schnörkellos-substanzstarker Küche. Verantwortlich für Letztere ist mit Dirk Schröer ein erfahrener Könner, der niemandem mehr etwas beweisen muss und hier frei aufkochen kann. Auf seinen Tellern setzt er auf wenige markante Komponenten in sehr guter Qualität und verzichtet völlig zurecht auf alles Dekorative und Verspielte. Wer also besonders die freigestellte Kraft und Tiefe klassischer Küche in zeitgemäßer Ausführung mag, ist hier genau richtig. Und wird zudem von dem charmanten Serviceteam um Amila Begic und vielen (auch offen ausgeschenkt) ausgezeichneten Rheingauer Weinen zusätzlich verwöhnt.

Kiel (Schleswig-Holstein)

ohne Bewertung

Ahlmanns

im Romantik Hotel Kieler Kaufmann
Niemannsweg 102, 24105 Kiel
0431-88110
www.kieler-kaufmann.de
Küchenchef: Arne Linke
Mi–Sa ab 18.30 Uhr, So–Di RT
Menüs: 125–179 €
VISA P

Nach dem etwas überraschenden Abgang von Küchenchef Arne Linke gönnte sich das Gourmetrestaurant im Romantik Hotel Kieler Kaufmann eine längere Pause von mehreren Monaten, bis mit dessen Nachfolger Lasse Knickrehm ein Nachfolger gefunden war und die Wiedereröffnung gefeiert werden konnte. Für uns dauerte diese Pause leider etwas zu lang, um vor dem Redaktionsschluss der Testsaison 2022/2023 noch einen Besuch zu realisieren, aber wir werden uns sicher relativ zügig in der neuen Testsaison 2023/2024 auf den Weg machen, um zu schauen, was der neue Chef am Herd des Ahlmanns so alles auf der Pfanne hat. Sein in vier bis acht Gängen bestellbares Menü, das mit prominenten Regionalprodukten von höchster Qualität und einigen guten Ideen gespickt ist, liest sich jedenfalls ambitioniert. Wir sind gespannt und werden im Gusto Online-Guide und in der App alsbald ein Update bringen.

5

Fischers Fritz Restaurant

im Birke Hotel Kiel
Martenshofweg 2–8,
24109 Kiel
0431-53310
www.fischers-fritz.com
Küchenchef: Pierre Binder
Täglich von 12–14 Uhr u. ab 18 Uhr, kein RT
Hauptgericht: 17–38 €, Menüs: 46–60 €
VISA P

Der in warmen Farben freundlich und einladend gestaltete Gastraum mit Schaufenster in die Küche des dem am ruhigen Stadtrand gelegenen Ringhotel Birke ist deutlich mehr als ein bloßes Hotelrestaurant im herkömmlichen Sinne. Schon allein die Gründungsmitgliedschaft bei der Feinheimisch-Vereinigung verdeutlicht, wie viel Wert hier auf kulinarische Qualität und Authentizität gelegt wird. Nachdem wir hier schon immer sehr solide und gut, im letzten Jahr aber noch ein bisschen besser gegessen haben als sonst, waren wir umso gespannter darauf, wie sich die Küche des seit fast 15 Jahren hier amtierenden Küchenchefs Pierre Binder beim neuesten Testbesuch präsentieren würde. Und tatsächlich: der erste Eindruck nach sehr gutem warmem Brot mit Butter war wieder ein sehr guter! Eine wunderbare Vorspeise, die nicht nur originell erdacht, sondern auch wohlschmeckend gemacht war. Dünn panierte und ohne jede störende Frittierfettnote knusprig ausgebackene Pulled-Pork-Pralinen mit herrlich saftigem Inhalt, die auf in Rotwein geschmortem Radicchio angerichtet und von Kümmelmayonnaise flankiert ein sehr attraktives und durch die Bitternoten und genügend Säure als Kontrast zum würzigen Schmorfleisch sehr stimmiges Bild abgab. Auf das unbeholfene Balsamico-Gekleckse und die aus kulinarischer Sicht ebenfalls irrelevanten Lauchzwiebelringe hätte man zwar getrost verzichten können, und etwas ansehnlicher auf den Teller gebracht hätte die Mayo zwar nicht anders geschmeckt, aber das Ganze ein noch souveräneres Bild abgegeben. Trotzdem: sehr gut!
Deutlich gediegener und konventioneller wirkte da im Vergleich die Fischsuppe mit allerhand verschiedenen kleingewürfelten Fischfiletstückchen und Wurzelgemüse-Brunoises als Einlage – wenngleich die per mitgereichtem Glasschälchen empfohlene Dosis an „Küstennebel“ das von Grund auf eher schwachbrüstige Süppchen schon stark auf Touren brachte und dominant hervorschmeckte. Vom eigens in der Karte annoncierten Safran war hier indes nichts zu bemerken.
Ein sehr ansprechendes Miteinander brachten schließlich zum Hauptgang auch Zander, Rahmsauerkraut und Ochsenschwanzragout auf den Teller, wenngleich wir uns die Haut des Fischs etwas krosser, das Fleisch noch etwas saftiger und den leider bloß wie ungesalzene Salzkartoffeln schmeckenden, in recht dicken Strängen durchgedrückten „Kartoffelschnee“ aromatischer hätten vorstellen können. Aber das nur als Hinweis am Rande, wo wir hier noch Luft nach oben sehen. An der diesmal verdienten Auszeichnung mit 5 Pfannen können diese kleinen Schönheitsfehler nicht rühren…
Zumal es nach unserem Dafürhalten auch am Akkord von Himbeersorbet, Aprikosen und Mousse von weißer Lübecker Schokolade denkbar wenig zu optimieren gab. Denn das Eis war ebenso aromatisch wie die marinierten Segmente der Steinfrucht und auch die schmelzige Mousse hatte ein tolles Aroma und schmeckte nicht bloß kakaobuttrig und süß. Zu alldem findet man in der Weinkarte eine schöne Auswahl ansprechender europäischer Gewächse namhafter Erzeuger und darüber hinaus sogar auch ernstzunehmende alkoholfreie Alternativen. Und das alles zu moderaten Preisen.

Fast & SLOW

John's Burgers

**Gutenbergstr. 16,
24118 Kiel
www.johnsburgers.de
Di–Do u. So von 11.30–21 Uhr,
Fr u. Sa von 11.30–22 Uhr, Mo RT
Hauptgericht: 9–14 €, Menüs: 11–19 €**

Klassische und sehr authenthische Burger aus guten, frischen Produkten; ohne Schnickschnack, aber in perfektionierter Machart. Auch diverse Sandwiches (z. B. Pulled Pork).

7

KOS fine dining

**Hamburger Chaussee 183,
24113 Kiel
0431-6409205
kos-kiel.de
Küchenche: Julian Richert
Mi–So ab 18 Uhr, Mo u. Di RT
Menüs: 75–85 €**

EC VISA P

Die etwas unscheinbare Lage an einer wenig befahrenen Ausfallstraße am ruhigen Ortsrand von Kiel und die leicht improvisiert wirkende Eingangssituation sollten nicht über die wahren Qualitäten dieses relativ neu eröffneten Restaurants hinwegtäuschen. Denn schon drinnen im schicken kleinen Gastraum wirkt überhaupt nichts mehr improvisiert. Das Ambiente ist sehr geschmackvoll gestaltet, und es wurde wirklich viel aus dem kleinen Laden rausgeholt. Auch der Service macht sofort einen professionellen Eindruck und die Küche, die in der Landeshauptstadt mittlerweile die Pole-Position innehat, sowieso. Das gelingt Küchenchef Julian Richert, der zuvor im Töpferhaus in Alt-Duvenstedt reüssierte und uns dort bereits hohe Bewertungen entlockte, durch handwerkliche Präzision und kompositorisches Geschick. Aber auch durch gute Organisation, denn was er aus der winzigen Küche in angenehmer Taktung schickt, hält auch bei vollbesetztem Haus souverän ein hohes Niveau.

Schon das warme, knusprig-fluffige Kartoffel-Walnuss-Brot mit Kürbisbutter lässt erkennen, dass es hier kulinarisch überdurchschnittlich zugeht. Das machen auch die ersten fein gearbeiteten Kleinigkeiten zum Thema Kürbis und Pflaume deutlich, wenngleich hier manches aromatisch noch etwas im Ungefähren bleibt. Dass es durchaus noch Luft nach oben gibt, zeigte auch die Vorspeise unseres Menüs, die von verschiedenen Spielarten der Bete, Kumquat und einem recht sulzigen Champagnersorbet handelte. Das war alles schön leicht und frisch, wirkte aber nicht nur optisch eher wie ein Dessert, sondern mit sehr viel Frucht und Süße auch geschmacklich.

Grundsätzlich halten die Kreationen von Julian Richert aber schon sehr gut die Balance. Der Erdigkeit von Knollensellerie in verschiedenen Zubereitungen (in Salzteig gegart, als Creme, roh eingelegt…) und Trüffel spielte nämlich die zarte natürliche Süße eines Kokossuds mit Kräuteröl (auch auf Sellerie-Basis) sehr gut in die Karten und lockerte das Ganze gewinnbringend auf. Die Forelle, die im folgenden Gang sowohl als auf der Haut gebratenes Filet als auch als saftige Farce in einem Kürbis-Cannellono zugegen war, wurde zusammen mit ihrem Kaviar (bzw. dem vom Saibling) im Kreise weiterer Kürbiskomponenten auf dillwürzigem Schmorgurkentatar präsentiert. Und blieb, trotz des recht differenzierten Arrangements leider etwas eintönig. Da hätte man noch etwas mehr auf Dynamik setzen können, etwa durch Säure oder Schärfe…

Nur vielleicht nicht ganz so entschlossen wie auf dem Teller des nächsten Gangs, wo eine sehr mutige Gewürzhaube aus Szechuanpfeffer, Koriandersaat und Lavendel mit ihrer Aromatik und Ätherik nicht nur die Brust der sehr guten Oldenburger Ente dominierte, die sie bespielte, sondern in ihrer Intensität eigentlich gleich das ganze Gericht. Zu dem gehörten neben etwas Zupffleisch von der geschmorten Keule der Ente, welches sich in einem Mini-Taco versteckte, auch verschiedene Mais-Zubereitungen wie gegrillte Maiskörner, leicht säuerlich abgeschmeckte Maiscreme und Popcorn, ein viel adäquate dunkle Fruchtsäure spendendes Brombeerkompott und eine sehr gute Szechuanpfefferjus. Trotz der ziemlich rumpelig-plakativen Art des Gewürzschwalls ein sehr ansprechendes Gericht.

In welche Richtung es hier mittelfristig bewertungsmäßig noch gehen könnte, deutete schon mal eindrucksvoll der exzellente Hauptgang an, bei dem es mit einem Zweierlei vom Rind mit Topinambur und Karotte tendenziell sehr klassisch zuging, wenngleich es mit schön präsentem pikantem Peperoni-Aroma durchaus auch einen gewissen originellen Twist auf dem Teller zu schmecken gab. Von der Roulade aus Filet und Farce mit Karotten-Banderole über das saftig-zarte Schmorstück bis zur eleganten Jus war hier alles handwerklich so präzise zubereitet, exakt proportioniert und geschmacklich souverän zugespitzt und abgerundet, dass man es fast schon mit 8-Pfannen-Niveau zu tun hatte.
Ebenfalls sehr fein gemacht und abgestimmt kam auch das Pastinakenparfait auf Birnenragout unter Birnenschaum daher, wenngleich es als Vordessert nach unserem Gusto etwas zu üppig dimensioniert war. Zumal danach mit einer Liaison von Granny Smith Apfel, Fichtensprosse, Mandel und Bitterschokolade erst noch der richtige Nachtisch aufgetischt wurde, der dann in puncto Leichtigkeit, Frische, Balance und Einfallsreichtum eigentlich keine Wünsche offenließ. Und auch die Petits fours zum Kaffee zeigten, dass hier nichts von Stange ist und das Team den hohen Eigenanspruch bis zum Ende durchzieht. Bleibt zuletzt neben dem guten Preis-Genuss-Verhältnis, das auch die glasweisen Weinempfehlungen einschließt, der sehr zuvorkommende und sympathische Service zu loben, der immer alles gut im Blick hat und es an nichts fehlen lässt.

Fast & SLOW

Manufactur

Saarbrückerstr. 3,
24114 Kiel
0175-9700323
manufactur-kiel.de
So–Fr von 11-20 Uhr, Sa RT
Hauptgericht: 9–25 €

Gourmet-Imbiss mit kleinem gläsernem Gastraum mit langsam und frisch produziertem „Fastfood" für die Seele wie Spezialburger, Currywurst und Spießen aus ausschließlich nachhaltig erzeugtem Ursprung-Fleisch.

Hotelempfehlung

★★★★S

Birke Hotel Kiel

Martenshofweg 2–8, 24109 Kiel
0431-53310
www.hotel-birke.de
Einzelzimmer: 109–165 €
Doppelzimmer: 138–190 €

VISA

Im Birke Hotel Kiel, das am ruhigen Stadtrand der Landeshauptstadt liegt, erwarten die Gäste insgesamt 94 Hotelzimmer, Suiten und Appartements mit modernem maritimem Ambiente. Alle sind mit bequemen Boxspringbetten aus regionaler Fabrikation ausgestattet, verfügen über Safe und Minibar, Sat-TV und Telefon sowie kostenfreie Hygieneartikel und sind teilweise klimatisiert. Kopfkissenauswahl oder allergikerfreundliche Bettwäsche gehört ebenso zum Service wie schnelles WLAN im gesamten Hotel. Im „Birke-SPA" mit Schwimmbad, Finnischer Sauna, Vitalsauna, Tepidarium und Soledampfbad sowie Erlebnisdusche, Kneippbecken und Wellnessgarten lässt es sich prima entspannen. In den 8 Veranstaltungsräumen bietet das Haus modernste Veranstaltungstechnik mit persönlicher Betreuung. In allen Bereichen wird höchster Wert auf Regionalität und Nachhaltigkeit gelegt. Als Gründungsmitglied von FEINHEIMISCH – Genuss aus Schleswig-Holstein e.V. hat man sich dazu verpflichtet, mindestens 60 % des Wareneinsatzes aus Schleswig-Holstein zu beziehen. Restaurant Fischers Fritz separat erwähnt.

★★★★S

Romantik Hotel Kieler Kaufmann

Niemannsweg 102, 24105 Kiel
0431-88110
www.kieler-kaufmann.de
Einzelzimmer: 70–274 €
Doppelzimmer: 100–325 €

Das Romantik Hotel Kieler Kaufmann vereint drei unterschiedliche Gebäude zu einem großen Wohlfühl-Ensemble: mal als gelungene Verbindung von Tradition und Moderne im neuen Parkflügel, mal voller historisch eleganter Behaglichkeit in der Villa, mal in zeitgemäß klarer Wohnlichkeit wie im Marienflügel – aber überall mit dem gleichen hohen Anspruch an Design und Komfort. Das geschichtsträchtige Haus bietet zeitgemäßen Luxus und individuellen Service für private Reisen, Events, Veranstaltungen und Hochzeiten. Im „Sanctum", dem lichtdurchfluteten modernen Wellnessbereich, können Gäste in einem großzügigen Schwimmbad, einer Finnischen Sauna und einer Biosauna, im Dampfbad sowie im Ruheraum und auf der Sonnenterrasse entspannen oder aktivsein. Im „Body & Mind"-SPA können zudem exklusive Massagen und Anwendungen gebucht werden. Kulinarisch wird ebenfalls hohes Niveau geboten: vom Frühstück und den Steak- und Grill-Spezialitäten im „Kaufmannsladen" über die exquisiten Drinks im gediegenen Ambiente der Bar „Soll & Haben" bis zur anspruchsvollen Gourmetküche unter der Regie von Mathias Apelt im „Ahlmanns". Restaurant Ahlmanns separat erwähnt.

Kirchdorf (Bayern)

7

Christians Restaurant

Dorfstr. 1 (Navi: Alte Schulstr. 2), 83527 Kirchdorf
08072-8510
www.christians-restaurant.de
Küchenchef: Christian F. Grainer
Do u. Fr ab 18 Uhr, Sa u. So ab 12 Uhr durchgehend, Mo–Mi RT
Menüs: 79–135 €

Das in der beschaulichen kleinen oberbayrischen Ortschaft Kirchdorf gegenüber dem stattlichen namensgebenden Gotteshaus mit seinem weithin sichtbaren Kirchturm gelegene Restaurant von Christian und Christiane Grainer hat mittlerweile durchaus so etwas wie Kultstatus und darf sich über sehr viele über die Jahre gehaltene und unvermindert begeisterte Gäste freuen – zu denen wir uns ebenfalls zählen. Das liegt nicht nur daran, dass der erfahrene Chef nach wie vor seinem mit Holz befeuerten Herd treu ist und darauf besonders handwerklich-charakterstarke Gerichte zaubert, sondern sehr wahrscheinlich an dem Gesamtpaket, das sich aus der hervorragenden Küche, dem geschichtsträchtigen Ambiente des seit dem 16. Jahrhundert im Familienbesitz befindlichen Gasthofs und der niveauvollen Wohlfühlatmosphäre, die von der Gastgeberin geschaffen wird, zusammensetzt.
Ebenfalls zwingend zum Gesamterlebnis gehört, dass es immer nur ein einziges Überraschungsmenü (mit kleinen Auswahlmöglichkeiten) gibt und so letztlich allein die Warenlieferung und der Chef entscheiden, was genau auf den Tisch kommt. Spätestens wenn man bereits einmal zu Gast war, ist jedoch sicher, dass man sich ganz getrost in dessen Hände begeben kann. Und das bewies zuletzt auch

gleich die als Küchengruß servierte pochierte Auster mit Austernkraut neben in Dill marinierten Gurkenwürfelchen, einem frischgrünen Apfelsorbet und einem Kartoffelchip, der an dieser Stelle tatsächlich nicht nur Deko war, sondern auf scheinbar simple Art wichtigen Crunch und Röstnoten mit ins Spiel brachte.
Überhaupt versteht es Christian Grainer ganz ausgezeichnet, auch mit wenigen exakt proportionierten Komponenten für Spannung auf seinen Tellern zu sorgen. Entsprechend gelang das auch bei einem Thunfischtatar ganz prima, dessen mager-klarer Geschmack von Limonenöl im Zusammenspiel mit milder Guacamole, etwas Korianderkresse und Osietra-Kaviar präsentiert wurde. Ein hauchdünner Sepiachip lieferte dazu auflockernde Knuspertextur, der Forellenkaviar darin etwas gröberen „Jod-Plopp" und eine gebackene Avocado anstelle einer Sauce verbindenden Schmelz unter lockerem Panko-Crunch.
Noch einen Hauch mehr begeistern allerdings alle Gerichte, bei denen etwas mehr Hitze und Röstaromen im Spiel sind – sei es wegen des Holzherdes oder der Stilistik der Küche. Sicher ist jedenfalls: Teller wie zuletzt das glasierte Kalbsbries mit zarter Schwarzwurzel und Kohlrabi, einem Hauch von Blattpetersilie, sautierten Shiitake-Pilzen und einer klebrig-erdiger Trüffeljus – alles in ganz exakten Proportionen aufs Porzellan gebracht – sind ein wunderbar schwelgerisches Vergnügen.
Und auch der pfannenheiß und glasig servierte weiße Heilbutt im Hauptgang brachte nicht nur eine hohe Qualität und viel Charakter mit, sondern bekam mit zartem grünem und weißem Spargel, einer Urkarotte im Mohnmantel und kontrastierend fruchtigerer oranger Karottencreme auch eine abwechslungsreiche und zugleich harmonische Umgebung, die von einer Rotweinbutter aus der geduldigen Reduktion von Rotwein, Portwein und Madeira unterstützt wurde. Ganz klassisch und genau auf diese Art richtig gut!
Wenn man Glück hat und der Chef in Mehlspeisenlaune ist, kann es sein, dass am Ende beispielsweise noch ein flaumiger Topfenknödel in Referenzqualität wartet. Aber auch alle anderen süßen Köstlichkeiten wie zuletzt die neckisch in einem kleinen Schokoladen-Blumentopf angerichtete Kombination aus confiertem Rhabarber und Himbeeren in verschiedenen Zubereitungen, einer guten Balance zwischen fruchtiger Süße, frischer Säure sowie einer gewissen Tiefe durch die Schokolade, halten locker das sonstige Niveau.
Das halten selbstredend auch die ausgeschenkten Weine, bei deren Auswahl man sich wiederum getrost auf die Gastgeberin verlassen kann – nicht nur dann, wenn man mit der sichtbar von großer Wein-Liebhaberschaft geprägten Karte und ihren spannenden Raritäten überfordert sein sollte.

Kirchdorf im Wald (Bayern)

Hubertus Stüberl

Schlag 36,
94261 Kirchdorf im Wald
09928-1500
www.hubertus-stueberl.com
Küchenchef: Tobias Schönhofer
Mo, Di u. Fr, Sa ab 17 Uhr,
So von 11–14 Uhr u. ab 17 Uhr,
Mi u. Do RT
Hauptgericht: 11–29 €,
Menüs: 18–30 €

VISA

Eigentlich ist das in einem kleinen Ortsteil nahe des ebenfalls sehr beschaulichen Kirchdorf im Wald gelegene Hubertusstüberl genau solch ein schlichtes einladendes Wirtshaus für Einheimische, Wanderer und andere Touristen, wie es schon der Name vermuten lässt – einfach unkompliziert und familiär. Andererseits sorgt hier Gastgeber und Küchenchef Tobias Schönhofer dafür, dass dieser Charme zwar uneingeschränkt erhalten bleibt, die Küche neben den rustikalen Traditionsgerichten aber eben durchaus auch aufgeschlossene und anspruchsvolle Gäste zufrieden stellt.
Und so gibt es zum Sound von gackernden Hühnern und fröhlichen Gäste in den gemütlichen Gaststuben und insbesondere im Sommer auf der idyllischen Gartenterrasse einerseits „Schlogerer Schaufl", einen handfesten Teller mit Schweinenackensteak, Bratkartoffeln, Speck und Spiegelei oder einen „BBQ-

Burger" mit Rumpsteak, Speck, Zwiebel, Ei und Steakhouse Pommes. Andererseits aber auch Dinge wie einen karamellisierten Ziegenkäse mit herbem Salat und Croûtons oder sorgfältig gebratene Zanderfilets mit Kürbiskernkruste nebst frischen Blattsalaten.
Unter den ambitionierteren Dingen in Tobias Schönhofers vertrauenerweckend kleiner Karte überzeugte zuletzt auch eine Ingwer-Kokossuppe mit zartcremiger Konsistenz und blumig-pikantem Aroma, die von der natürlichen Basis bis zum kräftig zugespitzten Geschmack souveränes Handwerk und ein gewisses Feingespür beim Umgang mit den Aromen zeigte und von einer kross-knackigen Garnele passend ergänzt wurde.
Manchmal können Licht und Schatten aber auch deutlich enger beieinander liegen. So war zuletzt beispielsweise der Rehrücken im Kern zwar auf den Punkt rosa gegart, allerdings etwas rustikal gebraten und unsauber pariert. Zudem geriet dessen Umfeld aus einer rein auf Fruchtbasis fabrizierten Heidelbeersauce und saftigen Povesen mit Aprikosenmarmelade deutlich zu zuckrig-fruchtig. Einige ebenfalls sehr kräftig angebratene Karottenstücke brachten zwar auch würzige Röstnoten ins Spiel, lagen aromatisch ansonsten aber auch eher auf der wurzelgemüsetypisch süßen Seite. Da hätte das durchaus überdurchschnittliche Produkt mit ein klein wenig mehr Detailgenauigkeit leicht noch überzeugender präsentiert werden können…
Genau wie im restlichen Angebot überzeugt das Team auch im süßen Bereich mit schlichten, dafür aber frisch und natürlich schmeckenden Kleinigkeiten, die von hausgemachten Eis- und Sorbetsorten bis zu bodenständigen Klassikern wie Grießflammeri und Crème brûlée reichen. Und ergänzt die Speisen und den herzlich-familiären Service mit einem spannenden Faible für Craftbeer und sortentypischen, eher einfachen Weinen aus dem Sortiment eines fränkischen Partnerbetriebs.

Bezahlkarten-Symbole

- Mastercard
- EC-Maestro
- Diners
- American Express
- VISA Visa

Kirchheim (Rheinland-Pfalz)

6

Ochs & Schwan

Weinstr. Nord 24,
67281 Kirchheim
06359-205060
www.ochsundschwan.de
Küchenchef: Swantje Schauss, Daniel Trommer
Di–Sa ab 17 Uhr, So u. Fei ab 12 Uhr durchgehend, Mo RT
Hauptgericht: 24–45 €,
Menüs: 100–130 €

VISA

In Zeiten, in denen Restaurants vielerorts über Personalmangel klagen und Konzepte eher down- als upgraden, ist es umso erfreulicher, wenn junge motivierte Gastronomen voller Tatendrang neue ambitionierte Projekte starten. Genau solch einen Glücksfall gibt es, versteckt im Leiningerhof des Bio-Weinguts Benzinger gelegenen „Ochs & Schwan" in Kirchheim an der Weinstraße. Dort, wo früher einmal ein traditionelles Pfälzer Gasthaus mit dem ebenso traditionellen Namen „Zum roten Ochsen" beheimatet war, haben Swantje Schauss und Daniel Trommer ein betont junges und inspiriertes Konzept ins Leben gerufen – und deshalb dem Restaurantnamen den „Schwan" (Swantje) für das Neue hinzugefügt.
Zwar gibt es hier in Bezug auf die bayerische Heimat von Daniel Trommer à la carte auch einen knusprigen Schweinsbraten vom Bauch mit Knödeln oder einen Allgäuer Zwiebelrostbraten mit Kässpatzen. Für neugierige Genießer interessanter ist aber sicherlich das maximal sechsgängige Menü, das auch in einer besonders einladend kalkulierten Überraschungsvariante bestellt werden kann – und deutlich kreativer ausfällt, dabei aber dennoch stets sehr geradlinig und zugänglich bleibt.

Um den Einstieg noch zu erleichtern, gab es zuletzt eine kleine krosse Tempura-Kugel, die mit kühler Ziegenkäsecreme gefüllt und auf Kresse angerichtet als handwerklich clever gemachter und animierender Starter bestens funktionierte. Generell sind die Gerichte zwar akkurat gefertigt, das aber auf eine eher wilde Art, ohne an jeder Stelle mit chirurgischer Genauigkeit zu arbeiten. Das birgt zwar die eine oder andere Stolperstelle, hat aber auch sehr viel Charme.
So wie beim ersten Gang, in dem eine zarte Sauerrahmmousse die Basis für abgeflämmte Hamachi-Scheiben stellte. Hier bekam der Fisch zwar markante Röstnoten, wurde dabei aber auch ziemlich stark angegart, wirkte deshalb minimal trocken und hatte es insgesamt generell schwer gegen den vielen Sauerrahm. Umso animierender und mutig kontrastreich wirkten drumherum die Akzente von konzentrierter Himbeere, Gurke, Salicornes und Gurkenkraut sowie einer Gurken-Tonic-Essenz als Sud und Gel, die mit differenzierter Säure und herber Bitterkeit viel Dynamik auf den Teller brachten.
Mutig puristisch folgte im nächsten Gang auf dem Hauptteller angerösteter Spargel mit der ätherisch frischen Aromatik von Zitrone und Salzzitrone, Vogelmiere sowie einem knusprigen (etwas frittierdeftigen) Kartoffelwürfel mit Kaviar-Topping. Auf dem Nebenteller erweiterten knusprig gebackene Kalbsbriesstücke auf cremigem Spargelragout mit fein eingebundenem Zitrusduft und einer hauchzarten Schärfe das Spektrum noch weiter und stellten dabei den Wohlfühlpart des Gerichts.
Auch im Hauptgang blieben die jungen Gastgeber der eher puristischen Linie treu und stellten trockengereiften Rinderrücken mit sattem Eigengeschmack neben Blumenkohl in drei verschiedenen Variationen, die zwar farblich bildhübsch in Weiß, Lila und Gelb gestaltet waren, sich aromatisch allerdings nicht so prägnant unterschieden wie optisch. So entstand am Ende ein Zweiklang aus tiefer Fleischwürze (gestützt von einer wuchtig konzentrierten Jus) und nussig-röstbitterem Blumenkohl. Da hätte man mit irgendeinem dazwischenfunkenden Akzent noch mehr aus der Idee machen können.
Überlegungen zu möglichem Verbesserungspotenzial wurden dann aber von dem voll auf genussvolle Emotionen abzielenden Pré-Dessert direkt weggefegt. Mit der Kombination aus leicht gezuckerten und als konzentriertes Gel servierten Erdbeeren neben rohem Keksteig mit feiner Salzigkeit, einem Erdbeer-Milcheis und flüssiger Sahne machte das Team nämlich eindeutig alles richtig.
Und auch der als verspielte Berglandschaft angerichtete Abschluss in Gestalt einer Mousse aus weißer Schokolade mit feiner Weißbierwürze neben Holunderblütengelee und Sponge sowie einem Eis von Holunderblüte und Gin fiel nicht nur mutig kreativ, sondern auch gut ausbalanciert aus.
Dazu gibt es eine kleine, aber klug aufgebaute Weinauswahl rund um das Benzinger-Sortiment, einen charmanten und von den Gastgebern tatkräftig unterstützten Service und im Sommer lauschige Plätze auf der Terrasse im Innenhof.

Kirchheim unter Teck
(Baden-Württemberg)

6

SAMS

Dettinger Str. 45,
73230 Kirchheim unter Teck
07021-9560694
www.sams-kirchheim.de
Küchenchef: Adrian Semp
Mo–Fr ab 18 Uhr, Sa u. So RT
Hauptgericht: 32–90 €, Menüs: 85–95 €

Fans von Fisch und Meeresfrüchten haben es mancherorts nicht leicht, geeignete Restaurants zu finden, in denen mehr als zwei maritime Standardgerichte auf der Karte stehen – mal abgesehen von Spitzenrestaurants, wo im Menü natürlich schon drei-, viermal Muscheln, Hummer, Steinbutt und dergleichen auftauchen können. In Kirchheim/Teck gibt es mit dem Sams nun eine lohnenswerte Anlaufstelle, in der à la carte Austern, Kaviar, Bouillabaisse, ein Wildfang des Tages und kanadischer Hummer, halb oder ganz, angeboten werden. Wer mehr möchte – es gibt auch ein Seafood-Menü in vier, mit Käse fünf Gängen. Und wer Fisch

nur in Maßen mag: Wahlweise kann auch mal ein Ossobuco vom Lamm als Hauptgang geordert werden, so wie auch Himmel & Erde, Gänselebervariationen und Iberico Pluma auf der Karte zu finden sind.
Hinter dem Konzept stehen der Koch Adrian Semp und der Sommelier Marc Schnierer, die in verschiedenen guten Häusern oder auch auf Kreuzfahrtschiffen unterwegs waren. In Kirchheim haben sich zufällig kennengelernt, gemeinsam den Traum von der Selbstständigkeit verwirklicht und aus einer Weinbar das Sams gemacht. Die Location liegt in der Fußgängerzone in einem bunt gemischten Umfeld direkt gegenüber einer Hopfenstube. Das Setting im Sams soll – trotz hoher Tischkultur mit Riedel-Gläsern und Besteck in Hammerschlagoptik – ganz bewusst nicht elitär sein, sondern setzt auf Lässigkeit. Der renovierte Gastraum ist zweigeteilt in einen Restaurant- und Barbereich mit fließendem Übergang und bei unserem Besuch präsenter Beschallung mit Housemusic.
Passend dazu gab es zum Start „Gaumendisco und Brotkultur" – ein kaltes weißes Tomatenschaumsüppchen, gefolgt von Roggenbrot und Baguette mit Crème fraîche, Olivenöl und einer Kräuter-Limetten-Creme. Obwohl das Menü eher kleingehalten ist, kam darauf noch ein feines Amuse-Bouche, mit dem schon mal demonstriert wurde, dass die Küche ganz schön Gas geben kann. Zum in Algen eingelegten und kurz angebratenen Thunfisch in Dreiecksform mit drei Kugeln Erbsencreme und -kresse knallten die Aromen eines Passionsfruchtspiegels mit Sojasauce ziemlich durch.
Auch im ersten offiziellen Gang steckte viel Power. Hier waren angeschmolzener Gorgonzola und gebratene Chorizoscheiben sehr kräftige Begleiter zu gebratenen Stücken vom Oktopus sowie einem Tentakel als Chip. Und doch harmonierte diese ganz eigene Mare-e-Monti-Interpretation sehr gut, zumal es noch etwas Besänftigendes mit einer Beurre blanc, Birnenmoussekugeln und kleine Überraschungsmomente durch kaum sichtbare kandierte Birnenplättchen gab.
Viel sanfter aber war eine Bärlauchsuppe, aus deren hellgrünem Schaum gar nicht mal so sehr das knoblauchähnliche Aroma hervorstach, sondern die mit ihrer Frische auch der Einlage viel Raum ließ, ihre zarten, nussigen bis hin zu süßen Noten zu entfalten: einer abgeflämmten Jakobsmuschel und einem Wan Tan mit Garnele. Top!
Etwas wuchtiger im Geschmacksbild präsentierte sich das Hauptgericht, das aber optisch noch einmal auftrumpfen konnte, da es sehr bunt war und mit Heidelbeerspuren rund um den Tellerrand einen wilden Splatter-Effekt hatte. Trotzdem fehlte dem Gericht etwas Spritziges und es überwogen zum confierten Rochenflügel mit seinen typischen leicht faserigen Lamellen die schweren Töne, mit Safran in einem Chip und einer Sauce Rouille, gut gewürzten Passepierre und einem Krustentiersud.
Das Dessert hatte mit einer Gelee-Schaumkugel dank Mango und Maracuja einen exotischen Touch, geschmeidige Süße durch ein Pistazieneis und in der Mitte eine Hibiskusblüte, die in ihrer Konsistenz an eine getrocknete und eingelegte Tomate erinnerte. Kleinere und vor allem optische Effekte gab es noch durch weiße Knusperschokokügelchen, einen Sponge auf der orangenen Schaumkugel und einen darin steckenden Blue-Curaçao-Zucker-Spieß.
Marc Schnierer hat seine rund 50 Positionen umfassende Weinkarte unkonventionell in Kategorien wie „Trendsetter" und „Gipfelstürmer" strukturiert und in der Rubrik „flüssige Legenden" ist auch etwas für Etikettentrinker geboten. Außerdem wird jeden Monat mit Tasting- und Wineflight-Aktionen ein Weingut gesondert vorgestellt. Keine Frage: Beim Sams, in dessen Namen die Initialen der Macher drinstecken, handelt es sich um schönes Konzept, für das wir zum Auftakt gute sechs Pfannen vergeben. Wir sind gespannt, wie es sich entwickelt.

6

Landgasthof am Königsweg

im Hotel Landgasthof am Königsweg
Hauptstr. 58,
73275 Kirchheim unter Teck
07023-9422929
www.landgasthof-koenigsweg.de
Küchenchef: Sascha Grampp
Di, Mi u. Fr–So ab 17 Uhr, Mo u. Do RT
Hauptgericht: 22–48 €, Menüs: 69–89 €
EC VISA

Der im Jahr 1676 erbaute denkmalgeschützte Landgasthof in Kirchheim unter Teck bietet spannende Kontraste: Von außen der pittoreske Fachwerkbau und ein wildromantischer Garten, von innen ein eher puristischer Look in modernem Schwarz-Weiß zwischen gekalkten Wänden, an denen Fackeln nachempfundene schwarze Lampen hängen. In jedem Fall ergibt das einen sehr atmosphärischen und besonderen Rahmen für ambitionierte Gastronomie. Und genau die wird hier seit Sommer

2019 von Sascha und Jenni Grampp, die den historischen Landgasthof nach einem kurzen Leerstand wiederbelebt haben, auch geboten.
Neben einigen komfortablen Zimmern locken die beiden vor allem mit einer substanzstarken Küche, die sich ganz unkompliziert zwischen fein ausgeführter Tradition und moderneren Offerten bewegt und in beiden Fällen durch einen handwerklich ausgereiften und von viel Kraft und Tiefe gekennzeichneten Stil punktet. Die Karte teilt sich dabei in ein Menü sowie eine kleinere, eher traditionelle Auswahl à la carte, in der dann beispielsweise ein klassisches Rindercarpaccio, ein gut gereifter Zwiebelrostbraten mit Maultasche, Spätzle, Zwiebeln und tiefgründiger Jus oder ein mustergültiges Wiener Schnitzel mit Süßkartoffel, Preiselbeere und Zitrone zu finden sind.
Wer das ganze Können des Teams erleben möchte, hält sich aber am besten an das Menü, das zuletzt mit einem elastisch zarten Pilz-Dim-Sum nebst etwas stark gebundenem Pilzfond und knackigen Zuckerschoten zum Auftakt einen gelungenen Kontrast zwischen Umami-Power und grüner Frische schaffte, ohne gleich in die Vollen zu gehen.
Unkonventionell als erster Gang, aber mit sehr erfolgreichem Wohlfühleffekt, startete das Menü dann mit kernig-zarten Bandnudeln, deren etwas robusterer Biss sich gegenüber einem cremig zerfließenden Eigelb, zartem Babyspinat und Störkaviar gut behauptete. Alles zusammen ergab eine auf Harmonie ausgelegte Melange, bei der aber dennoch jede einzelne Komponente mit viel Charakter klar erkennbar blieb.
Genau das gelang auch bei der saftig glasigen Tranche vom weißen Heilbutt neben den erdig süßlichen Noten Roter Bete und der säuerlichen Frische von Granny-Smith-Apfel, die von einer mit Fenchelgrün marmorierten Verjus-Sauce noch weiter gepusht wurde. Saiblingskaviar und knuspriger Fenchel setzten hier weitere Akzente und sorgten im Verein für einen der stärksten Momente des letzten Besuchs.
Im Hauptgang stand diesmal feinfaserig-zarter Hirschkalbsrücken in markant pfeffriger Würze neben einem herbstlichen Arrangement aus mildsüßer Pastinakencreme, waldwürziger Krauser Glucke und knusprig bitter frittierten Rosenkohlblättern. Dabei begeisterte ganz besonders das exakt und spannungsgeladen zubereitete Fleisch und dessen kraftvolle Wildjus mit dem Aroma von grünem Pfeffer. Bei den Beilagen fehlten zwar letzte Feinheiten im Detail, etwa bei den sehr soft-kleistrigen Kürbisgnocchi als separate Beilage, aber dafür entstand unterm Strich ein erneut harmonisches und überzeugendes Gesamtbild.
Generell liegen die Stärken der Küche klar bei der überdurchschnittlichen Produktqualität und einem hohen Powerlevel. Letzteres sorgt allerdings auch dafür, dass feinere Akzente zugunsten eines wohligen Soulfood-Charakters tendenziell etwas untergehen. Was aber wenig am Reiz der Küche ändert – ganz im Gegenteil! Und reizvoll gelang dann zuletzt auch der eher kleinteilig verspielte süße Abschluss mit einem gelungenen Kontrast zwischen der schmelzigen Süße weißer Schokolade und unterschiedlichen Zitrusaromen (unter anderem als Gels, Confit und Sorbet…), unter denen nur die bittersüßen Kumquats etwas vorlaut herausstachen.
Ergänzt wird die Küche von dem charmanten Service rund um die Gastgeberin und einer moderat kalkulierten Weinauswahl mit ansprechenden Offenen für „easy drinking“, aber auch gut ausgewählten spannenderen Empfehlungen, passend zum Gourmetmenü.

Kirschau (Sachsen)

Juwel

im Hotel Bei Schumann
Bautzener Str. 74,
2681 Kirschau (Schirgiswalde)
03592-5200
www.bei-schumann.de
Küchenchef: Robert Hauptvogel
Mi–Sa ab 18 Uhr, So–Di RT
Menüs: 157–184 €

Es ist immer wieder überraschend, welche komfortable, weitläufige und vielgestaltige Erholungswelt das Hotel „Bei Schumann“ in Schirgiswalde in maximal ländlicher Lage eröffnet. Kein Wunder, dass die Nachfrage aus dem gar nicht so weit entfernten Berlin und aus

Dresden ungebrochen hoch ist. Aber auch von weiter weg lohnt sich die Anreise für eine anspruchsvolle und abwechslungsreiche Auszeit. Seit jeher wird hier nicht nur auf Wellness und Entspannung, sondern auch auf das kulinarische Angebot besonderes Augenmerk gelegt und in dem edel in dunklen gedeckten Farben, Silber und Amethyst gestalteten „Juwel“ als Aushängeschild sogar ein veritables Gourmetprogramm geboten.
Nach einigen Jahren der Mitarbeit in der Küchenmannschaft seines Vorgängers hat der seit 2015 in den Betrieb gewachsene Robert Hauptvogel die Verantwortung am Herd übernommen. Gemeinsam mit Patrick Grunwald als charmantem Gastgeber und talentiertem Sommelier ist hier ein starkes Team am Start, dass sich – so viel bereits vorab – seit dem letzten Besuch ganz offensichtlich auch noch ein bisschen besser eingegroovt hat. Standen die vergebenen 7 Pfannen zuletzt noch auf etwas wackeligem Fundament, war das diesmal eine durchaus souveräne Vorstellung.
Im Vergleich zu anderen, ähnlich ambitionierten Konzepten kommen die Gerichte im Juwel, die in einem einzigen maximal siebengängigen Menü angeboten werden, handwerklich nicht ganz so akkurat und weniger ziseliert daher. Davon allerdings sollte man sich nicht täuschen lassen, denn Robert Hauptvogel arbeitet zwar vielleicht nicht mit chirurgischer Präzision, hat dafür aber ein auffallend gutes aromatisches Gespür und liefert auch bei originellen Kombinationen überzeugende Ergebnisse.
Eine kleine Kostprobe davon brachte zum Einstieg bereits ein geröstetes Blumenkohlröschen unter cremigem Kartoffel-Misoschaum und Blumenkohlcrumble, aufgefrischt von hauchfeinen Zuckerschotenjuliennes sowie marinierten roten Johannisbeeren für freche Säurekicks als unkomplizierten und doch gut akzentuierten kleinen Löffelspaß. In einer tiefen Schale, ebenfalls zum genussvollen Löffeln, versammelte das Team danach nussig-saftigen Bulgur und gezupfte Stücke von ganz mild und sanft geräucherter Forelle neben knackigen Apfelperlen, einem duftigen Gel aus Estragon und knusprigen Apfelchips mit prickelnd säuerlichem Essigpulver. Eine weniger spitze, aber ebenfalls ausgeprägte Säure gab es in dem umgebenden Sud aus Granny-Smith-Saft und Estragonöl, der dem kompakt geschichteten Zentrum eine harmonisierende Grundlage gab, die im Weinglas durch einen von dezenten Reifenoten und gut integrierter Restsüße geprägten Riesling von Zimmerling aus Sachsen noch weiter unterstützt wurde. Das war durch die differenzierte, aber durchweg präsente Säure ein fordernder, aber gerade deshalb auch animierender Auftakt.
Bereits ein Klassiker ist der saisonal fortlaufend variierte saisonale „Garten“ als vegetarisches Intermezzo, der in der letzten Frühlingsversion mit verschiedenen Karottentexturen, die vor allem von einem Sud aus reduziertem Karottensaft mit Kardamom geprägt wurden, auf den Teller kam. Gemeinsam mit knackigem Thaispargel und Spargel-Flan sowie konzentriert grasig-ätherischem grünem Shiso-Eis und Shiso-Öl ergab das in Summe einen farbenfrohen, auf spannende Art mit Würze und Frische spielenden Eindruck.
Deutlich reduzierter wurde danach eine einzelne, beidseitig kräftig angeröstete Jakobsmuschel auf mit Mango und Chili eher subtil akzentuierten Tapioka angerichtet. Die einzige Ergänzung boten hier die grünen Bitternoten gebratener Pimento de Padrón mit der expressiven Füllung eines Mango-Chili-Relishes. Am prägendsten für den Teller war allerdings der umgebende, stoffig-konzentrierte Krustentierschaum, der voll auf Röstwürze und eher „braune“ Aromatik ausgelegt war, die sich ganz hervorragend mit einem gereiften rheinhessischen Kabinett vom Weingut Groebe ergänzte. Einziges Manko dabei: Die Jakobsmuschel selbst spielte qualitativ nur in der 2. Liga, mit leicht faserigem und aromatisch ein wenig zu derbem Fleisch – immer noch so, dass die Kombination als Ganzes viel Freude machte, aber mit einer besseren Muschel wäre insbesondere angesichts der eher puristischen Idee noch deutlich mehr drin gewesen.
Bei der im Hauptgang servierten Miéral-Taubenbrust mit verführerisch in Butter gebratenen Spitzmorcheln brachten Kiefernnadeln als Öl und Pulver einen aufhellend ätherischen Twist in das ansonsten eher erdig-dunkelduftige Gericht, das zudem von einer etwas rustikalen gebackenen Praline aus saftiger Taubenfarce und Morchel sowie einer leicht und elegant gehaltenen Taubenjus komplettiert wurde. Auch hier überzeugte die aromatische Idee auf ganzer Linie, nur die sous-vide gegarte Taubenbrust blieb auf diese Art unter den Möglichkeiten an Ausdrucksstärke, die beispielsweise eine im Ganzen an der Karkasse gebratene Taube bietet.
Die kreativste Idee kam am Ende mit der wild klingenden, aber gut balanciert umgesetzten Kombination aus knackig säurefrischem Rhabarber als Sud und Streifen neben pikanten Tropfenpaprika, einen Paprika-Rhabarbereis und weißer Schokolade mit Mohn, die in die-

sem Kontext nur als punktuell mit Süße und Schmelz konternder Puffer diente.
Bis zu den fein gearbeiteten Pralinen zum Kaffee war das diesmal eine deutlich konsistentere Gesamtleistung und insbesondere in der Kombination mit den empfohlenen Weinen ein ebenso spannendes wie niveauvolles Erlebnis. Und wer trotz der lohnenden glasweisen Entdeckungen lieber nach einer oder mehreren Flaschen sucht, findet dafür in dem mächtigen Weinbuch eine bemerkenswerte Auswahl hochwertiger Tropfen – und mit Patrick Grunewald einen höchst kompetenten Guide bei der Auswahl.

Hotelempfehlung

★★★★★S

Hotel BEI SCHUMANN

Bautzener Str. 74,
2681 Kirschau (Schirgiswalde)
03592-5200
www.bei-schumann.de
Einzelzimmer: 95–260 €
Doppelzimmer: 174–756 €

EC VISA

Das vom bekannten Architekten Max Hans Kühne in den Jahren 1921 bis 1923 erbaute romantische Jugendstil-Schlösschen liegt inmitten der malerischen Landschaft der Oberlausitz, deren Schönheit man während eines Spazierganges oder einer Radtour entlang des Spreeradweges, welcher unweit des Hotels beginnt, eindrucksvoll erleben kann: Sanftgrüne Wälder und Wiesen durchziehen die Landschaft und reiche Kulturschätze erzählen von einer bewegten Vergangenheit. Unter der Ägide der heutigen Inhaber Petra und Rüdiger Schumann wurde das Haus mit sehr viel Liebe zum Detail in ein komfortables Hotel verwandelt. Die insgesamt 63 Zimmer und Suiten sind allesamt individuell gestaltet und liebevoll eingerichtet. Sie bieten vom heimelig-komfortablen Einzelzimmer bis zum Luxus-Doppelzimmer mit offenem Kamin und eigener Sauna auf der Terrasse ein breites Angebot für verschiedenste Ansprüche. Im römischen Spa-Tempel stehen den Gästen neben dem Schwimmbad Sudatorium, Heu-Sauna, Binsenkammer, Salzstollen, Dampfbad, Infrarotkabine und Bio–Sanarium zum Entspannen zur Verfügung. Mit dem neuen modernen Hotelanbau wurde das Angebot des Hauses durch weitere Deluxe-Zimmer, eine „Private Spa"-Etage, einen spektakulären Infinity Pool und einen Eventbereich erweitert. Auch die Kulinarik hat in verschiedenen Restaurants und einer gemütlichen Bar seit jeher einen hohen Stellenwert. Gourmetrestaurant Juwel separat erwähnt.

Koblenz (Rheinland-Pfalz)

7

Gotthardt's

im Hotel Fährhaus Koblenz
An der Fähre 3,
56072 Koblenz
0261-20171920
faehr.haus/restaurant-bar
Küchenchef: Frank Seyfried
Mi–Sa ab 18 Uhr, So–Di RT
Hauptgericht: 35–52 €,
Menüs: 112–149 €

EC VISA

Das modern und stylisch anmutende Hotel Fährhaus direkt am Moselufer bietet nicht nur ganz allgemein viel Komfort, sondern mit seinem Gourmetrestaurant auch ein lohnendes und atmosphärisches Genussziel mit Blick auf den Fluss. Das Team um Küchenchef Frank Seyfried, den wir schon aus seiner Zeit im Ai Pero in Andernach als sehr guten Koch kennen, bietet hier eine zeitgemäße, mit viel Aufwand und Blick fürs Detail zubereitete Spielart ambitionierter Küche, die mit individuellen Ideen punktet, ohne aber abgehoben oder überkreativ zu wirken.

Man merkt bereits an den ersten Kleinigkeiten wie einem dünnen Teigkissen mit Tomatenespuma, Parmesanflocken und Basilikum als federleichter und doch aromenintensiver Appetitwecker, oder aber einer cremigen Artischockensuppe, die neben dem voluminöseren Körper auch deutlichen Produktcharakter, eine feine elegante Säurespur und eine reizvolle Einlage aus topfrischen Schwert- und Bouchotmuscheln sowie einer knackig gebratenen Garnele mitbrachte, dass das Team ganz genau weiß, was es da macht.

Das zeigte sich dann auch an einem Würfel aus weich geschmorter Petersilienwurzel in einem klaren Tomaten-Essig-Fond und strahlend prägnanter Zitronencreme, die mit ihrer ätherischen Fruchtigkeit den gesamten Teller prägte – auch über das abwechslungsreiche Topping des Gemüsewürfels wie einer krossen Topinamburschale mit zarter Topinamburcreme, gepickelten Radieschen und Petersilienwurzel hinweg. Das nahm den anderen Komponenten zwar ein bisschen von deren Prägnanz, sorgte andererseits aber für einen ansprechend nervigen und frischen Auftakt.

Beinahe den gleichen Frischegrad, allerdings auf kompaktere und süffigere Art, brachte die folgende als Tatar und glasig gebratenes Stück präsentierte Jakobsmuschel mit, die in einer kühlen Beurre-blanc-Espuma mit edler Note von duftigem Riesling Kabinett abgerichtet wurde. Die Cocquilles präsentierten sich dabei attraktiv topfrisch, nur die gebratene Variante hatte etwas zu viel Salz abbekommen. Allerdings musste man sich diese köstliche, noch von einer feincremigen Spinatcreme ergänzte Melange erst „erarbeiteten", da sie unter einem luftig-krossen Brotdeckel mit Imperialkaviar und Zitrusgel versteckt war.

In kraftvollere Gefilde ging es dann mit einem üppig gefüllten Raviolo, dessen zarter Teig mit gezupftem Hirschfleisch und einem Kern sanft schmelzender Foie gras gefüllt und mit konzentrierter Holunderessigjus glasiert war. Deren straffe Säureader lockerte gemeinsam mit Gelee aus Holunderblütenessig sowie Kürbiscreme und -krokant das Gesamtbild spielentscheidend auf und hob den schwelgerischen Teller direkt auf ein höheres Niveau.

Und an das schloss auch der Kabeljau unter einem Gelee von Bete und Blumenkohlespuma mit hauchzart rauchiger Note an. Angerichtet wurde der feinblättrige Fisch auf einem kernig-zarten Risotto Nero aus schwarzem Reis und daneben durch buttrige Blumenkohlröschen und bissfeste Bete-Segmente harmonisch ergänzt, so dass ein eher ruhiges Gesamtbild mit feinen Details entstand.

Nach der Einstimmung ins Süße mit einem Orangenparfait nebst herb fruchtiger Orangenemulsion und einer Espuma aus rauchigem Schwarztee schaffte das eigentliche Dessert rund um Heidelbeere, Haselnuss und Rosmarin (dezent im Hintergrund) in Form drei kleiner separater Miniaturen einen ebenfalls souveränen Abschluss. Und der lag nur einen Hauch von den besten herzhaften Eindrücken des Menüs entfernt.

Dazu garantieren der (selbstredend vor allem mit Moselweinen) gut gefüllte Weinkeller und das kompetente und durchweg präsente Serviceteam auch sonst einen genussvoll entspannten Besuch.

8

Schiller's Manufaktur

Mayener Str. 126,
56070 Koblenz
0261-963530
www.schillers-restaurant.de
Küchenchef: Mike Schiller
Mi ab 18 Uhr,
Do u. Fr von 12–13.30 Uhr u. ab 18 Uhr,
Sa ab 18 Uhr, So–Di RT
Hauptgericht: 50–100 €,
Menüs: 125–200 €

Das heitere Wintergartenrestaurant von Familie Schiller, das zu deren Hotel Stein gehört und in einem warmfarbigen Gebäude in Moselnähe residiert, bietet nach unserer Einschätzung nach wie vor die beste Küche in Koblenz. Dessen Chef Mike Schiller ist ein mit allen Wassern gewaschener Koch, der die breitschultrige französische Klassik genauso gut beherrscht wie die zierliche rein vegetarische Gemüseküche und beides auf hohem handwerklichem und kompositorischem Niveau auf die Teller bringt. Seine Karte offerierte zum Zeitpunkt unseres jüngsten Besuchs ein sogenanntes „Klassiker-Menü“ in fünf oder sechs Gängen plus einige Gerichte à la carte, die jeweils immer verfügbar sind. Daneben aber auch weitere Spezialitäten wie etwa Feines vom Kalb mit lauwarmem Kalbskopf, gebratenem Kalbsbries und Kalbsnierchen auf Radieschencarpaccio mit Senfkörnervinaigrette, ein im Tontopf gegartes Miéral-Huhn für zwei Personen oder eine im Ganzen in der Schweinsblase gegarte Taube. Und natürlich das vegetarische Garten-Menü, mit dem er ganz weit vorne mitspielt – diese Dinge aber nur auf Vorbestellung bei der Reservierung.

Eine gedörrte Schwarzwurzel mit Fichtensprossenlack und ein sehr feiner sandig-schmelziger Parmesancracker mit Avocadocreme erreichten uns als erster Wink aus der Küche, die anschließend mit einer Vielzahl verschiedener, in unterschiedlichen Gläschen und Schälchen servierter Kleinigkeiten auch nochmal richtig opulent im Umfang einer amtlichen Vorspeise gegrüßt hat. Und mit jeder dieser für sich stehenden Kleinigkeiten konnte das Team um Mike Schiller gleich wieder eindrucksvoll unter Beweis stellen, wie feinsinnig es in jedem Detail arbeitet und was für ein gutes Händchen es für vegetarische Kompositionen hat. Diese Petitessen reichten von einer überraschend nuancenreichen Kleinigkeit aus Frischkäse, Wildkräutern und Pumpernickel über einen asiatisch inspirierten Zitrusfrüchtesalat mit Anklängen unter anderem an Kaffirlimette, Ingwer und Chili oder etwas gesäuerten Sushireis und gepickelter Bete mit subtiler Umamiwürze und Wasabischärfe, bis hin zum rahmig-säuerlichen Schwarzwurzelsüppchen mit sehr aromatischer schwarzer Trüffel aus dem Burgund.

Diese Périgord-Trüffel gaben auch der vegetarischen Vorspeise um fermentierte Knollensellerie und komprimierten Apfel in unterschiedlicher, auch miteinander kombinierter Form ihr erdiges Aroma. Und zwar in Form von Mayonnaise-Tupfen und Scheiben von der eingelegten Knolle, die auch noch eine noble alkoholische Note einbrachten. Zusammen mit verschiedenen Wildkräutern, winzigen Brotcroûtons und den Aromen von gerösteter Haselnuss war das ein sehr leichter und frischer Auftakt mit gewissem aromatischem Tiefgang.

Noch eine ganze Ecke mehr Tiefgang und Komplexität, bei ebenfalls federleichter, transparenter Art, hatte die folgende Gemüseessenz mit gegrillten oder anderweitig gegarten Gemüsen darin, die überraschend zum Highlight des letzten Besuchs wurde und sich im Grunde schon auf 9-Pfannen-Niveau bewegte. Die unheimlich extraktreiche und umamistarke Suppenbasis an sich schon ein Ausbund an Geschmack: mit Sherry abgeschmeckt und neben der Kraft des Gemüses mit der Süße und Säure des Abtropfsaftes von Tomaten abgerundet und so voll aufgeladen. Die vielen verschieden und auch verschieden behandelten Gemüse darin, die von Pastinake und Zucchini über Shiitake-Pilz und Lauchzwiebel bis zu Pimientos de Padrón reichten und teils mit einer Art Pistazien-Pistou nappiert waren, ermöglichten mit jedem Löffel immer wieder neue Facetten von süßlich und erdig bis bitter. Sehr stark!

Ebenfalls stark, mit viel Süße und Säure sowie sehr wenig Salz beziehungsweise anderer Würze an dieser Stelle aber dramaturgisch suboptimal platziert, folgte auf die natürliche Um-

amibombe mit der Kombination von Schwarzwurzel und Birne wieder ein elegantes Leichtgewicht. Zwar steuerte die braune Butter den als glasiert, gebraten, getrocknet und Chutney in sehr gefälligen und gut durchdachten Proportionen arrangierten Spielarten hier einen gewissen Background bei – konnte aber nicht den Ausgleich schaffen, den eine noch herzhaftere Komponente dem Gericht hätte geben können. Nicht auszudenken, was hier beispielsweise kleine Mengen eines würzigen Blauschimmelkäses oder Ähnliches hätten für das Gericht selbst und die Speisefolge bewirken können.
Zu einem ganz ähnlichen Fazit kamen wir beim vegetarischen Hauptgang um gebratene Aubergine, die als große Scheibe auf dem Teller lag und unter anderem mit Topinambur in unterschiedlichen Texturen, aber auch mit Auberginenkompott, verschiedenen eingelegten Pilzen und aromatischen Kräutern beladen auf einer intensiven reduzierten Birnenjus schwamm. Auch hier sorgte der immer wieder in kleinen cremigen Stücken dazwischen aufblitzende Ziegenfrischkäse vom Vulkanhof zwar für gewisse Würze, reichte aber nach unserer Auffassung nicht ganz aus, um es zum perfekt behandelten Gemüse gegen die Süße und Säure aufzunehmen. Das ist aber zugegebenermaßen auch hier Kritik auf sehr hohem Niveau.
Und auf dem bewegt sich die Küche auch außerhalb des vegetarischen Bereichs, etwa mit einer Vorspeise um Tatar von der Eismeerlanguste mit Kaviar nebst gebackenen Langustentaschen und Sauce Gribiche. Oder einem Hauptgang wie den ebenso schlicht und naturbelassen wie perfekt auf den Punkt gebrachten Rehrücken hervorragender Qualität aus heimischer Jagd, der mit verschiedenen eingelegten Früchten, Lakto-Blaubeeren, dehydrierter Rote Bete, Rosenkohlblättern und sogar kleinen Partikeln von angebratenem sehr mildem Speck und buttrigen Croûtons äußerst schlank und pointiert, aber auch wieder relativ frucht- und säurelastig daherkam. Mit Salz und Würze jedenfalls geht der Chef momentan äußerst zurückhaltend und bedacht um.
Und so war es dann umso auffälliger, dass beim sehr starken Dessert um Rote Bete und schmelziges Rahmeis von karamellisierter weißer Schokolade nebst weißer Luftschokolade, Verbeneöl, Kamilleblüten, Vogelmiere, eingelegten schwarze Johannisbeeren und Baiser, gerade eine gewisse Würze und Salzigkeit an der Bete und im Eis für überraschend viel Tiefe und somit für den originellen Twist sorgten. Wer ausnahmsweise oder aus Überzeugung vom mit Sachverstand und Faible zusammengestellten europäischen Weinsortiment Abstand halten muss, bekommt auf Wunsch von der sympathischen Gastgeberin Melanie Stein-Schiller verschiedene spannende alkoholfreie Begleitgetränke ins Glas.

7

Verbene

Brunnenhof Königspfalz 1,
56068 Koblenz
0261-10046221
www.restaurant-verbene.de
Küchenchef: David Weigang
Mi–Sa ab 18 Uhr, So–Di RT
Menüs: 94–170 €

VISA

Das verhältnismäßig kleine, geschmackvoll schlicht gestaltete Restaurant liegt etwas versteckt in Koblenz' Altstadtgassen, signalisiert auf den ersten Blick gehobenen gastronomischen Stil, ist aber kein luxuriöses Gourmetrestaurant. Entspanntes Genießen in lockerer Atmosphäre ist also vorprogrammiert und dazu lädt auch die Karte ein, die einen maximal achtgängigen Menüvorschlag offeriert, den man durch Weglassen der wenigen Gerichte mit Fleisch und Fisch sogar auch zu einer rein vegetarischen Speisefolge modifizieren kann.

Der Küchenstil wirkt natürlich auf den ersten Blick mit den vielen vegetarischen Gängen automatisch sehr naturverbunden und zeitgenössisch, hat mitunter auch kreative Aromenallianzen zu bieten, setzt bisweilen auf Zubereitungsarten wie Fermentation und Reifung und kommt auch mit nicht alltäglichen Produkten ums Eck. Die Kreationen an sich sind oft modern puristisch gehalten und werden eigentlich immer sehr leicht und elegant umgesetzt.
Nach kleinen Küchengrüßen wie einem mit sich selbst gefüllten Radieschen oder einem kleinen, sehr dezent mit Kaffeearomen parfümierten Blumenkohlschaumsüppchen, die alle etwas eindimensional daherkamen, wurde es bereits mit dem ersten Teller des Menüs vielschichtiger: Der als eine Art „Törtchen" präsentierte Apfel-Kohlrabi-Salat aus jeweils unterschiedlichen Komponenten – der Kohlrabi zum Beispiel mariniert und als mit Lemon-Shio-Koji „gebeizte" dünn geschnittene und zur Rose aufgedrehte Scheiben, der Apfel mariniert und als Chips – wurde mit einer rahmigen Stachelbeer-Vinaigrette angegossen, deren laktischer Schmelz und Süße hier in dieser Kombination spielentscheidend war. Und sofern man alle Komponenten in einem entsprechenden Verhältnis auf der Gabel hatte und am besten auch noch eine von den floralen Weißdornknospen erwischt hat, entstand ein recht facettenreiches und frisches Geschmacksbild.
Ein ganzes Level höher lag in Ausführung und geschmacklicher Wirkung die vegetarische Foie-gras-Alternative „Voie gras", die auf Basis von Kichererbsen und Cashewnüssen hergestellt und in cremiger, auf der Oberseite karamellisierter Ringform quasi als falsches Leberparfait in Szene gesetzt wird. Im Zusammenspiel mit einer komplexen, dabei sehr elegant zugespitzten und natürlich ebenfalls vegetarischen Sherryjus, saftig aufgesogenen Spitzmorcheln und Verschiedenem vom Spinat (Mousseline, marinierte junge Blätter, getrüffelter Blattspinat) ein pointiertes und zugleich recht vielschichtiges Gericht, das nicht umsonst zum Signature Dish geworden ist.
Hier zeichnete sich schon ab, dass sich die Küche im Direktvergleich zu unserem letztjährigen Besuch weiterentwickelt hat und nunmehr deutlich besser auf den Punkt kommt. Das zeigte auch ein trotz weniger Komponenten wieder überraschend vielschichtiger Zwischengang um gegarte und glasierte Rote Bete sowie Rote-Bete-Gnocchi mit Meerretticheis und Rapssaat, was weniger an den überwiegend weichen Konsistenzen als vielmehr an den wieder sehr klar und deutlich zugespitzten Aromen lag. Und die wirkten dadurch nicht wie erwartet sehr erdig und dumpf, sondern eher fruchtig, schlank und ätherisch – was auch auf das dazu gereichte Getränk aus der lohnenden alkoholfreien Getränkebegleitung zutraf, in dem Saft von der Roten Bete und Pflaume mit Essig und Salz sehr straff und leicht daherkamen.
Der erste nicht-vegetarische Gang des Menüs bescherte uns Skrei, der fest und noch leicht glasig mit einer würzig-pikanten maritimen XO-Paste auf Shrimps-Basis bestrichen auf dem Teller lag. Flankiert von einer auch mit ebendieser Paste aromatisierten schaumigen Hollandaise und einer Melange aus gebratenen Shiitake-Pilzen und Pak Choi unter einem Nudelblatt. Ein eher kraftvoller, asiatisch angehauchter Fischgang.
Großartig fanden wir den ebenfalls auf wenige Komponenten (Fleisch, Wurzelgemüse, Stängelkohl) reduzierten Hauptgang „Eintopf vom Limousin-Rind", was an den wunderbar saftigen und eigenaromatischen geschmorten Rindfleischwürfeln und einer wirklich phänomenalen Rinderjus lag, die kraftvoll und konsistent, aber eben nicht zu dicht konzentriert und leimig war und nicht diffus schmorwürzig-fleischig, sondern sehr klar und pur mehr nach Knochen und viel Mark geschmeckt hat. Da machte das extra dazu gereichte Sauerteigbrot absolut Sinn, denn von diesem Saft durfte kein Tropfen zurück in die Küche gehen! Sehr gut korrespondierte hier übrigens auch die alkoholfreie Begleitung im Glas, nämlich der mit den Aromen von Chili und Kirsche abgerundete rote Traubensaft aus der stillen „Ispiration"-Reihe von Jörg Geiger, der sich den fleischigen Aromen nicht zu süß und nicht zu wuchtig entgegenstellte.
Spannend war auch das Dessert, ein Baba au Sake, also ein statt mit Rum mit Sake aufgesogener Napfkuchen, der mit einer Nocke Rahmeis von Haselnuss und roter Shisokresse getoppt in einer mit Sandorn marmorierten Amazake-Sauce angerichtet war. Kreativ und sehr stimmig, also trotz der originellen Kombination mit neuartigem Geschmacksbild kein halbgares Experiment, sondern ein sehr harmonischer und runder Nachtisch.

Hotelempfehlung

Fährhaus Koblenz

An der Fähre 3, 56072 Koblenz
0261-201710
faehr.haus
Einzelzimmer: 192–202 €
Doppelzimmer: 195–230 €

VISA

Das stylisch-modern in schnörkelloser lichtdurchfluteter Architektur am Koblenzer Moselufer gelegene Hotel Fährhaus mit eigenem Yachthafen begrüßt seine Gäste in 47 komfortablen Zimmern und exklusiven Suiten. Mit Mosel- oder Landblick, mit Balkon oder ohne, eine kleine Suite oder das großzügige Penthouse – die ansprechend mit naturbelassenen Materialien ausgestatteten Zimmer bieten alle einen Flachbildfernseher, kostenfreies WLAN, eine Minibar und Möglichkeiten zur Kaffee- und Teezubereitung. Zimmer mit gehobener Ausstattung haben außerdem eine separate Sitzecke und/oder eine Pantryküche. Im Haus gibt es eine geräumige Bar mit Gourmetrestaurant, eine Terrasse direkt an der Mosel und zum Aktivsein oder Entspannen ein Fitnesscenter und ein Spa- und Wellnesscenter mit Panorama-Pool und Sauna. Außerdem stehen den Gästen drei Tagungsräume mit modernster Technik zur Verfügung. Während des Aufenthalts im Fährhaus kann man in und um Koblenz vielen Aktivitäten wie Wandern, Radfahren und Angeln nachgehen. Das Hotel ist 4 km vom Bahnhof Koblenz Stadtmitte und 6 km vom Kurfürstlichen Schloss Koblenz aus dem 18. Jahrhundert entfernt. Restaurant Gotthardt's separat erwähnt.

Die Besteck-Symbole

luxuriöses Restaurant mit höchstem Komfort und formvollendetem Service, edler Ausstattung und einer Weinkarte, die höchsten Ansprüchen genügt

elegantes Restaurant mit hohem Komfort und exzellentem Service, sehr gute Ausstattung, hervorragende Weinkarte

gehobenes Restaurant mit gutem Komfort und versiertem Service, umfangreiche Weinkarte

besser ausgestattetes Restaurant mit ordentlichem Service, ausgewählte Weine

schlichtes Restaurant, Gasthof oder Bar

Köln

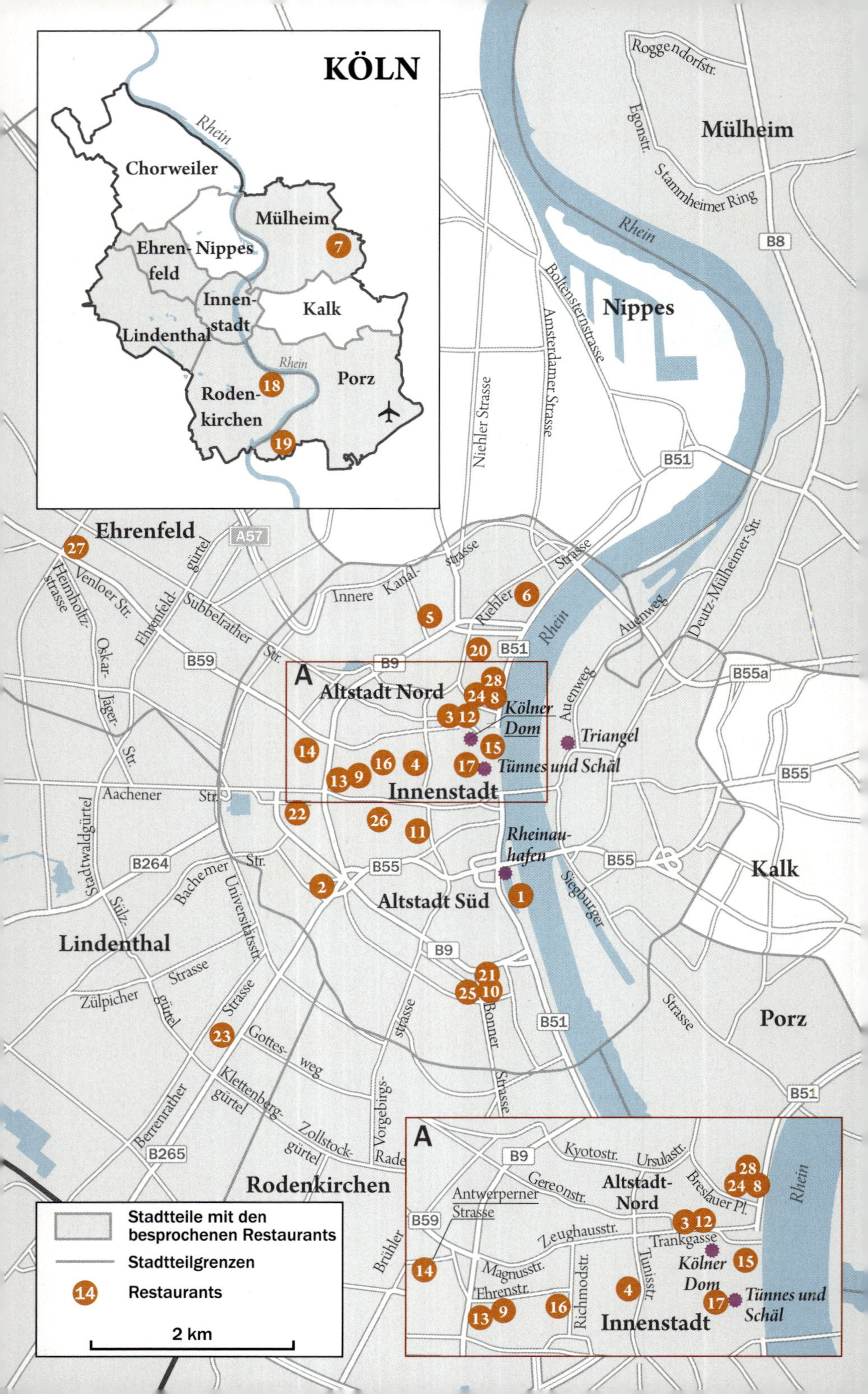

KÖLN
Rhein
Chorweiler
Mülheim
Ehren-
feld
Nippes
Innen-
stadt
Kalk
Lindenthal
Rodenkirchen
Porz
Mülheim
Nippes
Ehrenfeld
Altstadt Nord
Innenstadt
Altstadt Süd
Kalk
Lindenthal
Porz
Rodenkirchen
Kölner Dom
Triangel
Tünnes und Schäl
Rheinauhafen
Stadtteile mit den besprochenen Restaurants
Stadtteilgrenzen
Restaurants
2 km
A
Altstadt-Nord
Innenstadt
Antwerperner Strasse
Zeughausstr.
Magnusstr.
Ehrenstr.
Richmodstr.
Tunisstr.
Trankgasse
Gereonstr.
Kyotostr.
Ursulastr.
Breslauer Pl.

Unsere Besten in Köln

9t – 9 9 Gusto-Pfannen

1. Ox & Klee

8t – 8 8 Gusto-Pfannen

2. La Société ↑
3. taku

7t – 7 7 Gusto-Pfannen

4. Alfredo
5. astrein ↑
6. Gruber's Restaurant
7. La Cuisine Rademacher
8. maximilian lorenz restaurant ↑
9. NeoBiota
10. Pottkind
11. Sahila – The Restaurant ↑

6t – 6 6 Gusto-Pfannen

12. Hanse Stube
13. Henne. Weinbar & Restaurant ↑
14. ITO Japanese Cuisine ↑
15. maiBeck ↑
16. Poisson ↑
17. PULS ↑
18. Pure White ↑
19. Zur Tant

5t – 5 5 Gusto-Pfannen

20. Augustin
21. Capricorn [i] Aries Brasserie
22. Christoph Pauls Restaurant
23. Gasthaus Scherz
24. weinlokal heinzhermann ↑

Weitere Restaurants

25. 485 Grad
26. Café 1980
27. Karl Hermann's
28. Straßenküche Maximilian Lorenz

Köln (Nordrhein-Westfalen)

Fast & SLOW

485 Grad

**Bonner Str. 34,
50677 Köln
0221-93293148
485grad.de
Mi–Do von 17–22 Uhr,
Fr von 17–23 Uhr, Sa von 12–23 Uhr,
So u. Fei von 12–22 Uhr, Mo u. Di RT
Menüs: 9–16 €**

Original neapolitanische Pizza mit perfektem Teig und hochwertigen Toppings, die bei 485° in etwa 60 Sekunden gebacken wird. Sensationelle Weinkarte (Riesling!) und verschiedene Craftbiere.

7

Alfredo

**Tunisstr. 3,
50667 Köln
0221-2577380
www.ristorante-alfredo.com
Mo–Do von 12–15 Uhr u. ab 18 Uhr,
Fr von 12–15 Uhr u. ab 19 Uhr,
Sa, So u. Fei RT
Hauptgericht: 37–45 €**

Mit zuverlässig hoher Beständigkeit bietet der Gastgeber, Koch und ausgebildete Opernsänger Roberto Carturan seinen Gästen in diesem wohltuend schlicht-eleganten Restaurant im Kölner Zentrum ein feines, klassisches, aber nicht traditionelles oder gar folkloristisches italienisches Kulinarium. Mit viel Fingerspitzengefühl und unangestrengter Perfektion interpretiert er die Küche seines Heimatlandes in all ihrer Ursprünglichkeit auf Gourmetniveau, indem er nicht nur auf überdurchschnittliche Produktqualitäten und authentische handwerkliche Zubereitung Wert legt, sondern auch genau weiß, wann es besser ist, etwas wegzulassen. So hat man es auf den mit Sorgfalt und Augenmaß angerichteten, aber eben niemals verspielt anmutenden Tellern im Grunde immer mit sehr puristischen Zubereitungen zu tun, bei denen nichts kaschiert werden kann – und auch nicht muss! Einfallsreich, authentisch und stets mit der richtigen Balance zwischen Aromenkraft und Subtilität.

7↑

astrein

**Krefelder Str. 37, 50670 Köln
0221-95623990
www.astrein-restaurant.de
Küchenchef: Eric Werner
Di–Do ab 18 Uhr, Fr u. Sa ab 17 Uhr,
So u. Mo RT
Hauptgericht: 35–65 €,
Menüs: 119–129 €**

VISA

Von außen unscheinbar, innen stylish: das stilvoll aufgeräumt gestaltete Restaurant von Gastgeber und Küchenchef Eric Werner setzt vom ersten Moment an von der markanten Raumgestaltung, deren Blickfang eine Tapete mit Urwald und Affen ist, bis hin zum lässigen Sound aus den Lautsprechern, deutlich mehr auf Style als auf Glamour, zeigt aber zugleich genauso den gehobenen Anspruch an Gastronomie, auch wenn diese eher casual wirkt. Entsprechend gehört es auch zum Programm, dass die modernen Drehsessel und die gesamte Atmosphäre auffallend entspannt sind, sowie dass die Gerichte grundsätzlich auch in sehr aufgeräumter und klarer Machart auf die jeweilige Idee und die verwendeten Produkte setzen.
Das ist lobenswert mutig und zudem, wenn alles stimmt, auch überzeugender als viele aufwendig kleinteilig inszenierte Arrangements. Und so kam nach ein paar kleinen, noch etwas zurückhaltenderen Einstimmungen rund um gegrillte Melone mit Sumach, Avocado und Kopfsalat, einer Petitesse um Karotte mit Mole-Creme und Süßkartoffel sowie – als markantesten Eindruck unter den Horsd'œuvres – Rettich mit Kaffee und Feigenfüllung beim letzten Besuch bereits mit dem ersten offiziellen Gang ein echter Knaller…
Auf wunderbar freigestellte und klare Art mit intensiven natürlichen Aromen punktete hier nämlich eine Terrine aus kurz angegrillter, festfleischiger Meeräsche, confierter Tomate sowie

glasiertem Spinat und Fenchel, hauchdünn verbunden von einem gelierten, kräftig mediterran schmeckenden Fischfond. Obenauf brachte ein Strudelröllchen mit Tatar von der Meeräsche, Pistazie und grüner Olive sowohl Crunch als auch nochmal mehr glasklaren Produktgeschmack, während drumherum zarte Stücke von Herz- und Schwertmuscheln in einem grasig herben grünen Olivenfond den frischen maritimen Eindruck komplettierten. Das waren zum Auftakt gleich mal glasklare 8 Pfannen!
Intensiven Produktgeschmack – wenn auch auf etwas kompaktere Art – brachte auch der nächste Teller mit mild geräuchertem, leicht temperiert eingesetztem Aal und einer rohen Tranche von marmoriertem Balfegó-Thunfischbauch, die von Brunnenkresse ätherisch aufgelockert und von einer konzentrierten Melange aus Forellen- und Störkaviar sowie zarten Getreidekörnen jodig-nussig gepusht wurden. Das erreichte nicht ganz die Klarheit und Kraft des ersten Gangs, machte auf unkompliziert wirkende, aber dynamisch schmeckende Art dennoch sehr viel Freude und brachte Genuss auf hohem Niveau.
Genau wie das zartrosa gegarte Kalbsfilet, das wunderbar straff und feinfaserig neben ebenso perfektem knusprig-schmelzigem Bries und einer in Erbsencreme gefüllten Rolle aus „Zungenfrikassee" im Hauptgang eine begeisternde Produktpräsentation ergab, die von einer – bei aller „klebrig" reduzierten Power – sehr eleganten Kalbsjus gestützt und von frischen Erbsenhälften und -creme sowie säurefrisch marinierten, teils duftig-ätherischen, teils herben Kräutern kontrastiert wurde. Eigentlich eine ganz und gar klassische Kombination, die aber allein durch die charakterstarken Kalbszubereitungen auf zeitlose Art überzeugte und auch sonst sehr beschwingt und alles andere als tradiert daherkam.
Zum Abschluss gab's Pavlova, in diesem Fall aus knusprigem Cassisbaiser, bedeckt von einem kleinwürfeligen Ragout aus zwischen mildsüß und säurefrisch pendelnden „grünen Früchten", konzentrierter Cassiscreme und einem kompakt cremigen Sorbet auf Basis von Granny Smith Apfel. Für einen schmelzig verbindenden Rahmen und durch die fruchtigscharfe Würze außerdem auch für spannende Dynamik sorgte dazu eine luftige Ingwer-Sabayone und beendete ein Menü, das an vielen Stellen schon klar in Richtung 8 Pfannen zeigte und diese sicher auch erreichen kann, wenn der reduzierte Stil durchgängig klar und pointiert umgesetzt wird.
Der zugleich unkomplizierte und zuvorkommende Service hält mit dem Niveau der Küche locker mit, macht das Wohlfühlen leicht und sorgt außerdem dafür, dass auch die Gläser jederzeit mit gut korrespondierenden und anspruchsvollen Weinen gefüllt sind. Oder dass eine gute Flasche aus der gut sortierten Karte auf dem Tisch steht.

5

Augustin

Dagobertstr. 32, 50668 Köln
0221-95313354
augustin-restaurant.com
Di ab 18 Uhr, Mi–Sa von 12–14 Uhr u. ab 18 Uhr, So ab 17 Uhr, Mo RT
Hauptgericht: 22–32 €
VISA

Der große, pochierte Hechtkloß zeigt wunderbar, worum es Eric Werner, der außerdem noch das Gourmetrestaurant Astrein in Köln betreibt, im Augustin geht: Klassiker, die nur noch selten gekocht werden, in sorgsam zubereiteter Form auf den Teller zu bringen. Dabei ist das Thema nicht Modernisierung, geschweige denn Dekonstruktion. Aber Werner und Küchenchef Andre Mazanke können und wollen auch nicht verhehlen, dass sie in Spitzenküchen sozialisiert wurden. Deswegen sind die verwendeten Zutaten durchgehend von sehr guter Qualität, die Garpunkte werden allesamt getroffen, und alles ist handwerklich so exakt wie man es in einer gutbürgerlichen Küche nicht unbedingt erwarten darf. Aber auch im „Augustin" gilt: große Portionen, heiße Teller. So auch beim herrlich luftigen Hechtkloß, der reichlich mit Kresse bedeckt ist. Angerichtet in einem tiefen Suppenteller mit Kartoffelpüree samt Röstzwiebeln, darauf eine aufgeschäumte Wermutsauce. Der Clou des Ganzen sind jedoch die ebenso frischen wie knackigen Kullererbsen und die geschickt eingesetzte Minznote.
Hühnerkraftbrühe ist ein weiterer Klassiker, den das Augustin-Team angeht. Verwendet wird Perlhuhn, dessen Geschmack sehr pur und konzentriert in der Suppe zur Geltung kommt – weder wird überwürzt noch zu großzügig gesalzen. Als Einlage gibt es neben kleingewürfeltem Wurzelgemüse drei Maultaschen, die mit saftigem Perlhuhnfleisch gefüllt sind.
Kölns Brauhausklassiker „Himmel & Äd" ist zu einem festen Bestandteil der Speisekarte des Augustin geworden, die ein gutes Dutzend Gerichte, sowie extra zu bezahlendes Brot der Bäckerei Gaues und einen Käsegang aufweist – ein mehrgängiges Menü wird nicht angeboten.

Auch die kölsche Nationalspeise versuchen Werner und Mazanke auf ein neues Niveau zu heben, ohne sich dabei allzu weit vom klassischen Geschmacksbild zu entfernen. Die dicke gebratene Scheibe, die sich im Zentrum des Tellers befindet und eine schlotzige Textur aufweist, stammt aus dem Baskenland und bietet äußerst präzise Blutaromen. Die Apfelschnitze stammen vom feinsäuerlichen Jonagold, wodurch der Gang eher harmonisch als kontrastierend wirkt. Sehr gut gelingt das à part servierte und von einem kleinen Salat gekrönte Kartoffelpüree. Die großzügig vorhandene dunkle Sauce ist souverän gearbeitet und mit Portwein und Thymian versehen. Untypisch für Köln gibt es außerdem gebratene Pilze mit starken Röstnoten.
Der Zander wird kross auf der Haut angebraten, zwei Stücke finden sich auf dem Teller. Spinat in zwei Varianten darunter: in Blattform sowie als Püree, bei dem der Eigengeschmack nicht von Sahne übertönt wird. Auch dieses Gericht wird ein wenig erweitert, ohne dass es angestrengt wird: durch kleine Rhabarberstücke in der aufgeschäumten Beurre blanc (an Sauce wird hier nie gespart, obwohl es gelingt nichts übermäßig schwer wirken zu lassen), die mit leichter Süße und kecker Säure Schwung verleihen.
Bei den Desserts legt sich das Küchenteam in Sachen Süße keine Fesseln an. Die schaumige Sabayone von Sauternes kommt mit marinierten Beeren und einer Nocke feinfruchtigem Rhabarber-Ingwer-Eis daher. Viele Gäste des im 1904 erbauten Kolpinghaus untergebrachten Lokals werden im Nachhinein aber wohl eher von der fünf Meter hohen Decke des Restaurants erzählen statt von den – übrigens nicht annoncierten – Speisen. Denn an dieser befindet sich ein von Eric Werner so getaufter Lampengarten aus allerlei Leuchten, Laternen und Lampions. Im Sommer sitzt man wunderbar im komplett umschlossenen Innenhof mit der Statue des heiligen Antonius – auf den 90 Plätzen dort gibt es auch nicht die akustischen Probleme wie im 70 Personen fassenden Speisesaal mit seiner sehr „halligen“ Atmosphäre.
Der Service agiert freundlich, allerdings kann es manchmal lange dauern bis Gerichte an den Tisch kommen. Eine Besonderheit für diese Art eines feinbürgerlichen Restaurants ist die sehr kundig zusammengestellte Weinkarte, die auch einige sehr seltene und teure Bouteillen bietet. Im offenen Ausschank gibt es im Augustin ebenfalls manchmal Bemerkenswertes – und Kölsch vom Fass natürlich sowieso.

Fast & SLOW

Café 1980

Bobstr. 28, 50676 Köln
0221-60606860
cafe-1980.de
Mo–Fr von 12–21.30 Uhr, So u. Fei von 12–18.30 Uhr, Sa RT
Hauptgericht: 7–12 €

Hier gibt's originelle Banh Mhi (Baguette-Sandwich) mit kreativen asiatischen Toppings und dazu eine kleine Auswahl frischer vietnamesischer Salate und Snacks.

5

Capricorn [i] Aries Brasserie

Alteburger Str. 31, 50678 Köln
0221-3975710
www.capricorniaries.com
Di–Sa ab 18 Uhr, So u. Mo RT
Hauptgericht: 18–32 €

Hier wird in lockerer, unprätentiöser Atmosphäre eine fundiert gekochte und immer äußerst schmackhafte Bistroküche geboten, die sowohl typische französische Klassiker-Gerichte der gutbürgerlichen Machart umfasst, als auch ihre rheinländischen Pendants. Der Service ist flott und freundlich, im Sommer kann man direkt an der belebten Straße an kleinen Tischen sitzen. Ansonsten ist aber auch das schlicht und stilvoll eingerichtete Lokal ein sehr netter Ort.

5

Christoph Pauls Restaurant

Brüsseler Str. 26, 50674 Köln
0221-34663545
www.christoph-paul.koeln
Küchenchef: Christoph Paul
Mi–Sa ab 18 Uhr, So–Di RT
Menüs: 51–62 €

Christoph Paul ist beileibe kein unbeschriebenes Blatt in der Kölner Gourmetszene, hat er sich doch zunächst viele Jahre im Restaurant Velderhof vor den westlichen Toren Kölns einen Namen gemacht, bevor er vor einigen Jahren weiter in Richtung Zentrum in sein aktuelles Domizil gewechselt ist. Dieses liegt versteckt in einem backsteingemauerten Innenhof und bietet dort in heimelig-stilvollen Räumlichkeiten oder auf der pittoresken, liebevoll gestalteten Terrasse unter schützenden Ahornblättern und Sonnensegeln einen sehr einladenden Anlaufpunkt für all jene Feinschmecker, die geradlinige substanzstarke Küche in einem unkomplizierten Rahmen zu moderaten Preisen zu schätzen wissen. Wer die neuesten Trends oder aufwendige Spielereien sucht, wird dagegen wahrscheinlich weniger glücklich...

... würde aber bereits bei der einstimmenden Spargelmousse mit prägnantem Eigengeschmack und pfiffiger Ergänzung durch Salzmandel und Schwarzwälder Schinken wahrscheinlich doch eingefangen und neugierig gemacht. Beispielsweise auf den komplexer aufgebauten und dabei vor allem auf die hervorragenden Büsumer Krabben ausgerichteten ersten Gang des abendlichen Menüs, in dem die taufrischen süßlich zarten Krustentiere mit einem wachsweichen Eigelb, ätherischen Kräuterspitzen und einer frischgrünen Frankfurter Kräutersauce stimmig und animierend kombiniert wurden.

Das sauber parierte, als größere Rolle pochierte und dann hauchzart angebräunte Kalbsbries konnte da im Vergleich mit seiner rein auf Erbsencreme, knackige Erbsen und braune Butter reduzierten Umgebung – trotz schön deutlicher Aromen – nicht ganz mithalten. Das hätte beispielsweise mit ausgeprägteren Röstnoten am Bries und einer Spur mehr Säure schon etwas anders ausgesehen.

Beispielsweise so wie direkt im Anschluss in der luftigen Rieslingschaumsauce zu einem saftigen Filet von der Felsendorade, das von einem sanft angeräucherten Spargelragout eine Grundlage mit viel Rückgrat erhielt, aufgelockert von dünnem grünem Wildspargel und Pinienkernen. Auch hier ließe sich konstatieren, dass alles zusammen einfach ausgesprochen richtig „lecker" schmeckt, oder aber feststellen, wie die Gerichte einerseits leicht zugänglich und harmonisch wirken, zugleich aber immer auch eine gewisse Finesse zeigen. Und beides wäre gleichermaßen zutreffend!

Das galt dann auch für den süßen Abschluss in Gestalt eines luftigen Holunderblüten-Biskuits neben saftigen Heidelbeeren und einem cremig-frischen Joghurteis in gewohnt unkompliziert eleganter Manier. Dazu sorgt die sympathische Gastgeberin Juliane Brückmann-Paul mit ihrem Team für eine angenehme Atmosphäre und neben einer guten Auswahl einfacherer offener Weine lassen sich zu den Gerichten aus der Küche ihres Mannes flaschenweise auch ausgesuchte hochwertige Tropfen genießen.

5

Gasthaus Scherz

Luxemburgerstr. 256, 50937 Köln
0221-16929440
www.scherzrestaurant.de
Küchenchef: Michael Scherz
Di–Do ab 17 Uhr, Fr–So von 12–14 Uhr u. ab 17 Uhr, Mo RT
Hauptgericht: 16–32 €, Menüs: 43–61 €
EC VISA

Das in traditioneller Brauhaus-Umgebung angesiedelte Gasthaus Scherz ist ein sehr bodenständiges Lokal, bietet aber in Teilen eine sehr raffinierte Küche. Das Ambiente ist eher rustikal, der Umgangston unkompliziert und auch die Preise bleiben am Boden – was aber nicht darüber hinwegtäuschen darf, dass Michael Scherz, der nach langjährigen Erfahrungen in der gehobenen österreichischen Küche hier im Exil mit den authentisch alpenländischen Schmankerln und kreativeren eigenen Ideen mit viel Substanz und einer mutigen Vorliebe für Innereien und sonstige charakterstarke Produkte aufgekocht. Und so stehen hier neben K.u.K.-Klassikern sowie unverzichtbaren Gerichten wie Wiener Schnitzel und Backhendl auch originellere Dinge auf dem Programm, die als drei- bis fünfgängiges Menü angeboten werden. Ergänzt wird diese gelungene Mischung aus österreichischer Klassik und neuen Ideen durch eine attraktive kleine Weinkarte zu fairen Preisen.

7

Gruber's Restaurant

Clever Str. 32, 50668 Köln
0221-7202670
www.grubersrestaurant.de
Küchenchef: Denis Steindorfer
Mo–Fr von 12–14 Uhr u. ab 18 Uhr, Sa ab 18 Uhr, So RT
Hauptgericht: 29–35 €, Menüs: 59–110 €

VISA

Dieses kulinarische österreichische Konsulat in der Domstadt gehört seit Jahren zu den festen gastronomischen Größen Kölns und wurde unlängst erheblich und sehr schick vergrößert. Die verschiedenen individuell und geschmackvoll in warmen Farben gestalteten Räumlichkeiten geben der überwiegend österreichisch, bisweilen aber auch mal fernöstlich inspirierten Küche einen würdigen Rahmen und entgegnen nun der großen Nachfrage mit genügend Platz.
Der hohe Beliebtheitsgrad des Restaurants und seiner Küche ist wohl auch darauf zurückzuführen, dass das Team um Franz Gruber und seinen Küchenchef Denis Steindorfer seit jeher einen Spagat zwischen Tradition und Moderne macht, also die ganz klassischen austriakischen Evergreens neben kreativer und weltläufiger komponierte und auch optisch entsprechend arrangierte Gerichte stellt. Damit werden nämlich sehr viele Gäste abgeholt, und es ist selbst mittags nicht selten für ein volles Haus gesorgt. Und das Beste: die Gerichte beider Welten werden mit demselben Qualitätsanspruch und derselben Sorgfalt zubereitet.
Der Traditionssparte lassen sich zum Beispiel die Vorspeise um Backhendl, Preiselbeeren und Vogerlsalat oder die Tafelspitzbouillon mit „Wiener Einlage" zurechnen. Aus der modernen und weltoffenen Ecke kam zuletzt die Vorspeise um zweierlei Seesaibling, dessen rotes Fleisch in gebeizter Form und als Tatar zusammen mit marinierten Gurken, Sushireis und Kimchi in einem cremigen Umfeld aus Chilimayonnaise, Creme von schwarzem Sesam und Gel von Passionsfrucht platziert war. Und zwar aufwendig und mit Fingerspitzengefühl.
In ihrer zeitgemäßen und wieder recht elaborierten Anrichteweise gar nicht so eindeutig zwischen Tradition und Moderne zu verorten war die Kresse-Rahmsuppe, die erst direkt am Tisch an ein ringförmig arrangiertes Konglomerat aus verschiedenen säuerlich eingelegten Wurzelgemüsen, Blüten und Wildkräutern angegossen wurde und in Summe ein sehr vielschichtiges Geschmacksbild zeichnete. Und es ist ja auch völlig egal, aus welcher Schublade das Süppchen nun stammte – es war einfach sehr gut.
So wie der glasig-saftige Skrei, der mit verschiedener Kresse getoppt auf einem Bett aus lauchwürzig eingelullten Fregola Sarda angerichtet und von einer buttrig-voluminösen, perfekt feinsäuerlich zugespitzten Riesling-Beurreblanc umgeben war, in der punktuell noch würziges Lauchöl für feine Akzente sorgte. Dem folgte im Menü „Die Moderne" ein rosa gebratenes Bürgermeisterstück mit Rote Bete, Champignons und Erdapfel, während man sich im Traditionsprogramm beispielsweise an einem perfekt soufflierten Wiener Schnitzel mit schmelzigem Kartoffel-Gurken-Salat laben kann. Oder eben an der Königsdisziplin rotweiß-roter Rindfleischküche, dem Tafelspitz, der hier vom trockengereiften Pommernrind stammt und sowohl gebacken als auch in der Brühe zusammen mit Apfelkren, intensiver Schnittlauchsauce, Rahmspinat und Salzerdäpfeln aufgetischt wird. Und zwar in Referenzklasse!
Und weil man hier im österreichischen Mehlspeisenhimmel nur schwerlich an einer Süßspeise vorbeikommt, sollte man, sofern am Ende des Mittags oder des Abends noch ausreichend Kapazitäten vorhanden sind, unbedingt den formidablen fluffigen Kaiserschmarrn probieren. Aber auch der außen perfekt knusprige und innen saftige Apfelstrudel nebst selbstredend hausgemachter Vanillesauce mit hoher Suchtgefahr, intensivem und schmelzigem Haselnusseis sowie Birnengel ist immer einen Versuch wert.
In der umfangreichen österreichischen Weinkarte findet sich vieles, was in der dortigen Weinszene Rang und Namen hat, Sommelier Maik Wohlgefahrt kommt aber auch mit spannend unkonventionellen Tropfen weniger populärer Erzeuger ums Eck, die Geheimtipp-Charakter haben. Es lohnt sich immer, Interesse zu zeigen und mit ihm in Dialog zu treten!

6

Hanse Stube

im Excelsior Hotel Ernst

Trankgasse 1–5 / Domplatz,
50667 Köln
0221-2701
www.excelsiorhotelernst.com
Küchenchef: Joschua Tepner
Täglich von 12–14.30 Uhr u. ab 18 Uhr, kein RT
Hauptgericht: 29–56 €,
Menüs: 59–122 €

VISA

Im noblen, direkt vis-a-vis des Kölner Doms gelegenen Excelsior Hotel Ernst stellt dessen Hansestube mit ihrem vornehm gediegenen Ambiente samt dunkler Edelholztäfelung, modernen Leuchten und großformatiger abstrakter Kunst an den Wänden seit vielen Jahren und über verschiedene Küchenchefs hinweg eines der renommiertesten Ziele für Genießer in der Domstadt. Obwohl hier an anderen Orten und selbst unter gleichem Dach auch auf noch höherem Niveau genossen werden kann, ist die Strahlkraft des altehrwürdigen Gourmetrestaurants ungebrochen.

Das edle Ambiente, der Komfort und der Service bester klassischer Schule haben daran sicher keinen unwesentlichen Anteil. Noch mehr aber die Tatsache, dass Küchenchef Joshua Tepner, der hier das Niveau in jüngerer Zeit wieder deutlich anheben konnte, diesen traditionsreichen Ort kulinarisch keineswegs altbacken, sondern mit zeitgemäßer, inspirierter französischer Klassik bespielt.

Die Produktqualität ist durchgängig erfreulich hoch und auch wenn nicht an allen Stellen absolute Detailgenauigkeit forciert wird, gehen die Ideen in der Regel geschmacklich sehr gut auf. So etwa zuletzt bei roh mariniertem Stör mit festem Fleisch und klarem Geschmack, der markant von Limettenzestenaroma aufgefrischt in einem duftig-fruchtigen Kontext verschiedener Melonenzubereitungen sowie Orangen- und Grapefruitfilets gestellt wurde. Dabei dominierte nur die üppige Frucht der Melonen ein wenig zu sehr. Deutlich feinfühliger eingebunden war diese – trotz beinah identischer Schnitte und Kugeln – zu einer separat servierten kapitalen Gillardeau-Auster, weil hier die Proportionen von fleischig-jodiger Auster zu fruchtigen Kicks schlichtweg besser gewählt waren.

Ebenfalls fruchtig verspielt wurde ein knackig zartes Schichtwerk aus säurefrisch marinierter junger Bete und Granny Smith präsentiert, das von Prunier-Kaviar, Atsinakresse und einem feinsäuerlich-fruchtigen Betefond ergänzt wurde. Das Arrangement aus Bete und Apfel wirkte dabei solo zwar ein wenig spröde, gewann auf der Gabel aber deutlich durch eine ausreichende Menge an Kaviar und dessen jodigen Kick, so dass – auch wenn die Komposition den Kaviar nicht unbedingt prominent ganz nach vorn stellte – ein sehr stimmiger Gesamteindruck entstand.

Im Hauptgang stellte das Team akkurat rosa gebratene, allerdings aromatisch etwas derbe Taubenbrust neben eine kraftvolle Sauce Albufeira sowie eine Art knusprig-softe „Riesenkrokette" aus Kartoffel mit Pfifferlingen und Mirabellengel. Das funktionierte auf klassische Art zwischen dunklen fleischigen Noten, säurefrischer Frucht und waldigem Pilzaroma ganz prima, wenn auch mit aromatisch eher verschwommenen und nicht bis aufs Letzte scharfgestellten Konturen.

Überraschend gelang ausgerechnet im Dessert eine trennschärfere und klarere Präsentation der Komponenten: mit einem intensiv konzentrierten Kirschsorbet unter (recht sahnemilder) Buttermilch-Espuma, das neben knusprigen Crêpes Dentelles, einem karamellisierten weißen Schokoladencreme-Streifen und ebenfalls konzentrierten Kirschkomponenten gut zwischen tiefer Frucht, frischer Säure und hellem Schmelz balanciert war.

Nicht fehlen dürfen am Ende natürlich die vielen fein gearbeiteten und teils recht kreativen Pralinés – und das dicke schwere Weinbuch mit vielen hochwertigen Gewächsen renommierter Winzer, aus dem sich sowohl glas- als auch flaschenweise garantiert eine passende hochwertige Getränkebegleitung zusammenstellen lässt. Und im Zweifel berät der bestens eingespielte Service hier bei der Auswahl genauso kompetent wie bei allen anderen Fragen.

6 Pfannen, 2 Bestecke

Henne. Weinbar & Restaurant

Pfeilstr. 31–35,
50672 Köln
0221-34662647
www.henne-weinbar.de
Mo–Sa ab 12 Uhr durchgehend, So RT
Hauptgericht: 10–22 €, Menüs: 26–38 €
VISA

Es ist natürlich keine Erfolgsgarantie, aber wenn ein hervorragender gourmeterfahrener Koch, der Luxusgastronomie Lebewohl sagt, um mit seinem Können und Know-how ein konzeptionell einfaches und trotzdem kulinarisch anspruchsvolles Lokal zu etablieren, kam schon öfter etwas äußerst Reizvolles dabei herum. So auch im Falle von Hendrik „Henne“ Olfen, der einstmals im La Vision für eine 9-Pfannen-Bewertung maßgeblich mitverantwortlich war und seit ein paar Jahren in der Kölner City eine legere Weinbar mit anspruchsvollem Tapas-Programm betreibt. Was der Chef und sein Team hier in dem schlicht und modern gestalteten und sogar relativ großen Lokal in kleinen Portionen zu sehr moderaten Preisen auf die Teller und in die Schälchen bringen, hält nicht nur auf Produktseite hohes Niveau, sondern kann auch mit sorgfältig-fundierter Zubereitung und richtig guten, schmissigen Ideen punkten. Die Gerichte sind einerseits sehr unkompliziert aus nur wenigen Komponenten zusammengestellt und begeistern mit Kreativität, cleveren, ausdrucksstarken Aromenakzenten und viel Substanz. Auch die mit Kennerschaft zusammengestellte Weinkarte hat was.

---

6 Pfannen, 3 Bestecke

ITO Japanese Cuisine

Antwerpener Str. 15,
50672 Köln
0221-3557327
ito-restaurant.de
Di ab 18.30 Uhr, Mi–Fr von 12–14 Uhr u. ab 18.30 Uhr, Sa ab 18.30 Uhr, So u. Mo RT
Hauptgericht: 8–79 €, Menüs: 99–124 €
VISA

Nicht nur in Köln hat man als Spitzenrestaurant mittlerweile schon einen „USP“ wenn mittags geöffnet ist. Aber es gibt sowohl mittags als auch abends mehr als nur diesen einen Grund, beim ITO im Belgischen Viertel einzukehren. Zwei geschmackvoll und schlicht eingerichtete Räume hat das Restaurant, wobei der vordere die bessere Wahl ist, weil man an der Sushi-Theke Meister Kengo Nishimi dabei zusehen kann, wie er mit großer Ruhe und Sorgfalt genau die richtigen Schnitte ansetzt. Wem Frischluft wichtiger ist: Im Sommer gibt es auch draußen ein paar Plätze.
Der Hauptgrund für den Besuch hier ist natürlich das großartige Sushi. Die Schnitttechnik ist vorbildlich, der Reis handwarm, mit feiner Körnigkeit und hauchzarter Essignote. Ob Nigiri Lachs, gebeizter Zander oder Akami (Thunfischrücken) vom Blue Fin Balfegó verwendet wird, die Fischqualität ist herausragend. Selbst ein schlichtes Hosomaki mit Gurken und weißem Sesam wird – auch dank der verwendeten Noriblätter, die weit entfernt von der üblichen trocken-geschmacklosen Standardware sind – zu einem großen Vergnügen. Das gleiche gilt für die Handroll mit knusprigen Tempura-Garnelen. Draufsatteln ließe sich bei der Sojasauce, die eingekauft und dann verfeinert wird. Und bezüglich frisch geriebenem Wasabi, der auch gegen Aufpreis nicht zu haben ist.
Sushi und Sashimi setzten von der Eröffnung des Restaurants an Maßstäbe in der Domstadt, die in diesem Bereich zuvor nur neidisch auf den Rivalen am Rhein schauen konnte. Dort, genauer im Düsseldorfer „Nagaya“, hat Kengo Nishimi einige Jahre gearbeitet. Die Küche des ITO hat sich vor allem jenseits dieser Klassiker weiterentwickelt, was sicher auch an Torben Schuster vom Schwester-Restaurant „Gut Lärchenhof“ liegt, der an der Rezeptentwicklung beteiligt ist.
Als Apero gibt es ein kreisförmiges Mosaik aus Kabeljau und erdender Lauchasche, serviert in einem viel Frische beitragenden Buttermilchsud mit ein wenig Lauchöl, das hier auch farb-

lich für einen schönen Kontrast sorgt. Es sind jedoch die applizierten Punkte aus Grapefruit-Pfeffer-Gel die dem Gericht einen enormen Schwung verleihen, ohne auch nur im Geringsten den Fisch zu übertönen.
Die in einer Keramikschale servierte und nur leicht aufgeschäumte Spargelcremesuppe ist nur hauchzart mit Dashi abgeschmeckt, im Zentrum steht der pure Gemüsegeschmack. À part wird eine dicke weiße Spargelstange serviert, die in Shiso-Blätter gerollt und knusprig in Tempura ausgebacken wurde. In drei Stücke geschnitten und herrlich heiß serviert, sind es auch hier sehr kleine Elemente, die dem Gericht das gewisse Etwas verleihen, vor allem, weil sie unterschiedliche, ja kontrastierende Akzente setzen. In diesem Fall sind es Punkte von intensiv-würziger schwarzer Knoblauchcreme und solche mit leicht scharfem Geschmack von Brunnenkresse auf dem Spargel.
Der Loup de Mer kommt auf der Haut kross angebraten in ungemein saftiger Art auf den Teller und Wasabibutter, die auch im Kupfertöpfchen zum Nachnehmen bereitsteht, wird neben dem Fisch angegossen. Der Clou dabei: der Wasabigeschmack kommt voll zur Geltung, die Schärfe ist jedoch massiv reduziert. Die kluge Detailliebe von Kengo Nishimis Küchenbrigade zeigt sich auch in Scheiben von grünen Trauben mit Norialgenpulver auf der mit Röststreifen versehenen Stange weißen Spargels. Wie balanciert hier eine ganz leichte, fruchtige Süße für charmante Akzente sorgt, das beeindruckt. Begleitend gibt es noch Chawanmushi, das Cremigkeit addiert, und darauf dünn aufgeschnittener Serrano-Schinken, der für ein wenig Surf-&-Turf-Twist sorgt und zudem Salz ins Spiel bringt. Kein Element ist Deko, alles macht Sinn, und das Produkt steht stets klar im Mittelpunkt – dazu gehört auch japanisches Wagyu-Rind, das eine feste Säule der Speisekarte darstellt.
Zu all dem bietet Sommelier Falk Schlüter eine Weinbegleitung an, kombiniert dabei ebenso harmonisch wie klug. Ein 2015er Muscadet Sevre et Maine „Goulaine" von Jeremie Huchet (Loire) oder ein 2021er Welschriesling von Lackner-Tinnacher (Südsteiermark) beweisen wieviel Spannung und Tiefe beim Food-Pairing auch mit Weinen möglich ist, die im Alkohol zurückhaltend sind.
Aber auch wer selbst eine Flasche Wein aus der Karte wählt, ist im ITO gut aufgehoben, denn die Bandbreite überzeugt ebenso wie die Kalkulation. Orange und – passend für ein Restaurant mit japanischer Küche – leichte Rotweine sind speziell gekennzeichnet. Ein besonderes Herz hat Schlüter dabei für die Weine Italiens, aber auch in Deutschland und Frankreich ist er sehr gut aufgestellt. Zwölf Weine zwischen 8–18,50 € werden offen angeboten, sechserlei Sake ebenfalls, eine kleine Teekarte bietet fünf Auswahlmöglichkeiten.
Die Achillesferse der Menüs im ITO waren lange Zeit die Desserts. Indem man sich mittlerweile gestattet, in diesem Bereich das Land der aufgehenden Sonne kulinarisch größtenteils zu verlassen, eröffnen sich nun Räume für überzeugende Kreationen. Saikyo-Miso ist weniger salzig und etwas süßer, so dass sie sich gut für ein Dessert einsetzen lässt. Kombiniert mit einigen Erdbeervierteln, einer sehr luftigen Crème-Brûlée-Espuma, darin ein wenig gepufftem Reis, und einer Nocke Erdbeereis, erstrahlt eine klassische Kombination dank der Miso-Würze in neuem Licht!

Karl Hermann's

Venloerstr. 538, 50825 Köln
0221-59557960
karlhermanns.de
Täglich ab 12 Uhr durchgehend, kein RT
Hauptgericht: 12–30 €

Exzellente Burger und Steaks vom Bœuf de Hohenlohe, Pommes in Rindertalg frittiert und kreativ ergänzt.

La Cuisine Rademacher

Dellbrücker Hauptstr. 176, 51069 Köln
0221-96898898
la-cuisine-koeln.de
Küchenchef: Marlon Rademacher
Mi–So ab 18 Uhr, Mo u. Di RT
Hauptgericht: 32–49 €,
Menüs: 110–140 €

VISA

Das unscheinbar und versteckt in einem Eckgebäude in Köln-Dellbrück gelegene Lokal von Marlon Rademacher überrascht beim Betreten mit einem stylisch-modernen Ambiente, bequemen Polsterstühlen und -bänken an schlichten Holztischen und kecken Farbtupfern durch Dekor in Rosé und Gold. Ein einerseits klar anspruchsvoller Genussort, der andererseits aber auch den Reiz eines charmanten Nachbarschaftsrestaurant erhält. Man fühlt sich in

jedem Fall sehr schnell wohl in einer ebenso zuvorkommendem wie unkomplizierten Atmosphäre.
Beste Voraussetzungen also für das Küchenteam um den unter anderem in Christian Baus Victor's fine dining oder dem Waldhotel Sonnora unter Helmut Thieltges geschulten Chef, um die angenehme Bühne mit genussvollen Eindrücken zu füllen. Und das passiert auch im Handumdrehen mit ersten akkuraten Kleinigkeiten wie einer Tartelette mit zarter Fenchelcreme schwarzen Olivencrumbles und Limettengel als „lecker" kontrastreiche Miniatur neben einem kühlen Erbsensüppchen mit Buttermilch-Eiswürfeln und Minze als unkomplizierte sommerliche Erfrischung.
Unkompliziert kam auch der erste reguläre Gang daher: mit großen festen Stücken vom Ikejime-Kingfish als ein nur mild gesäuertes (und nicht komplett denaturiertes) Ceviche, das von Granatapfel fruchtige Säurekicks mitbekam und von Kichererbsen und einem luftigen Kichererbsenschaum für eine gewisse Fülle sowie von Papadam mit Granatapfel- und Kräuterpowder für würzigen Crunch ergänzt wurde. Und obwohl das Ganze im Grunde ziemlich einfach gehalten war, schaffte der Teller mit seinen natürlichen Kontrasten und der frischen Säure einen sehr animierenden Einstieg.
Einen ganz anderen Charakter boten die zurecht als Signature Dish firmierenden zarten Sellerielamellen, die hauchdünn mit Parmesancreme zu einem Millesfeuilles geschichtet und üppig-duftig mit schwarzer Trüffel überflockt waren. Eine kleinere Menge eleganter Jus, gemeinsam mit einer aufgeschäumten Beurre blanc, gab zu diesem Umami-Feuerwerk, das trotz der intensiven Komponenten vor allem die natürliche Würze und Säure des Sellerie nach vorn stellte, einen geschmeidigen Rahmen – und schaffte so einen dichten, in seiner Umami-Konzentration aber gekonnt abgestuften Eindruck.
Ähnlich auf einen harmonischen Gesamteindruck ausgerichtet wurde auch der gegrillte (minimal faserige, aber wunderbar klararomatische) Hummer präsentiert: Mit saftigem „Riz bomba", einer schmorfruchtig-nussigen Creme von Mandel und Tomate und milder Mandel-Ailoi sowie salzig-jodigen Algen entstand ein mediterranes, an iberische Urlaubstage erinnerndes Geschmacksbild, abgerundet von einem luftigen Krustentierschaum. Da war zwar nicht jede Komponente bis aufs Letzte zugespitzt, aber auch das aromatisch etwas unschärfere Bild machte auf beschwingte Art viel Freude.
Ganz unkonventionell und für einen Hauptgang ziemlich mutig präsentierte das Team kühl und roh aufgeschnittenes Wagyu vom Maromorierungsgrad „A5" nebst lauwarmem Tomatenconfit, Pinienkernen und Auberginencreme mit ätherischer Kresse. Eine kraftvolle, aber transparente Wagyu-Essenz verlieh dem Ganzen ein gewisses Hintergrund-Umami, aber ansonsten lebte das Gericht von der klar herausgestellten Produktklasse und dem ungewohnten Spiel mit Temperaturen. Das wäre so zwar auch als Vorspeise passend gewesen, funktionierte aber insbesondere an einem heißen Sommertag auch als Menühöhepunkt ganz prima.
Und wie gut durchdacht die Ideen des Teams umgesetzt werden, zeigte am Ende auch die Verbindung von salzig naturell gehaltenem Frischkäse neben einer Art Zitruscurd, Arganöl, erfrischendem Minzsorbet, schmalen süßen Dattelstreifen und knusprigen Strudelteigblättern – mit markanten Kontrasten und schmissigen Akzenten. Sowie der zupackend säurefrische Abschluss rund um Granny-Smith-Apfel und Himbeere in einem dichtporigen Grapefruitschaum, bei dem nur dünne knusprige Baiserplatten für genau das richtige Maß an Süße sorgten.
Im Service wirkte zuletzt aufgrund der Einarbeitung einiger neuer Teammitglieder mancher Ablauf noch etwas improvisiert, das aber auf sehr charmante Art. Und die nicht überbordende, aber individuell und kompetent gestaltete Weinkarte mit vielen bezahlbaren Flaschen und Gläsern aus dem mittleren Qualitätssegment garantiert, dass hier nicht nur die Teller, sondern auch die Gläser stets attraktiv gefüllt sind.

La Société

Kyffhäuserstr. 53,
50674 Köln
0221-232464
www.restaurant-lasociete.de/lasociete/uebersicht.html
Küchenchef: Leon Hofmockel
Do–Mo ab 18.30 Uhr, Di u. Mi RT
Menüs: 139–189 €
VISA

Trotz schmerzhafter Abgänge muss man sich keinerlei Sorgen machen, dass die Gourmetlandschaft in und um Köln in der überregionalen Bedeutungslosigkeit versinkt, denn da hat sich ist allein in der jüngeren Vergangenheit viel getan und es ist sogar Spannendes nachgekommen. So wie auch das legendäre Restaurant La Société mit seinem neuen Küchenchef Leon Hofmockel plötzlich wieder ganz weit oben mitspielt. Der kleine schmale Gastraum, der erst im letzten Jahr im Zuge des umfassenden Relaunchs ein völlig neues Outfit bekommen hat und sich seither deutlich aufgeräumter und eleganter präsentiert, bietet unter der Ägide des ehemaligen Souschefs von Sven Elverfeld mittlerweile eine der besten Küchen weit und breit und lohnt definitiv eine gezielte Anreise, einfach nur um hier zu essen.
Der Stil ist durchwegs klassisch, wird aber durchaus modern interpretiert, was sich aber vor allem durch die handwerklich und aromatisch extrem feingezeichnete und tiefenscharfe Art der Kompositionen auszeichnet und weniger durch übermäßigen technischen Hokuspokus oder besonders kreative Produkt- und Aromenkombinationen. So wie man bei den jüngsten Aperos des insgesamt achtgängigen Menüs, einem Knusperzylinder mit Aal und Apfel in Wasabischaum sowie einer Tartelette mit Gänseleber, Radicchio und Ananas, aber auch beim Amuse mit Hamachi zunächst hätte denken können, dass es sich hierbei um konventionellen Gourmet-Mainstream handelt. Doch diese Suggestion wurde schon allein durch die hochfeine Umsetzung, die gestochen trennscharf herausgestellten Aromen, das exakt abgezirkelte Spiel von Temperaturen und Konsistenzen, umgehend ad absurdum geführt…
Dem bretonischen Hummer, der deutlich von thailändischen Aromenmotiven inspiriert war, kam ebenfalls sehr präzise und pointiert auf zwei sehr unterschiedliche Arten daher. Und zwar die knackig-festfleischigen Medaillons vom Hummerschwanz mit etwas Rettich auf einem krustentieröligen Sud ausgesprochen warmwürzig – das Tatar von der Scheren unter dichtem Buttermilchschaum mit Kaffirlimettenaroma indes eher kühlaromatisch. Und in Kombination ergab sich da tellerübergreifend ein spannend dynamisches Wechselspiel.
Viel Dynamik erzeugte auch die Komposition um eine sanft glasig temperierte Tranche von der Wipperfürther Lachsforelle, die mit ihrem eigenen Kaviar, einem komplex kräuterwürzigen Sauerampferpesto, Radieschen und winzigen Topinamburchips bestückt auf einer mit reichlich Schnittlauchöl marmorierten und mit Bergamotte aromatisierten Beurre blanc schwamm. Und zwar flankiert von einer Nocke aus feingewürfelter Topinambur, die in knackiger Façon eher auf der frischen und nussigen als auf der erdig-wurzeligen Seite lag und so bestens mit den anderen Komponenten und Aromen korrespondierte.
Ein sehr frischer, leichter und transparenter Gang war dann auch der auf Ike-Jime-Art besonders schonend und qualitätsfördernd geschlachtete Wolfsbarsch mit Peperoni und jungem Lauch. Die moderate aber klar präsente Schärfe der Peperoni und der als Creme und Lamellen unter dem Fisch versteckte Lauch wurden hier von Umami, Frucht, Süße und Säure der am Tisch angegossenen Tomatenbouillon sanft umarmt und so alles sehr harmonisch miteinander verbunden. Im Hintergrund schwangen noch subtil die Aromen von Holunderblüte und Shiso mit, die aber wirklich mehr ein Hauch als ein Akzent waren und dem Geschmacksbild damit interessante Schraffierungen zuteilwerden ließen, ohne es zu überhöhen.
Wie viele sehr gute Köche hat auch Leon Hofmockel die Gabe, gewisse Dinge, die es so oder so ähnlich in vielen Restaurants gibt, anders und origineller schmecken zu lassen. So war auch der vegetarische Gang um im Salzteig gegarte Rote Bete mit Buchenpilzen, Shiitake ein überraschend besonderer Gaumenkitzel. Ebenso das Tatar von der Bete durch die Kombination mit weißer Zwiebelcreme und Rauchmandel – die à part zum Trinken im Glas dazu

gereichte Essenz von der Roten Bete, die fast schon erdig-pilzigen Geschmack hatte, gefiel durch gut eingewobene Fichtensprossen-Ätherik.
Ganz ähnlich verhielt sich das auch beim nussbuttrig gerösteten und dann mit eleganter alkoholisch-süßlicher Jus glasierten Kalbsbries in ganz traditioneller Begleitung von grünen Erbsen, Morcheln, zweierlei Spargel und einem süffigen Saucenduett aus der genannten dunklen Jus und hellem Schaum, bei dem sämtliche Aromen und Produkte in bestmöglicher natürlicher Intensität und Präsenz auf den Teller gebracht waren. Alles unaufgeregt aber raffiniert abgeschmeckt und mit viel Trennschärfe zueinander in Bezug gebracht.
Und so lässt sich auch der Hauptgang um begeisternd ausdrucksstarkes Limousin-Lamm charakterisieren, dessen Rückenfleisch unter schmelzig-krossem Fettdeckel neben einem glasierten und mit Schnittlauch beflockten Schmorstück aus der Schulter auf perfekt beschaffener, nicht zu intensiver aber auch nicht zu schwachbrüstiger Lammjus präsentiert wurde. Eskortiert von einer aromatischen grünen Spargelstange, allerdings auch von zwei unterschiedlichen Komponenten von der Sandmöhre, die dann aber doch zwei originelle Pointen setzten und dem Gericht damit einen ungewöhnlichen Touch gaben. Die eine mit einer schaumigen, mit Anapurna-Curry aromatisierten Hollandaise und die andere von scharfem Senf mutig und effektiv angespitzt.
Originell und überhaupt sehr stark war übrigens auch das Dessert, das sich wieder über zwei Teller erstreckte und sich um Rhabarber, Milchreis-Eis, Granatapfelsud, Pistazienpesto und Limonencreme drehte. Und das einerseits erfrischen leicht und frisch zugespitzt und andererseits herrlich vollmundig, schmelzig und rund daherkam, vor allem aber wieder mit im Grunde ganz gängigen Aromen in unkonventioneller Zusammenstellung spannend neuartige Geschmacksbilder erzeugte. Ein beeindruckender Schlusspunkt und das letzte Argument für eine Aufwertung um den Bonuspfeil auf jetzt 8+ Pfannen. Darüber hinaus wollen wir aber auch nicht versäumen, die spannenden und hochwertigen Weinempfehlungen von Sommelier Maximilian Altermann positiv zu erwähnen, der hier aus einem sehr gut sortierten und mit Kennerschaft kuratierten internationalen Fundus schöpfen kann.

6↑

maiBeck

Am Frankenturm 5,
50667 Köln
0221-96267300
www.maibeck.de
Di–So von 12–13.30 Uhr u. ab 18 Uhr, Mo RT
Menüs: 55 €
VISA

In ihrem betont schlicht, aufgeräumt und großstädtisch wirkenden Eckhaus-Restaurant bieten die Gastgeber Jan Cornelius Maier und Tobias Becker („maiBeck") eine unkompliziert-bodenständige Gastronomie mit gehobenem Anspruch. Bei ihnen werden schnörkellos gekochte und bisweilen unangestrengt kreativ aufgepeppte Gerichte einer herzhaften bürgerlichen Küche in verfeinerter Version serviert. Kaum teure Edelprodukte, kein sonstiger preistreibender Firlefanz, sondern verhältnismäßig einfache, aber eben qualitativ hochwertige Viktualien, die mit viel Sorgfalt, Ideenreichtum und Gespür für stimmige Akkorde und Proportionen zu einem zeitgemäß interpretierten, maßvoll gehobenen Kulinarium werden. Und das hat gerade wegen seiner unkomplizierten und doch anspruchsvollen, immer direkt zugänglichen Art sehr viele Fans in der Region und auch darüber hinaus.

7↑

maximilian lorenz restaurant

Johannisstr. 64,
50668 Köln
0221-37999192
www.restaurant-maximilianlorenz.de
Küchenchef: Maximilian Lorenz
Di–Sa ab 18 Uhr, So u. Mo RT
Menüs: 139–169 €
VISA

Seit gut fünf Jahren bespielt Maximilian Lorenz das geräumige Restaurant unweit der Domplatte, das durch die große Fensterfront hell und offen zugleich wirkt. Im in gedeckten Braun- und Grautönen gehaltenen Gastraum sitzt man an weiß eingedeckten Tischen und genießt das ungezwungene Casual-Fine-Dining-Setting, das vom legeren Auftritt des Serviceteams um Gastgeberin Diana Korittkatis komplettiert wird. Kulinarisch füllt die Küche diesen Rahmen nahezu ausschließlich mit hochwertigen regionalen Produkten und muss damit den Vergleich mit internationalen Edelprodukten nicht scheuen. Was Maximilian Lorenz' Linie darüber hinaus auszeichnet, ist die oftmals sehr aufwendige und kleinteilige Arbeitsweise, was hier und da vielleicht etwas verspielt wirkt, den Genussfaktor deshalb aber nicht beeinträchtigt.
Und der lag auch bei unserem jüngsten Besuch schon bei der umfangreichen Apero-Auswahl auf hohem Level. Neben dem legendären „Rheinkiesel", der aus eingefärbter Kalbsleber-mousse besteht, waren auch Mini-Fischburger, Saiblingspraline oder hausgemachter Pancetta schmackhafte Opener, die wir so oder so ähnlich noch vom letzten Besuch in bester Erinnerung hatten. Beim am Tisch zubereiteten Makrelenfilet vom japanischen Konro-Grill zeigte sich zum eigentlichen Auftakt gleich, wie fokussiert das Team ans Werk geht. Die enorme Hitze, die der auf Basis von Kieselalgen gefertigte Grill liefert, sorgte dafür, dass ein vorher mariniertes, mit Zitrone bestrichenes Filet nur knapp geflämmt auf dem Teller landete und rauchige, salzige und säuerliche Noten kongenial vereinte. Hierzu brauchte es dann nicht mehr als ein Arrangement von Salatgurke, Sauerklee und Schafsmilch, den Schwarmfisch aus der Nordsee variantenreich mal erfrischend, mal süßlich, mal laktisch akzentuierten.
Der bereits erwähnte Spieltrieb kam dann deutlich bei der augenzwinkernden Interpretation der „Spaghetti Carbonara" zum Vorschein. Die unter einer mit Buchenholzrauch gefüllten Glasglocke platzierte „Pasta" bestand aus in Frischkäsesud gekochten Karotten-„Spaghetti", die mit Macadamianussraspeln (anstatt Parmesan) und einem „Bacon"-Chip aus dehydrierter Karotte den rezepttypischen Dreiklang in rein vegetarischer Form zitierten. Auch wenn das Ganze vielleicht ein wenig zu süß geriet und zudem verblüffend sparsam portioniert war, blieb das als eine schmackhafte Alternative in Erinnerung, die durch die satte Räuchernote auch noch eine originelle Kante mitbekam.
Ausschließlich in der Region bediente sich das Team auch beim Spargel vom Frechener Gut Clarenhof, der im Verbund mit Eifel-Rind und Waldmeister aus heimischen Gefilden keinerlei Showeffekte benötigte. Das Stangengemüse spielte klar die Hauptrolle, da es durchweg feinsäuerlich abgeschmeckt in Form von Schaum, Creme und Hippe den Teller bestimmte. Das würzige Ragout von der Rinderflanke, das unter einer Spargelcreme versteckt für eine satte Grundierung sorgte, wurde kräutrig-süß von einer Panna cotta vom Waldmeister gepusht; fein gemahlene Sonnenblumenkerne auf einer dehydrierten Spargeltranche steuerten noch ein wenig Crunch bei.
Und genauso zugänglich und souverän gelang auch das Duett vom deutschen Milchkalb, das von Waldpilzen, Haferwurzel und Bärlauch begleitet wurde. Zur opulent bemessenen und schön saftigen Fleischtranche, die mit Bärlauchkruste gratiniert war, sorgten die süßlich-erdigen Noten von bissfester Haferwurzel und sautierten Pilzen für einen tragfähigen Unterbau, der von einer mit Kaffee originell parfümierten klaren Bratenjus noch Tiefe und Länge spendiert bekam. À part gesellte sich noch ein Tässchen mit geschmortem Kalbfleisch unter einer Blätterteigkruste hinzu, das als Ragout fin den Hauptteller gewinnbringend zitierte.
Auch zum Abschluss spielten Viktualien aus der unmittelbaren Nachbarschaft die Hauptrolle – namentlich Erdbeeren aus Hürth. Ob frisch, als Gel, Chip oder Teil des erfrischenden Joghurtspiegels: Das satte Beerenaroma war in jeder Komponente genauso präsent wie die süßen Spitzen von luftiger Creme aus Original Beans' Kuvertüre „Yuna Edelweiss". Kräuterfrisch abgerundet von Verveine (als Sponge, Sorbet und kandierte Blätter…) ein leichter und überzeugender Lokalpatriot mit nur ein wenig weiter angereister Unterstützung. Und wenngleich in der Gesamtschau an das hohe Niveau vom letzten Jahr, als die Küche fast schon die 8-Pfannen-Hürde nahm, nicht ganz nahtlos angeknüpft werden konnte, bleibt die aktuelle Bewertung klar verdient.
Dem Thema Wein widmet sich Maximilian Lorenz schon aufgrund seines eigenen Weinladens, der ein paar Meter vom Restaurant ent-

fernt liegt, in besonderem Maße. Neben etlichen deutschen Spitzenerzeugnissen bekommt man deshalb auch im Restaurant eine Vielzahl internationaler Gewächse, die von Sommelier Alexander Richter mit viel Fachwissen kompetent kuratiert und präsentiert werden.

7

NeoBiota

Ehrenstr. 43 c, 50672 Köln
0221-27088908
restaurant-neobiota.de
Di–Sa ab 19 Uhr, So u. Mo RT
Menüs: 95–155 €

VISA

Hinter dem Namen NeoBiota verbirgt sich eine spannende Kombination aus innovativem Frühstücks-„Restaurant“ und Fine-Dining-Hotspot, in dem in beiden Bereichen mit hohem Anspruch an Qualität und Kreativität gearbeitet wird. Tagsüber gibt's in dem stilvoll schlicht gestalteten Gastraum mit Frontcooking-Theke originelle süße und vor allem herzhafte Dinge und am Abend zwei wahlweise bis zu achtgängige Menüs mit individueller Handschrift, von denen mittlerweile eines rein vegetarisch ist und zudem sogar als vegane Variante angeboten wird. Auch die omnivore Speisefolge ist seit jeher stark gemüsebetont, dabei puristisch, leicht, originell. Und obwohl auf vielen Tellern nicht mehr als drei tonangebende Produkte zu einer pointierten Komposition vereint sind, ist meist auch ein kreativer Turn oder Switch dabei der dem Gericht das gewisse Etwas verleiht. Und wenngleich es zu jedem Gang eine attraktive Weinempfehlungen gibt, lohnt sich hier auch ganz besonders der Blick auf die kreative selbst hergestellte alkoholfreie Getränkebegleitung, mit der das NeoBiota schon früh Maßstäbe gesetzt hat.

Bezahlkarten-Symbole

- Mastercard
- EC-Maestro
- Diners
- American Express
- VISA Visa

9

Ox & Klee

Im Zollhafen 18,
50678 Köln
0221-16956603
www.oxundklee.de
Küchenchef: Daniel Gottschlich
Mi–Sa ab 18.30 Uhr, So–Di RT
Menüs: 185–260 €

VISA

Das modern und stylisch schlicht gestaltete Restaurant von Koch, Gastronom und Musiker Daniel Gottschlich, das sich im ersten Stock eines der zahlreichen Businessbauten im Rheinauhafen befindet und durch seine durchgehenden Gasfronten viel Ausblick auf den Rhein und auf jede Menge Yachten bietet, die hier vor Anker liegen, ist ein sehr angenehmer und stilvoller Ort für gehobenen kulinarischen Genuss. Der Chef will hier nicht einfach bloß gut kochen, er will seinen Gästen auch auf und um die Teller herum etwas Besonderes bieten und hat schon vor längerer Zeit damit begonnen, sein „Experience Taste“, die „Reise durch die Geschmackssinne“, als kulinarisches Gesamtkonzept zu etablieren und immer weiter zu verfeinern.

Thematisch geht es im Rahmen seines Kulinariums, das es sowohl rein vegetarisch als auch als omnivore Variante mit Krustentier, Fisch und Fleisch gibt, immer um die sechs Grundgeschmacksrichtungen süß, salzig, sauer, bitter, fettig und umami. Die sind konsequent in jedem der Gerichte vertreten und werden mittels aufwendig erstellter Lochkarten zu jedem Gang detailliert erläutert, denn der Chef legt nicht nur auf den Tellern selbst viel Wert auf eine aufwendige und durchdachte Präsentation, sondern auch daneben. Und um die Gaumen der Gäste zunächst mal auf diese sechs Grundrichtungen einzunorden, fährt das Team schon seit Jahren als Küchengruß immer wieder abgewandelte sechs Fingerfood-Happen

auf, die jeweils für eine dieser Richtungen stehen.
Und bereits hier kann man sehr schön die stetige Weiterentwicklung der Küche erkennen. Denn während es noch vor ein paar Jahren so schien, als ob die konsequente Durchführung des Konzepts für das Team noch vor dem guten Geschmack steht und manche dieser Petitessen entweder sehr eindimensional süß, sauer, bitter oder salzig oder schlicht etwas unharmonisch waren, stellt heutzutage jede einzelne davon die ihr zugeordnete Eigenschaft sehr wohlschmeckend und interessant dar. Zuletzt stand an dieser Stelle ein Baiser-Snack von Buttermilch und Maracuja für sauer, eine flüssig gefüllte Praline von Roter Bete und Quinoa für süß, ein cremig-knuspriger Trüffel-Grissino für umami, ein Taco mit Radieschen und Kapuzinerkresse für bitter, eine klare Gazapacho mit knusprigem Weißbrot für salzig und ein gebackener Gorgonzolakrapfen für fett.
Der erste Gang offizielle Gang gehörte zumindest optisch in der Hauptsache einer aus Macadamianuss und dem Sojabohnen-Fermentationsprodukt Tempeh hergestellten vegetarischen, also „falschen" Gänseleber, die quasi wie ein Foie-gras-Parfait als Repräsentant für Fett und Umami auf einer gerösteten Brotschnitte lag. Wobei der Clou dieser Komposition eigentlich die Tatsache war, dass sämtliche auf die „Fake-Leber" applizierten Komponenten und Aromen von Rose (süß) und Johannisbeere (sauer) über Salzzitrone (salzig) bis Friséesalat (bitter), einerseits sehr klar und deutlich zu identifizieren waren, andererseits ausgewogen und gleichberechtigt zu einem harmonischen Geschmacksbild zusammenfanden. Daniel Gottschlichs „Experience Taste" ist also keine didaktische Geschmacksschule, sondern kalkuliert inszenierter Wohlgeschmack.
Ein etwas theatralisch in einem falschen Märchenbuch angerichteter und von unten beleuchteter Gang um die Leitprodukte Hefe, Lauge, Birne, Schafsjoghurt sowie Lakritz und Majoran zeichnete ebenfalls ein balanciertes vielschichtiges Geschmacksbild – hier war aber insbesondere die raffinierte technische Umsetzung des außen knusprigen und innen flüssig-cremigen Brezel-Imitats aus umamiwürziger und vom Laugengeschmack gekennzeichneter Hefecreme das Besondere. Die Spirale aus dünnem Birnenstreifen, die Bällchen aus Schafsjoghurtmousse und die tiefwürzige Vinaigrette von Lakritz und Majoran fügten sich als markanter Akkord jedoch auch hier spannend und nachvollziehbar unter.
Wie ereignisreich, nuanciert und zugleich ebenmäßig austariert die Kreationen von Daniel Gottschlich mittlerweile sind, konnte man auch sehr gut an dem Jakobsmuschel-Gericht sehen und vor allem schmecken, bei dem die Cocquilles auf dem Hauptteller als dickere angegrillte Scheiben mit einer Art Rhabarberconfit, zähcremigem Eigelb, Stücken von gerösteten Mandeln und Brunnenkresse getoppt auf einer Art Beurre blanc mit dezent eingewobenem Vanillearoma platziert wurden – à part in einem dünnen Knusperschälchen noch von Jakobsmuschelsalat mit hellem Kaviartopping eskortiert. Und wie bei allen Gängen spielten auch hier alle sechs Geschmacksqualitäten ebenmäßig und sehr gewinnbringend zusammen. An dieser Stelle lief dann auch die alkoholfreie Getränkebegleitung zur Hochform auf: mit einem spannenden Getränk aus Birkenwasser, Kokosmilch, Fenchel, Brennnesselauszug, was einerseits sehr markant und eigenständig schmeckte, sich andererseits aber nicht über das zu begleitende Gericht stellte.
Ein seit Jahren immer wieder an verschiedenen Stellen des Menüs eingebauter Klassiker aus Daniel Gottschlichs Küche ist die Interpretation des rheinischen Vesperbrots „Halve Hahn". Eigentlich ein stinknormales Roggenbrötchen mit Käse und Würzzutaten, das hier in einer verfeinerten Form aus fluffig-knuspriger gerösteter Roggenbrotschnitte, einer aus gereiftem Gouda und lokalem Senf hergestellten Creme und einem Topping aus süßsauer eingelegter Gurke, Senfsaat, Schalotte und Kresse besteht und natürlich stilecht mit einem Mini-Kölsch serviert wird.
Dass im Ox & Klee bei allem Ideenreichtum und bei aller Gestaltungsfreude nicht experimentell, sondern in ganz in klassischem Sinne harmonisch und wohlschmeckend gekocht wird, das bewies beim letzten Mal auch ganz deutlich der Hauptgang des Menüs, zu dem sich der Chef bezüglich der Grundaromen von einem Gericht aus der Kindheit hat inspirieren lassen, welches ihm seine Oma oft aufgetischt hat. Es drehte sich vereinfacht um ein Sonntagsgericht aus Kalbfleisch mit Apfel, Zwiebel und Lorbeer, was hier synchron auf drei verschiedenen Tellern aufwendig und elaboriert in den Gourmetbereich überführt wurde. Auf dem Hauptteller als transparent glasiertes Kalbsfilet mit sehr eleganter Trüffeljus und dem in einem aus Knochenmarkmousse hergestelltem falschem Röhrenknochen unter Gewürz-Butterbröseln verstecktem Apfelragout. In einem Schälchen als mit saftigem Schmorfleisch vom Kalb gefüllte und mit Schwarzkümmel beflockte Nudeltasche in mildem, mit Lorbeer aromatisiertem Zwiebelschaum und auf einem weiteren Satellitenteller als mit Apfel-

Zwiebelragout und Kräutern beladener Kalbsbries-Chip.
Originalität und guten Geschmack bot auch das Dessert, ein erfrischend säuerliches, mit knusprigem Buchweizen getopptes Sorbet von der Kapuzinerkresse, das inmitten von Orangenblütenfond auf einem cremig-knackigen Sockel aus Valrhonas karamelliger „Dulcey"-Schokolade thronte. Auch dieser Gang hatte einen Satelliten, nämlich einen mit Salzpflaumenpuder bestäubten Buchweizen-Doppelkeks mit Karamellcremefüllung. Originell und sehr niveauvoll sind im Ox & Klee seit jeher wie gesagt auch die alkoholfreien Begleitgetränke – hier eine betont straff säuerliche, auf Basis von Mandelmilch, Apfel, Joghurtpulver und ein paar Tropfen eines kräuterwürzigen Öls hergestellte Cuvée, die nicht einfach bloß gut korrespondierte, sondern dem Dessert tatsächlich eine weitere Dimension verlieh. Stark!
Aber auch die Weinempfehlungen von Sommelier Lucas Wenzl sind sehr einfallsreich, spannend und anspruchsvoll. Ob der von der griechischen Insel Santorin stammende reinsortige Assyrtiko vom Weingut Artemis Karamolegos zur Brezel oder der extrem rare 2016er Pinot Noir „Treinta y Dos" vom Weingut Chacra aus dem klimatisch facettenreichen Patagonien – mit diesen besonderen Erfahrungen wird das Ox & Klee seinem Motto „Experience Taste" ebenfalls gerecht.

6↑

Poisson

Wolfsstr. 6–14, 50667 Köln
0221-27736883
www.poisson-restaurant.de
Di–Fr von 12–15 Uhr u. ab 18 Uhr, Sa ab 12 Uhr durchgehend, So, Mo u. Fei RT
Hauptgericht: 32–75 €
VISA

Austern, Hummer, Bouillabaisse, Steinbutt: Der Name Poisson verrät bereits, dass es hier überwiegend maritim zugeht. Aber die Karte offeriert immer auch ein paar Alternativen. Es ist seit jeher nicht nur die kompromisslos hohe Qualität und Frische der Grundprodukte, die Ralf Marhenckes Küche ausmachen, sondern auch deren präzise, schnörkellose und sorgfältige Zubereitung. Der erfahrene Chef und sein Team kochen in der offenen Küche des stilsicher eingerichteten Bistro-Restaurants auf überdurchschnittlichem Niveau, im besten Sinne unangestrengt. Sie bewegen sich damit stilistisch zwischen kreativer Mittelmeerküche und fernöstlicher Exotik, tendieren spielerisch zwischen Fusion und Klassik. Jeder der mit Sinn für Ästhetik und stimmige Proportionen angerichteten Teller, die hier vom freundlich und flink auftretenden Service an die kleinen Tische mit schwarzer Lederbestuhlung eingesetzt werden, überzeugt zudem durch zeitgemäße Leichtigkeit und klare Aromen.

7

Pottkind

Darmstädter Str. 9, 50678 Köln
0221-42318030
www.restaurant-pottkind.de
Küchenchef: Enrico Sablotny
Di–Sa ab 18 Uhr, So u. Mo RT
Menüs: 100 €
VISA

„Keine Mutproben, keine Langweiler" lautet das Versprechen von Inhaber und Küchenchef Enrico Sablotny an seine Gäste, die sich in seinem kleinen Restaurant, das im Sommer auch ein paar Plätze im Freien anbietet, auf das fünfgängige Menü einlassen. Sonst ist darüber vorab nichts bekannt: Carte Blanche! Auf vegetarische Wünsche, Allergien und Unverträglichkeiten kann nach vorheriger Absprache natürlich Rücksicht genommen werden. Auf den hübsch und akkurat angerichteten Tellern zeigt sich dieser Ansatz dann als eine Küche, die sich auf wenige Elemente konzentriert, aber niemals ins asketische oder kopflastige abrutscht, sondern immer sehr einfallsreich und zugänglich daherkommt. Eine herrlich undogmatische und dabei immer lustvolle Küche, die klar das regionale Produkt im Fokus hat und gerne heimische Geschmacksbilder überraschend neu interpretiert, die sich generell aber bei vielen Küchentraditionen bedient, ohne ins Beliebige abzurutschen. Nicht zuletzt auch durch den nahbaren Service hat man sich hier trotz hoher Ambitionen den Charme eines sympathischen Nachbarschaftsrestaurants bewahrt.

PULS

Bürgerstr. 2, 50667 Köln
0221-22288700
www.pulsrestobar.com
Küchenchef: Johannes Langenstück
Di–Sa ab 17.30 Uhr,
So u. Mo RT
Hauptgericht: 20–50 €,
Menüs: 70–120 €
EC VISA

Direkt im Schatten des historischen Rathauses und auf Tuchfühlung mit dessen monumentalen Grundmauern residiert das „Zweitlokal" von Ox-&-Klee-Macher Daniel Gottschlich als cooles längliches Bar-Restaurant unter dem Dach des stylischen Legend Hotels. Das steht quasi auf dem Fundament der römischen Stadtmauer in unmittelbarer Nähe des sogenannten Praetoriums, dem ehemaligen Sitz des Statthalters. Und an der römischen Geschichte Kölns anknüpfend steht der Name Puls, der im Logo des Lokals altrömisch „PVLS" geschrieben wird, für eine aus der römischen Antike bekannte Eintopfspeise mit Getreide, also so etwas wie der Vorgänger der Polenta.

In der Menükarte sollen sich die geschichtlichen Einflüsse ebenfalls subtil widerspiegeln, erfährt man auf der Website. Die Gerichte seien „kreativ und puristisch modern, aber mit einem gewissen historischen Twist". Letzterer fällt beim Studium der Karte zwar nicht auf Anhieb ins Auge, wohl aber die Tatsache, dass die meisten Gerichte zum geselligen Teilen konzipiert sind, man sie aber auch als kleinere „Single"-Portion für einen alleine ordern und so ein mehrgängiges Menü zusammenstellen kann.

Und wer nur zu den diversen Drinks und (sehr guten!) ausgewählten Cocktails ein paar Kleinigkeiten essen möchte, findet unter der Rubrik „Barsnacks" ebenfalls inspiriert und kreativ zusammengestellte Dinge wie etwa von Balfegó-Thunfisch, Amalfi-Zitrone, Buttermilchschaum und Jalapeño, einen kleinen „Caesars-Burger" mit knusprig gebackenem Fleisch vom Freilandhuhn, Romanasalat und Parmesan-Mayonnaise im Mini-Brioche-Bun oder gebeizte und geflämmte bretonische Makrele mit Lauch, Pink Grapefruit und Basilikum.

Im normalen Programm, das für zwei Personen auch ein „Chefs Choice Sharing Menü" offeriert, lassen sich Küchenchef Johannes Langenstück und sein Team zum Beispiel Vorspeisen wie das in Kopfsalat-Schiffchen auf einem weichen Bett aus schmelzigen Pecorino-Flocken gebettete und mit Sherrymayonnaise und Basilikum prononciert getoppte Tatar vom trockengereiften Fleisch eines deutschen Rindes einfallen. Ein vertrautes Geschmacksbild, das von der fruchtigen Süße keiner Kügelchen eingelegter Melone einen besonderen subtilen Twist verliehen bekommt.

Für einen solchen war bei dem in Olivenöl wirklich schön knusprig gebratenen und ansonsten vorbildlich zart gegarten Pulpo, der mit säuerlich marinierten Tomatenconcassée, krossen Brotcroûtons und Pinienkernen auf Safran-Kartoffelcreme angerichtet wurde, der geschmorte Chicorée zuständig. Dem wurden nämlich beim Schmoren in Passionsfruchtsaft weit weniger Bitteraromen ausgetrieben, als es beim Einsetzen und Annoncieren des Tellers extra betont wurde – und so konnten eben diese zusammen mit der fruchtigen Säure einen spannenden und harmonischen Akzent entgegensetzen.

Erwartungsgemäß weniger Dynamik, dafür umso mehr Umami und schmelzige Fülle brachten die „Carbonara a la Daniele" ins Schälchen, die so heißen, weil die wunderbar festteigig-elastisch aus Weizengrieß selbst hergestellte Pasta, die in etwa zwischen Linguine und Fettuccine lag und mit würzigem Liebstöckel (frittiert und als schmelzige „Crumbles") in einem cremig aufgeschäumten Eigelb-Parmesansud serviert wird, von jeder Menge knusprigen San-Daniele-Schinkenchips bedeckt ist.

Der „Catch of the Day" war zum Zeitpunkt unseres Besuchs Wolfsbarsch, dessen Filets von einem etwas kleineren Exemplar stammten und den Eigengeschmack unterstützend gewürzt tadellos saftig mit knuspriger Haut auf knackigen Schmorgurken angerichtet wurden. So richtig Fahrt nahm das Ganze durch die mit Forellenkaviar und Miesmuscheln angereicherte Beurre blanc auf. Die Lust auf Fleisch kann man beispielsweise mit ausgelösten Rippchen vom Ibericoschwein im Barbecuestil mit Rauchmandel und Oregano stillen.

Und weil das alles nicht nur stimmig proportioniert, sondern auch leicht und modern gekocht ist, geht zum Ende hin in jedem Fall auch noch ein Dessert – auch wenn es „nur“ eine Kleinigkeit wie die opulent mit einer von Passionsfrucht und Limette schlank zugespitzten Vanillecreme gefüllten Mini-Windbeutel sind, die von einer überraschend raffinierten Malzkruste profitierten.
Zu den Gerichten kann man sich entweder vom Bartender einen anspruchsvoll gemixten schlanken und markanten Cocktail empfehlen lassen, oder wählt dazu aus der international bestückten Weinkarte.

6↑

Pure White

Weißer Str. 71,
50996 Köln
0221-82821660
www.pure-white-food.de
Küchenchef: Christiano Rienzner
Di–Sa ab 18 Uhr,
So u. Mo RT

VISA

Schon beim Eintreten in das an ein schlichtes Bistro erinnernde Lokal duftet es leicht und sehr angenehm nach Gegrilltem und nach Akazienholzkohle. Dieses Flavour erzeugt ein glühend heißer Josper-Ofen, auf dem Christiano Rienzner und sein Team beste Grundprodukte wie Krustentiere und Jakobsmuscheln aus Norwegen oder Wagyu- und Dakota-Beef ganz kurz und knackig grillen, sich dabei eine ordentliche Portion Röstaromen abholen, im Kern aber noch schön soft und saftig bleiben. Wie auch alles andere, was es hier gibt, wird das sehr gegenständlich in puristischer Manier ohne manieriertes Beiwerk aber durchaus mit Twist auf die Teller gebracht. Es geht um Geschmack, um Aha-Erlebnisse für den Gaumen, nicht für die iPhone-Kamera. Das erfreut jeden Gourmet, der auf pure Qualität von Top-Produkten und ihrem bestmöglich herausgekitzelten Eigengeschmack aus ist. Eine Küche, die leicht verständlich und doch anspruchsvoll ist, die Produktqualität und Produktverständnis voraussetzt. Ein echter Hotspot für erwachsene Gourmets ohne Anspruch auf Luxus und Komfort jenseits des Tellers.

7↑

Sahila – The Restaurant

Kämmergasse 18, 50676 Köln
0221-247238
sahila-restaurant.de
Küchenchef: Julia Komp
Di–Fr ab 18.30 Uhr, Sa von 12–13 Uhr u. ab 18.30 Uhr, So u. Mo RT
Menüs: 143–175 €

VISA

Nicht erst seit ihrer medial sehr präsenten kulinarischen Weltreise zählt Julia Komp zu den bekanntesten Namen in der rheinländischen Fine-Dining-Szene. Als eine der wenigen hochambitionierten Chefköchinnen hierzulande, vor allem aber wegen ihres markanten Kochstils und der immer wieder beachtlichen Leistungen in ihren verschiedenen Projekten, ist die sympathisch unkompliziert auftretende Chefin eine etablierte Größe in Köln und weit darüber hinaus. Insofern ist es besonders erfreulich, dass Julia Komp an ihrem aktuellen Standort im ehemaligen „L'Accento“ nun fest angekommen zu sein scheint.
Mit gleich zwei Tür an Tür gelegenen Konzepten, die aus der gleichen Küche bespielt werden, bietet das Team hier ein breites Spektrum: Rechts geht's in die unkompliziertere Mezze Bar mit raffinierten kleinen Gerichten aus aller Welt, die insbesondere zu Mehreren und im Sharing-Prinzip viel genussvollen Spaß garantieren. Und links geht's in das hell mit mintgrün, naturfarben und goldenen Elementen und leicht orientalischem Touch eingerichtete Gourmetrestaurant Sahila, in dem bequeme Sessel und dunkle, in Gold eingefasste Holztische zum ambitionierteren Part von Julia Komps Kulinarium einladen.
Dieser folgt weiterhin dem Konzept einer kulinarischen Weltreise, die sich an den Stationen orientiert, an denen Julia Komp ihre internationalen Erfahrungen gesammelt hat, was jeweils durch ein den Gerichten zugeordnetes Land

verdeutlicht wird. Zuvor stimmen aber erst mal einige abwechslungsreiche Kleinigkeiten auf den weltoffenen Stil ein, darunter zuletzt ein knusprig-saftiges Arancini mit Spinat, ein flüssig gefülltes Teigkissen mit Sardelle, ein hauchdünner Knusperchip mit gehobeltem Eigelb und Lardo als „Carbonara"-Interpretation und eine mit zarter Süße zu grasiger Herbheit gegensteuernde „Fake-Olive".
Die ganz leicht kokelig angegrillte Mini-Aubergine mit eingelegten Zwiebeln, Ziegenkäsecreme und mit Sumach angespitzter Paprikacreme steigerte als Küchengruß dann schon gekonnt den Komplexitätsgrad und leitete zum ersten aus Mexiko inspirierten Gang über. Dieser präsentierte zum Einem einen vegetarischen Taco, authentisch mit dichter Würze aus Tomate, Koriander, Avocado, perfekt dosierter Schärfe und zartem (aber etwas dickem) Maisteig. Daneben schlüsselte das Team die Aromen noch in moderner Form auf, mit einer milden Maiscreme, die von ätherisch frischem Zitrussegmenten, Kresse, erdigen Noten, spicy Nüssen und fruchtigen Tomatenakzenten viel Abwechslung und feine Details bot.
Einen harten Schwenk nordwärts gab es dann mit einer jodig frischen Auster, die mit hauchzarten Lauchnoten in Schnittlauchöl, seidiger Selleriecreme, zarten Selleriekügelchen und krossen Sellerie-Croûtons in einer luftigen Beurre blanc und frech dazwischenfunkender Sanddornsäure angerichtet war – und dergestalt erneut ein beeindruckendes Feingefühl bei der Balancierung markanter Aromen zeigte.
Apropos markante Aromen: Von diesen profitierte auch die schmale hohe Tranche eines Steinbutts mit eingelegten Kürbisschuppen obenauf, die üppig duftend von einer dichtaromatischen Vadouvansauce umgeben war. Ein saftiger Blumenkohlcouscous mit markant zitrischer Säure setzte einen gewissen Kontrast dagegen, während milde Kürbiscreme verbindenden Ausgleich schaffte und so trotz viel Aromenpower wieder ein sehr gut ausgewogenes Geschmacksbild entstehen konnte.
Genauso gut gelang die Balance beim mutig eher bleu als rosa gebratenen Hirschrücken, der so einen besonders straff-zarten Charakter hatte und neben der säuerlich roten Frucht von Berberitzen und dem warmwürzig-pikanten Duft marokkanischer Gewürze glänzte, die – ohne dabei zu plakativ zu werden – eine noble Verbindung zu Akzenten von Roter Bete und Pistazie schafften. Dazu gesellte sich ein knackiges Spitzkohlröllchen aus geschmorten Juliennes in frischgrünem Außenblatt, das seinen Teil zu der weit gefächerten Aromatik dieses eher unkonventionellen Wildgerichts beitrug.
Im Finale schaffte das Team mit einem Dessert rund um Zwetschge und Schokolade sogar noch einen Abschluss auf glattem 8-Pfannen-Niveau mit hochfeinen und trennscharfen herbstlichen Aromen, federleichten Konsistenzen und nur minimaler Überproportionierung der schokoladigen Seite gegenüber einem Zwetschgensorbet und der knackig-herben Säure eines Gels von unreifen Zwetschgen.
Und auch in der Gesamtschau legte das Team im Vergleich zum Vorjahr noch eine Schippe drauf, was wir auch bei der aktuellen Bewertung mit dem Bonuspfeil honorieren möchten.
Nichts geändert – ganz im positiven Sinn! – hat sich dagegen am umsichtigen und charmanten Service um Restaurantleiter und Sommelier Yasin Yesilmen. Der pflegt einerseits ein klassisch ausgerichtetes Weinsortiment mit vielen edlen Flaschen aus Deutschland, Frankreich und Italien, hat aber mit Tropfen aus Israel, Griechenland oder dem Libanon auch Entdeckenswertes aus exotischeren Ländern zu bieten. Und bedient sich aus beiden Seiten des Repertoires für seine stets lohnenden glasweisen Empfehlungen, die zumeist adäquate Ergänzungen der aromenstarken Gerichte sind.

---

fast & SLOW

Straßenküche Maximilian Lorenz

Johannisstr. 64, 50668 Köln
0221-29209208
maximilianlorenz-strassenkueche.de
Mo–Fr von 12–20 Uhr, Sa u. So RT
Hauptgericht: 5–25 €
VISA

Während man sich nebenan in den beiden schicken Restaurants von Maximilian Lorenz als Gast im gediegenen Fine-Dining-Sektor bewegt, geht's in der Straßenküche erwartungsgemäß bodenständiger und imbissmäßiger zu. Hier herrscht weitestgehend Selbstbedienung und wenn die Tische während des Tages schon rege frequentiert waren, kann es auch mal etwas wild aussehen. Doch das mindert nicht den Genuss und passt alles zum Konzept, das sich auf asiatisches Streetfood konzentriert und neben verschiedenen Bowls unterschiedlich bestückte Bao Buns und Burger offeriert.
Und wie man es bei einem ambitionierten Koch wie Maximilian Lorenz nicht anders erwartet, überzeugt das alles nicht nur durch sehr guten, natürlichen Geschmack und sorgfältige

fundierte Zubereitung, sondern auch durch überdurchschnittliche Qualität der Produkte. Da profitiert die Straßenküche mit großer Sicherheit von den beiden Feinschmeckerküchen nebenan. Man merkt es beispielsweise schon bei den schön festfleischig und klararomatisch schmeckenden, erfreulich dick geschnittenen limettensäuerlich marinierten Lachswürfeln, die in reichlicher Menge mit sojawürzig eingelegten Gurken und Champignons, Edamame, Mais und verschiedenem frischem Grün wie Koriander und jungem Spinat auf nur sehr mild gesäuertem Sushireis zur Bowl antraten und durch eine an Kimizu erinnernde Mayonnaise zur chunky Angelegenheit wurden.
Auch die fluffig zarten Bao-Buns waren saftig und süffig bestückt und konnten uns zuletzt in drei Varianten überzeugen. Mit geschmortem Entenkeulenfleisch oder süßlich-pikantem Schweinebauch auf mariniertem Spitzkohl sowie in einer maritimen Variante mit gebratener Garnele und würzig-scharfem Kimchi. Den Mekong-Burger hatten wir noch vom letzten Mal in bester Erinnerung: so etwas wie ein asiatischer Krabbenburger mit knackigen gegrillten Garnelen, Kimchi, der hauseigenen schmelzigen Asiasauce auf Mayobasis und den Aromen von Limette und Koriander auch mit sehr feinen und aromatischen Zutaten bestückt. Und wer danach noch etwas Süßes möchte – eine Kleinigkeit wie die gegrillte Ananas mit Mandelcrumble auf Matcha-Creme findet sich immer in der Karte.

8

taku

im Excelsior Hotel Ernst
Trankgasse 1–5 / Domplatz, 50667 Köln
0221-2701
www.taku.de
Küchenchef: Mirko Gaul
Di–Sa ab 18.30 Uhr, So u. Mo RT
Menüs: 100–155 €

Es bringt jedes Mal einen besonderen Effekt mit sich, wenn man von der trubeligen Trankgasse, den Dom im Rücken, durch einen Seiteneingang des Excelsior Hotel Ernst die steile Treppe hinunter ins Taku nimmt. Denn wie bei einem Übertritt in eine andere Welt, landet man da in einem Speiseraum, der eine große Ruhe ausstrahlt und mit seinem Interieur Konzentration auf das Wesentliche. Die im Boden schwimmenden Fische sind legendär, aber nun schon seit einigen Jahren Vergangenheit.
Mirko Gauls Küche entwickelt sich seit vielen Jahren stetig weiter, dabei ist er niemand, der mit großen neuen Entwürfen oder Richtungswechseln die Aufmerksamkeit sucht, sondern bei dem alles organisch vonstattengeht. Angeboten wird nur ein Menü, wobei es für jeden Gang mit Fisch und Fleisch eine vegetarische Alternative gibt. Offiziell kann zwischen fünf oder sieben Gängen gewählt werden, aber ab vier Gängen zeigt man sich flexibel. Das Menü wird nicht regelmäßig komplett ausgetauscht, stattdessen wechselt Gaul immer wieder einzelne Gänge.
Seit jeher liegt der Fokus eher auf Fisch und Meerestieren als auf Fleisch, was aber nicht bedeutet, dass hier nicht auch überzeugende Fleischgerichte, vor allem spannende Surf-and-Turf-Variationen ihren Platz haben: Eine knusprig ausgebackene Soft-Shell-Crab etwa wird mittig auf kühlem Püree von weißen Bohnen angerichtet, die Velouté mit Kreuzkümmel

und Schweinerippchenaroma ist zupackend würzig-röstig und wirkt dank ein wenig Korianderöl auch nicht zu schwer. Das aromatisierte Öl ist eines von mehreren, die Gaul im Laufe des Menüs einsetzt. Als Gemüsekomponente, die gleichzeitig Fruchtigkeit addiert, gibt es zur Krabbe aufgeschnittene Kirschtomate und à part wird Knoblauch-Naan-Brot serviert. Gaul gilt seit Jahren als ein Meister in Sachen Schärfe, hier kommt sie durch sehr wirksame Mayonnaisetupfer zum Zug, die neben Rauaromen auch Chilischärfe in sich birgt. Hohe Produktqualität beweist Gaul mit dunkelrotem und nur ganz leicht gesalzenem Sashimi vom Thunfisch, der aus der bekannten Balfégo-Zucht vor der Küste Barcelonas stammt. Auch hier wird der Hauptdarsteller mittig angerichtet und auf einer tiefwürzig-nussigen Sojahefecreme platziert, die von intensivem Wildkräuteröl umrahmt wird. Dadurch ergibt sich ein Geschmacksbild, das charmant an Vitello tonnato erinnert, allerdings mit Betonung auf den puristischen Thunfisch.
Im nächsten Gang stellt Gaul Jakobsmuscheln aus dem Atlantik ins Zentrum, die in zwei schön festfleischigen Exemplaren angerichtet sind. Diesmal ist es Schnittlauchöl, das für Farbe auf dem Teller sorgt, da es punktuell in den Sojasud gegeben wurde, der alles mit seiner Umamiwürze untermalt. Zwei Gurkenröllchen flankieren die Muscheln, die je mit süßsauer eingelegtem Ingwer (Gari) und Schnittlauchcreme gefüllt sind – ein wenig knackige Meeresträubchen gibt es jeweils on top. Es sind diese Mikrokontraste, die Gauls Stil, der mehr denn je auf Harmonie zielt, aktuell prägen. Und trotzdem ist die Küche äußerst kraftvoll, aber diese Kraft drängt sich nie in den Vordergrund, sondern bildet den Grundakkord, zu dem weitere Noten hinzugefügt werden.
Bei zwei Wan-Tan vom Schwein, die mit einer Garnele kombiniert werden, geht Gaul allerdings in die Vollen. Beim Servieren erklärt er, dass er diesen Gang am liebsten „Night Market“ nennen würde und sich der von ihm gewünschte Geschmack am besten einstellt, wenn alles zusammen genossen wird. Prägnante Schärfe von Szechuanpfeffer kommt dabei genauso zur Geltung wie gepoppte Schweinehaut und eine sehr intensive, abermals umamilastige Velouté.
Weniger asiatisch wirkt dann der Hauptgang rund um ein Flanksteak vom Wagyu-Beef aus der Dan-Morgan-Ranch in Nebraska, das im Kern dunkelrosa gegart wurde und zu dem es eine sehr gut gearbeitete und intensive Morcheljus, ein wenig Edamame, sehr röstige Shiitake-Pilze, zwei Stangen grünen Spargel und eine gebackene weiße Spargelspitze gibt – letztere setzt dank ihrer Hitze einen charmanten Temperaturkontrast.
Schwachpunkt im Menü des Taku waren lange Zeit die Desserts, doch seit Fabian Scheithe, der „Executive Pastry Chef“ des Excelsior Hotel Ernst für diese zuständig ist, sind sie zu echten Höhepunkten im Menü geworden. Dabei klingt der Titel seines Nachtischs „Variation von Himbeeren“ eigentlich unspektakulär. Es gibt die Frucht halbiert, als Mousse, als Gelee, als hauchdünne Plättchen und auch als Tartelette, dem Scheithe mit einer Wasabi-Crèmefraîche aber genau das richtige Maß an Schärfe gönnt. Mit Schokocrumbles addiert er erdige Noten, mit einem Litschisorbet kommt eine kongenial passende zweite Frucht ins Spiel, angegossen wird all das mit einem Litschi-Passionsfrucht-Sud und Ingwer wabert aromatisch charmant über allem. Die Süße ist im Zaum gehalten, die Säure akzentuierend klug gesetzt. Auch bei den Petits fours, wie einem Sandwich mit erfrischendem Lemon Curd oder einem zauberhaft luftigen Rote-Bete-Macaron mit Chili, brilliert der Patissier.
Die Weinpreise sind seit jeher so hoch, dass bei der Bestellung wenig Freude aufkommt, obwohl die Karte gerade im klassischen Bereich – Deutsche Rieslinge, Burgund, Bordeaux, Champagne! – viel Schönes von Traditionsbetrieben zu bieten hat, durchaus auch gereift. Offene Weine werden nicht gelistet, aber Restaurantleiter und Sommelier Daniel Malskorn hat sie dennoch in petto und begleitet das Menü ganz im Sinne der Küche eher harmonisch und im Sinne der Gästestruktur des Hotels eher klassisch.

---

weinlokal heinzhermann

Johannisstr. 64, 50668 Köln
0221-37999193
www.weinlokal-heinzhermann.de
Küchenchef: Maximilian Lorenz
Di–Fr von 12–13.30 Uhr u. ab 18 Uhr, So u. Mo RT
Hauptgericht: 25–40 €
VISA

Kulinarisch interessierte Besucher kommen in Köln kaum an Maximilian Lorenz vorbei. Der umtriebige und talentierte Chef besetzt mit seinen verschiedenen Unternehmungen mittler-

weile beinahe jedes gastronomische Genre – vom anspruchsvollen Streetfood über den Weinhandel bis hin zu elaboriertem Fine Dining. Stilistisch irgendwo in der Mitte und damit ganz klar auch auf ein breites Publikum ausgerichtet, liegt das geschmackvoll schlicht und sichtbar vinophil eingerichtete Heinzhermann, das sich den gleichen Eingang mit dem Gourmetbereich teilt.
Hier allerdings setzt das Team um Maximilian Lorenz auf mehrheitsfähige und dennoch anspruchsvolle Gerichte, die mit verhältnismäßig einfachen Mitteln spannend gehalten werden und sich genauso gut zum Businessmeeting wie zu einem ausgiebigeren Besuch genießen lassen. So wie zuletzt die zarten Tranchen vom gut gereiften Roastbeef, die nicht zu dünn geschnitten (und deshalb mit saftigem Biss) von nussig-feinsäuerlichem Linsensalat begleitet wurden und von frischgrünen Babyleafs bedeckt waren sowie von einer üppig-cremigen, aromatisch aber schneidig frischen Vinaigrette einen gut balancierten Rahmen erhielten. Die handwerkliche Genauigkeit und hohe Produktqualität markierten dabei, ganz charakteristisch, den Unterschied zu vergleichbaren Tellern an vielen anderen Orten.
Und genau davon profitierte auch die üppig cremige Steinbuttsuppe, die als gehaltvolles Glanzstück klassischen Kochhandwerks punktete und vor allem deshalb so sehr überzeugte, weil neben ihrem kraftvollen, vollmundigen Körper auch eine vornehm zurückhaltende, trotzdem aber laserscharfe Säurespur für Prägnanz und Eleganz sorgte.
Im Hauptgang widmet sich das Team grundsätzlich gern optimierten Klassikern, sei es scheinbar schlicht einem Pastagericht wie „Spaghetti aglio e olio“ oder mit einem gut gereiften Entrecôte nebst Kartoffelstampf, glasiertem Gemüse, Rucolapesto und Sauce Café de Paris – und liefert auch hier durchwegs klar überdurchschnittliche Ergebnisse. Überzeugend gelang so zuletzt auch die Lachsforelle als hohe Tranche mit hauchdünner knuspriger Haut auf zart fließendem Erbsenrisotto mit dezenter Parmesanwürze, aufgelockert von ätherisch auffrischendem Kerbel und einer konzentrierten orangenfruchtigen Champagner-Buttersauce – wobei letztere aromatisch schnell mit dem Risotto verschwamm und keinen ganz so klaren Akzent setzen konnte.
Dafür überzeugte zum Abschluss ein Ananaseis in kompakter Pacojetcremigkeit und intensivem Geschmack auf einem Mangoragout mit Chili, Rum und Banane zu einem mit Rum geimpften Bananenbrot als Alternative zum klassischen Baba au rum wieder auf ganzer Linie.
Und bestätigte die verdientermaßen mit einem Bonuspfeil etwas nach oben geschraubte Bewertung.
Ebenfalls bestätigt wurde die Tatsache, dass neben den lohnenden Gerichten der begleitende Spaß im Glas im Heinzhermann eine mindestens genauso große Rolle spielt – und dass dieser mit dem glas- wie flaschenweise beeindruckenden Sortiment und die kompetente Beratung durch das gut informierte Team in jedem Fall garantiert ist!

6

Zur Tant

Rheinbergstr. 49, 51143 Köln
02203- 81883
www.zurtant.de
Fr–Mo von 12–14 Uhr u. ab 18 Uhr, Di–Do RT
Hauptgericht: 38–44 €, Menüs: 109–129 €

Das Restaurant Zur Tant, das zwar zur Stadt Köln gehört, aber in deren ländlicher Peripherie im Süden zu finden ist, zählt zu den Traditionslokalen der Rheinland-Metropole. Der heutige Gastgeber und Küchenchef Thomas Lösche knüpft in dem direkt am Rhein gelegenen Haus mit schöner Aussichtsterrasse und Zweitrestaurant „Bistro Piccolo“ an diesen Traditionen an und steht für eine substanzstarke klassische Küche mit Niveau, guten Ideen und immer sehr kraftvollen Geschmacksbildern. Das passt zwar noch zum gediegen-konservativen Rahmen, kommt aber deutlich moderner und kreativer daher, als man es hier zunächst erwarten würde. Die Qualität der verwendeten Produkte ist sehr gut, alle Zubereitungen haben viel Substanz, manche Kreationen überzeugen aber darüber hinaus auch durch einfallsreiche Akzente, etwa wenn Lösche nicht alltägliche Kombinationen zu gewinnbringenden Liaisons werden lässt. Den Service erleben wir regelmäßig sehr zuvorkommend und sympathisch bodenständig.

Hotelempfehlung

★★★★★S

Excelsior Hotel Ernst

Trankgasse 1–5 / Domplatz,
50667 Köln
0221-2701
www.excelsiorhotelernst.com
Einzelzimmer: 180–420 €
Doppelzimmer: 210–460 €
VISA

In Kölns einzigem Mitgliedshaus der „Leading Hotels of the World" wird kontinuierlich die Tradition der Gastlichkeit gepflegt und durch ständige Innovationen bleibt das Haus zudem stets zeitgemäß. Die 136 luxuriösen Zimmer und Suiten (alle mit Sat- u. Pay TV, Klimaanlage, Breitband-Internet, Faxanschluss, Minibar im Preis enthalten…) bieten teilweise Ausblick auf den Kölner Dom. Eine weitere Besonderheit ist die Piano-Bar mit großem Zigarrenangebot. Restaurants taku und Hanse-Stube separat erwähnt.

Königsbronn-Zang (Baden-Württemberg)

7↑

ursprung – das Restaurant

in Widmann's Hotel
Struthstr. 17, 89551 Königsbronn-Zang
07328-96270
www.loewen-zang.de
Küchenchef: Andreas Widmann
Do–So ab 18 Uhr, Mo–Mi RT
Menüs: 135–165 €
VISA

Nachhaltigkeit und Regionalität liegen zwar im Trend, es gibt aber nur wenige Gastronomiebetriebe, in denen das Thema so konsequent verfolgt wird wie bei Familie Widmann unter dem Motto „Alb Leben" in ihrem Löwen in Zang bei Königsbonn auf der Schwäbischen Ostalb. Und zwar nicht nur im bodenständigeren Gasthaus, sondern auch im kleinen Gourmetrestaurant. Der ländlich und trotzdem elegant und modern gestaltete Gastraum ist quasi die Keimzelle des seit mehreren Generationen als Familienbetrieb geführten Löwen und so ist der Name Ursprung tatsächlich Programm. Er könnte aber genauso auch für die ursprünglichen Produkte stehen, denen Jeune Restaurateur Andreas Widmann hier sein sechsgängiges Menü widmet.
Eine kleine Degustation solch heimatlicher Viktualien war bereits die kleine bodenständige Vesper mit Schinken, sauer eingelegtem Gemüse und Gemüsechips mit Kräutermayo zum Dippen. Dem folgten weitere Kleinigkeiten wie gebeizter Saibling als „Steckerlfisch" oder ein Fingerfood-Happen von Gelbe Bete und Malz, wobei ganz besonders der mit Geflügellebercreme gefüllte Brioche-Krapfen als eindrucksvoll in Erinnerung blieb. So wie selbstverständlich das hervorragende Brot vom Freibäcker Arnd Erbel aus Franken. Zwar werden die Gerichte im Laufe des Menüs noch elaborierter, aber grundsätzlich war dieser Auftakt auch diesmal durchaus exemplarisch für die Bodenständigkeit und das Geradlinige, das die Küche auszeichnet.
Wie leicht und modern die kreative Heimatküche von Andreas Widmann ist, zeigte der mehrere Tage lang trockengereifte Zander, der seinen sauberen und klaren Geschmack und seine festfleischige und doch schmelzige Konsistenz als eine Art Sashimi dann auch voll ausspielen durfte. Zusammen mit fruchtig-säuerlicher Kürbiscreme und Kürbistatar, rohen Champignonscheiben, marinierter Gelber Bete und Minze in einem Sud von Kürbis und Pilzen, der etwas an Dashi erinnerte, wirkte das Ganze dann zwar als Komposition etwas unruhig und diffus, doch der Hauptdarsteller konnte sich darin trotzdem ganz gut behaupten und seine Vorzüge zur Schau stellen.
Mehr in sich ruhend und zudem deutlich schlanker und zugespitzter als gedacht präsentierte sich der Zwischengang um Kartoffel, Zwiebel und Ei: mikroskopisch klein geschnittene und als „Risotto" zubereitete Kartoffelwürfel, die sich zusammen mit flüssigem (confiertem) Eigelb unter einer aus Kartoffel und Zwiebel zubereiteten und mit feinen Röstzwiebeln sowie Schnittlauch getoppten Espuma in einem dünnen, knusprigen Kartoffelring versteckten. Beim vielleicht besten Gang des letzten Menüs, der in seiner gleichzeitig klug reduzierten und doch sehr facettenreichen und dynamischen Art auch locker 8 Pfannen verdient hätte, stand hervorragende Seeforelle im Mittelpunkt. Eingeschlagen in scharf angerösteten, partiell rauchig-kokeligen Spitzkohl und mit einem kleinen Klacks seidiger Selleriecreme und ihrem eigenen Kaviar auf Beurre

blanc angerichtet. Glasig-zarter, fleischiger Fisch, knackiger Kohl, rahmig-säuerliche Sauce – sehr puristisch und klar, aber trotzdem vollmundig und aromatisch aufgeladen.
Eine Liaison von Sommer und Winter als kleines Intermezzo war im Anschluss an diesen Knaller das klare Süppchen von Melone und Tomate, die als „Konserven" aus der warmen Jahreszeit in Gestalt von per Aufguss verflüssigtem Gelee und getrockneten Flocken sowie klarem Sud zusammen mit knackigen Schwarzwurzelstückchen zum Löffeln dargeboten wurden. Und fast schon zwangsläufig wurde der nächste Zwischengang, eine mit Spätzle und Kraut gefüllte und mit knusprig gepoppter Schweineschwarte bestückte Schweinebauch-Rolle auf Alblinsen in saurem Sud, mittlerweile zu einem Signature Dish der Küche: herzhaft, bodenständig, aber wieder mit viel straffer Säure und Frucht angenehm schlank zugespitzt und somit jedweder Behäbigkeit entrückt.
Zum festfleischigen Rehrücken mit schmelziger Haselnusskruste und saftig zartem Geschmortem vom Reh, das sich unter einer Haube von Fichtensprossenespuma in einem Rote-Bete-Ring versteckte, gabs neben weiteren Rote-Bete-Komponenten ein auflockernd fruchtiges Kirschchutney sowie als Saucen – der DNA der Schwäbischen Küche – Fichtensprossenvinaigrette und Rehjus. Spätestens hier sehnt man sich den Gourmetlöffel herbei, der auch in einer Schublade des Tischs bereitliegt, um diese animierende Liaison aus waldiger Ätherik und fleischiger Tiefe, die auch noch zum Nachgießen in zwei Kännchen am Tisch verbleibt, in Gänze auszukosten. Erfreulich, dass das Kurzgebratene viel Biss, Saft und Kraft auf den Teller brachte und nicht eines dieser zu Wildmatsch denaturierten überflüssigen Sous-Vide-Experimente war, wie man sie heutzutage auch und vor allem in vielen ambitionierten Restaurants vorgesetzt bekommt.
Eine herzhaft-süße Kombination aus Apfel und 24 Monate gereiftem Kuhmilchkäse aus Gerstetten läutete statt eines Käsegangs als kleiner Vordessert-Happen die süßen Sachen ein. Und die waren in Gestalt einer mit Rinderfett montierten Karamellsauce zum mit Frischkäsecreme gefüllten Rüblikuchen mit Kürbiskernen und Kürbiskernöl sowie im Anschluss einer Birne aus dem Kirschholzsud mit Eis von Topinambur und Petersilienwurzel erfreulich originell und dabei kein bisschen experimentell. So blieb auch nach dem diesjährigen Besuch ein durchwegs positiver Eindruck und vereinzelte Gänge ließen wieder erkennen, dass hier künftig theoretisch sogar noch eine höhere Bewertung möglich wäre.

5↑

Widmann's Löwen

in Widmann's Hotel
Struthstr. 17, 89551 Königsbronn-Zang
07328-96270
www.loewen-zang.de
Küchenchef: Andreas Widmann
Mo u. Mi ab 18 Uhr,
Do–So von 12–14 Uhr u. ab 18 Uhr, Di RT
Hauptgericht: 12–45 €, Menüs: 42–60 €
VISA P

So muss das sein: im Löwen in Zang bei Königsbronn auf der Ostalb, wo Familie Widmann zum kulinarischen „Alb-Leben" einlädt, besuchen wir das bodenständige Gasthaus eigentlich genauso gerne wie das separate Gourmetrestaurant Ursprung unter gleichem Dach. Kein Wunder, schlägt doch auch Jeune Restaurateur und Juniorchef Andi Widmanns Herz für beide Küchenstile gleichermaßen und begegnet er beiden Welten mit derselben Sorgfalt und Ernsthaftigkeit sowie derselben Verbundenheit zur Region. Hier die Interpretation einer modernen und sehr kreativen Heimatkü-

che als vielgängiges Menü und dort das Hauptrestaurant, wo selbstredend deutlich bodenständiger gekocht wird als im Fine-Dining-Séparée und die Zubereitungen weniger detailaufwendig sind, deshalb aber als unkomplizierte Küche für jeden Tag nicht wenige Reiz hat.
Man kann hier ganz traditionelle schwäbische Sachen essen wie beispielsweise die Kalbskutteln in Lembergersauce, geschmälzte Maultaschen mit Kartoffelsalat, Kässpätzle mit Bergkäse vom Biohof und natürlich einen famosen Zwiebelrostbraten in Referenzklasse – es gibt aber auch etwas weniger bewährte Dinge wie mal eine Lammleber nach „Berliner Art" zubereitet oder gleich eine ganze Variation vom Alblamm mit Braten aus der Keule, geschmortem Bauch im Barbecue-Stil, hausgemachten Lammbratwürsten und gefüllter Zwiebel. Auch verschiedene im Big Green Egg finalisierte Steak-Cuts oder anderes Fleisch aus regionaler Zucht wie dem Demeter-Geflügelhof Brunnenhof mit klassischen Beilagen nach Wahl stehen hier hoch im Kurs. Und von Andi Widmanns Tafelspitz vom Ochsen, der in seiner Brühe zartmürbe und trotzdem sehr saftig mit angeröstetem Wurzelgemüse gesotten und stilecht mit Röstkartoffeln, jungem mildem Blattspinat, Meerrettichsauce und frisch geriebenem Kren serviert wird, schwärmen wir regelmäßig.
Im Vorspeisenbereich kann es auch mal etwas forcierter zugehen, etwa wenn eine mit Wildkräutercreme und Wildkräutern, marinierten Radieschen und Brotknusper bestückte Tranche von der schön sanft und mild kaltgeräucherten Kocher-Lachsforelle auf einem mit Dillöl marmorierten Buttermilchsud platziert wird. Das könnte dann – nicht nur wegen der für eine à la carte gewählte Vorspeise äußerst überschaubaren Portion – fast schon im Gourmetmenü platziert werden, ohne dass es darin besonders negativ auffallen würde. Deutlich üppiger war eine weitere Vorspeise dimensioniert, nämlich das „Alb.style Vitello", bei dem rosasaftige Kalbfleischeiben und sehr zurückhaltend rahmige Räucherfischcreme zusammen mit eingelegter Gurke, Radieschen, Kräutern und Schnittlauch zu einer reizvoll saftig-süffigen Angelegenheit drapiert waren.
Auch die oft etwas bodenständiger anmutenden Hauptgerichte überzeugen durch Qualität und Frische. Selbst wenn sie handwerklich mal etwas ungenauer zubereitet sind, so wie unser confiertes Saiblingsfilet, das relativ lang und vermutlich auch etwas wärmer als geplant gegart wurde und mit sehr rahmig-mildem und deshalb recht ausdrucksschwachem weißen Tomatenschaum auf einem Bett aus breiig weichem Nudelrisotto lagen. Deutlich properer war dagegen der Zwiebelrostbraten vom Roastbeef, der korrekt und gleichmäßig medium gegart in guter Fleischqualität auf der tadellosen weinfruchtigen Lembergersauce lag und von einer dieser hervorragenden hausgemachten, mit mildem schmelzigem Speck und glasigen Zwiebeln getoppten Maultäschle (sowie ordentlichen Bratkartoffeln) begleitet wurde.
Auch im Dessertbereich gibt es mittlerweile neben Standards wie verschiedenen Eis- und Sorbetvarianten interessantere Dinge, zum Beispiel ein Sauerrahmparfait mit frischen Waldbeeren, einem Beerenragout und die Säuren schmelzig-füllig unterfütterndem Karamell oder den süß-säuerlichen und hell-dunklen Kontrast von saftigem Brownie aus Original Beans Schokolade und Joghurtmousse. All das gibt's entweder in der dezent modernisierten Traditionsstube des Hauses oder im großen lauschigen Biergarten. Und wie auch die gute Weinauswahl, die weit über Württemberg hinausgeht, zu angemessenen Preisen.

Hotelempfehlung

★★★S

Widmann's Hotel

Struthstr. 17, 89551 Königsbronn-Zang
07328-96270
www.loewen-zang.de
Einzelzimmer: ab 63 €
Doppelzimmer: ab 126 €
EC VISA P

Das Hotel von Familie Widmann liegt im Herzen der idyllischen Ostalb in der Ortschaft Zang nahe Heidenheim an der Brenz. Hier gibt es gemütlich, komfortabel und ganz unterschiedlich eingerichtete Zimmer, die vom gemütlichen Landhausstil über moderne Komfortzimmer bis zu großen Räumen im „ALB. STYLE“ reichen. Letztere spiegeln den zeitgemäßen Stil des gesamten Hauses am besten wieder, haben eine hochwertige Einrichtung aus Spaltholz-Eiche und Wacholder, schöne Eichenholz-Böden, sind mit gemütlicher Sitzecke und großem HD-Plasmabildschirm ausgestattet und verfügen über moderne Bäder im Glasdesign mit Tageslicht und großer Regendusche. In den originellen Chalets genießen die Gäste modernen Komfort und ehrlichen Luxus in Forsthaus-Ambiente. Außerdem: modern ausgestattete Seminar- und Tagungsräume und professionelles Catering. Restaurants Widmann's Löwen und ursprung – Das Restaurant separat erwähnt.

Konstanz (Baden-Württemberg)

5

Brasserie Colette Tim Raue

Brotlaube 2 a, 78462 Konstanz
07531-1285107
www.brasseriecolette.de
Küchenchef: Van Hung Nguyen
Mi–So von 12–15 Uhr u. ab 18 Uhr, Mo u. Di RT
Hauptgericht: 18–38 €, Menüs: 39–99 €
VISA

Wie in den konzeptgleichen, ebenfalls von Spitzenkoch und Gastro-Unternehmer Tim Raue kuratierten Colette-Brasserien in Berlin und München, gibt es auch im Konstanzer Outlet authentisch französisches Flair und auf den Tellern traditionelle Gerichte der französischen Bistro- oder Hochküche, die mit dem gewissen Tim-Raue-Style ihrer Normalität entledigt werden. Oft durch eine mutig eingesetzte, aber immer harmonisch eingebundene Schärfe, aber auch Säure spielt nicht selten eine entscheidende Rolle. Das Angebot auf der saisonal wechselnden Karte reicht von schlichten Sachen wie beispielsweise den Premium-Sardinen aus der Dose, serviert mit Brioche und Zitrone bis hin zu aufwendigeren Kreationen wie der „Garnele Marocain“ mit markanten Litschi- und Rosenaromen in Anlehnung an einen Tim-Raue-Klassiker aus dessen Gourmetrestaurant in Berlin. Ein genussvolles Stück französischer Lebensart am Bodensee!

10

Ophelia

im Hotel Riva
Seestraße 25, 78464 Konstanz
07531-363090
www.restaurant-ophelia.de
Küchenchef: Dirk Hoberg
Do–Mo ab 19 Uhr, Di u. Mi RT
Menüs: 220–250 €
VISA

Die gehobene Restaurantszene rund um den Bodensee ist seit langem sehr statisch, aber auch sehr beständig. Und so ist nach wie vor das ausgesprochen elegante und exklusive, allerdings überhaupt nicht steife Gourmetrestaurant Ophelia im ersten Stock der zum Hotel Riva gehörenden Jugendstilvilla das mit Abstand beste Lokal mit der besten Küche in der Region. Das liegt in erster Linie an unserem Koch des Jahres von 2019 Dirk Hoberg und seinem motivierten Team, die seit kurzem in ihrer ganz neuen und jetzt zum Hauptraum hin vollständig offenen Wirkungsstätte vor den Augen der Gäste ihr Menü finalisieren.
Der permanente Blick- und auch Tischkontakt mit den Köchen – Dirk Hoberg und sein Souschef Fabian Obergfell servieren und erläutern auch immer wieder selbst ihre Kreationen – gibt dem Ganzen einen sehr lockeren und entspannten Rahmen und das junge sympathische Serviceteam um Restaurantleiter und Sommelier Jerom Nicke sowie die in angenehmer Lautstärke klingende U-Musik im Hintergrund tun ihr übriges. Das maximal siebengängige Menü folgt mittlerweile sehr konsequent klassischen Motiven und präsentiert sich in der Ausführung deutlich gediegener als noch vor einigen Jahren. Damals drehte Dirk Hoberg die Regler Aromenregler meist noch viel weiter auf, war mutiger und kreativer – schoss aber auch immer mal ein ganz klein wenig übers Ziel hinaus.
Seit geraumer Zeit wirkt nun alles ruhiger und kompositorisch wieder ein wenig traditioneller, aber eben auch makellos und elegant. Sehr fein gezeichnet, texturell und aromatisch voll ausgereift waren schon die Apero-Snacks, die bei aller Detailarbeit vollmundigen und unkomplizierten Geschmacksbildern folgten. Etwa in Gestalt eines Tacos von der Erbse mit Lachstatar und Koriander, eines von „Beef Wellington“ inspirierten Rindertatars mit Blätterteig und Trüffel auf dem Löffel, oder eines Avo-

cado-Röstbrots mit pochiertem Wachtelei und Gartenkresse.
Alles schmeckt sehr differenziert und facettenreich, kommt aber ohne scharfe Kontraste aus und geht eher in die Richtung weicher, harmonischer Akkorde. So wie beim Küchengruß, der wie immer einem erstklassigen regionalen Produkt gewidmet war, diesmal mild geräuchertem Aal aus dem Bodensee: als Tranchen, als Füllung einer kleinen Maultasche und als eine mit Liebstöckelöl verfeinerte Essenz, in der beides zusammen mit etwas Périgordtrüffel baden durfte.
Eine im Grunde genommen auch gänzlich klassische Foie-gras-Vorspeise mit Terrine und Eis von der Gänseleber, die allerdings erstaunlicherweise nahezu ohne die für ein solches Gericht fast schon obligatorische Fruchtsüße auskam, war der erste reguläre Gang des Menüs. Die wie ein Tortenstück interpretierte Schichtterrine hatte einen nur sehr dünnen Trockenfrüchte-Boden, eine Mittelschicht aus feinstreifigem Wurzelgemüse und einen Überzug von Périgord-Trüffel; das Eis, welches als einzige Komponente eine maßvolle und in der Form dann auch gewinnbringende Süße mitbrachte, thronte auf einem kleinen Sockel aus sautierten Würfeln vom Portobello-Pilz.
Wie subtil und zugleich natürlich kraftvoll die Gerichte von Dirk Hoberg sein können, zeigte die zweite kalt-warme Vorspeise, die sich auf dem Hauptteller um eine Art Medaillon-Scheibe aus einem mit Gurke ummantelten, kreisrunden Bündel aus gebeizten roten Garnelen drehte, die von verschiedenen teils säuerlich marinierten Gemüsen und Kräutern (Gurke, Radieschen, rote Zwiebel, Salty fingers…) umkränzt auf einem mit Krustentieröl marmorierten Gurkensud platziert wurde. À part in einem Tässchen gab es dazu nochmal Verstärkung für das Krustentier, nämlich als fantastisches schalenröstiges Schaumsüppchen voller Power, aber mit elegantem Schliff!
Dass Dirk Hoberg mittlerweile wieder voll und ganz in der modernen oder vielmehr zeitlos interpretierten Klassik angekommen und dort ganz bei sich ist, demonstrierte auch der in einer milden Salzlake gebeizte und dann sehr sanft auf optimale Temperatur gebrachte Kabeljau. Dessen kreisrundes Medaillon lag auf diese Art mit schönem Glanz und festem Fleisch auf dem Teller und hatte als Begleitung nicht nur ein kleines smartes, ebenfalls mit Kabeljaufarce gefülltes Tramezzini-Sandwich an seiner Seite, sondern auch eine Nocke intensives rotes Paprikakompott und einen Zylinder aus Blattspinat (fest und cremig). Die mit Stabmuschelsegmenten angereicherte Salzzitronensauce im Stil einer Beurre blanc kam dem Fisch noch ein wenig von der maritimen Seite entgegen und umarmte alles mit ihrem samtigen Schmelz und dem äußerst subtil eingesetzten zitrisch-herben Aroma.
Die große norwegische Jakobsmuschel, die ebenfalls in festfleischiger Idealform auf dem nächsten Teller thronte, wurde ähnlich kongenial von sehr hellem, weil ganz mild gesalzenem Kaviar eskortiert, der ein ausgesprochen nussiges Aroma mitbrachte und schon von daher perfekt zur Cocquille St. Jaques passte. Aromatische frische Erbsen und zart säuerlicher fermentierter weißer Spargel sowie eine fantastische Château-Chalon-Sauce mit dem ausgeprägten charakteristischen Aroma dieses berühmten oxidativen Vin Jaune, umspielten hier wieder ganz klassisch, aber nicht gediegen. Mit

einem auf Kombucha-Basis angesetzten und mit Spargelsud und Verjus diesem Gericht angepassten Begleitgetränk demonstrierte das Team auch seine Ambitionen hinsichtlich alkoholfreier Getränkepartner zu den einzelnen Gängen. Ansonsten ist auch immer auf die Weinempfehlungen von Jerom Nicke Verlass, der zuvor zum Kabeljau mit einem äußerst individuellen und untypischen, fast burgundischen Bodensee-Chardonnay „Seehalde" 2020 vom Weingut Hornstein am See in Nonnenhorn einen Volltreffer landete.
Die Brust von der Bresse-Taube im ersten Fleischgang hatte so viel Spannung und Saft im zarten, eigenaromatischen Fleisch, als wäre sie an der Karkasse gebraten worden. Jedenfalls lag das ausdrucksstarke Taubenfleisch sehr beherzt gesalzenen (und damit gerade noch im Rahmen) neben einer milden Karottenroulade, einer bitterfruchtigen Radicchio-Praline und einer mit Farce aus sich selbst gefüllten Morchel auf einer von Sherry alkoholisch-süßlich abgerundeten Taubenjus, die das zupackende Gericht sehr attraktiv komplettierte.
Ebenfalls sehr gut, aber nicht ganz so perfekt wie die Taube, präsentierte sich das Salzwiesenlamm (mit verschiedenen Bohnenvarietäten, Creme von fermentiertem Knoblauch und hervorragender Lammjus), wobei insbesondere das Rückenfleisch wirklich fantastisch aromatisch und wieder sehr ausdrucksstark war, einzig der Fettdeckel hatte nicht jene schmelzig-zartkrosse Konsistenz, wie man ihn sich idealerweise wünscht, sondern war minimal rustikaler und stellenweise etwas härter. Suboptimal war auch das sehr trockene und spröde gebackene Bries (ob vom Lamm oder Kalb war hier mangels Saftigkeit nicht mehr wirklich auszumachen…), das im Satellitenschälchen auf einer Melange aus wiederum sehr gutem geschmortem Lammschulter-Ragout und cremiger Polenta thronte.
Hervorragend, ganz ohne Abstriche, präsentierte sich dann aber schon wieder das Dessert, für das vollaromatisch reife Erdbeeren und frische Mandeln auf drei Tellern bzw. Schälchen dreifach variiert wurden. Auf dem Hauptteller als geleeüberzogene Moussepraline in einer Tartelette von Erdbeere, Mandel und Basilikum auf einen mit Yuzu erfrischten Erdbeer-Spiegel gesetzt, flankiert von Mandel-Cremeeis und Erdbeerragout in einem Ring aus weißer Schokoladenmousse und last but not least als Erdbeersorbet unter Mandelsabayone. Auch das wieder sehr klassisch und gediegen, aber ausdrucksstark in der Aromatik, elegant komponiert und handwerklich perfekt ausgeführt. So wie auch sämtliche Petits fours, die das Menü auf ebenbürtig hohem Niveau abrundeten, so dass die 10-Pfannen-Bewertung schlussendlich auch in diesem Jahr nicht in Frage stand.

6

Papageno

Gottlieber Str. 64, 78462 Konstanz
07531-368660
www.restaurant-papageno.net
Küchenchef: Patrick Stier
Mi u. Do ab 18 Uhr,
Fr–So von 12–13 Uhr u. ab 18 Uhr,
Mo u. Di RT
Hauptgericht: 32–45 €,
Menüs: 105–132 €

VISA

Direkt an der Schweizer Grenze versteckt sich das Papageno fast unscheinbar in einem kleinen, etwas verwunschenen Eckhaus und lässt auch beim Betreten der Gasträume mit ihrer wirtshaustypischen Holztäfelung und behaglicher Atmosphäre nicht auf den ersten Blick vermuten, wie ambitioniert hier aufgekocht wird. Aber genau das ist der Fall, denn mit Gastgeber Patrick Stier steht hier ein echter Könner am Herd. Gemeinsam mit seinem Team setzt er auf eine französisch geprägte Küche, die auf einem sehr soliden klassischen Fundament basiert und mit guten individuel-

len Ideen punktet, die hier nicht angestrengt, sondern angenehm heiter und unbeschwert wirken.
Auf diese Art wird sowohl in den nicht bloß behaglichen, sondern auch eleganten Stuben wie auf der weinumrankten Terrasse eine einladend genussvolle Umgebung geschaffen, in der sowohl der Aperitif als auch ein erster Appetitmacher wie Creme und Crumbles vom Blumenkohl mit frittierten Kapern und säuerlichem gelbfruchtigem Gel gleich viel Lust auf mehr machen. Diese erste Kleinigkeit blieb zwar zunächst noch sehr schlicht, gelang aber dennoch animierend und zeigte, wie gut das Team auch scheinbar simple Sachen spannend gestalten kann.
Deutlich aufwendiger, beinahe wie aus einer anderen Küche, wirkten dann im ersten Gang die dünnen, fleischigen Streifen vom Wolfsbarsch, die nur ganz kurz nach Art eines Ceviche gesäuert und mit knackig marinierter Gartengurke, einem limettenfrischen Gurkengel und kühl schmelzendem Gurkensorbet kombiniert einen erfrischenden Auftakt ergaben, der effektvoll von knackigen Erbsensprossen und Peperoni-Streifen noch weiter aufgelockert wurde.
Handwerklich genauso überzeugend, aber wieder schlichter und ein bisschen oldschool kam das von herber Säure belebte Champagnerschaumsüppchen daher. Geprägt war es von einem runden pilzwürzigen Unterton, der von Champignons herrührte, sowie kleinen Wurzelgemüse-Brunoises und Kerbelgrün – insgesamt erfreulich schlank, aber letztlich doch ein sehr klassisches Rahmsüppchen, das zusätzlich sicher noch von einer abwechslungsreicheren Einlage oder einer entsprechenden Ergänzung à part profitiert hätte.
Ebenfalls klassisch, aber dennoch alles andere als altbacken und zudem deutlich abwechslungsreicher folgten im Hauptgang rosa Kalbfilet sowie butterzart geschmorte und satt glasierte Backe, die von einer klassisch kraftvollen und elegant glänzenden Trüffeljus aromatisch aufgeladen wurden. Gemeinsam mit röstwürzigen Pfifferlingen und Steinpilzen, zartem Blattspinat und cremig-knusprigen gebackenen Kartoffelbällchen war das ein exakt und gut proportioniert ausgeführter Hauptgang auf hohem Niveau.
Ein etwas fester und trockener Savarin mit Birne und dunklen Schokoladensplittern bildete im süßen Teil das Zentrum des mit „Birne hoch Drei“ überschriebenen Desserts. Mit einem klarfruchtigen Sorbet und eingelegten Scheiben als Birnenkomponenten Nummer zwei und drei, ergänzt von duftig-schmelzendem Vanilleeis und betont kakaoherben Crumbles gelang auch der süße Abschluss souverän und lag voll auf der typisch unaufgeregt pfiffigen Linie von Patrick Stiers Küche.
Zu alldem wird übrigens auch in den Gläsern ein ansprechend hohes Niveau geboten. Der Keller ist gut gefüllt mit spannenden Flaschen aus der Bodenseeregion, Frankreich und weiteren Anbaugebieten. Und das Serviceteam hilft auf Wunsch kompetent bei der Orientierung und bei der Auswahl.

5

Seerestaurant Riva

im Hotel Riva
Seestraße 25,
78464 Konstanz
07531-363090
www.hotel-riva.de/de
Küchenchef: Michael Kratt
Täglich von 13–16 Uhr u. ab 17.30 Uhr, kein RT
Hauptgericht: 15–58 €
VISA

Mit seinem lichten, leicht eingerichteten und zum See hin im Halbrund verglasten Gastraum sowie der Terrasse, von der aus man ebenfalls Promenade und Wasser im Blick hat, ist das Seerestaurant des Hotel Riva nicht nur im Sommer ein beliebter Spot am Konstanzer Ufer. Da könnte die Küche im Grunde Fünfe gerade sein lassen, aber das Riva wäre nicht das Riva, wenn es nicht auch jenseits des Gourmetrestaurants mit gehobenen kulinarischen Ansprüchen an den Start ginge. So haben wir hier unter der Ägide von Küchenchef Michael Kratt in den letzten Jahren immer sehr gut gegessen und sind uns recht sicher, dass das auch künftig so sein wird. Den in dieser Testsaison etwas von den Erfahrungen der vorausgegangenen Jahre abweichenden Eindruck wollen wir des-

halb für die Bewertung nicht so stark gewichten.
Zumal auch am Konzept selbst nichts geändert wurde und weiterhin mittags uns abends mit einem sehr zugänglichen und stilistisch breit gefächerten Angebot aufgewartet wird. Das reicht von Kleinigkeiten wie etwa einfallsreich mit Garnelen, Thaispargel und Cashewnüssen belegtem Flammkuchen über Klassiker wie Tom-Kha-Gai, eine Vorspeise mit Rindertatar oder ein Wiener Kalbsschnitzel mit Kartoffel-Gurken-Salat, bis hin zu etwas kreativeren Gerichten wie Lammrücken mit Chimichurri, Tomate und Mais. Alles wird schnörkellos und handwerklich frisch zubereitet.
Bei dem auf einer länglichen Schieferplatte abwechselnd mit Scheiben von Mango und grünen Tomaten aufgelegtem Thunfisch-Sashimi verhielt es sich diesmal allerdings so, dass die drei Hauptprodukte wirklich sehr naturbelassen dargeboten und als solches auch gar nicht übermäßig überzeugend waren: der Tuna schon recht weich, die Tomaten noch recht hart und geschmacklich ausdruckslos, die Mango auch nur von solider Güte. So oblag es einzig den zwei dazwischen getupften, mit der Chilisorte Aji Amarillo aromatisierten Begleitdips in Mayo- sowie einer Art Chutney oder Geleeform, diesem Tableau den Pep und das Leben einzuhauchen – was mit Süße, Säure, Schmelz und wohldosierter Schärfe auch recht gut gelang.
Licht und Schatten gab's zum Beispiel auch bei der Pasta, den mit Sommertrüffel überhobelten und mit einer Trüffelfarce gefüllten Tortelli auf cremiger Parmesansauce, die prinzipiell ein schmackhaftes süffiges, handwerklich hergestelltes Gericht waren, aber nicht gerade mit großer Sorgfalt fabriziert und auf den Teller gebracht wurden, wo sie als zusammengedrückte Nudelteig-Knäuel mit Farce dazwischen in ihrer sehr guten mildwürzigen Käsesauce baden. Dass deren Füllung leider sehr deutlich nach Trüffelöl geschmeckt hat, wollten wir auf dem Level, auf dem sich die Küche konzeptionell und preislich bewegt, nicht per se verurteilen – man muss diesen künstlichen Trüffelgeschmack allerdings schon mögen…
Dagegen blieb der auf einem Bett aus Blattspinat angerichtete und relativ brav von kleinen Salzkartoffeln begleitete Zander sehr naturbelassen und nahezu ungewürzt. Auch qualitativ war der mit seinem recht stumpfen, glanzlosen Fleisch mit viel Eiweißaustritt unter zwar goldbraun angebratener, aber gänzlich weicher Haut angerichtete Fisch kein überdurchschnittlich attraktiver Artgenosse. Das kennen wir von der Riva-Küche eigentlich besser und wollen das wie gesagt diesmal eher als ungünstige Momentaufnahme werten – hoffen daher aber umso mehr auf eine wieder überzeugendere Performance in der nächsten Testsaison.
An der im Cocktailglas zusammen mit etwas überhöht als „Waldbeeren" annoncierten handelsüblichen Erdbeeren, Himbeeren und Blaubeeren sowie einer Kugel Vanilleeis servierten, frisch aufgeschlagenen Champagnersabayon gab es nämlich ebenso wenig zu meckern wie an der Auswahl und Qualität der offerierten Weine. Und auch der Service war wieder mal sehr freundlich und zuvorkommend.

Weinstube im Barbarossa

im Romantik Hotel Barbarossa
Obermarkt 8–12,
78462 Konstanz
07531-128990
www.hotelbarbarossa.de/speisen/weinstube
Küchenchef: Jens Wagner
Di–Sa von 12–14 Uhr u. ab 18 Uhr,
So u. Mo RT,
(Mai–Sept. kein Mittagstisch)
Hauptgericht: 28–51 €
VISA

Das Haus, genauer gesagt die drei Bürgerhäuser, die das heutige Hotel Barbarossa bilden, sind so alt, dass man schon gar nicht mehr genau sagen kann, wie alt. Zur Zeit des Konstanzer Konzils (1414 bis 1418) jedenfalls war das erste Mal von einem „Wirtshaus mit Tanzboden" die Rede. Die Geschichte der jetzigen Betreiber geht nicht ganz so weit zurück, aber immerhin bis 1874, als der Ur-Ur-Großvater des heutigen Inhabers Florian Miehle das Gebäude kaufte und später zum Hotel umbaute. Es liegt mitten in der Konstanzer Altstadt und lädt auch außen ein mit seiner schönen Terrasse auf dem Obermarkt. Die Weinstube hinge-

gen ist eher als charmanter Rückzugsort zu sehen, zumal sie in der ersten Etage des Hauses liegt. Der Charakter der Räumlichkeiten hat schon etwas Einzigartiges: die dunkle Holzvertäfelung und das Fischgrätparkett, die historischen Sprossenfenster mit christlichen Motiven auf den Buntglasscheiben, die Laternen, die von der weißen Decke hängen, die Lämpchen, die auf den Holztischen mit Läufern stehen – hier kann man fürwahr sehr schön und bequem sitzen.
Die Küche gibt sich modern und konzentriert sich bis auf einige badisch-schwäbische Kleinigkeiten auf mediterrane oder französische Spezialitäten: etwa Wachtel auf rotem Linsensalat als Vorspeise, von der Kaninchenkeule über Lammrücken bis hin zum Châteaubriand für zwei Personen bei den Hauptspeisen. Auch die am Tisch flambierte Crêpe Suzette ist erst ab zwei Personen erhältlich, sodass bei unserem Testbesuch statt Grießflammerie oder Nonnenfürzle eine Panna cotta mit Rhabarberkompott als Empfehlung des Tages den Abschluss bildete. Die Säure des Rhabarbers war gut gebändigt, aber immer noch so präsent, dass das Dessert einen schönen Frischeeffekt hatte. Die Panna cotta war nicht zu süß und schwer, allerdings ohne Wackeleffekt, zumal die „gekochte Sahne“ in ein Glas eingezwängt und obendrauf noch mit Schlagsahne versehen war.
Auch zum Auftakt hatten wir eine tagesaktuelle Empfehlung: Pulled Duck im Brioche-Burger, als Vorspeise en miniature, versteht sich. Das geschmorte und gerupfte Entenfleisch war nicht zu trocken und in einer sanft fruchtigen Sauce, die gut zur röschen Brioche passte. Erbsensprossen als Salat gaben herbe Noten, Granatapfelkerne süße Spritzer dazu. Beim Skrei des Hauptgerichts handelte es sich um ein ordentlich hohes, saftiges Filet mit kleinem Sepia-Deko-Gitter on top. Der Bouillabaisse-Sud dazu, in dem unter anderem weiße Bohnen und Frühlingszwiebeln schwammen, war allerdings so sanft, dass man ihn schon als lasch bezeichnen muss. Jedenfalls fehlte es wirklich an typischer Tiefe und Substanz. Aber vielleicht ist diese Ausrichtung als Bouillabaisse für Einsteiger zu verstehen, denn auch die Sauce Rouille zu einem recht knackigen Focaccia-Brötchen war eher zurückhaltend. Von Knoblauch und Schärfe war kaum etwas zu spüren, am deutlichsten noch stach Safran aus der schön orangefarbenen Creme heraus.
Die Hälfte der offenen Weine stammt vom Bodensee. Vielleicht ließe sich die regionale Auswahl noch etwas verbreitern und vertiefen, zumal in einer Weinstube genannten Location. Oder man sucht sich gleich eine gute Flasche von der Karte aus, denn dank des einzigartigen Ambientes und auch aufmerksamen Services verbringt man gerne ein bisschen mehr Zeit im Barbarossa.

Hotelempfehlung

★★★★★S

Riva Hotel

Seestr. 25,
78464 Konstanz
07531-363090
www.hotel-riva.de
Einzelzimmer: 150–270 €
Doppelzimmer: 275–805 €

Das privat geführte Hotel befindet sich in einer Jugendstilvilla und einem modernen Seehaus in bester Lage, direkt am Bodensee. Die meisten der lichtdurchfluteten Zimmer und Suiten sind zum Wasser hin ausgerichtet und aus edlen Materialien stilvoll gestaltet. Die öffentlichen Bereiche sind akzentuiert von Kunst- und Designobjekten; eine spektakuläre Wendeltreppe windet sich freischwebend vom Wasserbassin durch die Etagen. Im Wellness- und SPA-Bereich können die Gäste in Dampfbad, Finnischer Sauna oder im Ruheraum relaxen, mit modernen Fitnessgeräten trainieren oder sich verschiedenste Anwendungen gönnen. Ein Highlight ist das Pooldeck mit 12 x 5 Meter großem beheizten und ganzjährig geöffnetem Schwimmbad mit spektakulärem Seeblick. In beiden Restaurants werden die Gäste auf hohem kulinarischem Niveau verwöhnt: von regionalen Gerichten bis zum Gourmetmenü. Restaurant Ophelia und Seerestaurant Riva separat erwähnt.

Romantik Hotel Barbarossa

Obermarkt 8–12,
78462 Konstanz
07531-128990
www.hotelbarbarossa.de
Einzelzimmer: 69–114 €
Doppelzimmer: 69–238 €

EC VISA P

Das seit 1874 familiengeführte Romantik Hotel Barbarossa befindet sich in einem mittelalterlichen Gebäude am historischen Obermarkt im Herzen von Konstanz und empfängt seine Gäste mit dem Credo „an historischer Stätte ein wahrhaft gastliches Haus". Die rund 50 ganz individuell im Vintage-Stil gehaltenen Zimmer sind allesamt mit kostenlosem WLAN und modernen Flachbild-TVs ausgestattet. Einige haben verzierte Decken, dekorative Glasfenster und/oder Holzbalken. Kinder unter 8 Jahren übernachten in Begleitung eines Erwachsenen kostenlos, und das Frühstücksbuffet ist im Zimmerpreis enthalten. Den Gästen steht eine Terrasse sowie eine Dachterrasse mit Sonnenliegen zur Verfügung. In der „Wohlfühlstube" kann man sich von der klassischen Aroma-öl-Massage über eine Kräuterstempel-Massage bis hin zu Hot-Stone-Massage und vitalisierenden Gesichtsbehandlungen verwöhnen lassen. Dank der Lage mitten in der historischen Altstadt lassen sich die zahlreichen Sehenswürdigkeiten, Museen und kulturellen Einrichtungen der Stadt bequem zu Fuß erreichen. Im Umkreis von Konstanz locken zudem historische Stätten wie die Burgruine Hohentwiel, das Schloss und Kloster Salem und die Basilika Birnau mit beeindruckender Architektur. Im holzgetäfelten Restaurant versteht man sich auf regionale Spezialitäten. Weinstube im Barbarossa separat erwähnt.

Korschenbroich (Nordrhein-Westfalen)

5

Gasthaus Stappen

Steinhausen 39,
41352 Korschenbroich
02166-88226
www.gasthaus-stappen.de
Mi–Sa ab 17 Uhr,
So von 12–15 Uhr u. ab 17 Uhr,
Mo u. Di RT
Hauptgericht: 21–39 €, Menüs: 64 €

EC P

Das von Carmen und Frajo Stappen in fünfter Generation geführte Restaurant wurde mit viel gutem Geschmack schick gestaltet und wird vom Chef und seinem Team mit noch mehr gutem Geschmack bekocht. Auch wenn ganz selbstverständlich der eine oder andere Fisch aus dem Meer kommt und hier und da weltläufige Aromen im Spiel sind, kann die Küche durchaus als zeitgemäße kreative Regionalküche bezeichnet werden. In der bewährten Klassiker-Linie sowieso, aber auch die saisonalen Menüs lassen viel Heimatverbundenheit erkennen. Alles ist fachmännisch, schnörkellos und produktorientiert zubereitet und zudem sehr moderat kalkuliert. In der Vinothek gibt's in locker-kommunikativer Atmosphäre gute Weine und leckere Kleinigkeiten.

Krakow am See (Mecklenburg-Vorpommern)

7

Ich weiß ein Haus am See

Paradiesweg 3,
18292 Krakow am See
038457-23273
www.hausamsee.de
Di–Sa ab 18.30 Uhr, So u. Mo RT
Menüs: 120 €

EC P

Seit mehr als einem Vierteljahrhundert existiert nun schon dieses Landidyll am Nordufer des Krakower Sees als weithin bekanntes und geschätztes Genussziel zwischen Berlin und Rostock. In dem ruhig gelegenen und sehr gepflegten Anwesen sitzt man als Restaurantgast

– nur durch das hauseigene, parkähnliche Grundstück mit altem Baumbestand vom Ufer getrennt – in einem hellen, angenehm schlicht eingerichteten und zur Front hin halbrunden Raum mit zwei Ebenen und wird vom langjährigen Küchenchef Raik Zeigner unaufgeregt klassisch-gediegen bekocht. Ausschließlich vier allabendliche Gänge erwarten hier sowohl die Hausgäste als auch extern angereiste Feinschmecker unverändert seit vielen Jahren. Und immer wieder wirkt das auf den ersten Blick nicht sonderlich aufregend, schmeckt aber genauso zuverlässig immer deutlich raffinierter. Weil Zeigner einfach ein guter Koch ist und weiß, worauf es ankommt. Und so wartet dann doch jeder Teller mit einer markanten Pointe auf. Und darauf, dass auch im Glas keine Langeweile aufkommt, sorgt Patron Adi König als sympathischer Gastgeber.

Krefeld (Nordrhein-Westfalen)

6

KRasserie

Zur Feuerwache 5,
47805 Krefeld
02151-9360800
verve5.de
Küchenchef: Philip Rümmele
Di–Sa ab 18 Uhr, So u. Mo RT
Hauptgericht: 19–42 €, Menüs: 54 €

VISA P

Die in modernem und hellem Neubau-Industriechic gehaltene KRasserie im Erdgeschoss eines Veranstaltungs- und Businesscenters mit Rooftop-Bar und diversen Veranstaltungsräumen für private und geschäftliche Events, ist sowohl optisch als auch kulinarisch ein zeitgemäßes Bistro. Mit Küchenchef Philip Rümmele steht der Küche ein Könner vor, der die breite Auswahl an zugänglichen Gerichten à la carte, für die sich das Team einer ganz besonders nachhaltigen Arbeitsweise verschrieben hat und nicht nur stark auf Regionalität, sondern auch auf kontrollierte biologische Landwirtschaft setzt, auf hohem Niveau umzusetzen vermag.

5

Landhaus Fischerheim

Nieperstr. 275, 47802 Krefeld
02151-564835
www.landhausfischerheim.de
Do–Sa ab 18 Uhr, So von 12–16 Uhr, Mo–Mi RT
Menüs: 54–74 €

P

Das markante lange Gebäude steht in Alleinlage außerhalb der nächsten Ortschaften direkt an der mäßig befahrenen Landstraße und lädt die Gäste in einen hellen Gastraum mit dunklem Parkett, sauber eingedeckten Tischen und wuchtigen Backstein-Säulen als Raumteiler. Der Österreicher Peter Hribar kredenzt hier einerseits die gutbürgerliche und traditionsreiche Schmankerlküche seines Heimatlandes, präsentiert darüber hinaus (vor allem im Bereich der Vorspeisen und Zwischengerichte) aber auch kreativere Eigeninterpretationen auf klassisch fundierter Basis. Nach wie vor eine der wirklich empfehlenswerten Ess-Adressen in dieser Gegend. Der gehobene kulinarische Anspruch der Gastgeber spiegelt sich auch auf der gut sortierten Weinkarte wider.

Krumbach (Bayern)

Gasthof Diem

Kirchenstr. 5, 86381 Krumbach
08282-88820
www.gasthof-diem.de
Täglich von 11.30–14 Uhr u. ab 17.30 Uhr, kein RT
Hauptgericht: 10–25 €, Menüs: 36 €

VISA P

Schön, dass es noch Gasthöfe wie diesen gibt, mit eigener Metzgerei und Konserven-Manufaktur, wo vom Ketchup bis zur Rinderroulade alles selbstverständlich hausgemacht ist, wo aber nicht nur gutes Fleisch, sondern auch frisches Gemüse eine übergeordnete Rolle spielt, wo man auf der Speisekarte nicht nur die üblichen Traditions-Langweiler findet, sondern auch mal seltenere Produkte und Zubereitungen. Die Küche dieses gepflegten ländlich-rustikalen Stadtgasthofs, zu dem auch noch ein kleiner Hotelbetrieb gehört, wird von Juniorchef Johannes Diem geführt, der viel frischen Wind in den elterlichen Betrieb gebracht hat. Hier wird interessant und abwechslungsreich gekocht!

Kühlungsborn (Mecklenburg-Vorpommern)

5

Tillmann Hahns Gasthaus

in der Villa Astoria
Ostseeallee 2, 18225 Kühlungsborn
038293-410214
www.villa-astoria.de
Mi–So ab 18 Uhr (mittags Feinkost-Bistro), Mo u. Di RT
Hauptgericht: 18–39 €
EC VISA

In der eleganten Villa Astoria an der Kühlungsborner Strandpromenade offeriert der in der Region sehr bekannte Tilmann Hahn in Feinkostladen und Restaurant alles, was das Umland an kulinarisch Wertvollem zu bieten hat. In dem schicken nordischen Gasthaus werden schlicht und schmackhaft zubereitete Gerichte von ungekünstelter, substanzstarker Art serviert. Mal norddeutsch-deftig, mal mediterran-leicht, aber immer auch mit dem gewissen Etwas, wie es eben nur ein sehr guter Koch mit Gourmeterfahrung hinbekommt. Die moderaten Preise versprechen hier aber natürlich keine Hochleistungs-Gourmetküche, und so präsentiert sich das Gebotene auch in seiner unprätentiösen Machart als durchaus stimmig. Kleine hochwertige Weinauswahl, ausgewählte Biere und Säfte.

Die Hoteleinträge

- ★★★★★S Superior
- ★★★★★ Unterkunft für höchste Ansprüche
- ★★★★ Unterkunft für hohe Ansprüche
- ★★★ Unterkunft für gehobene Ansprüche
- ★★ Unterkunft für mittlere Ansprüche
- ★ Unterkunft für einfache Ansprüche
- Unterkunft ohne Sterne-Klassifizierung

Künzelsau (Baden-Württemberg)

6

handicap.

im Hotel Anne-Sophie
Hauptstr. 22–28, 74653 Künzelsau
07940-93460
www.hotel-anne-sophie.de
Küchenchef: Tobias Pfeiffer, Sebastian Wiese
Mi–Sa ab 18 Uhr, So von 12–14 Uhr, Mo u. Di RT
Hauptgericht: 28–34 €, Menüs: 58–95 €
EC VISA P

Das als Inklusionsbetrieb und Herzensangelegenheit von Familie Würth geführte Hotel Anne-Sophie erstreckt sich in der beschaulichen Künzelsauer Innenstadt über mehrere Gebäude und Straßenzüge hinweg. Dessen Gourmetrestaurant, in dem, wie der Name schon verrät, ebenfalls Menschen mit und ohne Handicap engagiert zusammenarbeiten, ist im größten und modernsten Teil des Ensembles untergebracht – ein recht großzügig unter einer ovalen Illusionsmalerei von freiem blauem Himmel angelegter hoher Raum in klassischem Gewand.
So klassisch oder vielmehr zeitlos wie auch die Küche von Tobias Pfeiffer und Sebastian Wiese, die das Restaurant seit der Schließung des Restaurants im Schwesterbetrieb Altes Amtshaus Ailringen, wo Wiese jahrelang erfolgreich als Küchenchef tätig war, als Doppelspitze verantworten. „Hier trifft experimentierfreudige Internationalität auf bodenständige Regionalküche", heißt es in der Selbstbeschreibung auf der Homepage. Passend dazu gibt es in dem einen der beiden angebotenen Menüs mit Dingen wie einer Vorspeise um Kopfsalat, Hirtenkäse, Waldmeister und Wildkräutern oder einem Hauptgang um verfeinerten, aber nicht verfremdeten Zwiebelrostbraten mit Zwiebel-

gewächsen, Spätzle und Rotweinjus, tatsächlich teilweise eine Feinschmeckerversion von Heimatküche. Die andere Speisefolge widmete sich zuletzt als „Omakase-Menü" fernöstlichen Produkten und Aromen.
Doch gegrüßt wurde auch vor dem „Omakase-Menü" erst mal sehr europäisch, nämlich in Gestalt eines Kalbstatars mit Kapernmousse-Kappe und Salzzitrone, eines Forellentatars als Füllung eines Macarons und eines mit Trüffelöl-Mayonnaise betupften mit Panko-Panierung ummantelten Kichererbsensticks. Gefolgt von einem weiteren, ähnlich schlicht und gegenständlich zubereiteten Amuse in Gestalt von gebratenem Hirtenkäse mit zitrusfrischem Fenchelsalat. Alles sehr unaufgeregt und völlig schnörkellos und als solches sehr schmackhaft.
Auch der als Sashimi aufgelegte und mit je einem Tupfer Yuzugel applizierte Hamachi wurde sehr gegenständlich und aufgeräumt präsentiert. Nämlich nur von einer mit Wasabi eingelegten Gurke mit etwas roter Shisokresse und einem Eis von rotem Shiso begleitet – alles aromatisch schön klar und verbindlich herausgestellt, nur das Eis war in diesem Zusammenhang ziemlich süß und wirkte dadurch fast schon plakativ. Wie zum Ausgleich kam im nächsten Gang ein ganzer Schwall Umami von unterschiedlichsten Pilzen daher, nämlich als Pilz-Dashi mit einer pilzgefüllten Gyoza-Tasche und Maitake sowie Klapperschwamm als weitere erdig-pilzige Einlage. Das war alles sehr ausgewogen, nur die große halbierte angebratene Lauchzwiebel in ihrer naturbelassen rohzwiebeligen Art wirkte darin unnötig grob.
War die Umamiwürze beim Dashifond wie gesagt sehr ausgewogen, schmeckte die auf Sojabasis zubereitete Sauce, die an ein Chawanmushi mit grünem Spargel, Herzmuscheln und Störkaviar angegossen war, etwas zu salzkonzentriert und wuchtig. Abgesehen davon war aber auch das ein sehr elegant umgesetzter Zwischengang mit gefälligen Konsistenzen und natürlichen Geschmäckern.
Die erste von zwei stark fettmarmorierten, speziell aus der japanischen Küche bekannten Spezialitäten gab es mit dem Toro, dem Thunfischbauch, der mit mariniertem feinstreifigem Rettichsalat und frisch geriebenem Wasabi in einer (diesmal in Sachen Würze wieder zurückhaltenden) Ponzusauce mit relativ viel von der charakteristischen zitrischen Säure platziert war. Die zweite folgte danach im Hauptgang mit einer Tranche aus dem Roastbeef eines Kagoshima-Wagyu-Rindes der gemäßigteren Fettstufe A1, die immer noch genug saftigen Schmelz und nussigen Geschmack auf den Teller bringt, dafür aber etwas mehr Biss hat – was gerade bei klassisch gebratenem Fleisch ansprechender sein kann. Mit kleinen rauchigen Miso-Auberginen, etwas Knoblauchcreme und Koshihikari-Reis mit Knoblauchchips sowie sehr guter, aber leider wieder recht spärlich auf den Teller gekleckster Jus ein sehr ansprechender, unverkünstelter Hauptgang.
So wie der Dreiklang zum Nachtisch: ein sehr fluffig-zarter, fast schon an Soufflé erinnernder Cotton-Cheesecake mit Erdbeere und mildnussigem Sesameis, nur noch dezent fruchtig akzentuiert von einigen Geltupfen aus Litschi. All das genießt man in angenehm entspannter Atmosphäre, ergänzt von einem guten, gerade im höheren Qualitätsbereich ausgesprochen fair kalkulierten internationalen Weinangebot. Wie hier überhaupt die Preisgestaltung sehr einladend ist.

Ladenburg (Baden-Württemberg)

6↑

Backmulde

Hauptstr. 61, 68526 Ladenburg
06203-404080
www.back-mul.de
Do–Sa ab 18 Uhr,
So u. Fei von 12–14 Uhr u. ab 18 Uhr,
Mo–Mi RT
Hauptgericht: 22–44 €,
Menüs: 64–109 €
EC VISA

In dem modern-rustikal gestalteten Restaurant in Ladenburg erwartet die Gäste ein attraktiver Mix aus anspruchsvoll-bodenständiger Küche und gehobenem gastronomischen Anspruch. Das Fachwerkhaus mit seinem schönen alten Holzgebälk schafft dazu eine einladende Atmosphäre, die sowohl im Gastraum als auch auf den Tellern zu spüren ist. Küchenchef Daniel Geib und sein Team kochen einfallsreich und weltoffen auf klassischer Basis und hohem Niveau. Die Speisekarte umfasst sowohl eine Auswahl an regionalen und saisonalen Gerichten, als auch kreative und internationale Kreationen. Dabei legt das Team großen Wert auf die Verwendung überdurchschnittlicher Produkte und präsentiert die Gerichte mit viel Liebe zum Detail und bisweilen raffinierter Zubereitungsart. Gastgeber Rainer Döringer, der auch einen eigenen Weinladen betreibt, ist ein engagierter Serviceleiter und Weinliebhaber, der mit spannenden glasweisen Empfehlungen dienlich ist.

Lahr (Baden-Württemberg)

8

Adler

Reichenbacher Hauptstr. 18, 77933 Lahr
07821-906390
www.adler-lahr.de
Küchenchef: Daniel Fehrenbacher
Mi–Sa ab 18.30 Uhr, So von 12–14 Uhr u. ab 18.30 Uhr, Mo u. Di RT
Hauptgericht: 53 €, Menüs: 89–190 €
VISA

Das bewährte Doppelkonzept – hier ein bodenständiges Gasthaus, dort ein modern eingerichtetes Gourmetrestaurant – funktioniert in Lahr-Reichenbach ganz besonders gut, obwohl auch hin und wieder schon mal ein Gast aus Versehen im falschen Lokal des Hotels Adler steht. Dass er vom sehr sympathischen und familiär auftretenden Service schnell an den richtigen Ort geleitet wird, steht fest. Und egal ob man schlussendlich im Gasthaus oder im Gourmetrestaurant landet: Es spricht viel dafür, sich in beiden gastronomischen Outlets erst mal mit der Lektüre der Weinkarte zu beschäftigen. Die Aufschläge auf den Einkaufspreis scheinen hier nämlich weitaus niedriger als in vielen anderen Lokalen, und die Lagentiefe, also die Anzahl der verfügbaren Sorten pro Erzeuger, ist beachtlich.
Von Schnaitmann aus Württemberg ist beispielsweise eine ganze Fülle an Flaschen vorhanden – eine Seltenheit in Baden. Und Bordeaux aus den letzten Jahrzehnten ist, weil man frühzeitig vorausschauend eingekauft hat, noch reichlich und zu sehr fairen Preisen gelistet. Die Weinbegleitung zu nehmen, für die pro Gang elf Euro fällig werden, was angenehm transparent wirkt, ist allerdings auch eine Möglichkeit der Abendgestaltung.
Das Menü im Gourmetrestaurant, dessen Länge der Gast variieren kann und aus dem er auch à la carte bestellen darf (die Portionen werden dann entsprechend angepasst), beginnt mit ebenso originellen wie schmackhaften Kleinigkeiten: mit Baharat gewürzte Parmesanbällchen zum Beispiel und ein wohlgelungenes Sandwich vom Black-Forest-Lachs, der im Schwarzwald geräuchert wird und hier nun zwischen hauchdünnen Knusperteigscheiben klemmt. Etwas unauffälliger wirkt die Polenta mit einem nur wenig Akzente setzenden Stück grünen Spargel obenauf. Auch die hausgemachten Grissini müssen positiv erwähnt werden: Sie stehen bereits auf dem Tisch und verführen zum sofortigen Knabbern.
Das offizielle Amuse-Bouche Nummer zwei bestand bei unserem Besuch aus einem Carpaccio vom Flussbarsch mit Macadamianüssen und Salzzitrone, was dem Fisch angenehme Kontraste zwischen Frische und Würze vermittelte. Das Brot wird im Haus gebacken, kommt noch warm und in Begleitung von Nussbutter mit obenauf geraspelter Haselnuss, Salzbutter, Olivenöl und einem kraftvollen Kichererbsenaufstrich mit schwarzem Sesam.
Als Vorspeise bekamen wir zuletzt ein Rindertatar von tadelloser Textur und Würzung nebst weichem Eigelb, säuerlich mariniertem dünnem weißem Spargel (beachtliche Qualität, perfekt gegart!) sowie einem am Tisch in einer Espressokanne zubereiteten Vadouvan-Fond serviert; die dazu verwendeten Gewürze werden dem Gast zum „Nachriechen" auf den Tisch gestellt und haben nichts mit dem oft ausdruckslosen Pulver mit demselben Namen gemein.
Die Stärke der Küche, aus wenigen sehr guten Produkten ein fokussiertes Gericht zu zaubern, wird auch danach deutlich: Die Entenleber mit Pfirsich benötigt nicht mehr Zutaten als eine comme il faut gebratene Scheibe Foie gras mit hauchdünnen, zu Röllchen geformten Pfirsichscheiben und eine Rosmarinjus. Die getoastete Butterbrioche à part wäre nicht zwingend notwendig gewesen, aber auch sie ist von der besseren Sorte und gehört ja irgendwie dazu.
Die Kombination von Loup de Mer, Jahrgangssardine (2021), Tomatenchutney und Artischocke bleibt eindeutig in mediterranen Gefilden, was auch noch einige Bouchot-Muscheln und Olivenscheiben unterstreichen – der Sud ist leider relativ mild und etwas ausdrucksschwach. Deutlich spannender und wiederum fokussierter präsentiert sich die Jakobsmuschel mit Banane als Mus, Petersilienpüree und einem subtilen Schaum von schwarzem Pfeffer. Da ist nichts zu viel oder zu wenig und alles ergänzt sich kongenial. Was für eine spannende Kreation!

Es folgt im Hauptgang unseres Menüs ein wunderbares Stück akkurat gewürzter und perfekt klassisch gebratener Rehrücken aus heimischer Jagd als sehr sommerliches und ungewöhnliches Wildbret – nämlich mit Wassermelonenwürfeln, einem Stück Laugenknödel, einer eher unauffälligen Jus und einer dicken Scheibe weißer Rübe, die allerdings in diesem Kontext dann doch einen Tick zu rustikal gewirkt hat.
Nach einer schmackhaften Himbeer-Rhabarber-Mousse als Vordessert ist die als eigentlicher süßer Abschluss servierte geeiste Pavlova von Vanille und Erdbeere ein wohlgelungener und im allerbesten Sinne altmodischer Nachtisch. Die marinierten Erdbeeren sind wunderbar aromatisch, Stücke von getrockneten Erdbeeren klug integriert, nur von den Meringues-Stücken ist etwas zu viel auf dem Teller und der ebenfalls annoncierte Waldmeister bleibt nach unserem Geschmack etwas zu sehr in der Defensive.
Sehr gute süße Kleinigkeiten schließen das trotz kleinerer Kritikpunkte unterm Strich voll überzeugende Menü attraktiv ab – darunter ein Heidelbeereis am Stiel und ein warmer Kirschenplotzer im Miniaturformat.

Landsberg a. Lech (Bayern)

Wirtshaus am Spitalplatz

Alte Bergstr. 394,
86899 Landsberg a. Lech
08191-9370574
wirtshaus-am-spitalplatz.de
Mi–Fr ab 16.30 Uhr,
Sa u. So ab 11.30 Uhr durchgehend,
Mo u. Di RT
Hauptgericht: 14–29 €
VISA

Ein Vorzeigewirtshaus: in dem freundlich, schlicht und ohne Kitsch eingerichteten Lokal in Landsbergs historischer Altstadt gibt es genau das, was man sich in einem bayerischen Wirtshaus wünscht, aber nur noch selten bekommt, nämlich zupackende, kraftvolle Bodenständigkeit zu moderaten Preisen. Der aus Österreich stammende Küchenchef Walter Harb setzt voll auf solides Handwerk, eine gute Produktpalette und verzichtet in seinen traditionell gehaltenen Gerichten auf überflüssige Verfeinerungen und Spielereien. Die Ergebnisse sind schlicht, aber substanzstark und zeigen den Blick aufs Wesentliche. Etwas längere Wartezeit für die frische Zubereitung, auch von Mehlspeisen in bester K.u.K.-Manier, nimmt man da gern in Kauf – und kann sich mit der kleinen Auswahl an guten Schoppenweinen und Craft Beer sehr genüsslich die Zeit vertreiben.

Landshut (Bayern)

6

Fürstenhof

im Hotel Fürstenhof
Stethaimer Str. 3,
84034 Landshut
0871-92550
www.fuerstenhof.la
Di–Sa ab 18.30 Uhr, So u. Mo RT
Hauptgericht: 16–44 €,
Menüs: 69–89 €
VISA

Die Küche im Landshuter Fürstenhof macht einen relativ breiten Spagat zwischen herzhaft-rustikaler Heimatküche und exklusiveren Kreationen. Die beiden festlich-nostalgischen Räume, in denen das von der charmanten Gastgeberin und ihrem Team serviert wird, sind ein gediegener Rahmen für alles, was aus der Küche ihres Mannes kommt. Unsere Bewertung bezieht sich ausschließlich auf die Kreationen, die als Menü und à la carte auf der Feinschmecker-Karte zu finden sind und deutlich aufwendiger zu Porzellan gebracht werden als das Schmankerl-Programm. Handwerklich versiert und in klassisch-fundiert umgesetzt ist das aber alles. André Greul und sein Team verwenden vorwiegend regionale Produkte engagierter, namentlich auf der Karte erwähnter Produzenten, sind da aber nicht dogmatisch und lassen auch gerne mal internationale Viktualien und exotische Aromen ins Programm einfließen. Die Weinkarte bietet zu moderaten Preisen viel Gutes aus Deutschland und den europäischen Nachbarländern.

Ristorante Bellini

Papierstr. 12, 84034 Landshut
0871-630303
www.bellini-landshut.de
Küchenchef: Maurizio Ritacco
So–Fr von 11.30–14.30 Uhr u. ab 18 Uhr, Sa ab 18 Uhr, kein RT
Hauptgericht: 19–29 €, Menüs: 49–69 €

Das zentral in der Nähe des Stadtparks gelegene Ristorante Bellini des ursprünglich aus Kalabrien stammenden Gastgebers Maurizio Ritacco ist seit mehr als einem Vierteljahrhundert eine verlässliche und zurecht beliebte Adresse in Landshut, wenn gehobene italienische Küche und anspruchsvolle Weine gefragt sind. Der Chef repräsentiert die unterschiedliche Kulinarik der Regionen aus seinem Heimatland auf einem konstant erfreulichen Niveau und seine Liebe zum Wein wird im ansonsten schlicht-elegant eingerichteten Gastraum nicht nur durch zahlreiche Flaschen namhafter Erzeuger von Sassicaia bis Gaja sichtbar, sondern auch im Glas erlebbar. In der Küche setzt das Team einerseits voll auf italienische Tradition, variiert aber andererseits so abwechslungs- und durchaus auch einfallsreich, dass man nie das Gefühl bekommt, nur die überall schon tausendmal gesehenen und gegessenen Klassiker serviert zu bekommen.

Langenargen (Baden-Württemberg)

SEO Küchenhandwerk

im Seevital Hotel

Marktplatz 1, 88085 Langenargen
07543-93380
www.seevital.de
Küchenchef: Roland Pieber
Mi–Sa ab 18 Uhr, So–Di RT
Menüs: 158–250 €

Nicht nur der Ausblick über den Bodensee bis zum gegenüberliegenden Ufer mit dem Schweizer Alpen und das stylisch-moderne, zugleich aber sehr behagliche Ambiente des Gourmetrestaurants im Seevital Hotel sind beeindruckend – das ist auch die Vita von Roland Pieber, dem verantwortlichen Küchenchef dieses hochambitionierten Konzepts. Der unter anderem im Landhaus Bacher und im Taubenkobel von Vorreitern moderner österreichischer Küche geschulte Chef bietet hier für die maximal 12 Gäste ein achtgängiges Menü, das geradezu übervoll mit individuellen Ideen und einem besonderen Faible für ausgefallene charakterstarke Gemüse einen ebenso spannenden wie genussreichen Abend garantiert.
Dafür, dass die Ideen und Produkte zugänglich und verständlich bleiben, sorgen nicht zuletzt die Erklärungen des Küchenteams selbst, das die Gerichte jeweils präsentiert und so beispielsweise auch das Geheimnis der hochkonzentrierten, beinahe an Sojasauce erinnernden Essenz lüftete, die zum Einstieg hauchdünne Scheiben von Backen-Blutwurst umspielte: Die Basis war in diesem Fall hundert Tage trockengereifter Schweinebauch und das Ergebnis eine finessenreiche Umamibombe. Viel Finesse bei ebenso viel Power hatte danach auch ein knuspriger Strudelteigzylinder mit saftig-waldigem Pfifferlingstatar und Röstzwiebel, genau wie die saftig fruchtsäuerliche eingelegte Kiwibeere mit ihrem Topping aus geraspeltem Ochsenherz, das geräuchert und getrocknet an einen edel intensiven Schinken erinnerte.
Als filigranere und auch aromatisch elegantere Miniaturen schickte das Team ein von ätherischer Kräuterfrische unterlegtes „Gurkensushi“ mit gebeizter Lachsforelle und einen kleinen Roggenchip, dessen dunklere Getreidenoten mit roter Bete und nougatduftiger Lebercreme einen fokussierten und markanten Happen ergaben. Wohlwissend, dass das Team auf diese Art gleich zu Beginn durchaus fordernd in die Vollen geht, bereinigten und erfrischten am Ende kleine zugespitzt fruchtig-säuerliche Eiskugeln aus Johannisbeertomate in einer duftigen Basilikumcreme den Gaumen und schafften Raum für das ausgezeichnete Brot und das folgende eigentliche Menü.
Dieses zeigte dann zum Einstieg, dass das Team doch auch ganz zart und elegant vorgehen kann – und zudem, wie individuell die umgesetzten Ideen auch in größerem Format bleiben: Ein sanft in Olivenöl confiertes Huchenfilet wurde hier mit Meersalz und einem Pulver aus kandierten und gemahlenen Sonnenblumenblättern gewürzt. Diese lieferten eine feine harzige Süße und damit einen span-

nenden Kontrast zu der fruchtigen Säure kurz angeräucherter Fleischtomaten-Varietäten, die neben einem eher milden Muschelsud und zarten grünen Mandeln die Umgebung des Fisches bildeten. Insbesondere, wenn auf dem Löffel (oder der Gabel) auch etwas von den kleinen Kügelchen aus Limettenfruchtfleisch landete, die auf dem Huchen appliziert waren, ergab das ein hochspannendes Spiel mit unterschiedlichen Süße- und Säuregraden, das auf subtile Art den Fisch selbst in den Mittelpunkt stellte. Super!
Auf dem gleichen Individualitätslevel ging es auch beim folgenden rein vegetarischen Gang rund um Kohlrabi weiter: In einer tiefen Schale duftete eine hochkonzentrierte Essenz aus reduziertem Kohlrabisaft mit grasig frischem Leindotteröl. Darin stellte eine in Molke zart gegarte Kohlrabikugel mit prononciert würziger Füllung aus getrockneten Tomaten und Roggenbrot das Zentrum dar, gekrönt von knackigen Kohlrabilamellen in Zitronenmarinade, die wiederum eher die ätherische Seite des Gemüses präsentierten.
In aromatisch vertrautere Gefilde ging es beim knackig-zarten Carabinero, der mit hauseigener XO-Sauce und gepufftem Basmatireis bedeckt neben einem Arrangement seltener Gurken-Varietäten mit ausgeprägt intensivem, teils limonig-frischem, teils säuerlichem und teils feinbitterem Geschmack im Verein mit blumig süßen Honigmelonenscheiben und hauchzarten Scheiben luftgetrockneten Schinkens eine äußerst feine Version eines „Melonen-Gurken-Salats" ergaben. Der wiederum wurde von luftigem, betont röstwürzigem Krustentierschaum effektvoll kontrastiert.
Beinahe als beruhigender Ausgleich zielte der Eigelbraviolo danach direkt ins schwelgerische Genussherz mit zart fließendem Dotter und einer Spur von Trüffelricotta zwischen hauchdünnem Nudelteig, obenauf erdig-duftige Trüffeljus, untendrunter pacojetcremiger Spinat und drumherum ein bei aller Luftigkeit sehr kraftvoller Bergkäseschaum.
Um die gewünschte hohe Qualität auf den Teller zu bekommen wieder weiter angereist, dafür aber von regionalen Gemüseraritäten begleitet, war das Salzwiesenlamm, das mit krachend krosser Kruste über schmelzendem Fettdeckel und straff-würzigem Fleisch neben knackigen feinbitteren, mit Senfsaat eingelegten Gurkenstreifen (einer speziell fürs Restaurant angebauten Sorte!), Pfifferlingen und Steinpilzen, eher mildsüßen Lamellen von der Roscoff-Zwiebel und konzentrierten Streifen roter Ofenpaprika begeisterte. Taglilie mit deutlicher Essigsäure und einer ganz eigenen Gelbfruchtigkeit lieferte in diesem Fall den für die SEO-Küche typisch individuellen Twist.
Den Übergang zum Dessert schaffte ein grasigsüßes Olivenöleis in gemüsefruchtig intensivem Tomatenwasser als willkommener Refresher, bevor dann Bodensee-Pfirsich – im Ganzen zart gegart und als hauchdünne Scheiben – seinen Auftritt hatte. Der wurde von einer Mischung aus Kastanienhonig und Verjus spannend herbsüß-säuerlich akzentuiert und von einer zarten Creme und Chips von Karamell und Piemonteser Haselnüssen harmonisch ergänzt. Nur die Sauerrahm-Espuma als luftiger Rahmen des Ganzen wirkte in seiner milden Schaumigkeit leicht überproportioniert. Genau an der Stelle, an der das Ganze beinahe ein wenig zu breit wirkte, punktete allerdings das separat servierte Schälchen mit Sauerrahmeis in einem eher frisch säuerlich gehaltenen Pfirsichsud mit zusätzlichem Frischekick.
Ergänzt werden die Gerichte von einer beeindruckenden Weinkarte, mit einer individuellen und reichen Auswahl verschiedener Schaumweine aus der Champagne und vom Bodensee, einer absolut repräsentativen Auswahl des Weinbaus rund um den Bodensee, der deutschen Anbaugebiete, aber auch aus Österreich, Italien und Frankreich. Von spannenden Einstiegsweinen bis zu großen Gewächsen und auch gereiften Flaschen ist da für jeden Anlass und Geschmack etwas dabei. Und auch die korrespondierenden Empfehlungen sind durchweg lohnend!

Hotelempfehlung

★★★★

Seevital Hotel

Marktplatz 1,
88085 Langenargen
07543-93380
www.seevital.de
Einzelzimmer: ab 140 €
Doppelzimmer: ab 160 €

VISA

Das Seevital Hotel liegt direkt am Gondelhafen des Bodenseeufers mit atemberaubendem Blick auf das Wasser und die Schweizer Alpen am Horizont. Bei der Ausstattung der Zimmer wurde auf moderne, stilvolle Gestaltung, Materialien und Farben Wert gelegt, sowie auf ein durchgängiges Lichtkonzept. Die Zimmer verfügen teilweise über ein offenes, in den Raum integriertes Bad und sind allesamt mit Klimaanlage, Minibar, Sat-TV, Radio, Schreibtisch mit Sitzgelegenheit und Safe ausgestattet. Viele davon bieten einen direkten Seeblick und/oder einen Balkon. Der Wellnessbereich lädt mit einer finnischen Sauna mit Blick auf den See, einer Aromasauna, einem E-Vitarium und einer Infrarotsauna zum Entspannen ein. Massagen und Kosmetikanwendungen sind vor Ort zubuchbar. Im Hotelrestaurant werden saisonale Gerichte, regionale Produkte und Gourmetküche serviert. Zudem steht jeden Morgen ein abwechslungsreiches Frühstücksbuffet bereit. Wer auch im Urlaub aktiv sein möchte, hat während der Sommersaison die Möglichkeit sich eines der E-Bikes oder die hoteleigene Motoryacht zu mieten und den Bodensee auf eigene Faust entdecken. Restaurant SEO Küchenhandwerk separat erwähnt.

Langenau (Baden-Württemberg)

7

Gasthof zum Bad

Burghof 11, 89129 Langenau
07345-96000
www.gasthof-zum-bad.de
Küchenchef: Hans Häge
Mi ab 18 Uhr, Do–Sa von 12–13.15 Uhr u. ab 18 Uhr, So–Di RT
Hauptgericht: 28–46 €,
Menüs: 70–160 €

VISA

Von außen betrachtet wirkt der Gasthof zum Bad tatsächlich wie ein ganz normaler Gasthof. Tritt man jedoch ein, staunt man über die moderne Eleganz – erst recht seit der jüngsten Renovierung! Der weitläufige Gastraum strahlt nun mit einem sehr hellen Strukturboden, kontrastiert mit dunklen Designerstühlen im vorderen Bereich, im hinteren ergänzt von hellgrau gepolsterten Sitzbänken vor blanken Holztischen. An der Wand als Leuchtschrift das Versprechen „This is where the magic happens". Und ja, schon lange vor dem neuen Look bot Küchenchef Hans Häge seit Jahren eine immer wieder überraschende Küche, die mit einem etwas bodenständiger ausgerichteten „Badwirts Menü" nicht nur heimische Gäste versorgt, sondern mit einem Fischmenü sowie dem topmodernen „Menü by Hans Häge" auch weitgereiste Gourmets begeistern kann.
Schon zum Start wurde gezeigt, mit wieviel Gespür hier sowohl optisch als auch aromatisch gearbeitet wird. Mit sanfter Schärfe und geschmeidiger Würze breitete sich ein Linsen-Curry-Süppchen am Gaumen aus. Filigranes Handwerk und vielschichtige Aromatik wurde mit einem Beef Tatar auf einem Sauerkraut-Macaron und mit einem mit Champignon-

creme gefüllten Sesamcracker mit gehobelter Walnuss demonstriert. Ein weitaus größerer Gruß wurde im Folgenden etwas profan als japanischer Eierstich angekündigt. Aber auf dem Chawanmushi war in einem eleganten Dashifond als Einlage so viel geboten, dass jeder Löffel mit Buchenpilzen, Shrimps, Edamame, Kürbis, dessen Kernen, weiterem Gemüse und Kräutern einen neuen und manchmal auch exotisch fruchtigen Kick erzeugte.

„Asiatische Aromen", so stand es geschrieben, machten auch den ersten Gang zu einem komplexen Geschmackserlebnis, in dem zur frischen Säure von gepickeltem Wintergemüse ein am Tisch angegossener würzig-warmer Ponzusud einen starken Zusammenhalt lieferte. Für knackige Momente sorgte vor allem zu Blätterform ausgestochener Kürbis, Cremiges und Knuspriges gab es durch Mousse und Chips, Spritziges durch Saiblingskaviar und schön speckigen Schmelz durch behutsam eingesetzte Sous-Vide-Gartechnik beim Hauptprodukt, einem arktischen Saibling.

Etwas zurückhaltender und nur ganz leicht akzentuierend war im nächsten Gang ein Sud mit einer Ahnung von Holunderblüte und Kräuteröl, den es zu einer ausgelösten roten Garnele mit geröstetem Crunch on top gab. Und obwohl hier zur nussigen Süße mit geschmortem Chicorée und einem Sockel aus angerauchter Auberginencreme auch sehr herzhafte Aromen im Spiel waren, war das kleine Arrangement doch so stimmig ausbalanciert, dass man gerne ein bisschen mehr davon gehabt hätte.

Mehrere starke Player kämpften beim folgenden Fischgericht um die Aufmerksamkeit auf dem Teller, spannungsreich allein schon die drei Flüssigkeiten: ein weißer Schaum, ein diesmal etwas präsenteres Kräuteröl und ein kräftiger Rotkohljus. Ebenso viel Power hatte ein geräuchertes Kartoffelpüree. Dass die Sous-Vide-Technik nicht nur zu optimierenden Ergebnissen führt, konnte man hier beim weißen Waller sehen, denn der Fisch war recht matschig in der Textur und wässrig im Geschmack, was aber durch den darauf platzierten Kaviar ein wenig kaschiert werden konnte. Umso schönere Texturerlebnisse gab es hier aber durch knackigen Lauch und das knusprige Olivengitter.

Der Langenauer Rehbock hingegen war klassisch rosa gebraten, trotz seiner noch spürbaren Struktur sehr zart und damit eigentlich optimal. Neben der Wildjus waren auch hier ein weißer Schaum und ein grünes Öl im Einsatz – eine optische Wiederholung, die aber wegen der ganz anderen Intensität auf dem Teller nicht redundant gewirkt hat und nochmal eine kleine Steigerung darstellte. Rote Bete changierte zum Wild in verschiedenen Interpretationsformen zwischen Süße und Säure und ein ziemliches Ausrufezeichen war die sattgrüne Würze von Liebstöckelcreme, zu deren Besänftigung es aber auch noch einen sehr buttrigen Briocheriegel gab. Unterm Strich also auch das ein zwar sehr markantes, aber auch harmonisches Gericht.

Das Pré-Dessert hätte in seiner Komplexität eigentlich auch als Hauptdessert durchgehen können, aber vielleicht brauchen manche Gäste nach Gemüsenoten in der Süßspeise doch noch einen etwas sanfteren Ausklang. Jedenfalls hielt sich bei diesem Vorspiel die kugelige Petersiliencreme noch vornehm zurück mit ihrer Eigenheit, während ein Eis von der Pastinake schon ziemlich deutlich darauf aufmerksam machte, dass es ein Gemüse ist. Aber im Verbund mit Birnenkomponenten wie ausgestochene Kugeln und gedörrte bepuderte Scheiben sowie Maronen-Brownies ergänzte sich das alles zu einem kontrastreichen und wieder sehr runden Gesamtbild. Das eigentliche Dessert war eher klassische Harmonie mit einem hübschen Aufbau: zuunterst ein Parfait von der Pflaume nebst eingelegten Stücken, auf einer Mürbeteigscheibe ein cremiges Nougateis, begleitet von getrocknetem griechischem Joghurt, weißer Schokolade, Staub und Chips.

Der Service agiert so lässig wie kundig, auch und gerade bei den Weinen, die auf der Karte nicht nach Anbaugebieten, sondern nach Rebsorten sortiert sind. Wenn man sich auf die gut auf die einzelnen Gerichte abgestimmte Begleitung verlässt, kann es sogar passieren, dass beispielsweise ein außergewöhnlicher 2018er Côte-Rôtie Brune et Blonde de Guigal geöffnet wird, wie bei uns zuletzt zum Rehbock. Wir sind gespannt auf die nächsten Überraschungen im Hause Häge!

Bezahlkarten-Symbole

- Mastercard
- EC-Maestro
- Diners
- American Express
- VISA Visa

Langenhagen (Niedersachsen)

6

Max'es

Walsroder Str. 39–41,
30851 Langenhagen
0511-726910
www.restaurant-maxes.de
Mo–Fr von 12–15.30 Uhr u. ab 17.30 Uhr, Sa u. So RT
Hauptgericht: 15–35 €,
Menüs: 72–110 €

VISA

Mittags gibt es in dem locker bespielten Restaurant Max'es ein etwas einfacheres und bürgerlicheres Programm am Abend kann man von Montag bis Freitag und nur bei rechtzeitiger Reservierung mindestens 24 Stunden vorher aber auch erleben, was Küchenchef Sebastian Bünning wirklich auf der Pfanne hat. Denn dann ist er mit einem gesetzten vier bis sechsgängigen Menü, das man vorab auf der Homepage sehen kann, weiterhin sehr ambitioniert zugange. Der Chef hat ein gutes Gespür für Aromen und Proportionen sowie für die relevanten Feinheiten und er versteht es außerdem sehr gut, mit relativ einfachen Mitteln gekonnt für Raffinesse auf seinen Tellern zu sorgen. Dass hier auch die bodenständigen Gerichte der Klassikerkarte auf überdurchschnittlichem Niveau und mit unerwarteter Finesse daherkommen können, ist ein schöner Nebeneffekt – unsere Bewertung bezieht sich aber auf die ambitionierteren Gerichte aus dem Menü. Die nicht überbordende, aber mit den Gewächsen guter Winzer bestückte Weinauswahl kann sich ebenfalls sehen lassen.

Die Hoteleinträge

★★★★★S	Superior
★★★★★	Unterkunft für höchste Ansprüche
★★★★	Unterkunft für hohe Ansprüche
★★★	Unterkunft für gehobene Ansprüche
★★	Unterkunft für mittlere Ansprüche
★	Unterkunft für einfache Ansprüche
	Unterkunft ohne Sterne-Klassifizierung

Langenzenn (Keidenzell) (Bayern)

7

Keidenzeller Hof

Fürther Str. 11,
90579 Langenzenn (Keidenzell)
0911-901226
www.keidenzeller-hof.de
Do–Sa ab 18 Uhr, So von 12–14 Uhr u. ab 18 Uhr, Mo–Mi RT
Menüs: 85–150 €

VISA

Der Keidenzeller Hof hat es geschafft, eine angenehme Verbindung zwischen Bodenständigkeit und einem hohen gastronomischen Anspruch herzustellen. Seine Gastgeber Vera und Martin Grimmer konnten so erfolgreich alte Stammgäste halten und zugleich neue Genießer aus der Umgebung auf ihr Kleinod aufmerksam machen. Dies ist einerseits der herzlichen und authentischen Art der Gastgeberin zu verdanken und andererseits der zugänglichen Küche von Martin Grimmer, der hier weltoffen und kreativ kocht, sich und seinem Kulinarium aber viel Bodenhaftung und Bewusstsein für Regionalität und Nachhaltigkeit bewahrt hat. Heimisches Gemüse spielt eine übergeordnete Rolle und der Chefkoch verzichtet auf die üblichen, oft teuren Produkte der konventionellen Gourmetküche. Stattdessen zaubert er Überraschendes aus vermeintlich einfacheren Zutaten und bietet so ganz nebenbei auch noch ein moderates Preisniveau. Die Gestaltung des Restaurants ist dunkel, puristisch und dennoch gemütlich und stilvoll. Das moderne Mobiliar, der schöne Holzboden, die helle Natursteinoptik im Kontrast zu den dunklen Flächen und die warme punktuelle Beleuchtung tragen hinter der traditionellen Sandsteinfassade des historischen Gebäudes zu einer angenehmen Atmosphäre bei.

Lauda-Königshofen
(Baden-Württemberg)

6

Rebgut – Die Weinherberge

im Hotel Rebgut – Die Weinherberge
Rebgutstr. 80,
97922 Lauda-Königshofen
09343-614700
www.rebgut.de
Küchenchef: Alexander Nied
Di–Sa ab 17.30 Uhr, So u. Mo RT
Hauptgericht: 19–40 €, Menüs: 49–79 €
VISA

Ein Restaurant, das wie für den Herbst gemacht ist: Weinberge steigen unmittelbar hinter dem Anwesen steil nach oben, in den modernen Zimmern kann man bequem und ruhig übernachten, das Restaurant im alten Gutsgebäude wurde klug und einladend gestaltet. Hochtische gibt es hier ebenso wie eher klassische Essplätze, die Räumlichkeiten wurden geschickt unterteilt, die Beleuchtung ist gelungen.
Rustikale Weingutskost könnte man sich hier auch vorstellen, doch es gibt ganz andere Gerichte. Der neue Küchenchef Alexander Nied, der hier mittlerweile für das Kulinarische verantwortlich zeichnet, war zuvor auf Schloss Bensberg tätig, ehe er 2022 nach Lauda wechselte. Seine Ambitionen waren schon bei den ersten Kleinigkeiten deutlich zu erkennen, die nach dem Brot (zwei Sorten mit Kürbisbutter und Kürbiskernöl) auf den Tisch kamen: ein Bao Bun mit Guanciale und Waldpilzcreme, ein Stück Schwarzwurzel mit Aktivkohleüberzug und Gewürzmayonnaise sowie ein Beef Tea, heiß und intensiv. Gut, man kann über den Sinn der Kohle diskutieren, aber das war schon ein sehr netter Einstieg.
Gespür fürs Produkt und für Texturen bewies Nied dann auch beim Tatar vom Rind mit Fattoush, einem Brotsalat, der feine, knusprige Komponenten beisteuerte, sowie griechischem Joghurt und Rotkrautgelee. Moderne, durchdachte Küche, der man allenfalls noch auf den Weg geben könnte, dass ein Gelee durchaus noch ein bisschen intensiver schmecken dürfte. Zu dieser Kreation und zu allen anderen Gängen des entweder vegetarischen oder fleisch- und fischhaltigen Menüs kann man natürlich den passenden Wein bekommen. Hölder (eine rare Züchtung) aus eigenem Anbau, etliche andere Sorten glasweise, viele gute Flaschen, nicht nur aus dem Taubertal, zu ungewöhnlich fairen Preisen.
Einen ausdrucksstarken Wein konnten wir uns auch zum einige Tage in Butter gereiften Wolfsbarsch vorstellen, zumal zwei intensive Saucen gereicht wurden. Einmal handwerklich tadellose Beurre blanc mit gerösteter Zitrone, dann eine Brathähnchencreme, würzig, aber nicht aufdringlich. Der Fisch war sehr festfleischig, aber nicht trocken, von der Textur her deutlich verändert gegenüber frischem Fisch, knusprig ergänzt von der ganz leicht karamellisierten Fischhaut und von Zucchinistreifen. Blumenkohlvelouté verdankte ihre Kontraste der karamellisierten weißen Schokolade sowie einem sehr feinen Kräuteröl; ein Gang, der auf Cremigkeit und einem Hauch von Süße aufbaute (und nicht auf Säure!), aber dennoch spannend ausfiel.
Der anschließende Hirschrücken war optimal gegart, schön fest und würzig, wurde von Lardo di Colonnata, violetter Kartoffel (als Tranche und als Püree) sowie Quittenwürfeln gewinnbringend ergänzt; die feine, leicht fruchtige Jus und ein Hauch von Zitronenthymian trugen auf angenehme Weise zur Komposition bei, nur die Buchenpilze hinterließen kaum Eindruck.
Intensiv fiel das Dessert aus, das „Nitro-Kaffee", also eine locker-schaumige Kaffeecreme, mit Frühlings-Sauerkirschen, einem angenehm fruchtigen, nicht zu süßen Apfelsorbet und einer gelungenen auf weißer Schokolade basierenden Mousseschnitte verband. Das passte gut zusammen, war leicht herb, würzig, fruchtig. Dass die auswahlreichen Pralinen – etwa mit Olivenöl oder mit Apfelessig – nicht gratis zu haben waren, sondern mit 3 Euro pro Stück berechnet wurden, ist in Anbetracht des günstigen Menüpreises von 74 bis 89 Euro für fünf Gänge durchaus verständlich.

Hotelempfehlung

★★★★

Hotel Rebgut – Die Weinherberge

**Rebgutstr. 80,
97922 Lauda-Königshofen
09343-614700
www.rebgut.de
Einzelzimmer: 95 €
Doppelzimmer: 140 €**

Idyllisch und ruhig liegt das „Rebgut" am Ortsrand von Lauda in den Weingärten des Taubertal-Städtchens. Seit Mitte 2015 steht den Gästen hier der moderne Anbau des hübschen Anwesens mit zehn „Wohlfühl-Doppelzimmern" zur Verfügung. Die modern, hell und freundlich gestalteten, nach Rebsorten benannten Zimmer sind unter anderem mit Kühlschrank, Kaffeemaschine, Wasserkocher und Föhn ausgestattet und bieten nicht nur zeitgemäßen Komfort, sondern auch einen schönen Ausblick in die Reben oder ins Taubertal. Im ersten Stockwerk des Altbaus gibt es vier weitere Apartments mit Kochzeile, hochwertigen Möbeln und bequemen Betten in frischem, lichtdurchflutetem Design mit regionaler Kunst. Die beiden Apartments mit Blick auf den Weinberg haben sogar eine großzügige Dachterrasse. Restaurant Rebgut – Die Weinherberge separat erwähnt.

Laudenbach (Bayern)

5

Goldner Engel

**Miltenberger Str. 5, 63925 Laudenbach
09372-99930
www.goldner-engel.de
Do–Mo von 12–13.45 Uhr u. ab 18 Uhr, Di von 12–13.45 Uhr, Mi RT
Hauptgericht: 19–37 €**

Seit Jahren isst man bei Familie Meisenzahl verlässlich auf sehr ansprechendem Niveau, denn die Küche achtet auf Produktqualität und hat ihr Handwerk souverän im Griff. Gekocht wird klassisch-routiniert, handfest, aber nicht grob. In jedem Fall deutlich besser, als man es in einem rustikalen Gasthaus erwartet. In dem hübschen alten Fachwerkhaus an der Ortsdurchfahrtsstraße des beschaulichen Örtchens Laudenbach im Maintal kommen zudem die Fleischprodukte der eigenen Metzgerei auf den Tisch. Man versteht sich aber auch auf das sorgfältige Zubereiten von Fisch und auch Terrinen jeglicher Art stehen hier schon immer hoch im Kurs. Beachtliche Weinkarte!

Lauingen (Bayern)

7

Lodner Genusswerkstatt

**Imhofstr. 6, 89415 Lauingen
09072-95890
www.hotel-lodner.de
Küchenchef: Tobias Eisele
Di ab 18 Uhr, Mi–Sa von 12–13.15 Uhr (Kleinigkeiten) u. ab 18 Uhr, So u. Mo RT
Hauptgericht: 28–40 €,
Menüs: 65–119 €**

Dass auch nach vielen erfolgreichen Jahren als kulinarisches Genussziel nochmal ein kompletter Neustart gelingen kann, hatte Alexander Lodner bereits im letzten Jahr unter Beweis gestellt, als neben dem Umzug des Restaurants nach nebenan ins größere Hotel Drei Mohren

und der Namensänderung mit Tobias Eisele auch gleich noch ein ebenso erfahrener wie vielversprechender neuer Küchenchef rekrutiert wurde. Und der scheint längst gut angekommen zu sein und – so viel bereits vorab – bespielt auch ein Jahr später den weitläufigen Kreuzgewölbesaal mit Parkettboden, olivgrünen Veloursssesseln und modernen Bildern nach wie vor souverän und niveauvoll.
Die Rahmenbedingungen und das Konzept sind ganz klar anders als an Eiseles letzter langjähriger Station im Maximilians in Oberstdorf. Auch wenn die Karte mittlerweile nicht mehr ganz so umfangreich ist, sondern auf drei Menüs gestrafft wurde, ist das gesamte Angebot hier bewusst etwas breiter und niedrigschwelliger gehalten. Wenn begeisterte Stammgäste aus der Oberstdorfer Zeit also nun nach Lauingen pilgern, würden sie zwar den typischen, oft feinfühlig mit fruchtigen Akzenten spielenden Stil sofort wiedererkennen, aber letztlich doch einen ganz neuen Eindruck erhalten.
Und das ist auch gut so! Denn selbst in dieser nun ein klein wenig schlichter gehaltenen, meist mit etwas weniger Komponenten auskommenden Art und Weise kommt das Können und Potenzial des Chefs sehr gut zum Ausdruck. Und ergibt gemeinsam mit der insgesamt genussfreudig-heiteren Atmosphäre im Restaurant ein sehr stimmiges und ansprechendes Gesamtbild.
Bei einem Besuch steht die Wahl zwischen einem vegetarischen, einem regionalen und einem weltoffeneren Menü – der Anspruch an die Gerichte ist aber in allen Varianten gleich hoch. Und wie hoch, zeigte zuletzt gleich zu Beginn ein schlankes, mit feiner Säure und Schärfe zugespitztes Kürbissüppchen zum Aufwärmen im direkten und übertragenen Sinn, das direkt klarmachte, wie handwerklich souverän und feinfühlig das Team hier arbeitet.
Auch die Kombination von Blumenkohl – geröstet in dunkelwürzig eleganter Molesauce – mit grüner Lauchcreme und hellem Lauchbulgur als frischen Kontrast, ergänzt von goldknusprigem Panko und heller Blumenkohlcreme, zeigte viel aromatisches Feingespür. So konnte hier mit verhältnismäßig einfachen Mitteln für Spannung gesorgt werden.
Den eigentlichen Start ins Menü schaffte sanft gegarter Huchen mit milder Rauchnote neben jungen Bete-Wurzeln und Bete-Graupen, der Frische von grünem Apfel als Gel und Tatar, einer herbalen Creme aus dem Blattgrün der Bete und etwas körnigem Frischkäse mit Saiblingskaviar. Ein betont leichtfüßiges Ensemble, das zwar etwas aromatische Tiefenschärfe vermissen ließ, aber dennoch einen animierenden und ideenreichen Auftakt schaffte.
Noch einen Hauch stärker, unter anderem wegen der stärker zugespitzten Details, war das folgende vegetarische Intermezzo, das ein cremig zerfließendes Eigelb auf zarter Kürbiscreme neben gepickelte Kürbisröllchen und kurz angebratene, ebenfalls säuerlich eingelegte Steinpilze, roh gehobelte Champignons sowie bitter-kräutriger Kamillecreme stellte, deren prägnanter Duft sich auch in dem umgebenden Tee aus getrockneten Steinpilzen und Kamille wiederfand. Super!
Perfekte Produktqualität gab es bei einer straffen rosa Entenbrust neben konzentrierter, glatter Grünkohlcreme aus dem Pacojet, zarten Grünkohlblättern und intensiv herb-säuerlichem Moosbeerengel mit etwas roter Chili. Einen kleinen zusätzlichen Powerschub gab es hier noch durch eine transparent und natürlich gehaltene Entenjus, deren Aroma auch die separat servierte, soft gelierte Terrine aus geschmorter Entenkeule prägte, die mit Moosbeerenvinaigrette und Grünkohl das dargestellte Spektrum der Leitprodukte gekonnt erweiterte.
Und auch mit dem Dessert rund um differenzierte, mal ätherische, mal fruchtigere Zitrusaromen neben subtilen Lebkuchengewürzen in Gesatalt von Butterkipferl-Crumble, Lebkuchen-Sponge und -Eis sowie einer Kugel von Mandelmousse und Mandarinencreme in knackiger dunkler Schokoladenhülle hielt das Team locker das Niveau. Und schaffte so mit kontraststarken und präzisen Aromen bei aller Verspieltheit einen hervorragenden Abschluss.
Daneben sorgt Gastgeber Alexander Lodner dafür, dass sich einerseits jeder schnell wohlfühlt und andererseits die Gläser immer hochwertig und gut auf individuelle Vorlieben und die jeweiligen Gerichte abgestimmt gefüllt sind.

Hotelempfehlung

★★★

Drei Mohren & Lodner Genießerhotel

Imhofstr. 6 + 7,
89415 Lauingen
09072-95890
www.hotel-lodner.de
Einzelzimmer: 65–75 €
Doppelzimmer: 79–99 €

Das Hotel Drei Mohren mit seiner benachbarten Dependance Genießerhotel Lodner befindet sich in unmittelbarer Nähe des Schimmelturms im Zentrum des Städtchens Lauingen an der Donau, das jeweils rund 50 Kilometer von den Städten Augsburg und Ulm entfernt liegt. Zusammen verfügen beide Häuser über 12 Einzel- und 16 Doppelzimmer sowie 2 Junior-Suiten und ein Appartement mit 2 Schlafräumen, alle klassisch möbliert und mit Dusche/Bad, Fön, Telefon, Flat TV und WLAN ausgestattet. Das mit verspielten Stuckfassaden aus der Ursprungszeit des Jugendstils versehene Gebäude aus dem Jahr 1873 erstrahlt seit 1991 in neuem Glanz und wurde von der Inhaberfamilie Lodner in jahrelanger Arbeit mit viel Fingerspitzengefühl und einem hohen Maß an Eigenleistung aufwendig umgebaut und renoviert. Das größere Hotel Drei Mohren nebenan residiert in einem etwas jüngeren Gebäude und verfügt über eine Lobby mit Bar sowie das Restaurant Drei Mohren. Lodner Genießerrestaurant separat erwähnt.

Lauterbach (Hessen)

5↑

schuberts

im Hotel Schubert
Kanalstr. 12, 36341 Lauterbach
06641-96070
www.hotel-schubert.de
Küchenchef: Stefan Schubert
Di–Sa von 12–13.30 Uhr u. ab 18 Uhr, So u. Mo RT
Hauptgericht: 21–45 €, Menüs: 33–69 €

In der adretten kleinen Ortschaft Lauterbach, die mit typisch hessischem Flair inklusive verwinkelter Gassen, Fachwerkhäuser und Kopfsteinpflaster aufwartet, fügt sich das Hotel von Familie Schubert einerseits nahtlos ein – sticht andererseits als eines der imposantesten Häuser der Stadt auch deutlich heraus und suggeriert direkt eine gewisse ländliche Noblesse.
Die durchzieht auf wohnlich einladende Art auch drinnen das gesamte Haus und prägt überdies das kulinarische Angebot. Denn seit vielen Jahren kommt man in dieser Region am Domizil der Schuberts nicht vorbei, wenn man niveauvoll genießen möchte. Dabei lohnt sowohl das rustikale „Entennest“ mit zupackend herzhaften Schmankerln den Besuch als auch das eigentliche Restaurant, in dem es mit einem munter zwischen asiatischen, mediterranen und regionalen Bezügen pendelnden Angebot auf den Tellern deutlich gehobener zugeht.
Doch obwohl konzeptionell ganz klar ein gehobener Anspruch an den Tag gelegt wird, bleiben die Gerichte allesamt ausgesprochen leicht zugänglich, so wie zuletzt eine Vorspeise rund um in Sesam angebratenen Thunfisch in erfreulich guter Qualität und Frische, der ebenso unkompliziert wie stimmig von aufgelockerten Baby-Leaf-Salaten, Avocadocreme und einer

aromatisch ausgewogenen Sojareduktion auf den Teller kam.
Beim folgenden Kürbisschaumsüppchen mit luftigem Thaicurry-Milchschaum wurde durch den dichten, ausgewogenen und sogar gut zugespitzten Geschmack vor allem die handwerkliche Sorgfalt und Expertise deutlich, mit der das Team hier seit so vielen Jahren souverän am Werk ist und ohne sonderlich kreative Kapriolen zu weit überdurchschnittlichen Ergebnissen kommt.
Dagegen zeigte der weiße Heilbutt nebst knackig-glasigen Garnelen im Hauptgang darüber hinaus auch wieder ein erfreulich hohes Produktniveau und wurde mit einem cremig fließenden Kürbisrisotto, knallgrünen Brokkoli und schaumig-konsistenter Beurre blanc nicht nur zu einer fröhlich farbenfrohen, sondern auch sehr schmackhaften, ausgereiften Komposition. Aromatisch ebenso substanzstark wie souverän zwischen samtigem Schmelz mit (etwas zu viel) Parmesanwürze und dem feinen Säurespiel in der Sauce ausbalanciert.
Und weil auch mit einfallsreichen Desserts wie einer Crème brûlée mit Tonkabohnenaroma nebst herbem Quittesorbet oder einer zarten Mascarponecreme mit ätherischen Kumquats und Cranberry-Sorbet durch schlagkräftige Kontraste ohne unnötige Spielereien locker an am sonstigen Niveau angeknüpft wird und die gut sortierte Weinkarte jederzeit ein passend gefülltes Glas garantiert, bleibt es bei einem rundum stimmigen Gesamteindruck und einer klaren Empfehlung.

Hotelempfehlung

★★★★

Romantik Hotel Schubert

Kanalstr. 12, 36341 Lauterbach
☎ 06641-96070
www.hotel-schubert.de
Einzelzimmer: 70–95 €
Doppelzimmer: 135–175 €

Das Hotel Schubert ist ein familiär und liebevoll in der dritten Generation geführtes Hotel im idyllischen Fachwerkstädtchen Lauterbach und in der Region bekannt für seine exzellente Küche und den sehr persönlichen Service. Es liegt in der Stadtmitte, direkt am Lauterflüsschen. Der Gast findet hier ein stilvolles und behagliches Ambiente vor. Die 36 Gästezimmer, aufgeteilt in 10 Komfort-, 6 romantische Landhaus- und 5 Deluxe- Doppelzimmer, 12 Einzelzimmer sowie 3 komfortable Themenzimmer (Zen, Rosen, Toskana), sind mit viel Liebe zum Detail eingerichtet und jedes individuell gestaltet. Dusche/Bad/WC, Kabel-TV, Telefon, kostenfreies WLAN und Minibar sind in jedem Zimmer Standard. Hunde sind im Hotel akzeptiert, jedoch nicht im Restaurant „schuberts" (internationale Küche in modernem, legerem Ambiente). Das Hotel ist ganzjährig geöffnet. Restaurant schuberts separat erwähnt.

Leer (Niedersachsen)

6

Zur Waage M.E.B.

Neue Str. 1, 26789 Leer (Ostfriesland)
☎ 0491-62244
www.restaurant-zur-waage.de
Küchenchef: Mario E. Brüggemann
Mi–So von 12–14 Uhr u. ab 18 Uhr, Mo u. Di RT
Hauptgericht: 18–45 €,
Menüs: 39–100 €

Anfang 2021, in einer denkbar schwierigen Zeit, übernahm Mario E. Brüggemann die Waage in Leer und fügte deren Namen selbstbewusst das Kürzel M.E.B. an. Der breit ausge-

bildete Küchenmeister hatte hier bereits zuvor gearbeitet und verfolgt schon seit langem einen besonders nachhaltigen gastronomischen Weg. Was auch bedeutet, dass die Produzenten, die mit ihm zusammenarbeiten, ausführlich in der Speisekarte genannt werden. So sind die verwendeten Nordseekraben beispielsweise wirklich frisch, so wird der Fisch nachhaltig und saisonal gefangen.
Die Lage des Restaurants samt großer Terrasse an der Leda und der Charme des Gebäudes tragen viel zur Beliebtheit bei. Kein Wunder, dass die Nachfrage auch mittags groß ist und Reservierung zu jeder Servicezeit, egal ob mittags oder abends, dringend anzuraten ist. Es sei denn, man nähme mit dem kleineren, aber pfiffigen Angebot an Speisen auf der Terrasse vorlieb: Pfannkuchen, Burger mit frisch gewolftem Fleisch, Ostfriesen-Labskaus… Alles ebenfalls aus überdurchschnittlichen Produkten mit Expertise zubereitet!
Wir bekommen den letzten Tisch und dürfen aus der Mittagskarte wählen, die gegenüber der Abendkarte zwar etwas reduziert ist, aber mit identischen Gerichten eine vergleichbare Stilistik bietet. Der hausgeräucherte Lachs etwa wird als dicke, saftige Tranche präsentiert, mit schönem, klarem Eigengeschmack und einem nicht überlagernden Raucharoma; Kopfsalat, Sauerrahm, eine Kopfsalatcreme und fruchtig auflockernde Apfelschnitze gehörten begleiten ihn als Beilagen. Ein Gericht, das auf sehr angenehme Weise Frucht und Würze miteinander kombinierte.
Gutes Brot wird ebenfalls gereicht. Und wer sich bei dieser Gelegenheit einen Wein aussuchen möchte, findet auf der nicht riesigen, aber vollkommen ausreichend umfangreichen Karte allerlei gut ausgesuchte Sorten von namhaften Weingütern wie Bibo Runge aus dem Rheingau oder Kühling-Gillot aus Rheinhessen; alle Weine, ganz gleich ob offen ausgeschenkt, oder als Flasche, werden ausführlich beschrieben. Der herzliche Service ist stets zur Stelle, wenn es notwendig wird, wirkt aber nicht aufdringlich.
Eine Krabbensuppe mit Fenchelschaum ist so zubereitet, wie man sie sich unweit der Küste wünscht: kraftvoll, nicht zu sahnig, mit reichlich frisch wirkenden Nordseegarnelen als Einlage und einem klar und deutlich schmeckenden, aber nicht übertrieben intensiven Schaum. Das Filet vom Weiderind mit Pilzragout, Birne und getrüffeltem Kartoffelpüree à part liegt nicht nur optimal gegart auf dem Teller, es hat auch einen schönen Eigengeschmack und bekam angenehme Röstnoten mit auf den Weg. Die Birne kommt als Gel und als Birnenschnitz zum Einsatz und ergänzt das Gericht auf eine durchaus interessante Weise, ohne zu viel Süße mitzubringen. Der Trüffelgeschmack im Püree ist zum Glück unaufdringlich (wäre im Grunde eigentlich gar nicht notwendig gewesen) und so schmeckt man vielmehr die gute Qualität der Kartoffeln.
An allen Ecken und Ende kann man nicht nur das gute Handwerk schmecken, das hier praktiziert wird, sondern auch die überdurchschnittlichen Produkte. So auch beim Nachtisch, einer Roten Grütze nach altem Rezept, mit Vanilleeis und Sahne kombiniert. Die ist ebenfalls sehr gut gemacht: mit vielen mitnichten zerkochten Kirschen, schön säuerlich und nicht zu stark gebunden, von einem auffällig guten Vanilleeis sowie reichlich Schlagsahne eskortiert. Das als Dekoration gewählte Waffelröllchen und der Erdbeerschnitz obenauf tun nicht weh, sondern unterstreichen vielmehr den charmanten Oldschool-Charakter.
Auch der servierte Espresso ragt über den Schnitt der norddeutschen Gastronomie weit hinaus, ein offensichtlich hausgebackener Keks kommt als Dreingabe. Fazit: Alles stimmt in der Waage, zuallererst das Preis-Leistungs-Verhältnis. Hier einzukehren, ist ein Muss für alle, die sich die Stadt ansehen und sich zuverlässig verpflegen wollen, doch auch die Anreise nur der Küche halber ist in Erwägung zu ziehen.

Leipzig (Sachsen)

7

C'est la vie

Zentralstr. 7, 4109 Leipzig
0341-97501210
www.cest-la-vie.restaurant
Küchenchef: David Mahn
Di–Sa ab 18 Uhr, So u. Mo RT
Menüs: 80–125 €
VISA

In den schnörkellos eleganten Räumlichkeiten des C'est la vie herrscht eine entspannt heitere Atmosphäre und die Speisekarte offeriert dazu in jetzt nur noch zwei unterschiedlichen Menüs sowohl bei der Auswahl der Produkte als auch stilistisch einen attraktiven Querschnitt dessen, was Haute Cuisine à la française ausmacht. Dank der Expertise von Chefkoch David Mahn werden die durchgängig sehr guten Viktualien zudem auch sehr inspiriert und niveauvoll zubereitet: Die Kreationen gehen einen sehr geschickten Weg zwischen grundsätzlich leichter Zugänglichkeit, genügend kreativen, spannenden Ideen und einer klaren, akkuraten Tellersprache. Unterm Strich gibt das Fine Dining in erfreulich entspannter Version mit einer anspruchsvoll bestückten frankophilen Weinkarte, auch der auch glasweise niveauvoll ausgeschenkt wird.

10

Falco

im Hotel The Westin
Gerberstr. 15, 4105 Leipzig
0341-9882727
www.falco-leipzig.de
Küchenchef: Peter Maria Schnurr
Di–Sa ab 18 Uhr, So u. Mo RT
Hauptgericht: 180–250 €,
Menüs: 99–262 €

Es ist kaum zu glauben, aber das Gourmetrestaurant Falco im 27. Stockwerk des Westin Hotels im Zentrum von Leipzig mit seinem spektakulären Ausblick über die Stadt feiert im Jahr 2023 bereits seinen 18. Geburtstag und kann somit längst zu den Klassikern unter den deutschen Spitzenrestaurants gezählt werden. Wobei sich der Begriff „Klassiker" im Zusammenhang mit dem Falco und insbesondere mit der ebenso kreativen wie unangepasst progressiven Küche von Peter Maria Schnurr eigentlich verbietet. Denn es gibt nur ganz wenige Küchenchefs in Deutschland, die mutiger und origineller kreieren und kombinieren als den ebenso souveränen wie selbstbewussten Cuisinier, zu dessen Markenzeichen die rote Adidas-Trainingshose geworden ist.

Eine Zeitlang haben wir unseren Aufsteiger des Jahres von 2011 sogar ultimativ als den kreativsten Koch hierzulande bezeichnet, und wir kennen nach wie vor kaum einen anderen, der aberwitzig klingende Kombinationen derart schlüssig und glasklar umzusetzen vermag, der bei so hoch aufgedrehtem Kreativitätsregler das herausragende Produkt so deutlich feiert wie Peter Maria Schnurr. Was die Deutlichkeit der Kontraste, die bewusst sehr hohe Plakativität bei gleichzeitig gestochen scharfer Linienführung, den Mut zu abgedrehten Kombinationen angeht, hat sich der 1969 im Nordschwarzwald geborene „PMS" in den vergangenen Jahren selbst ein klein wenig gezügelt und dreht nicht mehr ganz so laut auf. Ein Kreativfeuerwerk bekommt man in dem exponierten Restaurant mit seinem reduziert eleganten Ambiente und der hohen Fensterfront, das wir zu den spannendsten Genuss-Spots des Landes zählen, selbstverständlich auch weiterhin geboten.

Das ließen zwar beim jüngsten Besuch die schmissig und kryptisch klingenden Titel der Gerichte wie „dancing EEL", FOIE AGRUME" oder „4 CHOCOHOLICS" vermuten, es wurde aber im Rahmen der vielen teils gar nicht so kleinen Kleinigkeiten, mit denen der Tisch zu Beginn traditionellerweise erst mal vollgestellt wird, nur angedeutet. Da waren diesmal unter anderem eine mit Entenleber gefüllte und mit Pistazie getoppte Kumquat im knusprigen Amaranth-Kleid, Auster mit Passionsfrucht, Kimchi mit Erdnuss, Entenröllchen mit Algensalat oder ein Schinken-Pilz-Gelee mit Kaviar – alles sehr ausdrucksstark, manches aber für Falco-Verhältnisse sehr moderat, was aber im Aufwärmprogramm gar nicht so verkehrt ist. Man muss mit Blick auf eine gelungene Dramaturgie ja nicht gleich mit der Türe ins Haus fallen.

Aus dramaturgischer Sicht empfanden wir allerdings besagten „dancing EEL" als ersten Gang des Menüs eher suboptimal – was aber gar nicht unbedingt an den Hauptprotagonisten Rauchaal, Schweinebauch und Kaviar lag, sondern mehr an den gegenüber einer verhältnismäßig hohen Dichte an Umami, Salz und Fett fehlenden Frischekontrasten. Die Liaison von Scheiben eines auf Binchotan-Kohle gegrillten Schweinebauchs, dünnen Streifen vom sojawürzig lackierten Rauchaal und gar nicht mal so mild eingesalzenem „Royal Premium" Kaviar brachte davon nämlich gar nicht so wenig auf den Teller, was durch die „Kloßschmelze" alias Butterbrösel und eine helle, sämig-milde Mandelcreme eher noch verstärkt wurde und von Aloe Vera und eingelegter Gurke nicht ausreichend aufgespalten werden konnte. Mehr Säure und mehr Frische hätte man sich hier gewünscht – im Grunde hätte aber sogar auch nur mehr von der leider äußerst spärlich und punktuell eingesetzten Teriyakisauce spielentscheidend sein können. Denn die brachte zwar auch nochmal mehr Umami mit, darüber hinaus aber auch eine hier durchaus reizvolle Süße, die gegenüber der Würze ebenfalls eine gewisse auflockernde Wirkung hatte.

Vielleicht wäre es auch eine Idee gewesen, die sehr geniale und zurecht zu einem Signature Dish avancierte Komposition von geeister Entenleber, roh marinierten roten Gamberoni und Zitrusfrüchten an den Anfang des Menüs zu setzen. Denn was hier der Fettleber durch perfekt dosierte zitrische Säure, Kälte und Saftigkeit (auch von roh mariniertem Fenchel mit Fenchelpollen...) sowie zusätzlicher Tiefe durch Creme von fermentiertem schwarzem Knoblauch und duftig-ätherischem Oberton von Basilikum entgegengestellt wurde, ergab in Summe ein sehr dynamisches und ausgewogenes Geschmacksbild. Und zwar eines mit besonders raffiniertem Mundgefühl, das die eiskalten, dünn gehobelten, schmelzigen Foiegras-Scheiben und die dickeren, temperierten, fleischigen Kustentierstücke im Zusammenspiel erzeugten. Da bewegte sich die Küche klar auf 10-Pfannen-Niveau! Genau wie beim Filet vom weißen Heilbutt, der mit Sternanis in Nussbutter zur glasig-blättrigen Perfektion gebracht wurde und zwischen den ätherischen Bitteraromen von Mairübchen und einer mit Sake und Korianderöl akzentuierten Beurre blanc ebenso spannend unkonventionell wie harmonisch in Szene gesetzt war.

Nicht so klar war die Bewertung dann allerdings wieder beim nächsten Krustentier, der kurz und scharf angegrillten Langoustine aus der Bretagne, die mit krosser Hühnerhaut, Buchenpilzen und verschiedenen Liquids – unter anderem einem dezent angeschärften kraftvollen Geflügelsud – zu einem köstlich süffigen Arrangement zusammenkam. Aromatisch sehr weich, sehr rund, sehr tief und harmonisch, wieder mit viel Umami, als solches aber auch etwas zahm, denn grüner Apfel und Limequat, eine Kreuzung aus Limette und Kumquat, konnten nach unserem Gusto nicht in dem Maße den von ihnen erwarteten erfrischenden Akzent setzen. Das Aroma des grünen Kardamoms war ebenfalls sehr zurückhaltend im Einsatz und deshalb nur zu erahnen. Ein sehr gutes, sehr ausgewogenes, aber auch nicht unbedingt Falco-typisches, weil fast schon mutloses Gericht, dem der markante Aha-Effekt gefehlt hat.

Den bot dann aber wieder ganz ohne Abstriche Krustentierdarbietung Nummer 3 mit Schere und Schwanz vom europäischen blauen Hummer, der hier zusammen mit in Nussbutter coloriertem Kalbsbries eine reizvolle Verbindung einging. Und das vor allem wegen dem spannend komplexen Akkord, der durch eine raffiniert mit Zimt aromatisierte Artischockencreme, säuerlich-fruchtig-pikantes „Tomatenfeuer" und den köstlichen Zusammenfluss von Kalbsjus und Krustentierschaum angestimmt wurde.

Und im Grunde hätte auch der Hauptgang um ein köstlich fettschmelziges und höchst eigenaromatisches Stück aus der Querrippe eines japanischen Miyazaki-Wagyu-Beefs zum rundum beglückenden Menühighlight werden können, das da unter einem mit Sesam bestreuten confierten Kohlblatt auf scharfer Kastaniencreme und einer tiefschürfenden Jus mit viel Zug und perfekter Balance angerichtet war – hätte die als kleiner Side-Dish dazu servierte Rinderzunge nur viel zitrische Kalamansi-Frische und natürlichen Trüffelgeschmack aufs Porzellan gebracht und nicht auch noch künstliches Trüffelaroma, welches zwar nicht unbedingt penetrant, aber durchaus sehr deutlich wahrnehmbar an diesem ansonsten delikaten „Fleischsalat" klebte. Wir sind uns dessen bewusst, dass manche Gourmets den im Gegensatz zu echter erdiger Trüffel immer etwas gasiger und stechender, mehr an Knoblauch als an etwas Pilziges erinnernden Geschmack mögen – wir halten dieses Kunstprodukt in der Spitzenküche allerdings für genauso unangebracht wie beispielsweise E 621.

Und wie gut und ausreichend intensiv natürliche schwarze Trüffel selbst in einem Nachtisch schmecken kann, bewies das Falco-Team dann ja auch gleich noch selbst. Nämlich mit dem typischen erdig-dumpfen Aroma von Périgord-Trüffeln in saftigen, tiefdunklen Schokoladenkuchen-Brocken, die sich da in einem nur optisch heillosen Durcheinander mit salzigem Butterkaramell, Banane und Blutorange zu einem originellen süßen Abschluss formierten. Schon davor bewies die Pâtisserie auch mit der Liaison verschiedener Mandarinenkomponenten, rahmig-laktischer Espuma und einer Creme aus mit Schwarztee aromatisierten gedörrten Feigen ihr Kompositionsgespür.

Mit Antonia Winkler, die zuletzt im Berliner Rutz als Co-Sommelière tätig war, hat das Falco nach dem kürzlichen Weggang von Hannes Fischer erstmals in seiner 18-jährigen Geschichte eine Restaurantleiterin, die sich nun ebenso versiert und eloquent um die Gäste kümmert und das Team anleitet. An ihrer Seite ist Sommelier Thilo Kownatzki für die Pflege der umfassenden Weinkarte zuständig und ihm obliegt die bisweilen nicht ganz einfache Aufgabe, zu den teils fordernden Gerichten aus der Feder von Peter Maria Schnurr stimmige und im besten Fall kongeniale Weinpartner zu empfehlen. Was ihm auch unter Berücksichtigung individueller persönlicher Vorlieben der Gäste überzeugend gelingt.

5

MAX ENK

Neumarkt 9–19
(Städtisches Kaufhaus Leipzig),
4109 Leipzig (Liebertwolkwitz)
0341-99997638
www.max-enk.de
Küchenchef: Roy Düsel
Mo–Sa ab 12 Uhr durchgehend, So RT
Hauptgericht: 26–52 €, Menüs: 19–79 €

VISA

Das zentral in der Leipziger Innenstadt gelegene Max Enk zählt seit vielen Jahren zu den verlässlichsten Genussadressen der Stadt und vereint auf einladende Art ein großzügiges helles Ambiente (im Sommer auch im lauschigen Innenhof) mit anspruchsvoller Küche. Die findet hier konzeptionell auf sehr gekonnt umgesetzte Art und Weise stets einen Mittelweg zwischen leichter Zugänglichkeit und Ambitionen und ist damit stets eine sichere Wahl, wenn es mal nicht die ganz große kulinarische Oper, aber dennoch ein klar überdurchschnittliches Esserlebnis sein soll.
Besonders erfreulich dabei: Anders als an vielen anderen Orten lässt sich hier ganz nach Lust und Laune sowohl mittags als auch abends entweder nur eine ausgesuchte Kleinigkeit oder ein ausgedehnteres Menü genießen. Beim letzten Besuch blieb der sehr schlichte Appetizer aus Curryschmand, nussigen Berglinsen, Räucherlachs und Gartenkresse zunächst noch unauffällig hinter den eigentlichen Ansprüchen der Küche zurück und zeigte bei weitem nicht das ganze Potenzial auf, machte gemeinsam mit der guten Brotauswahl aber dennoch durchaus Lust auf mehr und erfüllte seine Funktion damit am Ende doch recht gut.
Und bereits mit dem dreierlei vom festfleischig milden Matjes – naturell, gebacken und als kressefrisches Tatar – auf fruchtigem zartem Carpaccio von Roter Bete, Tupfen von Frankfurter Grüner Sauce und einem herben Kräutersalat zeigte das Team sich dann mit dem abwechslungsreich frischen Arrangement schon von seiner besten Seite. Denn die Stärken liegen hier generell in dem hohen Anspruch an die oft regionalen Produkte, deren Erzeuger und Händler zurecht selbstbewusst in der Speisekarte aufgelistet werden – aber auch in einer handwerklich blitzsauberen Zubereitung, die zwar nicht auf absolute Feinheit und Präzision abzielt, wohl aber auf intensiven, natürlichen und gut balancierten Geschmack.
Noch deutlicher wurde das bei dem kapital großen und dicken, unter eine appetitlichen Bratkruste zart aufblätternden Filet vom Seeköhler, der nebst gebratenem Romanesco auf einer dichtwürzigen Mumbai-Curry-Nage platziert war. Auf der Tellerfahne ergänzten den Fisch noch zarte Kartoffelgnocchi in Haselnussschmelze und zunächst etwas „lost" wirkende, mit ihrem bitterfruchtigen Aroma aber unterm Strich doch einen spannenden Frischeimpuls setzenden Mandarinenfilets, die den starken Eindruck abrundeten, der sich in diesem Fall schon eher in Richtung von 6 Pfannen bewegte.
Nicht unbedingt auf diesem Level, aber dennoch uneingeschränkt lohnend, sind blitzsauber zubereitete Klassiker wie ein lockerwelliges Wiener Schnitzel mit warmem Kartoffel-Radieschen-Salat oder die bereits als Evergreen fest im Programm stehende Interpretation von „Leipziger Allerlei" mit saisonal variiertem Gemüse, Champignons, fluffigen Semmelknödeln und zartem regionalem Saibling. Dank der handwerklichen Souveränität des Teams braucht man hier aber auch vor ausgefalleneren Produkten wie einer geschmeidig zart geschmorten Kalbszunge nebst bitterfrischen Flower Sprouts, geräucherter Kartoffelcreme und Schmorjus nicht zurückzuschrecken – ganz im Gegenteil!
Und auch mit Desserts wie einer mustergültigen Crème brûlée aus regionaler Sahne, die separat von klarfruchtig hellem Apfelragout und einem Zitronenthymiansorbet erfrischt wurde, oder einem halbflüssigen Schokoladenkuchen mit eingelegten Zwetschgen und Kalamansisorbet, bewegt sich das Team schwankungsfrei auf souveränem Niveau. Auf dem bewegen sich auch das gut organisierte und sehr zugewandte Serviceteam und die vielen lohnenden Weine aus Sachsen und weit darüber hinaus.

6

Michaelis

im Hotel Michaelis
Paul-Gruner-Str. 44,
4107 Leipzig
0341-26780
www.michaelis-leipzig.de
Küchenchef: Patrick Schellenberger
Mo–Sa ab 18 Uhr, So RT
Hauptgericht: 28–45 €, Menüs: 55–70 €

Das zeitgemäß frisch wirkende Ambiente mit moderner Blumenornamentik an einer der Wände, grauem Boden aus Teppich und Fliesen, rot gepolstertem Gestühl in stylischem Design und blanken Holztischen macht schon einiges her und die Küche hält mit ihren einfallsreichen kreativen Gerichten locker mit. Auf den teils originell regionalbetont teils weltläufig komponierten Tellern geht es nicht in jedem Detail um allerhöchste Präzision und vieles ist auch mal etwas gröber gezeichnet, aber ein durchgängig hohes Unterhaltungs- und Genusslevel, das zudem auch in einem sehr stimmigen Verhältnis zur Preisgestaltung steht, ist immer garantiert. Das Serviceteam agiert souverän und berät individuell auch bei Fragen zu der kleineren Weinauswahl, die neben einigen Gewächsen aus Sachsen und Saale-Unstrut auch die meisten anderen gängigen Anbaugebiete Europas und der Welt repräsentiert.

5↑

Planerts

Ritterstr. 23, 4109 Leipzig
0341-99999975
planerts.com
Di u. Mi ab 18 Uhr,
Do–Sa von 11.30–14 Uhr u. ab 18 Uhr,
So u. Mo RT
Hauptgericht: 20–36 €

An der östlichen Außenseite des Oelßners Hofs hat sich mit dem Planerts im Zentrum von Leipzig eine neue interessante Adresse für Feinschmecker etabliert. Das von Gastgeber Sebastian Wirth und den beiden gleichberechtigten Küchenchefs Marco Ehrt und Marko Schulz-Werner geschäftsführend betriebene Lokal präsentiert sich mit der offen in den Raum integrierten Küche, einem cleanen Design in Blaugrau und Naturholz irgendwo zwischen nordischem Minimalismus und Industrie-Chic sowie lockerer, aber professioneller Gangart klar im Segment Casual Fine Dining. Und dazu passt auch die Küche, die ungezwungen zwischen den kulinarischen Welten tendiert und mit gehobenem Anspruch an Produktqualitäten und Handwerk aber ohne Dogma sehr schmackhafte moderne Gerichte mit kreativem Touch kredenzt.

Das kann dann etwa zur Vorspeise ein mit Kürbis kombiniertes Rindertatar oder im selbstverständlich ebenfalls nicht ausgesparten vegetarischen Bereich eine Kombination von Seidentofu, Avocado und Ajvar nebst Wildkräutersalat sein. Wer Fisch bevorzugt, könnte sein Mahl beispielsweise mit einem Zweierlei vom Lachs starten, das in seiner recht präzisen Machart zugleich der beste Gang unseres ersten Besuchs war und sich auf klarem 6-Pfannen-Niveau präsentierte. Und zwar als erfreulich lockere Schichtschnitte mit Würfeln des gebeizten bzw. mild geräucherten Fischs in Mousse mit einem Deckel aus Kräutergelee und einem Topping aus feinstreifig geraspeltem Petersilienwurzelsalat neben Tranchen vom ringsum abgeflämmten Fisch, die dem eher mild und natürlich anmutendem Part mit einer Glasur von Teriyakisauce und mit in Sojavinaigrette eingeweckten Cherrytomaten viel Umamipower entgegenstellten. Alles in allem zwar eher plakativ, aber als solches auch nicht unattraktiv.

Etwas unentschieden zwischen asiatischen und mediterranen Aromenwelten präsentierte sich die nur auf dem Speisekartenpapier klar in Fernost positionierte Roulade von der Maispoularde „Thai Style“ mit Reis und Mango-Chili-Tapenade. Auf dem Teller erwiesen sich die zartfleischigen und saftigen Scheiben von einer mit knackigen Zuckermaiskölbchen und grünem Thaispargel gefüllten Geflügelroulade auf Gemüsereis (viel Paprika und Zucchini…) und Jus trotz einer gewissen Fruchtsüße nämlich eher als mildwürziges Mischgericht ohne besondere Akzente. Säure, Schärfe, dezidierte thailändische Aromen waren hier nicht auszumachen. Harmonisch geschmeckt hat’s trotzdem.

So wie der Fischgang um ein schönes Stück eines auf seiner Gewürzhaut vorbildlich glasig gebratenen Skreis. Dessen schneeweißes, frisch und clean schmeckendes Fleisch blätterte zart über einem mit jungen Grünkohlblättern, Senfkohl und sautierten Scheiben vom Shiitake-Pilz gedeckelten Sockel aus Perlgraupenrisotto mit Kalbskopfwürfeln auf und war von einer eher milden Weißwein-Buttersauce um-

geben, die genau wie die roten Stärkechips aromatisch kaum eine Rolle spielte und für eine höhere Bewertung etwas mehr Körper, Substanz und Säurespiel hätte haben müssen. Aber auch so war das ein handwerklich sehr sorgfältig zubereitetes und harmonisches Gericht.
Wer lieber Fleisch isst, könnte mit einem Entrecôte vom Weiderind mit Rote Bete und „Kokos-Kartoffel" glücklich werden oder gradet sich sein („Planerts") Thaicurry – offenbar ein Signature Dish der Küche – mit Kalb oder Maispoularde auf. Und wer noch Platz für ein Dessert hat, freut sich bei einer mit Ganache, Mousse, Ragout etc. mehrschichtigen Schnitte von Schokolade, Erdnuss und Banane nebst Schokoladenmousse mit Bananengel über das abermals sehr sorgfältige und fundierte Handwerk und könnte auf die Idee kommen, dass das Team ruhig noch etwas forscher abschmecken und aromatisieren dürfte und auch mal mit etwas markanteren Akzenten ums Eck kommen könnte, ohne dass gleich jemand überfordert wäre.
Das aber nur am Rande als konstruktiver Einwurf, denn in der Gesamtschau wird hier wirklich sehr ansprechend auf einem gehobenen Niveau gekocht – und eine Aufstufung auf 6 Pfannen hängt in unseren Augen wirklich nur noch von solchen geschmacklichen Details ab. Weil es dazu auch noch gute individuelle Weine und aufmerksamen Service gibt und das Preis-Leistungs-Verhältnis sehr in Ordnung ist, gibt's von unserer Seite zum Einstand eine klare Empfehlung.

Fast & SLOW

Rusty's Burgers

Brühl 1,
4109 Leipzig
0341-68417525
Mo–Sa von 11.30–19.30 Uhr, So RT

Hausgemachte Burger und Grillspezialitäten vom Aberdeen Black Angus oder Chicken, aber auch vegetarische und vegane Burger-Alternativen.

Stadtpfeiffer

Augustusplatz 8, 4109 Leipzig
0341-2178920
www.stadtpfeiffer.de
Küchenchef: Detlef Schlegel
Mi–Sa ab 18 Uhr, So–Di RT
Menüs: 120–165 €

VISA

Das schnörkellos schlicht und zeitlos elegant gestaltete Gourmetrestaurant von Petra und Detlef Schlegel im Leipziger Gewandhaus gibt es jetzt in dieser Form seit über zwanzig Jahren. Und sehr gut gegessen hat man bei den sympathisch bodenständig und bescheiden auftretenden Gastgebern, die sich trotz des Bekanntheitsgrades und des unumstritten hohen Niveaus ihres Stadtpfeiffers selbst gerne etwas unterhalb des Radars der Gourmet-Öffentlichkeit bewegen, schon immer. Allerdings hat sich das Kulinarium in den vergangenen Jahren sukzessive nicht nur stilistisch rasant weiterentwickelt und ist heute im Grunde gar nicht mehr mit dem Vergleichbar, was Detlef Schlegel und sein Team etwa vor zehn Jahren gekocht haben – es hat in dieser Zeit auch ein Gesamtniveau erreicht, mit dem es zur bundesweiten Spitze aufgerückt ist. Für uns zählt die Küche des Stadtpfeffers schon seit 2021, als wir Detlef Schlegel zu unserem Koch des Jahres gekürt haben, zu den Top 30 des Landes. Und an dieser Einschätzung hat sich auch nach dem jüngsten Besuch überhaupt nichts geändert.
Im stadtinternen oder auch sachsenweiten Überblick drängt sich da natürlich der direkte Vergleich mit der Küche des Leipziger Falco auf, der uns, um ganz ehrlich zu sein, mittlerweile etwas die Bredouille bringt. Denn obwohl sich das in der Bewertung momentan noch nicht ganz konsequent widerspiegelt, sahen wir das Niveau der Küchen von Detlef Schlegel und Peter Maria Schnurr zuletzt mindestens gleichauf – mit leichten Vorteilen für

den Stadtpfeiffer sogar, weil sich das Falco bei der jüngsten Visite stilistisch nicht ganz so konsequent und stringent präsentiert hatte, wie wir das aus der Vergangenheit kannten. Aber wir sprechen hier natürlich von Millimetern, von Momentaufnahmen, von Entwicklungen, weshalb wir wie immer lieber etwas abwarten, anstatt übereilt Entscheidungen zu treffen, die dann vielleicht beim nächsten Mal schon wieder korrigiert werden müssen.

Vergleicht man die Küchen der beiden Leipziger Spitzenköche stilistisch, ist die von Schnurr eher die laute und die von Schlegel die leise. Beide kochen sehr kreativ und lassen sich schwer in irgendeine Schublade stecken. Detlef Schlegel und sein Team haben sich allerdings zuletzt immer konsequenter der heimischen Produktvielfalt hingewendet und so kann man mittlerweile eigentlich fast schon von einer sehr spannenden, sehr präzisen und vor allem sehr modernen und leichten Regionalküche sprechen. Jedoch eine, die diesen Ansatz nicht dogmatisch verfolgt und neben Fleisch, Fisch, Gemüse, Obst, Pilzen und Kräutern aus heimatlichen Gefilden auch Produkten und Aromen aus Fern ihren Platz gibt. Die Gerichte schmecken so vielseitig und farbenfroh, wie sie aussehen, sind dabei aber nie beliebig bunt und beliebig, sondern kompositorisch beeindruckend pointiert und aromatisch scharfgestellt.

Wie sehr es trotzdem in allererster Linie ums Produkt selbst geht, demonstrierte neben drei Sorten selbstgebackenem Brot gleicht der erste Küchengruß, eine Gillardeau-Auster mit purem und kaum süßem Zitronengranité sowie sehr klar, sauber und frisch schmeckender gebeizter Zander mit Kräuterschmand. Das feine Händchen für vegetarische Kompositionen und insbesondere für alles, was mit seltenen heimischen Pilzen und wirklich wilden Wildkräutervarietäten zu tun hat, die sogar überwiegend selbst gesammelt werden und für die sich das Team mittlerweile viel Expertise angeeignet hat, zeigte der zweite Küchengruß. Für den hatte sich das Team dem Schuppigen Porling angenommen und ihn in verschiedenen Zubereitungen zusammen mit Leinsamen, Postelein, Gundermann, Giersch und fermentiertem Bärlauch zu einer ebenso originell wie wohlschmeckenden kräuterfrisch-pilzigen Melange kombiniert.

Dass das vegetarische Menü des Stadtpfeiffers zu den besten und originellsten seiner Art in Deutschland zählt, verdeutlichte auch dessen Vorspeise: marinierte Scheiben der Steckrübe, die von verschiedenen Zitrusaromen wie Salzzitronenwürfeln und Limettenschalenabrieb und den herben Bitteraromen des Huflattichs akzentuiert, von einer milden Erdnusscreme schmelzig und nussig unterfüttert und von einem pikanten Öl aus Chili und Piment d'Espelette ganz sanft angeschärft waren – und dergestalt ein unkonventionelles und vielschichtiges Geschmacksbild zeichneten.

Überhaupt passiert in dieser Küche mittlerweile sehr viel mit spannenden Bitteraromen, die fast allgegenwärtig deutlich präsent und immer sehr harmonisch eingebunden sind. So auch bei einer weiteren vegetarischen Kostprobe, für die Chicorée und Löwenzahn prägnant und zugkräftig mit den Aromen von Orange und Ingwer erfrischt waren und von Cashew- und Erdnusscrunch nicht nur eine haptische Facette zur Seite gestellt bekamen. Oder bei der Vorspeise der nichtvegetarischen Speisefolge, für die in markanter minimalistischer Optik (ungestopfte) Gänseleber in zwei verschiedenen Varianten pointiert mit Schlehe und Kaffee kombiniert wurden: einmal als roh marinierter Würfel mit festem Schmelz und Geleeüberzug und einmal als Parfait und etwas weicher und cremiger zwischen zwei hauchdünnen Kaffeekaramellplättchen sowie mit Schlehencreme und Gänseleberschnee bedeckt. Nicht weniger als eine der besten, originellsten und zugleich gelungen puristischsten Foie-gras-Vorspeisen des Jahres!

Überhaupt wirkt nun alles noch deutlich schnörkelloser und klarer, ohne dass das an der Komplexität der Gerichte etwas ändern würde. Sehr gutes Beispiel dafür waren auch die dicken, orange- und festfleischigen Tranchen eines einstmals offenbar sehr großen Saiblings, die sehr mild und Kräuterbetont gebeizt um ein mit sich selbst gefülltes Mangold-Päckchen angerichtet waren. Von einer grünen Apfelvinaigrette mit Frucht, Süße und Säure untermalt und von geeistem Meerrettich mit einer schneidigen ätherischen Schärfe und Kühle akzentuiert, ergab das ein ebenso klares wie dynamisches Geschmacksbild. Und durch die verschiedensten Wildkräuter, die auf eine dünne, das Zentrum kreisrund einfassende Spur aus schmelziger Meerrettichcreme appliziert waren, bekam der Fisch zudem mit fast jeder Gabel eine neue Facette zugespielt.

Wie deutlich hier die Produkte im Fokus stehen, wie gut sie sind, wie bemerkenswert ausdrucksstark und unverstellt sie in Szene gesetzt werden, war sehr schön am zweiteiligen Hauptgang rund um Lammfleisch aus dem sächsischen Altzella zu erleben. Das ist zwar an sich nicht so ausdrucksstark und eigenaromatisch wie beispielsweise Salzwiesenlamm, doch wurde ein Maximum aus dem von rauchig-röstaromatischen Grillnoten geprägten und mit Zwei-

erlei von der Aubergine kombinierten Rücken sowie der im Satellitenteller mit Senfkohl liierten und mit Senfsaatjus glasierten Lammniere herausgekitzelt. Und durch die markanten Aromen von Gundermann sowie eine spannende, behutsam eingefädelte Süßholznote, bekam das Ganze auch noch einen kreativen Twist. Sehr stark und sehr eigenständig – ganz ohne vordergründige Originalität.
Wie nahtlos sich die Kreativität des Teams und das Feingespür für ungewöhnliche Geschmacksbilder mit harmonisch eingebundenen Ecken und Kanten auch bis in den Dessertbereich ziehen, wurde schon vor dem Hauptgang mit einem betont herben Sorbet von schwarzer Holunderbeere und Vogelbeere angedeutet. Und mit feinsinnigen Rhabarber-Interpretationen, denen von Verveine und Knöterich originelle Kräuterakzente zugespielt wurden, mit Ausrufezeichen aufs Porzellan dekliniert. Der Nachtisch um unterschiedliche Komponenten von Blutorange und Pistazie, den wir ganz ähnlich schon aus dem Vorjahr kannten, war diesmal statt mit weißer Luftschokolade durch massivere Bitterschokolade opulenter und tiefer gestaltet – als solches aber nicht weniger attraktiv.
Und apropos Attraktivität: das Ganze gibt's zu einem hervorragenden Preis-Genuss-Verhältnis, was auch auf die offen ausgeschenkten Weinempfehlungen zutrifft, die oft und gern von sächsischen Erzeugern stammen, aber auch aus anderen deutschen Anbaugebieten und dem europäischen Ausland kommen können. Auch da gilt die hier gelebte kulinarische Devise der Heimatverbundenheit ohne Schranken.

Lichtenstein (Sachsen)

5

Schönburger Palais

Schlossberg 19, 9350 Lichtenstein
037204-601010
www.schoenburger-palais.de
Küchenchef: Christian Weidt
Mi–Sa ab 17 Uhr, So ab 11 Uhr durchgehend, Mo u. Di RT
Hauptgericht: 16–42 €, Menüs: 35–55 €

VISA

Direkt unterhalb der imposanten, bereits um das Jahr 1200 herum entstandenen Schlossanlage in Lichtenstein, zwischen den Städten Zwickau und Chemnitz, befindet sich das um 1706 im Barockstil erbaute Schönburger Palais. Und das ist seit einigen Jahren nicht nur eines der sehenswerten historischen Bauwerke der Stadt, sondern auch ein Ort, an dem ambitioniert aufgekocht wird. Mit Christian Weidt steht hier ein noch junger Chef am Herd, der auf handwerklich fundierte Art – mal bürgerlich-traditionell, mal etwas kreativer – ein klar überdurchschnittliches Angebot etabliert hat.
Der Aufwand wird dabei klugerweise in Grenzen gehalten, was unter anderem erstaunlich einladende Preise zur Folge hat. Dank eines guten Gespürs, wie man auch mit einfachen Mitteln für Schwung auf den Tellern sorgen kann, haben die Gerichte aber dennoch allerhand zu bieten und halten durchaus mit dem vornehmen barocken Ambiente mit.
Das zeigte zuletzt beispielsweise unter den Vorspeisen ein zart säuerlicher Mandel-Ziegenkäse mit feiner Würze und nussigen Akzenten, der von (etwas viel) Wildkräuterhonig eine sehr dienliche duftige Süße mitbekam und von dünnen Knusperbrotscheiben auflockernden Crunch. Oder auch ein schlank und elegant gehaltenes Karotten-Kokossüppchen, das haptisch wie aromatisch auffrischende Zuckerschote und knackige gebratene Garnele als Einlage intus hatte.
Ähnlich unkompliziert pfiffig wirkten auch die zarten Scheiben von der geräucherten Entenbrust, die mit einem bitteraromatisch-herbfruchtigen Arrangement aus Orangenfilets, Preiselbeeren und Radicchio in guter Gesellschaft waren. Wobei die wenige Entenbrust hier gegenüber dem vielen Salat beinahe ein wenig ins Hintertreffen geriet.
Proportionen waren dann auch beim knusprigzarten Maishähnchen mit Kürbisravioli, und Kürbiscreme sowie Zuckerschoten und Béchamelsauce ein Thema. Bei derartigen Hauptgerichten bleiben zwar ein solides handwerkliches Niveau und harmonischer Geschmack gewährleistet – insgesamt entsteht aber oftmals die Tendenz zu einem etwas behäbigen, massigen Gesamtbild.
Besser gelang das beim rosa gebraten Elchfilet, das mit seinem zart mildaromatischen Fleisch von einer erfreulich zurückhaltenden dunklen Jus unterstützt wurde und in Gestalt von intensivem Süßkartoffelpüree, (leider sehr salzigem) Blumenkohl, Gemüsechips und Rote-Bete-Senfkaviar ein durchaus aufgelockertes und wohlproportioniertes Umfeld an die Seite bekam.
Mit dem Dessert rund um Pistazie und Birne wurde dann auch zum Abschluss das gute Niveau gehalten und vor allem das intensiv nussi-

ge Pistazieneis im Kontrast zu warmen Birnen in leichtem Weißweinsud mit einigen Himbeeren machte Freude, ohne ins übermäßig Süße abzudriften. Nicht ganz so überzeugend geriet dagegen ein zwar zartes, aber aromatisch uncharmant strenges Pistazienparfait.

Unter dem Strich bleibt aber – nicht zuletzt durch die moderaten Preise – ein positiver Gesamteindruck, der sich zwar nicht auf jedem einzelnen Teller auf 5-Pfannen-Niveau widerspiegelt, die Bewertung aber dennoch auch für dieses Jahr knapp rechtfertigt. Und mit dem aufmerksamen Service und einer kleinen, aber feinen Auswahl sächsischer Weine, die demnächst vielleicht sogar um Gewächse aus Reblanlagen hinter dem Palais ergänzt werden, gibt es weitere gute Gründe für einen Besuch.

Limbach-Oberfrohna (Sachsen)

Ratsstube

Rathausplatz 1,
9212 Limbach-Oberfrohna
03722-92480
ratsstube-restaurant.de
Küchenchef: Ronny Pester
Mi–Sa ab 18 Uhr,
So–Di RT
Menüs: 68–99 €
VISA

Sie sind selten, aber es gibt sie doch immer wieder: Überraschende Entdeckungen an Orten, an denen man nicht unbedingt ambitionierte Gastronomie erwartet hätte. Genau in diese Kategorie reihte sich zuletzt die Ratsstube in Limbach-Oberfrohna ein. Ganz anders, als der altehrwürdige Name suggeriert, überrascht bereits der weitläufige Gastraum bereits beim Eintreten mit schlichter Eleganz, großformatiger moderner Kunst, flackerndem Feuer und stilvollem Holzdekor. Und mit einem Blick in die Karte, die ausschließlich Menüs in einer maximal achtgängigen Variante und zwei daraus abgeleiteten viergängigen Optionen (davon eine vegetarische) bietet, wird außerdem schnell klar, dass auch die Küche allen Anspruch hat, mit dem geschmackvollen Ambiente mitzuhalten.

Insofern ist es – das bereits als Vorschusslorbeer! – ein klarer Gewinn für die Region, dass Chefkoch Ronny Pester gemeinsam mit seiner Frau Antje als charmante Gastgeberin nach verschiedenen Stationen in Bayern in seine Heimatstadt zurückgekehrt ist und sich auch von dem coronabedingt verzögerten Start nicht hat abschrecken lassen. Mit ihrer zeitgemäßen, technisch modernen, aber andererseits an keiner Stelle allzu abgedrehten oder überbemühten Küche hat die Ratsstube in der Umgebung durchaus ein Alleinstellungsmerkmal und es ist nur zu hoffen, dass sich dafür auch langfristig ein interessiertes Publikum findet.

Dass sich das lohnt, zeigten zuletzt bereits die ersten Einstimmungen, unter anderem mit der heimatverbundenen Präsentation kleiner salzig-wachsiger Kartoffeln nebst einem mit Kräuteröl marmorierten Quarkdip und Leinöl, einem eigenaromatischen Beef-Tatar in tiefschürfendem Beeftea, pikanter Mayo und knusprigem Reischip, vor allem aber mit den topfrischen Miesmuscheln nebst straff reduziertem Escabeche-Shot zum Nachspülen.

Bereits an dieser Stelle war einerseits klar, dass sich das Team recht undogmatisch zwischen Heimat und weiter Welt bewegt, andererseits aber auch, dass es dabei genau weiß, was es macht. Und das zeigte auch der magere, klararomatisch zarte Thunfisch – kurz angebraten und als Tatar – in einem sanften Dashisud und mit der bewährten Kombination eines erfreulich zurückhaltenden Mangochutneys, mildscharfer Wasabicreme, gepickelten Rettichjuliennes und röstig-knusprig frittiertem Reiscrunch als beschwingter erster Gang.

Deutlich mehr Power gab es dann bei einem in Salzgehalt und Würze hochkonzentrierten Röstzwiebelsud (beinahe mit Sojasaucen-Assoziationen…), der die Grundierung für zart aufblätternden Kabeljau unter Algensalat, Zwiebelmayonnaise und einem knusprigen Zwiebelchip schaffte. Unter dieser massiven Zwiebelpower ging der Kabeljau zwar ein wenig unter, obwohl isoliert betrachtet sowohl dessen Qualität als auch die differenzierten Zwiebelaromen überzeugen konnten.

Rundum stimmig und ausgewogen wirkte dagegen beispielsweise die Kombination aus tiefaromatisch zart geschmorter Kalbsbacke und

sanft koloriertem, nur etwas zu elastischem Bries mit geschmorter und cremiger Petersilienwurzel, der intensiven herbalen Würze von Selleriegrün und klarfruchtiger, mit feiner Säure zugespitzter Birne. An derartigen Gerichten wird deutlich, dass hier durchaus das Potenzial auch für eine noch höhere Bewertung vorhanden ist und man gespannt sein darf, wie sich die Küche in den kommenden Jahren entwickelt.
Das unterstrich dann auch der süße Abschluss mit einer gekonnten Interpretation des Themas „Schwarzwälder Kirsch", nämlich mit dem Kontrast von hellem Rahmeis mit herbem Kaffee-Kakaocrumble, intensivem Sauerkirschsorbet und -ragout mit Kirschwasser sowie (leicht überproportionierter) Schokoladenmousse als Topping. Ein Finale, dass auf niveauvolle Art leicht zugänglich war und damit das Wohlfühlen auf kulinarischer Ebene genauso leicht macht, wie der herzliche und zugleich niveauvolle Service der Gastgeberin auf atmosphärischer Ebene. Auch an attraktiven Weinempfehlungen besteht hier kein Mangel, und dass es das alles zu moderaten Preisen gibt, macht die ganze Sache nur noch ansprechender.

Limburg an der Lahn (Hessen)

8↑

Restaurant 360°

Bahnhofsplatz 1a,
65549 Limburg an der Lahn
06431-2113360
www.restaurant360grad.de
Küchenchef: Alexander Hohlwein
Mi–Sa von 12–13 Uhr u. ab 18.30 Uhr, So–Di RT
Menüs: 125–175 €
EC VISA P

Der Standort des Restaurants von Rebekka Weickert und Alexander Hohlwein im dritten Stock eines relativ nüchtern und sachlich anmutenden Büro- und Geschäftshauses, das an ein großes Einkaufszentrum angegliedert ist, mag für eine ambitionierte Gourmetadresse etwas ungewöhnlich sein, bringt dem Gast aber auch Vorteile. Man kann zum Beispiel in der Tiefgarage der WERKStadt parken und direkt mit dem Fahrstuhl bis vor die Tür des Restaurants fahren. Außerdem bieten die großzügigen Räumlichkeiten unheimlich viel Platz, durch die Rundumverglasung ist das Lokal maximal lichtdurchflutet, und man hat hier oben sogar einen schönen Ausblick über die Dächer der Stadt.
Alexander Hohlweins kreative weltoffene Küche hat sich in den vergangenen Jahren sukzessive weiterentwickelt und auch der Weinservice seiner Lebensgefährtin und Gastgeberin Rebekka Weickert legte seit der Eröffnung merklich an Niveau und Individualität zu. Um auch beim Gesamtauftritt und in der Außenwirkung den nächsten Schritt zu gehen, hat man jüngst weder Kosten noch Mühen gescheut und in Zusammenarbeit mit einer Agentur eine neue Corporate Identity entwickelt, die das 360 Grad Restaurant nun vom Logo über die Speisekarte bis zur Kleidung des Serviceteams noch stilvoller und stringenter anmuten lässt.
Veränderungen waren zuletzt aber auch auf den Tellern des großen „Weltreise"-Menüs zu erkennen, das sich zwar stilistisch unverändert kreativ und vielseitig präsentierte, in Sachen Aromatisierung aber subtiler und nicht mehr ganz so plakativ wirkte wie in der Vergangenheit. Ob man das nun positiv oder negativ empfindet, dass der Chef, der beim Würzen immer gern Vollgas gegeben hat, nun behutsamer vorgeht, ist Geschmackssache. Manchen Kreationen tut es definitiv sehr gut, auf anderen Tellern haben wir den Mut, aromatisch auch mal bis an die Grenze zu gehen, aber um ehrlich zu sein auch etwas vermisst. Unterm Strich überwog jedoch wieder die Begeisterung über eine im besten Sinne bunte, weltoffene Kulinarik auf sehr hohem Niveau.
Schon zu Beginn wurden Rindertatar, Wachtelkeule und eine Tranche vom geflämmten Färöer Lachs konzeptgemäß auf Weltreise geschickt, eine Tom Yum als Fingerfood-Snack neu interpretiert oder ein „Cocktail" von mild umamiwürziger Gänselebercreme, Ananas und fermentiertem Rotkohl kreiert – und bescherten einen ebenso spannend exotischen wie frischen und leichten Auftakt nach Maß im hier

von vielen Stammgästen gewohnten und liebgewonnenen Stil.
Welch hohes Niveau die Küche schon seit Jahren hält und wie feinsinnig sie sich weiterentwickelt hat, zeigte gleich eindrucksvoll die Vorspeise um zweierlei roh marinierten Hamachi. Die Gelbschwanzmakrele war hier perfekt proportioniert als Tatar und Sashimi-Tranchen in bestechend guter, klar und rein schmeckender Qualität – fest im Fleisch und mit zartem Schmelz – der Mittelpunkt einer von elegant transparenter Ponzusauce untermalten, von Avocadocreme geschmeidig unterfütterten und von erfrischend fruchtigen Mandarinenkomponenten sowie mineralischen Dünenkräutern und pikanter grüner Chilischärfe akzentuierten Kreation.
Schon da zeichnete sich ab, was sich im weiteren Verlauf der Weltreise bestätigte: Der bis dato oft grenzwertig intensiv, aber immer geschmackssicher würzende Chef hält sich in jüngster Zeit etwas mehr zurück. Wir wollen uns wie gesagt gar nicht unbedingt festlegen, ob wir das nun grundsätzlich gut oder nicht so gut finden – beim Hamachi jedenfalls hat sich die behutsame, aber trotzdem sehr pointierte Aromengebung als äußerst vorteilhaft erwiesen. Eine ausdrucksstarke, federleichte Komposition in perfekter Balance.
Perfekt balanciert war zweifelsohne auch die charakteristisch festfleischige, auf Holzkohle gegrillte Tristan-Languste, die mit cremig-knackiger Karotte, Erdnuss und einer vom indisch-portugiesischen Gericht Vindalho abgeleiteten Creme aufs Porzellan geschickt wurde. Hier allerdings hätten wir uns durchaus noch etwas mehr aromatischen Druck vorstellen können, was die robuste Kaltwasserlanguste auch locker vertragen hätte.
Ganz anders sah das wieder beim grandiosen Wolfsbarsch aus, der in absoluter Referenzklasse mit festem und doch zartem und vor allem maximal saftigem Fleisch sowie einer sehr dünnen, effektvoll akzentuierenden, aber in keiner Weise auftragenden, mit Chat Marsala gewürzten Kruste auftrumpfte. Die Kruste war mit ebenfalls herausragend guten, klar und frisch schmeckenden Herzmuscheln sowie Tupfen von Blumenkohlcreme und winzigen Röschen geröstetem Blumenkohl appliziert und so schwamm der Prachtfisch auf einer Muschel-Velouté, der wenige Tropfen eines äußerst aromatischen Öls von schwarzem Senf den entscheidenden Twist gaben. Das war völlig unaufgeregt und in seiner Klarheit und Prägnanz dennoch sehr aufregend.
Ähnlich wie der in Nussbutter zur Perfektion gebrachte Flusszander, der in Begleitung eines homogen wachsweichen Eigelbs, mildem Blattspinat und einem geflämmten Kohlrabiröllchen in einem Bonitosud baden durfte. Und der vom Begleitgetränk aus der alkoholfreien Getränkeauswahl, einer mit etwas Reisessig angespitzten und somit entschärften Umami-Bombe auf Basis von Soja, gegrilltem Gemüse und Kombualge, überraschenderweise noch weiter nach vorne gepusht wurde.
Zeigten die Vorspeise und beide Fischgänge starken Zug in Richtung 9 Pfannen, waren die beiden Fleischgänge diesmal etwas verhaltener unterwegs. Sowohl Rücken und Ragout vom Juvenil-Ferkel mit gelbem Curry, wildem Brokkoli, Spitzkohlröllchen und Kardamom-Gewürzjus, als auch Rücken und Ragout vom Hirschkalb mit Roter Bete, roter Shiso, Moosbeere und Mandel konnten in puncto Präsenz und Präzision nicht nahtlos an den Vorgängern anknüpfen – brachten aber nichtsdestotrotz ein klares 8-Pfannen-Niveau aufs Porzellan. Hier wäre nach unserem Dafürhalten auch wieder etwas mehr Wumms wünschenswert gewesen.
Den gab es im Anschluss beim Dessert um Sudachi, Sake, Minze und Kefir, wo die japanische Zitrusfrucht, das Reisgebräu und die Minze klare Kante zeigen durften und doch von der laktischen Milde des Kefirs sehr harmonisch in Schach gehalten wurden. Ein sehr leichter, frischer und doch prägnanter Schlussakkord. Unterm Strich also wieder eine begeisternde und sehr kurzweilige Performance, die von mit Sachverstand ausgesuchten und versiert vorgestellten Weinen oder wahlweise spannenden promillelosen Begleitern meist noch gewinnbringend ergänzt wird.

Lindau (Bayern)

Valentin

In der Grub 28 a, 88131 Lindau
08382-5043740
valentin-lindau.de
Küchenchef: Daniel Siebert
Di–Sa von 12–14 Uhr u. ab 17.30 Uhr, So u. Mo RT
Hauptgericht: 22–39 €,
Menüs: 75–160 €
VISA

Das Restaurant von Claudia und Valentin Siebert, das man auf der Lindauer Insel in einer deren pittoresken Innenstadtgassen findet, ist ein sehr geschmackvoll gestaltetes Souterrain-Gewölbe. Aber eben keine düster-rustikale Höhle, sondern ein hell, freundlich und großzügig angelegtes Lokal auf zwei Ebenen mit verschiedenen markanten Gestaltungselementen, die dem Valentin teilweise sogar einen leicht orientalischen Touch verleihen – etwa die originellen Lampen oder die Paravents.
Der Chef und sein Team arbeiten vom Restaurant aus gut einsehbar in einer gläsernen Küche, denn zu verbergen haben sie sowieso nichts. Ganz im Gegenteil, wird die Philosophie der Sieberts doch seit jeher stark von Nachhaltigkeitsaspekten getragen und der Anspruch an Frische, Natürlichkeit, ehrbares Handwerk und auch an Regionalität, da wo immer es Sinn macht, ist hoch. Die Karte teilt sich in etwas traditionellere, klassische Gerichte, die es à la carte und als sogenanntes „Weinbar Classics Menü" gibt, sowie eine kreativere, artifizielle Linie, die ausschließlich als Degustationsmenü in etwa 10 Gängen angeboten wird. Der erste Akt des insgesamt zehngängigen „Seed"-Menü war vegetarisch und nicht bloß optisch sehr ansprechend und bunt. Wachsweich gebeiztes Eigelb, etwas Kimchi und marinierte Radieschenscheiben waren da auf einer Art Mosaik von geschmortem Lauch angerichtet, von gepufftem Wildreis umgeben und mit unaufdringlicher Sojawürze aromatisiert. Ein sehr gefälliges Schichtwerk, das Schärfe, Säure, Würze und verschiedene Texturen von cremig über knackig bis knusprig miteinander verband. Ein starker Start und deutlich weniger verspielt als viele der letztjährigen Kostproben. Sehr gut hat uns auch die unter dem Titel „Caprese-Illusion" firmierte Vorspeise gefallen, die sich um eine aromatische, aus Gorgonzola und Ziegenfrischkäse fabrizierte und mit Tomatengelee überzogene Praline drehte, die wiederum auf einer zartkrossen, mit Tomate belegten Scheibe Basilikum-Brioche thronte. Umgeben nicht nur von dienlicher Süße spendendem Basilikumgranité, sondern auch vielen Wildkräutern, die das Ganze wieder in eine etwas herbere Richtung drehten, war auch das eine sehr animierende und harmonische Sache. Mit dicken Gurken-Tapiokaperlen, sehr weichem Keta-Kaviar und verschiedenen anderen knusprigen (Sago) bis knackigen (Gurken) Perlen und Kugeln sowie Avocadocreme haptisch etwas seltsam, geschmacklich aber ebenfalls sehr gut: kurz und knackig angebratener Lachs nebst Curryschaum als nächster Zwischengang.
Generell geht es auf Valentin Sieberts Tellern erfreulich wenig nonkonform zu. Das merkt man an den vom Gourmet-Mainstream abweichenden Aufbau vieler Gerichte, andererseits auch an den individuellen Kombinationen und originellen Produkten, wie auch bei dem in zwei Gängen servierten Bodenseehecht, der zuerst als mit Baumkuchen ummanteltes Parfait von der Hechtleber nebst süßlich glasiertem weißem Spargel und Quinoachips daherkam und dann, für uns allerdings nicht wirklich auffindbar, als „mariniert" zusammen mit etwas bretonischem Hummer, Morcheln und Mogriabieh, Morchelschaum und Estragon. Ob die Hecht-Komponente auf dem zweiten Teller schlicht vergessen wurde, oder verschwindend gering im Einsatz war, können wir nicht sagen. Wohl aber, dass der Teller trotzdem sehr gut geschmeckt hat – nur eben mit Hummer als alleinigem Hauptdarsteller.
Nicht ganz so überzeugend empfanden wir das Gericht „Tajine von Blumenkohl und orientalischen Gewürzen", das in der nicht-vegetarischen Variante mit Zweierlei vom Lamm serviert wurde. Und das lag einerseits an der Tatsache, dass dieser Hauptgang ein wenig so gewirkt hat, als ob zu gebackenem Blumenkohl und Gewürzespuma einfach noch eine Scheibe Kurzgebratenes und eine Scheibe Geschmortes vom Lamm gelegt wurde und es irgendwie kei-

ne Verbindung gab – andererseits aber auch daran, dass das Ganze tendenziell recht säuerlich geschmeckt und die Tiefe gefehlt hat.
Der süße Teil des Menüs wurde aber wieder umso voller und runder zunächst von einem Pré-Dessert um Erdbeere und Baiser eingeläutet, das sehr schön frisch und natürlich aromatisch mit ganz wenig Süße daherkam. Die „Schwarzwälder Kirsche" schließlich war natürlich kein Tortenstück, sondern wurde ganz anders interpretiert, blieb in Gestalt eines schokoladenüberzogenen Mousse-Würfels mit Kirschfüllung nebst Schokoladensorbet aber geschmacklich sehr nah am Original.
Der hohe kulinarische Anspruch des Restaurants wird auch beim Weinangebot ersichtlich, das schon im Basissortiment und auch im glasweisen Ausschank erfreulich individuelle und gute Tropfen listet, dank „Coravin"-System daneben aber auch höhere Qualitäten nicht nur als ganze Flaschen offeriert.

7↑

Villino

Mittenbuch 6, 88131 Lindau
08382-93450
www.villino.de
Küchenchef: Toni Neumann
Di–Sa ab 18 Uhr, So u. Mo RT
Hauptgericht: 58–64 €,
Menüs: 90–168 €
VISA

Obwohl das Villino noch nicht einmal direkt am Bodenseeufer liegt, fühlt man sich im Umfeld dieses heiter mediterran gestalteten Anwesens hinter dem Lindauer Hoyerberg immer wie irgendwo im nördlichen Italien. Auch das lichtdurchflutete Restaurant im Flügel eines Gebäudeteils, der im Stil eines Atriums errichtet wurde, passt perfekt in dieses Bild, welches durch den Titel „Cucina della Passione", der über einem der beiden Menüs steht, selbst beim Öffnen der Speisekarte noch Bestand hat. Im Detail präsentiert sich das Kulinarium von Küchenchef Toni Neumann dann aber nur an vereinzelten Stellen italienisch oder überhaupt mediterran. Denn die Speisefolge „Cucina della Passione" hat mehrheitlich asiatische Momente und das Menü „Villino Tradizionale" tendiert nach der asiatischen Vorspeisenvariation stärker in Richtung Frankreich als nach Italien. Dass wir die Bewertung der Küche in diesem Jahr schweren Herzens um eine halbe Pfanne nach unten korrigieren mussten, hat selbstverständlich keine stilistischen Gründe und wir haben im Villino zuletzt auch nicht deutlich weniger gut gegessen als in der Vergangenheit. Diese mehr kosmetische Korrektur resultiert aus längerfristigen Eindrücken und insbesondere auch den ständigen Quervergleichen mit allen anderen, ähnlich bewerteten Restaurants in der Umgebung und auch überregional. Und wir sind überzeugt davon, dass Toni Neumann und sein Team das Gesamtniveau auch sehr schnell wieder auf ein noch höheres Level bringen können, wofür es unserer Ansicht nach bei den meisten Kreationen nur etwas klarere Konturen und ein bisschen mehr aromatische Trenn- und Tiefenschärfe bräuchte. Denn oft sind die Geschmacksbilder mit verhältnismäßig breitem Pinselstrich geführt und die Aromen wirken bisweilen ein wenig verschwommen, das Gesamtbild somit plakativer, als man es bei einer mit acht und mehr Pfannen bewerteten Küche erwartet.
So wie beispielsweise bei der als Produkt sehr guten, saftig-knusprig gebratenen Wachtelbrust, deren Tranchen auf etwas Waldorfsalat angerichtet und von einer größeren Menge schaumiger Sauce Cumberland umgeben waren, die dem Ganzen plakativ fruchtig ihren Stempel aufdrückten. Solche Dinge schmecken uneingeschränkt sehr gut, wirken aber eben etwas eindimensionaler und undifferenzierter. Ähnlich die Vorspeise um Lachs-Ceviche, das mit dem mild säuregebeizten Fisch, den roten Zwiebeln und Tigermilk einerseits der traditionellen Zubereitung aus dem Ursprungsland Peru treu blieb, andererseits mit dünn gehobeltem Kokosnussfruchtfleisch und einem mit Avocado überzogenen kleinen halbierten Salatherz, auf das die Fischtranchen schuppenartig aufgelegt waren, individuell abgewandelt war. Mit einem tollen Hauptprodukt, animierendem Säurespiel und gut herausgestellten Aromen grundsätzlich ein sehr ansprechendes Gericht, welches allerdings durch die proportional relativ große Menge an nahezu naturbelassenem Salatherz im Detail auch unnötig simpel anmutete. An dieser Stelle hätte es hinsichtlich

einer höheren Bewertung einfach noch etwas mehr Detailarbeit und eines weiteren Akzents bedurft.
Daikonrettich und Nashibirne waren die Basis einer roten Shiso-Salsa, die als Nocke auf einer Linsentempura-Waffel thronte, mit der wiederum das knackig feste Fleisch einer Riesengarnele gedeckelt war. Aromatische Basis und tonangebende Komponente war hier eine mit asiatischen Aromen und prägnanter Schärfe ausgestattete Krustentiersauce. So hatte dieses Gericht von einem sehr guten Hauptprodukt über vielschichtiges Mundgefühl bis zu aromatischer Tiefe und Dynamik alles, was man von einer ausgewogenen modernen Komposition erwartet. Vergleichsweise einfacher und eindimensionaler, nämlich voll und ganz auf Umami abgestellt, präsentierte sich ein wieder sehr schön festes, topfrisches Stück vom Steinbutt, das sich zusammen mit den Frühlingsboten Spitzmorcheln und Bärlauch unter einem sehr großen und sehr dünnen Mie-Nudelblatt in einer auf Fischfondbasis zubereiteten Sojasauce tummelte. Einerseits gelungen puristisch, sehr leicht, sehr elegant, andererseits aber auch geschmacklich sehr würzig und kraftvoll, ohne ausgleichende Kontraste…
Was ja aber auch gar nicht immer sein muss. Manchmal freut man sich über solche unaufgeregt unkomplizierten Gerichte der Marke „Soulfood", zu denen wir insbesondere das im Grunde ganz gegenständliche und bodenständige „Cordon rouge" zählen würden: ein mit herzhaftem Gruyère und Bayonner Kochschinken delikat gefülltes Kalbsschnitzelchen, getoppt mit Frisée und Kräutern, gebettet auf buttrigem Kartoffelpüree, umgeben von einer Preiselbeersauce auf reduzierter Kalbsjus-Basis, die aber eben nicht nur Umamiwürze, sondern auch Süße und Säure beisteuerte.
Vom Hauptgang um Salzwiesenlamm mit weißer Polenta, Paprika und Aubergine hatten wir uns etwas mehr lockerflockige Mediterranità erhofft. Die rosa Tranchen aus der Hüfte, die sich den Teller mit zweierlei gefüllten Paprikaspitzen (einmal mit Auberginencreme und einmal mit cremiger Polenta) und einer etwas schnittfesteren Polentanocke teilten, wirkten aber nicht nur wegen der in diesem Kontext nach unserem Gusto eher unpassend mit Pfefferbeeren aromatisierten Jus thematisch etwas unentschieden und von der dichten, wuchtigen Sauce dominiert, die besser zu dunklerem Fleisch oder Geschmortem gepasst hätte. Da fehlten mit Blick auf eine höhere Bewertung die aromatischen Zwischentöne, das Kräuterwürzige, das Leichte, das Duftige, das Transparente. Einfach die dem feinaromatischen Lammfleisch kongenial zuspielenden Eigenschaften und Aromen…
Schön leicht und frisch läutete das Pré-Dessert um grünen Apfel und Dill auf Joghurtbasis dann das erfreulich wenig süße Finale ein – gefolgt von einem mit Mascarponecreme, Pistaziencreme und Honig-Rahmeis zwar etwas opulenteren, aber durch die Schichtung mit hauchdünnen Knusperhippen und die Auflockerung durch saftige Granatapfelkerne durchaus eleganten Abschluss auf einem den anderen Darbietungen ebenbürtigem Niveau. Ein weiteres gewichtiges Argument für einen Besuch im Villino ist neben dem schönen Ambiente und der sehr guten Küche der ausgesprochen liebenswürdige und sympathische Service. Und nicht zu vergessen die mit Sachverstand und Kurzweil vorgestellten Weinempfehlungen von Sommelier Rainer Hörmann.

Lottstetten (Baden-Württemberg)

7

Gasthof zum Kranz

Dorfstraße 23,
79807 Lottstetten (Nack)
07745-7302
www.gasthof-zum-kranz.de
Küchenchef: Gerd Saremba
Do–Mo von 11.30–14 Uhr u. ab 17.30 Uhr, Di u. Mi RT
Hauptgericht: 32–45 €, Menüs: 45–99 €
VISA

Einerseits ist dieser Gasthof in der beschaulichen Ortschaft Nack im äußersten Süden Baden-Württembergs ein absolutes Phänomen, weil es hier in der ländlichen Abgeschiedenheit im Grenzgebiet zwischen Deutschland und Schweiz trotz hohem gastronomischem Anspruch gelingt, mittags und abends auch unter der Woche ständig ein volles Haus zu haben.

Andererseits wundert uns das aber auch gar nicht, weil hier einfach sehr viel richtig gemacht wird: ein sehr gepflegtes, ansprechend schlicht und dennoch elegant gestaltetes Ambiente, unkomplizierte Gangart in den Gasträumen, eine nicht zu umfangreiche, aber auch nicht zu streng reduzierte Auswahl an Gerichten à la carte, ein sehr zugänglicher Küchenstil zwischen herzhafter Regionalität und beschwingt leichter Mediterranità... Und nicht zuletzt ein gutes Preis-Genuss-Verhältnis!
Alles hier hat Stil, aber die Gangart ist überhaupt nicht steif oder elitär. So wie die niveauvolle Küche von Gerd Saremba, die durch konsequent hochwertige Produkte und sehr sorgfältiges Handwerk mit viel Substanz überzeugt. Mit mehr Sein als Schein, mit Gerichten, die grundsätzlich über ihren Geschmack und ihre Qualität überzeugen und nicht über Kreativität oder Exklusivität. Da kann dann selbst ein sommerliches Melonen-Kaltschälchen mit kleinem Grissino-Stick als Amuse zum Gaumenkitzel werden, weil es nicht nur Frucht, sondern auch Säure und Tiefe besitzt.
Weil Gerd Saremba und sein Team einfach ein Händchen für die mediterrane Küche haben, gelingt auch eine Vorspeise um gerösteten Oktopus mit grillrauchig-fruchtiger roter Paprikacreme, ein paar Klecksen Hummus und locker über den flächig angerichteten Teller arrangierten Gemüse-Kräuter-Salat in seiner aromatisch durchaus kraftvollen, aber beschwingten Art attraktiv. Und Pasta ist hier sowieso immer eine Bank, wie zuletzt auch wieder die mit einer Fleischfarce gefüllten Ravioli zeigten, die den auf kleinem Raum den Geschmack eines großen Brasato transportierten. Und die mit frischen, wie aus dem Ei gepellten Pfifferlingen, etwas fein darüber gehobelter Belper Knolle und einem einmal mehr auf sehr leichtfüßige Art Geschmackstiefe erzeugenden Zusammenfluss aus Salbeibutter und Rotweinjus auch als Komposition voll überzeugen konnten.
Und das konnte ganz ohne Abstiche auch das auf seiner feinsäuberlich eingeritzten Haut kross gebratene und behutsam gewürzte Filet vom Loup de mehr mit seinen Begleitern. Der lag nämlich auf noch ganz leicht knackigen, aus gelben und grünen Zucchini geschnittenen „Linguine" und einem erfrischend mit Salzzitrone aromatisierten Kartoffelstampf, was wiederum sehr gut mit der angebratenen Chorizo korrespondierte, die ihre pikante Würze gewinnbringend mit einer konsistenten, aber solo etwas milden hellen Schaumsauce teilte – wenngleich es hier zugunsten etwas mehr Eleganz für den feinen Fisch eigentlich völlig genügt hätte, nur das ausgetretene Chorizoöl zu verwenden. Die vielen knusprigen Würfel ließen das Ganze eben etwas rustikaler erscheinen als nötig.
Und apropos rustikal: der einzige richtige Kritikpunkt vom letzten Besuch bezieht sich auf die viel zu dichte und über eine vertretbare Grenze hinaus salzkonzentrierte Jus, die es zum sehr guten, mit einer elegant dünnen, lockerflockigen Korianderbröselkruste gratinierten Lammrücken gab. Denn obwohl dieser mit seinem orientalisch inspirierten Begleitprogramm aus tomatisierten Kichererbsen, Couscous und mit frischer Minze ätherisch zugespitzter Joghurtsauce ebenfalls sehr zupackend umspielt wurde, hätte er eine transparentere, feinere dunkle Sauce verdient.
Wunderbare Leichtigkeit und Eleganz dann wieder beim Nachtisch, einem mit luftiger, fast schaumiger Mascarponemousse unterfütterten und mit einem schmelzig-säuerlichen Joghurteis gekrönten, mit Pfirsich säuerlich und frisch aufgelockerten Sommerbeeren-Arrangement. Auch das war zum Abschluss wieder deutlich raffinierter und feinsinniger, als es die Lektüre suggerierte. In der Weinkarte findet man neben einer Handvoll Winzergrößen aus der Region, von denen das renommierte Weingut Clauss sogar in Sichtweite des Restaurants liegt, auch andere deutsche und spannende europäische Gewächse aus Italien, Frankreich Spanien. Und dank Coravin-System sogar im Offenausschank sehr hochwertiges zu immer noch sympathisch moderaten Preisen.

Lübeck (Schleswig-Holstein)

7

Wullenwever

Beckergrube 71, 23552 Lübeck
0451-704333
www.wullenwever.de
Mi–Sa ab 19 Uhr, So–Di RT
Menüs: 95–175 €
VISA

Das stilvoll eingerichtete Lokal in dem historischen Kaufmannshaus darf seit langer Zeit als einer der kulinarischen Leuchttürme an der schleswig-holsteinischen Küste bezeichnet werden. Roy Petermanns konsequent klassische Küche hat hier in der Gegend fast schon so etwas wie ein Alleinstellungsmerkmal und was er hier in der Lübecker Altstadt servieren lässt, bewegt sich auf hohem Niveau, ist immer handwerklich fundiert, präzise und von leichter Hand zubereitet. Stilistisch folgt das Kulinarium seit jeher den französischen Küchentraditionen und den Jahreszeiten, kommt mal mediterran und kräuterduftig, mal exotisch gewürzt daher und dann wieder so kräftig-süffig und aromentief, wie man es sich eben von der guten alten Schule im Idealfall wünscht. Gastgeberin Manuela Petermann zeichnet für den familiären und zuvorkommenden Service sowie stimmige individuelle Weinempfehlungen verantwortlich.

Lüchow (Niedersachsen)

7

Field

im Hotel Katerberg
Bergstr. 6, 29439 Lüchow
05841-97760
www.hotel-katerberg.de
Küchenchef: Salvatore Fontanazza
Mi–Sa ab 18.30 Uhr, So–Di RT
Menüs: 145–159 €
VISA

Mitten im vor allem durch viel Weite, wenig Menschen und beschauliche Landschaften geprägten Wendland ein beachtenswertes Restaurant zu finden, ist durchaus erstaunlich – aber letztlich ein echter Glücksfall für all jene, die sonst eher Ruhe in der Natur, den künstlerischen Angeboten oder den kleinen, architektonisch interessanten Orten suchen. Dank der relativ guten Anbindung an Städte wie Hannover, Hamburg oder Berlin sind das tatsächlich gar nicht so wenige Besucher und so kann auch Salvatore Fontanazza in seinem Gourmetrestaurant „Field" auf eine gesicherte Nachfrage bauen.
Der Besuch lohnt sich! Denn was der höchst ehrgeizige Chef hier im Hotel Katerberg neben einem bodenständigen Bistro (das allerdings bei Gourmetreservierungen geschlossen bleibt) aufgebaut hat, ist bemerkenswert. In stilvoll reduziertem Ambiente mit komfortablen cremefarbenen Sesseln um fein gedeckte Holztische gibt es zunächst eine sehr entspannte Umgebung und seit neuestem außerdem die Möglichkeit, dem Team an einem stylischen Chefstable in der Küche über die Schultern zu schauen. Und in noch engeren Austausch zu treten, als das sonst mit dem immer wieder auch im Gastraum präsenten und begeistert seine Gerichte erklärenden Chef ohnehin schon der Fall ist.
Dieser ist zurecht stolz auf den zurückgelegten Weg, von anfangs noch oft überambitionierten und mit zu vielen Details fehleranfälligen Gerichten, hin zu einem deutlich gereifteren und pointierteren Stil, in dem immer wieder auch die italienische Heimat des aus Sizilien stammenden Salvatore Fontanazza durchscheint. Bereits im letzten Jahr gelang hier ein echter qualitativer Sprung und heuer präsentierte sich die Küche auf diesem Niveau sogar noch ein wenig souveräner und ausgefeilter.
Das zeigten bereits die aufwendig und akkurat eingesetzten Kleinigkeiten zur Einstimmung, darunter beispielsweise ein knuffiges kleines Aal-Beignet mit Salzzitronengel und Ossietra-Kaviar oder eine Knusper-Tartelette mit rohem Gambero Rosso, Mango, Chili und Fingerlimes mit jeweils deutlichen kontraststarken Aromen. Den kreativsten Einwurf gab es dann mit der auf (etwas zu viel) schwarzer Erbsencreme und milder weißer Mandelcreme gebetteten Auster nebst Spitzwegerich und rosa Schokolade (!) als spannender jodig-bitter-süßer Wachmacher, der aromatisch absolut schlüssig war, nur eben etwas zu cremig in die Breite ging.
Schon beim Langoustino aus Norwegen, der mit zartem Biss und klarem Geschmack in einem fein differenziert frischgrünen Umfeld aus mariniertem und gebratenem Spargel, einer milden Avocadocreme, weißer stoffiger Spargelsauce und herbem grünem Spargelschaum auf den Teller kam, wirkte aber wieder alles gut ausbalanciert. Nicht zuletzt durch weitere feinbittere und säuerliche Spitzen von Fingerlimes sowie die unterstützend kraftvolle Note kleiner knuspriger Pata-Negra-Schinkenchips.
Ebenfalls feine fleischliche Würze gab es zu den wunderbar zarten aus Calamari geschnittenen Streifen, die als „Tagliatelle" mit knusprigem Guanciale, flüssigem Bio-Eigelb, Pecorino und frischer Sommertrüffel zu einem schwelgerischen Wohlfühlteller zusammenkamen. Auch wenn der Speck hier proportional ein bisschen zu vorlaut eingesetzt wurde, war das Soulfood

pur und noch dazu auch handwerklich super gemacht.
Beim heiß geräucherten und damit ungewöhnlich fleischig kraftvoll wirkenden Filet vom Stör mit Sellerie und einer karamellisierten Selleriecreme wurde es dann wieder unkonventioneller. Allerdings gelang es dank nach Umeboshi-Art eingelegter Aprikose (als helles Gel) und Dillöl, das sonst eher dunkle, rauchige Aromenbild aufzubrechen und erneut einen harmonischen Gesamteindruck zu erzeugen.
Den gab es dann auch beim regionalen Huhn aus der Odefey-Premiumzucht, das als mit Morchel gefüllte und von hauchdünner knuspriger Haut eingehüllte Ballotine präsentiert wurde. Ein zartes Innereienragout und eine mit Geflügelfarce gefüllte Morchel verstärkten den Produktcharakter und sorgten für deutlichen Umamai-Boost, während ein Salzzitronengel und etwas Koriandergrün für Auflockerung sorgten und eine dicht reduzierte Pilzsauce all das geschmeidig miteinander verband. Das war in dieser Form wieder eher klassisch angelegt, aber ebenfalls auf hohem Niveau.
Der süße Abschluss rund um waldige Kiefer-Aromen, Sorbet und Gel von Brombeere und Basilikum, eine zarte Schokoladenhülle mit Brombeersauce sowie einen dunkelwürzigen dünnen Keks setzte danach sogar noch eins drauf und gehörte auf seine pointierte, aromatisch trennscharfe Art ganz klar zu den stärksten Eindrücken des letzten Besuchs.
Ergänzt von einem charmanten Serviceteam, hochwertigen und treffsicheren Weinempfehlungen und einem attraktiven Fundus im Keller, falls es lieber eine Flasche sein soll, ist und bleibt das Field kulinarisch klar die Nummer Eins im Wendland.

Ludwigsburg (Baden-Württemberg)

5

Dein Schützenhaus

Gschnait 1,
71642 Ludwigsburg
07141-5644744
www.dein-schuetzenhaus.com
Küchenchef: Sebastian Meier
Mi–So von 11.30–14.30 Uhr u. ab 17 Uhr, Mo u. Di RT
Hauptgericht: 13–35 €, Menüs: 35–44 €
VISA

Der Name und die Lage – bei unserer Anfahrt kreuzte tatsächlich ein Reh den Weg – signalisieren ganz richtig: „Dein Schützenhaus“ ist ein Vereinsheim im Grünen und laut Eigenbezeichnung auch eine „Schwäberia“. Auf der Karte stehen also Klassiker wie Gaisburger Marsch, Rostbraten und Jägerschnitzel, ordentlich zubereitet und hübsch angerichtet, wie auf den Nebentischen des gut besuchten Hauses zu sehen ist. Aber Geschäftsführer Sebastian Maier hat auch Erfahrungen mit der gehobenen Küche, zuletzt als Inhaber und Küchenchef der Herrenküferei in Markgröningen. Und so gibt es als Empfehlung einige wechselnde Gerichte, die sich à la carte oder auch als „Schützenmenü“ zu einem sehr guten Preis-Leistungs-Verhältnis ordern lassen und die durchaus ambitioniert sind.
Zuletzt konnten wir schon an einem einfachen Salat mit herzhaftem Kartoffelsalat, Spinat-, Rote-Bete-Blättern und einer Vielzahl weiterer frischer Zutaten wie schmackhaften Cherrytomaten erkennen, dass hier mit Sorgfalt gearbeitet wird. Auch der Kräuterquark zum Brot bot mit einer sanften Currynote das gewisse Etwas. Aufschlussreicher über das Küchenpotenzial war dennoch die attraktive Vorspeise von der Empfehlungskarte: ein Dreierlei von der Bete, das als Tatar sowie Geleekugel von der Gelben Bete in einer frischen Balsamico-Zitrus-Marinade auf einem Bett aus Avocadocreme und mit einigen Mango-Mousse-Tupfern garniert, ein sanftes Ton-in-Ton-Gericht war. Wahlweise dazu: sous-vide gegarter Schweinebauch, Carpaccio vom Seeteufel oder, wie in unserem Fall, ein cremiger karamellisierter Ziegenfrischkäse.
Als ziemlich ausdrucksstark erwies sich danach der maritime Pot au feu: mit Curry-Spitzkohl zwischen Süße, Säure und Schärfe changierend, auf Basis eines zurückhaltenden Fischsuds zubereitet. Klar und fein aus diesem Meereseintopf herauszuschmecken waren exakt angebratene und gegarte Einlagen wie Jakobsmuscheln, eine Garnele und ein Saiblingsfilet mit würzig-knuspriger Haut, die sich darin zwischen Gelbe-Bete-Gnocchi und der an unse-

rem Abend bei vielen Gerichten etwas redundant eingesetzten Kresse tummelten.
Herzhaft in die Tasten gehauen wurde beim Bœuf Stroganoff von der trockengereiften und geschmorten Shortrib (teils noch am Knochen), die mit ihrer mürben Konsistenz und Geschmackstiefe überzeugte. Borretane-Zwiebeln und Würfel von der Essiggurke lieferten Süße und Säure dazu, erdigen Zusammenhalt gab es durch Pilzfarce nebst kräftiger Jus und als Teil einer Kartoffelcreme kam auch hier Bete zum Einsatz. Optisch wirkte dieser Teller genau wie der Pot au feu sehr kompakt, war aber auch kein „Einheitsbrei“, sondern hatte auf differenzierte Art und Weise ebenso viele verschiedene Geschmacksnuancen zu bieten.
Das Dessert war eine „Hommage an den Ofenschlupfer“ mit einem fluffigen Apfelküchlein, hausgemachtem Vanilleeis, einer Pistaziencreme und Crumble. In der intensiven Dichte dieses Gerichts hätte eine frische Säurenote vielleicht für etwas mehr Leichtigkeit gesorgt.
Die Weinkarte bietet rund 50 Positionen, aber auch offen werden zu sehr fairen Preisen attraktive Weine ausgeschenkt, zum Beispiel ein duftiger Sauvignon blanc vom Weingut Escher oder eine elegante Rotweincuvée von Albrecht Schwegler. Da bleibt man gerne etwas länger sitzen, zumal das edelrustikale Ambiente mit seinen Grün- und Holztönen sowie der Wintergarten einen gemütlichen Rahmen bieten.

Ludwigslust (Mecklenburg-Vorpommern)

5

Landküche

im Hotel de Weimar

Schlossstr. 15, 19288 Ludwigslust
03874-4180
www.landhotel-de-weimar.de
Küchenchef: Wilfried Glania-Brachmann
Di–Sa ab 17 Uhr, So u. Mo RT
Hauptgericht: 16–44 €, Menüs: 38–85 €

Wenn die Küche auf dem Land tatsächlich so aussieht wie im Restaurant Landküche, dann muss es sich dabei um eine sehr vornehme Art des Landlebens handeln. Denn nicht nur das beinahe aristokratische Ambiente des hohen glasüberdachten Innenhofs im Landhotel de Weimar mit seinen schwarz-weißen Schachbrettfliesen, Backsteinwänden und romantischen Wandleuchten rund um festlich gedeckte Tische wirkt sehr edel – auch die Küche von Wilfried Glania-Brachmann zeigt sich trotz der Konzept- und Namensänderung hin zu einer bodenständigeren Linie konzeptionell gar nicht wirklich weit von dem entfernt, was hier in früheren Jahren unter dem Restaurantnamen „Ambiente“ geboten wurde.
Eigentlich ist das Spektrum nur ein bisschen breiter geworden, denn neben den gehobenen Gerichten im Menü und der Kategorie „meine Hofküche“, in der nach wie vor auch Foie gras und Steinbutt angeboten werden, stehen in der regionalen Kategorie beispielsweise auch Matjestatar mit Reibekuchen, Geröstete Blutwurst mit Sauerkraut oder Mecklenburger Gänsesauerfleisch mit Steinpilzremoulade, Schmorkohl und Bratkartoffeln auf der Karte. Die Erfahrung des Chefs aus mittlerweile 30 Jahren fundierter Kochkunst hier in Ludwigslust garantieren, dass auch diese Gerichte unbedingt einen Versuch lohnen, wenn es mal etwas rustikaler sein soll und gleichzeitig ein ansprechendes Niveau gewünscht ist.
Aber auch die ambitionierteren Gerichte können auf ihre geradlinige Art überzeugen. Das deutete zuletzt bereits eine kühle, mit rundem Umami und feiner Säure erfreuende Tomatenessenz an, die als erstes auf das Menü einstimmte. Und die gleich darauf auch noch als Basis für ein zartes Gelee diente, auf dem festfleischig milder Matjes mit Sauerrahm und einer an einem Schaschlikspieß darüber drapierten Pellkartoffel präsentiert wurden. Über die etwas manierierte Art des Anrichtens lässt sich diskutieren, aber geschmacklich war auch das ein feiner einfacher Happen.
Eher ungewöhnlich angerichtet war das Saiblingstatar alias „Hackepeter“ im ersten Gang des Menüs: Ganz wie ein oldschool interpretiertes Rindertatar mit einem cremigen Wachteleigelb obenauf stand der Saibling selbst in eher purer Fassung im Zentrum des Tellers und drumherum wurden mit geschnittenen Schalotten, Kapern, gerösteten Haselnüssen, Tomatenwürfeln und Saiblingskaviar verschiedenste Möglichkeiten zum eigenständigen Würzen drapiert – was insbesondere in der Alles-mit-Allem-Variante ein überzeugendes Ergebnis lieferte.
Nicht ganz so überzeugend waren die kleinen und tendenziell trockenen, dafür aber schmeckbar frischen Filetstreifen vom Steinbutt mit Blumenkohl (pur sowie knusprig gebacken) in einer goldgelben Velouté, die sowohl Schmelz als auch Säure beisteuerte, beim Abkühlen aber mit leichter Hautbildung etwas an Charme verlor. Und auch im Hauptgang kam mit dem relativ weit durchgebratenen, pfeffrig gewürzten

Rehrücken vor allem wegen eines etwas zu derben, leberartigen Geschmacks kein ganz optimales Produkt auf den Teller. Umso überzeugender gelang dafür die wohlproportionierte Begleitung mit festen, sanft gebratenen Pfifferlingen, goldgelb gebackenen Grießknödeln, ein paar herbfruchtigen Akzenten und einer von reduziertem Portwein getragenen Sauce.
Geschmacklich überzeugender als optisch war am Ende dann der süße Abschluss in Form eines lauwarmen, säuerlich konzentrierten Rhabarbersüppchens mit Erdbeeren, das mit darin schwimmender gratinierter Crème Patissière und knusprigen Rhabarberbaisers mit Süße und Schmelz ausgleichend harmonisierende Elemente an Bord hatte. Zu alldem sorgt Gastgeberin Petra Fuchs gemeinsam mit ihrem Team dafür, dass es einem an nichts fehlt, teilt nebenher auch Wissenswertes zur Historie des Hauses und der Stadt und verwaltet außerdem ein stattliches Weinsortiment, in dem sich insbesondere unter den Flaschenweinen lohnende und teils länger gereifte Tropfen zu fairen Preisen finden.

Lunden (Schleswig-Holstein)

5↑

Lindenhof 1887

im Hotel Lindenhof 1887
Friedrichstr. 39,
25774 Lunden
04882-407
www.lindenhof1887.de
Küchenchef: Tjark-Peter Maaß
Mo u. Mi–Fr ab 18 Uhr, Sa u. So von 11.30–13.30 Uhr u. ab 18 Uhr, Di RT
Hauptgericht: 22–45 €, Menüs: 35–90 €
VISA

Schön zu sehen, wie sich eine Küche bei aller Bodenständigkeit und mit viel weniger Raum für die Kür als für die Pflicht, trotzdem sukzessive weiterentwickeln und verbessern kann. So wie im Fall dieses von Jasmin und Tjark-Peter Maaß geführten, sehr zeitgemäßen Landgasthofs in Lunden, was etwa auf halber Strecke zwischen Husum und Büsum liegt. Die beiden haben den traditionsreichen Lindenhof hinter seiner gemütlichen rotbraunen Klinkerfassade mit weißen stuckverzierten Fenstern und Türen seit der Übernahme nicht nur optisch zeitgemäß renoviert, sondern legen auch Wert auf eine Küche von heute. Die kommt ganz ohne modische Manierismen aus und präsentiert sich trotzdem up to date – dieses Jahr sogar nochmal leicht verbessert, was wir nur allzu gerne mit einem Bonuspfeil zu den wohlverdienten 5 Pfannen honorieren wollen.
Wer sich an die eher traditionellen Gerichte der „Klassiker“-Sparte hält, wird zwar ebenfalls feststellen, mit wieviel Substanz und Sorgfalt hier gearbeitet wird, aber vielleicht unsere Bewertung nicht ganz nachvollziehen können. Der wird nämlich am besten das „Genuss-Menü“ gerecht, das es in fünf Gängen gibt und in aparten Portionen und stimmigen Proportionen die weltläufigere, aber nie beliebige Küchenlinie des Chefs widerspiegelt, der sein Handwerk in ersten Häusern wie dem Vier Jahreszeiten in Hamburg oder dem Alten Meierhof in Glücksburg gelernt hat und genau weiß, auf was es ankommt.
Das Menü begann zuletzt sehr schmackhaft aber ganz klassisch und gediegen mit etwas kaltgeräuchertem Lachs auf einem Stückchen feinwürziger Mousseterrine vom Blumenkohl, wurde aber mit der Vorspeise gleich etwas fordernder und interessanter. Die hier als Hauptprodukt in Szene gesetzte Lachsforelle thronte als eine mit Saiblingskaviar getoppte Tranche vom gebeizten Fisch auf einem flachen Rechteck, das aus einer Schicht Schmand und darauf einem Tatar von Gurke, Portulak und warmgeräucherter Forelle bestand, was dem Ganzen feine rauchige Würze verlieh. In seiner Grundaromatik unterstrichen von einem Gurkenpüree und einer feinsäuerlichen Mayonnaise, zitrisch akzentuiert von einer kleinen Nocke Kalamansisorbet.
Grundsätzlich wird hier aber nicht gebastelt und nicht getupft, sondern lieber mit schmissen Kombinationen für Raffinesse gesorgt. Auch mal mit ungewöhnlichen, wie beim knusprig gebackenen wachsweichen Bio-Eigelb, das zusammen mit knackigem Wildem

Brokkoli in einer Schnittlauch-Beurre-blanc angerichtet war – was an sich noch nicht ungewöhnlich ist, aber durch den ebenfalls herzhaften, leicht temperierten „Bauertaler“ aus der Käserei Backensholz zur überraschend originellen Angelegenheit wurde.
So wie die auch als Produkt sehr guten gebratenen Garnelen auf einem Bett aus Perlgraupen und umgeben von einer kraftvoll-natürlichen aufgeschäumten Krustentiersauce auch erst durch die mit Vanillearomen akzentuierten Bitternoten von geschmortem Chicorée so richtig interessant wurden. Da wirkt nichts überdreht oder bemüht, da wird mit guten, eingängigen Ideen ein klassisches Arrangement der Gediegenheit entrückt.
Gelang genauso gut auch beim aromatischen rosa Rücken und der mit Geduld geschmorten Schulter vom nordfriesischen Lamm – der Rücken nicht nur mit geschmackspushendem Fettdeckel, sondern auch mit einer dünnen gratinierten Bärlauchkruste und das Schulterstück mit rahmiger Sauce nappiert und mit Pankoknusper beflockt. Die kamen nämlich nicht nur in Begleitung einer seidigen Blumenkohlcreme daher, sondern wurden durch verschiedene Radieschen und Eiszapfen zu einem frühlingshaft ätherischen Vergnügen.
Und weil auch beim Dessert um weiße Schokolade, Fenchel, Ziegenfrischkäse und Orange in Gestalt von Parfait, Creme, Salat, Eis, Filets und Chips alles nicht nur haptisch, sondern auch aromatisch sehr geschmeidig ineinandergriff, wirkte der gute Gesamteindruck wie aus einem Guss. Die Weinkarte listet ein ausgesuchtes Sortiment hauptsächlich namhafter deutscher Winzer, daneben aber auch noch ein paar internationale Alternativen. Den Service erlebten wir wiederholt sehr engagiert und sympathisch.

Hotelempfehlung

Hotel Lindenhof 1887

Friedrichstr. 39,
25774 Lunden
✆ 04882-407
www.lindenhof1887.de
Einzelzimmer: ab 80 €
Doppelzimmer: ab 130 €

Der über hundert Jahre alte Lindenhof in der beschaulichen Ortschaft Lunden im Nordosten Schleswig-Holsteins, etwa eine halbe Autostunde südlich von Husum gelegen, wird heute engagiert von Jasmin und Tjark-Peter Maaß geführt, die ihn erst 2014 um einen Anbau mit sechs modernen Doppelzimmern erweitert haben. Jeder dieser Räume ist stilvoll schnörkellos eingerichtet, mit Stoffen in warmen Farben wie Grün und Beige, edlem Holz und bequemem Mobiliar wurde hier ein gemütliches Ambiente zum Wohlfühlen geschaffen. Zur Ausstattung gehören neben einem großen Doppelbett auch Sessel, Schreibtisch, moderner Flat-TV, WLAN und USB-Steckdose und Pflegeprodukte. Eine kostenlose Flasche Mineralwasser steht auf den Zimmern bereit, und an der Kaffeebar im Hotelflur dürfen sich die Gäste ebenfalls kostenlos bedienen. Auch die Kulinarik wird großgeschrieben: Tjark-Peter Maaß, der sein Handwerk in ersten Häusern wie dem Vier Jahreszeiten in Hamburg oder dem Alten Meierhof in Glücksburg gelernt hat, legt im hellen, lichtdurchfluteten Restaurant größten Wert auf Produktqualität und Geschmackserlebnis. Restaurant Lindenhof 1887 separat erwähnt.

Lütjensee (Schleswig-Holstein)

5 🍴🍴

Fischerklause am Lütjensee

Am See 1,
22952 Lütjensee
☎ 04154-792200
www.fischerklause-lütjensee.de
Mi ab 17 Uhr, Do–So u. Fei von 12–14.30 Uhr u. ab 17 Uhr, Mo u. Di RT
Hauptgericht: 23–34 €
EC VISA P

Das idyllisch am Ufer des Lütjensees gelegene Traditionshaus ist seit über 100 Jahren in Familienbesitz und bietet weit mehr als ein klassisches Ausflugslokal. Vom umfangreichen, mit Expertise gepflegten Weinangebot bis zur handwerklich fundiert zubereiteten Küche bietet die Fischerklause in ihren gepflegten Gasträumen mit Seeblick oder auf der weitläufigen Terrasse überdurchschnittliches Niveau. Das Repertoire reicht von regionalbetonten Gerichten aus heimischen Fischen wie dem hausgeräucherten Lütjenseer Aal, Flusskrebsen oder Forellen bis zu mediterraner oder klassischer internationaler Küche.

Mainz (Rheinland-Pfalz)

7↑ 🍴🍴🍴

Favorite

im Favorite Parkhotel
Karl-Weiser-Str.1,
55131 Mainz
☎ 06131-8015133
www.favorite-mainz.de/restaurants/gourmetrestaurant
Küchenchef: Tobias Schmitt
Mi–Sa von 12–14 Uhr u. ab 18.30 Uhr, So–Di RT
Hauptgericht: 55–80 €,
Menüs: 160–190 €
EC VISA P

Das unmittelbar am Mainzer Rosengarten mit seinen weitläufigen Parkanlagen gelegene Favorite bietet als engagiert inhabergeführtes Hotel nicht nur viel Komfort und individuellen Charme, sondern auch eine der anspruchsvollsten Genussadressen der Region. Im seit nunmehr drei Jahren von Tobias Schmitt als Küchenchef sehr erfolgreich geführten Gourmetrestaurant mit Ausblick in den Park und auf die Rheinschifffahrt erwarten den Besucher eine elegant entspannte Atmosphäre und zeitgemäß ausgeführte klassische Kreationen mit vielen guten Ideen – eine einerseits leicht zugängliche Küche, die aber andererseits viele spannende Details zu bieten hat.
Diesen Stil verkörperten dann beim letzten Besuch auch bereits die einstimmenden Miniaturen wie ein cremig-salziger Rauchaalsalat in hauchdünnem Bete-Krokant sowie das von einer beinahe flüssig zarten Gänseleberpraline gekrönte Rindertatar auf einem kleinen, leicht angekrossten Briochetaler. Und auch die als Tatar und festfleischiges Rondell servierte Gelbschwanzmakrele wurde mit erfrischendem Gurkeneis, einer fruchtigen Tomatensalsa und marinierter Gurke als ziselierte, aber bei aller Filigranität in den Details sehr prägnanter Appetitmacher präsentiert.
Im „Hauptprogramm“ überzeugte topfrischer Ora King Lachs, ganz leicht temperiert, markant abgeflämmt und mit mild jodigem Kaviar gekrönt, in einem ganz ähnlichen Setting: Umspielt wurde der edle Salmonide von einem cremigen Pastissud mit dem typischen Anisduft, knackigen Gurkenperlen und einem ebenfalls frischgrün wirkenden Staudenselleriesorbet, wobei die markante Frische in diesem Fall von etwas mehr Körper und Volumen getragen wurde.
Mit gleicher Genauigkeit, aber deutlich mehr Power inszenierte das Team dann gezupftes Fleisch und ein confiertes Rondell von der Königskrabbe neben knackigen Erbsen und akkuraten Zubereitungen von der Purple-Haze-Karotte (stückig und cremig), die von einem mit enormer Röstpower und deutlichem warmem Vadouvan-Duft geprägten Krustentiersud umspielt wurden. Dass dessen Kraft bei aller Intensität genauso exakt eingestellt war, dass die Königskrabbe an keiner Stelle dominiert wurde, zeigte einmal mehr die Klasse der Küche.
Und deren handwerkliche und kompositorische Souveränität wurde dann auch bei der Zwiebelbouillon mit ihrer dunklen Tiefe und einem dichten, von leichter Schmorsüße geprägten Geschmack deutlich. Dieser Power-Sud bildete die eindrucksvolle Umgebung für abwechslungsreiche Zwiebelzubereitungen, die mal knackig und säuerlich, mal eher süßlich-weich, teils mit filigranem Röstzwiebelgeschmack und teils in eleganter Süß-Säuerlichkeit konzentriert angespielt wurden – unter anderem in einem Chutney auf angegrillten Ofenzwiebeln...

Vom Powerlevel her hatte es das australische Black-Angus-Beef als kernig sattaromatisches Rückenstück danach gar nicht so leicht. Allerdings stellte das Premiumfleisch, das auch den überraschend weit über „medium“ hinaus getroffenen Gargrad problemlos vertrug, in seiner gekonnten Akzentuierung dennoch einen auf klassische Art sehr würdigen Hauptgang: Mit einer fruchtig-ätherischen Kruste von Bete und Meerrettich, teils eher erdigen, teils feinsäuerlichen Bete-Zubereitungen, kleinen Pfifferlingen und einer mit nobler Süße und aromatischer Transparenz aufwartenden Banyuls-Jus.

Beim süßen Abschluss zog das Team dann nochmal ein paar Kreativitäsregister mehr und kombinierte ein cremiges Eis von Cassis und Lavendel sowie ein (leicht kristallines) Sorbet von Johannisbeerholz mit in knackiger dunkler Schokoladenhülle verborgener Original Beans Schokoladenmousse samt Cassiskern und einem floral-fruchtigen Topping aus Johannisbeeren samt Blüten und Gel. Subtil unterfüttert wurde das Ganze von einem beerenfruchtigen Cassisfond und bewegte sich damit vor allem durch die ebenso spannungsgeladene wie harmonische Verbindung von dunklen Kakaonoten mit erfrischend säurebetonten Fruchtakzenten schon beinahe auf glattem 8-Pfannen-Niveau.

Dazu gibt's eine umfangreiche Weinauswahl mit vielen großen Gewächsen aus der Region sowie aus Bordeaux und Burgund, aber auch weniger bekannten Entdeckungen aus unterschiedlichen Anbaugebieten, so dass sich garantiert für jeden Anlass und Geschmack ein passender Tropfen findet. Bei der Auswahl hilft das präsente Serviceteam genauso souverän und routiniert wie bei allen anderen Angelegenheiten.

7

GenussWerkstatt

im Hotel Atrium

Flugplatzstr. 44, 55126 Mainz
06131-4910
www.genusswerkstatt-mainz.de
Küchenchef: Carl Grünewald
Do–Sa ab 19 Uhr, So–Mi RT
Menüs: 105 €

VISA

Dass ausgerechnet in dem privat geführten, stylisch-modernen Atrium Hotel in Mainz ein Gourmetrestaurant mit konsequent regionaler Ausrichtung und kreativem Umgang mit Gemüse beheimatet ist, mag im ersten Moment verwundern. Aber diese Stilistik, die sicherlich in Skandinavien ihre prominentesten Vertreter hat, wurde längst auch hierzulande in jeweils eigenständigen Konzepten adaptiert und beispielsweise im Nobelhart & Schmutzig in Berlin oder dem Etz in Nürnberg auf beeindruckend hohem Niveau etabliert. Einer, der diese Entwicklung ganz wesentlich mit gepusht hat – wenngleich er schon länger nicht mehr aktiv am Herd steht – war Matthias Schmidt in der Villa Merton in Frankfurt, mit dem auch GenussWerkstatt-Küchenchef Carl Grünewald längere Zeit am Herd stand, bevor er hier in Mainz seine eigene Idee regionaler Küche zu verwirklichen begann.

Und diese Idee beinhaltet einerseits eine auf Heimat und deren Produkte, natürlich auf Nachhaltigkeit, aber genauso auch auf handwerkliche Kreativität basierende Philosophie, wirkt dabei aber an keiner Stelle dogmatisch, sondern will eher die Freude am genussvollen Entdecken wecken. Um das auf möglichst hohem Niveau leisten zu können und darüber hinaus eine ausufernde Kalkulation zu vermeiden, wird konsequent auf à la carte und größere Auswahlmöglichkeiten verzichtet. Geboten wird ausschließlich eine Abfolge von maximal zehn kleinen, oft puristisch präsentierten

Tellern, darunter viele rein vegetarische Eindrücke.
Los geht's aber immer mit einer umfangreichen und mit viel Liebe zu Basisprodukten inszenierte Brotzeit zu Beginn, die von saftig-knusprigem Sauerteigbrot mit Aschebutter und Borretsch-Ziegenquark über den hausgemachten Schinken bis zu einer kleinen Zwiebeltarte und gebackener Blutwurst ein wohliges und abwechslungsreiches Vergnügen mit überraschend viel Finesse in den Details bietet. Derart herzerwärmend eingestimmt folgte mit rohen Scheiben von Gelbe Bete und Apfel in Apfelessig und Apfelsaft mit Verjus und Honig, aufgefrischt von Gartenkresse und akzentuiert mit pointierten ätherischen Kicks von Estragon ein zunächst eher karg wirkender, letztlich aber angenehm frischer und genau durchdachter Eindruck.
Und bereits mit der dramaturgisch klug gesetzten Seeforelle nebst Saiblingskaviar vom Premiumzüchter Birnbaum wurde es dann – bei gleichem Purismus – wieder vollmundiger und schmeichelnder: Der feine Salmonide mit ultranuspriger Haut über nur ganz leicht temperiertem Fleisch wurde in einer leichten, von knackiger Säure belebten Beurre blanc mit Öl und Stielen von Liebstöckel präsentiert. Und mehr als Fisch und Sauce brauchte es an dieser Stelle auch nicht.
Das kreative Potenzial der Küche mit Umgang mit Gemüse zeigten dann zunächst die weich geschmorten Selleriestücke als salzig-buttrige Umamibombe in einer diesen Eindruck noch verstärkenden, klebrig-würzigen Reduktion aus Selleriesaft und Röstzwiebelöl, aufgelockert von etwas knusprigem Buchweizen sowie einem Petersilienpesto und marinierten Petersilienblättern, die genau das richtige Maß an Frische spendierten. Aber auch die folgenden, hauchdünnen Kartoffelscheiben – saftig und kross aufgeknuspert – mit mildsäuerlich eingelegter roter Zwiebel und einer samtigen, viel feine Würze zuspielenden Sauce aus Sauermilchkäse und Bohnenkrautsalz. Gerade in diesem Bereich garantiert das Team jedes Mal neuartige Eindrücke.
Mit einem „Enteneintopf" aus Herz, Magen und Keule in einem tiefaromatischen Pilzfond und kräutergrüner Petersilienpasta gelang sodann eine schmeichelnde Einstimmung auf das Thema „Ente", bevor danach im Hauptgang deren gereifte Brust – mit straffem Fleisch und viel sattem Geschmack unter ihrer dünnen, knusprigen Kruste – samt forscher Röstzwiebelschmelze präsentiert wurde. Ergänzt wurde das auf diese Art sehr charakterstarke Geflügel nur von einem mit etwas Velouté cremig gebundenem Wirsinggemüse und einer natürlichen transparenten Entenjus (nur aus Knochen und Zwiebel hergestellt) und ergab dergestalt eine weitere puristische Punktlandung.
Den Übergang ins Süße schaffte ein Fichtensirup-Granité, mit Verjus angespitzt und essigsauren unreifen Johannisbeeren, zusätzlich um eine grüne, ganz entfernt an Stachelbeere erinnernde Fruchtnote ergänzt, auf sehr kantige aber dennoch harmonische Art. Knackige Säure und Herbheit prägten dann auch das Finale rund um Quitte als säuerliche, mit brauner Butter verfeinerte Creme und karamellisierte Stücke neben eingelegten Rosenblättern, deren floraler Duft auch das kontrastierende Holunderbeerensorbet verfeinerte, ohne dabei irgendwie aufdringlich zu wirken. Im Gegenteil: Auch hier bewies die Küche eine ausgesprochen feine Federführung.
Zu allem bietet die erfreulich fair kalkulierte Weinkarte eine spannende Auswahl, teils auch gereifter Flaschen aus Deutschland und zum kleineren Teil auch Frankreich, Italien oder Spanien. Auch Freunde individueller Natural Wines kommen auf ihre Kosten, so dass der Abend letztlich garantiert auch in den Gläsern ein durchweg erfreulicher und genussreicher wird.

6

Pankratz

im Pankratiushof
Lindenplatz 6, 55129 Mainz
06131-957780
www.pankratiushof.de
Do–Sa ab 19 Uhr, So–Mi RT
Menüs: 100–120 €
VISA

Der Koch Paul Schmiel setzt im Restaurant des familieneigenen Pankratiushofs seine ganz persönlichen Vorstellungen einer streng regionalen, produktorientierten Küche um. Dazu passt das puristische Interieur, das skandinavischen Chic und japanische Klarheit in Einklang bringt: Mit viel hellem Holz, wenig Deko, Weckgläsern im Regal, einer offenen Küche samt Feuerstelle und einigen Tresenplätzen. In dieses Bild passt auch der Stil des je nach Marktlage wechselnden Menüs, das aus etwa zehn Gerichten plus Kleinigkeiten davor und danach besteht. Die Kreationen sind teilweise radikal reduziert, in jedem Fall klar auf das jeweilige Hauptprodukt fokussiert. Und diese Idee der kompromisslosen Regionalität und eines radikal minimalistischen Produktfokus wird hier sehr gekonnt und zeitgemäß umgesetzt. Der Service agiert betont locker-familiär, das sehr überschaubare Weinbrett mit klarem Schwerpunkt auf „Naturweinen" ist fair kalkuliert.

7

Steins Traube

Poststr. 4,
55126 Mainz
06131-40249
steins-traube.de
Di u. Mi ab 18 Uhr, Do–Sa 12–13.30 Uhr u. ab 18 Uhr, So ab 12 Uhr durchgehend, Mo RT
Hauptgericht: 40–48 €,
Menüs: 100–150 €

VISA

Die Traube von Familie Stein im Mainzer Stadtteil Finthen hat Tradition und kann bereits auf eine über hundertjährige Geschichte zurückblicken, die auch im Treppenhaus mit einer Fotogalerie dokumentiert ist. Seit 2019 führen Philipp und Alina Stein den Familienbetrieb und haben ansehnlich modernisiert. In sehr schickem und zeitgemäßem Ambiente sieht sich die neue Linie wie ein roter Faden durchs gesamte Gebäude. Die beiden Menüs stehen, genau wie die zusätzliche Auswahl an À-la-carte-Gerichten, nicht nur für eine mittlerweile in den Gourmetrestaurant hierzulande seltene Vielfalt und hohes handwerkliches und qualitatives Niveau, sie bieten auch ein recht breites Spektrum zeitgemäßer klassischer Küche zwischen Tradition und Innovation, zwischen satter, kraftstrotzender französischer Küche und sehr leichtfüßiger Mediterranità. Und das nicht nur an zwei, drei Abenden in der Woche, sondern an fünf und zusätzlich viel Mal am Mittag. Auch das eine schöne Seltenheit!

Hotelempfehlung

★★★★S

Atrium Hotel Mainz

Flugplatzstr. 44, 55126 Mainz
06131-4910
www.atrium-mainz.de
Einzelzimmer: 89–279 €
Doppelzimmer: 99–292 €

VISA

Das 4-Sterne-Superior-Hotel am Stadtrand von Mainz ist das größte inhabergeführte Privathotel in Rheinland-Pfalz und der Rhein-Main-Region. Die Hotelanlage umfasst 150 individuell gestaltete Designer-Zimmer, -Suiten und -Apartements, die größten Komfort bieten. Der Wellnessbereich wartet neben verschiedenen Möglichkeiten zu Anwendungen und Massagen (traditionell, ayurvedisch, Shiatsu...) auch mit Schwimmbad, finnischer Sauna, Dampfbad, Infrarot-Relax-Kabine, Erlebnisdusche und Tauchbecken auf. 22 hervorragend ausgestattete Konferenz- und Bankettträume auf über 2000 qm Gesamtfläche inmitten einer großen Gartenanlage ergänzen das Angebot. Und für das kulinarische Wohl wird in drei verschiedenen Gastronomie-Outlets gesorgt. Neu ist das À-la-carte-Restaurant „Adagio Restaurant und Weinbar" mit stilvoller, mediterran anmutender Atmosphäre. Restaurant GenussWerkstatt separat erwähnt.

Bezahlkarten-Symbole

- Mastercard
- EC-Maestro
- Diners
- American Express
- VISA Visa

Maisach (Bayern)

6

Gasthof Heinzinger

Weiherhauser Str. 1, 82216 Maisach
08135-9942763
gasthof-heinzinger.de
Küchenchef: Denis Michael Kleinknecht
Mi ab 18 Uhr, Do von 12–14 Uhr u. ab 18 Uhr, Fr u. Sa ab 18 Uhr, So von 12–14 Uhr u. ab 18 Uhr, Mo u. Di RT
Hauptgericht: 15–45 €, Menüs: 55–119 €

Ein traditionelles bayrisches Wirtshaus wie es im Buche steht. Mit auf'gschmalzter Brotsuppe, Kalbskrautwickerl, Böfflamott, Rostbraten und Dampfnudeln. Aber zugleich auch ein Gourmet-Wirtshaus, das überdies mit einer ambitionierteren, mehr in die Fine-Dining-Richtung tendierenden Küchenlinie („modern | anders") aufwartet. Und das Schönste: beide Welten werden bei Denis Michael Kleinknecht mit der gleichen Motivation und viel Expertise bespielt. Die Traditionsklassiker mit hohem Anspruch an die Produktqualität, an die Natürlichkeit der Aromen und an ehrbares Handwerk – die Feinschmecker-Offerten darüber hinaus mit kreativem Twist, aber nicht überdreht oder übermotiviert, sondern immer mit souveräner Bodenhaftung.
Das kann dem aufgeschlossenen Gast dann so erfrischend unkonventionelle Dinge wie eine „Schweinshaxe 2.0" als Vorspeise bescheren, wo das in Sojasud geschmorte Fleisch in groben Stücken unaufdringlich asiatisch verbrämt mit hauchfein darüber verteilten Katsoubushi (Bonitoflakes), Sojabohnen und (sehr!) dezent mit Wasabi aromatisierter Erbsencreme auf mariniertem Rettich angerichtet war. Schön schmelziges und würziges Schweinegelee, das vermutlich auch noch etwas mit Sojasauce aromatisiert war, lieferte dem Gericht zusätzliche Tiefe und unaufdringlich gehaltenen Umami-Hintergrund.
Und das war ebenso überzeugend umgesetzt wie der Zwischengang, der sich um mit Hanfnuss-Panierung gebackene Blutwurst drehte, die uns diesmal schon allein als Produkt viel besser gefallen hat als beim letzten Mal: Von der Machart her auch eher grob gehalten, aber wunderbar cremig und vor allem sehr ausdrucksstark und typisch im Geschmack. Da brauchte es dann nicht mehr als seidige Selleriemousseline und eine veritable Rotweinjus ohne aufdringliche Fremdwürze, um zu punkten.
Sehr gute Produkte, schnörkellose, präzise Zubereitung, klare Aromen: dann sind auch nicht mehr als drei Komponenten nötig, um zu begeisternden Ergebnissen zu gelangen. Im Falle des nächsten Zwischengangs war das behutsam auf der Haut gebratener Saibling von der Fischzucht Birnbaum, beherzt angerösteter, nicht zu weicher und nicht zu roher Blumenkohl sowie eine unaufdringlich, aber effektiv mit Kokosmilch vermengte und auch ansonsten gut abgeschmeckte Blumenkohlcreme.
Der Otto-Koch-Schüler Denis Michael Kleinknecht weiß einfach wie's geht, muss hier auch in seinem Gourmetmenü niemandem etwas beweisen und konzentriert sich einigermaßen pragmatisch auf Produkt und Geschmack, ohne Pirouetten zu drehen. So auch zuletzt beim Hauptgang, in dessen Mittelpunkt überraschend ausdrucksstarkes Kalbsfilet stand, das mit einer kräuterwürzigen und schön lockeren Panierbröselkruste gratiniert war und dergestalt saftig, kernig und eigenaromatisch mit sautierten Pfifferlingen und mild fermentiertem wildem Spargel sowie kleinen Tupfen eines sehr schmackhaften grießigen Kartoffelpürees auf den schwarzen Teller geschickt wurde. Die reduzierte Jus schmeckte solo zwar relativ dicht und konzentriert, vermengte sich mit dem ebenfalls aufgetragenen rahmig-milden Saucenschaum und dem ausgetretenen Fleischsaft aber schnell zu einer sehr harmonischen und ausgeglichenen Allianz.
Auch wenn wir, sobald es zum süßen Teil kommt, beim Heinzinger-Wirt automatisch immer an die formidablen Dampfnudeln denken, probieren wir natürlich auch gerne andere Dinge und haben zuletzt großen Gefallen an der Eigeninterpretation der Heißen Liebe (hier: „eine wirklich heiße Liebe") gefunden. Gar nicht unbedingt wegen der Kreativleistung, sondern vielmehr wegen des tollen Aromas und des erfreulich niedrigen Zuckergehalts, den verschiedene (kalte) Himbeer-Variationen als Eis, kandiert, frische Beeren,

Baiser und Coulis zusammen mit einem Hauch Dillwürze und (heißer) Vanillesauce auf den Teller brachten.
Weil es hier zudem freundlichen und unkomplizierten Service, eine gute europäische Weinauswahl mit auch im offenen Bereich seriösen Gewächsen und ein moderates, der Küchenleistung absolut angemessenes Preisniveau gibt, muss man dieses sympathische Gourmet-Wirtshaus einfach gernhaben.

6

Gasthof Widmann

Bergstraße 4, 82216 Maisach
08135-485
Di–So ab 18 Uhr, Mo RT

Das Gasthaus Widmann ist eine sichere Bank, seit wir in kulinarischer Mission unterwegs sind. Und in all den Jahren hat sich in diesem von außen eher unscheinbaren, drinnen aber sehr geschmackvollen Landgasthaus mit zwei ländlich-adretten Stuben, hübsch eingedeckten Tischen und sympathisch-unkompliziertem Service nicht viel geändert. Die Küche von Anna Widmann-Schwarzmann, die in ihrer zwar bodenständigen, aber sehr feinfühligen Art großen Genuss bietet, ist weiterhin ebenso attraktiv wie das Angebot auf der Karte vertrauenerweckend klein ist: ein Menü mit Alternativen bei Hauptgang und Dessert. Das klingt meist weit weniger interessant, als es tatsächlich schmeckt. Eine feine Landküche mit internationalen Streifzügen. Auf der Weinkarte finden sich gute Gewächse namhafter Erzeuger aus Europa.

Die Symbole

- gute Parkmöglichkeiten
- Hotelgarage
- barrierefrei
- klimatisierte Zimmer
- WLAN-Zugang
- Hallen- und/oder Freibad im Haus
- mit Wellness-Bereich
- mit Fahrstuhl zu den Hotelzimmern
- Hunde im Hotel nicht erlaubt
- mit Garten oder Terrasse

Malente (Schleswig-Holstein)

7

Rodesand

im Hotel Gut Immenhof
Rothensande 1,
23714 Malente
04523-8828441
gut-immenhof.de/restaurant-herrenhaus
Küchenchef: Patrick Kühn
Di–Sa ab 18 Uhr, So u. Mo RT
Hauptgericht: 42–68 €,
Menüs: 92–139 €

Das in den 50er-Jahren durch die „Immenhof"-Filmtrilogie überregional bekannt gewordene Gehöft, welches beschaulich am Kellersee bei Malente liegt, ist heute ein komfortables Hotel, das sich über viele unterschiedliche, u-förmig angeordnete Gebäudeteile erstreckt. In dem am herrschaftlichsten anmutenden und etwas separat und erhöht stehenden Herrenhaus ist passenderweise das Gourmetrestaurant untergebracht, dessen großzügigen Räume einen aristokratischen Rahmen für das Fine Dining stellen, aber auch nicht übertrieben luxuriös wirken.
Dennoch wurde hier alles stilvoll hergerichtet und auch das Konzept und die Gangart des Service ist auf gehobene Ansprüche ausgerichtet. Es gibt ausschließlich ein Menü klassisch französischer Prägung, und schon die drei Kleinigkeiten zum Aperitif spiegelten den relativ pragmatischen Stil der von Patrick Kühn verantworteten Küche wider. Der zielt klar erkennbar darauf ab, mit wenigen, aber gut aufeinander abgestimmten Komponenten und klar herausgearbeiteten Aromen, ganz ohne Umschweife auf den Punkt zu kommen. Und das gelang dann auch mit dem Amuse-Bouche, einem schmalen Streifen von auf Matjes-Art

säuerlich eingelegtem Hering aus der Ostsee, der – flankiert von kleinen Komponenten aus Gurke und Schmand sowie etwas Dillcreme – auf einer mit Dillöl kräuterfrisch marmorierten Joghurtvinaigrette angerichtet war.
Ein ebenso leichter und frischer, grünaromatischer Start wie die Vorspeise, die sich um mild gebeizte und zart abgeflämmte Tranchen sowie ein mit Avocado zubereitetes Tatar von der Bernsteinmakrele drehte. Im Zusammenspiel mit grünem Apfel, Mairübchen und Avocado, jeweils unterschiedlich und teils auch miteinander in Gestalt kleiner Komponenten von cremig bis knackig kombiniert und neben einem Sorbet aus grünem Shiso auf einer transparenten Vinaigrette angerichtet, war auch das eine in jederlei Hinsicht ausgewogene Sache. Einzig das deutlich zu süß geratene Sorbet stach da etwas poltrig heraus.
Auf diesen betont frischen und leichten Gang folgte ein ebenfalls sehr leichtes Gericht, das jedoch mit jeder Menge Umami durch Dashibrühe, Shiitake-Pilze und Sojabohnen in eine aromatisch ganz andere Richtung tendierte. In dessen Mittelpunkt stand gegrillter Rotkalmar aus der Nordsee, der auch zusammen mit Shiitake-Pilzen in asiatischen Nudeltäschchen liiert war. Bergamotte verlieh dem Ganzen eine eher dezente zitrische Note, so dass man es auch hier wieder mit einem sehr runden und weichen Gericht zu tun hatte.
Die vermutlich originellste Kreation unseres Menüs war das Duett von geschmortem und in dünnen Scheiben zu kleinen zarten Röllchen aufgerolltem Holsteiner Schweinebauch und gebackener wilder Wattauster, die sich im Verein mit einem mit chiligeschärftem Kohl gefülltem Dumpling auf einem Spiegel aus Koriandersauce tummelten. Das klassischste Gericht ein Tournedos vom trockengereiften Rinderfilet, das seine Begleiter in Gestalt von Krauser Glucke, Perlzwiebel und Brunnenkressecreme allesamt auf seinem Rücken trug und von gut ausgewogener, fachkundig zubereiteter reduzierter Jus mit schönem Glanz sowie etwas Kartoffelragout umgeben war.
Die gediegene Linie und die schnörkellose, fundierte und sorgfältige Zubereitung zog sich auch bis in den Dessertbereich, in dem eine als Sorbet, Cannellono, Praline, Mousse, Baiser und marinierte Früchte interpretierte Komposition von Rhabarber, Himbeere, Limette und Joghurt ebenfalls ein geschmacklich sehr ausgewogenes und handwerklich ausgereiftes Bild zeichnete. Man merkt einfach, dass sich das Team nur das zumutet, was es souverän zu leisten im Stande ist – und das macht es dann aber richtig gut.
Auch der Service wirkte sehr engagiert und machte manch kleine Unsicherheit mit Sympathiepunkten wett; die Weinauswahl ist nicht überbordend oder bemerkenswert kuratiert, aber man findet für jeden Anlass passende Tropfen. Die glasweisen Empfehlungen erwiesen sich zwar nicht als Preis-Leistungs-Schnäppchen, waren aber stimmig ausgewählt.

Hotelempfehlung

Hotel Gut Immenhof

Rothensande 1, 23714 Malente
04523-88280
gut-immenhof.de
Einzelzimmer: ab 166 €
Doppelzimmer: ab 166 €

VISA

Über eine lange Kastanienallee und durch ein schönes Torhaus erreicht man das in den 50er-Jahren durch die Immenhof-Filme bekannt gewordene Hotel Gut Immenhof, das bereits 1361 als „Hof namens Rodesand mit der Gremsmühle“ urkundlich erwähnt wurde. Nach mehreren Besitzerwechseln und umfassender Sanierung wurde das Gut im Oktober 2021 als Hotelbetrieb mit 50 individuell eingerichteten Zimmern und Suiten sowie sechs Ferienwohnungen wiedereröffnet. Die Zimmer und Suiten sind in lässigem nordischem Landhausstil mit hellen, luftigen Stoffen und Farben eingerichtet, sind alle mit Safe, Flachbild-TV, schnellem WLAN und weiteren Annehmlichkeiten ausgestattet und bieten eine traumhafte Aussicht über die gesamte Gutsanlage oder die Pferdekoppel auf grüne Wiesen oder auf den Kellersee. Ein reiches Frühstücksbuffet oder wahlweise vegetarisches Frühstück sind ebenso inbegriffen wie die Nutzung des Wellness- und Fitnessbereichs mit direktem Zugang zum See. Außerdem gibt es auf dem Gelände eine großzügige Reitanlage mit Stallungen und Reithalle.

Für das kulinarische Wohl der Gäste wird in drei verschiedenen Restaurants und einer Bar gesorgt. Restaurant Rodesand separat erwähnt.

Mannheim (Baden-Württemberg)

6↑

Dobler's

Seckenheimer Str. 20, 68165 Mannheim
0621-14397
www.doblers.de
Di–Sa von 12–14 Uhr u. ab 18.30 Uhr, So u. Mo RT
Hauptgericht: 44–52 €,
Menüs: 104–128 €

Mit über 35 Jahren am Markt ist Norbert Dobler mit seinem gediegenen französisch-mediterranen Kulinarium der dienstälteste und beständigste Spitzenkoch in Mannheim. Obwohl hier und da auch mal mit exotischen Gewürzen aufgepeppt wird, bleibt seine Küche im Kern klassisch ausgerichtet und immer leicht zugänglich. Dobler überfordert seine Gäste nicht, sondern bietet ihnen eine sehr attraktive, in den relevanten, geschmacklichen Details mit viel Sorgfalt, Präzision und Anspruch zubereitete Feinschmeckerküche zu moderaten Preisen. Besonders überzeugend sind die Qualität der Hauptprodukte und die starke Substanz der Fonds und Saucen. Das Restaurant selbst ist modern und schnörkellos gestaltet und gehört in Kombination mit der Küche zu den führenden gastronomischen Einrichtungen der Region.

9

Opus V

O5, 9-12, 68161 Mannheim
0621-1671199
www.restaurant-opus-v.de
Küchenchef: Dominik Paul
Mi–Fr ab 18 Uhr, Sa von 12–15 Uhr u. ab 18 Uhr, So–Di RT
Menüs: 159–209 €

Das in der obersten Etage des exklusiven Modehauses Engelhorn in Mannheims Quadraten gelegene Restaurant mit seiner reduziert-eleganten und stilvoll mit Naturmaterialien akzentuierten Luftigkeit, die auf der einen Seite einen Blick auf die Glasfront zur Dachterrasse und auf der anderen Seite in die Küche bietet, ist schon allein atmosphärisch jederzeit einen Besuch wert. Noch mehr als die so angenehm dem Alltag entrückte Atmosphäre lockt allerdings die von Dominik Paul verantwortete Küche. Der Mitte 2020 nach vielen Jahren als Teil des Teams in die hauptverantwortliche Küchenchefposition aufgerückte Chef hat hier vom Start weg mit individuellen, fein gezeichneten Gerichten ein beeindruckend hohes Niveau gezeigt – und konnte dieses sukzessive weiter steigern…
Die pointiert reduzierte Art vieler Teller zeigt dabei eine gewisse Nähe zur modernen Naturküche, so richtig passend ist diese Schublade dann aber für sein Kulinarium doch nicht. Dafür ist es aromatisch zu weltoffen und spielt in manchen Momenten auch ganz bewusst mit der französischen Klassik. Letztlich ist das aber auch egal. Viel entscheidender als mögliche Kategorisierungen ist die Tatsache, dass sich die Teller durch eine bemerkenswert scharfgestellte Klarheit auszeichnen und die Küche dabei viel Ausdruckskraft mit noch mehr Leichtigkeit und Frische zu verbinden weiß. Das schaffen in dieser anspruchsvollen Form tatsächlich nur wenige.
Und bereits die ersten einstimmenden Happen gaben davon zuletzt einen vielversprechenden Eindruck, etwa mit einer Tartelette mit einem Hauch von Griebenschmalz, welches ein Tatar von geräucherter Forelle unterfütterte, das lockerflockig mit geriebenem Bergkäse bedeckt war und so eine federleichte und zugleich zupackende Umamibombe ergab. Oder – noch feinsinniger – bei der Interpretation eines „Zwiebelkuchens" in Form filigraner Traubenscheiben unter leicht hefiger Zwiebelkuchen-Espuma, Röstzwiebelsplittern und Sorbet von Federweißer, was eine flirrende, von klaren Details und feinem Säurespiel geprägte Miniatur darstellte.
Dass auch bei gesteigerter Komplexität gleichermaßen überzeugende Ergebnisse zu erwarten sind, zeigte das folgende filigrane Türmchen aus Krustentier-Ganache und einem (tonangebenden) Taschenkrebstatar unter zitrusfrischem Ponzugelee, das von einer säuregeladenen Sake-Vinaigrette mit Dillöl umspielt wurde und so auf vibrierende Art zwischen süßem Krustentier und lebendiger Frische pendelte. Nicht weniger begeisternd – und zudem ein Hinweis auf die besondere Individualität vieler Ideen des Teams – waren die mit laktofermentiertem Honig glasierten und nur ganz

sanft temperierten Jakobsmuscheln. Deren purer und klarer Charakter war in dieser Form ausgezeichnet schmeckbar und ganz subtil unterstützt. Getragen wurden die Muscheln dagegen (ganz im Wortsinn) von einer jodig konzentrierten Austerncreme und eine säurestraffe Koriandervinaigrette sowie zarter Kohlrabi und Austernblatt sorgten für weitere ätherisch-gemüsige und jodige Akzente.
Als rein vegetarisches Intermezzo beinahe auf dem gleichen Niveau lag die Kombination einer intensiven, erdig-fruchtigen Reduktion von Rote Bete mit glasierten feinbitterem Radicchio-Confit, Pinienkernen und Schnittlauchöl, die in ihrem nicht nur farb- sondern auch aromenintensiven Auftritt von fein geraspeltem Trüffelpecorino mit Würze und zartem Schmelz unterstützt wurde.
Allerfeinste Klassik gab es dagegen beim in Nussbutter zu saftig-krosser Perfektion gebratenen Kalbsbries, das in Kombination mit einer zarten Spur üppig buttriger Kartoffelcreme mit enthäuteten Walnüssen, einer tiefschürfend eleganten Kalbsjus und selbst roh intensiv duftiger Périgordtrüffel auf den Teller kam. Für den entscheidenden Twist sorgten dann noch eine samtige Sauce auf der Basis von Vin Jaune mit Walnussöl und gerade die elegant inszenierten Bittertöne der Nuss gaben dieser traditionsverwurzelten Kombination dann doch wieder einen ganz neuen raffinierten Akzent.
Im Grunde beinahe wie eine Erfrischung vor dem Hauptgang, wirkte danach der mit herrlich buttrig blätterndem, eher magerem Fleisch aufwartende Färöer Lachs, der einzig und allein von einem Saucenduo aus Wacholdervinaigrette und schaumiger Molke-Beurre-blanc mit Würze und sehr präsenter, teils sogar fordernd spitzer Säure ergänzt wurde. Und der auf diese Art wunderbar freigestellt und klararomatisch beeindrucken konnte. Ebenso mutig puristisch und in genau diesem Stil voll überzeugend kam schließlich auch der Hauptgang auf den Teller: Im Zentrum eine rosa gebratene Tranche von japanischem Wagyu-Beef in A5-Gradierung unter zarten Myoga-Lamellen und nur von einer transparent leichten Teriyaki-Emulsion ohne die anstrengende Konzentration der originalen Sauce ergänzt, so dass die exklusive Fleischqualität mit eher fein gezeichneten Akzenten erlebbar war.
Nach einer erfrischenden Miniatur rund um Mascarpone, Blutorange und Ingwer gelang mit dem finalen Akt nochmal ein auf engem Raum enorm verdichtetes Highlight: Auf einer aufgeschlagenen Zartbitter-Ganache wurden einem hauchdünnen dunklen Schoko-Sablé mit Tagetesblüten, Mandarinenbaiser und Sanddornsorbet fein balancierte Kontraste appliziert, die von einer duftig komplex mit geklärter Buttermilch und verschiedenen Ölen (Mandarine, Estragon, Vanille…) aufgebauten Vinaigrette eingefangen wurden. Und die so einen in immer wieder neuen Facetten schillernden Eindruck ergaben.
Und genau wegen dieser fein und klar gezeichneten Komplexität, wie sie auch im Dessert noch schmeckbar wurde, gibt es in diesem Jahr die verdiente Aufwertung auf 9 Pfannen. Auf ebenfalls sehr hohem Niveau präsentiert sich das bestens choreografierte und kompetent beratende Serviceteam sowie die begleitend angebotenen Weine. Deren Auswahl garantiert spannende Pairings und wer sich doch lieber selbst eine passende Flasche aussucht, findet auch dafür einen stattlichen Fundus mit vielen lohnenden Entdeckungen.

Marktheidenfeld (Bayern)

6

Weinhaus Anker

Obertorstr. 13, 97828 Marktheidenfeld
09391-6004801
www.hotel-anker.de
Küchenchef: Bernhard Lermann
Mo ab 18 Uhr,
Di–So von 12–14 Uhr u. ab 18 Uhr,
kein RT
Hauptgericht: 15–29 €,
Menüs: 42–109 €

Das zum gleichnamigen Hotel von Familie Deppisch gehörende, allerdings ein paar Schritte davon entfernt direkt in der Fußgängerzone von Marktheidenfeld gelegene Weinhaus Anker ist ein Traditionshaus par excellence. Mit nostalgisch eleganten Stuben, jeder Menge historischem Flair und einer fest gepachteten Ausnahmestellung als erstes Haus am Platz. Diese Pole Position im beschaulichen Mainstädtchen hält auf Küchenseite schon seit Jahren Bernhard Lermann, der hier ganz entspannt zwischen französischer Klassik und zünftigen fränkischen Gerichten wie gebackener Blutwurst mit Sauerkraut changiert und beides völlig schnörkellos, um nicht zu sagen pragmatisch interpretiert.

Den Charme der Küche von Berhard Lermann durften wir beim letzten Mal schon beim kleinen Amuse-Bouche wieder erleben, der optisch wenig hermachte, aber geschmacklich viel zu bieten hatte: Ein Brotchip mit einer köstlichen, herzhaft pikanten Salsa Etrusca und eine mit einer dünnen Schicht Gazpacho abgedeckte aromatische Ziegenkäsecreme waren sozusagen ein Auftakt nach Maß. Denn das Kulinarium im Weinhaus Anker folgt unter der Ägide des langjährigen Küchenchefs klar dem Credo mehr Sein als Schein und pflegt das Besondere im Einfachen.

Und das gelingt vorzüglich, weil der Chef genau weiß, worauf es ankommt. So sind profan anmutende Drei-Komponenten-Gerichte wie die gebratenen Tranchen von der Gänseleber, die zusammen mit glasierten Calvados-Apfelspalten auf einer ebenso gehaltvollen wie (mutmaßlich mit Balsamico-Essig) harmonisch säuerlich abgerundeten Jus angerichtet waren, immer eine erfreuliche Sache. Weil die Qualität der Foie gras stimmt, weil die aromatischen Äpfel noch zarten Biss und Säure haben, weil die Sauce rund und tief ist.

So wie das unter anderem mit Kapern und Olivenöl eher mediterran abgeschmeckte Rindertatar, das im Zwischengang als Zentrum und Podest für eine gebratene Wildfang-Garnele, milde Röstzwiebelcreme (eher ein Püree) und etwas knackigen Romanasalat diente. Grundsätzlich ebenfalls sehr überzeugend kam die klassische Bouillabaisse mit reichlich sehr guter mundgerechter maritimer Einlage sowie etwas Fenchel und auf der Tellerfahne recht knoblauchstrenger Rouille, geriebenem Hartkäse und Röstbrot daher – wenngleich wir ehrlich gesagt die Basis dieses Hausklassikers hier in der Vergangenheit auch schon etwas komplexer und voller im Teller hatten. Sehr schmackhaft und harmonisch wars aber auch diesmal.

Das war auch der Fischgang um Knurrhahn, Ratatouille und Beurre blanc, der aber auch beispielhaft verdeutlichte, warum die respektable Bewertung nicht noch höher ausfällt: Auf der Habenseite notierten wir die sehr gute Qualität des zur dicken, saftigen Roulade gerollten und mit einer dünnen Kräuterbröselkruste panierten Fischs aus der Normandie – im Soll blieb das ungehäutete und teils noch etwas zu knackige, somit eher grob als fein wirkende Ratatouillegemüse und die etwas ausdruckslose, säurearme Weißwein-Buttersauce. Da hätte man zugunsten mehr Eleganz und Präsenz noch etwas genauer arbeiten können.

Das soll aber nicht darüber hinwegtäuschen, dass mit anderen Gerichten, die von Haus aus etwas handfester sind, wie etwa den Tranchen einer rosa gebratenen Rehkeule mit Pfifferlingen, Spätzle und Rahmsauce oder einem klassischen Bœuf Bourguignon, nicht auch mal an der nächsthöheren Bewertungskategorie vorbeigeschrammt wird. Haben wir nämlich in der Vergangenheit auch immer wieder mal erlebt.

So bleibt die Küche sehr souverän und sattelfest auf gutem 6-Pfannen-Niveau und repräsentiert dieses auch mit der bretonischen Schokoladentarte, die mit den Gegensätzen aus süßlich-opulenter Salzkaramellsauce und schlank-säuerlichem Schmandeis in guter Gesellschaft ist. Und Apropos Gesellschaft: Der Service kümmert sich unauffällig und sehr aufmerksam um das Wohl der Gäste, ist flink und freundlich, lässt es an nichts fehlen. So wie die Weinkarte, in der man von regionalen Spezialitäten bis zu internationalen Gewächsen namhafter Erzeuger eine gute Bandbreite findet.

Hotelempfehlung

★★★★

Hotel Anker

Kolpingstr. 7, 97828 Marktheidenfeld
☎ 09391-60040
www.hotel-anker.de
Einzelzimmer: 83–103 €
Doppelzimmer: 122–135 €

Rund um den romantischen Innenhof liegt das Hotel mit mehreren Gebäudeteilen direkt im Herzen von Marktheidenfeld. Die Stadt ist ein idealer Ausgangspunkt für Touren und Ausflügsziele zwischen Spessart und fränkischem Weinland. Von den 39 Einzel- und Doppelzimmern aus genießt man die Aussicht in den reich bepflanzten Hof oder über die Dächer der Altstadt bis zum Main und den Naturpark Spessart. Zentral im Hotelareal liegt der neue Querbau mit Lobby, Rezeption, Bar und dem Gartensaal, in dem auch das Frühstück serviert wird. Glasfronten begrenzen die lichtdurchfluteten Räume. Im historischen Holzfasskeller können die Weine aus dem eigenen Weingut probiert werden und für das leibliche Wohl wird in zwei Restaurant gesorgt: Fränkisch-rustikal geht es im „Schöppele" zu, und feine internationale Küche gibt's im „Weinhaus Anker". Außerdem: Bike- und E-Bike-Verleih, Wellness-Studio „Casa Vitalis", ermäßigter Eintritt im nahegelegenen „Wonnemar". Restaurant Weinhaus Anker separat erwähnt.

Marloffstein (Bayern)

5

Alter Brunnen

Am alten Brunnen 1,
91080 Marloffstein
☎ 09131-50015
www.alterbrunnen.net
Küchenchef: Fritz Striegel
Do–Mo 12–14 Uhr u. ab 18 Uhr,
Di u. Mi RT
Hauptgericht: 10–26 €, Menüs: 35–75 €

Das mit gemütlichen Stuben, einer idyllischen Terrasse inklusive Fernblick übers Land und herzlichem Service auf Anhieb sehr einladende Gasthaus bietet eine clevere Mischung aus regionalen Spezialitäten und etwas gehobeneren Gerichten, die ein breites Publikum anspricht. Was in dem traditionsreichen schmucken Gasthaus mit Hotel von Familie Striegel geboten wird, weiß mit durchgängig auf frische natürliche Zubereitung und gute Ausgangsqualitäten ausgerichteter Küche zu überzeugen. So stehen auf der einen Seite zupackende Gerichte der traditionelleren Art neben einer etwas ambitionierter klingenden internationalen Küchenlinie, wobei alles mit der gleichen Sorgfalt und Expertise zubereitet wird. Freundlich offener und auch bei vollem Haus souveräner Service. Kleine ansprechende Weinauswahl und insgesamt ein gutes, faires Preis-Genuss-Verhältnis.

Marxheim (Bayern)

Land-Steakhaus

im Hotel Land-Steakhaus
Bayernstr. 16,
86688 Marxheim
☎ 09097-239
www.land-steakhaus.de
Di–Fr ab 17.30 Uhr, Sa u. So von 11.30–13,30 Uhr u. ab 17.30 Uhr, Mo RT
Hauptgericht: 14–60 €,
Menüs: 60–100 €

Eigentlich ein klassischer gutbürgerlicher Landgasthof, wie man ihn sich im besten Fall vorstellt – nur eben, wie es ja auch der Name ja schon korrekterweise suggeriert, ist dessen Küche schwerpunktmäßig klar an gepflegter Steakkultur orientiert. Daneben gibt es immer etwa zwei, drei Vorspeisen, zwei Suppen und einige Klassiker wie ein echtes Wiener Schnitzel vom Kalb mit Bratkartoffeln, hausgemachte Maultaschen mit Schmelzzwiebeln und Salat, Kässpätzle oder Schweinshaxe in Dunkelbiersauce mit Kartoffelknödel. Auch ein in Butter gebratener Saibling regionaler Provenienz schwamm zuletzt in der Speisekarte umher, und wer sich nicht zwischen Land und Wasser entscheiden kann, nimmt einfach den Surf'n'Turf-Teller mit Rinderfilet und Riesengarnelen, ein Klassiker des Hauses. Selbst für Vegetarier gibt's ein paar Alternativen, zum Beispiel Maultaschen mit Gemüsefüllung.
In der Hauptsache geht es in den gepflegten Gasträumen oder im Sommer auf dem Freisitz vor dem Haus aber schon um auf der faustdicken Edelstahlplatte eines speziellen Steakgrills kurzgebratenes Fleisch. Meist vom Rind, immer in unterschiedlichen Cuts und von verschiedenen Rassen verfügbar und mit klassischen Beilagen nach Wahl zuverlässig in der gewünschten Garstufe serviert. Vorneweg kann man passenderweise Rohfleisch essen, zum Beispiel als Rindercarpaccio oder alternativ als Rindertatar. Letzteres wird als Timbale von frisch gehackten und nicht etwa durch den Wolf gedrehten Bestandteilen in herzhafter, aromatisch primär von Zwiebeln, Essiggurken und Senf dominierter Art zusammen mit Röstbrot auf einer Salzsteinplatte angerichtet. Klassisch, schnörkellos, gut.
So wie zuletzt auch die traditionelle Zwiebelsuppe, die mit schön natürlichem, nicht von irgendwelcher penetranter Fremdwürze gezeichnetem Zwiebelaroma und ganz schmelzig-zart durchgezogener Zwiebeleinlage gefiel. Natürlich stilecht mit Brot und Käse überbacken. Solche ganz klar an traditionellen, kraftvoll zupackenden rustikalen Zubereitungen orientierten Dinge sind die Stärke der Küche. Je mehr Feinheiten, Leichtigkeit, Klarheit, Subtilität man sich erhofft, desto höher die Wahrscheinlichkeit, dass Wünsche offenbleiben. An den Produktqualitäten wird das grundsätzlich nicht liegen, wie wir zuletzt wieder feststellen durften. Denn vom Allgäuer Weiderind über bayrische Lende und irisches Weiderind bis zum trockengereiften US-Beef wird auf Klasse und nicht auf Masse gesetzt.

Selbst die Ansprüche, die man an gutes nichtjapanisches Wagyu-Rindfleisch haben kann, wurden zuletzt von einer amtlichen Scheibe Rib-Eye klar erfüllt. Über die relativ deutliche (aber keineswegs penetrante) Gewürzmischung kann man zwar diskutieren, wenn man möglichst den puren, unverfälschten Fleischgeschmack dieser von schmelzigem intramuskulärem Fett nur so strotzenden Spezialität genießen möchte – uns hat die dezente komplexe warmwürzige Note an dem flächig schön röstigen und im Kern absolut gleichmäßig à point gebratenen Fleisch nicht gestört. Suboptimal war allerdings die Tatsache, dass sowohl das begleitende dunkel bratbrutzelige und sehr ölige Grillgemüse als auch die plumpe, pastöse Sauce bèarnaise ohne jede schaumige Leichtigkeit und bar jeden Anflugs von belebender, spritziger Säure überhaupt nicht erhoffte Frische mitbrachten. Denn ohne entsprechenden Gegenpart zum naturgemäß fettspritzigen Fleisch wird man selbst dieses Hochgenusses schnell überdrüssig – zumal man es ja im Steakhaus auch nicht wie im Gourmetrestaurant nur mit einem schmalen Streifen dieser Delikatesse zu tun bekommt…
Wer sich schon im Vorprogramm verausgabt hat, muss hinterher beim empfehlenswerten hausgemachten Kaiserschmarrn mit Rosinen und Mandeln sowie feinsäuerlichem Apfelkompott wahrscheinlich passen und wird auch Dinge wie den warmen halbflüssigen Schokoladenkuchen mit Passionsfruchtsorbet oder Apfelstrudel nicht mehr schaffen. Aber ein Sorbet geht immer! Der stattliche Saal, der hier „Remise-Koppelbar" heißt und bis zu 200 Personen fasst, ist ein beliebter Veranstaltungsort – und auch mit Hochzeitspavillon, „Stadl-Bar" und komfortablen Hotelzimmern samt luxuriöser Suite ist das Land-Steakhaus für alle Eventualitäten adäquat gerüstet.

Hotelempfehlung

Hotel Land-Steakhaus

Bayernstr. 16, 86688 Marxheim
09097-239
www.land-steakhaus.de
Einzelzimmer: ab 75 €
Doppelzimmer: ab 130 €

In Marxheim im Naturpark Altmühltal und dort nur 500 Meter vom Donauufer entfernt, befindet sich das familiengeführte traditionsreiche Land-Steakhaus. Die 2020 komplett renovierten 6 Zimmer – davon 4 Doppelzimmer, 1 Einzelzimmer und 1 Suite – sind im nachhaltigen Chalet-Style eingerichtet, vollklimatisiert und schallisoliert. Alle Zimmer haben Fußbodenheizung, HD-Flachbild-TV, WLAN-Hotspot, großzügige Bäder mit Regendusche und Kingsize-Boxspringbetten. Die Romantik Suite verfügt außerdem über einen Balkon im Kastanienbaum und einen privaten SPA mit Dampfsauna, Zirbenholz-Sauna und Whirlpool-Badewanne. Es gibt einen großen, schattigen Biergarten und das Restaurant Land-Steakhaus, in dem auch Hochzeiten und Firmenfeiern abgehalten werden können. Im Restaurant werden Steaks und regionale Spezialitäten werden serviert. Alternativ kann man auch in der gemütlichen Koppelbar speisen, die sich in einer großen Holzhütte mit einem rustikalen Kamin befindet. Direkt am Donauradweg gelegen ist das Land-Steakhaus idealer Ausgangspunkt zum Wandern, Radfahren und für Ausflüge in die Region. Restaurant Land-Steakhaus separat erwähnt.

Maselheim (Baden-Württemberg)

6↑

Lamm

Baltringer Str. 14,
88437 Maselheim (Sulmingen)
07356-937078
www.sulminger-lamm.de
Küchenchef: Mike Becker
Di–Sa ab 18 Uhr, So u. Mo RT
Hauptgericht: 26–34 €,
Menüs: 52–79 €

In diesem Landgasthof zeugt vom hausgebackenen Brot bis zu den Petits fours zum Kaffee seit über 15 Jahren alles von ehrbarem Handwerk, Qualität und Gastfreundschaft. Constance und Mike Becker sind hier nämlich schon so lange mit erkennbar viel Herzblut bei der Sache und bieten in Service und Küche viel mehr als traditionelle Standards. Der Chef hat in den ländlich-eleganten Gasträumen einen Stil etabliert, der sich souverän zwischen bodenständig und raffiniert bewegt und so einerseits traditionsbewusste Gäste abholt, andererseits aber auch aufgeschlossene Feinschmecker mit ausgereiften Ideen und dem einen oder anderen originellen Detail überraschen kann.
Das Beste aus der Lamm-Küche wählt man eigentlich immer, wenn man sich für das monatlich wechselnde Menü entscheidet. Dessen Vorspeise drehte sich bei unserem jüngsten Besuch um Wachtel, Linsen und Radieschen. Genauer: eine akkurat mit Kräuterfarce fabrizierte saftige Roulade und die ebenfalls gefüllte und mit Pankoflakes paniert knusprig ausgebackene Keule, die umgeben von Friséesalat auf mit Jus ausgefüllten Alblinsen angerichtet waren. Aufgefrischt von einer herzhaften Senfkörnervinai-

grette und ätherischen Radieschen, mit geschmeidigem Schmelz unterfüttert von ein paar Tupfen Mayonnaise war das unterm Strich eine attraktive Vorspeise auf sehr solidem 6-Pfannen-Niveau.
Umgeben von einer prägnanten, aber nicht penetranten Bärlauch-Schaumsuppe und als gut passender Frischekontrast dazu mit einem Salzzitronengel betupft, kam im Zwischengang ein sehr saftiges und zartfleischiges Stück vom Waller angeschwommen – ein ausdrucksstarker Fisch, der hier zurückhaltend gewürzt und mit Sorgfalt gegart ganz für sich stehen durfte. Einziger kleiner Schönheitsfehler an diesem puristischen Gericht waren die seltsam zähen Schwarzbrotcroûtons on top, die in richtig krosser Fassung natürlich mehr Spaß gemacht hätten.
Der Hauptgang mit Zander, Spargel und Gnocchi mit Madeirasauce mutete zwar farblich nicht nur etwas eintönig an und die Komposition als Ganzes wirkte auf den ersten Blick auch etwas trocken – erwies sich aber als sehr schmackhaftes und in allen Komponenten gut auf den Punkt gebrachtes Ganzes. Schon der Fisch selbst begeisterte wie zuvor schon der Waller mit tadelloser Frische und war perfekt auf den Punkt gebraten, der Spargel hatte ebenfalls optimalen Biss und war von Grund auf sehr saftig, die Gnocchi dazu fluffig zart und die bräunliche, von eleganter alkoholischer Süße getragene Schaumsauce gefiel mit animierendem Frucht-Säure-Spiel.
Als rundum gelungen und in seiner ausgefeilten Art im Endeffekt schon fast auf 7-Pfannen-Niveau präsentierte sich schließlich das Dessert als bester Gang des Menüs. Namentlich eine Komposition von Rhabarber, Buttermilch und Pistazie, die als Eis, Mousse, Gel, Baiser, Crumbles und Schaum knusprige, cremige, vollmundige und frische Eindrücke auf den hübsch angerichteten Teller brachten. Alle Aromen gut freigestellt, alle Proportionen gut gewählt, alle Konsistenzen geschmeidig ineinandergreifend – eben ein sehr gefälliger, ausgereifter Nachtisch.
Ergänzt wird das alles von einer repräsentablen Auswahl an Weinen, von denen viele aus der näheren und einige auch aus weiterer Entfernung kommen. Im Offenausschank sind das eher einfache, aber durchaus ordentliche Sachen im klassischen Viertele, aber immer wieder auch mal interessantere Offerten, die von Gastgeberin Constance Becker fachkundig empfohlen und vorgestellt werden.

Maxhütte-Haidhof (Bayern)

5

Kandlbinder Küche Einkehr

Postplatz 1,
93142 Maxhütte-Haidhof
09471-6050646
www.kandlbinderkueche.de/home.html
Küchenchef: Martin Kandlbinder
Mo u. Mi–Fr ab 17 Uhr, Sa u. So von 11.30–14 Uhr u. ab 17 Uhr, Di RT
Hauptgericht: 15–60 €

VISA P

Unweit von Regensburg, in ländlich dörflicher Lage, aber dennoch mit schneller Anbindung an die Autobahn, hat Martin Kandlbinder in dem stattlichen Gebäude der Alten Post mit dem selbstbewusst nach ihm benannten Restaurant ein lohnendes Ziel für Genießer etabliert. Und das seit neuestem mit gleich zwei verschiedenen Optionen: Auf der einen Seite der Salon mit ambitionierter Gourmetküche, auf der anderen Seite die gemütliche Einkehr mit bodenständigen Gerichten, die von ehrlichem Handwerk, viel Substanz und einer klaren Linie leben. Und die damit einerseits absolut alltagstauglich daherkommen, andererseits durch die überdurchschnittliche Qualität durchaus etwas Besonderes für Freunde traditioneller Gerichte bieten.
Zum Start stehen schlichtere Sachen wie ein Bayerischer Wurstsalat mit Brot oder ein weißer Presssack vom Strohschwein mit Kernöl und Zwiebeln zur Wahl. Aber beispielsweise auch ein Rondell von Ziegenweichkäse aus dem Ofen, das mit feiner Würze – wenngleich in unserem Fall auch mit etwas zu unreifem Kern – und einer ätherisch-nussigen Mandel-Orangenkruste mit dienlicher Süße präsentiert

wurde. Aufgefrischt wurde der recht monumentale Käse von einem abwechslungsreichen Salatbouquet nebst frischen und halbgetrockneten Tomaten sowie einem Sockel aus krustigkrossem Sauerteigbrot. Und bot auf diese Art einen Einstieg, der durchaus Lust auf noch mehr machte.
Das könnte dann, ganz traditionell, ein Zwiebelrostbraten vom Black Angus Rind mit (gar nicht so traditionellem) Rösti und Salat sein, oder auch ein kross gebratenes Filet vom Saibling, das trotz etwas zu langer Garzeit mit saftig aufblätterndem Fleisch neben erdiger gelber Linsencreme aufgetischt wurde. Dabei bewegten die Linsen das Gericht aromatisch und proportional ein bisschen zu sehr in die Breite, gemeinsam mit sautiertem Pak Choi als grünen Frischemoment und einer exotisch duftigen Sauce ergab sich aber dennoch ein harmonisches Gesamtes mit rustikalem Charme.
Wer sich bei den nicht eben zierlichen Portionen noch Appetit aufgespart hat, bekommt am Ende beispielsweise eine üppige Crème brûlée mit verschwenderischem Vanilleduft unter gleichmäßig dünnem Karamell, die mit ätherisch herbfruchtigen Kumquats und einem rahmigen Eis liiert war, das trotz der annoncierten Feige nicht im Mindesten fruchtig schmeckte, sondern eher mit einer feinen Würze daherkam. Und dergestalt einen gelungenen Kontrast setzte…
Weil das alles handwerklich tipptopp zubereitet war und mit deutlichen natürlichen Aromen punkten konnte, bleibt es bei der aktuellen Bewertung und Empfehlung, die auch die mit interessanten einfachen Weinen und einigen hochwertigen Flaschen ausgestattete Weinkarte und den aufmerksamen Service einschließt.

6

Kandlbinder Küche Salon

Postplatz 1,
93142 Maxhütte-Haidhof
09471-6050646
www.kandlbinderkueche.de/home.html
Küchenchef: Martin Kandlbinder
Do–Mo ab 18.30 Uhr, Di u. Mi RT
Menüs: 50–120 €

VISA

Wer in der von Martin Kandlbinder vor ein paar Jahren zu neuem Leben erweckten Alten Post seit geraumer Zeit nicht nach links in die bodenständigen Gaststuben der „Einkehr“ abbiegt, sondern nach rechts in den „Salon“, findet dort in dem herrschaftlich vornehmen Ambiente eine andere gastronomische und kulinarische Welt vor, die samt Kronleuchtern und goldgerahmtem Spiegel, antikem Mobiliar und elegant gedeckten Tischen sowie entspannt dahinrieselnder Jazzmusik direkt klarmacht, dass dort höhere Ambitionen an den Tag gelegt werden.
Der unter anderem bei Klaus Erfort in Saarbrücken geschulte Chef nutzt hier die elegantere Bühne, um noch klarer als in der bodenständigen Dependance zu zeigen, was er draufhat. Und das, soviel bereits vorab, ist so Einiges: Neben auch im Gourmetfach voll überzeugendem Handwerk zeichnet sich Martin Kandlbinders Küche nämlich vor allem durch die Fähigkeit aus, auch mit verhältnismäßig überschaubarem Aufwand (und allein in der Küche) für dynamische Geschmacksbilder zu sorgen. Anstatt irgendwelchen Trends hinterher zu laufen, was in das historisch vornehme Ambiente des Salons auch nicht wirklich passen würde, setzt der Chef auf Ausdrucksstärke und eine klare klassische Linie.
Dass sich das auszahlt, das zeigten zuletzt – nach erstaunlich langer Wartezeit über den Aperitif hinweg – bereits die ersten Appetizer, die in Form zweierlei Tatar erfolgreich Lust auf mehr machten. Ein mit Frischkäse etwas cremiger und breiter gehaltenes Saiblingstatar bekam dabei feine aromatische Spitzen von Fenchelkraut und eigenem Kaviar, während ein intensiv eigenaromatisches Ochsentatar von eingelegtem Ingwer und Erbsensprossen markante Akzente mit auf den Weg bekam.
Und solche markanten Akzente zeichnete danach auch die kross auf der Haut gebratene Zandertranche auf limonenfrischem, dünn gehobeltem Fenchel in einer schaumigen Safransauce aus, die einen kontrastierenden Gegenpol in Form saftig knuspriger Boudin noir nebst Selleriecreme und Topinamburchips erhielt und so erfolgreich zwischen würziger Power und lebendiger Frische pendelte.
Die qualitativ guten, nur teils deutlich zu salzigen Jakobsmuscheln, die mit markanten Röstnoten auf einer milden geschmeidigen Auberginencreme mit dezenter aromatischer „Wärme“ angerichtet waren, von teils konzentrierter, teils frischsäuerlicher Tomate ergänzt und von einem milden leichten Weißweinschaum untermalt wurden, wirkten danach etwas gröber und schlichter. Dagegen spielte der Steinbutt auf seiner naturgemäß recht rustikalen knusprigen Haut (über klar und frisch schmeckendem Fleisch!) in einem geradlinigen Dreiklang mit Erbsencreme und Erbsensprossen sowie einer Beurre blanc mit prä-

sentem Säurespiel wieder die Stärken der Kandlbinder-Küche voll aus.
Noch besser gelang das allerdings im Hauptgang mit einem Ochsenfilet in saftig-tiefaromatischer Referenzklasse dank lang gereiftem Fleisch, das gemeinsam mit knusprig ausgebackenen Bällchen aus tiefwürziger gezupfter Ochsenbacke und geschmeidig zartem Kalbsbries enorm viel Produktcharakter auf den Teller brachte. Arrangiert wurde diese hervorragende Produktparade mit Spinat-Graupen und Pak Choi auf der grünwürzigen Seite sowie einer eleganten Trüffeljus und gebratenen Kräuterseitlingen für eher erdige Noten und den extra Umami-Kick. Sehr stark und eigentlich schon fast auf 7-Pfannen-Niveau anzusiedeln!
Den einzigen handwerklichen Wackler gab es dann im Dessert mit den gebackenen Schokoladentränen, die zwar aromatisch deutlich schmeckbar aus hochwertiger Schokolade fabriziert waren, aber mit einem allzu flüchtigen flüssigen Kern auf den Teller kamen. Die verbliebene knusprige Hülle stand dafür aber neben duftig markant mit Rum und Pfeffer akzentuierten Ananasscheiben, gezupftem Schokoladenkuchen mit weißem Kaffeeeis sowie confierten Kumquats mit Kokossorbet und einem schmelzend cremigen Nougatparfait in einem trotz der Vielfalt gut balancierten Umfeld. Mit jeweils ausdrucksstarken Komponenten in dem im weitesten Sinne um „Schokolade und gelbe Frucht" angelegten süßen Abschluss.
Die begleitend zur Verfügung stehenden Weine bieten im Salon genauso lohnende Entdeckungen zwischen spannenden Basisweinen und hochwertigen Gewächsen wie nebenan in der Einkehr. Und ein charmanter Service sorgt für Wohlfühlatmosphäre auch dann, wenn nicht alle Abläufe optimal erscheinen und die Wartezeiten mal länger werden.

Meiningen (Thüringen)

Hotelempfehlung

★★★★

solewerk Hotel Sächsischer Hof

Georgstr. 1, 98617 Meiningen
03693-4570
www.saechsischerhof.com
Einzelzimmer: 79–89 €
Doppelzimmer: 99–199 €

Im solewerk Hotel Sächsischer Hof, der im Jahr 1802 als Logierhaus erbaut wurde, verbinden sich moderner Komfort, traditionelle Gastlichkeit und stilvolles Ambiente. Die insgesamt 40 großzügig eingerichteten Zimmer und Suiten haben Dusche oder Bad/WC, Radio, Telefon und TV-Anschluss, bieten aber weit mehr als Annehmlichkeiten gehobener Ausstattung. Viele liebenswerte Details erinnern hier an die über 200-jährige Geschichte. Die charaktervolle Gestaltung, teils mit Antiquitäten und Bühnenbildentwürfen von Herzog Georg II. von Sachsen-Meiningen, machen den Aufenthalt zu einem besonderen Erleben. Das Feinschmeckerrestaurant „Die Posthalterei" und die rustikale „Kutscherstube" lassen die Tradition der Fürsten von Thurn und Taxis auch kulinarisch wieder auferstehen.

Die Symbole

- gute Parkmöglichkeiten
- Hotelgarage
- barrierefrei
- klimatisierte Zimmer
- WLAN-Zugang
- Hallen- und/oder Freibad im Haus
- mit Wellness-Bereich
- mit Fahrstuhl zu den Hotelzimmern
- Hunde im Hotel nicht erlaubt
- mit Garten oder Terrasse

Meisenheim (Rheinland-Pfalz)

7

Meisenheimer Hof Restaurant

im Hotel Meisenheimer Hof
Obergasse 33, 55590 Meisenheim
06753-1237780
www.meisenheimer-hof.de
Küchenchef: Markus Pape
Mi–Sa ab 18 Uhr, So ab 12.30 Uhr durchgehend, Mo u. Di RT
Hauptgericht: 24–50 €,
Menüs: 79–139 €
VISA P

Die „Perle im Glantal", wie sich der Ort Meisenheim im Nordpfälzer Bergland bezeichnet, blickt auf eine bewegte Geschichte zurück. Auch Gastgeber und Küchenchef Markus Pape verweist gerne auf die über 300-jährige Historie seines Hotel- und Gastro-Ensembles am Rande der historischen Altstadt, dessen Konzept er seit 2014 verantwortet. In den unterschiedlichen ländlich-elegant gestalteten Gaststuben mit schönem altem Holzboden, Wandvertäfelungen, Biedermeierstühlen und Kirschholztischen kommt der Charme des Hauses genauso gut zur Geltung wie im lauschigen Innenhof oder im urigen Weinkeller.
Auf den Tellern setzt der Jeune Restaurateur einerseits auf verfeinerte Regionalküche, schließt aber auch internationale Edelprodukte und exotische Zutaten nicht aus seinem Kulinarium aus. Hausklassiker wie das Wiener Schnitzel mit lauwarmem Meisenheimer Kartoffelsalat oder ein Tatar vom Glantal-Rind sind in der Karte ebenso zu finden wie Gänseleber, bretonischer Hummer, Gelbschwanzmakrele oder wild gefangener Wolfsbarsch. Letztere finden sich überwiegend im großen Degustationsmenü, das in bis zu acht Gängen zu haben ist. Daneben wird auch eine vegetarische Speisefolge und ein Auswahlmenü mit Klassikern offeriert.
Unser Menü begann mit einer Miniaturversion des Tatars vom Glantal-Rind, das ganz ähnlich wie im letzten Jahr auch diesmal asiatisch inspiriert war. Zum wohltemperierten fleischig-schmelzigen Rohfleisch lieferte dessen Begleitung in Gestalt von Shiitake-Pilzen, Miso-Mayo und Dashi einen umamisatten Punch. Mit einem noch etwas komplexeren, aber nicht verkopft konstruiert wirkenden Spiel von Texturen und Aromen glänzte im Anschluss der eigentliche Menüauftakt. Dessen jodiger Dreh- und Angelpunkt war das Zusammenspiel von schmelzig zarter, in Bayern gezüchteter „Crusta-Nova"-Garnele, die als Carpaccio geschnitten und roh mariniert mit cremigem Austerneis und gebeizter sowie als Tatar zubereiteter Gelbflossenmakrele bestückt war. Ergänzt wurde das maritime Dreigestirn neben eingelegter Senfsaat von der säuerlich-nussigen Frische des als Blätter, Creme und Öl ins Gericht eingebundenen Portulak sowie das leicht süßliche von Karotte, die wiederum als Röllchen, Creme und Hippe auf dem Teller zu finden war.
Überdurchschnittliche Produktqualitäten sind eine wesentliche Säule der Küche. Ein hochwertiger Tellermittelpunkt war auch die getauchte Jakobsmuschel, die beim nächsten Gang in festfleischig-glasiger Idealform die Expertise der Küche für alles Maritime ebenso unterstrich wie die anschließende Tranche vom auf der Haut gebratenen Lofoten-Skrei. Zur rösch angebratenen Coquille Saint-Jacques lieferten schmorwürziges Ragout und kross frittierte Partikel vom Kalbskopf sowie blanchierte Frühlingszwiebeln und Porree-Creme eine süffig-gemüsige Basis und eine aufgeschäumte Beurre blanc sorgte für den nötigen Säurekick.
Und knackige Säure spielte auch beim schon erwähnten Winterkabeljau eine wichtige Rolle. Denn die Entscheidung, das schön aufblätternde Filet mit herrlich spitzem Sauerkraut zu akzentuieren, ergab genauso viel Sinn, wie die kross ausgebackene Nocke aus Jasminreis als Soßenfänger für den angegossenen Mumbai-Curry-Sud. Als Puffer für die zunehmend vehemente Schärfe hätten wir uns noch etwas mehr von der Ananas gewünscht, die hier als Katalysator eigentlich gut funktioniert hat, aber leider etwas zu spärlich dosiert war.
Dass es das Team aber durchaus draufhat, auch mit mehreren intensiven Aromen zu einem ausgewogenen Geschmacksbild zu kommen,

stellte es beim anschließenden Hauptgang gleich selbst unter Beweis. Denn zum Dreierlei vom Bio-Lamm passte die diesmal dezenter eingesetzte Schärfe einer Harissa-Hollandaise nämlich genauso gut, wie zum ebenfalls sehr markanten paprikawürzigen Bulgur, zur intensiven Fenchelcreme und zum schlotzigen Auberginenragout – und umgekehrt. Und auch das eigenaromatisch ausdrucksstarke Hauptprodukt überzeugte von rosa-saftig gebratenem Rücken über geschmortes Ragout bis zur butterzarten glasierten Zunge, deren Charakter von einer sehr puren reduzierten Lammjus noch vertieft wurde.
Den Schlusspunkt setzte augenzwinkernd das „Meisenheimer Snickers“, das mit dem Original aus dem Süßwarenregal aber letztlich nur die Grundidee teilte. Der auf einen Passionsfruchtspiegel drapierte und von einem mit Sylter Meersalz gewürzten Karamelleis begleitete Schokoriegel war mit seinem cremig-kernigen Innenleben nämlich ohnehin schon erfreulich weit vom klebrig-pappigen Vorbild entfernt und wurde auch dank des knallig säuerlichen Fruchtkontrasts von der Sauce zum erfrischend dynamischen Abschluss.
Dem sympathischen Serviceteam um Sommelier Andreas Held, der die mittlerweile beachtlich umfangreiche Weinkarte verantwortet, merkt man an, dass sie sich hier wohl fühlen und voll hinter dem Konzept stehen. Von der Kooperation des Meisenheimer Hofs mit dem ortsansässigen Weingut Disibodenberg profitiert man auch als Gast, da gerade deren gemeinsam kreierte Sondereditionen perfekte Speisenbegleiter sind. Aber auch sonst bietet die Weinkarte viel Gutes aus Nah und Fern – und das zu sehr gastfreundlich kalkulierten Preisen.

Hotelempfehlung

Hotel Meisenheimer Hof

Obergasse 33, 55590 Meisenheim
06753-1237780
www.meisenheimer-hof.de
Einzelzimmer: 79–129 €
Doppelzimmer: 129–169 €

Das charmante Wein- & Erlebnishotel ist mit viel Liebe zum Detail gestaltet. Die insgesamt 17 Hotelzimmer und Suiten sind Themenzimmer – die meisten heißen nach berühmten Weinbergen an der Nahe. Ihre ganz individuelle Einrichtung nimmt Bezug auf den Weinberg und die prominenten Winzer, die die Weinberge pflegen und Paten der Zimmer sind. Andere Räume erinnern an historische Persönlichkeiten mit Bezug zur Meisenheimer Geschichte. Moderner Komfort ist selbstverständliche Basis, aber der ganz eigene Stil prägt das Erlebnis. Für die Hotelgäste stehen z. B. eine exklusive Dach- und Ruheterrasse und der Kräutergarten zur Verfügung. Oder man liest die »Meisenheimer Novelle« in den Fauteuils der Bibliothek. Außerdem: ein Restaurant mit verschiedenen, sehr individuellen Räumlichkeiten, eine moderne Bar, ein großes Weingewölbe mit historischem Sandsteinfußboden und ein Weinkeller zahlreichen Schätzen. Frühstück mit Produkten aus der Region. Meisenheimer Hof Restaurant separat erwähnt.

Mettlach (Saarland)

5

Landküche

Im Landhotel Saarschleife
Cloefstraße 44,
66693 Mettlach (Orscholz)
06865-1790
www.hotel-saarschleife.de
Küchenchef: Christian Münch-Buchna
Fr–So u. Fei ab 12 Uhr durchgehend, Mo–Do RT
Hauptgericht: 24–38 €,
Menüs: 65–105 €

Mit einem zweigleisig ausgerichteten gastronomischen Konzept bittet das Hotel Saarschleife zum einen in die „Dorfküche“ und zum anderen in die „Landküche“, was in ersterer innerhalb eines etwas ländlicher gestalteten Rah-

mens in eine auch kulinarisch bodenständigere Richtung tendiert und sich in letzterer sowohl atmosphärisch als auch auf den Tellern etwas mehr in Richtung Fine Dining bewegt. Das umfasst neben etwas eleganter eingedeckten Tischen auch ein fünfgängiges „Genießer Menü" und einschlägige Produkte wie Wolfsbarsch, Taube oder Jakobsmuscheln.
Hier wie dort gleich hoch ist der Anspruch an Frische, Handwerk und vor allem Nachhaltigkeit, die im Hause Buchna auch im Hotelbereich ein ganz wichtiger Aspekt ist. Unser Menü im Rahmen der Landküche begann zunächst mit einem Küchengruß, einem kleinen Ratatouille-Strudel auf gewürfeltem Tomatensalat und Kräuterpistou, der geschmacklich wirklich sehr gut, nur haptisch mit einer seltsam gummihaft-kompakten Füllmasse und der weichen Umhüllung etwas uncharmant daherkam.
Beim Tatar vom Milchkalbrücken war auch nur dessen weiche, breiige Konsistenz der einzige kleine Schönheitsfehler, was daraus resultierte, dass das Rohfleisch gewolft und nicht von Hand geschnitten wurde. Abgeschmeckt war es sehr harmonisch und eher mild und mit einer schön säuerlich gehaltenen Vinaigrette von grobem Senf, einer Kapernmayonnaise mit frittierten Kapern als reizvollen Cruncheffekt, würzig-ätherischer Rettichkresse, kleinen Radieschenstücken und einem Wachtelspiegelei als Topping auch als Komposition eine sehr ansprechende und stimmige Sache.
Die Produktqualitäten, deren handwerkliche Zubereitung und das Augenmerk auf natürliche, unverfälschte Aromen stehen hier völlig außer Frage – lediglich beim Feintuning könnte man noch nachlegen und dann sogar eine noch höhere Bewertung erlangen. Bestes Beispiel dafür war beim letzten Mal die wirklich ganz hervorragende, in Court Bouillon schön festfleischig-saftig pochierte Heilbutttranche, die ihre Reize aber leider nur sehr gebremst und verschleiert ausspielen konnte. Der wunderbar frische, perfekt auf den Punkt gebrachte und akkurat gewürzte Fisch hatte es nämlich von oben mit einer viel zu dick aufgetragenen und dergestalt etwas plumpen Steinpilzschmelze zu tun und von unten mit einem Sockel Kürbis-Stampf. In den sank der Fisch unter dem Druck des Fischmessers immer tiefer in das Schälchen ein und ging letztendlich zwischen Kruste und Püree nahezu unter. Mit etwas veränderten Proportionen und vor allem einer anderen, flächigeren Anrichtweise hätte man da mit den identischen Komponenten locker noch mehr rausholen und so nicht nur den Fisch, sondern auch die mit Kürbiskernöl marmorierte Schalottenveloutė (gute Idee!) heller strahlen lassen können.
Kleinigkeiten. So wie beim Hauptgang um einen als Crépinette zubereiteten Hirschrücken mit Rosenkohlblättern, sehr schön festteigigen breiten Maronen-Bandnudeln mit kleinen Stücken von stichfestem Frischkäse vermengt, angenehm säuerlich gehaltenen Preiselbeeren und Wildjus. Hier war das partiell sehr dick gelegte und zudem nicht sorgfältig weggebratene Schweinenetz, mit dem traditionell die Farce am Fleisch festgehalten wird, der Schönheitsfehler. Dem guten Geschmack dieses Wildbrets konnte das natürlich nichts anhaben, wirkte nur haptisch uncharmant rustikal.
Und beim Menüdessert schließlich, einem mit Mandarinen- und Orangenfilets gekrönten Lebkuchenmousse-Törtchen, umgeben von kleinen Kugeln aus Eis von karamellisierten Walnüssen und mit Cointreau abgeschmeckter Orangenjus samt eingelegten Zitruszesten, gab es ohnehin rein gar nichts zu kritisieren. Wer sich zum Menü für glasweise Weinempfehlungen zu jedem Gang interessiert, bekommt wahlweise eher Regionales oder auf Wunsch auch internationale Gewächse serviert. Den Service erleben wir stets sehr freundlich und zuvorkommend.

Hotelempfehlung

★★★★

Landhotel Saarschleife

Cloefstr. 44,
66693 Mettlach (Orscholz)
06865-1790
www.hotel-saarschleife.de
Einzelzimmer: 79–144 €
Doppelzimmer: 129–198 €

VISA

Ein seit drei Gererationen familiengeführtes Hotel, direkt an der imposanten Saarschleife, eingebettet in den Varadeser Kurpark des Luftkurortes Orscholz. Hier wurde in jüngster Zeit enorm viel investiert und erneuert: Zimmer, Flure und Bäder präsentieren sich aufwendig und stilvoll renoviert; in diesem Zuge sind auch zwei neue Zimmerklassen entstanden. Im letzten Jahr ist zudem die neue Wellnessanlage in Betrieb gegangen – mit Hallenbad und Saunen auf über 500 qm. Auch der Gastronomiebereich wurde erneuert und um eine neue Hotelbar und einen neu gebauten, auch für Gäste begehbaren Weinkeller ergänzt. Restaurant Landküche separat erwähnt.

Mittenwald (Bayern)

7

Das Marktrestaurant

Dekan-Karl-Platz 21,
82481 Mittenwald
08823-9269595
www.das-marktrestaurant.de
Küchenchef: Andreas Hillejan
Di–Do ab 18.30 Uhr,
Fr u. Sa von 12–13.15 Uhr u. ab 18.30 Uhr,
So u. Mo RT
Hauptgericht: 21–46 €,
Menüs: 90–120 €
VISA

Unter den vielen touristischen, mehr auf Folklore und Flair als auf gehobenes kulinarisches und gastliches Niveau ausgerichteten Restaurants in Mittenwald ist das von Nancy und Andreas Hillejan in Service und Küche engagiert geführte Marktrestaurant seit vielen Jahren ein echter Leuchtturm. Und für uns jedes Mal wieder ein ganz besonders reizvolles Genussziel! Mit dem aus dem 17. Jahrhundert stammenden Gewölbekeller gibt es auch hier ein stimmungsvolles, behaglich-elegantes Ambiente, und die alpine Küche des zwar aus dem Rheinland stammenden, aber kulinarisch längst in Südbayern eingebürgerten Chefs punktet mit zupackenden, deutlichen Aromen in feiner Ausführung.

Bereits im Vorprogramm zeigten der kleine Shot von der Kürbissuppe mit lebendiger Säure und blumiger Exotik, ein Weißwurstrad in fluffig-krossem Tramezzinimantel mit Senf sowie ein Taco mit Rauchforellencreme und Kaviar in ihrer augenzwinkernden Rustikalität und mit markanten Pointen, in welche Richtung die Küche tendiert.

Und daran knüpfte dann die markant abgeflämmte, ansonsten aber knackig roh belassene Garnele in fantastisch klararomatischer Qualität direkt an. Gemeinsam mit bissfesten Kürbisstreifen, säurefrischem Purple-Curry-Gel und einer ebenfalls straff zitrischen Tigermilk-Sauce entstand in Summe ein lebendig frischer Auftakt. Der entscheidende Twist kam allerdings vom separat gereichten, eindrucksvoll neben dem Tisch gefrästen Krustentiereis, dessen zart schmelzende Splitter eine enorm konzentrierte, beinahe wuchtige Röstpower lieferten, die dergestalt selbst dosierbar war und den Gang mit der eleganten Wirkung um ein ganzes Level aufwertete. Ganz stark!

Aber auch die hauchdünnen Lamellen von in Salzteig gegarter Roter Bete, die mit feinsäuerlich zugespitzter Betecreme kunstvoll zu Ravioli geformt waren, standen danach als vegetarischer Einschub kaum hintenan. Ergänzt von einer kühlen Buttermilch-Kräuter-Sauce und malzig-getreidigen Bierbrotbröseln wurde der erdigen Knolle ein klar herbstlicher und dennoch feingliedrig frischer Auftritt beschert.

Wohlige Eleganz prägte dann die Kombination aus soft in Butter confierter Forelle mit mildem Rauchaal und einem kleinen Würfel zartkrossen Schweinebauchs, die auf (minimal überproportionierter) Spinatcreme einem saftig-krossen Rösti, jodigen Kicks von Forellen- und Störkaviar sowie einer stoffigen Beurre blanc angerichtet war und dabei vor allem mit dem verdichteten kraftvollen Geschmacksbild punktete.

Und apropos kraftvoll: bei dem Zweierlei vom Rind im Hauptgang wurde der Regler gleich nochmal weiter aufgedreht: Zum einem durch Rinderbraten als fingerdicke, butterzarte und verführerisch in Vadouvanjus glasierte Tranche mit einem Topping aus feinbitteren Mini-Au-

berginen, Crème fraîche und Erbsencreme. Zum anderen durch eine Kuppel aus rohem, nur hauchkurz temperiertem Filet mit einer Füllung aus saftigen Graupen und Macadamianuss. Eine unkonventionelle, aber umso wirkungsvollere Produktpräsentation mit erneut gut durchdachten Details!
Das hohe Niveau riss auch beim Dessert nicht ab, in dem dünne geschmorte Quittenkreise und ein herbsäuerliches Quittensorbet neben Honigkuchen-Sponges und drei verschiedene Zubereitungen von edler 55%iger Schokolade gestellt wurde. Diese waren in Form von Eis, Mousse und Ganache mit jeweils unterschiedlicher Intensität und feiner nerviger Salzigkeit der eigentliche Mittelpunkt des Nachtischs, während Frucht und Säure eher dezent im Hintergrund blieben.
Abgerundet wird ein Besuch durch die ebenso kompetente wie herzliche Art der Gastgeberin und deren stets gut abgestimmten und dadurch sehr lohnenden glasweisen Weinempfehlungen. Wer sich lieber selbst ein Fläschchen aussucht, findet in der Karte ein gut strukturiertes und fair bepreistes europäisches Sortiment.

Molfsee (Schleswig-Holstein)

5

Bärenkrug

im Hotel Bärenkrug
Hamburger Chausee 10,
24113 Molfsee
04347-71200
www.baerenkrug.de
Mi–So ab 17 Uhr, Mo u. Di RT
Hauptgericht: 17–43 €, Menüs: 52–69 €
VISA

Der renommierte Landgasthof, der seit jeher ein breites Publikum anzieht, gehört zwar zu den altehrwürdigen Traditionsadressen im Kieler Raum, bietet aber aus kulinarischer Sicht deutlich mehr, als man es für gewöhnlich aus solchen Häusern kennt. Der in ersten Hamburger Restaurants und bei Jörg Müller auf Sylt mit allen Kochwassern gewaschene Ulf Sierks lässt seine Gäste neben souverän optimierten Klassikern der bodenständigen Art am Abend in den Genuss eines bis zu fünf Gänge reichenden Abendmenüs kommen, das mit exklusiveren Produkten gespickt ist und auch konzeptionell eine deutlich feinere Version der Landhausküche darstellt. Das Team setzt in beiden kulinarischen Linien erfolgreich auf die Feinheimisch-Karte, hält überdies stets einige ansprechende vegetarische Alternativen parat und hat überdies eine eigene Produktlinie für den Hofladen entwickelt.

Mulfingen (Baden-Württemberg)

7

Jagstmühle

im Hotel Jagstmühle
Jagstmühlenweg 10,
74673 Mulfingen (Heimhausen)
07938-90300
www.jagstmuehle.de
Küchenchef: Steffen Mezger
Täglich ab 12 Uhr, kein RT
Hauptgericht: 28–45 €,
Menüs: 87–135 €
VISA

Die versteckt in einem kleinen Nebenort von Künzelsau ausgesprochen idyllisch direkt neben einem plätschernden Fluss gelegene Jagstmühle ist nicht nur ein Ort, um entspannt und komfortabel die Seele baumeln zu lassen, sondern auch ein zurecht beliebtes Ziel für kulinarische Genießer. Die finden in dem elegant rustikalen Ambiente der Mühlenscheune ein anspruchsvoll bodenständiges Programm, im

separaten Gourmetrestaurant dagegen deutlich ambitioniertere aufwendiger gestaltete Kost.
Kulinarisch geprägt wurde der idyllische Ort zuletzt von Hubert Retzbach, der als Pionier einer Küche nach Slow-Food-Prinzipien besonderes Augenmerk auf Regionalität und Nachhaltigkeit legte. Seit Urgestein Retzbach sich in den wohlverdienten Ruhestand verabschiedet hat, führen seit Oktober 2021 Nadine und Steffen Mezger die Jagstmühle als Genussort und Hotel weiter in die Zukunft. Und das äußerst vielversprechend, greift Steffen Mezger doch nach vielen erfolgreichen Jahren im Bayerischen Hof in München, als Küchenchef von Heinz Winkler und zuletzt als kulinarischer Leiter auf Gut Edermann in Teisendorf auf einen reichen Erfahrungsschatz zurück, muss im Grunde niemandem mehr etwas beweisen und weiß definitiv ganz genau, was er macht.
Neben dem allgemein hohen Stellenwert, den von der eigenen Stromerzeugung über einen Brunnen bis zum Anbau von Obst und Gemüse das Thema Nachhaltigkeit in der Jagstmühle hat, prägen die eigenen Produkte und die Viktualien regionaler Lieferanten auch das Angebot im Restaurant – ohne dass es dogmatisch wirkt. Wenn die Qualität stimmt, gibt's genauso auch weiter angereisten Meeresfisch oder exotischere Zutaten, mit denen das grundsätzlich regional orientierte Portfolio erweitert wird. Und wie gut das funktioniert, zeigte zur Einstimmung zuletzt bereits ganz knapp temperierte Gelbschwanzmakrele in einem duftigen Kokosfond nebst einem gelbfruchtig-säurefrischen Gel, Erdnusssplittern, Radieschen und Passepierre als unkomplizierter, gekonnt balancierter Ausflug nach Asien. Voll in der Tradition, allerdings zeitgemäß interpretiert, lag dagegen das kleine zarte Hechtnockerl, das – hauchdünn und knusprig gratiniert – neben umamistarken Champignon-Duxelles und einem säurestraffen Weißweinschaum eine ausgezeichnete Figur machte.
Bereits diese Appetizer zeigten einen erfreulichen Mut zu deutlichen Aromen (bei exaktem Handwerk!) und genau davon profitierten auch die mild gebeizten Tranchen von der Tigerforelle, die neben einer zarten, insgesamt in diesem Kontext aber dennoch etwas füllig und grob wirkenden Räucherfischmousse angerichtet wurden. Verstärkt wurde der Produktcharakter des Fischs durch Kaviar vom Stör und der Forelle. Wichtige Frische und Auflockerung kam indes von einem Kräuteröl und hauchdünnen Radieschenscheiben.
Während der erste Gang noch eher unter „Regionalküche" einzuordnen war, ging es anschließend beschwingt ans Mittelmeer, nämlich mit einer knackig-röstwürzigen Riesengarnele und einem hohen und beherzt perfekt knusprig-glasig auf den Punkt gebratenen Filet von der Rotbarbe, die nur aromatisch etwas derber daherkam als es im optimalen Fall möglich ist. Diese standen in einem zupackenden Umfeld aus würzig-frischem Tomatenfond, Petersilienpüree und Olivenölkaviar und formierten sich somit zu einen kraftvollen und zugleich angenehm leichten Powergang.
Noch einen Zahn zu legte das Team dann beim Hauptgang mit einem perfekten Rehrücken – straff und saftig! – in einer bei aller Tiefe vibrierend säurefrischen Schmorjus, die zugleich auch die Basis für ein separat serviertes Ragout von der Keule nebst Pfifferlingen und Kartoffelpüree darstellte. Auf dem Hauptteller boten sanft angekrosste Selleriestreifen neben zarter Selleriecreme und kleinen festen Pfifferlingen ein ebenso klassisches wie elegant abgestimmtes Bild. Allein aufgrund der herausragenden Qualität des Rehs und der meisterlich zubereiteten Sauce lag das, anders als die vorherigen Gänge, am oberen Ende der 7-Pfannen-Skala.
Und auf diesem Niveau bewegte sich zum Abschluss auch ein Ring aus Holunderbeeren-Mousse unter konzentriert dunkelfruchtigem Gelee, der neben Akzenten von Holunder und Bergamotte mit markanter Säure und Bitterkeit von einer Buttermilch-Espuma und deren feinerer cremigerer Säure eingefangen wurde. Bemerkenswert, weil federleicht, spannungsgeladen und aromenintensiv!
Mit dieser konstanten Steigerung im Laufe des Menüs rechtfertigt das Team dann auch die hohe Einstiegsbewertung. Völlig unbenommen davon ist allerdings, dass es sich sowohl im dem schlicht elegant gestalteten Restaurant als auch auf der weitläufigen Terrasse mit Blick in den wildromantischen Garten sehr komfortabel und entspannt genießen lässt. Und dazu tragen auch das gut eingespielte Serviceteam und die gut passenden (hochwertigen!) Weinempfehlungen aus einem respektablen Sortiment bei, das Gutes aus der Region und weit darüber hinaus bietet.

Hotelempfehlung

★★★★

Hotel Jagstmühle

**Jagstmühlenweg 10,
74673 Mulfingen (Heimhausen)
07938-90300
www.jagstmuehle.de
Einzelzimmer: 145–200 €
Doppelzimmer: 160–220 €**

EC VISA

Die ruhig und idyllisch im Grünen am plätschernden Bach gelegene Jagstmühle ist ein idealer Ort zum Entspannen und Genießen. Die insgesamt 26 Zimmer unterschiedlicher Kategorien erstrecken sich vom Stammhaus in regionaltypischer Fachwerk-Architektur bis in den modernen Anbau. Entsprechend präsentieren sind auch die Räume teilweise in gehobenem Landhausstil und teilweise modern und schnörkellos designt. Sie reichen von den 20 bis 25 qm großen Mühlenzimmern mit Blick auf die Jagst oder in den Innenhof bis hin zu großzügigen Suiten im Neubau mit Terrasse oder Balkon. Alle bieten Safe, Minibar, moderne Flatscreens mit 300 Programmen, kostenfreies WLAN, exklusive Kosmetikprodukte von Line Ada und bei der Anreise eine Flasche Wasser und frisches Obst oder eine süße Überraschung aus der Patisserie. Auf anspruchsvolle Kulinarik, Regionalität und Nachhaltigkeit wird in den zwei unterschiedlichen Restaurants Jagstmühle und Mühlenscheune großer Wert gelegt. Neben separaten Räumlichkeiten für kleine und große private Feiern verfügt das Haus auch über modern ausgestattete Konferenzräume. Restaurant Jagstmühle separat erwähnt.

Mülheim a. d. Ruhr
(Nordrhein-Westfalen)

5

Mölleckens Altes Zollhaus

**Duisburger Str. 228,
45478 Mülheim a. d. Ruhr
0208-50349
www.moelleckensalteszollhaus.de
Di–Fr von 12–14 Uhr u. ab 18 Uhr, Sa ab 18 Uhr, So von 12–14 Uhr, Mo RT
Hauptgericht: 18–29 €**

EC VISA

Hier wird eine feine Landküche zum moderaten Preis zelebiert, wie man sie gern öfter hätte, aber nur recht selten bekommt. Was in dem Fachwerkhaus mit seinen in Bistro und Restaurantbereich zweigeteilten Gasträumlichkeiten gekocht wird, ist stark regionalbetont, produktorientiert ohne aufwendiges oder gar kreatives Beiwerk, angenehm saisonal, und hat eine sehr gute Gesamtqualität. Im Winter eher deftig und kräftig, im Sommer auch gerne mal als kräuterbetonte Italianità. Die Weinkarte listet viele gute, in der Mehrzahl süddeutsche Gewächse etablierter Erzeuger.

Die Besteck-Symbole

luxuriöses Restaurant mit höchstem Komfort und formvollendetem Service, edler Ausstattung und einer Weinkarte, die höchsten Ansprüchen genügt

elegantes Restaurant mit hohem Komfort und exzellentem Service, sehr gute Ausstattung, hervorragende Weinkarte

gehobenes Restaurant mit gutem Komfort und versiertem Service, umfangreiche Weinkarte

besser ausgestattetes Restaurant mit ordentlichem Service, ausgewählte Weine

schlichtes Restaurant, Gasthof oder Bar

München

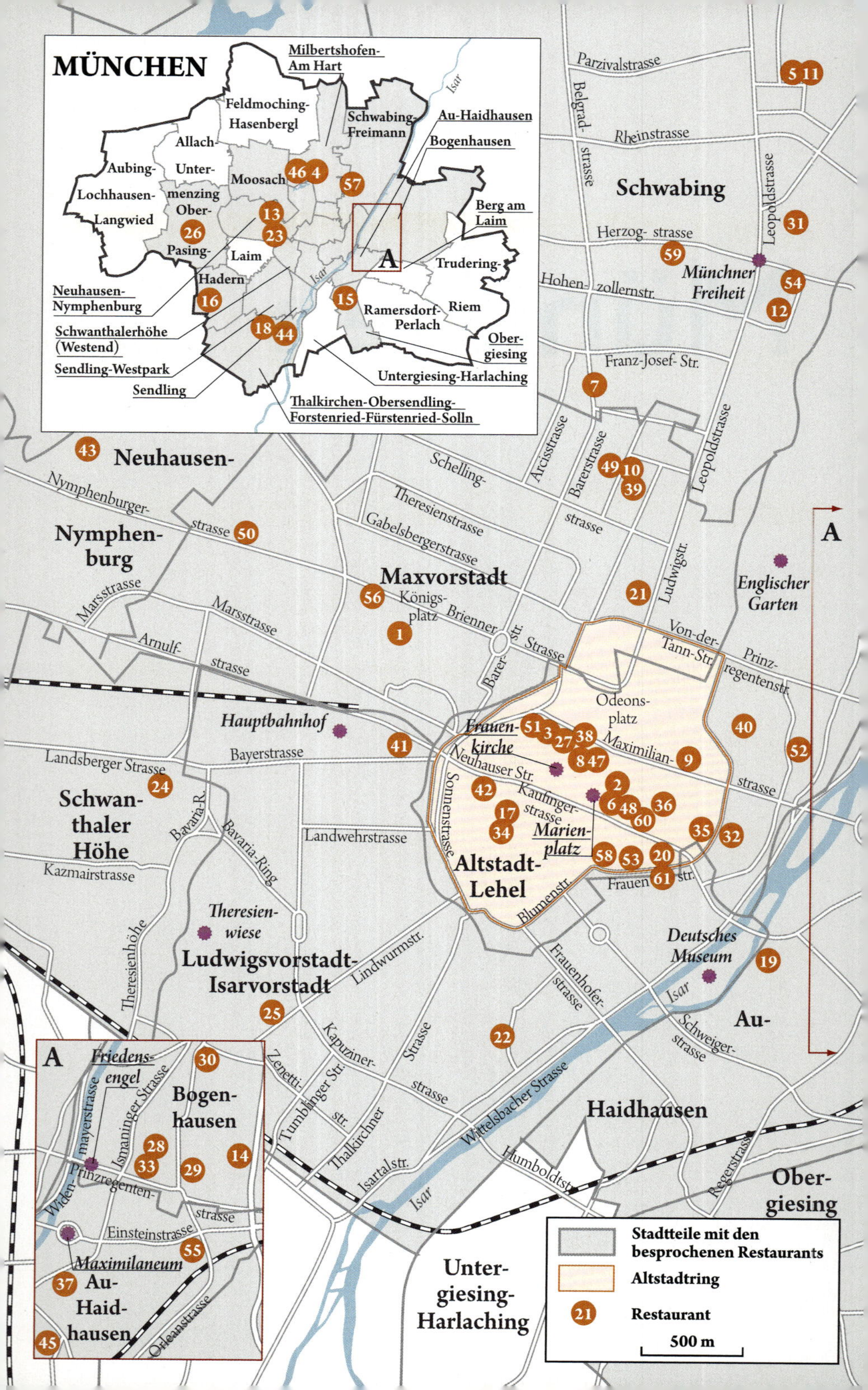
MÜNCHEN
Milbertshofen-Am Hart
Feldmoching-Hasenbergl
Schwabing-Freimann
Au-Haidhausen
Bogenhausen
Allach-Untermenzing
Aubing-Lochhausen-Langwied
Moosach
Obermenzing
Pasing-
Laim
Hadern
Berg am Laim
Trudering-
Riem
Ramersdorf-Perlach
Obergiesing
Untergiesing-Harlaching
Neuhausen-Nymphenburg
Schwanthalerhöhe (Westend)
Sendling-Westpark
Sendling
Thalkirchen-Obersendling-Forstenried-Fürstenried-Solln
Isar
A
Parzivalstrasse
Belgradstrasse
Rheinstrasse
Leopoldstrasse
Schwabing
Herzog- strasse
Münchner Freiheit
Hohenzollernstr.
Franz-Josef- Str.
Arcisstrasse
Barerstrasse
Schelling-strasse
Theresienstrasse
Gabelsbergerstrasse
Ludwigstr.
Neuhausen-
Nymphenburger-strasse
Nymphenburg
Maxvorstadt
Englischer Garten
Marsstrasse
Königsplatz
Brienner Strasse
Barer-str.
Arnulf-strasse
Von-der-Tann-Str.
Prinzregentenstr.
Odeonsplatz
Hauptbahnhof
Frauenkirche
Maximilian-strasse
Landsberger Strasse
Bayerstrasse
Neuhauser Str.
Kaufingerstrasse
Schwanthaler Höhe
Sonnenstrasse
Marienplatz
Bavaria-R.
Bavaria-Ring
Landwehrstrasse
Altstadt-Lehel
Kazmairstrasse
Frauenstr.
Blumenstr.
Theresienwiese
Ludwigsvorstadt-Isarvorstadt
Lindwurmstr.
Theresienhöhe
Frauenhoferstrasse
Deutsches Museum
Au-
Schweigerstrasse
Kapuzinerstrasse
Zenettistr.
Tumblinger Str.
Thalkirchner Strasse
Wittelsbacher Strasse
Haidhausen
Friedensengel
Widenmayerstrasse
Ismaninger Strasse
Bogenhausen
Prinzregentenstrasse
Einsteinstrasse
Maximilianeum
Au-Haidhausen
Orleanstrasse
Humboldtstr.
Isartalstr.
Regerstrasse
Obergiesing
Untergiesing-Harlaching
Stadtteile mit den besprochenen Restaurants
Altstadtring
Restaurant
500 m

Unsere Besten in München

10 Gusto-Pfannen

1. JAN ↑

9 Gusto-Pfannen

2. Alois
3. Atelier
4. EssZimmer
5. Tantris
6. Tohru in der Schreiberei ↑

8 Gusto-Pfannen

7. Brothers ↑
8. Les Deux
9. Schwarzreiter
10. Sparkling Bistro ↑
11. Tantris DNA ↑
12. Werneckhof Sigi Schelling ↑

7 Gusto-Pfannen

13. Acetaia
14. Acquarello
15. Gabelspiel ↑
16. Johannas
17. Mural ↑
18. Mural Farmhouse
19. showroom ↑

6 Gusto-Pfannen

20. Bachmeier Genussfreuden
21. Bar Mural
22. Brasserie Colette Tim Raue
23. Broeding
24. Coup de Coeur
25. Ederer
26. Essence ↑
27. Garden
28. Green Beetle ↑
29. Hippocampus
30. Huber
31. JAPATAPA TOSHIBAR ↑
32. Jin
33. Käfer-Schänke
34. Landersdorfer & Innerhofer
35. Le Stollberg
36. Matsuhisa Munich
37. MUN Restaurant ↑
38. Pageou
39. sansaro
40. Vecchia Lanterna ↑
41. Vinothek by Geisel
42. Weinhaus Neuner
43. Zauberberg

5 Gusto-Pfannen

44. Asam Schlössl ↑
45. Atelier Gourmet
46. Bavarie ↑
47. Brasserie Les Deux ↑
48. Galleria ↑
49. Max Emanuel Wirtshaus
50. Nymphenburger Hof
51. Trader Vic's

Weitere Restaurants

52. CA-BA-LU Bar
53. Casa Italia
54. Hamburgerei, Feilitzschstr. 12
55. Hamburgerei, Einsteinstr. 106
56. Hamburgerei, Brienner Str. 49
57. Hans Kebab
58. Lea Zapf Marktpatisserie
59. nineOfive
60. Schneider Bräuhaus
61. Xaver's

München (Bayern)

7

Acetaia

Nymphenburger Str. 215, 80639 München
089-13929077
www.restaurant-acetaia.de
Küchenchef: Giorgio Maetzke
Mo, Di u. Do–Sa von 12–14.30 Uhr u. ab 18.30 Uhr, Mi u. Sa ab 18.30 Uhr, kein RT
Hauptgericht: 33–49 €, Menüs: 65–85 €
VISA

Die Atmosphäre in dem kleinen Restaurant mit vorgelagerter Terrasse ist allein durch den Jugendstil-Charme des Gastraums einfach wunderschön und einzigartig. Die alten Holzvitrinen reichen bis zur Decke, der Mosaikfußboden und die roten Lederpolster machen es unverkennbar. Doch was wäre das alles ohne das Wirken von Giorgio Maetzke und Michele Perego, die beiden Hauptprotagonisten des Acetaia, die das fröhliche Restaurant schon seit langem mit ihrem Output prägen. Giorgio Maetzke mit seiner inspirierten italienischen Küche, für die er viele gute eigene Ideen mit den kulinarischen vielfältigen Traditionen seines Heimatlandes in handwerklicher Art umsetzt, Michele Perego als versierter Gastgeber und Sommelier mit spannenden Entdeckungen aus der italienischen Weinszene. Gemeinsam bespielen sie seit mehr als 15 Jahren eines der kreativsten und besten italienischen Restaurants in München und weit darüber hinaus.

7

Acquarello

Mühlbaurstr. 36, 81677 München
089-4704848
www.acquarello.de
Küchenchef: Mario Gamba
Di–Fr von 12–14.30 Uhr u. ab 18.30 Uhr, Sa, So u. Fei ab 18.30 Uhr, Mo RT,
Hauptgericht: 55 €, Menüs: 75–147 €
VISA

So hochelegant, sensibel, feinfühlig und gourmetlike wie im Acquarello die „Cucina del Sole" nach allen Regeln der Kochkunst zubereitet wird, macht das in München und weit darüber hinaus kaum ein anderes italienisches Lokal. Aber es bringt auch niemand die klassische Italianità näher mit der französischen Haute-Cuisine zusammen als das Team um Patron Mario Gamba auf den bildschön und akkurat angerichteten Tellern. Und wenn man das im ebenso eleganten wie heiteren, mit maritimen Illusionsmalereien mediterran verbrämte Lokal in einem ruhigen Bogenhausener Wohn- und Geschäftsgebiet oder auf dessen vorgelagerten Freisitz genießt, fühlt man sich in der nördlichsten Stadt Italiens dem Mittelmeer meist schon sehr nahe. Zumal dann, wenn Massimiliano Gamba mit Gentilezza und Weinverstand seine glasweisen Empfehlungen kredenzt.

9

Alois

im Delikatessenhaus Dallmayr
Dienerstr. 14–15, 80331 München
089-2135100
www.dallmayr.de/alois
Küchenchef: Max Natmessnig
Mi ab 19 Uhr, Do–Sa von 12.30–15 Uhr u. ab 19 Uhr, So–Di RT
Menüs: 160–250 €
VISA

Mit Stationen wie dem Steirereck der Reitbauers, Sergio Hermans legendärem Oud Sluis oder César Ramirez Chef's Table at Brocklyn Fare lässt die Vita des neuen Küchenchefs im ebenso noblen wie heiteren Gourmetrestaurant in der Beletage des berühmten Feinkosthauses Dallmayr jeden Gourmet hell aufhorchen. Allerdings hat es der gebürtige Wiener Max Natmessnig höchstselbst auch schon zu einer gewissen Reputation gebracht, konnte er sich doch in den vergangenen Jahren an seinem eigenen „Chef's Table" im Hotel Rote Wand in Lech am Arlberg als eines der größten neuen Kochtalente Österreichs hervortun.

Nun also kocht der sympathisch entspannt auftretende Mittdreißiger an der bereits von seinen Vorgängern als eine der besten kulinarischen Spots der bayrischen Landeshauptstadt etablierten Adresse, bringt stilistisch sehr viel frischen Wind in die Szene und tischt die erste Kostprobe aus seiner Küche – in unserem Fall eine intensive, samtig-seidige Wintergemüseconsommé – gleich höchstselbst auf. Und auch im weiteren Verlauf des Abends sind er und ein Teil seines Teams in den beiden eleganten Gasträumen omnipräsent und helfen tatkräftig mit, die siebzehn (!) Gänge der Speisefolge in angenehm zügiger Taktung an den Gast zu bringen.
Man muss also trotz des in der Karte zunächst furchteinflößend lang anmutenden Menüs weder einen endlosen Marathon noch heillose Übersättigung fürchten, denn erstens sind die Portionen wirklich angenehm klein, zweitens gibt es kein Brot und drittens sind die ersten fünf oder sechs Positionen wirklich nur kleine, zügig hintereinander aufgetragene Snacks. Wie auch der zweite sehr aparte Happen, ein taufrisches Forellentatar mit Meerrettich und Wasabi auf einem hauchdünnen Baiserboden. Wie gekonnt subtil und ausgetüftelt diese Kleinigkeiten sind, wird dann spätestens bei der Petitesse mit getrüffeltem Tatar von der alten spanischen Milchkuh, Schlagobers und Aki-Kaviar deutlich, wo zunächst nur die milde Sahne und der mineralische Kaviar am Gaumen präsent sind und der Geschmack des beherzt gewürzten Rohfleischs erst verzögert, dann aber immer deutlicher in den Vordergrund drängt.
Ein ähnliches Spiel der kalkuliert verzögerten Wahrnehmung von Aromen und Texturen stellt sich auch bei dem Happen von Forellenkaviar, Nori-Alge und Dill ein, bei dem die sehr knackigen, mutmaßlich ungesalzenen Fischeier und die Dillaromen erst durchdringen, wenn sich der vorgeschobene mundfüllend schmelzige Umami-Schleier aus geräucherter Crème fraîche und Nori-Alge langsam lichtet. Wie komplex diese Kleinigkeiten mitunter sind, zeigte das Stück gebeizter und geflämmter Makrele mit Fenchel und den Aromen von Shiso und Sansho. Und diese Komplexität stellte sich selbst auf wundersame Weise ein, als bei einer schmelzig gefüllten Tartelette aus Mais im Grunde nur Entenleber und Johannisbeere im Spiel waren.
Bis zu diesem Zeitpunkt beschäftigte sich das Menü mit dem Vorspiel, und es war doch schon so viel passiert. Im ersten offiziellen Gang, ebenfalls schön klein und kompakt gehalten, präsentierte das Team über fünf Tage trockengereifte Dorade, die weitgehend roh, aber mit den Raucharomen der auf Holzkohle gegrillten Haut zusammen neben einer Jalapeñocreme auf sogenannter Aguachile-Vinaigrette angerichtet war. Bei letzterem handelt es sich traditionellerweise um die mexikanische Variante von Ceviche, die hier in flüssiger Form viel grünaromatische vegetabile Pikanterie auf den Teller brache. Zusammen mit Rauch und etwas laktischem Schmelz ein facettenreicher, leichter und klarer Auftakt mit einem sensationell guten Hauptprodukt im Mittelpunkt, dessen Charakter großartig herausgestellt war.
Und um nicht mehr, aber auch nicht weniger geht es hier, denn das Kulinarium von Max Natmessnig ist im Grunde eine sehr puristische, trotzdem höchst komplexe und vor allem unaufgesetzt kreative Produktküche, für die den handverlesenen Viktualien, von denen zu Beginn des Menüs manche während einer kleinen, etwas unterrichtskundlich anmutenden Präsentation im Gastraum von einem der Köche aus Nattmessnigs Team vorgestellt werden, ebenso subtil wie effektvoll das Maximum ihres Charakters und Eigengeschmacks herausgekitzelt wird. Oft und gern geschieht das mithilfe von Feuer und Rauch, etwa auf einem Binchotan-Grill. So wie bei der sekundenkurz von der Glut der speziellen weißen japanischen Kohle, die als einzige ihrer Art Infrarotstrahlen direkt in das Grillgut aussendet, leicht in ihrer Konsistenz veränderten und rauchig geküssten Auster, die zusammen mit einer generösen Menge Aki-Kaviar in einer von verschiedenen Algen aromatisierten Fenchel-Vinaigrette präsentiert wurde. Und dergestalt ein beeindruckend volles, jodiges Geschmackserlebnis bescherte.
Angenehme Bitteraromen, Fruchtigkeit, Schmelz umgarnte sodann die Seeigelzungen, die roh und als Bindung sowie Geschmacksgeber einer Safran-Sanddornsauce zusammen mit Kürbis kombiniert wurden. Fingerlimes und ein intensives schwarzes Limettenpulver erfrischten den sanft gegarten Saibling respektive den begleitenden schön leichten und doch vollmundigen Schnittlauch-Buttermilchsud, auf dem der Fisch schwamm. Und einen ganz besonders eindrücklichen komplexen Gaumenkitzel bescherte auch der Kaisergranat mit seinem exzellenten festen, schneeweißen Fleisch, der von einer duftigen Espuma aus Pandanblättern über nussige und würzig-pikante Aromen einer Satésauce bis zum markanten zitrischen Kaffirlimettenaroma im Krustentierschaum von einem ganzen Füllhorn voller aromatischer Exotik umspielt war. Das ist alles

im Grunde völlig unaufgeregt und null effekthaschend, durch die weit überdurchschnittlichen und als solches perfekt in Szene gesetzten Produkte und raffinierte Begleitaromen aber eben doch aufregend und effektvoll.
So wie bei den dünnen Scheiben eines wirklich nur zum Herauskitzeln ihres Aromas ganz kurz angegrillten Rib-Eye-Cuts von der alten spanischen Milchkuh, die mit schmelzigen Lauchherzen in einem umamisatten Trüffel-Zwiebelsud kombiniert wurden. Als perfekte Ergänzung und Erweiterung dieses Aromenspektrums gelang Sommelier Julien Morlat, der nun schon seit zehn Jahren und über drei Küchenchefs hinweg als dienstältester Alois-Mitarbeiter im Hause Dallmayr in Lohn und Brot steht und in seiner lockeren charmanten Art über den Abend hinweg viele spannende und vor allem unkonventionelle Weinbegleiter ausschenkt, mit einem trockenen Oloroso-Sherry ein Volltreffer.
Mit einer sehr schön mandeligen, weil mit einem Auszug von Mispelkernen aromatisierten Sauce Bèarnaise gab Max Natmessnig dem köstlichen gegrillten Reh, das von einem kleinen Schichtwerk aus schwarzer Walnuss, Preiselbeeren und knusprigem Grünkohl flankiert wurde, den spielentscheidenden Kick. Und Julien Morlat schenkte dazu im Rahmen seiner speziellen Raritäten-Weinbegleitung einen mit seinen fast 40 Jahren würdevoll gealterten und nunmehr perfekt ausgereiften 1983er Pommard Clos des Épenots der Domaine de Château Meursault ein, der hier mit seiner samtig abgeschmolzenen Tanninstruktur und den nussigen Anklängen perfekt andocken konnte.
Das erfrischende erste Dessert rund um Grapefruit, Honig und Estragonaroma wurde vom rahmigen Schmelz einer Mascarponecreme getragen und effektiv von harmonisch eingebundener Misowürze vertieft. Und weil auch der schon davor direkt in der Küche gereichte mundfüllende halbflüssige herzhafte Snack von würzigem Käse, Umeboshi-Salzpflaume und vielschichtigem Balsamico Tradizionale so federleicht war wie alles andere, was im Rahmen des Menüs kredenzt wurde, genießt man auch das zum Finale aufgetischte fluffig-krosse und obszön buttrige „Fujisan-Bread" nebst schmelzigem und kaum süßen Kokoseis bis zum letzten Bissen mit dem größten Vergnügen.
Klares Fazit: Max Natmessnig hat jede Menge frischen Wind mitgebracht – nicht nur für das Gourmetrestaurant im Hause Dallmayr, sondern für die deutsche Gourmetlandschaft allgemein. Denn das, was er und sein Team im Alois präsentieren, verdient überregionale Beachtung und ist für uns schon jetzt eine der spannendsten Novitäten der laufenden Testsaison.

5

Asam Schlössl

Maria-Einsiedel-Str. 45, 81379 München
089-780167790
www.asamschloessl.de
Küchenchef: Shane McMahon
Di–So ab 11.30 Uhr durchgehend, Mo RT
Hauptgericht: 12–45 €, Menüs: 54–84 €
VISA

Das Asam Schlössl lässt sich gastronomisch irgendwo zwischen bayerischem Wirtshaus, Steakhouse und Fusion-Restaurant einordnen. Bewirtet wird das historische Gebäude in Maria Einsiedel, einem sehr grünen Viertel in den Isarauen im südlichen München, seit gut zwei Jahren von Barbara und Shane McMahon, deren Verständnis von Gastronomie und Art zu kochen uns seinerzeit schon in Shane's Restaurant sehr gut gefallen hat, auch wenn der Ansatz hier natürlich ein ganz anderer ist. Der irisch-österreichische Wahlmünchner steht nicht nur hinter dem Big Green Egg im malerischen Schlösslgarten, sondern auch immer mal wieder vor der Kamera – zum Beispiel bei „Beefbattle" oder „Galileo".
Kein Wunder also, dass die Steak-Karte das Herzstück der Speisekarte bildet und gleich mehrere Cuts bayerischen und importierten Rinds beinhaltet. Daneben finden auch bayerische Wirtshausklassiker wie Schweinsbraten oder „Obatzda" den Weg auf die Karte. Als besonders spannend empfinden wir die Küche, wenn McMahon seine weltgewandte und kreative Barbecue-Küche mit bayerischen Klassikern verbindet. Perfekt verdeutlichte das bei

unserem jüngsten Testbesuch eine Vorspeise mit scharf gegrilltem Pulpo und Ochsenmaulsalat. Eine bewusst schärfere Würzung als das für den bayerischen Klassiker aus gepökeltem Kopffleisch üblich ist, verschob das Gericht in eine spannende Fusion-Cuisine. Erfrischend und sehr gelungen!
Auch wenn Fleisch klar die erste Geige im Asam-Schlössl spielt, lässt sich die Küche auch bei vegetarischen Speisen nicht lumpen, wie ein sehr frisches Urkarottentatar zeigte, das durch die Beigabe von Sumach tatsächlich etwas fleischig schmeckte und sehr stimmig von Avocado-Wasabi-Creme und einem Kräutersalat begleitet wurde. Sehr gut verarbeitet waren auch die Schlutzkrapfen mit sämiger Füllung aus Kartoffeln und Sauerrahm, vor allem dank der tollen Würzung und dem authentischen Pasta-Handwerk.
Das Fleisch, das wir uns als Klassiker des Hauses nicht entgehen lassen wollten, kam sehr kross und perfekt gegrillt saftig auf den Teller. Wir entschieden uns für das Rinderfilet, das zudem durch einen perfekten Garpunkt bestach und viel Eigenaroma mitbrachte. Als sehr gelungen empfanden wir aber auch die wunderbar fluffigen Pommes Frites, die fast ein wenig an Pommes Soufflés erinnerten. Alternativ bietet die Karte auch Pimientos, Coleslaw, verschiedene Saucen und Salate, sodass man sich wie im Steakhouse selbst seinen Hauptgang zusammenstellen kann.
Auch wenn das naheliegendste Getränk hier natürlich ein perfekt gezapftes Augustiner Helles ist, bietet die Weinkarte deutlich mehr als die meisten Wirtshäuser oder Biergärten, etwa Champagner von Pascal Doquet oder Riesling vom VDP-Weingut Künstler. Punkten kann das Asam Schlössl nicht zuletzt durch seine Vielseitigkeit. Ob Scampi-Tatar und Dry-Aged-Tomahawk oder einfach ein Schnitzel und ein Helles – im Asam Schlössl bekommt man es stilsicher serviert.

9

Atelier

im Hotel Bayerischer Hof

Promenadeplatz 2–6, 80333 München
089-2120743
www.bayerischerhof.de
Küchenchef: Anton Gschwendtner
Di–Sa ab 18 Uhr, So u. Mo RT
Menüs: 155–255 €
VISA

Auch wenn Anton Gschwendtner sich in seiner Kochlaufbahn vor dem Atelier selbst bereits einen guten Namen gemacht und es in der Vergangenheit zu hohen Bewertungen gebracht hatte – es waren schon sehr große Fußstapfen, in die er da im berühmten Hotel Bayerischer Hof im Herzen von München steigen musste. War sein Vorgänger in dem vom renommierten belgischen Kunsthändler und Innenarchitekten Axel Vervoordt in luxuriös-schlichtem Design mit dem Flair eines behaglichen Kunstateliers ausgestatteten Gourmetrestaurant doch kein Geringerer als Jan Hartwig, der hier im Rekordtempo alle Rekorde gebrochen hatte.
Und Gschwendtner tat gut daran, ihm nicht stilistisch nacheifern zu wollen. Stattdessen hat er seine eigene Richtung, die er zuvor schon im Stuttgarter Olivo eingeschlagen hatte, erfolgreich weitergeführt und versucht, sein Profil sukzessive zu schärfen. Auf den ersten Blick wirkt das sechsgängige Menü zwar wie eines von vielen, wie eine bunte internationale Melange mit ein bisschen Regionalika hier und ein bisschen Asiatika dort, mit Gelbschawanzmakrele und Krustentieren, Süßwasserfischen von Birnbaum, Geflügel von Miéral, Lamm und Wild aus Polting. Aber in der Ausführung und in den Details ist das alles andere als beliebig und vor allem deutlich präziser und substanzieller zubereitet, als in den allermeisten anderen Restaurants, die so oder so ähnlich kochen, weil sie auf die gleiche Produktpalette zurückgreifen und vielleicht vergleichbar kombinieren.
Die drei Apero-Snacks waren bereits aromatisch sehr ausdrucksstarke und haptisch ausgefuchste, zudem erfreulich vollmundige Kleinigkeiten. Auf kleinstem Raum waren hier einerseits als Baiser-Macaron die vermeintlichen Gegensätze von Pulpo und Sauerkraut mit Speck in harmonischen Einklang gebracht; des Weiteren gab es ein mit geschmortem Keulenfleisch von der Ente gefülltes und mit Peperonata herzhaft aromatisiertes Bao-Bun sowie rohen Wolfsbarsch als Tatar und Sashimi mit

pikanter Espuma von Kimchi als süffiger Knuspersnack.

Dass es Anton Gschwendtner grundsätzlich gern kraftvoll zupackend mag und beim Würzen oft bis nah an die Grenze geht, verriet nicht nur die mit Bärlauch und Miso aromatisierte Butter und der mit feinsten Partikeln von knusprigem Speck, Kartoffel und Schnittlauch bedeckte Aufstrich zu dreierlei Brot, daran ließ auch das Amuse von Taschenkrebstatar, verschiedenen Gurkengewächsen und Alge keinen Zweifel. Denn was meist gerne mal etwas zaghaft daherkommt, war hier in fast jeder Komponente überraschend intensiv – mit etwas Zitronengranité und einer mit Yuzu herb zugespitzten sowie Umami spendender Eigelbcreme aber auch sehr frisch und akzentreich gestaltet.

Beim folgenden roh marinierten Hamachi, der mit einer generösen Nocke Osietra-Kaviar gekrönt war und ansonsten mit weißem Spargel, Radieschen, Kopfsalat-Komponenten und Piemonteser Haselnüssen zumindest vom Wortlaut her ebenfalls eher ein subtiles Gericht suggerierte, waren die Aromenregler ebenfalls sehr weit aufgedreht. Aber eben nicht zu weit! Ähnlich die Gambas aus Portugal, die mit grüner Spitzpaprika, Karotte und Koriander sowie einer intensiven schaumigen Krustentiersauce als Zwischengang aufgeboten wurden. Zitronengras war hier laut Karte auch im Spiel – viel deutlicher und fast schon grenzwertig intensiv aber das markante Aroma von Limettenblatt, das die Komposition zusammen mit der röstwürzigen Krustentieraromatik dominierte. Das korrespondierte prima mit dem Chardonnay aus der Piemonteser Langhe, der robusten Körper und Struktur, aber auch viel Chardonnay-untypische Frische und Klarheit britbrachte.

Ein schmissiger Akkord, der immer gut funktioniert, ist der Twist aus herzhafter Würze und herber Frische, den Räucherfisch und Zitrone anklingen lassen – und der hier in Gestalt von Nikolai Birnbaums mild geräuchertem Süßwasserstör und einer Zitronen-Beurre-blanc aufs Porzellan gebracht wurde. Auch deren Begleitung setzte gekonnt auf Gegensätze, nämlich die von fluffig-weich und knackig-frisch, namentlich Kartoffelblini und Kohlrabiröllchen. Von etwas Katsoubushi mit dem typischen jodigen Umamikick aufgeladen und von Estragonöl mit einer duftigen Kräuternote abgerundet, hatte man es hier mit einem schmeichlerischen, sehr vollen und runden Fischgang zu tun. Einem mit Tiefe und Komplexität.

Überraschend war ausgerechnet jenes Gericht, von dem man am ehesten ein weiches, fülliges, mildwürziges Geschmacksbild hätte erwarten können, nämlich das Miéral-Perlhuhn mit Artischocken, Maitake, Pilzbouillon und Petersilienöl. ein sehr schlank zugespitzter Gang mit Spannungsbogen, mit viel Zug und Tiefenschärfe. Und ebenfalls überraschend erreichte uns mit dem Hauptgang rund um Sellerie, Pfifferlinge, Kerbel und mit Chartreuse abgeschmeckter Sauce ein eher sommerliches und fast schon erfrischend schlankes Wildgericht, das auch sehr weit von der braven Behäbigkeit entfernt war, die es bei der Speisekartenlektüre vielleicht zu suggerieren vermochte. Hier gab es jedenfalls von herrlich straffem, saftigem Fleisch, in klassischer Perfektion gebraten, über knackige aromatische Pilze und drei verschiedene Spielarten von Knollen- und Staudensellerie, bis zu den zwei spannungsgeladenen Saucen, jede Menge Ausdruckskraft und Tiefenschärfe.

Und von diesen Eigenschaften profitierte auch das Dessert um als „Delice" annoncierte Vielfalt unterschiedlicher sehr natürlich intensiver Spielarten von der Erdbeere (Sorbet, Gelee, Gel, mariniert, als Sphäre...), die im Verein mit herbfrischem Zitronenverbeneeis und einem Hauch von 65%iger Maracaibo-Schokolade von Felchlin für Schmelz und Tiefe aufgefahren wurden. Auch das handwerklich makellos umgesetzt und trotz der Intensität in allen Komponenten sehr ausgewogen und elegant.

Ausgewogen sind auch die präzisen Weinempfehlungen von Shahzad Talukder, die der sympathische Sommelier dem Gast ebenso versiert wie gelassen näherbringt. Zusammen mit Restaurantleiterin Daniela Heizmann und den anderen Kolleginnen und Kollegen sorgt das Team auch sonst mit einer guten Mischung aus Professionalität und Nahbarkeit für eine gute, dem entspannten Genuss förderliche Grundstimmung bei der sehr internationalen Klientel des Hauses.

5

Atelier Gourmet

Rablstraße 37, 81669 München
089-487220
www.ateliergourmet.de
Mo–Fr ab 18 Uhr, Sa u. So RT
Menüs: 67–86 €

VISA

Freunde von unkomplizierter, aber anspruchsvoll gekochter französischer Bistroküche kommen bei Raffaella Correngia und Philippe

Bousquet voll auf ihre Kosten. In ihrem schnörkellos-schlicht gestalteten Lokal in der Rablstraße lässt der Chef klassisch fundiert zubereitete und durchaus raffinierte Gerichte frankophiler Art aber mit weltoffenem Charme zu nach wie vor sehr moderaten Preisen als Menü über den Pass wandern. Das ist gegenständlich und feinsinnig mit Blick für die wesentlichen Dinge aus sehr guten, aber eben nicht unnötig preistreibenden Produkten gekocht und macht auf seine zugängliche, unverkopfte Art immer viel Spaß. Auch die Weinempfehlungen erweisen sich zumeist als sehr stimmig zu den einzelnen Gerichten ausgesucht. Sehr freundlicher Service durch die Gastgeberin Raffaella Correngia.

6

Bachmeier Genussfreuden

Westenriederstr. 43, 80331 München
089-28755010
www.bachmeier-genussfreuden.de
Di–Sa 12–14.30 Uhr u. ab 18 Uhr, So u. Mo RT
Hauptgericht: 25–39 €

Nahe dem Viktualienmarkt betreibt Hans Jörg Bachmeier diese attraktive Mischung aus Bar, Feinkostladen und Bistro-Restaurant, wo er in hell und modern eingerichtetem Ambiente ein breit aufgestelltes kulinarisches Programm bietet. Das reicht von „Genussfreuden-Tapas" wie den als wahlweise kleinere und größere Portionen bestallbaren Gerichten, die wie kalte und warme Vorspeisen oder Zwischengerichte komponiert sind, bis hin zu normal dimensionierten Hauptgerichten – zuletzt mit etwas weniger Fokus auf Regionalität und Saisonalität dafür aber vieles in reizvoller mediterraner Fassung, aber alles in dem substanzreichen schnörkellosen Stil, für den der ehemalige Witzigmann-Schüler bekannt ist. Außerdem: zuvorkommender Service und eine gute internationale Weinauswahl.

6

Bar Mural

Theresienstr. 1, 80333 München
089-27373380
www.barmural.com
Di–Sa ab 18 Uhr, So u. Mo RT
Hauptgericht: 16–23 €, Menüs: 45–70 €

Die Weinbar nahe dem Münchner Uni-Viertel zieht ein sehr gemischtes Publikum an. Auch wenn der Wein im Vordergrund steht, konnte die Küche nun Jahr für Jahr zulegen und mit zuverlässig klaren und natürlichen Geschmacksbildern punkten. Neben einer großen Auswahl kalter Gerichte zum Teilen – Austern aus dem Atlantik oder verschieden Schinken-, Wurst- und Käseplatten von regionalen Bauern – wird auch ein Fünf-Gang-Menü geschickt. Die Auswahl fällt hier ebenfalls fast ausschließlich auf regionale Produkte, wie Poltinger Lamm oder Schliersee-Fisch. Der Fokus liegt auf modernen, schlanken Zubereitungen, für die viel mit knackigem Gemüse und frischen Kräutern passiert. Auf der Weinkarte hat Naturwein einen hohen Stellenwert. Sehr erfreulich ist der große Anteil erstklassiger, aber nicht übermäßig teurer Flaschenweine, was vor allem am Spürsinn der Mural-Gruppe liegt, die immer wieder spannende unbekannte Weingüter ausfindig macht.

5↑

Bavarie

Am Olympiapark 1 (BMW Welt München), 80809 München
089-358991818
www.feinkost-kaefer.de
Küchenchef: Henning Aldag
Mo von 12–15 Uhr, Di–Sa von 12–15 Uhr u. ab 18 Uhr, So u. Fei RT
Hauptgericht: 28–34 €, Menüs: 39–68 €

So wie Bobby Bräuers Esszimmer ein Stockwerk darüber wird auch das ebenso schlichte wie stylische, im Grunde nur durch Raumteiler von den unendlichen Weiten der BMW-Welt abgetrennte Brasserie-Restaurant Bavarie seit Jahren erfolgreich von der Feinkost-Käfer-Gruppe betrieben. Das offene Lokal profitiert grundlegend von der futuristischen Architektur des Gebäudes, mit Blick in die von Stahl, Glas und Beton geprägte Halle oder durch die große Fensterfront auf den gegenüberliegenden Olympiapark. Hier lässt es sich mittags wie abends auf unkomplizierte Art anspruchsvoll lunchen oder dinieren, zumal mit Henning Aldag nun ein neuer Küchenchef verantwortlich zeichnet, den wir in der Vergangenheit schon von mehreren Stationen kennen. Unter anderem war er mal Otto Kochs rechte Hand im Olympiaturm-Restaurant 181.

Auch hier muss er ein absolut mehrheitsfähiges kulinarisches Programm liefern. Es gibt auf der einen Seite Caesars Salad, Wiener Schnitzel mit Kartoffelsalat oder eine klassische Bouillabaisse und Steak Frites – ganz überwiegend präsentiert sich die Karte aber nicht konventionell, sondern durchaus mit Ambitionen und kreativem Pfiff. Und es war deutlich zu erkennen, dass das Team konzeptionell und qualitativ theoretisch sogar eine noch höhere Bewertung erlangen könnte – einzig in der Ausführung wirkten die Gerichte dafür in manchen nicht ganz unwichtigen Details etwas zu grob.

So hätten Tataki und Tatar von der Seeforelle aus Birnbaums Zucht in Epfenhausen bei Landsberg mit Orangen-Karotten, Estragon und Sesam mit den gleichen Produkten und etwas mehr Sorgfalt locker eine Liga höher spielen können, aber die ringsum mit sehr viel weißem und schwarzem Sesam angebratenen Tranchen des Fischs hatten etwas zu viel Hitze abbekommen, und auch das Tatar wirkte durch die Beimengung von etwas derb schmeckendem und sehr salzigem Keta-Kaviar rustikaler als nötig. Das wurde zwar von der laktisch-säuerlichen, mit Estragonöl marmorierten Vinaigrette und den erfrischenden Karottenröllchen sowie einem Orangengel etwas abgefedert, blieb aber doch als kleiner Makel bestehen.

Die mit ausgelöstem geschmortem Entenfleisch gefüllten Gyoza-Täschchen, die zusammen mit etwas Wurzelgemüse als Einlage einer sehr guten Entenconsommé serviert wurden, waren keine unten angebräunten und ansonsten wachsig-zart gedämpften, sondern komplett frittierte Exemplare, die allerdings in der Suppe schnell aufgeweicht waren. Geschmacklich war daran nicht das Geringste auszusetzen. Auch nicht an der gebratenen Brust und dem als eine Art Crepinette interpretierten gefüllten Keulenstück vom niederbayrischen Bauernhuhn, die mit schwarzer Trüffel überhobelt zusammen mit Kartoffelgratin und verschiedenen Bohnen-Varianten wie weiße Bohnenkerne, grüne breite Bohnen und ein speckumwickeltes Bohnenbündchen auf Selleriecreme und heller, auf Basis von Geflügeljus zubereiteter Schaumsauce angerichtet waren. Hier war es die teils noch uncharmant harte Konsistenz mancher Bohnen und die ledrig-gummihafte Haut des Brustfleischs, die den prinzipiell guten Eindruck ein klein wenig trübten.

Sanddorn und Quitte fanden schließlich als gefüllter Windbeutel, Sorbet und Mousse und Crumbles unter einem filigranen Hippengitter zum erfrischenden Dessert zusammen, das in jedem Fall auch sehr ansprechend zubereitet war. Zuvorkommender Service, preiswerte Weine solider Qualitäten glasweise, ein repräsentatives Ambiente und Parkplätze in der Tiefgarage sind weitere Argumente für einen Besuch.

6

Brasserie Colette Tim Raue

Klenzestr. 72, 80469 München
089-23002555
www.brasseriecolette.de
Küchenchef: Matthias Roth
Täglich ab 18 Uhr, kein RT
Hauptgericht: 19–38 €, Menüs: 37–72 €

Seit der Eröffnung besuchen wir die drei von Tim Raue in Zusammenarbeit mit den exklusiven Tertianum-Seniorenresidenzen unter den Dächern derer Häuser in Berlin, Konstanz und

eben hier in München betriebenen Colette-Outlets regelmäßig. Manche Gerichte kennen wir schon aus der Anfangszeit, und sie haben als Hausklassiker ihren Stammplatz auf der Karte seither auch nicht mehr eingebüßt. Zum Beispiel die weitgehend klassisch gekochte Bouillabaisse, die mit Crème fraîche, Petersilienvinaigrette und Safranmayo kredenzte Artischocke, oder die Garnele „Marocain" mit Litschi und Rose, ein in etwas abgespeckter Version interpretierter Signature Dish aus Tim Raues Berliner Gourmetrestaurant.
Dazwischen findet man nach jedem saisonalen Kartenwechsel aber auch immer wieder neue Dinge, in der Regel sind das konzeptgemäß traditionelle Gerichte der französischen Bistro- oder Hochküche, die mit dem gewissen Tim-Raue-Style ihrer Normalität entledigt wurden. Oft durch eine mutig eingesetzte, aber immer harmonisch eingebundene Schärfe, aber auch Säure spielt nicht selten eine entscheidende Rolle. So wie zuletzt beispielsweise beim Rindertatar „Rossini", bei dem das mutmaßlich mit scharfem französischem Senf gehörig auf Touren gebrachte Tatar mit einer aromatischen Entenlebercreme (keine Foie gras, sondern die ausdrucksstärkere normal gewachsene Leber…) und Trüffelvinaigrette dem typischen Rossini-Thema nahegebracht wurde. Das machte richtig Spaß, auch wenn das Tatar ziemlich unterkühlt war und eigentlich noch etwas mehr „Standzeit" gebraucht hätte, um sein Aroma voll zu entfalten.
Bei den Jakobsmuscheln mit Seeigeleis, Chicorée und Passionsfrucht war ebenfalls eine gewisse Schärfe im Spiel, aber durch die Passionsfruchtvianigrette eben auch viel Frucht und Säure. Fast etwas zu viel nach unserem Geschmack, denn auch das Seeigeleis wurde sehr fruchtig und säuerlich gestaltet und hätte nach unserem Gusto durchaus etwas mehr von seinem maritimen Charakter aufs Porzellan bringen können. Abgesehen davon war aber auch das mit seinem angenehmen Spiel von Bitteraromen sowie der originellen Zuarbeit von frisch gehobeltem Meerrettich und Alge auf den kurz und knapp angegrillten Cocquilles eine attraktive Sache.
Großartig fanden wir auch den gegrillten Oktopus in nahezu perfekter Konsistenz, der außen knusprig und innen sehr zart (aber eben nicht windelweich) mit angenehm reinem und klarem Geschmack auf seinem Bett aus Topinamburcreme und leichter Kalbskopfsauce lag. Begleitet von einem mit fruchtig-säuerlicher Estragonvinaigrette marinierten und mit Birnenscheiben gespickten Salatherz ergab sich da ein nicht nur dynamisches, sondern auch sehr ausgewogenes Geschmacksbild, obwohl die Topinamburcreme für sich grenzwertig intensiv abgeschmeckt war.
Das wahrscheinlich klassischste Geschmacksbild erlebten wir im Rahmen der bereits als Produkt ausgesprochen guten Etouffée-Taube, deren beiden saftigen Brüstchen in optimalem Brat- und Garzustand kross und ebenso saftig wie eigenaromatisch ganz ohne zusätzlichen Klimbim auf einer gehaltvollen, mit Cassis angereicherten Rouennaiser Sauce lagen. Pointiert und puristisch begleitet durch eine perfekt zwischen Süße und Erdigkeit ausgemittelten „Tarte Tatin" von Bunter Bete war das ein großartiger Hauptgang, der von einem durchaus kraftvollen Pinot Noir Santenay exzellent begleitet wurde. Da blieben im Grunde keine Wünsche an ein solches Gericht offen.
Wer sein Mahl daraufhin stilecht mit französischem Rohmilchkäse abschließen will, bekommt es mit einer schönen Selektion aus dem Sortiment von Maître Philippe & Filles zu tun. Und wer sein Mahl zusätzlich oder stattdessen lieber süß abschließen möchte, kann dies zum Beispiel mit einer gestürzten und auf der Kuppelseite karamellisierten Crème brûlée auf einer mit Mandeln angereicherten Pflaumensauce und herbem Kaffeeschaum machen, oder lässt sich einen von mit Scotch aromatisierter Toffeebutter, Rauchsalz und Périgiord-Trüffel ebenso markant wie unkonventionell begleiteten Gâteau au chocolat schmecken. Ansprechend wie die vorrangig französische Weinkarte, die authentische Gewächse aus allen wichtigen Regionen des Landes listet.

5↑ 🍴🍴

Brasserie Les Deux

Maffeistr. 3 a,
80333 München
089-710407373
www.lesdeux-muc.de
Küchenchef: Nathalie Leblond, Gregor Goncharov
Mo–Fr von 12–14.30 Uhr u. ab 18.30 Uhr, Sa ab 12 Uhr durchgehend, So RT
Hauptgericht: 22–38 €,
Menüs: 69–130 €
EC VISA

Stand „Les Deux" bei der Eröffnung vor mittlerweile zehn Jahren wohl eher für das einstige Inhaber-Duo, passt der Name des mittlerweile nur noch von Fabrice Kieffer geführten schi-

cken Restaurants in dem markant spitzen Gebäude im zentral gelegenen Schäfflerhof heute trotzdem noch. Denn „die Beiden“ könnte auch die zwei gleichnamigen und doch unterschiedlichen Konzepte meinen, die Les Deux Brasserie im Erdgeschoss und Les Deux Gourmetrestaurant im ersten Stock repräsentieren. Denn während oben in zeitlos elegantem Ambiente unter der Ägide des Küchenchef-Duos Nathalie Leblond und Gregor Goncharov in Gestalt eines siebengängigen Menüs und einer Handvoll davon abweichender Offerten à la carte klar Fine Dining propagiert wird, geht es unten an kleineren Bistrotischen, die um die große Bar herumgestellt sind, atmosphärisch und kulinarisch etwas bodenständiger zu.
Wobei aber mittlerweile nicht mehr zu übersehen ist, dass in der Brasserie Anspruch und Niveau seit der Eröffnung deutlich angehoben wurden und man bei mancher Offerte in der Karte auf den ersten Blick gar nicht mehr so genau sagen kann, ob das jetzt noch gehobene Bistroküche oder ambitionierte Gourmetküche ist. Denn zwischen Caesars Salad, Krabbencocktail und Elsässer Flammkuchen gibt es zum Beispiel auch kreative Dinge wie eine Vorspeise um süßsaure Makrele mit Schalotte, Dill und Roter Bete.
Oder ein „Leipziger Allerlei“ in variierter Version, das als Vorspeise immerhin mit knapp 30 Euro zu Buche schlägt und nicht nur preislich, sondern auch mit seinen Ingredienzen Langustinos, Marone, Kohlrabi und Krustentierschaum oben in der Fine-Dining-Beletage serviert werden könnte. Dort allerdings würde man sich wahrscheinlich doch etwas über die zwar reichlich vorhandenen, aber sehr lange gegarten und wie bei einem „Geschnetzeltem“ relativ zerfledderten Krustentierchen wundern, die da zwischen Kohlrabiwürfeln, Zuckerschotenstreifen, kleinen Tupfern einer Maronencreme und etwas Kresse in recht milder Krustentiersauce schwammen. Im Ganzen war das natürlich, harmonisch und schmackhaft, aber gemessen am Eigenanspruch etwas ausdruckslos.
Im Gegensatz zum Fischgang um eine punktgenau gegarte und qualitativ absolut überzeugende Tranche vom Steinköhler, die zusammen mit zart knackigen Kohlrabischeiben und sautierten Kräuterseitlingen auf einem süffigen Grund aus Miso-Hollandaise und Wermutschaum angerichtet waren. Und die so als dichtes, aber nicht undurchdringliches Mischgericht mit Finesse viel Spaß machten. So wie nahezu uneingeschränkt auch das Kalbsbries, von dem zwei mit Kalbsjus glasierte, in Kürbiskerncrunch gewälzte und mit einer Kürbiskernöl-Creme applizierte Medaillons auf einem ähnlich süffig-kompakten Bett aus Pastinakencreme und Apfelragout thronten und von einem süß-säuerlichen hellen Saucenschaum von Kapern und Rosinen umgeben war. Hier hätten wir uns hinsichtlich einer höheren Bewertung nur eine etwas weichere Konsistenz der noch leicht gummihaft zähen Thymusdrüse gewünscht.
Wie verlässlich solide die Küche aber grundsätzlich arbeitet, war auch an der geduldig zu butterzartem schmelzig-gelatinös umspielten Muskelfleisch geschmorten Kalbsbacke zu schmecken, die zwar auch Grünkohl an ihrer Seite hatte, von Bulgur, schwarzem Sesam und einer mit Mango und Vadouvan aromatisierten Jus einen exotischen Touch verliehen bekam. Und wie das Team auch immer wieder mal über sich hinauswächst, demonstrierte zuletzt die als Dessert servierte raffinierte Abwandlung einer Tarte Tatin, bei der die auf einem knusprigen dünnen Blätterteig platzierte Apfel-Komponente in Gegenwart von Mandeleis und Chai-Tee-Sud einen unkonventionellen süßen Abschluss aufs Porzellan brachte.
Den Service erlebten wir beim letzten Besuch betont locker und unkompliziert, und in der vom erfahrenen, meist ein Stockwerk höher präsenten Team um Gastgeber Fabrice Kieffer zusammengestellte Weinauswahl lässt auch unten in der Brasserie eigentlich keine Wünsche offen.

Bezahlkarten-Symbole

- Mastercard
- EC-Maestro
- Diners
- American Express
- VISA Visa

6

Broeding

Schulstr. 9, 80634 München
089-164238
www.broeding.de
Küchenchef: Manuel Reheis
Mo–Sa ab 17.30 Uhr, So RT
Menüs: 58–109 €

Seit Jahren schon schätzen wird das Münchner Weinhandlungs- und Nachbarschaftsrestaurant, das sich selbst weder als uriges Gasthaus noch als exquisites Gourmet-Restaurant positioniert, für seine ehrliche und direkte Küche. Dem Broeding gelingt es mit diesem Crossover kontinuierlich, sowohl Liebhaber traditioneller Gasthäuser als auch Gourmet-Enthusiasten zu befriedigen. Eine offensichtliche Steigerung der Qualität konnten wir über die Jahre feststellen, wobei die angebotenen Speisen an Raffinesse und Komplexität gewonnen haben, ohne ihren unkomplizierten Charme einzubüßen. Dies wurde besonders deutlich bei unseren letztjährigen Testbesuchen, nach denen wir die Küche von Manuel Reheis sukzessive auf 6 Pfannen aufwerteten.

Auch vom Service, der gleichermaßen nahbar und professionell wirkt, fühlen wir uns immer gut abgeholt, vor allem dank der authentischen Weinempfehlungen ganz ohne auswendig gelernte Floskeln. Aus der fast ausschließlich österreichischen Weinkarte wählen wir zum Auftakt gerne einen Schilchersekt aus der Weststeiermark, wenn wir schon mal im Restaurant mit der wohl besten österreichischen Weinkarte Münchens sind. Erwähnenswert in Zeiten großer Personalfluktuation ist auch, dass wir hier seit Jahren vom nahezu gleichen Team bewirtet werden. Und die Stimmung scheint wohl auch intern so gut zu sein, wie sie im Gastraum wirkt…

Daran, dass die Aufwertung kulinarisch gerechtfertigt war, lassen Reheis und sein Team auch beim jüngsten Besuch von Beginn an keinen Zweifel. Den sowohl handwerklich versierten als auch kompositorisch überlegten Ansatz ganz ohne Allüren brachte bei unserer jüngsten Visite schon das Amuse-Gueule auf den Punkt: Eine streichzarte hausgemachte Kalbsleberwurst punktete mit guter intensiver Würzung, die von der süßen Ergänzung durch Papaya, eingelegte Zwiebeln, Meerettichschaum und Radieschen profitierte.

Weiter ging es in der Vorspeise mit Rindertatar und Carpaccio, das von saftig marinierten, kühlen Pfifferlingen, Trüffel und etwas kühlem Selleriepüree begleitet wurde. Auch hier fiel die punktgenaue Würzung positiv auf, sowohl am Tatar als auch dessen Begleitern. Insbesondere die kleinen aromatischen Kapern im Tatar riefen wohltuende Säurespitzen hervor. Fast schon demonstrativ laisser-faire war das Tatar locker auf den Teller gelöffelt, was die „Instagramability" natürlich senkte, aber den Charme der Küche bestens verkörperte. Im Broeding findet sich der Luxus eben in den wesentlichen Dingen. Etwa in der über das Carpaccio geriebenen Périgord-Trüffel, die das Küchenteam im Winter zur besten Zeit eingekocht hat und nun ganzjährig auf ihre dichte Aromatik zurückgreifen kann.

Für den folgenden Pasta-Gang haben Reheis und sein Team auf einer Vinschgauer Bergalm gewachsenes Heu samt Wildkräutern gemahlen und daraus mit Hartweizengrieß und Wasser wunderbar aromatische und bissfeste Strozzapreti hergestellt. Statt einer Sauce komplettierten eine stattliche Nocke Frischkäse und mit Amalfi-Zitrone milchsauer fermentierte grüne Mandeln das Gericht. Weise gewählt erschien uns die Aromatisierung mit Minze, schwarzem Pfeffer und Dill, was gemeinsam mit den Mandeln und dem Heu eine betörende und vielschichtige Kräutrigkeit erzeugte und den Teller fast grazil und aromatisch „salatig" erscheinen ließ. Ein völlig unitalienischer, dafür aber kreativer und hochkomplexer Pasta-Gang mit Handschrift.

Kräutrigkeit stand auch beim Zwischengang mit pochiertem Saibling, grünem Spargel, geschwenkten Kirschtomaten und Brennnesselpüree im Mittelpunkt – wohl bemerkt, ohne redundant zu wirken, da die Kräutrigkeit hier ganz anders geartet war, nämlich wärmer und molliger, weniger spitz. Dazu trug nicht zuletzt die mit Limette aromatisierte cremige Sauce bei, die in Kombination mit der Brennnessel interessanterweise einen ganz eigenen Oberton erhält und an Yuzu erinnert.

Ebenfalls sehr überzeugen konnte die saftig und rösch gebratene Brust vom Freilandhuhn aus dem Bayerischen Wald mit Rahmmorcheln und weißem sowie wildem Spargel. Besonders der sehr fest gegarte und leicht bräunlich karamellisierte Spargel glänzte im Arrangement, da die so entstandenen nussigen Noten wiederum perfekt zur Morchel passten. Ein wunderbar erfrischender Frühlings-Hauptgang.

Dass sich auch die Desserts im Broeding stets auf hohem Niveau bewegen, zeigte schon ein kleines Pré-Dessert mit Melonenwürfeln und Sauerrahmschaum, der Frische, Fett und Milchsäure gekonnt verband. Einem ähnlichen Muster folgte das Parfait aus weißer Schokolade mit saftigem bissfest gegartem Rhabarber und ganz natürlichen Erdbeeren. Punkten konnte das Gericht vor allem dank des gekonnten klassischen Parfait-Handwerks, das genau zwischen Mousse und Eiscreme lag.

Zusammengefasst baut das Broeding auf der guten Vorleistung der vergangenen Jahre auf und stellt eindrucksvoll und herzlich unter Beweis, dass unsere sukzessiven Aufwertungen der jüngeren Vergangenheit berechtigt waren. Dass in einigen Gängen punktuell sogar die Tiefe noch höherer Bewertungen schlummert, deutete dieses Mal ausgerechnet ein Pasta-Gang an, der weder nach Alpen noch Italien schmeckte. Mit Gängen wie diesem hebt sich die Küche von zahlreichen anderen Restaurants ab, die über sich selbst sagen „ohne Chichi“ kochen zu wollen, dabei aber allzu oft ins Erwartbare abrutschen. Dass sich Kreativität und Bodenständigkeit jedoch nicht ausschließen müssen, zeigt das Broeding auf souveräne Art.

Brothers

Kurfürstenstr. 31,
80801 München
089-45461930
www.brothers-munich.com
Küchenchef: Daniel Bodamer
Mi–Sa ab 18 Uhr, So von 12–13.30 Uhr, Mo u. Di RT

Auf kaum eine Stadt richtete die nationale Gourmetszene in der jüngsten Vergangenheit ihre Augen gespannter als auf München – und das neueröffnete Restaurant Brothers ist einer der Gründe dafür. Wenn das Gastgeber-Duo, das wir seit Jahren aus den Restaurants von Tohru Nakamura kennen, gemeinsam mit einem ehemaligen Sous-Chef aus dem Tantris ein Restaurant eröffnet, sind natürlich auch wir hellhörig und gespannt.

Das Schwabinger Lokal, das die Zwillinge Markus und Tobias Klaas mit Küchenchef Daniel Bodamer im Schlepptau übernahmen, unterscheidet sich dabei auf den ersten Blick schon deutlich von den jeweiligen vorigen Stationen der Drei: kleiner als das Tantris und viel quirliger als die Schreiberei von Tohru Nakamura. Das Sechs-Gang-Menü kann man sogar auf Hockern am Bartresen bestellen. Die Rollen der Brothers, die bei Nakamura noch klarer in Restaurantleiter und Sommelier unterteilt waren, verschwimmen in der Selbstständigkeit natürlich, sodass man Markus Klaas öfter mit der Weinflasche am Tisch sieht und auch Tobias Klaas sich mit viel mehr befasst als ausschließlich mit Wein. Und diese neue Lockerheit steht den Klaas-Brüdern bestens!

Kulinarisch geht es im Brothers sehr viel um Wohlgenuss, um „die Freude am reich gedeckten Tisch“, wie schon die Website verspricht. Dass man hier stets süffig und dicht, aber dennoch fein nuanciert kocht, zeigte schon der erste Snack aus Profiterol, Comté und Speck, der vor allem durch reintöniges Frittierhandwerk und ein leichtgewichtiges Mundgefühl bestach. Ein perfekter Einstieg, der die Lust am Kochen und Schlemmen auf den Punkt brachte.

Noch besser wurde es mit einer pochierten Gillardeau-Auster mit Fior di Latte-Schaum, Sauerampfer und Kürbiskernöl. Die ungewohnte und völlig neuartige Kombination schaffte es, der Auster eine ganz neue Komponente zu entlocken. Gewohnte fruchtig-säurehaltige Arrangements verdecken meist bewusst die süßlich-jodige Facette der Auster, die hier aromatisch im Mittelpunkt stand, was die Muschel aus einer völlig neuartigen Perspektive darstellte. Ein sehr kreativer, nahezu musealer Austerngang, dabei am Gaumen aber völlig unverkopft und fast schon unverschämt „lecker“.

Weiter ging es mit einem Amuse-Gueule aus kühler Tomatenessenz mit Rucola, Curry und Pinienkernen. Überzeugen konnte neben der herrlich reintönigen, aromatisch transparenten Essenz die Kombination aus Curry und Rucola, die im ersten Moment etwas zusammenhangslos wirkte, dann aber auf magische Art von den sehr dunkel gerösteten Pinienkernen miteinander verbunden wurde. Sehr gekonntes Finetuning!

Auch im Glas lief alles bestens. Zum Aperitif servierten Sommelier-Brother Tobias Klaas und sein Team Jacquesson. Dass hier einer der besten Champagnerwinzer, den man derzeit finden kann, offen ausgeschenkt wird, zeigt, wie ernst man es meint. Aber auch, dass das

Brothers es schafft, einer kulinarisch versierten und zahlungskräftigen Kundschaft Lust aufs Schlemmen zu machen. Das sorgt für einen guten Durchsatz solcher Weine und ermöglicht es den Klaasens, auch mal exklusivere Flaschen für den glasweisen Ausschank zu öffnen.
Dabei ist die Weinbegleitung alles andere als bloßes Namedropping, sondern sehr klug ausgewählt. Zur Vorspeise passte ein knackiger, modern interpretierter Grüner Veltliner vom Weingut Muthenthaler bestens, der herrliche Frische, Grapefruit, Zitronensaft und etwas grasige Erbsen mitbrachte. Dieses Spiel war auch im Gericht mit lauwarmer Forelle, Forellenkaviar, Eisenkraut, Radieschen und (fast?) rohen Erbsen vertreten. Großartig passte dazu die Sauce Vierge auf Basis von Olivenöl und Zitronensaft, in die das Küchenteam winzige Brunoises Gelber Bete gab. Ein wunderbar frischer, grasiger Gang, der zusätzlich Komplexität aus dem erfrischenden Zusammenspiel des Eisenkrauts und dem behutsam darüber gehobelten Meerrettich generierte.
Ebenfalls grandios sommerlich, aber noch ein wenig ausdrucksstärker, fiel der Zwischengang mit Zucchiniblüte, Ricotta und Sauce Pistou aus. Der mit Ricotta und geschmorter Zucchini gefüllten Blüte gelang nämlich der Spagat, zwar fettig, käsig und gegrillt zu schmecken, dabei aber trotzdem filigran austariert zu wirken. Sehr angetan waren wir auch von der provenzalischen Sauce Pistou, die Pesto ähnelt, aber keine Pinienkerne enthält. Bodamer interpretierte die Sauce etwas freier und kreierte durch Zugaben von Sonnenblumenkernen, Tomatenconcassée und sehr hochwertigem altem Essig eine herrlich vibrierende Vinaigrette. Als wir die letzten Tropfen mit der hervorragenden saftigen Tomaten-Focaccia auftunkten, mussten wir dreimal aus dem Fenster schauen, um uns zu versichern, wirklich noch in München und nicht schon an der Riviera zu sitzen.
Auch danach riss das Niveau nicht ab. Von der Riviera ging es jetzt gedanklich auf die Île de Ré an die Atlantikküste, denn im Mittelpunkt des Zwischengangs stand ein exzellenter fleischiger Kaisergranat, den die Küche mit Artischocke, dichter Bisque mit Estragon und scharf angebratenem und dadurch betörend nussig-würzigem Spinat servierte. Wie punktgenau Bodamer dabei vorgeht, verdeutlichten winzig kleine Körner von grünem Anis, die dem Kaisergranat eine subtile, aber entscheidende Mentholspritze verpassten, ihn aber nicht dominierten. Eine Wucht!
Auch hier bewies Klaas sein goldenes Sommelier-Händchen, indem er einen weißen Bordeaux von Château Larrivet Haut-Brion dazu servierte, der uns pur fast ein wenig überladen, zu cremig, zu holzig, zu üppig gewesen wäre, sich jedoch in Kombination mit diesem dichten und intensiven Gericht als perfekter Partner erwies. Dabei zeigte der Sauvignon-Sémillon-Blend durch seine zeitgenössische, in Ansätzen auch reduktive, knackige Machart genug Feinheiten, um die angesprochene Menthol-Frische nicht niederzubügeln. So macht Weinbegleitung Spaß und Sinn!
Sehr gut war auch der Steinbutt Bordelaise. Der sehr schlichte Gang bestand lediglich aus einer saftig gebratenen dicken Tranche Steinbutt, Kapern, Croûtons, Salzzitrone, Petersilie und Dill. Besonders letzterer half mit seiner eigenständigen und gerade nicht diffusen Kräuteraromatik, das Gericht in einen kreativen Zusammenhang zu stellen. Nicht ganz vorteilhaft erschien uns die Sauce, die im Wesentlichen aus Butter bestand, ohne dass eine andere Komponente emulgiert worden wäre. Das machte das Gericht zwar aromatisch sehr schmackhaft, erzeugte aber nach einigen Gabeln etwas zu viel Völlegefühl.
Ein ähnliches Problem hatten wir auch beim Hauptgang um Reh mit gesalzener Aprikose und Pfifferlingen, der zwar mit umwerfend gutem, saftigem Fleisch punkten konnte, aber gerade die Finesse vermissen ließ, die die vorigen Gänge auszeichnete. Hier lag das auch am recht spärlichen Einsatz von Gemüse, was gerade im Sommer, wenn alles sprießt, blüht und gedeiht, ein wenig schade ist. Dennoch: Im Endeffekt war auch das ein sehr gutes Gericht auf hohem handwerklichem und qualitativem Niveau.
Sehr angetan waren wir auch kompositorisch wieder beim Dessert: eine kleine Tarte auf Basis von Mandelmürbteig mit Erdbeere, Holunder und Buchweizen. Das im ersten Moment unscheinbar wirkende Gericht mit etwas Erdbeereis, etwas Gelee, ein wenig Crumble und ein bisschen Schaum entpuppte sich nämlich am Gaumen als spannungsgeladene Kreation. Vor allem die maximale Differenz aus schmeichelnder betörender Erdbeere und gnadenlos eigensinnigem Buchweizenschaum hinterließ bleibenden Eindruck. Ein Abschluss mit Ausrufezeichen!
Das Menü im Brothers zeigte uns drei Dinge. Erstens, dass mit Daniel Bodamer, der uns bislang nicht in erster Reihe begegnete, ein neuer Küchenchef die Bühne betreten hat, von dem man noch viel hören wird. Zweitens, dass die Klaas-Brüder auch in der Selbstständigkeit und ohne die große Brigade einer Schreiberei bestens klarkommen. Und drittens, dass man im Brothers nicht nur richtig gut essen, sondern auch mit großem Spaß Gast sein kann.

An vielen Stellen wirkt das Restaurant wie eine moderne Variante der frivolen, damals neuen Münchner Gourmet-Szene der 80er-Jahre: die jungen Kellner in stylishen Anzügen, die recht laute Musik, das quirlige, lustvolle Ambiente, die zeitgemäß leichte und trotzdem niemals frugale oder asketische Küche. Aber auch die hemmungslose Lust am wilden Bestellen, die jeden genussaffinen Menschen eigentlich packen sollte, sobald er das Brothers betritt. Und last but not least das oft auch extravagante Münchner Publikum. Schade, dass Helmut Dietl nicht mehr lebt, er könnte hier herrliche Geschichten erzählen!

Fast & SLOW

CA-BA-LU Bar

Thierschplatz 5, 80538 München
089-94508840
ca-ba-lu.de
Täglich von 17–1 Uhr, kein RT
Hauptgericht: 12–22 €

Mittelamerikanische und asiatisch inspirierte Vorspeisen und Snacks, weltoffene Burger-Varianten mit aus hochwertigen, frischen Zutaten und Flanksteaks vom Grill.

Fast & SLOW

Casa Italia

Westenriederstr. 10, 80331 München
089-24205196
www.feinkost-casaitalia.de
Mo–Sa von 8.30–20 Uhr, So RT
Hauptgericht: 12–24 €
EC VISA

Authentische und sehr gut gekochte Cucina Casalinga, die an wenigen Hochtischen zwischen den gut gefüllten Regalen dieses italienischen Feinkostgeschäftes serviert wird. Einfallsreiche Vorspeisen, tolle Pasta und Risotti, alles sehr harmonisch und aus guten Produkten zubereitet.

6

Coup de Coeur

Westendstr. 29, 80339 München
01520-3595146
www.mona-john.de/reservations
Mo–Fr von 12–15.30 Uhr, Sa u. So RT
Hauptgericht: 14–17 €
EC VISA

Mona John hat in der Bretagne und in Paris kochen gelernt und 2023 ein kleines Tagesbistro in München eröffnet. Die kleine Karte umfasst nur eine Handvoll wöchentlich wechselnder Gerichte, dafür strotzen alle nur so vor Frische und Handwerk. Der 28-jährigen Küchenchefin kann man dabei beim Kochen zusehen, das kleine Lokal besteht aus nicht mehr als sechs Tischen und einem Tresen. Die Gerichte sind stets einfach aber nie beliebig, dafür herrlich frankophil von der Liebe zur Butter durchzogen, dabei aber faszinierend grazil und feinsinnig, wie etwa ein Gang aus Rinderfilet, geschmorrtem Radicchio und (buttriger!) Johannisbeerjus. Da die Portionen überschaubar sind, ist bei Mona John immer Platz für ein Dessert, das wohl auch so manche Pariser Spitzenrestaurants über den Pass schicken würden, wie zum Beispiel Zitronentarte mit Basilikumcreme und Meringue. Eine echte Bereicherung!

6

Ederer

Lindwurmstr. 48, 80337 München
089-74747928
restaurant-ederer.de
Di–Fr von 12–14 Uhr u. ab 18 Uhr, Sa ab 18 Uhr, So u. Mo RT
Hauptgericht: 29–36 €
EC VISA

In einem schnörkellos schlicht eingerichteten Restaurant nahe der Münchener Theresienwiese kredenzt Altmeister Karl Ederer eine entspannte Markt- und Produktküche, die von der hohen Qualität der verwendeten Viktualien und der souveränen Zubereitung durch einen Könner profitiert und deshalb in all ihrer unprätentiösen Einfachheit hohen Ansprüchen gerecht wird. Der Witzigmann-Schüler kann eben hervorragend kochen und weiß, was man für eine gute klassische Küche wirklich braucht und was eben nicht. So kommen auf die blanken Holztische völlig uneitle, gegenständliche, substanzstarke Gerichte, die mal mediterraner, mal klassisch französischer und mal regionaler Art sind und nie mit überflüssigem Firlefanz aber immer mit dem gewissen Etwas daherkommen: nämlich dem unverfälschtem, gekonnt herausgekitzeltem Wohlgeschmack. Dazu begleitend eine ansprechende international sortierte Weinauswahl und das alles zu moderaten Preisen und gastfreundlichen Öffnungszeiten.

6↑

Essence

Gottfried-Keller-Str. 35, 81245 München
089-80040025
www.essence-restaurant.de
Küchenchef: Phillip Schnabel
Mi–Fr von 12–14.30 Uhr u. ab 18 Uhr, Sa u. So ab 18 Uhr, Mo u. Di RT
Menüs: 89–126 €
VISA P

In einem weniger zentralen Stadtteil von München und mitten im Wohngebiet gelegen, kann man das Essence vor allem als Nachbarschaftsrestaurant und nach wie vor als Geheimtipp unter der Gourmetadressen der Landeshauptstadt auffassen. Schon unter Sascha Bulander und Sven Gerlach erlebten wir die Küche immer auf einem vielversprechenden Niveau – mit einigen Ausreißern nach oben und nach unten. Seit einiger Zeit zeichnet Phillip Schnabel als neuer Küchenchef verantwortlich, und der schürte mit Stationen wie dem Fischers Fritz unter Christian Lohse, dem La Vie unter Thomas Bühner und dem Schweizer Spitzenrestaurant Ecco in seiner Vita gleich vorab eine gewisse Erwartungshaltung.

Dass sich an der grundsätzlich neoklassisch-französisch gehaltenen Küche auch unter seiner Ägide nichts geändert hatte, wurde auf den ersten Tellern recht schnell klar. Wie gewohnt startete das Menü, dem Restaurantnamen entsprechend, mit einer Essenz, in diesem Fall vom Weiderind. Und wie gewohnt zeugte sie davon, dass die Küche das klassische Handwerk beherrscht. Die am Tisch eingegossene Brühe dampfte heiß in der Tasse, schmeckte dicht, dezent gewürzig mit süßlich-nelkigem Subton.

Die ersten beiden Vorspeisen waren ähnlich konzipiert, weil bei beiden Fleisch mit fruchtigen Komponenten liiert wurden: einmal Sot-l'y-laisse mit süßlich-säuerlich eingelegtem Kürbis, einmal (ungestopfte) Foie gras mit Mandarine – letztere wurde zudem noch mit rohen Garnelen und gepufftem Quinoa gepaart. In beiden Fällen punkteten frische, klare Aromen. Besonders im Fall der Fettleber ähnelte das Geschmacksbild für uns jedoch zu stark einem Dessert. Zum einen durch die selbst sehr süß abgeschmeckte Terrine und zum anderen durch süße Geltupfer und eine ebenfalls recht süßliche Mandarinensauce.

Die Fruchtigkeit griff auch der folgende Zwischengang auf, jedoch nur als Subnote. Im Mittelpunkt standen Tempeh und Rettichelemente, die Fruchtigkeit steuerte diesmal eine grasige, dezent scharfe Jalapeño-Vinaigrette bei. Das funktionierte sehr gut, weil die Schärfe und Säure einen guten Gegenpol zum feinmuffigen Hautgout bildet, den Tempeh natürlicherweise immer mitbringt. Ein gekonnter Umgang mit oftmals so titulierten „Ersatzprodukten", die Schnabel immer mal wieder ganz vorsichtig einstreut. Bei diesem Gang handelte es sich übrigens um einen Einschub aus dem sehr empfehlenswerten vegetarischen Menü, das sich uns zumindest stichprobenartig auf einem ebenbürtigen Niveau präsentierte.

Klassischer gehalten war der folgende Risotto-Gang mit Kalbsbries und schwarzer Wintertrüffel. Getrübt wurde der Genuss ein wenig durch den zu trockenen Risotto – ein Problem sahen wir hier nicht in einer Nachlässigkeit oder einem Küchenfehler, sondern in der Konzeption des Gerichts. Die Idee nämlich, Risotto als flachen Zylinder hübsch in eine Ausstechform zu stempeln, untergräbt in der Regel die Schlotzigkeit. Großen Gefallen fanden wir dafür am saftig-würzigen Kalbsbries und der hochwertigen Trüffel, deren Aromen durch Schwarzwurzelchips nochmal gehoben wurden.

Der Zwischengang mit Sardine, Seeigel, Jakobsmuschel, Wakame-Alge und Chorizo-Beurre-blanc spielte wie auch schon die Vorspeise gekonnt mit Schärfe. Im Zentrum stand hier die in Semmelbröseln ausgebackene, wunderbar fettige Sardine und Jakobsmuschel sowie Seeigel traten eher in den Hintergrund. Besonders letzterer war in eine Mousseline auf Röstgemüsebasis eingearbeitet und diente lediglich als Spender einer unterschwelligen Mineralität. So war das zwar ein sehr schmackhafter kurzweiliger Gang, der die Luxusprodukte Seeigel und Jakobsmuschel allerdings nur erahnen ließ und nicht zur Schau stellte. Das geheime Luxusprodukt Sardine zeigte sich dafür über jeden Zweifel erhaben.

Der Hauptgang überzeugte uns vor allem deshalb so sehr, weil sich Phillip Schnabel hier souverän aufs Wesentliche konzentrierte und ein Bürgermeisterstück vom Wagyu-Rind mit Ponzujus, einem Confit von der Roscoff-Zwiebel und frittiertem Brokkoli paarte. Besonders das Schmorfleisch zeugte von gutem Küchenhandwerk, da es trotz der langen Garzeit noch einen angenehmen Biss hatte.

Nicht ganz glücklich waren wir mit dem Dessert aus Bananenbrot, Eis von gerösteter Banane, Kalamansi, Rum und Kopfsalat. Vor allem deshalb, weil Salat, vollreife Banane und Zitrusaromen im Zusammenspiel eine artifiziell wirkende „dropsige" Aromatik ergaben. Dass die Pâtisserie das im Grunde besser kann, zeigte ein ganz klassisches aber handwerklich und kompositorisch einwandfreies Apfelkompott mit Eis und Schaum aus Sauerrahm sowie Butterkekscrumble.

Unterm Strich hat die Küche ihr Niveau gehalten, auch wenn der neue Küchenchef seine eigene Stilistik mit einbringt. Verbesserungspotenzial sehen wir in der Konstanz innerhalb des Menüs, denn wie auch schon unter dem Vorgänger, schwankte das Niveau der Gerichte zwischen gleich zwei Bewertungsstufen. Nichts geändert hat sich am schicken Ambiente und dem freundlichen, unaufgesetzten Service. Nach wie vor ist das Essence eine willkommene Abwechslung, sowohl zu prätentiösen Szene-Läden als auch zu den kulinarisch oftmals mauen Wohnviertel- und Vorort-Restaurants. Erfreulich ist auch die offene Weinauswahl, die mitunter auch gute gereifte Weine bereithält, wie in unserem Fall beispielsweise einen 2011er Médoc zum Wagyu-Hauptgang.

9

EssZimmer

Am Olympiapark 1
(BMW Welt München), 80809 München
089-358991814
www.feinkost-kaefer.de/
esszimmer-muenchen
Küchenchef: Bobby Bräuer
Di–Sa ab 19 Uhr, So u. Mo RT
Menüs: 200–245 €

Was ist in der Kulinarik Klassik, was Moderne? Vor zehn Jahren, bei der Eröffnung von Bobby Bräuers Esszimmer in der BMW-Welt in München, schien die Antwort noch klar: Die französisch-asiatisch inspirierte Küche verkörperte die zeitgenössische Moderne, und Bobby Bräuer galt unbestreitbar als einer ihrer innovativen, ideenreichen Protagonisten. Obwohl sich die Küche und auch das Ambiente im sehr stilvollen, trotz seiner Weite und modernen Designs sehr wohnlich anmutenden Restaurant in einem spektakulären Glaskubus unter der Decke des BMW-Showrooms nur wenig verändert haben, repräsentieren sie heute bereits eine ganz andere Art der Gastronomie. Die heutige Avantgarde kocht woanders und anders. Das ändert die Fragestellung auf nicht triviale Weise: Hat Bobby Bräuers Küche das Zeug zum Klassiker?

Die Apero-Snacks und Amuse-Gueules deuteten zunächst zwei Dinge an: Fernöstliche Aromen spielen nach wie vor und immer wieder eine wichtige Rolle und Bobby Bräuer setzt auf akzentuierte und aromatische Würze, ganz ohne Umschweife. Beispielsweise beeindruckte eine rohe Garnele auf knackigem Salatblatt mit leichter, aber prononcierter Schärfe, eine Tom Kha Gai mit gewinnbringender subtil erdiger Note und ein Jakobsmuscheltatar auf Buchweizenchip mit markantem Kaffirlimetten-Schaum. Auch eine Hummus-ähnliche Creme mit Majoran zum Brot entfaltete inten-

siven Geschmack und reizte das charakteristische Aroma des markanten Krauts voll aus. Insgesamt hinterließ der erste Eindruck eine gelungene Wirkung, lediglich durch den seltsam trockenen Buchweizenchip wurde etwas Eleganz eingebüßt.
Der erste größere Gang bestand aus Gelbflossenmakrele von der keltischen See, begleitet mit Kaviar, Avocado, Yuzu, Thaibasilikum, Austernkresse und einer Vinaigrette auf Kefir-Basis. Der Fisch wirkte recht lange gebeizt, was ihm eine mürb-zarte Textur und viel Fremdaroma von der süßlichen Beize verlieh, was aber nicht weiter schlimm ist, wenn die Würzung so trennscharf ausfällt wie hier. Ein typischer Gang – typisch für die Generation und typisch für Bräuer, der diesen mittlerweile klassischen Stil aus Frucht, Säure, wohltemperierte Süße, viel Kresse und diffuser, aber vielfältiger „Asiatik" über die Jahre perfektionieren konnte.
Weiter ging es mit Königskrabbe aus der Nordsee, begleitet von grünem Curry, buntem Mangold und Shiitake. Die majestätische, drei Finger dicke Tranche beeindruckte mit einer einzigartigen Textur aus weichem Fleisch, bestehend aus festen einzelnen Fasern. Das aromatische, jedoch nicht übermäßig konzentrierte Arrangement aus scharf angebräuntem Blumenkohl, Shiitakepilzen, Zwiebeln und dem komplexen Aroma grünen Currys harmonierte hervorragend! Ein separat servierter Kroepoek-artiger Krabbenchip, ebenfalls mit Thai-Basilikum aromatisiert, sorgte für den nötigen crunchigen Kontrast. Das Rückgrat des Gerichts bildete aber vor allem das großartige Hauptprodukt, denn in einer solchen Güte bekommt man Königskrabbe hierzulande wirklich selten geboten. Der stärkste Gang des Menüs!
Nicht ganz mithalten konnte da ein Skrei von den Lofoten, denn der Fisch war recht weich und wirkte eher gängig als exzellent. Er wurde von einem aromatischen Fond mit Räucheraal und Apfel sowie Emmer-Risotto umgeben, die jeweils klare, reine Aromen aufboten. Wieder war auch jede Menge Kresse vertreten, die hier aber, anders als Thai-Basilikum und Austernkresse zur Makrele, eher plump wirkte und nicht über ihren Deko-Charakter hinauskam. So fehlte es dem Gericht letztlich an Tiefenschärfe, denn bei solch simpel aufgebauten Kompositionen sind entweder perfekt ausgewogene Komplexität in der Sauce oder maximale Produktqualität gefragt – beides war hier aber eher Gourmet-Mittelmaß. Ähnlich präsentierte sich uns auch ein Zwischengang mit gegrilltem Aal, Kartoffelterrine und Linsen, der zwar völlig makellos zubereitet war, aber – sei es durch Komposition oder Produkt – weniger Prägnanz und Brillanz beisteuern konnte, als wir das aus den vergangenen Jahren kannten.
Ähnliche Schwankungen auf hohem Niveau begegneten uns auch in der Weinreise – und genau wie beim Essen mit sehr erfreulichen Ausreißern nach oben, etwa in Gestalt eines Blanc-de-Blanc-Champagner vom kleineren Champagnerhaus Jacquart oder mit dem slowenischen Sauvignon Blanc vom Weingut Gross. Weniger beeindruckend waren unter den Empfehlungen ein recht generischer Silvaner Gutswein vom Weingut Hoffmann oder ein sehr internationalisierter mallorquinischer Rotwein-Blend aus Merlot, Cabernet Sauvignon und Mantonegro. Obwohl diese Weine durchaus überlegt ausgewählt waren und mit den Gerichten harmonierten, hätten wir schon allein wegen des (gerade auch durch die Kalkulation der Weinbegleitung unterstrichenen) hohen Eigenanspruchs etwas mehr Extravaganz erwartet.
Das zum Hauptgang servierte Spanferkel aus den Pyrenäen, bestehend aus ultrazartem und herrlich aromatischem Rücken und Bauch, ließ dann die Qualität wieder sprunghaft ansteigen. Fernöstliche Einflüsse zeigten sich auch hier, nämlich in fermentierten Krautwickeln, die an Kimchi erinnerten, und in einer Jus mit Vadouvan, der französisch-indischen fermentierten Gewürzmischung. Insgesamt präsentierte sich das Gericht sehr klar strukturiert, transparent und trotz üppiger Aromatik keineswegs überladen. Die einzige kleine Schwachstelle war die nicht wirklich krosse, eher leicht ledrig wirkende Schweinehaut, was vermutlich darauf zurückzuführen ist, dass hier unter physischem Druck auf der Hautseite heiß gebraten wurde – weswegen in unseren Augen der umgekehrte Weg, nämlich mit Heißluft auf Bildung krosser Blasen zu setzen, in der Regel bessere Ergebnisse erzielt…
Aus der Pâtisserie begann der süße Reigen mit einer Crème brûlée von Ziegenkäse, Heuaromen und Petersilie geschmacklich sehr gelungen und durch eine prononcierte Käsenote, ausbalanciertes Salz und harmonisch umspielende Petersilie auch auf einem für ein Pré-Dessert geeigneten Komplexitätsniveau angesiedelt. Das eigentliche Dessert rückte die alte Birnensorte „Gute Luise" in den Fokus. Tarte Tatin, Aniseis und Crème Chantilly mit Vanille Noir komplettierten das klassische Pâtisserie-Handwerk, das süß, üppig und dank der Kombination von Anis und Birne auch charmant eigenständig ausfiel. Einzig die Umsetzung als hohe Tarte Tatin auf kleiner Grundfläche er-

schwerte es, alle Komponenten gleichzeitig auf die Gabel zu bekommen, um die vollständige Harmonie des Gebäcks abzubilden. Freilich nur ein kleines Detail, aber um dem hohen Niveau, auf dem das Esszimmer ohne Frage mitspielt, gerecht zu werden, müssen bisweilen auch solch spitzfindige Perspektiven eingenommen werden. Und auf diesem hohen Niveau bewegten sich schlussendlich auch die Friandises, allen voran ein Cornetto mit Erdbeere und dem während des gesamten Menüs etwas redundant eingesetzten Thaibasilikum.
Natürlich kann man dieser Art zu Kochen – der präsenten Süße, der starken Würzung, der Verfremdung des Hautprodukts, dem exzessiven Einsatz von Kresse – mittlerweile überdrüssig geworden sein, aber das würde dieser Generation nicht gerecht werden und erst recht nicht den Kochkünsten von Bobby Bräuer. Denn natürlich gibt es Gerichte wie Gelbflossenmakrele mit Avocado, Yuzu und Gurke mittlerweile zuhauf. Aber nur in den seltensten Fällen werden sie es so gut schmecken wie hier im Esszimmer in der BMW-Welt. Und somit folgt die Küche genau dem Mantra der Klassik: nicht anders, sondern besser!
Verbesserungspotenzial sehen wir ohnehin niemals in der stilistischen Ausrichtung einer Küche. Und so stören wir uns auch in keiner Weise daran, dass es der 1961 geborene Bobby Bräuer nach mehr als 30 erfolgreichen Jahren am Herd mit souveräner Gelassenheit angehen und sich nicht von Innovation und Avantgarde treiben lässt. Dennoch müssen wir natürlich Schwankungen wie etwa beim Aal und beim Skrei ansprechen, denn diese Gerichte bewegten sich doch ein gutes Stück unter 9-Pfannen-Niveau. Dass die Küche diese Bewertung in der Gesamtschau aber trotzdem auch in diesem Jahr wieder verdient hat, steht für uns ebenso außer Frage.

7↑

Gabelspiel

Zehentbauernstr. 20, 81539 München
089-12253940
restaurant-gabelspiel.de
Küchenchef: Florian Berger
Di–Sa ab 18.30 Uhr, So u. Mo RT
Menüs: 165–175 €
EC VISA

Das charmante kleine Gourmetrestaurant im südöstlichen Münchener Stadtteil Giesing mit seinem länglichen, geschmackvoll in gesetzten Grün- und Schlammtönen gestalteten Gastraum, bietet gerade mal Platz für fünf Tische und dürfte damit vermutlich die kleinste Fine-Dining-Destination Münchens auf diesem hohen kulinarischen Niveau sein. Sabrina und Florian Berger sind zwar keine Einzelkämpfer auf ihren jeweiligen Posten, aber es geht trotzdem sehr persönlich zu. Mit Frohsinn und natürlichem Charme kümmert sich Sabrina Berger um die Gäste und ihre engagierten Mitarbeiterinnen stehen ihr in nichts nach. Ihr Mann Florian kommt auch immer wieder aus seiner Küche heraus, um das eine oder andere Gericht aus dem siebengängigen Menü zu präsentieren. Man fühlt sich sofort abgeholt sehr zuvorkommend umsorgt.
Zum Start gab es zuletzt wieder ebenso originelle wie wohlschmeckende Kleinigkeiten, etwa eine schmale und sehr filigrane, mit gelber Paprika und Kaffeecreme gefüllte Doppelwaffel, ein mit zermahlener krosser Hühnerhaut gefülltes „Plasikpackerl" aus Stärke, das sich im Mund umgehend auflöst und den röstwürzig-fettigen Knusperinhalt mit weit höherem Suchtfaktor als Kartoffelchips freigibt, oder ein mit würzig mit geschmortem Rippchen gefüllter Dumpling mit dem Kontrast von säuerlichem Tomatengelee.
Als erster offizieller Menügang folgte ein vegetarisches Gericht, das durchaus originell geschmeckt hat, aber eine etwas seltsame Haptik hatte. Denn die Baiser-artigen Buttermilchhippen, die hier eine kleine Nocke Mohneis, mit Sojasauce aromatisierte Stücke und Creme von fermentierter Knollensellerie und etwas Albaöl unter sich versteckten und im Verein mit diesen einen interessanten Mischgeschmack von süßlich über säuerlich und würzig bis nussig und leicht laktisch anstimmten, waren mengenmäßig in der Überzahl und hinterließen final ein klebrig-pappiges Mundgefühl.
Ein sehr warmes, würziges und weiches Geschmacksbild ohne Kontraste, das aber trotzdem sehr aufgelockert daherkam und eines der besten und ausgereiftesten Kostproben des Menüs darstellte, erzeugte der Zwischengang rund um Lachsforelle von der Fischzucht Birnbaum. Der wunderbar saftig gegarte Fisch lag unter einer mit Karottencreme und Kombu-Alge applizierten Plane aus Lauch in einem mit Schnittlauchöl marmorierten Räucherfischsud und war ein sanfter Umami-Schmeichler, der auch ein sehr zartes, geschmeidiges Mundgefühl erzeugte, als solches aber nicht eindimensional wirkte.
Dem Brot, beziehungsweise einer ganzen Brotzeit, wurde in der Mitte des Menüs ein eigener Gang gewidmet, in dessen Zentrum ein sehr

gutes kleines Sauerteig-Krustenbrot neben diversen Aufstrichen oder Belägen wie Nussbutter, Bärlauchcreme oder ein säuerlicher „Kapuzinerkressesalat“, aber auch ein winziges gestreiftes „Speckbuttersandwich“ stand. Zwar alles sehr fein und apart, aber durch das Brot natürlich durchaus zupackend. Und das war im Grunde auch dringend nötig, denn Florian Berger arrangiert und portioniert seine Kreationen mittlerweile so grazil, minimalistisch und kleinformatig, dass man ohne dieses Brot-Intermezzo das Gabelspiel am Ende auch als Normalesser wahrscheinlich hungrig wieder verlassen würde.
Dieses teilweise arg auf die Spitze getriebene Kleinklein hat, ganz abgesehen von schnöden Sättigungsfragen, in den meisten Fällen aber auch den Nachteil, dass man einer guten Idee, einer an sich sehr stimmigen Komposition, gar nicht gebührend nachschmecken kann, weil mit zwei Gabeln alles schon wieder weg ist. Das geht dann mitunter schon ein wenig zu Lasten der Wirkung und Ausdruckskraft eines Gerichts. So wie beim „Faux Gras“-Zwischengang, einer auf Basis von Pilzen und Cashewnüssen hergestellten Creme, die mit einem Überzug aus Mangogelee haptisch wie geschmacklich einem Leberparfait nachempfunden war. Äußerst spärlich portioniert wirkte das auf dem großen schönen weißen Teller fast wie eine Nouvelle-Cuisine-Parodie. Kombiniert mit Tupfen von Mangopüree, dünnen knackigen Schwarzwurzelscheiben und knusprigem Buchweizen war es aber ein sehr ausgewogenes und harmonisches Geschmacksbild, ganz ohne den wegen der Mango befürchteten Überhang an Süße. Davon hätten wir gerne etwas mehr gehabt. Als Scheibe einer mit den Schwarzwurzeln geschichteten, mit dem Gelee überzogenen und mit dem knusprigen Buchweizen beflockten Terrine beispielsweise hätte das nicht nur eine schmissigere Optik abgegeben, sondern sicher auch als Ganzes mehr Ausdruckskraft gehabt.
Etwas mehr hätten wir gerne auch von der sehr guten, mit verschiedenen gerösteten Körnern ummantelten und mit Blutwurst gefüllten Kaninchenroulade gehabt, die mit einem Klecks Jus, einer mit Kaffirlimette aromatisierten Hollandaise und drei Blättern Bittersalat daherkam. Und auch von der mit hauchdünnen Champignonscheiben, Flusskrebsknusper, Croûtons, rotem Oxalis und Dillspitzen applizierten, der Länge nach halbierten Hühnerbrust, die pointiert und puristisch ganz ohne weitere Beilagen auf einem Spiegel aus buttriger Geflügel-Champignonjus angerichtet war. Denn auch das war ein sehr feinsinnig und ansprechend komponierter Gang.
Bregenzerwälder „Sig“, eine Art Molkekaramell, sowie knusprige Wirsingblätter gaben dem Nachtisch einen ungewöhnlichen und durchaus spannenden Twist – erfrischt von Ingwer (Schaum) und Grapefruit (Eis) ein reizvoller Schlussakkord, der einmal mehr Florian Bergers feines Gespür für originelle Kombinationen unter Beweis stellte. Aromengespür bewiesen auch die kompetent vorgestellten unkonventionellen glasweisen Weinempfehlungen, aber auch die alkoholfreien Alternativen, etwa von Mango, Limette und Langpfeffer zur Faux Gras.

5↑

Galleria

Sparkassenstr. 11 / Ecke Ledererstraße, 80331 München
089-297995
www.ristorante-galleria.de
Täglich von 12–14.30 Uhr u. ab 18.30 Uhr, kein RT
Hauptgericht: 33–35 €, Menüs: 35–95 €

Das charmant verwinkelte Lokal von Maria Grazia De Luca und Andrea Pomiato Colesso gehört zu den gastronomischen Klassikern in der Innenstadt und bietet nicht nur einen hinsichtlich der gebotenen Qualität sensationellen Mittagstisch mit interessant aufgepeppten klassischen italienischen Gerichten, sondern auch eine ambitionierte, aufwendiger und exklusiver gestaltete Küchenlinie. Auch die bleibt den Grundtugenden der klassischen italienischen Küche treu, präsentiert sich mal ganz traditionell, hin und wieder aber auch als einfallsreiche Italianità auf Basis guter eigener Einfälle, die dann fundiert und von leichter Hand zubereitet werden. Besonders im Bereich der Vorspeisen und Zwischengerichte sind oftmals Eigeninterpretationen mit etwas originellerem Twist dabei. Gastgeberin Maria Grazia De Luca hat zur Küche ihres Lebensgefährten immer auch die passenden Weinbegleiter in der Hinterhand. Glasweise Empfehlungen gibt es sonderbarerweise keine mehr, aber es stehen genügend halbe Flaschen zur Auswahl.

6

Garden

im Hotel Bayerischer Hof

Promenadeplatz 2–6, 80333 München
089-2120993
www.bayerischerhof.de
Küchenchef: Philipp Walter Pfisterer
Täglich von 12–15 Uhr u. ab 18 Uhr, kein RT
Hauptgericht: 26–65 €

VISA

Dass in dem berühmten Münchner Traditionshaus das Garden Restaurant vermeintlich nur die zweite Geige spielt, liegt einzig und allein daran, dass direkt nebenan mit dem Atelier eines der besten Restaurants Deutschlands zu Hause ist. Doch diese Tatsache darf nicht verschleiern, dass unter der Ägide von Küchenchef Philipp Pfisterer auch im „Zweitrestaurant", dass ob seiner Größe und den großzügigen Öffnungszeiten eigentlich das „Hauptrestaurant" ist, ganz hervorragend gekocht wird. In den meisten Hotels hierzulande würde man sich nur Wünschen, überhaupt auf einem vergleichbaren kulinarischen Niveau wie in dem charmanten À-la-carte-Restaurant des Bayerischen Hofs speisen zu können.
Die ansprechend klingende Karte umfasst neben Klassikern wie Rindertatar oder „Seezunge Müllerin" auch kreativere Gerichte und immer mal wieder bayerisch-süddeutsche Klassiker wie Wiener Schnitzel oder originelle Maultaschen-Varianten, mal mit Wagyu Beef und Trüffel, mal mit Kalbsbries und Morcheln. Aber auch unabhängig davon bereitet es einfach immer Freude, im Bayerischen Hof zu Gast zu sein, ganz gleich ob im Gourmetrestaurant Atelier, an der Hotelbar oder eben hier im lichten, großzügigen Garden. Ein Garant für die lockere Atmosphäre im Gastraum, allem Grandhotel-Flair zum Trotz, ist Seyfettin Pehlevan, der wie das gesamte Team im Bayerischen Hof stets hochprofessionellen, aber niemals steifen Service bietet.
Dass Küchenchef Philipp Walter Pfisterer diese perfektionistische Lockerheit das auch auf dem Teller umzusetzen weiß, verdeutlichte bei unserem jüngsten Testbesuch gleich ein kleines Amuse Gueule mit Fjordforelle, Gurke, gepufftem Quinoa und einer mit Soja und Miso umamiwürzig aufgeladenen Mayonnaise, das viel Leichtigkeit und vor allem durch ein grasiggrünes Kräuteröl viel Frühling auf dem Teller verströmte. Überhaupt gelingt es Pfisterer auf eindrucksvolle Weise, die französische Klassik gleichzeitig zu „bavarisieren" und zu entschlacken. Eine Reihe von Gerichten etwa sind mit „GGG" für „Garden Goes Green" gekennzeichnet – für diese Gerichte verwendet das Küchenteam weniger Butter oder Sahne, dafür hochwertige pflanzliche Öle und setzt zudem auf vitaminreiche Gemüsebeilagen, oft auch roh oder sehr knackig gegart.
So kann man die Vorspeise aus Tomaten, grünem Spargel, Vogelmiere, Erbsenkresse und der auf Joghurtbasis zubereiteten orientalischen Frischkäse-Variante Labneh als Inbegriff der Knackigkeit auffassen. Dass Tomaten im Mai noch keine Hochsaison haben, hat Pfisterer natürlich verstanden und das Gericht darauf eingestellt. Die wie die Spargel millimeterdünn gehobelten Marinda-Tomaten – eine festfleischige, frühreife Sorte, die aus Sizilien stammt – spielten mehr mit Biss und Säure als mit Süße und Schmelz. Genau dadurch fügten sie sich aber perfekt in das Arrangement ein, das dank des sämigen Labnehs ohnehin genug Schmelz mitbrachte.
Weil im Alltag ein Nudelgericht immer eine gute Idee ist und das Garden klar den Eigenanspruch hat, ein niveauvolles alltagstaugliches Restaurant zu sein, enthält die Speisekarte auch einen Gang mit Tagliatelle, ebenfalls in Tagliatelle-Form zugeschnittenem Kohlrabi, grünem Spargel, Pinienkernen und Bärlauchpesto. Die exakt gleiche Dicke und Breite von Pasta und Kohlrabi ermöglichte es, beide Komponenten gleichzeitig auf die Gabel aufzurollen, was ein überraschend spannendes, weil einerseits gewohntes, andererseits neuartig knackiges Mundgefühl erzeugte.
Etwas unvorteilhaft wirkte auf uns in der Gesamtschau der Salzgehalt, der bei den meisten Gerichten an der oberen Grenze kratzte. Bei

einem opulenteren, fettlastigeren Küchenstil wäre das weniger ein Problem als bei der leichten, natürlichen Gangart auf den Tellern des Garden-Restaurants. Da wirkte das Salz tendenziell zu spitz und stand der vollen Entfaltung der finessenreichen Leichtigkeit manchmal etwas im Weg.
Nichtsdestotrotz sehr überzeugend war auch der Hauptgang, in dessen Zentrum eine stattliche Tranche Stör stand. Mit seiner Festigkeit und den typischen leicht nussigen Noten ganz ohne muffige Schlacktöne stellte der Fisch so manchen Steinbutt klar in den Schatten. Die Kreation selbst mit leichtem Krustentierschaum, Erbsenpüree, Perl-Couscous und Zuckerschoten unterstrich einmal mehr den legeren, natürlichen Stil der Küche von Philipp Pfisterer.
Noch ein wenig besser gefiel uns sogar ein Dessert mit in Safran marinierten Nespoli, einem mit Aprikosen verwandten, aber bittereren Steinobst, das mit napfigem Pistazienküchlein und cremigem Butterkekseis liiert wurde. Die dichte, aber dennoch filigrane, feine Art mit Säurespitzen und Bittertönen zog einen perfekten Schlussstrich unter das Menü eines perfekten Hotel-Restaurants, in dem die Weinkarte Namhaftes aus aller Weinwelt listet und der Service mit Umsicht und Humor agiert.

6↑ 🍴🍴🍴

Green Beetle

Schumannstr. 9,
81679 München
0176-14168023
www.feinkost-kaefer.de/greenbeetle
Küchenchef: Felix Adebahr
Di–Sa ab 12 Uhr durchgehend,
So u. Mo RT
Menüs: 40–139 €
EC VISA

Der Green Beetle ist das grüne Restaurant der Feinkost-Käfer-Gruppe unweit des Stammhauses in München, mit dessen rein vegetarischer und bei zahlreichen Gängen sogar gänzlich veganer Küche das Unternehmen sein Nachhaltigkeitsprofil schärft. Der Großteil der Zutaten stammt aus zertifiziertem ökologischem Anbau und sogar die Personalkleidung wurde aus Bio-Baumwolle gefertigt. Das gilt auch für die Weinkarte, die fast ausschließlich biologisch oder biodynamisch arbeitende Weingüter listet. Eine der wenigen Ausnahmen ist etwa Champagner von Laurent-Perrier, einem langjährigen Partner des vielseitig agierenden Feinkost-Unternehmens.
Im Stil eines neo-klassischen Gourmetrestaurants setzen Küchenchef Felix Adebahr und sein Team auf eine „Carte Blanche", also ein Überraschungsmenü, das zwischen vier und acht Gängen geschickt wird. Wir waren bereits bei unserem Antrittsbesuch im letzten Jahr sehr begeistert und vielversprechend waren auch bei unserem jüngsten Test schon die ersten Kleinigkeiten, die noch nicht zu der offiziellen Speisefolge zu zählen sind, aber bereits die Gangart des Hauses markieren. Ein Chip mit Paprika und ein Cornetto mit Kürbis sind handwerklich gut auf den Punkt gebracht: kross, simpel und kurzweilig.
Auf den kurzweiligen Genuss war auch die erste Vorspeise ausgelegt, in deren Mittelpunkt kühle Kimchi-Rouladen standen. Daneben spielten Rettich und Soja entscheidende Nebenrollen. Ersterer in Form knackiger, pickleartiger Würfel und kühl-rauchig abgeflämmter Röllchen, letzterer in Form von Miso und einer Sojajoghurt-Vinaigrette. Dass dem Gericht ein gewisser Potpourri-Charakter innewohnt, stört hier kein bisschen. Komplettiert wurde das Gericht noch durch ein à part dazu gereichtes Ingwergranité, welches der Komposition zusätzliche gewinnbringende Frische einhaucht.
Auch ein Gericht auf Basis von Rote-Beete-Essenz bewahrte sich trotz zahlreicher Aromen die Schmissigkeit: Die klare erdige Brühe kombinierte die Küche mit Tranchen vom geflämmten Lauch, süßen Rumkirschen, Wacholderkompott, Schwarzwurzelchips, Rucolaöl und Fichtensprossen. Und durch die fruchtige, aber nicht zu süße Brühe entstand ein sehr balancierter und in sich harmonischer Gang.
Auch der folgende Pasta-Gang um drei Fagotelli mit halbflüssiger Füllung punktete mit klaren Aromen und sehr sorgfältigem Handwerk, allerdings wollten hier nach unserem Gusto die Komponenten nicht so ganz zusammenpassen. Das „Problem" ließ sich aber einfach lösen, in-

dem wir erst den Teil mit Kartoffeln, Gewürzgurken, Meerrettich, Sauerrahm, Dill, Flowersprouts und Preiselbeeren gegessen haben und erst dann die perfekt al dente gegarten Ravioli mit ihrer Füllung aus Parmesan und Ei und ihrem Topping aus Kartoffel, Zwiebel und Schnittlauch. So machen wir spontan aus einem Gang zwei Gänge, denen auch separat für sich genommen überhaupt nichts fehlte. Nicht mal den eigentlich trockenen Ravioli, die aber durch ihre sämige Füllung auch ganz prima ohne Saucenbeilage auskamen. Hier hätten wir uns von der Küche etwas mehr Vertrauen ins eigene (sehr souveräne!) Pasta-Handwerk gewünscht.
Das Konzept mehrerer gleichberechtigter Komponenten ging beim Hauptgang besser auf, auch wenn die Vielzahl verschiedener Aromen pro Teller mittlerweile ein wenig redundant gewirkt hat – zumindest auf dramaturgischer Ebene. Aromatisch harmonierte die Kombination aus eingelegtem Spargel vom vergangenen Jahr, Kräuterseitlingen, Lauch, einem kross frittierten Kartoffelteig und Périgordtrüffel nämlich bestens. Vor allem der knackig-würzige Spargel ergab an dieser Stelle Sinn, weil er der gewohnten Kombination aus Pilz, Trüffel und Kartoffel eine neue Seite entlockte, ohne aufgesetzt zu wirken.
Als Highlight des Abends entpuppt sich dann ausgerechnet ein veganer Gang. Das Zusammenspiel aus Spinat, Pilzen, einer wachsweichen Kürbis-Sphäre und gepufftem Wildreis sowie den Aromen von Zitronat und Orangeat aus Sizilien und einem Sternanisschaum bespielten die Umami-Palette sehr gekonnt und erzeugten durch Süße und Bitterstoffe jede Menge Komplexität.
Das Dessert punktete ebenfalls, vor allem, weil es der Süße eine spannende Herbheit entgegensetzt. Star des Tellers war in diesem Sinne ein Kleks Karottenreduktion mit Olivenöl, denn so wirkte die Kombination von dicklicher Creme aus weißer Schokolade und Honig mit Kaffeeeis, Pistazie und kandierter Mandarine angenehm leicht. Uns so bestätigte das spannend unkonventionelle Menü auf souverän konstantem Niveau unseren guten Eindruck aus dem letzten Jahr. Auch das herzliche Serviceteam steuerte wieder zu einer und nachhaltig freundlichen Genussatmosphäre bei.
Auffällig war, dass sich der angesprochene Potpourri-Charakter konsequent durch das Menü zog. Das macht die Gerichte zwar nicht weniger schmackhaft, hält sie aber etwas davon ab, den pointierten Charakter großer Küche abzubilden. Und das ist auch der Grund, warum wir derzeit noch zögern, die Bewertung höher anzusetzen, obwohl man an vielen Stellen bereits sieht und schmeckt, dass es das Team durchaus draufhätte, mit etwas fokussierteren Kompositionen zu noch eindrücklicheren Ergebnissen auf den Tellern zu kommen.

---

fast & SLOW

Hamburgerei

Feilitzschstr. 12, 80802 München
089-244126744
www.hamburgerei.de
So–Do von 16–23 Uhr,
Fr u. Sa von 16–24 Uhr, kein RT

Einsteinstr. 106, 81675 München
089-45079962
www.hamburgerei.de
So–Do von 11.30–22 Uhr,
Fr u. Sa von 11.30–23 Uhr, kein RT

Brienner Str. 49, 80333 München
089-20092015
www.hamburgerei.de
So–Do von 11.30–22 Uhr,
Fr u. Sa von 11.30–23 Uhr, kein RT

Kreative Burger-Varianten aus hochwertigen Produkten teils regionaler Herkunft und hausgemachten Saucen.

Fast & SLOW

Hans Kebab

Leopoldstr. 182, 80804 München
089-12628130
www.hanskebab.de
Mo–Sa von 8–21 Uhr, So von 14–21 Uhr, Mo RT
Hauptgericht: 8–14 €

Gar nicht unbedingt wegen der Premium-Kebab-Variante „From Istanbul to Tokyo" aus Short Rib vom Kagoshima-Wagyu mit Trüffel und Togarashi, sondern wegen des generell hohen Anspruchs an Produkt und Frische, hat der Kebab-Imbiss von Cihan Anadologlu einen Platz in unserer „fast & slow"-Sparte verdient. Der normale Döner Kebab besteht aus 100 % Kalbfleisch, viel knackigem Salat und Gemüse und null Prozent Geschmacksverstärker oder künstlichen Aromen. Abwechslung bringen verschiedene Saucen und Variationen.

6

Hippocampus

Mühlbaurstr. 5, 81677 München
089-475855
www.hippocampus-restaurant.de
Mi–So von 12–14.30 Uhr u. ab 18.30 Uhr, Sa ab 18.30 Uhr, Mo u. Di RT
Hauptgericht: 29–32 €, Menüs: 32–70 €
VISA

Mit seinem markanten Mosaikfußboden aus toskanischem Marmor, der halbhohen dunklen Holzvertäfelungen in Nussbaum an den Wänden, darüber Jugendstillampen und im gesamten Lokal einer sehr charmanten Patina, ist das Ambiente im L-förmigen Gastraum des Hippocampus ebenso authentisch und originell wie die Gerichte seines Küchenchefs. Cosimo „Mimmo" Ruggiero ist eigentlich schon ein richtiger Altmeister in der Feinschmeckerszenerie der Landeshauptstadt, hat einst bei Witzigmann in der Aubergine und bei Dieter Müller in den Schweizer Stuben mitgekocht und Mitte der Neunziger mit dem La Vigna selbst erste Erfolge gefeiert.
Zusammen mit Gastgeber Sergio Artiaco, auch schon so ein Münchener Gastro-Urgestein, leitet er jetzt seit fast zwanzig Jahren das „Seepferdchen" und bekocht es mit schnörkellosen, aromenstarken italienischen Gerichten, die mit bodenständiger Finesse und ohne die typischen Gourmetattitüden und -stilmittel als beschwingte Produktküche daherkommen. Seine Italianità ist kompromisslos authentisch, aber eben alles andere als traditionell angestaubt. Zuletzt für uns zu erleben bei gebratenen Jakobsmuscheln von sehr ordentlicher Qualität auf einem Melonensalat aus verschiedenen Sorten, die von Minze und Limettenschalenabrieb reizvolle ätherische Akzente mit au den Weg bekamen.
Besonders beim Meeresfrüchterisotto konnte man mal wieder sehr schön die Expertise und Stärke der Küche von Cosimo Ruggierio erleben: perfekte Konsistenz des Korns und auch sonst eine optimale Beschaffenheit, eher süffig und suppig als cremig und schlotzig, trotzdem konsistent und dadurch fast schon leicht und elegant wirkend. Perfekt eingebundener Geschmack der Frutti di mare von Vongole bis Pulpo, eingefasst von einer sehr präsenten und gut eingebundenen Weinnote. Das kann man eigentlich kaum besser machen.
Aber auch der saftige gebratene Seeteufel, der mit kleinen gerösteten Artischockenstückchen auf einer Art Kartoffel-Galette in lockerer Konsistenz thronte und von schwarzer Olivensauce umspielt wurde, war ein gutes Exempel für die Art der Hippocampus-Küche, deren Gerichte immer leicht und unaufdringlich, trotzdem aber ausdrucksstark sind.
So wie die Tranchen vom Kalbsfilet, die als Hauptgang unseres Überraschungsmenüs ganz unaufgeregt und schlicht mit zarter geschmorter gelber Paprika, kurz und knackig angebratenen Zucchinistückchen, Pfifferlingen und einem harmonischen Saucenduett aus einer Art schaumig-cremiger Velouté und leichter, transparenter Fleischsauce daherkamen. Das ist nicht sonderlich akzentreich und auch nicht originell, aber sehr wohlschmeckend.
Und dieses Prädikat galt auch ganz uneingeschränkt für das Dessert, einer saftigen dünnen karamellisierten „Käsekuchenschnitte" aus Büffelricotta mit Zwetschgenkompott und Basilikumeis, wobei das hinsichtlich der Produktzusammenstellung fast schon wieder etwas Kreatives an sich hatte – geschmacklich ging es in eine eher erwartbare, aber wieder äußerst gelungene und niveauvolle Richtung. Kurzum: Das Hippocampus ist und bleibt eine der Konstanten in Münchens Feinschmeckerlandschaft und eines der besten italienischen Restaurants der Landeshauptstadt.

6

Huber

Newtonstr. 13,
81679 München
089-985152
www.huber-restaurant.de
Küchenchef: Michael Huber
Di–Sa ab 18 Uhr, So, Mo u. Fei RT
Hauptgericht: 26–38 €,
Menüs: 89–127 €

Das völlig unscheinbar in einem Wohngebiet im Stadtteil Altbogenhausen gelegene Restaurant von Sandra und Michael Huber ist trotz seines Understatements eine feste Konstante in der gehobenen Gastronomieszene der Landeshauptstadt. Es ist casual, auch ohne Casual-Fine-Dining-Attitüden, und die Küche kommt ebenfalls ohne gängige Moden und kurzlebige Trends aus. Vor allem verzichtet sie wohltuend auf aufgesetzte Kreativität und Exklusivität, was dem Gastgeberpaar, das hier zusammen am Herd steht, in den vergangenen Jahren viele treue Stammgäste beschert hat. Feinschmecker, die hier das völlig Unaufgeregte und trotzdem Anspruchsvolle der Küche lieben.

Im schnörkellos schlicht und im Grunde ganz zeitlos gestalteten L-förmigen Gastraum werden zwei fünfgängige Menüs offeriert, von denen eines vegetarisch ist und beide ebenso klar strukturiert und aufgeräumt daherkommen wie das Lokal selbst. Der kleine Küchengruß war diesmal menüübergreifend eine Caprese-Interpretation aus Tomatengelee, Mozzarella-Espuma und Basilikumöl, die durchaus sehr schmackhaft war, aber einmal mehr zeigte, dass doch nichts über das Original aus guten, naturbelassenen Produkten geht.

Umso gegenständlicher und unverkünstelter – und als solches richtig gut! – war das topfrische, akkurat gewürfelte und nur angenehm subtil gewürzte Tatar von der roten Forelle, das mit marinierter Gurke, Schmandmousse und frisch geriebenem schneidigem Meerrettich ebenso klararomatisch wie markant in Szene gesetzt wurde. Ein schön frischer, leichter, aber überhaupt nicht seichter Einstieg.

Dem als „geflämmt“ annonciertem, sehr zart in dünnen großen Scheiben auf ein Bett aus Blumenkohlcreme drapiertem Roastbeef assistierten kleine, knackige Blumenkohlröschen, raschelig-krosse Topinamburchips, Segmente von eingelegten roten Zwiebeln und eine süßsaure Essigjus – wahrscheinlich aus Balsamico. Und durch die verschiedenen Säuren und knackigen bzw. knusprigen Texturen wurden die weichen, milden Hauptdarsteller raffiniert ergänzt und aufgelockert, ohne sie ins Hintertreffen geraten zu lassen.

Eine ähnliche Funktion hatten beim offenen Raviolo, der mit Kürbispüree gefüllt und mit Mascarponecreme unterfüttert in süffiger Manier in einem tiefen Teller angerichtet war, die kleinen knackigen, süßsauer eingelegten Kürbiskugeln und Butterbrösel bzw. der Kürbiskerncrunch. Allerdings wirkte das Ganze mit seinem recht lieblichen Geschmack und auch sonst ohne Ecken und Kanten dennoch etwas eindimensionaler und breiter, war nicht so differenziert und scharf gezeichnet wie das vorausgegangene Gericht.

Der rosa Kalbstafelspitz im Hauptgang, der ebenfalls als puristischer Dreiklang nur mit geschmortem Spitzkohl, etwas Karotte und einem Saucenduett aus tiefer dunkler reduzierter Jus und heller rahmiger Schaumsauce serviert wurde, lebte von der tollen Fleischqualität und dem wieder sehr süffigen, harmonischen Geschmacksbild. Wie schon vorher zum Roastbeef, dem ein leicht restsüßer Riesling von Robert Weil zur Seite gestellt wurde, blieb man mit der Weinempfehlung zum Tafelspitz ebenfalls im hellen Bereich – hier mit dem Zweigelt-Rosé „Rosalie“ vom Weingut Ott, der das Gericht in seiner robusten Art ebenfalls sehr gut begleiten konnte.

Der souveräne Auftritt der Küche bekam auch im Finale keine Dellen, denn das Miteinander von fluffigem Griesflammeri, eingelegten Brombeeren und Äpfeln, säuerlich erfrischt von einem dezent mit Petersilie aromatisierten Apfelsorbet, war handwerklich wie geschmacklich eine sehr runde Sache. Wer den glasweisen Weinempfehlungen nicht folgen möchte, findet in der Weinkarte eine attraktive Bandbreite europäischer Gewächse bis hin zu gereiften Spitzenweinen.

JAN

Luisenstr. 27,
80333 München
089-23708658
jan-hartwig.com
Küchenchef: Jan Hartwig
Di ab 18.30 Uhr,
Mi–Fr von 12–12.30 Uhr u. ab 19 Uhr,
Sa–Mo RT
Hauptgericht: 52–148 €,
Menüs: 275–320 €

Nach Jan Hartwigs kometenhaftem Aufstieg und dem fast etwas überraschenden Ausstieg im Gourmetrestaurant Atelier des berühmten Hotel Bayerischer Hof hat es eine Zeitlang gedauert, bis der Shooting-Star wieder auf der Bildfläche aufgetaucht ist. Zunächst wirkte er mit seinem ersten eigenen Restaurant Jan eine Zeitlang übergangsweise und mit einem leicht anderen Konzept als eine Art Pop-Up in den Räumen der Porzellan Manufaktur Nymphenburg – im Herbst 2022 war es dann aber nach einigen Verzögerungen endlich so weit und die endgültigen neuen Räumlichkeiten in der Luisenstraße konnten bezogen werden.
Das Warten hat sich gelohnt! Im Vergleich zur ehemaligen Wirkungsstätte im Bayrischen Hof mutet das Jan mit der offenen Küche und dem Eingangsbereich direkt von der Straße in den Gastraum viel nahbarer und weniger luxuriös – was der Atmosphäre aber überhaupt keinen Abbruch tut. Im Gegenteil! Die stilvoll schnörkellos gestalteten und geschickt unterteilten Räume wirken einerseits modern skandinavisch, andererseits haben sie in ihrer Geradlinigkeit auch etwas Asiatisches. In jedem Fall sind sie sehr behaglich und schaffen vor allem auch bei Tageslicht eine angenehme Stimmung.
Und das ist sehr gut, denn das Jan hat erfreulicherweise auch mittags geöffnet und bietet da nicht etwa ein abgespecktes Lunchmenü, sondern die große kulinarische Oper. Die begann für uns mit drei nacheinander servierten Apero-Snacks, die schon dezent andeuteten, was sich später im weiteren Verlauf immer mehr verdeutlichte: Jan Hartwigs Kreationen kommen mittlerweile mit etwas weniger Umami und Säure und dafür etwas mehr Süße und Frucht daher, als noch in früheren Tagen, als sie zwar einen sehr hohen Grad an Spannung und Kontrasten und Tiefenschärfe aufgeboten haben, aber mit meist voll aufgedrehtem Powerlevel in der Summe dann auch schon mal etwas anstrengend und fordernd wirken konnten.
Während der erste Snack mit Creme Chantilly von der Entenleber nebst geräuchertem Ahornsirup, Fingerlimes, Pecannuss und Krokant-Kaper ein sehr vollmundiges, kompakt schmelziges Vergnügen mit fein zusammenspielen Zwischentönen war, zündeten die auf den ersten Blick etwas zusammengewürfelt anmutenden Aromen von Karotte, kandierter Kombu-Alge, knuspriger Hähnchenhaut und Pecorino auf einem „Umami-Baiser" stafettenartig und erzeugten einen sich immer wieder verändernden Geschmacksverlauf. Bei dem mit Saiblingstatar, Saiblingskaviar, Sojaperlen und Wasabi gefüllten Buchweizen-Knusperförmchen untermalten die Aromen indes auf sehr charmante und subtile Art einfach nur den vollen, klar und deutlich herausgestellten Geschmack des Saiblings.
Das Amuse-Bouche drehte sich um „Carne cruda", genauer ein mit Denmiso und Parmesan abgeschmecktes Kalbstatar, das Süße, Säure, Umami, Schnittlauchschärfe und die erdige Ätherik vom Rettich in verblüffend perfekten Einklang brachte. Auch die Konsistenzen der Produkte griffen hier optimal ineinander und es gab Schmelz, Biss und Süffigkeit in schönster Balance.
Um wieviel eleganter Jan Hartwig seine Kompositionen kreiert und abschmeckt, wenn man es mit vor ein paar Jahren vergleicht, verdeutlichte dann noch mehr der erste Gang des Menüs, eine Vorspeise, die es so ähnlich schon zu Atelier-Zeiten gab, und bei der N25-Kaluga-Kaviar aus Jan Hartwigs eigener Selektion im Mittelpunkt steht. Die sehr mild eingesalzenen Störeier thronen hier in großzügiger Menge auf einem seidig gestockten Chawanmushi und werden von Piemonteser Haselnüssen, erst getrockneten und dann quasi rehydrierten Rumrosinen sowie etwas Lauchöl bespielt. Und zwar so ausdrucksstark wie nötig und so zurückhaltend wie möglich, sodass der Kaviar mit jedem Löffel der unangefochtene Star auf dem Teller bleibt, er aber trotzdem in ein sehr

spannendes und facettenreiches Geschmacksbild eingebunden ist.
Und das waren maßgeblich auch Fleisch, Kaviar und Leber vom Saibling aus dem Schliersee im nächsten Gang. Die festfleischige Filettranche zart glasig gegart, die Leber als seidenweicher Flan mit gelber Bete in einer knusprigen Tartelette auf dem Fisch und sein Saibling in der transparenten Safranvinaigrette darunter. Diese tendenziell eher fruchtig und leicht lieblich gehaltene Vinaigrette vermählte sich mit herben Aromen und der in die rahmige Struktur eingebetteten Säure einer am Tisch angegossenen Steckrübensauce zu einem sehr vielschichtigen und dynamischen Fluidum, das sich dem Saibling aber nicht aufdrängte, sondern ihn in seinen verschiedenen Facetten unterstreichen und auf eine neue Ebene heben konnte.
Auch der nächste Fischgang bescherte uns kein typisches Luxusprodukt, sondern Zander – den aber in bemerkenswerter Qualität und Frische! Die reintönige und festfleischige Tranche war mit Champignoncreme unter und Champignonduxelles auf dem Fisch, sowie einer wieder am Tisch angegossenen leicht geräucherten Sauce von Bouchotmuscheln im Stil einer Beurre blanc quasi zwischen Land und Meer platziert. Und sie bekam von Mönchsbart und winzigen frischen Erbsen grünfrische Akzente zur Seite gestellt, die den Raum zwischen den erdigen und maritimen Aromen füllten und das Spektrum gewinnbringend komplettierten.
Mit einem spannenden Twist aus herzhafter rauchiger Würze und leicht nussig-karamelliger Süße kam als nächstes das mit Aalmayonnaise und karamellisierten Sonnenblumenkernen bespielte Kalbsbries daher. Auch hier sorgten wieder grüne, frische Aromen, diesmal von Staudensellerie, sowie ein umamistarker, aber transparent und aromatisch elegant gehaltener Räucherfischsud, für eine hohe Bandbreite der Eindrücke.
Aus Jan Hartwigs Reihe der verfeinerten Traditionsgerichte fand, sozusagen außer der Reihe als optionaler Zusatzgang, ein Rindergulasch in unser Menü, das natürlich ganz anders als ein handelsübliches Gulasch aussah, aber genauso geschmeckt hat. Wie ein besonderes und ganz besonders gutes Gulasch natürlich! Eines mit Facetten und Zwischentönen, die von Zitronengel, Sardelle, Meerrettichschaum und einer kleinen Nocke Polenta ins Geschehen eingebracht wurden. Aber das Leitmotiv und der Grundgeschmack folgte tatsächlich dem eines phänomenalen, feurig-würzigen Gulaschs. Genau für solche Gerichte feiern wir Jan Hartwig ganz besonders…

Dass bei ihm rein gar nichts dem Zufall überlassen bleibt und wirklich alles Millimeterarbeit ist, war sehr schön auch bei der puristisch präsentierten Taube mit Topinambur und Périgord-Trüffel zu schmecken und zu fühlen. Denn die auf eine zuvor an der Karkasse punktgenau gebratene, wildaromatische Taubenbrust geschichteten dünnen Lagen aus krosser Haut, knackigem Topinambur, schmelziger Gänseleber, einem mit Rote Bete gefärbten und aromatisierten Nudelblatt und einer Scheibe Trüffel erzeugten nicht nur einen aromatisch perfekt ausgewogenen Akkord, sondern spielten auch haptisch äußerst raffiniert zusammen – was nicht mit demselben Effekt funktioniert hätte, wären vereinzelte Schichten dicker oder dünner gewesen. Doch selbst wer nicht auf diese Feinheiten achtet, hat dank eines herausragenden Hauptprodukts und der meisterlich tiefschürfenden Sauce mit viel Zug und monumentalem Trüffelaroma ein eindrucksvolles Geschmackserlebnis. Und das ist bei allem Aufwand und Feintuning das Schöne an Jan Hartwigs Küche, dass es ihm in erster Linie wirklich immer um Geschmack geht und seine Gerichte, salopp gesagt, einfach „lecker“ sein müssen.
Und das trifft ohne Wenn und Aber auch auf die süßen Sachen zu. Unser Nachtisch zum Thema „Bienenstich“ war zwar sehr frei interpretiert, aber in jedem Fall ein köstliches Rhabarber-Dessert, bei dem die verschiedenen Komponenten des säuerlich-fruchtigen Gemüses von Brioche, einem intensiven Vanilleeis, Mandelhippe und herber Champagnernote im Sud elegant umspielt, gewinnbringend ergänzt und deren Oxalsäure harmonisch abgerundet wurde. Aber auch die in zwei Aufzügen servierten Petits Fours repräsentierten bei allem Aufwand und bei aller Feinarbeit einfach nur umwerfend guten, finessenreichen Geschmack.
Die nach Rebsorten sortierte, erstaunlich gestraffte und dabei erfreulich gut selektierte Weinkarte wird durch eine weitere mit exklusiven Raritäten ergänzt. So findet sich für jeden Geschmack und Anlass sowie für fast jedes Budget etwas Gutes. Ein Lob muss auch dem jungen, bis auf den souveränen Restaurantleiter Kilian Skalet ausschließlich weiblichen Serviceteam ausgesprochen werden, das gut eingespielt und gut informiert ist und sympathisch entspannt rüberkommt.

JAPATAPA TOSHIBAR

Marschallstr. 2, 80802 München
089-25546942
www.toshi-muenchen.de
Küchenchef: Toshio Kobatake
Di–So ab 17 Uhr, Mo RT
Hauptgericht: 14–68 €, Menüs: 77–99 €
VISA

Wie schön: Toshi ist wieder da! Etwas kleiner und etwas intimer als am alten Standort in einer Seitenstraße der mondänen Maximilianstraße im Schatten des Hotel Vier Jahreszeiten, wo Toshio Kobatake lange Jahre sein nach ihm benanntes Lokal Toshi betrieben hat, aber nicht minder attraktiv und ambitioniert. Das L-förmig um einen Sushitresen herum angelegte Lokal in Schwabing, unweit der Münchner Freiheit, hat nur sechs oder sieben Tische und eben die etwa zehn Plätze am Tresen, wo man dem Meister bei seiner konzentrierten Arbeit beobachten kann.

Die Karte offeriert neben einer beachtlichen Sushi-Vielfalt mehrere feste Menüs, die in einem zehngängigen Kaiseki-Menü gipfeln. Dessen Auftakt bescherte uns ein in seiner Beschaffenheit perfekt homogenes Onsen-Ei, das zusammen mit etwas Kaviar in einer perfekt zwischen Süße und Umami ausgewogenen Dashibrühe serviert wurde – und zwar ganz bewusst sehr kühl.

Die tolle Qualität der hier verwendeten Produkte, die weit über dem Münchener Durchschnitt liegen, konnte man dann schon bei der fünffachen Sashimi-Variation erschmecken. Die bot darüber hinaus vom festfleischigen Tintenfisch über knackig-schmelzige Jakobsmuscheln und die noch zarteren Varianten Gelbflossenmakrele und Thunfischrücken bis hin zur cremigen Seeteufelleber auch noch eine klare Dramaturgie – à la minute frisch abgeriebener Wasabi und eine mit Dashi transparent abgemilderte Sojasauce inklusive.

Der japanische Eierstich Chawanmushi, hier mit Shiitake-Pilzen und etwas Gänseleber angereichert, war zwar brüllheiß, aber von einer beeindruckend seidigen Konsistenz und sehr klarem, deutlichem Eigeschmack. Eine spannende Konsistenz, weil deutlich anders als die handelsüblichen Varianten, hatte die Mochi-Masse zu bieten, die zusammen mit Garnele und Zucchini in einer milden Rettichbrühe gegart und serviert wurde. Die anschließende in Sake gedämpfte Auster hatte mit ihrem sojawürzigen und vermutlich mit Yuzu zitrisch angespitzten Sud allerdings etwas Probleme bei der Durchsetzung – zumindest, wenn man deren klaren, jodigen Geschmack sehr schätzt.

Keinerlei solche Probleme hatte der Hamachi mit seiner weichen, zart gratinierten Haube aus Miso, die ihm dezente und doch prononcierte Süße, Säure und Umamiwürze zuteilwerden ließ. Zusammen mit gegrilltem Austernpilz und etwas Blattspinat war das ein rundes Vergnügen. Ewas spröder, aber trotzdem nicht schlecht: Tempura von Hummerfleisch und Gemüse mit einem klararomatischen Ingwersud zum Dippen.

Die Ausnahmestellung von Toshio Kobatake in seinem Metier demonstrierten dann wieder eindrucksvoll die beiden folgenden Deluxe-Nigiri, die mit Otoro vom Thunfisch und Aburi Hirai Wagyu-Beef nicht nur krass bestückt, sondern auch perfekt aromatisiert waren, so dass jeder Griff zur Sojasauce reinster Frevel gewesen wäre. Nochmal Wagyu, diesmal als gegrillte dünne Scheiben, gab es im letzten herzhaften Gang der Degustation. Und zwar zusammen mit Schwarzwurzel, Japankohl, Zwiebeln und Thaispargel als süffiges Mischgericht von eleganter fleischiger Würze. Sehr fein, sehr fokussiert, sehr ausdrucksstark, ganz ohne kraftvolle Würze.

In gewohnt puristischer, fast simpler Manier, doch wegen der klar herausgearbeiteten und gleichberechtigt nebeneinandergestellten Aromen durchaus sehr ansprechend, endete das Menü mit einem Nachtisch von Matcha-Creme und schwarzem Sesameis ebenso vergnüglich wie es begonnen hatte. Und wir erlebten in der Tat von Anfang bis zum Ende einen Toshio Kobatake in Hochform, der am neuen Standort offenbar gleich an seinen besten Toshi-Zeiten angeknüpft hat. Und dass es hier auch wieder viele ansprechende Wein- und Sakebegleiter gibt, ist ebenso gesetzt wie der ein ebenso aufmerksamer wie zurückhaltender Service.

6

Jin

Kanalstr. 14, 80538 München
089-21949970
www.restaurant-jin.de
Küchenchef: Hao Jin
Di–Fr ab 18 Uhr,
Sa u. So von 12–15 Uhr u. ab 18 Uhr,
Mo RT
Hauptgericht: 22–38 €,
Menüs: 85–120 €

VISA

Das relativ kleine, asiatisch schlicht eingerichtete Lokal von Hao Jin, das zwischen Isartor und Maximilianstraße liegt, ist nicht nur bei der fernöstlichen Küche zugetanen Feinschmeckern im Allgemeinen sehr beliebt, sondern besonders auch bei vielen namhaften Gastronomen und Köchen. Das wundert uns nicht, denn die chinesische Küche ist hierzulande zwar sehr populär, geht meist aber nicht über die immer gleichen standardmäßigen Wokgerichte hinaus, ist oft von fragwürdiger Qualität und nicht selten penetrant überwürzt – da schätzt man die löblichen Ausnahmen umso mehr. Und der Wahlbayer Jin, der schon seit über 20 Jahren in München praktiziert, hat da zurecht einen sehr guten Ruf, steht für anspruchsvolle chinesische Küche aus hochwertigen Produkten, legt auf natürliche Aromen wert, pflegt ein überdurchschnittliches Weinsortiment und ist eben ein in der Szene gut vernetzter, kommunikativer und obendrein noch sympathischer Typ.
Sein Kernprogramm ist die authentische chinesische Küche, er blickt aber auch regelmäßig über den Tellerrand hinaus und offeriert beispielsweise Sashimi. Zuletzt von Wildlachs, Loup de mer und Thunfisch, aus denen insbesondere der sehr festfleischige und klararomatische Wolfsbarsch herausstach; außerdem fand sich ein mit Fliegenfischkaviar, Reisessig und Sesam angereicherter (sehr weicher, eher breiiger) Thunfischtatar auf dem Teller, der von einer milden Sojasauce mit Transparenz und Frische untermalt und vom obligatorischen dünnstreifigen Rettich begleitet wurde, der allerdings bei Jin wunderbar frisch, ätherisch und saftig ist und weit von dem trockenen strohigen Gestrüpp entfernt liegt, das man andernorts meist auf ähnlichen Tellern findet.
Transparenz und Natürlichkeit sind auch schon die richtigen Schlagworte, die zu Hao Jins großen Stärken führen. Denn beispielsweise auch die federführend von Lauch, Koriander und geröstetem Chili aromatisierte Suppenbasis, in der drei zarte, mit saftigem, zitrisch akzentuiertem Iberico-Schweinefleisch gefüllte Wan-Tan-Täschchen schwammen, profitierte klar von diesen positiven Eigenschaften. Ebenfalls der kraftvolle klare Muschelsud, der mit wohliger warmer Schärfe, fast schon verblüffendem Schmelz und viel aromatischer Substanz tadellose Bouchot-Muscheln sowie etwas in dünne Streifen geschnittenen und geschmorten Lauch und Wurzelgemüse transportierte. Nicht mehr, aber auch nicht weniger. Ein sehr feines, herzhaft maritimes Intermezzo.
Die Benchmark in der Landeshauptstadt dürften auch Hao Jins verschiedene Dim-Sum markieren, die in ihrer perfekt wachsig-festen und dennoch homogen zarten Hülle allesamt maximal saftige und sehr akzentuiert, aber eben nicht dominierend gewürzte Füllung in sich tragen – etwa von Garnelen oder auch Iberico-Schweinefleisch. Für Kabeljau überraschend festfleischig, fest eher an Seeteufel erinnernd, machten die ebenfalls sehr saftigen Fischnuggets mit ihrer ausschließlich krossen und nicht mal partiell matschigen Tempura-Umhüllung viel Freude. Begleitet von Wokgemüse mit knackigem Spitzkohl und Buchenpilzen sowie einer fein zwischen Umamiwürze, karamelliger Süße und spritziger Säure ausgemittelten cremigen Sauce.
Es folgten sodann im Rahmen unseres Überraschungsmenüs zwei Fleischgänge, die sich auf dem ersten Blick in ihrer Machart als unkomplizierte Wokgerichte nicht vom dem unterschieden, was in den allermeisten asiatischen Restaurants aufgetischt wird – die sich aber im Detail, vor allem, was die Qualität und den Geschmack angeht, dann doch deutlich von der Masse abhoben. Zum einen war das topfrische, perfekt kurz und knapp auf den Punkt gebratene Kalbsleber mit Spargel, Zwiebelgewächsen, Paprika und zum anderen sehr saftiges und zartes Entrecôte, das mit einer Gemüsemelange aufs Porzellan geschickt wurde, in der grüne Bohnen und Shiitake-Pilze die entscheidende Rolle spielten. Beiden Gängen gemeinsam war

eine dunkle, komplexe, aber angenehm leichte Jus, die jeweils für viel Rückgrat, aber auch jede Menge Raum für alles andere bot.
Ein intensives Eis von schwarzem Sesam mit vollreifer Mango schloss das Menü schließlich als simpler, aber ebenfalls sehr schmackhafter Nachtisch ab, konnte aber das landläufige Vorurteil, die asiatischen Länderküchen hätten nicht so viel für Desserts übrig, auch nicht wirklich entkräften. Macht aber überhaupt nichts, denn es gab auch diesmal wieder jede Menge anderer Dinge, derentwegen wir sehr gerne und bald wieder hierherkommen.

7

Johannas

im Hotel Neumayr
Heiglhofstr. 18,
81377 München
089-7411440
www.hotel-neumayr.de
Küchenchef: Andi Neumayr
Mi u. Do ab 18 Uhr, Fr–So von 12–13.30 Uhr u. ab 18 Uhr, Mo u. Di RT
Hauptgericht: 25–60 €,
Menüs: 30–155 €

VISA

Seit mehr als zehn Jahren kehren wir nun schon regelmäßig in dieses als unauffälliges Gasthaus getarnte Restaurant im Hotel Neumayer ein, das sich in einem Wohngebiet nahe des Klinikums Großhadern versteckt. Vom ersten Tag an wurde hier immer sehr gut gekocht und die geweckte Erwartungshaltung eigentlich bei jedem Besuch übertroffen. Seit der Renovierung und Umgestaltung des Lokals aber hat das Team um Andi Neumayr nochmal ganz bewusst eine ganze Schippe draufgelegt, was sich in der vom Aufbau her veränderten Speisekarte konzeptionell widerspiegelt, aber vor allem auch auf den Tellern.

Die Karte listet nun nicht mehr mehrere kurze, sondern ein langes, maximal siebengängig angedachtes Menü mit diversen Auswahlmöglichkeiten und auf der anderen Seite weiterhin eine nicht zu knappe Auswahl an À-la-carte-Gerichten plus immer auch einigen attraktiven Tagesofferten, die der Service am Tisch annonciert. Und was soll man sagen? Menü und à la carte sind voll gespickt mit großartigen Produkten, die von Süßwasserfischen aus der Premiumzucht von Niki Birnbaum über wild gefangene Salzwasserfische, Krusten- und Schalentieren aus dem Atlantik bis zu sehr viel Wild aus der eigenen Jagd reichen, was dann dem geneigten Gast eben nicht bloß Filet- und Schmorstücke beschert, sondern auch rare Spezialitäten und Innereien. Hier hat man also tatsächlich noch die schöne Qual der Wahl und ist nicht an ein einheitliches Menü mit festen Anfangszeiten gebunden.
Auch wenn das Johannas in Gourmetkreisen überregional immer noch als Insidertipp gilt, hat es seit jeher eine große Fangemeinde. Und das nicht bloß wegen der sensationellen Weinauswahl, die auf einem beeindruckenden Weinkeller basiert, in der die Schätze unter besten Bedingungen lagern und im Rahmen derer es dank „Coravin“ immer auch eine attraktive Auswahl an Spitzenweinen glasweise im Angebot gibt. Besonders auch wegen der famosen Wildgerichte, die vom Gamskitzrücken mit Aroniabeeren, Waldpilzen, Tropeazwiebeln, Bete und Knollensellerie bis zum Aufbruch vom Hirschkalb aus Herz und Leber reicht.
Oder wie zuletzt die zarten Nierchen des Hirschkalbs, die zusammen mit rotem Mangold aus dem eigenen Garten auf einer fantastischen Senfsauce dargeboten wurden, die sich bei aller Kraft und Tiefe auch sehr elegant und säurebalanciert präsentierte und wie perfekt auf den dazu empfohlenen 2018er Naturwein-Sauvignon „Opok“ von Maria und Sepp Muster aus der Steiermark zugeschnitten wirkte. Eine wunderbare Vorspeise war zuletzt auch die gänseleberummantelte Wildentengalantine, glänzend überzogen mit Holunderblütengelee, das sich auch noch als schmelzige Würfel auf dem Teller wiederfand. Eine Creme von Essigbrombeeren, die wie der Holler aus dem eigenen Garten stammten, spendeten dunkle Frucht und Säure, so dass hier zusammen mit der Geleesüße und der buttrigen Brioche ein herrlich rundes Geschmacksbild entstand.
Darüber hinaus hat sich Andi Neumayr aber in jüngerer Zeit gerade auch im maritimen Bereich deutlich gesteigert und kommt – egal ob Süß- oder Salzwasserfisch, egal ob kalte Vorspeise oder warmes Hauptgericht – nicht bloß

mit beachtlichen Qualitäten, sondern auch mit sehr sensibel abgestimmten Zubereitungen ums Eck. Der laut des stets sehr gut informierten Service als Ceviche zubereitete, tatsächlich aber nur ganz mild säuregebeizte Huchen durfte dergestalt natürlich seine Reize voll ausspielen und kam in puristischer Präsentation mit eingelegter Senfsaat und Senfblättern appliziert in einem schön klar und transparent schmeckenden Ponzusud daher. Dessen Umami rührte weniger von Soja als vielmehr von Wakame-Alge und pushte den feinen Fisch nach vorne, statt ihn zu dominieren.
Ein nicht nur identisch angerichtetes, sondern auch konzeptionell sehr ähnliches Gericht folgte mit ebenfalls nur ganz mild gebeiztem und deshalb schön festfleischigem und klar schmeckendem Saibling aus Epfenhausen bei Landsberg, wo mit der Familie Birnbaum einer besten Fischzüchter Deutschlands seine Anlagen hat. Die schön dick geschnittenen Tranchen lagen mit ungesalzenem Saiblingskaviar, etwas Dill und feinstreifig geschnittenen Zuckerschoten auf einem mit Dillöl verfeinerten Kalamansisud, der den Fisch auch wieder mit zitrischer Frucht und sehr dezenter Würze nach vorne brachte und dem Gericht trotzdem Tiefe und Akzentuierung gab. Stark!
Am beeindruckendsten fanden wir aber die unter ihren maximal knusprig aufgestellten Schuppen perfekt saftige Tranche einer riesigen geangelten Rotbarbe bester Güte, die auf völlig unaufdringlicher, flüssig-cremiger Polenta angerichtet und von einer köstlichen Saucen-Melange umflutet war: Sehr dezent mit Safran abgeschmeckte Fischsauce, ein heller Saucenschaum und Hummeröl vermählten sich da nämlich zu einer süchtig machenden Allianz. Und Stücke von Artischockenböden sowie gelbe geschmorte, selbstverständlich sauber enthäutete Paprika fügten sich als Begleiter sehr harmonisch ins Geschehen ein. Nichts Vorlautes, nichts Spektakuläres, durch das großartige Hauptprodukt und die perfektionierte Zubereitung trotzdem ein packendes Gericht, dem der dazu empfohlene Saint-Veran den Rest gab. Klarer Fall: weitere Aufwertung auf sehr verdiente 7 Pfannen. Und an dieser Einschätzung hat auch das köstliche Dessert um ein saftiges und lockeres Ofenschlupfer-Soufflé mit eigenen Nashibirnen, Guanaja-Schokoladenmousse und Tonkanbohnensauce mitnichten etwas geändert. Im Gegenteil, denn dieses im Grunde relativ simpel präsentierte Dessert hatte nämlich vielen angestrengt inszenierten Kunstwerken ambitionierter Pâtissiers zumindest geschmacklich einiges voraus.

6

Käfer-Schänke

Prinzregentenstr. 73, 81675 München
089-4168247
www.feinkost-kaefer.de
Küchenchef: André Wörner, Michael Emmerz
Mo–Sa ab 12 Uhr durchgehend, So RT
Hauptgericht: 38–65 €,
Menüs: 90–130 €
VISA

Wer beim Namen Käfer-Schänke ein kleines, beschauliches Gasthaus erwartet, wird verwundert sein, wenn er den ersten Stock im 1933 eröffneten Stammhaus des bundesweit bekannten Feinkostunternehmens betritt und dort auf einen weitläufigen Gastraum mit offener Küche und vielen zusätzlichen separaten Stuben trifft. Zuvor sieht man unten im Feinkostladen schon üppig gefüllte Vitrinen mit allerlei Köstlichkeiten aus aller Welt und hier oben im Restaurant bereitet das Team um die Küchenchefs André Wörner und Michael Emmerz, die hier bereits seit 2017 als Doppelspitze agieren, ebenfalls überwiegend klassische Luxusprodukte in gediegener Machart zu.
Aber man kann hier auch jenseits von Steinbutt, Hummer, Gänseleber, Kaviar und Trüffel glücklich werden. Zum Beispiel mit einer Vorspeise, die sich um warmgeräucherten Saibling aus dem Schliersee dreht. Das angenehm soft und mild geräucherte Fleisch, das in Segmenten zusammen mit marinierter Gurke, eingelegter Senfsaat, ausgestochenen Radieschenperlen und Meerrettichschmand rund um einen kleinen See aus rahmiger Wildkräutervinaigrette angerichtet ist, macht einen sehr guten Gesamteindruck. Der wurde in unserem Fall nur ein klein wenig von Tatsache getrübt, dass der Fisch sehr kalt auf dem Teller lag und dadurch recht kompakt war. Lauwarm temperiert hätte das gleich noch besser funktioniert.

Als sehr schmackhaft erwies sich auch die gehaltvolle getrüffelte Kartoffelsuppe aus „Bamberger Hörnla“, bei der nur das Verhältnis von Preis und Wareneinsatz wegen der doch recht spärlich eingesetzten Burgundertrüffel ein bisschen unausgewogen wirkte, nicht aber der Geschmack. Schön kartoffelig, vielleicht ein bisschen zu viel Grundwürze durch den Fond und etwas zu dickflüssig für so ein bodenständiges Luxus-Süppchen, aber das Wichtigste: es war kein künstliches Trüffelaroma zu schmecken. Und dafür kann man den verantwortlichen Köchen gar nicht genug danken!
Ganz allgemein gesehen lässt sich über die Gerichte hier sowieso kaum etwas Negatives sagen. Einzig durch das sehr hohe Preisniveau wird in der Käfer-Schänke die Messlatte natürlich selbst in eine bisweilen schwindelerregende Höhe gelegt, in die es mancher Teller nach unserer Ansicht nicht ganz schafft. So auch der knapp vierzig Euro teure Zwischengang um drei recht kleine und qualitativ auch „nur“ sehr ordentliche Jakobsmuscheln auf Blattspinat mit schwarzer Trüffel und Champagner-Beurre-blanc, bei dem weder die Coquilles, noch die wieder recht knapp bemessene Menge Trüffel, und auch nicht die unter ihrer stabilen Schaumdecke relativ wässrig-dünne Schaumwein-Buttersauce der geweckten Erwartungshaltung so richtig gerecht wurden. Aber wie gesagt: ein sehr schmackhafter Gang war auch das allemal.
Genau wie das perfekt geschmorte, nämlich sehr zarte, dabei aber noch schön kompakte und nicht zerfaserte Böfflamott, das wir uns noch um eine optionale gebratene Gänseleberscheibe (ebenfalls sehr gute, feste Qualität!) haben upgraden lassen. Die sehr stark reduzierte und deshalb etwas leimige, ansonsten aber bestens ausgewogene Sauce zeugte ebenso von absolut solidem Küchenhandwerk wie die mit einer knusprigen Panier-Banderole eingefassten Speckböhnchen und das cremige, eigenaromatische Kartoffelpüree. Säuerlich aufgelockert von ein paar Perlzwiebeln machte das Ganze einen äußerst runden Eindruck.
Wem im Anschluss noch nach etwas Süßem ist, kann sich vom Service am Tisch eine klassische Crème brûlée brennen oder – bei größeren Restkapazitäten und etwas Zeit – frisch einen Kaiserschmarrn zubereiten lassen, der es nämlich final ebenfalls nochmal mit den Flammen zu tun bekommt, wenn er mit Rohrzucker und Rum flambiert wird. Zu all dem kann man sich allerhand renommierte Gewächse als Begleitung kommen lassen, die teilweise zwischen den zahlreichen exklusiven „Separee-Stüberln“ auf dem Weg zu den Örtchen in gläsernen Klimakammern ausgestellt sind. Aber auch wer mit dem einen oder anderen Gläschen aus dem Offenausschank Vorlieb nehmen muss, bekommt etwas Vernünftiges eingeschenkt. Das das auch seinen Preis hat, versteht sich von selbst.

6

Landersdorfer & Innerhofer

Hackenstr. 6–8, 80331 München
089-26018637
www.landersdorferundinnerhofer.de
Mo–Fr von 11.30–13.30 Uhr u. ab 18.30 Uhr, Sa u. So RT
Hauptgericht: 19–43 €,
Menüs: 98 €
VISA

Obwohl die beiden Gastgeber Johann Landersdorfer und Gastgeber Robert Innerhofer ganz bodenständig und locker angehen lassen, ist ihr geschmackvoll schlicht eingerichtetes Lokal in der Münchener Innenstadt seit vielen Jahren eine feste Größe innerhalb der gehobenen Gastronomieszenerie der Landeshauptstadt. Nicht wenige Gäste schätzen die unverkrampfte, manchmal auf charmante Art etwas spröde Gastgeberschaft und die völlig schnörkellose, auf die guten Grundprodukte, ihren authentischen Geschmack und die sogfältige fundierte Zubereitung ausgerichtete Art zu kochen, die auf den Tellern meist als bayrisch-österreichischer Stilmix einhergeht. Dafür akzeptieren sie gerne, dass es hier schon immer – und noch lange bevor es bundesweit salonfähig wurde – allabendlich nur ein einziges, festes Menü in vier Gängen gibt, das um einen weiteren Gang ergänzt werden kann. Mittags lässt sich aus einem kleinen Angebot unkomplizierter Lunch-Gerichte à la carte wählen.

6

Le Stollberg

Stollbergstr. 2, 80539 München
089-24243450
www.lestollberg.de
Küchenchef: Anette Huber
Mi–Fr von 11.30–14.30 Uhr u. ab 18 Uhr, Sa ab 16.30 Uhr, So–Di RT
Hauptgericht: 28–39 €,
Menüs: 70–99 €
VISA

Das charmante Bistro an der Kreuzung zweier ruhiger Nebenstraßen in der Münchner Altstadt ist nicht nur ein altbekannter Ort, sondern in den vergangenen Jahren auch zu einer unserer besonders liebgewonnenen Adressen in München geworden. Wenn wir nicht ständig landesweit unterwegs wären, um zahlreiche Restaurants zu besuchen, würden wir hier mit Sicherheit öfter vorbeischauen, um in entspannter Atmosphäre einige der beliebten Hausklassiker zu genießen. Zum Beispiel die erfrischenden Kalbsnierchen oder das Plateau de Fruits de Mer, das mit Austern, Muscheln, Langusten, Hummer und Sauce Rouille serviert wird, ganz wie in Paris.

Das Le Stollberg ist für uns nicht nur eine kulinarische Wohlfühladresse aufgrund der gemütlichen und ungezwungenen Bistroküche, sondern auch wegen des freundlichen Services, der stets eine entspannte Ankunftsstimmung verbreitet. Und da wir ausgesprochene Liebhaber von Innereien und anderen weniger populären Spezereien sind, die hier von Küchenchefin Anette Huber oft und gern zubereitet werden (sie hat während ihrer Ausbildung und ihrer Wanderjahre auch in Le Calandre von Massimiliano Alajmo in Padua im Veneto gekocht), hat das Le Stollberg ohnehin einen ganz besonderen Platz in unserem Genießerherz erobert.

Schon das Amuse-Gueule zeugte von einem großen Verständnis für einfachen Wohlgeschmack, das wir ohne Einschränkungen teilen können. Ein kühler Salat aus gegartem, klein geschnittenem Hühnerfleisch und frischen Gurkenwürfeln war perfekt abgeschmeckt, leicht säuerlich, aber nicht zu spitz. Ein sehr luftiger, vermutlich aus dem Siphon aufgespritzter Schaum auf Basis von Crème fraîche mit tandooriartigen Gewürzen fügte dem Ganzen eine kreative eigene Note hinzu. Ein gewohnt wohliger Auftakt!

Auch die Vorspeise lebte von einem guten Gespür für Komposition und Balance. Zwei große Jakobsmuscheln wurden begleitet von einer Art verfeinertem Spargelsalat mit weißem, grünem und wildem Spargel, Passionsfrucht und einer Joghurtsauce, die in ihrer nuancierten zweizeiligen Schärfe an ein feines Zaziki erinnerte. Durch das Zusammenspiel aus den süßlichen, dezent karamellisierten Muscheln und den frischen, knackigen Spargelnoten sowie der Süße der Passionsfrucht bot der Gang genau das kurzweilige Essvergnügen, das wir seit Jahren aus der Küche von Huber kennen. Besser in Szene setzen können hätte man in unseren Augen den Krustentierschaum, der durch seine sehr luftige – vermutlich ebenfalls im Siphon erzeugte – Konsistenz unterging.

Da die Kalbsnierchen während unseres jüngsten Besuchs aus waren – was bei Innereien eher als ein gutes Zeichen zu werten ist, denn als ein Kritikpunkt! – wichen wir von unserem Stollberg-Lieblingsgericht auf Wachtel aus. Und was für eine! Das Geflügel beinte das Küchenteam hohl aus, um es mit fluffiger Knödelmasse zu füllen und betörend rösch in Butter zu braten. Zu diesem urklassischen und viel zu selten zelebrierten Stück Handwerkskunst passte ein schlichter sautierter Blattspinat und etwas Kerbel bestens. Dass Anette Huber keine klassische Jus, sondern ein schlotziges Linsenragout dazu serviert, soll nicht heißen, dass sie sich vorm aufwendigen Saucenhandwerk drückt. Ganz im Gegenteil: Die dichte Fond-Basis der Linsen hauchte dem Ragout in der Tat das Antlitz einer Demi Glace ein. Eine Wucht!

Das Dessert machte mit seiner Frische da weiter, wo die Vorspeise aufgehört hat, und bestand aus einem Basilikumsorbet, Erdbeereis, frischen Erdbeeren, schlotzig-süßem Rhabarberkompott und luftigem Buttermilchschaum. Natürlich kann man im Le Stollberg auch das ein oder andere auch kritisieren – hier ein etwas grobes, grieseliges Basilikumsorbet, zuvor ein recht fades Schäumchen… Man hat jedoch nie das Gefühl, dass die kleinen handwerklichen Ungenauigkeiten im Arrangement großartig ins Gewicht fallen, geschweige denn den Genuss trüben. Ganz im Gegenteil, denn meist ist die klassische Grundsubstanz der Gerichte so solide, dass die erwähnten Kritikpunkte sich ohne Probleme dahinter verstecken können.

Fast & SLOW

Lea Zapf Marktpatisserie

Viktualienmarkt, Abt. III Stand 20/21, 80331 München
089-24217605
www.leazapf.de
Di–Fr von 12–18 Uhr, Sa 10.30–17 Uhr, So u. Mo RT

An ihrem kleinen Stand mit Ladengeschäft und Außenbewirtung zaubert die Konditormeisterin Lea Zapf vorwiegend süße, mitunter aber auch herzhafte Petitessen, die in Sachen Qualität und Perfektion in jedem Gourmetrestaurant dieser Republik bestehen könnten: Von Brioche feuilletée mit Apfel und Salzkaramell bis zum mit Käse gefüllten und mit karamellisierten Balsamico-Zwiebeln getoppten Croissant-Törtchen hat hier alles Top-Niveau.

8

Les Deux

Maffeistr. 3 a, 80333 München
089-710407373
www.lesdeux-muc.de
Küchenchef: Nathalie Leblond
Mo–Fr ab 18.30 Uhr, Sa u. So RT
Hauptgericht: 38–75 €,
Menüs: 150–189 €

VISA

Hatte der Name Les Deux bislang noch perfekt auf das Küchenchef-Duo Gregor Goncharov und Nathalie Leblond gepasst, kann man ihn mittlerweile nur noch auf die beiden unterschiedlichen Restaurantkonzepte unter dem gleichen Dach beziehen, die nach Goncharovs Ausscheiden jetzt von Nathalie Leblond als alleinige Küchenchefin verantwortet werden. Ansonsten hat sich im Gourmetbereich des Les Deux im lichtdurchfluteten ersten Stock dieses markant Keilspitzen Gebäudes im Schäfflerhof nichts verändert.

Das Ambiente präsentiert sich wie gewohnt zeitlos elegant, der Service wird von Nathalie Leblonds Ehemann Vincent auch dann aufmerksam und charmant angeleitet, wenn sein französischer Landsmann und Les-Deux-Patron Fabrice Kieffer mal nicht im Hause ist, die Küche widmet sich weiterhin einer internationalen Kulinarik auf frankophiler Basis, die sich immer stärker auf heimische Produkte besinnt, deswegen aber die Aromen der großen weiten Welt nicht ausklammert. Und die von der Küchenchefin und ihrem Team sehr aufwendig und feinsinnig umgesetzt wird.

Was die Kombinationen angeht häufig sogar recht kreativ und mutig, was die tatsächliche Aromengebung angeht aber nach unserem Gusto hier und da noch etwas zu zaghaft. Man könnte klischeehaft von einer femininen Handschrift sprechen, zu der auch passen würde, dass alles sehr leicht und elegant umgesetzt ist. Das ist grundsätzlich absolut begrüßenswert und sollte auch unbedingt so fortgeführt werden, was ja nicht im Widerspruch dazu steht, dass manchen Kreationen noch etwas mehr Kraft und an mancher Stelle sogar etwas mehr Opulenz zu noch besserer Wirkung verhelfen könnte.

Es gibt ein sechsgängiges Menü, daneben aber auch etwa ein halbes Dutzend Klassiker-Gerichte à la carte, die davon abweichen. So hat der Gast hier noch die schöne Qual der Wahl. Und egal wie die ausfällt, die Küche grüßt zunächst mit einigen Apero-Snacks, unter denen zuletzt in gefälliger Schlichtheit ein dünnteigiges krosses Waffelhörnchen herausstach, gefüllt mit einer von Yuzu zitrisch frisch aromatisierten Erbsencreme und knackigen, frisch gepalten Erbsen. Der gelungene Küchengruß war ein mit prononciert gewürzter Garnelenfarce gefülltes Gyoza-Täschchen, begleitet von einem mikrofein gewürfelten Salat von Mango, Papaya, Zuckerschoten, Korianderkresse sowie mildem Thaicurryschaum auf Krustentierbasis. Eine auf Basis von Mandelmilch hergestellte Sauerampfersauce war im ersten offiziellen Gang des Menüs die aromatische und haptische Basis für das mit Kohlrabiwürfeln angereicherte Tatar vom Hiramasa-Kingfish. Mit einer Scheibe von säuerlich eingelegtem und mit Yuzu-Mayonnaise betupftem Kohlrabi gedeckelt, darunter Nusscrunch, unter anderem Wasabinüsse, was dem Gericht auch noch eine hintergründige prononcierte Schärfe verlieh.

Der sous-vide gegarte Saibling von der Fischzucht Birnbaum hatte zwar durch das Vakuum

im Plastikbeutel eine etwas unschöne Pressform angenommen, wurde aber auf diese Art optimal auf den Punkt gebracht, also noch schön festfleischig und nicht wie so oft zu Matsch denaturiert. Auch hier war wieder Wasabi im Spiel, diesmal in einer fächerförmigen Sauerrahmmousse. Und wieder eher hintergründig, so dass im Zusammenspiel mit Haselnuss, kandiertem Ingwer, mariniertem weißem Spargel und gelber Bete sowie einem mit Dillöl marmorierten Ayransud aus diesen vielen verschiedene Komponenten und Aromenakzenten wieder ein ganz eigenes, lebhaftes Geschmacksbild entstehen konnte und die Schärfe des japanischen Meerrettichs nicht redundant wirkte.
Im nächsten Akt thronte ein als Produkt rundum perfektes Kalbsbries, das in dünnen Spuren mit zweierlei Mayonnaise lasiert und mit verschiedenen Kräutern appliziert war, auf einem Fundament aus mariniertem Rhabarber und schwamm zusammen mit einigen frischen Erbsen in einem Stabmuschelsud. Trotz der Mayo auf dem Bries und obwohl hier vom Service am Tisch auch noch etwas Vin-Jaune-Schaum dazugegeben wurde, fehlte es diesem Gericht jedoch ein wenig an Schmelz und Tiefe, weshalb schlussendlich die Säure des Rhabarbers nicht ausreichend eingefangen wurde, recht dominant blieb, so dass das Ganze als Komposition ein wenig zu kantig wirke. Da hätte es noch mehr harmonisierendes Bindeglied gebraucht.
Hervorragend waren auch die Fleischqualität und auch die handwerkliche Umsetzung bei Rücken und Bauch vom Poltinger Lamm. Der Rücken perfekt gleichmäßig rosa und mit krossem, geschmackspushendem Fettdeckel, der Bauch sanft geschmort und satt dunkel glasiert mit Biss und Schmelz – beide gezeichnet von großartigem Lammaroma, das auch noch von einer elegant schlank gehaltenen Lammjus unterstrichen wurde. Auf dem Hauptteller wurde das Lamm von Möhre (im Ganzen gegart und angegrillt sowie als Püree) und etwas Petersilienöl eskortiert. In einem Schälchen à part gabs zarte kleine Bärlauchgnocchi und Saubohnen, punktuell aufgelockert durch die Nadelstiche eines Zitronengels. Allerdings wurde dieser Side-Dish mit einem etwas dünnen, ausdruckslosen Sud aromatisch relativ flach gehalten.
Den Saint-Maure von der Loire umspielten ein süßlich-bitteraromatischer Radicchio-Sud, Lauch und Macadamianuss sowie moderate Currynoten durchaus auf spannende und nicht zu dominante Art. Und das Hauptdessert, ein Ring von Lemoncurd und Baiser von Yuzu nebst einer flüssig gefüllten Mangopraline, Eis von schwarzem Sesam, Weizengrassorbet und karamelligem Sesamknusper, war nicht bloß sehr kontrastreich, sondern als solches auch sehr gut abgestimmt. Nur ein Tick mehr Schmelz und tatsächlich auch noch etwas mehr Süße hätten hier ein perfektes Match noch perfekter gemacht. Unterm Strich sind das alles aber nur Kritikpunkte auf sehr hohem Niveau, auf dem sich die Küche auch so schon ganz zweifellos und schwankungsfrei bewegt.

6

Matsuhisa Munich

im Hotel Mandarin Oriental

Neuturmstr. 1,
80331 München
089-29098875
www.mandarinoriental.com
Täglich ab 18 Uhr, kein RT
Hauptgericht: 22–134 €
VISA

In Deutschlands einzigem offiziellem Outlet lässt der international bekannte japanische Starkoch Nobuyuki Matsuhisa, der neben seiner Premium-Marke auch noch über dreißig „Nobu"-Filialen betreibt, seine weltweit bekannte Fusions-Küche aus asiatischen und südamerikanischen Einflüssen servieren. Das geschieht auf der Galerie im ersten Stock des Hotel Mandarin Oriental in einem nobeldunklen, weltstädtisch anmutenden Restaurant mit asiatischen Anleihen. Auf den Tellern geht es bei den Matsuhisas weniger um elaborierte, minutiös abgezirkelte und aufwendig inszenierte Kreationen, als vielmehr um konzeptionell etwas einfacher und plakativer gestrickte Gerichte, mit denen die Küche sehr nah am Produkt bleibt, ohne dieses immer konsequent in den Mittelpunkt zu rücken. Mal gelingt es hervorragend, das jeweilige Hauptprodukt so glasklar herauszuarbeiten und pointiert in Szene zu setzen, wie man es von der guten japanischen Küche gewohnt ist, mal schlägt bei den Kreationen mit plakativen, überfrachtenden Aromen eher die südamerikanische Seite durch. Gehobenes Preisniveau, auch auf der gut sortierten Weinkarte.

5

Max Emanuel Wirtshaus

Adalbertstr. 33, 80799 München
089-51818117
max-emanuel.de
Mo–Fr ab 12 uhr durchgehend, Sa u. So ab 10 Uhr durchgehend, kein RT
EC VISA

In diesem zeitgemäß gestalteten Gasthaus, das sich seinen traditionellen Charme weitestgehend bewahrt hat, findet man das, was man oft sucht, aber selten findet: eine moderne, jedoch nicht modische oder zu Fine Dining hochstilisierte bayrische und voralpenländische Regionalküche mit gelegentlichem Ausblick über den Tellerrand hinaus. Fundiert gekocht, mit gehobenem Anspruch an die Produkte und ans Handwerk, weitestgehend traditionell und handfest, hier und da aber auch mal mit moderat kreativem Twist. Da kommen dann selbst Schweinsbraten, Böfflamott, Haxen oder Backhendl ganz locker-flockig daher und das „Bavarian Streetfood" mit Burger vom geräuchertem Schweinsripperl oder vom knusprig gebackenem Obazda ist sowieso fast konkurrenzlos.

6↑

MUN Restaurant

Innere Wiener Str. 18, 81667 München
089-62809520
munrestaurant.de
Di–Sa ab 18 Uhr, So u. Mo RT
Menüs: 75–108 €
EC VISA

In dem stylisch asiatisch designten Restaurant taucht man als Gast ganz wortwörtlich in eine faszinierend exotische Welt ein. Kulinarisch geschieht das mit einem cleveren Mix aus präzisen Sushi-Kreationen, Korean BBQ und Fusion-Gerichten in einem bis zu fünfgängigen Gourmet-Menü, das auch als vegane Variante zu haben ist. Dabei ist die Produktqualität durchgängig sehr hoch und wird gekonnt präsentiert. An manchen Stellen wirken die Kreationen von Mun Kim, der vom erfolgreichen Banker zum Sushi-Meister und Restaurantbetreiber geworden ist und darin mittlerweile am Herd mindestens genauso erfolgreich wie früher in der Finanzwelt, eher plakativ und markant als japanisch-puristisch. Dann zeigt er aber auch wieder Transparenz und Leichtigkeit, wo es angebracht scheint, so wie beispielsweise in den Omakase-Menüs. Jedenfalls ist hier ein ebenso hoher Fun- wie Genussfaktor garantiert.

7↑

Mural

Hotterstr. 12, 80331 München
089-23023186
muralrestaurant.de
Di–Sa ab 18 Uhr, So u. Mo RT
Menüs: 155–195 €
EC VISA

Mit Bar Mural und Mural Farmhouse hat sich die Mural-Gruppe um sein umtriebiges Mastermind Wolfgang Hingerl mittlerweile breit mit kulinarisch ähnlichen, im Detail aber doch ganz unterschiedlichen Konzepten in Münchens Fine-Dining-Szene aufgestellt. Flaggschiff ist aber nach wie vor das von cooler Atmosphäre, lässigem Industrie-Charme und Street Art geprägte „Stammhaus", wo Küchenchef Joshua Leise und sein kleines Team in der offenen Küche ein sehr individuelles und kreatives Kulinarium verantworten. Regionale Produkte, aromatische wie handwerkliche Präzision und ungewöhnliche, aber durchweg schlüssige und harmonische Kombinationen prägen das Bild auf seinen Tellern. Eine regionalbetonte Naturküche, die hier aber andere als spröde und karg auf die Teller kommt, sondern mit viel Süffigkeit, Tiefe und Kraft. Immer ungewöhnlich und oft mit einem gewissen Aha-Effekt. Passend dazu eine Weinkarte mit deutlichem Faible für Natural- und Orange-Weine.

7

Mural Farmhouse

Gmunder Str. 27, 81379 München
089-262089079
muralfarmhouse.de
Di–Fr ab 18.30 Uhr (Fine-Dining-Menü), Sa, So u. Mo nur à la carte
Menüs: 120 €
EC VISA

Auch wenn das eigentliche Konzept des neuen Mural-Ablegers im Erdgeschoss eines Apartmenthotels mit Workspace und vielfältigem Gastronomieangebot, nämlich viele der im

Rahmen des für alle Gäste einheitlichen Menüs verwendeten Produkte selbst zu kultivieren, in der Anfangsphase noch nicht so umfangreich in die Tat umgesetzt werden konnte, wie das für die Zukunft geplant ist, kam der Spirit der naturnahen und weltoffenen Heimatküche bereits sehr gut rüber. Vom Sashimi von der Seeforelle mit Bronzefenchel, Zitronenverbene und selbst angesetzter intensiver Dashibrühe bis zu fermentiertem weißem Spargel und Kartoffelwürfeln mit Forellen- und Saiblingskaviar in einer mit Kernöl und Hirschschinkenflocken angereicherten Bergkäsesauce – sehr herzhaft, unterbrochen von der Fermentationssäure und der Mineralität des Kaviars. Alles puristisch auf wenige Komponenten reduziert und doch sehr komplex. Passend dazu viele originelle Naturweine und eine lockere Gangart.

Fast & SLOW

nineOfive

Herzogstr. 29, 80803 München
089-54849556
www.nineofive.de
Mo–Fr von 17–23 Uhr, Sa u. So von 15–23 Uhr, kein RT
Hauptgericht: 10–16 €

Original neapolitanische Pizza mit perfektem Teig und qualitativ hochwertigen Toppings aus dem Spezialofen stehen hier im Fokus. Es gibt aber auch Lasagne, das eine oder andere Pasta-Gericht sowie italienische Snacks und Vorspeisen, die sich ebenfalls über die hohe Qualität der Grundprodukte definieren. Nicht zu vergessem eine sensationelle Weinkarte mit Schwerpunkt Riesling!

5

Nymphenburger Hof

Nymphenburger Str. 24, 80335 München
089-1233830
www.nymphenburgerhof.de
Di–Fr von 12–14 Uhr u. ab 18 Uhr, Sa ab 18 Uhr, So u. Mo u. Fei RT
Hauptgericht: 36–45 €, Menüs: 29–75 €

VISA

Wenn man von der wenig idyllischen Nymphenburger Straße in das Lokal von Patron Andreas Derler einbiegt, fühlt man sich sofort wie in einer anderen Welt. Vor allem im Sommer, wenn es sich im aufwendig begrünten und in vielen bunten Farben blühenden Restaurantgarten genießen lässt, aber auch das elegant und liebevoll gestaltete Ambiente drinnen hat was. So wie die gute Küche, wenngleich diese sehr zu unserem Leidwesen ihren einstmals ausgeprägten österreichischen Einschlag in jüngerer Vergangenheit zugunsten einer internationaleren Linie stark zurückgefahren hat. Geblieben ist der kluge Mittelweg zwischen bodenständig und exklusiv, der qualitätsbewusste Einkauf guter Viktualien und die sorgfältige und fundierte handwerkliche Zubereitung. Letztere zumeist auf eine eher gegenständliche und geradlinige Art. Bei den Weinen liegt der Schwerpunkt nach wie vor bei österreichischen Gewächsen, und der Chef findet immer auch glasweise ansprechende gut korrespondierende Tropfen zu den einzelnen Gerichten.

6

Pageou

Kardinal-Faulhaber-Str. 10, 80333 München
089-24231310
www.pageou.de
Di–Sa ab 18 Uhr, So, Mo u. Fei RT
Menüs: 99–159 €

VISA

Das Restaurant von Ali Güngörmüs, das unter dem Dach der Fünf Höfe residiert, ist mit seinen hohen Decken, den großen Fenstern und einem ansprechend schlicht und schnörkellos gehaltenen, durch markante Akzente dennoch sehr individuell wirkenden Ambiente ein angenehmer Platz. Und letztlich auch eine adäquate Umgebung für die ohne ausgeprägten Hang zur Exklusivität oder zur elaborierten Präsentation auf die Teller gebrachte Mittelmeerküche, die ebenfalls sehr gegenständlich und schnörkellos ist, durch ihre orientalischen Einflüsse aber immer wieder originelle Akzente setzt. Gekocht wird südländisch-leicht und immer mit viel Kraft aber nicht immer mit der letzten Konsequenz bei der Feinabstimmung, die man ob des Preisniveaus geneigt ist zu erwarten. Neben einer gut strukturierten Auswahl an Weinen aus den gängigen europäischen Anbaugebieten findet man in der Karte auch ein paar Gewächse aus Güngörmüs' türkischer Heimat.

6

sansaro

Amalienstr. 89, 80799 München
089-28808442
www.sushiya.de
Mi u. Do ab 18 Uhr,
Fr–So ab 17.30 Uhr, Mo u. Di RT
Hauptgericht: 25–35 €,
Menüs: 35–135 €

VISA

Sansaro-Chef Alexander Reinelt studierte Japanologie und eröffnete, begeistert von der japanischen Küche und der japanischen Gastronomie, im Jahr 2007 sein Restaurant. Und mit der Zeit ist aus dem in einem ruhigen Innenhof mitten in der Münchner Maxvorstadt im belebten Univiertel gelegenen Geheimtipp eines der an vielen Punkten authentischsten japanischen Restaurants des Landes geworden. Dabei hält man stets eine gesunde Distanz zu den zahlreichen schrillen Szene-Japanern, die gerade in sämtlichen Metropolen entstehen. Trotz hochklassiger und zum Teil kostspieliger Produkte hat Alexander Reinelt seinem Sansaro auf diese Art immer den Charme eines Nachbarschafts-Restaurants bewahren können.
Als Küchenchef ist Riichiro Matsui mittlerweile auch für den Bereich Sushi zuständig. Daneben bietet das Sansaro aber auch andere japanische Klassiker an, etwa als wechselnde Tagesempfehlungen. Selbst für Kaiseki-Events, die mehrmals im Jahr stattfinden, kann man Plätze reservieren. Bei der Vorspeise mit Seidentofu und Daikon-Rettich stach sofort die Verwendung dezidiert westlicher Produkte wie Tomaten oder Kartoffelchips ins Auge. Und das stört kein bisschen. Denn genau wie durch typische Produkte definiert sich die japanische Küche auch durch eine eigene Art über Essen nachzudenken, über ganz besondere Ansprüche an Frische, Natürlichkeit und Reinheit. In diesem Sinn mutete dieser Teller für uns in der Tat sehr japanisch an – dank knackiger Daikonstreifen, krachend frischer Radieschen, behutsam gehäuteten und ungewürzten Kirschtomaten sowie transparentem, fast fragilem und sehr subtilem Tofu. Ein überzeugender Einstieg!
Sehr erfreulich ist übrigens auch die Getränkekarte, die eine ganze Reihe hochwertiger Sake bereithält: klassische, moderne und sogar gleich zwei Sparkling Sake, eine Getränkegattung, die gerade rasant an Fans gewinnt. Die Traubenweinkarte ist hier zwar nicht der Fokus, dafür aber überraschend gut ausgestattet, mit einigen spannenden Weinen aus dem Jura oder vom Spitzenbetrieb Wagner-Stempel in Rheinhessen.
Unterschätzen sollte man dabei auf keinen Fall das Bier – weder in seiner Bedeutung für die japanische Küche noch für das Sansaro. Neben Kirin und Asahi stehen auch vorzügliche Biere der kleinen Brauerei Stein aus dem Chiemgau auf der Karte. Und damit ausgestattet widmeten wir uns dem Omakase-Sushi, eine Art „Carte Blanche“ mehrerer Nigiri, die vom Küchenchef ausgewählt auf einer Platte serviert werden. Bier passt für den japanischen Gaumen übrigens bestens zu Sushi und ist auch in Tokio neben Sake das gängige Getränk in den besten Restaurants. Die sechs Nigiri bestanden bei unserem Testbesuch aus fettigem Thunfischbauch, Hamachi, magerem Thunfischrücken, Garnele, Wolfsbarsch und Jakobsmuschel. Hinzu kamen zwei Gunkan, schiffchenförmige, von Nori-Alge umschlungene Sushi – eines davon gefüllt mit Lachsrogen, eines mit Seeigel.
Auffällig war der punktgenaue, präzise Aufbau, ohne Schwankungen in Bezug auf Größe und Temperatur. Sofort wurde auch deutlich, was die wichtigste Zutat beim Sushi ist: der Reis, der hier spürbar feingliedriger ausfiel als in den zahlreichen einfacheren Sushi-Restaurants. Das gilt vor allem für seine Haptik, den Biss des einzelnen Korns und die Luftigkeit des Nigiri. Stilistisch zeichnete sich der Reis durch eine eher milde Säuerung aus, was auch in Japan mehr als Frage von Handschrift als von richtig oder falsch ist.
Die Fische waren allesamt von einwandfreier Qualität, vor allem der fette Thunfisch, mit wunderbar reintönig schmelzendem Fett. Dass wir das Sansaro nicht höher bewerten, liegt vor allem an den etwas heikleren Produkten wie Seeigel, Garnele und Jakobsmuschel. Um solche Produkte roh und fast ungewürzt zu essen, muss angefangen von der Lieferkette bis zur Lagerung alles stimmen, was meist nur die besten Restaurants mit entsprechender Personaldecke und Zahlungsbereitschaft stemmen können. Der etwas zu weiche, zerlaufene Seeigel,

die einen Hauch zu schmierige Garnele, die etwas zu mürbe Jakobsmuschel konnten für uns daher nicht ganz mit den vor Frische nur strotzenden Fischen mithalten.
Dennoch: Wer Sushi auf höherem Niveau als in nahezu allen anderen deutschen Restaurants essen möchte, ist mit dem Sansaro sehr gut beraten. Gerade deswegen würden wir uns manchmal wünschen, dass die Gäste noch ein bisschen besser abgeholt werden. Um uns herum bestellten die meisten Gäste genau das, was laut Speisekarte in Japan eher untypisch ist: Sushi-Platten. Auch dem Thema Sake würden sich sicher noch mehr Gäste widmen, nähme man auf diesem Feld interessierte aber nicht sehr bewanderte Menschen ein bisschen mehr an die Hand. Das soll übrigens keineswegs heißen, dass wir uns das Sansaro schicker oder elitärer wünschen! Manchmal hat man aber das Gefühl, dass die hier vorhandene sehr hochwertige und authentische Grundsubstanz momentan noch an vielen Gästen ein wenig vorbeigeht.
Die Frage nach Authentizität von Landesküchen beim Erwartungsmanagement kulturfremder Gäste ist keine einfache und vor allem keine rein kulinarische, sondern auch eine der Wirtschaftlichkeit und Kultursensibilität. Nun sind wir weder Unternehmensberater noch Ethnologen, sondern Restaurantkritiker – und aus dieser Perspektive könnte das Sansaro seine authentisch-japanische Seite gerne noch offensiver zeigen. Sowohl der Zeitgeist als auch die Substanz ist in unseren Augen gegeben!

Schneider Bräuhaus

Tal 7, 80331 München
089-2901380
www.weisses-brauhaus.de
Täglich ab 9Uhr durchgehend, kein RT
Hauptgericht: 10–22 €
EC VISA

Von der Kronfleischküche über die Spezialitäten aus der eigenen Metzgerei bis zum Ochsen-Burger: Das Schneider Bräuhaus im Tal möchten wir all jenen Lesern ans Herz legen, die auf der Suche nach guter, traditioneller bayrischer Küche zu moderaten Preisen in bodenständiger Umgebung sind. Das große, weitläufig auf zwei Ebenen angelegte Wirtshaus im Herzen von München wird auch von uns immer wieder gerne angesteuert, weil täglich durchgehend und sehr zuverlässig gekocht wird. Wegen des hohen Gästedurchlaufs kommt alles garantiert frisch auf den Tisch und es wird merklich ohne Fertigprodukte gearbeitet – jedenfalls wurden wir hier in all den Jahren von den bodenständigen Schmankerln noch nie enttäuscht. Die Sorgfalt der Zubereitungen schwankt zwar bisweilen, und man braucht auch keine akkurat angerichteten Teller erwarten, aber es ist doch geschmacklich immer deutlich besser als in den meisten bayrischen Wirtshäusern.

8

Schwarzreiter

Maximilianstr. 17, 80539 München
089-21252125
www.schwarzreiter.com
Küchenchef: Franz-Josef Unterlechner
Do–Sa ab 18.30 Uhr, So–Mi RT
Hauptgericht: 50–60 €,
Menüs: 135–185 €
EC VISA P

Für das Gourmetrestaurant im Kempinski Vier Jahreszeiten auf der mondänen Maximilianstraße ist es der zweite Neuanfang innerhalb von zwei Jahren. Erst 2021 hatte Hannes Reckziegel die Küchenchef-Stelle von Maike Wenzel übernommen und seit Januar 2023 steht nun mit Franz-Josef Unterlechner nun schon wieder ein neuer Chef am Herd. Und was für einer! Im Fischrestaurant Atlantik, wo er zuvor die Küche leitete, war uns der als Sous-Chef von Christian Jürgens und von Martin Fauster im Königshof mit den Skills und Feinheiten der Spitzenküche vertraut gewordene Cuisinier noch gar nicht aufgefallen. Jetzt aber legt er im Schwarzreiter vom Start weg so richtig los und beschert dem Haus aus kulinarischer Sicht viel frischen Wind.
Schon die Apéros deuteten an, was sich im Lauf des Abends bestätigte: so gut haben wir hier noch nie gegessen. Heraus stach darunter eine handliche Roulade von roher Dorade und Pe-

rilla, die gleich bewies, dass Unterlechner alle Parameter im Griff hat. Angefangen von der Produktqualität des klaren, bissfesten, aber nicht zähen Fischs, über die punktgenaue Würzkraft, bis hin zur perfekten Temperatur, die irgendwo zwischen kühlschrankkalt und handwarm lag: ein simpler, aber perfekter erster Eindruck!

Die erste größere Vorspeise hatte Zander und Kräuter zum Thema und wieder fiel zunächst die hervorragende Qualität des Fisches auf. Gerade bei nur leicht mariniertem Zander ist das erwähnenswert, weil er schnell zu „Schlacktönen" oder Zähigkeit neigt. Auch das Arrangement an sich machte eine mehr als gute Figur: Zitronengras-Vinaigrette auf Basis von Molke, ein Kokoseis, zart dosierte Avocadowürfel, Silberzwiebeln und verschiedene Kressen erzeugten im Zusammenspiel ein intensives kräutrig-würziges Bouquet. Auch die Kressen waren viel mehr als Deko, sondern generierten eine auf angenehme Art diffuse Kräutrigkeit, die das Augenmerk auf dem Hauptakteur beließ. Lediglich einen Hauch weniger Süße wünschten wir uns ab und an, besonders beim Kokoseis.

Eine ähnliche reintönige Intensität brachte der Zwischengang mit Jakobsmuschel, Pinienkernen und Karottensud mit. Vor allem der mit Yuzu und Ingwer abgeschmeckte Sud reizte seine Säureader voll aus, was Teil von Unterlechners Handschrift ist. Grundsätzlich sehen wir hierin kein Problem, durch die hohe Dosierung irgendwo zwischen Suppe und Sauce brachte die spitze Säure nach dem dritten Löffel jedoch die Harmonie des Tellers ein wenig aus dem Gleichgewicht. Ein sehr guter Gang war das unterm Strich aber dennoch, vor allem dank einer hervorragenden fleischigen Jakobsmuschel, die Unterlechner und sein Team gekonnt leicht jenseits von glasig auf den Punkt brieten.

Ein Highlight war der Zwischengang mit Steinbutt, Meerrettichsauce, Wasserrettich, Rosenkohl und mit Entenleber eingekochten Belugalinsen. Seine Spannung generierte der Teller nicht zuletzt durch die knackigen rohen Rettich- und Kohltranchen. Oft sind es gerade solche explizit nicht-mediterranen Fischgänge, die ihr Hauptprodukt am besten glänzen lassen. Vor allem, wenn Restaurants in Sachen Produktqualität in so hohe Etagen greifen, wie es das Schwarzreiter derzeit wieder tut. Auch der Meerrettichschaum und die schlotzigen Linsen unterstützten dieses Bild. Das war schon große Küche mit Charakter!

Daran knüpfte der erste Hauptgang mit Reh, Wirsing, Buchenpilzen, Schwarzwurzel und Preiselbeere souverän an. Im Zentrum stand hier eine Crépinette mit herrlich saftigem, kein bisschen mürbem Rehrücken, eingeschlagen in Farce und Wirsing. Die Schwarzwurzeln, Buchenpilze und Preiselbeeren blieben im Hintergrund, waren aber akzentuiert genug, um eine große Tiefenschärfe zu erzeugen, ein Hauch Wacholder strömte auch noch von irgendwo her. So weit so herrlich. Nicht so richtig schlau wurden wir allerdings aus der drei Finger hoch angegossenen Rehconsommé, in der Fleisch und Beilagen badeten. Erstens weil der halbtiefe Teller das Schneiden erschwerte, zweitens weil die Farce in der Suppe zerfledderte und drittens, weil das Reh nach einigen Minuten in der heißen Flüssigkeit doch einiges seiner perfekten Konsistenz einbüßte. Wir geben nur ungern Tipps an Köche, die das Handwerk natürlich viel besser beherrschen als wir. Aber dieser Gang schreit nach einem À-part-Schälchen. Auch da die Temperatur sich in einem schmaleren Gebinde mit kleinerer Oberfläche ganz anders entwickelt als im halbtiefen Teller. Gerade weil die Essenz zu den besten ihrer Art gehörte und den ganz speziellen leicht terpentinartigen Ton von reduziertem Fond mitbrachte, der aus einem Sößchen eine Jus und aus einer Brühe eine Essenz macht.

Dafür passte beim zweiten Hauptgang wieder alles: Ein mit getrüffelter Farce gefüllter Ochsenschwanz wurde von etwas Topinambur, Radicchio und reichlich Trüffeljus umspielt. Man darf hier auf keinen Fall die Gemüse vernachlässigen, die den perfekten fein-bitteren Gegenpol zum opulenten, geradezu aristokratischen Geschmacksbild von Schmorfleisch und schwarzer Trüffel bilden. Die Pâtisserie agiert ebenso klassisch wie stilsicher. Beim Dessert aus Ananas, Milchreis, weißer Mousse au Chocolat und Milcheis kann uns vor allem die über mehrere Stunden ganz langsam gegarte und karamellisierte Ananas überzeugen, die betörend und dicht nach Karamell und Exotik schmeckt.

Gewohnt souverän agiert der Service um Sommelière Nina Geschka, die sich vom Kommen und Gehen im Schwarzreiter glücklicherweise nie aus dem Konzept bringen ließ und größtenteils klassische, stets passgenaue Weine zu den Gängen parat hat. Wie etwa einen üppigen Viognier von der Rhône, der schaffte, was wohl nicht viele Weine schaffen, nämlich die Säure von Unterlechners Karottensud in Schach zu halten. Überraschend gut harmonierte auch ein herber alkoholfreier Cocktail von Cranberry, Lavendel und Thymian mit dem Reh im Hauptgang.

Eine Aufwertung ist also dringend geboten. Stolze 8 Pfannen halten wir für eine passende Bewertung für Unterlechners Einstand und sind schon sehr gespannt, wie es hier weitergeht. Ausgehend vom Steinbutt- oder Ochsenschwanz-Gang würde es uns nicht wundern, wenn sich die Kurve weiter nach oben bewegt.

showroom

Lilienstr. 6, 81669 München
089-44429082
www.showroom-restaurant.de
Küchenchef: Dominik Käppeler
Mo–Fr ab 18 Uhr, Sa u. So RT
Menüs: 170–190 €

Das wahrscheinlich kleinste anspruchsvolle Gourmetrestaurant in der bayrischen Landeshauptstadt versteckt sich etwas unscheinbar in einem Straßenzug nahe der Isar, etwa zwischen Deutschem Museum und Müller'schem Volksbad, und wird schon seit Jahren sehr engagiert von Marion und Dominik Käppeler geführt und bespielt. Der zweigeteilte Gastraum bietet trotz seiner überschaubaren Größe gar nicht so wenigen Tischen Platz, entsprechend kuschlig ist es hier, was aber gut zum lockeren Konzept und der unkomplizierten Gangart des jungen, kumpelhaften Service-Teams passt und dem Reiz des Ganzen auch überhaupt keinen Abbruch tut.
Und zu diesem Konzept passt auch die kreative, unangepasste Art der Küche, die wir in den vergangenen Jahren immer als recht progressiv und abgefahren gefeiert hatten. Als eine signifikante Eigenschaft des Kulinariums im Showroom machten wir die kombinierwütige Art des Küchenchefs fest, der nicht nur großen Reiz daran findet, Aromen zusammenzubringen, die bislang kaum gemeinsam gedacht wurden, sondern das auch mit ausgeprägt gutem Gespür tut. Noch nicht so klar rüber kam das während unseres jüngsten Besuchs beim ersten Fingerfood-Happen, einem Mini-Schichtwerk aus vielem, das aber primär nach Kumquat geschmeckt hat. Und der zweite Küchengruß, der aus kleinen Kalbsbries-Nuggets mit zweierlei Blumenkohl und gebackenen Kapern bestand, war zwar sehr schmackhaft, aber eher klassisch und überraschend gediegen komponiert. So wie auch das soulfoodige cremige Eigelb mit Parmesanschaum, Rucolapesto und Kichererbse, die als Creme und knusprig frittiert einen kleinen haptischen Akzent setzen durfte. Die Ruhe vor dem Sturm?
Mitnichten! Die Vorspeise handelte von einer Scheibe bestechend guter medium-rare gebratener Entenbrust sowie Rosenkohl, Kartoffel und Dattel in jeweils unterschiedlichen Zubereitungen – alles lauwarm temperiert und gut proportioniert, so dass ausgewogene Aromen und geschmeidig ineinandergreifende Texturen ein stimmiges Bild entstehen ließen. Doch auch hier keine noch nie dagewesenen waghalsigen Aromenkombinationen außer der Reihe, sondern ein sehr harmonisches, fast zahmes Miteinander sanfter Bitteraromen und zarter Süße.
Ein klein wenig kontrastreicher und dynamischer wirkte im Anschluss der „Suppengang", für den ein saftig gebratenes Stück Forelle, verschiedene Topinambur-Komponenten von cremig bis knusprig, gebratene Trompetenpilze und Vogelmiere von einer mit Zitrone abgeschmeckten Trompetenpilz-Cremesuppe geflutet wurden. Kleine Würfel Zitronengelee setzten zwischendrin weitere herb-säuerliche Akzente und lockerten das erdige Potpourri noch weiter auf. Der folgende vegetarische Gang mit Kürbis, Mais und Banane ging dann als erster in eine etwas abgefahrenere Richtung – allerdings mehr auf dem Papier als auf dem Teller, denn dort präsentierte sich diese ungewöhnliche Liaison sehr rund und ruhig. Und genau das ist ja eben eine der positiven Eigenschaften des Chefs, solche Kombinationen nicht experimentell und schräg schmecken zu lassen, sondern eingängig.
So wie auch die Kombination von zarten Zanderstücken in Beurre blanc, die sich darin zusammen mit Herzmuscheln und Forellenkaviar, aber auch Fenchel, Safranmayonnaise und Safranchips tummelten und den nominellen Fischgang des Menüs repräsentierten – punktuell effektiv aufgelockert und erfrischt von einer markanten Yuzu-Creme.
Vom australischen Wagyu-Beef gab's schließlich zum Hauptgang einen Streifen aus der oberen Schulter, ein fabelhaftes Teilstück, stark marmoriert, saftspritzend zart und schmelzig und trotzdem mit kernigem Biss. Angerichtet auf einer Spur von perfekt reduzierter Jus, nicht

zu dicht, nicht zu leimig, und daneben thronten auf einer noch recht knackigen gegrillten großen halbierten Schwarzwurzel verschiedene Komponenten von Wildbrokkoli, knackiger Knollenziest und der Schwarzwurzel selbst. Dazu im Glas ein Blaufränkisch vom Neusiedler See, dessen Säure und Tanninstruktur sich mit dem buttrigen Schmelz des Fleischs ein animierendes Techtelmechtel lieferten.
Begeisternd war auch das Dessert, dank intensiver und gut aufeinander abgestellter natürlicher Aromen von Vanille, Haselnuss, Wacholder und dezent auflockernder Joghurtsäure, aber auch wegen der vielen unterschiedlichen und allesamt auch von den gewählten Proportionen her sehr gut miteinander interagierenden Konsistenzen der Komponenten. Da merkt man dann sehr gut, wie genau hier gearbeitet wird und dass wirklich nichts dem Zufall überlassen bleibt. So fehlte auch diesmal gar nicht so viel für das Erreichen der nächsthöheren Bewertungskategorie, wenngleich wir dafür an mancher Stelle noch ein wenig mehr Druck und Tiefenschärfe der Aromen vorausgesetzt hätten. Die Showroom-Küche ist und bleibt aber definitiv ein Anwärter für 8 Pfannen…

8↑

Sparkling Bistro

Amalienstr. 89,
80799 München
089-46138267
www.bistro-muenchen.de
Küchenchef: Jürgen Wolfsgruber, Johannes Maria Kneip
Di–Sa ab 18 Uhr, So u. Mo RT
Menüs: 150–195 €
EC VISA

Es bereitet uns immer wieder große Freude, die Entwicklung eines Restaurants seit seiner Eröffnung zu beobachten und zu begleiten – insbesondere dann, wenn diese so rasant voranschreitet wie im Falle des Sparkling Bistro von und mit Jürgen Wolfsgruber. Das ehemals improvisierte One-Man-Show-Bistro hat sich innerhalb einiger Jahre nämlich zu einem gut aufgestellten Gourmetrestaurant mit stilvollem Ambiente entwickelt, sich seinen Bistro-Charme aber zum Glück erhalten. Das Restaurant erfuhr sukzessive immer mehr Verbesserungen. Die Küche war von Anfang an schon sehr gut und erfrischend originell, hat im Laufe der Jahre aber sukzessive zugelegt.
Insbesondere seitdem Johannes Maria Kneip, ein junger, talentierter und äußerst motivierter Co-Küchenchef, an von Jürgen Wolfsgrubers Seite steht, hat das Kulinarium noch mehr an Prägnanz gewonnen, wirkt in den Details ausgefeilter und so noch eine Spur „wertiger". Kneip hatte zuvor im Mural schon als Doppelspitze mit Joshua Leise für Aufsehen gesorgt; nun ist er die rechte Hand von Wolfsgruber, der es sich nicht nehmen lässt, regelmäßig vom Herd in den Gastraum zu wechseln, um direkten Kontakt mit seinen Gästen zu haben.
Neben den Menükompositionen selbst, sind es im Sparkling Bistro auch die kleinen Dinge, die uns immer wieder begeistern. Eine als Brot gereichte Schmalzbuchtel mit Zillertaler Butter, Schnittlauch und Mohnöl präsentierte sich bei unserem jüngsten Besuch von solcher Prägnanz und Dichte, wie es viele Köche mit den wildesten Teller-Arrangements nicht hinbekommen. Auch auf die im ersten Moment manchmal unscheinbaren, im Glas aber immer überzeugenden offenen Weinempfehlungen verlassen wir uns stets gerne. Zuletzt unter anderem auf einen zehn Jahre alten Riesling aus der aufstrebenden österreichischen Region Traisental oder Meunier-Champagner von Salmon zum Aperitif.
Sehr fein verarbeitet präsentierten sich dazu die Apéro-Snacks, die mit Würze spielten und dennoch leicht, frisch und säurebetont daherkamen. Eine Tartelette mit Flussaal und Maggikrautpulver, ein Rote-Bete-Chip mit Selleriecreme und schwarzer Trüffel, sowie ein Raviolo aus roher Kohlrabi-Hülle mit Blutwurstfüllung ließen schon im Aufwärmprogramm keine Zweifel zu, dass das Sparkling Bistro mittlerweile zu den besten kulinarischen Adressen der Landeshauptstadt gehört.
Sehr schlicht gehalten, aromatisch allerdings hochkomplex war die erste Vorspeise, die nur mit Schwanz, Scheren und Bisque vom Hummer sowie Puntarelle und Radicchio auskam. Die beiden Bittergemüse waren nur leicht karamellisiert, was eine herrliche Spannung in Ver-

bindung mit ihren Bittertönen aufbaute. Großartig auch der Hummer selbst, der eine schöne Nussigkeit mitbrachte. Und die süßliche, fast Glace-artige Bisque hob das Ganze mit ihrer prononcierten Butter- und Krustentieraromatik auf ein Level großer klassischer Küche.
Etwas zurückhaltender, zarter, war ein Gang mit einem Chutney aus Zwiebel und Nüssen, die mit sämiger Schaumsauce auf Schafskäsebasis serviert wurden. Wieder bestach der Teller in souveräner Schlichtheit und mit meisterlichem Saucenhandwerk. Auch wenn der Service die Sauce generisch „mit Schafskäse" annoncierte, vermuten wir einen besonderen, sehr hochwertigen Käse als Basis, der es hier geschafft hat, zusätzlich zum Schmelz eine feinherbe Nussigkeit zu transportieren. Uns erinnerte diese Aromatik eher an Brébis oder ähnliche Sorten als beispielsweise an Feta oder Pecorino. Das ließ den Gang faszinierenderweise überhaupt nicht deftig wirken. Und das muss man mit einem Gericht aus Käse und Zwiebel erstmal hinbekommen!
Der Reigen sensationeller Saucen riss nicht ab, bescherte uns sodann zum saftig gebratenen Seeteufel eine sahnige Cremesauce mit Salbeiöl. Dazu liierte die Küche lediglich ein wenig Blumenkohlpüree und säuerlich marinierten, sehr knackig gehaltenen, dünn gehobelten Blumenkohl. Der Clou war hier die ausgereizte Salbeinote, die ätherisch, auf angenehme Weise bitter wirkte und dem ansonsten recht herkömmlichen Gericht aus Fisch und Creme eine markante Akzentuierung bescherte und es überraschend originell wirken ließ.
Und obwohl das bereits der vierte napfige, saucenbetonte Gang in Folge war, riss der Spannungsbogen nicht ab, steigerte sich sogar noch weiter. Mit dem Hauptgang um Wagyu-Beef nebst Selleriepüree, schwarzer Trüffel und Sauerteigbrotchip zog das Team alle Register, die wir uns für einen Hauptgang mit delikatem Rindfleisch nur vorstellen können: rauchige Röstaromen vom gegrillten Fleisch, betörende aber dosierte Süße von der dichten Jus, erdige Komplexität aus Trüffel und Sellerie, die auf eine gute Art käsige Stallnote des Wagyus, die es fast so wirken ließ, als wäre Blauschimmelkäse auf dem Teller, der Crunch und die Würze vom Sauerteigcracker und – so plump es klingen mag – heißes, schmelziges Fett. Viel bekommt man so etwas in München und weit darüber hinaus derzeit nicht serviert.
Der Nachtisch vereinte moderne und klassische Züge, hatte zwar nichts mit den derzeit angesagten Gemüse- und Kräuter-Desserts zu tun, setzte mit Ingwer und Cornflakes aber doch auf originellere Zutaten. Und gerade die Kombination aus Cornflakes und Milchschokolade, die in Form von knusprigen Flocken und dichter Mousse vertreten war, entpuppte sich als großartig, erinnerte ein wenig an Ovomaltine. Aufgelockert wurde das ganze durch ein hervorragendes, dezent, aber effektiv mit Ingwer aromatisiertes Milcheis. Und so endete das Menü, wie es mit dem Brot begann: mit einem scheinbar simplen Gericht voller Prägnanz und Dichte, das dann auch den letzten Ausschlag für eine weitere Aufwertung der Küchenleistung gab.

9

Tantris

im Tantris Maison Culinaire
Johann-Fichte-Str. 7,
80805 München
089-3619590
www.tantris.de
Küchenchef: Benjamin Chmura
Mi–Sa von 12–15 Uhr u. ab 18.30 Uhr, Mo u. Di RT
Menüs: 275–325 €
VISA

Die Restaurant-Ikone, die wahrscheinlich das einzige deutsche Restaurant ist, bei dem der Begriff „Gourmettempel" wirklich zutrifft, beherbergt gleich zwei unterschiedliche Restaurantkonzepte unter seinem schrägen Dach. Sowohl das mit kulinarischer Moderne bespielte und als „Menü-Restaurant" bezeichnete größere Hauptrestaurant, als auch das kleinere Tantris DNA mit optimierter Klassiker-Küche werden mittlerweile in der Küchenchefposition von Benjamin Chmura verantwortet. Hier kreiert er mit seinem großen Team eine für alle Gäste einheitliche, wahlweise bis zu achtgängige Speisenfolge, die sich auf den Tellern als moderne und individuelle Spielart französischer Hochküche mit teils sehr puristisch gehaltenen, optisch wie geschmacklich aber immer sehr markant umrissenen und pointierten Kompositionen präsentiert. Da werden Bilder erzeugt und Geschmacksakkorde kreiert, die sich ob ihrer oft genial einfach auf den Punkt gebrachten und sehr eigenständig wirkenden Art sofort fest im kulinarischen Langzeitgedächtnis einbrennen. Das hochpreisige Kulinarium des Tantris hat in seiner individuellen Art in jedem Fall Alleinstellungsmerkmal.

8↑ 🍴🍴🍴🍴

Tantris DNA

im Tantris Maison Culinaire
Johann-Fichte-Str. 7, 80805 München
089-3619590
www.tantris.de
Küchenchef: Benjamin Chmura
Mi–Sa von 12–15 Uhr u. ab 18.30 Uhr, Mo u. Di RT
Hauptgericht: 72–92 €
EC VISA P

Das „Zweitrestaurant" mit dem Namen Tantris DNA, das zwar weiterhin autark bespielt, aber auf der Küchenchefposition mittlerweile auch von Benjamin Chmura verantwortet wird und von daher seine Öffnungszeiten entsprechend verändert hat, soll, wie der Name schon sagt, die DNA des ikonischen Genusstempels repräsentieren. Und zwar mit damals hochmoderner, heute ultraklassischer französischer Küche, die hier in seltener Perfektion und Substanz auf die nur sechs Tische plus Terrasse des „kleinen Tantris" kommt – nur à la carte und in zwar konsequent traditioneller, durch die hohe Präzision und zeitgemäße Zubereitung aber trotzdem fast modern wirkender Façon. Da gibt es von exzellenten Terrinen und Pasteten bis zu berühmten Klassikern der französischen Schule, die auch als im Ganzen oder am Knochen gebratene „Tranchier-Gerichte" für zwei oder mehr Personen serviert werden, allerhand vom Aussterben bedrohte Kochkunst, die hier ihre verdiente Renaissance erfährt. Ergänzt wird das von meisterlichen Desserts und herausragendem Backwerk aus der Hand von Chef-Pâtissier und Boulanger Maxime Rebmann.

9↑ 🍴🍴🍴

Tohru in der Schreiberei

Burgstr. 5, 80331 München
089-21529172
schreiberei-muc.de/tohru
Küchenchef: Tohru Nakamura
Di–Sa ab 19 Uhr, So u. Mo RT
Menüs: 245 €
EC VISA

So kraftvoll, warmfarbig, harmonisch und doch kontrastreich das stilvolle Ambiente von Tohru Nakamuras Gourmetrestaurant im ersten Stock der Schreiberei ist, so auch sein artifizieller Küchenstil, der stark von den Küchentraditionen Japans inspiriert ist, aber auf der modernen französischen Haute-Cuisine basiert. Es handelt es sich bei seinem Werk, das mittlerweile als zehngängiges Menü offeriert wird, um eine postmoderne, kosmopolitische japanisch-europäische Küche, die einerseits Fett, Salz und Würze nicht scheut, diese aber immer mit viel Frische und Säure einzufangen weiß. Die einerseits sehr facettenreich, vielgestaltig und kontrastreich komponiert ist, im Kern aber meistens sehr klar und straight wirkt. Dass Tohru Nakamura ein absoluter Qualitätsfanatiker ist und nur die besten Produkte verwendet, muss eigentlich nicht extra erwähnt werden. Dass er sie durch äußerste Präzision – angefangen von speziellen Schnitttechniken bis zur Aromatisierung und Würzung – auf nahezu jedem Teller perfekt herauszustellen vermag, hingegen schon. Für die korrespondierende flüssige Begleitung des höchst aufwendig inszenierten Spektakels mit anspruchsvollen Weinen und passenderweise Sake ist nach dem Weggang der Klaas-Brothers die ebenfalls noch recht junge Sommelière Julia Kolbeck zuständig, und die Küche hat mittlerweile mit Heimkehrer Dominik „Smitty" Schmid als Küchenchef nochmal adäquate Verstärkung bekommen. Wir sind sehr gespannt, wie sich die neue Konstellation in der kommenden Testsaison auf den Tellern auswirkt!

---

5 🍴🍴

Trader Vic's

im Hotel Bayerischer Hof
Promenadeplatz 2–6, 80333 München
089-2120995
www.bayerischerhof.de
Mo–So ab 17 Uhr, kein RT
Hauptgericht: 18–72 €
EC VISA P

Schon seit Jahrzehnten nahezu unverändert empfängt das Trader Vic's im Untergeschoss des Bayrischen Hofs die Gäste mit einem einzigartigen Flair, das aus dem geheimnisvoll verwinkelten, etwas düsteren Ambiente des Kellerlokals, der fernöstlichen Exotik des Konzepts und der Noblesse und Großzügigkeit des legendären Grandhotels entsteht. Programmatisch wird hier dezidiert polynesische Küche mit Köstlichkeiten aus dem Buchenholz-Ofen nach Originalrezepturen geboten, tatsächlich ist der Herkunftsradius der Einflüsse aber deutlich weiter gefasst.
Manches geht eher in die thailändische Richtung wie beispielsweise die gegrillten und zuvor in Kokosmilch und Curry marinierten Geflügelspießchen, die mit würziger Erdnusssauce und süßsauren Salatgurken serviert werden. Oder die Tom-Kha-Gai, jener auf Basis von Kokosmilch und Hühnersuppe zubereitete Suppenklassiker, der mit wildem Ingwer und Zitronengras aromatisiert ist. Die Karte gibt verschiedene Curry-Klassiker, etwa mit Lamm, Salzwassergarnelen oder Huhn, indonesisches Curcuma-Chicken aus dem Wok oder knusprige Ente nach Shanghai-Art mit Gemüse und Duftreis.
Manche Dinge sind durchaus originell und haben kreativen Pfiff, so wie unsere Vorspeise um knusprig gebackene Würfel vom Wagyu-Beef, bei denen das besondere stark marmorierte Fleisch trotz der krossen Panierung nichts von seinem Charakter eingebüßt hatte und in Kombination mit fruchtigem Pflaumenschaum und ätherisch scharfem Wasabi-Dip einen spannend dynamischen Auftritt hatte. Sehr fein waren auch die mit einer saftigen und aromatischen Meeresfrüchtefarce gefüllten unterschiedlichen Dim Sum aus dem asiatischen Dampfkörbchen, bei denen auch die dünne, sehr zarte und wachsige Teighülle eigentlich genau so beschaffen war, wie man sie sich im Idealfall wünscht.
Die besondere Spezialität der Küche sind aber in jedem Fall die Gerichte, deren Hauptprodukte im chinesischen Buchenholz-Ofen zubereitet werden. Etwa ein mit Madagaskar-Pfefferbutter gratiniertes Kalbskotelett mit Wokgemüse und gebackenen Süßkartoffelecken oder Iberico Schweinefilet mit Sauce von grünem Pfeffer und einer Melange von Kaiserschoten, Kirschtomaten und Duftreis. Die mit polynesischen Gewürzen aromatisierte Entenbrust, die mit gegrillter Ananas und Mangochutney zum Besten gegeben wurde, schien allerdings leider sehr lange warmgehalten, hatte eine seltsam trockene Struktur und matte Optik. Was an dem hawaiianischen Kartoffelgratin so ausgesprochen hawaiianisch war, konnten wir zwar nicht nachvollziehen – als ganz normales Kartoffelgratin machte es aber durchaus eine gute Figur.
Weil hier generell in Saucen und Cremes die Aromen gut herausgearbeitet werden und somit sehr schön klar erkennbar sind, war auch die Mai-Tai-Crème-Brûlée eine erfreulich ausdrucksstarke Geschichte, die zum Abschluss viel Spaß machte. In Kombination mit einer Nocke Cremeeis von Rumrosinen, die ebenfalls mit viel Geschmack daherkam, ein nicht alltägliches Dessert mit besonderem Twist. Und apropos Mai Tai: Klar gibt's im Trader Vic's auch Bier und Wein – zu vielen Gerichten passt aber auch ausgesprochen gut ein frisch gemixter exotischer Cocktail, der das Südsee-Feeling im Keller des Bayrischen Hofs komplett macht.

6↑ 🍴🍴

Vecchia Lanterna

St.-Anna Straße 31,
80538 München
089-81892096
www.vecchia-lanterna.de
Küchenchef: Antonino Denami
Di–Sa ab 18.30 Uhr, So u. Mo RT
Hauptgericht: 25–45 €,
Menüs: 55–100 €
VISA

In ihrer modern gestalteten, zeitlos-eleganten Vecchia Lanterna bieten Gastgeberin Mirka Otta und ihr Lebensgefährte Antonino Denami eine gehoben-kreative, aber eben nicht international verkünstelte, sondern immer authentische italienische Küche, die trotz jeder Menge ernstzunehmender Konkurrenz in der bayrischen Landeshauptstadt weiterhin zu den besten ihrer Art gehört. Küchenchef Antonino Denami setzt seit jeher auf den natürlichen, unverfälschten Geschmack der Produkte und würzt angenehm subtil, aber nie übertrieben zurückhaltend, orientiert sich an den traditionellen Küchentugenden seines Heimatlandes, bringt aber auch viele gute eigene Ideen im Kulinarium unter. Die sympathische Chefin ergänzt die Weinkarte und die wandfüllende Wein-Galerie stets mit persönlichen glasweisen Empfehlungen.

Vinothek by Geisel

im Hotel Excelsior
Schützenstr. 11, 80335 München
089-551377140
www.excelsior-hotel.de
Di–Fr von 12–14 Uhr u. ab 17.30 Uhr, Sa ab 16.30 Uhr, So u. Mo RT
Hauptgericht: 32–59 €, Menüs: 28–57 €

Dieses vinophile Gasthaus in der Münchener Innenstadt mit seiner historischen Kreuzgewölbedecke, den hohen, mit allerhand „Edelstoffen" prall gefüllten Holzschränken und den dekorativ auch in jeder freien Nische und in jedem Winkel verteilten leeren Bouteillen großer Gewächse ist ein heiterer Ort für entspannten Genuss auf hohem Niveau und die letzte noch verbliebene Genuss-Destination des einstigen Geisel-Gastroimperiums. Mit seiner ungezwungenen Atmosphäre und der charmant saloppen, aber niemals unaufmerksamen Gangart des langjährigen Servicepersonals hat das Lokal jede Menge Stammgäste. Das liegt aber auch an der liegt aber auch an der vielseitigen Art der attraktiven Alpenküche, die von heimatlichen Regionalgerichten über Kreationen mit österreichischem Schmäh bis hin zu mediterraner Leichtigkeit reichen und von Küchenchef Thomas Kahl und seinem Team attraktiv und fundiert zubereitet werden.

Weinhaus Neuner

Herzogspitalstr. 8, 80331 München
089-2603954
www.weinhaus-neuner.de
Küchenchef: Benjamin Kunz
Mo–Sa ab 12 Uhr durchgehend, So RT,
Hauptgericht: 10–45 €, Menüs: 69–95 €

Die wunderbar nostalgischen Gasträume mit Kreuzgewölbe, Fischgrätparkett, dunkler Holzverzäfelung mit Schnitzkunst und antiken Stadtbildern wirken auf den ersten Blick wie eine sehr schöne rustikale bayrische Wirtschaft – Küche und Keller haben hier allerdings weit mehr im Sinn als Schweinsbraten und eine gepflegte Halbe. Das verdeutlicht schon der Blick in die Karte mit einer ganzen Litanei an anspruchsvollen Weinen, die glasweise aus der Magnumflasche ausgeschenkt werden. Und neben den Tagesempfehlungen signalisiert das ein fünfgängiges Menü, das verfeinerte Regionalküche verspricht.
Für die Weine ist seit geraumer Zeit Frank Glüer zuständig, der vielen Gourmets als Sommelier aus verschiedenen Top-Restaurants im Süden bekannt ist. Für die Küche schon seit rund sieben Jahren Benjamin Kunz, der davor unter anderem als Souschef im Les Deux gearbeitet hatte. Schon die Qualität von Brot und Schmalz oder so vermeintlich simple Dinge wie das kleine Stück eines hervorragenden Zwiebelkuchens mit zartkrossem Boden, hauchdünnem knusprig angebräuntem Deckel und dazwischen schmelzigem, süßlich-würzigem Belag, lassen das überdurchschnittliche Niveau der Küche erahnen, die sich hier vorwiegend heimatlichen Produkten und Geschmacksbildern verschieben hat.
So wie bei der nur sehr dezent gebeizten und gesäuerten, also im Grunde noch schön fleischigen und klararomatischen Makrele, die zusammen mit eingelegter Gurke und roten Zwiebeln mit Senfkörnern, einer kräftigen Dillmayonnaise sowie einem mutmaßlich auf Basis von Gurke und Dill zubereiten Sud schnörkellos modern angerichtet war. Eine leichte, frische und zeitgemäß umgesetzte Spielart regionaler Küche.
Noch traditioneller in der Machart, deshalb aber keinen Deut weniger attraktiv, waren die Krautkrapfen als kleiner, herzhafter Zwischengang: mit prononcierter, aber überhaupt nicht aufdringlicher Kümmelwürze und einer milden animierenden Säure, glasierten Zwiebeln und ein paar Röstzwiebelringen on top sowie etwas aromatisch grundierender Jus darunter war das richtiges Soulfood!
Ihr sicheres Gespür für ausgewogene Gerichte bewiesen der Chef und sein Küchenteam auch mit dem Duett von auf der Haut gebratenem Skrei und mild geräuchertem, schön schmelzigem Aal. Die kamen nämlich in einem weiteren Zwischengang auf ebenfalls von genügend Säure belebten Berglinsen daher – umspielt von einer mit Estragon aromatisierten Räucherfisch-Nage, die einerseits angenehme Fülle und Schmelz einbrachte, aber auf der anderen Seite auch nicht zu opulent war.
Im Hauptgang gab es sehr gute Entenbrust mit perfekt krosser Haut über nahezu vollständig abgeschmolzenem Fett auf homogen rosazartem und trotz mürbem Biss sehr saftigem Fleisch. Und die kam in Begleitung des Kontrasts aus erdig-weicher Pastinake und säuerlich-knackiger Urkarotte sowie einem mit viel Petersilie grünfrisch und kräuterwürzig gestal-

teten Gerstenrisotto. Wie zum Fisch gab's auch hier wieder eine auffallend gute, diesmal perfekt zwischen fleischiger Würze und fruchtiger Säure ausbalancierte Sauce, die zur Ente sehr passend und verbindlich mit Blutorange abgeschmeckt war.
Nicht schlecht, aber vom Gesamtniveau her etwas schlichter, präsentierte sich das Dessert mit Schokoladenmousse, marinierten Stücken von Schokoladenbiskuit und Passionsfruchtsorbet. Allerdings fiel hier wiederum sehr positiv auf, dass das alles mit angenehm wenig Zucker zubereitet war. Als Gesamtpaket mit der stilvollen urigen Atmosphäre sowie den fundiert ausgesuchten und auch qualitativ anspruchsvollen Weinempfehlungen von Frank Glüer ergibt das weiterhin eine uneingeschränkte Empfehlung.

8

Werneckhof Sigi Schelling

Werneckstr. 11,
80802 München
089-244189190
werneckhof-schelling.de
Küchenchef: Sigi Schelling
Mi–Sa von 12–13.30 Uhr u. ab 18.30 Uhr, So–Di RT
Menüs: 135–195 €
VISA

Seit Sigi Schelling 2022 in den Werneckhof einzog, kann man die urig-schicke Gaststätte im Herzen Schwabings durchaus als logische Fortsetzung des Tantris auffassen, wo Schelling Jahre lang als Sous-Chefin und rechte Hand von Hans Haas reüssierte. Die Glasteller, die Menüsprache, das Publikum, die französischen Produkte, die zeitlose Klassik mit latent bayrisch-österreichischem Einschlag: Wem das alte Tantris fehlt, darf beruhigt sein, dass es im Werneckhof ein bisschen weiterleben darf.
Dass man hier gar nicht erst versucht, sich an die Avantgarde anzubiedern, verdeutlichte schon ein kleines Detail: Brot kommt ganz einfach vor dem Essen auf den Tisch, mit einem Stückchen Butter. Wir begrüßen es zwar, hieraus einen eigenen Gang oder gar eine Zeremonie zu machen, das Allerwichtigste ist aber, dass das Brot von gutem Handwerk zeugt. Und das ist hier – müßig zu erwähnen – beim hellen, aber prononciert sauren Weißbrot stets der Fall. Ein Ausrufezeichen setzte auch der Auftakt aus kalter Radieschenmousse mit warmem Kartoffelschaum und Kaviar. So simpel diese kleine Petitesse klingt, so fein waren die subtile Schärfe der Radieschen mit dem süffigen, warm-erdigen Schaum austariert. Ein typischer Sigi-Schelling-Gang, der das Motto „nicht anders, sondern besser" perfektioniert.
Weiter ging es bei unserem jüngsten Besuch mit einem weiteren Lieblingsprodukt der Köchin, das immer in irgendeiner Form Platz im Menü findet: Foie gras. In diesem Fall als Terrine mit frittierten Artischocken, einer Trüffelvinaigrette und süßem Rotweingelee. Kaum jemand schafft es, so natürlich mit Stopfleber zu operieren wie Sigi Schelling, denn obwohl der Gang eine gewisse Süße mitbrachte, kam nie die Assoziation eines Foie-gras-Desserts auf. Eine Rolle spielen hier stets klar deftige Komponenten – in der vergangenen Testsaison waren es Bittersalate, im Tantris von einigen Jahren mal Sellerie, dieses Mal Essig. So gelingt es der Chefin, die Gerichte immer klar als Vorspeise einzurahmen.
Der folgende Gang stand etwas diffus als „Krustentiere" auf der Karte und dahinter versteckten sich heiße Garnele und Hummer sowie kühles Taschenkrebstatar. Das Ganze wurde begleitet von kühlem weißem Spargel, Yuzu-Ponzu und einer traumhaft buttrigen Hollandaise. Wunderbar fügte sich hier die Nussbutternote ein, die wir in der Sauce ausmachten, und die dem fruchtigen Arrangement einen spannenden Kontrast entgegensetzte. Nicht ganz so vorteilhaft wirkte auf uns das Nebeneinander zweier ähnlicher, aber doch unterschiedlicher Krustentiere. Wir gehören

ausdrücklich nicht zu jenen Gourmets, die einen Hummer per se als den König der Krustentiere halten, aber in diesem Fall wirkten die Gabeln mit Garnele eher wie eine 1b-Variante, da die Zitrusaromatik der Beilagen sich besser an den süßlichen Hummer anschmiegte als an die herb-würzige Garnele.
Auf hohem Niveau ging es weiter mit Seewolf, Sepiagnocchi, Shiitakecreme, Fenchel, Curry und Zitronengrassauce. Über jeden Zweifel erhaben thronte die wunderbar saftige und fleischige Fischtranche im Zentrum des Tellers und die Pilzcreme diente in diesem Fall vor allem als Aromenteppich, an den Curry und Zitronengras andocken konnten. Nicht optimal konnte sich nach unserer Auffassung der Fenchel entfalten, dessen Aroma sich höchstens andeutete. Genau das hätte aber helfen können, das Gericht aromatisch aus dem generischen Currysaucen-Bereich zu hieven. So nämlich fehlte dem Teller etwas die Tiefe und die Substanz, um dem Anspruch gerecht zu werden, den wir an Sigi Schellings Küche anlegen, weil wir es von ihr gewohnt sind.
In ein klassisches Gewand ist auch der Weinpart geschlüpft, der den Kanon Champagne-Rhône-Burgund hier und da um durchaus spannende, im Kern aber ebenfalls klassische Weine erweitert. Hervorragend harmonierte etwa zum Seewolf ein Weißwein aus Collioure, vom Südzipfel Frankreichs. Dass man die Weinbegleitung großspurig angeht, verdeutlicht der 1er Cru Nuits-Saint-Georges von Méo-Camuzet, der als einzige Empfehlung für 60 Euro pro 0,1l auf der Karte stand. Das sind nun mal die Preise, die sich im Burgund mehr und mehr durchsetzen, und der Wein spiegelt diese fantastische Weinregion bestens wider. Eine Ansage ist es aber allemal.
Der Zwischengang präsentiert sich eher wie einer von zwei Hauptgängen. Im Mittelpunkt standen gleichberechtigt und gleich dosiert eine Tranche gebratener Foie gras und eine bayerische Wachtelbrust. Ein dazu serviertes schlichtes, aber zielführend schlotziges Gemüse-Risotto passte dazu perfekt; problematisch war hier jedoch die Périgord-Trüffel, die das Küchenteam immer im Winter einkocht. Grundsätzlich sind wir große Freunde dieser verbreiteten Praxis, unvorteilhaft erwies sich hier jedoch das feine Reiben mit der Microplane, was die konservierte Trüffel recht matschig und alkoholisch zurückließ.
Der Hauptgang setzt die Demonstration klassischer Geschmacksbilder fort. Im Fokus standen zwei dicke, fleischige Tranchen Rehrücken, die sehr saftig und nur minimal vom wildtypischen mürben Hautgout gezeichnet waren. Ebenso klassisch fielen die Beilagen aus: geschwenkte Pfifferlinge, Selleriepüree, Zwetschgencreme und ein wunderbar leichtgewichtig souffliertes, aber aromatisch konzentriertes Brioche-Nockerl. Sehr gelungen war auch einmal mehr die Sauce, die bei Schelling immer eher an eine Schmorjus als an eine perfektionistische, technologieinduzierte Demi Glace erinnert. Und das ist auch gut so, denn dergestalt gelingt es den Saucen immer, den Tellern eine heimelige, emotionale Wärme einzuhauchen. Nicht ideal war für uns die Dramaturgie hinter dem Teller, der sehr erdig, wenig frisch und fast winterlich wirkte. In der Tat hätten wir uns in einem Dezember-Menü wohl kaum daran gestört. Im Juni, zur Hochsaison großer Gemüsevielfalt, fast ganz auf Gemüse zu verzichten, hinterließ bei uns jedoch das Gefühl, dass der Teller sein Potenzial nicht voll ausschöpft.
Alles stimmte dafür beim Dessert, einem weiteren Klassiker, den es auch im Tantris in verschiedenen Abwandlungen immer mal gab: Soufflé. In diesem Fall war es Karamellsoufflé, das traumhaft luftig, dicht und nachhaltig duftend aus einem heißen Förmchen auf den Teller glitt. Dass der Rest des Gerichts mit Erdbeeren, Waldmeister, Marilleneis, Buttermilchcreme, Passionsfrucht und Minze etwas bunt zusammengewürfelt wirkte, störte uns an dieser Stelle überhaupt nicht. Wir schrieben im vergangenen Jahr, dass uns manche Gerichte an Wirtshäuser unserer kühnsten Träume erinnern. Hier fühlen wir uns an wonnige Urlaubstage zurückerinnert, an Promenade, Sonnenschirm und Eiscafé – nur dass ein Eiscafé natürlich niemals auf diesem handwerklichen Niveau agieren wird und diese aromatische Tiefe auf den Teller bringt. Der stärkste Gang des Menüs!
Unterm Strich blitzten bei diesem Besuch mehr punktuelle Schwächen auf als beim Debut im vergangenen Jahr. Sigi Schelling aber zu kritisieren, weil sie „Fleisch-Sauce-Beilagen-Gerichte" kocht, wäre albern und nicht zielführend. Kritik üben kann man jedoch, wenn innerhalb des eigenen Rahmens Präzision abhandenkommt, etwa wenn Zutaten kaum herauszuschmecken sind (Fenchel), oder Komposition und Saison nicht perfekt aufeinander abgestimmt sind (Trüffel und Gemüse). Fest steht aber auch: Wenn das gelingt, konserviert niemand die Klassik so zeitlos wie Sigi Schelling.

Xaver's

Rumfordstr. 35,
80469 München
0157-71490313
xaver-s.de
Mo–Mi ab 17 Uhr, Do–So ab 12 Uhr durchgehend, kein RT
Hauptgericht: 15–29 €

Im heiteren bayrischen Wirtshaus Xavers, das in der Münchener Innenstadt von jungen Gastgebern geführt wird, erwartet Sie nicht nur ein hervorragender Schweinsbraten, sondern auch eine gelungene Fusion aus Tradition und Moderne. Das Team um Küchenchef Fabian Huber zeigt hier ein bemerkenswertes Gespür für sowohl bodenständige als auch anspruchsvolle Gerichte, die alle mit heimischen Produkten zubereitet werden und so die Attraktivität und Aktualität der bodenständigen Küche unterstreichen. Qualität und Frische der Zutaten sind hierbei die Hauptzutaten, ergänzt durch solides Handwerk und eine Prise Kreativität. Das Ergebnis sind schlichte, aber fein ausgearbeitete Gerichte der eher zupackenden Art und die Evolution der bayrischen Wirtshauskultur.

6

Zauberberg

Hedwigstr. 14, 80636 München
089-18999178
www.restaurant-zauberberg.de
Küchenchef: Sven Gerlach
Di–Sa ab 18 Uhr, So u. Mo RT
Menüs: 88–97 €

VISA

Unscheinbar in einem Wohngebiet in Neuhausen gelegen, verbindet das sympathische Lokal von Claudia Kimbacher entspannte Lässigkeit und Stil. Dazu passt auch die lockere, aber nie nachlässige Gangart, mit der hier im länglichen Gastraum oder bei schönem Wetter auf der Terrasse davor aufgetischt wird. Wer zu dem für alle Gäste gesetzten fünf- oder sechsgängigen Überraschungsmenü die jeweils passenden Weine ausgeschenkt haben möchte, bekommt treffsicher ausgewählte Gewächse serviert, mit denen sich die Gastgeberin erkennbar auseinandergesetzt hat. Das alles hat Hand und Fuß.
Ihr Restaurant Zauberberg führt sie schon etwas länger. Wir sind aber erst jetzt darauf aufmerksam geworden, weil hier mit dem neuen Küchenchef Sven Gerlach ein uns von seiner letzten Station im Essence bekannter Koch Einzug gehalten hat – und mit ihm eine ganze Menge Expertise und Kreativität, die sich unumwunden auf den Tellern bemerkbar macht. Konzeptionell bewegt man sich geschickt unterhalb eines preistreibenden Exklusivitätslevels, bietet aber trotzdem so viel Qualität und Originalität, dass die Küche auch für anspruchsvolle und kreativitätsliebende Esser interessant ist. Aromatisch geht das Ganze gut ab, die Küche steht also eher für kraftvolle Geschmacksbilder, überspannt den Bogen dabei aber nicht.
Beim Matjes mit Apfel-Fenchel-Kompott, kräuterfrischem Sauerrahm und körnigem Knäcke geht das Team gleich schon herzhaft in die Vollen: viel Salz am Fisch, viel Süße und ätherische Würze (verstärkt durch Fenchelsaat!) am Kompott, aber alles harmonisch und auf seine zupackende Art noch ausgewogen. Und dass der Chef ein Händchen für stimmige, balancierte Geschmacksbilder hat, wissen wir schon seit dessen Wirken im Restaurant Essence, man konnte es aber auch an der Kaltschale von Gurke und frischen Erbsen schmecken, in der nicht nur knackige Erbsen und geröstete Mandelplättchen zu finden waren, sondern auch marinierte Blumenkohlröschen, Flusskrebsschwänze und eine gebackene Nocke von Ricotta und Erbsen. Aromatisch würzige Spitzen bekam das Ganze von Basilikum und Shiso. Eine feine, sommerliche Vorspeise mit Raffinesse.
Raffinement bot auch der mustergültig fluffig-saftige, mit Marille gefüllte Topfenknödel, den der Chef mit aromatischem gereiftem Ziegen-Weichkäse und einer konzentrierten, dichten Gemüsejus gekonnt in einen herzhaften Kontext gesetzt hat – klug ergänzt von knackigen Spitzkohlstreifen. Ein gutes Gespür für das Wechselspiel von Süße und Würze zeigte auch der Fischgang um eine saftig und kross auf der Haut gebratene Tranche vom Adlerfisch, bei dem (geflämmte) Limettenmelone, (gerösteter) Pak-Choi und eine maßvoll scharfe Zitronengras-Currysauce ein reizvolles Ensemble abgaben. Ergänzt von knusprigem Wildreis auch das eine ansprechende Sache.
Ein klein wenig rustikaler wurde es beim Hauptgang um einen kernigen, tafelspitzartigen Cut vom US-Beef, der mit einer frisch-pikanten Salsa getoppt und von einer reduzierten Jus mit unaufdringlichen Barbecuearomen umspielt war. Was aber nicht am ausdrucksstark kernigen Fleisch selbst lag, sondern eher an den angegrillten Pimientos de Padrón und insbesondere an der etwas trockenen Tortilla. Geschmeckt hat es trotzdem sehr gut, und reizvoll begleitet wurde der Gang von einem Cabernet Sauvi-

gnon aus dem Wagram, der perfekt mit den grünen und roten Paprikaaromen harmonierte. Und auch zum Nachtisch, einem saftigen, anstatt mit Rum mit Kaffee getränkten Baba nebst rotem Früchtecoulis und Ricottamousse, leistet sich die Küche keine nennenswerten Wackler, wenngleich sie damit nicht ganz an das Niveau der Vorspeisen und Zwischengänge anknüpfen konnte. Unterm Strich eine respektable Küchenleistung auf knappem 6-Pfannen-Niveau zu moderaten Preisen. Macht uneingeschränkt Spaß!

Hotelempfehlung

★★★★★S

Hotel Bayerischer Hof

Promenadeplatz 2–6, 80333 München
089-21200
www.bayerischerhof.de
Einzelzimmer: 310–395 €
Doppelzimmer: 390–580 €

VISA

Das legendäre Hotel Bayerischer Hof mit Grandhotel-Atmosphäre im Herzen der Landeshauptstadt ist eine Welt für sich. Seit Januar 2014 kann das Haus mit einem neuen Dachgarten im 6. Stock des Hauses aufwarten. Weitere Besonderheiten sind das Premium-Kino „astor@Cinema Lounge“ mit 38 Plätzen, der spektakuläre „Blue Spa“ über den Dächern Münchens, der Nightclub mit Live-Programm, sowie insgesamt 5 Restaurants und 6 Bars. Gourmetrestaurant Atelier separat erwähnt.

Münster (Nordrhein-Westfalen)

7↑

BOK – Brust oder Keule

Melchersstr. 32,
48149 Münster
0251-9179656
www.brustoderkeule.de
Küchenchef: Laurin Kux
Di–Sa ab 18 Uhr, So u. Mo RT
Menüs: 120–171 €

VISA

Etwas außerhalb des Stadtzentrums von Münster im mehrheitlich von Wohnhäusern geprägten Kreuzviertel versteckt sich mit dem im Souterrain eines Eckhauses untergebrachten Lokal „BOK – Brust oder Keule“ seit längerem eines der lohnendsten Genussziele der Stadt. Mit seinem charmanten Bistroflair und pfiffiger Küche hatte sich das kleine Restaurant über die letzten Jahre bereits fest etabliert, bevor mit Laurin Kux ein neuer Küchenchef engagiert wurde, der das Kulinarium weiter deutlich pushen und nochmal mehr in Richtung Fine Dining bewegen konnte. Zu erleben ist das im einladend schlichten Ambiente des Restaurants genauso wie in der wärmeren Jahreszeit auf der idyllisch begrünten Terrasse davor.
Und egal ob drinnen oder draußen: Wenn zum Einstieg gleich so animierende Kleinigkeiten aufgetischt werden wie zuletzt mit markant und aromenfroh mariniertem Saibling neben fruchtig-scharfem Apfel-Kimchi und einem Baiser aus demselben, einem Thymiancräcker mit einem saftigen Zwiebelkuchenstück, das von cremig pasteurisiertem Eigelb gekrönt war und last but not least einem hauchdünnen Bierteigkörbchen mit Pastrami, erfrischend kühlem Bohnenkautschaum und Kaffeepulver, dann kann eigentlich nicht viel schiefgehen.
Einen Beleg dieser These lieferten im ersten Gang dann gleich vier äußerlich identische

Päckchen aus hauchdünnem eingelegtem Knollensellerie, zwischen denen abgeflämmte Makrelenstückchen zumindest einmal das Thema „Fisch“ aufzeigten. In den Päckchen versteckte sich dann einerseits ein sehr klar schmeckendes Tatar von der eher mageren Makrele, andererseits aber auch würzig-ätherisches Fencheltatar, in beiden Fällen getoppt von einem Gel aus Sellerie und Vanille. Dessen duftige Note knüpfte bestens an einem eher süßlich-ätherischen Kohlrabi-Petersilienfond an, der das Ganze umspielte, während eine üppige Kaviarnocke noch für intensiven jodigen Boost sorgte. Ein starker Auftakt!
Geschmeidig und süffig folgte sanft temperierte und kräftig abgeflämmte Lachsforelle auf in eigenem Öl gegartem Lauch, der sich durch eine feine runde Süße auszeichnete und nur wenig von den typisch dumpfen Noten aufwies. Eine schaumige Beurre blanc mit duftigem Melissenöl schaffte dazu einen harmonisch-lebendigen Rahmen, pointierte Kontraste setzten dagegen die Bitternoten von in Kurkuma mariniertem Chicorée und ein Zitrusgel auf filigranen Croûtons, die wiederum auf die Forelle appliziert waren.
Ein gelungenes Spiel mit lebendigen Säurespitzen gab es auch bei hervorragenden, knackig in Öl confierten Wildfanggarnelen, die nebst ihrem Tatar in einer papierdünnen Gemüsehülle auf einem röstwürzig dichten Krustentierschaum badeten, der dem Gericht als facettenreiches und prägendes Tableau diente. Fruchtig-scharfe und zitrisch-säurefrische Details rund um Karotte und Passionsfrucht sorgten zudem als Umfeld des Krustentieres für eine gewisse Dynamik.
Viel Licht und nur etwas Schatten im Hauptgang, der sich um eine Tranche vom Onglet mit wunderbar kraftvollem Geschmack und viel schmelzendem intramuskulärem Fett drehte, aber auch einen zwar supersoft geschmorten, aromatisch aber recht ausgelaugt wirkenden Würfel aus der Rinderschulter, der von schmorsüßer Schalotte bedeckt war. Daneben schaffte ein Raviolo mit gehobelter Bete und ein frischer Salat aus gelber Bete mit Meerrettich sowie eine eher helle und bei großer Tiefe zugleich transparent und elegant wirkende Schmorjus für einen feinsinnig balancierten Rahmen. Wenn hier auch noch die Schmorkomponente voll überzeugt hätte, wäre auch das wieder voll auf Linie mit den anderen Gerichten gewesen.
Und auf der lag ganz klar wieder das Dessert, das ein fluffiges, soft getränktes und dann geflämmtes und damit hauchdünn karamellisiertes Brioche neben ein dichtcremiges Vanilleeis stellte. Auf dem Eis setzten Rosinengel und dezent salzige Mandel pointierte Akzente und daneben schaffte konzentrierte Blutorange einen markant auffrischenden Kontrast.
Zu alledem sorgt ein junges, spürbar motiviertes Serviceteam für eine sehr angenehme Atmosphäre und dafür, dass es einem an nichts fehlt – hochwertige Weine im Glas eingeschlossen. Nur bei den teils in abenteuerliches Halbwissen abdriftenden Erklärungen zu Speisen und Wein könnte das Team noch ein bisschen sattelfester werden. Ansonsten lässt sich auch über das Serviceteam nur Positives sagen.

8

Cœur D'Artichaut

Alter Fischmarkt 11 a,
48143 Münster
0251-39582823
www.coeur-dartichaut.de
Küchenchef: Frédéric Morel
Mi–Sa ab 18.30 Uhr,
So von 12–13.30 Uhr,
Mo u. Di RT
Menüs: 140–210 €

Das gemessen nach unserem Bewertungsranking aktuell beste Restaurant in und um Münster versteckt sich in einer kleinen Innenhofpassage im Zentrum und ist ein sehr originell gestaltetes Lokal mit offener Küche. Man bekommt als Gast alles mit, sitzt fast ein wenig wie in der ersten Reihe einer Aufführung und hat trotzdem in keiner Weise das Gefühl, Zuschauer einer Showcooking-Aktion zu sein. Show ist dem gestandenen Küchenchef und Gastronom Fréderic Morel, dessen Art zu kochen wir schon während seiner Zeit im Hamburger Se7en Oceans sehr geschätzt haben, ohnehin sehr fremd. Auch auf seinen Tellern. Der gebürtige Franzose setzt bei aller Originalität und auch Kunstfertigkeit seiner Gerichte

in erster Linie auf Substanz und Geschmack. Und auf kraftvolle Aromen!
„Morel's Tasting" heißt das einheitliche Menü, das hier an vier Abenden sowie am Sonntagmittag in vier bis acht Gängen serviert wird und zumindest in Teilen immer eine Reise in die bretonische Heimat des Chefs ist. Es begann auch bei unserem letzten Besuch gleich mit attraktiven Kleinigkeiten, die im Fingerfood-Format schon mal andeuteten, dass es hier bei aller Balance und Ausgewogenheit aromatisch zupackend zur Sache geht. Etwa bei einem Rote-Bete-Baiser mit Meerrettichcreme und Sprotte oder den auf einen Buchweizencracker applizierten Komponenten eines quasi demonstrieren Schinken-Käse-Crêpes.
Dass der Chef zwar ein besonderes Faible für markante, gerne auch deftige Aromen hat, diese aber sehr gekonnt und mitunter fast schon subtil einzusetzen und miteinander zu verbinden vermag, demonstrierte eindrucksvoll die Vorspeise mit Makrele, Bete und wilder Heidelbeere. Der mit grünem Wacholder geräucherte und anschließend geflämmte Fisch thronte hier, umgeben von verschiedenen Bete-Komponenten, säurespendenden eingelegten roten Zwiebeln und Senfsaat, auf einem Spiegel von Blaubeeren. Und genau daran dockte auch kongenial der alkoholfreie „Blueberry Fizz" an, den man uns im Rahmen der äußerst ausgeklügelten nullprozentigen Getränkebegleitung dazu kredenzt hat.
Genau wie der aufgeschäumte Buchweizen-Cidre zur folgenden Jakobsmuschel. Zu der fungierten Schalotte und Yuzu als fast etwas zu dezent eingesetzter Refresher für eine Umami-Bombe par excellence, die mit Blaualgensalat, Lauch und einer cremigen Algen-Beurre-blanc rund um die gigantische Cocquille Saint-Jacque erster Güte aufgefahren wurde. Mit der jodigen Knackigkeit frischer Queller und dem Crunch von geröstetem Buchweizen war das eine haptisch aufgelockerte Angelegenheit, die jedoch geschmacklich schon relativ grenzwertig intensiv ausfiel.
Im Gegensatz zu der in Nussbutter beherzt colorierten Seezunge von selbstverständlich bester bretonischer Provenienz auf einer mit Vadouvan gewürzten Bratkartoffelcreme, die nämlich wiederum weit weniger deftig geschmeckt hat als eigentlich erwartet. Auch deshalb, weil sie von einem schaumigen Buttermilchsud mit Bergamotte zusätzlich sublimiert und erfrischt wurde.
Und es ging herzhaft, aber eben ausgewogen weiter. Nämlich mit zunächst mariniertem, dann sous-vide gegartem und final sehr scharf und kross angebratenem Bauch vom Duroc-Schwein. Der wurde auf einer würzig und umsmisatt angesetzten XO-Sauce platziert und von verschiedenen Komponenten unterschiedlicher Zwiebelgewächse flankiert, die von weißer Zwiebelcreme über geschmorte Lauchzwiebel und Schnittlauch-Mayo bis zu fermentiertem Knoblauch reichten. Und die dem ausdrucksstarken Fleisch hier eine klar pointierte, zugleich aber auch sehr facettenreiche Beilage waren.
Dass wir die alkoholfreie Getränkebegleitung dieses Restaurants nun schon wiederholt zu unseren Top 10 gewählt haben, hat mit sehr schön leichten und zugleich markanten, immer perfekt auf die zu begleitenden Gerichte abgestimmten Getränken wie dem Pinot-Noir-Traubensaft mit Fichtensprosse und Schwarztee zu tun, das es dieses Mal zum Hauptgang gab. Der stellte ganz hervorragendes Reh aus Münsterländer Jagd in den Mittelpunkt, perfekt zubereitet, mit viel Spannung und Saft im Fleisch, mit Fichtensprosse und Wacholder aromatisiert. Daneben sehr elegant und differenziert arrangierte Selleriekomponenten, die von knusprigen Wurzeln bis zu nach Waldorfsalat-Art gestalteten Zylinderröllchen reichten. Die für Wildbret eigentlich fast unverzichtbare fruchtige Süße und Säure kam in diesem Fall von Preiselbeeren, die in der Jus verarbeitet und auch als vereinzelte ganze Beeren auf dem Teller zu finden waren.
Genial auch der Cocktail aus Mandarine Sour und Pumpkin Spice zum Dessert, das ebenfalls aus Komponenten von der Mandarine und vom Kürbis zubereitet war, unter anderem einem Kürbiskerneis. Aufgelockert von genügend Säure und Frische, abgerundet vom wohldosierten süßen Schmelz weißer Dulcey-Schokolade, ergab das einen anspruchsvoll und vielschichtig arrangierten Nachtisch. Und war dabei genauso pointiert wie das aus den Aromen von Himbeere, Heckenrose und Pistazie komponierte süße Finale, das ein originelles Menü spannend abrundete und unsere hohe Bewertung als Schlussakkord noch mal fett unterstreichen konnte.

6

Giverny

Spiekerhof 25, 48143 Münster
0251-511435
www.restaurant-giverny.de
Küchenchef: Cyril Courtin
Di–Sa von 12–14 Uhr u. ab 18 Uhr, So u. Mo RT
Hauptgericht: 37–49 €,
Menüs: 85–105 €
EC VISA

Das schlauchartige Lokal in Münsters Innenstadt, das im vorderen Bereich eher dunkel und schmal ist, aber im hinteren Bereich in einen heiteren, lichtdurchfluteten Raum mündet, ist seit vielen Jahren und schon generationsübergreifend eine feste Größe, wenn es um feine Küche à la française geht. Einst von Cordula und Emile Zaragoza gegründet und inzwischen in der Hand von Tochter Nadja Winkler-Zaragoza und Ehemann Jörg Winkler mit unvermindert frankophilem Charme weitergeführt, welcher in der Küche von dem an der Loire geborenen und in der Champagne aufgewachsenen Küchenchef Cyril Courtin hochgehalten wird.

Es gibt hier ganz klassische und weitgehend gediegene Sachen wie frische Austern, Gänseleberterrine, eine Rohmilchkäseauswahl und natürlich eine Crème brûlée. Die Bouillabaisse, einen der Hausklassiker, darf man da auch mit dazuzählen, denn sie ist wirklich maximal traditionell gemacht und wird völlig schnörkellos serviert – als sämiges, kraftvolles Süppchen, gebunden wirklich nur durch das Extrakt der Ingredienzien und entsprechend pur, ursprünglich und „unverwaschen" schmeckt sie dann auch, zusammen mit Aioli, Sauce Rouille und milden Knoblauchcroûtons serviert und mit nicht mehr ein paar kleinen saftigen Fischfiletstückchen als Einlage.

Tendenziell auch klassisch, in der Umsetzung aber sehr zeitgemäß, kam zuletzt das Rindertatar daher, das comme il faut von Hand gewürfelt und deshalb nicht breiig war, sondern zarten Biss hatte. Mit hauchfein geschnittenen Schalotten, wahrscheinlich etwas Senf und Eigelb, generell aber recht zurückhaltend angemacht, bekam das Tatar seine Aromen quasi durch die auf seine Oberfläche drapierten Begleiter wie Radieschen, Brotchips, Schnittlauch, knusprige Zwiebelringe, eine Kräuteremulsion auf Mayobasis und Tupfen einer per Isi-Whip als Espuma aufgespritzten Vichyssoisse angedient. Und das ergab in Summe ein sehr attraktives mildwürziges Geschmacksbild mit vielen Nuancen.

Man kann sein Mahl auch mit einer Variation von Brust und Keule der Taube beginnen, die mit Topinambur und Gänselebersauce aufgefahren wird und von Cassis und schwarzer Walnuss herbfruchtige und süßlich-nussige Akzentuierung erfährt. Oder vegetarisch, mit rahmigem Brillat-Savarin in Kombination mit Roter Bete, Marone und den Aromen von Honig und Kaffee. Alles kommt nicht behäbig, sondern leicht und originell, meist mit einem kreativen Aromentwist daher.

Zur stattlich dicken Tranche eines einstmals offensichtlich sehr großen Zanders, der zwar nicht „high-end", aber doch in sehr guter Verfassung auf der Haut gebraten zusammen mit verschiedenem Cremigem und Knackigem vom Kohlrabi (zum Beispiel cremegefüllte „Dim-Sum"), wildem Brokkoli und etwas Tonburi auf dem Teller lag, waren für diesen Twist eine Dashi-Beurre-blanc und kleine Yuzu-Perlen verantwortlich, die zwischendrin immer wieder kleine zitrische Frischekicks entstehen ließen. Wer im Hauptgang zu seinem Bordeaux oder anderen Rotweinklassikern aus dem gut bestückten Sortiment lieber ein schönes Stück Fleisch isst, der dürfte mit einem Rinderfilet-Tournedos nebst Trüffelravioli, Schwarzwurzeln und Haselnuss auf einer mit Pedro-Ximénez-Sherry abgerundeten Sauce seine Freude haben. Denn für die stolzen Preise bekommt man hier tatsächlich immer auch Qualität und Quantität geboten.

So auch bei dem in unterschiedlichen sehr fein gearbeiteten Komponenten als kompakte „Straße" angerichteten Dessert um karamellisierte weiße Schokolade, Pistazie und Brombeere nebst einem Chicorée-Tofee-Eis, das hier mit wirklich nur ganz dezent angedeuteten Bitteraromen dem Ganzen eher Tiefe als einen markanten Akzent verlieh und nach unserem Geschmack ruhig noch etwas mutiger hätte gestaltet sein können. Denn mit ein paar schärferen Ecken und Kanten – etwa auch Säure im Kontrast zur vorherrschenden Süße – wären für das Dessert locker 7 Pfannen drin gewesen. Aber auch so war das ein attraktiver Abschluss, der die derzeit starke Form der Giverny-Küche nochmal dick unterstreichen konnte.

7

Spitzner

Königsstr. 42,
48143 Münster
0251-41441550
spitzner-restaurant.de
Küchenchef: Karl-Nikolas Spitzner
Di–Fr ab 18.30 Uhr, Sa von 12–14 Uhr u. ab 18.30 Uhr, So u. Mo RT
Hauptgericht: 36–49 €,
Menüs: 67–110 €

VISA

Nicht nur die vornehmen hohen Räumlichkeiten des mitten in Münster im Oer'schen Hof gelegenen Restaurant Spitzer haben ein gewisses nostalgisches Flair. Auch die hier zelebrierte Küche von Karl-Nikolas Spitzner besitzt in ihrer voll auf Produkt und Handwerk ausgerichteten klassischen Art heutzutage schon beinahe Seltenheitswert – wirkt dabei aber durch die wohlproportionierte, schlanke Umsetzung doch wieder ganz zeitgemäß. Und obwohl die Gerichte grundsätzlich sehr produktorientiert und gegenständlich sind, unnötige Spielereien konsequent vermieden werden, sorgt das Team an den richtigen Stellen dank guter Ideen für originelle Akzente. Damit ist die Spitzner'sche Küche ein absoluter Garant für sehr viel intensiven Produktgeschmack – mal von weiter weg, oft aber auch aus der Region – beste klassische Saucenkunst und eine gelungene Balance aus leichter Zugänglichkeit und Spannungsmomenten.

Erlebbar ist das sowohl innerhalb eines vorgeschlagenen Menüs wie auch ganz unkompliziert à la carte und wird in beiden Fällen zunächst einmal behutsam mit ersten Kostproben eingeleitet. Zuletzt geschah dies in Form von Zucchiniröllchen mit Rilettefüllung und ätherischer Kresse sowie einer auf salzigem Mürbteig geschichteten und von einem tiefaromatischen gelierten Gemüsefond gehaltenen Gemüse-Terrine. Das waren zwar noch zurückhaltende Miniaturen, die aber – genau wie eine zupackend feinwürzige Lammbratwurst mit Bärlauchschaum – mit ihrem sehr deutlichen natürlichen Geschmack schon einen guten Hinweis auf den Stil der Küche gaben.

Beim ersten regulären Gang wurde es dann deutlich feingliedriger: mit einer kraftvoll würzigen Schnittlauchmousse mit kleinen Leinsamencräckern im Zentrum, die von einer sanften Flusskrebsbisque aus der Espuma-Flasche und hervorragenden fleischig-saftigen Flusskrebsschwänzen umgeben waren. Das bot einerseits mit den zwei markanten Gegensätzen eine spannende Dynamik, machte es dabei den edlen Süßwasserkrebsen aber nicht leicht, sich zu behaupten. Am Ende stand der Schnittlauch ein bisschen zu sehr im Vordergrund und hätte beispielsweise eine noch konzentriertere, weniger sahnemilde Bisque als Kontra gebraucht.

Derartige kleine Dysbalancen sind aber die Ausnahme. Bereits beim folgenden auf der Haut gebratenen Wolfsbarsch – selbstredend handgeangelt! – in einem leichten Muschelsud mit Gemüse-Brunoises und etwas pointierter Würze von Chorizo, war wieder alles im Lot. Wozu in diesem Fall unter anderem Korianderöl und frische Blätter von Basilikum und Koriander als duftige Kontraste beitrugen, zwischen denen von irgendwoher noch eine weitere herbe Note aufblitzte, die an Salzzitrone erinnerte.

Den stärksten Eindruck des letzten Besuchs bot allerdings der mitsamt krossem Fettdeckel servierte Lammrücken auf einem bei absoluter Leichtigkeit zugleich maximal kraftvollen Lammsaft, der für einen noch stärkeren und pureren Produktcharakter (Geniestreich!) mit Sattelfett vom Lamm montiert und mit Bohnenkraut und Thymian kräuterwürzig aromatisiert wurde. Dazu gesellten sich noch eine kleine Blätterteig-Pastete mit würziger Lammhackfüllung sowie gebratener grüner Spargel und in Süßwein dunkel geschmorter Frühlingslauch, der in dieser Form eine besondere und ausdrucksstarke Würze beisteuerte. Großartig!

Nach diesem phänomenalen Powergang kam danach der betont frische und beschwingte Charakter des abschließenden Desserts gerade recht. Hier wurde das Aroma und die knackige Säure von zartem, homogen rosafarbenem

Rhabarber in verschiedenen Zubereitungen aufgefächert, schaumig laktisch abgefedert und von der hier punktgenau passenden Atsina-Kresse und ihrem feinen Anisaroma gewinnbringend ergänzt. Auch da wurde ganz locker und lässig das sonstige Niveau gehalten.
Nicht ganz auf der Höhe erlebten wir dagegen zuletzt den teils etwas harsch wirkenden Service, verbuchen das aber unter Tagesform und wissen, dass hier normalerweise aufmerksame und zuvorkommende Bedienung genauso sicher ist wie das hohe Niveau der Küche und der individuellen Weinkarte. Die befindet sich in stetigem Auf- und Umbau und hält somit jedes Mal wieder neue spannende Entdeckungen parat.

Münstertal (Baden-Württemberg)

7

Spielweg

Spielweg 61,
79244 Münstertal (Obermünstertal)
07636-7090
www.spielweg.com
Täglich von 12–16 Uhr u. ab 18.30 Uhr, kein RT
Hauptgericht: 29–41 €,
Menüs: 76–99 €

Kristin und Vicky Fuchs haben ihr kulinarisches Erbe behutsam weiterentwickelt, sodass nicht nur die alten Stammgäste mitgenommen, sondern auch vielen neue hinzugewonnen werden konnten. So hat dieses gastliche Gesamtkunstwerk, das malerisch zwischen hohen Wiesen und dunklem Tann im Münstertal, etwa eine halbe Autostunde südlich von Freiburg liegt, nach dem Generationswechsel nichts von ihrem traditionellen Charme verloren. Atmosphärisch sowieso nicht, aber auch nicht kulinarisch. Liebgewonnene Klassiker werden gehegt und gepflegt und die Novitäten, die nach Vicky Fuchs' Übernahme des Küchenzepters immer stärker zunehmen, behutsam und stimmig ins Repertoire integriert. Das führte mittlerweile zu einer deutlich erkennbaren eigenen Handschrift, die zwar vergleichsweise moderner, kreativer und weltoffener wirkt, aber unverändert auf dem Fundament der groß gewachsenen Traditionen des Hauses basiert.

Naumburg (Sachsen-Anhalt)

5

Gasthof Zufriedenheit

Steinweg 26, 6618 Naumburg
03445-7912051
www.gasthof-zufriedenheit.de
Küchenchef: Alexander Frömel
Di–So ab 11.30 Uhr durchgehend, Mo RT
Hauptgericht: 19–36 €, Menüs: 19–148 €

Viele Besucher werden Naumburg wohl vor allem wegen des sehenswerten Doms als UNESCO-Weltkulturerbe oder der durchaus reizvollen Umgebung rund um das auch für den Weinbau bekannte Saale-Unstrut-Gebiet besuchen. Dafür, dass hier auch kulinarische Freuden nicht zu kurz kommen, sorgt seit einigen Jahren das schmucke Hotel und Restaurant Zufriedenheit. Mitten im Herzen der Stadt finden sich hier nicht nur komfortable Zimmer in modern-heimeligem Ambiente, sondern auch das in hellem Grün puristisch-elegant gestaltete Restaurant mit idyllischen Außenplätzen auf der weitläufigen Terrasse und im Garten hinter dem Haus – vor allem aber die gute Küche von Alexander Frömel, der hier seit Juli 2019 als Chef am Herd steht.

Dieser bietet eine zeitgemäße, einfallsreiche Frischeküche mit regionalem Produktschwerpunkt – von diversen lokalen Gemüsen über Wild aus thüringischen Wäldern bis zu heimischen Süßwasserfischen wird hier eine reiche Palette von dem geboten, was die Umgebung kulinarisch zu bieten hat. Allerdings ohne dabei allzu dogmatisch zu sein. Es kann nämlich durchaus auch mal ein von weiter weg angereister Meeresfisch oder sonst irgendein exotischeres Produkt den Weg auf die Teller finden. So oder so betreibt das Team um Alexander Frömel bei den Gerichten durchaus einigen Aufwand, um abwechslungsreiche Eindrücke zu schaffen. Und auch, wenn die Genauigkeit in den Details dabei manchmal etwas hintenansteht, gelingt das in der Regel auch erfreulich gut.

Zuletzt beispielsweise bei einer Auswahl verschiedener Gemüse in unterschiedlichen Texturen, die als (etwas karg und lose wirkendes) Arrangement mit einerseits Rüben in Form von Bete-Gelee und Bete-Gel sowie Karotte, andererseits auch hocharomatischen gelben Tomaten, gemeinsam mit darüber gestreuten Rosenblättern, vor allem durch den intensiven natürlichen Geschmack der einzelnen Komponenten gefiel. Auch die Differenzierung zwischen eher erdigen und eher fruchtigen Bete-Noten gelang gut. Nur der rote Faden oder der klare Fokus fehlte hier nach unserem Dafürhalten etwas

Den gab es dafür naturgemäß beim folgenden schlanken Kohlrabisüppchen deutlich ausgeprägter: Das Süppchen punktete mit natürlicher Gemüsebindung, ohne dadurch gleich zum Püree zu werden, wurde gekonnt von einem duftigen Tonkabohnenschaum parfümiert, von etwas Crème fraîche auf der Tellerfahne aufgefrischt und von würzigen Croûtons mit kontrastierendem Crunch versehen.

Ebenso unkompliziert auf den Punkt gebracht war das Filet vom regionalen Wasserbüffel: mit satt aromatischem und straff-zartem Fleisch wurde der Büffel neben einer cremigen, mit den Samen des Orleanstrauchs (Anatto) aromatisierten Hollandaise angerichtet, die eine Spur mehr Säure vertragen hätte. Ergänzt von zart knusprigen Annakartoffeln und sautiertem Pak Choi für etwas grüne Frische und zarte Bitternoten war das eine sehr harmonische, schmackhafte Sache.

Den kreativsten Eindruck gab es zuletzt einmal mehr zum süßen Abschluss mit recht fest und etwas strohig gefrorenem Basilikumrahm als eine Art von Parfait neben Waldmeister-Gelee und knackigen Würfelchen von Staudensellerie und Fenchel, die mit einer dezenten Salzigkeit und ihrer herbalen Würze für Spannung sorgten, während etwas Zitrusschmand wiederum satt cremigen Ausgleich in das Dessert brachte, das wir so oder so ähnlich schon vom letzten Besuch kannten.

Abgerundet wird der Aufenthalt in der Zufriedenheit von dem flotten, gut organisierten Serviceteam und einer interessanten kleinen Weinkarte mit regionalem Fokus, von der die allermeisten Flaschen auch glasweise probiert werden können. Übrigens zu ebenso fairen Kursen wie das sonstige Angebot. Fazit: hier ist in der Tat alles sehr zufriedenstellend!

Hotelempfehlung

Hotel Gasthof Zufriedenheit

Steinweg 26, 6618 Naumburg
☎ 03445-7912051
www.gasthof-zufriedenheit.de
Einzelzimmer: ab 105 €
Doppelzimmer: ab 135 €
VISA

Im Zentrum des nördlichsten deutschen Weinanbaugebietes Saale-Unstrut und in Laufweite zum UNESCO-Weltkulturerbe Naumburger Dom lädt das stilvolle Hotel und Gasthaus Zufriedenheit in helle, moderne Räume. „Individuell, sachlich, elegant" umschreibt sich das

2017 nach umfassenden Renovierungsarbeiten wiedereröffnete Historikhotel im Herzen Naumburgs sehr treffend selbst. Und individuell ist tatsächlich schon die charmante „Wohnhalle“ des von Direktor Matthias Albrecht geführten Hauses, in der Empfang, Lobby, Bar und Restaurant fließend ineinander übergegen. Individuell gestaltet in schnörkellos wohnlichem Stil und zeitgemäß ausgestattet präsentieren sich auch die 15 Zimmer und zwei Suiten, mit feinen natürlichen Stoffen, leichten Daunendecken in Kingsize-Betten, großzügigen Bädern, modernen Flatscreen-TVs und natürlich schnellem WIFI. In Restaurant und Weinstube werden durchgehend große Klassiker und feine Kleinigkeiten serviert. Restaurant Gasthof Zufriedenheit separat erwähnt.

Naurath (Rheinland-Pfalz)

8

Rüssel's Gourmet Restaurant

in Rüssels Landhaus
Büdlicherbrück 1, 54426 Naurath
06509-91400
www.ruessels-landhaus.de
Küchenchef: Harald Rüssel
Mo u. Do ab 19 Uhr,
Fr–So von 12–14 Uhr u. ab Uhr,
Di u. Mi RT
Hauptgericht: 46–52 €,
Menüs: 145–175 €
VISA

Idyllisch im Grünen zwischen Wald, Wiesen und einem plätschernden Bach, zugleich aber nur einen Katzensprung von bekannten Ausflugszielen und Weingütern an der Mosel entfernt, ist das schmucke Landhotel der Familie Rüssel seit vielen Jahren eine feste Größe für Gourmets, die in der insgesamt so genussfreudigen Gegend zu Hause oder zu Besuch sind. Und bereits lange bevor es als flächendeckender Trend populär wurde, standen in der Küche von Harald Rüssel insbesondere auch die vielen guten Produkte aus dem Umland im Fokus, ganz nebenbei und ohne daraus gleich ein Dogma zu machen…

Ohnehin zeichnet die Küche des noblen Landhauses vor allem aus, dass die im besten Sinne klassisch geprägten Gerichte auf eine Art entspannt und gelassen daherkommen, wie es nur mit einem hohen Maß an Souveränität erreicht werden kann – und die keineswegs mit langweilig gleichzusetzen ist! Denn die Teller sind zwar nicht effekthaschend, aber mit ihrer aromatischen Tiefe und den feinen Details dennoch alles andere als behäbig. Einen schlagenden Beweis dafür lieferten zuletzt bereits die ersten einstimmenden Miniaturen, unter denen vor allem die mit Apfel und Ingwer akzentuierte Auster auf erfrischende Art neugierig auf mehr machte.

Und das nicht umsonst, denn auch der erste offizielle Gang, in dem fleischig zarte Hummerstücke in bestechend guter, reintöniger Qualität neben dünne Streifen roh marinierten Spargels, anisduftig konzentrierte Estragoncreme und verschiedene nussige Quinoa-Komponenten gestellt wurden, konnte als federleicht beschwingter Auftakt voll begeistern.

Die Rotbarbe, ebenfalls mit herrlich klarem Referenzgeschmack und üppigem Kaviar-Topping, wurde mit verschiedenen zarten Fenchel- und Gurkenzubereitungen in den ätherischen Duft und die Säure von Bergamotte gehüllt und damit ebenfalls betont frisch und dynamisch inszeniert. Wobei eine spannend hintergründige Gurken-Beurre-blanc dem Ganzen mehr Körper und Volumen mitgab als das in den Gängen vorab der Fall war und sich so auch eine dramaturgisch kluge Steigerung innerhalb der Menüfolge einstellte.

Gerade richtig, um auf das als großes, außen krosses und innen zart auf den Punkt getroffenes (nicht zu cremiges!) Medaillon auf den Teller gebrachte Kalbsbries vorzubereiten. Das wurde neben einigen mit Kalbsfarce gefüllten und vermutlich mit Sojasauce intensivierten Morcheln, sautiertem Spargel und frischen Erbsen sowie Erbsencreme als zwar frühlingshafter, aber zugleich von viel Power geprägter Gang inszeniert und begeisterte dergestalt ebenfalls uneingeschränkt.

Sogar noch kraftvoller wurde es dann bei dem formidablen, mit einem Teil seines Fettdeckels saftig gebratenen Rücken vom Müritzlamm – insbesondere wegen der zwar leicht wirkenden, mit Linsen und Jalapeño aber hochspannend zwischen vegetabiler Erdigkeit und pikanter Schärfe spielenden Sauce. Dazu sorgten eine dunkel schmorsüße Zwiebelcreme, gemüsefruchtiges Ratatouille, Artischocke und Selleriecreme für immer wieder andere Bezüge und einen ausgesprochen aufgelockerten Eindruck. Und nebenan bündelte ein kleines Schälchen mit Lammzungenragout auf seidiger Bärlauchcreme noch einmal sehr viel Würze und Kraft auf engem Raum. Insgesamt ein echtes Highlight und der stärkste Eindruck des letzten Besuchs! Wobei auch der süße Abschluss jedes Mal locker an das übrige Niveau anschließt. Ganz gleich ob auf betont leichtfüßige Art beinahe kitschig intensive Himbeerfrucht neben luftig cremigen Komponenten von ätherisch frischem Kräuterduft umweht wird, oder das zarte Parfüm von Lavendel und Mädesüß die ebenso zarte Frucht vollreifen weißen Pfirsichs neben Mandel und Amaranth ergänzt. Die Liebe zum Detail und eine feine Federführung bei der Umsetzung sind auch hier immer gegeben. Dazu bietet die zurecht prämierte Weinkarte eine beeindruckende, breit gefächerte und tiefe Auswahl spannender Gewächse, nicht nur von der Mosel, aus der das souverän agierende Team im Service auch korrespondierend hochwertige Empfehlungen in die Gläser bringt.

Hotelempfehlung

★★★★S

Rüssels Landhaus

Büdlicherbrück 1,
54426 Naurath
06509-91400
www.landhaus-st-urban.de
Einzelzimmer: 130–185 €
Doppelzimmer: 150–280 €

In einem ruhigen Seitental der Mittelmosel, zwischen Wald und Weinreben, liegt inmitten der Natur die L'art de vivre-Gourmetresidenz Rüssels Landhaus. Hier wurde aus einer alten Mühle ein Refugium des guten Geschmacks geschaffen und zugleich der Charakter und Charme des traditionsreichen Anwesens bewahrt. Die insgesamt 14 Zimmer und Suiten (6 Landhauszimmer und eine Landhaussuite sowie 5 Themenzimmer und 2 Themensuiten) sind mit Liebe zum Detail eingerichtet – jedes Zimmer mit individueller Ausstattung und Bezug zur Region. Regionalität wird in Rüssels Landhaus auch in Sachen Kulinarik groß geschrieben und ist nicht nur ein Lippenbekenntnis: sowohl im modernen Gourmet-Restaurant, als auch im Restaurant Hasenpfeffer darf man sich auf eine neue deutsche Küche mit dem Besten aus der Region, aus Deutschland und dem benachbarten Ausland im Dreiländereck freuen. An Sommertagen sogar auf der idyllischen Sommerterrasse am See. Rüssels Restaurant separat erwähnt.

Neroth (Rheinland-Pfalz)

6

Zur Neroburg

Hauptstr. 29,
54570 Neroth
06591-3445
www.neroburg.de
Küchenchef: Kevin Müllerstein
Do–Mo von 12–14 Uhr u. ab 17.30 Uhr, Di u. Mi RT
Hauptgericht: 14–26 €,
Menüs: 34–46 €

Weder an diesem entlegenen Ort in der Eifel, noch hinter der Fassade des ländlichen Hotel-

und Gastronomiebetriebs und schon gar nicht beim Betreten der schlichten Gaststube der „Neroburg“ würde man auch nur ansatzweise auf die Idee kommen, dass hier mehr als Bier und Schnitzel über den Pass wandern. Doch die Speisekarte offeriert zwischen Schnitzel Hawaii vom Eichelschwein, „Hausierertopf“ und Burger-Trio auch überraschend kreative und weltoffene Gerichte. Und über einer der Sitznischen, in denen die meisten der sechs oder sieben Tische untergebracht sind, prangen Foodfotos modern angerichteter Teller, die offenbar alle aus eigener Produktion stammen. Spielt sich da bloß irgendwer zwischen Dorfstammtisch und Kegelbahn ein bisschen auf, oder hat das tatsächlich Substanz?
Die Antwort folgte mit dem ersten Teller des Menüs „Kleine Weltreise“ auf den Fuße und war unmissverständlich: Da kann jemand richtig gut kochen, und dieser jemand ist der Junior-Chef Kevin Müllerstein. Denn mal von der immer etwas unästhetischen Plastikbeutel-Pressform abgesehen, die auch dieser sanft sous-vide gegarte Heilbutt von beachtlich guter Qualität und Frische im Vakuum angenommen hatte, war das ein sehr ansehnliches Gericht, das denen von der Galerie in nichts nachstand – und noch viel wichtiger: es schmeckte sehr gut! Von dem mit einer säuerlich-fruchtigen, an Miso erinnernden Paste bestrichenen und damit ganz leicht abgeflämmten Fisch, über das Erbsen-Radieschen-Tatar und weitere recht smart umgesetzte Erbsen-Komponenten, bis zu den Morcheln mit Morchelschaum… Und von hauchdünnen krossen Hühnerhaut-Chips sowie dem feinen Säurespiel in der Erbsensauce kamen weitere Finessen hinzu.
Ein gutes Feeling für den Umgang mit Säure, diesmal im Zusammenspiel mit natürlicher unaufdringlicher Süße, offenbarte auch die Mais-Schaumsuppe, welcher der Chef eine Mini-Maisteig-Tortilla, gefüllt mit Hackfleisch, Bohne und Sauerrahm, zur Seite gestellt hatte. Und letztlich auch das mit Gin und Tonic Water aufgespritete Gurkensorbet als kleines Intermezzo vor dem Hauptgang, das tatsächlich eine erfrischende Wirkung hatte und nicht wie so oft bloß ein verfrühtes Dessert war.
Dass der Chef und sein Team auch das traditionelle Fach sehr gut beherrschen, konnte man danach beim Zweierlei vom Rind sehr schön sehen und schmecken, von dem nicht nur ein kurzgebratenes Filet-Medaillon sondern auch eine klassische geschmorte Rinderroulade aufgeboten war – satt mit kraftvoll konzentrierter, aber noch gut ausgewogener Sauce glasiert. Mehr noch aber an deren wohlproportionierten und allesamt gut auf den Punkt gebrachten Begleitern in Form von zweiterlei Wirsing nebst Schwarzwurzel und Kräuterseitlingen sowie à part gereichten kleinen, sehr akkurat gefertigten Fächerkartoffeln. Da blieb kein Wunsch an solch ein im Grunde ganz handfestestes, im Detail aber doch sehr verfeinertes Gericht offen.
Und im süßen Teil des Menüs gab es schließlich noch die höchste Form der Anerkennung für die Kochkünste von Christian Bau – mit einem astreinen Plagiat von dessen Dessert „Japanischer Moment“. Und das war vom mit Matchatee-Creme, japanischem Milchreis und Litchischaum gefüllten Hippenring über die Nocke Eis von grünem Shiso, die Litschistücke und die ausgestochenen Kugeln der Drachenfrucht Pitahaya, bis hin zum kreisrund auf den Teller aufgetragenen Matchatee-Staub tatsächlich eine Eins-zu-Eins-Kopie der Arbeit des Meisters der franko-japanischen Hochküche. Und das auf verblüffend hohem Niveau umgesetzt!
Spätestens an dieser Stelle haben wir uns nochmal verstohlen umgeschaut, ob nicht doch irgendwo eine versteckte Kamera zu sehen ist. Aber da ist einfach nur ein talentierter junger Mann am Werk, der Bock hat, sehr gut zu kochen, und das eben nicht im Gourmetlokal, sondern in der schlichten Wirtsstube des Familienbetriebs tut.

Bezahlkarten-Symbole

Mastercard
EC-Maestro
Diners
American Express
VISA Visa

Neualbenreuth (Bayern)

Geniesser-Restaurant Altmugler Sonne

im Hotel Altmugler Sonne
Altmugl 20,
95698 Neualbenreuth (Altmugl)
09638-248
www.altmuglersonne.de
Küchenchef: Johann Lemberger
Di–So ab 18 Uhr, Mo RT
Menüs: 69–85 €

Auch nach vielen Besuchen ist es jedes Mal wieder überraschend, was Silvia und Johann Lemberger hier in Altmugl – das mindestens genauso abgelegen ist, wie es der Name suggeriert – über die Jahre aufgebaut haben. Der kleine, liebevoll gestaltete Landgasthof bietet einige behagliche Zimmer, vor allem aber eine attraktive und substanzstarke Küche, die für Hausgäste wie externe Besucher entweder in der bodenständigeren Version im Wirtshaus oder in einem bis zu fünfgängigen Gourmetmenü im Genießer-Restaurant erlebt werden kann.
Und das lohnt sich nicht nur für Urlauber, die sich in der Natur des Oberpfälzer Waldes oder in den Thermenwelten des nahegelegenen Sybillenbades entspannen, sondern durchaus auch einfach so für einen genussvollen Zwischenstopp. Denn die Küche Johann Lembergers zeichnet sich vor allem durch bestes klassisches Handwerk und eine klare Linie aus. Das wirkt im Vergleich mit den Tellern der jüngeren Generation zuweilen ein wenig oldschool, macht aber gerade durch den souveränen Verzicht auf unnötige Spielereien, die kraftvollen Aromen und den deutlichen Produktfokus in genau dieser Art jedes Mal wieder sehr viel Freude.
Ein perfektes Beispiel für die besten Seiten der Küche war zuletzt beispielsweise die Perlhuhnbrust mit saftig intensivem Fleisch unter kross ausgebratener Haut, die in ein mit natürlichen Mitteln abwechslungsreich gestaltetes Umfeld aus bittergrünen Puntarella-Spitzen, einer warmwürzigen Hollandaise mit feiner Säure, fruchtiger Tomatenmousse und ätherisch herbem Kräutersalat gestellt wurde, der von Granatapfelkernen noch zusätzliche Auflockerung erhielt. Da erkennt man sofort, dass da jemand Erfahrenes am Herd steht, der genau weiß, wie's geht…
Nicht gleichermaßen überzeugend war der als „Backfisch" servierte Stör, der auf diese rustikale Art der Zubereitung seine hohe Qualität sicher nicht voll ausspielen konnte und seinen festfleischig-klaren Charakter trotz der stimmigen Kombination mit heimischem mildem Kaviar auf Sauerrahm und einer elegant reintönigen Fischbouillon in dem für seine Klasse etwas zu bodenständigen Panier-Gewand verstecken musste.
Auf ganz geradlinige Art wieder in sicherem Fahrwasser bewegte sich die Küche mit der Kombination von Lachs und Jakobsmuschel – beide bratwürzig und innen glasig auf dem Punkt – mit sautiertem Blattspinat und einer duftig feinwürzigen Kräutersauce. Und auch der Hauptgang mit einem Zweierlei vom Rind, das einmal straff und spannungsgeladen kurzgebraten und einmal löffelzart geschmort neben teils vielleicht etwas zu dominant süßlichen Rüben, einer eleganten reduzierten Jus und elastisch zarten Kartoffel-Trüffel-Gnocchi aufgeboten wurde. Und auch wieder genau die zupackende, klar konturierte Linie repräsentierte, durch die sich die Küche am meisten auszeichnet.
Weil am Ende auch ein saftiges Stück Apfeltarte (eher eine Art fluffiger Pancake) neben erfrischend grünen Apfelkomponenten, nussigem Kürbiskerneis und etwas für dunklere tiefe Aromatik sorgender Schokolade auf sehr souveräne Art überzeugte, bleibt es auch in diesem Jahr bei der guten Bewertung und einer klaren Empfehlung. Und die schließt auch den persönlichen und herzlichen Service von Gastgeberin Silvia Lemberger ein; einzig die offen ausgeschenkten Weine könnten wir uns vom Niveau her noch ein klein wenig anspruchsvoller vorstellen.

Neuburg an der Donau (Bayern)

Historische Gaststuben

im Romantik Hotel Zum Klosterbräu
Kirchplatz 1,
86633 Neuburg an der Donau
08431-67750
www.zum-klosterbraeu.de/home.html
Küchenchef: Otto Böhm
Mo ab 18 Uhr,
Di–So von 11.30–13.30 Uhr u. ab 18 Uhr,
kein RT
Hauptgericht: 22–42 €,
Menüs: 39–74 €

Etwas außerhalb von Neuburg an der Donau im hübschen kleinen Bergen prägt das massive burgähnliche Kloster markant das Ortsbild, so wie das Romantikhotel Klosterbräu ganz eindeutig den gastronomischen Mittelpunkt darstellt. Der historische, warmfarbig in Terrakotta gestrichene Gasthof verbindet traditionellen Charme mit gehobenem zeitgemäßem Standard und legt außerdem in allen Bereichen hohen Wert auf das kulinarische Angebot, das seit geraumer Zeit zwei unterschiedliche Restaurantkonzepte umfasst.
Auf vergleichsweise bodenständigere und stärker in der Tradition verwurzelte Art setzt das Team des Klosterbräu diesen Anspruch in seinen historischen Gaststuben um. Zwischen massiven weißgetünchten Wänden, dunklem Gebälk, knarrenden Holzdielen und elegant gedeckten Tischen herrscht dafür ein sehr adäquater heimelig-gemütlicher Rahmen. Und die zwischen ganz klassischen Traditionsgerichten und pfiffig variierten saisonalen Kompositionen pendelnde Speisekarte deckt genau dieses Feeling auch auf kulinarischer Seite adäquat ab.
Beispielsweise mit einem Rondell aus zarten Wildlachsscheiben rund um eine dillwürzige Schmandcreme, das von feinbitteren Salatspitzen und Cocktailtomaten auf unkomplizierte Art auflockernd ergänzt wurde und so einen ansprechenden und erfreulich frischen Auftakt schaffte. Oder aromatisch deutlich kraftvoller mit gebratener Blutwurst, die schön saftig und typisch warmwürzig neben kleinen Tupfen süßlich-milder Selleriecreme mit Kräuteröl und gebratenen Waldpilzen angerichtet war. Und die dergestalt ebenfalls einen angenehm aufgeräumten und dank guter Produkte und sorgfältiger, feinfühliger Zubereitung insgesamt sehr properen Eindruck machte.
Wie hoch das Niveau der Klosterbräu-Küche dank grundsolidem traditionellem Handwerk ist, zeigte im Hauptgang beispielhaft ein Coq au vin mit tiefer, weinfruchtiger Sauce. Etwas Rahmwirsing brachte dazu einen helleren Kontrast auf den Teller, während eine Lebercreme für zusätzliche Tiefe und Würze sorgte. Diese Creme akzentuierte auch die separat servierten saftigen Kürbisnockerl mit gerösteten Kürbiskernen auf sehr pfiffige Art, so dass man es hier mit einem Hauptgang auf lupenreinem 6-Pfannen-Niveau zu tun hatte.
Der süße Abschluss rund um eine Mandelcremeschnitte mit nussigem Boden und üppiger Mandelbuttercreme neben mit Honig karamellisierten Herbstfrüchten und einem cremig schmelzenden Walnusseis konnte da auf ihre etwas ausladend süße Art zwar nicht ganz mithalten, machte aber ebenfalls Freude. Und sie blieb stilistisch voll und ganz auf Linie der Küche und vervollständigte so den sehr stimmigen Gesamteindruck.
Zu dem trägt übrigens auch das charmante junge Serviceteam bei, das hier mit viel Engagement bei der Sache ist und unter anderem auch kompetent dafür sorgt, dass die Gläser passend zu den Gerichten und individuellen Vorlieben der Gäste gefüllt sind.

7 🍴🍴🍴🍴

Klosterbräu 1719

im Romantik Hotel Zum Klosterbräu

Kirchplatz 1,
86633 Neuburg an der Donau
☎ 08431-67750
www.zum-klosterbraeu.de/home.html
Küchenchef: Michael Helget
Mi–Sa ab 18.30 Uhr, So–Di RT
Menüs: 74–119 €

EC VISA P

Das Romantik Hotel Klosterbräu verbindet hinter seinem historischen, warmfarbig gestrichenen Gemäuer traditionellen Charme mit gehobenem zeitgemäßem Standard und legt besonders viel Wert auf ein anspruchsvolles kulinarisches Angebot, das seit geraumer Zeit in zwei unterschiedlichen Restaurantkonzepten umgesetzt wird. Anders als in den benachbarten urigen Stuben, in der die lange gastronomische Tradition des Hauses seit vielen Jahren unter der Ägide von Gastgeber und Küchenchef Otto Böhm lebendig gehalten wird, trägt das neue und noch ambitioniertere „Klosterbräu 1719" zwar das historische Gründerdatum im Namen, ist ansonsten aber ein ganz junges Projekt, mit dem die Gastgeber ihren Anspruch kulinarisch auf ein noch höheres Level heben möchten.

Dafür, dass an den gerade mal drei bis vier Tischen des in traditioneller eleganter Art gestalteten Restaurants tatsächlich hohes Niveau geboten wird, wurde mit Michael Helget ein hochmotivierter und – so viel bereits vorab – sehr fähiger Mann engagiert, der bei unserem Antrittsbesuch sein gutes Gespür für zeitgemäß leichte und dennoch aromenstarke Kompositionen bereits eindrucksvoll unter Beweis stellen konnte. Erlebbar wird das hier im Rahmen zweier unterschiedlicher Menüs, von denen eines vegetarisch ist und die beliebig miteinander kombiniert werden dürfen.

Als Einstimmung zur omnivoren Variante zeigte das Team mit einem beinahe hummergroßen Flusskrebsschwanz in jedem Fall schon einmal ausgezeichnetes Produktverständnis und verpasste dem Krebs mit einer sanften Umgebung aus Nussbutter und Rübencreme eine vornehm zurückhaltende Inszenierung, die nur durch etwas Schnittlauchöl und die milde Säure an gepickelter bunter Bete aufgebrochen wurde. Das hatte erstaunlich viel klassische Größe und machte erfolgreich neugierig auf das Kommende…

Dass diese vornehme Zurückhaltung aber keineswegs durchgehendes Konzept, sondern eher ein dramaturgischer Kniff war, zeigte der erste offizielle Gang, der als echter Eyecatcher mit dem knalligen Grün eines puren und hochkonzentrierten Brunnenkressesuds fesselte. Dieser umspielte ein Rondell aus geschmorter Topinambur, zartem hellem Topinamburtatar und einem ebenfalls mild gewürzten Kalbstatar neben frischer Brunnenkresse, Knochenmark-Mayonnaise, knuspriger Topinambur und einem exakt dosierten Plättchen von weißer Schokolade, welche die herbe Kräuterwürze mit ihrer schmelzenden Süße gewinnbringend ergänzte.

Umso überraschender war es, dass der Umgang mit Süße im nächsten Gang völlig aus dem Ruder lief: Verschiedenfarbige, teils cremige, teils mit zartem Biss gegarte Karotten wurden hier mit fruchtiger Johannisbeersauce, duftigem Vanilleschaum und karamellisierten Walnüssen zwar harmonisch inszeniert, allerdings auch auf ein Süße-Level gebracht, das viele moderne Desserts nicht mal erreichen. Die beigefügten Holunderbeeren hatten da kaum eine Chance, ihren herben Charakter auszuspielen und hätten zwingend Unterstützung von eher natürlich-säuerlicher Johannisbeere oder sonst irgendeiner frischen Komponente gebraucht…

Direkten Ausgleich gab es allerdings im Anschluss mit einer geballten (harmonischen) Ladung an Säure, Salz und Umami im Rahmen einer gelungenen Interpretation des „Ceasars Salad". Und zwar in Form saftig warmgeräucherter Goldforelle mit Forellenkaviar, gegrilltem Romanasalat, samtigem Parmesansdressing und papierdünnen Brotchips für auflockernden Crunch. Und auch bei der Taubenbrust neben vielfältig variiertem Kürbis war wieder alles im Lot. Der Kürbis wurde dabei als Creme, gebratene Quader, Espuma, Kernöl-Mayonnaise und geröstete Kerne zwar eher auf der nussigen als auf der süßen Seite angesiedelt, schaffte dabei aber rein proportional dennoch einen eher breiten Eindruck. Die aromatische Akzentuierung mit Purple Curry und Café-de-

Paris-Gewürz auf der Tellerfahne lockerte das aber ein Stück weit auf und sorgte dafür, dass der Teller unterm Strich abwechslungsreich wirkte und sogar einen gewissen Spannungsbogen hatte.
Ebenso mutig wie überzeugend gelang dann der süße Abschluss mit milchig-milder Steinpilzmousse, die mit ihrer hintergründigen Würze gut mit der herben Säure von Zwetschgen als Sorbet und Gel sowie, tiefen dunklen Kakaonoten korrespondierte – spannend ergänzt von einem Hauch Salzkaramell und Mole-Gewürz. Und genau damit sicherte sich das Team direkt zum Einstieg eine respektable Bewertung mit 7 Pfannen, auch wenn die mit ein bisschen mehr Konstanz und Detailgenauigkeit künftig noch untermauert werden sollten.
Kredenzt wurde das Menü von einem jungen Team, das kleinere Kompetenzlücken (vor allem beim Weinservice) mit viel Charme, Sympathie und Motivation wettmachte. In der Weinkarte finden sich so oder so viele lohnende Optionen aus Deutschland, Österreich und der Welt zu fairen Preisen.

Neuendorf-Sachsenbande
(Schleswig-Holstein)

6↑

Zum Dückerstieg

Dückerstieg 7,
25554 Neuendorf-Sachsenbande
04823-92929
www.dueckerstieg.de
Küchenchef: Frank Prüß
Mi u. Do ab 17.30 Uhr,
Fr–So von 11.30–13.30 Uhr u.
ab 17.30 Uhr, Mo u. Di RT
Hauptgericht: 10–37 €,
Menüs: 49–70 €
VISA P

Die Lage an der Ortsdurchfahrt der Gemeinde in der beschaulichen Prärie des Landkreises Steinburg, die Architektur des Gebäudes, die Logos unterschiedlicher Brauereien auf Fahnen, Leuchten und Windfang, sowie das traditionelle Ambiente der Gasträume – all das passt perfekt in das Bild eines norddeutschen Landgasthofs. Doch der Blick in die Speisekarte verrät, dass die Ambitionen der Küche deutlich über Schnitzel Wiener Art oder Steakpfanne hinausgehen. Die gibt es hier zwar auch, daneben aber mehrheitlich durchaus einfallsreiche und weltoffene Gerichte. Etwa Vorspeisen wie karamellisierter Ziegenfrischkäse mit Quitte oder geräucherte Entenbrust mit Apfel, Rotkohl und Nüssen, oder der Hauptgang des viergängigen Menüs, ein mit einer Kruste von fermentiertem Knoblauch gratinierter Lammrücken nebst sautiertem Spitzkohl, Kartoffelkrapfen und Bärlauchsauce.
Eine sehr attraktive Vorspeise war zum Beispiel auch das Dreierlei von der Lachsforelle mit Gurke und Senf. Weil hier zum einen der Fisch von der optisch sehr schön in Szene gesetzten gebeizten Variante über eine kaltgeräucherte abgeflämmte Tranche bis zu warmgeräucherten Stücken und dem eigenen Kaviar qualitativ sehr proper daherkam. Und weil er zum anderen mit einem akkurat als Ring arrangierten Gurken-Kräuter-Salat, der von einer erfrischenden, aromatisch ausgewogenen marmorierten Kräutervinaigrette und einem punktuell eingesetzten Zitronengel auf zeitgemäße Art, frisch und leicht umspielt wurde, auch als Komposition niveauvoll arrangiert war.
Der Chef weiß nicht nur, wie man stimmige Kombinationen zusammengestellt, er hat auch das Know-how, sie sehr schmackhaft zubereiten zu können und außerdem ein gutes Gespür dafür, wie man sie wohlproportioniert auf den Teller bringt. All das zeigte nämlich auch der Zwischengang um schön prall und saftig mit geschmortem Ochsenschwanzfleisch gefüllte Ravioli, die mit verschiedenen süßsauer eingelegten bunten Gemüsen, die hier Dynamik und auflockernde Frische ins Spiel brachten, auf etwas Selleriecreme angerichtet waren. Und die durch ein Saucenduett aus heller milder Schaumsauce und reduzierter Kalbsjus zu süffigem Soulfood wurden.
Gehobenen Anspruch an die Produkte und ein feines Händchen für perfekte Garzeiten ließ dann auch die eindrucksvoll saftig zart auf den Punkt gebrachte, qualitativ sehr gute und frische Tranche vom Adlerfisch erkennen, weshalb es hier auch überhaupt nicht ins Gewicht fiel, dass die gebratene Haut des Fisches nicht mehr kross war. Und auch wenn der Adlerfisch

ein relativ robuster Fisch ist, hätte der Kürbis-Graupen-Risotto, auf den er zusammen mit Blattspinat gebettet war, als Beilage schnell zu breit und zu mächtig für ihn werden können. Doch auch das war eine locker-flockige Angelegenheit: der fein gewürfelte Kürbis hatte noch Biss, war eher fruchtig und nussig und bekam durch die Säurestruktur eines konsistenten Weißburgunderschaums mit Sprenkeln von Kürbiskernöl, die das Nussige noch unterstrichen, eine lebhafte Sauce zur Seite.
Für Freunde des gepflegten variantenreichen Fleischgenusses fährt die Küche beispielsweise rosa gebratenen Rücken und geschmorte Haxe vom Holsteiner Kalb auf und liiert sie mit getrüffeltem Wirsing, Sesam-Kartoffeltalern und einer mit weißem Port abgeschmeckten Jus. Und zum Nachtisch legt sie ganz überraschend nochmal eine Schippe drauf und präsentiert verschiedene allesamt beeindruckend gut auf den Punkt gebrachte Spielarten von Blutorange, die von glatt-schmelzigem weißem Schokoladeneis, etwas weißer Luftschokolade und Mousse von in diesem Kontext ebenfalls sehr gut korrespondierender Ruby-Schokolade sanft umschmeichelt wurden. So hatten wir es mit einem rundum harmonischen Abschluss geschmeidig ineinanderlaufender Komponenten zu tun, der sich eigentlich fast schon auf 7-Pfannen-Niveau bewegte.
Und weil das alles zu einem sehr günstigen Preis-Genuss-Verhältnis zu haben ist und von sehr aufmerksamen und sympathischen Servicemitarbeiterinnen aufgetragen wird, macht eine kulinarische Landpartie nach Neuendorf-Sachsenbande gleich noch mehr Spaß.

Neuhütten (Rheinland-Pfalz)

7

Le Temple

Saarstr. 2, 54422 Neuhütten
06503-7669
www.le-temple-du-gourmet.de
Do–Di von 12–14 Uhr u. ab 18 Uhr, Mi RT
Menüs: 130–165 €
VISA

Der moderne dunkle Bau, das durchgestylte Interieur, das schicke Gourmetrestaurant mit französischem Namen – all das wirkt im beschaulich-ländlichen Neuhütten fast schon etwas surreal, hebt sich jedenfalls sehr deutlich von allem ab, was es hier sonst so gibt. Und das lässt sich problemlos auch über die Küche sagen, die im Rahmen zweier unterschiedlicher Menüs klassische französische Eleganz in handwerklicher Präzision und Feinabstimmung auf die Tische bringt und sich damit von der übrigen rustikalen bis gutbürgerlichen Gastronomie der Gegend distanziert. Alles kommt sehr leicht, wohlproportioniert und hübsch angerichtet daher, es wird finessenreich mit (natürlichen) Texturen und Kontrasten gespielt und die durchaus feingliedrig aufgebauten Kompositionen sind immer auch schwelgerisch opulent, neigen aber nie zu erheblicher Schwere. Eben eine intelligent modernisierte klassische Küche. Die Weinkarte ist international gut sortiert und bietet ein gutes Preis-Leistungs-Verhältnis. Im Haus gibt es zudem gepflegte, preiswerte Hotelzimmer.

Neu-Isenburg (Hessen)

5↑

Alter Haferkasten

Löwengasse 23, 63263 Neu-Isenburg
06102-3260569
restaurant-haferkasten.de
Küchenchef: Francesco Pugliese
Di–Sa von 12–14.30 Uhr u. ab 18 Uhr, So u. Mo RT
Hauptgericht: 28–36 €, Menüs: 65–120 €
VISA

Italienische Restaurants, die mit einer langen Familientradition und einer gewissen „Urlaubs-Atmosphäre“ erfolgreich sind, gibt es hierzulande viele – darunter auch nicht wenige, die es zu einem lokalen In-Status geschafft haben. Dass dabei aber auch kulinarisch etwas Überdurchschnittliches geboten wird, ist eher sel-

ten. Und genau deshalb ist der Alte Haferkasten in Neu-Isenburg eine Besonderheit.
Denn hier gibt es einerseits die bis ins 18. Jahrhundert zurückreichende Historie des Hauses und die Geschichte der seit 1980 den Betrieb führenden Familie Pugliese, in der Patron Saverio Pugliese das Ristorante mit gehobener italienischer Küche zu beachtlich Erfolg geführt und einem beliebten Treffpunkt auch für prominente Gäste gemacht hat – andererseits steht über allem aber tatsächlich auch ein hoher Qualitätsanspruch an die Produkte und eine substanzstarke handwerkliche Zubereitung.
Mittlerweile führt Sohn Francesco Pugliese das Geschäft und sorgt sowohl am Herd als auch im Service für die Fortführung der Tradition. Auch wenn unter seiner Leitung die Küche ein bisschen moderner geworden ist oder sich zumindest nicht mehr strikt traditionell präsentiert, hat sich an den Grundpfeilern des Erfolgs nichts geändert: Es wird hochwertig eingekauft, alles frisch und handwerklich souverän zubereitet und dabei mit der typisch italienischen Geradlinigkeit konsequent auf unnötige Spielereien verzichtet.
Entsprechend bieten selbst allgegenwärtige „Italo-Klassiker“ wie scheinbar simple Spaghettini alla Calabrese ein klar überdurchschnittliches Esserlebnis. Aber auch, wenn luxuriösere Produkte zum Einsatz kommen und beispielsweise ein Carpaccio von der Wildgarnele mit Imperial Kaviar gekrönt wird, können sich die Ergebnisse sehen und schmecken lassen.
Unter den weiter von der Tradition entfernten Vorspeisen gab es zuletzt auch ein Ceviche mit vollreif cremiger Avocado und zarten Flusskrebsen in einer präsent säuerlichen, aber nicht allzu lautstarken Marinade. Aufgelockert von fruchtigen Tomatenstücken, Frühlingszwiebeln, frischem Koriander und knusprigen Taco-Chips war das zwar ein rustikaler gearbeiteter, geschmacklich aber gut balancierter und vor allem sehr erfrischender Starter.
Dagegen zielten die hauchdünnen geschmeidigen Ravioli mit saftiger und tiefwürziger Kalbfleischfüllung, die in einer samtigen, aromatisch konzentrierten Cremesauce mit knackigen weißen Spargelstücken serviert wurden, voll auf die Art von emotionaler Wohlfühlküche, die man mit Italien verbindet – aber nur selten so anspruchsvoll serviert bekommt.
Dass die gleiche Sauce auch eine saftig-knusprige Geflügelbrust nebst weißem Spargel und intensiven Spitzmorcheln untermalte, änderte nichts an dem harmonisch-intensiven Eindruck, den diese Kombination hinterließ. In der üppigen, schwelgerischen Kraft war das eher oldschool aufs Porzellan gebracht, aber auf eine sehr einnehmende und ansprechende Art.
Der süße Abschluss rund um einen pochierten, naturbelassen wirkenden Pfirsich, der von einer dichtcremigen Champagnersabayon ein schmeichelndes Kleid bekam, blieb diesem Stil treu, zählte aber nicht zu den stärksten Momenten des Besuchs. Ergänzt wurde die sommerliche Frucht nämlich von einem Pistazieneis, das mit seinem extrem von Amaretto überparfümierten Geschmack sehr wenig von dem markanten Aroma der namensgebenden Nuss mitbrachte und die Kombination letztlich dominierte.
Mit dem nicht nur bei Stammgästen zuvorkommend aufmerksam mit Gentilezza agierenden Service und vielen hochwertigen italienischen Weinen im Keller wird ein Besuch stets positiv abgerundet. Und wenn im Sommer draußen in einem Pavillon an der Gasse eingedeckt wird, kommt dann tatsächlich auch ein gewisses Urlaubsfeeling auf!

Neukirch (Baden-Württemberg)

6

Gasthof zum Hirsch

im Hotel Gasthof zum Hirsch
Argenstr. 29,
88099 Neukirch (Goppertsweiler)
📞 07528-1765
www.gasthof-zum-hirsch.com
Küchenchef: Artur Frick-Renz
Mi–Sa ab 17.30 Uhr,
So von 11.45–13.45 Uhr u. ab 17.30 Uhr,
Mo u. Di RT
Hauptgericht: 17–35 €,
Menüs: 38–75 €
EC VISA P

Im kleinen beschaulichen Goppertsweiler ist der ländlich schmucke Gasthof zum Hirsch

ganz klar die größte Attraktion. Mit heimeligen Gästezimmern für eine entspannte Auszeit und einem ebenso gemütlichen wie ambitionierten Restaurant bieten Ulrike und Artur Frick-Renz hier ein Ziel, für das sich die Anreise lohnt – ganz gleich ob für mehrere Tage oder nur für einen genussvollen Abend. Für Letzteren bietet das Haus gemütlich-farbenfrohe Stuben mit fein gedeckten Tischen und einen lauschigen Gastgarten. Und natürlich die substanzstarke und geradlinige Küche des Gastgebers, deren Stärken ganz klar in gutem klassischem Handwerk und kraftvollen Aromen liegen.
Genau das zeigten zuletzt auch schon die Appetizer in Form einer saftigen Lauchquiche, eines knusprigen Mürbteigschiffchens mit Tatar von geräucherter Forelle und Radieschencreme sowie einem Waffelhörnchen mit pikant und frisch abgeschmeckter Avocadocreme als durchweg prägnante und unkomplizierte Miniaturen.
Der erste reguläre Gang präsentierte dann ein Thunfischtatar in ungewohnt rustikalem Gewand – nämlich stark gesäuert und zwiebelig, wie man eher bei Beef-Tatar erwarten würde. Gemeinsam mit ebenfalls zupackenden und in dem Kontext nicht sehr typischen Begleitern in Gestalt von ätherisch-scharfen Rettich-Juliennes, knusprig frittierten Kapern und erdiger Kichererbsencreme ergab sich allerdings ein stimmiges, verfeinert rustikales und sehr lebendiges Gesamtbild. Und das bekam von einem Bouquet aus Erbsensprossen, Frisée und Koriander genau den richtigen grünen Frischemoment zur Seite gestellt.
Saftig süffiges Soulfood und zurecht ein Klassiker des Hauses folgte mit der wildwürzig konzentrierten Rehbolognese, die im tiefen Teller gemeinsam mit geschmeidigen breiten Bandnudeln und feinwürzigem Bergkäse serviert wurde. Frittierte Petersilie sorgte für feingliedrigen Crunch und einen kräuterigen Akzent und rundete das kompakte, schwelgerische Gericht gut ab.
Als Hauptgang mit viel Format und Power stellte das Team dann das knusprig-saftig gebratenes Filet von einem sichtbar kapitalen Wolfsbarsch neben feinsäuerlich fermentierten Fenchel und eine leichte, ätherisch-duftige Lorbeersauce und setzte in Form von zarten Ravioli mit kräftiger Auberginencremefüllung noch einen weiteren charakterstarken Mitspieler ins Feld. Das Ergebnis verband ein weiteres Mal mit beherzten deutlichen Aromen in harmonischer Abstimmung geradlinige Bodenhaftung mit einer gewissen Finesse und zeigte die Küche von ihrer besten Seite.
Und weil auch zum Abschluss ein Holunderblütensorbet unter bitterfrischem Blutorangen-Camparischaum oder eine weiße Schokoladenmousse mit feiner Passionsfruchtnote, die ganz passend und konzentriert in einem Passionsfruchtsorbet noch verstärkt wurde, in ebenso klararomatischer wie handwerklich souveräner Machart auf den Tisch kam, bleibt es bei einem rundum stimmigen Gesamteindruck, 6 Pfannen und einem entschiedenen „weiter so!"
Das gilt im Übrigen auch für die herzliche Art des Serviceteams rund um die Gastgeberin und auch für die gut sortierte Weinkarte mit vielen lohnenden Entdeckungen aus dem Bodenseeraum und den angrenzenden Nachbarländern.

Neuleiningen (Rheinland-Pfalz)

7

Alte Pfarrey

Untergasse 54,
67271 Neuleiningen
06359-86066
www.altepfarrey.de
Küchenchef: Bettina Kissling-Lange
Di-Do ab 18.30 Uhr,
Fr u. Sa von 12–13.30 Uhr u.
ab 18.30 Uhr,
So u. Mo RT
Menüs: 95–170 €
VISA

Die Alte Pfarrey ist eines von mehreren gut erhaltenen Fachwerkhäusern mit Erkern aus dem 16. und 17. Jahrhundert, wie sie das malerische Ortsbild Neuleiningens mit seinen engen Gassen an vielen Ecken prägen. Im Sommer sitzt man auf der Terrasse im Innenhof dieses Kleinods besonders schön, aber auch der luftige, lichtdurchflutete Gastraum mit Blick auf historisches Gemäuer, das am Abend effektvoll illuminiert ist, stellt einen schönen Ort für kulinarischen Genuss. Die Gerichte des in vier bis neun Gängen servierten Menüs sind mehr gegenständlich als besonders kunstvoll verschnörkelt, leben von guten, sorgfältig behandelten Produkten und harmonischem Geschmack und präsentieren sich durch die Bank mit ihrer internationalen Produktpalette sehr weltläufig – und immer auf klassisch-französischem Fundament. Zu alldem liefert die vor allem bei deutschen Weinen sehr gut sortierte und nach Rebsorten sowie Große Gewächse gegliederte Weinkarte genügend anspruchsvollen Stoff fürs Glas.

5↑

H'manns

Am Goldberg 2,
67271 Neuleiningen
06359-5341
www.hmanns.de
Küchenchef: Chris Brigitte Hegmann
Do–Sa ab 18 Uhr, So ab 16 Uhr,
Mo–Mi RT
Hauptgericht: 22–52 €, Menüs: 64–118 €
VISA P

Einen sehr schönen Genussort haben die Hegmanns da mit ihrem direkt unterhalb der Neuleininger Burg gelegenen Domizil samt weitem Ausblick über die Weinberge und das Land gefunden beziehungsweise im geschaffen. Vor allem im Sommer auf der Terrasse zeigt sich die nördliche Pfalz hier von einer sehr attraktiven Seite. Aber auch innen, in den wohnlich eleganten Räumlichkeiten mit bequemen Polstersesseln um fein gedeckte Tische, lässt es sich auf sehr angenehme Art verweilen und genießen.
Dafür sorgt neben der charmanten Gastfreundlichkeit der Familie vor allem auch die profunde, konsequent auf bestes Handwerk und eine klare Aromensprache setzende Küche von Chris Brigitte Hegmann, die immer donnerstags in Form eines etwas einfacher gehaltenen Tapas-Menüs erlebbar wird und von Freitag bis Sonntag in einer ambitionierten Auswahl à la carte oder in Form eines kleinen Menüs.
Bevor dieses so richtig startet, stimmt die Küche aber immer erst einmal mit einigen Kleinigkeiten auf das Folgende ein und zeigte auch zuletzt mit zunächst simpel wirkenden, dann aber überraschend geschmackstarken und pfiffigen Miniaturen sehr gut den typischen Stil. So etwa mit gebeiztem Rehfilet nebst Kürbiscreme und auffrischenden Radieschenstreifen, bei regionalem Ziegenfrischkäse auf Frisée und einer kleinen Kostprobe von löffelzartem und mit kraftvoller Schmorjus glasiertem Wildschweinragout.
Ein bisschen aufwendiger, aber weiterhin völlig frei von jeglichen Spielereien, waren die folgenden Wildgarnelen in perfekt knackig-fleischiger Konsistenz und mit kräftiger warmer Würze präsentiert: neben kühler Creme vom Blumenkohl und zarten Blumenkohlstückchen, die von einem milden Öl mit Gemüseconcasse verbunden und von pfannenheißen, wiederum betont salzig-röstwürzigen Kartoffelwürfelchen ergänzt wurden. So entstand mit relativ einfachen, natürlichen Mitteln und auf sehr gegenständliche Art ein abwechslungsreicher und dynamischer Eindruck.
Eine Art natürlicher Purismus mit Pfiff prägte auch den folgenden Gang rund um auf der Haut gebratenen Saibling, bei dem vor allem der saftige Fisch selbst mit seiner dünnen, krachend krossen Haut begeisterte. Aber auch seine im Grunde nur aus zwei Komponenten bestehende Umgebung in Form von saftigem schwarzem Reis und einem duftigen Linsendal mit wärmender Schärfe konnte sich sehen und schmecken lassen und schaffte für den mustergültigen Saibling eine harmonische Grundlage mit einer gewissen Spannung.
Anknüpfend an das Wildschweinragout zur Begrüßung gab es auch im Hauptgang perfektes Schmorhandwerk mit butterzarter, aber dennoch schön kompakter Kalbsbacke und straff rosa gebratenem Kalbsrücken. Neben sautierten Shiitake als weitere fleischige Komponente mit viel Umami, gebratenen Süßkartoffelkreisen als süßlich-erdige Ergänzung und einer milden Thymian-Espuma als Puffer dazwischen. Auch hier strahlte vor allem das Hauptprodukt, während die Umgebung eher simpel gehalten war, weswegen allerdings auch die Kalbszubereitungen so klar und prägnant im Vordergrund stehen konnten. Souverän!
Und auch beim Dessert rund um gezupften lockeren Mandelkuchen neben Florentiner-Bruchstücken, noch knusprigerem Honigcrunch sowie zarter Vanillecreme mit hauchzartem jungem Himbeerrhabarber und einem satt schmelzenden Rhabarbersorbet blieb die Küche voll auf ihrer Linie. sorgte ohne allzu großes Brimborium für einen kontrastreichen, gut balancierten Abschluss – und unterm Strich für die verdiente Höherstufung um den Bonuspfeil.
Mindestens genauso empfehlenswert wie die Küche ist auch die gebotene Weinauswahl. Die Weinkarte repräsentiert die Pfalz auf höchst spannende Art und Weise, mit unbekannteren

Newcomern neben großen Namen, teils gereiften Flaschen und einem sichtbar kenntnisreichen Blick auf die Entwicklung in der vielfältigen Weinbauregion der Pfalz. Daneben bietet eine vor allem bei den roten Weinen beeindruckend umfangreiche Auswahl halber Flaschen aus Frankreich eine grenzüberschreitende Alternative, mit ebenfalls vielen lohnenden Optionen. Und im Zweifel: einfach den Gastgeber fragen, der seine Begeisterung und sein Wissen gern teilt und individuell berät!

Neunburg v. Wald (Bayern)

9

Eisvogel

im Hotel Der Birkenhof Spa & Genuss Resort
Hofenstetten 55,
92431 Neunburg v. Wald
(Hofenstetten)
09439-9500
www.landhotel-birkenhof.de
Küchenchef: Sebastian Obendorfer
Di–Sa ab 18.30 Uhr, So u. Mo RT
Menüs: 185–225 €
VISA

Der landschaftlich reizvoll im sanften Oberpfälzer Hügelland etwas außer- und oberhalb von Neunburg vorm Wald gelegene Birkenhof wurde über die Jahre zu einem überregional hervorstechenden Rückzugsort für Ruhesuchende und Gourmets. Mit seinem weiten Blick über das Umland und einem von der Saunalandschaft bis zum künstlichen Badesee direkt am Hotel beeindruckenden Spa- und Wellnessangebot, vor allem aber auch mit einem in allen Bereichen anspruchsvollen kulinarischen Programm, gibt es hier eine wahre Fülle reizvoller Möglichkeiten, um zu entspannen und zu genießen.

Die spannendste Option für Letzteres findet sich klar in dem in reduzierter Eleganz gestalteten Gourmetrestaurant „Eisvogel". Seitdem sich Patron Hubert Obendorfer aus dem aktiven Geschehen in der Gourmetküche zurückgezogen hat und mit neuen (Bau-) Projekten im Hotel vermehrt seinem zweiten Steckenpferd widmet, führt hier sein Sohn Sebastian Obendorfer alleine die Regie. Und nach einem über mehrere Jahre vorbereiteten Übergang, in dem bereits vermehrt die Einflüsse des jüngeren Chefs sichtbar wurden, manifestiert dieser nun immer deutlicher auch seine eigene Handschrift.

Die ist modern, handwerklich beeindruckend akkurat und weltoffen – sowohl bei der Suche nach möglichst exzellenten Produkten als auch bei der aromatischen Ausgestaltung – und entfernt sich damit ein Stückchen weiter vom klassischen Fundament, ohne dieses aber je ganz zu verlassen. Insbesondere in der Tiefe und bei der einen oder anderen dichteren Sauce bleiben die besten Seiten der Klassik weiterhin erhalten. Und genau diese Mischung aus einerseits betont leicht und transparent gestalteten und andererseits zugespitzt kraftvolleren Gerichten hat einen ganz besonderen Reiz.

So beispielsweise nach einer mit präzisen, klaren und detaillierten Aromen punktenden Vielfalt animierender Kleinigkeiten zum Aperitif beim Kalbsbries. Das wurde weniger filigran, dafür aber umso zupackender arrangiert: perfekt knusprig gebackenen und mit betörend viel Schmelz war es von exotischem Curryduft und Macis-Würze eingelullt auf etwas Bulgur und einer ätherischen Zitronensauce platziert. Direkt im Anschluss zeigten gezupfte Lamellen sanft gegarten Saiblings, die auf hauchdünnem, ätherisch frischem Fenchel angerichtet und von einer Rosette ebenso dünner Radieschenscheiben bedeckt waren, die leichtere Seite der Küche. Hier ergänzt von der hochfeinen Fruchtigkeit kleiner Stücke von Tomatenfruchtfleisch in Fenchelpollen und Himbeergel. Eine ebenfalls mit Himbeere angespitzte und mit Eisenkrautöl marmorierte Gazpacho bildete die verbindende und gleichzeitig pushende Grundlage. Stark!

Dramaturgisch klug gesetzt, gab es mit kleinen Scarmorza-Kissen mit Lorbeeröl und Kapernblatt, die als rauchig-duftige Aromenkonzentrate von millimeterdünnem Kartoffelcrunch akzentuiert und von einer rund und tief schmeckenden klaren Kartoffel-Essenz unterfüttert waren, einen eher ruhigen Gang – bevor das Team beim folgenden Skrei wieder mehr in die Vollen ging. Dieser wurde zwar einerseits reduziert produktpuristisch in glasiger Bestform

mit glänzend aufblätterndem Fleisch, einem Hauch von Limette und einer filigranen Gebäckblüte mit reichlich N25-Kaviar on top serviert, bekam aber von einer mild rauchigen Mandelcreme und einer Nussbutter-Beurre-blanc eine mit viel Druck unterstützende Basis. In dieser hätte es sogar einen Hauch mehr Säure oder irgendeinen anderen schneidigen Akzent geben können, aber auch so wurden die Qualitäten des Winterkabeljaus beeindruckend herausgestellt und spannend umspielt.
In eine ganz andere Richtung, aber auf mindestens gleichem Niveau, ging es beim Langostino aus dem Premium-Wasser vor den Färoer Inseln in exzellenter süßlich-nussiger Spitzenqualität. Diese wurde durch eine überraschend klassische und robuste Panierung ein klein wenig versteckt – trotz des abwechslungsreichen Knuspereffektes. Umso spannender und ein wenig an Tim Raue erinnernd (was in diesem Kontext absolut positiv gemeint ist!) war dessen Begleitung in Gestalt zarter, aus Mango geformter „Ravioli" mit einer Füllung aus Zwiebel, Erdnuss und Alge, die neben kühl und frisch kontrastierenden Gurkenstreifen, knackigen Edamame und einer mit feiner Schärfe und Aromendichte beeindruckenden Kimchi-Sauce für viel Dynamik sorgten. Im Vordergrund standen hier die Kontraste aus gelber Frucht und grüner Frische neben einer gewissen Exotik – das aber mit dicht gewobenen Details.
Mit dem im Hauptgang in den Mittelpunkt gestellten Wagyu-Beef gab es ein weiteres exzellentes Produkt auf auch international konkurrenzfähigem Niveau. Und ganz zurecht wurde dessen üppig schmelzendes, von einer hauchdünnen Bratkruste umrandetes Fleisch eher puristisch herausgestellt. Hier genügte ein transparenter, stark reduzierter Beeftea (der sogar etwas leichter und weniger sojasalzig noch besser gewesen wäre) als Würze, neben dem eher hell und frisch freigestellt wirkende Begleiter in Form leicht angekrosster Sushireis-Kreise unter geflämmter Perlzwiebel und Avocado, eine lockersaftige Nocke aus einer Art Wagyu-Farce mit knusprigen Getreidekugeln, sowie etwas Wasabicreme und Schnittlauch für abwechslungsreiche, feine Details sorgten.
Mit Chef-Pâtissier Christoph Yoko Falkner ist das Team auch im süßen Bereich bestens aufgestellt und belegte das beim letzten Besuch eindrucksvoll mit einem komplex aufgebauten, ebenfalls exotisch angehauchten Dessert, bei dem die schnell mal viel zu üppig wirkende Banane in einem flirrend lebendigen Kontext gestellt wurde: Zart gegart, bekam sie aromatischen Support von Tonkabohne und Muscovadozucker, wurde ansonsten aber in ein von differenzierter Säure geprägtes Umfeld aus Granny-Smith-Apfel, Abrieb von der Kaffirlimette, flüssig zerplatzende Joghurtsphäre (die neben ihrer eigenen Säure sich einen gewissen Schmelz einbrachte) und einer konzentriert säurestraffen Passionsfruchtessenz eingebettet. Dank der exakten Proportionen war das eine volle Punktlandung und sicherte dem Team endgültig die Aufwertung auf 9 Pfannen.
Wobei diese auch sonst in den herzhaften Gerichten bis auf wenige Ausnahmen und Details klar erkennbar wurden und sich dank der hochambitionierten stetigen Entwicklungen der Küche bestimmt noch weiter festigen werden. An der Zusammenarbeit mit dem ebenso eloquent und charmant wie kompetent agierenden Serviceteam wird das sicher genauso wenig scheitern, wie an der Auswahl hochwertiger Weine aus dem begehbaren Weinklimaschrank, der als markanter Blickfang mitten im Restaurant platziert ist.

6

Turmstube

im Hotel Der Birkenhof Spa & Genuss Resort

**Hofenstetten 55,
92431 Neunburg v. Wald (Hofenstetten)
09439-9500
www.landhotel-birkenhof.de
Küchenchef: Hubert Obendorfer, Christian Schider
Täglich von 12.30–14 Uhr u. ab 18 Uhr, kein RT
Hauptgericht: 26–35 €,
Menüs: 49–59 €**

VISA

Der Name ist zwar etwas irreführend, denn an eine „Turmstube" erinnert in dem großzügigen Lokal mit seiner einladenden Mischung aus ländlichem und elegantem Ambiente und der weitläufigen Terrasse, von der aus man in Sommer so herrlich den Ausblick über die oberpfälzische Hügellandschaft genießen kann, eigentlich gar nichts. Gleichwohl ist diese große gastronomische Konstante in der engagiert weiterentwickelten und erweiterten Hotelwelt des Birkenhofs alles andere als eine Mogelpackung – ganz im Gegenteil: zählt das Lokal mit seiner engagierten Küche doch seit Jahren zu den besten „Zweitrestaurants" des Landes, denn das kulinarische Aushängeschild des Familienbetriebs ist eigentlich das Gourmetrestaurant Eisvogel nebenan.

Dahinter verstecken muss sich die Turmstube aber wahrlich nicht. Natürlich ist die konzeptionelle Zielsetzung hier eine ganz andere und es geht bodenständiger und weniger kreativ und luxuriös auf den Tellern zu. Trotzdem tut sich das Ergebnis in seiner Liga deutlich hervor. Und da braucht es gar keine kreativen Verrenkungen, denn die guten Produkte und das souveräne Handwerk stehen für sich. Wie engagiert die Küche arbeitet, konnte man schon sehr schön am Tataki vom Rind erkennen, das mit Glasnudelsalat und einer pikant mit Piment d'Espelette abgeschmeckten Mayonnaise getoppt und von etwas Petersilienöl eingefasst war: sehr gute Fleischqualität, stimmige Proportionen, gut herausgearbeitete Aromen…

Und erst recht beim Ceviche vom Lachs, das auch zeigte, wie leicht es dem Team fällt, mit verhältnismäßig einfachen Mitteln für viel Finesse und Abwechslung auf dem Teller zu sorgen. Der recht typisch unter anderem mit roten Zwiebeln, Chili und Limette pikant und säuerlich eingelegte, grob gewürfelte Fisch kam in Begleitung von Kirschtomaten und Avocado, aber eben auch mit einer schön deutlich mit Wasabi und Limone abgeschmeckten Mayonnaise und zweierlei Grapefruit, wobei hier besonders die geeisten Filetstückchen nicht nur geschmacklich, sondern auch mit Temperaturkontrast und origineller Textur effektvolle Akzente setzen konnten. Und weil auf dem Teller bis hin zum fruchtig-säuerlich marinierten Sprossensalat on top alles proper und auf dem Punkt war, gab's wirklich rein gar nichts zu kritisieren.

Die starke handwerkliche Substanz der Küche untermauerte anschließend auch das Pfifferlingssüppchen, aus dem wir neben einigen schön festen und aromatischen Pfifferlingen selbst auch leicht geräucherten, schmelzig zarten Entenschinken, dünne Brotchips und Kresse löffelten. Die Suppenbasis punktete nich nur mit viel unverfälschtem, produkttypischem Geschmack, sondern auch mit feiner Säurebalance und einer sehr angenehmen Konsistenz, die genau zwischen schlanker Eleganz und molliger Opulenz lag.

Geschmacklich tadellos präsentierte sich auch der Hauptgang rund um knusprig auf der Haut gebratenen Kabeljau auf Chorizo-Risotto nebst Peperonata und Parmesanschaum. Allenfalls Kleinigkeiten wie der einen Tick übergarte Fisch, der wiederum etwas zu kurz gegarte Risottoreis mit noch recht grobem Biss oder das nur teilweise enthäutete Paprikagemüse, das nach unserem Gusto ebenfalls noch etwas länger hätte schmoren und durchziehen dürfen, hielten uns davon ab, die Bewertung um einen Bonuspfeil zu erhöhen.

Das Dessert hätte diesen nämlich ebenfalls verdient, denn hier kamen in Gestalt einer mit roter Glasur überzogenen und mit Briochebröseln beflockten Parfait-Kugel auf Ragout und Schaum drei verschiedene Apfel-Komponenten auf einer alles sehr harmonisch schmelzig einfangenden hellen Nougatcreme daher, die ein facettenreiches Geschmacksbild des Obstes auf den Teller brachten.

Weil auch der Service ebenso engagiert wie die Küche ist und man in der Weinkarte jede Menge guter Tropfen für alle Bedürfnisse finden kann, ist und bleibt die Turmstube eine heiße Empfehlung im Hause Birkenhof neben dem gastronomisch wie kulinarisch deutlich gehobeneren Eisvogel.

Hotelempfehlung

★★★★S

Der Birkenhof Spa & Genuss Resort

Hofenstetten 55,
92431 Neunburg v. Wald (Hofenstetten)
✆ 09439-9500
www.landhotel-birkenhof.de
Einzelzimmer: 87–97 €
Doppelzimmer: 147–187 €

Das von der Familie Obendorfer mit viel Engagement geführte Landhotel liegt in einem sanften Seen- und Hügelland in der Oberpfalz. In den letzten Jahren hat sich das Haus stetig weiterentwickelt und ist längst zum eleganten, komfortablen Genießerhotel avanciert. Ob in den Landhauszimmern oder den Suiten in modernem Design: alle Räume bieten höchsten Komfort und wurden unter Verwendung natürlicher Materialien mit viel Liebe zum Detail eingerichtet. Ein Highlight ist der 2000 qm große SPA-Bereich mit Innenpool (mit Wasserfall), Whirlpool, Außenpool, Panorama-Sauna, Finischer Sauna, Tepidarium, Laconium, Dampfbad, Infrarotkabine, Erlebnisduschwelt, Eisbrunnen u.v.m. 2014 entstand zudem ein Neubau mit Beautycenter, Tiefgarage und 9 weiteren Suiten. Restaurants Turmstube und Eisvogel separat erwähnt.

Neustadt a. d. Weinstraße
(Rheinland-Pfalz)

Urgestein
im Hotel Steinhäuser Hof
Rathausstr. 6a,
67433 Neustadt a. d. Weinstraße
06321-489060
www.restaurant-urgestein.de
Küchenchef: Hedi Rink
Di–Sa ab 18.30 Uhr, So u. Mo RT
Menüs: 130–150 €

Am Herd des geschmackvoll individuell um die zentrale Bar herum gestalteten Restaurant im ehemaligen Marstall des Steinhäuser Hofs setzt Hedi Rink weiterhin auf eine zwar kreativ verfeinerte und weltläufig inspirierte, aber grundsätzlich doch sehr bodenständig geerdete und regionalbetonte Linie, mit der sie immer ganz am jeweiligen Produkt bleibt. Die Heimat ist stets Dreh- und Angelpunkt ihres mittlerweile auf nur noch ein Menü dezimierten Programms, denn wenn die Qualität ihren Vorstellungen entspricht, dann erhält das regionale Produkt immer den Vorzug gegenüber importierten Edelprodukten. Gesetzt sind diese ohnehin im Präludium aus gourmetmäßig verfeinerten rustikalen Pfälzer Schmankerln, während sie im regulären Menüteil munter zwischen der Heimat und der großen weiten Welt hin und her switcht. Immer fantasievoll und variantenreich, aber nie zu sehr verspielt oder kleinteilig. Im Gesamtpaket mit den von Sommelier Tanel Idil kurzweilig präsentierten regionalen Weinempfehlungen ein sehr eigenständiges Konzept.

Weinstube Eselsburg
Kurpfalzstr. 62,
67435 Neustadt a. d. Weinstraße
06321-66984
www.eselsburg.de
Mo–Fr ab 17 Uhr, Sa u. So RT
Hauptgericht: 14–27 €

Die Eselsburg liegt im Pfälzer Weindorf Mußbach und ist eine mustergültige Weinstube mit urigem Charme, holzvertäfelten Wänden und hervorragender Weinkarte. Das Fundament der Küche bildet die Pfälzer Hausmannskost, die man kaum bodenständiger, authentischer und hochwertiger auf den Teller bekommen kann. Saumagen, Wurst oder Leberknödel stammen von regionalen Produzenten, daneben unternimmt die Eselsburg auch kulinarisch immer mal wieder Ausflüge und serviert regelmäßig die vielleicht beste Pizza Margherita der ganzen Pfalz. Neben einigen der besten Pfälzer Winzer wie etwa Christmann oder Rings bietet Eselswirtin Anette Berberich auch sorgfältig ausgewählte Flaschen aus anderen deutschen Gebieten oder dem Ausland an, gerne auch gereift. Die Gästeschaft ist meist durchmischt aus Locals, Touristen oder Winzern, die zum Feierabendschoppen einkehren. Kurzum: ein Ort, den man sowohl zum Schorle- als auch zum Champagnertrinken besuchen kann.

Neustadt in Holstein
(Schleswig-Holstein)

5↑ 🍴🍴

Fien tu Huus

Strandallee 14,
23730 Neustadt in Holstein
(Pelzerhaken)
04561-5598996
www.fientuhuus.de
Küchenchef: Mario Büsch
Fr-Di ab 12 Uhr durchgehend,
Mi u. Do RT
Hauptgericht: 9–59 €, Menüs: 69–89 €
EC VISA

Das hübsch herausgeputzte Bistro von Sina und Mario Büsch an der Strandpromenade von Pelzerhaken bei Neustadt in Holstein, was am nördlichsten Zipfel der Lübecker Bucht liegt, hat uns bereits in der letzten Testsaison als unkompliziertes und doch anspruchsvolles Gesamtkonzept sehr gut gefallen und konnte diesen guten Eindruck auch bei unserer jüngsten Stippvisite bestätigen. Hier wird an sechs Tagen in der Woche von mittags an durchgehend sehr gut gekocht und kein großes Bohei drum gemacht.

Zum Lunch sieht das Ganze etwas einfacher und bodenständiger aus, lässt aber dennoch gehobenen Anspruch an Produkt und Handwerk erkennen. Und ab dem späteren Nachmittag, wenn dann die normale Speisekarte mit dem fünfgängigen Menü und vielen weiteren Gerichten à la carte aufgelegt wird, wirkt manches Gericht richtig aufwendig, wenngleich sich der erfahrene Küchenchef und sein Team bei aller Gestaltungsfreude auf den Tellern – vor allem mit Blüten und Kräutern! – mehr auf die relevanten Dinge konzentrieren und nicht allzu sehr basteln.

Die plattdeutsche Mundart in der Speisekarte ist Programm. „Fien tu Huus" steht für feine Heimatküche, und demzufolge bedient sich der Chef auch fast ausschließlich guter Produkte, die vor der Haustüre gedeihen und deren Erzeuger allesamt in der Speisekarte genannt werden. Nach Gewürzbrot aus eigener Fabrikation mit Kräuterquark startete das saisonale Abendmenü zuletzt mit einem hervorragenden Rindertatar: dunkelfleischig, von Hand gewürfelt und nicht zu Brei gehackt, ganz puristisch gewürzt und mit einem Lavendelhauch aromatisiert, der perfekt zum wiederum mit Kardamom abgeschmeckten Apfelpüree passte, auf dem das Tatar nebst zweier gebratener Förde-Garnelen angerichtet war. Und das Apfelaroma dockte seinerseits stimmig an Roter Bete und Meerrettichmousse an, mit denen das zur Timbale geformte Rohfleisch aus der Bioland-Metzgerei Burmeister gedeckelt war.

Sein gutes Gespür für schlagkräftige, aber nicht zu plakative Akkorde stellte der Chef auch mit der folgenden Kürbissuppe unter Beweis, die von Kokosmilch und Kernöl gleichermaßen akzentuiert wurde und mit säuerlichen Würfeln vom Wasserbüffel-Feta als Einlage noch einen weiteren, mit seinem Schmelz auch haptisch reizvollen Akzent intus hatte. Daneben machte sich auch eine geflämmte Tranche von gebeizter Kieler Lachsforelle sehr gut.

Ziemlich überladen wirkte leider der darauffolgende Fischgang – und das nicht nur, weil auch hier wieder, wie auf fast jedem Teller, allerhand essbare Blüten zugegen waren. Aber Dorsch, Krustentierrisotto, Nordseekrabben, geschmorter Bauch vom Angler-Sattelschwein, Chutney vom Hokkaido-Kürbis, Blattspinat mit Walnuss und eine Sanddorn-Beurre-blanc waren dann doch ein, zwei Dinge zu viel. Vor allem die eher säuerlichen Krabben und die Sauce bissen sich ein wenig und stellten zum Aromen-Tohuwabohu auch noch etwas Disharmonie her. Allerdings muss man ganz eindeutig festhalten, dass jede Komponente für sich genommen sehr gut und vor allem der blitzsaubere, taufrische Fisch und der unheimlich schmelzige, süßlich-würzig lackierte Schweinebauch sogar ganz hervorragend waren. Schon deshalb wäre hier einfach weniger deutlich mehr gewesen.

Puristischer präsentierte sich dann auch wieder der Hauptgang, bei dem es um Bandorfer Hirschrücken mit Gewürzsemmelknödel, Maiscreme, Kürbispüree und Urkarotten ging. Allerdings konnte dieses Gericht handwerklich und qualitativ nicht mit seinen Vorgängern mithalten. Denn das mit Wildschinken bardierte Fleisch war zwar schön rosa und zart, aber auch ziemlich mürbe und trocken, was durch die ebenfalls eher harten und trockenen Schei-

ben vom Semmelknödel, auf denen das Fleisch angerichtet war, nicht besser wurde (und umgekehrt). Da reichten dann auch die Maiscreme und die Jus nicht aus, um ein süffiges Gleichgewicht herzustellen. Da brauchte es dann schon ein paar mehr Schlucke von dem dazu empfohlenen sehr guten Rotwein aus dem Ribera del Duero.
Den alles in allem trotzdem wieder sehr guten Gesamteindruck, den die Küche abgab, konnte das aber nicht nachhaltig beeinträchtigen. Zumal beim Dessert, einer in einer längs halbierten Weinflasche angerichteten herbstlichen Melange aus Gewürzzwetschgen, schön festcremiger weißer Schokoladenmousse, würzigen Haselnusscrumbles und Hagebutteneis, wieder alles in Lot und Butter war. Ein sehr schöner Abschluss, der die letztjährige Bewertung in jedem Fall auch diesmal wieder vollauf rechtfertigte.

Neustrelitz (Mecklenburg-Vorpommern)

6

Forsthaus Strelitz

Berliner Chaussee 1,
17235 Neustrelitz
03981-447135
www.forsthaus-strelitz.de
Mi–Sa ab 19 Uhr, So–Di RT
Menüs: 85 €

Wenzel Pankratz ist niemand, der sich um kulinarische Moden schert. Und doch ist seine äußerst puristische Regional- oder, besser, „Lokalküche", mit der der Inhaber und Koch mitten im Grünen, einige Kilometer außerhalb der Stadt Neustrelitz, einen attraktiven Farbtupfer in dieser kulinarisch eher grauen Gegend setzt, im Grunde hochmodern. Fast alles, was er für seine kreative, an den skandinavischen „Nova Regio"-Stil erinnernde Kreationen braucht, züchtet oder baut er entweder selbst an, oder bezieht es von engagierten Produzenten aus der unmittelbaren Umgebung. Das Ergebnis sind sehr aromatische, pure, aber auch faszinierend neuartig schmeckende Dinge, die manchmal etwas experimentell wirken, aber meistens sehr gut funktionieren. Und die nichts mit den allgemein üblichen Geschmacksmustern der konventionellen Gourmetküche zu tun haben. Sehr gutes Preis-Genuss-Verhältnis!

Neuwied (Rheinland-Pfalz)

5↑

Parkrestaurant Nodhausen Brasserie

Nodhausen 1, 56567 Neuwied
02631-344880
s258353772.online.de
Küchenchef: Florian Kurz
Di–Fr von 12–14.30 Uhr u. ab 18 Uhr, Sa ab 18 Uhr, So u. Mo RT
Hauptgericht: 17–32 €, Menüs: 32–55 €

In dem ehemaligen Jagd- und Lustschloss inmitten einer idyllischen Parkanlage am Rande von Neuwied kann man in dessen Parkrestaurant Nodhausen sehr gut essen – zu vergleichsweise günstigen Preisen und bei gehobenem Anspruch. Kein Wunder, bietet Küchenchef Florian Kurz, Gastgeber und Küchenchef mit Fine-Dining-Qualitäten, hier doch eine attraktive klassische Brasserie-Küche mit zugänglichen Gerichten, die im Vergleich zum früheren Gourmetrestaurant nur eben etwas niederschwelliger angesiedelt sind und nicht mehr explizit Gourmets ansprechen sollen. Was auf dem Papier sehr gediegen anmutet, macht auf dem Teller aufgrund der guten Qualität der Produkte und deren fundierter Zubereitung aus der Hand eines Könners viel Spaß. Zuvorkommend bedient wird man auch und an guten Weinen in unterschiedlichsten Preissegmenten sowie alkoholfreien Alternativen herrscht auch kein Mangel.

Die Hoteleinträge

★★★★★S	Superior
★★★★★	Unterkunft für höchste Ansprüche
★★★★	Unterkunft für hohe Ansprüche
★★★	Unterkunft für gehobene Ansprüche
★★	Unterkunft für mittlere Ansprüche
★	Unterkunft für einfache Ansprüche
	Unterkunft ohne Sterne-Klassifizierung

Neuzelle (Brandenburg)

7

Wilde Klosterküche

im Klosterhotel Neuzelle
Bahnhofstr. 18,
15898 Neuzelle
033652-823991
www.wildeklosterkueche.de
Küchenchef: Manuel Bunke
Do–Sa ab 18.30 Uhr, So–Mi RT
Menüs: 65–95 €
EC VISA P

Man ist erstaunt, so weit im tiefen Osten Brandenburgs ein so modernes und schickes Boutiquehotel anzutreffen, das über ein so zeitgemäß und geschmackvoll gestaltetes Restaurant verfügt, in dem dann sogar auch noch erstaunlich kreativ und modern interpretierte Regionalküche geboten wird. Das Casual-Fine-Dining-Konzept von Manuel Bunke sieht zwar mittlerweile nicht mehr zwei feste Speisefolgen in vier oder sechs Gängen vor, sondern eine Auswahl aus je fünf Vorspeisen und Hauptgerichten, aus denen man sich selbst eine Speisefolge basteln kann (mittags wird selbstgebackener Kuchen und für den herzhaften Genuss Flammkuchen serviert) – am grundsätzlichen Niveau der Küche, an der Qualität und Originalität der aufgeräumt klar komponierten Gerichte, hat sich aber im Grunde nichts geändert. Auch eine gute, individuelle europäische Weinauswahl gibt es noch.

Nideggen (Nordrhein-Westfalen)

7

Brockel Schlimbach

im Burgrestaurant Nideggen
Kirchgasse 10 a,
52385 Nideggen
02427-9091066
www.burgrestaurant-nideggen.de
Küchenchef: Herbert Brockel,
Tobias Schlimbach
Fr u. Sa ab 18 Uhr,
So von 12–13.30 Uhr, Mo–Do RT
Menüs: 135–155 €
EC VISA P

Herbert Brockel und sein Husarenquartier waren schon einst in Erftstadt eine Hausnummer – das gemeinsame neue Restaurant mit Geschäfts- und Herdpartner Tobias Schlimbach hat sich binnen weniger Jahre auch schon wieder fest etabliert. Wobei das kleine, nur zu drei Servicezeiten am Wochenende geöffnete Gourmetrestaurant freilich nur die Kür des Ganzen ist und das Geld mit dem Restaurant Kaiserblick, dem Burg-Biergarten und jeder Menge Orte für größere Veranstaltungen und Feierlichkeiten verdient wird. Aber umso schöner, dass in dem dunkel holzvertäfelten Raum mit modernen und frechen Accessoires sowie Ausblick ins Tal trotzdem auch die Feinschmecker regelmäßig ambitioniert bekocht werden.
Das geschieht Freitag- und Samstagabend sowie Sonntagmittag in Form eines einheitlichen sechsgängigen Menüs, das keiner bestimmten Stilrichtung zuzuordnen ist, aber ganz klar in der klassischen französischen Küche zu Hause ist. Brockel und Schlimbach veranstalten auf ihren Tellern wenig Schnickschnack, kochen und arrangieren aber trotzdem mit Fingerspitzengefühl und Gestaltungsfreude und stehen für satte, schnörkellose Geschmacksbilder.
In dieses Bild passten Preiselbeerbutter und Maronenmousse zu unterschiedlichem sehr gutem warm serviertem Brot und drei Fingerfood-Petitessen von Ente, Sardelle und Grünkohl als ausdrucksstarke Opener. In dieses Bild passte aber auch die schön dünne, mit Sauerkraut gefüllte Teigtasche, die zusammen mit einem Klecks Kartoffelpüree in einem Sud von und mit gepickelten Pilzen in angenehm säuerlich-umamiwürzigem Umfeld angeschwommen kam.
So richtig los ging es beim letzten Mal mit einem Duett aus zartem, fast schon schmelzigem Tatar und glasig-knackigem gebratenem Schwanz der Garnele, die im Kreise wohlproportionierter Schwarzwurzelkomponenten (knackig, knusprig, cremig), dem zusätzlichen Schmelz einer Koriandermayonnaise sowie der Frische von säuerlicher, mit Schnittlauchöl aromatisierter Vinaigrette eine leichte, aber al-

les andere als seichte Vorspeise aufs Porzellan legten.
Handfester wurde es mit angeröstetem und à la minute ziemlich kräftig angeräuchertem Spitzkohl. In Kombination mit Dörrpflaumenpüree, einer mit Sternanis aromatisierten Hollandaise und Gewürzbröseln war das schon ein recht schmissiger und attraktiver Akkord, den die rauchig-kokeligen Noten vom Kohl, die tiefe dunkle Süße der Dörrpflaume, der säuerliche Schmelz der schaumigen Hollandaise und die von Fenchelsaat leicht ätherische Würze der Brösel anstimmten.
Fein ausgeführte frankophile Klassik bot dann die Seezungenroulade in optimaler Konsistenz, die fest und fleischig, aber eben nicht zäh, zusammen mit Miesmuscheln und quasi von Kopf bis Fuß verarbeitetem Blumenkohl einen ebenso pointierten wie facettenreichen Fischgang ausmachte. Insbesondere dank der Salzzitrone, die mutmaßlich auch in der von Blumenkohlgrün und verschiedenen Kräutern geprägten leicht rahmgebundenen Sauce eine Rolle spielte, wirkte das Ganze auch nicht kohlgemüsig und breit, sondern schön frisch und schlank.
Originalität und Kompositionsgespür bewies das Köche-Duo insbesondere auch mit einem vor dem eigentlichen Hauptgericht servierten weiteren Gang vom Reh, bei dem zartfleischige roh marinierte Scheiben aus der Rehkeule mit geschmortem Radicchio, Birne und Kürbiskern in einen spannend säuerlich-bitteraromatischen Kontext gebracht wurden. Auf dem Teller des eigentlichen Hauptgangs gab es anschließend den Rücken des Rehs, nur gewürzt und ansonsten ganz blank belassen und als solches perfekt auf den Punkt gebraten: mit zartem Biss, Saft und Eigengeschmack, vom Produkt selbst her nur minimal mürbe. In Kombination mit krosser, weicher und cremiger Topinamburknolle, knackigen Rosenkohlblättern, Cranberries und einer maßvoll reduzierten Jus war das ein tadelloses Wildbret.
Viel Spaß machte auch der Nachtisch, eine mit kurz abgeflämmter Baisercreme getoppte Armer-Ritter-Schnitte mit Blutorangenkomponenten, einer glatt-schmelzigen Nocke von mit Grand Marnier aromatisiertem Vanilleeis und Milchhaut-Chips. Nur die Creme von verbrannter Milch, die dem Ganzen einen verwegenen Akzent verleihen sollte, fanden wir in dem Zusammenhang etwas zu rauchig und vorlaut, was den guten Gesamteindruck aber auch nicht wirklich trüben konnte.
Unterm Strich war das also auch in diesem Jahr wieder souverän schwankungsfreie, durchaus anspruchsvolle, aber nicht überambitionierte Sieben-Pfannen-Küche auf Burg Niedeggen – sympathisch familiär serviert und von gut auf einzelne Gerichte abgestimmten Weinen glasweise begleitet.

5

Rosenflora

im Hotel Rosenflora
Kirchstr. 2, 52385 Nideggen
02427-94040
www.rosenflora.de
Küchenchef: Joachim Harings
Mo u. Do–Sa ab 17.30 Uhr,
So von 12.30–14.30 Uhr u. ab 17.30 Uhr,
Di u. Mi RT
Hauptgericht: 20–40 €,
Menüs: 49–99 €
VISA P

Von außen wirkt das zwischen Wohnhäusern in einem kleineren Ortsteil von Nideggen gelegene Hotel und Restaurant Rosenflora nach wie vor sehr unscheinbar, wurde im Inneren über die Jahre aber gekonnt modernisiert und lädt jetzt in hell und elegant wirkende Gasträume ein, wo man in bequemen auberginefarbenen Sesseln an fein gedeckten Tischen Platz nehmen darf. Vor allem aber lockt das Rosenflora mit einer leicht zugänglichen und dennoch deutlich überdurchschnittlichen Küche, die auf sympathisch lockere Art und ohne übertriebenen Aufwand überzeugende Ergebnisse auf den Tellern liefert.
Nach kernigem Brot mit Currybutter zeigte beim letzten Besuch ein kleines Gläschen mit zartem Hühnerfleisch unter einem zugespitzt frischen Karottenschaum die handwerkliche Sorgfalt, mit der das Team um Küchenchef Achim Harings hier arbeitet, während eine krosse, mit Petersilienmayonnaise besprenkelte Tranche vom Wolfsbarsch daneben den Gourmetanspruch markierte – auch wenn die Qualität des etwas trockenen Fischs selbst

nicht hundertprozentig überzeugte und die auf einfache Art aufgelockerte Grundlage aus Quinoa mit Paprika, Avocado und Erbse eher etwas gröber wirkte.
Dafür wirkte aber der erste offizielle Gang dann auf geradlinige Art umso stimmiger: Ein eher helles mildes Rindercarpaccio bildete hier die Basis für Hummus-Tupfen mit Scheiben von Kapernäpfeln, die gemeinsam mit Erbsen und säuerlich mariniertem Grünkohl für eine gewisse Frische, aber auch angenehme dezente Bitternoten sorgten. An letztere schlossen dann auch die (etwas blassen) Artischockenstücke an, die gemeinsam mit knusprigem Amaranth das Topping ergänzten.
Noch überzeugender, weil mit harmonischer Süffigkeit hinterlegt, wirkte die folgende saftig-krosse Wachtel neben nussigen kleinen Berglinsen und einer mehr milchig-kühl als penetrant und plakativ schmeckenden Knoblauchespuma, die zusammen mit einem duftigen Kräuteröl auch die Stücke von eingelegten Champignons und Artischocke gekonnt ins Geschehen einband.
Im Hauptgang glänzte zuletzt vor allem der im Mittelpunkt stehende Skrei mit appetitlich goldknusprigem Äußeren und glasig aufblätterndem Fleisch, fühlte sich aber daneben auch in der Umgebung eines dichten Räucherfischschaums und von samtigem (etwas überdimensioniertem) Kartoffellauchpüree sehr wohl. Das durch Sauce und viel Püree etwas rustikaler und breiter wirkende Gesamtbild wurde von einem üppigen Bouquet aus säuerlich-herber Petersilie aufgebrochen, so dass insgesamt doch ein gut balancierter und eleganter Eindruck entstand.
Und auch bei Desserts wie einer zarten Crème brûlée mit herben Rotweinpflaumen oder einem mit Tonkabohne parfümierten Cheesecake nebst Joghurteis und Gewürzbirne gibt sich die Küche kaum eine Blöße und hält locker das starke Niveau. Das halten im Übrigen auch der herzliche, aufmerksame Service und die glasweise empfohlenen Weine aus dem vor allem mit preiswerten, beziehungsweise sehr fair kalkulierten Flaschen gut gefüllten Keller.

Niederkassel
(Nordrhein-Westfalen)

7

Clostermanns Le Gourmet

Hotel Clostermannshof
Heerstraße 2 a,
53859 Niederkassel (Uckendorf)
02208-9480260
www.clostermannshof.de
Küchenchef: Thomas Gilles
Mi–Sa ab 19 Uhr, So–Di RT
Menüs: 109–169 €

Der Clostermannhof am Rande von Niederkassel ist stattliches und weitläufiges Anwesen, das viele Gäste mit dem angegliederten Golfplatz lockt, daneben aber auch sonst viel Komfort und einen spürbar hohen Anspruch bietet. Dazu kommen ein idyllisch begrünter Innenhof und ein in verschiedenen Bereichen niveauvoll bespieltes kulinarisches Angebot, das im reduziert-eleganten Gourmetrestaurant in einem der Seitenflügel des Hofs gipfelt.
Und was hier auf den elegant gedeckten Tischen landet, kann sich sehen und schmecken lassen – insbesondere angesichts der Tatsache, dass die gleiche Küche parallel auch Currywurst und Wiener Schnitzel in den Biergarten schickt, bieten die ebenso akkuraten wie aromenintensiven Teller ein beachtliches Niveau und werden dem Restaurantnamen „Le Gourmet" vollkommen gerecht. Einladend ist zudem die flexible Menügestaltung, bei der sich aus jeweils drei kalten, warmen und süßen (bzw. käsigen) Gerichten selbst zwischen fünf und neun Gängen ein Wunschmenü zusammenstellen lässt.
Eröffnet wird dieses aber zunächst mit einem luftig krossen Fladenbrot nebst Kräutersauerrahm, gesalzener Butter und spicy karamellisierten Cashewkernen (mit enormem Sucht-

faktor) sowie einem ersten Warmmacher in Form zart gebräunten Fetakäses auf gelber Linsencreme, einem mit Mispel fruchtig verstärkten gelben Tomatenchutney, Borretsch und Olivenöl als aromenstarker, mediterran angehauchter Löffelspaß.
Das eigentliche Potenzial der Küche wurde dann aber erst beim ersten offiziellen Gang so richtig deutlich: Klararomatische Streifen von der gebeizten Dorade mit festem Fleisch wurden hier in einem hochkonzentrierten und leicht gebundenen Lardosud angerichtet – was zwar den Eigengeschmack der Dorade beinahe in den Hintergrund rückte, gemeinsam mit Rauke als Mayo, Öl und Blattspitzen, dünnen Lardoscheiben, knackigen Gurkenstücken und einem würzigen Kartoffel-Essigchip aber dennoch zu einem spannenden, intensiv verdichteten Eindruck aus Salz, Umami, Kräutrigkeit und einem Hauch von Frische führte.
Tief, rund und hochkonzentriert war auch der Röstzwiebelfond als Basis der folgenden, ebenfalls kompakt angerichteten Kombination aus Röstzwiebel und Sonnenblumenkernen (Knäckebrot, Creme, Kerne…), ergänzt um knackige Möhrenstücke, grünen Spargel und frischgrüne Kräuter, die gegenüber dem erneut wuchtigen Zentrum für einen wichtigen Frischemoment und die nötige Spannung sorgten.
Beim dritten Mal in Folge mit einem hochkonzentrierten Sud im Zentrum stellten sich dann allerdings leichte Ermüdungserscheinungen ein. Auch wenn der Beeftea mit Öl aus Nori-Algen im Mittelpunkt eines aus gerösteten Stücken und Creme von Blumenkohl sowie Grapefruit und Passepierre gebastelten Rings, genau wie die vorherigen Essenzen, bestes Handwerk zeigte und auch in diesem Fall eine schlüssige Ergänzung zu den glasig gebratenen Jakobsmuscheln unter Nori-Reiscrunch brachte, wirkte das Muster eines bis zum Anschlag konzentrierten Suds als prägendes Element an dieser Stelle repetitiv.
Das hohe aromatische Powerlevel hielt dann auch die zart gegarte und mit Perlhuhn-Mayo und knusprigen Hühnerhaut-Crumbles bedeckte Perlhuhnbrust, wurde aber mit fermentierter roter Paprika, einer schmorfruchtigen Paprikacreme und einer mit Salzzitrone spannend aufgeladenen Geflügeljus auf pikant feinrustikale Art etwas entzerrter präsentiert. Und insbesondere durch die ätherischen Aromen der Salzzitrone hatte das Ganze auch viel Frische und Finesse.
Diese ließ sich dann auch dem Dessert rund um Rhabarber als dichtcremiges Eis und knackige Stücke mit griechischem Joghurt, Haferparfait mit Rose und diversen duftigen Blüten attestieren, das souverän das insgesamt hohe Niveau und die aktuelle Bewertung bestätigte. Ergänzt von einem angenehm lässigen und dabei hochkompetenten Service sowie einer gut aufgestellten Weinkarte inklusive spannenden glasweisen Empfehlungen ergibt sich daraus ein insgesamt positiv stimmiger Gesamteindruck.

Hotelempfehlung

★★★★S

Hotel Clostermannshof

Heerstraße 2 a,
53859 Niederkassel (Uckendorf)
02208-94800
www.clostermannshof.de
Einzelzimmer: 89–129 €
Doppelzimmer: 109–149 €

Ein historischer, denkmalgeschützter Gutshof, idyllisch im Grünen zwischen den Städten Köln und Bonn gelegen. In der weitläufigen Anlage rund um den rheinischen Viereckhof kann man ungestört Erholung finden, sich aber auch vielseitig sportlich betätigen. Etwa auf den über 30 Golfplätzen im Umkreis von 50 Kilometern, oder an den hochwertigen, modernen Geräten im hauseigenen Fitnessbereich. Ruhe und Entspannung findet man in der großzügigen finnischen Sauna. Für die Gäste stehen insgesamt 66 großzügige Hotelzimmer in vier unterschiedlichen Kategorien, 12 moderne Tagungsräume sowie elegante Banketträumlichkeiten für bis zu 110 Personen zur Verfügung. In der „Clostermanns Bar" (idyllischer Kaffeegarten mit Parkblick) sowie dem Biergarten im Innenhof dreht sich alles um den kulinarischen Genuss. Restaurant Clostermanns Le Gourmet separat erwähnt.

Niederweis (Rheinland-Pfalz)

Schloss Niederweis

Hauptstr. 9,
54668 Niederweis
06568-9696450
schloss-niederweis.de
Küchenchef: Sebastian Poss
Mi–So von 12–14 Uhr u. ab 18 Uhr, Mo u. Di RT
Hauptgericht: 27–74 €, Menüs: 48–68 €
VISA

Das aus dem Barock stammende, aufwendig renovierte Schloss Niederweis, in dem passenderweise auch das Standesamt beheimatet ist, bietet nicht nur für Hochzeiten und Feiern ein einzigartiges stimmungsvolles Ambiente, sondern mit dem in der ehemaligen Tenne eingezogenen Restaurant auch eines der lohnendsten Genussziele in der Eifel. Insbesondere dann, wenn man ambitionierte und substanzstarke Küche auf ganz ungezwungen entspannte Art (und zu einladenden Preisen!) schätzt, hält das von Sandra und Sebastian Poss geführte Lokal ein beinahe unschlagbares Gesamtkonzept parat.
Die beiden unter anderem in Baiersbronn, Perl-Nennig und Dreis geschulten Gastgeber wissen ganz genau, wie gehobene Gastronomie funktioniert. Und sie haben ihren reichen Erfahrungsschatz klug dafür genutzt, eine aufs Wesentliche konzentrierte Küche zu etablieren, in der an jeder Stelle starke Substanz schmeckbar ist und auch ohne Extremaufwand für clevere Akzente gesorgt wird. Der hohe Raum mit dem massiven Gebälk und der umlaufenden Galerie bietet dafür eine stimmungsvolle Umgebung, die im Sommer zudem um lauschige Terrassenplätze ergänzt wird.
Aber Gerichte wie zuletzt der weiße Spargel mit gehacktem, cremig gegartem Ei, darunter ein duftiges Kräuteröl, Yuzu-Mayonnaise und Brotchips, die neben dem Crunch auch dunklere Röstnoten einbrachten, würden auch in einer deutlich weniger reizvollen Ambiente funktionieren. In diesem Fall sorgten zarte Blätter von Castelfranco hier noch für frische Bitternoten und Flocken von feinwürzigem Ziegenfrischkäse wiederum für Schmelz und zusätzliche feine Säure. So war der Teller auf lebendige Art rund um das Spiel mit unterschiedlichen Säuregraden und Bitternoten angelegt und damit – trotz der wie locker hingeworfen wirkenden Optik – genau durchdacht.
Das galt auf geradlinigere Art auch für das Duo aus zartem Rotbarsch und knuspriger Garnele in Kataififäden, kombiniert mit mildem Süßkartoffelpüree, einer frischgrünen und mit wärmender Schärfe hinterlegten Creme, halbgetrockneten Tomaten und einem kraftvollen, mit festem Säurekern und viel Röstpower auftrumpfenden Krustentierschaum. Generell zeigt sich vor allem an den Saucen das hohe Niveau und handwerkliche Können des Teams ganz besonders gut.
Auch der knapp rosa gebratene Kalbsrücken mit dünner appetitlicher Bratkruste und elastisch weichem Kern, der neben gebratenem grünem Spargel und Kopfsalat aufgefahren wurde, profitierte sehr von der begleitenden, elegant transparenten Kalbsjus. Das Gerichte wurde zudem, separat serviert, noch um Fregola Sarda ergänzt, die zwar mit sanfter Parmesanwürze eine schmeichelnde Ergänzung darstellten, die der Hauptteller aber (insbesondere im Rahmen des Menüs) gar nicht unbedingt gebraucht hätte.
Aber dank des betont frischen und beschwingten Abschlusses rund um Zitronenmousse mit Limettenabrieb neben Zitrussorbet und Limonenkaviar, die von Schokoladenkugeln und kleinen Dots von Karamellcreme noch mit genau der richtigen Portion an Süße abgefedert wurden, war das kein großes Thema. Außerdem ist es Teil des Konzeptes, dass man (außer am Wochenende) auch je nach Lust und Laune angenehm flexibel zwischen à la carte und Menü wählen kann.
In beiden Fällen sind ergänzend zum Essen auch niveauvoll gefüllte Gläser garantiert. Der Keller bietet viele lohnende Positionen zu fairen Kursen und dank Coravin gibt's bei Sandra und Sebastian Poss auch im Offenausschank die Möglichkeit, große Gewächse zur großartigen Küche zu trinken.

Niederwinkling (Bayern)

7

Buchner Welchenberg

Freymannstr. 15,
94559 Niederwinkling (Welchenberg)
09962-730
www.buchner-welchenberg.de
Do ab 17 Uhr, Fr–So von 12–14 Uhr u. ab 18 Uhr, Mo–Mi RT
Hauptgericht: 29–32 €,
Menüs: 79–179 €
VISA P

Küchenchef Mathias Achatz bringt mit viel Leidenschaft und Geschick die lange Familientradition des elterlichen Landgasthauses auf eine äußerst reizvolle Art ins Hier und Jetzt. Er meistert am Herd sehr erfolgreich den nicht einfachen Spagat zwischen den Erwartungen traditionstreuer Stammgäste und neugieriger Feinschmecker. Von Wirtshaus-Traditionsgerichten in Referenzklasse gelingt der Übergang nahtlos zu den ambitionierten Gerichten im Gourmetmenü, bei dem die kreativen, immer stärker asiatisch inspirierten Ideen des Küchenchefs am deutlichsten zum Ausdruck kommen, ohne an diesem rustikalen Ort deplatziert zu wirken. Das alles überzeugt nicht nur mit überraschend hoher Produktqualität, sondern auch durch fundierte Zubereitung mit viel Substanz und aromatischer Ausdruckskraft.

Nonnenhorn (Bayern)

7

Haus am See

im Hotel Haus am See
Uferstr. 23, 88149 Nonnenhorn
08382-988510
www.hausamsee-nonnenhorn.de
Do–Mo ab 18 Uhr, Di u. Mi RT
Hauptgericht: 28–39 €, Menüs: 58–85 €
VISA P

Das Haus am See von Familie Knörle, bei dem die Romantik schon im Namen mitschwingt, ist nicht nur im Hochsommer ein toller Platz, wenn man nur durch eine kleine Wiese vom Bodenseeufer getrennt auf einer sehr gepflegten begrünten Terrasse sitzen darf – auch das geschmackvolle Restaurant in modern-puristischem Naturfarben-Look mit seinen großen Panoramafenstern zum See hin macht sehr viel her. Und das passt alles ganz wunderbar zur Küche von Valentin Knörle, der zwar auf der einen Seite à la carte immer noch mit eher klassisch-gediegenen Gerichten in sehr exakter und niveauvoller Ausführung dienlich ist, daneben aber auch mit seinen Menüs einen moderneren und kreativeren Zweig etabliert hat.

Nonnweiler (Saarland)

5

Landgasthof Paulus

Prälat-Faber-Str. 2,
66620 Nonnweiler
06873-91011
www.landgasthof-paulus.de
Mi–So u. Fei ab 12 Uhr durchgehend, Mo u. Di RT
Hauptgericht: 28–33 €,
Menüs: 43 €
VISA P

In diesem wunderschönen Landgasthaus mit zwei gehoben-rustikal eingerichteten Stuben in einer gelungenen Mischung zwischen Landart und Moderne wird betont schnörkellos-produktbezogen und ohne Firlefanz gekocht. Die Küche hat sich voll und ganz einer „ethisch-hedonistischen Qualitätsphilosophie" verschrieben und rückt besonders die Nachhaltigkeit der Viktualien und ihrer Verarbeitung in den Fokus. Was auf den Tellern eher schlicht und unspektakulär anmutet ist fachlich solide zubereitet und entpuppt sich bei genauerem „hinschmecken" als sehr substanziell und auch geschmacklich nachhaltig. Auf der von Gastgeber gehegten und gepflegten Weinkarte dominiert der Riesling.

Bezahlkarten-Symbole

- Mastercard
- EC-Maestro
- Diners
- American Express
- VISA Visa

Norden (Niedersachsen)

Hotelempfehlung

★★★★S

Romantik Hotel Reichshof

Neuer Weg 53,
26506 Norden
04931-1750
www.reichshof-norden.de
Einzelzimmer: 95–155 €
Doppelzimmer: 140–200 €
VISA

Das familiengeführte Romantik Hotel Reichshof liegt mit seinen charmanten historischen Backsteingebäuden mitten in Nordens Fußgängerzone und ist nur wenige Minuten von der Nordseeküste entfernt. Aufgrund der ruhigen Lage ist dieses Hotel der perfekte Ort für ein ausgedehntes Wochenende, einen Kurzurlaub mit der Familie oder einen entspannten Romantik-Trip zu zweit. Zuschnitt und Einrichtung der insgesamt 55 Zimmer variieren je nach Stil und Kategorie, die Ausstattung lässt dabei einen komfortablen Aufenthalt zu. Kulinarisch werden die Gäste im Restaurant „Heimisch" verwöhnt, das mit einer ideenreichen Mischung aus altbewährten Klassikern und zeitgenössischer Küche aus regionalen sowie saisonalen Zutaten zu überzeugen weiß. Entspannte Stunden verbringt man im stilvoll gestalteten Wellness- und Spa-Bereich, der unter anderem mit mehreren Saunen, Whirlpools sowie einem Indoor-Schwimmbad ausgestattet ist. Und an der hoteleigenen Bar-Lounge „Wolbergs" lässt sich der Tag gemütlich ausklingen.

Nördlingen (Bayern)

5

DoRies Restaurant

im 2ND HOME HOTEL

Luntenbuck 9,
86720 Nördlingen
09081-2729330
2ndhomehotel.de
Di–Sa ab 18 Uhr, So u. Mo RT
Hauptgericht: 19–45 €, Menüs: 49–99 €
VISA

In einem Businesshotel zwischen Altstadt und Industriegebiet erwartet man nicht unbedingt ein ambitioniertes Restaurant. Aber das schnörkellos designte 2ND HOME HOTEL, das neben den modern und stilvoll eingerichteten Zimmer und Suiten, einen Erholungsbereich mit Sauna sowie Tagungs- und Veranstaltungsbereiche zu bieten hat, ist ohnehin ein privat und sehr engagiert geführtes Haus und den Gastgebern Doris Hihn und Florian König liegt eben auch die Kulinarik sehr am Herzen – und ein stilvolles Ambiente, wie das mit Naturholz, Betonoptik, modernen braunen Ledersesseln und zeitgenössischer Kunst an den Wänden gestaltete Lokal zeigt.
Die Küche meistert geschickt den Spagat zwischen Hotelrestaurant-Pflicht und Feinschmeckerlokal-Kür, bietet neben ohnehin ganz traditionellen Dingen, mit denen absolut jeder Gast etwas anfangen kann, wie etwa Zwiebelrostbraten mit hausgemachten Spätzle oder Wiener Schnitzel vom Kalbsrücken, auch anspruchsvollere, aber eben recht unkomplizierte und zugängliche Gerichte. Das kann ein Rindertatar mit fließendem Spiegelei und Trüffelmayonnaise sein, oder eine Tranche vom Kabeljau mit Risotto Romana, Spargelragout und Weißweinschaumsauce.
Aber auch ein Thunfischtatar mit Mango und Gurke, aromatisiert mit einer Teriyaki-Vinaigrette und Wasabimayonnaise, schreckt heutzutage wahrscheinlich die wenigsten Menschen ab – wenngleich wir ein Gericht wie dieses auch in höher bewerteten Restaurants nicht zwangsläufig als erstes Bestellen würden, weil so etwas natürlich mit der Produktqualität und der Natürlichkeit der Aromen steht und fällt und Tuna sehr oft sehr mittelmäßig, Wasabi und Teriyaki nicht selten künstlich und penetrant ist. Deshalb waren wir – wenngleich das Tatar von der Säure schon etwas zu stark denaturiert war, ansonsten aber sehr proper wirkte – angenehm überrascht. Wein die Qualität eben sehr ordentlich, weil aber auch die Teryakisauce nicht plump und plakativ und die

Wasabimayo angenehm schneidig, außerdem die Süße der Mango gut eingebunden war.
Dass die Grundzubereitungen hier Substanz haben, konnte man auch sehr schön am natürlichen und kraftvollen Geschmack der drei verschiedenen kleinen in Gläsern als Trilogie servierten Suppen erkennen. Ganz abgesehen davon, dass die Krustentierschaumsuppe grenzwertig salzig und sowohl die Karotten-Ingwersuppe als auch die Bärlauchsuppe relativ opulent cremig daherkamen. Geschmeckt haben alle drei sehr gut und vor allem schön natürlich.
Und das konnte man uneingeschränkt auch dem Lammrücken nachsagen, der nach alter Schule in einen zartkrossen Tamezzinimantel gehüllt und von reduzierter Jus, Gemüsechips und geschmorten Tomaten sowie auf einem Teller à part von einem mit Perlgraupen gefüllten Artischockenboden, Spargel, breiten grünen Bohnen und Zuckerschoten begleitet wurde. Handwerklich war insbesondere das nahezu ohne Farce in die Weißbrotmatte eingeschlagene und so etwas lose darin verpackte, außerdem bis auf den innersten Kern schon recht durchgegarte Lammfleisch nicht ganz optimal umgesetzt. Auch die Tomaten hätte man enthäuten können. Aber am grundsätzlich soliden Niveau änderte das nichts.
Und das repräsentierten auch die zart und homogen geschmorten sowie appetitlich glasierten Bäckchen vom Bunten Bentheimer Landschwein, die neben der grünen Doppelpower von Erbsenpüree und cremiger Bärlauchpolenta auch recht pfiffig von der Säure und Frische eines Zuckerschoten-Rhabarbersalats aufgelockert wurden. Etwas redundant wirken hingegen die vielen verschiedenen Blüten, Hippen und Chips auf absolut jedem Teller, die man für ein pointierteres und weniger bunt und beliebig wirkendes Gesamtbild überlegter und ausgesuchter verteilen oder auch mal ganz weglassen könnte.
Im Dessertbereich gibt es hauptsächlich Vorbereitetes in Gläsern wie Crème brûlée, Panna cotta oder Schokoladenmousse, aber auch verschiedene Eis- und Sorbetsorten, was dann auch als Flying-Dessert-Buffet oder Dessertvariation zusammengestellt wird. Die Weinkarte listet gute ausgesuchte Tropfen namhafter Erzeuger aus Deutschland und Europa.

8

Meyers Keller – Jockl Kaiser

Marienhöhe 8, 86720 Nördlingen
09081-4493
www.jockl-kaiser.de
Küchenchef: Joachim Kaiser
Mi ab 18 Uhr, Do–So von 12–14 Uhr u. ab 18 Uhr, Mo u. Di RT
Hauptgericht: 29–48 €,
Menüs: 79–180 €

Wenn es so etwas wie das Idealbild eines entspannten Ortes zum niveauvollen Schlemmen und Genießen gäbe, sähe das wahrscheinlich dem schmucken Gasthof von Familie Kaiser auf der Nördlinger Marienhöhe ziemlich ähnlich. Wo sonst gibt es schon mittags wie abends die freie Wahl zwischen perfekten Traditionsgerichten und einfallsreichem Fine Dining? Gerade die Tatsache, dass die Übergänge zwischen sonst getrennten Welten hier so fließend sind, macht für uns und offenbar auch für viele Stammgäste den besonderen Reiz von Meyers Keller aus.
Im Zentrum steht der Genuss, getragen von handwerklicher Substanz und Joachim Kaisers hervorragendem Verständnis für stimmige aromatische Akkorde, die sowohl bei einem „Blutwurst-G'röschtl" von hausgemachter Blutwurst auf Selleriepüree mit glacierten Äpfeln, Sprossen und Radieschen als auch beim Wildfang-Zander mit Räucheraal, roh mariniertem Fenchel und hausgemachtem Lardo zu weit überdurchschnittlichen Eindrücken mit kraftvollen Aromen führen.
Die Karte gliedert sich dabei in zwei ambitioniertere Menüs (davon eins vegetarisch), außerdem das auf zeitgemäß optimierten Traditionsgerichten basierende und auch auf Sharing ausgerichtete Menü „Mit Laib und Seele" sowie eine À-la-carte-Auswahl von

Wirtshaus-Klassikern. Weil die dort gelisteten Sachen wie die geschmälzten, hausgemachten Maultaschen mit Kalbsbrät und Spinat nebst Kräuterfond, Butter-Kartoffelstampf, Buchenpilzen und Röstzwiebeln oder die knusprig gebackenen Krautwickel in brauner Butter mit Kartoffelstampf, Thymian und knusprigem Speck kaum irgendwo besser zu bekommen sind als hier, fällt die Entscheidung jedes Mal wieder ausgesprochen schwer.
Um die kreativere und modernere Seite der Küche kennenzulernen, eignet sich dann aber doch eines der Gourmetmenüs am besten. Und deren omnivore Variante zeigte zuletzt mit einem von laserscharfer Säure und frisch anbrandender Fruchtigkeit geprägten ersten Gang, dass sich das in jedem Fall lohnt! Im Zentrum stand hier ein Tatar vom Wasserbüffel mit dessen eigener Würze und fein integrierter Säure von Cassisgel und Brombeeren, vor allem aber einem luftigen weißen Tomatenschaum als weiteren fein gewobenen Frische-Lieferanten. Als Deckel auf dem Tatar pufferte gefrorene Büffelmilch-Burrata mit dem verzögert präsenten milchigen Schmelz die gebündelte Säuren- und Frischepower. Sehr pointiert und sehr stark!
Das galt genauso auch für die knackig-zarten Stücke vom Hummer (in top Qualität!), die in einem leichten Krustentierfond mit feiner Chorizowürze und Säure angerichtet waren. Darin sorgte ein konzentriertes Passionsfruchtgel gemeinsam mit Salzzitrone und Schafgarbe für einen ätherisch gestrafften und aufgeladenen Eindruck und damit für überraschend viel Spannung auf engem Raum.
Nicht ganz so fokussiert, aber ebenfalls mit einer guten und souverän umgesetzten Idee, präsentierte sich die Ballotine von Wachtel und Pilzen mit zartem Fleisch und waldig-würzigem Unterton. Waldwürze und tiefes Umami lieferte dazu vor allem auch der umgebende Dashisud, während dem ein warmes Mangopüree mit eher üppiger Frucht gegenüberstand und ein kühles spicy Mango-Shiitake-Chutney fruchtigen Kontrast in die Waagschale brachte.
Im Hauptgang wurde in Gestalt von rosa Rücken vom Weidelamm mit straffem Fleisch und feiner Eigenwürze neben der kross-zarten Leber des Lamms und einem gemüsefruchtigen Lammragout enorm viel Produktcharakter geboten – ergänzt von feinbitteren Artischocken, einem kräuterduftigen Graupenrisotto und einer dunkel-kraftvollen Lammjus. Das Ergebnis lag auf sympathische Weise zwischen edel und rustikal, vereinte aber auf die einerseits leicht zugängliche Art und andererseits das ausdrucksstarke Produkt erfolgreich das Beste beider Welten.
Den einzigen ganz klar unterhalb des gewohnten Niveaus angesiedelten Eindruck gab es am Ende mit dem in einer Schüssel soufflierten „Beerenmichel", der bei aller Luftigkeit und trotz der säuerlichen Beeren darin ausgesprochen üppig daherkam – was durch ein dichtcremiges Vanilleeis und zarten Vanillerahm nicht eben gemindert wurde. So blieb es in diesem Fall bei einem schwelgerischen, feinen, aber letztlich zu eintönig-zuckrigen Abschluss.
Ergänzt wird das Genusserlebnis in Meyers Keller von vielen ausgezeichneten Weinen, die selbst zu den traditionellen Gerichten treffsicher korrespondierend empfohlen werden. An vielen hochwertigen Flaschen besteht natürlich ebenfalls kein Mangel, und auch bei deren Auswahl ist kompetente Beratung garantiert, so dass einem rundum genussvollen Wohlfühl-Genusserlebnis nichts im Wege steht.

Hotelempfehlung

★★★★

2ND HOME HOTEL

Luntenbuck 9, 86720 Nördlingen
09081-2729330
2ndhomehotel.de
Einzelzimmer: 79–169 €
Doppelzimmer: 89–169 €

VISA

Das von den Gastgebern Doris Hihn und Florian König sehr persönlich geführte Designhotel im historischen Nördlingen mit seiner modernen, schnörkellosen Architektur verfügt über insgesamt 45 Zimmer, die sich in Doppel- und Einzelzimmer unterschiedlicher Kategorien, zwei Familienzimmer, ein behindertengerecht ausgestattetes Doppelzimmer und eine Junior-Suite aufteilen. Das zentrale Gestaltungselement in den zeitgemäß und geradlinig und urban in Naturtönen gestalteten Hotelzimmern sind hochwertige und natürliche Hölzer, und man schläft in hochwertigen Boxspringbetten. Moderne Flat-TVs gehören ebenso zum Standard wie schnelles und kostenfreies WLAN. In dem kleinen, aber feinen und exklusiven Sauna-Modul mit Ruheraum können die Gäste in Relax-Liegen mit Blick auf stimmungsvolle Sonnenuntergänge über dem westlichen Riesrand entspannen. Für das leibliche Wohl wird mit regionaler und saisonaler Küche in DoRies Restaurant gesorgt. Für Tagungen stehen moderne, technisch gut ausgestattete Räume unterschiedlicher Größe zur Verfügung und auch als Feier- und Hochzeitslocation bietet sich das 2ND HOME HOTEL mit seinem großzügigen Barbereich an.

Nürnberg (Bayern)

5

Brasserie NITZ

im Hotel Karl August
Augustinerhof 1,
90403 Nürnberg
0911-376766270
brasserie-nitz.de
Di–Sa von 12–14.30 Uhr u. ab 18 Uhr,
So u. Mo RT
Hauptgericht: 19–59 €, Menüs: 64 €
VISA

Der Platz und die Location haben definitiv das Zeug zum Hotspot: direkt im neuen schicken Augustinerhof und dort direkt an der Pegnitz gelegen, ist die weitläufige und modern gestaltete Brasserie Nitz ein Ort zum Sehen und gesehen werden. Aber auch die Küche hat was zu bieten, denn die im klassischen französischen Bistrostil entworfenen Gerichte vom Steak Tatar über die Bouillabaisse bis zur im Ganzen im Ofen gegarten Maispoularde haben klar überdurchschnittliches Niveau. Die meisten Dinge sind ganz traditionell gehalten, manche kommen mit leicht kreativem Twist daher und alle sind sie zeitgemäß, fundiert und mit Sorgfalt zubereitet.

6

Einzimmer Küche Bar

Schustergasse 10, 90403 Nürnberg
0911-66463875
www.einzimmerkuechebar.de
Di u. Mi ab 18 Uhr,
Do–Sa von 12–14 Uhr u. ab 18 Uhr,
So u. Mo RT
Menüs: 80–110 €
VISA

Tim Kohler, der alleine am Herd seiner offen einsehbaren, nur durch eine große Glasscheibe vom ebenfalls sehr kleinen Gastraum getrennten Küche steht, kocht mit klarem Gemüseschwerpunkt, setzt viele Kräuter und andere gewachsene Aromen ein und konzentriert sich auf den hübsch inszenierten Tellern seines abendlichen Menüs auf wenige gut durchdachte und gekonnt miteinander vermählte Komponenten. Was in dem sehr schlicht aber geschmackvoll eingerichteten Lokal in der Nähe des Weinmarkts auf die blanken Holztische kommt, ist eine erfrischend moderne und einfallsreiche, sehr nachhaltige Regionalküche zum moderaten Preis, die immer zugänglich und nie beliebig wirkt. Und wer möchte, bekommt dazu glasweise korrespondierende Weine ausgeschenkt, die ebenso viel Spaß machen, wie die Küche.

7

Entenstuben

Schranke 9, 90489 Nürnberg
0911-5209128
www.entenstuben.de
Küchenchef: Fabian Denninger
Di–Sa ab 18 Uhr, So u. Mo RT
Hauptgericht: 32–38 €,
Menüs: 99–149 €
VISA P

Mit der vielleicht klassischsten Küche unter den vielen individuellen Genuss-Locations in Nürnberg sind die Entenstuben unter Inhaber und Küchenchef Fabian Denninger in der Frankenmetropole seit mehreren Jahren fest etabliert. Wobei: ganz so klassisch wie es der treudeutsche Name vermuten lässt, geht es hier auch wieder nicht zu. Das Ambiente des etwas versteckt in einer Nebenstraße gelegenen Restaurants suggeriert in schlichter Eleganz klar gehobenes Niveau, und auch die Küche bewegt sich auf ihrem klassischen Fundament mit spannenden individuellen Ideen eigentlich voll auf der Höhe der Zeit.

Geboten wird ein einziges Menü ohne größere Auswahlmöglichkeit, wobei auf Unverträglichkeiten und Aversionen natürlich flexibel Rücksicht genommen wird. Und bereits die ersten Einstimmungen mit einem duftigen Kräutersüppchen, einer saftig-krossen Blutwurstpraline mit Pfirsichsenf und einem Sauerkrautschaum mit wachsigen Kartoffelstücken und Speck zeigten zuletzt, dass man sich getrost in die Hände des Küchenteams begeben kann. Dieses eröffnete das Menü dann weiter mit einer Variation von Tomate, bei der die vollreife differenzierte Tomatenaromatik – teils roh, teils gegart-cremig – von säuerlich-würzigem Ziegenkäse und elastisch-zartem lauwarmem Pulpo ergänzt wurde und so einen abwechslungsreich dynamischen Eindruck ergab.

Wie feinfühlig das Team arbeitet, zeigten auch die geschmeidig zarten Jakobsmuschelscheiben mit glasklarem Geschmack, die von Limettenzesten und einem knackig-ätherischen Radieschenfond akzentuiert wurden, der eine Gewisse „Ceviche-Aromatik" erzeugte, und das ganz ohne dass die Jakobsmuscheln in Säure denaturiert worden wären. Das Ganze ergänzten dann noch kleingehackte Radieschen mit zusätzlicher Frische und knackigem Biss.

Spannend individuell wurde perfekt nussbuttrig gegarter Heilbutt mit säuerlich marinierten gelben Bohnen, kompakter würziger weißer Bohnencreme und klassisch mit Schalotte sautierten grünen Schnittbohnen sowie einem eher neutralen hellen Saucenschaum kombiniert. Der Clou an der Sache allerdings war – alles andere als neutral, sondern frech fruchtigherb! –, dass ganze Beeren und konzentrierte Essenz integrierte Blaubeeren hier einen markanten Kontrast setzten und für gehörig Schwung auf dem Teller sorgten. Coole Idee!

Das durchgängig hohe Produktniveau hielt auch der folgende Rehrücken in straffer und saftstrotzender Perfektion, eingehüllt von einer warmen Würze, teils an Koriandersaat und teils an Pfeffer erinnernd, und ergänzt von einem eher kräftig-rustikalen Umfeld aus saftigem Einkorn (als eine Art Risotto), knackigem wildem Brokkoli und kleinen festen Pfifferlingen mit deutlichen Röstnoten. Derartige Gerichte wirken hier gleichermaßen lässig wie substanzstark und auf diese Art absolut überzeugend.

Was sich dann auch den Desserts attestieren ließ, zunächst einem Holundersorbet mit dünnen Baiserplatten aus Hollerblüte und Limonenzeste auf satt cremiger Mascarpone und duftigen Pfirsichlamellen. Und dann der komplexeren (aber auch etwas sperrigeren) Kombination eines Moussetörtchens auf Haferkrokant mit Schichten aus Fichten- und Himbeere neben Fichtensprossengel, Himbeeren und Himbeersorbet, zwischen denen betont kakaoherbe Schokoladenzweige für einen recht krassen Kontrast, aber auch für Tiefe und Spannung sorgten.

Unbedingt lohnend sind auch die oft unkonventionellen Weinempfehlungen, die vielen Gerichten noch einen wichtigen Extrakick mitgeben und immer wieder spannende Entdeckungen parat halten. Aber auch wer lieber eine hochwertige Flasche öffnen möchte, findet dafür viele lohnende Optionen, nicht nur aus Franken, und wird höchst kompetent beraten.

9

Essigbrätlein

Weinmarkt 3, 90403 Nürnberg
0911-225131
www.essigbraetlein.de
Küchenchef: Andree Köthe, Yves Ollech
Mi–Sa von 12–15 Uhr u. ab 19 Uhr, So–Di RT
Menüs: 110–195 €
VISA

Unbeirrt von allem anderen, was sich da draußen in der Gourmetwelt so abspielt, gehen André Köthe und sein kongenialer Herdpartner Yves Ollech schon seit über drei Jahrzehnten in ihrem kleinen und äußerlich völlig unscheinbaren Gasthaus mit Butzenscheiben im Nürnberger Zentrum ihre ureigenen Wege – und betreiben auf diese Weise eines der kreativsten Restaurants in Deutschland. Außerdem haben sie so schon sehr früh zu einem äußerst eigenständigen Küchenstil gefunden, den die beiden reflektierten Tüftler über die Jahre behutsam, aber sehr bestimmt weiterentwickeln konnten. Einst als maximal weltoffene „Gewürzküche" etabliert, sind in der jüngeren Vergangenheit nämlich statt exotischer Gewürzzutaten immer mehr die regionalen Aromen in den Fokus gerückt, die durch Fermentieren, Intensivieren, Pulverisieren verschiedenster heimischer Gemüse, Früchte oder Kräuter entstehen und den Gerichten fein nuancierte Akzente zuteilwerden lassen. So steht das Essigbrätlein klar für eine intelligente Aromenküche mit eher subtilen, eben gemüse-, gewürz- und kräuterlastigen Akzenten, die fortgeschrittene Gourmets anspricht. Und so anspruchsvoll hier die Menüs sind, so fordernd, inspirierend und charaktervoll ist auch die von Sommelier Ivan Jakir verantwortete Weinbegleitung. Auch spannende alkoholfreie Begleitgetränke gibt es dank origineller Eigenproduktionen.

9

etz

Wiesentalstr. 40, 90419 Nürnberg
0911-47712809
etzrestaurant.de
Küchenchef: Felix Schneider
Do–Sa ab 18.15 Uhr (gemeinsamer Menübeginn), So–Mi RT
Menüs: 210 €

VISA

Die heutige Wirkungsstätte von Felix Schneider und seinen langjährigen Weggefährten, mit denen zusammen er einst im Heroldsberger Sosein so etwas wie das neue Nürnberger Küchenwunder losgetreten hat, wirkt mit seiner offenen Küche und dem dezenten Industriedesign wie ein geschmackvoller Showroom und das kulinarische Erlebnis für den Gast fast wie eine Art Werkschau – ganz im positiven Sinne. Das Team orientiert sich für sein Kulinarium einerseits an skandinavischen Vorbildern, hat dieses Konzept aber von Anfang an kompromisslos fränkisch interpretiert, damit längst zu einem ganz eigenen Stil gefunden und die Ausarbeitung der genial produktfokussierten etwa fünfzehn Gänge ihres Menüs gegenüber der Anfangszeit noch verfeinert und detailliert. Um in dessen Genuss zu kommen, muss man vorab ein Ticket auf der Website kaufen, und dann geht es eindrucksvoll radikal um die bemerkenswertesten, oft mit sehr viel Wissen und Gespür veredelten, gereiften, optimierten Produkte der Region und ihren Geschmack. Die in sieben Jahreszeiten unterteilte Arbeit des Teams fängt wortwörtlich am Ursprung dieser Produkte an, denn alte Gemüsesorten wurzeln im hauseigenen Garten, Tiere werden im Ganzen gekauft, zerlegt und dann von Kopf bis Fuß verarbeitet. Und das Ergebnis ist im Etz bei aller Natürlichkeit der Küche eben nicht nordisch kühl, karg und naturbelassen, sondern warmaromatisch, kreativ, geschmacksintensiv, verblüffend, aufwühlend und immer sehr wohlschmeckend auch im klassischen Sinne.

5

Fränk'ness

Königstr. 70, 90402 Nürnberg
0911-24029955
fraenkness.de
Mo–Sa ab 11.30 Uhr durchgehend, So RT
Hauptgericht: 30–40 €, Menüs: 50–81 €

VISA

Das mit Industrie- bzw. Shabby-Chic wie altem Backstein und offenliegenden Leitungen in Kombination mit modernem Interieur sehr urban aufgemachte Lokal von „Fernsehkoch" Alexander Herrmann in der Nürnberger Innenstadt bietet eine zeitgemäße Version der regionalen, speziell fränkischen Küche. Dabei nimmt man sich allerdings eher weniger traditionellen Regionalgerichten an und interpretiert diese neu, sondern verwendet vielmehr Produkte aus der näheren und weiteren Umgebung für weltläufige Gerichte und Geschmacksbilder wie sie – aus eben aus anderen, ähnlichen Produkten, auch an vielen Orten serviert werden könnten. Doch auch wenn die Fränk'ness-Küche nicht dezidiert für die Geschmacksrichtung fränkisch steht, sondern eben mit regionalen Produkten frisch und versiert international gekocht wird, ist es ein lohnendes Ziel für unkomplizierten und doch anspruchsvollen Genuss.

7

Koch & Kellner

Obere Seitenstr. 4, 90429 Nürnberg
0911-266166
www.kochundkellner.de
Mo–Sa von 11.30–14.30 Uhr u. ab 17 Uhr, So RT
Menüs: 110–160 €

VISA

Auch nach dem Ausscheiden von Koch Gerald Hoffmann hält das vom sympathischen weinaffinen Gastgeber Frank Mackert nun schon so lange ebenso engagiert wie unkompliziert locker geführte, schlicht gestaltete Restaurant im Szenekiez Gostenhof Küchenstil und Niveau. Dafür sorgt nun in Hauptverantwortung Felix Bruegel, der zuvor schon als Sous-Chef hier tätig war. Auch er setzt weiter auf modere Klassik, oder genauer: zeitlos interpretierte Feinschmeckerküche auf fundierter klassischer französischer Basis, die sich undogmatisch und weltoffen einer internationalen Produktpalette bedient und damit von der oft sehr regionalbetont kochenden Mitbewerberschaft abhebt. Die durchaus aufwendige, aber schnörkellose Machart der Gerichte des Menüs mit originellen Aromenpointen und substanzstarken Saucen und Fonds macht ebenso großen Spaß wie Frank Mackerts lohnenden individuellen Weinempfehlungen dazu.

Tisane

Augustinerhof 1, 90403 Nürnberg
0911-376766276
restaurant-tisane.de
Küchenchef: René Stein
Mi–Sa ab 19 Uhr, So–Di RT
Menüs: 175 €

Das Konzept „Chefstable-Restaurant" ist zwar längst nicht mehr so revolutionär wie noch vor zwanzig Jahren, hierzulande aber dennoch sehr selten und noch seltener auf wirklich hohem Niveau zu finden. Schon allein das macht das kleine, etwas versteckt, aber nicht unattraktiv in Nürnbergs Innenstadt gelegene Tisane zu einem spannenden Ziel für Genießer. Noch wichtiger ist allerdings das, was zwischen Sichtbeton und Neonröhren an der monumentalen, rund um die Küche gebauten Theke zu sehen und zu schmecken ist.
Denn auch das hebt sich in seiner puristischen Ehrlichkeit und Originalität deutlich von uniformen Sterneküchen-Gourmetstandards ab. Das kleine Team um Mastermind René Stein, der zuvor bereits im Schwarzen Adler in Nürnberg von sich reden gemacht hatte und im ersten Jahr Tisane unser Aufsteiger des Jahres wurde, präsentiert einerseits viele neuartige und kreative Ideen, andererseits aber auch eine sehr kraftvolle Küche, die sich nicht vor klassischer Hitze scheut und die ausgesuchten Produkte mit aufwendig gekochten Saucen untermalt.
Dabei ist man als Gast tatsächlich sehr dicht dran an den brutzelnden Pfannen und duftenden Töpfen, bekommt die einzelnen Teller direkt vor der Nase angerichtet, bevor sie auf die Theke gestellt und vom Küchenteam selbst kurz erklärt werden. Und damit unterscheidet sich das Tisane auch ganz wesentlich etwa vom „The Table by Kevin Fehling", dem vermutlich bekanntesten ähnlichen Konzept hierzulande, bei dem die Arbeit der Köche aber eher der Präzisionsarbeit in einem Hightech-Labor gleicht.
Im Laufe eines Abends im Tisane kommt ebenfalls eine Vielzahl spannender Eindrücke zusammen, mal kleiner und schlichter, mal etwas komplexer aufgebaut, aber immer mit viel intensivem Geschmack. So wie gleich zu Beginn mit feinen Bitternoten von knackig zartem Chicorée, ergänzt von hauchfeinen „brotigen" Aromen und einem Lauchasche-Pulver, das feine Zwiebeligkeit und dunkle Würze spendete. Oder mit den kleinen wachsigen Kartoffeln, die mit Crème fraîche glasiert durchaus sehr nah an das Optimum einer perfekten Kartoffel herankamen und zudem mit einem kühlen Klecks der Crème fraîche, einer üppigen Nocke mildem jodigen Imperial-Kaviar und kleinen Senfkohl-Blattspitzen für eine würzig grüne Note auch noch nobel ergänzt wurden.
Derartig puristische Gerichte, die auch aus scheinbar banalen Zutaten durch eine genau durchdachte Behandlung und wenige pointierte Akzente großen Effekt erzielen, sind typisch für den Tisane Stil – und brachten dann auch beim folgenden grünen Spargel mit beinahe kitschig intensivem, süßlich-grünem und feinbitterem Geschmack ein herausragendes Ergebnis. Die Spargelstangen wurden dafür langsamen über Holzkohle gegart und behutsam mit einer Glasur aus Ahornsirup, Zitrone und Olivenöl akzentuiert. Obenauf verstärkte Vogelmiere die frischgrüne Seite und eine milchig-satte Mayo mit feiner Yuzu-Spitze sorgte für Schmelz und Säure an der Seite. So „einfach" und so gut!

Beim klassisch gebratenen Saint-Pierre zeigte sich das erste Mal das Fingerspitzengefühl des Chefs bei traditionellen Garmethoden, wurde der edle Fisch doch bezaubernd genau auf den Punkt gebracht und das erneut in einer puristischen Umgebung serviert, diesmal jedoch mit erhöhter Kontraststärke. Dafür sorgten eine konzentrierte Spitzkohlcreme und bitter gerösteter fermentierter Kohl, der neben den krassen Röstnoten auch die typische feine Fermentationssäure beisteuerte und andererseits eine stoffig komplexe Velouté auf Basis von Kohl und Auster.

Das Faible für komplexe Saucen wurde danach mit einer duftigen Holunderblüten-Beurre-blanc zu glasig gebratenen Jakobsmuscheln beinahe ein wenig zu sehr auf die Spitze getrieben. Denn das neben einer nussigen dunkleren Topinamburcreme angegossene Elixier wurde zwar mit einer üppigen Dosis an Butter abgepuffert, wirkte aber dennoch fordernd offensiv und stahl den Jakobsmuscheln beinahe die Show. Das aber ist nur eine minimale Frage der Balance und ändert nichts daran, dass hier erneut ein sehr spannender, schlagkräftiger Dreiklang gefunden wurde.

Das Geheimnis eines großen, schon die ganze Zeit geheimnisvoll vor sich hin duftenden Topfs wurde dann im nächsten Gang gelüftet, als eine stark konzentrierte und zugleich unheimlich weit mit vielen schillernden Facetten aufgefächerte Rinderbrühe serviert wurde. Die vereinte viel differenziertes Umami von fermentierten Frühlingszwiebeln, eingelegter Koriandersaat, sautierten Maitake-Pilzen und einer kurz gargezogenen Rindfleischscheibe und bekam von einem duftigen Lorbeeröl ein spannendes Hintergrund-Parfüm verliehen.

Kaum weniger Passion fürs Handwerk wurde auch bei der anschließend präsentierten Taube sichtbar, die an der Karkasse in einem Wermutsud gegart und anschließend knusprig abgeflämmt wurde – mit einem bezaubernd zarten und zugleich spannend aromatisierten Ergebnis! Dazu gab es eine transparent leichte und zugleich aromatisch verdichtete Taubenreduktion mit Giersch und einen zarten Raviolo mit Taubenkeulenfüllung, die allerdings trotz ihres feinwürzigen Geschmacks etwas trocken und „wurstig" wirkte und damit die einzige (kleine) Schattenseite des Gerichts darstellte.

Überhaupt keinen Schatten gab es dagegen bei den butterzart geschmorten, gegrillten und dann in einer klebrig extraktsüßen Jus glasierten Rinderbäckchen, ergänzt von Lauch und Kartoffelstampf, die in dieser exakt proportionierten Form feinsinniges Soulfood auf allerhöchstem Niveau repräsentierten. Und in Sachen Wucht und Power klar den Höhepunkt des Menüs markierten.

Willkommen erfrischend spielten danach ein feinsäuerliches Apfelsorbet und üppiger glasierter Apfel elegant mit Frucht und Säure innerhalb nur eines Produkts, bevor mit den abschließenden Buchteln noch einmal alle Register gezogen wurden. Allein die fluffig buttrigen, mehrfach aprikotierten und glasierten Teigkissen selbst waren eine Wucht. In Kombination mit einer subtil mit Kokos verfeinerten Vanillesauce und einer karamellig-fruchtigen Reduktion aber ein wahres Fest für Genießer, das viele sehr aufwendig und kleinteilig gebastelten High-End-Desserts in den Schatten stellte.

Dafür, dass nicht nur die Teller, sondern auch die Gläser spannend gefüllt werden, sorgt im Tisane Sommelière Martina Prenn. Und zwar in der gleichen ungezwungenen und dennoch hochkompetenten Art, die das gesamte Tisane prägt, und zu der neben dem stylisch progressiven Ambiente auch das Duzen der Gäste und die Hip-Hop-Beats aus den Boxen gehören.

7

Veles

Kernstr. 29, 90429 Nürnberg
0911-5985385
veles-restaurant.de
Küchenchef: Vadim Karasev
Di–Sa ab 19 Uhr, So u. Mo RT
Menüs: 115–155 €
VISA

Der Küchenstil des Restaurant Veles von Inhaber Vadim Karasev, das sich mitten im Szeneviertel Gostenhof als sehr casual geführtes und inszeniertes Lokal präsentiert, das sich seinen Eckkneipencharme gewahrt hat, aber gastronomisch durchaus anspruchsvoll ist, ist schnell erklärt: denn überwiegend sind es auf den aufwendig zubereiteten Tellern vermeintlich recht alltägliche, zumeist regionale Produkte, die vom Team auf kreative Art und Weise in ein neues Licht gerückt werden. Und zwar allabendlich als einheitliches siebengängiges Menü, das es auf Anfrage auch in einer vegetarischen Version gibt. Die Weinbegleitung dazu fokussiert sich gern auf Naturweine, die aber – genau wie die Küche – immer sehr zugänglich und nicht zu experimentell daherkommen.

Vineria Nürnberg

Kleinreuther Weg 87,
90408 Nürnberg
0911-3001950
www.vineria.de
Küchenchef: Costantino Pala, Maria Utzeri
Mo–Sa ab 17 Uhr, So RT
Hauptgericht: 22–49 €
VISA

Vinothek, Restaurant, Bar, Veranstaltungslocation: Die äußerst beliebte und sehr erfolgreiche Vineria von Sommelier, Weinhändler und Gastronom Peter G. Rock im Nürnberger Stadtteil Großreuth vereint als attraktives Mischkonzept viele Dinge unter einem Dach und wird nicht nur ob des großen repräsentativen Saals, der sich hinter dem Restaurant- und Barbereich erstreckt, oft und gern für Hochzeiten und andere Feierlichkeiten gebucht. Wer sich als Restaurantgast nicht schon vorab per Gutscheinkauf für eines der Candlelight- oder Wine-&-Food-Pairing- oder Gourmet-Menüs entschieden hat, bekommt wie eh und je eine Schiefertafel mit den jeweiligen Tagesofferten präsentiert, die stets sehr ansprechend klingen und tendenziell in die klassisch-mediterrane Richtung weisen. Und was man hier an sauber eingedeckten Tischen zwischen prall gefüllten Weinregalen serviert bekommt, ist tatsächlich eine ebenso schmackhafte wie solide zubereitete Küche, die sich nicht nur, aber schon sehr oft und gern an italienischen Rezepturen orientiert und ohne viel Schnickschnack oder Kreativitätsdrang den Geschmack der Produkte in den Vordergrund stellt.

7

Waidwerk

im Romantik Hotel Gasthaus Rottner

Winterstr. 15–17,
90431 Nürnberg
0911-612032
www.rottner-hotel.de
Küchenchef: Valentin Rottner
Mi–Sa ab 18 Uhr, So–Di RT
Menüs: 120–170 €
VISA

Das Romantikhotel Gasthaus Rottner steht in der Nürnberger Peripherie schon seit Jahrzehnten für anspruchsvolle Gastronomie und ist demensprechend ein beliebter Anlaufpunkt für Genießer. Seit Juniorchef Valentin Rottner nach vielen spannenden Stationen, unter anderem bei Nils Henkel im Schlosshotel Lerbach, hier auch noch ein eigenständiges Gourmetrestaurant mit behaglich-elegantem Ambiente eröffnet hat, wurde das Niveau nochmal gesteigert und die Attraktivität verdoppelt. Der Name „Waidwerk" nimmt Bezug auf die neben dem Kochen zweite große Leidenschaft des jungen Chefs, nämlich dem Jagen. Und das spiegelt sich dann auch in der kreativen Verarbeitung diverser Wildspezialitäten auf den Tellern wider.
Allerdings lohnt sich ein Besuch in jedem Fall auch außerhalb der Jagdsaison, denn der moderne und mit aufwendiger Kleinarbeit punktende Stil der Küche widmet sich auch allen anderen Produkten mit gleich hohen Ambitionen und deckt dabei generell ein breites Spektrum ab. Und so wurde beim letzten Besuch bereits mit den ersten Kleinigkeiten eine enorme Fülle verschiedener Produkte und aromatischer Richtungen aufgefahren: vom kurz angebratenen Hamachi mit Staudenselleriesalat und kräuterfrischer Beurre blanc über eine luftig voluminöse Stilton-Creme in einem Chip aus getrockneter Zwiebel mit Birne bis hin zum überraschend süß-sauer pikanten Rehtatar im Knusperhörnchen.
Nach diesem unterhaltsamen und animierenden, wenn auch in den Details noch nicht bis ins Letzte zugespitzten Start, stellte das Team mit stark marmoriertem Bauch vom Balfegó-Thunfisch ein ausgesuchtes Premiumprodukt in den Mittelpunkt. Allerdings kamen dessen Vorzüge in der hier gewählten, sanft durchgegarten und dann abgeflämmten Form nicht wirklich zum Tragen. Der idealerweise feine Schmelz und klare Eigengeschmack des Tunas bekam hier einen leicht „gekochten", dumpfen Charakter, was ganz entfernt wie eine sehr exklusive Thunfisch-Konserve gewirkt hat. Das

betont frische Topping verschiedener hauchdünner marinierter Rettich-Lamellen, hauchzarter gepickelter Radieschen, Wasabi und Kaviar sorgte darauf mit ätherisch-jodigen Details für einen gelungenen Kontrast und insgesamt harmonischen Eindruck – dennoch blieb das Ganze unter den Möglichkeiten, die das edle Produkt prinzipiell hergegeben hätte.
Dagegen zielte die Küche bei den folgenden, saftig-zarten Pfaffenstückchen, die mit eleganter Geflügeljus glasiert in absoluter Bestform auf den Teller kamen, generell eher auf Kraft und Harmonie. Dafür sorgten Variationen von der Kichererbse als Creme, Chip, Stücke und Mini-Falafel. Das trotz unterschiedlicher und auch sehr abwechslungsreicher Texturen wegen des Stärkegehalts eher in die Breite tendierende Ensemble wurde durch einen Dot von griechischem Joghurt mit (etwas zu) markanter Kreuzkümmelwürze zwar sanft aufgebrochen, hätte aber mit einem weiteren markanteren Kontrast (etwa Salzzitrone) noch dynamischer wirken können.
Eine im Ganzen zu zarter kompakter Süße geschmorte und abgeflämmte Zwiebel als Fundament für einen optisch markanten Turmbau mit einer kräftigen Schmorzwiebel-Käsecreme, gebratener Blutwurst, einem splittrig-krossen Teigdeckel, Röstzwiebel-Crumbles und kühlem grünen Apfelconfit als weitere Etagen, illustrierte dann vor allem, wie niveauvoll und kreativ das Team auch mit Gemüse umzugehen weiß. Zwar wurde aus dem kunstvollen Turm durch den recht robusten und nur mit etwas Kraftaufwand zerkleinerbaren Teigdeckel zwangsläufig schnell eine verdichtete Mischung, die aber zwischen warmer Würze, grüner Frische und verschiedenem Zwiebelnoten gut balanciert war.
Volle Harmonie und zudem ein hervorragendes Hauptprodukt gab es mit soft aufblätterndem Black Cod, der mit einer zarten Kalbskopf-Galantine überschmolzen neben konzentrierten und zitrisch angespitzten Brokkoli-Variationen in einer samtigen Miso-Beurre-blanc angeschwommen kam. Hier griffen alle Bestandteile wunderbar geschmeidig ineinander, waren dennoch zugleich differenziert wahrnehmbar. Das war eindeutig der stärkste Gang des Menüs!
Dessen Abschluss rund um ein cremiges (allerdings leicht körniges) Sesameis, frech angeschärft mit Kimchi-Gel, das von einer hellen Apfelcreme direkt abgepuffert und von rohen grünen Apfelstiften, Korianderkresse und Isomalt-Chips mit Kimchi-Pulver pointiert erweitert wurde, drehte dann zwar in Sachen Kreativität wieder weiter auf, blieb dabei aber auf spannende Art ein wenig sperrig.
In der Gesamtschau gab es beim letzten Test deutlich mehr nicht ganz ausgefeilte Kleinigkeiten als bei den vorherigen Besuchen – zugleich wurde aber auch alles Potenzial aufgezeigt, um das schon beim nächsten Mal wieder ganz anders aussehen zu lassen. Und der herzliche Service, genau wie die individuellen und spannenden Weinempfehlungen aus Franken (und darüber hinaus), sind sowieso eine sichere Bank und tragen wesentlich zum insgesamt weiterhin positiven Gesamteindruck bei.

7

Wonka

Johannisstr. 38, 90419 Nürnberg
0911-396215
www.restaurant-wonka.de
Küchenchef: Christian Wonka
Di ab 18.30 Uhr,
Mi–Fr von 12–13.15 Uhr u. ab 18.30 Uhr,
Sa ab 18.30 Uhr, So u. Mo RT
Hauptgericht: 35–40 €,
Menüs: 98–118 €

Das in der Johannisstrasse im Nürnberger Norden von außen sehr unauffällig untergebrachte, drinnen aber umso ansprechendere Wonka ist eine feste Institution unter den mittlerweile nicht wenigen fränkischen Gourmet-Individualisten. Schon als die Anzahl jener Restaurants, die abseits von klassischer Haute Cuisine eine eigene kreative Handschrift pflegen, in und um die Frankenmetropole noch längst nicht so groß war wie heute, hat sich Christian Wonka hier mit einer oft recht puristischen, teils mit asiatischen, teils mit regionalen Inspirationen spielenden Küche wohltuend vom Gourmet-Einerlei abgesetzt.
Einen eigenen Stil hat im Übrigen auch das mit dunklem Rot und Goldstreifen an der Decke

gegenüber petrolfarbenen stylisch modernen Sesseln künstlerisch minimalistisch gestaltete Ambiente, das sehr gut zur hier gebotenen Küche passt. Und die lässt sich erfreulicherweise nach wie vor nicht bloß am Abend, sondern auch mittags genießen – zwar mit einem leicht reduzierten Angebot, aber ohne Abstriche beim Stil und beim gebotenen Niveau.
Bestes Beispiel dafür war zuletzt direkt der erste Gang um Entenbrusttranchen mit saftig zartem Fleisch unter knusprig dünn ausgebratener Haut, die gelungen reduziert nur von knackiger, leicht angerösteter Lotuswurzel, herbfruchtiger Pflaume und etwas frischem Blattgrün in dezent salzig-süßer Marinade präsentiert wurde. Das sensible Spiel mit Salz, Umami und Süße fand sich auch in der eleganten Naturjus wieder, die die Ente mit feinen fruchtigen Nuancen (etwa von Pflaumenwein) aromatisch unterstützte, aber nicht übertünchte.
Die gleiche lässige Klarheit prägte auch das folgende sanft kolorierte, innen roh belassene Thunfischfilet, das neben knallgrünen Erbsen, einer zarten Erbsencreme und Erbsensprossen in einem fruchtig frischen Zitronenfond auf den Teller präsentiert wurde und dabei von einem forsch schärfenden Gel spannende Dynamik zugespielt bekam. Derartige Gerichte wirken im ersten Moment oft simpel, bieten aber mit ihren deutlichen und kontraststarken Aromen stets mehr, als es der erste Augenschein vermuten lassen würde.
Das galt dann genauso auch für den überraschend feinfaserigen Hirsch, der sich letztlich nur durch den etwas markanteren Geschmack von einem Reh unterschied und genau dieses kräftige Eigenaroma ganz wunderbar neben röstwürziger Topinambur und einer dunklen Topinamburcreme ausspielen konnte. Den nötigen Kontrast lieferten die auf den ersten Blick etwas profan wirkenden Mandarinenstücke, die aber auf ihre fruchtig kühle Art gemeinsam mit gebratenen Flower Sprouts erneut große Wirkung mit einfachen Mitteln erzielten – unterstützt von einer schwebend transparenten, markant mit Szechuanpfeffer abgeschmeckten Wildjus.
Und auch mit dem süßen Abschluss rund um ein satt cremiges, erfrischend zugespitztes Mangosorbet nebst saftigem schwarzem Reis (als eine aromatischere Milchreis-Variante) und duftig zartem Kokosfond blieb das Team voll auf seiner Linie und konnte das Niveau mit wenigen schlagkräftigen Akzenten spielerisch hochhalten.
Für das attraktive Gesamterlebnis unverzichtbar sind außerdem der charmante Service und die spannend individuellen Weinempfehlungen von Patrice Blanchard, die sich stets weitab vom Mainstream bewegen und zumeist bestens auf die Gerichte sowie auf individuelle Vorlieben abgestimmt werden.

6↑

Würzhaus

Kirchenweg 3 a, 90419 Nürnberg
0911-9373455
www.wuerzhaus.info
Küchenchef: Diana Burkel
Di–Fr von 11.30–14 Uhr u. ab 18 Uhr, Sa ab 18 Uhr, So u. Mo RT
Hauptgericht: 16–37 €, Menüs: 28–105 €
VISA

Wer in dem gepflegten, bodenständigen Eckwirtshaus bodenständige fränkische Klassiker erwartet, wird beim Blick in Diana Burkels Speisekarte schnell eines Besseren belehrt, denn die kreative Küchenchefin des Würzhaus pflegt hier eine sehr originelle und auch eigenständige Version innovativer Gewürz- und Aromenküche. Mit hohem Anspruch, aber ohne preistreibende Exklusivität, setzt sie in handwerklich souveräner, manchmal aromatisch etwas plakativer Machart ihre guten Ideen in die Tat um und lässt die Gäste so zu moderaten Preisen in den Genuss origineller Liaisons nicht alltäglicher Viktualien kommen. Auf nahezu allen Tellern beweist sie Ihr großes Talent für spannend unkonventionelle Produkt- und Aromenkombinationen. Der junge Service agiert engagiert und umsichtig, ist gut informiert und zeigt sich auch in Weinfragen – die Weinkarte ist ebenso individuell wie die Küche! – kompetent.

6

Zirbelstube

Friedrich-Overbeck-Str. 1, 90455 Nürnberg
0911-998820
www.zirbelstube.com
Di–Sa ab 18 Uhr, So u. Mo RT
Hauptgericht: 25–30 €, Menüs: 65–100 €
VISA P

Kreativ aber mit Bodenhaftung, regionalbetont, aber mit Blick über den Tellerrand hinaus

– so ist die Küche von Sebastian Kunkel in seinem kleinen, feinen, holzvertäfelten Gasthaus, das er generationsübergreifend führt. Abgesehen von gelegentlichen Krusten- oder Schalentieren und dem einen oder anderen Meeresfisch konzentriert sich der Chef bei seinen Menüs seit jeher auf die heimische Produktvielfalt – was aber nicht heißt, dass es auf seinen Tellern traditionell und behäbig zugeht. Man hat es aber immer mit unkompliziert zugänglichen, handwerklich fundiert und mit viel Sorgfalt und Können zubereiteten Gerichten zu moderaten Preisen zu tun. Dazu der zuvorkommende Service unter der Leitung von Susanne Wagner-Kunkel und wohlfeile Weine von einer ausreichend bestückten Karte mit fränkischem Fokus.

8

ZweiSinn Fine Dining

Äußere Sulzbacher Str. 118,
90491 Nürnberg
0911-92300823
www.meierszweisinn.de
Küchenchef: Stefan Meier
Mi–Sa ab 18 Uhr, So–Di RT
Menüs: 140–160 €

VISA

Dass die Metropolregion Nürnberg bundesweit zu den absoluten Gourmethotspots gehört, insbesondere wenn individuelle Konzepte abseits des Mainstreams gefragt sind, ist längst kein Geheimnis mehr. Kaum sonst irgendwo finden sich auf engem Raum so viele spannende Adressen für aufgeschlossene Genießer. Und unter diesen behauptet sich der dezent elegante Gourmetbereich des ZweiSinn schon seit vielen Jahren mit einer ausnahmsweise nicht stark regionalbetonten, sondern vielmehr kreativ-weltoffenen Küche in eher moderner Spielart. Das Team um Stefan Meier schafft es hier ganz ausgezeichnet, einen hohen Anspruch in allen Bereichen auf unangestrengt lockere Art zu vermitteln – im charmanten Auftreten des Serviceteams genauso wie auf den Tellern.

Obwohl auf diesen sehr genau und mit feinen Details gearbeitet wird, umschifft das Team allzu verspielte Attitüden sehr souverän und konzentriert sich stattdessen auf das Wesentliche: fokussierten Geschmack. Bei den ersten Kleinigkeiten zum Ankommen fiel dieser allerdings bei dünnen Knusperchips mit salziger Kürbiskernganache und einer falschen Kirsche, gefüllt mit Gänselebercreme, Schokolade und Pumpernickel, überraschend süß aus – zwar in jeder Komponente präzise, aber alles in allem beinahe desserthaft. Gekontert wurde das allerdings von einem Knusperhörnchen mit einer Interpretation von Matjes nach Hausfrauenart. Und auch die in einem Porzellan-Ei servierte, fein ziselierte Version von „Egg Benedict" mit flüssigem Wachtelei nebst konzentrierter Spinatcreme und Speckschaum bewegte sich in eine ganz andere Richtung, so dass die Einstimmung insgesamt wieder balanciert wirkte. Vor allem aber zeigten die Miniaturen, wie genau das Team handwerklich und aromatisch arbeitet.

Besonders deutlich wurde das auch beim folgenden Ora-King-Lachs als schmelzend zarte, nur minimal angewärmte Scheibe unter knackigen weißen und gelben Bete-Kreisen sowie einer subtil schärfenden Wasabicreme. Daneben erweitere eine zart gelierte Kuppel aus dünner geschnittenem Lachs und hellfruchtig klarer Nashibirne das Produktspektrum und diente als Basis für ein schneidig frisches Wasabi-Eis. Verbunden und zusätzlich belebt wurde das alles von einem Sud aus rosa Ingwer mit feiner Schärfe und Säure. Sehr fein und sehr stark!

Die qualitativ exzellente Jakobsmuschel, die mit markanten Röstnoten über glasklarem nussigen Eigengeschmack in einem Tom-Yum-Sud mit Korianderöl serviert wurde, konnte da nicht ganz mithalten. Zwar schaffte der Sud mit fein gewobener Spicyness und Säure eine komplexe Basis, während gepickelte Karottenschleifen, zarte Karottencreme und geröstete Erdnüsse weitere stimmige Akzente setzten – insgesamt aber blieb das etwas einfacher und aromatisch gröber gezeichnet.

Ebenfalls als kompaktes Gericht konzipiert, aber mit ausgeprägterem Spannungsbogen ausgestattet, hob der folgende glasig gegarte und perfekt festfleischig-zarte Zander unter Creme und Blättern von Rosenkohl sowie seiner in Tempura kross ausgebackenen (darunter aber etwas zähen) Haut das Niveau wieder an. Kombiniert wurde der edle Süßwasserfisch mit den

kraftvollen Aromen geflämmter Rauchaalwürfel, die von einer hellen Sojareduktion akzentuiert wurden, aber auch von einem konzentriert dichten Sauerkrautschaum, was im Verein für einen kontraststarken und dynamischen Gesamteindruck sorgte.
Auch die im Hauptgang präsentierte Miéral-Ente mit ihrem straffen Fleisch unter hauchdünner krosser Haut und schmelzendem Fett war allein auf der Produktseite ein Volltreffer – insbesondere im Zusammenspiel mit der bei aller Kraft natürlich-transparent gehaltenen Entenjus, die feinfühlig mit Vanilleessig angespitzt war. Weitere zwischen heller Cremigkeit und herber Frucht changierende Kontraste kamen von Schwarzwurzel und Quitte in verschiedenen akkuraten Zubereitungen hinzu und so entstand eine Kreation, die sich voll und ganz auf dem hier gewohnten hohen Level bewegte.
Mit einem cremig-frischen Apfeleis unter Milchreisschaum, Zimtzucker und gepufftem Reis leitete das Team zum süßen Abschluss über, der mit Biskuit und Mousse von Pistazie neben fruchtigem Bete-Sorbet, marinierten Bete-Lamellen, Joghurttupfen sowie knusprigem Amaranth zwar gekonnt zwischen Nussigkeit, fruchtig-erdigen Noten und säuerlicher Frische balanciert war, dabei aber nicht ganz so prägnant und zugespitzt wirkte wie die vorherigen Gänge.
Insgesamt gab es damit zwar einen etwas schwankenderen Eindruck als beim letzten Besuch, allerdings durchweg mit nur sehr geringen Ausschlägen rund um das gewohnte Niveau, so dass wir sicher sind, beim nächsten Mal schon wieder eine konsistentere Performance zu erleben. Und das Serviceteam rund um Restaurantleiterin Carina Burkhardt und Sommelière Difan Xu sorgt ohnehin dafür, dass ein Besuch nicht nur garantiert genussreich, sondern auch angenehm entspannt ausfällt – und jederzeit von spannend individuellen hochwertigen Weinempfehlungen ergänzt wird, wahlweise auch von originellen alkoholfreien Alternativen.

Bezahlkarten-Symbole

- Mastercard
- EC-Maestro
- Diners
- American Express
- VISA Visa

Nürtingen (Baden-Württemberg)

5↑

belsers Restaurant

Brunnensteige 15,
72622 Nürtingen
07022-7195860
www.belsers.com
Küchenchef: Christer Belser
Di-Do u. Sa ab 17.30 Uhr, Fr u. So von 11.30–14 Uhr u. ab 17.30 Uhr, Mo RT
Hauptgericht: 20–38 €,
Menüs: 50–80 €

VISA

Mitten in der adretten Altstadt von Nürtingen mit ihren vielen Fachwerkhäusern und dort direkt gegenüber dem Rathaus gelegen, bietet Christer Belser in dem nach ihm benannten Restaurant schon seit einigen Jahren den zweifelsfrei attraktivsten Anlaufpunkt für Genießer in der Stadt und ihrer Umgebung. Das stilvoll modern in verschiedenen Grau- und Blautönen und mit großformatiger Kunst sowie individuellen Dekordetails ansprechend gestaltete Lokal bietet eine ungezwungene und zugleich schicke Umgebung.
Und genau das passt dann auch perfekt zur Küche des ambitionierten Chefs, der einerseits mit günstigeren Mittagsangeboten und fein ausgeführten populären Traditionsgerichten wie Wiener Schnitzel oder Wildragout eine leichte Zugänglichkeit gewährleistet, andererseits aber in den aufwendigeren Gerichten so exakt spannungsreich arbeitet, dass auch anspruchsvolle Gaumen auf ihre Kosten kommen.
Die erste Kostprobe, die das beim letzten Besuch unter Beweis stellte, wurde mit „Antipasti mal anders“ überschrieben. Das bedeutete in diesem Fall: ein saftiges Auberginentatar mit feiner Bitterkeit unter cremiger Burrata und

würzigem Sorbet von Gurke und Gin, das von Tomatenchutney mit deutlicherer Süße noch einen stärkeren Kontrast zur Seite gestellt und von gebratenen Pilzen und Artischocken eine gewisse röstige Würze angedient bekam – und so ganz ohne aufwendiges Kleinklein einen markant differenzierten und dynamischen Auftakt schaffte.
Dass diese Zubereitungen allesamt auf einer substanzreichen klassischen Basis beruhen, das bewies zuletzt beispielsweise auch eine Hummersuppe, die sich gut balanciert zwischen typischem Krustentiergeschmack und einer deutlichen „Tomatisierung“ mit dezenter wärmender Hintergrund-Pikanterie präsentierte. Die subtile Ätherik von Estragonöl und Fenchel sorgte dazwischen zudem für feinere, duftige Kopfnoten. Letztere hätten zwar nach unserem Geschmack noch markanter herausgestellt werden können, aber auch als harmonische Melange funktionierte das Ganze prima und bildete insbesondere für die in der Suppe versteckte Hummer-Maultasche mit einer eher „deftigen“ Füllung aus zwiebeliger Hummerfarce mit Fenchelsaat eine bestens passende Umgebung.
Auch die kernig-saftstrotzende Tranche vom Rind hatte zwar mit einer bratbrutzeligen Kruste aus Croûtons und Schnittlauch einen gewissen rustikalen Touch, wurde aber zwischen geschmeidig heller Selleriecreme, gebratenen Pilzen, der grünen Frische von Brokkoli und Pak Choi sowie einer tiefglänzend konzentrierten, dabei aber sehr eleganten Jus mit feinem Süße-Säure-Spiel in eine kontraststarke, typisch knallige Umgebung gestellt und konnte als solches auch voll überzeugen.
Die souveräne Performance riss zuletzt auch bei Desserts wie einer mustergültigen Crème brûlée mit fein eingebundenem Tonkabohnenduft und erfrischendem Cassissorbet oder einem halbflüssigen Schokoladenkuchen mit Vanillesauce und Mango-Passionsfruchtsorbet nicht ab. Und wird ergänzt von einer attraktiven Weinauswahl zu fairen Preisen und einem charmant und aufmerksam agierenden Serviceteam.

Oberkochen (Baden-Württemberg)

5

Vilotel

Eugen-Bolz-Platz 2, 73447 Oberkochen
07364-955540
www.vilotel.de
Küchenchef: Johannes Bischof
Mo–Sa ab 17.30 Uhr, So RT
Hauptgericht: 20–55 €, Menüs: 45–90 €
VISA

Mit klarer Kante und modernem Chic lässt das Vilotel in Oberkochen als modernes Gebäude zunächst nicht unbedingt die auf der Homepage angekündigte gemütliche Wohnzimmeratmosphäre vermuten. Aber genau die gibt es tatsächlich in dem nahtlos von der Bar mit Hochtischen und chilligen Sitzecken zu schlichten Holztischen mit bequemen Polstersesseln übergehenden Restaurantbereich. Die Atmosphäre ist locker und entspannt, meist eher quirlig, und in jedem Fall auf Anhieb sehr angenehm.
Noch mehr als das Ambiente lockt aber die Tatsache, dass hier neben einer gefälligen Umgebung auch noch einfallsreiche und niveauvolle Küche auf dem Programm steht. Den besten Einblick in das Konzept und Können des Teams bekommt man mit dem maximal fünfgängigen Menü, dessen Gerichte meist kreativer und akkurater ausgearbeitet ausfallen, als viele der ebenfalls lohnenden, aber eben etwas schlichteren Optionen à la carte, bei denen beispielsweise auch kreative Burger oder einfach ein gut gereiftes Steak angeboten werden.
Ein perfektes Beispiel dafür lieferte das Team beim letzten Besuch mit dem sowohl farblich als auch aromatisch knalligen ersten Gang: ein zartes Kalbstatar mit gehobeltem gebeiztem Eigelb stand hier neben hauchdünnen Brotchips, cremiger und säurefrischer Senf-Mayonnaise,

einem roten Chutney von Zwiebeln und Senf mit fruchtigem Süße-Säure-Spiel sowie einem erfrischenden Sauerampfereis. Das ergab im Zusammenspiel einen beschwingten und kontrastreichen Auftakt, bei dem sich auch ohne absolute Detailgenauigkeit der Mut zu deutlichen Aromen auszahlte.
Da konnte die folgende Bouillabaisse nicht ganz mithalten. Zwar beeindruckte der klare Fischsud mit enormer Konzentration und Dichte (bei zugleich ziemlich ausgereizter Salzigkeit) und bekam mit gebratenen Tranchen von Zander und Lachs sowie kleinen Garnelen propere Einlagen – insgesamt wirkte das Ganze aber vergleichsweise schlicht und durch den roh gehobelten, partiell strunkigen Fenchel auch gröber als der vorherige Gang.
Ebenfalls eher gröber gehalten, hier aber auf gut proportionierte Art, kombinierte das Team sanft gegarten Saibling mit saftigen Fregola Sarda, die von zart gebratenen Kräuterseitlingen, knackigen Zuckerschoten und eingelegten Zwiebelsegmenten akzentuiert wurden. Prägend für den gesamten Teller war allerdings die konzentrierte Passionsfruchtsauce auf Basis von reduziertem und leicht emulgiertem Saft mit einer dezenten Kräutrigkeit. Tatsächlich wirkte die überbordende exotische Fruchtfülle in dieser Form leider zu dominant und hätte für einen gelungenen Akzent entweder stärker gepuffert oder eben vorsichtiger dosiert werden müssen.
Beim süßen Abschluss rund um dunkelbeerige Holundermousse auf crunchy Kakaoboden, dichtcremigem Vanilleeis (dessen annoncierte Rosmarinnoten nur ganz dezent zu erahnen waren) und kleinen Cheesecake-Cremetupfen dazwischen, passte dagegen alles ganz prima zusammen. Und mit einem zusätzlichen Frischeboost durch eingelegte Sauerkirschen kam der Nachtisch sogar erfreulich dynamisch daher.
Die Damen im Service behalten auch bei vollem Haus und quirligem Treiben souverän den Überblick. Und in der kleinen Weinkarte finden sich viele lohnende Tropfen ausgewählter renommierter Erzeuger, viele davon sogar glasweise.

Oberopfingen (Baden-Württemberg)

6

Landgasthof Löwen

Kirchdorfer Str. 8, 88457 Oberopfingen
08395-667
www.loewen-oberopfingen.de
Küchenchef: Alexander Ruhland
Do–Sa ab 17.30 Uhr,
So von 11.30–13.30 Uhr u. ab 17.30 Uhr,
Mo–Mi RT
Hauptgericht: 16–42 €, Menüs: 59–116 €
VISA P

Landgasthöfe stellen eine ungemeine Bereicherung der Kulturlandschaft dar, indem sie Traditionen pflegen und im Idealfall weiterreichen. So wie in über 100 Jahren im Oberopfinger Löwen, wo Alexander Ruhland für die inzwischen vierte Generation steht. Nach Stationen unter anderem bei Hans Haas im Tantris und Vincent Klink in der Wielandshöhe war er zurück in den Betrieb gekehrt, um sein Verständnis von regionaler Küche auf Basis französischer Klassik fortzuführen.
Wohlfühlgerichte treffen hier auf ein Wohlfühlambiente, das in den zwei Gasträumen plus Außenbereich und Veranstaltungssaal ohne große Folklore auskommt, sondern zeitlos elegant ist. Wie es scheint, will der Jeune Restaurateur seine Kulinarik bewusst nicht auf die Spitze treiben, sondern einen abwechslungsreichen Mix anbieten, der ganz unterschiedliche Gäste anspricht. So stehen auf der Karte auch Cordon bleu und Zwiebelrostbraten zwischen progressiveren Gerichten, die besonders in den Menüs zu finden sind. Zuletzt wurde darin aber ein, zwei Gänge runtergeschaltet: bei unserem Besuch mit „Alexander Ruhlands Menü" in maximal vier Gängen sowie mit einem „sommerlichen 3-Gang-Menü".
Kleine Aufmerksamkeiten vorneweg gehören natürlich zum Selbstverständnis dazu: Nach

aufgeschlagener Butter und Frischkäse mit starker Currywürze zu zweierlei Brot grüßte die Küche mit einer Gurkenkaltschale mit Croûtons und Spargel mit Tomatenespuma und eingelegter Salzzitrone. Die Vorspeise aus dem „Ruhland-Menü" war ein Tataki vom Yellow-Fin-Thunfisch im Sesammantel, der allerdings recht luftig war, aber so den zarten Schmelz des ganz kurz angebratenen Fischs zur vollen Geltung kommen ließ. Am ausdrucksstärksten dazu war ein Gazpacho-Eis, aber auch die Guacamole-Tupfer konnten sich mit zitrischer Frische bemerkbar machen. Die Vinaigrette zu den Wildkräutern vom Keltenhof mit Kernen und Croûtons war weniger säure-, denn süßebetont.
Das Salatbouquet zur Vorspeise à la carte unterschied sich nur unwesentlich davon, aber hier sorgte ein Yuzu-Zitronen-Eis für frische Säure, und die verdichtete Fruchtpower eines Aprikosenchutneys erwies sich als perfekter Begleiter zum milden Ziegencamembert, der mit einer Kräuterkruste überbacken war. Als Erfrischung vor den Hauptgängen diente ein Kalamansi-Sorbet mit Aprikosenragout.
Ein ziemlicher Sattmacher waren die drei Stücke Basmatireis-Strudel in einem knusprigen Filoteig. Aber durch einen Kokos-Limetten-Schaum hatte das einzige vegetarische Hauptgericht à la carte auch eine frische Leichtigkeit, begleitet von würzigem Wokgemüse, wildem Brokkoli und knackigen Kichererbsen. Zum auch nicht gerade zierlich bemessenen Menühauptgang um rosa-rare gebratenes Filet vom Allgäuer Rind, fast so hoch wie breit und unter einer nun sehr grünen Kräuterkruste, ergänzten sich herzhafte Momente zu einem klassischen Soulfood-Gericht, aus dem ein recht scharfes Schnittlauchöl herausstach. Ansonsten auf dem Teller: eine weiße Bohnenmousseline zu Kugeln geformt und als breite Spur gelegt, in der kleine Stücke von Salsiccia und Schnippelbohnen zur Olivenerde weitere erdige Töne lieferten – dazu eine kräftige Balsamicojus sowie drei à part gereichte Kartoffelbällchen als eine Art knusprig-fluffige Pommes-soufflés-Variante.
Statt für eine Auswahl der Allgäuer Käse-Affineure von Jamei Laibspeis' haben wir uns für das klassisch süße Dessert entschieden. Zu einer Limetten-Panna-cotta wurden hier schöne Nuancen mit der geschmeidigen Süße von Pistazieneis, der dezenten Fruchtsäure eines Erdbeer-Rhabarber-Ragouts und der starken Exotik einer Espuma von Kalamansi gespielt.
Zum sehr guten Kaffee gab es noch eine Kokos-Limonen-Praline – und apropos Getränke: die Weinauswahl bietet einen kleinen Querschnitt aus deutschen und internationalen Anbaugebieten, darunter Highlights aus Österreich von Schloss Halbturn. Aber auch mit den offenen und fair kalkulierten Weinen kann man Spaß haben. Insgesamt ist das Angebot im Löwen eben so clever variiert und stimmig, dass man im diesen Landgasthof gerne öfter vorbeischaut.

Oberstaufen (Bayern)

7

die.speisekammer

im Hotel DAS.HOCHGRAT
Rothenfelsstr. 6+8,
87534 Oberstaufen
08386-9914620
www.die-speisekammer.de
Küchenchef: Friedrich Braumüller
Mo u. Do–Sa ab 18 Uhr, So von 12–13.30 Uhr u. ab 18 Uhr, Di u. Mi RT
Hauptgericht: 35–54 €,
Menüs: 85–129 €

VISA

Im Falle des auf moderne Art ländlich gestalteten Restaurants im schicken alpinen Hotel Das Hochgrat in Oberstaufen hatten wir im Laufe der vergangenen Testsaison schlechtes Timing. Kurz nachdem wir zum unangemeldeten Testbesuch vor Ort waren, gab Gastgeber Thomas Klopfer bekannt, dass es in Kürze einen Küchenchefwechsel geben werde. Als Nachfolger von Routinier Fritz Braumüller, der zum Zeitpunkt unseres Testbesuchs noch so wie aus den Vorjahren gewohnt sehr souverän am Herd stand, sollte aus Juan Amadors Restaurant in Wien der erst 32-jährige Daniel Kuban ins Oberallgäu kommen und frischen Wind mitbringen. Und tatsächlich liest sich die Speisekarte seit Anfang 2023 etwas anders, wirkt noch weltläufiger. Man merkt in jedem Fall sofort, dass hier etwas anders ist.

Und auch wenn die Stilistik auf den Tellern eine andere ist: Auf eine gewisse Art sind sich Daniel Kubans Art zu kochen und die von Vorgänger Fritz Braumüller durchaus auch ähnlich – es geht nämlich bei beiden weniger elegant zurückhaltend als vielmehr zupackend und kraftvoll auf den Tellern zu. Mit Mut zu Ecken und Kanten anstatt glattgeleckter Langeweile. Das kann dann gern auch mal etwas zu ruppig und ungehobelt ausfallen, ist aber durchwegs individuell und macht Spaß. Die Aperos beispielsweise hatten alle etwas Fruchtiges, jeweils in harmonischem Einklang mit einer ausgleichenden Herzhaftigkeit. Mal deutlich und vordergründig, so wie ein Gläschen Melonen-Gazpacho mit kleinen Stückchen warmgeräucherter Forelle darin, mal dezent fruchtakzentuiert wie etwa beim dünnen Topinamburcracker mit Tupfen von Preiselbeergel und Gorgonzolacreme oder einem Bergkäsekäsekrapfen mit bayrisch Kraut.
Ähnlich wie unter der Ägide von Braumüller gibt es einen sechsgängigen Menüvorschlag und davon abweichend ein gar nicht so kleines Angebot an Gerichten à la carte. Alles klingt originell, nichts nach copy-and-paste. Eine grundsätzlich gute Idee war schon die Vorspeise um großkörnigen Royal Belgian Osietra Caviar mit eingelegten Herzkirschen, Piemonteser Haselnüssen und Sauerrahm – passenderweise (Belgien!) auf einer frisch gebackenen Wabenwaffel präsentiert. Allerdings wirkte die Komposition etwas unruhig, die Komponenten standen zu sehr nebeneinander, die Säure der Senfsaat-Vinaigrette biss sich sogar ein wenig mit dem Kaviar und den anderen Säuren. Hier hätte mehr Süße und Schmelz gutgetan, um die unterschiedlichen Säuregrade, die zudem als Fruchtsäure von den Kirschen und als laktische Säure vom Sauerrahmschaum in das Gericht getragen wurden, noch harmonischer miteinander zu verbinden.
Aber wie gesagt: auch wenn es mal etwas holpert, kann das den guten Gesamteindruck nicht trüben. Ganz hundertprozentig rund war der nächste Gang des Menüs auch nicht, aber gerade das hatte hier seinen Reiz. Und im ebenfalls laktisch-säuerlichen Schmelz der Buttermilch einer modern interpretierten Okroschka funktionierte die Vermählung aller weiteren Elemente der kalten Suppe außerdem schon deutlich besser. Neben saftig-zarten Sot-l'y-laisse waren auch hier in Gestalt von Mixed Pickles wie Perlzwiebeln und Rettichgewächsen stark säurebetonte Komponenten im Spiel. Man kann also zusammenfassen, dass Daniel Kuban mit seinen Gerichten meist sehr viel Power und Dynamik auf die Teller bringt. So wie auch bei der Kombination von Bodenseeaal mit Aprikosengel, Mandelcrunch, angerichtet auf einem Spiegel aus angenehm tiefem und komplexem Jalapeñosud, der auf einer mildwürzigen (fleischigen) Basis zubereitet war: Säure, Frucht, Rauch, Würze und Schärfe, alles auf markante Art in harmonischen Einklang gebracht.
So ein typisch kraftvolles und doch elegant gebändigtes Gericht aus der Hand des neuen Küchenchefs war auch der „Zwiebelrostbraten" vom Zander, eine auffällig gute, festfleischigblättrige, mit einer Knusperbeflockung aus Röstzwiebel, Knoblauch und Kräutern aufs Retro-Porzellan geschickte Tranche, die auf einem Klecks Kartoffelcreme aus einer intensiven Rinderbouillon ragte. Auch hier wieder ein paar Ecken und Kanten durch recht ruppige Röstaromen, aber unterm Strich auch das wieder eine ausgewogene Sache. Ein ähnlich dunkles, braunaromatisches und von dichten Umami-Aromen getragenes Gericht war der Menü-Hauptgang um kernig-saftiges gegrilltes Pluma vom Iberico-Bellota auf einer Creme von fermentiertem schwarzem Knoblauch in einer durchaus intensiven, aber transparenten, mit Salzgurke raffiniert fruchtig-säuerlich abgeschmeckten Sauce, was à part noch von einem Süßkartoffel-Churro eskortiert wurde. Allerdings wirkte hier das Geschmacksbild ebenso monochrom braun wie die Optik. Die fermentierte Knoblauchcreme dominierte das Geschehen und überfrachtete letztlich die sehr feine, nuancierte Sauce. Zudem fehlte die Frische, das Knackige, die Auflockerung…
Deutlich facettenreicher, freigestellter und ausblancierter präsentierte sich indes wieder das sehr gute Dessert „Erinnerung an Koh Tao", also ein offenbar von einem Aufenthalt des Küchenchefs auf der Insel im Golf von Thailand inspirierter Nachtisch. Und es müssen sehr gute Erinnerungen sein, die da in Form von karamellisierter Curry-Ananas, Kokosnussmousse, Thaibasilikum-Eis, Erdnusskramell-Florentiner und einem à part dazu kredenzten Granité von thailändischem Rum und Energy-Drink unter Kokosespuma auf sehr kurzweilige Art schmeckbar wurden.
Langweilig wird auch nicht, wenn man sich auf Thomas Klopfers glasweise Weinbegleiter einlässt, mit denen er oft und gern die gängigen Pfade verlässt. Angefangen beim 2017er Weißburgunder GG „Weilberg" von Rings über in Spanien angebauten Lemberger bis hin zu sehr klarfruchtigem, saftigem Côte-Rôtie ganz ohne Holzeinsatz bekommt man es garantiert nur mit starken Charakterweinen zu tun.

5

Esslust

im Hotel Alpenköinig
Kalzhofer Str. 25, 87534 Oberstaufen
08386-93450
www.hotel-alpenkoenig.de
Küchenchef: Manuel Gorbach
Mi–Sa ab 17.30 Uhr, So–Di RT
Hauptgericht: 19–45 €, Menüs: 47–89 €
VISA

Im ländlich eleganten Hotel und Restaurant Alpenkönig in Oberstaufen, das auf einladende Art typisch alpenländischen Charme mit einem gewissen Chic verbindet, lässt es sich nicht nur komfortabel verweilen und urlauben, sondern auch auf klar überdurchschnittlichem Niveau genießen. Verantwortlich dafür zeichnet mit Manuel Gorbach ein talentierter und erfahrener Chef, der in den im Vergleich zu den anderen rustikaleren Gaststuben des Hauses etwas eleganter gestalteten Restaurant Esslust auf einen gehobenen, aber dennoch bodenständigen Stil setzt.
Im souveränen Handwerk, den guten frischen Produkten und den sorgfältig abgestimmten Proportionen wird auf jedem Teller sehr klar der gehobene Anspruch sicht- und schmeckbar. Andererseits bleiben die Gerichte eigentlich immer sehr leicht zugänglich und sind eher mit etwas dickeren Strichen gezeichnet und nicht mit allzu aufwendigen Details versehen – das aber auf sehr charmante und schmackhafte Art.
So wie beispielsweise bei der Hummerschaumsuppe mit ihrem dichten, röstwürzigen Geschmack bei schlanker Konsistenz und den saftigen, frischen Flusskrebsen als Einlage, die im ersten Moment vielleicht etwas irritierten, aber natürlich in der aus den nahen Salzwasser-Verwandten gewonnenen Umgebung trotzdem eine sehr gute Figur machten. Vor allem aber war die Suppe, wie so oft, ein ausgezeichneter Verweis auf die handwerklichen Skills des Teams.
Und die wurden dann auch bei der geschmorten Kalbsbacke in löffelzarten und dennoch straff gehaltenen Tranchen deutlich, die gemeinsam mit knusprig-zartem Kalbsbries in einer unaufgeregt harmonischen Umgebung aus milder Selleriecreme, glasierten Kirschen, etwas Kresse und einer kraftvollen Kalbsjus angerichtet waren. Mit derartigen Tellern liegt die Küche sogar schon am oberen Ende des 5-Pfannen-Levels. Andere Gerichte, wie etwa die als Evergreen fest auf der Karte gesetzten (sehr guten!) Garnelen in einem leichten Kräutersud mit Röstbrot und Äioli, die Filetspitzen mit Tagliarini und Egerlingen oder selbstredend auch der wöchentliche „Schnitzelmontag", bleiben dagegen in der Machart deutlich schlichter.
Mit einem souveränen Abschluss in Form einer lockeren weißen Schokoladenmousse nebst aromatischem Mangoragout und etwas Crumble als unkomplizierte, etwas zu einseitig süß gehaltene Kombination, bekräftigte das Team aber noch einmal das gute Gesamtniveau, das von einer hochwertig und individuell bestückten Weinkarte ergänzt wird, in der sich neben fair kalkulierten Entdeckungen auch eine spannende Sammlung hochkarätiger Raritäten findet.

Hotelempfehlung

DAS.HOCHGRAT

Rothenfelsstr. 6+8, 87534 Oberstaufen
08386-9914620
www.das-hochgrat.de
Einzelzimmer: ab 141 €
Doppelzimmer: 186–325 €
VISA

Die 19 Luxus-Ferienwohnungen des DAS. HOCHGRAT – 4 Junior-Chalets bzw. Doppelzimmer sowie 15 Luxus-Chalets – liegen mitten im Herzen von Oberstaufen und sind die moderne Interpretation des alpenländischen Baustils. Die gesamte Architektur spiegelt die perfekte Mischung aus Tradition und Moderne wieder. Holz, Glas und Naturmaterialien versprühen Wärme und Gastlichkeit. Sie reichen von den gemütlichen Junior-Chalets (zwischen 27 qm und 34 qm), die mit hochwertigen

Materialien, wunderschönen Design-Bädern, Betten in Übergröße und Flachbild-TV ausgestattet sind, bis hin zu den über 100 qm großen Superior- und Panorama-Chalets mit zwei separaten Schlafzimmern und Bädern und Design-Kamin, teilweise mit Dampfdusche und Whirlpool oder sogar mit eigener Sauna, die Platz für vier bis sechs Personen bieten. Außerdem wartet der kleine, feine Wellnessbereich mit zwei Saunen (Bio- und finnisch), Außenpool, Relax-Lounge und Wellness-Massagen auf. Restaurant die.speisekammer separat erwähnt.

Oberstdorf (Bayern)

6

Das Maxi

im Das Freiberg Romantik Hotel

Freibergstr. 21, 87561 Oberstdorf

08322-96780

www.das-maximilians.de

Mo–Sa ab 18 Uhr, So RT

Hauptgericht: 25–43 €, Menüs: 59–79 €

VISA

Ob aus der Not eine Tugend gemacht, oder ob die Konzeptänderung ganz unabhängig davon angetreten wurde, können wir nicht sagen – jedenfalls hat das ehemalige Gourmetrestaurant Maximilians nach dem etwas überraschenden Weggang des letzten Küchenchefs Henrik Weiser nicht mehr wiedereröffnet, sondern wurde mit der benachbarten Stube unter einen „Kochhut" gebracht. Und wie der Namenswechsel von Maximilians zu Maxi schon suggeriert, geht es hier nun noch etwas lockerer und nahbarer zu, das Speiseangebot ist breiter und nicht mehr nur auf ein einziges Menü fokussiert.

Gekocht wird trotzdem weiterhin mit hohem Anspruch an die Produkte und ans Handwerk, nur eben ganz bewusst nicht mehr so detailaufwendig und durchchoreographiert. Stilistisch ist das tendenziell recht klassisch gehalten, aber durchaus mit originellen Ideen garniert und attraktiv kombiniert. Es gibt ein paar vegetarische Gerichte wie gebratenen Ricotta mit gepickelter Bete, Möhren und Blumenkohl nebst Kräutersalat und Zitrusfrüchtevinaigrette oder hausgemachte Tagliatelle mit frischen sautierten Rahmpfifferlingen und gereiftem Bergkäse von Jamei Laibspeis' aus Kempten, ansonsten auch ein knappes Dutzend weitere Gerichte à la carte mit Fisch und Fleisch sowie ein Tagesmenü in bis zu fünf Gängen.

Gute Produkte so weit das Auge reicht: Brot von Arnd Erbel, Süßwasserfische von Birnbaum, Rindfleisch vom Almochsen aus dem Berchtesgadener Land, Kaiserberger „Wohlfühlschwein" – und alles in ausdrucksstarker Zubereitung ohne viel Schnickschnack aber nicht ohne Raffinesse auf guten Geschmack ausgerichtet. Schon beim vegetarischen gebratenen Hokkaido-Kürbis mit getrockneten Tomaten, Oliventapenade und Fetakäse konnte man sofort schmecken, dass hier zwar ohne Fine-Dining-Attitüde und sehr gegenständlich, aber schon mit Fingerspitzengefühl gekocht wird.

Und das war auch das Carpaccio vom Almochsen, das nicht als hauchdünnes Nichts, sondern etwas dicker von Hand geschnitten und geklopft auf einer dünnen Schicht milder Gewürzmayonnaise auf dem Teller ausgelegt war. Dergestalt hatte das schön dunkle Rindfleisch viel Produktcharakter zu bieten und korrespondierte mit viel zartem, fleischigen Biss bestens mit den kleinen, festen und eigenaromatischen Pfifferlingen, der pfeffrigen Würze der beherzt darüber gehobelten Belper Knolle und der ätherisch-würzigen Süße des gereiften Balsamicoessigs – wurde also nicht davon überkleistert, sondern behielt die Hauptrolle.

Wie gut und nah an der klassischen französischen Küche hier gearbeitet wird, ließ auch der Eintopf von Krustentieren und Edelfischen erkennen. Insbesondere die ausdrucksstarke und substanzreiche Suppengrundlage im Stil einer Bouillabaisse, in der von Jakobsmuschelstücken über Garnele bis hin zu auf der Haut knusprig gebratenen kleinen Filets unterschiedlicher weißfleischiger Salzwasserfische auch qualitativ äußerst ordentliche Einlage versenkt wurde. Stilecht begleitet von Crostini und Rouille eine feine Sache, die eigentlich keine Wünsche offenließ.

Der „Fischfang" des Tages, der in der Speisekarte zu Risotto Aquerello mit Jordan-Olivenöl, Wildspargel, verschiedenen jungen gebratenen Wurzeln, zu herzhaften Knusperhippen verbackener Belper Knolle (ein in der Maxi-Küche beliebtes Produkt) und duftigem Basilikumschaum offeriert wurde, war in unserem Fall ein Seeteufel, dem man qualitativ auch rein gar nichts nachsagen konnte. Einziger kleiner Schönheitsfehler: Der Fisch wurde vor dem Braten zwar mehliert, aber nicht wirklich angebräunt, was ihm eine etwas uncharmant schlonzige Hülle bescherte. Dann lieber ganz naturell lassen…

Der unverkünstelt geradlinige und aromatisch ebenfalls wohltuend geradeausgerichtete Stil der Küche zieht sich durch bis zu den süßen Sachen. Etwa einem mit knusprigen Mandelhippen und festcremiger Mousse von Valrhonas Manjari-Schokolade in mehreren Lagen übereinander geschichteten Millesfeuilles, begleitet von Salzkaramelleis, einem zitrusfruchtigen Gel und sehr aromatischen marinierten Erdbeeren, angerichtet auf im Jackson-Pollock-Stil über den Teller gekleckster Erdbeersauce. Und weil man in dem Weinkarten-Tablet nach vielen guten Begleitern fürs Glas scrollen kann, die noch dazu fair kalkuliert sind, lässt sich zufrieden resümieren, dass es sich im Hotel Das Freiberg auch ohne Maximilians weiterhin kulinarisch sehr gut lebt.

---

7 Pfannen, 4 Bestecke

Ess Atelier Strauss

im Alpin Lifestyle Hotel Löwen & Strauss

Kirchstr. 1, 87561 Oberstdorf
08322-800080
www.loewen-strauss.de
Küchenchef: Peter A. Strauss
Do–So ab 19 Uhr, Mo–Mi RT
Hauptgericht: 45–55 €,
Menüs: 120–160 €
VISA

Mit der Gunstlage im Herzen des touristischen Wintersportortes Oberstdorf und einem breit gefächerten gastronomischen Angebot, das von der bodenständigen Löwenwirtschaft über das neue coole „Berggold" bis zum exklusiven Gourmetrestaurant reicht, kann Gastgeber Peter A. Strauss in seinem „Alpin Lifestyle Hotel Löwen & Strauss" eine große Klientel mit unterschiedlichen kulinarischen Wünschen adäquat zufrieden stellen. Das Fine-Dining-Publikum wird in einem länglichen, hellen Gastraum mit modernem alpenländischem Dekor und einer komplett mit gut gefüllten Weinklimaschränken ausgekleideten Stirnseite bewirtet – und zwar mit einem fixen sechsgängigen Menü, das einen weltoffenen klassischen Stil repräsentiert.

Bei unserem jüngsten Besuch begeisterte uns insbesondere die durchgängig hohe Qualität der Produkte, die in dieser Form auch für eine noch höhere Bewertung als die seit Jahren souverän erkochten respektablen 7 Pfannen genügen würden. Auch konzeptionell machten die Kreationen, die von eher klassischen frankophilen Kombinationen wie der von Lachs, Kaviar, Bete und Rahm, bis hin zu fernöstlich-exotisch inspirierten Dingen reichen, durchwegs Spaß. Das größte Potenzial zur Optimierung sahen wir zuletzt ganz klar in der Ausführung und insbesondere in den geschmacklichen Details – was nicht nur damit zu tun hatte, dass die Speisefolge nach zwei sehr ausgewogenen Vorspeisen plötzlich in eine deutlich zu süße, stellenweise sogar überraschend plakative Richtung tendierte.

Doch es begann herzhaft mit dreierlei verschiedenem Brot und dreierlei Butter und startete sodann gleich mit der Vorspeise, die sich um die Kombination von andalusischer Jahrgangssardine mit süßsauer eingelegtem Hokkaidokürbis, Bergkräutercreme und Pinienkernen auf Holunderblütensud drehte. Was sich auf dem Papier etwas beliebig und bunt angehört hatte, präsentierte sich auf dem Porzellan rund und stimmig. Der wunderbar zarte und milde, fast schon buttrig-nussig schmeckende Fisch,

die florale Süße des Suds, der fruchtige Kürbis und der kräuterwürzige Schmelz vereinten sich überraschend zu einer sehr animierenden, rundum harmonischen Liaison.
Deutlich klassischer war die Komposition rund um hervorragenden kaltgeräucherten Glen-Douglas-Lachs aus Schottland, dessen festes, klar schmeckendes Fleisch mit einer generösen Nocke aus vornehm zurückhaltend eingesalzenem Imperial-Kaviar gekrönt war und dergestalt luxuriös neben einer Mousse aus Roter Bete und Linsen sowie einem Klecks fettem Almjoghurt eine sehr gute Figur machte. Auch die Kombination mit dem im Rahmen der Weinreise dazu ausgeschenkten fassgelagerten Bodensee-Wodka ging voll auf.
Und der Reigen sehr guter Produkte riss mit dem Kingsfish nicht ab. Die auch als Cobia bekannte Stachelmakrele kam in Gestalt mehrerer nach Ceviche-Art (ganz soft) säuregebeizter Tranchen, aber abgesehen von der gepickelten roten Zwiebel ansonsten in einem eher Ceviche-untypischen Umfeld daher: Soja-Mayonnaise, eingelegte Gartengurke, Papadam-Chips, leider schon etwas derb schmeckender Saiblingskaviar – und eben ein sehr plakativ süßes Basilikum-Yuzu-Sorbet sowie ein ebenfalls süßes zitrisches Gel. Da waren dann alle Regler schon sehr weit aufgedreht.
Und es blieb auch zum qualitativ überzeugenden Atlantik-Hummer mit nochmals großzügiger Zugabe von Imperial-Kaviar, die auf einer Liaison aus Weißkohl und Wurzelgemüse und einer auf Kokosmilch-Basis zubereiteten, relativ rahmigen Thaicurrysauce angerichtet waren, tendenziell sehr lieblich. Weil diesmal insbesondere eine Teriyakisauce, aber auch ein verstecktes rötliches Gel nach unserem Geschmack wieder deutlich zu viel Süße in das Gericht trugen und es so aus der Balance brachten.
Mit relativ viel Schokoladencreme und auch sonst wieder viel Süße in den anderen Komponenten stellte das Mojito-Sorbet mit Ginger Beer vor dem Hauptgang ebenfalls mehr ein vorgezogenes kleines Dessert als eine leichte, säuerliche Erfrischung dar. Beim darauffolgenden Rehrücken aus heimischer Jagd waren Süße und Frucht dann aber wieder in einem ausgewogenen Rahmen zugegen und dem von knackiger Schwarzwurzel, Kräuterseitlingen und Rahmkraut eskortierten Wildbret sehr dienlich – hier in Gestalt von glasierter Birne und einer deutlichen Cassisnote in der reduzierten Jus. Das Reh selbst war trotz seiner Sous-Vide-Garung nicht nur rosa und zart, sondern auch saftig und hatte Struktur, war nur minimal mürbe. Punktabzug gab's somit nur für das recht feiste und zudem von artifiziellem Trüffelaroma gezeichnete Kartoffelpüree, das man allerdings auch bequem hätte weglassen können, ohne dass irgendetwas gefehlt hätte.
So blieb es nach einem gelungenen Abschluss von cremigen Original-Beans-Schokoladenzubereitungen mit Banane und Passionsfrucht sowie stimmig empfohlenen Weinbegleitern glasweise auch in diesem Jahr bei einem positiven Gesamteindruck. Und der Gewissheit, dass sich die Küche mit identischen Mitteln und nur etwas mehr Feinschliff und Konzentration auf die wichtigen Details (oder auch mal dem Weglassen überflüssiger Komponenten) locker um eine Bewertungsstufe steigern könnte.

Hotelempfehlung

Alpin Lifestyle Hotel Löwen & Strauss

Kirchstr. 1, 87561 Oberstdorf
08322-800080
www.oberstdorf-hotel.org
Einzelzimmer: 69–130 €
Doppelzimmer: 120–260 €

Das elegante „Alpin Lifestyle Hotel Landhotel Löwen & Strauß“ aus dem Jahr 1872 liegt mitten im Herzen des Oberallgäus und dort zentral in der Altstadt von Oberstdorf. Mit einer geschmackvollen Mischung aus neuzeitlicher Innenarchitektur und alter Bausubstanz sowie liebevollen traditionellen Details mit regionalem Flair wie alten Skiern oder Kuhglocken verbindet das Haus Historie und viel Lokalkolorit mit dem Komfort der Moderne. Einige der 25 Zimmer haben Bergblick, Holzbalkendecken und sind mit Steindusche mit Kieselsteinboden oder freistehender Whirl-Wanne ausgestattet. Das historische Hotel verfügt außerdem über einen „Day-Spa“ mit Saunen und Dachterrasse sowie ein Gourmetrestaurant und ein Bistro. Ein idealer Ausgangspunkt für Outdooraktivitäten wie Wandern oder Skifahren. Die Lifte des Nebelhorns sind nur 15 Gehminuten vom Hotel entfernt; die „Heini-Klopfer-Skiflugschanze“ 6 km. Für kulturell interessierte Gäste empfiehlt sich zum Beispiel ein Besuch im Heimatmuseum Oberstdorf, im Museum Bergschau oder der Pestkapelle. Restaurant Ess Atelier Strauss separat erwähnt.

★★★★

Das Freiberg Romantik Hotel

Freibergstr. 21,
87561 Oberstdorf
✆ 089322-96780
www.das-freiberg.de
Einzelzimmer: 170–300 €
Doppelzimmer: 170–300 €

In Deutschlands einstmals kleinstem 4-Sterne-Hotel wird auch nach der umfassenden Erweiterung und Modernisierung weiterhin die familiäre Atmosphäre eines Privathauses mit modernem, anspruchsvollem Hotelkomfort verbunden. Zu den acht jüngst renovierten Stammhaus-Zimmern kamen im zeitgemäßen Anbau 15 neue Zimmer, zwei Appartements und drei Suiten hinzu. Außerdem ein neuer Wellness- und SPA-Bereich (Sauna, Dampfbad, Infrarot-Therme, Magnetfeld, individuelle Behandlungen mit hochwertigen Produkten…) und ein ganzjährig beheizter Outdoor-Pool. Der Stil des Hauses, ein von klaren Linien und Formen bestimmter, harmonischer Einrichtungsmix aus Bauhaus, Landhaus und modernem Design, zieht sich nun wie ein roter Faden durchs gesamte Haus. Ebenfalls neu ist das „Dine Around“-Kulinarik-Konzept mit nun vier verschiedenen Restaurants. Hunde im Hotel auf Anfrage. Restaurant Das Maxi separat erwähnt.

Oberthal (Saarland)

5

Zum Blauen Fuchs

Walhausener Str. 1, 66649 Oberthal
✆ 06852-6740
www.zumblauenfuchs.de
Fr u. Sa ab 18 Uhr, So von 12–14 Uhr, Mo–Do RT
Menüs: 66–98 €

Der Blaue Fuchs ist seit mittlerweile 60 Jahren in Familienhand und zählt unter der Ägide von Christiane und Olaf Bank zu den guten Klassikern im Saarland. In seiner handgeschriebenen Karte offeriert der Chef feine klassische Gerichte mit meist französischem und manchmal mediterranem Oberton, die mit großer Sorgfalt zubereitet und mit viel Geschmackssinn abgerundet sind. Auf den klar strukturierten Tellern kommen meist nur wenige, gut auf den Punkt gebrachte Komponenten zum Einsatz. Sie werden von der Gastgeberin in der gemütlichen Gaststube mit sauber eingedeckten Tischen und wechselnden Gemälden regionaler Künstler freundlichst serviert. Auch mit guten Tropfen ist Christiane Bank gern dienlich und berät kompetent. Die Preise sind moderat, die Atmosphäre entspannt-familiär.

Oberursel (Hessen)

6

Kraftwerk

Zimmersmühlenweg 2, 61440 Oberursel
✆ 06171-929982
www.kraftwerkrestaurant.de
Di–Sa ab 18.30 Uhr, So u. Mo RT
Menüs: 70–105 €

Die Location im ehemaligen Umspannwerk der Main-Kraftwerke mit ihrem Industrial-Chic hat was. Dass sich das Kulinarium des Österreichers und Jeune Restaurateur Bert Seebacher, der diesen originellen Rahmen zusammen mit Gastgeberin Daniela Finkes mit Casual Fine Dining bespielt, hier nicht aus traditionellen austriakischen Schmankerln rekrutiert, obwohl der Chef dafür ein Händchen hätte, liegt auf der Hand. Vielmehr ist die Küche, die hier in verschiedenen Menüs und Tagesempfehlungen offeriert wird, ausgesprochen weltläufig und populär. Zwischen den Ausflügen in die große weite Welt gibt es aber immer wieder auch mal die eine oder andere Inspiration aus der Alpenküche und überhaupt sind es überwiegend die bodenständigen Finessen, die den zeitgemäß interpretierten Tellern das Besondere verleihen. In Kombination mit der entspannten Gangart und den spannenden Weinempfehlungen der Gastgeberin genügend Gründe, hier einzukehren.

6

Die Greisslerei

Rathausplatz 9,
61440 Oberursel
06171-9796836
www.die-greisslerei.de
Di–Sa von 12–13.45 Uhr u. ab 18 Uhr, So u. Mo RT
Hauptgericht: 20–34 €,
Menüs: 78–98 €
VISA

Am Oberurseler Rathausplatz bringt das charmante Restaurant des österreichischen Gastronomen Fabian Fuiko „Casual Fine Dining" in den Hochtaunus. Das beginnt beim geschmackvollen, entspannten Ambiente mit ledergepolsterten Stühlen, dunklen Holztischen und schlichten Designerlampen, und setzt sich auf der Speisekarte fort, die neben österreichischen Klassikern (Wiener Schnitzel, Tafelspitz, Kaiserschmarrn) auch wechselnde Gerichte anbietet, die über die Heimat des Inhabers hinausweisen. Küchenchef Stefan Nickolai, der vorher als Souschef im Frankfurter Emma Metzler wirkte, arbeitet bevorzugt mit regionalen Erzeugern, ohne sich rigoros einzuschränken. Bei unserem Besuch reichte die Bandbreite von mediterranen Kombinationen bis zu sanft exotischen Einflüssen, ohne dass jemals der Eindruck von Beliebigkeit aufkam. Im Gegenteil: alles hier wirkt wohlübergelegt und ist handwerklich auf hohem Niveau. Besondere Erwähnung verdienen die raffinierten Desserts und die überschaubare, aber ansprechende Weinkarte, die naturgemäß einen Schwerpunkt auf Österreich legt.

Odenthal (Nordrhein-Westfalen)

7

Zur Post

Altenberger-Dom-Str. 23,
51519 Odenthal
02202-977780
www.zurpost.eu
Küchenchef: Alejandro Wilbrand, Christopher Wilbrand
Mi–Sa ab 18 Uhr, So von 12–14 Uhr, Mo u. Di RT
Menüs: 79–165 €
VISA P

Als offizielle „Genussbotschafter des Bergischen Landes" identifizieren sich Christopher und Alejandro Wilbrand natürlich besonders mit ihrer Heimat und nutzen diese gerne als Basis ihres Schaffens. Tradition und Lokalkolorit spielen im direkt an der Hauptstraße gelegenen Haus, das schon seit 1972 als Familienbetrieb geführt wird, sowieso eine entscheidende Rolle. Dies zeigt sich schon im Schankraum, der mit dunklem Holzgebälk, niedrigen Decken und einer rundum verlaufenden Sitzbank rustikal und einladend wirkt – und bei Hochbetrieb als Ergänzung zum eigentlichen Gourmetrestaurant dient. Dort geht es zwar etwas eleganter, aber nicht abgehoben zu, was zum erfreulich unaufgeregten Stil der Wilbrands auch gar nicht passen würde. Weil das kulinarische Interesse der Brüder aber nicht nur der Umgebung gilt, bleibt genügend Raum, um Ideen und Produkte aus anderen Teilen der Welt kreativ zu integrieren.
Wie das aussehen kann, zeigten zuletzt schon ein Mandelcreme-Blini, eine Tartelette mit Pulled Pork und Coleslaw sowie ein mit gepoppter Quinoa bestückter Stängel Wilder Brokkoli, die zum Aperitif fein einstimmten. Beste Qualität aus der Nachbarschaft kam mit stechfrischem Spargel auf den Teller, der mit

Wachtelei und Duroc-Schinken genauso passend begleitet wurde wie ein Spargelschaumsüppchen, das mit Nordseekrabben und Croûtons akzentuiert wurde und das kleine Gourmetmenü genussreich eröffnete. Dass die Karte zudem mit einer vegetarischen Variante und einem bis zu sechsgängigen Degustationsmenü aufwartet, unterstreicht den Anspruch der Gastgeber, ihren Gästen etwas bieten zu wollen – eben auch genügend Auswahl!
Signature-Zutaten der japanischen Küche wie Tataki vom Thunfisch oder Onsen-Ei waren dann der gedankliche Ausgangspunkt für den äußerst genussreichen Menüauftakt. Beim Fisch war die Entourage noch fast durchweg fernöstlich aufgestellt, da Wakame-Algen und Misocreme für Biss und Umami sorgten, während ein Gurken-Dill-Sud das Ganze fein erfrischte. Im Anschluss lieferten Morcheln, Erbsen, Wintertrüffel und Zwiebelmarmelade zum „64-Grad-Ei" eine charakterstarke Basis. Gerade die prägnant erdigen Noten brachten zum schmelzigen Ei Tiefe und Wucht ins Spiel, die von der süßlichen Komponente gewinnbringend gekontert wurde.
Auch zum Filet vom bergischen Weiderind lieferte die Küche ein ausgefeiltes Umfeld, das neben satten Aromen auch einiges für differenzierte „Mouthfeeling" beisteuerte. Denn neben den beiden Fleischtranchen war es vor allem die in Shisoblatt und Schinken eingeschlagene und in Tempurateig kross ausgebackene Spargelstange, die geschmacklich im Vordergrund stand. Zusätzlich verfeinert mit dichter Thymianjus und von einem Sanddorngel säuerlich gepusht, wirkte der Hauptgang wie aus einem Guss und unterstrich noch einmal, wie souverän das Team am Herd agiert. Das war aber auch davor schon beim perfekt auf der Haut gebratenen Filet vom Loup de Mer klar ersichtlich, der mit fein eingebundener Säure von Amalfizitrone und Kalamansi in Kombination mit Erdnusscreme und Petersilienöl nuancenreich und ausbalanciert in Szene gesetzt war.
Schon seit Jahren begeistert auch die Pâtisserie des Hauses, gerne mit vielseitigen aromensatten Variationen, die diesmal frühlingsfrisch interpretiert waren. Da stellten verschiedene Spielarten von Him- und Erdbeere den fruchtigen Teil des Desserts, die à part von Champagnermousse und Crème brûlée mit Tahiti-Vanille stimmig ergänzt wurden. Kein Kreativfeuerwerk, aber auch das blitzsauber zubereitet in jedem Detail.
Der gute Gesamteindruck wird natürlich auch vom Auftritt des Serviceteams geprägt, das die Gäste charmant und aufmerksam begleitet und die gute Weinauswahl kenntnisreich präsentiert. Und weil die Wilbrands in dieser Form gastronomisch bestens aufgestellt sind, ist eine rechtzeitige Reservierung im immer sehr gut gebuchten Haus fast schon Pflicht.

Ofterschwang (Bayern)

5↑

freistil.

im freistil. boutiquehotel.
Schweineberg 20, 87527 Ofterschwang
08321-3509
www.kiehnes-freistil.de
Küchenchef: Constantin Kiehne
Täglich ab 18 Uhr, kein RT
Hauptgericht: 14–36 €, Menüs: 39–75 €
VISA

Als wir vor ein paar Jahren nach der Neueröffnung das erste Mal in Constantin Kiehnes Restaurant im oberallgäuischen Ofterschwang zu Gast waren, stellte das überraschend moderne, ausgesprochen puristisch und geradlinig eingerichtete Restaurant Freistil noch einen deutlichen Kontrast zum damals eher traditionellen ländlich-alpinen Ambiente des Hotels dar, in dem es residiert. Doch das ehemalige Alpenhotel Dora, das mittlerweile auch „Kiehnes Freistil" heißt, hat sich in seiner zeitgemäßen Gestaltung längst dem Restaurant angepasst und so kann man nicht mehr von einem bewussten Stilbruch sprechen, sondern es präsentiert sich vielmehr alles wie aus einem Guss. Als zeitgemäßes alpines Hotel.
Seine eigenen Vorstellungen von zeitgemäßer Gastronomie und moderner Regionalküche mit kreativen Ideen verwirklicht der Chef weiterhin mit Ambition und Bodenhaftung, macht hier zwar auch originelle Hot Dogs, Bowls, Kässpatzen, Wiener Schnitzel und Steaks vom Big Green Egg mit traditionellen Beilagen nach Wunsch, daneben aber auch ein wahlweise bis

zu sechs Gänge umfassendes Menü mit Fisch und Fleisch sowie ein vegetarisches, mit dem er die Lust seiner Gäste auf kleine Portionen und ausgedehnten Genuss wecken will. Und natürlich auch zeigen, was er sich unter anderem während seiner Zeit auf Sylt bei Johannes King im Söl'ring Hof und Inspiration und Knowhow geholt halt.

Vorneweg gibt's zu verschiedenem Brot neben aufgeschlagener Butter weitere Aufstriche, Öl und in unserem Fall etwas marinierten Rettich und im weiteren Verlauf solides Handwerk und gute Produkte, die zugunsten eines günstigen Preis-Genuss-Verhältnisses ohne preistreibende Verfeinerungsarbeiten und aufwendiges Beiwerk in den Mittelpunkt gerückt werden. Auf mit verhältnismäßig einfachen Mitteln erzeugte Finesse muss man auf den Tellern trotzdem nicht verzichten.

Etwa wenn das Tatar vom „Rauch-Saibling" als schön frische und dick geschnittene roh marinierte Würfel vom Saibling daherkommt, die mit Creme vom Fleisch des geräucherten Saiblings vermengt sind und so einerseits mildes, herzhaftes Räucherfischaroma, andererseits aber auch das klare, pure von rohem Fisch an sich hatte. Super Idee! Dazu passend ein Wachtelspiegelei, schön fruchtig und säuerlich gestaltete Rote-Bete-Stücke und etwas Bete-Creme, die mit nussbuttrigen Pankobröseln beflockt ist.

Ähnlich pfiffig die Ente mit Blaukraut und Knödel, die aber nicht als warmer Sonntagsbraten, sondern als kalte Vorspeise präsentiert wurde: in Gestalt von hausgeräucherten Entenbrustscheiben mit mariniertem Rotkohl, Rotkohlcreme und gerösteter Knödel-Tranche. Und die Entenjus, die natürlich auch nicht fehlen darf, gab es als cremige Espuma neben dem Schichtwerk. Macht Spaß, kann man so machen!

Beim warmen Fischgang des Menüs wurden die Filets von der Bachforelle naturell und saftig gebraten und mit dreierlei Kohlrabi, nämlich sautierten Würfel, marinierten Scheiben und Mousseline, mit fluffigem gebratenem Krautbrot und feinsäuerlichem, nicht zu würzigem Senfschaum zur schmackhaften Angelegenheit. Und das Geschmorte sowie Kurzgebratene vom Kalb beim Fleischhauptgang war ganz ähnlich unaufgeregt mit im Ofen röstaromatisch geschmortem Winter-Wurzelgemüse, Selleriecreme und einer viel milde, helle Umamiwürze und Schmelz spendenden Soja-Hollandaise aufs Porzellan gebracht.

Der Bergkäsetoast mit hausgemachtem Kimchi und Ketchup, der als herzhafter Abschluss oder vor dem eigentlichen Dessert geordert werden konnte, war genau das, als was er annonciert war: würziger gereifter Käse zwischen recht dunkel und rösch gerösteten und deshalb schon etwas trockenen Toastbrotscheiben und obenauf an Hollandaise erinnernde Creme von fermentiertem Kohl und das mit seiner Süße gut zur Käsewürze passende Ketchup. Etwas experimentell wurde es dann beim diffus süßlich-erdig-säuerlichen Dessert aus Espuma vom Schafsjoghurt, Raps, Honig und Petersilienwurzel doch noch, bei dem vor allem die vielen süßlichen Wurzelgemüsewürfel etwas anstrengend wirkten.

Die Getränkekarte offeriert eine kleine Weinauswahl mit Schwerpunkt Deutschland, Österreich und Italien sowie natürliche sortenreine Säfte, Ronnefeldt-Tees Fritz-Limo und mehr.

Hotelempfehlung

freistil. boutiquehotel.

Schweinberg 20,
87527 Ofterschwang
08321-3509
www.alpenhotel-dora.de
Einzelzimmer: ab 70 €
Doppelzimmer: ab 180 €
VISA

Das von Constantin Kiehne privat geführte „freistil. boutiquehotel." liegt am ruhigen Ortsrand von Schweineberg, einem Ortsteil des bekannten Bergdorfes Ofterschwang und ist dort eingebettet in die bilderbuchhafte Bergwelt des südlichen Oberallgäus. Hier kann man die Ruhe und alpenländische Idylle genießen. Nur wenige Autominuten vom Hotel entfernt sind bereits die ersten Skigebiete und es ist auch nicht weit bis Oberstdorf und Sonthofen. Im Sommer ist die Gegend ein Paradies zum Wandern, Radfahren, Golfen oder Baden, aber auch

Gleitschirmfliegen, Klettern, Canyoning oder Rafting, Kanu- oder Wasserskifahren und Sommerrodeln lässt hier in unmittelbarer Nähe. Die allesamt neu renovierten, mit viel hellem Holz ausgestatteten Zimmer und Suiten des Hauses bieten nicht nur Bergblick, sondern auch ein sehr freundliches Ambiente im schnörkellos modernen ländlichen Stil. Im Indoorpool, in der finnischen Sauna oder bei einer Wellnessmassage lässt es sich nach dem Aktivsein prima entspannen. Für das kulinarische Wohl sorgt Juniorchef Constantin Kiehne im Restaurant freistil. Restaurant freistil. separat erwähnt.

Öhningen (Baden-Württemberg)

7

Falconera

Zum Mühlental 1,
78337 Öhningen (Schienen)
07735-2340
www.restaurant-falconera.de
Küchenchef: Johannes Wuhrer
Mi u. Do ab 18 Uhr, Fr u. Sa von 12–13.15 Uhr u. ab 18 Uhr, So–Di RT
Menüs: 60–130 €
VISA

Souverän geerdet und unbeeindruckt von allen Küchenmoden, aber trotzdem weltoffen und experimentierfreudig. Das ist die Küche von Johannes Wuhrer, der in seinem ländlich-eleganten Restaurant auf dem Schiener Berg im entlegenen Hinterland zwischen Bodenseeufer und Schweizer Grenze seinen zeitlosen klassischen Stil mit viel Sorgfalt, Fantasie und Bodenhaftung pflegt. Und dafür gerne immer wieder mal exotische Einflüsse geltend macht. Was von seiner Frau Anne und ihrem Team herzlich und zuvorkommend in dem geschmackvoll rustikalem Ambiente mit dunklem Holzgebälk und offenem Kaminfeuer oder bei Sommerwetter, wenn um das hübsche Fachwerkhaus herum alles grünt und blüht, auf der Wiese davor, serviert wird, ist eine ebenso anspruchsvolle wie bodenständige Landküche mit Blick über Tellerrand und Grenzen hinaus.

Oldenburg (Niedersachsen)

6

Kaiserküche

Kaiserstr. 18/20, 26122 Oldenburg
0176-96664638
kaiserkueche-ol.de
Küchenchef: Malte Ibbeken
Do–So ab 18 Uhr, Mo–Mi RT
Hauptgericht: 12–45 €, Menüs: 74–99 €
VISA

Dieses Restaurant könnte auch in Berlin oder London bestehen, doch man findet es seit dem Jahr 2022 in der Kaiserstraße in Oldenburg und es verblüfft dort Einheimische und Gäste gleichermaßen. Mit der offenen Küche, mit der Theke, an der die Gäste auf Wunsch sitzen können, mit den schicken Tischen weiter hinten, mit einem durchdesignten Ambiente – und einem coolen Konzept! Clarissa und Malte Ibbeken haben hier einiges vor.
Die beiden hatten sich bereits mit dem eigenen Cateringunternehmen einen Namen gemacht – hier im Restaurant firmiert sie als Gastgeberin, er als Gastgeber und Küchenchef. Die Küche ist nicht nur regional, sondern auch strikt saisonal ausgerichtet und sie arbeiten mit Erzeugern der Umgebung, die hier allesamt in der Speisekarte aufgeführt sind, auf intensive Weise zusammen. Gekocht wird ambitioniert, doch man will für die Oldenburger und möglichst viele andere Gäste auch so zugänglich wie möglich sein. Außer dem Menü, das es mit Fisch und Fleisch oder auch als vegetarische Alternative gibt, kann man auch Einzelgerichte von einer kleinen Karte bestellen und es gibt sogar einen Spezialtarif für Schüler, Studenten und Azubis. Oldenburg ist halt doch nicht Berlin oder London…
Wir wählten das Menü und begannen mit einer Auswahl an Snacks, die in üppiger Menge an den Tisch respektive auf die Theke kommen.

Erstklassiger Gänseschinken, hausgemachtes Knäckebrot, Kartoffelchips, natürlich ebenfalls selbst hergestellt, eingelegte Radieschen und Gelbe Bete, ein Linsendip und ein fein abgestimmtes Spargelsüppchen machten den Anfang. Damit wird erst mal der größte Appetit gestillt – und das auf eine sehr angenehme Art. Es folgte eine Art Kuchen aus Quark und Kohlrabi in zwei Texturen: gehobelt und frittiert, vor allem die knusprige Ausführung bereicherte das Gericht sehr. Akzentuiert mit einem Sauerampferöl war das schön frisch und geradezu sommerlich komponiert.
Beim folgenden Gang wurde dann – die Dramaturgie stimmte! – Frische mit Fülle ergänzt: Eine geflämmte Wildauster vom Zulieferer AusternRegion kam samt Spinatpüree und einer mit Austernwasser zubereiteten Beurre blanc daher und der Geschmack der herrlich festen Auster wurde durch die übrigen Komponenten kein bisschen überdeckt, eher kongenial ergänzt. Hinter der lapidaren Offerte „Schafskäse und Lauch" verbarg sich im Anschluss ein saftiger Schafskäse-Raviolo in einer intensiven Brühe mit reichlich Schnittlauch. Brot von hoher Qualität wurde samt ausgezeichneter Butter als Zwischengang gereicht.
Das als vegetarische Menüalternative zum Salzwiesenkalb mit Spargel und Kartoffeln offerierte Gericht „Spargel, Ei, Kartoffeln" klang wie eine abgespeckte Variante, für die einfach nur das Fleisch weggelassen wird, erwies sich aber als ein sehr komplettes Gericht, das uns das Fleisch nicht im Geringsten vermissen ließ. Die weißen Stangen von tadelloser Qualität waren gegrillt und leicht säuerlich abgeschmeckt, dazu gesellten sich geräuchertes Eiweiß und geröstete Kartoffelwürfel sowie eine süffige und lebhafte Hollandaise. In der Gastronomie selten zu findender Storchenschnabel sorgte außerdem für einen spannenden kräuterwürzigen Akzent.
Als Dessert wurde eine Zusammenstellung aus Rhabarber, Roggen und Schmand serviert: der Rhabarber geschmort, allerdings so auf den Punkt, dass er noch eine dezent feste Textur besaß, der Roggen in Form von Streuseln, das Schmandeis schön glatt-cremig mit gut abgestimmter Süße und noch vorhandener Frische.
Wer nicht die passenden Weine zu jedem Gang bestellen und auch keine Flasche aus der eher kleinen, aber klug zusammengestellten und fair kalkulierten Karte nehmen möchte, sollte sich die alkoholfreien, speziell zum Essen abgestimmten Drinks anschauen. Originelle Dinge wie Schafsmolke mit Sauerampfer zum Frischkäsekuchen, eine Apfel-Kräuter-Limonade zum Schafskäse mit Lauch, ein nach unserem Geschmack etwas zu süßer Jasmintee-Kombucha mit Tonkabohne zum Spargel oder auch Hafermilch samt entsaftetem Rhabarber zum Dessert sind kreative Alternativen mit Niveau. Eine abschließende Attraktion ist der Digestifwagen, der an den Tisch gefahren wird, und auf dem nicht nur gut ausgesuchte Brände, sondern auch hausgemachte Kekse und Pralinen zu finden sind. Der Espresso dazu wurde nicht nur in hübschen Tassen serviert, er war auch überdurchschnittlich schmackhaft.
Und das Fazit: eine produktfokussierte, ganz im Norden Deutschlands verankerte Küche, die kein bisschen langweilig ist und zudem von der Kommunikation des Küchenchefs und des Service mit den Gästen lebt. Für Oldenburg und Umgebung ist dies ganz gewiss eine Bereicherung, zumal das Preis-Leistungs-Verhältnis sehr überzeugend wirkt.

6↑

Restaurant Kevin Gideon

Heiligengeistwall 9,
26122 Oldenburg
0441-18005066
kevingideon.de
Küchenchef: Kevin Gideon
Mi–Fr ab 18 Uhr, Sa 12–14.30 Uhr u. ab 18 Uhr, So u. Mo RT
Menüs: 95–160 €
EC VISA

Gastgeber und Küchenchef Kevin Gideon verbirgt seine Ambitionen nicht, doch er weiß wohl, dass Oldenburg nicht München oder Berlin ist. In dem bistroartig gestalteten Restaurant Zentrum der kleinen Großstadt möchte er einiges zeigen, hält aber die Zugangsschwellen bewusst niedrig. Durch die Fensterfronten kann man von außen hineinsehen, der Service ist locker und herzlich, das

Einstiegsangebot am Samstagmittag erschwinglich, aber auch abends muss man nicht befürchten, Bankrott zu gehen. Auch ein Glas Champagner kostet hier weniger, als es in den meisten vergleichbar guten Restaurants in anderen Teilen Deutschlands üblich ist.

Auf die Holztische kommen Speisen, die eine gewisse Offenheit auf Seiten des Gastes erfordern. Modern ist die Küche, eher mit mediterranen und asiatischen Akzenten spielend als regional geprägt, aber ein paar Anspielungen an den Norden sind dann doch dabei. Schon bei den ersten Kleinigkeiten, die auf einem Holzbrett drapiert sind, darunter Kartoffelsalat mit Kimchi, Ponzu-Baiser mit Gurke und Aal sowie ein Matjes-Cornetto. Alles frisch und gut abgeschmeckt, handwerklich tadellos gemacht – nun ja, der Kartoffelsalat wirkt dann doch ein bisschen zu mächtig.

Die Vorspeise um Königskrabbe mit Paprika und Gurke entpuppt sich als Duo aus Tatar vom Krustentier mit confierter Krabbe und einem mutig scharf abgeschmeckten Gazpachosud, dazu Gazpacho-Sorbet und die verschiedenen Gazpachobestandteile noch mal separat drapiert. Das ist tadellos gemacht und durchdacht, ein bisschen mutig sogar, gleichzeitig frisch und würzig; das Hauptprodukt wird ereignisreich umspielt, aber nicht allzu sehr in die Defensive gedrängt. Was will man mehr?

Der Lachs mit Kumquats und Liebstöckel zeigt gut die Art und Weise, wie Gideon kocht. Außer viel Frische ist hier nämlich oft eine gewisse Süße mit im Spiel. Das ist riskant, funktioniert in diesem Falle aber gut, denn die Kumquats dominieren nicht und die Liebstöckel-Emulsion ergänzt den saftigen Fisch adäquat. Der folgende Gang ist ganz ähnlich aufgebaut, dreht sich um Kikok-Huhn mit ausgebackener Hühnerhaut, Aprikosensorbet, einer angebratenen Aprikosenhälfte, Kräuteröl und Couscous. Auch hier zeigt das Geschmacksbild gelungene Kontraste zwischen Süße und Frische, Knusprigkeit und Weichheit.

Als nächstes wendete sich der Chef einem Produkt zu, das man nach wie vor selten in der gehobenen Gastronomie findet. Doch warum eigentlich? Der Pom-Pom-Pilz, auch als Igelstachelbart bekannt, eignet sich nämlich durchaus sehr gut zur Zubereitung anspruchsvoller Gerichte, weil er im gegarten Zustand eine interessante Textur behält. Auch hier bleibt die Küche bei ihrer Linie, auf der einen Seite mit kräftigen Aromen und auf der anderen Seite mit Frische und leichter Süße zu spielen. Der ausgebackene Pilz kommt mit Kirsche als Gel und gedünstet sowie Kerbel als Öl und Mayonnaise daher. Das führt dazu, dass zum dritten Mal in kurzer Zeit eine grüne Flüssigkeit die Hauptbestandteile umrahmt, was man durchaus als redundant bezeichnen kann. Kerbel und Kirsche passen gut zusammen, allerdings wirkt das Gericht nach unserem Gusto ein wenig zu fettig, was die Balance stört.

Zum Glück kommt nun kein Kräuteröl mehr, sondern ein saftiges Stück Presa vom Iberico-Schwein samt einer kraftvoll-würzigen, an Barbecue-Aromen erinnernden Sauce. Der ebenfalls begleitende Lauch ist gedünstet, der Mais wird ebenfalls gedünstet sowie als Püree und als knackiger Zuckermais serviert. Ein Hauch von Süße ist zu spüren in der Sauce, aber das funktioniert im Zusammenspiel mit dem Mais und dem saftigen Fleisch prima.

Es ist übrigens der erste Gang des Menüs, zu dem man sich einen Rotwein vorstellen könnte; alles andere harmoniert besser mit Weißwein. Flaschenweise gibt es einiges, manches wirkt allerdings etwas beliebig zusammengestellt. Drautz-Able aus Württemberg neben Prestigeweinen wie dem 2009er Mouton-Rothschild zu weit über 1000 Euro oder dem 2014er Opus One von Mondavi zu 750? Da wäre eine stärkere Fokussierung wünschenswert.

Das erste Dessert kombiniert Buttermilch, Stachelbeere und Thymian und tut dies clever Die gestockte Buttermilch, als Ring auf den Teller drapiert, ist erfreulich wenig süß und erfrischend, Thymian gibt dem Ganzen auch noch eine interessante würzige Note, die Stachelbeeren fügen Frische hinzu, auch Waldmeistergel und Mandelcreme sind mit von der Partie.

Etwas grobschlächtiger wirkt dann das zweite Dessert auf der Basis von Erdbeeren, Mohn und Mascarpone, das mit einer mächtigen Kugel aus weißer Schokolade aufwartet, in der sich Erdbeercoulis und eine Art Mascarponemousse befinden; das Bergamotte-Gel wirkt etwas zufällig. Von dem sehr guten Mohneis (auch das ist eine Zubereitung, die man leider selten findet) ist leider nur wenig auf dem Teller. Während man hier noch einmal die Komposition überdenken sollte, stimmt indes bei den abschließenden Süßigkeiten alles. Rote-Grütze-Praline, Mandelschnitte, Waldmeister-Macaraon: Die Patisserie kann was! Und der Kaffee ist weit besser als üblich in der Gastronomie. Kevin Gideon ist auf dem richtigen Weg...

Oppenweiler (Baden-Württemberg)

5↑

Einhorn

im Hotel Einhorn
Hauptstr. 55, 71570 Oppenweiler
07191-340280
www.restaurant-einhorn.de
Küchenchef: Alexander Munz
Mo, Di u. Do, Fr von 12–13.30 Uhr u. ab 17.30 Uhr, Sa ab 17.30 Uhr, Mi u. So RT
Hauptgericht: 17–32 €, Menüs: 39–72 €
VISA

Es scheint ganz so, als wären Ute Wagner und Alexander Munz mittlerweile bestens an ihrer neuen Wirkungsstätte in Oppenweiler angekommen. Nach über 16 Jahren im Landgasthof Waldhorn in Däfern hatten die beiden engagierten Gastgeber hier zusammen mit ihrem ehemaligen Souschef Jan Decker und dessen Ehefrau einen Neustart gewagt und dem schmucken Fachwerkhaus mit komfortablem Hotel und großzügigem Restaurant neuen Schwung gegeben. Im zweiten Jahr an der neuen Wirkungsstätte wirkt alles sehr harmonisch und bestens eingespielt, so dass der edelrustikale Gastraum mit den blanken Holztischen und schwarzen Lederstühlen sowie der idyllisch abgeschirmte Innenhof sicher eines der reizvollsten Genussziele der Gegend darstellen.
Maßgeblich liegt das natürlich an der substanzstarken Küche von Alexander Munz und Jan Decker, die hier nun als gleichberechtigte Küchenchefs am Herd stehen und mit ihren Gerichten auf attraktive Art gehobenen Anspruch mit unkomplizierter Bodenständigkeit verbinden. Und das Ganze auch hier zu einladend fairen Preisen. Angeboten wird eine kleinere Auswahl à la carte genauso wie ein Menü – in beiden Fällen mit pfiffigen Ideen, viel Geschmack und zugleich einem klaren, leicht zugänglichen Aufbau der Gerichte.
So wie zuletzt bei der knusprig-zart gebratenen Wachtel, die von Steinpilzmousse, cremigem Wachtelei und krossen Speckcrumbles auf elegante Art viel aromatische Power mitbekam und von feinsäuerlich marinierten dicken Bohnen und Feldsalat die nötige Portion an Frische. Oder wie bei den röstwürzig-salzig und eher kräftig inszenierten Jakobsmuscheln neben mild nussigem Kürbisgemüse und einem Apfel-Rotweinpüree, das mit herber Fruchtigkeit für Schwung und Ausgleich sorgte.
Den trotz bodenständiger Preise erfreulich hohen Anspruch an die Produkte zeigte beispielhaft auch der Rehrücken in straff zarter Spitzenqualität unter lockerer Dinkelflockenkruste, der gemeinsam mit zart geschmorten Stücken aus der Rehschulter ganz klassisch nebst herben Preiselbeeren, hellen, mild rauchigen Zubereitungen von Sellerie und frischgrünen Flower Sprouts kombiniert wurde. Getragen von einer tiefen, durch feine Säure belebten Wildsauce und ergänzt von zarten Dinkelknöpfle (die es als traditionelle Beilage gar nicht wirklich gebraucht hätte…) ergab das einen Hauptgang mit Format – ganz im typisch klassischen Stil, aber mit zeitgemäßem Esprit und durchaus schon wieder auf 6-Pfannen-Niveau!
Viel Esprit zeigte auch das Dessert aus der Hand von Ute Wagner rund um aromenintensive Zubereitungen edler dunkler Schokolade, deren differenzierte Kakaonoten von einem leicht kristallinen Cassis-Schokoladeneis (als einziger Ausrutscher bei ansonsten perfekten Konsistenzen), konzentrierter Cassissauce sowie einmal rotweinherben und einmal klarfruchtig hellen Birnen kontrastiert wurden. Souveräner Abschluss, der einmal mehr die hervorragende Ausbildung der Gastgeberin und gelernten Patissière aufzeigte.
Gemeinsam mit der aufmerksam herzlichen Art im Service und einer gut sortierten Weinauswahl mit regionalem Schwerpunkt bleibt es bei einem rundum stimmigen Gesamteindruck, der auf viele weitere erfolgreiche Jahre auch an diesem Standort hoffen lässt.

Hotelempfehlung

Hotel Einhorn

Hauptstr. 55, 71570 Oppenweiler
07191-340280
www.restaurant-einhorn.de
Einzelzimmer: ab 119 €
Doppelzimmer: ab 119 €

Das Hotel Einhorn im Zentrum von Oppenweiler wurde im Jahr 2016 gebaut und erstreckt sich über vier Etagen. Die insgesamt 18 komfortablen Zimmer sind mit warmen Farben und hellen Hölzern ansprechend und gemütlich gestaltet und laden zum Erholen ein. Die Räumlichkeiten des Hauses bieten viel Platz für Tagungen, private Feierlichkeiten und Firmenveranstaltungen. Alle Zimmer sind klimatisiert und verfügen über einen Sitzbereich, einen Schreibtisch, einen Flachbild-TV, einen Ganzkörperspiegel, einen Safe sowie ein geräumiges Badezimmer mit frei begehbarer Dusche. Gegen Aufpreis steht auch ein Wäsche- und Bügelservice zur Verfügung. Die meisten Zimmer sind Doppelzimmer, wovon auch einige als Dreibettzimmer geeignet sind – für Familien werden Doppelzimmer mit Verbindungstür empfohlen. Zu den weiteren Annehmlichkeiten und Serviceleistungen gehören kostenfreies WLAN in allen Bereichen, kostenlose Parkplätze und ein Fitnessraum. Im Restaurant mit schöner Außenterrasse wird engagiert gekocht; das Frühstück gibt's im separaten Frühstücksraum. Die Städte Stuttgart und Heilbronn sind beide knapp 40 Kilometer entfernt, der nächstgelegene Flughafen ist der Flughafen Stuttgart. Restaurant Einhorn separat erwähnt.

Osnabrück (Niedersachsen)

8

Fine Dining Friedrich

Lotter Str. 99,
40978 Osnabrück
0541-96380899
friedrich-osnabrueck.de
Küchenchef: Lars Keiling
Mi–Sa ab 18 Uhr, So–Di RT
Menüs: 159–189 €

Nachdem zunächst Corona den Restart von Gina Duesmann und Lars Keiling in der von Nina und Felix Greiner ins Leben gerufenen Friedrich-Genusswelt mit Vinothek, Tageslokal, Veranstaltungslocation, Bistro und Gourmetrestaurant ausbremsten, sind die beiden mittlerweile so richtig in Osnabrück angekommen und bespielen das schick renovierte und im Herbst 2021 wiedereröffnete Lokal mit Bistrobereich und Gourmetrestaurant nun schon im zweiten Jahr erfolgreich. Im Team ist weiterhin auch Sommelier Sven Oetzel präsent, den viele Feinschmecker noch aus Thomas Bühners La Vie kennen.
Warme markante natürliche Farben und harmonische Kontraste prägen das Bild in dem eleganten, sich auf zwei Räume erstreckenden Restaurant, was sehr gut zur Küche von Lars Keiling passt. Der knüpft hier nämlich unbeirrt an dem Stil an, den er schon zu seiner Zeit in Bad Bentheim gepflegt hatte, kreiert also auf Basis der französischen Klassik sehr zeitgemäße, weltoffene und ausdrucksstarke Gerichte, die im besten Sinne bunt und facettenreich daherkommen und sich durch eine hohe Dynamik auszeichnen.
Diese Dynamik wird zumeist durch markante geschmackliche und haptische Gegensätze und unterschiedliche, immer sehr gut aufeinander abgestimmte Aromenfarben erzeugt. Und hält

so von den Amuses bis zu den Petits fours einen Spannungsbogen aufrecht, der aber an keiner Stelle zu sehr ausgereizt wird und sich immer sehr harmonisch präsentiert. Nach klar und ausdrucksstark komponierten Apero-Snacks, unter denen insbesondere ein Sesam-Soja-Cracker mit Mandelcreme, aber auch der Happen von Aal, Karottenketchup und Apfel herausstachen, grüßte die Küche ebenso kraftvoll zupackend wie fein ausdifferenziert mit einer Deluxe-Version von Labskaus: ein auf Creme von Roter Bete platzierter, mit confiertem Eigelb, eingelegter Gurke und Kaviar gekrönter und von Tranchen säuerlicher Makrele eingefasster Rindertatar.

Nicht nur optisch sehr komplex und kontrastreich präsentierte sich im Anschluss die Vorspeise um zweierlei Kingfisch mit bunter Bete, Dillöl und Pumpernickel. Der Fisch als lauwarm temperierte gebeizte und mit Pumpernickel bestäubte Tranche sowie als Tatar in einem Gelbe-Bete-Cannellono, aromatisch kraftvoll grundiert von würziger Pumpernickelcreme, leisen Umami-Kicks durch Sojaperlen und Salty Fingers. Säuerlich erfrischt durch ein wohldosiert eingesetztes Kalamansigel und dehydrierten Essig und Öl als weißes Pulver, die hier mit ihren unterschiedlichen Säurestrukturen einen lebhaften Akzent einbrachten.

Beim Eismeersaibling, der ebenfalls in zwei Varianten zum Einsatz kam, nämlich als pochierte und mit Sesam beflockte Rolle sowie als mit dem eigenen eingelegten Kaviar vermengtes Tatar, erzeugten die nussige Tahin-Creme und mit Kumquats erfrischend herb gestaltete Alblinsen einen sehr reizvollen Akkord. Auch hier wieder beispielhaft, wie klar und deutlich der Chef die Aromen seiner tonangebenden Komponenten herausarbeitet. Da wird nichts bloß dezent angedeutet oder im Ungefähren gelassen, da ist alles klar umrissen. Der einzige kleine Schönheitsfehler dieses Gerichts war in unseren Augen das sehr weiche, fast schon breiige Fleisch der Saiblingsrolle.

Deutlich in die klassisch französische Richtung tendierte die mit einer opulenten süßlich-erdigen Creme aus Brioche und Trüffel betupfte Wachtelbrust nebst kleinen cremig-knackigen Schwarzwurzelkomponenten und einem pochierten Wachtelei im Kataifi-Knuspernest auf Cremespinat. Das war dann fast schon als Ausnahme von der Regel ein zwar auch eher starkes, aber sehr auf Harmonie und weiche Übergänge abzielendes Gericht mit zarter Süße und Gänseleberschmelz in schönstem Einklang mit den erdigen Trüffelaromen, nur etwas aufgespalten von der Säure und Fruchtigkeit eines Gels aus Cranberries.

Doch schon im nächsten Aufzug wurde wieder etwas mehr auf Spannung gesetzt. Obwohl die Tranche einer klassisch gekochten butterzarten Kalbszunge, die auch als Kleingewürfelte und etwas anders zubereitete Füllung eines Tortellono auf dem Teller zugegen war und von einer gerösteten Flower Sprout auf einem cremigen Bett Nussbutterschaum flankiert wurde, eher auf ein breites, opulentes Geschmacksbild schließen ließ. Doch wurde dem geschickt mit Rotkrautsaft und fermentiertem Rotkraut sowie der knackigen Säure einer Mayonnaise-artigen Passionsfruchtcreme entgegengesteuert, so dass auch hier wieder auftreibende Action statt Gediegenheit auf dem Teller gegeben war.

Und nicht weniger als das hätte man auch bei der mit einer Teriyakisauce mit Barbecuearomen glasierten und von einer dünnen Spur Salzzitronenpüree säuerlich herb akzentuierten Tranche vom Iberico-Schweinekinn erwartet. Flankiert von einem umamisatten asiatischen Spitzkohlröllchen und herb-säuerlich gepickelten (Mirin, Reisessig…) Gurkenscheiben ein tendenziell eher fernöstlich inspirierter Hauptgang, der aber – wie fast alles bei Lars Keiling – nicht streng einer bestimmten Stilrichtung folgt, sondern klug gecrossovert wurde. Im Glas übrigens sehr ansprechend begleitet von einem eleganten Valpolicella (Corte Sant'Alda) mit animierenden Frucht-Säurespiel und guter, kerniger Struktur.

Das Konzept des aromatischen Wechselspiels ging auch beim Dessert voll auf, wo eher nussig-erdige Komponenten von Walnuss und Sellerie durch ein Apfel-Joghurt-Sorbet und grünfrisches Apfelgel entsprechend schlank und dynamisch zugespitzt waren. Und selbst alle Petits fours trumpften jeweils durch einen gut implementierten Frischemoment auf und gaben dem Menü auf die Art und Weise tatsächlich noch ein beschwingtes i-Tüpfelchen statt eines massiven Schlusspunkts.

7↑

Kesselhaus

Neulandstr. 12,
49084 Osnabrück
0541-97000072
www.kesselhaus-os.de
Küchenchef: Randy de Jong
Mi–Fr ab 18.30 Uhr, Sa von 12–14 Uhr u. ab 18.30 Uhr, So–Di RT
Menüs: 149–179 €
EC VISA P

Das Kesselhaus ist eine tolle Location, liegt etwas versteckt innerhalb eines Gewerbe-Areals und dort in einem charmanten alten Fabrikgebäude mit lässigem Industriecharme. Der der sehr hohe Gastraum schafft in Kombination mit den runden, elegant eingedeckten Tischen, moderner Kunst und stylischen Accessoires ein außergewöhnliches Ambiente für das hier gebotene Fine Dining. Und um das auch kulinarisch mit Leben zu füllen, sorgt Küchenchef Randy de Jong mit seinem kleinen Team für eine moderne, kreative Küche voller guter Ideen. Stilistisch ist das immer sehr weltoffen und undogmatisch komponiert, in der Umsetzung aber außergewöhnlich konzentriert und fokussiert. Auf den akkurat abgezirkelten, handwerklich präzise gearbeiteten Tellern finden sich meist nie mehr als drei tonangebende Produkte, die aber zumeist mehrfach variiert sind – und eigentlich immer gut zusammenspielen. Das tun auch die Weinempfehlungen und die engagierte alkoholfreie Getränkebegleitung mit den einzelnen Gerichten der Küche.

Ostrach (Baden-Württemberg)

5

Gasthof zum Hirsch

im Landhotel Gasthof zum Hirsch

Hauptstr. 27,
88356 Ostrach
07585-92490
www.landhotel-hirsch.de
Küchenchef: Josef Ermler, Johannes Ermler
Mo–Fr von 11.30–13.45 Uhr u. ab 17.30 Uhr, Sa ab 17.30 Uhr, So RT
Hauptgericht: 9–23 €, Menüs: 25–35 €
EC VISA P

Der Hirsch im oberschwäbischen Ostrach ist ein Gasthaus, wie man es im kulinarisch grundsoliden Baden-Württemberg in jeder Ortschaft vermutet, aber schon längst nicht mehr so häufig findet: eine gute Gastwirtschaft nämlich, in der ganz ohne Gourmetambitionen zu bürgerlichen Preisen seriös gekocht wird. Wo noch nach guter klassischer Schule Suppen und Saucen angesetzt werden, wo es nicht bloß die üblichen Verdächtigen auf der Speisekarte gibt, wo auch noch Pasteten und Terrinen gefertigt und Rindsrouladen nach Omas Rezept geschmort werden. Die Weinkarte ist für einen Gasthof ebenfalls respektabel bestückt und günstig kalkuliert.

Schmids Auszeit

Heiligenbergstr. 14, 88356 Ostrach
07585-9351900
schmids-auszeit.de
Mi–Sa ab 17.30 Uhr,
So von 11.30–14 Uhr u. ab 17.30 Uhr,
Mo u. Di RT
Hauptgericht: 12–35 €,
Menüs: 24–50 €
EC VISA P

Am Ortseingang von Ostrach leuchtet die Fassade von Schmid's Auszeit schon von weitem und lädt dazu ein, hier genau solch eine genussvolle Auszeit zunehmen. Das schmuck renovierte und liebevoll gestaltete Haus verbindet die Rustikalität von Backsteinmauern und Fachwerk gekonnt mit einer gewissen Vintage-Eleganz und macht es den Gästen damit leicht, sich in einem der unterschiedlichen Räume wohlzufühlen. Noch größeren Anteil daran, dass diese Räume meist selbst unter der Woche gut gefüllt sind, hat aber wahrscheinlich das clevere Küchenkonzept, das vor allem mehrheitsfähige und zeitgemäße Angebote wie Bowls und Burger offeriert, diese aber mit gehobenem Anspruch umsetzt.
Ergänzt von wechselnden Thementagen wie zuletzt dem „Haxn-Donnerstag" und teils rustikaleren, teils eleganteren Gerichten, die von Spinatknödeln mit Parmesan bis zu Weißwein-Sahne-Pasta mit gebratener Lachsforelle reicht, setzt das Kulinarium konsequent auf regionale Produkte und natürlichen, unverfälschten Geschmack.

Das zeigten zuletzt auch beachtlich große, zartteigige Tortelloni mit Füllung aus dillwürziger Lachsforelle. Da die nicht zu einer Farce verarbeitet, sondern in gröberen Würfeln in den Nudelteig gepackt war, blieb der Charakter des Fischs und sein Geschmack erfreulich gut erhalten. Ergänzt wurde die Pasta von einem markanten Frische-Impact durch viel Blattpetersilie, cremig gebundenen Blattspinat und eine (sehr dezente) Safransauce mit leicht uncharmanter Stärkebindung. Wären die Details ein klein wenig akkurater abgestimmt und vor allem die Sauce mit mehr Spannung aufgeladen worden, hätte das in seiner italienischen Schlichtheit durchaus noch mehr Potenzial gehabt.
Genau das gleiche Bild gab es beispielsweise auch bei einem Medaillon vom Rinderfilet, bei dem anstelle einer gleichmäßigen Medium-Garung mit einem nur sehr knapp temperierten und entsprechend „chewy" wirkenden Kern der optimale Punkt nicht ganz getroffen wurde. Ansonsten machte aber auch diese Kostprobe mit ihrer Begleitung aus kraftvoller rustikaler Pfeffersauce und gegrilltem Pfirsich eine gute, propere Figur. Als ein überraschender Clou präsentierten sich auf dem Teller aber auch die großen, als eine Art von Röhrenhälften geschnittenen Pommes mit ihrem perfekten Verhältnis von Crunch und softem Kern, goldknusprigen Röstnoten, aber keiner penetranten Frittierfettigkeit.
Ein Grund mehr für den Eindruck, dass die größte Stärke und rundesten Ergebnisse hier bei den von vornherein eher bodenständig oder verfeinert rustikal angelegten Gerichten liegen und es sich definitiv auch lohnt, hier einfach „nur" für einen der Burger vorbeizukommen. Die nämlich schlagen mit topfrischen Zutaten, selbst zubereiteten Saucen und abwechslungsreichen Zutaten wie gebackenem Schafskäse oder einem Wagyu-Pattie jedes noch so hippe Franchise-Konzept mit Links!
Und auch die Desserts machen Freude. Ganz egal ob im Sommer auf der loungigen Terrasse eine zarte Kokos-Panna-cotta mit Heidelbeersorbet aufgefrischt, oder in der kälteren Jahreszeit drinnen, passend zum Herbst die eher wärmende Kombination aus zarten Zimtschupfnudeln mit Apfelsorbet auf den Tisch kommt. Die kleine Weinkarte bietet offen eher einfache Gewächse, dafür aber viele unterschiedliche Stile. Und sie wird von einigen hochwertigeren Flaschen ergänzt. Bei Fragen hilft das Serviceteam kompetent und flink – nur bei vollem Haus kann der eine oder andere Arbeitsschritt auch mal ein klein wenig länger dauern…

Ostseebad Dierhagen
(Mecklenburg-Vorpommern)

7

Ostseelounge
im Strandhotel Fischland

Ernst-Moritz-Arndt-Str. 6,
18347 Ostseebad Dierhagen
038226-520
www.gourmetrestaurant-ostseelounge.de
Küchenchef: Matthias Stolze, André Beiersdorff
Do–So ab 18.30 Uhr, Mo–Mi RT
Menüs: 148–172 €

VISA

Es gibt in Deutschland nicht allzu viele ähnlich spektakulär gelegene Gourmetrestaurants wie die Ostseelounge im obersten Stockwerk des Standhotel Fischland. Hier nämlich tut sich durch die durchgehende Fensterfront ein unverstellter Ausblick auf das offene Meer, den weiten Horizont in alle Richtungen, und zig Kilometer langen Strand auf. Wenn man dann noch das Glück hat, witterungsbedingt den Aperitif und die ersten kleinen Grüße vorweg draußen auf der Dachterrasse zu genießen, dann kommt das der Idealvorstellung eigentlich schon sehr nahe. Mit seinem großzügigen, schlicht-modernen Wohnzimmerambiente und einem ausgesprochen sympathischen und zuvorkommenden Serviceteam ist das Restaurant auch sonst sehr angenehm und zu allem Überfluss wird hier auch noch richtig gut gekocht.
Für letzteres zeichnen schon seit vergangenem Jahr André Beiersdorff und Matthias Stolze als Küchenchef-Doppelspitze verantwortlich, die nach einer etwas heterogeneren Performance beim letzten Testbesuch mittlerweile voll in die Spur gefunden und jüngst eine sehr souve-

räne Küchenleistung auf schwankungsfreiem 7-Pfannen-Niveau geboten haben. Schon die Apero-Snacks gefielen durch die Bank mit guter Qualität und klarem, deutlichem Geschmack. Und weil hier die Produkte grundsätzlich überdurchschnittlich und die Zubereitungen sehr genau sind, funktioniert auch ein kompositorisch überschaubares und eher karg ausgedachtes Gericht wie die tipptopp gebratene Jakobsmuschel mit etwas Kartoffelknusper nebst einem Klecks Selleriemousseline und zwei Spitzen von wildem Spargel tadellos, das es zuletzt als Amuse-Bouche gab.
Aus ähnlichen Gründen war auch die mild gebeizte und kräftig abgeflämmte Fjordforelle eine runde Sache, die im Grunde nur von Gurkenschleifen flankiert auf einen Sockel aus Gurkengrütze angerichtet wurde – zumal der Gurkensockel auch noch mit einer mit Forellenkaviar vermengten Sauerrahmcreme gefüllt war, die hier weitere Facetten, noch etwas Frische und Schmelz auf den Teller brachte. Und nach dieser tendenziell eher nordisch angehauchten Vorspeise folgte mit dem Carabinero auf Krustentiersauce nebst kraftvoll basilikumwürzig aromatisiertem Auberginenkompott ein stark mediterran gefärbtes Zwischengericht, auch wenn der in Geltupfen dazu addierte Zitrus-Akzent nicht etwa beispielsweise von Amalfizitrone, sondern von Kaffirlimette herrührte.
Eine sehr klassische und auch regionale Geschichte war der als Produkt ebenfalls sehr überzeugende Rehrücken von Wild aus heimischer Jagd, der perfekt gebraten, saftig, mit zartem Biss und nicht etwa zu Rehmatsch denaturiert, zusammen mit schnittlauchwürzig und feinsäuerlich aromatisierten knackigen kleinen Pfifferlingen und herbe Frucht sowie adäquate Süße spendenden Preiselbeeren zum Besten gegeben wurde. Und der marinierte Radicchio Treviso mit seinen dezenten Bitteraromen fügte sich da ebenfalls gut ins klassische Geschmacksbild ein. Generell lässt sich festhalten, dass das Herd-Duo Beiersdorff und Stolze keine Experimente macht und sehr gediegen komponiert, jedenfalls immer vollumfänglich im geschmackssicheren Bereich bleibt.
So wie auch bei der festfleischigen Steinbutt-Tranche in Kombination mit in Blattpetersiliencreme gehüllten und dergestalt ähnlich wie ein Risotto zubereiteten Fregola Sarda sowie etwas Artischocke und rotem Schmorpaprika-Saucenschaum, die wieder aus der mediterranen Aromenwelt herangeschwommen kam. Während es schließlich zum Fleischhauptgang zurück in heimische Gefilde ging: namentlich mit homogen zartrosa gegartem (vermutlich pochiertem) Filet und einem Würfel sanft geschmorter Haxe vom Kalb, die neben einer dunklen Kalbskopfjus und verschiedenen Urkarotten-Varietäten sowie etwas Vogelmiere aufgeboten waren. Auch das kein übermäßig originelles oder dynamisches Gericht, aber ein sehr harmonisches und natürliches in tadelloser Qualität.
Wie die herzhaften Sachen überzeugen auch die Desserts durch sehr gute Produkte und eine sorgfältige, aromatisch präzise Zubereitung. Deshalb schmeckten auch die saftig eingelegten, sehr attraktiv zwischen süß und sauer verorteten Kirschen, die als opulentes Vordessert mit Vanillesahne und geröstetem Pumpernickel ebenfalls recht gediegen kombiniert waren, deutlich interessanter, als es zunächst den Anschein machte. Und sie stahlen den namentlich origineller und aufwendiger umgesetzten Spielarten von der Erdbeere mit sehr gut und harmonisch eingeflochtenem Wasabi-Akzent und pufferndem Schmelz von Yuna Edelweiß Schokolade sowie einer Mini-Cremewaffel sogar fast ein wenig die Show – obgleich es sich dabei auch um einen durchaus ausgereiften und ansprechenden Nachtisch gehandelt hat.
Zu alldem gibt es auf Wunsch glasweise gut korrespondierende Weine wie zum Beispiel den 2018er „Max Bordeaux Blend“ von Miles Mossop Wines aus Stellenbosch zum Kalb im Hauptgang, der trotz seiner gefälligen internationalen Stilistik immer noch ein typischer Südafrikaner mit charakteristischer Graphitnote, mit gewissen Ecken und Kanten ist. Alternativ gibt es aber auch ansprechende alkoholfreie Getränkebegleiter, teilweise aus eigener Produktion.

Hotelempfehlung

★★★★S

Strandhotel Dünenmeer

Birkenallee 20,
18347 Ostseebad Dierhagen
☎ 038226-5010
www.strandhotel-ostsee.de
Einzelzimmer: ab 155 €
Doppelzimmer: ab 410 €

Entspannte Wellness-Urlauber fühlen sich im Strandhotel Dünenmeer und im umgebenden Reetdachdorf mit seinen Ferienwohnungen und -Häusern besonders wohl. Individuelle Wellnessanwendungen, Massagen und ein großzügiger, ruhiger Poolbereich sind zu jeder Jahreszeit Oasen für die Entschleunigung. Aber das eigentliche Highlight ist der direkte Blick über die Ostsee, der nicht nur von den meisten Zimmern zu genießen ist, sondern auch aus dem Restaurant, mit seiner frisch-gesunden Küche und den süßen Köstlichkeiten aus der hauseigenen Patisserie.

★★★★S

Strandhotel Fischland

Ernst-Moritz-Arndt-Str. 6,
18347 Ostseebad Dierhagen
038226-520
www.strandhotel-ostsee.de
Einzelzimmer: 170–486 €
Doppelzimmer: 170–486 €
VISA

Direkt am feinsandigen Strand befindet sich die Urlaubswelt des Strandhotel Fischland mit luxuriös ausgestatteten Zimmern, Suiten, gemütlichen Ferienwohnungen und exklusiven Landhausvillen. Auf begeisterte Freizeitsportler und Familien warten umfangreiche Angebote, wie die großzügige Schwimmbad- und Saunalandschaft und der luxuriöse Spa. Die kleinen „Strandpiraten" werden von den bestens geschulten Mitarbeitern im Kinderclub liebevoll betreut. Regionale Bio-Produkte bilden die Basis für die abwechslungsreiche Küche und im Gourmet-Restaurant Ostseelounge auch für kulinarische Spitzenleistungen. Gourmet-Restaurant Ostseelounge separat erwähnt.

Paderborn (Nordrhein-Westfalen)

7↑

Balthasar

Warburger Str. 28,
33098 Paderborn
05251-24448
www.restaurant-balthasar.de
Küchenchef: Elmar Simon
Di–Sa ab 19 Uhr, So u. Mo RT
Hauptgericht: 28–45 €,
Menüs: 95–155 €
VISA

Die auffällige Stadtvilla an der Warburger Straße wirkt schon von außen sehr einladend, was sich drinnen in dem großzügigen Gastraum oder im Sommer auf der Terrasse dahinter vollauf bestätigt. Und wir kennen tatsächlich nur sehr wenige Gourmetrestaurants, in denen in ähnlicher Weise Eleganz und wohnliche Behaglichkeit zusammenfinden und eine so entspannte und herzliche Atmosphäre herrscht wie in dem in warmen und erdigen Farben gestalteten Lokal von Familie Simon. Letzteres liegt natürlich in erster Linie an den Gastgebern selbst, was sich nicht nur auf das Team, sondern eben auch auf die Gäste überträgt und am Ende des Tages der Grund für die große Schar an Wiederkommern und Stammgästen ist.
Doch die kämen vermutlich trotzdem nicht so zahlreich, wenn das Team um Elmar Simon obendrein nicht auch noch äußerst attraktiv auftischen würde. Und zwar stilistisch auf eine Art und Weise, die selbst dem gegenüber allzu

aufwendiger Verfeinerung und Exklusivität beim Essen oftmals eher skeptisch gepolten Naturell des Ostwestfalen an sich entgegenkommt. Nämlich mit mehrheitlich herzhaft zupackenden, schlotzigen Gerichten, die nicht verkopft und kompliziert, sondern leicht zugänglich sind und trotzdem alle das gewisse Etwas haben, das dem Gast ein Aha-Erlebnis garantiert. Vor allem aber vermittelt die Balthasar-Küche das Gefühl, hier im Schlaraffenland zu sein.
So wie man bei einem Besuch auf liebgewonnene Traditionen wie die Brötchen in der Bäckertüte oder die herzhafte Röstzwiebelbutter nicht verzichten möchte, so zählt im obligatorischen Grüß-Gott-Programm vorneweg auch der „Paderborner Dosenfisch" seit Jahren zu den humorvollen Evergreens, die man mit Vorfreude und Genuss immer wieder gerne isst. Dabei handelt es sich um ein angenehm mild gesäuertes Matjesfilet, das zusammen mit verschiedenen Gemüsekomponenten wie säuerlichen Perlzwiebeln, süßlichem Zwiebelconfit oder gepickelten Radieschen und Pilzen auf einer mit Tomatengelee überzogenen Sauerrahmmousse als Inhalt einer flachen Blechdose an den Tisch kommt. Das ist cremig, knusprig, knackig, saftig und bedient auch von süßlich über säuerlich bis würzig eine hohe Bandbreite an sensorischen Eindrücken, die sich beim Löffeln zu komplexem Wohlgeschmack addieren.
Mit einem weiteren Küchengruß, den Variationen von Stauden- und Knollensellerie mit Cassis, untermauerte das Team um Elmar Simon dann gleich mal seine vegetarischen Ambitionen, denn es gibt seit geraumer Zeit auch eine komplett fleisch- und fischlose Speisefolge, die mindestens so einfallsreich und vielseitig komponiert ist wie das „normale" Menü. Und genau wie oftmals ganz ähnlich aufgebaute fruchtkombinierte Gänseleber-Variationen schnell Gefahr laufen, zu einem frühzeitigen Dessert zu werden, lag das auch hier nahe – wurde aber mit guter Balance durch genügend würzige Komponenten geschickt umschifft.
Überhaupt beherrscht die Küche das Spiel mit Süße und Frucht meist sehr gut, wie dann auch bei der Vorspeise vom Alaska-Wildlachs eindrucksvoll zu schmecken war. Der als roh marinierte Tranchen und Cremenocke vom mild geräucherten Fisch auf dem Teller platzierte Salmonide hatte es nämlich mit einer solo eigentlich schon recht süßen karamelligen Orangensauce zu tun, die aber durch viel Umami von einer Sojasauce und in Nori-Algenblatt gehülltem Lauch sehr gut ausbalanciert wurde. In Verbindung mit winzigem fermentiertem Gemüse wie roten Zwiebeln entstand so ein sehr dynamisches Geschmacksbild.
Starke klassische Substanz haben die Gerichte im Balthasar ohnehin allesamt. Und woran könnte man das besser feststellen als an einer klassischen Suppe, noch dazu einer maritimen? In diesem Fall von Nordseekrabben, die wie eine kraftvolle Bisque geschmeckt hat, fein zwischen tiefer Krustentieraromatik, nobler alkoholischer Süße vom Cognac und eleganter Würze der Basis ausgemittelt war, und neben einem ganzen Haufen Krabben auch noch kleine, mit herzhafter Steinbuttfarce gefüllte Pelmeni intus hatte. Die recht süße Nocke Zwiebelconfit auf der Tellerfahne hätte es da eigentlich überhaupt nicht gebraucht.
Nochmal Steinbutt, diesmal aber als schön nussbuttrig poelierte Tranche von sehr guter Qualität und Frische, kam der Plattfisch nachfolgend in Kombination mit Föhrer Miesmuscheln und Wurzelgemüseperlen in einem leichten, eleganten, aber durchaus nachdrücklichen Safran-Fischsud in ganzer Pracht zu seinen Ehren. Das war souverän dargebotene Produktküche ohne Schnörkel und ohne den hin und wieder zumindest etwas redundant wirkenden leichten Überhang an Süße und/oder Deftigkeit, den hier viele Gerichte einfach haben.
Was dann auch beim Hauptgang wieder etwas deutlicher zu tragen kam, bei dem ein sehr schönes, perfekt auf den Punkt gebrachtes Stück Hirschkalbrücken mit karamellisiertem Rotkraut, Maronen, Preiselbeeren und Kräuterseitlingen ein tendenziell wieder recht liebliches und proportional gegenüber dem Fleisch auch etwas übermächtiges Begleitprogramm zur Seite hatte. Da kam dann der sehr gute 2016er Côte-Rotie aus der glasweisen Weinbegleitung äußerst gelegen, der dem Ganzen noch Säure und Tannin entgegenzusetzen hatte, so dass man es hier unterm Strich mit einem sehr runden und ausgewogenen Wildbret zu tun hatte.
Rund und ausgewogen auch das Dessert, eine Snickers-Interpretation der besseren Sorte, bei der Erdnüsse, Schokolade und Karamell als geleeüberzogene Mousseschnitte und cremeglasiertes Eis aromatisch schön tief schmeckten, haptisch sehr geschmeidig zusammenliefen und von säuerlicher Brombeere noch der Eindimensionalität des Leitthemas „Schokoriegel" entrückt wurden.

Panker (Schleswig-Holstein)

8

Restaurant 1797

im Hotel Ole Liese
Gut Panker, 24321 Panker
04381-90690
www.ole-liese.de
Küchenchef: Volker M. Fuhrwerk
Mi–Sa ab 18.30 Uhr, So–Di RT
Menüs: 119–139 €
VISA

Der Gutshof, in dem das Hotel Ole Liese und sein Gourmetrestaurant 1797 residieren, ist ein über 500 Jahre altes Gehöft nahe der Ostseeküste, ein herrlich idyllischer Ort mit barockem Herrenhaus, einer Schlosskapelle, alten Wirtschafts- und Wohngebäuden sowie diversen Stallungen, die in einem parkähnlichen, von hügeliger Wiesenlandschaft umgebenen Areal liegen. Küchenchef Volker Fuhrwerk präsentiert hier eine maximal nachhaltige und saisonale Heimatküche: gemüselastig, natur- und regionalverbunden, mit viel Tiefe und klassischer Substanz, an vier Abenden in der Woche in Form eines einheitlichen sechsgängigen Menüs. Dessen Finesse liegt immer im geschmacklichen Detail der qualitativ hervorragenden und mit größter Sorgfalt zubereiteten Produkte, weniger in aufwendiger Inszenierung oder besonders originellen, kreativen Kombinationen. Yasmin Fuhrwerk, die hier in Personalunion sehr sympathisch und souverän Speisen- und Weinservice wuppt, ist dazu mit anspruchsvollen glasweisen Begleitweinen dienlich.

Die Symbole

- gute Parkmöglichkeiten
- Hotelgarage
- barrierefrei
- klimatisierte Zimmer
- WLAN-Zugang
- Hallen- und/oder Freibad im Haus
- mit Wellness-Bereich
- mit Fahrstuhl zu den Hotelzimmern
- Hunde im Hotel nicht erlaubt
- mit Garten oder Terrasse

Perasdorf (Bayern)

7

Gasthaus Jakob

Haigrub 19, 94366 Perasdorf
09965-80014
www.genuss-jakob.de
Küchenchef: Michael Ammon
Mi–Sa ab 18 Uhr, So von 12–14 Uhr, Mo u. Di RT
Hauptgericht: 38–42 €,
Menüs: 90–109 €
VISA

Wenn jemand heutzutage fragen würde, wie gehobene Gastronomie auch abseits von urbanen Ballungsräumen idealerweise aussehen könnte: Das versteckt im Bayerischen Wald gelegene Gasthaus Jakob wäre ein bestmögliches Beispiel. Das in einem tief eingeschnittenen Tal ganz überraschend auftauchende schmucke Fachwerkhaus wird von dem Trio aus Küchenchef Michael Ammon, dessen Lebensgefährtin Mona Haka und seinem Bruder Andreas Ammon als Sommelier mit so viel spürbarer Freude und Passion betrieben, dass sich das gebotene hohe Niveau auch tief im dunklen Wald einer stetig hohen Nachfrage erfreut.
Neben der hohen Motivation und einem kleinen Team ist sicher die klug auf zwei Menüs reduzierte Gestaltung der Speisekarte einer der Gründe dafür, dass hier ein Konzept so gut funktioniert, das – abgesehen von der lockeren Atmosphäre – so rein gar nichts mit „Gasthaus" zu tun hat und klar im Gourmetfach angesiedelt ist. Und natürlich die Qualität und der einerseits leicht zugängliche und andererseits pfiffig kreative Stil der Küche, der an keiner Stelle überfordert und doch immer wieder überrascht.
Das hohe Niveau wurde zuletzt bereits bei einem kleinen Shot von einem zugespitzt intensiven Blumenkohlschaum und einem Cornetto

von Thunfischtatar mit Senfkaviar und konzentrierten Zitrusaromen sicht- und schmeckbar. Sowohl durch das hohe handwerkliche Niveau als auch durch sensibles Abschmecken. Noch deutlich beeindruckender gelang aber der erste Gang rund um einen in seiner süßlichen Klarheit betörenden Taschenkrebssalat, der in einem Ring aus zarter Wasabimousse mit unterschiedlichen pointiert säuerlichen Komponenten von grünem Apfel, einem harmonisierenden Sud mit Kräuteröl und einem frech schärfenden Ingwereis obenauf angerichtet war. Das lag in seiner präzisen und aromatisch klaren Art schon beinahe über dem aktuellen Bewertungslevel.
Hohe Intensität bot dann auch eine rote Paprikasuppe mit leichter Kokosmilchbindung, Thai-Curry und Zitronengras, deren Basis so konzentriert gemüsefruchtig schmeckte, als wäre sie aus dem Abtropfsaft von Grillpaprika und nicht aus dem Gemüse selbst montiert worden. In jedem Fall aber war das eine von der komplexen Basis bis zum feinen Säurespiel bestens gelungene liquide Freude, die von einer saftig-krossen Praline aus bayerischer Garnele noch dazu hervorragend ergänzt wurde.
Überraschend, aber durch die leichte und puristische Präsentation ganz logisch vor dem Hauptgang, gab es eine straff saftige Entenbrust mit dünner krosser Hauf auf sanft gesäuertem Sushireis, die von gelbfruchtigen Akzenten, einem duftigen Kräuteröl und sehr pur und transparent wirkender Jus begleitet und damit sehr wirkungsvoll nach vorn gestellt wurde.
Eher klassischer, aber auf beschwingt mediterrane Art, wurde es dann bei einer Adlerfisch-Schnitte mit krosser Haut und saftigem Fleisch, die in dieser Qualität locker mit jedem Premium-Wolfsbarsch mithalten konnte. Und die mit einem röstaromatischen Bouillabaissesud, Pulpo und teils ätherisch roh mariniertem, teils als duftiges Ragout verarbeitetem Fenchel ein kraftvoll dichtes Umfeld an die Seite gestellt bekam. À part sorgte ein Gläschen mit mehr von dem intensiven Sud nebst verschiedenen intensiven Muscheln – darunter ein knusprig gebackenes Exemplar und zarter Pulpo – für noch mehr Produktpower und erweiterte den Hauptgang so auf einnehmend intensive Art.
Nach einem Sorbet von Himbeere und Roter Bete als gelungener Refresher – insbesondere durch einen kontrastierend salzig gehaltenen Sauerrahmschaum und knusprige Baisers – blieb das Team auch ganz zum Ende hin weiter voll auf Kurs. Und es schaffte mit einem Ring aus Grießflammeri mit Passionsfruchtsorbet und Himbeercrunch einen ebenso herzerwärmenden wie feinsinnigen Abschluss, der mit einem nicht weniger als perfekt wolkenzarten Grießknödel in knuspriger Bröselschmelze neben erfrischendem Sauerrahmeis und Schokoladencreme noch emotionaler punktete. Zwar wirkte das alles zusammen auf einem Teller ein klein wenig zu sperrig verspielt und wäre separiert freigestellt noch besser zur Geltung gekommen. Einen vergnüglichen und niveauvollen Abschluss ergab das Ganze aber auch so.
Und apropos vergnüglich: Neben dem hohen Niveau der Speisen machen auch die ungezwungene Atmosphäre und die stets spannenden Weinempfehlungen von Andreas Ammon ganz wesentlich den Reiz des Gasthaus Jakob mit aus. Seit Neuestem bieten außerdem einige schicke Chalets die Möglichkeit, die Weine noch ausgiebiger zu genießen und danach einfach in die komfortablen Betten zu verschwinden…

Perl (Saarland)

1 Pfanne, 5 Kochlöffel

Victor's Fine Dining by Christian Bau

im Hotel Victor's Residenz
Schlossstr. 27,
66706 Perl (Nennig)
06866-79118
www.victors-fine-dining.de
Küchenchef: Christian Bau
Do u. Fr ab 19 Uhr,
Sa u. So von 12–16 Uhr u. ab 19 Uhr,
Mo–Mi RT
Menüs: 260–325 €
EC, Mastercard, VISA, P

Wie schnell die Zeit vergeht! Ein Vierteljahrhundert ist Christian Bau im Jahr 2023 mittlerweile schon am Herd des zum Victor's Residenz-Hotel Schloss Berg mit angeschlossener

Spielbank gehörenden Schlossrestaurant in Amt und Würden. Und niemand hätte wohl zum Zeitpunkt seines Einstands im Jahr 1998 gedacht, dass der einstige Musterschüler Harald Wohlfahrts an seiner ersten Küchenchefstelle bereits alles erreichen wird, was man als ambitionierter Koch hierzulande erreichen kann. Permanent Höchstbewertungen in sämtlichen Restaurantführern und die damit einhergehende maximale Aufmerksamkeit innerhalb der Gourmetszene sind das Eine, die Verleihung des Bundesverdienstkreuzes oder die offizielle Ernennung zum ersten deutschen Ehrenbotschafter japanischer Küche das Andere. Christian Bau hat aber in dieser Zeit vor allem etwas geschafft, was gar nicht so vielen Spitzenköchen je gelingt: er hat sich nicht nur eine ganz eigene und unverkennbare Handschrift angeeignet, sondern gleich auch einen ganz neuen Küchenstil erfunden, der heute hundert- und tausendfach kopiert wird.
Der aus Baden und ganz einfachen Verhältnissen stammende Koch, der sich dereinst schon während seiner Ausbildung und den obligatorischen Lehr- und Wanderjahren als äußerst ehrgeiziger und zielstrebiger Koch hervortat, hat sich nämlich – erstklassig geschult in klassischer französischer Haute-Cuisine und später fasziniert und infiziert von den japanischen Produkten sowie Kochtugenden und tief darin eingetaucht – als einer der ersten seiner Zunft der Vermählung frankophiler und fernöstlicher Küchentraditionen angenommen. Und fortan an seinem ureigenen „Bau-Stil" gefeilt, der fast eine ganze Generation junger Köche hierzulande inspiriert hat und bis heute wegweisend ist.
Als perfektionistischer Handwerker, als kompromissloser Qualitätsfanatiker, als weltgewandter Gourmet mit fast enzyklopädischem Produktwissen, als virtuoser kulinarischer Komponist und als Pionier der franko-japanischen Küche ist Christian Bau seit vielen Jahren unangefochten, und es gibt selbst in Kollegenkreisen keine zwei Meinungen über seine Ausnahmestellung unter Deutschlands Spitzenköchen. Einzig die bei aller fast schon beängstigender Perfektion und Ausgewogenheit mitunter arg fordernde Komplexität und Intensität seiner Kreationen und die bisweilen schon mal ins Anstrengende tendierende Opulenz an Eindrücken und schieren Mengen innerhalb seines nicht von ungefähr „Paris-Tokio" getauften Menüs, waren in der Vergangenheit selbst für „geübte" Gourmets manchmal grenzwertig. Auch für uns hatte das hin und wieder zur Folge, dass man sich ein paar Tage nach einem ausgiebigen Mahl in dem stilvoll und sehr zeitgemäß gestalteten alten Gemäuer zwar natürlich noch sehr genau daran erinnern konnte, ein absolut begeisterndes Mahl auf international allerhöchstem Niveau mit unfassbar vielen Eindrücken und Finessen genossen zu haben, sich die Gerichte im Detail aber meist nur mit Foto und Notizen wieder ins Gedächtnis zurückholen konnte.
Doch Christian Bau wäre nicht der Ausnahmekoch, der er nun mal ist, wenn er solche Stimmen nicht erst nehmen und sich und sein Werk selbst ständig hinterfragen würde. Und so erleben wir das Kulinarium auf Schloss Berg in jüngster Zeit erkennbar fokussierter, die allermeisten Kreationen noch klarer und transparenter und irgendwie alles noch souveräner in sich ruhend. Auf die bei Christian Bau gewohnte und von jedem Gourmet bei einem Besuch sehnsüchtig erwartete Komplexität, Filigranität und Vielschichtigkeit der Kreationen muss man aber deshalb auch heute genauso wenig verzichten, wie auf den Schlaraffenland-Effekt. Der stellt sich hier beim Gast schon immer unweigerlich ein, weil man während eines Lunchs oder Dinners im Victor's Fine Dining nun mal in besten, exklusivsten Produkten aus aller Welt schwelgen und diese auch quantitativ voll auskosten darf.
Schon die ersten höchst aufwendig inszenierten Kleinigkeiten, die vorneweg in mehreren Aufzügen manchmal parallel, manchmal einzeln aufgetischt werden und bei denen der Grand Chef immer schon so viel an Kreativleistung Handwerkskunst und Wareneinsatz abfeuert, was andernorts für ein ganzes Menü reichen muss, wirkten irgendwie noch eleganter, pointierter und eben transparenter in ihrer Aromengebung, so dass man grundsätzlich noch besser zu den herausragenden Produkten durchdringen konnte. Das beeindruckte schon bei dem in ein kleines knuspriges Tartelette-Schälchen eingebetteten Lachsbauch, zu dem sich auf engstem Raum auch Saiblingskaviar, marinierte junge Erbsen, ein Schaum von getrockneten Bonitoflocken, Chips von der Nori-Alge, frischer und gepickelter sowie zur Creme verarbeiteter japanischer Ingwer und verschiedene Blüten gesellen. Oder einem ähnlich aufgebauten Fingerfood-Snack um eine mit Yuzu aromatisierte norwegische Königskrabbe, die unter anderem von Yuzu-Crème-fraîche, einem Gelee aus der japanischen Würzsauce Tosazu und dem Rogen vom Pollack ebenso vielschichtig wie vornehm zurückhaltend bespielt wurde.
Der Aufwand, der hier selbst für die Kleinigkeiten im Aufwärmprogramm unternommen wird, ist immens. Für den Entenlebermacaron etwa wird die mit koreanischem Seegras bardierte Foie gras zunächst in 20 Jahre gereiftem Mirin mariniert und dann mit gepickeltem

Daikonrettich, einer aus der „Lakritz-Alge" Matsubadaki hergestellten Creme und weiteren Mikro-Komponenten und Blüten auf einen knusprigen Algen-Macaron gesetzt und mit im Stickstoffbad zu kleinen geeisten Kügelchen gefrorener Gänseleber gekrönt. Das sind auch weiterhin mit jedem Happs unfassbar komplexe Geschmacksbilder, die aber eben nicht mehr ganz so laut knallen, wie in der Vergangenheit, sich am Gaumen klarer erschließen lassen und vor allem das jeweilige Hauptprodukt noch konsequenter weiter nach vorne stellen.

Sogar noch deutlicher wurde das bei dem in einem kleinen Schälchen arrangierten Mini-Gericht „jodige Meeresfrüchte", wo Segmente von Gambero Rosso, Auster, Enten- und Stabmuschel sowie Kaviar und Seeigel sehr transparent und klar mit geeisten Austernwasserperlen, verschiedenen Dünenkräutern, Avocadocreme, einer Mayo aus unter anderem Reisessig und Mirin, sowie einem Gel aus der zitrischen Sojasauce Ponzu zusammengebracht und final am Tisch noch mit einem Hauch Abrieb von der Yuzuschale veredelt wurden. Das wirkte wie eine kreativ und ereignisreich in Szene gesetzte Produktpräsentation, bei der dem Gaumen nichts von der aufgebotenen maritimen Vielfalt verborgen blieb, die maximal natürlich und doch alles andere als naturbelassen schmeckte. So wie das eben nur die ganz großen Köche hinbekommen.

Den selbst in den allermeisten besseren Sushi-Restaurants hierzulande meist nur in recht mäßiger Qualität aufgetischten Thunfisch erlebten wir zuletzt in gleich mehreren Gängen in unterschiedlichen Teilstücken von bestechender Güte. Ein quasi „entfettetes" Tatar vom Otoro, also dem Bauchteil eines Tunas von Balfegó, zusammen mit Kaviar und Wasabiaromen auf einer umamisatten, aber nicht plakativen Vinaigrette auf Shoju-Basis mit zitrischer Frische und Shisoblüten sowie japanischem Schnittlauch. Dann in Gestalt verschiedener, ebenfalls aufwendig präparierter bzw. gereifter und dennoch sehr unverfälscht, aber eben brillant klar und ausdrucksstark schmeckender Teile des Thunfischs, unter anderem aus dem Kernstück des Rückens geschnitten und 48 Stunden in einer Zedernholzkiste trockengereift, die zu einem betörend schmelzigen Gericht mit unterschiedlichen cremigen Texturen zusammenkamen. Und die stammten nicht nur vom Fisch selbst, sondern auch von Gänseleber (als Eis und feine Späne) und Edamame, die hier zusammen mit erdigen Aromen der Trüffel und floralen Aromen der Holunderblüte dank etwas Ponzu sanft in japanische Geschmackswelten eingenordet waren.

Aber auch in Kombination mit dem nach Ceviche-Art säuregebeizten Rücken der Gelbflossenmakrele (Kampachi), kam nochmal Thunfischbauch vor: ebenfalls gebeizt und als Tatar mit verschiedenem Daikonrettich, Kaviar, schmelzigen Cremes wie einer Austernmayonnaise und Kimizu, sowie den zitrischen Noten von Ponzu und Combawa auf einem sehr straighten und klaren Ceviche-Sud angerichtet waren, dessen Leitaromen ebenfalls an Limettenblatt erinnerten.

Im Kulinarium von Christian Bau ist es gar nicht unüblich, dass es „japanischer" beginnt und auf dem Zenit der Reise Paris-Tokio tendenziell zunehmend etwas französischer wird. Sanft eingeläutet wurde der Plot-Twist diesmal von einer kurz und knackig à la plancha auf nur einer Seite angebratenen Coquille Saint-Jacques, von der es einmal mehr eigentlich völlig überflüssig ist zu erwähnen, dass es sich um eine Jakobsmuschel von herausragender Qualität und Frische gehandelt hat, denn nicht weniger als das Beste vom Besten steht auf Baus Einkaufszettel. Das tagesfrisch und lebend verarbeitete Muskelfleisch einer Coquille von der Alabasterküste kam in unserem Fall mit Brunnenkresse-Cremespinat, Zwiebelkompott, krossem Ibericospeck und gehobelter Burgundertrüffel daher, bekam von Lauchzwiebelöl noch etwas Frischgrün-Scharfes mit auf den Weg und wurde nicht zuletzt durch eine meisterliche Vin-Jaune-Sauce zum mundfüllend voluminösen und zugleich straff zugespitzten Gaumenkitzel.

Eine perfekt liierte Allianz beider, in ihren Grundzügen ja denkbar unterschiedlichen Küchen- und Geschmackswelten war dann wieder der Fischgang um eine Tranche vom nach Ike-Jime-Art geschlachteten und sieben Tage trockengereiften Fleisch des Steinbutts. Artifiziell appliziert mit kleinen Würfeln von über Binchontan-Kohle karamellisiertem Rauchaal, Brotcroûtons, Limonenfilets, Knusperstroh von der Kombualge und den farnartigen Blättern von Sanshō-Pfeffer, die uns entfernt immer etwas an das Aroma von Kaffirlimetten-Blättern erinnern, war der nussig-jodige Plattfisch hier neben einer mit fleischigen rohen Sepiawürfeln durchzogenen Meereskopfspinat und kleinen Artischockenvierteln auf einem buttrigen, mit Sake abgeschmeckten Muschel-Dashifond angerichtet. Und brachte dieselben Eigenschaften aufs Porzellan, wie zuvor schon die Jakobsmuschel, war maximal schlank und opulent zugleich.

Das „mitteleuropäischste" und im allerbesten Sinne opulenteste Gericht des letzten Besuchs erlebten wir mit der als Hauptgang auf drei Tellern inszenierten Poulet d'armoise: Eingeläutet von einem kleinen, cremig-süffigen Löffelgericht, einem Flan von an Chawanmushi erinnernder Feinheit, aus der Hühnerleber bereitet, mit reichlich Foie gras gepimpt und mit marinierter geraspelter Trüffel sowie Parmesanschaum überhäuft. Auf dem Hauptteller die in Perfektion gebratene Brust mit pergamentdünner krosser Haut über fast gänzlich abgeschmolzenem Fett und herrlich festem, saftigem Fleisch mit ausgeprägtem Eigengeschmack, nebst geschmortem Trevisano, kleiner gegrillter Artischocke, Selleriepüree und Creme von fermentiertem schwarzem Knoblauch sowie kleinen Pommes soufflées auf einer mit Gänseleber gebundenen Geflügeljus und à part in einem weiteten Schälchen ein paar kleine, mit Schmorfleisch aus der Keule gefüllte Agnolotti auf einem süffigen Bett aus Sellerie, Trüffel, Parmesan und wieder einer mit Gänseleberfett montierten Geflügeljus. Schlaraffia!

Wer sich in der Weinkarte dazu nicht selbst etwas aussuchen möchte, begibt sich am besten in die Hände der bei aller Fachkompetenz und Begeisterung wohltuend entspannt und zurückgenommen agierenden Sommelière Nina Mann, die immer großartige Ideen für dynamische und harmonische Pairings hat und sich dafür gerne in traditionellen Gefilden jenseits ausgetrampelter Pfade bedient. Egal ob mit Weinen wie dem 2019er Beaujolais „Moulin à Vent" von Yohan Lardy zum Huhn, dem völlig unkonventionellen, vom europäischen Toji Phillip Harper hergestellten Sake Tamagawa Yamahai zu den jodigen Meeresfrüchten oder ihren originellen selbst hergestellten, immer federleicht und frisch im Glas stehenden alkoholfreien Alternativen – zuletzt beispielsweise einem Getränk auf Basis von dem japanischen Halbschattentee Kabusecha, Mandarine und Reis oder aus dem Saft von Rote Bete, Limette und Zwiebel.

Ein weiterer wichtiger Kopf im Serviceteam ist Restaurantleiter Felix Kress, der ebenso smart, eloquent und umsichtig am Gast arbeitet, wie er seine Mitarbeiter anleitet – und bestens über alle noch so kleine Details der Gerichte seines Chefs informiert ist. Zum Beispiel über die erfrischende Einleitung aus grünem Shisosorbet, gefrorenem Minzsahne-Schnee und verschiedenen Spielarten von Matcha und Bergamotte. Oder das als Hommage an den bekannten Kopenhagener Koch Eric Vildgaraard kreierte Haselnuss-Dessert mit Périgordtrüffel, dessen nussig-erdige, von einer Toffeesauce karamellig untermalten Leitaromen nicht zuletzt durch Miso einen verwegen würzigen Unterbau verliehen bekommen. Und als ob das alles nicht schon für zwei Schlaraffenländer reichen würde, unterstreicht Christian Bau sein Credo auch noch mit jeder Menge feinster Petits fours, die selbstverständlich ebenfalls die unverkennbare Handschrift des Chefs tragen.

Pfronten (Bayern)

8

Pavo

im Burghotel Falkenstein

Auf dem Falkenstein 1,
87459 Pfronten (Meilingen)
08363-914540
www.burghotel-falkenstein.de
Küchenchef: Simon Schlachter
Do–So ab 18 Uhr, Mo–Mi RT
Menüs: 162–175 €

VISA

Die Zahl der Gourmetrestaurants mit handwerklich und qualitativ sehr guter Küche steigt in Deutschland unaufhaltsam. Die Anzahl derer, die mit ihrem Kulinarium aus dieser Masse herausstechen, ist schon deutlich kleiner. Und jene gastronomischen Adressen, die auf den Tellern gehobene Qualität, überdurchschnittliches Handwerk und auch Originalität bieten, dazu aber auch noch mit einer außergewöhnlichen Location aufwarten, kann man an zwei Händen abzählen. Eine davon ist das auf dem schroffen Falkenstein in den Ostallgäuer Alpen und dort im kürzlich in „Blaue Burg Falkenstein" umbenannten Hotel von Simon Schlachter und seiner Lebensgefährtin Sabrina Haas beheimatete Pavo.

An sich ist das verwinkelt um die Bergspitze herum angelegte Hotel schon eine ganz besondere Destination. Doch das in einer Ecke mit weitem Ausblick über Berge, Täler und das Allgäu installierte Gourmetrestaurant, in dem man den Apero bei schönem Wetter auf der kleinen und exklusiv diesem Fine-Dining-Bereich vorbehaltenen Panoramaterrasse genießen kann und den Rest des Abends in zum Panorama hin ausgerichteten runden Sitzinseln verweilt, ist schon einzigartig. In Kombination mit der maximal weltoffenen, als solches aber in keiner Weise beliebig wirkenden Küche des Jungen Patrons und Küchenchefs Simon Schlachter wird es zu einem unschlagbaren Gesamtpaket. Wer also hierzulande in spektakulär exponierter Lage in aus der nur soliden „Sterneküchen"-Masse herausstechend guten Art essen möchte, kommt um das Pavo eigentlich fast nicht herum.

Ob sich der ebenso bodenständig und entspannt wie ambitioniert und anspruchsvoll wirkende junge Chef mit dem Sharing-Konzept seines Menüs und den in mehreren Akten teils synchron aufgetragenen Tellerchen und Schälchen unterm Strich einen Gefallen tut, kann man diskutieren – es gibt dem Restauranterlebnis aber natürlich nochmal einen etwas anderen Touch und funktioniert auch in der Umsetzung reibungslos. Allerdings könnte bisweilen die Wirkung mancher Teller durch diese Präsentationsform etwas abgeschwächter sein und ganz automatisch hat das Menü in seiner Gesamtbreite natürlich nicht dieselbe stringente Dramaturgie wie ein perfekt durchkomponiertes und auch so aufgetragenes Menü. Doch das wirkt hier oben im Grunde gar nicht spielentscheidend, denn Spaßfaktor und Genussfaktor liegen ebenso hoch wie der Ort selbst.

Ganz großartig waren zuletzt schon die Apero-Snacks, weil einerseits sehr elaboriert, feinsinnig und originell, andererseits auf unkomplizierte Art einfach nur „lecker": Ein fluffig-krosses, warm serviertes, mit Rindertatar gefülltes Beignet-Bällchen, eine flüssig mit Tom-Kha-Gai gefüllte Praline mit (vielleicht einen Tick zu süßer) Kakaobutterhülle, ein kleines ätherisch würziges Steinpilzragout mit Beurre-Blanc-Eis und eine erfrischend und balanciert mit Wassermelone, Feta und Yuzu bepackte Knusperhippe. Wie auch im vergangenen Jahr ein großes Ausrufezeichen vor dem eigentlichen Auftakt!

Und es blieb so erfrischend individuell und zugänglich. Mit einer in der Eierschale servierten Royale nebst Pfifferlingen und Lauch unter Kartoffelschaum, einer mit Nektarine, Mango und Radieschen unkonventionell zusammengestellten Ceviche-Variante vom Zander und einer Parmesanmousse mit grünem knackigem Gemüse (grüner wilder Spargel, Erbsenschoten...), Pastrami und Parmesanchips auf dem transparenten Umami-Background eines klaren Pastramisuds. Und Letzteres bot nicht nur wegen des punktuell eingeflochtenen fruchtig-säuerlichen Gels gegenüber den herzhaften und vegetabilen Komponenten ein raffiniertes, aromatisch wie haptisch kontrastreiches Wechselspiel.

Im zweiten Teil des Vorspeisen-Flights wurde es warm auf dem Teller und in einem Körbchen. Zunächst mit gebratenem Steinbutt über und unter mindestens sechs verschiedenen Blumenkohl-Varietäten von lila bis weiß und von knusprig über knackig bis cremig, der sich zusammen mit einer kleinen Nocke feinsalziger Mineralität spendendem Prunier-Kaviar auf mit Kräuteröl marmorierter Beurre blanc tummelte. Ein vordergründig sehr milder, weicher und mit dem klaren Fokus auf Blumenkohl fast schon eindimensionaler, hintergründig allerdings doch überraschend facettenreicher Fischgang mit einem sehr guten, wenngleich nicht herausragenden Hauptdarsteller. Das zweite Gericht, das zusammen mit dem Plattfisch aufgetischt wurde, kam im Dämpfkörbchen und war ein Klassiker des Hauses, den wir hier oben so ähnlich schon vor vielen Jahren serviert bekamen, als es das Pavo noch gar nicht gab: fluffig-saftiges gedämpftes Bao-Bun, gefüllt mit süffigem Pulled Pork, Barbecuesauce, gepickelten roten Zwiebeln und ebenfalls süßsaurer Gurke sowie Sesam: Streetfood? Fingerfood? Soulfood!

Nach einem ziemlich coolen und erfreulicherweise überhaupt nicht süßen Refresher vor dem Hauptgang in Gestalt von Rotkraut-Gazpacho und Senfeis, bei dem man nach unserem Dafürhalten (so wie bei manch anderem Gang, zum Beispiel an der Beurre blanc beim Zander auch) sogar noch mehr schneidige Säure hätte fahren können, ging es in nur noch einem synchron servierten Aufzug mit vier Tellerchen rund um Rind weiter. In der Hauptsache mit großartigem, ausdrucksstarkem Onglet, das mit einem mit Schalotte und Ingwer befüllten kleinen Kopfsalat-Schiffchen getoppt auf verblüffend schmelziger, ebenso opulenter wie eleganter Rinderjus platziert wurde, welche nicht nur auf Knochen-, sondern auch auf Ochsenschwanzbasis zubereitet war. Pointiert begleitet von einem Rindertatar-Sandwich, einer kleinen Schmorfleisch-Krokette und einem süffigen Löffelgericht im Schälchen mit Ragout, Selleriecreme und geräuchertem flüssigem Eigelb.

Wäre die verdiente Aufwertung im Grunde nicht schon hier durch gewesen, hätten spätestens die Desserts den Ausschlag gegeben. Denn neben anspruchsvoller Ausführung und harmonischem Wohlgeschmack boten mindestens zwei auch einen originellen Twist. Und zwar bei den beiden sehr unterschiedlichen Kompo-

sitionen mit Kirsche – in dem einen Fall durch ein Loorbeermilcheis zu eingelegten Kirschen und im anderen Fall durch das expressive Zusammenwirken von Fichtensprossenaroma und einer alkoholischen Kirschnote zu kirschgefüllter Joghurtmousse und weißer Schokolade. Das kleine Dessert um Erdbeere, Holunderblüte und Biskuitküchle blieb als makellos und ausdrucksstark in Erinnerung, die in einer nachgebildeten Eierschale präsentierte Kleinigkeit um Pistazie und Passionsfrucht leider mehr durch ihre arg zuckrige dicke Hülle als durch ihren Inhalt.
Die von der sympathischen jungen Gastgeberin Sabrina Haas vorgestellten Weine aus der zum Menü offerierten glasweisen Begleitung hatten nicht nur gemeinsam, dass sie universell wirklich gut mit den verschiedenen Gerichten korrespondiert haben, sondern auch, dass sie (bewusst und nicht zufällig) allesamt aus dem Jahr 2017 stammten, was in so einer Menü-Weinreise durchaus bemerkenswert ist. Ein Weißburgunder von Schäfer-Fröhlich zu den kalten Vorspeisen zum Beispiel, oder ein muskulöser Südtiroler der seltenen Rebsorte Bronner zu Steinbutt und Bao-Bun. Das Pavo präsentiert sich also auch in Sachen Wein nicht alltäglich.

6↑

Schlossanger Alp

im Hotel Schlossanger Alp
Am Schlossanger 1,
87459 Pfronten (Meilingen)
08363-914550
www.schlossanger.de
Küchenchef: Barbara Schlachter-Ebert, Bastian Ebert
Täglich von 12–14 Uhr u. ab 18.30 Uhr, kein RT
Hauptgericht: 25–41 €,
Menüs: 45–68 €
VISA

Obwohl wir nun schon seit fast zwei Jahrzehnten regelmäßig hierherkommen, ist es jedes Mal wieder imposant, wenn die Schlossanger Alp nach der steilen Anfahrt idyllisch und pittoresk auf einer Anhöhe hoch über Pfronten auftaucht. Einen passenderen und einladenderen Ort für gehobene alpine Küche als das schmucke, ländlich-elegante Domizil der Familie Schlachter-Ebert lässt sich kaum denken. Dazu kommt noch, dass die Schlossanger Alp nicht nur ein besonderer Ort der Gastlichkeit ist, sondern seit vielen Jahren unter der Leitung von Barbara Schlachter-Ebert auch für gehobene, fest in der Tradition verwurzelte, aber trotzdem auf der Höhe der Zeit gestaltete Küche steht.
Und seit nun mit Bastian Ebert ganz offiziell auch die jüngere Generation mit ganz vorn am Herd steht, wird die zeitgemäße Leichtigkeit noch mehr garantiert. Modernere Einflüsse, ganz ohne dass man etwas an der DNA der Küche verändert hätte, waren bereits bei unserem letzten Besuch erkennbar und zeigten sich auch dieses Mal in den Details – etwa beim Umgang mit Gemüsen, dem Einsatz von frischgrünen Kräuterölen oder einem noch präsenteren Säurespiel in manchen Gerichten.
So etwa beispielhaft beim Thunfisch in einer Sesam-Pfeffermischung, der mit mariniertem Rettich, hauchzarten Rettichravioli, einer flirrend fruchtsäuerlichen Emulsion und einer für cremige Tiefe sorgenden Leber-Creme arrangiert wurde. Dazwischen sorgten säurefrische Geltupfen, knusprig-röstige Teigchips und etwas Vogelmiere für weitere auflockernde Momente und erzeugten so in Summe ein vielschichtiges und ausgewogenes Geschmackserlebnis.
In der Ausführung noch überzeugender und außerdem stilistisch individueller und weniger „Mainstream“ ging dem Team ein hohes, mild gebeiztes Stück vom Lachs mit spicy Sesam-Topping inmitten von zarten Kürbislamellen, nussiger Kürbiskern-Mayonnaise und einem gelbfruchtig-säurefrischen Sud von der Hand. Denn hier entstand ein noch klarerer Fokus und dennoch ein abwechslungsreich dynamischer Eindruck zwischen nussigen Noten, wärmender Schärfe und belebender fruchtiger Frische, der klar in Richtung der nächsthöheren Bewertungskategorie tendierte.
Allerbeste heimatbetonte Klassik und somit die deutlichste Verbindung zur Tradition und Region lieferte bei unserem jüngsten Testbesuch ein in seiner nicht nur perfekt gleichmäßig rosafarbenen, sondern eben auch schön straffen und saftigen Art perfekt auf den Punkt gebratener Hirschrücken. In Kombination mit

mustergültig fluffig-zarten Spätzle, knackigem sautiertem Spitzkohl und teils sanft gegarten, teils kräftig angerösteten Steinpilzen in einer eleganten Rahmsauce, die überdies effektiv mit Kräuteröl marmoriert war, ein Paradebeispiel für zeitlose Traditionsküche. Und auch mit Gerichten von dieser eher schwelgerischen Eleganz kann das Team weiterhin voll überzeugen. Genau wie mit der Interpretation der klassischen Kombination von Kürbiskern mit Vanilleeis, die hier in Form eines softeisähnlichen gefrorenen Vanilleschaums mit säuerlichen Waldbeeren, gebrannten Kürbiskernen und Kernöl in einem tieferen Glas als unkomplizierter und doch sehr pfiffiger Löffelspaß für einen feinen Abschluss sorgte. Kein bemühtes kunsthandwerkliches Gefrickel, keine pseudooriginellen Kombinationen und trotzdem beziehungsweise gerade deshalb so überzeugend. Dazu sorgen der liebeswürdige Gastgeber Bernd Ebert und sein nicht minder engagiertes Serviceteam mit authentisch herzlicher Art dafür, dass sich jeder Gast unmittelbar wohl fühlt. Im Sommer lockt natürlich die idyllische Terrasse mit Blick auf Almwiesen und Berge, aber auch im Winter hat die Schlossanger Alp in dieser Gunstlage ihre ganz besonderen Reize. Und gleich ob drinnen oder draußen garantiert der bestens gefüllte und vom Chef mit Hingabe gepflegte Weinkeller jederzeit niveauvoll gefüllte Gläser.

Hotelempfehlung

★★★★

Blaue Burg

Auf dem Falkenstein 1,
87459 Pfronten (Meilingen)
08363-914540
www.burghotel-falkenstein.de
Einzelzimmer: 135–170 €
Doppelzimmer: 200–320 €

Schon Prinzregent Luitpold von Bayern unternahm seinerzeit Lustreisen zur heutigen Ruine der Burg Falkenstein – und die Lust zu reisen ist den Gästen des Burghotels Falkenstein, heute Blaue Burg, bis heute geblieben. Nach der steilen Auffahrt über die schmale Serpentinenstraße wird man hier nicht nur mit einer atemberaubenden Aussicht belohnt, man checkt in einem familiengeführten Refugium ein, dessen Zimmer und Suiten sehr individuell, modern und verspielt gestaltet sind. Themen von „Sissis Herz“ bis hin zu „Ludwigs Traum“ knüpfen auf charmant nostalgische Art an die royale bayrische Geschichte an. 2017 feierte das Hotel sein 120jähriges Bestehen, verwöhnt die Gäste aber ganz auf der Höhe der Zeit mit viel modernem Komfort. Im Wellness- und SPA-Bereich stehen neben finnischer Sauna, marokkanischer Lehmsauna und dem „Pfrontener Heustadl“ auch verschiedene Ruheräume und Anwendungsmöglichkeiten von Massagen bis Beauty zur Auswahl. Restaurant Pavo separat erwähnt.

★★★★S

Hotel Schlossanger Alp

Am Schlossanger 1,
87459 Pfronten (Meilingen)
08363-914550
www.schlossanger.de
Einzelzimmer: 117–228 €
Doppelzimmer: 209–426 €

Das Hotel Schlossanger Alp befindet sich auf 1130 Metern Höhe in idyllischer Einzellage mit wunderschönem Blick auf die umliegende Allgäuer Bergwelt. Die insgesamt 35 komfortabel in modernem alpinem Stil eingerichteten Zimmer und Suiten sind auf ganz unterschiedliche Ansprüche abgestimmt. Mit dem Wellness- und SPA-Bereich (ganzjährig beheizter 15-Meter-Außenpool, Panorama-Sauna, Dampfbad, Physiotherapie sowie Kosmetik- und Beauty) sind auch die Bereiche Fitness und Entspannung auf der Schlossanger Alp zeitgemäß und vielseitig besetzt. Außerdem bietet die Urlaubsregion von der reizvollen Wanderlandschaft über zahlreiche Ausflugs-Attraktionen für den Sommer bis hin zu den Wintersportgebieten vor der Haustüre jede Menge Abwechslung für die Outdoor-Freizeitgestaltung. Nicht zuletzt machen aber die persönliche Gastlichkeit, der perfekte, schnörkellose Service, die ausgezeichnete Küche (mit Barbara Schlachter-Ebert eine der bekanntesten Köchinnen in Bayern) und Mitarbeiter, die Ihrer Berufung mit Leidenschaft nachgehen, dieses familiengeführte Haus zu etwas Besonderem. Restaurant Schlossanger Alp separat erwähnt.

Piding (Bayern)

5

Lohmayr Stub'n

Salzburger Str. 13,
83451 Piding
08651-714478
www.lohmayr.com
Küchenchef: Sebastian Oberholzner
Mo u. Do–Sa ab 17 Uhr, So von 11-13.30 Uhr u. ab 17 Uhr, Di u. Mi RT
Hauptgericht: 18–35 €,
Menüs: 42–52 €

VISA

Der stattliche Gasthof im landestypisch alpenländischen Stil mit seinen traditionellen Stuben, viel Holz, Herrgottswinkel und sauber eingedeckten Tischen bietet seinen Gästen nicht nur etwas fürs Auge. Denn neben dem stimmungsvollen Ambiente gibt es hier auch ausgesprochen herzlichen Service durch die sympathische Gastgeberin und Sebastian Oberholzner steht seit Jahr und Tag für eine im traditionellen wie im weltoffenen Fach gleichermaßen souveräne Küche. Wir schätzen es sehr, dass es hier auch auf den Tellern nicht zu exklusiv zugeht und zu absolut bodenständigen Preisen einfach nur frisch und handwerklich aufgekocht wird. Die besonderen Stärken liegen dabei in den niveauvoll umgesetzten Traditionsgerichten, insbesondere den mit einem gewissen Raffinement verfeinerten Rustikalitäten. Für einen Gasthof klar überdurchschnittlich präsentiert sich auch die Weinkarte mit ihren ansprechenden offenen Angeboten und fair kalkulierten Flaschen.

Piesport (Rheinland-Pfalz)

10

schanz. restaurant.

im schanz. hotel.
Bahnhofstr. 8 a,
54498 Piesport
06507-92520
www.schanz-restaurant.de
Küchenchef: Thomas Schanz
Mi u. Fr ab 18.30 Uhr, Do u. Sa von 12–14 Uhr u. ab 18.30 Uhr, So–Di RT
Hauptgericht: 80–98 €,
Menüs: 217–260 €

VISA

Beeindruckend, was Familie Schanz hier vor gut zehn Jahren begonnen hat, aus dem familiengeführten Weingutshotel mit Weinstube zu machen, wie großartig sich seitdem das Restaurant und die Küche von Thomas Schanz weiterentwickelt haben, was für ein Publikumsmagnet sie mittlerweile für das beschauliche Moselörtchen sind. Das kürzlich neu möblierte Gourmetrestaurant, das jetzt noch stilvoller und wohnlicher wirkt, ist mittags und abends meist längerfristig ausgebucht – und das nicht nur zur Sommer- oder Herbstzeit, wenn sich hier die Touristen tummeln.
Es hat sich herumgesprochen, dass der ehemalige Küchenchef von Helmut Thieltges mittlerweile nicht einfach nur einer von Deutschlands Spitzenköchen ist, beste Produkte und perfektes, aufwendiges Handwerk bietet, sondern dass er sich mit den Jahren einen sehr eigenständigen Küchenstil angeeignet hat, der bis auf die starke substanzielle Basis eigentlich nur noch wenig mit dem zu tun hat, was Thomas Schanz einstmals im Waldhotel Sonnora unter seinem einstigen Meister bis zur Perfektion verinnerlichen konnte. Aber auf diesem klassischen Fundament bauen eben all seine eigenen Kreationen auf.

Das, was die Gäste im Hier und Jetzt bei Schanz erwartet, ist eine modernere, filigranere, kreativere und sogar bisweilen sogar überraschend progressivere Spielart der französischen Klassik. Und es ist vielleicht sogar die „kompletteste“ Küche unter Deutschlands absoluter Spitzenriege, weil sie einerseits so stark auf die traditionellen Werte der Haute Cuisine setzt, dass eher konservative Esser begeistert sind, sie andererseits aber auch so innovativ, originell und markant daherkommt, dass aufgeschlossene, abenteuerlustigere Gourmets gleichermaßen voll auf ihre Kosten kommen.
Ähnlich machen das natürlich auch Elverfeld, Wissler oder Bau, aber wir würden fast wagen zu wetten, dass Thomas Schanz' Küche bei einer repräsentativen Umfrage die meisten Überschneidungen hätte – vielleicht in etwa gleichauf mit der von Jan Hartwig in München. Fakt ist jedenfalls, dass das, was hier als sechsgängiges Menü und nicht zu knappe Auswahl an zusätzlichen Gerichten à la carte geboten wird, für uns derzeit zur absoluten bundesweiten Spitze zählt. Weshalb wir, wie im Vorjahr schon avisiert, die zuletzt bereits vergebene Höchstbewertung von 10 Pfannen nun auch noch um den Bonuspfeil aufstocken.
Die drei ersten kleinen Apero-Snacks hatten alle gemeinsam, dass sie auf handwerklich hochelegant umgesetzte, sehr filigrane und leichte Art kraftvollen, fast schon zupackend herzhaften Geschmack an den Gaumen brachten. Namentlich ein kleiner süffig-schmelziger Cannellono vom gebeizten Thunfischbauch mit einer Füllung von geräucherter Forellencreme und Forellenkaviar, eine hauchdünne Tartelette mit Sepioline und Störkaviar auf Kartoffel-Schmandcreme und ein fragiler Hauch von Garnelenknusper mit Lardo di Colonnata, Charentais-Melone und Alge, der entgegen seiner verschwindend zarten Optik aromatisch verblüffend wuchtig einschlug.
Das legendäre Schanz'sche Trüffel-Ei darf im Reigen der Einstimmungen natürlich niemals fehlen: eine zart angestockte, in der Eierschale servierte Trüffel-Royale unter Trüffelschaum, die mit nobler alkoholischer Süße in Vermählung mit der für Périgord-Trüffel typischen, feucht-dumpfen Erdigkeit spielt, die Harmonie und Intensität zum Löffeln auf engstem Raum zusammenbringt. Als das genaue Gegenteil, nämlich rohfleischig, straff säuerlich und von feinbitteren Aromen gezeichnet, präsentierte sich im Anschluss das Amuse-Bouche, ein unter einer Eischneekuppel verstecktes Makrelentatar mit Chicorée, Safran, Passionsfrucht und Alge. Beides grundlegend verschieden und beides auf seine Art grandios. Auch das ein Beweis, wie sicher und virtuos Thomas Schanz alle Genres bespielt, ohne damit beliebig zu wirken.
Ein Zwischending aus Klassik und Moderne war in unseren Augen die Gänseleber-Vorspeise, deren klassische Seite durch das Hauptprodukt, seine mit süßlichem Alkohol roh marinierte Zubereitung und die auch mit Süße spielende Grundrichtung sowie die begleitende Brioche repräsentiert wurde – die Moderne indes allein schon aufgrund der aromatischen und auch haptischen Tiefenschärfe gegeben war, die aber eben auch wegen der ungewöhnlichen und markanten Sekundäraromen wie Schafskäse und Madagaskar-Pfeffer Einzug hielt. Arrangiert war das Ganze als Rondell aus mehreren kleinen runden Gänseleber-Scheiben, die auf der Unterseite einen hauchdünnen Blätterteig-Knusperboden hatten und auf der Oberseite mit einer komplexen Reduktion aus Sherry und gereiftem Saba glasiert waren, einem Süßmostessig ähnlich dem Balsamico Tradizionale. Darauf verteilten sich nicht nur geröstete karamellisierte Bucheckern, Schafskäsebröckchen und verschiedene ausdrucksstarke Kräuter, sondern auch das markant mit Madagaskarpfeffer abgeschmeckte Gänseleber-eis, das der Komposition neben der tiefwürzig-süßlichen Glasur und dem säuerlichen Käse in Kombination mit den nussigen Bucheckern einen ganz besonderen Akzent gab. Laserscharf zugeschnittene aromatische Linienführung, Süße und Frucht mit sehr dünnem Pinselstrich aufgetragen, viel Zug und Druck, trotzdem elegant und leicht.
Und wie es meist nur ganz großen Köchen gelingt, schafft es auch Thomas Schanz auf bemerkenswerte Weise, mit nur sehr wenigen, aber voll ausgereizten Komponenten rund um ein herausragendes Hauptprodukt für Furore auf dem Teller zu sorgen. So wie mit den drei Tranchen von qualitativ herausragend guter Rotbarbe: ganz zart und saftig gegart, mit jeweils einer dünnen, kleinen Scheibe Banane und „Kaviar Kristal“ getoppt, deren sehr dezente, unaufdringliche Süße und Mineralik in der Säure und dem subtilen Umami-Grundton eines mit Kardamom abgeschmeckten Rieslingsuds eingefangen wurde.
Ein weiterer Fischgang der absoluten Spitzenklasse war die mit schmelzigen Ochsenmarkscheiben belegte und on top mit winzigen Tomatenwürfeln und Croûtons, Eiweißperlen, Schnittlauch und Partikeln von kross angeröstetem Ochsenmark bestückte Steinbutt-Tranche. Die lag ebenso puristisch und pointiert gebettet auf sautiertem Lauch und war nur umgeben von Sauce Africaine, einer von der

Sauce Espagnole abgeleitete Variante, die in der hier sehr konzentrierten und zugespitzten Spielart an fruchtig-würzige reduzierte Jus mit markanter Säure und enormer Tiefe und Länge erinnerte.
Ein Gericht, das wir nur der Optik nach schon aus dem letzten Jahr kannten, war der in einem tiefen, kompakter Teller unter einer fragilen Kuppel aus Kartoffel-Esspapier präsentierte Hummer, der aber diesmal nicht nur statt von Kalbskopf von kleinen, etwas dickeren Scheiben geschmorten Schweinebauchs begleitet wurde, sondern mit Grapefruit-Partikeln, Salicornes und Kapern sowie einem vibrierend dynamischen Grapefruitsud auf Hummerfond-Basis auch sonst in einem ganz anderen aromatischen Gewand daherkam. Gleich war den beiden Kreationen nur der süffige Eintopf-Charakter und die Referenzqualität des glasig-knackigen Hummers, der trotz des ausdrucksstarken Umfelds seinen klaren, nussig-jodigen Geschmack voll ausspielen durfte. Mit einem Getränk aus Assam-Tee, mit Mango und geröstetem Reis bewies Sommelier Aleksandar Petrovic hier wie schon bei den vorausgegangenen Gerichten einmal mehr, dass er nicht nur ein versierter Weinberater ist, sondern auch ein kreativer Experte für alkoholfreie Begleiter, die er mit außergewöhnlichem Aromengespür sehr leicht und doch prägnant zubereitet.
Meist auf Basis von Tees, so wie auch den um Rote Bete und Orangenschale sowie ein paar weiteren Tiefe und Frische spendenden Zugaben ergänzten Begleiter zum Hauptgang. Der drehte sich um Taube im Mittelpunkt und wirkte auf den ersten Blick mit mehreren kleinen filigranen Komponenten, die im Halbkreis drum herum angerichtet waren, wie viele ähnliche Kreationen ambitionierter Küchenchefs, die sich der modernen Klassik verschrieben haben. Doch bereits die erste Gabel von der in Blätter von Kapuzinerkresse gehüllten und damit gegarten Taubenbrust, zu deren ausgeprägt eigenem Aroma noch die typische krautige grüne Schärfe der Kapuzinerkresse als origineller Beigeschmack kam, machte einen originellen Eindruck. Das passte perfekt zum eingelegten, gegarten und mit seiner Mousseline gefüllten Radieschen und wurde von der ebenfalls ätherischen Art der mit Mädesüß aromatisierten Taubenjus kongenial ergänzt. Spitzmorchel und Champignons sowie eine mit Kleingewürfeltem ihrer selbst gefüllte Kartoffelpraline brachten außerdem unaufdringliche Erdigkeit ins Spiel und ein aus den Innereien der Taube und etwas Foie gras hergestelltes Konfekt verstärkte zusätzlich den Charakter des Hauptprodukts. Auch das ein qualitativ und handwerklich rundum perfekter und geschmacklich spannungsreicher Gang.
Einen enormen Spannungsbogen bot auch das Dessert, das in seiner markanten aufgeräumten Optik zwar sehr originell anmutete, auf den ersten Blick aber auch etwas eindimensionaler, als es sich dann beim Bearbeiten mit Löffel und Gabel erwies. Denn das Innere einer zur einen Hälfte aus Olivenparfait und zur anderen Hälfte aus einer mit Kakaobutter nachgebildeten Orangenschale fabrizierten Kugel offenbarte nicht nur ein hocharomatisches Ragout von der Navelina-Orange und ein nicht minder effektvolles Parfait von Sauerampfer, sondern auch etwas Kopfsalat und ein paar weitere Elemente und Ingredienzen, die im Zusammenspiel mit der intensiven Melissensauce einen ebenso neuartig originell wie im klassischen Sinne harmonisch schmeckenden Akkord erzeugten.
Und auch dazu hatte Aleksandar Petrovic mit seinem Cocktail aus entsaftetem Kürbis, Zitronensaft, Ingwer und Salbeitee nochmal ein nullprozentiges Ass im Ärmel, mit dem er den zu Beginn von Lavendeltee, Quittengelee, Saba, Banane, Zitrone und Salz zur Gänseleber-Vorspeise eindrucksvoll eingeläuteten Reigen unterschiedlicher alternativer Getränkebegleiter auch überzeugend ausklingen ließ. Ein Platz unter den besten Vertretern dieser Kategorie ist ihm damit auch in diesem Jahr sicher. So wie sich Thomas Schanz nun in unserem Ranking endgültig unter den Besten der Besten einreiht. Herzlichen Glückwunsch!

Hotelempfehlung

★★★S

schanz. hotel.

Bahnhofstr. 8 a, 54498 Piesport
06507-92520
www.schanz-hotel.de
Einzelzimmer: 95–101 €
Doppelzimmer: 130–136 €

Ein modernes, von der Familie Schanz engagiert geführtes Winzerhotel mit herzlicher Gästebetreuung und einem Angebot von 12 geschmackvoll eingerichteten Zimmern. Diese wurden in 2013 alle neu gestaltetet, verfügen über iPhone-Dockingstation sowie kostenfreien WLAN-Zugang und sind in Stil und Komfort dem modernen, lichtdurchfluteten Gourmetrestaurant angepasst worden. Besondere Gourmet-Arrangements finden sich stets aktuell auf der Homepage des Hauses. Im traditionellen Weinhaus werden ausgesuchte Weiß-, Rot- und Roséweine ausgeschenkt und informative Weinproben abgehalten. Schanz. restaurant. separat erwähnt.

Pinneberg (Schleswig-Holstein)

7

Rolin

im Hotel Cap Polonio
Fahltskamp 48, 25421 Pinneberg
04101-5330
www.cap-polonio.de
Küchenchef: Marc Ostermann
Mi–Sa ab 18 Uhr, So–Di RT
Hauptgericht: 24–54 €, Menüs: 39–89 €
VISA

Natürlich macht die Personalknappheit in der Gastronomie auch vor Pinneberg nicht Halt und so musste vor geraumer Zeit das Restaurant Rolin im Hotel Cap Polonio, das bislang immer auch mittags geöffnet hatte, seine Servicezeiten auf den Abend reduzieren. Gar nichts reduziert wurde im Zuge dessen aber erfreulicherweise auf der Speisekarte und an der Qualität der Gerichte von Marc Ostermann, der das charmant patinierte Lokal nun von Mittwoch- bis Samstagabend unverändert engagiert und auf erstaunlich hohem Niveau bekocht. Der Chef baut dafür seit jeher auf klassische Substanz, denn seine Küche überzeugt seit vielen Jahren durch viel mehr Sein als Schein, ohne übertriebenen Exklusivitätsdrang, aber mit jeder Menge handwerklichem Können und überraschend viel Gespür für Details.

Ein Vorspeisenklassiker des Hauses, den wir hier in der Vergangenheit schon öfter mal gegessen haben, ist der schottische Lachs in „Label Rouge"-Qualität im Kräutermantel mit Crème fraîche, grünem Spargel und Amalfi-Zitrone, an der man exemplarisch sehr schön erklären kann, wo die Qualitäten von Marc Ostermanns Kulinarium liegen und warum wir es schon seit Jahren so hoch bewerten. Der Fisch selbst, der hier akkurat als kreisrundes Medaillon geformt und auf einem Bett von Crème fraîche angerichtet ist, beeindruckt jedes Mal mit klarem, mildem Geschmack, ist optimal festfleischig und wird hauptsächlich von seinem Rand aus duftigen, saftigen Kräutern aromatisiert. Und das reicht völlig aus. Der glasierte grüne Spargel hat noch genau die richtige Knackigkeit und wirkt auch sonst wie frisch aus dem Ei gepellt, der Friséesalat on top ist nicht bloß trockenes Gestrüpp, sondern schmackhaft fruchtig mariniert, das Zitronenconfit, das in dünner Spur drumherum gezogen wird, nicht bloß herb und sauer, sondern bringt auch eine adäquate Süße mit, die das Ganze rund macht. Da passt wirklich alles…

Nicht ganz so hohes Niveau bot die vegetarische Vorspeise um in Kataifistroh gebackenen Feta von der Insel Lesbos, der auf Hummus thronte und von Minzpesto und Granatapfelkernen schon eine gewisse Frische verliehen bekam, die aber proportional gegenüber Käse, Knuspergestrüpp und Kichererbsenpüree nicht ganz ausreichte, um hier ein vergleichbar vollkommenes, ausgewogenes Bild zu malen. Viel besser funktionierte das beim Zwischengang um geröstete Black-Tiger-Garnelen. Die nämlich tummelten sich mit glasigem Kern und der herben zitrischen Frische von Limettenschalenabrieb aromatisiert, gemeinsam mit proportional wieder optimal bemessenen Mengen von wildem Brokkoli und Süßkartoffelcreme in einer mit Sesam akzentuierten milden Currysauce auf Krustentierbasis. Und letztere zeigte einmal mehr, auf welch starker klassischer handwerklicher Basis Marc Ostermanns Küche steht und wie viel Substanz die Zubereitungen haben.

Und weil auch die Produkte stets von beachtlicher Qualität sind – nicht high-end natürlich, aber klar überdurchschnittlich – machen eben

gerade solche Klassiker wie beispielsweise ein „Rinderfilet Rossini" großen Spaß. Das gut gereifte und perfekt behandelte Filet, das mit einer tadellos festen, knusprig gebratenen Tranche von der Entenleber sowie einer mit Entenleber gefüllten gebackenen Kartoffelpraline zum Türmchen gestapelt war, thronte saftig und aromatisch auf einer fantastischen Trüffeljus. Überflüssig zu erwähnen, dass die mit fein ausgewogenem Spiel von alkoholischer Süße, Würze und Säure nur hundert Prozent natürlich erdig nach guter schwarzer Trüffel geschmeckt hat. Kein artifizielles künstliches Trüffelaroma – nur reiner Wohlgeschmack.
Ohne bemüht aufwendiges Gefrickel, zehnfaches Deklinieren eines Produkts oder mengenmäßig ausufernder Eskapaden, wie das auf den Desserttellern der ambitionierten Restaurants allzu oft der Fall ist, zeigt Ostermann dann auch im süßen Finale, dass sich mit guten Ideen auch auf einfache Art finessenreicher Nachtisch produzieren lässt, wenn man weiß, wie es geht. Zuletzt gelang das in Gestalt eines Schälchens mit einer von dunklem Schokoladenspiegel überzogenen karamelligen Mousse aus belgischer Schokolade, die lediglich von einer Nocke Estragon-Milcheis gekrönt war.
All diese Dinge werden in einem Gastraum serviert, der aus Teilen des Mobiliars des ehemaligen Luxusliners „Cap Polonio" besteht und so ein wenig „Prunkliner-Atmosphäre" der goldenen Zwanziger versprüht. Das wirkt herrlich aus der Zeit gefallen und ist ein wohltuender Gegenentwurf zu den modernen Casual-Dining-Konzepten vom Reißbrett. Die Weinkarte listet viele gute deutsche Rieslinge, hat daneben aber auch viele andere lohnende Offerten zu erschwinglichen Preisen zu bieten.

Hotelempfehlung

★★★S

Hotel Cap Polonio

Fahltskamp 48, 25421 Pinneberg
04101-5330
www.cap-polonio.de
Einzelzimmer: 92–102 €
Doppelzimmer: 116–132 €
EC VISA

Was einstmals dem Drei-Schrauben-Schnelldampfer „Cap Polonio" vergönnt war, währt nun schon seit 1935 an Land: Teile des Mobiliars des Ozeanriesens, die einst in 65 Fuhren vom Pinneberger Hafen in das Haus am Stadtwald transportiert wurden, schmücken nun die Räumlichkeiten des Hotels Cap Polonio. Wandvertäfelungen aus Rosenholz, Ledertapeten, Lampen und Heizkörperverkleidungen aus Messing sowie Möbel des ehemaligen Schiffes prägen das Interieur des Drei-Sterne-Superior-Hauses und vermitteln ihm Prunkliner-Atmosphäre der goldenen Zwanzigerjahre. So treffen hier maritime Vergangenheit und Gegenwart aufeinander, gepaart mit herzlicher Gastlichkeit, Tradition, moderner Annehmlichkeit und persönlichem Service. Die Zimmer verfügen über Dusche, WC, Haartrockner, Schminkspiegel mit Vergrößerung, Radio, SAT-TV, Direktwahltelefon, Highspeed DSL-Anschluss am Schreibtisch und WLAN. Außerdem: Allergikerzimmer mit Parkettböden, Räume für Bankettveranstaltungen mit bis zu 500 Personen, 5 modern ausgestattete Konferenzräume. Restaurant Rolin separat erwähnt.

Pirk (Bayern)

7

Genussschmiede

Rathausplatz 6, 92712 Pirk
0961-48026600
genussschmiede-pirk.de
Küchenchef: Peter Mauritz
Mi u. Do ab 17 Uhr,
Fr–So von 12–14 Uhr u. ab 17 Uhr,
Mo u. Di RT
Hauptgericht: 17–32 €,
Menüs: 54–84 €
EC VISA

In dem hohen hellen Gastraum der ehemaligen Schmiede im Oberpfälzischen Pirk findet sich seit einigen Jahren eine der reizvollsten Genussadressen dieser ehemaligen kulinarischen Diaspora, die für Feinschmecker in der jüngeren Vergangenheit immer interessanter geworden ist. Nicht nur die Location mit dem hohen,

großzügigen, durch die große Fensterfront licht und weit wirkenden Gastraum ist besonders, auch die Küche bietet auf ganz ungezwungene Art enorm hohes Niveau, seit Peter Mauritz hier am Herd die Regie führt. Der unter anderem in Obendorfers Eisvogel und als Sous-Chef von Thomas Kellermann auf Burg Wernberg geschulte Chef begeisterte bereits in den Vorjahren und stand mit seiner Küche auch heuer nicht hinter diesen Eindrücken zurück.
Mit oft einfach erscheinenden, aber von einem hervorragenden Verständnis für die natürlichen Eigenschaften bestimmter Produkte geprägten Stil garantieren Peter Mauritz und sein Team bei jedem Besuch überraschende und durchgängig niveauvolle Eindrücke. Wie zuletzt etwa die Kombination vom cremig marinierten Karotten und knackig zarten Kürbislamellen in Kombination mit gebratenen Kürbiskernen und Zitronengel, die bereits zur Einstimmung die Geschmackspapillen auf Hab-Acht-Stellung brachten.
Auch der sanft confierte Saibling in seinem kreativ neuartigen Umfeld aus gebratener und cremiger Aubergine, zartem Datteleis und dunkelsüßen Dattelstücken, denen helle blumige Currynoten in einer leichten Emulsion und ansonsten eher zartgrüne Aromen gegenüberstanden, repräsentierte perfekt den individuellen Stil der Küche. In diesem Fall entstand ein feinfühlig mit zarter Bitterkeit, Süße und Schärfe spielendes Arrangement, gerade so zurückhaltend, dass der feine Fisch mit jeder Gabel im Mittelpunkt stand.
Auf genauso eigenständige Art überzeugte auch der folgende von Zwiebel und Rotkohl grundierte, mit straffer Säure und wärmender Schärfe aufgeladene Fond, der ein abwechslungsreich bitter-fruchtiges Zentrum aus mariniertem Rotkohl, gebratenem Romanasalat und geflämmten und crunchigen Zwiebeln umspielte. Einfallsreiche vegetarische Küche at it's best, bei der scheinbar profane Zutaten gekonnt in ein spannendes neues Licht gestellt wurden!
Etwas weniger spannend, aber ebenso feinfühlig und souverän inszeniert, wirkte die straffzarte Hühnerbrust mit hauchdünn knuspriger Haut, die neben geschmorter, marinierter und zu einem papierdünnen Knusperchip verarbeiteter Karotte, kleinen Dots von Senfcreme und eingelegten Senfkörnern im Hauptgang präsentiert wurde. Gemeinsam mit der Würze von milder Paprika, Koriander und Pfeffer ergab das ein harmonisches Gesamtbild, zu dem auch passte, dass anstelle einer klassischen Jus ein schwebend leichter Karottenfond beigegeben wurde. Auch an solchen Dingen erkennt man, mit wie viel Produktverständnis Peter Mauritz hier am Start ist.
Das reicht auch bis in den süßen Bereich hinein. Ob mit Grapefruit als Fond, Filets und Granité in Kombination mit Erdnuss und hellem Karamell als erfrischende Überleitung zum süßen Finale, als auch bei diesem selbst: einem zartbitteren Schokoladeneis mit marinierter Rote Bete, bei dem die dunklen Kakaonoten sensibel mit erdiger Frucht und einer feinen Salzigkeit kombiniert wurden. Da blieb das Team voll auf seiner Linie und auf dem gleichen hohen Niveau!
Das alles wird zu moderaten Preisen von einem ungezwungen freundlichen Serviceteam aufgetragen, das auch ansprechende offene und viele hochwertige Flaschenweine in der Hinterhand hat. Was sollen wir sagen? Weiter so!

Pirmasens (Rheinland-Pfalz)

8

Die Brasserie

Landauer Str. 103–105, 66953 Pirmasens
06331-7255544
www.diebrasserie-ps.de
Küchenchef: Vjekoslav Pavic
Do–Sa von 12–14 Uhr u. ab 18 Uhr, So–Mi RT
Hauptgericht: 48–59 €, Menüs: 98–125 €

Nicht nur der unauffällige Name beinhaltet ein gewisses Understatement, auch das, was in der am Rande von Pirmasens gelegenen Brasserie auf die elegant gedeckten Tische kommt, zeichnet sich oft ganz besonders durch die überraschende Qualität von scheinbar Schlichtem aus. Das allerdings ist alles andere als Zufall, denn mit Vjekoslav Pavic steht hier ein echter Könner am Herd, der nicht aus Einfallslosig-

keit auf aufwendige Spielereien verzichtet, sondern – ganz im Gegenteil – deshalb, weil er es kann. Tatsächlich könnten sich viele überambitionierte Kollegen ein Beispiel daran nehmen.
Eines der Geheimnisse der stets mit einer angenehm heiter-entspannten Atmosphäre aufwartenden Brasserie ist dabei sicherlich das enorme Talent des Heinz-Winkler-Musterschülers für Suppen, Saucen und überhaupt alle flüssigen Zubereitungen, die oft mehr Finesse und Substanz bieten, als an anderen Stellen ausufernd auf einem ganzen Teller ausgebreitet wird. Und deshalb startet ein Besuch auch völlig zurecht immer mit einem kleinen Süppchen zur Einstimmung, wie zuletzt wieder einem Waldpilzsüppchen mit enormer Dichte, zugleich schlanker Eleganz und feiner Sherrywürze, die als nur scheinbar schlichter Einstieg mit wenigen Schlucken das enorme Können des Chefs aufzeigt.
Puristische Eleganz prägte dann auch den ersten Gang des Menüs, in dessen Zentrum ein in größere Würfel geschnittenes Tatar vom Balfegó-Thunfisch mit feinem Schmelz und sattem, klaren Produktgeschmack stand. Unterstützung kam nur von vollreifer, leicht limettenfrisch angehauchter Avocado, Piemonteser Haselnüssen als Topping, sowie einem zarten Korianderöl drumherum. Und mehr brauchte es auch nicht, denn der Chef hat eben ein extrem feines Händchen für gelungen puristische Kreationen und weiß sehr genau, wie er ein hervorragendes Produkt gekonnt in den Mittelpunkt stellen und glänzen lassen kann.
Sehr schön zarte und zugleich elastisch straffe Scheiben vom Oktopus wurden danach mit deutlich mehr Power auf einem saftig-süffigen Ragout aus Fregola Sarda und gezupftem Ochsenschwanz gebettet. Elegante wärmende Würze lieferte dazu etwas Piment d'Espelette, während ein herber Kräuterschaum und Rucola wiederum für die nötige Frische sorgten und ein wie locker aus dem Handgelenk geschütteltes, dabei aber genau abgezirkeltes Intermezzo schafften.
Einen der bei Pavic äußerst seltenen kleinen Schönheitsfehler gab es dann im Hauptgang bei der Challans-Ente. Denn die präsentierte sich zwar äußerst attraktiv mit hauchdünn kross ausgebratener und ätherisch pfeffrig gewürzter Haut, allerdings auch beinahe vollständig durchgegartem und deshalb zwar immer noch zartem, aber leider minimal trockenem Fleisch. Dank der hervorragenden Qualität fiel das allerdings nicht allzu sehr ins Gewicht. Und ansonsten blieb es auch hier bei der gekonnt puristischen Präsentation, nur mit spicy Rotkohl, zarter Maronencreme und einer kraftvollen, mit fruchtiger Süße und feiner Säure hinterlegten Entenjus. Und allein deren hohes Niveau tröstete locker über den minimal verpassten optimalen Gargrad hinweg.
Den kreativsten Moment des letzten Besuchs gab es dann überraschend ausgerechnet beim Dessert. Dieses stellte ein weißes Valrhona-Schokoladengelee mit geraspelter weißer Schokolade, zartbitteren Schokoladensplittern und einer dunklen hochkonzentrierten Ganache-Nocke ins Zentrum – umkränzt von Tupfen aus Pistazie, Petersilie und Preiselbeere, deren teils nussige, teils herbale und herbe Noten pointierte Akzente und immer neue Bezüge herstellten. Gewagt und gewonnen!
Dass es zu den erfreulicherweise am Mittag wie am Abend in gleicher Qualität verfügbaren Speisen auch eine adäquate Auswahl hochwertiger Weine gibt, muss eigentlich kaum gesondert erwähnt zu werden. Wohl aber, dass das Team bei deren Auswahl kompetent und individuell berät und auch sonst alles dafür gibt, den Gästen einen ebenso entspannten wie genussreichen Besuch zu ermöglichen.

Pleinfeld (Bayern)

5

Landgasthaus Zur Linde

Spalter Str. 2, 91785 Pleinfeld (Stirn)
09144-254
www.zur-linde-stirn.de
Mi u. Do ab 17.30 Uhr,
Fr u. Sa von 11-13.30 Uhr u. ab 17.30 Uhr,
So von 11-14.30 Uhr, Mo u. Di RT
Hauptgericht: 12–26 €
EC VISA P

Die Linde in Stirn bei Pleinfeld ist ein weithin beliebtes Gasthaus und zieht Alt und Jung ins fränkische Seenland. Kein Wunder, denn die Qualität ist hoch und die Preise in Relation niedrig. Man legt hier Wert auf gute Produkte aus der Region, schaut aber auch über den Tellerrand, kombiniert Bewährtes mit Neuem oder verleiht traditionellen Gerichten mit dem gewissen Etwas den Pfiff, den sie sonst andernorts eben nicht haben. Was unbedingt noch für die Küche und für ihren Chef Stefan Maurer spricht: Auch wenn in den Gaststuben sehr viel los ist, kommen die Gerichte beeindruckend akkurat an den Tisch. Das ist alles andere als selbstverständlich.

Pleiskirchen (Bayern)

8

Huberwirt

Hofmark 3, 84568 Pleiskirchen
08635-201
www.huber-wirt.de
Küchenchef: Alexander Huber
Mi u. Do ab 18 Uhr,
Fr–So von 12–14 Uhr u. ab 18 Uhr,
Mo u. Di RT
Hauptgericht: 29–47 €,
Menüs: 79–139 €

VISA

Seit vielen Jahren zeigt das Team um Alexander Huber in Pleiskirchen höchst erfolgreich, wie sich die jahrhundertealte Tradition eines fest in der Region verwurzelten Dorfgasthauses einerseits erhalten und andererseits niveauvoll ins Hier und Heute transportieren lässt. So lebendig und authentisch, wie hier im Huberwirt, gelingt das selbst in Bayern nur höchst selten! Neben der ganz selbstverständlich erhaltenen Tradition von Stammtisch, Vereinstreffen und regionalen Veranstaltungen hat die Küche des bestens vernetzten Jeune Restaurateur Alexander Huber längst auch überregional einen festen Stand und lockt gourmetaffine Besucher ins kleine beschauliche Pleiskirchen.

Und das ist leicht nachvollziehbar, denn sowohl die bodenständig traditionelle Linie der „Wirtshausfreude 1612“ und der „Klassiker 1612“ als auch das Gourmetmenü versprechen ein weit überdurchschnittliches Niveau. Wer also beispielsweise einmal ein Kalbslüngerl mit Topfen-Serviettenknödel oder gebackenen Kalbskopf mit Erdäpfelsalat und Schnittlauchsauce probieren möchte, bekommt derartige feine Rustikalitäten auf garantiert anspruchsvollere Art als an den meisten anderen Orten serviert.
Wer dagegen eine kreativere Version der Küche (und unser aktuelles Bewertungsniveau!) erleben möchte, wählt am besten das Gourmetmenü oder dessen vegetarische Variante und bekommt dann eine ganz eigenständige Stilistik, die technisch voll auf der Höhe der Zeit ist, dabei aber zugleich meilenweit von modernem Mainstream entfernt bleibt. Und sich stattdessen auch in der ambitionierten Variante erfolgreich mit typisch regionalen Aromen und einer gewissen Rustikalität auseinandersetzt.
Das beginnt bereits bei den ersten Appetizern, unter denen zuletzt vor allem eine krosse Topinamburschale als mit Topinamburtatar gefülltes und dünnen Streifen säuerlich-würziger Ziegenkäsecreme nappiertes „Schiffchen“ begeisterte. Insbesondere durch das feine Säurespiel, genau wie einer grün glänzenden Kugel als „Fake-Tomate“ mit zupackender Bärlauchmousse als Füllung.
Mut zu Rustikalität gab es dann auch im ersten Gang, der mit einer scharf angegrillten Makrele ein in der Spitzenküche eher unterrepräsentiertes Produkt in den Mittelpunkt stellte. Durch seine beachtliche Qualität und Frische, die ganz softe Garung und das vergleichsweise magere Fleisch wirkte der Charakterkopf unter den Fischen hier alles andere als derb. Insbesondere, weil er durch den maritimen Aromenteppich eines Muschelfonds mit topfrischen Stab- und Miesmuscheln auf der einen und der vegetabilen Frische von gepickeltem jungem Blumenkohl und Brunnenkresse (Blätter und Emulsion) auf der anderen Seite betont beschwingt und leicht inszeniert wurde.
Ebenfalls nur ganz sanft temperiert und mit festem, zartem Fleisch wurde der folgende Saibling serviert und erhielt ein aromatisch und farblich kontrastreiches Umfeld aus knackig intensiven Schwarzwurzelstücken, Schwarzwurzelchips und einer nussigen dunklen Schwarzwurzelcreme, außerdem eine in Kräuterduft, Säure und Salz zugespitzte Kerbelsauce sowie einen versteckten fruchtigen Akzent mit pointiert dezenter Süße.

Ein echtes Highlight folgte mit der butterzarten und zugleich kompakten geschmorten Kalbshaxe, die mit einem kontrastreichen, sehr dichten Topping aus mild geräuchertem Aal, gepickelten und knusprigen Zwiebeln, glasierter Birne und jungen sautierten Kohlsprossen bedeckt war. Als Untermalung diente eine elegante Reduktion auf Basis von Bete und Zwiebel, als pufferndes Detail am Rande ein kleiner knuffigen Bete-Knödel, mit papierdünnen Zwiebellamellen belegt.
Demgegenüber hatte es die bayerische Taube mit Marille und Pastinake im Anschluss daran ein bisschen schwer. Obwohl die rosazarte Brust unter lockerem Nusscrunch mit einer säuerlich frischen Marillenspalte, fluffig angekrosstem Brioche und einer schaumigen kraftvollen Gänselebersauce tadellos und harmonisch auf den Teller kam, wirkte sie auf sehr hohem Niveau vergleichsweise brav. Und daran änderte auch der Side-Dish mit einer knusprig-saftigen Crépinette von der Taubenkeule mit den identischen Begleitern nicht wesentlich etwas, verstärkte aber in jedem Fall den Produktcharakter.
Nach den beiden betont kraftvollen Gängen kam ein ausgesprochen frühlingshaft leichtes Dessert gerade recht, insbesondere weil es so fein gearbeitet war: namentlich eine Basilikummousse in weißem Schokoladenspray in säuerlich konzentriertem Rhabarberfond, eskortiert von eingelegtem Himbeerrhabarber, säurebetontem Rhabarbereis auf Joghurtbasis, Joghurt-Baiser und gelierten Perlen. Ein voll auf Frische und Säure zielender Abschluss, der aber an genau den richtigen Stellen durch Schmelz und Süße so geschmeidig abgefedert wurde, dass nichts kantig und karg gewirkt hat.
Sowohl der Service als auch die Weinkarte halten locker mit der Küche mit und bewegen sich dabei genauso selbstverständlich und lässig zwischen Wirtshaus und Gourmet wie das Team hinter dem Pass. Und auch an hochwertigen Weinen aus einem attraktiven Fundus aus Österreich, Deutschland, Italien und einigen anderen Anbaugebieten gibt es keinen Mangel – weder korrespondierend empfohlen und kompetent erklärt, als auch flaschenweise. Da ist für jeden Geschmack und Anlass etwas dabei.

Pliezhausen (Baden-Württemberg)

6

Schönbuch

im Hotel Schönbuch
Lichtensteinstr. 45,
72124 Pliezhausen
07127-56070
www.hotel-schoenbuch.de
Küchenchef: Alexander Bauer
Mo–Fr von 12–14 Uhr u. ab 18 Uhr, Sa ab 18 Uhr, So von 12–14 Uhr, kein RT
Hauptgericht: 26–36 €, Menüs: 42–95 €
VISA P

Der moderne weitläufige Bau des Hotel Schönbuch ist mit seinem ruhigen Standort am Rande von Pliezhausen und dem mit frischen Grüntönen und einzelnen moderneren Gestaltungselementen aufgelockerten Gastraum mit fantastischem Ausblick auf Albtrauf und Achalm ein attraktiver Ort für entspannten Genuss. Sehr ländlich und doch nur einen Katzensprung von Stuttgart und Tübingen entfernt, ist das nachvollziehbar ein beliebtes Ziel für Urlauber und Business-Gäste. Und die schätzen sicherlich auch die ambitionierte Küche, die weit über das Standardprogramm eines guten Hotelrestaurants hinausgeht.
Hier meistern Gastgeber Maik Hörz und Küchendirektor Alexander Bauer nämlich schon seit einigen Jahren sehr engagiert den Spagat zwischen Kür und Pflicht, zwischen solider Küche für Hausgäste inklusive allabendlichem Buffet und einer Auswahl zeitgemäßer gehobenerer Gerichte für den ausgiebigeren und anspruchsvolleren Genuss, die entweder als Menü oder in Alternativen à la carte probiert werden können.
Mit einer betont röstwürzigen und bei aller schaumigen Leichtigkeit sehr dichten Krustentiersuppe inklusive glasig knackiger Garnelen-

stücke als Einlage und einem buttrig-knusprigen Sesam-Fleuron à part machte das Team zuletzt einerseits wieder deutlich, dass es die handwerklichen Basics beherrscht und gekonnt umzusetzen weiß und andererseits, dass hier stets qualitätsbewusst eingekauft wird.
Auch der Schweinebauch zeigte in zarten Würfeln mit saftigem Fleisch, geschmolzenem Fett und krachend krosser Kruste sowie etwas Schwartenpopcorn in Kombination mit Selleriecreme und grünem Apfel (als Brunoise und etwas dicke Scheiben) sowie einer mit Senfsaat akzentuierten Jus vor allem hervorragende Produktbehandlung. Die zwischen heller Cremigkeit und frischer Säure angelegte Begleitung des schweinischen Schmorstücks geriet stimmig, hätte aber noch feinfühliger zugespitzt werden können.
Mit feinfaserig und straff auf den Punkt gebratenem rosasaftigen Fleisch wurde dann auch in Gestalt eines Rinderrückens mit gleichmäßig dünnem Bratrand ein ebenfalls hervorragendes Hauptprodukt in den Mittelpunkt gerückt. Umgeben von saftigen sautierten Steinpilzen und gebratener Nektarine, einem in diesem Kontext eher unauffälligen Kaffeeschaum sowie einer glänzend eleganten Jus. Letztere stellte genau wie die cremig-zarten Riegel aus Kartoffelgratin einmal mehr die handwerklichen Fertigkeiten des Teams unter Beweis. Das beeindruckende Ergebnis: souverän klassisch mit einem gewissen Twist und auf diese Art absolut souverän umgesetzt.
Das galt diesmal auch für das Dessert rund um einen zarten, dunkelaromatischen Schokokuchen mit zugleich saftiger und luftiger Konsistenz, der einen markanten Kontrast von einem duftig frischen Limetten-Minzsorbet und gedörrten Sauerkirschen als Gel und Früchte an seine Seite bekam. Wie auch bei den vorherigen Gängen waren die begleitenden Akzente zwar etwas gröber gefasst und nicht bis aufs Letzte ausgereizt, hatten aber nichtsdestotrotz auch in dieser Form einen sehr wirksamen Effekt.
Dazu gibt es ein flottes, charmantes Serviceteam und eine attraktive Weinauswahl, die sich größtenteils im qualitativ anspruchsvollen Mittelfeld bewegt und auch bemerkenswert viele Weine glasweise offeriert. Dass hier mit Patron Maik Hörz ein weinverrückter Gourmet der Patron ist, merkt man nicht erst nach Durchsicht seiner Raritätenliste, die das Beste aus mehreren hundert Positionen an Flaschen ausweist. Von daher lohnt es sich immer, mit ihm in Dialog zu treten und sich das eine oder andere empfehlen zu lassen.

6↑

Landgasthaus zur Linde

Schönbuchstr. 8, 72124 Pliezhausen
07127-890066
www.linde-doernach.de
Mo u. Do–Sa ab 18 Uhr, So von 12–13.15 Uhr u. ab 18 Uhr, Di u. Mi RT
Menüs: 93–102 €

Irene und Andreas Goldbach bieten ihren Gästen in geschmackvoll ländlichem Ambiente eine konstant hochqualitative aber nicht übermäßig forcierte Küche zu moderaten Preisen. Das sind immer sehr gegenständliche, auf anspruchsvolle Art bodenständige Gerichte in Menüform, die sich über fundiertes Handwerk, gekonntes Abschmecken und eben überdurchschnittliche Produktqualitäten auszeichnen. Das spricht auf sehr zugängliche Art eine große Gästeschar an, die sich zwischen unverkünstelter französisch-mediterraner Küche und einfallsreich umgesetzten regionalbetonten Gerichten bestens abgeholt fühlt. Zumal es ohnehin nicht schwerfällt, sich in den angenehm schlicht gestalteten Gasträumen bei sympathisch familiärem Service und einer mit Sachverstand individuell zusammengestellten Weinauswahl mit regionalem Schwerpunkt zu moderaten Preisen wohlzufühlen.

Hotelempfehlung

★★★★

Hotel Schönbuch

Hotel Schönbuch
Lichtensteinstr. 45, 72124 Pliezhausen
07127-9750
www.hotel-schoenbuch.de
Einzelzimmer: 79–129 €
Doppelzimmer: 119–179 €
VISA

Das nach der Region vor der Haustür, einem fast vollständig bewaldeten Gebiet südwestlich von Stuttgart benannte Tagungs- und Eventhotel am grünen Südhang des Neckartals, erwartet seine Gäste nicht nur mit einem einzigartigen Panoramablick bis zur Schwäbischen Alb, sondern auch mit 59 modernisierten und voll ausgestattete Zimmern unterschiedlicher Kategorien. Alle haben Balkon oder Terrasse und sind zeitgemäß ausgestattet. DSL-WLAN,

Minibar, Sky-TV und Telefon ins deutsche Festnetz sind kostenfrei. Auch die Nutzung des Saunabereichs ist im Zimmerpreis inbegriffen. Mit zwei Profi-Tischfußballgeräten, Beamer und mehreren 42"- und 55"-Flat-TVs sowie an der hauseigenen Event-Hotelbar (Playstation, Super Nintendo…) lässt sich die freie Zeit im Haus kurzweilig genießen. Und auch kulinarisch ist hier viel geboten: Ob als Hotel- und Tagungsgast, oder à la carte in Form des regionalen Menüs „Treibjagd" bzw. dem Gourmetmenü „Streifzug", wird man in den unterschiedlichen Restaurantbereichen ambitioniert bekocht. Restaurant Schönbuch separat erwähnt.

Potsdam (Brandenburg)

6↑

Juliette

Jägerstr. 39,
14467 Potsdam
0331-2701791
www.restaurant-juliette.de
Mi–Fr ab 17 Uhr,
Sa u. So von 12–14.30 Uhr u. ab 17 Uhr,
Mo u. Di RT
Hauptgericht: 24–35 €,
Menüs: 62–99 €
VISA

Das auf drei Ebenen angelegte Restaurant mit schönem Mosaik-Fliesenboden, freigelegtem Ziegel und Fachwerk, offenem Kamin und jeder Menge Patina-Charme Potsdams Zentrum hat jede Menge Flair. Und darin wird seit Jahren eine fern aller kursierender Küchenmoden zeitlos klassisch orientierte Küche zu moderaten Preisen serviert. Das Team um Carsten Rettschlag beschränkt sich dafür weder bei der Herkunft der Produkte noch stilistisch in irgendeiner Weise selbst und man kredenzt den Gästen eine ansprechende Mischung aus traditioneller französischer Küchenbasis und unkonventionellen, aber nicht kreativ überdrehten Ideen. Clevere Aromen- und Produktakkorde geben auf den hübsch angerichteten, aber nicht zu sehr verspielten Tellern den Ton an – auf handwerklich und qualitativ beachtlichem Niveau und zu nach wie vor sehr moderaten Preisen.

8

Kochzimmer

in der Gaststätte zur Ratswaage
Am Neuen Markt 10,
14467 Potsdam
0331-20090666
restaurant-kochzimmer.de
Mi–Sa ab 18 Uhr, So–Di RT
Menüs: 135–175 €
VISA

Die Gastgeber Claudia und Jörg Frankenhäuser und ihr mittlerweile langjähriger Küchenchef David Schubert offerieren in den schlicht und stylisch gestalteten Gasträumen des Kochzimmers in Potsdams Zentrum oder im Sommer auf dem überdachten Freisitz im Innenhof ein sechsgängiges Menü, das ganz besonders feinfühligen Umgang des Chefs mit Gemüse und Kräutern unter Beweis stellt. Wenn man es vorab bei der Reservierung rechtzeitig angibt, kann man auch ein rein vegetarisches Menü bekommen. Doch egal, für welche Variante man sich entscheidet: man bekommt es auf den akkurat angerichteten Kochzimmer-Tellern stets mit gut durchdachten, klar umrissenen und prägnant auf den Geschmack hin gekochten Kreationen zu tun. Die ideenreiche, vorwiegend regionalbetonte „neue preußische" Küche hat über die Jahre sukzessive an Format gewonnen, ist immer klarer und aufgeräumter geworden und bringt die ihre individuellen Ideen des Teams in sinnlichen Farben und stimmigen Proportionen mittlerweile auf sehr hohem Niveau auf die Teller. Dazu ist Gastgeber Jörg Frankenhäuser immer auch mit spannenden Empfehlungen aus seiner individuell vorwiegend mit deutschen und französischen Gewächsen zusammengestellten Karte dienlich.

Villa Kellermann

Mangerstr. 34, 14467 Potsdam
0331-20046540
villakellermann.de
Küchenchef: Christopher Wecker
Mi–Fr ab 18 Uhr,
Sa u. So von 12–14 Uhr u. ab 18 Uhr,
Mo u. Di RT
Hauptgericht: 24–34 €, Menüs: 66 €
VISA

Die von Küchenchef Christopher Wecker engagiert bekochte Villa von Fernsehmoderator und Weinmacher Günther Jauch am Ufer des Heiligen Sees in Potsdam ist in jederlei Hinsicht einen Besuch wert. Allein die großzügigen Räumlichkeiten mit hohen Decken und großen Fenstern in allen der drei zum See hin ausgerichteten Gasträumen, denen ein großzügiges Entree vorgelagert ist, machen Eindruck. Hier gehen sorgfältig ausgesuchte Gegensätze verblüffend harmonische Verbindungen ein: mit kraftvoll kontrastierenden Farben, edlen Stoffen, alter Bausubstanz und modernen Gestaltungsakzenten. Vor allem aber prägen grundverschiedene Muster diesen ebenso originellen wie stilvollen Rahmen. Aber auch die Küche steht dem im nichts nach, denn sie ist ebenso leicht zugänglich wie originell, hält qualitativ und handwerklich konsequent hohes Niveau und kommt auf jedem Teller mit dem typischen Tim-Raue-Touch daher, was daran liegt, dass der populäre Koch und Gastronom das Projekt seit der Eröffnung und auch noch zum Zeitpunkt unseres letzten Testbesuchs kuratiert hatte.

Und Raue hat schon in der Vergangenheit an anderen Orten immer wieder eindrucksvoll bewiesen, wie gut es ihm gelingt, mit der tatkräftigen Unterstützung langjähriger enger Mitarbeiter seine eigene Handschrift auf völlig unterschiedlichste Kochstile und Weltküchen zu übertragen. In der Villa Kellermann ist der besonders hervorzuhebende ausführende (und mittlerweile in Eigenregie verantwortliche) Küchenchef von Beginn an Christopher Wecker und das Motto die typische deutsche Küche, also Rezepturen, Produkte und Aromen, wie man sie vielleicht noch aus Omas Küche kennt, die hier aber weltoffen und auf internationalem Niveau, moderat verschlankt, modernisiert und kreativ aufpeppt werden. Und die dabei überhaupt nicht angestrengt oder konstruiert wirken, sondern meist mit einem beglückend authentischen Ergebnis und dem verwegenen gewissen Etwas daherkommen, oft sogar echtes Soulfood sind. Maßvoll und doch mutig eingesetzte Schärfe, prägnante Säure und originelle Aromenkombinationen wirken an keiner Stelle anstrengend und ziehen sich wie ein roter Faden durchs Programm. Ebenso die auf jedem Teller wohlproportionierte, puristische und sehr markante Art der Präsentation, die bis dato ebenfalls klar Tim Raues Handschrift erkennen ließ. Wir sind gespannt, wie sich die Küche nun in den kommenden Jahren weiterentwickelt, nachem Raue sein Engagement beendet hat und Wecker künftig noch stärker seine eigene Handschrift einbringen kann.

Die Karte offeriert eine gar nicht so kleine Menge an Offerten à la carte sowie ein „Der gedeckte Tisch" genanntes Menü, bei dem im ersten Aufzug synchron eine Vielzahl an Vorspeisen in kleinen Portionen serviert wird. Das gibt einen schönen Einblick und kann je nach Lust und Laune auch um den einen oder anderen Gang erweitert werden. Unser Schmaus begann zuletzt wie gewohnt mit süßsauer eingelegten Perlzwiebeln und Gürkchen sowie Brot und verschiedenen Aufstrichen wie etwa einer mit Leinsamen und Leinöl aufmontierten Frischkäsecreme oder der bereits liebgewonnenen Kalbsleberwurst mit Senfcreme. Das ist ebenso bodenständig und unaufgeregt wie animierend, lässt aber noch in keiner Weise erahnen, zu welch kreativen Ideen die Küche fähig ist.

Einer der Geniestreiche der aktuellen Testsaison war zum Beispiel die äußerst kontrastreiche Kombination von geröstetem Grünkohl, Erbse, Banane und den fernöstlichen Aromen von Zitronengras, Ingwer und Limette, welche als Vinaigrette forsche aber wohldosierte Schärfe und Säure ins Spiel brachten und die rauchig-kohligen Noten vom Kohl sowie die breite Süße von Erbse und Banane schlank und straff zuspitzten. Das schmeckt dann einerseits aufregend neuartig, andererseits aber deutlich weniger „speziell", wie man es bei der Lektüre vermuten würde. An solchen Dingen erkennt man gut, wie sicher das Team unter der Leitung

von Christopher Wecker beim Abschmecken agiert.
Einen weiteren erinnerungswürdigen Aha-Effekt brachte der Akzent von kühler Minze im Sauerkraut aufs Porzellan, das dergestalt einer wie aus dem Ei gepellten Zander-Tranche mit schneeweißem festem Fleisch und krosser Haut nebst knusprigem Speck und einer kümmelwürzigen Sauerkraut-Beurre-blanc den entscheidenden Twist verlieh. Da wird im Grunde mit sehr einfachen Mitteln, nur mit guten, schmissigen Ideen, sehr viel bewirkt. Schon davor begeisterten Dinge wie der mit Leindotteröl und Zwiebel angemachte Kartoffelstampf unter mildem, dichtem Speckschaum mit Kartoffelcrôutons, ein mit pikanter Cocktailsauce auf Mayonnaisebasis zubereiteter Garnelensalat mit Champignons und Frisée oder eine Schweinesülze mit Schnittlauch, Perlzwiebel, Gurke und Apfel, bei der das unter anderem mit Senfkörnern in aromatisches Aspik gehüllte Fleisch nicht nur wegen des leichtend grünen Farbspiels ätherisch und frisch in Szene gesetzt war.
In seiner elaborierten und elegant umgesetzten, dabei aber durchaus sehr markanten Art präsentierte sich der mild geräucherte Aal auf einer schön transparenten Dunkelbiersauce nebst Brunnenkresse und Schwarzbrotknusper eigentlich schon auf 8-Pfannen-Niveau. Ähnlich anspruchsvoll, weil in alle Richtungen komplex und balanciert – dabei aber einfach nur köstlich, rund und unkompliziert – waren schließlich die mit gepökeltem Schweinebäckchen und der entsprechenden Fleischfüllung gefüllten Kohlrouladen, die in Begleitung von pikant mit Paprika angesetztem fermentiertem Kohl, buttrigem Kartoffelpüree und knusprig aufgepoppten Schweineschwarten-Chips auf einer süchtig machenden warmwürzigen Sauce von geräucherter Paprika und Piment d'Espelette angerichtet waren. Im Grunde genommen ein verfeinertes gutbürgerliches Gericht, das aber allein durch die prägnanten, klar und scharf herausgearbeiteten Aromen rein gar nichts von gediegener Bürgerlichkeit an sich hatte.
Besonders haptisch sehr raffiniert war das Dessert, eine mit Quittengelee glasierte und mit Quittenkompott gefüllte Käsekuchenmousse auf knusprig-splittrigem Boden aus Kataifistroh (gute Idee!), eingerahmt von Karamellsauce und säuerlich fruchtig akzentuiert von einem Passionsfruchtsorbet – exzellent! Auch dafür, dass man auf Wunsch zu allem im Glas etwas Exzellentes hat, ist gesorgt. Und zwar bei Weitem nicht nur vom quasi „hauseigenen" Weingut von Othegraven…

Presseck (Bayern)

6

Ursprung

Wartenfels 85,
95355 Presseck (Wartenfels)
09223-229
www.berghof-wartenfels.de
Küchenchef: Alexander Schütz
Mi u. Do ab 17 Uhr,
Fr–Sa von 11.30–13.30Uhr u. ab 17 Uhr,
Mo u. Di RT
Hauptgericht: 18–59 €, Menüs: 39–95 €
EC VISA P

Es ist immer wieder eine große Freude, hierher zu kommen und zu sehen, wie gut anspruchsvolle und zeitgenössische Gasthauskultur selbst im entlegensten ländlichen Winkel der Republik funktionieren kann. In Falle des generationsübergreifend von den Schützs familiengeführten Berggasthof Wartenfels ist dies das oberfränkische Hügelland im Dreieck zwischen Hof, Bayreuth und Coburg – eine Region, in der es in den letzten Jahren aus kulinarischer Sicht zunehmend bergauf ging und sich einige interessante Genussadressen etablieren konnten.
Das Restaurant Ursprung, das von Alexander Schütz und seinem Team engagiert bekocht wird, hat sich bewusst etwas unterhalb des Fine-Dining- oder Gourmet-Levels positioniert und spannt gekonnt den Bogen zwischen verfeinerter regionaler Landküche und internationalen Spezereien, spricht damit den bodenständigen Esser ebenso an wie anspruchsvolle Feinschmecker, die auf gute gehobene Küche „für jeden Tag" aus sind.
Wir starteten unseren diesjährigen Schmaus nicht bloß mit der obligatorischen Mini-Brotzeit in Gestalt der schon legendären Würfel vom saftig-krustigen Holzofenbrot mit Butter, Griebenschmalz, Obazda und Essiggurke, son-

dern in der Hochzeit der heimischen Pilzsaison auch mit einem wunderbar aromatischen Steinpilz-Cappuccino mit feiner Säurestruktur und elegantem rahmig-seidigem Fluss.
Der große Erfolg bei einer breiten Gästeklientel erklärt sich durch Bodenständigkeit, Qualität und ein sehr gutes Preis-Leistungs-Verhältnis. Aber auch durch die richtige Auswahl zugänglicher Gerichte. Mit so einem klassischen und nicht zu dominant gewürzten Rindertatar, das mit gut unterstrichenem Fleischgeschmack und einem Topping aus Tupfen von Crème fraîche, eingelegten Senfkörnern und fließendem Wachtel-Spiegelei nebst knusprig ausgebackenem Brot aufgetischt wird, kann bis auf Vegetarier fast jeder etwas anfangen. Letztere werden aber auch nicht im Regen stehen gelassen und können ihr Mahl beispielsweise mit einer Schaumsuppe vom Muskatkürbis mit gerösteten Kürbiskernen und steirischem Kernöl oder Zucchini-Papardelle mit Ziegenfrischkäse und gerösteten Sonnenblumenkernen beginnen.
Allen Zubereitungen gemein sind Frischeanspruch, überdurchschnittlich gute Produkte und sehr sorgfältige fachmännische Zubereitung aus der Hand des Könners. Dass Alexander Schütz allerdings nicht nur das handwerkliche Fach sehr gut beherrscht, sondern auch kompositorisch fit ist, bewies beim letzten Mal insbesondere das asiatisch inspirierte Duett von Garnele und Wassermelone, die mit eingelegten Gurken auf einem leichten, transparenten, aber sehr ausdrucksstarken und pikanten, nämlich mit Zwiebel, Sesam, Koriander und weiteren Aromengebern zubereiteten Sud schwammen. Der Clou war hier die Konsistenz der zu zarter Fleischigkeit dehydrierten Wassermelone, die dem Gericht wohldosierte Frische, Süße und Fruchtigkeit sowie saftigen Biss spendierte.
Noch ein Duett, diesmal von Calamares und Lachs, bescherte uns der nächste Zwischengang, wobei hier der auf der Oberseite schön knusprig colorierte Lachs eine perfekt zarte, noch leicht glasige Konsistenz hatte, die Tintenfischringe teilweise aber etwas zu viel Biss hatten. Was der ansprechenden Komposition mit gebratenem Romanasalat-Herzen, Kartoffelstampf und mit Kapern und Zitrone aufgefrischer Nussbutter aber keinen Abbruch tat.
Mit dem Hauptgang, in dessen Mittelpunkt erfreulich ausdrucksstarker, saftig rosa gebratener Kalbsrücken stand, blieb der Chef weit von typischer traditioneller Sättigungsbeilage entfernt, setzte die beiden Tranchen auf eine saftig angebratene Grießbrotschnitte (Pagnotta) und liierte das Ganze nur mit fruchtig-pikanter Tomatensalsa, die mit knackigen bunten Tomatenstücken und viel Basilikum erfrischend aufgelockert war. So schlicht, so gut!
Und das traf auch auf die Crème brûlée von der Milchschokolade zu, die gemeinsam mit Weinbergpfirsich als Sorbet und marinierte Segmente sowie säurespendenden roten Johannisbeeren einen leichten süßen Abschluss bescherten. Am rundum positiven Gesamtbild haben last but least auch das charmante aufmerksame Serviceteam und eine attraktive Auswahl guter Weine zu fairen Preisen einen wichtigen Anteil.

Prien am Chiemsee (Bayern)

5↑ 🍴🍴

Reinhart

im Garden Hotel Reinhart
Erlenweg 16, 83059 Prien am Chiemsee
08051-6940
www.restaurant-reinhart.de
Küchenchef: Johannes Seeliger
Täglich ab 18 Uhr, kein RT
Hauptgericht: 18–34 €, Menüs: 28–58 €
VISA P

Das Garden Hotel Reinhart liegt nur wenige Schritte vom Chiemseeufer und der „Prienavera"-Therme entfernt und ist ein komfortables Landhotel mit sehr guter Küche. Im letzten Jahr frisch renoviert und umgestaltet und inzwischen auch wieder unter der Küchenleitung des Chefs Johannes Seeliger, bietet das Restaurant Reinhart weiterhin eine der besten Küchen in der Chiemseeregion und ist ein gediegener Platz für entspannten Genuss, woran auch der aufmerksame Service und das Weinangebot ihren Anteil haben.
Die Karte offeriert ein vertrauenerweckend überschaubares Angebot, das von internationalen Klassikern wie dem Jungbullen-Carpaccio mit Rucolasalat und Trüffelmayonnaise oder

originales kälbernes Wiener Schnitzel mit Petersilienkartoffeln und Preiselbeeren über bodenständige Regionalküche wie Rinderkraftbrühe mit Pfannkuchenstreifen oder Ochsenbackerl mit Serviettenknödel bis zu Mediterranità a la „Chiemsee-Cataplana" reicht.
Man kann hier aber aus kulinarischer Sicht auch in die große weite Welt reisen und zum Beispiel vorneweg ein mit Sesam ringsum angebratenes Thunfisch-Tataki mit Avocadopüree und gefächert daraufgelegten Mangoscheiben nehmen, denen Chilifäden einen adäquaten Schärfe-Punch und Koriander sein typisches Aroma verliehen. Wenngleich der Tuna in unserem Fall einerseits qualitativ „nur" sehr ordentlich war und partiell einen etwas zu dicken grauen Bratrand hatte, gefiel der Fisch andererseits durch angenehme Temperierung und klaren Geschmack ohne Fehltöne und wurde von einem Karotten-Schnittlauchsalat begleitet. Etwas mehr Frische und Säure hätten hier aber definitiv nicht geschadet. Als regionaltypische Vorspeise an diesem voralpenländlichen Ort eigentlich viel stimmiger und origineller: eine hausgemachte Tafelspitzsülze mit steirischem Kernöl verfeinert und von röschen Bratkartoffeln begleitet.
Dass das Team aber generell ein recht gutes Händchen für solide asiatische Gerichte hat, bewies die leichte, aufgeschäumte Kokosmilchsuppe mit den zitrischen Aromen von Kaffirlimette und Lemongras, die kleine saftige Hühnchennuggets als Einlage intus hatte. Etwas zu viel Salz intus hatten definitiv die Steinpilzravioli respektive deren veloutéartige Sauce, auf der sich die gefüllte Pasta zusammen mit sautiertem Babyspinat und getrockneter Tomate tummelte. Abgesehen davon war aber auch das ein sehr ansprechendes und harmonisches Gericht.
So wie ganz unzweifelhaft und ohne Einschränkungen der erfreulich rösch auf der Haut gebratene Zander, der auf einem cremigen und auch sonst optimal beschaffenen Risotto thronte, von Krustentierschaumsauce umgeben und mit einem knusprig-saftigen „Stroh" aus frittierten Kartoffelstreifen, marinierten Gemüsestreifen, Friséesalat und Kräutern gekrönt war. Auch dem Dessert konnte man nicht das Geringste nachsagen, es war eine Art dekonstruierter oder eben etwas anders interpretierter Apfelstrudel, bei dem sich das Apfelragout nebst einer Nocke Vanilleeis unter einer Haube Vanilleespuma versteckt hielt – und den puderzuckerten Strudelteig gabs als raschelig-knuspriges Stroh obenauf.
Zu alldem findet sich in der kleinen Weinkarte eine ansprechende Auswahl einfacherer Weine von einigen ausgesuchten Weingütern, mit denen adäquat und völlig ausreichend eine große Bandbreite unterschiedlicher Weinstile abgedeckt wird.

Pulheim (Nordrhein-Westfalen)

9↑

Gut Lärchenhof

Hahnenstr.,
50259 Pulheim (Stommeln)
02238-9231016
www.restaurant-gutlaerchenhof.de
Küchenchef: Torben Schuster
Do u. Fr ab 18 Uhr,
Sa von 12–13.30 Uhr u. ab 18 Uhr,
So von 12–13.30 Uhr, Mo–Mi RT
Menüs: 149–199 €

VISA

Über die Vor- oder Nachteile eines öffentlichen Gourmetrestaurants im Clubhaus eines sehr elitären Golfplatzes braucht man ebenso wenig zu debattieren, wie über die müßige und dennoch häufig gestellte Frage, wie groß oder klein die Schnittmenge von Golf-Klientel und Gourmet-Klientel ist. Wir sehen in dem hinter hohen Hecken und einem sich nach Betätigung der Klingel langsam elektrisch öffnenden schweren eisernen Einfahrtstor verborgenen Areal ganz klar einen sehr exklusiven und damit für Fine Dining prädestinierten Standort. Und in dem großzügig angelegten hohen Speiseraum, in dem Gourmet- und Bistrobetrieb nahtlos ineinander übergehen, eine wohltuend wenig aristokratisch anmutende Location mit gelöster Atmosphäre. Damit sind vom Setting her schon mal alle Weichen auf entspannten Genuss gestellt. Und der wird mit Torben Schusters in höchstem Maße individueller, beeindruckend perfektionistisch umgesetzter und zudem auch qualitativ Maßstäbe setzender

Küche aus kulinarischer Sicht maximal attraktiv befeuert.

Der sehr talentierte und ambitionierte Küchenchef, dem man ob seiner originellen und sehr eigenständig wirkenden Kreationen sofort abnimmt, dass er nicht allzu viel nach rechts und nach links schaut und danach schielt, was die lieben Kollegen so machen, legte hier vom Start weg beeindruckend vor, nachdem er im November 2017 aus dem Team von Jonnie Boers De Librije in den Kölner Westen gekommen war. Und er wurde seither immer noch ein bisschen besser! Eine Tartelette mit Abalone in Rogencreme und ein mit Kaviar und Allium-Blüten appliziertes sowie mit Crème fraîche gefülltes Knusperröllchen brachten auch diesmal schon gleich zu Beginn die Papillen auf Hab-Acht-Stellung. Allein der überraschend eigenständige Geschmack des Kaviars, den Schuster zum Aromatisieren dünn zwischen Nori Algen streicht und darin eine zeitlang „reifen" lässt, setzte auf sehr subtile Art ein deutliches Ausrufezeichen – das hochfeine Zusammenspiel von Texturen und Aromen tat das Übrige.

Wie spannend individuell die Küche von Torben Schuster ist, demonstrierte auch der Küchengruß mit weißem Spargel und Chorizo als Creme, Tatar, Granité und Würfel, der erfrischend kühl und würzig pikant zugleich war und im Zusammenspiel mit der zarten Süße eines kleinen knusprigen darin versteckten Hippenblättchens profitierte. Taschenkrebsfleisch, Herz- und Stabmuscheln sowie Nordseekrabben kamen im ersten Gang des Menüs als jodiger und auf den ersten Blick eher nordischer „Meeresfrüchtesalat" daher, der mit Mini-Senfkohl, Olivengelee, Tomatendashi und Trüffelponzu aber in eine fast schon mediterrane, jedenfalls sehr südländische Richtung gedreht wurde.

Ike-Jime geschlachtet, mit Limettenschalenabrieb aromatisiert und für kurze Zeit zwischen Kombualge „gebeizt", wurde der Wolfsbarsch im nächsten Gang als Sashimi mit mariniertem Daikonrettich und Roter Bete liiert. Spielentscheidend war hier allerdings die von Mikan und Kaffeeöl aromatisierte Dashi-Vinaigrette, die mit den zitrischen Noten der japanischen Mandarine und den Bitteraromen des Kaffees einen spannenden Twist anstimmte. Im Glas von einem prägnant mit Yuzu angesetzten Sake kongenial begleitet, war das zudem ein großartiges Pairing.

Aber auch jenseits von Sake sind die Weinempfehlungen treffsicher ausgewählt und ähnlich individuell wie die Küche. Zuvor zu den Meeresfrüchten gab' einen Anjou Blanc und zum nächsten Gang kredenzte Sommelier Tobias Kühnen einen elsässischen 2018er Pinot Gris von Trimbach, der ja eher ein Klassiker ist und hier gerade im Zusammenspiel mit den exotischen Aromen des Gerichts zur Hochform auflief. Zu begleiten war hier ein auf dem Binchotan-Grill finalisierter und dennoch (oder gerade deshalb) mit wunderbar purem und klarem Geschmack beeindruckender Hummer, der aus Oosterschelde taufrisch angeliefert wurde und schon allein als Produkt begeisterte. Und er schaffte das noch mehr im Zusammenspiel mit seinem kraftvollen Bett aus Bouillabaissecreme, Currycreme und Salat von Fenchel und Navette, mit denen er auf einer dichten, cremigen Bisque und zitronengrasigem Kokosschaum angerichtet war. Gerade dieses Sauenduett sorgte mit dem Zusammenspiel aus tiefer, kraftvoller Röstwürze und vibrierend leichter, schwungvoller Exotik für den besonderen Twist auf dem Teller.

Ganz ähnlich hatte man auch den zart gedämpften und mit Nussbutter abgeglänzten Steinbutt auf einem sehr unterschiedlichen Saucenduett platziert, das sich ebenfalls kongenial ergänzte: nämlich säuerlich abgeschmeckte, dichte und schmelzige Miso-Hollandaise und ein mit winzigen Kalbskopfwürfelchen durchzogener transparenter und leichter Kohlrabisud. Einen originellen, fast schon rustikal herzhaften Twist gaben dem Gericht Sprotte und Perlzwiebel – der Fisch auch als knusprig frittierter Kopf auf der Steinbutt-Tranche.

Sancho-Pfeffer verlieh dem Shabu-Shabu vom Wagyu mit Gänseleber, kleinen Pfifferlingen und grünen Bohnenkernen, das als locker drapierter Scheiterhaufen angerichtet war und vom Service am Tisch noch mit einer karamellig-umamiwürzigen Sauce ähnlich einer konzentrieren Rinderdashi übergossen wurde, die als „Shabu-Shabu-Jus" annonciert wurde, einen ätherisch-zitrischen Oberton. Und dieser ließ das eigentlich sehr dichte, schmelzig-würzige Gericht sehr dynamisch und fast schon leicht wirken.

Herausragende Fleischqualität bot der Rücken eines vom Hochstand blattgeschossenen Maibocks, wie man ihn tatsächlich auch in sehr guten Restaurants nur selten bekommt. Unaufdringlich, aber effektvoll mit einer dünnen Schicht Quinoa, winzigen Würfeln Guanciale-Speck und Schnittlauch getoppt, darunter winzige, aus Zuckerschoten gepulte „Teardrop-Peas", säuerlich marinierte gebratene Artischocke, Spitzmorcheln und eine mit Vadouvan gewürzte Artischockencreme. Die solo für dieses hochfeine Konglomerat eigentlich fast schon zu dichte und zu viskose Wildjus wurde von einem Schaum aus fermentierten Erbsen nicht

nur elegant sublimiert und ihre Intensität nahezu ausgeglichen – auch hier ergab sich aus deren Zusammenwirken wieder ein kongenialer neuartiger Akkord. Und nicht nur im Zusammenspiel mit dem 2013er Einzellagen-Spätburgunder vom Weingut Huber ein weiteres Highlight in einem begeisternden Menü.
Eines der besten Desserts der vergangenen Testsaison schickte uns das Team mit einem komplexen Schichtwerk von verschiedenen Rhabarberkomponenten, Süßholzeis, Blattpetersiliencreme und Ganache von Valrhonas Orelys-Schokolade: flirrend komplex, anspruchsvoll, fordernd doch vollkommen eingängig und harmonisch. Ähnlich wie die röstig-karamellige Komposition von Sauerteig, Hefe, Dulcey-Schokolade, Birne und Nussbutteraromen – ein sehr volles, tiefes, fast würziges und trotzdem äußerst leichtfüßiges Dessert. Und so bleibt uns nur noch die Bewertung verdientermaßen um einen Bonuspfeil zu erhöhen und allen aufgeschlossenen Gourmets, die immer auf der Suche nach unangepassten, hoch veranlagten Köchen mit Mut zur eigenen Handschrift sind, mit Nachdruck einen Besuch anzuraten.

Radebeul (Sachsen)

7

Atelier Sanssouci

im Hotel Villa Sorgenfrei
Augustusweg 48,
1445 Radebeul
0351-7956660
www.hotel-villa-sorgenfrei.de
Küchenchef: Marcus Langer
Do–Mo ab 18.30 Uhr, Di u. Mi RT
Hauptgericht: 44–49 €,
Menüs: 129–189 €
VISA

Wer im Dresdener Umland anspruchsvoll kulinarisch genießen möchte, kommt am malerisch an den steilen Radebeuler Weinbergen gelegenen Atelier Sanssouci nicht vorbei. Seit vielen Jahren – und über verschiedene Küchenchefs hinweg – konnte das in der schmucken Villa mit ihrem hohen, beinahe kathedralenartigen Gastraum und im Sommer auf der idyllischen Parkterrasse beheimatete Restaurant stets hohes Niveau halten. Mit Marcus Langer in der Verantwortung für den Herd hat sich daran genauso wenig geändert, wie daran, dass mit John Pietrowsky ein eloquent charmanter Gastgeber dafür sorgt, dass sich jeder Besucher schnell wohlfühlt und nebenher auch noch mit spannenden hochwertigen Weinen versorgt wird.
Zur Auswahl steht immer ein einziges saisonales Menü in fünf bis zehn Gängen. Das sichert hohe Produktqualität, fokussiertes Arbeiten – und zahlt sich auch qualitativ aus. Denn bereits das zur Einstimmung gereichte cremige Rilettes von der Gelbschwanzmakrele zeigte (wenn auch noch auf eher einfache, schlichte Art) mit feiner Säure, die von einer fruchtigen Apfelvinaigrette gestützt wurde, sowie einer geschmorten Rettichscheibe mit Biss und Würze, wie genau das Team seine Kompositionen geschmacklich auszutarieren vermag.
Deutlich aufwendiger, aber ohne deshalb allzu verspielt zu werden, kam der im ersten offiziellen Gang servierte Saibling auf den Teller: Nämlich als Zweierlei, bestehend aus klararomatischem Tatar und geschmeidig gebeizte Tranchen, die aromatisch von Dill geprägt und reichlich eigenen Kaviar gekrönt neben verschiedenen natürlich-filigranen Gurkenzubereitungen, kleinen cremigen Joghurt-Dots und einer flirrend säurefrischen Essenz von Gurke und Dill gesetzt wurden. Und die damit einen beschwingten und lebendigen Auftakt schafften.
Ebenfalls beschwingt, aber mit mehr Power, wurde der folgende Waller präsentiert. Mit saftig-festem Fleisch unter pfeffrig-knusprigen Crumbles und ätherischem Kräutersalat auf eine konzentrierte Creme aus der typischen Mischung Frankfurter Grüner Kräuter gesetzt; daneben ein erdig-fruchtiges Gelbe-Bete-Confit und ein mild rauchiger Fisch-Fumet. Sehr gut!
Da konnte der folgende glasig zart unter einer dünnen Kräuterbröselkruste servierte Kabeljau nicht ganz mithalten. Zwar bekam er mit einer soft pochierten Auster eine edle Entourage an seine Seite gestellt, die Grundlage aus (viel!) Austern-Espuma und Kräuteröl drängte das Gesamtbild aber in eine sehr breite, füllige Richtung, bei der auch das typisch jodige der

Auster nur sehr weich und verwässert, fast wie in Watte gepackt zur Geltung kam.
Dafür punktete der im Hauptgang servierte Heilbutt „polnisch" mit üppig-cremig fließendem Eigelb und verschiedenen Blumenkohl-Zubereitungen von cremig über zart bis kraftvoll-röstig sowie gehacktem Eiweiß und Schnittlauch und wieder würzigen Crumbles mit einer zupackend intensiven Interpretation der klassischen Garnitur. Für die hohe und schön festfleischige Tranche des eher robusten Fischs war das eine spannende Ergänzung, die dem Heilbutt an keiner Stelle die Show stahl – dafür aber ein klein wenig zu sehr der vergleichbar aufgebauten Umgebung des Wallers ähnelte...
Dafür setzte das Dessert danach einen deutlichen Kontrast mit Rhabarber als dichtcremiges Eis, geschmorte Tranchen, Gel und Juliennes in zartem Rosa und mit fein abgefederter Säure, die von einem leichten Törtchen aus weißer Schokoladenmousse mit Rhabarberkern noch weiter eingefangen und von einem duftigen Holunderblütensud frühlingshaft ergänzt wurde. Und die dergestalt direkt Lust auf den nächsten Besuch machte!
Und das liegt auch am gut eingespielten Serviceteam um den bereits eingangs erwähnten John Piotrowski, der stets auch dafür sorgt, dass spannende und bestens korrespondierende Weine aus Sachsen (aber darüber hinaus auch aus anderen Anbaugebieten) in die Gläser kommen. Denn die augenzwinkernd souveräne Art, mit der der Gastgeber die Atmosphäre prägt, garantiert hier immer einen sehr angenehmen und entspannten Abend.

Radeburg (Sachsen)

6

Gasthof Bärwalde

Kalkreuther Str. 10 a,
1471 Radeburg
035208-342901
www.olav-seidel.de
Do–Sa ab 18 Uhr, So von 12–15 Uhr, Mo–Mi RT
Hauptgericht: 38–42 €,
Menüs: 69–89 €

Olav Seidels Gasthof im beschaulichen Bärwalde bei Radeburg ist zwar klein und entlegen, aber alles andere als ein Geheimtipp. Kein Wunder, denn der Gastgeber, der sich die starke Substanz seiner konsequent klassisch gehaltenen frankophilen Regionalküche einst unter anderem bei den Kellers in Oberbergen im Kaiserstuhl aneignete, macht hier zu moderaten Preisen einen attraktiven Spagat zwischen Bodenständigkeit und höherem Anspruch. Alles, was im kleinen saisonalen Angebot zu haben ist und in der zwar ländlich-schlichten, aber also solches durchaus sehr adrett und gepflegt erscheinenden Gaststube in schnörkellos gegenständlicher Machart auf die Tische kommt, bietet mehr Sein als Schein, überzeugt durch fundierte, sorgfältige Zubereitung, kraftvolle Aromen und hintergründige Finessen. Attraktives Weinangebot, freundlich-familiäre Gästebetreuung.

Radolfzell (Baden-Württemberg)

5

Grüner Baum

Radolfzellerstr. 4,
78345 Radolfzell (Moos)
07732-54077
www.gruenerbaum-moos.de
Küchenchef: Hubert Neidhart
Do–Mo ab 17.30 Uhr, Fr–So von 11.30–14 Uhr u. ab 17.30 Uhr, Di u. Mi RT
Hauptgericht: 19–32 €
VISA

Das außen sehr hübsch bepflanzte, innen warmfarbig gestaltete Gasthaus der Neidharts ist die beste kulinarische Adresse auf der Bodensee-Halbinsel Höri und schon sehr lange eine zuverlässige Anlaufstation, wenn bodenständige regionale Frischeküche in handwerklich fundierter Zubereitung gefragt ist. Und weil der Chef beste Kontakte zu den Fischern aus der Region hat, ist hier natürlich alles, was aus dem See kommt, unbedingt zu empfehlen. Wir schätzen die Küche wegen der frischen Produkte und deren unverfälschter Zubereitung. Kreative Verrenkungen und millimetergenau abgezirkelte Sachen stehen nicht auf dem Programm. Hubert Neidhart ist bekannt für schaumig-zarte Hechtklößchen mit Blattspinat und Weißweinsauce, für punktgenau gebratene Felchen oder Kretzer und saftige Filets von richtig großen Fischen, die dann als Fang des Tages ihre Verwendung finden. Das sollte man sich nicht entgehen lassen.

Rammingen (Baden-Württemberg)

5

Landgasthof Adler

Riegestr. 15,
89192 Rammingen
07345-96410
www.adlerlandgasthof.de
Küchenchef: Jan Bimboes
Di u. Mi ab 18 Uhr,
Fr–So von 12–13 Uhr u. ab 18 Uhr,
Mo u. Do RT
Hauptgericht: 22–48 €,
Menüs: 44–128 €
VISA P

Ein Landgasthof wie er im Buche steht! Aber nicht einer von der traditionellen, rustikalen Art, sondern einer, der die gehobene Weinkultur und internationale Kulinarik hochleben lässt, ohne deshalb gleich auf Gourmetrestaurant zu machen. In den zeitgemäß aber trotzdem ländlich anmutenden Gaststuben hinter der mit Efeu berankten Fassade oder auf der Terrasse im Innenhof geht es mehr bodenständig als distinguiert zu – auf der Speisekarte gibt es trotzdem Gänseleber und Steinbutt, in der Weinkarte gereifte Raritäten aus Bordeaux und Piemont.

Aber natürlich auch gepflegte württembergische Tropfen oder ein Wiener Schnitzel! Küche und Keller des Adlers, der als guter Landgasthof zudem natürlich auch gepflegte komfortable Hotelzimmer vermietet, ist breit aufgestellt und hat für jeden Geschmack etwas. Wer hier mehr als zwei Gerichte essen will, hält sich am besten an das Menü, das es in drei bis sechs Gängen gibt, die als Menüportionen allerdings immer noch recht üppig dahergekommen. Und so wäre auch der Küchengruß, eine besser schmeckende als aussehende Schnitte Gemüsekuchen mit Schmandcreme, andernorts schon als Vorspeise durchgegangen. Geschmack geht hier klar vor Optik. Was nicht heißt, dass die Gerichte unansehnlich wären – aber auch nicht, dass geschmacklich und handwerklich alles voll überzeugt. Die bei der Zubereitung vermutlich etwas zu heiß gewordene und deshalb leicht grießig-rissige Gänseleberterrine, die mit einem unausgewogen sauren Rhabarberkompott und einer vorbildlich frisch gebackenen und warm servierten, allerdings sehr kompaktteigigen Brioche aufgefahren wurde, lag trotz des hohen Engagements eigentlich eher unterhalb von 5 Pfannen.

Was hier eigentlich immer tadellos ist, sind die Produktqualität, die Frische, die Natürlichkeit der Aromen. Das meiste Verbesserungspotenzial sehen wir derzeit in der handwerklichen Umsetzung, beim Abschmecken und vor allem auch bei der Komposition und Zusammenstellung sowohl der Gerichte selbst als auch beispielsweise der des Menüs. Denn wenn in der regulären fünfgängigen Speisefolge bei den Beilagen grüner Spargel mit Pfifferlingen und Kohlrabi auf grünen Spargel mit Karotten und wildem Brokkoli folgt und einen Gang später dann im Hauptgang weißer Spargel mit Pfifferlingen, Wildem Brokkoli, Karotten und Kohlrabi aufgeboten wird, ist das keine subjektive Meinung mehr, sondern Tatsache.

Spargel, Karotte und wilder Brokkoli zunächst als Begleitung zu an sich eigentlich sehr ordentlichem Steinbutt mit ebenfalls tadelloser bissfester Tagliatelle-Pasta, einer recht kräftigen Krustentier-Buttersauce, leider aber recht ausdruckslos rahmiger Schaumsauce auf Fischfondbasis. Darauf folgten Grünspargel, Kohlrabi und Pfifferlinge mit Jus zu klassisch pochiertem Hühnerei, das allerdings auf seinem Bett aus recht festem Kartoffelpüree nicht jene Wirkung entfalten konnte, wie es beispielsweise auf zart fließender Kartoffelmousseline möglich gewesen wäre. Die recht beliebig wirkende Zusammenstellung völlig gegenständlicher Beilagenprodukte hat auch den Nebeneffekt, dass alles eher wie die Summe seiner Teile wirkt als wie eine stringente Komposition.

Was bei einem schön dicken, dreifingerhohen Rinderfilet-Tournedos – gut gereift, behutsam gewürzt, knackig angeröstet, korrekt gegart – freilich viel weniger ins Gewicht fällt. Hier allerdings sollte man in vielerlei Hinsicht überdenken, ob der Hauptgang eines mehrgängigen Menüs neben dem Fleisch vier Stangen weißen Spargel, Pfifferlinge, Karotten, Zuckermais, wilden Brokkoli, Kartoffelpüree und auch noch zwei Schnitten Kartoffelgratin nötig hat. Nach unserem Geschmack wäre an dieser Stelle ein klassisches Drei-Komponenten-Gericht

im Sinne gehobener französischer Bistroküche die deutlich bessere Wahl gewesen – dafür statt der recht dünnen, unausgewogenen Jus mit einer substanzreichen, geduldig auf Basis vieler angerösteter Markknochen gezogenen Sauce mit Tiefe, Länge, Finesse...
So ähnlich wie beim Nachtisch, bei dem eine schön satt schokoladige und auch saftige Kuchenschnitte nebst pacojetcremigem Mangosorbet aufgeboten wurde. Doch sorgte hier als Dritter im Bunde das bereits von der Foie gras bekannte Rhabarberkompott für starke Dissonanzen. Stattdessen etwa eine die beiden Hauptdarsteller harmonisch vermählende rahmig-schmelzige Cremesauce und alles wäre in Butter gewesen. Dann hätte es auch die unbehandelten Garnitur-Beeren nicht gebraucht...

Hotelempfehlung

Hotel Landgasthof Adler

Riegestr. 15, 89192 Rammingen
07345-96410
www.adlerlandgasthof.de
Einzelzimmer: 74–99 €
Doppelzimmer: 134–185 €

Der Adler in Rammingen liegt einige Kilometer nordöstlich von Ulm und ist ein Landgasthof wie er im Buche steht. Nicht nur die beschauliche Lage im Lonetal, wo Donau, Schwäbische Alb und Schwäbischer Barockwinkel aufeinandertreffen, sondern auch das romantische Fachwerkhaus mit seiner über 200-jährigen Tradition kommt dem Idealbild schon sehr nahe. Und dieses Bild zieht sich bis hinein in die neun gemütlich eingerichteten Zimmer, die zum Teil mit Dachschrägen, einer Holzbalkendecke oder freiliegendem Mauerwerk viel authentisches Flair haben, mit kostenlosem WLAN, Flachbildfernseher und modernem Mobiliar sowie Zimmerservice aber auch viel zeitgemäßen Komfort bieten. Neben seiner besonderen Atmosphäre ist der Adler von Familie Bimboes überregional für seine hervorragende Küche, professionelle familiäre Gastfreundschaft und viel Wein-Expertise bekannt. In der nahen Region gibt es von Fossilien klopfen und Tropfsteinhöhlen entdecken über das Erklimmen des höchsten Kirchturms der Welt bis hin zum Besuch des nahen Legolandes vielfältige Möglichkeiten der Freizeitgestaltung. Restaurant Landgasthof Adler separat erwähnt.

Ravensburg (Baden-Württemberg)

6↑

Atelier Tian

auf der Veitsburg
Veitsburg 2,
88212 Ravensburg
0751-95125949
www.atelier-tian.de
Küchenchef: Christian Ott
Mi–Sa ab 18 Uhr, So–Di RT
Menüs: 75–135 €

Wer durch die hübsche Innenstadt Ravensburgs flaniert, ahnt gar nicht, welchen weiten Ausblick die auf einer zentrumsnahen Anhöhe gelegene Veitsburg eröffnet. Allein dafür lohnt sich der kurze, steile Spaziergang oder die Anfahrt mit dem Auto. Doch hier oben gibt es nicht nur Fernsicht, sondern im ehemaligen Wirtshaus der Burganlage mit dem Atelier Tian seit geraumer Zeit einen stylisch modern eingerichteten Genussort, der mit ambitionierter kreativer Küche lockt.
Als Inhaber und Küchenchef setzt Chris Ott hier mit seinem Team auf eine gehobene, aber nicht abgehobene Spielart von Fine Dining und experimentiert gern mit modernen Tech-

niken, bietet aber vor allem qualitätsbewusstes und bis ins Detail fundiertes Handwerk und gute Produkte. Und genau da liegen letztlich auch die wahren Stärken der Küche.
Das zeigte sich bereits bei den ersten Kleinigkeiten, die mit einer kleinen (zugekauften und deshalb etwas dickteigigeren) Waffel mit Kräuterfrischkäse und essbaren Blüten als erste charmante Einstimmung sowie einer Miniaturausgabe von glasierter Kalbshaxe mit Sauerkraut, einen Dot Kartoffelpüree, Schnittlauch und Schwartenpopcorn als verfeinert rustikaler Appetizer voll auf kraftvolle Aromen setzten.
Gleichermaßen lässig (im positiven Sinn!), aber etwas komplexer gestaltet, startete das eigentliche Menü mit einer sanft glasig gebratenen Jakobsmuschel von erfreulich klarem Aroma, die neben zitrisch-frisch marinierten Romanasalatblättern und Gurkenscheiben, einigen Punkten von Miso-Mayonnaise für Schmelz, Säurespitzen und Umami, sowie kleinen Croûtons angerichtet war.
Noch eine Ecke dynamischer und spannungsgeladener wirkte die folgende Kombination aus einem zwar kleineren, qualitativ aber erneut sehr guten, zarten und klararomatischen Kaisergranat mit Topping von Haselnuss und Zitrusfrucht in einem Ring aus Blumenkohlcreme und limonenfrischer geeister Blumenkohlmousse, in die eine kraftvolle Krustentieressenz angegossen wurde. Dabei sorgten sowohl der Temperaturkontrast als auch die markanten Aromen für ordentlich Spannung auf dem Teller und hätten für sich genommen sogar eine noch höhere Bewertung verdient.
Das hohe Produktniveau wurde – wie begeistert angekündigt – auch von der Elsässer Taube gehalten, die mit röstig krosser Haut und saftigem dunkelrosa Fleisch in einem kraftvoll herbstlichen Umfeld aus dunklem, getrüffeltem Waldpilzrisotto, gebratenen Totentrompetenpilzen und Pfifferlingen auf den Teller kam. Begleitet von etwas Kartoffelpüree, wildem Brokkoli für grüne Frische und einer trotz der subtilen Bindung mit Gänseleber elegant und leicht gehaltenen Geflügeljus war auch das ein Gericht, das schon in die nächst höhere Bewertungskategorie tendierte.
Aber auch der Abschluss rund um Aprikose als ein (proportional leicht übergroßer) Kussmund aus Sorbet konnte sich nicht nur sehen, sondern auch schmecken lassen. Begleitet von frischfruchtigem Gel, dunkelfruchtigen geschmorten Stücken und fluffigem Marshmallow wurde ein breites Spektrum von der Aprikose aufgefahren, das von zwei kleinen gebackenen Quarkbällchen als knuffig warmer Kontrast ergänzt wurde.

Dazu gibt es gut ausgewählte und qualitativ überzeugende Weine aus einem individuellen Sortiment mit Schwerpunkt in Deutschland und Frankreich. Bei der Auswahl kann man sich getrost in die Hände des aufmerksamen Serviceteams begeben – genau wie bei allen anderen Fragen und Wünschen.

5↑

Brasserie Cocotte

Grüner-Turm-Str. 16, 88212 Ravensburg
0751-88879001
www.brasserie-cocotte.de
Küchenchef: Stefan Schulze
Di–Fr ab 18 Uhr, Sa von 11.30–14 Uhr u. ab 18 Uhr, So u. Mo RT
Hauptgericht: 18–30 €, Menüs: 49–69 €

Ein klassisches französisches Bistro im allerbesten Sinne, also durchaus gehoben und mit Gourmetanspruch, aber auch breit gefächert und mit niedriger Schwelle. Es gibt hier Flammkuchen in verschiedenen Varianten, Fines-des-Claires-Austern aus Isigny, „Steak Tartare" oder „Croque Monsieur" – alles frisch und fundiert mit gehobenem Anspruch zubereitet und abgesehen von den Klassikern wenig klischeehaft. Denn daneben gibt es klassisch zubereitete, aber mit guten kreativen Ideen garnierte Eigenkreationen des Teams, die man sich auch zu einem Menü zusammenbasteln kann. Das Preisniveau ist gehoben, aber der Qualität durchaus angemessen.

5

Lumperhof

Lumper 1, 88212 Ravensburg
0751-3525001
www.lumperhof.de
Mi–Fr ab 17.30 Uhr, Sa–So von 11.30–14 Uhr u. ab 17 Uhr, Mo u. Di RT
Hauptgericht: 15–23 €

Der etwas außerhalb von Ravensburg idyllisch gelegene Lumperhof lässt nicht sofort erkennen, dass hier eine so niveauvolle, bisweilen sogar kreative Küche geboten wird. Für die zeichnet Jochen Fischer verantwortlich, der einst bei Albert Bouley im Waldhorn jahrelang dessen rechte Hand war und in seinem eigenen

Landgasthof, den er gemeinsam mit seiner Frau Sabine Decker-Fischer betreibt, gute Landküche mit Pfiff offeriert. Die hübsche ländliche Stube oder der urwüchsige Gastgarten lassen eher an Hausmannskost denken, aber hier wird deutlich mehr geboten. Mit vorzugsweise regionalen, aber genauso auch internationalen Feinschmecker-Produkten wird inspiriert, aber bodenständig und mit dem richtigen Augenmaß für Konzept und Klientel gekocht. Dazu eine kleine, aber feine Weinauswahl.

Regensburg (Bayern)

8

Aska

Watmarkt 5,
93047 Regensburg
0941-59993000
aska.restaurant
Küchenchef: Atsushi Sugimoto
Di–Fr ab 18.30 Uhr, Sa von 12–16 Uhr u. ab 18.30 Uhr, So u. Mo RT
Menüs: 130–175 €

VISA

Das nobel dunkel und asiatisch schlicht gehaltene Aska mit seinem typischen Sushi-Tresen und drei oder vier kleinen Tischen befindet sich in den pittoresken engen Altstadtgassen Regensburgs im fünften Stock und könnte nicht nur atmosphärisch, sondern auch kulinarisch in jeder Metropole dieser Welt bestehen. Für das Setting zeichnet Multi-Gastronom Anton Schmaus verantwortlich, der das Aska unter dem Dach seines ebenfalls sehr urbanen Restaurants Storstad vor wenigen Jahren eröffnet hat – für die Kulinarik Atsushi Sugimoto, japanischer Küchenmeister mit Kugelfischlizenz und jahrzehntelanger internationaler Erfahrung.

Was hier allabendlich in naher Anlehnung an den klassischen, im 19. Jahrhundert in Tokio entstandenen Nigiri-fokussierten Edomae-Stil als wahlweise acht- oder zehngängiges Menü plus optionaler Specials mit fast zenhafter Ruhe in beeindruckender Präzision von Sugimoto-San gefertigt wird, gehört hierzulande zum Besten seiner Art. Und vielleicht ist das Aska derzeit sogar ultimativ das beste Sushi-Restaurant in Deutschland. Denn Fakt ist auch, dass die präzise benannten Kritikpunkte unseres letztjährigen Besuchs, die es bei aller überwiegender Begeisterung durchaus gab, diesmal kaum mehr eine Rolle spielten. Die zuletzt auf sehr hohem Niveau etwas heterogene Präzision bei den Temperaturen und der Aromatisierung war diesmal beeindruckender Perfektion gewichen und die Qualität der Produkte präsentierte sich durchgängig hervorragend. Auch und gerade die der unterschiedlichen Teilstücke vom Thunfisch, die beim letzten Mal nicht ganz mit den sonstigen Top-Qualitäten mithalten konnten.
Mehr noch: Das Kama-Toro oder auch Kama-Shita genannte, dem Bauch vorgelagerte Dreieck unterhalb des Kiemendeckels, welches nur bei Fischen bestimmter Größe existiert und dem Atsushi Sugimoto beim letzten Mal einen eigenen Gang mit drei unterschiedlichen Varianten gewidmet hatte, wäre vermutlich auch in den besten japanischen Sushi-Hotspots vom heimischen Publikum gefeiert worden. Und das nicht nur wegen der herausragenden Qualität des maximal schmelzigen und dabei kein bisschen tranigen, bei aller Zartheit sogar überraschend festfleischigen Hauptproduktes, sondern auch wegen dem locker-flockig verdichteten, perfekt handwarmen, ausgewogen gesäuerten und in optimaler Menge an die beiden Nigiri gebrachten Reis. Und nicht zuletzt natürlich wegen der prononcierten Aromatisierung, einmal abgeflämmt und mit Ponzu-Rettich und einmal nur mit etwas Sojasauce lackiert und mit Misocreme und Kaviar getoppt, die jeweils so markant wie nötig und so zurückhaltend wie möglich ausfiel und den Fisch einfach nur mit viel Ausdruck in Szene setzte. Daneben noch zwei Maki-Sushi, in denen der Fisch trotz der Machart und einer etwas dickeren Algenbanderole auch noch sehr gut zur Geltung kam. Diesen Gang für sich genommen hätte man sicher auch noch höher bewerten können.
Womit wir zu einem grundsätzlichen Problem kommen, denn das Bewerten solch spezieller Konzepte und vor allem das direkte Vergleichen bzw. Messen mit den zumeist auf mehr oder weniger französischer Kochkunst basie-

renden Küchenstilen der Restaurants in unserem Guide ist irgendwie immer ein bisschen wie Fischen im Trüben und der Vergleich hinkt natürlich zwangsläufig. Wir versuchen trotzdem, die Leistung nach den uns zur Verfügung stehenden Parametern realistisch einzuordnen, wohlwissend, dass die Sushi-Kunst im Vergleich zur mitteleuropäischen Gourmetküche natürlich automatisch weniger mit Dingen wie Komposition und Komplexität punkten kann.
Eine gewisse Dramaturgie gab es im Laufe der Menüfolge trotzdem. Denn der erste Gang, eine Art Vorspeisenvariation mit verschiedenen Oshisushi, also gepressten Sushi-Varianten, zum Beispiel mit lackiertem Aal, on top gefüllten Röllchen mit Keta-Kaviar oder Seeigel, sowie einer geflämmten und mit Sojasauce nappierten Jakobsmuschel – ergänzt um gedämpfte Edamame, Ingwerblüte und Shisoblatt, blieben noch sehr dezent und pur in der Aromatik.
Es folgten Sashimi von Steinbutt, Lachs und Makrele, die nicht nur mit großartiger Qualität, sondern auch in perfekter Temperierung begeistern konnten. Mit N25-Kaviar angereichert und von einer ganz hervorragenden transparenten Ponzusauce begleitet. Mit den anschließenden Weißfisch-Nigiri wurde die Intensität der Aromen erhöht: Bei dem vom Wolfsbarsch (abgeflämmt) mit rauchig-süßlicher Misopaste und Schnittlauch, bei dem von Dorade (mit Soja lackiert) mit Trüffel und Maldon-Salz und bei der vom Steinbutt mit Yuzu Kosho und japanischem Senf – auch hier bei jeder Variante wieder beachtliche Perfektion in Sachen Proportionen, Temperaturen und der von süßlich-würzig bis zitrisch-scharf reichenden Aromatisierung.
Ein Klassiker, die drei Thunfisch-Nigiri von Rücken zu Bauch in den drei Fettstuffen „akami“ (mager), „chutoro“ (mittelfett) und „otoro“ (fett), beeindruckte neben der beachtlichen Fischqualität ebenfalls mit sehr locker geformtem Reis, fein dosierter Säure, perfekter Temperatur und genau der richtigen Menge an Wasabi und Würze. Von ähnlicher Güte waren die beiden Wagyu-Nigiri, einmal mit Frühlingslauch-Ponzu und einmal mit frischer Trüffel und Trüffelsalz, die als optionales Special den einzigen Fleischgang der Menüfolge darstellten.
Als warme Gänge jenseits von Sushi und Sashimi bekamen wir beispielsweise Udon-Nudeln in der Dashibrühe mit Erdnusssauce, pikantem Kohl und säuerlich eingelegten Shimejei-Pilzen à part. Als „Yaki“-Gang in einer Teriyakisauce eingelegten und gegrillten Wolfsbarsch (begleitet nur von Peperoni und Shisoblatt), der uns allerdings, genau wie später auch ein gegarter Kaisergranat als Nigiri, deutlich zu lange gegart war und in seiner recht uncharmant festen, trockenen Konsistenz das Produkt nicht adäquat in seiner grundsätzlich sicher sehr guten Qualität darstellen konnte. Das beste unter den warmen Gerichten war ein Tataki vom Thunfisch auf einem Salat von Algen, Rucola und Zwiebeln, weil hier der Garpunkt so getroffen war, dass außenherum Fett und Eiweiß gerade so „aktiviert“ wurden und der Kern nicht zu kühl war und die „Beilage“ zwar viel Umami, aber wenig plakative Würze ins Schälchen brachte.
Ein Highlight folgte noch zum Schluss mit dem Unagi Kabayaki, dem süßlich-würzig eingelegten und gegrillten Süßwasseraal, der in seiner zwar typisch kraftvoll komplexen, aber eben überhaupt nicht plumpen und dichten, sondern begeisternd transparenten und feinen Art den Charakter des Fischs ganz weit nach vorne stellte. Und so waren wir uns zu den begleitenden Klängen diverser auf Vinyl gepresster Rockklassiker, die von einem Turntable auf dem Tresen abgespielt werden, auch diesmal wieder sehr sicher, dass man Vergleichbares in Deutschland wohl nur sehr schwer finden wird. Und wer sich dieses Erlebnis noch ein wenig authentischer ausgestalten will, wählt dazu die vom Service sehr kundig kommentierte Sake-Begleitung.

5↑

Gänsbauer

Keplerstr. 10, 93047 Regensburg
0941-29021897
restaurant-gaensbauer.de
Küchenchef: Johannes Gareis
Mi–So ab 17 Uhr, Mo u. Di RT
Hauptgericht: 7–20 €, Menüs: 70 €
VISA

Altbekannter Genussort, neue Betreiber, neues Konzept: Mitten in der Coronakrise haben Elena und Michael Kreuzer sowie Küchenchef Johannes Gareis das bekannte Traditionslokal in der Regensburger Keplerstraße mit einem mutig unkonventionellen Konzept neu eröffnet und setzen hier fortan auf eine kreative Verbindung von bayerischer Küchentradition und spanischem Tapas-Format. Das heißt konkret: Die Speisekarte listet von „Magentratzerl“ über „Vorweg“, „Schmankerl“ und „Klassiker“ bis zu

„Desserts" jeweils kleine markante Zubereitungen, die teils mit bekannten bayerischen Geschmacksbildern spielen, teils eine Prise Fernweh einstreuen, aber in jedem Fall mit verhältnismäßig einfachen Mitteln markante Eindrücke schaffen.
Auch das Ambiente hat ein Facelift erhalten und bietet mit warmem Naturholz in dem weiß getünchten Gewölbe des Restaurants und moderner Bestuhlung an schlichten Balkentischen eine ebenso einladend-heimelige wie stylische Umgebung. Und in der wärmeren Jahreszeit locken sowieso weiterhin der idyllische Innenhof oder die Terrasse. In jedem Fall wird es den Besuchern sehr leicht gemacht anzukommen und sich auf das etwas ungewöhnliche Konzept einzulassen. Aber auch die kleinen Gerichte selbst, von denen etwa vier bis fünf für einen genussvoll magenfüllenden Eindruck empfohlen werden, machen das sehr einfach. Denn obwohl die durchweg frisch und natürlich zubereiteten Teller durchaus in Richtung Fine Dining zeigen, wirken sie allesamt erfreulich unkompliziert schwungvoll.
So auch bereits der kleine Würfel von in Soja gebeiztem Rinderfilet, der schon sehr gut die Marschrichtung der Küche anzeigte, weil neben der dunkel-salzigen Würze am gut gereiften Fleisch sowohl Kimchi, Gurkenwürfel und Crème fraîche als auch ein Quinoachip für ordentlich Radau auf dem Teller sorgten – das aber ganz im positiven Sinn, mit mutig markanten Aromen, bei denen nur durch die beinahe mikroskopische Portionierung ein wenig Potenzial verschenkt wurde.
Mengenmäßig überzeugender gelang die folgende Kuppel aus zartem Wirsing mit Garnelenfüllung aus einer Art Farce, in der große klararomatische Stücke eine hohe Grundqualität zeigten, die zwiebelige Note dagegen für eine deutliche Rustikalität sorgte. Ein sanft rahmiger Fond, gegrillte und sauber enthäutete Pfirsichspalten und grüner Wildspargel lieferten dazu Leichtigkeit und Eleganz.
Letztere brachte auch die auf ascheschwarzer Brioche applizierte Gänselebercreme mit, die von glasierten Apfelwürfeln und Röstzwiebeln peppig akzentuiert wurde. Die drei identischen Quader auf einem länglichen Teller eigneten sich dabei vor allem für eine Sharing-Bestellung ganz prima. Für Alleinesser hätte beispielsweise mit variierten Toppings für noch mehr Abwechslung gesorgt werden können. Aber dies nur am Rande, denn grundsätzlich war auch dies eine sehr stimmige und ansprechende Sache.
Unter den quasi als Hauptgerichte konzipierten „Schmankerln" zeigte ein rosa gegrilltes Kalbsherz lobenswerten Mut zu intensiven Charakterprodukten, wurde in seinem kräftigen Aroma mit produkttypisch straffer Konsistenz durch eine elegante Kalbsjus gestützt und erhielt außerdem eine adäquate knallige Umgebung aus wärmend scharfem spicy Brokkoli, Artischocke, Pistazie und saftig gegrillter roter Paprika. Einer der stärksten Eindrücke des letzten Besuchs!
Bei den Desserts widmet sich das Team vor allem der kreativen (und erfolgreichen!) Dekonstruktion bekannter Evergreens. Sei es mir einem „Bienenstich" mit Met-Creme, Rhabarber, Salzzitrone und Rose oder einer Interpretation von „Joghurette" mit einem luftigen Erdbeermousse-Törtchen auf Kokosboden neben einem erfrischenden Joghurteis und dunklen Schokoladen-Akzenten.
Passend zum modern und funky daherkommenden Gesamtkonzept liegt der Schwerpunkt bei den Getränken auf kreativen Cocktails und ausgefallenen Gin-Tonic-Varianten, ergänzt von einer kleineren Weinauswahl im gehobenen Einstiegsbereich, mit der clever viele verschiedene Weinstile abgedeckt werden und sicher für jeden Gast und Geschmack etwas Passendes geboten wird.

6

ONTRA

Franz-Mayer-Str. 5 a,
93053 Regensburg
0941-20492049
www.ontra-regensburg.de
Küchenchef: Peter Grasmeier
Do–So ab 18 Uhr,
So–Mi RT
Menüs: 119–149 €
EC VISA P

Mit dem etwas außerhalb des Stadtzentrums gelegenen Ontra hat Regensburg sein wahrscheinlich urbanstes Genussziel erhalten. Eines, das nicht nur uns mit seinem Konzept einer raffinierten und zugleich leicht zugänglichen Küche vom Start weg überzeugen konnte und sich deshalb zurecht großer Beliebtheit erfreut, so dass es selbst unter der Woche nicht selbstverständlich ist, kurzfristig einen Tisch zu ergattern. Gelingt das aber, kann man sich auf ein elegantes modernes Ambiente freuen, dessen weitläufige Fläche und die nicht eben wenigen Tische durch stilvolle Raumteiler geschickt aufgegliedert sind und so auch bei vollem Haus eine entspannte Atmosphäre garantiert ist. Und natürlich auf eine reizvolle Küche, die wahlweise in einem bis zu siebengängigen Gourmetmenü oder einer separaten Auswahl à la carte erlebbar wird. Letztere tendiert ebenfalls in Richtung Fine Dining, fällt aber teilweise auch etwas bodenständiger aus.

Wer einen möglichst guten Einblick in die Ideen und das Potenzial der Küche erhalten möchte, wählt entsprechend am besten das Menü und bekommt dann auch gleich ausgezeichnetes Baguette, Focaccia und kleine Grüße auf den Tisch, die schon einmal Lust auf mehr machen. In unserem Fall ein kleiner Kartoffelrösti mit Kaviar, eine tiefgründige Wildessenz und Kabeljautatar mit lockerem Couscous, einer limettenfrischen Creme und Gartenkresse. Wobei diese Einstimmung letztlich nur ein vorsichtiger Fingerzeig auf das ist, was das Team in der Küche alles draufhat.

Viel deutlicher zeigte das nämlich ein satt aromatisches Rindertatar auf einem sanft süß-säuerlich abgestimmten Kürbischutney, das proportional aber klar untergeordnet nur zarte Begleittöne spielte, während ein Topping aus gepickelten Zwiebelstreifen, Kürbischips und einer fruchtig-süßlichen Zwiebelcreme mit feiner Süße und Säure für die pointierten Obertöne sorgte. Mit einer leichten, aromentransparenten Sauce als verbindendes Element hätte das Team da sogar noch eins draufsetzen können, aber auch so war das ein gelungener Auftakt, der gekonnt die hervorragende Fleischqualität in den Mittelpunkt stellte.

Ein klares Wohlfühlgericht folgte mit dem wachsigen Onsenei, das sich gemeinsam mit geschmortem Lauch in einem luftigen Kartoffelschaum versteckte und von limonenfrischer Kresse und Croûtons als feinere Details akzentuiert wurde. Dabei hätte das Eigelb etwas weniger fest eine noch süffigere Verbindung zu dem sehr fragilen Schaum aufbauen können, aber wie beim ersten Gang war auch das ein eher nebensächliches Detail, dass nichts an der guten Idee und souveränen Umsetzung änderte und nur veranschaulichen soll, warum wir mit der Höherstufung auf 7 Pfannen noch zögern.

Das galt genauso für den sanft confierten, zart aufblätternden Lachs, dessen klares und frisches Aroma gut balanciert von einer mit Dillöl marmorierten Beurre blanc, eher rustikal und etwas dumpf wirkendem Weißkohl und einem knusprig-filigranen Röstigeflecht mit Dillcreme als Topping ergänzt wurde. Und noch einmal mehr für die folgenden Tranchen vom Wagyu-Rind, die mit markant röstwürzigem Bratrand rund um einen sanft temperierten Kern den komplexen Geschmack und feinen Schmelz des Premiumfleischs wunderbar herausstellten. Die Begleitung mit einer sehr süßlichen Pastinakencreme, gerösteten Pastinaken und Brokkoli wirkte dagegen eher einfach und war ein bisschen zu sehr auf der mildsüßen Seite. Auch die nur sehr verhalten aromatische weiße Trüffel konnte da nicht kontern. So waren das exzellente Fleisch und die ebenbürtige, weil transparent, tiefgründig und elegant gehaltene Jus die Stars auf dem Teller.

Den süßen Abschluss bereitete zuletzt ein geschmorter Apfelring, dessen Aroma von einer Füllung aus Apfelragout verstärkt und von einem dank der verwendeten Sorte Granny Smith eher frisch wirkenden Apfelsud aufgehellt wurde – winterlich pfiffig von einem üppig schmelzenden Lebkucheneis und duftigem Glühweinschaum ergänzt. Auch dieses Finale lag auf dem insgesamt hohen Niveau, das aktuell tatsächlich nur Kleinigkeiten von einer noch höheren Bewertung trennt. Und das charmante Serviceteam und dessen lohnende Weinempfehlungen aus einem gut sortierten und trinkanimierend kalkulierten Sortiment passen da auch gut ins Bild.

8↑ ||||||

Roter Hahn

Rote-Hahnen-Gasse 10,
93047 Regensburg
☎ 0941-595090
www.roter-hahn.com
Küchenchef: Max Schmidt
Di-Do ab 18 Uhr,
Fr u. Sa von 12–14 Uhr u. ab 18 Uhr,
So u. Mo RT
Hauptgericht: 25–42 €,
Menüs: 135–170 €

Der mitten im Herzen der Altstadt gelegene Rote Hahn ist ein gutes Sinnbild für die Entwicklung in der sehenswerten Domstadt: einerseits reich an Tradition und geprägt von der langen Historie. Andererseits aber alles andere als provinziell, sondern auf urbane Art voll am Puls der Zeit. Letzteres verdankt das seit 1950 über Generationen hinweg von der Familie Schmidt geführte Altstadthotel insbesondere dem erst 29 Jahre jungen Max Schmidt jun., der den Betrieb im Jahr 2020 gemeinsam mit seiner damaligen Verlobten und heutigen Frau Laura übernommen und mit seiner individuellen, von internationalen Erfahrungen geprägten Handschrift im Gourmetrestaurant für viel neuen Wind gesorgt hat.

Wer heute eher zufällig vom Altstadtbummel in den Roten Hahn stolpert, wird schon angesichts des modern-stylischen, zugleich aber warm und behaglich wirkenden Ambiente staunen. Noch mehr aber bei einem Blick in die Speisekarte. Mittags offeriert diese noch eher klassische und bodenständigere, aber dennoch auf sehr hohem Niveau gekochte Gerichte, zu vergleichsweise einladenden Preisen. Am Abend aber wird insbesondere in dem zwischen 5 und 8 Gängen angelegten Menü ein beeindruckend inspiriertes und kreatives Fine-Dining-Programm geboten.

Und apropos Inspiration: Nicht von ungefähr zeigen viele Gerichte starke Einflüsse von der jungen Stockholmer Kochlegende Björn Frantzén, in dessen Restaurants in Stockholm und Singapur Schmidt während seiner Lehr- und Wanderjahre mitgewirkt hat. Das sorgt wesentlich für den urbanen Drive im Roten Hahn und ist an dieser Stelle eine uneingeschränkt positive Referenz, zumal Max Schmidt bereits bei diesem Besuch mehr eigene Handschrift zeigte als noch im vergangenen Jahr und insgesamt sicher erst am Anfang seiner Entwicklung steht.

An einem äußerst vielversprechenden Anfang allerdings, denn seine Gerichte bauen einerseits auf makellosem klassischem Handwerk in exakter, zeitgemäßer Ausführung auf, werden darüber hinaus aber durch ungewöhnliche Ideen und eine bezaubernde Leichtigkeit durch schlanke Saucen, feine Säure und fermentierte Produkte geprägt. So kann man sicher sein, bei einem Besuch immer wieder ganz neue spannende Erfahrungen zu machen.

Das beginnt – auf noch eher zurückhaltende, aber dennoch feinsinnige Art – bereits bei den ersten Kleinigkeiten zum Aperitif, die zuletzt beispielsweise bei einem säuerlich fruchtigen Himbeer-Macaron mit Tonkabohne und warmwürziger Blutwurstfüllung sowie einer hauchdünnen Strudelteig-Tartelette mit ätherischen Kräutern, einer beinahe fließend zarten Joghurtfüllung und pikanter Paprikaglasur inklusive nachhallender Espelette-Schärfe zeigten, wie exakt das Team aromatisch arbeitet.

Der typische Stil wurde dann bei einem vegetarischen „Sushi" mit Ananas-Kimchi und in Johannisbeersaft eingelegten Cranberries sowie einer aus Tacoteig fabrizierten Tartelette mit Chutney, Creme und Scheiben von Sellerie, geräuchertem Ahornsirup und Trüffel durch dessen feine Würze, Säure und Süße noch deutlicher. Wobei die Tartelette allerdings von einem unnötigen Hauch von Trüffelöl in ihrer Wirkung leicht beeinträchtigt wurde...

Das sollte allerdings der einzige irritierende Moment in einer ansonsten beeindruckenden Performance sein, die mit trockengereiftem Saibling als hauchzarte Rose mit gepickeltem Rettich und seinem Kaviar einen nicht nur bildhübschen, sondern auch aromatisch komplexen Auftakt bekam. Der fleischig intensive Süßwasserfisch bekam hier vor allem durch einen feinsinnig spannungsgeladenen Fond aus fermentiertem Zwetschgensaft, Verbeneöl und Kaffirlimette auf duftig-blumige und herb süß-säuerliche Art eine höchst eindrückliche Bühne.

Mut zu sonst eher unterrepräsentierten Produkten zeigten die marinierten und dünn kross ausgebacken Schweineschwänzchen mit einem Topping aus saftigem gezupftem Fleisch und Kürbiswürfelchen mit feiner Fruchtigkeit und einem subtilen Spiel von Süße und Säure. Allein diese Zubereitung der Schwänzchen gelang famos, aber spätestens durch die Einbettung in eine fluffige Kaffirlimettenbutter mit Champagneressig, die eine an Mayonnaise erinnernde Cremigkeit, aber auch ätherische Duftigkeit und Frische beisteuerte, sollte auch jeder Skeptiker überzeugt worden sein.
Von vornherein keinen Anlass zu Skepsis bot der in einem Hauch von schmelzendem Lardo präsentierte Steinbutt, der mit feiner cremiger Salzigkeit auf Artischockenmousseline und zarten Artischockenstücken auf einem mit Kräuteröl marmorierten Ingwer-Dashi-Sud eher auf einer eingängigen Linie lag. Der dabei aber durch seine einerseits puristisch verdichtete und andererseits transparent freigestellte Aromatik ein weiteres Mal das enormer Potenzial der Küche aufzeigte.
Dieses wurde dann noch deutlicher bei der im Hauptgang servierten Kalbszunge. Das zunächst trockengereifte, dann sous-vide gegarte und in Stachelbeersaft eingelegte Fleisch bestach durch butterzarte Konsistenz, aber dennoch mit einer gewissen Spannung und feinem kräftigen Geschmack, ergänzt von einer leicht rauchigen Note vom Abflämmen. Gemeinsam mit kleinen festen Pfifferlingen, die ätherisch von Limonenöl erfrischt wurden, sowie einer meisterlichen klasssischen Vin-Jaune-Sauce, die von Koriandersaat einen originellen Twist bekam, ergab das einen ebenfalls puristisch wirkenden, aromatischen, sehr komplexen und vor allem durch das unkonventionelle Hauptprodukt mit Originalität begeisternden Teller, für den wir locker auch schon 9 Pfannen vergeben hätten.
Dass eine solche Bewertung nicht völlig aus der Luft gegriffen ist, zeigte auch das schwebend leichte, auf zwei Schüsseln aufgeteilte Dessert rund um Himbeere und Pfirsich: Einmal mit einem Himbeer-Ragout mit zartem Parfait, Sternanisschaum und einer laserscharf prickelnden Schärfe. Daneben mit eingelegten Pfirsichen, die eine zarte, beinahe floralen Fruchtigkeit beisteuerten und auch im süßen Bereich illustrierten, wie viel das Team auf scheinbar minimalistische Art aus bestmöglichen Produkten herauszuholen vermag.
Keine Frage, Max Schmidt jun. ist eines der großen Talente hierzulande. Einer, den es genau zu beobachten gilt. Und der Rote Hahn mit seiner ungezwungen heiteren Atmosphäre, dem charmanten Serviceteam und vielen spannenden Weinen, die auch den gewagteren Kreationen standhalten, insgesamt eine rundum lohnende Adresse, nicht nur in der Region Regensburg, sondern auch im überregionalen Vergleich.

8

Storstad

Watmarkt 5, 93047 Regensburg
0941-59993000
www.storstad.de
Küchenchef: Josef Weig, Anton Schmaus
Di u. Mi ab 18.30 Uhr, Do–Sa von 12–13.30 Uhr u. ab 18.30 Uhr, So u. Mo RT
Menüs: 160–180 €
VISA

Das sehr helle und großzügige, dabei schnörkellos modern und puristisch gestaltete Ambiente über den Dächern und Türmen Regensburgs, das mit seiner durchgehenden, bodentiefen und deckenhohen Glasfront einen herrlichen Ausblick auch auf den berühmten gotischen Dom gewährt, könnte ohne Übertreibung auch in jeder Metropole dieser Welt bestehen. Passend also der schwedische Name „Stadt" und das ausgesprochen internationale Kulinarium, welches es als siebengängiges Menü mit Fisch und Fleisch sowie auch als vegetarische Variante gibt.
Wir starteten zuletzt mit einem Beeftatar auf einer Kartoffelwaffel und einem gerollten Beefcarpaccio mit Kaviartopping, die beide sofort durch die hervorragende Fleischqualität mit schmelzigem Fett und viel Eigengeschmack auffielen. Auffällig gut war auch die Butter zum warmen Brot und originell die mit Salsiccia, Pinienkernen und Basilikum herzhaft mediterran gestaltete Frischkäsecreme. Überhaupt lässt sich der Küche problemlos nachsagen, dass sie

nicht nur hohen Aufwand betreibt, sondern sehr viel Wert auf exzeptionelle Qualität der Viktualien legt und diesbezüglich wirklich keine Kompromisse eingeht. Das würde grundsätzlich alles auch eine noch höhere Bewertung hergeben.
Sehr stark war dann gerade aufgrund der weit überdurchschnittlichen Produktqualität auch die Vorspeise um als Tatar dargebotenes roh mariniertes Fleisch von der Gamba Carabiniera, das mit seiner jodigen Süße und dem natürlichen Schmelz auf ein Bett aus Quinoa geschichtet und mit dünnen zarten Streifen von geschmortem Iberico-Schweinekinn, aber auch mit knackigem mild gepickeltem Rettich getoppt war. Dazwischen immer wieder punktuell hineingetupfte intensive Krustentiermayonnaise brachte dem Ganzen neben einem Aromenboost fürs Gamba-Tatar noch zusätzlichen (und sehr zuträglichen) Schmelz. Schade, dass das, was uns hier für eine höhere Bewertung fehlte, nämlich ein schneidig kühler Akzent, eigentlich durch den ebenfalls annoncierten, tatsächlich aber kaum wahrnehmbaren frisch geriebenen Wasabi hätte eingebracht werden können. Und auch dessen forsche Schärfe hätte sich hier garantiert sehr gut gemacht.
Man kann also dem Team um Anton Schmaus und seinen langjährigen Küchenchef Josef Weig beim Setzen solcher Akzente ohne Weiteres den gleichen Mut zusprechen, den es schon beweist, wenn es mit Umami und Würztiefe bis hart an die Grenze geht. Hier etwas mehr und dort etwas weniger wäre auch nach unserer jüngsten Visite im Storstad ganz klar und deutlich der Schlüssel, um die auch so schon sehr attraktiven Kreationen noch anspruchsvoller zu gestalten und ihnen jene Tiefenschärfe zu verleihen, die ihnen in Hinblick auf eine noch höhere Bewertung aktuell fehlt. Denn an guten Ideen und an den Skills, diese dann auch handwerklich überzeugend auf die Teller zu bringen, fehlt es hier mitnichten!
Das bewies auch der überraschend originelle, mit „Roscoff-Zwiebel" überschriebene Zwischengang, bei dem die mildwürzige Zwiebelvarietät allerdings nur ein Bestandteil von vielen war und im Endeffekt dafür verantwortlich zeichnete, dass dieses ansonsten mit Kaviar, pochierter Auster, Austernblatt und weiteren mineralischen Kräutern wie etwa Salicornes sehr jodige, durch die unterfütternde Creme von Sauerampfer und Oxalis aber auch frischsäuerlich abgefederte Gericht noch eine elegant herzhafte Facette bekam. Und es somit in seiner Intensität auch sehr vielschichtig wirkte. In unseren Augen war das der stärkste Gang des Menüs, aber auch hier hätte man mit noch etwas leichterer Creme und tatsächlich sogar mehr Säure noch einiges zusätzlich bewirken können.
Ein noch höheres Power-Level mit enormer Dichte läutete als kleiner Teaser schon das Seeforellentatar mit mariniertem Spitzkohl auf dashiähnlichem, mit Bärlauchöl marmoriertem Rauchfischsud an, das mit seiner Umami-Wucht die Einstimmung auf den eigentlichen, besonders haptisch sehr vielschichtigen Gang mit den gleichen Hauptprodukten war. Auf diesem Teller war die Seeforelle aus der Fischzucht Birnbaum dann sanft und zart pochiert und mit ihrem Kaviar, feinstreifigen Radieschen und Knusperpartikeln von der Haut bestückt. Daneben angeröstetes Kraut mit Kohlsprossen und Räucherfischrilette auf einer größeren Menge von demselben Rauchfischsud mit Bärlauchöl aus dem ersten Aufzug: sehr viel Umami und Salz, auch am Fisch und am Kohl! Unterm strich nicht unharmonisch, aber fast schon etwas anstrengend.
Da kam das folgende Kalbsbries mit überraschendem Frischefaktor trotz cremiger Opulenz dann sehr gelegen. Das sehr saftige in Kugelform gebackene Stück von der Thymusdrüse des Kalbs saß hier auf einem unter säuerlichen und schaumigen Béarnaise-Teppich versteckten süffigem Ragout von weißem knackigem Spargel, Kalbskopf und Kapern, das ebenfalls mit einer gewissen lebhaften Säure ausgestattet war. Eine Spur Nussbutter verlieh dem Ganzen noch ihre verführerische röstaromatische Note, so dass das in sich sehr stimmiges Gericht klar in Richtung Gourmet-Soulfood tendierte.
Unsere Feststellung, dass vielen Gerichten einfach nur ein paar markante Nadelstiche fehlen, um sie ohne viel Aufwand auf ein noch höheres Level zu hieven, wurde auch mit dem grundsätzlich sehr guten vegetarischen Gang um fluffiges und saftiges Polentasoufflé mit Artischocken gebackenem Wachtelei und Trüffelsaft auf Artischockencreme bestätigt. Denn das wirkte aromatisch sehr flächig und auf hohem Niveau eindimensional. Hier wäre nach unserem Dafürhalten beispielsweise eine markante alkoholische Süße und etwas Säure an der Trüffeljus der Türöffner gewesen.
Und ähnlich verhielt es sich auch bei dem insbesondere an der mit Morchelfarce überbackenen Perlhuhnbrust von relativ viel Salz und dichter kompakter Umamiwürze mit eher breitem Pinselstrich gezeichneten Hauptgang. Das Produkt selbst war wieder top, mit aromatischem, festem Fleisch neben sautierten Morcheln, perfekt zart knackigem grünem Spargel

und diesmal einer sogar überraschend transparenten Jus. À part im Schälchen, haptisch auch etwas eindimensional weich: Pommes boulangerès in Zylinderform.
Das grundsätzlich hohe Niveau der Küche riss auch zum Dessert nicht ab, das sich in Form eines „Japanischen Käsekuchens" um die Leitaromen von Rhabarber und Sauerampfer drehte, deren säuerliche Frische von (recht festem) Mürbteig und Cremes fein eingefangen wurde und durch Fenchelsaat auch noch ein origineller Twist hinzukam.
Sehr empfehlenswert ist im Storstad übrigens auch die alkoholfreie Getränkebegleitung zum Menü, die ausschließlich selbst hergestellte sehr schlanke und elegante Drinks meist auf Tee- und/oder Fermentationsbasis umfasst, die wirklich sehr gut begleiten. Zum Beispiel von Oolong und Blutorangensaft zum Bries oder die „Lakto-Nektarine" mit animierend salziger Frucht zum Perlhuhn. Natürlich haben aber auch Weinreise und Weinkarte viel Spannendes zu bieten.

Reichelsheim (Hessen)

5

Treuschs Schwanen

Rathausplatz 2, 64385 Reichelsheim
06164-2226
www.treuschs-schwanen.com
Küchenchef: Thomas Treusch
Fr-Di von 11.45–13.30 Uhr u. ab 18 Uhr, Mi u Do RT
Hauptgericht: 25–38 €, Menüs: 49–120 €

VISA

Als einzige und dafür besonders fest etablierte Genussinstitution im Odenwald steht Treuschs Schwanen seit über 30 Jahren für eine im besten Sinne klassische, dabei aber durchaus mit der Zeit gehende Küche, in der viele regionale Spezialitäten, daneben allerdings auch ganz undogmatisch weiter gereiste Produkte in geradlinig-frischer Art geboten werden. Das gilt grundsätzlich gleichermaßen in den bodenständigeren „Johanns Stuben" wie im gehobeneren „Treuschs Schwanen" – dort einfach mit exklusiverer Produktpalette und in etwas elaborierter Darbietung.
Dazu kommen ein geschmackvoll schlichtes Ambiente und die herzliche unkomplizierte Art der Gastgeber als nachvollziehbar wirksames Erfolgsrezept. Den besten Beweis für den jahrelangen Erfolg liefert aber immer noch das Team um Küchenchef Thomas Treusch selbst. Und das gelang beim letzten Besuch schon mit der Einstimmung in Form von saftig gegartem und in lockerem Bierteig ausgebackenem Kohlrabi neben Frischkäsecreme und einem kleinen Radieschensalat, der schon sehr gut die typische Handschrift widerspiegelte: bodenständig, aber mit charmant gehobenem Twist – natürlich, frisch und auch in rustikaleren Momenten jederzeit überzeugend.
Das galt genauso für das Ceviche von der Lachsforelle in eher fettigerer, stark marmorierter Ausführung mit reichlich Tigermilk inklusive der typischen Limettensäure, aromatisch noch verstärkt von Schalenabrieb, einer rustikalen, deftigen Zwiebeligkeit und ätherisch die Nase freiräumendem Meerrettich, der den exotischen Ausflug im Handumdrehen wieder auf regionalen Boden holte.
Ebenso stimmig, aber mit noch mehr Power, kombinierte das Team einen knusprig gebackenen und dünn mit Bröseln gratinierten Strudel, der mit saftig tiefwürziger Füllung aus gezupftem Ochsenschwanzfleisch und etwas Kalbsfarce daherkam. Noch weiter gepusht wurde diese Umami-Bombe von einer konzentrierten Dornfelderjus, moderat aufgelockert wiederum von Apfel-Wirsinggemüse. Bester Beweis dafür, wie sehr sich fundiertes und geduldiges Handwerk bezahlt macht!
Ein kleines Manko gab es dann allerdings bei den nussig panierten Rehschnitzeln, die ein klein wenig trocken auf den Teller kamen. Ansonsten aber machte dieser Hauptgang in Begleitung von knusprig-saftigen Walnusskrapfen, einem (etwas rustikalen) Pilz-Lauchgemüse und einer natürlich-eleganten Wildsauce ebenfalls eine gute Figur und war ebenfalls ein Zeugnis dessen, wie solide das Team arbeitet.
Und das war am Ende und trotz der eher altbackenen Optik auch der mit einer markant aromatischen Apfel-Calvadoscreme gefüllte locker-knusprige Windbeutel. Der wurde von duftigem Thymian-Honigeis und dunkel redu-

ziertem Apfelbalsam ergänzt, was für gut durchdachte, mit verhältnismäßig einfachen Mitteln erzeugte Kontraste sorgte.
Der gut gefüllte Keller sorgt seinerseits dafür, dass die Gläser garantiert passend zu Anlass, Laune und Gericht gefüllt sind. Und im Sommer lockt außerdem ein idyllisch begrünter Freisitz zum Genuss an frischer Luft.

Reichenow-Möglin (Brandenburg)

Kleinod

im Romantik Hotel Schloss Reichenow

Neue Dorfstr. 1,
15345 Reichenow-Möglin
033437-276628
www.schlossreichenow.com
Mi–Fr ab 17 Uhr, Sa u. So ab 12 Uhr durchgehend, Mo u. Di RT
Hauptgericht: 22–32 €,
Menüs: 65–98 €
VISA

Die direkt an einem kleinen Badesee gelegene Schlossanlage beherbergt nicht nur ein stilvolles Romantik-Hotel, sondern auch ein ambitioniert betriebenes Restaurant und lohnt mit gerade mal einer guten Stunde Fahrzeit auch von der Hauptstadt aus eine Landpartie in die beschauliche Oderbruch-Region. Die Gasträume sind mit hohen stuckverzierten Decken, Flügeltüren aus verziertem dunklem Holz, Fischgrätparkett und teilweise modernem Mobiliar und zeitgenössischer Kunst an den Wänden durchaus geschmackvoll. Und der Blick in die Speisekarte macht sofort Lust auf Genuss.
Es gibt eine Auswahl an Gerichten à la carte, die von eher Bodenständigem wie Gänsebraten mit Rotkohl und Klößen, einer halben Ente oder Sauerbraten bis zu Exklusivem und Kreativem wie einer mit Zitrone und Minze kombinierten Gänseleberavariation reicht. Und es gibt ein bis zu siebengängies Menü, das kleine Portionen und großen Genuss verheißt. Dessen Preis ist sehr moderat, aber dennoch so gehoben, dass ein gewisser Anspruch suggeriert wird.
Das vorneweg servierte Baguette nebst mildem, lockerem Kräuterquark und die mit dem „Isi-Whip“ zur Espuma aufgeschäumte Kürbissuppe in der Espressotasse waren sehr solide, wurden der Erwartungshaltung aber noch nicht ganz gerecht. Auch nicht die kleinen, dunkel, matt und recht salzig schmeckenden Scheibchen vom wahrscheinlich gebeizten Rehfilet, die hier mit ein paar Wildkräutern einer süß-säuerlichen Übermacht von Kürbischutney, Wacholderbeerenvinaigrette und wie eine Crème brûlée karamellisierter Hagebuttencreme gegenüberstand.
Damit kein falscher Eindruck entsteht: Hier wird ambitioniert und auch mit Sorgfalt und Ideenreichtum gekocht, und wir könnten uns durchaus vorstellen, dass die eher klassisch-traditionellen Gerichte sogar richtig lohnend sind – die Ergebnisse der Fine-Dining- und Kreativabteilung indes konnten uns als solche nicht gänzlich überzeugen. So auch nicht die leider ziemlich substanzlos wässrige und auch eher süßliche Kürbisconsommé mit einem wirklich absurd winzigen Abschnitt von Venus- und Miesmuschel, thronend auf einer nicht mal teelöffelgroßen Nocke Kürbistatar. Da fühlte man sich dann fast schon an eine Nouvelle-Cuisine-Karikatur erinnert.
Deutlich mehr Substanz und Material hatte da die wirklich schön saftig auf den Punkt gebrachte Tranche vom Wolfsbarsch zu bieten, deren kross angebratene Haut mit Pistazienbröseln überzogen war. Die Entourage des Fischs präsentierte sich mit Quitte, Schwarzwurzel und Rieslingschaum allerdings wieder als eine sehr liebliche, fruchtig-süßliche Angelegenheit. Und auch der Hauptgang – ein mit Brioche umhüllt gebratenes Stück Rehrücken mit zart bissfestem, arg lieblichem Honig-Rotkraut und zuckrig karamellisierten Maronen – war im Grunde vorwiegend süß, auch wenn das Fleisch selbst sehr ansprechend und geschmacklich ausgewogen daherkam und die seltsam gelierende Sauce mit Thymian- und Rosmarinaromen so etwas wie dezente Schmorwürze auf den Teller brachte.
Die große Lust auf herzhafte Aromen, die spätestens jetzt sehr groß war, konnte selbstredend vom Dessert nicht befriedigt werden. Aber auch wenn wir vorher ein Paar geräucherte Bauernwürste mit Senf gegessen hätten, wäre

uns der Nachtisch um eingelegte Birne, Lavendelparfait (aromatisch kaum als solches zu identifizieren…) und schokoladenumhüllte Marzipanpraline zu eindimensional süß gewesen. Das schmeckte nicht schlecht, aber nicht so raffiniert, wie man sich das im Rahmen eines Fine-Dining-Menüs so vorstellt.
Beleibt als Fazit, dass die Ambitionen im Kleinod groß sind, aber das Ergebnis im Falle der kreativer konzipierten Gerichte mit unserer geweckten Erwartungshaltung diesmal noch nicht so ganz in Einklang gebracht werden konnten. Aber wir bleiben weiter gespannt…

Hotelempfehlung

★★★★

Romantik Hotel Schloss Reichenow

Neue Dorfstr. 1,
15345 Reichenow-Möglin
☎ 033437-276628
www.schlossreichenow.com
Einzelzimmer: ab 79 €
Doppelzimmer: ab 104 €
EC VISA P

Das aristokratisch anmutende Romantik Hotel Schloss Reichenow im Stil eines altenglischen Herrenhauses liegt in ruhiger und idyllischer Lage in Reichenow am Ufer des Langer Sees. Am Rande der Märkischen Schweiz in Brandenburg erwartet das vornehme Haus seine Gäste mit einem Mix aus Tradition und Moderne. Die elegant und praktisch eingerichteten 22 Zimmer bieten einen Flachbildfernseher, ein eigenes Bad, einen Schreibtisch, kostenloses WLAN und Blick auf den 25 Hektar großen Schlosspark oder den See. Das Hotel verfügt überkostenfreie Parkplätze, ein Restaurant mit Bar und Terrasse, ein kleines Fitnesscenter, eine Sauna und eine Gemeinschaftslounge. Ebenso gibt es multifunktionale Räume für Tagungen bis zu 60 Personen und Veranstaltungen bis zu 150 Gästen. Das Schloss ist regelmäßig willkommener Schauplatz für Konzerte und Kunstausstellungen. Die idyllische Landschaft des Oderbruchs eignet sich ideal zum Wandern, Schwimmen oder Laufen und für Fahrradtouren mit Rädern aus dem hoteleigenen Fahrradverleih. Auch Reit- und Golfbegeisterte kommen auf Gut Reichenow, der Reitanlage in Klosterdorf und dem Golfplatz Schloss Wilkendorf voll auf ihre Kosten. Der Schermützelsee mit Strandbad und Bootsverleih ist nur 15 km entfernt, Berlin nur etwa eine Autostunde. Restaurant Kleinod separat erwähnt.

Reil (Rheinland-Pfalz)

7

Wine & Dine

im Boutique Hotel Villa Melsheimer
Moselstr. 5,
56861 Reil
☎ 06542-900034
www.melsheimer.de
Küchenchef: Dirk Melsheimer, Alessandro Riemer
Do u. Fr ab 18 Uhr, Sa u. So ab 12 Uhr durchgehend, Mo–Mi RT
Hauptgericht: 29–59 €,
Menüs: 65–180 €
EC VISA P

Das in einer schicken Villa am Ortsrand von Reil direkt an der Mosel mit Blick auf die gegenüberliegenden Weinberge residierende Boutique-Hotel vollbringt gastronomisch ein echtes Kunststück. Einerseits wird mit Schnitzel mit Pommes, Rheinischem Sauerbraten & Co. der hungrige Moseltourist oder Radreisende bedient, andererseits kommen aus der gleichen Küche unter dem Label „Wine and Dine“

aber auch höchst aufwendige und ambitionierte Teller auf die fein gedeckten Tische. Einen überdurchschnittlichen Qualitätsanspruch gibt es in beiden kulinarischen Welten, aber für neugierige Besucher bietet die Gourmetlinie ganz klar die spannenderen Optionen.
Insbesondere optisch und feinhandwerklich könnten viele Gerichte auch bereits bei den letzten Besuchen sehr weit oben mitspielen. Die aromatische Ausführung hing demgegenüber allerdings stets ein bisschen zurück. Umso erfreulicher war es diesmal – um die Pointe gleich vorwegzunehmen – dass die Küche zwar kaum weniger mit Gels und Kleinstkomponenten spielt als in den letzten Jahren, das alles aber viel feinfühliger abstimmt und den geschmacklichen roten Faden besser im Blick behält.
Das zeigte bereits zum Auftakt ein filigran um bunte Bete als zarte Mousse, erdig-fruchtiges Ragout und hellere Scheiben von der Ringelbeete angelegte Arrangement in einer insgesamt sanft süß-säuerlichen Aromatik. Die wurde von grünem Apfel als Gel und Stücke aufgefrischt, von Dillöl duftig ergänzt und dazu noch um Thunfischtatar und Saiblingskaviar ergänzt, die sich gleichberechtigt in das abwechslungsreiche Ensemble einfügten.
Der erste offizielle Gang rund um dicke festfleischige Tranchen vom rohen Hamachi wurde dann ebenfalls in typisch verspielter, mit vielen Geltupfen und filigranen Basteleien rund um Grapefruit, Shiitake und Ingwer angereicherter Manier präsentiert – und anders als noch im Vorjahr kamen auch hier die tonangebenden Komponenten klar und prägnant zur Geltung und unterstützten mit ätherischer Zitrusfrische und prickelnd fruchtiger Schärfe die Stachelmakrele ganz ausgezeichnet. Und mit einem kleinen Schälchen Hamachi-Tatar unter Galgant-Eis und einem luftig-dichten Shiitakeschaum setzte das Team sogar noch eine spannend kontrastierende Ergänzung mit eher hellem, cremigem Charakter daneben.
Überraschend zeigte sich die Küche dann bei den fleischigen Scheiben roher Jakobsmuscheln unter Zitrusgel und Chorizocreme deutlich kompakter und reduzierter. Und schaffte mit dem Dreiklang aus pikanter Würze, duftigem Kräuteröl und ätherischer Zitrusfrische eine echte Punktlandung! Den gleichen Effekt hätte es wahrscheinlich auch ohne erneute Gels und Tupfen geben könnten, die zumindest als Stilmittel irgendwann repetitiv wirken – aber wenn sie sich aromatisch so gut einfügen, spielt das keine große Rolle und gehört zur Handschrift des Teams.

Entsprechend durfte auch zum schön kernigen und mit feiner Eigenwürze punktenden Eifeler Lammrücken nebst lockeren Kräuterbröseln und einer wuchtig konzentrierten Lammjus eine kleine Spielerei nicht fehlen. In diesem Fall gab es die in Form eines kompakten Ensembles aus verschieden geschnittenen grünen Bohnen und Oliven, Pecorinoschaum, zitrusfruchtigem Gel und mit Bohnenkraut confierten Kartoffeln für einen eher hell und bittergrün wirkenden Kontrast.
Und weil das Team nach einer filigranen, aromatisch trennscharfen Bastelei rund um Himbeere und Mascarpone auch mit dem mutigen, zitrisch-spicy angespitzten Dessert rund um Mandarine, Yuzu, wärmende Tandoori-Würze und nussiges Kürbiskernöl überzeugte, gibt es eine wohlverdiente Aufwertung und ein „Weiter so!" Das gilt im Übrigen auch für die charmanten Damen im Service und das vor allem regional bestens aufgestellte Weinsortiment.

Hotelempfehlung

★★★★

Boutique Hotel Villa Melsheimer

Moselstr. 5,
56861 Reil
06542-900034
www.melsheimer.de
Einzelzimmer: 65–200 €
Doppelzimmer: 90–245 €

Unmittelbar am malerischen Moselufer bilden die zwei schmücken Villen aus dem 20. Jahrhundert und das historische „Müllehaus" (aus dem 16. Jahrhundert) des Boutique Hotels Villa Melsheimer zusammen ein zauberhaftes Anwesen. Die ruhige Lage am Ortsrand und die Nähe zur Mosel schaffen einen hohen Erholungswert. Zugleich bieten die elegant und geschmackvoll renovierten Zimmer viel Komfort und reichen von drei Basis-Zimmern mit Dusche/WC, Toilettenartikel, Fön, Zimmersafe, WLAN und SAT-TV über die zusätzlich mit LCD-Flachbildschirm, Telefon, Minibar, Zimmersafe und Schreibtisch ausgestatteten Premium-Zimmer bis zur Junior-Suite oder der „Villa Nature Spa"-Suite – letztere mit eigenem Garten inklusive Privat-Spa mit Sauna und Whirpool. Für kulinarischen Genuss sorgt das Team um Dirk Melsheimer in Bar, Restaurant und Panoramaterrasse mit besonderem Anspruch und deutsch-französischem Einschlag. Restaurant Wine & Dine separat erwähnt.

Reit im Winkl (Bayern)

5↑

HEIMAT

im Relais & Châteaux Gut Steinbach
Steinbachweg 10, 83242 Reit im Winkl
08640-8070
www.gutsteinbach.de/de/kulinarik/restaurant-heimat
Küchenchef: Achim Hack
Täglich von 12–18 Uhr (kleine Karte) u. ab 18 Uhr (à la carte), kein RT
Hauptgericht: 19–49 €,
Menüs: 49–198 €
VISA

Inmitten der idyllischen Bergwelt des Chiemgaus und dort leicht erhöht etwas außerhalb des pittoresken Ortskerns von Reit im Winkel gelegen, bietet das Relais & Châteaux Hotel Gut Steinbach eine einzigartige Verbindung von alpinem Charme und Luxus. Das sehr ländlich gehaltene, aber in jedem Detail mit hochwertigsten Materialen exklusiv ausgestaltete Anwesen unter der Führung der Familie Klaus Graf von Moltke hat nicht umsonst zahlreiche Auszeichnungen erhalten. Insofern verwundert es nicht, dass hier auch kulinarisch alles andere als Durchschnitt geboten wird.
Mit Achim Hack steht dafür schon seit einigen Jahren ein ebenso erfahrener wie fähiger Küchenchef zusammen mit seinem Team an den Herden, der die Verbindung von verfeinerter Rustikalität und einer traditionellen Basis mit gehobenen Ansprüchen beherrscht, wie nur wenige andere. Bemerkenswert ist dabei unter anderem auch, dass die hier verfolgte Idee von „Heimatküche" nicht nur eine nette Worthülse ist, sondern sehr treffend die nachhaltige und konsequent regionale Arbeit des Teams beschreibt.
In den drei unterschiedlich gestalteten, aber allesamt behaglich-exklusiven Stuben, in denen diese Küche genossen werden kann, wird eine genussfreudig entspannte Atmosphäre geboten, die förmlich dazu einlädt, sich munter durch das kulinarische Angebot zu probieren. Der Start könnte dabei wie zuletzt beispielsweise ebenso schlicht wie wirkungsvoll mit einer zart rosa Suppe von der Roten Bete erfolgen, deren zugespitzt erdig-fruchtiger Geschmack von einer lockeren, mit Meerrettich angeschärften Frischkäsenocke ergänzt wurde – lediglich zwei Komponenten, die aber sehr exakt verarbeitet und gut aufeinander abgestimmt waren.
Oder aber man startet etwas gewagter mit „Bayerischem Tuna", der sich freilich nicht als exotischer Wasserbewohner, sondern als ein sous-vidge gartes Stück vom Landschwein entpuppte. Umgeben von Kräuterbröseln und auflockernd ergänzt von Käferbohnensalat in Kernölvinaigrette, Kräutern, Frühlingszwiebeln und Sprossen ergab sich daraus ein frisch und animierend wirkender Auftakt. Nur die Assoziation mit Thunfisch wirkte etwas weit hergeholt, insbesondere weil ein eher mageres Stück vom Schwein verwendet wurde und nicht etwa ein soft schmelzendes Bauchstück.
Weniger vordergründig originell, dafür aber in Sachen Produktqualität und Substanz umso überzeugender, gelang ein attraktiv dickes, saftiges Stück vom Zander in Kombination mit geschmortem Fenchel und einem cremig-kräuterfrischem Risotto. Das etwas zu viel an umamiwürzigem Parmigiano am Risotto wurde von einer markanten Orangen-Fenchel-Jus ausbalanciert, die dem mit feiner Frucht und Säure entgegensteuern konnte und dem insgesamt eher kraftvoll gehaltenen Fischgericht zugleich harmonisch ihren Stempel aufdrückte.
Starke Substanz war dann auch das perfekte Stichwort für die saftig-zarte Rindsroulade mit Kartoffelstampf und einer dichten, aus dem Schmorfond gezogenen Zwiebelsauce. Neben der perfekten klassischen Zubereitung, die es

so tatsächlich nur noch selten zu erleben gibt, sorgten röstwürzige Stücke von der Petersilienwurzel und frischgrüne Kräuterbrösel für feinere Details und rundeten diesen Hauptgang von Format äußerst gelungen ab.
Zum Abschluss kombinierte das Team diesmal eine hell-dunkle Kombination von Schokoladenmousse, bei der die dunkle Mousse erfreulich intensiv und wenig süß, die weiße dagegen etwas zu sahnemild geriet – aber mit waldig herben Schwarzbeeren als Sorbet und Ragout einen runden Eindruck hinterließ. Insbesondere das säurebetonte Ragout lieferte dabei gemeinsam mit etwas Minze einen spielentscheidenden Kontrast.
Entsprechend dem gesamten Anspruch des Hauses, ist auch der Weinkeller stattlich gefüllt mit vielen lohnenden Flaschen aus Deutschland, Österreich, Italien und darüber hinaus. Aber auch glasweise werden niveauvolle Tropfen ausgeschenkt.

Hotelempfehlung

★★★★S

Relais & Châteaux Gut Steinbach

Steinbachweg 10,
83242 Reit im Winkl
08640-8070
www.gutsteinbach.de
Einzelzimmer: ab 109 €
Doppelzimmer: ab 95 €

VISA

Im schönen Chiemgau zwischen Chiemsee und Tirol, nicht weit entfernt von München, liegt in der Bilderbuchlandschaft um den Ort Reit im Winkl das Relais & Châteaux Gut Steinbach Hotel Chalets SPA. Im Haupthaus des Ensembles befinden sich 50 Zimmer und Suiten sowie das Restaurant HEIMAT & Stuben samt Sonnenterrasse und Kaminbar. In einem weiteren Gebäude gibt es außerdem drei zusätzliche Suiten. Rund um einen Naturweiher reihen sich des Weiteren sieben moderne Landhaus-Chalets mit je 150 bis 185 qm Wohnfläche in elegantem alpinem Stil und mit eigener Sauna auf je ca. 700 qm Grund. Im Gut Steinbach Beauty & Spa erwarten die Gäste neben einem 16-Meter-Indoorpool, Saunen und Dampfbad verschiedenste Massage- und Beauty-Anwendungen. Entspannung pur! Firmen finden im modernen Tagungsbereich einen idealen Ort für Meetings und Seminare. Im Restaurant setzt das Team um Küchenchef Achim Hack auf saisonale Heimatküche mit starkem Bezug zur Natur, die sich durch Nachhaltigkeit, viele selbst produzierte Lebensmittel und eine besondere Prise Kreativität auszeichnet. Restaurant HEIMAT separat erwähnt.

Remchingen (Baden-Württemberg)

6

Landgasthof Hirsch

Hauptstr. 23,
75196 Remchingen (Wilferdingen)
07232-79636
www.hirsch-remchingen.de
Di–Sa von 12–13.45 Uhr u. ab 18 Uhr, So u. Mo RT
Hauptgericht: 28–39 €,
Menüs: 74–106 €

VISA

Auf den ersten Blick lässt dieses Landgasthaus an der Ortsdurchfahrtsstraße von Remchingen-Wilferdingen auf gutbürgerliche Traditionsküche schließen. Die gibt es auch, allerdings hauptsächlich mittags und in deutlich ansprechenderer Fassung als in den meisten anderen Lokalen. Im Kern hat Markus Nagy aber eine klassisch fundierte und zugleich pfiffig aufgepeppte Feinschmeckerküche im Sinn, die mit hochwertigen Produkten und sorgfältiger Zubereitung in einer eher bodenständigen, aber dennoch eleganten Art begeistert. Die Gerichte orientieren sich meist in Richtung des französischen Stils, vor allem bei Fischen, Krustentieren, Wild und Gänseleber aus dem Elsass. Dennoch werden insbesondere bei Vorspeisen und Zwischengerichten auch kreative, weltoffene Akzente gesetzt. Außerdem: solide Weinauswahl, familiärer Service unter der Leitung der Gastgeberin, moderate Preisgestaltung.

Remscheid (Nordrhein-Westfalen)

6 – 3 Bestecke

Heldmann & Herzhaft

Brüderstr. 56, 42853 Remscheid
02191-291941
www.heldmanns-restaurant.de
Mi–Sa ab 18 Uhr, So–Di RT
Hauptgericht: 22–48 €, Menüs: 55–98 €
EC MC VISA P

Wer wirklich gute, fundiert und mit dem gewissen Etwas zubereitete Küche der bestbürgerlichen Art schätzt, ist in der einstigen Fabrikantenvilla von Familie Heldmann schnell richtig angekommen. Der stattliche, außen wie innen schmuck ausgestaltete Klinkerbau ist und bleibt die erste Adresse für Genießer im Raum Remscheid, denn der routinierte Chef und sein Team bieten in den farbenfroh aufgefrischten Altbauräumen mit Stuckdecken oder im lichtdurchfluteten Wintergarten eine in der Stadt konkurrenzlose unaufgeregte klassische Küche, bei der die Übergänge zwischen verfeinerten herzhaften Traditionsgerichten und weltoffen sowie etwas aufwendiger inszenierten Feinschmeckereien fließend sind. Auch im sogenannten „Sternstunden-Menü" konzentrieren sich Heldmanns auf die Verwendung heimischer Produkte und kraftvoller Aromen, weshalb der Namenszusatz „Herzhaft" hier durchaus Programm ist.

Rheda-Wiedenbrück (Nordrhein-Westfalen)

7 – 3 Bestecke

Reuter

Bleichstr. 3,
33378 Rheda-Wiedenbrück
05242-94520
www.hotelreuter.de
Küchenchef: Iris Bettinger
Mi–Sa ab 19 Uhr, So–Di u. Fei RT
Menüs: 129–169 €
EC MC VISA P

Im zeitgemäß klassisch-elegant gestalteten Gourmetrestaurants der beiden Jeunes Restaurateurs Iris Bettinger und Marco Rückl wird an vier Abenden in der Woche als einheitliches Menü eine attraktive Form von weltläufig-kreativer, im allerbesten Wortsinn bunter und kontrastreicher Feinschmeckerküche geboten. Auf den mit viel gestalterischem Anspruch in Szene gesetzten Teller der ambitionierten Köchin geht es unangestrengt und schnörkellos zu. Mit einer gewissen Vorliebe für herzhafte Aromen und kraftvolle Geschmacksbilder präsentiert sich das stilistisch klassisch und international gehaltene, handwerklich sehr sauber und präzise ausgeführte und qualitativ überdurchschnittliche Kulinarium originell und auf der Höhe der Zeit.

Rheinau (Baden-Württemberg)

6 – 2 Bestecke

Gioias Restaurant

Hauptstr. 215–217,
77866 Rheinau
07844-9182299
www.gioias.de
Küchenchef: Francesco D'Agostino
Do–Sa ab 18 Uhr, So–Mi RT
Hauptgericht: 31–47 €,
Menüs: 99 €
EC MC VISA P

Das sauber herausgeputzte denkmalgeschützte Herrenhaus auf dem „Gutshof zu Hanau" an der Durchfahrtsstraße des Ortsteils Rheinbischofsheim, in dem Gioias Restaurant seit 2019 nicht nur mit farbenfroh ausdrucksstarkem Design, sondern auch mit anspruchsvoller Küche die Gäste lockt, wirkt auf Anhieb sehr einladend. Mittlerweile ist es leider nur noch an drei Abenden in der Woche geöffnet und es gibt neben der Auswahl an betont kreativen, weltoffenen À-la-carte-Gerichten auch ein „Trust-Me-Menü", also ein Überraschungsmenü nach Wahl des Küchenchefs Francesco D'Agostino, das in fünf Gängen geboten wird. Was er dann sehr detailliert und aufwendig anrichtet, ist stilistisch eigenständig, nämlich eine fröhliche Mischung aus französischen, italienischen und südamerikanischen Einflüssen, in der Ausführung nicht unnötig verkopft, sondern sehr zugänglich und auch handwerklich gut auf den Punkt gebracht.

Rheinbach (Nordrhein-Westfalen)

Anna Seibert

Am Bürgerhaus 5, 53359 Rheinbach
02226-8923713
anna-seibert.de
Küchenchef: Benedikt Frechen, Jan Conrath
Di u. Mi ab 18 Uhr, Do–Sa von 12–14 Uhr u. ab 18 Uhr, So von 12–14 Uhr, Mo RT
Hauptgericht: 24–39 €, Menüs: 45–85 €

So pittoresk, hutzelig und gemütlich das kleine historische Fachwerkhaus aus dem 18. Jahrhundert im Zentrum von Rheinbach von außen aussieht, so ist es auch von innen: eine wirklich sehr schöne und originelle Location, in der alte Bausubstanz und modernes Interieur eine geschmackvolle Verbindung eingehen. Und apropos Geschmack: man kann hier auch noch richtig gut essen!
Benedikt Frechen, der das Gasthaus nach seiner Großmutter benannt hat, die ihm einst die gute Küche und das Kochen näherbrachte, ist ein sehr ambitionierter, aber nicht übermotivierter Koch und Gastronom. Er zeigt auf jedem Teller, dass er die Skills der Gourmetküche draufhat und weiß was gut ist, macht hier aber nicht zu sehr auf Fine Dining und bewegt sich somit sehr geschickt in der interessanten Nische, die irgendwo zwischen gutbürgerlicher und luxuriöser Gastronomie liegt.
Und macht uns das mit der Bewertung zugegebenermaßen ein bisschen schwierig, weil man eigentlich auf jedem Teller erkennen kann, dass er theoretisch auch problemlos noch ein, zwei Gänge raufschalten könnte, wenn nötig. Doch er bleibt lieber auf dem Teppich und wir schließen uns dem an, bewerten nicht zu hoch und sorgen so dafür, dass die Gäste eher positiv überrascht werden, als mit überzogener Erwartungshaltung einzukehren.
Eine solche positive Überraschung glückt gewiss mit einer Vorspeise wie der schön dick geschnittenen, mit Kopfsalatcreme betupften und duftigen Kräutern wie Estragon und Kerbel beladenen Tranche vom kaltgeräucherten Lachs nebst Forellenkaviar, der von einem akkurat gewürfelten Apfel-Gurken-Tatar säuerliche Frische und Saftigkeit und von einer filigranen Hippe in Blattform adäquate Süße zuteilwird. Ein sehr animierender und leichter Start während unseres jüngsten Besuchs.
Auch der mit einer saftigen groben Farce von der Ochsenwange gefüllte und mit schmelzigen Flocken der pfeffrig-würzigen „Käsetrüffel" Belper Knolle beflockte Raviolo, der zusammen mit frischen Kräutern und angeschmolzenen, fruchtige Säure spendenden Cocktailtomaten auf leichter Schmorjus daherkam, war ein mit leichter Hand zubereitetes Zwischengericht. Das bewegte sich auch ganz ohne weiteres kreatives Zutun auf Gourmetniveau, einfach weil hier alle Parameter stimmten.
Und so saftig und zart aufblätternd, wie der auf der Haut gebratene Zander auf seinem Bett aus Roter Bete und Graupen, auffrischendem Apfel-Gurkenrelish (ähnlich wie bei der Vorspeise) und einer in ihrer Machart an Beurre blanc erinnernden Schnittlauchsauce lag, bekommt man diesen Fisch nicht alle Tage serviert. Auch hier: Fisch, Risotto, Sauce – ein klassisches Drei-Komponenten-Gericht, bei dem aber eben vom sehr guten Zander bis zur ausgewogenen rahmig-säuerlichen Sauce wieder alles richtig gut gepasst hat.
Vergleichsweise ein kleines bisschen gröber wirkte da nicht nur optisch der Hauptgang um ein mit recht massig und dick aufgetragener Masse aus Schalotten, Senf und Semmelbröseln gratiniertes Hirschrücken-Medaillon, das auf Rahmwirsing angerichtet und von hausgemachten zarten Gnocchi und einer Nocke Selleriepüree begleitet wurde. Grundsätzlich war aber auch daran sowohl handwerklich wie geschmacklich nicht das Geringste auszusetzen und auch die kraftvolle Wildsauce machte einen sehr harmonischen und ausgewogenen Eindruck. Dem recht molligen Gericht fehlten halt nur ein wenig die Spitzen und schärfere Konturen.
Sehr schön abgestuft wirkten hingegen wieder die Komponenten des Desserts, bei dem ein cremiges Käsekuchentörtchen auf saftigem Boden mit bitterfruchtigem Kumquatkompott, etwas mit Blaubeergel unterfüttertem Schoko-Nussmüsli und lustvoll schmelzigem weißem Schokoladeneis einen reizvollen Vierklang an-

stimmte. In der Weinkarte finden sich zu allem attraktive Offerten aus den nahegelegensten Weinregionen Mosel, Ahr und Mittelrhein, aber auch aus Restdeutschland und den angrenzenden europäischen Weinländern hat Benedikt Frechen zu sehr moderaten Preisen gute Flaschen im Sortiment.

Rheinsberg (Brandenburg)

5

Der Seehof Rheinsberg

im Hotel Der Seehof Rheinsberg
Seestr. 18, 16831 Rheinsberg
033931-4030
www.seehof-rheinsberg.de
Küchenchef: Daniel Pfeiffer
Täglich von 12–14.45 Uhr u. ab 18 Uhr, kein RT
Hauptgericht: 23–32 €, Menüs: 29–61 €
VISA

Hier bekommt man immer ein schönes Plätzchen und wird auf bodenständig uneitle Art ambitioniert bekocht. Auf die Küche des Seehofs unter Patron Daniel Pfeiffer ist einfach Verlass! Egal ob im Sommer, wenn sich in Rheinsberg die Touristen tummeln und auch die lauschige Innenhofterrasse des kleinen Hotelbetriebs frequentieren, oder jenseits der Saison, wenn es hier vergleichsweise ruhig zugeht, ist hier eine rundum solide und schwankungsfreie Küchenleistung garantiert. Was hier zu moderaten Preisen geboten wird spricht ein breites Publikum an, ohne beliebig zu sein, ist bodenständig und trotzdem nicht alltäglich. Und wird zu sehr moderaten Preisen angeboten, was auch auf die von Deutschland bis in die europäischen Nachbarländer ausreichend umfangreich bestückte Weinkarte zutrifft.

Bezahlkarten-Symbole

- Mastercard
- EC-Maestro
- Diners
- American Express
- VISA Visa

Riedenburg (Bayern)

6

Forsts Landhaus

Mühlstr. 37 b, 93339 Riedenburg
09442-9919399
www.forsts-landhaus.de
Küchenchef: Rüdiger Forst
Mi–Fr ab 18 Uhr,
Sa u. So von 11.30–14 Uhr u. ab 18 Uhr,
Mo u. Di RT
Hauptgericht: 13–44 €, Menüs: 27–89 €
VISA

Das gepflegte Gasthaus von Familie Forst im beschaulichen Riedenburg ist ein Ort, an den wir immer wieder besonders gern zurückkehren. Zum einen, weil die beiden Gasträume oder im Sommer die idyllische Seitenterrasse am vorbeiplätschernden Bach eine angenehm entspannte Atmosphäre bieten. Vor allem aber, weil Rüdiger Forst erfrischend unbeeindruckt von den aktuellen Moden und schnelllebigen Trends eine ganz und gar auf substanzielles Handwerk und starken Geschmack ausgerichtete Küche bietet, die mittlerweile durchaus schon einen gewissen Seltenheitswert hat.
Die meist völlig unspektakulär klingenden und auch optisch zunächst schlicht und ein wenig oldschool wirkenden Teller leben von den guten Produkten, von beherzten Aromen und einer schnörkellos zugänglichen Art, bei der die entscheidenden Akzente mit ganz einfachen und natürlichen Mitteln eingesetzt werden. Genau das zeigte dann beim letzten Besuch auch schon wieder eine einstimmende Tomaten-Pilzterrine nebst Fenchelsalat, Kräuteröl und Zuckerschoten, eben mit zurückhaltend natürlichen, dabei aber fein und klar wirkenden Aromen, inklusive einer dezenten hellen Pfefferschärfe, die dem Ganzen den Twist gab.
Oder auch die folgenden Ziegenkäsetaler, die mit ihrem zarten Schmelz und einer feinen, von

Thymian und Olivenöl ergänzten Würze leicht angewärmt neben marinierter Roter Bete angerichtet waren und von Granatapfelkernen säuerlich-fruchtig Zuspitzung und das gewisse Etwas bekamen. Dazu noch mild marinierter Feldsalat für einen weiteren Frischeimpuls und fertig war ein erneut sehr erfolgreich auf die natürliche Strahlkraft ausgesuchter Produkte setzender Gang.
Das gleiche Prinzip funktionierte auch bei einer als kleines Intermezzo eingeschobenen, knusprig auf der Haut gebratenen Zandertranche mit hier noch präsenteren Thymianaromen, knackigem Spitzkohl und einer fruchtig konzentrierten Orangenbutter ganz ausgezeichnet. Und sogar noch besser beim im Hauptgang präsentierten Rinderfilet mit seinem lang gereiften, satt eigenaromatischen Fleisch unter üppigem Topping aus einer Art „Gröstl" von Steinpilz, Artischocke und Tomate. Mit wunderbar starken und doch differenzierten feinbitteren, nussigen und gemüsefruchtigen Noten, ergänzt nur von einer eher rustikalen, lose gebundenen Jus und saftig krossen Polentatalern mit Rosmarinflavour – und mehr brauchte es auch hier überhaupt nicht, um zu einem souveränen Ergebnis zu kommen.
Die schlichte pointierte Linie überzeugte dann auch beim Dessert mit einer herbfruchtigen Terrine aus dunkel geschmorter Quitte neben rahmig kühlendem Zimtschaum und einem eher hellen und säuerlichen Fruchtcoulis auf ganzer Linie und untermauerte den souveränen Eindruck der letzten Jahre erneut. Zu diesem gehören im Übrigen auch der herzliche Service durch die Gastgeberin und eine nicht überbordende, aber mit vielen lohnenden Optionen zu fairen Preisen ausstaffierte Weinkarte.

Die Hoteleinträge

★★★★★S	Superior
★★★★★	Unterkunft für höchste Ansprüche
★★★★	Unterkunft für hohe Ansprüche
★★★	Unterkunft für gehobene Ansprüche
★★	Unterkunft für mittlere Ansprüche
★	Unterkunft für einfache Ansprüche
	Unterkunft ohne Sterne-Klassifizierung

Rohrbach (Bayern)

6

Gasthaus Goldener Stern

Dorfstr. 1, 86316 Rohrbach
08208-407
www.gasthaus-goldenerstern.de
Küchenchef: Stefan Fuß
Mi–Sa 11.30–14.30 Uhr u. ab 18 Uhr, So–Di RT
Hauptgericht: 15–39 €, Menüs: 70–100 €

„Das Bessere ist der Feind des Guten" lautet ein Sprichwort, dass sich insbesondere auch auf die Kulinarik übertragen lässt. Allerdings muss das Ambitioniertere nicht zwangsläufig der Feind des vermeintlich weniger Anspruchsvollen sein, wie wir im Laufe von mittlerweile zwei Jahrzehnten, in denen wir intensiv die deutsche Gastronomielandschaft beackern, immer wieder feststellen durften. Im Falle des in dieser Zeit stetig gewachsenen und modernisierten Traditionsbetriebs der Familie Fuß im Wittelsbacher Land, den wir schon seit Jahren als Musterbeispiel eines modernen Landgasthofs mit kreativer, anspruchsvoller Küche in einem höchst attraktiven Segment unterhalb der klassischen Gourmetschiene feiern, betrifft diese Feststellung den bewusst in Richtung Fine Dining bewegten Zweig – ein mehrgängiges Menü, das es im Gegensatz zur normalen Speisekarte nur am Abend gibt.
Diese mit „Heimkost-Menü" als Synonym für feine Heimatküche überschriebene Speisefolge für Leute, die gerne etwas ausgiebiger und umfangreicher in kleinen Portionen essen, ist deutlich aufwendiger inszeniert, filigraner gearbeitet, gestaltungsfroh aufs Porzellan gebracht und mit diversen Zugaben wie Küchengrüßen, Vordessert oder Petits fours natürlich abendfüllend auf kurzweilige Art in die Länge

gezogen. Im Detail sind die Gerichte aber gar nicht unbedingt um Klassen besser als viele der Offerten in der normalen Speisekarte, die es auch zur Mittagszeit gibt – was überhaupt nicht gegen die Gourmet-Anstrengungen des Teams, sondern vielmehr für die etwas bodenständigere Küchenlinie spricht.
Neben Standards wie Schweinebraten mit Kartoffelknödel, paniertem Knusperschnitzel oder Böfflamott gibt es da nämlich auch durchaus originelle Sachen, etwa Vorspeisen wie kurz angegrilltes Steak Tatar mit Sauerampfer, Happy Foie gras und Wildkräutern oder Ceviche von der Forelle mit Kohlrabi, Sauerrahm, Apfel und Brunnenkresse, aber auch Gerichte wie geschmorter Bizeps und gegrilltes trockengereiftes Steak vom „Steber-Beef" mit Wildem Brokkoli, Bratkartoffelcreme und Bergkäse-Spätzle. Handfester portioniert, aber in den Details nicht minder fein. Unsere Bewertung basiert – so wie wir das immer und überall machen – auf den ambitioniertesten Gerichten der Küche, hier denen des Menüs, das es nur abends gibt. Aber auch die ausgefalleneren Dinge auf der normalen Karte weichen da nicht wesentlich davon ab.
Besagtes „Heimkost-Menü" begann passenderweise ebenfalls mit drei herzhaften Miniaturen: noch recht knackige eingelegte Purple-Haze-Karotte mit pikantem Kimchi, ein getoasteter, mit schmelzigem Wollschweinschinken belegter und mit geriebenem Meerrettich beflockter Brioche-Riegel und eine Probierportion vom Böfflamott auf Selleriecreme und Preiselbeeren. Gefolgt von einer kleinen Brotzeit aus verschiedenen Natursauerteigbroten, hausgeräuchertem Aufschnitt und Salzbutter mit Kräuteröl. Die eigentliche Vorspeise drehte sich dann um mild gebeizte und lauwarm temperierte Lachsforelle, zusammen mit kleinen knackigen Kopfsalatblättern drapiert auf einem sehr dezent mit Salzzitronenvinaigrette und Sauerampferöl marinierten und mit kleinen Apfelwürfeln fruchtig angereicherten Spargelsalat. Ein frischer, leichter und harmonischer Auftakt – was die aromatischen Pointen angeht aber vielleicht etwas akzentlos.
Die zart gekochte und final kurz angegrillte Kalbszunge im Zwischengang, die in etwas dicker geschnittenen Tranchen viel von sich und ihrem Charakter zeigen durfte, wurde ebenfalls in einer etwas unentschiedenen Umgebung präsentiert: knackige weiße sowie recht weiche gebratene grüne Spargelspitzen, eingelegte Senfsaat, Apfel, Erbsensprossen, Fingerlimes und aromatisch eher blasse fein geraspelte Sommertrüffel, als Saucen ein paar schnell auf dem Teller angetrocknete dünne Spuren Kalbsjus sowie eine dafür umso süffigere, schön säureprägnante Hollandaise.
Ausdrucksstärker war der in zwei Aufzügen servierte Hauptgang um einen vom Opa der Familie geschossenen Maibock. Im ersten Gang eine gebackene Praline vom geschmorten und gezupften Hals des Tieres, die mit knusprigem Amaranth beflockt auf einer Art Sauté von Pfifferlingen und Knollenziest angerichtet war. Hier funktionierte das Spiel mit der Säure besser als zuvor bei der Kalbszunge, weil auch genügend würzige Tiefe von der Sauce im Teller war. Ganz hervorragend auch der eigentliche Hauptgang, der sich um den klassisch gebratenen beziehungsweise in dem Fall gegrillten Rücken des Maibocks drehte, der zart, aber mit Biss und Saft, in hocharomatischer Façon mit Maiwipfeln auf dem Teller lag und von facettenreichen Mairübchen-Variationen und einer sehr schmackhaften, aromatisch mit Morcheln angereicherten Bramata-Polenta sowie tadelloser Wildjus begleitet wurde. Da bewegte sich die Küche klar im Bereich von 7 Pfannen.
Sehr gut hat uns auch das Menüdessert gefallen, ein saftig-säuerliches Ragout von jungen Marillen und Pflaumen, harmonisch abgefedert und gewinnbringend mit Schmelz und Tiefe ergänzt von einer cremigen Ganache von Original Beans Schokolade, schaumig „souffliertem" Joghurt, gerösteter Mandel und rahmig-mildem Ingwereis. Davor eine originelle Spielart des Piña-Colada-Cocktails als Dessert und danach ein saftiges warmes Mohnküchlein und frisch ausgebackenes Hollerkücherl. Passend zum Menü gibt's eine korrespondierende Weinbegleitung, man kann sich im repräsentativen Weinkeller, der hier die Weinkarte ersetzt, aber jederzeit auch selbst eine oder mehrere Flaschen aussuchen.

Rosenberg (Baden-Württemberg)

7

Landgasthof Adler

Ellwanger Str. 15, 73494 Rosenberg
07967-513
www.landgasthofadler.de
Küchenchef: Michael Vogel
Mi u. Do ab 18 Uhr,
Fr u. Sa von 12–14 Uhr u. ab 18 Uhr,
So 12–14 Uhr, Mo u. Di RT
Hauptgericht: 20–34 €, Menüs: 33–95 €

Wer in dem stattlichen grünen Gasthaus die knarzenden Stiegen hinauf in den ersten Stock schreitet, findet sich in einer markant in bunten Farben ebenso expressiv wie geschmackvoll gestalteten Stube mit roten und grünen Wänden, blauen Bänken und Stühlen sowie blanken weißen Tischen wieder. Michaela und Michael Vogel, der hier als Pächter und Küchenchef vor zwei Jahren die Nachfolge der Bauers angetreten haben, knüpfen konzeptionell an dem hier jahrzehntelang gepflegten Stil an. In der Küche setzt der Chef überwiegend auf regionale und klassische Tugenden, gibt den Gerichten aber auch immer wieder kreative und weltoffene Akzente mit auf den Weg. Auffällig ist die souveräne, unaufgeregte Präzision, mit der die Produkte und Aromen der meist schnörkellos puristisch komponierten Gerichte herausgearbeitet werden.

Rosenheim (Bayern)

5

Nenas – Tapas, Bar, Restaurant

Heilig-Geist-Str. 12,
83022 Rosenheim
08031-9086410
www.nenas.de
Mo–Sa ab 17 Uhr, So RT
Hauptgericht: 6–10 €, Menüs: 49–119 €
VISA

Mitten in der Rosenheimer Innenstadt hat sich in einem farbenfroh gestalteten Gewölbe mit dem Nenas ein erfrischend weltoffener, maximal weit von bayrischer Folklore entfernter Hotspot für Genießer etabliert. Mit dem Konzept kleiner pfiffiger Gerichte, die ideal auf Sharing ausgerichtet sind und sich aus aller Welt inspirieren lassen, trifft das Team voll den Zeitgeist und spricht (auch) ein junges Publikum an. Dazu passt dann auch, dass es bei vollem Haus und der stets etwas lauter aufgedrehten Musik durchaus recht lebendig wird. Von üblicher Fine-Dining-Atmosphäre ist das Ganze auf jeden Fall weit entfernt – zielt aber auch gar nicht darauf ab…
Entsprechend schwankt das Niveau der einzelnen kleinen Gerichte auch durchaus, manche betont simpel gehaltene Sachen liegen deutlich unter 5-Pfannen-Niveau, wenn man geschickt wählt, wird dieses aber durchaus erreicht – und so oder so macht alles, was da aus der Küche kommt, auf unkomplizierte Art viel Freude
Dabei gibt es keine allzu großen Veränderungen auf der Karte. Anstatt auf neue Wagnisse setzt das Team lieber auf ein bewährtes Angebot, hält dieses aber so vielfältig, dass auch bei mehreren Besuchen nicht so schnell Langeweile aufkommt. Und so gibt es in verlässlicher Qualität zum einen eine Auswahl hochwertiger, auf den Punkt gebratener Steaks mit aufgeschlagener Kräuterbutter und diversen Beilagen, von Pimientos de Padron über Wildkräutersalat bis Kimchi. Daneben stehen die munter auf eine kulinarische Weltreise führenden Tapas in einfacher, aber akkurater und teils pfiffiger Machart.
Zuletzt überzeugten darunter beispielsweise die zarten Stücke von Pulpo mit pikanter Tomatensalsa genauso wie die knusprigen Samosa mit erfrischendem Minz-Joghurt-Dip oder der hauchdünn kross karamellisierte Ziegenkäse auf fruchtigen Bete-Confit mit Honig und gerösteten Nüssen. Zu den spannendsten und feinsinnigsten Kleinigkeiten zählten zuletzt in jedem Fall das elegant zwischen Schmelz und Frische balancierende Avocado-Apfeltatar mit Minzjoghurt und einem locker-knusprigen Falafel mit feiner pikanter Würze. Und auch die zarten Ravioli mit fruchtig-herzhafter Füllung aus Feige und Pecorino, die von Babyspinat und Walnüssen ganz schlichte, aber wirkungsvolle Akzente erhalten haben.
Zum Abschluss halten auch die süßen Miniaturen das sonstige Niveau, ganz gleich, ob es der knusprig zarte (minimal zu feste) Kaiserschmarrn mit Rumrosinen und Apfelmus sein soll, die vollmundig-luftige und neckisch im Blumentopf mit Crumble-Erde und Blüten servierte Mousse au Chocolat, oder eine Auswahl knuffiger Mochi – oder einfach alles! Dazu bietet die Karte eine reiche Auswahl verschiedener Cocktails und eine kleine, aber gut differenzierte Auswahl an glas- und flaschenweise erhältlichen Weinen.

6

Nouille

**Bahnhofstr. 21,
83022 Rosenheim
08031-2315116
www.nouille.eu
Küchenchef: Haydar Bilec
Di–Sa von 11.30–14.30 Uhr u. ab 17.30 Uhr, So u. Mo RT
Hauptgericht: 18–39 €,
Menüs: 39–79 €**

VISA

Das Nouille in der Rosenheimer Innenstadt, dort in unmittelbarer Bahnhofsnähe gelegen, ist ein großer, mit seinem grauen glatten Boden, der Sichtbetondecke mit freiliegenden Lüftungs- und Kabelschächten und einer direkt in den Raum integrierten Edelstahl-Küche sehr industriell anmutender Gastraum, der aber durch freundliche Farbakzente, warme Lichtquellen und moderne Kunst und Accessoires überhaupt nichts Unwirtliches an sich hat. Im Gegenteil, herrscht hier trotz der relativ cleanen und nüchternen Innenarchitektur doch eine durchaus angenehme, warme Atmosphäre.
In der blitzblank glänzenden Küche wirkt Chef Haydar Bilec, der das Restaurant erst kürzlich zusammen mit seiner Lebensgefährtin Sara Horvat eröffnet hat. Und man kann nicht nur der selbst verfassten Philosophie auf der Website entnehmen, dass er hier mit großen Ambitionen zugange ist – man sieht und schmeckt es tatsächlich auch auf jedem Teller! Die kleine Karte mit drei bis vier Vorspeisen, einer Handvoll Hauptgerichten, zwei Desserts und Käse, die noch durch ein paar Tagesgerichte ergänzt wird, bewegt sich überwiegend im mediterranen Bereich und hat mit der Fabrikation hausgemachter Pasta ein besonderes Steckenpferd. Doch es gibt auch Gerichte, die klar in die französische Richtung gehen, wie zuletzt beispielsweise das Châteaubriand mit glasiertem Wurzelgemüse, zweierlei Pürees und dem erprobten Saucenduett aus Kalbsjus und Sauce béarnaise. Weder besonders mediterran noch ausgesprochen frankophil aber trotzdem äußerst gelungen präsentierte sich die Vorspeise um Röllchen von subtil gebeiztem und schön festfleischigem Lachs, der zusammen mit Forellenkaviar, Gurkenröllchen, einer Nocke von sehr mildem Meerrettichschmand und Ronden von Kräuter-Spongecake auf einem Kräutersud platziert war. Das kam frisch und ausgewogen daher, hatte ein angenehme Dosis Süße durch das in die Gurkenröllchen gefüllte Apfelgel und wirkte auch sonst sehr balanciert in allen Facetten. Den Rauch, der unter einer Gloche mit an den Tisch gebracht wurde und das Gericht zumindest anfangs kurz prägte, hätte es nicht gebraucht, störte aber auch nicht wirklich.
Seine Expertise in Sachen gefüllter Pasta bewies uns das Team um Haydar Bilec dann mit elastisch dünnteigigen Ravioli, die mit einer aromatischen Farce aus Wildfang-Salzwassergarnelen gefüllt waren und erfreulich puristisch nur mit ein paar Passpiere-Quellern inmitten schaumiger, heller und eher milder Krustentier-Beurre-blanc badeten. Auch hier funkte dazwischen immer mal etwas Frischsäuerlich-Süßes, diesmal in Gestalt eines Limettengels, was auch bei diesem Gericht durchaus gewinnbringend war.
Den durch seinen stolzen Preis hervorgerufenen hohen Erwartungen wurde das Filet vom Rind mit Topinamburpüree, Pfifferlingen und zart knackigen Edamame an Madeirajus und Trüffelschaum voll und ganz gerecht. Nicht nur wegen der guten Fleischqualität des perfekt gleichmäßig auf den Punkt gebrachten, locker vierfingerdicken Tournedos, sondern auch durch die beiden wohlgelungenen Saucen, einem weißen Trüffelschaum ohne jede künstliche Penetranz und einer bestens balancierten fleischig-weinfruchtigen Jus, die das Fleisch mit Zug und Kraft, aber eben auch mit Eleganz unterstützte.
Und weil auch das Dessert gleichermaßen überzeugte, gibt's zum Einstand (starke) 6 Pfannen: ein mit Orangengelee gefülltes Moussetörtchen auf Biskuitboden, flankiert von Orangensorbet und unterfüttert von einer leichten Karamellsauce, die zusammen einen schönen Einklang aus erfrischender Fruchtigkeit und vollmundiger Opulenz aufs Porzellan brachten. Wer sein Mahl lieber herzhaft abschließt oder zusätzlich noch etwas Käse essen möchte, bekommt es mit den Bio-Produkten der Hofkäserei Jaud aus Nußdorf zu tun. Und wer sein Essen mit Wein begleiten will, findet in der nicht überbordenden Karte eine ausrei-

chende Selektion – im Flaschenbereich auch etwas höherwertiger. Sympathischer und zuvorkommender Service.

Rostock (Mecklenburg-Vorpommern)

8↑ 🍴🍴🍴🍴

Der Butt

im Hotel Yachthafenresidenz Hohe Düne

Am Yachthafen 1,
18119 Rostock (Warnemünde)
0381-50400
www.yhd.de
Küchenchef: André Münch
Di–Sa ab 18 Uhr, So u. Mo RT
Menüs: 169–229 €

VISA

Das von seinem ebenso sympathischen wie erfahrenen Serviceleiter und Sommelier in Personalunion Thomas Heimann nun seit mehr als zehn Jahren über verschiedene Räumlichkeiten und unterschiedliche Küchenchefs hinweg souverän geführte Gourmetrestaurant der Yachthafenresidenz Hohe Düne residiert schon seit einiger Zeit im zweiten Stock eines von zwei identischen kleinen, direkt an die Kaimauer des Yachthafens gesetzten Gebäuden mit tollem Ausblick auf die Hafenszenerie. Sechs Tische haben hier in relativ großzügigem Abstand voneinander Platz gefunden und auf die kommen höchst anspruchsvolle Kreationen aus der Feder von Küchenchef André Münch, der hier seit Sommer 2017 reüssiert und 2021 unser Aufsteiger des Jahres war.
Und auch wenn wir die Bewertung in diesem Jahr aus gegebenem Anlass schweren Herzens um eine halbe Pfanne nach unten korrigieren müssen, hat sich an der Tatsache nichts geändert, dass hier weiterhin auf sehr hohem Niveau ausgesprochen attraktiv gekocht wird. Es steht auch ganz außer Frage, dass der Chef nach wie vor das Zeug dazu hat, auf höchstem Bewertungslevel zu kochen – was er uns diesmal mit einem sensationellen, ultraklassischen Reh aus eigener Jagd im Blätterteigmantel eindrucksvoll unter Beweis gestellt hat. Für sich genommen wäre uns dieses aufwendige, zeitlos interpretierte und perfektionistisch umgesetzte Traditionsgericht nämlich 10 Pfannen wert gewesen!
Allerdings scheint dem Kulinarium in der Gesamtschau im Vergleich zu vor ein paar Jahren ein klein wenig die Leichtigkeit, Detailschärfe und Klarheit abhandengekommen zu sein, was sich bereits im Vorjahr andeutete und beim jüngsten Besuch manifestierte. Auch die Dramaturgie des Menüs und dessen Proportionalität wirkten etwas unwuchtig. Aber damit erst gar keine Missverständnisse aufkommen: Wir sprechen über Kritik auf sehr hohem Niveau und unverändert eine der besten drei Küchen in Mecklenburg-Vorpommern.
Und das maximal achtgängige Menü von André Münch begann auch beim jüngsten Besuch schon mal höchst aufwendig und präzise mit Petitessen der modernen französischen Klassik wie der Liaison von Gänseleber, Aal und Apfel oder einem saftig-krossen Krabbenchip. Aber auch mit verschiedenen Sorten sehr gutem Brot und Gebäck, die zusammen mit französischer Butter, einem fruchtigen Gemisch aus Tomatenreduktion und Olivenöl sowie einer Hummuscreme aufgetischt wurden, ließ das Team keinerlei Wünsche offen. Gefolgt von einem Amuse-Bouche, das gleich mal eindrucksvoll den Qualitätsanspruch im Butt zementierte: mit reichlich Schrenckii-Kaviar getoppte, allesamt tadellose Meeresfrüchte von Jakobsmuschel über Gambero Rosso bis zu Miesmuscheln.
Der nächste Gang beeindruckte mit einer noch größeren Nocke Kaviar, die diesmal von der eigenen Butt-Selektion aus dem renommierten Hause N25 und vom Kaluga-Stör stammte und auf einer cremigen Mousse vom grünen Spargel throte, die mit flüssigem Eigelb gefüllt und neben dem Kaviar auch noch mit Spitzen vom Wilden Spargel ausdekoriert war. Umgossen mit einer Vinaigrette von Holunderblüte und Orange, die eine zwar recht markante, aber hier durchaus adäquate und wohldosierte Süße sowie spannende florale Aromen ins Spiel brachte, war das zu Beginn gleich ein großer Wurf!
Und das war grundsätzlich auch die attraktiv mit Gillardeau-Auster und Sot-l'y-laisse vom Bresse-Huhn sowie Quellern und Eiskraut bestücke Tranche vom bretonischen Wildfang-Steinbutt, der in einer recht ungewöhnlichen

Façon mit sehr kurzfaserigem, blättrigem Fleisch fast ein wenig wie Kabeljau anmutete. Süffig gebettet auf einem Saucenduett, das sich aus einer Art Beurre blanc und einer klaren, mit hauchfein geschnittenen Schnittlauchringen vermengten Sauce Vinaigrette zusammensetzte, von dem wir uns allerdings etwas mehr Zug, deutlichere Säure und prägnantere Zuspitzung erhofft hatten – zumindest mit Blick auf eine noch höhere Bewertung.

Ein Maul voll hochintensiver australischer Wintertrüffel auf einem Löffel mit einem flüssig mit Hollandaise und Trüffel gefüllten Dim-Sum-Täschchen nebst marinierter gehobelter Trüffel und etwas Parmesan-Knusperhippe gab es als kleines Intermezzo vor einem absoluten Knaller: dem bereits eingangs erwähnten Rehrücken aus eigener Jagd in absolut perfekter, straff-zarter und sehr eigenaromatisch-saftiger Qualität, welcher zusammen mit Spitzkohl im Blätterteig-Paket gebacken und als bildschöne Tranche auf intensiver, wacholderwürziger Wild-Preiselbeersauce gebettet lag. Auf der Tellerfahne begleitet von äußerst akkurat gefertigten und geschmacklich ausdrucksstarken Miniaturen aus regionalen Shiitake-Pilzen und Knollensellerie blieben da keinerlei Wünsche an ein solches Gericht offen. Was uns jedoch vorab schon bei der Speisekartenlektüre stutzig machte, an dieser Stelle noch mehr wunderte, und sich dann in der Retrospektive vollends bestätigte: Dieses Gericht hätte eindeutig als Hauptgang des Menüs serviert werden müssen!

Auch wenn die darauffolgende sündhafte Schnitte aus mit Koji gereiftem original japanischem Wagyu-Beef und identisch großer und dicker gebratener (ungestopfter) Fettleber von der Gans rein mengenmäßig sogar etwas größer dimensioniert und noch opulenter daherkam. On top und drumherum mit dem Traumpaar Pfifferlinge und Aprikose kombiniert, außerdem von einer recht süßlichen Nocke Zwiebelkompott flankiert und wieder sehr süffig von einer intensiven, aber auch sehr transparenten Jus sowie kraftvollem Pfifferlingschaum umgeben – letzterer würzig intensiviert mit einem ebenfalls aus Pfifferlingen hergestellten Garum – war das ein richtiger Umami-Bomber. Ohne allzu viel konzentrierte Würze zwar, aber auch ohne auffrischende Momente, denn die Aprikose brachte in der hier gegebenen Form nicht allzu viel Säure, sondern tendenziell mehr Süße mit.

Auf die sehr großzügig bemessenen Proportionen beim Wagyu folgte der deutlich zierlichere Hauptgang um Brust, Innenfilet und kleine Schmorpraline von der Miéral-Taube in orientalischem Gewand. Platziert auf ein klein wenig Gemüse von Linsen, Zuckerschoten, Paprika, eingefasst von einer recht intensiven, sojawürzig-süßlichen Jus, einem eher milden als markant zugespitzten Zitronengras-Kokosmilchschaum und einem als dünner, akkurat aufgetragener Rand präsenten Gel aus der mit Agar-Agar gebundenen und in konzentrierter Form nochmal intensiveren und auch süßeren Sauce, war auch das auf seine komplexe, dichte Art zwar durchaus ansprechend, aber auch etwas anstrengend. Und wirkte auf uns an dieser Stelle und vor allem in der Reihe mit den vorausgegangenen Gerichten auch nicht hundertprozentig stringent.

Die mit den Fleischgängen stark angestiegene Opulenz des Menüs wurde mit den beiden Desserts leider nicht wieder wie erhofft in eine ausgeglichene Balance zurückbewegt. Denn allein die schiere Menge einer im Kern mit etwas Erdbeercoulis gefüllten und mit Arabica-Kaffee aromatisierten Mousse von der hellen, karamelligen Opalys-Schokolade, die im Verein mit weiteren Erdbeerkomponenten wie Sorbet und marinierten Ananaserdbeeren aufs Porzellan geschickt wurde, war für den Nachtisch einer vielgängigen Speisefolge einfach deutlich zu massig – hätte als Abschluss eines Dreigangmenüs optimal gepasst. Zumal dann, wenn man das komplette Menü gewählt hat und danach als zweites Dessert auch noch unter einer Glascloche geräucherte Guanaja-Schokolade mit Rum und Rosinen folgt.

Um die ganze Sache als Fazit nochmal glattzuziehen: Wir haben im Butt auch dieses Mal sehr gut und auf sehr hohem Niveau gegessen! Die Kritikpunkte sollen nur die Beweggründe für die leichte Abstufung und auch das Optimierungspotenzial verdeutlichen. Die Küche ist aber so oder so nach wie vor eine gezielte Anreise wert. Und im Gesamtpaket mit den treffsicher ausgewählten niveauvollen Weinempfehlungen von Thomas Heimann, der Location und der Lage ist der Butt ohnehin eine Bank.

Stromgold am Strom

Am Strom 75,
18119 Rostock (Warnemünde)
0381-33745379
www.stromgoldamstrom.de
Küchenchef: Abbas Badreddine
Täglich ab 11.30 Uhr durchgehend, kein RT
Hauptgericht: 18–119 €, Menüs: 33–119 €
VISA

Auf der engen Flanierstraße entlang des Warnemünder Yachthafens hat sich das junge Team des Stromgold mit einem auf den ersten Blick gar nicht grundlegend herausstechenden Konzept, aber mit einem spätestens auf den zweiten Blick anderen Anspruch platziert. Statt aufdringlicher Frittiertnoten an fragwürdigem Fisch gibt es hier erkennbar frische Qualität, blitzsauber angerichtete Teller und zum Backfisch statt industrieller Mayo einen säurefrischen Joghurtdip. Auf der Karte finden sich derartige einfach, aber natürlich-gut ausgeführte Regionalklassiker, daneben aber auch einige ambitioniertere Gerichte, kreative Burger-Variationen und auf Vorbestellungen sogar exklusive Produkte aus dem Meer. Passend dazu eine kleine Auswahl einfacher frischer Weine, regionales Craftbeer und selbst gemixte Cocktails.

Rot am See (Baden-Württemberg)

5

Landhaus Hohenlohe

Erlenweg 24, 74585 Rot am See
07955-93100
www.landhaus-hohenlohe.de
Küchenchef: Matthias Mack
Di–Sa ab 18 Uhr,
So von 11.45–13.30 Uhr, Mo RT
Hauptgericht: 25–45 €
VISA P

Die Küche im Landhaus Hohenlohe gehört schon seit langem zu den besten in der Region – und zwar ganz egal, ob damals, mit noch etwas mehr Gourmet-Anspruch und klassischem mehrgängigen Menü im Angebot, oder jetzt, mit einer etwas bodenständigeren Ausrichtung und dem vor wenigen Jahren eingeführten Tapas-Konzept. Und dass es Gastgeber und Küchenchef Matthias Mack in erster Linie um sehr gute Viktualien geht und dass auch das in der Speisekarte offerierte Credo „Das Produkt ist der Star“ nicht bloß eine leere Phrase ist, kann man schon am Inhalt des Brotkorbs sehen und schmecken: zwei hervorragende Sorten mit locker-saftiger Krume, knuspriger Kruste und viel Geschmack, die neben Aufstrich, Butter und Olivenöl aufgetischt wurden.
Und dass es das Team außerdem auch draufhat, diese Produkte einerseits ganz für sich sprechen zu lassen, sie aber andererseits trotzdem attraktiv in Szene zu setzen vermag, das verdeutlichte der erste Flight der Tapas, wie hier die Vorspeisen heißen, weil sie in kleineren Portionen arrangiert werden und man sich deshalb auch mehrere zusammenstellen kann. Hier bekamen wir es mit schmelzigem Pata-Negra-Schinken zu tun, der locker drapiert nur punktuell mit Mini-Antipasti und etwas Olivenöl verfeinert war. Auf einem weiteren Teller wurde der hervorragende Schinken von einer langen, knusprig-fluffigen Bruschetta mit Champignoncreme, roh gehobelten Champignons und Kresse begleitet. Da hätte man sich auch gerne an einer großen Portion sattessen können, so gut war das alles…
Etwas eher dem Bild einer klassischen Vorspeise entsprach der karamellisierte Ziegenfrischkäse mit Portweinfeige, gegrillten Zucchini, karamellisierten Kürbiskernen sowie allerhand Wildkräutern, Salaten und Blüten, die auf einer Kernöl-Vinaigrette angerichtet waren. Und die ein gutes Wechselspiel aus süßen und herzhaften Aromen auf den Teller brachten. Die starke handwerkliche Substanz von Matthias Macks Küche demonstrierte dann eine kraftvolle Bouillon mit wunderbar vollem, natürlichem Geschmack ohne fragwürdige Fremdwürze, die mit einer reichhaltigen und qualitativ hochwertigen Einlage von Kaspressknödel, Maultäschle, Grießnocke sowie hauchdünnen Stücken von Wurzel- und Suppengemüse als Soulfood zum Löffeln daherkam.
Wie proper hier wirklich alles auf dem Punkt gebracht wird, zeigte auch unser Hauptgang, zwei schön glasig gegarte und mit ihrer separat kross gebratenen Haut servierte Tranchen vom arktischen Saibling, die mit einem nicht nur mit Passiepieree-Quellern, sondern auch recht ungewöhnlich aber durchaus sehr schmackhaft mit Granatapfelkernen und Mangostückchen verfeinerten Venere-Risotto aufgetischt wurden. Von dem annoncierten Bouillabaisse-Schaum war leider nichts zu sehen, aber eine harmonische rahmige Yuzu-Sauce, die sich mit der dunklen, cremig fließenden Basis vom Venere-Risotto gewinnbringend vermählte, sorg-

te für genügend Saftigkeit auf dem Teller und einen erfrischend herbsäuerlichen Akzent. Wer lieber Fleisch isst, bekommt es mit herzhaft zupackenden Dingen zu tun wie etwa einem gefüllten Rahmschnitzel mit Serranoschinken, dem unverzichtbaren Zwiebelrostbraten nebst Maultasche in Lembergersauce oder einem trockengereiften Filet vom Tegernseer Rind mit Pfefferjus und drei zur Wahl stehenden Beilagenvarianten, zum Beispiel Frühlingsgemüse und kleine Rosmarinkartoffeln.
Und wer trotz der selbst im Tapas-Format oder in kleiner Hauptgerichtgröße noch recht ausladenden Portionsmengen nach mehreren Gängen noch einen Nachtisch schafft, der könnte beispielsweise karamellisierte Apfelküchle mit Rahmeis und Orangenragout oder Hohenloher Milcheis mit Pistaziencreme und heißen Himbeeren à part schmecken lassen. Ergänzt werden die Speisen von einer passend individuellen Wein- und Getränkeauswahl, zu der das sympathische Serviceteam genauso souverän berät wie bei allen sonstigen Fragen.

Rothenburg o. d. Tauber (Bayern)

7↑ 🍴🍴🍴

Villa Mittermeier

im Hotel Villa Mittermeier
Vorm Würzburger Tor 7,
91541 Rothenburg o. d. Tauber
09861-94540
www.villamittermeier.de
Küchenchef: Thorsten Hauk
Di–Sa ab 18 Uhr, So u. Mo RT
Menüs: 99–159 €
VISA

In der Villa Mittermeier hat man schon immer sehr gut gegessen, doch seit Thorsten Hauk wieder als ausführender Küchenchef am Herd steht, wirkt das alles noch doch deutlich besser und ausgereifter. Wir hatten es schon bei unserem letztjährigen Besuch in dem modern und wohnlich in Braun-, Rot- und Lilatönen gestalteten Gourmetrestaurant festgestellt und dieser Eindruck hat sich auch in der aktuellen Testsaison manifestiert. Was hier mit besonderem Fokus auf regionale Produkte aber in einem sehr weltoffenen klassischen Stil als minimal fünf- und maximal neungängiges Auswahlmenü auf die Tische kommt, macht durchwegs Spaß und bietet ein sehr homogenes hohes Niveau.
Im Normalfall entscheidet man sich vor dem Besuch bei der Reservierung per Internet gleich für eine bestimmte Anzahl an Gängen und kauft sich per Vorkasse ein Ticket, das dann am Abend im Restaurant aber durchaus auch noch aufgestockt werden kann, wenn man nicht sowieso schon die „Rundumversorgung“ gewählt hat. In ihrer Umsetzung sind die Gänge, die alle schön apart in Zwischengerichtsgröße dimensioniert sind, durchaus detailliert ausgearbeitet, aber eben auf eine sehr schnörkellose, aufgeräumte und fokussierte Art. Das jeweilige Hauptprodukt wird konsequent in den Mittelpunkt gestellt und souverän mit wenigen klaren, aber markanten Akzenten ausdrucksstark umspielt.
Eine feinsäuerliche Kohlsuppe mit zarter Kümmelnote und schmeichelnder Nussbutterschaumhaube sowie ein süffig-schmelzig gefülltes Brickteigschälchen mit Pilzen und Dill bildeten beim letzten Mal das kleine Intro, ehe ein wieder sehr gutes warmes Holzofenbrot mit locker aufgeschlagener Heumilchbutter auf dem Tisch stand. Den ersten Gang machte in unserem Fall die mild gebeizte Fjordforelle in etwas dickeren Tranchen, die auf einem Grünkern-„Salat“ aus knusprigem und gekochtem Korn drapiert waren. Von Schnittlauchöl mit feiner Würze und Schärfe unterlegt und von Schlehensenf-Tupfen auf dem Fisch mit herbfruchtigen Akzenten versehen, war das ein mit sehr einfachen Mitteln originell gestalteter Auftakt.
Das wunderbar zarte und eigenaromatische Tatar vom Zebu-Rind aus einer regionalen Aufzucht, wo die Tiere zur Landschaftspflege eingesetzt werden, kam inmitten einer mit Knochenmark aromatisierten Consommé Double und mit Störkaviar getoppt als Füllung eines vermeintlichen Markknochens an den Tisch, der sich allerdings als milde Miso-Panna-cotta entpuppte und dem Ganzen zusammen mit dem Mark eine gewinnbringende Schmelzigkeit verlieh. Überhaupt achtet Thorsten Hauk sehr darauf, dass seine Gerichte bei aller Leichtigkeit immer auch vollmundig daherkommen.

So wie der von seinem Kaviar begleitete zart confierte Saibling, der zwar nur zusammen mit der zum dichten Schaum aufgemixten veganen Tigermilk genossen etwas spröde wirkte – in Kombination mit den mit gerösteter Hanfsaat und Hanföl, Gel von grünem Apfel und frisch gehobeltem Meerrettich vermengten fermentierten Knollenselleriescheiben potenzierte sich das aber zu einem sehr runden und ausgewogenen, sogar überraschend originellen Geschmacksbild mit viel Frische.

Unter dem augenzwinkernden Titel „Who the f*ck is Ramen? Nudelsupp' is what we are!" kam anschließend in Anlehnung an die deutsche Nudelsuppen- und Eintopfkultur ein köstlicher Frühlingsbote in Suppenform: Morcheln, weißer Spargel, zarte Bärlauchspätzle und knackige frische Erbsen, die zusammen mit einem pochierten (leider aber recht festen) Wachtelei in einem hervorragenden Morchel-Schaumsüppchen mit eleganter Säurestruktur schwimmen durften.

Den weißen Spargel, der uns wegen seiner erfreulicherweise nicht ganz weggezüchteten zarten Bitteraromen schon im Frühlingseintopf sehr gut gefallen hatte, kam im Anschluss als Hauptakteur nochmal in ganzer Pracht zum Zuge. Nämlich in asiatisch inspirierter Façon, umgeben von einer mit Yuzu zitrisch angespitzten Spargel-Beurre-blanc, Sesam-Nussbutterbröseln, frischen und fermentierten Radieschen und einer Umeboshicreme, deren Süße nicht von Mirin, sondern von einer Silvaner Auslese herrührte – womit auch wieder ein Link in die Heimat geschalten wurde. Spannungsreich und harmonisch zugleich!

Das Team beweist wirklich auf jedem Teller sehr gutes Aromengespür und spielt gekonnt mit unterschiedlichen Nuancen, auch und vor allem in Saucen. So wurde die Rehjus mit ihrer eleganten Komplexität und der hintergründigen alkoholischen Süße zum Star des letzten herzhaften Gerichts, das sich um butterzart geschmorte Haxe vom Poltinger Reh drehte. Begleitet von einer kleinen, dünn mit seidiger Selleriecreme gefüllten Nudelrolle, genau die richtige Dosis an Säure und Frucht spendenden Pfefferkirschen und knusprigem Buchweizen – klein, schlank, prägnant und ohne jeden Sättigungsbeilagen-Charakter.

Stark fanden wir auch das Dessert um Sorbet und Ragout von Rhabarber mit Staub und Gel von Himbeeren sowie Rahmeis und Öl vom Johannisbeergehölz. Zum einen, weil hier erfreulich wenig Zucker im Spiel war und zum anderen, weil mit Schwarzbrotchips eine originelle Würznote hinterlegt war. Aber natürlich hauptsächlich, weil auch hier alles sehr fein aufeinander abgestimmt war.

Neben einer sehr guten Weinkarte, die von Franken bis Frankreich keine Wünsche offen lässt, gibt's für Abstinenzler auch alkoholfreie Alternativen, teils von engagierten Erzeugern wie Geiger oder Van Nahmen, teils selbst aromatisierte Säfte oder eigene Mischungen, die mit sympathischer Begeisterung offeriert werden.

Hotelempfehlung

Hotel Mittermeiers Alter Ego

Vorm Würzburger Tor 15,
91541 Rothenburg o. d. Tauber
☎ 09861-94540
www.mittermeiersalterego.de
Einzelzimmer: 95–185 €
Doppelzimmer: 99–244 €
VISA

Ein innovatives „Hybridhotel" mit 11 exklusiven Zimmern, die sich wie Appartements anfühlen und nicht wie klassische Hotelzimmer. Mit „Mittermeiers Alter Ego" haben die passionierten Gastgeber Ulli und Christian ein Hotel geschaffen, in dem für moderne Reisende alles

Überflüssige verbannt und die sinnvollen Dinge, wo immer es möglich war, grundlegend verbessert und vereinfacht wurden. Die Gründerzeit-Villa steht direkt neben ihrem Stammhaus Villa Mittermeier und verbindet die Qualität und Professionalität eines High-End-Hotels mit der Freiheit und Ungezwungenheit eines privaten Appartements. Rezeption und Lobby gibt es nicht – an deren Stelle finden die Gäste stattdessen eine voll ausgestattete bulthaup-Küche und eine gut sortierte Trustbar sowie eine kleine, mit stylischen Möbeln aus der Rosenthal Kollektion eingerichtete Lounge-Ecke. Auch in den vollklimatisierten, mit Vollholz-Eichenparkett, Fullsize-Boxspringbetten, Doppeldusche, modernen Flat-TVs und modernster Medientechnik mit aktuellen Streamingdiensten ausgestatteten Zimmern steht alles im Zeichen von modernem Design und höchstem Komfort.

Hotel Villa Mittermeier

Vorm Würzburger Tor 7,
91541 Rothenburg o. d. Tauber
09861-94540
www.villamittermeier.de
Einzelzimmer: 55–185 €
Doppelzimmer: 70–234 €

Die von den Gastgebern Ulli und Christian Mittermeier und ihrem Team mit viel Passion und einer ganz individuellen Note geführte Villa Mittermeier ist ein mit Liebe zum Detail eingerichtetes Boutique Hotel direkt am historischen Würzburger Tor. Die Leidenschaft der Gastgeber für ihre Profession erkennt man am sehr persönlichen Service, aber auch an den originell gestalteten Räumen, von denen jeder ein Unikat ist. Die stilvollen Zimmer reichen von der Basis-Kategorie „Smart“, über die geräumigeren Varianten „Comfort“ und „Superior“, bis hin zu den „Exklusive“-Suiten mit großen Himmelbetten und ausgesuchten Designmöbeln auf großzügigen Grundrissen – manche mit freistehender Badewanne oder gläserner Regenwalddusche – in denen besonders exklusive Materialien den Ton angeben. Im legeren Gourmet-Restaurant Mittermeier stehen Geschmack und Originalität im Vordergrund: „Qualität und Kreativität ohne Schnörkel und Standesdünkel“ lautet hier das Motto. Restaurant Mittermeier separat erwähnt.

Rottach-Egern (Bayern)

10

Dichter

im Parkhotel Egerner Höfe
Aribostraße 19–26,
83700 Rottach-Egern
08022-666566
www.egerner-hoefe.de
Küchenchef: Thomas Kellermann
Mi–Sa ab 18.30 Uhr, So–Di RT
Menüs: 178–228 €

Das neue Gourmetrestaurant im Parkhotel Egerner Höfe zeigt eindrücklich, wie wichtig einerseits ein besonderes Ambiente für das Gesamterlebnis des Gastes ist – wie viel Einfluss die neue Umgebung und Infrastruktur aber auch für die Leistung der Küche sein kann. Dass Thomas Kellermann zu den talentiertesten und eigenständigsten Köchen des Landes zählt, betonen wir seit vielen Jahren immer wieder. Wir zeichneten ihn einst auf Burg Wernberg zu unserem Koch des Jahres aus und auch mit dem Wechsel an den Tegernsee hat sich das direkt wieder bestätigt – allerdings zunächst noch knapp unter dem Niveau, wozu der Chef nachweislich unter besten Voraussetzungen in der Lage ist. Und genau diese

Voraussetzungen wurden mit der umfassenden Generalsanierung des gesamten Hauses deutlich verbessert. Neben einer neuen, größeren und besser ausgestatteten Küche sowie optimierten Wegen von dieser ins Restaurant, wurde ganz nebenher auch mit dem neuen „Dichter“ selbst ein nicht nur für den Tegernsee und Bayern außergewöhnlich atmosphärischer Genussort geschaffen.
Das Restaurant zeigt eine gewisse Ländlichkeit, wirkt ansonsten aber durch eine großzügige Raumgestaltung mit viel Glas und Licht eher urban-elegant und durch zwei eingelassene, nach oben offene Glassäulen mit bonsaiartig geschnittenen Bäumen darin sehr naturnah und geradezu schwebend – nicht nur, wenn sich im Winter langsam fallende Schneeflocken auf den immergrünen Blättern absetzen oder das Licht in Regentropfen glitzert! Wahrscheinlich nicht ganz zufällig wurde damit eine wunderbar zur Küche von Thomas Kellermann passende Umgebung geschaffen. Denn auch diese zeichnet sich seit jeher durch eine – stets sehr fein gezeichnete – Gegenständlichkeit aus, die nah an den natürlichen Produkten bleibt und zugleich oft eine schwebende Leichtigkeit und Eleganz mitbringen. Kurzum: Volltreffer!
Die Küche selbst zeigte sich bereits im letzten Jahr von den Veränderungen sichtlich beflügelt und dieser Trend setzte sich beim letzten Besuch noch deutlicher fort. Schon die ersten beiden Einstimmungen verdeutlichten den typischen Kellermann-Stil mit der hochintensiven und unkonventionellen Darstellung von Gemüse auf sehr hohem Niveau. Zunächst mit einer Miniatur von sowohl lauwarm und zart als knusprig serviertem Topinambur, dessen nussige Aromen filigran mit Estragon verwoben und von irgendwo her mit einem Hauch von scharfer Würze unterlegt wurden. Und dann mit einer konzentrierten kleinen Rotkohlkuppel, bei der zarte Außenblätter die feinstreifig und konzentriert fruchtig-herbe Füllung in Form hielten, die von einem duftig leichten Schaum und einem hochintensiven Eis aus gerösteten Pinienkernen ergänzt wurde.
Und apropos Intensität: Auch zum ganz knapp angewärmten und kolorierten Saibling aus dem Tegernsee wirkt allein ein kleines Röllchen aus Gurke mit kleinwürfeligem Saiblingstatar wie ein Konzentrat der festesten und intensivsten Gurke überhaupt. Eine etwas mildere Version des Aromas trug die sanfte Emulsion von Gurken und Peperoni, die als samtiges Verbindungsglied zu den festfleischigen Saiblingsstücken schaffte und die Kombination abrundete. Das gleiche Kunststück gelang mit einem hellgrünen Kohlrabischaum auf Kohlrabiragout, der erneut wie ein Konzentrat aus Kohlrabi wirkte, der allerdings ebenbürtige Partner in Form von knackig gegarten Stücken süßer rosa Zwiebel (mit einem Hauch von Miso verstärkt) sowie einer üppigen Nocke Imperial Kaviar erhielt. Gemeinsam entstand so ein stark verdichteter, in seinen Kontrasten aber dennoch klar und transparent gezeichneter Eindruck. Genau wie bei der folgenden Schwarzwurzel, die mit teils konzentriert milden, teils malzig-röstigen und feinbitteren Noten präsentiert wurde und neben die eher sanfte, in einem gelierten Drop konzentrierte Frucht von Birne gestellt war. Die Verbindung von Beidem schaffte ein milder, feinwürziger Weißbierschaum, der sich mit einem ätherisch gestrafften Zitronengrasespuma vermischte.
Einen der wenigen noch nicht ganz hundertprozentig überzeugenden Momente gab es beim Skrei, der zwar leicht koloriert und mit klarem Perlmuttglanz in idealer Form auf den Teller kam und mit einer prononcierten Sauerkrautcreme, feinstreifig geschnittenem Sauerkraut, knusprigen Kapernblüten und einer würzig-duftigen goldgelben Saucenemulsion gewohnt unkonventionell begleitet wurde – durch eine recht derb und nicht jodig frisch wirkende, mit Spitzkohl und eingelegtem braunem Senf kombinierte Auster aber eher irritiert als beflügelt wurde.
Dafür überzeugte der darauffolgende sanft confierte und in einer hellen ätherisch-buttrigen Emulsion angerichtete Chicorée neben eingelegter und frischer Périgordtrüffel, einem Lardopäckchen mit Trüffelragout und einem dunkelgrünen Spinatflan wieder auf ganzer Linie. Der Flan fungierte hier mit seinem Ei-Anteil als Aromenträger, setzte mit dem grünen Aromenspektrum aber auch einen wichtigen Kontrast zu den dunklen erdigen Noten und dem virtuos bespielten Thema „Fett, Bitterkeit und erdige Duftigkeit“.
Im Hauptgang stand eine Wachtel-Crépinette mit pink-saftigem Fleisch, einer ebenfalls saftigen Füllung aus Farce und Petersilie und salzig knusprigem Äußeren im Mittelpunkt – was an dieser Stelle nur deshalb so ausführlich erwähnt sei, weil es wirklich bemerkenswert gut war! Ergänzt wurde die charakterstarke Wachtel von einer schwebend eleganten Geflügeljus mit Tiefe und Finesse, klarfruchtig-kühlen Traubenzubereitungen, kompakt angerichteter Steckrübe als Creme, Streifen und Chip, die teils wie dezent mit Safran parfümiert wirkten und so gemeinsam mit der in einem hellen Confit konzentrierten fruchtigen Schärfe von Ingwer für ein verwegenes, sehr dynamisches und komplexes Gesamtbild sorgten.

Und weil auch der süße Abschluss rund um Mandarine, schwarzen Sesam und Basilikum als zunächst etwas karg wirkende Anordnung filigraner Einzelkomponenten aromatisch so gestochen klar und mit immer neuen Bezügen zwischen fruchtig-frisch, ätherisch herb, kräuterduftig und nussig auf den Teller kam – noch dazu in exakt austariert unterschiedlichen Temperaturen und Konsistenzen! – gibt es diesmal die verdiente Aufwertung auf 10 Pfannen. Nicht zuletzt auch deshalb, weil wir die beiden Top-Adressen am Tegernsee auch im zeitnahen Direktvergleich voll auf Augenhöhe gesehen haben.

6

Egerner Bucht

im Hotel Seehotel Überfahrt
Überfahrtstr. 10,
83700 Rottach-Egern
08022-6690
www.seehotel-ueberfahrt.com
Küchenchef: Walter Leufen
Täglich ab 18.30 Uhr, kein RT
Hauptgericht: 26–52 €
VISA

An allen sieben Abenden in der Woche wird hier in einem ebenso großzügigen wie eleganten Ambiente gehobene Regionalküche serviert, die nicht nur exklusiv und hochpreisig ist, sondern auch durchaus ideenreich und kreativ interpretiert wird. Küchenchef Walter Leufen und sein Team kaufen sehr qualitätsbewusst bei namhaften heimischen Erzeugern oder Lieferanten wie der Fischzucht Birnbaum, dem Geflügelhof Lugeder, dem Hofgut Reiter, Crusta Nova oder dem Tölzer Kasladen ein und balancieren stilistisch gekonnt zwischen alpenländischen Traditionen und modernen Einflüssen, was viele Gerichte etwas schlanker und raffinierter wirken lässt als die konservativeren Originale traditioneller Regionalküche. Das passt sehr schön in die Gegend und schmeckt im Sommer auf der Terrasse mit direktem Blick auf den See und die namensgebende Bucht auch gleich nochmal so gut.

6

Fährhütte 14

Weißachdamm 50,
83700 Rottach-Egern
08022-188220
www.faehrhuette.de
Küchenchef: David Iser
Do–So ab 18 Uhr, Mo–Mi RT
Hauptgericht: 19–42 €,
Menüs: 46–58 €
VISA

Küchenchef David Iser sorgt in der zum Seehotel Überfahrt gehörenden Fährhütte, die im Sommer angesagter Hotspot mit Terrasse direkt am Seeufer und im Winter heimeliges Hideaway ist, für eine bodenständig-kreative, stark mediterran gefärbte Küche, die in ihrer munteren Art perfekt hierher passt. Und die statt aufwendiger Basteleien auf unkomplizierte und doch anspruchsvolle Akzente setzt. Also kein Ausflugslokal mit schlichtem Imbiss zu stolzen Preisen, sondern eine originelle Location mit einfallsreicher, zeitgemäßer Küche auf Feinschmeckerniveau zu vergleichsweise moderaten Preisen. Und die kleine, aber clever aufgestellte Weinauswahl sowie der ebenso aufmerksam wie herzlich agierende Service passen ebenfalls bestens ins stimmige Gesamtbild.

7

Haubentaucher

Seestr. 30,
83700 Rottach-Egern
08022-6615704
haubentaucher-tegernsee.de
Mi–Sa ab 12 Uhr durchgehend,
So u. Mo RT
Menüs: 90–130 €
VISA

Auf den ersten Blick wirkt das einladende Lokal mit seinem legeren, aber trotzdem anspruchsvollen Gastrokonzept direkt am Ufer des Tegernsees, das auch mittags und nachmittags geöffnet hat, da aber ein anderes kulinarisches Konzept mit Kaffee und Kuchen sowie unkomplizierten Lunchofferten fährt, nicht wie ein Feinschmeckerlokal mit anspruchsvoller Küche, sondern eher wie ein angesagter Szene-Hotspot. Doch im Rahmen des abendlichen viergängigen Menüs zeigt Inhaber und

Küchenchef Lois Neuschmid dann, was er kochtechnisch alles draufhat und schickt ambitioniert, modern und pfiffig interpretierte, aber immer wohltuend schnörkellos und wohlproportioniert gekochte Gerichte mit viel geschmacklicher Substanz. Dass der sympathisch bodenständige Chef größtenteils auf regionale Produkte setzt, die er mit Sorgfalt und Blick für die relevanten Details fachmännisch zubereitet und von leichter Hand arrangiert, ist angesichts des breiten Portfolios, aus dem er dabei in ansprechender Qualität schöpfen kann, nur logisch. Und es hält die Preise moderat im Rahmen.

6

Il Barcaiolo

im Althoff Seehotel Überfahrt
Überfahrtstr. 10,
83700 Rottach-Egern
08022-6690
www.seehotel-ueberfahrt.com
Küchenchef: Stefano Romano
Täglich von 12–14 Uhr u. ab 18.30 Uhr, kein RT
Hauptgericht: 44–54 €,
Menüs: 52–82 €
VISA

Wie es in allen Althoff-Hotels gute Tradition ist, gibt es mit dem Il Barcaiolo natürlich auch im mondänen, direkt am Tegernsee gelegenen Hotel Überfahrt ein italienisches Restaurant, dessen Küche sich niveauvoll zwischen „Cucina casalinga" und „Cucina creativa" bewegt. Und das passt nicht nur im Sommer mit Blick auf den See ganz ausgezeichnet hierher, sondern auch in das mit hellem Holz, Leder und warmem Licht elegant im Stil aller Gastro-Outlets des Hauses gestalteten Ambiente. Die Gerichte aus den Händen des Teams um Walter Leufen und Stefano Romano liegen dabei auf einer erfreulich authentischen italienischen Linie, stehen für schnörkellose Produktküche, getragen von der hohen Qualität und dem vollen Aroma ausgesuchter Zutaten und hochwertiger Öle. Und das hohe Gesamtniveau gehen auch der gut eingespielte Service und die Weinkarte mit einem selbstredend italienischen Portfolio von einfacheren Empfehlungen bis zu Highend-Weinen mit.

5↑

Kirschner Stuben

im Hotel Maier zum Kirschner
Seestr. 23 a,
83700 Rottach-Egern
08022-67110
www.kirschner-Stuben.de
Küchenchef: Franz-Josef Maier
Do–Mo ab 12 Uhr durchgehend, Di u. Mi RT
Hauptgericht: 15–50 €,
Menüs: 30–125 €

Der Tegernsee ist nicht nur einer der landschaftlich reizvollsten alpenländischen Urlaubsziele, sondern hat neben einer über die Jahre gewachsenen Exklusivität, die durchaus berechtigte Parallelen zu Sylt im Norden des Landes zeigt, auch eine enorm hohe Dichte lohnender Genussziele aufzuweisen. Eine der Institutionen unter diesen sind ganz zweifelsohne die Kirschner Stuben im Hotel „Maier zum Kirschner", die bereits seit 1998 von Franz-Josef Maier und dessen Frau Daniela geführt werden. Und zum Erfolg der Stuben mit ihrer Mischung aus uriger Rustikalität und einem gewissen Luxusfaktor zählt sicher nicht nur das einladende Ambiente mit den antiken Möbeln, massiven Holztischen und der aus einem Südtiroler Schloss übernommenen Wandverkleidung, sondern auch die anspruchsvolle Küche.

Die hält seit jeher einerseits die Tradition hoch, wagt aber daneben auch einen weltoffenen Blick über den Rand des Tegernsees hinaus und integriert munter und genauso selbstverständlich asiatische Einflüsse in die Gerichte, wie sie auch ein Wiener Schnitzel mit Kartoffel-Gurken-Salat oder ein ofenfrisches „Bierbratl" mit Semmelknödel neben eine Variation von der Gänseleber oder Filetwürfel vom Maibock nebst Feldsalat und Preiselbeerdressing stellt.

Allen Offerten gemeinsam ist eine schnörkellos zupackende Aromatik, die viel Kraft und Ausdrucksstärke bietet, ohne dabei kompliziert oder aufgesetzt zu wirken. Und dass der Luxus dabei genauso natürlich wirkt wie die Bodenständigkeit, macht letztlich den besonderen Charme der Kirschner Stuben aus. Dass beide Seiten auch ganz objektiv gesehen lohnend sind, illustrierte zuletzt beispielsweise ein karamellisierter Ziegenweichkäse, der mit seiner hervorragenden gereiften Qualität und intensivem Aroma begeisterte. Der kleine Süßekick des Karamells stützte den feinwürzigen Geschmack gemeinsam mit natürlich-abwechslungsreichen Begleitern aus marinierter Roter Bete und Kürbis, einem mild marinierten Feldsalat-Bouquet und einem fluffigen Bete-Knödelchen auf Kräuterpesto.
Aber auch weiter angereiste Produkte wie Jakobsmuscheln und Riesengarnelen bieten verlässlich hohes Niveau, zuletzt in knackig glasiger Qualität und mit klarem Geschmack, gemeinsam mit frischgrünen Zuckerschotenjuliennes, ätherischer Kresse und einem mit feinem Röstgeschmack und viel Substanz begeisternden Krustentierschaum. Das belegte alles einmal mehr die handwerkliche Sorgfalt, mit der das Team hier sehr konsequent arbeitet. Und das sorgt dann auch jedes Mal wieder bei Klassikern wie den ebenso röschen wie knusprig-zarten Stücken vom Pulpo auf gut zwischen Spicyness, Süße und Säure balanciertem Asiasalat oder der saftigen Bauernente aus dem Rohr mit glasiertem Blaukraut und knuffigen Kartoffelknödeln für rundum überzeugende Ergebnisse. Ganz besonders lohnt sich ein Versuch allerdings, wenn verfeinert rustikale Sachen wie die saftig-knusprig gebackene Bauernblutwurst mit Kartoffelpüree und Sauerkraut auf der Karte stehen. Einerseits, weil diese Dinge einfach richtig gut sind. Andererseits, weil derartige Schmankerl mittlerweile einen gewissen Seltenheitswert haben…
Da es kein von den Portionsgrößen her angepasstes Menü, sondern sämtliche Gerichte nur à la carte gibt, sollte man taktisch klug wählen, wenn es am Ende noch ein Dessert geben soll. Und das lohnt sich in jedem Fall, denn auch im süßen Bereich bleibt die Küche souverän, wenn beispielsweise ein warmer und innen cremiger Schokoladenkuchen mit reifen Beeren und intensiv nussigem Pistazieneis kombiniert wird oder eine luftige Mousse von Kokosnuss und Mango auf den Tisch kommt.
Selbstredend können dazu auch die Gläser adäquat gefüllt werden. Das garantiert sowohl der charmante Service, der gerne mit Empfehlungen parat steht, als auch der von anspruchsvollen Basisqualitäten bis hin zu ersten Lagen gut bestückte Weinkeller, in dem genug attraktive Tropfen veritabler Erzeuger aus Deutschland und dem benachbarten Ausland schlummern. Auch im Offenausschank wird nicht mit Qualität gegeizt.

---

ohne Bewertung

Le Duc Tegernsee

im Althoff Seehotel Überfahrt
Überfahrtstr. 10, 83700 Rottach-Egern
08022-6690
www.althoffcollection.com/de/althoff-seehotel-ueberfahrt/le-duc-tegernsee
Di–Sa ab 18.30 Uhr, So u. Mo RT
Menüs: 135–185 €
EC VISA P

Nach dem Aus für Christian Jürgens und der Schließung des Gourmetrestaurant Überfahrt wurde relativ zügig das Le Duc Tegernsee von und mit dem umtriebigen Berliner Multi-Gastronomen The Duc Ngo ins Leben gerufen. Aber die Konstellation und der Zeitpunkt waren auch günstig, denn zwischen Althoff und dem deutsch-vietnamesischen Koch und Unternehmer bestand ohnehin schon eine Zusammenarbeit und außerdem plante dieser schon von etwas längerer Hand sein erstes Fine-Dining-Menürestaurant in der Hauptstadt – und dieses Konzept wurde quasi für den Tegernsee adaptiert. Asiatische Crossover Küche wird versprochen, vegetarisch oder nicht-vegetarisch, in fünf oder in acht Gängen. Vor Redaktionsschluss der Testsaison 2022/2023 haben wir es nicht mehr geschafft, aber gleich in der Anfangsphase der neuen Testsaison 2023/2024 werden wir dem neuen Le Duc Tegernsee einen Besuch abstatten und im Gusto Online-Guide und der Gusto-App ein Update bringen.

5

Weber

Seestr. 4 a,
83700 Rottach-Egern
08022-2719216
www.restaurantweber.de
Täglich ab 12 Uhr durchgehend, kein RT
Hauptgericht: 23–45 €
EC VISA

Direkt im Ortskern von Rottach-Egern, dort aber etwas versteckt gelegen, empfängt das kleine Restaurant von Thomas Weber seine Gäste in einem individuell eingerichteten Ambiente mit Flair. Im Sommer sitzt man zudem sehr idyllisch und nett in unterschiedlichen Bereichen vor dem Haus. Aus der Küche kommt schon seit Jahren ein sehr zuverlässig und schmackhaft aus guten, frischen Produkten zubereiteter Mix mit mediterranem Oberton, der von der Fischsuppe „Weber" im Stil einer Bouillabaisse, die mit kraftvoll-ausgewogener Basis und sorgfältig gegarten Fischen und Meeresfrüchten als Einlage bis zu einfallsreicher Pasta wie den mit Feige und Schafskäse gefüllten Ravioli mit Treviso in Salbeibutter reicht. Aber auch gelegentliche Ausflüge ins asiatische oder alpenländische Genre machen hier eigentlich immer Spaß.

Hotelempfehlung

★★★★

Hotel Maier zum Kirschner

Seestr. 23, 83700 Rottach-Egern
08022-67110
www.hotel-maier-kirschner.de
Einzelzimmer: 105 €
Doppelzimmer: 140–275 €

Eingebettet in die herrliche Bergwelt des Tegernseer Tals bietet der „Maier zum Kirschner" seinen Gästen einen Erlebnishort mit alpenländischem Flair. Seit über 100 Jahren sind in diesem Familienbetrieb am Südufer des Tegernsees Natur, Natürlichkeit, Tradition und modernes Design zu einem harmonischen Ganzen verwachsen. Die insgesamt 42 Zimmer, Appartements und Suiten wurden mit nachhaltigen Materialien in regionaltypischem Stil ausgestattet: Traditionell, behaglich und trotzdem modern harmonieren hier natürliche Materialien mit zeitgemäßer Funktionalität. Naturbelassenes Holz, hochwertige Stoffe und viel Liebe fürs Detail sorgen für eine besondere Atmosphäre. Zu Sport und Wellness laden eine Sauna, der Beauty-Bereich „Kosmetik am See" sowie (von Mai bis Oktober) ein beheiztes Schwimmbad mit herrlichem Bergblick ein. Im Sommer stehen zudem viele Veranstaltungen für Kinder auf dem Programm und für die Kleinen gibt's auf dem Gelände sogar einen eigenen Kinderspielplatz. Restaurant Kirschner Stuben separat erwähnt.

Rötz (Bayern)

Hotelempfehlung

★★★★S

Resort Die Wutzschleife

Hillstett 40, 92444 Rötz (Hillstett)
09976-180
www.wutzschleife.com
Einzelzimmer: 84–125 €
Doppelzimmer: 128–196 €

Ein Hideaway zwischen München und Prag, mitten im Naturpark Oberer Bayerischer Wald, umgeben von viel Natur für ausgiebige Wanderungen. Neben komfortablen Zimmern in verschiedenen Einrichtungsstilen von „Feel Free Style" über „Romantic" bis „Lifestyle", gibt es jede Menge Anspruchsvolles für Körper und Geist: der 1200-qm-Wellnessbereich verfügt über einen lichtdurchfluteten Innenpool, Whirlwannen, Sauna, Dampfkabinen und Fitnessstudio und hält Angebote wie die „Heat & Ice"-Gesundheitsschleife oder verschiedenste Beauty- & Body-Anwendungen bereit. Das Ayurveda-Team aus Sri Lanka kümmert sich um die vollkommene Gesundheit von Körper, Geist und Seele der Gäste. Ein 18-Loch-Golfplatz sowie zwei neu gestaltete Tennis-Sandplätze grenzen an das Hotel an.

Rügen (Mecklenburg-Vorpommern)

Ambiance

in Romantik Roewers Privathotel
Wilhelmstr. 34,
18586 Rügen (Sellin)
038303-122150
www.roewers.de
Küchenchef: Dirk Brettschneider
Täglich ab 18, kein RT
Hauptgericht: 31–49 €,
Menüs: 54–129 €
VISA

Auf der von unzähligen Häusern im Stil der traditionellen Bäderarchitektur gesäumten Wilhelmstraße, die direkt hinauf zur historischen Seebrücke führt, reiht sich auch Roewers Privathotel in das Ensemble markanter Bauwerke. Von den verschiedenen mehr oder weniger nahtlos ineinander übergehenden Gastronomiebereichen ist der in warmen Gelb-, Braun- und Goldtönen gehaltene, offiziell dem Restaurant Ambiance mit seiner kreativen heimisch-regionalen Küche zugedachte Raum, der eleganteste. Und der mit der ambitioniertesten Küche.
Und auch wenn die Website das Konzept dezidiert mit „regional und heimisch" überschreibt, bewegt sich das Kulinarium schon eher zwischen verfeinerter Regionalküche und Gerichten aus internationalen Produkten und ist allabendlich in Form zweier Menüs zu haben, die sich stilistisch nicht allzu sehr voneinander unterscheiden, die beide mal in die eine oder andere Richtung tendieren. Als kleinen Gruß vorweg schickte das Team um Küchenchef Dirk Brettschneider diesmal einen Klecks cremige Polenta mit einem kleinen, weder kalt noch warm servierten Stück Fischfilet, von dem man gar nicht so genau sagen konnte, ob es nun gebeizt und gegart, ganz mild warmgeräuchert, wie eine Art Brathering eingelegt, oder einfach schon vor längerer Zeit gebraten wurde. Es war jedenfalls mildwürzig und hatte sehr festes, kompaktes, leider recht trockenes Fleisch.
Locker-flockiger und elaborierter wirkte die als ein moussiger Quader auf Pumpernickelboden präsentierte „Kartoffel-Praline", die auf etwas Kopfsalat-Gazpacho angerichtet und mit einem fruchtigen Gelee (vermutlich Apfel) und einer geflämmten Perlzwiebel getoppt war. Auch von anderer Seite wehte noch eine recht gut eingebundene Essigsäure her, die das ganze Geschmacksbild lebhaft hielt. Einzig der als Upgrade dazu bestellte San-Daniele-Schinken wirkte an dieser Stelle nicht so ganz stimmig. Da wäre nach unserem Dafürhalten zum Beispiel etwas Rauchaal eine deutlich attraktivere und auch stimmigere Add-on-Option gewesen.
Auch in der weiteren Folge des Menüs empfanden wir manche Kombination etwas seltsam. Das Zusammenspiel von gebratenem Pilzragout als Füllung eines Dim-Sum-Täschchens und dem tendenziell recht lieblich gehaltenen Schaumsüppchen vom weißen Spargel erwies sich jedoch als durchaus stimmig, zumal eine aus Grana Padano gefertigte Hippe auch noch etwas mildwürziges Käse-Umami beisteuerte und so ein durchaus harmonischer Dreiklang entstand. Der Akkord von Blattpetersilie, Pastinake und Birne an sich war auch alles andere als unattraktiv, wäre aber zum Beispiel im Zusammenspiel mit hellem Fleisch (Geflügel oder Kaninchen) deutlich ansprechender gewesen als wie hier zu Wolfsbarsch und Miesmuscheln – beides außerdem relativ lange gegart und entsprechend trocken und ausdruckslos.
Als Produkt und von der Zubereitung her ganz hervorragend war allerdings die zunächst zu butterweicher Fleischstruktur sous-vide gegarte und dann knusprig angegrillte Querrippe vom US-Beef. Hier machten uns allerdings deren Begleiter in Gestalt recht penetrant süßlich-würziger, irgendwie gar nicht so ganz weit entfernt an Gewürzketchup erinnernder Vadouvan-Sauce und naturgemäß ebenfalls relativ süßlicher Karotten- und Zwiebelkomponenten etwas ratlos. Da wäre wiederum eine herbere, herzhaftere Begleitung, gerne auch mit etwas Säure oder Bitteraromen, vermutlich die bessere Wahl gewesen. So wirkte das alles nämlich recht lieblich Ton in Ton.
Nichts zu meckern gab's an einem ebenso fluffigen, wie saftigen und außerdem mit schön säuerlichem Himbeermark gefüllten Topfenknödel auf Himbeerrhabarber und schaumiger Vanillesauce als süßen Abschluss. Und auch nicht an der international gut sortierten Wein-

karte, wenngleich einige der vielen attraktiven (auch halben) Flaschen zu moderaten Preisen zum Zeitpunkt unseres Besuchs bereits ausgetrunken waren. Die glasweisen Offerten könnten, was das Spektrum ihrer geografischen Herkunft angeht, noch etwas vielfältiger sein.

Freustil

Zeppelinstr. 8, 18609 Rügen (Binz)
038393-50444
www.freustil.de
Küchenchef: Ralf Haug
Mi–So von 12–14 Uhr u. ab 18 Uhr, Mo u. Di RT
Menüs: 80–109 €

Auch auf die Gefahr hin, dass wir uns wiederholen, aber der farbenfroh-lässige Stil des Restaurants von Ralf Haug, dessen individuelle geschmackssichere Gestaltung sich von Saison zu Saison in verschiedenen Details immer wieder verändert und mittlerweile etwas gedeckter wirkt, ist eine perfekte Umgebung für ein Restaurant, das Freustil heißt und die Bedeutung des Namens irgendwie auch als Philosophie lebt. Hier herrscht immer eine sehr entspannte, heitere Atmosphäre und man spürt, dass es auch dem Team einfach Spaß macht, die Gäste anspruchsvoll, dabei aber unangestrengt zu bekochen und zu bewirten.

Ganz typisch für den kulinarischen Freustil, der schon seit jeher stark von Regionalität und nordischen Einflüssen geprägt ist – und zwar noch lange bevor es auch hierzulande zum Trend wurde – war auch diesmal schon der Gruß aus der Küche: eine halbierte La Ratte Kartoffel mit Hollandaise, knuspriger Hefe und Fenchelkraut. Ganz unspektakulär und trotzdem raffiniert; der Schmelz der aromatischen Kartoffel, die prägnante fruchtige Säure der schaumigen Buttersauce, die Würze und der Crunch der Hefe, das Frischgrüne des Fenchels… So einfach, so gut!

Überhaupt sind es oft ganz vertraute Produkte und Geschmacksbilder, die durch hohe Qualität und eine sublimierte, differenzierte Zubereitung zum besonderen Gaumenkitzel werden. So wie der säuerlich eingelegte Hering, der von Zwiebel-, Apfel- und Gurkenkomponenten viel Frische und von einer raffiniert leicht und schlank gestalteten Knollenselleriecreme ein schmelziges und fülliges Fundament ohne Behäbigkeit oder Schwere verliehen bekam. Der Clou waren hier die süßen Nussbrösel, die dem Ganzen nicht bloß Struktur verliehen, sondern überraschenderweise auch aromatisch als Bindeglied zwischen den einzelnen Komponenten fungierten.

Es sind solche kleinen, fast beiläufigen, clever eingesetzten Dinge, die hier oft den Ausschlag geben. Dem in seiner cremig fließenden Konsequenz perfekt gelungenen Stundenei unter krossen Pankobröseln assistierten Spinat und Salat von Endivien auf sehr auflockernde Art mit dem gewissen Etwas. Den knackigen Shrimps mit ihrem klaren, sauberen Geschmack genügten etwas Blumenkohl (Püreetupfen und marinierte Röschen) sowie eine grünfrische Dillcreme, um sie in attraktivem vollmundigem Geleit zu präsentieren. Man merkt schon: Die Freustill-Küche ist nordisch und leicht, aber alles andere als karg.

Und das genaue Gegenteil von karg war auch der zur hervorragenden festfleischigen gebratenen Jakobsmuschel kombinierte rahmige Lauch, der aber dank belebender Säure, fruchtig eingelegten Sagoperlen und winzigen Tomatenwürfeln wiederum alles andere als opulent und behäbig daherkam. Und so tendieren alle Gerichte ausgewogen zwischen schlank und vollmundig. Zum perfekt zart knackig auf den Punkt gebrachten weißen Spargel brachten wachsweiche Wachteleier und Hollandaise den voluminösen Schmelz und eingelegte Radieschen sowie eine säuerliche klare Vinaigrette die Leichtigkeit und Frische.

Kritisch ließe sich anmerken, dass beim letzten Mal die cremige Opulenz irgendwann etwas überhandnahm und spätestens die mayonnaiseartigen Tupfen zur nach unserem Gusto außerdem etwas zu lange gebratenen Fjordforelle, die mit zweierlei Kohlrabi in einem von Farbe und Geschmack des Kohlrabi-Blattgrüns geprägten Buttermilchsud schwamm, ein bisschen anstrengend und redundant wirkten. Dafür war dann der Hauptgang wieder umso eigenständiger und attraktiver. Er handelte von perfekt saftigem und sehr eigenaromatischem, dabei überhaupt nicht mürbem, sondern viel-

mehr bambihaft zart-knackigem Rehrücken. Und der wurde ganz ohne irgendwelche Sättigungsbeilagen nur mit lockerflockig drapierten „Waldaromen" wie unterschiedlichen Pilzen, etwas knuspriger und cremiger Knollensellerie, Blaubeeren, Kräutern, Maiwipfeln und einer fantastischen puren Wildjus im Becher auf einem Holzbrett präsentiert.
Sehr viel Freude machten auch diesmal wieder die süßen Sachen wie der Dreiklang von eingelegtem, zu Gel und Geleefolie verarbeitetem Rhabarber mit cremigem Vanilleeis und einem mit Malzzucker beflockten moussigen Malzschaum. Oder das vom Geschmack brauner Butter dominierte Gebäck mit salzigem Ahornsirup. Zu allem passt sehr gut die Auswahl an Weinen vornehmlich junger aufstrebender Winzer, aber es gibt auch lohnende alkoholfreie Alternativen in Form von Geiger-Prisecco, Van Nahmen-Säften, nullprozentiger Weinschorle oder selbst gemixten leichten Cocktails. Bemerkenswert ist im Freustil auch das nach wie vor günstige Preis-Genuss-Verhältnis bei Speis' und Trank. Freude pur!

5

Gutshaus Kubbelkow

im Hotel Gutshaus Kubbelkow

Dorfstr. 8,
18528 Rügen (Sehlen-Klein Kubbelkow)
03838-8227777
www.kubbelkow.de
Küchenchef: Axel Diembeck
Di–Sa ab 18 Uhr, So u. Mo RT
Hauptgericht: 36–38 €, Menüs: 62–95 €

Das Gutshaus von Familie Diembeck liegt bilderbuchhaft in dörflicher Idylle und ist – verwunschen versteckt hinter viel Grün inmitten einer parkähnlichen Gartenanlage – ein richtiges Kleinod. Hier kann man es gut aushalten, wenn man in ruhiger Abgeschiedenheit mal ein paar Tage Auszeit nehmen möchte, denn sowohl die Zimmer dieses gepflegten kleinen Hotelbetriebs als auch das Restaurant bieten sehr viel Flair. In Letzterem sitzt man in hübschen historischen Herrenzimmern mit Fischgrät-Parkettböden zwischen in kräftigen Farben wie dunklem Grün und Weinrot abgesetzten Wänden unter Kronleuchter neben offenem Kamin und genießt eine klassische Küche auf französischer Basis, die sich überwiegend am regionalen und saisonalen Angebot orientiert.
Es gibt weiterhin ausschließlich zwei dreigängige Menüs, von denen sich eines im Hauptgang Fleisch und das andere Fisch widmet. Eine der beiden Vorspeisen drehte sich puristisch um die gebratene Brust einer im nahen Granitz gezüchteten Taube, die auf rotes süßliches Zwiebelconfit gebettet und von sehr natürlicher Taubenjus umgeben war. Ein mit verschiedenen herben Wildkräutern angereichertes Salatbouquet war dem nach unserem Geschmack schon etwas zu durchgebratenen, trotzdem aber noch schön saftig-aromatischen Geflügel ein ansprechendes und ausreichendes Beiwerk. Getoppt wurde das allerdings von der als Cappuccino präsentierten Rehconsommé mit einer Haube aus schön natürlich erdig schmeckendem Trüffelschaum, die eindrucksvoll zeigte, wo die Stärken der Küche liegen und dass hier wirklich fundiertes klassisches Handwerk mit viel Substanz geboten wird. Begleitet wurde das von eleganter alkoholischer Süße und gut eingebundener Säure getragene Süppchen passenderweise noch von einem Spieß mit saftig gebratenem und gut gewürztem Rehfilet. Hierfür hätte man in der ausgewogenen und gehaltvollen Art ganz bequem auch 6 oder sogar 7 Pfannen geben können.
Etwas darunter lag der Fischgang um eine Tranche von mit orientalischen Gewürzen gebratener Fjordforelle nebst Erbsenmousseline, grünem Spargel, Pak-Choi und einer mit iranischem Safran gewürzten Sauce. Hier muss man allerdings differenzieren, weil einerseits sowohl der Fisch mit seiner orientalischen Würze in Kombination mit der Safransauce als auch das monochrom grüne Gemüse für sich genommen absolut ansprechend waren – alles zusammen aber nicht so ideal korrespondierte. Wäre in gleicher Zusammenstellung mit dem Gemüse beispielsweise der Fisch nur mit frischen Kräutern aromatisiert worden und die Safransauce etwa eine Estragon- oder Sauerampfersauce gewesen, hätte das gleich nochmal ganz anders ausgesehen.
Stimmiger war naturgemäß die Kombination zum Kalbsfilet: weißer gebratener Spargel, knackiger Wilder Brokkoli, fluffig-knusprige Kar-

toffel-„Croissants“ und Trüffelsauce. Wenngleich letztere leider nur spärlich angegossen war und deshalb schnell sehr deutlich vom ausgetretenen Fleischsaft verdünnt wurde. Auch hätte uns das sehr weiche, vermutlich sous-vide gegarte Kalbsfilet klassisch gebraten und mit kräftigeren Röstaromen noch besser gefallen. Sehr solide und schmackhaft war das aber auch in der gebotenen Art allemal.
Und Spaß machte auch die Auswahl verschiedener Rohmilchkäse, die allesamt qualitativ zwar nicht „high-end“, aber absolut ansprechend und diesmal auch mit etwas mehr Abstand voneinander auf einem Holzbrett angerichtet waren. Das Dessert konnte sich ebenfalls schmecken lassen: ein geliertes herbes Holunderblüten-Champagnersüppchen mit allerhand Beeren und Früchten darin, aber auch sehr gutem aromatischem Erdbeer-Parfait und einer Nocke Sorbet von Bitterorange und Bronzefenchel. Erfrischend herb und leicht, aber überhaupt nicht seicht.
Angenehm und aufmerksam agierte wie gewohnt der Service um Gastgeberin Kinga Diembeck. Ansprechend ist die Weinkarte, die von Deutschland, über den Mittelmeerraum, bis Übersee gut bestückt ist und überwiegend Gewächse namhafter Erzeuger listet.

5

HACO by the sea Restaurant

im Design Hotel CERES AM MEER
Strandpromenade 24,
18609 Rügen (Binz)
038393-66670
www.ceres-hotel.de
Täglich ab 18 Uhr, kein RT
Menüs: 105 €
VISA

In dem genauso dunkel und schnörkellos wie das gesamte Haus designten Gastraum des Ceres-Hotel an der Binzer Promenade firmiert seit geraumer Zeit das von Koch und Gastronom Björn Juhnke kuratierte HACO by the sea, welches sich mit dessen HACO auf St. Pauli in Hamburg den Namen, das Logo und das Konzept einer modern-puristischen Naturküche mit stark regionalem Charakter teilt, aber (noch?) nicht dasselbe hohe Niveau bietet. Insbesondere die vegetarischen Gänge des siebengängigen Menüs blieben in ihrer relativ simplen Art ohne die nötigen Feinheiten und hintergründigen Finessen doch deutlich hinter den Erwartungen und den Fine-Dining-Eigenansprüchen zurück. Alles konnte durch harmonischen und natürlichen Geschmack der Grundprodukte überzeugen, aber um dem Menüpreis, vor allem aber der abendfüllenden Inszenierung gerecht zu werden, müsste man noch an einigen Stellschrauben drehen. Der sehr engagierte, aber nicht ganz sattelfeste Service machte kleinere Unsicherheiten durch Sympathiepunkte wett.

Hotelempfehlung

★★★★★ S

Romantik Roewers Privathotel

Wilhelmstr. 34, 18586 Rügen (Sellin)
038303-1220
www.roewers.de
Einzelzimmer: 139–329 €
Doppelzimmer: 139–329 €
VISA

Das First Class- und Wellness-Hotel gehört zum Verbund der Romantik Hotels und ist eines der Hotellerie-Attraktionen im Ostseebad und auf der ganzen Insel Rügen. Die Villen im Stil der wilhelminischen Bäderarchitektur sind denkmalgeschützt und liegen direkt an der Selliner Pracht- und Flaniermeile. Die insgesamt 55 Zimmer und Suiten sind in hellen, fröhlichen Farben des Sommers gestaltet und vermitteln auf Anhieb Wohlgefühl. Die Liebe zum Detail spürt man hier überall und genießt darüber hinaus jede Menge Komfort. Vor allem Wellness wird in Röwers Privathotel großgeschrieben: Neben dem Areal für Erholung und Entspannung mit Massagen, Bädern, Beauty und „Duo-SPA“-Angeboten in höchster Perfektion auf über 1200 qm erwartet die Gäste hier auch ein Indoor-Pool mit Sauna- und Fitnessbereich und ein Rooftop-Außenpool mit 13 Metern Länge. Außerdem hat man die Wahl zwischen zwei Restaurants, einer großzügigen Terrasse mit Bewirtung und einer schicken Hotelbar. Gourmetrestaurant Ambiance separat erwähnt.

Rust (Baden-Württemberg)

9

AMMOLITE – The Lighthouse Restaurant

im Europa-Park-Resort Bell Rock
Peter-Thumb-Str. 6, 77977 Rust
07822-776699
www.ammolite-restaurant.de
Küchenchef: Peter Hagen-Wiest
Mi–Sa ab 19 Uhr, So von 12–14 Uhr u. ab 19 Uhr, Mo u. Di RT
Menüs: 205 €

VISA

Ein Leuchtturm ist das Gourmetrestaurant im Europapark gleich in mehrfacher Hinsicht, denn erstens residiert das elegante, nobel dunkel gehaltene und mit Vorhängen geschickt aufgeteilte Restaurant tatsächlich im kreisrunden Erdgeschoss eines nachgebauten Leuchtturms und zweitens ragt die Küche von Peter Hagen-Wiest im kulinarisch ohnehin sehr attraktiven Südwesten auch noch als eines der Highlights unter vielen guten Restaurantadressen hervor. Der Standort macht es auch Erstbesuchern einfach, das Restaurant auf dem weitläufigen und etwas unübersichtlichen Europapark-Gelände zu finden, denn auch dieser Leuchtturm ragt deutlich heraus und ist mit seiner auffälligen Beleuchtung selbst nachts schon von weitem gut zu sehen. Und mit eigenem Parkplatz für die Gäste direkt vor der Türe ist das Ammolite auch sonst für externe Gäste gut anzusteuern.

Es gibt weiterhin zwei Menüs, von denen sowohl das omnivore „Around the World“-Menü als auch das vegetarische „Green Forest“-Menü ihrem Namen vollauf gerecht werden. So geht es in der mit besten internationalen Produkten von Land und Meer gespickten Speisefolge immer auf kulinarische Weltreise, die von Sommelier Marco Gerlach auch in den Gläsern immer von einer sehr internationalen Weinkollektion begleitet wird. Das „grüne“ Menü ohne Fisch und Fleisch ist nicht etwa eine abgespeckte Version, sondern vollkommen eigenständig komponiert und bewegt sich auch auf überraschend hohem Niveau.
Texturell sehr filigran und fein gearbeitet, aromatisch aber markant und klar, grüßte die Küche wie gewohnt in Form verschiedener Petitessen im Fingerfood-Format und setzte damit gleich zu Beginn ein Ausrufezeichen. Und dieser Ouvertüre stand der erste Gang des weltumspannenden Menüs „Around the World“ in rein gar nichts nach. Im Gegenteil, das von thailändischen Aromenmotiven inspirierte Hummergericht kam nämlich ebenso fein gezeichnet und elaboriert daher, bei deutlich höherer Komplexität, aber mit einer ebenso klaren geschmacklichen Aussage: Mit Hummerbutter glasierte Stücke des Krustentiers in festfleischig-zarter Idealform waren hier mit Thaimango, Reiscreme, Korianderkresse, Hummergelee und Knusperreis zum Kreis drapiert, in dessen Mitte eine mit Kaffirlimette herb abgeschmeckte Hummersauce angegossen wurde. Muskulös und mit dezenten zitrischen Bitteraromen aufgeladen, trotzdem hochelegant, so dass sich auf deren Teppich auch alle anderen Komponenten und Aromen voll entfalten konnten und zu einem vielschichtigen und sehr harmonischen Gesamtbild zusammenfanden. Stark!
Deutlich schlichter gehalten, in seiner Gesamtwirkung aber trotzdem sehr reizvoll, präsentierte sich der Ausflug in iberische Gefilde, wo mit einer Art Törtchen von geschmorter gezupfter Kaninchenkeule mit Bohnensalat-Topping und einem Boden aus in Chorizoöl confierter Kartoffelscheibe, herzhaft pikante Töne angeschlagen wurden. Untermalt von einer Saucenallianz aus Bohnensud und Chorizoöl, geschickt von einer süß-säuerlichen Kante aufgebrochen, entstand auch hier ein ebenmäßiges, ausdrucksstarkes Geschmacksbild.
Sehr ähnlich aufgebaut, aromatisch aber natürlich ganz anders, präsentierte sich im Anschluss daran der ebenfalls zum akkuraten Zylinder geformte, perfekt glasig gegarte und mit knusprigem Amaranth beflockte Saibling, der auch wieder auf einem aus zwei Saucen kombinierten Spiegel platziert wurde – in diesem Fall aus

Buttermilch-Dashi und Liebstöckelöl. Auch hier gab es wie beiläufig, aber durchaus sehr akzentuiert, säuerliche Nadelstiche, die von winzigen Geleewürfelchen aus dem stark reduzierten Dashifond herrührten. Und auch hier hatten sie eine gewinnbringend auflockernde Wirkung.

Im Grunde kommen Peter Hagen-Wiest und sein Team auf den meisten Tellern mit drei tonangebenden Produkten aus, die dann allenfalls noch ein, zweimal variiert erscheinen. So wie auch bei dem sehr klassisch gehaltenen Fischgang um Kabeljau, Knollensellerie und Périgord-Trüffel, bei dem der hervorragende, blättrige Fisch mit knackigen „Tagliatelle" von Knollensellerie, Selleriewürfeln, Selleriecreme und Trüffelscheiben beladen auf einer entsprechend aromatisierten Beurre blanc schwamm. Auch hier sorgte wieder eine feine Säureader in der Sauce für das gewisse Etwas und die nötige Verschlankung der erdigen Aromen.

Eine solche Verschlankung und Zuspitzung fehlte diesmal nach unserem Gusto den Kostproben aus dem vegetarischen Menü. Denn sowohl der als ein napfiger dunkler Savarin interpretierte Hafer mit einem Topping aus verschiedenem Spitzkohl und Kräutern auf Petersiliensauce, als auch der vegetarische Hauptgang um Rosenkohl, Birne und Marone auf Rotkohl-Beurre-blanc präsentierten sich – auf hohem Niveau wohlgemerkt – etwas zu eindimensional würzig und breit. Dem relativ üppigen Hafer hätte eine sehr saftige, süß-säuerliche Komponente wie beispielsweise Senfgurken ein reizvoller Gegenpart sein können; beim Rosenkohl wäre nach unserem Dafürhalten nicht nur ein Frischekontrast, sondern auch ein Gegensatz zu den überwiegend weichen Konsistenzen gewinnbringend gewesen.

Absolut grandios dann wieder der Hauptgang, was nicht bloß an der herausragenden Qualität des als dünne Scheiben vom nur soft temperierten Roastbeef und Riegel von der geschmorten Zwischenrippe präsentierten Kagoshima-Wagyu lag, sondern auch an dessen feinfühliger Zubereitung. Die beiden maximal fettschmelzigen Teilstücke wurden von Wildem Brokkoli, Shiitake und Palmherzcreme angenehm reduziert begleitet (jeweils auch mit winzigen Partikeln davon beflockt) und von einer so kraftvoll wie nötig und so leicht wie möglich gehaltenen Jus untermalt, so dass das exklusive Fleisch seine Vorzüge voll ausspielen konnte.

Und auch die Pâtisserie zeigte sich wieder voll auf der Höhe. Zunächst mit einer Kleinigkeit von Buttermilcheis, Karottenvariationen und Kreuzkümmelessig als Prédessert, dann mit einer karibisch angehauchten, mit Rum flambierten Komposition von Manjari-Schokolade, Ananas, Vanille und Rum-Rosinen. Auch diese beiden sehr elegant und schlank, aber aromatisch voll aufgeladen. In Kombination mit den auch in diesem Jahr wieder sehr präzise und überlegt ausgesuchten Weinempfehlungen von Sommelier und Restaurantleiter in Personalunion Marco Gerlach, der sich dem Leitthema „Around the world" ebenfalls nicht verschließt und den Gast auf eine vinophile Weltreise mitnimmt, kann man in Deutschlands beliebtestem und wohl auch größtem Freizeitpark auch aus kulinarischer Sicht jederzeit sehr viel Attraktives erleben.

Hotelempfehlung

★★★★ S

Europa-Park-Resort Bell Rock

im Europa-Park Rust

Peter-Thumb-Str. 6, 77977 Rust

07822-776699

www.europapark.de/de/hotels/4-sterne-superior-erlebnishotel-bell-rock

Einzelzimmer: ab 86 €

Doppelzimmer: ab 121 €

VISA

Im 4-Sterne Superior Erlebnishotel „Bell Rock" auf dem frei zugänglichen Bereich des Europapark Rust begibt sich der Gast auf die Spuren der Pilgerväter und Entdecker Amerikas. Das Ziel der Reise ist Neuengland, die historische Wiege der USA. Das Hotel erzählt die Geschichte der Ein- bzw. Auswanderer und deren Leben in der neuen Welt. Dementsprechend orientiert sich das Gebäude mit der imposanten Herrenhaus-Fassade an der Formensprache des neuenglischen Siedlungsbaus und die Zimmer und Suiten (für bis zu 6 Pers.) sind thematisch ebenfalls an die Epoche angelehnt.

Es gibt zehn unterschiedliche Kategorien vom Standardzimmer bis zu der im Leuchtturm untergebrachten John F. Kennedy-Suite – alle Räume sind klimatisierte Nichtraucherzimmer und standardmäßig mit Safe, Dusche/WC, Haartrockner, Flachbildschirm, Schreibtisch, Telefon sowie High-Speed-Internetzugang ausgestattet. Großer Wellness-, Fitness- und SPA-Bereich. Unterschiedliche Restaurants und Bars. AMMOLITE – The Lighthouse Restaurant separat erwähnt.

Saarbrücken (Saarland)

9

Esplanade

im Boutique Hotel Esplanade
Nauwieserstr. 5, 66111 Saarbrücken
0681-84499125
www.esplanade-sb.de
Küchenchef: Silio Del Fabro
Mi–Sa von 12–13.30 Uhr u. ab 18.30 Uhr, So–Di RT
Hauptgericht: 42–70 €,
Menüs: 175–210 €
EC VISA P

Wer in Saarbrücken französischen Esprit auf seine genussvollste Art und Weise erleben möchte, muss gar nicht mal über die nahegelegene Grenze fahren, sondern kann das auch auf viel kürzerem Weg im erfreulicherweise weiterhin mittags und abends geöffneten Restaurant Esplanade haben. In der eleganten Gründerzeitvilla mit ihrem edlen und zeitgemäßen Innendesign bieten Jérôme Pouchère als Gastgeber und Silio Del Fabro als Küchenchef nämlich genau das – und zwar mittlerweile auf beeindruckend hohem Niveau, das im Laufe der letzten Jahre sukzessive auf das heutige Level gestiegen ist.
Das Interieur im von hochwertigen Materialien geprägten minimalistischen Mid-Century-Stil strahlt eine angenehme Ruhe aus und auch das gesamte Serviceteam sorgt für entspannt fließende Abläufe. Die Küche nutzt genau diese Bühne vom ersten Moment an aufs Beste, um den Rahmen mit ebenfalls sehr klaren und aufs Wesentliche zugespitzten Kreationen zu füllen: Animierender und feiner als mit den ersten Miniaturen, die hier jedes Mal ein Menü eröffnen, lässt sich kaum in einen Mittag oder Abend starten. Vom Gurkenshot mit Dillöl über ein papierdünnes Linsen-Croustillant mit Lachstatar und Liebstöckelstaub bis zum krossen Schweinebauch mit Rettich und Yuzu kam auch zuletzt wieder alles federleicht, klar und intensiv auf den Tisch – und machte auf diese Art viel Lust auf mehr.
Und die wurde mit dem eigentlichen Küchengruß sogar gleich noch mehr befeuert. In dessen Mittelpunkt stand nämlich ein zartfleischiges Carpaccio vom Pulpo mit frech pikantem Tabasco-Eis, milder Avocadocreme, pikanten Tropfenpaprika und einer lose emulgierte Pinienkern-Vinaigrette, was auf fast beiläufig wirkende Art eine ganze mediterrane Aromenwelt transportierte.
Der erste richtige Gang stellte eine Kuppel klassisch gehaltenen Rindertatars in den Mittelpunkt, dessen kräftiger Fleischgeschmack durch eine Hülle aus Ochsenschwanzgelee noch gewinnbringend verstärkt wurde. Darauf ein dünner Brotchip mit einer stattlichen Portion milden Kaviars und einem Eis von Sauce Béarnaise, das auf seine verzögert kühl schmelzende Art die Eleganz des kompakt und puristisch komponierten Tellers unterstrich. Die einzige weitere Ergänzung waren Tupfen von Tomatencreme und -gel mit feiner Säure sowie ein duftiges Estragonöl. Und mehr brauchte es auch nicht für einen makellosen pointierten Auftakt.
Den vollen Frühling von seiner köstlichsten Seite gab es dann mit einem als rundes „Törtchen“ angerichteten Arrangement aus Spargelspitzen, Morchel, frisch gepulten Erbsen und Erbsensprossen. Akzentuiert von legierter Eigelbcreme und gehobeltem gebeiztem Eigelb, einem filigranen Gitter aus Sesamteig und einer sanften, von feiner Säure und Würze getragenen Bärlauchnage bündelte das alle Köstlichkeiten, die der Frühling für Feinschmecker bereithält, auf sehr feine, elegante Weise in einem einzigen Gericht.
Wie feinsinnig die Küche klassische Ideen modernisiert und freistellt, zeigte sich auch beim folgenden weißen Heilbutt. Der kam als mächtige, zart gebratene Tranche mit saftig glasigem Fleisch angeschwommen und war nebst filigranen, aromatisch stark verdichteten Fenchel-Va-

riationen mit feinem Anisduft, teils mit einem Hauch von Pernod verstärkt, auf einer stoffig dichten Velouté angerichtet. Gekrönt von einer pochierten Auster und einer Nocke Imperial-Kaviar war das ein im Grunde ganz klassischer, aber zugleich beschwingt leicht umgesetzter Gang.
Genau diesen Effekt gab es dann auch beim Stubenküken als knusprig saftige Brust neben kleinen schmelzenden Entenleberwürfeln sowie Creme und Crunch von der Petersilienwurzel, winzigen zarten Buchenpilzen und eingelegter Périgord-Trüffel. Knallgrüne Petersiliengraupen brachten daneben eine gewisse Frische, während eine klebrig-reduzierte, bei aller Kraft aber dennoch elegant und transparent wirkende Madeirajus den Teller auf vornehme Art abrundete und ihm gestochen scharfe Tiefe und Komplexität verlieh.
Mit einem erfrischenden, kunstvoll gearbeiteten und aromatisch laserscharf differenzierten Dessert rund um die fruchtige Säure von Rhabarber und Himbeere und den exotischen Zitrusduft von Yuzu gegenüber dem abfedernd süßen Schmelz von weißer Schokolade und Heumilch endete der letzte Besuch genauso, wie er begonnen hatte: Beschwingt, leicht und animierend.
Dazu bietet der Keller eine beachtliche Fülle spannender Flaschen mit klarem Fokus auf die französische Weinwelt. Bei der Orientierung und auch für korrespondierende Empfehlungen lohnt es sich, einfach mit Gastgeber Jérôme Pourchère ins Gespräch zu gehen. Der nämlich findet in seiner charmanten und fachkompetenten Art garantiert immer ein passgenaues Gewächs zum jeweiligen Gericht von Silio Del Fabro.

10

GästeHaus Klaus Erfort

Mainzer Str. 95,
66121 Saarbrücken
0681-9582682
www.gaestehaus-erfort.de
Küchenchef: Klaus Erfort
Mo–Fr von 12–13.30 Uhr u. ab 19 Uhr,
Sa u. So RT,
Hauptgericht: 48–75 €,
Menüs: 120–225 €
VISA

Das aristokratisch vornehm wirkende Gästehaus von Klaus Erfort direkt neben der blau leuchtenden Tankstelle hat Kultstatus unter Gourmets. Und das ganz zurecht. Denn was in der stattlichen weißen Villa mit ihren großzügigen, zeitlos eleganten Gasträumen oder im Sommer auf der Terrasse mit Blick in den parkähnlichen Garten aufgetischt wird, spielt in seiner zeitgemäß klassischen Art seit vielen Jahren im bundesweiten Ranking ganz weit oben mit. Im Vergleich zu dem, was andere Kollegen an innovativen Details in ihre Kreationen packen, muten zwar viele Gerichte – trotz ihrer schlanken, klaren Handschrift – eher unaufgeregt und beinahe brav an. Aber sowohl die Qualität der verwendeten Produkte als auch die exakte handwerkliche Ausführung lassen nach wie vor kaum Spielraum nach oben.
Und so ist es nur die Tatsache, dass an der einen oder anderen Stelle ein bisschen mehr Mut zu klarer Kante und markanter zugespitzten Akzenten wünschenswert wäre, dass es bei uns zur Höchstbewertung nicht auch noch den Bonuspfeil gibt. Aber davon ganz abgesehen ist sicher: Ein Besuch bei Klaus Erfort garantiert entspannten Genuss auf sehr hohem Niveau. Und zwar ganz gleich, ob man das Gourmetmenü in vier bis sieben Gängen, oder à la carte so ikonische Gerichte wie die auf Meersalz gegarten Langostinen oder den Gemüseacker mit Bretonischem Hummer, Olivenkrokant und pochiertem Wachtelei probiert.
Das verdeutlichte auch zuletzt schon die beeindruckende einstimmende Parade filigraner, vor allem aber aromenstarker Kleinigkeiten: mal leicht und frisch wie die marinierte Auster mit Staudensellerie, Kalamansi und Blutorange, mal kraftvoll wie die duftige Tartelette mit frischen Erbsen, geräucherter Forelle und Périgordtrüffel. Und apropos Kraft: Davon hatte das unter den Küchengrüßen bereits obligatorischere „Goldene Ei“ beinahe im Übermaß. Mit seiner Füllung aus pfeffrigem Spinat, einem cremigen Wachtelei und Trüffel setzte es auf

elegant schwelgerische Art aber zugleich ein perfektes Statement für den Stil der Küche.
Die folgende, von einem üppig-intensiven Gänselebereis bedeckte Terrine von der Gänseleber wirkte zwar ebenfalls typisch elegant, in den begleitenden Details aber zugleich ein wenig unscharf. Ergänzt wurde die kraftvolle Foie gras von einem eher mild gelbfruchtigen Umfeld, das zwar punktuell mit säuerlich zugespitztem Zitrusgel aufgebrochen wurde, aber insgesamt doch eher zahm wirkte. Dafür kam bei der als wunderbar fleischiges Carpaccio geschnittenen Langustine mit betörend klarem Geschmack unter einer Vinaigrette aus Dashi und Limonenöl der reduziert fokussierte Stil umso besser zum Tragen. Hier genügten hauchdünne Kreise von gelber Bete mit (beinahe zu) kraftvoll ätherisch-erdiger Aromatik und süßsäuerlichem Finish sowie kleine Trüffelcreme-Tupfen als Aromenträger und Puffer für einen eindrucksvollen Auftritt.
Den hatte zuletzt auch die in Nussbutter glasig gebratene und damit nicht weniger als perfekt zu bezeichnende Seezunge. Und zwar neben saftigen frischen Morcheln, knackigen halbierten Erbsen und Frühlingslauch in einem bei aller Leichtigkeit dicht und kraftvoll schmeckenden Morchelschaum, der zudem von Schnittlauchöl keck aufgefrischt war. Das wirkte in seiner schlichten, auf die natürliche Strahlkraft der Produkte setzenden Art regelrecht simpel, war deswegen aber nicht weniger überzeugend.
Genau den gleichen Effekt gab es dann auch beim geschmeidig knusprig auf den Punkt gebratenen Kalbsbries, das in einer glänzenden Trüffeljus mit nobler alkoholischer Süße, neben Topinamburcreme und luftig krossen Pommes Soufflées serviert wurde und dem darauffolgenden, mit flüssiger Konsistenz zwischen hauchzartem Nudelteig servierten Eigelb. Diesem könnte man zwar vorwerfen, dass dieses Thema „en miniature“ bereits unter den Amuses bearbeitet wurde – angesichts der handwerklichen Perfektion und der enormen Süffigkeit und Intensität bei gleichzeitiger Leichtigkeit, mit der hier Spinatcreme, geraspelte Trüffel und eine stoffige Schaumsauce zusammenspielten, erübrigte sich dieser mögliche Kritikpunkt allerdings ganz schnell…
Im Hauptgang stand in Tamari-Soja-Jus glasierte Taube mit rauchig-krosser (hart an der Grenze zum Bitteren gehaltenen) Hautseite, ansonsten aber bezaubernd straff-zartem und aromatischem Fleisch. Neben herbsäuerlicher Quittencreme und Selleriepüree auf dem Hauptteller wurde das Täubchen zudem noch von einem kleinen Satelliten mit Keule, Leber und Herz nebst Shiitake und hellfruchtig-frischem Quittengel ergänzt – was allein durch die charakterstarke Präsentation des Hauptprodukts viel Freude machte.
Und auch im süßen Bereich konnte das Team mit einer filigran-modernen Interpretation von „Crêpe Suzette“ mit fein differenzierter Orangen-Ätherik begeistern, die mal eher fruchtiger, mal bitterer ausfiel und in beiden Fällen präzise durch genau die richtige Dosis an Süße abgefedert wurde. Das lag locker und lässig auf demselben hohen Niveau wie alle herzhaften Gerichte vorweg.
Und hohes Niveau bietet übrigens auch das bestens choreografierte Serviceteam, das im aristokratischen Ambiente nicht nur für eine entspannt heitere Atmosphäre sorgt, sondern auch dafür, dass aus dem (besonders aus Deutschland und Frankreich) bestens bestückten Weinkeller viele lohnende Tropfen den Weg in die Gläser finden und die Gerichte aus Klaus Erforts Küche adäquat begleiten.

5

Schlachthof Brasserie

Straße des 13. Januar 35,
66121 Saarbrücken
0681-6853332
www.schlachthof-brasserie.de
Mo–Fr von 12–14 Uhr u. ab 18 Uhr, Sa u. So RT
Hauptgericht: 16–49 €, Menüs: 39 €
VISA

Ein Klinkerhaus inmitten des einstigen Schlachthofviertels lädt in einem geschmackvollen Bistro-Ambiente mit Spiegeln, kleinen Tischen, roten Lederpolstern und rotem Klinkerboden und -wänden zu hochwertiger Steak-Kultur. Es gibt nicht nur die klassischen Cuts von hochqualitativem Rindfleisch unterschiedlicher Herkunft, sondern auch typische französische Bistro- bzw. Brasserie-Gerichte, mediterrane Evergreens oder Traditionsgerichte deutscher Herkunft, wobei natürlich gutes trockengereiftes Fleisch vom 800 °C-Grill im Mittelpunkt des Schaffens steht.

Hotelempfehlung

★★★★

Boutique Hotel Esplanade

Nauwieserstr. 5, 66111 Saarbrücken
📞 0681-84499125
www.esplanade-sb.de
Einzelzimmer: ab 260 €
Doppelzimmer: ab 280 €

Das Hotel Esplanade befindet sich in einer 1890 in der Gründerzeit als Schulgebäude errichteten Villa auf einem parkähnlichen, von Platanen umgebenen Areal mitten im Herzen von Saarbrücken. Das nahezu quadratische Gebäude, im dem unterschiedliche Stile und Kontraste harmonisch verschmelzen, wurde liebevoll restauriert und ist heute ein Ort der Ruhe, Gelassenheit und Entschleunigung. Die ringsum reichenden großen Fenster und bodentiefen Lichtöffnungen verleihen dem massiven Steinmauerwerk eine konträre Leichtigkeit – ein Prinzip, das sich auch im Inneren bis in die 16 komfortabel ausgestatteten und in den vier Leitfarben Framboise, Beige, Indigo und Turquoise gestalteten Zimmer fortsetzt. Diese verfügen alle über Klimaanlage, einen Flachbildfernseher mit Kabel-TV, eine Kaffeemaschine, ein modernes Bad und eigens für das Hotel kreiertes Mobiliar. Zu den beliebten Sehenswürdigkeiten in der Nähe des Hotels gehören der Saarländische Landtag, die Kongresshalle, das Ludwigsparkstadion und das Saarländische Staatstheater, das nur 500 Meter entfernt liegt. Zum Flughafen Saarbrücken (8 km) wird ein kostenpflichtiger Transfer angeboten. Moderne Klassik findet man auf den Tellern des Restaurant Esplanade, wo Küchenchef Silio Del Fabro und sein Team klassisch französische Küche mit mediterranen und japanischen Einflüssen zeitgemäß interpretieren. Restaurant Esplanade separat erwähnt.

Saarlouis (Saarland)

8↑

LOUIS restaurant

im LA MAISON hotel
Prälat-Subtil-Ring 22, 66740 Saarlouis
📞 06831-89440440
www.lamaison-hotel.de
Küchenchef: Sebastian Sandor
Mi–Sa ab 18.30 Uhr, So–Di RT
Menüs: 204 €

Die noblen, komfortablen Gebäude des La Maison im Herzen von Saarlouis, in deren historischer Villa einst das Oberlandesgericht tagte, haben sich längst nicht nur als vielfach ausgezeichnetes Hotel, sondern auch als reizvolle Genussadresse etabliert – insbesondere mit dem im ehemaligen Gerichtssaal beheimateten Gourmetrestaurant Louis. Dort wurde in den letzten Jahren unter der Leitung von Martin Stopp mit zeitgemäß und kreativ interpretierter Haute-Cuisine ein zunehmend gesteigertes Niveau erreicht, das zuletzt sogar klare Tendenzen zu einer noch höheren Bewertung erkennen ließ – doch genau da kam die Meldung, dass der Küchenchef zu neuen eigenen Projekten aufbrechen und das La Maison verlassen würde.

Die gute Nachricht aber ist: Mit Sebastian Sandor wurde sehr schnell ein ebenso erfahrener wie talentierter und ehrgeiziger Nachfolger gefunden, der – so viel bereits vorab – zwar stilistisch andere Schwerpunkte setzt, das von seinem Vorgänger etablierte Niveau aber vom Start weg souverän halten kann. Die vielfältigen Erfahrungen in ausgezeichneten deutschen Häusern wie dem Schlosshotel Friedrichsruhe, vor allem aber Stationen in höchstdekorierten Adressen in Japan und Belgien, prägen klar die Handschrift des neuen Chefs. Und so gibt es jetzt in den aristokratisch anmutenden, von großformatigen Schwarz-Weiß-Bildern aber modern aufgelockerten Räumlichkeiten ein bisschen weniger Frankreich, dafür aber auf weltoffene Art sehr moderne und eigenständige Kreationen.

Einflüsse der technisch versierten Belgischen Schule und auch aus Asien ließen sich bereits bei den ersten Snacks herauslesen – vor allem aber waren das jeweils zupackende und sympathisch „wilde" Miniaturen. Das galt sowohl für das saftig-knusprige Tempura mit präsenter Schärfe, als auch für den Mini-Flammkuchen mit Chicorée, Périgordtrüffel und belgischem Hartkäse und für die hell geschmorte und in Earl Grey gepickelte Aubergine mit Togarashi-Crunch.

Ganz zart, klar und puristisch wirkte dagegen das „No Sushi" in Form eines Röllchens aus Mangold und Alge rund um nussige Quinoa, das in einem reintönig umamisatten Dashisud auf rein vegetarischer Basis angerichtet und von hauchdünn ausgestochenem Rettich akzentuiert wurde. Woran die folgende Auster mit Salzwiesenkräutern und kaum gesüßtem Zitronengranité direkt anschloss und als erfrischend kantig-jodige Woge im Mund viel Lust auf mehr machte, was von einem Chawanmushi in beinahe luftig zarter Konsistenz und eher milder Aromatik unter einem speckig-feinsäuerlichen Schweinefond, belgischem Kaviar und papierdünnem Schinken vom Bunten Bentheimer Schwein noch weiter befeuert wurde…

Leichtigkeit, gepaart mit enormer Intensität, prägte dann auch die fleischig intensiv-klaren Tranchen von mit Kombu gereifter Dorade. Angerichtet wurde die auf satt milchiger und leicht säuerlicher Ricottacreme und kongenial von einem Aguachile-Sud mit hochfeiner Jalapeño-Pikanterie, Fenchelschnee sowie knackigem Kräutergrün mit pointierter Frische ergänzt.

„Orange" als überaus passendes Farbthema des nächsten Gangs deutete dann schon rein optisch auf dessen eher wärmend-lebendigen Charakter hin. Grundlage der markanten Farbgebung waren feinfühlig umgesetzte Kürbis- und Süßkartoffel-Komponenten mit prägnanter Schärfe, die mit Miesmuscheln, Seeigel und auf Binchotan gegrillter Jakobsmuschel um jodig-nussige Hauptdarsteller ergänzt waren, während eine mit Seeigel montierte Umami-Beurre-blanc zusätzliche Power und knuspriges Togarashi mit (unter anderem) Sesam, Chili und Mandarine pointierte Würzkicks lieferten. Stark!

Genauso stark wie der reinweiß und zart auftrumpfende Black Cod in der flirrend leichten Umgebung einer fleischig unterstützenden „Sülze" mit Stücken vom Schweinskopf, die von der zarten süß-säuerlichen Aromatik eines knallgrünen Kopfsalatsud getragen und von einem filigranen Arrangement aus pochiertem, rohem Kopfsalat mit Nori-Powder, Kapernblatt und geröstetem Buchweizen ergänzt wurde. Als dramaturgisch eher entspannendes Intermezzo folgte darauf ein zartflüssig in Kaffeeöl pochiertes Eigelb, das mit differenzierter „Pilzigkeit" von Portobello, Champignons und Trüffel sowie Haselnussöl und kantiger Kaffeebitterkeit dann aber doch deutlich aufregender wirkte als vergleichbare Gerichte, die „nur" aus Ei mit Trüffel und Spinat bestehen.

Auf jeden Fall aber wurde so ein geschmeidiger Übergang zum charakterstarken Lamm-Dreierlei aus Rücken, Nacken und Bries im Hauptgang geschaffen. Diese kamen in jeweils perfekter Zubereitung und einem überraschend osteuropäisch anmutenden Touch durch die Aromenwelt von Sauerrahm, Sauerkraut und Kümmel, die hier aber in hochelegant zitierter Form um den frischgrünen Duft von Estragon, Petersilie und Dill erweitert wurde. Und das bot eine ausgezeichnete Bühne für den Lammrücken mit krossem und zugleich zart wegschmelzendem Fettdeckel, den löffelweich geschmorten Nacken in einem Sauerkrautblatt auf gebratenem und mit Schmorsaft vollgesogenem Weizensauerteigbrot sowie natürlich das zart in Polenta gebackene Lammbries – all das zudem von einer klebrig reduzierten und zugleich transparent-eleganten Schmorjus vom Lamm unterstützt.

Wie in eigentlich allen Gerichten wurden dann auch zum süßen Abschluss viele feine Details zu einem verdichteten und auf engem Raum dennoch differenzierten Arrangement zusammengefügt. Im Fall des Desserts rund um Birne, Pastinake und Yuzu waren das unter anderem knusprige Baiserplättchen neben Malto-Schnee, dazwischen Yuzusorbet und Birneneis, ein kompakter Cremeaux von Pastinake mit feiner Würze und eine zitrisch parfümierte Buttermilchmousse. Und wo viele andere Chefs sich mit derart vielen Komponenten selbst eine Falle stellen, fügte sich hier alles in bester Balance zusammen.

Gut ausbalanciert sind außerdem auch die Weinempfehlungen vom charmanten Restaurantleiter und Sommelier Robert Jankowski, die einen Besuch auch in den Gläsern auf adäquatem Niveau abrunden. Und so sind wir gespannt auf die weitere Entwicklung in diesem weiterhin spannenden Gourmet-Spot im Saarland und freuen uns deshalb schon sehr auf den nächsten Testbesuch.

PASTIS Bistro

im LA MAISON hotel
Prälat-Subtil-Ring 22,
66740 Saarlouis
06831-89440440
www.lamaison-hotel.de
Küchenchef: Taoufik Bakrine
Di–Sa von 12–14 Uhr, So u. Mo RT
Hauptgericht: 22–46 €
VISA

Während nebenan im Restaurant Louis die kreative Hochküche mit asiatischen Einflüssen zelebriert wird, steht im Pastis Bistro alles im Zeichen klassisch französischer Lebensart, wie sie charmanter auch in Paris kaum vorstellbar wäre. Sowohl drinnen im Restaurant mit den glänzenden Kupfertöpfen als Dekoration als auch draußen auf der Terrasse mit Blick in den parkähnlichen Garten herrscht eine ungezwungen heitere Genussatmosphäre: Geschäftsleute sitzen neben Familien, der eine snackt nur eine Kleinigkeit, der andere genießt ausgiebig mehrere Gänge und alle sind bei dem sympathischen Team um Restaurantleiterin Ines Schmal und Küchenchef Taoufik Bakrine gleichermaßen willkommen und werden auf hohem Niveau bedient.
So heterogen wie das Publikum, so breit aufgestellt auch die Speisekarte. Vom klassischen Flammkuchen „alsacienne“ über ein Bœuf bourguignon von der Rinderbacke mit Wurzelgemüse und Frites bis zum „King Louis Burger“ mit Cheddar, gegrillter Paprika und selbstredend hausgemachter Barbecuesauce werden viele unkomplizierte, aber eben frisch und natürlich zubereitete Gerichte geboten – daneben aber stets auch etwas ambitioniertere Tagesgerichte, die dann auch in einem dreigängigen Menü zusammengefasst sind.
Nach hervorragendem Baguette starteten wir zuletzt mit zart gebräuntem und lauwarm geschmolzenem Ziegenkäse auf einer mit einfachen Mitteln abwechslungsreich gestalteten Umgebung aus glasierter roter Bete, deren fruchtige Seite von Kirschen gestützt wurde, während Radicchio mit seiner eleganten Bitterkeit für weitere Auflockerung und einen markanten Akzent sorgte und den unkomplizierten Auftakt gemeinsam mit knackigen Erbsensprossen vergnüglich abrundete. Eine erfrischende, clever aufgebaute Vorspeise!
Noch eine Schippe drauf legte das Team um Taoufik Bakrine mit dem Gericht um Kabeljau, der mit seinem zart aufblätternden glasigen Fleisch unter krosser Haut schon allein als Produkt überzeugte, sich mit feinwürzigem Selleriestampf und einer schaumigen Mandarinen-Beurre-blanc aber auch als dynamischer Akkord positiv hervortat. Den eigentlichen Ausschlag hierfür brachte aber ein kühler, ebenfalls mit Mandarine aufgefrischter Walddorfsalat, der effektiv als kontrastreiche Auflockerung des ansonsten auf harmonische Art aromatisch eher breit angelegten Tellers fungierte.
Den gelungenen süßen Abschluss bescherte diesmal die in einer tieferen Schale gegarte Crème brûlée, die unter ihrer exakt karamellisierten Kruste vor allem die soft cremige Konsistenz der üppig mit Vanille parfümierten Creme in den Vordergrund stellte, die aber von einem Ragout aus Ananas und Mango sowie pacojetcremigem Joghurtsorbet als erfrischender Gegenpart ausgleichend harmonisch balanciert wurde.
Und weil der charmant eloquente Service und die kleine, aber klug strukturierte Getränkekarte ebenfalls einen entspannten wie genussvollen Besuch garantieren, bleibt es bei einer klaren Empfehlung und der aktuellen Bewertung.

Hotelempfehlung

★★★★S

LA MAISON hotel

Prälat-Subtil-Ring 22,
66740 Saarlouis
06831-89440440
www.lamaison-hotel.de
Einzelzimmer: 110–165 €
Doppelzimmer: 150–315 €
VISA

Die historische Villa mit modernem Anbau im Herzen von Saarlouis ist ein lebendiges Haus, das Tradition mit Moderne verbindet und eine feine Adresse für Genussmenschen. Im Design des Hotels spiegeln sich Kultur und Lebensgefühl von Saarlouis wider: Frankophile Atmosphäre verbündet sich mit urbanem Zeitgeist. Die 38 Zimmer sind nicht nur komfortabel und geschmackvoll, sondern auch sehr individuell gestaltet. Alle punkten mit durchdachten Schnitten, hochwertigem Parkett, weichen Teppichen, frischen Farbakzenten und maßgeschneidertem Mobiliar. Für Gäste kostenfrei inklusive: WLAN, Nespresso-Kaffeemaschine und Teeauswahl sowie die Benutzung des Fitnessraums im Erdgeschoss. Im Nebenhaus kommen kulinarische Genießer nicht nur im Gourmetrestaurant Louis und dem anspruchsvollen Bistro auf ihre Kosten, sondern auch im eigenen Feinkostladen: Hier gibt es Köstlichkeiten aus der Hotelküche, in bester Manufaktur-Manier. LOUIS restaurant und PASTIS bistro separat erwähnt.

Salach (Baden-Württemberg)

8

fine dining RS

im Burghotel Staufeneck

Burg Staufeneck,
73084 Salach
07162-9334473
www.burg-staufeneck.de
Küchenchef: Rolf Straubinger, Markus Waibel
Do–So ab 18.30 Uhr, Mo–Mi RT
Menüs: 108–172 €

VISA P

Mit der tollen Aussicht ins Filstal war die Gastronomie auf der Burg Staufeneck unter der Ägide der Familien Schurr und Straubinger schon immer ein exponierter Platz für anspruchsvolle Genüsse auf Gourmetniveau. Früher noch im Burgrestaurant in dem etwas oberhalb des Hotelbereichs liegenden Gebäudeteil – noch eindrucksvoller durch die großen Scheiben des vor einigen Jahren neu ins Leben gerufenen Anbaus, in dem seither mit dem „fine dining RS" ein separates Lokal die Feinschmecker unter den Gästen empfängt. Und zwar in Person von Restaurantleiterin Ulrike Karrer, Sommelier Markus-Oliver Canestrini und deren jungem Team, die für aufmerksam zugewandten, unaufdringlichen Service und profunde Wein- und Getränkeberatung stehen. In der Küche zeichnen Namensgeber Rolf Straubinger (RS) und seine rechte Hand MW (Markus Waibel) verantwortlich, die für alle Gäste ein einheitliches sechsgängiges Menü vorbereiten und einen eher klassischen, zeitlosen Stil verfolgen. Während die Kreationen früher bisweilen um einiges ausladender waren, konzentriert man sich mittlerweile auf einige wenige Produkte bzw. Komponenten und bringt diese ebenso schnörkellos wie sorgfältig auf den Punkt. Mit weitgehend unverfälschten, klaren Aromen, sehr guten Produktqualitäten und gut strukturierten Saucen.
Die Apero-Snacks waren mit Rindertatar und Sauerrahm auf einer filigranen japanischen Ornament-Waffel, einer Knusperrolle mit Nordseekrabben, Avocado und Passepierre, einem mit Buchenpilzen und Trüffelmayo gefüllten Taco und einer gebackenen Ochsenschwanzpraline mit Meerrettich und Schnittlauchöl einerseits allesamt handwerklich sehr akkurat gefertigt, hatten aber auch alle gemeinsam die Eigenschaft, grenzwertig viel Salz oder andere Würze intus zu haben. Was man dem Amuse-Buche nicht nachsagen konnte – und das, obwohl die Rohversion eines Vitello tonnato (dünne rohe Thunfischstreifen und Kalbstatar) in Form von knusprigen Kapern und Salzzitronenvinaigrette durchaus die Anlagen dazu mit-

brachte. Doch hier war nicht zuletzt auch dank straffer Säure und quasi ungewürztem Tuna alles in der Balance.
Bei der offiziellen Vorspeise, ganz mild gebeizten und behutsam abgeflämmten Tranchen vom schottischen Loch-Duart-Lachs, die mit knackiger und cremiger Schwarzwurzel, Mandarine und etwas Orangenschale auf einem sehr dezent mit Ponzu abgeschmeckten Mandarinensud platziert waren, hätte man sich sogar noch etwas mehr Umami vorstellen können. Doch so oder so war das ein sehr schön frischer, leichter und ausgewogener Start.
Auch der Skrei, der sich noch einen Hauch von glasig und damit perfekt auf dem optimalen Punkt präsentierte, war final etwas abgeflämmt worden und schwamm zusammen mit zart knackigen Sellerie-Tagliatelle, cremig-fließender Selleriemousseline, bissfesten Flower Sprouts und einer generösen Menge Kaviar auf einer milden Austern-Beurre-blanc. Ein sehr klassisches, produktbetontes und makellos umgesetztes Gericht.
Als solches konnte man auch den mit hauchdünnen Streifen von Birne und Pancetta überzogenen Steinbutt bezeichnen, der ebenfalls in tadelloser Qualität und perfekt gegart auf einer Saucenmelange aus Petersilienwurzelschaum und Sauce Albufeira schwamm. Fein balanciert zwischen der Süße der Petersilienwurzel und der Birne, der herben Noten von der Gänseleber und des Alkohols in der Albufeirasauce sowie der Würze des Specks, blieb der Butt die klare Nummer Eins auf dem Teller.
Nach den beiden eher gediegenen Fischgängen kam das ohne Haut und auch sonst recht clean zubereitete Taubenbrüstchen im Hauptgang auf einem im Jackson-Pollock-Style wild bekleckerten und besprenkelten Teller vergleichsweise progressiv daher. Auch aromatisch waren hier die Regler wieder etwas weiter aufgedreht, obwohl sich die Begleitkomponenten mit Rotkohlcreme, Rote Bete (als knackige Spirale), Kerbelwurzel (geröstet), einer komplexen wie ausgewogenen Taubenjus sowie Orangenaromen grundsätzlich wieder eher an klassischen Motiven orientiert haben.
Experimente macht das Team auch im süßen Finale nicht, bietet aber ebenfalls sehr präzises Handwerk, mit Feingespür aufeinander abgestimmte Konsistenzen und Aromen. Zum Beispiel mit dunklen Aromen und viel Tiefe bei Schokoladenkomponenten von Sorbet über Creme bis Crumbles mit Artischockenchips und Zwetschgengel oder in einer eher hellen, leichteren Ausführung mit verschiedenen Spielarten von Apfel, Vanille und Mandel.
Wer sich das alles mit den entsprechenden Begleitweinen ausgarnieren lassen möchte oder Beratung bei der Auswahl einer oder mehrerer Flaschen aus dem international bestens bestückten Keller wünscht, findet in Markus-Oliver Canestrini einen ebenso sympathischen wie kompetenten Ansprechpartner. Aber auch, wenn es mal alkoholfrei sein soll, kann man sich auf ernstzunehmende, gut ausgesuchte Alternativen freuen, etwa aus der Prisecco- oder Inspirations-Linie von Jörg Geiger aus dem nahegelegenen Schlat.

Hotelempfehlung

★★★★★S

Burghotel Staufeneck

Staufeneck 1, 73084 Salach
07162-933440
www.burg-staufeneck.de
Einzelzimmer: 120–150 €
Doppelzimmer: 220–240 €

EC VISA

Burg Staufeneck liegt im Stauferland zwischen Stuttgart und Ulm, hoch über der Gemeinde Salach. Hier haben die Familien Straubinger und Schurr eine historische Burganlage zu neuem Leben erweckt. Das komfortable 5-Sterne-Hotel verfügt über 43 großzügige, modern und gemütlich eingerichtete Zimmer und Suiten mit natürlichen Farben und Materialien. Im Wellnessbereich, der unlängst um ein beheiztes Außenschwimmbecken, einen großzügigen Fitnessraum mit hochwertigen TechnoGym-Geräten sowie neue Massage- und Kosmetikräume erweitert wurde, stehen überdies Blockhaus-Sauna, Laconium, Sole-Stollen, Aroma-Grotte, Tepidarium, Fitnessraum, Eis-Brunnen und Erlebnisduschen zur Verfügung. Außerdem: Hotelbar, Frühstücksterrasse, Veranstaltungs- und Tagungsräume. Restaurant fine dining RS separat erwähnt.

Samerberg (Bayern)

5

Gasthof Alpenrose

Kirchplatz 2,
83122 Samerberg
08032-8263
www.alpenrose-samerberg.de
Mi–So von 12–14 Uhr u. ab 17.30 Uhr, Mo u. Di RT
Hauptgericht: 19–39 €

Das liebevoll erhaltene Dorfgasthaus Alpenrose verbindet mit seinen gemütlichen Stuben inklusive altem Holzboden, den herzlichen Gastgebern in schmucker Tracht und der lockeren Stimmung viele Attribute eines bayerischen Vorzeige-Wirtshauses, belässt es aber nicht bei Traditionspflege und setzt noch einen drauf. Denn eine so pfiffig verfeinerte und niveauvolle Traditionsküche wie bei Gastgeber und Küchenchef Florian Lerche gibt es noch seltener als eine vergleichbar charmante Umgebung. Das Küchenteam des Familienbetriebs überzeugt uns seit Jahren sowohl mit seinen traditionellen Klassikern, aber insbesondere auch mit ideenreich aufgepeppten Innereien-Gerichten und manchmal sogar mit gelungenen kreativen Ideen. Der Detailaufwand bleibt dabei immer im Rahmen des hier machbaren, aber alles ist solide umgesetzt und wird schnörkellos auf den Punkt gebracht. Und dafür, dass auch die Gläser nicht leer bleiben, sorgt der herzliche Service mit frisch gezapftem Bier und einer kleinen Auswahl an guten Weinen, vor allem aus Österreich und Italien.

Die Symbole

- gute Parkmöglichkeiten
- Hotelgarage
- barrierefrei
- klimatisierte Zimmer
- WLAN-Zugang
- Hallen- und/oder Freibad im Haus
- mit Wellness-Bereich
- mit Fahrstuhl zu den Hotelzimmern
- Hunde im Hotel nicht erlaubt
- mit Garten oder Terrasse

Sasbachwalden (Baden-Württemberg)

5

Der Engel

im Hotel Engel

Talstr. 14, 77887 Sasbachwalden
07841-3000
www.engel-sasbachwalden.de
Di–So von 12–13.30 Uhr u. ab 18 Uhr, Mo RT
Hauptgericht: 16–38 €,
Menüs: 38–70 €

VISA

Das in den vergangenen Jahren sukzessive modernisierte und erweiterte Traditionshaus im Herzen von Sasbachwalden gehört seit langem zu unseren zuverlässigen Empfehlungen, wenn eine fundiert und schmackhaft zubereitete Küche gefragt ist, die sich irgendwo zwischen gutbürgerlicher Bodenständigkeit und Gourmetniveau bewegt. Mit ihrem gehobenen, aber nicht übertrieben exklusiven badisch-französischen Programm zu moderaten Preisen bewegen sich Herbert Decker und Schwiegersohn Christian Mamber, die am Herd dafür verantwortlich zeichnen, in einer sehr gefragten Nische. Denn zwischen geschmortem Schaufelstück vom Kalb mit geschmelztem Kartoffelpüree, Lauchgemüse, Rotweinschalotten und Sauce Béarnaise und Sashimi vom Thunfisch im Nori-Algenblatt mit Sushireis, Ingwer und Sesam-Chili-Sauce findet in den verschiedenen, allesamt sehr gepflegten und behaglichen Stuben, die mehr oder weniger nahtlos ineinander übergehen, jeder etwas Passendes nach seinen Bedürfnissen.
Ein Küchengruß, ebenso schlicht wie schmackhaft, war zuletzt das kleine gebackene Kalbfleischbällchen auf einem im Gläschen servierten Kartoffelsalat, der sich nicht so recht zwischen evangelisch und katholisch entscheiden konnte und deshalb einerseits klassisch mit

Brühe, Essig und Öl angemacht, aber punktuell mit Mayonnaise betupft wurde. Wie die Engel-Küche tickt, wo ihre Stärken und Schwächen liegen, war sehr gut an der hausgemachten Gänseleberterrine zu erkennen: ein richtig üppiges und pures Stück dieses französischen Kulturguts, das mit der herbsäuerlichen Note von ebenso aromatischem wie schmelzigem Gewürztraminergelee, taufrischem, dickblättrig-fleischigem Feldsalat und einer getoasteten, leider relativ trockenen Scheibe Walnuss-Gugelhupf ganz schlicht und pragmatisch auf schwarzer Schieferplatte daherkam. Viel gutes Produkt, souveränes Küchenhandwerk, in den relevanten Details auf dem Punkt, aber manchmal nicht ganz so konsequent in der Ausführung.

Ähnlich der mit Scheiben von nicht allzu intensiver schwarzer Trüffel „gespickte" Seeteufel, der auf einem Bett aus Risottoreis, Blattspinat und ebenfalls schwarzer Trüffel lag und von einer halbierten karamellisierten Knoblauchzwiebel, aromatischer confierter Cocktailtomate und einer angerösteten Zitronenscheibe begleitet wurde. Auch das ein sehr schmackhaftes Gericht, wenngleich es hier von der ordentlichen, aber nicht tadellosen Qualität des Fischs über den recht weich und spröde gekochten Risottoreis bis zur für unseren Geschmack etwas zu säuerlich abgeschmeckten Beurre blanc auch hier noch Luft nach oben gab. Mit diesen Feststellungen wollen wir aber nicht die Küchenleistung schmälern, sondern nur fundiert begründen, warum wir diese zwar nach wie vor mit 5 Pfannen auszeichnen, aktuell aber auf den Bonuspfeil verzichten.

Das tadellos gleichmäßig rosa auf den Punkt gebrachte, aber mit einer primär sehr süßen Café-de-Paris-Kruste gratinierte und von grünen Bohnen, fluffigen gebackenen Kartoffelkrapfen eskortierte irische Rinderfilet war zwar qualitativ sehr gut, aber im geschmacklichen Detail wieder etwas unausgewogen. Weil es nämlich auch der Rotweinsauce an der gewohnten Tiefe und Struktur fehlte und hier eher Säure und Frucht im Vordergrund standen, vermissten wir als Gegenpol tatsächlich ein wenig Würze und Umami – meist ist eher das Gegenteil der Fall.

Klar auf dem von der Küche gewohnten Niveau präsentierten sich die drei Variationen von Valhrona-Schokolade, Passionsfrucht und Vanille. Mit Schokoladencreme unter Passionsfruchtespuma, einer kleinen Schokoladen-Mürbteig-Tarte mit Passionsfruchtperlen auf Passionsfruchtgel und einem Passionsfruchtsorbet auf Schokoladenerde waren sowohl die Aromen jeweils sehr gut herausgearbeitet und aufeinander abgestimmt als auch die jeweiligen Konsistenzen gut getroffen.

Die Weinkarte listet ein sehr ansprechendes und repräsentatives Angebot badischer Weine und darüber hinaus auch Alternativen aus Frankreich oder anderen deutschen Regionen – und das zu gastfreundlich kalkulierten Preisen, wie eigentlich alles im Engel.

Hotelempfehlung

★★★

Hotel Der Engel

Talstr. 14,
77887 Sasbachwalden
07841-3000
www.engel-sasbachwalden.de
Einzelzimmer: DZ Abschlag minus 30 €
Doppelzimmer: 110–170 €

Das hübsche, denkmalgeschützte Fachwerkhaus an der Ortsdurchfahrtsstraße von Sasbachwalden fällt sofort ins Auge. Die Gastgeberfamilie blickt bereits auf eine bald 250-jährige Geschichte zurück: schon 1764 wurde das Gasthaus erwähnt und ist seitdem in Familienbesitz.. Die 17 klimatisierten Doppelzimmer sind hell, sauber und gepflegt, teilweise sogar mit Balkon. Einrichtung und Ausstattung der Zimmer vereinen traditionellen, ländlichen Charme mit modernen Annehmlichkeiten. Alle Zimmer verfügen neben einer gemütlichen Sitzecke und Schreibtisch über Dusche/WC, Telefon, Minibar, TV, Radio und Safe; das Premium-Zimmer lockt unter Anderem mit einer Rückenmassage-Badewanne und einer großen Terrasse mit Loungemöbeln. Im Restaurant sorgt Küchenchef Christian Mamber für eine feine badisch-französische Küche. Restaurant Engel separat erwähnt.

Saulheim (Rheinland-Pfalz)

5

mundart Restaurant

Weedengasse 8, 55291 Saulheim
06732-9322966
www.mundart-restaurant.de
Küchenchef: Markus Hebestreit
Mo, Di u. Fr, Sa ab 17.30 Uhr,
So von 11.30–14 Uhr u. ab 17.30 Uhr,
Mi u. Do RT
Hauptgericht: 19–36 €, Menüs: 45–75 €

Ein Haus, in dem alte Bausubstanz und moderne Gestaltungsakzente eine geschmackvolle Verbindung eingehen. Mit Leben wird die Wirkungsstätte von Beatrix und Markus Hebestreit durch das herzliche, sehr persönliche Engagement der Gastgeber gefüllt, das hier von der ersten Minute an spürbar wird. Die beiden haben ihr jeweiliges Handwerk in guten Häusern im In- und Ausland gelernt und verfeinert. Im eigenen Betrieb setzten sie ihr Können ohne überzogenen Exklusivitätsdrang, mit Anspruch, aber auch mit viel Bodenhaftung um. Die Devise „einfach aber gut" wird auf jedem Teller schmeckbar, gleich ob es sich um verfeinerte Regionalküche oder um meist mediterran Inspiriertes aus internationalen Produkten handelt. Die Weinkarte ist ein ansprechendes „Who is who" der guten regionalen Winzer und das Preis-Leistungs-Verhältnis von Speis' und Trank günstig.

Scheer (Baden-Württemberg)

5

Brunnenstube

Mengener Str. 4, 72516 Scheer
07572-3692
www.brunnenstube-scheer.de
Küchenchef: Fabrice Coquelin
Do–Sa ab 18 Uhr, So von 12–13.30 Uhr u. ab 18 Uhr, Mo–Mi RT
Hauptgericht: 18–36 €, Menüs: 38–75 €
VISA

Seit Jahren schon reisen wir in das Donaustädtchen, wo der Franzose Patrice Coquelin und seine aus der Gegend stammende Frau Rita vor vier Jahrzehnten einen Ort der Behaglichkeit geschaffen haben. In der ehemaligen Zehntscheuer aus dem 15. Jahrhundert bietet die Brunnstube in den zwei Gasträumen mit tiefen Balken, Holzvertäfelung und Eichendielen eine gediegene Genusskultur mit weißen Tischdecken und silbernem Besteck. Die Kulinarik ist einerseits von großer Beständigkeit, was aber andererseits auch bedeutet, dass man nicht mit allzu zu großen Überraschungen rechnen sollte. Die Coquelins sind sozusagen Hüter der französischen Klassik, gepaart mit einigen schwäbischen Einflüssen.
Wenn man in Scheer zum ersten Mal zu Gast ist, dann sollte man es nicht versäumen, von der Parfait- und Terrinenkunst zu profitieren, die andernorts nur noch selten vorzufinden ist. Auf einem Vorspeisenteller werden verschiedene Varianten davon geboten. Eine kleine Kostprobe davon gab es bei uns zuletzt schon mit einem Kartoffel-Brokkoli-Parfait zu Lachsschinken und Zwiebelbrötchen vorneweg. Als offiziellen Auftakt aber haben wir uns diesmal für die Hausterrine entschieden, einer gar nicht strengen Wildterrine mit saftigen und auch festeren Parts. Zu den zwei Scheiben wurde die auch schon fast legendäre Creme aus Hagebutte und Meerrettich serviert, dazu ein hübsches Salatbouquet mit hausgemachtem Apfeldressing, Karottenstreifen sowie Cornichons.
Auch zur zweiten Vorspeise gab es ein Salatbouquet, dazu ein fein süß-säuerlich abgestimmtes Apfelchutney, herzhaft geschmorte Auberginenstücke und als Hauptplayer gleich drei üppige Ziegenkäsecroûtons – abgeflämmter, cremig-kräuteriger Frischkäse auf angetoasteten und trotzdem fluffigen Weißbrottalern.
Als Hauptspeise hätten wir liebend gern den „Lammrücken provençale" genommen, der aber Bestandteil des Menüs war, zu dem geschrieben stand: „Das Menü reichen wir ab 2 Personen". Auch auf Nachfrage war da nichts zu machen, aber ein bisschen provenzalisches Feeling haben wir dennoch bekommen, denn als Empfehlung des Tages gab es eine hohe, saftige Lachstranche in Pfefferkruste – und dazu ein fruchtiges Ratatouille-Gemüse mit frischen Erbsen, das möglicherweise auch zum Lamm gereicht wurde. Konsequenterweise hätten wir dazu vielleicht auch die Kartoffelrösti aus dem Menühauptgang wählen sollen. So aber gab es schlicht Reis dazu.
Als reguläres Hauptgericht à la carte wählten wir Schweinefilet „Schmuker Schlachtung" – der Metzger hat seinen Laden gleich nebenan. Satte zehn Scheiben waren auf den Teller drapiert, sodass wir von der Senfsauce nachbestellen mussten, zumal als Beilage Spätzle im Spiel

waren. Und so viel Schwabentum muss auch hier sein: Spätzle mit Soß' – mit ordentlich viel Soß', die aber auch wirklich ein Genuss war! Dazu gab es ebenfalls frische Erbsen, aber auch geschmorten Chicorée.
Ähnlich wie bei der Vorspeise kann man beim Dessertteller Brunnenstube in den Genuss von einer bunten Mischung Parfaits kommen. Um einen saftigen französischen Nusskuchen lagen drei Scheiben: einmal Halbgefrorenes mit Rote-Beeren-Aroma (und deren Farbe) und zwei nach Panna-cotta-Art mit Aprikose und Beerenspiegel sowie mit Rhabarber und Ragout. Das Gläschen Bananencreme hielten wir bei so viel Fruchtfrische für eher verzichtbar.
Selbstverständlich gibt es bei der französischen Ausrichtung der Küche auch eine ordentliche Auswahl von Weinen westlich des Rheins, allerdings mehr bei den Flaschen als bei den offenen, die zumindest als 0,1-Liter-Portionen in arg kleinen Gläsern serviert werden. Aber da ein Essen in der Brunnenstube immer ein bisschen wie ein Museumsbesuch ist, hat das auch schon wieder seinen ganz besonderen Charme.

Schlier (Baden-Württemberg)

6

Krone

Eibeschstr. 2, 88281 Schlier
07529-4879760
www.krone-schlier.de
Küchenchef: Benedikt Geßler
Mo, Di u. Do–Sa ab 18 Uhr, Mi u. So RT
Hauptgericht: 27–40 €, Menüs: 66 €
VISA

Das schmucke Landgasthaus im beschaulichen Schlier, das im bodenseenahen württembergischen Westallgäu liegt, bietet nach der umfassenden Renovierung durch die Gastgeberfamilie Geßler in seinen historischen Räumlichkeiten ein gediegen-elegantes Flair. Vor allem aber bietet Küchenchef Benedikt Geßler dort zwischen alten Eichenböden und nobler Kirschholztäfelung eine gehobene klassische Küche, die sich sehen und schmecken lassen kann.
Neben bestem Handwerk steht der hohe Anspruch an die verwendeten, überwiegend aus nachhaltigem biologischem Anbau stammenden Produkte im Mittelpunkt, die ohne übertriebene Basteleien und Schlenker die angebotenen Teller prägen. Und genau dieser Stil machte bereits zur Einstimmung mit einem Rindertatar mit pikanter Schärfe und einer fluffig-zarten gebackenen Kräuterpraline als gelungene kleine Appetizer viel Freude. Noch eins drauf, und zwar ganz gewaltig, legte das Team dann aber mit dem folgenden Gruß aus der Küche, der eine gigantische Riesengarnele in glasiger Premiumqualität und knackigem Biss mit topfrischen Venusmuscheln, milder Erbsencreme, zarter Ringelbeete und einem ätherisch pfeffrigen Schaum kombinierte. Mit wenigen Handgriffen wurde hier für Dynamik gesorgt und das hervorragende Produkt in den Mittelpunkt gestellt.
Auf der gleichen Linie überzeugte auch das kurz colorierte und limettenfrisch angehauchte Sashimi vom Thunfisch, dass auf eher von dunklen Sojanoten geprägtem Gemüse-Sauté (Karotte, Mungbohnensprossen, Pilze…) angerichtet wurde und von einem harmonisch duftigen roten Schaum von Kokos und Curry ergänzt wurde, der sowohl als separates Süppchen als auch als Sauce eine gute Figur machte.
Bestes Soulfood repräsentierten dagegen die zarten Spaghetti (aus frischem Nudelteig), die in etwas Salzbutter geschwenkt mit festen kleinen Pfifferlingen, Schnittlauch und einer luftigen hellen Schaumsauce zwar maximal schlicht, aber genauso auch maximal schwelgerisch daherkamen.
Im Hauptgang wurde die rosa Entenbrust ausnahmsweise mal nicht zu lang, sondern spürbar zu kurz gegart – die so forcierte Elastizität wirkte leider eher zäh als zart und trübte die ansonsten dank exakter Proportionen stimmige Kombination des Geflügels mit fruchtig-glasiertem Rotkohl, buttrigem Kartoffelpüree und einer eleganten Geflügeljus.
Im Gesamtkontext sind das aber keine gravierenden Kritikpunkte. Genau wie bei der abschließenden Dessertvariation, bei der die bunte Vielfalt klassischer Komponenten – darunter eine zart gestockte Crème brûlée mit dünner krachend krosser Karamellkruste, eine eher mollig-süße weiße Schokomousse, erfrischendes Zwetschgensorbet marinierte Zwetschgen

und nicht zuletzt von zugespitzt säuerlichen Yuzukugeln erfrischter Schoko-Schichtkuchen – in unterschiedlicher handwerklicher Akkuratesse auf den Teller kamen. Das Spektrum reichte hier von „sehr souverän" bis „eher holprig" insbesondere die knusprigen Elemente wie Karamellchips, Baiser und Macaron kamen ein bisschen zäh daher...

Wenn das Team um Benedikt Geßler an derartigen Kleinigkeiten noch etwas feilt, wäre allerdings angesichts der starken Substanz der Zubereitungen und der hohen Produktqualität durchaus auch eine noch höhere Bewertung denkbar. Wenn neben der beachtlichen und ausführlich beschriebenen Auswahl guter Flaschenweine auch das offene Angebot qualitativ und quantitativ noch ausgebaut wird, würde das dagegen zwar nichts an der Bewertung ändern, aber die (ohnehin hohe) Vorfreude auf den nächsten Besuch direkt noch steigern!

Schluchsee (Baden-Württemberg)

8↑ 🍴🍴🍴

Mühle

im Hotel Mühle Schluchsee
Unterer Mühlenweg 13,
79859 Schluchsee
07656-209
www.muehle-schluchsee.de/restaurant
Küchenchef: Niclas Nussbaumer
Do–Mo ab 18.30 Uhr, Di u. Mi RT
Menüs: 174 €
EC VISA P

Das liebevoll restaurierte historische Landhaus im traditionellen landestypischen Stil mit Vollwalmdach wurde im Jahr 1603 als Schwarzwaldhof erbaut und diente bis ins 18. Jahrhundert als Getreidemühle und Lieferant für das Kloster St. Blasien. Und obwohl dieses wunderschöne, allein schon durch die Architektur sehr individuell anmutende Boutique-Hotel mit seinem anspruchsvollen Gourmetrestaurant nicht verlassen im tiefen Wald steht und natürlich auch ganz normale gefestigte Straßen dorthin führen, könnte es hierzulande für solch ein Haus trotzdem kaum einen entlegeneren Standort geben als den Ortsrand der auf knapp 1000 Meter Höhe gelegenen 2500-Seelen-Gemeinde Schluchsee im Südschwarzwald. Hier kommt garantiert niemand per Zufall vorbei. Hierhin muss man ganz gezielt wollen.

Und welchen besseren Grund gäbe es dafür, als ein sehr komfortables und nachhaltig arbeitendes Hideaway mit einem Restaurant, in dem herausragende Küche geboten wird? Für letztere zeichnet seit gerade mal zwei Jahren der 30-jährige Niclas Nußbaumer verantwortlich, der seine Ausbildung im Ettlinger Erbprinz absolviert, danach einige namhafte Stationen bis hin zum Gourmetrestaurant Überfahrt in Rottach-Egern durchlaufen und mittlerweile schon viel von sich selbst reden gemacht hat. Kein Wunder, denn was der äußerst talentierte und auch ehrgeizige Chef hier im Rahmen seines siebengängigen Menüs bietet, ist beachtlich ausgefeilte Kochkunst, die Kraft und Eleganz aufs Schönste miteinander vereint. Die sich stark an Nachhaltigkeit und Regionalität orientiert, aber mit weltoffenem Blick bis weit über den Tellerrand hinaus komponiert ist.

Die drei Apero-Snacks, die uns diesmal schon kurz nach dem Ankommen in diesem geschmackvoll ländlich-modern gestalteten Gastraum serviert wurden, repräsentierten sogleich auf kleinem Raum bestmöglich Nußbaumers Küchenstil. Denn sie waren optisch einerseits schnörkellos und vermeintlich schlicht, beeindruckten beim Verzehr aber umso mehr durch die makellos abgestimmte Balance ihrer Texturen und Aromen. Und alle drei zeigten mit sehr viel geschmacklicher Dichte und natürlicher Würzkraft bei gleichzeitiger Eleganz eine weitere Stärke des Küchenchefs: nämlich beim Abschmecken gekonnt bis nah an die Grenze zu gehen, ohne diese jedoch zu überschreiten.

Fast jeder Teller von Niclas Nussbaumer ist von sehr viel Umami geprägt – das aber gänzlich ohne, dass es jemals anstrengend oder redundant werden würde. Und so war dann der sehr klar und transparent frisch aus einer pochierten Auster, subtil mit Wasabi abgeschmecktem Staudenselleriesalat und einer Haube von Meerwasserschaum vermählte Küchengruß eher die kompositorische Ausnahme als die Regel. Aber als jodig-maritimes Intermezzo genau so attraktiv wie der nachfolgende weiße Spargel vom Kaiserstuhl, der eingelegt als knackige Scheiben und als Sud zusammen mit Sai-

blingskaviar auf einer Fläche aus geräucherter Crème fraîche wieder eher auf der herzhaften, dichten Seite lag. Allerdings so angenehm leicht und frisch aufgefächert, dass es mit keinem Löffel zu viel wurde.
Und genau da liegt wie gesagt die große Stärke des Chefs, in Sachen Umami, Salz und Konzentration immer voll aufzudrehen, die Kompositionen aber auch transparent und frisch wirken zu lassen. Wie gut das gelingt, zeigten auch die auf eine zart gelierte Fläche aus mit Ingwer, klarem Tomatenwasser und Chili aromatisierter Dashi drapierten und etwas dicker geschnittenen rohen Scheiben von der Jakobsmuschel. Umringt von einer aus dem Corail der Muscheln hergestellten und mit altem Sherry abgerundeten Creme, einem Hauch Brotknusper und Kräutergrün, ergänzt mit einem Kopfsalat-Gazpachosud, dessen natürliche Bitteraromen noch von grüner Paprika erweitert wurden, war auch das wieder so ein flirrend leichter und frischer Umami-Booster mit einem erstklassigen Produkt im Mittelpunkt.
Von gleichem Kaliber präsentierte sich der Zwischengang mit mild gebeiztem Hamachi, appliziert mit zitrisch-sojawürzig mariniertem rotem französischem Rettich und Korianderkresse, flankiert von einer mit knusprigen Reispops beflockten Ingwermayonnaise und kraftvoll untermalt von einer intensiven Sesamvinaigrette. Auch das so druckvoll wie möglich und so aufgefächert wie nötig, so dass ein von starken Pointen gezeichneter ausgewogener Gesamteindruck entstehen konnte.
Während wir beim Besuch im letzten Jahr etwas mit der windelweichen Konsistenz eines Forellenfilets fremdelten, empfanden wir den zwar ebenfalls butterzarten, diesmal aber eben noch von einer angenehmen Struktur zusammengehaltenen, sanft in Nussbutter pochierten Saibling absolut perfekt. Er war mit säuerlichem Radieschen, Wildreisknusper und kleinen Tupfen einer Spinatcreme beladen – und letztere fand sich in etwas größerer Menge zusammen mit einem Türmchen aus Blattspinat, einer Art Sablé und optionalem „Aki Pure“-Kaviar auch nochmal neben der Fischtranche. Wie gut Niclas Nußbaumer das klassische Fach beherrscht, bewies auch einmal mehr die alles mit ihrem feinen Schmelz umarmende Beurre blanc, die allerdings mit Sake angesetzt und mit Liebstöckelöl marmoriert war und dann doch gar nicht mehr so klassisch wirkte.
Und apropos: Auch bei dem schon zum jungen Klassiker oder zumindest Signature-Dish avancierten Zwischengang um in Wermut herb gegarten Knollensellerie, Selleriecreme und Selleriestroh, die als ein mit flüssigem Eigelb getoppter und mit Blattpetersilienspinat gefüllter Zylinder in einer intensiven Geflügelbouillon mit Petersilienöl angerichtet wird, handelt es sich selbstredend um ein erdig-umamisattes Gericht. Aber auch das wirkt leichtfüßig und dynamisch und entpuppt sich als schlanker Löffelgang mit Soulfood-Charakter.
Sehr stark war diesmal auch der „Barbecue-Seeteufel“, der mit einem Lack aus Miso und gereifter Sojasauce bepinselt und damit gegrillt oder abgeflämmt wurde, was ihm neben der Würze auch noch eine feine rauchige Note bescherte. Das passte nicht nur extrem gut zu den mit Sake abgeschmeckten Brechbohnenstreifen, sondern auch zu der mit Sherry verfeinerten stark reduzierten Fischjus, die sich allesamt in das weiche, samtige Kissen einer mit Nussbutter abgerundeten Blumenkohlcreme kuscheln durften.
Diese Rolle des sanften, schmelzigen Puffers oblag beim Hauptgang der in einen säuerlich eingelegten Zwiebelring gespritzten Miso-Hollandaise, die ein gebratenes und glasiertes, mit feinflockigem Topinamburknusper bedecktes Kalbsbries auf einer mit kleingewürfeltem Ragout von ausgelöstem geschmortem Kalbsschwanz vermengten Kalbsjus eskortierte. Flankiert von dreierlei Topinambur, die in ihrer eleganten Proportionierung und Zuordnung nicht mal ansatzweise in den Verdacht gerieten, bloß schnöde Sättigungsbeilage zu sein, war das ein wohlgelungener Menühöhepunkt.
Allerdings nicht das unangefochtene Highlight des Menüs, denn das folgte nach einem spannenden Prädessert aus Eis und einer Art Ganache von Matcha-Tee mit Pandan-Schaum und Zitrusfrüchte-Granité in Gestalt des eigentlichen Nachtischs: ein geschichtetes Türmchen aus Haselnuss-Gâteau mit cremiger Nussfüllung und dünnem, zart crispy-krokantigem Boden, darauf eine weitere dünne Knusperschicht sowie eine mit Mirin und heller Sojasauce abgeschmeckte „japanische Sahne“ und on top eine Nocke Eis aus geröstetem Reis. Zitrisch herb und säuerlich aufgelockert von einem Gel aus Bergamotte und haptisch akzentuiert von karamellisierten Haselnüssen, entstand daraus ein einerseits ganz vertraut wirkendes, andererseits auch aber spannend neuartig schmeckendes Finale mit perfektem Finish!
Unterm Strich erlebten wir die Küche fast schon auf 9-Pfannen-Niveau, da fehlte nicht viel. Manches wirkt ein wenig zu mollig und weich, die Akzente könnten bisweilen noch etwas markanter und schärfer zugeschnitten sein, hier und da täten ein paar kontrastierende Nadelstiche gut. Ändert aber nichts an der schon jetzt beeindruckenden Performance. Im Ge-

samtpaket mit dem liebenswürdigen und fachlich versierten Service, der gut und individuell bestückten Weinkarte mit Schwerpunkt Deutschland und Frankreich sowie den mannigfaltigen seriösen alkoholfreien Getränkealternativen ist die Mühle also fraglos auch eine längere Reise in den tiefen Schwarzwald wert.

Schmallenberg (Nordrhein-Westfalen)

Barrestaurant

im Romantik- und Wellnesshotel Deimann

Alte Handelsstr. 5, 57392 Schmallenberg
02975-810
www.deimann.de
Täglich ab 12 Uhr, kein RT
Hauptgericht: 15–41 €, Menüs: 49–54 €
EC VISA P

Das sich weitläufig über mehrere schmucke Fachwerkgebäude erstreckende Romantik- und Wellnesshotel der Familie Deimann ist ganz sicher eines der attraktivsten Ziele im Sauerland für all jene, die maximalen Komfort mit viel Ruhe und anspruchsvoller Kulinarik kombinieren wollen. Denn das in jedem Bereich um hohes Niveau bemühte Haus bietet nicht nur vielfältige Möglichkeiten zur Entspannung in Schwimmbad und Spa, einen nahen Golfplatz und reizvolle Natur zum Wandern und Radfahren, sondern gleich mehrere Restaurants, in denen überdurchschnittlich aufgekocht wird.

Abgesehen von dem spannenden Gourmetprogramm in der Hofstube wird auch sonst viel Wert daraufgelegt, dass sowohl Hausgäste als auch externe Besucher je nach Anlass und individuellen Vorlieben anspruchsvoll genießen können. Die unkomplizierteste Möglichkeit bietet dabei sicherlich das rund um den namensgebenden Ausschank angelegte Barrestaurant, das im Sommer um lauschige Terrassenplätze mit Blick auf den plätschernden Hofspringbrunnen erweitert wird. Hier wird ab dem Mittag eine kleinere Tageskarte, ab dem Nachmittag das volle Getränkesortiment der Bar und am Abend eine erweiterte Speisekarte geboten.

Auf dieser finden sich dann unkomplizierte Snacks wie hochwertig belegte Flammkuchen oder Pizza aus dem Steinofen, daneben verschiedene Sandwich-Versionen, die sich vom landläufigen Durchschnitt ebenfalls durch frisch und geschmacksintensiv arrangierte Toppings abheben – wie beim Clubsandwich mit knusprig saftiger Hähnchenbrust, Speck, einem zarten Spiegelei, Gurken, Tomaten, Romanasalat und Pommes Frites.

Wer es etwas leichter und beschwingter mag, bekommt beispielsweise eine feine Version vom Insalata Caprese, bei der mit einem leichten, duftigen Pesto als Grundierung, gerösteten Pinienkernen und einer bunten Vielfalt verschiedener Tomaten mit unterschiedlichen Fruchtigkeit und Säure gearbeitet wurde. Im Zusammenspiel mit samtig-zartem Büffelmozzarella, Rucola und gerösteter Focaccia zwar auch das eigentlich nur ein simpel zusammengefügter Salat – aber einer, der durch die hohe Qualität der verwendeten Produkte und seine Vielfalt deutlich mehr zu bieten hatte als in den meisten vergleichbaren Fällen.

Sowohl am Mittag als auch am Abend stehen außerdem einige bodenständig substanzreiche Hauptgerichte zur Wahl. Darunter etwa die saftig zarte Rinderroulade nach Großmutters Art inklusive tiefgründig dichter Schmorsauce, Apfelrotkohl und Salzkartoffeln. Oder zuletzt ebenfalls wunderbar zarte (aber nicht zerfaserte oder ausgelaugte) Scheiben vom klassisch gesottenen Tafelspitz nebst einer sämig schneidigen Meerrettichsauce, knackigem Karottengemüse und Petersilienkartoffeln. Am Abend ergänzen dann einige etwas ambitionierte Gerichte das Angebot, bei denen beispielsweise ein kross gebratenes Zanderfilet mit Fenchel-

sauce und Apfelchutney markantere Kontraste und durch grünen Spargel, Rahmsauerkraut und Kartoffelschnee die typisch harmonische Bodenhaftung mitbekommt.
Ebenfalls nur am Abend stehen die etwas umfangreicheren Süßigkeiten der Pâtisserie zur Wahl, die dann mit einer akkuraten, vanilleduftigen Crème brûlée nebst eingelegtem Rhabarber, Erdbeersorbet, Gelee von Waldmeister und Limette sowie Himbeere sogar die komplexesten Kreationen der Karte stellen. Die aber auch auf schlichtere Art, etwa mit den verschiedenen hausgemachten Eis- und Sorbetsorten, den gleichen Anspruch an Frische und Natürlichkeit zeigen, der das gesamte Angebot auszeichnet.
Neben einer typischen Auswahl verschiedenster Cocktails, hochwertiger Spirituosen und Softdrinks finden sich in der Getränkekarte auch lohnende offene Weine, so dass sich zu jedem Anlass und Gericht auch hier garantiert passend gefüllte Gläser finden.

8

Hofstube Deimann

im Romantik- und Wellnesshotel Deimann

Alte Handelsstr. 5, 57392 Schmallenberg
02975-810
www.deimann.de
Küchenchef: Felix Weber
Mi–Sa ab 19 Uhr, So–Di RT
Menüs: 119–169 €

VISA

Wer das Sauerland mit seinen waldigen Hügeln, tiefen Tälern und pittoresken kleinen Fachwerkhäusern besucht und neben Ruhe und reizvoller Natur auch noch maximalen Komfort und niveauvolle Kulinarik erleben möchte, kommt seit vielen Jahren nicht um einen Besuch im Romantik- und Wellnesshotel Deimann herum. Genauer gesagt seit dem Jahr 2016, in dem mit Felix Weber nach Stationen in besten klassischen Häusern ein hochtalentierter Chef die Führung im Gourmetrestaurant Hofstube übernommen hat – und die Küche seitdem auf ein beeindruckend hohes Niveau führen konnte.
Dafür wurde nicht nur eine bestens durchdachte Infrastruktur mit der Beschränkung auf ein einziges Menü mit gleicher Startzeit gegen 19 Uhr für alle Gäste geschaffen, sondern auch sonst ein immer stärker auf beste Produkte und zugespitzt komplexe Saucen fokussierter Stil etabliert, der in seiner kraftvoll harmonischen Art schon beinahe (und ganz im positiven Sinne) als altmeisterlich bezeichnet werden könnte – wären da nicht immer wieder versteckte kleine Details, mit denen die Gerichte subtil wieder aus der Komfortzone gekickt werden.
Der Grundton bleibt aber ein entspannter, angefangen von dem ruhig und gelassen agierenden Küchenteam, dem bei der Finalisierung der Gerichte am offenen Küchenblock über die Schultern geschaut werden kann, bis zu den klar und zugänglich aufgebauten Tellern selbst. Dazu passt auch, dass anstelle verspielterer kleiner Einstimmungen das Menü jetzt mit zwei aufeinanderfolgenden Miniatur-Gängen eröffnet wird, die bereits mehr Spannung und einen guten Fingerzeig auf den Stil der Küche bieten.
Das gelang zuletzt sowohl bei den fleischigjodigen Scheiben von der Auster in einer säuerlich-würzigen Shisovinaigrette neben einem rotfruchtig erfrischenden Sorbet als auch bei dem mit eigenen Kaviar gewürzten Lachstatar, das sich unter einem dichtcremigen Jalapeño-Espuma mit feiner Säure und Schärfe sowie Reispops für zarte Röstnoten und Crunch versteckte, ganz ausgezeichnet. In beiden Fällen gab es eine Produktqualität, die locker in der obersten Liga mitspielen kann, aber auch sehr feine aromatische Konturen.
Dass die Produkte im Mittelpunkt stehen, ist schon beinahe eine gastronomische Binsenweisheit, macht für das Team um Felix Weber aber tatsächlich einen wesentlichen Teil der Wirkkraft vieler Gerichte aus. So auch bei der im ersten Gang präsentierten mild gebeizten und dann abgeflämmten Makrele, die mit ihrem klaren', kraftvollen (aber nicht derben) Geschmack mit jedem noch so trendigen Hamachi konkurrieren konnte. Umso mehr, als sie mit einem Sorbet von Apfel und Staudensellerie unter Streifen von Liebstöckelmayonnaise, zarten Kohlrabitaschen mit Füllung aus Apfel und Radieschen sowie einer flirrenden Vinaigrette aus Holunderblütenessig mit blumiger süß-saurer Aromatik ein höchst dynamisches

und frisches Umfeld bekam. Ein animierender Auftakt, bei dem allenfalls mit weniger Dominanz des Süß-Sauer-Themas noch minimal nachgeschärft hätte werden können.
Noch typischer für den Stil der Küche war allerdings der knusprig zart gebratene Seeteufel, der ohne jeden Anflug von Faserigkeit unter sanft gebratenen Pfifferlingen und etwas Kerbel in einer schaumig dicht gewobenen Estragon-Beurre-blanc angerichtet wurde. Das puristische Miteinander von Produkt und Sauce hat das Team allein mit sautierten Aprikosen ergänzt, die neben der typischen Fruchtaromen auch feine zusätzliche Säure lieferten. Und das ergab so einen wunderbar harmonisch-pointierten Eindruck. Genau wie die folgende Rotbarbe, die mit knusprig aufgestellten Schuppen auf etwas fruchtig-duftigem, mit Basilikum aromatisierten Tomatenconfit gebettet wurde, ergänzt von hervorragenden, beinahe cremig geschmeidigen Miesmuscheln und einer üppig duftigen, aber trotz dichter Aromatik beschwingt leicht wirkenden Safran-Schaumsauce.
Mit dem Poltinger „Lamm vom Franz“ wurde ein bereits von vorherigen Besuchen bekannter (und geschätzter) Hauptdarsteller in den Mittelpunkt des Hauptgangs gestellt. Und das mit erneut eindrucksvollem Ergebnis, dank zartem feinwürzigem Geschmack, der von dem dünnen, schmelzend-kross ausgebratenen Fettdeckel noch weiter gepusht und in einer transparent-eleganten Kräuterjus gespiegelt wurde. Als pointierte Akzente gab es dazu zarte Poweraden mit einem Hauch von Salzzitrone, zart frittierte Aubergine und ein subtil mit Rauchaal gewürztes Aunerginenconfit, die genau die nötigen Zwischentöne und Kontraste lieferten, um das feine Lamm kongenial zu unterstützen.
Nach diesem eleganten, aber zugleich sehr kraftvollen Gang kam die frühsommerliche Erfrischung im ersten Dessert gerade recht: bestehend aus einem Ragout von Erdbeere und Rhabarber, in dem Kampotpfeffer für spannende warm-ätherische Schärfe sorgte und buttrige Crumbles für Wohlfühlcrunch, während ein Erdbeereis auf Sauerrahmbasis und kleine Kicks von Zitrone den erfrischenden Eindruck noch verstärkten.
Und tatsächlich lief dieser erste süße Eindruck dem zweiten Dessert rund um das Thema „Schwarzwälder Kirsch“ sogar den Rang ab. Denn obwohl die Proportionen der in ähnlicher Form bereits aus dem letzten Jahr bekannten Interpretation diesmal etwas schlanker und balancierter wirkten, blieb die Kombination aus einer kleinen Kirschwassermousse in gesprühter Schokohülle neben einem vollfruchtig-frischen Sauerkirschsorbet und marmorierten Herzkirschen, zart gezupftem dunklem Schokoladenteig und heller Schokoladencreme, auf noble Art etwas braver.
Letztlich ist das auch insgesamt im Grunde der einzige Kritikpunkt an der durchgängig äußerst souveränen Performance des Teams. Mit ein bisschen mehr Mut zu klarer Kante, noch mehr Druck und Säure in Saucen, und weniger Fokus auf feinsinnige Harmonie, könnte die Gesamtwirkung vielleicht noch gesteigert werden. Das aber ist nur eine vergleichsweise kleine Randnotiz.
Dringender verändert werden sollte allerdings das Reservierungsprozedere für externe Gäste. Der Markt bietet mittlerweile so viele verschiedene Tools für Reservierungen, das eine vorgefertigt automatisierte Mail, in der Zeilen gelöscht oder ausgefüllt werden sollen, selbst dann wenig zeitgemäß erscheint, wenn sie vom Reservierungsmanagement zeitnah beantwortet werden würde. Dem gesamten Anspruch des Hauses hinkt das etwas hinterher und entspricht auch nicht dem im Restaurant selbst aufmerksamen und zuvorkommenden Agieren des Serviceteams. Dessen Sommelière Vanessa Riedemann bringt zu den einzelnen Gerichten nicht nur spannende und hochwertige Weinempfehlungen, sondern auch betont schlank und frisch gehaltene alkoholfreie Alternativen in die Gläser, unter anderem auf Basis von Kefir und Kombucha.

5

Störmann

im Hotel Störmann
Weststr. 58,
57392 Schmallenberg
02972-9990
www.hotel-stoermann.de
Küchenchef: Alexander Greve
Täglich ab 12 Uhr durchgehend, kein RT
Hauptgericht: 15–35 €
VISA

So einladend, wie das Romantikhotel Störmann im Zentrum Schmallenbergs bereits von der Straße aus anmutet, machen auch drinnen die unterschiedlichen nahtlos ineinander übergehenden gemütlichen ländlichen Stuben unmittelbar Lust auf eine Einkehr. Die Karte hat sich der im besten Sinne gutbürgerlichen Regionalküche verschrieben und kredenzt Rinderkraftbrühe mit Markklößchen, Ragout vom Sauerländer Rothirsch mit Rotkohl und Butterspätzle oder eine Rindsroulade nach „Großmutters Art“, hat aber dazwischen auch mediterrane Momente.
Etwa bei Tomaten-Brotsalat mit Büffelmozzarella und Datteln im Speckmantel oder bei mit Spinat und Ricotta gefüllten Ravioli auf Tomatenkompott und gebratenen Zucchini. Auch die Parmesanschaumsuppe brachte warmen Südwind ins Hochsauerland – und zwar mit einem recht originellen Twist: die Kombination von würziger geräucherter Putenbrust und herbfrischem Limettenschalenabrieb erzeugte nämlich in den rahmigen umamiwürzigen Fluten der Suppe einen schmissigen Akzent.
Wie solide und frisch die Küche arbeitet, war auch sehr schön an der mit Crêpe und kaltgeräuchertem Lachs gerollten Roulade zu schmecken, die sich in Scheiben zusammen mit Orangenfenchel, süßsauren Dillgurken und Kräuterschmand zu einer erfrischenden Vorspeise formierten. Wer auch im Hauptgang gerne Fisch isst, kommt sicher mit auf der Haut gebratenem Zanderfilet nebst Linsen, Kartoffelpüree und Champagnerschaum auf seine Kosten. Und wer ein schönes Stück Fleisch vorzieht, aber keine Lust auf das in Butterschmalz gebratene Wiener Schnitzel vom Kalb mit Bratkartoffeln hat, sollte mal die Ochsenbacke probieren: vorbildlich geschmort, butterzart, aber trotzdem mit fester Struktur, optisch ansprechend glasiert, umgeben von dichter, sämiger Schmorjus mit ausgewogenem Geschmack und begleitet von Kohlrabi und Kartoffelstampf mit Röstzwiebeln.
Die Portionen sind zwar so bemessen, dass auch fleißige Wanderer satt werden, aber nicht so opulent, dass man kein Dessert mehr schaffen würde. Zur Auswahl stehen Dinge wie ein cremiger Schokoladenpudding mit eingelegten „beschwipsten“ Kirschen oder Käsekuchenschnitte mit karamelligem Nusseis und eingelegten sowie frischen dunklen Beeren. Und obgleich zu vielen der bodenständigen Traditionsgerichte gut ein kühles Bier passt, gibt es selbstredend auch eine sehr ordentliche und völlig ausreichende bunte internationale Weinauswahl zu moderaten Preisen.

Hotelempfehlung

★★★★

Hotel Störmann

Weststr. 58,
57392 Schmallenberg
02972-9990
www.hotel-stoermann.de
Einzelzimmer: 67–88 €
Doppelzimmer: 114–186 €

VISA

Das familiengeführte Haus mit über 250-jähriger Geschichte liegt direkt in der historischen Altstadt von Schmallenberg und ist umgeben von der malerischen Kulisse des Hochsauerlands. Vor der Haustüre erwartet die Gäste hier im Winter das größte Skigebiet nördlich der Alpen und im Sommer ein bestens ausgeschildertes Wander- und Biker-Wegenetz. Von Tennis, Golf und Reiten über Klettern und Mountainbiken bis zu Langlauf und Alpin-Ski sind hier jede Menge sportliche Aktivitäten möglich. Seit 2016 führt die Hotelier-Familie Deimann vom gleichnamigen Wellnesshotel im nahegelegenen Winkhausen das traditionsreiche Haus, das nach der jüngsten Restaurierung und Modernisierung den Besuchern 31 gemütliche und ruhige Zimmer, Hallenbad, Sauna sowie abwechslungsreiche Gastronomie (Restaurant „Bauernstube“ mit Josper-Grillofen) bietet. Im nur 5 km entfernten Schwesterhotel Romantik- & Wellnesshotel Deimann steht zudem der über 4000 qm große Wellness- und SPA-Bereich zur Verfügung.

★★★★★

Romantik- & Wellnesshotel Deimann

Alte Handelsstr. 5,
57392 Schmallenberg
02975-810
www.deimann.de
Einzelzimmer: 155–200 €
Doppelzimmer: 250–610 €

Das romantische Wellnesshotel Deimann in Schmallenberg ist in die malerische Kulisse des Hochsauerlands eingebettet, das im Winter mit dem größten Skigebiet nördlich der Alpen und im Sommer mit einem bestens ausgeschilderten Wander- und Biker-Wegenetz aufwartet. In dem familiengeführten Haus gibt es nicht nur 96 stilvoll eingerichtete und komfortabel ausgestattete Zimmer und Suiten, sondern auch einen 4000qm großen Wellnessbereich mit verschiedenen Schwimmbädern und Saunen, einer Vital-Oase und verschiedensten Anwendungen von klassischen Massagen über Ayurveda bis hin zu Beauty. Die 27-Loch-Panorama-Golfanlage in unmittelbarer Nähe lässt darüber hinaus das Herz jedes Golfbegeisterten höherschlagen. Für Tagungen und persönliche Festlichkeiten stehen außerdem professionell ausgerüstete moderne Veranstaltungsräume zur Verfügung. Auch der Gastronomie und der Kulinarik wird im Hause Deimann mit verschiedenen Restaurants, Cafés, einer Bar und einem gut gefüllten Weinkeller viel Aufmerksamkeit zuteil. Gourmetrestaurant Hofstube Deimann separat erwähnt.

Schondorf am Ammersee (Bayern)

Gasthaus Sailer

Landsberger Str. 30,
86938 Schondorf am Ammersee
08192-7428
gasthaus-sailer.business.site
Mi–Sa ab 17 Uhr, So von 11–14 Uhr u. ab 17 Uhr, Mo u. Di RT
Hauptgericht: 11–19 €

In dem traditionellen Gasthaus mit schlichter, angenehm folklorefreier rustikaler Stube gibt es das, was man als anspruchsvoller Esser so oft sucht und doch nur so selten findet: eine authentische bodenständige Regionalküche die frisch und fundiert gekocht ist. Ganz ohne kreative Verrenkungen und preistreibenden Firlefanz, aber mit dem Blick für die wichtigen Details. Hier gibt's nicht nur den vielleicht besten Gaisburger Marsch außerhalb Württembergs, sondern auch Saures Züngerl, Schweinebraten und Ente mit Blaukraut, gefülltem Apfel und Kartoffelknödel und andere Traditionsgerichte in Bestform. Und das zu ländlichen Preisen!

Schorndorf (Baden-Württemberg)

Gourmetrestaurant Nico Burkhardt

Höllgasse 9, 73614 Schorndorf
07181-6699010
pfauen-schorndorf.de
Küchenchef: Nico Burkhardt
Mi–Sa ab 18.30 Uhr, So–Di RT
Menüs: 134–198 €

Wenn man in unmittelbarer Nachbarschaft zum Geburtshaus von Gottlieb Daimler seinen Traum verwirklicht, dann muss das Projekt ja unter einem guten Stern stehen. Im Herbst 2018 ist Nico Burkhardt vom Gourmetrestaurant Olivo im Stuttgarter Steigenberger Hotel ins Fachwerkzentrum von Schorndorf gekommen, wo er seither mit seiner Frau Bianca das

kleine Boutiquehotel Pfauen führt und dort ein zweigeteiltes kulinarisches Programm bietet: oben eine Brasserieküche auf gutem Niveau, unten im behaglichen Gourmetzimmer gibt es für maximal acht Gäste ein Menü in bis zu sieben Gängen, das Burkhardt im Prinzip im Alleingang stemmt.
Dies erstaunt umso mehr, wenn man sieht, was für einen Aufwand er schon für Kleinigkeiten vorneweg betreibt. Das geht los mit den feinen Apéros, bei denen wie schon im Olivo die flüssige Olive nicht fehlen darf. Es geht häufig weiter mit augenzwinkernden Erinnerungen an seine Zeit in „Berlin, Berlin" und etwas deftigeren Grüßen wie Senfei, Kassler auf Sauerkraut, Hackepeterstulle auf einem Spielzeug-Trabi und eine Berliner Weiße mit Waldmeistergeschmack in einem Miniaturkrug. Nicht zu vergessen die weit überdurchschnittliche Auswahl an selbstgebackenem Brot mit gleich fünf Sorten plus Käsewindbeutel plus drei Beigaben, zu denen bei unserem jüngsten Besuch auch eine Creme mit frischer Trüffel gehörte. So macht der Einstieg in den Abend Spaß!
Auf die Gänseleber als ersten Gang haben wir verzichtet, und so kam als Auftakt des Menüs eine „Flaschenpost" an den Tisch, die man auf den ersten Blick als bloßen Gag abtun könnte. In einer halbierten Flasche mit einem „Korken" aus Cannellono mit Matjestatar befand sich aber ein sehr fein angerichteter Matjeshering. Der schlanke Riegel war „belegt" mit Streifen von eingelegter roter Zwiebel und Fenchel, die die herbe Säure punktuell unterstützten. Beim vorsichtigen Herantasten und -schmecken an die Miniaturen ergänzte sich alles zu einer federleichten Eleganz, unterstützt von warmer Würze durch den Cannellono mit seiner Füllung. Aber mit grünem Apfel als Eis, Gel, winzige Scheiben und hauchdünner Chip blitzte auch süße Frische durch. Den erdigen Halt gab es durch ein Bett aus Pumpernickel und Schmand. Großartig!
In einer etwas abenteuerlich anmutenden Kombination wurden im nächsten Gang Fisch und Fleisch ins Rennen geschickt. Und auch die Begleiter waren selbstbewusste Mitspieler, aus denen das letzte herausgekitzelt wurde, insbesondere aus der Roten Bete als großflächiges Esspapier im Extraglas, als intensive Kugeln und längliche Mousse sowie als im Mund zergehenden Baiser. Durch gebackene Kapern gab es zu den erdig-süßen Nuancen noch ordentlich herzhaften Wumms. Hauptplayer aber waren ein mit weißer Sauce übergossener Königsberger Klops auf einer Kartoffelmousseline in Kräuteröl, gegenüberliegend ein punktgenau gegarter und gut gewürzter Skrei. Trotz des Abstands der Aromen zueinander passte alles gut zusammen, zudem gab es noch einen optischen Gag: Auf dem Skreifilet lag ein „Fischskelett" aus knusprigem Rote-Bete-Teig.
Dramaturgisch gut konzipiert ging es anschließend noch komprimierter weiter und man näherte sich fast schon einem Drei-Komponenten-Gericht, dessen Bestandteile in einem tiefen Teller dicht aneinandergesetzt waren: Schweinbauch, Kartoffelkrapfen, Hollandaise, darauf ein Rotkohlsalat, darunter eine Senfsaatjus. Das krosse Stück vom Iberico-Schwein war zwar relativ zurückhaltend gewürzt, im Zusammenspiel mit einer Hollandaise-Nocke und einem knusprigen Kartoffelkrapfen mit saftiger Füllung ergab das aber sein sehr rundes und stimmiges Geschmacksbild.
Als überraschend gut funktionierende Kombination erwies sich auch die Erfrischung zwischendurch, ein Blutorangensorbet in Estragonöl. Das eigentliche Fleischgericht fiel dann aber doch etwas hinten den vorausgegangenen Darbietungen zurück, weil der Rehrücken mit seiner exzellenten Jus bei aller Zartheit durch das Niedertemperaturgaren im Vakuumbeutel leider wie so oft den Biss verloren hatte. Straffere Texturen gab es immerhin durch einen zur Brezel geformten und gebackenen Brezelknödel und durch geschmorte Schwarzwurzel. Auch Mandarine in Variationen und Wintertrüffel machten sich gut zu dem ansonsten wirklich nicht schlechten Gericht, das aber wegen der schwachen Präsenz des Hauptprodukt nicht die Ausdrucksstärke der Vorgänger hatte. Die gab es dann wieder im Pré-Dessert mit dem schlichten Namen Trüffel: als Schokoladentrüffel mit Frischkäse und Heidelbeere gefüllt und als aromatische Wintertrüffel, die fein übers Mascarpone-Eis geraspelt war. Geschmeidig bis gefällig kam das eigentliche Dessert daher, für das Walnuss in einem etwas gummiartigen Ring aus Ivoire-Schokolade als Eis, Crumble und Sponge variiert wurde. Eine Nougatkugel sorgte auch geschmacklich für dunkle Dichte in der sonst hellen Komposition und damit es nicht allzu süß, schwer und nussig wurde, gaben geeiste Yuzu-Kugeln dem Ganzen noch eine belebende Säurefrische mit.
Wie bei den Apéros und Brotsorten vornweg wurde auch hintenraus viel Aufwand für die Petits Fours betrieben. Insgesamt aber schien es diesmal so, als ob sich Nico Burkhardt in manchen Gerichten mehr fokussiert, anstatt zu viel Beiwerk in Extraschälchen dazuzugeben. Zu einem genussreichen Abend trägt auch die Weinbegleitung bei, die während unseres letzten Besuchs zwar sehr charaktervolle Gewächse zu bieten hatte – recht paritätisch auf Anbau-

regionen in Deutschland, Frankreich, Italien und Spanien verteilt –, die sich aber sehr gut zu den Gerichten fügten.

Schramberg (Baden-Württemberg)

6

Hirsch

Hauptstr. 11, 78713 Schramberg
07422-280120
www.hotel-gasthof-hirsch.com
Küchenchef: Thomas Zimmermann
Do ab 18 Uhr,
Fr–Mo von 11.30–13.30 Uhr u. ab 18 Uhr,
Di u. Mi RT
Hauptgericht: 22–43 €,
Menüs: 38–88 €

VISA

Der Hirsch im Herzen des im südöstlichen Teil des Schwarzwalds gelegenen Örtchens Schramberg ist so ein herrlich aus der Zeit gefallenes authentisches Kleinod, wie man es heutzutage leider nicht mehr allzu oft findet. In den nostalgisch holzvertäfelten Stuben mit elegant eingedeckten runden Tischen im ersten Stock dieses Gasthauses mit kleinem Hotelbetrieb wird auf sympathisch unaufgeregte Art alles in den Dienst des Genusses gestellt. An den Tischen sorgt Gastgeberin Margarete Weber oft im Alleingang mit viel Umsichtigkeit für geräuschlosen Service und findet trotzdem bei Stammgästen immer auch noch Zeit für einen kurzen Plausch. Das wirkt fast immer ein wenig so, als wäre man privat irgendwo bei jemandem zu Gast.

Thomas Zimmermann bewegt sich mit seiner Küche seit langer Zeit sehr souverän und unbeirrt zwischen regionaler Tradition und bester französischer Klassik, wobei die Gerichte allesamt so gegenständlich und unverkünstelt daherkommen, dass selbst Gänseleber, Steinbutt oder Rehrücken eher wie bodenständige gutbürgerliche Teller anmuten als wie exklusive Gourmandisen. Doch im Detail erkennt man schnell, dass man hier dank sehr guter Produkte und souveränem Handwerk auch ganz ohne Show und Effekthascherei überdurchschnittliche Gaumenfreuden vor sich hat.

In diesem Sinne verriet der Küchengruß, eine kleine Löwenkopf-Suppenterrine mit etwas Karotten-Currysüppchen darin, trotz seiner schlichten Art schon eine ganze Menge über die Qualität von Thomas Zimmermanns Küche, denn sie war nicht nur sehr harmonisch zwischen Karottensüße und Curryschärfe ausgemittelt, sondern auch von sehr ausgewogener Beschaffenheit, also nicht zu flüssig, aber auch nicht zu cremig. Im Brotkorb dazu wie immer sehr gutes, warmes Baguette, das auch schon seit jeher mit französischer Salzbutter und einem kleinen Töpfchen Schmalz offeriert wird.

Maximal schlicht war auch die Gänseleber-Vorspeise, sofern man sie mit den elaborierten und vielteiligen Darbietungen der jungen Köchegeneration vergleicht, die sich gerade beim Thema Foie gras gerne bunt und kreativ austobt. Geschmacklich musste sich der Dreiklang aus einer völlig unausgeschmückten Scheibe von der Gänseleberterrine, die mit leicht floral anmutenden karamellisierten Apfelspalten und einer roten, in erster Linie an Johannisbeere erinnernden viskosen Fruchtsauce mit reizvollem Säurespiel und unaufdringlicher Süße vor vielen solcher Teller aber nicht verstecken. Auch nicht die à part dazu gereichte zart angeröstete Scheibe buttrigen Safranbrioches, die saftig und etwas kompakter viele wattige und geschmacksleere Brioches in den Schatten stellt.

Den von Thomas Zimmermann neben Steinbutt auch immer sehr gern verwendeten Seeteufel bekamen wir zuletzt wieder in zaftig-fleischiger Referenzqualität: Akkurat gewürzt und nur mit noch leicht knackigen Gemüsejuliennes getoppt, lagen dessen Medaillons auf einem Sockel aus weißem Spargelrisotto, bei dem sowohl das Saisongemüse als auch die

Reiskörner eine optimale Beschaffenheit hatten. Und die zusammen ein homogenes Ganzes ergaben, das von gehaltvoller aber aromatisch unaufdringlicher Safransauce harmonisch untermalt wurde.

Natürlich ganz anders, aber vom harmonisch-weichen aromatischen Gesamteindruck ganz ähnlich gestrickt, präsentierte sich im Hauptgang, ein gut gereiftes und ganz klassisch punktgenau wunschgemäß medium gebratenes Rinderfilet mit sehr gutem Eigengeschmack, das auf etwas Rahmgemüse gebettet und von Stängelkohl, Karottenscheiben und Kartoffelgratin begleitet, einen gänzlich unspektakulären Eindruck machte. Doch die Qualität des Fleischs und des geschmacklich mustergültigen Kartoffelgratins, vor allem aber die ausgewogene Schalottensauce mit Struktur und milder Säure, lagen schon deutlich über dem, was man im regionalen Vergleich sonst so erwarten kann.

Und das toppte locker auch der aromatisch fast schon etwas ätherisch schmeckende, im Ganzen pochierte Pfirsich, der durch eine daraufgesetzte Himbeere zum „Pfirsich Melba“ wurde, aber auf einer Erdbeersauce angerichtet war. Dass diese nach unserem Geschmack tendenziell ein klein wenig zu süß ausgefallen war, konnte den guten Gesamteindruck auch dieses Nachtischs ebenso wenig trüben wie das recht brave rahmige Vanilleeis. In Kombination mit dem beflissen-herzlichen Service der Gastgeberin und der zwischen Baden und Frankreich auch mit reiferen Jahrgängen attraktiv aufgestellten und gastfreundlich kalkulierten Weinkarte ist der Hirsch nach wie vor ein äußerst sympathisches Gesamtkonzept.

Schwabenheim (Rheinland-Pfalz)

Hotelempfehlung

★★★

Hotel Zum alten Weinkeller

Schulstr. 6–10,
55270 Schwabenheim
☎ 06130-941800
www.immerheiser-wein.de
Einzelzimmer: 65–99 €
Doppelzimmer: 90–125 €

Authentisch ländlich-rustikal und trotzdem sehr stilvoll und komfortabel wohnt man in dem zum Weingut Immerheiser gehörenden Hotel Zum Alten Weinkeller im beschaulichen Schwabenheim, das im sanften rheinhessischen Hügelland, einige Kilometer südwestlich von Mainz liegt. Hier wohnen die Gäste in ganz individuell mit viel Liebe zum Detail gestalteten Zimmern, etwa mit Natursteinmauern im ursprünglich- rheinhessischem Stil, alten Holzfußböden, Eisen-Himmelbetten und Terracotta-Bädern oder im Stil der Provence, mit Wohn- und Schlafbereich, Eisen-Doppelbetten auf Eichenholzdielen und exklusivem Bad mit bodengleicher Flusskiesel-Regendusche. Alle Zimmer verfügen über einen 20 Zoll-LED Fernseher und sind mit kostenlosem WLAN ausgestattet. Auch das Kulinarische wird bei Familie Immerheiser großgeschrieben: Neben der Vinothek gibt es den Landgasthof Engel mit etwas rustikalerer Regionalküche und das Feinschmeckerrestaurant Zum Alten Weinkeller.

Schwäbisch Hall (Baden-Württemberg)

7↑

Eisenbahn

im Hotel Landhaus Wolf
Karl-Kurz-Str. 2,
74523 Schwäbisch Hall
☎ 0791-930660
www.landhauswolf.eu
Küchenchef: Thomas Wolf
Mi–Sa ab 18 Uhr, So–Di RT
Hauptgericht: 38–45 €,
Menüs: 68–130 €

Im Gegensatz zur zweiten Topadresse in Schwäbisch Hall, wo man sich trotz hoher Bewertungen als ein Gasthaus versteht und neben dem Genießer-Menü auch die Klassiker in einem Raum serviert, wird das im Landhaus Wolf klar getrennt: Schnitzel, Rostbraten, aber

auch ein kleines Menü gibt's im Bistro s'Bähnle, während im Gourmetrestaurant Eisenbahn ausschließlich die Haute-Cuisine angemessen gefeiert wird.
Die ist tatsächlich sehr französisch geprägt, denn sowohl Vater Josef Wolf als auch der Sohn Thomas Wolf, der im Familienbetrieb als Geschäftsführer in vierter Generation nach vorne gerückt ist, haben während ihrer Wanderjahre viel Inspiration aus Frankreichs besten Küchen mitgenommen. Der Junior sogar von den berühmtesten, war er doch unter anderem bei Guy Savoy und Alain Ducasse. Doch bei aller Pflege der Klassik, die sich in der Eisenbahn auch im modernisiert-gediegenen Ambiente mit cremefarbenen Tönen, Holzelementen, glänzendem Parkett, Rattanstühlen und Tischdecken widerspiegelt, ist die Küche mit ihrer eigenen Interpretation der französischen Schule wunderbar leicht und zugänglich.
Die Apéro-Snacks brachte bei unserem jüngsten Besuch Thomas Wolf selbst an den Tisch: ein Cornet mit Parmesanschaum und confierter Tomate, Krustentiergelee mit Avocado und Garnele auf einem Brotchip, Grünkernfalafel mit Kürbiskern und orientalischer Mayonnaise sowie puristisch eine Scheibe Foie gras von der Ente – ohne Knalleffekte und Extreme, sondern eher charmante Einstimmungen. Nach Kräutercreme, Olivenöl und einer formidablen Steinpilzbutter zu Brot bewegte sich auch das Amouse Bouche mit Karotten als Gelee, schaumiger Mousse, feinsäuerlich eingelegten Kugeln und würzig frittierten Chips im mittleren Frequenzbereich.
Höhere Töne, ohne dabei die Tiefe zu vernachlässigen, gab es dann mit einem schön ausbalancierten Wechselspiel im ersten Gang. Ein Dreierlei von der gebeizten Gelbflossenmakrele hatte zarte Carpaccio-Scheiben unter einem ungemein frischen, zitrischen, aber auch würzigen Tatar zu bieten, sowie warmes Gebackenes mit in die Höhe strebendem knusprigem Engelshaar. Mit Mangozylindern und sanft-zitrischen Kugeln aus Avocadomousse on top schloss sich das Rondell, in dessen Mitte ein leichter Passionsfruchtspiegel angegossen war, der sich mit seiner fruchtigen Exotik ebenfalls klar unterordnete.
Im Hummergang wurde das Hauptprodukt noch puristischer ins Zentrum gerückt. In einer Beurre blanc waren eine Farce, darauf ein gebratenes Stück und eine Nocke Kaviar – mehr nicht. Und das genügte an sich auch völlig so, allein in der Beurre blanc ist uns eine säurehaltige, fast bittere Note aufgefallen, die in dieser feinen Produktfeier etwas ablenkte. Hier hätten wir uns einen wärmeren, umarmenden Ton mit mehr Krustentiertiefe vorstellen können, was aber letztlich auch Geschmackssache ist.
Im nächsten Gang jedenfalls war das Geschmacksbild durch und durch stimmig, und auch der Butterschaum beziehungsweise Muschelsud fügte sich bestens zum darin schwimmenden St. Pierre. Darauf waren verschiedene „Coquillages", so stand es französisch auf der Karte geschrieben, in eine Schwertmuschelschale platziert und die sanfte Jodigkeit der Muscheln wurde gut geerdet durch die Herzhaftigkeit von kleinen runden Bratkartoffelscheiben und die knackige Süße von grünem Spargel.
Nach diesem harmonischen Wohlfühlgericht wurden beim Salzwiesenlamm die Aromen kräftiger ausgereizt, beim Fleisch in unterschiedlichen Abstufungen vom sehr intensiven Ragout à part über eine Art Wellington-Interpretation mit Lammrücken im Spinat-Blätterteig-Mantel bis hin zum puren Filet zu einer elegant transparenten Jus. Dennoch wirkte das Gericht überhaupt nicht fleischlastig, denn mit vielfältigen Beilagen wurde immer wieder ein neues kleines Fenster aufgestoßen. In einem von einem Zucchinistreifen zusammengehaltenen luftig-lockeren Couscous gab es – fortführend zum Falafel bei den Apéros – ein Feuerwerk mit orientalischen Gewürzen und Pimentnoten, ganz viel Frische, verstärkt mit einer Gremolata on top. Zur zart-bitteren und saftigen Präsenz von drei kleinen Artischockenböden gaben die Toppings mit darauf gespritzter Auberginen-, Erbsen- und Tomatenmousse neue Nuancen dazu. Da hätte es die grünen Bohnen als klassische Lammbeilage fast gar nicht gebraucht.
Das Pré-Dessert hat sich mit seinem Dreiklang aus Teesorbet, weißem Schokoladenmousse und Kalamansischaum in der Eisenbahn schon mehrfach bewährt. Im eigentlichen Dessert setzte Thomas Wolf, der sich bei Anne-Sophie Pic in der Patisserie fortgebildet hatte, auf die gut funktionierende Geschmackskombination von Limone und Basilikum – die kräuterig frischen Aromen in zwei Sorbetnocken und als Öl – zu Erdbeeren. Ein Ragout davon steckte in einem aufzuklopfenden Baiser, darauf etwas Mascarpone, eine Krokantscheibe, ein Stern aus marinierten Erdbeeren und zuoberst eine flüssige. Klassisch, fruchtig, gut!
Insgesamt zeigt sich in der Eisenbahn auf beeindruckende Weise, dass es nicht allzu viele Pirouetten und Spektakel braucht, um mit klar erkennbaren Aromen einfach schöne Geschmacksbilder zu schaffen. Die Seniorchefin Christa Wolf serviert dazu von der „Lokführer-Empfehlung" mit zwei Weinen bis zum „Pres-

tige-Express" in sieben Gängen eine äußerst fair kalkulierte Weinbegleitung, in der auch große Bordeaux-Gewächse vorbeirauschen können. Wer dort einen längeren Zwischenstopp machen möchte: Der Keller ist auf diesem Gebiet besonders gut bestückt.

8

Rebers Pflug

Weckriedener Str. 2,
74523 Schwäbisch Hall
0791-931230
www.rebers-pflug.de
Küchenchef: Hans-Harald Reber
Di–Sa ab 17 Uhr, So u. Mo RT
Hauptgericht: 28–49 €,
Menüs: 70–126 €

Seit bald zwanzig Jahren kehren wir nun schon regelmäßig in Rebers Pflug ein, der idyllisch am oberen Stadtrand von Schwäbisch Hall im beschaulichen Ortsteil Weckrieden liegt und sich in dieser Zeit vom gediegenen Landgasthof zum modernen Genießerhotel ausgeweitet hat. Das gastronomische Portfolio reicht von „Rebers Imbiss-Stadl", einer gegenüber dem Stammhaus direkt an der Straße gelegenen Essens- und Getränke-Ausgabe mit lauschigem Biergarten dahinter, bis zum ländlich-elegant gestalteten Restaurant. Das richtet sich mit zwei kreativen Menüs (eines davon vegetarisch) und einer bisweilen etwas klassischer orientierten À-la-carte-Auswahl an anspruchsvolle bodenständige Gourmets, die Qualität, Substanz und Geschmack einer aufwendigen Inszenierung und überbordender Exklusivität vorziehen.

Dass die Kreationen des Menüs meist noch etwas eleganter und filigraner umgesetzt werden als die À-la-carte-Gerichte, erlebten wir im vorigen Jahr, als wir uns selbst eine individuelle Speisefolge zusammengestellt hatten und sich längst nicht jeden Teller auf dem gewohnt hohen Niveau präsentierte. Wer also Rebers Küche in seiner höchsten Form erleben will, sollte sich wenn möglich schon an „Unser Pflug-Genießer-Menü" halten. Diese gemessen am hohen Niveau äußerst günstige Speisefolge wird wie immer nur mit Brot und dreierlei Aufstrichen eingeläutet, denn auf aufwendige Amuse-Tiraden verzichtet Hans Harald Reber zugunsten des Preisniveaus bereits seit Jahren.

Ebenfalls seit Jahren gibt es die „Boules von der Gänseleber", die in saisonal unterschiedlicher Komposition quasi als Signature Dish die Position der Vorspeise des Menüs einnehmen, dieses Mal mit den Leitaromen von Feige, Kaffee und Pistazie. Die mit einer hauchdünnen Geleeschicht überzogenen Kugeln von der roh marinierten Périgord-Gänseleber waren hier mit Dörrfeige, Feigengelee, Pistazien-Granola und einer sehr saftigen und fluffigen Pistazien-Gewürzkuchen-Schnitte auf einer längs über den Teller gestrichenen Gelspur angeordnet und ergaben ein sehr harmonisches, in jeder Hinsicht ausgewogenes Ensemble. Nur das Kaffeearoma hätten wir uns hier als herben Akzent noch deutlich präsenter gewünscht.

Sehr gut gelang es dem Team um Hans-Harald Reber auch, die bunten Bete-Komponenten zum im Tataki-Style kurz und knackig ringsum angebratenen und im Kern weitgehend roh bzw. soft temperiert belassenen Färöer-Lachs nicht plump und ungehobelt wirken zu lassen. Das glückte einerseits durch das Mitwirken von Ponzusauce mit ihrer charakteristischen zitrischen Frische, andererseits aber durch den Abwechslungsreichtum, den die verschiedenen Bete-Sorten in unterschiedlichen Zubereitungsarten hier auf den Teller brachten. Einzig die relativ konzentrierte Umamiwürze im Sud wurde schnell etwas anstrengend.

Rein gar nichts Anstrengendes hatte indes das mediterrane Programm rund um eine saftige Steinköhler-Tranche an sich, das den perfekt auf den Punkt gebrachten Fisch in Gestalt von geschmortem Fenchel und Paprika, halbgetrockneten Tomaten, kandierten schwarzen

Oliven und mit viel Zitrone auf Süd gedrehtem Kartoffelpüree eskortierte.
Nach einem originellen und prägnant zugespitzten Erfrischungs-Intermezzo mit Sorbet von Basilikum und Zitrone auf mariniertem Fenchel kam im Hauptgang die Challans-Ente angeflogen. Und die war auch definitiv der unangefochtene Star auf dem Teller: hervorragende Qualität, perfekt gleichmäßig auf den perfekten Gargrad gebracht, sehr saftig, sehr aromatisch, und und mit einer knusprigen Gewürzhaut auch noch attraktiv in Szene gesetzt. Da blieben Trompetenpilz, zweierlei Süßkartoffel-Komponenten, zart knackiges Rotkraut und geröstete Mandeln „nur" sehr ordentliches Beiwerk. Und mit der leider recht breiten, würzigen und als solches etwas behäbigen Ingwerjus wurde die Chance verpasst, das Ganze durch eine klar zugespitzte, tiefenscharfe Sauce mit einer gewissen Säurestruktur sogar noch weiter nach vorne zu bringen.
Am grundsätzlich hohen Niveau und dem einmal mehr sehr guten Gesamteindruck änderte das freilich nichts. Und erst recht nicht das feinfühlig und prononciert umgesetzte Dessert um verschiedene elegante Komponenten aus „Piura Porcelana"-Schokolade, die mit Portweinzwetschge, karamellisiertem Muscovadoeis und Buchweizencrumble einen attraktiven herbstlichen Nachtisch hinlegten und so die Bewertung mit (knappen!) 8 Pfannen auch in diesem Jahr wieder rechtfertigten.

Hotelempfehlung

★★★S

Hotel Landhaus Wolf

Karl Kurz Str. 2,
74523 Schwäbisch Hall
0791-930660
www.landhauswolf.eu
Einzelzimmer: 65–85 €
Doppelzimmer: 88–125 €

VISA

Das Landhaus im beschaulichen Hessental, vor den Toren der Kulturstadt Schwäbisch Hall, wird schon in dritter Generation von Besitzerfamilie Wolf geführt, die großen Wert auf sehr persönliche, individuelle Gastlichkeit legt. Die Zimmer und Suiten stehen in verschiedenen Kategorien zur Auswahl, sind allesamt wohnlich eingerichtet und komfortabel ausgestattet. Die Komfort-Doppelzimmer im Neubau beispielsweise unter anderem mit Fußbodenheizung, moderner modengleicher Dusche, Flat-TV mit HD, Minibar. Die „Demi-Suite" im Stammhaus hat sogar eine eigene Sauna. Schnelles WLAN und LAN gibt es kostenlos in allen Zimmern. Außerdem steht für Seminare und Tagungen mit bis zu 60 Teilnehmern ein mit modernster Technik ausgestatteter Tagungsraum zur Verfügung. Besonderes Augenmerk gilt im Landhaus Wolf hier seit jeher auch der Gastronomie, die mit dem Bistro „s'Bähnle" und dem Gourmetrestaurant Eisenbahn zwei unterschiedliche Konzepte bietet. Restaurant Eisenbahn separat erwähnt.

Hotel Rebers Pflug

Weckriedener Str. 2,
74523 Schwäbisch Hall
0791-931230
www.rebers-pflug.de
Einzelzimmer: 88–115 €
Doppelzimmer: 115–298 €

VISA

In dem von Familie Reber persönlich geführten Haus heißt die Devise „ankommen, genießen, wohlfühlen." Die stilsicher eingerichteten Zimmer und Suiten verschiedener Kategorien sind alle im Landhausstil gestaltet. Eine Besonderheit sind die neuen Suiten im Park des Hauses. Sie verfügen über ein großzügiges Raumangebot mit herrlichem Blick ins Grüne, einen beheizten Outdoor-Holzzuber, eine 35 qm große Gartenterrasse mit gemütlicher Sitzecke und eine Minibar, die die Gäste kostenfrei nutzen können. Das Frühstück lockt mit hausgemachten Konfitüren sowie Wurst, Schinken und vielen weiteren Produkten aus der Region. Auf der Lounge-Terrasse lässt sich bei schönem Wetter in gemütlichen Strandkörben entspannen. Restaurant Rebers Pflug separat erwähnt.

Schwangau (Bayern)

Gams & Gloria

im Hotel Das Rübezahl
Am Ehberg 31, 87645 Schwangau
08362-8888
www.hotelruebezahl.de
Küchenchef: Erik Wendt
Fr–So ab 18 Uhr, Mo–Do RT
Menüs: 129–169 €

Zwar stammt Rübezahl der Sage nach aus dem Riesengebirge und nicht aus dem Allgäu – aber für das mit viel alpinem Charme aufwartende Hotel in Schwangau passt der märchenhafte Name dennoch ganz hervorragend. Bietet es doch neben einem malerischen Blick auf Schloss Neuschwanstein und die Allgäuer Bergwelt auch viel alpinen Charme, der durch helles Holz in ein modernes Gewand gekleidet und mit allerlei auf alpine bäuerliche Tradition anspielenden Dekorelementen individuell und elegant ausgeschmückt wird. Außerdem gibt es rundum sehr viel Komfort und einen hohen Anspruch, auch ganz besonders an das kulinarische Angebot des Hauses.

An dessen Spitze steht mit dem „Gams und Gloria“ eine kleine, behaglich-elegante Gourmetstube, in der Küchenchef Erik Wendt und sein Team von Freitag- bis Sonntagabend für nur wenige Tische eine kreative und oft verspielt inszenierte Interpretation alpiner Küche präsentieren. Der Fokus liegt dabei ganz klar auf dem Gesamterlebnis, bei dem die originelle Präsentation und kreative Ideen eine ebenso große Rolle spielen wie der reine Geschmack. Das garantiert einen hohen Unterhaltungswert, sorgt aber auch dafür, dass nicht jedes Detail bis aufs Letzte ausgefeilt ist…

Beim letzten Besuch zeigte das Team allerdings direkt zum Einstieg, wozu es im besten Fall in der Lage ist und kombinierte auf sanfte und feinsinnige Art zunächst erdig fruchtigen Rotkohlsud mit feiner Säure und samtige Kartoffelespuma, die von gepopptem Buchweizen mit zartem Crunch aufgelockert wurde, bevor die hauseigene Interpretation von „Käsespätzle“ ausgesprochen gewitzt auf das Menü einstimmte: die Spätzle kamen dabei in einer zart kräuterduftigen Version auf den Teller und wurden durch knusprig, knackig und cremig variierte Zwiebel mit feinen Details ausgestattet, so dass der rustikale Charakter des Originals erfolgreich zur Fine-Dining-Variante transformiert war.

Wieder eher piano gespielt wurde bei einem gebeizten und in dünnen Scheiben zur Rosen geformten Saibling mit sehr zurückhaltender Flusskrebscreme, einem Sud aus fermentiertem Apfel, Dillöl und knackigen Gurken-Juliennes. Hier entstand durch die Schnittform und Präsentation des Fischs ein sehr weicher, fast cremiger Eindruck, der durch zugespitzte Säure hätte gebrochen werden können, so aber insgesamt eher zart und flüsterleise blieb.

Dafür wurde es bei den Kalbstatar-Rollen, die in hauchdünne schmelzige Kalsbkopfscheiben und knackigen Rettich gewickelt waren, aromatisch wieder prägnanter. Unter anderem auch durch prononciert säurefrische Cremes aus Senf und Limone, die gemeinsam mit gepickeltem Rettich neben dem charakterstarken Fleisch für viel Frische sorgten.

Als rein vegetarisches Intermezzo überzeugten auch die Kürbiszubereitungen in unterschiedlichen Texturen sowie einem transparenten Fond aus reduzierter Orange und Kürbis, der mit dem laktischen Schmelz einer Hüttenkäsecreme mit Koriandersaat sowie ätherisch-frischen Zitrusaromen von Orange und Salzzitrone kombiniert wurden. Und die so dem von Haus aus eher milden und breiten Charakter des Kürbisses einen entscheidenden Kontrast entgegensetzten.

Im Hauptgang schoss das Team dann aber mit seinen Ideen übers Ziel hinaus, indem es eine Entenbrust mit abgeflämmter Haut mit safti-

gen Trockenfrüchten und Nüssen füllte. Das funktionierte aromatisch grundsätzlich prima, nahm der Ente selbst aber die idealerweise straff-saftige Konsistenz und führte zu einem eher mürben, an Pastete erinnernden Ergebnis. Gemeinsam mit knusprigen Rosenkohlblättern, die wiederum mit Rosenkohlcreme und Zwetschgengel gefüllt waren, einem winzigen Brezen-Soufflé sowie einer kraftvollen, aber eleganten Johannisbeerjus auf Basis von Entenfond ergab sich zwar durchaus ein geschmacklich schlüssiges Gesamtbild, das aber in den Details einiges an Potenzial verschenkte. Insbesondere mit den in beinahe jedes Gericht integrierten, aber oft eher von starker Bindung als von konzentrierten Aromen geprägten Gels macht es sich das Team selbst unnötig schwer. Also notfalls lieber weglassen und überlegen, wie die annoncierten Aromen tatsächlich schlagkräftig wahrnehmbar werden können.
Genau dieses Problem zeigte sich dann auch bei der weißen Schokoladenmousse, die auf Walnusscrumbles mit konzentrierter Cassisfüllung und Sanddorngel on top präsentiert wurde: Hier war die Mousse selbst deutlich zu feist gebunden und deshalb aromatisch weniger stark präsent. Genau wie die Dots aus Lavendelgelee, die eigentlich eine spannende aromatische Erweiterung hätten schaffen können, letztlich als festelastische Kugeln aber eher ausdruckslos daherkamen.
Der Abschluss zeigte damit noch einmal sehr deutlich, dass mehr möglich wäre, wenn an weniger und dafür exakter ausgearbeiteten Details gearbeitet würde. Die originellen und immer nachvollziehbaren Ideen würden definitiv auch eine noch höhere Bewertung hergeben. Und auch die korrespondierend zum Menü angebotenen Weine aus dem gut aufgestellten Sortiment und insbesondere die auch als Getränkebegleitung wählbaren Cocktails aus der Hand des kreativen Qualitätsfanatikers Christian Wellisch an der Bar haben schon jetzt sehr viel Format.

Bezahlkarten-Symbole

- Mastercard
- EC-Maestro
- Diners
- American Express
- VISA Visa

Hotelempfehlung

★★★★S

Das Rübezahl

Am Ehberg 31,
87645 Schwangau
08362-8888
www.hotelruebezahl.de
Einzelzimmer: 154–273 €
Doppelzimmer: 154–273 €

VISA

Mit seiner Gunstlage vis-a-vis der weltberühmten Königsschlösser Neuschwanstein und Hohenschwangau hat das Hotel-Ensemble im alpenländischen Stil am ruhigen Ortsrand von Schwangau eigentlich schon alle Trümpfe in der Hand. Doch das komfortable 4-Sterne-Superior-Haus, das in seinen Räumen modernen Lifestyle und Komfort mit gediegener ländlicher Rustikalität verbindet, hat noch einiges mehr zu bieten. Luxuriös, individuell und wohnlich aus natürlichen Materialien und edlen Stoffen gestaltete Doppelzimmer zum Beispiel, romantische Junior-Suiten, oder auch verschiedene Themen-Suiten von „Almrausch" bis „Rosenreich". Alle sind mit modernen Bädern, Flat-TV, Telefon, Minibar, Safe und Quellwasserbrunnen ausgestattet. Die meisten haben Parkettfußboden und manche einen Balkon oder ein Wintergärtchen. Ein weiteres Highlight ist der große Wellness- und SPA-Bereich mit Tepidarium, finnischer Sauna, Panorama-Bio-Sauna mit Schlossblick, Kräuter-Dampfbad, Solegrotte, Whirlpools, einem beheizten Außenpool und vielem mehr. In drei Restaurants und an der Hotelbar ist auch anspruchsvoll für das kulinarische Wohl gesorgt. Gourmetrestaurant Gams & Gloria separat erwähnt.

Schwarzenfeld (Bayern)

6↑

esskunst

Hauptstr. 24, 92521 Schwarzenfeld
09435-6999610
www.restaurant-esskunst.de
Küchenchef: Christian Bernholz
Mi–Sa ab 17.30 Uhr, So von 12–14 Uhr u. ab 17.30 Uhr, Mo u. Di RT
Hauptgericht: 26–29 €,
Menüs: 60–65 €

Im Zentrum des oberpfälzischen Örtchens Schwarzenfeld, das verkehrsgünstig nah an der A93 und dort etwa auf halbem Wege zwischen Regensburg und Hof liegt, sticht das lichte, modern und schnörkellos gestaltete Lokal von Tamara Fäller und Christian Bernholz mit Zugang durchs Foyer der angrenzenden Kreissparkasse deutlich heraus. So wie der sehr professionelle und zugleich sehr persönlichen Service der Gastgeberin und natürlich die kreativ, raffiniert und zeitgemäß interpretierte Feinschmeckerküche aus der Feder von Christian Bernholz, der hier mit zwei auch frei miteinander kombinierbaren viergängigen Menüs (einmal Fisch, einmal Fleisch) und ein paar Alternativen à la carte frappierend günstig aufkocht. Und zwar leicht und schnörkellos, angenehm reduziert, aber nicht puristisch. Christian Bernholz hat ein gutes Gespür für Proportionen und Kombinationen und bringt auf seinen Tellern alles sehr apart, mit handwerklicher Sorgfalt, aber ohne übertriebenen Detailaufwand zusammen.

Schweinfurt (Bayern)

6

Kings & Queens

Bauerngasse 101,
97421 Schweinfurt
09721-533242
www.kings-u-queens.de
Küchenchef: Marc Wiederer
Mi–Sa ab 18 Uhr, So–Di RT
Hauptgericht: 25–38 €,
Menüs: 61–117 €

VISA

Während ein Großteil der kleineren ambitionierten inhabergeführten Restaurants auf drei Servicezeiten und ein einziges Menü umgestellt hat, kann man bei Sabine und Marc Wiederer in deren heimelig anmutenden Restaurant an immerhin noch vier Abenden in der Woche aus dem Vollen schöpfen: Drei unterschiedliche Speisefolgen stehen zur Auswahl, eine davon ist vegetarisch, die anderen beiden ebenso vielfältig wie einfallsreich mit allerhand Fisch, Fleisch, Meeresfrüchten und Gemüse überdurchschnittlicher Güte aus Nah und Fern gespickt ist. Gekocht wird das seit weit über einem Jahrzehnt in sehr zuverlässiger und fundierter Machart. Der Chef verfolgt keine bestimmte Stilrichtung, bewegt sich aber überwiegend in mediterranen Gefilden, scheut aber auch den einen oder anderen exotischen Akzent nicht. Das alles sowie auch die gute Weinauswahl mit vielen fränkischen Gewächse und darüber hinaus genügend Alternativen aus anderen Anbaugebieten gibt's nach wie vor zu moderaten Preisen.

Schwendi (Baden-Württemberg)

8

Esszimmer

im Hotel Oberschwäbischer Hof
Hauptstr. 9–15, 88477 Schwendi
07353-98490
www.oberschwaebischer-hof.de
Küchenchef: Julius Reisch
Mi–Fr ab 18.30 Uhr,
Sa von 12–13.30 Uhr u. ab 18.30 Uhr,
So–Di RT
Menüs: 109–149 €
VISA

Es brauchte bei seinem Einstand im elterlichen Betrieb vor etwa drei Jahren nicht viel, um zu erkennen, dass Julius Reisch ein würdiger „Newcomer des Jahres" ist – und es brauchte auch bei unserem jüngsten Besuch im Esszimmer des Oberschwäbischen Hofs nicht viel, um zu erkennen, dass da noch einiges zu erwarten ist. Im Gegensatz zu vielen seiner jungen Kolleginnen und Kollegen hält der sympathisch bodenständig auftretende Küchenchef den Ball wohltuend flach und zieht nicht die große Show ab, weiß aber um so mehr mit Können guten Ideen und einer Küche mit viel Substanz zu überzeugen. Zu alldem passt sehr gut ins Bild, dass der Gastraum immer noch genauso aussieht wie all die Jahre zuvor und nicht krampfhaft noch mehr in Richtung Fine Dining und Exklusivität aufgemotzt wurde. Stattdessen überzeugt Julius Reischs Frau Anna dort mit souveränem Service ohne aufgesetztes Getue sowie mit Sachverstand ausgewählten und prägnant vorgestellten Weinempfehlungen glasweise.

Die Speisekarte offeriert zwei Menüs, von denen eines vegetarisch ist und beide in der modernen, weltoffenen Klassik zu Hause sind. Die ersten drei Kleinigkeiten waren aromatisch extrem klar und scharfgestellt, handwerklich aufwendig filigran gearbeitet und setzten so gleich zu Beginn ein deutliches Ausrufezeichen. Vergleichsweise bodenständiger, aber nicht weniger anspruchsvoll, präsentierte sich die in einem kleinen Tässchen servierte Wildconsommé mit einem dünnteigigen, schmelzigen Rehmaultäschchen und säuerlichen Apfelperlen darin. Unaufgeregt und regionalbetont stellte das auch die Souveränität des Kochs unter Beweis.

Das erste Highlight des Menüs folgte dann bereits mit der Vorspeise um europäischen Hummer, der als knackige Segmente vom Schwanz des Krustentiers und Salat aus den Scheren neben mit Avocado und weiteren Gemüsen und Cashewnüssen gefüllten Karottenzylindern auf einem süffigen Bett aus ganz leicht geliertem Krustentiersud ausgebreitet war und von einer aufgeschäumten, mit Mumbai-Curry aromatisierten Velouté umschmeichelt wurde: Umami, lebhafte zitrische Noten, milde Nussigkeit und wohldosierte Currywürze waren da in schönstem Einklang und im Zentrum des Geschehens stand der qualitativ hervorragende Hummer.

Mit wieviel Feingespür hier die Gerichte kreiert sind und wie viel Augenmerk selbst auf die optimale Temperierung der Komponenten gelegt wird, zeigte dann auch der Zwischengang um Fjordforelle, Störkaviar, Brunnenkresse und Kartoffel. Hier war der sanft gebeizte und kaltgeräucherte lauwarme Fisch auf ein Bett aus mit Brunnenkresse aromatisierter Kartoffelcreme drapiert und wurde von frisch geriebenem Meerrettich und knusprigen Croûtons unterschiedlich akzentuiert sowie von einer schaumigen Beurre blanc warm umarmt, so dass ein rundes und harmonisches Geschmacksbild mit sanften Pointen entstand.

Süffiges Soulfood mit jeder Menge Feintuning brachte dann das mit flüssigem Demeter-Eigelb gefüllte Champignontatar aufs Porzellan. Gedeckelt mit einer dünnen, schmelzigen Pilzgeleefolie, die in hauchdünnen Fäden mit einer Art Mayonnaise von PX-Essig lasiert und obenauf mit etwas Zitronenthymian bestreut war, angegossen mit einem seinerseits mit Zitronenthymianöl marmorierten Pilztee, brachte das viel von Umami aufgeladenen Wohlgeschmack und Schmelz mit auflockernden Zwischentönen auf den Teller. Wohldosierte säuerliche Spitzen und harmonische Bitternoten von Radicchio und Puntarella machten auch das Umfeld einer äußerst attraktiven, kross auf der Haut gebratenen Zandertranche zur dynamischen Angelegenheit. Und das obwohl hier auch Kürbis im Spiel war, der so ein Gericht ja schnell mal etwas behäbig und plump anmuten lassen kann.

Die beiden klassischsten Geschmacksbilder repräsentierten die jeweiligen Hauptgerichte beider Menüs. Beim vegetarischen war das eine wieder unaufdringlich mit natürlicher Umami-Power voll aufgeladene Liaison von Artischocke, Tomatenconcassée, Parmigiano und Pinienkernen in einem weißen Tomatenschaum und beim omnivoren eine hervorragende Taubenbrust, perfekt auf den Punkt gebracht und von etwas Keulenfleisch in einem Dim-Sum-Täschchen sowie Schwarzwurzel, schwarzer Trüffel und Cranberries eskortiert. Hier setzten außerdem dezente Raucharomen noch einen besonderen Akzent.
Spannende Salzigkeit und typische Fermentationsnoten prägten dann im süßen Finale den Sud von lila Süßkartoffel und Passionsfrucht und gaben dem Dessert den besonderen Twist. Von ebendiesen beiden Produkten gab es hier auch noch weitere Komponenten in unterschiedlichen Aggregatzuständen, die im Zusammenspiel mit Creme und Eis von der Milchschokolade sowie Mango für den gelungenen Abschluss sorgten, der sehr frisch und lebendig, aber eben auch harmonisch und vollmundig geschmeckt hat. Also kein schräges Experiment, sondern schon ein klassisches Dessert. Klarer Fall für eine verdiente Aufwertung!

Hotelempfehlung

★★★★

Hotel Oberschwäbischer Hof

Hauptstr. 9–15,
88477 Schwendi
07353-98490
www.oberschwaebischer-hof.de
Einzelzimmer: 89–99 €
Doppelzimmer: 130–140 €

EC VISA

Die moderne Hotelanlage, die man so in dem kleinen, oberschwäbischen Örtchen im Dreieck zwischen Ulm, Biberach und Memmingen nicht unbedingt erwarten würde, besteht aus zwei Hauptgebäuden, die durch ein Foyer verbunden sind. Ein 4-Sterne-Haus in klarer, reduzierter Architektur, mit viel Liebe für Details und für natürliche Baumaterialien wie Stein und Holz. Es gibt insgesamt 30 komfortable, hell und behaglich, sachlich und funktional eingerichtete Zimmer mit Parkettböden: 7 Frenchbed-Zimmer, 2 Suiten, 2 Appartments und 21 Doppelzimmer, allesamt mit Minibar, Bad/WC, Kabel-TV, Radio und Telefon ausgestattet. Im gesamten Hotel steht WLAN zur Verfügung und nahezu alle Zimmer verfügen über einen Balkon. Außerdem gibt es im Haus eine Sauna und einen Fitnessraum. Restaurant Esszimmer separat erwähnt.

Schwerin (Mecklenburg-Vorpommern)

7

Gourmetrestaurant 1751

im Hotel Weinhaus Uhle
Schusterstr. 13–15, 19055 Schwerin
0385-48939430
www.weinhaus-uhle.de
Küchenchef: Holger Mootz
Di–Sa ab 18 Uhr, So u. Mo RT
Menüs: 75–125 €

EC VISA

Auch wenn sich das Gourmetrestaurant in der historischen Schweriner Gaststätte „Weinhaus Uhle“, die auch zu DDR-Zeiten lange das erste Haus am Platz und dann jahrelang abgemeldet war, auch im zurückliegenden Jahr nicht verändert hat, gibt es doch zwei Neuerungen. Zum einen wurde es in Gourmetrestaurant 1751 umbenannt und zum anderen hat mit Ronny Bell einer des jahrelang als Doppelspitze agierenden Küchenchef-Duos das Haus verlassen und seither zeichnet Holger Mootz alleine für das Kulinarium verantwortlich. Auf die Qualität und die Klasse der Küche hatte das nicht im Geringsten Einfluss, wie wir bei unserem jüngsten Besuch erleben durften.

Wo früher unter prunkvoller Gewölbedecke in einem Raum mit kunstvollen Buntglasfenstern, Kronleuchtern und anderen schönen antiken Accessoires die Mecklenburger Herzöge und Adeligen dem Weingenuss frönten, gibt es heute weiterhin eine zeitgemäße Küche auf klassischer Basis, die mit guten kreativen Ideen garniert ist und viel Substanz bietet. Und die – ganz dem Zeitgeist entsprechend – als ein für alle Gäste einheitliches Menü in frei wählbarer Anzahl der Gänge kredenzt wird.

Nach vielseitigen und allesamt sehr schmackhaften, kompositorisch und in ihrer ganzen Machart eher schlicht gehaltenen Einstimmungen, folgte als Auftakt und Vorspeise eben dieses Menüs ein aromatisch sehr schön klar präsentierter und zugleich scharf zugespitzter, asiatisch inspirierter Saibling: Nach Ike-Jime-Art maximal schonend und qualitätsfördernd geschlachtet, machte das feste und wunderbar reintönige Fleisch des Süßwasserfischs auf einem mit den Aromen von Ingwer und Ingwerbier (als Geleewürfel) aromatisierten und mit Cashewnüssen und Mandeln attraktiv ergänzten Algensalat eine gute Figur. Zusammen mit einer feinsinnig zwischen ätherischer Schärfe und rundender Süße ausbalancierten Nocke Wasabieis war das eine richtig animierende Angelegenheit und ein starker Start.

Da hatte es im Anschluss die unter der Glascloche kurz geräucherte „Fake-Tomate" richtig schwer, weil hier zwar ein toller, von Thaibasilikum unterstützter und von einer Tomatenmayonnaise verstärkter, vollaromatischer Tomatengeschmack transportiert wurde, aber ein wenig die Dynamik und Vielschichtigkeit fehlte. Aufwendiges Handwerk und guter, natürlicher Geschmack waren aber dennoch gegeben.

Der in Nussbutter zart confierte und mit einer dünnen, unaufdringlichen, aber dennoch schön markanten Brunnenkresse-Masse als Kruste gratinierte Heilbutt wurde mit verschiedenen Blumenkohl-Komponenten und zusätzlichem Brunnenkresseschaum in einem angenehm bitterherben und erfreulich wenig „kohligen" Umfeld platziert. Etwas Krustentier-Nage füllte das Ganze aromatisch und haptisch sehr harmonisch auf, ohne sich zu sehr in den Vordergrund zu drängen.

Ein Händchen für kraftvolle Aromen und klassische Zubereitungen bewies der Chef dann mit dem soufflierten „Blutwurst-Aal": magerer Räucheraal und cremige Blutwurst unter einer Aalfarce gebacken, dezent abgeflämmt und auf eine aus den Aalkarkassen gekochte reduzierte Aaljus platziert. In Begleitung fruchtig gehaltener Rote-Bete-Komponenten war das eine deftige, aber auch sehr feine Angelegenheit.

Eine ordentliche Portion Umami und Schärfe folgte im Anschluss mit dem „Der Wald" getauften Zwischengericht, bei dem falsches Moos und falsche Baumrinde alias grüner Spongecake und getrocknete Wurzelgemüsenschale einem vielsortigen Pilzragout in pikant gewürztem Pilztee mehr optisch als geschmacklich dienlich assistierten.

Den besten, in jedem Fall den vielseitigsten und eigentlich auch den ausgereiftesten Eindruck des Menüs vermittelte sodann der Hauptgang, bei dem es um Salzwiesenlamm von Kopf bis Fuß ging. Hier waren das neben dem mit seinem kross angebratenen Fettdeckel hocharomatischen Rücken ein butterzartes Stück von der Zunge, geduldig geschmortes und satt glasierte Bäckchen sowie ein naturell belassenes, nur prononciert gewürztes Stück Filet sowie eine sehr gute Lammjus mit authentischem Produktgeschmack. Etwas Ofensellerie, (leider viel zu weicher und zu salziger) grüner Spargel sowie eine gut zu allem passende duftig kräuterherbe Chimichurri komplettiertes diese ausdrucksstarke Produktpräsentation sehr guten Lammfleisches.

Mit einem Pré-Dessert aus grünem Apfelsorbet auf einer Knollensellerie-Ganache auf Basis weißer Schokolade mit Würfeln von „Friesisch Blue" Blauschimmelkäse der Hofkäserei Backensholz, der hier den kreativen Twist und originellen Ausschlag gab, bewies das Team um Holger Mootz dann nochmal ein kreatives Händchen. Der eigentliche süße Abschluss mit Birne, Haselnuss und Original Beans' „Edelweiß"-Schokolade wirkte dagegen fast etwas brav, obwohl auch Salzkaramell im Spiel war. Insgesamt aber trotzdem auch das eine Darbietung, die unsere 7 Pfannen in diesem Jahr wieder vollauf bestätigen konnte.

Hotelempfehlung

★★★★

Hotel Weinhaus Uhle

Schusterstr. 13–15,
19055 Schwerin
0385-48939430
www.weinhaus-uhle.de
Einzelzimmer: 105–288 €
Doppelzimmer: 105–288 €

1751 als Weinschenke gegründet und später als Weinrestaurant bereits ein kulinarischer Anziehungspunkt in der Region, wurde das schmucke Anwesen in der Schweriner Innenstadt zu DDR-Zeiten enteignet und erst nach der Wende an die Familie Bühring-Uhle rückübertragen. Seit 2016 hat es nach grundlegender Sanierung als komfortables Hotel mit Restaurant wiedereröffnet - von Gastgeber-Ehepaar Annika und Dirk Frymark mit Liebe gestaltet und kreativ konzipiert. Jedes der insgesamt 16 Zimmer und Suiten (ausschließlich Nichtraucher) ist mit hochwertigen, zeitlosen Möbeln, klaren Formen und individuellen Schnitten einzigartig. Die Räume wirken mit sanften farbigen Akzenten harmonisch und beruhigend. Kostenfreies Highspeed-WLAN, moderne Flatscreen-Fernseher, schöne Bäder und luxuriöse Bad- und Toilettenartikel sind nur einige der Vorzüge, die man hier als Hotelgast genießt. Und auch der kulinarische Genuss hat heute noch einen hohen Stellenwert: sowohl im eleganten Restaurant, als auch in Weinhandlung und Bistro wird das das Weinhaus Uhle gehobenen Ansprüchen gerecht. Gourmetrestaurant 1751 separat erwähnt.

Schwerte (Nordrhein-Westfalen)

Rohrmeisterei

in der Rohrmeisterei
Ruhrstr. 20, 58239 Schwerte
02304-2013001
www.rohrmeisterei-schwerte.de
Küchenchef: Axel Pferdekämper
Di–Fr ab 18 Uhr, Sa u. So ab 10 Uhr durchgehend, Mo RT
Hauptgericht: 20–35 €

Die modern umgebaute Rohrmeisterei ist nicht nur ein eindrucksvolles Industriedenkmal und eine originelle Location für unterschiedlichste Events, sondern auch ein Ort, an dem man in einzigartigem Ambiente sehr gut essen kann. Zwar sind die Zeiten, in denen im separierten „Glaskasten" mitten in der für die Gastronomie genutzten Halle noch Gourmetambitionen verfolgt wurden, mittlerweile Vergangenheit. Aber daran, dass hier eine klar überdurchschnittliche, auf Frische, Natürlichkeit und Handwerk setzende Küche geboten wird, hat sich auch innerhalb des nun durchgängig bodenständigeren Konzepts nichts geändert.
Im Grunde gibt es hier genau die Art von unkompliziert schmackhafter Küche für jeden Tag, die sich viele in der näheren Umgebung wünschen – aber viel zu selten finden. Die Gerichte sind durchweg leicht zugänglich und kommen konsequent ohne komplizierte Pirouetten aus. Das eine oder andere Detail fällt dabei zwar auch mal ein wenig gröber aus, aber dafür gibt es in allen Kostproben den deutlichen und natürlichen Geschmack guter Produkte und überhaupt ein sehr stimmiges Gesamtbild.

Das gilt sowohl, wenn man nur eine pfiffige Kleinigkeit wie eine abwechslungsreiche „Rohmeisterei Bowl“ mit Falafel, verschiedenem Gemüse, Kräutern und Joghurt oder eine Bio-Currywurst mit Rustico Fritten und Curryschaum genießt, aber natürlich insbesondere auch dann, wenn man sich etwas neugieriger durch die Karte probiert.
Dann wartet beispielsweise unter den Vorspeisen ein cremig-frischer Ziegenkäse, der hauchdünn karamellisiert auf einem saftigen Sockel aus paprikafruchtigem Couscous angerichtet wird. Dienlichen Kontrast mit ganz einfachen Mitteln liefern diesem knackig säuerliche Granatapfelkerne, Babyspinat brachte in unserem Fall auch etwas Frische und ein mit Petersilie gewürzter Joghurt noch einmal mehr Dynamik und Säure ins Spiel. Derlei Zubereitungen sind im Grunde auch simpel, aber auf diese Art rundum überzeugend.
Bei Hauptgängen wie den proper saftig-knusprig gebratenen Doradenfilets auf etwas grob mit gehackten Tomaten unterlegtem Spinat sowie der üppigen Beilage von knusprigen halbierten Rosmarinkartoffen und (!) Kartoffelmousseline, wird das Gesamtbild dann zwar noch etwas mächtiger, aber auch hier schmeckt bis hin zur (etwas flachen) Paprikaschaumsauce alles angenehm natürlich und produkttypisch.
Gerade deshalb sind verständlicherweise auch hausmannsköstliche Sachen wie die Rohrmeisterei-Frikadellen mit Schwerter Senf und Salatbouquet oder ein Rinderbraten in Balsamicosauce mit sautierten Böhnchen und zweierlei Kartoffeln zurecht beliebte Evergreens in der Karte, die uns hier auch über die Jahre immer wieder begegneten.
Der Anspruch an eine handwerklich frische Zubereitung reicht in der Rohrmeisterei dann auch bis zu den Desserts, unter denen zuletzt ein hausgemachtes Erdbeereis (mit kaum wahrnehmbarer Basilikumnote) neben herbsäuerlichem Rhabarber und einer mit Zitrus und Vanille aromatisierten Cheesecakecreme sogar zu den besten Kostproben des Besuchs zählte.
Dazu gibt es neben trendigen Getränken wie Aperol Sprizz und Gin Tonic aus regionalem Gin auch eine kleine Auswahl gehobener Einstiegsweine, mit denen klug ein breites Spektrum abgedeckt wird. Und es gibt ein gut organisiertes Serviceteam, das trotz der vielen Plätze und auch bei parallelen Veranstaltungen stets den Überblick behält.

Seegebiet Mansfelder Land OT / Seeburg (Sachsen-Anhalt)

5

Orangerie Seeburg

Schlossstr. 1,
6317 Seegebiet Mansfelder Land OT / Seeburg
034774-701780
www.orangerie-seeburg.com
Küchenchef: Alexander Mönch
Mo, Di u. Fr, Sa ab 17 Uhr,
So 12–14 Uhr u. ab 17 Uhr, Mi u. Do RT
Hauptgericht: 25–60 €,
Menüs: 60–250 €

EC VISA P

Mit unverstelltem Ausblick auf die glitzernde Wasserfläche des Süßen Sees bietet die Orangerie auf Schloss Seeburg eine ausgesprochen idyllische und reizvolle Location. Die historischen Gemäuer des Schlosses im Rücken und den See beinahe zum Greifen nah, entsteht hier insbesondere im Sommer bei geöffneter Glasfront oder auf der Terrasse beinahe so etwas wie mediterranes Flair.
Insofern war es ganz besonders passend, dass sich die Küche beim letzten Besuch thematisch dem Mittelmeerraum widmete. Aber auch sonst ruht sich das Team um Küchenchef Alexander Mönch, der hier seit gut acht Jahren seinen Dienst tut, nicht auf der exklusiven Lage aus. Vielmehr bereichert er diese mit einem gekonnt zwischen bodenständig und ambitioniert pendelnden Angebot, das auf frische natürliche Zubereitung und pfiffige Akzente setzt, ohne dabei zu angestrengt oder kompliziert zu wirken.
So punktete beispielsweise ein kräftig marmoriertes und gut gereiftes Rindercarpaccio mit seinem starken Eigengeschmack und wurde mit vollreifen Tomaten und Parmesan gekonnt nach vorne gepusht – vor allem aber von den

teils frischgrünen, teils herben Kräutern, auf denen das Fleisch angerichtet war, und die mit jeder Gabel immer für immer wieder andere kräutrige Aromenakzente sorgten. Einfach gemacht, aber durchaus wirkungsvoll!
Nicht ganz so überzeugend wirkte die milde und in ihrer Substanz etwas flache Garnelencremesuppe, die aber als Basis für topfrische, fleischig-zarte Grünschalen- und Herzmuscheln sowie pointiert ätherische Säurenoten dann doch gute Dienste leistete. Und sogar die in bester Molekularküchenmanier zu Badeschaumstabilität gebrachte weiße Tomaten-Air fügte sich da mit ihrem flüchtigen, aber intensiven Aromenhauch überraschend gut ein.
Auch zum einseitig kräftig knusprig angebratenen Thunfischsteak, dass auf diese Art eine gelungene Mischung aus „fleischigem" und klararomatisch leichtem Charakter mitbrachte, machte sich ein dazu servierter säurebetonter Schaum sehr gut. Und er kontrastierte zugleich die Würze einer Schmelze aus Tomate, Pecorino und Oliven sowie das (etwas weich verkochte) Hummerrisotto, unterstützt von dem säuerlich-salzigen Aroma von Blättern der Strandaster.
Ein dekonstruierter Cocktail sorgte mit der Kombination aus Rum, Zitrone und Minze schließlich noch für ein gelungenes Finale: Auf einer (solo sehr zuckrigen) gratinierten Rum-Sabayone spielten ein knackig zugespitztes Sorbet aus Zitrone und Minze auf Vollrohrzucker-Crumble und lockerflockiges Engelshaar mit Säure und Crunch und schufen so einen kontraststarken und kurzweiligen Abschluss.
Dazu gibt's aufmerksamen Service, eine nicht überbordende, aber gut strukturierte Weinauswahl und von unserer Seite ein klares „Weiter so!"

Seeheim-Jugenheim (Hessen)

5 🍴🍴

Gasthaus Landgraf

Felsbergstr. 49,
64342 Seeheim-Jugenheim (Balkhausen)
✆ 06251-788749
www.gasthaus-landgraf.de
Do–Mo ab 17.30 Uhr, Di u. Mi RT
Hauptgericht: 25–35 €,
Menüs: 65–75 €
EC MC VISA P

In dem liebevoll aufgehübschten Gasthof am Rande des Odenwalds mit seinem wohnlichen Gastraum wird großer Wert auf gute Produktqualitäten gelegt und konzeptionell für ein breites Publikum gekocht – mit weniger Fokus auf regionale Produkte und einer stilistisch breiten Angebotspalette. Kulinarisch bestimmt ein Stilmix aus heimatlichen, mediterranen und französischen Klassikern das Bild. Vor allem die Auswahl an überdurchschnittlichem heimischem Rindfleisch wie etwa dem Chiemgauer Wiesenrind ist zum Markenzeichen des Hauses geworden. Gekocht wird gänzlich klassisch und gediegen, ohne übermäßigen Kreativitätsanspruch beim Kombinieren. Die mit den Gewächsen vieler regionaler Erzeuger bestückte Weinkarte hat auch international einiges zu bieten.

Seesen (Niedersachsen)

6↑ 🍴🍴

Harzfenster

Bulkstr. 1, 38723 Seesen
✆ 0160-8473664
restaurant-harzfenster.de
Küchenchef: Johannes Steingrüber
Mi–Sa ab 17.30 Uhr, So–Di RT
Hauptgericht: 24–40 €, Menüs: 65–99 €
EC MC VISA P

Etwas außerhalb und oberhalb des Städtchens, eigentlich schon fast im grünen Off gelegen, thront das einst von Felix und Traudel Görtler als schlichte Pension gegründete und dann als Familienbetrieb unter deren Tochter Annette Steingrüber stetig erweiterte und modernisierte Hotel über Seesen. Die Weiterentwicklung des Hauses ging inzwischen so weit, dass es mittlerweile ein eigenes Gourmetrestaurant gibt, in dem Annette Steingrübers Sohn Johannes seit geraumer Zeit zeigt, was er nach seinen

Lehr- und Wanderjahren und einigen erfolgreich bestrittenen Wettbewerben schon alles auf der Pfanne hat. Und das ist eine ganze Menge, wie wir nach unserem Erstbesuch im hell und modern schlicht gestalteten „Harzfenster" feststellen durften.
Natürlich ist noch längst nicht alles perfekt, und es wirkt an vielen Stellen ein wenig so, als ob sich der hochmotivierte Chef und seine rechte Hand Sebastian Braun etwas mehr zumuten, als sie in der gewünschten Form tadellos umzusetzen imstande sind. Aber das sind meist nur Details, denn die grundsätzliche Richtung stimmt und das Können ist definitiv vorhanden. Die größten Defizite sehen wir derzeit beim Abschmecken, denn da hapert es oft noch ein wenig an der Balance und man merkt ob vieler sehr lieblicher Geschmacksbilder, dass die Pâtisserie Johannes Steingrübers Steckenpferd ist. Kaum verwunderlich, dass das Dessert der beste, geschmacklich ausbalancierteste Gang des Menüs war…
Doch auch davor gab es sehr gute Dinge! Unter den kleinen ersten Grüßen zum Thema Erdbeere beeindrucke der geschäumte Erdbeergazpacho mit gepickelten Würfeln von Gurke und roten Zwiebeln als Einlage mit einem animierenden und auch sehr ausgewogenen Säurespiel – der Erdbeermacaron mit Rindertatar indes kam leider mit viel plakativer Süße ums Eck, die das Aroma vom Fleisch völlig überdeckte.
Dass Steingrübler das Spiel mit Süße und Säure aber generell schon recht gut beherrscht, zeigte er mit seiner Vorspeise, die sich um eine „Insight Out" getaufte Rolle von Thunfischtatar (innen) und roh mariniertem Wagyu-Beef (außen) drehte. Eine Art Mango-Relish, das zusammen mit Kornblumenblüten, marinierten Staudenselleriescheiben und Korianderkresse auf das Röllchen drapiert war und eine Koriander-Limetten-Vinaigrette, die darunter lag, stimmten den Akkord harmonisch an. Auch hier tendenziell vielleicht ein Tick zu viel Süße und Frucht und auch die weniger crunchigen als vielmehr pappigen gepufften Wildreiskörner waren ein klein wenig Sand im Getriebe – allerdings wirklich nur Details.
Knappe 7 Pfannen notierten wir für die qualitativ sehr guten gebratenen Jakobsmuscheln mit angenehmer rauchiger Grillaromatik über ihrem schön klaren, jodigen Geschmack, die zusammen mit mineralischen Kräutern wie Salty Fingers, Eiskraut und Passepierre auf einem Sockel aus Blumenkohl-Couscous thronten, dem zerstoßene Rauchmandeln das gewisse Etwas gaben. Die drumherum angegossene Tigermilk „Leche de Tigre" hätte nach unserem Gusto zwar ruhig noch etwas markanter (Säure, Schärfe, Umami…) sein dürfen – aber auch so war das eine ausgewogene Sache.
Im Gegensatz zum Umfeld der an sich sehr guten, dünnteigig und akkurat gefertigten und mit einer Bärlauchcreme gefüllten Agnolotti. Denn in deren relativ ausdrucksschwachen schaumigen Saucenfluten, die auch durch die sparsam darüber gehobelte Sommertrüffel nicht gewinnen konnte, versteckte sich Tomatenconcassée mit so viel adstringierender Limettensäure, dass man schon nicht mehr von einem harmonischen Geschmacksbild sprechen konnte. Gerade in solchen Punkten muss das Team unbedingt konzentrierter und sorgfältiger abschmecken, um durchgängig zu souveränen Ergebnissen zu kommen.
Sehr viel harmonischer präsentierte sich dann wieder die sehr klassische, herzhaft mediterrane Kombination von Rotbarbe, Teppichmuscheln und im Ganzen mit Schale frittierten kleinen Garnelen, die zusammen mit etwas Safrancreme und Zitrusfenchel auf einem Spiegel aus roter Paprikacreme und Bouillabaissesud angerichtet waren. Hier stellte sich uns allerdings die Frage, warum sich das Team die Mühe macht, der Rotbarbe aufwendig mit heißen Ölaufgüssen ihre Schuppen kross aufzustellen, wenn sie das Knusperstachelkleid dann mit Creme, Gemüse und Meeresfrüchten überhäuft und nicht nur unsichtbar macht, sondern ihm auch einen beträchtlichen Teil seines effektvoll rascheligen Crunchfaktors nimmt…
Auf fast jedem Teller sieht man, dass das Team schon unheimlich viel will – aber noch nicht alles wie perfekt auf den Punkt hinbekommt. Das erkannte man auch beim Hauptgang zum Beispiel am etwas zu mürben und matten Fleisch des an sich sehr guten Hirschrückens, an der etwas sonderbaren Konsistenz einer Brunnenkresse-Soubise oder an dem bereits aufgeweichten Förmchen, in dem etwas getupftes Schmorfleisch vom Hirsch versteckt war. Das Aroma der Morcheln in der Jus hätte präsenter herausgearbeitet sein dürfen.
Zur Höchstform läuft Steingrübler auf, wenn es um Patisserie geht. Und die Feststellung hat gar nichts damit zu tun, dass er Multivitaminmousse und Kakaobutter zu einem neckischen Karottenimitat formen kann, sondern dass dieses aus Karotte samt Karottengrün sowie Orange fabrizierte, „Volle Möhre" getaufte Dessert einfach sehr dynamisch und zugleich harmonisch abgestimmt wurde, dass hier wirklich alles fein ineinandergriff, nichts zu viel und nichts zu wenig war. Und wir sind sicher, dass sich die Küche mit der Zeit in allen Bereichen auf dieses Level steigern wird können.

Sehlen (Mecklenburg-Vorpommern)

Fast & SLOW

Die Genussmanufaktur

Dorfstr. 24, 18528 Sehlen
03838-8289555
www.kastanie-sehlen.de
Küchenchef: Rene Tangermann
Mi–So ab 17.30 Uhr, Mo u. Di RT
Hauptgericht: 8–20 €

Der von gesundheitlichen Schicksalsschlägen gebeutelte Gastgeber der Mehana Genussmanufaktur im beschaulichen Sehlen auf Rügen, die den meisten Stammgästen von der Insel sicher nach wie vor als „Mehana-Kastanie" bekannt ist, musste sein mit ein wenig Balkan-Folkore dekoriertes Lokal während unserer vergangenen Testsaison eine ganze Zeit lang vorübergehend schließen, hat sich aber rechtzeitig zurückgekämpft, so dass vor Redaktionsschluss ein längst fälliger Wiederbesuch stattfinden konnte.
Das mittlerweile deutlich reduziertere, nunmehr fast ausschließlich auf die besonderen Pizzen des Hauses spezialisierte Angebot hat die Genussmanufaktur in unsere „Fast & Slow"-Kategorie switchen lassen, in der wir ebensolche, auf eine oder wenige bestimmte Delikatessen fokussierte Konzepte aufführen. Es waren schon immer gute regionale Produkte von der Insel sowie ausgesuchte bulgarische Spezialitäten, die das Kulinarium hier ausmachten. Plus die hervorragenden Brotbackwaren, deren Teige lange gereift und hoch hydriert, locker, kross und mit gutem Aroma entweder als Beibrot zu Vorspeisen oder als elementare Grundlage für authentische Pizzen dienten.
So eine reich bestückte Antipasti-Platte mit verschiedenen regionalen Käsesorten aus der Insel-Molkerei, Salami und Schinken aus der Rügener Landschlachterei, aber auch gegrillten Gemüsen, zum Beispiel Paprika, Spargel oder Zucchini, aber auch mit Grana und Limonenmarinade eingelegte Champignons, kann man auch heute noch bekommen. Irgendwann in nächster Zeit soll es auch wieder ein paar Pasta-Gerichte mit Nudeln aus der Fabrikation einer örtlichen Manufaktur geben. Momentan aber steht die Pizza klar im Mittelpunkt des Geschehens.
Und die bewegte sich zuletzt stilistisch irgendwo zwischen Napoletana und Romana, der Rand locker und kross, nicht ganz so luftig aufgeblasen und weniger heiß und kurz gebacken wie die neapolitanische Pizza, aber auch nicht so dünn und kross wie die römische – ein attraktives Zwischending eben. Und überdies, mal abgesehen von den Klassikern „Marinara" und „Margherita" auch durchaus individuell bestückt. Zum Beispiel als eine Spielart der „Bianca", mit hausgemachtem gekochtem Rosmarinschinken und eingelegten Champignons belegt, oder als „Balkan Power" mit verschiedenen kalt aufgelegten bulgarischen Wurstsorten, frischen Tomaten und gegrillter Paprika. Auch eine Version mit mariniertem gegrilltem Thunfisch, weißer Gemüse-Trüffelcreme, Zwiebel, Oliven und Peperoni gibt es.
Dazu stilecht Peroni-Bier oder Alternativen aus der Inselbrauerei Rügen bzw. von der Störtebeker Braumanufaktur. Aber auch ein paar ausgesuchte Weine namhafter Erzeuger gibt es. Alles zu moderaten Preisen.

Selb (Bayern)

Rosenthal Casino

Kasinostr. 4,
95100 Selb
09287-8050
www.rosenthal-casino.de
Küchenchef: Sebastian Körber
Mo–Mi u. Fr von 11.30–14 Uhr u. ab 17.30 Uhr, Sa ab 17.30 Uhr, Do u. So RT
Hauptgericht: 16–39 €, Menüs: 17–71 €

VISA

Im Schatten der berühmten Porzellanfabrik und dort in einer gut hundert Jahre alten Jugendstil-Villa untergebracht, lädt das einst von Firmengründer Philip Rosenthal gestaltete Casino in ein sehenswertes Ambiente. Damals hochmodern und heute im Retro-Chic der 60er-Jahre auch schon wieder sehr stylisch, ist

das Restaurant mit seinen Blickfängen wie der von innen beleuchteten Flaschenboden-Wand und anderen extravaganten Kunstobjekten sowie den halbrunden ledernen Sitznischen und Mobiliar aus rotbraunem Teakholz an sich bereits einen Besuch wert. Es wird hier unter der Ägide der langjährigen Betreiber Sandra und Sebastian Körber aber auch ansprechend bewirtet und aufgetischt, so dass das Rosenthal-Casino schon seit vielen Jahren zu unseren Restaurantempfehlungen zählt.
Dass Küchenchef Sebastian Körber und sein Team mit Expertise frisch und natürlich kochen, ist bereits im günstigen Mittagsprogramm klar ersichtlich und deutlich schmeckbar. Wenngleich ein rahmig-cremiges (aber nicht zu opulentes) Kräuterschaumsüppchen mit (etwas pappigen) Croûtons, ein normaler gemischter Salat mit gebratenen Garnelen oder ein Gemüse-Curry natürlich nur einen Teil dessen widerspiegeln, was die normale Speisekarte bietet, die nur noch am Abend ausgelegt wird.
Den Salat oder eine schlichte Champignoncremesuppe mit Croûtons gibt es dann zwar ebenfalls, daneben aber beispielsweise auch cremige aufgerissene Burrata mit Olivenöl und Salz auf gegrillten Scheiben von der Wassermelone. Die wirkte beinahe überreif und hätte noch einen Spritzer Säure vertragen, welche in dem Fall aber allein von den dazu kombinierten eingelegten Zwiebelspalten kam. Gemeinsam mit einem (etwas dicken) aufgekrossten Weißbrotchip, konzentriert herbal-würzigem Pesto und einer rotfruchtig herben Vinaigrette ergab sich dennoch ein mit einfachen Mitteln abwechslungsreich gestaltetes Gesamtbild.
Der gleiche Stil setzte sich auch bei der folgenden Bouillabaisse fort, die eher rustikal gehalten – mit üppigen Fettaugen, pikanter Schärfe und gröberer Gemüseeinlage – einen kraftvoll-natürlichen Geschmack transportierte und auf diese Art guten Support für zarten Pulpo, eine Jakobsmuschel, knackige Garnelen und eine auf der Haut gebratene Lachstranche bot. Alles von den Produkten her natürlich nicht high-end, aber dennoch klar überdurchschnittlich.
Auch die Zanderfilets im Hauptgang punkteten – akkurat gebraten – mit guter Frische, erhielten allerdings mit groben, teils brutzeligen und teils weichen Speckstreifen, sauber enthäuteten Trauben und krossen kleinen Croûtons eine eher rustikale Umgebung. Gemeinsam mit einem passend dazu ebenfalls recht salzbetonten cremigen Kartoffelpüree und einer stoffigen Weißweinsauce entstand ein harmonisches Gesamtbild, das aber durchaus von etwas mehr Akkuratesse in den Details profitiert hätte.
Zum Abschluss bietet die Küche anstelle umfangreicher Desserts eine Auswahl kleiner süßer Tapas wie saftigen Schokoladenkuchen oder natürlich-aromatisches, selbstgemachtes Eis, die wahlweise einzeln oder in Kombination geordert werden können und vom gleichen schlicht-frischen Stil geprägt sind wie das übrige Angebot. Ergänzt wird dieses von einer durchaus beachtlichen Weinauswahl renommierter Erzeuger und einem aufmerksamen, bestens eingespielten Serviceteam.

Selzen (Rheinland-Pfalz)

7

Kaupers Restaurant

Kapellenstr. 18 a, 55278 Selzen
06737-8325
www.kaupers-kapellenhof.de
Küchenchef: Sebastian Kauper
Fr u. Sa ab 19 Uhr, So–Do RT
Menüs: 110–150 €
VISA P

Leider nur noch an zwei Abenden, aber mit unvermindert viel Verve setzen Sebastian Kauper und Nora in ihrem malerisch und ein wenig versteckt an das Weingut Kapellenhof angegliederte Restaurant mit puristisch und dezent modernisierter hölzerner Bausubstanz und ganz individueller Atmosphäre ihre lockere, ureigene Idee anspruchsvoller Gastronomie um und orientieren sich dabei weniger an Trends und Moden als an dem, was sie persönlich gut finden. Und das bedeutet auf den Tellern eine sehr individuelle Art der Terroir-Küche, bei der alte Gemüsesorten aus dem eigenen Garten genauso zum Einsatz kommen wie seltene Wildkräuter, selbst affinierte Käsesorten oder eingelegte und fermentierte Sachen. Das bewegt sich erfreulich weit abseits der neuen Regionalküchen-Trends und ist immer mit vielen individuellen kreativen Ideen gespickt. Wer also im stylisch behaglichen Restaurant oder im Sommer auf der begrünten hölzernen Dachterrasse einen der raren Plätze ergattert, kann sich auf einen definitiv spannenden und genussvollen Abend freuen.

Senden (Nordrhein-Westfalen)

Hasenklee

im Hofhotel Grothues-Potthoff

Hof Grothues Potthoff 4–6, 48308 Senden
02597-6964241
www.hof-grothues-potthoff.de
Küchenchef: Daniel Wobbe
Mi–Sa ab 18.30 Uhr, So–Di RT
Hauptgericht: 34 €,
Menüs: 73–90 €
VISA

Etwa eine Autoviertelstunde südwestlich von Münster liegt in ländlicher Idylle des Münsterlandes der Hof Grothues-Potthoff mit seinen fast 800 Jahren Familientradition. Herzstück des weitläufigen Ensembles mit Hofladen, Hofbäckerei und Hofcafé ist das 71 Zimmer große Hofhotel, zu dem neben einer großen Bar auch zwei Restaurants gehören, in denen jeweils engagierte Küche mit unterschiedlichem Konzept geboten wird.

Die Fine-Dining-Variante ist das mit schönem sandfarbenem Steinboden, dunkel abgesetzten Wänden und modernem Mobiliar ausgestattete Gourmetrestaurant Hasenklee, wo in jeder Hinsicht auf gehobene Ansprüche gesetzt wird. Das sieht man am Ambiente, das signalisieren die Weinaccessoires und das lässt der Blick in die Speisekarte unmissverständlich durchblicken, die mit den beiden Menüs „Hase“ und der vegetarischen Variante „Klee“ jeweils sechs kreative Gänge mit allerhand Vorprogramm und eine dazu empfohlene Weinreise offeriert. Das Menü ist bei aller regionalen Verbundenheit auch weltoffen und international, aber zu Beginn gibt's immer ein Produkt vom eigenen Hof – auch wenn es wie beim letzten Mal nur etwas Apfel ist, mit dem ein Lachs-Reibekuchen im Miniaturformat getoppt war. Und auch die weiteren Grüße widmen sich als „Westfälische Tapas“ der Region, zum Beispiel eine herzhaft-frische Sauerfleisch-Tartelette. Und in dieses Bild passte zuletzt auch gut die kleine Schwarzbrotstulle mit Creme von geschmortem Schweinebauch, die zusammen mit weiterem hofgebackenem Brot im Vorprogramm eingesetzt wurde.

Bei der offiziellen Vorspeise stand dann die derzeit für Köche offenbar unvermeidliche und für Gäste gehobener Restaurants nahezu unumgängliche Gelbschwanzmakrele im Mittelpunkt, die hier aber nicht einfallslos in einen gängigen asiatischen Kontext gebracht wurde, sondern nebst unterschiedlichen Zubereitungen von Meerrettich und Champignons originell „geerdet“ und mit einem gewissen Regionalkolorit daherkam. Ein Riegel des gebeizten Fischs war mit Pilz-Duxelles und gehobeltem Meerrettich getoppt und wurde von festcremiger Meerrettichmousse, zweierlei Champignons und einem weiteren Stück roh mariniertem Hamachi flankiert – angegossen wurde von Küchenchef Daniel Wobbe am Tisch noch ein milder und transparenter Champignonsud, der das Ganze mit einem unaufdringlichen Umami-Background auskleidete.

Viel Spaß machte auch der glasig-zart gegarte, mit einer zitrischen Hollandaise glasierte und mit marinierter Brunnenkresse bedeckte Skrei auf fermentiertem Weißkraut und Sauerkrautschaum, umgeben von einem öligen Brunnenkressesud. Das war einerseits schmelzig und süffig, durch die unterschiedlichen straffen Säuren und das Herbe der Brunnenkresse aber auch angenehm schlank und Frisch. So hatte man es mit einem wohlschmeckenden Gericht mit sanftem Spannungsbogen zu tun.

Und genau den hat man im nächsten Zwischengang vermisst. Denn die Wachtel, die hier als gebratene Brust und sous-vide gegarte gebackene Keule auf Linsen und Selleriecreme platziert und mit schwarzer Piemonteser Trüffel sowie einer mit Eigelb gebundenen Geflügeljus umgeben war, wirkte sehr breit und mildwürzig. Da war alles sanft Ton in Ton gehalten, wie in Watte gepackt, ohne Kontraste und Tiefenschärfe. Wir schätzen zur Abwechslung auch solche Geschmacksbilder sehr – für eine höhe-

re Bewertung hätte es aber dennoch mit einer gewissen Dynamik daherkommen müssen.
Davon hatte der Hauptgang um Roastbeef, Zwiebel und Topinambur durch eine sehr weinfruchtige Sauce zwar wiederum mehr, doch wirkte das zarte, sehr magere Fleisch mit wenig intramuskulärem Fett, das neben den eher hellen Zwiebel- und Topinambur-Komponenten von einem dunklen, tief und würzig daherkommenden „Fleischsalat" mit salzigen Dörrfleischpartikeln begleitet wurde, doch ein klein wenig matt und die Sauce leicht rustikal. Da hätte man mit etwas saftigerem Fleisch und weniger Power auch noch mehr herausholen können. Schon davor gab es als kleines Intermezzo verschiedene aromatische Zubereitungen der direkt auf dem Hofgut angebauten Alexander Lucas Birne.
Und danach ein gelungenes Dessert von etwas hellerer Valrhona-Schokolade, Mandarine und Macadamianuss, bei dem die saftig-frischen Mandarinenkomponenten für genug Ausgleich zur Schokolade sorgen konnten und auch sonst alles so proportioniert war, dass daraus ein harmonischer und balancierter Abschluss entstand.

Hotelempfehlung

Hofhotel Grothues-Potthoff

Hof Grothues Potthoff 4–6,
48308 Senden
02597-6964268
www.hof-grothues-potthoff.de
Einzelzimmer: ab 75 €
Doppelzimmer: ab 104 €

VISA

Das großzügige Hotel auf einem weitläufigen Gutshof am Stadtrand von Senden in Nordrhein-Westfalen, rund 15 Kilometer südwestlich von Münster, bietet seinen Gästen alles, was an Komfort und Gastfreundschaft für einen angenehmen Aufenthalt nötig ist. Die Kombination von traditionellem Eichenholzboden, warmen Farben und geschmackvollem zeitgemäßem Design sorgt schon beim Betreten eines der 71 Zimmer für Wohlfühlatmosphäre. Diese sind darüber hinaus unter anderem mit einer ebenerdigen Dusche mit Regenbrause, Schreibtisch und Flachbildfernseher ausgestattet. In einigen Zimmern gibt es eine freistehende Badewanne und/oder einen offenen Kamin. Die Suiten verfügen über getrennte Wohn- und Schlafbereiche mit bequemen Sitzecken. Bis zu zwei Kinder im Alter bis einschließlich 18 Jahre übernachten in den Familienzimmern kostenlos. Zur Anlage gehören außerdem ein Wellnessbereich mit Saunen sowie Minigolf- und Swingolf-Plätze, zwei moderne Restaurants („Hasenklee" und „Hasenpfeffer"), eine Bar (der „Dachsbau"), ein gemütliches Café mit Terrasse, ein Hofladen und eine Bäckerei. Acht Tagungsräume mit mobilen Trennwänden und modernster Technik stehen ebenfalls zur Verfügung. Restaurant Hasenklee separat erwähnt.

Siek (Schleswig-Holstein)

6

Alte Schule

im Hotel Alte Schule Siek
Hauptstr. 44,
22962 Siek
04107-877310
www.alte-schule-siek.de
Küchenchef: Kay Franze
Di–Sa ab 17.30 Uhr, So u. Mo RT
Hauptgericht: 33–49 €, Menüs: 47–80 €

VISA

So gerne wir die exklusiven Fine-Dining-Restaurants des Landes besuchen – die richtig interessanten Adressen sind für uns jene Gasthäuser, die sich noch etwas unterhalb der Gourmetschiene bewegen, die geschmackvolles Ambiente mit entspannter Atmosphäre ohne durchchoreografierte Abläufe bieten, und die Lust auf bodenständigen Genuss genauso anspruchsvoll befriedigen wie höhere Ansprüche. So wie in den beiden ehemaligen Klassenzimmern der einstigen Dorfschule der Ortschaft Siek, in denen das von Julia Franke und Kay Franze seit Jahren engagiert geführte Restaurant ihres familiengeführten Hotelbetriebs untergebracht ist.
Hier sitzen Gäste recht unterschiedlicher Klientel mit verschiedenartig ausgeprägten Vorlieben beim Essengehen in den unlängst zeitgemäß schick und geschmackvoll aufgewerteten Räumen mit dunkel abgesetzten Wänden, aufgelockert durch roten Backstein und schwarze Bücherregale; an den blanken dunklen Tischen verschiedenfarbige und -förmige moderne Stühle. Und die haben hier von Klassikern wie Pasta aus dem Parmesanlaib oder handfesten, auf dem 800 Grad heißen „Beefer" zur Perfektion gebrachten Steaks mit traditionellen optionalen Beilagen, bis hin zu den drei unterschiedlichen fünfgängigen Menüvorschlägen „Erdkunde" (Fleisch), „Meeresbiologie" (Fisch) und „Schulgarten" (vegetarisch), aus denen man sich ausdrücklich aus selbst seine eigene individuelle Speisenfolge kombinieren darf, eine breitgefächerte Auswahl.
Nachdem die Küche im vergangenen Jahr verdientermaßen auf 6 Pfannen hochgestuft werden konnte, waren wir diesmal natürlich umso mehr gespannt, ob sich diese Entscheidung wieder als richtig erweisen würde. Und das war zweifelsohne der Fall, präsentierte sich uns doch jeder Teller nicht nur handwerklich ausgereift und mit sehr guten Produkten bestückt, sondern immer auch irgendwie originell – bodenständig und doch ambitioniert, mit Gerichten „für jeden Tag", die weit mehr als das Alltägliche bieten. Das ist alles rundum stimmig und nicht nur gemessen am günstigen Preis-Genuss-Verhältnis aller Ehren wert. Für eine noch höhere Bewertung müsste das Team um Kay Franze tiefer ins Detail gehen, die einzelnen Gänge, aber auch die Menüdramaturgie weiter zuspitzen, Wiederholungen wie die häufig gleiche Kräuter- und Blütendeko vermeiden, auf elegantere Proportionierung der Komponenten achten…
Muss aber auch überhaupt nicht sein, denn es ist wie gesagt alles sehr gut so, wie es ist. Da stört es auch in keiner Weise, wenn der Küchengruß in Gestalt eines mit dezent asiatisch abgeschmeckter Spanferkelfarce gefüllten Dumplings auf dank herzhafter Jus geschmackstief grundierter Sweet-Chili-Sauce gleich ungewöhnlich mächtig ausfällt. Zumal auch die Vorspeise des Fischmenüs von recht zupackender Art war. Denn die ganz hervorragende, sehr sanft warmgeräucherte Tranche vom Ostseelachs thronte hier auf einem Türmchen aus schlotzigem Rahmkraut und einem dicken, knusprig-saftigen Reibekuchen, was zwar uneingeschränkt köstlich, aber als Begleitung für den feinen Fisch auch recht opulent war. Mit einem verschiedensortigen Salatbouquet, einer Sauce aus unter anderem Honig, Senf und Dill, Tupfen von Sauerrahm und verschiedener Kresse, Blüten und rotem Hippengeäst kam das Ganze auch ziemlich bunt daher. Naturgemäß pointierter und reduzierter die Suppen: beim Fleischmenü ein sehr gutes, ausdrucksvolles, mit erfrischender Säure hinterlegtes Wildkräuter-Rahmsüppchen, in dem ein saftig-lockerer gebackener Krapfen vom Beelitzer Freilandkaninchen schwamm, und beim Fischmenü eine klare und schön kraftvoll natürlich aromatische Krustentierconsommé mit knackigem grünem Spargel und hausgemachten dünnteigig-zarten Krustentierravioli.
Ihre Expertise für gefüllte Pasta bewiesen die Köche dann auch bei den hausgemachten Maultaschen von Hirsch und Wildschwein, bei denen die lockere, eigenaromatisch schmeckende Farce mit wieder schön dünnem und elastischem Nudelteig umhüllt auf einem mit Holunderblüte aromatisierten Bayrischkraut thronten. Umgeben von Wildsauce, gekrönt von knusprig ausgebackener Holunderblüte. Und während es im Fleischmenü danach mit rosa gebratenem Kalbsrücken auf sautierten Pfifferlingen mit Parmesan-Kartoffelgratin weiterging, bescherte uns der Hauptgang des Fischmenüs ein tadelloses in Nussbutter gebratenes Kabeljaufilet, das in Begleitung fluffiger gebackener Stockfischkrapfen von einer gehaltvollen schaumigen Beurre blanc eingefasst war und auf buntem Allerlei aus Puy-Linsen und Wurzelgemüse thronte. Letzteres in seiner breiten, gemüsig-würzigen Art trotz dezenter Säure fast etwas zu herzhaft für den Fisch.
Die Dessertvariation, die Klassiker wie Crème brûlée, Schokoladenmousse und Panna cotta aufs Porzellan brachte, aber auch einen geeisten „Kay"pirinha, für den der Küchenchef den populären Cocktailklassiker auf seine Art interpretierte, war zwar naturgemäß keine pointierte Kreation, sondern ein buntes Vielerlei – verdeutlichte aber einmal mehr mit jeder Einzelzubereitung, wie sorgfältig und ge-

schmackssicher hier gearbeitet wird. In der attraktiven Weinkarte, deren Fokus deutlich auf Gewächsen mit einem guten Preis-Leistungs-Verhältnis liegt, finden sich viele ansprechende Flaschen. Und wer sich glasweise begleiten lassen will, hat in der sympathischen Gastgeberin Julia Franke eine kompetente Ansprechpartnerin.

Simonswald (Baden-Württemberg)

7

Hugenhof

Am Neuenberg 14,
79263 Simonswald
07683-930066
www.hugenhof.de
Mi–Sa ab 18.30 Uhr, So ab 18 Uhr,
Mo u. Di RT
Menüs: 66 €

Obwohl hier gegessen werden muss, was auf den Tisch kommt, ist das wunderschöne, bis zum Dachgiebel hin offenen Restaurant mit einem sehr großen, eine wohlige Behaglichkeit ausstrahlenden Kamin und vinophile Freuden verheißendem gläsernem Weinklimaschrank so beliebt, dass es äußerst schwierig ist, hier kurzfristig unterzukommen. Es gibt allabendlich nur ein festes, hier zumeist viergängiges Menü, dessen Auswahloption darin besteht, dass man es um noch einen weiteren Gang auf Empfehlung des Chefs erweitern kann. So kommt der souverän als Einzelkämpfer agierende Klaus Ditz in seiner Küche nicht ins Straucheln und kann ökonomisch bestmöglich einkaufen, während die Gäste von einem unschlagbaren Preis-Leistungs-Verhältnis profitieren. Denn was der Chef hier in konsequent klassischer und schnörkelloser Manier mit sehr viel Liebe zum geschmacklichen Detail und noch mehr Sorgfalt und Substanz kocht, hat Jahr für Jahr ein so beeindruckendes Niveau, dass die aktuell 66 Euro für das Menü geradezu lächerlich günstig anmuten. Dazu schenkt Petra Ringwald, charmante wie entspannte Gastgeberin, attraktive Weinempfehlungen aus, die auch die Welt kosten und trotzdem immer hohes Niveau ins Glas bringen.

Sommerhausen (Bayern)

8

Philipp

Hauptstr. 12,
97286 Sommerhausen
09333-1406
www.restaurant-philipp.de
Küchenchef: Michael Philipp
Fr ab 18.30 Uhr,
Sa u. So von 12–14 Uhr u. ab 18.30 Uhr,
Mo–Do RT
Hauptgericht: 50–65 €,
Menüs: 79–175 €

Wie viele der kleinen, von Weinbau und pittoresken Fachwerkhäusern geprägten Städte in Weinfranken lohnt auch Sommerhausen jederzeit einen Besuch – einfach um durch den Ort zu schlendern und die Atmosphäre zu genießen. Im Fall von Sommerhausen kommt aber noch dazu, dass nach einem solchen entspannten Spaziergang, mit dem von Heike und Michael Philipp seit vielen Jahren engagiert geführten Restaurant, auch ein ebenso entspanntes und dabei höchst niveauvolles Genussziel wartet.
Mit dem Charme eines familiären Lokals und zugleich einer Klasse, die man eher in einer noch exklusiveren Umgebung erwarten würde, haben die Philipps hier eines der lohnendsten Ziele für Gourmets in der weiten Umgebung etabliert. In dem kleinen, schlicht-elegant eingerichteten Restaurant sitzt es sich genauso angenehm wie im Sommer auf den Terrassenplätzen vor dem Haus, dafür sorgt nicht zuletzt auch Heike Philipp als charmante Gastgeberin und versierte Sommelière. Und Michael Philipp spielt seit vielen Jahren, seine auf bestem klassischem Fundament aufbauende Erfahrung

aus, um klar umrissene und aromatisch intensive Gerichte auf die Tische zu bringen.
Dass sich dabei viele Komponenten und Ideen über die Jahre hinweg wiederholen und immer wieder neu aufgearbeitet werden, ändert nichts an deren hohem Niveau. Und auch der bereits zur festen Tradition gewordene Start in Form kleiner Knusperhörnchen mit zarter Forellen- und Paprikacreme ist jedes Mal wieder vergnüglich. Das ließ sich dann sogar noch deutlicher von dem einstimmenden Arrangement rund um festfleischigen Hamachi mit Wasabieis, Avocadocreme, eingelegten Gurkenwürfelchen, einer fruchtig-exotisch kontrastierenden Vinaigrette und warmwürziger Kresse behaupten, der in exakt abgezirkelter Art viel Lust auf mehr machte.
Mit viel Fingerspitzengefühl verdichtet waren auch die abwechslungsreichen Variationen verschiedenfarbiger Bete: von marinierten Würfeln, über fruchtig feinsäuerliche Tapioka bis zu einem erfrischend kompakt-cremigen Eis ergaben diese eine dynamisch-lebendige Melange, die viele unterschiedliche Facetten der Knolle aufzeigte und doch sehr harmonisch und balanciert wirkte. Wie gekonnt hier im Grunde nur um ein einziges Produkt herum ein Spannungsbogen aufgebaut wurde, zeigte einmal mehr die Klasse der Küche.
Anders als dieser vegetarische Einschub ist es gute Tradition, dass im Menü ein meist schmeichelnd eingängiger Gang mit hausgemachter Pasta eingebaut wird. Und auch diesmal wurde das mit hauchzarten Ravioli mit cremig leichter Erbsenfüllung, knackigen Erbsensprossen und glasig-röstwürzigen Wildfanggarnelen auf sehr attraktive Art fortgeführt. Verbunden von einer stoffigen Sauce mit einer dezent wärmenden Schärfe im Hintergrund, einem pikant würzenden Krustentieröl und getrocknetem Cecina de Leon für zusätzlichen Punch, war das eine volle Punktlandung.
Aber auch der sanft gegarte, zartblättrige Skrei mit einem Topping aus knackigen roséfarbenen Tropeazwiebeln und Purple Curry stand dem in nichts nach. Angerichtet wurde der feine Fisch auf sautiertem Blattspinat und aromatisch wie farblich passend umspielt von einer durch Rot- und Portwein gestützten Beurre rouge mit eleganter Säure, vollem Körper und feinem Tannin – eine eher unkonventionelle Umgebung für den hellen Meeresfisch, die diesem aber ganz ausgezeichnet stand.
Der süße Abschluss rund um ein Ragout von Sommerhäuser Äpfeln und karamellisierten Nüssen, ergänzt von zartem Tahiti-Vanilleeis, gezupftem Biskuit, heller Schokoladencreme und Salzkaramell, ergab dann ein auf engem Raum verdichtetes Vergnügen, dass sich wunderbar einfach genüsslich weglöffeln, genauso aber in seinen feinen Kontrasten analytisch bestaunen ließ. Und es untermauerte damit einmal mehr, dass das Restaurant Philipp seine hohe Bewertung weiterhin vollauf verdient und immer wieder einen Besuch wert ist. Auch wegen der hochwertigen und spannenden Weine, die Heike Philipp aus ihrem bestens sortierten Fundus dazu jedes Mal ausschenkt.

Sonnenbühl (Baden-Württemberg)

6 🍴🍴

Hirsch

Romantik Hotel + Restaurant Hirsch
Im Dorf 12,
72820 Sonnenbühl (Erpfingen)
📞 07128-92910
www.hirsch-sonnenbuehl.de
Do ab 18 Uhr, Fr–So von 12–13.30 Uhr u. ab 18 Uhr, Mo–Mi RT
Hauptgericht: 36–49 €,
Menüs: 58–125 €
VISA

Eine der wenigen, aber auch eine der besten und seit vielen Jahren verlässlichsten Genuss-Adressen auf der südlichen Schwäbischen Alb ist der Hirsch von Familie Windhösel. Wer in der kälteren Jahreszeit kommt, wird einen Platz in der gediegenen, ländlich-eleganten Gaststube zu schätzen wissen. Wer das Glück hat, im Sommer hier zu sein, darf im idyllischen Garten sitzen und dort die dörfliche Ruhe genießen. Gerd Windhösels klassische, bodenständig-ländliche Feinschmeckerküche aus regionalen und internationalen Produkten bietet für jeden Geschmack etwas und überfordert niemanden. Gastgeberin Silke Windhösel leitet mit Umsicht den Service, und auf der Weinkarte findet sich viel Gutes aus Württemberg und Baden, aber auch aus anderen deutschen Anbaugebieten und den europäischen Nachbarländern.

Speyer (Rheinland-Pfalz)

AvantGarthe

Ludwigstr. 2,
67346 Speyer
06232-687359
www.avantgarthe.de
Mi–So ab 18 Uhr, Mo u. Di RT
Hauptgericht: 19–39 €

VISA

Das großzügige Lokal von Gastgeber Philipp Garthe im Zentrum von Speyer, dessen Ambiente zwar gehobenen gastronomischen Anspruch, aber nicht zu viel Exklusivität suggeriert, ist seit Jahren in der Stadt eine Hausnummer in Sachen Kulinarik. Ein Ort, wo dem lokalen, an gepflegter Weinkultur und gutem Essen interessiertem Publikum eine zuverlässige Heimat geboten wird. So wie die ansprechende Weinkarte vor allem mit Gewächsen aus Deutschland, Spanien, Italien und Frankreich selektiv gut aufgestellt ist, macht die Küche ebenfalls einen munteren Zickzackkurs durch Europa: Hier ein Ausflug in mediterrane Gefilde, dort etwas französische Bistroklassik und da eine Portion Regionalität – da ist für jeden Geschmack etwas dabei.

St. Goar (Rheinland-Pfalz)

5

Schlossrestaurant „Auf Scharffeneck"

im Romantik Hotel Schloss Rheinfels
Schlossberg 47,
56329 St. Goar
06741-8020
www.schloss-rheinfels.de
Täglich von 12–14 Uhr u. ab 18 Uhr, kein RT
Hauptgericht: 25–34 €, Menüs: 69 €

VISA P

Einen imposanteren Ort für ein Hotel als die ehemals mächtigste Festungsanlage hoch über dem Rhein, schräg gegenüber dem Loreleyfelsen, wird man kaum finden. Das Ensemble mit seinen Nebengebäuden, unterirdischen Verbindungen und großem Innenhof ist ein Erlebnis – und noch dazu gibt es hier auch reizvolle Verpflegung auf hohem Niveau. Eigentlich könnten sich Frank Aussem und sein Team voll auf dem Ambiente und dem beeindruckenden Blick über den Rhein ausruhen, machen sie aber nicht, sondern bieten eine grundsolide, seriös zubereitete Küche aus guten Produkten. Größere Finessen sind dabei weniger die Stärke des Teams, dafür hält dieses das Niveau aber von akkuraten Vorspeisen bis zu den Desserts erfreulich konstant und lässt sich die Premiumlage nicht mit Fantasiepreisen vergüten.

St. Peter (Baden-Württemberg)

5↑

Sonne St. Peter

Zähringerstr. 2,
79271 St. Peter
07660-94010
www.sonneschwarzwald.de
Di–So von 12–14 Uhr u. ab 18 Uhr, Mo RT
Hauptgericht: 21–49 €, Menüs: 61–99 €

P

Das idyllische Klosterdorf St. Peter hat nicht nur eine der schönsten kunsthistorischen Anlagen Süddeutschlands zu bieten, sondern auch das Musterbeispiel eines modernen, nachhaltig arbeitenden Landgasthofs. Familie Rombach hat sich hier sehr konsequent der ökologischen Nachhaltigkeit verschrieben und bietet in der großen, hell und einladend gestalteten Gaststube der Sonne eine hervorragende anspruchsvoll bodenständige Küche, für die Handwerk und Authentizität klar im Vordergrund stehen. Man bekommt ausdrucksstarke, authentische Geschmäcker unverfälschter Viktualien in Bio-Qualität, die wenn möglich aus der Region stammen. Die einzelnen Speisen aus den unterschiedlichen Menüs gibt es alle auch à la carte und zusätzlich wird eine badische Karte mit traditionellen Gerichten aufgelegt sowie eine Schiefertafel mit saisonalen Tagesofferten aufgestellt. Die besonderen Stärken von Peter Rombachs Küche sind unserer Ansicht nach vor allem Gerichte aus weniger populären Produkten, zu denen wir beispielsweise auch die Innereien-Spezialitäten zählen. Aber auch für leichte, mediterrane Küche hat der Chef ein Händchen.

St. Wendel (Saarland)

Gourmetrestaurant Kunz

Kirchstr. 22,
66606 St. Wendel (Bliesen)
06854-908050
www.restaurant-kunz.de
Küchenchef: Patrick Jenal
Do–So ab 18 Uhr, Mo–Mi RT
Hauptgericht: 28–55 €,
Menüs: 89–139 €
VISA

Direkt gegenüber des imposanten Bliestaler Doms ist das Restaurant von Alexander Kunz seit vielen Jahren eine sichere Bank für Freunde substanzstarker klassischer Küche. In dem wintergartenähnlich sehr großzügig und hell gestalteten Gourmetbereich hat man einerseits den Dom direkt im Blick und wird andererseits mit unaufgeregten Köstlichkeiten versorgt, die in ihrer eher gediegenen Art zwar mitunter etwas oldschool wirken, in den besten Momenten aber dank ausgezeichneter Produkte und komplexer Saucen ganz einfach zeitlos gut sind.
Beim letzten Besuch verdeutlichte bereits das eröffnende Duett von der argentinischen Rotgarnele vor allem im fleischigen Carpaccio den hohen Anspruch an die verwendeten Produkte. Im knusprig in Teigfäden ausgebackenen Tatar von der Garnele ging deren grundsätzlich gute Qualität dagegen zwischen viel Knusper und Frittierfettnoten etwas unter. Dafür schlugen die eingearbeiteten Mangowürfel eine gute Brücke zur angegossenen, fruchtig-scharfen Curry-Velouté, die in ihrer lieblichen und doch komplexen Art an beste Dieter-Müller-Zeiten erinnerte…
Auch die folgenden Jakobsmuscheln mit Spargel kamen in zwei verschiedenen Zubereitungen auf den Tisch, diesmal sogar aufgeteilt auf zwei getrennte Schälchen: Einmal als in einer stoffigen Schaumsauce serviertes Jakobsmuschelragout mit verführerischen Noten von Brauner Butter und Rahm, aber auch einer feinen Säurespur. Daneben – leider nicht ganz so überzeugend – auf einem kleinen Spargelsalat mit Karottenwürfelchen, Kerbel und einer insgesamt recht hohen Salzkonzentration, die der Miniatur ein wenig von ihrem puristischen Charme nahm.
Bei dem sanft und zart gegarten weißen Heilbutt als Zentrum des kompakt angerichteten Fischgangs war aber bereits wieder alles in besserer Balance. Hier durch Erbsencreme, ganze knackige gepalte Erbsen und Erbsensprossen sowie zwei intensiv aromatischen Morcheln mit einem harmonisch frühlingshaften Anstrich, der von einem natürlichen, aber etwas flüchtigen Krustentierschaum sanft abgerundet wurde.
Eine der wenigen Ausnahmen von der prinzipiell hohen Produktgüte, von der die Küche des Gourmetrestaurants profitiert, gab es im Hauptgang beim Rehrücken, der in leider viel zu breiig-mürber Konsistenz trotz äußerlich exakter Garung auf den Teller kam. Und der in dieser Form mit der ebenfalls süßlich-breiten Creme von der Kerbelwurzel eine recht dröge Kombination ergab. Knackig sautierter Spitzkohl und geschmorter Apfel steuerten diesem Eindruck aber ein gewisses Kontra bei und vor allem die würzig-fruchtige und zugleich mit lebendiger Säure angereicherte Wildjus konnte einiges wieder ausgleichen.
Und auch das Dessert rund um eine Kuppel aus dunkler Original-Beans-Schokolade mit Füllung aus Crème brûlée, die von zugespitzt intensiven Himbeeren, einem frisch-herben Champagner-Salzbuttereis und Vanilleschaum begleitet wurde, konnte mit seiner feinen Balance zwischen Würze, Süße und Frische voll überzeugen.
Abgerundet wird ein Besuch im Gourmetrestaurant von Familie Kunz, das mittlerweile federführend von Küchenchef Patrick Jenal bekocht wird, von vielen lohnenden Weinen, die auch glasweise ansprechend hohes Niveau garantierten und dem gut eingespielten Serviceteam rund um Gastgeberin Anke Kunz.

Starnberg (Bayern)

7

Gourmetrestaurant Aubergine

im Hotel Vier Jahreszeiten Starnberg
Münchner Str. 17, 82319 Starnberg
08151-4470290
www.aubergine-starnberg.de
Küchenchef: Maximilian Moser
Mi–Sa ab 18.30 Uhr, So–Di RT
Menüs: 129–149 €
VISA

Das einzige richtige Fine-Dining-Restaurant am reichen Starnberger See residiert in einem dem Hotel Vier Jahreszeiten an der vielbefahrenen Münchener Straße vorgelagerten langen, wintergartenähnlichen Anbau und wird nun schon seit gut zehn Jahren federführend von Küchenchef Maximilian Moser bekocht. Um die Pointe gleich vorwegzunehmen: Nachdem wir das, was in dem modern-elegant in hellen Grautönen und dezenten violetten Akzenten gehaltenen Gastraum in Form zweier Menüs geboten wird, in den Vorjahren zunehmend manierierter und zugleich belangloser empfanden, überraschte und überzeugte uns die Küche zuletzt durch ein deutliches Plus an Gelassenheit und Souveränität. Sowohl die Auswahl der Produkte und die Kompositionen betreffend als auch in der Ausführung.
Das Menü klang schon allein nicht mehr wie krampfhaft auf Weltläufigkeit und Gourmet getrimmt und wirkte in der Form auf Anhieb viel ansprechender und gereifter. Ganz so, als ob das Team inzwischen kulinarisch erwachsen geworden wäre und nicht mehr vordergründig Originalität beweisen müsste. Und auch die Einstimmungen zum Apero, etwa ein mit Gorgonzolacreme, Dattel und Cedri-Zitrone bestücktes kleines Rosmaringebäck oder etwas Räucherfischsud mit entsprechend gefülltem Mini-Raviolo deuteten das bereits an. Erste Gewissheit kam mit dem Küchengruß um dünn aufgeschnittenes gebeiztes Kalbfleisch und Störkaviar auf einem Klecks Püree von weißen Bohnen und einem sehr intensiven, aber leider auch grenzwertig salzigen Kalbskopfsud, der eher an eine Art sojabasierte Sauce wie beispielsweise Ponzu erinnerte. Durch die relativ markante Säure konnte die Würze aber gut in Schach gehalten werden und so wurde unterm Strich ein runder, zupackender Happen daraus.
Unterschiedliche Säuren waren auch bei der Vorspeise ein Thema, die sich um einen ähnlich wie Brathering süßsauer zubereiten Saibling drehte, der zusammen mit Perlzwiebel auf einem feinsäuerlich abgeschmeckten kalten Kartoffelstampf angerichtet war. Essiggurken und ein Gurkengel auf dem Fisch sowie ein milder Buttermilchsud mit Saiblingskaviar darunter brachten weitere Facetten von Frische ins Spiel und ergänzten dieses verfeinert herzhaft rustikale Geschschmacksbild sinnvoll.
Den glasig gegarten Stücken vom Huchen, die in einem an leichte Beurre blanc erinnernden Champion-Fischsud platziert waren, wurde jeweils durch eine dünne Scheibe Kiwi und etwas geschmorte Rotweinzwiebel exakt dosierte Säure und Frucht zuteil, die den Fisch nicht überdeckte. Roh gehobelte Champignons spannten den Bogen zur Sauce, die den Fisch ebenfalls nach vorne brachte, anstatt ihn zu dominieren. An solchen Tellern erkennt man, dass sich das Team wieder viel mehr Gedanken um die Produkte und ihre Zusammensetzung macht und nicht mehr in sinnlosen Aktionismus verfällt.
Die Gerichte wirken nun nicht bloß optisch viel aufgeräumter, sondern auch aromatisch klarer und stimmiger. Auch im vegetarischen Bereich, wie die falschen Jakobsmuscheln alias marinierte und gebratene dicke Scheiben von Kräuterseitling-Stielen, die in recht täuschender Optik und mit eingelegter Senfsaat, Salzzitrone und Zitronengel getoppt in einem komplexen dunklen Kräutersud (mutmaßlich auf Basis von Pilzen) schwammen. Auch hier belebten wieder harmonisch integrierte Säuregrade den natürlichen Umami-Grundton. Auch hier genügten ein akzentuiert bespieltes Hauptprodukt und eine ausgewogene Sauce, wurden nicht noch irgendwelche überflüssigen Elemente entworfen, die dem Gericht keinen Mehrwert bringen.
Was aber auch nicht heißt, dass alles perfekt ist, denn manchmal könnte noch ein wenig an der Balance gefeilt werden. Beim Duett von geschmorter Iberico-Schweinebacke und Rauch-

aal auf Wirsing wurde es nicht nur wegen der Produkte an sich deutlich dichter und breiter, sondern auch kompositorisch und kochtechnisch. Vor allem die dunkle, sämige Schmorjus dominierte das Gericht zu sehr. Der ebenfalls angegossene Meerrettichschaum hätte mit schneidiger Ätherik zwar theoretisch gut dazwischengrätschen können, war aber relativ dumpf und erdig. Der weiche, würzige Aal ging im Dickicht weiterer weicher, würziger Elemente als kleinster und schwächster Part völlig unter.
Sehr kraftvolle Aromen bespielten auch das orientalisch inspirierte Lamm, doch hier wirkte das Ganze schon aufgrund der flächigeren Anrichteweise schon wieder etwas transparenter. Das Lamm kam als herzhaft gewürztes und gebräuntes Rückenstück und als zusammen mit Bulgur zur Kibbeh-Nocke vermengtes Hackfleisch auf den Teller. Kombiniert mit einer in Safrangelee als Praline verkapselter cremiger Auberginenmousse, der süßlichen Würze von fermentiertem Knoblauch und einer eigentlich für das Lammfleisch etwas zu intensiven, allerdings prinzipiell sehr guten und auch wieder mit harmonisch eingebundener präsenter Säure dynamisch gestalteten Sauce.
Rundum gelungen, weil nicht nur sehr stimmig komponiert, sondern als Schlussakkord ebenso leicht und frisch wie desserthaft vollmundig, war der Nachtisch um die Leitaromen Banane, Erdnuss, Koriander und Limette. In Gestalt einer aus Erdnussmousse und weißer Schokolade imitierten halbierten Mini-Banane, auf deren Schnittfläche karamellisierte Erdnüsse, Bananenmousse und Banengel appliziert waren und die von erfrischend säuerlichem Sud und Sorbet von Limette und Koriander den nötigen Säurekick bekam.
So freuen wir uns, die Bewertung mit einem guten Gefühl wieder auf 7 Pfannen anheben zu können, wollen darüber auch nicht vergessen, den sympathisch nahbaren Service und das gut strukturierte Angebot an populären internationalen Gewächsen zu erwähnen.

Bezahlkarten-Symbole

- Mastercard
- EC-Maestro
- Diners
- American Express
- VISA Visa

Staufen (Baden-Württemberg)

6

Ambiente

Ballrechter Str. 8,
79219 Staufen
07633-802442
www.restaurant-ambiente.com
Küchenchef: Mathias Luiz
So–Di von 12–13.30 Uhr u. ab 18 Uhr, Fr u. Sa ab 18 Uhr, Mi u. Do RT
Hauptgericht: 32–42 €,
Menüs: 59–79 €
VISA

Um ein Restaurant im Jahr 2023 erfolgreich zu führen, muss man sich ein unverwechselbares Profil zulegen und preislich attraktiv sein Die Nische ist wichtig, und Mathias und Melanie Lutz haben sie mit ihrem Betrieb im Staufener Ortsteil Grunern unzweifelhaft gefunden. Ein bisschen nostalgisch wirkt gleich zu Beginn die handgeschriebene Speisekarte, der am Ende des Besuchs eine handgeschriebene Rechnung folgen wird.
Auch die Weinkarte ist eher auf klassische Herkünfte eingestellt. Natürlich ist hier Baden mit sehr guten Winzern adäquat vertreten, aber der Gast bekommt auch einen gut ausgewählten und vor allem sehr sympathisch kalkulierten Chablis oder Bordelaiser Cru Bourgeois; das Große Riesling-Gewächs von Rebholz aus der Pfalz ist für unter 80 Euro zu haben, ein vergleichbarer Wein von Dönnhoff von der Nahe für unter 70.
Zum Einstieg in den kulinarischen Teil bringt die Chefin wie immer Brotsticks, Baguette und Butter; das Olivenöl steht bereits auf dem Tisch. Außer dem vegetarischen und dem von Fisch und Fleisch geprägten Menü existiert auch ein kleines Angebot à la carte, man kann wechseln und tauschen und zahlt am Ende einen sehr überschaubaren Preis – selbst wenn

man so viele Gänge gegessen hat wie möglich. Zu keinem Zeitpunkt hat man hier den Eindruck, über den Tisch gezogen zu werden.
Die Vorspeise um Thunfisch besteht aus per Beize angemessen gewürzten Thunfischscheiben von tadelloser Güte, einem erfreulich subtil abgeschmeckten Glasnudelsalat, Pesto und Chilisauce, dazu ein Sesamteigblatt. Es ist keine überraschende Vorspeise, aber es ist ein erfreulicher, produktbewusster Einstieg. Noch besser gefällt uns allerdings die Paprikacremesuppe mit Kabeljau, weil sie zeigt, was man aus einem so einfachen Gang machen kann: Dezente Süße, Würze und Tiefe halten sich in der mit nicht zu viel Sahne abgeschmeckten Suppe die Waage, das Fischfilet als Einlage ist von sehr guter Qualität, tadellos frisch und behutsam sanft gegart.
Auch der Hauptgang, in dessen Mittelpunkt ein Rückensteak vom Färsenrind steht, überzeugt uns in seiner akkuraten Art, der guten Qualität und den natürlichen Aromen vollends. Weil das Fleisch schön saftig und mürbe ist, die ideale Garstufe aufweist, und mit einer Senfkruste aufwartet, die kein bisschen aufdringlich wirkt. Das kann man kaum besser zubereiten. Als Beilagen sind Blattspinat, die fluffigen hausgemachten Gnocchi und eine recht fruchtige, keineswegs überkonzentrierte Burgunderjus mit im Spiel.
Einzig bei der Tonkabohnen-Panna-cotta mit marinierten Erdbeeren und Vanilleeis würden wir uns eine Spur mehr Pep wünschen; irgendein Detail, welches das gewohnte Bild ein bisschen aufbricht. Doch Qualität ist auch hier von Anfang bis Ende zu konstatieren – bei der Konsistenz der Creme mit ihrem unaufdringlich eingebundenen Tonkabohnenaroma, bei den perfekt reifen und hocharomatischen Erdbeeren, beim angenehm fruchtigen und nicht übertrieben süßen Eis. Wer da nicht zufrieden das Restaurant verlässt, auch in Anbetracht des sehr persönlichen und zuvorkommenden Service durch die Gastgeberin, dem ist einfach nicht zu helfen.

5

Die Krone

Hauptstr. 30, 79212 Staufen
07633-5840
www.die-krone.de
Mo–Fr ab 18 Uhr, So von 11.30–14 Uhr u. ab 18 Uhr, Sa RT
Hauptgericht: 21–34 €, Menüs: 42–55 €
EC VISA

Das historische Gasthaus im Herzen des malerischen Geburtsstädtchens von Dr. Johann Georg Faust ist schon seit Langem bekannt für seine gute bodenständige Küche. Gastgeber und Küchenchef Volker Lahn, der hier vor einigen Jahren in die Fußstapfen seines Vaters getreten ist und den Familienbetrieb in nächster Generation fortführt, tendiert mit seiner Küche souverän zwischen traditionellen badischen Gerichten der zupackenden Art und aromenstarker mediterraner Leichtigkeit. Gute Produkte, klassisches Handwerk, natürlicher Geschmack. Auf der Weinkarte wird der regionalen Spezialität Gutedel eine eigene Rubrik gewidmet und ausgewählte regionale Erzeuger unterstützt. Alles in allem bietet das Gasthaus ein äußerst günstiges Preis-Genuss-Verhältnis.

Stetten am kalten Markt
(Baden-Württemberg)

5

Gasthaus zum Kreuz

im Hotel zum Kreuz
Hauptstr. 9,
72510 Stetten am kalten Markt
07573-9547677
zumkreuzstetten.de
Küchenchef: Yannick Traut
Mi–So von 11.30–14 Uhr u. ab 17 Uhr, Mo u. Di RT
Hauptgericht: 12–39 €, Menüs: 69–89 €
EC VISA P

In den gepflegten Wirtsstuben des einladenden Gasthofs mit Fachwerkfassade von 1553 im Ortskern von Stetten am kalten Markt geht es vom Ambiente her schlicht und bodenständig zu. Genau so stellt man sich ein schwäbisches Traditionslokal vor. In dessen Küche steht als neuer Pächter seit geraumer Zeit mit Yannick Traut jemand, dessen Arbeit wir schon seit ein paar Jahren aus dem Landhaus Donautal in Friedingen kennen und der dieses Setting mit einer dazu passenden schwäbischen Traditionsküche auf überdurchschnittlichem Niveau bekochen kann, der aber auch kreative und weltoffene Ideen in seine Speisekarte einfließen lässt.
Die gipfeln laut Website in einem Gourmetmenü („1553"), das zu bestimmten Zeiten in der Woche offeriert wird, sich zum Zeitpunkt unseres Besuchs aber noch oder bereits wieder in einer mehrmonatigen „Kreativpause" befand. Wir nutzen als Grundlage für unsere Bewer-

tung aber ohnehin nur das, was immer oder zumindest meistens verfügbar ist – und das muss sich im Kreuz auch nicht verstecken! Substanzstarke Regionalküche passt konzeptionell ohnehin besser hierher als Gerichte wie Sea-Tiger-Garnele mit Grapefruit, Quinoa, Cumin und Karotte. Dass der Chef als ehemaliger Mitarbeiter der Brigade von Jörg Sackmann aber auch solche Sachen sicher sehr ansprechend zu Porzellan bringen kann, liegt nahe. Wir werden es uns in der kommenden Testsaison ansehen.
Unsere regionalbetonten Kostproben begannen mit Scheiben eines einstmals offenbar sehr großen und dicken Saiblings, die gebeizt und noch schön festfleischig neben mit Tomaten angereichtem Spargelsalat und Schnittlauchschmand sowie marinierten Baby Leafs unterschiedlicher Art als Vorspeise des Spargelmenüs aufgeboten wurden. Schlicht, schmackhaft und unverkünstelt – ohne weiterführende Verfeinerung, aber als solches grundsolide.
Auf den ersten Blick war das auch das pochierte und dann paniert knusprig ausgebackene Ei, das zusammen mit luftgetrocknetem Schinken auf einem Bett Spinatsalat (mit vielen anderen jungen Salaten gemischt) platziert wurde – aromatisch unterfüttert von einer Bärlauchvinaigrette, die eher eine Art Pesto war. Allerdings hatte der an Culatello erinnernde Schinken aus hauseigener Produktion eine so tolle Qualität, dass dieser Teller schon mehr als nur grundsoliden Standard repräsentierte. Und zeigte, wie handwerklich und produktorientiert hier gearbeitet wird.
Handwerklich und produktorientiert präsentierte sich dann auch das famose, weil gut gereifte und am Knochen gebratene Kalbskotelett, das mit einer herzhaft würzigen „Marchand de vin"-Butter glasiert war und in perfektem Garzustand wunderbar saftig und aromatisch auf dem Teller lag. Zusammen mit weißem Spargel, frischen Morcheln, schmorwürziger dunkler reduzierter Sauce auf Kalbsjusbasis und einem à part dazu gereichten Tellerrösti war das ein in allen Komponenten sehr gutes klassisches Gericht, an dem man abermals die Stärken der Küche erkennen konnte.
Keinen Fehler macht auch, wer sich zum Beispiel Yannick Trauts hausgemachten Maultaschen annimmt, die schon im alten Betrieb auf dem Bergsteig großartig waren: Sehr fein mit leicht pikant abgeschmecktem würzigem Brät unter dünnem, elastischem Teig – ganz traditionell auf schlotzigem, recht klein geschnittenem Kartoffelsalat angerichtet und mit glasig geschmälzten Zwiebeln gekrönt. Und es ist auch kein Fehler, am Schluss noch ein Dessert zu nehmen, denn selbst so simpel klingende Sachen wie Panna cotta mit Erdbeeren gelingen dank schmelzig gestockter Sahnecreme und einem Ragout aus vollaromatischen Erdbeeren, die auch als Sorbet verarbeitet waren, tadellos. In der kleinen Weinkarte finden sich zu allem gute, preiswerte Tropfen namhafter Erzeuger, vorwiegend aus Deutschland. Der Service ist flink und zuvorkommend.

Hotelempfehlung

Hotel zum Kreuz

Hauptstr. 9,
72510 Stetten am kalten Markt
07573-9547677
zumkreuzstetten.de
Einzelzimmer: 59–69 €
Doppelzimmer: 95–105 €

VISA

Im Herzen der Ortschaft Stetten am alten Markt in den südwestlichen Ausläufern der Schwäbischen Alb lädt das im Jahr 1553 erstmals urkundlich erwähnte Gasthaus Hotel zum Kreuz in 9 Doppel- und 3 Einzelzimmer, die 2016 renoviert und individuell eingerichtet wurden. Jedes Zimmer ist mit Schreibtisch, Flachbild-TV und Badezimmer mit Dusche ausgestattet. Es gibt im ganzen Gebäude kostenfreies WLAN; Parken vor Ort und das Frühstücksbuffet sind ebenfalls im Zimmerpreis inbegriffen. Direkt vor der Haustüre beginnen viele attraktive Wanderwege und da man sich mitten im UNESCO-Geopark Schwäbische Alb befindet, gibt es unzählige Höhlen, Naturlehrpfade und Museen zu entdecken. Außerdem ist es nicht weit zum Bodensee (ca. 40 km), wo viele weitere Attraktionen, historische Städte und Ausflugsziele wie zum Beispiel die Insel Mainau, das Pfahlbautenmuseum in Unteruhldingen oder der Affenberg in Salem einen Ausflug lohnen. Anschließend kann man sich im rustikal eingerichteten Restaurant hinter den denkmalgeschützten Mauern oder auf der Sonnenterrasse mit ambitionierter Küche verwöhnen lassen. Gasthaus zum Kreuz separat erwähnt.

Stolpe (Mecklenburg-Vorpommern)

8 Pfannen

Gutshaus Stolpe

Peenstr. 33, 17391 Stolpe
039721-5500
www.gutshaus-stolpe.de
Küchenchef: Christian Somann
Mi–Sa ab 18.30 Uhr, So–Di RT
Hauptgericht: 40–55 €,
Menüs: 130–180 €
VISA

In kaum einem kulinarisch ambitionierten Haus in Deutschland haben wir über die Jahre hinweg mehr Küchenchefs kommen und gehen sehen als in dem wunderbar idyllisch gelegenen Gutshaus Stolpe bei Anklam, das der renommierten Hotelvereinigung Relais & Châteaux angehört. Wir wollen gar nicht spekulieren, woran das liegen mag – wundern uns aber trotzdem, denn die Küchenchefs, die hier antreten, bekommen ganz offenkundig tolle Möglichkeiten geboten und haben sehr viele Freiheiten, um auf hohem Niveau zu kochen.
Das weiß auch Christian Somann, der kurz vor Redaktionsschluss unserer letzten Testsaison Kai Weigand abgelöst hat, der hier erst vor gar nicht allzu langer Zeit auf Stephan Krogmann gefolgt war und ebenfalls nur ein denkbar kurzes Gastspiel hatte. Für Somann muss es sich ein wenig wie nach Hause kommen angefühlt haben, war er doch in der Ära André Münch als dessen Sous-Chef schon einige Zeit hier im Amt. Und vielleicht kehrt mit ihm jetzt sogar wieder Beständigkeit auf dem Chefposten ein, denn der neue Küchenchef kommt aus der Region und weiß, auf was er sich einlässt. Außerdem ist auch er dem Vernehmen nach vom Gutshaus begeistert und weiß all die Vorzüge dieses charmant entlegenen Hideaways, die seine Vorgänger vielleicht als Nachteil gesehen haben, zu schätzen.
Wie dem auch sei, startete er hier gleich voll durch und knüpfte ganz locker da an, wo er zuletzt im Restaurant Belvedere in Heringsdorf auf Usedom aufgehört hatte. Hier hat er sogar die Möglichkeit, noch genauer und detaillierter zu kochen, denn das Angebot ist, wie schon unter seinen Vorgängern, auf ein Menü reduziert und Somann steht zusammen mit drei weiteren Köchen am Herd. Das sieht und schmeckt man auf den Tellern und das ist auch der Grund, warum wir seine Küche ganz ohne Bauchschmerzen gleich zum Einstieg mit 8 Pfannen bewerten. Denn dass er es draufhat, konnte er schon in den Vorjahren immer wieder beweisen – hier ist es ihm nun möglich, das Niveau konstant abzuliefern.
So begann das Menü zum Apero bereits sehr verheißungsvoll mit mild currywürzigen roten Linsen unter Joghurtschaum, einem Buchweizen-Tartelette, gefüllt mit Deichkäsecreme, Pilzen und schwarzer Trüffel, sowie einem mit Kimchi gefüllten Spitzkohlröllchen – alles drei apart gefertigte, aromatisch gut auf den Punkt gebrachte Appetizer. Gefolgt von einer kleinen, herb frischen, flüssig-knackigen Gemüsegarten-Interpretation in unterschiedlichen Aggregatzuständen. Modern und verspielt, aber geschmacklich sehr seriös und schnörkellos klar aufs Porzellan gebracht.
Die als stark im Trend liegende und daher vielfach erprobte, weil nämlich so oder so ähnlich in unzähligen Restaurants dargebotene Vorspeise von geflämmter Makrele, Gurke, Granny Smith und Dill – letzterer als Aroma eines Molkesuds – setzte das Team bravurös um und hielt vom nur angenehm mild gebeizten Fisch bis zum erfreulich wenig süßen und eher erfrischend säuerlichen Apfelsorbet tadellos die Balance. Dü-

nenkräuter wie Meerfenchel oder Queller verliehen dem Ganzen noch salzig-herbe Spitzen und auch sonst blieb dieser Auftakt erfreulich zurückhaltend, aber keineswegs unauffällig. Der zur bestmöglichen Erfüllung des Titels „Eine Symphonie der Krossheit" zweifach gebackene Kaisergranat litt zwar zu Ungunsten seines Produktcharakters ein wenig unter der frittierfettigen Knusperhülle, die ihm angelegt wurde – das passte aber irgendwie auch prima zu der köstlichen warmen, luftigen Mayonnaise, die das Ganze zu chunky Soulfood machte. Zusammen mit dem dezent asiatisch angehauchten Krustentierschaum, einem mit Zitronengel keck akzentuierten Zylinder von eingelegtem Rettich und einer Koriandercreme war das zudem in Summe alles andere als ein simpel gestricktes, breit und dumpf anmutendes Gericht, sondern mit ziemlich viel Zug und scharfem Kontrast ein großer Gaumenkitzel.
In allerkeinster Weise beeinträchtigend wirkte die dünne, schmelzige Geleefolie mit Kalbszunge auf das glasierte Kalbsbries, das sie überdeckte – im Gegenteil, pushte sie die bestmöglich zubereitete Thymusdrüse, die in diesem Fall vom Aubrac-Kalb stammte, nur noch mehr nach vorn. flankiert von gegrillten Steinpilzen mit Aprikosengel und Trüffel, unterfüttert von Kartoffelmousseline und einer aromatisch ausdrucksstarken, gekonnt säuerlich abgerundeten cremigen Pfeffersauce war auch das ein Gang auf klarem 8-Pfannen-Niveau. Von der 2020er Chardonnay-Weißburgunder-Cuvée vom Weingut Peth-Weetz kongenial begleitet.
Auch sonst hat Sommelier und Restaurantleiter in Personalunion Jan Vollmar-Lederer immer ein sehr gutes Händchen für animierende Pairings. So auch bei der robusten, aus Nebbiolo und Barbera zusammengesetzten Cuvée aus dem Piemont, die das Reh im Hauptgang begleiten sollte. Das war dann nicht nur als gratiniertes Rückenstück und kleines naturbelassenes Filet auf dem Teller zu finden, sondern auch als süffiges Ragout aus der Schulter des zuvor in Stolper Gemarkungen geschossenen Bambis, das sich als Füllung in einem gedämpften Bao-Bun versteckt hielt. Der Rücken bekam von seiner Kruste aus Parmesan und Meerrettich das gewisse Etwas mit auf den Weg, die begleitende Gelbe und Rote Bete wurde durch Stücke von der Salzpflaume erfrischt und wildbretgemäß eingenordet. Der eigentliche Star auf dem Teller war aber die Sauce, eine intensive und dichte, aber keinesfalls überkonzentrierte Wildpfeffersauce.
Mit souverän wenig Süße und erfreulich vielen Ecken und Kanten (bei rundem, harmonischem Geschmack) machten nach einer kleinen Auswahl verschiedener Rohmilchkäse von keinem geringeren Affineur als Maître Antony auch die Desserts auf hohem Niveau Furore. Zunächst mit Brombeere, Apfel und Malz, danach mit Original Beans Schokoladenmousse, Mirabelle und Eisenkraut: sehr straight, sehr trennscharf, sehr präzise. So hoffen wir, dass Christian Somann dem Gutshaus noch lange erhalten bleibt und freuen uns schon sehr auf den nächsten Besuch!

Stühlingen (Baden-Württemberg)

5

Gasthaus Schwanen

Talstr. 9,
79780 Stühlingen (Schwaningen)
07744-5177
www.gasthaus-schwanen.de
Mo, Di u. Fr, Sa ab 18 Uhr,
So von 11.30–13.30 Uhr u. ab 18 Uhr,
Mi u. Do RT, (Nov.–März auch Di RT)
Hauptgericht: 22–29 €,
Menüs: 42–69 €

Seit drei Generationen ist dieser Landgasthof bereits in Familienbesitz und wird seit Jahren schon sehr engagiert von Alexandra und Markus Wekerle betrieben. Im Grunde handelt es sich um einen ganz normalen, bodenständigen Gasthof, doch der Chef bietet hier eine immer wieder verblüffend gute, ebenso substanzstark wie qualitativ hochwertig gekochte Landküche, die an manchen Stellen durchaus knapp unter Gourmetniveau angesiedelt ist – und das bei ländlichen Preisen! Besser kann ein Spagat zwischen anspruchsvoller und bodenständiger Küche kaum gelingen. Wer die Küche herausfordert, bekommt nicht nur überraschend gute, feinsinnig arrangierte Kreationen, sondern auch hochwertige Weine glasweise ausgeschenkt. Kompetenter, sympathischer Service; preiswerte Gästezimmer.

Stuttgart

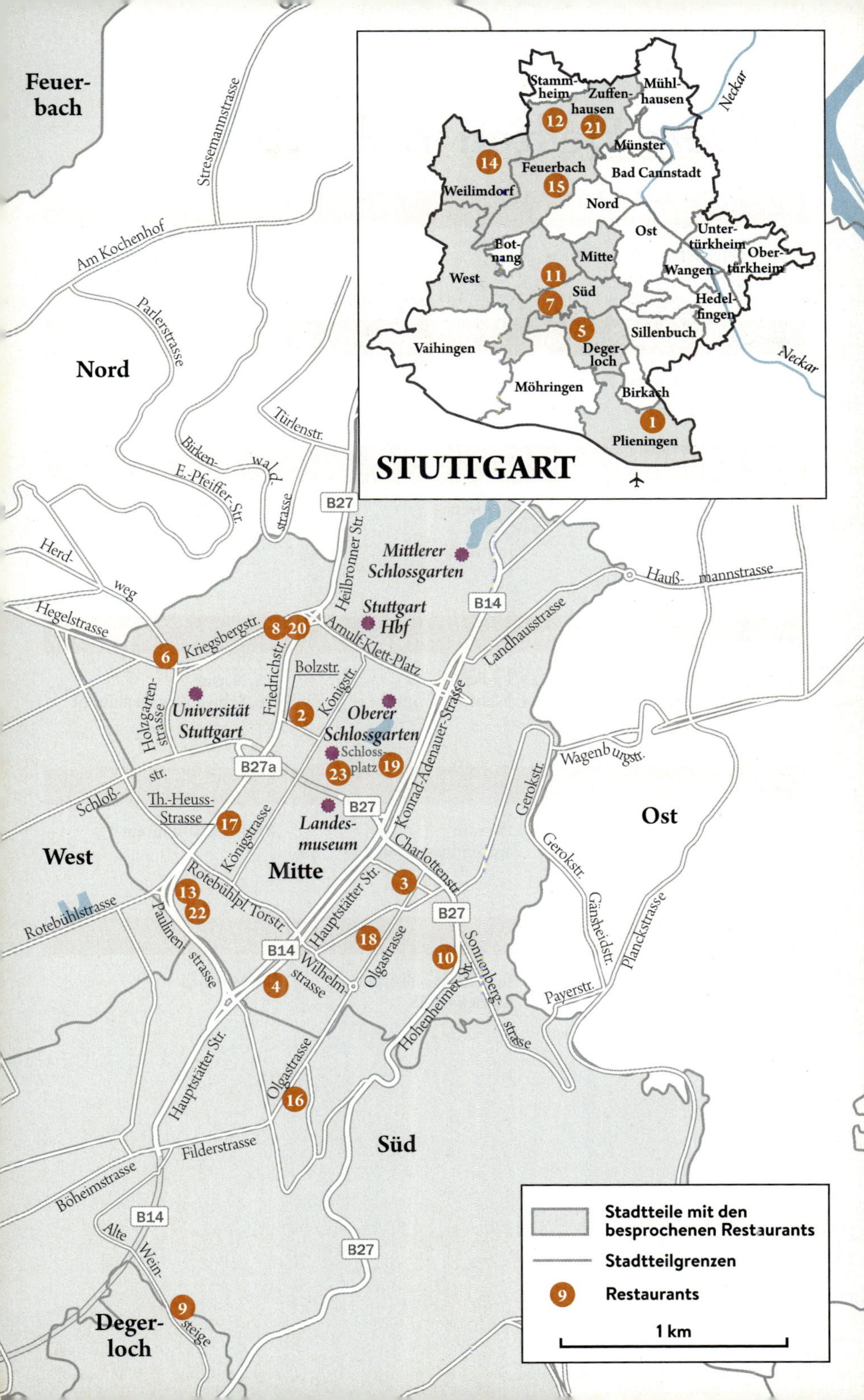
STUTTGART
Stammheim
Zuffenhausen
Mühlhausen
Neckar
Münster
Feuerbach
Bad Cannstadt
Weilimdorf
Nord
Ost
Botnang
Mitte
Untertürkheim
Obertürkheim
West
Wangen
Süd
Hedelfingen
Vaihingen
Sillenbuch
Degerloch
Möhringen
Birkach
Plieningen
Feuerbach
Nord
Stresemannstrasse
Am Kochenhof
Parlerstrasse
Türlenstr.
Birkenwaldstrasse
E.-Pfeiffer-Str.
Herdweg
Hegelstrasse
Kriegsbergstr.
Heilbronner Str.
Mittlerer Schlossgarten
Stuttgart Hbf
Arnulf-Klett-Platz
Haußmannstrasse
Landhausstrasse
Bolzstr.
Friedrichstr.
Königstr.
Holzgartenstrasse
Universität Stuttgart
Oberer Schlossgarten
Schlossplatz
Konrad-Adenauer-Strasse
Wagenburgstr.
Schloßstr.
Th.-Heuss-Strasse
Landesmuseum
Gerokstr.
Ost
West
Königstrasse
Mitte
Charlottenstr.
Rotebühlstrasse
Rotebühlpl.
Torstr.
Hauptstätter Str.
Paulinenstrasse
Wilhelmstrasse
Olgastrasse
Sonnenbergstrasse
Hohenheimer Str.
Gänsheidestr.
Planckstrasse
Payerstr.
Hauptstätter Str.
Olgastrasse
Süd
Filderstrasse
Böheimstrasse
Alte Weinsteige
Degerloch
B27
B14
B27a
Stadtteile mit den besprochenen Restaurants
Stadtteilgrenzen
Restaurants
1 km

Unsere Besten in Stuttgart

9 Gusto-Pfannen

1. Speisemeisterei

8 Gusto-Pfannen

2. 5 Gourmetrestaurant
3. Der Zauberlehrling

7 Gusto-Pfannen

4. Délice
5. Fässle le restaurant
6. Hegel Eins
7. Hupperts
8. Ritzi Gourmet
9. Wielandshöhe
10. Zur Weinsteige ↑

6 Gusto-Pfannen

11. Augustenstüble
12. Christophorus
13. La Fenice
14. Meister Lampe ↑
15. Nagare
16. Schweizers Restaurant

5 Gusto-Pfannen

17. Da Franco
18. Kicho
19. Plenum am Schlossgarten ↑
20. Ritzi Restaurant ↑

Weitere Restaurants

21. Beef Burger Brothers, Hohenloher Str. 8
22. Beef Burger Brothers, Marienstr. 28
23. Martha's

Stuttgart (Baden-Württemberg)

8 Pfannen, 4 Bestecke

5 Gourmetrestaurant

Bolzstraße 8, 70173 Stuttgart
0711-65557011
www.5.fo
Küchenchef: Alexander Dinter
Mi–So ab 18 Uhr, Mo u. Di RT
Menüs: 129–199 €

Mehr City geht wirklich nicht. Dementsprechend gut besucht und bewertet ist das Gourmetrestaurant 5 auch von internationalen Gästen. Und die Location hat tatsächlich viel urbanen Chic zu bieten: unten etwas lichter mit seiner weiß geschwungenen Bar, oben im eigentlichen Gourmetbereich deutlich dunkler mit schwarzem Steinboden, schweren Stahlträgern und einer Möblierung im Vintage-Look. Seit einigen Jahren nun schon ist Alexander Dinter in der kleinen Küche mit einem kleinen Team am Werk. Und obwohl inzwischen auch der untere Bereich mit einem etwas downgegradeten Gourmetmenü bespielt wird, bleibt das Niveau oben konstant hoch und weiß der Küchenchef in seiner „Passion" immer wieder mit kreativen Impulsen zu überraschen.

Schon die Einstimmungen öffneten zuletzt eine komplexe Aromenwelt: ein mit Steinpilz aromatisiertes Polenta-Bällchen mit Chorizocreme und ein schwarzes Kartoffelbällchen breiteten sich warm am Gaumen aus, eine geeiste Liebstöckelkugel schickte kräftige Frische hinterher. Als Amuse-Bouche kamen in einem Schälchen mit Eis, Schaum, Sud und Knusper die Aromen von Hefe, Brot, Bohne und Traube ins Spiel. Vereint auf dem Löffel ergab das eine kleine Rundreise, in der vor allem die Süße der eingelegten Trauben aufblitzte und das Broteis für einen cremigen Nachhall sorgte. Bleibenden Eindruck hinterließ auch das Gedeck mit heißer Brioche und Tomatenbrot zu aufgeschlagener Butter und einer Kichererbsenmousse, die nicht wie so häufig einen staubig-muffigen Touch hatte, sondern mit Vadouvan und Zitrusnoten von inspirierender Frische war.

Dies war auch beim ersten „Aubergine 3.0" genannten Gang so, in dem würzige Noten mit der wohldosierten Säure der japanischen Zitrusfrucht Sudachi geradezu leicht tänzelnd daherkamen und trotzdem noch präsent waren: die Aubergine weich geschmort im Pankomantel und knusprig als Chip. Als kühl-cremigen aber auch schnell schmelzenden Kontrast gab es ein Tofueis und um den kompakten, von Kräuteröl umrandeten Aufbau schmiegte sich ein Sud auf Basis von Camargue-Reis zum konzentrierten Aroma von schwarzem fermentiertem Knoblauch.

Mini-Pak-Choi machte sich als grüner Kontrast zur roten Schwanzflosse der Gamba Carabiniera gut, brachte aber ansonsten keine Bereicherung auf dem Teller des zweiten Gangs. Aber hier stand ohnehin die nussige Süße und zarte Konsistenz des Krustentiers voll im Fokus, von dem auch wenig ablenkte, obwohl sogar mit einem Gel von der Maracuja gearbeitet wurde, deren exotische Säure sich aber nicht eingrub. Dazu: Akzente von Mascarpone und Haselnuss auf dem Rücken des Krustentiers, an der einen Seite ein knuspriges Törtchen mit Creme, Gel und emporragendem Schinkenchip, auf der anderen Seite ein Schinkenschaum – nicht nur schön anzuschauen, sondern auch stimmig im Geschmack.

Wenig zurückhaltend war das „Dim Sum à la Five" mit seiner vollen Umami-Wucht, die sich nicht genau lokalisieren ließ, sondern wohl der Summe verschiedener Bestandteile zuzuschreiben war: einer Kimizu aus Eigelb, Dashi und Reisessig, einer dunklen Creme mit Miso und Ponzu, darin eingelegte Navetten, Radieschen, Takuan-Rettich sowie Rauchmandeln in einem Ring aus Umeboshi-Paste und Sesam. In der Mitte thronte die fluffige Teigtasche selbst, gefüllt mit Kalb und Geflügel, die groß und stark genug war, sich gegen die geballte Power des Drumherums behaupten zu können.

Mit dieser asiatischen Dominanz als Geschmackserinnerung kamen dann schon leichte Bedenken auf, welche Rolle das Thai-Curry beim Wildfangzander mit Bouillabaisse wohl spielen würde. Eine untergeordnete in Schäumchenform, wie sich schnell herausstellte – und das war gut so, denn die südfranzösische Prägung des Gerichts mit einem Hauch von Bergamotte kam hier gut zur Geltung. Edamame und Cashewnüsse waren für etwas Biss in der Textur zuständig, vereinzelte Passepierre-Queller als Deko, und zwischen Hollandaise und Tapioka-Chip konnten sich die zwei Hauptplayer frei entfalten: der saftige Zander mit seiner krossen Haut und die angegossene Bouillabaisse mit nicht zu strenger Fisch- und schöner Safrannote.

Auch im Fleischgang steckten asiatische Komponenten wie Miso, Yuzu und Kimizu, die aber auch hier nicht brachial durchschlugen, sondern dem Gericht nur etwas Inspiration mitgaben. Im Duett vom galizischen „Tenera-Gallega"-Weidekalb, das als zartes Filet und als knusprige Kalbsbriespraline aufgeboten wurde, machten sich in einer von grünem Öl umrandeten Jus ansonsten knackiger Romanesco und eine geschmeidige Blumenkohlcreme gut. Und wie so häufig bei Alexander Dinter wirkte auch dieses Hauptgericht durch seine zitrische Auffrischung besonders leicht.

Nach einer wirklich herben Erfrischung mit roter Johannisbeere und Shiso im Glas, schloss das eigentliche Dessert das Menü eher sanft ab. Obwohl: Auch Kumquat kann ja einen gewissen Säurefaktor haben, zumal in Kombination mit der Iyokan-Zitrusfrucht, was hier aber mit einer cremigen Kugel auf einer Mürbeteigplatte gut aufgefangen wurde. Zur „edelweißen" Süße der Yuna Original Beans gab es dazu noch ein Kakaoblattgitter und kleine Akzente von Salzkaramell, Macadamia und Thaibasilikum. Noch einmal Ausrufezeichen setzten zum Abschluss die Petits Fours, vor allem ein intensives Ingwer-Eiskonfekt sowie eine Passionsfruchtpraline und ein Macaron von Erdbeere und Tonkabohne.

Zum Zeitpunkt unseres Testbesuchs hatte der langjährige Sommelier Dirk Romann das Haus bereits verlassen, und der neue war noch nicht angekommen. Aber mit vollem Einsatz zeigte auch der Patron und ehemalige Fußballprofi Michael Zeyer, was der Keller zu bieten hat: nach wie vor Weine zum Teil aus Magnumflaschen – oder sogar aus der Doppelmagnum wie der 2013er Riesling Ungeheuer vom Reichsrat von Buhl –, die gut auf die Küche abgestimmt sind. Wir sind gespannt, wie die Welt- und Weinreise im 5 weitergeht.

6

Augustenstüble

Augustenstr. 104, 70197 Stuttgart
0711-621248
www.augustenstüble.de
Küchenchef: Simon Hölzer, Tobias Traub
Di–Sa ab 18 Uhr, So u. Mo RT
Hauptgericht: 29–39 €, Menüs: 58–75 €

Auf den ersten Blick könnte das an einer engen Straßenkreuzung in Stuttgarts Westen gelegene Augustenstüble von Sabine und Günther Oberkamm auch als rustikale Eckkneipe durchgehen. Davon sollten sich aber weder zufällig einfallende Passanten noch gezielte Besucher täuschen lassen. Denn zwar hat das Stüble beim Betreten schon den erwarteten gemütlich-bodenständigen Charme, zeigt aber mit geschmackvollen Details und vielen hochkarätigen Weinflaschen, die in vergangenen Tagen geleert wurden, auch gleich sehr direkt und unzweifelhaft, dass hier ein vinophiler und überhaupt sehr genussfreudiger Wind weht.

So richtig wird das dann beim Blick in die Speisekarte deutlich, der ohne Umschweife verdeutlicht, worauf sich das Team hier in mehr als zehn Jahren spezialisiert hat: nämlich französische Klassik in unverfälscht schwelgerischer Art, gepaart mit leidenschaftlich vorgestellten Weinentdeckungen der passionierten Gastgeber.

Und genau auf diese Art machte zuletzt beispielsweise ein Salat von festfleischig-zartem Perlhuhn in einer samtig säuerlichen Marinade nebst sautierten Champignons, Blattpetersilie und Pinienkernen als im Grunde maximal simpler, in seiner schlichten Klarheit aber dennoch sehr feinfühlig zubereiteter Auftakt bereits viel Freude. Genau wie ein feinwürziges Roastbeef vom Hirsch, das mit herbfruchtigen Preiselbeeren und einem lockeren Bouquet von Salatspitzen gekonnt das Hauptprodukt in den Vordergrund stellte und auf unverkünstelt

gegenständliche Art für eine abwechslungsreiche Umgebung sorgte.
Das folgende gebackene Ei mit Steinpilzen und Erbsen war voll auf süffigen, aromendichten Genuss ausgerichtet. Zwischen einer stoffigen Weißweinsauce mit elegantem Säurespiel, seidiger Erbsencreme mit natürlicher Süße und den röstwürzig-saftigen Steinpilzscheiben war lediglich das Ei selbst ein bisschen zu fest, wodurch einiges an Potenzial verschenkt wurde, denn mit zart fließendem Kern wäre das Ganze einfach noch raffinierter und eleganter gewesen. Dennoch hatte auch dieser Gang Niveau, war abwechslungsreich, in den einzelnen Komponenten gut ausbalanciert und auf diese Art einfach sehr gelungen.
Das galt genauso für den taufrischen Kabeljau mit dünner knuspriger Haut über glasig aufblätterndem Fleisch mit klarem, sauberem Geschmack, der neben einer fruchtig-eleganten Kürbiscreme mit gerösteten Kernen, bunten nussigen Linsen und einer diesmal weniger auf Druck und Tiefe, sondern Eleganz und lebendiges Säurespiel ausgerichtete Sauce angerichtet wurde. Überhaupt zeigt sich vor allem im Umgang mit den Hauptprodukten und in den Saucen die Qualität der Küche besonders gut.
Aber selbst im süßen Bereich gibt sich das Küchenteam um Simon Hölzer und Tobias Traub keine Blöße und schickte zuletzt eine flach aufgetragene Crème brûlée mit markanter, sauber gebrannter Zuckerkruste nebst lieblich frischem, auf sehr natürliche Art ausdrucksstarkem Pfirsichsorbet als absolut souverän umgesetzten Abschluss. Bei der Auswahl der Weine kann man sich getrost in die Hände der erfahrenen und sehr weinaffinen Gastgeber begeben, findet aber auch sonst in dem erfreulich individuell sortierten deutsch-europäischen Sortiment viele spannende Flaschen.

Fast & SLOW

Beef Burger Brothers

Hohenloher Str. 8,
70435 Stuttgart
☏ 0711-76165203
beef-burger-brothers.de
Di–Do von 11.30–21 Uhr,
Fr von 11.30–22 Uhr, Sa von 12–22 Uhr,
So u. Fei von 12–20 Uhr, Mo RT
Hauptgericht: 7–22 €

Burger mit Patties aus Beef von schwäbischen Weiderindern, auf dem Lavagrill zubereitet, mit frischen, natürlichen Zutaten und hausgemachten Saucen.

Fast & SLOW

Beef Burger Brothers

Marienstr. 28, 70178 Stuttgart
☏ 0711-94569794
beef-burger-brothers.de
Mo–Do von 11.30–21.30 Uhr,
Fr von 11.30–22 Uhr, Sa von 12–22 Uhr,
So RT
Hauptgericht: 7–22 €

Burger mit Patties aus Beef von schwäbischen Weiderindern, auf dem Lavagrill zubereitet, mit frischen, natürlichen Zutaten und hausgemachten Saucen.

6

Christophorus

im Porsche-Museum

Porscheplatz 5, 70435 Stuttgart
☏ 0711-91125980
www.porsche.com/museum/de/
kulinarischesangebot
Küchenchef: Thomas Heilemann
Di–Sa von 12–14 Uhr u. ab 18 Uhr,
So u. Mo RT
Hauptgericht: 30–84 €,
Menüs: 85–120 €

VISA

Der markant futuristische Bau des Porschemuseums in Zuffenhausen lohnt nicht nur einen Besuch, um dort die verschiedensten auch sehr außergewöhnlichen Modelle des Automobilherstellers von einst bis heute zu bestaunen und sich über Historie und Innovationen des Unternehmens zu informieren, sondern auch aus kulinarischer Sicht. Denn im obersten Stock mit Blick auf den Porscheplatz lässt sich in dem nach dem Schutzpatron der Reisenden benannten Restaurant Christophorus in gastronomisch gehobener eleganter Atmosphäre sehr gut speisen.

Mit Thomas Heilemann steht der Küche ein souveräner Routinier vor, der bereits in den legendären unterfränkischen Schweizer Stuben und im Stuttgarter Olivo reüssierte, niemandem mehr etwas beweisen muss, und sich so auf die wesentlichen Dinge konzentrieren kann, nämlich Produkt und Geschmack. Das hat er eigentlich schon immer gemacht und sehr produktfokussiert und schnörkellos gekocht. So auch hier: Rote-Bete-Butter und Olivenapenade zu dreierlei verschiedenem Brot zeigten auch bei unserem jüngsten Besuch gleich zu Beginn die Vorliebe der Küche für klare, unverfälschte und vor allem kraftvolle Aromen.
Eine saftige, panierte und knusprig ausgebackene Praline vom geschmorten Zicklein auf eher süßlich gehaltenen gelben Linsen und eher säuerlich gehaltenem Quittenchutney gaben danach als schmackhafter geradliniger Dreiklang einen animierenden Start. Und zu den Vorlieben für ausgeprägte und authentische Aromen passte auch bestens das Parfait von der Kalbsleber mit ihrem sehr deutlichen Geschmack, das als ein mit in Portwein eingelegten Pfefferkirschen, Mousse von der Gewürzschokolade und kleinen Brioche-Brocken bestückter und tatsächlich parfaitmäßig geeister Savarin aufs Porzellan geschickt wurde. Dazwischen sehr passend das würzige Aroma von Tahoon-Kresse, das immer ein wenig an wilden Majoran erinnert und hier einen sehr schönen Akzent liefern konnte.
In eben dieses Bild passte aber auch sehr gut die Consommé von der Körschtaler Räucherforelle, deren deftiges Aroma hier sehr deutlich und doch elegant in das klare Süppchen eingebunden war. Neben kleinen Stücken des Fleischs der warmgeräucherten Forelle schwammen auch Shimeji-Pilze und Tomatenfiletstreifen als Einlage in den Fluten. À part begleitet wurde sie von einem kleinen (etwas spröden und trockenen) mit Forellenkaviar und Salicornes belegten Blätterteig-Sandwich.
Wer danach mit Fisch weitermachen will, kann das zum Beispiel mit gedämpftem Filet vom Stör nebst gegrilltem Lauch, Gurke und einem von Salzzitrone keck angespitzten Selleriepüree tun, denen die Aromen von Nussbutter, Kapern und Austernblatt zuarbeiten. Die Gelüste auf gutes heimisches Fleisch wurden neben der stadtbekannten Premium-Steak-Auswahl beim letzten Mal zum Beispiel mit einem Zweierlei vom Schwäbisch-Hällischen Landschwein gestillt: sous-vide gegarter und angekrosster Bauch sowie zart geschmorte und satt dunkel glasierte Bäckchen neben einem sehr aparten „Törtchen" aus weißen kleinen Bohnenkernen, grünen Bohen und Spitzkohl sowie Kartoffelkroketten-Sticks und Aprikosenconfit – alles auf einer sehr fein abgestimmten kraftvollen Madeirajus mit Senfkörnern platziert. Da bleiben keine Wünsche an so ein Gericht offen.
Und auch das Dessert präsentierte sich nicht nur wegen seiner originellen, handwerklich aufwendig zubereiteten Optik in Gestalt einer aus Parfait und Kakaobutter nachgebildeten Mandarine äußerst gelungen, sondern machte nebst Mandarinensud, weißer Schokoladenmousse und Wildkräuterparfait auch geschmacklich viel her. Wären die Aromen noch etwas markanter herausgearbeitet worden und die weiße Schokoladenmouse nicht bloß sahnig und süß gewesen, hätte man das ganz bequem auch mit 7 Pfannen bewerten können.
Man sieht also, dass sich die Küche des Christophorus in jüngerer Zeit deutlich steigern konnte und nicht bloß wegen der außergewöhnlichen Produktqualität der Steaks den Besuch lohnt. Die Weinkarte listet sehr viel Gutes und auch Hochwertiges, Gereiftes aus Nah und Fern. Und dass es zu jedem Gang auf Wunsch auch glasweise gut korrespondierende Tropfen gibt, dafür sorgen Sommelier Holger Schramm und seine kundigen Kolleginnen und Kollegen.

5

Da Franco

Calwer Str. 23, 70173 Stuttgart
0711-291581
www.dafrancostuttgart.de
Di–So von 12–14 Uhr u. ab 18 Uhr, Mo RT
Hauptgericht: 26–48 €, Menüs: 35–65 €
VISA

Der Evergreen in Stuttgarts gehobener Gastroszene ist seit über 50 Jahren aktiv, früher im Westen der Stadt und nun seit über 30 Jahren in einer Parallelstraße der Fußgängerzone. Wer klassische italienische Küche ohne Firlefanz schätzt, findet hier einen stilvollen Ort, um voll auf seine Kosten zu kommen. Die Gastgeberfamilie Annunziata leistete einst wahre Pionierarbeit in Sachen Alta Cucina und steht auch heute noch unumstößlich für gehobene mediterrane Gaumenfreuden. Die Küche von Mathilde Annunziata ist klassisch und traditionell, die Zubereitungen leicht, die Pasta hausgemacht, die Aromen natürlich und die Produkte frisch. Dieses Restaurant ist eine sehr solide und zuverlässige Adresse für maßvoll gehobene

Küche ohne Kreativitätsanspruch und bietet auch eine schöne Auswahl an Weinen aus allen Regionen Italiens sowie einen flotten und effizienten Service.

7 ¶¶¶

Délice

Hauptstätter Str. 61,
70178 Stuttgart
0711-6403222
www.restaurant-delice.de
Di–Fr ab 19 Uhr, Sa–Mo RT
Menüs: 138 €
EC VISA

An vier Abenden in der Woche performen Gastgeber Evangelos Pattas und Alleinkoch Andreas Hettinger im stilvollen Gewölbekeller des Délice an wenigen Tischen für gut 20 Gäste. Und es ist erstaunlich, mit wieviel Präzision und Kreativität Andreas Hettinger in seiner kleinen offenen Küche die Teller des fünfgängigen Menüs im Alleingang finalisiert und anrichtet. Seine Kompositionen zeichnen sich durch klare Aromenbilder mit viel Substanz aus, bewegen sich auch dem soliden Fundament französischer Klassik, wirken aber nie behäbig oder zu gediegen, sondern punkten vielmehr immer wieder auch mit originellen Akzenten. Oft mit mediterranem und manchmal auch mit asiatischem Oberton und immer eher gegenständlich als verkünstelt. Hettingers Stärken sind sein guter Blick für das Wesentliche, sein Gespür für Aromen und Zusammenhänge und seine Beständigkeit. Im Zusammenspiel mit den immer durchdacht und zielsicher zu den Gerichten ausgewählten Weinempfehlungen von Evangelos Pattas ergibt sich da ein rundum stimmiges Gesamtpaket mit einem reellen Preis-Genuss-Verhältnis.

8 ¶¶¶

Der Zauberlehrling

Rosenstr. 38,
70182 Stuttgart
0711-2377770
www.zauberlehrling.de
Küchenchef: Fabian Heldmann
Mo–Sa ab 18.30 Uhr, So RT
Menüs: 125–199 €
EC P

Zentral, aber doch etwas versteckt liegt im Stuttgarter Zentrum das kleine Boutiquehotel und Restaurant von Familie Heldmann, das beim Betreten durch sein individuelles Design tatsächlich unmittelbar einen gewissen Zauber vermittelt. Das elegant in Cremefarben, Gold, Aubergine sowie originellen und farbenfrohen Details eingerichtete Restaurant wirkt heiter, hell und vom ersten Moment an sehr lebensfroh. Kurzum: es lädt zum Genießen ein! Und dafür, dass sich das auch absolut lohnt, steht seit einigen Jahren mit Fabian Heldmann, dem Sohn des Gründers und Patrons Axel Heldmann, ein echter Könner am Herd, der seine Erfahrungen aus den Brigaden von Christian Jürgens in der Überfahrt in Rottach-Egern und Christian Bau in Victor's Fine Dining in Perl mit viel Verve und zunehmend eigenständigerer Handschrift einzusetzen weiß.
Das zeigten auch bei unserem jüngsten Besuch zum Auftakt bereits fein gearbeitete Kleinigkeiten aus Parmesan, Speck und Trüffel sowie Lachs in Shiso, Tempura und Zitrone mit jeweils klar und präzise herausgearbeiteten Aromen. Auch beim Ceviche vom Wolfsbarsch mit Kokoscreme sowie Koriander- und Chiliöl als mutig markanter Opener, gelang es souverän, jede einzelne Komponente bis hin zur klaren Qualität des nur leicht gesäuerten Wolfsbarschs trotz der Verdichtung schön klar schmeckbar zu machen und bereits an dieser Stelle ein echtes Statement zu setzen.
Dennoch verschießt das Team sein Pulver keineswegs unbedacht und hält das hohe Anfangsniveau auch in den regulären Gängen des Menüs. So etwa bei einem Ring aus hohen Tranchen zart gebeizten Saiblings mit kleinen Kreisen verschiedener Bete-Varietäten sowie Tupfen von Crème fraîche, Saiblingskaviar und geeisten Dillperlen. Letztere akzentuierten das Tatar im Zentrum gemeinsam mit einem nervig-säurefrischen Sud aus Staudensellerie, Grünem Apfel und Liebstöckel mit kühler ätherischer Frische, die alles mit einem kräutrig-frischen Hauch umspielte.

Oder beim sanft mit ganz zarten Röstnoten gegarten Kabeljau nebst einer Nocke von Prunier Kaviar, der mit einer „karamellisierten“ Beurre blanc kombiniert wurde. Diese Sauce transportierte neben dem typischen straffen Säurekern eine kraftvolle Röstzwiebelnote und akzentuierte so den von einer kunstvollen Miniatur aus Artischockencreme, Chips und Spalten unter Kräutercrumble und Salzzitrone eskortierten Fisch erfreulich charakterstark.
Zum Zeitpunkt unseres Testbesuchs im Spätherbst etwas überraschend, nichtsdestotrotz aber fantastisch performt, folgten im Anschluss daran zarte Röschen vom Kalbsbries neben Erbsencreme und frischen Erbsen, ein klein wenig Pfifferlingsrisotto mit roh gehobelten Champignons und einer saftigen Morchel, ergänzt von einem erdig-duftigen Morchelschaum mit ätherischer Pfefferschärfe als eher klassisches, aber ebenfalls souverän und fein aufgeführtes Intermezzo.
Wieder klarer in der herbstlichen Saison lag dann der mit Buchweizen und Schnittlauch bedeckte Rücken vom Hirschkalb nebst einer elegant transparenten Wildjus und anisduftigem Estragonöl, was bei aller Würze und Kraft für einen beinahe schwebenden Eindruck sorgte. Dieser wurde von der erneut virtuos verdichteten Ergänzung durch eine weich geschmorte Topinamburknolle mit Topping aus Kumquat (eingelegt und als knusprige Chips), Buchweizen und Rehschinken noch verstärkt. Ein absoluter Volltreffer, der sich auf locker-lässigem 9-Pfannen-Niveau bewegte und eindrucksvoll aufzeigte, was hier mittelfristig theoretisch noch möglich ist…
Einzig das Dessert konnte beim letzten Besuch das sonst beeindruckend hohe Niveau nicht ganz halten. Optisch war der mit einer Mango-Sphäre als „Spiegelei“ und gehobelten Nougatspänen als falscher Trüffel inszenierte Abschluss zwar ein Knaller, und auch die mutige Ergänzung der exotischen Fruchtfülle mit einem erdig duftigem Trüffeleis, das gemeinsam mit Nougatcreme und einem Nest aus knusprigem Buchweizen-Kataifiteigfäden ging aromatisch durchaus auf. Insgesamt war das Ganze aber doch mehr auf die verspielte Anrichteweise als auf aromatische Präzision abgestellt.
Dennoch präsentierte sich das Zauberlehrling-Team mit dem jüngsten Menü wieder sehr souverän auf diesmal richtig starkem 8-Pfannen-Niveau, lässt damit für die Zukunft sogar noch einiges erwarten und ist und bleibt eine der spannendsten Stuttgarter Genussadressen. Dazu tragen natürlich maßgeblich auch das gekonnt zwischen locker und eloquent agierende Serviceteam und dessen durchweg lohnenden hochwertigen Weinempfehlungen bei, die – gern auch mal gereifter und/oder aus der Magnumflasche – bestens auf die Gerichte ausgerichtet sind.

---

7 🍴🍴🍴🍴

Fässle le restaurant

Löwenstr. 51, 70597 Stuttgart
0711-760100
www.restaurant-faessle.de
Küchenchef: Patrick Giboin
Di ab 18.30 Uhr,
Mi–Sa von 12–13.30 Uhr u. ab 18.30 Uhr,
So u Mo RT
Hauptgericht: 32–36 €, Menüs: 52–82 €

VISA

In Zeiten zunehmender Reduzierung von Öffnungszeiten und Speisekarten nimmt das „Fässle le restaurant“ einen bald schon einzigartigen Sonderstatus ein: Mit zwei Menüs am Abend, einer günstigen Lunch-Variante zum Mittagstisch, einer eigenen Speisefolge für Kinder und diversen À-la-Carte-Gerichten verwundert es kaum, dass viele Stammgäste das vielfältige Angebot dankbar annehmen und einmal die Woche vorbeischauen. Zumal auch das Preis-Leistungs-Verhältnis in der Landeshauptstadt seinesgleichen sucht. Das Konzept bringt es mit sich, dass man hier eine Vorspeise plus Hauptgericht genauso ungezwungen genießen kann wie ein Menü in sechs Gängen. Davon gibt es wie gesagt am Abend gleich zwei: das „Le Menu“ und das „Menu du Jardin“ in komplett eigenständiger Ausrichtung.
Zu beiden gab es zuletzt vorneweg einen so schlichten wie schmackhaften Gruß in Gestalt eines sehr knusprigen Falafelbällchens auf Karottensalat nebst Hummus. Nach Brot und Kräuterdip wurden als starker Einstieg ins „Le Menu“ gleich einmal die Kontraste gut ausgereizt, denn zu einem handgeschnittenen würzigen Kalbstatar kamen die sehr jodigen Noten

von Austern: das Muschelfleisch auf dem Tatar, dazu Tupfen einer Austerncreme auf einer Sepia-Hippe. Der maritime Gegenspieler zum rohen Fleisch tauchte zudem auch noch in seiner eigenen Schale auf, in der außerdem grüner Apfel, Gurke und Spitzen von Passe-Pierre-Algen als frische Akzente aufblitzten.
Auch im nächsten Gang ergänzten sich die Elemente Wasser und Erde zu einem sehr stimmigen Gericht. Hier nicht als heimlicher Star versteckt, sondern von Krustentierschaum umspielt auf einem schwarzen Teller thronend: Winterkabeljau. Unter seiner würzig-krossen Haut lösten sich die Lamellen einer ordentlich hohen Tranche glasig-glänzend schon fast von allein. In das begleitende Perlgraupenrisotto waren neben Gemüsebrunoises auch graupengroße Kalbskopfstücke eingearbeitet, flankiert von knackig gegrilltem wildem Brokkoli.
Im Hauptgericht war das Hauptprodukt angemessen in Szene gesetzt, ohne es – wie bei Fleischgerichten gelegentlich zu erleben ist – zu dominant wirken zu lassen. Zwar verstärkte ein deftiges Ochsenschwanzragout im Schälchen noch das intensive Fleischererlebnis, aber der kräftige Eigengeschmack von Petersilienwurzel konnte als Creme und Chips, am besten aber als frisch, saftig, kurz gegarte Version, gut mithalten. Ein Kartoffelbaumkuchen bildete als Riegel die solide Basis darunter und entsprach von der Portionierung her ziemlich genau der klassisch gebratenen, saftig-roten und schlank geschnittenen Tranche vom Rinderrücken. Deren Genuss wurde durch Scheiben von Périgordtrüffel darauf und daneben noch erdig potenziert.
Im vegetarischen Menü war ebenso viel geboten – im Zwischengericht auch schwarze Trüffel und viel Umami. Hauptursächlich dafür war eine Essenz von der Bratkartoffel, die aus einer Teekanne über ein Chutney mit Sellerie und karamellisierten Zwiebeln angegossen wurde, getoppt mit Périgordtrüffel und einer geschwungenen Tempura-Zwiebel. Schon zuvor glänzte die Küche mit Kürbisvariationen: herzhaft mit gebackenen Knödeln und großen Taschen mit Ziegenquark, beides „paniert" mit gerösteten, feingehäckselten Kürbiskernen. Fruchtiger, frischer und auch ein bisschen säurebetonter war der Kürbis als Salat sowie Mousse zu Quark und Salbei interpretiert.
Das vegetarische Hauptgericht schließlich bot ein komplexes Geschmacksbild mit Ricotta-Ravioli, saftigen Stücken von der Artischocke sowie einem intensiven Tomatenragout, alles üppig umzingelt von einem Nussbutterschaum und garniert mit Anis-Chips. Keine Frage: Hier sind vegetarische Alternativen keine „Alibi-Gerichte", bei denen einfach Fleisch- und Fischprodukte weglassen wurde, sondern gut durchdachte Kreationen, an denen man nichts vermisst.
Erfahrungsgemäß sind auch die drei Desserts im Fässle gleich hochwertig. Die Variation mit Mandelcreme jedenfalls, bei der es sich eher um einen saftigen Savarin handelte, überzeugte schon deshalb, weil sie nicht zu süß und schwer war. Mit einem Keksring als Trennscheibe zu einer Buttermilchcreme bot sie auch etwas Crunch und vor allem einen Ausgleich zu den herben Noten von Quitte (als Eis und Mousse) sowie einer exotischen Prise Kurkuma.
Pascal Foechterlé, wie Inhaber und Küchenchef Patrick Giboin Franzose und einer der besten Gastgeber der Stadt, findet dazu spannende Weine. Auch das holzvertäfelte Ambiente im denkmalgeschützten Teil des Fässles hat seinen Anteil an rundum gelungenen Wohlfühlabenden. Bei größerem Betrieb, was keine Seltenheit ist, wird zusätzlich der Raum im Nebengebäude bespielt – und wenn die Temperaturen es zulassen auch der lauschige Innenhof.

7

Hegel Eins

Hegelplatz 1,
70174 Stuttgart
0711-6744360
hegeleins.de
Küchenchef: Felix Herp
Di–Sa ab 19 Uhr, So u. Mo RT
Menüs: 144–166 €
EC VISA

Das kleine Restaurant, etwas versteckt im Linden-Museum gelegen, war in Stuttgart eine der Überraschungen der jüngsten Zeit und lange ein Geheimtipp, selbst für Einheimische. Inzwischen hat sich herumgesprochen, dass man in Stuttgarts Völkerkundemuseum sehr gut es-

sen und auch recht schön sitzen kann. Der lange und hohe Raum, der an eine Jagdlodge erinnert, ist mit Holzschindeln an der einen Seite, an der anderen mit einem schweren Vorhang verkleidet. Von den Wänden grüßen ein Büffel- und ein Eberkopf. Vor allem aber begrüßt hier zu Loungesound seit vielen Jahren Inhaber Jan Tomasic seine Gäste und bringt ihnen das Menü nahe. In der Küche aber hat es jüngst einen Wechsel gegeben: Küchenchef Daniel Mästling, der das Niveau kontinuierlich nach oben schraubte, hat das Haus verlassen. Aus dem kleinen Team ist Felix Herp aufgerückt.
Konzeptionell hat sich wenig geändert: Es gibt ein Menü in fünf oder sieben Gängen, das nach Brot, pfeffriger Melange-Noir-Butter und grasigem Olivenöl aus Andalusien auch zuletzt gleich mit dem ersten Gang startete. Hauptprodukt war hier eine auch Bastard- oder Holzmakrele genannte Aji, gebeizt, leicht geräuchert und zu einem Medaillon geformt. Von der annoncierten Austerncreme war nichts zu spüren, wohl aber vom grünen Apfel als Gel und kugelig ausgestochenes Tatar, das zur sanften Würze des Fischs eine fruchtige Note gab. Kleine Gimmicks waren Stickstoffperlen aus Sauvignon Blanc mit cremigem Schmelz und ein Shisoblatt mit Crunch. Angegossen wurde das Gericht mit einem mit Korianderöl marmorierten Ingwer-Dashi-Sud – ein angenehmer Opener, allerdings ohne Ausrufezeichen.
Das fehlte auch beim „Waldspaziergang" auf einem etwas matschigen Boden aus Pumpernickelcreme mit Shiitakecreme, Semmelstoppel, gepickelten Buchenpilze, süß-sauer marinierten Pfifferlingen und Pilz-Air, also ein sehr luftiger Schaum. Irgendwie aber fehlte der Komposition aber dennoch das Erdige, das Herzhafte, das Zwingende, zumal die säuerlichen Töne dominierten, verstärkt noch durch Geleescheiben aus 25 Jahre altem Essig. Zwei getrocknete Sponges aus Fichtennadeln lieferten der Komposition zwar Crunch, aber kaum ätherisches Waldaroma.
Der nächste Gang war eine hübsche Idee, nämlich die sehr individuelle Interpretation einer französischen Zwiebelsuppe – trockengelegt, sozusagen, denn Sud gab es nur durch eine angegossene Zwiebelreduktion. Die Zwiebelgewächse wurden vielfältig inszeniert mit frittierten Ringen und Knoblauchblüten, mit einer Brandade zuunterst und darauf dem Hauptplayer, einer geschmorten Zwiebel, zwischen deren einzelnen Lagen abwechselnd geschmolzener Comté und Parmesan geschichtet war. Hier gab es also erdige, würzige und süßliche Töne zur Genüge, aber mehr eben auch nicht, sodass das Geschmacksbild schnell erschlossen war, weil sich darüber hinaus keine weitere Dimension bot. Allenfalls die kräuterige Schärfe eines Schnittlauchöls in der Mitte der Zwiebel sorgte für einen kleinen auflockernden Kick.
Uneingeschränkt überzeugen konnten erst die Gerichte, die mit etwas weniger Komponenten auskamen, sich aber als Ganzes dann doch mehr öffneten. Namentlich zum Beispiel ein großer Raviolo aus zwei Teigarten, nach außen hin sternförmig gefaltet, üppig gefüllt mit bretonischem Taschenkrebs, getoppt mit Finger Limes und badend in einer Hummerbisque. Hier ergab jeder Löffel eine große Stimmigkeit, changierend zwischen dem Aroma des Krebses und der schaumigen Bisque, und dazwischen blitzte immer wieder die nicht zu dominante Säure der Zitrusfrucht auf. Ein echtes Wohlfühlgericht.
Noch besser hat uns der Fleischgang gefallen, der dann sogar schon einen gewissen Suchtfaktor entwickelte. Das lag zum einen am hervorragenden Lammrücken aus der Provence, der im Hegel Eins noch einige Tage gedryaged und perfekt rosa gegart mitsamt seines köstlichen, aromaspendenden Fettdeckels serviert wurde – saftig, würzig, butterzart, unterstützt von einem hocharomatischen Lammtee. Zum anderen aber lieferte dazu ein dekonstruiertes Ratatouille feine Nuancen, die sich anders als bei den meisten vorangegangenen Gerichten alle als ganz klar fokussiert behaupten konnten. Als da waren: eine geräucherte Auberginencreme, die durch Piment d'Espelette auch eine stahlige Schärfe hatte; gepickelte Paprikadrops, deren Fruchtsüße sanft in ein darunter gesetztes weißes Tomatengel gebettet war. Außerdem eine Perlzwiebel auf einem Gel aus der Tropea-Zwiebel. Hier knüpfte die Küche nahtlos an die Höchstleistungen an, wie wir sie im letzten Jahr im Hegel Eins schon erlebt hatten.
Das Dessert gefiel auch, war aufwendig gebaut als eine Art Piña-Colada-Traum mit falscher Kokosnuss aus Schokolade als Schale, mit geschmorter Ananas, Passionsfrucht und einem getränkten Kuchen. Vielleicht hätte man hier den Koriander noch etwas mutiger einsetzen können oder andere würzige Noten, um der exotischen Süße etwas mehr Kante entgegenzusetzen. So bleibt es unterm Strich bei einer respektablen Küchenleistung, die zwar noch nicht ganz nahtlos an das zuletzt unter der Ägide des Vorgängers gezeigte Niveau anknüpfen konnte, aber auch nicht allzu weit davon entfernt lag. Wir vergeben knappe 7 Pfannen und sind gespannt, in welche Richtung die Entwicklung weitergeht.

7

Hupperts

Gebelsbergstr. 37, 70199 Stuttgart
0711-6406467
www.hupperts-restaurant.de
Di–Sa ab 18.30 Uhr, So u. Mo RT
Menüs: 129–139 €

Unauffällig in einem Wohngebiet im Stuttgarter Süden gelegen, strahlt das Hupperts mit seinem teils holzvertäfelten Gast- und Nebenraum eine gediegene Behaglichkeit aus. Nicht nur wegen der kleinen Außenterrasse legen die Betreiber großen Wert auf ein gutes nachbarschaftliches Verhältnis und wollen nicht nur Gourmets von außerhalb anziehen. Das gelingt dem Chef mit einer Küche, die mit der Philosophie „reiner Geschmack aus der Region" klassisch ausgerichtet ist, zugänglich und nachvollziehbar sein soll. Mit guten, aber nicht zwingend luxuriösen Produkten wie zum Beispiel Heilbutt, Maispoularde oder Iberico bleibt man eher auf der französischen Linie, verschließt sich aber nicht gelegentlichen asiatischen Inspirationen. Marianne Huppert serviert dazu eine Auswahl an überwiegend heimischen, aber auch europäischen Gewächsen.

5

Kicho

Jakobstr. 19, 70182 Stuttgart
0711-247687
www.kicho.de
Di–Sa von 12–14 Uhr u. ab 18 Uhr, So u. Fei ab 18 Uhr, Mo RT
Hauptgericht: 10–44 €, Menüs: 44–56 €

Dieses sehr klassisch, aber mit einem leicht modernen Touch eingerichtete Restaurant bietet eine der besten klassischen japanischen Küchen im Raum Stuttgart. Die Zubereitungen sind traditionell und bestechen durch eine für deutsche Standardverhältnisse sehr gute, klar überdurchschnittliche Produktqualität und Präzision bei der Zubereitung. Und das gilt hier nicht nur für Sushi und Sashimi, sondern auch für Nudel- oder Reisgerichte, verschiedene Tempura-Gerichte oder Fleisch sowie Fisch vom Grill. Gutes Preis-Leistungs-Verhältnis.

6

La Fenice

Rotebühlplatz 29, 70178 Stuttgart
0711-6151144
www.ristorante-la-fenice.de
Mo, Sa u. Fei ab 18.30 Uhr, Di–Fr von 12–14 Uhr u. ab 18.30 Uhr, So RT
Hauptgericht: 34–42 €, Menüs: 70–80 €

Das seit 1989 von der Familie Gorgoglione geführte Restaurant in Stuttgarts Innenstadt überzeugt mit seiner schnörkellosen gehobenen italienischen Küche wie nur wenige andere in Süddeutschlands Großstädten. Das Erfolgsrezept ist denkbar einfach: Chefköchin Rosa Gorgoglione serviert auf ihren Tellern weder geschmacklose Massenware von Großlieferanten noch eine Fülle von Zutaten. Stattdessen konzentriert sie sich auf ausdrucksstarke Aromen natürlicher Produkte und eine kompromisslose Reduktion auf das Wesentliche – und damit eben genau das, was eine gute italienische Küche ausmacht. Ihre authentische Cucina italiana präsentiert sich geradlinig, puristisch, leicht und gut proportioniert auf den schlicht, aber ästhetisch angerichteten Tellern und begeistert mit unverfälschtem Geschmack. Der Service unter der Leitung von Gastgeber Vincenzo Gorgoglione ist zuvorkommend und die Weinkarte bietet viele gute und gereifte Gewächse aus vielen Regionen Italiens.

Fast & SLOW

Martha's

Königstr. 28, 70173 Stuttgart
0711-72230555
marthas-stuttgart.de
Mo–So von 9–21 Uhr, kein RT
Hauptgericht: 6–15 €

Von vielseitigen Frühstücksvarianten aus guten Produkten über „Oma Marthas Maultaschen" oder Grill- und Siedwürste vom Schwäbisch-Hällischen Landschwein, bis zu Büffel-Burger und Flammkuchen mit hochwertigen Toppings.

6↑ 🍴🍴

Meister Lampe

Solitudestr. 261,
70499 Stuttgart
0711-9898980
www.restaurant-meisterlampe.de
Di–Sa ab 18 Uhr, So von 12–14 Uhr, Mo RT
Hauptgericht: 32–45 €,
Menüs: 67–95 €

EC VISA

So pragmatisch, schlicht und doch stilvoll das kleine Restaurant von Daniel Stübler an der Ortsdurchfahrtstraße des westlichen Stuttgarter Vororts Weilimdorf gehalten ist, so präsentieren sich auch die Gerichte des sympathischen Gastronomen und Küchenchefs, die der meist zwischen Herd und Gastraum hin und her switchende Chef und sein Team hier auftischen. Da ist alles an seinem Platz, da stimmen Zusammenstellung, Qualität, Garpunkte, Würzung, Proportionen, da entsteht unterm Strich auf jedem Teller ganz unauffällig und beiläufig etwas sehr stimmiges Ganzes. Hohes Niveau ganz ohne aufwendige Stilmittel, preistreibende Luxusprodukte oder noch nie da gewesene Kombinationen, sondern einfach mit Können und Substanz auf Basis weitgehend heimischer Produkte, die hier ganz gegenständlich und unverkünstelt, aber eben sehr präzise und mit Know-how zubereitet werden. Und auch das Weinangebot mit Schwerpunkt bei süddeutschen Gewächsen und moderater Kalkulation kann überzeugen.

---

6 🍴🍴

Nagare

Feuerbacher-Tal-Str. 34,
70469 Stuttgart
0711-93541290
www.restaurant-nagare.de
Do–So ab 18 Uhr, Mo–Mi RT
Hauptgericht: 27–38 €,
Menüs: 64–140 €

EC VISA

In der ehemaligen Eckkneipe wird unter der Ägide von Shinishi Nakagawa mittlerweile feine japanische Küche geboten. Das beginnt bei überdurchschnittlichem Sushi und reicht bis zu aufwendigen Menüs in bis zu sechs Gängen, in denen Nakagawa seine Präzisionsarbeit auch bei den Aromen ausspielen kann. Dabei ist er als Designer eigentlich ein Quereinsteiger, der nach einigen Jahren in einem Restaurant in Japan zunächst im Stuttgarter Kicho arbeitete und sich dann in der Wielandshöhe und bei Marco Akuzun im Top Air mit der europäischen Spitzenküche vertraut machte. So stehen auf der Karte neben einem Sushi- und vegetarischen Menü auch klassische Produkte wie Skrei mit Garnelen oder Rinderfilet mit Jakobsmuscheln. Dazu gibt es eine kleine Weinauswahl von Bernd Kreis, japanisches Bier und natürlich hochwertige Sake.

5↑ 🍴🍴

Plenum am Schlossgarten

Konrad-Adenauer-Str. 3,
70173 Stuttgart
0711-30000016
www.restaurant-plenum-stuttgart.de
Küchenchef: Fabian Wolf
Täglich ab 11.30 Uhr durchgehend, kein RT
Hauptgericht: 20–45 €,
Menüs: 45–60 €

EC VISA

Das ins Stuttgarter Landtagsgebäude unmittelbar am Schlossgarten integrierte Plenum bietet aus seinen rundum verglasten Seitenflügeln einen schönen Blick auf Theater und Garten und innen ein großzügiges helles Ambiente in schlicht-moderner Ausführung. Vor allem aber bietet es mittags wie abends ein bemerkenswert ambitioniertes kulinarisches Programm, das von mundwässernd im Eingangsbereich ausgestellter Konditorei und Patisserie über bodenständigere Lunchangebote bis zu elaborierteren und exklusiveren Gerichten reicht, die von Produktauswahl und Aufwand ganz klar in Richtung Fine Dining zielen.

Wenn es also nicht nur für den gehobenen kleineren Stopp die Stuttgarter Currywurst vom Kalb mit Pommes oder der in Schwaben unvermeidliche Zwiebelrostbraten sein soll, der hier in einer veritablen Version mit handgeschabten Knöpfle und Rotwein-Zwiebelmarmelade aufgetischt wird, dann könnte ein Besuch beispielsweise auch mit kurz und sehr scharf angebratenen Jakobsmuscheln starten, die mit ihren intensiven Röstnoten und dem nussigjodigen Eigengeschmack neben Creme und Stücken von der Schwarzwurzel in guter Gesellschaft waren. Etwas Asche von der Schwarzwurzel verstärkte die Bitternoten, während ein fruchtig-frischer, mit Mandarine zusätzlich fruchtig angespitzter Ponzusud mit Säure und Ätherik dagegensteuerte. Das war nicht in absoluter Klarheit und Tiefenschärfe umgesetzt, aber auf seine kompakte Art doch gut auf dem Punkt.
Generell punktet die Küche mit einem angenehm aufgeräumten Stil, bei dem wenige markante und clever gesetzte Akzente für Spannung sorgen. Wie bei der Kombination von Blumenkohl, schwarzer Walnuss und Apfel zu einer zartrosa gebratenen Kalbsleber. Oder wie beim kernig-zarten Hirschrücken, der, gleichmäßig rosa gebraten und final in frischgrünen Kräuterbröseln gewälzt, im Mittelpunkt des Hauptgangs stand und mit Topinambur und Lauch kombiniert wurde. Allerdings wurde hier ebenfalls deutlich, dass der klare Stil deutliche Schwachstellen hat, wenn die Umsetzung weniger exakt ausfällt. Denn gemeinsam mit einem mildfruchtigen Gel, gröber gehaltener Topinambur-Creme und salzig-knusprigen Topinamburspalten entstand hier zwar ebenfalls ein harmonisches Bild, allerdings auf etwas handfestere Art. Und das wurde nicht zuletzt auch durch eine eher derbe Terrine aus Lauchgrün und die recht kraftvoll breitschultrige als elegante Wildjus verstärkt.
Mit einer Delice von der Mandarine mit ätherisch konzentriertem Sorbet, einer aufwendig geschichteten Fake-Mandarine mit Mousse und Confit sowie mit Zesten markant herb aromatisiertem Baiser und Gel zog das Niveau aber direkt wieder an und bescherte einen abwechslungsreichen und gekonnt differenzierten Zitrusspaß zum Abschluss. Das alles bringt ein bestens organisiertes und sehr aufmerksames Serviceteam an die Tische, welches auch mit einer gut strukturierten Weinauswahl dienlich ist, die für die meisten Gerichte und Anlässe eine adäquate Getränkebegleitung garantiert.

7

Ritzi Gourmet

Friedrichstr. 6, 70174 Stuttgart
0711-137920
ritzi-stuttgart.de
Mi–Sa ab 18 Uhr, So–Di RT
Hauptgericht: 42–52 €,
Menüs: 115–165 €
VISA

In zentralster Lage, direkt gegenüber dem Stuttgarter Hauptbahnhof, haben Ben Benasr und sein Team mit dem Ritzi einen exklusiv schillernden Genussort in der Schwabenmetropole geschaffen. Und an dem findet sich in urban-stylischem Ambiente mit der markanten, bestens bestückten Bar, der niveauvollen Brasserieküche im Restaurant und den höher ambitionierten Kreationen im kleinen Gourmet-Separee für beinahe jeden Anlass und Geschmack das passende Angebot – und zwar mit durchgehend hohem Anspruch in allen Bereichen.
Wer sich für das Gourmeterlebnis entscheidet, sitzt in einem leicht erhöhten Teilbereich mit etwas großzügiger gestellten Tischen, die dem sonst oft quirligen Treiben im Hauptrestaurant angenehm entrückt wirken, und kann sich auf eine im Grunde klassisch französische Hochküche in moderner Form freuen, die neben den dafür typischen handwerklichen Basics auch interessante individuelle Ideen bietet. Der selbst artikulierte „Oriental Twist" des aus Tunesien stammenden Chefs sorgt dabei durchaus für den einen oder anderen Akzent, bleibt aber in der insgesamt klar französischen Ausrichtung eher subtil im Hintergrund.
So wie zuletzt bei einer Vorspeise, mit der Steinbutt in eher ungewöhnlicher Form präsentierte wurde. Nämlich roh als eine Art mildes Ceviche und als cremig gebundener Tatar, wodurch aber letztlich die fantastische Qualität des Fischs ganz ungeschminkt zur Geltung

kommen konnte. Begleitet wurde der edle bretonische Plattfisch durch die duftigen Zitrusnoten von Clementine als zarte Filets, Chips und erfrischende Basis für eine Clementinen-Safran-Vinaigrette, die das ganze Ensemble feinsinnig umspielte. Dazwischen blitzten punktuelle ätherische Kräuternoten und die schärfende Frische von Radieschen auf. Ein starker Einstieg!
Der nächste Streich ging mit einseitig kräftig karamellisierten Jakobsmuscheln mit reintönig nussig-süßlichem Geschmack, der zwischen roten Traubenscheiben, hauchdünnen schmelzenden Lardo-Scheiben und Kerbelwurzel inszeniert wurde, noch mehr in die Vollen. Der wesentliche Booster war dabei eine hochkonzentrierte, dichte Sauce mit den Aromen von Lardo und Vadouvan, deren exotisch warme Würze die anderen Komponenten auf feinsinnige Art pushte. Trotz der eher ins Fruchtige, Warme und Süße tendierenden Richtung blieb der Gang weitestgehend klar und beschwingt. Nur die größeren Stücke von der Kerbelwurzel störten auf ihre stärkehaltig-süße Art das Gleichgewicht ein wenig und sorgten für einen minimal zu „breiten" Gesamteindruck.
Weniger komplex und eher auf Tiefe und Schwelgerei ausgelegt, folgten Iberico-Schweinebäckchen und knusprig-zarter Pulpo in einem verfeinert rustikalen Gulaschfond, der von konzentriertem rotem Paprikagel und leicht gesäuerten Poweraden-Spalten aufgelockert und von einem softem Dim Sum mit saftiger Füllung von Pulpo und Schweinebacken um eine weitere „Wohlfühl-Dimension" ergänzt wurde. Das wirkte harmonisch und rund, hatte aber nicht ganz die Trennschärfe und Dynamik der vorhergehenden Kostproben.
Dafür lieferte das Team auf mutig puristische Art im Hauptgang direkt ein echtes Highlight: Kräftig angeröstetes und ansonsten schmelzend temperiertes Wagyu-Beef bekam hier mit knackig grünen Saubohnen und gegrillter Cipollini-Zwiebel, einer feinwürzigen Hefe-Zwiebelcreme und einer hellen, transparenten und satt mit erdig duftiger Wintertrüffel angereicherten Jus ein perfekt zwischen differenzierten Umami-Facetten, erdiger Tiefe und punktuellen Frischekicks angelegtes Umfeld – und wurde darin klar in den Vordergrund gestellt!
Wenn künftig noch mehr Gerichte auf diesem Niveau präsentiert werden, vielleicht auch mit einer noch stärkeren eigenen Handschrift durch orientalische Einflüsse, wäre durchaus auch noch eine höhere Bewertung denkbar. Wobei dafür auch im süßen Bereich noch eine Schippe draufgelegt werden müsste, blieb der Abschluss rund um Blutorange und Kokosnuss in Form eines knusprig-cremigen Schichtriegels neben zitrusduftig herbem Orangensorbet zuletzt sowohl handwerklich (Konsistenzen) als auch in der aromatischen Genauigkeit noch etwas hinter den herzhaften Gerichten zurück. Was den charmanten Service und die gut ausgestattete Weinkarte angeht, aus der auch korrespondierend niveauvolle und spannende Gewächse ins Glas kommen, könnte dagegen alles ganz genauso bleiben, wie es ist.

5↑

Ritzi Restaurant

Friedrichstr. 6, 70174 Stuttgart
0711-137920
ritzi-stuttgart.de
Küchenchef: Ben Benasr
Di–Sa ab 18 Uhr, So u. Mo RT
Hauptgericht: 20–38 €,
Menüs: 78–110 €
VISA

Modern, stylish und ein bisschen pompös: Mit dem Ritzi hat die große weite Welt Einzug in eine Stadt gehalten, die sich mancherorts immer noch ein bisschen schwäbisch bescheiden gibt. Wer sie betritt, hat die vielbefahrene Straßenschneise hinter sich schon vergessen und kann beim Empfang erst einmal in den großen begehbaren Weinschrank hineinstaunen – von außen durch die Glasfront, versteht sich. Danach öffnen sich unter der gefalteten Decke mit ihren Lichtlinien drei samtig gepolsterte Bereiche, die fast nahtlos ineinander übergehen. Am hinteren Ende des Raums zieht sich die gut bestückte Bar entlang, an deren Ende ein kleines Gourmetabteil separiert ist. Mittendrin: das große Herzstück des Ritzi, die lebhafte Brasserie, die (etwas irreführend) offiziell als „Ritzi Restaurant" firmiert.

Wie im Gourmetbereich gibt es auch hier ein Menü, das hier in bis zu vier Gängen „Menü de Marché" heißt. Ein vielfältiges À-la-carte-Angebot hält auch eine vernünftige Auswahl für Vegetarier bereit. Zum Beispiel vorneweg geröstete Sandmöhren, genauer gesagt bei unserem jüngsten Besuch ein Prachtexemplar, das samt Spitze und Strunk quer über dem Teller lag und zum intensiven Karottengeschmack mit seiner feinen Süße auch schöne Röstaromen hatte. Darüber, darunter und daneben tat sich einiges, denn die Sandmöhre war an manchen Stellen mit Spinatblättern und Apfelscheiben bedeckt. Quinoa war teilweise noch mit Senfsaat angereichert, die nebst der Frische von Gewürzjoghurt und der Süße von Datteln für eine wohldosierte Schärfe sorgte.
Ein doppeltes Säureerlebnis gab es bei der Fischvorspeise durch ein geräuchertes Matjesfilet mit seiner herben Würze und dazu der zitrischen Frische des mit Kräuteröl versehenen Yuzu-Crème-Fraîche-Dressings. „Ritzi's Waldorfsalat" dazu bestand zwischen Kräutern, Kürbis und Radieschen auch aus den typischen Komponenten Sellerie, etwas zurückhaltenden Apfelstückchen sowie nussigen Akzenten durch vereinzelte Walnüsse und geröstete und gehäckselte Haselnüsse in einer „Erde" mit Pumpernickel. Ein wichtiges Crunch-Element in der ansonsten recht cremigen Komposition.
Die kompakten Hauptgerichte schienen uns so großzügig portioniert, dass sie wohl auch als „Solobestellung" funktionieren können. Auf dem Fischteller lagen drei große vom Zuschnitt an Jakobsmuscheln erinnernde Stücke von in Olivenöl confiertem Kabeljau, schön glasig und dekorativ mit Schnittlauch garniert, aber etwas schwach gewürzt. Auch von den orientalischen gelben Linsen hätten wir etwas mehr Power erwartet. So aber ergab sich in der Summe mit glasierten Zuckerschoten und Tomatensalsa mit dehydrierten Stücken ein sanftes Wohlfühlgericht.
Sehr viel mehr geboten war bei der Perlhuhnbrust in einer rahmigen Morcheljus – wenngleich weniger an Kontrasten als an Komponenten insgesamt: Gleich vier mit einer Bärlauch-Morchel-Farce gefüllte Stücke, dazu noch eine ausgebackene Keule, waren umzingelt von „Leipziger Allerlei" mit Sellerie, Karotten und Erbsen, Letztere auch als Püree. Dazu kamen noch Champignons, Zwiebeln und etwas weiche Gemüsechips. Ein gut gemeintes und auch gut gemachtes Gericht, dem es – wie auch dem Kabeljau – hinsichtlich einer höheren Bewertung eigentlich nur an dem sprichwörtlichen speziellen Kick fehlte.

Als am spannendsten erwies sich das Dessert rund um eine falsche Amalfizitrone, gefüllt mit Crème Chantilly, dazu Mousse und Confit mit extremer Säurepower, gegen die sich die Grapefruit-Stücke schon fast lieblich präsentierten. Aber es gab zu deren Ausgleich eben auch gut abgestimmte süße Momente, etwa mit einem Sorbet von der Madagaskar-Vanille, etwas Marzipan-Biskuit und Nougatmousse sowie einer Art Spekulatius-Chip, so dass bei diesem Brasserie-Dessert der Abstand zu einem Gericht von der Gourmetkarte sowohl optisch als auch in den fein gegeneinander gesetzten Aromen am geringsten war.
Positiv zu erwähnen ist noch, dass die offenen Weine in der Brasserie sehr gastfreundlich kalkuliert sind und in ihrer Zusammenstellung multifunktional zu den Gerichten passen. So macht ein Abend im Ritzi noch mehr Spaß!

6

Schweizers Restaurant

Olgastr. 133 B,
70180 Stuttgart
0711-60197540
www.schweizers-restaurant.de
Küchenchef: Gero Schweizer
Di–Sa ab 18 Uhr, So u. Mo RT
Menüs: 100–140 €
VISA

Mit dem Fokus auf zwei Menüs, von denen eines rein vegetarisch ist, hält Gero Schweizer in seinem schönen Restaurant mit denkmalgeschütztem Jugendstilambiente das Niveau hoch und den Wareneinsatz überschaubar. Bislang hatte er sich aus kulinarischer Sicht ganz bewusst unterhalb der Spitzenadressen der Landeshauptstadt positioniert, in jüngerer Vergangenheit aber immer mehr zu diesen aufgeschlossen. Gekocht wird auch weiterhin ein sehr klassischer, fokussierter Stil aus jeweils wenigen, gut auf den Punkt gebrachten Komponenten pro Teller, der aber stilistisch immer weltoffener geworden ist und sich mittlerweile immer mehr auch über mediterrane Aromenwelten hinaus orientiert. Aber nach wie vor konzentriert und reduziert, schlicht und schmackhaft, gegenständlich, herzhaft. Die Weinkarte glänzt mit Württemberger Lokalmatadoren, aber auch mit genügend internationalen Gewächsen zu moderaten Preisen.

9

Speisemeisterei

Im Schloss Hohenheim 1 B,
70599 Stuttgart
0711-34217979
www.speisemeisterei.de
Küchenchef: Stefan Gschwendtner
Do–Mo ab 18.30 Uhr, Di u. Mi RT
Menüs: 205–220 €

VISA

Die altehrwürdige Speisemeisterei im Kavaliersbau von Schloss Hohenheim ist drauf und dran, an ihre glanzvollste Ära unter Martin Öxle anzuknüpfen. Es ist beeindruckend, wie akribisch Küchenchef Stefan Gschwendtner in den vergangenen Jahren das Niveau seiner Küche, insbesondere die handwerkliche und architektonische Präzision der Kompositionen und die Qualität der Produkte, sukzessive immer weiter gesteigert hat. So wie die großzügigen Räume des barocken, als Kulturdenkmal geschützten Ensembles seinerzeit unter Martin Öxle noch klassischer und gediegener waren und heute modern akzentuiert sind, hat sich natürlich auch der Stil der Küche mit der Zeit gewandelt. Nach wie vor steht die Speisemeisterei für französische Klassik – unter Stefan Gschwendtner aber in einem sehr zeitgemäßen Outfit.

Die Küche geht mit der Zeit und man kann schon sagen, dass sie in vorderer Reihe im Strom mitschwimmt. Jetzt, wo Stefan Gschwendtner und sein Team die Performance derart perfektioniert haben, dürfte das Erarbeiten einer eigenen Handschrift das nächste große Ziel sein. Dass sie auch diesbezüglich auf dem richtigen Weg sind, zeigte zum Beispiel eine kleine, ausdrucksstarke sommerliche Rauchaal-Komposition, bei der der Fisch als schmelziges Eis und knackig-frisches Tatar auf einer mildnussigen Mandelcreme platziert war. Auch die folgenden Küchengrüße wie eine filigrane Makrelen-Knusperwaffel, eine Rettich-Shiso-Praline und angebratenes schmelzig-saftiges Rindertatar vom Miyazaki-Wagyu mit umamistarker Rauchmayo und Kartoffelknusper-Schnittlauchbeflockung waren aromatisch zupackende Kleinigkeiten mit viel Finesse.

Die Vorspeise drehte sich um extrem guten, sehr festfleischigen und reintönig schmeckenden nach Ike-Jime-Art geschlachteten Hamachi aus Dänemark, der roh als kreisrunde Scheibe je zur Hälfte mit Avocado-Schuppen und mit Kaviar getoppt war. Den Grundsound stimmten hier sowohl ein viel fruchtige Säure und Umami spendendes Gel, recht intensive Koriandercreme und eine herzhaft rauchige und zugleich aber von Zitrusaromen frisch zugespitzte Dashi-Vinaigrette an. Das wirkte kompositorisch zwar ähnlich „mainstream" wie die soft temperierten Streifen einer Seeforelle von Niki Birnbaum, die mit marinierter Gurke und Leinsamenhippen um einen espumaartigen Schaum von Holunderblüte und Forellenkaviar herumdrapiert waren und von einem mit Dillöl marmorierten Buttermilchsud süffig untermalt wurden – doch sowohl geschmacklich als auch handwerklich war das definitiv erste Bundesliga! Und weil es in der Speisemeisterei neben einer sehr guten Weinauswahl natürlich auch eine engagierte alkoholfreie Getränkebegleitung gibt, passte dazu im Glas perfekt der Drink aus Gurke, Holunderblüte und Tonic, mit dem sensibel an den Aromen und der Intensität des Gerichts angeknüpft wurde.

Dünn aufgeschnittener Bauch vom Balfegó-Thunfisch, der durch trockenes Abhängen und dezentes Räuchern zum schmelzigen Schinken wurde, kam im Anschluss mit geflämmtem weißem Spargel, fließend cremigem Eigelb und feinflockigem Katsoubushi – also getrockneter und geräucherter Bonito, der dem herzhaften Sud seinen Stempel aufdrückte – als süffiges Soulfood der besonders eleganten und Art daher. Elegant deshalb, weil einerseits schon dicht und kompakt, aber andererseits eben auch differenziert und leicht.

Und genau das macht die Küche der Speisemeisterei aus, dass sie im Grunde unkompliziert zugänglich voll ins Genießerherz zielt, aber jede Komposition auch so viel Trennschärfe besitzt, dass nichts eindimensional oder zu harmonisch-weich daherkommt. Und deshalb hat auch der fast ausschließlich von jodig-salzigen Aromen geprägte Kabeljau mit milden und zart knackigen Rettichscheiben, Saiblingskaviar und verschiedenen Algen sowie Dünenkräutern wie Eiskraut, Passepierre oder Oyster Leaf, eingefangen von einer hellen, rahmigen Sauce im Stil einer Beurre blanc, eben nicht zu opulent oder gar anstrengend gewirkt,

sondern war ein dynamisches, leichtes Gericht mit vielen Nuancen.
Unterschiedliche, nämlich grüne, scharfe und weiße, süßlich-würzige Zwiebelaromen prägten den ersten Fleischgang nuanciert, in dessen Mittelpunkt saftstrotzende Tranchen von Miyazaki-Wagyu der hohen Fettgraduierung A5 standen. Mit einem marinierten Romanasalatherz getoppt und von einem kraftvoll zupackenden Sud aus Bonitoflakes und Ponzu unterlegt, war auch das bei aller Umami-Power ein eher transparent aufgefächertes Gericht. Hier sah die alkoholfreie Getränkebegleitung einen selbst hergestellten Mix aus hauptsächlich rotem Shiso, etwas Ingwer und für die Säure ein paar Spritzer Zitrone vor, was sich ebenfalls als sehr ausgewogenes und aromatisch gut auf das Gericht eingestelltes Pairing erwies.
Ebenfalls sehr schmackhaft und originell, als Begleiter nach unserem Geschmack aber vielleicht schon einen Tick zu kraftvoll und eigenständig, war der teils fermentierte Tomatendrink zum sehr guten Lamm-Hauptgang. Der präsentierte sich als ein ebenso originell wie markant mit Lammgrieben und Chimichurri getoppter Lammrücken (von der Schwäbischen Alb), der in Begleitung von intensivem rauchig-fruchtigem Kompott von roter Paprika und gebratener Artischocke zum Hauptgang in zupackend mediterraner Fassung daherkam. Neben einer sehr intensiven reduzierten Lammjus fügte sich auch die herzhafte Chorizo-Espuma bestens in dieses Geschmacksbild ein.
Und auch im süßen Bereich gibt sich die Küche keinerlei Blöße und knüpft mit elegant ebenmäßigen Desserts wie einer Praline aus Frischkäsemousse mit eingelegtem Rhabarber, Sorbet von Walderdbeeren und Baiser von Zitronenverbene oder einer intensiv nussig-karamelligen Kleinigkeit zum Löffeln nahtlos am Niveau der herzhaften Speisen an. Neben den alkoholfreien Alternativen hat Sommelière Johanna Renz natürlich immer auch spannende Weinbegleiter – vorzugsweise aus Deutschland – glasweise parat.

7

Wielandshöhe

Alte Weinsteige 71, 70597 Stuttgart
0711-6408848
www.wielandshoehe.de
Mi–Sa von 12–13.30 Uhr u. ab 18 Uhr, So–Di RT
Hauptgericht: 45–65 €,
Menüs: 120–150 €

Vincent Klinks Wielandshöhe, die halbhoch über der Stuttgarter Innenstadt am Hang liegt und in ihrem eleganten, großzügig geschnittenen Gastraum einen tollen Ausblick über diese bietet, pflegt eine zwar sehr anspruchsvolle, aber vollkommen gegenständliche traditionelle Küche ohne aufwendige Verfeinerungsexzesse. Denn jegliche Verfremdung und Verkünstelung sind dem Chef und seinem Team fremd. Sie haben eine Küche des unverfälschten Geschmacks im Sinn, des klassischen Handwerks, der hervorragenden Grundprodukte aus der Region, wenn möglich in Bio-Qualität. Hier gibt es unaufgeregte substanzstarke Traditionsgerichte unterschiedlicher Länderküchen, teilweise intelligent weitergedacht, aber nie pseudokreativ verfremdet. Dafür werden weder Butter noch Röstaromen gescheut, es geht aber auch leicht und subtil zu, wenn es für die jeweiligen Viktualien oder Rezepturen von Vorteil ist. Die Weinkarte ist ein Who-is-who der heimischen Winzerschaft, listet aber auch sehr viele gute Tropfen aus Frankreich und anderen europäischen Ländern.

7↑

Zur Weinsteige

im Hotel Zur Weinsteige
Hohenheimer Str. 30, 70184 Stuttgart
0711-2367000
www.zur-weinsteige.de
Küchenchef: Jörg Scherle
Di–Sa ab 18 Uhr, So u. Mo RT
Menüs: 65–150 €

Vor der Tür rauscht auf Fahrbahnen und Schienen der Stadtverkehr vorbei. Nach hinten raus aber bietet das in dritter Generation betriebene Traditionshaus zwischen Natursteinwänden einen lauschigen Rebgarten. Und auch im Innenbereich mit seinen rustikaleren Holz- und

edlen Blattgoldelementen sitzt man klassisch gut. Das Wichtigste aber: Jörg Scherle in der Küche und sein Bruder Andreas Scherle im Service haben seit der Konzeptumstellung – weg von à la carte und volle Fokussierung auf Menüs – das Niveau noch ein Stück weiter nach oben geschraubt.
An Vielfalt im kulinarischen Programm mangelt es dennoch nicht, gibt es doch weiterhin drei Menüs, darunter ein vegetarisches und ein „kleines" mit dem unverzichtbaren dry-aged Rostbraten. Referenz fürs Topniveau aber ist das Menü „Zur Weinsteige" in bis zu sechs Gängen. Und um es gleich vorneweg zu sagen: Sehr gut essen kann man hier schon seit vielen Jahren, aber so gut wie zuletzt haben wir Jörg Scherles Kulinarium bislang noch nicht erlebt.
Schon zum Auftakt bei den Apero-Snacks war sicht- und schmeckbar, wie filigran hier mittlerweile ans Werk gegangen wird: mit einem kunstvoll getürmten Macaron mit Oxalis-Klee, Gurke und geräuchertem Schmand sowie einem Quader Krustentiermousse mit mariniertem Blumenkohl und Tempura. In einem Schälchen folgte als Amuse-Bouche ein Chawanmushi mit obenauf Yuzuschaum und mittendrin (auf einen Champignon gesetzt) ein Tatar von geräucherter Forelle. Optisch war das zwar naturgemäß nicht ganz so beeindruckend, dafür aber umso mehr, wie gut hier die rauchige Würze und die zitrische Frische auf kleinstem Raum harmonierten.
Fürs Bilderbuch war dann aber der erste offizielle Menügang angerichtet. Ein schmelzig zart im Mund zergehendes, mit Sesam „paniert" Filet vom Hamachi sowie (unter einem Sesamcracker) ein Tatar desselben Fischs, beides so sanft gewürzt, dass dessen pure Produktqualität klar erkennbar blieb. In einem Kreis aus Gel und Sesam, der auch in dieser dritten Ausführung nicht redundant wirkte, sondern nur kleine knusprige Kicks dazu gab, war ein Buttermilch-Dashisud mit Dill angegossen. Schwarzwald-Miso sorgte für Power, Gurkenröllchen und Blütengebilde aus Granatapfelgel gaben noch mehr Frische und etwas Süße dazu und als Überraschungsmoment erwies sich eine Limettenkugel auf dem Seasamcracker. In Summe ein ungemein leichtes und frisches Gericht, das in seiner ausgereiften Art mindestens auf Acht-Pfannen-Niveau lag.
Der Koshihikari-Reis mit Wasabi-Rotkohl-Gelee hat inzwischen Karriere als Signature Dish gemacht und wurde auch schon von uns gelobt. So sind wir an dieser Stelle ausnahmsweise ins vegetarische Menü gesprungen und bekamen es mit einem in präziser Geometrie neu interpretierten Waldorfsalat zu tun. Auf einem Halbkreis aus Selleriepüree mit hineingestanzten Ringen lag eine Stange marinierter Sellerie, darauf Gel und ausgestochene Stücke vom grünen Apfel auf Schmand. Scheiben von Takuan-Rettich sowie schwarze Walnuss (stückig und als Tapenade) setzten kleine Akzente in würzig, nussig, süß, ohne die Frische auf dem Teller zu unterwandern. Einen warm geerdeten Umami-Kontrapunkt gab es à part durch eine mit Kräuterseitlingen gefüllte Gyoza-Tasche.
Zurück im eigentlichen Menü ging es weiter mit Kabeljau, der vielleicht einen Tick zu lange gegart war, aber durch zwei gegensätzliche Toppings – Kalamansigel und Liebstöckelstaub – raffiniert getunt wurde, ohne in seinem Schaumbad geschmacklich unterzugehen. Hier war fruchtig-exotisch marinierter Sellerie in feine Streifen geschnitten und zu einer Nocke gerollt. Und erneut wurde mit einem Extrateller ein starker und herzhafter Gegenpart zu den graduierten Momenten von Würze und Frische gesetzt – diesmal mit Oktopus in Tokoyaki-Teig.
Nach diesen deutlichen japanischen Bezügen – als Koi-Züchter ist Jörg Scherle immer wieder im Land der aufgehenden Sonne unterwegs – ging es mit dem Fleischgang mehr in den Vorderen Orient. Ein Flat Iron Steak vom US-Prime-Beef, saftig rot gebraten und mit kerniger Struktur, wurde begleitet von einer dunkel-dichten Jus, die mit Ducca gewürzt war. Geschmorte Aubergine mit Gemüseminiaturen, ein Zylinder Kartoffel-Mille-feuille sowie Kräuterseitlinge ergänzten sich begleitend zu einem dichteren, aber nicht zu schweren Geschmacksbild, das durch Tupfen einer Sanddornmousse mit sehr präsenter Säure aufgelockert wurde.
Zum Abschluss hatten wir uns nicht für die Kreation rund um Ananas und Kokos, sondern für die Terrine von Rohmilchkäse entschieden. Eine gute Wahl, wie sich herausstellte, denn zuvor gab es ohnehin noch ein süßes Pré-Dessert mit einer mit Thymian und Rosmarin aromatisierten Ganache und Salzkaramellkern, garniert mit Wasabi-Erdnuss und umzingelt von einem Hibiskusgel. Aber auch das Käsedessert rund um eine grün-weiße Terrine aus Ziegenfrischkäse hatte nicht nur würzige Noten zu bieten, sondern mit Himbeere und Feigenchutney on top sowie mit einer Kiwimarmelade à part auch fruchtige. Focacciachips lieferten zudem etwas Crunch und ein Sauerampfersorbet setzte ein herbes, aber superbes Ausrufezeichen.
Weil Andreas Scherle mit über 1500 Positionen und einer sagenhaften Riesling-Auswahl einen der besten Weinkeller weit und breit pflegt, versteht es ich von selbst, dass seine Begleitung zum Menü gut sortiert und abgestimmt ist –

gereifte Raritäten inklusive! Aber schon allein die Küche hat uns diesmal mit ihrer höchst akkuraten Arbeit sowohl in Optik als auch Geschmack so sehr beeindruckt, dass eine Aufwertung hoch verdient ist. Die 8 Pfannen waren überraschenderweise schon diesmal zum Greifen nah…

Hotelempfehlung

★★★★

Hotel Zur Weinsteige

Hohenheimer Str. 28–30,
70184 Stuttgart
0711-2367000
www.zur-weinsteige.de
Einzelzimmer: 99–150 €
Doppelzimmer: 120–160 €

Ein in der dritten Generation familiengeführtes und sehr individuell eingerichtetes 4-Sterne-Hotel im Zentrum Stuttgarts, nur fünf Gehminuten vom Schlossplatz, zahlreichen anderen Sehenswürdigkeiten und der Fußgängerzone entfernt. Hier erwartet die Gäste eine gediegene, edel-rustikale Einrichtung im Haupthaus und stilvolles mediterranes Flair im zugehörigen Schlösschen. Die Zimmer, die wie auch das Gourmetrestaurant, die Hotelbar und sämtliche Nebenräume mit individuellen Klimaanlagen ausgestattet sind, bieten alle Annehmlichkeiten eines modernen Hotels, etwa kostenlosen WLAN-Zugang, große HD-Flatscreens oder Gäste-Tablets. Viele Bäder sind zudem mit Whirlpool-Wannen ausgestattet. Auch die Kulinarik wird in dem von den Gebrüdern Scherle engagiert geführten Traditionshaus mit Gourmetrestaurant, einer Restaurantterrasse mit Koi-Karpfenteich und herausragend bestücktem Gewölbe-Weinkeller groß geschrieben. Restaurant Zur Weinsteige separat erwähnt.

Sulzburg (Baden-Württemberg)

9

Hirschen

Hauptstr. 69, 79295 Sulzburg
07634-8208
www.hirschen-sulzburg.de
Küchenchef: Douce Steiner
Mi–Sa ab 18 Uhr, So–Di RT
Hauptgericht: 58–68 €,
Menüs: 225–298 €

Mit einer sanft modernisierten, von leichter Hand sehr gekonnt entschlackten und klug reduzierten Version klassischer französischer Haute-Cuisine macht das gemeinsam am Herd stehende Ehepaar Douce Steiner und Udo Weiler ihren Hirschen zu einem der lohnendsten Genussziele im Südwesten und führen das von Vater bzw. Schwiegervater Hans-Paul Steiner übernommene Lebenswerk auf zeitgemäße Art respektvoll weiter. Die Kreationen des siebengängigen „Menü Douce“ nebst ein paar Variationsmöglichkeiten à la carte steht für sehr elegant und mit feinem Pinselstrich von leichter Hand ausgeführte Kreationen, die bei aller Zartheit auch durch alle positiven Eigenschaften der französischen Klassik begeistern, wie etwa Geschmackstiefe, Süffigkeit und Opulenz. Damit ist dieses wie kaum ein weiteres Spitzenrestaurant dieser Republik bodenständig familiär geführte Traditionshaus mit seiner nostalgischen Atmosphäre in den beiden wohnlich-eleganten Gasträumen eine der besten Adressen für hochklassige Küche à la française diesseits des Rheins. Und dass auch die Gläser stets gut und qualitativ anspruchsvoll gefüllt sind, garantiert eine gute Weinauswahl im Flaschenbereich, die auch viele gereifte Raritäten zu erschwinglichen Kursen umfasst

Sylt (Schleswig-Holstein)

5

Bistro Stadt Hamburg

im Hotel Stadt Hamburg
Strandstr. 2,
25980 Sylt
04651-8580
www.hotelstadthamburg.com
Täglich ab 12 Uhr durchgehend, kein RT
Hauptgericht: 11–34 €, Menüs: 40 €
VISA

Im nordisch-eleganten, in warmem Gelb gehaltenen Bistro des Patrizierhauses im Zentrum von Westerland wird täglich durchgehend eine sehr sorgfältig zubereitete bürgerliche Küche geboten. Die kann ganz traditionell ausfallen, aber auch mal einen Hauch Exotik mitbringen. Alles was hier aufgetischt wird, zeichnet sich jedenfalls durch sorgfältige handwerkliche Zubereitung, natürliche Aromen und behutsame Würzung aus, was auf den schlicht arrangierten Tellern zu einem harmonischen, frischen Gesamtergebnis führt. Moderate Preise; aufmerksamer, flinker Service.

8↑

BODENDORF'S

im Hotel Landhaus Stricker
Boy-Nielsen-Str. 10,
25980 Sylt
04651-88990
www.landhaus-stricker.de
Küchenchef: Holger Bodendorf
Di–Fr ab 18.45 Uhr, Sa–Mo RT
Hauptgericht: 52–68 €,
Menüs: 198–238 €
VISA

Das nach seinem bekannten Patron und Küchenchef benannte Gourmetrestaurant im Landhaus Stricker wurde schon in der Vergangenheit immer mal wieder umgestaltet. Und auch im Zuge der großen und umfassenden Hotelrenovierung im Frühjahr 2023 bekam die separate Fine-Dining-Destination ein neues Outfit. Nicht nur wegen der diversen großformatigen Comic- und Pop-Art-Bilder, mit denen teilweise – gewollt oder ungewollt, jedenfalls sehr humorvoll – auf diverse Sylt-Klischees angespielt wird, wirkt das sieben Tische fassende Feinschmecker-Separee nun noch legerer, mehr „casual". Am aufwendigen und hochklassigen Küchenstil wurde indes nicht gerührt. Und das ist gut so, denn mit seinem sehr weltgewandt der modernen Klassik folgenden Kulinarium hat sich der Chef über lange Zeit einen guten Namen gemacht und man kann sich hundertprozentig sicher sein, dass wo Bodendorf draufsteht auch Bodendorf drin ist.
Was aber wiederum in keiner Weise bedeutet, dass man hier ständig auf immer die gleichen Klassiker stößt. Ganz im Gegenteil, haben wir hier über die Jahre hinweg eigentlich kaum irgendwelche Gerichte mehrfach serviert bekommen – das Team hat also ständig immer wieder neue Ideen und setzt diese grundsätzlich sehr geschmackssicher und handwerklich versiert um. Zwar konnten zuletzt die verschiedenen Apero-Snacks, die optisch filigran und aufwendig gearbeitet waren, in den handwerklichen Details und in Sachen Ausdruckskraft noch nicht sehr überzeugen – dafür aber umso mehr der darauffolgende Küchengruß. Der handelte von kernig-saftigen Tranchen eines rosa gebratenen Tafelspitzes, die in einem markanten und ganz im positiven Sinn plakativen Umfeld aus Eis und Vinaigrette von grobem Senf, Sauerampferöl, fruchtig-süßsäuerlich eingelegten Mini-Beten und geleeverkapseltem wachsweichem Eigelb angerichtet waren
Helgoländer Hummer gab im Folgenden zusammen mit Krustentiersud und Krustentierschaum die Basis eines Carpaccios, das mit Avocado, Meerfenchel und Zitrussegmenten sowie Zitrusgel lebhaft bespielt wurde, ohne dass der Krustentiercharakter dadurch ins Hintertreffen geriet. Den hohen Anspruch ans Produkt, der hier ausnahmslos gehegt wird, bestätigte auch der geflämmte Rotbarsch, der in zwei Stücken, je mit Störkaviar und kandiertem Ingwer getoppt, in einem dezent asiatisch inspirierten Umfeld aus Daikonrettich (knackig und cremig) und Yuzu-Ingwer-Schaum platziert war. Frische Erbsen und eine Brunnenkresse-Vinaigrette steuerten der frisch zugespitzten Komposition auch noch gewinnbringende grüne Aromen bei.
Einen Tick fülliger und herzhafter wurde es in der Menüdramaturgie mit den süffig mit geschmortem Kalbsschwanz gefüllten Tortellono, der unter einer Rosette aus roh marinierten Jakobsmuschelscheiben versteckt und von sautierten Limonenseitlingen flankiert auf einem zwar leicht gebundenen aber dennoch schön transparenten Thymianfond angerichtet war. Ergänzt um knackige Gemüsebrunoises und Schnittlauch war aber auch das ein sehr aufge-

lockertes, dynamisches Gericht ohne jede Opulenz und Schwere. Wie Bodendorf und sein Team überhaupt eigentlich auf jedem Teller sehr souverän die Balance halten und perfekte Proportionen wählen.
Auch und insbesondere beim bretonischen Kabeljau, der in bestechend guter Qualität glasig-festfleischig und ganz soft in seine einzelnen Lamellen aufblätternd zwischen Birne, Pancetta und Dillblüten geparkt war. Dieser lebhafte und vielschichte Dreiklang aus herzhaften, fruchtigen und ätherischen Noten bespielte den Fisch ebenso ausdrucksvoll und zugleich elegant zurückhaltend wie das sich in ganz ähnlicher Weise mit seinen Gegensätzen hochschaukelnde Saucenduett aus Specksud und Verjusschaum – eine gewinnbringende Liaison aus warmer, herzhafter Würze und eher kühler, straffer Säure.
Eines der ganz wenigen Gerichte, die wir hier in ähnlicher Form in der Vergangenheit schon mal gegessen haben, war beim letzten Besuch die herrlich traditionelle, dergestalt aber vollkommen zeitlose Kreation von Wachtel aus der renommierten Geflügelzucht von Jean Claude Miéral, deren Brust zusammen mit Farce, Gänseleber und Périgord-Trüffel als handwerklich perfekt fabrizierte Ballotine auf meisterlicher, erdig-dumpfer Trüffeljus aufgefahren wurde. Zuletzt auch wieder von einer vielseitigen Topinambur-Miniatur flankiert, diesmal aber steckte das ausgelöste Fleisch der geschmorten Wachtelkeule nicht in einer Rote-Bete-Praline, sondern in einer von der Kirsche, die zudem auch als Frucht auf dem Teller zugegen war.
Nach dieser ausgesprochen frankophilen Darbietung war der Hauptgang zuletzt sehr mediterran inspiriert und handelte von Salzwiesenlamm, das als mit Artischocke überzogene Stielkoteletts neben gefülltem Artischockenboden, Tomatenconfit und einer ziemlich deftigen Knoblauchcreme zum Besten gegeben wurde. Nicht nur wegen der substanzstark ausgewogenen Lammjus ein gelungenes Pairing mit einem Barbera d'Alba von Bruno Giacosa, der fruchtig, fleischig und finessenreich etwas entgegenzusetzen hatte, sich aber zugleich sehr gut einfügen konnte.
Und weil es so schön war, blieben wir auch zum Nachtisch noch in südlichen Gefilden, nämlich mit Cannelloni von der Amalfi-Zitrone, die mit der Unterstützung von grünem Apfel (unter anderem als Sorbet und Sud) sehr viel herbe Frische und Säure aufs Porzellan brachten, die aber wiederum von weißer Schokolade und einer süßen, saftig-grießigen Schnitte harmonisch eingefangen und gepuffert wurden. So war dies ein belebend erfrischender und zugleich vollmundig schmelziger Abschluss, wie man ihn sich nur wünschen kann. Ein facettenreiches und trotzdem klar pointiertes i-Tüpfelchen auf einem schwankungsfreien Menü.

5

Fitschen am Dorfteich

Am Dorfteich 2,
25996 Sylt
04651-32120
www.fitschen-am-dorfteich.de
Mi–So u. Fei ab 16.30 Uhr, Mo u. Di RT
Hauptgericht: 23–48 €,
Menüs: 82 €

EC VISA P

Hübsche Gasthäuser in toller Lage gibt es ja nicht wenige auf Sylt, aber nur in wenigen wird ähnlich gut gekocht wie hier, bei Familie Fitschen am Wenningstedter Dorfteich. Und das ohne Gourmetambitionen und zu moderaten Preisen. Manfred Fitschen und sein Team bieten in den ländlich-eleganten Gasträumen oder im Garten mit Blick auf den Dorfteich eine sehr sorgfältig zubereitete Regionalküche, die von deftig-bodenständiger Kost bis hin zu maßvoll verfeinerten Gerichten reicht. Verena und Claudia Fitschen leiten sympathisch und erfrischend locker den Service. Brauchbare Weinauswahl mit Schwerpunkt Süddeutschland.

Bezahlkarten-Symbole

- Mastercard
- EC-Maestro
- Diners
- American Express
- VISA Visa

5

Genuss-Shop Johannes King

Gurtstig 2, 25980 Sylt
04651-9677790
www.johannesking.de
Mo–Sa von ab 11 Uhr durchgehend, So RT

Bei unseren Aufenthalten auf der Insel Sylt kommen wir nie um einen Besuch in Selina und Johannes Kings Genuss-Shop herum, wo es vom halben Dutzend Sylter Royal-Austern über „Selinas kleine Wagyu-Burger" bis hin zur geschmorten Kalbsbacke mit Wurzelgemüse allerhand bodenständige, aber sehr attraktiv zubereitete Köstlichkeiten in ungezwungener Atmosphäre gibt. Wenn es das Wetter zulässt sitzt man auf der kleinen windgeschützten Terrasse sehr angenehm. Ansonsten an einem der wenigen und stets stark frequentierten Hochtische zwischen allerhand Delikatessen im Inneren des Shops. Nicht selten ist Johannes King hier selbst anzutreffen.

6

Hardy's Restaurant

im Hotel Stadt Hamburg
Strandstr. 2, 25980 Sylt
04651-8580
www.hotelstadthamburg.com
Di–Sa ab 18 Uhr, So u. Mo RT
Hauptgericht: 29–48 €,
Menüs: 86–96 €

VISA

Das Patrizierhaus im Zentrum von Westerland beherbergt ein stilvolles Hotel mit zwei verschiedenen Gastronomiekonzepten. Im Bistro wird zu günstigen Preisen vorwiegend regional und qualitativ ebenfalls sehr empfehlenswert gekocht und im verjüngten und legerer gemachten Restaurant mit Barbereich gibt's zu vergleichsweise gehobeneren, aber keinesfalls abgehobenen Preisen eine feinere Küche mit französisch-mediterranen und regionalen Wurzeln. Die ist in ihren Grundzügen traditionell, präsentiert sich aber dennoch stellenweise moderat kreativ, wenn das Team mit nicht alltäglichen Aromenkombinationen schmissige Akzente setzt. Auch den Service erlebten wir wieder sehr zuvorkommend und sympathisch. Wohlsortierte Weinkarte.

5

Hoog

in Severin's Resort & Spa
Am Tipkenhoog 18, 25980 Sylt
04651-460660
www.severins-sylt.de
Täglich ab 13 Uhr durchgehend, kein RT
Hauptgericht: 26–72 €

VISA

Das Severin's Hotel Resort & Spa am Rande von Keitum an der Wattenmeerküste verfügt über zwei unterschiedliche Restaurantkonzepte. Neben dem nur abends geöffneten Tipken's gibt es im Hoog mit seinem modernen Landhaus-Ambiente (weißgekalktes Holz, karierte Stoffe, bequeme Polstersessel...) ab mittags durchgehend regionale und internationale Küche der klassischen Art. Das schöne ist, dass diese Gerichte – ganz egal ob heimisch oder weltläufig – nicht nur durch eine sehr solide handwerkliche Umsetzung überzeugen können, sondern auch durch Qualität und Frische der Produkte. Die Weinkarte listet ein kleines, aber qualitativ sehr gutes Sortiment namhafter europäischer Erzeuger. Das Preisniveau von Speis' und Trank ist gehoben.

8

KAI3

im Hotel Budersand
Am Kai 3, 25997 Sylt
04651-46070
www.budersand.de/de/kulinarik/kai3
Küchenchef: Felix Gabel
Fr–Di ab 18.30 Uhr, Mi u. Do RT
Hauptgericht: 40–75 €,
Menüs: 138–198 €

VISA

Jede der bekannten Sylter Fine-Dining-Adressen hat ein Alleinstellungsmerkmal. Das Kai3 im Hotel Budersand, das in Hörnum ganz im Süden der Insel hinter einem kleinen Hafengelände mit diversen Imbissständen zwischen Kaimauer und exklusiver Golfanlage liegt, ist in deren Kreis in jedem Fall die einzige Location, in der man von allen Tischen aus unverstellten Meerblick genießt. Und von diesem lenkt in dem auf elegante Art puristisch gestalteten großzügigen Speisesaal mit seinen großen Fensterfronten auch nichts ab. Er ist bei Tageslicht so lichtdurchflutet hell, dass er dem unverstellten Ausblick nicht die Show stiehlt, und am Abend durch intelligentes Lichtdesign sehr stimmungsvoll illuminiert.

Für die kreativ weltoffene und zugleich stark regionalbetonte Küche von Felix Gabel wird dieser Platz zudem auch aus kulinarischer Sicht äußerst attraktiv bespielt. Und zwar immer besser! Wir haben es im letzten Jahr schon geschrieben und wir können es nach unserem jüngsten Besuch auch nur wiederholen: Der junge Chef, der früher mit sehr starken Aromen, scharfen Kontrasten und knalligen Kompositionen öfter mal recht forsch übers Ziel hinausgeschossen ist, und zwar immer durchaus originelle, aber bisweilen etwas unrunde Geschmacksbilder geschaffen hat, ist auf seinen Tellern deutlich souveräner und ausgereifter geworden. Wer sich heute auf die siebengängige „Große Aromenreise" begibt, oder auch das fünfgängige rein vegetarische Menü „Kraut & Rüben" wählt, bekommt es nicht mit Experimenten zu tun, sondern mit guten, ausgereiften Ideen, die sehr präzise und absolut geschmackssicher umgesetzt sind.

Das konnte man diesmal schon an den Apero-Snacks erkennen, zum Beispiel einem Baiser-Burger zum speziell norddeutschen Thema Labskaus oder einem knusprig-cremigen Fingerfood-Snack, für den sich Felix Gabel die Inspiration aus dem bayrischen Biergarten geholt hat: „O'bazda" mit süßem Senf! Sehr stark fanden wir auch das cremige, als Teilstück einer Schokoladentafel getarnte Entenleberparfait, das von einer schmelzigen, mit Limettenschalenabrieb aromatisierten Nocke Maiseis einen originellen, überraschend schnittigen Akzent und genau die richtige Dosis dezenter Süße verliehen bekam. Das war einerseits puristisch und andererseits komplex. Hohen Suchtfaktor hatte davor schon ein mit geräuchertem Tofu gefülltes und mit einer herzhaften Creme getopptes süßsäuerlich glasiertes Bao-Bällchen und danach ein warmes, nussbuttriges Plundergebäck, das mit extra Butter und Rauchsalz zum sündhaften Schmaus wurde.

Wie gereift die Kompositionen von Felix Gabel mittlerweile sowohl handwerklich als auch kompositorisch beziehungsweise aromatisch sind, zeigte dann auch die Vorspeise um eine dunkle, würzige Sülze vom heimischen Wagyu-Rind, die als schmelziger Ring mit Kartoffelknusper, Kartoffelcreme, winzigen säuerlich-knackig auflockernden Rübchen und vielen verschiedenen Kräutern appliziert war. Und in deren Mitte eine Sylter Grüne Sauce angegossen wurde, die sich von der bekannten Frankfurter Grüne Sauce dadurch unterschied, dass sie aus Salzwiesenkräutern zubereitet und entsprechend würziger und mineralischer schmeckte und dem zart gelierten Fleischgenuss mit viel Frische entgegenwirkte.

Einer von mehreren Gründen, warum wir die Küche des Kai3 in diesem Jahr verdientermaßen auf 8 Pfannen hochstufen, ist die Tatsache, dass die Produkte hier nicht Mittel zum Zweck sind, um irgendeine tolle Idee umzusetzen, sondern dass primär das jeweilige Hauptprodukt optimal in Stellung gebracht und das Drumherum dem angepasst wird. So wie bei der rund um das Thema „Himmel un Äd" ungewöhnlicherweise zum Hauptdarsteller gemachten Forelle, die wie aus dem Ei gepellt, nämlich ganz sanft gegart, akkurat gewürzt, mit zartem und doch festem Fleisch auf dem Teller lag und von ihren thematischen Mitspielern Blutwurstcreme, Apfelgel und Kartoffel-Zwiebelcreme so zurückhalten wie möglich, aber auch so markant wie nötig akzentuiert wurde.

Wie fit das Team auch im vegetarischen Bereich ist, zeigte diesmal unter anderem eindrucksvoll unter dem Decknamen „Der fliegende Holländer" eine panierte, knusprig und kein bisschen fettig ausgebackene Krokette („Frikandel") aus den weißen Wurzelgemüsen Topinambur, Petersilienwurzel und Pastinake, die auf einer unheimlich spannend dynamischen Beurre blanc mit den Aromen von Orange und Sweet Chili platziert war. Etwas komplexer und facettenreicher, aber aromatisch gar nicht unbedingt vielschichtiger war ein weiterer sehr attraktiver vegetarischer Gang, der sich um eine festfleischige angegrillte „Ziehharmonika" aus Kräuterseitling drehte. Die war mit Pilzcreme, marinierten Buchenpilzen, Pfifferlingen, Perlzwiebelchen, Fichtensprossen und verschiedenen Kräuterspitzen appliziert, auf einem Bett aus Steinpilzragout angerichtet und von wacholderwürzigem Pilzschaum umgeben und repräsentierte dergestalt den „Duft des Waldes".

Zurück im omnivoren Menü ging ein mit mariniertem dünn gehobeltem Fenchel gekröntes

saftig-zartes Nugget aus kross gebackenem Kalbsbries zusammen mit Stabmuschelsegmenten als ungewöhnliche Surf'n'turf-Kombination in herzhafter pikant-fruchtiger Schaumsauce von gelber Paprika und Chorizo auf Tauchkurs. Und schließlich im Hauptgang wurde die optimal festfleischige und sehr eigenaromatische Brust eines trockengereiften Schwarzfederhuhns in ein sehr klassisches Umfeld eingebettet: Morcheln, Erbsen, weißer Spargel – süffig, rahmig und aromatisch wieder sehr kraftvoll und intensiv von einer Velouté im Stil klassischen Hühnerfrikassees umarmt. In einem kleinen Satelliten-Schälchen begleitet von einer gebackenen Praline des gezupften Schmorfleischs aus den Keulen des Huhns auf ätherischem Kräutersalat. Sehr klassisch und sehr gut!
Mit einer kleinen Kokosnuss-Illusion und Ziegenfrischkäse, Rhabarber und Petersilie endete das Menü auch im süßen Bereich mit einem kleinen Augenzwinkern, aber geschmacklich absolut seriös. Und als seriös kann man ohne weiteres auch die Weinempfehlungen beschreiben, die Sommelier Tim Blaszyk hier aus dem international bestens bestückten und gut durchstrukturieren Sortiment zu den einzelnen Gängen aussucht. Und auf Wunsch gibt es auch im alkoholfreien Bereich ernstzunehmende Alternativen.

6↑

Restaurant JM

im Hotel Jörg Müller
Süderstr. 8, 25980 Sylt
04651-27788
www.hotel-joerg-mueller.de
Mi–So ab 17 Uhr, Mo u. Di RT
Hauptgericht: 34–56 €,
Menüs: 89 €
VISA P

In der heimeligen Friesenstube und im einstigen Gourmetrestaurant von Altmeister Jörg Müller wird auf einer relativ umfangreichen Karte, die von alten frankophilen Klassikern aus exklusiven Produkten wie Steinbutt, Gänseleber und Rinderfilet bis zu herzhafter Regionalküche aus etwas einfacheren und weniger kostspieligen Viktualien reicht, ein sehr attraktiver klassisch-gediegener Stil gekocht. All diese Gerichte profitieren in hohem Maße von der starken Substanz, die Jörg Müllers Küche seit jeher hat. Und so erwartet und bekommt man hier handwerklich fundiert zubereitete gutbürgerliche Küche im besten Sinne, die zwar nicht immer bis ins Letzte ausgefeilt oder verfeinert sind, aber in ihrer schmackhaften, zupackenden Art grundsätzlich großen Spaß machen. Zumal dann, wenn man sich dazu von Gastgeber und Sommelier Benjamin Birkholz einen ehrwürdig gereiften großen Bordeaux oder Burgunder einschenken lässt, die hier Dank rappelvollem Weinkeller und Coravin auch glasweise ausgeschenkt werden.

Sansibar Restaurant

Hörnumer Str. 80, 25980 Sylt
04651- 964646
www.sansibar.de
Täglich ab 12 Uhr durchgehend, kein RT
Hauptgericht: 16–55 €
VISA P

Seit Sebastian Prüßmann hier Küchenchef ist, zieht es uns noch freudiger in die berühmte Strandbude auf der Düne zwischen Rantum und Hörnum. Dabei hat sich unter seiner Ägide das kulinarische Konzept natürlich nicht geändert und es gibt weiterhin eine fast beängstigend große Auswahl, die von herzhaft Gutbürgerlichem aus der schwäbischen Heimat von Chef Herbert Säckler über asiatische oder mediterrane Vorspeisen, im Ganzen gebratene große Fische mit Sauerrahm-Ofenkartoffel oder allerhand Steak-Cuts vom U.S.-Beef mit klassischen Beilagen nach Wahl, bis zu Sushi und Sashimi reicht. Die Qualität der Speisen ist hier grundsätzlich deutlich besser, als man es an solch einem Szenetreffpunkt erwarten würde, aber der Chef und seine Mitstreiter fühlen sich einfach dem guten Geschmack verpflichtet und behandeln es als Ehrensache, korrekt abzuliefern. Denn Popularität hin oder her – die Sansibar ist nun mal dafür bekannt, dass man hier entspannt und sehr unkompliziert auf sehr vernünftigem Niveau essen kann.

Bezahlkarten-Symbole

Mastercard
EC-Maestro
Diners
American Express
VISA Visa

6

SIEBZEHN84

im Hotel Landhaus Stricker

Boy-Nielsen-Str. 10,
25980 Sylt
04651-88990
www.landhaus-stricker.de
Küchenchef: Holger Bodendorf
Täglich ab 17.30 Uhr, kein RT
Hauptgericht: 28–50 €,
Menüs: 90–102 €

VISA

Was im Hause Landhaus Stricker für das Gourmetrestaurant von Holger Bodendorf gilt, das gilt genauso auch für das deutlich größere und jeden Tag geöffnete Restaurant Siebzehn84, benannt nach dem Gründungsjahr des reetgedeckten Stammhauses: wo Bodendorf draufsteht, ist auch Bodendorf drin. Denn auch wenn hier vergleichsweise bodenständiger aufgetischt wird und neben Rindertatar, Matjesfilet oder Kalbstafelspitz auch ein Burger mit Rindfleisch von der Husumer Färse und diverse Steak-Cuts mit klassischen Beilagen nach Wahl geboten werden, ist das alles mit demselben Anspruch an Produktqualität, Frische und Handwerk zubereitet. Und man bekommt etwas für sein Geld geboten!

Das Zweitrestaurant ist also keine Resteverwertungsmaschinerie, sondern profitiert eher ganz im Gegenteil in gewissen Bereichen von der Expertise und dem Einkauf des Gourmetrestaurants. Und während dort zuletzt ganz auf Brot verzichtet wurde, gibt's im Siebzehn84 vorneweg erstmal ein richtig gutes Sauerteig-Holzofenbrot mit dunkler würziger Kruste und lockerer saftiger Krume zu cremigem Frischkäse. Das hatte ebenso hohes Niveau wie der milde, festfleischige und kein bisschen derbe Matjes in der Vorspeise – einer der besten seiner Art, die wir seit langem probieren durften. Aber auch die Komposition drum herum mit marinierten knackigen breiten und dünnen grünen Bohnen, roter Zwiebelmarmelade, Brotchips, Crème fraîche und Apfelessig-Vinaigrette war ein sehr properes und durchaus feinsinniges, ausgewogen herzhaft-süßsäuerlich abgeschmecktes Arrangement.

Tatsächlich waren auch die offenbar hausgemachten (sehr guten!) bissfesten Campanelle, die hier zusammen mit sautierten Pfifferlingen und Panchetta in einer mutmaßlich auf Basis von beidem hergestellten leichten Rahmsauce angerichtet waren, ein überdurchschnittliches Pastagericht. Selbst der Parmesanschaum, der als hohe poröse Wolke zunächst den Anschein machte, ein verzichtbarer, weil geschmacksleerer Luftikus zu sein, schmeckte richtig schön deutlich nach gereiftem italienischem Hartkäse oder zumindest nach käsiger Umamiwürze. Sehr fein!

Und das war ohne jede Einschränkung auch der knackig-zarte Helgoländer Hummer, der zusammen mit angegrilltem und ebenfalls zartem jungem Lauch und risottoähnlich zubereiteter Quinoa in einer eleganten Miso-Velouté baden durfte. Es ist hier weniger die Perfektion der Zubereitungen als vielmehr die reizvoll zusammengestellte und manchmal eben gar nicht so perfekte Art der Gerichte, was großen Spaß macht. So wurden beispielsweise gebratenes Filet und geschmortes Bäckchen vom Duroc-Schwein von einer „grobes Pesto/Basilikum/Schmorjus" genannten Melange begleitet, die aus kleingewürfeltem mediterranem Gemüse, viel kleinblättrig-jungem würzigem Basilikum und knusprig angebratenen, in der Mixtur schon etwas aufgesogenen Brotwürfeln bestand und köstlich auflockernd mit Fleisch und Schmorsauce interagierte. Da spielte es auch keine Rolle, dass die Filetstücke etwas übergart und trocken waren.

Wer sein Menü süß abschließen will, kann das beispielsweise mit Crema Catalana nebst Pfirsichchutney und Passionsfruchtsorbet im Schmelz einer Tonkabohnen-Chantillycreme oder einer aus Pflaumenkompott, weißer Schokoladenmousse und karamellisierten Strudelblättern fabrizierten „Friesenschnitte" machen. Wem auch zum Ende hin eher nach Herzhaftem ist, dem sei wärmstens die warm servierte, mit „Friesisch Blue" aus der Hofkäserei Backensholz überschmolzene krosse Bauernbrotschnitte empfohlen, die mit der Süße von roter Zwiebelmarmelade und der Erdigkeit von Trüffelvinaigrette eine sehr reizvolle Verbindung eingeht.

Und weil die auf dem iPad präsentierte Weinkarte nicht nur dem Gourmetrestaurant vorbehalten ist, sondern auch im Siebzehn84 Bestand hat, ist hier immer auch viel Gutes zu trinken da. Das Serviceteam behielt auch beim jüngsten Besuch trotz ausgebuchtem Restaurant aufmerksam und zuvorkommend den Überblick.

Söl'ring Hof

im Hotel Söl'ring Hof
Am Sandwall 1,
25980 Sylt
04651-836200
www.soelring-hof.de
Küchenchef: Jan-Philipp Berner
Di ab 18.30 Uhr, Mi–Sa von 13–15 Uhr u. ab 18.30 Uhr, So u. Mo RT
Hauptgericht: 35–75 €,
Menüs: 279–309 €

Wie es aufgrund der von sehr langer Hand geplanten und ausgesprochen behutsam vollzogenen Stabübergabe eigentlich überhaupt nicht anders zu erwarten war, ist und bleibt der Söl'ring Hof in Rantum auch nach dem Ausscheiden seines jahrzehntelangen Gastgebers und Gesichts Johannes King in allen Bereichen genau das, was er auch die letzten beiden Jahrzehnte war: nicht nur das Restaurant mit der besten Küche auf der Insel Sylt und einer der Top 10 in ganz Norddeutschland, sondern ein ganz besonderes Haus mit einem ganz speziellen Spirit. Mit Restaurantleiterin und Sommelière Bärbel Ring und Küchenchef Jan-Philipp Berner, der jetzt offiziell der neue Gastgeber und Betreiber des Söl'ring Hofs ist, stehen ja auch nach wie vor dieselben Personen in vorderster Reihe, die schon seit vielen Jahren die Erfolgsgeschichte mitgeschrieben haben. Und was speziell die stark regionalverwurzelte Küche mit ihrer ganz eigenen Handschrift angeht, so hat die der neue Chef als Johannes Kings rechte Hand ohnehin seit langer Zeit maßgeblich geprägt.

Wir kennen niemanden, der nicht von diesem bodenständig-luxuriösen Hideaway inmitten der Rantumer Dünen in den höchsten Tönen schwärmt, von dem ganz besonderen Zauber, der diesem wunderbaren Haus und seinem Restaurant innewohnt, von der außergewöhnlichen Gastfreundschaft, die hier gepflegt wird, vom Aperitif auf der kleinen, windgeschützten Terrasse zwischen Haus und Düne. Die hohe Kunst, absolute Formvollendung mit absoluter Zwanglosigkeit zu verbinden: Hier zelebriert man sie seit ehedem, was im Ergebnis auch dazu führt, dass in dem als stilvolle High-End-Friesenstube eingerichteten Restaurant mit offener Küche allezeit Hochbetrieb und beste Stimmung herrscht.

So auch in der aktuellen Testsaison, der ersten nach der offiziellen Übergabe der Geschäfte an Jan-Philipp Berner, der hier auf den Tellern weiterhin das Pure, Nordisch-Schlanke und die französische Opulenz wie kaum anderswo auf diesem Planeten zu einem ganz eigenständigen Kulinarium vereint, welches inzwischen in Gestalt eines einzigen, in sechs bis acht Gängen angebotenen Menüs zu haben ist. Und es war im Söl'ring Hof schon immer so, dass sich die Küchengrüße vorab dezidiert um regionale, oft sogar direkt von der Insel stammende Produkte drehten. Zuletzt wurde diese Idee mit den prononciert auf die verschiedenen, vom Team des Söl'ring Hof regelmäßig in wenigen hundert Meter Luftlinie vor der Haustüre gesammelten Salzwiesenkräuter zugeschnittenen Kleinigkeiten im positiven Sinn auf die Spitze getrieben. Da wird dann bei Quellern und Sylter Rose mit Kohlrabi und Ziegenfrischkäse, mit Strandwermut geräucherten Saiblings- und Forellenrogen, mit Salzmelde aromatisierter Miesmuschel auf Staudensellerie oder einem von Strandportulak akzentuierten Kalbstatar mit Sauerrahm Sylt tatsächlich schmeckbar.

Obwohl hier natürlich auch jede Menge Kochkunst, Kompositionstalent und elaboriertes Handwerk im Spiel sind, haben die ausdrucksstarken und teils sehr speziellen Produkte selbst einen großen Anteil am hohen Niveau dieser Küche. Und das wird besonders deutlich, wenn aus vermeintlichen „Allerwelts-Viktualien" wie Gurke, Frischkäse und Kerbel ein ganz besonderer Gaumenkitzel wird. Die besonders aromatische Gartengurke in dem Fall als marinierte Schleifen, als fruchtig-süßlich aromatisiertes Sorbet und Sud, der ausdrucksstarke Deichkäse als laktische Säure liefernder Schaum und cremigen Schmelz gebende vermengte kleine Stücke und der kräuterwürzige Kerbel als Blätter, Stiele und Öl im Sud.

Etwas spezieller bestückt, aber auch in keiner Weise mit einschlägigen Gourmetprodukten, war der nächste Akt, der sich um heimische Makrele, Kopfsalat und Röstbrot drehte. Der Fisch als saftig und knusprig auf der Haut gebratenes Stück und als festfleischig-klares Tatar, der Kopfsalat knackig und als Eis mit Kräutern und Röstbrot bespielt – aromatisch spielentscheidend war aber eine stark von Holunderkapern und Holunderblütengeschmack geprägte Vinaigrette. Ein betont leichter und frischer Gang, aber einer mit sehr viel Ausdruckskraft, mit wohldosierter, das Geschmacksbild belebender Süße, mit floralen Aromen, knackiger Frische in allen Komponenten und vielen verschiedenen, gut aufeinander abgestimmten natürlichen Strukturen.
Das erste Produkt des Menüs, das – abgesehen vom optionalen Kaviar zum Aperitif – klar und deutlich dem Gourmet-Genre zuzuordnen war, folgte erst jetzt mit dem Hummer, der in diesem Fall aber nicht aus der Bretagne, sondern aus Helgoland stammte, wo aufgrund jahrelangen Zuchtbesatzes die natürlichen Bestände erfolgreich gestützt wurden und nun in geringem Maße auch wieder Krustentiere gefangen werden dürfen. Hier als herrlich maritimes Sommergericht quasi von Kopf bis Fuß interpretiert, als Medaillons, Schere, Tatar, in Kombination mit einer vollaromatischen Tomatenvielfalt, intensiver Mandelcreme und Tagetes – letztere auf einem Side-Dish zum Hummertatar auch als feinsüßlich-würziges Eis.
Die ebenfalls aus der Nordsee, allerdings aus deren dänischem Teilbereich stammenden Limandes waren dann im Anschluss wieder so ein vermeintlicher Brot-und-Butter-Fisch, den man – ähnlich wie beispielsweise Rotbarsch – eher als qualitativ minderwertige Massenware kennt, der aber in entsprechender Qualität durchaus auch zu Hochform auflaufen kann. So wie hier die butterzart-saftigen Filets eines offenbar einstmals recht großen Exemplars, die auf einer Brandade ihrer selbst gebettet lagen und von den ätherischen Aromen verschiedener Radieschen- und Kapuzinerkresse-Komponenten (auch als ölig marmorierter Sud) mit viel herber Frische umweht wurden.
Der erste von zwei Fleischgängen führte uns zunächst auf den Hof von Geflügelzüchter Lars Odefey, der zwar nicht auf Sylt und auch nicht in Schleswig-Holstein, sondern auf der niedersächsischen Lüneburger Heide, dort aber umso engagierter und qualitätsbewusster seine Weidehühner hält, die auch ohne Transportwege direkt bei ihm auf dem Hof geschlachtet werden. Die herrlich festfleischige und eigenaromatische Brust sowie ein dunkel geschmortes Ragout aus den Keulen kamen hier auf krossem Hühnerhautchip mit wieder viel vegetabile Frische und Knackigkeit spendenden Komponenten wie weißem Rettich, knackigen Erbsen und grünfrischen Kräutern zusammen und wurden von einer fast schon grenzwertig kraftvollen getrüffelten Geflügeljus substanzstark und tief untermalt.
Absolut mustergültig, nämlich bambihaft zart und trotzdem voller knackig-kerniger Spannung, Saft und Aroma, machte der Rehrücken im Hauptgang schon allein als perfektes Produkt jede Menge Eindruck. Und er hatte zudem eine nicht weniger als ebenfalls Referenzklasse auf den Teller bringende, weil optimal zwischen leichter Transparenz und würziger Tiefe aus gemittelte Wildjus zur Seite. Da fiel es dann gar nicht mehr so deutlich auf, dass die restliche Begleitung in Form von Spitzkohl, Pfifferlingen, Cassisbeeren und nicht nur optisch, sondern leider auch geschmacklich etwas unterrepräsentiert in einem Spitzkohlröllchen verborgener Blutwurst auf hohem Niveau ein wenig brav und ausdruckslos daherkam. Zumal hier mit einem südafrikanischen 2021er Pinot Noir von Hamilton Russel Vineyards eine von vielen durchaus spannenden und unkonventionellen Weinempfehlungen von Bärbel Ring auch voll zündete – ähnlich wie die Sauce ebenfalls mit einer perfekten Balance aus Kraft und Eleganz.
Lebhaft und erfrischend, aber alles andere als seicht startete die Pâtisserie mit einer nicht nur optisch sehr markanten und kontrastreichen Kreation von Himbeere, Verbene, Amaranth und Haselnuss, bevor es zum endgültigen Abschluss nochmal zweiteilig und nicht minder dynamisch wurde: Herzkirsche, Sauerampfer und Bucheckern, auf dem Hauptteller sehr dicht und kompakt, mehr von der süßen, tiefen Kirschfrucht getragen und daneben in einem Cocktailschälchen mit Sauerampfersorbet, schaumiger Bucheckerncreme und nur etwas Kirsche heller, leichter und frischer. Und so zog sich der Stil von den ersten Küchengrüßen bis zum süßen Abschluss wie ein roter Faden durch das Menü, dessen hohes Gesamtniveau uns nicht weniger begeistern konnte als in den Jahren zuvor. Eine schöne Gewissheit, dass sich im Söl'ring Hof viel tut, aber trotzdem alles beim guten Alten bleibt.

5

Strönholt

Fernsicht 1, 25997 Sylt
04651-46070
stroenholt.de
Küchenchef: Kacper Sierocinski
Mi–So ab 12 Uhr durchgehend, Mo u. Di RT
Hauptgericht: 24–38 €, Menüs: 58 €

VISA

Es liegt mitten in der Dünenlandschaft oberhalb des Budersand-Hotels und ist über einen kurzen Fußweg durch das parkähnliche Areal erreichbar: das legere Strönholt mit herrlichem Ausblick über den südlichen Teil der Insel. Als mittags und abends geöffnetes Zweitrestaurant des luxuriösen Golf-&-Spa-Hotels ist es quasi die Alternative zu dessen Gourmetrestaurant Kai3. Und mit seiner zwar auch gehobenen, aber vergleichsweise bodenständigeren Küche das Lokal für jeden Tag.

Bei schönem Wetter auf der Terrasse, ansonsten in dem länglichen Gastraum mit Panorama-Fensterfront, bekommt man es hier vorwiegend mit heimischen Viktualien zu tun, speziell mit solchen von Erzeugern aus Norddeutschland. Mittags eher traditioneller, in Form gängiger, aber wegen des höheren Anspruchs an die Produkte und an das Handwerk durchaus reizvolle Dinge wie Currywurst vom friesischen Landschwein mit hausgemachter Currysauce und Pommes, einem Fischburger aus knusprig gebackenem Lachs mit Sauce Tatar und eingelegten Gurken, oder ein originales kälbernes Wiener Schnitzel mit Kartoffel-Gurkensalat. Abends dann etwas origineller und exklusiver, aber auch mit Bodenhaftung.

Das kann beispielsweise eine Matjes-Stulle sein, die tatsächlich auch nur eine Matjes-Stulle ist, sich aber durch ihr lockerflockiges Arrangement und eben überdurchschnittliche Produkte von dröger Hausmannskost abhebt. Die angeröstete Pumpernickel-Schnitte mit knusprigen Körnern, das angenehm milde Matjestatar, die ausgewogene Süße und Säure spendenden Zwiebel-Varietäten, die Frucht von dünnen Apfelscheiben – all das spielt hier sehr schmackhaft und nicht ohne Finesse zusammen. Eine weitere Vorspeise, die offenbar gar nicht mehr aus dem Programm wegzudenken ist: knusprig angebratener Pulpo mit mediterranem Brotsalat, der hier allerdings aus Paprika, Gurke, Zwiebel und Orange besteht und mit Pesto aromatisiert ist.

Die starke Substanz der Küche kann man natürlich besonders gut an sämtlichen Suppen feststellen, etwa einer kräftigen Wachtelessenz mit Markklößchen und Grießnockerln. Oder einer schön natürlich schmeckenden Krustentiersuppe mit viel ausgewogener Power und Röstwürze, in der neben Tomatenconcassé mit Basilikum auch ein etwas dickteigiger, dünn mit Hummerfarce gefüllter Raviolo schwamm und die von einem Röstbrotchip mit Krabben eskortiert wird.

Wer zu ersten Mal hier ist, könnte sich im Hauptgang dem Signature-Dish „Strönholts Fischernetz" zuwenden und sich über allerlei Frischfang aus der Nordsee in auch kompositorisch norddeutscher Fassung mit Schmorgurken, Bratkartoffeln und mit Meerrettich angespitzter Senfsauce freuen. Oder gleich Klassiker wie Kutterscholle entweder nach Finkenwerder oder Büsumer Art anpeilen – jeweils ganz bodenständig mit Petersilienkartoffeln und Gurken-Dill-Salat arrangiert.

Die unmittelbare Nähe zum Meer konnten die maritimen Ingredienzen der hauseigenen Interpretation der amerikanischen Clam Chowder leider nicht ganz adäquat abbilden, denn sowohl die gebackene Jakobsmuschel als auch die Miesmuscheln waren arg übergart, was in dem einen Fall zu gummihaft zäher Konsistenz führte, im anderen zu geronnen-krümeligem Biss und in beiden zu relativer Trockenheit. Viel besser waren die neben den mit Käse überbackenen Fregola Sarda, Maiscreme und einer hellen, rahmigen Fischsauce auf dem Teller ebenfalls anwesenden Garnelen, die korrekt glasig gegart und auch sonst recht proper waren.

Wer es im Strönholt gerne herzhaft ausklingen lässt, hat mit Küstenkäse von der Hofkäserei Backensholz (mit Fruchtchutney und Roggensenf serviert) seine Freude. Als süße Desserts stehen zum Beispiel eine mit Zitronentymian aromatisierte Crème brûlée mit Traubenragout und Zitronensorbet oder der Hausklassiker „Strönholts Käpt'n Blaubeer" mit verschiedenen eigelegten Früchten nebst hausgemachtem Vanilleeis und Heidelbeerlikör zur Wahl. Und sonst: zuvorkommender Service auch bei Hochbetrieb am Abend in zwei Seatings, solide Weinauswahl, gehobenes Preisniveau.

5

Tellerrand

Sankt-Nicolai-Str. 1, 25980 Sylt
04651-4465300
www.tellerrand-sylt.de
Mi-Mo ab 18 Uhr, Di RT
Hauptgericht: 29–56 €
VISA

Inhaber und Küchenchef Jan Ole Sander bietet in seinem entspannten Lokal im Zentrum von Westerland sehr gute, durchaus anspruchsvolle, aber auch recht unkomplizierte Küche, die richtig Spaß macht und zu moderaten Preisen zu haben ist. In dem im modernen Bistrostil gestalteten Gastraum kommen Gerichte auf die Tische, die oft und gern mit asiatischen Inspirationen gespickt sind, hier und da aber auch mal deftig norddeutsch anmuten, aber immer mit dem Händchen für moderne Präsentation und stimmige Proportionen zubereitet sind. Etwas kreativer und feingliedriger bei den Vorspeisen und Zwischengängen, etwas traditioneller und zupackender bei den meisten Hauptgerichten. Dazu eine schöne Auswahl an internationalen Weinen und zuvorkommender Service.

ohne Bewertung

Tipken's by Nils Henkel

in Severin's Resort & Spa
Am Tipkenhoog 18,
25980 Sylt
04651-460660
www.severins-sylt.de
Mi–So ab 18 Uhr, Mo u. Di RT
Hauptgericht: 42–55 €,
Menüs: 130–220 €
VISA P

In der kommenden Testsaison haben wir auf Sylt wieder ein festes Ziel mehr, denn kein Geringerer als Nils Henkel hat im Severin's Hotel Resort & Spa am Rande von Keitum an der Wattenmeerküste ein neues Outlet eröffnet, dessen Küche er fortan kuratiert und mit dem er auch wieder klar und deutlich ins Fine-Dining-Segment einsteigt. Wie schon einst aus seinen früheren Stationen bekannt, wird es auch hier das „Flora & Fauna"-Menükonzept mit omnivorer gemüselastiger Speisefolge und einem rein vegetarischen Menü geben, was hohes Niveau verspricht, wenn man Nils Henkel kennt. Sein ausführender Küchenchef vor Ort ist René Verse, und wir sind schon sehr gespannt, inwieweit hier daran angeknüpft werden kann, was zuletzt mit demselben Konzept auf Burg Schwarzenstein im Rheingau geboten wurde. Eins ist aber schon jetzt und ungesehen sicher: Sylt ist um eine kulinarische Attraktion reicher!

Hotelempfehlung

★★★★★

Hotel Söl'ring Hof

Am Sandwall 1,
25980 Sylt
04651-836200
www.soelring-hof.de
Einzelzimmer: 425–665 €
Doppelzimmer: 450–690 €
VISA P

Schon die Alleinlage auf der Rantumer Düne und der eigene Strandzugang machen den Söl'ring Hof zu etwas ganz Besonderem. Aber auch die private Atmosphäre, die in dem kleinen, luxuriösen Reetdachhaus mit gerade mal 15 Zimmern und Suiten herrscht, vermittelt ein Höchstmaß an Exklusivität. Alle Räume sind mit Fernseher, Telefon, WLAN, Radio und CD-Player von Bang & Olufsen, Minibar und Safe ausgestattet. Im Preis enthalten sind zudem Services wie Abholung am Flughafen oder Bahnhof, Nutzung der hauseigenen Fahrräder, Minibar (Getränke inklusive), privater Strandkorb direkt am Fuße der Düne, Nutzung des Fitnessraumes und des Wellness-Bereiches mit Sauna und Dampfbad. In den Wintermonaten werden diverse Arrangements angeboten; auch die Exklusivbuchung des Hauses für private Feiern oder Familienveranstaltungen ist möglich. Außerdem: regelmäßig Kochkurse buchbar. Gourmetrestaurant Söl'ring Hof separat erwähnt.

★★★★★S

LANDHAUS STRICKER

Boy-Nielsen-Str. 10,
25980 Sylt
04651-88990
www.landhaus-stricker.de
Einzelzimmer: 160–240 €
Doppelzimmer: 260–340 €

Das „Relais & Châteaux"-Haus verfügt über 38 komfortable Zimmer und Suiten im eleganten Landhausstil. Hier herrschen warme, erdige Farben und behaglicher Luxus vor. Ein besonderes Highlight ist der neu gestaltete Wellnessbereich mit Pool, Saunen und exklusivem Fitnessbereich mit hochwertigen Geräten sowie Entspannungs- und Beautyanwendungen von SENSAI und BABOR. Seit dem Sommer 2013 steht den Gästen auf der Galerie des Restaurant SIEBZEHN84 ein kleines, ganz spezielles Kino (für max. 12 Personen) zur Verfügung: Die CINEMA LOUNGE, in deren privater Atmosphäre zum Lieblingsfilm gut gegessen werden kann. Restaurants SIEBZEHN84 und BODENDORF'S separat erwähnt.

Tangstedt (Schleswig-Holstein)

6

Gutsküche Wulksfelde

Wulksfelder Damm 15–17,
22889 Tangstedt
040-64419441
www.gutskueche.de
Di–So ab 12 Uhr durchgehend, Mo RT
Hauptgericht: 19–32 €

Das ländlich-schicke Restaurant mit seinem weitläufigen Gastraum auf dem Gelände des Biolandguts Wulksfelde bei Tangstedt vor den nördlichen Toren Hamburgs ist ein Hort der gastronomischen Nachhaltigkeit, der guten ökologischen Produkte und unverfälscht authentischen Geschmacks. In der offenen Restaurantküche von Gastgeber und Küchenchef Matthias Gfrörer und seinem Team wird größter Wert auf Bio-Qualität und eine besonders nachhaltige Arbeitsweise gelegt. Das Produkt ist der Star: Was nicht offiziell zertifiziert ist, wird zumindest so nachhaltig und artgerecht produziert oder gehalten, dass es den sehr hohen Ansprüchen von genügt. Doch trotz aller Wertschätzung für gesunde, traditionell erzeugte Lebensmittel und dem bodenständigen Landküchen-Image wird hier keine dröge Öko-Kost geboten, sondern schon auch kreativ und bisweilen auch Gourmet-like gekocht. Es geht also nicht bloß um authentischen Geschmack, sondern auch um sinnvolle Verfeinerung. Gemüse ist der Star auf den Tellern, hochwertiges Fleisch und Fisch wird zur wertvollen Beilage. Und auch beim Wein und allen anderen Getränken steht der Nachhaltigkeitsgedanke über allem.

Die Hoteleinträge

★★★★★S	Superior
★★★★★	Unterkunft für höchste Ansprüche
★★★★	Unterkunft für hohe Ansprüche
★★★	Unterkunft für gehobene Ansprüche
★★	Unterkunft für mittlere Ansprüche
★	Unterkunft für einfache Ansprüche
	Unterkunft ohne Sterne-Klassifizierung

Taufkirchen/Vils (Bayern)

5

Landgasthof Forster

Hörgersdorf 23,
84416 Taufkirchen/Vils
08084-2357
www.landgasthof-forster.de
Fr u. Sa ab 18.30 Uhr, So u. Fei von 12–15 Uhr u. ab 18.30 Uhr,
Mo–Do RT
Menüs: 60–75 €
EC MC VISA P

Trotz Personalproblemen und Öffnungszeiten nurmehr am Wochenende können die Gäste weiterhin auf die hohe Qualität der unaufgeregten klassischen Küche mit mediterranem Oberton von Alois Forster bauen, für die der routinierte und erfahrene Chef qualitätsbewusst einkauft und mit seinen Zubereitungen immer nah an den guten Produkten bleibt. Was er hier in geradliniger und puristischer Manier beispielsweise als viergängiges Saisonmenü zu immer noch günstigen 75 Euro auf die Teller bringt, will beim Gast nicht durch raffinierte Optik Eindruck schinden, beeindruckt aber umso mehr durch seine sensible Machart und harmonischen Wohlgeschmack. Eine verfeinerte Landküche mit Ausflügen ins Weltläufige, die von einer ausreichend umfangreichen Weinkarte komplettiert wird.

Taunusstein (Hessen)

5

Die Kochwerkstatt im Gasthaus zum Taunus

Scheidertalstr. 1,
65232 Taunusstein
06128-8600750
www.gasthauszumtaunus.de
Küchenchef: Bernd Zehner
Do–Sa ab 17.30 Uhr,
So von 11.30–14.30 Uhr u. ab 17.30 Uhr,
Mo–Mi RT
Menüs: 37–75 €
EC MC VISA

Im Zentrum der Ortschaft Taunusstein, direkt gegenüber dem Busbahnhof gelegen, ist im überwiegend ländlich-traditionell eingerichteten, aber mit einzelnen modernen Akzenten zeitgemäß aufgelockerten Gasthaus Zum Taunus seit geraumer Zeit ein junges engagiertes Team am Start, das sich für eine moderne hessische Küche aus besten ausschließlich regionalen Produkten engagiert und überhaupt sehr ambitionierte beschwingte Gastronomie betreibt. Ganz bewusst unterhalb des Fine-Dining-Sektors angesiedelt, aber schon mit klar gehobenem Anspruch in Sachen Bewirtung und Speisen. Schwellenängste muss hier aber garantiert niemand haben.

Aus einem Repertoire verschiedener Vorspeisen, Zwischengerichte, Hauptgänge und Desserts kann man sich zum moderaten Preis sein eigenes Wunschmenü zusammenstellen, das dann bei mehreren Gängen tatsächlich so portioniert ist, dass man alles gut schafft. Feines Sauerteigbrot mit aufgeschlagener Kräuter-Gewürzbutter gibt's vorneweg. Außerdem in unserem Fall eine kleine herzhafte Wurstpraline mit Senf. Als herzhaft rustikal mit frischen Auflockerungen präsentierte sich auch die Vorspeise von warmgeräucherter Forelle, die als recht rauchig-salziges Gezupftes aus dem Bauchteil des Fisches mit Gurkenstreifen, etwas grünem Wildapfel (Püree und Schnitze) sowie Sauerrahmtupfen kombiniert war. Als Kreation an sich relativ schlicht und die Komponenten weitgehend naturbelassen, in der Gesamtwirkung somit recht simpel, aber an sich nicht schlecht und durchaus schmackhaft.

Genau wie das als Vol-au-vent im Blätterteig präsentierte, zarte, klein gewürfelte Kalbszungenragout in intensiver reduzierter Kalbsjus, dem kleine gebratene Buchenpilze und Tupfen einer Kräutermayonnaise zur Seite standen. Ein klein wenig mehr Süffigkeit hätte man sich gegenüber dem Blätterteigpastetchen noch vorstellen können, ansonsten aber war auch das eine ansprechende und schmackhafte Sache. Der große Trumpf hier sind einfach die guten Hauptprodukte und deren fachmännische Zu-

bereitung – weniger die Kreation oder Kreativleistung an sich. Und so konnte auch eine ganz mild gebeizte, feste, klar und sauber schmeckende Saiblingstranche punkten, die ansonsten mit ein paar dünnen marinierten Streifen und Scheiben von Stauden- und Knollensellerie, grob zerstoßenen Haselnüssen und Sauerrahmtupfen auch wieder relativ profan, aber eben durchaus sehr stimmig begleitet war.
Vor diesem Hintergrund sind auch die im Tapas-Stil aufgebotenen „Hessischen Kleinigkeiten" aus der Region und aus eigener Herstellung zur Vorspeise eine veritable Alternative, die ab zwei Personen aufgetischt wird. Und so wunderte es uns auch nicht, dass gerade der Hauptgang, bei dem rosa gebratener Rücken von einem Rind der Kreuzung zwischen Galloway und Wagyu, der mit Rahmwirsing, samt Schale halbierten und auf der Schnittfläche angebratenen Wetterauer Kartoffeln, (aromatisch eher nichtssagender) Wintertrüffel und Kalbsglace zum Besten gegeben wurden, besonders gelungen war. Alles ganz klassisch, sauberes Handwerk, harmonischer Geschmack, saftigkerniges Fleisch, aromatisches Gemüse, ausgewogene Sauce… Was will man manchmal mehr?
Als gelungen empfanden wir auch das Dessert „Hafer, Milch und Honig", bei dem Rahmeis, Knuspercrumbles und Creme einen attraktiven Akkord erzeugten, weil alle drei Komponenten guten Geschmack auf den Teller brachten und harmonisch ergänzend ineinandergriffen. Wer lieber etwas herzhafter abschließt kann das beispielsweise mit dem mit Honig und Mohn affinierten Weichkäse vom ortsansässigen Rheingau Affineur machen, der mit Blütenhonig, Taunusbrot und Rieslingtrauben angereichert wird. Zusammen mit dem engagierten, zuvorkommenden Serviceteam um Restaurantleiter Daniel Busch ist die Kochwerkstatt also eine sehr lohnende Einkehr.

Bezahlkarten-Symbole

- Mastercard
- EC-Maestro
- Diners
- American Express
- VISA Visa

Tegernsee (Bayern)

5

Maiwerts Hütte

Ledererweg 9, 83684 Tegernsee
08022-95379
www.maiwerts.de
Küchenchef: Dieter Maiwert
Mi–So ab 11.30 Uhr durchgehend, Mo u. Di RT
Hauptgericht: 19–33 €

Die kleine Hütte im rustikalen Almstil wird von Dieter Maiwert mit höheren Ansprüchen bespielt, als man hier auf den ersten Blick erwarten würde. Die Umgebung bietet viel urwüchsigen Charme und drinnen wie draußen eine entspannte und unkomplizierte Atmosphäre und genau das, nämlich entspannt, unkompliziert ins doch sehr fundiert, sind auch die Gerichte, mit denen Routinier Maiwert seine treue Fangemeinde auf den Tellern erfreut. Aber ein Besuch lohnt sich beileibe nicht nur für langjährige Fans, sondern im Grunde für alle, die sich für scheinbar simple und reduzierte Gerichte aus der Hand eines sehr guten Kochs mit langjähriger Erfahrung begeistern können, weil diese eher auf Substanz und Produktqualität ausgelegt sind als auf aufwendige Arrangements. Lohnend ist auch das, was in der kleinen Weinkarte offeriert wird: Gewächse renommierter europäischer Winzer sowohl glas- als auch flaschenweise.

Teisendorf (Bayern)

6

Gut Edermann

im Hotel Gut Edermann
Holzhausen 2,
83317 Teisendorf
08666-92730
www.gut-edermann.de
Küchenchef: Christian Martin
Täglich von 11.30–14 Uhr u. ab 17.30, Uhr, kein RT
Hauptgericht: 24–36 €, Menüs: 55 €
VISA

Schon seit mehreren Jahren ist das auf einer kleinen Anhöhe bei Teisendorf gelegene Gut Edermann eine beliebte Adresse sowohl für Wellnessfreunde als auch für Genießer. Denn das ländlich schicke und seit neuestem sogar biozertifizierte Hotel bietet nicht nur ein umfangreiches Angebot zum gesundheitsbewussten Entspannen, sondern auch eine klar überdurchschnittliche Küche. Mit vielen Partnern in der Region, einem hohen Anspruch an eine frische und natürliche Zubereitung, und last but not least auch mit vielen guten Ideen, sorgt das Team um Küchenchef Christian Martin dafür, dass nicht nur Hausgäste, sondern auch externe Besucher hier eine genussvolle Auszeit nehmen können.

Dafür bieten die unterschiedlichen Räumlichkeiten einen mal moderneren, mal traditionelleren Rahmen, im Sommer lockt zudem die große Terrasse mit einem weiten Blick übers Land. Und egal wo man als Gast seinen Platz gefunden hat, sorgt ein emsiges, freundlich zugewandtes Serviceteam dafür, dass es an nichts fehlt und hilft gegebenenfalls bei der Entscheidungsfindung. Denn die ist mitunter gar nicht so leicht, locken in der Speisekarte doch sowohl ganz traditionelle Sachen in einer Qualität, die sonst alles andere als selbstverständlich ist, als auch ambitioniertere Gerichte aus exklusiveren Produkten.

Viel falsch machen kann man aber ohnehin nicht, was auch bei unserem jüngsten Testbesuch in der zurückliegenden Saison zur Einstimmung bereits eine zartrosa Scheibe vom Rehrücken zeigte: gerollt und gefüllt mit feinstreifigem Coleslaw, sowie von etwas Preiselbeergel herb aufgefrischt, gab sie in ihrer zwar simplen, aber schlagkräftigen und gut ausgeführten Art gleich einen Fingerzeig auf den Stil der Küche. Denn die hält zwar den Aufwand bewusst in überschaubarem Rahmen und gestaltet die Gerichte leicht zugänglich, punktet aber dafür mit gutem Handwerk und pfiffigen Ideen.

Das bereits bekannte Preiselbeergel ergänzte auch die abwechslungsreich und sommerlich frisch gehaltene Interpretation eines „Vitello tonnato", bei dem zarte rosa Kalbsfleisch-Tranchen einerseits klassisch in einer feinwürzigen Thunfischcreme mariniert – daneben aber von Tomaten aufgefrischt und in einem Würfel aus konzentriertem Tomatenconfit und Thunfischmousse aber auch noch einmal moderner interpretiert wurden. Dazu sorgten herbe Salatspitzen und kräuterwürziges Pesto für weitere gewinnbringende Akzente, während die angekrossten Scheiben von lockerem Maiskuchen dazu zwar von der Idee her schon originell, aber dergestalt auch ein bisschen zu massig wirkten.

Die als Produkt von weiter her angereiste Rotbarbe war zwar akkurat kross und saftig gebraten, deren reine Qualität aber nicht ganz so überzeugend wie die der regionalen Produkte. Der feine kleine Fisch war zwar durchaus solide, aber aromatisch eben nicht ganz so schön klar, wie er im Idealfall sein kann. Gemeinsam mit einer üppigen Umgebung aus Erbsencreme und Erbsenragout, zarten Rote-Bete-Scheiben und dunkel ausgebackenen Kartoffelkroketten ergab sich ein auf leicht rustikale Art harmonischer Gesamteindruck – aber auch die Frage, warum es für diese Produktkombination partout Rotbarbe sein muss und ob zu Erbse, Bete, Karotte nicht ein heimischer, dafür topfrischer Süßwasserfisch ohnehin die viel bessere Wahl gewesen wäre?

Generell bieten hier alle traditionelleren Gerichte eine absolut sichere Alternative, ganz gleich ob bei einem luftig soufflierten Wiener Schnitzel oder allen geduldig geschmorten Gerichten aus regionalem Rindfleisch oder Wild. Und auch im süßen Bereich hält das Team souverän das hohe Grundniveau, fabriziert ausgezeichnetes Eis und Sorbet, wie zuletzt bei einer Mokka-Eiscreme mit intensivem natürlichem Geschmack und üppig cremiger Konsistenz. Aber auch Mehlspeisen-Klassiker in einer besonders feinen Ausführung stehen hier immer hoch im Kurs!

Außerdem liegt in den Edermann-Stuben eine gut sortierte Weinkarte mit vielen trinkanimierenden Flaschen und Gläsern zu fairen Kursen auf, in der man auch die eine oder andere spannende gereifte Rarität finden kann.

Hotelempfehlung

Wellness Natur Resort Gut Edermann

Holzhausen 2,
83317 Teisendorf
08666-92730
www.gut-edermann.de
Einzelzimmer: 168–178 €
Doppelzimmer: 336–490 €

Das ländlich-elegante SPA-Hotel mit 45 Zimmern im oberbayrischen Voralpenland, liegt im Dreieck zwischen Traunstein, Freilassing und Bad Reichenhall. Gerade mal zwanzig Autominuten von Salzburg und damit auch nicht weit von Chiemsee und Königsee entfernt, ist es der ideale Ausgangspunkt, um die beliebte Urlaubsregion zu erkunden. Die allergikerfreundlichen Zimmer und Suiten sind aus natürlichen Materialien wie Holz und Stein und mit warmen Stoffen und Farben liebevoll gestaltet – alle sind Nichtraucherzonen, bieten einen Flachbildfernseher und kostenloses WLAN, die meisten haben einen Balkon. Die Bäder sind wahlweise mit Dusche oder Wanne ausgestattet und jedes Zimmer ist anders gestaltet. Mit verschiedenen Saunen und Dampfbädern, großzügigem Indoorpool, Naturbadeteich sowie vielen Anwendungsmöglichkeiten lässt auch der 2700 qm große Wellnessbereich keine Wünsche offen. Für anspruchsvollen kulinarischen Genuss wird in den Restaurants Gut Edermann, Bauernstube und im Panorama-Restaurant gesorgt. Restaurant Gut Edermann separat erwähnt.

Teisnach (Bayern)

8

Oswalds Gourmetstube

im Relais & Châteaux Landromantik Hotel Oswald

Am Platzl 2,
94244 Teisnach (Kaikenried)
09923-84100
www.hotel-oswald.de
Küchenchef: Thomas Gerber
Mi–Sa ab 18.30 Uhr, So–Di RT
Hauptgericht: 48–89 €,
Menüs: 99–179 €

Lange hat es gedauert, bis der vornehm elegante Gourmetbereich des stattlichen Relais & Châteaux Hotels Oswald in Teisendorf seine Türen nach der coronabedingten Schließung wieder für Gäste öffnen konnte. Anders als an vielen anderen Orten war hier mit Thomas Gerber zwar der Küchenchef weiterhin an Bord und auch das grundsätzliche Konzept sollte nicht verändert werden – Personal zu finden, um die hohen Ansprüche auch konstant umsetzen zu können, wurde aber offenbar zu einer größeren Herausforderung. Glücklicherweise hatte das Warten im Herbst 2022 dann doch ein Ende, und ein Besuch in dem gediegen-elegant mit hochwertigen Materialien designten Restaurant des Hotels war endlich wieder möglich.
Dass der unter anderem bei Heinz Winkler und Christian Bau geschulte, aber bereits vor vielen Jahren im Bayerischen Wald heimisch gewordene Chef während der Gourmet-Zwangspause weder an Können noch an Motivation verloren hat, zeigten dann bereits die ersten akkurat gearbeiteten Kleinigkeiten zum Aperitif, bei denen beispielsweise ein luftig knuspriges Bete-Macaron mit Räucheraal, ein satt aromatisches Ochsentatar mit Schalottencreme

und Imperial-Kaviar oder fruchtig lebendig marinierter Taschenkrebs auf Sepiachip ebenso viel feinhandwerkliche Fähigkeiten wie sensorische Sensibilität offenbarten.
Die gleichen Qualitäten, nur in komplexerer Ausführung, wurden dann auch beim intensiv marmorierten Bauch vom Balfegó-Thunfisch in einer marmorierten asiatischen Vinaigrette deutlich, die beschwingt zwischen Sojatiefe und Zitrusfrische pendelte und genauso beschwingt von Yuzugel auf dem Thunfisch sowie filigranen Zubereitungen von marinierter Gurke, Gurkensorbet, Meerestrauben und Fetter Henne ergänzt wurden. Über allem stand dabei die herausragende Qualität des Fischs, die von der fein gezeichneten Umgebung beflügelt, aber an keiner Stelle dominiert wurde.
Die gleiche beeindruckende Produktqualität zeigte auch der folgende Langostino Royal in fest-zarter Bestform und feinem nussig-süßlichem Geschmack, der von einer röstwürzigen, typischerweise beinahe an nougatartige Noten erinnernden Krustentierjus getragen und von feinen Säurespitzen durch ein Zitrusgel am gebratenen grünen Spargel sowie Sumach-Powder aufgebrochen wurde. Mit solchen grundsätzlich klassischen, allerdings hochfein ausgeführten und mit markanten Details dynamisch gestalteten Gerichten zeigt sich die Küche von ihrer besten Seite.
In diese Kategorie gehörte dann auch eindeutig der festfleischig reinweiße Saint-Pierre, der vom duftigen Estragonöl und einer feinen Säureader in der schaumigen Beurre blanc unterlegt wurde – und so gemeinsam mit leichten Blumenkohl-Details einen pointierten Gesamteindruck ergab. Genau wie das im Hauptgang präsentierte Limousin-Lamm in rosazart feinwürziger Extraklasse, begleitet von einer leichtfüßigen und zugleich tiefaromatischen, mit Kräuteröl marmorierter Olivenjus, filigran feinbitteren Zubereitungen von Poveraden, Zucchini und kleinen Gänseschnabel-Paprikas für bitterfruchtige Kicks.
Jeder einzelne Gang strahlt eine enorme Souveränität aus, nichts ist unnötig verspielt, sondern alles auf beeindruckende präzise Art auf dem Punkt. Und das gelang auch beim Dessert genauso gut wie bei allen anderen Tellern: In einem mit Passionsfruchtcoulis gefüllten Ring aus zart aufgeschlagener Valrhona-Ganache mit Kokos wurden hier abwechslungsreiche gelbfruchtige Akzente appliziert, darunter ein hochkonzentriertes, frisch und lebendig wirkendes Exotic-Sorbet.
Die gleiche Souveränität wie die Küche strahlt auch das gut choreografierte Serviceteam aus, selbst wenn bei vollem Haus die Abläufe in einer Art gediegener Ruhe etwas ausgebremst werden. Und auch der gut gefüllte Weinkeller hat während der langen Schließphase natürlich nichts von seiner Attraktivität verloren und garantiert, dass stets hochwertige und gut ausgewählte Weine in den Gläsern landen, um das Gesamterlebnis adäquat abzurunden.

Hotelempfehlung

★★★★S

Relais & Châteaux Landromantik Hotel Oswald

Am Platzl 2,
94244 Teisnach (Kaikenried)
✆ 09923-84100
www.hotel-oswald.de
Einzelzimmer: 111–200 €
Doppelzimmer: 111–300 €

VISA

In der beschaulichen Ortschaft Kaikenried, eingebettet in die sanft auslaufende Hügellandschaft des Nationalparks Bayrischer Wald und nur eine gute halbe Stunde von Deggendorf entfernt, hat die Familie Oswald aus dem einstigen Gasthof mit Metzgerei ein komfortables Landidyll mit spektakulärer Wellness-Oase geschaffen. Die vielfach ausgezeichnete Traditionsmetzgerei gibt es heute noch – und auch gastronomisch hat die Kulinarik mit mehreren geschmackvoll eingerichteten Restaurants, einem großen Weinkeller, Bar und Gastgarten einen sehr hohen Stellenwert. Der sehr zeitgemäß und elegant umgesetzte ländlich-alpine Stil zieht sich wie ein roter Faden durch das ganze Haus mit seinen insgesamt 58 Zimmern und Suiten unterschiedlichster Kategorien. Mit einem Panorama-Hallenbad, Ganzjahres-Außenpools, einer Saunalandschaft mit Finnischer Sauna, Kräuterbad, Aroma-Dampfbad,

Soledampfbad, Fußsprudelbecken und Erlebnisduschen, sowie unterschiedlichen Ruhebereichen und Fitness-Area sucht auch das Wellness- und Sport-Angebot seinesgleichen. Oswalds Gourmetstube separat erwähnt.

Tiefenbronn (Baden-Württemberg)

6

Bauernstuben

im Hotel Ochsen-Post

F.-J.-Gall-Str. 13, 75233 Tiefenbronn
07234-95450
www.ochsen-post.de
Küchenchef: Peter Jost, Theo Jost
Mo ab 18 Uhr, Di–Sa von 12–14 Uhr u. ab 18 Uhr, So RT
Hauptgericht: 15–44 €, Menüs: 22–78 €

VISA

Derart traditionsreich gewachsene, bodenständige und dennoch kulinarisch niveauvolle Gasthäuser sind außerhalb Bayerns und Baden-Württembergs die absolute Ausnahme – aber auch hier alles andere als selbstverständlich. Insofern macht ein Besuch der Bauernstuben von Familie Jost in deren 1694 errichteten Ochsen-Post im Herzen von Tiefenbronn ganz besonders viel Freude. Man sitzt hier in charmant verwinkelten, authentisch nostalgischen Räumen mit urigen, dunkel verwitterten Holzbalken an elegant gedeckten Tischen in reinem Weiß und genießt ein einzigartiges Flair, das allein schon einen Besuch lohnt.

Dazu gibt's hier aber auch noch eine auf souveränem Handwerk und hohem Produktanspruch basierende Küche, die mal ganz traditionell und mal etwas zeitgemäßer ausfällt, in beiden Bereichen voll überzeugt und insbesondere für Freunde kraftvoller verfeinert rustikaler Köstlichkeiten viele Optionen bereithält, die es jedes Mal schwer machen, sich zu entscheiden. Die ebenso heimatverbundene wie weltoffene Küchenrichtung von Peter und Theo Jost zeichnet sich auf jedem Teller durch Produktqualität und Substanz aus. Die eigene Backstube (das hervorragende Brot gibt's immer auch zum Mitnehmen!) und das im Hause trocken oder im Fettmantel gereifte Fleisch sind nur ein Beispiel dessen, was hier an Aufwand betrieben wird.

Die Karte ist relativ umfangreich und die Portionen sind mächtig. Besonders lohnenswert scheinen uns hier seit jeher die herzhaft-rustikalen Schmankerl aus der regionalen Ecke. Man kann sich also der hochqualitativen Fleischeslust widmen und sich „Unsere Lieblingsstücke" aus den eigenen Reiferäumen zu Gemüte führen, aber auch verschiedenste Innereien stehen immer hoch im Kurs. Und wir können das alles nur wärmstens empfehlen, weil man so eine im besten Sinne rustikale Regionalküche in der Qualität und Frische nur selten bekommt. Man kann aber auch im internationalen und sogar im maritimen Programm reizvolle Dinge entdecken.

Und genau aus diesem angelten wir uns beim letzten Besuch eine auf elegante Art überzeugende Vorspeise, die sich um dicke, geschmeidig gebeizte Tranchen von der Lachsforelle mit klassischer Graved-Sauce und feinbitteren rosa Pfefferbeeren drehte. Erweitert um die fruchtige Schärfe von eingelegtem Ingwer und die Frische knackig marinierter Gurken ergab das einen abwechslungsreichen, lockerflockigen Auftakt, der zusätzlich noch von einem knackigen Salatbouqet, das clever auf hauchdünnem Papadam angerichtet war, belebt wurde, das jedem Bissen gleich etwas würzigen Crunch mitgab.

Eine gleichwertige Alternative zu Klassikern wie dem Schmorduett aus Backe und Schwanz vom Rind nebst tiefgründiger Rotweinsauce, Spätzle und Kartoffel-Blattsalat oder getrüffeltes Kalbskopfragout in Weißweinsauce mit Nudeln stellte zuletzt auf noble Art der schön kernige rosa gegarte Hirschrücken in einer üppigen Menge kräftig reduzierter Wildjus mit festem Säurekern, viel tiefer Würze und einer animierenden Fruchtigkeit. Ergänzt wurde dieser klassisch und ausdrucksstark von gebratenen Steinpilzen, fruchtigem Rotkohl, hauchzarten Spätzle und herben Preiselbeeren als rundum stimmige, fein austarierte Begleiter.

Ebenso schlicht wie überzeugend gelang auf ähnlich schnörkellose und genaue Art der süße Abschluss in Form einer Beerengrütze mit markanter Säure und herber Frucht dank schwarzer Johannisbeeren, die in Kombination mit einem schmelzigen Vanilleparfait serviert wurde, das genau die richtige Dosis an üppigerer Süße und Schmelz lieferte, um mit der Frucht zu einem harmonisch runden Nachtisch zu verschmelzen. Zu alldem fehlt es genauso wenig an animierenden „Viertele" wie an hochwertigen Flaschenweinen, für die das herzliche Serviceteam jederzeit als Entscheidungshilfe zur Stelle ist.

Hotelempfehlung

Ochsen-Post

Franz-Josef-Gall-Str. 13,
75233 Tiefenbronn
07234-95450
www.ochsenpost.de
Einzelzimmer: 60–140 €
Doppelzimmer: 78–168 €

VISA

Die im Jahr 1694 am damals wichtigen Handelsweg zwischen Cannstatt und Speyer errichtete Ochsen-Post kann auf eine geschichtsträchtige Vergangenheit zurückblicken und erstreckt sich heute über drei separate Gebäude. Das Stammhaus, wo einst die Umspannstation für die schwerbeladenen Pferdefuhrwerke der Händler war, lädt heute in 17 nostalgisch belassene und trotzdem komfortable Hotelzimmer. Das Hotel am Backhaus und das Hotel im Jägerhaus sind neu errichtete Anbauten mit zeitgemäßen, teils sehr modern und stylisch gestalteten 11 bzw. 9 Zimmern, ausgestattet mit Sat-TV auf Flachbildschirmen, WLAN, Minibar und modernen Bädern. Hier steht den Gästen auch ein kleiner Wellnessbereich mit Sauna und Fitnessgeräten zur Verfügung. Überregional bekannt ist die Ochsen-Post für ihre kulinarischen Ambitionen, mit hauseigener Premium-Fleischproduktion, einem Backhaus mit täglich frischen Brot- und Backwaren und vielfach ausgezeichneter Gastronomie in unterschiedlichen Räumlichkeiten. Restaurant Bauernstuben separat erwähnt.

Timmendorfer Strand
(Schleswig-Holstein)

6

Horizont

im Strandhotel Fontana
Strandallee 47,
23669 Timmendorfer Strand
04503-870414
www.restaurant-horizont.de
Küchenchef: Sebastian Hamester
Mi–So ab 17.30 Uhr,
Mo u. Di RT,
im Sommer auch mittags
Hauptgericht: 28–35 €

VISA

Ein modernes, repräsentatives Hotelgebäude mit Terrasse direkt an der Flaniermeile des Timmendorfer Strands, ein Restaurant mit gehobenem gastlichem und kulinarischem Anspruch und einer Karte, die von Sushi und Sashimi über Eigenkreationen im Gourmetstil bis zu Klassikern wie Thai-Currys oder verschiedenen auf dem Holzkohlegrill zubereiteten Cuts vom Rind mit traditionellen Saucen und Beilagen nach Wahl reicht: Das Horizont im Strandhotel Fontana ist in der Lübecker Bucht ein richtiger „Place to be" für ein breiteres Publikum mit überdurchschnittlichem Anspruch an einen Restaurantbesuch.
Im Sommer sitzt es sich schick auf der leicht erhöhten Terrasse, umgeben von einer hübschen und gepflegten Anlage, und auch das lichtdurchflutete, schnörkellos gestaltete Ambiente drinnen bietet ein attraktives Umfeld, in dem sich sehr angenehm ein paar genussreiche Stunden verbringen lassen. Der Name des Restaurants ist Programm, genießt der Gast hier doch tatsächlich fast unverstellten Ostseeblick und parallel dazu weitet auch die Speisekarte mit ihren asiatischen Inspirationen das kulinarische Blickfeld der Gäste.

Gastgeber und Hotelier Sebastian Hamester und sein ausführender Küchenchef Gioacchino Tranchina gehen seit Jahren ein Mittelweg zwischen populärer Küche und Gourmet-Nische, stellen einen hohen Eigenanspruch an die Qualität der Produkte und das Küchenhandwerk, versteifen sich aber nicht auf eine allzu elaborierte Arbeitsweise oder Präsentation und legen für ihre Gäste auch keine feste Dramaturgie des Abends fest. Konsequenterweise gibt es daher auch gar kein Menü mehr, sondern man kann nach Belieben à la carte wählen.
Nach exzellentem Brot von Bäcker Gaues mit aufgeschlagener Butter, die hier beim Eintreffen bereits auf dem Tisch stehen, könnte man sich also beispielsweise gleich den Sushi- und Sashimi-Zubereitungen widmen, die nicht nur überdurchschnittliche Produktqualitäten bieten, sondern auch überraschend fein abgestimmt sind. Selbst wenn es sich um solche nicht der reinen Lehre entsprechenden Dinge wie eine aus Wagyu-Beef und Steinpilzen (sowie Avocado, Gurke und Rettich) gefertigte Maki-Rolle handelt, die on top auch noch mit dünnen Steinpilzschuppen belegt, abgeflämmt, und mit einer Hoisin-Sauce glasiert war. Da erwartet man eher etwas plakativ Überwürztes und wundert sich auf positive Art umso mehr über die transparente und sehr natürliche Art, wie das Ganze umgesetzt ist.
Aus dem „normalen“ Speisekarten-Programm erfreute eine Vorspeise, die sich um Bachsaibling, Gurke und Senf drehte und ebenso leicht und frisch wie pointiert geschmeckt hat. Die kraftvoll roséfarbene Tranche des Fischs, der zwar optisch etwas matt und trocken gewirkt hat, tatsächlich aber sehr sanft und saftig confiert war, lag entlang einer diesem Gericht auf unaufdringliche Art Tiefe spendenden Brotcreme unterfütterten Linie aus verschieden süßsauer eingelegten Gurken (unter anderem mit Aquavit) und roten Zwiebeln, ergänzt um Senfsaat und Dill. Eine leichte, dezent zitrisch zugespitzte Joghurtsauce gab mit ihrer laktischen Säure einen zusätzlichen Frischeschub und mit ihrem seichten Schmelz harmonisierenden Background.
Wie zuvor schon die Sushi-Rolle, überraschte dann auch der Kabeljau mit einer deutlich subtileren geschmacklichen Art, als es die Optik befürchten ließ. Denn nicht nur die dunkle „Röstfischsauce“, die den selbst nur sehr defensiv gewürzten fleischigen Fisch nebst knackigen Edamame, schmelzig zarten und leicht rauchig angeflämmten Lauchherzen, sowie Topinambur (als seidige Creme, Stücke und krosse Flakes) begleitete, setzte diesem weitaus weniger zu als befürchtet.
Die bei Niedertemperatur zur perfekt saftigen Zartheit gebrachte, final mit beherzter Hitze zu Knusprigkeit und Röstaromen verholfene und schließlich am Tisch mit schmelzigem Gänseleberschnee beflockte dreifingerdicke Tafelspitz-Tranche hatte mit zwar leicht angerösteten, aber in ihrer Weichheit dennoch eher kohlig schmeckenden Blumenkohlröschen und dem naturgemäß leicht bitteren Spinat zwei zueinander etwas widerspenstige Begleiter an ihrer Seite. Die allerdings konnten durch die reichlich angegossene und in großzügiger Menge im Kännchen am Tisch verbliebene Gänselebersauce harmonisch zwangsvermählt werden.
Derlei war beim von Natur aus sehr harmonisch angelegten Nachtisch überhaupt nicht nötig. Denn wunderbar intensiv natürlich schmeckendes Himbeersorbet sowie Himbeergel und Himbeersauce fügten sich mit eingelegtem Pfirsich und einer mit wahrscheinlich von etwas weißer Schokolade herrührenden süßen Schmelzigkeit hinterlegten Vanillemousse, die als dekoratives Lochgitter auf dem Teller lag, zum stimmig und harmonisch neuinterpretierten „Pfirsich Melba“. Positiv herausgestochen haben auch diesmal wieder nicht nur der zuvorkommende Service, sondern auch die (glasweise) empfohlenen Weine, die gut durchdacht und für den vergleichsweise moderaten Preis qualitativ anspruchsvoll waren.

8↑

Orangerie

im Maritim Seehotel

Strandallee 73 b,
23669 Timmendorfer Strand
04503-6052424
www.orangerie-timmendorfer-strand.de
Küchenchef: Lutz Niemann
Fr–So ab 18.30 Uhr, Mo–Do RT
Hauptgericht: 58–62 €,
Menüs: 94–146 €

VISA

Man mag es kaum glauben, aber bereits seit über 25 Jahren steht Lutz Niemann am Herd der Orangerie im noblen Ostsee-Urlaubsort Timmendorfer Strand und macht diesen seitdem zu einem der attraktivsten Ziele für Genießer im weiten Umkreis. In den Grundzügen ist

seine Küche ebenso klassisch wie das vornehm elegante Ambiente des Restaurants selbst, dabei aber alles andere als oldschool. Ganz im Gegenteil, denn durch die sehr exakte und individuelle Detailarbeit wirkt jeder einzelne Teller voll auf der Höhe der Zeit, und dadurch, dass der Chef dank seiner Erfahrung einen sehr gelassenen Fokus auf das Wesentliche hat, oft sogar spannend neuartig. Generell zeichnet sich Niemanns Küche dadurch aus, dass oft nur wenige, dafür aber sehr markante Komponenten genügen, um für Spannung und eine eindrucksvolle Produktpräsentation zu sorgen.
Einen Vorgeschmack darauf lieferte zuletzt bereits ein erster Opener in Form von glasig zarten Stücken vom Saibling auf knackigem Salat aus Zuckerschoten und Quellern, die von einem dichten Gin-Tonic-Schaum mit feiner herb-frischer Würze bedeckt wurden. Klare drei Komponenten, und dennoch sehr dynamisch und beschwingt. Genau diese Linie wurde dann auch trotz komplexerem Aufbau beim ersten Gang gewahrt. Der stellte knackig zartes Fleisch aus dem Schwanz und der Schere von bretonischem Hummer in ein ganz zartes, duftiges Umfeld aus einem klaren Melonensud, zugespitzten Melonengels, Tupfen von konzentrierter Sauce Aurora und erdigeren Nuancen von weißen Bohnen. Verwoben mit dem feinen präsenten Parfüm der vollreifen Melone waren außerdem eine belebende Säurespur und eine subtile Estragonnote.
In eine ganz andere, deutlich kraftvollere Richtung ging es bei den scheinbar simpel anmutenden Kartoffelgnocchi mit Pfifferlingen, Frühlingslauch und Pilzsud, die sich als überraschend zupackendes Highlight entpuppten. Das lag zuallererst an dem klaren, aber monumental wuchtigen Pilzsud, der enorm verdichtet und von nobler, an Madeira erinnernder alkoholischer Süße getragen wurde. Aber auch die wolkenzarten Gnocchi, die nur sanft gebratenen Pfifferlinge und die grüne Frische des Lauchs als Confit und knackige Stücke, boten auf ihre natürliche Art große Klasse.
Die bot anschließend auch der Zander mit Gartengurke, Dill und Buttermilch, für den wir versucht waren, kurzerhand die Sonderauszeichnung „Zander des Jahres" zu erfinden. Denn auch hier schaffte allein die Qualität des einseitig zartknusprig angebratenen, mit Dillpowder bestäubten und ansonsten knapp temperierten Zanders ein Ergebnis, das deutlich über die Erwartungen an die eher klassische Produktkombination hinausging. Aber auch die Kreation selbst wurde mit einem lauwarm aufgeschäumten Buttermilchsud und dessen feiner Säure, knackigen Gurkenwürfelchen sowie reichlich Imperial-Kaviar als luxuriöse jodige Würze auf dem Fisch ausgesprochen elegant und feinfühlig ausgestaltet.
Nur knapp an einer Produkt-Sonderauszeichnung schrammten dann auch die mit hauchdünner knuspriger Haut über buttrig glänzendem Fleisch servierten Tranchen vom Huhn vorbei, die in voluminöser und zugleich fokussiert gestraffter Sauce Albufeira baden durften. Leider kam die gebratene Foie gras daneben mit leicht körniger und sehr weicher Konsistenz weniger nah ans Optimum heran. Das war aber auch der einzige kleine Makel an diesem Hauptgang, der ansonsten mit filigranen Zubereitungen von Mangold und (Rotwein-) Zwiebel sowie einem separaten, schmeichelnd intensiven Coq au Vin mit Fregola Sarda ein absolut würdiger Menühöhepunkt war.
Am Ende des Abends wechselt die Verantwortung ebenfalls seit vielen Jahren schon von Lutz Niemann zu Chef-Pâtissier Taro Bünemann, der zum Abschluss immer noch einmal verlässlich für weitere Highlights sorgt. Der letzte Besuch war davon keine Ausnahme – weder bei dem erfrischenden Prè-Dessert aus beinahe kitschig intensiven Erdbeer-Zubereitungen mit Zitrone und Rhabarber noch bei dem eigentlichen Finale rund um Aprikose, Pistazie und Buchweizen. Bei diesem wurde vor allem die säurebetonte Frucht der Aprikose (als Mousse, Coulis und Gel) plastisch in den Vordergrund gestellt, während die geröstete Pistazie und auch der Buchweizen intensive konzentriertere Akzente setzten.
Dass auch die beachtliche Auswahl an Petit Fours am Ende das Niveau hält, braucht ebenso kaum gesondert erwähnt zu werden wie die Tatsache, dass das charmante und aufmerksame Serviceteam um Maître und Sommelier Ralf Brönner dafür sorgt, dass es zu keiner Zeit an irgendetwas fehlt und dass auch an hochwertigen Weinen in großer Breite und Tiefe kein Mangel besteht.

The Cozy Kitchen

Schmilinskystr. 2,
23669 Timmendorfer Strand
04503-76091000
www.thecozy-hotel.de
Do–Di ab 18 Uhr, Mi RT

VISA

So wie das gesamte Hotel, das nur einen kurzen Fußweg von der Strandpromenade entfernt liegt, ist auch dessen Restaurant im Eingangs- und Lobbybereich in hellem und schnörkellos nordischem Stil gestaltet. Klar und aufgeräumt, aber sehr gemütlich wirken hier alle Räume – der Name ist im The Cozy Hotel in Timmendorfer Strand jedenfalls Programm. Die Küche setzt glaubhaft und schmeckbar auf Qualität, Nachhaltigkeit und Natürlichkeit, auf grundsolides Handwerk und frische Grundprodukte, die sie nach Möglichkeit regional und saisonal von engagierten Erzeugern bezieht. Auf den Tellern gibt es kein Schnick und kein Schnack, wird bodenständig, schlicht und gegenständlich kombiniert und arrangiert.

Hotelempfehlung

Maritim Seehotel

Strandallee 73,
23669 Timmendorfer Strand
04503-6050
www.maritim.de/de/hotels/deutschland/seehotel-timmendorfer-strand-ostsee/unser-hotel
Einzelzimmer: 95–490 €
Doppelzimmer: 165–800 €

VISA

Die Lage des Maritim Seehotel, direkt am längsten Strand von Schleswig-Holstein, zeichnet sich nicht nur durch den unverstellten Meerblick aus, sondern auch durch zahlreiche Attraktionen ganz in der Nähe. Das Haus grenzt an den Kurpark mit Zugang zur Fußgängerzone, so dass man in wenigen Schritten die Einkaufsmeile, die Maritim Seebrücke oder das „Sea Life" Timmendorfer Strand erreichen kann. Die 241 Zimmer, darunter 7 exklusive Penthouses, bieten entweder einen herrlichen Blick über das Meer oder zur Sonnenseite in den grünen Kurpark, sind komfortabel eingerichtet und bieten von kostenfreiem Internet bis zu modernen Flat-TVs zeitgemäße Ausstattung. Ein Highlight ist der große Wellnessbereich mit Meerwasseraußen- und -innenschwimmbad mit Luftsprudelliegen, Gegenstromanlage und Massagedüsen, Saunen, Fitnessbereich und dem exklusiven SPA-Bereich mit Dampfbad, Sanarium, Eisbrunnen, Schlammbad, Thalasso-Wannenbad, Seifenschaummassage, Duft- und Klangraum und vielem mehr. In verschiedenen Bars und Restaurants ist auch vielseitig für das kulinarische Wohl gesorgt. Gourmetrestaurant Orangerie separat erwähnt.

Strandhotel Fontana

Strandallee 47–49,
23669 Timmendorfer Strand
04503-87040
www.strandhotel-fontana.de
Einzelzimmer: 160–265 €
Doppelzimmer: 180–385 €

VISA

Das von Familie Hamester betriebene Privathotel liegt nur 30 Meter vom Ostseetrand entfernt und ist im Jahr 2017 um einen Neubau in dem für die Ostseeküste typischen Bäderstil erweitert worden. Der klassische und der neue

Trakt sind über eine großzügige Lobby miteinander verbunden. Aus vielen der insgesamt 19 Zimmer und Suiten, die elegant und geschmackvoll mit eigens angefertigten Möbeln, edlen Stoffen, liebevoller Dekoration und echter Kunst eingerichtet sowie mit zeitgemäßem Komfort ausgestattet sind, genießen die Gäste Ausblick auf Meer und Strand. Gediegen entspannen und Kraft tanken lässt sich in dem aus edlen Natursteinen und Hölzern gestalteten SPA-Bereich mit Biosauna, finnischer Sauna, individuellen Duschen und Ruheraum mit Blick in den Atriumgarten. Im Restaurant Horizont bieten Sebastian Hamester und sein Team moderne, kreative Nordische Fischküche mit asiatischen Elementen. Restaurant Horizont separat erwähnt.

Trier (Rheinland-Pfalz)

8

Beckers Restaurant

in Becker's Hotel & Restaurant
Olewiger Str. 206,
54295 Trier (Olewig)
0651-938080
www.beckers-trier.de
Mi–Sa ab 19 Uhr, So–Di RT
Menüs: 115–165 €
VISA

Der moderne dunkle Kubus, in dem Rezeption, Hotelzimmer und Gourmetrestaurant beheimatet sind, wirkt nicht nur gegenüber dem traditionellen Stammhaus der Beckers als scharfer Kontrast, sondern wirkt auch in dem gediegenen Wohngebiet wie vom anderen Stern. Die Verbindung von Moselschiefer sowie weiteren Naturfarben und -materialien ist auf seine avantgardistische Art ein echter Blickfang – und zugleich klar in der Region verwurzelt. Hier gibt's aber nicht nur fürs Auge, sondern mit der äußerst souveränen Gourmetküche von Wolfgang Becker und Team auch für den Gaumen. Und auch wenn man hier ob der mutigen, in dem Umfeld geradezu ultramodernen Architektur einen sehr expressiven Küchenstil mit scharfen Kontrasten erwarten würde, setzt die Küche von Wolfgang Becker ganz wesentlich auf den unverfälschten Geschmack hervorragender Produkte, die zwar – passend zur Umgebung – modern und aufgeräumt präsentiert werden, aber mehr von ihrer starken Substanz als von scharfen Konturen, filigranen Details oder lauten Effekten leben. Das geht manchmal in die klassische Richtung, mal ins Mediterrane und mitunter auch in exotische Gefilde und bleibt stets ausgewogen und harmonisch. Auch die Weinkarte hält locker das hohe Niveau und selbst glasweise kommen teils gereifte große Gewächse in die Gläser.

Trittenheim (Rheinland-Pfalz)

7

Wein- & Tafelhaus

Moselpromenade 4,
54349 Trittenheim
06507-702803
www.wein-tafelhaus.de
Küchenchef: Alexander Oos
Di–Sa ab 18.30 Uhr, So u. Mo RT
Menüs: 125–180 €
VISA

Das Refugium von Familie Oos, das in unmittelbarer Moselnähe Gourmetrestaurant, Weinbar und Gästehaus unter einem Dach vereint, ist ein wunderbarer Platz für gepflegte Gastlichkeit. Vom Restaurant aus, das sich in einem modernen kubischen Anbau mit Glasfront nach zwei Seiten befindet und einerseits modern und schlicht, andererseits auch sehr behaglich anmutet, genießt man direkten Ausblick auf die berühmte Weinlage „Trittenheimer Apotheke", die sich imposant auf der gegenüberliegenden Moselseite auftut. Und auf den Tellern die schnörkellos klassische, vollkommen unverkünstelte Gourmetküche von Alexander Oos, der hier seit vielen Jahren so zuverlässig und sorgfältig kocht, wie nur wenige andere in dieser Region. Außerdem: sehr gut sortierte Weinkarte und ein zuvorkommender Service samt guten Weinempfehlungen der Gastgeberin.

Tübingen (Baden-Württemberg)

6

Schranners Waldhorn

Schönbuchstr. 49,
72074 Tübingen (Bebenhausen)
07071-61270
www.waldhorn-bebenhausen.de
Mi–So von 12–14 Uhr u. ab 18 Uhr,
Mo u. Di RT
Hauptgericht: 32–39 €,
Menüs: 34–95 €

Durchaus gehoben und anspruchsvoll, dabei aber völlig bodenständig und maximal zugänglich ist die Küche des Waldhorns in Bebenhausen bei Tübingen. Marie-Luise und Maximilian Schranner bieten in ihren ländlich-eleganten Räumlichkeiten eine Art der ambitionierten Gastronomie mit starker Verbindung zur Region, mit der sicher jeder etwas anfangen kann. Die Küche wirkt teilweise fast schon gutbürgerlich, ist aber dennoch etwas Besonderes und Nichtalltägliches. Jeder Gast kann in der Karte zwischen „Wirtshaus-Menü“ und „Gourmet-Menü“ bei entspannter Atmosphäre etwas finden, das ihm zusagt. Der erfahrene Küchenchef beherrscht die verfeinerte regionale Küche ebenso wie die opulente französische Klassik, hat aber auch ein Händchen für leichte, mediterran inspirierte Gerichte. Es gibt sogar ein einfallsreiches vegetarisches Menü in vier Gängen. Egal für was man sich entscheidet: Hochwertige Produkte und substanzstarke Zubereitung sind gesetzt. Ebenso der zuvorkommende Service von Marie-Luise Schranner und ihrem Team. Die Weinkarte ist adäquat, mit Schwerpunkt bei den heimischen Gewächsen und überhaupt einem sehr guten Preis-Genuss-Verhältnis. So wie alles hier.

Bezahlkarten-Symbole

- Mastercard
- EC-Maestro
- Diners
- American Express
- VISA Visa

Türkenfeld (Bayern)

Gasthof Hartl Zum Unterwirt

Duringstr. 5, 82299 Türkenfeld
08193-999517
www.gasthof-hartl.de
Mi–Fr von 11.30–14 Uhr u. ab 17 Uhr,
Sa u. So ab 11 Uhr durchgehend,
Mo u. Di RT
Hauptgericht: 10–25 €
VISA

Der in guten Häusern geschulte Josef Hartl Junior verleiht der heimischen Landküche im familiengeführten Gasthof den Reiz der handwerklich fundierten Zubereitung und gibt den überwiegend traditionellen Gerichten nicht selten auch etwas Pfiff mit auf den Weg. Wenngleich hier und da sogar mal ein bisschen Exotik und Kreativität mit einfließt, bewegt sich das Repertoire im bodenständigen Bereich. Können blitzt auf nahezu jedem Teller auf und wird im Grunde nur durch die üppigen Portionen und die bisweilen fehlende Detailsorgfalt etwas vernebelt. Wobei man hier auch schon aufgrund der günstigen Preise gar nicht unbedingt schlank proportionierte Teller oder überdurchschnittliche Präzision erwartet. Somit in jedem Fall ein solider Tipp!

Tuttlingen (Baden-Württemberg)

8

Anima

In Wöhrden 5, 78532 Tuttlingen
07461-7803020
www.restaurant-anima.de
Küchenchef: Heiko Lacher
Di–Sa ab 18 Uhr, So u. Mo RT
Menüs: 150–170 €
VISA

Unter den vielen guten Adressen im Schwarzwald hat sich das Anima mit seinem eigenen Stil sehr gut etabliert. Der ist modern und zeitgemäß, was sich in der Location, die nur ein paar Schritte von der Donau entfernt in einem eher puristischen Raum mit viel Holz, Glas und blanken Tischen zu finden ist, auch optisch widerspiegelt. Die Küche ist naturverbun-

den und weltoffen – offen sogar in dem Sinne, dass man Heiko Lacher und seinem Souschef Johannes Schühle dabei beobachten kann, wie sie am Pass unter Wärmelampen die Teller finishen. Mit Janice Lacher im Service ist das Team eigentlich schon komplett, zeigt aber in dieser Kleinstbesetzung dennoch, wie perfekt durchgetimt die Abläufe an einem Abend funktionieren können. Es ist eben alles auch eine Frage der guten Vorbereitung von durchdachten Gerichten, die mit verschiedenen Einflüssen – übrigens ohne überstrapazierte asiatische Elemente – sehr stimmig sind und mittlerweile sehr deutlich erkennbar eine Seele haben.
Nach drei Apéros zum Auftakt mit abwechslungsreicher Aromatik und Textur behaupteten sich im Amuse-Bouche mit Makrelentatar, Bohnen-Gazpacho und Meerrettich herbe, frische, würzige und scharfe Töne ein einer kleinen Schale, ohne sich dabei in die Quere zu kommen. Im ersten Gang wurde das Spiel mit Aromen, die für sich klar erkennbar bleiben, ohne eine Dominanz auszuüben, mit erneut rohem Fisch souverän fortgesetzt. Zuvor aber bildete hausgemachtes Sauerteigbrot zu mit Blüten bestückter Senfbutter und einer Hühnerleber-Paté eine sehr ordentliche Grundlage. Im ersten Gang nun waren drei kleine Filets von in Lauchöl mariniertem Wolfsbarsch der fast blütenweiße Gegenpart zu einer quietschgrünen Mojo-verde-Schaumkugel in einem tiefgrünen Sud mit dem herben Touch von Jalapeño. Drumherum gab es frische Momente von eingelegter Gurke und Gurkenwasserperlen, Cremiges durch Avocadoscheiben, Fruchtsüße durch Melonenkügelchen und leichte Schärfe mit einem Hauch Ingwer.
Rund um eine handgetauchte Jakobsmuschel machten würzige Aromen aus einem Seafood-Gericht eine ziemliche Umami-Bombe. Die gitterförmig eingeritzte und angegrillte Muschel erinnerte schon fast an Speck, was aber auch wohl daran lag, dass sie in einer Schinkenbrühe badete. Oma Christa aus dem Schwarzwald muss eine ziemliche Powerfrau (gewesen) sein, denn in der nach ihr benannten Graupenvariation, die als Damm die Brühe umrundete, steckte viel Herz, Würze und Säure, unterbrochen von Kügelchen aus emulgierter Eigelbcreme mit Romanablättchen und Apfelstückchen in Limettenvinaigrette als frische Kicks on top.
Auch der in Estragonbutter confierte Seeteufel war ein umarmendes Wohlfühlgericht, woran eine Sauce américaine und ein Butterschaum großen Anteil hatten. Die kleinen Backerbsen auf der hohen, aber gut gewürzten Tranche sahen wir eher als Deko und als solche machte sich auch eine weiße stehende und eine auf dem Fisch liegende grüne Stange Spargel gut, die aber mit ihrer knackigen Süße natürlich noch mehr als bloße Optik beizutragen hatten. Der dazu empfohlene Imperial-Kaviar kam in einem Schälchen auf einer cremig verdichteten und dank Tomatenmark lachsfarbenen Estragon-Hollandaise, unter deren Schutz sich der Geschmack von einer Spargeleinlage gut entfalten konnte. Keine Frage: Diese extra zu bestellende Kaviarzugabe war wirklich lohnend!
Im nächsten Gang war eine Kasserolle geschmeidiger Risoni mit Erbsen und einer präsenten, aber nicht übertriebenen Safrannote unter einer üppigen Kräuterschicht, aus der sich vor allem Minze hervortat, ein Glücklichmacher für sich. Dabei handelte es sich „nur" um die Beigabe zu einem minimalistischen Teller rund um Bresse-Huhn von Lars Odefey aus der Lüneburger Heide, dessen als Rolle mit einer Pilzfarce und Amaranth ummantelte Brust, garniert mit einem Hühnerhautchip und akzentuiert mit der vollen Power von Zitronenconfit, eine tolle Kombination mit den Risoni aufs Porzellan legte – als überraschend üppige Portion!
Da hätten wir uns das Pré-Dessert, ein Fichteneis mit Zitronen-Thymian-Granité und Mojito, eher als Erfrischung vor dem eigentlichen Hauptgericht, einer in Marsala geschmorten, mürbe zerfallenden Kalbsbacke, gewünscht. Das sehr warme Geschmacksbild wurde komplettiert von cremigen Nocken Nussbutterkartoffeln, einem offenen Raviolo mit Ragout und einer mit Blutwurst gefüllten Spitzkohlroulade mit einer darauf schwebenden Pomme Soufflé. Wahrlich keine leichte Kost, aber ein gut geerdetes Geschmacksbild, zumal in Gestalt einer Traube mit geschmolzenem Lardo di Colonnata auch noch eine reizvolle speckige Süße hinzukam.
Dem Dessert könnt man ankreiden, dass den süßen Noten ein kantiger Gegenpart fehlte, obwohl das hübsche fünfstöckige Törtchen von der Felderdbeere – à part dazu ein Erdbeereis mit den Kokosnoten von Malibuschaum – in einer allerdings wenig säurebetonten Erdbeervinaigrette platziert war. Als Alternative steht aber im Menü mit seinen fünf bis sieben Gängen auch ein Dessert mit Ziegenrohmilchkäse, Rhabarber und Liebstöckeleis zur Wahl. Zudem hinterließ unter den Petits Fours als letztes eine flüssige Apfel-Basilikum-Praline doch noch einen herb-frischen Eindruck, so dass es in der Gesamtperformance des Abends eigentlich kaum etwas zu bemängeln gab.
Schon gar nicht an der exzellenten Weinbegleitung von Janice Lacher, die gar nicht mal zu

den mittels Corvavin ausgeschenkten Raritäten greifen muss, sondern auch im regulären Sortiment mit einem gewissen Understatement das eine oder andere Highlight präsentieren kann. Aber natürlich ist es vor allem die mittlerweile noch konzentriertere und austariertere Küchenleistung, die endlich zu der Aufwertung führen kann, die sich schon seit Längerem angebahnt hatte.

Überlingen (Baden-Württemberg)

5

Bürgerbräu

Aufkircher Str. 20, 88662 Überlingen
07551-92740
www.buergerbraeu-ueberlingen.com
Fr-Mi von 11.30–16.30 Uhr, Do RT
Hauptgericht: 19–29 €

Entgegen dem allgemeinen Trend in der gehobenen Gastronomie, das Restaurant nur noch an wenigen starken Tagen in der Woche und ausschließlich am Abend zu öffnen, machen die Metzlers in ihrem Bürgerbräu, dessen Name zwar auf Stammtisch, Kartenspiel, Bier und rustikale Schmankerl schließen lässt, das aber ein zwar bodenständiges, aber durchaus feines Gasthaus mit ambitionierter Küche ist, das genaue Gegenteil: Sie öffnen ihr Lokal an sechs Tagen und nur tagsüber. Gekocht wird vom Mittag bis zum späten Nachmittag, und um sechs wird zugesperrt. Aufgetischt wird von originellen Tapas über badische oder französische Traditionsgerichte und mediterrane Ausflüge bis zur asiatisch inspirierten Crossover-Küche, für die sich Simon Metzler über die Jahre einen guten Namen gemacht hat. Bei ihm ist Verlass auf eine solide klassische Basis der Gerichte, witzige Ideen und pfiffige Pointen auf dem Teller.

5↑

Johanniter-Kreuz

im Romantik Hotel Johanniter-Kreuz
Johanniterweg 11, 88662 Überlingen
07551-937060
www.johanniter-kreuz.de
Küchenchef: Andreas Liebich
Di ab 18 Uhr, Mi–So von 12–14 Uhr u. ab 18 Uhr, Mo RT
Hauptgericht: 22–35 €, Menüs: 45–85 €
VISA P

Das Romantik Hotel Johanniter-Kreuz in Andelshofen, einer kleinen beschaulichen Ortschaft bei Überlingen am Bodensee, wird mit verwittertem altem Fachwerk und edlem Interieur dem Attribut „romantisch" so gerecht wie nur wenige Adressen dieser bekannten Vereinigung inhabergeführter Hotels. Allein das Ambiente, sei es im behaglichen Kaminzimmer, dem Wintergarten oder im Sommer auf der idyllischen Terrasse, weckt immer wieder die Vorfreude auf einen Besuch. Dazu kommt aber noch, dass hier vom Team um Gastgeber Andreas Liebich seit vielen Jahren eine mit viel Substanz zwischen Bodenständigkeit und Gourmet pendelnde Küche geboten wird, die sich während der letzten Besuche mit klug gestrafftem Angebot von einer besonders attraktiven Seite zeigte.
Und auch diesmal verdeutlichten bereits die dünnen zartrosa Scheiben von der Entenbrust mit viel Spannung, Saft und hauchdünn ausgebratener Knusperhaut in der rustikalen, aber aromatisch harmonisch angestimmten Begleitung von saftigen Currylinsen, Feldsalat und mildem Currydip, auf welchem Niveau und in welchem Stil das Team hier unterwegs ist.
Stimmig angelegt waren auch die folgenden karamellisierten Jakobsmuscheln auf dünnen Kreisen von Knollensellerie, deren markante Würze von brauner Butter und einer erdig-duftigen Trüffelvinaigrette eingefasst wurde. Fadendünnes Selleriestroh und kühle Cremetup-

fen sorgten für Auflockerung und fügten sich wohlproportioniert ins Geschehen ein. Einziges Manko waren die leicht faserigen Jakobsmuscheln selbst, die auch deutlich zu viel Salz abbekommen hatten und damit die ansonsten sehr ansprechende und ausgewogene Komposition ein wenig in Ungleichgewicht brachten. Derartige Ausrutscher fallen aber insgesamt nicht allzu sehr ins Gewicht und verhindern letztlich nur eine noch höhere Bewertung, die für sich genommen beispielsweise auch das lang gereifte Rinderfilet mit sattem Eigengeschmack nebst einer scharf angebratenen Entenstopfleberscheibe und kraftvoller Trüffeljus im verdient gehabt hätte. Unter anderem deshalb, weil die Sauce bei aller Power auch genügend Säure beinhaltete, um das mit naturgemäß erdig-süßlicher Pastinakencreme abgefederte Gericht vor einer allzu behäbigen Anmutung zu bewahren. So ergab das einfach ein ausgewogenes substanzstarkes klassisches Gericht, für das ohne weiteres auch 6 Pfannen eine angemessene Bewertung gewesen wäre.
Und auch im Finale gibt sich das Team kaum eine Blöße und kreiert auf die für die Küche typische, handwerklich etwas gröber gehaltene, aber geschmacklich natürlich intensive Art, gut balancierte Desserts. So wie zuletzt etwa die Kombination einer fluffigen Biskuit-Cremeschnitte mit vollfruchtiger Mango, säurebetonteren Geltupfen und einem kräuterduftigen Eis, oder einem Haselnuss-Mascarponetörtchen mit Schmorbirne und Haselnusseis.
Auch auf aufmerksamen, kompetent beratenden Service und eine attraktiv bestückte Weinkarte mit viel Gutem vom Bodensee und darüber hinaus auch aus anderen Teilen der Weinwelt, kann man sich hier stets verlassen. Außerdem gibt es das alles zu vergleichsweise moderaten Preisen.

5

Landgasthof Zum Adler

Hauptstr. 44, 88662 Überlingen
07553-82550
www.adler-lippertsreute.de
Fr–Di von 11.30–14 Uhr u. ab 17.30 Uhr, Mi u. Do RT
Hauptgericht: 16–31 €

Der wunderschöne historische Fachwerkgasthof wird bereits in der elften Generation betrieben. Familie Vögele lädt hier in nostalgische, authentisch-rustikale Stuben und Peter Vögele ist als Routinier am Herd für die kulinarischen Kreationen verantwortlich. Seit vielen Jahren steht er für eine fundiert zubereitete Regionalküche ein, die sowohl Altbewährtes als auch ein paar außergewöhnliche Spezialitäten wie seltene Innereien oder Schmorgerichte auf dem Plan hat. Im Sommer sitzt man am besten draußen vor dem Haus unter einem schattenspendenden Baum, wo Gerichte wie Schneckenpfännle, Kalbszüngle, Lammbeuscherl oder hausgemachte Bratwürste gleich noch ein bisschen besser schmecken als ohnehin schon. Auf der Weinkarte findet man neben den guten und bewährten Tropfen aus Baden auch Dinge aus anderen deutschen und europäischen Anbaugebieten.

Hotelempfehlung

★★★★

Romantik Hotel Johanniter-Kreuz

Johanniterweg 11, 88662 Überlingen
07551-937060
www.johanniter-kreuz.de
Einzelzimmer: 79–89 €
Doppelzimmer: 146–198 €

VISA

Das 400 Jahre alte, ruhig und beschaulich im Weiler Andelshofen bei Überlingen gelegene Landhaus, das einst vom Johanniter-Orden als Poststation bewirtschaftet wurde, ist heute ein moderner Hotelbetrieb. Von hier aus sind es nur fünf Autominuten zum Ufer und zur schönsten und längsten Strandpromenade des Bodensees. In unmittelbarer Nähe befindet sich auch der Golfplatz Lugenhof. Die gepflegten, teilweise klassisch, teilweise modern eingerichteten Zimmer sind hell und geräumig. Darüber hinaus verfügt das Hotel über einen großzügigen Wellness- und Fitness-Bereich, der von Gästen kostenlos genutzt werden

kann. Kosmetische Anwendungen sind jederzeit gegen Aufpreis buchbar. In der ehemaligen Scheune befindet sich heute der gastronomische Bereich des Hauses mit seinen verschiedenen Räumlichkeiten. Restaurant Johanniter-Kreuz separat erwähnt.

Uhingen (Baden-Württemberg)

Restaurant auf Schloss Filseck

Filseck 1, 73066 Uhingen
07161-28380
www.restaurant-auf-schloss-filseck.de
Küchenchef: Daniele Corona
Di–Fr von 12–13.30 Uhr u. ab 18 Uhr, Sa ab 18 Uhr, So u. Mo RT
Menüs: 145–190 €

Ausgezeichnete im Sinne von „hochdekorierte" italienische Restaurants kann man in Deutschland an einer Hand abzählen. Zu den besten zählt sicherlich das Restaurant auf Schloss Filseck, dessen Name die Ausrichtung nicht signalisiert, aber mit Küchenchef Daniele Corona und seinem Team fast komplett in italienischer Hand ist. Die Herkunft spiegelt sich in beinahe jedem Gericht wider, mal ganz klassisch, häufig aber auch verspielt, sehr kreativ und mitunter auch ironisch. Hier sei beispielhaft die „Pizza Hawaii" erwähnt, die für Puristen natürlich alles andere als typisch italienisch ist und im Schloss augenzwinkernd als Küchengruß auf Krapfenteigbasis interpretiert wird. So richtig ins Schwelgen kommt man traditionell bei den Aperos. Zuvor aber gab es noch einige Kleinigkeiten vorneweg, bei denen mit einem „schwäbischen Mini-Döner" mit Ferkelragout, Rotkraut und Joghurt zu einer Rote-Bete-Kugel ein weiteres Mal humorvoll gegrüßt wurde.

Auf die besagte „Pizza Hawaii" folgte unter anderem noch ein Tortellono, gefüllt mit Tomaten-Focaccia in einem cremigen Zweierlei mit Erbsen. Schließlich, in einer Reihe aufgebaut: zwei extreme dünne Grissini, einmal mit Kakao und Pfeffer, einmal mit Rosmarin. Daneben eine zum Würfel geschnittene Foccacia aus Kartoffel-Sauerteig und ein Lasagne-Quader mit fein geriebenem Pecorino. Zu Tigelle, einem mit Honig und Meersalz überzogenem und mit Blume gebrandeten rundem Brotfladen, gab es ein Schälchen mit Olivenöl und Balsamico, die Signature-Butterkerze mit Trüffel und Honig und ein Wildragout-Aufstrich als dreidimensionalen Smiley. So umfangreich und schmackhaft eingestimmt, konnte das Menü, wahlweise in fünf bis sieben Gängen und auch als vegetarische Variante möglich, losgehen…

Im Gegensatz zu den pointierten Kleinigkeiten vorneweg waren einige der folgenden Gänge zu einem kompakten Wohlgeschmack verdichtet, viele einzelne Komponenten aufeinandergesetzt oder ineinander gebaut, etwa gleich bei der „Roman Experience": Ein Ragout à la Amatriciana von der Südtiroler Wagyu-Zunge war bedeckt mit einer Carbonara-Espuma. „Hineingearbeitet" wurde noch die krosse Haut und Backe vom Juvenil-Ferkel, darüber gehobelt getrocknetes Eigelb. Ein Löffelgericht, das alles in einem war: schaumig, geschmeidig, knusprig – und sich warm und würzig ausbreitete. In einem zweiten Schälchen war das Juvenilferkel ein weiteres Mal verarbeitet, nämlich mit Waldpilzen zu einer sienafarbenen und hocharomatischen Essenz extrahiert, in der drei Ravioli schwammen, so klein und fein, dass sie rund um die Füllung mit Cacio e Pepe, der klassischen Käse-Pfeffer-Mischung also, fast schon durchsichtig wirkten. Nach so viel Erde wurde mit „Italo Sushi" ein sehr maritimes Geschmacksbild aufgetischt, das sich aber, wenn auch ganz anders, ebenso zu Umami-Wucht hochaddierte. Basis war hier in einem Langustinofond gekochter Riso Acquerello, ergänzt mit aufgepoppten Reiskörnern. Auch Jakobsmuscheln spielten in dem Gericht, das mit seiner jodigen, fast schon herben Power nichts für Zartbesaitete war, eine tragende Rolle, zumal noch ein grüner Jakobsmuscheltee angegossen wurde. Da auch Algen in Variationen im Spiel waren – als Geleeschleier mit Pulver ebenso wie als Chips und Öl – tat sich der N25-Osietra-Kaviar schon ein bisschen schwer, sich durchzusetzen. Das Pacchero genannte schlichtere Zwischengericht danach

erinnerte mit seinem komprimierten Wohlgeschmack etwas an den ersten Gang, zumal die große Röhrennudel mit Wagyu-Ragout gefüllt war. Darüber gehobelte Wintertrüffel aber gab eine neue Dimension dazu, gleich drei Saucen schmiegten sich aneinander und umarmten das Gefüge: eine Wagyu-Jus, ein Wagyu-Öl und ein Parmesanfond.
Noch mehr Meer als beim Italo-Sushi gab es mit einem Fischgericht, mit dem Daniele Corona seine sizilianischen und sardischen Wurzeln vereinte: einem frittiertem Arancino von der Zahnbrasse, gefüllt mit Fregola Sarda „alle milanese". Um die knusprige Angelegenheit mit Würze und feiner Safrannote wurde ein „Pesto di Frutti di Mare" gegeben, das aber mitnichten eine cremig gerührte Paste war, sondern ein Sud mit allerlei Einlagen: Venus- und Miesmuscheln, Oktopus, Calamaretti, Staudensellerie, Fenchel, Basilikum. Im Gegensatz zu den sehr dichten Geschmacksbildern zuvor ergab hier jeder Löffel eine neue Nuance und lieferten die Gemüsestückchen auch eine erfreulich knackige Frische zur Würze, Säure und ja, auch Süße.
Am konsequentesten getrennt waren die Komponenten des Fleischgerichts, was auch optisch ein ganz anderes, fast schon abstraktes Bild ergab. Auf dem Teller lag die Brust einer Etouffée-Taube, sous-vide gegart, aber anschließend noch im Green Egg gegrillt, sodass man beides hatte: die rote Saftigkeit und die würzige Knusprigkeit des Fleischs. Zu einer Polenta-Nocke aus schwarzen Linsen waren hier die tiefgründige Taubenjus und ein orange leuchtendes Aprikosencurry mit schöner Fruchtigkeit und sanft exotischem Kick platziert. Ein Aprikosengel und Kernöl setzten zudem kleine Akzente, und à part lag auf einem Stein die Keule, die als Saltimbocca mit San-Daniele-Schinken und Salbei-Flash eine echte Bereicherung war.
Als Lieblingsdessert des Küchenchefs angekündigt kam vor dem eigentlichen Nachtisch die Interpretation eines French Toasts, gefüllt mit Vanilleeis und Schokolade mit den weihnachtlichen Aromen von Kardamon und Zimt und der frischen Fruchtnote eines Himbeersößchens. Danach wurde es mit dem „Monte Bianco" wieder deutlich kompakter, wobei zu gebratenen Maronen und Maroneneis sowie gehobeltem Trüffel und Schokolade alter Balsamico, getrockneter Joghurt und eine Kaffee-Tequilla-Zabaglione den „Berg" umspielten und Nuancen setzen konnten. Bei den Petits Fours wurden noch einmal verschiedene Aromen durchgespielt und gab es mit einer weißen Praline mit Yuzu und Tonkabohne auch einen der wenigen Säuremomente des Abends.
Die Weinbegleitung ist sehr stimmig und lässt sich mit Raritäten aus der „Schatzkiste" upgraden. Überhaupt ist die Tischkultur im Schloss sehr hochwertig, da stört es auch nicht weiter, wenn Serviceroboter Luigi diskret seine Dienste leistet und dem Personal teilweise das Herantragen abnimmt. Schließlich sind die Wege in den Räumen weit, zudem wird so ein interessanter Kontrast zum historischen Ambiente zwischen schweren Holzbalken und teils offenem Mauerwerk gesetzt.

Uhldingen (Baden-Württemberg)

7

Seehalde

im Hotel Seehalde
Maurach 1,
88690 Uhldingen (Mühlhofen)
07556-92210
www.seehalde.de
Küchenchef: Markus Gruler
Do–Mo von 11.45–14 Uhr u. ab 18 Uhr, Di u. Mi RT
Hauptgericht: 27–46 €,
Menüs: 48–82 €

Unter den vielen malerischen Genussorten rund um den Bodensee gehört die Seehalde in Uhldingen-Mühlhofen zu den Attraktivsten. Nicht nur draußen auf der malerischen Terrasse, sondern auch drinnen, im gediegenen Restaurant, sitzt man quasi direkt am Wasser, mit weitem Blick über den See, und das in einem großzügigen Ambiente mit angenehm entspannter Atmosphäre, aufmerksam umsorgt vom bestens eingespielten Serviceteam unter der Leitung von Thomas Gruler. Dazu noch die klassische substanzstarke Küche seines Bruders Markus Gruler, und es wundert wenig, dass die Seehalde seit vielen Jahren zu den fest

etablierten und stark frequentierten Feinschmeckerrestaurants am Bodensee gehört. Und das kommt als solches erfreulicherweise ohne Fine-Dining-Attitüde aus.
Dass der gute Ruf und unsere hohe Bewertung der Küche gerechtfertigt sind, zeigte zuletzt zum Einstieg bereits ein schmelzend saftig glasiertes Stück vom Schweinebauch auf feurig fermentiertem Kimchi als kleine Einstimmung, die auf ihre zupackend schlichte Art viel Lust auf mehr machte. Und das voll zu Recht! Denn mit den „Häppchen von Bodenseefischen" zeigte das Team gleich in Perfektion, wozu es in der sensiblen Verfeinerung klassischer Zubereitungen in der Lage ist: Mit einem lauwarmen Stück saftig milden Räucheraals in satt samtigem Kartoffelschaum und Kräuteröl, festfleischigem Rotaugen-Rollmops mit Gel und Juliennes vom grünen Apfel, feinbitteren Salatspitzen und mildem Schmand sowie einem beherzt säurefrischen Matjes von der Renke mit roten Zwiebeln und Preiselbeeren wurden viel Abwechslung und klar gezeichnete Aromen geboten.
Mehr in die kraftvolle „Wohlfühlrichtung" ging es bei der mit Blätterteig überbackenen Steinpilzsuppe, allerdings auf nicht weniger anspruchsvolle Art und Weise. Mit vollem natürlichen Waldpilzgeschmack, einer feinen Säurespur und schlanker Konsistenz zeigte das Süppchen nämlich bestes Handwerk und Feinsinn beim Abschmecken. Mit einer weiteren Einlage oder Ergänzung wie gebratenen Steinpilzen wäre hier zwar durchaus noch mehr drin gewesen, aber auch allein mit dem buttrigen Blätterteig machte das Ganze viel Freude.
Der grundsätzlich akkurat rosa gebratene Rehrücken zeigte sich danach, weil minimal trocken und mit einem leicht derben Nebenton, ausnahmsweise von der Produktseite her mal nicht ganz optimal. Dafür punktete die zarte und dennoch kompakt geschmorte Schulter des Rehs mit viel Saft und Kraft und ergab mit dem Umfeld aus würzig-röstig geschmortem Kohl, markanten gebratenen Waldpilzen (Krause Glucke, Steinpilz, Maronenröhrling…) sowie einer kleinen „Klassik-Ecke" aus Selleriecreme, herben Preiselbeeren uns geschmorter Birne einen überaus souveränen Hauptgang, bei dem sich auch die nussbuttrigen zarten Spätzle aus dem separat servierten Tontöpfle perfekt einfügten.
Und auch der Abschluss mit einem flaumigen geschmelzten Topfenknödel in lockerer Referenzklasse nebst dunkelsüßem Malzeis, Holunderbeeren und Feige hielt ganz locker das gewohnt hohe Niveau und zeigte, wie genussvoll klassische Küche sein kann, wenn wie hier echte Könner am Werk sind. Für viel Genuss sorgt aber auch die gut sortierte Weinauswahl, die neben dem Besten aus den Anbaugebieten rund um den Bodensee auch sonst viele lohnende Flaschen zu fairen Preisen und auch im offenen Ausschank (und sogar alkoholfrei) niveauvolle und gut korrespondierende Getränke bietet.

Ulm (Baden-Württemberg)

8

Seestern

im LAGO hotel & restaurant am see

Friedrichsau 50, 89073 Ulm
0731-2064000
www.lago-ulm.de
Küchenchef: Klaus Buderath, Benedikt Wittek
Mi–Sa ab 18.30 Uhr, So–Di RT
Hauptgericht: 32–48 €, Menüs: 109–189 €

VISA

Das an einem kleinen See gelegene Businesshotel Lago mit ambitionierter Gastronomie ist seit Jahren ein Musterbeispiel für ganzheitlich nachhaltige Hotellerie und Gastronomie. Davon profitieren natürlich auch die Gäste und Mitarbeiter der in einem separaten Anbau hinter des deutlich größeren Zweitrestaurants Treibgut untergebrachten und sehr großzügig und stilvoll gestalteten Fine-Dining-Restaurants Seestern, in dem man eigentlich schon fast auf dem Wasser speist. Und das seit der Eröffnung höchst ambitioniert vom langjährigen Küchenchef Klaus Buderath bekocht wird. Dieser hat mit Benedikt Wittek, der im letzten Jahr noch Küchenchef des Ulmer Restaurant Siedepunkt war, mittlerweile eine neue rechte Hand an seiner Seite – und die beiden geben unverändert Gas!
Das war auch bei unserem jüngsten Besuch von den Amuses bis zu den Petits fours klar erkennbar und unsere hohe Bewertung stand im Grunde bei keinem einzigen Gang in Frage. Die Küche ist geprägt von kraftvollen, klaren Aromen und kontrastreichem Texturenspiel, was schon bei den Amuse-Snacks deutlich wurde, unter denen ganz besonders der zartkrosse Macaron mit intensiver Matjescreme durch seinen eleganten, aber druckvollen Auftritt in bester Erinnerung blieb. Ähnlich ausgereift und aromatisch präsent war ein mit saftiger Kalb-

fleischfarce gefüllter Raviolo, der nebst frisch gehobeltem Meerrettich in einem mit Kürbiskernöl nussig aromatisierten Brotsud schwamm.
Starke Produkte und Aromen auch bei der Vorspeise, auf deren Teller gebratene ungestopfte, also völlig naturgewachsene und geschmacklich entsprechend ausdrucksstärkere Gänseleber mit Rauchaal liiert wurde. Die Leber einmal als gebratene Tranche und der Fisch als Würfel in Kombination mit Quitte, Amaranth und Tupfen einer Mayonnaise aus Macadamianuss als nussig-schmelziges Bindeglied – à part aber auch nochmal in einem Schälchen als Aalmousse und Lebereis mit Quittengel, die ebenfalls einen markanten Akzent aufs Porzellan legten. Und dafür feiern wir die Lago-Küche seit Anfang an: für ihre ausdrucksstarken und trotzdem immer sehr präzise und elegant umgesetzten Geschmacksbilder.
Wie komplex und durchdacht hier selbst unkomplizierte Löffelgerichte sind, zeigte beispielhaft das wachsweiche Landei, das mit Graupenknusper, cremigem und knackigem Grünkohl, Hüttenkäse, gehobelter Belper Knolle und einem Sud mit Liebstöckelöl (sowie wieder einer ähnlichen Kombination in anderen Aggregatzuständen als Fingerfood-Snack à part) ein haptisch wie aromatisch vielschichtiges Intermezzo abgab.
Sauerkraut-Beurre-blanc und ein flacher Flan aus geräucherter Kartoffel bereiteten sodann im Anschluss das aromatische Bett für soft temperierten Kabeljau, der auf seiner Oberseite mit unterschiedlichen, eine gewinnbringende Süße spendenden Birnenkomponenten und etwas Vogelmiere appliziert war. Auch hier gab es wieder eine Kleinigkeit à part, nämlich ein mit flüssiger Kartoffelcreme gefülltes und satt mit Kaviar gekröntes, knusprig ausgebackenes dünnhäutiges Kartoffelbällchen.
Die volle Dröhnung natürlichen erdigen Trüffelgeschmacks machte den ersten Fleischgang aus, bei dem zartes Bäckchen vom Ibericoschwein, Selleriemousseline und ein paar knackige Sellerieperlen fast schon zu auf den Trüffelgeschmack ausgerichteten Aromenträgern degradiert wurden. Durch die perfekten Proportionen und Konsistenzen aller Komponenten war auch das einfach nur großer Genuss.
So wie der schon allein als Produkt hervorragende, zudem aber auch noch mit einer nussig-wacholderwürzigen Schmelze obenauf attraktiv veredelte Rehrücken, der dieses Wildbret in Begleitung seines mit Rotkohl ummantelten Filets anführte. Dazu gab's Rotkohl und Marone in unterschiedlichen Spielarten sowie eine großartige Saucenallianz aus Rotkohl-Beurre-blanc und perfekter Rehjus, die leider nur auf dem großen flachen Teller etwas weniger Präsenz hatten, als es ihnen und dem Gericht zu wünschen gewesen wäre.
Im Grunde knüpften nach einem selbst affinierten getrüffelten Brie mit Bittersalaten und Piemonteser Haselnuss auch die beiden Desserts an dieses hohe Gesamtniveau an, wenngleich sie geschmacklich nicht ganz so markant und pointiert gewirkt haben, wie alles Vorausgegangene. Doch sowohl die Kreation von „Edel-Weiß"-Schokolade mit Shiso und Mandarine als auch der Nachtisch von Mokka, Muscovado und Bratapfel waren ein sehr ansprechender süßer Abschluss auf hohem handwerklichem Niveau. Und das hohe Niveau halten im Lago auch die Servicequalität sowie die glasweise zum Menü empfohlenen Weine, die auch diesmal mit erkennbarem Sachverstand und Aromengespür ausgewählt waren.

7

Siedepunkt

Eberhard-Finckh-Str. 17, 89075 Ulm
0731-9271666
www.siedepunkt-restaurant.de
Küchenchef: Hendrik Friedrich
Mi–Sa ab 18 Uhr, So–Di RT
Menüs: 67–116 €

Endlich! Nach verschiedenen personellen Veränderungen seit den Corona-Schließzeiten und zuletzt sogar einem Inhaberwechsel, hat das modern-elegante Restaurant im Best Western Hotel Atrium Ulm einen neuen vielversprechenden Küchenchef gefunden und auch tatsächlich wieder permanent geöffnet. Mit Hendrik Friedrich wurde ein talentierter junger Chef verpflichtet, der nach verschiedenen Stationen in Europa jetzt in Ulm eine zeitgemäße, vor allem an regionalen Produkten und Traditionen sowie dem kreativen Einsatz von Kräutern ausgerichtete Küche präsentiert und damit clever emotionale Zugänglichkeit und Finesse verbindet.
Anders als am Herd hat sich im Restaurant selbst wenig verändert: Der reduziert in schwarz-weißer Farbgebung mit vereinzelten naturnahen Dekorelementen gestaltete Gastraum mit warmem Licht über den Tischen in einer ansonsten eher dämmrigen Atmosphäre, aus der vor allem der illuminierte Weinkühlschrank stilvoll heraussticht, bietet weiterhin eine klar gehobene und zugleich angenehm entspannte Umgebung. Beste Voraussetzungen also, um den ersten Appetizern direkt eine passende Bühne zu bieten.
Und in Gestalt einer Zwiebeltarte in filigraner Fischgrätenoptik mit Schmorzwiebelcreme, Lardo und Thymian, eines puren, eigenaromatischen Rindertatars auf Rösti mit Karotte und Crème fraîche, eines knusprig-saftigen Thymianbrots mit geschmolzenem Käse und roh gehobelten Champignons sowie eines bereinigend frischen Staudensellerie-Shots machte das Team mit diesen auch gleich mal eine klare Ansage.
Auch der folgende Küchengruß mit einer sanft temperierten und kräftig abgeflämmten Lachsforelle in einem mutig minimalistischen Auftritt, nämlich nur von knackigen Scheibchen gelber und roter Bete, kandierten Limonenzesten und einer mildwürzigen Forellenlebercreme begleitet, zeigte hohes Niveau. Mit seinem klaren Produktfokus hätte das sogar ein echter Knaller werden können, wenn die Forelle selbst nicht durch viel Salz etwas von ihrem Eigengeschmack hätte abgeben müssen. Bei solch puristischen Tellern, noch dazu ohne verbindende (oder verhüllende) Sauce, zählt einfach jedes Detail. Und genau das sorgte dafür, dass der Auftakt „nur" sehr gut und nicht hervorragend geriet…
Dafür gehörte der folgende geschmorte Sellerie als Rondell mit einem Topping aus schwarzer Knoblauchcreme, deren dunkle Fermentationswürze ein knusprig frittiertes Pilzstück von Fetter Henne verstärkte, ganz klar in letztere Kategorie. Um das Selleriezentrum herum sorgte eine Haselnussespuma, geröstete Haselnusshälften und ein luftig-krosses Süßholzgitter für abwechslungsreiche Konsistenzen und ein spannendes Aromengeflecht zwischen nussig und lakritzwürzig. Volltreffer!
Das gleiche Arttribut verdiente sich die folgende kompakt-süffig angerichtete Kombination eines Tatars aus bayerischer Garnele, Rind und roter Spitzpaprika, das als Tableau für knackig zart gegarte Garnelenstücken unter Krustentiergelee diente und cremig-duftig von einem lauwarmen Schnittlauch-Vanille-Fond eingehüllt wurde. Das blumig üppige Vanillearoma wirkte dabei teils beinahe zu dominant, was sich aber durch die Dosierung der Sauce selbst wieder fast von selbst regulierte.
Ganz kleine Abstriche gab es auch im Hauptgang: Dieser präsentierte knapp und straff gebratenen Rehrücken in einer leichten, hintergründig feinsäuerlichen Wildjus mit fermentierten Johannisbeeren und konzentrierter Blattpetersiliencreme. Dieser spannende, schwebend transparente Auftritt wurde allerdings durch eine insbesondere in dem separaten Schälchen mit Rehragout unter Kürbisschaum etwas zu mollig-breiten Wirkung des Kürbisses leicht abgeschwächt. Dennoch ein würdiger Hauptgang mit eigener Handschrift.
Als Refresher vor dem Dessert lehnte sich das Team dann sogar noch weiter aus dem Fenster und kombinierte ein eher auf der würzigen Seite gehaltenes Wildkräutersorbet in einem Honigspiegel mit eingelegten Tannenwipfeln, die in ihrer harzigen, medizinisch wirkenden Intensität hart an der Grenze zur Ungenießbarkeit vorbeischrammten, in jedem Fall aber einen mutig krassen Weckruf darstellten. Das eigentliche Dessert schaffte dann in Form einer Apfeltarte mit hauchdünn gerollten Lamellen, die zimtduftig und herb säuerlich auf einem zarten Mürbteigboden mit Buchweizen kombiniert wurden, glücklicherweise einen deutlich entspannteren und eingängigeren Abschluss – stimmig ergänzt von duftigem Vanilleeis mit Buchweizen und Karamell.
Unterm Strich bleibt so ein spannender Eindruck auf hohem Niveau, sogar mit guten individuellen Ideen. Und wenn die eine oder andere dieser Ideen noch etwas mehr Feinschliff erhält, wird die relativ kurz nach dem noch Neustart noch minimal wacklige Bewertung sicher bald solider dastehen. Desweiteren sorgen ein bestens eingespieltes Serviceteam und das in den gläsernen Klimaschränken nicht nur stimmungsvoll illuminierte, sondern auch attraktiv bestückte Weinsortiment für einen entspannten und auch in den Gläsern genussreichen Abend.

5

Treibgut

im LAGO hotel & restaurant am see
Friedrichsau 50,
89073 Ulm
0731-2064000
www.lago-ulm.de
Küchenchef: Ole Lückstädt
Mo–Sa ab 14 Uhr durchgehend, So RT
Hauptgericht: 19–30 €
VISA

Es gibt nur wenige Hotelbetriebe in dieser Größenordnung, bei denen das Qualitätsbewusstsein in kulinarischen Dingen und das Nachhaltigkeitsbewusstsein vom Honig im Frühstücksraum bis zu den Petits fours im Gourmetrestaurant gleichermaßen hoch ist wie im Hotel Lago am kleinen Messezentrum in der Ulmer Friedrichsau. Konzept und Team sind seit jeher überdurchschnittlich ambitioniert und es wird ein hoher Aufwand betrieben, insbesondere was das regionale Produzentennetzwerk und die verwendeten Viktualien angeht. So scheint es wenig verwunderlich, dass nicht nur das Gourmetrestaurant Seestern unter gleichem Dach ein äußerst lohnenswertes Ziel ist, sondern auch das deutlich größere und bodenständigere „Treibgut", in dem einige Gestaltungselemente und Anknüpfungspunkte in der Speisekarte das maritime Thema aufgreifen, obwohl die nächste Küste hunderte Kilometer entfernt ist.

Was das Kulinarium angeht, widmet man sich hier aber sowieso nicht spezialisiert dem Meeresthema. Im Grunde ist das Treibgut ein Hotel-Restaurant, das es einer breiten Klientel mit den unterschiedlichsten Bedürfnissen und Vorlieben recht machen muss – es nur darauf zu reduzieren, würde der Sache allerdings nicht gerecht. Es spricht allein schon sehr für das Konzept und die Macher dahinter, dass längst nicht nur hungrige Hotelgäste an den schicken Holztischen sitzen, sondern gefühlt deutlich mehr Leute aus der Region zum entspannten Genuss hierherkommen.

Es gibt natürlich schon auch ganz traditionelle Sachen wie ein originales Wiener Kalbsschnitzel mit Preiselbeeren und hausgemachtem Kartoffel-Gurken-Salat oder den unverzichtbaren Schwäbischen Zwiebelrostbraten mit Bratkartoffeln. Daneben hält die Speisekarte, die sich gefühlt seit der Eröffnung gar nicht so gravierend verändert hat, aber auch weniger konventionelle Gerichte bereit, die ebenfalls durch ausgesuchte Produktqualitäten, grundsolides Handwerk, dem Gespür fürs Wesentliche überzeugen. Das Talent, darüber hinaus auch mit verhältnismäßig einfachen Mittel etwas Finessenreiches zu kreieren, erlebten wir auch zuletzt wieder mehr im Bereich der Vorspeisen, weniger bei den Hauptgängen.

Das mustergültig gehackte und nicht etwa zu Brei gewolfte Tatar vom Weiderind beispielsweise, das wir hier mit seinem Topping aus optimal wachsweich schmelzigem Eigelb, säuerlich-fruchtig gepickelten Mini-Gemüsen und knusprig frittierten Kapern in der Vergangenheit schön öfter mal als abwechslungsreichen Starter genossen haben. Und das immer gleich gut ist. Neu war für uns – zumindest hier – die Vorspeise aus mit unterschiedlichen Cremes gefüllten Röllchen vom hausgebeizten Lachs, die, nicht zu dünn geschnitten und damit schön festfleischig und präsent, zusammen mit eingelegter Gartengurke, Avocado und einer Misocreme arrangiert waren. Ein paar Amaranth-Pops, Reisschips und Radieschenscheiben fungierten mehr als Texturgeber, als dass sie geschmacklich gewinnbringend gewesen wären, störten aber auch nicht.

Im Treibgut-Repertoire haben sich so manche Gerichte bereits als Hausklassiker etabliert. So auch der kross auf der Haut gebratene Adlerfisch auf fruchtig intensivem Tomatenragout, der mit hausgemachten Salbeinudeln (schöner Biss!) in kräftigem, fruchtbetontem Weißwein-Butterschaum mit einem willkommenen Süße-Säure-Spiel baden darf. Dem saftig gegarten und goldgelb colorierten Waller, diesmal leicht abgewandelt mit einem Rote-Bete-Kartoffelpüree, spendierte die Küche zusätzlich zur milden Meerrettich-Rahmsauce auch noch Apfelconfit und einen Calvadosschaum – und gab ihm damit den gewissen Pfiff mit auf den Weg, den wir hier bei einer ganz ähnlichen Waller-Kreation mit Bete und Meerrettich in einem der Vorjahre vermisst hatten.

Der Trumpf dieser Küche, nämlich die guten Produkte, reichten diesmal allerdings nicht aus, um auch dem Tafelspitz zu Glanz zu verhelfen. Im Gegenteil, war dieser nicht nur wegen des

betont matten Fleischs und der wirklich kaum vorhandenen Brühe eine sehr trockene und karge Angelegenheit: graue, saftlose Kalbfleischscheiben, viele halbierte Kartoffeln, dazwischen etwas Wurzelgemüse, unmarinierte Kresse on top. Nur eingelegte Senfsaat und geriebener Meerrettich konnten ein paar aromatische Farbtupfer setzen. Da bewegte sich die Küche deutlich unter 5-Pfannen-Niveau.
Dieses rettete dann schlussendlich das Signature-Dessert „Bienenstich Treibgut" mit Honigrahmeis, Vanillecreme, Mandelkaramell und Hefeteig auf Basis des eigenen Honigs, den 15 Bienenvölker auf dem Dach des Hotels produzieren. Und natürlich das Wissen um die vielen selbsthergestellten Viktualien aus der LAGO-Genusswerkstatt mit eigener Metzgerei, Bäckerei, Patisserie und Brauerei.

Hotelempfehlung

★★★★

LAGO hotel & restaurant am see

Friedrichsau 50, 89073 Ulm
0731-2064000
www.lago-ulm.de
Einzelzimmer: 89–148 €
Doppelzimmer: 99–165 €

Mitten im Grünen und trotzdem zentrumsnah: Das modern gestaltete Vier-Sterne Hotel LAGO in der der Ulmer Friedrichsau ist an das Ulmer Messegelände angebunden und umgeben von einer parkähnlichen Anlage, direkt an einem beschaulichen Natursee. Dennoch sind es nur wenige Minuten bis in die Innenstadt und damit ist das LAGO ein optimaler Ausgangspunkt für den geschäftlichen und privaten Aufenthalt. In den 60 stilvollen, klimatisierten, harmonisch und komfortabel eingerichteten Nichtraucher-Zimmern verschiedener Kategorien findet man als Gast erholsame Ruhe und neue Inspiration. Im Zimmerpreis enthalten sind Softgetränke, Auslandsgespräche im Festnetz, HomeTV, ein Parkplatz pro Zimmer und die Benutzung des Wellnessbereichs mit Sauna, Thermium und Dampfbad. Restaurants Treibgut und Seestern separat erwähnt.

Usingen (Hessen)

5

Uwe & Uli – Zuhause bei uns

Marktplatz 21, 61250 Usingen
06081-5763760
www.uwe-uli.de
Küchenchef: Uwe Weber
Mo–Fr von 12–14.30 Uhr u. ab 18 Uhr, Sa ab 18 Uhr, So RT
Hauptgericht: 28–46 €,
Menüs: 99–119 €

Genau wie der für ein anspruchsvolleres Speiselokal eher ungewöhnliche Name es bereits vermuten lässt, vermittelt das pittoreske und geschichtsträchtige Fachwerkhaus mit seiner über 300-jährigen Historie am Marktplatz von Usingen im Taunus bereits bei der Ankunft enorm viel Heimeligkeit und einladenden Charme. Dieser Eindruck setzt sich dann auch im Inneren fort, denn die mit freigelegten verwitterten Holzbalken zwischen weißen Wänden und geschmackvoll vinophilem Dekor gestalteten Gasträume machen einem das Ankommen und Wohlfühlen leicht und die charmante Art des Teams tut das Übrige.
Einladend ist aber auch das Konzept, das sich klug zwischen substanzstark bodenständigen Offerten und gehobeneren beziehungsweise ambitionierteren Gerichten bewegt und damit ein breites Publikum anspricht. Wer das volle Können und einen möglichst umfassenden Eindruck bekommen möchte, sollte allerdings am Abend das „Chefmenü" aus der Hand von Uwe Weber ordern. Der hat mit Stationen wie der Residenz Heinz Winkler, dem Schwarzen Adler in Nürnberg und dem Colombi in Freiburg in seiner Kochlaufbahn bereits namhafte Stationen durchlaufen, war einst im Frankfurter Emma Metzler Küchenchef und führt nun schon seit fast zehn Jahren in seiner Geburtsstadt das eigene Lokal, das mittlerweile in

„Uwe & Uli – Zuhause bei uns" umbenannt wurde.
Bevor bei unserem ersten Besuch das besagte „Chefmenü" offiziell startete, stimmte das Team noch mit einer sehr guten Brotauswahl nebst ausgezeichneter Charcuterie und Butter sowie einer Miniatur rund um einen gebeizten Hirschfleischwürfel mitsamt säuerlich-salzigem Rotkohltee, Radicchio-Confit, Knäckebrot und Kumquat auf den Abend ein. Und das auf definitiv wachmachende Art, denn die ruppigen starken Kontraste und die verschiedenen Bittertöne waren mutig angelegt – allerdings mit dem kleinen Problem, dass sich die Komponenten in der dargebotenen Form nicht wirklich in guten Proportionen miteinander kombinieren ließen.
Aber neugierig machte dieser Einstieg zweifelsohne. Etwa auf den ersten Gang rund um den mittlerweile auch hierzulande sehr populären japanischen Eierstich, hier in grenzwertiger Salz- und Umamikonzentration, der die Basis für kurz abgeflämmte Scheiben von der Jakobsmuschel und einen cremigen Tatar vom Rauchaal mit gerösteten und dezent angeschärften Sesamkörnern bildete. Knackige Juliennes von der Zuckerschote sorgten zwar für etwas Frische, änderten aber wenig am ziemlich brachial-kraftvollen Eindruck. Schwierig war dabei vor allem, dass die eigentliche Idee eines Chawanmushi als sanfte hintergründige Umami-Basis, hier durch den hohen Salzgehalt (der sich mit den anderen Komponenten noch addierte) nicht zum Tragen kommen konnte. So gab es zwar eine nachvollziehbar gute Idee, exaktes Handwerk und ein super Hauptprodukt, letztlich aber doch ein eher anstrengendes Gesamtbild…
Einen ausgewogeneren Eindruck vermittelte die folgende Kombination von zartem, satt getrüffeltem Kalbsbries mit einer saftig-krossen Praline vom Kalbskopf, konzentrierter Trüffelmayo und Schwarzwurzeln. Tatsächlich hätte die Klasse der beiden Kalbszubereitungen auch zu einer noch deutlich höheren Bewertung gepasst, doch dafür stach dann die spitze Essigsäure an den Schwarzwurzel-Lamellen doch ein wenig zu ruppig hervor. Insgesamt hatte das aber in jedem Fall viel Klasse und zeigte einmal mehr, zu was die Küche mit etwas mehr aromatischer Feinabstimmung fähig wäre.
Das demonstrierte auch die hohe, festfleischige Tranche vom Stör im Hauptgang, die in klararomatischer Frische auf den Teller kam und nur etwas bisschen zu glasig gegart war. Was bei vielen Fischen ideale Ergebnisse liefert, führt bei Stör, Seezunge oder beispielsweise auch Seeteufel indes zu einer sehr kauelastischen Konsistenz. In Kombination mit einer Interpretation von „Birne, Bohne, Speck" in Gestalt eines erdigen Bohnencassoulets und weißer Bohnencreme, glasierten Birnenspalten und einem ätherischen Kräuterbouqet machte der zweifellos edle Fisch aber grundsätzlich schon eine gute Figur. Allerdings wurde die durch einige dickere, weich ausgebratene Scheiben vom Lardospeck in rustikal-salzkonzentrierter Art auch wieder ein bisschen angekratzt.
Und damit bestätigte auch dieser Gang den resümierenden Eindruck, dass die Küche große Ambitionen und gute Ideen an den Tag legt, teilweise aber etwas zu viel will und es sich mit rumpelig aufgeführten Details selbst etwas schwerer macht als nötig. So war das Niveau bis hin zur (etwas wuchtigen) geschichteten Schokoladentorte nebst glasierter Banane und nussigem Eis zum Nachtisch durchgängig genauso überdurchschnittlich hoch wie der Spaßfaktor – es ginge aber bewertungsmäßig auch ganz locker und mit einfachen Mitteln noch mehr. Und das würde weder am herzlichen Service noch an der lohnenden Weinauswahl scheitern…

Ustersbach (Bayern)

Bräustüble Ustersbach

Hauptstr. 40, 86514 Ustersbach
08236-773
www.ustersbacher-braeustueble.com
Mi ab 17 Uhr, Do–Sa von 11.30–14 Uhr u. ab 17 Uhr, So ab 11.30 Uhr durchgehend, Mo u. Di RT
VISA P

Man staunt nicht schlecht, wenn man das an die namensgebende Brauerei angeschlossene Bräustüble zum ersten Mal betritt und sich nicht in einer rustikalen Beiz, sondern in einem zeitgemäß und geschmackvoll mit viel Liebe zum Detail irgendwie sehr cozy eingerichteten Lokal wiederfindet. Auch der Blick in die Speisekarte macht Spaß, denn die offeriert kein Wirtshaus-Einerlei, sondern ansprechende bodenständige Regionalküche, manchmal ganz traditionell, manchmal mit kreativen Akzenten und immer sehr sorgfältig, fundiert und harmonisch aus guten Produkten zubereitet. Nimmt man jetzt noch die sehr schmackhaften eigenen Biere, den freundlichen Service und die moderaten Preise hinzu, ist das alles eine runde Sache.

Utting a. Ammersee (Bayern)

5↑

Lenas am See

Seestr. 10, 86919 Utting a. Ammersee
08806-9570957
www.lenasamsee.de
Küchenchef: Lukas Vavrecka
Do–So von 12–15 Uhr u. ab 17.30 Uhr, Mo–Mi RT,
Hauptgericht: 19–30 €, Menüs: 50–70 €
EC VISA

Mit der Lage direkt am Seeufer, der großen Terrasse und dem zugehörigen Kiosk, hat das Lenas am See im Grunde alles, was ein touristisches Ausflugslokal ausmacht. Doch das zeitgemäß gestaltete und von Lena Mielke und Küchenchef Lukas Vavrecka engagiert geführte Lokal in Utting am Ammersee, das die Gastgeberin – eine ausgebildete Hotelfachfrau mit abgeschlossenem Hotelmanagement-Studium – zwischen 2016 und 2017 aufwendig umgebaut hat, bietet insbesondere kulinarisch weitaus mehr.

Natürlich spricht die Küche mit Dingen wie einem „Veggie Bowl" mit schwarzem Reis, Rosenkohl, eingelegtem Gemüse, gebackenem Feta, Granatapfelkernen und einer Kokos-Tahin-Sauce, einem einfallsreich bestückten und hochwertig fabrizierten Burger, einer im Ganzen gebratenen Renke mit Salat und neuen Kartoffeln oder einem Wiener Kalbsschnitzel mit Preiselbeeren und Bratkartoffeln ein breites Publikum an und hält die Schwelle auch sonst eher niedrig. Doch allein der Anspruch an Qualität und Frische signalisiert schon bei diesen bodenständigeren Gerichten, dass man es hier mit keinem gewöhnlichen Ausflugslokal zu tun hat.

Darüber hinaus finden sich in dem kleinen, feinen Angebot nämlich noch ganz andere Offerten, die durchaus auch Originalität und einen noch höheren Eigenanspruch erkennen lassen. Etwa Vorspeisen wie ein Mille-feuille von der Entenleber, geschichtet mit Brickteig und Karamelltrauben, aromatisiert mit Orange und Thymian. Oder einen Hauptgang wie den Rücken vom Duroc-Schwein mit Steinpilz-Polenta und Zucchini, dem Pistaziensalsa und reduzierte Jus akzentuierend zur Seite stehen.

Ein gutes Gespür für asiatische Aromen und ausgewogenes Spiel mit Säure, Süße und Schärfe bewies das Team beim fernöstlich inspirierten Pulposalat, bei dem die nicht zu festen, aber auch nicht zu weichen Tentakelscheiben des Kraken zusammen mit Pflaume und etwas Afillakresse auf einem zwar druckvollen, aber nicht plakativen Teriyakisud mit feiner, prononcierter Schärfe und markantem Koriandieraroma angerichtet waren. Ein fruchtiges, wahrscheinlich auch auf Basis von Pflaume zubereitetes rotes Gel von Shisokresse fügte sich da ebenfalls gut ins Geschmacksbild ein.

Hinsichtlich einer noch höhen Bewertung würde man sich für manche Komponenten noch etwas mehr aromatische Ausdruckskraft wünschen. So konnte beispielsweise die als weißer Tomatenschaum annoncierte Sauce zum kross auf der Haut gebratenen Saibling, der mit knackigem wildem Blumenkohl getoppt und auf einem Podest aus Blumenkohl-Couscous angerichtet war, nicht den erwarteten Akzent setzen, blieb nur als milde Umrahmung einiger säuerlicher Cranberries in Erinnerung.

Aber das sind wirklich nur Kleinigkeiten, die mit wenig Aufwand optimiert werden könnten. Beim sehr guten, satt marmorierten und entsprechend schmelzig und eigenaromatisch auftrumpfenden Bürgermeisterstück vom Wagyu-Beef beispielsweise, das neben gebackenen Parmesanpralinen auf Kartoffelbasis, einer mit Frischkäse gefüllten Mini-Paprika, etwas Gemüsesalat und kräuterwürzig-ätherischem Chimichurri auch von einer seidigen Topinamburcreme begleitet wurde, wäre weniger nicht nur geschmacklich mehr, sondern es auch von Vorteil gewesen, das Ganze etwas anders anzurichten. Weil sich hier nämlich insbesondere die Creme und die Sauce schnell miteinander vermischten, entstand unnötigerweise ein recht diffuses Gemenge. Sehr schmackhaft war's trotzdem.

So auch das Dessert, ein Parfait-Törtchen von der Haselnuss, getoppt mit Zuckeraprikose und Joghurt-Sponge, auf einem dünnen Boden aus Buttercrumbles – wenngleich hier letzterer in seiner relativ harten, keksigen Anmutung zumindest einen kleinen Schönheitsfehler darstellte. Den guten Gesamteindruck konnte das aber auch in keiner Weise trüben, und wir sehen die Küche weiterhin auf einem guten Weg zur sechsten Pfanne. Den Service erlebten wir trotz des regen Betriebs sehr freundlich und zuvorkommend.

Vaihingen / Enz (Baden-Württemberg)

9 Pfannen, 3 Bestecke

Lamm Rosswag

im Hotel Lamm Rosswag

Rathausstr. 4,
71665 Vaihingen / Enz (Rosswag)
07042-21413
www.lamm-rosswag.de
Küchenchef: Steffen Ruggaber
Mi–Fr ab 18 Uhr, Sa von 12–14 Uhr u. ab 18 Uhr, So ab 18 Uhr,
Mo u. Di RT
Hauptgericht: 36–40 €,
Menüs: 86–156 €
EC VISA P

Beim Lamm in Rosswag bei Vaihingen an der Enz handelt es sich um das blitzsaubere, zeitlos renovierte Restaurant eines württembergischen Traditionsgasthofs, in dem man sich auf den ersten Blick zwar sehr wohl eine gehobene regionale oder frankophile klassische Küche vorstellen kann, aber nie vermuten würde, dass hier so kreativ und aufwendig gekocht wird. Doch genau das macht Steffen Ruggaber seit Jahren auf beeindruckend hohem und stabilem Niveau, weshalb wir ihn 2019 Zu unserem Koch des Jahres ausgezeichnet haben. Und auch in den Folgejahren stand die Kreativmaschinerie im beschaulichen Rosswag nicht still, hat der Chef seine stets sehr aufwendig und vielteilig arrangierten, kontrastreichen Kreationen ambitioniert weiterentwickelt.

Dass auf vielen Tellern bestimmte Produkte oder Leitaromen vielfach durchdekliniert und in verschiedensten Aggregatzuständen präsentierte werden, wirkt dabei nicht redundant, sondern ist wesentliches Merkmal des durchdachten artifiziellen Stils von Steffen Ruggaber. Der definiert sich ansonsten als sehr weltoffen und im besten Sinne bunt, aber niemals beliebig, ist noch am ehesten in der modernen französischen Klassik zuhause und präsentiert sich bei allem Aufwand, der betreiben wird, nie angestrengt oder anstrengend, sondern immer maximal zugänglich.

Mit flüssigem Büffelmozzarella gefülltes und mit Rauchhimbeergel getüpfeltes knuspriges „Luftbrot" und ein ebenfalls krosser dünner Knoblauchkräcker mit Krustentiermousse und Zitronengel machten zuletzt vermeintlich harmlos den Auftakt, ließen aber in Gestalt winziger Fingerfood-Snacks schon mal erkennen, wie präzise und scharfgestellt hier die Aromenpointen gesetzt werden. Vielschichtiger und kontrastreicher wurde es dann gleich mit dem Küchengruß, einem Tatar von der Fjordforelle, das mit allerhand Komponenten von Holunderblüte, Staudensellerie und Pink Grapefruit bespielt wurde, die von Espuma über Gelee bis naturbelassen reichten und ein buntes und recht dynamisches Geschmacksbild zeichneten.

Mit dem Zweierlei von Aubergine nebst gebackener Reispraline, Feta, gelber Paprika und schwarzer Olive war die Küche dann auf Betriebstemperatur angekommen und gab nicht nur eine beeindruckende Kostprobe ihres extrem elaborierten, bis in jedes kleine Detail aromatisch durchdachten Kunsthandwerks, sondern bewies auch, dass sie in puncto vegetarische Gerichte ganz vorne mitspielen kann. Mit einem kleinen gebackenen Kalbsbries-Nugget nebst Parmesanschaumsuppe mit Basilikumöl und Tomatenkompott zeigte das Team seine Qualitäten im Fach süffiger „Wohlfühlgerichte". Auch sehr stimmige glasweise Weinempfehlungen werden im Lamm ausgesprochen. Etwa ein 2014er Riesling Centgrafenberg GG von Paul

Fürst zum Yellow-Fin-Thunfisch, der als große, mit Dashi lasierte Scheibe auf dem Teller lag und auf seiner Oberfläche von verschiedensten Komponenten aus Gurke, grünem Apfel, Koriander und Wasabi appliziert war. Sorbet, Espuma, Sud, knackig, schmelzig oder schaumig – zusammen mit weiteren haptischen Finessen wie etwas Fliegenfischkaviar, Koriandersponges und Knusperpartikel war auch das eine ausnehmend komplexe, perfekt zwischen Schärfe, Süße, Säure und Frucht ausgemittelte Angelegenheit.
Die sous-vide gegarte und zart abgeflämmte Obsiblue-Garnele hatte in Gestalt einer reduzierten Krustentierglace ebenfalls eine umamispendende Lasur, war außerdem mit Creme von fermentiertem schwarzem Knoblauch betupft. Und hatte in Form von verschiedenen Blumenkohl-Spielarten, einer Kokoscreme, Passionsfruchtgelee und Mumbaicurry-Aromen aber auch kraftvolle Begleiter, gegen die sie sich behaupten musste – und das auch konnte! Als ein eher weiches, erdiges und tendenziell süßliches Gericht präsentierte sich der Steinbutt aus Galizien, ebenfalls sous-vide gegart und dann per Flamme mit dezenten Rauch- und Röstnoten versehen sowie mit Marone, Pastinake und schwarzer Trüffel ins Rennen geschickt. Kerbel sorgte in dem Verein zusätzlich für dezente Kräuterwürze und Birne für etwas ausgleichende Frucht, aber nahezu ohne Säure wirkte das Ganze etwas zu zahm und lieblich. Da hätte man noch etwas markantere Nadelstiche setzen können.
Ähnlich wie bei dem an sich hervorragenden, perfekt auf der Haut gebratenen Zander, der eine dünne gebratene Scheibe Blutwurst auf seinem Rücken trug, die allerdings überraschend wenig Blutwurstcharakteristik auf den Teller brachte. Im Kreise von Butternutkürbis (stückig, cremig und als Sauce), der Frucht von Hagebutte und dem floralen pikanten Aroma von Purple Curry entstand da trotzdem ein sehr attraktives und gut abgestimmtes Gericht auf hohem Niveau.
Und das war, bei gleichzeitig wieder weiter aufgedrehtem Power-Level, auch der Hauptgang um ein ganz hervorragendes, saftig-straffes Stück Rehrücken: die markante unverwechselbare Würze von Tahoonkresse, herbe Kakaoaromatik von Crue de Cacao, ungezähmte Bitteraromen von Rosenkohl und Säure von Cranberries wurden da von einem fluffigen Topfenknödel, charakteristischer Wildjus und etwas gebratener Fetter Henne eingefangen und harmonisch zu einem vielschichtigen Hauptgang verbunden.

Dass Ruggaber und seinem Team auch im Dessertbereich die guten Ideen nicht ausgehen, zeigte bei unserem letzten Besuch einerseits die Campari-Orange-Interpretation als erfreulich frisches und wenig süßes Vordessert, ebenfalls wieder mit den entsprechenden Leitaromen in verschiedenen unterschiedlichen Aggregatzuständen. Andererseits aber auch der eigentliche Nachtisch mit Mango, Buchweizen, Karamell und Basilikum als Kuchen, Eis, Mousse, Creme, Granité, Gel, Chips und Crumbles, die kein beliebiges Vielerlei waren, sondern exakt kalkuliert ineinandergriffen und sich gewinnbringend gegenseitig ergänzten. Da bleibt bis zum Ende rein gar nichts dem Zufall überlassen.
Und auch das Serviceteam unter der Leitung von Gastgeberin Sonja Ruggaber macht einen sehr guten Job, sorgt für eine entspannte Grundstimmung und dafür, dass es den Gästen an nichts fehlt – auch und vor allem nicht an guten Begleitern in den Gläsern. Die angenehm klar strukturierte Weinkarte, die ausschließlich deutsche Gewächse listet und mit vielen spannenden Gewächsen (auch in kleinen und großen Flaschen) in moderater Preisgestaltung aufwartet, ist dafür der Quell der Inspiration.

Hotelempfehlung

Hotel Lamm Rosswag

Rathausstr. 4,
71665 Vaihingen / Enz (Rosswag)
07042-21413
www.lamm-rosswag.de
Einzelzimmer: 75–85 €
Doppelzimmer: 95–105 €
VISA

Das hübsche Fachwerkhaus von Gastgeberfamilie Ruggaber liegt im historischen Ortskern des malerisch von Weinbergen umgebenen Rosswag im Enztal, direkt am beliebten Enztalradweg. Das Haus verfügt über 12 gepflegte Einzel- und Doppelzimmer, die großzügig angelegt und mit Dusche und WC, Telefon, Kabel-TV und WLAN ausgestattet sind. Das reichhaltige Frühstücksbuffet (bei schönem Wetter kann auch auf der Terrasse gefrühstückt werden) lässt keine Wünsche offen, denn das Kulinarische hat im Lamm Rosswag ohnehin einen sehr hohen Stellenwert: von der eigenen Metzgerei über die mehrfach ausgezeichnete kreative Gourmetküche im Restaurant bis hin zur umfangreichen Weinauswahl mit zahlreichen regionalen und internationalen Gewächsen. Für Hausgäste gibt es zudem eine eigene Karte mit schwäbischen Gerichten. Restaurant Lamm Rosswag separat erwähnt.

Vallendar (Rheinland-Pfalz)

5

Die Traube

Rathausplatz 12,
56179 Vallendar
0261-61162
dietraube-vallendar.de
Mi–Sa von 12–14 Uhr u. ab 17.30 Uhr, So–Di RT
Hauptgericht: 28–49 €

In den stilvollen nostalgischen Stuben kommen zwischen alten Wandvertäfelungen und schwerem Holzgebälk nicht nur Freunde rustikaler Fachwerkromantik auf ihre Kosten, sondern auch Leute, die auf gute, schnörkellose Küche aus sind. Stefan Schleier konzentriert sich nämlich bei seinen Gerichten stets auf wenige, fundiert und sorgfältig zubereitete Elemente und lässt lieber die Viktualien für sich sprechen, als zu viel Zirkus auf den Tellern zu veranstalten. Schlicht und einfach also, ohne kreative Mätzchen, dafür aber mit viel Geschmack. Die Gastgeberin kümmert sich aufmerksam und engagiert um das Wohl der Gäste und empfiehlt treffsicher aus ihrer Weinkarte, die auch mit zahlreichen offenen Offerten aufwartet und ansonsten ein fair kalkuliertes europäisches Sortiment listet.

Vaterstetten (Bayern)

5↑

Der Wolfsbarsch

Wendelsteinstr. 10,
85591 Vaterstetten
08106-9988200
der-wolfsbarsch.de
Di–Sa 11.30–14.30 Uhr u. ab 17.30 Uhr, So u. Mo RT

VISA

Diese für anspruchsvolle Genießer ohne ausgeprägten Exklusivitätsdrang äußerst lohnende Verbindung aus Fischladen und Restaurant ist zwar im Osten von München mittlerweile eine feste Größe – als Feinschmeckeradresse auf überregionalem Terrain aber noch ein echter Geheimtipp. So wie das Sortiment der Spezialitätentheke im Ladengeschäft mittlerweile deutlich über Fisch, Schalen und Krustentier hinausgeht und zum Beispiel auch Fleisch bester Provenienzen mundwässernd feilbietet, gibt's auch in der vertrauenerweckend übersichtlichen Speisekarte mehr als nur Maritimes. Während die hervorragende Qualität der Produkte so nah an der Quelle noch gar nicht mal so sehr verwundert, ist die sehr sorgfältige und fundierte Art und Weise, in der Gerichte zubereitet sind, umso erstaunlicher. Da geht es handwerklich präzise und geschmacklich mit Feintuning zur Sache. Da steckt Ideenreichtum und Substanz dahinter und da gibt es viel ausgewogenen Wohlgeschmack auf den hübsch, aber nicht übertrieben verspielt angerichteten Tellern.

Die Hoteleinträge

★★★★★S	Superior
★★★★★	Unterkunft für höchste Ansprüche
★★★★	Unterkunft für hohe Ansprüche
★★★	Unterkunft für gehobene Ansprüche
★★	Unterkunft für mittlere Ansprüche
★	Unterkunft für einfache Ansprüche
	Unterkunft ohne Sterne-Klassifizierung

Velbert (Nordrhein-Westfalen)

8

Haus Stemberg Anno 1864

Kuhlendahler Str. 295,
42553 Velbert (Neviges)
02053-5649
www.stemberg.tv
Küchenchef: Sascha Stemberg
Mo–Mi ab 17.30 Uhr, Sa u. So von 12–14 Uhr u. ab 18 Uhr, Do u. Fr RT
Hauptgericht: 32–66 €,
Menüs: 96–128 €

VISA P

Den schmucken Backsteinbau der Familie Stemberg aus dem Jahre 1864 als kulinarische Institution zu beschreiben, ist wohl kaum eine Übertreibung. Weitab von urbanem Treiben liegt das mittlerweile von Sascha Stemberg in der fünften Generation in abgeschieden ländlicher Lage irgendwo im Dreieck Düsseldorf-Essen-Wuppertal geführte Haus – und damit wiederum auch nicht wirklich weit entfernt von den umliegenden Großstädten. Das dürfte ein Grund dafür sein, dass hier in der Regel selbst mittags unter der Woche nur mit Glück kurzfristig ein Tisch zu ergattern ist. Ein anderer, noch gewichtigere Grund liegt aber sicherlich in der hohen Qualität und dem zugänglichen Konzept der „Zwei Küchen von einem Herd", wie die Stembergs ihre Philosophie selbst überschreiben.
Gemeint ist damit, dass hier eine bodenständige Unkompliziertheit auf hohem Niveau und anspruchsvolle zeitgemäße Küche so selbstverständlich Hand in Hand gehen, wie an nur wenigen anderen Orten. Es steht zwar mittags wie abends ein dezidiertes Gourmetmenü im Programm, daneben aber auch viele verlockende Optionen à la carte, die mal traditioneller und mal forcierter ausfallen, aber immer gleichermaßen mit viel aromatischer Tiefe, bestem Handwerk und prägnanten Aromen begeistern. So ist es ganz selbstverständlich, dass beispielsweise der Vorspeisensalat und das locker-wellige Schnitzel mit Kartoffel-Gurkensalat an dem einen Tisch mit genauso viel Sorgfalt zubereitet sind, wie das fünfgängige Gourmetmenü am benachbarten Tisch…
Und genau diese Sorgfalt zeigte dann beim letzten Besuch auch das kleine einstimmende Wirsingsüppchen mit Apfel und Schnittlauch, mit viel Tiefe, Zug und schneidiger Säure. Daneben machte ein mit Tandoori befeuertes und dennoch erfreulich frisch und reintönig schmeckendes Tatar von Salzwassergarnele viel Lust auf mehr. Und weil die Suppen hier so gut sind, schickte die Küche gleich noch ein Süppchen hinterher, diesmal in mild röstwürziger Schaumigkeit von Hummerkarkassen mit feiner Champagner-Kopfnote.
Im ersten regulären Gang wurde ein mit eingelegtem Staudensellerie und Gurke aufgefrischtes Tatar vom Balfegó-Thunfisch in einem von japanischer Leichtigkeit inspirierten Umfeld aus ätherisch-fruchtigem Kalamansigel, einem gründuftigen Selleriefond und herben Aromenspitzen durch frische Kräuter arrangiert und separat noch von einer ebenfalls knackig-frisch wirkenden (nur noch stärkerer verdichteten) Auster mit Gurke, Kalamansi und Sellerie ergänzt.
In eine ganz andere, eher winterliche Richtung ging es bei der tiefschürfenden, beinahe alkoholisch geschmeidig wirkenden und mit nobler Sojawürze hinterlegten Essenz von Waldpilzen, die einmal mehr zeigte, mit wie viel Geduld und handwerklichem Können hier an allen flüssigen Zubereitungen gefeilt wird. Bereichert wurde das intensive klare Süppchen von konzentrierter dunkler Champignoncreme, eingelegten Buchenpilzen, rohen Champignons, roter Bete, einem leider schnell aufgeweichten Knäckebrot und Périgordtrüffel – was alles in die erdig-dunkle Richtung spielte, aber eben auf sehr abwechslungsreich gestaltete Art und damit aufgelockert, fast beschwingt.
Feinstes Schwelgen gab es dann beim in Nussbutter zu glasig aufblätternder Perfektion gebratenen Skrei, der auf einer dünnen Spur Topinamburcreme angerichtet war und von gebackenem Kalbsschwanz mit Schmelz und Power ergänzt wurde. Gebrannter Lauch spendete dem feinwürzig-nussigen Gericht noch gewinnbringende Bitternoten und eine Schaumsauce aus Haselnuss und Kaffirlimette schaffte mit viel voluminöser Kraft, aber auch einem spannend ätherischen Kern, den verbindenden Rahmen.

Und apropos Kraft: Die gab es in maximaler Form dann auch bei der Shortrib vom Wagyu-Rind, auf dem Holzkohlegrill zu rosazartem, tiefaromatischem Fleisch mit perfekt rustikalem Finish veredelt. Obwohl das nach einer ebenfalls rustikalen Umgebung schreit, war die kraftvolle Rotweinschalotten-Jus dazu beinahe zu viel des Guten und schaffte dem Fleisch gemeinsam mit cremig-knusprig gebackenen Kartoffelkrapfen, feinbitterem, ebenfalls knusprigem Grünkohl und etwas Kerbelwurzelcreme ein von der aromatischen Substanz her fast schon traditionelles Umfeld. Unterm Strich aber doch so feinfühlig umgesetzt, dass es sich der Hauptgang noch klar im Fine-Dining-Bereich bewegte.
Zum Abschluss wurde eine (etwas zu) sahnige Mousse aus weißer Schokolade von einem nussig karamelligen Chip (vermutlich aus gebrannter Schokolade) ergänzt und von der geballten Frische eines grün marmorierten Kefir-Dill-Suds und verschiedene Texturen von Granny-Smith-Apfel aufgebrochen. Auch das à part dazu servierte, mit Dill aromatisierte Eis auf Kefirbasis mit rohem Apfel trug seinen Teil dazu bei, dass ein insgesamt überwiegend frischer „grüner" Eindruck und somit ein erfreulich belebender Abschluss entstand.
Das seit vielen Jahren mit nur wenig Fluktuation bestehende Serviceteam rund um die ältere Gastgeber-Generation sorgt seit jeher genauso für eine entspannt-heitere Atmosphäre wie dafür, dass es einem an nichts fehlt – auch nicht an guten Weinen im Glas. Der Keller wurde über die Jahre reich gefüllt und sowohl glas- als auch flaschenweise finden sich in der gut strukturierten Weinkarte viele lohnende Optionen zu fairen Preisen. Und auch dieses gastfreundliche Preis-Genuss-Verhältnis ist sicher ein gewichtiger Grund dafür, warum das Haus Stemberg immer ausgebucht ist.

Verden (Niedersachsen)

5

Pades Restaurant

Grüne Straße 15, 27283 Verden
04231-3060
www.pades.de
Mo–Sa ab 17.45 Uhr, So von 12–14 Uhr u. ab 17.45 Uhr, kein RT
Hauptgericht: 24–36 €, Menüs: 43–73 €
VISA P

Der einst bei Größen wie Witzigmann und Ducasse in die Geheimnisse der Grand Cuisine eingeweihte Wolfgang Pade ist mit allen Kochwassern gewaschen, hat sich im heimischen Betrieb am Domplatz aber nicht mehr den gehobenen Gourmandisen verschrieben, sondern beitet seinen Gästen eine fundiert zubereitete saisonale Frischeküche ohne größmöglichen Verfeinerungs- und Exklusivitätsanspuch. Die ist dafür zu moderaten Preisen und täglich mittags und abends zu haben. Im Grunde sind das schicke Lokal mit Wandstuck, Art Deco-Mobiliar, viel Holz und bequemen Ledersesseln und die sehr gute entspannte Küche mit vielen heimischen Bezügen und Ausflügen in südliche Gefilde ein schönes Beispiel für ein zeitgemäßes gutbürgerliches Restaurant im allerbesten Sinne. Im Sommer schön zum Draußensitzen, tolles Preis-Leistungs-Verhältnis, netter und flinker Service.

Vierkirchen (Bayern)

5

Gasthof zum Bräu

Dachauer Str. 6, 85256 Vierkirchen
08139-9996612
Küchenchef: Robin Grube
Mo u. Mi–Sa ab 17 Uhr, So ab 12 Uhr durchgehend, Di RT
Hauptgericht: 11–29 €
VISA P

Sowohl der Name als auch das Gebäude selbst suggerieren eher rustikales Wirtshaus als überdurchschnittliches Esslokal. Und selbst drinnen sieht eigentlich alles so aus, wie man es in einem ganz normalen bayrischen Gasthof mit Bierausschank und Stammtisch erwartet. Aber der Blick auf die Karte lässt aufmerken, denn zumindest einige der Offerten auf dieser vertrauenstiftend klein gehaltenen Karte be-

kommt man definitiv im normalen Wirtshaus nicht und – so viel sei vorweg schon verraten – auch die traditionellen Gerichte wie Wiener Schnitzel oder Krustenbraten mit zweierlei Knödeln, Grammeln und Starkbiersauce haben hier bei aller Bodenständigkeit überdurchschnittliches Niveau.
Zu den für so einen Ort außergewöhnlichen Gerichten würden wir eindeutig die roh marinierten bzw. nur mild säuregegarten bayrischen Garnelen zählen, die in knackig festfleischiger Konsistenz und mit klarem, sauberem Geschmack neben Belugalinsen und zitrisch aromatisierten Salicornes auf einer ebenfalls sehr frisch und leicht zitronig herb schmeckenden cremigen Sauerrahmvinaigrette mit Schnittlauchöl angerichtet waren. Auf jeden Fall ein Ausrufezeichen!
Schlichter in der Machart und stilistisch für den zünftigen Ort typischer, deswegen aber nicht weniger schmackhaft, war eine weitere Vorspeise, die sich um dünn aufgeschnittene und mit einer unaufdringlichen Starkbiervinaigrette marinierte Semmelknödelscheiben drehte. Zusammen mit gebratenen eingelegten Pilzen, Feldsalat und Kresse ergab das ein aromatisches und sehr stimmiges Ganzes.
Dass hier auf Produktqualität geachtet und mit Blick für die wesentlichen Dinge gekocht wird, war sehr schön auch an den Tranchen von in süßsaurem und (sehr) dezent mit Safran abgeschmecktem Wurzelgemüsesud gegarten Waller zu sehen und zu schmecken. Die festfleischigen und kompakten, aber überhaupt nicht trockenen Stücke waren so deformiert, wie es eigentlich nur mit sehr frischem, unlängst geschlachtetem Fisch passiert. Zusammen mit aromatischen Grenaille-Kartoffeln, frittiertem Lauchstroh auf dem Fisch und ein paar Tropfen Schnittlauchöl im Sud war auch das eine äußerst solide Angelegenheit.
Die gleichen kleinen und sehr geschmackvollen Kartoffeln begleiteten auch den bemerkenswert saftig und zart gesottenen Tafelspitz, in einer Qualität, wie man ihn auch nicht an jeder Ecke aufgetischt bekommt. Auf reichlich Meerrettichsauce angerichtet, mit noch ganz leicht knackigen Wurzelgemüsejuliennes gekrönt und natürlich frisch geriebenem Meerrettich an der Seite, ein Wirtshausessen, wie wir es uns nur allzu gerne gefallen lassen.
Auch Nachtisch gelingt ebenso zupackend, schlicht und schmackhaft, wenn etwa mit Pflaumenmus gefüllte zimtzuckrige Bavesen mit Schlagrahm und Beeren auf einem mit Apfelgel eingefassten Spiegel Vanillesauce daherkommen. Dazu listet die Karte neben Bier und weiteren Getränken eine kleine Auswahl deutscher Weine namhafter Erzeuger. Und auch den Service erlebten wir sehr freundlich und sympathisch.

Villingen-Schwenningen
(Baden-Württemberg)

6 🍴🍴

Rindenmühle

im Romantik Hotel Rindenmühle
Am Kneippbad 9,
78052 Villingen-Schwenningen
(Villingen)
07721-88680
www.rindenmuehle.de
Küchenchef: Martin Weißer,
Gregor Schlüter
Di–Sa von 12–13.30 Uhr u. ab 17 Uhr,
So u. Mo RT
Hauptgericht: 28–45 €, Menüs: 57–93 €
EC VISA P

Die gediegen-elegante Rindenmühle bietet in ihrer idyllischen grünen Lage am Ortsrand von Villingen-Schwenningen sowohl Naturliebhabern als auch ruhesuchenden Geschäftsleuten einen attraktiven Anlaufpunkt, wo neben dem allgemeinen Komfort des Hauses auch niveauvolle Küche offeriert wird. Seit vielen Jahren liegen die kulinarischen Ambitionen des Teams deutlich über dem Durchschnitt. Anfangs noch etwas übermotiviert und manchmal ein bisschen unbeholfen verspielt, hat sich die Küche mittlerweile bei einem geradlinigeren Stil eingependelt. Zwar ist auch heute noch nicht jedes Detail auf den Tellern bis ins Letzte ausgefeilt, der Gesamteindruck und das Konzept wirken jedoch sehr stimmig und souverän. In den ländlich-schicken Räumlichkeiten mit sorgfältig eingedeckten Tischen sitzt es sich

sehr entspannt – noch entspannter bei schönem Wetter auf der idyllischen Terrasse neben dem namensgebenden Mühlrad. In der Speisekarte finden sich frisch, natürlich und handwerklich zubereitete, meist an der Saison ausgerichtete Gerichte, die angenehm flexibel sowohl à la carte als auch in einem vorgeschlagenen Menü geordert werden können und traditionellen Geschmacksbildern mit pfiffigen Details ein moderneres Gewand geben.
So wie zuletzt bei der Fjordforelle als sous-vide glasig temperiertes, klararomatisches Stück neben knackigen Juliennes vom Kohlrabi. Die waren mit etwas spitzer Essigsäure abgeschmeckt, in Verbindung mit der Cremigkeit einer erdig-fruchtigen Urkarottencreme und einer luftigen Miso-Espuma aber ausreichend abgepuffert, so dass ein nur minimal sperrig wirkender, insgesamt aber doch ausgewogener Eindruck entstand.
Beim milchig milden Steinpilz-Cappuccino, der auf einem flächig auf dem Teller ausgelegtem Rindercarpaccio unter einer Art Pesto platziert war, blieb das Team dagegen unter seinen Möglichkeiten. in erster Linie, weil das Pesto vordergründig nach gekochtem Blattgrün und nicht nach frischgrüner Würze schmeckte. So blieb es eine eigentlich pfiffige Idee der Präsentation, die aber mehr Charakter und Ausdruckskraft der beiden Hauptdarsteller benötigt hätte, um vollauf zu begeistern.
Das stärkste Gericht des letzten Besuchs schickte das Team zum Hauptgang mit einem beeindruckend hohen, perfekt saftig-knusprig gebratenen Filetstück vom Weißen Heilbutt, der in Begleitung röstwürziger Riesengarnelen ganz gediegen auf sautiertem Blattspinat angerichtet und von einer harmonisch milden Krustentiersauce umgeben war. Das wirkte zwar auf den ersten Blick etwas uninspiriert, überzeugte aber auf den ersten Biss durch seine substanzstarke und auch in den Details handwerklich souverän umgesetzte Art.
Und auch das Dessert konnte dieses Niveau durchaus halten, pendelte mit einer nussig-luftigen Nougatmousse neben tiefdunklen eingelegten Zwetschgen, Himbeersorbet und nussigen Baiser-Plättchen in geradliniger und geschmackssicherer Façon Art zwischen vollmundigem Schmelz und belebender Frische.
So zeigte sich auch in diesem Jahr, dass die Küche immer dann am stärksten ist, wenn sie möglichst schlicht, unaufgeregt und gegenständlich bleibt, dafür aber die relevanten Details mit viel Sorgfalt auf den Punkt bringt. Dann erreicht sie auch mit jedem Teller locker das aktuelle Bewertungslevel. Ein durchweg lohnendes Ziel also für eine entspannte und genussvolle Auszeit, woran auch das bemerkenswert engagierte und aufmerksame junge Serviceteam und die nach wie vor regional wie international gut sortierte Weinkarte einen nicht unwesentlichen Anteil haben.

Hotelempfehlung

★★★★

Romantik Hotel Rindenmühle

Am Kneippbad 9,
78052 Villingen-Schwenningen (Villingen)
07721-88680
www.rindenmuehle.de
Einzelzimmer: 89–129 €
Doppelzimmer: 149–189 €

Das familiengeführte Hotel am ruhigen Ortsrand von Villingen-Schwenningen liegt direkt neben Kurpark und Freibad und ist ein ideales Domizil für Geschäftsreisende, Urlauber und Kurzreisende. Die insgesamt 23 Zimmer in drei unterschiedlichen Kategorien sind völlig unterschiedlich gestaltet und bieten vom geschmackvollen Landhausstil über mediterranes Flair bis zum hellen, geradlinig-modernen Interieur für jeden Geschmack etwas. Manche Zimmer haben einen Balkon, zeitgemäßen Komfort und eine hochwertige Ausstattung bieten alle Räume. Im Zimmerpreis inbegriffen ist die Nutzung des erst Ende 2016 fertiggestellten Fitness- und Saunabereich mit finnischer Sauna, Sanarium, Infrarotstühlen, Eisbrunnen, Ruheräumen und einem Kraftraum mit modernen Geräten für ein ganzheitliches Körpertraining. Tagungs- und Veranstaltungsmöglichkeiten für bis zu 60 Personen. Restaurant Rindenmühle separat erwähnt.

Villmar-Weyer (Hessen)

Wissegiggl

im Carolinger Hüttendorf
Wiesenstr. 3, 65606 Villmar-Weyer
06483-8007765
wissegiggl.de
Mi–Sa ab 17 Uhr, So ab 11 Uhr durchgehend, Mo u. Di RT
Hauptgericht: 15–30 €, Menüs: 22–40 €

Das unter dem Namen Wissegiggl firmierende Lokal am ruhigen Ortsrand des beschaulichen Weyer bei Villmar im östlichen Hintertaunus, am Südostrand des Limburger Beckens, ist weit mehr als nur Gastronomie. Denn das am idyllisch vorbeiplätschernden Laubusbach gelegene Lokal im Blockhausstil ist Teil eines ganzen Blockhaus-Ensembles, das sich zum sogenannten „Carolinger Hüttendorf" zusammensetzt – quasi einem kleinen, besonders gut für Familien mit Kindern geeigneten Freizeitgelände mit angrenzenden Gästehäusern zur Übernachtung, das auch jede Menge Möglichkeiten der Freizeitgestaltung und atmosphärisch ein gewisses Wild-West-Feeling bietet.
Dieses herrscht auch in den gastronomischen Innenbereichen vor, in denen ebenfalls voll auf Naturholz gesetzt wurde, und die zusammen mit dem teils überdachten Freisitz nebst angeschlossenem Spiel- und Sportplatz einen geeigneten Rahmen für die mit maximaler Zugänglichkeit und Bodenständigkeit auf ein breites Publikum ausgelegten Angebote der Küche darstellen.
Mit Bergstraßenspargel, Marienhof'schem Wasserbüffel, Wild aus dem Laubustal und Salaten sowie Gemüsen aus der Gegend steht auch Regionalität und Nachhaltigkeit voll im Fokus – Lachs, argentinisches Rindfleisch, Serranoschinken oder Beyond Meat zeigen, dass da sogar noch mehr Potenzial schlummert. Die Karte baut daraus einen rustikalen, in Teilen saisonalen Mix, der von Brotzeitschmankerln wie „Rheingauer Spundekäs" oder „Handkäs mit Musik" über diverse „Wirtshausfladen" genannte Hefeteiglinge mit Schmand und verschiedenen Toppings oder Burger in klassischer und vegetarischer Form bis zu verschiedenen Steaks mit zünftigen Beilagen reicht.
Eine Spezialität der Küche sind auch die Nudelgerichte aus dem Gusspfännchen, und man macht hier sicher keinen Fehler, sich an Schmorgerichte der zupackenden Art zu halten, wie das je nach Tagesangebot aus Hirsch oder Wildschwein gekochte Wildgoulasch mit Preiselbeeren und Apfelrotkohl sowie je nach Gusto Kartoffelklößen oder Spätzle. Weil hier mit guten Grundprodukten handwerklich gearbeitet und Wert auf die Natürlichkeit der Aromen gelegt wird, sind Gerichte wie diese immer eine sichere Bank. Die solide Substanz dieser Küche und ihre besten Eigenschaften werden auch in der Rinderkraftbrühe mit Markklößchen deutlich, die zwar durchaus noch einiges mehr an Ausdruckskraft und Tiefe hätte haben dürfen, die aber durch ihre Natürlichkeit ohne penetrante Fremdwürze dennoch überzeugte.
Und in diesem Sinne war auch der Salat aus weißem und grünem Spargel nebst Bouquet von Rucola und Feldsalat eine solide Sache, wenngleich dieser auch die handwerkliche Einfachheit der Küche und in seiner etwas derben Rohzwiebeligkeit die bisweilen relativ grobe Umsetzung der Gerichte demonstrierte. Dass man keine überdurchschnittlichen Feinheiten erwarten darf, das zeigten auch die deutlich über den optimalen Garzustand hinaus auf dem Grill belassenen zwei Lachstranchen, die mit schön röschen Thymiankartoffeln und halbierter Cocktailtomate auf einer amtlichen Portion von nicht nur für den Fisch recht deftig gewürztem Blattsalat angerichtet waren.
Diese zupackende und rustikale Art der Zubereitung passt dann naturgemäß etwas besser zu einem Rumpsteak, das in unserem Fall mit adäquaten Röstaromen und korrekt medium gebraten auf Naturjus neben einem „Bratkartoffelsalat" genannten Mix aus Röstkartoffelhälften und grob gewürfelten Gurken, Tomaten und roten Zwiebeln mit Vinaigrette serviert wurde.
Und wer nach den durchaus üppigen Portionen der Hauptgerichte – beim Lachs hätte die Hälfte von allem völlig ausgereicht, und niemand hätte sich beschwert – noch die Kapazitäten für einen Nachtisch hat, kann auch bei Limonen-Joghurtmousse mit marinierten Erdbeeren

oder mit Minze aufgefrischtem Erdbeersalat nebst Vanilleeis und Sahne die soliden Tugenden der Küche (Frische und natürliche Aromen) schmecken.
Die Weinkarte setzt schwerpunktmäßig auf Erzeugnisse aus dem am nächsten gelegenen Anbaugebiet, dem Rheingau, aber auch aus alpineren Regionen wie dem Burgenland und Südtirol sind darin preiswerte Tropfen zu finden. Das passt ebenso gut zum Gesamtkonzept wie die völlig unkomplizierte und freundliche Art des flinken Serviceteams, das sich durch nichts so schnell aus der Ruhe bringen lässt und den Überblick behält.

Hotelempfehlung

Carolinger Hüttendorf

Wiesenstr. 5, 65606 Villmar-Weyer
06483-9196720
carolinger.net
Einzelzimmer: ab 57 €
Doppelzimmer: ab 84 €
EC VISA P

Das Carolinger Hüttendorf liegt im schönen Laubustal zwischen Taunus und Westerwald und ist umrandet von Wäldern und Wiesen. Es besteht aus fünf Chalets, komfortabel und top ausgestatteten Holzhäusern, vier modernen, sternförmig angeordneten Appartements und einer externen Ferienwohnung. Alle Unterkünfte sind mit kostenlosem WLAN, TV, Minibar, Kühlschrank, Espressomaschine, Mikrowelle, Herdplatte und Wasserkocher ausgestattet. Durch die Hanglage kann man vor den Chalets auf kleinen Terrassen relaxen und die Natur mit toller Aussicht genießen. Sie sind ebenerdig und liegen unmittelbar neben dem Café Carolinger, in dem morgens das Frühstück serviert wird. Nachmittags kann dort von hausgemachtem Speiseeis bis zum Kuchen geschlemmt werden und von Mittwoch bis Sonntag ist das benachbarte Blockhaus-Restaurant Wissegiggl mit idyllischem Biergarten geöffnet. Alleinstellungsmerkmal aller Bereiche ist, dass auf das Prinzip Regionalität und Nachhaltigkeit gesetzt wird. Angefangen bei den eigenen Hühnern, über die Lebensmittel, das Mineralwasser, bis hin zur E-Tankstelle mit zwei Schnellladestationen. Das Hüttendorf ist idealer Ausgangspunkt für Ausflüge, Wanderungen und Sightseeing in der Umgebung. Restaurant Wissegiggl separat erwähnt.

Vogtsburg (Baden-Württemberg)

8

Schwarzer Adler

Badbergstr. 23,
79235 Vogtsburg (Oberbergen)
07662-933010
www.franz-keller.de
Küchenchef: Christian Baur
Mo, Di u. Fr ab 18.30 Uhr, Sa u. So von 12–15 Uhr u. ab 18.30 Uhr, Mi u. Do RT
Hauptgericht: 32–140 €,
Menüs: 145–220 €
EC VISA P

Das Restaurant von Winzerfamilie Keller in Oberbergen im Kaiserstuhl ist eine Legende der deutschen Spitzengastronomie. Wir feiern den Schwarzen Adler jedes Jahr als Hort der vom Aussterben bedrohten Klassikergerichte und würden beispielsweise für die unter der Haut getrüffelte und im Salzteig oder nach Vorbestellung auch in der Schweinsblase gegarte Bresse-Poularde jede noch so mühsame Anreise in Kauf nehmen. Daran hat sich auch unter der Ägide von Küchenchef Christian Baur rein gar nichts geändert. Der hat schon vor einiger Zeit das Ruder von seinem jahrzehntelangen Vorgänger Anibal Strubinger übernommen und ist ohnehin seit jeher ein glühender Verehrer der französischen Klassik – war aber immer auch für Modernes und Kreatives sehr offen. Demzufolge repräsentiert auch die Speisekarte der eleganten holzvertäfelten Gaststuben dieser Genuss-Kultstätte mittlerweile sowohl Tradition als auch Innovation, wobei die modernen Akzente und Techniken so maßvoll und überlegt zum Einsatz kommen, dass hier nicht mal ansatzweise ein Verdacht von Stilbruch aufkommt. Vielmehr ist es dem stets sich und sein Tun selbstreflektierenden Chef unserer Ansicht nach bravourös gelungen, die Adlerküche ins Hier und Jetzt zu bewegen, ohne an ihrer DNA zu manipulieren. Das muss man erst mal fertigbringen. Und so präsentiert sich das Kulinarium auch im Jahr 2023 nicht einfach nur als zeitgemäße Denkmalpflege, sondern entwickelt sich fortwährend weiter.

So bekommen die Froschschenkel in Petersilienbutter beispielsweise nicht nur einen Hauch Knoblauch, sondern auch das Aroma von Ingwer mit auf den Weg, oder verleiht Apfelessig der Beurre blanc zum wild gefangenen und saftig gegrillten Steinbutt mit Kohlrabi und Venererisotto eine klare Kante. Den Auftakt machte bei unserem jüngsten Besuch im Schwarzen Adler ein nur ganz mild gebeiztes und mit etwas Zitronenschalenabrieb aromatisiertes Tatar vom Stör, das mit einem Röllchen aus schwarzem Rettich und Forellenkaviar getoppt in einer Sauce Mignonette baden durfte, die gleich zu Beginn Baurs Stärke beim schlank Zuspitzen klassischer gehaltvollen Saucen eindrucksvoll unter Beweis stellte.

Zart conferiertes und final attraktiv angekrosstes Schweinekinn lag zur Vorspeise in länglichen Streifen in Reih und Glied zusammen mit cremigem Zuckerschotenflan, knackigen Zuckerschoten und knusprigen Brotstreifen auf einer feinwürzigen transparenten Pilzvinaigrette und wurde von dunkler Champignoncreme und zerstoßenen Pistazienkernen in kleinen gebratenen Champignon-Pilzkappen mit viel milder Umamiwürze aufgeladen. Ein ebenso eingängiges wie originelles Gericht und ein schönes Beispiel dafür, wie weit weg diese Küche vom Gourmetmainstream liegt.

Die schmale, hohe Tranche eines wild gefangenen Wolfsbarschs wurde anschließend in saftigkrosser Perfektion auf den tiefen Teller gebracht, den sie sich nur mit geschmortem Chicorée und einem von Szechuanpfeffer dezent ätherisch angeschärften dunklen Baumtomatenfond teilte. Da waren Säure und Bitteraromen harmonisch gebändigt und durch die Umamiwürze im Sud so gut eingebunden, dass trotz Ecken und Kanten ein herrlich runder Eindruck entstand. Die kraftvoll konzentrierte maritime Aromatik von Meeräschenrogen und gerösteten Krustentierkarkassen prägte sodann den nächsten Zwischengang um hervorragende gebratene Jakobsmuscheln und perfekt fest- und dünnteigig handgefertigte Garganelli-Röhrchennudeln. Die wurden von der herben Zitrusfrische der Buddhas Hand unaufdringlich und dennoch effektiv aufgefrischt.

Und nicht weniger als eines der besten Kalbsbries seit Langem – außen herrlich kross, innen zart und saftig, aber nicht pastös und insgesamt von ordentlicher Stärke – bekamen wir in einem weiteren Zwischengang, bei dem die Milchdrüsenspezialität, an die sich leider immer weniger Köche wagen, auf einem von Weinsäure und Pfefferschärfe geprägten Kalbskopfragout „falscher Schildkrötenart" thronte und von säuerlichen Perlzwiebeln und Gänseschnabel-Paprikas, einer pikanten roten Paprikacreme, sowie frischgrüner Kresse, vegetabil aufgelockert wurde.

Ein ganz hervorragendes, an der Karkasse perfekt aromatisch und saftig auf den Punkt gebrachtes Produkt war auch die Taube von Züchter Kieffer aus dem nahen Elsass, die von Baur & Co. mit knusprig ausgebackener Gänseleber liiert und von säuerlich-fruchtig eingelegter Roter Bete, gebratener Kerbelknolle und der Frische von Hagebutte sehr schön schlank, klar und pointiert eskortiert wurde. Die Jus hätte zwar haptisch noch etwas dünnflüssiger und auch geschmacklich etwas zugespitzter sein können, war aber auch so ein köstliches Fluidum.

Und weil sich das Dessert von Milchschokolade und Mandarine ebenfalls auf handwerklich hohem Niveau und aromatisch so prägnant wie ausgewogen präsentierte, bestand auch dieses Mal kein Zweifel an der Berechtigung unserer hohen Bewertung für die Küche. Und deren Attraktivität wird von Sommelière Melanie Wagners fundamentalen Weinempfehlungen noch befeuert – zuletzt etwa einem perfekt gereiften 2016er Vougeot „Les Crâs" blanc von der Domaine Bertagna zum Wolfsbarsch oder einem formidablen 2000er Margaux vom Château Labégorce Zédé zur Taube. Da bleibt kein Auge und kein Gaumen trocken!

6

Winzerhaus Rebstock

Badbergstr. 22,
79235 Vogtsburg (Oberbergen)
07662-933010
www.franz-keller.de
Küchenchef: Dominique Gutleben-Strubinger
Mi ab 17 Uhr, Do–So ab 12 Uhr durchgehend, Mo u. Di RT
Hauptgericht: 11–29 €, Menüs: 52–59 €
VISA P

Im Schatten seines großen berühmten Bruders, dem Schwarzen Adler auf der gegenüberliegenden Straßenseite, etablierte sich der bodenständige Rebstock in den vergangenen Jahren immer mehr zu einer ebenfalls sehr attraktiven Genussadresse. Und zwar mit einem gänzlich anderen, eigenen Konzept, denn hier steht alles im Zeichen einer blitzsauber zubereiteten Regionalküche, die aber nicht plump und grobklotzig, sondern locker-flockig und präzise daherkommt und sich unter der Ägide von Küchenchef Valentin König sogar noch ein wenig steigern konnte.
Wer in den beiden traditionell und schlicht gehaltenen Gaststuben oder im Sommer im überdachten Hinterhof zur Vorspeise nur einen kleinen gemischten Salat oder Flammkuchen bestellt und danach das „Mistkratzerle“ aus dem Ofen oder das Wiener Schnitzel mit Pommes, wird unsere Bewertung unter Umständen etwas zu hoch finden. Die meisten anderen Gerichte hier sind aber so detailgenau, proper und sogar bisweilen originell, dass die heuer erstmals vergebenen 6 Pfannen absolut in Ordnung gehen.
Bereits die Vorspeise um ganz dünn von der rosa gegarten Kalbsnuss geschnittenen, flächig auf dem Teller ausgelegten und satt mit feinsäuerlich-schmelziger Sauce Gribiche nappierten Scheiben, die nicht nur mit Bittersalat und süßsauer eingelegten Radieschen gekrönt waren, sondern auch mit in Pankobröseln panierten und knusprig ausgebackenen Kalbskopf-Stücken hatte diese Bewertung locker verdient. Das ist wie aus dem Ei gepellte regionale Traditionsküche mit Pfiff und Raffinement.
Ebenfalls mit größter Sorgfalt zubereitet und von sehr guter Qualität und Frische war das richtig schön kross auf der Haut gebratene und darunter mustergültig glasig-zarte Lachsforellenfilet, das man uns mit mildem, aromatischem Blattspinat und süßsauren Radieschen auf einer köstlichen Sauce Nomande mit zartem Schmelz und perfekt eingebundener knackiger Säure als leichten Zwischengang serviert hat. Da erkennt man die starke Substanz in allen relevanten Details und ahnt, dass dem Küchenchef, der hier so bodenständig und uneitel kocht, auch die französische Hochküche nicht fremd ist.
Und daran ließ auch die im hauchdünn angelegten Schweinenetz zur akkuraten Crépinette geformte Vermählung von geschmorter gezupfter Rinderschulter und Serviettenknödel keine Zweifel, die als saftig-fluffiges, mit ein paar säuerlich eingelegten roten Zwiebelringen getopptes Medaillon auf ihrem Spiegel aus mustergültig reduzierter Jus lag. Ohne jede Verlegenheits- oder Sättigungsbeilage, nur von jeweils punktgenau gegartem und wunderbar aromatischem Wintergemüse wie Rosenkohl, Pastinake oder lila Karotte eskortiert war das fast schon ein „Fitness-Teller“ – jedenfalls ein wohlproportionierter und erfreulich aufgeräumter Hauptgang von Format.
Und das hatte auch das Dessert, das uns nicht nur konzeptionell, sondern auch in der handwerklichen Umsetzung besser gefallen hat als viele aufwendig und angestrengt gebastelte Kreationen ambitionierter Patissiers: mit Nougat gefüllte kleine, frisch ausgebackene Quarkbällchen, die mit verschiedenen eingelegten Zitrusfrüchten und einer Sabayon um ein Tamarillo-Sorbet angerichtet waren. Die verschiedenen Fruchtaromen und Säuren vermählten sich hier mit dem schmalzig-fluffigen Quarkteig und dem süßen, tiefen Schmelz des Nougats zu einer ebenso animierend facettenreichen wie unkompliziert schmackhaften Nachspeise mit Suchtpotenzial.
Und weil die Weinkarte dazu viele gute und auch anspruchsvolle Gewächse zu bieten hat, die entweder wie die Cuvée aus Cabernet Sauvignon und Lemberger zur Rinderschulter-Crépinette aus dem eigenen Weingut oder auch von veritablen Erzeugern aus dem benachbarten Ausland stammen, wird das hohe Niveau der Küche in jedem Fall auch in den Gläsern adäquat begleitet.

Vöhringen (Bayern)

6

Speisemeisterei Burgthalschenke

**Untere Hauptstr. 4,
89269 Vöhringen (Thal)
07306-5265
www.burgthalschenke.de
Küchenchef: Karl Großhammer
Mi–Sa von 12–13.45 Uhr u. ab 18 Uhr,
So u. Fei von 11.30–13.45 Uhr u.
ab 18 Uhr, Mo u. Di RT
Hauptgericht: 18–34 €,
Menüs: 50–70 €**

EC VISA P

Mit seinem in einem großen, fast hallenartigen Raum über drei Ebenen mit Galerie angelegten Gastraum, der trotz grob verputzter Wände und dicken Holzbalken sehr luftig und hell wirkt, hat die Burgthalschenke in Vöhringen stimmungsvolles Ambiente. Und durch den großen gemauerten Kamin in der Mitte und den stilvollen Kontrasten durch moderne Kunst wirkt diese „Speisemeisterei" trotz der Größe und Weite auch nicht ungemütlich.
Auch aus kulinarischer Sicht gibt es gute Gründe, hier einzukehren, denn die Küche überzeugt seit vielen Jahren durch Substanz und Qualität. Zumeist in Gestalt eleganter, aber nicht verspielter oder verkrampft auf kreativ gemachter, sondern vielmehr recht gegenständlicher bodenständiger Gerichte. Auf der Karte stehen einerseits scheinbar schlichte, aber dennoch mit viel Geschmack und Natürlichkeit auftrumpfende Traditionsgerichte, daneben aber sowohl unter den Offerten à la carte sowie als saisonal wechselndes Menü immer auch Kompositionen, die mit dem gleichen handwerklichen Anspruch, aber etwas akkurateren Proportionen und teilweile etwas exklusiveren Produkten schon eher in die Gourmet-Richtung tendieren.
Karl Großhammer steht für eine schnörkellose klassische Küche. Kein Schnickschnack und doch jede Menge Feinheiten. So wie zuletzt auch wieder bei der Vorspeise um eine akkurat gefertigte Tafelspitzterrine, bei der die zarten und saftigen Fleischlagen von einer nicht minder zarten, fast cremigen Farce eingefasst waren. Umgeben von verschiedenen schmackhaft marinierten taufrischen Salaten, aber auch seidiger Kürbiscreme sowie warmen, fluffig-krossen Kartoffelwürfeln und aromatisch effektiv akzentuiert von einer Senfcreme sowie frisch gehobeltem Meerrettich, war das bei unserem jüngsten Besuch ein äußerst attraktiver Auftakt. Deutlich schlichter präsentierte sich dagegen die à part von ein paar Maischips eskortierte, mit gerösteten Kürbiskernen und etwas Kürbiskernöl ergänzte Kürbiscremesuppe. Aber auch hier zeigte die seidig-glatte Konsistenz der Suppe und ihr überhaupt nicht plumper oder mehliger, sondern vielmehr animierend fruchtiger Geschmack, wie solide in der Küche der Speisemeisterei Burgthalschänke gearbeitet wird.
Sehr erfreulich war zuletzt auch die auf der Haut gebratene Zandertranche mit Rahmsauerkraut, die der Chef trotz größter Sorgfalt bei der Zubereitung nicht so proper hinbekommen hätte, wenn nicht auch die Qualität des Produkts überdurchschnittlich gewesen wäre. So glänzte der zarte, festfleischige Fisch in seiner blättrigen und nicht faserigen Konsistenz mit sehr sauberem, frischem Geschmack, was angesichts der vielen leicht muffigen, weich zerfasernden TK-Produkte, die man sonst allzu oft als Zander aufgetischt bekommt, umso freundlicher auffällt. Und auch die aromatischen Kartoffeln sowie das säuerlich-würzig balancierte Kraut machten trotz ihrer Einfachheit uneingeschränkt Spaß.
Im Hauptgang des Menüs stand ein rosa gebratener Hirschrücken im Mittelpunkt, der zusammen mit nur kurz ansautierten Pilzen wie Steinchampignons und Pfifferlingen, knackigen Rosenkohl und Brokkoliröschen, fluffigen Kartoffelnocken und tadelloser reduzierter Jus als unkompliziertes, fast ein wenig unspektakulär anmutendes Mischgericht arrangiert war. Doch auch das lebte ganz entschieden von den allesamt wie aus dem Ei gepellten Einzelkomponenten und schön freigestellte Apfelfrucht, säuerliche Preiselbeeren und kleine nussige Maronistücke lockerten das Ganze auch noch adäquat auf.
Diese unaufgeregte Linie wird auch im Dessertbereich souverän fortgeführt. Und ohne

Nachtisch sollte man hier sowieso niemals abschließen, denn dafür hat das Team einfach ein gutes Händchen und lässt bisweilen auch pfiffige Akzente anklingen. Bei der eingelegten und mit Schokoladensauce glasierten Williamsbirne nebst kleinem halbflüssigen Schokoladenkuchen mit sattem Kakaogeschmack war es zum Beispiel das schmelzige Thymianeis, das den besonderen Ausschlag gab. Und in Kombination mit den Weinempfehlungen von Gastgeberin Ariane Großhammer, die hier mit einem sehr aufmerksamen und engagierten Serviceteam zugange ist, wird der stimmige Gesamteindruck noch jedes Mal vervollständigt. Noch ein weiteres Argument, das für einen Besuch spricht, ist das günstige Preis-Leistungs-Verhältnis.

Volkach (Bayern)

5↑

Schwane 1404

im Hotel Romantik Hotel Zur Schwane
Hauptstr. 12,
97332 Volkach
09381-80660
www.schwane.de
Küchenchef: Cornelia Fischer
Täglich von 12–17 Uhr u. ab 18 Uhr, kein RT
Hauptgericht: 17–29 €
EC VISA P

Gäbe es ein Ranking der pittoreskesten Städtchen in Weinfranken, läge das verwinkelte Volkach mit seinen engen Gassen und putzigen Fachwerkhäusern darin ganz sicher sehr weit vorn. Und noch sicherer, wenn auch die kulinarischen Attraktionen mit einbezogen würden, denn mit dem traditionsreichen Hotel „Zur Schwane" gibt es hier ein in allen Bereichen niveauvollem Genuss verpflichtetes Haus, das nicht nur sehr gute eigene VDP-Weine, sondern auch gleich zwei lohnende Restaurants bietet.

Während im „Weinstock" im ersten Stock des Gebäudes alles auf Fine Dining ausgerichtet ist, bietet das bodenständigere Gasthaus „Schwane 1404" die Alternative für jeden Tag – mittags mit einem reduzierten Angebot, das aber beispielsweise auch eine schlichte Brotzeit auf klar überdurchschnittliches Niveau hebt, während abends mit pfiffiger Regionalküche auch hier ein höherer Aufwand betrieben wird.

Erleben lässt sich das drinnen in gemütlichen historischen Stuben, noch atmosphärischer aber in der warmen Jahreszeit im weinumrankten Innenhof. In beiden Fällen aber wird der angenehm puristisch auf meist nicht mehr als drei markante Komponenten ausgerichteten Küche, die abends sowohl à la carte als auch in einem kleinen Menü erlebbar ist, ein bestens passender Rahmen geboten.

Typisch reduziert und außerdem überraschend modern angerichtet eröffnete zuletzt geschmeidig gebeizte Forelle mit feiner Dillwürze neben einem fruchtigen Rotwein-Zwiebelconfit den Abend. Mit der Ergänzung durch knackig eingelegte Zwiebelringe mit auffrischender Sauerrahmfüllung und einem teils herben, teils säuerlichen Kräutersalat, zeigte das Team, wie es dank viel Feingefühl auch mit eigentlich einfachen Mitteln große Wirkung erzielen kann.

Von Haus aus einfacher und geradliniger gehalten war das folgende Erbsencremesüppchen, das aber in seiner luftigen und doch aromenstarken Art dennoch eine Referenz für die handwerklichen Skills des Teams darstellte. Wenn das einfache so gut ist, braucht es manchmal auch nicht mehr!

Was aber nichts daran ändert, dass der im Hauptgang servierte, rosazart in Schnittlauch gehüllte Kalbsrücken mit seiner abwechslungsreicheren Begleitung aus (leider etwas weichem) grünem und weißem Spargel, fluffigen Kartoffelblini und einer röstwürzig rustikalen, aber angenehm leicht gehaltenen Kalbsjus, das Niveau wieder ein Stück weiter anhob.

Und auch der klar und fokussiert auf die frühlingshafte Frische von Rhabarber und Sauerampfer angelegte Abschluss, erweitert um den nussigen Kontrast eines dünnen Mürbteig-Keks und gebrannter Haselnuss, kratzte diesmal schon sehr nah an der 6-Pfannen-Marke.

Für eine adäquate Begleitung im Glas sorgt das komplette Sortiment der hauseigenen Weine, ergänzt von Flaschen einiger Partner-Weingüter. Und dafür, dass die Gläser stets gut gefüllt sind und es auch sonst an nichts fehlt, sorgt ein gut organisiertes, aufmerksames Serviceteam.

8

Weinstock

Hauptstr. 12, 97332 Volkach
09381-80660
www.schwane.de/de/restaurants/restaurant-weinstock
Küchenchef: Cornelia Fischer
Sa-Di ab 18 Uhr, Mi-Fr RT
Hauptgericht: 27-49 €,
Menüs: 119-179 €

Als eine der wenigen Frauen in Küchenchefposition eines ambitionierten Restaurants hierzulande und mit spannenden namhaften Stationen wie zuletzt in der Brigade von Andreas Caminada auf Schloss Schauenstein in ihrer Vita, wurde Cornelia Fischer seit ihrem Start in der Volkacher Schwane von Beginn an viel Aufmerksamkeit zuteil. Und sie hat prompt geliefert, überzeugte im Gourmetrestaurant des Romantik Hotels und VDP-Weinguts mit anspruchsvoller regionalbetonter Küche auf hohem Niveau. Ein Niveau, das sie in jüngerer Vergangenheit – so viel Fazit schon mal vorweggenommen – sogar noch steigern konnte.
Sehr attraktiv ging es zuletzt schon gleich mit den vier Apero-Snacks los, von denen jedes auf markante und zugleich sehr fein umgesetzte Art ein bestimmtes regionales Produkt repräsentierte: von der selbst angebauten Erbse über Frischkäse bis zum Schnittlauch, letzterer beispielsweise als cremige Füllung eines zartkrossen Eclairs. Als ganz besonders raffiniert blieb allerdings das mit einem Flusskrebsschwanz und etwas geschäumter Bisque getoppte, luftig-knusprige Flusskrebsbaiser in Erinnerung, das intensiven Krustentiergeschmack in hocheleganter und vor allem haptisch sehr finessenreicher Fassung komprimiert an den Gaumen brachte. Hier deutete sich schon an, was sich im weiteren Verlauf der Speisefolge noch bestätigen sollte: Cornelia Fischer hat weiter am Feintuning ihrer Kompositionen gearbeitet und bringt ihre stets sehr guten Ideen in den meist aus nicht mehr als drei Aromen bzw. Produkten bestehenden Gerichten nun noch ausgereifter zu Porzellan.
Und zwar zumeist in zwei Akten pro Gang, indem die tonangebenden Produkte zunächst in anderer Zubereitung als kleiner Teaser auf den eigentlichen Teller einstimmen. Vergleichsweise schlichter und manchmal gegenständlicher, so wie der erste kleine Teil der Vorspeise zum Thema „Kaninchen, Speck, Zwiebel", für den aromatisch überraschend ausdrucksstarke und festfleischige Tranchen vom gebeizten und dann beherzt ringsum angebratenen Rücken des Langohrs auf einem milden Speckschaum platziert waren. Der zweite Aufzug wirkte als kleine, handwerklich sehr akkurat gefertigte, mit einer dünnen Spur Speckcreme und winzigen Partikeln von roter eingelegter Zwiebel applizierte, mit Schmorkompott vom Kaninchen gefüllte, schmelzig dünn speck- und geleeummantelte Rolle auf einem grün kräuterölig marmorierten Specksud wieder deutlich elaborierter – blieb geschmacklich aber angenehm klar und straigt, war herzhaft zupackend und zugleich hochfein. Typische Eigenschaften von Cornelia Fischers Küchenstil.
Man kann sagen, dass Cornelia Fischer ein sehr feines Händchen dafür hat, aus vermeintlich simplen und unspektakulären Produkten sehr viel Überraschendes herauszuholen. Mit dem Zwischengang um die drei Leitprodukte Romanasalat, Ziegenjoghurt und Stachelbeere trieb sie diese Gabe quasi vegetarisch auf die Spitze. Auch wieder in zwei Akten, zunächst mit sautiertem Salatblatt, Stachelbeere und einer Nocke Ziegenjoghurteis in einem Salatsud, dann mit dem wieder deutlich komplexer und elaborierter arrangierten Hauptteller, der ebenfalls Bitteraromen, verschiedene Säuren, Süße, Frucht und Würze in spannenden Einklang brachte: den Salat mariniert, geschmort, nochmal als Sud und als ein gebackener Puffer, der Ziegenjoghurt cremig, knusprig und als kleine Stickstoffperlen, die Stachelbeeren als Schaum und Gelee, so dass hier unterm Strich ein ähnlicher Akkord in deutlich facettenreicherer Ausführung aufs Porzellan kam.
Ein gänzlich gourmetuntypisches Produkt war zuletzt auch die fränkische Bratwurst, die in Kombination mit Morcheln und Sauerampfer zum Besten gegeben wurde. Man ahnt es schon: natürlich nicht in der traditionellen Wurstform und nicht über Feuer knusprig gebraten, sondern nur in Gestalt ihres mild gewürzten Bräts. Zunächst als Fingerfood-Snack in dünner Knusperhülle und dann auf dem Hauptteller als Füllung in Dim-Sum-Täsch-

chen, die kleinteilig, detailliert und gourmetlike mit Sauerampfercreme, kleinen sautierten Morcheln und einem Morchelragout auf mildem Bratwurstsud angerichtet war. Und die im Zusammenspiel ein sehr herzhaftes Umami-Gericht abgaben – aber eben kein dichtes, dunkles, sondern eines von der transparenten, hellen Sorte.
Beim Huchen mit Mairübchen und Fenchel, die zunächst als Huchentatar in einem hauchdünnen Rübchen-Täschchen mit Fenchelcreme-Topping fast schon japanisch-klaren Purismus abbildeten, hatte auf dem flugs folgenden Hauptteller nicht nur der perfekt glasig gegarte und auch sonst sehr propere Fisch Starpotenzial, sondern auch die im Stil einer voluminösen Beurre blanc zubereite Rübchensauce. Ein herbes, säurestraffes Fluidum mit fruchtigem Zug und buttrigem Schmelz, wie man es am liebsten literweise als Suppe löffeln würde.
Mit dem Hauptgang um Perlhuhn, Karotte und Bergkäse gelang nochmal eine positive Überraschung, weil hier als Hauptprodukt nicht wie erwartet die Brust, sondern ein mit seinem dunkleren Fleisch unter krachig-krosser Haut- und Fettschicht herrlich rustikal anmutendes Stück aus der viel ausdrucksstärkeren Keule die Bühne betrat. Ganz gegensätzlich hochelegant und filigran flankiert von einer mit Bergkäsecreme, -hippen, Karottencreme und knusprigen Hühnerhautchips bestückten Babykarotte, sowie lila Urkarotten-Miniaturen und einem geleeverkapselten Polentabällchen in fluffiger Fassung. Den Beilagen gegenüber war die eher kraftvolle und tiefe, als solches aber perfekt ausgewogene Jus, die wie fast alles Flüssige hier im Kännchen zum nachgießen am Tisch verblieb, eher etwas zu dominant – zum zupackenden Fleisch des Perlhuhns hat sie perfekt gepasst!
Und weil auch das Dessert zum Thema Rhabarber, Silvaner und Joghurt mit Beihilfe von etwas weißer Schokolade als ein nicht nur optisch sehr pointiert und markant realisierter, gleichermaßen leichtfüßig elegant wie vollmundig opulent schmeckender Abschluss daherkam, können wir die Bewertung in diesem Jahr mit gutem Gewissen nach oben schrauben.
Die vom sehr fachkundigen und eloquenten Sommelier Jan Pislcajt kuratierte Weinkarte ist passend zum regionalbetonten Küchenstil ein perfekt durchstrukturiertes Who-is-who der fränkischen Weinwelt – allein dem Silvaner sind darin zehn Seiten gewidmet. Man tut gut daran, sich auf Entdeckungsreise zu begeben und sich auf die glasweisen Empfehlungen zum Menü einzulassen.

Wachenheim (Rheinland-Pfalz)

9

Intense

Weinstr. 31, 67157 Wachenheim
06322-9591150
www.restaurant-inten.se
Küchenchef: Benjamin Peifer
Di–Sa ab 18.30 Uhr, So u. Mo RT
Menüs: 195 €
VISA

Von langer Hand war es geplant, und im Frühjahr 2023 wurde es Realität: das neue Intense von Bettina Peifer-Tiehl und Benjamin Peifer, die in der Wachenheimer Dorfmitte nun ein ganzes Haus bezogen haben, das zuvor passgenau auf die Bedürfnisse des ideenreichen Kochs zugeschnitten wurde. Hier gibt es nun einen Bäckerofen, eine offene Feuerstelle, einen Zengarten in dem Sansho-Pfeffer und Habaneros wachsen und auch sonst viel Platz, um töpfeweise Miso anzusetzen, selbst Schinken herzustellen oder ganze Rinderrücken reifen zu lassen.
Neu ist hier auch das Konzept, dass das Menü die Gäste durch das Gebäude führt – was anstrengender klingt, als es ist. Zwei Runden Apéros serviert Peifer erst in der „Guud Stubb", dann in der Speisekammer – alle weiteren Gänge nimmt man ganz gemütlich im Gastraum zu sich. Dass sich stilistisch nichts an Peifers mal mikroregional pfälzisch, mal japanisch inspirierter Küche geändert hat, zeigten bei unserem jüngsten Testbesuch schon die Apéros, allen voran der Macaron „Hommage an die Pfalz", den Peifer bereits seit Urgestein-Zeiten nur leicht variiert serviert. Das fluffige Sauerkrautbaiser mit marinierter Forelle, Zwiebeln und Meerrettich präsentierte sich auch diesmal wunderbar leicht und gleichzeitig charmant rustikal. Völlig zurecht ein Klassiker. Klassiker sind auch – genauso berechtigt! – Peifers Dampfnudeln mit „Woisoß", denen es gelang, die Großmutter-Aromatik dank perfekt aufgeschlagenem und sehr aromatischem Weißweinschaum zu verfeinern, ohne ihr das Herzliche zu rauben. Küche, die mit Handwerk und Emotionen gleichermaßen spielt!
Danach ging es weiter von der pfälzisch-schick eingerichteten Stube in die stylishe, dunkle, modern designte Speisekammer, die fast wie eine Club-Garderobe wirkt. Zu einem schlichten, aber perfekt in Nussbutter pochierten Kartoffeltaler mit Schnittlauch erläuterte ein jun-

ger, sympathischer Koch mit sichtlicher Freude das wartende Menü, stellte Produkte und Produzenten vor. Man kann diese Prozedur gezwungen finden, in unseren Augen geht sie aber auf, weil die Köche hier wirklich etwas zu erzählen haben. Zum Beispiel von der ominösen Lena, die Intense-Taudsendsassa, die Pilze und Kräuter sammelt und in ihrem Garten sogar Topinambur anpflanzt. Die paar Minuten Vortrag in der Speisekammer waren kurzweilig, lehrreich, vergingen wie im Flug, und steigerten die Vorfreude auf das Menü.
Spätestens als dann die Schiebetür zum modernen, aber auch etwas Zen-artigen Gastraum aufging, fühlte man sich wie in einer anderen Welt. Helles Holz, weiche Spotlights im dunklen Raum, offenes Feuer, laute Musik, mal Lou Reed, mal A Tribe Called Quest, und wunderbar nahbare kosmopolitische Gastgeber. Küche und Service verschmolzen hier miteinander. Köche servierten, Kellner finalisierten Gerichte am Tresen. Nur ein immer mal wieder aufblinkender Pfälzer Dialekt erinnert uns daran, gerade nicht in New York, Paris oder London, sondern eben in Wachenheim zu sitzen.
Den Auftakt am Tresen machte eine gegrillte Tranche vom Forellenbauch mit Yuzu, einem Malzchip, Saiblingskaviar und gegrilltem Kopfsalat, der in Kombination mit dem Kaviar fast schmeckte wie Tiroler Speck. Der folgende Gang bestand aus fast rohen, in Rhabarber eingeweckten Loins der Lachsforelle, winzigen hocharomatischen Radieschen, schwarzem Knoblauch und einer klaren Gazpacho mit Habanero-Miso. Phänomenal war die Ruhe, die dieser Gang trotz Schärfe und Bittertönen ausstrahlte. Vor allem der Rhabarber gab ihm einen gewissen phenolischen Grip am Gaumen, der alle anderen Aromen anzog und aromatisch aufdröselte. Eines der besten Gerichte, die wir bislang je von Benjamin Peifer essen durften.
Im Anschluss wurde es schlichter, aber nicht simpler. Für Spargel mit Schinken und Hollandaise garten Peifer und sein Team das Gemüse erst sous-vide und grillten es danach scharf über dem Feuer, sodass dunkle rauchige Stellen entstanden, die gemeinsam mit dem selbst hergestellten und ein Jahr gereiften Coppa die Nussigkeit des Gemüses spektakulär herausarbeiteten. Ein à part serviertes Hollandaise-Eis mit Spargeltatar, Kaviar, Speckcrumble und einer gelierten speckigen Brühe steuerten hier zusätzlichen Schmelz bei. Ein Gericht, das im Kern – Spargel, Schinken, Hollandaise – jeder schon hundert Mal gegessen hat, in solche Sphären zu hieven, gleicht einer Meisterleistung!
Sehr überzeugend war auch, die Einbindung von Wein und insbesondere Schaumwein, der sowohl offen als auch flaschenweise eine große Rolle einnimmt. Immer wieder streuen Bettina Peifer-Thiel und Benjamin Peifer, der auch bei der Weinauswahl mitmischt, Sekt oder Champagner als Getränkebegleitung ein, in unserem Fall ein Winzerchampagner von Marguet. Auf dem Teller ging es weiter mit einem Nigiri von gegrilltem Süßwasseraal, Shiso und Nori. Vor allem die Temperaturen – handwarmer Reis und fast heißer Fisch – und die Textur des luftigen Reises, passten hier wirklich perfekt und warfen die Frage in den Raum, ob man Deutschlands bestes Sushi derzeit etwa in Wachenheim findet?
Noch besser gefiel uns ein Gang mit Chawanmushi auf Geflügelfondbasis mit Tsukune, einer japanischen Hühnchenfrikadelle, nahezu roher, mit heißer Bisque abgeglänzter Garnele, Kohlrabi, Morcheln, Erbsen, Bärlauchblüten und einer Beurre blanc aus Vin Jaune. Spannend an diesem an Leipziger Allerlei erinnernden Gericht waren hauptsächlich die herrlichen Frühlingsaromen in Kombination mit der dichten, oxidativen Beurre blanc. Dass Peifer auch japanische Techniken beherrscht, bewies das wunderbar seidige Chawanmushi. Ein mustergültiger Peifer-Gang: mutig, originell und regional irgendwo zwischen Japan und Pfälzer Wald einzuordnen.
Den Trend, Brot nicht am Anfang, sondern als eigenen Gang zu servieren, treibt Peifer auf die Spitze und serviert sein Fünfkorn-Sauerteigbrot erst jetzt. Man kann es fast als einen von zwei Hauptgängen auffassen. Erst recht auf diesem Niveau! Serviert mit Nussbutter mit Brotmiso und Honig sowie aus Brotresten gebrautem Bier der Brauerei Knärzje, brachte dieser Gang tatsächlich mehr Tiefenschärfe auf den Teller als andernorts so mancher Hauptgang. Ob man Kümmel im Brot benötigt, wenn man auf derlei hohem Niveau bäckt, ist eine Philosophie-Frage – uns hätte es zumindest interessiert, den puren Geschmack Peifers Handwerkskunst zu erschmecken. Gleichwohl ein perfektes Brot, ein perfekter Gang. Und unsere bisherige Benchmark für Brot aus Etz und Sosein hat scharfe Konkurrenz bekommen…
Der tatsächliche Hauptgang rückte dann auf dem Feuer gegrilltes Lamm – nämlich Rücken und Bries – in den Mittelpunkt. Dazu serviert Peifer dunkel geflämmten Frühlingslauch, Holunderblüten und eine Jus mit Yuzukoshō, ein selbst hergestelltes Würzpulver aus getrockneten Yuzu-Schalen, fermentierten Habaneros und Salz. Etwas Probleme hatten wir mit dem

Lamm, das sehr roh auf den Teller kam. Wir vermuten Absicht und halten diesen Garpunkt bei Filets und fettärmeren, akkurat zugeputzten Teilen eigentlich auch für perfekt, doch hier fehlte die Temperatur, um die dicken Fettränder zum Schmelzen zu bringen, was ein zähes und uncharmant rustikales Mundgefühl zur Folge hatte.
Alles passte dafür wieder beim Entenleber-Gang, den Peifer völlig schlüssig nicht als Vorspeise, sondern als Überleitung zu den Desserts serviert. Das süß-salzige Arrangement besteht bei ihm im Wesentlichen aus einer Entenlebercreme, einer mit Entenleberganache gefüllten Kirsche und karamellisierten Haselnüssen. Die Menüdramaturgie erlaubte es Peifer, die Süße anzuziehen und gleichzeitig mit Salz zu arbeiten, was die Erdigkeit der Leber und die Röstigkeit der Haselnüsse perfekt unterstrich. Als Vorspeise wäre uns das viel zu süß, aber mit weniger Süße wäre es wohl nie so betörend gewesen. Ein sehr schlauer und gerade deswegen so wohliger Gang.
Das zweite Dessert bestand aus einem napfigen fudge-artigen Kuchen aus Erbsenschalen, einer Creme aus Meyer-Zitrone, Wasabieis sowie karamellisiertem Bacon. Peifer gelang hier, was fast immer misslingt: ein herrlich grasiges, vegetatives Gemüsedessert zu zaubern, das kein bisschen anstrengend wirkt, so als sei es das normalste der Welt, aus Erbsen und Speck Süßspeisen zuzubereiten. Spätestens die sensationellen Desserts lassen keinen Zweifel mehr: Das war das beste Menü, das wir aus Benjamin Peifers Hand je genießen durften.
Begeistert waren wir von seiner Idee der pfälzisch-japanischen Handschrift schon immer. In der Umsetzung hatten in der Vergangenheit einige Kombinationen gelegentlich noch etwas plakativ und übers Knie gebrochen gewirkt. Im neuen Domizil scheint die Heterogenität, die im alten Intense noch ein wenig mitschwang, verschwunden. Selten erlebten wir ein Menü, das auf diesem Niveau fast ohne Schwankungen bezüglich Kreativität und Extravaganz auskam. Es scheint, als habe die neue Lokalität es Peifer ermöglicht, nun alle Register zu ziehen und das auf den Teller zur bringen, was er immer schon sagen wollte. Benjamin Peifer ist nicht nur umgezogen. Er ist angekommen.

7

The Izakaya

Weinstr. 36,
67157 Wachenheim
06322-9593729
www.the-izakaya.com
Di–Sa ab 18.30 Uhr, So u. Mo RT
Menüs: 85–110 €

Nach der Wiedereröffnung von Benjamin Peifers Intense besinnt sich seine zwischenzeitlich zu ungeahnten kulinarischen Höhenflügen aufgeschwungene pfälzer Kneipe mit japanischem Swag wieder mehr auf ihre Wurzeln und serviert das für die ganze Tischgemeinschaft vorgesehene Omakase-Menü bewusst wieder etwas schlichter und bodenständiger in der Ausführung. Weiterhin prägen natürlich Rauch, Schärfe, Süße und Säure in unterschiedlichen Abstufungen diese kontrastreiche und im besten Sinne plakative, knallige Küche, die mit der Pfalz im Herzen und Japan im Sinn komponiert wird. Das reicht dann von verfeinertem Street-Food bis zur neu gedachten Ramen-Suppe und ist in jedem Fall immer anspruchsvollstes Seelenfutter der unkonventionellen Art. Neben den Weinen aus der Region blickt man auch hier gerne gen Fernost über den Tellerrand hinaus und hält zudem eine kleine, feine Sake-Auswahl bereit.

Wadern (Saarland)

Zum Dompropst

Marktplatz 19,
66687 Wadern
06871-8762
www.dompropst-wadern.de
Küchenchef: Christian Birtel
So–Di u. Do, Fr von 11.30–14 Uhr u. ab 18 Uhr, Sa ab 18 Uhr, Mi RT
Hauptgericht: 16–40 €,
Menüs: 33–39 €

Direkt am kleinen putzigen Marktplatz von Wadern lockt das ebenso kleine und putzige Restaurant Zum Domprobst mit rustikalem

Bistrocharme und darin mit den antiken Holztischen auf schwarzweiß gekacheltem Fliesenboden sowie der dunklen Holztäfelung mit Spiegeln auch einem Hauch Frankreich. Vor allem aber sorgt das bodenständig-pfiffige Speisenangebot dafür, dass die wenigen Plätze auch unter der Woche meist gut gefüllt sind.
Das Spektrum der Küche bewegt sich dabei zwischen ganz schlichten (aber natürlich und frisch zubereiteten) Sachen wie einem Kotelett vom Landschwein mit Schalottenconfit, Karotten und Pommes Macaire oder einer Spargelsuppe mit Bärlauch und Croûtons und auf der anderen Seite auch etwas ambitionierteren Gerichten aus etwas exklusiveren Produkten wie einem Duo von Filet und Backe vom Kalb mit Erbse, Schinken und Kartoffelroulade.
Dabei bleiben die exklusiveren Gerichte ebenfalls eher rustikal, das aber auf durchaus gewinnende Art. So wie zuletzt auch die geschmeidige Crème brûlée vom Parmesan, für die die rezente Würze des gereiften Hartkäses mit feiner Süße zugespitzt wurde. Und mit sautiertem Antipasti-Gemüse aus Aubergine, Zucchini, Paprika und Champignons sowie Serrano-Schinken, Pesto und einem üppigen Häufchen halbierter Oliven eine zwar grob gearbeitete, dafür aber aromatisch schön natürliche und abwechslungsreiche Umgebung geschaffen wurde.
Beim knusprig heiß gebratenen Seeteufel in leicht faseriger Konsistenz, aber ansonsten guter Qualität, ging die rustikale Gangart dann etwas zu Lasten des Produkts. Unter dem Strich ergab die brutzelige Rustikalität und pfeffrige Schärfe des Seeteufels mit abmildernder heller Schwarzwurzel, akzentuiert von Zitrone und Petersilie sowie einer hellen schaumigen Sauce, in der sich insbesondere auch die begleitenden geschmeidigen Nudeln sehr wohl fühlten, dann aber doch wieder ein harmonisch ausgewogenes Bild.
Das gab es auch zum Abschluss mit einem zarten Pistazienparfait, das zwar nur einen sehr mild nussigen Geschmack, dafür aber einen gelungenen fruchtigen Kontrast durch säuerlich angespitzte Heidelbeeren in eigenem Coulis mitbrachte, der auch als Marmorierung einer umrandenden Vanillesauce seine logische Verwendung fand.
Fazit: Das sympathische kleine Restaurant positioniert sich mit seiner von A bis Z frisch und natürlich zubereiteten Küche klar über dem Durchschnitt und insbesondere angesichts der einladenden aufgerufenen Preise stimmt das Gesamtbild. Und zu diesem gehören auch der unkomplizierte Service und die kleine Weinkarte, die von einfachen Schoppen bis zu renommierten Winzern wie Markus Molitor und Nik Weis ein attraktives Spektrum bietet.

Waging am See (Bayern)

6 Pfannen

Landhaus Tanner

im Hotel Landhaus Tanner
Aglassing 1,
83329 Waging am See (Aglassing)
08681-69750
www.landhaustanner.de
Küchenchef: Franz Tanner
Mo ab 17.30 Uhr, Di–Fr ab 12.30 Uhr durchgehend, Sa ab 12 Uhr durchgehend, So RT
Hauptgericht: 19–20 €,
Menüs: 40–59 €
EC VISA P

Mit beeindruckender Konstanz kochen Franz Tanner und sein Team in den Gasträumen des gepflegten wohnlichen Restaurants seit vielen Jahren souverän schwankungsfrei auf 6-Pfannen-Niveau. Sollten wir ein Musterbeispiel für diese Bewertungsstufe nennen, könnten wir ohne langes Nachdenken die Küche des Landhaus Tanner anführen, die zudem einen sehr reizvollen Spagat zwischen verfeinerter herz-

hafter Alpenkulinarik und mediterranen Inspirationen macht und uns mit einer mundwässernden Speisekarte regelmäßig vor die Qual der Wahl stellt.
Ein sehr schönes, und obwohl gar nicht alpenländisch oder mediterran inspiriert, doch irgendwie auch sehr Tanner-typisches Gericht war zuletzt die Vorspeise um Matjes von der Chiemseerenke, die zusammen mit eingelegter Senfsaat, dünnen Brotchips und Feldsalat auf fruchtig-säuerlich marinierten Rote-Bete-Scheiben angerichtet waren. Leicht und frisch, aber auch herzhaft zupackend, der weichfleischig durchgebeizte Fisch solo fast etwas zu salzig, aber in Kombination mit allen anderen Komponenten eine äußerst runde und animierende Sache. Somit ein perfekter Start.
Auch die im Herbst andernorts haufenweise zur belanglosen Angelegenheit degradierte Kürbissuppe wird unter der Hand von Franz Tanner zum raffinierten rustikalen Gaumenkitzel. Denn der Chef wertet das angenehm schlank und elegant dünnflüssig gehaltene, trotzdem mit dem vollen Kürbisaroma punktende Schaumsüppchen nicht nur mit sehr kleinen knackigen Kürbiswürfeln, gerösteten Kürbiskernen und nussigem Kürbiskernöl auf, sondern auch mit kross ausgebackenen, im Kern zart schmelzigen Blutwurstscheiben, die dem Ganzen nicht nur ihr feines Aroma, sondern auch eine weitere gewinnbringende Textur verliehen.
Dass der Chef auch das mediterrane Fach allerbestes beherrscht, das bewies er beim letzten Mal eindrucksvoll mit einem ebenso schlichten wie großartigen Pastagang, der sich um hervorragende Spaghetti alla Chitarra und Pulpo drehte. Die typischen viereckigen dünnen Nudeln mit viel Biss und Elastizität waren ebenso optimal wie die Tentakelstücke vom Oktopus, die in seltener Perfektion, nämlich außen sehr dünn richtig schön kross und innen herrlich zart (bei sehr reinem und sauberem Geschmack!), nebst geschmorten Cocktailtomaten und Fenchel darauf verteilt waren. Der heimliche Star aber war hier der Sud: kraftvoll und komplex, dabei ganz leicht und transparent. Und vermutlich auf Basis des Oktopus-Fonds, aber eben auch mit sehr vielen weiteren Gemüsen und Aromaten angesetzt.
Der ebenfalls in jedem Detail überzeugende Hauptgang drehte sich um fleischig-zarte, saftige Tranchen von der Damhirschkeule auf einer mit Trompetenpilzen und ihrem Aroma angereicherten Wildsauce. Eskortiert von einem Klecks cremigen Selleriepürees, wunderbarem Blaukraut mit zartem Biss und harmonischer Säure, ganz mildem krossem Speck und einem fluffigen Polentastrudel, der in seiner raffinierten Art weit mehr als bloße Sättigungsbeilage war, bewegte sich auch dieser Gang souverän auf starkem 6-Pfannen-Niveau.
Und weil bei Tanners trotz der eher zupackenden Art der Gerichte immer alles schön elegant und wohlproportioniert daherkommt, geht selbst nach opulenterem Mahl grundsätzlich noch ein Dessert. Selbst wenn es sich dabei um Topfenknödel handelt! Denn die kleinen, in nussige Bröselschmelze gehüllten Quarkbällchen sind wunderbar locker und leicht und werden von etwas Zwetschgenröster, schön schmelzigem und aromatischem Vanilleeis sowie ein paar frischen Beeren attraktiv und schlank begleitet.
Weil das alles auch noch ein hervorragendes Preis-Genuss-Verhältnis hat, der Service um die sympathische Gastgeberin Steffie Tanner ausgesprochen zuvorkommend ist und die gut bestückte Weinkarte mit Schwerpunkt Deutschland und Österreich selbst im Offenausschank lohnende Empfehlungen offeriert, können wir das Landhaus Tanner auch in diesem Jahr nur wärmstens empfehlen.

Waiblingen (Baden-Württemberg)

7↑

bachofer

im Hotel Bachofer
Marktplatz 6,
71332 Waiblingen
07151-976430
www.bachofer.info
Küchenchef: Bernd Bachofer
Mi ab 18:30 Uhr, Do von 12–14.30 Uhr u. ab 19 Uhr, Fr u. Sa ab 19 Uhr, So–Di RT
Hauptgericht: 34–48 €,
Menüs: 118–159 €

VISA

In der verwinkelten historischen Altstadt Waiblingens sticht das Restaurant Bachofer schon allein durch sein luftig und modern gestaltetes Interieur heraus. Noch mehr allerdings durch die seit vielen Jahren – und lange bevor das häufig gesehener Trend wurde – auf asiatischen Fusion-Style spezialisierte Küche, mit der sich Bernd Bachhofer einen Namen weit über die Stadtgrenzen hinaus gemacht hat. Mit den farben- und aromenfrohen Kreationen, deren Bandbreite von akkurat inszenierten Sushi-Variationen über kreative Interpretationen einer Poké-Bowl bis zu Egg-Benedict „asian style" reicht, hat die Küche aber auch bis heute nichts von ihrer Attraktivität verloren.
Wer mag, kann auch einfach „nur" feines Sushi oder hochwertige Steak-Cuts mit akkuraten Beilagen genießen, würde aber in dem auch als vegetarische Version erhältlichen bunt-kreativen Menü viele spannende Eindrücke verpassen. Etwa schon zum Einstieg die in hierzulande ihrer filigransten Ausführung durch Christian Bau publik gemachte blumenförmige Ornamentwaffel, die hier in Waiblingen mit Bete-Gel, Wasabicreme und dreierlei Kaviar als abwechslungsreicher Happen interpretiert wurde. Oder die „Hot and Sour Soup" als umamistarke Essenz mit dicht gepackter Einlage aus Shimeji-Pilzen, einem halben Wachtelei, zarten Ingwerklößchen und sanft angegartem Hamachi.
Als weitere Einstimmungen zeigten ein Nigiri mit Bauch von abgeflämmtem Balfegó-Thunfisch, Sesam und Ingwer sowie ein aromatisch eng verdichtetes Schälchen mit Chawanmushi, Thunfischtatar, einem säuregeladenen Kräuterfond und Misoeis einerseits den typischen Bachofer-Stil schon sehr deutlich und weckten andererseits viel Lust auf mehr.
Und die wurde mit dem eher in der modernen Klassik angesiedelten ersten Gang dann auch prompt befriedigt: Mit einem kunstvoll inszenierten Ensemble rund um gebratene Entenleber mit Quittengel und Haselnüssen neben einem Fake-Äpfelchen, das mit kraftvoller Entenlebermousse und Quittenconfit gefüllt war, zeigte das Team sowohl handwerkliche als auch aromatische Souveränität. Weitergespielt wurden die Aromen von einem zartsäuerlichen Quittensorbet auf Nusscrumbles, Honigschmand und einem Sud von Quitte und Passionsfrucht, was insgesamt zwar eine sehr fruchtig verspielte Kombination ergab, allerdings mit genügend Kraft und Tiefe, um nicht allzu desserthaft zu wirken.
Rund und harmonisch, aber mit feinen Nuancen, ging es danach beim kurz colorierten Thunfisch im Tataki-Stil mit sojawürzig süßer Grundierung wieder in die weite Welt. Für den harmonisierenden Rahmen sorgte hier ein gelber Thaicurry-Schaum, in dem fruchtig scharfer Ingwer-Kürbis und ein viel sattes Umami beisteuerndes Shiitake-Dim-Sum für Akzente sorgten. Das folgende „Sunny Side Up" spielte mit einem cremigen Eigelb inmitten von säuerlich-würziger Ziegenkäsecreme, zarten glasierten Betewürfeln und Kräuteröl ähnlich wie der erste Gang gekonnt mit möglichen Erwartungen und schaffte außerdem ein weiteres Mal ein harmonisches, gekonnt zwischen cremiger Fülle und feinen Akzenten balanciertes Gesamtbild.
Zurecht klar in den Mittelpunkt gerückt wurde im Hauptgang australisches Wagyu-Beef als tiefwürzig zart geschmorte Shortrib und kerniges Skirtsteak. Ohne überbordendes Beilagen-Klimbim, sondern schön pointiert mit einer eleganten Senfkornjus sowie gepickelten Zwiebeln, Gurken-Relish, Essiggurkengel und Radieschenschaum in einen sommerlichen Barbecue-Kontext mit süßsaurer Aromatik gestellt. Das schaffte im Zusammenspiel mit dem Fleisch einen animierenden Kontrast aus dunkler Kraft und lebendiger Frische und damit einen würdigen Menühöhepunkt.
Erfreulich leicht fiel dann zum Abschluss sowohl eine gefrorene Wabe aus Joghurt-Honig-Eis mit Salzkaramell und frischgrünem Apfelsud als auch das zwischen limettenfrisch und grünteeherb pendelnde eigentliche Finale aus. Letzteres mit Creme und Baiser von Matcha, teils durch weiße Schokolade gepuffert und durch blumig fruchtige, mit Yuzu zugespitzte Litschi-Komponenten feinsinnig ergänzt, zeigte auch im süßen Bereich erfolgreiches jonglieren mit exotischen Aromen.
Begleitend dazu sorgen das zuvorkommende, gut eingespielte Serviceteam und die hochwertigen Getränkeempfehlungen von Wein bis Sake dafür, dass auch abseits der Teller ein rundum stimmiger und niveauvoller Abend garantiert ist.

Hotelempfehlung

Hotel bachofer

Marktplatz 6, 71332 Waiblingen
07151-976430
www.bachofer.info
Einzelzimmer: 108–145 €
Doppelzimmer: 145–220 €
VISA

Das denkmalgeschützte Gebäude im ruhigen Zentrum von Waiblingen war bislang nur für hervorragende Fusion-Küche bekannt, ist seit 2019 aber auch ein modernes Boutique-Hotel. In den acht sehr stilvoll und individuell designten Zimmern, die allesamt nach Gewürzen benannt sind und damit eine thematische Verbindung zur gewürzaffinen Küche von Gastgeber Bernd Bachofer schlagen, gehen historische Bausubstanz, moderne Technik und komfortable Ausstattung eine behagliche Liaison ein. Diese reichen vom 19 qm großen Einzelzimmer mit Boxspringbett, Schreibtisch, großem Badezimmer und separatem WC bis hin zur 48 qm-Suite mit King-Size-Bett. Alle Zimmer sind mit großen Flatscreen-TVs, Bluetooth-Soundbar, Kaffeemaschine und modernen Bädern mit Regenwald-Dusche sowie Klimaanlage ausgestattet. Restaurant bachofer separat erwähnt.

Waldbronn (Baden-Württemberg)

8

Schwitzer's Gourmet-Restaurant

in Schwitzer's Hotel am Park
Etzenroter Str. 4,
76337 Waldbronn (Reichenbach)
07243-354850
schwitzers.com
Küchenchef: Cédric Schwitzer
Mi–Sa ab 18.30 Uhr, So–Di RT
Menüs: 179 €

VISA

Das modern und elegant am Rande des Waldbronner Kurparks thronende Hotel am Park von Familie Schwitzer hat sich in den vergangenen Jahren überregional einen Namen als reizvolle Wohlfühladresse gemacht. Neben insgesamt viel Komfort in den 20 Zimmern und luxuriösen Suiten und natürlich der günstigen Lage im Nordschwarzwald zwischen Karlsruhe, Stuttgart und Pforzheim, hat dazu sicherlich ganz wesentlich der hohe kulinarische Anspruch im gesamten Haus beigetragen.

Küchenchef Cédric Schwitzer und seine Frau Stephanie haben insbesondere mit der französisch geprägten, modern ausgeführten Küche und anspruchsvoller Servicekultur im Gourmetrestaurant in den letzten Jahren ein beeindruckend hohes Niveau erreicht. Die durch spannende Ideen, viele hochfein gearbeitete Details und große Ausdrucksstärke gekennzeichneten Gerichte wurden noch bis zu unserem letzten Besuch Ende 2022 in den weitläufig eleganten Räumlichkeiten präsentiert, die dem Anspruch der Küche einen sehr adäquaten Rahmen boten, für ein reines Gourmetrestaurant aber auch vergleichsweise groß waren.

Da Stillstand den engagierten Gastgebern ein Fremdwort ist, bekam der Gourmetbereich nach einer Schließ- und Umbauphase im Januar nun ein noch exklusiveres und intimeres Umfeld: Im ehemaligen, puristisch-stylisch umgestalteten Barbereich bieten ab sofort nurmehr vier Tische und vier bis sechs „Thekenplätze" mit direktem Blick auf die Arbeitsfläche der Köche jetzt für 12 bis 15 Gäste die Möglichkeit, die ambitionierten Kreationen von Cédric Schwitzer zu genießen. Neben dem veränderten, moderner wirkenden Gesamteindruck hat der ehrgeizige Chef sich damit sicher auch gute Voraussetzungen geschaffen, um in der Zukunft vielleicht sogar noch fokussierter und akribischer an seinen Kreationen feilen zu können und so das ohnehin schon hohe Niveau mittelfristig sogar weiter zu steigern.

Dass dies gar nicht so unwahrscheinlich ist, zeigten auch schon die Eindrücke des letzten Besuchs, bei denen in einzelnen Gerichten ganz klar das Potenzial für eine noch höhere Bewertung sichtbar wurde. So zeigte beispielsweise eine mit purem kraftvollem Schmelz in Kürbiskernsplittern gewälzte Entenleberpraline, die in markantem Kontrast zu einem kühl auffrischendem Sternanisparfait und einem ätherisch-straffen Bergamottesud stand, wie eigenständig die Ideenwelt der Küche in vielen Fällen mittlerweile ist, während ein fein, leicht und mit zarten Nuancen filigran geschichteter „Salat" vom Taschenkrebs mit Joghurtschaum unter einem hauchdünnen Maisteig mit Limettengel und Avocadocreme obenauf bemerkenswert sensibel zwischen Frische und Kraft changierte.

Und auch die zwischen nussige Sablés aus Buchweizen geschichtete Gänseleberereme zeigte mit den Kontrasten aus dunkler Holunderbeerenfrucht in einem Ragout und stark reduziertem Balsam sowie duftiger Verveine als federleichte Espuma ebenso viel Fingerspitzengefühl wie Ausdruckskraft. Charakteristisch für derartige Gerichte ist ihre unmittelbar schlüssige und meist markante aromatische Grundaussage, die dann beim Verkosten durch feine Details wie in diesem Fall ein transparent und verschlankend wirkender Holunderblütenessig-Sud und Verveinepulver noch spannend erweitert wird.

Das funktionierte auch beim Wolfsbarsch in reinweißer Referenzqualität ganz ausgezeichnet, der mit dünn und krachend kross ausgebratener Haut präsentiert wurde. Auf dem Fisch ein feinfruchtiges Birnenchutney mit Speck (ganz mild und elegant süß-sauer…) sowie knusprige Fischschuppen als kecker Akzent – darunter eine weiße Bohnencreme mit feiner Sardellenwürze und ein dichter, würzig-feinbitterer Chicorée-Curryschaum, die dem Ganzen einen eleganten Rahmen und ein starkes Rückgrat gaben.

Einen der stärksten Eindrücke gab es im Hauptgang rund um Alblamm, ebenfalls in charakterstarker Extraklasse mit feinwürzig rosa Fleisch unter perfekt schmelzendem Fett und einer krossen Kruste. Neben kleinen knuffigen Leberknöpfle mit knuspriger Zwiebel, mit Lammpresskopf überschmolzenen Alblinsen, geflämmten Perlzwiebeln sowie einem separat servierten Nussbutter-Kartoffelschaum lag das in seiner kraftstrotzenden und dennoch fein differenzierten Art schon locker auf 9-Pfannen-Niveau!

Nicht ganz auf diesem, aber dennoch beeindruckend anspruchsvoll war auch der süße Abschluss rund um Valrhonas Caramelia-Schokolade, deren blonde Karamellnoten als Mousse und Luftschokolade abwechslungsreich mit der herben, aber eher hell und säurefrisch inszenierten Frucht von Zwetschge, einem feinen Lavendelduft und pointierten Säurespitzen von Limette kombiniert wurde. Und auch die wie schon beim vorherigen Besuch in einer rustikalen Eisenpfanne eingesetzten, dafür aber umso akkurater gearbeiteten Petits Fours machten zum Finale noch einmal viel Freude und waren nicht bloß süße Sattmacher.

Viel Freude machen stets das gesamte Serviceteam, das charmant und kompetent für das Wohl der Gäste sorgt, und die treffsicher ausgewählten Weine, die durchweg mit dem Niveau der Speisen mithalten. Insofern freuen wir uns bereits auf den ersten Besuch in der neuen Umgebung und sind sicher, dass die Eindrücke dort genauso stimmig und mindestens genauso niveauvoll ausfallen werden.

6↑

Schwitzer's PUR

in Schwitzer's Hotel am Park
Etzenroter Str. 4,
76337 Waldbronn (Reichenbach)
07243-354850
schwitzers.com
Küchenchef: Luis Henn
Mo, Di u. Fr, Sa ab 18 Uhr,
So von 13–15.30 Uhr, Mi u. Do RT
Hauptgericht: 30–48 €, Menüs: 88 €
VISA P

Das mondäne Refugium von Stephanie und Cédric Schwitzer am beschaulichen Ortsrand von Waldbronn ist im Laufe der Jahre zu einer kulinarischen Institution in der Region geworden, in der ein großer lichtdurchfluteter Gastraum mit Blick in den Kurpark stets die passende Bühne lieferte. Nach der bewussten Separierung von Gourmetrestaurant und Hotelrestaurant konzentriert sich der gebürtige Elsässer Cédric Schwitzer nunmehr voll auf sein kleines Fine-Dining-Separee mit Chefs Table („Schwitzers Gourmet-Restaurant"), während er die Hauptverantwortung im neu

entstandenen „Schwitzers PUR" seinem ehemaligen Sous-Chef Luis Henn übertragen hat. Und der will auch nicht mit seinem Können hinterm Berg halten, bekocht das „Casual-Fine-Dining"-Konzept mit erstaunlich aufwendigen, wohlgelungenen Kreationen.
Die hier vorherrschende lässig-lockere Gangart lässt sich schon an der Brottheke festmachen, wo sich jeder Gast aus dem Angebot rund um feines Dinkelbrot nebst Salzbutter und kleinen Apero-Snacks selbst bedienen darf. Auch der Verzicht auf am Tisch servierte Küchengrüße passt zum unprätentiösen Ansatz. Weil sich aber schon bei unserem Antrittsbesuch zeigte, wie ambitioniert das neue Zweitrestaurant dennoch bespielt wird, ist das PUR fast schon so etwas wie eine kleine hausinterne Konkurrenz zum Gourmet-Flaggschiff – aber Konkurrenz belebt ja bekanntlich das Geschäft!
Konzeptionell beinhaltet die „Saison-Genuss-Reise" des Newcomers neben einer Auswahl an Optionen à la carte auch ein dreigängiges Überraschungsmenü, das äußerst gastfreundlich kalkuliert ist. Inhaltlich gibt ein regelmäßig wechselnder, jahreszeitlicher Schwerpunkt die Linie vor, so dass zum Beispiel in den Sommermonaten die mediterrane Urlaubsküche als roter Faden dient. Ein Ansatz, der zum Haus und zum Team hervorragend passt!
Eine fein zwischen gemüsigen, säuerlichen und fruchtigen Akzenten positionierte „Gazpacho Cerezas" war in diesem Sinne schon ein sehr authentischer Auftakt, der gelungen auf alles noch Kommende einstimmte. Akzentuiert von süßlich-schmelzigem Sauerrahmeis und punktueller Schärfe von Piment d'Espelette, zeigte sich bei der erfrischenden kalten Suppe, was sich im weiteren Verlauf bestätigte: Anspruchsvoller kulinarischer Genuss ist hier auch außerhalb des Gourmetrestaurants garantiert!
Denn auch mit der Vorspeise um Ceviche vom Wolfsbarsch gelang aus wenigen Komponenten ein charakterstarker Gang. Die saftig-fleischigen Fischfiletstücke wurden lediglich mit süß-säuerlicher Paprika-Relish akzentuiert und von Salicornes jodig erweitert. Und zusammen mit ofenwarmer Focaccia ergab dies einen Teller, der mit wenigen Pinselstrichen die entspannte Linie bestens transportierte. Rustikaler, aber genauso genussreich wurde es bei der „Polenta al ragu", für die Gezupftes vom geschmorten Wildschwein den Fleischanteil der klassischen Sauce Bolognese lieferte. Diesen süffigen Grundton erweiterten kross gebackene Salsicciawürfel noch mit leichter Schärfe, während ein laktischer Pecorinoschaum im Verbund mit der schon bekannten Paprika-Relish die luftige Polenta-Espuma eskortierte.
Noch eine Schippe legte die Küche beim Hauptgang drauf, den man sich in der Form auch im großen Menü des Gourmetrestaurants hätte vorstellen können. Zum saftigen Rotbarbenfilet mit seinen knusprigen Schuppen brauchte es da lediglich ein wenig geflämmtes Gemüse und einen aromensatten Bouillabaisse-Schaum, um die südfranzösische Küste geschmacklich in den nördlichen Schwarzwald zu transferieren. Definitiv ein Highlight des durchweg überzeugenden Premiere-Auftritts!
Mit einem geeisten Süppchen von der Charentais-Melone, bei dem eine hausgemachte Kugel Eis von Himbeere und Rosé-Secco die fruchtige Umgebung dezent alkoholisch kolorierte, zeigte sich auch die Pâtisserie gut aufgelegt. Wobei hier der gewollte konzeptionelle Unterschied zu den deutlich anspruchsvolleren Dessertkreationen der Gourmetküche von Cédric Schwitzer vielleicht am deutlichsten wurde.
Keinerlei Abstriche muss man wiederum bei der sehr umfangreichen Weinauswahl machen. Denn auch hier profitiert man vom zweigleisigen Ansatz, der es natürlich ermöglicht, auch sehr hochwertige und exklusive Tropfen zu ordern. Auch den Service erlebten wir sehr sympathisch und hochmotiviert. Und so bleibt festzuhalten, dass das Gesamtkonstrukt der Schwitzers mit ihrem PUR um einen weiteren sehr attraktiven Baustein erweitert wurde.

Hotelempfehlung

★★★★S

Schwitzer's Hotel am Park

Etzenroter Str. 4,
76337 Waldbronn (Reichenbach)
07243-354850
schwitzers.com
Einzelzimmer: ab 140 €
Doppelzimmer: ab 175 €

VISA

Schwitzer's Hotel am Park liegt zentral und gleichzeitig sehr ruhig inmitten von Waldbronn und dort, wie der Name schon verrät, direkt am Rande des Kurparks. Die 20 stilvollen Zimmer mit Aussicht in den Park und teils in das malerische Albtal sind mit schönen Holzböden ausgestattet und verfügen über einen modernen Flachbildfernseher, Minibar und Sitzecke. Einige Zimmer haben einen Balkon, und in den eleganten Suiten ist zusätzlich ein separates Wohnzimmer vorhanden. Zum Aktivsein oder entspannen gibt es einen Fitnessraum und eine Sauna, zum Genießen ein elegantes Gourmetrestaurant mit bodentiefen Fenstern und Terrasse. Zum erweiterten gastronomischen Angebot gehören zudem eine moderne Brasserie und eine Bar mit Zigarrenlounge. Frühstück wird gegen Aufpreis angeboten, im Zimmerpreis inbegriffen sind schnelles WLAN, Parkplätze und auch der Zutritt zum nahegelegenen Thermalbad. Auf Grund der günstigen Lage im Dreieck Karlsruhe-Pforzheim-Baden-Baden kann man sowohl die Sehenswürdigkeiten der Städte als auch das idyllische Albtal ganz aktiv mit Wanderrucksack oder Bike erkunden. Schwitzer's Gourmet-Restaurant und Schwitzer's PUR separat erwähnt.

Waldenbuch (Baden-Württemberg)

7

Gasthof Krone

Nürtinger Str. 14, 71111 Waldenbuch
07157-408849
www.krone-waldenbuch.de
Küchenchef: Erik Metzger
Mi u. Sa ab 18 Uhr,
Do, Fr u. So von 12–14 Uhr u. ab 18 Uhr,
Mo u. Di RT
Hauptgericht: 30–45 €,
Menüs: 70–130 €

Eigentlich ist der Begriff „Gasthof" im Namen der Krone in Waldenbuch ein bisschen irreführend, handelt es sich doch seit vielen Jahren ganz klar um ein veritables Gourmetrestaurant. Allerdings eines, dessen gastronomische Historie einerseits bis ins 16. Jahrhundert zurückreicht und andererseits mit der einladend gastfreundlichen Atmosphäre viele der positiven Seiten eines Gasthofs aufgreift. Das Angebot aus der Küche, der mit Erik Metzger ein junger talentierter Chef vorsteht, umfasst dann auch ein vegetarisches und ein omnivores Menü genauso wie eine reizvolle Auswahl à la carte und macht es damit jedem Gast leicht, je nach Anlass und Geschmack ganz unkompliziert zu genießen.

Allen Gerichten gemeinsam ist die grundsätzlich klassisch französische Prägung, mal konservativer ausgeführt und mal moderner, aber immer mit viel Substanz, prägnanten Akzenten und einer guten Balance zwischen Kraft und Leichtigkeit. Ganz typisch für diesen Stil waren zuletzt bereits die ersten einstimmenden Kleinigkeiten mit einem straffen, durch feine Säure belebten (aber leider dezent durch Trüffelöl malträtierten) Kartoffelsüppchen, außerdem festfleischig gebeiztem Lachs mit Kürbislamellen, Kürbiscreme und gebrannten Kürbiskernen, sowie – als stärkster Eindruck der Einstimmungsphase – einer saftig-krossen Strudelrolle mit Ochsenschwanzfüllung auf feinsäuerlich erdigen Linsen.

Ein ganzes Stück filigraner und feinsinniger wurde es dann beim ersten, kompakt in einer tiefen Schale angerichteten Gang rund um roh marinierten Thunfisch, dessen klararomatische Tranchen auf ätherischem Fenchel-Orangen-Salat angerichtet waren, der durch konzentriertes Orangengel und Fenchelgrün verstärkt wurde. Kühlen Schmelz und eine weitere aromatische Dimension lieferte ein cremiges Krustentiereis unter einer papierdünnen Knusperhippe, während ein mit lebendiger Säure versetzter Sud den verbindenden Rahmen schaffte. Super gelungen und schon klar am oberen Ende des 7-Pfannen-Levels angesiedelt!

Der knusprig-zart gebratene Eismeersaibling zeigte dann sowohl handwerkliche Souveränität als auch mit kraftvollen und zugleich elegant gehaltenen Zubereitungen von Blumenkohl und Petersilie aromatisches Fingerspitzengefühl. Die teils knusprigen, teils cremigen Komponenten fächerten ganz unterschiedliche Facetten zwischen herbal-würzig und röstaromatisch auf, ergänzten den Fisch damit ausgezeichnet und wurden zudem von einem fluffigen, zart angekrossten Kartoffelteigriegel abgepuffert.

Eine unkonventionelle, aber überraschend stimmige Idee gab es zu dem rosazarten Rücken und der saftig geschmorten Schulter vom Reh in der gewitzten Ergänzung mit herbfruchtigem Apfelcrumble, dessen klassisch fruchtigsüßliche Note zum Wild von feiner Säure und der grünen Frische wilden Brokkolis gekontert wurde und so den befürchteten Overkill an Süße umschiffte. Ein mustergültig saftig-knuspriges Kartoffelgratin mit dezenter Trüffelnote war dazu ein gar nicht unbedingt notwendiger, aber handwerklich perfekt zubereiteter Bonus. Zum Finale schafften abwechslungsreiche Zubereitungen von dunkel milchiger Schokolade neben herbsäuerlichen Fruchtnoten von Quitte (als Sud und Ragout) sowie Brombeere (als Sorbet und Gel) einen gelungenen und beschwingt spätherbstlichen Abschluss mit intensiven Aromen bei gleichzeitiger Leichtigkeit und untermauerten die konstant hohe Leistung des Teams. Und zu dieser gehören ganz wesentlich auch der versierte Service von Gastgeber Matthias Gugeler, der mit hochwertigen Weinempfehlungen aus der Region und Frankreich vielen Gerichten noch ein wichtiges i-Tüpfelchen mitgibt.

Waldkirch (Baden-Württemberg)

5↑ 🍴🍴

Zum Storchen

im Hotel Zum Storchen
Lange Straße 24, 79183 Waldkirch
07681-4749590
zum-storchen-waldkirch.de
Küchenchef: Christoph Trienen
Mo–Sa ab 17 Uhr, So RT
Hauptgericht: 22–39 €, Menüs: 38–68 €
EC AMEX Mastercard VISA

Die Geschichte des direkt an der Hauptstraße durch Waldkirch gelegenen Lokals, zu dem auch ein gar nicht so kleiner und sehr gepflegter Hotelbetrieb mit über 20 Zimmern und Wellnessbereich sowie ein separates Boardinghouse gehören, geht tatsächlich bis ins 17. Jahrhundert zurück. Die lange Historie sieht man dem gediegenen Gastraum nicht unbedingt an, und die jetzigen Betreiber, Astrid Trienen-Federspiel und Christoph Trienen, sind hier auch erst seit rund zehn Jahren am Werk – und das mit überdurchschnittlichen kulinarischen Ambitionen!
Das kann man schon beim Blick in die Speisekarte erkennen, die grundsätzlich klassisch und tendenziell etwas mediterraner ausgerichtet ist, aber zwischendrin gern auch mal in die asiatische Richtung spielt. Und in der nicht bloß von Jakobsmuscheln, Wachtel und Steinbutt, sondern auch von Produkten wie Miso, Cima di Rapa und Puntarella zu lesen ist.
Heißt natürlich erst mal gar nichts, ist hier aber tatsächlich das Indiz auf eine gute, anspruchsvolle, aber nicht überambitionierte weltoffene Küche, die sich selbst im Umgang mit den fernöstlichen Akzenten nicht unbedarft präsentiert. Das konnte man schon sehr gut am herzhaft abgeschmeckten Rindertatar erkennen, das nebst mariniertem Kopfsalatherz auf einer sogenannten „Asia-Vinaigrette" angerichtet war, die dem mit eingelegter Senfsaat gekrönten Rohfleisch nicht bloß mit dumpfer Umamipower zur Seite stand, sondern mit Frucht und Säure auch Transparenz und Balance offenbarte.
So wie übrigens auch die ebenfalls asiatisch verbrämte Entenbrühe mit Pak Choi und ausgelöstem Entenfleisch als Einlage und deren eher heimisches Äquivalent, eine sehr kraftvolle und rahmige, aber eben nicht zu opulente und darüber hinaus mit einer lebhaften Säureader ausgestattete Rahmsuppe von der Schwarzwurzel, welche wiederum gebeiztes Rehfleisch intus hatte. Einzig wirklicher Schwachpunkt bei unserem Testbesuch war ein nicht optimales Produkt, nämlich gebeizter Lachs, dessen um einen mit Granatapfel und Buttermilchsud akzentuierten Gurkensalat herum drapierte Tranchen nicht bloß viel zu salzig, sondern auch unangenehm metallisch und dumpf schmeckten.
Viel überzeugender präsentierte sich indes die Qualität und der Geschmack von gebratenen Wolfsbarschfilets, die zusammen mit zweierlei Puntarella auf mit milder Safransauce hinterlegten Fregola Sarda angerichtet waren. Durchweg ansprechend auch die stimmig mit luftgetrocknetem Schinken, mildem Käse und gelber Dörrfrucht gefüllten Involtini vom Wildschwein auf cremigem Graupenrisotto, der mit sautiertem Grünkohl und gerösteten Haselnüssen etwas herzhaft Winterliches an sich hatte.
Und dass der Chef zudem auch ein Händchen für ebenso harmonische wie originelle Süßspeisen hat, bewies beispielhaft die fluffig-knusprige Arme-Ritter-Schnitte, die mit einem

spicy Apfeltatar und erfrischend schneidigem Ingwer-Rahmeis mit erfreulich markanten Partnern an ihrer Seite einen anspruchsvollen Abschluss bescherte. Das alles wird von freundlichen Menschen in lebhafter Atmosphäre serviert und es gibt ein gut strukturiertes und ausreichend bestücktes, nur bei den glasweisen Offerten etwas überschaubares Angebot ansprechender Weine.

Hotelempfehlung

Hotel zum Storchen

Lange Straße 24,
79183 Waldkirch
07681-4749590
zum-storchen-waldkirch.de
Einzelzimmer: ab 70 €
Doppelzimmer: ab 85 €
VISA

Das modern renovierte Hotel befindet sich in einem ehemaligen Gasthof aus dem 17. Jahrhundert. Für alle 23 Zimmer und Suiten und auch für den modern ausgestatteten Tagungs- und Veranstaltungsraum wurden hochwertige und naturbelassene Materialien verwendet. So sind beispielsweise die maßgefertigten Möbel aus schnell nachwachsendem Bambus, die Eichenparkettböden aus nachhaltiger Forstwirtschaft und die Wände wurden mit atmungsaktivem heimischem Rotkalk verputzt. In den hell und komfortabel eingerichteten Zimmern machen Fußbodenheizung, höhenverstellbare Boxspringbetten, schnelles kostenloses WLAN, ein moderner Flachbildfernseher und eine Sitzecke den Aufenthalt besonders angenehm. Die Suiten verfügen zusätzlich über ein separates Wohnzimmer und einige der Zimmer haben einen Balkon. Das Frühstück ist im Preis inbegriffen. Außerdem gibt es ein Restaurant mit moderner Küche, einen Fitnessraum, eine Sauna, und für Gruppen bis 70 Personen auch einen besonderen Platz zum Feiern. Das Hotel liegt eine etwa 30-minütige Autofahrt vom Europapark und nur 15 km vom malerischen Freiburg entfernt. Das Elztalmuseum, ein Musikinstrumentenmuseum in einem Palast des 18. Jahrhunderts und der Schwarzwaldzoo sind fußläufig zu erreichen. Restaurant Zum Storchen separat erwähnt.

Gasthaus Löwen

Schwarzwaldstr. 34, 79183 Waldkirch
07681-9868
www.loewen-buchholz.com
Mo, Di u. Do–Sa von 11.45–13.45 Uhr u. ab 17 Uhr, So u. Mi RT
Hauptgericht: 19–34 €,
Menüs: 29–42 €
VISA

In der ländlich-rustikalen Gaststube des Löwen im Waldkircher Ortsteil Buchholz, der neben dem traditionellen Stammhaus auch über einen modernen Hotel-Anbau verfügt, wird eine ansprechende gutbürgerliche Küche geboten, die auf solidem Handwerk und frischen, saisonalen Produkten basiert. Keine kreativen Kapriolen, keine aufwendigen Arrangements, sondern schlicht, aber fundiert gekochte Gerichte in guter Qualität. Das meiste davon entspricht dem, was man in einem guten badischen Gasthaus erwartet, es gibt aber auch Ausflüge in die weite Welt. Bei schönem Wetter gibt's auch draußen auf der Terrasse hinter dem Haus ein schattiges Plätzchen.

Waldkirchen (Bayern)

Herzstück

Marktplatz 19,
94065 Waldkirchen
08581-6909594
www.herzstueck-waldkirchen.de
Täglich ab 11 Uhr durchgehend, kein RT
Hauptgericht: 14–29 €,
Menüs: 33–79 €

Das mit umlaufenden schwarzen Ledersitzbänken, schickem verschiedenfarbigem Gestühl an blanken Naturholztischen und Lampen im Glühbirnen-Style modern und schnörkellos aber trotzdem irgendwie cozy wirkende Lokal am Marktplatz von Waldkirchen ist ein unkomplizierter Genussort für Jedermann und verfolgt trotzdem einen gehobenen Anspruch. Die Küche macht einen breiten Spagat durch viele Genres, bietet von Kleinigkeiten wie Tomaten-Bruschetta, verschiedenen Brotgedecken, gratiniertem Ziegenkäse mit Grillgemüsen oder bunten Salaten zum selbst zusammenstellen bis hin zu Steak-Klassikern aus trockengereiftem Fleisch heimischer Rinder, Wiener Schnitzel und diversen Burger-Varianten ein vielseitiges Programm.
Dazwischen aber auch etwas anspruchsvollere oder aufwendiger gestaltete Gerichte wie die in Zitronenbutter geschwenkten Feigenravioli mit Lauch, Parmesan, Babyspinat und Kirschtomaten oder eine Vorspeise um gebeizten Lachs, der mit Mini-Zuckermaiskolben, Edamame, Kapernäpfeln, knusprigen sepiagefärbten Reischips und Chilifäden auf einer Avocadocreme angerichtet ist. Diese Zusammenstellung wirkte zwar kompositorisch nicht sonderlich stringent, war aber mit einer erfrischenden Zitronen-Senfvinaigrette und eingelegten Senfkörnern sowie stimmigen Proportionen eine sehr ausgewogene Sache. Da bewegt sich die Küche dann eigentlich schon im 5-Pfannen-Bereich.
Etwas gröber und schlichter dagegen zuletzt ein Pastagericht, bei dem mit Kürbiscreme gefüllte Ravioli mit etwas zu lange gebratenen Garnelen, Kirschtomaten, ein paar Spinatblättern und recht dicken Parmesankäsehobeln zusammengebracht waren. Da fehlte es nicht nur an Frischemoment, sondern auch an Saftigkeit, etwa durch etwas Sud, Sauce oder ein Öl. Wohlschmeckend war das dennoch. Genau wie die mit Parmesan und Spinatblättern ganz ähnlich aufgemachten Spinatknödel mit Nussbutter und Schnittlauch, weil hier einfach Grundzubereitungen und Frischeanspruch stimmen. Und mit etwas mehr Detailsorgfalt könnte spielend noch einiges rausgeholt werden. Das merkte man insbesondere beim Hauptgang um gebratene Entenbrust, die mit cremigem Maronenpüree, zarten Gnocchi, gebratenen Birnenspalten, krossem mildem Speck und einer schön klar und natürlich schmeckenden Jus als Ganzes eine gute Figur machte. Aber das Fleisch der Ente, das man sich ja rosa und saftig wünscht, war hier so dermaßen durchgebraten, grau und trocken, dass es überhaupt keine Freude war – und man es auch nicht mehr als Flüchtigkeitsfehler abtun konnte. Da wurde schlichtweg geschludert…
Und so bleibt es, trotz eines sehr schmackhaften Nachtisches in Gestalt eines von Mangoespuma mit verschiedenen Beeren umgebenen Karamellmousse-Törtchens mit einer Art Mürbteigboden und Crumble-Beflockung, welches allein man ebenfalls bequem mit 5 Pfannen hätte bewerten können, auch diesmal (noch) bei einer Empfehlung ohne Auszeichnung für das Herzstück. Aber die kommt von Herzen, zumal auch diesmal der Service wieder äußerst freundlich und bemüht war und die kleine Weinkarte einige gute Offerten aus dem eher günstigeren Preissegment bereithält, die allesamt gut ins stimmige Gesamtkonzept passen.

Bezahlkarten-Symbole

- Mastercard
- EC-Maestro
- Diners
- American Express
- VISA Visa

Johanns

Marktplatz 24, 94065 Waldkirchen
08581-2082000
www.restaurant-johanns.de
Küchenchef: Michael Simon Reis
Mo–Sa von 12–14.30 Uhr u. ab 18 Uhr, So RT
Hauptgericht: 16–36 €, Menüs: 35–95 €
VISA

Wer den typischen Geschmack das Bayerwaldes auf möglichst hohem Niveau erleben möchte, der findet dafür bei Michael Simon Reis im Johanns den idealen Ort dafür. Das hoch oben im renommierten Modehaus Garhammer angesiedelte und nach dessen Gründervater benannte Restaurant firmiert seit vielen Jahren als einer der absoluten Topspots für Gourmets in der weiträumigen Umgebung und lockt ganz zurecht viele Besucher nicht nur zum Shoppen, sondern auch zum Genießen nach Waldkirchen. Natürlich lässt sich beides auch prima verbinden. Zugang zum Restaurant gibt es wahlweise über die Modeabteilungen oder direkt mit dem Aufzug hoch ins oberste Stockwerk.

Dort angekommen wartet ein stylisch-modernes, mit hellem Holz, hohen Glasfenstern und weitem Blick übers Land ausgesprochen einladend gestaltetes Ambiente. Durch eine breite Glasfront kann man einen Blick auf das emsige Treiben in der Küche erhaschen und fühlt sich ansonsten sehr schnell auf angenehme Art entschleunigt. Beste Voraussetzungen, um sich ganz der Küche von Michael Simon Reis zu widmen. Und die hat Aufmerksamkeit verdient! Nicht nur, weil seit Jahren hohes Niveau geboten wird, sondern auch, weil sich die Küche auf spannende Art vom Gourmet-Mainstream abhebt.

Stilistisch bewegt sich das Ganze näher an österreichischen Individualisten wie Hans Reitbauer als an französischer Klassik und wird insbesondere durch die oft unkonventionelle Einbindung von Gemüse, Kräutern und Getreide geprägt, auch in den leichtfüßigen Fonds und Emulsionen. So entsteht tatsächlich so etwas wie ein sehr erdverbundener Stil, allerdings ganz ohne die Schwere, die man damit auch assoziieren könnte, sondern in einer durchgängig sehr luftig und dynamisch wirkenden Gangart.

Das lässt sich – zu übrigens frappierend günstigen Preisen – in der „Light-Version“ bereits am Mittag erleben. Genau wie am Abend locken hier außerdem einige Gerichte à la carte, die sich teils auf etwas schlichteren Art guter Tradition wie einer bayerischen Hochzeitssuppe widmen, teils aber auch kreativere Kombinationen bieten und so beispielsweise aus einem einfachen Rindertatar eine hochfeine Variante aus kraftvoll eigenaromatischem Fleisch unter sanft süß-säuerlich marinierten Goldrüben, einem leichten Meerrettichschaum, Liebstöckel-Avocado und knusprigem dünnem Röstbrot zaubert.

Die ganze kreative Schaffenskraft des Teams gibt's allerdings am Abend im passend mit „Evolution“ überschriebenen Menü. Unter den dort gebotenen maximal sechs Gängen zeigte zuletzt schon zum Einstieg die luftig-leichte, aromatisch aber sehr verbindliche und klare Kombination von dünn gehobeltem und als kleine Cannelloni geformtem Kohlrabi, dessen ätherische Frische eine Füllung aus saftig mildem Räucheraal versteckte, bereits ganz ausgezeichnet den Stil der Küche. Diese ergänzte das Ganze durch lockere Quinoa mit zitrusfrischen Pomelo-Noten als feinsinniges Plateau, einem sanft säuerlichen Kartoffel-Molkensud als harmonisierendem Rahmen und einem filigranen Knusperchip für auflockernden Crunch und schaffte so einen sehr dynamischen Auftakt.

Ebenso viel Esprit gab es aber auch beim folgenden zart gegrillten Bayerwald-Stör aus Breitenberg – ein Top-Produkt das zurecht immer wieder den Weg auf die Karte findet. In diesem Fall stand der edle Fisch in einem würzig-frischen „grünen“ Umfeld aus gerösteten Bohnenkernen, Bärlauch-Kochsalat und knackigen Salatblättern. Dazwischen setzte die herbe Ätherik von Salzzitrone spannende Akzente und ein leichter, aromatisch fein gestraffter Kapernschaum verband und pushte die einzelnen Elemente. Typisch individuell und zugleich unmittelbar eingängig!

Genau diese Verbindung scheinbarer Gegensätze boten auch die mit saftigem festem Biss begeisternden Streifen vom Bauerngockel, die nicht nur jedes schwammige Schnellzuchthuhn rein qualitativ alt aussehen ließen, sondern zudem in einem abwechslungsreichen Umfeld aus gedämpften und gebackenen Spargelspitzen, Liebstöckel-Avocado und betont kantig säuerlich gehaltenem Rhabarber sehr kontrastreich inszeniert wurde. Und um in dieser ganz positiv gemeint „bunten" Umgebung zu bestehen, gab es wirkungsvolle Unterstützung durch eine transparent-kraftvolle Brathendlsauce in der die ganze typische Würze eines Grillhendls sehr elegant und genau dosiert auf den Teller kam. Super!

Das Spiel mit regionalen Traditionen auf der einen und moderner Weltoffenheit auf der anderen Seite bleibt dann auch bei den Desserts erhalten – und gelingt dort genauso erfolgreich wie bei den herzhaften Kreationen. Unter Beweis stellten das zuletzt beispielsweise lockerflaumige Topfennockerl in feiner knuspriger Krokant-Bröselhülle, die auf dem Hauptteller von duftig fruchtigem Erdbeer-Rhabarber-Ragout erfrischt wurden und daneben noch ein kompaktcremiges Sauerrahmeis mit dessen typischer feiner Säure zur Seite bekamen. Das weitere, sehr süßebetonte Gläschen mit Erdbeere und Rhabarber unter einem kühlen Vanilleschaum hätte es da gar nicht unbedingt gebraucht. Dafür gelang der abschließende Ausflug in die weite Welt umso überzeugender, weil hier mit in Sanddornessig pochierter Ananas neben einer geeisten Joghurtespuma, Getreidecrumbles und duftiger Pandanöl-Eiscreme noch einmal der typisch individuelle Stil der Küche klar sichtbar wurde.

Dass für diese ebenso unterhaltsame und eigenständige wie niveauvolle Küche auch am Abend nach wie vor vergleichsweise niedrige Preise aufgerufen werden, ist nur ein weiterer guter Grund für einen Besuch. Genau wie die ebenfalls fair kalkulierte Auswahl lohnende Weine, vor allem aus Österreich, Italien und Deutschland, und das souverän zwischen entspannter Ungezwungenheit und kompetenter Professionalität agierende Serviceteam.

Hotelempfehlung

★★★S

Hotel Herzstück

Marktplatz 19,
94065 Waldkirchen
08581-6909594
www.herzstueck-waldkirchen.de
Einzelzimmer: 79 €
Doppelzimmer: 68–230 €

VISA

Das Hotel und Restaurant Herzstück liegt mitten im Herzen des niederbayrischen Städtchens Waldkirchen, ist mit seinem modernen, jungen Style ein geschmackvoller Gegenentwurf zu den mehrheitlich ländlich-traditionellen Betrieben der Gegend, fügt sich aber trotzdem prima in die Region ein. Die insgesamt 24 Zimmer und Suiten mit zeitgemäßen Bädern – alles Nichtraucherzimmer und davon 16 klimatisiert – zeichnen sich durch eine ideale Kombination aus Design, Komfort und Liebe zum Detail aus. Man schläft in nagelneuen Boxspringbetten mit Bettwäsche nach Biostandard, hat einen großen Flatscreen mit Sat-TV und schnelles WLAN zur Verfügung und genießt Annehmlichkeiten wie Minibar, Safe und einen großzügigen Schreibtisch. Alle Suiten verfügen sogar über eine eigene Sauna und Dachterrasse. Besonderer Wert wird auch auf ein hochwertiges Frühstück gelegt: frisch gebackenes Brot, hausgemachte Aufstriche, regionale Wurstspezialitäten, zahlreiche Käsesorten, ausgewählte Kaffee-Spezialitäten und Tee-Sorten, Bio-Säfte… Im täglich durchgehend geöffneten Restaurant gibt's ein stilistisch breit gefächertes, aber nicht zu umfangreiches Programm vom Spezial-Burger über Zwiebelrostbraten bis zum Thai-Curry. Restaurant Herzstück separat erwähnt.

Waldshut-Tiengen (Baden-Württemberg)

5

Brauerei Walter Restaurant

**Hauptstr. 23,
79761 Waldshut-Tiengen
07741-83020
www.brauereiwalter.de
Di ab 17 Uhr,
Mi–Fr von 11.30–13.30 Uhr u. ab 17 Uhr,
Sa u. So ab 11.30 Uhr durchgehend,
Mo RT
Hauptgericht: 23–36 €, Menüs: 37–69 €**

VISA

In dem weithin bekannten Hotel-Restaurant von Familie Hoferer im beschaulichen Tiengen, geht es im besten Wortsinne gutbürgerlich zu. Schon der ländlich-adrette Gastraum strahlt bereits auf den ersten Blick sehr gepflegte, gehobene Gastronomie aus, zugleich aber auch angenehme Bodenständigkeit: keine übertriebene Eleganz, keine steife Gangart des sympathischen Serviceteams und somit auch keine Hemmschwelle. Und auch die Küche repräsentiert hier genau das, was man im positiven Sinn unter gutbürgerlichen Gerichten versteht: keine modischen Extravaganzen, keine kreativen Auswüchse, sondern ganz traditionelle, unaufgeregte Gerichte – allerdings in einer Qualität, die man sie so nur noch selten bekommt.

Wartenberg (Bayern)

Schweiger's Landgasthof

**Manhartsdorf 2–4,
85456 Wartenberg
08762-73070
www.schweigers-landgasthof.de
Küchenchef: Martin Beckhold
Mi–Sa ab 17 Uhr, So von 11–14 Uhr u. ab 17 Uhr, Mo u. Di RT
Hauptgericht: 19–35 €, Menüs: 39–54 €**

VISA

Der in dörflich ruhiger Lage angesiedelte Landgasthof hat eine lange Tradition und entsprechend viele Stammgäste aus der Region, durch die gute Anbindung an den Münchener Flughafen und die City aber zugleich auch viele hungrige Hotelgäste und Reisende. Die bekommen hier nicht nur den einladend ländlichen Charme der Gaststuben geboten, sondern auch eine substanzstarke Küche, die neben souverän ausgeführten Traditionsgerichten immer auch den einen oder anderen ambitionierteren Gang auf der Karte hat – sei es durch eine etwas aufwendigere Zubereitung oder exklusivere Produktwahl.

So zuletzt beispielsweise die saftige Galantine von der Ente, die von relativ viel Farce geprägt war und deshalb einen entsprechend milden Charakter hatte. Doch die beiden großzügig bemessenen Scheiben konnten sich durch feine warme Würze, Rosinen und Speck dennoch klar gegenüber dem begleitenden gebratenen und glasierten Rotkraut sowie ein kleines Salatbouquet behaupten.

Dagegen konnte der beispielsweise der Seeteufel als Produkt nicht ganz überzeugen: mit leicht faserigem und geschmacklich irgendwie „leer" wirkendem Fleisch, wie es bei TK-Lagerung oder einer längeren Reisezeit immer wieder vorkommen kann. Dafür war der festfleischige Fisch aromatisch kräftig in reichlich Thymian gebraten und bekam mit mildem Safranrisotto, auffrischendem grünem Spargel und einer üppig-schaumigen Chorizo-Sauce harmonische und ausdrucksstarke Begleiter zur Seite. Wenn hier noch ein überzeugenderes Produkt im Mittelpunkt gestanden hätte, wäre das ebenfalls ein rundum solides Gericht gewesen.

Im Zweifel ist es deshalb immer besser, sich an substanzstarke Traditionsgerichte aus regionalen Produkten zuhalten. Wie etwa den zarten Rahmbraten vom Milchkalbtafelspitz, der nebst akkurat gegartem Gemüse und Bärlauch-Bratknödel kredenzt wurde, oder auch an die knusprig zart gebratene Kalbsleber mit geschmolzenen roten Zwiebeln und Kartoffelpüree. Solche stilistisch etwas zupackenderen Schmankerln aus Produkten mit kürzeren Lieferwegen, die stets in fundierter und aromenstarker Machart auf die Tische kommen, sind hier immer eine sichere Bank.

Und wer trotz der nicht eben zierlichen Portionen noch genügend Appetit aufgespart hat, bekommt auch am Ende noch schmackhafte Optionen. Mit in Weinteig knusprig gebackenen Apfelküchle nebst frisch aufgeschlagener Zabaglione und Walnusseis oder einer mit Blätterteig und Mascarponecreme geschichteten „Erdbeerlasagne" – auch das handwerklich sauber ausgeführte und aromatisch frisch und natürlich.

Dazu gibt es flinken, freundlichen Service und neben frisch gezapftem Bier, das zu vielen Gerichten ausgezeichnet passt, auch eine kleine Auswahl an trinkfreudigen Schoppen und einigen hochwertigeren Flaschen.

Wasserburg (Bayern)

5

CARALEON

im Hotel CARALEON
Halbinselstr. 70,
88142 Wasserburg (Bodensee)
08382-9800
caraleon.de
Küchenchef: Felix Barthold
Mi–Sa ab 17 Uhr, So von 12–14.30 Uhr u. ab 17 Uhr, Mo u. Di RT
Hauptgericht: 15–55 €, Menüs: 65–120 €
VISA

Eine vergleichbar attraktive Kombination aus schön mit Ausblick am Wasser sitzen und gleichzeitig gut essen wie im Caraleon in Wasserburg gibt es am Bodensee nicht an allzu vielen gastronomischen Orten. Das grundlegend renovierte Traditionshaus, das seine Gäste zudem in einem geschmackvollen Ambiente mit wohltuend schlichter, fast etwas nordisch anmutenden Eleganz empfängt, liegt im Grunde direkt am Seeufer, von dem es nur durch die wenig befahrene Straße und den eigenen kleinen Strandbereich mit Bar getrennt ist.
Einem sommerlichen Platz auf der erhöhten Terrasse vor dem Haus stehen bei Sonnenuntergang die Tische im Restaurant, von denen aus man eigentlich einen noch besseren und unverstellteren Blick aufs glitzernde Wasser genießt, in nichts nach. Und auf die kommen klassisch gekochte, teils traditionell gehaltene, teils aber auch originell selbstkomponierte Gerichte der moderat gehobenen Art. Ersterer Kategorie würden wir beispielsweise den mit wachsweichem Bio-Stundenei und wahlweise gebratenen argentinischen Rotgarnelen oder Maispoulardenbrust servierten Caesars Salad oder geschmorte und mit Portweinjus glasierte Kalbsbäckchen nebst Pommes Dauphines, verschiedenen Gemüsen zählen.
Der kreativeren Ecke wäre beispielsweise der gebeizte Seesaibling zuzurechnen, der zusammen mit seinem Kaviar, Tupfen von Karottencreme und frischem Dill auf einer mit Kalamansi zitrisch frisch aromatisierten und mit Dillöl marmorierten Buttermilchvinaigrette angerichtet war. Sehr leicht, sehr frisch, sehr rund. Finessenreicher als gedacht präsentierte sich auch das handgeschnittene Rindertatar, das mit eingelegter Senfsaat und tomatiger pikanter Schärfe angemacht und von einer sehr prägnanten Pfeffercreme akzentuiert war. In Kombination mit Avocado (als Stücke und Creme) sowie buttrig-knusprigen Scheiben eines Laugengebäcks ein attraktives unkompliziertes Gericht. Und zugleich der Beweis, wie gut es dem Team gelingt, mit guten Ideen und einfachen Mitteln originell zu punkten.
Bei den Hauptgängen gelang dies ebenfalls recht gut, wobei hier kleinere Ungenauigkeiten eine höhere Bewertung verhinderten. Der auf der Haut gebratene Zander etwa war von grundsätzlich guter Qualität, aber etwas zu salzig und eine Minute zu lang in der Hitze. Sehr gut in Beschaffenheit und Aroma präsentierte sich der überhaupt nicht derbe Bärlauchrisotto, der dem Fisch flach auf den ganzen Teller ausgestrichen als Grundlage diente – der in dieser Anrichteweise aber auch zwangsläufig alle anderen Komponenten, die darauf angerichtet waren (Möhre, Creme von fermentiertem Knoblauch, eine raffinierte sublime Käsecreme…) dominierte.
Beim Surf'n'Turf von geschmortem und im Kirschholzrauch gesmokten Schweinebauch und Pulpo mit einem thematisch an Barbecue angelehnten Begleitprogramm aus Mais, gegrilltem Lauch, Black Beans und saftige Süße spendenden Schattenmorellen war der relativ dunkel angeröstete Krake mit seinem schon

leicht derben Eigengeschmack nicht (mehr) der Allerbeste und der Schweinebauch wirkte etwas matt. Ansonsten machte aber auch diese in positivem Sinne kreativ-rustikale Komposition viel Spaß.
Den Service erlebten wir auch zuletzt engagiert und aufmerksam und in der gut aufgestellten Weinkarte mit durchwegs namhaften Erzeugern aus Deutschland, Österreich, Italien und Frankreich, einigen Klein- und Großformaten und ausreichend glasweisem Ausschank sollte auch jeder Gast etwas Passendes finden. Ein schöner Ort mit guter, maßvoll kreativer Küche.

Hotelempfehlung

Hotel CARALEON

Halbinselstr. 70,
88142 Wasserburg (Bodensee)
08382-9800
caraleon.de
Einzelzimmer: ab 120 €
Doppelzimmer: ab 140 €

Das Hotel & Restaurant Caraleon, das direkt an der Wasserburger Bucht liegt und über einen eigenen Strandabschnitt am Bodenseeufer mit beeindruckendem Bergpanorama verfügt, besteht aus vier zusammenliegenden Häusern, die sehr liebevoll und aufwendig renoviert wurden. Der neue, schlicht-elegante und schnörkellose Stil zieht sich durch alle Räume. Die lichtdurchfluteten Zimmer und Suiten sind mit modernen Flatscreen-TVs mit Satellitenempfang, Minibar, Safe, Telefon und Balkon ausgestattet, es gibt kostenloses WLAN und für die Gäste stehen flauschige Bademäntel, Badeslipper, Pool-Tüchern und Föhn bereit. Denn wenn man im Winter oder wegen schlechten Wetters mal nicht im See vor der Haustüre baden kann, gibt es auch einen Indoor-Pool. Gerne kann man sich auch in der hauseigenen Sauna aufwärmen. Zeitgemäße saisonal geprägte Küche und andere authentische Gaumenfreuden in einem besonderen Ambiente werden im Restaurant mit Seeblick geboten, Restaurant Caraleon separat erwähnt.

Wasserburg am Inn (Bayern)

Herrenhaus

Herrengasse 17,
83512 Wasserburg am Inn
08071-5971170
www.restaurant-herrenhaus.de
Di–Sa von 12–14 Uhr u. ab 18 Uhr, So u. Mo RT, im Winter nur abends
Hauptgericht: 16–39 €,
Menüs: 25–69 €

Das schmale Altstadthaus mitten im pittoresken Ortskern von Wasserburg birgt hinter seinen dicken Mauern nicht nur eine einladend atmosphärische Mischung aus ebenso behaglichem wie elegantem Ambiente mit charmant nostalgischem Touch, sondern auch pfiffige, ambitionierte Küche ohne übertriebenen Exklusivitätsdrang. Im Sommer kann man die auch draußen auf der Straßenterrasse mit viel Flair genießen. Das junge Team trägt ebenfalls zur Wohlfühlatmosphäre bei, indem es den eigenen Anspruch in einer lockeren Gangart umsetzt. Neben dem grundsoliden und sehr sorgfältigen Arbeiten ist es eine der größten Stärken der Küche, dass sie nicht zu viel versucht, sondern die Gerichte einfach hält. Drei Komponenten, elegante Proportionen und die eine oder andere clevere Idee – mehr braucht es da manchmal gar nicht. Gemeinsam mit dem charmanten und angenehm natürlich auftretenden Service und einer ansprechenden Weinkarte, aus der auch offen niveauvoll ausgeschenkt wird, entsteht ein absolut runder Gesamteindruck.

Weigenheim (Bayern)

Le Frankenberg

Schloss Frankenberg 1,
97215 Weigenheim
09339-9714571
schloss-frankenberg.de
Küchenchef: Steffen Szabo
Do–Sa ab 17.30 Uhr, So–Mi RT
Menüs: 95–180 €
VISA

Hochherrschaftlich und weithin sichtbar thront die Anlage, die mit ihren dicken Steinmauern und massiven Türmen auf den ersten Blick mehr wie eine uneinnehmbare Trutzburg als wie ein feudales Schloss wirkt, über den Frankenberger Rebanlagen. Oben angekommen findet man tatsächlich jede Menge mittelalterliche Ritterromantik vor, dank der aufwendigen Restaurierung dieses einst den Bischöfen von Würzburg als Residenz dienenden Anwesens aber auch genauso viel fürstliche Grandezza. Passend zu beidem gibt es einerseits im bürgerlichen Amtshaus anspruchsvolle bodenständige Regionalküche und andererseits in den aristokratischen Räumen des Schlosses Steffen Szabos Gourmetmenü.

Der inzwischen in mittel-, ober und unterfränkischen Gefilden nicht mehr unbekannte Küchenchef bietet hier zusammen mit seinem Team ein spannend eigenständiges Konzept, das sich unter der Überschrift „Gerichte mit Geschichte" mit allseits bekannten Traditionsgerichten auseinandersetzt und diese auf Basis klassischer Kochtechnik aber in einem neuen, zeitgemäßen Gewand präsentiert. Mal sind die Bezüge offensichtlich, mal ist nur eine Einzelzubereitung auf dem Teller der Link zur jeweiligen Idee. Jedenfalls gibt's zu jedem Gericht eine Art Storytelling in der Speisekarte, worauf aber auch nicht näher eingegangen wird.

Der Genuss steht also im Vordergrund, nicht das Konzept. Nach einer kleinen Nocke von fruchtig gehaltenem Ratatouille-Gemüsetatar, einer knusprig in Panko ausgebackenen Taubenkeule mit Holunderbeeren-Mayo und warmwürzigem gezupftem Wachtelfleisch mit dem herb-säuerlichen aromatischen Kontrast von Vogelbeeren und dem knusprigen haptischen Kontrast von Kartoffelpops kam ein Brotwagen mit zahlreichen Sorten Selbstgebackenem vorbeigefahren, aus denen besonders die Blutwurst-Focaccia, aber auch die mit Safran aromatisierte Brioche herausstachen.

Die Vorspeise nahm sich schließlich dem peruanischen Traditionsgericht Ceviche an, was jetzt an sich nichts Besonderes gewesen wäre, wenn man es hier nicht mit Rettich und Roter Bete „fränkisch" interpretiert hätte. Der obligatorische säuregebeizte Fisch war in diesem Fall ein Wolfsbarsch und wurde nicht in größeren Würfeln oder dickeren Tranchen, sondern als mit marinierten Rettichwürfeln vermengtes Tatar eingesetzt – was allerdings den Nachteil hatte, dass der klein gehackte Fisch bereits denaturiert und ihm der rohe Charakter abhandenkommen war. Mit geschmortem Chicorée, eingelegten Rettichröllchen und einem fruchtig-säuerlichen Rote-Bete-Sud, Schnittlauchöl und frischem Dill war es unterm Strich dennoch eine schön leichte, erfrischende Vorspeise.

Naturgemäß deutlich opulenter und herzhafter ging es bei der Interpretation vom Senf-Ei zu, in deren Mittelpunkt ein perfekt homogenes sous-vide gegartes Ei auf süßlich-würziger Dijonsenfsauce stand, die nach unserem Geschmack sogar ruhig noch etwas mehr Schärfe aufs Porzellan hätte bringen können. Die kam, zumindest in einer kräuterherben Façon, von frischer und in eine Creme eingearbeiteter Brunnenkresse ins Spiel – Kartoffelknusper und Schmelz von gehobeltem gebeiztem Eigelb sorgten für weitere Facetten, der Gesamteindruck war jedoch sehr cremig und etwas diffus. Und das bringt uns zum Hauptkritikpunkt. Denn auch in der Gesamtschau fehlen vielen von Steffen Szabos Gerichten ein wenig die klaren Konturen. Alles ist aus hochwertigen, frischen Produkten mit Sorgfalt gekocht, harmonisch abgeschmeckt und von guten Ideen getragen. Nur bei der Umsetzung fehlt es manchmal an Trennkraft und Tiefenschärfe.

Was aber nicht so weit führt, dass die Kompositionen grob oder plump wirken – es geht hier nur um die Details. Diesen Eindruck vermittelte auch die an sich sehr gute, mit Knusperflakes von krosser Hühnerhaut attraktiv ergänzte Tranche vom Kikok-Huhn, die auf einer Art

Ragout von weißen Bohnen und Petersilienwurzel angerichtet war und von einem Petersilienpesto sowie einer für das Geflügel schon sehr intensiven und dichten Madeirajus begleitet wurde. Ein recht molliges, eindimensional erdig-süßliches Geschmacksbild.
Zum Püree verarbeitete und gegarte bzw. geflämmte Schwarzwurzeln, ein Quittengelee, Macadamianuss-Malto und eine herb säuerlich mit Quitte abgerundete reduzierte Jus waren die Begleiter für das zarte, mit einer Nusskruste gratinierte Filet vom Duroc-Schwein im Hauptgang. Auch dieser fiel trotz der Anklänge von Quitte tendenziell sehr lieblich und breit aus. Da hätte man sich etwas mehr Ecken und Kanten gewünscht, freute sich aber dennoch über einen runden und harmonischen Gesamteindruck.
Und den gab es auch beim Dessert „Apfeltarte oder Apfelblooz?", einer mit Apfelragout und Gelee gefüllten Mürbteigtartelette nebst Mandel-Rahmeis und Granola. Die Weinkarte listet eine gut strukturierte internationale Auswahl, die von den Gewächsen des eigenen Weinguts bis zu gereiftem Bordeaux aus renommierten Häusern reicht, durchgängig sehr trinkfreudig kalkuliert ist und von der sympathischen Restaurantleiterin und Sommelière Sandra Tober fachkundig kuratiert wird.

Weikersheim (Baden-Württemberg)

7

Laurentius

Marktplatz 5, 97990 Weikersheim
07934-91080
www.hotel-laurentius.de
Mi–Sa ab 18.30 Uhr, So von 12–14 Uhr, Mo u. Di RT
Hauptgericht: 46 €, Menüs: 79–136 €
VISA P

Das stilvoll gestaltete Gewölberestaurant am ebenso beschaulichen wie pittoresken Marktplatz von Weikersheim mit seinem historischen Ortskern und dem hübschen Renaissanceschloss residiert in einem über 400 Jahre alten Gewölbekeller mit dicken Natursteinmauern. Und diese alte Bausubstanz wird hier unten geschickt von modernem Design aufgelockert und stellt damit den stimmungsvollen Rahmen für die unverkünstelte Küche der Gastgeber, die es voll auf Handwerk und Geschmack anlegt. Die Küche transportiert den Charakter der Region, blickt aber gerne auch weit über den Tellerrand hinaus und hat innerhalb ihres bis zu fünfgängigen Menüs, das prinzipiell für alle Gäste einheitlich ausfällt und nur bei Vorspeise und Hauptgang etwas Auswahlmöglichkeit bietet, keine Scheu, auch in exotische Aromenwelten einzutauchen – und zwar durchaus gekonnt! Im Großen und Ganzen bewegt sich das Kulinarium aber schon in heimatlichen und französischen Gefilden und ist besonders stark, wenn verfeinerte Rustikalitäten angegangen werden. In die Gläser kommen gern kaum bekannte Gewächse aus dem Taubertal und Franken, aber es gibt auch spannende Alternativen aus dem Rest Deutschlands oder aus Frankreich.

Weilheim an der Teck (Baden-Württemberg)

5

Ristorante Casanova

Marktstr. 5, 73235 Weilheim an der Teck
07023-9588444
www.facebook.com/people/Casanova-Ristorante/100063736505606
Küchenchef: Antonio Procopio
Mo–Fr von 11.30–14 Uhr u. ab 18 Uhr, Sa ab 18 Uhr, So RT
Hauptgericht: 13–39 €, Menüs: 44–59 €
VISA

Pittoresk sieht das Fachwerkhaus im Zentrum der am westlichen Fuße des Aichelbergs gelegen Ortschaft Weilheim an der Teck schon von außen aus, doch ahnt man da als Erstbesucher trotzdem noch nicht, welch originelle Location sich drinnen auf drei Ebenen auftut. Die alte Bausubstanz mit viel freiliegendem Gebälk, der hohe offene Raum mit Galerie, die warme behagliche Beleuchtung und die vinophilen Gestaltungsaccessoires tragen allesamt zu der

außergewöhnlichen Atmosphäre dieses Kleinods bei.
Die Amtssprache ist hier in jeder Hinsicht italienisch, was nicht nur auf die Offerten der Speisekarte zutrifft, sondern tatsächlich auch auf den Kammerton, denn auch ein Großteil des Publikums sind offenbar Stammgäste italienischer Herkunft. Und das liegt hier definitiv an der Tatsache, dass Küchenchef Antonio Procopio und sein Team für eine ebenso authentische wie zeitlose italienische Küche jenseits dessen stehen, was hierzulande die allermeisten Ristoranti typischerweise an eingedeutschten Belanglosigkeiten auftischen. Das erahnt man schon bei der Lektüre der Speisekarte und es wird schmeckbare Wahrheit, sobald die ersten Teller kommen.
In unserem Fall eine Vorspeise von Meeräsche, Aubergine und Provolone, bei der allerdings der vergleichsweise etwas rustikal anmutende Fisch – von dem man gar nicht so genau sagen konnte, wie exakt er nun zubereitet war, wohl aber, dass er ein bisschen zu lange Wärme abbekommen hatte – gar nicht unbedingt so sehr überzeugen konnte. Man sah und schmeckte aber schon hier angesichts der mildwürzigen Provolone-Creme auf dem Meeräschenfilet und dessen Begleitung, einem sehr leichten und aromatischen Auberginenpüree mit Auberginensauce und Thymianöl, sehr deutlich, wie schnörkellos und mit welch leichter Hand hier gekocht.
Das verdeutlichten auch die Trippa alla Romana, also Kutteln in einer tomatisierten Schmorgemüsesauce mit Parmesan oder traditionellerweise Pecorino, wobei hier der Käse als cremiger Saucenklecks on top gegeben wurde und das Ganze überflüssigerweise mit Afillakresse ausdekoriert war. Die extraktreich schmelzige und mild säurebetonte Sauce selbst und die zarten Kutteln, denen jede Penetranz ausgetrieben wurde, hätte man jedenfalls kaum besser machen können. Genau so wünscht man sich das und da braucht es auch überhaupt keine modischen grünen Deko-Girlanden – ein Gericht wie dieses kann man souverän ohne jede Verlegenheitsbeigabe ganz für sich stehen lassen!
Selbiges gilt im Grunde für ein wunderbar schlichtes Pastagericht wie die perfekt al dente gekochten Paccheri mit geschmolzenen Tomatenfilets und Seeteufelstückchen, bei denen die als Häufchen aufgesetzte Rock-Chives-Kresse auch keinen echten Mehrwert brachte. Hätte man da beispielsweise mit feinstreifig geschnittenem Basilikum oder noch besser frischer Minze gearbeitet und diese exakt dosiert über die Pasta gegeben, wäre dieses Gericht in unseren Augen mit nur wenigen Handgriffen nochmal überzeugender ausgefallen. Aber auch so: ein echtes Wohlfühlgericht!
Generell lesen sich die Pasta-Offerten hier allesamt mundwässernd: Spaghetti mit Sardellen, Wildfenchelbutter, Chili und Kapern oder Tagliatelle mit in Sangiovese geschmortem Kaninchen und Thymianbutter sorgen beim Bestellen für die Qual der Wahl. So wie sämtliche, konsequent mit Acquerello-Reis frisch gekochten Risotti, die hier einfallsreich zum Beispiel mit Kürbis, Lardo und Ziegenkäse oder mit lila Kartoffeln, Sardellensauce und aus Gamberi Rossi hergestelltem Pulver zum Besten gegeben werden. Und auch wenn man da mal von Dingen wie „Pecorinoinfusion“ oder „Artischocken in Texturen“ liest, muss man keine Mickey-Mouse-Küche fürchten.
Dass hier nämlich in keiner Weise bemüht gebastelt, aber auch nicht aufwendig verfeinert wird, zeigte auch der Hauptgang rund um rosa gebratenes Lammkaree mit Püree und Stücken von der geschmorten Aubergine, etwas naturbelassen und akzentfrei schmeckenden Artischocken und einer sehr ordentlichen aromatischen Thymianjus, die nicht zu stark reduziert war und so allen anderen Komponenten genug Entfaltungsspielraum bot. Sehr solide, schmackhaft und bodenständig umgesetzt.
Etwas verspielter wirkte zum Schluss dann doch noch das Dessert, zwei mit weißer Schokoladencreme gefüllte Mürbteigtartelettes mit Püree und Fruchtsauce von Mango und Passionsfrucht sowie dünnen knusprigen Kokosmark-Chips zwar nicht besonders italienisch, aber als solches rund und wohlschmeckend. Ein trotz vollem Haus sehr persönlicher und aufmerksamer Service sowie gute italienische Weine mit sehr ordentlichem Preis-Genuss-Verhältnis machen den Aufenthalt noch angenehmer.

Die Hoteleinträge

★★★★★S	Superior
★★★★★	Unterkunft für höchste Ansprüche
★★★★	Unterkunft für hohe Ansprüche
★★★	Unterkunft für gehobene Ansprüche
★★	Unterkunft für mittlere Ansprüche
★	Unterkunft für einfache Ansprüche
	Unterkunft ohne Sterne-Klassifizierung

Weilheim i. Oberbayern (Bayern)

5

Oberbräu

Obere Stadt 31,
82362 Weilheim i. Oberbayern
0881-2316
Mo u. Mi–Sa ab 17.30 Uhr, So von 11.30–13.30 Uhr u. ab 17.30 Uhr, Di RT

Winkler-Schüler Alois Jobst kocht in der traditionellen Wirtschaft, die seit Generationen in Familienbesitz ist, einen souveränen Mix aus pfiffiger bayrischer Schmankerlküche und spanisch-mediterranen Gerichten. Die kommen jeweils ohne unnötigen Firlefanz aus, lassen aber in allen wichtigen Details erkennen, dass der Chef sehr genau weiß, worauf es ankommt. Von sorgfältig behandelten Produkten und korrekten Garzeiten bis zu gehaltvollen, aber immer auch elegant ausgewogenen Saucen, Fonds und Vinaigrettes zeigt sich die Souveränität des Könners.

Weimar (Thüringen)

5

Andreas Scholz

im Hotel Alt Weimar

Prellerstr. 2,
99423 Weimar
03643-861922
restaurant-andreas-scholz.de
Küchenchef: Andreas Scholz
Mi–So ab 18 Uhr, Mo u. Di RT
Hauptgericht: 21–32 €, Menüs: 52–112 €
VISA

Das nicht nach einem der zahlreichen namhaften Persönlichkeiten aus Weimars Geschichte, sondern nach seinem heutigen Pächter und Küchenchef benannte Restaurant im Hotel Weimar, dem ehemaligen Wohnhaus des bekannten Reformpädagogen und Begründers der Anthroposophie, Rudolf Steiner, ist ein Ort mit Flair und Historie. Und was in diesen Räumen, die mit dunkler alter Holztäfelung und den grün gepolsterten Bänken ein wenig wie eine urige Weinstube oder Kneipe anmuten, mit sauber gedeckten Tischen aber keine Zweifel aufkommen lassen, dass man sich hier in einem gepflegten Restaurant befindet, von dessen Ehefrau und Gastgeberin Stefanie im Rahmen eines maximal neungängigen Auswahlmenüs zur freien Zusammenstellung aufgetragen wird, kann sich ebenfalls sehen lassen.

Die diesjährige Korrektur der Bewertung hat auch gar nichts damit zu tun, dass wir hier zuletzt plötzlich auf einem deutlich anderen Niveau gegessen hätten. Sie ist vielmehr die Konsequenz aus zum einen den bereits im Vorjahr feststellten Tendenzen und zum anderen den Quervergleichen mit ähnlich bewerteten Restaurants in der Region – weshalb wir die derzeitige Küchenleistung mit guten 5 Pfannen als deutlich realistischer dargestellt empfinden. Denn wenngleich die Kreationen von Andreas Scholz unverändert substanzstark und weiterhin erfreulich produktorientiert daherkommen, sind sie in den Details oft eher gröber gefasst und eigentlich immer fast bis zum Anschlag gewürzt, was sie bisweilen etwas rumpelig anmuten lässt.

Mit mehr Blick für diese Feinheiten oder auch für die Ästhetik der Gerichte könnte da spielend mit sehr einfachen Mitteln wieder mehr rausgeholt werden. Bestes Beispiel war etwa beim letzten Mal der sehr gute bodenständige Küchengruß: delikate hausgemachte Rindsbratwürstchen auf einem Klecks perfekt schlotzigem Kartoffelsalat nebst Brunnenkresse, bei dem die offenbar einfach nur mit der Hand in kleine ungleichmäßige Stücke gebrochenen Würstchen kein sehr schönes Bild abgaben. Aber das sind freilich nur optische Schönheitsfehler.

Was die geschmackliche Feinabstimmung angeht, war beispielsweise die Vorspeise um ein Carpaccio vom US-Beef mit verschiedenen Zwiebelzubereitungen und einer mit PX-Essig abgeschmeckten Vinaigrette ziemlich plakativ fruchtig, säuerlich und zwiebeldeftig, so dass nicht nur das sehr dünn geschnittene Fleisch keine Chance auf freie Entfaltung hatte, sondern das Ganze mit der Zeit auch etwas anstrengend zu essen wurde.

Voll aufgedrehte Aromenregler auch bei der gebratenen Bernsteinmakrele mit Nudelgraupen und Ratatouille – was sich zwar mediterran anhört, aber mit viel konzentrierter Paprika, Tomate und Pikanterie eher nach Balkan geschmeckt hat. Deftig, zupackend, aber als solches sehr gut! Und sehr gut war auch die schön zartrosa gebratene, mit Jus glasierte und mit Granola bestreute Milchkalbsleber, die mit saftigen eingelegten Kirschen und einer recht dichten, konzentrierten Jus sehr kraftvolle Partner zur Seite hatte – wie als Ausgleich mit einer seltsam leeren Polenta, die irgendwie so gewirkt hat, als wäre der Maisgrieß ausschließlich mit Wasser aufgekocht worden, aber auch einen verblüffend nichtssagenden Begleiter. Da fehlte die Balance.
Nichtssagend war beim Kikok-Huhn mit Schwarzwurzel und Süßkartoffel überhaupt gar nichts. Sowohl die hervorragende Brust mit schön straffem, saftig-eigenaromatischem Fleisch und perfekter Knusperhaut sowie die als Roulade gebratene Keule mit noch mehr Saft und Aroma hätten auch eine noch höhere Bewertung verdient. Wenngleich das attraktive Geflügelduett dafür aber eine noch etwas elegantere Begleitung hätte zur Seite haben müssen. Mit viel Püree (auch als Füllung von gebackenen Kroketten-Bällchen), Schwarzwurzeln à la creme und relativ naturbelassenen Stücken sowie einer abermals grenzwertig stark reduzierten und entsprechend hochkonzentrierten Jus wurde es jedoch einigermaßen massiv bespielt.
Auch das war natürlich trotzdem schmackhaft, sprach auch unterm Strich weniger gegen 6 Pfannen als das Dessert Mango, Joghurt und Himbeere, das mit seinem süßen bunten Durcheinander irgendwie an Kindergeburtstag erinnerte und auch „Oops i dropped the Ed v. Schleck…“ hätte heißen können. Die bessere Wahl war nach unserem Gusto diesmal der Käse: gut gereifte, wohltemperierte und ausdrucksstarke Sorten von Ziege mit Asche über Bergkäse bis zum französischen Blauschimmler, alle aus der Hand vom Affineur Wolfgang Hoffmann vom Tölzer Kasladen.
Die Weinkarte hat ihren klaren Schwerpunkt auf Saale-Unstrut, mit vielen Weinen, die Thüringen sonst kaum verlassen, bietet aber auch Alternativen aus dem Rest Deutschlands und Europas und eine insgesamt faire Kalkulation, die kompetente Beratung von Stefanie Scholz inklusive.

5

AnnA

im Hotel Elephant
Markt 19, 99423 Weimar
03643-802639
www.hotelelephantweimar.com
Küchenchef: Johannes Wallner
Täglich von 12–14 Uhr u. ab 18 Uhr, kein RT
Hauptgericht: 21–41 €, Menüs: 91–102 €
VISA

Nachdem sich das direkt am historischen Markt gelegene Traditionshaus vor einigen Jahren vom Konzept eines dezidierten Gourmetrestaurants verabschiedet hat, wird fortan im Restaurant AnnA, in einer urbaneren Gangart und mit einer gelungenen Verbindung aus gleichsam unkomplizierten wie anspruchsvollen Gerichten auf den Tellern, trotzdem noch ambitioniert gekocht. In dem geschmackvoll gestalteten und dabei an den Stil der 20er- und 30er-Jahre angelehnten Restaurant und dem idyllischen Gastgarten, wo es oft etwas quirliger zugeht, zeichnet Küchenchef Johannes Wallner für die Küche verantwortlich. Auf seiner Karte mischen sich einfacher gehaltene Gerichte munter mit ambitionierteren Sachen und einem bis zu 6-gängigen Menü. Das ist zwar nicht übermäßig aufwendig inszeniert, überzeugt aber mit individuellen Ideen, überdurchschnittlichen Produkten und einer sehr soliden handwerklichen Umsetzung. Auf der Weinkarte finden sich unter anderem viele sonst eher seltene Gewächse aus Saale-Unstrut und Sachsen.

Die Symbole

- gute Parkmöglichkeiten
- Hotelgarage
- barrierefrei
- klimatisierte Zimmer
- WLAN-Zugang
- Hallen- und/oder Freibad im Haus
- mit Wellness-Bereich
- mit Fahrstuhl zu den Hotelzimmern
- Hunde im Hotel nicht erlaubt
- mit Garten oder Terrasse

6

Weinbar Weimar

Humboldtstr. 2, 99423 Weimar
03643-4699533
weinbar-weimar.de
Küchenchef: Marco Ferrieri
Di–Sa ab 17 Uhr, So–Di RT
Hauptgericht: 14–28 €, Menüs: 39–76 €
VISA

Lassen wir die Katze gleich zu Beginn aus dem Sack: Die ebenso stimmungsvolle wie entspannte Weinbar Weimar mit ihren charmant patinierten Altbauräumen auf zwei Ebenen ist und bleibt auch nach dem Ausstieg des bisherigen Küchenchefs und von uns als Koch sehr geschätzten Marcello Fabbri nicht nur wegen der sensationellen Weinauswahl mit rund hundert offen ausgeschenkten Tropfen eine kulinarisch sehr attraktive Destination, sondern auch der Küche wegen.

Dass die unzähligen, oft spannend individuellen Weine aus nah und fern laut Eigendefinition der äußerst kundigen Gastgeber Anna Koller und Philipp Heine jetzt nach dem Küchenchef- und Konzeptwechsel von „internationalem Barfood" begleitet werden und sich das Prozedere mit einem quasi selbst zusammenstellbaren Menübaukasten für den Gast noch flexibler und unkomplizierter präsentiert, stellt in unseren Augen kein „Downgrading" für das Kulinarium dar. Denn der seit Sommer 2022 verantwortliche neue Küchenchef Marco Ferrieri hat's drauf und schickt selbst scheinbar schlichte Snacks so fundiert und sorgfältig gekocht, finessenreich arrangiert und auch qualitativ hochwertig, dass es eine wahre Freude ist.

Schon die unter der Rubrik „Apéro" offerierten Kleinigkeiten, die man sich quasi als Amuse-Bouche vorab bestellen kann, zeugten von Feingespür und Expertise. Wenngleich wir – um den einzigen Kritikpunkt gleich zu Beginn schnell abgehandelt zu haben – auf das penetrante künstliche Trüffelaroma in der Yuzu-Vinaigrette zu den knackigen wilden Brokkolistängeln gerne hätten verzichten können. Die sehr schmackhafte pikante Romesco-Sauce, die es auch als Dip dazu gab, hätte an dieser Stelle sowieso völlig gereicht.

Nichts als köstlich waren die aus schwarzem Risottoreis gefertigten parmesanwürzigen Arancini, die je mit etwas Safranmayonnaise getoppt waren. Ein erster etwas komplexerer Gaumenkitzel dann das Ceviche vom Erfurter Saibling: Die dicker geschnittenen und nur relativ kurz säuregegarten, somit noch schön festfleischigen und klararomatischen Würfel vom Saibling waren hier optimal proportioniert mit knackigem Staudensellerie, roten Zwiebeln, Granatapfelkernen, Koriandergrün und einer geschmeidigen Süßkartoffelcreme in eine joghurtfrische Vinaigrette gehüllt und wurden à part noch von knusprig-fettigem Papadam begleitet. Ein sehr frischer, leichter und vielschichtiger Auftakt mit einer guten Balance zwischen Süße und Säure, Biss und Schmelz.

Dem stand der lauwarme Artischockensalat, der im Zentrum einer knusprig angetoasteten Scheibe Kräuterbrioche angerichtet und mit einer mildwürzigen Schalottenespuma überschäumt war, in nichts nach. Das war ebenso anspruchsvolles Soulfood wie das perfekt homogene Onsen-Ei, dessen zart fließender Schmelz sich nach dem Anschneiden über einer Art fluffigem Flan mit viel aromatischem Ziegenkäse ergoss und mit sautiertem und frischem jungem Blattspinat sowie einer ausdrucksstarken cremigen Dijon-Senfsauce ein herrlich süffiges und geschmacklich prägnantes Arrangement auf den Teller brachte.

Für überdurchschnittliches Pasta-Handwerk und einmal mehr für viel Produktqualität standen die um herrlich festfleischige, sauber, klar und nussig schmeckende gebratene Jakobsmuscheln ergänzten Ravioli, die mit einer Auberginencreme auf Ricottabasis gefüllt und mit einer Zitronensauce mit frittierten Kapern, Tomatenconcassé und Staudensellerie liiert waren. Auch das wieder sehr leicht, sehr natürlich, sehr lebhaft.

Sein Händchen für feine, prägnante klassische Saucen und perfekte Garzeiten bewies Marco Ferrieri dann nochmal mit einem glasig-blättrigen Skrei. Der war akkurat gewürzt und gelungen puristisch inszeniert nur auf wenigen knusprig-schmelzigen dünnen Kartoffelscheiben angerichtet und von einer ebenso straff säuerlichen wie geschmeidig runden, mit viel mild geräuchertem Forellenkaviar und Schnittlauch vermengten Beurre blanc umgeben. Wie schon die verschiedenen Empfehlungen davor, erwies sich hier auch die 2019er Weißwein-

cuvée Acústic Blanc aus der spanischen Montsant-Region als kongenialer Weinpartner. Es macht Spaß und lohnt sich sehr, Philipp Heine zu der persönlichen Speisenauswahl in Sachen Wein einfach machen zu lassen.
Und es lohnt sich ebenfalls, noch Platz für ein Dessert zu lassen. Denn was der Küchenchef hier in Gestalt eines mit venezuelanischem Rum getränkten „Babà Napoletano" nebst Marsalacreme, Rahmeis und Mandarinenpüree als Nachtisch kredenzen ließ, überhöhte ganz locker sehr viele aufwendige Bastelarbeiten mach junger ambitionierter Pâtissiers. Kurzum: eine nur vermeintlich simple, in den relevanten Details durchdachte und handwerklich sehr gekonnt zubereitete Küche, für die mit guten Ideen aus tollen Produkten jede Menge rausgeholt wird.

Weingarten (Baden-Württemberg)

7

KOSTBAR

Ravensburger Str. 56,
88250 Weingarten
0751-56163714
syrlin-speisewelt.de
Küchenchef: Marco Akuzun
Mi–Sa ab 18 Uhr, So–Di RT
Hauptgericht: 28–48 €, Menüs: 55–99 €
VISA P

Mit dem Restaurant Kostbar ist Nadine und Marco Akuzun nicht nur ein mehrdeutiges Wortspiel aus einem Synonym für „wertvoll", der markant in den Raum integrierten Bar und den hier servierten Köstlichkeiten gelungen, sondern noch dazu ein bemerkenswerter, unkompliziert anspruchsvoller Genussort. Hier wird man auf lässige Art auf einem kulinarischen Niveau verwöhnt, das beinahe vergessen lässt, dass es sich hier nur um die kleinere Schwester des eigentlichen Gourmetrestaurants in der der Syrlin Speisewelt handelt, unter deren Dach beide Konzepte residieren.
Aber letztlich sind ja die Übergänge der beiden im gleichen stylisch-modern, aber mit viel Holz und warmem Licht zugleich behaglich gestalteten Raum beheimateten Restaurants auch architektonisch sehr weich gehalten. Zudem profitiert die Kostbar auch ganz sicher vom Mis en place und den Ideen aus dem Gourmetbereich. Tatsächlich wirken die Ergebnisse auf den Tellern dann einerseits so, als wären sie mal eben locker aus dem Handgelenk geschüttelt worden, sind aber dabei so klar konturiert und mit pointierten Akzenten versehen, dass durchgängig ein beachtliches hohes Niveau garantiert ist.
Daran hat natürlich auch der gehobene Anspruch an die Produkte keinen unwesentlichen Anteil, wie zuletzt bei einem topfrischen Saibling als klararomatischer Tatar und kurz abgeflämmte, nur ganz sanft temperierte Tranche unter einem auflockernden Bouquet aus Kresse, Kräutern und Radieschen-Juliennes sicht- und schmeckbar wurde. Dazwischen blitzte eine ätherische Schärfe auf, die von einem kompaktcremigen Wasabieis verstärkt wurde, während ein straff säuerlicher, mit Kräuteröl marmorierter Sud eine ausgleichend frische Umgebung schaffte.
Zurecht bereits ein Klassiker und beispielsweise in veränderten Proportionen auch schon mal Teil der Küchengrüße im Gourmetrestaurant, ist die tiefschürfend konzentrierte Bouillabaisse mit Bohnencreme und grünen Bohnen, gerösteter Mini-Artischocke und à point gegarter Einlage aus Garnele, Pulpo und Wolfsbarsch. Allein der Fond in seiner dichten Konzentration, dem straffen Säurekern und der hintergründig wärmenden Schärfe würde hier durchaus auch eine noch höhere Bewertung rechtfertigen…
Der folgende Loup de Mer zeigte dann in saftig krosser Perfektion nicht nur ein ausgezeichnetes Produkt, sondern ebenfalls souveränes Handwerk. Und er wurde auf einer geflämmten Tomatenscheibe und einem feinwürzigen Confit aus Tomate, Paprika, Zwiebel und Senfkorn in mediterraner Leichtigkeit inszeniert, deren beschwingter Eindruck von einem klaren Tomaten-Kräuterfond und einem erfrischend aufgelockerten Bouquet aus Frisée, Sprossen, Kräutern und Kartoffelcroûtons noch weiter verstärkt wurde.
In eine ganz andere Richtung, nämlich die von hochelegantem Barbecue-Style, ging es beim Flanksteak vom US-Beef mit Polenta, Maiscreme und Popcorn. Herzhaft ergänzt von ei-

nem Käsechip und einer kleinen Nocke feinstreifig geschnittenem Coleslaw, einer weiteren Nocke von einer Art Peperonata und einer eleganten, ganz leicht rauchig eingefärbten Jus, ergab das eine gewohnt aufgeräumt und leicht wirkende Interpretation des nach wie vor populären Barbecue-Themas.
Und auch der süße Abschluss in Form zarter Kugeln aus Schokoladenmousse in einer knackigen hellen Kakaobutterhülle (mit zarter Orangennote) zeigte die Klasse des Patisserie-Teams, das dazu mit einem fruchtig frischen Orangenragout und einem hellen, keck schärfenden Ingwereis zwei weitere markante Mitspieler kombinierte.
Genauso gut eingespielt, wie das auf Wunsch in Rekordtempo schickende Küchenteam, agiert auch der Service – und hat dazu auch noch niveauvolle und gut angestimmte Weinempfehlungen parat, die das Gesamterlebnis auf adäquatem Niveau abrunden.

8↑ 🍴🍴🍴

MARKOS – Das Restaurant

Ravensburger Str. 56,
88250 Weingarten
✆ 0751-56163714
syrlin-speisewelt.de
Küchenchef: Marco Akuzun
Mi–Sa ab 18 Uhr, So–Di RT
Menüs: 130–195 €

Um die Pointe gleich vorwegzunehmen: Unsere letztjährige Neueröffnung des Jahres, die Syrlin Speisewelt mit ihren beiden unterschiedlichen Restaurantkonzepten, hat auch in diesem Jahr auf ganzer Linie überzeugt. Nicht nur im deutlich größeren und auch mittags geöffneten Lokal KOSTBAR, wo in dem sehr stylischen, mit vielen modernen Holzelementen aber auch sehr behaglich gestalteten Ambiente eine beachtliche Küchenleistung geboten wird, sondern eben auch im separaten, aber fast nahtlos in den weiten Raum integrierten Gourmet-Separee MARKOS – Das Restaurant. Hier gibt es Marco Akuzuns Kochkünste in einer noch exklusiveren und aufwendiger ausgearbeiteten Façon als sechsgängiges Menü, in dem er weder Kosten (hervorragende Produktqualitäten!) noch Mühen (sehr detailliert und vielgestaltig!) scheut, seinen Gästen ein beeindruckendes kulinarisches Erlebnis zu bescheren.
Stilistisch bewegt sich das wie auch schon zu seiner Zeit im Stuttgarter top air im Bereich einer modern interpretierten, was die Aromen und Produkte betrifft sehr international gehaltenen Küche. Die Kreationen präsentieren sich zumeist kontrastreich und mit vielen elaboriert ausgearbeiteten Komponenten auch sehr ereignisreich. Mit den beiden kleinen Apero-Snacks, einem mit Maishähnchenfleisch, Paprika, geräucherter Crème fraîche und gefriergetrocknetem Mais gefüllten bzw. getoppten Mini-Tortillaröllchen und einem Macaron mit Karotte und Herbsttrompete wurden beim letzten Mal im Vorprogramm zwar originelle Geschmacksbilder kreiert, aber noch nicht das ganze Potenzial der Küche zu erkennen gegeben.
Das konnte man dann viel besser an der Miniaturform von Marco Akuzuns fast schon legendärer Bouillabaisse erkennen – das mit Sicherheit traditionellste und auch gegenständlichste Gericht seines aktuellen Repertoires, das von der kraftvoll komplexen Suppengrundlage bis zu den von etwas Bohne und Artischocke begleiteten Fischen und Meeresfrüchten viel klassische Substanz und Detailsorgfalt erkennen lässt. Und somit gleicht zu Beginn des Menüs unmissverständlich klar macht, dass diese Küche bei aller Kreativität und Gestaltungsfreude auf dem grundsoliden Fundament der französischen Klassik fußt.
Etwas ausgeschert hat zuletzt lediglich die Vorspeise, eine mit Bitterschokolade lackierte Tranche von der marinierten Entenleber, der mit eingelegten Sauerkirschen und einem salzigen Mandel-Mürbteigkeks puristische Begleitung angedient war. Und das hatte nichts damit zu tun, dass dieser Auftakt für Marco Akuzuns Verhältnisse überaus puristisch daherkam, sondern lag mehr daran, dass das Ganze auch kompositorisch und geschmacklich etwas karg und matt wirkte. Kaum nötig zu erwähnen, dass es sich hierbei um Kritik auf sehr hohem Niveau handelt und sich das Quartett „Foie gras, Bitterschokolade, Kirsche und Salzmandel“ sehr

wohl zu einem ansprechenden Akkord zusammenfand – nur wirkte das Ganze eben wie noch nicht ganz zu Ende gebracht. Als ob noch ein alles kongenial verbindendes Element gefehlt hätte…
Doch schon mit dem nächsten Gang präsentierte sich das Kulinarium wieder ganz so, wie wir es kennen. Bei den mit Thunfischtatar gefüllten Röllchen vom butterzart geschmorten Livar-Schweinebauch wurde das von verschiedenen Algen, Kimchi und einer ausdrucksstarken Ponzu-Vinaigrette erzeugte umami- und säurebetonte Geschmacksbild geschickt von relativ pur belassenem schwarzem Rettich und vor allem von der Süße und schneidigen ätherischen Schärfe eines Wasabi-Eises, das offenbar auf Basis von Kokosmilch zubereitet war, aufgelockert. So entstand ein sehr vielschichtiger und ausbalancierter Eindruck.
Ähnlich komplex, kontrastreich und dynamisch präsentierte sich der mit einer dünnen, schmelzigen Kalbskopf-Schicht überzogene saftig-zarte Huchen, der sich den Teller und den Saucenspiegel aus rahmiger Meerrettich-Beurre-blanc mit verschiedenen sehr differenziert und elegant umgesetzten Blumenkohl-Komponenten teilte. Die stellten das Gemüse von nussbruttrig-röstig bis säuerlich und frisch in verschiedenen Facetten dar. Chinesischer Störkaviar brachte zusätzliche Mineralität ins Spiel, frischer Schnittlauch einen Hauch Rustikalität und Eigelb feinen Schmelz. Das wirkte durchdacht und souverän zusammengebracht, vielteilig und doch aufgeräumt.
Dass Wagyu längst nicht mehr gleich Wagyu ist, selbst wenn es sich um japanische Rinder handelt, ist kein Geheimnis. Die Striploin-Tranchen, die wir im nächsten Gang als Frühlingsfest mit Spargel, Bärlauch und Morcheln präsentiert bekamen, boten allerdings größten Genuss, waren saftspritzend schmelzig, hatten trotzdem Biss und natürlich ein großartiges nussig-buttriges Aroma. Das passte perfekt zu den um eingelegte Bärlauchknospen, zarte Mini-Gnocchi und etwas fein darüber gehobelter Belper Knolle ergänzten frühlingshaften Gewächsen. Vor allem die gut eingebundene Säure in der Sauce ließ das wohlproportionierte Gericht überraschend elegant, leicht und frisch anmuten.
Von ähnlichem Kaliber war dann auch das orientalisch interpretierte Lamm im Hauptgang. Und obwohl es sich hierbei um Neuseeland-Lamm handelte, begeisterten die gebratenen Rückentranchen mit sehr viel aromatischer Ausdruckskraft. So konnte sich der Hauptdarsteller sehr gut zwischen den kraftvollen, aber natürlich sehr elegant und zurückhaltend eingesetzten Aromen von Sumak, Sucuk, Zwiebel und würzigem Hirtenkäse behaupten, die hier zusammen mit Bulgur, Kichererbsencreme und Knollenziest zu einer starken Komposition zusammenfanden, bei der alles sehr gut ineinandergriff.
Und das taten auch die die Aromen und Konsistenzen beim Nachtisch um Erdbeere und Rhabarber, die vom laktischen Schmelz einer Ziegenjoghurtmousse getragen und von einem Eis aus Basilikum und Feigensenf sowie der feinen süßsäuerlichen Würze von gereiftem Balsamicoessig spannend akzentuiert wurden. Mit glasweise ausgeschenkten internationalen Weinen oder alkoholfreien Begleitgetränken wie etwa aus der Prisecco-Linie von Jörg Geiger rundet das aufmerksame Serviceteam um die sympathische Gastgeberin Nadine Akuzun das Mahl auf Wunsch zu jedem Gang auch im Glas adäquat ab.

6

Zeit I Geist

im Walk'schen Haus
Marktplatz 7, 76356 Weingarten
07244-70370
www.walksches-haus.de
Küchenchef: Sebastian Syrbe
Di–Sa ab 18 Uhr, So u. Mo RT
Hauptgericht: 23–42 €,
Menüs: 75–109 €
VISA P

Das legere Feinschmeckerrestaurant im ersten Stock des imposanten jahrhundertealten Fachwerkhauses, in dem Teilbereiche mit Fotoprints und Kunstblumen in einer Glaswand modern aufgehübscht wurden, präsentiert sich nicht nur mit seiner Sharing-Kultur zeitgeistig, sondern auch mit seinen Überraschungsmenüs. Auf dessen Tellern gibt es, so wie auch im übrigen Programm, einen modernen Mix aus origineller Regionalküche, französischer Klassik in neuem Gewand und euroasiatischer Crossover-Cuisine – fundiert zubereitet, immer ausgewogen und vor allem sehr mehrheitsfähig. Auch in der sehr gut sortierten und wie übrigens auch die Küche gastfreundlich moderat kalkulierten Weinkarte findet sich für jeden Geschmack und für jedes Budget problemlos etwas Gutes.

Weinheim (Baden-Württemberg)

7 Pfannen

Esszimmer in der Alten Post

Alte Postgasse 53,
69469 Weinheim
☎ 06201-8776787
www.esszimmer-weinheim.de
Küchenchef: Philipp Weigold
Mi–Sa ab 18.30 Uhr, So–Di RT
Menüs: 89–125 €
EC VISA P

Mit viel Talent, aber auch einer großen Portion Ehrgeiz ist es Philipp Weigold seit seinem Umzug vom Weinheimer Marktplatz in die Alte Post gelungen, das Niveau seiner Küche über die Jahre sukzessive zu steigern. Im elegant, aber heimelig gestalteten Lokal, das uns mit seinen großen Fenstern immer ein wenig an ein ehemaliges Atelier erinnert, servieren Renate und Philipp Weigold kreativ inspirierte zeitgenössische Haute-Cuisine, die klassische Produkte der Region und frankophile Rezepturen mit fernöstlichen Aromen liiert. Nicht konzeptionell und ausschließlich, aber immer öfter und immer gekonnter. Dass der Chef mit seinen ambitionierten Kreationen hin und wieder mal übers Ziel hinausschießt und mancher Teller oder manche Komponente etwas plakativer wirken, kann den Gesamteindruck nicht trüben und hält uns nicht davon ab, die Küchenleistung für ein insgesamt sehr gut strukturiertes und souverän durchkomponiertes Kulinarium nun endlich auf 7 Pfannen anzugeben. Auffällig gut bestückt, nicht überbordend, aber eben mit Kennerschaft zusammengestellt ist die Weinkarte mit ihrem klaren Schwerpunkt auf bezahlbare Gewächse aus Deutschland, Österreich und Frankreich.

Bezahlkarten-Symbole

- Mastercard
- EC-Maestro
- Diners
- American Express
- VISA Visa

Weinstadt (Baden-Württemberg)

7 Pfannen

Cédric

im Weinstadt Hotel
Marktstr. 39, 71384 Weinstadt
☎ 07151-3048228
www.restaurant-cedric.de
Küchenchef: Cédric Staudenmayer
Mo–Fr ab 18 Uhr, Sa u. So RT
Menüs: 99 €
EC VISA

Wenn junge Köche nach ihren Wanderjahren heimkehren, führt das immer wieder zu erstaunlichen Neustarts. So auch bei Cédric Staudenmayer, der nun mit Mitte zwanzig zurück im Remstal ist und im November 2022 direkt neben dem von seiner Mutter betriebenen Weinstadt-Hotel sein Restaurant Cédric eröffnet hat. Die ehemalige Krone, die einst schon sein Großvater bewirtete, hat er behutsam renoviert, ohne den Charakter des 200 Jahre alten Traditionshauses wegzuwischen: Aufgefrischte Holzvertäfelung, neu bezogene Polster mit floralen Mustern, im Raum schwebende Lichtobjekte mit vielen kleinen Glühlämpchen, cremefarbene Vorhänge und Tischdecken stehen weiterhin für Behaglichkeit.
Im Kontrast dazu zeigt sich die Küche hochmodern und bietet aus dem Stand ein Topniveau. Das wundert einerseits nicht, da Staudenmayer nach seiner Ausbildung im Stuttgart Cube längere Zeit bei Dirk Hoberg im Ophelia in Konstanz und bei Torsten Michel in der Schwarzwaldstube war, die beide voll des Lobs für ihren ehemaligen Mitarbeiter sind. Der ist nicht nur hochtalentiert, sondern auch super organisiert, denn als Einzelkämpfer am Herd muss er seine aufwendigen Gerichte ganz alleine zubereiten. Und das heißt im Cédric: fünf Gänge, auf vorzeitig geäußerten Wunsch auch mit vegetarischer Alternative, plus Extras. Da-

bei ist Staudenmayer trotz allen Ehrgeizes vernünftig genug, sein Restaurant nicht auszulasten, sondern vorerst die Reservierungen bei 12, 14 Gästen zu stoppen.

Zum Teil serviert der Küchenchef seine Kreationen auch noch selbst, und das waren bei unserem jüngsten Besuch als erfrischender Auftakt eine grüne Tigertomate in einer cremigen Basilikumvinaigrette, dazu warmes Sauerteigbrot und aufgeschlagene Butter mit Piment d'Espelette. Im ersten Gang überzeugte Ceviche aus Dorade in Topqualität. In dem auch optisch attraktiv und kompakt angerichteten Arrangement rund um den roh marinierten Fisch gab es viele kleine Akzente: herb-bitter mit einer gerillten Pimiento de Padrón, feinsüß durch geschmorte rote und gelbe Paprikatropfen, kräuterig-würzig mit Petersilie als Creme und Gremolata, dazu knusprige Parmesangitter und eingelegte Cedro-Zitrone.

Danach schaltete Staudenmayer mit einem Löffelgericht einen Gang zurück. Wir verstehen die Dramaturgie, dank derer man sich als Gast auch mal entspannt zurücklehnen kann. Und doch machte sich nach wenigen Löffeln bei den Gnocchi mit Erbsenvariationen – frisch und getrocknet, als Püree und mit deren Kresse – eine gewisse Eintönigkeit breit, zumal aus der Ayran-Emulsion und der Ricotta-Minz-Espuma darüber bei allem Wohlgefühl nur wenig frische Spitzen herausragen konnten.

Danach aber gab es wieder viel Abwechslung durch sich ergänzende und in der Summe intensive Geschmackserlebnisse von würzig über jodig bis hin zu lakritzig. Der kross auf der Haut gebratene, aber noch leicht glasige und zudem gut gewürzte Adlerfisch in einem weißen Schaum war an sich schon ein Genuss. Aber auf die Tranche war noch eine ganze Menge draufgepackt, auf Wunsch auch zehn Gramm Imperial-Kaviar, dazu ein „Salat" aus wildem Fenchel und Ayran-Schnecke sowie frittiertes Eigelb. Darüber lagen noch extrem dünne Stangen von wildem französischem Spargel, sodass hier auch von den Texturen her allerhand geboten war.

Zum Schwarzfederhuhn mit karamellisierter Barbecue-Marinade harmonierten im Verbund süße, malzige und erdige Noten in Gestalt von gegrilltem Minimaiskolben, sautierten Pfifferlingen und einer rauchigen Jus. Als raffiniertes Extra überraschte hier eine Geleekugel mit Füllung aus Mais und Graupen. Das süße Finale kam in drei Etappen: vornweg mit frischen Johannisbeeren und einem Sorbet, angegossen mit dem fruchtig-spritzigen Schaumwein Pink Gold, einem Exportschlager aus dem Remstaler Weingut von Leon Gold. Apropos: Die noch eher kleine Karte mit Weinen aus der Region bis hin nach Übersee wurde mit beeindruckenden „Specials" auf einem Extrablatt ergänzt. Zudem gibt es zum Menü zwei unterschiedliche Weinbegleitungen: eine reguläre und eine exklusive mit auch großen Gewächsen.

Das eigentliche Dessert ließ zwar zwischen viel Fruchtsüße etwas Ecken und Kanten vermissen, dennoch bewies Staudenmayer eindrucksvoll, dass er auch in der Patisserie punkten kann. Mit einer Panna cotta von Joghurt und Mandel, darauf ein Himbeer- und Heidelbeer-Sorbet, bedeckt mit Baiser-Platten, umringt von frischen und getrockneten Beeren, Erdbeergel, Joghurt-Sponge und Honigknusper. Und auch der letzte Gruß aus der Küche machte Spaß: dekonstruierte Schwarzwälder Kirsch mit Sorbet, Vanillecreme und geeisten Schokobröseln.

Wenn Cédric Staudenmayer aus der Jazzmusik seiner Küche zum Abschied noch einmal auftaucht, kann man nur sagen: Respekt vor dieser Soloperformance! Wir geben zum Start gute sieben Pfannen, ahnen aber schon jetzt, dass erst recht mit, aber wohl auch ohne Verstärkung, künftig sogar noch mehr zu holen ist…

Hotelempfehlung

★★★S

Weinstadt Hotel

Marktstr. 41, 71384 Weinstadt
07151-997010
www.weinstadt-hotel.de
Einzelzimmer: ab 90 €
Doppelzimmer: ab 120 €

Vor den östlichen Toren Stuttgarts und mitten im Remstal liegt das persönlich geführte Hotel Weinstadt, in dem romantische ländliche Eleganz auf zeitgemäßen Komfort trifft. Alle Zimmer 32 Zimmer sind individuell gestaltet und gut ausgestattet, mit Kingsize-Betten mit atmungsaktiven Matratzenschutzbezügen, drei verschiedenen Kopfkissen-Varianten zur Wahl, modernen TV-Geräten, schnellem WLAN und einen Arbeitsbereich. Teilweise verfügen sie auch über Balkon oder Terrasse. Sie sind direkt von der Tiefgarage mit dem Aufzug erreichbar und ein Zimmer ist zudem komplett barrierefrei. Es wird ein reichhaltiges regionales Frühstück angeboten, das im Sommer auf der hübschen Terrasse im Innenhof serviert wird. Der Frühstücksbereich des Nichtraucher-Hotels ist sowohl handy- als auch laptopfrei. Im Hotel befindet sich außerdem eine kleine Kunstgalerie, in der unterschiedliche Exponate zu besichtigen sind. Im Restaurant Cédric wird den Gästen eine anspruchsvolle, junge und weltoffene Küche geboten. Ob Übernachtungen für Geschäfts- oder Messereisen, Tagungen (bis zu 30 Personen) oder Urlaub mitten in den Weinbergen – das Hotel ist der ideale Ausgangspunkt für Kurzurlaube, Wanderungen, Fahrradtouren und Genussfahrten. Restaurant Cédric separat erwähnt.

Weißenbrunn (Bayern)

6↑ 🍴🍴

Gasthof Alex

Gösserdorf 25,
96369 Weißenbrunn
09223-1234
www.gasthofalex.de
Küchenchef: Domenik Alex
Mi–Sa ab 18 Uhr, So–Di RT
Menüs: 80–95 €
EC VISA P

Eigentlich müsste der unweit von Kulmbach in ländlicher Einsamkeit gelegene Gasthof Alex seinen Namen ändern oder zumindest apostrophieren – denn an „Gasthof" erinnert in dem bereits in fünfter Generation geführten Familienbetrieb heute im Grunde fast nur noch die Historie und der äußere Anschein. Schon das renovierte und reduziert gestaltete Ambiente mit blanken Holztischen, kleinen kupferfarbenen Lampenschirmen und hochwertigen Gläsern und Tellern wirkt auf ländliche Art eigentlich sehr modern. Und das, was dann auf die Tische kommt, macht „Gasthof" endgültig zum Understatement.
Das Team um Küchenchef Domenik Alex und Gastgeberin Madlen Häckel offeriert hier allabendlich ein maximal sechsgängiges Menü, ergänzt von einigen Optionen à la carte, in dem unmittelbar deutlich wird, dass der Chef vor der Rückkehr in den Familienbetrieb sehr viel aus seinen Stationen unter anderem bei Joachim Wissler und Christian Bau mit heimgebracht hat. Unter anderem nämlich eine weltoffene Kreativität und technische Akkuratesse, die gemeinsam mit einer großen Prise an Heimatverbundenheit und vielen guten eigenen Ideen eine äußerst attraktive Melange ergeben. Schon die ersten Kleinigkeiten – darunter eine Tartelette mit Senfcreme, Kochschinken und Kresse, ein Baiser mit Apfel und Rauchfischmousse, sowie marinierte Karotte mit ganz subtil wärmender Schärfe unter einer salzig-säurefrischen Joghurtespuma und knuspriger Quinoa – zeigten diese Handschrift sehr deutlich. Noch mehr aber die minimal temperierte und kurz abgeflämmte Lachsforelle mit geschmeidig zartem Fleisch, deren klarer Geschmack durch die hellen ätherischen Noten von mariniertem Kohlrabi und knackig gegarten Rettich-Schlangen feinfühlig ergänzt wurde. Kleine Dots von Kimizu brachten etwas Schmelz, während die transparent leichte Sake-Yuzu-Vinaigrette den frischen Eindruck noch verstärkte. Insgesamt ein moderner und weltoffener, aber klug auf wenige klare Komponenten reduzierter Auftakt.
Nach diesem Ausflug nach Fernost gab es mit einem mitsamt Schale kross gebackenen Bamberger Hörnla gleich umso mehr Lokalkolorit. Die Premium-Kartoffel wurde gefüllt mit einer zwiebelig-säurespitzen Quarkcreme alias „Weißer Käs", erhielt feinere Akzente durch eingelegte rosa Zwiebel, helle Kartoffelchips und Friséespitzen und wurde eingerahmt von einer (durch Xanthan) viskosen Kräutervinaigrette auf Molkebasis. Alles zusammen eine hervorragende Interpretation eines eigentlich bäuerlich rustikalen Gerichts.
Mindestens genauso gelungen kam aber das zart gegarte Pluma vom Iberico-Schwein auf den Tisch, das von schwarzer Knoblauchcreme mit Kräuter- und Kressewürze, Schwartenpop-

corn sowie Kimchi-Sesam ein stark verdichtetes, texturell vielschichtiges Topping mit nobler dunkler Süße mitbekam. Im Kontext mit einer fruchtig-herben Portweinzwiebelscheibe und einem hellen spicy Gewürzsud mit wärmend blumiger Schärfe war das auf kontrastreiche Art ein echter Knaller!

Da hatte es die folgende tiefrot mit dünner krosser Haut über schmelzendem Fett servierte Miéral-Taubenbrust nebst eleganter Taubenjus und hellgrüner Lauch-Mandelcreme nicht eben leicht mitzuhalten. Insbesondere deshalb, weil mit kalter Pilzcreme und einer ebenfalls (ungewollt?) kalten Praline aus geschmortem Flügelfleisch der Taube mit Brotchip, Pilzcreme und Buchenpilz eine insgesamt sehr niedrige Serviertemperatur überwog, die dem ganzen Gericht etwas Charme und Tiefe nahm – trotz der hohen Produktqualität und der exakten Proportionen.

Beim puristisch fokussierten Abschluss in Form eines Riegels aus Kakao-Sablé, schmelziger Creme aus weißer Schokolade, Kaffeelikör und Vanille in knuspriger Airbrush-Hülle, dessen üppiger Duft von konzentriertem Ananasgel und einem kompakt cremigen Ananassorbet aufgebrochen wurde, war aber bereits wieder alles im Lot. Und insgesamt fehlte nurmehr ein Tick mehr Konstanz zu einer noch höheren Bewertung. Wenn sich die Küche beispielsweise durchgängig auf noch weniger Komponenten fokussiert (und damit nebenbei auch die Temperaturprobleme umgeht), wären hier locker auch 7 Pfannen denkbar.

Aber auch so bietet das erfrischend individuelle Gasthaus überraschend hohes Niveau und ein rundum positives Gesamtbild, zu dem nicht zuletzt auch das einladend Preisgefüge, die ausgesucht hochwertige Weinkarte und der sehr persönliche Service durch die Gastgeberin gehören.

Die Hoteleinträge

★★★★★S	Superior
★★★★★	Unterkunft für höchste Ansprüche
★★★★	Unterkunft für hohe Ansprüche
★★★	Unterkunft für gehobene Ansprüche
★★	Unterkunft für mittlere Ansprüche
★	Unterkunft für einfache Ansprüche
	Unterkunft ohne Sterne-Klassifizierung

Weissenhaus (Schleswig-Holstein)

5

Bootshaus

im Hotel Weissenhaus
(Grand Village Resort & SPA)

Parkallee 1, 23758 Weissenhaus
04382-92620
www.weissenhaus.de
Küchenchef: Matthias Becher
Täglich von 12–16.30 Uhr u. ab 18 Uhr, kein RT
Hauptgericht: 25–48 €, Menüs: 69 €
VISA P

Das zum luxuriösen Weissenhaus Grand Village Resort & Spa gehörende, aber etwas abseits des weitläufigen eingezäunten Grundstücks direkt am Strand gelegene Restaurant Bootshaus ist ein ganz wunderbarer Platz. Leicht erhöht, direkt auf der Düne, genießt man aus dessen geschmackvoll wohnlich eingerichteten Gastraum unverstellten weiten Ausblick übers Meer. Und selbst wenn die Sonne längst untergegangen ist, stellt das behaglich illuminierte Lokal ein sehr angenehmes Ambiente, um die Küche in vollen Zügen genießen zu können. Im Sommer verweilt man selbstverständlich auf der Terrasse und kostet dort die maritime Idylle voll aus.

Seit unserem letzten Besuch hat es einen Küchenchefwechsel gegeben und der Inhalt der Speisekarte, die nun von Matthias Becher verantwortet wird, liest sich insgesamt noch ein wenig spezialisierter der mediterranen Küche im Allgemeinen und der italienischen im Besonderen verschrieben. Mittags stilistisch etwas traditioneller und schlichter sowie im Umfang reduzierter, abends dann durchaus mit eigenen unkonventionellen Ideen und kreativen Schlenkern, aber bisweilen auch mit exklusiveren Produkten bestückt. Und die guten Grundprodukte sind dann auch der Trumpf

der Bootshaus-Küche, was bereits beim saftig-lockeren Landbrot mit schöner aromatischer Kruste beginnt, das optional zusammen mit fruchtigem Tomatenpesto und hochwertigem Olivenöl an den Tisch kommt.
Auch an der maritimen Einlage der „Cacciucco alla Livornese" war aus qualitativer Sicht nicht das Geringste auszusetzen. Die von einer mit Olivenöl angerösteten und mit einer Art Sauce Rouille bestrichenen Focaccia-Schnitte eskortierte Fischsuppe selbst hatte allerdings eine etwas dünne Basis, hätte ruhig gehaltvoller und etwas aromatischer sein dürfen. Auch die seltsam schwammigen Wurzelgemüsebällchen, die neben Fisch, Schalen- und Krustentier darin schwammen, wirkten nicht sonderlich proper. Letztlich fehlte dem Ganzen dann doch irgendwie der Pep.
Auch auf anderen Tellern war festzustellen, dass den Gerichten immer wieder mal ausgerechnet genau das abgeht, was die mediterrane und insbesondere auch die italienische Küche eigentlich ausmacht: kraftvolle natürliche Aromen, Kräuterwürze, Olivenöl, Zitrone, pikante Schärfe… So ging zum Beispiel auch den im Paella-Style zubereiteten, aber mit Risoni-Nudeln auf Italianità getrimmten gegrillten Meeresfrüchten nicht nur das Herzhafte ab – das maritime Mischgericht schmeckte auch nicht wie eine harmonische Einheit, sondern wie ein buntes Allerlei.
Dem schön zart geschmorten und mit knusperperlen beflockten Pulpo auf seinem leider noch recht roh und ungehobelt wirkenden Peperonata-Bett fehlte nach unserem Gusto auch das Rückgrat, denn die begleitende Salsiccia-Sauce ließ die typische würzige Note der meist beherzt mit Fenchelsaat gewürzten Wurstspezialität vermissen und schmeckte auch vorwiegend gemüsig nach Paprika. So entstand ein eher eindimensionales Geschmacksbild. Deutlich besser gelangen dem Team die angenehm dünnteigigen und sehr saftig und fleischig mit Brasato gefüllten Ravioli, die im Verein mit säuerlich mit Senfsaat eingelegter Cime di Rapa, Blattspinat und als Espuma aufgespritztem Nussbutterschaum zum Besten gegeben wurden. Das schmeckte rund, das hatte mehr Tiefe, da wurde das Säuerlich-Vegetabile vom Nussbutterschaum und dem natürlichen Umami des Schmorfleischs harmonisch eingefangen und es entstand eine gewisse Dynamik, die man auf den anderen Tellern vermisste.
Das geschmorte Fleisch vom Holsteiner Rind konnte man auch als Hauptgang genießen, da allerdings in Gestalt der Bäckchen, ebenfalls sanft alla Brasato in Rotwein geschmort und mit ligurischem Gemüse, Polenta und der Schmorjus serviert. Wer sein Fleisch lieber kurzgebraten und in Sachen Rezeptur etwas heimischer mag, wird vielleicht mit gegrilltem Kotelett vom Havelländer Apfelschwein glücklich, das mit Herbstpilzgemüse, Zwiebelgewächsen, eingelegten Maroni und Sellerie eher den holsteinischen Herbst als den sommerlichen Süden auf den Teller bringt.
Das alles wird weiterhin von einem engagierten und sehr zuvorkommenden Serviceteam zu Tisch gebracht und auch die attraktive Weinkarte, in der man zwar keine Schnäppchen, aber europaweit viele gute Begleiter für die Küche finden kann, bietet gute Gründe, um hierherzukommen. Wenn sich jetzt die Küche künftig etwas mehr auf einen ausgeprägten vollen Geschmack ihrer Kreationen und auf bestimmte wichtige Feinheiten besinnt und so das Preisniveau in einem milderen Licht erscheinen lässt, wirkt auch das Kulinarische in Relation wieder stimmiger.

10

Courtier

im Hotel Weissenhaus (Grand Village Resort & SPA)
Parkallee 1, 23758 Weissenhaus
04382-92620
www.weissenhaus.de
Küchenchef: Christian Scharrer
Di–Sa ab 19 Uhr, So u. Mo RT
Menüs: 249 €

Nachdem sich uns in der zurückliegenden Testsaison leider keinerlei Möglichkeit bot, dieses in einem neobarocken Herrenhaus inmitten einer von Deutschlands luxuriösesten Hotelanlagen residierende Gourmetrestaurant als externe Gäste zu besuchen, mussten wir die Bewertung vorübergehend aussetzen. Nachdem das Tor des imposanten weitläufigen Hideaways nun aber auch für Nicht-Hotelgäste, die

Christian Scharrers Kochküste genießen wollen, wieder permanent offensteht, konnten wir uns endlich ein frisches Bild vermitteln und dürfen nun erfreut herausposaunen, dass der stets sympathisch bescheiden auftretende Küchenchef und sein Team hier unverändert Vollgas geben und weiterhin eine beeindruckende Performance abliefern, die unsere Höchstbewertung zweifelsohne rechtfertigt.
Im Direktvergleich zu unserem letzten Besuch hat uns die Küche diesmal in der Gesamtschau sogar noch etwas besser gefallen, wirkte noch klarer und akzentuierter, in den Details präziser und jede Komposition mit einer enormen Tiefenschärfe. Ganz grundsätzlich pflegt der in Baden geborene und einst bei Harald Wohlfahrt in der Schwarzwaldstube zum großen Könner gereifte Scharrer für sein Menü einen sehr klassischen französischen Stil, ganz wie sein einstiger Lehrmeister, lässt viele seiner Kreationen aber auch modern wirken, weil er handwerklich und technisch auf einem höchst anspruchsvollen Level arbeitet und auch nicht an kreativen Ideen spart. Dennoch kommen seine Gerichte niemals verkopft oder übermotiviert daher. Vielmehr holt Scharrer die Gäste mit sehr zugänglichen Geschmacksbildern ab, die er allerdings so facettenreich und vielschichtig interpretiert, dass er damit vom Gourmet-Novizen bis zum erfahrenen und sehr aufgeschlossenen Feinschmecker eine breite Zielgruppe begeistern kann.
So auch zuletzt schon mit seinen vegetarischen Einstimmungen zum Aperitif im Fingerfood-Format, etwa einer Chawanmushi-Variante mit Aubergine und insbesondere mit dem Amuse-Bouche, das sich um Hamachi und Avocado drehte: Die japanische Gelbflossenmakrele kam hier als Sashimi und als Ceviche zusammen mit perfekt reifer und aromatischer Avocado, Tupfen einer wohldosiert feine Umamiwürze spendenden Korianderkresse-Mayonnaise, der grünen prononcierten Schärfe von ebenfalls sehr exakt eingebrachtem Jalapeño und kleinen erfrischenden Stücken von Pomelo als sehr schön klar und natürlich schmeckender Einstieg an den Tisch. Und wurde im Anschluss von einem süchtig machenden warmen Laugenplundergebäck mit darauf langsam anschmelzender Algenbutter beinahe noch getoppt. Weiteres Brot ist im Rahmen der insgesamt siebengängigen Speisefolge nicht vorgesehen und man vermisst es auch nicht.
Man vermisst trotz der klassischen Prägung der Küche auch weder Spannung noch Originalität. Denn schon die Komposition um Gänseleber und Aal wirkte kompositorisch äußerst einfallsreich und dynamisch. Die Foie gras fand hier als Würfel einer Terrine statt, die aus gebratener Leber gefertigt war und dergestalt ein ausgeprägteres Aroma aufs Porzellan brachte, als wenn sie nur roh mariniert gewesen wäre; der Aal süßlich-würzig karamellisiert und deshalb auch sehr vielschichtig. Mit Birne in unterschiedlichen Aggregatzuständen und Brunnenkresse als prononciert herben Gegenspieler, aber auch dem Clou einer geräucherten Crème fraîche unter einer dünnen Geleeschicht von der Brunnenkressegelee, die hier zudem als Bindeglied zwischen den einzelnen Komponenten fungierte, gelang es dem Chef, einen richtig schmissigen Akkord und eine unkonventionelle Gänseleber-Vorspeise zu kreieren.
Deutlich traditioneller, aber durch die raffiniert ausgearbeiteten und freigestellten Akzente ebenfalls alles andere als behäbig, war das Geschmacksbild der Rotbarbe à la Bouillabaisse mit Strandgewächsen. Neben Bouchotmucheln, einer Fenchelcreme, Sauce Rouille als Creme und Pulver, der kraftvollen Bouillabaisse-Sauce selbst, sowie den crunchigen Schuppen des Fischs, sorgten allerhand mineralische Kräuter von Passepierre über Meerfenchel bis Austernblatt für aromatische Vielschichtigkeit und haptische Reize. Ein ganz hervorragender Gang, federleicht aber mit viel Tiefgang und dabei mit gestochen scharfen aromatischen Konturen.
Etwas schlichter war im direkten Vergleich der Carabinero mit Bohnen und Bohnenkraut angelegt, allerdings bot auch dieser Zwischengang mit einem erstklassigen Hauptprodukt und perfekt herausgearbeiteten markanten (aber nicht dominanten) Aromen höchstes Niveau. Genau wie die grandiose, mit Café-de-Paris-Butter gratinierte, kleinen Pfifferlingen bestückte und dem markanten Aroma der Tahoonkresse akzentuierte Seezunge, die auf einem See aus süchtig machender Champagner-Beurre-blanc angeschwommen kam. Mit Eleganz, viel Zug und Tiefe, sowie ihrer prägnanten, perfekt eingebundenen Schaumweinaromatik und -säure demonstrierte letztere Scharrers Saucenmeisterschaft einmal mehr höchst eindrucksvoll.
Und diesen Beweis blieb auch die komplexe rotweinschwangere Wildsauce nicht schuldig, die den mit gepufftem Knusper und kleinen Stückchen gefriergetrockneter Kirschen beflockten Rehrücken und süffiges Rehkeulen-Schmorfleisch barock tiefschürfend und zugleich grazil leichtfüßig umspielte. Kirsche war hier auch in Form mit Gänseleber gefüllter Früchte zugegen, außerdem bilderbuchhafte kleine, feste Steinpilze und scharf angeröstete wilder Brokkoli. Den originellen Aha-Effekt

spendete dem Wildbret aber eine seidige und sehr pure Pistaziencreme, die genau die richtige Dosis an Nussigkeit, Schmelz und Süße an das Gericht brachte und ihm so seine unwiderstehliche Note verlieh, die den gewissen Unterschied machte.
Und ganz gleich ob beim Käsegang zum Thema Frischkäse, Zitrone und Thymian, oder dem Dessert rund um die Leitaromen von Zwetschge, karamellisierter Milch und Brot: Auch die Pâtisserie im Restaurant Courtier folgt dem Credo der maximalen Ausdruckskraft bei höchster Eleganz. Mit starken Aromen in handwerklich perfekt umgesetzten Komponenten, die in idealer Proportionierung höchst geschmeidig ineinandergreifen und ein zu hundert Prozent harmonisches und dabei trotzdem sehr aufregendes Geschmackserlebnis bieten. So macht die französische Klassik richtig viel Spaß! Und weil dem allen auch der liebenswürdige Service von Nathalie Scharrer und die Qualität der Weinauswahl (sowie der glasweisen Empfehlungen) in nichts nachsteht, können wir nach dem jüngsten Besuch wieder besten Gewissens resümieren, dass Weissenhaus für Gourmets eine Reise wert ist.

Hotelempfehlung

Weissenhaus

Grand Village Resort & Spa am Meer
Parkallee 1,
23758 Weissenhaus
04382-92620
www.weissenhaus.net
Einzelzimmer: 450–2400 €
Doppelzimmer: 480–4200 €
VISA

Das „Private Nature Luxury Resort“ WEISSENHAUS in einem historischen Schlossgut an der Ostseeküste von Schleswig-Holstein ist inmitten unberührter Natur mit grenzenloser Weite und Ruhe ein echter Rückzugsort für die Seele und schafft wohltuende Distanz vom Alltag für in erster Linie erholungssuchende Spa- und Kulinarikgenießer. Breite Alleen, saftige Wiesen, grüne Wälder und eine frische Meeresbrise prägen das Bild. Was sich wie ein Slogan aus dem Hotelprospekt anhört, ist tatsächlich genau das, was die maximal 120 Gäste inmitten der imposanten 75 Hektar großen Naturkulisse in direkter Strandlage erwartet. Die individuellen Suiten und Zimmer befinden sich, ebenso wie die verschiedenen Restaurants, auf insgesamt zehn Gebäude auf dem Gelände verteilt und wurden mit viel Liebe zum Detail teils nach historischem Vorbild, angelehnt an die ursprüngliche Nutzung, wiederhergestellt. Alle Gebäude und jedes Zimmer sind individuelle Unikate. Der Wellness- und SPA-Bereich mit verschiedenen Schwimmbädern und Saunen, Dampfbädern, Banja, Schneegrotte, Fitness-Areal und unzähligen Anwendungsmöglichkeiten lässt ebenfalls keine Wünsche offen. Vier verschiedene Restaurants, Bars und eine Weindegustations-Lounge machen Weissenhaus auch kulinarisch zu einem vielseitigen Erlebnis. Restaurants Bootshaus und Courtier separat erwähnt.

Weißenstadt (Bayern)

6

Gasthaus Egertal

Wunsiedler Str. 49,
95163 Weißenstadt
09253-237
www.gasthaus-egertal.de
Küchenchef: Theodor W. Rupprecht
Mo u. Do–Sa ab 17.30 Uhr, So von 12–13.30 Uhr u. ab 17.30 Uhr, Di u. Mi RT
Hauptgericht: 19–29 €,
Menüs: 69–89 €
VISA

Das Gasthaus Egertal von Familie Rupprecht ist seit sehr vielen Jahren eine feste Größe in der mit lohnenden Genusszielen nicht gerade reichlich bestückten Region Oberfrankens. Mittlerweile unter der Leitung der beiden Theodors – Senior im Service, Junior und Neffe des Gastgebers in der Küche – und nach wie vor mit hohem Qualitätsanspruch, zugleich aber auch dem Anspruch, nichts anderes als ein gepflegtes Gasthaus sein zu wollen. Nur eben eines, in dem frisch und mit Pfiff auf überdurchschnittlichem Niveau gekocht wird. Und zwar mit gekonnter Reduktion auf das Wesentliche im Stil einer anspruchsvollen Bistro-Küche. Mal bodenständig und eher einfach gehalten, bei der Verwendung exklusiver Produkte aber auch klar im Gourmetbereich verortet. Und ergänzt von einer attraktiven, fair kalkulierten Weinauswahl sowie der charmant gelebten Gastgebermentalität von Theodor Rupprecht Senior.

Werder an der Havel (Brandenburg)

7

Alte Überfahrt

Fischerstr. 48 b
(Zugang über Uferstraße),
14542 Werder an der Havel
03327-7313336
www.alte-ueberfahrt.de
Küchenchef: Thomas Hübner
Di–Fr ab 18 Uhr,
Sa u. So von 12–15 Uhr u. ab 18 Uhr,
Mo RT
Menüs: 105–140 €
VISA

Gemüse aus regionalem Anbau, nose-to-tail verarbeitete Tiere, Fisch aus umliegendem Gewässer oder aus nachhaltigem Fang – Gastgeber Patrick Schwatke und sein Küchenchef Thomas Hübner legen im schlicht-elegant in Grüntönen und Naturfarben gehaltenen Restaurant der auch von außen stilvoll anmutenden Alten Überfahrt großen Wert auf Nachhaltigkeit. Aber auch auf Saisonalität und Originalität, wie viele Produkte aus ihrem Genießerzeit-Menü, das moderne, schnörkellose Regionalküche auf hohem Niveau garantiert, erkennen lassen. Mit verhältnismäßig einfachen Mitteln, aber dem nötigen Ideenreichtum und Know-how werden die handverlesenen Viktualien zu originellen, oft überraschenden und immer sehr leicht und sehr zeitgemäß gekochten Gerichten mit einem nach wie vor sehr günstigen Preis-Genuss-Verhältnis. Jederzeit lohnend sind auch Patrick Schwatkes Weinempfehlungen, gerne glasweise und zu jedem Gang individuell.

Wernberg-Köblitz (Bayern)

5

Landgasthof Burkhard

Marktplatz 10, 92533 Wernberg-Köblitz
09604-92180
www.hotel-burkhard.de
Mo–Mi von 11.30–14 Uhr u. ab 18 Uhr,
Do u. So von 11.30–14 Uhr,
Sa ab 17.30 Uhr, Fr RT
VISA

In dem traditionellen Gasthof mit Hotelbetrieb in der Ortsmitte von Wernberg-Köblitz wird in den gepflegten ländlichen Gaststuben eine durchaus sehr schmackhafte, sorgfältig zubereitete Küche serviert. Das Repertoire reicht von regionalen Schmankerln bis hin zu moderat gehobener internationaler Küche. Hier wird ohne übertriebenen Aufwand und Verfeinerungsanspruch gekocht und trotzdem auf die elementaren Feinheiten wie Ausgewogenheit von Saucen und Suppen oder korrekte Garzeiten geachtet. Und das zu sehr moderaten Preisen.

Wernigerode (Sachsen-Anhalt)

5↑

Gaststuben Gothisches Haus

im Travel Charme Hotel Gothisches Haus
Marktplatz 2, 38855 Wernigerode
03943-6750
www.travelcharme.com/hotels/gothisches-haus
Küchenchef: Ronny Kallmeyer
Täglich von 12–14 Uhr u. ab 18 Uhr,
kein RT
Hauptgericht: 21–31 €, Menüs: 39–59 €
VISA

Inmitten der pittoresken Wernigeroder Innenstadt mit ihren verwinkelten kleinen Gassen und Fachwerkhäusern zählt das als komfortables Hotel geführte „Gothische Haus" ganz sicher zu den besonders schmucken Gebäuden. Mit einer kunstvollen Fachwerkfassade von außen und nobel-eleganten Räumlichkeiten im Inneren, wird hier viel Komfort und in allen Bereichen ein gehobenes Niveau geboten. Das

schließt selbstredend die Kulinarik mit ein, auch wenn es nach einer konzeptionellen Umstellung seit wenigen Jahren kein dezidiertes Gourmetrestaurant mehr gibt, sondern mittags wie abends das gleiche Angebot im Restaurant „Gaststuben Gothisches Haus".
Das was hier auf einer etwas bodenständigeren Linie geboten wird, kann sich aber weiterhin sehen und schmecken lassen und steht den Gourmet-Offerten früherer Zeiten in vielen Fällen kaum nach, trägt doch mit Ronny Kallmeyer weiterhin der gleiche fähige Chef die Verantwortung am Herd. Und mit der munter zwischen teils traditionell gehaltenen und teils pfiffig kreativeren Gerichten pendelnden Karte hat dieser ein absolut mehrheitsfähiges Konzept geschaffen, in dem sich je nach Anlass und persönlichen Vorlieben sowohl auf schlichtere als auch auf ambitionierte Art genießen lässt. In beiden Fällen sind erfreuliche Ergebnisse garantiert!
Ein solches waren beim letzten Besuch beispielsweise die süß-sauer marinierten Gurkenstreifen mit feiner Dillwürze, braunen Senfkörnern und Dillöl als Basis für einen feinsäuerlich-würzigen Ziegenfrischkäse regionaler Herkunft, dem durch zarte Tapiokachips auch auflockernder Crunch zur Seite gestellt war – was durch die durchdachten Akzente durchaus eine gewisse Gourmet-Attitüde hatte. Auf den ersten Blick schlichter, geschmacklich aber genauso ausdrucksstark gelang eine saftig tiefaromatische Kaninchenterrine, die in eigener Jus glasiert und mit einem frisch-säuerlichen Topping aus hellem Waldorfsalat in Form von Knollensellerie, Walnuss und Apfelperlen ergänzt wurde – pointiert und aromenstark!
Leicht rustikale Anklänge, diese aber ganz auf charmante Art, gab es dann bei einem saftigen, in knusprigem Speck gebratenen Doppelfilet von der Forelle. Hier wurde die brutzelige Specknote von knusprigen Grünkohlblättchen und Kürbiskernen auf raffiniertere Art weitergeführt und von einem zart fließenden, nussig-fruchtigen Kürbisrisotto und einem stoffigen Weißweinschaum elegant unterfüttert, so dass insgesamt dann doch wieder ein sehr harmonischer Eindruck entstand.
Überhaupt sind hier auch bei ganz klassischen Zubereitungen wie einer langsam gegarten und gegrillten Lammschulter nebst Ofengemüse und Kartoffelgratin oder einem Hirschragout à la Bourguignonne mit Speck, Champignons und Selleriepüree eine souveräne, exakte Ausführung und klare kraftvolle Geschmacksbilder auf einem klar überdurchschnittlichen Niveau garantiert.
Dieses bot zuletzt auch eine zarte, kakaoherbe Schokoladentarte im ebenso klassischen wie pointierten Kontrast zu duftig schmelzigem Vanilleeis als süßer Abschluss. Manchmal braucht es nicht viel, wenn das Wenige gut gemacht ist. Dazu bietet der Weinkeller weiterhin eine gute Auswahl hochwertiger Flaschen, auch glasweise finden sich lohnende Optionen und der Service agiert mit einer dem Haus entsprechenden Kompetenz und Aufmerksamkeit.

7

PIETSCH

Breite Str. 53 a,
38855 Wernigerode
03943-5536053
www.pieket.de
Küchenchef: Robin Pietsch
Mi–Sa ab 19 Uhr, So–Di RT
Menüs: 99–120 €
VISA

Etwas versteckt inmitten Wernigerodes nostalgischer Innenstadt mit ihren unzähligen Fachwerkhäusern offenbart sich in Robin Pietschs Tresen-Restaurant mit viel Sichtbeton, grau verputzten Wänden, verchromten Abluftrohren sowie den blanken Edelstahlflächen der voll ins Geschehen integrierten Küchenschränke- und Geräte ein architektonisches Kontrastprogramm: puristisch, geradlinig, clean. Doch das minimalistische und schnörkellose Setting passt sehr gut zum Konzept und zu dem, was das junge Team hier während des kurzweiligen Abends auf die Teller bringt. Das allabendlich einheitliche Menü hat eine asiatische Färbung, ohne jedoch dezidiert fernöstlich zu sein. Vielmehr orientiert man sich an der Klarheit der Geschmacksverläufe und den pointierten Purismus der japanischen Küche und mischt die typischen Aromen und Produkte mit Dingen, die in der Region wachsen und gedeihen. Und komponiert so eine Gangfolge sehr unterschiedlicher spannender Eindrücke, die aber in ihrer bestechend klaren und präzisen Art alle auf einer Linie sind.

---

7 🍴🍴🍴🍴

Zeit Werk – by Robin Pietsch

Breite Str. 53 a,
38855 Wernigerode
03943-6947884
www.dein-zeitwerk.de
Mi–Sa ab 19 Uhr, So–Di RT
Menüs: 120–160 €

Auch am neuen Standort hält der aus Funk und Fernsehen einem breiteren Publikum bekannten Robin Pietsch seit nunmehr zehn Jahren am bewährten Konzept einer ebenso kreativen wie konsequenten Regionalküche fest. In hellen Naturfarben mit sehr viel Holz ist das Zeitwerk der atmosphärische Gegenentwurf zu seinem zweiten Restaurant „Pietsch", in dem es eher dunkel und clean zugeht – und auch auf den Tellern der jeweiligen Menüs spiegelt sich das Gegensätzliche wider, denn am Tresen des „Pietsch" wird mit fernöstlichem Einschlag gekocht. Die über ein Dutzend kleine Gänge umfassende, heimat- und saisonbezogene Speisefolge im Zeitwerk kommt allerdings auf nahezu jedem Teller genauso puristisch, fokussiert und schnörkellos daher. Mehr als drei tonangebende und eigentlich immer sehr sorgfältig auf den Punkt gebrachte Komponenten findet man da selten. Und das Schönste: Hier wird nicht im Gourmet-Mainstream mitgeschwommen, sondern ein klares und sehr eigenständiges Konzept verfolgt, das in dieser modernen Art in der Gegend seinesgleichen sucht.

Bezahlkarten-Symbole

Mastercard
EC-Maestro
Diners
American Express
VISA Visa

Hotelempfehlung

★★★★S

Travel Charme Hotel Gothisches Haus

Marktplatz 2,
38855 Wernigerode
03943-6750
www.travelcharme.com/hotels/gothisches-haus
Einzelzimmer: 92–104 €
Doppelzimmer: 128–208 €

Direkt am pittoresken Marktplatz Wernigerodes gelegen, mit Blick auf das historische Rathaus und den Brunnen, bietet das Hotel Gothisches Haus hinter seiner schmucken denkmalgeschützten Fachwerkfassade den Komfort eines exklusiven Premium-Hotels. Der individuelle Service schafft beste Voraussetzungen vom Kurzaufenthalt über die Märchenhochzeit und große Tagungen bis zum Familienurlaub. Die individuellen Zimmer, viele historisch anmutend mit Holzbalken, Dielen oder freigestelltem Fachwerk, verbinden edle Materialien mit eleganter Moderne. Wohlfühlen, entspannen und aktivsein ist im „PURIA-Spa" mit seinen vielfältigen Saunen, Wellness- und Fitness-Möglichkeiten angesagt. Neben Massagen, Anwendungen und Kosmetik kommt aber auch das kulinarische Wohlbefinden nicht zu kurz: anspruchsvolle Traditionsküche und gehobene regionale Gerichte gibt's im einzigartigen historischen Ambiente des Restaurants Gaststuben Gothisches Haus und bei warmem Wetter auf der idyllischen Sommerterrasse am Markt. Restaurant Gaststuben Gothisches Haus separat erwähnt.

Westerheim (Bayern)

5 🍴🍴

Brauerei-Gasthof-Hotel Laupheimer

Dorfstr. 19, 87784 Westerheim (Günz)
08336-7663
www.laupheimer.de
Küchenchef: Martin Laupheimer
Täglich von 11–14 Uhr u. ab 17.30 Uhr, kein RT
Hauptgericht: 14–33 €, Menüs: 25–92 €
VISA P

Der generationsübergreifende Familienbetrieb der Laupheimers in der unterallgäuer Ortschaft Westerheim-Günz ist ein Brauereigasthaus wie es im Buche steht, auch wenn dort mittlerweile kein eigenes Bier mehr gebraut wird. Schon das stattliche Gebäude, in dem neben Gastronomie auch ein Hotelbetrieb untergebracht ist, passt perfekt ins Bild. Aber auch die Gasträume, die sich im Erdgeschoss auf die vordere Gaststube, einen Nebenraum und einen gemütlichen Kreuzgewölbesaal verteilen, erfüllen exakt die Erwartungen, die man an einen Brauereigasthof hat.
Und das Schönste: auch die Küche besinnt sich mittlerweile voll und ganz auf dieses Genre, versucht sich nicht mehr in Exotik oder Exklusivität und offeriert in der Karte nur noch genau das, was man sich in solch einem Gasthaus wünscht: bodenständige Regionalküche ohne Sperenzchen, dafür mit viel Substanz, handwerklich zubereitet, natürlicher Geschmack. Wir kommen schon seit fast zwanzig Jahren regelmäßig hierher und haben in dieser Zeit schon immer auf sehr ordentlichem Niveau gegessen, aber noch nie so gut wie in diesem Jahr. Was gar nicht unbedingt damit zusammenhängt, was die Küche macht, sondern was sie nicht macht! Der Verzicht auf Gerichte, die nicht so recht hierher passen, ist das eine – der Verzicht auf Überflüssiges auf den Tellern und die Fokussierung auf das Wesentliche aber das andere.
Und in diesem Sinne war das vollkommen schlicht und schnörkellos, aber eben mit guter Fleischqualität, fein abgeriebenem und exakt dosiertem Parmesan, kleinen Blättern Rucola und sonst nichts außer Olivenöl, Salz und Pfeffer aufs Porzellan gebrachte Rindercarpaccio eine ansprechende Sache. Keine künstlich-penetrante Balsamicocreme, kein störendes schmückendes Beiwerk, keine überflüssige Säure – aber im Brotkorb dazu richtig gutes Baguette mit schwerem, saftigem Teig. Und genau dieses was auch verantwortlich dafür, dass die mit herzhaftem Käse überbackene Brotscheibe, die stilecht in der französischen Zwiebelsuppe schwamm, eine so wunderbar schmelzige und kompakte Einlage abgab und nicht darin zerfledderte. Das ausgewogene Süppchen selbst war mit kraftvollem dunklem Zwiebelaroma ohne störende Fremdwürze auch sehr ansprechend.
Gute Produkte, sauberes Handwerk, natürliche Aromen und nichts Obsoletes – das waren auch die Erfolgsgaranten für Hauptgänge wie etwa „Laupheimers Schmankerlpfanne“, ein tatsächlich in der Eisenpfanne serviertes Potpourri aus Rinder- und Schweinemedaillons auf cremig und mildwürzig eingelullten Kässpatzen mit Röstzwiebeln, tadelloser Sauce und ein bisschen punktgenau knackiges Gemüse dazwischen. Der eigentliche Star auf diesem Teller war aber die formidable hausgemachte Maultasche mit bissfest-elastischem Teig, saftigem und nur angenehm mild gewürztem Brät, aber viel „grünem“ Geschmack von Spinat und Kräutern.
Nicht weniger gut war das Wildbret: zweierlei vom Hirsch, nämlich rosa gebratene Medaillons vom Rücken und zart geschmortes Ragout, die mit schmelzigen kleinen Semmelknödeln und schön säuerlichem Preiselbeerkompott auf authentisch unverfälschter Wildsauce daherkamen. Überhaupt die Saucen: guter Fluss, kraftvoll, dicht, aber weder leimig noch mit störender Bindung noch mit vorschmeckenden Fehltönen von unsorgfältigem Ansatz.
Und so wunderte es uns schon nicht mehr, dass auch die Desserts voll überzeugten. Zum einen das sehr cremige, dichte Zimtparfait auf feinsäuerlichen Punschkirschen, noch mehr aber der Kaiserschmarrn, der äußerst fluffig und mit animierenden nussbuttrigen Karamellnoten sowie gerösteten Mandeln, Rosinen und Brombeeren auf aromatischem Apfelmus daherkam.

Hotelempfehlung

★★★S

Brauerei-Gasthof-Hotel Laupheimer

Dorfstr. 19,
87784 Westerheim (Günz)
☎ 08336-7663
www.laupheimer.de
Einzelzimmer: 59–63 €
Doppelzimmer: 88–96 €

Dieser stattliche Brauereigasthof in Günz ist nicht nur für seine gute Regionalküche bekannt, sondern beherbergt auch einen Hotelbetrieb der Klassifizierung 3-Sterne-Superior. Die insgesamt 9 Einzel- und Doppelzimmer sind mit Dusche oder Bad, Haartrockner, Zimmer-Safe, WLAN-Hotspot, Telefon und TV ausgestattet und bieten den Gästen mit ihrer freundlichen und modernen Einrichtung einen angenehmen Aufenthalt. Für größere Veranstaltungen wie Hochzeiten oder Betriebsfeiern gibt der Feststadl bis 500 Personen oder der Festsaal mit rund 160 Plätzen den passenden Rahmen. Für kleinere Feiern, Seminare oder Konferenzen (bis zu 36 Personen) steht das neu gestaltete Herrenzimmer auch mit entsprechender Technik zur Verfügung. Restaurant Brauerei-Gasthof-Hotel Laupheimer separat erwähnt.

Wiesau (Bayern)

Holzfellas

Industriestr. 8, 95676 Wiesau
☎ 09636-92094800
www.holzfellas.restaurant
Küchenchef: Ingo Mark
Di–Sa ab 18 Uhr, So u. Mo RT
Hauptgericht: 17–29 €, Menüs: 35–62 €

Direkt an einer Bahnlinie gelegen und ansonsten in einem eher etwas trostlosen Umfeld, leuchtet der mit rustikalem Chic modernisierte Bau des Holzfellas schon von weitem als kulinarischer Leuchtturm im wörtlichen und übertragenen Sinn. Denn was das junge Team hier auf die von stylischen Ledersesseln umsäumten Holztische bringt, hat auf ganz unkomplizierte Art nicht nur viel Pfiff und Raffinement, sondern auch ein grundsätzlich erfreulich hohes Niveau. Bereits im letzten Jahr war das charmante Restaurant in Wiesau eine der besonders erfreulichen Überraschungen, nicht nur in der kulinarisch immer attraktiver werdenden Oberpfalz.
Und das bestätigte sich auch heuer, denn schon das saftige Douglasienbrot mit Salzbutter und Linsencreme war alles andere als uninspirierte Durchschnittskost und machte Lust auf mehr. Wie etwa auf den leicht cremig gehaltenen Salat von Bärnauer Garnelen, deren kräftig süßlich-feiner Krustentiergeschmack klar und deutlich herausgestellt und von einem „Päckchen" aus Rettich mit säuerlichen Juliennes und marinierten Rondellen sowie Sauerrahmcreme mit Dill knackig aufgefrischt wurde.
Auch die samtige Kohlrabisuppe hielt da locker mit. Zum einen, weil sie viel Produktgeschmack mitbrachte, verstärkt vor allem durch ein Kohlrabiblattöl und zarte Kohlrabiwürfelchen. Zum anderen aber auch durch die zwei separat ser-

vierten Ergänzungen in Form einer saftigen Wirsingroulade in papierdünnem Knusperteig, die quasi den kohligen Charakter des Kohlrabi stärker betonte, sowie einer Strudel-Tartelette mit Kohlrabicreme und salzig-saftigem Schinken von glücklichen Schweinen.

Akkurat arrangiert und gut durchdacht war auch das rosa gebratene, nur in den Randbereichen leider etwas trockene Hüftsteak vom Fleckvieh, das in einer bei aller Kraft erfreulich transparent und elegant wirkenden Jus präsentiert wurde. Mit der pointierten Ergänzung durch einen im Ganzen röstwürzig gegrillten Blumenkohl mit einem Topping aus Blumenkohlcreme, rohen Blumenkohl-Flocken und Blattpetersilie entstand auch hier ein individueller und sehr spannender Eindruck. Tatsächlich hätte allein die Kohl-Zubereitung mit ihrem verdichtet differenzierten Charakter eine Hauptrolle in einem vegetarischen Gericht verdient. In diesem Fall bekam sie noch Konkurrenz von einer cremig-knusprig frittierten und mit zart pilziger Trüffel bedeckten „Krokette". Insgesamt entstand so ein harmonisch-wohliger, zugleich aber mit spannenden Details angereicherter Eindruck mit viel Kraft und Tiefe.

Mit derartigen Gerichten kratzt das Team schon sehr nah an der siebten Pfanne, und dank einer insgesamt sehr konsistenten Leistung gilt das genauso auch für den süßen Bereich der Karte. Sei es bei einem gut balanciert zwischen milchigem Schmelz und herber Beerenfrucht chanchierenden Dessert rund um lockere Beerenteigwürfel, gelierte Fruchtdrops und Zitronengel rund um ein satt cremiges Eis, oder bei einer ebenso akkurat aufgebauten Interpretation eines Rhabarberkuchens mit buttrigen Crumbles, eingelegtem Rhabarber und Basilikumeis als duftigen Kräuterkontrast.

Der ungezwungen und zugleich stets zuvorkommend aufmerksam agierende Service und eine kleine, aber feine Weinauswahl rundeten den durchweg positiven Gesamteindruck des Holzfellas auch in diesem Jahr wieder sympathisch ab.

Wiesbaden (Hessen)

7

Ente

im Hotel Nassauer Hof
Kaiser-Friedrich-Platz 3–4,
65183 Wiesbaden
0611-133666
www.hommage-hotels.com/nassauer-hof-wiesbaden/kulinarik/restaurant-ente
Küchenchef: Michael Kammermeier
Mi–Sa ab 18 Uhr, So–Di RT
Menüs: 120–195 €
VISA

Das Restaurant im ehrwürdigen Nassauer Hof in Wiesbaden gehört zu den legendären Orten der deutschen Spitzengastronomie, und sein heutiger Koch Michael Kammermeier, der hier schon bald zwei Dekaden am Herd steht, zu den Besten in Hessen. Wären die wunderschönen Räumlichkeiten mit Empore nicht schon genug Grund, um hierherzukommen, ist es vor allem die Kombination mit dem klassisch-modernen frankophilen Küchenstil des Jeune Restaurateurs, was dieses Haus auch im Hier und Jetzt so reizvoll macht. Das Zeitgemäße und Kreative seiner Küche demonstriert nicht nur die betonte Weltläufigkeit des omnivoren Menüs, sondern insbesondere auch die Anwesenheit eines mit den gleichen Ambitionen und guten Ideen kreierten und mit sehr viel Fingerspitzengefühl umgesetzten vegetarischen Menüs. Und das ist an einem so traditionsbehafteten Ort, wo man erst mal nur an traditionelle Luxusprodukte wie Austern, Hummer, Gänseleber und Kaviar denkt, umso bemerkenswerter. Der junge, gut gelaunte Service, ebenfalls ohne Anzeichen von altmodischer Steifheit, trägt seinen Teil zur Verjüngung des altvorderen Hauses bei.

Wilhelmshaven (Niedersachsen)

6

Artischocke

Peterstr. 19,
26382 Wilhelmshaven
☏ 04421-34305
www.artischocke-whv.de
Küchenchef: Klaus Schweiß
Di–Sa von 12–14 Uhr u. ab 18 Uhr, So u. Mo RT
Hauptgericht: 15–28 €,
Menüs: 39–42 €
EC VISA

Wilhelmshaven ist nicht der Nabel der Welt und der Bedarf an großer Gastronomie dürfte hier überschaubar sein. Was aber nicht bedeutet, dass man nicht gutes Essen an die Frau und den Mann bringen kann: Man muss nur wissen wie! Zum Beispiel, indem man wie hier ein doppeltes Konzept aus Theatercafé im Erdgeschoss und Restaurant im ersten Stock fährt: licht und freundlich eingerichtet, es gibt viel Platz. Das ist die Artischocke, in der ein wechselndes Abendmenü serviert wird, das der Service am Tisch mündlich verkündet. Kalkuliert ist das sehr gastfreundlich, inhaltlich bietet man einiges und dargeboten wird es auf eine sehr fundierte klassische Weise.

Als Zeitreise könnte man den Besuch im Restaurant von Küchenchef Klaus Schweiß und seinem Team auch bezeichnen, denn die Art und Weise, wie hier gekocht wird, ist anderswo längst aus der Mode gekommen. Was eigentlich sehr schade ist, wenn man wie hier sieht und schmeckt, wie gut das sein kann. Brot, Gewürzbutter und Frischkäsecreme wirkten als erste Einstimmung erfreulich unkompliziert und präzise, und als Amuse-Bouche gab es eine Miniportion gut gewürzter vegetarischer Bolognese samt Pasta auf einem Löffel.

Einen guten Wein zu bestellen, ist natürlich möglich – viel Geld dafür auszugeben, indes nicht. Hochpreisige Gewächse existieren schlichtweg nicht, aber wer fragt oder die Weinkarte studiert, bekommt sehr gut ausgesuchte Exemplare glasweise oder als ganze Flasche. Aus der Küche folgte zuletzt eine Vorspeise rund um Linsensalat mit Büffelmozzarella, Honigmarinade, frisch geernteten Gartenkräutern und Salat, die in allen Komponenten frisch und ausdrucksstark und ebenfalls sehr präzise abgeschmeckt war.

Die Fischconsommé mit Garnele und kleinem Gemüse wirkte so, als wäre sie direkt einer Gourmetzeitschrift der frühen Achtziger des letzten Jahrhunderts entsprungen. Die Fischeinlage selbst war ebenso saftig und klar im Geschmack wie die ausgelöste Garnele, die Brühe hatte eine beachtliche Tiefe und neben dem typischen Aroma von Pernod war auch Safrangeschmack ausgeprägt aber nicht dominant vorhanden. Eigentlich nicht verwunderlich, dass die Menge auch deutlich über der durchschnittlichen Suppengröße in der Gourmetgastronomie lag.

Das im Hauptgang servierte Steinbuttfilet war von beachtlicher Qualität, beherzt in Butter coloriert und wurde mit gratinierter Polenta, geschmorten Kirschtomaten und wildem Brokkoli serviert – letzterer knackig, aber mitnichten roh, wie es in manch anderem Restaurant an der Tagesordnung ist. Hummerschaum sorgte für einen kraftvoll maritimen Grundsound und Schnittlauchblüten sowie ein Kräuteröl für duftige Obertöne.

Der Erdbeer-Minz-Salat mit Mousse au Chocolat und Eierlikör als Dessert war eher zupackend angerichtet als nach neuesten Moden drapiert, aber das änderte nichts am überzeugenden Geschmack und der tadellosen Textur der Mousse; aromatische Erdbeeren, ein paar Pistazien und Schokostücke als Dekoration, der schmackhafte, keineswegs billig schmeckende Eierlikör – was will man mehr? Zumal die Rechnung so moderat ausfiel, dass wir uns zum wiederholten Male an diesem Tag auf angenehme Art in eine lang zurückliegende gastronomische Vergangenheit versetzt fühlten.

Wilthen (Sachsen)

5

Erbgericht Tautewalde

Hauptstr. 25,
2681 Wilthen (Tautewalde)
03592-38300
www.tautewalde.de
Mo–Do ab 17.30 Uhr, Fr u. Sa von 11.30–14 Uhr u. ab 17.30 Uhr, So RT
Hauptgericht: 20–29 €,
Menüs: 34–41 €
EC VISA P

Auch das in idyllisch dörflicher Lage der Lausitz beheimatete, von seinen Betreibern Nadine und Enrico Schulz schon seit vielen Jahren so engagiert geführte Erbgericht hat 2023 die aktuell in der Hotel- und Gastronomielandschaft grassierende Personalknappheit hart getroffen. So mussten sie ihr Restaurant, dessen großer heller Gastraum mit dem Kontrast aus weiß gekalkten Wänden und dunklen Holzbalken, schlicht-elegantem Mobiliar und dezenten modernen Akzenten einiges hermacht, vorübergehend für externe Gäste und den À-la-carte-Service schließen und konnten – leider bis über unseren Redaktionsschluss hinaus – nur Hausgäste mit einem entsprechenden Pensionsprogramm bedienen.
Doch wir sind guter Dinge, dass sich diese Situation schon bald wieder ändert und das Erbgericht dann nicht nur auch wieder externe Gäste willkommen heißen kann, die rein zum Genießen hierherkommen wollen, sondern auch die Speisekarte wieder den normalen Umfang und das gewohnte Konzept offeriert. Das sieht einerseits ganz traditionelle regionale Gerichte zu verhältnismäßig günstigen Preisen vor, die dank der sorgfältigen und frischen Zubereitung in dieser Kategorie durchaus Referenzen setzen können, reicht aber auch darüber hinaus. Daneben stehen nämlich auch gehobene Gerichte aus dem mehr bodenverhafteten Gourmet-Genre auf dem Programm, meist aus ausgesuchten regionalen Produkten, teils aber auch mit einem offenen Blick in die große weite Welt. Diesen zeigte bei unserem letzten Besuch in der vorausgegangenen Testsaison beispielsweise bereits der Süßkartoffelchip mit fruchtig-würzigem Garnelen-Confit als Küchengruß, der dank größerer Garnelenstücke mit saftigem Biss und einem spannenden Akzent durch getrocknete schwarze Olive unkompliziert, aber gekonnt in den Abend einstimmte.
Den eigentlichen Start in das ambitioniertere der beiden angebotenen Menüs, die hier immer neben weiteren Gerichten à la carte angeboten wurden, gestaltete das Team vegetarisch mit einer mediterranen Gemüseterrine aus gebratenen Zucchini, Aubergine und Tomate, verbunden mit kräftig-stückigem Pesto und zudem von dünnen Gemüse-Chips mit etwas Crunch versehen. Dazu lieferte eine wie kandiert wirkende, aber salzig herb schmeckende Frucht einen spannenden Kick, während die für ein etwas überladenes Bild sorgenden dunkelwürzig geschmorten Champignons, Kapernbeeren und Physalis hier für ein stimmiges Ganzes gar nicht zwingend notwendig gewesen wären. Ein schönes Detail am Rande war allerdings der auflockernde Salat aus Feldsalat und Dill, der nur mit etwas zu spitzer Essigsäure daherkam.
Souveränes Handwerk zeigte der dünn melierte und knusprig auf der Haut gebratene Kabeljau, der von Haut und Fleischsstruktur her eigentlich eher wie Zander gewirkt hat. Die knusprig-brutzelige Schmelze aus Zwiebel und Coppa di Parma obenauf hatte zwar etwas zu viel Hitze abbekommen, machte ansonsten auf diese rustikale Art aber eine gute Figur. Der begleitende Risotto mit grünen Oliven und Limette indes war deutlich zu kompakt und die safrangelbe Sauce aromatisch recht blass. Auch in Anbetracht der nur kurz angeschwenkten Tomaten inklusive Strunk waren das über das gute Hauptprodukt hinaus ein paar Ecken, Kanten und rustikale Details zu viel.
Weil so etwas im Erbgericht aber eher die Ausnahme als die Regel ist und das Gebotene trotzdem weit über dem landläufigen Durchschnitt liegt, konnte das unsere Bewertung seinerzeit nicht beeinflussen. Eine Entscheidung, die uns auch durch den gelungenen Abschluss mit einer zarten, dünn überzuckerten Crème brûlée nebst ätherischen Zitrusfrüchten und einem halbierten kleinen Cheesecake-Tartelette nochmal leichter gemacht wurde. Und

weil wir sicher sind, dass Enrico Schulz sein Handwerk auch während der kurzen Phase des eingeschränkten Betriebs nicht verlernt hat und hier auch schon bald wieder auf diesem Niveau gekocht werden kann, bleibt zunächst alles beim Alten, und ein Upgrade der Bewertung folgt in Bälde im Gusto Online-Guide und der Gusto-App.

Hotelempfehlung

★★★★S

Landidyll Hotel Erbgericht Tautewalde

Hauptstr. 25,
2681 Wilthen (Tautewalde)
03592-38300
www.tautewalde.de
Einzelzimmer: 78 €
Doppelzimmer: 109–130 €

VISA

Das familiär geführte Landhotel Erbgericht Tautewalde liegt inmitten der Oberlausitz, an der Grenze zu Polen und der Tschechischen Republik, nicht weit von Dresden entfernt. Die 31 komfortabel eingerichteten Zimmer mit Blick in die beschauliche Landschaft verfügen unter anderem über kostenloses WLAN und moderne Flachbild-TVs, die Studios haben außerdem ein Wohnzimmer und eine Pantryküche. Zu den weiteren Einrichtungen des Hotels gehört ein Spa-Bereich mit Sauna (gegen Aufpreis). Eine Besonderheit des Hauses ist die historische Feldsteinscheune mit angrenzender Kräutergartenterrasse, die Tagungen und Veranstaltungen jeglicher Art eine besonders originelle Note verleiht. Das Landhotel ist ein idealer Ausgangspunkt für ausgedehnte Spaziergänge und Radtouren und damit ein perfekter Standort für Naturliebhaber und Freizeitsportler. Die ruhigen Landstraßen, die sich durch die hügelige Landschaft schlängeln, laden zu Ausflügen und Motorradtouren in die umliegenden Dörfer ein. Für den kulinarischen Genuss stehen ein stilvolles Restaurant mit Wintergarten, ein historischer Weingewölbekeller und eine gemütliche Sonnenterrasse zur Verfügung. Restaurant Erbgericht Tautewalde separat erwähnt.

Wirsberg (Bayern)

6

AH – Das Bistro

im Posthotel Alexander Herrmann

Marktplatz 11,
95339 Wirsberg
09227-2080
herrmanns-posthotel.de
Küchenchef: Tobias Bätz
Mo–Fr ab 18 Uhr, Sa u So 12–14 Uhr u. ab 18 Uhr, kein RT
Hauptgericht: 29–38 €,
Menüs: 64–125 €

VISA

Neben dem von Küchenchef Tobias Bätz und Patron Alexander Herrmann in den vergangenen Jahren mit viel echter Innovationskraft vorangetriebenen Gourmetrestaurant ist auch das Bistro unter gleichem Dach eine sehr empfehlenswerte Adresse – etwas bodenständiger und schlichter inszeniert als nebenan, aber dennoch mit hohem Anspruch an Produkt, Handwerk und Kreation. Auch hier wird das Thema Heimat fett geschrieben und kreativ interpretiert. Als „Fränkische Tapas", einem Menü in bis zu fünf Gängen in jeweils mehreren kleinen Portionen, als normal portionierte regionale Speisefolge in bis zu sechs Gängen und sonntags sogar als asiatisch inspiriertes Enten-Essen „Franken Samurai". Alles sehr aromendicht und ausdrucksstark, handwerklich nicht immer in höchster Präzision dargeboten, aber viel Genuss und gute kulinarische Unterhaltung sind auf jedem Teller garantiert. Und wie in allen Bereichen von Herrmanns Posthotel: ausgesprochen engagierter Service!

9

AURA by Alexander Herrmann & Tobias Bätz

im Posthotel Alexander Herrmann
Marktplatz 11,
95339 Wirsberg
09227-2080
herrmanns-posthotel.de/
Küchenchef: Tobias Bätz
Mi–Sa ab 18 Uhr, So–Di RT
Menüs: 215–245 €
VISA

Mit einem neuen Namen und dem bewährten, in den vergangenen Jahren immer weiter geschärften Profil, arbeitet sich das Team um Tobias Bätz im Gourmetrestaurant des Posthotels von Patron Alexander Herrmann beständig nach oben. Der ebenso sympathisch bodenständige wie inspirierte Küchenchef hat maßgeblich dazu beigetragen, dass sich das Restaurant in den vergangenen zehn Jahren zu einer echten Kreativmaschinerie für innovative Regionalküche entwickelt hat. Die treibende Kraft hinter dem Projekt sowie der immer stärkeren Spezialisierung des mittlerweile hochspannenden und dabei sehr zugänglichen Kulinariums fahndet mit hohem Aufwand nach den besten Produkten aus der Region, investiert viel Arbeit in neuartige Zubereitungen und Prozesse und kommt so zu den teils genialen Ideen auf den Tellern des auch vegetarisch verfügbaren Menüs „Grenzenlose Heimat", dessen Stilistik wir schon in den vergangenen Jahren immer wieder als enorm ausdrucksstark und kontrastreich charakterisiert hatten. Säure ist in der Aura-Küche ein fester Bestandteil und zieht sich – perfekt ausgewogen und eingebunden, so dass die stets hervorragenden Produkte nicht torpediert werden – stringent wie ein roter Faden durch die Speisefolge. In der Karte liest sich manche Kreation zwar so, als könnte sie aromatisch überfrachtet oder zu plakativ sein, aber auf den Tellern zeigt sich, dass trotz der Vielzahl an Komponenten jedes einzelne Element seinen kalkulierten Zweck hat und optimal in Szene gesetzt ist. Auch die Weinbegleitung zum Menü wirkt immer sehr durchdacht und folgt einer stimmigen Dramaturgie.

Wolfsburg (Niedersachsen)

10↑

Aqua

im Hotel Ritz-Carlton
Parkstr. 1, 38440 Wolfsburg
05361-606056
www.restaurant-aqua.com
Küchenchef: Sven Elverfeld
Mi–Sa ab 18 Uhr, So–Di RT
Menüs: 215–275 €
VISA

Vermutlich wissen die meisten Besucher der Autostadt in Wolfsburg, die hier entweder ihren Neuwagen abholen, das Museum besuchen, oder einfach durch die immer wieder beinah surreal anmutende Mischung aus modernen Industriebauten und künstlicher grüner Hügellandschaft schlendern, überhaupt nicht, dass sich hier seit mittlerweile über zwei Jahrzehnten auch eines der besten Restaurants des Landes befindet. Für alle jene, die es wissen und ganz gezielt das Ritz Carlton Hotel ansteuern, in dem sich das Restaurant Aqua befindet, ist die Umgebung dagegen eher eine Nebensache. Allerdings eine, die ziemlich gut zur Küche von Sven Elverfeld passt, denn auch die zeichnet sich durch technische Präzision und akkurate, genauestens abgezirkelte Kreationen aus.
Im Vergleich zu anderen, ähnlich hoch bewerteten Küchen, wird im Aqua seit jeher ein betont eleganter Stil der leiseren Töne gepflegt, der eher auf Feinheit als auf Kraftmeierei setzt, aber dennoch nie den tiefen, harmonischen Wohlgeschmack aus den Augen verliert. Da sich Sven Elverfeld trotz seiner langjährigen Erfahrung und seines Erfolgs stetig weiterentwickelt und immer wieder neue Akzente und Prioritäten innerhalb seines typischen Stils setzt, bietet jeder Besuch auch ein gewisses

Überraschungsmoment – allerdings auf gesichert höchstem Niveau. Bereits im letzten Jahr waren die Gerichte so nach einer eher kühlen zurückhaltenden Phase wieder zupackender und emotionaler geworden und dieser Trend setzte sich auch beim letzten Besuch weiter fort. Und zwar direkt von Beginn an nach den gewohnt akkuraten ersten Kleinigkeiten, unter denen die karamellisierte Kalamata-Olive (mit regionalem Ziegenkäse) als genialer Evergreen nie fehlen darf. Denn mit dem ersten größer dimensionierten Küchengruß in Form eines Dashisuds mit ganz leicht wärmender Schärfe, in der ein kreisförmig ausgestochenes Chawanmushi, Enokipilze, säurefrische Physalis, Buchweizennudeln mit nussigem Biss und gebeizte Makrele die hochfeine Interpretation einer Ramen-Suppe ergaben, wurde der herzwärmende Charakter einer solchen perfekt mit pointierten Details verbunden. Und auch das folgende Rindertatar aus kurz angebratenem und mit Whisky subtil angerauchtem Fleisch, das in einem duftigen Gurkensud unter einer mit Wagyufett aufgekrossten Briochescheibe und erfrischendem Apfel-Gurkensorbet angerichtet wurde, ergab eine ebenso zupackende wie elegante Miniatur.

Der erste offizielle Gang erinnerte dann nicht nur optisch an eine wilde Meeresbrandung, sondern auch geschmacklich: In einem luftigen jodig-frischen Austernschaum badeten hier wilde Austern – leicht pochiert und mit zartem Biss – auf einem faszinierend verschiedene „grüne" Aromen verdichtenden Sockel aus Avocado, Romanasalatstreifen, Salatgelee und einem tiefgrünen Öl, die sich gemeinsam mit der jodigen Intensität der Auster zu einem dichten, spannungsgeladenen Gesamtbild hochschaukelten.

Etwas ruhiger, aber nicht weniger fein, wurde es dann bei sanft temperiertem Saibling aus Österreich, der mit schmelzendem und zugleich festem Fleisch auf in Haselnusscreme und Dillöl angerichteten Kohlrabiwürfeln platziert war. Die erneut wunderbar markant und gleichzeitig feinfühlig dargestellten Komponenten bekamen mit Dillspitzen und Sauerklee effektive Auffrischung und wurden noch um einen eher nussig-ätherischen Kohlrabischaum und zart gegarte Kohlrabischleifen ergänzt, mit denen der Saibling samt seines eigenen Kaviars appliziert war.

Direkt im Anschluss wurde der Powerregler aber wieder stärker aufgedreht. Und zwar bei einem cremig fließenden Onsen-Eigelb unter luftigem Eiweißcrunch auf einem – bei Bewahrung der typisch feinen Leichtigkeit – beherzten und süffigen Spiel mit den typischen Aromen eines „Caesars Salad". Hier interpretiert mit feinstreifigem Kopfsalat nebst Kapernapfel, Auster und gezupftem Fleisch von der Hühnerkeule, sowie sanft in das Ensemble schmelzendem Parmesan und klitzekleinen Speckssegmenten auf dem Eigelb. Für den kompakten Zusammenhalt sorgte außerdem ein feinwürziger Schaum von Sardelle und Parmesan. Genial!

Dieses Attribut verdiente dann auch der mit Pinienkernkruste gratinierte Lammrücken mit straffem und eigenaromatisch feinwürzigem Fleisch. Unterstützt wurde dieser von einer intensiven klaren Bohnenkrautessenz, Kalamata-Olivencreme und einer in ihrer transparenten Eleganz eher an einen klebrigen Lammtee als an eine klassische Jus erinnernden Sauce. Diese allesamt cremig ineinanderfließenden und dennoch klar und transparent erscheinenden Komponenten wurden knackig frisch von einer filigranen Bohnenvariation ergänzt, die sehr kompakt in einer aufgeschnittenen breiten Bohne angerichtet waren und auf sehr engem Raum von cremig-hell über knackig-grün bis herb das gesamte Spektrum des Gemüses bündelte. Und insbesondere bei diesem Gang wurde deutlich, wie brillant sich Sven Elverfeld darauf versteht, auch scheinbar altbekannte Aromenkombinationen durch die exakte Ausarbeitung in ein ganz neues Licht zu stellen.

Alles andere als gewohnt, sondern ganz im Gegenteil der gewagteste Gang des gesamten Menüs, war dagegen der süße Abschluss, in dem ein zarter Milchreis mit der feurigen Würze von Harissa, einem fordernd pikanten Eis von Pimiento de Piquillo, Sesamöl-Kaviar, Quinoa-Knusper, fein gezupften Himbeersegmenten, zartem Rosenduft und ätherischen Säurespuren zu einem sehr dynamischen Innovationsdessert zusammengefügt wurde. Wem das zu viel ungewohnte Kreativität war, der wurde anschließend unter anderem mit der Kombination eines Pistazienparfaits mit mildem Ziegenricotta und säuerlichem zartrosa Rhabarber auf sanftere Art bei gleich hohem Niveau wieder abgeholt.

Hohes Niveau bietet außerdem auch das gesamte, bestens eingespielte Serviceteam rund um Restaurantleiterin Stefanie Weidner und Sommelière Anna-Helene Herpers – immer dezent präsent und mit einem reichen Fundus lohnender Weine in der Hinterhand, von denen auch glasweise spannende Entdeckungen ausgeschenkt werden.

Wuppertal (Nordrhein-Westfalen)

Shiraz

Wittener Str. 288, 42279 Wuppertal
0202-26533779
restaurant-shiraz.com
Küchenchef: Alexander Hoppe
Mi–Sa ab 18 Uhr, So–Di RT
Menüs: 149–246 €
VISA

Von außen wirkt das Gasthaus im regionaltypischen grauen Schieferplatten-Look mit grünen Fensterläden nicht sonderlich auffällig, wenngleich der an die internationale Rebsorte Shiraz anknüpfende Name an der Hauswand schon irgendwie suggeriert, dass es hier aus kulinarischer Sicht etwas besonderes geben könnte. Dieser erste Eindruck mehrt sich im Inneren, wo man beim Betreten des recht behaglichen Gastraums mit niedriger Decke und Blick ins Wuppertaler Hügelland auch gleich erkennen kann, dass hier Wein schon mal eine große Rolle spielt. Der Blick auf das in einem versiegelten Umschlag auf dem eingedeckten Tisch hinterlegte Menü lässt auch keine Zweifel daran, dass hier engagiert gekocht wird. Und dass es nicht bloß bei Ambitionen bleibt, sondern auch Talent und Können im Spiel sind, verdeutlichten bereits die ersten Grüße aus der Küche.
Unter diesen Aperos stach ein mit pochiertem Wachtelei und Hollandaise überschmolzener gewürfelter Salat von grünem Spargel und Tomate durch animierendes Säurespiel hervor und ein mit geschmortem Bäckchen vom Ibericoschwein und Erdnuss gefülltes Bao Bun durch herzhaft süßliche Würze. Verantwortlich für diese ebenso schnörkellos wie hochfein arrangierten Kleinigkeiten ist Alexander Hoppe, ein noch recht junger, sehr ambitionierter und talentierter Küchenchef, der die Post in Odenthal, das ehemalige Husarenquartier von Herbert Brockel und das ebenfalls der Vergangenheit angehörende Restaurant Überfahrt am Tegernsee zu seinen prägenden Stationen zählen kann.
Mit der Vorspeise des allabendlich einheitlichen Menüs, in deren Mittelpunkt ein festfleischiges gebeiztes und mit mariniertem Rettich appliziertes Forellenröllchen auf Yuzu-Dashi sowie einer mit Amaranth-Popcorn beflockten grünen Shisocreme stand, bewiesen er und sein Team ebenfalls sehr viel Feingefühl und Akkuratesse. Und zwar sowohl handwerklich als auch geschmacklich. Da war nichts dominant, da griff alles elegant ineinander. Ein leichter und wohlproportionierter Start. Dass das gute Gespür für Proportionen und Aromen beim Auftakt kein Zufall war, zeigten dann auch die mit zart fließender Parmesancreme gefüllten kleinen Ravioli, die um ein flüssiges, mit Trüffelspänen getopptes Eigelb herum auf einem Bett aus jungem mildem Blattspinat angerichtet waren. Umgeben von einem unaufdringlichen Bärlauchschaum, der dem Gericht genau die richtige Dosis an Würze spendierte.
Nichts zu viel und nichts zu wenig: Alexander Hoppes Kreationen sind in ihrer klar strukturierten und aufgeräumten Art zeitlose Klassiker, bei denen jede Komponente beeindruckend genau auf den Punkt gebracht ist. So wie der zart in seine festfleischigen Lamellen aufblätternde, behutsam gewürzte Zander auf einem mit ganz kleinen knackigen Spargelstückchen angereicherten Risotto und einer mit Dashi angesetzten Beurre blanc. Wohldosierte Saure verbarg sich hier nicht nur in der Sauce, sondern auch an den marinierten Kohlrabistreifen und in Gestalt einiger Tupfen Yuzugel auf dem Fisch.
An mancher Stelle würde man sich der besseren Wirkung wegen etwas mehr Material auf dem Teller wünschen. Die eine längs halbierte mit Farce gefüllte Morchel zum auch nicht gerade üppig dimensionierten Kalbsfilet und Kalbsbries mit frisch gepulten Erbsen und einer mit Kräutercreme, Kresse und Blüten applizierte Spargelspitze wirkte als Hauptgang fast ein wenig spärlich. Wobei nicht zuletzt die reduzierte Sauce auf Basis von Kalbsjus mit ihrer gut ausbalancierten fast karamelligen Süße dem Gericht auch ausreichend Tiefe und Breite verlieh.
Erstaunlich feinsinnig komponiert und filigran umgesetzt war das mit einem Oberton von floraler Tonkabohnenaromatik umwehte Dessert aus verschiedenen Komponenten von Rhabarber und Himbeere, deren Säure und Frucht von einer dichtcremigen Mousse aus Opalys-Schokolade sanft eingefangen und elegant zur Schau

getragen wurden. Sehr engagiert und fachkundig präsentierte sich auch der Service um Gastgeber Serkan Akgün. Ergänzend zum ausgesuchten Weinsortiment mit Schwerpunkt Mosel, Nahe, Rheingau, das aber auch aus Italien, Frankreich, Spanien und Österreich einiges, selbst an Raritäten zu bieten hat, gibt es selbst gemischte alkoholfreie Getränke mit Stil.

Würselen (Nordrhein-Westfalen)

7

Alte Feuerwache Bistro-Restaurant

Oppener Str. 115, 52146 Würselen
02405-4290112
www.alte-feuerwache-wuerselen.de
Küchenchef: Kurt Podobnik
Di von 12–13.45 Uhr, Mi–Fr von 12–13.45 Uhr u. ab 18 Uhr, Sa ab 18 Uhr, So u. Mo RT
Hauptgericht: 26–32 €, Menüs: 59–84 €
VISA

Beinahe könnte man meinen, die hohen großzügigen Räume der ehemaligen Feuerwache in Würselen wurden bereits ursprünglich als Restaurant konzipiert. Auf jeden Fall ergibt sich zwischen den historischen Backsteinmauern durch die geschmackvolle Modernisierung ein einzigartiges, luftig-elegantes Ambiente und damit auch eine ausgezeichnete Bühne für die anspruchsvolle Küche, die Kurt Podobnik hier bereits seit vielen Jahren zelebriert.
Der Anspruch ist klar „Gourmet", auch wenn das Angebot am Mittag etwas bodenständiger gehalten wird und das in Butterschmalz luftig ausgebratene Wiener Schnitzel vom Kalbsrücken mit Kartoffel-Gurkensalat und Wildpreiselbeeren als perfektionierter Klassiker zu allen Servicezeiten einen festen Platz auf der Karte hat. Genau diese bodenverhaftete Haltung, die auch bei den ambitionierteren Gerichten zu einer entspannt auf gute Produkte und kraftvolle Saucen setzenden Linie führt, macht letztlich einen der größten Pluspunkte der Küche aus.
Für deren souveräne Exekutive haben die Gastgeber mit Christopher Poth als gleichberechtigten Küchenchef einen äußerst fähigen Mann (und möglichen Nachfolger) gefunden, der zunehmend mehr Verantwortung am Herd übernimmt, während Kurt Podobnik – zumindest während des Services – vor allem auch im Restaurant als Gastgeber präsent ist. Und kann als solcher natürlich besonders kompetent Erläuterungen zu den Gerichten geben.
Etwa zum ersten Gang des letzten Besuches, bei dem es sich im Grunde um ein klassisches Vitello tonnato handelte – allerdings mit eigenaromatischem Kalbsfleisch und elegant prononcierter Thunfischcreme. Zudem wurde das Ganze mit einem schmeckbar frischen Tataki vom Thunfisch exklusiv erweitert und bekam außerdem mit einer gemüsefruchtig-pikanten andalusischen Gazpacho eine markant kontrastierende Ergänzung in einem separaten Gläschen, so dass am Ende doch deutlich mehr geboten wurde, als man von dem italienischen Klassiker gemeinhin erwartet.
Noch typischer für den vornehm gediegenen Stil der Küche wurde es beim folgenden sanft und zart aufblätternd gegarten Kabeljau, der auf knackig glasigen Garnelenstücken und einem frischgrünen Ragout aus Lauch, Bohnenkernen und Estragon angerichtet wurde. Für zusätzliche Power und auch eine leichte Säure sorgte ein schmelzendes helles Kalbskopfragout mit Tomate auf dem Fisch, während eine helle üppig buttrige Sauce einen eher harmonisierenden Rahmen schaffte. Tatsächlich hätte dem Teller ein bisschen mehr straffe Säure gutgetan. So blieb das Ganze zwar harmonisch und fein, aber auf eher breit angelegte Art.
Da es dafür aber auf jedem Teller garantiert viel kraftvollen Geschmack gibt, fällt das nicht weiter ins Gewicht und spielte auch im Hauptgang keine größere Rolle. In dessen Zentrum stand der feinfaserig zarte Rücken eines offenkundig jungen Deichlamms, das kräuterduftig gebraten neben einem Raviolo mit geschmorter Lammschulter präsentiert wurde. Dabei wurde der etwas feste Charakter der hellen kräutrigen Lammfarce-Füllung von dem schmeichelnd dottrigen Ravioloteig und einer Schmelze aus Basilikum und Pinienkernen umgehend kompensiert. Zart sautierter Blattspinat lieferte Frische und vor allem auch Säure, eine transparent leicht gehaltene Lammjus mit Basilikum unter-

stützte das feine Fleisch und eine locker-fluffige, in Panko ausgebackene Polentapraline fungierte als sehr elegante Version einer klassischen Beilage. Trotz der minimalen Abzüge in der Ravioli-B-Note ein starker, substanzreicher Hauptgang!
Der süße Abschluss fiel danach durch seine betont lieblich-zahme Art etwas ab, aber handwerklich kam das schmelzige Vanilleparfait mit Erdbeersorbet und einem kühlen Erdbeersüppchen (mit sehr dezenter Basilikumnote) genauso souverän auf den Tisch wie alle anderen Sachen – zu denen im Übrigen auch die von Gastgeberin Monika Podobnik verwalteten und empfohlenen Weine gehören, die wie das gesamte Angebot des Hauses mit einem ausgesprochen einladenden Preis-Genuss-Verhältnis punkten.

Würzburg (Bayern)

6

Aifach Reisers

**Marktgasse 2,
97070 Würzburg
0931-45265755
www.der-reiser.de/aifach
Küchenchef: Markus Meckel,
Stephan Jamm
Mo–Sa ab 11 Uhr durchgehend, So RT
Hauptgericht: 25–35 €,
Menüs: 20–65 €**

VISA

Sein zweites, beziehungsweise drittes Standbein mitten in der Würzburger Innenstadt, vis-a-vis der Marienkapelle, hat sich Bernhard Reiser bereits geschaffen, als noch längst nicht publik war, dass er sein Reisers am Stein nach zwanzig erfolgreichen Jahren nicht über April 2023 hinaus weiterbetreiben wird. Konzeptionell ist das sehr schöne längliche Lokal in den Räumen der einstigen Würzburger Markthalle mit offener Küche und modernem, lichtdurchflutetem vinophilem Ambiente nicht nur deshalb ganz bewusst unterhalb des Gourmetrestaurants auf dem Gelände des Weinguts am Stein angesiedelt, spricht also ein noch etwas breiteres Publikum an und ist ab dem späten Vormittag durchgehend geöffnet.
Allerdings wird zu unterschiedlichen Tageszeiten ein unterschiedliches Programm geboten. Ab 11 Uhr gibt es täglich wechselndes Quick-Lunch-Angebot, ab 15 Uhr lassen sich an den langen Holztafeln Kleinigkeiten zum Apero bestellen und um 17 Uhr legt das Team um die beiden Küchenchefs Markus Meckel und Stephan Jamm dann so richtig los und zeigt, was es draufhat. Nämlich eine ganze Menge, wie wir bei unserem ersten Testbesuch erleben konnten. Denn mit guten Ideen und handwerklichem Geschick entstehen an dem langen Küchentresen originelle internationale Gerichte mit kreativem Pfiff. Nicht bis ins letzte Detail ausgetüftelt und auch in der Umsetzung nicht immer perfekt, aber in Relation zu den Preisen und zum suggerierten Anspruch absolut stimmig.
Man kann aus verschiedenen Offerten à la carte wählen oder sich mit einem viergängigen Menü nach Wahl des Küchenchefs, das vollständig vom Angebot auf der Tafel abweicht, verwöhnen lassen. Unser Eindruck beim Antrittsbesuch war, dass die Menü-Offerten konzeptionell ein klein wenig aufwendiger und ausgefeilter gestaltet sind als die übrigen Gerichte. Zum Beispiel eine Vorspeise um mit Limettenschalenabrieb und Currymayonnaise aromatisierten Rotbarsch von sehr guter Qualität, kross und à point auf der Haut gebraten, auf etwas geschmorten Spitzkohl gesetzt, von Kräuter-Tapioka umgeben und mit einer milden, aufgeschäumten Meerrettichsauce eingefasst. Ein schöner Start auf gutem Niveau.
Dem folgte im Menü eine wirklich sehr gute und ebenfalls auf den Punkt gebrachte Taubenbrust mit herzhaften Röstnoten, die auf einem Sockel aus Blutwurst und Linsen-Dal thronte. Dafür hätte man sogar 7 Pfannen geben können, wenn die etwas ausdruckslose weiße Schaumsauce die dunklen, dichten Aromen nicht nur rahmig abgemildert, sondern mit zugespitzter Säure und Frucht auch noch einen Spannungsbogen erzeugt hätte. Aber auch so ein sehr ansprechendes, harmonisches Gericht mit einem attraktiven Hauptprodukt.
Eine als Vorspeise etwas ungewöhnliche Offerte à la carte war indes der geschmorte Short-rib-Riegel vom Wagyu Beef: auf Petersilien-Tapioka gesetzt und mit Schmorzwiebel und

Blaubeeren getoppt, umgeben von reduzierter Jus. Nicht nur, weil das Ganze zupackend, grenzwertig dicht und salzig daherkam, wäre es in unseren Augen dergestalt eigentlich ein adäquater Hauptgang gewesen. Da hatte es danach nämlich der sous-vide gegarte und nachträglich angekrosste Schweinebauch, der auf einem Salat von grüner Papaya und Erdnüssen, dezent pikant abgeschmeckt und mit einer Art Thaicurry-Schaum (mit zarten zitrischen Anklängen) interessant und süffig gestaltet als Zwischengang serviert wurde, fast ein wenig schwer.

Dass die Küche hier meist in Gestalt unkomplizierter Drei- oder Vier-Komponenten-Gerichte daherkommt, funktioniert prima, schon weil die Hauptprodukte eigentlich immer überdurchschnittlich gut und die Ideen originell sind. So auch bei den zwei properen Schnittchen vom Loup de Mer mit Roter und Gelber Bete, aufgefrischt von einer zupackenden Yuzu-Schaumsauce. Spaß machte auf etwas gröbere Machart auch die rösch und ein wenig ungleichmäßig angebratene Entenbrust auf klassischem Risotto, die darüber hinaus von dem kontrastreichen Akkord aus Orangenpüree und herber Kaffeejus spannend eskortiert wurde. Und hätten hier die begleitenden Blumenkohlröschen nicht nur eine kräftig gelbe Farbe, sondern auch ein deutliches Safranaroma ins Spiel gebracht, wäre da sogar noch mehr drin gewesen.

Weil das junge Serviceteam hier nicht nur freundlich und aufmerksam zugange ist, sondern auch noch mit guten und sogar individuell nach persönlichen Vorlieben abgestimmten Weinempfehlungen zu den einzelnen Gängen aufwartet, fehlt es für einen genussvollen Abend in lockerer Atmosphäre an gar nichts. In jedem Fall ein stimmiges eigenständiges Konzept und nicht nur eine Ergänzung zu den anderen beiden Restaurants des erfolgreichen Gastronomen Bernhard Reiser.

5

Bürgerspital-Weinstuben

Theaterstr. 19, 97070 Würzburg
0931-352880
www.buergerspital-weinstuben.com
Küchenchef: Alexander Wiesenegg
Täglich ab 10 Uhr durchgehend, kein RT
Hauptgericht: 8–30 €, Menüs: 25–50 €
EC VISA

Im historischen Bürgerspital der Residenzstadt, das in seiner ursprünglichen Form im Jahr 1316 „zur Pflege christgläubiger Kranker, Armer und Reisender" gegründet wurde und 1873 erstmals als eine sogenannte „Gothische Trinkstube" seinen gastronomischen Dienst aufnahm, lässt sich seit vielen Jahren auf verlässlich grundsolidem Niveau schmausen. Dass die weitläufigen Räume unter dem Kreuzgewölbe oder der große idyllische Innenhof mit alten Bäumen und blühenden Sträuchern nicht bloß wegen der bekannten und sehr guten fränkischen Weine des VDP-Weinguts ein veritables Genussziel sind, sondern auch wegen der substanzreichen bodenständigen Küche, dafür zeichnet seit über einer Dekade Küchenchef Alexander Wiesenegg mit seinem Team verantwortlich.

Deren Stärke sind eindeutig die traditionellen Gerichte, die hier von Kalbfleischpflanzerln mit Waldpilzrahm und Semmelknödel über krosses Schweineschäufele bis zur ofenfrischen Bauernente mit Apfelblaukraut und Rahmwirsing reicht – letztere mit selbstverständlich hausgemachten Kartoffelknödeln in mustergültiger Art. Auch regionaltypische Weinstuben-Schmankerl wie Blaue Zipfel im Sud oder Klassiker wie ein mit Sardellen, Eigelb, Kapern, Zwiebeln und Gurke herzhaft angemachtes Rindertatar lassen hier keine Wünsche offen.

Daneben gibt es auch ein viergängiges Menü nach Empfehlung des Küchenchefs, dessen Gänge etwas schlanker daherkommen. Auch diese Gerichte sind in ihrer Machart eher einfach gehalten, überzeugen aber ob ihrer fundierten schmackhaften Zubereitung. Etwa wenn gebratene Forellenfilets zusammen mit frischen, knackigen Salaten (und leider etwas pappigen Brotchips) auf einer mit gehacktem Ei schön schmelzig angereicherten Blumenkohl-Remoulade angerichtet sind. Gute, frische Produkte, natürliche Aromen, unaufgeregt und harmonisch zusammengebracht.

Auch die mit gerösteten Kürbiskernen und Kernöl nussig hinterlegte Kürbissuppe machte in ihrer homogenen, unverfälschten Art viel

Spaß. Purer, fruchtiger Kürbisgeschmack, keine störende gemüsige Fremdwürze, nicht zu dick und nicht zu dünn, geschmeidige Konsistenz – da bleiben keine Wünsche offen.
Auch nicht bei dem bis auf einen etwas breiteren Bratrand schön gleichmäßig rosa gegarten Hirschrücken, der saftig und mit zartem Biss auf seinem Bett aus Rotkohl lag. Umfriedet von Schupfnudeln, leicht rahmig und unaufdringlich speckig eingefassten Rosenkohlköpfen, angenehm säuerlichen und kaum süßen Preiselbeeren – vor allem aber einer wirklich tollen Wachholderrahmsauce auf Wildbasis. Letztere hätten wir gerne noch etwas klarer und freigestellter auf dem Teller gehabt, um sie purer auskosten zu können, als dies in engem Kontakt mit dem Blaukraut möglich war.
Auch der Nachtisch in Gestalt einer schön säuerlich-frischen Buttermilchmousse im Gläschen nebst Blaubeerkompott und einer Nocke Kokoseis war in seiner pragmatischen Art ob der guten Einzelkomponenten durchaus ansprechend, wenngleich es als Komposition kein großer Wurf war. Den wieder mal sehr positiven Gesamteindruck konnte das aber ebenso wenig schmälern wie der diesmal zwar etwas indisponiert und gehetzt wirkende, trotzdem aber sehr sympathische Service. Wer in historischem Ambiente auf unkomplizierte, bodenständige Art sehr gut essen möchte, ist in den Bürgerspital-Weinstuben immer am richtigen Platz.

7

KUNO 1408

im Hotel Rebstock Best Western Premier
Neubaustr. 7, 97070 Würzburg
0931-30931408
www.restaurant-kuno.de
Küchenchef: Daniel Schröder
Mi–Sa ab 18 Uhr, So–Di RT
Menüs: 125–175 €
VISA

Das sehr zeitgemäß und mit seinem nobel dunklen Look klar als Fine-Dining-Abendrestaurant gestaltete Gourmetrestaurant Kuno 1408 im Hotel Rebstock, mitten in Würzburgs charmanter Altstadt, wird nun schon im vierten Jahr federführend von Küchenchef Daniel Schröder bekocht. Und während wir im ersten Jahr noch nicht so angetan waren, im letzten Jahr dafür umso mehr, lag der Eindruck beim jüngsten Testbesuch irgendwo in der Mitte. Das lag aber weder an der Qualität der bis auf eine Ausnahme überwiegend sehr guten Produkte noch an der sehr guten Substanz der Zubereitungen, die man in jeder einzelnen Komponente schmecken konnte, sondern vielmehr an der hier und da suboptimalen Umsetzung.
Von den ersten beiden kleinen Apero-Snacks des in maximal sieben Gängen offerierten Menüs, für das das Team auch noch eine vegetarische Variante in der Hinterhand hat, mag zumindest der kleine Karottenchip mit Estragoncremetupfen optisch ein wenig lapidar gewirkt haben – die geschmackliche Wirkung, die er am Gaumen entfaltete, war alles andere als das. Auch das in einem kleinen Knusperkörbchen präsentierte Kalbstatar mit Störkaviar und Crème fraîche ließ in seiner klassisch-gediegenen Art keine Wünsche offen. Ebensowenig die drei verschiedenen, teils hausgebackenen und warm servierten Brotsorten, die flugs mit einer Nocke Nussbutter und Leinsamenöl auf dem Tisch standen.
Eine sehr besondere Version von Vitello tonnato versprach zur offiziellen Vorspeise das Duett von dünn aufgeschnittenem Kalbsherz und Thunfischbauch mit einer Thunfischsauce, Brioche, Rucolasalat und Limonenvinaigrette. Allerdings war die Ausführung dieser originell klingenden Variante des piemonteser Klassikers etwas weniger spektakulär, denn die beiden dünnen Scheiben von Tuna und Kalb lagen nahezu ohne Thunfischsauce relativ trocken zusammen mit etwas Rucola, Radieschenstiften und Gurkenstücken getoppt auf einer tranezzinidünnen, rechteckig zugeschnittenen kleinen Briochescheibe. Und die Trockenheit dieses Sandwich-Streifens lag nicht nur an der verschwindend spärlich zwischen Vitello und tonnato aufgetragenen Sauce, sondern auch an der praktisch nicht vorhandenen Limonenvinaigrette. So blieb das Ganze mehr eine prinzipiell sehr gute Idee, aus der man mehr hätte machen können.
Das Kochtechnische wurde allerdings mit dem nächsten Gang schlagartig überzeugender und der Gesamteindruck automatisch besser. Zwar waren die mit einer Ricotta-Erbsencreme gefüllten dünnen Kohlrabiröllchen, die zusammen mit kross angerösteten Austernpilzstreifen, einer dunklen, komplexen, süßlich-würzigen Sauce aus fermentierten Zwiebelgewächsen und fein darüber gehobelter Belper Knolle mit pfeffrigem Schmelz, rein von der Machart her auch sehr schlicht gehalten, aber das Zusammenspiel überzeugte und die Sauce war großartig.
Auch der mit einem Tupfen Pinienkerncreme und ein klein wenig feinstreifig geschnittenem Romanasalat getoppte Seeteufel im Zucchini-

mantel, der in Amuse-Gueule-Größe, umringt von winzig gewürfeltem mediterranem Gemüse mit Pinienkernen in einem warmen (!) Gazapachosud baden durfte, war Mittelpunkt eines harmonischen Zwischengerichts. Allerdings kam der Fisch aufgrund seiner Winzigkeit und der im Verhältnis dazu relativ dicken Hülle aus Farce und Zucchini nicht optimal zur Geltung – was aufgrund seiner nur soliden Qualität mit sehr weichem Fleisch und etwas dumpfem Geschmack aber gar nicht so dramatisch war. Trotzdem sollte das Team die Portionsgrößen noch ein wenig überdenken. Wir sind absolute Befürworter schlanker Teller, aber ein bisschen mehr Produkt darf schon sein, damit es seine Wirkung auch richtig entfalten kann.

Deutlich mehr Material zum Nachschmecken und Schwelgen gab der Zwischengang um qualitativ wieder sehr ansprechenden Hummer mit etwas Bärlauch-Kimchi, Mango-Karottensalat und Reischips auf einem Spiegel aus Mango-Togarashi-Sauce auf Basis von Hummerjus her. Und die grenzwertig intensive und damit auch sehr salzige Sauce war so reichlich vorhanden, das gar nicht so sehr auffiel, dass das mit Hummerfleisch gefüllte Dim-Sum-Täschchen selbst eigentlich relativ matt und trocken auf dem Teller lag.

Beim Hauptgang, der sich um Lamm in einer mediterranen Façon mit Artischocke in mehreren Zubereitungen, roter Paprika, Gnocchi und einer dünnen grünen Bohne mit verschiedenen Bohennkernen drehte, waren viele Dinge sehr gut. Die Fleischqualität und dessen Zubereitung zum Beispiel, die reine Lammjus ganz besonders. Auch die Artischockenkomponenten standen klar auf der Habenseite. Im Soll mussten leider die recht naturbelassen anmutenden Paprikawürfel, teils noch recht harte Bohnenkerne und die arg kompakten, massigen Gnocchi verbucht werden. Unterm Strich überwog hier aber durchaus auch das Positive.

So wie ganz ohne Abstriche beim wohlproportionierten Nachtisch, der sich um von einer duftig-schmelzigen Vanillecreme getragene Fruchtkomponenten wie ein mit Holunderblüte aromatisiertes Waldbeersorbet, marinierte Erd- und Himbeeren sowie Rhabarbersud drehte. Offenbar mit karamelliger (Dulcey?) Schokolade gebackene hauchdünne Hippenchips verliehen dem Ganzen auch weit mehr als nur einen Textureffekt.

Aufmerksam, fachlich versiert und zudem sehr sympathisch erlebten wir den Service unter der Leitung von Tanja Mieskes, die zu jedem Gang auch gerne glasweise mit einem passenden Wein zur Stelle ist, vorzugsweise von den besten fränkischen Erzeugern. In der gut sortierten Weinkarte ist daneben auch einiges an nationalen und internationalen Alternativen gelistet.

Hotelempfehlung

★★★★

Hotel Rebstock Best Western Premier

Neubaustr. 7, 97070 Würzburg
0931-30930
www.rebstock.com
Einzelzimmer: 113–149 €
Doppelzimmer: 157–179 €

Mitten im Zentrum der Barockstadt Würzburg finden hinter der denkmalgeschützten Rokokofassade des Stammhauses von 1408 und dem 2019 fertiggestellten angrenzenden Neubau historische Bausubstanz, modernes Design und zeitgemäßer Komfort zusammen. Der Familienbetrieb verfügt im Altbau über 72 gemütliche, individuell eingerichtete Zimmer, von denen jährlich einige rundum neugestaltet werden – etwa im modernen Lounge-Stil mit warmen Erdtönen und kuscheligen Möbeln. Im Neubau kamen 54 weitere Gästezimmer und Suiten sowie ein neuer multifunktionaler Konferenzbereich für bis zu 180 Gäste und eine eigene Tiefgarage hinzu. Alle Zimmer im Rebstock verfügen über Safe, SAT-TV, Verdunklungsmöglichkeit, Schreibtisch, Minibar und Zubereitungsmöglichkeit für Kaffee/Tee, manche Komfortzimmer über Extras wie größere Betten, Badewanne und Klimaanlage. Im modernen SALON erwarten die Gäste feine Speisen in Wohnzimmeratmosphäre und kreative fränkische Cocktails an der Bar. Im Gourmetrestaurant KUNO 1408 wird kreative Feinschmeckerküche in Menüform kredenzt. Restaurant KUNO 1408 separat erwähnt.

Xanten (Nordrhein-Westfalen)

6

Landhaus Köpp

Husenweg 147,
46509 Xanten (Obermörmter)
02804-1626
www.landhauskoepp.de
Di–Fr von 12–14.30 Uhr u. ab 18 Uhr,
Sa ab 18 Uhr, So von 12–14.30 Uhr,
Mo RT
Hauptgericht: 32–39 €

Das etwas versteckt hinterm Rhein-Deich zwischen Campingplätzen und Kleingärten gelegene Landhaus von Patron und Küchenchef Jürgen Köpp ist längst ein Gourmet-Klassiker und beständig das beste Restaurant im weiten Umkreis. An fein eingedeckten Tischen mit weißem Damast, edlem Besteck und guten Weingläsern kredenzt das Team hier eine sehr klassische nach alter Schule zubereitete Gourmetküche, die relativ gediegen und im besten Sinne altmodisch daherkommt. Wer aber auf hochwertige Produkte in harmonischer, wohlproportionierter Fassung aus ist, wird hier nicht enttäuscht. Außerdem wird man dank gastfreundlicher Menüpreise nicht arm und kann sich ganz entspannt etwas Passendes aus dem lohnenden internationalen Weinangebot mit Schwerpunkt Deutschland, Frankreich und Italien auswählen.

Zerbst (Sachsen-Anhalt)

5

Park-Restaurant Vogelherd

Lindauer Str. 78, 39261 Zerbst
03923-780444
Mi–Fr ab 17 Uhr,
Sa u. So von 11.30–17 Uhr, Mo u. Di RT
Hauptgericht: 16–29 €,
Menüs: 30–70 €

VISA

An einem kleinen springbrunnenplätschernden Teich im Grünen und etwas außerhalb von Zerbst, steht mit der historischen Villa Vogelherd einer der beliebtesten Genuss-Plätze im weiten Umfeld. Für Feiern, Jubilare und wichtige Termine führt kein Weg am Lokal von Familie Erdmann vorbei. Ein Abstecher lohnt sich aber auch so, denn denn auf der Terrasse über dem Teich sitzt es sich idyllisch, und wer es festlicher mag, wird im hohen Saal glücklich. Vor allem aber gibt es ein kulinarisches Angebot, dass sich deutlich vom landläufigen Durchschnitt abhebt – mit einer klassisch-regionalen Linie, oft sehr ambitioniert, an vielen Stellen etwas bürgerlicher und gröber gefasst. Kleine Auswahl einfacher, guter Weine im glasweisen Ausschank.

Zweiflingen (Baden-Württemberg)

8

Le Cerf

im Wald- & Schlosshotel Friedrichsruhe
Kärcherstr. 11,
74639 Zweiflingen (Friedrichsruhe)
07941-60875402
www.schlosshotel-friedrichsruhe.de
Küchenchef: Boris Rommel
Mi–Fr ab 18.30 Uhr, Sa-Di RT
Hauptgericht: 48–60 €,
Menüs: 162–230 €

VISA

Der frankophile Hirsch im legendären Wald- und Schlosshotel Friedrichsruhe bei Öhringen, einer jener Orte, an denen seinerzeit das deutsche Küchenwunder losgetreten wurde, ist eines der wenigen übriggebliebenen großen, echten, traditionellen Gourmetrestaurants alter Schule in Deutschland. Damals noch nicht als Le Cerf, aber unter der Ägide von Lothar Eiermann, der in der Retrospektive in einem Atemzug mit Eckart Witzigmann oder Heinz Winkler genannt wird. Doch auch ein halbes Jahrhundert später hat der weiterhin über mehrere, nahtlos ineinander übergehende Räume reichende und natürlich während dieser Zeit immer wieder renovierte und umgestaltete Salon nichts von seiner Grandezza verloren: weinrote Ornament-Tapeten, glitzernde Kronleuchter, runde, opulent eingedeckte und in großzügigen Abstand voneinander gestellte Tische, großformatige Karten, eine vielköpfige Servicebrigade…

Während Lothar Eiermann dereinst nur mit Schlips und Kragen unter der blütenweißen Kochjacke mit ernster Miene für die Honneurs in den Gastraum kam, steht der heutige Küchenchef Boris Rommel klar für die junge Generation erfolgreicher Köche. Mit Schiebermütze, Tattoos, locker-entspannter Art und sympathischer Dauerpräsenz an allen Tischen, um selbst Teller einzusetzen und die Besonderheiten der Gerichte und Produkte zu erläutern. Der große Unterschied zu den meisten seiner Berufs- und Zeitgenossen ist aber, dass Rommel ausgesprochen klassisch kocht und das nicht nur tut, um die Traditionen des Hauses aufrecht zu halten, sondern weil er diese Art der traditionellen frankophilen Haute-Cuisine einfach lebt.

Und man muss es unumwunden sagen: seit Boris Rommel sich dazu entschieden hat, wirklich konsequent klassisch zu kochen und die Moderne, wenn überhaupt, nur sehr punktuell und behutsam einfließen zu lassen, überzeugt uns das alles viel mehr. Für eine höhere Bewertung, die auf dieser Basis locker möglich wäre, müsste er die Details seiner Kreationen noch ein wenig schärfer stellen, hier und da einen noch etwas dünneren Pinsel herausholen und noch stärkeres Gewicht auf die Balance und Ausgewogenheit legen. Manches kommt nach wie vor etwas breit und wuchtig daher, bisweilen ist relativ viel Salz und kraftvolle Konzentration ohne entsprechendes Gegengewicht im Spiel. Aber das soll die großartige Leistung und den Reiz der Küche nicht schmälern, sondern nur Potenzial aufzeigen…

Die sowohl handwerklich als auch aromatisch durchaus sehr fein und filigran gefertigten Apero-Snacks demonstrierten zuletzt jedenfalls schon die Entwicklung der Küche während der jüngeren Zeit und die beiden Grüße aus der Küche ihre besonderen Reize. Denn anstatt mit allerhand technischen Tricks und Spielereien beeindrucken zu wollen, waren diese handwerklich vollkommen schnörkellose und gegenständliche, aber aromatisch umso ausdrucksstärkere maritim-mediterrane Leckerbissen. Zum einen gerösteter Pulpo auf kleinen Würfeln von süßlicher roter Schmorpaprika und Fetakäse auf einer Olivenölvinaigrette und zum anderen grobe Stücke von Hummer und Romana-Salatherz mit angenehm rauchigen Grillaromen sowie einer aufgeschäumten Hollandaise, die durch ein klein wenig frischen Estragon im Teller zur Béarnaise wurde. Keine aufgeregte Hochleistungsschau, sondern unaufgeregt guter Geschmack.

Und genau so ging es mit einer Hommage an Rommels berühmten Vorgänger Lothar Eiermann weiter, nämlich dem legendären Gänseleber-Gugelhupf in herbem Süßweingelee, der so schön pur und schmelzig in Begleitung einer warmen flaumigen Brioche daherkam, wie ihn seinerzeit der Grand Chef als eine seiner Spezialitäten offerierte. Rommel liierte den Klassiker, den er selbst beim Gast am Tisch schneidet und vorlegt, zuletzt nur ganz dezent modernisiert mit einem markanten, ausgewogenen Dreiklang aus intensiver Kirsche (marinierte Stücke und Sud), Basilikum (Kaviarperlen und winzige Blätter) und Piemonteser Haselnüssen (Kerne und Creme). Und obwohl hier traditionellerweise natürlich nicht wenig Frucht und Süße im Spiel war, hielt alles die Balance und tendierte nichts ins desserthafte.

Die Vichysoisse mit gebratener Jakobsmuschel, Störkaviar, Lauch und Pommes Soufflés war im Grunde ebenfalls ein konsequent klassisches Gericht, wie es auch zu Lothar Eiermanns Zeiten schon hätte serviert werden können. Rommel gab der kalten Kartoffel-Lauchsuppe mit einer Marmorierung durch Lauchöl aber eine zeitgemäße Optik und sorgte zudem durch die filigrane Art – auch die der kleinen krossen Kartoffelballons, die auf winzigen gegrillten Lauchsockeln aus den Fluten ragten – dass hier nichts behäbig altbacken wirkte.

Der in Nussbutter colorierten Tranche eines einstmals offensichtlich recht großen Steinbutt-Wildfangs aus dem Atlantik, die sich den folgenden puristischen Teller mit zarten dünnen Röllchen von der Kalbszunge und sautierten Pfifferlingen teilte, bekam durch Fichtensprossen einen dezenten Twist. Die jungen ätherischen Triebe aromatisierten nicht nur die kraftvolle Buttersauce in Form von Öltropfen, sie waren auch als zarte Nadeln auf die Pilze appliziert. Mit leichtem Säurespiel, das nach unserem Dafürhalten ruhig noch etwas markanter hätte ausfallen dürfen, war auch das ein sehr ausgewogener Gang.

So wie die aufwendig an der Karkasse in der Schweinsblase zu großartigem Eigengeschmack und selten anzutreffender Saftigkeit ihres wunderbar festen Fleischs gebrachte Brust vom Mäusdorfer Landgockel. Allein wegen solcher fundierter traditioneller Zubereitungsarten, die nicht nur hierzulande vom Aussterben bedroht sind, lohnt sich der Besuch dieses Restaurants fünfmal. Rommel setzt die von ihm selbst an jedem Tisch auf dem renovierten alten Tranchierwagen aus der Blase und von der Karkasse geschnittene Brust dann auf den mit seinen Begleitern (wilder Brokkoli, grüner Spargel, gedämpfte Radieschen, Buchenpilze, Kartoffelcreme und kleine gebackene Kartoffelkugeln) vorbereiteten Teller. Krosse Hühnerhaut und die auf Basis eines intensiv verdichteten Hühnerfonds zubereitete, mit Vin Jaune abgeschmeckte helle gebundene Sauce unterstützten den final mit frischem Kerbel und Estragon kräuterfrisch akzentuierten Gockel zudem noch auf Produktseite. Ein fantastisches Gericht, dem wir hinsichtlich einer höheren Bewertung insbesondere mehr Zug und verschlankende Säure sowie markanter herausgestellte herbe Jurawein-Aromatik und weniger Salz gewünscht hätten. Aber auch so: Top!
Genau wie das Dessert, ein kompakt arrangiertes und sehr elegant gefertigtes Törtchen von Pfirsich, weißer Schokolade und Jasmin, das herrlich leicht, schlank, frisch, herb, wenig süß und trotzdem vollmundig und vollaromatisch einen beeindruckenden Schlusspunkt auf klarem 9-Pfannen-Niveau setzte. Im Zusammenspiel mit den äußerst kostspieligen, aber auch sehr hochwertigen und vor allem passgenau ausgesuchten glasweisen Weinempfehlungen des erst im Frühjahr 2023 zum Team gestoßenen Sommelier Max Johne ein anspruchsvolles kulinarisches Gesamtpaket. Und mit Sören Weiland als neuen smarten Gastronomieleiter ist das Le Cerf auch nach dem Ausscheiden von Dominique Metzger im Service weiterhin sehr gut aufgestellt.

Hotelempfehlung

★★★★★S

Wald & Schlosshotel Friedrichsruhe

Kärcherstr. 11,
74639 Zweiflingen
(Friedrichsruhe)
☎ 794160870
www.schlosshotel-friedrichsruhe.de
Einzelzimmer: 250–350 €
Doppelzimmer: 440–1800 €

Das von einer großen gepflegten Parklandschaft umgebene 5-Sterne-Superior-Hotel zählt zu den schönsten Hideaways in Deutschland und gilt zudem seit Jahrzehnten als Hochburg des Genusses. Im idyllischen Hohenloher Land begeistert es seit jeher die Gäste mit Stil, Exklusivität und außergewöhnlichem Service in allen Bereichen. Im Haupthaus sind alle Zimmer im englischen Landhaus-Stil eingerichtet – elegant, herrschaftlich und in frischen Farben. Die Hotelzimmer im SPA-Haus folgen hingegen dem Prinzip einer minimalistischen Formenwelt mit warmer Farb- und Materialkomposition, die für einen modernen und harmonischen Charakter sorgt. Romantisch und nostalgisch sind die Räume im Jagdschloss und im Gartenhaus gestaltet. Alle sind modern ausgestattet mit Flat-TV, WLAN, Fußbodenheizung, beleuchtetem Kleiderschrank und vielen weiteren Annehmlichkeiten. Auch die prämierte Spa- & Wellnesswelt begeistert mit ihrer besonders hochwertigen Ausstattung. Im eleganten Gourmet-Restaurant „Le Cerf" und drei weiteren Restaurants wird ein anspruchsvolles kulinarisches Programm geboten. Restaurant Le Cerf separat erwähnt.

Zwingenberg (Hessen)

5↑

Kaltwassers Wohnzimmer

Obergasse 15,
64673 Zwingenberg
06251-1058640
www.kaltwassers-wohnzimmer.de/
Mi–Sa ab 18 Uhr, So von 12–14 Uhr u. ab 18 Uhr, Mo u. Di RT
Hauptgericht: 23–33 €,
Menüs: 55–75 €
EC VISA

Für nostalgisch-heimelige Stimmung sorgt in dem nur wenige Schritte von Zwingenbergs historischem Marktplatzbrunnen entfernten Lokal nicht bloß augenzwinkernd das museal anmutende Wohnzimmer im Entrée, sondern auch das gesamte Lokal mit seinem freiliegenden Fachwerkgebälk. Der kulinarische Gegenentwurf folgt quasi auf den Tellern, denn Marc-André Kaltwassers Gerichte von der kurz und knapp gehaltenen Karte repräsentieren eher modern verschlankte leichte Regionalküche als üppige Traditionsklassiker. Gute Produktqualitäten, ein Faible füffr frische Kräuter, eine Portion Fantasie beim Erdenken und solides Handwerk beim Umsetzen führen zu respektablen Ergebnissen. Die kleine Weinkarte präsentiert neben einigen Bergsträßer Winzern auch Gewächse aus der nahen Pfalz oder aus Rheinhessen.

Die Symbole

- P gute Parkmöglichkeiten
- Hotelgarage
- barrierefrei
- klimatisierte Zimmer
- WLAN-Zugang
- Hallen- und/oder Freibad im Haus
- mit Wellness-Bereich
- mit Fahrstuhl zu den Hotelzimmern
- Hunde im Hotel nicht erlaubt
- mit Garten oder Terrasse

Die Besteck-Symbole

luxuriöses Restaurant mit höchstem Komfort und formvollendetem Service, edler Ausstattung und einer Weinkarte, die höchsten Ansprüchen genügt

elegantes Restaurant mit hohem Komfort und exzellentem Service, sehr gute Ausstattung, hervorragende Weinkarte

gehobenes Restaurant mit gutem Komfort und versiertem Service, umfangreiche Weinkarte

besser ausgestattetes Restaurant mit ordentlichem Service, ausgewählte Weine

schlichtes Restaurant, Gasthof oder Bar

Deutschlandkarte

Personenregister

Register der Restaurants

Register der Hotels

DÄNEMARK
NORDSEE
Sylt
Wenningstedt
Keitum
Westerland
Tinnum
Rantum
Hörnum
Föhr
Harrislee
Glücksburg
Flensburg
Busdorf
Güby
Lunden
Panker
KIEL
Weißenhaus
Molfsee
Malente
Helgoland
Büsum
SH
Neustadt in Holstein
Neuendorf-Sachsenbande
Timmendorfer Strand
Bad Schwartau
Cuxhaven
Lübeck
Tangstedt
Pinneberg
Lütjensee
Dornum
Wilhelmshaven
HAMBURG
Siek
Bremerhaven
Jork
HH
Buchholz
Leer
Hanstedt
HB
Oldenburg
Bad Zwischenahn
BREMEN
Verden
Faßberg
NI
Celle
Langenhagen
Burgwedel
Wolfsburg
HANNOVER
Osnabrück
Braunschweig
Bünde
Barsinghausen
Gehrden
Bielefeld
Münster
Detmold
Senden
Seesen
Rheda-Wiedenbrück
Horn-Bad Meinberg
Wernigerode
Paderborn
Dortmund
Schwerte
NW
HE
TH
7
23
21
1
20
27
24
29
28
39
30
33
2
36
44

Restaurant
Hotel
Hotel und Restaurant
50 km
OSTSEE
NEMARK
Rügen
Binz
Sehlen
Sellin
Ostseebad Dierhagen
Kühlungsborn
Bad Doberan
(Heiligendamm)
Rostock
20
Greifswald
Heringsdorf
MV
Stolpe
19
Hohen-Demzin
Krakow
am See
SCHWERIN
Groß-Nemerow
Neustrelitz
Fürstenhagen
20
11
POLEN
Ludwigslust
24
Rheinsberg
Lüchow
rendsee
24
11
Reichenow-
Möglin
10
Falkensee
10
BE
10
BERLIN
Brandenburg
an der Havel
POTSDAM
10
Werder (Havel)
10
12
2
Neuzelle
MAGDEBURG
BB
13
9
Zerbst
Burg/Spreewald
14
Cottbus
15
Finsterwalde
Seegebiet
Mansfelder Land/OT
Seeburg
Halle/Saale
SN

Restaurant
Hotel
Hotel und Restaurant
50 km
NIEDERLANDE
BE
LU
HB
NI
NW
HE
RP
Leer
Bad Zwischenahn
Oldenburg
BREMEN
Verden
Langenhagen
HANNOVER
Barsinghausen
Osnabrück
Bünde
Emsdetten
Bielefeld
Billerbeck
Münster
Detmold
Bocholt
Senden
Horn-Bad Meinberg
Rheda-Wiedenbrück
Haltern am See
Xanten
Paderborn
Dorsten
Herne
Dortmund
Essen
Duisburg
Mülheim a.d.Ruhr
Schwerte
Hattingen
Krefeld
Velbert
Arnsberg
Brilon
Wuppertal
DÜSSELDORF
Schmallenberg
Korschenbroich
Remscheid
Erkelenz
Hilden
Odenthal
Gummersbach
Pulheim
Bergisch Gladbach
Frankenberg
Köln
Würselen
Kerpen
Aachen
Niederkassel
Bad Hersfeld
Nideggen
Bonn
Euskirchen
Rheinbach
Lauterbach
Bad Neuenahr-Ahrweiler
Neuwied
Limburg an der Lahn
Andernach
Vallendar
Villmar-Weyer
Koblenz
Usingen
Friedberg
Darscheid
Dieblich
Braubach
Idstein
Neroth
Boppard
Bad Orb
Oberursel
St. Goar
Taunusstein
Hofheim
Eltville
WIESBADEN
Frankfurt
Alzenau
Bullay
Kiedrich
Kahl a. Main
Reil
Geisenheim
Kelsterbach
Neu-Isenburg
Dreis
Bingen a. Rhein
Johannesberg
Niederweis
Bernkastel-Kues
MAINZ
Piesport
Schwabenheim

HH
MV
ST
BB
SN
TH
BY
Buchholz
Hanstedt
Ludwigslust
Neustrelitz
Rheinsberg
Lüchow
Faßberg
Arendsee
Celle
Burgwedel
Wolfsburg
Braunschweig
Falkensee
Brandenburg an der Havel
POTSDAM
Werder (Havel)
MAGDEBURG
Zerbst
Seesen
Wernigerode
Seegebiet Mansfelder Land/OT Seeburg
Halle/Saale
Leipzig
Friedland
Heilbad Heiligenstadt
Naumburg
Bad Langensalza
Herleshausen
Eisenach
ERFURT
Weimar
Blankenhain
Gera
Limbach-Oberfrohna
Chemnitz
Crimmitschau
Lichtenstein
Hartenstein
Aue
Dermbach
Meiningen
TSCHECHISC
REPUBLIK
Presseck
Weißenbrunn
Ahorn
Bad Kissingen
Selb
Bad Staffelstein
Wirsberg
Weißenstadt
Schweinfurt
Bindlach
Neualbenreuth
Bamberg
Wiesau
24
14
39
7
10
2
9
36
38
71
72
4
73
70
93

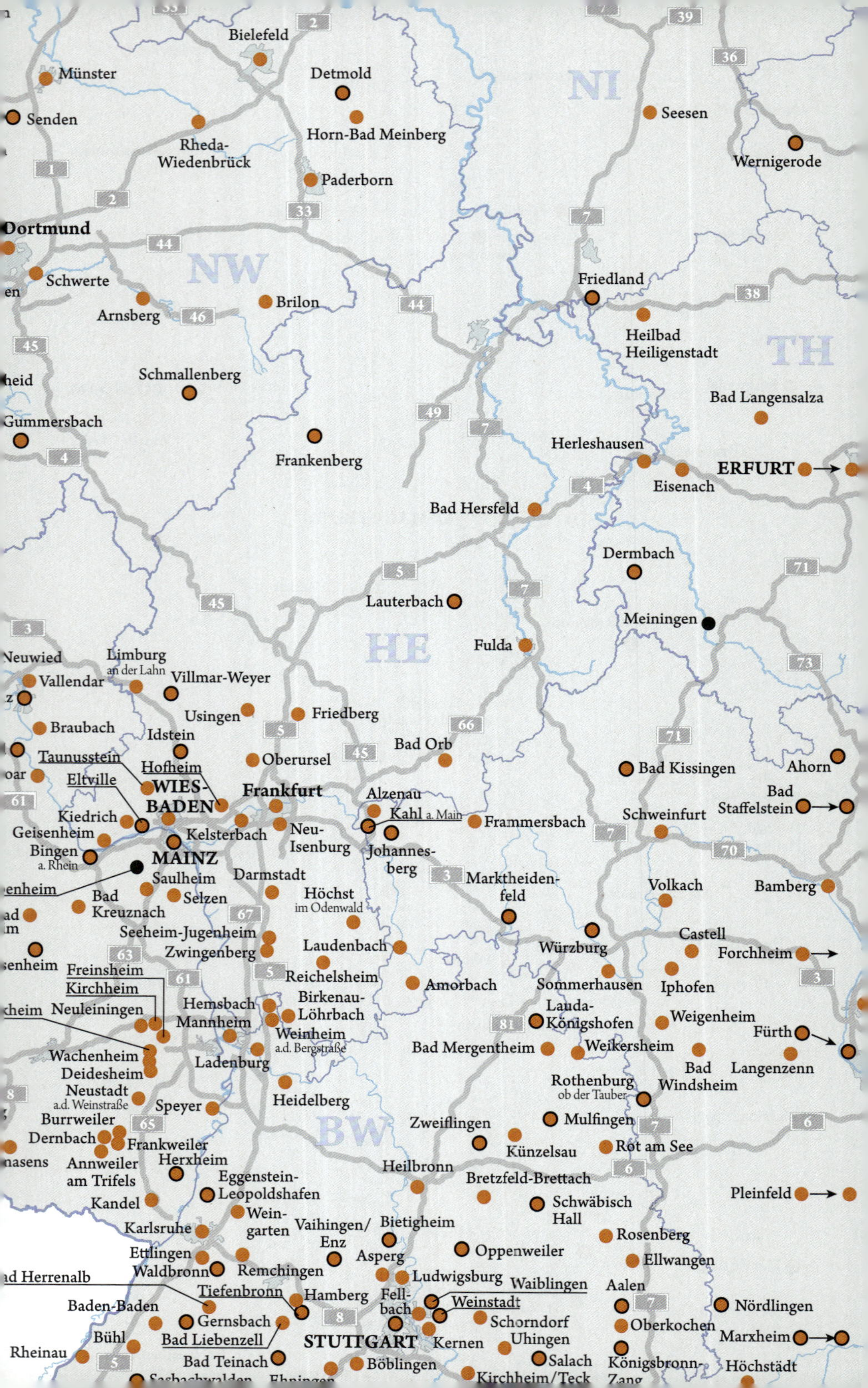

Bielefeld
Münster
Detmold
Senden
Horn-Bad Meinberg
Rheda-Wiedenbrück
Paderborn
NI
Seesen
Wernigerode
Dortmund
NW
Schwerte
Arnsberg
Brilon
Friedland
Heilbad Heiligenstadt
TH
Schmallenberg
Bad Langensalza
Gummersbach
Frankenberg
Herleshausen
Eisenach
ERFURT
Bad Hersfeld
Dermbach
Lauterbach
Meiningen
HE
Fulda
Neuwied
Limburg an der Lahn
Vallendar
Villmar-Weyer
Usingen
Friedberg
Braubach
Idstein
Bad Orb
Taunusstein
Hofheim
Oberursel
Bad Kissingen
Ahorn
Eltville
WIES-BADEN
Frankfurt
Alzenau
Kahl a. Main
Bad Staffelstein
Kiedrich
Geisenheim
Kelsterbach
Neu-Isenburg
Frammersbach
Schweinfurt
Bingen a. Rhein
MAINZ
Johannes-berg
Saulheim
Darmstadt
Marktheiden-feld
Volkach
Bamberg
Bad Kreuznach
Selzen
Höchst im Odenwald
Seeheim-Jugenheim
Castell
Zwingenberg
Laudenbach
Würzburg
Forchheim
Freinsheim
Reichelsheim
Sommerhausen
Iphofen
Kirchheim
Amorbach
Neuleiningen
Hemsbach
Birkenau-Löhrbach
Lauda-Königshofen
Weigenheim
Mannheim
Weinheim a.d. Bergstraße
Fürth
Wachenheim
Bad Mergentheim
Weikersheim
Deidesheim
Ladenburg
Bad Windsheim
Langenzenn
Neustadt a.d. Weinstraße
Rothenburg ob der Tauber
Speyer
Heidelberg
BW
Burrweiler
Zweiflingen
Mulfingen
Dernbach
Frankweiler
Künzelsau
Rot am See
Annweiler am Trifels
Herxheim
Heilbronn
Eggenstein-Leopoldshafen
Bretzfeld-Brettach
Pleinfeld
Kandel
Schwäbisch Hall
Wein-garten
Karlsruhe
Vaihingen/Enz
Bietigheim
Rosenberg
Ettlingen
Asperg
Oppenweiler
Waldbronn
Remchingen
Ellwangen
Ludwigsburg
Waiblingen
Aalen
Tiefenbronn
Hamberg
Fell-bach
Weinstadt
Nördlingen
Baden-Baden
Gernsbach
Schorndorf
Oberkochen
Bühl
Bad Liebenzell
STUTTGART
Kernen
Uhingen
Marxheim
Rheinau
Bad Teinach
Salach
Königsbronn-Zang
Höchstädt
Böblingen
Kirchheim/Teck

MAGDEBURG
BB
13
Neuzelle
9
14
Zerbst
Burg/Spreewald
Cottbus
POLE
ST
15
Finsterwalde
Seegebiet
ansfelder Land/OT
Seeburg
Halle/Saale
38
Leipzig
SN
13
Radeburg
38
14
4
Naumburg
Radebeul
Wilthen
Kirschau
DRESDEN
72
4
Weimar
Freital
Hohnstein
Limbach-
Oberfrohna
17
4
Gera
Chemnitz
nkenhain
9
Crimmitschau
Lichtenstein
Hartenstein
Aue
72
Presseck
TSCHECHISCHE
Weißenbrunn
Selb
Wirsberg
Weißenstadt
REPUBLIK
70
Bindlach
Neualbenreuth
Wiesau
9
93
Auerbach
i. d. OPf.
Pirk
Marloffstein
6
Wernberg-
Köblitz
Heroldsberg
Illschwang
Neunburg
vorm Wald
Nürnberg
Schwarzenfeld
Rötz
Maxhütte-
Haidhof
3
93
Teisnach
Regensburg
9
Perasdorf
Kirchdorf
im Wald
Riedenburg
Bad Abbach
Freyung
Niederwinkling
Deggendorf
3
Waldkirchen
BY
93
92
Neuburg
a.d. Donau
Restaurant
Hotel
Hotel und Restaurant
50 km

Nideggen
Bonn
Euskirchen
Rheinbach
Bad Neuenahr-Ahrweiler
Neuwied
Andernach
Vallendar
Koblenz
Limburg an der Lahn
Villmar-Weyer
Lauterbach
HE
Fulda
Darscheid
Dieblich
Braubach
Usingen
Friedberg
Neroth
Boppard
Idstein
Bad Orb
Oberursel
St. Goar
Taunusstein
Hofheim
RP
Eltville
WIES-BADEN
Frankfurt
Alzenau
Kahl a. Main
Frammersbach
Bullay
Reil
Kiedrich
Geisenheim
Kelsterbach
Neu-Isenburg
Johannes-berg
Dreis
Bingen a. Rhein
MAINZ
Piesport
Bernkastel-Kues
Schwabenheim
Saulheim
Darmstadt
Marktheiden-feld
Naurath (Wald)
Trittenheim
Bad Kreuznach
Selzen
Höchst im Odenwald
Bad Sobernheim
Bescheid
Trier
Seeheim-Jugenheim
Würzburg
Zwingenberg
Laudenbach
Neuhütten
Meisenheim
Reichelsheim
Sommerhausen
Nonnweiler
Freinsheim
Kirchheim
Amorbach
Oberthal
Wadern
Bad Dürkheim
Neuleiningen
Hemsbach
Birkenau-Löhrbach
Lauda-Königshofen
Mannheim
St. Wendel
Weinheim a.d. Bergstraße
Bad Mergentheim
Wachenheim
Deidesheim
Ladenburg
Weikersheim
Saarlouis
SL
Neustadt a.d. Weinstraße
Homburg
Heidelberg
Mulfingen
Speyer
Künzelsau
Burrweiler
Dernbach
Frankweiler
Zweiflingen
Rot am See
Blieskastel
Pirmasens
Annweiler am Trifels
Herxheim
Bretzfeld-Brettach
Eggenstein-Leopoldshafen
Heilbronn
Kandel
Wein-garten
Vaihingen/Enz
Bietigheim
Schwäbisch Hall
Karlsruhe
Asperg
Oppenweiler
Ettlingen
Waldbronn
Remchingen
Ludwigsburg
Waiblingen
Bad Herrenalb
Tiefenbronn
Hamberg
Fell-bach
Weinstadt
Baden-Baden
Gernsbach
Schorndorf
Bad Liebenzell
STUTTGART
Kernen
Uhingen
Bühl
Rheinau
Bad Teinach
Salach
Böblingen
Kirchheim/Teck
Sasbachwalden
Ehningen
Waldenbuch
Kappelrodeck
Bad Ditzen-bach
Appenweier
Herrenberg
Nürtingen
Durbach
Baiersbronn
Tübingen
Pliezhausen
FRANKREICH
Weilheim a.d. Teck
Gengenbach
Horb a. N.
Sonnenbühl
Bad Peterstal
Ehestetten
Ulm
Lahr
BW
Rust
Ettenheim
Schramberg
Vöhringen
Endingen a. Kaiserstuhl
Villingen-Schwenningen
Stetten am kalten Markt
Schwendi
Denz-lingen
Wald-kirch
Vogtsburg
Hausen ob Verena
Scheer
Maselheim
Simonswald
Biberach a.d. Riß
Glottertal
Freiburg i. Breisgau
St. Peter
Donaueschingen
Bad Saulgau
Oberopfingen
Bad Krozingen
Horben
Hüfingen
Tuttlingen
Uhldingen-Mühlhofen
Ostrach
Staufen
Hinterzarten
Deggen-hausertal
Wein-garten
Ravens-burg
Sulzburg
Münstertal
Bonndorf
Über-lingen
Badenweiler
Schluchsee
Bodman
Frickingen
Schlier
Stühlingen
Radolfzell
Amtzell
Efringen-Kirchen
Öhningen
Konstanz
Neukirch
Lottstetten
Waldshut-Tiengen
Immen-staad
Grenzach-Wyhlen
Bad Säckingen
Hohentengen
Ober-staufen
Friedrichshafen
SCHWEIZ
Langenargen
Nonnenhorn
Wasserburg
Lindau

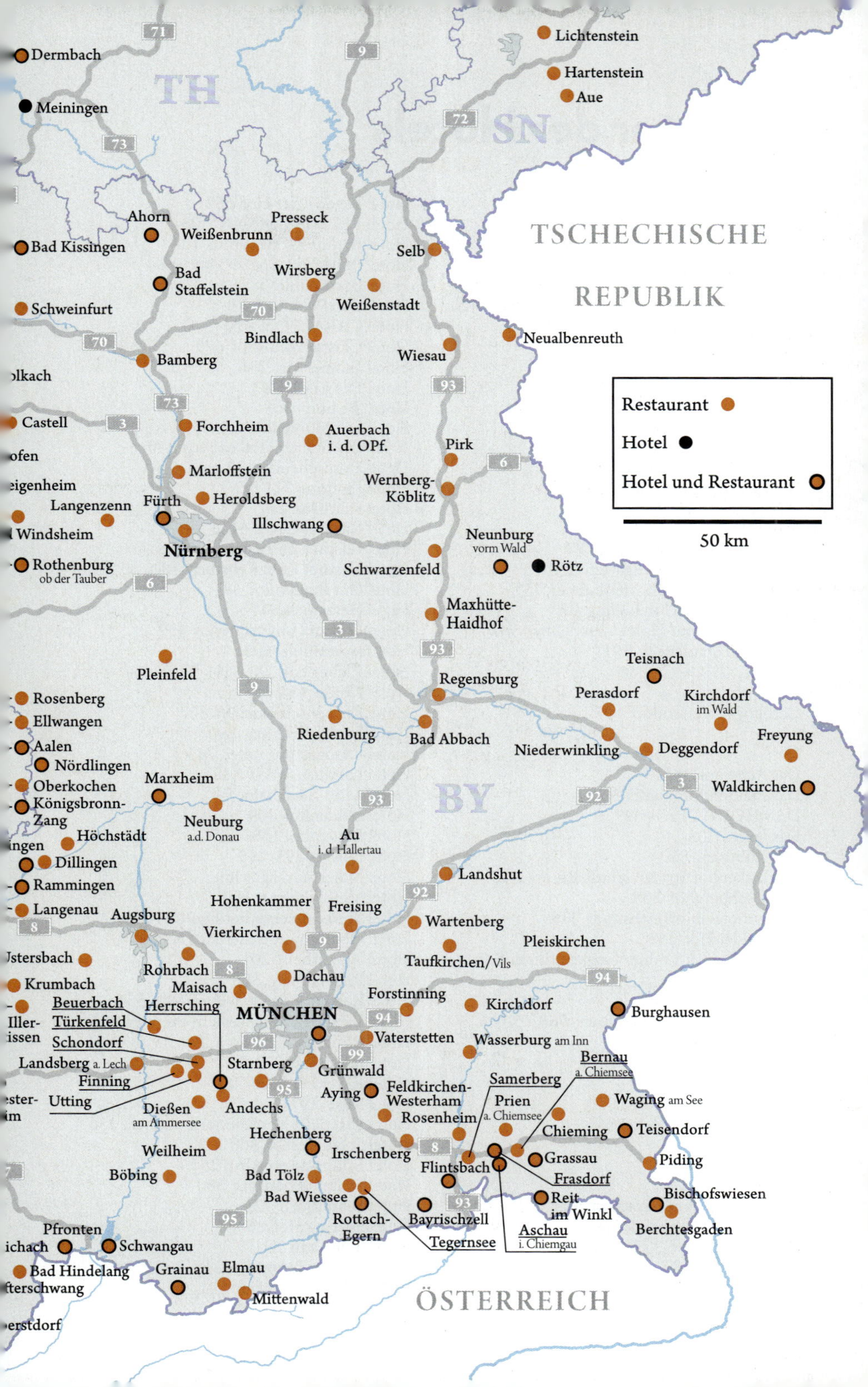
TH
SN
BY
TSCHECHISCHE REPUBLIK
ÖSTERREICH
Restaurant
Hotel
Hotel und Restaurant
50 km
Dermbach
Meiningen
Lichtenstein
Hartenstein
Aue
Ahorn
Presseck
Weißenbrunn
Bad Kissingen
Selb
Bad Staffelstein
Wirsberg
Weißenstadt
Schweinfurt
Bindlach
Neualbenreuth
Bamberg
Wiesau
Castell
Forchheim
Auerbach i. d. OPf.
Pirk
Marloffstein
Wernberg-Köblitz
Langenzenn
Fürth
Heroldsberg
Illschwang
Windsheim
Nürnberg
Neunburg vorm Wald
Rötz
Rothenburg ob der Tauber
Schwarzenfeld
Maxhütte-Haidhof
Pleinfeld
Teisnach
Regensburg
Perasdorf
Kirchdorf im Wald
Rosenberg
Ellwangen
Riedenburg
Bad Abbach
Niederwinkling
Deggendorf
Freyung
Aalen
Nördlingen
Oberkochen
Marxheim
Waldkirchen
Königsbronn-Zang
Neuburg a.d. Donau
Höchstädt
Au i. d. Hallertau
Dillingen
Rammingen
Landshut
Langenau
Hohenkammer
Freising
Augsburg
Wartenberg
Vierkirchen
Pleiskirchen
Taufkirchen/Vils
Rohrbach
Dachau
Krumbach
Maisach
Forstinning
Kirchdorf
Beuerbach
Herrsching
MÜNCHEN
Burghausen
Türkenfeld
Vaterstetten
Schondorf
Wasserburg am Inn
Landsberg a. Lech
Starnberg
Bernau a. Chiemsee
Finning
Grünwald
Samerberg
Aying
Feldkirchen-Westerham
Utting
Andechs
Prien a. Chiemsee
Waging am See
Dießen am Ammersee
Rosenheim
Chieming
Teisendorf
Hechenberg
Irschenberg
Grassau
Weilheim
Flintsbach
Piding
Böbing
Bad Tölz
Frasdorf
Bad Wiessee
Reit im Winkl
Bischofswiesen
Rottach-Egern
Bayrischzell
Aschau i. Chiemgau
Berchtesgaden
Tegernsee
Pfronten
Schwangau
Bad Hindelang
Grainau
Elmau
Mittenwald

Register der Hotels

Register der Personen

Register der Restaurants

H

P

Q

R

S

Eigene Notizen

Eigene Notizen

IMPRESSUM

Hinter jedem tollen Buch steckt ein starkes Team

Gesamtproduktion: *ppp.services, Freising*
Satz: *Reemers Publishing Services, Krefeld und Anja Dengler, Werkstatt München*
Schlussredaktion: *Karen Dengler und Martin Waller, Werkstatt München*
Karthografie: *Anneli Nau Computergraphik – Buchillustrationen – Kartographie, München*
Gestaltung: *Katharina Fesl*
Herstellung: *Frank Jansen*
Producing: *Jan Russok*
Druck & Bindung: *Parzeller print & media GmbH & Co. KG, Fulda*

1. Auflage 2023

Kaiserstraße 14 b
D-80801 München
ISBN: 978-3-96584-347-9

REDAKTIONSBÜRO GUSTO MEDIA

ViSdP: Markus Oberhäußer
Siemensstraße 12
D-86899 Landsberg am Lech
TEL: 0049 (0) 8191- 91 57 852
FAX: 0049 (0) 8191- 91 57 853
E-Mail: mail@gusto-online.de
Internet: www.gusto-online.de

Inhaltlich Verantwortlicher gemäß § 6 MDStV: Markus Oberhäußer

ANZEIGENMARKETING

LIEBE LESER*INNEN

wie schön, dass Sie ein Buch von ZS in den Händen halten. „jetzt leben!" ist das Motto unseres Verlages. Es steht für Genuss und Inspiration, Unterstützung und Motivation. Ob Kulinarik oder Fitness, Gesundheit oder Lebenshilfe – seit über 30 Jahren bieten wir kompetente Ratgeber für (fast) alle Lebenslagen. Wir lieben Tradition genauso wie Innovation – sie treiben uns an. Unsere Autor*innen sind Menschen, die zu ihrem Thema wirklich etwas zu sagen und zu schreiben haben. Unsere Produkte sind erzählerisch, appetitmachend und als gedruckte Bücher haptisch echte Erlebnisse. Für Sie mit ganz viel Liebe gemacht! Entdecken Sie mehr aus unserer wunderbaren Welt!

UNSER VERLAGSHAUS

Mit Standorten in Hamburg und München zählt die Edel Verlagsgruppe zu den größten unabhängigen Buchanbietern Deutschlands. Zur Gruppe gehören die Verlage Dr. Oetker Verlag, Edel Sports, KARIBU und ZS.

ZS – Ein Verlag der Edel Verlagsgruppe
www.zsverlag.de
www.facebook.com/zsverlag
www.instagram.com/zsverlag

FÜR DIE UMWELT

ZS unterstützt bei der Produktion dieses Buches das Projekt „Junge Riesen für die nächsten 100 Jahre" im Naturpark Nossentiner/Schwinzer Heide. Damit wird ein Anteil der unvermeidbaren CO2-Emissionen im direkten Umfeld des Produktionsstandortes kompensiert.

PARTNER
Naturpark
Nossentiner / Schwinzer Heide
www.optimal-media.com/naturschutzprojekt-001

NEWSLETTER

Was koche ich denn heute Feines? Und wie geht das – schmackhaft und gesund?

Melden Sie sich jetzt zum ZS-Genuss-Service an und verpassen Sie keine kulinarischen und gesundheitlichen Trends mehr.
Wir informieren regelmäßig über unsere Neuerscheinungen, Aktionen oder Gewinnspiele und verraten unsere Lieblingsrezepte!

GEWINNEN

Unter allen Neuabonnierenden verlosen wir jeden Monat eine *ZS-Genuss-Box* im Wert von 75,00 €.

Jetzt anmelden unter:
www.zsverlag.de/newsletter

oder den QR Code scannen:

ANMELDEN!